International Financial Reporting Standards (IFRS) 2008

Prof. Dr. Henning Zülch ist Inhaber des Lehrstuhls Rechnungswesen, Wirtschaftsprüfung und Controlling an der Handelshochschule Leipzig (HHL) – Leipzig Graduate School of Management. Die HHL, 1898 als Handelshochschule Leipzig entstanden und 1992 neu gegründet, ist Deutschlands älteste betriebswirtschaftliche Hochschule und zählt heute zu den führenden Business Schools in Europa. Die HHL ist eine private staatlich anerkannte universitäre Hochschule mit Promotions- und Habilitationsrecht. Henning Zülch ist überdies seit dem Wintersemester 2007/2008 Gastprofessor an der Universität Wien im Bereich „Selected Foreign Accounting Systems". Daneben ist er Autor zweier Monographien und mehr als 100 Artikeln sowie Mitglied in zahlreichen wissenschaftlichen und praxisnahen Organisationen im Bereich der externen Rechnungslegung wie Wirtschaftsprüfung.

Prof. Dr Henning Zülch holds the Chair of Accounting and Auditing at HHL — Leipzig Graduate School of Management. HHL, founded in 1898 as Handelshochschule Leipzig and reopened in 1992, is Germany's oldest business school. Today it is ranked among the leading business schools in Europe. HHL is a private and state-recognized university with the right to award doctorates and post-doctoral lecture qualifications. Moreover, Henning Zülch is visiting professor at the University of Vienna in the field of "Selected Foreign Accounting Systems" since Fall Term 2007. Besides that he is the author of two books and more than 100 papers and articles, and a member of several scientific and professional organizations in the field of accounting and auditing.

StB Prof. Dr. Matthias Hendler ist Professor für Bilanzielles Rechnungswesen und Betriebliche Steuerlehre an der Fachhochschule Oldenburg/Ostfriesland/Wilhelmshaven. Zudem ist er Gesellschafter der DOSU Treuhand GmbH Westfalen-Lippe Wirtschaftsprüfungsgesellschaft, Dortmund. Dort ist er als Leiter des IFRS-Kompetenzzentrums verantwortlich für die fachliche Unterstützung der Prüfungsteams sowie der fachlichen Betreuung der Beratungsmandate.

Prof. Dr Matthias Hendler, Certified Tax Consultant, is chair of Financial Accounting and Business Taxation at the University of Applied Sciences Oldenburg/Ostfriesland/Wilhelmshaven. Furthermore, he ist associate of the DOSU Treuhand GmbH (DOSU trust limited company) Westfalen-Lippe Wirtschaftsprüfungsgesellschaft, Dortmund. As director of the IFRS centre of excellence, he ist responsible for the professional support and guidance of audit teams and advisory clients.

International Financial Reporting Standards (IFRS) 2008

Deutsch-Englische Textausgabe
der von der EU gebilligten Standards

Englisch & German edition
of the official standards approved by the EU

Mit einem Geleitwort und einer Einstiegshilfe
von Prof. Dr. Henning Zülch und Prof. Dr. Matthias Hendler

With a foreword and a primer
by Prof. Dr Henning Zülch and Prof. Dr Matthias Hendler

WILEY-VCH Verlag GmbH & Co. KGaA

2. Auflage 2008

Alle Bücher von Wiley-VCH werden sorgfältig erarbeitet. Dennoch übernehmen Autoren, Herausgeber und Verlag in keinem Fall, einschließlich des vorliegenden Werkes, für die Richtigkeit von Angaben, Hinweisen und Ratschlägen sowie für eventuelle Druckfehler irgendeine Haftung

All books published by Wiley-VCH are carefully produced. Nevertheless, authors, editors, and publisher do not warrant the information contained in these books, including this book, to be free of errors. Readers are advised to keep in mind that statements, data, illustrations, procedural details or other items may inadvertently be inaccurate.

Library of Congress Card No.:
applied for

British Library Cataloguing-in-Publication Data
A catalogue record for this book is available from the British Library.

Bibliografische Information
Der deutschen Nationalbibliothek
Die Deutsche Nationalbibliothek verzeichnet diese Publikation in der Deutschen Nationalbibliografie; detaillierte bibliografische Daten sind im Internet über http://dnb.d-nb.de abrufbar.

Bibliographic information published by
the Deutsche Nationalbibliothek
Die Deutsche Nationalbibliothek lists this publication in the Deutsche Nationalbibliografie; detailed bibliographic data are available in the Internet at http://dnb.d-nb.de.

© 2008 WILEY-VCH Verlag GmbH & Co. KGaA, Weinheim

© 2008 WILEY-VCH Verlag GmbH & Co. KGaA, Weinheim

Alle Rechte, insbesondere die der Übersetzung in andere Sprachen, vorbehalten. Kein Teil dieses Buches darf ohne schriftliche Genehmigung des Verlages in irgendeiner Form – durch Photokopie, Mikroverfilmung oder irgendein anderes Verfahren – reproduziert oder in eine von Maschinen, insbesondere von Datenverarbeitungsmaschinen, verwendbare Sprache übertragen oder übersetzt werden. Die Wiedergabe von Warenbezeichnungen, Handelsnamen oder sonstigen Kennzeichen in diesem Buch berechtigt nicht zu der Annahme, dass diese von jedermann frei benutzt werden dürfen. Vielmehr kann es sich auch dann um eingetragene Warenzeichen oder sonstige gesetzlich geschützte Kennzeichen handeln, wenn sie nicht eigens als solche markiert sind.

All rights reserved (including those of translation into other languages). No part of this book may be reproduced in any form—by photoprinting, microfilm, or any other means—nor transmitted or translated into a machine language without written permission from the publishers. Registered names, trademarks, etc. used in this book, even when not specifically marked as such, are not to be considered unprotected by law.

Printed in the Federal Republic of Germany

Printed in the Federal Republic of Germany

Gedruckt auf säurefreiem Papier.

Printed on acid-free paper

Satz: primustype Robert Hurler GmbH, Notzingen
Druck und Bindung: AALEXX Druck GmbH, Großburgwedel

Typesetting: primustype Robert Hurler GmbH, Notzingen
Printing and Binding: AALEXX Druck GmbH, Großburgwedel

ISBN: 978-3-527-50368-1

ISBN: 978-3-527-50368-1

Geleitwort / Foreword
Inhalt / Contents
Einstiegshilfe / Primer

Geleitwort

Die Globalisierung der Kapitalmärkte hat dazu geführt, dass die internationalen Rechnungslegungsvorschriften in jüngster Vergangenheit stark an Bedeutung gewonnen haben. Rechnungsleger weltweit sprechen keine nationalen Sprachen mehr, sondern eine internationale Sprache. Die gemeinsame Sprache der Rechnungsleger heißt „International Financial Reporting Standards (IFRS)" des International Accounting Standards Board (IASB).

Der Durchbruch der IFRS gelang in der Europäischen Union am 19. Juli 2002 mit der Verabschiedung der so genannten IAS-Verordnung durch das europäische Parlament und den Rat der Europäischen Union. Auf Grund dieser Verordnung sind kapitalmarktorientierte Unternehmen mit Sitz in der Europäischen Union grundsätzlich verpflichtet, für Geschäftsjahre, die am oder nach dem 1. Januar 2005 beginnen, ihren Konzernabschluss nach den Vorschriften der IFRS zu erstellen. Damit wurden auf einen Schlag über 7 000 Unternehmen verpflichtet, die Standards des IASB anzuwenden.

Ausnahmen gelten lediglich für Unternehmen, deren Wertpapiere zum öffentlichen Handel in einem Nichtmitgliedstaat zugelassen sind und die zu diesem Zweck andere international anerkannte Standards anwenden, oder für Unternehmen, die lediglich Fremdkapitaltitel ausgegeben haben. Diese Unternehmen sind jedoch verpflichtet, für Geschäftsjahre, die am oder nach dem 1. Januar 2007 beginnen, den Konzernabschluss nach den IFRS zu erstellen.

Zudem erstellen zahlreiche Unternehmen einen Konzernabschluss nach den IFRS, ohne dazu rechtlich verpflichtet zu sein. Häufig wird in diesem Zusammenhang von einer „freiwilligen" Erstellung nach den IFRS gesprochen. Davon kann aber nicht in allen Fällen die Rede sein, da eine mittelbare Verpflichtung häufig aus den Anforderungen von Kunden, Lieferanten, Banken, sonstigen Geschäftspartnern und/oder Investoren resultiert.

Einen weiteren Durchbruch konnte der IASB Ende 2007 verzeichnen. Am 21. Dezember 2007 verabschiedete die US-amerikanische Börsenaufsichtsbehörde SEC die Final Rule (Releases „33-8879, 34-57026"), nach welcher ausländische Unternehmen in Übereinstimmung mit den IFRS erstellte Berichte sowie Zwischenberichte bei der SEC einreichen dürfen, ohne diese auf US-GAAP überleiten zu müssen. Damit werden die US-GAAP künftig weiter an Bedeutung verlieren.

Auf Grund der großen Zahl an Unternehmen und den detaillierten Vorschriften der IFRS, ist der Bedarf an IFRS-spezifischem Know-how enorm groß. Bei der Auseinandersetzung mit den IFRS stellt der interessierte Rechnungsleger schnell fest, dass die vom IASB verabschiedeten Standards in englischer Sprache veröffentlicht werden. Hilfreich ist dabei für viele Rechnungsleger eine deutsche Übersetzung der Standards. Dabei ist indes zu beachten, dass die deutsche Übersetzung an einigen Stellen ungenau oder sogar fehlerhaft ist.

In diesem Buch werden die englischen Texte der IFRS sowie deren offizielle Übersetzung durch die Europäischen Union parallel dargestellt. Dies ermöglicht dem Leser, innerhalb kurzer Zeit sowohl auf den deutschen als auch auf den englischen Originaltext zurückzugreifen. Enthalten sind in diesem Buch die von der EU im europäischen Amtsblatt veröffentlichten Standards.

Die vorliegende Textausgabe hat den Redaktionsstand 31. Januar 2008. Zu diesem Zeitpunkt waren die IFRIC 12 bis IFRIC 14 zwar bereits vom IASB verabschiedet, aber noch nicht von der Europäischen Union veröffentlicht. Gleiches gilt für überarbeitete oder geänderte Versionen der IAS 1, IAS 23, IAS 27, IFRS 2 und IFRS 3. Diese Verlautbarungen befinden sich daher nicht in der vorliegenden Ausgabe.

Wir wünschen allen Lesern dieses Buches viel Freude und Erfolg bei der Arbeit mit den IFRS, und hoffen, dass Ihnen dieses Buch behilflich ist, sich in den zahlreichen Regelungen zu Recht zu finden! Anregungen und Hinweise können Sie an die Postadresse des Verlags oder an "Wirtschaft@Wiley-VCH.de" senden.

Leipzig und Münster
im Februar 2008

Professor Dr. Henning Zülch und
Professor Dr. Matthias Hendler

Foreword

Globalisation of capital markets has led to a sharp increase in the importance of international financial reporting regulations in recent years. Accountants worldwide no longer speak national languages but one international language. The common language of accountants is "International Financial Reporting Standards (IFRS)" of the International Accounting Standards Board (IASB).

IFRS's breakthrough in the European Union occurred on 19th July 2002 with the approval of the so-called IAS regulation by the European Parliament and the Council of the European Union. Under this regulation public listed companies governed by the law of a Member State are basically obliged, for financial years beginning on or after 1st January 2005, to issue their consolidated financial statements in accordance with IFRS. At one blow, 7,000 companies were thus obliged to apply the standards of the IASB.

Exceptions apply solely to companies whose shares are listed for public trading in a non-member state and which for this purpose have to apply other internationally accepted standards, or for companies which have only issued debt securities. These companies are, however, obliged to issue the consolidated financial statement in compliance with IFRS for financial years beginning on or after 1st January 2007.

In addition, many companies account for under IFRS without being legally obliged to this. This is often referred to as "voluntary" IFRS-compliant reporting. This is not always strictly accurate, however, since a indirect obligation often results from the demands of customers, suppliers, banks, other business partners and/or investors.

At the end of 2007, the IASB could record another major breakthrough. On 21st December 2007, the American Securities and Exchange Commission (SEC) passed the Final Rule (Releases "33-8879, 34-57026"). Under this regulation Foreign Private Issuers of Financial Statements are allowed to submit reports as well as interim reports issued in accordance with IFRS to the SEC without having to reconcile them to US-GAAP. For this reason, the US-GAAP will become less important in the future.

Owing to the large number of companies and the detailed rules of the IFRS, the demand for IRFS-specific expertise is huge. When dealing with the IFRS, the accountant soon realises that the standards issued by the IASB are published in English. A German translation of the standards is useful for many accountants. Here it must be borne in mind that the German translation is in some places inexact or even wrong.

This book presents both the English texts of the IFRS and the official translation by the European Union side by side. This will enable the reader to refer quickly to both the German and the original English text. This book contains the standards published by the EU in the Official Journal.

The present edition went to press on 31st January 2008. At this time IFRIC 12 to 14 had already been approved by the IASB but had not yet been published by the European Union. The same applies to revised or amended versions of IAS 1, IAS 23, IAS 27, IFRS 2 and IFRS 3. These pronouncements are therefore not to be found in the present edition.

We wish all readers of this book much pleasure and success in their work with the IFRS and hope that this book helps them to find their way among the numerous rules! You can send your suggestions and comments to the publisher's postal address or to "Wirtschaft@Wiley-VCH.de".

Leipzig and Münster
February 2008

Professor Dr Henning Zülch and
Professor Dr Matthias Hendler

Inhalt

Geleitwort		VI
Die Verlautbarungen der IASB-Rechnungslegung		XII

International Accounting Standards

IAS 1	Darstellung des Abschlusses	2
IAS 2	Vorräte	42
IAS 7	Kapitalflussrechnungen	56
IAS 8	Bilanzierungs- und Bewertungsmethoden, Änderungen von Schätzungen und Fehler	74
IAS 10	Ereignisse nach dem Bilanzstichtag	94
IAS 11	Fertigungsaufträge	104
IAS 12	Ertragsteuern	118
IAS 14	Segmentberichterstattung	168
IAS 16	Sachanlagen	200
IAS 17	Leasingverhältnisse	224
IAS 18	Erträge	248
IAS 19	Leistungen an Arbeitnehmer	262
IAS 20	Bilanzierung und Darstellung von Zuwendungen der öffentlichen Hand	338
IAS 21	Auswirkungen von Änderungen der Wechselkurse	350
IAS 23	Fremdkapitalkosten	370
IAS 24	Angaben über Beziehungen zu nahe stehenden Unternehmen und Personen	380
IAS 26	Bilanzierung und Berichterstattung von Altersversorgungsplänen	390
IAS 27	Konzern- und separate Einzelabschlüsse nach IFRS	404
IAS 28	Anteile an assoziierten Unternehmen	418
IAS 29	Rechnungslegung in Hochinflationsländern	432
IAS 31	Anteile an Joint Ventures	444
IAS 32	Finanzinstrumente: Darstellung	462
IAS 33	Ergebnis je Aktie	502
IAS 34	Zwischenberichterstattung	534
IAS 36	Wertminderung von Vermögenswerten	554
IAS 37	Rückstellungen, Eventualschulden und Eventualforderungen	614
IAS 38	Immaterielle Vermögenswerte	646
IAS 39	Finanzinstrumente: Ansatz und Bewertung	690
IAS 40	Als Finanzinvestition gehaltene Immobilien	818
IAS 41	Landwirtschaft	848

International Financial Reporting Standards

IFRS 1	Erstmalige Anwendung der International Financial Reporting Standards	868
IFRS 2	Aktienbasierte Vergütung	900
IFRS 3	Unternehmenszusammenschlüsse	940
IFRS 4	Versicherungsverträge	984
IFRS 5	Zur Veräußerung gehaltene langfristige Vermögenswerte und aufgegebene Geschäftsbereiche	1020
IFRS 6	Exploration und Evaluierung von mineralischen Ressourcen	1040
IFRS 7	Finanzinstrumente: Angaben	1050
IFRS 8	Geschäftssegmente	1082

Standing Interpretations Committee Interpretationen

SIC-7	Einführung des Euro	1098
SIC-10	Beihilfen der öffentlichen Hand – kein spezifischer Zusammenhang mit betrieblichen Tätigkeiten	1100
SIC-12	Konsolidierung – Zweckgesellschaften	1102
SIC-13	Gemeinschaftlich geführte Einheiten – Nicht monetäre Einlagen durch Partnerunternehmen	1106
SIC-15	Operating-Leasingverhältnisse – Anreizvereinbarungen	1110
SIC-21	Ertragsteuern – Realisierung von neubewerteten, nicht planmäßig abzuschreibenden Vermögenswerten	1112
SIC-25	Ertragsteuern – Änderungen im Steuerstatus eines Unternehmens oder seiner Anteilseigner	1114
SIC-27	Beurteilung des wirtschaftlichen Gehalts von Transaktionen in der rechtlichen Form von Leasingverhältnissen	1116
SIC-29	Angabe – Vereinbarungen von Dienstleistungslizenzen	1122

Contents

Foreword		VII
The IASB Financial Reporting Pronouncements		XIII

International Accounting Standards

IAS 1	Presentation of Financial Statements	3
IAS 2	Inventories	43
IAS 7	Cash flow statements	57
IAS 8	Accounting Policies, Changes in Accounting Estimates and Errors	75
IAS 10	Events after the Balance Sheet Date	95
IAS 11	Construction Contracts	105
IAS 12	Income taxes	119
IAS 14	Segment reporting	169
IAS 16	Property, Plant and Equipment	201
IAS 17	Leases	225
IAS 18	Revenue	249
IAS 19	Employee Benefits	263
IAS 20	Accounting for government grants and disclosure of government assistance	339
IAS 21	The Effects of Changes in Foreign Exchange Rates	351
IAS 23	Borrowing costs	371
IAS 24	Related Party Disclosures	381
IAS 26	Accounting and reporting by retirement benefit plans	391
IAS 27	Consolidated and Separate Financial Statements	405
IAS 28	Investments in Associates	419
IAS 29	Financial reporting in hyperinflationary economies	433
IAS 31	Interests in Joint Ventures	445
IAS 32	Financial Instruments: Presentation	463
IAS 33	Earnings per Share	503
IAS 34	Interim financial reporting	535
IAS 36	Impairment of assets	555
IAS 37	Provisions, contingent liabilities and contingent assets	615
IAS 38	Intangible assets	647
IAS 39	Financial Instruments: Recognition and Measurement	691
IAS 40	Investment Property	819
IAS 41	Agriculture	849

International Financial Reporting Standards

IFRS 1	First-time adoption of International Financial Reporting Standard	869
IFRS 2	Share-based Payment	901
IFRS 3	Business combinations	941
IFRS 4	Insurance contracts	985
IFRS 5	Non-current assets held for sale and discontinued operations	1021
IFRS 6	Exploration for and evaluation of mineral resources	1041
IFRS 7	Financial Instruments: Disclosures	1051
IFRS 8	Operating Segments	1083

Standing Interpretations Committee Interpretations

SIC-7	Introduction of the euro	1099
SIC-10	Government assistance—no specific relation to operating activities	1101
SIC-12	Consolidation—special purpose entities	1103
SIC-13	Jointly controlled entities—non-monetary contributions by venturers	1107
SIC-15	Operating leases—incentives	1111
SIC-21	Income taxes—recovery of revalued non-depreciable assets	1113
SIC-25	Income taxes—changes in the tax status of an enterprise or its shareholders	1115
SIC-27	Evaluating the substance of transactions involving the legal form of a lease	1117
SIC-29	Disclosure—service concession arrangements	1123

Inhalt

SIC-31	Erträge – Tausch von Werbeleistungen	1126
SIC-32	Immaterielle Vermögenswerte – Websitekosten	1128

IFRIC Interpretationen

IFRIC-1	Änderungen bestehender Rückstellungen für Entsorgungs-, Wiederherstellungs- und ähnliche Verpflichtungen	1134
IFRIC-2	Geschäftsanteile an Genossenschaften und ähnliche Instrumente	1140
IFRIC-4	Feststellung, ob eine Vereinbarung ein Leasingverhältnis enthält	1154
IFRIC-5	Rechte auf Anteile an Fonds für Entsorgung, Wiederherstellung und Umweltsanierung	1162
IFRIC-6	Verbindlichkeiten, die sich aus einer Teilnahme an einem spezifischen Markt ergeben – Elektro- und Elektronik-Altgeräte	1168
IFRIC-7	Anwendung des Anpassungsansatzes unter IAS 29	1172
IFRIC-8	Anwendungsbereich von IFRS 2	1176
IFRIC-9	Neubeurteilung eingebetteter Derivate	1180
IFRIC-10	Zwischenberichterstattung und Wertminderung	1184
IFRIC-11	IFRS 2 – Geschäfte mit eigenen Aktien und Aktien von Konzernunternehmen	1188

Stichwortverzeichnis 1194

Contents

SIC-31	Revenue—barter transactions involving advertising services	1127
SIC-32	Intangible assets—web site costs	1129

IFRIC Interpretations

IFRIC-1	Changes in Existing Decommissioning, Restoration and Similar Liabilities	1135
IFRIC-2	Members' Shares in Cooperative Entities and Similar Instruments	1141
IFRIC-4	Determining whether an arrangement contains a lease	1155
IFRIC-5	Rights to Interests arising from decommissioning, restoration and environmental rehabilitation funds	1163
IFRIC-6	Liabilities arising from Participating in a Specific Market—Waste Electrical and Electronic Equipment	1169
IFRIC-7	Applying the Restatement Approach under IAS 29	1173
IFRIC-8	Scope of IFRS 2	1177
IFRIC-9	Reassessment of Embedded Derivatives	1181
IFRIC-10	Interim Financial Reporting and Impairment	1185
IFRIC-11	IFRS 2—Group and Treasury Share Transactions	1189

Index   1195

Die Verlautbarungen der IASB-Rechnungslegung

Eine Einstiegshilfe von
Professor Dr. Henning Zülch, Leipzig/Wien und Professor Dr. Matthias Hendler, Münster

Ausgangspunkt

Dieses einführende Kapitel soll Ihnen zunächst einen Einblick in das Regelwerk des IASB geben. Dies hilft Ihnen, den Stellenwert der zahlreichen, in diesem Textband veröffentlichten Standards und Interpretationen des IASB auszumachen. Folgende Fragen sind in diesem Zusammenhang zu klären:
– Welche Verlautbarungen existieren im Rahmen der IASB-Rechnungslegung und welche praktische Bedeutung bzw. Bindungswirkung besitzen diese einzelnen Verlautbarungen für die bilanzierenden Unternehmen?
– Was geschieht im Falle von Regelungslücken?
– Wie kann Ihnen die vorliegende Textausgabe im Rahmen der Bilanzierung nach IFRS weiterhelfen?

Die Verlautbarungen in der IASB-Rechnungslegung und ihre Bindungswirkung

Aufgrund der Dynamik des Wirtschaftslebens ist es unerlässlich, dass sich die Rechnungslegungsnormen permanent an die Umfeldbedingungen anpassen. Um der wirtschaftlichen Dynamik gerecht zu werden, erlässt das IASB eine Vielzahl von Verlautbarungen, die sich vor allem durch ihre Bindungswirkung für die bilanzierenden Unternehmen voneinander unterscheiden. Vor jedem IFRS bzw. IAS wird in der Originalausgabe des IASB der Hinweis gegeben, dass der jeweilige Standard in Verbindung mit seiner Zielsetzung, ggf. den Grundlagen für Schlussfolgerungen, dem Vorwort zu den International Financial Reporting Standards und dem Rahmenkonzept zu betrachten ist. Zudem gibt es vom IASB noch die sogenannten Anwendungshilfen. Im Folgenden werden die nachstehenden Verlautbarungen erläutert:
– das Vorwort zu den International Financial Reporting Standards,
– das Rahmenkonzept,
– die Rechnungslegungsstandards (IAS/IFRS),
– die Rechnungslegungsinterpretationen (SIC/IFRIC),
– die Grundlagen für Schlussfolgerungen und
– die sog. Anwendungshilfen (Anleitungen zur Standardanwendung/Anwendungsleitlinien/Anwendungsbeispiele).

Die Ausführungen im **Vorwort** zu den IFRS enthalten allgemeine Hinweise zur IASB-Rechnungslegung. So werden im Vorwort u. a. die Zielsetzung des IASB sowie der Anwendungsbereich, die Bindungswirkung sowie das förmliche Verfahren der Entwicklung und Verabschiedung der Rechnungslegungsstandards geklärt. Besonders wichtig bezüglich der Bindungswirkung der Verlautbarungen sind dabei die Hinweise im Vorwort auf IAS 1.14 und der Hinweis in Paragraph 14 des Vorwortes. IAS 1.14 bestimmt, dass ein Abschluss nicht als mit den IFRS übereinstimmend bezeichnet werden darf, solange er nicht sämtliche Anforderungen der IFRS erfüllt. Zudem enthält Paragraph 14 des Vorwortes den Hinweis, dass die fett und normal gedruckten Paragraphen gleichrangig sind. Dieser Hinweis ist in der Originalversion ebenso vor jedem IFRS und jedem IAS zu finden.

Das **Rahmenkonzept** des IASB bildet ein hierarchisch aufgebautes Grundsatzsystem, welches geleitet von der Zielsetzung der IASB-Rechnungslegung — Vermittlung entscheidungsnützlicher Informationen an die Abschlussadressaten — Basisgrundsätze und Qualitätsgrundsätze umschließt. Die **Basisgrundsätze** stellen die einem IFRS-Abschluss zu Grunde liegenden Rechnungslegungsannahmen dar. Zu ihnen zählen die Grundsätze der Unternehmensfortführung und der periodengerechten Erfolgsabgrenzung. Diese Grundsätze sind auch als handelsrechtliche Grundsätze ordnungsmäßiger Buchführung bekannt und inhaltlich nahezu identisch mit den handelsrechtlichen Regelungen. Mit den **Qualitätsgrundsätzen** werden die Anforderungen an Abschlussinformationen formuliert. Als qualitative Anforderungen gelten die Verständlichkeit, die Relevanz, die Zuverlässigkeit und die Vergleichbarkeit. Die qualitativen Anforderungen der Relevanz und der Zuverlässigkeit werden ihrerseits wiederum durch Nebenbedingungen begrenzt. Zu diesen Nebenbedingungen zählen die zeitnahe Berichterstattung, die Kosten-Nutzen-Abwägung und die Grundsatzabwägung. Mit Hilfe dieser Nebenbedingungen sollen mögliche Zielkonflikte zwischen den qualitativen Anforderungen der Relevanz und der Zuverlässigkeit ausgeräumt werden. Den Adressaten eines IFRS-Abschlusses sind letztlich unter Beachtung der bezeichneten Nebenbedingungen sowohl relevante als auch zuverlässige Abschlussinformationen zu vermitteln. Die angeführten Basisgrundsätze und Qualitätsgrundsätze werden überdies ergänzt durch weitere Rechnungslegungsgrundsätze, wie die Ansatz- und Bewertungsgrundsätze und die Kapitalerhaltungskonzepte des IASB. Diese Grundsätze werden ebenso wie die Basisgrundsätze und Qualitätsgrundsätze als Rahmengrundsätze der IASB-Rechnungslegung bezeichnet. Insgesamt ist festzuhalten: Das Rahmenkonzept dient als Auslegungs- und

The IASB Financial Reporting Pronouncements

A Primer by
Professor Dr Henning Zülch, Leipzig/Vienna and Professor Dr Matthias Hendler, Münster

Starting point

To begin with, this introductory chapter offers an insight into the IASB rule set. This will help you to understand the relative importance of the many IASB standards and interpretations published in this volume. In this context the following questions will be addressed:
- What pronouncements exist within the context of IASB financial reporting and what practical significance or binding force do these individual pronouncements have for the reporting company?
- What happens when there are regulatory gaps?
- How can this book help you in the context of IFRS-compliant accounting?

The Pronouncements in IASB financial reporting and their binding force

The dynamics of business life make it essential that financial reporting standards adapt continuously to external conditions. To meet the demands of business dynamics the IASB issues a large number of pronouncements, which differ among themselves principally in terms of their mandatory effect for the reporting company. At the head of each IFRS or IAS in the original edition it is pointed out by the IASB that the standard in question is to be viewed in conjunction with its objective, the basis for conclusions, the Preface to the International Financial Reporting Standards and the framework. In addition the IASB also provides what it terms guidance. The following pronouncements will now be discussed in more detail:
- Preface to the International Financial Reporting Standards
- framework
- International Accounting Standards/International Financial Reporting Standards (IASs/IFRSs)
- financial reporting interpretations (SICs/IFRICs)
- bases for conclusions
- guidance (application guidance/implementation guidance/illustrative examples).

The statements in the **Preface** to the IFRS contain general notes on IASB financial reporting. The Preface explains, among other things, the objectives of the IASB and the scope, the mandatory force and the due process for developing and approving financial reporting standards. Of particular importance in relation to the mandatory force of pronouncements are the references in the Preface to IAS 1.14 and the note in Paragraph 14 of the Preface. IAS 1.14 stipulates that a financial statement cannot be described as IFRS-compliant unless it meets all IFRS requirements. In addition Paragraph 14 of the Preface contains the note that paragraphs in bold type and plain type have equal authority. This note can also be found before every IFRS and every IAS in the original version.

The IASB **Framework** forms a hierarchical system of principles which, headed by the IASB financial reporting objectives — to provide information to the users of financial statements that is useful in making economic decisions — comprises basic principles and qualitative characteristics of financial statements. The **basic principles** are embodied in the financial reporting assumptions on which an IFRS financial statement is based. These include the principles of the going concern and accounting on an accrual basis. These principles are also known as generally accepted accounting principles under German Commercial Code (GCC) and in content practically identical. The informational requirements of a financial statement are formulated under the **qualitative characteristics of financial statements**. The quality requirements are understandability, relevance, reliability and comparability. The qualitative characteristics of relevance and reliability are further modified by subsidiary conditions. These subsidiary conditions include timely reporting, the balance between benefit and cost and the balance between the qualitative characteristics. The aim of these subsidiary conditions is to eliminate potential conflicts between the qualitative characteristics of relevance and reliability. Through observance of the subsidiary conditions the user of an IFRS financial statement should finally receive relevant and reliable financial information. The above basic and qualitative characteristics are then supplemented by further financial reporting principles, such as the recognition and measurement principles and the IASB's capital maintenance concepts. These principles, like the basic principles and qualitative characteristics, are termed the Framework of IASB financial reporting. In summary, the Framework serves as an aid to interpretation and orientation and is thus the conceptual frame of reference for the IASB's financial reporting system. It is

Einstiegshilfe

Orientierungshilfe und ist damit der konzeptionelle Bezugsrahmen für das Rechnungslegungssystem des IASB. Es richtet sich an das IASB, die Ersteller von IFRS-Abschlüssen, deren Prüfer sowie die Abschlussadressaten. Es dient darüber hinaus als Grundlage für die Erarbeitung neuer sowie die Auslegung bereits bestehender Rechnungslegungsstandards. Ihm wird **nicht** der Rang bzw. Verpflichtungscharakter eines Rechnungslegungsstandards zuteil. Unter Berufung auf das Rahmenkonzept darf auch nicht gegen einzelne Rechnungslegungsstandards verstoßen werden.

Zu den **Rechnungslegungsstandards** als dem Kernelement der IASB-Rechnungslegung zählen gem. IAS 1.11 die IAS und IFRS sowie die SIC und IFRIC. Die bis zur Restrukturierung des IASC im Jahre 2001 erlassenen Rechnungslegungsnormen heißen IAS bzw. SIC und die nach der Restrukturierung durch das IASB erlassenen Rechnungslegungsstandards tragen die Bezeichnung IFRS bzw. IFRIC. Dabei wird die Bezeichnung „IFRS" zusätzlich als Oberbegriff für sämtliche Rechnungslegungsstandards und Rechnungslegungsinterpretationen verwendet. Bis zu seiner Restrukturierung im Jahre 2001 hat das IASC 41 IAS erlassen und veröffentlicht, von denen zwölf wieder aufgehoben oder zurückgezogen wurden und 30 derzeit gültig sind. Das zum 1. April 2001 als zentrales Entscheidungsorgan eingesetzte IASB hat bislang acht IFRS veröffentlicht. Die Rechnungslegungsstandards befassen sich mit abgegrenzten Teilbereichen der IASB-Rechnungslegung. Sie folgen keiner einheitlichen Systematik und decken teilweise Bilanzposten (z. B. IAS 2 – Vorräte; IAS 16 – Sachanlagevermögen oder IAS 38 – Immaterielle Vermögenswerte) und bestimmte Probleme der Rechnungslegung (z. B. IAS 11 – Langfristige Fertigungsaufträge, IAS 17 – Leasing) ab. Zum Teil behandeln sie die Gestaltung von Bestandteilen des Abschlusses (z. B. IAS 7 – Kapitalflussrechnung) oder Sonderfragen einzelner Branchen (z. B. IAS 41 – Landwirtschaft oder IFRS 4 – Versicherungsverträge). Die einzelnen IAS/IFRS sind meist wie folgt gegliedert:
– Zielsetzung,
– Anwendungsbereich,
– Definitionen (bei den IFRS im Anhang A),
– Bilanzierungsregeln,
– Offenlegungspflichten,
– Übergangsvorschriften,
– Zeitpunkt des Inkrafttretens und
– Anhang.

Für die Aufstellung eines IFRS-Abschlusses sind generell **alle gültigen IAS/IFRS verpflichtend anzuwenden**. Ein Rechnungslegungsstandard muss allerdings dann nicht angewendet werden, wenn seine Anwendung unwesentliche Auswirkungen auf die Vermögens-, Finanz- und Ertragslage des bilanzierenden Unternehmens hat (Wesentlichkeitsvorbehalt, IAS 8.8).

Die vor der Restrukturierung des IASC vom SIC erarbeiteten und veröffentlichten **Rechnungslegungsinterpretationen** werden SIC-Interpretationen genannt. Die im Anschluss daran vom IFRIC erlassenen und veröffentlichten Rechnungslegungsinterpretationen tragen die Bezeichnung IFRIC-Interpretationen. SIC- und IFRIC-Interpretationen gehören neben den IAS/IFRS zum Kern des IASB-Regelwerkes. Aktuell gelten insgesamt 24 Rechnungslegungsinterpretationen, wovon elf Interpretationen vom SIC und 13 Interpretationen bislang vom IFRIC veröffentlicht wurden und anzuwenden sind. Letztere beschäftigen sich u. a. mit Fragestellungen in Bezug auf die Bilanzierung von Entsorgungsverpflichtungen (IFRIC 1) oder die Identifikation von Leasingverhältnissen (IFRIC 4). Mit den Interpretationen werden rechtzeitig Leitlinien für neue Fragen der Rechnungslegung für Unternehmen erarbeitet, die in den IFRS nicht gesondert behandelt werden, oder für solche Fragen, bei welchen sich unbefriedigende oder gegensätzliche Interpretationen entwickelt haben oder sich möglicherweise entwickeln werden. Die Rechnungslegungsinterpretationen werden zeitnah herausgegeben und beziehen sich nur auf Bilanzierungsfragen von allgemeinem Interesse. Sie werden konsistent zu den Rahmengrundsätzen und zu den bestehenden Rechnungslegungsstandards entwickelt. Die **Anwendung der Rechnungslegungsinterpretationen** ist, wie die der Rechnungslegungsstandards, **verpflichtend**. Die Interpretationen des IFRIC sind Normen, die Unternehmen zu beachten haben, wenn sie ihren Abschluss als IFRS-konform kennzeichnen wollen.

Die **Grundlagen für Schlussfolgerungen** fassen die Überlegungen des IASB bei der Entwicklung des entsprechenden Standards zusammen. Sie sind eine Art Gesetzesbegründung, in der festgehalten wird, welche alternativen Lösungen es für einen Sachverhalt gibt und warum sich der Board wie im Standard umgesetzt entschieden hat. Die Grundlagen für Schlussfolgerungen haben informativen Charakter. Bindungswirkung entfalten sie nicht.

Unter dem Begriff der **Anwendunghilfen** werden schließlich Anleitungen zur Standardanwendung, Anwendungsleitlinien sowie Anwendungsbeispiele verstanden. Allerdings gelten die Anleitungen zur Standardanwendung als integraler Bestandteil der jeweiligen Rechnungslegungsstandards (IAS 32, IAS 33 und IAS 39). Sie sind dementsprechend verpflichtend anzuwenden. Anwendungsleitlinien und Anwendungsbeispiele hingegen weisen einen geringeren Verpflichtungscharakter auf und bilden die Anwendungshilfen im engeren Sinne. Sie ergänzen den jeweiligen Rechnungslegungsstandard und stellen seine Umsetzbarkeit für die Bilanzierungspraxis klar. Anwendungsleitlinien wurden erstmals zu IAS 39 (Finanzinstrumente: Ansatz und Bewertung) veröffentlicht. Mittlerweile werden sie im Zusammenhang mit nahezu jedem neuen Rechnungslegungsstandard herausgegeben (IFRS 1, IFRS 2, IFRS 4, IFRS 5, IFRS 7 und IFRS 8). Eine Anwendungsleitlinie ist so aufgebaut,

addressed to the IASB, the preparers of IFRS financial statements, auditors and users of the statements. It further serves as a basis for the elaboration of new financial reporting standards and the interpretation of existing ones. It is **not** assigned the status or mandatory nature of an Financial Reporting Standard. Nor can individual financial reporting standards be infringed by appeal to the Framework.

The **Financial Reporting Standards**, as the core element of IASB financial reporting, comprise, in accordance with IAS 1.11, the IAS and IFRS plus the SIC and IFRIC. The financial reporting standards issued up to the restructuring of the IASC in 2001 are known as IAS and SIC; the financial reporting standards issued after the restructuring by the IASB are termed IFRS and IFRIC. The term "IFRS" is also used as an umbrella term for all financial reporting standards and financial reporting interpretations. Up to the time of its restructuring in 2001 the IASC enacted and published 41 IAS, of which twelve have since been removed or withdrawn and 29 are currently in effect. The IASB, established in April 2001 as the central decision-making body, has published eight IFRS so far. The Financial Reporting Standards adress separate subsections of IASB financial reporting. They do not follow a uniform system: some cover balance sheet items (eg, IAS 2 – Inventories; IAS 16 – Property, Plant and Equipment or IAS 38 – Intangible Assets); others cover special problems of financial reporting (eg, IAS 11 – Construction Contracts, IAS 17 – Leases). Some deal with components of financial statements (eg, IAS 7 – Cash Flow Statements) or issues of special industries (eg, IAS 41 – Agriculture or IFRS 4 – Insurance Contracts). The individual IAS/IFRS are usually structured as follows:
– objective
– scope
– definitions (in IFRS in the Appendix A)
– recognition and measurement
– disclosures
– transitional provisions
– effective date
– appendix

In general, in preparing IFRS financial statements **IASs/IFRSs which became effective must be applied**. A Financial Reporting Standard need not be applied, however, if its application would have immaterial consequences for the financial position or financial performance of the reporting entity (materiality reservation, IAS 8.8).

Financial reporting interpretations developed and published by the SIC before the restructuring of the IASC are known as SIC interpretations. Accounting interpretations issued and published subsequently by the IFRIC are termed IFRIC interpretations. SIC and IFRIC interpretations belong, with the IASs/IFRSs, to the core of the IASB regulatory code. A total of 24 financial reporting interpretations are currently in effect: eleven SIC interpretations and 13 IFRIC interpretations have so far been issued and should be applied. The IFRIC interpretations are concerned with, among other topics, issues relating to the "Changes in Existing Decommissioning, Restoration and Similar Liabilities" (IFRIC 1) or the identification of leases (IFRIC 4). The interpretation shall provide timely guidance on newly identified financial reporting issues not specifically addressed in an IFRS or issues where unsatisfactory or conflicting interpretations have developed or seem likely to develop. Financial reporting interpretations are published in a timely way and refer only to accounting problems of general interest. They are developed consistent with the framework principles and existing financial reporting standards. The **application of the financial reporting interpretations** is, like that of financial reporting standards, **mandatory**. IFRIC interpretations are standards that companies have to follow if they wish to describe their financial statements as IFRS-compliant.

The **Basis for Conclusions** summarizes the IASB's reasoning in the development of the standard in question. It is a kind of preamble which states what alternative solutions there are for a particular case and why the Board decided as it did on the implementation in the standard. Bases for conclusions have an informational character. They have no mandatory force.

The term **guidance** is used to denote application guidance, implementation guidance and illustrative examples. An application guidance, however, is an integral part of the corresponding financial reporting standard (IAS 32, IAS 33 and IAS 39). It must therefore mandatorily be applied. Implementation guidance and illustrative examples, on the other hand, have less of a mandatory character and constitute guidance in the narrower sense. They supplement the corresponding standard and present possible implementations in accounting practice. Implementation guidance was first published for IAS 39 (Financial Instruments: Recognition and Measurement). Now it is published in conjunction with almost every new financial reporting standard (IFRS 1, IFRS 2, IFRS 4, IFRS 5, IFRS 7, IFRS 8). An implementation guidance is so constructed as to provide answers to users' most frequently asked questions on the practical implementation of particular

Einstiegshilfe

dass sie Antworten auf die von Anwenderseite am häufigsten gestellten Fragen zur praktischen Umsetzung bestimmter Rechnungslegungsstandards vermittelt. Die Anwendungsleitlinien besitzen jedoch lediglich Empfehlungscharakter. Ebenso Empfehlungscharakter besitzen die Anwendungsbeispiele, welche wie die Anwendungsleitlinien nicht als Standardbestandteil gelten. Die Anwendungsbeispiele liefern praktische Umsetzungsbeispiele für den jeweiligen, durch den Rechnungslegungsstandard abzudeckenden bilanziellen Sachverhalt. Sie repräsentieren nicht die einzig zulässigen Umsetzungsmöglichkeiten der Standardregelungen und sind daher nicht als abschließend zu bezeichnen.

Hierarchie des IASB-Regelwerkes und Behandlung von Regelungslücken

Die dargestellten Verlautbarungen des IASB können noch nicht als in sich geschlossenes Normensystem angesehen werden. Weder liegt eine hinreichend verbindliche Regelungsgrundlage vor, noch sind alle Regelungslücken geschlossen. Regelungslücken sind durch zweckgerechte Auslegung seitens der Bilanzierenden selbst zu schließen. Dieses Problem bestehender und auslegungsbedürftiger Regelungslücken erkannte das IASB und führte im Rahmen des im Dezember 2003 abgeschlossenen Improvements Project in IAS 8 (Bilanzierungs- und Bewertungsmethoden, Änderungen von Schätzungen und Fehlern) eine Normenhierarchie zur Schließung derartiger Regelungslücken ein. Diese Normenhierarchie stellte eine Überarbeitung der bislang in IAS 1 (Darstellung des Abschlusses) verankerten Hierarchie dar.

Als oberste Aufgabe von IFRS-Abschlüssen und damit als Ausgangspunkt der Normenhierarchie gilt gemäß IAS 1.13 in Verbindung mit F.12, die Vermögens-, Finanz- und Ertragslage sowie die Mittelzu- und -abflüsse eines Unternehmens den tatsächlichen Verhältnissen entsprechend abzubilden. Bestimmte Umstände können jedoch dazu führen, dass die Einhaltung einer Standardbestimmung oder einer Interpretationsregelung ein falsches Bild von der wirtschaftlichen Lage des bilanzierenden Unternehmens zeichnet. In diesen denkbaren aber vom IASB in IAS 1.17 als sehr seltenen Einzelfall bezeichneten Situationen soll von der speziellen Einzelnorm abgewichen und über die Abweichung detailliert berichtet werden.

Abgesehen von seltenen Ausnahmen führt die Anwendung der IFRS annahmengemäß zu Abschlüssen, die das verlangte tatsächliche Bild der wirtschaftlichen Lage eines Unternehmens zeichnen. Bei konkreten bilanziell zu erfassenden Sachverhalten sind daher gem. IAS 8.7 ausdrücklich die geltenden Rechnungslegungsstandards und Rechnungslegungsinterpretationen heranzuziehen. Sie sind folglich die Grundlage der IASB-Normenhierarchie. Ergänzt werden die Rechnungslegungsstandards und Rechnungslegungsinterpretationen durch die veröffentlichten Anwendungshilfen, welche gemäß IAS 8.7 ebenfalls zur Lösung bilanzieller Problemstellungen angewendet werden sollen. Sie entfalten — wie oben bereits ausgeführt — bis auf die Anleitungen zur Standardanwendung, die integraler Bestandteil einiger Rechnungslegungsstandards sind, allerdings keine so starke Bindungswirkung wie Rechnungslegungsstandards und Rechnungslegungsinterpretationen.

Existieren nun allerdings Regelungslücken in der IASB-Rechnungslegung, d. h., kann ein Sachverhalt mittels geltender Rechnungslegungsstandards, Rechnungslegungsinterpretationen und Anwendungshilfen nicht zweckgerecht in einem IFRS-Abschluss abgebildet werden, bieten den Bilanzierenden die Regelungen in IAS 8.10–8.12 Auslegungshilfe. In den genannten Regelungen werden nicht bestimmte Methoden zur Lückenschließung explizit, sondern es werden die Anforderungen an die bilanzielle Lösung formuliert und die zur Auslegung heranzuziehenden Quellen konkretisiert.

Generell gilt: Die Unternehmensführung des bilanzierenden Unternehmens hat im Fall einer Regelungslücke gemäß IAS 8.10 bei ihrer Urteilsbildung die qualitativen Anforderungen der Relevanz und Zuverlässigkeit zu berücksichtigen. Diese zunächst sehr abstrakte und der Praxis wenig hilfreiche Forderung wird in **IAS 8.11** und **IAS 8.12** dahingehend präzisiert, dass eine **„Auslegungshierarchie"** festgelegt wird:
- Zunächst sind die Vorschriften anderer Rechnungslegungsstandards (IAS/IFRS) und Rechnungslegungsinterpretationen (SIC/IFRIC), die auf den betreffenden Sachverhalt analog angewendet werden können (IAS 8.11 (a)), zu betrachten.
- In einem weiteren Schritt sind die im Rahmenkonzept vorgegebenen Definitionen wie auch die dort festgeschriebenen Ansatz- und Bewertungskriterien für Vermögenswerte, Schulden, Erträge und Aufwendungen zur Auslegung zu verwerten (IAS 8.11 (b)).
- Im Zusammenhang mit den beiden erstgenannten Auslegungshilfen sowie für die Fälle, in denen die genannten Auslegungshilfen bestehende Regelungslücken nicht schließen konnten, dürfen Verlautbarungen anderer Standardsetter (z. B. FASB oder ASB), anerkannte Branchenpraktiken und wissenschaftliche Kommentarliteratur zur Auslegung hinzugezogen werden. Allerdings muss sichergestellt sein, dass diese Verlautbarungen und Branchenpraktiken sowie die wissenschaftliche Kommentarliteratur mit den Vorschriften des IASB vereinbar sind (IAS 8.12). Zur wissenschaftlichen Kommentarliteratur zu zählen sind u. a. Schriften, die sich mit abgegrenzten bilanziellen Problemstellungen beschäftigen (Dissertationen) und Beiträge in anerkannten Fachzeitschriften.

Neben den aufgeführten und in IAS 8.11 und IAS 8.12 explizit vorgesehenen Auslegungshilfen sind zwei weitere Auslegungshilfen abschließend zu würdigen. Zum einen kann das Vorwort zu den IFRS noch als Auslegungshilfe angesehen werden. Obwohl eingangs dem Vorwort für die Anwendung und Auslegung von Rechnungsle-

financial reporting standards. Implementation guidance has, however, only the status of recommendation. Also recommendatory are the illustrative examples, which, like the implementation guidance, are not considered part of the standard. The illustrative examples provide practical examples of implementations for the accounting scenarios covered by the financial reporting standard. They do not represent the only possible permissible implementations of the standard rules and cannot therefore be defined as exclusive.

Hierarchy of the IASB regulatory code and treatment of regulatory gaps

The IASB pronouncements presented above cannot be viewed as a self-contained system of standards. No sufficiently mandatory regulatory base exists and not all regulatory gaps have been closed. Gaps in the regulations are to be closed by appropriate interpretation on the part of the accountant him- or herself. The IASB recognized this problem of regulatory gaps that existed and needed interpretation and under the Improvements Project, completed in December 2003, introduced in IAS 8 (Accounting Policies, Changes in Accounting Estimates, and Errors) a hierarchy of standards to close such regulatory gaps. This hierarchy of standards constitutes a reworking of the hierarchy previously established in IAS 1 (Presentation of Financial Statements).

The primary function of IFRS financial statements and thus the starting point of the hierarchy of standards is, according to IAS 1.13 in conjunction with F.12, to provide a fair presentation of the financial position, financial performance and cash flows of a company. Particular circumstances may, however, mean that compliance with the provisions of a standard or interpretation creates a false picture of the financial situation of the reporting company. In these situations – conceivable but described by the IASB in IAS 1.17 as extremely rare individual cases – departure from the particular requirement should be made and full details of the departure reported.

Rare exceptions apart, application of the IFRSs is presumed to result in financial statements that achieve the required fair presentation of the actual financial situation of a company. For concrete cases to be accounted for the applicable financial reporting standards and financial reporting interpretations according to IAS 8.7 should therefore be followed. Consequently, they are the basis of the IASB hierarchy of standards. The financial reporting standards and financial reporting interpretations are supplemented by guidance, which according to IAS 8.7 should also be used in the solving of accounting problems. As explained above, however, these guidances, apart from the application guidance, which are an integral component of some financial reporting standards, do not have the same mandatory force as financial reporting standards and financial reporting interpretations.

If, however, regulatory gaps exist in IASB financial reporting, ie, if a set of circumstances cannot be fairly presented in an IFRS financial statement by means of existing applicable financial reporting standards, financial reporting interpretations and guidances, the rules in IAS 8.10–8.12 offer the accountant interpretive help. These rules do not define specific ways of closing gaps; rather, they formulate the requirements of the accounting solution and specify the sources to be drawn on for interpretation.

The general rule is: in case of a regulatory gap, the management of the reporting company should, according to IAS 8.10, consider the qualitative demands of relevance and reliability in forming its judgement. This requirement, on the face of it very abstract and of little help in practice, is made more precise in **IAS 8.11** and **IAS 8.12** to the extent that a "**hierarchy of interpretation**" is established:
- First, the regulations of other Financial Reporting Standards (IASs/IFRSs) and Financial Reporting Interpretations (SICs/IFRICs) that can be applied by analogy to the case in question (IAS 8.11 (a)) should be considered.
- The next step is to evaluate both the definitions given in the Framework and the recognition criteria and measurement concepts stipulated there for assets, liabilities, income and expenses for the interpretation.
- In conjunction with the above two aids to interpretation and in cases where these aids to interpretation cannot close existing regulatory gaps, most recent pronouncements of other standardsetting bodies (eg, FASB or ASB), accepted industry practices and academic literature may be drawn upon for the interpretation. It must of course be ensured that these pronouncements, industry practices and academic literature are compatible with the rules of the IASB (IAS 8.12). Academic literature includes papers dealing with specific accounting topics (dissertations) and articles in accepted professional journals.

Finally, in addition to the aids to interpretation listed above and explicitly provided in IAS 8.11 and IAS 8.12, two more aids to interpretation are worthy of mention. Firstly, the Preface to the IFRS can be seen as another aid to interpretation. Although initially no significance was attributed to the Preface for the application and inter-

Einstiegshilfe

gungsstandards keine Bedeutung zugesprochen wurde, muss festgestellt werden, dass jeder künftige oder überarbeitete Rechnungslegungsstandard in Zusammenhang mit dem Vorwort zu den IFRS zu lesen ist. Das Vorwort zu den IFRS ist somit ebenso als eine Auslegungshilfe im weiteren Sinne zu verstehen. Zum anderen können Standardentwürfe oder Entwürfe von Rechnungslegungsinterpretationen zur Schließung von Regelungslücken herangezogen werden. Sollten die im Standardentwurf oder im Interpretationsentwurf vorgesehenen Bilanzierungs- und Bewertungsmethoden im Rahmen der öffentlichen Diskussion auf allgemeine Zustimmung stoßen, wird diesen Entwürfen der Status wissenschaftlicher Kommentarliteratur beigemessen. Stellen sich bei der endgültigen Verabschiedung der Rechnungslegungsstandards oder Rechnungslegungsinterpretationen allerdings Abweichungen zwischen Entwurf und verabschiedeter Norm heraus, sind vom bilanzierenden Unternehmen ggf. rückwirkende Anpassungen vorzunehmen.

Bedeutung der vorliegenden Textausgabe

Die vorliegende Textausgabe umfasst die von der Europäischen Union (EU) gebilligten und veröffentlichten Rechnungslegungsnormen des IASB. Hierbei handelt es sich um die von der EU gebilligten Rechnungslegungsstandards (IAS/IFRS) und Rechnungslegungsinterpretationen (SIC/IFRIC). Ihre Billigung basiert auf einem speziellen Anerkennungsverfahren. Dieses Verfahren müssen neue wie überarbeitete Rechnungslegungsstandards und Rechnungslegungsinterpretationen bestehen, bevor sie auf EU-Ebene rechtskräftig werden. So vermeidet die EU, den Prozess der Entwicklung von Rechnungslegungsnormen, und damit letztlich der Rechnungslegungsgesetze, in die Hände einer privatrechtlichen Institution zu legen. Sie behält somit weiterhin die legislative Kompetenz.

Lassen Sie uns einen tieferen Blick in dieses Verfahren werfen, welches mittlerweile einen sehr großen Stellenwert in der europäischen Rechnungslegung einnimmt und die Basis dieser Textausgabe darstellt.

Im Rahmen des EU-Anerkennungsverfahrens von IASB-Rechnungslegungsnormen sind zwei Entscheidungsebenen voneinander zu unterscheiden: eine technische Ebene und eine politische Ebene. Auf der technischen Ebene ist eine Expertengruppe, die European Financial Reporting Advisory Group (EFRAG), eingesetzt worden. Die EFRAG hat sich zum Ziel gesetzt, die europäischen Interessen gegenüber dem IASB zu vertreten und die Arbeit der nationalen europäischen Rechnungslegungsgremien zu koordinieren. Überdies berät die EFRAG die Europäische Kommission in fachlichen Fragen. Die EFRAG holt Kommentare interessierter Rechnungslegungskreise (Theorie und Praxis) auf europäischer Ebene ein und schlägt der Kommission innerhalb von zwei Monaten nach Verabschiedung einer Rechnungslegungsnorm durch das IASB die Annahme oder Ablehnung der jeweiligen Norm vor. Die Europäische Kommission legt sodann den Vorschlag der EFRAG dem Accounting Regulatory Committee (ARC) vor. Das ARC ist der Regelungsausschuss für Rechnungslegung. Er bildet die politische Ebene des Anerkennungsverfahrens. In diesem Ausschuss, der unter dem Vorsitz der Europäischen Kommission steht, sind die europäischen Mitgliedstaaten vertreten. Das ARC ist im Rahmen eines vereinfachten Gesetzgebungsverfahrens zuständig für die europaweite Anerkennung der Rechnungslegungsnormen des IASB. Im Falle eines positiven Urteils über die Konformität der Normen mit den EU-Richtlinien werden diese der Kommission freigegeben und dem Europäischen Parlament und dem Rat der Europäischen Union als EU-Verordnungsentwurf vorgeschlagen.

Damit verhindert wird, dass EU-spezifische IAS/IFRS entstehen, soll ein Rechnungslegungsstandard entweder in der vom IASB verabschiedeten Fassung oder überhaupt nicht übernommen werden. Die anerkannten Rechnungslegungsnormen des IASB werden als Kommissionsverordnung vollständig in allen Amtssprachen im Amtsblatt der EU veröffentlicht. Den aktuellen Stand des Anerkennungsverfahrens können Sie auch unter http://www.standardsetter.de/drsc/docs/standendorsement.pdf abrufen.

Da das Rahmenkonzept des IASB nicht von der EU gebilligt und veröffentlicht wurde, ist es in dieser Textausgabe nicht abgedruckt. Es steht aber unter http://ec.europa.eu/internal_market/accounting/ias_de.htm als Anhang des Kommentars zur IAS Verordnung und den Rechnungslegungsrichtlinien zur Verfügung.

Bitte beachten Sie bei der Arbeit mit der Textausgabe – wie bereits im Geleitwort angedeutet –, dass Sie mit einer synoptischen Gegenüberstellung der Rechnungslegungsnormen in **englischer und deutscher Sprache** arbeiten. Vielfach treten in der deutschen Übersetzung Unzulänglichkeiten im Vergleich zum englischen Originaltext auf. Zum Beispiel heißt es in Paragraph 36 der offiziellen Übersetzung des IAS 8: „Die Auswirkung der Änderung einer Schätzung […] ist rückwirkend ergebniswirksam zu erfassen […]". In der Originalversion steht indes, dass solche Auswirkungen prospektiv zu erfassen sind! Weiterhin sei mit IFRS 7 ein sehr aktuelles Beispiel angesprochen. So ist die offizielle Übersetzung von IFRS 7.25 an entscheidender Stelle fehlerhaft, da *„class of financial assets and financial liabilities"* mit „Kategorien von finanziellen Vermögenswerten und finanziellen Verbindlichkeiten" übersetzt wird. Denn neben der klassifzierenden Aufteilung der Finanzinstrumente in „Kategorien" zur Zugangs- und Folgebewertung, führt IFRS 7 zusätzlich die Verpflichtung zur weiteren (verdichteten) Einteilung der finanziellen Vermögenswerte und finanziellen Verbindlichkeiten in sog. „Klassen" ein. Für Letztere sind wiederum bestimmte Angaben hinsichtlich der Bewertung zum beizulegenden Zeitwert offen zu legen. Im Zweifel gilt folglich: Ziehen Sie den Originaltext der IFRS zur Lösung einer bilanziellen Frage heran!

pretation of financial reporting standards, it must be noted that every future or revised financial reporting standard is to be read in conjunction with the Preface of the IFRS. The Preface to the IFRS should therefore also be considered an aid to interpretation in a wider sense. Secondly, exposure drafts of financial reporting standards or interpretations can be drawn upon to close regulatory gaps. Should the accounting policies provided in the draft standards or interpretations meet with general agreement in public discussion, these drafts attain the status of academic literature. If, however, differences between the exposure draft and the issued standard become evident when the financial reporting standard or financial reporting interpretation is finally issued, retrospective adjustments should, if necessary, be made by the reporting company.

Significance of the present publication

The present publication comprises the financial reporting standards of the IASB-endorsed and published by the European Union (EU). These are primarily the financial reporting standards (IASs/IFRSs) and financial reporting interpretations (SICs/IFRICs) endorsed by the EU. Their endorsement is based on a specific endorsement procedure. Both new and amended financial reporting standards and financial reporting interpretations must pass through this procedure before they come into effect at the EU level. In this way the EU avoids putting the process of developing financial reporting standards, and thus eventually financial reporting laws, into the hands of a private institution. It thus continues to retain legislative authority.

Let us have a closer look into this procedure, which now occupies an extremely important position in European financial reporting and constitutes the basis of this publication.

Within the EU endorsement mechanism for IASB financial reporting standards two decision-making levels must be distinguished: a technical level and a political level. At the technical level a group of experts, the European Financial Reporting Advisory Group (EFRAG) has been established. EFRAG has set itself the aim of representing European interests vis-a-vis the IASB and co-ordinating the work of national European financial reporting bodies. EFRAG also advises the European Commission on technical matters. EFRAG gathers the opinions of financial reporting interest groups (theory and practice) at the European level and proposes to the Commission, within two months of the issuance of a financial reporting standard by the IASB, the endorsement or rejection of that standard. The European Commission then submits the EFRAG proposal to the Accounting Regulatory Committee (ARC). The ARC is the regulatory committee for financial reporting. It constitutes the political level of the endorsement mechanism. On this committee, which is chaired by the European Commission, the European member states are represented. The ARC is responsible within the context of a simplified legislative process for Europe-wide acceptance of IASB financial reporting standards. If the standard is judged to conform to EU directives, it is released by the commission and presented to the European Parliament and the council of the European Union as a draft regulation.

This prevents the creation of an EU-specific IAS/IFRS if a financial reporting standard is either not adopted, or not adopted in the form issued by the IASB. Adopted IASB financial reporting standards are published in full as a Commission decree in all official languages in the Official Journal of the EU. You can also view the current status of the endorsement process at http://www.standardsetter.de/drsc/docs/standendorsement.pdf.

Since the framework of the IASB has not been approved and made available to the public by the European Union, it is not to be found in this publication. It is available at http://ec.europa.eu/internal_market/accounting/ias_de.htm as an appendix to the commentary on the IAS regulation and accounting principles.

Please note when working with this publication – as already mentioned in the foreword – that you are working with a synoptical parallel presentation of the financial reporting standards **in German and in English**. Many inadequacies appear in the German translation when it is compared with the original English text. Paragraph 36 of the official translation of IAS 8, for example, states: "The effect on profit of a change in an accounting estimate [...] shall be recognised retrospectively [...]". The original version, meanwhile, states that such effects should be accounted prospectively! Furthermore, IFRS 7 addresses a very recent example. The official translation of IFRS 7.25 contains some very crucial errors including the mistranslation of the original "class of financial assets and financial liabilities" into "categories of financial assets and financial liabilities" in German. Apart from classifying the financial instruments into categories for initial and subsequent measurement, IFRS 7 introduces the obligated, condensed classification of financial assets and obligations into so called "classes". With regard to the appraisal of the latter, certain information needed by the investors as to the fair value method have to be disclosed. In case of doubt the original IASB text should be consulted when answering accounting questions!

International Accounting Standards

International Financial Reporting Standards

Standing Interpretations Committee
Interpretationen/Interpretations

International Financial Reporting Interpretations Committee
Interpretationen/Interpretations

International Accounting Standard 1

Darstellung des Abschlusses

International Accounting Standard 1 *Darstellung des Abschlusses* (IAS 1) ist in den Paragraphen 1–128 festgelegt. Alle Paragraphen sind gleichrangig, behalten jedoch das IASC-Format des Standards, mit dem dieser durch den IASB verabschiedet wurde. IAS 1 ist in Verbindung mit den Grundlagen für Schlussfolgerungen, dem *Vorwort zu den International Financial Reporting Standards* und dem *Rahmenkonzept für die Aufstellung und Darstellung von Abschlüssen* zu betrachten. IAS 8 *Bilanzierungs- und Bewertungsmethoden, Änderungen von Schätzungen und Fehler*, stellt beim Fehlen ausdrücklicher Leitlinien eine Grundlage für die Auswahl und für die Anwendung von Bilanzierungs- und Bewertungsmethoden bereit.

INHALT

	Ziffer
Zielsetzung	1
Anwendungsbereich	2–6
Zweck des Abschlusses	7
Bestandteile des Abschlusses	8–10
Definitionen	11–12
Grundlegende Überlegungen	13–41
Vermittlung eines den tatsächlichen Verhältnissen entsprechenden Bildes und Übereinstimmung mit den IFRS	13–22
Unternehmensfortführung	23–24
Konzept der Periodenabgrenzung	25–26
Darstellungsstetigkeit	27–28
Wesentlichkeit und Zusammenfassung von Posten	29–31
Saldierung von Posten	32–35
Vergleichsinformationen	36–41
Struktur und Inhalt	42–126
Einführung	42–43
Identifikation des Abschlusses	44–48
Berichtszeitraum	49–50
Bilanz	51–77
Unterscheidung von Kurz- und Langfristigkeit	51–56
Kurzfristige Vermögenswerte	57–59
Kurzfristige Schulden	60–67
Informationen, die in der Bilanz darzustellen sind	68–73
Informationen, die entweder in der Bilanz oder im Anhang darzustellen sind	74–77
Gewinn- und Verlustrechnung	78–95
Ergebnis	78–80
Informationen, die in der Gewinn- und Verlustrechnung darzustellen sind	81–85
Informationen, die entweder in der Gewinn- und Verlustrechnung oder im Anhang darzustellen sind	86–95
Aufstellung der Veränderungen des Eigenkapitals	96–101
Kapitalflussrechnung	102
Anhangangaben	103–126
Struktur	103–107
Angabe der Bilanzierungs- und Bewertungsmethoden	108–115
Hauptquellen von Schätzungsunsicherheiten	116–124
Kapital	124A–124C
Weitere Angaben	125–126
Zeitpunkt des Inkrafttretens	127
Rücknahme von IAS 1 (Überarbeitet 1997)	128

International Accounting Standard 1

Presentation of Financial Statements

> International Accounting Standard 1 *Presentation of Financial Statements* (IAS 1) is set out in paragraphs 1—128. All the paragraphs have equal authority but retain the IASC format of the Standard when it was adopted by the IASB. IAS 1 should be read in the context of the Basis for Conclusions, the *Preface to International Financial Reporting Standards* and the *Framework for the Preparation and Presentation of Financial Statements*. IAS 8 *Accounting Policies, Changes in Accounting Estimates and Errors* provides a basis for selecting and applying accounting policies in the absence of explicit guidance.

SUMMARY

	Paragraphs
Objective	1
Scope	2—6
Purpose of Financial Statements	7
Components of Financial Statements	8—10
Definitions	11—12
Overall considerations	13-41
Fair Presentation and Compliance with IFRSS	13—22
Going Concern	23—24
Accrual Basis of Accounting	25—26
Consistency of Presentation	27—28
Materiality and Aggregation	29—31
Offsetting	32—35
Comparative Information	36—41
Structure and content	42—126
Introduction	42—43
Identification of the Financial Statements	44—48
Reporting Period	49—50
Balance Sheet	51—77
Current/Non-current Distinction	51—56
Current Assets	57—59
Current Liabilities	60—67
Information to be Presented on the Face of the Balance Sheet	68—73
Information to be Presented either on the Face of the Balance Sheet or in the Notes	74—77
Income Statement	78—95
Profit or Loss for the Period	78—80
Information to be Presented on the Face of the Income Statement	81—85
Information to be Presented either on the Face of the Income Statement or in the Notes	86—95
Statement of Changes in Equity	96—101
Cash Flow Statement	102
Notes	103—126
Structure	103—107
Disclosure of Accounting Policies	108—115
Key Sources of Estimation Uncertainty	116—124
Capital	124A—124C
Other Disclosures	125—126
Effective Date	127
Withdrawal of IAS 1 (revised 1997)	128

IAS 1

Dieser überarbeitete Standard ersetzt IAS 1 (überarbeitet 1997) *Darstellung des Abschlusses* und ist erstmals in der ersten Berichtsperiode eines am 1. Januar 2005 oder danach beginnenden Geschäftsjahres anzuwenden. Eine frühere Anwendung wird empfohlen.

ZIELSETZUNG

1   Zielsetzung dieses Standards ist es, die Grundlagen für die Darstellung eines Abschlusses für allgemeine Zwecke vorzuschreiben, um die Vergleichbarkeit sowohl mit den Abschlüssen des eigenen Unternehmens aus vorangegangenen Perioden als auch mit den Abschlüssen anderer Unternehmen zu gewährleisten. Um diese Zielsetzung zu erreichen, legt dieser Standard grundlegende Vorschriften für die Darstellung von Abschlüssen, Anwendungsleitlinien für deren Struktur und Mindestanforderungen an deren Inhalt dar. Die Erfassung, Bewertung und Angabe von spezifischen Geschäftsvorfällen und anderen Ereignissen wird in anderen Standards und Interpretationen behandelt.

ANWENDUNGSBEREICH

2   **Dieser Standard ist bei der Darstellung aller Abschlüsse für allgemeine Zwecke, die in Übereinstimmung mit den International Financial Reporting Standards (IFRS) aufgestellt und dargestellt werden, anzuwenden.**

3   Ein Abschluss für allgemeine Zwecke soll den Bedürfnissen von Adressaten gerecht werden, die nicht in der Lage sind, Berichte anzufordern, die auf ihre spezifischen Informationsbedürfnisse zugeschnitten sind. Allgemeine Abschlüsse schließen solche mit ein, die getrennt oder innerhalb eines anderen publizierten Dokuments, wie einem Geschäftsbericht oder einem Emissionsprospekt, veröffentlicht werden. Dieser Standard gilt nicht für die Gliederung und den Inhalt des verkürzten Zwischenberichts, der gemäß IAS 34 *Zwischenberichterstattung* erstellt wird. Die Paragraphen 13–41 sind hingegen auf solche Zwischenberichte anzuwenden. Dieser Standard gilt gleichermaßen für alle Unternehmen, und zwar unabhängig davon, ob sie zur Erstellung eines Konzernabschlusses oder eines separaten Einzelabschlusses nach IFRS gemäß IAS 27 *Konzernabschlüsse und separate Einzelabschlüsse nach IFRS* verpflichtet sind.

4   (gestrichen)

5   Die in diesem Standard verwendete Terminologie ist für gewinnorientierte Unternehmen einschließlich Unternehmen des öffentlichen Sektors geeignet. Nicht gewinnorientierte, staatliche und andere Unternehmen des öffentlichen Sektors, die diesen Standard anwenden möchten, müssen gegebenenfalls Bezeichnungen für einzelne Posten im Abschluss und für den Abschluss selbst anpassen.

6   Ähnliches gilt für Unternehmen, die kein Eigenkapital gemä IAS 32 *Finanzinstrumente: Darstellung* aufweisen (z. B. bestimmte Investmentfonds), sowie Unternehmen, deren Kapital kein Eigenkapital darstellt (z. B. bestimmte Genossenschaften). In diesem Fall ist der Ausweis im Abschluss den Anteilen der Mitglieder bzw. Anteilseigner entsprechend anzupassen.

ZWECK DES ABSCHLUSSES

7   Ein Abschluss ist eine strukturierte Darstellung der Vermögens-, Finanz- und Ertragslage eines Unternehmens. Die Zielsetzung eines Abschlusses für allgemeine Zwecke ist es, Informationen über die Vermögens-, Finanz- und Ertragslage und die Cashflows eines Unternehmens bereitzustellen, die für eine breite Palette von Adressaten nützlich sind, um wirtschaftliche Entscheidungen zu treffen. Ein Abschluss zeigt ebenfalls die Ergebnisse der Verwaltung des dem Management anvertrauten Vermögens. Um diese Zielsetzung zu erfüllen, stellt ein Abschluss Informationen über:
(a) Vermögenswerte;
(b) Schulden;
(c) Eigenkapital;
(d) Erträge und Aufwendungen, einschließlich Gewinne und Verluste;
(e) sonstige Änderungen des Eigenkapitals,
und
(f) Cashflows eines Unternehmens zur Verfügung.
Diese Informationen helfen den Adressaten zusammen mit den anderen Informationen im Anhang, die künftigen Cashflows des Unternehmens sowie insbesondere deren Zeitpunkt und Sicherheit des Entstehens vorauszusagen.

This revised Standard supersedes IAS 1 (revised 1997) *Presentation of Financial Statements* and should be applied for annual periods beginning on or after 1 January 2005. Earlier application is encouraged.

OBJECTIVE

1   The objective of this Standard is to prescribe the basis for presentation of general purpose financial statements, to ensure comparability both with the entity's financial statements of previous periods and with the financial statements of other entities. To achieve this objective, this Standard sets out overall requirements for the presentation of financial statements, guidelines for their structure and minimum requirements for their content. The recognition, measurement and disclosure of specific transactions and other events are dealt with in other Standards and in Interpretations.

SCOPE

2   **This Standard shall be applied to all general purpose financial statements prepared and presented in accordance with International Financial Reporting Standards (IFRSs).**

3   General purpose financial statements are those intended to meet the needs of users who are not in a position to demand reports tailored to meet their particular information needs. General purpose financial statements include those that are presented separately or within another public document such as an annual report or a prospectus. This Standard does not apply to the structure and content of condensed interim financial statements prepared in accordance with IAS 34 *Interim Financial Reporting*. However, paragraphs 13—41 apply to such financial statements. This Standard applies equally to all entities and whether or not they need to prepare consolidated financial statements or separate financial statements, as defined in IAS 27 *Consolidated and Separate Financial Statements*.

4   (deleted)

5   This Standard uses terminology that is suitable for profit-oriented entities, including public sector business entities. Entities with not-for-profit activities in the private sector, public sector or government seeking to apply this Standard may need to amend the descriptions used for particular line items in the financial statements and for the financial statements themselves.

6   Similarly, entities that do not have equity as defined in IAS 32 *Financial Instruments: Presentation* (eg some mutual funds) and entities whose share capital is not equity (eg some co-operative entities) may need to adapt the presentation in the financial statements of members' or unitholders' interests.

PURPOSE OF FINANCIAL STATEMENTS

7   Financial statements are a structured representation of the financial position and financial performance of an entity. The objective of general purpose financial statements is to provide information about the financial position, financial performance and cash flows of an entity that is useful to a wide range of users in making economic decisions. Financial statements also show the results of management's stewardship of the resources entrusted to it. To meet this objective, financial statements provide information about an entity's:
(a) assets;
(b) liabilities;
(c) equity;
(d) income and expenses, including gains and losses;
(e) other changes in equity; and
(f) cash flows.
This information, along with other information in the notes, assists users of financial statements in predicting the entity's future cash flows and, in particular, their timing and certainty.

BESTANDTEILE DES ABSCHLUSSES

8   Ein vollständiger Abschluss beinhaltet:
    (a) eine Bilanz;
    (b) eine Gewinn- und Verlustrechnung;
    (c) eine Aufstellung der Veränderungen des Eigenkapitals, die entweder:
        (i) sämtliche Veränderungen des Eigenkapitals
             oder
        (ii) Änderungen des Eigenkapitals mit Ausnahme solcher, die aus Geschäftsvorfällen mit Anteilseignern in ihrer Eigenschaft als Anteilseigner entstehen, zeigt;
    (d) eine Kapitalflussrechnung
        und
    (e) den Anhang, der die maßgeblichen Bilanzierungs- und Bewertungsmethoden zusammenfasst und sonstige Erläuterungen enthält.

9   Viele Unternehmen veröffentlichen neben dem Abschluss einen durch das Management erstellten Bericht über die Unternehmenslage, der die wesentlichen Merkmale der Vermögens-, Finanz- und Ertragslage des Unternehmens sowie die wichtigsten Unsicherheiten, denen sich das Unternehmen gegenübersieht, beschreibt und erläutert. Ein solcher Bericht könnte einen Überblick geben über:
    (a) die Hauptfaktoren und Einflüsse, welche die Ertragskraft bestimmen, einschließlich Veränderungen des Umfelds, in dem das Unternehmen operiert, die Reaktionen des Unternehmens auf diese Veränderungen und deren Auswirkungen sowie die Investitionspolitik des Unternehmens, um die Ertragskraft zu erhalten und zu verbessern, einschließlich der Dividendenpolitik;
    (b) die Finanzierungsquellen des Unternehmens und Zielverschuldungsgrad;
        sowie
    (c) die gemäß den IFRS nicht in der Bilanz ausgewiesenen Ressourcen.

10 Viele Unternehmen veröffentlichen außerhalb ihres Abschlusses Berichte und Angaben, wie Umweltberichte und Wertschöpfungsrechnungen, insbesondere in Branchen, in denen Umweltfaktoren von Bedeutung sind und in Fällen, in denen Arbeitnehmer als eine bedeutende Adressatengruppe betrachtet werden. Die Berichte und Angaben, die außerhalb des Abschlusses veröffentlicht werden, befinden sich außerhalb des Anwendungsbereichs der IFRS.

DEFINITIONEN

11 Die folgenden Begriffe werden in diesem Standard mit der angegebenen Bedeutung verwendet:
    Praktisch undurchführbar: Die Anwendung einer Vorschrift gilt dann als praktisch undurchführbar, wenn sie trotz der angemessenen Anstrengungen des Unternehmens nicht angewendet werden kann.
    International Financial Reporting Standards (IFRS) sind die von dem International Accounting Standards Board (IASB) verabschiedeten Standards und Interpretationen. Sie bestehen aus:
    (a) International Financial Reporting Standards;
    (b) International Accounting Standards;
        sowie
    (c) Interpretationen des International Financial Reporting Interpretations Committee (IFRIC) bzw. des ehemaligen Standing Interpretations Committee (SIC).
    Wesentlich Informationen gelten dann als wesentlich, wenn ihr Weglassen oder ihre fehlerhafte Darstellung – einzeln oder insgesamt – die auf der Basis des Abschlusses getroffenen wirtschaftlichen Entscheidungen der Adressaten beeinflussen könnten. Wesentlichkeit hängt vom Umfang und von der Art eines Postens ab, der jeweils unter den besonderen Umständen des Weglassens oder der fehlerhaften Darstellung einer Angabe beurteilt wird. Der Umfang oder die Art eines Postens, bzw. eine Kombination dieser beiden Aspekte, können der entscheidende Faktor sein.
    Anhang: Der Anhang enthält zusätzliche Angaben zur Bilanz, zur Gewinn- und Verlustrechnung, zur Kapitalflussrechnung und zur Aufstellung der Veränderungen des Eigenkapitals. Anhangangaben enthalten verbale Beschreibungen oder Untergliederungen der im Abschluss enthaltenen nicht ansatzpflichtigen Posten.

12 Ein Urteil darüber, ob das Weglassen oder die fehlerhafte Darstellung von Angaben die auf der Basis des Abschlusses getroffenen wirtschaftlichen Entscheidungen der Adressaten beeinflussen könnten und deshalb als wesentlich einzustufen sind, bedarf einer Prüfung der Eigenschaften solcher Adressaten. In Paragraph 25 des *Rahmenkonzepts für die Aufstellung und Darstellung von Abschlüssen* steht, dass „bei den Adressaten vorausgesetzt wird, dass sie eine angemessene Kenntnis geschäftlicher und wirtschaftlicher Tätigkeiten und der Rechnungs-

IAS 1

COMPONENTS OF FINANCIAL STATEMENTS

A complete set of financial statements comprises: 8
(a) a balance sheet;
(b) an income statement;
(c) a statement of changes in equity showing either:
   (i) all changes in equity,
   or
   (ii) changes in equity other than those arising from transactions with equity holders acting in their capacity as equity holders;
(d) a cash flow statement;
and
(e) notes, comprising a summary of significant accounting policies and other explanatory notes.

Many entities present, outside the financial statements, a financial review by management that describes and explains the main features of the entity's financial performance and financial position and the principal uncertainties it faces. Such a report may include a review of: 9
(a) the main factors and influences determining financial performance, including changes in the environment in which the entity operates, the entity's response to those changes and their effect, and the entity's policy for investment to maintain and enhance financial performance, including its dividend policy;
(b) the entity's sources of funding and its targeted ratio of liabilities to equity;
and
(c) the entity's resources not recognised in the balance sheet in accordance with IFRS.

Many entities also present, outside the financial statements, reports and statements such as environmental reports and value added statements, particularly in industries in which environmental factors are significant and when employees are regarded as an important user group. Reports and statements presented outside financial statements are outside the scope of IFRSs. 10

DEFINITIONS

The following terms are used in this Standard with the meanings specified: 11
   Impracticable Applying: a requirement is impracticable when the entity cannot apply it after making every reasonable effort to do so.
   International Financial Reporting Standards (IFRSs) are Standards and Interpretations adopted by the International Accounting Standards Board (IASB). They comprise:
(a) International Financial Reporting Standards;
(b) International Accounting Standards;
and
(c) Interpretations originated by the International Financial Reporting Interpretations Committee (IFRIC) or the former Standing Interpretations Committee (SIC).
Material Omissions or misstatements of items are material if they could, individually or collectively, influence the economic decisions of users taken on the basis of the financial statements. Materiality depends on the size and nature of the omission or misstatement judged in the surrounding circumstances. The size or nature of the item, or a combination of both, could be the determining factor.
   Notes contain information in addition to that presented in the balance sheet, income statement, statement of changes in equity and cash flow statement. Notes provide narrative descriptions or disaggregations of items disclosed in those statements and information about items that do not qualify for recognition in those statements.

Assessing whether an omission or misstatement could influence economic decisions of users, and so be material, requires consideration of the characteristics of those users. The *Framework for the Preparation and Presentation of Financial Statements* states in paragraph 25 that 'users are assumed to have a reasonable knowledge of business and economic activities and accounting and a willingness to study the information with reasonable diligence.' 12

legung sowie die Bereitschaft besitzen, die Informationen mit entsprechender Sorgfalt zu lesen". Deshalb hat eine solche Beurteilung die Frage zu berücksichtigen, wie solche Adressaten mit den genannten Eigenschaften erwartungsgemäß unter normalen Umständen bei den auf der Basis des Abschlusses getroffenen wirtschaftlichen Entscheidungen beeinflusst werden könnten.

GRUNDLEGENDE ÜBERLEGUNGEN

Vermittlung eines den tatsächlichen Verhältnissen entsprechenden Bildes und Übereinstimmung mit den IFRS

13 Abschlüsse haben die Vermögens-, Finanz- und Ertragslage sowie die Cashflows eines Unternehmens den tatsächlichen Verhältnissen entsprechend darzustellen. Dies erfordert die den tatsächlichen Verhältnissen entsprechende Darstellung der Auswirkungen der Geschäftsvorfälle, sonstiger Ereignisse und Bedingungen gemäß den im Rahmenkonzept enthaltenen Definitionen und Erfassungskriterien für Vermögenswerte, Schulden, Erträge und Aufwendungen. Die Anwendung der IFRS, gegebenenfalls um zusätzliche Angaben ergänzt, führt annahmegemäß zu Abschlüssen, die ein den tatsächlichen Verhältnissen entsprechendes Bild vermitteln.

14 Ein Unternehmen, dessen Abschluss mit den IFRS in Einklang steht, hat diese Tatsache in einer ausdrücklichen und uneingeschränkten Erklärung im Anhang anzugeben. Ein Abschluss darf nicht als mit den IFRS übereinstimmend bezeichnet werden, solange er nicht sämtliche Anforderungen der IFRS erfüllt.

15 Unter nahezu allen Umständen wird ein den tatsächlichen Verhältnissen entsprechendes Bild durch Übereinstimmung mit den anzuwendenden IFRS erreicht. Um ein den tatsächlichen Verhältnissen entsprechendes Bild zu vermitteln, hat ein Unternehmen außerdem folgendes zu leisten:
(a) Auswahl und Anwendung der Bilanzierungsregeln gemäß IAS 8 *Bilanzierungs- und Bewertungsmethoden, Änderungen von Schätzungen und Fehler*. In IAS 8 ist eine Hierarchie der maßgeblichen Leitlinien aufgeführt, die das Management beim Fehlen eines spezifischen Standards bzw. einer Interpretation für Posten anwendet;
(b) Darstellung von Informationen, einschließlich der Bilanzierungs- und Bewertungsmethoden, auf eine Weise, die zu relevanten, verlässlichen, vergleichbaren und verständlichen Informationen führt; und
(c) Bereitstellung zusätzlicher Angaben, wenn die Anforderungen in den IFRS unzureichend sind, um es den Adressaten zu ermöglichen, die Auswirkungen von einzelnen Geschäftsvorfällen oder Ereignissen auf die Vermögens-, Finanz- und Ertragslage des Unternehmens zu verstehen.

16 Die Anwendung ungeeigneter Bilanzierungs- und Bewertungsmethoden kann weder durch die Angabe der angewandten Methoden noch durch Anhangangaben oder zusätzliche Erläuterungen geheilt werden.

17 Im äußerst seltenen Fall, dass das Management zu dem Schluss kommt, dass die Einhaltung einer in einem Standard bzw. in einer Interpretation enthaltenen Bestimmung so irreführend wäre, dass es zu einem Konflikt mit dem in dem Rahmenkonzept geschilderten Zweck der Abschlüsse kommen würde, hat ein Unternehmen von der Anwendung einer solchen Bestimmung in Anlehnung an Paragraph 18 abzusehen, sofern eine solche Abweichung nach den geltenden gesetzlichen Rahmenbedingungen erforderlich oder nicht unzulässig ist.

18 Weicht ein Unternehmen von einer in einem Standard bzw. in einer Interpretation enthaltenen Vorschrift gemäß Paragraph 17 ab, hat es Folgendes anzugeben:
(a) dass das Management zu dem Schluss gekommen ist, dass der Abschluss die Vermögens-, Finanz- und Ertragslage sowie die Cashflows des Unternehmens den tatsächlichen Verhältnissen entsprechend darstellt;
(b) dass es den anzuwendenden Standards und Interpretationen nachgekommen ist, mit der Ausnahme, dass von einem spezifischen Erfordernis abgewichen wurde, um ein den tatsächlichen Verhältnissen entsprechendes Bild zu vermitteln;
(c) die Bezeichnung des Standard bzw. der Interpretation, von dem/von der das Unternehmen abgewichen ist, die Art der Abweichung einschließlich der Bilanzierungsweise, der der Standard oder die Interpretation fordern würde, den Grund, warum diese Bilanzierungsweise unter den gegebenen Umständen so irreführend wäre, dass sie zum einem Konflikt mit den Zielen des Abschlusses gemäß dem Rahmenkonzept führen würde, und die Bilanzierungsweise, die angewandt wurde; sowie
(d) für jede dargestellte Periode die finanzielle Auswirkung der Abweichung auf jeden Abschlussposten, der bei Einhaltung des Erfordernisses berichtet worden wäre.

Therefore, the assessment needs to take into account how users with such attributes could reasonably be expected to be influenced in making economic decisions.

OVERALL CONSIDERATIONS

Fair Presentation and Compliance with IFRSs

13 Financial statements shall present fairly the financial position, financial performance and cash flows of an entity. Fair presentation requires the faithful representation of the effects of transactions, other events and conditions in accordance with the definitions and recognition criteria for assets, liabilities, income and expenses set out in the Framework. The application of IFRSs, with additional disclosure when necessary, is presumed to result in financial statements that achieve a fair presentation.

14 An entity whose financial statements comply with IFRSs shall make an explicit and unreserved statement of such compliance in the notes. Financial statements shall not be described as complying with IFRSs unless they comply with all the requirements of IFRSs.

15 In virtually all circumstances, a fair presentation is achieved by compliance with applicable IFRSs. A fair presentation also requires an entity:
(a) to select and apply accounting policies in accordance with IAS 8 *Accounting Policies, Changes in Accounting Estimates and Errors*. IAS 8 sets out a hierarchy of authoritative guidance that management considers in the absence of a Standard or an Interpretation that specifically applies to an item.
(b) to present information, including accounting policies, in a manner that provides relevant, reliable, comparable and understandable information.
(c) to provide additional disclosures when compliance with the specific requirements in IFRSs is insufficient to enable users to understand the impact of particular transactions, other events and conditions on the entity's financial position and financial performance.

16 Inappropriate accounting policies are not rectified either by disclosure of the accounting policies used or by notes or explanatory material.

17 In the extremely rare circumstances in which management concludes that compliance with a requirement in a Standard or an Interpretation would be so misleading that it would conflict with the objective of financial statements set out in the Framework, the entity shall depart from that requirement in the manner set out in paragraph 18 if the relevant regulatory framework requires, or otherwise does not prohibit, such a departure.

18 When an entity departs from a requirement of a Standard or an Interpretation in accordance with paragraph 17, it shall disclose:
(a) that management has concluded that the financial statements present fairly the entity's financial position, financial performance and cash flows;
(b) that it has complied with applicable Standards and Interpretations, except that it has departed from a particular requirement to achieve a fair presentation;
(c) the title of the Standard or Interpretation from which the entity has departed, the nature of the departure, including the treatment that the Standard or Interpretation would require, the reason why that treatment would be so misleading in the circumstances that it would conflict with the objective of financial statements set out in the Framework, and the treatment adopted; and
(d) for each period presented, the financial impact of the departure on each item in the financial statements that would have been reported in complying with the requirement.

19 Ist ein Unternehmen in einer früheren Periode von einer in einem Standard bzw. einer Interpretation enthaltenen Bestimmung abgewichen und wirkt sich eine solche Abweichung auf Beträge im Abschluss der laufenden Periode aus, sind die in den Paragraphen 18(c) und (d) vorgeschriebenen Angaben zu machen.

20 Paragraph 19 gilt beispielsweise dann, wenn ein Unternehmen in einer früheren Periode bei der Bewertung von Vermögenswerten oder Schulden von einer in einem Standard bzw. in einer Interpretation enthaltenen Bestimmung abgewichen ist, und zwar so, dass durch die Abweichung die Bewertung der Änderungen der Vermögenswerte und der Schulden, die im Abschluss des Unternehmens für die laufende Periode ausgewiesen sind, betroffen ist.

21 In den äußerst seltenen Fällen, in denen das Management zu dem Ergebnis gelangt, dass die Einhaltung einer Bestimmung in einem Standard bzw. in einer Interpretation so irreführend wäre, dass es zu einem Konflikt mit dem Ziel des Abschlusses gemäß dem *Rahmenkonzept* kommen würde, aber die geltenden gesetzlichen Rahmenbedingungen ein Abweichen von der Vorschrift verbieten, hat das Unternehmen die für irreführend erachteten Aspekte bestmöglich zu verringern, indem es Folgendes angibt:
(a) die Bezeichnung des betreffenden Standards bzw. der betreffenden Interpretation, die Art der Anforderungen und den Grund, warum diese Anforderung so irreführend wäre, dass sie nach Ansicht des Management zu einem Konflikt mit den Zielen des Abschlusses gemäß dem *Rahmenkonzept* führen würde,
sowie
(b) die Anpassungen, die bei jedem Posten im Abschluss vorzunehmen wären, die nach Ansicht des Managements zur Vermittlung eines den tatsächlichen Verhältnissen entsprechenden Bildes erforderlich wären.

22 Im Rahmen der Paragraphen 17–21 entsteht zwischen einer bestimmten Angabe und der Zielsetzung der Abschlüsse dann ein Konflikt, wenn sie die Geschäftsvorfälle, sonstige Ereignisse und Bedingungen nicht glaubwürdig darstellt, die sie entweder vorgibt darzustellen oder von der vernünftigerweise erwartet werden kann, dass sie sie darstellt und folglich wahrscheinlich die ökonomischen Entscheidungen von Adressaten des Abschlusses beeinflussen. Wenn geprüft wird, ob die Befolgung einer Anforderung in einem Standard bzw. in einer Interpretation so irreführend wäre, dass es zu einem Konflikt mit der Zielsetzung des Abschlusses gemäß dem *Rahmenkonzept* kommen würde, beachtet das Management Folgendes:
(a) warum die Zielsetzung des Abschlusses unter den gegebenen Umständen nicht erreicht wird; und
(b) wie sich die besonderen Umstände des Unternehmens von denen anderer Unternehmen, die die Vorschrift einhalten, unterscheiden. Wenn andere Unternehmen in ähnlichen Umständen die Vorschrift einhalten, gilt die widerlegbare Vermutung, dass die Einhaltung der Vorschrift durch das Unternehmen nicht so irreführend wäre, dass es zu einem Konflikt mit der Zielsetzung des Abschlusses gemäß dem *Rahmenkonzept* kommen würde.

Unternehmensfortführung

23 Bei der Aufstellung eines Abschlusses hat das Management eine Einschätzung über die Fähigkeit des Unternehmens vorzunehmen, den Geschäftsbetrieb fortzuführen. Ein Abschluss ist solange auf der Grundlage der Annahme der Unternehmensfortführung aufzustellen, bis das Management entweder beabsichtigt, das Unternehmen aufzulösen, das Geschäft einzustellen oder keine realistische Alternative mehr hat, als so zu handeln. Wenn das Management bei ihrer Einschätzung wesentliche Unsicherheiten in Verbindung mit Ereignissen und Bedingungen bekannt sind, die erhebliche Zweifel an der Fortführungsfähigkeit des Unternehmens aufwerfen, sind diese Unsicherheiten anzugeben. Werden die Abschlüsse nicht auf der Grundlage der Annahme der Unternehmensfortführung aufgestellt, ist diese Tatsache gemeinsam mit den Grundlagen anzugeben, auf denen der Abschluss basiert, unter Angabe der Gründe, warum von einer Fortfhrung des Unternehmens nicht ausgegangen wird.

24 Bei der Einschätzung, ob die Annahme der Unternehmensfortführung angemessen ist, zieht das Management sämtliche verfügbaren Informationen für die Zukunft in Betracht, die mindestens zwölf Monate nach dem Bilanzstichtag umfasst, aber nicht auf diesen Zeitraum beschränkt ist. Der Umfang der Berücksichtigung ist von den Gegebenheiten jedes einzelnen Sachverhalts abhängig. Verfügte ein Unternehmen in der Vergangenheit über einen rentablen Geschäftsbetrieb und hat es schnellen Zugriff auf Finanzquellen, kann ohne eine detaillierte Analyse die Schlussfolgerung gezogen werden, dass die Annahme der Unternehmensfortführung als Grundlage der Rechnungslegung angemessen ist. In anderen Fällen wird das Management eine breite Palette von Faktoren im Zusammenhang mit der laufenden und künftigen Rentabilität, Schuldentilgungsplänen und potenziellen

When an entity has departed from a requirement of a Standard or an Interpretation in a prior period, and that departure affects the amounts recognised in the financial statements for the current period, it shall make the disclosures set out in paragraph 18(c) and (d). 19

Paragraph 19 applies, for example, when an entity departed in a prior period from a requirement in a Standard or an Interpretation for the measurement of assets or liabilities and that departure affects the measurement of changes in assets and liabilities recognised in the current period's financial statements. 20

In the extremely rare circumstances in which management concludes that compliance with a requirement in a Standard or an Interpretation would be so misleading that it would conflict with the objective of financial statements set out in the *Framework*, but the relevant regulatory framework prohibits departure from the requirement, the entity shall, to the maximum extent possible, reduce the perceived misleading aspects of compliance by disclosing: 21
(a) the title of the Standard or Interpretation in question, the nature of the requirement, and the reason why management has concluded that complying with that requirement is so misleading in the circumstances that it conflicts with the objective of financial statements set out in the *Framework*; and
(b) for each period presented, the adjustments to each item in the financial statements that management has concluded would be necessary to achieve a fair presentation.

For the purpose of paragraphs 17—21, an item of information would conflict with the objective of financial statements when it does not represent faithfully the transactions, other events and conditions that it either purports to represent or could reasonably be expected to represent and, consequently, it would be likely to influence economic decisions made by users of financial statements. When assessing whether complying with a specific requirement in a Standard or an Interpretation would be so misleading that it would conflict with the objective of financial statements set out in the *Framework*, management considers: 22
(a) why the objective of financial statements is not achieved in the particular circumstances; and
(b) how the entity's circumstances differ from those of other entities that comply with the requirement. If other entities in similar circumstances comply with the requirement, there is a rebuttable presumption that the entity's compliance with the requirement would not be so misleading that it would conflict with the objective of financial statements set out in the *Framework*.

Going Concern

When preparing financial statements, management shall make an assessment of an entity's ability to continue as a going concern. Financial statements shall be prepared on a going concern basis unless management either intends to liquidate the entity or to cease trading, or has no realistic alternative but to do so. When management is aware, in making its assessment, of material uncertainties related to events or conditions that may cast significant doubt upon the entity's ability to continue as a going concern, those uncertainties shall be disclosed. When financial statements are not prepared on a going concern basis, that fact shall be disclosed, together with the basis on which the financial statements are prepared and the reason why the entity is not regarded as a going concern. 23

In assessing whether the going concern assumption is appropriate, management takes into account all available information about the future, which is at least, but is not limited to, twelve months from the balance sheet date. The degree of consideration depends on the facts in each case. When an entity has a history of profitable operations and ready access to financial resources, a conclusion that the going concern basis of accounting is appropriate may be reached without detailed analysis. In other cases, management may need to consider a wide range of factors relating to current and expected profitability, debt repayment schedules and potential sources of replacement financing before it can satisfy itself that the going concern basis is appropriate. 24

Refinanzierungsquellen in Betracht ziehen müssen, bevor sie selbst davon überzeugt ist, dass die Annahme der Unternehmensfortführung angemessen ist.

Konzept der Periodenabgrenzung

25 Ein Unternehmen hat seinen Abschluss, mit Ausnahme der Kapitalflussrechnung, nach dem Konzept der Periodenabgrenzung aufzustellen.

26 Wird der Abschluss nach dem Konzept der Periodenabgrenzung erstellt, werden Posten als Vermögenswerte, Schulden, Eigenkapital, Erträge und Aufwendungen (die Bestandteile des Abschlusses) dann erfasst, wenn sie die im Rahmenkonzept für die betreffenden Elemente enthaltenen Definitionen und Erfassungskriterien erfüllen.

Darstellungsstetigkeit

27 Die Darstellung und der Ausweis von Posten im Abschluss sind von einer Periode zur nächsten beizubehalten, es sei denn:
(a) eine wesentliche Änderung des Tätigkeitsfeldes des Unternehmens oder eine Überprüfung der Darstellung seines Abschlusses zeigt, dass eine Änderung der Darstellung oder der Gliederung unter Berücksichtigung der in IAS 8 enthaltenen Kriterien zur Auswahl bzw. zur Anwendung der Bilanzierungsmethoden zu einer angemesseneren Darstellungsweise führt; oder
(b) eine Änderung der Darstellungsweise aufgrund eines Standards bzw. einer Interpretation erforderlich ist.

28 Ein bedeutender Erwerb, eine bedeutende Veräußerung oder eine Überprüfung der Darstellungsweise des Abschlusses könnte nahe legen, dass der Abschluss auf eine andere Art und Weise aufzustellen ist. Eine Änderung der Darstellungsweise ist nur dann angezeigt, wenn aufgrund der Änderungen Informationen gegeben werden, die zuverlässig und für die Adressaten relevanter sind, und die geänderte Darstellungsweise wahrscheinlich Bestand haben wird, damit die Vergleichbarkeit nicht beeinträchtigt wird. Werden solche Änderungen bei der Darstellungsweise vorgenommen, gliedert ein Unternehmen seine Vergleichsinformationen gemäß Paragraph 38 und 39 um.

Wesentlichkeit und Zusammenfassung von Posten

29 Jede wesentliche Postengruppe ist im Abschluss gesondert darzustellen. Posten einer nicht ähnlichen Art oder Funktion werden gesondert erfasst, sofern sie nicht unwesentlich sind.

30 Abschlüsse resultieren aus der Verarbeitung einer großen Anzahl von Geschäftsvorfällen, die strukturiert werden, indem sie gemäß ihrer Art oder ihrer Funktion zu Gruppen zusammengefasst werden. Die abschließende Phase beim Prozess der Zusammenfassung und Gliederung ist die Darstellung von verdichteten und klassifizierten Daten, die als Posten in der Bilanz, der Gewinn- und Verlustrechung, der Aufstellung der Veränderungen des Eigenkapitals und der Kapitalflussrechnung oder im Anhang dargstellt werden. Ist ein Posten für sich allein betrachtet nicht von wesentlicher Bedeutung, wird er mit anderen Posten entweder in einem bestimmten Abschlussbestandteil oder in den Anhangangaben zusammengefasst. Ein Posten, der nicht wesentlich genug ist, um eine gesonderte Darstellung in den genannten Abschlussbestandteilen zu rechtfertigen, kann dennoch wesentlich genug sein, um gesondert in den Anhangangaben dargestellt werden zu müssen.

31 Nach dem Prinzip der Wesentlichkeit ist eine spezifische Angabe eines Standards oder einer Interpretation nicht zwingend erforderlich, sofern die Informationen nicht wesentlich sind.

Saldierung von Posten

32 Vermögenswerte und Schulden sowie Erträge und Aufwendungen dürfen nicht miteinander saldiert werden, soweit nicht die Saldierung von einem Standard bzw. einer Interpretation gefordert oder erlaubt wird.

Accrual Basis of Accounting

25 An entity shall prepare its financial statements, except for cash flow information, using the accrual basis of accounting.

26 When the accrual basis of accounting is used, items are recognised as assets, liabilities, equity, income and expenses (the elements of financial statements) when they satisfy the definitions and recognition criteria for those elements in the Framework.

Consistency of Presentation

27 The presentation and classification of items in the financial statements shall be retained from one period to the next unless:
(a) it is apparent, following a significant change in the nature of the entity's operations or a review of its financial statements, that another presentation or classification would be more appropriate having regard to the criteria for the selection and application of accounting policies in IAS 8; or
(b) a Standard or an Interpretation requires a change in presentation.

28 A significant acquisition or disposal, or a review of the presentation of the financial statements, might suggest that the financial statements need to be presented differently. An entity changes the presentation of its financial statements only if the changed presentation provides information that is reliable and is more relevant to users of the financial statements and the revised structure is likely to continue, so that comparability is not impaired. When making such changes in presentation, an entity reclassifies its comparative information in accordance with paragraphs 38 and 39.

Materiality and Aggregation

29 Each material class of similar items shall be presented separately in the financial statements. Items of a dissimilar nature or function shall be presented separately unless they are immaterial.

30 Financial statements result from processing large numbers of transactions or other events that are aggregated into classes according to their nature or function. The final stage in the process of aggregation and classification is the presentation of condensed and classified data, which form line items on the face of the balance sheet, income statement, statement of changes in equity and cash flow statement, or in the notes. If a line item is not individually material, it is aggregated with other items either on the face of those statements or in the notes. An item that is not sufficiently material to warrant separate presentation on the face of those statements may nevertheless be sufficiently material for it to be presented separately in the notes.

31 Applying the concept of materiality means that a specific disclosure requirement in a Standard or an Interpretation need not be satisfied if the information is not material.

Offsetting

32 Assets and liabilities, and income and expenses, shall not be offset unless required or permitted by a Standard or an Interpretation.

33 Es ist wichtig, dass Vermögenswerte und Schulden sowie Erträge und Aufwendungen gesondert dargestellt werden. Saldierungen in der Gewinn- und Verlustrechnung oder in der Bilanz vermindern die Fähigkeit der Adressaten, Geschäftsvorfälle, sonstige Ereignisse oder Bedingungen zu verstehen und die künftigen Cashflows des Unternehmens abzuschätzen, es sei denn, die Saldierung spiegelt den wirtschaftlichen Gehalt eines Geschäftsvorfalls, eines Ereignisses oder sonstiger Bedingungen wider. Die Bewertung von Vermögenswerten nach Abzug von Wertberichtungen – beispielsweise Abschläge für veraltete Bestände und Wertberichtigungen von Forderungen – stellt keine Saldierung dar.

34 IAS 18 Erträge, definiert Erträge und schreibt vor, dass sie zum beizulegenden Zeitwert der erhaltenen oder zu beanspruchenden Gegenleistung abzüglich der vom Unternehmen gewährten Preisnachlässe und Mengenrabatte zu bewerten sind. Ein Unternehmen unternimmt im Verlaufe seiner gewöhnlichen Geschäftstätigkeit auch solche Geschäftsvorfälle, die selbst zu keinen Erträgen führen, die aber zusammen mit den Hauptumsatzträgern anfallen. Die Ergebnisse solcher Geschäftsvorfälle sind durch die Saldierung aller Erträge mit den dazugehörigen Aufwendungen, die durch denselben Geschäftsvorfall entstehen, darzustellen, wenn diese Darstellung den Gehalt des Geschäftsvorfalles oder Ereignisses widerspiegelt. Beispielsweise:
(a) Gewinne und Verluste aus der Veräußerung von langfristigen Vermögenswerten einschließlich Finanzinvestitionen und betrieblicher Vermögenswerte werden erfasst, indem von den Veräußerungserlösen der Buchwert der Vermögenswerte und die damit in Zusammenhang stehenden Veräußerungskosten abgezogen werden;
sowie
(b) Aufwand in Verbindung mit einer Rückstellung, die gemäß IAS 37 *Rückstellungen, Eventualschulden und Eventualforderungen* erfasst wird und gemäß einer vertraglichen Vereinbarung mit einem Dritten (z. B. Lieferantengewährleistung) erstattet wird, darf mit der entsprechenden Rückerstattung saldiert werden.

35 Außerdem werden Gewinne und Verluste, die aus einer Gruppe von ähnlichen Geschäftsvorfällen entstehen, saldiert dargestellt, beispielsweise Gewinne und Verluste aus der Währungsumrechnung oder solche, die aus Finanzinstrumenten entstehen, die zu Handelszwecken gehalten werden. Solche Gewinne und Verluste werden jedoch, sofern sie wesentlich sind, gesondert ausgewiesen.

Vergleichsinformationen

36 **Sofern ein Standard bzw. eine Interpretation nichts anderes erlaubt oder vorschreibt, sind im Abschluss Vergleichsinformationen hinsichtlich der vorangegangenen Periode für alle quantitativen Informationen anzugeben. Vergleichsinformationen sind in die verbalen und beschreibenden Informationen einzubeziehen, wenn sie für das Verständnis des Abschlusses der Berichtsperiode von Bedeutung sind.**

37 In manchen Fällen sind verbale Informationen, die in den Abschlüssen der vorangegangenen Periode(n) gemacht wurden, auch für die Berichtsperiode von Bedeutung. Beispielsweise sind Einzelheiten eines Rechtsstreits, dessen Ausgang zum letzten Bilanzstichtag unsicher war und der noch entschieden werden muss, in der Berichtsperiode anzugeben. Adressaten ziehen Nutzen aus der Information, dass zum letzten Bilanzstichtag eine Unsicherheit bestand, und über die Schritte, die unternommen worden sind, um diese Unsicherheit zu beseitigen.

38 **Werden Darstellung oder Gliederung von Posten im Abschluss geändert, sind, außer wenn praktisch undurchführbar, auch die Vergleichsbeträge neu zu gliedern. Werden die Vergleichsbeträge umgegliedert, sind folgende Angaben zu machen:**
(a) Art der Neugliederung;
(b) der Betrag jedes neu gegliederten Postens bzw. jeder neu gegliederten Postengruppe;
sowie
(c) der Grund für die Neugliederung.

39 **Ist die Neugliederung der Vergleichsbeträge praktisch nicht durchführbar, sind folgende Angaben zu machen:**
(a) den Grund für die unterlassene Neugliederung,
sowie
(b) die Art der Anpassungen, die bei einer Neugliederung erfolgt wären.

40 Die Verbesserung der Vergleichbarkeit der Angaben zwischen den einzelnen Perioden hilft den Adressaten bei wirtschaftlichen Entscheidungen. Insbesondere können für Prognosezwecke Trends in den Finanzinformationen beurteilt werden. Unter bestimmten Umständen ist die Neugliederung von Vergleichsbeträgen für eine

It is important that assets and liabilities, and income and expenses, are reported separately. Offsetting in the income statement or the balance sheet, except when offsetting reflects the substance of the transaction or other event, detracts from the ability of users both to understand the transactions, other events and conditions that have occurred and to assess the entity's future cash flows. Measuring assets net of valuation allowances — for example, obsolescence allowances on inventories and doubtful debts allowances on receivables — is not offsetting.

IAS 18 Revenue defines revenue and requires it to be measured at the fair value of the consideration received or receivable, taking into account the amount of any trade discounts and volume rebates allowed by the entity. An entity undertakes, in the course of its ordinary activities, other transactions that do not generate revenue but are incidental to the main revenue-generating activities. The results of such transactions are presented, when this presentation reflects the substance of the transaction or other event, by netting any income with related expenses arising on the same transaction. For example:
(a) gains and losses on the disposal of non-current assets, including investments and operating assets, are reported by deducting from the proceeds on disposal the carrying amount of the asset and related selling expenses; and
(b) expenditure related to a provision that is recognised in accordance with IAS 37 *Provisions, Contingent Liabilities and Contingent Assets* and reimbursed under a contractual arrangement with a third party (for example, a supplier's warranty agreement) may be netted against the related reimbursement.

In addition, gains and losses arising from a group of similar transactions are reported on a net basis, for example, foreign exchange gains and losses or gains and losses arising on financial instruments held for trading. Such gains and losses are, however, reported separately if they are material.

Comparative Information

Except when a Standard or an Interpretation permits or requires otherwise, comparative information shall be disclosed in respect of the previous period for all amounts reported in the financial statements. Comparative information shall be included for narrative and descriptive information when it is relevant to an understanding of the current period's financial statements.

In some cases, narrative information provided in the financial statements for the previous period(s) continues to be relevant in the current period. For example, details of a legal dispute, the outcome of which was uncertain at the last balance sheet date and is yet to be resolved, are disclosed in the current period. Users benefit from information that the uncertainty existed at the last balance sheet date, and about the steps that have been taken during the period to resolve the uncertainty.

When the presentation or classification of items in the financial statements is amended, comparative amounts shall be reclassified unless the reclassification is impracticable. When comparative amounts are reclassified, an entity shall disclose:
(a) **the nature of the reclassification;**
(b) **the amount of each item or class of items that is reclassified; and**
(c) **the reason for the reclassification.**

When it is impracticable to reclassify comparative amounts, an entity shall disclose:
(a) **the reason for not reclassifying the amounts; and**
(b) **the nature of the adjustments that would have been made if the amounts had been reclassified.**

Enhancing the inter-period comparability of information assists users in making economic decisions, especially by allowing the assessment of trends in financial information for predictive purposes. In some circumstances, it is impracticable to reclassify comparative information for a particular prior period to achieve comparability

IAS 1

bestimmte Periode für Vergleichbarkeitszwecke praktisch nicht durchführbar. Beispielsweise ist es möglich, dass Daten in der(n) vorangegangenen Periode(n) auf eine Art gesammelt worden sind, die eine Neugliederung nicht zulässt, und eine Wiederherstellung der Informationen praktisch nicht durchführbar ist.

41 IAS 8 behandelt Anpassungen der Vergleichsinformationen, die bei einer Änderung der Bilanzierungsmethode oder der Berichtigung eines Fehlers erforderlich sind.

STRUKTUR UND INHALT

Einführung

42 Dieser Standard verlangt bestimmte Angaben in der Bilanz, der Gewinn- und Verlustrechnung und der Aufstellung der Veränderungen des Eigenkapitals und schreibt die Angabe weiterer Posten wahlweise in dem entsprechenden Abschlussbestandteil oder im Anhang vor. IAS 7 legt die Anforderungen an die Darstellung der Kapitalflussrechnung dar.

43 In diesem Standard wird der Begriff „Angabe" teilweise im weiteren Sinne als Posten verwendet, die in der Bilanz, der Gewinn- und Verlustrechnung, der Aufstellung der Veränderungen des Eigenkapitals, in der Kapitalflussrechnung sowie im Anhang aufzuführen sind. Angaben sind auch nach anderen Standards und Interpretationen vorgeschrieben. Sofern in diesem Standard oder in einem anderen Standard bzw. in einer anderen Interpretation nicht anders angegeben, erfolgen solche Angaben entweder in der Bilanz, der Gewinn- und Verlustrechnung, der Aufstellung der Veränderungen des Eigenkapitals, der Kapitalflussrechnung oder (je nach Relevanz) im Anhang.

Identifikation des Abschlusses

44 Ein Abschluss muss eindeutig als solcher zu identifizieren sein und sich von anderen Informationen, die im gleichen Dokument veröffentlicht werden, unterscheiden lassen.

45 IFRS werden nur auf den Abschluss angewandt und nicht auf andere Informationen, die in einem Geschäftsbericht oder einem anderen Dokument dargestellt werden. Daher ist es wichtig, dass Adressaten in der Lage sind, die auf der Grundlage der IFRS erstellten Informationen von anderen Informationen zu unterscheiden, die für Adressaten nützlich sein können, aber nicht Gegenstand der Standards sind.

46 Jeder Bestandteil des Abschlusses ist eindeutig zu bezeichnen. Zusätzlich sind die folgenden Informationen deutlich sichtbar darzustellen und zu wiederholen, falls es für das richtige Verständnis der dargestellten Informationen notwendig ist:
(a) der Name des berichtenden Unternehmens oder andere Mittel der Identifizierung sowie etwaige Änderungen dieser Angaben gegenüber dem letzten Bilanzstichtag;
(b) ob sich ein Abschluss auf das einzelne Unternehmen oder einen Konzern bezieht;
(c) der Bilanzstichtag oder die Berichtsperiode, auf die sich der Abschluss bezieht, je nachdem, was für den entsprechenden Bestandteil des Abschlusses angemessen ist;
(d) die Berichtswährung gemäß IAS 21 *Auswirkungen von Änderungen der Wechselkurse*; und
(e) wieweit bei der Darstellung von Beträgen im Abschluss gerundet wurde.

47 Die Vorschriften in Paragraph 46 werden normalerweise erfüllt, indem Seitenüberschriften und abgekürzte Spaltenüberschriften auf jeder Seite des Abschlusses aufgeführt werden. Die Wahl der besten Darstellungsweise solcher Informationen erfordert ein ausgewogenes Urteilsvermögen. Werden Abschlüsse beispielsweise elektronisch dargestellt, werden möglicherweise keine getrennten Seiten verwendet; die oben aufgeführten Angaben werden dann ausreichend oft gezeigt, um das richtige Verständnis der im Abschluss enthaltenen Information sicherzustellen.

48 Ein Abschluss wird häufig verständlicher, wenn Informationen in Tausend- oder Millioneneinheiten der Berichtswährung dargestellt werden. Dies ist solange akzeptabel, wie angegeben wird, wieweit gerundet wurde, und relevante Informationen nicht weggelassen werden.

with the current period. For example, data may not have been collected in the prior period(s) in a way that allows reclassification, and it may not be practicable to recreate the information.

IAS 8 deals with the adjustments to comparative information required when an entity changes an accounting policy or corrects an error. 41

STRUCTURE AND CONTENT

Introduction

This Standard requires particular disclosures on the face of the balance sheet, income statement and statement of changes in equity and requires disclosure of other line items either on the face of those statements or in the notes. IAS 7 sets out requirements for the presentation of a cash flow statement. 42

This Standard sometimes uses the term 'disclosure' in a broad sense, encompassing items presented on the face of the balance sheet, income statement, statement of changes in equity and cash flow statement, as well as in the notes. Disclosures are also required by other Standards and Interpretations. Unless specified to the contrary elsewhere in this Standard, or in another Standard or Interpretation, such disclosures are made either on the face of the balance sheet, income statement, statement of changes in equity or cash flow statement (whichever is relevant), or in the notes. 43

Identification of the Financial Statements

The financial statements shall be identified clearly and distinguished from other information in the same published document. 44

IFRSs apply only to financial statements, and not to otherinformation presented in an annual report or other document. Therefore, it is important that users can distinguish information that is prepared using IFRSs from other information that may be useful to users but is not the subject of those requirements. 45

Each component of the financial statements shall be identified clearly.In addition, the following information shall be displayed prominently, and repeated when it is necessary for a proper understanding of the information presented: 46
(a) the name of the reporting entity or other means of identification, and any change in that information from the preceding balance sheet date;
(b) whether the financial statements cover the individual entity or a group of entities;
(c) the balance sheet date or the period covered by the financial statements, whichever is appropriate to that component of the financial statements;
(d) the presentation currency, as defined in IAS 21 *The Effects of Changes in Foreign Exchange Rates;* and
(e) the level of rounding used in presenting amounts in the financial statements.

The requirements in paragraph 46 are normally met by presenting page headings and abbreviated column headings on each page of the financial statements. Judgement is required in determining the best way of presenting such information. For example, when the financial statements are presented electronically, separate pages are not always used; the above items are then presented frequently enough to ensure a proper understanding of the information included in the financial statements. 47

Financial statements are often made more understandable by presenting information in thousands or millions of units of the presentation currency. This is acceptable as long as the level of rounding in presentation is disclosed and material information is not omitted. 48

IAS 1

Berichtszeitraum

49 Ein Abschluss ist mindestens jährlich aufzustellen. Wenn sich der Bilanzstichtag eines Unternehmens ändert, und der Abschluss für einen Zeitraum aufgestellt wird, der länger oder kürzer als ein Jahr ist, hat ein Unternehmen zusätzlich zur Berichtsperiode, auf die sich der Abschluss bezieht, anzugeben:
(a) den Grund für die Verwendung einer längeren bzw. kürzeren Berichtsperiode; und
(b) die Tatsache, dass Vergleichsbeträge der Gewinn- und Verlustrechnung, der Aufstellung der Veränderungen des Eigenkapitals, der Cashflows und der dazugehörigen Anhangangaben nicht vollständig vergleichbar sind.

50 Normalerweise werden Abschlüsse stetig aufgestellt und umfassen einen Zeitraum von einem Jahr. Einige Unternehmen ziehen es jedoch beispielsweise aus praktischen Gründen vor, über eine Berichtsperiode von 52 Wochen zu berichten. Dieser Standard schließt dieses Vorgehen nicht aus, da sich der daraus resultierende Abschluss wahrscheinlich nicht wesentlich von denen unterscheidet, die für den Zeitraum eines vollen Jahres aufgestellt werden würden.

Bilanz

Unterscheidung von Kurz- und Langfristigkeit

51 Ein Unternehmen hat gemäß den Paragraphen 57–67 kurzfristige und langfristige Vermögenswerte sowie kurzfristige und langfristige Schulden als getrennte Gliederungsgruppen in der Bilanz darzustellen, sofern eine Darstellung nach der Liquidität nicht zuverlässig und relevanter ist. Trifft diese Ausnahme zu, sind alle Vermögenswerte und Schulden grob nach ihrer Liquidität anzuordnen.

52 Unabhängig davon, welche Methode der Darstellung gewählt wird, hat ein Unternehmen für jeden Vermögens- und Schuldposten, der Beträge zusammenfasst, von denen erwartet wird, dass sie (a) innerhalb eines Zeitraums von zwölf Monaten nach dem Bilanzstichtag und (b) außerhalb eines Zeitraums von zwölf Monaten nach dem Bilanzstichtag realisiert oder erfüllt werden, den Betrag anzugeben, von dem erwartet wird, dass er nach mehr als zwölf Monaten realisiert oder erfüllt wird.

53 Bietet ein Unternehmen Güter oder Dienstleistungen innerhalb eines eindeutig identifizierbaren Geschäftszyklus an, so liefert eine getrennte Untergliederung von kurzfristigen und langfristigen Vermögenswerten und Schulden in der Bilanz nützliche Informationen, indem Nettovermögenswerte, die fortlaufend als kurzfristiges Nettobetriebskapital im Umlauf sind, von denen unterschieden werden, die langfristigen Tätigkeiten des Unternehmens dienen. Eine Untergliederung hebt auch Vermögenswerte, deren Erfüllung innerhalb des laufenden Geschäftszyklus erwartet wird, und Schulden, deren Rückzahlung in der gleichen Berichtsperiode fällig wird, hervor.

54 Bei bestimmten Unternehmen wie beispielsweise Banken bietet die Darstellung der Vermögens- und Schuldposten aufsteigend oder absteigend nach Liquidität Informationen, die zuverlässig und gegenüber der Darstellung nach Fristigkeiten relevanter sind, da das Unternehmen keine Waren oder Dienstleistungen innerhalb eines eindeutig identifizierbaren Geschäftszyklus anbietet.

55 Bei der Anwendung von Paragraph 51 darf das Unternehmen einige Vermögenswerte und Schulden nach Liquidität anordnen und andere wiederum nach Fristigkeiten darstellen, wenn hierdurch zuverlässige und relevantere Informationen zu erzielen sind. Eine gemischte Aufstellung ist möglicherweise dann angezeigt, wenn das Unternehmen in unterschiedlichen Geschäftsfeldern tätig ist.

56 Informationen über die erwarteten Fälligkeitstermine von Vermögenswerten und Schulden sind nützlich, um die Liquidität und Zahlungsfähigkeit eines Unternehmens einzuschätzen. IFRS 7 *Finanzinstrumente: Angaben* verlangt die Angabe der Fälligkeitstermine sowohl von finanziellen Vermögenswerten als auch von finanziellen Schulden. Finanzielle Vermögenswerte enthalten Forderungen aus Lieferungen und Leistungen sowie sonstige Forderungen, und finanzielle Schulden enthalten Verbindlichkeiten aus Lieferungen und Leistungen sowie sonstige Verbindlichkeiten. Informationen über den erwarteten Zeitpunkt der Erfüllung von nicht monetären Vermögenswerten und Schulden, wie z. B. Vorräte und Rückstellungen, sind ebenfalls nützlich, egal ob die Vermögenswerte und Schulden in langfristige und kurzfristige unterteilt werden oder nicht. Beispielsweise gibt ein Unternehmen den Buchwert der Vorräte an, deren Realisation nach mehr als zwölf Monaten nach dem Bilanzstichtag erwartet wird.

Reporting Period

Financial statements shall be presented at least annually. When an entity's balance sheet date changes and the annual financial statements are presented for a period longer or shorter than one year, an entity shall disclose, in addition to the period covered by the financial statements:
(a) the reason for using a longer or shorter period; and
(b) the fact that comparative amounts for the income statement, statement of changes in equity, cash flow statement and related notes are not entirely comparable.

49

Normally, financial statements are consistently prepared covering a one-year period. However, for practical reasons, some entities prefer to report, for example, for a 52-week period. This Standard does not preclude this practice, because the resulting financial statements are unlikely to be materially different from those that would be presented for one year.

50

Balance Sheet

Current/Non-current Distinction

An entity shall present current and non-current assets, and current and non-current liabilities, as separate classifications on the face of its balance sheet in accordance with paragraphs 57—67 except when a presentation based on liquidity provides information that is reliable and is more relevant. When that exception applies, all assets and liabilities shall be presented broadly in order of liquidity.

51

Whichever method of presentation is adopted, for each asset and liability line item that combines amounts expected to be recovered or settled within (a) no more than twelve months after the balance sheet date and (b) more than twelve months after the balance sheet date, an entity shall disclose the amount expected to be recovered or settled after more than twelve months.

52

When an entity supplies goods or services within a clearly identifiable operating cycle, separate classification of current and non-current assets and liabilities on the face of the balance sheet provides useful information by distinguishing the net assets that are continuously circulating as working capital from those used in the entity's long-term operations. It also highlights assets that are expected to be realised within the current operating cycle, and liabilities that are due for settlement within the same period.

53

For some entities, such as financial institutions, a presentation of assets and liabilities in increasing or decreasing order of liquidity provides information that is reliable and is more relevant than a current/non-current presentation because the entity does not supply goods or services within a clearly identifiable operating cycle.

54

In applying paragraph 51, an entity is permitted to present some of its assets and liabilities using a current/non-current classification and others in order of liquidity when this provides information that is reliable and is more relevant. The need for a mixed basis of presentation might arise when an entity has diverse operations.

55

Information about expected dates of realisation of assets and liabilities is useful in assessing the liquidity and solvency of an entity. IFRS 7 *Financial Instruments: Disclosures* requires disclosure of the maturity dates of financial assets and financial liabilities. Financial assets include trade and other receivables, and financial liabilities include trade and other payables. Information on the expected date of recovery and settlement of non-monetary assets and liabilities such as inventories and provisions is also useful, whether or not assets and liabilities are classified as current or non-current. For example, an entity discloses the amount of inventories that are expected to be recovered more than twelve months after the balance sheet date.

56

Kurzfristige Vermögenswerte

57 Ein Vermögenswert ist als kurzfristig einzustufen, wenn er mindestens eines der nachfolgenden Kriterien erfüllt:
 (a) seine Realisation wird innerhalb des normalen Verlaufs des Geschäftszyklus des Unternehmens erwartet oder er wird zum Verkauf oder Verbrauch innerhalb dieses Zeitraums gehalten;
 (b) er wird primär für Handelszwecke gehalten;
 (c) seine Realisation wird innerhalb von zwölf Monaten nach dem Bilanzstichtag erwartet; oder
 (d) es handelt sich um Zahlungsmittel oder Zahlungsmitteläquivalente (gemäß der Definition in IAS 7 *Kapitalflussrechnungen*), es sei denn, der Tausch oder die Nutzung des Vermögenswerts zur Erfüllung einer Verpflichtung sind für einen Zeitraum von mindestens 12 Monaten nach dem Bilanzstichtag eingeschränkt.
 Alle anderen Vermögenswerte sind als langfristig einzustufen.

58 Dieser Standard benutzt den Begriff „langfristig", um materielle, immaterielle und finanzielle Vermögenswerte mit langfristigem Charakter einzuschließen. Er untersagt nicht die Verwendung anderer Bezeichnungen, solange deren Bedeutung eindeutig ist.

59 Der Geschäftszyklus eines Unternehmens ist der Zeitraum zwischen dem Erwerb von Vermögenswerten, die in einen Prozess eingehen, und deren Umwandlung in Zahlungsmittel oder Zahlungsmitteläquivalente. Ist der Geschäftszyklus des Unternehmens nicht eindeutig identifizierbar, wird von einem Zeitraum von 12 Monaten ausgegangen. Kurzfristige Vermögenswerte umfassen Vorräte und Forderungen aus Lieferungen und Leistungen, die als Teil des gewöhnlichen Geschäftszyklus verkauft, verbraucht und realisiert werden, selbst wenn deren Realisation nicht innerhalb von zwölf Monaten nach dem Bilanzstichtag erwartet wird. Zu kurzfristigen Vermögenswerten gehören ferner Vermögenswerte, die vorwiegend zu Handelszwecken gehalten werden (finanzielle Vermögenswerte, die unter diese Bezeichnung fallen, werden gemäß IAS 39 *Finanzinstrumente: Ansatz und Bewertung* als zu Handelszwecken gehalten eingestuft) sowie der kurzfristige Teil langfristiger finanzieller Vermögenswerte.

Kurzfristige Schulden

60 Eine Schuld ist als kurzfristig einzustufen, wenn sie mindestens eines der nachfolgenden Kriterien erfüllt:
 (a) ihre Tilgung wird innerhalb des gewöhnlichen Verlaufs des Geschäftszyklus des Unternehmens erwartet;
 (b) sie wird primär für Handelszwecke gehalten;
 (c) ihre Tilgung wird innerhalb von zwölf Monaten nach dem Bilanzstichtag erwartet; oder
 (d) das Unternehmen hat kein uneingeschränktes Recht zur Verschiebung der Erfüllung der Verpflichtung um mindestens zwölf Monate nach dem Bilanzstichtag.
 Alle anderen Schulden sind als langfristig einzustufen.

61 Einige kurzfristige Schulden, wie Verbindlichkeiten aus Lieferungen und Leistungen sowie Rückstellungen für personalbezogene Aufwendungen und andere betriebliche Aufwendungen, bilden einen Teil des kurzfristigen Betriebskapitals, das im normalen Geschäftszyklus des Unternehmens gebraucht wird. Solche betrieblichen Posten werden selbst dann als kurzfristige Schulden eingestuft, wenn sie später als zwölf Monate nach dem Bilanzstichtag fällig werden. Zur Unterteilung der Vermögenswerte und der Schulden des Unternehmens wird derselbe Geschäftszyklus herangezogen. Ist der Geschäftszyklus des Unternehmens nicht eindeutig identifizierbar, wird von einem Zeitraum von 12 Monaten ausgegangen.

62 Andere kurzfristige Schulden werden nicht als Teil des laufenden Geschäftszyklus beglichen, ihre Tilgung ist aber innerhalb von zwölf Monaten nach dem Bilanzstichtag fällig oder sie werden vorwiegend zu Handelszwecken gehalten. Hierzu gehören beispielsweise finanzielle Schulden, die gemäß IAS 39 zu Handelszwecken gehalten werden, Kontokorrentkredite, der kurzfristige Teil langfristiger finanzieller Schulden, Dividendenverbindlichkeiten, Einkommensteuer und sonstige nicht handelbare Verbindlichkeiten. Finanzielle Schulden, die die langfristige Finanzierung sichern (und somit nicht zum im normalen Geschäftszyklus benutzten Betriebskapital gehören) und die nicht innerhalb von zwölf Monate nach dem Bilanzstichtag fällig sind, gelten vorbehaltlich Paragraph 65 und 66 als langfristige finanzielle Schulden.

63 Ein Unternehmen hat seine finanziellen Schulden als kurzfristig einzustufen, wenn deren Tilgung innerhalb von zwölf Monaten nach dem Bilanzstichtag fällig wird, selbst wenn:

Current Assets

An asset shall be classified as current when it satisfies any of the following criteria: 57
(a) it is expected to be realised in, or is intended for sale or consumption in, the entity's normal operating cycle;
(b) it is held primarily for the purpose of being traded;
(c) it is expected to be realised within twelve months after the balance sheet date; or
(d) it is cash or a cash equivalent (as defined in IAS 7 *Cash Flow Statements***) unless it is restricted from being exchanged or used to settle a liability for at least twelve months after the balance sheet date.**
All other assets shall be classified as non-current.

This Standard uses the term 'non-current' to include tangible, intangible and financial assets of a long-term nature. It does not prohibit the use of alternative descriptions as long as the meaning is clear. 58

The operating cycle of an entity is the time between the acquisition of assets for processing and their realisation in cash or cash equivalents. When the entity's normal operating cycle is not clearly identifiable, its duration is assumed to be twelve months. Current assets include assets (such as inventories and trade receivables) that are sold, consumed or realised as part of the normal operating cycle even when they are not expected to be realised within twelve months after the balance sheet date. Current assets also include assets held primarily for the purpose of being traded (financial assets within this category are classified as held for trading in accordance with IAS 39 *Financial Instruments: Recognition and Measurement*) and the current portion of non-current financial assets. 59

Current Liabilities

A liability shall be classified as current when it satisfies any of the following criteria: 60
(a) it is expected to be settled in the entity's normal operating cycle;
(b) it is held primarily for the purpose of being traded;
(c) it is due to be settled within twelve months after the balance sheet date; or
(d) the entity does not have an unconditional right to defer settlement of the liability for at least twelve months after the balance sheet date.
All other liabilities shall be classified as non-current.

Some current liabilities, such as trade payables and some accruals for employee and other operating costs, are part of the working capital used in the entity's normal operating cycle. Such operating items are classified as current liabilities even if they are due to be settled more than twelve months after the balance sheet date. The same normal operating cycle applies to the classification of an entity's assets and liabilities. When the entity's normal operating cycle is not clearly identifiable, its duration is assumed to be twelve months. 61

Other current liabilities are not settled as part of the normal operating cycle, but are due for settlement within twelve months after the balance sheet date or held primarily for the purpose of being traded. Examples are financial liabilities classified as held for trading in accordance with IAS 39, bank overdrafts, and the current portion of non-current financial liabilities, dividends payable, income taxes and other non-trade payables. Financial liabilities that provide financing on a long-term basis (ie are not part of the working capital used in the entity's normal operating cycle) and are not due for settlement within twelve months after the balance sheet date are non-current liabilities, subject to paragraphs 65 and 66. 62

An entity classifies its financial liabilities as current when they are due to be settled within twelve months after the balance sheet date, even if: 63

IAS 1

(a) die ursprüngliche Laufzeit einen Zeitraum von mehr als zwölf Monaten umfasst; und

(b) eine Vereinbarung zur langfristigen Refinanzierung bzw. Umschuldung der Zahlungsverpflichtungen nach dem Bilanzstichtag jedoch vor der Freigabe des Abschlusses zur Veröffentlichung abgeschlossen wird.

64 Wenn das Unternehmen erwartet und verlangen kann, dass eine Verpflichtung für mindestens zwölf Monate nach dem Bilanzstichtag gemäß einer bestehenden Kreditvereinbarung refinanziert oder verlängert wird, gilt die Verpflichtung trotzdem selbst dann als langfristig, wenn sie sonst innerhalb eines kürzeren Zeitraums fällig wäre. In Situationen, in denen jedoch eine Refinanzierung bzw. einer Verlängerung nicht im Ermessen des Unternehmens liegt (was der Fall wäre, wenn keine Refinanzierungsvereinbarung vorläge), wird die Möglichkeit einer Refinanzierung nicht berücksichtigt, so dass die betreffende finanzielle Schuld als kurzfristig einzustufen ist.

65 Verletzt das Unternehmen an oder vor dem Bilanzstichtag eine Verpflichtung gemäß einer langfristigen Kreditvereinbarung, so dass die Schuld sofort fällig wird, wird sie selbst dann als kurzfristig eingestuft, wenn der Kreditgeber nach dem Bilanzstichtag und vor der Freigabe für die Veröffentlichung des Abschlusses nicht mehr auf Zahlung aufgrund der Verletzung besteht. Die Schuld wird deshalb als kurzfristig eingestuft, da das Unternehmen zum Bilanzstichtag kein uneingeschränktes Recht zur Verschiebung der Erfüllung der Verpflichtung um mindestens zwölf Monate nach dem Bilanzstichtag hat.

66 Die Schuld wird hingegen als langfristig eingestuft, falls der Kreditgeber bis zum Bilanzstichtag in eine Nachfrist von mindestens 12 Monaten nach dem Bilanzstichtag einwilligt, in der das Unternehmen die Verletzung beheben kann und der Kreditgeber die sofortige Zahlung nicht verlangen kann.

67 Bei Darlehen, die als kurzfristige Schulden eingestuft werden, gilt Folgendes: Wenn eines der nachfolgenden Ereignisse zwischen dem Bilanzstichtag und der Freigabe des Abschlusses zur Veröffentlichung eintritt, müssen solche Ereignisse gemäß IAS 10 *Ereignisse nach dem Bilanzstichtag* angegeben werden:
(a) langfristige Refinanzierung;
(b) Behebung einer Verletzung einer langfristigen Kreditvereinbarung, sowie
(c) die Gewährung einer mindestens 12 Monate nach dem Bilanzstichtag ablaufenden Nachfrist durch den Kreditgeber zur Behebung der Verletzung einer langfristigen Kreditvereinbarung.

Informationen, die in der Bilanz darzustellen sind

68 In der Bilanz sind zumindest nachfolgende Posten darzustellen, soweit sie nicht in Übereinstimmung mit Paragraph 68A ausgewiesen werden:
(a) Sachanlagen;
(b) als Finanzinvestitionen gehaltene Immobilien;
(c) immaterielle Vermögenswerte;
(d) finanzielle Vermögenswerte (ohne die Beträge, die unter (e), (h) und (i) ausgewiesen werden);
(e) nach der Equity-Methode bilanzierte Finanzanlagen;
(f) biologische Vermögenswerte;
(g) Vorräte;
(h) Forderungen aus Lieferungen und Leistungen und sonstige Forderungen;
(i) Zahlungsmittel und Zahlungsmitteläquivalente;
(j) Verbindlichkeiten aus Lieferungen und Leistungen und sonstige Verbindlichkeiten;
(k) Rückstellungen;
(l) finanzielle Schulden (ohne die Beträge, die unter (j) und (k) ausgewiesen werden);
(m) Steuerschulden und -erstattungsansprüche gemäß IAS 12, *Ertragsteuern*;
(n) Latente Steueransprüche und -schulden gemäß IAS 12;
(o) Minderheitsanteile am Eigenkapital; sowie
(p) gezeichnetes Kapital und Rücklagen, die den Anteilseignern der Muttergesellschaft zuzuordnen sind.

68A In der Bilanz sind auch nachfolgende Posten darzustellen:
(a) die Summe der Vermögenswerte, die gemäß IFRS 5 *Zur Veräußerung gehaltene langfristige Vermögenswerte und aufgegebene Geschäftsbereiche* als zur Veräußerung gehalten klassifiziert werden, und der Vermögenswerte, die zu einer als zur Veräußerung gehalten klassifizierten Veräußerungsgruppe gehören; und

(a) the original term was for a period longer than twelve months; and
(b) an agreement to refinance, or to reschedule payments, on a long-term basis is completed after the balance sheet date and before the financial statements are authorised for issue.

If an entity expects, and has the discretion, to refinance or roll over an obligation for at least twelve months after the balance sheet date under an existing loan facility, it classifies the obligation as non-current, even if it would otherwise be due within a shorter period. However, when refinancing or rolling over the obligation is not at the discretion of the entity (for example, there is no agreement to refinance), the potential to refinance is not considered and the obligation is classified as current. 64

When an entity breaches an undertaking under a long-term loan agreement on or before the balance sheet date with the effect that the liability becomes payable on demand, the liability is classified as current, even if the lender has agreed, after the balance sheet date and before the authorisation of the financial statements for issue, not to demand payment as a consequence of the breach. The liability is classified as current because, at the balance sheet date, the entity does not have an unconditional right to defer its settlement for at least twelve months after that date. 65

However, the liability is classified as non-current if the lender agreed by the balance sheet date to provide a period of grace ending at least twelve months after the balance sheet date, within which the entity can rectify the breach and during which the lender cannot demand immediate repayment. 66

In respect of loans classified as current liabilities, if the following events occur between the balance sheet date and the date the financial statements are authorised for issue, those events qualify for disclosure as non-adjusting events in accordance with IAS 10 *Events after the Balance Sheet Date*: 67
(a) refinancing on a long-term basis;
(b) rectification of a breach of a long-term loan agreement; and
(c) the receipt from the lender of a period of grace to rectify a breach of a long-term loan agreement ending at least twelve months after the balance sheet date.

Information to be Presented on the Face of the Balance Sheet

As *a minimum,* the face of the balance sheet shall include line items that present the following amounts to the extent that they are not presented in accordance with paragraph 68A: 68
(a) property, plant and equipment;
(b) investment property;
(c) intangible assets;
(d) financial assets (excluding amounts shown under (e), (h) and (i));
(e) investments accounted for using the equity method;
(f) biological assets;
(g) inventories;
(h) trade and other receivables;
(i) cash and cash equivalents;
(j) trade and other payables;
(k) provisions;
(l) financial liabilities (excluding amounts shown under (j) and (k));
(m) liabilities and assets for current tax, as defined in IAS 12 *Income Taxes*;
(n) deferred tax liabilities and deferred tax assets, as defined in IAS 12;
(o) minority interest, presented within equity; and
(p) issued capital and reserves attributable to equity holders of the parent.

The face of the balance sheet shall also include line items that present the following amounts: 68A
(a) the total of assets classified as held for sale and assets included in disposal groups classified as held for sale in accordance with IFRS 5 *Non-current Assets Held for Sale and Discontinued Operations*; and

(b) die Schulden, die den Veräußerungsgruppen zugeordnet sind, die gemäß IFRS 5 als zur Veräußerung gehalten klassifiziert werden.

69 Zusätzliche Posten, Überschriften und Zwischensummen sind in der Bilanz darzustellen, wenn eine solche Darstellung für das Verständnis der Finanzlage des Unternehmens relevant ist.

70 Wenn das Unternehmen lang- und kurzfristige Vermögenswerte bzw. lang- und kurzfristige Schulden in der Bilanz getrennt ausweist, dürfen latente Steueransprüche (-schulden) nicht als kurzfristige Vermögenswerte (Schulden) ausgewiesen werden.

71 Dieser Standard schreibt nicht die Reihenfolge oder die Gliederung vor, in der Posten darzustellen sind. Paragraph 68 liefert lediglich eine Liste von Posten, die ihrem Wesen oder ihrer Funktion nach so unterschiedlich sind, dass sie einen getrennten Ausweis in der Bilanz erforderlich machen. Ferner:
(a) Posten werden hinzugefügt, wenn der Umfang, die Art oder die Funktion eines Postens oder eine Zusammenfassung ähnlicher Posten so sind, dass eine gesonderte Darstellung für das Verständnis der Finanzlage des Unternehmens relevant ist; und
(b) die verwendeten Bezeichnungen, die Reihenfolge der Posten oder die Zusammenfassung ähnlicher Posten können dem Wesen des Unternehmens und seinen Geschäftsvorfällen entsprechend geändert werden, um Informationen zu liefern, die für das Verständnis der Finanzlage des Unternehmens relevant sind. Beispielsweise kann ein Finanzinstitut die o. a. Beschreibungen anpassen, um Angaben zu machen, die für die Tätigkeit eines Finanzinstituts relevant sind.

72 Die Entscheidung, ob zusätzliche Posten gesondert ausgewiesen werden, basiert auf einer Einschätzung:
(a) der Art und der Liquidität von Vermögenswerten;
(b) der Funktion der Vermögenswerte innerhalb des Unternehmens; und
(c) der Beträge, der Art und des Fälligkeitszeitpunktes von Schulden.

73 Die Anwendung unterschiedlicher Bewertungsgrundlagen für verschiedene Gruppen von Vermögenswerten lässt vermuten, dass sie sich in ihrer Art oder Funktion unterscheiden und deshalb als gesonderte Posten auszuweisen sind. Beispielsweise können bestimmte Gruppen von Sachanlagen in Übereinstimmung mit IAS 16 *Sachanlagen* zu Anschaffungskosten oder zu neubewerteten Beträgen fortgeführt werden.

Informationen, die entweder in der Bilanz oder im Anhang darzustellen sind

74 Ein Unternehmen hat weitere Unterposten entweder in der Bilanz oder im Anhang zur Bilanz in einer der Geschäftstätigkeit des Unternehmens geeigneten Weise anzugeben.

75 Der durch Untergliederungen gegebene Detaillierungsgrad hängt von den Anforderungen der IFRS und von Größe, Art und Funktion der einbezogenen Beträge ab. Die in Paragraph 72 aufgestellten Entscheidungskriterien werden auch zur Ermittlung der Grundlage von Untergliederungen genutzt. Die Angabepflichten variieren für jeden Posten, beispielsweise:
(a) Sachanlagen werden gemäß IAS 16 in Gruppen aufgegliedert;
(b) Forderungen werden in Beträge, die von Handelskunden, nahe stehenden Unternehmen und Personen gefordert werden, sowie in Vorauszahlungen und sonstige Beträge gegliedert;
(c) Vorräte werden in Übereinstimmung mit IAS 2 *Vorräte*, in Klassen wie etwa Handelswaren, Roh-, Hilfs- und Betriebsstoffe, unfertige Erzeugnisse und Fertigerzeugnisse gegliedert;
(d) Rückstellungen werden in Rückstellungen für Personalaufwand und sonstige Rückstellungen gegliedert, und
(e) das gezeichnete Kapital und die Rücklagen werden in verschiedene Gruppen, wie beispielsweise eingezahltes Kapital, Agio und Rücklagen gegliedert.

76 Ein Unternehmen hat Folgendes entweder in der Bilanz oder im Anhang anzugeben:
(a) für jede Klasse von Anteilen:
  (i) die Anzahl der genehmigten Anteile;
  (ii) die Anzahl der ausgegebenen und voll eingezahlten Anteile und die Anzahl der ausgegebenen und nicht voll eingezahlten Anteile;
  (iii) den Nennwert der Anteile oder die Aussage, dass die Anteile keinen Nennwert haben;

(b) liabilities included in disposal groups classified as held for sale in accordance with IFRS 5.

Additional line items, headings and subtotals shall be presented on the face of the balance sheet when such presentation is relevant to an understanding of the entity's financial position.	69
When an entity presents current and non-current assets, and current and non-current liabilities, as separate classifications on the face of its balance sheet, it shall not classify deferred tax assets (liabilities) as current assets (liabilities).	70
This Standard does not prescribe the order or format in which items are to be presented. Paragraph 68 simply provides a list of items that are sufficiently different in nature or function to warrant separate presentation on the face of the balance sheet. In addition: (a) line items are included when the size, nature or function of an item or aggregation of similar items is such that separate presentation is relevant to an understanding of the entity's financial position; and (b) the descriptions used and the ordering of items or aggregation of similar items may be amended according to the nature of the entity and its transactions, to provide information that is relevant to an understanding of the entity's financial position. For example, a financial institution may amend the above descriptions to provide information that is relevant to the operations of a financial institution.	71
The judgement on whether additional items are presented separately is based on an assessment of: (a) the nature and liquidity of assets; (b) the function of assets within the entity; and (c) the amounts, nature and timing of liabilities.	72
The use of different measurement bases for different classes of assets suggests that their nature or function differs and, therefore, that they should be presented as separate line items. For example, different classes of property, plant and equipment can be carried at cost or revalued amounts in accordance with IAS 16 *Property, Plant and Equipment*.	73

Information to be Presented either on the Face of the Balance Sheet or in the Notes

An entity shall disclose, either on the face of the balance sheet or in the notes, further subclassifications of the line items presented, classified in a manner appropriate to the entity's operations.	74
The detail provided in subclassifications depends on the requirements of IFRSs and on the size, nature and function of the amounts involved. The factors set out in paragraph 72 also are used to decide the basis of subclassification. The disclosures vary for each item, for example: (a) items of property, plant and equipment are disaggregated into classes in accordance with IAS 16; (b) receivables are disaggregated into amounts receivable from trade customers, receivables from related parties, prepayments and other amounts; (c) inventories are subclassified, in accordance with IAS 2 *Inventories*, into classifications such as merchandise, production supplies, materials, work in progress and finished goods; (d) provisions are disaggregated into provisions for employee benefits and other items; and (e) contributed equity and reserves are disaggregated into various classes, such as paid-in capital, share premium and reserves.	75

An entity shall disclose the following, either on the face of the balance sheet or in the notes:
(a) for each class of share capital:
   (i) the number of shares authorised;
   (ii) the number of shares issued and fully paid, and issued but not fully paid;
   (iii) par value per share, or that the shares have no par value;
	76

(iv) eine Überleitungsrechnung der Anzahl der im Umlauf befindlichen Anteile am Anfang und am Ende der Periode;
(v) die Rechte, Vorzugsrechte und Beschränkungen für die jeweilige Kategorie von Anteilen einschließlich Beschränkungen bei der Ausschüttung von Dividenden und der Rückzahlung des Kapitals;
(vi) Anteile an dem Unternehmen, die durch das Unternehmen selbst, seine Tochterunternehmen oder assoziierte Unternehmen gehalten werden; und
(vii) Anteile, die für die Ausgabe auf Grund von Optionen und Verkaufsverträgen vorgehalten werden, unter Angabe der Modalitäten und Beträge;
sowie
(b) eine Beschreibung von Art und Zweck jeder Rücklage innerhalb des Eigenkapitals;

77 Ein Unternehmen ohne gezeichnetes Kapital, wie etwa eine Personengesellschaft oder ein Treuhandfonds, hat Informationen anzugeben, die dem in Paragraph 76(a) Geforderten gleichwertig sind und Bewegungen während der Periode in jeder Eigenkapitalkategorie sowie die Rechte, Vorzugsrechte und Beschränkungen jeder Eigenkapitalkategorie zu zeigen.

Gewinn- und Verlustrechnung

Ergebnis

78 Alle in einer Periode erfassten Ertrags- und Aufwandsposten sind im Ergebnis zu berücksichtigen, es sei denn, ein Standard oder eine Interpretation schreibt etwas anderes vor.

79 Im Regelfall werden alle Ertrags- und Aufwandsposten, die in einer Periode erfasst werden, im Ergebnis berücksichtigt. Dazu gehören auch die Auswirkungen der Änderungen von Schätzungen. Es können jedoch Umstände bestehen, auf Grund derer bestimmte Posten nicht in das Ergebnis der Periode eingehen. IAS 8 behandelt zwei solcher Fälle: Die Berichtigung von Fehlern und die Auswirkungen von Änderungen der Bilanzierungs- und Bewertungsmethoden.

80 Andere Standards behandeln Posten, die im Sinne des *Rahmenkonzeptes* als Erträge und Aufwendungen zu definieren sind, die jedoch im Regelfall bei der Ermittlung des Ergebnisses nicht berücksichtigt werden. Bespiele: Neubewertungsrücklagen (siehe IAS 16), besondere Gewinne und Verluste aus der Umrechnung des Abschlusses eines ausländischen Unternehmens (siehe IAS 21) sowie Gewinne und Verluste aus der Neubewertung von zur Veräußerung verfügbaren finanziellen Vermögenswerten (siehe IAS 39).

Informationen, die in der Gewinn- und Verlustrechnung darzustellen sind

81 Im Abschluss sind für die betreffende Periode zumindest nachfolgende Posten darzustellen:
(a) Umsatzerlöse;
(b) Finanzierungsaufwendungen;
(c) Gewinn- und Verlustanteile an assoziierten Unternehmen und Joint Ventures, die nach der Equity-Methode bilanziert werden;
(d) Steueraufwendungen;
(e) ein gesonderter Betrag, welcher der Summe entspricht aus (i) dem Ergebnis nach Steuern des aufgegebenen Geschäftsbereichs und (ii) dem Ergebnis nach Steuern, das bei der Bewertung mit dem beizulegenden Zeitwert abzüglich Veräußerungskosten oder der Veräußerung der Vermögenswerte oder Veräußerungsgruppe(n), die den aufgegebenen Geschäftsbereich darstellen, erfasst wurde; und
(f) Ergebnis.

82 In der Gewinn- und Verlustrechnung sind für die betreffende Periode folgende Posten als Ergebniszuordnung darzustellen:
(a) Gewinne bzw. Verluste, die den Minderheitsanteilen zuzurechnen sind; und
(b) Gewinne bzw. Verluste, die den Anteilseignern des Mutterunternehmens zuzurechnen sind.

83 Zusätzliche Posten, Überschriften und Zwischensummen sind in der Gewinn- und Verlustrechnung darzustellen, wenn eine solche Darstellung für das Verständnis der Ertragslage des Unternehmens relevant ist.

(iv) a reconciliation of the number of shares outstanding at the beginning and at the end of the period;
(v) the rights, preferences and restrictions attaching to that class including restrictions on the distribution of dividends and the repayment of capital;
(vi) shares in the entity held by the entity or by its subsidiaries or associates; and
(vii) shares reserved for issue under options and contracts for the sale of shares, including the terms and amounts; and
(b) a description of the nature and purpose of each reserve within equity.

An entity without share capital, such as a partnership or trust, shall disclose information equivalent to that required by paragraph 76(a), showing changes during the period in each category of equity interest, and the rights, preferences and restrictions attaching to each category of equity interest. 77

Income Statement

Profit or Loss for the Period

All items of income and expense recognised in a period shall be included in profit or loss unless a Standard or an Interpretation requires otherwise. 78

Normally, all items of income and expense recognised in a period are included in profit or loss. This includes the effects of changes in accounting estimates. However, circumstances may exist when particular items may be excluded from profit or loss for the current period. IAS 8 deals with two such circumstances: the correction of errors and the effect of changes in accounting policies. 79

Other Standards deal with items that may meet the Framework definitions of income or expense but are usually excluded from profit or loss. Examples include revaluation surpluses (see IAS 16), particular gains and losses arising on translating the financial statements of a foreign operation (see IAS 21) and gains or losses on remeasuring available-for-sale financial assets (see IAS 39). 80

Information to be Presented on the Face of the Income Statement

As a minimum, the face of the income statement shall include line items that present the following amounts for the period: 81
(a) revenue;
(b) finance costs;
(c) share of the profit or loss of associates and joint ventures accounted for using the equity method;
(d) tax expense;
(e) a single amount comprising the total of (i) the post-tax profit or loss of discontinued operations and (ii) the post-tax gain or loss recognised on the measurement to fair value less costs to sell or on the disposal of the assets or disposal group(s) constituting the discontinued operation; and
(f) profit or loss.

The following items shall be disclosed on the face of the income statement as allocations of profit or loss for the period: 82
(a) profit or loss attributable to minority interest; and
(b) profit or loss attributable to equity holders of the parent.

Additional line items, headings and subtotals shall be presented on the face of the income statement when such presentation is relevant to an understanding of the entity's financial performance. 83

84 Da es bei den Wirkungen der verschiedenen Aktivitäten, Geschäftsvorfälle und sonstiger Ereignisse Unterschiede bei der Häufigkeit, dem Gewinn- oder Verlustpotenzial sowie der Vorhersagbarkeit gibt, hilft die Darstellung der Erfolgsbestandteile beim Verständnis der erreichten Ertragskraft des Unternehmens sowie bei der Prognostizierung künftiger Ergebnisse. Zusätzliche Posten werden in der Gewinn- und Verlustrechnung gezeigt und die ausgewählten Bezeichnungen sowie die Anordnung einzelner Posten geändert, wenn dies notwendig ist, um die Elemente der Ertragskraft zu erklären. Dabei müssen Faktoren wie Wesentlichkeit, Art und Funktion der verschiedenen Bestandteile von Erträgen und Aufwendungen in Betracht gezogen werden. Beispielsweise kann ein Finanzinstitut die o. a. Beschreibungen anpassen, um Angaben zu machen, die für die Tätigkeit eines Finanzinstituts relevant sind. Ertrags- und Aufwandsposten werden nur saldiert, wenn die Bedingungen in Paragraph 32 erfüllt werden.

85 Es dürfen weder in der Gewinn- und Verlustrechnung noch im Anhang Ertrags- oder Aufwandsposten als außerordentliche Posten erfasst werden.

Informationen, die entweder in der Gewinn- und Verlustrechnung oder im Anhang darzustellen sind

86 Wenn Ertrags- oder Aufwandsposten wesentlich sind, sind Art und Betrag dieser Posten gesondert anzugeben.

87 Umstände, die zu einer gesonderten Angabe von Ertrags- und Aufwandsposten führen, können sein:
(a) außerplanmäßige Abschreibung der Vorräte auf den Nettoveräußerungswert oder der Sachanlagen auf den erzielbaren Betrag sowie die Wertaufholung solcher außerplanmäßigen Abschreibungen;
(b) eine Restrukturierung der Tätigkeiten eines Unternehmens und die Auflösung von Rückstellungen für Restrukturierungsaufwand;
(c) Abgang von Posten der Sachanlagen;
(d) Veräußerung von Finanzanlagen;
(e) aufgegebene Geschäftsbereiche;
(f) Beendigung von Rechtsstreitigkeiten; und
(g) sonstige Auflösungen von Rückstellungen.

88 Ein Unternehmen hat eine Aufwandsgliederung anzugeben, die entweder auf der Art der Aufwendungen oder auf deren Funktion innerhalb des Unternehmens beruht, je nachdem welche Darstellungsweise verlässliche und relevantere Informationen ermöglicht.

89 Unternehmen wird empfohlen, die Gliederung aus Paragraph 88 in der Gewinn- und Verlustrechnung darzustellen.

90 Aufwendungen werden unterteilt, um die Erfolgsbestandteile, die sich bezüglich Häufigkeit, Gewinn- oder Verlustpotenzial und Vorhersagbarkeit unterscheiden können, hervorzuheben. Diese Informationen können auf zwei verschiedene Arten dargestellt werden.

91 Die erste Gliederung wird als Gesamtkostenverfahren bezeichnet. Aufwendungen werden in der Gewinn- und Verlustrechnung nach ihrer Art zusammengefasst (beispielsweise Abschreibungen, Materialeinkauf, Transportaufwand, Leistungen an Arbeitnehmer, Werbeaufwendungen) und werden nicht nach ihrer Zugehörigkeit zu einzelnen Funktionsbereichen des Unternehmens umverteilt. Diese Methode ist einfach anzuwenden, da keine Zuordnung von betrieblichen Aufwendungen zu einzelnen Funktionsbereichen notwendig ist. Ein Beispiel für eine Gliederung bei der Anwendung des Gesamtkostenverfahrens ist:

Umsatzerlöse		X
Sonstige Erträge		X
Veränderung des Bestandes an Fertigerzeugnissen und unfertigen Erzeugnissen	X	
Aufwendungen für Roh-, Hilfs- und Betriebsstoffe	X	
Zuwendungen an Arbeitnehmer	X	
Aufwand für planmäßige Abschreibungen	X	
Andere Aufwendungen	X	
Gesamtaufwand		(X)
Gewinn		X

Because the effects of an entity's various activities, transactions and other events differ in frequency, potential for gain or loss and predictability, disclosing the components of financial performance assists in an understanding of the financial performance achieved and in making projections of future results. Additional line items are included on the face of the income statement, and the descriptions used and the ordering of items are amended when this is necessary to explain the elements of financial performance. Factors to be considered include materiality and the nature and function of the components of income and expenses. For example, a financial institution may amend the descriptions to provide information that is relevant to the operations of a financial institution. Income and expense items are not offset unless the criteria in paragraph 32 are met. 84

An entity shall not present any items of income and expense as extraordinary items, either on the face of the income statement or in the notes. 85

Information to be Presented either on the Face of the Income Statement or in the Notes

When items of income and expense are material, their nature and amount shall be disclosed separately. 86

Circumstances that would give rise to the separate disclosure of items of income and expense include: 87
(a) write-downs of inventories to net realisable value or of property, plant and equipment to recoverable amount, as well as reversals of such write-downs;
(b) restructurings of the activities of an entity and reversals of any provisions for the costs of restructuring;
(c) disposals of items of property, plant and equipment;
(d) disposals of investments;
(e) discontinued operations;
(f) litigation settlements; and
(g) other reversals of provisions.

An entity shall present an analysis of expenses using a classification based on either the nature of expenses or their function within the entity, whichever provides information that is reliable and more relevant. 88

Entities are encouraged to present the analysis in paragraph 88 on the face of the income statement. 89

Expenses are subclassified to highlight components of financial performance that may differ in terms of frequency, potential for gain or loss and predictability. This analysis is provided in one of two forms. 90

The first form of analysis is the nature of expense method. Expenses are aggregated in the income statement according to their nature (for example, depreciation, purchases of materials, transport costs, employee benefits and advertising costs), and are not reallocated among various functions within the entity. This method may be simple to apply because no allocations of expenses to functional classifications are necessary. An example of a classification using the nature of expense method is as follows: 91

Revenue		X
Other income		X
Changes in inventories of finished goods and work in progress	X	
Raw materials and consumables used	X	
Employee benefits costs	X	
Depreciation and amortisation expense	X	
Other expenses	X	
Total expenses		(X)
Profit		X

IAS 1

92 Die zweite Analyse wird als Umsatzkostenverfahren bezeichnet und unterteilt die Aufwendungen nach ihrer funktionalen Zugehörigkeit als Teile der Umsatzkosten, beispielsweise der Aufwendungen für Vertriebs- oder Verwaltungsaktivitäten. Zumindest hat das Unternehmen die Umsatzkosten gesondert zu erfassen. Diese Methode liefert den Adressaten oft wichtigere Informationen als die Aufteilung nach Aufwandsarten, aber die Zuordnung von Aufwendungen zu Funktionen kann willkürlich sein und enthält erhebliche Ermessensentscheidungen. Ein Beispiel für die Gliederung nach dem Umsatzkostenverfahren ist:

Umsatzerlöse	X
Umsatzkosten	(X)
Bruttogewinn	X
Sonstige Erträge	X
Vertriebskosten	(X)
Verwaltungsaufwendungen	(X)
Andere Aufwendungen	(X)
Gewinn	X

93 Unternehmen, die das Umsatzkostenverfahren anwenden, haben zusätzliche Informationen über die Art der Aufwendungen, einschlielich des Aufwandes für planmäßige Abschreibungen sowie Leistungen an Arbeitnehmer, anzugeben.

94 Die Wahl zwischen dem Umsatzkosten- und dem Gesamtkostenverfahren hängt von historischen und branchenbezogenen Faktoren und von der jeweiligen Organisation ab. Beide Verfahren liefern Hinweise auf die Kosten, die sich direkt oder indirekt mit der Höhe des Umsatzes oder der Produktion des Unternehmens verändern können. Da jede der beiden Darstellungsformen für unterschiedliche Unternehmenstypen vorteilhaft ist, verpflichtet dieser Standard das Management zur Wahl der relevanten und zuverlässigsten Darstellungsform. Da Informationen über die Art von Aufwendungen für die Vorhersage von zukünftigen Cashflows nützlich sind, werden bei Anwendung des Umsatzkostenverfahrens zusätzliche Angaben gefordert. In Paragraph 93 hat der Begriff „Leistungen an Arbeitnehmer" dieselbe Bedeutung wie in IAS 19 *Leistungen an Arbeitnehmer*.

95 Das Unternehmen hat entweder in der Gewinn- und Verlustrechnung, in der Aufstellung der Veränderungen des Eigenkapitals oder im Anhang die Dividenden, die als Ausschüttung an die Anteilseigner in der betreffenden Periode erfasst werden, sowie den betreffenden Betrag je Anteil auszuweisen.

Aufstellung der Veränderungen des Eigenkapitals

96 Das Unternehmen hat eine Aufstellung der Veränderungen des Eigenkapitals zu erstellen, die folgende Posten enthält:
(a) Ergebnis;
(b) jeden Ertrags- und Aufwands-, Gewinn- oder Verlustposten, der für die betreffende Periode nach anderen Standards bzw. Interpretationen direkt im Eigenkapital erfasst wird, sowie die Summe dieser Posten;
(c) Gesamtertrag und -aufwand für die Periode (Summe von (a) und (b)), wobei die Beträge, die den Anteilseignern des Mutterunternehmens bzw. den Minderheitsanteilen zuzurechnen sind, getrennt auszuweisen sind; und
(d) für jeden Eigenkapitalbestandteil die Auswirkungen der gemäß IAS 8 erfassten Änderungen der Bilanzierungs- und Bewertungsmethoden sowie Fehlerberichtigungen.
Eine Aufstellung der Veränderungen des Eigenkapitals, die nur diese Posten beinhaltet, ist unter der Bezeichnung „Aufstellung der erfassten Erträge und Aufwendungen" zu führen.

97 Das Unternehmen hat darüber hinaus entweder in der Aufstellung der Veränderungen des Eigenkapitals oder im Anhang anzugeben:
(a) die Beträge der Transaktionen mit Anteilseignern, die in ihrer Eigenschaft als Anteilseigner handeln, wobei die Dividendenausschüttungen an die Anteilseigner gesondert auszuweisen sind;
(b) den Betrag der Gewinnrücklagen (d. h. die angesammelten Ergebnisse) zu Beginn der Periode und zum Bilanzstichtag sowie die Bewegungen während der Periode; und
(c) eine Überleitung der Buchwerte jeder Kategorie des gezeichneten Kapitals und sämtlicher Rücklagen zu Beginn und am Ende der Periode, die jede Bewegung gesondert angibt.

The second form of analysis is the function of expense or 'cost of sales' method and classifies expenses according to their function as part of cost of sales or, for example, the costs of distribution or administrative activities. At a minimum, an entity discloses its cost of sales under this method separately from other expenses. This method can provide more relevant information to users than the classification of expenses by nature, but allocating costs to functions may require arbitrary allocations and involve considerable judgement. An example of a classification using the function of expense method is as follows:

Revenue	X
Cost of sales	(X)
Gross profit	X
Other income	X
Distribution costs	(X)
Administrative expenses	(X)
Other expenses	(X)
Profit	X

Entities classifying expenses by function shall disclose additional information on the nature of expenses, including depreciation and amortisation expense and employee benefits expense.

The choice between the function of expense method and the nature of expense method depends on historical and industry factors and the nature of the entity. Both methods provide an indication of those costs that might vary, directly or indirectly, with the level of sales or production of the entity. Because each method of presentation has merit for different types of entities, this Standard requires management to select the most relevant and reliable presentation. However, because information on the nature of expenses is useful in predicting future cash flows, additional disclosure is required when the function of expense classification is used. In paragraph 93, 'employee benefits' has the same meaning as in IAS 19 *Employee Benefits*.

An entity shall disclose, either on the face of the income statement or the statement of changes in equity, or in the notes, the amount of dividends recognised as distributions to equity holders during the period, and the related amount per share.

Statement of Changes in Equity

An entity shall present a statement of changes in equity showing on the face of the statement:
(a) profit or loss for the period;
(b) each item of income and expense for the period that, as required by other Standards or by Interpretations, is recognised directly in equity, and the total of these items;
(c) total income and expense for the period (calculated as the sum of (a) and (b)), showing separately the total amounts attributable to equity holders of the parent and to minority interest; and
(d) for each component of equity, the effects of changes in accounting policies and corrections of errors recognised in accordance with IAS 8.
A statement of changes in equity that comprises only these items shall be titled a statement of recognised income and expense.

An entity shall also present, either on the face of the statement of changes in equity or in the notes:
(a) the amounts of transactions with equity holders acting in their capacity as equity holders, showing separately distributions to equity holders;
(b) the balance of retained earnings (ie accumulated profit or loss) at the beginning of the period and at the balance sheet date, and the changes during the period; and
(c) a reconciliation between the carrying amount of each class of contributed equity and each reserve at the beginning and the end of the period, separately disclosing each change.

IAS 1

98 Veränderungen des Eigenkapitals eines Unternehmens zwischen zwei Bilanzstichtagen spiegeln die Zu- oder Abnahme seines Nettovermögens während der Periode wider. Mit Ausnahme von Änderungen, die sich aus Transaktionen mit Anteilseignern, die in ihrer Eigenschaft als Anteilseigner handeln (z. B. Kapitaleinzahlungen, Zurückerwerb der Eigenkapitalinstrumente und Dividenden des Unternehmens), sowie den unmittelbar damit zusammenhängenden Transaktionskosten ergeben, stellt die Gesamtveränderung des Eigenkapitals während der betreffenden Periode den Gesamtertrag bzw. -aufwand einschließlich Gewinne und Verluste, die während der betreffenden Periode durch die Aktivitäten des Unternehmens entstehen, dar (und zwar unabhängig davon, ob solche Ertrags- und Aufwandsposten in der Gewinn- und Verlustrechnung oder unmittelbar in der Aufstellung über Veränderungen des Eigenkapitals ausgewiesen werden).

99 Alle in einer Periode erfassten Ertrags- und Aufwandsposten sind nach diesem Standard im Ergebnis zu berücksichtigen, es sei denn, ein anderer Standard oder eine Interpretation schreibt eine Abweichung vor. Andere Standards schreiben die Erfassung bestimmter Gewinne und Verluste (z. B. Neubewertungsgewinne und -verluste, bestimmte Umrechnungsdifferenzen, Gewinne und Verluste aus der Neubewertung der zur Veräußerung verfügbaren finanziellen Vermögenswerte und damit verbundener tatsächlicher und latenter Steueraufwände) direkt als Veränderungen des Eigenkapitals vor. Da es für die Beurteilung der Veränderungen der Finanzlage eines Unternehmens zwischen zwei Bilanzstichtagen wichtig ist, sämtliche Gewinne und Verluste zu erfassen, fordert dieser Standard die Aufstellung der Veränderungen des Eigenkapitals, die die gesamten Gewinne und Verluste eines Unternehmens einschließlich jener, die direkt im Eigenkapital erfasst werden, hervorhebt.

100 Nach IAS 8 sind zur Berücksichtigung von Änderungen der Bilanzierungsmethoden, soweit praktisch durchführbar, rückwirkende Anpassungen erforderlich, sofern die Übergangsbestimmungen in einem anderen Standard bzw. in einer anderen Interpretation keinen anderen Ansatz vorschreiben. Ebenso sind nach IAS 8, sofern praktisch durchführbar, rückwirkende Anpassungen zur Berücksichtigung von möglichen Fehlern erforderlich. Die rückwirkenden Änderungen bzw. Anpassungen werden in der Gewinnrücklage erfasst, sofern nach einem anderen Standard bzw. nach einer anderen Interpretation kein anderer Eigenkapitalposten anzupassen ist. Paragraph 96(d) schreibt die Angabe der Gesamtanpassung für jeden Eigenkapitalposten, die sich aus Änderungen der Bilanzierungsmethoden bzw. aus der Berichtigung von Fehlern ergibt, in der Aufstellung der Veränderungen des Eigenkapitals vor. Diese Änderungen sind für jede Vorperiode sowie für den Periodenanfang anzugeben.

101 Die Vorschriften der Paragraphen 96 und 97 können auf verschiedene Weise erfüllt werden. Eine Möglichkeit besteht in einem Spaltenformat, das die Anfangsbilanzwerte jeder Kategorie des Eigenkapitals, in die Schlussbilanzwerte überleitet. Als Alternative werden nur die in Paragraph 96 genannten Posten in der Aufstellung der Veränderungen des Eigenkapitals ausgewiesen. Bei diesem Ansatz werden die in Paragraph 97 beschriebenen Posten im Anhang dargestellt.

Kapitalflussrechnung

102 Die Kapitalflussrechnung bietet den Adressaten eine Grundlage für die Beurteilung der Fähigkeit des Unternehmens zur Erwirtschaftung von Zahlungsmitteln und Zahlungsmitteläquivalenten sowie des Bedarfes des Unternehmens, diese Cashflows zu nutzen. IAS 7 *Kapitalflussrechnung* legt Anforderungen an die Darstellung der Kapitalflussrechnung und der zugehörigen Angaben fest.

Anhangangaben

Struktur

103 Folgende Angaben sind erforderlich:
(a) aktuelle Informationen über die Grundlagen der Aufstellung des Abschlusses und die besonderen Bilanzierungs- und Bewertungsmethoden, die gemäß Paragraphen 108–115 angewandt worden sind;
(b) die nach den IFRS erforderlichen Informationen, die nicht in der Bilanz, der Gewinn- und Verlustrechnung, der Aufstellung der Veränderungen des Eigenkapitals und der Kapitalflussrechnung ausgewiesen sind;
und
(c) zusätzliche Informationen, die nicht in der Bilanz, der Gewinn- und Verlustrechnung, der Aufstellung der Veränderungen des Eigenkapitals und der Kapitalflussrechnung ausgewiesen, für das Verständnis derselben jedoch relevant sind.

98 Changes in an entity's equity between two balance sheet dates reflect the increase or decrease in its net assets during the period. Except for changes resulting from transactions with equity holders acting in their capacity as equity holders (such as equity contributions, reacquisitions of the entity's own equity instruments and dividends) and transaction costs directly related to such transactions, the overall change in equity during a period represents the total amount of income and expenses, including gains and losses, generated by the entity's activities during that period (whether those items of income and expenses are recognised in profit or loss or directly as changes in equity).

99 This Standard requires all items of income and expense recognised in a period to be included in profit or loss unless another Standard or an Interpretation requires otherwise. Other Standards require some gains and losses (such as revaluation increases and decreases, particular foreign exchange differences, gains or losses on remeasuring available-for-sale financial assets, and related amounts of current tax and deferred tax) to be recognised directly as changes in equity. Because it is important to consider all items of income and expense in assessing changes in an entity's financial position between two balance sheet dates, this Standard requires the presentation of a statement of changes in equity that highlights an entity's total income and expenses, including those that are recognised directly in equity.

100 IAS 8 requires retrospective adjustments to effect changes in accounting policies, to the extent practicable, except when the transitional provisions in another Standard or an Interpretation require otherwise. IAS 8 also requires that restatements to correct errors are made retrospectively, to the extent practicable. Retrospective adjustments and retrospective restatements are made to the balance of retained earnings, except when a Standard or an Interpretation requires retrospective adjustment of another component of equity. Paragraph 96(d) requires disclosure in the statement of changes in equity of the total adjustment to each component of equity resulting, separately, from changes in accounting policies and from corrections of errors. These adjustments are disclosed for each prior period and the beginning of the period.

101 The requirements in paragraphs 96 and 97 may be met in various ways. One example is a columnar format that reconciles the opening and closing balances of each element within equity. An alternative is to present only the items set out in paragraph 96 in the statement of changes in equity. Under this approach, the items described in paragraph 97 are shown in the notes.

Cash Flow Statement

102 Cash flow information provides users of financial statements with a basis to assess the ability of the entity to generate cash and cash equivalents and the needs of the entity to utilise those cash flows. IAS 7 *Cash Flow Statements* sets out requirements for the presentation of the cash flow statement and related disclosures.

Notes

Structure

103 **The notes shall:**
(a) present information about the basis of preparation of the financial statements and the specific accounting policies used in accordance with paragraphs 108—115;
(b) disclose the information required by IFRSs that is not presented on the face of the balance sheet, income statement, statement of changes in equity or cash flow statement; and
(c) provide additional information that is not presented on the face of the balance sheet, income statement, statement of changes in equity or cash flow statement, but is relevant to an understanding of any of them.

104 Anhangangaben sind, soweit praktikabel, systematisch darzustellen. Jeder Posten in der Bilanz, der Gewinn- und Verlustrechnung, der Aufstellung der Veränderungen des Eigenkapitals und der Kapitalflussrechnung muss einen Querverweis auf sämtliche dazugehörenden Informationen im Anhang aufweisen.

105 Anhangangaben werden normalerweise in der folgenden Reihenfolge dargestellt, die den Adressaten hilft, den Abschluss zu verstehen und ihn mit denen anderer Unternehmen zu vergleichen:
(a) eine Erklärung über die Übereinstimmung mit den IFRS (siehe Paragraph 14);
(b) eine Zusammenfassung der wesentlichen Bilanzierungs- und Bewertungsmethoden (siehe Paragraph 108);
(c) ergänzende Informationen zu den in der Bilanz, der Gewinn- und Verlustrechnung, der Aufstellung der Veränderungen des Eigenkapitals und der Kapitalflussrechnung dargestellten Posten in der Reihenfolge, in der jeder Posten und jeder Abschlussbestandteil dargestellt wird; und
(d) andere Angaben, einschließlich:
  (i) Eventualschulden (siehe IAS 37) und nicht bilanzierte vertragliche Verpflichtungen; und
  (ii) nicht finanzielle Angaben, z. B. die Risikomanagementziele und -methoden des Unternehmens (siehe IFRS 7).

106 Unter bestimmten Umständen kann es notwendig oder wünschenswert sein, die Reihenfolge bestimmter Posten innerhalb des Anhangs zu ändern. Beispielsweise können Informationen über Änderungen des beizulegenden Zeitwerts mit Informationen über Fälligkeitstermine von Finanzinstrumenten kombiniert werden, obwohl erstere Angaben zur Gewinn- und Verlustrechnung und letztere zur Bilanz gehören. Eine systematische Struktur für den Anhang ist jedoch beizubehalten, soweit dies praktisch durchführbar ist.

107 Informationen über die Grundlagen der Erstellung des Abschlusses und die spezifischen Bilanzierungs- und Bewertungsmethoden können als gesonderter Teil des Abschlusses dargestellt werden.

Angabe der Bilanzierungs- und Bewertungsmethoden

108 Das Unternehmen hat bei der Zusammenfassung der maßgeblichen Bilanzierungs- und Bewertungsmethoden folgendes anzugeben:
(a) **die bei der Erstellung des Abschlusses herangezogene(n) Bewertungsgrundlage(n); und**
(b) **sonstige angewandte Bilanzierungs- und Bewertungsmethoden, die für das Verständnis des Abschlusses relevant sind.**

109 Es ist für Adressaten wichtig, die verwendete(n) Bewertungsgrundlage(n) (z. B. historische Anschaffungs- oder Herstellungskosten, Tageswert, Netto-Veräußerungswert, beizulegender Zeitwert oder erzielbarer Betrag) zu kennen, da die Grundlage, auf der der gesamte Abschluss aufgestellt ist, die Analyse der Adressaten maßgeblich beeinflussen kann. Wird im Abschluss mehr als eine Bewertungsgrundlage angewandt, wenn beispielsweise bestimmte Gruppen von Vermögenswerten neu bewertet werden, ist es ausreichend, einen Hinweis auf die Gruppen von Vermögenswerten und Schulden zu geben, auf die die jeweilige Bewertungsgrundlage angewandt wird.

110 Bei der Entscheidung darüber, ob eine spezifische Bilanzierungs- und Bewertungsmethode anzugeben ist, wägt das Management ab, ob die Angaben den Adressaten zu verstehen helfen, auf welche Art und Weise Geschäftsvorfälle, sonstige Ereignisse und Bedingungen in der dargestellten Vermögens-, Finanz- und Ertragslage wiedergegeben werden. Die Darstellung bestimmter Bilanzierungs- und Bewertungsmethoden ist für Adressaten besonders vorteilhaft, wenn solche Methoden aus den in den Standards und Interpretationen zugelassenen Alternativen ausgewählt werden. Beispiel: Ein Partnerunternehmen gibt an, ob es seine Anteile an gemeinschaftlich geführten Einheiten durch Quotenkonsolidierung oder nach der Equity-Methode bilanziert (siehe IAS 31 *Anteile an Joint Ventures*). Einige Standards schreiben ausdrücklich die Angabe der Bilanzierungs- und Bewertungsmethoden und der von der Geschäftsleitung getroffenen Auswahl unter verschiedenen zulässigen Methoden vor. Beispielsweise ist nach IAS 16 die Bewertungsgrundlage für Sachanlagen anzugeben. Nach IAS 23 *Fremdkapitalkosten* ist anzugeben, ob die Fremdkapitalkosten sofort als Aufwand erfasst oder als Teil der Kosten der hierzu qualifizierten Vermögenswerte aktiviert werden.

111 Jedes Unternehmen berücksichtigt die Art seiner Geschäftstätigkeit und die Bilanzierungs- und Bewertungsmethoden, von denen der Adressat des Abschlusses erwarten würde, dass sie für diesen Unternehmenstyp angegeben werden. Beispiel: Von einem Unternehmen, das ertragsteuerpflichtig ist, kann die Angabe der Bilanzierungs- und Bewertungsmethode bezüglich der Ertragsteuern einschließlich latenter Steuern und Steuer-

Notes shall, as far as practicable, be presented in a systematic manner. Each item on the face of the balance sheet, income statement, statement of changes in equity and cash flow statement shall be cross-referenced to any related information in the notes. 104

Notes are normally presented in the following order, which assists users in understanding the financial statements and comparing them with financial statements of other entities: 105
(a) a statement of compliance with IFRSs (see paragraph 14);
(b) a summary of significant accounting policies applied (see paragraph 108);
(c) supporting information for items presented on the face of the balance sheet, income statement, statement of changes in equity and cash flow statement, in the order in which each statement and each line item is presented; and
(d) other disclosures, including:
  (i) contingent liabilities (see IAS 37) and unrecognised contractual commitments; and
  (ii) non-financial disclosures, eg the entity's financial risk management objectives and policies (see IFRS 7).

In some circumstances, it may be necessary or desirable to vary the ordering of specific items within the notes. For example, information on changes in fair value recognised in profit or loss may be combined with information on maturities of financial instruments, although the former disclosures relate to the income statement and the latter relate to the balance sheet. Nevertheless, a systematic structure for the notes is retained as far as practicable. 106

Notes providing information about the basis of preparation of the financial statements and specific accounting policies may be presented as a separate component of the financial statements. 107

Disclosure of Accounting Policies

An entity shall disclose in the summary of significant accounting policies: 108
(a) the measurement basis (or bases) used in preparing the financial statements; and
(b) the other accounting policies used that are relevant to an understanding of the financial statements.

It is important for users to be informed of the measurement basis or bases used in the financial statements (for example, historical cost, current cost, net realisable value, fair value or recoverable amount) because the basis on which the financial statements are prepared significantly affects their analysis. When more than one measurement basis is used in the financial statements, for example when particular classes of assets are revalued, it is sufficient to provide an indication of the categories of assets and liabilities to which each measurement basis is applied. 109

In deciding whether a particular accounting policy should be disclosed, management considers whether disclosure would assist users in understanding how transactions, other events and conditions are reflected in the reported financial performance and financial position. Disclosure of particular accounting policies is especially useful to users when those policies are selected from alternatives allowed in Standards and Interpretations. An example is disclosure of whether a venturer recognises its interest in a jointly controlled entity using proportionate consolidation or the equity method (see IAS 31 *Interests in Joint Ventures*). Some Standards specifically require disclosure of particular accounting policies, including choices made by management between different policies they allow. For example, IAS 16 requires disclosure of the measurement bases used for classes of property, plant and equipment. IAS 23 *Borrowing Costs* requires disclosure of whether borrowing costs are recognised immediately as an expense or capitalised as part of the cost of qualifying assets. 110

Each entity considers the nature of its operations and the policies that the users of its financial statements would expect to be disclosed for that type of entity. For example, an entity subject to income taxes would be expected to disclose its accounting policies for income taxes, including those applicable to deferred tax liabilities and assets. When an entity has significant foreign operations or transactions in foreign currencies, disclosure of accounting 111

IAS 1

ansprüchen erwartet werden. Wenn ein Unternehmen bedeutende Geschäftsvorfälle und Transaktionen in Fremdwährungen tätigt, wird erwartet, dass Angaben bezüglich der Erfassung der Gewinne und Verluste aus der Währungsumrechnung gemacht werden. Bei Unternehmenszusammenschlüssen wird die Methode zur Bestimmung des Geschäfts- oder Firmenwertes und der Minderheitsanteile angegeben.

112 Die Bilanzierungs- und Bewertungsmethode kann aufgrund der Tätigkeiten des Unternehmens eine wichtige Rolle spielen, selbst wenn die Beträge für die laufende sowie für frühere Perioden unwesentlich sind. Es ist ebenfalls angemessen, jede wesentliche Bilanzierungs- und Bewertungsmethode anzugeben, die zwar nicht von den IFRS vorgeschrieben ist, aber in Übereinstimmung mit IAS 8 ausgewählt und angewendet wird.

113 **Das Unternehmen hat in der Zusammenfassung der wesentlichen Bilanzierungs- und Bewertungsmethoden oder in den sonstigen Erläuterungen die Ermessensausübung des Management bei der Anwendung der Bilanzierungs- und Bewertungsmethoden – mit Ausnahme solcher, bei denen Schätzungen verwendet werden (siehe Paragraph 116) – die die Beträge im Abschluss am wesentlichsten beeinflussen, anzugeben.**

114 Bei der Anwendung der Bilanzierungs- und Bewertungsmethoden erfolgt eine Ermessensausübung durch das Management - mit Ausnahme solcher, bei denen Schätzungen verwendet werden - die die Beträge im Abschluss erheblich beeinflussen können. Das Management übt beispielsweise in den folgenden Fällen ihren Ermessensspielraum aus:
(a) bei der Frage, ob es sich bei den Finanzanlagen um bis zur Endfälligkeit zu haltende Finanzinvestitionen handelt;
(b) in Fällen, in denen alle wesentlichen mit dem rechtlichen Eigentum verbundenen Risiken und Chancen der Finanzanlagen und des Leasingvermögens auf andere Unternehmen übertragen werden;
(c) bei der Frage, ob es sich bei bestimmten Warenverkaufsgeschäften im Wesentlichen um Finanzierungsvereinbarungen handelt, durch die folglich keine Umsatzerlöse erzielt werden; und
(d) bei der Frage, ob das Verhältnis zwischen einem Unternehmen und einer Zweckgesellschaft im Wesentlichen vermuten lässt, dass die Zweckgesellschaft durch das Unternehmen beherrscht wird.

115 Einige der gemäß Paragraph 113 gemachten Angaben sind durch andere Standards vorgeschrieben. Nach IAS 27 sind beispielsweise die Gründe anzugeben, warum der Anteil an einem Unternehmen, an dem eine Beteiligung besteht, kein Beherrschungsverhältnis begründet, auch wenn mehr als die Hälfte der tatsächlichen oder möglichen Stimmrechte mittelbar durch Tochterunternehmen oder unmittelbar gehalten wird. Nach IAS 40 sind die vom Unternehmen entwickelten Kriterien anzugeben, nach denen zwischen als Finanzinvestition gehaltenen, vom Eigentümer selbstgenutzten Immobilien und Immobilien, die zum Verkauf im Rahmen der gewöhnlichen Geschäftstätigkeit gehalten werden, unterschieden wird, sofern eine Zuordnung Schwierigkeiten bereitet.

Hauptquellen von Schätzungsunsicherheiten

116 **Das Unternehmen hat im Anhang die wichtigsten zukunftsbezogenen Annahmen anzugeben, sowie Angaben über die sonstigen am Stichtag wesentlichen Quellen von Schätzungsunsicherheiten zu machen, durch die ein beträchtliches Risiko entstehen kann, dass innerhalb des nächsten Geschäftsjahrs eine wesentliche Anpassung der ausgewiesenen Vermögenswerte und Schulden erforderlich wird. Bezüglich solcher Vermögenswerte und Schulden sind im Anhang:**
(a) **ihre Art, sowie**
(b) **ihre Buchwerte am Bilanzstichtag anzugeben.**

117 Zur Bestimmung der Buchwerte bestimmter Vermögenswerte und Schulden ist eine Schätzung der Auswirkungen unbestimmter künftiger Ereignisse auf solche Vermögenswerte und Schulden zum Bilanzstichtag erforderlich. Fehlen beispielsweise kürzlich festgestellte Marktpreise, die zur Bewertung der folgenden Vermögenswerte und Schulden herangezogen werden, sind zukunftsbezogene Schätzungen erforderlich, um den erzielbaren Betrag von bestimmten Gruppen von Sachanlagen, die Folgen technischer Veralterung für Bestände, Rückstellungen, die von dem künftigen Ausgang von Gerichtsverfahren abhängen, sowie langfristige Verpflichtungen gegenüber Arbeitnehmern, wie beispielsweise Pensionszusagen, zu bewerten. Diese Schätzungen beziehen Annahmen über Faktoren wie Risikoanpassungen von Cashflows oder der Abzinsungssätze, künftige Gehaltsentwicklungen und künftige, andere Kosten beeinflussende Preisänderungen mit ein.

118 Die wesentlichen Annahmen sowie andere Hauptquellen von Schätzungsunsicherheiten, die gemäß Paragraph 116 angegeben werden, gelten für Schätzungen, die eine besonders schwierige, subjektive oder komplizierte

policies for the recognition of foreign exchange gains and losses would be expected. When business combinations have occurred, the policies used for measuring goodwill and minority interest are disclosed.

An accounting policy may be significant because of the nature of the entity's operations even if amounts for current and prior periods are not material. It is also appropriate to disclose each significant accounting policy that is not specifically required by IFRSs, but is selected and applied in accordance with IAS 8. 112

An entity shall disclose, in the summary of significant accounting policies or other notes, the judgements, apart from those involving estimations (see paragraph 116), management has made in the process of applying the entity's accounting policies that have the most significant effect on the amounts recognised in the financial statements. 113

In the process of applying the entity's accounting policies, management makes various judgements, apart from those involving estimations, that can significantly affect the amounts recognised in the financial statements. For example, management makes judgements in determining: 114
(a) whether financial assets are held-to-maturity investments;
(b) when substantially all the significant risks and rewards of ownership of financial assets and lease assets are transferred to other entities;
(c) whether, in substance, particular sales of goods are financing arrangements and therefore do not give rise to revenue;
and
(d) whether the substance of the relationship between the entity and a special purpose entity indicates that the special purpose entity is controlled by the entity.

Some of the disclosures made in accordance with paragraph 113 are required by other Standards. For example, IAS 27 requires an entity to disclose the reasons why the entity's ownership interest does not constitute control, in respect of an investee that is not a subsidiary even though more than half of its voting or potential voting power is owned directly or indirectly through subsidiaries. IAS 40 requires disclosure of the criteria developed by the entity to distinguish investment property from owner-occupied property and from property held for sale in the ordinary course of business, when classification of the property is difficult. 115

Key Sources of Estimation Uncertainty

An entity shall disclose in the notes information about the key assumptions concerning the future, and other key sources of estimation uncertainty at the balance sheet date, that have a significant risk of causing a material adjustment to the carrying amounts of assets and liabilities within the next financial year. In respect of those assets and liabilities, the notes shall include details of: 116
(a) **their nature;**
    and
(b) **their carrying amount as at the balance sheet date.**

Determining the carrying amounts of some assets and liabilities requires estimation of the effects of uncertain future events on those assets and liabilities at the balance sheet date. For example, in the absence of recently observed market prices used to measure the following assets and liabilities, future-oriented estimates are necessary to measure the recoverable amount of classes of property, plant and equipment, the effect of technological obsolescence on inventories, provisions subject to the future outcome of litigation in progress, and long-term employee benefit liabilities such as pension obligations. These estimates involve assumptions about such items as the risk adjustment to cash flows or discount rates used, future changes in salaries and future changes in prices affecting other costs. 117

The key assumptions and other key sources of estimation uncertainty disclosed in accordance with paragraph 116 relate to the estimates that require management's most difficult, subjective or complex judgements. As the 118

IAS 1

Ermessenausübung seitens des Management erfordern. Je höher die Anzahl der Variablen bzw. der Annahmen, die sich auf die mögliche künftige Auflösung bestehender Unsicherheiten auswirkt, desto subjektiver und schwieriger wird die Ermessensausübung, so dass die Wahrscheinlichkeit einer nachträglichen, wesentlichen Anpassung der angesetzten Buchwerte der betreffenden Vermögenswerte und Schulden normalerweise im gleichen Maße steigt.

119 Die in Paragraph 116 vorgeschriebenen Angaben sind nicht erforderlich, wenn ein beträchtliches Risiko besteht, dass sich die Buchwerte der betreffenden Vermögenswerte und Schulden innerhalb des nächsten Geschäftsjahres wesentlich verändern, wenn diese zum Bilanzstichtag auf der Basis zu vor kurzem festgestellter Marktpreise bewertet werden (wobei die Möglichkeit einer wesentlichen Änderung des beizulegenden Zeitwerts innerhalb des nächsten Geschäftsjahres besteht, diese Änderungen jedoch nicht auf die zum Bilanzstichtag bestehenden Annahmen und sonstigen Quellen einer Schätzungsunsicherheit zurückzuführen sind.)

120 Die in Paragraph 116 vorgeschriebenen Angaben werden auf eine Weise gemacht, die es den Adressaten erleichtert, die Ermessensausübung der Geschäftsleitung bezüglich der Zukunft und anderer wesentlicher Quellen der Schätzungsunsicherheit zu verstehen. Die Art und der Umfang der gemachten Angaben hängen von der Art der Annahmen sowie anderen Umständen ab. Beispiele für die Art der erforderlichen Angaben sind:
(a) die Art der Annahme bzw. der sonstigen Schätzungsunsicherheit;
(b) die Sensitivität der Buchwerte hinsichtlich der Methoden, der Annahmen und der Schätzungen, die der Berechung der Buchwerte zugrunde liegen unter Angabe der Gründe für die Sensitivität;
(c) die erwartete Auflösung einer Unsicherheit sowie die Bandbreite der vernünftigerweise für möglich gehaltenen Ausgänge innerhalb des nächsten Geschäftsjahres bezüglich der Buchwerte der betreffenden Vermögenswerte und Schulden;
und
(d) die Erläuterung der Anpassungen früherer Annahmen bezüglich solcher Vermögenswerte und Schulden, sofern die Unsicherheit weiter bestehen bleibt.

121 Budgets oder Prognosen müssen im Rahmen des Paragraphen 116 nicht angegeben werden.

122 Ist die Angabe des Umfangs der möglichen Auswirkungen einer wesentlichen Annahme bzw. einer anderen Hauptquelle von Schätzungsunsicherheiten zum Bilanzstichtag praktisch nicht durchführbar, hat das Unternehmen anzugeben, dass es aufgrund bestehender Kenntnisse im Rahmen des Möglichen liegt, dass innerhalb des nächsten Geschäftsjahres von den Annahmen abgewichen werden könnte, so dass eine wesentliche Anpassung des Buchwerts der betreffenden Vermögenswerte bzw. Verbindlichkeiten erforderlich ist. In allen Fällen hat das Unternehmen die Art und den Buchwert der durch die Annahme betroffenen einzelnen Vermögenswerte und Schulden (bzw. Vermögens- oder Schuldarten) anzugeben.

123 Die in Paragraph 113 vorgeschriebenen Angaben zur Ermessensausübung bei der Anwendung der Bilanzierungs- und Bewertungsmethoden gelten nicht für die Angabe der wichtigsten Quellen von Schätzungsunsicherheiten gemäß Paragraph 116.

124 Die Angabe bestimmter wesentlicher Annahmen gemäß Paragraph 116 ist durch andere Standards vorgeschrieben. Nach IAS 37 sind beispielsweise unter bestimmten Voraussetzungen die wesentlichen Annahmen bezüglich künftiger Ereignisse, die die Rückstellungsarten beeinflussen könnten, anzugeben. Nach IFRS 7 sind die wesentlichen Annahmen anzugeben, die zur Schätzung des beizulegenden Zeitwerts von finanziellen Vermögenswerten und finanziellen Verbindlichkeiten, die mit dem beizulegenden Zeitwert bilanziert werden, herangezogen wurden. Nach IAS 16 sind die wesentlichen Annahmen anzugeben, die zur Schätzung des beizulegenden Zeitwerts neu bewerteter Sachanlagen herangezogen werden.

Kapital

124A **Ein Unternehmen hat Angaben zu veröffentlichen, die den Adressaten seines Abschlusses eine Bewertung seiner Ziele, Methoden und Prozesse beim Kapitalmanagement ermöglichen.**

124B Zur Einhaltung des Paragraphen 124A hat das Unternehmen die folgenden Angaben zu machen:
(a) qualitative Angaben zu seinen Zielen, Methoden und Prozessen beim Kapitalmanagement, wozu u. a. zählen:
(i) eine Beschreibung dessen, was als Kapital gemanagt wird;

number of variables and assumptions affecting the possible future resolution of the uncertainties increases, those judgements become more subjective and complex, and the potential for a consequential material adjustment to the carrying amounts of assets and liabilities normally increases accordingly.

The disclosures in paragraph 116 are not required for assets and liabilities with a significant risk that their carrying amounts might change materially within the next financial year if, at the balance sheet date, they are measured at fair value based on recently observed market prices (their fair values might change materially within the next financial year but these changes would not arise from assumptions or other sources of estimation uncertainty at the balance sheet date). 119

The disclosures in paragraph 116 are presented in a manner that helps users of financial statements to understand the judgements management makes about the future and about other key sources of estimation uncertainty. The nature and extent of the information provided vary according to the nature of the assumption and other circumstances. Examples of the types of disclosures made are: 120
(a) the nature of the assumption or other estimation uncertainty;
(b) the sensitivity of carrying amounts to the methods, assumptions and estimates underlying their calculation, including the reasons for the sensitivity;
(c) the expected resolution of an uncertainty and the range of reasonably possible outcomes within the next financial year in respect of the carrying amounts of the assets and liabilities affected; and
(d) an explanation of changes made to past assumptions concerning those assets and liabilities, if the uncertainty remains unresolved.

It is not necessary to disclose budget information or forecasts in making the disclosures in paragraph 116. 121

When it is impracticable to disclose the extent of the possible effects of a key assumption or another key source of estimation uncertainty at the balance sheet date, the entity discloses that it is reasonably possible, based on existing knowledge, that outcomes within the next financial year that are different from assumptions could require a material adjustment to the carrying amount of the asset or liability affected. In all cases, the entity discloses the nature and carrying amount of the specific asset or liability (or class of assets or liabilities) affected by the assumption. 122

The disclosures in paragraph 113 of particular judgements management made in the process of applying the entity's accounting policies do not relate to the disclosures of key sources of estimation uncertainty in paragraph 116. 123

The disclosure of some of the key assumptions that would otherwise be required in accordance with paragraph 116 is required by other Standards. For example, IAS 37 requires disclosure, in specified circumstances, of major assumptions concerning future events affecting classes of provisions. IFRS 7 requires disclosure of significant assumptions applied in estimating fair values of financial assets and financial liabilities that are carried at fair value. IAS 16 requires disclosure of significant assumptions applied in estimating fair values of revalued items of property, plant and equipment. 124

Capital

An entity shall disclose information that enables users of its financial statements to evaluate the entity's objectives, policies and processes for managing capital. 124A

To comply with paragraph 124A, the entity discloses the following: 124B
(a) qualitative information about its objectives, policies and processes for managing capital, including (but not limited to):
(i) a description of what it manages as capital;

IAS 1

(ii) für den Fall, dass ein Unternehmen externen Mindestkapitalanforderungen unterliegt, die Art dieser Anforderungen und die Art und Weise, wie diese in das Kapitalmanagement einbezogen werden, und

(iii) Angaben darüber, wie es seine Ziele für das Kapitalmanagement erfüllt.

(b) zusammengefasste quantitative Angaben darüber, was als Kapital gemanagt wird. Einige Unternehmen sehen bestimmte finanzielle Verbindlichkeiten (wie bestimmte Formen nachrangiger Verbindlichkeiten) als Teil des Kapitals an. Für andere Unternehmen wiederum fallen bestimmte Eigenkapitalbestandteile (wie solche, die aus Absicherungen des Cash Flows resultieren) nicht unter das Kapital.

(c) jede Veränderung, die gegenüber der vorangegangenen Berichtsperiode bei (a) und (b) eingetreten ist.

(d) Angaben darüber, ob es in der Berichtsperiode alle etwaigen externen Mindestkapitalanforderungen erfüllt hat.

(e) für den Fall, dass es solche externen Mindestkapitalanforderungen nicht erfüllt hat, die Konsequenzen dieser Nichterfüllung.

Die oben genannten Angaben müssen sich auf die Informationen stützen, die den Mitgliedern der Geschäftsleitung intern vorgelegt werden.

124C Ein Unternehmen kann sein Kapitalmanagement auf unterschiedliche Weise gestalten und einer Reihe unterschiedlicher Mindestkapitalanforderungen unterliegen. So kann ein Konglomerat im Versicherungs- und im Bankgeschäft tätige Unternehmen umfassen und können diese Unternehmen ihrer Tätigkeit in verschiedenen Rechtsordnungen nachgehen. Würden zusammengefasste Angaben zu Mindestkapitalanforderungen und zur Art und Weise des Kapitalmanagements keine zweckdienlichen Informationen liefern oder dem Adressaten des Abschlusses ein verzerrtes Bild der Kapitalressourcen eines Unternehmens vermitteln, so hat das Unternehmen zu jeder Mindestkapitalanforderung, der es unterliegt, gesonderte Angaben zu machen.

Weitere Angaben

125 Das Unternehmen hat im Anhang Folgendes anzugeben:
(a) die Dividendenzahlungen an die Anteilseigner des Unternehmens, die vorgeschlagen oder beschlossen wurden, bevor der Abschluss zur Veröffentlichung freigegeben wurde, die aber nicht als Verbindlichkeit im Abschluss bilanziert wurden, sowie den Betrag je Anteil;
(b) den Betrag der aufgelaufenen, noch nicht bilanzierten Vorzugsdividenden.

126 Ein Unternehmen hat Folgendes anzugeben, wenn es nicht an anderer Stelle in Informationen angegeben wird, die zusammen mit dem Abschluss veröffentlicht werden:
(a) den Sitz und die Rechtsform des Unternehmens, das Land, in dem es als juristische Person registriert ist, und die Adresse des eingetragenen Sitzes (oder des Hauptsitzes der Geschäftstätigkeit, wenn dieser vom eingetragenen Sitz abweicht);
(b) eine Beschreibung der Art der Geschäftstätigkeit des Unternehmens und seiner Hauptaktivitäten;
(c) den Namen des Mutterunternehmens und des obersten Mutterunternehmens des Konzerns.

ZEITPUNKT DES INKRAFTTRETENS

127 Dieser Standard ist erstmals in der ersten Berichtsperiode eines am 1. Januar 2005 oder danach beginnenden Geschäftsjahres anzuwenden. Eine frühere Anwendung wird empfohlen. Wenn ein Unternehmen diesen Standard für Berichtsperioden anwendet, die vor dem 1. Januar 2005 beginnen, so ist diese Tatsache anzugeben.

RÜCKNAHME VON IAS 1 (ÜBERARBEITET 1997)

128 Der vorliegende Standard ersetzt IAS 1 *Darstellung des Abschlusses* (überarbeitet 1997).

(ii) when an entity is subject to externally imposed capital requirements, the nature of those requirements and how those requirements are incorporated into the management of capital; and
(iii) how it is meeting its objectives for managing capital.
(b) summary quantitative data about what it manages as capital. Some entities regard some financial liabilities (eg some forms of subordinated debt) as part of capital. Other entities regard capital as excluding some components of equity (eg components arising from cash flow hedges).
(c) any changes in (a) and (b) from the previous period.
(d) whether during the period it complied with any externally imposed capital requirements to which it is subject.
(e) when the entity has not complied with such externally imposed capital requirements, the consequences of such non-compliance.
These disclosures shall be based on the information provided internally to the entity's key management personnel.

An entity may manage capital in a number of ways and be subject to a number of different capital requirements. For example, a conglomerate may include entities that undertake insurance activities and banking activities, and those entities may also operate in several jurisdictions. When an aggregate disclosure of capital requirements and how capital is managed would not provide useful information or distorts a financial statement user's understanding of an entity's capital resources, the entity shall disclose separate information for each capital requirement to which the entity is subject. 124C

Other Disclosures

An entity shall disclose in the notes: 125
(a) the amount of dividends proposed or declared before the financial statements were authorised for issue but not recognised as a distribution to equity holders during the period, and the related amount per share; and
(b) the amount of any cumulative preference dividends not recognised.

An entity shall disclose the following, if not disclosed elsewhere in information published with the financial statements: 126
(a) the domicile and legal form of the entity, its country of incorporation and the address of its registered office (or principal place of business, if different from the registered office);
(b) a description of the nature of the entity's operations and its principal activities; and
(c) the name of the parent and the ultimate parent of the group.

EFFECTIVE DATE

An entity shall apply this Standard for annual periods beginning on or after 1 January 2005. Earlier application is encouraged. If an entity applies this Standard for a period beginning before 1 January 2005, it shall disclose that fact. 127

WITHDRAWAL OF IAS 1 (REVISED 1997)

This Standard supersedes IAS 1 *Presentation of Financial Statements* revised in 1997. 128

International Accounting Standard 2

Vorräte

International Accounting Standard 2 *Vorräte* (IAS 2) ist in den Paragraphen 1–42 festgelegt. Alle Paragraphen sind gleichrangig, behalten jedoch das IASC-Format des Standards, mit dem dieser durch den IASB verabschiedet wurde. IAS 2 ist in Verbindung mit dem *Vorwort zu den International Financial Reporting Standards* und dem *Rahmenkonzept für die Aufstellung und Darstellung von Abschlüssen* zu betrachten. IAS 8 *Bilanzierungs- und Bewertungsmethoden, Änderungen von Schätzungen und Fehler*, stellt beim Fehlen ausdrücklicher Leitlinien eine Grundlage für die Auswahl und für die Anwendung von Bilanzierungs- und Bewertungsmethoden bereit.

INHALT

	Ziffer
Zielsetzung	1
Anwendungsbereich	2–5
Definitionen	6–8
Bewertung von Vorräten	9–33
Anschaffungs- und Herstellungskosten von Vorräten	10–22
Kosten des Erwerbes	11
Herstellungskosten	12–14
Sonstige Kosten	15–18
Herstellungskosten von Vorräten eines Dienstleistungsunternehmens	19
Kosten der landwirtschaftlichen Erzeugnisse, die von biologischen Vermögenswerten geerntet wurden	20
Verfahren zur Bewertung der Anschaffungs- und Herstellungskosten	21–22
Zuordnungsverfahren	23–27
Nettoveräußerungswert	28–33
Erfassung als Aufwand	34–35
Angaben	36–39
Zeitpunkt des Inkrafttretens	40
Rücknahme anderer Verlautbarungen	41–42

Dieser überarbeitete Standard ersetzt IAS 2 (überarbeitet 1993) *Vorräte* und ist erstmals in der ersten Berichtsperiode eines am 1. Januar 2005 oder danach beginnenden Geschäftsjahres anzuwenden. Eine frühere Anwendung wird empfohlen.

ZIELSETZUNG

1   Zielsetzung dieses Standards ist die Regelung der Bilanzierung von Vorräten. Die primäre Fragestellung ist dabei die Höhe der Anschaffungs- oder Herstellungskosten, die als Vermögenswert anzusetzen und fortzuschreiben sind, bis die entsprechenden Erlöse erfasst werden. Dieser Standard gibt Anwendungsleitlinien für die Ermittlung der Anschaffungs- oder Herstellungskosten und deren nachfolgende Erfassung als Aufwand einschließlich etwaiger Abwertungen auf den Nettoveräußerungswert. Er enthält außerdem Anwendungsleitlinien zu den Verfahren, wie Anschaffungs- oder Herstellungskosten den Vorräten zugeordnet werden.

ANWENDUNGSBEREICH

2   **Dieser Standard ist auf alle Vorräte anzuwenden mit folgenden Ausnahmen:**
    (a) Unfertige Erzeugnisse im Rahmen von Fertigungsaufträgen einschließlich damit unmittelbar zusammenhängender Dienstleistungsverträge (siehe IAS 11 *Fertigungsaufträge*);
    (b) Finanzinstrumente;
    und

International Accounting Standard 2

Inventories

International Accounting Standard 2 *Inventories* (IAS 2) is set out in paragraphs 1—42. All the paragraphs have equal authority but retain the IASC format of the Standard when it was adopted by the IASB. IAS 2 should be read in the context of the *Preface to International Financial Reporting Standards* and the *Framework for the Preparation and Presentation of Financial Statements*. IAS 8 *Accounting Policies, Changes in Accounting Estimates and Errors* provides a basis for selecting and applying accounting policies in the absence of explicit guidance.

SUMMARY

	Paragraphs
Objective	1
Scope	2—5
Definitions	6—8
Measurement of Inventories	9—33
Cost of Inventories	10—22
Costs of Purchase	11
Costs of Conversion	12—14
Other Costs	15—18
Cost of Inventories of a Service Provider	19
Cost of Agricultural Produce Harvested from Biological Assets	20
Techniques for the Measurement of Cost	21—22
Cost Formulas	23—27
Net Realisable Value	28—33
Recognition as an expense	34—35
Disclosure	36—39
Effective date	40
Withdrawal of other pronouncements	41—42

This revised Standard supersedes IAS 2 (revised 1993) *Inventories* and should be applied for annual periods beginning on or after 1 January 2005. Earlier application is encouraged.

OBJECTIVE

The objective of this Standard is to prescribe the accounting treatment for inventories. A primary issue in accounting for inventories is the amount of cost to be recognised as an asset and carried forward until the related revenues are recognised. This Standard provides guidance on the determination of cost and its subsequent recognition as an expense, including any write-down to net realisable value. It also provides guidance on the cost formulas that are used to assign costs to inventories.   1

SCOPE

This Standard applies to all inventories, except: 2
(a) work in progress arising under construction contracts, including directly related service contracts (see IAS 11 *Construction Contracts*);
(b) financial instruments; and

(c) Biologische Vermögenswerte, die mit landwirtschaftlicher Tätigkeit und landwirtschaftlicher Produktion zum Zeitpunkt der Ernte im Zusammenhang stehen (siehe IAS 41 *Landwirtschaft*).

3 Dieser Standard ist nicht auf die Bewertung von folgenden Vorräten anzuwenden:
(a) Vorräte von Erzeugern land- und forstwirtschaftlicher Erzeugnisse, landwirtschaftlichen Produktionen nach der Ernte sowie Mineralien und mineralischen Stoffen jeweils insoweit, als diese Erzeugnisse in Übereinstimmung mit der gut eingeführten Praxis ihrer Branche mit dem Nettoveräußerungswert bewertet werden. Werden solche Vorräte mit dem Nettoveräußerungswert bewertet, werden Wertänderungen in der Gewinn- und Verlustrechnung in der Berichtsperiode der Änderung erfasst.
(b) Vorräte von Warenmaklern/-Händlern, die ihre Vorräte mit dem Nettoveräußerungswert abzüglich der Vertriebsaufwendungen bewerten. Werden solche Vorräte mit dem Nettoveräußerungswert abzüglich der Vertriebsaufwendungen bewertet, werden die Wertänderungen in der Gewinn- und Verlustrechnung in der Berichtsperiode der Änderung erfasst.

4 Die in Paragraph 3(a) genannten Vorräte werden in bestimmten Stadien der Erzeugung mit dem Nettoveräußerungswert bewertet. Dies ist beispielsweise dann der Fall, wenn landwirtschaftliche Erzeugnisse geerntet oder Mineralien gefördert worden sind und ihr Verkauf durch ein Termingeschäft oder eine staatliche Garantie gesichert ist; des Weiteren, wenn ein aktiver Markt besteht, auf dem das Risiko der Unverkäuflichkeit vernachlässigt werden kann. Diese Vorräte sind nur von den Bewertungsvorschriften dieses Standards ausgeschlossen.

5 Makler/Händler kaufen bzw. verkaufen Waren für andere oder auf eigene Rechnung. Die in Paragraph 3(b) genannten Vorräte werden hauptsächlich mit der Absicht erworben, sie kurzfristig zu verkaufen und einen Gewinn aus den Preisschwankungen oder der Makler-/Händlermarge zu erzielen. Wenn diese Vorräte mit dem beizulegenden Zeitwert abzüglich der Vertriebsaufwendungen bewertet werden, dann sind sie nur von den Bewertungsvorschriften dieses Standards ausgeschlossen.

DEFINITIONEN

6 Die folgenden Begriffe werden in diesem Standard mit der angegebenen Bedeutung verwendet:
Vorräte sind Vermögenswerte,
(a) die zum Verkauf im normalen Geschäftsgang gehalten werden;
(b) die sich in der Herstellung für einen solchen Verkauf befinden;
oder
(c) die als Roh-, Hilfs- und Betriebsstoffe dazu bestimmt sind, bei der Herstellung oder der Erbringung von Dienstleistungen verbraucht zu werden.
Der Nettoveräußerungswert ist der geschätzte, im normalen Geschäftsgang erzielbare Verkaufserlös abzüglich der geschätzten Kosten bis zur Fertigstellung und der geschätzten notwendigen Vertriebskosten.

Der beizulegende Zeitwert ist der Betrag, zu dem zwischen sachverständigen, vertragswilligen und voneinander unabhängigen Geschäftspartnern ein Vermögenswert getauscht oder eine Schuld beglichen werden könnte.

7 Der Nettoveräußerungswert bezieht sich auf den Nettobetrag, den ein Unternehmen aus dem Verkauf der Vorräte im Rahmen der gewöhnlichen Geschäftstätigkeit zu erzielen erwartet. Der beizulegende Zeitwert spiegelt den Betrag wider, für den dieselben Vorräte zwischen sachverständigen und vertragswilligen Käufern und Verkäufern auf dem Markt getauscht werden könnten. Ersterer ist ein unternehmensspezifischer Wert; letzterer ist es nicht. Der Nettoveräußerungswert von Vorräten kann von dem beizulegenden Zeitwert abzüglich Vertriebskosten abweichen.

8 Vorräte umfassen zum Weiterverkauf erworbene Waren, wie beispielsweise von einem Einzelhändler zum Weiterverkauf erworbene Handelswaren, oder Grundstücke und Gebäude, die zum Weiterverkauf gehalten werden. Des Weiteren umfassen Vorräte vom Unternehmen hergestellte Fertigerzeugnisse und unfertige Erzeugnisse sowie Roh-, Hilfs- und Betriebsstoffe vor Eingang in den Herstellungsprozess. Im Falle eines Dienstleistungsunternehmens beinhalten Vorräte die Kosten der Leistungen wie in Paragraph 19 beschrieben, für die das Unternehmen noch keine entsprechenden Erlöse vereinnahmt hat (siehe IAS 18 *Erträge*).

(c) biological assets related to agricultural activity and agricultural produce at the point of harvest (see IAS 41 *Agriculture*).

This Standard does not apply to the measurement of inventories held by: 3
(a) producers of agricultural and forest products, agricultural produce after harvest, and minerals and mineral products, to the extent that they are measured at net realisable value in accordance with well-established practices in those industries. When such inventories are measured at net realisable value, changes in that value are recognised in profit or loss in the period of the change.
(b) commodity broker-traders who measure their inventories at fair value less costs to sell. When such inventories are measured at fair value less costs to sell, changes in fair value less costs to sell are recognised in profit or loss in the period of the change.

The inventories referred to in paragraph 3(a) are measured at net realisable value at certain stages of production. This occurs, for example, when agricultural crops have been harvested or minerals have been extracted and sale is assured under a forward contract or a government guarantee, or when an active market exists and there is a negligible risk of failure to sell. These inventories are excluded from only the measurement requirements of this Standard. 4

Broker-traders are those who buy or sell commodities for others or on their own account. The inventories referred to in paragraph 3(b) are principally acquired with the purpose of selling in the near future and generating a profit from fluctuations in price or broker-traders' margin. When these inventories are measured at fair value less costs to sell, they are excluded from only the measurement requirements of this Standard. 5

DEFINITIONS

The following terms are used in this Standard with the meanings specified: 6
    Inventories are assets:
(a) held for sale in the ordinary course of business;
(b) in the process of production for such sale;
    or
(c) in the form of materials or supplies to be consumed in the production process or in the rendering of services.
Net realisable value is the estimated selling price in the ordinary course of business less the estimated costs of completion and the estimated costs necessary to make the sale.
    Fair value is the amount for which an asset could be exchanged, or a liability settled, between knowledgeable, willing parties in an arm's length transaction.

Net realisable value refers to the net amount that an entity expects to realise from the sale of inventory in the ordinary course of business. Fair value reflects the amount for which the same inventory could be exchanged between knowledgeable and willing buyers and sellers in the marketplace. The former is an entity-specific value; the latter is not. Net realisable value for inventories may not equal fair value less costs to sell. 7

Inventories encompass goods purchased and held for resale including, for example, merchandise purchased by a retailer and held for resale, or land and other property held for resale. Inventories also encompass finished goods produced, or work in progress being produced, by the entity and include materials and supplies awaiting use in the production process. In the case of a service provider, inventories include the costs of the service, as described in paragraph 19, for which the entity has not yet recognised the related revenue (see IAS 18 *Revenue*). 8

IAS 2

BEWERTUNG VON VORRÄTEN

9 Vorräte sind mit dem niedrigeren Wert aus Anschaffungs- oder Herstellungskosten und Nettoveräußerungswert zu bewerten.

Anschaffungs- und Herstellungskosten von Vorräten

10 In die Anschaffungs- oder Herstellungskosten von Vorräten sind alle Kosten des Erwerbes und der Herstellung sowie sonstige Kosten einzubeziehen, die angefallen sind, um die Vorräte an ihren derzeitigen Ort und in ihren derzeitigen Zustand zu versetzen.

Kosten des Erwerbes

11 Die Kosten des Erwerbes von Vorräten umfassen den Kaufpreis, Einfuhrzölle und andere Steuern (sofern es sich nicht um solche handelt, die das Unternehmen später von den Steuerbehörden zurückerlangen kann), Transport- und Abwicklungskosten sowie sonstige Kosten, die dem Erwerb von Fertigerzeugnissen, Materialien und Leistungen unmittelbar zugerechnet werden können. Skonti, Rabatte und andere vergleichbare Beträge werden bei der Ermittlung der Kosten des Erwerbes abgezogen.

Herstellungskosten

12 Die Herstellungskosten von Vorräten umfassen die Kosten, die den Produktionseinheiten direkt zuzurechnen sind, wie beispielsweise Fertigungslöhne. Weiterhin umfassen sie systematisch zugerechnete fixe und variable Produktionsgemeinkosten, die bei der Verarbeitung der Ausgangsstoffe zu Fertigerzeugnissen anfallen. Fixe Produktionsgemeinkosten sind solche nicht direkt der Produktion zurechenbaren Kosten, die unabhängig vom Produktionsvolumen relativ konstant anfallen, wie beispielsweise Abschreibungen und Instandhaltungskosten von Betriebsgebäuden und -einrichtungen sowie die Kosten des Managements und der Verwaltung. Variable Produktionsgemeinkosten sind solche nicht direkt der Produktion zurechenbaren Kosten, die unmittelbar oder nahezu unmittelbar mit dem Produktionsvolumen variieren, wie beispielsweise Materialgemeinkosten und Fertigungsgemeinkosten.

13 Die Zurechnung fixer Produktionsgemeinkosten zu den Herstellungskosten basiert auf der normalen Kapazität der Produktionsanlagen. Die normale Kapazität ist das Produktionsvolumen, das im Durchschnitt über eine Anzahl von Perioden oder Saisons unter normalen Umständen und unter Berücksichtigung von Ausfällen auf Grund planmäßiger Instandhaltungen erwartet werden kann. Das tatsächliche Produktionsniveau kann zu Grunde gelegt werden, wenn es der Normalkapazität nahe kommt. Der auf die einzelne Produktionseinheit entfallende Betrag der fixen Gemeinkosten erhöht sich infolge eines geringen Produktionsvolumens oder eines Betriebsstillstandes nicht. Nicht zugerechnete fixe Gemeinkosten sind in der Periode ihres Anfalls als Aufwand zu erfassen. In Perioden mit ungewöhnlich hohem Produktionsvolumen mindert sich der auf die einzelne Produktionseinheit entfallende Betrag der fixen Gemeinkosten, so dass die Vorräte nicht über den Herstellungskosten bewertet werden. Variable Produktionsgemeinkosten werden den einzelnen Produktionseinheiten auf der Grundlage des tatsächlichen Einsatzes der Produktionsmittel zugerechnet.

14 Ein Produktionsprozess kann dazu führen, dass mehr als ein Produkt gleichzeitig produziert wird. Dies ist beispielsweise bei der Kuppelproduktion von zwei Hauptprodukten oder eines Haupt- und eines Nebenproduktes der Fall. Wenn die Herstellungskosten jedes Produktes nicht einzeln feststellbar sind, werden sie den Produkten auf einer vernünftigen und sachgerechten Basis zugeordnet. Die Verteilung kann beispielsweise auf den jeweiligen Verkaufswerten der Produkte basieren, und zwar entweder in der Produktionsphase, in der die Produkte einzeln identifizierbar werden, oder nach Beendigung der Produktion. Die meisten Nebenprodukte sind ihrer Art nach unbedeutend. Wenn dies der Fall ist, werden sie häufig zum Nettoveräußerungswert bewertet und dieser Wert wird von den Herstellungskosten des Hauptproduktes abgezogen. Damit unterscheidet sich der Buchwert des Hauptproduktes nicht wesentlich von seinen Herstellungskosten.

Sonstige Kosten

15 Sonstige Kosten werden nur insoweit in die Anschaffungs- oder Herstellungskosten der Vorräte einbezogen, als sie angefallen sind, um die Vorräte an ihren derzeitigen Ort und in ihren derzeitigen Zustand zu versetzen.

IAS 2

MEASUREMENT OF INVENTORIES

Inventories shall be measured at the lower of cost and net realisable value. 9

Cost of Inventories

The cost of inventories shall comprise all costs of purchase, costs of conversion and other costs incurred in bringing the inventories to their present location and condition. 10

Costs of Purchase

The costs of purchase of inventories comprise the purchase price, import duties and other taxes (other than those subsequently recoverable by the entity from the taxing authorities), and transport, handling and other costs directly attributable to the acquisition of finished goods, materials and services. Trade discounts, rebates and other similar items are deducted in determining the costs of purchase. 11

Costs of Conversion

The costs of conversion of inventories include costs directly related to the units of production, such as direct labour. They also include a systematic allocation of fixed and variable production overheads that are incurred in converting materials into finished goods. Fixed production overheads are those indirect costs of production that remain relatively constant regardless of the volume of production, such as depreciation and maintenance of factory buildings and equipment, and the cost of factory management and administration. Variable production overheads are those indirect costs of production that vary directly, or nearly directly, with the volume of production, such as indirect materials and indirect labour. 12

The allocation of fixed production overheads to the costs of conversion is based on the normal capacity of the production facilities. Normal capacity is the production expected to be achieved on average over a number of periods or seasons under normal circumstances, taking into account the loss of capacity resulting from planned maintenance. The actual level of production may be used if it approximates normal capacity. The amount of fixed overhead allocated to each unit of production is not increased as a consequence of low production or idle plant. Unallocated overheads are recognised as an expense in the period in which they are incurred. In periods of abnormally high production, the amount of fixed overhead allocated to each unit of production is decreased so that inventories are not measured above cost. Variable production overheads are allocated to each unit of production on the basis of the actual use of the production facilities. 13

A production process may result in more than one product being produced simultaneously. This is the case, for example, when joint products are produced or when there is a main product and a by-product. When the costs of conversion of each product are not separately identifiable, they are allocated between the products on a rational and consistent basis. The allocation may be based, for example, on the relative sales value of each product either at the stage in the production process when the products become separately identifiable, or at the completion of production. Most by-products, by their nature, are immaterial. When this is the case, they are often measured at net realisable value and this value is deducted from the cost of the main product. As a result, the carrying amount of the main product is not materially different from its cost. 14

Other Costs

Other costs are included in the cost of inventories only to the extent that they are incurred in bringing the inventories to their present location and condition. For example, it may be appropriate to include non-production overheads or the costs of designing products for specific customers in the cost of inventories. 15

IAS 2

Beispielsweise kann es sachgerecht sein, nicht produktionsbezogene Gemeinkosten oder die Kosten der Produktentwicklung für bestimmte Kunden in die Herstellungskosten der Vorräte einzubeziehen.

16 Beispiele für Kosten, die aus den Anschaffungs- oder Herstellungskosten von Vorräten ausgeschlossen sind und in der Periode ihres Anfalls als Aufwand behandelt werden, sind:
(a) anormale Beträge für Materialabfälle, Fertigungslöhne oder andere Produktionskosten;
(b) Lagerkosten, es sei denn, dass diese im Produktionsprozess vor einer weiteren Produktionsstufe erforderlich sind;
(c) Verwaltungsgemeinkosten, die nicht dazu beitragen, die Vorräte an ihren derzeitigen Ort und in ihren derzeitigen Zustand zu versetzen; und
(d) Vertriebskosten.

17 IAS 23 *Fremdkapitalkosten* identifiziert die bestimmten Umstände, bei denen Fremdkapitalkosten in die Anschaffungs- oder Herstellungskosten von Vorräten einbezogen werden.

18 Ein Unternehmen kann beim Erwerb von Vorräten Zahlungsziele in Anspruch nehmen. Wenn die Vereinbarung effektiv ein Finanzierungselement beinhaltet, wird dieses Element, beispielsweise eine Differenz zwischen dem Kaufpreis mit normalem Zahlungsziel und dem bezahlten Betrag, über den Zeitraum des Zahlungsziels als Zinsaufwand erfasst.

Herstellungskosten von Vorräten eines Dienstleistungsunternehmens

19 Sofern Dienstleistungsunternehmen Vorräte haben, werden sie mit den Herstellungskosten bewertet. Diese Kosten bestehen in erster Linie aus Löhnen und Gehältern sowie sonstigen Kosten des Personals, das unmittelbar für die Leistungserbringung eingesetzt ist; einschließlich der Kosten für die leitenden Angestellten und der zurechenbaren Gemeinkosten. Löhne und Gehälter sowie sonstige Kosten des Vertriebspersonals und des Personals der allgemeinen Verwaltung werden nicht einbezogen, sondern in der Periode ihres Anfalls als Aufwand erfasst. Herstellungskosten von Vorräten eines Dienstleistungsunternehmens umfassen weder Gewinnmargen noch nicht-zuzurechnende Gemeinkosten, die jedoch oft in die von Dienstleistungsunternehmen berechneten Preise mit einbezogen werden.

Kosten der landwirtschaftlichen Erzeugnisse, die von biologischen Vermögenswerten geerntet wurden

20 Gemäß IAS 41 *Landwirtschaft* werden Vorräte, die landwirtschaftliche Erzeugnisse umfassen und die ein Unternehmen von seinen biologischen Vermögenswerten geerntet hat, beim erstmaligen Ansatz im Moment der Ernte zum beizulegenden Zeitwert abzüglich der geschätzten Kosten zum Verkaufszeitpunkt bewertet. Dies sind die Kosten der Vorräte zum Zeitpunkt der Anwendung dieses Standards.

Verfahren zur Bewertung der Anschaffungs- und Herstellungskosten

21 Zur Bewertung der Anschaffungs- und Herstellungskosten von Vorräten können vereinfachend Verfahren, wie beispielsweise die Standardkostenmethode oder die retrograde Methode angewandt werden, wenn die Ergebnisse den tatsächlichen Anschaffungs- oder Herstellungskosten nahe kommen. Standardkosten berücksichtigen die normale Höhe des Materialeinsatzes und der Löhne sowie die normale Leistungsfähigkeit und Kapazitätsauslastung. Sie werden regelmäßig überprüft und, falls notwendig, an die aktuellen Gegebenheiten angepasst.

22 Die retrograde Methode wird häufig im Einzelhandel angewandt, um eine große Anzahl rasch wechselnder Vorratsposten mit ähnlichen Bruttogewinnspannen zu bewerten, für die ein anderes Verfahren zur Bemessung der Anschaffungskosten nicht durchführbar oder wirtschaftlich nicht vertretbar ist. Die Anschaffungskosten der Vorräte werden durch Abzug einer angemessenen prozentualen Bruttogewinnspanne vom Verkaufspreis der Vorräte ermittelt. Der angewandte Prozentsatz berücksichtigt dabei auch solche Vorräte, deren ursprünglicher Verkaufspreis herabgesetzt worden ist. Häufig wird ein Durchschnittsprozentsatz für jede Einzelhandelsabteilung verwendet.

Examples of costs excluded from the cost of inventories and recognised as expenses in the period in which they are incurred are:
(a) abnormal amounts of wasted materials, labour or other production costs;
(b) storage costs, unless those costs are necessary in the production process before a further production stage;
(c) administrative overheads that do not contribute to bringing inventories to their present location and condition; and
(d) selling costs.

16

IAS 23 *Borrowing Costs* identifies limited circumstances where borrowing costs are included in the cost of inventories.

17

An entity may purchase inventories on deferred settlement terms. When the arrangement effectively contains a financing element, that element, for example a difference between the purchase price for normal credit terms and the amount paid, is recognised as interest expense over the period of the financing.

18

Cost of Inventories of a Service Provider

To the extent that service providers have inventories, they measure them at the costs of their production. These costs consist primarily of the labour and other costs of personnel directly engaged in providing the service, including supervisory personnel, and attributable overheads. Labour and other costs relating to sales and general administrative personnel are not included but are recognised as expenses in the period in which they are incurred. The cost of inventories of a service provider does not include profit margins or non-attributable overheads that are often factored into prices charged by service providers.

19

Cost of Agricultural Produce Harvested from Biological Assets

In accordance with IAS 41 *Agriculture,* inventories comprising agricultural produce that an entity has harvested from its biological assets are measured on initial recognition at their fair value less estimated point-of-sale costs at the point of harvest. This is the cost of the inventories at that date for application of this Standard.

20

Techniques for the Measurement of Cost

Techniques for the measurement of the cost of inventories, such as the standard cost method or the retail method, may be used for convenience if the results approximate cost. Standard costs take into account normal levels of materials and supplies, labour, efficiency and capacity utilisation. They are regularly reviewed and, if necessary, revised in the light of current conditions.

21

The retail method is often used in the retail industry for measuring inventories of large numbers of rapidly changing items with similar margins for which it is impracticable to use other costing methods. The cost of the inventory is determined by reducing the sales value of the inventory by the appropriate percentage gross margin. The percentage used takes into consideration inventory that has been marked down to below its original selling price. An average percentage for each retail department is often used.

22

Zuordnungsverfahren

23 Die Anschaffungs- oder Herstellungskosten solcher Vorräte, die normalerweise nicht austauschbar sind, und solcher Erzeugnisse, Waren oder Leistungen, die für spezielle Projekte hergestellt und ausgesondert werden, sind durch Einzelzuordnung ihrer individuellen Anschaffungs- oder Herstellungskosten zu bestimmen.

24 Eine Einzelzuordnung der Anschaffungs- oder Herstellungskosten bedeutet, dass bestimmten Vorräten spezielle Anschaffungs- oder Herstellungskosten zugeordnet werden. Dies ist das geeignete Verfahren für solche Gegenstände, die für ein spezielles Projekt ausgesondert worden sind, unabhängig davon, ob sie angeschafft oder hergestellt worden sind. Eine Einzelzuordnung ist jedoch ungeeignet, wenn es sich um eine große Anzahl von Vorräten handelt, die normalerweise untereinander austauschbar sind. Unter diesen Umständen könnten die Gegenstände, die in den Vorräten verbleiben, danach ausgewählt werden, vorher bestimmte Auswirkungen auf das Ergebnis zu erzielen.

25 Die Anschaffungs- oder Herstellungskosten von Vorräten, die nicht in Paragraph 23 behandelt werden, sind nach dem First-in-First-out-Verfahren (FIFO) oder nach der Durchschnittsmethode zu ermitteln. Ein Unternehmen muss für alle Vorräte, die von ähnlicher Beschaffenheit und Verwendung für das Unternehmen sind, das gleiche Zuordnungsverfahren anwenden. Für Vorräte von unterschiedlicher Beschaffenheit oder Verwendung können unterschiedliche Zuordnungsverfahren gerechtfertigt sein.

26 Vorräte, die in einem Geschäftssegment verwendet werden, können beispielsweise für das Unternehmen eine andere Verwendung haben als die gleiche Art von Vorräten, die in einem anderen Geschäftssegment eingesetzt werden. Ein Unterschied im geografischen Standort von Vorräten (oder in den jeweiligen Steuervorschriften) ist jedoch allein nicht ausreichend, um die Anwendung unterschiedlicher Zuordnungsverfahren zu rechtfertigen.

27 Das FIFO-Verfahren geht von der Annahme aus, dass die zuerst erworbenen bzw. erzeugten Vorräte zuerst verkauft werden und folglich die am Ende der Berichtsperiode verbleibenden Vorräte diejenigen sind, die unmittelbar vorher gekauft oder hergestellt worden sind. Bei Anwendung der Durchschnittsmethode werden die Anschaffungs- oder Herstellungskosten von Vorräten als durchschnittlich gewichtete Kosten ähnlicher Vorräte zu Beginn der Periode und der Anschaffungs- oder Herstellungskosten ähnlicher, während der Periode gekaufter oder hergestellter Vorratsgegenstände ermittelt. Der gewogene Durchschnitt kann je nach den Gegebenheiten des Unternehmens auf Basis der Berichtsperiode oder gleitend bei jeder zusätzlich erhaltenen Lieferung berechnet werden.

Nettoveräußerungswert

28 Die Anschaffungs- oder Herstellungskosten von Vorräten sind unter Umständen nicht werthaltig, wenn die Vorräte beschädigt, ganz oder teilweise veraltet sind oder wenn ihr Verkaufspreis zurückgegangen ist. Die Anschaffungs- oder Herstellungskosten von Vorräten können auch nicht zu erzielen sein, wenn die geschätzten Kosten der Fertigstellung oder die geschätzten, bis zum Verkauf anfallenden Kosten gestiegen sind. Die Abwertung der Vorräte auf den niedrigeren Nettoveräußerungswert folgt der Ansicht, dass Vermögenswerte nicht mit höheren Beträgen angesetzt werden dürfen, als bei ihrem Verkauf oder Gebrauch voraussichtlich zu realisieren sind.

29 Wertminderungen von Vorräten auf den Nettoveräußerungswert erfolgen im Regelfall in Form von Einzelwertberichtigungen. In einigen Fällen kann es jedoch sinnvoll sein, ähnliche oder miteinander zusammenhängende Vorräte zusammenzufassen. Dies kann etwa bei Vorräten der Fall sein, die derselben Produktlinie angehören und einen ähnlichen Zweck oder Endverbleib haben, in demselben geografischen Gebiet produziert und vermarktet werden und praktisch nicht unabhängig von anderen Gegenständen aus dieser Produktlinie bewertet werden können. Es ist nicht sachgerecht, Vorräte auf Grundlage einer Untergliederung, wie zum Beispiel Fertigerzeugnisse oder Vorräte eines bestimmten Geschäftssegments, niedriger zu bewerten. Dienstleistungsunternehmen erfassen im Allgemeinen die Herstellungskosten für jede mit einem gesonderten Verkaufspreis abzurechnende Leistung. Aus diesem Grund wird jede derartige Leistung als ein gesonderter Gegenstand des Vorratsvermögens behandelt.

30 Schätzungen des Nettoveräußerungswertes basieren auf den verlässlichsten substanziellen Hinweisen, die zum Zeitpunkt der Schätzungen im Hinblick auf den für die Vorräte voraussichtlich erzielbaren Betrag verfügbar sind. Diese Schätzungen berücksichtigen Preis- oder Kostenänderungen, die in unmittelbarem Zusammenhang mit Vorgängen nach der Berichtsperiode stehen insoweit, als diese Vorgänge Verhältnisse aufhellen, die bereits am Ende der Berichtsperiode bestanden haben.

Cost Formulas

The cost of inventories of items that are not ordinarily interchangeable and goods or services produced and segregated for specific projects shall be assigned by using specific identification of their individual costs. 23

Specific identification of cost means that specific costs are attributed to identified items of inventory. This is the appropriate treatment for items that are segregated for a specific project, regardless of whether they have been bought or produced. However, specific identification of costs is inappropriate when there are large numbers of items of inventory that are ordinarily interchangeable. In such circumstances, the method of selecting those items that remain in inventories could be used to obtain predetermined effects on profit or loss. 24

The cost of inventories, other than those dealt with in paragraph 23, shall be assigned by using the first-in, first-out (FIFO) or weighted average cost formula. An entity shall use the same cost formula for all inventories having a similar nature and use to the entity. For inventories with a different nature or use, different cost formulas may be justified. 25

For example, inventories used in one operating segment may have a use to the entity different from the same type of inventories used in another operating segment. However, a difference in geographical location of inventories (or in the respective tax rules), by itself, is not sufficient to justify the use of different cost formulas. 26

The FIFO formula assumes that the items of inventory that were purchased or produced first are sold first, and consequently the items remaining in inventory at the end of the period are those most recently purchased or produced. Under the weighted average cost formula, the cost of each item is determined from the weighted average of the cost of similar items at the beginning of a period and the cost of similar items purchased or produced during the period. The average may be calculated on a periodic basis, or as each additional shipment is received, depending upon the circumstances of the entity. 27

Net Realisable Value

The cost of inventories may not be recoverable if those inventories are damaged, if they have become wholly or partially obsolete, or if their selling prices have declined. The cost of inventories may also not be recoverable if the estimated costs of completion or the estimated costs to be incurred to make the sale have increased. The practice of writing inventories down below cost to net realisable value is consistent with the view that assets should not be carried in excess of amounts expected to be realised from their sale or use. 28

Inventories are usually written down to net realisable value item by item. In some circumstances, however, it may be appropriate to group similar or related items. This may be the case with items of inventory relating to the same product line that have similar purposes or end uses, are produced and marketed in the same geographical area, and cannot be practicably evaluated separately from other items in that product line. It is not appropriate to write inventories down on the basis of a classification of inventory, for example, finished goods, or all the inventories in a particular operating segment. Service providers generally accumulate costs in respect of each service for which a separate selling price is charged. Therefore, each such service is treated as a separate item. 29

Estimates of net realisable value are based on the most reliable evidence available at the time the estimates are made, of the amount the inventories are expected to realise. These estimates take into consideration fluctuations of price or cost directly relating to events occurring after the end of the period to the extent that such events confirm conditions existing at the end of the period. 30

31 Schätzungen des Nettoveräußerungswertes berücksichtigen weiterhin den Zweck, zu dem die Vorräte gehalten werden. Zum Beispiel basiert der Nettoveräußerungswert der Vorräte, die zur Erfüllung abgeschlossener Liefer- und Leistungsverträge gehalten werden, auf den vertraglich vereinbarten Preisen. Wenn die Verkaufsverträge nur einen Teil der Vorräte betreffen, basiert der Nettoveräußerungswert für den darüber hinausgehenden Teil auf allgemeinen Verkaufspreisen. Rückstellungen können von abgeschlossenen Verkaufsverträgen über Vorräte, die über die vorhandenen Bestände hinausgehen, oder von abgeschlossenen Einkaufsverträgen entstehen. Diese Rückstellungen werden nach IAS 37 *Rückstellungen, Eventualschulden und Eventualforderungen* behandelt.

32 Roh-, Hilfs- und Betriebsstoffe, die für die Herstellung von Vorräten bestimmt sind, werden nicht auf einen unter ihren Anschaffungs- oder Herstellungskosten liegenden Wert abgewertet, wenn die Fertigerzeugnisse, in die sie eingehen, voraussichtlich zu den Herstellungskosten oder darüber verkauft werden können. Wenn jedoch ein Preisrückgang für diese Stoffe darauf hindeutet, dass die Herstellungskosten der Fertigerzeugnisse über dem Nettoveräußerungswert liegen, werden die Stoffe auf den Nettoveräußerungswert abgewertet. Unter diesen Umständen können die Wiederbeschaffungskosten für die Stoffe die beste verfügbare Bewertungsgrundlage für den Nettoveräußerungswert sein.

33 Der Nettoveräußerungswert wird in jeder Folgeperiode neu ermittelt. Wenn die Umstände, die früher zu einer Wertminderung der Vorräte auf einen Wert unter ihren Anschaffungs- oder Herstellungskosten geführt haben, nicht länger bestehen, oder wenn es auf Grund geänderter wirtschaftlicher Gegebenheiten einen substanziellen Hinweis auf eine Erhöhung des Nettoveräußerungswertes gibt, wird der Betrag der Wertminderung insoweit rückgängig gemacht (d. h. der Rückgang beschränkt sich auf den Betrag der ursprünglichen Wertminderung), dass der neue Buchwert dem niedrigeren Wert aus Anschaffungs- und Herstellungskosten und berichtigtem Nettoveräußerungswert entspricht. Dies ist beispielsweise der Fall, wenn sich Vorräte, die auf Grund eines Rückganges ihres Verkaufspreises zum Nettoveräußerungswert angesetzt waren, in einer Folgeperiode noch im Bestand befinden und sich ihr Verkaufspreis wieder erhöht hat.

ERFASSUNG ALS AUFWAND

34 Wenn Vorräte verkauft worden sind, ist der Buchwert dieser Vorräte in der Berichtsperiode als Aufwand zu erfassen, in der die zugehörigen Erträge realisiert sind. Alle Wertminderungen von Vorräten auf den Nettoveräußerungswert sowie alle Verluste bei den Vorräten sind in der Periode als Aufwand zu erfassen, in der die Wertminderungen vorgenommen wurden oder die Verluste eingetreten sind. Alle Wertaufholungen bei Vorräten, die sich aus einer Erhöhung des Nettoveräußerungswertes ergeben, sind als Verminderung des Materialaufwandes in der Periode zu erfassen, in der die Wertaufholung eintritt.

35 Vorräte können auch anderen Vermögenswerten zugeordnet werden, zum Beispiel dann, wenn Vorräte als Teil selbsterstellter Sachanlagen verwendet werden. Vorräte, die auf diese Weise einem anderen Vermögenswert zugeordnet worden sind, werden über die Nutzungsdauer dieses Vermögenswertes als Aufwand erfasst.

ANGABEN

36 Abschlüsse haben die folgenden Angaben zu enthalten:
(a) die angewandten Bilanzierungs- und Bewertungsmethoden für Vorräte einschließlich der Zuordnungsverfahren;
(b) den Gesamtbuchwert der Vorräte und die Buchwerte in einer unternehmensspezifischen Untergliederung;
(c) den Buchwert der zum beizulegenden Zeitwert abzüglich Vertriebsaufwendungen angesetzten Vorräte;
(d) den Betrag der Vorräte, die als Aufwand in der Berichtsperiode erfasst worden sind;
(e) den Betrag von Wertminderungen von Vorräten, die gemäß Paragraph 34 in der Berichtsperiode als Aufwand erfasst worden sind;
(f) den Betrag von vorgenommenen Wertaufholungen, die gemäß Paragraph 34 als Verminderung des Materialaufwandes in der Berichtsperiode als Aufwand erfasst worden sind;
(g) die Umstände oder Ereignisse, die zu der Wertaufholung der Vorräte gemäß Paragraph 34 geführt haben;
und
(h) den Buchwert der Vorräte, die als Sicherheit für Verbindlichkeiten verpfändet sind.

37 Informationen über die Buchwerte unterschiedlicher Arten von Vorräten und das Ausmaß der Veränderungen dieser Vermögenswerte sind für die Adressaten der Abschlüsse nützlich. Verbreitet sind Untergliederungen der

Estimates of net realisable value also take into consideration the purpose for which the inventory is held. For example, the net realisable value of the quantity of inventory held to satisfy firm sales or service contracts is based on the contract price. If the sales contracts are for less than the inventory quantities held, the net realisable value of the excess is based on general selling prices. Provisions may arise from firm sales contracts in excess of inventory quantities held or from firm purchase contracts. Such provisions are dealt with under IAS 37 *Provisions, Contingent Liabilities and Contingent Assets*.

Materials and other supplies held for use in the production of inventories are not written down below cost if the finished products in which they will be incorporated are expected to be sold at or above cost. However, when a decline in the price of materials indicates that the cost of the finished products exceeds net realisable value, the materials are written down to net realisable value. In such circumstances, the replacement cost of the materials may be the best available measure of their net realisable value.

A new assessment is made of net realisable value in each subsequent period. When the circumstances that previously caused inventories to be written down below cost no longer exist or when there is clear evidence of an increase in net realisable value because of changed economic circumstances, the amount of the write-down is reversed (ie the reversal is limited to the amount of the original write-down) so that the new carrying amount is the lower of the cost and the revised net realisable value. This occurs, for example, when an item of inventory that is carried at net realisable value, because its selling price has declined, is still on hand in a subsequent period and its selling price has increased.

RECOGNITION AS AN EXPENSE

When inventories are sold, the carrying amount of those inventories shall be recognised as an expense in the period in which the related revenue is recognised. The amount of any write-down of inventories to net realisable value and all losses of inventories shall be recognised as an expense in the period the write-down or loss occurs. The amount of any reversal of any write-down of inventories, arising from an increase in net realisable value, shall be recognised as a reduction in the amount of inventories recognised as an expense in the period in which the reversal occurs.

Some inventories may be allocated to other asset accounts, for example, inventory used as a component of self-constructed property, plant or equipment. Inventories allocated to another asset in this way are recognised as an expense during the useful life of that asset.

DISCLOSURE

The financial statements shall disclose:
(a) **the accounting policies adopted in measuring inventories, including the cost formula used;**
(b) **the total carrying amount of inventories and the carrying amount in classifications appropriate to the entity;**
(c) **the carrying amount of inventories carried at fair value less costs to sell;**
(d) **the amount of inventories recognised as an expense during the period;**
(e) **the amount of any write-down of inventories recognised as an expense in the period in accordance with paragraph 34;**
(f) **the amount of any reversal of any write-down that is recognised as a reduction in the amount of inventories recognised as expense in the period in accordance with paragraph 34;**
(g) **the circumstances or events that led to the reversal of a write-down of inventories in accordance with paragraph 34;**
and
(h) **the carrying amount of inventories pledged as security for liabilities.**

Information about the carrying amounts held in different classifications of inventories and the extent of the changes in these assets is useful to financial statement users. Common classifications of inventories are

IAS 2

Vorräte in Handelswaren, Roh-, Hilfs- und Betriebsstoffe, unfertige Erzeugnisse und Fertigerzeugnisse. Die Vorräte eines Dienstleistungsunternehmens können einfach als unfertige Erzeugnisse bezeichnet werden.

38 Der Buchwert der Vorräte, der während der Periode als Aufwand erfasst worden ist, und der oft als Umsatzkosten bezeichnet wird, umfasst die Kosten, die zuvor Teil der Bewertung der verkauften Vorräte waren, sowie die nicht zugeordneten Produktionsgemeinkosten und anormale Produktionskosten der Vorräte. Die unternehmensspezifischen Umstände können die Einbeziehung weiterer Kosten, wie beispielsweise Vertriebskosten, rechtfertigen.

39 Einige Unternehmen verwenden eine Gliederung für die Gewinn- und Verlustrechnung, die dazu führt, dass mit Ausnahme von den Anschaffungs- und Herstellungskosten der Vorräte, die während der Berichtsperiode als Aufwand erfasst wurden, andere Beträge angegeben werden. In diesem Format stellt ein Unternehmen eine Aufwandsanalyse dar, die eine auf der Art der Aufwendungen beruhenden Gliederung zugrunde legt. In diesem Fall gibt das Unternehmen die als Aufwand erfassten Kosten für Rohstoffe und Verbrauchsgüter, Personalkosten und andere Kosten zusammen mit dem Betrag der Bestandsveränderungen des Vorratsvermögens in der Berichtsperiode an.

ZEITPUNKT DES INKRAFTTRETENS

40 **Dieser Standard ist erstmals in der ersten Berichtsperiode eines am 1. Januar 2005 oder danach beginnenden Geschäftsjahres anzuwenden. Eine frühere Anwendung wird empfohlen. Wenn ein Unternehmen diesen Standard für Berichtsperioden anwendet, die vor dem 1. Januar 2005 beginnen, so ist diese Tatsache anzugeben.**

RÜCKNAHME ANDERER VERLAUTBARUNGEN

41 Der vorliegende Standard ersetzt IAS 2 *Vorräte* (überarbeitet 1993).

42 Dieser Standard ersetzt SIC-1 *Stetigkeit – Unterschiedliche Zuordnungsverfahren der Anschaffungs- oder Herstellungskosten von Vorräten.*

merchandise, production supplies, materials, work in progress and finished goods. The inventories of a service provider may be described as work in progress.

The amount of inventories recognised as an expense during the period, which is often referred to as cost of sales, consists of those costs previously included in the measurement of inventory that has now been sold and unallocated production overheads and abnormal amounts of production costs of inventories. The circumstances of the entity may also warrant the inclusion of other amounts, such as distribution costs. **38**

Some entities adopt a format for profit or loss that results in amounts being disclosed other than the cost of inventories recognised as an expense during the period. Under this format, an entity presents an analysis of expenses using a classification based on the nature of expenses. In this case, the entity discloses the costs recognised as an expense for raw materials and consumables, labour costs and other costs together with the amount of the net change in inventories for the period. **39**

EFFECTIVE DATE

An entity shall apply this Standard for annual periods beginning on or after 1 January 2005. Earlier application is encouraged. If an entity applies this Standard for a period beginning before 1 January 2005, it shall disclose that fact. **40**

WITHDRAWAL OF OTHER PRONOUNCEMENTS

This Standard supersedes IAS 2 *Inventories* (revised in 1993). **41**

This Standard supersedes SIC-1 *Consistency — Different Cost Formulas for Inventories.* **42**

International Accounting Standard 7

Kapitalflussrechnungen

> International Accounting Standard 7 *Kapitalflussrechnungen* (IAS 7) ist in den Paragraphen 1–53 festgelegt. Alle Paragraphen sind gleichrangig, behalten jedoch das IASC-Format des Standards, mit dem dieser durch den IASB verabschiedet wurde. IAS 7 ist in Verbindung mit seiner Zielsetzung, dem *Vorwort zu den International Financial Reporting Standards* und dem *Rahmenkonzept für die Aufstellung und Darstellung von Abschlüssen* zu betrachten. IAS 8 *Bilanzierungs- und Bewertungsmethoden, Änderungen von Schätzungen und Fehler*, stellt beim Fehlen ausdrücklicher Leitlinien eine Grundlage für die Auswahl und für die Anwendung von Bilanzierungs- und Bewertungsmethoden bereit.

Dieser überarbeitete International Accounting Standard ersetzt den IAS 7, Kapitalflussrechnungen, der im Oktober 1977 vom Board genehmigt worden ist. Der überarbeitete Standard war erstmals in der ersten Berichtsperiode eines am 1. Januar 1994 oder danach beginnenden Geschäftsjahres anzuwenden.

INHALT	Ziffer
Zielsetzung	
Anwendungsbereich	1–3
Nutzen von Kapitalflussinformationen	4–5
Definitionen	6–9
Zahlungsmittel und Zahlungsmitteläquivalente	7–9
Darstellung einer Kapitalflussrechnung	10–17
Betriebliche Tätigkeit	13–15
Investitionstätigkeit	16
Finanzierungstätigkeit	17
Darstellung der Cashflows aus der Betrieblichen Tätigkeit	18–20
Darstellung der Cashflows aus Investitions- und Finanzierungstätigkeit	21
Saldierte Darstellung der Cashflows	22–24
Cashflows in Fremdwährung	25–30
Zinsen und Dividenden	31–34
Ertragsteuern	35–36
Anteile an Tochterunternehmen, assoziierten Unternehmen und Joint Ventures	37–38
Erwerb und Veräußerung von Tochterunternehmen und sonstigen Geschäftseinheiten	39–42
Nicht zahlungswirksame Transaktionen	43–44
Bestandteile der Zahlungsmittel und Zahlungsmitteläquivalente	45–47
Sonstige Angaben	48–52
Zeitpunkt des Inkrafttretens	53

Die fett gedruckten Vorschriften sind in Verbindung mit den Hintergrundmaterialien und den Anwendungsleitlinien dieses Standards sowie in Verbindung mit dem Vorwort zu den International Accounting Standards zu betrachten. International Accounting Standards brauchen nicht auf unwesentliche Sachverhalte angewendet zu werden (siehe Paragraph 12 des Vorwortes).

ZIELSETZUNG

Informationen über die Cashflows eines Unternehmens vermitteln den Abschlussadressaten eine Grundlage zur Beurteilung der Fähigkeit des Unternehmens, Zahlungsmittel und Zahlungsmitteläquivalente zu erwirtschaften, sowie zur Abschätzung des Liquiditätsbedarfes des Unternehmens. Die von den Adressaten getroffenen wirtschaftlichen Entscheidungen setzen eine Einschätzung der Fähigkeit eines Unternehmens zum Erwirtschaften von Zahlungsmitteln und Zahlungsmitteläquivalenten sowie des Zeitpunktes und der Wahrscheinlichkeit des Erwirtschaftens voraus.

Die Zielsetzung dieses Standards besteht darin, Informationen über die Bewegungen der Zahlungsmittel und Zahlungsmitteläquivalente eines Unternehmens bereitzustellen. Diese Informationen werden durch eine Kapi-

International Accounting Standard 7

Cash flow statements

> International Accounting Standard 7 *Cash flow statements* (IAS 7) is set out in paragraphs 1—53. All the paragraphs have equal authority but retain the IASC format of the Standard when it was adopted by the IASB. IAS 7 should be read in the context of its objective, the *Preface to International Financial Reporting Standards* and the *Framework for the Preparation and Presentation of Financial Statements*. IAS 8 *Accounting Policies, Changes in Accounting Estimates and Errors* provides a basis for selecting and applying accounting policies in the absence of explicit guidance.

This revised International Accounting Standard supersedes IAS 7, statement of changes in financial position, approved by the board in October 1977. The revise came effective for financial statements covering periods beginning on or after 1 January 1994.

SUMMARY	Paragraphs
Objective	
Scope	1—3
Benefits of cash flow information	4—5
Definitions	6—9
Cash and cash equivalents	7—9
Presentation of a cash flow statement	10—17
Operating activities	13—15
Investing activities	16
Financing activities	17
Reporting cash flows from operating activities	18—20
Reporting cash flows from investing and financing activities	21
Reporting cash flows on a net basis	22—24
Foreign currency cash flows	25—30
Interest and dividends	31—34
Taxes on income	35—36
Investments in subsidiaries, associates and joint ventures	37—38
Acquisitions and disposals of subsidiaries and other business units	39—42
Non-cash transactions	43—44
Components of cash and cash equivalents	45—47
Other disclosures	48—52
Effective date	53

The standards, which have been set in bold type should be read in the context of the background material and implementation guidance in this Standard, and in the context of the 'Preface to International Accounting Standards'. International Accounting Standards are not intended to apply to immaterial items (see paragraph 12 of the Preface).

OBJECTIVE

Information about the cash flows of an enterprise is useful in providing users of financial statements with a basis to assess the ability of the enterprise to generate cash and cash equivalents and the needs of the enterprise to utilise those cash flows. The economic decisions that are taken by users require an evaluation of the ability of an enterprise to generate cash and cash equivalents and the timing and certainty of their generation.

    The objective of this Standard is to require the provision of information about the historical changes in cash and cash equivalents of an enterprise by means of a cash flow statement which classifies cash flows during the period from operating, investing and financing activities.

talflussrechnung zur Verfügung gestellt, welche die Cashflows der Berichtsperiode nach der betrieblichen Tätigkeit, der Investitions- und der Finanzierungstätigkeit klassifiziert.

ANWENDUNGSBEREICH

1 Ein Unternehmen hat eine Kapitalflussrechnung gemäß den Anforderungen dieses Standards zu erstellen und als integralen Bestandteil des Abschlusses für jede Periode darzustellen, für die Abschlüsse aufgestellt werden.

2 Dieser Standard ersetzt den im Juli 1977 verabschiedeten IAS 7, Kapitalflussrechnung.

3 Die Abschlussadressaten eines Unternehmens sind daran interessiert, auf welche Weise das Unternehmen Zahlungsmittel und Zahlungsmitteläquivalente erwirtschaftet und verwendet. Dies gilt unabhängig von der Art der Tätigkeiten des Unternehmens und unabhängig davon, ob Zahlungsmittel als das Produkt des Unternehmens betrachtet werden können, wie es bei einer Finanzinstitution der Fall ist. Im Grunde genommen benötigen Unternehmen Zahlungsmittel aus denselben Gründen, wie unterschiedlich ihre wesentlichen erlöswirksamen Tätigkeiten sein mögen. Sie benötigen Zahlungsmittel zur Durchführung ihrer Tätigkeiten, zur Erfüllung ihrer finanziellen Verpflichtungen sowie zur Zahlung von Dividenden an ihre Investoren. Demnach sind nach diesem Standard sämtliche Unternehmen zur Aufstellung von Kapitalflussrechnungen verpflichtet.

NUTZEN VON KAPITALFLUSSINFORMATIONEN

4 In Verbindung mit den übrigen Bestandteilen des Abschlusses liefert die Kapitalflussrechnung Informationen, anhand derer die Abschlussadressaten die Änderungen im Reinvermögen eines Unternehmens und seine Vermögens- und Finanzstruktur (einschließlich Liquidität und Solvenz) bewerten können. Weiterhin können die Adressaten die Fähigkeit des Unternehmens zur Beeinflussung der Höhe und des zeitlichen Anfalles von Cashflows bewerten, die es ihm erlaubt, auf veränderte Umstände und Möglichkeiten zu reagieren. Kapitalflussinformationen sind hilfreich für die Beurteilung der Fähigkeit eines Unternehmens, Zahlungsmittel und Zahlungsmitteläquivalente zu erwirtschaften, und ermöglichen den Abschlussadressaten die Entwicklung von Modellen zur Beurteilung und zum Vergleich des Barwertes der künftigen Cashflows verschiedener Unternehmen. Darüber hinaus verbessert eine Kapitalflussrechnung die Vergleichbarkeit der Darstellung der Ertragskraft verschiedener Unternehmen, da die Auswirkungen der Verwendung verschiedener Bilanzierungs- und Bewertungsmethoden für dieselben Geschäftsvorfälle und Ereignisse eliminiert werden.

5 Historische Kapitalflussinformationen werden häufig als Indikator für den Betrag, den Zeitpunkt und die Wahrscheinlichkeit künftiger Cashflows herangezogen. Außerdem sind die Informationen nützlich, um die Genauigkeit in der Vergangenheit vorgenommener Beurteilungen künftiger Cashflows zu prüfen und die Beziehung zwischen der Rentabilität und dem Netto-Cashflow sowie die Auswirkungen von Preisänderungen zu untersuchen.

DEFINITIONEN

6 Folgende Begriffe werden in diesem Standard mit der angegebenen Bedeutung verwendet:
   Zahlungsmittel umfassen Barmittel und Sichteinlagen.
   Zahlungsmitteläquivalente sind kurzfristige, äußerst liquide Finanzinvestitionen, die jederzeit in bestimmte Zahlungsmittelbeträge umgewandelt werden können und nur unwesentlichen Wertschwankungsrisiken unterliegen.
   Cashflows sind Zuflüsse und Abflüsse von Zahlungsmitteln und Zahlungsmitteläquivalenten.
   Betriebliche Tätigkeiten sind die wesentlichen erlöswirksamen Tätigkeiten des Unternehmens sowie andere Aktivitäten, die nicht den Investitions- oder Finanzierungstätigkeiten zuzuordnen sind.
   Investitionstätigkeiten sind der Erwerb und die Veräußerung langfristiger Vermögenswerte und sonstiger Finanzinvestitionen, die nicht zu den Zahlungsmitteläquivalenten gehören.
   Finanzierungstätigkeiten sind Aktivitäten, die sich auf den Umfang und die Zusammensetzung des eingezahlten Kapitals und der Ausleihungen des Unternehmens auswirken.

SCOPE

An enterprise should prepare a cash flow statement in accordance with the requirements of this Standard and should present it as an integral part of its financial statements for each period for which financial statements are presented.   1

This Standard supersedes IAS 7, statement of changes in financial position, approved in July 1977.   2

Users of an enterprise's financial statements are interested in how the enterprise generates and uses cash and cash equivalents. This is the case regardless of the nature of the enterprise's activities and irrespective of whether cash can be viewed as the product of the enterprise, as may be the case with a financial institution. Enterprises need cash for essentially the same reasons however different their principal revenue-producing activities might be. They need cash to conduct their operations, to pay their obligations, and to provide returns to their investors. Accordingly, this Standard requires all enterprises to present a cash flow statement.   3

BENEFITS OF CASH FLOW INFORMATION

A cash flow statement, when used in conjunction with the rest of the financial statements, provides information that enables users to evaluate the changes in net assets of an enterprise, its financial structure (including its liquidity and solvency) and its ability to affect the amounts and timing of cash flows in order to adapt to changing circumstances and opportunities. Cash flow information is useful in assessing the ability of the enterprise to generate cash and cash equivalents and enables users to develop models to assess and compare the present value of the future cash flows of different enterprises. It also enhances the comparability of the reporting of operating performance by different enterprises because it eliminates the effects of using different accounting treatments for the same transactions and events.   4

Historical cash flow information is often used as an indicator of the amount, timing and certainty of future cash flows. It is also useful in checking the accuracy of past assessments of future cash flows and in examining the relationship between profitability and net cash flow and the impact of changing prices.   5

DEFINITIONS

The following terms are used in this Standard with the meanings specified: 6
    Cash comprises cash on hand and demand deposits.
    Cash equivalents are short-term, highly liquid investments that are readily convertible to known amounts of cash and which are subject to an insignificant risk of changes in value.
    Cash flows are inflows and outflows of cash and cash equivalents.
    Operating activities are the principal revenue-producing activities of the enterprise and other activities that are not investing or financing activities.
    Investing activities are the acquisition and disposal of long-term assets and other investments not included in cash equivalents.
    Financing activities are activities that result in changes in the size and composition of the contributed equity and borrowings of the enterprise.

Zahlungsmittel und Zahlungsmitteläquivalente

7 Zahlungsmitteläquivalente dienen dazu, kurzfristigen Zahlungsverpflichtungen nachkommen zu können. Sie werden gewöhnlich nicht zu Investitions- oder anderen Zwecken gehalten. Damit eine Finanzinvestition als Zahlungsmitteläquivalent klassifiziert wird, muss sie ohne weiteres in einen bestimmten Zahlungsmittelbetrag umgewandelt werden können und darf nur unwesentlichen Wertschwankungsrisiken unterliegen. Aus diesem Grund gehört eine Finanzinvestition im Regelfall nur dann zu den Zahlungsmitteläquivalenten, wenn sie – gerechnet vom Erwerbszeitpunkt – eine Restlaufzeit von nicht mehr als etwa drei Monaten besitzt. Kapitalbeteiligungen gehören grundsätzlich nicht zu den Zahlungsmitteläquivalenten, es sei denn, sie sind ihrem wirtschaftlichen Gehalt nach Zahlungsmitteläquivalente, wie beispielsweise im Fall von Vorzugsaktien mit kurzer Restlaufzeit und festgelegtem Einlösungszeitpunkt.

8 Verbindlichkeiten gegenüber Banken gehören grundsätzlich zu den Finanzierungstätigkeiten. In einigen Ländern bilden Kontokorrentkredite, die auf Anforderung rückzahlbar sind, jedoch einen integralen Bestandteil der Zahlungsmitteldisposition des Unternehmens. In diesen Fällen werden Kontokorrentkredite den Zahlungsmitteln und Zahlungsmitteläquivalenten zugerechnet. Ein Merkmal solcher Vereinbarungen sind häufige Schwankungen des Kontosaldos zwischen Soll- und Haben-Beständen.

9 Bewegungen zwischen den Komponenten der Zahlungsmittel oder Zahlungsmitteläquivalente sind nicht als Cashflows zu betrachten, da diese Bewegungen Teil der Zahlungsmitteldisposition eines Unternehmens sind und nicht Teil der betrieblichen Tätigkeit, der Investitions- oder Finanzierungstätigkeit. Zur Zahlungsmitteldisposition gehört auch die Investition überschüssiger Zahlungsmittel in Zahlungsmitteläquivalente.

DARSTELLUNG DER KAPITALFLUSSRECHNUNG

10 **Die Kapitalflussrechnung hat Cashflows während der Berichtsperiode zu enthalten, die nach betrieblichen Tätigkeiten, Investitions- und Finanzierungstätigkeiten klassifiziert werden.**

11 Ein Unternehmen stellt die Cashflows aus betrieblicher Tätigkeit, Investitions- und Finanzierungstätigkeit in einer Weise dar, die seiner jeweiligen wirtschaftlichen Betätigung möglichst angemessen ist. Die Klassifizierung nach Tätigkeitsbereichen liefert Informationen, anhand derer die Adressaten die Auswirkungen dieser Tätigkeiten auf die Vermögens- und Finanzlage des Unternehmens und die Höhe der Zahlungsmittel und Zahlungsmitteläquivalente beurteilen können. Weiterhin können diese Informationen eingesetzt werden, um die Beziehungen zwischen diesen Tätigkeiten zu bewerten.

12 Ein Geschäftsvorfall umfasst unter Umständen Cashflows, die unterschiedlichen Tätigkeiten zuzurechnen sind. Wenn die Rückzahlung eines Darlehens beispielsweise sowohl Zinsen als auch Tilgung umfasst, kann der Zinsanteil unter Umständen als betriebliche Tätigkeit, der Tilgungsanteil als Finanzierungstätigkeit klassifiziert werden.

Betriebliche Tätigkeit

13 Die Cashflows aus der betrieblichen Tätigkeit sind ein Schlüsselindikator dafür, in welchem Ausmaß es durch die Unternehmenstätigkeit gelungen ist, Zahlungsmittelüberschüsse zu erwirtschaften, die ausreichen, um Verbindlichkeiten zu tilgen, die Leistungsfähigkeit des Unternehmens zu erhalten, Dividenden zu zahlen und Investitionen zu tätigen, ohne dabei auf Quellen der Außenfinanzierung angewiesen zu sein. Informationen über die spezifischen Bestandteile der Cashflows aus betrieblicher Tätigkeit sind in Verbindung mit anderen Informationen von Nutzen, um künftige Cashflows aus betrieblicher Tätigkeit zu prognostizieren.

14 Cashflows aus der betrieblichen Tätigkeit stammen in erster Linie aus der erlöswirksamen Tätigkeit des Unternehmens. Daher resultieren sie im Allgemeinen aus Geschäftsvorfällen und anderen Ereignissen, die als Ertrag oder Aufwand das Ergebnis beeinflussen. Im Folgenden werden Beispiele für Cashflows aus der betrieblichen Tätigkeit angeführt:
(a) Zahlungseingänge aus dem Verkauf von Gütern und der Erbringung von Dienstleistungen;
(b) Zahlungseingänge aus Nutzungsentgelten, Honoraren, Provisionen und anderen Erlösen;
(c) Auszahlungen an Lieferanten von Gütern und Dienstleistungen;
(d) Auszahlungen an und für Beschäftigte;
(e) Einzahlungen und Auszahlungen von Versicherungsunternehmen für Prämien, Schadensregulierungen, Renten und andere Versicherungsleistungen;

Cash and cash equivalents

Cash equivalents are held for the purpose of meeting short-term cash commitments rather than for investment or other purposes. For an investment to qualify as a cash equivalent it must be readily convertible to a known amount of cash and be subject to an insignificant risk of changes in value. Therefore, an investment normally qualifies as a cash equivalent only when it has a short maturity of, say, three months or less from the date of acquisition. Equity investments are excluded from cash equivalents unless they are, in substance, cash equivalents, for example in the case of preferred shares acquired within a short period of their maturity and with a specified redemption date.

Bank borrowings are generally considered to be financing activities. However, in some countries, bank overdrafts which are repayable on demand form an integral part of an enterprise's cash management. In these circumstances, bank overdrafts are included as a component of cash and cash equivalents. A characteristic of such banking arrangements is that the bank balance often fluctuates from being positive to overdrawn.

Cash flows exclude movements between items that constitute cash or cash equivalents because these components are part of the cash management of an enterprise rather than part of its operating, investing and financing activities. Cash management includes the investment of excess cash in cash equivalents.

PRESENTATION OF A CASH FLOW STATEMENT

The cash flow statement should report cash flows during the period classified by operating, investing and financing activities.

An enterprise presents its cash flows from operating, investing and financing activities in a manner which is most appropriate to its business. Classification by activity provides information that allows users to assess the impact of those activities on the financial position of the enterprise and the amount of its cash and cash equivalents. This information may also be used to evaluate the relationships among those activities.

A single transaction may include cash flows that are classified differently. For example, when the cash repayment of a loan includes both interest and capital, the interest element may be classified as an operating activity and the capital element is classified as a financing activity.

Operating activities

The amount of cash flows arising from operating activities is a key indicator of the extent to which the operations of the enterprise have generated sufficient cash flows to repay loans, maintain the operating capability of the enterprise, pay dividends and make new investments without recourse to external sources of financing. Information about the specific components of historical operating cash flows is useful, in conjunction with other information, in forecasting future operating cash flows.

Cash flows from operating activities are primarily derived from the principal revenue-producing activities of the enterprise. Therefore, they generally result from the transactions and other events that enter into the determination of profit or loss. Examples of cash flows from operating activities are:
(a) cash receipts from the sale of goods and the rendering of services;
(b) cash receipts from royalties, fees, commissions and other revenue;
(c) cash payments to suppliers for goods and services;
(d) cash payments to and on behalf of employees;
(e) cash receipts and cash payments of an insurance enterprise for premiums and claims, annuities and other policy benefits;

(f) Zahlungen oder Rückerstattungen von Ertragsteuern, es sei denn, die Zahlungen können der Finanzierungs- und Investitionstätigkeit zugeordnet werden; und
(g) Einzahlungen und Auszahlungen für Handelsverträge.

Einige Geschäftsvorfälle, wie beispielsweise der Verkauf eines Postens aus dem Anlagevermögen, führen zu einem Gewinn bzw. Verlust, der sich auf das Ergebnis auswirkt. Die entsprechenden Cashflows sind jedoch Cashflows aus dem Bereich der Investitionstätigkeit.

15 Ein Unternehmen hält unter Umständen Wertpapiere und Anleihen zu Handelszwecken. In diesem Fall ähneln diese Posten den zur Weiterveräußerung bestimmten Vorräten. Aus diesem Grund werden Cashflows aus dem Erwerb und Verkauf derartiger Wertpapiere als betriebliche Tätigkeit klassifiziert. Ähnlich gelten von Finanzinstitutionen gewährte Kredite und Darlehen im Regelfall als betriebliche Tätigkeit, da sie mit der wesentlichen erlöswirksamen Tätigkeit dieses Unternehmens in Zusammenhang stehen.

Investitionstätigkeit

16 Die gesonderte Angabe der Cashflows aus der Investitionstätigkeit ist von Bedeutung, da die Cashflows das Ausmaß angeben, in dem Aufwendungen für Ressourcen getätigt wurden, die künftige Erträge und Cashflows erwirtschaften sollen. Im Folgenden werden Beispiele für Cashflows aus Investitionstätigkeit angeführt:
(a) Auszahlungen für die Beschaffung von Sachanlagen, immateriellen und anderen langfristigen Vermögenswerten. Hierzu zählen auch Auszahlungen für aktivierte Entwicklungskosten und für selbst erstellte Sachanlagen;
(b) Einzahlungen aus dem Verkauf von Sachanlagen, immateriellen und anderen langfristigen Vermögenswerten;
(c) Auszahlungen für den Erwerb von Eigenkapital oder Schuldinstrumenten anderer Unternehmen und von Anteilen an Joint Ventures (sofern diese Titel nicht als Zahlungsmitteläquivalente betrachtet werden oder zu Handelszwecken gehalten werden);
(d) Einzahlungen aus der Veräußerung von Eigenkapital- oder Schuldinstrumenten anderer Unternehmen und von Anteilen an Joint Ventures (sofern diese Titel nicht als Zahlungsmitteläquivalente betrachtet werden oder zu Handelszwecken gehalten werden);
(e) Auszahlungen für Dritten gewährte Kredite und Darlehen (mit Ausnahme der von einer Finanzinstitution gewährten Kredite und Darlehen);
(f) Einzahlungen aus der Tilgung von Dritten gewährten Krediten und Darlehen (mit Ausnahme der von einer Finanzinstitution gewährten Kredite und Darlehen);
(g) Auszahlungen für standardisierte und andere Termingeschäfte, Options- und Swap-Geschäfte, es sei denn, diese Verträge werden zu Handelszwecken gehalten oder die Auszahlungen werden als Finanzierungstätigkeit klassifiziert;
(h) Einzahlungen aus standardisierten und anderen Termingeschäften, Options- und Swap-Geschäften, es sei denn, diese Verträge werden zu Handelszwecken gehalten oder die Einzahlungen werden als Finanzierungstätigkeit klassifiziert.

Wenn ein Kontrakt als Sicherungsgeschäft, das sich auf ein bestimmbares Grundgeschäft bezieht, behandelt wird, werden die Cashflows des Kontraktes auf dieselbe Art und Weise klassifiziert wie die Cashflows des gesicherten Grundgeschäftes.

Finanzierungstätigkeit

17 Die gesonderte Angabe der Cashflows aus der Finanzierungstätigkeit ist von Bedeutung, da sie nützlich sind für die Abschätzung zukünftiger Ansprüche der Kapitalgeber gegenüber dem Unternehmen. Im Folgenden werden Beispiele für Cashflows aus der Finanzierungstätigkeit angeführt:
(a) Einzahlungen aus der Ausgabe von Anteilen oder anderen Eigenkapitalinstrumenten;
(b) Auszahlungen an Eigentümer zum Erwerb oder Rückerwerb von (eigenen) Anteilen an dem Unternehmen;
(c) Einzahlungen aus der Ausgabe von Schuldverschreibungen, Schuldscheinen und Rentenpapieren sowie aus der Aufnahme von Darlehen und Hypotheken oder aus der Aufnahme anderer kurz- oder langfristiger Ausleihungen;
(d) Auszahlungen für die Rückzahlung von Ausleihungen; und
(e) Auszahlungen von Leasingnehmern zur Tilgung von Verbindlichkeiten aus Finanzierungs-Leasingverträgen.

(f) cash payments or refunds of income taxes unless they can be specifically identified with financing and investing activities; and
(g) cash receipts and payments from contracts held for dealing or trading purposes.

Some transactions, such as the sale of an item of plant, may give rise to a gain or loss which is included in the determination of profit or loss. However, the cash flows relating to such transactions are cash flows from investing activities.

15 An enterprise may hold securities and loans for dealing or trading purposes, in which case they are similar to inventory acquired specifically for resale. Therefore, cash flows arising from the purchase and sale of dealing or trading securities are classified as operating activities. Similarly, cash advances and loans made by financial institutions are usually classified as operating activities since they relate to the main revenue-producing activity of that enterprise.

Investing activities

16 The separate disclosure of cash flows arising from investing activities is important because the cash flows represent the extent to which expenditures have been made for resources intended to generate future income and cash flows. Examples of cash flows arising from investing activities are:
(a) cash payments to acquire property, plant and equipment, intangibles and other long-term assets. These payments include those relating to capitalised development costs and self-constructed property, plant and equipment;
(b) cash receipts from sales of property, plant and equipment, intangibles and other long-term assets;
(c) cash payments to acquire equity or debt instruments of other enterprises and interests in joint ventures (other than payments for those instruments considered to be cash equivalents or those held for dealing or trading purposes);
(d) cash receipts from sales of equity or debt instruments of other enterprises and interests in joint ventures (other than receipts for those instruments considered to be cash equivalents and those held for dealing or trading purposes);
(e) cash advances and loans made to other parties (other than advances and loans made by a financial institution);
(f) cash receipts from the repayment of advances and loans made to other parties (other than advances and loans of a financial institution);
(g) cash payments for futures contracts, forward contracts, option contracts and swap contracts except when the contracts are held for dealing or trading purposes, or the payments are classified as financing activities; and
(h) cash receipts from futures contracts, forward contracts, option contracts and swap contracts except when the contracts are held for dealing or trading purposes, or the receipts are classified as financing activities.

When a contract is accounted for as a hedge of an identifiable position, the cash flows of the contract are classified in the same manner as the cash flows of the position being hedged.

Financing activities

17 The separate disclosure of cash flows arising from financing activities is important because it is useful in predicting claims on future cash flows by providers of capital to the enterprise. Examples of cash flows arising from financing activities are:
(a) cash proceeds from issuing shares or other equity instruments;
(b) cash payments to owners to acquire or redeem the enterprise's shares;
(c) cash proceeds from issuing debentures, loans, notes, bonds, mortgages and other short or long-term borrowings;
(d) cash repayments of amounts borrowed; and
(e) cash payments by a lessee for the reduction of the outstanding liability relating to a finance lease.

IAS 7

DARSTELLUNG DER CASHFLOWS AUS DER BETRIEBLICHEN TÄTIGKEIT

18 Ein Unternehmen hat Cashflows aus der betrieblichen Tätigkeit in einer der beiden folgenden Formen darzustellen:
   (a) direkte Darstellung, wobei die Hauptklassen der Bruttoeinzahlungen und Bruttoauszahlungen angegeben werden; oder
   (b) indirekte Darstellung, wobei das Ergebnis um Auswirkungen von nicht zahlungswirksamen Geschäftsvorfällen, Abgrenzungen oder Rückstellungen von vergangenen oder künftigen betrieblichen Ein- oder Auszahlungen sowie um Ertrags- und Aufwandsposten, die dem Investitions- oder Finanzierungsbereich zuzurechnen sind, berichtigt wird.

19 Unternehmen wird empfohlen, die Cashflows aus der betrieblichen Tätigkeit nach der direkten Methode darzustellen. Die direkte Darstellung stellt Informationen zur Verfügung, welche die Abschätzung künftiger Cashflows erleichtern und bei Anwendung der indirekten Darstellungsform nicht verfügbar sind. Bei Anwendung der direkten Methode können Informationen über die Hauptgruppen der Bruttoeinzahlungen und Bruttoauszahlungen folgendermaßen erhalten werden:
   (a) aus der Buchhaltung des Unternehmens; oder
   (b) durch Korrekturen der Umsatzerlöse und der Umsatzkosten (Zinsen und ähnliche Erträge sowie Zinsaufwendungen und ähnliche Aufwendungen bei einer Finanzinstitution) sowie anderer Posten der Gewinn- und Verlustrechnung, um
      (i) Bestandsveränderungen der Periode bei den Vorräten und bei den Forderungen und Verbindlichkeiten aus Lieferungen und Leistungen;
      (ii) andere zahlungsunwirksame Posten; und
      (iii) andere Posten, die Cashflows in den Bereichen der Investition oder der Finanzierung darstellen.

20 Bei Anwendung der indirekten Methode wird der Netto-Cashflow aus der betrieblichen Tätigkeit durch Korrektur des Ergebnisses um die folgenden Größen ermittelt:
   (a) Bestandsveränderungen der Periode bei den Vorräten und den Forderungen und Verbindlichkeiten aus Lieferungen und Leistungen;
   (b) zahlungsunwirksame Posten, wie beispielsweise Abschreibungen, Rückstellungen, latente Steuern, unrealisierte Fremdwährungsgewinne und -verluste, nicht ausgeschüttete Gewinne von assoziierten Unternehmen und Minderheitsanteile; sowie
   (c) alle anderen Posten, die Cashflows in dem Bereich der Investition oder Finanzierung darstellen.
   Alternativ kann der Netto-Cashflow aus betrieblicher Tätigkeit auch in der indirekten Darstellungsform durch Gegenüberstellung der Aufwendungen und Erträge aus der Gewinn- und Verlustrechnung sowie der Änderungen der Vorräte und der Forderungen und Verbindlichkeiten aus Lieferungen und Leistungen ermittelt werden.

DARSTELLUNG DER CASHFLOWS AUS INVESTITIONS- UND FINANZIERUNGSTÄTIGKEIT

21 Ein Unternehmen hat die Hauptgruppen der Bruttoeinzahlungen und Bruttoauszahlungen separat auszuweisen, die aus Investitions- und Finanzierungstätigkeiten entstehen, ausgenommen in den Fällen, in denen die in den Paragraphen 22 und 24 beschriebenen Cashflows saldiert ausgewiesen werden.

SALDIERTE DARSTELLUNG DER CASHFLOWS

22 Für Cashflows, die aus den folgenden betrieblichen Tätigkeiten, Investitions- oder Finanzierungstätigkeiten entstehen, ist ein saldierter Ausweis zulässig:
   (a) Einzahlungen und Auszahlungen im Namen von Kunden, wenn die Cashflows eher auf Aktivitäten des Kunden als auf Aktivitäten des Unternehmens zurückzuführen sind;
   (b) Einzahlungen und Auszahlungen für Posten mit großer Umschlagshäufigkeit, großen Beträgen und kurzen Laufzeiten.

23 Beispiele für die in Paragraph 22(a) erwähnten Ein- und Auszahlungen sind:
   (a) Annahme und Rückzahlung von Sichteinlagen bei einer Bank;
   (b) von einer Anlagegesellschaft für Kunden gehaltene Finanzmittel;
   (c) Mieten, die für Grundstückseigentümer eingezogen und an diese weitergeleitet werden.
   Beispiele für die in Paragraph 22(b) erwähnten Einzahlungen und Auszahlungen sind Einzahlungen und Auszahlungen für:

REPORTING CASH FLOWS FROM OPERATING ACTIVITIES

An enterprise should report cash flows from operating activities using either: 18
(a) the direct method, whereby major classes of gross cash receipts and gross cash payments are disclosed; or
(b) the indirect method, whereby profit or loss is adjusted for the effects of transactions of a non-cash nature, any deferrals or accruals of past or future operating cash receipts or payments, and items of income or expense associated with investing or financing cash flows.

Enterprises are encouraged to report cash flows from operating activities using the direct method. The direct 19
method provides information which may be useful in estimating future cash flows and which is not available under the indirect method. Under the direct method, information about major classes of gross cash receipts and gross cash payments may be obtained either:
(a) from the accounting records of the enterprise; or
(b) by adjusting sales, cost of sales (interest and similar income and interest expense and similar charges for a financial institution) and other items in the income statement for:
 (i) changes during the period in inventories and operating receivables and payables;
 (ii) other non-cash items; and
 (iii) other items for which the cash effects are investing or financing cash flows.

Under the indirect method, the net cash flow from operating activities is determined by adjusting profit or loss 20
for the effects of:
(a) changes during the period in inventories and operating receivables and payables;
(b) non-cash items such as depreciation, provisions, deferred taxes, unrealised foreign currency gains and losses, undistributed profits of associates, and minority interests; and
(c) all other items for which the cash effects are investing or financing cash flows.
Alternatively, the net cash flow from operating activities may be presented under the indirect method by showing the revenues and expenses disclosed in the income statement and the changes during the period in inventories and operating receivables and payables.

REPORTING CASH FLOWS FROM INVESTING AND FINANCING ACTIVITIES

An enterprise should report separately major classes of gross cash receipts and gross cash payments arising 21
from investing and financing activities, except to the extent that cash flows described in paragraphs 22 and 24 are reported on a net basis.

REPORTING CASH FLOWS ON A NET BASIS

Cash flows arising from the following operating, investing or financing activities may be reported on a net 22
basis:
(a) cash receipts and payments on behalf of customers when the cash flows reflect the activities of the customer rather than those of the enterprise; and
(b) cash receipts and payments for items in which the turnover is quick, the amounts are large, and the maturities are short.

Examples of cash receipts and payments referred to in paragraph 22(a) are: 23
(a) the acceptance and repayment of demand deposits of a bank;
(b) funds held for customers by an investment enterprise; and
(c) rents collected on behalf of, and paid over to, the owners of properties.
Examples of cash receipts and payments referred to in paragraph 22(b) are advances made for, and the repayment of:

IAS 7

(a) Darlehensbeträge gegenüber Kreditkartenkunden;
(b) den Kauf und Verkauf von Finanzinvestitionen;
(c) andere kurzfristige Ausleihungen, wie beispielsweise Kredite mit einer Laufzeit von bis zu drei Monaten.

24 **Für Cashflows aus einer der folgenden Tätigkeiten einer Finanzinstitution ist eine saldierte Darstellung möglich:**
   (a) Einzahlungen und Auszahlungen für die Annahme und die Rückzahlung von Einlagen mit fester Laufzeit;
   (b) Platzierung von Einlagen bei und Rücknahme von Einlagen von anderen Finanzinstitutionen;
   (c) Kredite und Darlehen für Kunden und die Rückzahlung dieser Kredite und Darlehen.

CASHFLOWS IN FREMDWÄHRUNG

25 **Cashflows, die aus Geschäftsvorfällen in einer Fremdwährung entstehen, sind in der funktionalen Währung des Unternehmens zu erfassen, indem der Fremdwährungsbetrag mit dem zum Zahlungszeitpunkt gültigen Umrechnungskurs zwischen der funktionalen Währung und der Fremdwährung in die funktionale Währung umgerechnet wird.**

26 **Die Cashflows eines ausländischen Tochterunternehmens sind mit dem zum Zahlungszeitpunkt geltenden Wechselkurs zwischen der funktionalen Währung und der Fremdwährung in die funktionale Währung umzurechnen.**

27 Cashflows, die in einer Fremdwährung abgewickelt werden, sind gemäß IAS 21, Auswirkungen von Änderungen der Wechselkurse, auszuweisen. Dabei ist die Verwendung eines Wechselkurses zulässig, der dem tatsächlichen Kurs in etwa entspricht. So kann beispielsweise für die Erfassung von Fremdwährungstransaktionen oder für die Umrechnung der Cashflows eines ausländischen Tochterunternehmens ein gewogener Periodendurchschnittskurs verwendet werden. Eine Umrechnung der Cashflows eines ausländischen Tochterunternehmens zum Kurs am Bilanzstichtag ist jedoch gemäß IAS 21 nicht zulässig.

28 Nicht realisierte Gewinne und Verluste aus Wechselkursänderungen sind nicht als Cashflows zu betrachten. Die Auswirkungen von Wechselkursänderungen auf Zahlungsmittel und Zahlungsmitteläquivalente, die in Fremdwährung gehalten werden oder fällig sind, werden jedoch in der Kapitalflussrechnung erfasst, um den Bestand an Zahlungsmitteln und Zahlungsmitteläquivalenten zu Beginn und am Ende der Periode abzustimmen. Der Unterschiedsbetrag wird getrennt von den Cashflows aus betrieblicher Tätigkeit, Investitions- und Finanzierungstätigkeit ausgewiesen und umfasst die Differenzen etwaiger Wechselkursänderungen, die entstanden wären, wenn diese Cashflows mit dem Stichtagskurs umgerechnet worden wären.

29–30 (gestrichen)

ZINSEN UND DIVIDENDEN

31 **Cashflows aus erhaltenen und gezahlten Zinsen und Dividenden sind jeweils gesondert anzugeben. Jede Ein- und Auszahlung ist stetig von Periode zu Periode entweder als betriebliche Tätigkeit, Investitions- oder Finanzierungstätigkeit zu klassifizieren.**

32 Der Gesamtbetrag der während einer Periode gezahlten Zinsen wird in der Kapitalflussrechnung angegeben unabhängig davon, ob der Betrag als Aufwand in der Gewinn- und Verlustrechnung erfasst oder gemäß der alternativ zulässigen Methode aus IAS 23, Fremdkapitalkosten, aktiviert wird.

33 Gezahlte Zinsen sowie erhaltene Zinsen und Dividenden werden bei einer Finanzinstitution im Normalfall als Cashflows aus der betrieblichen Tätigkeit klassifiziert. Im Hinblick auf andere Unternehmen besteht jedoch kein Einvernehmen über die Zuordnung dieser Cashflows. Gezahlte Zinsen und erhaltene Zinsen und Dividenden können als Cashflows aus betrieblicher Tätigkeit klassifiziert werden, da sie in die Ermittlung des Ergebnisses eingehen. Alternativ können gezahlte Zinsen und erhaltene Zinsen und Dividenden als Cashflows aus Finanzierungs- bzw. Investitionstätigkeit klassifiziert werden, da sie Finanzierungsaufwendungen oder Erträge aus Investitionen sind.

(a) principal amounts relating to credit card customers;
(b) the purchase and sale of investments; and
(c) other short-term borrowings, for example, those which have a maturity period of three months or less.

Cash flows arising from each of the following activities of a financial institution may be reported on a net basis: 24
(a) cash receipts and payments for the acceptance and repayment of deposits with a fixed maturity date;
(b) the placement of deposits with and withdrawal of deposits from other financial institutions; and
(c) cash advances and loans made to customers and the repayment of those advances and loans.

FOREIGN CURRENCY CASH FLOWS

Cash flows arising from transactions in a foreign currency shall be recorded in an entity's functional currency by applying to the foreign currency amount the exchange rate between the functional currency and the foreign currency at the date of the cash flow. 25

The cash flows of a foreign subsidiary shall be translated at the exchange rates between the functional currency and the foreign currency at the dates of the cash flows. 26

Cash flows denominated in a foreign currency are reported in a manner consistent with IAS 21, accounting for the effects of changes in foreign exchange rates. This permits the use of an exchange rate that approximates the actual rate. For example, a weighted average exchange rate for a period may be used for recording foreign currency transactions or the translation of the cash flows of a foreign subsidiary. However, IAS 21 does not permit use of the exchange rate at the balance sheet date when translating the cash flows of a foreign subsidiary. 27

Unrealised gains and losses arising from changes in foreign currency exchange rates are not cash flows. However, the effect of exchange rate changes on cash and cash equivalents held or due in a foreign currency is reported in the cash flow statement in order to reconcile cash and cash equivalents at the beginning and the end of the period. This amount is presented separately from cash flows from operating, investing and financing activities and includes the differences, if any, had those cash flows been reported at end of period exchange rates. 28

(deleted) 29—30

INTEREST AND DIVIDENDS

Cash flows from interest and dividends received and paid should each be disclosed separately. Each should be classified in a consistent manner from period to period as either operating, investing or financing activities. 31

The total amount of interest paid during a period is disclosed in the cash flow statement whether it has been recognised as an expense in the income statement or capitalised in accordance with the allowed alternative treatment in IAS 23, borrowing costs. 32

Interest paid and interest and dividends received are usually classified as operating cash flows for a financial institution. However, there is no consensus on the classification of these cash flows for other enterprises. Interest paid and interest and dividends received may be classified as operating cash flows because they enter into the determination of profit or loss. Alternatively, interest paid and interest and dividends received may be classified as financing cash flows and investing cash flows respectively, because they are costs of obtaining financial resources or returns on investments. 33

34 Gezahlte Dividenden können dem Finanzierungsbereich zugeordnet werden, da es sich um Finanzierungsaufwendungen handelt. Alternativ können gezahlte Dividenden als Bestandteil der Cashflows aus der betrieblichen Tätigkeit klassifiziert werden, damit die Fähigkeit eines Unternehmens, Dividenden aus laufenden Cashflows zu zahlen, leichter beurteilt werden kann.

ERTRAGSTEUERN

35 **Cashflows aus Ertragsteuern sind gesondert anzugeben und als Cashflows aus der betrieblichen Tätigkeit zu klassifizieren, es sei denn, sie können bestimmten Finanzierungs- und Investitionsaktivitäten zugeordnet werden.**

36 Ertragsteuern entstehen aus Geschäftsvorfällen, die zu Cashflows führen, die in einer Kapitalflussrechnung als betriebliche Tätigkeit, Investitions- oder Finanzierungstätigkeit klassifiziert werden. Während Investitions- oder Finanzierungstätigkeiten in der Regel der entsprechende Steueraufwand zugeordnet werden kann, ist die Bestimmung der damit verbundenen steuerbezogenen Cashflows häufig nicht durchführbar oder wirtschaftlich nicht vertretbar und die Cashflows erfolgen unter Umständen in einer anderen Periode als die Cashflows des zugrunde liegenden Geschäftsvorfalles. Aus diesem Grund werden gezahlte Steuern im Regelfall als Cashflows aus der betrieblichen Tätigkeit klassifiziert. Wenn die Zuordnung der steuerbezogenen Cashflows zu einem Geschäftsvorfall, der zu Cashflows aus Investitions- oder Finanzierungstätigkeiten führt, jedoch praktisch möglich ist, werden die steuerbezogenen Cashflows ebenso als Investitions- bzw. Finanzierungstätigkeit klassifiziert. Wenn die steuerbezogenen Cashflows mehr als einer Tätigkeit zugeordnet werden, wird der Gesamtbetrag der gezahlten Steuern angegeben.

ANTEILE AN TOCHTERUNTERNEHMEN, ASSOZIIERTEN UNTERNEHMEN UND JOINT VENTURES

37 Bei der Bilanzierung von Anteilen an einem assoziierten Unternehmen oder an einem Tochterunternehmen nach der Equity- oder Anschaffungskostenmethode beschränkt ein Anteilseigner seine Angaben in der Kapitalflussrechnung auf die Cashflows zwischen ihm und dem Beteiligungsunternehmen, beispielsweise auf Dividenden und Kredite.

38 Ein Unternehmen, das seine Anteile an einem Joint Venture (siehe IAS 31, Anteile an Joint Ventures) gemäß der Quotenkonsolidierung bilanziert, stellt in die konsolidierte Kapitalflussrechnung nur den entsprechenden Anteil an den Cashflows des Joint Ventures ein. Ein Unternehmen, das solche Anteile nach der Equity-Methode bilanziert, nimmt nur die Cashflows in die Kapitalflussrechnung auf, die mit den Anteilen an dem Joint Venture sowie den Ausschüttungen und anderen Ein- und Auszahlungen zwischen ihm und dem Joint Venture in Zusammenhang stehen.

ERWERB UND VERÄUSSERUNG VON TOCHTERUNTERNEHMEN UND SONSTIGEN GESCHÄFTSEINHEITEN

39 **Die Summe der Cashflows aus dem Erwerb und der Veräußerung von Tochterunternehmen oder sonstigen Geschäftseinheiten ist gesondert darzustellen und als Investitionstätigkeit zu klassifizieren.**

40 Ein Unternehmen hat im Hinblick auf den während der Berichtsperiode erfolgten Erwerb und die Veräußerung von Tochterunternehmen oder sonstigen Geschäftseinheiten folgende Angaben zu machen:
(a) gesamter Kauf- oder Veräußerungspreis;
(b) Teil des Kauf- oder Veräußerungspreises, der durch Zahlungsmittel und Zahlungsmitteläquivalente beglichen wurde;
(c) Betrag der Zahlungsmittel oder Zahlungsmitteläquivalente des Tochterunternehmens oder der Geschäftseinheit, die mit dem Erwerb übernommen oder im Zusammenhang mit dem Verkauf abgegeben wurden; und
(d) Beträge der nach Hauptgruppen gegliederten Vermögenswerte und Schulden mit Ausnahme der Zahlungsmittel und Zahlungsmitteläquivalente des Tochterunternehmens oder der sonstigen Geschäftseinheit, das bzw. die erworben oder veräußert wurde.

Dividends paid may be classified as a financing cash flow because they are a cost of obtaining financial resources. Alternatively, dividends paid may be classified as a component of cash flows from operating activities in order to assist users to determine the ability of an enterprise to pay dividends out of operating cash flows. 34

TAXES ON INCOME

Cash flows arising from taxes on income should be separately disclosed and should be classified as cash flows from operating activities unless they can be specifically identified with financing and investing activities. 35

Taxes on income arise on transactions that give rise to cash flows that are classified as operating, investing or financing activities in a cash flow statement. While tax expense may be readily identifiable with investing or financing activities, the related tax cash flows are often impracticable to identify and may arise in a different period from the cash flows of the underlying transaction. Therefore, taxes paid are usually classified as cash flows from operating activities. However, when it is practicable to identify the tax cash flow with an individual transaction that gives rise to cash flows that are classified as investing or financing activities the tax cash flow is classified as an investing or financing activity as appropriate. When tax cash flows are allocated over more than one class of activity, the total amount of taxes paid is disclosed. 36

INVESTMENTS IN SUBSIDIARIES, ASSOCIATES AND JOINT VENTURES

When accounting for an investment in an associate or a subsidiary accounted for by use of the equity or cost method, an investor restricts its reporting in the cash flow statement to the cash flows between itself and the investee, for example, to dividends and advances. 37

An enterprise which reports its interest in a jointly controlled entity (see IAS 31, interests in joint ventures) using proportionate consolidation, includes in its consolidated cash flow statement its proportionate share of the jointly controlled entity's cash flows. An enterprise which reports such an interest using the equity method includes in its cash flow statement the cash flows in respect of its investments in the jointly controlled entity, and distributions and other payments or receipts between it and the jointly controlled entity. 38

ACQUISITIONS AND DISPOSALS OF SUBSIDIARIES AND OTHER BUSINESS UNITS

The aggregate cash flows arising from acquisitions and from disposals of subsidiaries or other business units should be presented separately and classified as investing activities. 39

An enterprise should disclose, in aggregate, in respect of both acquisitions and disposals of subsidiaries or other business units during the period each of the following: 40
(a) the total purchase or disposal consideration;
(b) the portion of the purchase or disposal consideration discharged by means of cash and cash equivalents;
(c) the amount of cash and cash equivalents in the subsidiary or business unit acquired or disposed of; and
(d) the amount of the assets and liabilities other than cash or cash equivalents in the subsidiary or business unit acquired or disposed of, summarised by each major category.

41 Die gesonderte Darstellung der Auswirkungen der Cashflows aus Erwerb und Veräußerung von Tochterunternehmen und sonstigen Geschäftseinheiten als eigenständige Posten sowie die gesonderte Angabe der Beträge der erworbenen oder veräußerten Vermögenswerte und Schuldposten erleichtert die Unterscheidung dieser Cashflows von den Cashflows aus der übrigen betrieblichen Tätigkeit, Investitions- und Finanzierungstätigkeit. Die Auswirkungen der Cashflows aus Veräußerungen werden nicht mit denen aus dem Erwerb saldiert.

42 Die Summe des Betrages der als Kauf- oder Verkaufspreis gezahlten oder erhaltenen Mittel wird in der Kapitalflussrechnung abzüglich der erworbenen oder veräußerten Zahlungsmittel und Zahlungsmitteläquivalente ausgewiesen.

NICHT ZAHLUNGSWIRKSAME TRANSAKTIONEN

43 **Investitions- und Finanzierungsvorgänge, welche nicht zu einer Veränderung von Zahlungsmitteln oder Zahlungsmitteläquivalenten geführt haben, sind nicht Bestandteil der Kapitalflussrechnung. Solche Vorgänge sind an anderer Stelle im Abschluss derart anzugeben, dass alle notwendigen Informationen über diese Investitions- und Finanzierungsvorgänge bereitgestellt werden.**

44 Viele Investitions- und Finanzierungstätigkeiten haben keine direkten Auswirkungen auf die laufenden Cashflows, beeinflussen jedoch die Kapital- und Vermögensstruktur eines Unternehmens. Der Ausschluss nicht zahlungswirksamer Transaktionen aus der Kapitalflussrechnung geht mit der Zielsetzung der Kapitalflussrechnung konform, da sich diese Posten nicht auf Cashflows in der Berichtsperiode auswirken. Beispiele für nicht zahlungswirksame Transaktionen sind:
(a) der Erwerb von Vermögenswerten durch Schuldübernahme oder durch Finanzierungsleasing;
(b) der Erwerb eines Unternehmens gegen Ausgabe von Anteilen;
(c) die Umwandlung von Schulden in Eigenkapital.

BESTANDTEILE DER ZAHLUNGSMITTEL UND ZAHLUNGSMITTELÄQUIVALENTE

45 **Ein Unternehmen hat die Bestandteile der Zahlungsmittel und Zahlungsmitteläquivalente anzugeben und eine Überleitungsrechnung vorzunehmen, in der die Beträge der Kapitalflussrechnung den entsprechenden Bilanzposten gegenübergestellt werden.**

46 Angesichts der Vielfalt der weltweiten Praktiken zur Zahlungsmitteldisposition und der Konditionen von Kreditinstituten und zur Erfüllung des IAS 1, Darstellung des Abschlusses, gibt ein Unternehmen die gewählte Methode für die Bestimmung der Zusammensetzung der Zahlungsmittel und Zahlungsmitteläquivalente an.

47 Die Auswirkungen von Änderungen der Methode zur Bestimmung der Zusammensetzung der Zahlungsmittel und Zahlungsmitteläquivalente, wie beispielsweise eine Änderung in der Klassifizierung von Finanzinstrumenten, die ursprünglich dem Beteiligungsportfolio des Unternehmens zugeordnet waren, werden gemäß IAS 8 Bilanzierungs- und Bewertungsmethoden, Änderungen von Schätzungen und Fehler, offen gelegt.

SONSTIGE ANGABEN

48 **Ein Unternehmen hat in Verbindung mit einer Stellungnahme des Managements den Betrag an wesentlichen Zahlungsmitteln und Zahlungsmitteläquivalenten anzugeben, die vom Unternehmen gehalten werden und über die der Konzern nicht verfügen kann.**

49 Unter verschiedenen Umständen kann ein Unternehmen nicht über Zahlungsmittel und Zahlungsmitteläquivalente verfügen. Dazu zählen beispielsweise Zahlungsmittel und Zahlungsmitteläquivalente, die von einem Tochterunternehmen in einem Land gehalten werden, in dem Devisenverkehrskontrollen oder andere gesetzliche Einschränkungen zum Tragen kommen. Die Verfügbarkeit über die Bestände durch das Mutterunternehmen oder andere Tochterunternehmen ist dann eingeschränkt.

50 Zusätzliche Angaben können für die Adressaten von Bedeutung sein, um die Vermögens- und Finanzlage und Liquidität eines Unternehmens einschätzen zu können. Die Angabe dieser Informationen (in Verbindung mit einer Stellungnahme des Managements) wird empfohlen und kann folgende Punkte enthalten:
(a) Betrag der nicht ausgenutzten Kreditlinien, die für die künftige betriebliche Tätigkeit und zur Erfüllung von Verpflichtungen eingesetzt werden könnten, unter Angabe aller Beschränkungen der Verwendung dieser Kreditlinien;

41 The separate presentation of the cash flow effects of acquisitions and disposals of subsidiaries and other business units as single line items, together with the separate disclosure of the amounts of assets and liabilities acquired or disposed of, helps to distinguish those cash flows from the cash flows arising from the other operating, investing and financing activities. The cash flow effects of disposals are not deducted from those of acquisitions.

42 The aggregate amount of the cash paid or received as purchase or sale consideration is reported in the cash flow statement net of cash and cash equivalents acquired or disposed of.

NON-CASH TRANSACTIONS

43 **Investing and financing transactions that do not require the use of cash or cash equivalents should be excluded from a cash flow statement. Such transactions should be disclosed elsewhere in the financial statements in a way that provides all the relevant information about these investing and financing activities.**

44 Many investing and financing activities do not have a direct impact on current cash flows although they do affect the capital and asset structure of an enterprise. The exclusion of non-cash transactions from the cash flow statement is consistent with the objective of a cash flow statement as these items do not involve cash flows in the current period. Examples of non-cash transactions are:
(a) the acquisition of assets either by assuming directly related liabilities or by means of a finance lease;
(b) the acquisition of an enterprise by means of an equity issue; and
(c) the conversion of debt to equity.

COMPONENTS OF CASH AND CASH EQUIVALENTS

45 **An enterprise should disclose the components of cash and cash equivalents and should present a reconciliation of the amounts in its cash flow statement with the equivalent items reported in the balance sheet.**

46 In view of the variety of cash management practices and banking arrangements around the world and in order to comply with IAS 1, presentation of financial statements, an enterprise discloses the policy which it adopts in determining the composition of cash and cash equivalents.

47 The effect of any change in the policy for determining components of cash and cash equivalents, for example, a change in the classification of financial instruments previously considered to be part of an enterprise's investment portfolio, is reported in accordance with IAS 8 Accounting Policies, Changes in Accounting Estimates and Errors.

OTHER DISCLOSURES

48 **An enterprise should disclose, together with a commentary by management, the amount of significant cash and cash equivalent balances held by the enterprise that are not available for use by the group.**

49 There are various circumstances in which cash and cash equivalent balances held by an enterprise are not available for use by the group. Examples include cash and cash equivalent balances held by a subsidiary that operates in a country where exchange controls or other legal restrictions apply when the balances are not available for general use by the parent or other subsidiaries.

50 Additional information may be relevant to users in understanding the financial position and liquidity of an enterprise. Disclosure of this information, together with a commentary by management, is encouraged and may include:
(a) the amount of undrawn borrowing facilities that may be available for future operating activities and to settle capital commitments, indicating any restrictions on the use of these facilities;

(b) Die Summe des Betrages der Cashflows aus der betrieblichen Tätigkeit, aus der Investitionstätigkeit und aus der Finanzierungstätigkeit, die sich auf quotal konsolidierte Anteile an Joint Ventures beziehen;
(c) Die Summe des Betrages der Cashflows, die Erweiterungen der betrieblichen Kapazität betreffen, im Unterschied zu den Cashflows, die zur Erhaltung der Kapazität erforderlich sind; und
(d) Betrag der Cashflows aus betrieblicher Tätigkeit, aus der Investitionstätigkeit und aus der Finanzierungstätigkeit, aufgegliedert nach berichtspflichtigen Geschäftssegmenten (siehe IFRS 8 *Geschäftssegmente*).

51 Durch die gesonderte Angabe von Cashflows, die eine Erhöhung der Betriebskapazität darstellen, und Cashflows, die zur Erhaltung der Betriebskapazität erforderlich sind, kann der Adressat der Kapitalflussrechnung beurteilen, ob das Unternehmen geeignete Investitionen zur Erhaltung seiner Betriebskapazität vornimmt. Nimmt das Unternehmen nur unzureichende Investitionen zur Erhaltung seiner Betriebskapazität vor, schadet es unter Umständen der zukünftigen Rentabilität zu Gunsten von kurzfristiger Liquidität und von Ausschüttungen an Anteilseigner.

52 Die Angabe segmentierter Cashflows verhilft den Adressaten der Kapitalflussrechnung zu einem besseren Verständnis der Beziehung zwischen den Cashflows des Unternehmens als ganzem und den Cashflows seiner Bestandteile sowie der Verfügbarkeit und Variabilität der segmentierten Cashflows.

ZEITPUNKT DES INKRAFTTRETENS

53 **Dieser International Accounting Standard ist erstmals in der ersten Berichtsperiode eines am 1. Januar 1994 oder danach beginnenden Geschäftsjahres anzuwenden.**

(b) the aggregate amounts of the cash flows from each of operating, investing and financing activities related to interests in joint ventures reported using proportionate consolidation;

(c) the aggregate amount of cash flows that represent increases in operating capacity separately from those cash flows that are required to maintain operating capacity; and

(d) the amount of the cash flows arising from the operating, investing and financing activities of each reportable segment (see IFRS 8 *Operating Segments*).

The separate disclosure of cash flows that represent increases in operating capacity and cash flows that are required to maintain operating capacity is useful in enabling the user to determine whether the enterprise is investing adequately in the maintenance of its operating capacity. An enterprise that does not invest adequately in the maintenance of its operating capacity may be prejudicing future profitability for the sake of current liquidity and distributions to owners.   51

The disclosure of segmental cash flows enables users to obtain a better understanding of the relationship between the cash flows of the business as a whole and those of its component parts and the availability and variability of segmental cash flows.   52

EFFECTIVE DATE

This International Accounting Standard becomes operative for financial statements covering periods beginning on or after 1 January 1994.   53

International Accounting Standard 8

Bilanzierungs- und Bewertungsmethoden, Änderungen von Schätzungen und Fehler

> International Accounting Standard 8 *Bilanzierungs- und Bewertungsmethoden, Änderungen von Schätzungen und Fehler* (IAS 8) ist in den Paragraphen 1–56 festgelegt. Alle Paragraphen sind gleichrangig, behalten jedoch das IASC-Format des Standards, mit dem dieser durch den IASB verabschiedet wurde. IAS 8 ist in Verbindung mit den Grundlagen für Schlussfolgerungen, dem *Vorwort zu den International Financial Reporting Standards* und dem *Rahmenkonzept für die Aufstellung und Darstellung von Abschlüssen* zu betrachten.

INHALT

	Ziffer
Zielsetzung	1–2
Anwendungsbereich	3–4
Definitionen	5–6
Bilanzierungs- und Bewertungsmethoden	7–31
Auswahl und Anwendung der Bilanzierungs- und Bewertungsmethoden	7–12
Stetigkeit der Bilanzierungs- und Bewertungsmethoden	13
Änderungen von Bilanzierungs- und Bewertungsmethoden	14–31
Anwendung von Änderungen der Bilanzierungs- und Bewertungsmethoden	19–27
Rückwirkende Anwendung	22
Einschränkungen im Hinblick auf rückwirkende Anwendung	23–27
Angaben	28–31
Änderungen von Schätzungen	32–40
Angaben	39–40
Fehler	41–49
Einschränkungen bei rückwirkender Anpassung	43–48
Angaben von Fehlern aus früheren Perioden	49
Undurchführbarkeit hinsichtlich rückwirkender Anwendung und rückwirkender Anpassung	50–53
Zeitpunkt des Inkrafttretens	54
Rücknahme anderer Verlautbarungen	55–56

Dieser überarbeitete Standard ersetzt IAS 8 *Periodenergebnis, grundlegende Fehler und Änderungen von Bilanzierungs- und Bewertungsmethoden* und ist erstmals in der ersten Berichtsperiode eines am 1. Januar 2005 oder danach beginnenden Geschäftsjahres anzuwenden. Eine frühere Anwendung wird empfohlen.

ZIELSETZUNG

1   Ziel dieses Standards schreibt die Kriterien zur Auswahl und Änderung der Bilanzierungs- und Bewertungsmethoden sowie die bilanzielle Behandlung und Angabe von Änderungen der Bilanzierungs- und Bewertungsmethoden, Änderungen von Schätzungen sowie Fehlerkorrekturen vor. Der Standard soll die Relevanz und Zuverlässigkeit des Abschlusses eines Unternehmens sowie die Vergleichbarkeit dieser Abschlüsse im Zeitablauf sowie mit den Abschlüssen anderer Unternehmen verbessern.

2   Die Bestimmungen zur Angabe von Bilanzierungs- und Bewertungsmethoden – davon ausgenommen: Änderungen von Bilanzierungs- und Bewertungsmethoden – sind in IAS 1 *Darstellung des Abschlusses* aufgeführt.

ANWENDUNGSBEREICH

3   Dieser Standard ist bei der Auswahl und Anwendung von Bilanzierungs- und Bewertungsmethoden sowie zur Berücksichtigung von Änderungen der Bilanzierungs- und Bewertungsmethoden, Änderungen von Schätzungen und Korrekturen von Fehlern aus früheren Perioden anzuwenden.

International Accounting Standard 8

Accounting Policies, Changes in Accounting Estimates and Errors

International Accounting Standard 8 *Accounting Policies, Changes in Accounting Estimates and Errors* (IAS 8) is set out in paragraphs 1—56. All the paragraphs have equal authority but retain the IASC format of the Standard when it was adopted by the IASB. IAS 8 should be read in the context of the Basis for Conclusions, the *Preface to International Financial Reporting Standards* and the *Framework for the Preparation and Presentation of Financial Statements*.

SUMMARY

	Paragraphs
Objective	1—2
Scope	3—4
Definitions	5—6
Accounting Policies	7—31
Selection and Application of Accounting Policies	7—12
Consistency of Accounting Policies	13
Changes in Accounting Policies	14—31
Applying Changes in Accounting Policies	19—27
Retrospective application	22
Limitations on retrospective application	23—27
Disclosure	28—31
Changes in accounting estimates	32—40
Disclosure	39—40
Errors	41—49
Limitations on Retrospective Restatement	43—48
Disclosure of Prior Period Errors	49
Impracticability in respect of retrospective application and retrospective restatement	50—53
Effective date	54
Withdrawal of other pronouncements	55—56

This revised Standard supersedes IAS 8 *Net Profit or Loss for the Period, Fundamental Errors and Changes in Accounting Policies* and should be applied for annual periods beginning on or after 1 January 2005. Earlier application is encouraged.

OBJECTIVE

The objective of this Standard is to prescribe the criteria for selecting and changing accounting policies, together with the accounting treatment and disclosure of changes in accounting policies, changes in accounting estimates and corrections of errors. The Standard is intended to enhance the relevance and reliability of an entity's financial statements, and the comparability of those financial statements over time and with the financial statements of other entities.   **1**

Disclosure requirements for accounting policies, except those for changes in accounting policies, are set out in IAS 1 *Presentation of Financial Statements*.   **2**

SCOPE

This Standard shall be applied in selecting and applying accounting policies, and accounting for changes in accounting policies, changes in accounting estimates and corrections of prior period errors.   **3**

IAS 8

4   Die steuerlichen Auswirkungen der Korrekturen von Fehlern aus früheren Perioden und von rückwirkenden Anpassungen zur Umsetzung der Änderungen von Bilanzierungs- und Bewertungsmethoden werden gemäß IAS 12 *Ertragssteuern* berücksichtigt und offen gelegt.

DEFINITIONEN

5   Die folgenden Begriffe werden in diesem Standard mit der angegebenen Bedeutung verwendet:

Bilanzierungs- und Bewertungsmethoden sind die besonderen Prinzipien, grundlegenden Überlegungen, Konventionen, Regeln und Praktiken, die ein Unternehmen bei der Aufstellung und Darstellung eines Abschlusses anwendet.

Eine Änderung einer Schätzung ist eine Anpassung des Buchwerts eines Vermögenswertes bzw. einer Schuld, oder der betragsmäßige, periodengerechte Verbrauch eines Vermögenswerts, der aus der Einschätzung des derzeitigen Status von Vermögenswerten und Schulden und aus der Einschätzung des künftigen Nutzens und künftiger Verpflichtungen im Zusammenhang mit Vermögenswerten und Schulden resultiert. Änderungen von Schätzungen ergeben sich aus neuen Informationen oder Entwicklungen und sind somit keine Fehlerkorrekturen.

International Financial Reporting Standards (IFRS) sind die vom International Accounting Standards Board (IASB) verabschiedeten Standards und Interpretationen. Sie bestehen aus:
(a) International Financial Reporting Standards;
(b) International Accounting Standards;
    sowie
(c) Interpretationen des International Financial Reporting Interpretations Committee (IFRIC) bzw. des ehemaligen Standing Interpretations Committee (SIC).

Wesentlich: Auslassung oder fehlerhafte Darstellungen sind wesentlich, wenn sie einzeln oder insgesamt die auf der Basis des Abschlusses getroffenen wirtschaftlichen Entscheidungen der Adressaten beeinflussen könnten. Die Wesentlichkeit hängt vom Umfang und von der Art der Auslassung oder der fehlerhaften Darstellung ab, die unter den besonderen Umständen zu beurteilen sind. Der Umfang oder die Art dieses Postens, bzw. eine Kombination dieser beiden Aspekte, könnte der entscheidende Faktor sein.

Fehler aus früheren Perioden sind Auslassungen oder fehlerhafte Angaben in den Abschlüssen eines Unternehmens für eine oder mehrere Perioden, die sich aus einer Nicht- oder Fehlanwendung von zuverlässigen Informationen ergeben haben, die
(a) zu dem Zeitpunkt, an dem die Abschlüsse für die entsprechenden Perioden zur Veröffentlichung genehmigt wurden, zur Verfügung standen;
    und
(b) hätten eingeholt und bei der Aufstellung und Darstellung der entsprechenden Abschlüsse berücksichtigt werden können.

Diese Fehler beinhalten die Auswirkungen von Rechenfehlern, Fehlern bei der Anwendung von Bilanzierungs- und Bewertungsmethoden, Flüchtigkeitsfehlern oder Fehlinterpretationen von Sachverhalten, sowie von Betrugsfällen.

Die rückwirkende Anwendung besteht darin, eine neue Bilanzierungs- und Bewertungsmethode auf Geschäftsvorfälle, sonstige Ereignisse und Bedingungen so anzuwenden, als ob die Bilanzierungs- und Bewertungsmethode stets zur Anwendung gekommen sei.

Die rückwirkende Anpassung ist die Korrektur einer Erfassung, Bewertung und Angabe von Beträgen aus Bestandteilen eines Abschlusses, so als ob ein Fehler in einer früheren Periode nie aufgetreten wäre.

Undurchführbar: Die Anwendung einer Vorschrift gilt dann als undurchführbar, wenn sie trotz aller angemessenen Anstrengungen des Unternehmens nicht angewendet werden kann. Für eine bestimmte frühere Periode ist die rückwirkende Anwendung einer Änderung einer Bilanzierungs- und Bewertungsmethode bzw. eine rückwirkende Anpassung zur Fehlerkorrektur dann undurchführbar, wenn:
(a) die Auswirkungen der rückwirkenden Anwendung bzw. rückwirkenden Anpassung nicht zu ermitteln sind;
(b) die rückwirkende Anwendung bzw. rückwirkende Anpassung Annahmen über die mögliche Absicht des Managements in der entsprechenden Periode erfordert;
    oder
(c) die rückwirkende Anwendung bzw. rückwirkende Anpassung umfangreiche Schätzungen der Beträge erforderlich macht und es unmöglich ist, eine objektive Unterscheidung der Informationen aus diesen Schätzungen, die:
    (i) einen Nachweis über die Sachverhalte vermitteln, die zu dem Zeitpunkt bestanden, zu dem die entsprechenden Beträge zu erfassen, zu bewerten oder anzugeben sind;
        und

The tax effects of corrections of prior period errors and of retrospective adjustments made to apply changes in accounting policies are accounted for and disclosed in accordance with IAS 12 *Income Taxes*. 4

DEFINITIONS

The following terms are used in this Standard with the meanings specified: 5

Accounting policies are the specific principles, bases, conventions, rules and practices applied by an entity in preparing and presenting financial statements.

A change in accounting estimate is an adjustment of the carrying amount of an asset or a liability, or the amount of the periodic consumption of an asset, that results from the assessment of the present status of, and expected future benefits and obligations associated with, assets and liabilities. Changes in accounting estimates result from new information or new developments and, accordingly, are not corrections of errors.

International Financial Reporting Standards (IFRSs) are Standards and Interpretations adopted by the International Accounting Standards Board (IASB). They comprise:
(a) International Financial Reporting Standards;
(b) International Accounting Standards; and
(c) Interpretations originated by the International Financial Reporting Interpretations Committee (IFRIC) or the former Standing Interpretations Committee (SIC).

Material Omissions or misstatements of items are material if they could, individually or collectively, influence the economic decisions of users taken on the basis of the financial statements. Materiality depends on the size and nature of the omission or misstatement judged in the surrounding circumstances. The size or nature of the item, or a combination of both, could be the determining factor.

Prior period errors are omissions from, and misstatements in, the entity's financial statements for one or more prior periods arising from a failure to use, or misuse of, reliable information that:
(a) was available when financial statements for those periods were authorised for issue; and
(b) could reasonably be expected to have been obtained and taken into account in the preparation and presentation of those financial statements.

Such errors include the effects of mathematical mistakes, mistakes in applying accounting policies, oversights or misinterpretations of facts, and fraud.

Retrospective application is applying a new accounting policy to transactions, other events and conditions as if that policy had always been applied.

Retrospective restatement is correcting the recognition, measurement and disclosure of amounts of elements of financial statements as if a prior period error had never occurred.

Impracticable: Applying a requirement is impracticable when the entity cannot apply it after making every reasonable effort to do so. For a particular prior period, it is impracticable to apply a change in an accounting policy retrospectively or to make a retrospective restatement to correct an error if:
(a) the effects of the retrospective application or retrospective restatement are not determinable;
(b) the retrospective application or retrospective restatement requires assumptions about what management's intent would have been in that period; or
(c) the retrospective application or retrospective restatement requires significant estimates of amounts and it is impossible to distinguish objectively information about those estimates that:
  (i) provides evidence of circumstances that existed on the date(s) as at which those amounts are to be recognised, measured or disclosed; and

(ii) zur Verfügung gestanden hätten, als der Abschluss für jene frühere Periode zur Veröffentlichung genehmigt wurde

von sonstigen Informationen vorzunehmen.

Die prospektive Anwendung der Änderung einer Bilanzierungs- und Bewertungsmethode bzw. der Erfassung der Auswirkung der Änderung einer Schätzung besteht darin,

(a) die neue Bilanzierungs- und Bewertungsmethode auf Geschäftsvorfälle, sonstige Ereignisse und Bedingungen anzuwenden, die nach dem Zeitpunkt der Änderung der Bilanzierungs- und Bewertungsmethode eintreten;
und

(b) die Auswirkung der Änderung einer Schätzung in der Berichtsperiode und in zukünftigen Perioden anzusetzen, die von der Änderung betroffen sind.

6 Die Beurteilung, ob die Auslassung oder fehlerhafte Darstellung von Angaben, die auf der Basis des Abschlusses getroffenen wirtschaftlichen Entscheidungen der Adressaten beeinflussen könnten und deshalb als wesentlich einzustufen sind, bedarf einer Prüfung der Eigenschaften solcher Adressaten. Paragraph 25 des *Rahmenkonzepts für die Aufstellung und Darstellung von Abschlüssen* besagt, dass „bei den Adressaten vorausgesetzt wird, dass sie eine angemessene Kenntnis geschäftlicher und wirtschaftlicher Tätigkeiten und der Rechnungslegung sowie die Bereitschaft besitzen, die Informationen mit entsprechender Sorgfalt zu lesen". Deshalb hat diese Beurteilung zu berücksichtigen, inwieweit Adressaten mit diesen Eigenschaften bei ihren auf der Basis des Abschlusses getroffenen wirtschaftlichen Entscheidungen beeinflusst werden könnten.

BILANZIERUNGS- UND BEWERTUNGSMETHODEN

Auswahl und Anwendung der Bilanzierungs- und Bewertungsmethoden

7 Bezieht sich ein Standard oder eine Interpretation ausdrücklich auf einen Geschäftsvorfall oder auf sonstige Ereignisse oder Bedingungen, so ist bzw. sind die Bilanzierungs- und Bewertungsmethode bzw. -methoden für den entsprechenden Posten zu ermitteln, indem der Standard oder die Interpretation unter Berücksichtigung aller relevanten Umsetzungsleitlinien des IASB für den Standard bzw. die Interpretation zur Anwendung kommt.

8 Die IFRS legen Bilanzierungs- und Bewertungsmethoden fest, die aufgrund einer Schlussfolgerung des IASB zu einem Abschluss führt, der relevante und zuverlässige Informationen über die Geschäftsvorfälle, sonstige Ereignisse und Bedingungen enthält, auf die sie zutreffen. Diese Methoden müssen nicht angewandt werden, wenn die Auswirkung ihrer Anwendung unwesentlich ist. Es wäre jedoch nicht angemessen, unwesentliche Abweichungen von den IFRS vorzunehmen oder unberichtet zu lassen, um eine bestimmte Darstellung der Vermögens-, Finanz- und Ertragslage oder Cashflows eines Unternehmens zu erzielen.

9 Die Umsetzungsleitlinien für Standards, die vom IASB herausgegeben wurden, sind nicht Bestandteil jener Standards und enthalten deshalb auch keine Vorschriften zu den Abschlüssen.

10 Beim Fehlen eines Standards oder einer Interpretation, der/die ausdrücklich auf einen Geschäftsvorfall oder sonstige Ereignisse oder Bedingungen zutrifft, hat das Management darüber zu entscheiden, welche Bilanzierungs- und Bewertungsmethode zu entwickeln und anzuwenden ist, um zu Informationen führen, die:

(a) für die Bedürfnisse der wirtschaftlichen Entscheidungsfindung der Adressaten von Bedeutung sind und

(b) zuverlässig sind, in dem Sinne, dass der Abschluss:
 (i) die Vermögens-, Finanz- und Ertragslage sowie die Cashflows des Unternehmens den tatsächlichen Verhältnissen entsprechend darstellt;
 (ii) den wirtschaftlichen Gehalt von Geschäftsvorfällen und sonstigen Ereignissen und Bedingungen widerspiegelt und nicht nur deren rechtliche Form,
 (iii) neutral ist, das heißt frei von verzerrenden Einflüssen;
 (iv) vorsichtig ist;
 und
 (v) in allen wesentlichen Gesichtspunkten vollständig ist.

11 Bei seiner Entscheidungsfindung im Sinne des Paragraphen 10 hat das Management sich auf folgende Quellen – in absteigender Reihenfolge – zu beziehen und deren Anwendung zu berücksichtigen:

(a) die Anforderungen und Anwendungsleitlinien in Standards und Interpretationen, die ähnliche und verwandte Fragen behandeln;

(ii) would have been available when the financial statements for that prior period were authorised for issue

from other information.

Prospective application of a change in accounting policy and of recognising the effect of a change in an accounting estimate, respectively, are:
(a) applying the new accounting policy to transactions, other events and conditions occurring after the date as at which the policy is changed; and
(b) recognising the effect of the change in the accounting estimate in the current and future periods affected by the change.

Assessing whether an omission or misstatement could influence economic decisions of users, and so be material, requires consideration of the characteristics of those users. The *Framework for the Preparation and Presentation of Financial Statements* states in paragraph 25 that 'users are assumed to have a reasonable knowledge of business and economic activities and accounting and a willingness to study the information with reasonable diligence.' Therefore, the assessment needs to take into account how users with such attributes could reasonably be expected to be influenced in making economic decisions. 6

ACCOUNTING POLICIES

Selection and Application of Accounting Policies

When a Standard or an Interpretation specifically applies to a transaction, other event or condition, the accounting policy or policies applied to that item shall be determined by applying the Standard or Interpretation and considering any relevant Implementation Guidance issued by the IASB for the Standard or Interpretation. 7

IFRSs set out accounting policies that the IASB has concluded result in financial statements containing relevant and reliable information about the transactions, other events and conditions to which they apply. Those policies need not be applied when the effect of applying them is immaterial. However, it is inappropriate to make, or leave uncorrected, immaterial departures from IFRSs to achieve a particular presentation of an entity's financial position, financial performance or cash flows. 8

Implementation Guidance for Standards issued by the IASB does not form part of those Standards, and therefore does not contain requirements for financial statements. 9

In the absence of a Standard or an Interpretation that specifically applies to a transaction, other event or condition, management shall use its judgement in developing and applying an accounting policy that results in information that is: 10
(a) relevant to the economic decision-making needs of users; and
(b) reliable, in that the financial statements:
    (i) represent faithfully the financial position, financial performance and cash flows of the entity;
    (ii) reflect the economic substance of transactions, other events and conditions, and not merely the legal form;
    (iii) are neutral, ie free from bias;
    (iv) are prudent; and
    (v) are complete in all material respects.

In making the judgement described in paragraph 10, management shall refer to, and consider the applicability of, the following sources in descending order: 11
(a) the requirements and guidance in Standards and Interpretations dealing with similar and related issues; and

IAS 8

(b) die im Rahmenkonzept enthaltenen Definitionen, Erfassungskriterien und Bewertungskonzepte für Vermögenswerte, Schulden, Erträge und Aufwendungen.

12 Bei seiner Entscheidungsfindung gemäß Paragraph 10 kann das Management außerdem die jüngsten Verlautbarungen anderer Standardsetter, die ein ähnliches konzeptionelles Rahmenkonzept zur Entwicklung von Bilanzierungs- und Bewertungsmethoden einsetzen, sowie sonstige Rechnungslegungs-Verlautbarungen und anerkannte Branchenpraktiken berücksichtigen, sofern sie nicht mit den in Paragraph 11 enthaltenen Quellen in Konflikt stehen.

Stetigkeit der Bilanzierungs- und Bewertungsmethoden

13 Ein Unternehmen hat seine Bilanzierungs- und Bewertungsmethoden für ähnliche Geschäftsvorfälle, sonstige Ereignisse und Bedingungen stetig auszuwählen und anzuwenden, es sei denn, ein Standard oder eine Interpretation erlaubt bzw. schreibt die Kategorisierung von Sachverhalten vor, für die andere Bilanzierungs- und Bewertungsmethoden zutreffend sind. Sofern ein Standard oder eine Interpretation eine derartige Kategorisierung vorschreibt oder erlaubt, so ist eine geeignete Bilanzierungs- und Bewertungsmethode auszuwählen und stetig für jede Kategorie anzuwenden.

Änderungen von Bilanzierungs- und Bewertungsmethoden

14 Ein Unternehmen darf eine Bilanzierungs- und Bewertungsmethode nur dann ändern, wenn die Änderung:
(a) aufgrund eines Standards oder einer Interpretation erforderlich ist; oder
(b) dazu führt, dass der Abschluss zuverlässige und relevantere Informationen über die Auswirkungen von Geschäftsvorfällen, sonstigen Ereignissen oder Bedingungen auf die Vermögens-, Finanz- oder Ertragslage oder Cashflows des Unternehmens vermittelt.

15 Die Adressaten der Abschlüsse müssen in der Lage sein, die Abschlüsse eines Unternehmens im Zeitablauf vergleichen zu können, um Tendenzen in der Vermögens-, Finanz- und Ertragslage sowie des Cashflows zu erkennen. Daher sind in jeder Periode und von einer Periode auf die nächste stets die gleichen Bilanzierungs- und Bewertungsmethoden anzuwenden, es sei denn, die Änderung einer Bilanzierungs- und Bewertungsmethode entspricht einem der in Paragraph 14 enthaltenen Kriterien.

16 Die folgenden Fälle sind keine Änderung der Bilanzierungs- oder Bewertungsmethoden:
(a) die Anwendung einer Bilanzierungs- und Bewertungsmethode auf Geschäftsvorfälle, sonstige Ereignisse oder Bedingungen, die sich grundsätzlich von früheren Geschäftsvorfällen oder sonstigen Ereignissen oder Bedingungen unterscheiden; und
(b) die Anwendung einer neuen Bilanzierungs- oder Bewertungsmethode auf Geschäftsvorfälle oder sonstige Ereignisse oder Bedingungen, die früher nicht vorgekommen sind oder unwesentlich waren.

17 Die erstmalige Anwendung einer Methode zur Neubewertung von Vermögenswerten nach IAS 16 *Sachanlagen* oder IAS 38 *Immaterielle Vermögenswerte* ist eine Änderung einer Bilanzierungs- und Bewertungsmethode, die als Neubewertung im Rahmen des IAS 16 bzw. IAS 38 und nicht nach Maßgabe dieses Standards zu behandeln ist.

18 Die Paragraphen 19–31 finden auf die im Paragraphen 17 beschriebene Änderung der Bilanzierungs- und Bewertungsmethode keine Anwendung.

Anwendung von Änderungen der Bilanzierungs- und Bewertungsmethoden

19 Gemäß Paragraph 23:
(a) hat ein Unternehmen eine Änderung der Bilanzierungs- und Bewertungsmethoden aus der erstmaligen Anwendung eines Standards oder einer Interpretation nach den ggf. bestehenden spezifischen Übergangsvorschriften für den Standard oder die Interpretation zu berücksichtigen; und

(b) the definitions, recognition criteria and measurement concepts for assets, liabilities, income and expenses in the *Framework*.

In making the judgement described in paragraph 10, management may also consider the most recent pronouncements of other standard-setting bodies that use a similar conceptual framework to develop accounting standards, other accounting literature and accepted industry practices, to the extent that these do not conflict with the sources in paragraph 11.   12

Consistency of Accounting Policies

An entity shall select and apply its accounting policies consistently for similar transactions, other events and conditions, unless a Standard or an Interpretation specifically requires or permits categorisation of items for which different policies may be appropriate. If a Standard or an Interpretation requires or permits such categorisation, an appropriate accounting policy shall be selected and applied consistently to each category.   13

Changes in Accounting Policies

An entity shall change an accounting policy only if the change: 14
(a) is required by a Standard or an Interpretation;
or
(b) results in the financial statements providing reliable and more relevant information about the effects of transactions, other events or conditions on the entity's financial position, financial performance or cash flows.

Users of financial statements need to be able to compare the financial statements of an entity over time to identify trends in its financial position, financial performance and cash flows. Therefore, the same accounting policies are applied within each period and from one period to the next unless a change in accounting policy meets one of the criteria in paragraph 14.   15

The following are not changes in accounting policies: 16
(a) the application of an accounting policy for transactions, other events or conditions that differ in substance from those previously occurring;
and
(b) the application of a new accounting policy for transactions, other events or conditions that did not occur previously or were immaterial.

The initial application of a policy to revalue assets in accordance with IAS 16 *Property, Plant and Equipment* or IAS 38 *Intangible Assets* is a change in an accounting policy to be dealt with as a revaluation in accordance with IAS 16 or IAS 38, rather than in accordance with this Standard.   17

Paragraphs 19—31 do not apply to the change in accounting policy described in paragraph 17.   18

Applying Changes in Accounting Policies

Subject to paragraph 23:   19
(a) an entity shall account for a change in accounting policy resulting from the initial application of a Standard or an Interpretation in accordance with the specific transitional provisions, if any, in that Standard or Interpretation;
and

(b) sofern ein Unternehmen eine Bilanzierungs- und Bewertungsmethode nach erstmaliger Anwendung eines Standards oder einer Interpretation ändert, der/die keine spezifischen Übergangsvorschriften zur entsprechenden Änderung enthält, oder aber die Bilanzierungs- und Bewertungsmethoden freiwillig ändert, so hat es die Änderung rückwirkend anzuwenden.

20 Im Sinne dieses Standards handelt es sich bei eine früheren Anwendung eines Standards oder einer Interpretation nicht um eine freiwillige Änderung der Bilanzierungs- und Bewertungsmethoden.

21 Bei Fehlen eines Standards oder einer Interpretation, der/die spezifisch auf einen Geschäftsvorfall oder sonstige Ereignisse oder Bedingungen zutrifft, kann das Management nach Paragraph 12 eine Bilanzierungs- und Bewertungsmethode nach den jüngsten Verlautbarungen anderer Standardsetter anwenden, die ein ähnliches konzeptionelles Rahmenkonzept zur Entwicklung von Bilanzierungs- und Bewertungsmethoden einsetzen. Falls das Unternehmen sich nach einer Änderung einer derartigen Verlautbarung dafür entscheidet, eine Bilanzierungs- und Bewertungsmethode zu ändern, so ist diese Änderung entsprechend zu berücksichtigen und als freiwillige Änderung der Bilanzierungs- und Bewertungsmethode auszuweisen.

Rückwirkende Anwendung

22 Wenn gemäß Paragraph 23 eine Änderung der Bilanzierungs- und Bewertungsmethoden in Übereinstimmung mit Paragraph 19(a) oder (b) rückwirkend erfolgt, hat das Unternehmen den Eröffnungsbilanzwert eines jeden Bestandteils des Eigenkapitals für die früheste ausgewiesene Periode sowie die sonstigen vergleichenden Beträge für jede frühere ausgewiesene Periode so anzupassen, als ob die neue Bilanzierungs- und Bewertungsmethode stets angewandt worden wäre.

Einschränkungen im Hinblick auf rückwirkende Anwendung

23 Ist eine rückwirkende Anwendung nach Paragraph 19(a) oder (b) erforderlich, so ist eine Änderung der Bilanzierungs- und Bewertungsmethoden rückwirkend anzuwenden, es sei denn, dass die Ermittlung der periodenspezifischen Effekte oder der kumulierten Auswirkung der Änderung undurchführbar ist.

24 Wenn die Ermittlung der periodenspezifischen Effekte einer Änderung der Bilanzierungs- und Bewertungsmethoden bei vergleichbaren Informationen für eine oder mehrere ausgewiesene Perioden undurchführbar ist, so hat das Unternehmen die neue Bilanzierungs- und Bewertungsmethode auf die Buchwerte der Vermögenswerte und Schulden zum Zeitpunkt der frühesten Periode, für die die rückwirkende Anwendung durchführbar ist - dies kann auch die Berichtsperiode sein - anzuwenden und eine entsprechende Anpassung des Eröffnungsbilanzwertes eines jeden betroffenen Eigenkapitalbestandteils für die entsprechende Periode vorzunehmen.

25 Wenn die Ermittlung des kumulierten Effekts der Anwendung einer neuen Bilanzierungs- und Bewertungsmethode auf alle früheren Perioden am Anfang der Berichtsperiode undurchführbar ist, so hat das Unternehmen die vergleichbaren Informationen dahingehend anzupassen, dass die neue Bilanzierungs- und Bewertungsmethode prospektiv vom frühest möglichen Zeitpunkt an zur Anwendung kommt.

26 Wenn ein Unternehmen eine neue Bilanzierungs- und Bewertungsmethode rückwirkend anwendet, so hat es die neue Bilanzierungs- und Bewertungsmethode auf vergleichbare Informationen für frühere Perioden, so weit zurück, wie dies durchführbar ist, anzuwenden. Die rückwirkende Anwendung auf eine frühere Periode ist nur durchführbar, wenn die kumulierte Auswirkung auf die Beträge in sowohl der Eröffnungs- als auch der Abschlussbilanz für die entsprechende Periode ermittelt werden kann. Der Anpassungsbetrag für frühere Perioden, die nicht im Abschluss dargestellt sind, wird im Eröffnungsbilanzwert jedes betroffenen Eigenkapitalbestandteils der frühesten dargestellten Periode verrechnet. Normalerweise findet eine Anpassung bei den Gewinnrücklagen statt. Die Anpassung kann jedoch bei einem anderen Eigenkapitalbestandteil (beispielsweise, um einem Standard oder einer Interpretation zu entsprechen) durchgeführt werden. Jede andere Information, die sich auf frühere Perioden bezieht, wie beispielsweise Zeitreihen von Kennzahlen, wird ebenfalls so weit zurück, wie dies durchführbar ist, rückwirkend angepasst.

27 Ist die rückwirkende Anwendung einer neuen Bilanzierungs- und Bewertungsmethode für ein Unternehmen undurchführbar, weil es die kumulierte Auswirkung der Anwendung auf alle früheren Perioden nicht ermitteln kann, so hat das Unternehmen die neue Bilanzierungs- und Bewertungsmethode in Übereinstimmung mit Paragraph 25 prospektiv ab Beginn der frühest möglichen Periode anzuwenden. Daher lässt das Unternehmen den Anteil der kumulierten Anpassung der Vermögenswerte, Schulden und Eigenkapital vor dem entspre-

(b) when an entity changes an accounting policy upon initial application of a Standard or an Interpretation that does not include specific transitional provisions applying to that change, or changes an accounting policy voluntarily, it shall apply the change retrospectively.

20 For the purpose of this Standard, early application of a Standard or an Interpretation is not a voluntary change in accounting policy.

21 In the absence of a Standard or an Interpretation that specifically applies to a transaction, other event or condition, management may, in accordance with paragraph 12, apply an accounting policy from the most recent pronouncements of other standard-setting bodies that use a similar conceptual framework to develop accounting standards. If, following an amendment of such a pronouncement, the entity chooses to change an accounting policy, that change is accounted for and disclosed as a voluntary change in accounting policy.

Retrospective application

22 Subject to paragraph 23, when a change in accounting policy is applied retrospectively in accordance with paragraph 19(a) or (b), the entity shall adjust the opening balance of each affected component of equity for the earliest prior period presented and the other comparative amounts disclosed for each prior period presented as if the new accounting policy had always been applied.

Limitations on retrospective application

23 When retrospective application is required by paragraph 19(a) or (b), a change in accounting policy shall be applied retrospectively except to the extent that it is impracticable to determine either the period-specific effects or the cumulative effect of the change.

24 When it is impracticable to determine the period-specific effects of changing an accounting policy on comparative information for one or more prior periods presented, the entity shall apply the new accounting policy to the carrying amounts of assets and liabilities as at the beginning of the earliest period for which retrospective application is practicable, which may be the current period, and shall make a corresponding adjustment to the opening balance of each affected component of equity for that period.

25 When it is impracticable to determine the cumulative effect, at the beginning of the current period, of applying a new accounting policy to all prior periods, the entity shall adjust the comparative information to apply the new accounting policy prospectively from the earliest date practicable.

26 When an entity applies a new accounting policy retrospectively, it applies the new accounting policy to comparative information for prior periods as far back as is practicable. Retrospective application to a prior period is not practicable unless it is practicable to determine the cumulative effect on the amounts in both the opening and closing balance sheets for that period. The amount of the resulting adjustment relating to periods before those presented in the financial statements is made to the opening balance of each affected component of equity of the earliest prior period presented. Usually the adjustment is made to retained earnings. However, the adjustment may be made to another component of equity (for example, to comply with a Standard or an Interpretation). Any other information about prior periods, such as historical summaries of financial data, is also adjusted as far back as is practicable.

27 When it is impracticable for an entity to apply a new accounting policy retrospectively, because it cannot determine the cumulative effect of applying the policy to all prior periods, the entity, in accordance with paragraph 25, applies the new policy prospectively from the start of the earliest period practicable. It therefore disregards the portion of the cumulative adjustment to assets, liabilities and equity arising before that date. Changing an accounting policy is permitted even if it is impracticable to apply the policy prospectively for any

IAS 8

chenden Zeitpunkt außer Acht. Die Änderung einer Bilanzierungs- und Bewertungsmethode ist selbst dann zulässig, wenn die prospektive Anwendung der entsprechenden Methode für keine frühere Periode durchführbar ist. Die Paragraphen 50–53 enthalten Leitlinien dafür, wann die Anwendung einer neuen Bilanzierungs- und Bewertungsmethode auf eine oder mehrere frühere Perioden undurchführbar ist.

Angaben

28 Wenn die erstmalige Anwendung eines Standards oder einer Interpretation Auswirkungen auf die Berichtsperiode oder irgendeine frühere Periode hat oder derartige Auswirkungen haben könnte, es sei denn, die Ermittlung des Anpassungsbetrags wäre undurchführbar, oder wenn die Anwendung eventuell Auswirkungen auf zukünftige Perioden hätte, hat das Unternehmen folgendes anzugeben:
(a) den Titel des Standards bzw. der Interpretation;
(b) falls zutreffend, dass die Änderung der Bilanzierungs- und Bewertungsmethode in Übereinstimmung mit den Übergangsvorschriften durchgeführt wird;
(c) die Art der Änderung der Bilanzierungs- und Bewertungsmethoden;
(d) falls zutreffend, eine Beschreibung der Übergangsvorschriften;
(e) falls zutreffend, die Übergangsvorschriften, die eventuell eine Auswirkung auf zukünftige Perioden haben könnten;
(f) den Anpassungsbetrag für die Berichtsperiode sowie, soweit durchführbar, für jede frühere dargestellte Periode:
  (i) für jeden einzelnen betroffenen Posten des Abschlusses; und
  (ii) sofern IAS 33 *Ergebnis je Aktie* auf das Unternehmen anwendbar ist, für das unverwässerte und das verwässerte Ergebnis je Aktie;
(g) den Anpassungsbetrag, sofern durchführbar, im Hinblick auf Perioden vor denjenigen, die ausgewiesen werden; und
(h) sofern eine rückwirkende Anwendung nach Paragraph 19(a) oder (b) für eine bestimmte frühere Periode, oder aber für Perioden, die vor den ausgewiesenen Perioden liegen, undurchführbar ist, so sind die Umstände aufzuzeigen, die zu jenem Zustand geführt haben, unter Angabe wie und ab wann die Änderung der Bilanzierungs- und Bewertungsmethode angewendet wurde.
In den Abschlüssen späterer Perioden müssen diese Angaben nicht wiederholt werden.

29 Sofern eine freiwillige Änderung der Bilanzierungs- und Bewertungsmethoden Auswirkungen auf die Berichtsperiode oder irgendeine frühere Periode hat oder derartige Auswirkungen haben könnte, es sei denn, die Ermittlung des Anpassungsbetrags ist undurchführbar, oder eventuell Auswirkungen auf zukünftige Perioden hätte, hat das Unternehmen folgendes anzugeben:
(a) die Art der Änderung der Bilanzierungs- und Bewertungsmethoden;
(b) die Gründe, weswegen die Anwendung der neuen Bilanzierungs- und Bewertungsmethode zuverlässige und relevantere Informationen vermittelt;
(c) den Anpassungsbetrag für die Berichtsperiode sowie, soweit durchführbar, für jede frühere dargestellte Periode:
  (i) für jeden einzelnen betroffenen Posten des Abschlusses; und
  (ii) sofern IAS 33 auf das Unternehmen zutrifft, für das unverwässerte und das verwässerte Ergebnis je Aktie;
(d) den Anpassungsbetrag, sofern durchführbar, im Hinblick auf Perioden vor denjenigen, die ausgewiesen werden; und
(e) sofern eine rückwirkende Anwendung für eine bestimmte frühere Periode, oder aber für Perioden, die vor den ausgewiesenen Perioden liegen, undurchführbar ist, so sind die Umstände aufzuzeigen, die zu jenem Zustand geführt haben, unter Angabe wie und ab wann die Änderung der Bilanzierungs- und Bewertungsmethode angewendet wurde.
In den Abschlüssen späterer Perioden müssen diese Angaben nicht wiederholt werden.

30 Wenn ein Unternehmen einen neuen Standard oder eine neue Interpretation nicht angewendet hat, der/die herausgegeben wurde, aber noch nicht in Kraft getreten ist, so hat das Unternehmen folgende Angaben zu machen:
(a) diese Tatsache; und

prior period. Paragraphs 50—53 provide guidance on when it is impracticable to apply a new accounting policy to one or more prior periods.

Disclosure

When initial application of a Standard or an Interpretation has an effect on the current period or any prior period, would have such an effect except that it is impracticable to determine the amount of the adjustment, or might have an effect on future periods, an entity shall disclose: 28
(a) the title of the Standard or Interpretation;
(b) when applicable, that the change in accounting policy is made in accordance with its transitional provisions;
(c) the nature of the change in accounting policy;
(d) when applicable, a description of the transitional provisions;
(e) when applicable, the transitional provisions that might have an effect on future periods;
(f) for the current period and each prior period presented, to the extent practicable, the amount of the adjustment:
  (i) for each financial statement line item affected; and
  (ii) if IAS 33 *Earnings per Share* applies to the entity, for basic and diluted earnings per share;
(g) the amount of the adjustment relating to periods before those presented, to the extent practicable; and
(h) if retrospective application required by paragraph 19(a) or (b) is impracticable for a particular prior period, or for periods before those presented, the circumstances that led to the existence of that condition and a description of how and from when the change in accounting policy has been applied.
Financial statements of subsequent periods need not repeat these disclosures.

When a voluntary change in accounting policy has an effect on the current period or any prior period, would have an effect on that period except that it is impracticable to determine the amount of the adjustment, or might have an effect on future periods, an entity shall disclose: 29
(a) the nature of the change in accounting policy;
(b) the reasons why applying the new accounting policy provides reliable and more relevant information;
(c) for the current period and each prior period presented, to the extent practicable, the amount of the adjustment:
  (i) for each financial statement line item affected; and
  (ii) if IAS 33 applies to the entity, for basic and diluted earnings per share;
(d) the amount of the adjustment relating to periods before those presented, to the extent practicable; and
(e) if retrospective application is impracticable for a particular prior period, or for periods before those presented, the circumstances that led to the existence of that condition and a description of how and from when the change in accounting policy has been applied.
Financial statements of subsequent periods need not repeat these disclosures.

When an entity has not applied a new Standard or Interpretation that has been issued but is not yet effective, the entity shall disclose: 30
(a) this fact; and

(b) bekannte bzw. einigermaßen zuverlässig einschätzbare Informationen, die zur Beurteilung der möglichen Auswirkungen einer Anwendung des neuen Standards bzw. der neuen Interpretation auf den Abschluss des Unternehmens in der Periode der erstmaligen Anwendung relevant sind.

31 Unter Berücksichtigung des Paragraphen 30 erwägt ein Unternehmen die Angabe:
(a) des Titel des neuen Standards bzw. der neuen Interpretation;
(b) die Art der bevorstehenden Änderung der Bilanzierungs- und Bewertungsmethoden;
(c) des Zeitpunkts, ab welchem die Anwendung des Standards bzw. der Interpretation verlangt wird;
(d) des Zeitpunkts, ab welchem es die erstmalige Anwendung des Standards bzw. der Interpretation beabsichtigt;
und
(e) entweder:
(i) einer Diskussion der erwarteten Auswirkungen der erstmaligen Anwendung des Standards bzw. der Interpretation auf den Abschluss des Unternehmens;
oder
(ii) wenn diese Auswirkungen unbekannt oder nicht verlässlich abzuschätzen sind, einer Erklärung mit diesem Inhalt.

ÄNDERUNGEN VON SCHÄTZUNGEN

32 Aufgrund der mit Geschäftstätigkeiten verbundenen Unsicherheiten können viele Posten in den Abschlüssen nicht präzise bewertet, sondern nur geschätzt werden. Eine Schätzung erfolgt auf der Grundlage der zuletzt verfügbaren, verlässlichen Informationen. Beispielsweise können Schätzungen für folgende Sachverhalte erforderlich sein:
(a) risikobehaftete Forderungen;
(b) Überalterung von Vorräten;
(c) der beizulegende Zeitwert finanzieller Vermögenswerte oder Schulden;
(d) die Nutzungsdauer oder der erwartete Abschreibungsverlauf des künftigen wirtschaftlichen Nutzens von abnutzbaren Vermögenswerten;
und
(e) Gewährleistungsgarantien.

33 Die Verwendung vernünftiger Schätzungen ist ein notwendiger Bestandteil der Aufstellung von Abschlüssen, deren Verlässlichkeit dadurch nicht beeinträchtigt wird.

34 Eine Schätzung muss überarbeitet werden, wenn sich die Umstände, auf deren Grundlage die Schätzung erfolgt ist, oder als Ergebnis von neuen Informationen oder zunehmender Erfahrung ändern. Naturgemäß kann sich die Überarbeitung einer Schätzung nicht auf frühere Perioden beziehen und gilt auch nicht als Fehlerkorrektur.

35 Eine Änderung der verwendeten Bewertungsgrundlage ist eine Änderung der Bilanzierungs- und Bewertungsmethoden und keine Änderung einer Schätzung. Wenn es schwierig ist, eine Änderung der Bilanzierungs- und Bewertungsmethoden von einer Änderung einer Schätzung zu unterscheiden, gilt die entsprechende Änderung als eine Änderung einer Schätzung.

36 **Die Auswirkung der Änderung einer Schätzung, außer es handelt sich um eine Änderung im Sinne des Paragraphen 37, ist rückwirkend ergebniswirksam zu erfassen in:**
(a) der Periode der Änderung, wenn die Änderung nur diese Periode betrifft;
oder
(b) der Periode der Änderung und in späteren Perioden, sofern die Änderung sowohl die Berichtsperiode als auch spätere Perioden betrifft.

37 **Soweit eine Änderung einer Schätzung zu Änderungen der Vermögenswerte oder Schulden führt oder sich auf einen Eigenkapitalposten bezieht, hat die Erfassung dadurch zu erfolgen, dass der Buchwert des entsprechenden Vermögenswerts oder der Schuld oder Eigenkapitalposition in der Periode der Änderung anzupassen ist.**

38 Die prospektive Erfassung der Auswirkung der Änderung einer Schätzung bedeutet, dass die Änderung auf Geschäftsvorfälle und sonstige Ereignisse und Bedingungen ab dem Zeitpunkt der Änderung der Schätzung zur Anwendung kommt. Eine Änderung einer Schätzung kann nur das Ergebnis der Berichtsperiode, oder aber das Ergebnis sowohl der Berichtsperiode als auch zukünftiger Perioden betreffen. Beispielsweise betrifft die Änderung der Schätzung einer risikobehafteten Forderung nur das Ergebnis der Berichtsperiode und wird

(b) known or reasonably estimable information relevant to assessing the possible impact that application of the new Standard or Interpretation will have on the entity's financial statements in the period of initial application.

In complying with paragraph 30, an entity considers disclosing: 31
(a) the title of the new Standard or Interpretation;
(b) the nature of the impending change or changes in accounting policy;
(c) the date by which application of the Standard or Interpretation is required;
(d) the date as at which it plans to apply the Standard or Interpretation initially; and
(e) either:
  (i) a discussion of the impact that initial application of the Standard or Interpretation is expected to have on the entity's financial statements;
  or
  (ii) if that impact is not known or reasonably estimable, a statement to that effect.

CHANGES IN ACCOUNTING ESTIMATES

As a result of the uncertainties inherent in business activities, many items in financial statements cannot be measured with precision but can only be estimated. Estimation involves judgements based on the latest available, reliable information. For example, estimates may be required of: 32
(a) bad debts;
(b) inventory obsolescence;
(c) the fair value of financial assets or financial liabilities;
(d) the useful lives of, or expected pattern of consumption of the future economic benefits embodied in, depreciable assets; and
(e) warranty obligations.

The use of reasonable estimates is an essential part of the preparation of financial statements and does not undermine their reliability. 33

An estimate may need revision if changes occur in the circumstances on which the estimate was based or as a result of new information or more experience. By its nature, the revision of an estimate does not relate to prior periods and is not the correction of an error. 34

A change in the measurement basis applied is a change in an accounting policy, and is not a change in an accounting estimate. When it is difficult to distinguish a change in an accounting policy from a change in an accounting estimate, the change is treated as a change in an accounting estimate. 35

The effect of a change in an accounting estimate, other than a change to which paragraph 37 applies, shall be recognised prospectively by including it in profit or loss in: 36
(a) the period of the change, if the change affects that period only;
or
(b) the period of the change and future periods, if the change affects both.

To the extent that a change in an accounting estimate gives rise to changes in assets and liabilities, or relates to an item of equity, it shall be recognised by adjusting the carrying amount of the related asset, liability or equity item in the period of the change. 37

Prospective recognition of the effect of a change in an accounting estimate means that the change is applied to transactions, other events and conditions from the date of the change in estimate. A change in an accounting estimate may affect only the current period's profit or loss, or the profit or loss of both the current period and future periods. For example, a change in the estimate of the amount of bad debts affects only the current period's profit or loss and therefore is recognised in the current period. However, a change in the estimated 38

daher in dieser erfasst. Dagegen betrifft die nderung einer Schätzung hinsichtlich der Nutzungsdauer oder des erwarteten Abschreibungsverlaufes des künftigen wirtschaftlichen Nutzens eines abnutzbaren Vermögenswertes den Abschreibungsaufwand der Berichtsperiode und jeder folgenden Periode der verbleibenden Restnutzungsdauer. In beiden Fällen werden die Erträge oder Aufwendungen in der Berichtsperiode berücksichtigt, soweit sie diese betreffen. Die mögliche Auswirkung auf zukünftige Perioden wird in diesen als Ertrag oder Aufwand erfasst.

Angaben

39 Ein Unternehmen hat die Art und den Betrag einer Änderung einer Schätzung anzugeben, die eine Auswirkung in der Berichtsperiode hat oder von der erwartet wird, dass sie Auswirkungen in zukünftigen Perioden hat, es sei denn, dass die Angabe der Schätzung dieser Auswirkung auf zukünftige Perioden undurchführbar ist.

40 Erfolgt die Angabe des Betrags der Auswirkung auf zukünftige Perioden nicht, weil die Schätzung dieser Auswirkung undurchführbar ist, so hat das Unternehmen auf diesen Umstand hinzuweisen.

FEHLER

41 Fehler können im Hinblick auf die Erfassung, Ermittlung, Darstellung oder Offenlegung von Bestandteilen eines Abschlusses entstehen. Ein Abschluss steht nicht im Einklang mit den IFRS, wenn er entweder wesentliche Fehler, oder aber absichtlich herbeigeführte unwesentliche Fehler enthält, um eine bestimmte Darstellung der Vermögens-, Finanz- oder Ertragslage oder Cashflows des Unternehmens zu erreichen. Potenzielle Fehler in der Berichtsperiode, die in der Periode entdeckt werden, sind zu korrigieren, bevor der Abschluss zur Veröffentlichung freigegeben wird. Jedoch werden wesentliche Fehler mitunter erst in einer nachfolgenden Periode entdeckt, und diese Fehler aus früheren Perioden werden in den Vergleichsinformationen im Abschluss für diese nachfolgende Periode korrigiert (s. Paragraphen 42–47).

42 Gemäß Paragraph 43 hat ein Unternehmen wesentliche Fehler aus früheren Perioden im ersten vollständigen Abschluss, der zur Veröffentlichung nach der Entdeckung der Fehler genehmigt wurde, rückwirkend zu korrigieren, indem:
(a) die vergleichenden Beträge für die früher dargestellten Perioden, in denen der Fehler auftrat, angepasst werden;
oder
(b) wenn der Fehler vor der frühesten dargestellten Periode aufgetreten ist, die Eröffnungssalden von Vermögenswerten, Schulden und Eigenkapital für die früheste dargestellte Periode angepasst werden.

Einschränkungen bei rückwirkender Anpassung

43 Ein Fehler aus einer früheren Periode ist durch rückwirkende Anpassung zu korrigieren, es sei denn, die Ermittlung der periodenspezifischen Effekte oder der kumulierten Auswirkung des Fehlers ist undurchführbar.

44 Wenn die Ermittlung der periodenspezifischen Effekte eines Fehlers auf die Vergleichsinformationen für eine oder mehrere frühere dargestellte Perioden undurchführbar ist, so hat das Unternehmen die Eröffnungssalden von Vermögenswerten, Schulden und Eigenkapital für die früheste Periode anzupassen, für die eine rückwirkende Anpassung durchführbar ist (es kann sich dabei um die Berichtsperiode handeln).

45 Wenn die Ermittlung der kumulierten Auswirkung eines Fehlers auf alle früheren Perioden am Anfang der Berichtsperiode undurchführbar ist, so hat das Unternehmen die Vergleichsinformationen dahingehend anzupassen, so dass der Fehler prospektiv ab dem frühest möglichen Zeitpunkt korrigiert wird.

46 Die Korrektur eines Fehlers aus einer früheren Periode ist für die Periode, in der er entdeckt wurde, ergebnisneutral zu erfassen. Jede Information, die sich auf frühere Perioden bezieht, wie beispielsweise Zeitreihen von Kennzahlen, wird so weit zurück angepasst, wie dies durchführbar ist.

47 Ist die betragsmäßige Ermittlung eines Fehlers (beispielsweise bei der Fehlanwendung einer Bilanzierungs- und Bewertungsmethode) für alle früheren Perioden undurchführbar, so hat das Unternehmen die vergleichenden Informationen nach Paragraph 45 ab dem frühest möglichen Zeitpunkt prospektiv anzupassen. Daher lässt das

useful life of, or the expected pattern of consumption of the future economic benefits embodied in, a depreciable asset affects depreciation expense for the current period and for each future period during the asset's remaining useful life. In both cases, the effect of the change relating to the current period is recognised as income or expense in the current period. The effect, if any, on future periods is recognised as income or expense in those future periods.

Disclosure

An entity shall disclose the nature and amount of a change in an accounting estimate that has an effect in the current period or is expected to have an effect in future periods, except for the disclosure of the effect on future periods when it is impracticable to estimate that effect. 39

If the amount of the effect in future periods is not disclosed because estimating it is impracticable, an entity shall disclose that fact. 40

ERRORS

Errors can arise in respect of the recognition, measurement, presentation or disclosure of elements of financial statements. Financial statements do not comply with IFRSs if they contain either material errors or immaterial errors made intentionally to achieve a particular presentation of an entity's financial position, financial performance or cash flows. Potential current period errors discovered in that period are corrected before the financial statements are authorised for issue. However, material errors are sometimes not discovered until a subsequent period, and these prior period errors are corrected in the comparative information presented in the financial statements for that subsequent period (see paragraphs 42—47). 41

Subject to paragraph 43, an entity shall correct material prior period errors retrospectively in the first set of financial statements authorised for issue after their discovery by: 42
(a) restating the comparative amounts for the prior period(s) presented in which the error occurred; or
(b) if the error occurred before the earliest prior period presented, restating the opening balances of assets, liabilities and equity for the earliest prior period presented.

Limitations on Retrospective Restatement

A prior period error shall be corrected by retrospective restatement except to the extent that it is impracticable to determine either the period-specific effects or the cumulative effect of the error. 43

When it is impracticable to determine the period-specific effects of an error on comparative information for one or more prior periods presented, the entity shall restate the opening balances of assets, liabilities and equity for the earliest period for which retrospective restatement is practicable (which may be the current period). 44

When it is impracticable to determine the cumulative effect, at the beginning of the current period, of an error on all prior periods, the entity shall restate the comparative information to correct the error prospectively from the earliest date practicable. 45

The correction of a prior period error is excluded from profit or loss for the period in which the error is discovered. Any information presented about prior periods, including any historical summaries of financial data, is restated as far back as is practicable. 46

When it is impracticable to determine the amount of an error (eg a mistake in applying an accounting policy) for all prior periods, the entity, in accordance with paragraph 45, restates the comparative information prospectively from the earliest date practicable. It therefore disregards the portion of the cumulative restatement 47

Unternehmen den Anteil der kumulierten Anpassung der Vermögenswerte, Schulden und Eigenkapital vor dem entsprechenden Zeitpunkt außer Acht. Die Paragraphen 50–53 vermitteln Leitlinien darüber, wann die Korrektur eines Fehlers für eine oder mehrere frühere Perioden undurchführbar ist.

48   Korrekturen von Fehlern werden getrennt von Änderungen der Schätzungen behandelt. Schätzungen sind ihrer Natur nach Annäherungen, die überarbeitungsbedürftig sein können, sobald zusätzliche Informationen bekannt werden. Beispielsweise handelt es sich bei einem Gewinn oder Verlust als Ergebnis einer Erfolgsunsicherheit nicht um die Korrektur eines Fehlers.

Angaben von Fehlern aus früheren Perioden

49   Wenn Paragraph 42 angewendet wird, hat ein Unternehmen folgendes anzugeben:
(a) die Art des Fehlers aus einer früheren Periode;
(b) die betragsmäßige Korrektur, soweit durchführbar, für jede frühere dargestellte Periode:
   (i) für jeden einzelnen betroffenen Posten des Abschlusses; und
   (ii) sofern IAS 33 auf das Unternehmen anwendbar ist, für das unverwässerte und das verwässerte Ergebnis je Aktie;
(c) die betragsmäßige Korrektur am Anfang der frühesten dargestellten Periode; und
(d) wenn eine rückwirkende Anpassung für eine bestimmte frühere Periode nicht durchführbar ist, so sind die Umstände aufzuzeigen, die zu diesem Zustand geführt haben, unter Angabe wie und ab wann der Fehler beseitigt wurde.
In den Abschlüssen späterer Perioden müssen diese Angaben nicht wiederholt werden.

UNDURCHFÜHRBARKEIT HINSICHTLICH RÜCKWIRKENDER ANWENDUNG UND RÜCKWIRKENDER ANPASSUNG

50   Die Anpassung von Vergleichsinformationen für eine oder mehrere frühere Perioden zur Erzielung der Vergleichbarkeit mit der Berichtsperiode kann unter bestimmten Umständen undurchführbar sein. Beispielsweise wurden die Daten in der/den früheren Perioden eventuell nicht auf eine Art und Weise erfasst, die entweder die rückwirkende Anwendung einer neuen Bilanzierungs- und Bewertungsmethode (darunter auch, im Sinne der Paragraphen 51–53, die prospektive Anwendung auf frühere Perioden) oder eine rückwirkende Anpassung ermöglicht, um einen Fehler aus einer früheren Periode zu korrigieren; auch kann die Wiederherstellung von Informationen undurchführbar sein.

51   Oftmals ist es bei der Anwendung einer Bilanzierungs- und Bewertungsmethode auf Bestandteile, die im Zusammenhang mit Geschäftsvorfällen und sonstigen Ereignissen oder Bedingungen erfasst bzw. anzugeben sind, erforderlich, Schätzungen zu machen. Der Schätzungsprozess ist von Natur aus subjektiv, und Schätzungen können nach dem Bilanzstichtag entwickelt werden. Die Entwicklung von Schätzungen ist potenziell schwieriger, wenn eine Bilanzierungs- und Bewertungsmethode rückwirkend angewendet wird oder eine Anpassung rückwirkend vorgenommen wird, um einen Fehler aus einer früheren Periode zu korrigieren, weil ein eventuell längerer Zeitraum zurückliegt, seitdem der betreffende Geschäftsvorfall bzw. ein sonstiges Ereignis oder eine Bedingung eingetreten sind. Die Zielsetzung von Schätzungen im Zusammenhang mit früheren Perioden bleibt jedoch die gleiche wie für Schätzungen in der Berichtsperiode, nämlich, dass die Schätzung die Umstände widerspiegeln soll, die zur Zeit des Geschäftsvorfalls oder sonstiger Ereignisse oder Bedingungen existierten.

52   Daher verlangt die rückwirkende Anwendung einer neuen Bilanzierungs- und Bewertungsmethode oder die Korrektur eines Fehlers aus einer früheren Periode zur Unterscheidung dienliche Informationen, die
(a) einen Nachweis über die Umstände erbringen, die zu dem Zeitpunkt existierten, als der Geschäftsvorfall oder sonstige Ereignisse oder Bedingungen vorlagen, und
(b) zur Verfügung gestanden hätten, als der Abschluss für jene frühere Periode zur Veröffentlichung genehmigt wurde
von sonstigen Informationen unterscheiden. Für manche Arten von Schätzungen (z. B. eine Schätzung des beizulegenden Zeitwerts, die nicht auf beobachtbaren Preisen oder Leistungen basiert), ist die Unterscheidung dieser Informationsarten undurchführbar. Erfordert eine rückwirkende Anwendung oder eine rückwirkende Anpassung eine umfangreiche Schätzung, für die es unmöglich wäre, diese beiden Informationsarten voneinander zu unterscheiden, so ist die rückwirkende Anwendung der neuen Bilanzierungs- und Bewertungsmethode bzw. die rückwirkende Korrektur des Fehlers aus einer früheren Periode undurchführbar.

of assets, liabilities and equity arising before that date. Paragraphs 50—53 provide guidance on when it is impracticable to correct an error for one or more prior periods.

Corrections of errors are distinguished from changes in accounting estimates. Accounting estimates by their nature are approximations that may need revision as additional information becomes known. For example, the gain or loss recognised on the outcome of a contingency is not the correction of an error. 48

Disclosure of Prior Period Errors

In applying paragraph 42, an entity shall disclose the following: 49
(a) the nature of the prior period error;
(b) for each prior period presented, to the extent practicable, the amount of the correction:
  (i) for each financial statement line item affected; and
  (ii) if IAS 33 applies to the entity, for basic and diluted earnings per share;
(c) the amount of the correction at the beginning of the earliest prior period presented; and
(d) if retrospective restatement is impracticable for a particular prior period, the circumstances that led to the existence of that condition and a description of how and from when the error has been corrected.
Financial statements of subsequent periods need not repeat these disclosures.

IMPRACTICABILITY IN RESPECT OF RETROSPECTIVE APPLICATION AND RETROSPECTIVE RESTATEMENT

In some circumstances, it is impracticable to adjust comparative information for one or more prior periods to achieve comparability with the current period. For example, data may not have been collected in the prior period(s) in a way that allows either retrospective application of a new accounting policy (including, for the purpose of paragraphs 51—53, its prospective application to prior periods) or retrospective restatement to correct a prior period error, and it may be impracticable to recreate the information. 50

It is frequently necessary to make estimates in applying an accounting policy to elements of financial statements recognised or disclosed in respect of transactions, other events or conditions. Estimation is inherently subjective, and estimates may be developed after the balance sheet date. Developing estimates is potentially more difficult when retrospectively applying an accounting policy or making a retrospective restatement to correct a prior period error, because of the longer period of time that might have passed since the affected transaction, other event or condition occurred. However, the objective of estimates related to prior periods remains the same as for estimates made in the current period, namely, for the estimate to reflect the circumstances that existed when the transaction, other event or condition occurred. 51

Therefore, retrospectively applying a new accounting policy or correcting a prior period error requires distinguishing information that 52
(a) provides evidence of circumstances that existed on the date(s) as at which the transaction, other event or condition occurred, and
(b) would have been available when the financial statements for that prior period were authorised for issue
from other information. For some types of estimates (eg an estimate of fair value not based on an observable price or observable inputs), it is impracticable to distinguish these types of information. When retrospective application or retrospective restatement would require making a significant estimate for which it is impossible to distinguish these two types of information, it is impracticable to apply the new accounting policy or correct the prior period error retrospectively.

IAS 8

53   Wird in einer früheren Periode eine neue Bilanzierungs- und Bewertungsmethode angewendet bzw. eine betragsmäßige Korrektur vorgenommen, so ist nicht rückblickend zu verfahren; dies bezieht sich auf Annahmen hinsichtlich der Absichten des Managements in einer früheren Periode sowie auf Schätzungen der in einer früheren Periode erfassten, ermittelten oder ausgewiesenen Beträge. Wenn ein Unternehmen beispielsweise einen Fehler bei der Bewertung von finanziellen Vermögenswerten aus einer früheren Periode korrigiert, die vormals nach IAS 39 *Finanzinstrumente – Ansatz und Bewertung* als bis zur Endfälligkeit zu haltende Finanzinvestitionen klassifiziert wurden, so ändert dies nicht die Bewertungsgrundlage für die entsprechende Periode, falls das Management sich später entscheiden sollte, sie nicht bis zur Endfälligkeit zu halten. Wenn ein Unternehmen außerdem einen Fehler aus einer früheren Periode bei der Ermittlung seiner Haftung für den kumulierten Krankengeldanspruch nach IAS 19 *Leistungen an Arbeitnehmer* korrigiert, lässt es Informationen über eine ungewöhnlich heftige Grippesaison während der nächsten Periode außer Acht, die erst zur Verfügung standen, nachdem der Abschluss für die frühere Periode zur Veröffentlichung genehmigt wurde. Die Tatsache, dass zur Änderung vergleichender Informationen für frühere Perioden oftmals umfangreiche Schätzungen erforderlich sind, verhindert keine zuverlässige Anpassung bzw. Korrektur der vergleichenden Informationen.

ZEITPUNKT DES INKRAFTTRETENS

54   Dieser Standard erstmals in der ersten Berichtsperiode eines am 1. Januar 2005 oder danach beginnenden Geschäftsjahres anzuwenden. Eine frühere Anwendung wird empfohlen. Wenn ein Unternehmen diesen Standard für Berichtsperioden anwendet, die vor dem 1. Januar 2005 beginnen, so ist diese Tatsache anzugeben.

RÜCKNAHME ANDERER VERLAUTBARUNGEN

55   Dieser Standard ersetzt IAS 8 *Periodenergebnis, grundlegende Fehler und Änderungen der Bilanzierungs- und Bewertungsmethoden* (überarbeitet 1993).

56   Dieser Standard ersetzt folgende Interpretationen:
(a) SIC-2 Stetigkeit – *Aktivierung von Fremdkapitalkosten;* sowie
(b) SIC-18 Stetigkeit – *Alternative Verfahren.*

53 Hindsight should not be used when applying a new accounting policy to, or correcting amounts for, a prior period, either in making assumptions about what management's intentions would have been in a prior period or estimating the amounts recognised, measured or disclosed in a prior period. For example, when an entity corrects a prior period error in measuring financial assets previously classified as held-to-maturity investments in accordance with IAS 39 *Financial Instruments: Recognition and Measurement*, it does not change their basis of measurement for that period if management decided later not to hold them to maturity. In addition, when an entity corrects a prior period error in calculating its liability for employees' accumulated sick leave in accordance with IAS 19 *Employee Benefits*, it disregards information about an unusually severe influenza season during the next period that became available after the financial statements for the prior period were authorised for issue. The fact that significant estimates are frequently required when amending comparative information presented for prior periods does not prevent reliable adjustment or correction of the comparative information.

EFFECTIVE DATE

54 **An entity shall apply this Standard for annual periods beginning on or after 1 January 2005. Earlier application is encouraged. If an entity applies this Standard for a period beginning before 1 January 2005, it shall disclose that fact.**

WITHDRAWAL OF OTHER PRONOUNCEMENTS

55 This Standard supersedes IAS 8 *Net Profit or Loss for the Period, Fundamental Errors and Changes in Accounting Policies*, revised in 1993.

56 This Standard supersedes the following Interpretations:
(a) SIC-2 Consistency — *Capitalisation of Borrowing Costs;* and
(b) SIC-18 Consistency — *Alternative Methods*.

International Accounting Standard 10

Ereignisse nach dem Bilanzstichtag

> International Accounting Standard 10 *Ereignisse nach dem Bilanzstichtag* (IAS 10) ist in den Paragraphen 1–24 festgelegt. Alle Paragraphen sind gleichrangig, behalten jedoch das IASC-Format des Standards, mit dem dieser durch den IASB verabschiedet wurde. IAS 10 ist in Verbindung mit den Grundlagen für Schlussfolgerungen, dem *Vorwort zu den International Financial Reporting Standards* und dem *Rahmenkonzept für die Aufstellung und Darstellung von Abschlüssen* zu betrachten. IAS 8 *Bilanzierungs- und Bewertungsmethoden, Änderungen von Schätzungen und Fehler*, stellt beim Fehlen ausdrücklicher Leitlinien eine Grundlage für die Auswahl und für die Anwendung von Bilanzierungs- und Bewertungsmethoden bereit.

INHALT	Ziffer
Zielsetzung	1
Anwendungsbereich	2
Definitionen	3–7
Ansatz und Bewertung	8–13
Berücksichtigungspflichtige Ereignisse nach dem Bilanzstichtag	8–9
Nicht zu berücksichtigende Ereignisse nach dem Bilanzstichtag	10–11
Dividenden	12–13
Unternehmensfortführung	14–16
Angaben	17–22
Zeitpunkt der Freigabe zur Veröffentlichung	17–18
Aktualisierung der Angaben über Gegebenheiten am Bilanzstichtag	19–20
Nicht zu berücksichtigende Ereignisse nach dem Bilanzstichtag	21–22
Zeitpunkt des Inkrafttretens	23
Rücknahme von IAS 10 (überarbeitet 1999)	24

Dieser überarbeitete Standard ersetzt IAS 10 (überarbeitet 1999) *Ereignisse nach dem Bilanzstichtag* und ist erstmals in der ersten Berichtsperiode eines am 1. Januar 2005 oder danach beginnenden Geschäftsjahres anzuwenden. Eine frühere Anwendung wird empfohlen.

ZIELSETZUNG

1   Zielsetzung dieses Standards ist folgendes zu regeln:
(a) wann ein Unternehmen Ereignisse nach dem Bilanzstichtag in seinem Abschluss zu berücksichtigen hat; und
(b) welche Angaben ein Unternehmen über den Zeitpunkt, zu dem der Abschluss zur Veröffentlichung freigegeben wurde, und über Ereignisse nach dem Bilanzstichtag zu machen hat.
Der Standard verlangt außerdem, dass ein Unternehmen seinen Abschluss nicht auf der Grundlage der Annahme der Unternehmensfortführung aufstellt, wenn Ereignisse nach dem Bilanzstichtag anzeigen, dass die Annahme der Unternehmensfortführung unangemessen ist.

ANWENDUNGSBEREICH

2   **Dieser Standard ist auf die Bilanzierung und Angabe von Ereignissen nach dem Bilanzstichtag anzuwenden.**

International Accounting Standard 10

Events after the Balance Sheet Date

International Accounting Standard 10 *Events after the Balance Sheet Date* (IAS 10) is set out in paragraphs 1—24. All the paragraphs have equal authority but retain the IASC format of the Standard when it was adopted by the IASB. IAS 10 should be read in the context of the Basis for Conclusions, the *Preface to International Financial Reporting Standards* and the *Framework for the Preparation and Presentation of Financial Statements*. IAS 8 *Accounting Policies, Changes in Accounting Estimates and Errors* provides a basis for selecting and applying accounting policies in the absence of explicit guidance.

SUMMARY

	Paragraphs
Objective	1
Scope	2
Definitions	3—7
Recognition and measurement	8—13
Adjusting Events after the Balance Sheet Date	8—9
Non-adjusting Events after the Balance Sheet Date	10—11
Dividends	12—13
Going concern	14—16
Disclosure	17—22
Date of Authorisation for Issue	17—18
Updating Disclosure about Conditions at the Balance Sheet Date	19—20
Non-adjusting Events after the Balance Sheet Date	21—22
Effective date	23
Withdrawal of IAS 10 (revised 1999)	24

This revised Standard supersedes IAS 10 (revised 1999) *Events After the Balance Sheet Date* and should be applied for annual periods beginning on or after 1 January 2005. Earlier application is encouraged.

OBJECTIVE

The objective of this Standard is to prescribe: 1
(a) when an entity should adjust its financial statements for events after the balance sheet date; and
(b) the disclosures that an entity should give about the date when the financial statements were authorised for issue and about events after the balance sheet date.

The Standard also requires that an entity should not prepare its financial statements on a going concern basis if events after the balance sheet date indicate that the going concern assumption is not appropriate.

SCOPE

This Standard shall be applied in the accounting for, and disclosure of, events after the balance sheet date.   2

DEFINITIONEN

3 Die folgenden Begriffe werden in diesem Standard mit der angegebenen Bedeutung verwendet:
Ereignisse nach dem Bilanzstichtag sind vorteilhafte oder nachteilige Ereignisse, die zwischen dem Bilanzstichtag und dem Tag eintreten, an dem der Abschluss zur Veröffentlichung freigegeben wird. Es wird dabei zwischen zwei Arten von Ereignissen unterschieden:
(a) Ereignisse, die weitere substanzielle Hinweise zu Gegebenheiten liefern, die bereits am Bilanzstichtag vorgelegen haben (berücksichtigungspflichtige Ereignisse nach dem Bilanzstichtag); und
(b) Ereignisse, die Gegebenheiten anzeigen, die nach dem Bilanzstichtag eingetreten sind (nicht zu berücksichtigende Ereignisse).

4 Verfahren für die Freigabe zur Veröffentlichung des Abschlusses können sich voneinander unterscheiden, je nach Managementstruktur, gesetzlichen Vorschriften und den Abläufen bei den Vorarbeiten und der Erstellung des Abschlusses.

5 In einigen Fällen ist ein Unternehmen verpflichtet, seinen Abschluss den Anteilseignern zur Genehmigung vorzulegen, nachdem der Abschluss veröffentlicht wurde. In solchen Fällen gilt der Abschluss zum Zeitpunkt der Veröffentlichung als zur Veröffentlichung freigegeben, und nicht erst, wenn die Anteilseigner den Abschluss genehmigen.

> **Beispiel**
>
> Das Management erstellt den Abschluss zum 31. Dezember 20X1 am 28. Februar 20X2 im Entwurf. Am 18. März 20X2 prüft das Geschäftsführungs- und/oder Aufsichtsorgan den Abschluss und gibt ihn zur Veröffentlichung frei. Das Unternehmen gibt sein Ergebnis und weitere ausgewählte finanzielle Informationen am 19. März 20X2 bekannt. Der Abschluss wird den Anteilseignern und anderen Personen am 1. April 20X2 zugänglich gemacht. Der Abschluss wird auf der Jahresversammlung der Anteilseigner am 15. Mai 20X2 genehmigt und dann am 17. Mai 20X2 bei einer Aufsichtsbehörde eingereicht.
>
> *Der Abschluss wird am 18. März 20X2 zur Veröffentlichung freigegeben (Tag der Freigabe zur Veröffentlichung durch den Board).*

6 In einigen Fällen ist das Unternehmen verpflichtet, den Abschluss einem Aufsichtsrat (ausschließlich aus Personen bestehend, die keine Vorstandsmitglieder sind) zur Genehmigung vorzulegen. In solchen Fällen ist der Abschluss zur Veröffentlichung freigegeben, wenn das Management die Vorlage an den Aufsichtsrat genehmigt hat.

> **Beispiel**
>
> Am 18. März 20X2 gibt das Management den Abschluss zur Weitergabe an den Aufsichtsrat frei. Der Aufsichtsrat besteht ausschließlich aus Personen, die keine Vorstandsmitglieder sind, und kann Arbeitnehmervertreter und andere externe Interessenvertreter einschließen. Der Aufsichtsrat genehmigt den Abschluss am 26. März 20X2. Der Abschluss wird den Anteilseignern und anderen Personen am 1. April 20X2 zugänglich gemacht. Die Anteilseigner genehmigen den Abschluss auf ihrer Jahresversammlung am 15. Mai 20X2 und der Abschluss wird dann am 17. Mai 20X2 bei einer Aufsichtsbehörde eingereicht.
>
> *Der Abschluss wird am 18. März 20X2 zur Veröffentlichung freigegeben (Tag der Freigabe zur Vorlage an den Aufsichtsrat durch das Management).*

7 Ereignisse nach dem Bilanzstichtag schließen alle Ereignisse bis zu dem Zeitpunkt ein, an dem der Abschluss zur Veröffentlichung freigegeben wird, auch wenn diese Ereignisse nach Ergebnisbekanntgabe oder der Veröffentlichung anderer ausgewählter finanzieller Informationen eintreten.

DEFINITIONS

The following terms are used in this Standard with the meanings specified:

Events after the balance sheet date are those events, favourable and unfavourable, that occur between the balance sheet date and the date when the financial statements are authorised for issue. Two types of events can be identified:
(a) those that provide evidence of conditions that existed at the balance sheet date (adjusting events after the balance sheet date); and
(b) those that are indicative of conditions that arose after the balance sheet date (non-adjusting events after the balance sheet date).

The process involved in authorising the financial statements for issue will vary depending upon the management structure, statutory requirements and procedures followed in preparing and finalising the financial statements.

In some cases, an entity is required to submit its financial statements to its shareholders for approval after the financial statements have been issued. In such cases, the financial statements are authorised for issue on the date of issue, not the date when shareholders approve the financial statements.

> **Example**
>
> The management of an entity completes draft financial statements for the year to 31 December 20X1 on 28 February 20X2. On 18 March 20X2, the board of directors reviews the financial statements and authorises them for issue. The entity announces its profit and selected other financial information on 19 March 20X2. The financial statements are made available to shareholders and others on 1 April 20X2. The shareholders approve the financial statements at their annual meeting on 15 May 20X2 and the approved financial statements are then filed with a regulatory body on 17 May 20X2.
>
> *The financial statements are authorised for issue on 18 March 20X2 (date of board authorisation for issue).*

In some cases, the management of an entity is required to issue its financial statements to a supervisory board (made up solely of non-executives) for approval. In such cases, the financial statements are authorised for issue when the management authorises them for issue to the supervisory board.

> **Example**
>
> On 18 March 20X2, the management of an entity authorises financial statements for issue to its supervisory board. The supervisory board is made up solely of non-executives and may include representatives of employees and other outside interests. The supervisory board approves the financial statements on 26 March 20X2. The financial statements are made available to shareholders and others on 1 April 20X2. The shareholders approve the financial statements at their annual meeting on 15 May 20X2 and the financial statements are then filed with a regulatory body on 17 May 20X2.
>
> *The financial statements are authorised for issue on 18 March 20X2 (date of management authorisation for issue to the supervisory board).*

Events after the balance sheet date include all events up to the date when the financial statements are authorised for issue, even if those events occur after the public announcement of profit or of other selected financial information.

ANSATZ UND BEWERTUNG

Berücksichtigungspflichtige Ereignisse nach dem Bilanzstichtag

8   Ein Unternehmen hat die in seinem Abschluss erfassten Beträge anzupassen, damit berücksichtigungspflichtige Ereignisse nach dem Bilanzstichtag abgebildet werden.

9   Im Folgenden werden Beispiele von berücksichtigungspflichtigen Ereignissen nach dem Bilanzstichtag genannt, die ein Unternehmen dazu verpflichten, die im Abschluss erfassten Beträge anzupassen, oder Sachverhalte zu erfassen, die bislang nicht erfasst waren:
   (a) die Beilegung eines gerichtlichen Verfahrens nach dem Bilanzstichtag, womit bestätigt wird, dass das Unternehmen eine gegenwärtige Verpflichtung am Bilanzstichtag hatte. Jede zuvor angesetzte Rückstellung in Bezug auf dieses gerichtliche Verfahren wird vom Unternehmen in Übereinstimmung mit IAS 37 *Rückstellungen, Eventualschulden und Eventualforderungen* angepasst oder eine neue Rückstellung wird angesetzt. Das Unternehmen gibt nicht bloß eine Eventualschuld an, weil die Beilegung zusätzliche substanzielle Hinweise liefert, die gemäß Paragraph 16 des IAS 37 berücksichtigt werden.
   (b) das Erlangen von Informationen nach dem Bilanzstichtag darüber, dass ein Vermögenswert am Bilanzstichtag wertgemindert war oder dass der Betrag eines früher erfassten Wertminderungsaufwandes für diesen Vermögenswert angepasst werden muss. Zum Beispiel:
      (i) das nach dem Bilanzstichtag begonnene Insolvenzverfahren eines Kunden, das im Regelfall bestätigt, dass am Bilanzstichtag ein Wertverlust einer Forderung aus Lieferungen und Leistungen vorgelegen hat und dass das Unternehmen den Buchwert der Forderung aus Lieferungen und Leistungen anzupassen hat;
      und
      (ii) der Verkauf von Vorräten nach dem Bilanzstichtag kann den Nachweis über den Nettoveräußerungswert am Bilanzstichtag erbringen.
   (c) die nach dem Bilanzstichtag erfolgte Ermittlung der Anschaffungskosten für erworbene Vermögenswerte oder der Erlöse für vor dem Bilanzstichtag verkaufte Vermögenswerte.
   (d) die nach dem Bilanzstichtag erfolgte Ermittlung der Beträge für Zahlungen aus Gewinn- oder Erfolgsbeteiligungsplänen, wenn das Unternehmen am Bilanzstichtag eine gegenwärtige rechtliche oder faktische Verpflichtung hatte, solche Zahlungen auf Grund von vor diesem Zeitpunkt liegenden Ereignissen zu leisten (siehe IAS 19 *Leistungen an Arbeitnehmer*).
   (e) die Entdeckung eines Betrugs oder Fehlers, die zeigt, dass der Abschluss falsch ist.

Nicht zu berücksichtigende Ereignisse nach dem Bilanzstichtag

10 Ein Unternehmen darf die im Abschluss erfassten Beträge nicht anpassen, um nicht zu berücksichtigende Ereignisse nach dem Bilanzstichtag abzubilden.

11 Ein Beispiel von nicht zu berücksichtigenden Ereignissen nach dem Bilanzstichtag ist das Sinken des Marktwertes einer Finanzinvestition zwischen dem Bilanzstichtag und dem Tag, an dem der Abschluss zur Veröffentlichung freigegeben wird. Das Sinken des Marktwertes hängt in der Regel nicht mit der Beschaffenheit der Finanzinvestition am Bilanzstichtag zusammen, sondern spiegelt Umstände wider, die nachträglich eingetreten sind. Daher passt ein Unternehmen die im Abschluss für Finanzinvestitionen erfassten Beträge nicht an. Gleichermaßen aktualisiert ein Unternehmen nicht die für Finanzinvestitionen angegebenen Beträge zum Bilanzstichtag, obwohl es notwendig sein kann, zusätzliche Angaben gemäß Paragraph 21 zu machen.

Dividenden

12 Wenn ein Unternehmen nach dem Bilanzstichtag Dividenden für Inhaber von Eigenkapitalinstrumenten (wie in IAS 32 *Finanzinstrumente: Darstellung* definiert) beschließt, darf das Unternehmen diese Dividenden zum Bilanzstichtag nicht als Schulden ansetzen.

13 Wenn Dividenden nach dem Bilanzstichtag, aber vor der Freigabe des Abschlusses zur Veröffentlichung, beschlossen werden (d. h. Dividenden, die ordnungsmäßig genehmigt wurden und nicht mehr im Ermessen des Unternehmens liegen), werden diese Dividenden am Bilanzstichtag nicht als Schulden erfasst, da sie nicht die Kriterien einer gegenwärtigen Verpflichtung in IAS 37 erfüllen. Diese Dividenden werden gemäß IAS 1 *Darstellung des Abschlusses* im Anhang angegeben.

RECOGNITION AND MEASUREMENT

Adjusting Events after the Balance Sheet Date

An entity shall adjust the amounts recognised in its financial statements to reflect adjusting events after the balance sheet date.   8

The following are examples of adjusting events after the balance sheet date that require an entity to adjust the amounts recognised in its financial statements, or to recognise items that were not previously recognised: 9
(a) the settlement after the balance sheet date of a court case that confirms that the entity had a present obligation at the balance sheet date. The entity adjusts any previously recognised provision related to this court case in accordance with IAS 37 *Provisions, Contingent Liabilities and Contingent Assets* or recognises a new provision. The entity does not merely disclose a contingent liability because the settlement provides additional evidence that would be considered in accordance with paragraph 16 of IAS 37.
(b) the receipt of information after the balance sheet date indicating that an asset was impaired at the balance sheet date, or that the amount of a previously recognised impairment loss for that asset needs to be adjusted. For example:
  (i) the bankruptcy of a customer that occurs after the balance sheet date usually confirms that a loss existed at the balance sheet date on a trade receivable and that the entity needs to adjust the carrying amount of the trade receivable; and
  (ii) the sale of inventories after the balance sheet date may give evidence about their net realisable value at the balance sheet date.
(c) the determination after the balance sheet date of the cost of assets purchased, or the proceeds from assets sold, before the balance sheet date.
(d) the determination after the balance sheet date of the amount of profit-sharing or bonus payments, if the entity had a present legal or constructive obligation at the balance sheet date to make such payments as a result of events before that date (see IAS 19 *Employee Benefits*).
(e) the discovery of fraud or errors that show that the financial statements are incorrect.

Non-adjusting Events after the Balance Sheet Date

An entity shall not adjust the amounts recognised in its financial statements to reflect non-adjusting events after the balance sheet date.   10

An example of a non-adjusting event after the balance sheet date is a decline in market value of investments between the balance sheet date and the date when the financial statements are authorised for issue. The decline in market value does not normally relate to the condition of the investments at the balance sheet date, but reflects circumstances that have arisen subsequently. Therefore, an entity does not adjust the amounts recognised in its financial statements for the investments. Similarly, the entity does not update the amounts disclosed for the investments as at the balance sheet date, although it may need to give additional disclosure under paragraph 21.   11

Dividends

If an entity declares dividends to holders of equity instruments (as defined in IAS 32 *Financial Instruments: Presentation*) after the balance sheet date, the entity shall not recognise those dividends as a liability at the balance sheet date.   12

If dividends are declared (ie the dividends are appropriately authorised and no longer at the discretion of the entity) after the balance sheet date but before the financial statements are authorised for issue, the dividends are not recognised as a liability at the balance sheet date because they do not meet the criteria of a present obligation in IAS 37. Such dividends are disclosed in the notes in accordance with IAS 1 *Presentation of Financial Statements*.   13

UNTERNEHMENSFORTFÜHRUNG

14 Ein Unternehmen darf seinen Abschluss nicht auf der Grundlage der Annahme der Unternehmensfortführung aufstellen, wenn das Management nach dem Bilanzstichtag entweder beabsichtigt, das Unternehmen aufzulösen, den Geschäftsbetrieb einzustellen oder keine realistische Alternative mehr hat, als so zu handeln.

15 Eine Verschlechterung der Vermögens-, Finanz- und Ertragslage nach dem Bilanzstichtag kann auf die Notwendigkeit der Untersuchung hinweisen, ob es angemessen ist, den Abschluss weiterhin unter der Annahme der Unternehmensfortführung aufzustellen. Ist die Annahme der Unternehmensfortführung nicht länger angemessen, ist die Auswirkung so durchgreifend, dass dieser Standard eine fundamentale Änderung der grundlegenden Rechnungslegungsprämisse fordert und nicht lediglich die Anpassung der im Rahmen der ursprünglich unterstellten Prämisse der Rechnungslegung erfassten Beträge.

16 IAS 1 spezifiziert die geforderten Angaben, wenn:
(a) der Abschluss nicht unter der Annahme der Unternehmensfortführung erstellt wird; oder
(b) dem Management wesentliche Unsicherheiten in Verbindung mit Ereignissen und Gegebenheiten bekannt sind, die erhebliche Zweifel an der Fortführbarkeit des Unternehmens aufwerfen. Die Ereignisse und Gegebenheiten, die Angaben erfordern, können nach dem Bilanzstichtag entstehen.

ANGABEN

Zeitpunkt der Freigabe zur Veröffentlichung

17 Ein Unternehmen hat den Zeitpunkt anzugeben, an dem der Abschluss zur Veröffentlichung freigegeben wurde und wer diese Freigabe genehmigt hat. Wenn die Eigentümer des Unternehmens oder andere die Möglichkeit haben, den Abschluss nach der Veröffentlichung zu ändern, hat das Unternehmen diese Tatsache anzugeben.

18 Für die Abschlussadressaten ist es wichtig zu wissen, wann der Abschluss zur Veröffentlichung freigegeben wurde, da der Abschluss keine Ereignisse nach diesem Zeitpunkt widerspiegelt.

Aktualisierung der Angaben über Gegebenheiten am Bilanzstichtag

19 Wenn ein Unternehmen Informationen über Gegebenheiten, die bereits am Bilanzstichtag vorgelegen haben, nach dem Bilanzstichtag erhält, hat es die betreffenden Angaben auf der Grundlage der neuen Informationen zu aktualisieren.

20 In einigen Fällen ist es notwendig, dass ein Unternehmen die Angaben im Abschluss aktualisiert, um die nach dem Bilanzstichtag erhaltenen Informationen widerzuspiegeln, auch wenn die Informationen nicht die Beträge betreffen, die im Abschluss erfasst sind. Ein Beispiel für die Notwendigkeit der Aktualisierung der Angaben ist ein substanzieller Hinweis nach dem Bilanzstichtag über das Vorliegen einer Eventualschuld, die bereits am Bilanzstichtag bestanden hat. Zusätzlich zu der Betrachtung, ob sie als Rückstellung gemäß IAS 37 *Rückstellungen, Eventualschulden und Eventualforderungen* zu erfassen oder zu ändern ist, aktualisiert ein Unternehmen seine Angaben über die Eventualschuld auf der Grundlage dieses substanziellen Hinweises.

Nicht zu berücksichtigende Ereignisse nach dem Bilanzstichtag

21 Sind nicht zu berücksichtigende Ereignisse nach dem Bilanzstichtag wesentlich, könnte deren unterlassene Angabe die auf der Grundlage des Abschlusses getroffenen wirtschaftlichen Entscheidungen der Adressaten beeinflussen. Demzufolge hat ein Unternehmen folgende Informationen über jede bedeutende Art von nicht zu berücksichtigenden Ereignissen nach dem Bilanzstichtag anzugeben:
(a) die Art des Ereignisses; und
(b) eine Schätzung der finanziellen Auswirkungen oder eine Aussage darüber, dass eine solche Schätzung nicht vorgenommen werden kann.

IAS 10

GOING CONCERN

An entity shall not prepare its financial statements on a going concern basis if management determines after the balance sheet date either that it intends to liquidate the entity or to cease trading, or that it has no realistic alternative but to do so.   14

Deterioration in operating results and financial position after the balance sheet date may indicate a need to consider whether the going concern assumption is still appropriate. If the going concern assumption is no longer appropriate, the effect is so pervasive that this Standard requires a fundamental change in the basis of accounting, rather than an adjustment to the amounts recognised within the original basis of accounting.   15

IAS 1 specifies required disclosures if: 16
(a) the financial statements are not prepared on a going concern basis; or
(b) management is aware of material uncertainties related to events or conditions that may cast significant doubt upon the entity's ability to continue as a going concern. The events or conditions requiring disclosure may arise after the balance sheet date.

DISCLOSURE

Date of Authorisation for Issue

An entity shall disclose the date when the financial statements were authorised for issue and who gave that authorisation. If the entity's owners or others have the power to amend the financial statements after issue, the entity shall disclose that fact.   17

It is important for users to know when the financial statements were authorised for issue, because the financial statements do not reflect events after this date.   18

Updating Disclosure about Conditions at the Balance Sheet Date

If an entity receives information after the balance sheet date about conditions that existed at the balance sheet date, it shall update disclosures that relate to those conditions, in the light of the new information.   19

In some cases, an entity needs to update the disclosures in its financial statements to reflect information received after the balance sheet date, even when the information does not affect the amounts that it recognises in its financial statements. One example of the need to update disclosures is when evidence becomes available after the balance sheet date about a contingent liability that existed at the balance sheet date. In addition to considering whether it should recognise or change a provision under IAS 37 *Provisions, Contingent Liabilities and Contingent Assets*, an entity updates its disclosures about the contingent liability in the light of that evidence.   20

Non-adjusting Events after the Balance Sheet Date

If non-adjusting events after the balance sheet date are material, non-disclosure could influence the economic decisions of users taken on the basis of the financial statements. Accordingly, an entity shall disclose the following for each material category of non-adjusting event after the balance sheet date: 21
(a) the nature of the event; and
(b) an estimate of its financial effect, or a statement that such an estimate cannot be made.

IAS 10

22 Im Folgenden werden Beispiele von nicht zu berücksichtigenden Ereignissen nach dem Bilanzstichtag genannt, die im Allgemeinen anzugeben sind:
 (a) ein umfangreicher Unternehmenszusammenschluss nach dem Bilanzstichtag (IFRS 3 *Unternehmenszusammenschlüsse* erfordert in solchen Fällen besondere Angaben) oder die Veräußerung eines umfangreichen Tochterunternehmens;
 (b) Bekanntgabe eines Plans zur Aufgabe eines Geschäftsbereichs;
 (c) umfangreiche Käufe von Vermögenswerten, Klassifizierung von Vermögenswerten als zur Veräußerung gehalten gemäß IFRS 5 *Zur Veräußerung gehaltene langfristige Vermögenswerte und aufgegebene Geschäftsbereiche*, andere Veräußerungen von Vermögenswerten oder Enteignung von umfangreichen Vermögenswerten durch die öffentliche Hand;
 (d) die Zerstörung einer bedeutenden Produktionsstätte durch einen Brand nach dem Bilanzstichtag;
 (e) Bekanntgabe oder Beginn der Durchführung einer umfangreichen Restrukturierung (siehe IAS 37);
 (f) umfangreiche Transaktionen in Bezug auf Stammaktien und potenzielle Stammaktien nach dem Bilanzstichtag (IAS 33 *Ergebnis je Aktie* verlangt von einem Unternehmen, eine Beschreibung solcher Transaktionen anzugeben mit Ausnahme der Transaktionen, die Ausgaben von Gratisaktien bzw. Bonusaktien, Neustückelungen von Aktien oder die Korrektur eines Aktiensplits betreffen, welche alle gemäß IAS 33 berücksichtigt werden müssen);
 (g) ungewöhnlich große Änderungen der Preise von Vermögenswerten oder der Wechselkurse nach dem Bilanzstichtag;
 (h) Änderungen der Steuersätze oder Steuervorschriften, die nach dem Bilanzstichtag in Kraft treten oder angekündigt werden und wesentliche Auswirkungen auf tatsächliche und latente Steueransprüche und -schulden haben (siehe IAS 12 *Ertragsteuern*);
 (i) Eingehen wesentlicher Verpflichtungen oder Eventualschulden, zum Beispiel durch Zusage beträchtlicher Gewährleistungen;
 und
 (j) Beginn umfangreicher Rechtsstreitigkeiten, die ausschließlich auf Grund von Ereignissen entstehen, die nach dem Bilanzstichtag eingetreten sind.

ZEITPUNKT DES INKRAFTTRETENS

23 **Dieser Standard ist erstmals in der ersten Berichtsperiode eines am 1. Januar 2005 oder danach beginnenden Geschäftsjahres anzuwenden. Eine frühere Anwendung wird empfohlen. Wenn ein Unternehmen diesen Standard für Berichtsperioden anwendet, die vor dem 1. Januar 2005 beginnen, so ist diese Tatsache anzugeben.**

RÜCKNAHME VON IAS 10 (ÜBERARBEITET 1999)

24 Dieser Standard ersetzt IAS 10 *Ereignisse nach dem Bilanzstichtag* (überarbeitet 1999).

The following are examples of non-adjusting events after the balance sheet date that would generally result in disclosure: 22
(a) a major business combination after the balance sheet date (IFRS 3 *Business Combinations* requires specific disclosures in such cases) or disposing of a major subsidiary;
(b) announcing a plan to discontinue an operation;
(c) major purchases of assets, classification of assets as held for sale in accordance with IFRS 5 *Non-current Assets Held for Sale and Discontinued Operations*, other disposals of assets, or expropriation of major assets by government;
(d) the destruction of a major production plant by a fire after the balance sheet date;
(e) announcing, or commencing the implementation of, a major restructuring (see IAS 37);
(f) major ordinary share transactions and potential ordinary share transactions after the balance sheet date (IAS 33 *Earnings per Share* requires an entity to disclose a description of such transactions, other than when such transactions involve capitalisation or bonus issues, share splits or reverse share splits all of which are required to be adjusted under IAS 33);
(g) abnormally large changes after the balance sheet date in asset prices or foreign exchange rates;
(h) changes in tax rates or tax laws enacted or announced after the balance sheet date that have a significant effect on current and deferred tax assets and liabilities (see IAS 12 *Income Taxes*);
(i) entering into significant commitments or contingent liabilities, for example, by issuing significant guarantees; and
(j) commencing major litigation arising solely out of events that occurred after the balance sheet date.

EFFECTIVE DATE

An entity shall apply this Standard for annual periods beginning on or after 1 January 2005. Earlier application is encouraged. If an entity applies this Standard for a period beginning before 1 January 2005, it shall disclose that fact.   23

WITHDRAWAL OF IAS 10 (REVISED 1999)

This Standard supersedes IAS 10 *Events After the Balance Sheet Date* (revised in 1999).   24

International Accounting Standard 11

Fertigungsaufträge

> International Accounting Standard 11 *Fertigungsaufträge* (IAS 11) ist in den Paragraphen 1–46 festgelegt. Alle Paragraphen sind gleichrangig, behalten jedoch das IASC-Format des Standards, mit dem dieser durch den IASB verabschiedet wurde. IAS 11 ist in Verbindung mit seiner Zielsetzung dem *Vorwort zu den International Financial Reporting Standards* und dem *Rahmenkonzept für die Aufstellung und Darstellung von Abschlüssen* zu betrachten. IAS 8 *Bilanzierungs- und Bewertungsmethoden, Änderungen von Schätzungen und Fehler*, stellt beim Fehlen ausdrücklicher Leitlinien eine Grundlage für die Auswahl und für die Anwendung von Bilanzierungs- und Bewertungsmethoden bereit.

Dieser überarbeitete International Accounting Standard ersetzt den vom Board im März 1978 genehmigten IAS 11, Bilanzierung von Fertigungsaufträgen. Der berarbeitete Standard war erstmals in der ersten Berichtsperiode eines am 1. Januar 1995 oder danach beginnenden Geschäftsjahres anzuwenden.

Im Mai 1999 änderte IAS 10 (überarbeitet 1999), Ereignisse nach dem Bilanzstichtag, den Paragraph 45. Der geänderte Text trat in Kraft, als IAS 10 (überarbeitet 1999) in Kraft trat – d. h. er war erstmals in der ersten Berichtsperiode eines am 1. Januar 2000 oder danach beginnenden Geschäftsjahres anzuwenden.

INHALT	Ziffer
Zielsetzung	
Anwendungsbereich	1–2
Definitionen	3–6
Zusammenfassung und Segmentierung von Fertigungsaufträgen	7–10
Auftragserlöse	11–15
Auftragskosten	16–21
Erfassung von Auftragserlösen und Auftragskosten	22–35
Erfassung erwarteter Verluste	36–37
Veränderungen von Schätzungen	38
Angaben	39–45
Zeitpunkt des Inkrafttretens	46

Die fett gedruckten Vorschriften sind in Verbindung mit den Hintergrundmaterialien und den Anwendungsleitlinien dieses Standards sowie in Verbindung mit dem Vorwort zu den International Accounting Standards zu betrachten. International Accounting Standards brauchen nicht auf unwesentliche Sachverhalte angewendet zu werden (siehe Paragraph 12 des Vorwortes).

ZIELSETZUNG

Dieser Standard regelt die Bilanzierung von Erträgen und Aufwendungen in Verbindung mit Fertigungsaufträgen. Auf Grund der Natur der Tätigkeit bei Fertigungsaufträgen fallen das Datum, an dem die Tätigkeit begonnen wird, und das Datum, an dem sie beendet wird, in der Regel in verschiedene Berichtsperioden. Die primäre Fragestellung bei der Bilanzierung von Fertigungsaufträgen besteht daher in der Verteilung der Auftragserlöse und der Auftragskosten auf Berichtsperioden, in denen die Fertigungsleistung erbracht wird. Dieser Standard verwendet die Ansatzkriterien, die im Rahmenkonzept für die Aufstellung und Darstellung von Abschlüssen festgelegt sind, um zu bestimmen, wann Auftragserlöse und Auftragskosten in der Gewinn- und Verlustrechnung als Erträge und Aufwendungen zu berücksichtigen sind. Er gibt außerdem praktische Anleitungen zur Anwendung dieser Voraussetzungen.

International Accounting Standard 11

Construction Contracts

> International Accounting Standard 11 *Construction Contracts* (IAS 11) is set out in paragraphs 1—46. All the paragraphs have equal authority but retain the IASC format of the Standard when it was adopted by the IASB. IAS 11 should be read in the context of its objective the *Preface to International Financial Reporting Standards* and the *Framework for the Preparation and Presentation of Financial Statements*. IAS 8 *Accounting Policies, Changes in Accounting Estimates and Errors* provides a basis for selecting and applying accounting policies in the absence of explicit guidance.

This revised International Accounting Standard supersedes IAS 11, accounting for construction contracts, approved by the Board in 1978. The revised Standard became effective for financial statements covering periods beginning on or after 1 January 1995.

In May 1999, IAS 10 (revised 1999), events after the balance sheet date, amended paragraph 45. The amended text becomes effective when IAS 10 (revised 1999) becomes effective, i.e. for annual financial statements covering periods beginning on or after 1 January 2000.

SUMMARY

	Paragraphs
Objective	
Scope	1—2
Definitions	3—6
Combining and segmenting construction contracts	7—10
Contract revenue	11—15
Contract costs	16—21
Recognition of contract revenue and expenses	22—35
Recognition of expected losses	36—37
Changes in estimates	38
Disclosure	39—45
Effective date	46

The standards, which have been set in bold type, should be read in the context of the background material and implementation guidance in this Standard, and in the context of the 'Preface to International Accounting Standards'. International Accounting Standards are not intended to apply to immaterial items (see paragraph 12 of the Preface).

OBJECTIVE

The objective of this Standard is to prescribe the accounting treatment of revenue and costs associated with construction contracts. Because of the nature of the activity undertaken in construction contracts, the date at which the contract activity is entered into and the date when the activity is completed usually fall into different accounting periods. Therefore, the primary issue in accounting for construction contracts is the allocation of contract revenue and contract costs to the accounting periods in which construction work is performed. This Standard uses the recognition criteria established in the framework for the preparation and presentation of financial statements to determine when contract revenue and contract costs should be recognised as revenue and expenses in the income statement. It also provides practical guidance on the application of these criteria.

ANWENDUNGSBEREICH

1. Dieser Standard ist auf die Bilanzierung von Fertigungsaufträgen bei Auftragnehmern anzuwenden.

2. Dieser Standard ersetzt den 1978 genehmigten IAS 11, Bilanzierung von Fertigungsaufträgen.

DEFINITIONEN

3. Folgende Begriffe werden in diesem Standard mit der angegebenen Bedeutung verwendet:
    Ein Fertigungsauftrag ist ein Vertrag über die kundenspezifische Fertigung einzelner Gegenstände oder einer Anzahl von Gegenständen, die hinsichtlich Design, Technologie und Funktion oder hinsichtlich ihrer Verwendung aufeinander abgestimmt oder voneinander abhängig sind.
    Ein Festpreisvertrag ist ein Fertigungsauftrag, für den der Auftragnehmer einen festen Preis bzw. einen festgelegten Preis pro Outputeinheit vereinbart, wobei diese an eine Preisgleitklausel gekoppelt sein können.
    Ein Kostenzuschlagsvertrag ist ein Fertigungsauftrag, bei dem der Auftragnehmer abrechenbare oder anderweitig festgelegte Kosten zuzüglich eines vereinbarten Prozentsatzes dieser Kosten oder ein festes Entgelt vergütet bekommt.

4. Ein Fertigungsauftrag kann für die Fertigung eines einzelnen Gegenstandes, beispielsweise einer Brücke, eines Gebäudes, eines Dammes, einer Pipeline, einer Straße, eines Schiffes oder eines Tunnels, geschlossen werden. Ein Fertigungsauftrag kann sich auch auf die Fertigung von einer Anzahl von Leistungen beziehen, die hinsichtlich Design, Technologie und Funktion oder hinsichtlich ihrer Verwendung aufeinander abgestimmt oder voneinander abhängig sind; Beispiele für solche Verträge sind diejenigen über den Bau von Raffinerien oder anderen komplexen Anlagen oder Ausrüstungen.

5. Im Sinne dieses Standards umfassen die Fertigungsaufträge:
    (a) Verträge über die Erbringung von Dienstleistungen, die direkt im Zusammenhang mit der Fertigung eines Vermögenswertes stehen, beispielsweise Dienstleistungen von Projektleitern und Architekten; und
    (b) Verträge über den Abriss oder die Restaurierung von Vermögenswerten sowie die Wiederherstellung der Umwelt nach dem Abriss der Vermögenswerte.

6. Fertigungsaufträge werden auf mehrere Arten formuliert, die im Sinne dieses Standards in Festpreisverträge und Kostenzuschlagsverträge eingeteilt werden. Manche Fertigungsaufträge können sowohl Merkmale von Festpreisverträgen als auch von Kostenzuschlagsverträgen aufweisen, beispielsweise im Fall eines Kostenzuschlagsvertrages mit einem vereinbarten Höchstpreis. Unter solchen Umständen hat der Auftragnehmer alle Bedingungen aus den Paragraphen 23 und 24 zu beachten, um zu bestimmen, wann Auftragserlöse und Auftragskosten ergebniswirksam zu berücksichtigen sind.

ZUSAMMENFASSUNG UND SEGMENTIERUNG VON FERTIGUNGSAUFTRÄGEN

7. Die Anforderungen aus diesem Standard sind in der Regel einzeln auf jeden Fertigungsauftrag anzuwenden. Unter bestimmten Voraussetzungen ist es jedoch erforderlich, den Standard auf die einzeln abgrenzbaren Teile eines einzelnen Vertrages oder einer Gruppe von Verträgen anzuwenden, um den wirtschaftlichen Gehalt eines Vertrages oder einer Gruppe von Verträgen zu bestimmen.

8. Umfasst ein Vertrag mehrere Einzelleistungen, so ist jede Leistung als eigener Fertigungsauftrag zu behandeln, wenn:
    (a) getrennte Angebote für jede Einzelleistung unterbreitet wurden;
    (b) über jede Einzelleistung separat verhandelt wurde und der Auftragnehmer sowie der Kunde die Vertragsbestandteile, die jede einzelne Leistung betreffen, separat akzeptieren oder ablehnen konnten; und
    (c) Kosten und Erlöse jeder einzelnen vertraglichen Leistung getrennt ermittelt werden können.

9. Eine Gruppe von Verträgen mit einem einzelnen oder mehreren Kunden ist als ein einziger Fertigungsauftrag zu behandeln, wenn:
    (a) die Gruppe von Verträgen als ein einziges Paket verhandelt wird;

SCOPE

This Standard should be applied in accounting for construction contracts in the financial statements of contractors.   1

This Standard supersedes IAS 11, accounting for construction contracts, approved in 1978.   2

DEFINITIONS

The following terms are used in this Standard with the meanings specified: 3
A **construction contract** is a contract specifically negotiated for the construction of an asset or a combination of assets that are closely interrelated or interdependent in terms of their design, technology and function or their ultimate purpose or use.
A **fixed price contract** is a construction contract in which the contractor agrees to a fixed contract price, or a fixed rate per unit of output, which in some cases is subject to cost escalation clauses.
A **cost plus contract** is a construction contract in which the contractor is reimbursed for allowable or otherwise defined costs, plus a percentage of these costs or a fixed fee.

A construction contract may be negotiated for the construction of a single asset such as a bridge, building, dam, pipeline, road, ship or tunnel. A construction contract may also deal with the construction of a number of assets which are closely interrelated or interdependent in terms of their design, technology and function or their ultimate purpose or use; examples of such contracts include those for the construction of refineries and other complex pieces of plant or equipment.   4

For the purposes of this Standard, construction contracts include: 5
(a) contracts for the rendering of services which are directly related to the construction of the asset, for example, those for the services of project managers and architects; and
(b) contracts for the destruction or restoration of assets, and the restoration of the environment following the demolition of assets.

Construction contracts are formulated in a number of ways which, for the purposes of this Standard, are classified as fixed price contracts and cost plus contracts. Some construction contracts may contain characteristics of both a fixed price contract and a cost plus contract, for example in the case of a cost plus contract with an agreed maximum price. In such circumstances, a contractor needs to consider all the conditions in paragraphs 23 and 24 in order to determine when to recognise contract revenue and expenses.   6

COMBINING AND SEGMENTING CONSTRUCTION CONTRACTS

The requirements of this Standard are usually applied separately to each construction contract. However, in certain circumstances, it is necessary to apply the Standard to the separately identifiable components of a single contract or to a group of contracts together in order to reflect the substance of a contract or a group of contracts.   7

When a contract covers a number of assets, the construction of each asset should be treated as a separate construction contract when: 8
(a) separate proposals have been submitted for each asset;
(b) each asset has been subject to separate negotiation and the contractor and customer have been able to accept or reject that part of the contract relating to each asset; and
(c) the costs and revenues of each asset can be identified.

A group of contracts, whether with a single customer or with several customers, should be treated as a single construction contract when: 9
(a) the group of contracts is negotiated as a single package;

(b) die Verträge so eng miteinander verbunden sind, dass sie im Grunde Teil eines einzelnen Projektes mit einer Gesamtgewinnspanne sind; und
(c) die Verträge gleichzeitig oder unmittelbar aufeinander folgend abgearbeitet werden.

10 Ein Vertrag kann einen Folgeauftrag auf Wunsch des Kunden zum Gegenstand haben oder kann um einen Folgeauftrag ergänzt werden. Der Folgeauftrag ist als separater Fertigungsauftrag zu behandeln, wenn
(a) er sich hinsichtlich Design, Technologie oder Funktion wesentlich von dem ursprünglichen Vertrag unterscheidet; oder
(b) die Preisverhandlungen für den Vertrag losgelöst von den ursprünglichen Verhandlungen geführt werden.

AUFTRAGSERLÖSE

11 Die Auftragserlöse umfassen:
(a) den ursprünglich im Vertrag vereinbarten Erlös; und
(b) Zahlungen für Abweichungen im Gesamtwerk, Nachforderungen für Kosten, die im Preis nicht kalkuliert waren, und Prämien,
 (i) sofern es wahrscheinlich ist, dass sie zu Erlösen führen; und
 (ii) soweit sie verlässlich ermittelt werden können.

12 Die Auftragserlöse werden zum beizulegenden Zeitwert der erhaltenen oder ausstehenden Gegenleistung bewertet. Diese Bewertung wird von einer Reihe von Ungewissheiten beeinflusst, die vom Ausgang zukünftiger Ereignisse abhängen. Häufig müssen die Schätzungen bei Eintreten von Ereignissen und der Klärung der Unsicherheiten angepasst werden. Daher kann es von einer Periode zur nächsten zu einer Erhöhung oder Minderung der Auftragserlöse kommen. Zum Beispiel:
(a) Auftragnehmer und Kunde können Abweichungen oder Nachforderungen vereinbaren, durch die die Auftragserlöse in einer späteren Periode als der Periode der Preisvereinbarung erhöht oder gemindert werden;
(b) der in einem Festpreisauftrag vereinbarte Erlös kann sich auf Grund von Preisgleitklauseln erhöhen;
(c) der Betrag der Auftragserlöse kann durch Vertragsstrafen bei Verzug bei der Vertragserfüllung seitens des Auftragnehmers gemindert werden; oder
(d) die Auftragserlöse erhöhen sich im Falle eines Festpreisauftragspreises pro Outputeinheit, wenn die Anzahl dieser Einheiten steigt.

13 Eine Abweichung ist eine Anweisung des Kunden zu einer Änderung des vertraglich zu erbringenden Leistungsumfanges. Eine Abweichung kann zu einer Erhöhung oder Minderung der Auftragserlöse führen. Beispiele für Abweichungen sind Änderungen an der Spezifikation oder dem Design der Leistung sowie Änderungen der Vertragsdauer. Ein Anspruch auf eine Abweichungszahlung ist in den Auftragserlösen enthalten, wenn
(a) es wahrscheinlich ist, dass der Kunde die Abweichung sowie den daraus resultierenden Erlös akzeptiert; und
(b) wenn dieser Erlös verlässlich ermittelt werden kann.

14 Eine Nachforderung ist ein Betrag, den der Auftragnehmer dem Kunden oder einer anderen Partei als Vergütung für Kosten in Rechnung stellt, die nicht im Vertragspreis enthalten sind. Eine Nachforderung kann beispielsweise aus einer vom Kunden verursachten Verzögerung, Fehlern in Spezifikation oder Design oder durch strittige Abweichungen vom Vertrag erwachsen. Die Bestimmung der Erlöse aus den Nachforderungen ist mit einem hohen Maß an Unsicherheit behaftet und häufig vom Ergebnis von Verhandlungen abhängig. Daher sind Nachforderungen nur dann in den Auftragserlösen enthalten, wenn
(a) die Verhandlungen so weit fortgeschritten sind, dass der Kunde die Nachforderung wahrscheinlich akzeptieren wird; und
(b) der Betrag, der wahrscheinlich vom Kunden akzeptiert wird, verlässlich bewertet werden kann.

15 Prämien sind Beträge, die zusätzlich an den Auftragnehmer gezahlt werden, wenn bestimmte Leistungsanforderungen erreicht oder überschritten werden. Beispielsweise kann ein Vertrag eine Prämie für vorzeitige Erfüllung vorsehen. Die Prämien sind als Teil der Auftragserlöse zu berücksichtigen, wenn
(a) das Projekt so weit fortgeschritten ist, dass die Erreichung oder Überschreitung der Leistungsanforderungen wahrscheinlich ist; und
(b) der Betrag der Prämie verlässlich bewertet werden kann.

(b) the contracts are so closely interrelated that they are, in effect, part of a single project with an overall profit margin; and
(c) the contracts are performed concurrently or in a continuous sequence.

A contract may provide for the construction of an additional asset at the option of the customer or may be amended to include the construction of an additional asset. The construction of the additional asset should be treated as a separate construction contract when: 10
(a) the asset differs significantly in design, technology or function from the asset or assets covered by the original contract; or
(b) the price of the asset is negotiated without regard to the original contract price.

CONTRACT REVENUE

Contract revenue should comprise: 11
(a) the initial amount of revenue agreed in the contract; and
(b) variations in contract work, claims and incentive payments:
  (i) to the extent that it is probable that they will result in revenue; and
  (ii) they are capable of being reliably measured.

Contract revenue is measured at the fair value of the consideration received or receivable. The measurement of contract revenue is affected by a variety of uncertainties that depend on the outcome of future events. The estimates often need to be revised as events occur and uncertainties are resolved. Therefore, the amount of contract revenue may increase or decrease from one period to the next. For example: 12
(a) a contractor and a customer may agree variations or claims that increase or decrease contract revenue in a period subsequent to that in which the contract was initially agreed;
(b) the amount of revenue agreed in a fixed price contract may increase as a result of cost escalation clauses;
(c) the amount of contract revenue may decrease as a result of penalties arising from delays caused by the contractor in the completion of the contract; or
(d) when a fixed price contract involves a fixed price per unit of output, contract revenue increases as the number of units is increased.

A variation is an instruction by the customer for a change in the scope of the work to be performed under the contract. A variation may lead to an increase or a decrease in contract revenue. Examples of variations are changes in the specifications or design of the asset and changes in the duration of the contract. A variation is included in contract revenue when: 13
(a) it is probable that the customer will approve the variation and the amount of revenue arising from the variation; and
(b) the amount of revenue can be reliably measured.

A claim is an amount that the contractor seeks to collect from the customer or another party as reimbursement for costs not included in the contract price. A claim may arise from, for example, customer caused delays, errors in specifications or design, and disputed variations in contract work. The measurement of the amounts of revenue arising from claims is subject to a high level of uncertainty and often depends on the outcome of negotiations. Therefore, claims are only included in contract revenue when: 14
(a) negotiations have reached an advanced stage such that it is probable that the customer will accept the claim; and
(b) the amount that it is probable will be accepted by the customer can be measured reliably.

Incentive payments are additional amounts paid to the contractor if specified performance standards are met or exceeded. For example, a contract may allow for an incentive payment to the contractor for early completion of the contract. Incentive payments are included in contract revenue when: 15
(a) the contract is sufficiently advanced that it is probable that the specified performance standards will be met or exceeded; and
(b) the amount of the incentive payment can be measured reliably.

AUFTRAGSKOSTEN

16 Die Auftragskosten umfassen:
   (a) die direkten Kosten in Verbindung mit dem bestimmten Vertrag;
   (b) alle indirekten und allgemein dem Vertrag zurechenbaren Kosten; und
   (c) sonstige Kosten, die dem Kunden vertragsgemäß gesondert in Rechnung gestellt werden können.

17 Die mit einem einzelnen Vertrag direkt zusammenhängenden Kosten umfassen:
   (a) Fertigungslöhne einschließlich der Löhne bzw. Gehälter für die Auftragsüberwachung;
   (b) Kosten für Fertigungsmaterial;
   (c) planmäßige Abschreibungen der für die Vertragsleistung eingesetzten Maschinen und Anlagen;
   (d) Kosten für den Transport von Maschinen, Anlagen und Material zum und vom Erfüllungsort;
   (e) Kosten aus der Anmietung von Maschinen und Anlagen;
   (f) Kosten für die Ausgestaltung und die technische Unterstützung, die mit dem Projekt direkt zusammenhängen;
   (g) die geschätzten Kosten für Nachbesserung und Garantieleistungen einschließlich erwartetem Gewährleistungsaufwand; und
   (h) Nachforderungen Dritter.
   Diese Kosten können durch zusätzliche Erträge reduziert werden, die nicht in den Auftragserlösen enthalten sind, wie Verkaufserträge von überschüssigem Material oder von nicht mehr benötigten Anlagen nach Beendigung des Projektes.

18 Die indirekten und allgemein der Vertragserfüllung zurechenbaren Kosten umfassen:
   (a) Versicherungsprämien;
   (b) Kosten für die Ausgestaltung und die technische Unterstützung, die nicht direkt in Zusammenhang mit dem Auftrag stehen; und
   (c) Fertigungsgemeinkosten.
   Diese Kosten werden mittels planmäßiger und sachgerechter Methoden zugerechnet, welche einheitlich und stetig auf alle Kosten mit ähnlichen Merkmalen angewendet werden. Die Zurechnung erfolgt auf der Basis einer normalen Kapazitätsauslastung. Zu den Fertigungsgemeinkosten zählen beispielsweise auch Kosten für die Lohnabrechnung der Beschäftigten im Fertigungsbereich. Zu den indirekten und allgemein der Vertragserfüllung zurechenbaren Kosten zählen auch die Fremdkapitalkosten, wenn der Auftragnehmer die alternativ zulässige Methode gemäß IAS 23, Fremdkapitalkosten, anwendet.

19 Kosten, die dem Kunden vertragsgemäß gesondert in Rechnung gestellt werden können, können Kosten für die allgemeine Verwaltung sowie Entwicklungskosten umfassen, wenn ihre Erstattung in den Vertragsbedingungen vereinbart ist.

20 Kosten, die einzelnen Aufträgen nicht zugeordnet werden können, dürfen nicht als Kosten des Fertigungsauftrages berücksichtigt werden. Dazu gehören:
   (a) Kosten der allgemeinen Verwaltung, sofern für sie keine Erstattung im Vertrag vereinbart wurde;
   (b) Vertriebskosten;
   (c) Forschungs- und Entwicklungskosten, sofern für sie keine Erstattung im Vertrag vereinbart wurde; und
   (d) planmäßige Abschreibungen auf ungenutzte Anlagen und Maschinen, die nicht für die Abwicklung eines bestimmten Auftrages verwendet werden.

21 Die Auftragskosten umfassen alle dem Vertrag zurechenbaren Kosten ab dem Tag der Auftragserlangung bis zur Erfüllung des Vertrages. Kosten, die zur Erlangung eines konkreten Auftrages erforderlich sind, gehören ebenfalls zu den Auftragskosten, wenn sie einzeln identifiziert und verlässlich bewertet werden können und es wahrscheinlich ist, dass der Auftrag erhalten wird. Werden Kosten, die zur Erlangung eines Auftrages entstanden sind, in der Periode ihres Anfallens als Aufwand erfasst, so sind sie nicht den Auftragskosten zuzuordnen, wenn der Auftrag in einer späteren Periode eingeht.

ERFASSUNG VON AUFTRAGSERLÖSEN UND AUFTRAGSKOSTEN

22 Ist das Ergebnis eines Fertigungsauftrages verlässlich zu schätzen, so sind die Auftragserlöse und Auftragskosten in Verbindung mit diesem Fertigungsauftrag entsprechend dem Leistungsfortschritt am Bilanzstichtag jeweils als Erträge und Aufwendungen zu erfassen. Ein erwarteter Verlust durch den Fertigungsauftrag ist gemäß Paragraph 36 sofort als Aufwand zu erfassen.

CONTRACT COSTS

Contract costs should comprise: 16
(a) costs that relate directly to the specific contract;
(b) costs that are attributable to contract activity in general and can be allocated to the contract; and
(c) such other costs as are specifically chargeable to the customer under the terms of the contract.

Costs that relate directly to a specific contract include: 17
(a) site labour costs, including site supervision;
(b) costs of materials used in construction;
(c) depreciation of plant and equipment used on the contract;
(d) costs of moving plant, equipment and materials to and from the contract site;
(e) costs of hiring plant and equipment;
(f) costs of design and technical assistance that is directly related to the contract;
(g) the estimated costs of rectification and guarantee work, including expected warranty costs; and
(h) claims from third parties.

These costs may be reduced by any incidental income that is not included in contract revenue, for example income from the sale of surplus materials and the disposal of plant and equipment at the end of the contract.

Costs that may be attributable to contract activity in general and can be allocated to specific contracts include: 18
(a) insurance;
(b) costs of design and technical assistance that is not directly related to a specific contract; and
(c) construction overheads.

Such costs are allocated using methods that are systematic and rational and are applied consistently to all costs having similar characteristics. The allocation is based on the normal level of construction activity. Construction overheads include costs such as the preparation and processing of construction personnel payroll. Costs that may be attributable to contract activity in general and can be allocated to specific contracts also include borrowing costs when the contractor adopts the allowed alternative treatment in IAS 23, borrowing costs.

Costs that are specifically chargeable to the customer under the terms of the contract may include some general administration costs and development costs for which reimbursement is specified in the terms of the contract. 19

Costs that cannot be attributed to contract activity or cannot be allocated to a contract are excluded from the costs of a construction contract. Such costs include: 20
(a) general administration costs for which reimbursement is not specified in the contract;
(b) selling costs;
(c) research and development costs for which reimbursement is not specified in the contract; and
(d) depreciation of idle plant and equipment that is not used on a particular contract.

Contract costs include the costs attributable to a contract for the period from the date of securing the contract to the final completion of the contract. However, costs that relate directly to a contract and which are incurred in securing the contract are also included as part of the contract costs if they can be separately identified and measured reliably and it is probable that the contract will be obtained. When costs incurred in securing a contract are recognised as an expense in the period in which they are incurred, they are not included in contract costs when the contract is obtained in a subsequent period. 21

RECOGNITION OF CONTRACT REVENUE AND EXPENSES

When the outcome of a construction contract can be estimated reliably, contract revenue and contract costs associated with the construction contract should be recognised as revenue and expenses respectively by reference to the stage of completion of the contract activity at the balance sheet date. An expected loss on the construction contract should be recognised as an expense immediately in accordance with paragraph 36. 22

23 Im Falle eines Festpreisvertrages kann das Ergebnis eines Fertigungsauftrages verlässlich geschätzt werden, wenn alle folgenden Kriterien erfüllt sind:
(a) Die gesamten Auftragserlöse können verlässlich bewertet werden;
(b) es ist wahrscheinlich, dass der wirtschaftliche Nutzen aus dem Vertrag dem Unternehmen zufließt;
(c) sowohl die bis zur Fertigstellung des Auftrages noch anfallenden Kosten als auch der Grad der erreichten Fertigstellung können am Bilanzstichtag verlässlich bewertet werden; und
(d) die dem Vertrag zurechenbaren Kosten können eindeutig bestimmt und verlässlich bewertet werden, so dass die bislang entstandenen Kosten mit früheren Schätzungen verglichen werden können.

24 Im Falle eines Kostenzuschlagsvertrages kann das Ergebnis eines Fertigungsauftrages verlässlich geschätzt werden, wenn alle folgenden Kriterien erfüllt sind:
(a) Es ist wahrscheinlich, dass der wirtschaftliche Nutzen aus dem Vertrag dem Unternehmen zufließt; und
(b) die dem Vertrag zurechenbaren Auftragskosten können eindeutig bestimmt und verlässlich bewertet werden, unabhängig davon, ob sie gesondert abrechenbar sind.

25 Die ergebniswirksame Berücksichtigung von Erträgen und Aufwendungen gemäß dem Leistungsfortschritt wird häufig als Gewinnrealisierung nach dem Fertigstellungsgrad bezeichnet. Gemäß dieser Methode werden die entsprechend dem Fertigstellungsgrad angefallenen Auftragskosten den Auftragserlösen zugeordnet. Hieraus ergibt sich eine Erfassung von Erträgen, Aufwendungen und Ergebnis entsprechend dem Leistungsfortschritt. Diese Methode liefert nützliche Informationen zum Stand der Vertragsarbeit sowie zur Leistung während einer Periode.

26 Gemäß der Gewinnrealisierungsmethode nach dem Fertigstellungsgrad werden die Auftragserlöse in der Gewinn- und Verlustrechnung in den Berichtsperioden, in denen die Leistung erbracht wird, als Ertrag erfasst. Auftragskosten werden in der Gewinn- und Verlustrechnung im Regelfall in der Periode als Aufwand erfasst, in der die dazugehörige Leistung erbracht wird. Doch jeder erwartete Überschuss der gesamten Auftragskosten über die gesamten Auftragserlöse für den Auftrag wird gemäß Paragraph 36 sofort als Aufwand erfasst.

27 Einem Auftragnehmer können Auftragskosten entstehen, die mit einer zukünftigen Tätigkeit im Rahmen des Vertrages verbunden sind. Derartige Auftragskosten werden als Vermögenswert erfasst, wenn sie wahrscheinlich abrechenbar sind. Diese Kosten stellen einen vom Kunden geschuldeten Betrag dar und werden häufig als unfertige Leistungen bezeichnet.

28 Das Ergebnis eines Fertigungsauftrages kann nur dann verlässlich geschätzt werden, wenn die wirtschaftlichen Vorteile aus dem Vertrag dem Unternehmen wahrscheinlich zufließen. Entsteht jedoch eine Unsicherheit hinsichtlich der Möglichkeit, den Betrag zu vereinnahmen, der bereits in den Auftragserlösen enthalten und bereits in der Gewinn- und Verlustrechnung erfasst ist, wird der nicht einbringbare Betrag oder der Betrag, für den eine Bezahlung nicht mehr wahrscheinlich ist, als Aufwand und nicht als Anpassung der Auftragserlöse erfasst.

29 Ein Unternehmen kann im Allgemeinen verlässliche Schätzungen vornehmen, wenn es einen Vertrag abgeschlossen hat, der:
(a) jeder Vertragspartei durchsetzbare Rechte und Pflichten bezüglich der zu erbringenden Leistung einräumt;
(b) die zu erbringende Gegenleistung festlegt; und
(c) Art und Bedingungen der Erfüllung festlegt.
Im Regelfall ist es für das Unternehmen auch erforderlich, dass es über ein wirksames internes Budgetierungs- und Berichtssystem verfügt. Das Unternehmen überprüft und überarbeitet erforderlichenfalls mit Fortschreiten der Leistungserfüllung die Schätzungen der Auftragserlöse und der Auftragskosten. Die Notwendigkeit derartiger Korrekturen ist nicht unbedingt ein Hinweis darauf, dass das Ergebnis des Auftrages nicht verlässlich geschätzt werden kann.

30 Der Fertigstellungsgrad eines Auftrages kann mittels verschiedener Verfahren bestimmt werden. Das Unternehmen setzt die Methode ein, mit der die erbrachte Leistung verlässlich bewertet wird. Je nach Vertragsart umfassen diese Methoden:
(a) das Verhältnis der bis zum Stichtag angefallenen Auftragskosten zu den am Stichtag geschätzten gesamten Auftragskosten;
(b) eine Begutachtung der erbrachten Leistung; oder
(c) die Vollendung eines physischen Teiles des Vertragswerkes.
Vom Kunden erhaltene Abschlagszahlungen und Anzahlungen spiegeln die erbrachte Leistung häufig nicht wider.

In the case of a fixed price contract, the outcome of a construction contract can be estimated reliably when all the following conditions are satisfied:
(a) total contract revenue can be measured reliably;
(b) it is probable that the economic benefits associated with the contract will flow to the enterprise;
(c) both the contract costs to complete the contract and the stage of contract completion at the balance sheet date can be measured reliably; and
(d) the contract costs attributable to the contract can be clearly identified and measured reliably so that actual contract costs incurred can be compared with prior estimates.

In the case of a cost plus contract, the outcome of a construction contract can be estimated reliably when all the following conditions are satisfied:
(a) it is probable that the economic benefits associated with the contract will flow to the enterprise; and
(b) the contract costs attributable to the contract, whether or not specifically reimbursable, can be clearly identified and measured reliably.

The recognition of revenue and expenses by reference to the stage of completion of a contract is often referred to as the percentage of completion method. Under this method, contract revenue is matched with the contract costs incurred in reaching the stage of completion, resulting in the reporting of revenue, expenses and profit which can be attributed to the proportion of work completed. This method provides useful information on the extent of contract activity and performance during a period.

Under the percentage of completion method, contract revenue is recognised as revenue in the income statement in the accounting periods in which the work is performed. Contract costs are usually recognised as an expense in the income statement in the accounting periods in which the work to which they relate is performed. However, any expected excess of total contract costs over total contract revenue for the contract is recognised as an expense immediately in accordance with paragraph 36.

A contractor may have incurred contract costs that relate to future activity on the contract. Such contract costs are recognised as an asset provided it is probable that they will be recovered. Such costs represent an amount due from the customer and are often classified as contract work in progress.

The outcome of a construction contract can only be estimated reliably when it is probable that the economic benefits associated with the contract will flow to the enterprise. However, when an uncertainty arises about the collectability of an amount already included in contract revenue, and already recognised in the income statement, the uncollectable amount or the amount in respect of which recovery has ceased to be probable is recognised as an expense rather than as an adjustment of the amount of contract revenue.

An enterprise is generally able to make reliable estimates after it has agreed to a contract which establishes:
(a) each party's enforceable rights regarding the asset to be constructed;
(b) the consideration to be exchanged; and
(c) the manner and terms of settlement.
It is also usually necessary for the enterprise to have an effective internal financial budgeting and reporting system. The enterprise reviews and, when necessary, revises the estimates of contract revenue and contract costs as the contract progresses. The need for such revisions does not necessarily indicate that the outcome of the contract cannot be estimated reliably.

The stage of completion of a contract may be determined in a variety of ways. The enterprise uses the method that measures reliably the work performed. Depending on the nature of the contract, the methods may include:
(a) the proportion that contract costs incurred for work performed to date bear to the estimated total contract costs;
(b) surveys of work performed; or
(c) completion of a physical proportion of the contract work.
Progress payments and advances received from customers often do not reflect the work performed.

31 Wird der Leistungsfortschritt entsprechend den angefallenen Auftragskosten bestimmt, sind nur diejenigen Auftragskosten, die die erbrachte Leistung widerspiegeln, in diesen Kosten zu berücksichtigen. Beispiele für hier nicht zu berücksichtigende Kosten sind:
   (a) Kosten für zukünftige Tätigkeiten in Verbindung mit dem Auftrag, beispielsweise Kosten für Materialien, die zwar an den Erfüllungsort geliefert oder dort zum Gebrauch gelagert, jedoch noch nicht installiert, gebraucht oder verwertet worden sind, mit Ausnahme von Materialien, die speziell für diesen Auftrag angefertigt wurden; und
   (b) Vorauszahlungen an Subunternehmen für zu erbringende Leistungen im Rahmen des Untervertrages.

32 **Sofern das Ergebnis eines Fertigungsauftrages nicht verlässlich geschätzt werden kann:**
   (a) ist der Erlös nur in Höhe der angefallenen Auftragskosten zu erfassen, die wahrscheinlich einbringbar sind; und
   (b) sind die Auftragskosten in der Periode, in der sie anfallen, als Aufwand zu erfassen.
   Ein erwarteter Verlust durch den Fertigungsauftrag ist gemäß Paragraph 36 sofort als Aufwand zu erfassen.

33 In den frühen Phasen eines Auftrages kann sein Ergebnis häufig nicht verlässlich geschätzt werden. Dennoch kann es wahrscheinlich sein, dass das Unternehmen die angefallenen Auftragskosten decken wird. Daher werden die Auftragserlöse nur so weit ergebniswirksam, wie die angefallenen Kosten erwartungsgemäß gedeckt werden können. Da das Ergebnis des Auftrages nicht verlässlich geschätzt werden kann, wird kein Gewinn erfasst. Doch obwohl das Ergebnis des Auftrages nicht verlässlich zu schätzen ist, kann es wahrscheinlich sein, dass die gesamten Auftragskosten die gesamten Auftragserlöse übersteigen werden. In solchen Fällen wird dieser erwartete Differenzbetrag zwischen den gesamten Auftragskosten und dem gesamten Auftragserlös gemäß Paragraph 36 sofort als Aufwand erfasst.

34 Auftragskosten, die wahrscheinlich nicht gedeckt werden, werden sofort als Aufwand erfasst. Beispiele für solche Fälle, in denen die Einbringbarkeit angefallener Auftragskosten nicht wahrscheinlich ist und diese eventuell sofort als Aufwand zu erfassen sind, umfassen Verträge,
   (a) die nicht in vollem Umfang durchsetzbar sind, d. h. Verträge mit sehr zweifelhafter Gültigkeit;
   (b) deren Fertigstellung vom Ergebnis eines schwebenden Prozesses oder eines laufenden Gesetzgebungsverfahrens abhängig ist;
   (c) die in Verbindung mit Vermögenswerten stehen, die wahrscheinlich beschlagnahmt oder enteignet werden;
   (d) bei denen der Kunde seine Verpflichtungen nicht erfüllen kann; oder
   (e) bei denen der Auftragnehmer nicht in der Lage ist, den Auftrag fertig zu stellen oder seine vertraglichen Verpflichtungen anderweitig zu erfüllen.

35 **Wenn die Unsicherheiten, die eine verlässliche Schätzung des Ergebnisses des Auftrages behinderten, nicht länger bestehen, sind die zu dem Fertigungsauftrag gehörigen Erträge und Aufwendungen gemäß Paragraph 22 statt gemäß Paragraph 32 zu erfassen.**

ERFASSUNG ERWARTETER VERLUSTE

36 **Ist es wahrscheinlich, dass die gesamten Auftragskosten die gesamten Auftragserlöse übersteigen werden, sind die erwarteten Verluste sofort als Aufwand zu erfassen.**

37 Die Höhe eines solchen Verlustes wird unabhängig von den folgenden Punkten bestimmt:
   (a) ob mit der Auftragsarbeit bereits begonnen wurde;
   (b) vom Fertigstellungsgrad der Auftragserfüllung; oder
   (c) vom erwarteten Gewinnbetrag aus anderen Verträgen, die gemäß Paragraph 9 nicht als einzelner Fertigungsauftrag behandelt werden.

VERÄNDERUNGEN VON SCHÄTZUNGEN

38 Die Gewinnrealisierungsmethode nach dem Fertigstellungsgrad wird auf kumulierter Basis in jeder Berichtsperiode auf die laufenden Schätzungen von Auftragserlösen und Auftragskosten angewandt. Daher wird der Effekt einer veränderten Schätzung der Auftragserlöse und Auftragskosten oder der Effekt einer veränderten Schätzung des Ergebnisses aus einem Auftrag als Änderung einer Schätzung behandelt (siehe IAS 8 Bilanzierungs- und Bewertungsmethoden, Änderungen von Schätzungen und Fehler). Die veränderten Schätzungen gehen in die Berechnung des Betrages für Erträge und Aufwendungen in der Gewinn- und Verlustrechnung der Berichtsperiode, in der die Änderung vorgenommen wurde, sowie der nachfolgenden Berichtsperioden ein.

When the stage of completion is determined by reference to the contract costs incurred to date, only those contract costs that reflect work performed are included in costs incurred to date. Examples of contract costs which are excluded are:

(a) contract costs that relate to future activity on the contract, such as costs of materials that have been delivered to a contract site or set aside for use in a contract but not yet installed, used or applied during contract performance, unless the materials have been made specially for the contract; and
(b) payments made to subcontractors in advance of work performed under the subcontract.

When the outcome of a construction contract cannot be estimated reliably:
(a) revenue should be recognised only to the extent of contract costs incurred that it is probable will be recoverable; and
(b) contract costs should be recognised as an expense in the period in which they are incurred.
An expected loss on the construction contract should be recognised as an expense immediately in accordance with paragraph 36.

During the early stages of a contract it is often the case that the outcome of the contract cannot be estimated reliably. Nevertheless, it may be probable that the enterprise will recover the contract costs incurred. Therefore, contract revenue is recognised only to the extent of costs incurred that are expected to be recoverable. As the outcome of the contract cannot be estimated reliably, no profit is recognised. However, even though the outcome of the contract cannot be estimated reliably, it may be probable that total contract costs will exceed total contract revenues. In such cases, any expected excess of total contract costs over total contract revenue for the contract is recognised as an expense immediately in accordance with paragraph 36.

Contract costs that are not probable of being recovered are recognised as an expense immediately. Examples of circumstances in which the recoverability of contract costs incurred may not be probable and in which contract costs may need to be recognised as an expense immediately include contracts:

(a) which are not fully enforceable, that is, their validity is seriously in question;
(b) the completion of which is subject to the outcome of pending litigation or legislation;
(c) relating to properties that are likely to be condemned or expropriated;
(d) where the customer is unable to meet its obligations; or
(e) where the contractor is unable to complete the contract or otherwise meet its obligations under the contract.

When the uncertainties that prevented the outcome of the contract being estimated reliably no longer exist, revenue and expenses associated with the construction contract should be recognised in accordance with paragraph 22 rather than in accordance with paragraph 32.

RECOGNITION OF EXPECTED LOSSES

When it is probable that total contract costs will exceed total contract revenue, the expected loss should be recognised as an expense immediately.

The amount of such a loss is determined irrespective of:
(a) whether or not work has commenced on the contract;
(b) the stage of completion of contract activity; or
(c) the amount of profits expected to arise on other contracts which are not treated as a single construction contract in accordance with paragraph 9.

CHANGES IN ESTIMATES

The percentage of completion method is applied on a cumulative basis in each accounting period to the current estimates of contract revenue and contract costs. Therefore, the effect of a change in the estimate of contract revenue or contract costs, or the effect of a change in the estimate of the outcome of a contract, is accounted for as a change in accounting estimate (see IAS 8 Accounting Policies, Changes in Accounting Estimates and Errors). The changed estimates are used in the determination of the amount of revenue and expenses recognised in the income statement in the period in which the change is made and in subsequent periods.

ANGABEN

39 Folgende Angaben sind erforderlich:
(a) die in der Berichtsperiode erfassten Auftragserlöse;
(b) die Methoden zur Ermittlung der in der Berichtsperiode erfassten Auftragserlöse; und
(c) die Methoden zur Ermittlung des Fertigstellungsgrades laufender Projekte.

40 Ein Unternehmen hat jede der folgenden Angaben für am Bilanzstichtag laufende Projekte zu machen:
(a) die Summe der angefallenen Kosten und ausgewiesenen Gewinne (abzüglich etwaiger ausgewiesener Verluste);
(b) den Betrag erhaltener Anzahlungen; und
(c) den Betrag von Einbehalten.

41 Einbehalte sind Beträge für Teilabrechnungen, die erst bei Erfüllung von im Vertrag festgelegten Bedingungen oder bei erfolgter Fehlerbehebung bezahlt werden. Teilabrechnungen sind für eine vertragsgemäß erbrachte Leistung in Rechnung gestellte Beträge, unabhängig davon, ob sie vom Kunden bezahlt wurden oder nicht. Anzahlungen sind Beträge, die beim Auftragnehmer eingehen, bevor die dazugehörige Leistung erbracht ist.

42 Ein Unternehmen hat Folgendes anzugeben:
(a) Fertigungsaufträge mit aktivischem Saldo gegenüber Kunden als Vermögenswert; und
(b) Fertigungsaufträge mit passivischem Saldo gegenüber Kunden als Schulden.

43 Fertigungsaufträge mit aktivischem Saldo gegenüber Kunden setzen sich aus den Nettobeträgen
(a) der angefallenen Kosten plus ausgewiesenen Gewinnen; abzüglich
(b) der Summe der ausgewiesenen Verluste und der Teilabrechnungen
für alle laufenden Aufträge zusammen, für die die angefallenen Kosten plus der ausgewiesenen Gewinne (abzüglich der ausgewiesenen Verluste) die Teilabrechnungen übersteigen.

44 Fertigungsaufträge mit passivischem Saldo gegenüber Kunden setzen sich aus den Nettobeträgen
(a) der angefallenen Kosten plus ausgewiesenen Gewinnen; abzüglich
(b) der Summe der ausgewiesenen Verluste und der Teilabrechnungen
für alle laufenden Aufträge zusammen, bei denen die Teilabrechnungen die angefallenen Kosten plus die ausgewiesenen Gewinne (abzüglich der ausgewiesenen Verluste) übersteigen.

45 Gemäß IAS 37, Rückstellungen, Eventualschulden und Eventualforderungen, gibt das Unternehmen alle Eventualschulden und Eventualforderungen an. Diese können beispielsweise aus Gewährleistungskosten, Nachforderungen, Vertragsstrafen oder möglichen Verlusten erwachsen.

ZEITPUNKT DES INKRAFTTRETENS

46 Dieser International Accounting Standard ist erstmals in der ersten Berichtsperiode eines am 1. Januar 1995 oder danach beginnenden Geschäftsjahres anzuwenden.

DISCLOSURE

An enterprise should disclose: 39
(a) the amount of contract revenue recognised as revenue in the period;
(b) the methods used to determine the contract revenue recognised in the period; and
(c) the methods used to determine the stage of completion of contracts in progress.

An enterprise should disclose each of the following for contracts in progress at the balance sheet date: 40
(a) the aggregate amount of costs incurred and recognised profits (less recognised losses) to date;
(b) the amount of advances received; and
(c) the amount of retentions.

Retentions are amounts of progress billings which are not paid until the satisfaction of conditions specified in the contract for the payment of such amounts or until defects have been rectified. Progress billings are amounts billed for work performed on a contract whether or not they have been paid by the customer. Advances are amounts received by the contractor before the related work is performed. 41

An enterprise should present: 42
(a) the gross amount due from customers for contract work as an asset; and
(b) the gross amount due to customers for contract work as a liability.

The gross amount due from customers for contract work is the net amount of: 43
(a) costs incurred plus recognised profits; less
(b) the sum of recognised losses and progress billings
for all contracts in progress for which costs incurred plus recognised profits (less recognised losses) exceeds progress billings.

The gross amount due to customers for contract work is the net amount of: 44
(a) costs incurred plus recognised profits; less
(b) the sum of recognised losses and progress billings
for all contracts in progress for which progress billings exceed costs incurred plus recognised profits (less recognised losses).

An enterprise discloses any contingent liabilities and contingent assets in accordance with IAS 37, provisions, contingent liabilities and contingent assets. Contingent liabilities and contingent assets may arise from such items as warranty costs, claims, penalties or possible losses. 45

EFFECTIVE DATE

This International Accounting Standard becomes operative for financial statements covering periods beginning on or after 1 January 1995. 46

International Accounting Standard 12

Ertragsteuern

> International Accounting Standard 12 *Ertragsteuern* (IAS 12) ist in den Paragraphen 1–91 festgelegt. Alle Paragraphen sind gleichrangig, behalten jedoch das IASC-Format des Standards, mit dem dieser durch den IASB verabschiedet wurde. IAS 12 ist in Verbindung mit seiner Zielsetzung, dem *Vorwort zu den International Financial Reporting Standards* und dem *Rahmenkonzept für die Aufstellung und Darstellung von Abschlüssen* zu betrachten. IAS 8 *Bilanzierungs- und Bewertungsmethoden, Änderungen von Schätzungen und Fehler*, stellt beim Fehlen ausdrücklicher Leitlinien eine Grundlage für die Auswahl und für die Anwendung von Bilanzierungs- und Bewertungsmethoden bereit.

Dieser überarbeitete International Accounting Standard ersetzt den IAS 12, Bilanzierung von Ertragsteuern, welcher 1994 in einer umgegliederten Fassung vom Board genehmigt worden ist. Der überarbeitete Standard war erstmals in der ersten Berichtsperiode eines am 1. Januar 1998 oder danach beginnenden Geschäftsjahres anzuwenden.

Im Mai 1999 änderte IAS 10 (überarbeitet 1999), Ereignisse nach dem Bilanzstichtag, den Paragraph 88. Der geänderte Text trat in Kraft, als IAS 10 (überarbeitet 1999) in Kraft trat — d. h. er war erstmals in der ersten Berichtsperiode eines am 1. Januar 2000 oder danach beginnenden Geschäftsjahres anzuwenden.

Im April 2000 wurden die Paragraphen 20, 62(a), 64 und der Anhang A sowie die Paragraphen A10, A11 und B8 an die entsprechenden Querverweise und Definitionen des verabschiedeten IAS 40, Als Finanzinvestition gehaltene Immobilien, angepasst.

Im Oktober 2000 hat der Board Änderungen des IAS 12 verabschiedet, wodurch die Paragraphen 52A, 52B, 65A, 81(i), 82A, 87A, 87B, 87C und 91 hinzugefügt und die Paragraphen 3 und 50 gestrichen wurden. Die begrenzten Überarbeitungen legen die Bilanzierung der Ertragsteuern auf Dividenden fest. Der überarbeitete Text war erstmals in der ersten Berichtsperiode eines am 1. Januar 2001 oder danach beginnenden Geschäftsjahres anzuwenden.

Die folgenden SIC Interpretationen beziehen sich auf IAS 12:
– SIC-21: Ertragsteuern – Realisierung von neubewerteten, planmäßig abzuschreibenden Vermögenswerten; und
– SIC-25: Ertragsteuern – Änderungen im Steuerstatus eines Unternehmens oder seiner Anteilseigner.

EINFÜHRUNG

IN1 Dieser Standard („IAS 12 (überarbeitet)") ersetzt IAS 12, Bilanzierung von Ertragsteuern („der ursprüngliche IAS 12"). IAS 12 (überarbeitet) war erstmals in der ersten Berichtsperiode eines am 1. Januar 1998 oder danach beginnenden Geschäftsjahres anzuwenden. Die wichtigsten Änderungen gegenüber dem ursprünglichen IAS 12 sind wie folgt.

IN2 Nach dem ursprünglichen IAS 12 war ein Unternehmen verpflichtet, latente Steuern unter Verwendung entweder der Abgrenzungs-Methode oder der Verbindlichkeits-Methode, mitunter auch als „GuV-orientierte Verbindlichkeits-Methode" bekannt, anzusetzen. IAS 12 (überarbeitet) untersagt die Abgrenzungs-Methode und fordert die Verwendung einer anderen Verbindlichkeits-Methode, die manchmal als bilanzorientierte Verbindlichkeits-Methode bezeichnet wird.

Die GuV-orientierte Verbindlichkeits-Methode konzentriert sich auf zeitliche Ergebnisunterschiede, während die bilanzorientierte Verbindlichkeits-Methode sich auf temporäre Differenzen konzentriert. Zeitliche Ergebnisunterschiede sind Unterschiedsbeträge zwischen dem zu versteuernden Einkommen und dem handelsrechtlichen Ergebnis (vor Ertragsteuern), die in einer Periode entstehen und sich in einer oder mehreren Folgeperioden umkehren. Temporäre Differenzen sind Unterschiedsbeträge zwischen dem Steuerwert eines Vermögenswertes oder einer Schuld und seinem (ihrem) Buchwert in der Bilanz. Der Steuerwert eines Vermögenswertes oder einer Schuld ist der diesem Vermögenswert oder dieser Schuld für steuerliche Zwecke beizulegende Betrag.

Alle zeitlichen Ergebnisunterschiede sind temporäre Differenzen. Temporäre Differenzen entstehen darüber hinaus auch in folgenden Fällen, in denen keine zeitlichen Ergebnisunterschiede entstehen, auch wenn der ursprüngliche IAS 12 diese in der gleichen Weise wie Geschäftsvorfälle, bei denen zeitliche Ergebnisunterschiede entstehen, behandelt hat:

International Accounting Standard 12

Income taxes

> International Accounting Standard 12 *Income taxes* (IAS 12) is set out in paragraphs 1—91. All the paragraphs have equal authority but retain the IASC format of the Standard when it was adopted by the IASB. IAS 12 should be read in the context of its objective the *Preface to International Financial Reporting Standards* and the *Framework for the Preparation and Presentation of Financial Statements*. IAS 8 *Accounting Policies, Changes in Accounting Estimates and Errors* provides a basis for selecting and applying accounting policies in the absence of explicit guidance.

In October 1996, the Board approved a revised Standard, IAS 12 (revised 1996), income taxes which superseded IAS 12 (reformatted 1994), accounting for taxes on income. The revised Standard became effective for financial statements covering periods beginning on or after 1 January 1998.

In May 1999, IAS 10 (revised 1999), events after the balance sheet date, amended paragraph 88. The amended text became effective for annual financial statements covering periods beginning on or after 1 January 2000.

In April 2000, paragraphs 20, 62(a), 64 and Appendix A, paragraphs A10, A11 and B8 were amended to revise cross-references and terminology as a result of the issuance of IAS 40, investment property.

In October 2000, the Board approved amendments to IAS 12 which added paragraphs 52A, 52B, 65A, 81(i), 82A, 87A, 87B, 87C and 91 and deleted paragraphs 3 and 50. The limited revisions specify the accounting treatment for income tax consequences of dividends. The revised text was effective for annual financial statements covering periods beginning on or after 1 January 2001.

The following SIC interpretations relate to IAS 12:
– SIC-21: income taxes — recovery of revalued non-depreciable assets, and
– SIC-25: income taxes — changes in the tax status of an enterprise or its shareholders.

INTRODUCTION

This Standard ('IAS 12 (revised)') replaces IAS 12, accounting for taxes on income ('the original IAS 12'). IAS 12 (revised) is effective for accounting periods beginning on or after 1 January 1998. The major changes from the original IAS 12 are as follows.   **IN1**

The original IAS 12 required an enterprise to account for deferred tax using either the deferral method or a liability method which is sometimes known as the income statement liability method. IAS 12 (revised) prohibits the deferral method and requires another liability method which is sometimes known as the balance sheet liability method.   **IN2**

The income statement liability method focuses on timing differences, whereas the balance sheet liability method focuses on temporary differences. Timing differences are differences between taxable profit and accounting profit that originate in one period and reverse in one or more subsequent periods. Temporary differences are differences between the tax base of an asset or liability and its carrying amount in the balance sheet. The tax base of an asset or liability is the amount attributed to that asset or liability for tax purposes.

All timing differences are temporary differences. Temporary differences also arise in the following circumstances, which do not give rise to timing differences, although the original IAS 12 treated them in the same way as transactions that do give rise to timing differences:

IAS 12

(a) Tochterunternehmen, assoziierte Unternehmen oder Joint Ventures haben nicht ihre gesamten Gewinne an das Mutterunternehmen oder den Anteilseigner ausgeschüttet;
(b) Vermögenswerte wurden neubewertet, und es wurde für steuerliche Zwecke keine entsprechende Bewertungsanpassung durchgeführt; und
(c) die Anschaffungskosten eines Unternehmenszusammenschlusses werden den erworbenen identifizierbaren Vermögenswerten und den übernommenen Schulden unter Bezugnahme auf die beizulegenden Zeitwerte zugewiesen, für steuerliche Zwecke wird jedoch keine entsprechende Bewertungsanpassung durchgeführt.

Außerdem gibt es einige temporäre Differenzen, die keine zeitlichen Ergebnisunterschiede darstellen, beispielsweise solche temporären Differenzen, die auftreten, wenn:
(a) die Bewertung der nicht monetären Vermögenswerte und Schulden eines Unternehmens in seiner funktionalen Währung erfolgt, das zu versteuernde Einkommen bzw. der steuerliche Verlust (und damit der Steuerwert der nicht monetären Vermögenswerte und Schulden) jedoch in einer anderen Währung ermittelt wird;
(b) nicht-monetäre Vermögenswerte und Schulden gemäß IAS 29, Rechnungslegung in Hochinflationsländern, angepasst werden; oder
(c) der Buchwert eines Vermögenswertes oder einer Schuld sich bei erstmaligem Ansatz von dem anfänglichen Steuerwert unterscheidet.

IN3 Gemäß dem ursprünglichen IAS 12 war es einem Unternehmen gestattet, aktivische oder passivische latente Steuern nicht anzusetzen, wenn vernünftige substanzielle Hinweise dafür vorhanden waren, dass zeitliche Ergebnisunterschiede sich nicht innerhalb eines längeren Zeitraumes umkehren. Gemäß IAS 12 (überarbeitet) ist ein Unternehmen verpflichtet, eine latente Steuerschuld oder (unter bestimmten Bedingungen) einen latenten Steueranspruch für alle temporären Differenzen anzusetzen, Ausnahmen hiervon sind im Folgenden aufgeführt.

IN4 Gemäß dem ursprünglichen IAS 12 wurde Folgendes verlangt:
(a) aktivische latente Steuern aus zeitlichen Ergebnisunterschieden waren zu bilanzieren, wenn vernünftigerweise eine spätere Realisierung erwartet werden konnte; und
(b) aktivische latente Steuern infolge steuerlicher Verluste waren nur als Vermögenswert zu bilanzieren, wenn mit an Sicherheit grenzender Wahrscheinlichkeit zukünftiges zu versteuerndes Ergebnis in ausreichender Höhe vorhanden sein wird, damit der Steuervorteil dieses Verlustes realisiert werden kann. Gemäß dem ursprünglichen IAS 12 war es einem Unternehmen gestattet (jedoch nicht zwingend vorgeschrieben), den Ansatz des Vorteils aus steuerlichen Verlusten bis zur Periode der Realisierung aufzuschieben.

IAS 12 (überarbeitet) verlangt die Bilanzierung latenter Steueransprüche, wenn es wahrscheinlich ist, dass das zu versteuernde Ergebnis zur Verfügung stehen wird, das zur Realisierung des latenten Steueranspruches verwendet werden kann. Weist ein Unternehmen eine Historie steuerlicher Verluste auf, kann es latente Steueransprüche nur in dem Maße bilanzieren, in dem es über ausreichende zu versteuernde temporäre Differenzen verfügt oder überzeugende andere substanzielle Hinweise dafür vorliegen, dass in ausreichendem Umfang zu versteuerndes Ergebnis zur Verfügung stehen wird.

IN5 IAS 12 (überarbeitet) untersagt als Ausnahme zu der im obigen Paragraph 2 beschriebenen generellen Anforderung den Ansatz von latenten Steuerschulden und latenten Steueransprüchen hinsichtlich bestimmter Vermögenswerte oder Schulden, deren Buchwert sich beim erstmaligen Ansatz von dem anfänglichen Steuerwert unterscheidet. Da solche Fälle auch keine zeitlichen Ergebnisunterschiede verursachen, führten sie auch nach dem ursprünglichen IAS 12 nicht zu latenten Steueransprüchen oder latenten Steuerschulden.

IN6 Der ursprüngliche IAS 12 verlangte den Ansatz von Steuerschulden auf thesaurierte Gewinne von Tochterunternehmen und assoziierten Unternehmen, es sei denn, es war vernünftigerweise anzunehmen, dass diese Gewinne nicht ausgeschüttet werden oder dass eine Gewinnausschüttung nicht zu einer Steuerschuld führen wird. Gemäß IAS 12 (überarbeitet) ist der Ansatz solcher latenten Steuerschulden (und solcher auf damit verbundene kumulative Währungsumrechnungsdifferenzen) in folgenden Fällen untersagt:
(a) das Mutterunternehmen, der Anteilseigner oder das Partnerunternehmen ist in der Lage, den zeitlichen Verlauf der Umkehrung der temporären Differenz zu steuern; und
(b) es ist wahrscheinlich, dass die temporäre Differenz sich in absehbarer Zeit nicht umkehren wird.

Wo dieses Verbot dazu führt, dass keine latenten Steuerschulden bilanziert wurden, verlangt IAS 12 (überarbeitet) von einem Unternehmen die Angabe der Summe des Betrages der betreffenden temporären Differenzen.

(a) subsidiaries, associates or joint ventures have not distributed their entire profits to the parent or investor;
(b) assets are revalued and no equivalent adjustment is made for tax purposes; and
(c) the cost of a business combination is allocated to the identifiable assets acquired and liabilities assumed by reference to their fair values, but no equivalent adjustment is made for tax purposes.

Furthermore, there are some temporary differences which are not timing differences, for example those temporary differences that arise when:
(a) the non-monetary assets and liabilities of an entity are measured in its functional currency but the taxable profit or tax loss (and, hence, the tax base of its non-monetary assets and liabilities is determined in a difference currency;
(b) non-monetary assets and liabilities are restated under IAS 29, financial reporting in hyperinflationary economies; or
(c) the carrying amount of an asset or liability on initial recognition differs from its initial tax base.

The original IAS 12 permitted an enterprise not to recognise deferred tax assets and liabilities where there was reasonable evidence that timing differences would not reverse for some considerable period ahead. IAS 12 (revised) requires an enterprise to recognise a deferred tax liability or (subject to certain conditions) asset for all temporary differences, with certain exceptions noted below. **IN3**

The original IAS 12 required that: **IN4**
(a) deferred tax assets arising from timing differences should be recognised when there was a reasonable expectation of realisation; and
(b) deferred tax assets arising from tax losses should be recognised as an asset only where there was assurance beyond any reasonable doubt that future taxable income would be sufficient to allow the benefit of the loss to be realised. The original IAS 12 permitted (but did not require) an enterprise to defer recognition of the benefit of tax losses until the period of realisation.

IAS 12 (revised) requires that deferred tax assets should be recognised when it is probable that taxable profits will be available against which the deferred tax asset can be utilised. Where an enterprise has a history of tax losses, the enterprise recognises a deferred tax asset only to the extent that the enterprise has sufficient taxable temporary differences or there is convincing other evidence that sufficient taxable profit will be available.

As an exception to the general requirement set out in paragraph 2 above, IAS 12 (revised) prohibits the recognition of deferred tax liabilities and deferred tax assets arising from certain assets or liabilities whose carrying amount differs on initial recognition from their initial tax base. Because such circumstances do not give rise to timing differences, they did not result in deferred tax assets or liabilities under the original IAS 12. **IN5**

The original IAS 12 required that taxes payable on undistributed profits of subsidiaries and associates should be recognised unless it was reasonable to assume that those profits will not be distributed or that a distribution would not give rise to a tax liability. However, IAS 12 (revised) prohibits the recognition of such deferred tax liabilities (and those arising from any related cumulative translation adjustment) to the extent that: **IN6**
(a) the parent, investor or venturer is able to control the timing of the reversal of the temporary difference; and
(b) it is probable that the temporary difference will not reverse in the foreseeable future.

Where this prohibition has the result that no deferred tax liabilities have been recognised, IAS 12 (revised) requires an enterprise to disclose the aggregate amount of the temporary differences concerned.

IAS 12

IN7 Der ursprüngliche IAS 12 bezog sich nicht ausdrücklich auf Bewertungsanpassungen hinsichtlich des beizulegenden Zeitwertes bei Unternehmenszusammenschlüssen. Solche Anpassungen verursachen temporäre Unterschiede, und gemäß IAS 12 (überarbeitet) wird von einem Unternehmen der Ansatz der entstehenden latenten Steuerschuld oder (unter Voraussetzung der Erfüllung der Wahrscheinlichkeitskriterien für den Ansatz) des latenten Steueranspruches mit entsprechenden Konsequenzen für die Bestimmung des Betrages des Geschäfts- oder Firmenwertes oder jeglichen Überschusses des Anteils des Erwerbers an dem beizulegenden Zeitwert der identifizierbaren Vermögenswerte, Schulden und Eventualschulden des erworbenen Unternehmens über die Anschaffungskosten des Zusammenschlusses verlangt. IAS 12 (überarbeitet) untersagt jedoch den Ansatz von latenten Steuerschulden, die aus dem erstmaligen Ansatz des Geschäfts- oder Firmenwertes hervorgehen.

IN8 Gemäß dem ursprünglichen IAS 12 war es einem Unternehmen gestattet, aber es wurde nicht verlangt, eine latente Steuerschuld in Bezug auf Neubewertungen von Vermögenswerten zu bilanzieren. IAS 12 (überarbeitet) verlangt von einem Unternehmen die Bilanzierung einer latenten Steuerschuld in Bezug auf Neubewertungen von Vermögenswerten.

IN9 Die steuerlichen Konsequenzen der Realisierung des Buchwertes bestimmter Vermögenswerte oder Schulden können davon abhängen, auf welche Weise die Realisierung oder die Erfüllung der Verpflichtung erfolgte. So gilt beispielsweise Folgendes:
(a) in bestimmten Ländern werden Veräußerungsgewinne nicht mit den gleichen Steuersätzen wie sonstiges zu versteuerndes Einkommen besteuert; und
(b) in einigen Ländern ist der steuerlich abzugsfähige Betrag beim Verkauf eines Vermögenswertes höher als der über die Abschreibung abzugsfähige Betrag.

Zu diesen Fällen fanden sich im ursprünglichen IAS 12 keine Leitlinien zur Bewertung latenter Steueransprüche und latenter Steuerschulden. IAS 12 (überarbeitet) verlangt, dass die Bewertung latenter Steuerschulden und latenter Steueransprüche auf der Basis der steuerlichen Konsequenzen zu erfolgen hat, die sich aus der Art und Weise ergeben, in der das Unternehmen erwartungsgemäß den Buchwert seiner Vermögenswerte realisieren oder den Buchwert seiner Schulden erfüllen wird.

IN10 Im ursprünglichen IAS 12 fand sich keine explizite Bestimmung dazu, ob latente Steueransprüche und latente Steuerschulden abgezinst werden dürfen. IAS 12 (überarbeitet) untersagt eine Abzinsung latenter Steueransprüche und latenter Steuerschulden. Paragraph 16(i) von IFRS 3 *Unternehmenszusammenschlüsse* untersagt die Abzinsung latenter Steueransprüche und latenter Steuerschulden, die bei einem Unternehmenszusammenschluss erworben bzw. übernommen wurden.

IN11 Der ursprüngliche IAS 12 führte nicht aus, ob ein Unternehmen Steuerabgrenzungsposten als kurzfristige Vermögenswerte und Schulden oder als langfristige Vermögenswerte und Schulden einzuordnen hat. IAS12 (überarbeitet) verlangt, dass ein Unternehmen, welches zwischen kurzfristig und langfristig unterscheidet, latente Steueransprüche und latente Steuerschulden nicht als kurzfristige Vermögenswerte und Schulden eingruppieren darf.

IN12 Der ursprüngliche IAS 12 bestimmte, dass aktivische und passivische Steuerabgrenzungsposten saldiert werden können. IAS 12 (überarbeitet) schreibt strengere Voraussetzungen für die Saldierung vor, denen im Wesentlichen die Saldierungsvoraussetzungen für finanzielle Vermögenswerte und Schulden gemäß IAS 32 Finanzinstrumente: Darstellung, zu Grunde liegen.

IN13 Der ursprüngliche IAS 12 verlangte die Angabe einer Erläuterung der Relation zwischen Steueraufwand und handelsrechtlichem Ergebnis (vor Ertragsteuern), falls diese nicht durch die im Land des berichtenden Unternehmens gültigen Steuersätze erklärt wird. Gemäß IAS 12 (überarbeitet) hat diese Erläuterung in einer der beiden im Folgenden beschriebenen Formen zu erfolgen:
(i) eine Überleitungsrechnung zwischen Steueraufwand (Steuerertrag) und dem Produkt aus dem handelsrechtlichen Ergebnis (vor Ertragsteuern) und mit dem anzuwendenden Steuersatz (bzw. den anzuwendenden Steuersätzen); oder
(ii) eine Überleitungsrechnung zwischen dem durchschnittlichen effektiven Steuersatz und dem anzuwendenden Steuersatz.

IAS 12 (überarbeitet) verlangt auch eine Erläuterung zu Änderungen im anzuwendenden Steuersatz (bzw. in den anzuwendenden Steuersätzen) im Vergleich zu der vorherigen Berichtsperiode.

The original IAS 12 did not refer explicitly to fair value adjustments made on a business combination. Such adjustments give rise to temporary differences and IAS 12 (revised) requires an entity to recognise the resulting deferred tax liability or (subject to the probability criterion for recognition) deferred tax asset with a corresponding effect on the determination of the amount of goodwill or any excess of the acquirer's interest in the net fair value of the acquiree's identifiable assets, liabilities and contingent liabilities over the cost of the combination. However, IAS 12 (revised) prohibits the recognition of deferred tax liabilities arising from the initial recognition of goodwill. — IN7

The original IAS 12 permitted, but did not require, an enterprise to recognise a deferred tax liability in respect of asset revaluations. IAS 12 (revised) requires an enterprise to recognise a deferred tax liability in respect of asset revaluations. — IN8

The tax consequences of recovering the carrying amount of certain assets or liabilities may depend on the manner of recovery or settlement, for example: — IN9
(a) in certain countries, capital gains are not taxed at the same rate as other taxable income; and
(b) in some countries, the amount that is deducted for tax purposes on sale of an asset is greater than the amount that may be deducted as depreciation.

The original IAS 12 gave no guidance on the measurement of deferred tax assets and liabilities in such cases. IAS 12 (revised) requires that the measurement of deferred tax liabilities and deferred tax assets should be based on the tax consequences that would follow from the manner in which the enterprise expects to recover or settle the carrying amount of its assets and liabilities.

The original IAS 12 did not state explicitly whether deferred tax assets and liabilities may be discounted. IAS 12 (revised) prohibits discounting of deferred tax assets and liabilities. Paragraph B16(i) of IFRS 3 *Business Combinations* prohibits discounting of deferred tax assets acquired and deferred tax liabilities assumed in a business combination. — IN10

The original IAS 12 did not specify whether an enterprise should classify deferred tax balances as current assets and liabilities or as non-current assets and liabilities. IAS 12 (revised) requires that an enterprise which makes the current/non-current distinction should not classify deferred tax assets and liabilities as current assets and liabilities. — IN11

The original IAS 12 stated that debit and credit balances representing deferred taxes may be offset. IAS 12 (revised) establishes more restrictive conditions on offsetting, based largely on those for financial assets and liabilities in IAS 32 financial instruments: presentation. — IN12

The original IAS 12 required disclosure of an explanation of the relationship between tax expense and accounting profit if not explained by the tax rates effective in the reporting enterprise's country. IAS 12 (revised) requires this explanation to take either or both of the following forms: — IN13
 (i) a numerical reconciliation between tax expense (income) and the product of accounting profit multiplied by the applicable tax rate(s); or
 (ii) a numerical reconciliation between the average effective tax rate and the applicable tax rate.

IAS 12 (revised) also requires an explanation of changes in the applicable tax rate(s) compared to the previous accounting period.

IN14 Zu den neuen, von IAS 12 (überarbeitet) verlangten Angabepflichten gehören:
(a) in Bezug auf alle Arten von temporären Differenzen, von noch nicht genutzten steuerlichen Verlusten und Steuergutschriften:
   (i) der bilanzierte Betrag latenter Steueransprüche und latenter Steuerschulden; und
   (ii) der in der Gewinn- und Verlustrechnung erfasste Betrag des latenten Steuerertrages oder Steueraufwandes, soweit sich dies nicht bereits aus den Änderungen der in der Bilanz angesetzten Beträge ergibt;
(b) in Bezug auf aufgegebene Geschäftsbereiche der Steueraufwand in Bezug auf:
   (i) den Gewinn oder Verlust auf Grund der Aufgabe; und
   (ii) den Gewinn oder Verlust der gewöhnlichen Tätigkeit des aufgegebenen Geschäftsbereiches; und
(c) der Betrag eines latenten Steueranspruches und die Art des substanziellen Hinweises für dessen Ansatz, wenn:
   (i) die Nutzung des latenten Steueranspruches von zukünftigen zu versteuernden Einkommen abhängig ist, welche höher sind als die aus der Umkehrung bestehender zu versteuernder temporärer Differenzen entstehenden Gewinne; und
   (ii) das Unternehmen entweder in der laufenden Periode oder in der vorhergehenden Periode in dem Steuerrechtskreis, auf den sich die latenten Steueransprüche beziehen, einen Verlust erlitten hat.

INHALT	Ziffern
Zielsetzung	
Anwendungsbereich	1–4
Definitionen	5–11
Steuerwert	7–11
Bilanzierung von tatsächlichen Steuerschulden und Steuererstattungsansprüchen	12–14
Bilanzierung von latenten Steuerschulden und latenten Steueransprüchen	15–45
Zu versteuernde temporäre Differenzen	15–23
Unternehmenszusammenschlüsse	19
Vermögenswerte, die zum beizulegenden Zeitwert angesetzt werden	20
Geschäfts- und Firmenwert	21–21B
Erstmaliger Ansatz eines Vermögenswertes oder einer Schuld	22–23
Abzugsfähige temporäre Differenzen	24–33
Erstmaliger Ansatz eines Vermögenswertes oder einer Schuld	33
Noch nicht genutzte steuerliche Verluste und noch nicht genutzte Steuergutschriften	34–36
Erneute Beurteilung von nicht angesetzten latenten Steueransprüchen	37
Anteile an Tochterunternehmen, Zweigniederlassungen und assoziierten Unternehmen sowie Anteile an Joint Ventures	38–45
Bewertung	46–56
Ansatz tatsächlicher und latenter Steuern	57–68C
Gewinn- und Verlustrechnung	58–60
Posten, die unmittelbar dem Eigenkapital gutgeschrieben oder belastet werden	61–65A
Latente Steuern als Folge eines Unternehmenszusammenschlusses	66–68
Tatsächliche und latente Steuern aus aktienbasierten Vergütungstransaktionen	68A–68C
Darstellung	69–78
Steueransprüche und Steuerschulden	69–76
Saldierung	71–76
Steueraufwand	77–78
Der gewöhnlichen Tätigkeit zuzurechnender Steueraufwand (Steuerertrag)	77
Währungsdifferenzen aus latenten Auslandssteuerschulden oder -ansprüchen	78
Angaben	79–88
Zeitpunkt des Inkrafttretens	89–91

Die fett gedruckten Vorschriften sind in Verbindung mit den Hintergrundmaterialien und den Anwendungsleitlinien dieses Standards sowie in Verbindung mit dem Vorwort zu den International Accounting Standards zu betrachten. International Accounting Standards brauchen nicht auf unwesentliche Sachverhalte angewendet zu werden (siehe Paragraph 12 des Vorwortes).

New disclosures required by IAS 12 (revised) include: IN14
(a) in respect of each type of temporary difference, unused tax losses and unused tax credits:
   (i) the amount of deferred tax assets and liabilities recognised; and
   (ii) the amount of the deferred tax income or expense recognised in the income statement, if this is not apparent from the changes in the amounts recognised in the balance sheet;
(b) in respect of discontinued operations, the tax expense relating to:
   (i) the gain or loss on discontinuance; and
   (ii) the profit or loss from the ordinary activities of the discontinued operation; and
(c) the amount of a deferred tax asset and the nature of the evidence supporting its recognition, when:
   (i) the utilisation of the deferred tax asset is dependent on future taxable profits in excess of the profits arising from the reversal of existing taxable temporary differences; and
   (ii) the enterprise has suffered a loss in either the current or preceding period in the tax jurisdiction to which the deferred tax asset relates.

SUMMARY

	Paragraphs
Objective	
Scope	1—4
Definitions	5—11
Tax base	7—11
Recognition of current tax liabilities and current tax assets	12—14
Recognition of deferred tax liabilities and deferred tax assets	15—45
Taxable temporary differences	15—23
Business combinations	19
Assets carried at fair value	20
Goodwill	21
Initial recognition of an asset or liability	22—23
Deductible temporary differences	24—33
Initial recognition of an asset or liability	33
Unused tax losses and unused tax credits	34—36
Re-assessment of unrecognised deferred tax assets	37
Investments in subsidiaries, branches and associates and interests in joint ventures	38—45
Measurement	46—56
Recognition of current and deferred tax	57—68C
Income statement	58—60
Items credited or charged directly to equity	61—65A
Deferred tax arising from a business combination	66—68
Current and Deferred Tax Arising from Share-based Payment Transactions	68A-68C
Presentation	69—78
Tax assets and tax liabilities	69—76
Offset	71—76
Tax expense	77—78
Tax expense (income) related to profit or loss from ordinary activities	77
Exchange differences on deferred foreign tax liabilities or assets	78
Disclosure	79—88
Effective date	89—91

The standards, which have been set in bold type, should be read in the context of the background material and implementation guidance in this Standard, and in the context of the 'Preface to International Accounting Standards'. International Accounting Standards are not intended to apply to immaterial items (see paragraph 12 of the Preface).

IAS 12

ZIELSETZUNG

Die Zielsetzung dieses Standards ist die Regelung der Bilanzierung von Ertragsteuern. Die grundsätzliche Fragestellung bei der Bilanzierung von Ertragsteuern ist die Behandlung gegenwärtiger und künftiger steuerlicher Konsequenzen aus:
(a) der künftigen Realisierung (Erfüllung) des Buchwertes von Vermögenswerten (Schulden), welche in der Bilanz eines Unternehmens angesetzt sind; und
(b) Geschäftsvorfällen und anderen Ereignissen der Berichtsperiode, die im Abschluss eines Unternehmens erfasst sind.

Es ist dem Ansatz eines Vermögenswertes oder einer Schuld inhärent, dass das berichtende Unternehmen erwartet, den Buchwert dieses Vermögenswertes zu realisieren, bzw. diese Schuld zum Buchwert zu erfüllen. Falls es wahrscheinlich ist, dass die Realisierung oder die Erfüllung dieses Buchwertes zukünftige Steuerzahlungen erhöht (verringert), als dies der Fall wäre, wenn eine solche Realisierung oder eine solche Erfüllung keine steuerlichen Konsequenzen hätte, dann verlangt dieser Standard von einem Unternehmen, von bestimmten limitierten Ausnahmen abgesehen, die Bilanzierung einer latenten Steuerschuld (eines latenten Steueranspruches).

Dieser Standard verlangt von einem Unternehmen die Bilanzierung der steuerlichen Konsequenzen von Transaktionen und anderen Ereignissen grundsätzlich auf die gleiche Weise wie die Behandlung der Geschäftsvorfälle und anderen Ereignisse selbst. Demzufolge werden für Geschäftsvorfälle und andere Ereignisse, die erfolgswirksam erfasst werden, alle damit verbundenen steuerlichen Auswirkungen ebenfalls erfolgswirksam erfasst. Für direkt im Eigenkapital erfasste Geschäftsvorfälle und andere Ereignisse werden alle damit verbundenen steuerlichen Auswirkungen ebenfalls direkt im Eigenkapital erfasst. Gleichermaßen beeinflusst der Ansatz latenter Steueransprüche und latenter Steuerschulden aus einem Unternehmenszusammenschluss den Betrag des Geschäfts- oder Firmenwertes oder jeglichen Überschuss des Anteils des Erwerbers an dem beizulegenden Zeitwert der identifizierbaren Vermögenswerte, Schulden und Eventualschulden des erworbenen Unternehmens, der über die Anschaffungskosten des Unternehmenszusammenschlusses hinausgeht.

Dieser Standard befasst sich ebenfalls mit dem Ansatz latenter Steueransprüche als Folge bislang ungenutzter steuerlicher Verluste oder noch nicht genutzter Steuergutschriften, der Darstellung von Ertragsteuern im Abschluss und den Angabepflichten von Informationen zu den Ertragsteuern.

ANWENDUNGSBEREICH

1 Dieser Standard ist bei der Bilanzierung von Ertragsteuern anzuwenden.

2 Für die Zwecke dieses Standards beinhalten Ertragsteuern alle in- und ausländischen Steuern auf Grundlage der steuerpflichtigen Einkommen. Ertragsteuern beinhalten auch Steuern wie Quellensteuern, welche von einem Tochterunternehmen, einem assoziierten Unternehmen oder einem Joint Venture auf Grund von Ausschüttungen an das berichtende Unternehmen geschuldet werden.

3 (gestrichen)

4 Dieser Standard befasst sich nicht mit den Methoden der Bilanzierung von Zuwendungen der öffentlichen Hand (siehe IAS 20, Bilanzierung und Darstellung von Zuwendungen der öffentlichen Hand) oder von investitionsabhängigen Steuergutschriften. Dieser Standard befasst sich jedoch mit der Bilanzierung temporärer Unterschiede, die aus solchen öffentlichen Zuwendungen oder investitionsabhängigen Steuergutschriften resultieren können.

DEFINITIONEN

5 Folgende Begriffe werden in diesem Standard mit der angegebenen Bedeutung verwendet:
Das handelsrechtliche Ergebnis (vor Ertragsteuern) ist das Ergebnis vor Abzug des Steueraufwandes.
Das zu versteuernde Ergebnis (der steuerliche Verlust) ist das (der) nach den steuerlichen Vorschriften ermittelte Ergebnis (Verlust) der Periode, auf Grund dessen die Ertragsteuern zahlbar (erstattungsfähig) sind.
Der Steueraufwand (Steuerertrag) ist die Summe des Betrages aus tatsächlichen Steuern und latenten Steuern, die in die Ermittlung des Ergebnisses eingeht.
Die tatsächlichen Ertragsteuern sind der Betrag der geschuldeten (erstattungsfähigen) Ertragsteuern, der aus dem zu versteuernden Einkommen (steuerlichen Verlust) der Periode resultiert.
Die latenten Steuerschulden sind die Beträge an Ertragsteuern, die in zukünftigen Perioden resultierend aus zu versteuernden temporären Differenzen zahlbar sind.

IAS 12

OBJECTIVE

The objective of this Standard is to prescribe the accounting treatment for income taxes. The principal issue in accounting for income taxes is how to account for the current and future tax consequences of:
(a) the future recovery (settlement) of the carrying amount of assets (liabilities) that are recognised in an enterprise's balance sheet; and
(b) transactions and other events of the current period that are recognised in an enterprise's financial statements.

It is inherent in the recognition of an asset or liability that the reporting enterprise expects to recover or settle the carrying amount of that asset or liability. If it is probable that recovery or settlement of that carrying amount will make future tax payments larger (smaller) than they would be if such recovery or settlement were to have no tax consequences, this Standard requires an enterprise to recognise a deferred tax liability (deferred tax asset), with certain limited exceptions.

This Standard requires an entity to account for the tax consequences of transactions and other events in the same way that it accounts for the transactions and other events themselves. Thus, for transactions and other events recognised in profit or loss, any related tax effects are also recognised in profit or loss. For transactions and other events recognised directly in equity, any related tax effects are also recognised directly in equity. Similarly, the recognition of deferred tax assets and liabilities in a business combination affects the amount of goodwill arising in that business combination or the amount of any excess of the acquirer's interest in the net fair value of the acquiree's identifiable assets, liabilities and contingent liabilities over the cost of the combination.

This Standard also deals with the recognition of deferred tax assets arising from unused tax losses or unused tax credits, the presentation of income taxes in the financial statements and the disclosure of information relating to income taxes.

SCOPE

This Standard should be applied in accounting for income taxes. 1

For the purposes of this Standard, income taxes include all domestic and foreign taxes which are based on taxable profits. Income taxes also include taxes, such as withholding taxes, which are payable by a subsidiary, associate or joint venture on distributions to the reporting enterprise. 2

(deleted) 3

This Standard does not deal with the methods of accounting for government grants (see IAS 20, accounting for government grants and disclosure of government assistance) or investment tax credits. However, this Standard does deal with the accounting for temporary differences that may arise from such grants or investment tax credits. 4

DEFINITIONS

The following terms are used in this Standard with the meanings specified: 5
    Accounting profit is net profit or loss for a period before deducting tax expense.
    Taxable profit (tax loss) is the profit (loss) for a period, determined in accordance with the rules established by the taxation authorities, upon which income taxes are payable (recoverable).
    Tax expense (tax income) is the aggregate amount included in the determination of net profit or loss for the period in respect of current tax and deferred tax.
    Current tax is the amount of income taxes payable (recoverable) in respect of the taxable profit (tax loss) for a period.
    Deferred tax liabilities are the amounts of income taxes payable in future periods in respect of taxable temporary differences.

IAS 12

Die latenten Steueransprüche sind die Beträge an Ertragsteuern, die in zukünftigen Perioden erstattungsfähig sind, und aus:
(a) abzugsfähigen temporären Differenzen;
(b) dem Vortrag noch nicht genutzter steuerlicher Verluste; und
(c) dem Vortrag noch nicht genutzter steuerlicher Gewinne resultieren.

Temporäre Differenzen sind Unterschiedsbeträge zwischen dem Buchwert eines Vermögenswertes oder einer Schuld in der Bilanz und seinem Steuerwert. Temporäre Differenzen können entweder:
(a) zu versteuernde temporäre Differenzen sein, die temporäre Unterschiede darstellen, die zu steuerpflichtigen Beträgen bei der Ermittlung des zu versteuernden Einkommens (steuerlichen Verlustes) zukünftiger Perioden führen, wenn der Buchwert des Vermögenswertes realisiert oder der Schuld erfüllt wird; oder
(b) abzugsfähige temporäre Differenzen sein, die temporäre Unterschiede darstellen, die zu Beträgen führen, die bei der Ermittlung des zu versteuernden Ergebnisses (steuerlichen Verlustes) zukünftiger Perioden abzugsfähig sind, wenn der Buchwert des Vermögenswertes realisiert oder eine Schuld erfüllt wird.

Der Steuerwert eines Vermögenswertes oder einer Schuld ist der diesem Vermögenswert oder dieser Schuld für steuerliche Zwecke beizulegende Betrag.

6 Der Steueraufwand (Steuerertrag) umfasst den tatschlichen Steueraufwand (tatsächlichen Steuerertrag) und den latenten Steueraufwand (latenten Steuerertrag).

Steuerwert

7 Der Steuerwert eines Vermögenswertes ist der Betrag, der für steuerliche Zwecke von allen zu versteuernden wirtschaftlichen Vorteilen abgezogen werden kann, die einem Unternehmen bei Realisierung des Buchwertes des Vermögenswertes zufließen werden. Sind diese wirtschaftlichen Vorteile nicht zu versteuern, dann ist der Steuerwert des Vermögenswertes gleich seinem Buchwert.

> **Beispiele**
>
> 1. Eine Maschine kostet 100. In der Berichtsperiode und in früheren Perioden wurde für steuerliche Zwecke bereits eine Abschreibung von 30 abgezogen, und die verbleibenden Anschaffungskosten sind in zukünftigen Perioden entweder als Abschreibung oder durch einen Abzug bei der Veräußerung steuerlich abzugsfähig. Der sich aus der Nutzung der Maschine ergebende Erlös ist zu versteuern, ebenso ist jeder Veräußerungsgewinn aus dem Verkauf der Maschine zu versteuern bzw. für steuerliche Zwecke abzugsfähig. Der Steuerwert der Maschine beträgt 70.
> 2. Forderungen aus Zinsen haben einen Buchwert von 100. Die damit verbundenen Zinserlöse werden bei Zufluss besteuert. Der Steuerwert der Zinsforderungen beträgt Null.
> 3. Forderungen aus Lieferungen und Leistungen haben einen Buchwert von 100. Der damit verbundene Erlös wurde bereits in das zu versteuernde Einkommen (den steuerlichen Verlust) einbezogen. Der Steuerwert der Forderungen aus Lieferungen und Leistungen beträgt 100.
> 4. Dividendenforderungen von einem Tochterunternehmen haben einen Buchwert von 100. Die Dividenden sind nicht zu versteuern. Dem Grunde nach ist der gesamte Buchwert des Vermögenswertes von dem zufließenden wirtschaftlichen Nutzen abzugsfähig. Folglich beträgt der Steuerwert der Dividendenforderungen 100[1].
> 5. Eine Darlehensforderung hat einen Buchwert von 100. Die Rückzahlung des Darlehens wird keine steuerlichen Konsequenzen haben. Der Steuerwert des Darlehens beträgt 100.

8 Der Steuerwert einer Schuld ist deren Buchwert abzüglich aller Beträge, die für steuerliche Zwecke hinsichtlich dieser Schuld in zukünftigen Perioden abzugsfähig sind. Im Falle von im Voraus gezahlten Erlösen ist der Steuerwert der sich ergebenden Schuld ihr Buchwert abzüglich aller Beträge aus diesen Erlösen, die in Folgeperioden nicht besteuert werden.

---

[1] Bei dieser Analyse bestehen keine zu versteuernden temporären Differenzen. Eine alternative Analyse besteht, wenn der Dividendenforderung der Steuerwert Null zugeordnet wird und auf den sich ergebenden zu versteuernden temporären Unterschied von 100 ein Steuersatz von Null angewendet wird. In beiden Fällen besteht keine latente Steuerschuld.

Deferred tax assets are the amounts of income taxes recoverable in future periods in respect of:
(a) deductible temporary differences;
(b) the carryforward of unused tax losses; and
(c) the carryforward of unused tax credits.

Temporary differences are differences between the carrying amount of an asset or liability in the balance sheet and its tax base. Temporary differences may be either:
(a) taxable temporary differences, which are temporary differences that will result in taxable amounts in determining taxable profit (tax loss) of future periods when the carrying amount of the asset or liability is recovered or settled; or
(b) deductible temporary differences, which are temporary differences that will result in amounts that are deductible in determining taxable profit (tax loss) of future periods when the carrying amount of the asset or liability is recovered or settled.

The tax base of an asset or liability is the amount attributed to that asset or liability for tax purposes.

Tax expense (tax income) comprises current tax expense (current tax income) and deferred tax expense (deferred tax income).   **6**

Tax base

The tax base of an asset is the amount that will be deductible for tax purposes against any taxable economic benefits that will flow to an enterprise when it recovers the carrying amount of the asset. If those economic benefits will not be taxable, the tax base of the asset is equal to its carrying amount.   **7**

Examples

1. A machine cost 100. For tax purposes, depreciation of 30 has already been deducted in the current and prior periods and the remaining cost will be deductible in future periods, either as depreciation or through a deduction on disposal. Revenue generated by using the machine is taxable, any gain on disposal of the machine will be taxable and any loss on disposal will be deductible for tax purposes. The tax base of the machine is 70.
2. Interest receivable has a carrying amount of 100. The related interest revenue will be taxed on a cash basis. The tax base of the interest receivable is nil.
3. Trade receivables have a carrying amount of 100. The related revenue has already been included in taxable profit (tax loss). The tax base of the trade receivables is 100.
4. Dividends receivable from a subsidiary have a carrying amount of 100. The dividends are not taxable. In substance, the entire carrying amount of the asset is deductible against the economic benefits. Consequently, the tax base of the dividends receivable is 100[1].
5. A loan receivable has a carrying amount of 100. The repayment of the loan will have no tax consequences. The tax base of the loan is 100.

The tax base of a liability is its carrying amount, less any amount that will be deductible for tax purposes in respect of that liability in future periods. In the case of revenue which is received in advance, the tax base of the resulting liability is its carrying amount, less any amount of the revenue that will not be taxable in future periods.   **8**

---

[1] Under this analysis, there is no taxable temporary difference. An alternative analysis is that the accrued dividends receivable have a tax base of nil and that a tax rate of nil is applied to the resulting taxable temporary difference of 100. Under both analyses, there is no deferred tax liability.

> **Beispiele**
>
> 1. Kurzfristige Schulden schließen Aufwandsabgrenzungen (sonstige Verbindlichkeiten) mit einem Buchwert von 100 ein. Der damit verbundene Aufwand wird für steuerliche Zwecke bei Zahlung erfasst. Der Steuerwert der sonstigen Verbindlichkeiten ist Null.
> 2. Kurzfristige Schulden schließen vorausbezahlte Zinserlöse mit einem Buchwert von 100 ein. Der damit verbundene Zinserlös wurde bei Zufluss besteuert. Der Steuerwert der vorausbezahlten Zinsen ist Null.
> 3. Kurzfristige Schulden schließen Aufwandsabgrenzungen (sonstige Verbindlichkeiten) mit einem Buchwert von 100 ein. Der damit verbundene Aufwand wurde für steuerliche Zwecke bereits abgezogen. Der Steuerwert der sonstigen Verbindlichkeiten ist 100.
> 4. Kurzfristige Schulden schließen passivierte Geldbußen und -strafen mit einem Buchwert von 100 ein. Geldbußen und -strafen sind steuerlich nicht abzugsfähig. Der Steuerwert der passivierten Geldbußen und -strafen beträgt 100^2.
> 5. Eine Darlehensverbindlichkeit hat einen Buchwert von 100. Die Rückzahlung des Darlehens zieht keine steuerlichen Konsequenzen nach sich. Der Steuerwert des Darlehens beträgt 100.

9   Einige Sachverhalte haben zwar einen Steuerwert, sie sind jedoch in der Bilanz nicht als Vermögenswerte oder Schulden angesetzt. Beispielsweise werden Forschungskosten bei der Bestimmung des handelsrechtlichen Ergebnisses (vor Ertragsteuern) in der Periode, in welcher sie anfallen, als Aufwand erfasst, ihr Abzug ist bei der Ermittlung des zu versteuernden Ergebnisses (steuerlichen Verlustes) jedoch möglicherweise erst in einer späteren Periode zulässig. Der Unterschiedsbetrag zwischen dem Steuerwert der Forschungskosten, der von den Steuerbehörden als ein in zukünftigen Perioden abzugsfähiger Betrag anerkannt wird, und dem Buchwert von Null ist eine abzugsfähige temporäre Differenz, die einen latenten Steueranspruch zur Folge hat.

10 Ist der Steuerwert eines Vermögenswertes oder einer Schuld nicht unmittelbar erkennbar, ist es hilfreich, das Grundprinzip, auf das dieser Standard aufgebaut ist, heranzuziehen: Ein Unternehmen hat, mit wenigen festgelegten Ausnahmen, eine latente Steuerschuld (einen latenten Steueranspruch) dann zu bilanzieren, wenn die Realisierung oder die Erfüllung des Buchwertes des Vermögenswertes oder der Schuld zu zukünftigen höheren (niedrigeren) Steuerzahlungen führen würde, als dies der Fall wäre, wenn eine solche Realisierung oder Erfüllung keine steuerlichen Konsequenzen hätte. Beispiel C nach Paragraph 52 zeigt Umstände auf, in denen es hilfreich sein kann, dieses Grundprinzip heranzuziehen, beispielsweise, wenn der Steuerwert eines Vermögenswertes oder einer Schuld von der erwarteten Art der Realisierung oder der Erfüllung abhängt.

11 In einem Konzernabschluss werden temporäre Unterschiede durch den Vergleich der Buchwerte von Vermögenswerten und Schulden im Konzernabschluss mit dem zutreffenden Steuerwert ermittelt. Der Steuerwert wird durch Bezugnahme auf eine Steuererklärung für den Konzern in den Steuerrechtskreisen ermittelt, in denen eine solche Steuererklärung abgegeben wird. In anderen Steuerrechtskreisen wird der Steuerwert durch Bezugnahme auf die Steuererklärungen der einzelnen Unternehmen des Konzerns ermittelt.

BILANZIERUNG VON TATSÄCHLICHEN STEUERSCHULDEN UND STEUERERSTATTUNGSANSPRÜCHEN

12 **Die tatsächlichen Ertragsteuern für die laufende und frühere Perioden sind in dem Umfang, in dem sie noch nicht bezahlt sind, als Schuld anzusetzen. Falls der auf die laufende und frühere Perioden entfallende und bereits bezahlte Betrag den für diese Perioden geschuldeten Betrag übersteigt, so ist der Unterschiedsbetrag als Vermögenswert anzusetzen.**

13 **Der in der Erstattung tatsächlicher Ertragsteuern einer früheren Periode bestehende Vorteil eines steuerlichen Verlustrücktrages ist als Vermögenswert anzusetzen.**

14 Wenn ein steuerlicher Verlust zu einem Verlustrücktrag und zur Erstattung tatsächlicher Ertragsteuern einer früheren Periode genutzt wird, so bilanziert ein Unternehmen den Erstattungsanspruch als einen Vermögenswert in der Periode, in der der steuerliche Verlust entsteht, da es wahrscheinlich ist, dass der Nutzen aus dem Erstattungsanspruch dem Unternehmen zufließen wird und verlässlich ermittelt werden kann.

---

2   Bei dieser Analyse bestehen keine abzugsfähigen temporären Differenzen. Eine alternative Analyse besteht, wenn dem Gesamtbetrag der zahlbaren Geldstrafen und Geldbußen ein Steuerwert von Null zugeordnet wird und ein Steuersatz von Null auf den sich ergebenden abzugsfähigen temporären Unterschied von 100 angewendet wird. In beiden Fällen besteht kein latenter Steueranspruch.

Examples

1. Current liabilities include accrued expenses with a carrying amount of 100. The related expense will be deducted for tax purposes on a cash basis. The tax base of the accrued expenses is nil.
2. Current liabilities include interest revenue received in advance, with a carrying amount of 100. The related interest revenue was taxed on a cash basis. The tax base of the interest received in advance is nil.
3. Current liabilities include accrued expenses with a carrying amount of 100. The related expense has already been deducted for tax purposes. The tax base of the accrued expenses is 100.
4. Current liabilities include accrued fines and penalties with a carrying amount of 100. Fines and penalties are not deductible for tax purposes. The tax base of the accrued fines and penalties is 100[2].
5. A loan payable has a carrying amount of 100. The repayment of the loan will have no tax consequences. The tax base of the loan is 100.

9 Some items have a tax base but are not recognised as assets and liabilities in the balance sheet. For example, research costs are recognised as an expense in determining accounting profit in the period in which they are incurred but may not be permitted as a deduction in determining taxable profit (tax loss) until a later period. The difference between the tax base of the research costs, being the amount the taxation authorities will permit as a deduction in future periods, and the carrying amount of nil is a deductible temporary difference that results in a deferred tax asset.

10 Where the tax base of an asset or liability is not immediately apparent, it is helpful to consider the fundamental principle upon which this Standard is based: that an enterprise should, with certain limited exceptions, recognise a deferred tax liability (asset) whenever recovery or settlement of the carrying amount of an asset or liability would make future tax payments larger (smaller) than they would be if such recovery or settlement were to have no tax consequences. Example C following Paragraph 52 illustrates circumstances when it may be helpful to consider this fundamental principle, for example, when the tax base of an asset or liability depends on the expected manner of recovery or settlement.

11 In consolidated financial statements, temporary differences are determined by comparing the carrying amounts of assets and liabilities in the consolidated financial statements with the appropriate tax base. The tax base is determined by reference to a consolidated tax return in those jurisdictions in which such a return is filed. In other jurisdictions, the tax base is determined by reference to the tax returns of each enterprise in the group.

RECOGNITION OF CURRENT TAX LIABILITIES AND CURRENT TAX ASSETS

12 **Current tax for current and prior periods should, to the extent unpaid, be recognised as a liability. If the amount already paid in respect of current and prior periods exceeds the amount due for those periods, the excess should be recognised as an asset.**

13 **The benefit relating to a tax loss that can be carried back to recover current tax of a previous period should be recognised as an asset.**

14 When a tax loss is used to recover current tax of a previous period, an enterprise recognises the benefit as an asset in the period in which the tax loss occurs because it is probable that the benefit will flow to the enterprise and the benefit can be reliably measured.

---

2 Under this analysis, there is no deductible temporary difference. An alternative analysis is that the accrued fines and penalties payable have a tax base of nil and that a tax rate of nil is applied to the resulting deductible temporary difference of 100. Under both analyses, there is no deferred tax asset.

IAS 12

BILANZIERUNG VON LATENTEN STEUERSCHULDEN UND LATENTEN STEUERANSPRÜCHEN

Zu versteuernde temporäre Differenzen

15 Für alle zu versteuernden temporären Differenzen ist eine latente Steuerschuld anzusetzen, es sei denn, die latente Steuerschuld erwächst aus:
   (a) dem erstmaligen Ansatz des Geschäfts- oder Firmenwertes; oder
   (b) dem erstmaligen Ansatz eines Vermögenswertes oder einer Schuld bei einem Geschäftsvorfall, welcher:
       (i) kein Unternehmenszusammenschluss ist; und
       (ii) zum Zeitpunkt des Geschäftsvorfalles weder das handelsrechtliche Ergebnis (vor Ertragsteuern) noch das zu versteuernde Ergebnis (den steuerlichen Verlust) beeinflusst.
   Bei zu versteuernden temporären Differenzen in Verbindung mit Anteilen an Tochterunternehmen, Zweigniederlassungen und assoziierten Unternehmen sowie Anteilen an Joint Ventures ist jedoch eine latente Steuerschuld gemäß Paragraph 39 zu bilanzieren.

16 Definitionsgemäß wird bei dem Ansatz eines Vermögenswertes angenommen, dass sein Buchwert durch einen wirtschaftlichen Nutzen, der dem Unternehmen in zukünftigen Perioden zufließt, realisiert wird. Wenn der Buchwert des Vermögenswertes seinen Steuerwert übersteigt, wird der Betrag des zu versteuernden wirtschaftlichen Nutzens den steuerlich abzugsfähigen Betrag übersteigen. Dieser Unterschiedsbetrag ist eine zu versteuernde temporäre Differenz, und die Zahlungsverpflichtung für die auf ihn in zukünftigen Perioden entstehenden Ertragsteuern ist eine latente Steuerschuld. Wenn das Unternehmen den Buchwert des Vermögenswertes realisiert, kehrt sich die zu versteuernde temporäre Differenz um, und das Unternehmen erzielt ein zu versteuerndes Ergebnis. Dadurch ist es wahrscheinlich, dass das Unternehmen durch den Abfluss eines wirtschaftlichen Nutzens in Form von Steuerzahlungen belastet wird. Daher sind gemäß diesem Standard alle latenten Steuerschulden anzusetzen, ausgenommen bei Vorliegen gewisser Sachverhalte, die in den Paragraphen 15 und 39 beschrieben werden.

> **Beispiel**
>
> Ein Vermögenswert mit Anschaffungskosten von 150 hat einen Buchwert von 100. Die kumulierte planmäßige Abschreibung für Steuerzwecke beträgt 90, und der Steuersatz ist 25 %.
> Der Steuerwert des Vermögenswertes beträgt 60 (Anschaffungskosten von 150 abzüglich der kumulierten steuerlichen Abschreibung von 90). Um den Buchwert von 100 zu realisieren, muss das Unternehmen ein zu versteuerndes Ergebnis von 100 erzielen, es kann aber lediglich eine steuerliche Abschreibung von 60 erfassen. Als Folge wird das Unternehmen bei Realisierung des Buchwertes des Vermögenswertes Ertragsteuern von 10 (25 % von 40) bezahlen. Der Unterschiedsbetrag zwischen dem Buchwert von 100 und dem Steuerwert von 60 ist eine zu versteuernde temporäre Differenz von 40. Daher bilanziert das Unternehmen eine latente Steuerschuld von 10 (25 % von 40), die die Ertragsteuern darstellen, die es bei Realisierung des Buchwertes des Vermögenswertes zu bezahlen hat.

17 Einige temporäre Differenzen können entstehen, wenn Ertrag oder Aufwand in einer Periode in das handelsrechtliche Ergebnis (vor Ertragsteuern) einbezogen werden, aber in einer anderen Periode in das zu versteuernde Ergebnis einfließen. Solche temporären Differenzen werden oft als zeitliche Ergebnisunterschiede bezeichnet. Im Folgenden sind Beispiele von temporären Differenzen dieser Art aufgeführt. Es handelt sich dabei um zu versteuernde temporäre Unterschiede, welche folglich zu latenten Steuerschulden führen:
   (a) Zinserlöse werden im handelsrechtlichen Ergebnis (vor Ertragsteuern) auf Grundlage einer zeitlichen Abgrenzung erfasst, sie können jedoch gemäß einigen Steuergesetzgebungen zum Zeitpunkt des Zuflusses der Zahlung als zu versteuerndes Ergebnis behandelt werden. Der Steuerwert aller derartigen in der Bilanz angesetzten Forderungen ist Null, weil die Erlöse das zu versteuernde Einkommen erst mit Erhalt der Zahlung beeinflussen;
   (b) die zur Ermittlung des zu versteuernden Ergebnis (steuerlichen Verlustes) verwendete Abschreibung kann sich von der zur Ermittlung des handelsrechtlichen Ergebnisses (vor Ertragsteuern) verwendeten unterscheiden. Die temporäre Differenz ist der Unterschiedsbetrag zwischen dem Buchwert des Vermögenswertes und seinem Steuerwert, der sich aus den ursprünglichen Anschaffungskosten des Vermögenswertes minus aller von den Steuerbehörden zur Ermittlung des zu versteuernden Ergebnis der laufenden und für frühere Perioden zugelassenen Abschreibungen auf diesen Vermögenswert berechnet. Eine zu versteuernde temporäre Differenz entsteht und erzeugt eine latente Steuerschuld, wenn die steuerliche Abschreibungsrate über der berichteten Abschreibung liegt (falls die steuerliche Abschreibung langsamer ist als die berichtete, entsteht ein abzugsfähige temporäre Differenz, die zu einem latenten Steueranspruch führt); und
   (c) Entwicklungskosten können bei der Ermittlung des handelsrechtlichen Ergebnisses (vor Ertragsteuern) zunächst aktiviert und in zukünftigen Perioden abgeschrieben werden, bei der Ermittlung des zu ver-

IAS 12

RECOGNITION OF DEFERRED TAX LIABILITIES AND DEFERRED TAX ASSETS

Taxable temporary differences

A deferred tax liability shall be recognised for all taxable temporary differences, except to the extent that the deferred tax liability arises from: 15
(a) the initial recognition of goodwill; or
(b) the initial recognition of an asset or liability in a transaction which:
 (i) is not a business combination; and
 (ii) at the time of the transaction, affects neither accounting profit nor taxable profit (tax loss).

However, for taxable temporary differences associated with investments in subsidiaries, branches and associates, and interests in joint ventures, a deferred tax liability should be recognised in accordance with paragraph 39.

It is inherent in the recognition of an asset that its carrying amount will be recovered in the form of economic benefits that flow to the enterprise in future periods. When the carrying amount of the asset exceeds its tax base, the amount of taxable economic benefits will exceed the amount that will be allowed as a deduction for tax purposes. This difference is a taxable temporary difference and the obligation to pay the resulting income taxes in future periods is a deferred tax liability. As the enterprise recovers the carrying amount of the asset, the taxable temporary difference will reverse and the enterprise will have taxable profit. This makes it probable that economic benefits will flow from the enterprise in the form of tax payments. Therefore, this Standard requires the recognition of all deferred tax liabilities, except in certain circumstances described in paragraphs 15 and 39. 16

> **Example**
>
> An asset which cost 150 has a carrying amount of 100. Cumulative depreciation for tax purposes is 90 and the tax rate is 25 %.
> The tax base of the asset is 60 (cost of 150 less cumulative tax depreciation of 90). To recover the carrying amount of 100, the enterprise must earn taxable income of 100, but will only be able to deduct tax depreciation of 60. Consequently, the enterprise will pay income taxes of 10 (40 at 25 %) when it recovers the carrying amount of the asset. The difference between the carrying amount of 100 and the tax base of 60 is a taxable temporary difference of 40. Therefore, the enterprise recognises a deferred tax liability of 10 (40 at 25 %) representing the income taxes that it will pay when it recovers the carrying amount of the asset.

Some temporary differences arise when income or expense is included in accounting profit in one period but is included in taxable profit in a different period. Such temporary differences are often described as timing differences. The following are examples of temporary differences of this kind which are taxable temporary differences and which therefore result in deferred tax liabilities: 17
(a) interest revenue is included in accounting profit on a time proportion basis but may, in some jurisdictions, be included in taxable profit when cash is collected. The tax base of any receivable recognised in the balance sheet with respect to such revenues is nil because the revenues do not affect taxable profit until cash is collected;
(b) depreciation used in determining taxable profit (tax loss) may differ from that used in determining accounting profit. The temporary difference is the difference between the carrying amount of the asset and its tax base which is the original cost of the asset less all deductions in respect of that asset permitted by the taxation authorities in determining taxable profit of the current and prior periods. A taxable temporary difference arises, and results in a deferred tax liability, when tax depreciation is accelerated (if tax depreciation is less rapid than accounting depreciation, a deductible temporary difference arises, and results in a deferred tax asset); and
(c) development costs may be capitalised and amortised over future periods in determining accounting profit but deducted in determining taxable profit in the period in which they are incurred. Such development costs have a tax base of nil as they have already been deducted from taxable profit. The temporary difference is the difference between the carrying amount of the development costs and their tax base of nil.

steuernden Ergebnisses werden sie jedoch in der Periode, in der sie anfallen, in Abzug gebracht. Solche Entwicklungskosten haben einen Steuerwert von Null, da sie bereits vom zu versteuernden Ergebnis in Abzug gebracht wurden. Die temporäre Differenz ist der Unterschiedsbetrag zwischen dem Buchwert der Entwicklungskosten und seinem Steuerwert von Null.

18 Temporäre Differenzen entstehen ebenfalls, wenn:
(a) die Anschaffungskosten eines Unternehmenszusammenschlusses den erworbenen identifizierbaren Vermögenswerten und den übernommenen Schulden unter Ansatz der beizulegenden Zeitwerte zugewiesen werden, jedoch keine entsprechende Bewertungsanpassung für Steuerzwecke erfolgt (siehe Paragraph 19).
(b) Vermögenswerte neu bewertet werden und für Steuerzwecke keine entsprechende Bewertungsanpassung durchgeführt wird (siehe Paragraph 20);
(c) ein Geschäfts- oder Firmenwert bei einem Unternehmenszusammenschluss entsteht (siehe Paragraphen 21 und 32);
(d) der Steuerwert eines Vermögenswertes oder einer Schuld beim erstmaligen Ansatz von dessen bzw. deren anfänglichem Buchwert abweicht, beispielsweise, wenn ein Unternehmen steuerfreie Zuwendungen der öffentlichen Hand für bestimmte Vermögenswerte erhält (siehe Paragraphen 22 und 33); oder
(e) der Buchwert von Anteilen an Tochterunternehmen, Zweigniederlassungen und assoziierten Unternehmen oder Anteilen an Joint Ventures sich verändert hat, sodass er sich vom Steuerwert der Anteile unterscheidet (siehe Paragraphen 38 bis 45).

Unternehmenszusammenschlüsse

19 Die Anschaffungskosten des Unternehmenszusammenschlusses werden unter Ansatz der erworbenen identifizierbaren Vermögenswerte und der übernommenen identifizierbaren Schulden zu ihren beizulegenden Zeitwerten zum Erwerbszeitpunkt zugewiesen. Temporäre Differenzen entstehen, wenn die Steuerwerte der erworbenen identifizierbaren Vermögenswerte oder übernommenen identifizierbaren Schulden vom Unternehmenszusammenschluss nicht oder anders beeinflusst werden. Wenn beispielsweise der Buchwert eines Vermögenswertes auf seinen beizulegenden Zeitwert erhöht wird, der Steuerwert des Vermögenswertes jedoch weiterhin dem Betrag der Anschaffungskosten des Vorbesitzers entspricht, führt dies zu einer zu versteuernden temporären Differenz bzw. zu einer latenten Steuerschuld. Die sich ergebende latente Steuerschuld beeinflusst den Geschäfts- oder Firmenwert (siehe Paragraph 66).

Vermögenswerte, die zum beizulegenden Zeitwert angesetzt werden

20 IFRS gestatten oder fordern die Bilanzierung von bestimmten Vermögenswerten zum beizulegenden Zeitwert oder deren Neubewertung (siehe zum Beispiel IAS 16 *Sachanlagen*, IAS 38 *Immaterielle Vermögenswerte*, IAS 39 *Finanzinstrumente: Ansatz und Bewertung* und IAS 40 *Als Finanzinvestition gehaltene Immobilien*). In manchen Steuergesetzgebungen beeinflusst die Neubewertung oder eine andere Anpassung eines Vermögenswertes auf den beizulegenden Zeitwert das zu versteuernde Ergebnis der Berichtsperiode. Als Folge davon wird der Steuerwert des Vermögenswertes berichtigt, und es erwachsen keine temporären Unterschiede. In anderen Steuergesetzgebungen beeinflusst die Neubewertung oder Anpassung eines Vermögenswertes nicht das zu versteuernde Ergebnis der Periode der Neubewertung oder der Anpassung, und demzufolge wird der Steuerwert des Vermögenswertes nicht berichtigt. Trotzdem führt die künftige Realisierung des Buchwertes zu einem zu versteuernden Zufluss an wirtschaftlichem Nutzen für das Unternehmen und der Betrag, der für Steuerzwecke abzugsfähig ist, wird von dem des wirtschaftlichen Nutzens abweichen. Der Unterschiedsbetrag zwischen dem Buchwert eines neubewerteten Vermögenswertes und seinem Steuerwert ist ein temporärer Unterschied und führt zu einer latenten Steuerschuld oder einem latenten Steueranspruch. Dies trifft auch zu, wenn:
(a) das Unternehmen keine Veräußerung des Vermögenswertes beabsichtigt. In solchen Fällen wird der neubewertete Buchwert des Vermögenswertes durch dessen Verwendung realisiert, und dies erzeugt zu versteuerndes Einkommen, das die in den Folgeperioden steuerlich zulässige Abschreibung übersteigt; oder
(b) eine Verschiebung der Steuer auf Veräußerungsgewinne erfolgt, wenn die Erträge aus dem Verkauf des Vermögenswertes in ähnliche Vermögenswerte wieder angelegt werden. In solchen Fällen wird die Steuerzahlung endgültig beim Verkauf oder der Verwendung der ähnlichen Vermögenswerte fällig.

Geschäfts- oder Firmenwert

21 Der bei einem Unternehmenszusammenschluss entstehende Geschäfts- oder Firmenwert wird als der Unterschiedsbetrag zwischen den Anschaffungskosten eines Zusammenschlusses und dem Anteil des Erwerbers an den beizulegenden Zeitwerten der identifizierbaren Vermögenswerte, Schulden und Eventualschulden des

Temporary differences also arise when: 18
(a) the cost of a business combination is allocated by recognising the identifiable assets acquired and liabilities assumed at their fair values, but no equivalent adjustment is made for tax purposes (see paragraph 19);
(b) assets are revalued and no equivalent adjustment is made for tax purposes (see paragraph 20);
(c) goodwill arises in a business combination (see paragraphs 21 and 32);
(d) the tax base of an asset or liability on initial recognition differs from its initial carrying amount, for example when an enterprise benefits from non-taxable government grants related to assets (see paragraphs 22 and 33); or
(e) the carrying amount of investments in subsidiaries, branches and associates or interests in joint ventures becomes different from the tax base of the investment or interest (see paragraphs 38 to 45).

Business combinations

The cost of a business combination is allocated by recognising the identifiable assets acquired and liabilities assumed at their fair values at the acquisition date. Temporary differences arise when the tax bases of the identifiable assets acquired and liabilities assumed are not affected by the business combination or are affected differently. For example, when the carrying amount of an asset is increased to fair value but the tax base of the asset remains at cost to the previous owner, a taxable temporary difference arises which results in a deferred tax liability. The resulting deferred tax liability affects goodwill (see paragraph 66). 19

Assets carried at fair value

IFRSs permit or require certain assets to be carried at fair value or to be revalued (see, for example, IAS 16 *Property, Plant and Equipment*, IAS 38 *Intangible Assets*, IAS 39 *Financial Instruments: Recognition and Measurement* and IAS 40 *Investment Property*). In some jurisdictions, the revaluation or other restatement of an asset to fair value affects taxable profit (tax loss) for the current period. As a result, the tax base of the asset is adjusted and no temporary difference arises. In other jurisdictions, the revaluation or restatement of an asset does not affect taxable profit in the period of the revaluation or restatement and, consequently, the tax base of the asset is not adjusted. Nevertheless, the future recovery of the carrying amount will result in a taxable flow of economic benefits to the enterprise and the amount that will be deductible for tax purposes will differ from the amount of those economic benefits. The difference between the carrying amount of a revalued asset and its tax base is a temporary difference and gives rise to a deferred tax liability or asset. This is true even if: 20
(a) the enterprise does not intend to dispose of the asset. In such cases, the revalued carrying amount of the asset will be recovered through use and this will generate taxable income which exceeds the depreciation that will be allowable for tax purposes in future periods; or
(b) tax on capital gains is deferred if the proceeds of the disposal of the asset are invested in similar assets. In such cases, the tax will ultimately become payable on sale or use of the similar assets.

Goodwill

Goodwill arising in a business combination is measured as the excess of the cost of the combination over the acquirer's interest in the net fair value of the acquiree's identifiable assets, liabilities and contingent liabilities. Many taxation authorities do not allow reductions in the carrying amount of goodwill as a deductible expense in 21

erworbenen Unternehmens bewertet. Viele Steuerbehörden gestatten bei der Ermittlung des zu versteuernden Ergebnisses keine Verringerungen des Buchwertes des Geschäfts- oder Firmenwert als abzugsfähigen betrieblichen Aufwand. Außerdem sind die Anschaffungskosten des Geschäfts- oder Firmenwertes nach solchen Gesetzgebungen häufig nicht abzugsfähig, wenn ein Tochterunternehmen sein zugrunde liegendes Geschäft veräußert. Bei dieser Rechtslage hat der Geschäfts- oder Firmenwert einen Steuerwert von Null. Jeglicher Unterschiedsbetrag zwischen dem Buchwert des Geschäfts- oder Firmenwertes und seinem Steuerwert von Null ist eine zu versteuernde temporäre Differenz. Dieser Standard erlaubt jedoch nicht den Ansatz der entstehenden latenten Steuerschuld, weil der Geschäfts- oder Firmenwert als ein Restwert bewertet wird und der Ansatz der latenten Steuerschuld wiederum eine Erhöhung des Buchwertes des Geschäfts- oder Firmenwertes zur Folge hätte.

21A Nachträgliche Verringerungen einer latenten Steuerschuld, die nicht angesetzt ist, da sie aus einem erstmaligen Ansatz eines Geschäfts- oder Firmenwertes hervorging, werden angesehen als wären sie aus dem erstmaligen Ansatz des Geschäfts- oder Firmenwertes entstanden und daher nicht gemäß Paragraph 15(a) angesetzt. Wenn beispielsweise ein bei einem Unternehmenszusammenschluss erworbener Geschäfts- oder Firmenwert einen Wert von 100 hat mit einem Steuerwert von Null, untersagt Paragraph 15(a) dem Unternehmen, die daraus entstehende latente Steuerschuld anzusetzen. Wenn das Unternehmen nachträglich einen Wertminderungsaufwand von 20 für diesen Geschäfts- oder Firmenwert erfasst, so wird der Betrag der zu versteuernden temporären Differenz in Bezug auf den Geschäfts- oder Firmenwert von 100 auf 80 vermindert mit einer sich daraus ergebenden Wertminderung der nicht bilanzierten latenten Steuerschuld. Diese Wertminderung der nicht bilanzierten latenten Steuerschuld wird angesehen, als wäre sie aus dem erstmaligen Ansatz des Geschäfts- oder Firmenwertes entstanden, und daher vom Ansatz gemäß Paragraph 15(a) ausgenommen.

21B Latente Steuerschulden für zu versteuernde temporäre Differenzen werden jedoch in Bezug auf den Geschäfts- oder Firmenwert in dem Maße angesetzt, in dem sie nicht aus dem erstmaligen Ansatz des Geschäfts- oder Firmenwertes hervorgehen. Wenn die Anschaffungskosten eines bei einem Unternehmenszusammenschluss erworbenen Geschäfts- oder Firmenwertes beispielsweise 100 betragen und mit einem Satz von 20 Prozent pro Jahr steuerlich abzugsfähig sind, beginnend im Erwerbsjahr, so beläuft sich der Steuerwert des Geschäfts- oder Firmenwertes bei erstmaligem Ansatz auf 100 und am Ende des Erwerbsjahres auf 80. Wenn der Buchwert des Geschäfts- oder Firmenwertes am Ende des Erwerbsjahres unverändert bei 100 liegt, entsteht am Ende dieses Jahres eine zu versteuernde temporäre Differenz von 20. Da diese zu versteuernde temporäre Differenz sich nicht auf den erstmaligen Ansatz des Geschäfts- oder Firmenwertes bezieht, wird die daraus entstehende latente Steuerschuld angesetzt.

Erstmaliger Ansatz eines Vermögenswertes oder einer Schuld

22 Beim erstmaligen Ansatz eines Vermögenswertes oder einer Schuld kann ein temporärer Unterschied entstehen, beispielsweise, wenn der Betrag der Anschaffungskosten eines Vermögenswertes teilweise oder insgesamt steuerlich nicht abzugsfähig ist. Die Bilanzierungsmethode für einen derartigen temporären Unterschied hängt von der Art des Geschäftsvorfalles ab, welcher dem erstmaligen Ansatz des Vermögenswertes zu Grunde lag:
(a) bei einem Unternehmenszusammenschluss bilanziert ein Unternehmen alle latenten Steuerschulden und latenten Steueransprüche, und dies beeinflusst die Höhe des Geschäfts- oder Firmenwertes oder die Höhe des Unterschiedsbetrags zwischen den Anschaffungskosten des Unternehmenszusammenschlusses und dem Anteil des Erwerbers an dem beizulegenden Zeitwert der identifizierbaren Vermögenswerte, Schulden und Eventualschulden des erworbenen Unternehmens (siehe Paragraph 19);
(b) falls der Geschäftsvorfall entweder das handelsrechtliche Ergebnis (vor Ertragsteuern) oder das zu versteuernde Einkommen beeinflusst, bilanziert ein Unternehmen alle latenten Steuerschulden oder latenten Steueransprüche und erfasst den sich ergebenden latenten Steueraufwand oder Steuerertrag in der Gewinn- und Verlustrechnung (siehe Paragraph 59);
(c) falls es sich bei dem Geschäftsvorfall nicht um einen Unternehmenszusammenschluss handelt und weder das handelsrechtliche Ergebnis (vor Ertragsteuern) noch das zu versteuernde Ergebnis beeinflusst werden, würde ein Unternehmen, falls keine Befreiung gemäß den Paragraphen 15 und 24 möglich ist, die sich ergebenden latenten Steuerschulden oder latenten Steueransprüche bilanzieren und den Buchwert des Vermögenswertes oder der Schuld in Höhe des gleichen Betrages berichtigen. Ein Abschluss würde jedoch durch solche Berichtigungen unklarer. Aus diesem Grund gestattet dieser Standard einem Unternehmen keine Bilanzierung der sich ergebenden latenten Steuerschuld oder des sich ergebenden latenten Steueranspruches, weder beim erstmaligen Ansatz noch später (siehe das Beispiel auf der nächsten Seite). Außerdem berücksichtigt ein Unternehmen auch keine späteren Änderungen der nicht erfassten latenten Steuerschulden oder latenten Steueransprüche infolge der Abschreibung des Vermögenswertes.

determining taxable profit. Moreover, in such jurisdictions, the cost of goodwill is often not deductible when a subsidiary disposes of its underlying business. In such jurisdictions, goodwill has a tax base of nil. Any difference between the carrying amount of goodwill and its tax base of nil is a taxable temporary difference. However, this Standard does not permit the recognition of the resulting deferred tax liability because goodwill is measured as a residual and the recognition of the deferred tax liability would increase the carrying amount of goodwill.

Subsequent reductions in a deferred tax liability that is unrecognised because it arises from the initial recognition of goodwill are also regarded as arising from the initial recognition of goodwill and are therefore not recognised under paragraph 15(a). For example, if goodwill acquired in a business combination has a cost of 100 but a tax base of nil, paragraph 15(a) prohibits the entity from recognising the resulting deferred tax liability. If the entity subsequently recognises an impairment loss of 20 for that goodwill, the amount of the taxable temporary difference relating to the goodwill is reduced from 100 to 80, with a resulting decrease in the value of the unrecognised deferred tax liability. That decrease in the value of the unrecognised deferred tax liability is also regarded as relating to the initial recognition of the goodwill and is therefore prohibited from being recognised under paragraph 15(a). 21A

Deferred tax liabilities for taxable temporary differences relating to goodwill are, however, recognised to the extent they do not arise from the initial recognition of goodwill. For example, if goodwill acquired in a business combination has a cost of 100 that is deductible for tax purposes at a rate of 20 per cent per year starting in the year of acquisition, the tax base of the goodwill is 100 on initial recognition and 80 at the end of the year of acquisition. If the carrying amount of goodwill at the end of the year of acquisition remains unchanged at 100, a taxable temporary difference of 20 arises at the end of that year. Because that taxable temporary difference does not relate to the initial recognition of the goodwill, the resulting deferred tax liability is recognised. 21B

Initial recognition of an asset or liability

A temporary difference may arise on initial recognition of an asset or liability, for example if part or all of the cost of an asset will not be deductible for tax purposes. The method of accounting for such a temporary difference depends on the nature of the transaction which led to the initial recognition of the asset: 22
(a) in a business combination, an entity recognises any deferred tax liability or asset and this affects the amount of goodwill or the amount of any excess over the cost of the combination of the acquirer's interest in the net fair value of the acquiree's identifiable assets, liabilities and contingent liabilities (see paragraph 19);
(b) if the transaction affects either accounting profit or taxable profit, an enterprise recognises any deferred tax liability or asset and recognises the resulting deferred tax expense or income in the income statement (see paragraph 59);
(c) if the transaction is not a business combination, and affects neither accounting profit nor taxable profit, an enterprise would, in the absence of the exemption provided by paragraphs 15 and 24, recognise the resulting deferred tax liability or asset and adjust the carrying amount of the asset or liability by the same amount. Such adjustments would make the financial statements less transparent. Therefore, this Standard does not permit an enterprise to recognise the resulting deferred tax liability or asset, either on initial recognition or subsequently (see example on next page). Furthermore, an enterprise does not recognise subsequent changes in the unrecognised deferred tax liability or asset as the asset is depreciated.

IAS 12

23 Gemäß IAS 32 Finanzinstrumente: Darstellung, klassifiziert der Emittent von kombinierten Finanzinstrumenten (beispielsweise einer Wandelschuldverschreibung) die Schuldkomponente des Instrumentes als eine Schuld und die Eigenkapitalkomponente als Eigenkapital. Gemäß manchen Gesetzgebungen ist beim erstmaligen Ansatz der Steuerwert der Schuldkomponente gleich dem anfänglichen Betrag der Summe aus Schuld- und Eigenkapitalkomponente. Die entstehende zu versteuernde temporäre Differenz ergibt sich daraus, dass der erstmalige Ansatz der Eigenkapitalkomponente getrennt von derjenigen der Schuldkomponente erfolgt. Daher ist die in Paragraph 15(b) dargestellte Ausnahme nicht anwendbar. Demzufolge bilanziert ein Unternehmen die sich ergebende latente Steuerschuld. Gemäß Paragraph 61 wird die latente Steuerschuld unmittelbar dem Buchwert der Eigenkapitalkomponente belastet. Gemäß Paragraph 58 sind alle nachfolgenden Änderungen der latenten Steuerschuld in der Gewinn- und Verlustrechnung als latenter Steueraufwand (latenter Steuerertrag) zu erfassen.

> **Beispiel zur Veranschaulichung des Paragraphen 22(c)**
>
> Ein Unternehmen beabsichtigt, einen Vermögenswert mit Anschaffungskosten von 1 000 während seiner Nutzungsdauer von fünf Jahren zu verwenden und ihn dann zu einem Restwert von Null zu veräußern. Der Steuersatz beträgt 40 %. Die Abschreibung des Vermögenswertes ist steuerlich nicht abzugsfähig. Jeder Veräußerungsgewinn bei einem Verkauf wäre steuerfrei, und jeder Verlust wäre nicht abzugsfähig.
> Bei der Realisierung des Buchwertes des Vermögenswertes erzielt das Unternehmen ein zu versteuerndes Ergebnis von 1 000 und bezahlt Steuern von 400. Das Unternehmen bilanziert die sich ergebende latente Steuerschuld von 400 nicht, da sie aus dem erstmaligen Ansatz des Vermögenswertes stammt.
> In der Folgeperiode beträgt der Buchwert des Vermögenswertes 800. Bei der Erzielung eines zu versteuernden Ergebnisses von 800 bezahlt das Unternehmen Steuern in Höhe von 320. Das Unternehmen bilanziert die latente Steuerschuld von 320 nicht, da sie aus dem erstmaligen Ansatz des Vermögenswertes stammt.

Abzugsfähige temporäre Differenzen

24 Ein latenter Steueranspruch ist für alle abzugsfähigen temporären Differenzen in dem Maße zu bilanzieren, wie es wahrscheinlich ist, dass ein zu versteuerndes Ergebnis verfügbar sein wird, gegen das die abzugsfähige temporäre Differenz verwendet werden kann, es sei denn, der latente Steueranspruch stammt aus dem erstmaligen Ansatz eines Vermögenswertes oder einer Schuld zu einem Geschäftsvorfall, der:
(a) kein Unternehmenszusammenschluss ist; und
(b) zum Zeitpunkt des Geschäftsvorfalles weder das handelsrechtliche Ergebnis (vor Ertragsteuern) noch das zu versteuernde Ergebnis (den steuerlichen Verlust) beeinflusst.
Für abzugsfähige temporäre Differenzen in Verbindung mit Anteilen an Tochterunternehmen, Zweigniederlassungen und assoziierten Unternehmen sowie Anteilen an Joint Ventures ist ein latenter Steueranspruch jedoch gemäß Paragraph 44 zu bilanzieren.

25 Definitionsgemäß wird bei der Bilanzierung einer Schuld angenommen, dass deren Buchwert in zukünftigen Perioden durch einen Abfluss von wirtschaftlich relevanten Unternehmensressourcen erfüllt wird. Beim Abfluss der Ressourcen vom Unternehmen können alle Beträge oder ein Teil davon bei der Ermittlung des zu versteuernden Ergebnisses einer Periode abzugsfähig sein, die der Passivierung der Schuld zeitlich nachgelagert ist. In solchen Fällen besteht ein temporärer Unterschied zwischen dem Buchwert der Schuld und ihrem Steuerwert. Dementsprechend entsteht ein latenter Steueranspruch im Hinblick auf die in zukünftigen Perioden erstattungsfähigen Ertragsteuern, wenn dieser Teil der Schuld bei der Ermittlung des zu versteuernden Ergebnisses abzugsfähig ist. Ist analog der Buchwert eines Vermögenswertes geringer als sein Steuerwert, entsteht aus dem Unterschiedsbetrag ein latenter Steueranspruch in Bezug auf die in zukünftigen Perioden erstattungsfähigen Ertragsteuern.

> **Beispiel**
>
> Ein Unternehmen bilanziert eine Schuld von 100 für zurückgestellte Gewährleistungskosten hinsichtlich eines Produktes. Die Gewährleistungskosten für dieses Produkt sind für steuerliche Zwecke erst zu dem Zeitpunkt abzugsfähig, an dem das Unternehmen Gewährleistungsverpflichtungen zahlt. Der Steuersatz beträgt 25 %.
> Der Steuerwert der Schuld ist Null (Buchwert von 100 abzüglich des Betrages, der im Hinblick auf die Schulden in zukünftigen Perioden steuerlich abzugsfähig ist). Mit der Erfüllung der Schuld zu ihrem Buchwert verringert das Unternehmen sein zukünftiges zu versteuerndes Ergebnis um einen Betrag von 100 und verringert folglich seine zukünftigen Steuerzahlungen um 25 (25 % von 100). Der Unterschiedsbetrag zwischen dem Buchwert von 100 und dem Steuerwert von Null ist eine abzugsfähige temporäre

In accordance with IAS 32 financial instruments: presentation, the issuer of a compound financial instrument (for example, a convertible bond) classifies the instrument's liability component as a liability and the equity component as equity. In some jurisdictions, the tax base of the liability component on initial recognition is equal to the initial carrying amount of the sum of the liability and equity components. The resulting taxable temporary difference arises from the initial recognition of the equity component separately from the liability component. Therefore, the exception set out in paragraph 15(b) does not apply. Consequently, an enterprise recognises the resulting deferred tax liability. In accordance with paragraph 61, the deferred tax is charged directly to the carrying amount of the equity component. In accordance with paragraph 58, subsequent changes in the deferred tax liability are recognised in the income statement as deferred tax expense (income).

Example illustrating paragraph 22(c)

An enterprise intends to use an asset which cost 1 000 throughout its useful life of five years and then dispose of it for a residual value of nil. The tax rate is 40 %. Depreciation of the asset is not deductible for tax purposes. On disposal, any capital gain would not be taxable and any capital loss would not be deductible. As it recovers the carrying amount of the asset, the enterprise will earn taxable income of 1 000 and pay tax of 400. The enterprise does not recognise the resulting deferred tax liability of 400 because it results from the initial recognition of the asset.
In the following year, the carrying amount of the asset is 800. In earning taxable income of 800, the enterprise will pay tax of 320. The enterprise does not recognise the deferred tax liability of 320 because it results from the initial recognition of the asset.

Deductible temporary differences

A deferred tax asset shall be recognised for all deductible temporary differences to the extent that it is probable that taxable profit will be available against which the deductible temporary difference can be utilised, unless the deferred tax asset arises from the initial recognition of an asset or liability in a transaction that:
(a) is not a business combination; and
(b) at the time of the transaction, affects neither accounting profit nor taxable profit (tax loss).
However, for deductible temporary differences associated with investments in subsidiaries, branches and associates, and interests in joint ventures, a deferred tax asset should be recognised in accordance with paragraph 44.

It is inherent in the recognition of a liability that the carrying amount will be settled in future periods through an outflow from the enterprise of resources embodying economic benefits. When resources flow from the enterprise, part or all of their amounts may be deductible in determining taxable profit of a period later than the period in which the liability is recognised. In such cases, a temporary difference exists between the carrying amount of the liability and its tax base. Accordingly, a deferred tax asset arises in respect of the income taxes that will be recoverable in the future periods when that part of the liability is allowed as a deduction in determining taxable profit. Similarly, if the carrying amount of an asset is less than its tax base, the difference gives rise to a deferred tax asset in respect of the income taxes that will be recoverable in future periods.

Example

An enterprise recognises a liability of 100 for accrued product warranty costs. For tax purposes, the product warranty costs will not be deductible until the enterprise pays claims. The tax rate is 25 %.
The tax base of the liability is nil (carrying amount of 100, less the amount that will be deductible for tax purposes in respect of that liability in future periods). In settling the liability for its carrying amount, the enterprise will reduce its future taxable profit by an amount of 100 and, consequently, reduce its future tax payments by 25 (100 at 25 %). The difference between the carrying amount of 100 and the tax base of nil is a deductible temporary difference of 100. Therefore, the enterprise recognises a deferred tax asset of 25 (100 at 25 %), provided that it is probable that the enterprise will earn sufficient taxable profit in future periods to benefit from a reduction in tax payments.

> Differenz von 100. Daher bilanziert das Unternehmen einen latenten Steueranspruch von 25 (25 % von 100), vorausgesetzt, es ist wahrscheinlich, dass das Unternehmen in zukünftigen Perioden ein ausreichendes zu versteuerndes Ergebnis erwirtschaftet, um aus der Verringerung der Steuerzahlungen einen Vorteil zu ziehen.

26 Im Folgenden sind Beispiele von abzugsfähigen temporären Differenzen aufgeführt, die latente Steueransprüche zur Folge haben:
(a) Kosten der betrieblichen Altersversorgung können bei der Ermittlung des handelsrechtlichen Ergebnisses (vor Ertragsteuern) entsprechend der Leistungserbringung durch den Arbeitnehmer in Abzug gebracht werden, der Abzug zur Ermittlung des zu versteuernden Ergebnisses ist hingegen erst zulässig, wenn die Beiträge vom Unternehmen in einen Pensionsfonds eingezahlt werden oder wenn betriebliche Altersversorgungsleistungen vom Unternehmen bezahlt werden. Es besteht eine temporäre Differenz zwischen dem Buchwert der Schuld und ihrem Steuerwert, wobei der Steuerwert der Schuld im Regelfall Null ist. Eine derartige abzugsfähige temporärer Differenz hat einen latenten Steueranspruch zur Folge, da die Verminderung des zu versteuernden Einkommens durch die Bezahlung von Beiträgen oder Versorgungsleistungen für das Unternehmen einen Zufluss an wirtschaftlichem Nutzen bedeutet;
(b) Forschungskosten werden in der Periode, in der sie anfallen, als Aufwand bei der Ermittlung des handelsrechtlichen Ergebnisses (vor Ertragsteuern) erfasst, der Abzug bei der Ermittlung des zu versteuernden Ergebnisses (steuerlichen Verlustes) ist möglicherweise erst in einer späteren Periode zulässig. Der Unterschiedsbetrag zwischen dem Steuerwert der Forschungskosten als dem Betrag, dessen Abzug in zukünftigen Perioden von den Steuerbehörden erlaubt wird, und dem Buchwert von Null ist eine abzugsfähige temporäre Differenz, die einen latenten Steueranspruch zur Folge hat;
(c) die Anschaffungskosten des Unternehmenszusammenschlusses werden unter Ansatz der erworbenen identifizierbaren Vermögenswerte und der übernommenen identifizierbaren Schulden zu ihren beizulegenden Zeitwerten zum Erwerbszeitpunkt verteilt. Wird eine übernommene Schuld zum Erwerbszeitpunkt angesetzt, die damit verbundenen Kosten bei der Ermittlung des zu versteuernden Ergebnisses aber erst in einer späteren Periode in Abzug gebracht, entsteht eine abzugsfähige temporäre Differenz, die einen latenten Steueranspruch zur Folge hat. Ein latenter Steueranspruch entsteht ebenfalls, wenn der beizulegende Zeitwert eines erworbenen identifizierbaren Vermögenswertes geringer als sein Steuerwert ist. In beiden Fällen beeinflusst der sich ergebende latente Steueranspruch den Geschäfts- oder Firmenwert (siehe Paragraph 66); und
(d) bestimmte Vermögenswerte können zum beizulegenden Zeitwert bilanziert oder neubewertet sein, ohne dass eine entsprechende Bewertungsanpassung für steuerliche Zwecke durchgeführt wird (siehe Paragraph 20). Es entsteht eine abzugsfähige temporäre Differenz, wenn der Steuerwert des Vermögenswertes seinen Buchwert übersteigt.

27 Die Umkehrung abzugsfähiger temporärer Differenzen führt zu Abzügen bei der Ermittlung des zu versteuernden Ergebnisses zukünftiger Perioden. Der wirtschaftliche Nutzen in der Form von verminderten Steuerzahlungen fließt dem Unternehmen allerdings nur dann zu, wenn es ausreichende zu versteuernde Ergebnisse erzielt, gegen die die Abzüge saldiert werden können. Daher bilanziert ein Unternehmen latente Steueransprüche nur, wenn es wahrscheinlich ist, dass zu versteuernde Ergebnisse zur Verfügung stehen, gegen welche die abzugsfähigen temporären Differenzen verwendet werden können.

28 Es ist wahrscheinlich, dass zu versteuerndes Ergebnis zur Verfügung stehen wird, gegen das ein abzugsfähiger temporäre Differenz verwendet werden kann, wenn ausreichende zu versteuernde temporäre Differenzen in Bezug auf die gleiche Steuerbehörde und das gleiche Steuersubjekt vorhanden sind, deren Umkehrung erwartet wird:
(a) in der gleichen Periode wie die erwartete Umkehrung der abzugsfähigen temporären Differenz; oder
(b) in Perioden, in die steuerliche Verluste aus dem latenten Steueranspruch zurückgetragen oder vorgetragen werden können.
In solchen Fällen wird der latente Steueranspruch in der Periode, in der die abzugsfähigen temporären Unterschiede entstehen, bilanziert.

29 Liegen keine ausreichenden zu versteuernden temporären Differenzen in Bezug auf die gleiche Steuerbehörde und das gleiche Steuersubjekt vor, wird der latente Steueranspruch bilanziert, soweit:
(a) es wahrscheinlich ist, dass dem Unternehmen ausreichende zu versteuernde Ergebnisse in Bezug auf die gleiche Steuerbehörde und das gleiche Steuersubjekt in der Periode der Umkehrung der abzugsfähigen temporären Differenz (oder in den Perioden, in die ein steuerlicher Verlust infolge eines latenten Steueranspruches zurückgetragen oder vorgetragen werden kann) zur Verfügung stehen werden. Bei der Einschätzung, ob ausreichend zu versteuerndes Ergebnis in zukünftigen Perioden zur Verfügung stehen wird, lässt ein Unternehmen zu versteuernde Beträge außer Acht, die sich aus dem in zukünftigen Perioden erwarteten Entstehen von abzugsfähigen temporären Differenzen ergeben, weil der latente Steueranspruch

The following are examples of deductible temporary differences which result in deferred tax assets: 26
(a) retirement benefit costs may be deducted in determining accounting profit as service is provided by the employee, but deducted in determining taxable profit either when contributions are paid to a fund by the enterprise or when retirement benefits are paid by the enterprise. A temporary difference exists between the carrying amount of the liability and its tax base; the tax base of the liability is usually nil. Such a deductible temporary difference results in a deferred tax asset as economic benefits will flow to the enterprise in the form of a deduction from taxable profits when contributions or retirement benefits are paid;
(b) research costs are recognised as an expense in determining accounting profit in the period in which they are incurred but may not be permitted as a deduction in determining taxable profit (tax loss) until a later period. The difference between the tax base of the research costs, being the amount the taxation authorities will permit as a deduction in future periods, and the carrying amount of nil is a deductible temporary difference that results in a deferred tax asset;
(c) the cost of a business combination is allocated by recognising the identifiable assets acquired and liabilities assumed at their fair values at the acquisition date. When a liability assumed is recognised at the acquisition date but the related costs are not deducted in determining taxable profits until a later period, a deductible temporary difference arises which results in a deferred tax asset. A deferred tax asset also arises when the fair value of an identifiable asset acquired is less than its tax base. In both cases, the resulting deferred tax asset affects goodwill (see paragraph 66); and
(d) certain assets may be carried at fair value, or may be revalued, without an equivalent adjustment being made for tax purposes (see paragraph 20). A deductible temporary difference arises if the tax base of the asset exceeds its carrying amount.

The reversal of deductible temporary differences results in deductions in determining taxable profits of future periods. However, economic benefits in the form of reductions in tax payments will flow to the enterprise only if it earns sufficient taxable profits against which the deductions can be offset. Therefore, an enterprise recognises deferred tax assets only when it is probable that taxable profits will be available against which the deductible temporary differences can be utilised. 27

It is probable that taxable profit will be available against which a deductible temporary difference can be utilised when there are sufficient taxable temporary differences relating to the same taxation authority and the same taxable entity which are expected to reverse: 28
(a) in the same period as the expected reversal of the deductible temporary difference; or
(b) in periods into which a tax loss arising from the deferred tax asset can be carried back or forward.
In such circumstances, the deferred tax asset is recognised in the period in which the deductible temporary differences arise.

When there are insufficient taxable temporary differences relating to the same taxation authority and the same taxable entity, the deferred tax asset is recognised to the extent that: 29
(a) it is probable that the enterprise will have sufficient taxable profit relating to the same taxation authority and the same taxable entity in the same period as the reversal of the deductible temporary difference (or in the periods into which a tax loss arising from the deferred tax asset can be carried back or forward). In evaluating whether it will have sufficient taxable profit in future periods, an enterprise ignores taxable amounts arising from deductible temporary differences that are expected to originate in future periods, because the deferred tax asset arising from these deductible temporary differences will itself require future taxable profit in order to be utilised; or

aus diesen abzugsfähigen temporären Differenzen seinerseits zukünftiges zu versteuerndes Ergebnis voraussetzt, um genutzt zu werden; oder
(b) es bieten sich dem Unternehmen Steuergestaltungsmöglichkeiten zur Erzeugung von zu versteuerndem Ergebnis in geeigneten Perioden.

30 Steuergestaltungsmöglichkeiten sind Aktionen, die das Unternehmen ergreifen würde, um zu versteuerndes Ergebnis in einer bestimmten Periode zu erzeugen oder zu erhöhen, bevor ein steuerlicher Verlust- oder Gewinnvortrag verfällt. Beispielsweise kann nach manchen Steuergesetzgebungen das zu versteuernde Ergebnis wie folgt erzeugt oder erhöht werden:
(a) durch Wahl der Besteuerung von Zinserträgen entweder auf der Grundlage des Zuflussprinzips oder der Abgrenzung als ausstehende Forderung;
(b) durch ein Hinausschieben von bestimmten zulässigen Abzügen vom zu versteuernden Ergebnis;
(c) durch Verkauf und möglicherweise Leaseback von Vermögenswerten, die einen Wertzuwachs erfahren haben, für die aber der Steuerwert noch nicht berichtigt wurde, um diesen Wertzuwachs zu erfassen; und
(d) durch Verkauf eines Vermögenswertes, der steuerfreies Ergebnis erzeugt (wie, nach manchen Steuergesetzgebungen möglich, einer Staatsobligation), damit ein anderer Vermögenswert gekauft werden kann, der zu versteuerndes Ergebnis erzeugt.
Wenn durch die Ausnutzung von Steuergestaltungsmöglichkeiten zu versteuerndes Ergebnis von einer späteren Periode in eine frühere Periode vorgezogen wird, hängt die Verwertung eines steuerlichen Verlust- oder Gewinnvortrages noch vom Vorhandensein zukünftiger zu versteuernder Ergebnisse ab, welche aus anderen Quellen als aus zukünftig noch entstehenden temporären Differenzen stammen.

31 Weist ein Unternehmen in der näheren Vergangenheit eine Folge von Verlusten auf, so hat es die Anwendungsleitlinien der Paragraphen 35 und 36 zu beachten.

32 (gestrichen)

Erstmaliger Ansatz eines Vermögenswertes oder einer Schuld

33 Ein Fall eines latenten Steueranspruches aus dem erstmaligen Ansatz eines Vermögenswertes liegt vor, wenn eine nicht zu versteuernde Zuwendung der öffentlichen Hand hinsichtlich eines Vermögenswertes bei der Bestimmung des Buchwertes des Vermögenswertes in Abzug gebracht wird, jedoch für steuerliche Zwecke nicht von dem abschreibungsfähigen Betrag (anders gesagt: dem Steuerwert) des Vermögenswertes abgezogen wird; der Buchwert des Vermögenswertes ist geringer als sein Steuerwert, und dies führt zu einem abzugsfähigen temporären Unterschied. Zuwendungen der öffentlichen Hand dürfen ebenfalls als passivischer Abgrenzungsposten angesetzt werden. In diesem Fall ergibt der Unterschiedsbetrag zwischen dem passivischen Abgrenzungsposten und seinem Steuerwert von Null einen abzugsfähigen temporären Unterschied. Unabhängig von der vom Unternehmen gewählten Darstellungsmethode darf das Unternehmen den sich ergebenden latenten Steueranspruch auf Grund der im Paragraph 22 aufgeführten Begründung nicht bilanzieren.

Noch nicht genutzte steuerliche Verluste und noch nicht genutzte Steuergutschriften

34 **Ein latenter Steueranspruch für den Vortrag noch nicht genutzter steuerlicher Verluste und noch nicht genutzter Steuergutschriften ist in dem Umfang zu bilanzieren, in dem es wahrscheinlich ist, dass zukünftiges zu versteuerndes Ergebnis zur Verfügung stehen wird, gegen das die noch nicht genutzten steuerlichen Verluste und noch nicht genutzten Steuergutschriften verwendet werden können.**

35 Die Kriterien für die Bilanzierung latenter Steueransprüche aus Vorträgen noch nicht steuerlicher genutzter Verluste und Steuergutschriften sind die gleichen wie die Kriterien für die Bilanzierung latenter Steueransprüche aus abzugsfähigen temporären Differenzen. Allerdings spricht das Vorhandensein noch nicht genutzter steuerlicher Verluste deutlich dafür, dass zukünftiges zu versteuerndes Ergebnis möglicherweise nicht zur Verfügung stehen wird. Weist ein Unternehmen in der näheren Vergangenheit eine Historie von Verlusten auf, kann es daher latente Steueransprüche aus ungenutzten steuerlichen Verlusten oder ungenutzten Steuergutschriften nur in dem Maße bilanzieren, als es über ausreichende zu versteuernde temporäre Differenzen verfügt oder soweit überzeugende substanzielle Hinweise dafür vorliegen, dass ein ausreichendes zu versteuerndes Ergebnis zur Verfügung stehen wird, gegen das die ungenutzten steuerlichen Verluste oder ungenutzten Steuergutschriften vom Unternehmen verwendet werden können. In solchen Fällen sind gemäß Paragraph 82 der Betrag des latenten Steueranspruches und die substanziellen Hinweise, die den Ansatz rechtfertigen, anzugeben.

(b) tax planning opportunities are available to the enterprise that will create taxable profit in appropriate periods.

Tax planning opportunities are actions that the enterprise would take in order to create or increase taxable income in a particular period before the expiry of a tax loss or tax credit carryforward. For example, in some jurisdictions, taxable profit may be created or increased by: 30
(a) electing to have interest income taxed on either a received or receivable basis;
(b) deferring the claim for certain deductions from taxable profit;
(c) selling, and perhaps leasing back, assets that have appreciated but for which the tax base has not been adjusted to reflect such appreciation; and
(d) selling an asset that generates non-taxable income (such as, in some jurisdictions, a government bond) in order to purchase another investment that generates taxable income.
Where tax planning opportunities advance taxable profit from a later period to an earlier period, the utilisation of a tax loss or tax credit carryforward still depends on the existence of future taxable profit from sources other than future originating temporary differences.

When an enterprise has a history of recent losses, the enterprise considers the guidance in paragraphs 35 and 36. 31

(deleted) 32

Initial recognition of an asset or liability

One case when a deferred tax asset arises on initial recognition of an asset is when a non-taxable government grant related to an asset is deducted in arriving at the carrying amount of the asset but, for tax purposes, is not deducted from the asset's depreciable amount (in other words its tax base); the carrying amount of the asset is less than its tax base and this gives rise to a deductible temporary difference. Government grants may also be set up as deferred income in which case the difference between the deferred income and its tax base of nil is a deductible temporary difference. Whichever method of presentation an enterprise adopts, the enterprise does not recognise the resulting deferred tax asset, for the reason given in paragraph 22. 33

Unused tax losses and unused tax credits

A deferred tax asset should be recognised for the carryforward of unused tax losses and unused tax credits to the extent that it is probable that future taxable profit will be available against which the unused tax losses and unused tax credits can be utilised. 34

The criteria for recognising deferred tax assets arising from the carryforward of unused tax losses and tax credits are the same as the criteria for recognising deferred tax assets arising from deductible temporary differences. However, the existence of unused tax losses is strong evidence that future taxable profit may not be available. Therefore, when an enterprise has a history of recent losses, the enterprise recognises a deferred tax asset arising from unused tax losses or tax credits only to the extent that the enterprise has sufficient taxable temporary differences or there is convincing other evidence that sufficient taxable profit will be available against which the unused tax losses or unused tax credits can be utilised by the enterprise. In such circumstances, paragraph 82 requires disclosure of the amount of the deferred tax asset and the nature of the evidence supporting its recognition. 35

36 Bei der Beurteilung der Wahrscheinlichkeit, ob ein zu versteuerndes Ergebnis zur Verfügung stehen wird, gegen das noch nicht genutzte steuerliche Verluste oder noch nicht genutzte Steuergutschriften verwendet werden können, sind von einem Unternehmen die folgenden Kriterien zu beachten:
   (a) ob das Unternehmen ausreichend zu versteuernde temporäre Differenzen in Bezug auf die gleiche Steuerbehörde und das gleiche Steuersubjekt hat, woraus zu versteuernde Beträge erwachsen, gegen die die noch nicht genutzten steuerlichen Verluste oder noch nicht genutzten Steuergutschriften vor ihrem Verfall verwendet werden können;
   (b) ob es wahrscheinlich ist, dass das Unternehmen zu versteuernde Ergebnisse erzielen wird, bevor die noch nicht genutzten steuerlichen Verluste oder noch nicht genutzten Steuergutschriften verfallen;
   (c) ob die noch nicht genutzten steuerlichen Verluste aus identifizierbaren Ursachen stammen, welche aller Wahrscheinlichkeit nach nicht wieder auftreten; und
   (d) ob dem Unternehmen Steuergestaltungsmöglichkeiten (siehe Paragraph 30) zur Verfügung stehen, die zu versteuerndes Ergebnis in der Periode erzeugen, in der die noch nicht genutzten steuerlichen Verluste oder noch nicht genutzten Steuergutschriften verwendet werden können.
   Der latente Steueranspruch wird in dem Umfang nicht bilanziert, in dem es unwahrscheinlich erscheint, dass zu versteuernde Ergebnis zur Verfügung stehen wird, gegen das die noch nicht genutzten steuerlichen Verluste oder noch nicht genutzten Steuergutschriften verwendet werden können.

Erneute Beurteilung von nicht angesetzten latenten Steueransprüchen

37 Ein Unternehmen hat zu jedem Bilanzstichtag nicht bilanzierte latente Steueransprüche erneut zu beurteilen. Das Unternehmen setzt einen bislang nicht bilanzierten latenten Steueranspruch in dem Umfang an, in dem es wahrscheinlich geworden ist, dass zukünftiges zu versteuerndes Ergebnis die Realisierung des latenten Steueranspruches gestatten wird. Beispielsweise kann eine Verbesserung des Geschäftsumfeldes es wahrscheinlicher erscheinen lassen, dass das Unternehmen in der Lage sein wird, in der Zukunft ausreichend zu versteuerndes Ergebnis für den latenten Steueranspruch zu erzeugen, um die in den Paragraphen 24 oder 34 beschriebenen Ansatzkriterien zu erfüllen. Ein anderes Beispiel liegt vor, wenn ein Unternehmen latente Steueransprüche zum Zeitpunkt eines Unternehmenszusammenschlusses oder nachfolgend erneut beurteilt (siehe Paragraphen 67 und 68).

Anteile an Tochterunternehmen, Zweigniederlassungen und assoziierten Unternehmen sowie Anteile an Joint Ventures

38 Temporäre Differenzen entstehen, wenn der Buchwert von Anteilen an Tochterunternehmen, Zweigniederlassungen und assoziierten Unternehmen oder Anteilen an Joint Ventures (d. h. der Anteil des Mutterunternehmens oder des Anteilseigners am Reinvermögen des Tochterunternehmens, der Zweigniederlassung, des assoziierten Unternehmens oder des Unternehmens, an dem Anteile gehalten werden, einschließlich des Buchwertes eines Geschäfts- oder Firmenwertes) sich gegenüber dem Steuerwert der Anteile (welcher häufig gleich den Anschaffungskosten ist) unterschiedlich entwickelt. Solche Unterschiede können aus einer Reihe unterschiedlicher Umstände entstehen, beispielsweise:
   (a) dem Vorhandensein nicht ausgeschütteter Gewinne von Tochterunternehmen, Zweigniederlassungen, assoziierten Unternehmen und Joint Ventures;
   (b) Änderungen der Wechselkurse, wenn ein Mutterunternehmen und sein Tochterunternehmen ihren jeweiligen Sitz in unterschiedlichen Ländern haben; und
   (c) einer Verminderung des Buchwertes der Anteile an einem assoziierten Unternehmen auf seinen erzielbaren Betrag.
   Im Konzernabschluss kann sich die temporäre Differenz von der temporären Differenz für die Anteile im Einzelabschluss des Mutterunternehmens unterscheiden, falls das Mutterunternehmen die Anteile in seinem Einzelabschluss zu den Anschaffungskosten oder dem Neubewertungsbetrag bilanziert.

39 Ein Unternehmen hat eine latente Steuerschuld für alle zu versteuernden temporären Differenzen in Verbindung mit Anteilen an Tochterunternehmen, Zweigniederlassungen und assoziierten Unternehmen und Anteilen an Joint Ventures zu bilanzieren, ausgenommen in dem Umfang, in dem beide der im Folgenden beschriebenen Bedingungen erfüllt sind:
   (a) das Mutterunternehmen, der Anteilseigner oder das Partnerunternehmen ist in der Lage, den zeitlichen Verlauf der Umkehrung der temporären Differenz zu steuern; und
   (b) es ist wahrscheinlich, dass sich die temporäre Differenz in absehbarer Zeit nicht umkehren wird.

40 Wenn ein Mutterunternehmen die Dividendenpolitik seines Tochterunternehmens beherrscht, ist es in der Lage, den Zeitpunkt der Umkehrung der temporären Differenzen in Verbindung mit diesen Anteilen zu steuern

An enterprise considers the following criteria in assessing the probability that taxable profit will be available against which the unused tax losses or unused tax credits can be utilised: 36
(a) whether the enterprise has sufficient taxable temporary differences relating to the same taxation authority and the same taxable entity, which will result in taxable amounts against which the unused tax losses or unused tax credits can be utilised before they expire;
(b) whether it is probable that the enterprise will have taxable profits before the unused tax losses or unused tax credits expire;
(c) whether the unused tax losses result from identifiable causes which are unlikely to recur; and
(d) whether tax planning opportunities (see paragraph 30) are available to the enterprise that will create taxable profit in the period in which the unused tax losses or unused tax credits can be utilised.

To the extent that it is not probable that taxable profit will be available against which the unused tax losses or unused tax credits can be utilised, the deferred tax asset is not recognised.

Reassessment of unrecognised deferred tax assets

At each balance sheet date, an enterprise reassesses unrecognised deferred tax assets. The enterprise recognises a previously unrecognised deferred tax asset to the extent that it has become probable that future taxable profit will allow the deferred tax asset to be recovered. For example, an improvement in trading conditions may make it more probable that the enterprise will be able to generate sufficient taxable profit in the future for the deferred tax asset to meet the recognition criteria set out in paragraphs 24 or 34. Another example is when an enterprise reassesses deferred tax assets at the date of a business combination or subsequently (see paragraphs 67 and 68). 37

Investments in subsidiaries, branches and associates and interests in joint ventures

Temporary differences arise when the carrying amount of investments in subsidiaries, branches and associates or interests in joint ventures (namely the parent or investor's share of the net assets of the subsidiary, branch, associate or investee, including the carrying amount of goodwill) becomes different from the tax base (which is often cost) of the investment or interest. Such differences may arise in a number of different circumstances, for example: 38
(a) the existence of undistributed profits of subsidiaries, branches, associates and joint ventures;
(b) changes in foreign exchange rates when a parent and its subsidiary are based in different countries; and
(c) a reduction in the carrying amount of an investment in an associate to its recoverable amount.

In consolidated financial statements, the temporary difference may be different from the temporary difference associated with that investment in the parent's separate financial statements if the parent carries the investment in its separate financial statements at cost or revalued amount.

An enterprise should recognise a deferred tax liability for all taxable temporary differences associated with investments in subsidiaries, branches and associates, and interests in joint ventures, except to the extent that both of the following conditions are satisfied: 39
(a) the parent, investor or venturer is able to control the timing of the reversal of the temporary difference; and
(b) it is probable that the temporary difference will not reverse in the foreseeable future.

As a parent controls the dividend policy of its subsidiary, it is able to control the timing of the reversal of temporary differences associated with that investment (including the temporary differences arising not only 40

(einschließlich der temporären Unterschiede, die nicht nur aus thesaurierten Gewinnen, sondern auch aus Unterschiedsbeträgen infolge von Währungsumrechnung resultieren). Außerdem wäre es häufig nicht praktikabel, den Betrag der Ertragsteuern zu bestimmen, der bei Umkehr der temporären Differenz zahlbar wäre. Daher hat das Mutterunternehmen eine latente Steuerschuld nicht zu bilanzieren, wenn es bestimmt hat, dass diese Gewinne in absehbarer Zeit nicht ausgeschüttet werden. Die gleichen Überlegungen gelten für Anteile an Zweigniederlassungen.

41   Ein Unternehmen weist die nicht monetären Vermögenswerte und Schulden in seiner funktionalen Währung aus (siehe IAS 21 *Auswirkungen von Änderungen der Wechselkurse*). Wird das zu versteuernde Ergebnis oder der steuerliche Verlust (und somit der Steuerwert seiner nicht monetären Vermögenswerte und Schulden) des ausländischen Geschäftsbetriebes in der Fremdwährung ausgedrückt, so haben Änderungen der Wechselkurse temporäre Differenzen zur Folge, woraus sich eine latente Steuerschuld oder (unter Beachtung des Paragraphen 24) ein latenter Steueranspruch ergibt. Die sich ergebende latente Steuer wird im Ergebnis erfolgswirksam erfasst (siehe Paragraph 58).

42   Ein Anteilseigner an einem assoziierten Unternehmen beherrscht dieses Unternehmen nicht und ist im Regelfall nicht in einer Position, dessen Dividendenpolitik zu bestimmen. Daher bilanziert ein Anteilseigner eine latente Steuerschuld aus einer zu versteuernden temporären Differenz in Verbindung mit seinem Anteil am assoziierten Unternehmen, falls nicht in einem Vertrag bestimmt ist, dass die Gewinne des assoziierten Unternehmens in absehbarer Zeit nicht ausgeschüttet werden. In einigen Fällen ist ein Anteilseigner möglicherweise nicht in der Lage, den Betrag der Steuern zu ermitteln, die bei der Realisierung der Anschaffungskosten seiner Anteile an einem assoziierten Unternehmen fällig wären, er kann jedoch in solchen Fällen ermitteln, dass diese einem Mindestbetrag entsprechen oder ihn übersteigen. In solchen Fällen wird die latente Steuerschuld mit diesem Betrag bewertet.

43   Die zwischen den Parteien eines Joint Ventures getroffene Vereinbarung befasst sich im Regelfall mit der Gewinnaufteilung und der Festsetzung, ob Entscheidungen in diesen Angelegenheiten die einstimmige Zustimmung aller Partnerunternehmen oder einer festgelegten Mehrheit der Partnerunternehmen erfordern. Wenn das Partnerunternehmen die Gewinnaufteilung steuern kann und wenn es wahrscheinlich ist, dass die Gewinne in absehbarer Zeit nicht ausgeschüttet werden, wird eine latente Steuerschuld nicht bilanziert.

44   **Ein Unternehmen hat einen latenten Steueranspruch für alle abzugsfähigen temporären Differenzen aus Anteilen an Tochterunternehmen, Zweigniederlassungen und assoziierten Unternehmen sowie Anteilen an Joint Ventures ausschließlich in dem Umfang zu bilanzieren, in dem es wahrscheinlich ist:**
   (a) dass sich die temporäre Differenz in absehbarer Zeit umkehren wird; und
   (b) dass zu versteuerndes Ergebnis zur Verfügung stehen wird, gegen das die temporäre Differenz verwendet werden kann.

45   Bei der Entscheidung, ob ein latenter Steueranspruch für abzugsfähige temporäre Differenzen in Verbindung mit seinen Anteilen an Tochterunternehmen, Zweigniederlassungen und assoziierten Unternehmen sowie seinen Anteilen an Joint Ventures zu bilanzieren ist, hat ein Unternehmen die in den Paragraphen 28 bis 31 beschriebenen Anwendungsleitlinien zu beachten.

BEWERTUNG

46   **Tatsächliche Ertragsteuerschulden (Ertragsteueransprüche) für die laufende Periode und für frühere Perioden sind mit dem Betrag zu bewerten, in dessen Höhe eine Zahlung an die Steuerbehörden (eine Erstattung von den Steuerbehörden) erwartet wird; basierend auf Steuersätzen (und Steuervorschriften), die am Bilanzstichtag gelten oder in Kürze gelten werden.**

47   **Latente Steueransprüche und latente Steuerschulden sind anhand der Steuersätze zu bewerten, deren Gültigkeit für die Periode, in der ein Vermögenswert realisiert wird oder eine Schuld erfüllt wird, erwartet wird. Dabei werden die Steuersätze (und Steuervorschriften) verwendet, die zum Bilanzstichtag gültig oder angekündigt sind.**

48   Tatsächliche und latente Steueransprüche und Steuerschulden sind im Regelfall anhand der Steuersätze (und Steuervorschriften) zu bewerten, die Gültigkeit haben. In manchen Steuergesetzgebungen hat die Ankündigung von Steuersätzen (und Steuervorschriften) durch die Regierung jedoch die materielle Wirkung einer tatsächlichen Inkraftsetzung. Die Inkraftsetzung kann erst mehrere Monate nach der Ankündigung erfolgen. Unter diesen Umständen sind Steueransprüche und Steuerschulden auf der Grundlage des angekündigten Steuersatzes (und der angekündigten Steuervorschriften) zu bewerten.

from undistributed profits but also from any foreign exchange translation differences). Furthermore, it would often be impracticable to determine the amount of income taxes that would be payable when the temporary difference reverses. Therefore, when the parent has determined that those profits will not be distributed in the foreseeable future the parent does not recognise a deferred tax liability. The same considerations apply to investments in branches.

The non-monetary assets and liabilities of an entity are measured in its functional currency (see IAS 21 *The Effects of Changes in Foreign Exchange Rates*). If the entity's taxable profit or tax loss (and, hence, the tax base of its non-monetary assets and liabilities) is determined in a different currency, changes in the exchange rate give rise to temporary differences that result in a recognised deferred tax liability or (subject to paragraph 24) asset. The resulting deferred tax is charged or credited to profit or loss (see paragraph 58). 41

An investor in an associate does not control that enterprise and is usually not in a position to determine its dividend policy. Therefore, in the absence of an agreement requiring that the profits of the associate will not be distributed in the foreseeable future, an investor recognises a deferred tax liability arising from taxable temporary differences associated with its investment in the associate. In some cases, an investor may not be able to determine the amount of tax that would be payable if it recovers the cost of its investment in an associate, but can determine that it will equal or exceed a minimum amount. In such cases, the deferred tax liability is measured at this amount. 42

The arrangement between the parties to a joint venture usually deals with the sharing of the profits and identifies whether decisions on such matters require the consent of all the venturers or a specified majority of the venturers. When the venturer can control the sharing of profits and it is probable that the profits will not be distributed in the foreseeable future, a deferred tax liability is not recognised. 43

An enterprise should recognise a deferred tax asset for all deductible temporary differences arising from investments in subsidiaries, branches and associates, and interests in joint ventures, to the extent that, and only to the extent that, it is probable that: 44
(a) the temporary difference will reverse in the foreseeable future; and
(b) taxable profit will be available against which the temporary difference can be utilised.

In deciding whether a deferred tax asset is recognised for deductible temporary differences associated with its investments in subsidiaries, branches and associates, and its interests in joint ventures, an enterprise considers the guidance set out in paragraphs 28 to 31. 45

MEASUREMENT

Current tax liabilities (assets) for the current and prior periods should be measured at the amount expected to be paid to (recovered from) the taxation authorities, using the tax rates (and tax laws) that have been enacted or substantively enacted by the balance sheet date. 46

Deferred tax assets and liabilities should be measured at the tax rates that are expected to apply to the period when the asset is realised or the liability is settled, based on tax rates (and tax laws) that have been enacted or substantively enacted by the balance sheet date. 47

Current and deferred tax assets and liabilities are usually measured using the tax rates (and tax laws) that have been enacted. However, in some jurisdictions, announcements of tax rates (and tax laws) by the government have the substantive effect of actual enactment, which may follow the announcement by a period of several months. In these circumstances, tax assets and liabilities are measured using the announced tax rate (and tax laws). 48

IAS 12

49 Sind unterschiedliche Steuersätze auf unterschiedliche Höhen des zu versteuernden Ergebnisses anzuwenden, sind latente Steueransprüche und latente Steuerschulden mit den Durchschnittssätzen zu bewerten, deren Anwendung für das zu versteuernde Ergebnis (den steuerlichen Verlust) in den Perioden erwartet wird, in denen sich die temporären Unterschiede erwartetermaßen umkehren werden.

50 (gestrichen)

51 **Die Bewertung latenter Steuerschulden und latenter Steueransprüche hat die steuerlichen Konsequenzen zu berücksichtigen, die daraus resultieren, in welcher Art und Weise ein Unternehmen zum Bilanzstichtag erwartet, den Buchwert seiner Vermögenswerte zu realisieren oder seiner Schulden zu erfüllen.**

52 Gemäß manchen Steuergesetzgebungen kann die Art und Weise, in der ein Unternehmen den Buchwert eines Vermögenswertes realisiert oder den Buchwert einer Schuld erfüllt, entweder einen oder beide der folgenden Parameter beeinflussen:
   (a) den anzuwendenden Steuersatz, wenn das Unternehmen den Buchwert des Vermögenswertes realisiert oder den Buchwert der Schuld erfüllt; und
   (b) den Steuerwert des Vermögenswertes (der Schuld).
   In solchen Fällen misst ein Unternehmen latente Steuerschulden und latente Steueransprüche unter Anwendung des Steuersatzes und des Steuerwertes, die der erwarteten Art und Weise der Realisierung oder der Erfüllung entsprechen.

> **Beispiel A**
>
> Ein Vermögenswert hat einen Buchwert von 100 und einen Steuerwert von 60. Ein Steuersatz von 20 % wäre bei einem Verkauf des Vermögenswertes anwendbar, und ein Steuersatz von 30 % wäre bei anderen Erträgen anwendbar.
> Das Unternehmen bilanziert eine latente Steuerschuld von 8 (20 % von 40), falls es erwartet, den Vermögenswert ohne weitere Nutzung zu verkaufen, und eine latente Steuerschuld von 12 (30 % von 40), falls es erwartet, den Vermögenswert zu behalten und durch seine Nutzung seinen Buchwert zu realisieren.
>
> **Beispiel B**
>
> Ein Vermögenswert mit Anschaffungskosten von 100 und einem Buchwert von 80 wird mit 150 neubewertet. Für steuerliche Zwecke erfolgt keine entsprechende Bewertungsanpassung. Die kumulierte Abschreibung für steuerliche Zwecke ist 30, und der Steuersatz beträgt 30%. Falls der Vermögenswert für mehr als die Anschaffungskosten verkauft wird, wird die kumulierte Abschreibung von 30 in das zu versteuernde Ergebnis einbezogen, die Verkaufserlöse, welche die Anschaffungskosten übersteigen, sind aber nicht zu versteuern.
> Der Steuerwert des Vermögenswertes ist 70, und es liegt eine zu versteuernde temporäre Differenz von 80 vor. Falls das Unternehmen erwartet, den Buchwert durch die Nutzung des Vermögenswertes zu realisieren, muss es ein zu versteuerndes Ergebnis von 150 erzeugen, aber es kann lediglich Abschreibungen von 70 in Abzug bringen. Auf dieser Grundlage besteht eine latente Steuerschuld von 24 (30 % von 80). Erwartet das Unternehmen die Realisierung des Buchwertes durch den sofortigen Verkauf des Vermögenswertes für 150, erfolgt die Berechnung der latenten Steuerschuld wie folgt:
>
> | | Zu versteuernde temporäre Differenz | Steuersatz | Latente Steuerschuld |
> |---|---|---|---|
> | Kumulierte steuerliche Abschreibung | 30 | 30 % | 9 |
> | Die Anschaffungskosten übersteigender Erlös | 50 | Null | – |
> | Gesamt | 80 | | 9 |
>
> Anmerkung: Gemäß Paragraph 61 wird die zusätzliche latente Steuer, die aus der Neubewertung erwächst, direkt mit dem Eigenkapital verrechnet.

| | | | 49 |

When different tax rates apply to different levels of taxable income, deferred tax assets and liabilities are measured using the average rates that are expected to apply to the taxable profit (tax loss) of the periods in which the temporary differences are expected to reverse.

(deleted) 50

The measurement of deferred tax liabilities and deferred tax assets should reflect the tax consequences that would follow from the manner in which the enterprise expects, at the balance sheet date, to recover or settle the carrying amount of its assets and liabilities. 51

In some jurisdictions, the manner in which an enterprise recovers (settles) the carrying amount of an asset (liability) may affect either or both of: 52
(a) the tax rate applicable when the enterprise recovers (settles) the carrying amount of the asset (liability); and
(b) the tax base of the asset (liability).
In such cases, an enterprise measures deferred tax liabilities and deferred tax assets using the tax rate and the tax base that are consistent with the expected manner of recovery or settlement.

Example A

An asset has a carrying amount of 100 and a tax base of 60. A tax rate of 20 % would apply if the asset were sold and a tax rate of 30 % would apply to other income.
The enterprise recognises a deferred tax liability of 8 (40 at 20 %) if it expects to sell the asset without further use and a deferred tax liability of 12 (40 at 30 %) if it expects to retain the asset and recover its carrying amount through use.

Example B

An asset with a cost of 100 and a carrying amount of 80 is revalued to 150. No equivalent adjustment is made for tax purposes. Cumulative depreciation for tax purposes is 30 and the tax rate is 30 %. If the asset is sold for more than cost, the cumulative tax depreciation of 30 will be included in taxable income but sale proceeds in excess of cost will not be taxable.
The tax base of the asset is 70 and there is a taxable temporary difference of 80. If the enterprise expects to recover the carrying amount by using the asset, it must generate taxable income of 150, but will only be able to deduct depreciation of 70. On this basis, there is a deferred tax liability of 24 (80 at 30 %). If the enterprise expects to recover the carrying amount by selling the asset immediately for proceeds of 150, the deferred tax liability is computed as follows:

	Taxable temporary Difference	Tax rate	Deferred tax liability
Cumulative tax depreciation	30	30 %	9
Proceeds in excess of cost	50	nil	—
Total	80		9

Note: in accordance with paragraph 61, the additional deferred tax that arises on the revaluation is charged directly to equity.

IAS 12

> **Beispiel C**
>
> Der Sachverhalt entspricht Beispiel B, mit folgenden Ausnahmen: Falls der Vermögenswert für mehr als die Anschaffungskosten verkauft wird, wird die kumulierte steuerliche Abschreibung in das zu versteuernde Ergebnis aufgenommen (besteuert zu 30 %) und der Verkaufserlös wird mit 40 % besteuert (nach Abzug von inflationsbereinigten Anschaffungskosten von 110).
>
> Falls das Unternehmen erwartet, den Buchwert durch die Nutzung des Vermögenswertes zu realisieren, muss es ein zu versteuerndes Ergebnis von 150 erzeugen, aber es kann lediglich Abschreibungen von 70 in Abzug bringen. Auf dieser Grundlage beträgt der Steuerwert 70, es besteht ein zu versteuernder temporärer Unterschied von 80, und es besteht wie in Beispiel B eine latente Steuerschuld von 24 (30 % von 80).
>
> Falls das Unternehmen erwartet, den Buchwert durch den sofortigen Verkauf des Vermögenswertes für 150 zu realisieren, ist das Unternehmen in der Lage, die indizierten Anschaffungskosten von 110 in Abzug zu bringen. Der Reinerlös von 40 wird mit 40 % besteuert. Zusätzlich wird die kumulierte Abschreibung von 30 in das zu versteuernde Ergebnis mit aufgenommen und mit 30 % besteuert. Auf dieser Grundlage beträgt der Steuerwert 80 (110 abzüglich 30), es besteht eine zu versteuernde temporäre Differenz von 70, und es besteht eine latente Steuerschuld von 25 (40 % von 40 und 30 % von 30). Ist der Steuerwert in diesem Beispiel nicht unmittelbar erkennbar, kann es hilfreich sein, das in Paragraph 10 beschriebene Grundprinzip heranzuziehen.
>
> Anmerkung: Gemäß Paragraph 61 wird die zusätzliche latente Steuer, die aus der Neubewertung erwächst, direkt mit dem Eigenkapital verrechnet.

52A In manchen Ländern sind Ertragsteuern einem erhöhten oder verminderten Steuersatz unterworfen, falls der Periodengewinn nach Steuern oder die Gewinnrücklagen teilweise oder vollständig als Dividenden an die Anteilseigner des Unternehmens ausgezahlt werden. In einigen anderen Ländern werden Ertragsteuern erstattet oder sind nachzuzahlen, falls der Periodengewinn nach Steuern oder die Gewinnrücklagen teilweise oder vollständig als Dividenden an die Anteilseigner des Unternehmens ausgezahlt werden. Unter diesen Umständen sind die tatsächlichen und latenten Steueransprüche bzw. Steuerschulden mit dem Steuersatz, der auf nicht ausgeschüttete Gewinne anzuwenden ist, zu bewerten.

52B Unter den in Paragraph 52A beschrieben Umständen sind die ertragsteuerlichen Konsequenzen von Dividendenzahlungen zu erfassen, wenn die Verpflichtung zur Dividendenausschüttung erfasst wird. Die ertragsteuerlichen Konsequenzen der Dividendenzahlungen sind mehr mit Geschäften oder Ereignissen der Vergangenheit verbunden als mit der Ausschüttung an die Anteilseigner. Deshalb werden die ertragsteuerlichen Konsequenzen der Dividendenzahlungen, wie in Paragraph 58 gefordert, im Ergebnis erfasst, es sei denn, dass sich die ertragsteuerlichen Konsequenzen der Dividendenzahlungen aus den Umständen ergeben, die in Paragraph 58 (a) und (b) beschrieben sind.

> **Beispiel zur Veranschaulichung der Paragraphen 52A und 52B**
>
> Das folgende Beispiel behandelt die Bewertung von tatsächlichen und latenten Steueransprüchen und -verbindlichkeiten eines Unternehmens in einem Land in dem die Ertragsteuern auf nicht ausgeschüttete Gewinne (50 %) höher sind und ein Betrag erstattet wird, wenn die Gewinne ausgeschüttet werden. Der Steuersatz auf ausgeschüttete Gewinne beträgt 35 %. Am Bilanzstichtag, 31. Dezember 20X1, hat das Unternehmen keine Verbindlichkeiten für Dividenden die zur Auszahlung nach dem Bilanzstichtag vorgeschlagen oder beschlossen wurden, passiviert. Daraus resultiert, dass im Jahr 20X1 keine Dividenden berücksichtigt wurden. Das zu versteuernde Einkommen für das Jahr 20X1 beträgt 100 000. Die zu versteuernde temporäre Differenz für das Jahre 20X1 beträgt 40 000.
>
> Das Unternehmen erfasst eine tatsächliche Steuerschuld und einen tatsächlichen Steueraufwand von 50 000. Es wird kein Vermögenswert, für den potentiell für künftige Dividendenzahlungen zu erstattenden Betrag, bilanziert. Das Unternehmen bilanziert auch eine latente Steuerschuld und einen latenten Steueraufwand von 20 000 (50 % von 40 000), die die Ertragsteuern darstellen, die das Unternehmen bezahlen wird, wenn, es den Buchwert der Vermögenswerte realisiert oder den Buchwert der Schulden erfüllt, basierend auf dem Steuersatz für nicht ausgeschüttete Gewinne.
>
> Am 15. März 20X2 bilanziert das Unternehmen Dividenden aus früheren Betriebsergebnissen in Höhe von 10 000 als Verbindlichkeiten.
>
> Das Unternehmen bilanziert am 15. März 20X2 die Erstattung von Ertragsteuern in Höhe von 1 500 (15 % der als Verbindlichkeit bilanzierten Dividendenzahlung) als einen tatsächlichen Steuererstattungsanspruch und als eine Minderung des Ertragsteueraufwandes für das Jahr 20X2.

> **Example C**
>
> The facts are as in example B, except that if the asset is sold for more than cost, the cumulative tax depreciation will be included in taxable income (taxed at 30 %) and the sale proceeds will be taxed at 40 %, after deducting an inflation-adjusted cost of 110.
> If the enterprise expects to recover the carrying amount by using the asset, it must generate taxable income of 150, but will only be able to deduct depreciation of 70. On this basis, the tax base is 70, there is a taxable temporary difference of 80 and there is a deferred tax liability of 24 (80 at 30 %), as in example B.
> If the enterprise expects to recover the carrying amount by selling the asset immediately for proceeds of 150, the enterprise will be able to deduct the indexed cost of 110. The net proceeds of 40 will be taxed at 40 %. In addition, the cumulative tax depreciation of 30 will be included in taxable income and taxed at 30 %. On this basis, the tax base is 80 (110 less 30), there is a taxable temporary difference of 70 and there is a deferred tax liability of 25 (40 at 40 % plus 30 at 30 %). If the tax base is not immediately apparent in this example, it may be helpful to consider the fundamental principle set out in paragraph 10.
> Note: in accordance with paragraph 61, the additional deferred tax that arises on the revaluation is charged directly to equity.

In some jurisdictions, income taxes are payable at a higher or lower rate if part or all of the net profit or retained earnings is paid out as a dividend to shareholders of the enterprise. In some other jurisdictions, income taxes may be refundable or payable if part or all of the net profit or retained earnings is paid out as a dividend to shareholders of the enterprise. In these circumstances, current and deferred tax assets and liabilities are measured at the tax rate applicable to undistributed profits. 52A

In the circumstances described in paragraph 52A, the income tax consequences of dividends are recognised when a liability to pay the dividend is recognised. The income tax consequences of dividends are more directly linked to past transactions or events than to distributions to owners. Therefore, the income tax consequences of dividends are recognised in net profit or loss for the period as required by paragraph 58 except to the extent that the income tax consequences of dividends arise from the circumstances described in paragraph 58(a) and (b). 52B

> **Example illustrating paragraphs 52A and 52B**
>
> The following example deals with the measurement of current and deferred tax assets and liabilities for an enterprise in a jurisdiction where income taxes are payable at a higher rate on undistributed profits (50 %) with an amount being refundable when profits are distributed. The tax rate on distributed profits is 35 %. At the balance sheet date, 31 December 20X1, the enterprise does not recognise a liability for dividends proposed or declared after the balance sheet date. As a result, no dividends are recognised in the year 20X1. Taxable income for 20X1 is 100 000. The net taxable temporary difference for the year 20X1 is 40 000.
> The enterprise recognises a current tax liability and a current income tax expense of 50 000. No asset is recognised for the amount potentially recoverable as a result of future dividends. The enterprise also recognises a deferred tax liability and deferred tax expense of 20 000 (40 000 at 50 %) representing the income taxes that the enterprise will pay when it recovers or settles the carrying amounts of its assets and liabilities based on the tax rate applicable to undistributed profits.
> Subsequently, on 15 March 20X2 the enterprise recognises dividends of 10 000 from previous operating profits as a liability.
> On 15 March 20X2, the enterprise recognises the recovery of income taxes of 1 500 (15 % of the dividends recognised as a liability) as a current tax asset and as a reduction of current income tax expense for 20X2.

IAS 12

53 Latente Steueransprüche und latente Steuerschulden sind nicht abzuzinsen.

54 Die verlässliche Bestimmung latenter Steueransprüche und latenter Steuerschulden auf Grundlage einer Abzinsung erfordert eine detaillierte Aufstellung des zeitlichen Verlaufes der Umkehrung jeder temporären Differenz. In vielen Fällen ist eine solche Aufstellung nicht durchführbar oder aufgrund ihrer Komplexität wirtschaftlich nicht vertretbar. Demzufolge ist die Verpflichtung zu einer Abzinsung latenter Steueransprüche und latenter Steuerschulden nicht sachgerecht. Ein Wahlrecht zur Abzinsung würde zu latenten Steueransprüchen und latenten Steuerschulden führen, die zwischen den Unternehmen nicht vergleichbar wären. Daher ist gemäß diesem Standard die Abzinsung latenter Steueransprüche und latenter Steuerschulden weder erforderlich noch gestattet.

55 Die Bestimmung temporärer Differenzen erfolgt auf Grund des Buchwertes eines Vermögenswertes oder einer Schuld. Dies trifft auch dann zu, wenn der Buchwert seinerseits auf Grundlage einer Abzinsung ermittelt wurde, beispielsweise im Falle von Pensionsverpflichtungen (siehe IAS 19, Leistungen an Arbeitnehmer).

56 **Der Buchwert eines latenten Steueranspruches ist zu jedem Bilanzstichtag zu überprüfen. Ein Unternehmen hat den Buchwert eines latenten Steueranspruches in dem Umfang zu vermindern, in dem es nicht mehr wahrscheinlich ist, dass ausreichend zu versteuerndes Ergebnis zur Verfügung stehen wird, um den Nutzen des latenten Steueranspruches, entweder zum Teil oder insgesamt, zu verwenden. Alle derartigen Minderungen sind in dem Umfang wieder aufzuheben, in dem es wahrscheinlich wird, dass ausreichend zu versteuerndes Ergebnis zur Verfügung stehen wird.**

ANSATZ TATSÄCHLICHER UND LATENTER STEUERN

57 Die Behandlung der Auswirkungen tatsächlicher und latenter Steuern eines Geschäftsvorfalles oder eines anderen Ereignisses stimmt mit der Behandlung des Geschäftsvorfalles oder des Ereignisses selbst überein. Dieses Prinzip wird in den Paragraphen 58 bis 68C festgelegt.

Gewinn- und Verlustrechnung

58 **Tatsächliche und latente Steuern sind als Ertrag oder Aufwand zu erfassen und in das Ergebnis einzubeziehen, ausgenommen in dem Umfang, in dem die Steuer herrührt aus:**
 (a) einem Geschäftsvorfall oder Ereignis, der bzw. das in der gleichen oder einer anderen Periode unmittelbar im Eigenkapital angesetzt wird (siehe Paragraphen 61 bis 65); oder
 (b) ein Unternehmenszusammenschluss (siehe Paragraphen 66 bis 68).

59 Die meisten latenten Steuerschulden und latenten Steueransprüche entstehen dort, wo Ertrag oder Aufwand in das handelsrechtliche Ergebnis (vor Ertragsteuern) einer Periode einbezogen werden, jedoch im zu versteuernden Ergebnis (steuerlichen Verlust) einer davon unterschiedlichen Periode erfasst werden. Die sich daraus ergebende latente Steuer wird in der Gewinn- und Verlustrechnung erfasst. Beispiele dafür sind:
 (a) Zinsen, Nutzungsentgelte oder Dividenden werden rückwirkend geleistet und in das handelsrechtliche Ergebnis (vor Ertragsteuern) auf Grundlage einer zeitlichen Zuordnung gemäß IAS 18, Erträge, einbezogen, die Berücksichtigung im zu versteuernden Ergebnis (steuerlichen Verlust) erfolgt aber auf Grundlage des Zahlungsmittelflusses; und
 (b) Aufwendungen für immaterielle Vermögenswerte werden gemäß IAS 38, Immaterielle Vermögenswerte, aktiviert und in der Gewinn- und Verlustrechnung abgeschrieben, der Abzug für steuerliche Zwecke erfolgt aber bei ihrem Entstehen.

60 Der Buchwert latenter Steueransprüche und latenter Steuerschulden kann sich verändern, auch wenn der Betrag der damit verbundenen temporären Unterschiede keine Änderung erfährt. Dies kann beispielsweise aus Folgendem resultieren:
 (a) einer Änderung der Steuersätze oder Steuervorschriften;
 (b) einer erneuten Beurteilung der Realisierbarkeit latenter Steueransprüche; oder
 (c) einer Änderung der erwarteten Art und Weise der Realisierung eines Vermögenswertes.
 Die sich ergebende latente Steuer ist in der Gewinn- und Verlustrechnung zu erfassen, ausgenommen in dem Umfang, in dem sie sich auf Posten bezieht, welche früher direkt dem Eigenkapital belastet oder gutgeschrieben wurden (siehe Paragraph 63).

Deferred tax assets and liabilities should not be discounted. 53

The reliable determination of deferred tax assets and liabilities on a discounted basis requires detailed scheduling of the timing of the reversal of each temporary difference. In many cases such scheduling is impracticable or highly complex. Therefore, it is inappropriate to require discounting of deferred tax assets and liabilities. To permit, but not to require, discounting would result in deferred tax assets and liabilities which would not be comparable between enterprises. Therefore, this Standard does not require or permit the discounting of deferred tax assets and liabilities. 54

Temporary differences are determined by reference to the carrying amount of an asset or liability. This applies even where that carrying amount is itself determined on a discounted basis, for example in the case of retirement benefit obligations (see IAS 19, employee benefits). 55

The carrying amount of a deferred tax asset should be reviewed at each balance sheet date. An enterprise should reduce the carrying amount of a deferred tax asset to the extent that it is no longer probable that sufficient taxable profit will be available to allow the benefit of part or all of that deferred tax asset to be utilised. Any such reduction should be reversed to the extent that it becomes probable that sufficient taxable profit will be available. 56

RECOGNITION OF CURRENT AND DEFERRED TAX

Accounting for the current and deferred tax effects of a transaction or other event is consistent with the accounting for the transaction or event itself. Paragraphs 58 to 68C implement this principle. 57

Income statement

Current and deferred tax should be recognised as income or an expense and included in the net profit or loss for the period, except to the extent that the tax arises from: 58
(a) a transaction or event which is recognised, in the same or a different period, directly in equity (see paragraphs 61 to 65); or
(b) a business combination (see paragraphs 66 to 68).

Most deferred tax liabilities and deferred tax assets arise where income or expense is included in accounting profit in one period, but is included in taxable profit (tax loss) in a different period. The resulting deferred tax is recognised in the income statement. Examples are when: 59
(a) interest, royalty or dividend revenue is received in arrears and is included in accounting profit on a time apportionment basis in accordance with IAS 18, revenue, but is included in taxable profit (tax loss) on a cash basis; and
(b) costs of intangible assets have been capitalised in accordance with IAS 38, intangible assets, and are being amortised in the income statement, but were deducted for tax purposes when they were incurred.

The carrying amount of deferred tax assets and liabilities may change even though there is no change in the amount of the related temporary differences. This can result, for example, from: 60
(a) a change in tax rates or tax laws;
(b) a reassessment of the recoverability of deferred tax assets; or
(c) a change in the expected manner of recovery of an asset.
The resulting deferred tax is recognised in the income statement, except to the extent that it relates to items previously charged or credited to equity (see paragraph 63).

Posten, die unmittelbar dem Eigenkapital gutgeschrieben oder belastet werden

61 Tatsächliche Ertragsteuern und latente Steuern sind unmittelbar dem Eigenkapital zu belasten oder gutzuschreiben, wenn sich die Steuer auf Posten bezieht, die in der gleichen oder einer anderen Periode unmittelbar dem Eigenkapital gutgeschrieben oder belastet werden.

62 Die International Financial Reporting Standards verlangen oder erlauben die unmittelbare Gutschrift oder Belastung bestimmter Posten im Eigenkapital. Beispiele solcher Posten sind:
(a) eine Änderung im Buchwert infolge einer Neubewertung von Sachanlagevermögen (siehe IAS 16, Sachanlagen);
(b) eine Anpassung des Anfangssaldos der Gewinnrücklagen infolge einer Änderung der Bilanzierungs- und Bewertungsmethoden, die rückwirkend angewendet wird, oder der Korrektur eines Fehlers (s. IAS 8 *Bilanzierungs- und Bewertungsmethoden, Änderungen von Schätzungen und Fehler*);
(c) Währungsdifferenzen infolge einer Umrechnung des Abschlusses eines ausländischen Geschäftsbetriebs (siehe IAS 21 *Auswirkungen von Änderungen der Wechselkurse*); und
(d) beim erstmaligen Ansatz der Eigenkapitalkomponente eines kombinierten Finanzinstrumentes entstehende Beträge (siehe Paragraph 23).

63 In außergewöhnlichen Umständen kann es schwierig sein, den Betrag der tatsächlichen und latenten Steuer zu ermitteln, der sich auf Posten bezieht, die dem Eigenkapital gutgeschrieben oder belastet werden. Dies kann beispielsweise der Fall sein, wenn:
(a) die Ertragsteuersätze abgestuft sind und es unmöglich ist, den Steuersatz zu ermitteln, zu dem ein bestimmter Bestandteil des zu versteuernden Ergebnisses (steuerlichen Verlustes) besteuert wurde;
(b) eine Änderung des Steuersatzes oder anderer Steuervorschriften einen latenten Steueranspruch oder eine latente Steuerschuld beeinflusst, der bzw. die vollständig oder teilweise mit einem Posten in Zusammenhang steht, der vorher dem Eigenkapital belastet oder gutgeschrieben wurde; oder
(c) ein Unternehmen entscheidet, dass ein latenter Steueranspruch zu bilanzieren ist oder nicht mehr in voller Höhe zu bilanzieren ist, und der latente Steueranspruch sich (insgesamt oder teilweise) auf einen Posten bezieht, der vorher dem Eigenkapital belastet oder gutgeschrieben wurde.
In solchen Fällen wird die tatsächliche und latente Steuer in Bezug auf Posten, die dem Eigenkapital belastet oder gutgeschrieben werden, auf Basis einer angemessenen anteiligen Verrechnung der tatsächlichen und latenten Steuer des Unternehmens in der betreffenden Steuergesetzgebung errechnet, oder es wird ein anderes Verfahren gewählt, welches unter den vorliegenden Umständen eine sachgerechtere Verteilung ermöglicht.

64 IAS 16, Sachanlagen, legt nicht fest, ob ein Unternehmen in jeder Periode einen Betrag aus der Neubewertungsrücklage in die Gewinnrücklagen zu übertragen hat, der dem Unterschiedsbetrag zwischen der planmäßigen Abschreibung eines neubewerteten Vermögenswertes und der planmäßigen Abschreibung auf Basis der Anschaffungs- oder Herstellungskosten dieses Vermögenswertes entspricht. Falls ein Unternehmen eine solche Übertragung durchführt, ist der zu übertragende Betrag nach Abzug aller damit verbundenen latenten Steuern zu ermitteln. Entsprechende Überlegungen finden Anwendung auf Übertragungen bei der Veräußerung von Sachanlagen.

65 Wird ein Vermögenswert für steuerliche Zwecke neubewertet und bezieht sich diese Neubewertung auf eine bilanzielle Neubewertung einer früheren Periode oder auf eine, die erwartungsgemäß in einer zukünftigen Periode durchgeführt werden soll, werden die steuerlichen Auswirkungen sowohl der Neubewertung des Vermögenswertes als auch der Anpassung des Steuerwertes dem Eigenkapital in den Perioden gutgeschrieben oder belastet, in denen sie sich ereignen. Ist die Neubewertung für steuerliche Zwecke jedoch nicht mit einer bilanziellen Neubewertung einer früheren oder einer für zukünftige Perioden erwarteten bilanziellen Neubewertung verbunden, werden die steuerlichen Auswirkungen der Anpassung des Steuerwertes in der Gewinn- und Verlustrechnung erfasst.

65A Wenn ein Unternehmen Dividenden an seine Anteilseigner zahlt, dann kann es sein, dass es erforderlich ist, einen Teil der Dividenden im Namen der Anteilseigner an die Steuerbehörden zu zahlen. In vielen Ländern wird diese Steuer als Quellensteuer bezeichnet. Ein solcher Betrag, der an die Steuerbehörden zu zahlen ist oder gezahlt wurde, ist direkt mit dem Eigenkapital, als Teil der Dividende, zu verrechnen.

Items credited or charged directly to equity

Current tax and deferred tax should be charged or credited directly to equity if the tax relates to items that are credited or charged, in the same or a different period, directly to equity. 61

International Financial Reporting Standards require or permit certain items to be credited or charged directly to equity. Examples of such items are: 62
(a) a change in carrying amount arising from the revaluation of property, plant and equipment (see IAS 16, property, plant and equipment);
(b) an adjustment to the opening balance of retained earnings resulting from either a change in accounting policy that is applied retrospectively or the correction of an error (see IAS 8 *Accounting Policies, Changes in Accounting Estimates and Errors*).
(c) exchange differences arising on the translation of the financial statements of a foreign operation (see IAS 21 *The Effects of Changes in Foreign Exchange Rates*); and
(d) amounts arising on initial recognition of the equity component of a compound financial instrument (see paragraph 23).

In exceptional circumstances it may be difficult to determine the amount of current and deferred tax that relates to items credited or charged to equity. This may be the case, for example, when: 63
(a) there are graduated rates of income tax and it is impossible to determine the rate at which a specific component of taxable profit (tax loss) has been taxed;
(b) a change in the tax rate or other tax rules affects a deferred tax asset or liability relating (in whole or in part) to an item that was previously charged or credited to equity; or
(c) an enterprise determines that a deferred tax asset should be recognised, or should no longer be recognised in full, and the deferred tax asset relates (in whole or in part) to an item that was previously charged or credited to equity.
In such cases, the current and deferred tax related to items that are credited or charged to equity is based on a reasonable pro rata allocation of the current and deferred tax of the entity in the tax jurisdiction concerned, or other method that achieves a more appropriate allocation in the circumstances.

IAS 16, property, plant and equipment, does not specify whether an enterprise should transfer each year from revaluation surplus to retained earnings an amount equal to the difference between the depreciation or amortisation on a revalued asset and the depreciation or amortisation based on the cost of that asset. If an enterprise makes such a transfer, the amount transferred is net of any related deferred tax. Similar considerations apply to transfers made on disposal of an item of property, plant or equipment. 64

When an asset is revalued for tax purposes and that revaluation is related to an accounting revaluation of an earlier period, or to one that is expected to be carried out in a future period, the tax effects of both the asset revaluation and the adjustment of the tax base are credited or charged to equity in the periods in which they occur. However, if the revaluation for tax purposes is not related to an accounting revaluation of an earlier period, or to one that is expected to be carried out in a future period, the tax effects of the adjustment of the tax base are recognised in the income statement. 65

When an enterprise pays dividends to its shareholders, it may be required to pay a portion of the dividends to taxation authorities on behalf of shareholders. In many jurisdictions, this amount is referred to as a withholding tax. Such an amount paid or payable to taxation authorities is charged to equity as a part of the dividends. 65A

IAS 12

Latente Steuern als Folge eines Unternehmenszusammenschlusses

66 Wie in den Paragraphen 19 und 26(c) erläutert, können temporäre Unterschiede bei einem Unternehmenszusammenschluss entstehen. Gemäß IFRS 3 *Unternehmenszusammenschlüsse* bilanziert ein Unternehmen alle sich ergebenden latenten Steueransprüche (in dem Umfang, wie sie die Ansatzkriterien des Paragraphen 24 erfüllen) oder latente Steuerschulden als identifizierbare Vermögenswerte und Schulden zum Erwerbszeitpunkt. Folglich beeinflussen diese latenten Steueransprüche und Steuerschulden den Geschäfts- oder Firmenwertes oder jeglichen Unterschiedsbetrag zwischen dem Anteil des Erwerbers an dem beizulegenden Zeitwert der identifizierbaren Vermögenswerte, Schulden und Eventualschulden des erworbenen Unternehmens und den Anschaffungskosten des Unternehmenszusammenschlusses. Gemäß Paragraph 15(a) setzt ein Unternehmen jedoch keine latenten Steuerschulden an, die aus dem erstmaligen Ansatz eines Geschäfts- oder Firmenwertes entstanden sind.

67 Infolge eines Unternehmenszusammenschlusses kann ein Erwerber es für wahrscheinlich halten, dass er einen eigenen latenten Steueranspruch, der vor dem Unternehmenszusammenschluss nicht angesetzt wurde, realisieren kann. Beispielsweise kann ein Erwerber in der Lage sein, den Vorteil seiner bisher noch nicht genutzten steuerlichen Verluste gegen das zukünftige zu versteuernde Einkommen des erworbenen Unternehmens zu verwenden. In solchen Fällen setzt der Erwerber einen latenten Steueranspruch an, schließt ihn jedoch nicht als Teil der Bilanzierung des Unternehmenszusammenschlusses ein und berücksichtigt ihn deshalb nicht bei der Bestimmung des Geschäfts- oder Firmenwertes oder des Unterschiedsbetrags zwischen dem Anteil des Erwerbers an dem beizulegenden Zeitwert der identifizierbaren Vermögenswerte, Schulden und Eventualschulden des erworbenen Unternehmens und den Anschaffungskosten des Unternehmenszusammenschlusses.

68 Wenn der potenzielle Nutzen eines ertragssteuerlichen Verlustvortrags oder anderer latenter Steueransprüche des erworbenen Unternehmens, der zum Zeitpunkt der erstmaligen Bilanzierung eines Unternehmenszusammenschlusses nicht die Kriterien für einen gesonderten Ansatz gemäß IFRS 3 erfüllte, nachträglich jedoch realisiert wurde, hat der Erwerber den sich daraus ergebenden Steuerertrag erfolgswirksam zu erfassen. Zusätzlich hat der Erwerber:
(a) den Buchwert des Geschäfts- oder Firmenwertes auf den Betrag zu verringern, der angesetzt worden wäre, wenn der latente Steueranspruch ab dem Erwerbszeitpunkt als ein identifizierbarer Vermögenswert bilanziert worden wäre;
und
(b) die Verringerung des Nettobuchwertes des Geschäfts- oder Firmenwertes als Aufwand zu erfassen.
Diese Vorgehensweise führt jedoch weder dazu, einen Unterschiedsbetrag zwischen dem Anteil des Erwerbers an dem beizulegenden Zeitwert der identifizierbaren Vermögenswerten, Schulden und Eventualschulden des erworbenen Unternehmens und den Anschaffungskosten des Zusammenschlusses zu bilden, noch den zuvor angesetzten Unterschiedsbetrag zu erhöhen.

> **Beispiel**
>
> Ein Unternehmen erwarb ein Tochterunternehmen, welches über abzugsfähige temporäre Differenzen von 300 verfügte. Der Steuersatz zum Zeitpunkt des Erwerbs betrug 30 Prozent. Der sich ergebende latente Steueranspruch von 90 wurde bei der Ermittlung des Geschäfts- oder Firmenwertes von 500 als Folge des Unternehmenszusammenschlusses nicht als identifizierbarer Vermögenswert angesetzt. Zwei Jahre nach dem Zusammenschluss beurteilte das Unternehmen, dass das zukünftige zu versteuernde Einkommen ausreichen würde, um den Nutzen aller abzugsfähigen temporären Differenzen zu realisieren.
>
> *Das Unternehmen bilanziert einen latenten Steueranspruch von 90 und erfasst im Ergebnis einen latenten Steuerertrag von 90. Ebenfalls verringert das Unternehmen den Buchwert des Geschäfts- oder Firmenwertes um 90 und erfasst im Periodenergebnis einen Aufwand für diesen Betrag. Folglich werden die Anschaffungskosten des Geschäfts- oder Firmenwertes auf 410 verringert, den Betrag, der angesetzt worden wäre, wenn der latente Steueranspruch von 90 zum Erwerbszeitpunkt als ein identifizierbarer Vermögenswert bilanziert worden wäre.*
>
> *Bei einer Erhöhung des Steuersatzes auf 40 Prozent hätte das Unternehmen einen latenten Steueranspruch von 120 (40% von 300) angesetzt und im Ergebnis einen latenten Steuerertrag von 120 erfasst. Bei einer Senkung des Steuersatzes auf 20 Prozent hätte das Unternehmen einen latenten Steueranspruch von 60 (20% von 300) und einen latenten Steuerertrag von 60 erfasst. In beiden Fällen würde das Unternehmen ebenfalls den Buchwert des Geschäfts- oder Firmenwertes um 90 verringern und einen Aufwand für diesen Betrag im Ergebnis erfassen.*

Deferred tax arising from a business combination

As explained in paragraphs 19 and 26(c), temporary differences may arise in a business combination. In accordance with IFRS 3 *Business Combinations*, an entity recognises any resulting deferred tax assets (to the extent that they meet the recognition criteria in paragraph 24) or deferred tax liabilities as identifiable assets and liabilities at the acquisition date. Consequently, those deferred tax assets and liabilities affect goodwill or the amount of any excess of the acquirer's interest in the net fair value of the acquiree's identifiable assets, liabilities and contingent liabilities over the cost of the combination. However, in accordance with paragraph 15(a), an entity does not recognise deferred tax liabilities arising from the initial recognition of goodwill. 66

As a result of a business combination, an acquirer may consider it probable that it will recover its own deferred tax asset that was not recognised before the business combination. For example, the acquirer may be able to utilise the benefit of its unused tax losses against the future taxable profit of the acquiree. In such cases, the acquirer recognises a deferred tax asset, but does not include it as part of the accounting for the business combination, and therefore does not take it into account in determining the goodwill or the amount of any excess of the acquirer's interest in the net fair value of the acquiree's identifiable assets, liabilities and contingent liabilities over the cost of the combination. 67

If the potential benefit of the acquiree's income tax loss carryforwards or other deferred tax assets did not satisfy the criteria in IFRS 3 for separate recognition when a business combination is initially accounted for but is subsequently realised, the acquirer shall recognise the resulting deferred tax income in profit or loss. In addition, the acquirer shall: 68
(a) reduce the carrying amount of goodwill to the amount that would have been recognised if the deferred tax asset had been recognised as an identifiable asset from the acquisition date; and
(b) recognise the reduction in the carrying amount of goodwill as an expense.
However, this procedure shall not result in the creation of an excess of the acquirer's interest in the net fair value of the acquiree's identifiable assets, liabilities and contingent liabilities over the cost of the combination, nor shall it increase the amount previously recognised for any such excess.

Example

An entity acquired a subsidiary that had deductible temporary differences of 300. The tax rate at the time of the acquisition was 30 per cent. The resulting deferred tax asset of 90 was not recognised as an identifiable asset in determining the goodwill of 500 that resulted from the business combination. Two years after the combination, the entity assessed that future taxable profit should be sufficient to recover the benefit of all the deductible temporary differences.

The entity recognises a deferred tax asset of 90 and, in profit or loss, deferred tax income of 90. The entity also reduces the carrying amount of goodwill by 90 and recognises an expense for this amount in profit or loss. Consequently, the cost of the goodwill is reduced to 410, being the amount that would have been recognised had the deferred tax asset of 90 been recognised as an identifiable asset at the acquisition date.

If the tax rate had increased to 40 per cent, the entity would have recognised a deferred tax asset of 120 (300 at 40 per cent) and, in profit or loss, deferred tax income of 120. If the tax rate had decreased to 20 per cent, the entity would have recognised a deferred tax asset of 60 (300 at 20 per cent) and deferred tax income of 60. In both cases, the entity would also reduce the carrying amount of goodwill by 90 and recognise an expense for that amount in profit or loss.

IAS 12

Tatsächliche und latente Steuern aus aktienbasierten Vergütungstransaktionen

68A In einigen Steuerrechtskreisen kann ein Unternehmen im Zusammenhang mit Vergütungen, die in Aktien, Aktienoptionen oder anderen Eigenkapitalinstrumenten des Unternehmens abgegolten werden, einen Steuerabzug (d. h. einen Betrag, der bei der Ermittlung des zu versteuernden Ergebnisses abzugsfähig ist) in Anspruch nehmen. Die Höhe dieses Steuerabzugs kann sich vom kumulativen Vergütungsaufwand unterscheiden und in einer späteren Berichtsperiode anfallen. Beispielsweise kann ein Unternehmen in einigen Rechtskreisen den Verbrauch der als Gegenleistung für gewährte Aktienoptionen erhaltenen Arbeitsleistungen gemäß IFRS 2 *Aktienbasierte Vergütung* aufwandswirksam erfassen, jedoch erst bei Ausübung der Aktienoptionen einen Steuerabzug geltend machen, dessen Höhe nach dem Aktienkurs des Unternehmens am Tag der Ausübung bemessen wird.

68B Wie bei den in den Paragraphen 9 und 26(b) erörterten Forschungskosten ist der Unterschiedsbetrag zwischen dem Steuerwert der bisher erhaltenen Arbeitsleistungen (der von den Steuerbehörden als ein in zukünftigen Perioden abzugsfähiger Betrag anerkannt wird) und dem Buchwert von Null eine abzugsfähige temporäre Differenz, die einen latenten Steueranspruch zur Folge hat. Ist der Betrag, dessen Abzug in zukünftigen Perioden von den Steuerbehörden erlaubt ist, am Ende der Berichtsperiode nicht bekannt, ist er anhand der zu diesem Zeitpunkt verfügbaren Informationen zu schätzen. Wenn beispielsweise die Höhe des Betrags, der von den Steuerbehörden als in zukünftigen Perioden abzugsfähig anerkannt wird, vom Aktienkurs des Unternehmens zu einem zukünftigen Zeitpunkt abhängig ist, muss zur Ermittlung der abzugsfähigen temporären Differenz der Aktienkurs des Unternehmens am Ende der Berichtsperiode herangezogen werden.

68C Wie in Paragraph 68A aufgeführt, kann sich der steuerlich absetzbare Betrag (oder der gemäß Paragraph 68B berechnete voraussichtliche künftige Steuerabzug) von dem dazugehörigen kumulativen Bezugsaufwand unterscheiden. Paragraph 58 des Standards verlangt, dass tatsächliche und latente Steuern als Ertrag oder Aufwand zu erfassen und in das Ergebnis einzubeziehen sind, ausgenommen in dem Umfang, in dem die Steuer (a) aus einer Transaktion oder einem Ereignis herrührt, die bzw. das in der gleichen oder einer unterschiedlichen Periode unmittelbar im Eigenkapital erfasst wird, oder (b) aus einem Unternehmenszusammenschluss. Wenn der steuerlich absetzbare Betrag (oder der geschätzte künftige Steuerabzug) den Betrag des dazugehörigen Bezugsaufwands übersteigt, weist dies drauf hin, dass sich der Steuerabzug nicht nur auf den Bezugsaufwand sondern auch auf einen Eigenkapitalposten bezieht. In dieser Situation ist der Überschuss der verbundenen tatsächlichen und latenten Steuern direkt im Eigenkapital zu erfassen.

DARSTELLUNG

Steueransprüche und Steuerschulden

69 (gestrichen)

70 (gestrichen)

Saldierung

71 Ein Unternehmen hat tatsächliche Steuererstattungsansprüche und tatsächliche Steuerschulden dann zu saldieren, aber nur dann, wenn ein Unternehmen:
 (a) ein einklagbares Recht hat, die bilanzierten Beträge gegeneinander aufzurechnen; und
 (b) beabsichtigt, entweder den Ausgleich auf Nettobasis herbeizuführen oder gleichzeitig mit der Realisierung des betreffenden Vermögenswertes die dazugehörige Schuld abzulösen.

72 Obwohl tatsächliche Steuererstattungsansprüche und Steuerschulden voneinander getrennt angesetzt und bewertet werden, erfolgt eine Saldierung in der Bilanz dann, wenn die Kriterien analog erfüllt sind, die für Finanzinstrumente in IAS 32 Finanzinstrumente: Darstellung, angegeben sind. Ein Unternehmen wird im Regelfall ein einklagbares Recht zur Aufrechnung eines tatsächlichen Steuererstattungsanspruches gegen eine tatsächliche Steuerschuld haben, wenn diese in Verbindung mit Ertragsteuern stehen, die von der gleichen Steuerbehörde erhoben werden, und die Steuerbehörde dem Unternehmen gestattet, eine einzige Nettozahlung zu leisten oder zu empfangen.

73 In einem Konzernabschluss wird ein tatsächlicher Steuererstattungsanspruch eines einbezogenen Unternehmens nur dann gegen eine tatsächliche Steuerschuld eines anderen einbezogenen Unternehmens saldiert, wenn die betreffenden Unternehmen ein einklagbares Recht haben, nur eine einzige Nettozahlung zu leisten oder zu

Current and Deferred Tax Arising from Share-based Payment Transactions

In some tax jurisdictions, an entity receives a tax deduction (ie an amount that is deductible in determining taxable profit) that relates to remuneration paid in shares, share options or other equity instruments of the entity. The amount of that tax deduction may differ from the related cumulative remuneration expense, and may arise in a later accounting period. For example, in some jurisdictions, an entity may recognise an expense for the consumption of employee services received as consideration for share options granted, in accordance with IFRS 2 *Share-based Payment*, and not receive a tax deduction until the share options are exercised, with the measurement of the tax deduction based on the entity's share price at the date of exercise. 68A

As with the research costs discussed in paragraphs 9 and 26(b) of this Standard, the difference between the tax base of the employee services received to date (being the amount the taxation authorities will permit as a deduction in future periods), and the carrying amount of nil, is a deductible temporary difference that results in a deferred tax asset. If the amount the taxation authorities will permit as a deduction in future periods is not known at the end of the period, it should be estimated, based on information available at the end of the period. For example, if the amount that the taxation authorities will permit as a deduction in future periods is dependent upon the entity's share price at a future date, the measurement of the deductible temporary difference should be based on the entity's share price at the end of the period. 68B

As noted in paragraph 68A, the amount of the tax deduction (or estimated future tax deduction, measured in accordance with paragraph 68B) may differ from the related cumulative remuneration expense. Paragraph 58 of the Standard requires that current and deferred tax should be recognised as income or an expense and included in profit or loss for the period, except to the extent that the tax arises from (a) a transaction or event which is recognised, in the same or a different period, directly in equity, or (b) a business combination. If the amount of the tax deduction (or estimated future tax deduction) exceeds the amount of the related cumulative remuneration expense, this indicates that the tax deduction relates not only to remuneration expense but also to an equity item. In this situation, the excess of the associated current or deferred tax should be recognised directly in equity. 68C

PRESENTATION

Tax assets and tax liabilities

(deleted) 69

(deleted) 70

Offset

An enterprise should offset current tax assets and current tax liabilities if, and only if, the enterprise: 71
(a) has a legally enforceable right to set off the recognised amounts; and
(b) intends either to settle on a net basis, or to realise the asset and settle the liability simultaneously.

Although current tax assets and liabilities are separately recognised and measured they are offset in the balance sheet subject to criteria similar to those established for financial instruments in IAS 32 financial instruments: presentation. An enterprise will normally have a legally enforceable right to set off a current tax asset against a current tax liability when they relate to income taxes levied by the same taxation authority and the taxation authority permits the enterprise to make or receive a single net payment. 72

In consolidated financial statements, a current tax asset of one enterprise in a group is offset against a current tax liability of another enterprise in the group if, and only if, the enterprises concerned have a legally enforceable 73

empfangen, und die Unternehmen beabsichtigen, auch lediglich eine Nettozahlung zu leisten oder zu empfangen bzw. gleichzeitig den Anspruch zu realisieren und die Schuld abzulösen.

74 Ein Unternehmen hat latente Steueransprüche und latente Steuerschulden dann zu saldieren, aber nur dann, wenn:
   (a) das Unternehmen ein einklagbares Recht zur Aufrechnung tatsächlicher Steuererstattungsansprüche gegen tatsächliche Steuerschulden hat; und
   (b) die latenten Steueransprüche und die latenten Steuerschulden sich auf Ertragsteuern beziehen, die von der gleichen Steuerbehörde erhoben werden für:
       (i) entweder dasselbe Steuersubjekt; oder
       (ii) unterschiedliche Steuersubjekte, die beabsichtigen, in jeder zukünftigen Periode, in der die Ablösung oder Realisierung erheblicher Beträge an latenten Steuerschulden bzw. Steueransprüchen zu erwarten ist, entweder den Ausgleich der tatsächlichen Steuerschulden und Erstattungsansprüche auf Nettobasis herbeizuführen oder gleichzeitig mit der Realisierung der Ansprüche die Verpflichtungen abzulösen.

75 Um das Erfordernis einer detaillierten Aufstellung des zeitlichen Verlaufes der Umkehrung jedes einzelnen temporären Unterschiedes zu vermeiden, verlangt dieser Standard von einem Unternehmen die Saldierung eines latenten Steueranspruches gegen eine latente Steuerschuld des gleichen Steuersubjektes dann, aber nur dann, wenn diese sich auf Ertragsteuern beziehen, die von der gleichen Steuerbehörde erhoben werden, und das Unternehmen einen einklagbaren Anspruch auf Aufrechnung der tatsächlichen Steuererstattungsansprüche gegen tatsächliche Steuerschulden hat.

76 In seltenen Fällen kann ein Unternehmen einen einklagbaren Anspruch auf Aufrechnung haben und beabsichtigen, nur für einige Perioden einen Ausgleich auf Nettobasis durchzuführen, aber nicht für andere. In solchen seltenen Fällen kann eine detaillierte Aufstellung erforderlich sein, damit verlässlich festgestellt werden kann, ob die latente Steuerschuld eines Steuersubjektes zu erhöhten Steuerzahlungen in der gleichen Periode führen wird, in der ein latenter Steueranspruch eines anderen Steuersubjektes zu verminderten Zahlungen dieses zweiten Steuersubjektes führen wird.

Steueraufwand

Der gewöhnlichen Tätigkeit zuzurechnender Steueraufwand (Steuerertrag)

77 Der der gewöhnlichen Tätigkeit zuzurechnende Steueraufwand (Steuerertrag) ist in der Gewinn- und Verlustrechnung gesondert darzustellen.

Währungsdifferenzen aus latenten Auslandssteuerschulden oder -ansprüchen

78 IAS 21, Auswirkungen von Änderungen der Wechselkurse, verlangt die Erfassung bestimmter Währungsdifferenzen als Aufwand oder Ertrag, legt aber nicht fest, wo solche Unterschiedsbeträge in der Gewinn- und Verlustrechnung auszuweisen sind. Sind entsprechend Währungsdifferenzen aus latenten Auslandssteuerschulden oder latenten Auslandssteueransprüchen in der Gewinn- und Verlustrechnung erfasst, können demzufolge solche Unterschiedsbeträge auch als latenter Steueraufwand (Steuerertrag) ausgewiesen werden, falls anzunehmen ist, dass dieser Ausweis für die Informationsinteressen der Abschlussadressaten am geeignetsten ist.

ANGABEN

79 Die Hauptbestandteile des Steueraufwandes (Steuerertrages) sind getrennt anzugeben.

80 Zu den Bestandteilen des Steueraufwandes (Steuerertrages) kann Folgendes gehören:
   (a) der tatsächliche Ertragsteueraufwand (tatsächliche Ertragsteuerertrag);
   (b) alle in der Periode erfassten Anpassungen für periodenfremde tatsächliche Ertragsteuern;
   (c) der Betrag des latenten Steueraufwandes (Steuerertrages), der auf das Entstehen bzw. die Umkehrung temporärer Unterschiede zurückzuführen ist;
   (d) der Betrag des latenten Steueraufwandes (Steuerertrages), der auf Änderungen der Steuersätze oder der Einführung neuer Steuern beruht;

right to make or receive a single net payment and the enterprises intend to make or receive such a net payment or to recover the asset and settle the liability simultaneously.

An enterprise should offset deferred tax assets and deferred tax liabilities if, and only if: 74
(a) the enterprise has a legally enforceable right to set off current tax assets against current tax liabilities; and
(b) the deferred tax assets and the deferred tax liabilities relate to income taxes levied by the same taxation authority on either:
   (i) the same taxable entity; or
   (ii) different taxable entities which intend either to settle current tax liabilities and assets on a net basis, or to realise the assets and settle the liabilities simultaneously, in each future period in which significant amounts of deferred tax liabilities or assets are expected to be settled or recovered.

To avoid the need for detailed scheduling of the timing of the reversal of each temporary difference, this Standard requires an enterprise to set off a deferred tax asset against a deferred tax liability of the same taxable entity if, and only if, they relate to income taxes levied by the same taxation authority and the enterprise has a legally enforceable right to set off current tax assets against current tax liabilities. 75

In rare circumstances, an enterprise may have a legally enforceable right of set-off, and an intention to settle net, for some periods but not for others. In such rare circumstances, detailed scheduling may be required to establish reliably whether the deferred tax liability of one taxable entity will result in increased tax payments in the same period in which a deferred tax asset of another taxable entity will result in decreased payments by that second taxable entity. 76

Tax expense

Tax expense (income) related to profit or loss from ordinary activities

The tax expense (income) related to profit or loss from ordinary activities should be presented on the face of the income statement. 77

Exchange differences on deferred foreign tax liabilities or assets

IAS 21, the effects of changes in foreign exchange rates, requires certain exchange differences to be recognised as income or expense but does not specify where such differences should be presented in the income statement. Accordingly, where exchange differences on deferred foreign tax liabilities or assets are recognised in the income statement, such differences may be classified as deferred tax expense (income) if that presentation is considered to be the most useful to financial statement users. 78

Disclosure

The major components of tax expense (income) should be disclosed separately. 79

Components of tax expense (income) may include: 80
(a) current tax expense (income);
(b) any adjustments recognised in the period for current tax of prior periods;
(c) the amount of deferred tax expense (income) relating to the origination and reversal of temporary differences;
(d) the amount of deferred tax expense (income) relating to changes in tax rates or the imposition of new taxes;

(e) der Betrag der Minderung des tatsächlichen Ertragsteueraufwandes auf Grund der Nutzung bisher nicht berücksichtigter steuerlicher Verluste, auf Grund von Steuergutschriften oder infolge eines bisher nicht berücksichtigten temporären Unterschiedes einer früheren Periode;
(f) der Betrag der Minderung des latenten Steueraufwandes auf Grund bisher nicht berücksichtigter steuerlicher Verluste, auf Grund von Steuergutschriften oder infolge eines bisher nicht berücksichtigten temporären Unterschiedes einer früheren Periode;
(g) der latente Steueraufwand infolge einer Abwertung oder Aufhebung einer früheren Abwertung eines latenten Steueranspruches gemäß Paragraph 56; und
(h) der Betrag des Ertragsteueraufwandes (Ertragsteuerertrags), der aus Änderungen der Bilanzierungs- und Bewertungsmethoden und Fehlern resultiert, die ertragswirksam nach IAS 8 erfasst wurden, weil sie nicht rückwirkend berücksichtigt werden können.

81 Weiterhin ist ebenfalls getrennt anzugeben:
(a) die Summe des Betrages tatsächlicher und latenter Steuern resultierend aus Posten, die direkt dem Eigenkapital belastet oder gutgeschrieben wurden;
(b) (gestrichen)
(c) eine Erläuterung der Relation zwischen Steueraufwand (Steuerertrag) und dem handelsrechtlichen Ergebnis (vor Ertragsteuern) alternativ in einer der beiden folgenden Formen:
   (i) eine Überleitungsrechnung zwischen dem Steueraufwand (Steuerertrag) und dem Produkt aus dem handelsrechtlichen Ergebnis (vor Ertragsteuern) und dem anzuwendenden Steuersatz (den anzuwendenden Steuersätzen), wobei auch die Grundlage anzugeben ist, auf der der anzuwendende Steuersatz berechnet wird oder die anzuwendenden Steuersätze berechnet werden; oder
   (ii) eine Überleitungsrechnung zwischen dem durchschnittlichen effektiven Steuersatz und dem anzuwendenden Steuersatz, wobei ebenfalls die Grundlage anzugeben ist, auf der der anzuwendende Steuersatz berechnet wird;
(d) eine Erläuterung zu Änderungen des anzuwendenden Steuersatzes bzw. der anzuwendenden Steuersätze im Vergleich zu der vorherigen Berichtsperiode;
(e) der Betrag (und, falls erforderlich, das Datum des Verfalles) der abzugsfähigen temporären Differenzen, der noch nicht genutzten steuerlichen Verluste und der noch nicht genutzten Steuergutschriften, für welche in der Bilanz kein latenter Steueranspruch angesetzt wurde;
(f) die Summe des Betrages temporärer Unterschiede im Zusammenhang mit Anteilen an Tochterunternehmen, Zweigniederlassungen und assoziierten Unternehmen sowie Anteilen an Joint Ventures, für die keine latenten Steuerschulden bilanziert worden sind (siehe Paragraph 39);
(g) bezüglich jeder Art temporärer Unterschiede und jeder Art noch nicht genutzter steuerlicher Verluste und noch nicht genutzter Steuergutschriften:
   (i) der Betrag der in der Bilanz angesetzten latenten Steueransprüche und latenten Steuerschulden für jede dargestellte Periode;
   (ii) der Betrag des in der Gewinn- und Verlustrechnung erfassten latenten Steuerertrages oder Steueraufwandes, falls dies nicht bereits aus den Änderungen der in der Bilanz angesetzten Beträge hervorgeht;
(h) der Steueraufwand hinsichtlich aufgegebener Geschäftsbereiche für:
   (i) den auf die Aufgabe entfallenden Gewinn oder Verlust; und
   (ii) das Ergebnis, soweit es aus der gewöhnlichen Tätigkeit des aufgegebenen Geschäftsbereiches resultiert, zusammen mit den Vergleichszahlen für jede dargestellte frühere Periode; und
(i) der Betrag der ertragsteuerlichen Konsequenzen von Dividendenzahlungen an die Anteilseigner des Unternehmens, die vorgeschlagen oder beschlossen wurden, bevor der Abschluss zur Veröffentlichung freigegeben wurde, die aber nicht als Verbindlichkeit im Abschluss bilanziert wurden.

82 Ein Unternehmen hat den Betrag eines latenten Steueranspruches und die substanziellen Hinweise für seinen Ansatz anzugeben, wenn:
(a) die Realisierung des latenten Steueranspruches von zukünftigen zu versteuernden Ergebnissen abhängt, die höher als die Ergebniseffekte aus der Umkehrung bestehender zu versteuernder temporärer Differenzen sind; und
(b) das Unternehmen in der laufenden Periode oder der Vorperiode im gleichen Steuerrechtskreis, auf den sich der latente Steueranspruch bezieht, Verluste erlitten hat.

82A Unter den Umständen, wie sie in Paragraph 52A beschrieben sind, hat ein Unternehmen die Art der potentiellen ertragsteuerlichen Konsequenzen, die sich durch die Zahlung von Dividenden an die Anteilseigner ergeben, anzugeben. Zusätzlich hat das Unternehmen die Beträge der potentiellen ertragsteuerlichen Konsequenzen, die praktisch bestimmbar sind, anzugeben und ob irgendwelche nicht bestimmbaren potentiellen ertragsteuerlichen Konsequenzen vorhanden sind.

(e) the amount of the benefit arising from a previously unrecognised tax loss, tax credit or temporary difference of a prior period that is used to reduce current tax expense;
(f) the amount of the benefit from a previously unrecognised tax loss, tax credit or temporary difference of a prior period that is used to reduce deferred tax expense;
(g) deferred tax expense arising from the write-down, or reversal of a previous write-down, of a deferred tax asset in accordance with paragraph 56; and
(h) the amount of tax expense (income) relating to those changes in accounting policies and errors that are included in profit or loss in accordance with IAS 8, because they cannot be accounted for retrospectively.

The following should also be disclosed separately: 81
(a) the aggregate current and deferred tax relating to items that are charged or credited to equity;
(b) (deleted)
(c) an explanation of the relationship between tax expense (income) and accounting profit in either or both of the following forms:
 (i) a numerical reconciliation between tax expense (income) and the product of accounting profit multiplied by the applicable tax rate(s), disclosing also the basis on which the applicable tax rate(s) is (are) computed; or
 (ii) a numerical reconciliation between the average effective tax rate and the applicable tax rate, disclosing also the basis on which the applicable tax rate is computed;
(d) an explanation of changes in the applicable tax rate(s) compared to the previous accounting period;
(e) the amount (and expiry date, if any) of deductible temporary differences, unused tax losses, and unused tax credits for which no deferred tax asset is recognised in the balance sheet;
(f) the aggregate amount of temporary differences associated with investments in subsidiaries, branches and associates and interests in joint ventures, for which deferred tax liabilities have not been recognised (see paragraph 39);
(g) in respect of each type of temporary difference, and in respect of each type of unused tax losses and unused tax credits:
 (i) the amount of the deferred tax assets and liabilities recognised in the balance sheet for each period presented;
 (ii) the amount of the deferred tax income or expense recognised in the income statement, if this is not apparent from the changes in the amounts recognised in the balance sheet;
(h) in respect of discontinued operations, the tax expense relating to:
 (i) the gain or loss on discontinuance; and
 (ii) the profit or loss from the ordinary activities of the discontinued operation for the period, together with the corresponding amounts for each prior period presented; and
(i) the amount of income tax consequences of dividends to shareholders of the enterprise that were proposed or declared before the financial statements were authorised for issue, but are not recognised as a liability in the financial statements.

An enterprise should disclose the amount of a deferred tax asset and the nature of the evidence supporting its recognition, when: 82
(a) the utilisation of the deferred tax asset is dependent on future taxable profits in excess of the profits arising from the reversal of existing taxable temporary differences; and
(b) the enterprise has suffered a loss in either the current or preceding period in the tax jurisdiction to which the deferred tax asset relates.

In the circumstances described in paragraph 52A, an enterprise should disclose the nature of the potential income tax consequences that would result from the payment of dividends to its shareholders. In addition, the enterprise should disclose the amounts of the potential income tax consequences practicably determinable and whether there are any potential income tax consequences not practicably determinable. 82A

IAS 12

83 (gestrichen)

84 Die gemäß Paragraph 81(c) verlangten Angaben ermöglichen es Abschlussadressaten, zu verstehen, ob die Relation zwischen dem Steueraufwand (Steuerertrag) und dem handelsrechtlichen Ergebnis (vor Ertragsteuern) ungewöhnlich ist, und die maßgeblichen Faktoren zu verstehen, die diese Relation in der Zukunft beeinflussen könnten. Die Relation zwischen dem Steueraufwand (Steuerertrag) und dem handelsrechtlichen Ergebnis (vor Ertragsteuern) kann durch steuerfreie Erträge, bei der Ermittlung des zu versteuernden Ergebnisses (steuerlichen Verlustes) nicht abzugsfähigen Aufwand sowie durch die Auswirkungen steuerlicher Verluste und ausländischer Steuersätze beeinflusst werden.

85 Bei der Erklärung der Relation zwischen dem Steueraufwand (Steuerertrag) und dem handelsrechtlichen Ergebnis (vor Ertragsteuern) ist ein Steuersatz anzuwenden, der für die Informationsinteressen der Abschlussadressaten am geeignetsten ist. Häufig ist der geeignetste Steuersatz der inländische Steuersatz des Landes, in dem das Unternehmen seinen Sitz hat. Dabei werden in die nationalen Steuersätze alle lokalen Steuern einbezogen, die entsprechend eines im Wesentlichen vergleichbaren Niveaus des zu versteuernden Ergebnisses (steuerlichen Verlustes) berechnet werden. Für ein Unternehmen, das in verschiedenen Steuerrechtskreisen tätig ist, kann es sinnvoller sein, anhand der für die einzelnen Steuerrechtskreise gültigen inländischen Steuersätze verschiedene Überleitungsrechnungen zu erstellen und diese zusammenzufassen. Das folgende Beispiel zeigt, wie sich die Auswahl des anzuwendenden Steuersatzes auf die Darstellung der Überleitungsrechnung auswirkt.

86 Der durchschnittliche effektive Steuersatz ist der Steueraufwand (Steuerertrag), geteilt durch das handelsrechtliche Ergebnis (vor Ertragsteuern).

87 Es ist häufig nicht praktikabel, den Betrag der nicht bilanzierten latenten Steuerschulden aus Anteilen an Tochterunternehmen, Zweigniederlassungen und assoziierten Unternehmen sowie Anteilen an Joint Ventures zu berechnen (siehe Paragraph 39). Daher verlangt dieser Standard von einem Unternehmen die Angabe der Summe des Betrages der zugrunde liegenden temporären Differenzen, aber er verlangt keine Angabe der latenten Steuerschulden. Wo dies praktikabel ist, wird Unternehmen dennoch empfohlen, die Beträge der nicht bilanzierten latenten Steuerschulden anzugeben, da diese Angaben für die Adressaten des Abschlusses nützlich sein könnten.

87A Paragraph 82A fordert von einem Unternehmen die Art der potentiellen ertragsteuerlichen Konsequenzen, die aus der Zahlung von Dividenden an die Anteilseigner resultieren würden, anzugeben. Ein Unternehmen gibt die wichtigen Bestandteile des ertragsteuerlichen Systems und die Faktoren an, die den Betrag der potentiellen ertragsteuerlichen Konsequenzen von Dividenden beeinflussen.

87B Manchmal wird es nicht durchführbar sein, den gesamten Betrag der potentiellen ertragsteuerlichen Konsequenzen, die aus der Zahlung von Dividenden an die Anteilseigner resultieren würden, auszurechnen. Dies könnte zum Beispiel der Fall sein, wenn ein Unternehmen eine große Anzahl von ausländischen Tochtergesellschaften hat. Auch unter diesen Umständen ist es möglich, einen Teilbetrag leicht darzustellen. Zum Beispiel in einem Konzern, könnten ein Mutterunternehmen und einige der Tochterunternehmen Ertragsteuern zu einem höheren Satz auf nicht ausgeschüttete Gewinne gezahlt haben, und sich über den Betrag bewusst sein, der zurückerstattet wird, wenn die Dividenden später an die Anteilseignern aus den konsolidierten Gewinnrücklagen gezahlt werden. In diesem Fall ist der erstattungsfähige Betrag anzugeben. Wenn dies zutrifft, dann muss das Unternehmen auch angeben, dass weitere potentielle ertragsteuerliche Konsequenzen praktisch nicht bestimmbar sind. Im Abschluss des Mutterunternehmens sind Angaben über die potentiellen ertragsteuerlichen Konsequenzen zu machen, soweit vorhanden, die sich auf die Gewinnrücklagen des Mutterunternehmens beziehen.

87C Ein Unternehmen, das die Angaben nach Paragraph 82A machen muss, könnte darüber hinaus auch verpflichtet sein, Angaben zu den temporären Differenzen, die aus Anteilen an Tochterunternehmen, Zweigniederlassungen und assoziierten Unternehmen oder Anteilen an Joint Ventures stammen, zu machen. In diesem Fall beachtet das Unternehmen dies bei der Ermittlung der Angaben, die nach Paragraph 82A zu machen sind. Bei einem Unternehmen kann es zum Beispiel erforderlich sein, die Summe des Betrages temporärer Unterschiede im Zusammenhang mit Anteilen an Tochterunternehmen, für die keine latenten Steuerschulden bilanziert worden sind (siehe auch Paragraph 81(f)), anzugeben. Wenn es nicht durchführbar oder wirtschaftlich nicht vertretbar ist, den Betrag der nicht bilanzierten latenten Steuerschulden zu ermitteln (siehe auch Paragraph 81(f)), könnte es sein, dass sich Beträge von potentiellen Ertragsteuer Konsequenzen von Dividenden, die sich nicht ermitteln lassen, auf diese Tochterunternehmen beziehen.

88 Ein Unternehmen gibt alle steuerbezogenen Eventualschulden und Eventualforderungen – gemäß IAS 37, Rückstellungen, Eventualschulden und Eventualforderungen – an. Eventualschulden und Eventualforderungen

(deleted)	83

84 The disclosures required by paragraph 81(c) enable users of financial statements to understand whether the relationship between tax expense (income) and accounting profit is unusual and to understand the significant factors that could affect that relationship in the future. The relationship between tax expense (income) and accounting profit may be affected by such factors as revenue that is exempt from taxation, expenses that are not deductible in determining taxable profit (tax loss), the effect of tax losses and the effect of foreign tax rates.

85 In explaining the relationship between tax expense (income) and accounting profit, an enterprise uses an applicable tax rate that provides the most meaningful information to the users of its financial statements. Often, the most meaningful rate is the domestic rate of tax in the country in which the enterprise is domiciled, aggregating the tax rate applied for national taxes with the rates applied for any local taxes which are computed on a substantially similar level of taxable profit (tax loss). However, for an enterprise operating in several jurisdictions, it may be more meaningful to aggregate separate reconciliations prepared using the domestic rate in each individual jurisdiction. The following example illustrates how the selection of the applicable tax rate affects the presentation of the numerical reconciliation.

86 The average effective tax rate is the tax expense (income) divided by the accounting profit.

87 It would often be impracticable to compute the amount of unrecognised deferred tax liabilities arising from investments in subsidiaries, branches and associates and interests in joint ventures (see paragraph 39). Therefore, this Standard requires an enterprise to disclose the aggregate amount of the underlying temporary differences but does not require disclosure of the deferred tax liabilities. Nevertheless, where practicable, enterprises are encouraged to disclose the amounts of the unrecognised deferred tax liabilities because financial statement users may find such information useful.

87A Paragraph 82A requires an enterprise to disclose the nature of the potential income tax consequences that would result from the payment of dividends to its shareholders. An enterprise discloses the important features of the income tax systems and the factors that will affect the amount of the potential income tax consequences of dividends.

87B It would sometimes not be practicable to compute the total amount of the potential income tax consequences that would result from the payment of dividends to shareholders. This may be the case, for example, where an enterprise has a large number of foreign subsidiaries. However, even in such circumstances, some portions of the total amount may be easily determinable. For example, in a consolidated group, a parent and some of its subsidiaries may have paid income taxes at a higher rate on undistributed profits and be aware of the amount that would be refunded on the payment of future dividends to shareholders from consolidated retained earnings. In this case, that refundable amount is disclosed. If applicable, the enterprise also discloses that there are additional potential income tax consequences not practically determinable. In the parent's separate financial statements, if any, the disclosure of the potential income tax consequences relates to the parent's retained earnings.

87C An enterprise required to provide the disclosures in paragraph 82A may also be required to provide disclosures related to temporary differences associated with investments in subsidiaries, branches and associates or interests in joint ventures. In such cases, an enterprise considers this in determining the information to be disclosed under paragraph 82A. For example, an enterprise may be required to disclose the aggregate amount of temporary differences associated with investments in subsidiaries for which no deferred tax liabilities have been recognised (see paragraph 81(f)). If it is impracticable to compute the amounts of unrecognised deferred tax liabilities (see paragraph 87) there may be amounts of potential income tax consequences of dividends not practically determinable related to these subsidiaries.

88 An enterprise discloses any tax-related contingent liabilities and contingent assets in accordance with IAS 37, provisions, contingent liabilities and contingent assets. Contingent liabilities and contingent assets may arise, for

IAS 12

können beispielsweise aus ungelösten Streitigkeiten mit den Steuerbehörden stammen. Ähnlich hierzu gibt ein Unternehmen, wenn Änderungen der Steuersätze oder Steuervorschriften nach dem Bilanzstichtag in Kraft treten oder angekündigt werden, alle wesentlichen Auswirkungen dieser Änderungen auf seine tatsächlichen und latenten Steueransprüche bzw. -schulden an (siehe IAS 10, Ereignisse nach dem Bilanzstichtag).

Beispiel zu Paragraph 85

In 19X2 erzielt ein Unternehmen in seinem eigenen Steuerrechtskreis (Land A) ein Ergebnis vor Ertragsteuern von 1 500 (19X1: 2 000) und in Land B von 1 500 (19X1: 500). Der Steuersatz beträgt 30 % in Land A und 20 % in Land B. In Land A sind Aufwendungen von 100 (19X1: 200) steuerlich nicht abzugsfähig. Nachstehend ein Beispiel einer Überleitungsrechnung für einen inländischen Steuersatz:

	19X1	19X2
Ergebnis vor Ertragsteuern	2 500	3 000
Steuer zum inländischen Steuersatz von 30 %	750	900
Steuerauswirkungen der steuerlich nicht abzugsfähigen Aufwendungen	60	30
Auswirkung der niedrigeren Steuersätze in Land B	(50)	(150)
Steueraufwand	760	780

Es folgt ein Beispiel einer Überleitungsrechnung, in der getrennte Überleitungsrechnungen für jeden einzelnen nationalen Steuerrechtskreis zusammengefasst wurden. Nach dieser Methode erscheint die Auswirkung der Unterschiedsbeträge zwischen dem eigenen inländischen Steuersatz des berichtenden Unternehmens und dem inländischen Steuersatz in anderen Steuerrechtskreisen nicht als ein getrennter Posten in der Überleitungsrechnung. Ein Unternehmen hat möglicherweise die Auswirkungen maßgeblicher Änderungen in den Steuersätzen oder die strukturelle Zusammensetzung von in unterschiedlichen Steuerrechtskreisen erzielten Gewinnen zu erörtern, um die Änderungen im anzuwendenden Steuersatz (den anzuwendenden Steuersätzen) wie gemäß Paragraph 81(d) verlangt, zu erklären.

	19X1	19X2
Ergebnis vor Ertragsteuern	2 500	3 000
Steuer zum inländischen Steuersatz anzuwenden auf Gewinne in dem betreffenden Land	750	750
Steuerauswirkungen von Aufwendungen, die steuerlich nicht abzugsfähig sind	60	30
Steueraufwand	760	780

ZEITPUNKT DES INKRAFTTRETENS

89 Dieser International Accounting Standard ist erstmals in der ersten Berichtsperiode eines am 1. Januar 1998 oder danach beginnenden Geschäftsjahres anzuwenden. Wenn ein Unternehmen diesen Standard für Berichtsperioden anwendet, die vor dem 1. Januar 1998 beginnen, es sei denn, in Paragraph 91 ist etwas anders angegeben, hat das Unternehmen die Tatsache anzugeben, dass es diesen Standard an Stelle von IAS 12, Bilanzierung von Ertragsteuern, genehmigt 1979, angewendet hat.

90 Dieser Standard ersetzt den 1979 genehmigten IAS 12, Bilanzierung von Ertragsteuern.

91 Die Paragraphen 52A, 52B, 65A, 81(i), 82A, 87A, 87B, 87C und die Streichung der Paragraphen 3 und 50 sind erstmals in der ersten Berichtsperiode eines am 1. Januar 2001 oder danach beginnenden Geschäftsjahres anzuwenden. Eine frühere Anwendung wird empfohlen. Wenn die frühere Anwendung den Abschluss beeinflusst, so ist dies anzugeben.[3]

---

3 In Übereinstimmung mit der in 1998 verabschiedeten, sprachlich präziseren Bestimmung für den Zeitpunkt des Inkrafttretens bezieht sich Paragraph 91 auf Abschlüsse eines Geschäftsjahres. Paragraph 89 bezieht sich auf Abschlüsse einer Berichtsperiode.

example, from unresolved disputes with the taxation authorities. Similarly, where changes in tax rates or tax laws are enacted or announced after the balance sheet date, an enterprise discloses any significant effect of those changes on its current and deferred tax assets and liabilities (see IAS 10, events after the balance sheet date).

Example illustrating paragraph 85

In 19X2, an enterprise has accounting profit in its own jurisdiction (country A) of 1 500 (19X1: 2 000) and in country B of 1 500 (19X1: 500). The tax rate is 30 % in country A and 20 % in country B. In country A, expenses of 100 (19X1: 200) are not deductible for tax purposes.
The following is an example of a reconciliation to the domestic tax rate.

	19X1	19X2
Accounting profit	2 500	3 000
Tax at the domestic rate of 30 %	750	900
Tax effect of expenses that are not deductible for tax purposes	60	30
Effect of lower tax rates in country B	(50)	(150)
Tax expense	760	780

The following is an example of a reconciliation prepared by aggregating separate reconciliations for each national jurisdiction. Under this method, the effect of differences between the reporting enterprise's own domestic tax rate and the domestic tax rate in other jurisdictions does not appear as a separate item in the reconciliation. An enterprise may need to discuss the effect of significant changes in either tax rates, or the mix of profits earned in different jurisdictions, in order to explain changes in the applicable tax rate(s), as required by paragraph 81(d).

	19X1	19X2
Accounting profit	2 500	3 000
Tax at the domestic rates applicable to profits in the country concerned	750	750
Tax effect of expenses that are not deductible for tax purposes	60	30
Tax expense	760	780

EFFECTIVE DATE

This International Accounting Standard becomes operative for financial statements covering periods beginning on or after 1 January, 1998, except as specified in paragraph 91. If an enterprise applies this Standard for financial statements covering periods beginning before 1 January 1998, the enterprise should disclose the fact it has applied this Standard instead of IAS 12, accounting for taxes on income, approved in 1979. 89

This Standard supersedes IAS 12, accounting for taxes on income, approved in 1979. 90

Paragraphs 52A, 52B, 65A, 81(i), 82A, 87A, 87B, 87C and the deletion of paragraphs 3 and 50 become operative for annual financial statements[3] covering periods beginning on or after 1 January 2001. Earlier adoption is encouraged. If earlier adoption affects the financial statements, an enterprise should disclose that fact. 91

---

3 Paragraph 91 refers to 'annual financial statements' in line with more explicit language for writing effective dates adopted in 1998. Paragraph 89 refers to 'financial statements'.

International Accounting Standard 14

Segmentberichterstattung

> International Accounting Standard 14 *Segmentberichterstattung* (IAS 14) ist in den Paragraphen 1–84 festgelegt. Alle Paragraphen sind gleichrangig, behalten jedoch das IASC-Format des Standards, mit dem dieser durch den IASB verabschiedet wurde. IAS 14 ist in Verbindung mit seiner Zielsetzung, dem *Vorwort zu den International Financial Reporting Standards* und dem *Rahmenkonzept für die Aufstellung und Darstellung von Abschlüssen* zu betrachten. IAS 8 *Bilanzierungs- und Bewertungsmethoden, Änderungen von Schätzungen und Fehler*, stellt beim Fehlen ausdrücklicher Leitlinien eine Grundlage für die Auswahl und für die Anwendung von Bilanzierungs- und Bewertungsmethoden bereit.

Dieser überarbeitete International Accounting Standard ersetzt IAS 14, Segmentberichterstattung, der vom Board in einer umgegliederten Fassung von 1994 genehmigt wurde. Der überarbeitete Standard war erstmals in der ersten Berichtsperiode eines am 1. Juli 1998 oder danach beginnenden Geschäftsjahres anzuwenden.

Die Paragraphen 129 und 130 von IAS 36 *Wertminderung von Vermögenswerten* geben Angabepflichten für die Berichterstattung von Wertminderungsaufwendungen nach Segmenten vor.

EINFÜHRUNG

Dieser Standard („IAS 14 (überarbeitet)") ersetzt IAS 14, Segmentberichterstattung („der ursprüngliche IAS 14"). IAS 14 (überarbeitet) war erstmals in der ersten Berichtsperiode eines am 1. Juli 1998 oder danach beginnenden Geschäftsjahres anzuwenden. Die wichtigsten Änderungen gegenüber dem ursprünglichen IAS 14 sind wie folgt:

IN1 Der ursprüngliche IAS 14 galt für Unternehmen, deren Wertpapiere öffentlich gehandelt wurden, und andere wirtschaftlich bedeutende Einheiten. IAS 14 (überarbeitet) gilt für Unternehmen, deren Dividendenpapiere oder schuldrechtliche Wertpapiere öffentlich gehandelt werden, einschließlich der Unternehmen, die die Ausgabe von Dividendenpapieren oder schuldrechtlichen Wertpapieren an einer Wertpapierbörse in die Wege geleitet haben, nicht aber für andere wirtschaftlich bedeutende Unternehmen.

IN2 Der ursprüngliche IAS 14 verlangte die Darstellung von Informationen für Industriesegmente und geografische Segmente. Er stellte nur generelle Anwendungsleitlinien zur Bestimmung von Industriesegmenten und geografischen Segmenten zur Verfügung. Er schlug vor, dass interne organisatorische Gruppenbildungen eine Grundlage zur Bestimmung der berichtspflichtigen Segmente bilden können oder dass die Segmentberichterstattung eine erneute Klassifizierung der Daten erfordert. IAS 14 (überarbeitet) verlangt die Darstellung von Informationen für Geschäftssegmente und geografische Segmente. Er stellt detailliertere Leitlinien als der ursprüngliche IAS 14 zur Bestimmung von Geschäftssegmenten und geografischen Segmenten bereit. Er verlangt, dass sich ein Unternehmen zum Zweck der Bestimmung solcher Segmente an seiner internen Organisationsstruktur und seinem internen Berichtssystem orientiert. Falls die internen Segmente weder auf Gruppen ähnlicher Produkte und Dienstleistungen noch auf der Geografie basieren, verlangt IAS 14 (überarbeitet), dass ein Unternehmen sich an der nächst niedrigeren Ebene der internen Segmentierung zu orientieren hat, um seine berichtspflichtigen Segmente zu bestimmen.

IN3 Der ursprüngliche IAS 14 verlangte, dass dieselbe Informationstiefe sowohl für Industriesegmente als auch für geografische Segmente dargestellt wird. IAS 14 (überarbeitet) sieht vor, dass eine Segmentierungsart primär und die andere sekundär ist, wobei die Angabe bedeutend weniger Informationen für sekundäre Segmente verlangt wird.

IN4 Der ursprüngliche IAS 14 enthielt keine Angaben darüber, ob die Segmentinformationen entsprechend den angewandten Bilanzierungs- und Bewertungsmethoden für den Konzern- oder den Einzelabschluss aufzustellen sind. IAS 14 (überarbeitet) verlangt, dass die gleichen Bilanzierungs- und Bewertungsmethoden befolgt werden müssen.

IN5 Der ursprüngliche IAS 14 hat Unterschiede in der Definition des Segmentergebnisses zwischen Unternehmen zugelassen. IAS 14 (überarbeitet) sieht detailliertere Anwendungsleitlinien als der ursprüngliche IAS 14 bezüglich bestimmter Posten des Ertrags und des Aufwands vor, die in die Segmenterträge und die Segmentaufwendungen einbezogen oder ausgeschlossen werden müssen. Dementsprechend sieht IAS 14 (überarbeitet) eine

International Accounting Standard 14

Segment reporting

> International Accounting Standard 14 *Segment reporting* (IAS 14) is set out in paragraphs 1—84. All the paragraphs have equal authority but retain the IASC format of the Standard when it was adopted by the IASB. IAS 14 should be read in the context of its objective the *Preface to International Financial Reporting Standards* and the *Framework for the Preparation and Presentation of Financial Statements*. IAS 8 *Accounting Policies, Changes in Accounting Estimates and Errors* provides a basis for selecting and applying accounting policies in the absence of explicit guidance.

This revised International Accounting Standard supersedes IAS 14, reporting financial information by segment, which was approved by the Board in a reformatted version in 1994. The revised Standard became operative for financial statements covering periods beginning on or after 1 July 1998.

Paragraphs 129 and 130 of IAS 36 *Impairment of Assets* set out disclosure requirements for reporting impairment losses by segment.

INTRODUCTION

This Standard ('IAS 14 (revised)') replaces IAS 14, reporting financial information by segment ('the original IAS 14'). IAS 14 (revised) is effective for accounting periods beginning on or after 1 July 1998. The major changes from the original IAS 14 are as follows:

IN1 The original IAS 14 applied to enterprises whose securities are publicly traded and other economically significant entities. IAS 14 (revised) applies to enterprises whose equity or debt securities are publicly traded, including enterprises in the process of issuing equity or debt securities in a public securities market, but not to other economically significant entities.

IN2 The original IAS 14 required that information be reported for industry segments and geographical segments. It provided only general guidance for identifying industry segments and geographical segments. It suggested that internal organisational groupings may provide a basis for determining reportable segments, or segment reporting may require reclassification of data. IAS 14 (revised) requires that information be reported for business segments and geographical segments. It provides more detailed guidance than the original IAS 14 for identifying business segments and geographical segments. It requires that an enterprise look to its internal organisational structure and internal reporting system for the purpose of identifying those segments. If internal segments are based neither on groups of related products and services nor on geography, IAS 14 (revised) requires that an enterprise should look to the next lower level of internal segmentation to identify its reportable segments.

IN3 The original IAS 14 required that the same quantity of information be reported for both industry segments and geographical segments. IAS 14 (revised) provides that one basis of segmentation is primary and the other is secondary, with considerably less information required to be disclosed for secondary segments.

IN4 The original IAS 14 was silent on whether segment information must be prepared using the accounting policies adopted for the consolidated or enterprise financial statements. IAS 14 (revised) requires that the same accounting policies be followed.

IN5 The original IAS 14 had allowed differences in the definition of segment result among enterprises. IAS 14 (revised) provides more detailed guidance than the original IAS 14 as to specific items of revenue and expense that should be included in or excluded from segment revenue and segment expense. Accordingly, IAS 14

IAS 14

einheitliche Bewertung des Segmentergebnisses vor, aber nur bis zu dem Ausmaß, zu dem die Posten des Ertrags und der betrieblichen Aufwendungen den Segmenten direkt zugerechnet oder vernünftig auf sie verteilt werden können.

IN6   IAS 14 (überarbeitet) verlangt „Symmetrie" bei der Einbeziehung von Posten in das Segmentergebnis und das Segmentvermögen. Wenn beispielsweise das Segmentergebnis Abschreibungsaufwand widerspiegelt, muss der abschreibungsfähige Vermögenswert in das Segmentvermögen einbezogen werden. Der ursprüngliche IAS 14 gab zu diesem Thema keine Auskunft.

IN7   Der ursprüngliche IAS 14 enthielt keine Regelungen darüber, ob Segmente, die als zu klein für eine gesonderte Darstellung erscheinen, mit anderen Segmenten zusammengefasst werden oder von allen berichtspflichtigen Segmenten ausgeschlossen werden können. IAS 14 (überarbeitet) sieht vor, dass kleine, intern dargestellte Segmente, die nicht gesondert dargestellt werden müssen, mit jedem anderen Segment zusammengefasst werden können, wenn sie eine Anzahl gemeinsamer Kriterien auf sich vereinigen, die ein Geschäftssegment oder ein geografisches Segment definieren, oder dass sie mit einem ähnlich bedeutenden Segment, für das intern Informationen dargestellt werden, zusammengefasst werden können, wenn bestimmte Bedingungen erfüllt sind.

IN8   Der ursprüngliche IAS 14 gab keine Auskunft darüber, ob geografische Segmente darauf aufzubauen haben, wo sich die Vermögenswerte des Unternehmens befinden (Herkunft der Verkäufe) oder wo sich dessen Kunden befinden (Bestimmungsort der Verkäufe). IAS 14 (überarbeitet) schreibt vor, dass, unabhängig von der Grundlage des geografischen Segments eines Unternehmens, bestimmte Daten auf der jeweils anderen Grundlage dargestellt werden müssen, wenn diese bedeutend voneinander abweichen.

IN9   Der ursprüngliche IAS 14 verlangte vier Hauptangaben sowohl für Industriesegmente als auch für geografische Segmente:
(a) Umsatzerlöse oder andere Erträge aus der betrieblichen Tätigkeit, aufgeteilt in solche, die aus Geschäften mit externen Kunden, und solchen, die aus Transaktionen mit anderen Segmenten resultieren;
(b) Segmentergebnis;
(c) zuordenbares Segmentvermögen; und
(d) die Grundlage der Verrechnungspreise zwischen den Segmenten.

Für die primäre Grundlage der Segmentberichterstattung eines Unternehmens (Geschäftssegmente oder geografische Segmente) verlangt IAS 14 (überarbeitet) die gleichen vier Angaben zuzüglich:
(a) Segmentschulden;
(b) Anschaffungskosten der Sachanlagen und immateriellen Vermögenswerte, die während der Berichtsperiode erworben wurden;
(c) planmäßiger Abschreibungsaufwand;
(d) nicht zahlungswirksamen Aufwendungen ohne den planmäßigen Abschreibungsaufwand; und
(e) erstmalig Anteil des Unternehmens am Periodengewinn oder -verlust eines assoziierten Unternehmens, Joint Ventures oder einer anderen Finanzinvestition, die nach der Equity-Methode bilanziert wird, wenn im Wesentlichen alle Geschäftstätigkeiten des assoziierten Unternehmens innerhalb nur dieses Segments liegen, und den Betrag der dazugehörigen Finanzinvestition.

Für die Berichterstattung über die sekundären Segmente eines Unternehmens verzichtet IAS 14 (überarbeitet) auf das vom ursprünglichen IAS 14 erforderte Segmentergebnis und ersetzt es durch die Anschaffungskosten der Sachanlagen und immateriellen Vermögenswerte, die während der Berichtsperiode erworben wurden.

IN10   Der ursprüngliche IAS 14 enthielt keine Regelungen darüber, ob die zu Vergleichszwecken dargestellten Segmentinformationen der vorangegangenen Berichtsperiode bei einer wesentlichen Änderung der Segmentbilanzierungs- und -bewertungsmethoden anzupassen sind. IAS 14 (überarbeitet) verlangt eine Anpassung, solange diese nicht durchführbar oder wirtschaftlich nicht vertretbar ist.

IN11   IAS 14 (überarbeitet) verlangt, dass, wenn die von allen berichtspflichtigen Segmenten zusammengefassten Gesamterlöse mit externen Kunden weniger als 75 % der gesamten Erlöse des Unternehmens ausmachen, zusätzliche berichtspflichtige Segmente bestimmt werden müssen, bis die 75 %-Marke erreicht ist.

IN12   Der ursprüngliche IAS 14 erlaubte die Anwendung einer von der tatsächlichen Methode abweichenden Vorgehensweise zur Berechnung der Verrechnungspreise für Transaktionen zwischen den Segmenten. IAS 14 (überarbeitet) verlangt, dass die Transaktionen zwischen den Segmenten auf der Grundlage bewertet werden, mit der das Unternehmen tatsächlich die Verrechnungspreise festlegt.

(revised) provides for a standardised measure of segment result, but only to the extent that items of revenue and operating expense can be directly attributed or reasonably allocated to segments.

IAS 14 (revised) requires 'symmetry' in the inclusion of items in segment result and in segment assets. If, for example, segment result reflects depreciation expense, the depreciable asset must be included in segment assets. The original IAS 14 was silent on this matter. **IN6**

The original IAS 14 was silent on whether segments deemed too small for separate reporting could be combined with other segments or excluded from all reportable segments. IAS 14 (revised) provides that small internally reported segments that are not required to be separately reported may be combined with each other if they share a substantial number of the factors that define a business segment or geographical segment, or they may be combined with a similar significant segment for which information is reported internally if certain conditions are met. **IN7**

The original IAS 14 was silent on whether geographical segments should be based on where the enterprise's assets are located (the origin of its sales) or on where its customers are located (the destination of its sales). IAS 14 (revised) requires that, whichever is the basis of an enterprise's geographical segments, several items of data must be presented on the other basis if significantly different. **IN8**

The original IAS 14 required four principal items of information for both industry segments and geographical segments: **IN9**
(a) sales or other operating revenues, distinguishing between revenue derived from customers outside the enterprise and revenue derived from other segments;
(b) segment result;
(c) segment assets employed; and
(d) the basis of inter-segment pricing.

For an enterprise's primary basis of segment reporting (business segments or geographical segments), IAS 14 (revised) requires those same four items of information plus:
(a) segment liabilities;
(b) cost of property, plant, equipment, and intangible assets acquired during the period;
(c) depreciation and amortisation expense;
(d) non-cash expenses other than depreciation and amortisation; and
(e) the enterprise's share of the profit or loss of an associate, joint venture, or other investment accounted for under the equity method if substantially all of the associate's operations are within only that segment, and the amount of the related investment.

For an enterprise's secondary basis of segment reporting, IAS 14 (revised) drops the original IAS 14 requirement for segment result and replaces it with the cost of property, plant, equipment, and intangible assets acquired during the period.

The original IAS 14 was silent on whether prior period segment information presented for comparative purposes should be restated for a material change in segment accounting policies. IAS 14 (revised) requires restatement unless it is impracticable to do so. **IN10**

IAS 14 (revised) requires that if total revenue from external customers for all reportable segments combined is less than 75 % of total enterprise revenue, then additional reportable segments should be identified until the 75 % level is reached. **IN11**

The original IAS 14 allowed a different method of pricing inter-segment transfers to be used in segment data than was actually used to price the transfers. IAS 14 (revised) requires that inter-segment transfers be measured on the basis that the enterprise actually used to price the transfers. **IN12**

IAS 14

IN13 IAS 14 (überarbeitet) verlangt die Angabe der Erlöse eines jeden Segments, das nicht berichtswürdig erscheint, da es den Großteil seiner Erlöse aus den Verkäufen an andere Segmente bezieht, wenn die Erlöse dieses Segments aus Verkäufen an externe Kunden 10 % oder mehr der gesamten Erlöse des Unternehmens ausmachen. Der ursprüngliche IAS 14 enthielt keine vergleichbare Vorschrift.

INHALT	Ziffer
Zielsetzung	
Anwendungsbereich	1–7
Definitionen	8–25
Definitionen aus anderen International Accounting Standards	8
Definitionen des Geschäftssegmentes und des geografischen Segments	9–15
Definitionen der Segmenterträge und -aufwendungen, des Segmentergebnisses und -vermögens sowie der Segmentschulden	16–25
Bestimmung der berichtpflichtigen Segmente	26–43
Primäre und sekundäre Segmentberichtsformate	26–30
Geschäftssegmente und geografische Segmente	31–33
Berichtspflichtige Segmente	34–43
Segmentbilanzierungs- und -bewertungsmethoden	44–48
Angaben	49–83
Primäres Berichtsformat	50–67
Sekundäre Segmentinformationen	68–72
Beispielhafte Segmentangaben	73
Andere Inhalte der Angaben	74–83
Zeitpunkt des Inkrafttretens	84

Die fett gedruckten Vorschriften sind in Verbindung mit den Hintergrundmaterialien und den Anwendungsleitlinien dieses Standards sowie in Verbindung mit dem Vorwort zu den International Accounting Standards zu betrachten. International Accounting Standards brauchen nicht auf unwesentliche Sachverhalte angewendet zu werden (siehe Paragraph 12 des Vorwortes).

ZIELSETZUNG

Die Zielsetzung dieses Standards besteht darin, Grundsätze zur Darstellung von Finanzinformationen nach Segmenten – Informationen über die unterschiedlichen Arten von Produkten und Dienstleistungen, die ein Unternehmen produziert und anbietet, und die unterschiedlichen geografischen Regionen, in denen es Geschäfte tätigt – aufzustellen, um den Abschlussadressaten zu helfen:
(a) die bisherige Ertragskraft des Unternehmens besser zu verstehen;
(b) die Risiken und Erträge des Unternehmens besser einzuschätzen; und
(c) das gesamte Unternehmen sachgerechter beurteilen zu können.

Viele Unternehmen bieten Gruppen von Produkten und Dienstleistungen an oder tätigen Geschäfte in geografischen Regionen, die schwankenden Rentabilitätsraten, Wachstumschancen, Zukunftsaussichten und Risiken ausgesetzt sind. Informationen über die unterschiedlichen Arten von Produkten und Dienstleistungen eines Unternehmens und dessen Tätigkeiten in unterschiedlichen geografischen Regionen – oft Segmentinformationen genannt – sind relevant, um Risiken und Erträge eines diversifizierten oder multinationalen Unternehmens einzuschätzen, die sich nicht aus den aggregierten Daten ableiten lassen. Darum werden Segmentinformationen in hohem Maße als notwendig erachtet, um den Ansprüchen der Abschlussadressaten gerecht zu werden.

ANWENDUNGSBEREICH

1 **Dieser Standard ist auf vollständige, veröffentlichte Abschlüsse anzuwenden, die mit den International Accounting Standards übereinstimmen.**

2 Ein vollständiger Abschluss umfasst eine Bilanz, Gewinn- und Verlustrechnung, Kapitalflussrechnung, Eigenkapitalveränderungsrechnung und den Anhang, wie es in IAS 1, Darstellung des Abschlusses, vorgesehen ist.

IAS 14 (revised) requires disclosure of revenue for any segment not deemed reportable because it earns a majority of its revenue from sales to other segments if that segment's revenue from sales to external customers is 10 % or more of total enterprise revenue. The original IAS 14 had no comparable requirement.

SUMMARY

	Paragraphs
Objective	
Scope	1—7
Definitions	8—25
Definitions from other international accounting standards	8
Definitions of business segment and geographical segment	9—15
Definitions of segment revenue, expense, result, assets, and liabilities	16—25
Identifying reportable segments	26—43
Primary and secondary segment reporting formats	26—30
Business and geographical segments	31—33
Reportable segments	34—43
Segment accounting policies	44—48
Disclosure	49—83
Primary reporting format	50—67
Secondary segment information	68—72
Illustrative segment disclosures	73
Other disclosure matters	74—83
Effective date	84

The standards, which have been set in bold type, should be read in the context of the background material and implementation guidance in this Standard, and in the context of the 'Preface to International Accounting Standards'. International Accounting Standards are not intended to apply to immaterial items (see paragraph 12 of the Preface).

OBJECTIVE

The objective of this Standard is to establish principles for reporting financial information by segment — information about the different types of products and services an enterprise produces and the different geographical areas in which it operates — to help users of financial statements:
(a) better understand the enterprise's past performance;
(b) better assess the enterprise's risks and returns; and
(c) make more informed judgements about the enterprise as a whole.

Many enterprises provide groups of products and services or operate in geographical areas that are subject to differing rates of profitability, opportunities for growth, future prospects, and risks. Information about an enterprise's different types of products and services and its operations in different geographical areas — often called segment information — is relevant to assessing the risks and returns of a diversified or multinational enterprise but may not be determinable from the aggregated data. Therefore, segment information is widely regarded as necessary to meeting the needs of users of financial statements.

SCOPE

This Standard should be applied in complete sets of published financial statements that comply with International Accounting Standards.

A complete set of financial statements includes a balance sheet, income statement, cash flow statement, a statement showing changes in equity, and notes, as provided in IAS 1, presentation of financial statements.

3 Dieser Standard ist von Unternehmen anzuwenden, deren Dividendenpapiere oder schuldrechtliche Wertpapiere öffentlich gehandelt werden und von Unternehmen, die die Ausgabe von Dividendenpapieren oder schuldrechtlichen Wertpapieren an einer Wertpapierbörse in die Wege geleitet haben.

4 Wenn ein Unternehmen, dessen Wertpapiere nicht öffentlich gehandelt werden, Abschlüsse aufstellt, die mit den International Accounting Standards übereinstimmen, wird empfohlen, dass dieses Unternehmen freiwillig Finanzinformationen nach Segmenten angibt.

5 Wenn sich ein Unternehmen, dessen Wertpapiere nicht öffentlich gehandelt werden, entscheidet, freiwillig Segmentinformationen in Abschlüssen, die mit den International Accounting Standards übereinstimmen, anzugeben, hat dieses Unternehmen die Anforderungen dieses Standards vollständig zu erfüllen.

6 Wenn ein einzelner Abschluss sowohl den Konzernabschluss eines Unternehmens, dessen Wertpapiere öffentlich gehandelt werden, als auch den Einzelabschluss des Mutterunternehmens oder eines oder mehrerer Tochterunternehmen enthält, müssen die Segmentinformationen lediglich auf der Grundlage des Konzernabschlusses dargestellt werden. Wenn ein Tochterunternehmen selbst ein Unternehmen ist, dessen Wertpapiere öffentlich gehandelt werden, stellt es die Segmentinformationen in seinem eigenen Einzelabschluss dar.

7 Ebenso gilt, dass, wenn ein einzelner Abschluss sowohl den Abschluss eines Unternehmens, dessen Wertpapiere öffentlich gehandelt werden, als auch den Einzelabschluss eines nach der Equity-Methode einbezogenen assoziierten Unternehmens oder Joint Ventures, an denen das Unternehmen einen finanziellen Anteil hält, enthält, die Segmentinformationen lediglich auf der Grundlage des Abschlusses des Unternehmens aufgestellt werden müssen. Wenn das nach der Equity-Methode einbezogene assoziierte Unternehmen oder Joint Venture selbst ein Unternehmen ist, dessen Wertpapiere öffentlich gehandelt werden, wird es Segmentinformationen in seinem eigenen Einzelabschluss darstellen.

DEFINITIONEN

Definitionen aus anderen International Accounting Standards

8 Folgende Begriffe werden in diesem Standard mit der Bedeutung verwendet, wie sie in IAS 7, Kapitalflussrechnungen, IAS 8 Bilanzierungs- und Bewertungsmethoden, Änderungen von Schätzungen und Fehler, und IAS 18, Erträge, eingeführt wurden:
Betriebliche Tätigkeiten sind die wesentlichen erlöswirksamen Tätigkeiten des Unternehmens sowie andere Aktivitäten, die nicht den Investitions- oder Finanzierungstätigkeiten zuzuordnen sind.
Bilanzierungs- und Bewertungsmethoden sind die besonderen Prinzipien, grundlegende Überlegungen, Konventionen, Regeln und Praktiken, die ein Unternehmen bei der Aufstellung und Darstellung eines Abschlusses anwendet.
Erlös ist der aus der gewöhnlichen Tätigkeit eines Unternehmens resultierende Bruttozufluss wirtschaftlichen Nutzens während der Berichtsperiode, wenn die jeweiligen Zuflüsse das Eigenkapital unabhängig von Einlagen der Anteilseigner erhöhen.

Definitionen des Geschäftssegmentes und des geografischen Segments

9 Die Begriffe Geschäftssegment und geografisches Segment werden in diesem Standard mit der angegebenen Bedeutung verwendet:
Ein Geschäftssegment ist eine unterscheidbare Teilaktivität eines Unternehmens, die ein individuelles Produkt oder eine Dienstleistung oder eine Gruppe ähnlicher Produkte oder Dienstleistungen erstellt oder erbringt und die Risiken und Erträgen ausgesetzt ist, die sich von denen anderer Geschäftssegmente unterscheiden. Faktoren, die bei der Bestimmung zu berücksichtigen sind, ob Produkte und Dienstleistungen zusammenhängen, beinhalten:
(a) die Art der Produkte und Dienstleistungen;
(b) die Art der Produktionsprozesse;
(c) die Art oder Gruppe der Kunden für die Produkte und Dienstleistungen;
(d) die angewandten Methoden des Vertriebs oder der Bereitstellung von Produkten oder Dienstleistungen und;
(e) falls anwendbar, die Art des gewöhnlichen Umfeldes, beispielsweise Bankwesen, Versicherungswesen oder öffentliche Versorgungsbetriebe.

This Standard should be applied by enterprises whose equity or debt securities are publicly traded and by enterprises that are in the process of issuing equity or debt securities in public securities markets.

If an enterprise whose securities are not publicly traded prepares financial statements that comply with International Accounting Standards, that enterprise is encouraged to disclose financial information by segment voluntarily.

If an enterprise whose securities are not publicly traded chooses to disclose segment information voluntarily in financial statements that comply with International Accounting Standards, that enterprise should comply fully with the requirements of this Standard.

If a single financial report contains both consolidated financial statements of an enterprise whose securities are publicly traded and the separate financial statements of the parent or one or more subsidiaries, segment information need be presented only on the basis of the consolidated financial statements. If a subsidiary is itself an enterprise whose securities are publicly traded, it will present segment information in its own separate financial report.

Similarly, if a single financial report contains both the financial statements of an enterprise whose securities are publicly traded and the separate financial statements of an equity method associate or joint venture in which the enterprise has a financial interest, segment information need be presented only on the basis of the enterprise's financial statements. If the equity method associate or joint venture is itself an enterprise whose securities are publicly traded, it will present segment information in its own separate financial report.

DEFINITIONS

Definitions from other international accounting standards

The following terms are used in this Standard with the meanings specified in IAS 7, cash flow statements; IAS 8 Accounting Policies, Changes in Accounting Estimates and Errors; and IAS 18, revenue:

Operating activities are the principal revenue-producing activities of an enterprise and other activities that are not investing or financing activities.

Accounting policies are the specific principles, bases, conventions, rules and practices applied by an entity in preparing and presenting financial statements.

Revenue is the gross inflow of economic benefits during the period arising in the course of the ordinary activities of an enterprise when those inflows result in increases in equity, other than increases relating to contributions from equity participants.

Definitions of business segment and geographical segment

The terms business segment and geographical segment are used in this Standard with the following meanings:

A business segment is a distinguishable component of an enterprise that is engaged in providing an individual product or service or a group of related products or services and that is subject to risks and returns that are different from those of other business segments. Factors that should be considered in determining whether products and services are related include:
(a) the nature of the products or services;
(b) the nature of the production processes;
(c) the type or class of customer for the products or services;
(d) the methods used to distribute the products or provide the services; and
(e) if applicable, the nature of the regulatory environment, for example, banking, insurance, or public utilities.

Ein geografisches Segment ist eine unterscheidbare Teilaktivität eines Unternehmens, die Produkte oder Dienstleistungen innerhalb eines spezifischen, wirtschaftlichen Umfeldes anbietet oder erbringt, und die Risiken und Erträgen ausgesetzt ist, die sich von Teilaktivitäten, die in anderen wirtschaftlichen Umfeldern tätig sind, unterscheiden. Faktoren, die bei der Bestimmung von geografischen Segmenten zu beachten sind, umfassen:
(a) Gleichartigkeit der wirtschaftlichen und politischen Rahmenbedingungen;
(b) Beziehungen zwischen Tätigkeiten in unterschiedlichen geografischen Regionen;
(c) Nähe der Tätigkeiten;
(d) spezielle Risiken, die mit den Tätigkeiten in einem bestimmten Gebiet einhergehen;
(e) Devisenbestimmungen; und
(f) das zugrunde liegende Kursänderungsrisiko.
Ein berichtspflichtiges Segment ist ein auf der Grundlage der vorangegangenen Definitionen bestimmtes Geschäftssegment oder ein geografisches Segment, für das Segmentinformationen gemäß diesem Standard anzugeben sind.

10 Die in Paragraph 9 zur Bestimmung von Geschäftssegmenten und geografischen Segmenten angeführten Kriterien sind nicht in einer besonderen Reihenfolge aufgelistet.

11 Ein einzelnes Geschäftssegment umfasst keine Produkte und Dienstleistungen mit signifikant unterschiedlichen Risiken und Erträgen. Während bezüglich eines oder einiger Kriterien bei der Definition eines Geschäftssegmentes Ungleichheiten auftreten können, wird erwartet, dass die in ein einzelnes Geschäftssegment einbezogenen Produkte und Dienstleistungen hinsichtlich einer Mehrheit der Kriterien ähnlich sind.

12 Ebenso enthält ein geografisches Segment keine Tätigkeiten in wirtschaftlichen Umfeldern mit signifikant unterschiedlichen Risiken und Erträgen. Ein geografisches Segment kann ein einzelnes Land, eine Gruppe von zwei oder mehr Ländern oder eine Region innerhalb eines Landes sein.

13 Die wesentlichen Risikoquellen zeichnen dafür verantwortlich, wie die meisten Unternehmen organisiert sind und geleitet werden. Deswegen setzt Paragraph 27 dieses Standards voraus, dass die Organisationsstruktur eines Unternehmens und sein internes Finanzberichtssystem die Grundlage zur Bestimmung seiner Segmente bildet. Die Risiken und Erträge eines Unternehmens werden sowohl von dem geografischen Standort seiner Tätigkeiten (wo seine Produkte hergestellt werden oder wo seine Aktivitäten zur Erbringung der Dienstleistungen angesiedelt sind), als auch von dem Standort seiner Märkte (wo seine Produkte verkauft oder seine Dienstleistungen in Anspruch genommen werden) beeinflusst. Die Definition lässt es zu, dass die geografischen Segmente entweder aufbauen auf:
(a) dem Standort der Produktionsanlagen und Dienstleistungserbringung eines Unternehmens und anderer Vermögenswerte; oder
(b) dem Standort seiner Märkte und Kunden.

14 Die Organisationsstruktur und die interne Berichtsstruktur eines Unternehmens belegen normalerweise, ob sich die hauptsächliche Herkunft seiner geografischen Risiken aus dem Standort seiner Vermögenswerte (der Herkunft seiner Verkäufe) oder aus dem Standort seiner Kunden (dem Bestimmungsort seiner Verkäufe) ergibt. Dementsprechend orientiert sich ein Unternehmen an dieser Struktur, um festzulegen, ob seine geografischen Segmente auf dem Standort seiner Vermögenswerte oder auf dem Standort seiner Kunden zu basieren haben.

15 Die Bestimmung der Zusammensetzung eines Geschäftssegments oder geografischen Segments beinhaltet einen gewissen Ermessensspielraum. Bei der Ausübung dieses Spielraumes hat das Management die Zielsetzung der Segmentberichterstattung zu berücksichtigen, wie sie in diesem Standard dargelegt wurde, und die qualitativen Anforderungen an Abschlüsse, wie sie im IASC-Rahmenkonzept für die Aufstellung und Darstellung von Abschlüssen bestimmt sind. Diese qualitativen Anforderungen beinhalten die Relevanz, die Verlässlichkeit und die Vergleichbarkeit für den Zeitraum, in dem Finanzinformationen über die unterschiedlichen Gruppen von Produkten und Dienstleistungen eines Unternehmens und über seine Tätigkeiten in bestimmten geografischen Regionen dargestellt werden, sowie die Nützlichkeit dieser Informationen zur Einschätzung der Risiken und Erträge des Unternehmens als Ganzes.

Definitionen der Segmenterträge und -aufwendungen, des Segmentergebnisses und -vermögens sowie der Segmentschulden

16 Folgende zusätzliche Begriffe werden in diesem Standard mit der angegebenen Bedeutung verwendet:
Segmenterlöse sind die in der Gewinn- und Verlustrechnung eines Unternehmens dargestellten Erlöse, die einem Segment direkt zugeordnet werden können, und der relevante Teil der Unternehmenserlöse, die

A geographical segment is a distinguishable component of an enterprise that is engaged in providing products or services within a particular economic environment and that is subject to risks and returns that are different from those of components operating in other economic environments. Factors that should be considered in identifying geographical segments include:
(a) similarity of economic and political conditions;
(b) relationships between operations in different geographical areas;
(c) proximity of operations;
(d) special risks associated with operations in a particular area;
(e) exchange control regulations; and
(f) the underlying currency risks.
A reportable segment is a business segment or a geographical segment identified based on the foregoing definitions for which segment information is required to be disclosed by this Standard.

The factors in paragraph 9 for identifying business segments and geographical segments are not listed in any particular order. 10

A single business segment does not include products and services with significantly differing risks and returns. While there may be dissimilarities with respect to one or several of the factors in the definition of a business segment, the products and services included in a single business segment are expected to be similar with respect to a majority of the factors. 11

Similarly, a geographical segment does not include operations in economic environments with significantly differing risks and returns. A geographical segment may be a single country, a group of two or more countries, or a region within a country. 12

The predominant sources of risks affect how most enterprises are organised and managed. Therefore, paragraph 27 of this Standard provides that an enterprise's organisational structure and its internal financial reporting system is the basis for identifying its segments. The risks and returns of an enterprise are influenced both by the geographical location of its operations (where its products are produced or where its service delivery activities are based) and also by the location of its markets (where its products are sold or services are rendered). The definition allows geographical segments to be based on either: 13
(a) the location of an enterprise's production or service facilities and other assets; or
(b) the location of its markets and customers.

An enterprise's organisational and internal reporting structure will normally provide evidence of whether its dominant source of geographical risks results from the location of its assets (the origin of its sales) or the location of its customers (the destination of its sales). Accordingly, an enterprise looks to this structure to determine whether its geographical segments should be based on the location of its assets or on the location of its customers. 14

Determining the composition of a business or geographical segment involves a certain amount of judgement. In making that judgement, enterprise management takes into account the objective of reporting financial information by segment as set forth in this Standard and the qualitative characteristics of financial statements as identified in the IASC framework for the preparation and presentation of financial statements. Those qualitative characteristics include the relevance, reliability, and comparability over time of financial information that is reported about an enterprise's different groups of products and services and about its operations in particular geographical areas, and the usefulness of that information for assessing the risks and returns of the enterprise as a whole. 15

Definitions of segment revenue, expense, result, assets, and liabilities

The following additional terms are used in this Standard with the meanings specified: 16
Segment revenue is revenue reported in the enterprise's income statement that is directly attributable to a segment and the relevant portion of enterprise revenue that can be allocated on a reasonable basis to a

auf einer vernünftigen Grundlage auf ein Segment verteilt werden können, unabhängig davon, ob es sich dabei um Verkäufe an externe Kunden oder Transaktionen mit anderen Segmenten des gleichen Unternehmens handelt. Segmenterlöse beinhalten keine:
(a) (gestrichen)
(b) Zins- oder Dividendenerträge, einschließlich erhaltene Zinsen aus Krediten oder Darlehen an andere Segmente, wenn die Tätigkeiten des Segments nicht im Wesentlichen finanzieller Art sind; oder
(c) Gewinne aus dem Verkauf von Finanzinvestitionen oder Gewinne aus der Tilgung von Schulden, wenn die Tätigkeiten des Segments nicht im Wesentlichen finanzieller Art sind.

Segmenterlöse beinhalten den Anteil eines Unternehmens an den Gewinnen oder Verlusten von assoziierten Unternehmen, Joint Ventures oder anderen Finanzinvestitionen, die nach der Equity-Methode bilanziert werden, jedoch nur, wenn diese Posten in den konsolidierten oder gesamten Unternehmenserlösen enthalten sind.

Segmenterlöse umfassen den Anteil eines Joint Ventures an den Erlösen einer gemeinschaftlich geführten Einheit, die in Übereinstimmung mit IAS 31, Anteile an Joint Ventures, quotal konsolidiert wird.

Segmentaufwendungen sind Aufwendungen aus der betrieblichen Tätigkeit eines Segments, die dem Segment direkt zugeordnet werden können, und der relevante Teil an Aufwendungen, der auf einer vernünftigen Grundlage auf ein Segment verteilt werden kann, einschließlich der Aufwendungen, die sich auf Verkäufe an externe Kunden, und auf Transaktionen mit anderen Segmenten des gleichen Unternehmens beziehen. Segmentaufwendungen umfassen keine:
(a) (gestrichen)
(b) Zinsen, einschließlich der Zinsen, die aus Krediten oder Darlehen von anderen Segmenten entstehen, wenn die Tätigkeiten des Segments nicht im Wesentlichen finanzieller Art sind;
(c) Verluste aus Verkäufen von Finanzinvestitionen oder Verluste aus der Tilgung von Schulden, wenn die Tätigkeiten des Segments nicht im Wesentlichen finanzieller Art sind;
(d) Anteile eines Unternehmens an Verlusten von assoziierten Unternehmen, Joint Ventures oder anderen Finanzinvestitionen, die nach der Equity-Methode bilanziert werden;
(e) Aufwendungen aus Ertragsteuern; oder
(f) allgemeinen Verwaltungsaufwendungen, Aufwand der Hauptgeschäftsstelle und andere Aufwendungen, die auf Unternehmensebene entstehen und sich auf das Unternehmen als Ganzes beziehen. Teilweise werden jedoch Aufwendungen auf Unternehmensebene verursacht, die sich auf ein Segment beziehen. Solche Aufwendungen sind Segmentaufwendungen, wenn sie sich auf die betrieblichen Tätigkeiten des Segments beziehen und direkt zugeordnet oder auf einer vernünftigen Grundlage auf das Segment verteilt werden können.

Segmentaufwendungen umfassen den Anteil eines Joint Ventures an den Aufwendungen einer gemeinschaftlich geführten Einheit, die in Übereinstimmung mit IAS 31 quotal konsolidiert wird.

Für die Tätigkeiten eines Segments, die im Wesentlichen finanzieller Art sind, dürfen Zinserträge und -aufwendungen nur als einzelner Nettobetrag für die Zwecke der Segmentberichterstattung dargestellt werden, wenn diese Posten auch im Konzern- oder Einzelabschluss des Unternehmens als Nettobetrag ausgewiesen sind.

Das Segmentergebnis ergibt sich aus den Segmenterlösen abzüglich der Segmentaufwendungen. Das Segmentergebnis ist vor jeglichen Anpassungen für Minderheitsanteile zu bestimmen.

Segmentvermögen sind die betrieblichen Vermögenswerte, die von einem Segment für dessen betriebliche Tätigkeiten genutzt werden, und die entweder dem Segment direkt zugeordnet oder die auf einer vernünftigen Grundlage auf das Segment verteilt werden können.

Wenn das Segmentergebnis eines Segments Zins- oder Dividendenerträge enthält, beinhaltet dessen Segmentvermögen die korrespondierenden Forderungen, Darlehen, Finanzinvestitionen oder andere, Erlöse erwirtschaftende Vermögenswerte.

Das Segmentvermögen enthält keine Ertragsteueransprüche.

Das Segmentvermögen umfasst Finanzinvestitionen, die nach der Equity-Methode bilanziert werden, nur, wenn der Gewinn oder Verlust solcher Finanzinvestitionen in den Segmenterträgen enthalten ist. Das Segmentvermögen beinhaltet den Anteil eines Joint Ventures an den betrieblichen Vermögenswerten einer gemeinschaftlich geführten Einheit, die in Übereinstimmung mit IAS 31 quotal konsolidiert wird.

Das Segmentvermögen wird erst nach dem Abzug der korrespondierenden Wertminderungen bestimmt, die als offene Saldierungen in der Bilanz des Unternehmens dargestellt werden.

Segmentschulden sind die betrieblichen Schulden, die aus den betrieblichen Tätigkeiten eines Segments resultieren und die entweder dem Segment direkt zugeordnet oder auf einer vernünftigen Grundlage auf das Segment verteilt werden können.

Wenn das Segmentergebnis eines Segments Zinsaufwand enthält, beinhalten dessen Segmentschulden die korrespondierenden, verzinslichen Schulden.

Segmentschulden umfassen den Anteil eines Joint Ventures an den Schulden einer gemeinschaftlich geführten Einheit, die in Übereinstimmung mit IAS 31 quotal konsolidiert wird.

segment, whether from sales to external customers or from transactions with other segments of the same enterprise. Segment revenue does not include:
(a) (deleted);
(b) interest or dividend income, including interest earned on advances or loans to other segments, unless the segment's operations are primarily of a financial nature; or
(c) gains on sales of investments or gains on extinguishment of debt unless the segment's operations are primarily of a financial nature.

Segment revenue includes an enterprise's share of profits or losses of associates, joint ventures, or other investments accounted for under the equity method only if those items are included in consolidated or total enterprise revenue.

Segment revenue includes a joint venturer's share of the revenue of a jointly controlled entity that is accounted for by proportionate consolidation in accordance with IAS 31, interests in joint ventures.

Segment expense is expense resulting from the operating activities of a segment that is directly attributable to the segment and the relevant portion of an expense that can be allocated on a reasonable basis to the segment, including expenses relating to sales to external customers and expenses relating to transactions with other segments of the same enterprise. Segment expense does not include:
(a) (deleted)
(b) interest, including interest incurred on advances or loans from other segments, unless the segment's operations are primarily of a financial nature;
(c) losses on sales of investments or losses on extinguishment of debt unless the segment's operations are primarily of a financial nature;
(d) an enterprise's share of losses of associates, joint ventures, or other investments accounted for under the equity method;
(e) income tax expense; or
(f) general administrative expenses, head-office expenses, and other expenses that arise at the enterprise level and relate to the enterprise as a whole. However, costs are sometimes incurred at the enterprise level on behalf of a segment. Such costs are segment expenses if they relate to the segment's operating activities and they can be directly attributed or allocated to the segment on a reasonable basis.

Segment expense includes a joint venturer's share of the expenses of a jointly controlled entity that is accounted for by proportionate consolidation in accordance with IAS 31.

For a segment's operations that are primarily of a financial nature, interest income and interest expense may be reported as a single net amount for segment reporting purposes only if those items are netted in the consolidated or enterprise financial statements.

Segment result is segment revenue less segment expense. Segment result is determined before any adjustments for minority interest.

Segment assets are those operating assets that are employed by a segment in its operating activities and that either are directly attributable to the segment or can be allocated to the segment on a reasonable basis.

If a segment's segment result includes interest or dividend income, its segment assets include the related receivables, loans, investments, or other income-producing assets.

Segment assets do not include income tax assets.

Segment assets include investments accounted for under the equity method only if the profit or loss from such investments is included in segment revenue. Segment assets include a joint venturer's share of the operating assets of a jointly controlled entity that is accounted for by proportionate consolidation in accordance with IAS 31.

Segment assets are determined after deducting related allowances that are reported as direct offsets in the enterprise's balance sheet.

Segment liabilities are those operating liabilities that result from the operating activities of a segment and that either are directly attributable to the segment or can be allocated to the segment on a reasonable basis.

If a segment's segment result includes interest expense, its segment liabilities include the related interest-bearing liabilities.

Segment liabilities include a joint venturer's share of the liabilities of a jointly controlled entity that is accounted for by proportionate consolidation in accordance with IAS 31.

Segmentschulden enthalten keine Ertragsteuerschulden.

Segmentbilanzierungs- und -bewertungsmethoden sind die Bilanzierungs- und Bewertungsmethoden, die für die Aufstellung und Darstellung der Abschlüsse einer konsolidierten Gruppe oder eines Unternehmens angewendet werden, ebenso wie diejenigen Bilanzierungs- und Bewertungsmethoden, die sich speziell auf die Segmentberichterstattung beziehen.

17   Die Definitionen von Segmenterlösen, Segmentaufwendungen, Segmentvermögen und Segmentschulden beinhalten die Beträge solcher Posten, die einem Segment direkt zugeordnet werden können, und die Beträge solcher Posten, die auf einer vernünftigen Grundlage auf ein Segment verteilt werden können. Ein Unternehmen orientiert sich an seinem internen Finanzberichtssystem als Ausgangspunkt für die Bestimmung der Posten, die Segmenten direkt zugeordnet oder vernünftig auf diese verteilt werden können. Dies geschieht, da die Vermutung besteht, dass Beträge, die für Segmente zu Zwecken der internen Finanzberichterstattung bestimmt wurden, den Segmenten direkt zugeordnet oder auf diese zum Zweck der Bewertung der Segmenterlöse, der Segmentaufwendungen, des Segmentvermögens und der Segmentschulden der berichtspflichtigen Segmente vernünftig verteilt werden können.

18   In manchen Fällen können jedoch Erlöse, Aufwendungen, Vermögen oder Schulden auf einer vom Management festgelegten Grundlage auf die Segmente zum Zweck der internen Finanzberichterstattung verteilt worden sein, die jedoch als subjektiv, willkürlich oder als für externe Abschlussadressaten schwer verständlich erscheint. Eine solche Verteilung würde keine vernünftige Grundlage im Sinne der Definitionen von Segmenterlöse, Segmentaufwendungen, Segmentvermögen und Segmentschulden in diesem Standard darstellen. Umgekehrt könnte sich ein Unternehmen dafür entscheiden, einige Posten des Ertrags, Aufwands, Vermögens oder der Schulden nicht zum Zweck der internen Finanzberichterstattung zu verteilen, obwohl eine vernünftige Grundlage für eine solche Vorgehensweise besteht. Ein solcher Posten ist gemäß den Definitionen von Segmenterträgen, Segmentaufwendungen, Segmentvermögen und Segmentschulden dieses Standards zu verteilen.

19   Beispiele für Segmentvermögen sind u. a. das Umlaufvermögen, das in der betrieblichen Tätigkeit des Segments benutzt wird, das Sachanlagevermögen, Vermögenswerte, die Gegenstand von Finanzierungsleasing-Verträgen (IAS 17 *Leasingverhältnisse*) sind und immaterielle Vermögenswerte. Wenn ein bestimmter Posten der planmäßigen Abschreibungen in den Segmentaufwendungen enthalten ist, ist der korrespondierende Vermögenswert auch im Segmentvermögen enthalten. Das Segmentvermögen schließt keine Vermögenswerte ein, die für allgemeine Unternehmens- oder Hauptgeschäftsstellenzwecke genutzt werden. Das Segmentvermögen enthält betriebliche Vermögenswerte, die von zwei oder mehr Segmenten geteilt werden, wenn eine vernünftige Grundlage zur Verteilung existiert. Das Segmentvermögen beinhaltet einen Geschäfts- oder Firmenwert, der einem Segment direkt zugeordnet oder der auf einer vernünftigen Grundlage auf ein Segment verteilt werden kann; die Segmentaufwendungen beinhalten alle für den Geschäfts- oder Firmenwert erfassten Wertminderungsaufwendungen.

20   Beispiele für Segmentschulden sind u. a. Verbindlichkeiten aus Lieferungen und Leistungen sowie andere Verbindlichkeiten, Rückstellungen, Kundenkredite, Produkthaftungsrückstellungen und andere Ansprüche, die sich auf die Bereitstellung von Produkten und Dienstleistungen beziehen. Segmentschulden enthalten keine Kredite, Verbindlichkeiten, die Bestandteile von Finanzierungs-Leasingverhältnissen (IAS 17) sind, und andere Schulden, die eher zur Finanzierung als zum Zweck der Geschäftätigkeit aufgenommen wurden. Wenn Zinsaufwand in das Segmentergebnis einbezogen wird, ist auch die entsprechende verzinsliche Schuld in die Segmentschulden einzubeziehen. Die Schulden eines Segments, dessen Tätigkeiten nicht im Wesentlichen finanzieller Art sind, umfassen keine Kredite und ähnliche Schulden, da das Segmentergebnis den betrieblichen als den finanzierungsbereinigten Gewinn oder Verlust repräsentiert. Da Schuldtitel oft auf der Ebene der Hauptgeschäftsstelle für eine unternehmensweite Basis emittiert werden, ist es weiterhin oft nicht möglich, die verzinsliche Schuld einem Segment direkt zuzuordnen oder vernünftig auf dieses zu verteilen.

21   Die Bewertung des Segmentvermögens und der Segmentschulden schließt Anpassungen der früheren Buchwerte des bestimmbaren Segmentvermögens und der Segmentschulden eines im Rahmen eines Unternehmenszusammenschlusses erworbenen Unternehmens mit ein, das nach der Erwerbsmethode bilanziert wird, auch wenn diese Anpassungen nur zum Zweck der Aufstellung von Konzernabschlüssen gemacht werden und weder in dem Einzelabschluss des Mutterunternehmens noch in dem des Tochterunternehmens aufgenommen werden. Gleiches gilt, wenn die Sachanlagen nach dem Modell der Neubewertung von IAS 16 im Anschluss an den Erwerb neu bewertet wurden; dann spiegelt die Bewertung des Segmentvermögens diese Neubewertungen wider.

Segment liabilities do not include income tax liabilities.

Segment accounting policies are the accounting policies adopted for preparing and presenting the financial statements of the consolidated group or enterprise as well as those accounting policies that relate specifically to segment reporting.

The definitions of segment revenue, segment expense, segment assets, and segment liabilities include amounts of such items that are directly attributable to a segment and amounts of such items that can be allocated to a segment on a reasonable basis. An enterprise looks to its internal financial reporting system as the starting point for identifying those items that can be directly attributed, or reasonably allocated, to segments. That is, there is a presumption that amounts that have been identified with segments for internal financial reporting purposes are directly attributable or reasonably allocable to segments for the purpose of measuring the segment revenue, segment expense, segment assets, and segment liabilities of reportable segments. 17

In some cases, however, a revenue, expense, asset, or liability may have been allocated to segments for internal financial reporting purposes on a basis that is understood by enterprise management but that could be deemed subjective, arbitrary, or difficult to understand by external users of financial statements. Such an allocation would not constitute a reasonable basis under the definitions of segment revenue, segment expense, segment assets, and segment liabilities in this Standard. Conversely, an enterprise may choose not to allocate some item of revenue, expense, asset, or liability for internal financial reporting purposes, even though a reasonable basis for doing so exists. Such an item is allocated pursuant to the definitions of segment revenue, segment expense, segment assets, and segment liabilities in this Standard. 18

Examples of segment assets include current assets that are used in the operating activities of the segment, property, plant, and equipment, assets that are the subject of finance leases (IAS 17 *Leases*), and intangible assets. If a particular item of depreciation or amortisation is included in segment expense, the related asset is also included in segment assets. Segment assets do not include assets used for general entity or head office purposes. Segment assets include operating assets shared by two or more segments if a reasonable basis for allocation exists. Segment assets include goodwill that is directly attributable to a segment or can be allocated to a segment on a reasonable basis, and segment expense includes any impairment losses recognised for goodwill. 19

Examples of segment liabilities include trade and other payables, accrued liabilities, customer advances, product warranty provisions, and other claims relating to the provision of goods and services. Segment liabilities do not include borrowings, liabilities related to assets that are the subject of finance leases (IAS 17), and other liabilities that are incurred for financing rather than operating purposes. If interest expense is included in segment result, the related interest-bearing liability is included in segment liabilities. The liabilities of segments whose operations are not primarily of a financial nature do not include borrowings and similar liabilities because segment result represents an operating, rather than a net-of-financing, profit or loss. Further, because debt is often issued at the head-office level on an enterprise-wide basis, it is often not possible to directly attribute, or reasonably allocate, the interest-bearing liability to the segment. 20

Measurements of segment assets and liabilities include adjustments to the prior carrying amounts of the identifiable segment assets and segment liabilities of an entity acquired in a business combination accounted for as a purchase, even if those adjustments are made only for the purpose of preparing consolidated financial statements and are not recorded in either the parent's separate or the subsidiary's individual financial statements. Similarly, if property, plant and equipment has been revalued subsequent to acquisition in accordance with the revaluation model in IAS 16, then measurements of segment assets reflect those revaluations. 21

22 Einige Leitlinien für die Verteilung der Kosten können in anderen Standards gefunden werden. Beispielsweise stellen die Paragraphen 11–20 von IAS 2 *Vorräte* Leitlinien für die Zuordnung und die Verteilung der Kosten auf die Vorräte zur Verfügung, und die Paragraphen 16–21 von IAS 11 *Fertigungsaufträge* stellen Leitlinien für die Zuordnung und Verteilung der Kosten auf die Fertigungsaufträge bereit. Diese Leitlinien können bei der Zuordnung und Verteilung von Kosten auf Segmente nützlich sein.

23 IAS 7, Kapitalflussrechnungen, enthält Leitlinien darüber, ob Kontokorrentkredite als eine Komponente der Zahlungsmittel einbezogen oder als Kredite dargestellt werden müssen.

24 Segmenterlöse, Segmentaufwendungen, Segmentvermögen und Segmentschulden müssen mit Ausnahme konzerninterner Salden und Geschäftsvorfälle innerhalb eines einzelnen Segments vor der Schuldenkonsolidierung und Zwischenergebniseliminierung als Teil des Konsolidierungsprozesses ermittelt werden.

25 Während die Bilanzierungs- und Bewertungsmethoden für die Aufstellung und Darstellung der Abschlüsse eines Unternehmens als Ganzes, gleichzeitig die grundlegenden Segmentbilanzierungs- und -bewertungsmethoden sind, beinhalten die Segmentbilanzierungs- und -bewertungsmethoden darüber hinaus Methoden, wie die Bestimmung der Segmente, die Methode der Verrechnungspreisbestimmung für Transfers zwischen den Segmenten und die Grundlage für die Verteilung der Erträge und Aufwendungen auf die Segmente, die sich speziell auf die Segmentberichterstattung beziehen.

BESTIMMUNG DER BERICHTSPFLICHTIGEN SEGMENTE

Primäre und sekundäre Segmentberichtsformate

26 Der vorherrschende Ursprung und die Art der Risiken und Erträge eines Unternehmens bestimmt, ob dessen primäres Segmentberichtsformat Geschäftssegmente oder geografische Segmente sein werden. Wenn die Risiken und die Eigenkapitalverzinsung des Unternehmens im Wesentlichen aus Unterschieden in den Produkten und Dienstleistungen, die es herstellt oder anbietet, beeinflusst werden, bilden die Geschäftssegmente das primäre Format für die Segmentberichterstattung mit den geografischen Segmenten als sekundärem Berichtsformat. Analog bilden die geografischen Segmente das primäre Berichtsformat, wenn die Risiken und die Eigenkapitalverzinsung des Unternehmens im Wesentlichen von der Tatsache beeinflusst werden, dass es in verschiedenen Ländern oder anderen geografischen Regionen tätig ist, mit den sekundären Berichtsanforderungen an die Gruppen ähnlicher Produkte und Dienstleistungen.

27 Die interne Organisations- und Managementstruktur eines Unternehmens sowie sein System der internen Finanzberichterstattung an die Geschäftsleitung (z. B. das Geschäftsführungs- und/oder Aufsichtsorgan und der Vorsitzende des Geschäftsführungsorgans) bilden normalerweise die Grundlage zur Bestimmung der hauptsächlichen Herkunft und Art der Risiken und der unterschiedlichen Eigenkapitalverzinsung, die dem Unternehmen gegenüberstehen, und deswegen auch für die Bestimmung, welches Berichtsformat primär und welches sekundär ist, außer, wie es in den unten angegebenen Unterparagraphen (a) und (b) vorgesehen ist:
 (a) wenn die Risiken und die Eigenkapitalverzinsung eines Unternehmens sowohl aus Unterschieden in den Produkten und Dienstleistungen, die es herstellt oder anbietet, als auch aus Unterschieden in den geografischen Regionen, in denen es tätig ist, stark beeinflusst werden, wie es durch einen „Matrixansatz" zum Management des Unternehmens und internen Berichterstattung an die Mitglieder der Geschäftsleitung, nachgewiesen wird, hat das Unternehmen Geschäftssegmente als sein primäres Segmentberichtsformat und geografische Segmente als sein sekundäres Berichtsformat zu verwenden; und
 (b) wenn die interne Organisations- und Managementstruktur eines Unternehmens, sowie sein System der internen Finanzberichterstattung an die Mitglieder der Geschäftsleitung weder auf individuellen Produkten oder Dienstleistungen oder auf Gruppen ähnlicher Produkte bzw. Dienstleistungen, noch auf Regionen basieren, haben die Mitglieder der Geschäftsleitung zu bestimmen, ob sich die Risiken und Erträge des Unternehmens mehr auf die Produkte und Dienstleistungen, die es herstellt oder anbietet, oder mehr auf die geografischen Segmente, in denen es tätig ist, beziehen, und hat als Konsequenz daraus, entweder Geschäftssegmente oder geografische Segmente zum primären Segmentberichtsformat des Unternehmens zu wählen, mit dem anderen als seinem sekundären Berichtsformat.

28 Für die meisten Unternehmen bestimmt der vorherrschende Ursprung der Risiken und Erträge, wie das Unternehmen organisiert und geleitet wird. Die Organisations- und Managementstruktur eines Unternehmens, sowie sein internes Finanzberichtssystem stellen normalerweise den besten Nachweis des vorherrschenden Ursprungs der Risiken und Erträge des Unternehmens zum Zweck seiner Segmentberichterstattung dar.

22 Some guidance for cost allocation can be found in other Standards. For example, paragraphs 11—20 of IAS 2 *Inventories* (as revised in 2003) provide guidance on attributing and allocating costs to inventories, and paragraphs 16—21 of IAS 11 *Construction Contracts* provide guidance on attributing and allocating costs to contracts. That guidance may be useful in attributing or allocating costs to segments.

23 IAS 7, cash flow statements, provides guidance as to whether bank overdrafts should be included as a component of cash or should be reported as borrowings.

24 Segment revenue, segment expense, segment assets, and segment liabilities are determined before intra-group balances and intra-group transactions are eliminated as part of the consolidation process, except to the extent that such intra-group balances and transactions are between group enterprises within a single segment.

25 While the accounting policies used in preparing and presenting the financial statements of the enterprise as a whole are also the fundamental segment accounting policies, segment accounting policies include, in addition, policies that relate specifically to segment reporting, such as identification of segments, method of pricing inter-segment transfers, and basis for allocating revenues and expenses to segments.

IDENTIFYING REPORTABLE SEGMENTS

Primary and secondary segment reporting formats

26 **The dominant source and nature of an enterprise's risks and returns should govern whether its primary segment reporting format will be business segments or geographical segments. If the enterprise's risks and rates of return are affected predominantly by differences in the products and services it produces, its primary format for reporting segment information should be business segments, with secondary information reported geographically. Similarly, if the enterprise's risks and rates of return are affected predominantly by the fact that it operates in different countries or other geographical areas, its primary format for reporting segment information should be geographical segments, with secondary information reported for groups of related products and services.**

27 **An entity's internal organisational and management structure and its system of internal financial reporting to key management personnel (for example, the board of directors and the chief executive officer) shall normally be the basis for identifying the predominant source and nature of risks and differing rates of return facing the entity and, therefore, for determining which reporting format is primary and which is secondary, except as provided in subparagraphs (a) and (b) below:**
(a) if an enterprise's risks and rates of return are strongly affected both by differences in the products and services it produces and by differences in the geographical areas in which it operates, as evidenced by a 'matrix approach' to managing the company and to reporting internally to key management personnel, then the enterprise should use business segments as its primary segment reporting format and geographical segments as its secondary reporting format; and
(b) if an enterprise's internal organisational and management structure and its system of internal financial reporting to key management personnel are based neither on individual products or services or on groups of related products/services nor on geography, key management personnel of the enterprise should determine whether the enterprise's risks and returns are related more to the products and services it produces or more to the geographical areas in which it operates and, as a consequence, should choose either business segments or geographical segments as the enterprise's primary segment reporting format, with the other as its secondary reporting format.

28 For most enterprises, the predominant source of risks and returns determines how the enterprise is organised and managed. An enterprise's organisational and management structure and its internal financial reporting system normally provide the best evidence of the enterprise's predominant source of risks and returns for purpose of its segment reporting. Therefore, except in rare circumstances, an entity will report segment

Deswegen wird ein Unternehmen, vorbehaltlich seltener Umstände, die Segmentinformationen in seinen Abschlüssen auf der gleichen Grundlage darstellen, wie es intern an die Mitglieder der Geschäftsleitung berichtet. Der vorherrschende Ursprung seiner Risiken und Erträge wird zu seinem primären Segmentberichtsformat. Der sekundäre Ursprung seiner Risiken und Erträge wird zu seinem sekundären Segmentberichtsformat.

29 Eine „Matrixdarstellung" – sowohl Geschäftssegmente als auch geografische Segmente als primäre Segmentberichtsformate mit vollständigen Segmentangaben auf jeder Grundlage – stellt oft nützliche Informationen zur Verfügung, wenn die Risiken und die Eigenkapitalverzinsung eines Unternehmens sowohl aus Unterschieden in den Produkten und Dienstleistungen, die es herstellt oder anbietet, als auch aus Unterschieden in den geografischen Regionen, in denen es tätig ist, stark beeinflusst werden. Dieser Standard gebietet weder eine „Matrixdarstellung", noch verbietet er dieselbe.

30 In manchen Fällen kann sich die Organisation und interne Berichterstattung eines Unternehmens nach Organisationssparten entwickelt haben, die weder zu den Unterschieden in den Arten der Produkte und Dienstleistungen, die sie herstellt oder anbietet, noch zu geografischen Regionen, in denen sie tätig sind, einen Bezug haben. Beispielsweise kann die interne Berichterstattung einzig nach juristischen Einheiten organisiert sein, was zu internen Segmenten führt, die aus Gruppen unähnlicher Produkte und Dienstleistungen zusammengesetzt sind. In solchen ungewöhnlichen Fällen erfüllen die intern dargestellten Segmentdaten nicht die Zielsetzung dieses Standards. Demgemäß verlangt Paragraph 27(b), dass die Mitglieder der Geschäftsleitung bestimmen, ob die Risiken und Erträge des Unternehmens mehr von den Produkten bzw. Dienstleistungen oder mehr geografisch gelenkt werden, und sie entweder Geschäftssegmente oder geografische Segmente zur übergeordneten Grundlage der Segmentberichterstattung des Unternehmens wählen. Die Zielsetzung ist es, einen vernünftigen Grad an Vergleichbarkeit mit anderen Unternehmen sowie die Verbesserung der Verständlichkeit der sich ergebenden Informationen zu erreichen, und den zum Ausdruck gekommenen Ansprüchen der Investoren, Gläubiger und anderer auf Informationen über produkt- bzw. dienstleistungsbezogene sowie regionale Risiken und Erträge gerecht zu werden.

Geschäftssegmente und geografische Segmente

31 Die Geschäftssegmente und die geografischen Segmente eines Unternehmens für externe Darstellungszwecke sind die organisatorischen Einheiten, für die Informationen an die Mitglieder der Geschäftsleitung zu dem Zweck berichtet werden, um die Ertragskraft der Einheiten in der Vergangenheit zu bestimmen und um Entscheidungen über die zukünftige Verteilung der Ressourcen zu fällen, außer, wie es in Paragraph 32 vorgesehen ist.

32 Wenn die interne Organisations- und Managementstruktur eines Unternehmens, sowie sein System der internen Finanzberichterstattung an die Mitglieder der Geschäftsleitung weder auf individuellen Produkten oder Dienstleistungen oder auf Gruppen ähnlicher Produkte bzw. Dienstleistungen noch auf Regionen basieren, schreibt Paragraph 27(b) vor, dass die Mitglieder der Geschäftsleitung, basierend auf ihrer Einschätzung, des vorherrschenden Ursprungs der Risiken und Erträge, entweder Geschäftssegmente oder geografische Segmente zum primären Segmentberichtsformat des Unternehmens wählen, mit dem Anderen als dessen sekundären Berichtsformat. In diesem Fall muss das Management des Unternehmens seine Geschäftssegmente und geografischen Segmente zu externen Darstellungszwecken eher auf der Grundlage der Definitionskriterien in Paragraph 9 dieses Standards, als auf der Grundlage seines Systems der internen Finanzberichterstattung an das Geschäftsführungs- und/oder Aufsichtsorgan und an den Vorsitzenden des Geschäftsführungsorgans, in Übereinstimmung mit dem Folgenden bestimmen:
(a) wenn eines oder mehrere der für das Management intern berichteten Segmente ein Geschäftssegment oder geografisches Segment auf der Grundlage der Definitionskriterien des Paragraphen 9 ist, andere hingegen jedoch nicht, ist der unten aufgeführte Unterparagraph (b) nur auf diejenigen internen Segmente anzuwenden, die nicht die Definitionen in Paragraph 9 erfüllen (dieses deswegen, da ein intern dargestelltes Segment, das die Definition erfüllt, nicht weiter zu segmentieren ist);
(b) für diejenigen an das Management intern berichteten Segmente, die die Definitionen in Paragraph 9 nicht erfüllen, hat sich das Management an der nächst niedrigeren Ebene der internen Segmentierung, die nach Produkt- und Dienstleistungssparten oder geografischen Sparten Informationen darstellt, zu orientieren, wie es nach den Definitionen in Paragraph 9 angemessen ist; und
(c) wenn ein solches, intern dargestelltes Segment einer niedrigeren Ebene die Definition des Geschäftssegmentes oder des geografischen Segments auf Grundlage der Kriterien in Paragraph 9 erfüllt, sind die Kriterien der Paragraphen 34 und 35 zur Bestimmung der berichtspflichtigen Segmente auf dieses Segment anzuwenden.

information in its financial statements on the same basis as it reports internally to key management personnel. Its predominant source of risks and returns becomes its primary segment reporting format. Its secondary source of risks and returns becomes its secondary segment reporting format.

A 'matrix presentation' — both business segments and geographical segments as primary segment reporting formats with full segment disclosures on each basis — often will provide useful information if an enterprise's risks and rates of return are strongly affected both by differences in the products and services it produces and by differences in the geographical areas in which it operates. This Standard does not require, but does not prohibit, a 'matrix presentation'. 29

In some cases, an enterprise's organisation and internal reporting may have developed along lines unrelated either to differences in the types of products and services they produce or to the geographical areas in which they operate. For instance, internal reporting may be organised solely by legal entity, resulting in internal segments composed of groups of unrelated products and services. In those unusual cases, the internally reported segment data will not meet the objective of this Standard. Accordingly, paragraph 27(b) requires key management personnel of the enterprise to determine whether the enterprise's risks and returns are more product/service driven or geographically driven and to choose either business segments or geographical segments as the enterprise's primary basis of segment reporting. The objective is to achieve a reasonable degree of comparability with other enterprises, enhance understandability of the resulting information, and meet the expressed needs of investors, creditors, and others for information about product/service-related and geographically-related risks and returns. 30

Business and geographical segments

An enterprise's business and geographical segments for external reporting purposes should be those organisational units for which information is reported to key management personnel for the purpose of evaluating the unit's past performance and for making decisions about future allocations of resources, except as provided in paragraph 32. 31

If an enterprise's internal organisational and management structure and its system of internal financial reporting to key management personnel are based neither on individual products or services or on groups of related products/services nor on geography, paragraph 27(b) requires that key management personnel of the enterprise should choose either business segments or geographical segments as the enterprise's primary segment reporting format based on their assessment of which reflects the primary source of the enterprise's risks and returns, with the other its secondary reporting format. In that case, the directors and management of the enterprise must determine its business segments and geographical segments for external reporting purposes based on the factors in the definitions in paragraph 9 of this Standard, rather than on the basis of its system of internal financial reporting to the board of directors and chief executive officer, consistent with the following: 32
(a) if one or more of the segments reported internally to the directors and management is a business segment or a geographical segment based on the factors in the definitions in paragraph 9 but others are not, subparagraph (b) should be applied only to those internal segments that do not meet the definitions in paragraph 9 (that is, an internally reported segment that meets the definition should not be further segmented);
(b) for those segments reported internally to the directors and management that do not satisfy the definitions in paragraph 9, management of the enterprise should look to the next lower level of internal segmentation that reports information along product and service lines or geographical lines, as appropriate under the definitions in paragraph 9; and
(c) if such an internally reported lower-level segment meets the definition of business segment or geographical segment based on the factors in paragraph 9, the criteria in paragraphs 34 and 35 for identifying reportable segments should be applied to that segment.

33 Gemäß diesem Standard werden die meisten Unternehmen ihre Geschäftssegmente und geografischen Segmente als die organisatorischen Einheiten bestimmen, für die Informationen an die Mitglieder der Geschäftsleitung oder an den leitenden Entscheidungsträger (der in manchen Fällen aus einer Gruppe verschiedener Personen bestehen kann) zu dem Zweck weitergeleitet werden, um die Ertragskraft der Einheiten in der Vergangenheit zu bestimmen und um Entscheidungen über die zukünftige Verteilung der Ressourcen zu fällen. Selbst wenn ein Unternehmen Paragraph 32 anwenden muss, da seine internen Segmente sich nicht an den Produkt- bzw. Dienstleistungssparten oder an den geografischen Sparten orientieren, wird es sich an der nächst niedrigeren Ebene der internen Segmentierung orientieren, die Informationen anhand von Produkt- und Dienstleistungssparten oder geografischen Sparten darstellt, als dass es einzig zu externen Darstellungszwecken Segmente konstruiert. Dieser Ansatz der Orientierung an der Organisations- und Managementstruktur eines Unternehmens und an seinem internen Finanzberichtssystem zur Bestimmung der Geschäftssegmente und der geografischen Segmente eines Unternehmens zum Zweck der externen Darstellung wird manchmal „Managementansatz" genannt, während die organisatorischen Einheiten, für die intern Informationen dargestellt werden, manchmal als „Betriebssegmente" bezeichnet werden.

Berichtspflichtige Segmente

34 Zwei oder mehr intern dargestellte Geschäftssegmente oder geografische Segmente, die sich im Wesentlichen ähnlich sind, können zu einem einzigen Geschäftssegment oder geografischen Segment zusammengefasst werden. Zwei oder mehr Geschäftssegmente oder geografische Segmente sind sich nur dann im Wesentlichen ähnlich, wenn:
(a) sie eine ähnliche langfristige Ertragsentwicklung aufweisen; und
(b) sie sich bzgl. sämtlicher Kriterien der entsprechenden Definition in Paragraph 9 ähnlich sind.

35 Ein Geschäftssegment oder geografisches Segment ist als ein berichtspflichtiges Segment zu bestimmen, wenn ein Großteil seiner Erlöse aus den Verkäufen an externe Kunden erworben wurde und:
(a) seine Erlöse aus Verkäufen an externe Kunden und von Transaktionen mit anderen Segmenten 10 % oder mehr der gesamten externen und internen Erlöse aller Segmente ausmachen; oder
(b) sein Segmentergebnis, unbeschadet ob Gewinn oder Verlust, 10 % oder mehr des zusammengefassten positiven Ergebnisses aller Segmente oder des zusammengefassten negativen Ergebnisses aller Segmente, welches davon als absoluter Betrag größer ist, ausmacht; oder
(c) seine Vermögenswerte 10 % oder mehr der gesamten Vermögenswerte aller Segmente ausmachen.

36 Wenn ein intern dargestelltes Segment unter allen Signifikanzschwellen in Paragraph 35 liegt, dann:
(a) kann dieses Segment trotz seiner Größe als berichtspflichtiges Segment bezeichnet werden;
(b) wenn es nicht als berichtspflichtiges Segment trotz seiner Größe bezeichnet wird, kann dieses Segment mit einem oder mehreren anderen gleichartigen, intern dargestellten Segmenten, die ebenso unter allen Signifikanzschwellen in Paragraph 35 liegen, zu einem gesondert berichtspflichtigen Segment zusammengefasst werden (zwei oder mehr Geschäftssegmente oder geografische Segmente sind gleichartig, wenn sie einen Großteil der Kriterien der entsprechenden Definition in Paragraph 9 teilen); und
(c) wenn dieses Segment weder gesondert dargestellt noch zusammengefasst wird, ist es als nicht zugeordneter Ausgleichsposten einzubeziehen.

37 Wenn die gesamten, den berichtspflichtigen Segmenten zuzuordnenden Erlöse weniger als 75 % der gesamten konsolidierten Erlöse oder Unternehmenserlöse ausmachen, sind zusätzliche Segmente als berichtspflichtige Segmente zu bestimmen, auch wenn sie nicht die 10 % Schwellenwerte in Paragraph 35 erreichen, bis wenigstens 75 % der gesamten konsolidierten Erträge oder Unternehmenserträge in die berichtspflichtigen Segmente einbezogen sind.

38 Die 10 % Schwellenwerte in diesem Standard dienen nicht als Leitlinie zur Bestimmung der Wesentlichkeit für irgendeinen Gesichtspunkt der Finanzberichterstattung, außer der Bestimmung berichtspflichtiger Geschäftssegmente und geografischer Segmente.

39 Indem die berichtspflichtigen Segmente auf die Segmente begrenzt werden, die einen Großteil ihrer Erlöse aus Verkäufen an externe Kunden einnehmen, verlangt dieser Standard nicht, dass die verschiedenen Stufen der vertikal integrierten Tätigkeiten als gesonderte Geschäftssegmente bestimmt werden. Es ist jedoch in manchen Industriezweigen eine gängige Vorgehensweise, bestimmte vertikal integrierte Tätigkeiten als gesonderte Geschäftssegmente darzustellen, auch wenn diese keine wesentlichen, externen Umsatzerlöse erwirtschaften. Beispielsweise stellen einige internationale Ölgesellschaften ihre Upstream-Tätigkeiten (Exploration und Förderung) und ihre Downstream-Tätigkeiten (Veredelung und Vermarktung) als gesonderte Geschäftssegmente

Under this Standard, most entities will identify their business and geographical segments as the organisational units for which information is reported to key management personnel or the senior operating decision maker, which in some cases may be a group of people, for the purpose of evaluating each unit's past performance and for making decisions about future allocations of resources. And even if an enterprise must apply paragraph 32 because its internal segments are not along product/service or geographical lines, it will look to the next lower level of internal segmentation that reports information along product and service lines or geographical lines rather than construct segments solely for external reporting purposes. This approach of looking to an enterprise's organisational and management structure and its internal financial reporting system to identify the enterprise's business and geographical segments for external reporting purposes is sometimes called the 'management approach', and the organisational components for which information is reported internally are sometimes called 'operating segments'. 33

Reportable segments

Two or more internally reported business segments or geographical segments that are substantially similar may be combined as a single business segment or geographical segment. Two or more business segments or geographical segments are substantially similar only if: 34
(a) they exhibit similar long-term financial performance; and
(b) they are similar in all of the factors in the appropriate definition in paragraph 9.

A business segment or geographical segment should be identified as a reportable segment if a majority of its revenue is earned from sales to external customers and: 35
(a) its revenue from sales to external customers and from transactions with other segments is 10 % or more of the total revenue, external and internal, of all segments; or
(b) its segment result, whether profit or loss, is 10 % or more of the combined result of all segments in profit or the combined result of all segments in loss, whichever is the greater in absolute amount; or
(c) its assets are 10 % or more of the total assets of all segments.

If an internally reported segment is below all of the thresholds of significance in paragraph 35: 36
(a) that segment may be designated as a reportable segment despite its size;
(b) if not designated as a reportable segment despite its size, that segment may be combined into a separately reportable segment with one or more other similar internally reported segment(s) that are also below all of the thresholds of significance in paragraph 35 (two or more business segments or geographical segments are similar if they share a majority of the factors in the appropriate definition in paragraph 9); and
(c) if that segment is not separately reported or combined, it should be included as an unallocated reconciling item.

If total external revenue attributable to reportable segments constitutes less than 75 % of the total consolidated or enterprise revenue, additional segments should be identified as reportable segments, even if they do not meet the 10 % thresholds in paragraph 35, until at least 75 % of total consolidated or enterprise revenue is included in reportable segments. 37

The 10 % thresholds in this Standard are not intended to be a guide for determining materiality for any aspect of financial reporting other than identifying reportable business and geographical segments. 38

By limiting reportable segments to those that earn a majority of their revenue from sales to external customers, this Standard does not require that the different stages of vertically integrated operations be identified as separate business segments. However, in some industries, current practice is to report certain vertically integrated activities as separate business segments even if they do not generate significant external sales revenue. For instance, many international oil companies report their upstream activities (exploration and production) and their downstream activities (refining and marketing) as separate business segments even if most or all of the upstream product (crude petroleum) is transferred internally to the enterprise's refining operation. 39

dar, auch wenn das meiste oder die Gesamtheit des Upstream-Produktes (Rohöl) intern zur Veredelungssparte des Unternehmens transferiert wird.

40 Dieser Standard empfiehlt, aber verlangt nicht, vertikal integrierte Tätigkeiten freiwillig, mit einer angemessenen Beschreibung, die die Angabe der Grundlage der Preisermittlung für Transfers zwischen den Segmenten, wie es von Paragraph 75 erfordert wird, einschließt, als gesonderte Segmente darzustellen.

41 Wenn das interne Berichtssystem eines Unternehmens die vertikal integrierten Tätigkeiten als gesonderte Segmente behandelt, und sich das Unternehmen nicht dafür entscheidet, diese extern als Geschäftssegmente darzustellen, ist das Verkaufssegment in das oder die kaufende(n) Segment(e) zur Bestimmung der extern berichtspflichtigen Geschäftssegmente einzubeziehen, es sei denn, dass es keine vernünftige Grundlage dafür gibt; in diesem Fall ist das verkaufende Segment als ein nicht zugeordneter Ausgleichsposten einzubeziehen.

42 Ein Segment, das in der unmittelbar vorangegangenen Berichtsperiode als berichtspflichtiges Segment bestimmt wurde, da es die relevanten 10 % Schwellenwerte erreicht hat, ist ungeachtet dessen, dass seine Erlöse, sein Ergebnis und seine Vermögenswerte alle nicht länger die 10 % Schwellenwerte überschreiten, weiterhin als berichtspflichtiges Segment zu behandeln, wenn das Management dem Segment eine fortgeführte Bedeutung beimisst.

43 Wenn ein Segment in der aktuellen Berichtsperiode erstmals als berichtspflichtiges Segment bestimmt wurde, da es die relevanten 10 % Schwellenwerte erreicht hat, sind die zu Vergleichszwecken dargestellten Segmentdaten der vorangegangenen Berichtsperiode anzupassen, auch wenn dieses Segment in der vorangegangenen Berichtsperiode die 10 % Schwellenwerte nicht erreicht hat, es sei denn, dies ist nicht durchführbar oder wirtschaftlich nicht vertretbar.

SEGMENTBILANZIERUNGS- UND -BEWERTUNGSMETHODEN

44 Segmentinformationen sind in Übereinstimmung mit den Bilanzierungs- und Bewertungsmethoden, die für die Aufstellung und Darstellung der Abschlüsse eines Konzerns oder Unternehmens angewendet werden, aufzustellen.

45 Es wird davon ausgegangen, dass die Bilanzierungs- und Bewertungsmethoden, für deren Anwendung sich das Management eines Unternehmens bei der Aufstellung ihrer Konzern- oder unternehmensweiten Abschlüsse entschieden hat, diejenigen sind, die das Management als am besten für externe Darstellungszwecke geeignet erachtet. Seitdem es der Zweck von Segmentinformationen ist, den Abschlussadressaten zu helfen, das Unternehmen als Ganzes besser zu verstehen und sachgerechter beurteilen zu können, verlangt dieser Standard bei der Aufstellung von Segmentinformationen die Anwendung der Bilanzierungs- und Bewertungsmethoden, die das Management gewählt hat. Dies bedeutet jedoch nicht, dass die Bilanzierungs- und Bewertungsmethoden der Konsolidierung und des Einzelabschlusses auf die berichtspflichtigen Segmente so anzuwenden sind, als ob die Segmente gesonderte, für sich alleine zu betrachtende Bericht erstattende Einheiten wären. Eine detaillierte Berechnung, die unter Anwendung einer bestimmten Bilanzierungs- oder Bewertungsmethode auf unternehmensweiter Ebene erstellt wurde, kann auf Segmente verteilt werden, wenn es dafür eine vernünftige Grundlage gibt. Pensionsberechnungen, beispielsweise, werden oft für das Unternehmen als Ganzes erstellt, aber die unternehmensweiten Zahlen können auf Grundlage von Gehalts- und Demographiedaten für die Segmente auf die Segmente verteilt werden.

46 Dieser Standard verbietet die Angabe von zusätzlichen Segmentinformationen, die auf einer anderen Grundlage als der für den Konzern- oder Einzelabschluss verwendeten Bilanzierungs- und Bewertungsmethoden aufgestellt wurden, nicht unter der Voraussetzung, dass (a) die Informationen intern an die Mitglieder der Geschäftsleitung für die Zwecke der Entscheidungsfindung über die Verteilung der Ressourcen auf das Segment und der Einschätzung seiner Ertragskraft berichtet werden und (b) die Grundlage der Bewertung dieser zusätzlichen Informationen klar beschrieben wird.

47 Vermögenswerte, die gemeinsam von zwei oder mehr Segmenten verwendet werden, sind nur, und nur dann, auf die Segmente zu verteilen, wenn die darauf bezogenen Erträge und Aufwendungen auch auf diese Segmente verteilt worden sind.

48 Die Weise, in der die Vermögenswerte, Schulden, Erträge und Aufwendungen auf die Segmente verteilt werden, hängt von solchen Faktoren, wie der Art dieser Posten, der von dem Segment betriebenen Tätigkeiten und der relativen Selbständigkeit dieses Segments, ab. Es ist nicht möglich oder angemessen, eine einzige Grundlage für

This Standard encourages, but does not require, the voluntary reporting of vertically integrated activities as separate segments, with appropriate description including disclosure of the basis of pricing inter-segment transfers as required by paragraph 75. **40**

If an enterprise's internal reporting system treats vertically integrated activities as separate segments and the enterprise does not choose to report them externally as business segments, the selling segment should be combined into the buying segment(s) in identifying externally reportable business segments unless there is no reasonable basis for doing so, in which case the selling segment would be included as an unallocated reconciling item. **41**

A segment identified as a reportable segment in the immediately preceding period because it satisfied the relevant 10 % thresholds should continue to be a reportable segment for the current period notwithstanding that its revenue, result, and assets all no longer exceed the 10 % thresholds, if the management of the enterprise judges the segment to be of continuing significance. **42**

If a segment is identified as a reportable segment in the current period because it satisfies the relevant 10 % thresholds, prior period segment data that is presented for comparative purposes should be restated to reflect the newly reportable segment as a separate segment, even if that segment did not satisfy the 10 % thresholds in the prior period, unless it is impracticable to do so. **43**

SEGMENT ACCOUNTING POLICIES

Segment information should be prepared in conformity with the accounting policies adopted for preparing and presenting the financial statements of the consolidated group or enterprise. **44**

There is a presumption that the accounting policies that the directors and management of an enterprise have chosen to use, in preparing its consolidated or enterprise-wide financial statements, are those that the directors and management believe are the most appropriate for external reporting purposes. Since the purpose of segment information is to help users of financial statements better understand and make more informed judgements about the enterprise as a whole, this Standard requires the use, in preparing segment information, of the accounting policies that the directors and management have chosen. That does not mean, however, that the consolidated or enterprise accounting policies are to be applied to reportable segments as if the segments were separate stand-alone reporting entities. A detailed calculation done in applying a particular accounting policy at the enterprise-wide level may be allocated to segments if there is a reasonable basis for doing so. Pension calculations, for example, often are done for an enterprise as a whole, but the enterprisewide figures may be allocated to segments based on salary and demographic data for the segments. **45**

This Standard does not prohibit the disclosure of additional segment information that is prepared on a basis other than the accounting policies adopted for the consolidated or enterprise financial statements provided that (a) the information is reported internally to key management personnel for purposes of making decisions about allocating resources to the segment and assessing its performance and (b) the basis of measurement for this additional information is clearly described. **46**

Assets that are jointly used by two or more segments should be allocated to segments if, and only if, their related revenues and expenses also are allocated to those segments. **47**

The way in which asset, liability, revenue, and expense items are allocated to segments depends on such factors as the nature of those items, the activities conducted by the segment, and the relative autonomy of that segment. It is not possible or appropriate to specify a single basis of allocation that should be adopted by all enterprises. **48**

die Verteilung, die von allen Unternehmen anzuwenden ist, zu benennen. Es ist auch nicht angemessen, die Verteilung der Posten der Vermögenswerte, Schulden, Erträge und Aufwendungen eines Unternehmens zu erzwingen, die sich auf zwei oder mehr Segmente zusammen beziehen, wenn die einzige Grundlage für eine solche Verteilung willkürlich oder schwer zu verstehen ist. Zur gleichen Zeit sind die Definitionen der Segmenterträge, der Segmentaufwendungen, des Segmentvermögens und der Segmentschulden miteinander verknüpft, und die resultierenden Verteilungen haben übereinzustimmen. Deswegen werden gemeinsam verwendete Vermögenswerte nur, und nur dann, auf die Segmente verteilt, wenn die korrespondierenden Erträge und Aufwendungen auch auf diese Segmente verteilt wurden. Beispielsweise ist ein Vermögenswert nur, und nur dann, im Segmentvermögen enthalten, wenn die entsprechende planmäßige Abschreibung bei der Bestimmung des Segmentergebnisses abgesetzt worden ist.

ANGABEN

49 Die Paragraphen 50–67 geben die erforderlichen Angaben für die berichtspflichtigen Segmente für das primäre Segmentberichtsformat eines Unternehmens an. Die Paragraphen 68–72 bestimmen die erforderlichen Angaben für das sekundäre Berichtsformat eines Unternehmens. Den Unternehmen wird empfohlen, alle primären Segmentangaben, wie sie in den Paragraphen 50–67 bestimmt werden, für jedes sekundär berichtspflichtige Segment darzustellen, obwohl die Paragraphen 68–72 bedeutend weniger Angaben für die sekundäre Grundlage verlangen. Die Paragraphen 74–83 richten sich an verschiedene andere Inhalte der Segmentangaben. Der Anhang B dieses Standards veranschaulicht die Anwendung dieser Angabenregelungen.

Primäres Berichtsformat

50 Die Angabenerfordernisse in den Paragraphen 51–67 sind auf jedes berichtspflichtige Segment auf der Grundlage des primären Berichtsformats eines Unternehmens anzuwenden.

51 Ein Unternehmen hat die Segmenterlöse für jedes berichtspflichtige Segment anzugeben. Segmenterlöse aus Verkäufen an externe Kunden und Segmenterlöse aus Transaktionen mit anderen Segmenten sind getrennt darzustellen.

52 Ein Unternehmen hat für jedes berichtspflichtige Segment das Segmentergebnis anzugeben, wobei das Ergebnis aus fortzuführenden Geschäftsbereichen getrennt vom Ergebnis aus aufgegebenen Geschäftsbereichen auszuweisen ist.

52A Ein Unternehmen hat die im Abschluss dargestellten Segmentergebnisse vorangegangener Berichtsperioden so anzupassen, dass die nach Paragraph 52 erforderlichen Angaben für aufgegebene Geschäftsbereiche sich auf alle Geschäftsbereiche beziehen, die zum Bilanzstichtag der zuletzt dargestellten Berichtsperiode als aufgegeben klassifiziert waren.

53 Wenn ein Unternehmen den Segmentgewinn oder -verlust oder einige andere Maße der Segmentrentabilität, außer dem Segmentergebnis, ohne willkürliche Verteilungen berechnen kann, wird die Darstellung dieses Betrages oder dieser Beträge zusätzlich zu dem Segmentergebnis bei angemessener Beschreibung empfohlen. Wenn diese Maße auf einer anderen Grundlage als die für Konzern- oder Einzelabschlüsse verwendeten Bilanzierungs- und Bewertungsmethoden aufgestellt wurden, hat das Unternehmen eine klare Beschreibung der Grundlagen dieser Bewertung in seine Abschlüsse einzubeziehen.

54 Ein Beispiel für ein Maß der Segmentertragskraft über dem Segmentergebnis in der Gewinn- und Verlustrechnung ist die Bruttogewinnspanne der Umsatzerlöse. Beispiele für Maße der Segmentertragskraft unter dem Segmentergebnis in der Gewinn- und Verlustrechnung sind das Ergebnis aus den gewöhnlichen Geschäftstätigkeiten (entweder vor oder nach Ertragsteuern) und der Periodengewinn oder -verlust.

55 Ein Unternehmen hat den Gesamtbuchwert des Segmentvermögens für jedes berichtspflichtige Segment anzugeben.

56 Ein Unternehmen hat die Segmentschulden für jedes berichtspflichtige Segment anzugeben.

57 Ein Unternehmen hat die gesamten Anschaffungskosten, die während der Berichtsperiode durch den Erwerb von Segmentvermögen verursacht wurden, von dem erwartet wird, dass es über mehr als eine Berichtsperiode genutzt wird (Sachanlagen und immaterielle Vermögenswerte), für jedes berichtspflichtige

Nor is it appropriate to force allocation of enterprise asset, liability, revenue, and expense items that relate jointly to two or more segments, if the only basis for making those allocations is arbitrary or difficult to understand. At the same time, the definitions of segment revenue, segment expense, segment assets, and segment liabilities are interrelated, and the resulting allocations should be consistent. Therefore, jointly used assets are allocated to segments if, and only if, their related revenues and expenses also are allocated to those segments. For example, an asset is included in segment assets if, and only if, the related depreciation or amortisation is deducted in measuring segment result.

DISCLOSURE

Paragraphs 50 to 67 specify the disclosures required for reportable segments for an enterprise's primary segment reporting format. Paragraphs 68 to 72 identify the disclosures required for an enterprise's secondary reporting format. Enterprises are encouraged to present all of the primary-segment disclosures identified in paragraphs 50 to 67for each reportable secondary segment, although paragraphs 68 to 72 require considerably less disclosure on the secondary basis. Paragraphs 74 to 83 address several other segment disclosure matters. Appendix B to this Standard illustrates application of these disclosure standards. 49

Primary reporting format

The disclosure requirements in paragraphs 51 to 67 should be applied to each reportable segment based on an enterprise's primary reporting format. 50

An enterprise should disclose segment revenue for each reportable segment. Segment revenue from sales to external customers and segment revenue from transactions with other segments should be separately reported. 51

An entity shall disclose segment result for each reportable segment, presenting the result from continuing operations separately from the result from discontinued operations. 52

An entity shall restate segment results in prior periods presented in the financial statements so that the disclosures required by paragraph 52 relating to discontinued operations relate to all operations that had been classified as discontinued at the balance sheet date of the latest period presented. 52A

If an enterprise can compute segment profit or loss or some other measure of segment profitability other than segment result without arbitrary allocations, reporting of such amount(s) is encouraged in addition to segment result, appropriately described. If that measure is prepared on a basis other than the accounting policies adopted for the consolidated or enterprise financial statements, the enterprise will include in its financial statements a clear description of the basis of measurement. 53

An example of a measure of segment performance above segment result on the income statement is gross margin on sales. Examples of measures of segment performance below segment result on the income statement are profit or loss from ordinary activities (either before or after income taxes) and profit or loss. 54

An enterprise should disclose the total carrying amount of segment assets for each reportable segment. 55

An enterprise should disclose segment liabilities for each reportable segment. 56

An enterprise should disclose the total cost incurred during the period to acquire segment assets that are expected to be used during more than one period (property, plant, equipment, and intangible assets) for 57

IAS 14

Segment anzugeben. Während dies manchmal auf Investitionsausgaben bezogen wird, hat die Bewertung, die von diesem Grundsatz verlangt wird, auf Grundlage der Periodenabgrenzung, nicht auf der des Zahlungsmittelflusses zu erfolgen.

58 Ein Unternehmen hat die gesamten Aufwendungen, die für die planmäßige Abschreibung des Segmentvermögens für die Berichtsperiode in dem Segmentergebnis enthalten sind, für jedes berichtspflichtige Segment anzugeben.

59 Obwohl ein Unternehmen nicht dazu verpflichtet ist, wird ihm empfohlen, die Art und den Betrag jeglicher Segmenterträge und Segmentaufwendungen anzugeben, die von solcher Größe, Art oder Häufigkeit sind, dass deren Angabe wesentlich für die Erklärung der Ertragskraft eines jeden berichtspflichtigen Segments für die Berichtsperiode ist.

60 IAS 1 verlangt, dass wenn Ertrags- oder Aufwandsposten wesentlich sind, Art und Betrag dieser Posten gesondert anzugeben sind. IAS 1 nennt eine Anzahl von Beispielen, einschließlich Abwertungen für Vorräte und Sachanlagen, Rückstellungen für Restrukturierungen, Verkäufe von Sachanlagen und langfristiger Finanzinvestitionen, Aufgabe von Geschäftsbereichen, Beendigung von Rechtsstreitigkeiten und Auflösungen von Rückstellungen. Paragraph 59 ist nicht dazu gedacht, die Klassifizierung irgendwelcher dieser Posten oder die Bewertung dieser Posten zu ändern. Die von diesem Paragraphen empfohlenen Angaben ändern jedoch für Angabenzwecke die Ebene, auf der die Wesentlichkeit solcher Posten bewertet wird, von der Unternehmensebene auf die Segmentebene.

61 Ein Unternehmen hat für jedes berichtspflichtige Segment den gesamten Betrag wesentlicher, nicht zahlungswirksamer Aufwendungen anzugeben, mit Ausnahme der planmäßigen Abschreibungen, die in die Segmentaufwendungen einbezogen und deswegen bei der Bewertung des Segmentergebnisses abgezogen wurden, für die gemäß Paragraph 58 gesonderte Angaben verlangt werden.

62 IAS 7 verlangt, dass ein Unternehmen eine Kapitalflussrechnung darstellt, die die Cashflows aus der betrieblichen Tätigkeit sowie der Investitions- und Finanzierungstätigkeit gesondert ausweist. IAS 7 hebt hervor, dass die Angabe von Informationen zu Cashflows für jedes berichtspflichtige Industriesegment und geographische Segment wichtig für das Verständnis der gesamten Vermögens- und Finanzlage, der Liquidität und der Cashflows eines Unternehmens ist. IAS 7 empfiehlt die Angabe solcher Informationen. Auch dieser Standard empfiehlt die Angabe der Segment-Cashflows, die in IAS 7 empfohlen werden. Zusätzlich empfiehlt er die Angabe wesentlicher nicht zahlungswirksamer Erträge, die in die Segmenterträge einbezogen und deshalb bei der Bewertung des Segmentergebnisses addiert wurden.

63 Ein Unternehmen, das Angaben über den Segment-Cashflow zur Verfügung stellt, die in IAS 7 empfohlen werden, braucht nicht zusätzlich den planmäßigen Abschreibungsaufwand gemäß Paragraph 58 oder die nicht zahlungswirksamen Aufwendungen gemäß Paragraph 61 anzugeben.

64 Ein Unternehmen hat für jedes berichtspflichtige Segment die Summe des Anteils eines Unternehmens am Periodengewinn oder -verlust von assoziierten Unternehmen, Joint Ventures oder anderen Anteilen, die nach der Equity-Methode bilanziert werden, anzugeben, wenn im Wesentlichen alle Tätigkeiten der assoziierten Gesellschaften innerhalb dieses einen Segments liegen.

65 Während gemäß des vorhergehenden Paragraphen ein einzelner zusammengefasster Betrag angegeben wird, ist jedes assoziierte Unternehmen, Joint Venture oder jeder andere nach der Equity-Methode bilanzierte Anteil individuell einzuschätzen, um zu bestimmen, ob deren Tätigkeiten im Wesentlichen alle innerhalb eines Segments liegen.

66 Wenn die Summe der Anteile eines Unternehmens am Periodengewinn oder -verlust von assoziierten Unternehmen, Joint Ventures, oder anderen Anteilen, die nach der Equity-Methode bilanziert werden, nach berichtspflichtigen Segmenten angegeben wird, ist die Summe der Anteile an diesen assoziierten Unternehmen und Joint Ventures auch nach berichtspflichtigen Segmenten anzugeben.

67 Ein Unternehmen hat eine Überleitungsrechnung zwischen den für die berichtspflichtigen Segmente angegebenen Informationen und den zusammengefassten Informationen im Konzern- oder Einzelabschluss darzustellen. Bei der Darstellung der Überleitungsrechnung sind die Segmenterträge auf die Unternehmenserträge von externen Kunden überzuleiten (einschließlich der Angabe des Betrags der Unternehmenserlöse von externen Kunden, die nicht in irgendwelche Segmenterträge einbezogen wurden). Das Segmentergebnis ist auf ein vergleichbares Maß sowohl des betrieblichen Gewinnes oder Verlustes eines Unternehmens aus fortzuführenden Geschäftsbereichen als auch des Gewinnes oder Verlustes eines Unter-

each reportable segment. While this sometimes is referred to as capital additions or capital expenditure, the measurement required by this principle should be on an accrual basis, not a cash basis.

An enterprise should disclose the total amount of expense included in segment result for depreciation and amortisation of segment assets for the period for each reportable segment. 58

An enterprise is encouraged, but not required to disclose the nature and amount of any items of segment revenue and segment expense that are of such size, nature, or incidence that their disclosure is relevant to explain the performance of each reportable segment for the period. 59

IAS 1 requires that when items of income and expense are material, their nature and amount shall be disclosed separately. IAS 1 offers a number of examples, including write-downs of inventories and property, plant, and equipment, provisions for restructurings, disposals of property, plant, and equipment and long-term investments, discontinuing operations, litigation settlements, and reversals of provisions. Paragraph 59 is not intended to change the classification of any such items or to change the measurement of such items. The disclosure encouraged by that paragraph, however, does change the level at which the significance of such items is evaluated for disclosure purposes from the entity level to the segment level. 60

An enterprise should disclose, for each reportable segment, the total amount of significant non-cash expenses, other than depreciation and amortisation for which separate disclosure is required by paragraph 58, that were included in segment expense and, therefore, deducted in measuring segment result. 61

IAS 7 requires that an enterprise present a cash flow statement that separately reports cash flows from operating, investing, and financing activities. IAS 7 notes that disclosing cash flow information for each reportable industry and geographical segment is relevant to understanding the enterprise's overall financial position, liquidity, and cash flows. IAS 7 encourages the disclosure of such information. This Standard also encourages the segment cash flow disclosures that are encouraged by IAS 7. Additionally, it encourages disclosure of significant non-cash revenues that were included in segment revenue and, therefore, added in measuring segment result. 62

An enterprise that provides the segment cash flow disclosures that are encouraged by IAS 7 need not also disclose depreciation and amortisation expense pursuant to paragraph 58 or non-cash expenses pursuant to paragraph 61. 63

An enterprise should disclose, for each reportable segment, the aggregate of the enterprise's share of the profit or loss of associates, joint ventures, or other investments accounted for under the equity method if substantially all of those associates' operations are within that single segment. 64

While a single aggregate amount is disclosed pursuant to the preceding paragraph, each associate, joint venture, or other equity method investment is assessed individually to determine whether its operations are substantially all within a segment. 65

If an enterprise's aggregate share of the profit or loss of associates, joint ventures, or other investments accounted for under the equity method is disclosed by reportable segment, the aggregate investments in those associates and joint ventures should also be disclosed by reportable segment. 66

An entity shall present a reconciliation between the information disclosed for reportable segments and the aggregated information in the consolidated or individual financial statements. In presenting the reconciliation, the entity shall reconcile segment revenue to entity revenue from external customers (including disclosure of the amount of entity revenue from external customers not included in any segment); segment result from continuing operations shall be reconciled to a comparable measure of entity operating profit or loss from continuing operations as well as to entity profit and loss from continuing operations; segment result from discontinued operations shall be reconciled to entity profit or loss from discontinued oper- 67

nehmens aus aufgegebenen Geschäftsbereichen überzuleiten. Das Segmentergebnis aus aufgegebenen Geschäftsbereichen ist auf den Gewinn oder Verlust des Unternehmens aus aufgegebenen Geschäftsbereichen überzuleiten. Das Segmentvermögen ist auf die Vermögenswerte des Unternehmens überzuleiten. Segmentschulden sind auf die Schulden des Unternehmens überzuleiten.

Sekundäre Segmentinformationen

68 Die Paragraphen 50–67 bestimmen die Angabepflichten, die auf der Grundlage des primären Berichtsformats eines Unternehmens auf jedes berichtspflichtige Segment anzuwenden sind. Die Paragraphen 69–72 bestimmen die Angabepflichten, die auf der Grundlage des sekundären Berichtsformats eines Unternehmens auf jedes berichtspflichtige Segment anzuwenden sind, wie folgt:
(a) Wenn das primäre Format eines Unternehmens Geschäftssegmente sind, sind die erforderlichen Angaben für das sekundäre Format in Paragraph 69 festgelegt;
(b) wenn das primäre Format eines Unternehmens geografische Segmente auf der Grundlage des Standortes der Vermögenswerte (wo die Produkte des Unternehmens hergestellt oder wo seine Aktivitäten zur Erbringung der Dienstleistungen angesiedelt sind) sind, sind die erforderlichen Angaben für das sekundäre Format in den Paragraphen 70 und 71 festgelegt;
(c) wenn das primäre Format eines Unternehmens geografische Segmente auf der Grundlage des Standortes seiner Kunden (wo seine Produkte verkauft oder seine Dienstleistungen in Anspruch genommen werden) sind, sind die erforderlichen Angaben für das sekundäre Format in den Paragraphen 70 und 72 festgelegt.

69 Wenn das primäre Format zur Segmentberichterstattung eines Unternehmens Geschäftssegmente sind, sind auch folgende Informationen darzustellen:
(a) die Segmenterlöse von externen Kunden nach geografischen Regionen auf der Grundlage des geografischen Standortes seiner Kunden, für jedes geografische Segment, dessen Erlöse aus Verkäufen an externe Kunden 10 % oder mehr der gesamten Unternehmenserlöse aus Verkäufen zu allen externen Kunden ausmachen;
(b) der Gesamtbuchwert des Segmentvermögens nach dem geografischen Standort der Vermögenswerte für jedes geografische Segment, dessen Segmentvermögen 10 % oder mehr der gesamten Vermögenswerte aller geografischen Segmente ausmacht; und
(c) die gesamten Anschaffungskosten, die während der Berichtsperiode durch den Erwerb von Segmentvermögen, von dem erwartet wird, dass es über mehr als eine Berichtsperiode genutzt wird (Sachanlagen und immaterielle Vermögenswerte), verursacht wurden, nach dem geografischen Standort der Vermögenswerte für jedes geografische Segment, dessen Segmentvermögen 10 % oder mehr der gesamten Vermögenswerte aller geografischen Segmente ausmacht.

70 Wenn das primäre Format zur Segmentberichterstattung eines Unternehmens geografische Segmente sind (entweder basierend auf dem Standort der Vermögenswerte oder dem Standort der Kunden), hat es auch die folgenden Segmentinformationen für jedes Geschäftssegment, dessen Erlöse aus Verkäufe an externe Kunden 10 % oder mehr der gesamten Unternehmenserlöse aus Verkäufen an alle externe Kunden oder dessen Segmentvermögen 10 % oder mehr der gesamten Vermögenswerte aller Geschäftssegmente ausmachen, darzustellen:
(a) Segmenterlöse von externen Kunden;
(b) der Gesamtbuchwert des Segmentvermögens; und
(c) die gesamten Anschaffungskosten, die während einer Berichtsperiode durch den Erwerb von Segmentvermögen verursacht wurden, von dem erwartet wird, dass es über mehr als eine Berichtsperiode genutzt wird (Sachanlagen und immaterielle Vermögenswerte).

71 Wenn das primäre Format zur Segmentberichterstattung eines Unternehmens geografische Segmente auf der Grundlage des Standortes der Vermögenswerte sind, und wenn der Standort seiner Kunden sich von dem Standort seiner Vermögenswerte unterscheidet, hat das Unternehmen auch die Erlöse aus Verkäufen an externe Kunden für jedes auf den Kunden basierende geografische Segment darzustellen, dessen Erlöse aus Verkäufen an externe Kunden 10 % oder mehr der gesamten Unternehmenserlöse aus den Verkäufen an alle externen Kunden betragen.

72 Wenn das primäre Format zur Segmentberichterstattung eines Unternehmens geografische Segmente auf der Grundlage des Standortes der Kunden sind, und wenn die Vermögenswerte des Unternehmens in anderen geografischen Regionen als die seiner Kunden angesiedelt sind, hat das Unternehmen auch die folgenden Segmentinformationen für jedes auf Vermögenswerten basierende geografische Segment, dessen Erlöse aus Verkäufen an externe Kunden oder dessen Segmentvermögen 10 % oder mehr der dazugehörenden konsolidierten oder zusammengefassten Unternehmensbeträge ausmachen, darzustellen:

ations; segment assets shall be reconciled to enterprise assets; and segment liabilities shall be reconciled to enterprise liabilities.

Secondary segment information

Paragraphs 50 to 67 identify the disclosure requirements to be applied to each reportable segment based on an enterprise's primary reporting format. Paragraphs 69 to 72 identify the disclosure requirements to be applied to each reportable segment based on an enterprise's secondary reporting format, as follows: 68
(a) if an enterprise's primary format is business segments, the required secondary-format disclosures are identified in paragraph 69;
(b) if an enterprise's primary format is geographical segments based on location of assets (where the enterprise's products are produced or where its service delivery operations are based), the required secondary-format disclosures are identified in paragraphs 70 and 71;
(c) if an enterprise's primary format is geographical segments based on the location of its customers (where its products are sold or services are rendered), the required secondary-format disclosures are identified in paragraphs 70 and 72.

If an enterprise's primary format for reporting segment information is business segments, it should also report the following information: 69
(a) segment revenue from external customers by geographical area based on the geographical location of its customers, for each geographical segment whose revenue from sales to external customers is 10 % or more of total enterprise revenue from sales to all external customers;
(b) the total carrying amount of segment assets by geographical location of assets, for each geographical segment whose segment assets are 10 % or more of the total assets of all geographical segments; and
(c) the total cost incurred during the period to acquire segment assets that are expected to be used during more than one period (property, plant, equipment, and intangible assets) by geographical location of assets, for each geographical segment whose segment assets are 10 % or more of the total assets of all geographical segments.

If an enterprise's primary format for reporting segment information is geographical segments (whether based on location of assets or location of customers), it should also report the following segment information for each business segment whose revenue from sales to external customers is 10 % or more of total enterprise revenue from sales to all external customers or whose segment assets are 10 % or more of the total assets of all business segments: 70
(a) segment revenue from external customers;
(b) the total carrying amount of segment assets; and
(c) the total cost incurred during the period to acquire segment assets that are expected to be used during more than one period (property, plant, equipment, and intangible assets).

If an enterprise's primary format for reporting segment information is geographical segments that are based on location of assets, and if the location of its customers is different from the location of its assets, then the enterprise should also report revenue from sales to external customers for each customer-based geographical segment whose revenue from sales to external customers is 10 % or more of total enterprise revenue from sales to all external customers. 71

If an enterprise's primary format for reporting segment information is geographical segments that are based on location of customers, and if the enterprise's assets are located in different geographical areas from its customers, then the enterprise should also report the following segment information for each asset-based geographical segment whose revenue from sales to external customers or segment assets are 10 % or more of related consolidated or total enterprise amounts: 72

IAS 14

(a) den Gesamtbuchwert des Segmentvermögens nach geografischem Standort der Vermögenswerte; und
(b) die gesamten Anschaffungskosten, die während der Berichtsperiode durch den Erwerb von Segmentvermögen verursacht wurden, von dem erwartet wird, dass es über mehr als eine Berichtsperiode genutzt wird (Sachanlagen und immaterielle Vermögenswerte), nach dem Standort der Vermögenswerte.

Beispielhafte Segmentangaben

73   Der Anhang B dieses Standards stellt eine Veranschaulichung der Angaben für primäre und sekundäre Berichtsformate dar, die von diesem Standard erfordert werden.

Andere Inhalte der Angaben

74   Wenn ein Geschäftssegment oder geografisches Segment, über das an die Mitglieder der Geschäftsleitung berichtet wird, kein berichtspflichtiges Segment ist, da es einen Großteil seiner Erlöse aus den Verkäufen an andere Segmenten erwirbt, dessen Erlöse aus Verkäufen an externe Kunden aber nichtsdestotrotz 10 % oder mehr der gesamten Unternehmenserlöse aus Verkäufen an alle externen Kunden ausmachen, hat das Unternehmen diese Tatsache und die Beträge der Erlöse aus (a) den Verkäufen an externe Kunden und (b) aus internen Verkäufen an andere Segmente anzugeben.

75   Bei der Bewertung und Darstellung der Segmenterlöse aus Transaktionen mit anderen Segmenten sind Transfers zwischen den Segmenten auf der Grundlage zu bewerten, die das Unternehmen tatsächlich zur Ermittlung von Verrechnungspreisen für solche Transfers anwendet. Die Grundlage der Ermittlung von Verrechnungspreisen für Transfers zwischen den Segmenten und jegliche Änderung davon ist in den Abschlüssen anzugeben.

76   Änderungen der Bilanzierungs- und Bewertungsmethoden, die für die Segmentberichterstattung angewendet werden und eine wesentliche Auswirkung auf die Segmentinformationen haben, sind anzugeben, und die Segmentinformationen der vorangegangenen Berichtsperiode, die zu Vergleichszwecken dargestellt werden, sind anzupassen, außer wenn dies praktisch undurchführbar ist. Diese Angaben umfassen eine Beschreibung der Art der Änderung, die Gründe für die Änderung, die Tatsache, dass Vergleichsinformationen angepasst worden sind oder dass es nicht durchführbar oder wirtschaftlich nicht vertretbar ist, dies zu tun, und die finanzielle Auswirkung der Änderung, wenn sie vernünftig bestimmt werden kann. Wenn ein Unternehmen die Bestimmung seiner Segmente ändert und die Segmentinformationen der vorangegangenen Berichtsperiode nicht an die neue Grundlage anpasst, da es nicht durchführbar oder wirtschaftlich nicht vertretbar ist, dies zu tun, hat das Unternehmen aus Vergleichbarkeitsgründen die Segmentdaten sowohl auf der alten, als auch auf der neuen Grundlage der Segmentierung in dem Jahr, in dem es die Bestimmung seiner Segmente ändert, darzustellen.

77   Änderungen der von einem Unternehmen angewendeten Bilanzierungs- und Bewertungsmethoden werden in IAS 8 behandelt. IAS 8 verlangt, dass Änderungen der Bilanzierungs- und Bewertungsmethoden nur dann vorgenommen werden dürfen, wenn ein Standard oder eine Interpretation dies verlangt, oder wenn die Änderung zu zuverlässigen und relevanteren Informationen über Geschäftsvorfälle und sonstige Ereignisse oder Bedingungen im Abschluss des Unternehmens führt.

78   Änderungen der unternehmensweit angewendeten Bilanzierungs- und Bewertungsmethoden, die die Segmentinformationen beeinflussen, werden gemäß IAS 8 behandelt. Solange ein neuer Standard oder eine neue Interpretation nichts anderes vorsieht, verlangt IAS 8, dass:
(a) eine Änderung der Bilanzierungs- und Bewertungsmethoden rückwirkend anzuwenden ist und Informationen aus früheren Perioden anzupassen sind, sofern die Ermittlung der kumulierten Auswirkungen oder die periodenspezifische Effekte der Änderung undurchführbar ist;
(b) ist die rückwirkende Anwendung für alle Periodenausweise nicht durchführbar, so ist die neue Bilanzierungs- und Bewertungsmethode rückwirkend ab dem frühest möglichen Datum anzuwenden; und
(c) wenn die Ermittlung der kumulierten Auswirkung einer Anwendung der neuen Bilanzierungs- und Bewertungsmethode am Anfang der Berichtsperiode undurchführbar ist, so ist die Bilanzierungs- und Bewertungsmethode prospektiv ab dem frühest möglichen Datum anzuwenden.

79   Einige Änderungen der Bilanzierungs- und Bewertungsmethoden beziehen sich speziell auf die Segmentberichterstattung. Beispiele sind u. a. Änderungen bei der Bestimmung der Segmente und Änderungen der Grundlage

(a) the total carrying amount of segment assets by geographical location of the assets; and
(b) the total cost incurred during the period to acquire segment assets that are expected to be used during more than one period (property, plant, equipment, and intangible assets) by location of the assets.

Illustrative segment disclosures

Appendix B to this Standard presents an illustration of the disclosures for primary and secondary reporting formats that are required by this Standard. **73**

Other disclosure matters

If a business segment or geographical segment for which information is reported to key management personnel is not a reportable segment because it earns a majority of its revenue from sales to other segments, but none the less its revenue from sales to external customers is 10 % or more of total enterprise revenue from sales to all external customers, the enterprise should disclose that fact and the amounts of revenue from (a) sales to external customers and (b) internal sales to other segments. **74**

In measuring and reporting segment revenue from transactions with other segments, inter-segment transfers should be measured on the basis that the enterprise actually used to price those transfers. The basis of pricing inter-segment transfers and any change therein should be disclosed in the financial statements. **75**

Changes in accounting policies adopted for segment reporting that have a material effect on segment information should be disclosed, and prior period segment information presented for comparative purposes should be restated unless it is impracticable to do so. Such disclosure should include a description of the nature of the change, the reasons for the change, the fact that comparative information has been restated or that it is impracticable to do so, and the financial effect of the change, if it is reasonably determinable. If an enterprise changes the identification of its segments and it does not restate prior period segment information on the new basis because it is impracticable to do so, then for the purpose of comparison the enterprise should report segment data for both the old and the new bases of segmentation in the year in which it changes the identification of its segments. **76**

Changes in accounting policies applied by the entity are dealt with in IAS 8. IAS 8 requires that changes in accounting policy shall be made only if required by a Standard or Interpretation, or if the change will result in reliable and more relevant information about transactions, other events or conditions in the financial statements of the entity. **77**

Changes in accounting policies applied at the entity level that affect segment information are dealt with in accordance with IAS 8. Unless a new Standard or Interpretation specifies otherwise, IAS 8 requires that: **78**
(a) a change in accounting policy shall be applied retrospectively and prior period information restated unless it is impracticable to determine either the cumulative effect or the period-specific effects of the change;
(b) if retrospective application is not practicable for all periods presented, the new accounting policy shall be applied retrospectively from the earliest practicable date; and
(c) if it is impracticable to determine the cumulative effect of applying the new accounting policy at the start of the current period, the policy shall be applied prospectively from the earliest date practicable.

Some changes in accounting policies relate specifically to segment reporting. Examples include changes in identification of segments and changes in the basis for allocating revenues and expenses to segments. Such **79**

zur Verteilung der Erträge und Aufwendungen auf die Segmente. Solche Änderungen können einen wesentlichen Einfluss auf die dargestellten Segmentinformationen haben, aber sie werden nicht die für das Unternehmen dargestellte Summe der Finanzinformationen ändern. Um den Adressaten ein Verständnis der Änderungen und die Einschätzung von Entwicklungen zu ermöglichen, sind die Segmentinformationen der vorangegangenen Berichtsperiode, die in die Abschlüsse zu Vergleichszwecken einbezogen werden, wenn dies zweckmäßig ist, anzupassen, um die neuen Bilanzierungs- und Bewertungsmethoden zum Ausdruck zu bringen.

80 Paragraph 75 verlangt, dass für Segmentberichterstattungszwecke die Transfers zwischen den Segmenten auf der Grundlage bewertet werden, die das Unternehmen tatsächlich für die Ermittlung von Verrechnungspreisen für solche Transfers anwendet. Wenn ein Unternehmen die tatsächlich angewandte Methode der Verrechnungspreisermittlung für Transfers zwischen den Segmenten ändert, ist dies keine Änderung der Bilanzierungs- und Bewertungsmethode, für die die Segmentdaten der vorangegangenen Berichtsperiode gemäß Paragraph 76 anzupassen sind. Paragraph 75 verlangt jedoch die Angabe der Änderung.

81 **Ein Unternehmen hat auf die Arten der Produkte und Dienstleistungen, die in jedem berichtspflichtigen Geschäftssegment einbezogen sind, und auf die Zusammensetzung jedes primären oder sekundären berichtspflichtigen geografischen Segments, hinzuweisen, wenn dies nicht sonst in den Abschlüssen oder anderswo im Geschäftsbericht angegeben ist.**

82 Um die Auswirkungen solcher Umstände, wie Veränderungen der Nachfrage, Änderungen der Preise von Vorleistungen oder anderen Faktoren der Produktion und die Entwicklung von alternativen Produkten und Herstellungsprozessen auf ein Geschäftssegment, einzuschätzen, ist es notwendig, die Tätigkeiten zu kennen, die dieses Segment umgeben. Um die Auswirkungen von Änderungen der wirtschaftlichen und politischen Rahmenbedingungen auf die Risiken und die Eigenkapitalverzinsung eines geografischen Segments einzuschätzen, ist es ebenso wichtig, die Zusammensetzung dieses geografischen Segments zu kennen.

83 Früher dargestellte Segmente, die nicht länger die quantitativen Schwellenwerte erreichen, sind nicht gesondert darzustellen. Sie können diese Schwellenwerte beispielsweise auf Grund eines Nachfragerückganges oder eines Wechsels der Managementstrategie oder auf Grund der Veräußerung eines Teiles Tätigkeiten des Segments oder der Zusammenfassung mit anderen Segmenten, nicht länger erreichen. Weiterhin kann eine Erläuterung, warum ein früher berichtspflichtiges Segment nicht mehr dargestellt wird, auch nützlich für die Bestätigung von Erwartungen bezüglich schrumpfender Märkte und Änderungen der Unternehmensstrategien sein.

ZEITPUNKT DES INKRAFTTRETENS

84 **Dieser International Accounting Standard ist erstmals in der ersten Berichtsperiode eines am 1. Juli 1998 oder danach beginnenden Geschäftsjahres anzuwenden. Eine frühere Anwendung wird empfohlen. Wenn ein Unternehmen diesen Standard anstatt des ursprünglichen IAS 14 für Berichtsperioden anwendet, die vor dem 1. Juli 1998 beginnen, so ist dies anzugeben. Wenn Abschlüsse Vergleichsinformationen für Berichtsperioden vor der erstmaligen Pflichtanwendung oder für die freiwillige Anwendung dieses Standard beinhalten, ist eine Anpassung der darin einbezogenen Segmentdaten zur Erfüllung der Anforderungen dieses Standards erforderlich, solange es nicht unzweckmäßig ist, dies zu tun; in einem solchen Fall ist dies anzugeben.**

changes can have a significant impact on the segment information reported but will not change aggregate financial information reported for the enterprise. To enable users to understand the changes and to assess trends, prior period segment information that is included in the financial statements for comparative purposes is restated, if practicable, to reflect the new accounting policy.

Paragraph 75 requires that, for segment reporting purposes, inter-segment transfers should be measured on the basis that the enterprise actually used to price those transfers. If an enterprise changes the method that it actually uses to price inter-segment transfers, that is not a change in accounting policy for which prior period segment data should be restated pursuant to paragraph 76. However, paragraph 75 requires disclosure of the change. 80

An enterprise should indicate the types of products and services included in each reported business segment and indicate the composition of each reported geographical segment, both primary and secondary, if not otherwise disclosed in the financial statements or elsewhere in the financial report. 81

To assess the impact of such matters as shifts in demand, changes in the price of inputs or other factors of production, and the development of alternative products and processes on a business segment, it is necessary to know the activities encompassed by that segment. Similarly, to assess the impact of changes in the economic and political environment on the risks and rates of returns of a geographical segment, it is important to know the composition of that geographical segment. 82

Previously reported segments that no longer satisfy the quantitative thresholds are not reported separately. They may no longer satisfy those thresholds, for example, because of a decline in demand or a change in management strategy or because a part of the operations of the segment has been sold or combined with other segments. An explanation of the reasons why a previously reported segment is no longer reported may also be useful in confirming expectations regarding declining markets and changes in enterprise strategies. 83

EFFECTIVE DATE

This International Accounting Standard becomes operative for financial statements covering periods beginning on or after 1 July 1998. Earlier application is encouraged. If an enterprise applies this Standard for financial statements covering periods beginning before 1 July 1998 instead of the original IAS 14, the enterprise should disclose that fact. If financial statements include comparative information for periods prior to the effective date or earlier voluntary adoption of this Standard, restatement of segment data included therein to conform to the provisions of this Standard is required unless it is not practicable to do so, in which case the enterprise should disclose that fact. 84

International Accounting Standard 16

Sachanlagen

> International Accounting Standard 16 *Sachanlagen* (IAS 16) ist in den Paragraphen 1–83 festgelegt. Alle Paragraphen sind gleichrangig, behalten jedoch das IASC-Format des Standards, mit dem dieser durch den IASB verabschiedet wurde. IAS 16 ist in Verbindung mit dem *Vorwort zu den International Financial Reporting Standards* und dem *Rahmenkonzept für die Aufstellung und Darstellung von Abschlüssen* zu betrachten. IAS 8 *Bilanzierungs- und Bewertungsmethoden, Änderungen von Schätzungen und Fehler*, stellt beim Fehlen ausdrücklicher Leitlinien eine Grundlage für die Auswahl und für die Anwendung von Bilanzierungs- und Bewertungsmethoden bereit.

INHALT

	Ziffer
Zielsetzung	1
Anwendungsbereich	2–5
Definitionen	6
Ansatz	7–14
Erstmalige Anschaffungs- oder Herstellungskosten	11
Nachträgliche Anschaffungs- oder Herstellungskosten	12–14
Bewertung bei erstmaligem Ansatz	15–28
Bestandteile der Anschaffungs- oder Herstellungskosten	16–22
Bewertung der Anschaffungs- und Herstellungskosten	23–28
Folgebewertung	29–66
Anschaffungskostenmodell	30
Neubewertungsmodell	31–42
Abschreibung	43–62
Abschreibungsvolumen und Abschreibungszeitraum	50–59
Abschreibungsmethode	60–62
Wertminderung	63–64
Entschädigung für Wertminderung	65–66
Ausbuchung	67–72
Angaben	73–79
Übergangsvorschriften	80
Zeitpunkt des Inkrafttretens	81
Rücknahme anderer Verlautbarungen	82–83

Dieser überarbeitete Standard ersetzt IAS 16 (1998) *Sachanlagen* und ist erstmals in der ersten Berichtsperiode eines am 1. Januar 2005 oder danach beginnenden Geschäftsjahres anzuwenden. Eine frühere Anwendung wird empfohlen.

ZIELSETZUNG

1 Zielsetzung dieses Standards ist es, die Bilanzierungsmethoden für Sachanlagen vorzuschreiben, damit Abschlussadressaten Informationen über Investitionen eines Unternehmens in Sachanlagen und Änderungen solcher Investitionen erkennen können. Die grundsätzlichen Fragen zur Bilanzierung von Sachanlagen betreffen den Ansatz der Vermögenswerte, die Bestimmung ihrer Buchwerte und der Abschreibungs- und Wertminderungsaufwendungen.

ANWENDUNGSBEREICH

2 Dieser Standard ist für die Bilanzierung der Sachanlagen anzuwenden, es sei denn, dass ein anderer Standard eine andere Behandlung erfordert oder zulässt.

International Accounting Standard 16

Property, Plant and Equipment

International Accounting Standard 16 *Property, Plant and Equipment* (IAS 16) is set out in paragraphs 1—83. All the paragraphs have equal authority but retain the IASC format of the Standard when it was adopted by the IASB. IAS 16 should be read in the context of the *Preface to International Financial Reporting Standards* and the *Framework for the Preparation and Presentation of Financial Statements*. IAS 8 *Accounting Policies, Changes in Accounting Estimates and Errors* provides a basis for selecting and applying accounting policies in the absence of explicit guidance.

SUMMARY

	Paragraphs
Objective	1
Scope	2—5
Definitions	6
Recognition	7—14
Initial Costs	11
Subsequent Costs	12—14
Measurement at recognition	15—28
Elements of Cost	16—22
Measurement of Cost	23—28
Measurement after recognition	29—66
Cost Model	30
Revaluation Model	31—42
Depreciation	43—62
Depreciable Amount and Depreciation Period	50—59
Depreciation Method	60—62
Impairment	63—64
Compensation for Impairment	65—66
Derecognition	67—72
Disclosure	73—79
Transitional provisions	80
Effective Date	81
Withdrawal of other pronouncements	82—83

This revised Standard supersedes IAS 16 (1998) *Property, Plant and Equipment* and should be applied for annual periods beginning on or after 1 January 2005. Earlier application is encouraged.

OBJECTIVE

1 The objective of this Standard is to prescribe the accounting treatment for property, plant and equipment so that users of the financial statements can discern information about an entity's investment in its property, plant and equipment and the changes in such investment. The principal issues in accounting for property, plant and equipment are the recognition of the assets, the determination of their carrying amounts and the depreciation charges and impairment losses to be recognised in relation to them.

SCOPE

2 **This Standard shall be applied in accounting for property, plant and equipment except when another Standard requires or permits a different accounting treatment.**

IAS 16

3   Dieser Standard ist nicht anwendbar auf:
(a) Sachanlagen, die gemäß IFRS 5 *Zur Veräußerung gehaltene langfristige Vermögenswerte und aufgegebene Geschäftsbereiche* als zur Veräußerung gehalten klassifiziert werden,
(b) biologische Vermögenswerte, die mit landwirtschaftlicher Tätigkeit im Zusammenhang stehen (siehe IAS 41 *Landwirtschaft*),
(c) den Ansatz und die Bewertung von Vermögenswerten aus Exploration und Evaluierung (siehe IFRS 6 *Exploration und Evaluierung von mineralischen Ressourcen*), bzw.
(d) Abbau- und Schürfrechte sowie Bodenschätze wie Öl, Erdgas und ähnliche nicht-regenerative Ressourcen.
Jedoch gilt dieser Standard für Sachanlagen, die verwendet werden, um die unter Buchstaben b—d beschriebenen Vermögenswerte auszuüben bzw. zu erhalten.

4   Andere Standards können den Ansatz einer Sachanlage erforderlich machen, der auf einer anderen Methode als der in diesem Standard vorgeschriebenen beruht. So muss beispielsweise gemäß IAS 17 *Leasingverhältnisse* ein Unternehmen einen Ansatz einer geleasten Sachanlage nach dem Grundsatz der Übertragung von Risiken und Nutzenzugang bewerten. In solchen Fällen werden jedoch alle anderen Aspekte der Bilanzierungsmethoden für diese Vermögenswerte, einschließlich der Abschreibung, von diesem Standard vorgeschrieben.

5   Ein Unternehmen wendet diesen Standard für Immobilien an, die für die künftige Nutzung als Finanzinvestition erstellt oder entwickelt werden, die jedoch noch nicht die Definition einer ‚Finanzinvestition' gemäß IAS 40 *Als Finanzinvestition gehaltene Immobilie* erfüllen. Sobald die Erstellung oder Entwicklung abgeschlossen ist, wird die Immobilie zu einer Finanzinvestition und das Unternehmen muss IAS 40 anwenden. IAS 40 findet auch bei als Finanzinvestition gehaltenen Immobilien Anwendung, die für die weitere künftige Nutzung als Finanzinvestition saniert werden. Für ein Unternehmen, das das Anschaffungskostenmodel gemäß IAS 40 für als Finanzinvestition gehaltene Immobilien anwendet, ist das Anschaffungskostenmodel dieses Standards anzuwenden.

DEFINITIONEN

6   Die folgenden Begriffe werden in diesem Standard mit der angegebenen Bedeutung verwendet:

Der **Buchwert** ist der Betrag, mit dem ein Vermögenswert nach Abzug aller kumulierten Abschreibungen und kumulierten Wertminderungsaufwendungen erfasst wird.

Anschaffungs- oder Herstellungskosten sind der zum Erwerb oder zur Herstellung eines Vermögenswertes entrichtete Betrag an Zahlungsmitteln oder Zahlungsmitteläquivalenten oder der beizulegende Zeitwert einer anderen Entgeltform zum Zeitpunkt des Erwerbes oder der Herstellung oder, falls zutreffend, der Betrag, der diesem Vermögenswert beim erstmaligen Ansatz gemäß den besonderen Bestimmungen anderer IFRS, wie beispielsweise IFRS 2 Aktienbasierte Vergütung, beigelegt wird.

Das **Abschreibungsvolumen** ist die Differenz zwischen Anschaffungs- oder Herstellungskosten eines Vermögenswertes oder eines Ersatzbetrages und dem Restwert.

Abschreibung ist die systematische Verteilung des Abschreibungsvolumens eines Vermögenswertes über dessen Nutzungsdauer.

Der **unternehmensspezifische Wert** ist der Barwert der Cashflows, von denen ein Unternehmen erwartet, dass sie aus der fortgesetzten Nutzung eines Vermögenswertes und seinem Abgang am Ende seiner Nutzungsdauer oder nach Begleichung einer Schuld entstehen.

Der **beizulegende Zeitwert** ist der Betrag, zu dem ein Vermögenswert zwischen sachverständigen, vertragswilligen und voneinander unabhängigen Geschäftspartnern getauscht werden könnte.

Ein **Wertminderungsaufwand** ist der Betrag, um den der Buchwert eines Vermögenswertes seinen erzielbaren Betrag übersteigt.

Sachanlagen umfassen materielle Vermögenswerte,
(a) die für Zwecke der Herstellung oder der Lieferung von Gütern und Dienstleistungen, zur Vermietung an Dritte oder für Verwaltungszwecke gehalten werden;
   und die
(b) erwartungsgemäß länger als eine Periode genutzt werden.

Der **erzielbare Betrag** ist der höhere der beiden Beträge aus Nettoveräußerungspreis und Nutzungswert eines Vermögenswertes.

Der **Restwert** eines Vermögenswertes ist der geschätzte Betrag, den ein Unternehmen derzeit bei Abgang des Vermögenswertes nach Abzug des bei Abgang voraussichtlich anfallenden Aufwandes erhalten würde, wenn der Vermögenswert alters- und zustandsmäßig schon am Ende seiner Nutzungsdauer angelangt wäre.

IAS 16

This Standard does not apply to:
(a) property, plant and equipment classified as held for sale in accordance with IFRS 5 *Non-current Assets Held for Sale and Discontinued Operations*;
(b) biological assets related to agricultural activity (see IAS 41 *Agriculture*);
(c) the recognition and measurement of exploration and evaluation assets (see IFRS 6 *Exploration for and Evaluation of Mineral Resources*); or
(d) mineral rights and mineral reserves such as oil, natural gas and similar non-regenerative resources.
However, this Standard applies to property, plant and equipment used to develop or maintain the assets described in (b) to (d).

Other Standards may require recognition of an item of property, plant and equipment based on an approach different from that in this Standard. For example, IAS 17 *Leases* requires an entity to evaluate its recognition of an item of leased property, plant and equipment on the basis of the transfer of risks and rewards. However, in such cases other aspects of the accounting treatment for these assets, including depreciation, are prescribed by this Standard.

An entity shall apply this Standard to property that is being constructed or developed for future use as investment property but does not yet satisfy the definition of 'investment property' in IAS 40 *Investment Property*. Once the construction or development is complete, the property becomes investment property and the entity is required to apply IAS 40. IAS 40 also applies to investment property that is being redeveloped for continued future use as investment property. An entity using the cost model for investment property in accordance with IAS 40 shall use the cost model in this Standard.

DEFINITIONS

The following terms are used in this Standard with the meanings specified:
 Carrying amount is the amount at which an asset is recognised after deducting any accumulated depreciation and accumulated impairment losses.
 Cost is the amount of cash or cash equivalents paid or the fair value of other consideration given to acquire an asset at the time of its acquisition or construction or, where applicable, the amount attributed to that asset when initially recognised in accordance with the specific requirements of other IFRSs, eg IFRS 2 Share-based Payment.
 Depreciable amount is the cost of an asset, or other amount substituted for cost, less its residual value.
 Depreciation is the systematic allocation of the depreciable amount of an asset over its useful life.
 Entity-specific value is the present value of the cash flows an entity expects to arise from the continuing use of an asset and from its disposal at the end of its useful life or expects to incur when settling a liability.
 Fair value is the amount for which an asset could be exchanged between knowledgeable, willing parties in an arm's length transaction.
 An impairment loss is the amount by which the carrying amount of an asset exceeds its recoverable amount.
 Property, plant and equipment are tangible items that:
(a) are held for use in the production or supply of goods or services, for rental to others, or for administrative purposes; and
(b) are expected to be used during more than one period.
Recoverable amount is the higher of an asset's net selling price and its value in use.
 The residual value of an asset is the estimated amount that an entity would currently obtain from disposal of the asset, after deducting the estimated costs of disposal, if the asset were already of the age and in the condition expected at the end of its useful life.

Die Nutzungsdauer ist:
(a) der Zeitraum, in dem ein Vermögenswert voraussichtlich von einem Unternehmen nutzbar ist; oder
(b) die voraussichtlich durch den Vermögenswert im Unternehmen zu erzielende Anzahl an Produktionseinheiten oder ähnlichen Maßgrößen.

ANSATZ

7   Die Anschaffungs- oder Herstellungskosten einer Sachanlage sind als Vermögenswert anzusetzen, ausschließlich wenn:
(a) es wahrscheinlich ist, dass ein mit der Sachanlage verbundener künftiger wirtschaftlicher Nutzen dem Unternehmen zufließen wird,
und wenn
(b) die Anschaffungs- oder Herstellungskosten der Sachanlage verlässlich bewertet werden können.

8   Ersatzteile und Wartungsgeräte werden normalerweise als Vorräte behandelt, die bei Verbrauch als Gewinn oder Verlust erfasst werden. Jedoch zählen bedeutende Ersatzteile und Bereitschaftsausrüstungen zu den Sachanlagen, wenn das Unternehmen sie erwartungsgemäß länger als eine Periode nutzt. Gleichermaßen werden die Ersatzteile und Wartungsgeräte, wenn sie nur in Zusammenhang mit einer Sachanlage genutzt werden können, als Sachanlagen angesetzt.

9   Dieser Standard schreibt für den Ansatz keine Maßeinheit hinsichtlich einer Sachanlage vor. Demzufolge ist bei der Anwendung der Ansatzkriterien auf die unternehmenspezifischen Gegebenheiten eine Beurteilung erforderlich. Es kann angemessen sein, einzelne unbedeutende Gegenstände, wie Press-, Gussformen und Werkzeuge, zusammenzufassen und die Kriterien auf den zusammengefassten Wert anzuwenden.

10 Ein Unternehmen bewertet alle Kosten für Sachanlagen nach diesen Ansatzkriterien zu dem Zeitpunkt, an dem sie anfallen. Zu diesen Anschaffungs- und Herstellungskosten gehören die ursprünglich für den Erwerb oder den Bau der Sachanlage angefallenen Kosten sowie die Folgekosten, um etwas hinzuzufügen, sie zu ersetzen oder zu warten.

Erstmalige Anschaffungs- oder Herstellungskosten

11 Sachanlagen können aus Gründen der Sicherheit oder des Umweltschutzes erworben werden. Der Erwerb solcher Gegenstände steigert zwar nicht direkt den künftigen wirtschaftlichen Nutzen einer bereits vorhandenen Sachanlage, er kann aber notwendig sein, um den künftigen wirtschaftlichen Nutzen aus den anderen Vermögenswerten des Unternehmens überhaupt erst zu gewinnen. Solche Sachanlagen sind als Vermögenswerte anzusetzen, da sie es einem Unternehmen ermöglichen, künftigen wirtschaftlichen Nutzen aus den in Beziehung stehenden Vermögenswerten zusätzlich zu dem Nutzen zu ziehen, der ohne den Erwerb möglich gewesen wäre. So kann beispielsweise ein Chemieunternehmen bestimmte neue chemische Bearbeitungsverfahren einrichten, um die Umweltschutzvorschriften für die Herstellung und Lagerung gefährlicher chemischer Stoffe zu erfüllen. Damit verbundene Betriebsverbesserungen werden als Vermögenswert angesetzt, da das Unternehmen ohne sie keine Chemikalien herstellen und verkaufen kann. Der aus solchen Vermögenswerten und verbundenen Vermögenswerten entstehende Buchwert wird jedoch auf Wertminderung gemäß IAS 36 *Wertminderung von Vermögenswerten* überprüft.

Nachträgliche Anschaffungs- oder Herstellungskosten

12 Nach den Ansatzkriterien in Paragraph 7 erfasst ein Unternehmen die laufenden Wartungskosten für diese Sachanlage nicht in ihrem Buchwert. Diese Kosten werden vielmehr bei Anfall erfolgswirksam erfasst. Kosten für die laufende Wartung setzen sich vor allem aus Kosten für Lohn und Verbrauchsgüter zusammen und können auch Kleinteile beinhalten. Der Zweck dieser Aufwendungen wird häufig als „Reparaturen und Instandhaltungen" der Sachanlagen beschrieben.

13 Teile einiger Sachanlagen bedürfen in regelmäßigen Zeitabständen gegebenenfalls eines Ersatzes. Das gilt beispielsweise für einen Hochofen, der nach einer bestimmten Gebrauchszeit auszufüttern ist, oder für Flugzeugteile wie Sitze und Bordküchen, die über die Lebensdauer des Flugzeuges mehrfach ausgetauscht werden. Sachanlagen können auch erworben werden, um einen nicht so häufig wiederkehrenden Ersatz vorzunehmen, wie den Ersatz der Innenwände eines Gebäudes, oder um einen einmaligen Ersatz vorzunehmen. Nach den

Useful life is:
(a) the period over which an asset is expected to be available for use by an entity; or
(b) the number of production or similar units expected to be obtained from the asset by an entity.

RECOGNITION

The cost of an item of property, plant and equipment shall be recognised as an asset if, and only if: 7
(a) it is probable that future economic benefits associated with the item will flow to the entity; and
(b) the cost of the item can be measured reliably.

Spare parts and servicing equipment are usually carried as inventory and recognised in profit or loss as consumed. However, major spare parts and stand-by equipment qualify as property, plant and equipment when an entity expects to use them during more than one period. Similarly, if the spare parts and servicing equipment can be used only in connection with an item of property, plant and equipment, they are accounted for as property, plant and equipment.   8

This Standard does not prescribe the unit of measure for recognition, ie what constitutes an item of property, plant and equipment. Thus, judgement is required in applying the recognition criteria to an entity's specific circumstances. It may be appropriate to aggregate individually insignificant items, such as moulds, tools and dies, and to apply the criteria to the aggregate value.   9

An entity evaluates under this recognition principle all its property, plant and equipment costs at the time they are incurred. These costs include costs incurred initially to acquire or construct an item of property, plant and equipment and costs incurred subsequently to add to, replace part of, or service it.   10

Initial Costs

Items of property, plant and equipment may be acquired for safety or environmental reasons. The acquisition of such property, plant and equipment, although not directly increasing the future economic benefits of any particular existing item of property, plant and equipment, may be necessary for an entity to obtain the future economic benefits from its other assets. Such items of property, plant and equipment qualify for recognition as assets because they enable an entity to derive future economic benefits from related assets in excess of what could be derived had those items not been acquired. For example, a chemical manufacturer may install new chemical handling processes to comply with environmental requirements for the production and storage of dangerous chemicals; related plant enhancements are recognised as an asset because without them the entity is unable to manufacture and sell chemicals. However, the resulting carrying amount of such an asset and related assets is reviewed for impairment in accordance with IAS 36 *Impairment of Assets*.   11

Subsequent Costs

Under the recognition principle in paragraph 7, an entity does not recognise in the carrying amount of an item of property, plant and equipment the costs of the day-to-day servicing of the item. Rather, these costs are recognised in profit or loss as incurred. Costs of day-to-day servicing are primarily the costs of labour and consumables, and may include the cost of small parts. The purpose of these expenditures is often described as for the 'repairs and maintenance' of the item of property, plant and equipment.   12

Parts of some items of property, plant and equipment may require replacement at regular intervals. For example, a furnace may require relining after a specified number of hours of use, or aircraft interiors such as seats and galleys may require replacement several times during the life of the airframe. Items of property, plant and equipment may also be acquired to make a less frequently recurring replacement, such as replacing the interior walls of a building, or to make a non-recurring replacement. Under the recognition principle in   13

IAS 16

Ansatzkriterien in Paragraph 7 erfasst ein Unternehmen im Buchwert einer Sachanlage die Kosten für den Ersatz eines Teils eines solchen Gegenstandes zum Zeitpunkt des Anfalls der Kosten, wenn die Ansatzkriterien erfüllt sind. Der Buchwert jener Teile, die ersetzt wurden, wird gemäß den Ausbuchungsbestimmungen dieses Standards ausgebucht (siehe Paragraph 67–72).

14 Eine Voraussetzung für die Fortführung des Betriebs einer Sachanlage (z. B. eines Flugzeugs) kann die Durchführung regelmäßiger größerer Wartungen sein, ungeachtet dessen ob Teile ersetzt werden. Bei Durchführung jeder größeren Wartung werden die Kosten im Buchwert der Sachanlage als Ersatz erfasst, wenn die Ansatzkriterien erfüllt sind. Jeder verbleibende Buchwert der Kosten für die vorhergehende Wartung (im Unterschied zu physischen Teilen) wird ausgebucht. Dies erfolgt ungeachtet dessen, ob die Kosten der vorhergehenden Wartung zu der Transaktion zugeordnet wurden, bei der die Sachanlage erworben oder hergestellt wurde. Wenn erforderlich können die geschätzten Kosten einer zukünftigen ähnlichen Wartung als Hinweis benutzt werden, worauf sich die Kosten des jetzigen Wartungsbestandteils zum Zeitpunkt des Erwerbs oder der Herstellung der Sachanlage beliefen.

BEWERTUNG BEI ERSTMALIGEM ANSATZ

15 Eine Sachanlage, die als Vermögenswert anzusetzen ist, ist bei erstmaligem Ansatz mit seinen Anschaffungs- oder Herstellungskosten zu bewerten.

Bestandteile der Anschaffungs- oder Herstellungskosten

16 Die Anschaffungs- oder Herstellungskosten einer Sachanlage umfassen:
   (a) den Kaufpreis einschließlich Einfuhrzölle und nicht erstattungsfähiger Umsatzsteuern nach Abzug von Rabatten, Boni und Skonti.
   (b) alle direkt zurechenbaren Kosten, die anfallen, um den Vermögenswert zu dem Standort und in den erforderlichen, vom Management beabsichtigten, betriebsbereiten Zustand zu bringen.
   (c) die erstmalig geschätzten Kosten für den Abbruch und das Abräumen des Gegenstandes und die Wiederherstellung des Standortes, an dem er sich befindet, die Verpflichtung, die ein Unternehmen entweder bei Erwerb des Gegenstandes oder als Folge eingeht, wenn es während einer gewissen Periode ihn zu anderen Zwecken als zur Herstellung von Vorräten benutzt hat.

17 Beispiele für direkt zurechenbare Kosten sind:
   (a) Aufwendungen für Leistungen an Arbeitnehmer (wie in IAS 19 *Leistungen an Arbeitnehmer* beschrieben), die direkt auf Grund der Herstellung oder Anschaffung der Sachanlage anfallen;
   (b) Kosten der Standortvorbereitung;
   (c) Kosten der erstmaligen Lieferung und Verbringung;
   (d) Installations- und Montagekosten;
   (e) Kosten für Testläufe, ob der Vermögenswert ordentlich funktioniert, nach Abzug der Nettoerträge vom Verkauf aller Gegenstände, die während der Vermögenswert zum Standort und in den betriebsbereiten Zustand gebracht wurde, hergestellt wurden (wie auf der Testanlage gefertigte Muster); und
   (f) Honorare.

18 Ein Unternehmen wendet IAS 2 *Vorräte* an für die Kosten aus Verpflichtungen für den Abbruch, das Abräumen und die Wiederherstellung des Standortes, an dem sich ein Gegenstand befindet, die während einer bestimmten Periode infolge der Nutzung des Gegenstandes zur Herstellung von Vorräten in der besagten Periode eingegangen wurden. Die Verpflichtungen für Kosten, die gemäß IAS 2 oder IAS 16 bilanziert werden, werden gemäß IAS 37 *Rückstellungen, Eventualschulden und Eventualforderungen* erfasst und bewertet.

19 Beispiele für Kosten, die nicht zu den Anschaffungs- oder Herstellungskosten von Sachanlagen gehören, sind:
   (a) Kosten für die Eröffnung einer neuen Betriebsstätte;
   (b) Kosten für die Einführung eines neuen Produktes oder einer neuen Dienstleistung (einschließlich Kosten für Werbung und verkaufsfördernde Maßnahmen);
   (c) Kosten für die Geschäftsführung in einem neuen Standort oder mit einer neuen Kundengruppe (einschließlich Schulungskosten); und
   (d) Verwaltungs- und andere Gemeinkosten.

paragraph 7, an entity recognises in the carrying amount of an item of property, plant and equipment the cost of replacing part of such an item when that cost is incurred if the recognition criteria are met. The carrying amount of those parts that are replaced is derecognised in accordance with the derecognition provisions of this Standard (see paragraphs 67—72).

A condition of continuing to operate an item of property, plant and equipment (for example, an aircraft) may be performing regular major inspections for faults regardless of whether parts of the item are replaced. When each major inspection is performed, its cost is recognised in the carrying amount of the item of property, plant and equipment as a replacement if the recognition criteria are satisfied. Any remaining carrying amount of the cost of the previous inspection (as distinct from physical parts) is derecognised. This occurs regardless of whether the cost of the previous inspection was identified in the transaction in which the item was acquired or constructed. If necessary, the estimated cost of a future similar inspection may be used as an indication of what the cost of the existing inspection component was when the item was acquired or constructed. 14

MEASUREMENT AT RECOGNITION

An item of property, plant and equipment that qualifies for recognition as an asset shall be measured at its cost. 15

Elements of Cost

The cost of an item of property, plant and equipment comprises: 16
(a) its purchase price, including import duties and non-refundable purchase taxes, after deducting trade discounts and rebates.
(b) any costs directly attributable to bringing the asset to the location and condition necessary for it to be capable of operating in the manner intended by management.
(c) the initial estimate of the costs of dismantling and removing the item and restoring the site on which it is located, the obligation for which an entity incurs either when the item is acquired or as a consequence of having used the item during a particular period for purposes other than to produce inventories during that period.

Examples of directly attributable costs are: 17
(a) costs of employee benefits (as defined in IAS 19 *Employee Benefits*) arising directly from the construction or acquisition of the item of property, plant and equipment;
(b) costs of site preparation;
(c) initial delivery and handling costs;
(d) installation and assembly costs;
(e) costs of testing whether the asset is functioning properly, after deducting the net proceeds from selling any items produced while bringing the asset to that location and condition (such as samples produced when testing equipment); and
(f) professional fees.

An entity applies IAS 2 *Inventories* to the costs of obligations for dismantling, removing and restoring the site on which an item is located that are incurred during a particular period as a consequence of having used the item to produce inventories during that period. The obligations for costs accounted for in accordance with IAS 2 or IAS 16 are recognised and measured in accordance with IAS 37 *Provisions, Contingent Liabilities and Contingent Assets*. 18

Examples of costs that are not costs of an item of property, plant and equipment are: 19
(a) costs of opening a new facility;
(b) costs of introducing a new product or service (including costs of advertising and promotional activities);
(c) costs of conducting business in a new location or with a new class of customer (including costs of staff training); and
(d) administration and other general overhead costs.

20 Die Erfassung von Anschaffungs- und Herstellungskosten im Buchwert einer Sachanlage endet, wenn sie sich an dem Standort und in dem vom Management beabsichtigten betriebsbereiten Zustand befindet. Kosten, die bei der Benutzung oder Verlagerung einer Sachanlage anfallen, sind nicht im Buchwert dieses Gegenstands enthalten. Die nachstehenden Kosten gehören beispielsweise nicht zum Buchwert einer Sachanlage:
(a) Kosten, die anfallen während eine Sachanlage auf die vom Management beabsichtigte Weise betriebsbereit ist, die jedoch noch in Betrieb gesetzt werden muss, bzw. die ihren Betrieb noch nicht voll aufgenommen hat;
(b) erstmalige Betriebsverluste, wie diejenigen, die während der Nachfrage nach Produktionserhöhung des Gegenstandes auftreten;
und
(c) Kosten für die Verlagerung oder Umstrukturierung eines Teils oder der gesamten Geschäftstätigkeit des Unternehmens.

21 Einige Geschäftstätigkeiten treten bei der Herstellung und Entwicklung einer Sachanlage auf, sind jedoch nicht notwendig, um sie zu dem Standort und in den vom Management beabsichtigten betriebsbereiten Zustand zu bringen. Diese Nebengeschäfte können vor oder während den Herstellungs- oder Entwicklungstätigkeiten auftreten. Einnahmen können zum Beispiel erzielt werden, indem der Standort für ein Gebäude vor Baubeginn als Parkplatz genutzt wird. Da verbundene Geschäftstätigkeiten nicht notwendig sind, um eine Sachanlage zu dem Standort und in den vom Management beabsichtigten betriebsbereiten Zustand zu bringen, werden die Erträge und dazugehörigen Aufwendungen der Nebengeschäfte ergebniswirksam erfasst und in ihren entsprechenden Ertrags- und Aufwandsposten ausgewiesen.

22 Die Ermittlung der Herstellungskosten für selbsterstellte Vermögenswerte folgt denselben Grundsätzen, die auch beim Erwerb von Vermögenswerten angewendet werden. Wenn ein Unternehmen ähnliche Vermögenswerte für den Verkauf im Rahmen seiner normalen Geschäftstätigkeit herstellt, sind die Herstellungskosten eines Vermögenswertes normalerweise dieselben wie die für die Herstellung der zu veräußernden Gegenstände (siehe IAS 2). Daher sind etwaige interne Gewinne aus diesen Kosten herauszurechnen. Gleichermaßen stellen auch die Kosten für ungewöhnliche Mengen an Ausschuss, unnötigen Arbeitsaufwand oder andere Faktoren keine Bestandteile der Herstellungskosten des selbst hergestellten Vermögenswertes dar. IAS 23 *Fremdkapitalkosten* legt Kriterien für die Aktivierung von Zinsen als Bestandteil des Buchwertes einer selbst geschaffenen Sachanlage fest.

Bewertung der Anschaffungs- und Herstellungskosten

23 Die Anschaffungs- oder Herstellungskosten einer Sachanlage entsprechen dem Gegenwert bei Barzahlung am Erfassungstermin. Wird die Zahlung über das normale Zahlungsziel hinausgeschoben, wird die Differenz zwischen dem Gegenwert des Barpreises und der zu leistenden Gesamtzahlung über den Zeitraum des Zahlungsziels als Zinsen erfasst, wenn diese Zinsen nicht gemäß der alternativ zulässigen Methode gemäß IAS 23 im Buchwert der Sachanlage aktiviert werden.

24 Eine oder mehrere Sachanlagen können im Tausch gegen nicht monetäre Vermögenswerte oder eine Kombination von monetären und nicht monetären Vermögenswerten erworben werden. Die folgende Diskussion bezieht sich nur auf den Tausch von einem nicht monetären Vermögenswert gegen einen anderen, ist jedoch auch auf alle anderen im vorhergehenden Satz beschriebenen Tauschgeschäfte anwendbar. Die Anschaffungskosten einer solchen Sachanlage werden zum beizulegenden Zeitwert bewertet, es sei denn (a) dem Tauschgeschäft fehlt es an wirtschaftlicher Substanz, oder (b) weder der beizulegende Zeitwert des erhaltenen Vermögenswertes noch des hingegebenen Vermögenswertes ist verläßlich messbar. Der erworbene Gegenstand wird in dieser Art bewertet, auch wenn ein Unternehmen den hingegebenen Vermögenswert nicht sofort ausbuchen kann. Wenn der erworbene Gegenstand nicht zum beizulegenden Zeitwert bemessen wird, werden die Anschaffungskosten zum Buchwert des hingegebenen Vermögenswertes bewertet.

25 Ein Unternehmen bestimmt, ob eine Tauschgeschäft wirtschaftliche Substanz hat, indem es prüft, in welchem Umfang sich die künftigen Cashflows infolge der Transaktion voraussichtlich ändern. Ein Tauschgeschäft hat wirtschaftliche Substanz, wenn:
(a) die Spezifikationen (Risiko, Timing und Betrag)
des Cashflows des erhaltenen Vermögenswertes sich von den Spezifikationen des übertragenen Vermögenswertes unterscheiden;
oder
(b) der unternehmensspezifische Wert des Teils der Geschäftstätigkeiten des Unternehmens, der von der Transaktion betroffen ist, sich auf Grund des Tauschgeschäfts ändert;
und

20 Recognition of costs in the carrying amount of an item of property, plant and equipment ceases when the item is in the location and condition necessary for it to be capable of operating in the manner intended by management. Therefore, costs incurred in using or redeploying an item are not included in the carrying amount of that item. For example, the following costs are not included in the carrying amount of an item of property, plant and equipment:
(a) costs incurred while an item capable of operating in the manner intended by management has yet to be brought into use or is operated at less than full capacity;
(b) initial operating losses, such as those incurred while demand for the item's output builds up; and
(c) costs of relocating or reorganising part or all of an entity's operations.

21 Some operations occur in connection with the construction or development of an item of property, plant and equipment, but are not necessary to bring the item to the location and condition necessary for it to be capable of operating in the manner intended by management. These incidental operations may occur before or during the construction or development activities. For example, income may be earned through using a building site as a car park until construction starts. Because incidental operations are not necessary to bring an item to the location and condition necessary for it to be capable of operating in the manner intended by management, the income and related expenses of incidental operations are recognised in profit or loss and included in their respective classifications of income and expense.

22 The cost of a self-constructed asset is determined using the same principles as for an acquired asset. If an entity makes similar assets for sale in the normal course of business, the cost of the asset is usually the same as the cost of constructing an asset for sale (see IAS 2). Therefore, any internal profits are eliminated in arriving at such costs. Similarly, the cost of abnormal amounts of wasted material, labour, or other resources incurred in self-constructing an asset is not included in the cost of the asset. IAS 23 *Borrowing Costs* establishes criteria for the recognition of interest as a component of the carrying amount of a self-constructed item of property, plant and equipment.

Measurement of Cost

23 The cost of an item of property, plant and equipment is the cash price equivalent at the recognition date. If payment is deferred beyond normal credit terms, the difference between the cash price equivalent and the total payment is recognised as interest over the period of credit unless such interest is recognised in the carrying amount of the item in accordance with the allowed alternative treatment in IAS 23.

24 One or more items of property, plant and equipment may be acquired in exchange for a non-monetary asset or assets, or a combination of monetary and non-monetary assets. The following discussion refers simply to an exchange of one non-monetary asset for another, but it also applies to all exchanges described in the preceding sentence. The cost of such an item of property, plant and equipment is measured at fair value unless (a) the exchange transaction lacks commercial substance or (b) the fair value of neither the asset received nor the asset given up is reliably measurable. The acquired item is measured in this way even if an entity cannot immediately derecognise the asset given up. If the acquired item is not measured at fair value, its cost is measured at the carrying amount of the asset given up.

25 An entity determines whether an exchange transaction has commercial substance by considering the extent to which its future cash flows are expected to change as a result of the transaction. An exchange transaction has commercial substance if:
(a) the configuration (risk, timing and amount) of the cash flows of the asset received differs from the configuration of the cash flows of the asset transferred; or
(b) the entity-specific value of the portion of the entity's operations affected by the transaction changes as a result of the exchange; and

(c) die Differenz in (a) oder (b) bedeutsam ist im Vergleich zum beizulegenden Zeitwert der getauschten Vermögenswerte.

Für den Zweck der Bestimmung, ob ein Tauschgeschäft wirtschaftliche Substanz hat, spiegelt der unternehmensspezifische Wert des Teils der Geschäftstätigkeiten des Unternehmens, der von der Transaktion betroffen ist, Cashflows nach Steuern wider. Das Ergebnis dieser Analysen kann eindeutig sein, ohne dass ein Unternehmen detaillierte Kalkulationen erbringen muss.

26 Der beizulegende Zeitwert eines Vermögenswertes, für den es keine vergleichbaren Markttransaktionen gibt, gilt als verlässlich ermittelbar, wenn (a) die Schwankungsbandbreite der vernünftigen Schätzungen des beizulegenden Zeitwerts für diesen Vermögenswert nicht bedeutsam ist oder (b) die Eintrittswahrscheinlichkeiten der verschiedenen Schätzungen innerhalb dieser Bandbreite vernünftig geschätzt und bei der Schätzung des beizulegenden Zeitwerts verwendet werden können. Wenn ein Unternehmen den beizulegenden Zeitwert des erhaltenen Vermögenswertes oder des hingegebenen Vermögenswertes verlässlich bestimmen kann, dann wird der beizulegende Zeitwert des hingegebenen Vermögenswertes benutzt, um die Anschaffungskosten des erhaltenen Vermögenswertes zu ermitteln, sofern der beizulegende Zeitwert des erhaltenen Vermögenswertes nicht eindeutiger zu ermitteln ist.

27 Die Anschaffungskosten einer Sachanlage, die ein Leasingnehmer im Rahmen eines Finanzierungs-Leasingverhältnisses besitzt, sind gemäß IAS 17 *Leasingverhältnisse* zu bestimmen.

28 Der Buchwert einer Sachanlage kann gemäß IAS 20 *Bilanzierung und Darstellung von Zuwendungen der öffentlichen Hand* um Zuwendungen der öffentlichen Hand gemindert werden.

FOLGEBEWERTUNG

29 Ein Unternehmen wählt als Bilanzierungs- und Bewertungsmethoden entweder das Anschaffungskostenmodell nach Paragraph 30 oder das Neubewertungsmodell nach Paragraph 31 aus und wendet dann diese Methode auf eine gesamte Gruppe von Sachanlagen an.

Anschaffungskostenmodell

30 Nach dem Ansatz als Vermögenswert ist eine Sachanlage zu ihren Anschaffungskosten abzüglich der kumulierten Abschreibungen und kumulierten Wertminderungsaufwendungen anzusetzen.

Neubewertungsmodell

31 Eine Sachanlage, deren beizulegender Zeitwert verlässlich bestimmt werden kann, ist nach dem Ansatz als Vermögenswert zu einem Neubewertungsbetrag anzusetzen, der seinem beizulegenden Zeitwert am Tage der Neubewertung abzüglich nachfolgender kumulierter planmäßiger Abschreibungen und nachfolgender kumulierter Wertminderungsaufwendungen entspricht. Neubewertungen sind in hinreichend regelmäßigen Abständen vorzunehmen, um sicherzustellen, dass der Buchwert nicht wesentlich von dem abweicht, der unter Verwendung des beizulegenden Zeitwertes zum Bilanzstichtag ermittelt werden würde.

32 Der beizulegende Zeitwert von Grundstücken und Gebäuden wird in der Regel nach den auf dem Markt basierenden Daten ermittelt, wobei man sich normalerweise der Berechnungen hauptamtlicher Gutachter bedient. Der beizulegende Zeitwert für technische Anlagen und Betriebs- und Geschäftsausstattung ist in der Regel der durch Schätzungen ermittelte Marktwert.

33 Gibt es auf Grund der speziellen Art der Sachanlage und ihrer seltenen Veräußerung, ausgenommen als Teil eines fortbestehenden Geschäftsbereiches, keine marktbasierten Nachweise für den beizulegenden Zeitwert, muss ein Unternehmen eventuell den beizulegenden Zeitwert unter Anwendung eines Ertragswertverfahrens oder abgeschriebenen Wiederbeschaffungswertmethode schätzen.

34 Die Häufigkeit der Neubewertungen hängt von den Änderungen des beizulegenden Zeitwerts der Sachanlagen ab, die neu bewertet werden. Eine erneute Bewertung ist erforderlich, wenn beizulegender Zeitwert und Buchwert eines neu bewerteten Vermögenswertes wesentlich voneinander abweichen. Bei manchen Sachanlagen kommt es zu signifikanten Schwankungen des beizulegenden Zeitwerts, die eine jährliche Neubewertung erforderlich machen. Derart häufige Neubewertungen sind für Sachanlagen nicht erforderlich, bei denen sich

(c) the difference in (a) or (b) is significant relative to the fair value of the assets exchanged.

For the purpose of determining whether an exchange transaction has commercial substance, the entity-specific value of the portion of the entity's operations affected by the transaction shall reflect post-tax cash flows. The result of these analyses may be clear without an entity having to perform detailed calculations.

26 The fair value of an asset for which comparable market transactions do not exist is reliably measurable if (a) the variability in the range of reasonable fair value estimates is not significant for that asset or (b) the probabilities of the various estimates within the range can be reasonably assessed and used in estimating fair value. If an entity is able to determine reliably the fair value of either the asset received or the asset given up, then the fair value of the asset given up is used to measure the cost of the asset received unless the fair value of the asset received is more clearly evident.

27 The cost of an item of property, plant and equipment held by a lessee under a finance lease is determined in accordance with IAS 17 *Leases*.

28 The carrying amount of an item of property, plant and equipment may be reduced by government grants in accordance with IAS 20 *Accounting for Government Grants and Disclosure of Government Assistance*.

MEASUREMENT AFTER RECOGNITION

29 **An entity shall choose either the cost model in paragraph 30 or the revaluation model in paragraph 31 as its accounting policy and shall apply that policy to an entire class of property, plant and equipment.**

Cost Model

30 **After recognition as an asset, an item of property, plant and equipment shall be carried at its cost less any accumulated depreciation and any accumulated impairment losses.**

Revaluation Model

31 **After recognition as an asset, an item of property, plant and equipment whose fair value can be measured reliably shall be carried at a revalued amount, being its fair value at the date of the revaluation less any subsequent accumulated depreciation and subsequent accumulated impairment losses. Revaluations shall be made with sufficient regularity to ensure that the carrying amount does not differ materially from that which would be determined using fair value at the balance sheet date.**

32 The fair value of land and buildings is usually determined from market-based evidence by appraisal that is normally undertaken by professionally qualified valuers. The fair value of items of plant and equipment is usually their market value determined by appraisal.

33 If there is no market-based evidence of fair value because of the specialised nature of the item of property, plant and equipment and the item is rarely sold, except as part of a continuing business, an entity may need to estimate fair value using an income or a depreciated replacement cost approach.

34 The frequency of revaluations depends upon the changes in fair values of the items of property, plant and equipment being revalued. When the fair value of a revalued asset differs materially from its carrying amount, a further revaluation is required. Some items of property, plant and equipment experience significant and volatile changes in fair value, thus necessitating annual revaluation. Such frequent revaluations are unnecessary for items of property, plant and equipment with only insignificant changes in fair value. Instead, it may be necessary to revalue the item only every three or five years.

IAS 16

der beizulegende Zeitwert nur geringfügig ändert. Stattdessen kann es hier notwendig sein, den Gegenstand nur alle drei oder fünf Jahre neu zu bewerten.

35 Im Rahmen der Neubewertung einer Sachanlage wird die kumulierte Abschreibung am Tag der Neubewertung auf eine der folgenden Arten behandelt:
(a) entweder proportional zur Änderung des Bruttobuchwertes angepasst, so dass der Buchwert des Vermögenswertes nach der Neubewertung gleich dem Neubewertungsbetrag ist. Diese Methode wird häufig verwendet, wenn ein Vermögenswert nach einem Indexverfahren zu fortgeführten Wiederbeschaffungskosten neu bewertet wird; oder
(b) gegen den Bruttobuchwert des Vermögenswertes eliminiert und der Nettobetrag dem Neubewertungsbetrag des Vermögenswertes angepasst. Diese Methode wird häufig für Gebäude benutzt.
Der Anpassungsbetrag, der aus der Anpassung oder der Verrechnung der kumulierten Abschreibung resultiert, ist Bestandteil der Erhöhung oder Senkung des Buchwertes, der gemäß den Paragraphen 39 und 40 zu behandeln ist.

36 **Wird eine Sachanlage neu bewertet, ist die ganze Gruppe der Sachanlagen, zu denen der Gegenstand gehört, neu zu bewerten.**

37 Unter einer Gruppe von Sachanlagen versteht man eine Zusammenfassung von Vermögenswerten, die sich durch ähnliche Art und ähnliche Verwendung in einem Unternehmen auszeichnen. Beispiele für eigenständige Gruppen sind:
(a) unbebaute Grundstücke;
(b) Grundstücke und Gebäude;
(c) Maschinen und technische Anlagen;
(d) Schiffe;
(e) Flugzeuge;
(f) Kraftfahrzeuge;
(g) Betriebsausstattung; und
(h) Büroausstattung.

38 Die Gegenstände innerhalb einer Gruppe von Sachanlagen sind gleichzeitig neu zu bewerten, um eine selektive Neubewertung und eine Mischung aus fortgeführten Anschaffungs- oder Herstellungskosten und Neubewertungsbeträgen zu verschiedenen Zeitpunkten im Abschluss zu vermeiden. Jedoch darf eine Gruppe von Vermögenswerten auf rollierender Basis neu bewertet werden, sofern ihre Neubewertung in einer kurzen Zeitspanne vollendet wird und die Neubewertungen zeitgerecht durchgeführt werden.

39 **Führt eine Neubewertung zu einer Erhöhung des Buchwertes eines Vermögenswertes, ist die Wertsteigerung direkt in das Eigenkapital unter die Position Neubewertungsrücklage einzustellen. Allerdings wird der Wertzuwachs in dem Umfang erfolgswirksam erfasst, soweit sie eine in der Vergangenheit im Gewinn bzw. Verlust erfasste Abwertung desselben Vermögenswertes auf Grund einer Neubewertung rückgängig macht.**

40 **Führt eine Neubewertung zu einer Verringerung des Buchwertes eines Vermögenswertes, ist die Wertminderung erfolgswirksam zu erfassen. Eine Verminderung ist jedoch direkt im Eigenkapital unter der Position Neubewertungsrücklage zu erfassen, soweit sie den Betrag der entsprechenden Neubewertungsrücklage nicht übersteigt.**

41 Bei einer Sachanlage kann die Neubewertungsrücklage im Eigenkapital direkt den Gewinnrücklagen zugeführt werden, sofern der Vermögenswert ausgebucht ist. Bei Stilllegung oder Veräußerung des Vermögenswertes kann es zu einer Übertragung der gesamten Rücklage kommen. Ein Teil der Rücklage kann allerdings schon bei Nutzung des Vermögenswertes durch das Unternehmen übertragen werden. In diesem Fall ist die übertragene Rücklage die Differenz zwischen der Abschreibung auf den neu bewerteten Buchwert und der Abschreibung auf Basis historischer Anschaffungs- oder Herstellungskosten. Übertragungen von der Neubewertungsrücklage in die Gewinnrücklagen erfolgen erfolgsneutral.

42 Die sich aus der Neubewertung von Sachanlagen eventuell ergebenden Konsequenzen für die Ertragsteuern werden gemäß IAS 12 *Ertragsteuern* erfasst und angegeben.

When an item of property, plant and equipment is revalued, any accumulated depreciation at the date of the revaluation is treated in one of the following ways: 35
(a) restated proportionately with the change in the gross carrying amount of the asset so that the carrying amount of the asset after revaluation equals its revalued amount. This method is often used when an asset is revalued by means of applying an index to its depreciated replacement cost.
(b) eliminated against the gross carrying amount of the asset and the net amount restated to the revalued amount of the asset. This method is often used for buildings.
The amount of the adjustment arising on the restatement or elimination of accumulated depreciation forms part of the increase or decrease in carrying amount that is accounted for in accordance with paragraphs 39 and 40.

If an item of property, plant and equipment is revalued, the entire class of property, plant and equipment to which that asset belongs shall be revalued. 36

A class of property, plant and equipment is a grouping of assets of a similar nature and use in an entity's operations. The following are examples of separate classes: 37
(a) land;
(b) land and buildings;
(c) machinery;
(d) ships;
(e) aircraft;
(f) motor vehicles;
(g) furniture and fixtures; and
(h) office equipment.

The items within a class of property, plant and equipment are revalued simultaneously to avoid selective revaluation of assets and the reporting of amounts in the financial statements that are a mixture of costs and values as at different dates. However, a class of assets may be revalued on a rolling basis provided revaluation of the class of assets is completed within a short period and provided the revaluations are kept up to date. 38

If an asset's carrying amount is increased as a result of a revaluation, the increase shall be credited directly to equity under the heading of revaluation surplus. However, the increase shall be recognised in profit or loss to the extent that it reverses a revaluation decrease of the same asset previously recognised in profit or loss. 39

If an asset's carrying amount is decreased as a result of a revaluation, the decrease shall be recognised in profit or loss. However, the decrease shall be debited directly to equity under the heading of revaluation surplus to the extent of any credit balance existing in the revaluation surplus in respect of that asset. 40

The revaluation surplus included in equity in respect of an item of property, plant and equipment may be transferred directly to retained earnings when the asset is derecognised. This may involve transferring the whole of the surplus when the asset is retired or disposed of. However, some of the surplus may be transferred as the asset is used by an entity. In such a case, the amount of the surplus transferred would be the difference between depreciation based on the revalued carrying amount of the asset and depreciation based on the asset's original cost. Transfers from revaluation surplus to retained earnings are not made through profit or loss. 41

The effects of taxes on income, if any, resulting from the revaluation of property, plant and equipment are recognised and disclosed in accordance with IAS 12 *Income Taxes*. 42

Abschreibung

43 Jeder Teil einer Sachanlage mit einem bedeutsamen Anschaffungswert im Verhältnis zum gesamten Wert des Gegenstandes wird getrennt abgeschrieben.

44 Ein Unternehmen ordnet den erstmalig angesetzten Betrag einer Sachanlage zu ihren bedeutsamen Teilen zu und schreibt jedes dieser Teile getrennt ab. Es kann zum Beispiel angemessen sein, das Flugwerk und die Triebwerke eines Flugzeugs getrennt abzuschreiben, sei es als Eigentum oder aufgrund eines Finanzierungsleasings angesetzt.

45 Ein bedeutsamer Teil einer Sachanlage kann eine Nutzungsdauer und eine Abschreibungsmethode haben, die identisch mit denen eines anderen bedeutsamen Teils desselben Gegenstandes sind. Diese Teile können bei der Bestimmung des Abschreibungsaufwandes zusammengefasst werden.

46 Soweit ein Unternehmen einige Teile einer Sachanlage getrennt abschreibt, schreibt es auch den Rest des Gegenstandes getrennt ab. Der Rest besteht aus den Teilen des Gegenstandes, die einzeln nicht bedeutsam sind. Wenn ein Unternehmen unterschiedliche Erwartungen in diese Teile setzt, können Angleichungsmethoden erforderlich werden, um den Rest in einer Weise abzuschreiben, die den Abschreibungsverlauf und/oder die Nutzungsdauer der Teile genau wiedergibt.

47 Ein Unternehmen kann sich auch für die getrennte Abschreibung der Teile eines Gegenstandes entscheiden, deren Anschaffungskosten im Verhältnis zu den gesamten Anschaffungskosten des Gegenstandes nicht signifikant sind.

48 Der Abschreibungsbetrag für jede Periode ist erfolgswirksam zu erfassen, soweit er nicht in die Buchwerte anderer Vermögenswerte einzubeziehen ist.

49 Der Abschreibungsbetrag einer Periode ist in der Regel im Ergebnis zu erfassen. Manchmal wird jedoch der zukünftige wirtschaftliche Nutzen eines Vermögenswertes durch die Erstellung anderer Vermögenswerte verbraucht. In diesem Fall stellt der Abschreibungsbetrag einen Teil der Herstellungskosten des anderen Vermögenswertes dar und wird in dessen Buchwert einbezogen. Beispielsweise ist die Abschreibung von technischen Anlagen und Betriebs- und Geschäftsausstattung in den Herstellungskosten der Produktion von Vorräten enthalten (siehe IAS 2). Gleichermaßen kann die Abschreibung von Sachanlagen, die für Entwicklungstätigkeiten genutzt werden, in die Kosten eines immateriellen Vermögenswertes, der gemäß IAS 38 *Immaterielle Vermögenswerte* erfasst wird, eingerechnet werden.

Abschreibungsvolumen und Abschreibungszeitraum

50 Das Abschreibungsvolumen eines Vermögenswertes ist planmäßig über seine Nutzungsdauer zu verteilen.

51 Der Restwert und die Nutzungsdauer eines Vermögenswertes sind mindestens zum Ende jedes Geschäftsjahres zu überprüfen, und wenn die Erwartungen von früheren Einschätzungen abweichen, sind Änderungen gemäß IAS 8 *Bilanzierungs- und Bewertungsmethoden, Änderungen von Schätzungen und Fehler* darzustellen.

52 Abschreibungen werden so lange, wie der Restwert des Vermögenswertes nicht höher als der Buchwert ist, erfasst, auch wenn der beizulegende Zeitwert des Vermögenswertes seinen Buchwert übersteigt. Reparatur und Instandhaltung eines Vermögenswertes widersprechen nicht der Notwendigkeit Abschreibungen vorzunehmen.

53 Das Abschreibungsvolumen eines Vermögenswertes wird nach Abzug seines Restwertes ermittelt. In der Praxis ist der Restwert oft unbedeutend und daher für die Berechnung des Abschreibungsvolumens unwesentlich.

54 Der Restwert eines Vermögenswertes kann bis zu einem Betrag ansteigen, der entweder dem Buchwert entspricht oder ihn übersteigt. Wenn dies der Fall ist, fällt der Abschreibungsbetrag des Vermögenswertes auf Null, solange der Restwert anschließend nicht unter den Buchwert des Vermögenswertes gefallen ist.

55 Die Abschreibung eines Vermögenswertes beginnt, wenn er zur Verfügung steht, d. h. wenn er sich an seinem Standort und in dem vom Management beabsichtigten betriebsbereiten Zustand befindet. Die Abschreibung eines Vermögenswertes endet an dem Tag, an dem der Vermögenswert gemäß IFRS 5 als zur Veräußerung gehalten klassifiziert (oder in eine als zur Veräußerung gehalten klassifizierte Veräußerungsgruppe aufgenommen) wird, spätestens jedoch an dem Tag, an dem er ausgebucht wird. Demzufolge hört die Abschreibung nicht

IAS 16

Depreciation

Each part of an item of property, plant and equipment with a cost that is significant in relation to the total cost of the item shall be depreciated separately.   43

An entity allocates the amount initially recognised in respect of an item of property, plant and equipment to its significant parts and depreciates separately each such part. For example, it may be appropriate to depreciate separately the airframe and engines of an aircraft, whether owned or subject to a finance lease.   44

A significant part of an item of property, plant and equipment may have a useful life and a depreciation method that are the same as the useful life and the depreciation method of another significant part of that same item. Such parts may be grouped in determining the depreciation charge.   45

To the extent that an entity depreciates separately some parts of an item of property, plant and equipment, it also depreciates separately the remainder of the item. The remainder consists of the parts of the item that are individually not significant. If an entity has varying expectations for these parts, approximation techniques may be necessary to depreciate the remainder in a manner that faithfully represents the consumption pattern and/or useful life of its parts.   46

An entity may choose to depreciate separately the parts of an item that do not have a cost that is significant in relation to the total cost of the item.   47

The depreciation charge for each period shall be recognised in profit or loss unless it is included in the carrying amount of another asset.   48

The depreciation charge for a period is usually recognised in profit or loss. However, sometimes, the future economic benefits embodied in an asset are absorbed in producing other assets. In this case, the depreciation charge constitutes part of the cost of the other asset and is included in its carrying amount. For example, the depreciation of manufacturing plant and equipment is included in the costs of conversion of inventories (see IAS 2). Similarly, depreciation of property, plant and equipment used for development activities may be included in the cost of an intangible asset recognised in accordance with IAS 38 *Intangible Assets*.   49

Depreciable Amount and Depreciation Period

The depreciable amount of an asset shall be allocated on a systematic basis over its useful life.   50

The residual value and the useful life of an asset shall be reviewed at least at each financial year-end and, if expectations differ from previous estimates, the change(s) shall be accounted for as a change in an accounting estimate in accordance with IAS 8 *Accounting Policies, Changes in Accounting Estimates and Errors.*   51

Depreciation is recognised even if the fair value of the asset exceeds its carrying amount, as long as the asset's residual value does not exceed its carrying amount. Repair and maintenance of an asset do not negate the need to depreciate it.   52

The depreciable amount of an asset is determined after deducting its residual value. In practice, the residual value of an asset is often insignificant and therefore immaterial in the calculation of the depreciable amount.   53

The residual value of an asset may increase to an amount equal to or greater than the asset's carrying amount. If it does, the asset's depreciation charge is zero unless and until its residual value subsequently decreases to an amount below the asset's carrying amount.   54

Depreciation of an asset begins when it is available for use, ie when it is in the location and condition necessary for it to be capable of operating in the manner intended by management. Depreciation of an asset ceases at the earlier of the date that the asset is classified as held for sale (or included in a disposal group that is classified as held for sale) in accordance with IFRS 5 and the date that the asset is derecognised. Therefore, depreciation does   55

auf, wenn der Vermögenswert nicht mehr genutzt wird oder aus dem aktiven Gebrauch ausgeschieden ist, sofern der Vermögenswert nicht vollkommen abgeschrieben ist. Allerdings kann der Abschreibungsbetrag gemäß den üblichen Abschreibungsmethoden gleich Null sein, wenn keine Produktion läuft.

56   Der zukünftige wirtschaftliche Nutzen eines Vermögenswertes wird vom Unternehmen grundsätzlich durch dessen Nutzung verbraucht. Wenn der Vermögenswert ungenutzt bleibt, können jedoch andere Faktoren, wie technische und gewerbliche Veralterung und Verschleiß, den erwarteten Nutzen mindern. Deshalb werden zur Schätzung der Nutzungsdauer eines Vermögenswertes alle folgenden Faktoren berücksichtigt:
(a) die erwartete Nutzung des Vermögenswertes. Diese wird durch Berücksichtigung der Kapazität oder der Ausbringungsmenge ermittelt.
(b) der erwartete physische Verschleiß in Abhängigkeit von Betriebsfaktoren wie der Anzahl der Schichten, in denen der Vermögenswert genutzt wird, und dem Reparatur- und Instandhaltungsprogramm sowie der Wartung und Pflege des Vermögenswertes während der Stillstandszeiten.
(c) die technische oder gewerbliche Überholung auf Grund von Änderungen oder Verbesserungen in der Produktion oder von Änderungen in der Marktnachfrage nach Gütern oder Leistungen, die von diesem Vermögenswert erzeugt werden.
(d) rechtliche oder ähnliche Nutzungsbeschränkungen des Vermögenswertes wie das Ablaufen zugehöriger Leasingverträge.

57   Die Nutzungsdauer eines Vermögenswertes wird nach der voraussichtlichen Nutzbarkeit für das Unternehmen definiert. Die betriebliche Investitionspolitik kann vorsehen, dass Vermögenswerte nach einer bestimmten Zeit oder nach dem Verbrauch eines bestimmten Teils des künftigen wirtschaftlichen Nutzens des Vermögenswertes veräußert werden. Daher kann die voraussichtliche Nutzungsdauer eines Vermögenswertes kürzer sein als seine wirtschaftliche Nutzungsdauer. Die Bestimmung der voraussichtlichen Nutzungsdauer des Vermögenswertes basiert auf Schätzungen, denen Erfahrungswerte des Unternehmens mit vergleichbaren Vermögenswerten zugrunde liegen.

58   Grundstücke und Gebäude sind getrennte Vermögenswerte und als solche zu bilanzieren, auch wenn sie zusammen erworben wurden. Grundstücke haben mit einigen Ausnahme, wie Steinbrüche und Müllgruben, eine unbegrenzte Nutzungsdauer und werden deshalb nicht abgeschrieben. Gebäude haben eine begrenzte Nutzungsdauer und stellen daher abschreibungsfähige Vermögenswerte dar. Eine Wertsteigerung eines Grundstückes, auf dem ein Gebäude steht, berührt nicht die Bestimmung des Abschreibungsvolumens des Gebäudes.

59   Wenn die Anschaffungskosten für Grundstücke die Kosten für Abbau, Beseitigung und Wiederherstellung des Grundstücks beinhalten, so wird dieser Kostenanteil des Grundstückwertes über den Zeitraum abgeschrieben, in dem Nutzen durch die Einbringung dieser Kosten erzielt wird. In einigen Fällen kann das Grundstück selbst eine begrenze Nutzungsdauer haben, es wird dann in der Weise abgeschrieben, dass der daraus entstehende Nutzen widergespiegelt wird.

Abschreibungsmethode

60   **Die Abschreibungsmethode hat dem erwarteten Verlauf des Verbrauchs des künftigen wirtschaftlichen Nutzens des Vermögenswertes durch das Unternehmen zu entsprechen.**

61   **Die Abschreibungsmethode für Vermögenswerte ist mindestens am Ende eines jeden Geschäftsjahres zu überprüfen. Sofern erhebliche Änderungen in dem erwarteten künftigen wirtschaftlichen Nutzenverlauf der Vermögenswerte eingetreten sind, ist die Methode anzupassen, um den geänderten Verlauf widerzuspiegeln. Solch eine Änderung wird als Änderung einer Schätzung gemäß IAS 8 dargestellt.**

62   Für die planmäßige Abschreibung kommt eine Vielzahl an Methoden in Betracht, um das Abschreibungsvolumen eines Vermögenswertes systematisch über seine Nutzungsdauer zu verteilen. Zu diesen Methoden zählen die lineare und degressive Abschreibung sowie die leistungsabhängige Abschreibung. Die lineare Abschreibung ergibt einen konstanten Betrag über die Nutzungsdauer, sofern sich der Restwert des Vermögenswertes nicht ändert. Die degressive Abschreibungsmethode führt zu einem im Laufe der Nutzungsdauer abnehmenden Abschreibungsbetrag. Die leistungsabhängige Abschreibungsmethode ergibt einen Abschreibungsbetrag auf der Grundlage der voraussichtlichen Nutzung oder Leistung. Das Unternehmen wählt die Methode aus, die am genauesten den erwarteten Verlauf des Verbrauchs des zukünftigen wirtschaftlichen Nutzens des Vermögenswertes widerspiegelt. Diese Methode ist von Periode zu Periode stetig anzuwenden, es sei denn, dass sich der erwartete Verlauf des Verbrauchs jenes künftigen wirtschaftlichen Nutzens ändert.

not cease when the asset becomes idle or is retired from active use unless the asset is fully depreciated. However, under usage methods of depreciation the depreciation charge can be zero while there is no production.

The future economic benefits embodied in an asset are consumed by an entity principally through its use. However, other factors, such as technical or commercial obsolescence and wear and tear while an asset remains idle, often result in the diminution of the economic benefits that might have been obtained from the asset. Consequently, all the following factors are considered in determining the useful life of an asset: 56
(a) expected usage of the asset. Usage is assessed by reference to the asset's expected capacity or physical output.
(b) expected physical wear and tear, which depends on operational factors such as the number of shifts for which the asset is to be used and the repair and maintenance programme, and the care and maintenance of the asset while idle.
(c) technical or commercial obsolescence arising from changes or improvements in production, or from a change in the market demand for the product or service output of the asset.
(d) legal or similar limits on the use of the asset, such as the expiry dates of related leases.

The useful life of an asset is defined in terms of the asset's expected utility to the entity. The asset management policy of the entity may involve the disposal of assets after a specified time or after consumption of a specified proportion of the future economic benefits embodied in the asset. Therefore, the useful life of an asset may be shorter than its economic life. The estimation of the useful life of the asset is a matter of judgement based on the experience of the entity with similar assets. 57

Land and buildings are separable assets and are accounted for separately, even when they are acquired together. With some exceptions, such as quarries and sites used for landfill, land has an unlimited useful life and therefore is not depreciated. Buildings have a limited useful life and therefore are depreciable assets. An increase in the value of the land on which a building stands does not affect the determination of the depreciable amount of the building. 58

If the cost of land includes the costs of site dismantlement, removal and restoration, that cost portion of the land asset is depreciated over the period of benefits obtained by incurring those costs. In some cases, the land itself may have a limited useful life, in which case it is depreciated in a manner that reflects the benefits to be derived from it. 59

Depreciation Method

The depreciation method used shall reflect the pattern in which the asset's future economic benefits are expected to be consumed by the entity. 60

The depreciation method applied to an asset shall be reviewed at least at each financial year-end and, if there has been a significant change in the expected pattern of consumption of the future economic benefits embodied in the asset, the method shall be changed to reflect the changed pattern. Such a change shall be accounted for as a change in an accounting estimate in accordance with IAS 8. 61

A variety of depreciation methods can be used to allocate the depreciable amount of an asset on a systematic basis over its useful life. These methods include the straight-line method, the diminishing balance method and the units of production method. Straight-line depreciation results in a constant charge over the useful life if the asset's residual value does not change. The diminishing balance method results in a decreasing charge over the useful life. The units of production method results in a charge based on the expected use or output. The entity selects the method that most closely reflects the expected pattern of consumption of the future economic benefits embodied in the asset. That method is applied consistently from period to period unless there is a change in the expected pattern of consumption of those future economic benefits. 62

IAS 16

Wertminderung

63 Um festzustellen, ob ein Gegenstand der Sachanlagen wertgemindert ist, wendet ein Unternehmen IAS 36 *Wertminderung von Vermögenswerten* an. Dieser Standard erklärt, wie ein Unternehmen den Buchwert seiner Vermögenswerte überprüft, wie es den erzielbaren Betrag eines Vermögenswertes ermittelt, und wann es einen Wertminderungsaufwand erfasst oder dessen Erfassung aufhebt.

64 (gestrichen)

Entschädigung für Wertminderung

65 Entschädigungen von Dritten für Sachanlagen, die wertgemindert, untergegangen oder außer Betrieb genommen wurden, sind im Gewinn oder Verlust zu erfassen, wenn die Entschädigungen zu Forderungen werden.

66 Wertminderungen oder der Untergang von Sachanlagen, damit verbundene Ansprüche auf oder Zahlungen von Entschädigungen von Dritten und jeglicher nachfolgender Erwerb oder nachfolgende Erstellung von Ersatzvermögenswerten sind einzelne wirtschaftliche Ereignisse und sind als solche separat wie folgt zu bilanzieren:
(a) Wertminderungen von Sachanlagen werden gemäß IAS 36 erfasst;
(b) Ausbuchungen von stillgelegten oder abgegangenen Sachanlagen werden gemäß diesem Standard festgelegt;
(c) Entschädigungen von Dritten für Sachanlagen, die wertgemindert, untergegangen oder außer Betrieb genommen wurden, sind im Gewinn oder Verlust zu erfassen, wenn sie zu Forderung werden; und
(d) die Anschaffungs- oder Herstellungskosten von Sachanlagen, die als Ersatz in Stand gesetzt, erworben oder erstellt wurden, werden nach diesem Standard ermittelt;

AUSBUCHUNG

67 Der Buchwert einer Sachanlage ist auszubuchen:
(a) bei Abgang; oder
(b) wenn kein weiterer wirtschaftlicher Nutzen von seiner Nutzung oder seinem Abgang zu erwarten ist.

68 Die aus der Ausbuchung einer Sachanlage resultierenden Gewinne oder Verluste sind im Gewinn oder Verlust zu erfassen, wenn der Gegenstand ausgebucht ist (sofern IAS 17 nichts anderes bei Sale-and-leaseback-Transaktionen vorschreibt). Gewinne sind nicht als Erträge auszuweisen.

69 Der Abgang einer Sachanlage kann auf verschiedene Arten erfolgen (z. Bsp. Verkauf, Eintritt in ein Finanzierungsleasing oder Schenkung). Bei der Bestimmung des Abgangsdatums eines Gegenstandes wendet das Unternehmen zur Erfassung der Erträge aus dem Warenverkauf die Kriterien von IAS 18 *Erträge* an. IAS 17 wird auf Abgänge durch Sale-and-leaseback-Transaktionen angewendet.

70 Wenn ein Unternehmen nach dem Ansatzgrundsatz in Paragraph 7 im Buchwert einer Sachanlage die Anschaffungskosten für den Ersatz eines Teils des Gegenstandes erfasst, dann bucht es den Buchwert des ersetzten Teils aus, ungeachtet dessen, ob das ersetzte Teil separat abgeschrieben wurde. Wenn es dem Unternehmen nicht möglich ist, den Buchwert des ersetzten Teils zu ermitteln, kann es die Anschaffungskosten für den Ersatz als Indikation für seine Anschaffungskosten zum Zeitpunkt seines Erwerbs oder seiner Erstellung nehmen.

71 Der Gewinn oder Verlust aus der Ausbuchung einer Sachanlage ist als Differenz zwischen dem Nettoveräußerungserlös, sofern vorhanden, und dem Buchwert des Gegenstandes zu bestimmen.

72 Die erhaltene Gegenleistung beim Abgang einer Sachanlage ist zunächst mit dem beizulegenden Zeitwert zu erfassen. Wenn die Zahlung für den Gegenstand nicht sofort erfolgt, ist die erhaltene Gegenleistung bei Erstansatz in Höhe des Gegenwerts des Barpreises zu erfassen. Der Unterschied zwischen dem Nominalbetrag der Gegenleistung und dem Gegenwert des Barpreises wird als Zinsertrag, der die Effektivverzinsung der Forderung widerspiegelt, gemäß IAS 18 erfasst.

Impairment

To determine whether an item of property, plant and equipment is impaired, an entity applies IAS 36 *Impairment of Assets*. That Standard explains how an entity reviews the carrying amount of its assets, how it determines the recoverable amount of an asset, and when it recognises, or reverses the recognition of, an impairment loss. **63**

(deleted) **64**

Compensation for Impairment

Compensation from third parties for items of property, plant and equipment that were impaired, lost or given up shall be included in profit or loss when the compensation becomes receivable. **65**

Impairments or losses of items of property, plant and equipment, related claims for or payments of compensation from third parties and any subsequent purchase or construction of replacement assets are separate economic events and are accounted for separately as follows: **66**
(a) impairments of items of property, plant and equipment are recognised in accordance with IAS 36;
(b) derecognition of items of property, plant and equipment retired or disposed of is determined in accordance with this Standard;
(c) compensation from third parties for items of property, plant and equipment that were impaired, lost or given up is included in determining profit or loss when it becomes receivable; and
(d) the cost of items of property, plant and equipment restored, purchased or constructed as replacements is determined in accordance with this Standard.

DERECOGNITION

The carrying amount of an item of property, plant and equipment shall be derecognised: **67**
(a) **on disposal;**
    or
(b) **when no future economic benefits are expected from its use or disposal.**

The gain or loss arising from the derecognition of an item of property, plant and equipment shall be included in profit or loss when the item is derecognised (unless IAS 17 requires otherwise on a sale and leaseback). Gains shall not be classified as revenue. **68**

The disposal of an item of property, plant and equipment may occur in a variety of ways (eg by sale, by entering into a finance lease or by donation). In determining the date of disposal of an item, an entity applies the criteria in IAS 18 *Revenue* for recognising revenue from the sale of goods. IAS 17 applies to disposal by a sale and leaseback. **69**

If, under the recognition principle in paragraph 7, an entity recognises in the carrying amount of an item of property, plant and equipment the cost of a replacement for part of the item, then it derecognises the carrying amount of the replaced part regardless of whether the replaced part had been depreciated separately. If it is not practicable for an entity to determine the carrying amount of the replaced part, it may use the cost of the replacement as an indication of what the cost of the replaced part was at the time it was acquired or constructed. **70**

The gain or loss arising from the derecognition of an item of property, plant and equipment shall be determined as the difference between the net disposal proceeds, if any, and the carrying amount of the item. **71**

The consideration receivable on disposal of an item of property, plant and equipment is recognised initially at its fair value. If payment for the item is deferred, the consideration received is recognised initially at the cash price equivalent. The difference between the nominal amount of the consideration and the cash price equivalent is recognised as interest revenue in accordance with IAS 18 reflecting the effective yield on the receivable. **72**

ANGABEN

73 Für jede Gruppe von Sachanlagen sind im Abschluss folgende Angaben erforderlich:
(a) die Bewertungsgrundlagen für die Bestimmung des Bruttobuchwertes der Anschaffungs- oder Herstellungskosten;
(b) die verwendeten Abschreibungsmethoden;
(c) die zugrunde gelegten Nutzungsdauern oder Abschreibungssätze;
(d) der Bruttobuchwert und die kumulierten Abschreibungen (zusammengefasst mit den kumulierten Wertminderungsaufwendungen) zu Beginn und zum Ende der Periode; und
(e) eine Überleitung des Buchwertes zu Beginn und zum Ende der Periode unter gesonderter Angabe der:
  (i) Zugänge;
  (ii) Vermögenswerte, die gemäß IFRS 5 als zur Veräußerung gehalten klassifiziert werden oder zu einer als zur Veräußerung gehalten klassifizierten Veräußerungsgruppe gehören, und andere Abgänge;
  (iii) Erwerbe durch Unternehmenszusammenschlüsse;
  (iv) Erhöhungen oder Verminderungen auf Grund von Neubewertungen gemäß den Paragraphen 31, 39, und 40 und von direkt im Eigenkapital erfassten oder aufgehobenen Wertminderungsaufwendungen gemäß IAS 36;
  (v) bei Gewinnen bzw. Verlusten gemäß IAS 36 erfasste Wertminderungsaufwendungen;
  (vi) bei Gewinnen bzw. Verlusten gemäß IAS 36 aufgehobene Wertminderungsaufwendungen;
  (vii) Abschreibungen;
  (viii) Nettoumrechnungsdifferenzen auf Grund der Umrechnung von Abschlüssen von der funktionalen Währung in eine andere Darstellungswährung, einschließlich der Umrechnung einer ausländischen Betriebsstätte in die Darstellungswährung des berichtenden Unternehmens; und
  (ix) andere Änderungen.

74 Folgende Angaben müssen in den Abschlüssen ebenso enthalten sein:
(a) das Vorhandensein und die Beträge von Beschränkungen von Verfügungsrechten sowie als Sicherheiten für Schulden verpfändete Sachanlagen;
(b) der Betrag an Ausgaben, der im Buchwert einer Sachanlage während ihrer Erstellung erfasst wird;
(c) der Betrag für vertragliche Verpflichtungen für den Erwerb von Sachanlagen; und
(d) der im Gewinn oder Verlust erfasste Entschädigungsbetrag von Dritten für Sachanlagen, die wertgemindert, untergegangen oder außer Betrieb genommen wurden, wenn er nicht separat in der Gewinn- und Verlustrechnung dargestellt wird.

75 Die Wahl der Abschreibungsmethode und die Bestimmung der Nutzungsdauer von Vermögenswerten bedürfen der Beurteilung. Deshalb gibt die Angabe der angewendeten Methoden und der geschätzten Nutzungsdauern oder Abschreibungsraten den Abschlussadressaten Informationen, die es ihnen erlauben, die vom Management gewählten Bilanzierungs- und Bewertungsmethoden einzuschätzen und Vergleiche mit anderen Unternehmen vorzunehmen. Aus ähnlichen Gründen ist es erforderlich, Angaben zu machen über:
(a) die Abschreibung einer Periode, unabhängig davon ob sie im Gewinn oder Verlust erfasst wird oder als Teil der Anschaffungskosten anderer Vermögenswerte; und
(b) die kumulierte Abschreibung am Ende der Periode.

76 Gemäß IAS 8 hat ein Unternehmen die Art und Auswirkung einer veränderten Schätzung, die für die aktuelle Berichtsperiode eine wesentliche Bedeutung hat, oder die für nachfolgende Perioden voraussichtlich von wesentlicher Bedeutung sein wird, darzulegen. Bei Sachanlagen entstehen möglicherweise derartige Angaben aus Änderungen von Schätzungen hinsichtlich:
(a) Restwerte;
(b) geschätzte Kosten für den Abbruch, das Entfernen oder die Wiederherstellung von Sachanlagen;
(c) Nutzungsdauern; und
(d) Abschreibungsmethoden.

DISCLOSURE

The financial statements shall disclose, for each class of property, plant and equipment: 73
(a) the measurement bases used for determining the gross carrying amount;
(b) the depreciation methods used;
(c) the useful lives or the depreciation rates used;
(d) the gross carrying amount and the accumulated depreciation (aggregated with accumulated impairment losses) at the beginning and end of the period; and
(e) a reconciliation of the carrying amount at the beginning and end of the period showing:
  (i) additions;
  (ii) assets classified as held for sale or included in a disposal group classified as held for sale in accordance with IFRS 5 and other disposals;
  (iii) acquisitions through business combinations;
  (iv) increases or decreases resulting from revaluations under paragraphs 31, 39 and 40 and from impairment losses recognised or reversed directly in equity in accordance with IAS 36;
  (v) impairment losses recognised in profit or loss in accordance with IAS 36;
  (vi) impairment losses reversed in profit or loss in accordance with IAS 36;
  (vii) depreciation;
  (viii) the net exchange differences arising on the translation of the financial statements from the functional currency into a different presentation currency, including the translation of a foreign operation into the presentation currency of the reporting entity; and
  (ix) other changes.

The financial statements shall also disclose: 74
(a) the existence and amounts of restrictions on title, and property, plant and equipment pledged as security for liabilities;
(b) the amount of expenditures recognised in the carrying amount of an item of property, plant and equipment in the course of its construction;
(c) the amount of contractual commitments for the acquisition of property, plant and equipment; and
(d) if it is not disclosed separately on the face of the income statement, the amount of compensation from third parties for items of property, plant and equipment that were impaired, lost or given up that is included in profit or loss.

Selection of the depreciation method and estimation of the useful life of assets are matters of judgement. Therefore, disclosure of the methods adopted and the estimated useful lives or depreciation rates provides users of financial statements with information that allows them to review the policies selected by management and enables comparisons to be made with other entities. For similar reasons, it is necessary to disclose: 75
(a) depreciation, whether recognised in profit or loss or as a part of the cost of other assets, during a period; and
(b) accumulated depreciation at the end of the period.

In accordance with IAS 8 an entity discloses the nature and effect of a change in an accounting estimate that has an effect in the current period or is expected to have an effect in subsequent periods. For property, plant and equipment, such disclosure may arise from changes in estimates with respect to: 76
(a) residual values;
(b) the estimated costs of dismantling, removing or restoring items of property, plant and equipment;
(c) useful lives; and
(d) depreciation methods.

77 Werden Sachanlagen neu bewertet, sind folgende Angaben erforderlich:
   (a) den Stichtag der Neubewertung;
   (b) ob ein unabhängiger Gutachter hinzugezogen wurde;
   (c) die Methoden und wesentlichen Annahmen, die zur Schätzung des beizulegenden Zeitwerts der Gegenstände geführt haben;
   (d) der Umfang, in dem die beizulegenden Zeitwerte der Gegenstände unter Bezugnahme auf die in einem aktiven Markt beobachteten Preise oder auf kürzlich zu marktüblichen Bedingungen getätigte Transaktionen direkt ermittelt wurden, oder ob andere Bewertungsmethoden zur Schätzung benutzt wurden;
   (e) für jede neu bewertete Gruppe von Sachanlagen der Buchwert, der angesetzt worden wäre, wenn die Vermögenswerte nach dem Anschaffungskostenmodell bewertet worden wären; und
   (f) die Neubewertungsrücklage mit Angabe der Veränderung in der Periode und eventuell bestehender Ausschüttungsbeschränkungen an die Anteilseigner.

78 Gemäß IAS 36 macht ein Unternehmen Angaben über wertgeminderte Sachanlagen zusätzlich zu den gemäß Paragraph 73 (e)(iv)-(vi) erforderlichen Informationen.

79 Die Adressaten des Abschlusses können ebenso die folgenden Angaben als entscheidungsrelevant erachten:
   (a) den Buchwert vorübergehend ungenutzter Sachanlagen;
   (b) den Bruttobuchwert voll abgeschriebener, aber noch genutzter Sachanlagen;
   (c) der Buchwert von Sachanlagen, die nicht mehr genutzt werden und die nicht gemäß IFRS 5 als zur Veräußerung gehalten klassifiziert werden; und
   (d) bei Anwendung des Anschaffungskostenmodells die Angabe des beizulegenden Zeitwerts der Sachanlagen, sofern dieser wesentlich vom Buchwert abweicht.
   Daher wird den Unternehmen die Angabe dieser Beträge empfohlen.

ÜBERGANGSVORSCHRIFTEN

80 Die Vorschriften der Paragraphen 24–26 hinsichtlich der erstmaligen Bewertung einer Sachanlage, die in einem Tauschvorgang erworben wurde, sind nur auf zukünftige Transaktionen prospektiv anzuwenden.

ZEITPUNKT DES INKRAFTTRETENS

81 Dieser Standard ist erstmals in der ersten Berichtsperiode eines am 1. Januar 2005 oder danach beginnenden Geschäftsjahres anzuwenden. Eine frühere Anwendung wird empfohlen. Wenn ein Unternehmen diesen Standard für Berichtsperioden anwendet, die vor dem 1. Januar 2005 beginnen, so ist diese Tatsache anzugeben.

RÜCKNAHME ANDERER VERLAUTBARUNGEN

82 Dieser Standard ersetzt IAS 16 *Sachanlagen* (überarbeitet 1998).

83 Dieser Standard ersetzt die folgenden Interpretationen:
   (a) SIC-6 *Kosten der Anpassung vorhandener Software;*
   (b) SIC-14 *Sachanlagen – Entschädigung für die Wertminderung oder den Verlust von Gegenständen;* und
   (c) SIC-23 *Sachanlagen – Kosten für Großinspektionen oder Generalüberholungen.*

If items of property, plant and equipment are stated at revalued amounts, the following shall be disclosed: 77
(a) the effective date of the revaluation;
(b) whether an independent valuer was involved;
(c) the methods and significant assumptions applied in estimating the items' fair values;
(d) the extent to which the items' fair values were determined directly by reference to observable prices in an active market or recent market transactions on arm's length terms or were estimated using other valuation techniques;
(e) for each revalued class of property, plant and equipment, the carrying amount that would have been recognised had the assets been carried under the cost model; and
(f) the revaluation surplus, indicating the change for the period and any restrictions on the distribution of the balance to shareholders.

In accordance with IAS 36 an entity discloses information on impaired property, plant and equipment in addition to the information required by paragraph 73(e)(iv)-(vi). 78

Users of financial statements may also find the following information relevant to their needs: 79
(a) the carrying amount of temporarily idle property, plant and equipment;
(b) the gross carrying amount of any fully depreciated property, plant and equipment that is still in use;
(c) the carrying amount of property, plant and equipment retired from active use and not classified as held for sale in accordance with IFRS 5; and
(d) when the cost model is used, the fair value of property, plant and equipment when this is materially different from the carrying amount.
Therefore, entities are encouraged to disclose these amounts.

TRANSITIONAL PROVISIONS

The requirements of paragraphs 24—26 regarding the initial measurement of an item of property, plant and equipment acquired in an exchange of assets transaction shall be applied prospectively only to future transactions. 80

EFFECTIVE DATE

An entity shall apply this Standard for annual periods beginning on or after 1 January 2005. Earlier application is encouraged. If an entity applies this Standard for a period beginning before 1 January 2005, it shall disclose that fact. 81

WITHDRAWAL OF OTHER PRONOUNCEMENTS

This Standard supersedes IAS 16 *Property, Plant and Equipment* (revised in 1998). 82

This Standard supersedes the following Interpretations: 83
(a) SIC-6 *Costs of Modifying Existing Software;*
(b) SIC-14 *Property, Plant and Equipment — Compensation for the Impairment or Loss of Items;* and
(c) SIC-23 *Property, Plant and Equipment — Major Inspection or Overhaul Costs.*

International Accounting Standard 17

Leasingverhältnisse

> International Accounting Standard 17 *Leasingverhältnisse* (IAS 17) ist in den Paragraphen 1–70 festgelegt. Alle Paragraphen sind gleichrangig, behalten jedoch das IASC-Format des Standards, mit dem dieser durch den IASB verabschiedet wurde. IAS 17 ist in Verbindung mit dem *Vorwort zu den International Financial Reporting Standards* und dem *Rahmenkonzept für die Aufstellung und Darstellung von Abschlüssen* zu betrachten. IAS 8 *Bilanzierungs- und Bewertungsmethoden, Änderungen von Schätzungen und Fehler*, stellt beim Fehlen ausdrücklicher Leitlinien eine Grundlage für die Auswahl und für die Anwendung von Bilanzierungs- und Bewertungsmethoden bereit.

INHALT	Ziffer
Zielsetzung	1
Anwendungsbereich	2–3
Definitionen	4–6
Klassifizierung von Leasingverhältnissen	7–19
Leasingverhältnisse in den Abschlüssen der Leasingnehmer	20–35
Finanzierungs-Leasingverhältnisse	20–32
Erstmaliger Ansatz	20–24
Folgebewertung	25–32
Operating-Leasingverhältnisse	33–35
Leasingverhältnisse in den Abschlüssen der Leasinggeber	36–57
Finanzierungs-Leasingverhältnisse	36–48
Erstmaliger Ansatz	36–38
Folgebewertung	39–48
Operating-Leasingverhältnisse	49–57
Sale-and-leaseback-Transaktionen	58–66
Übergangsvorschriften	67–68
Zeitpunkt des Inkrafttretens	69
Rücknahme von IAS 17 (überarbeitet 1997)	70

Dieser überarbeitete Standard ersetzt IAS 17 (überarbeitet 1997) *Leasingverhältnisse* und ist erstmals in der ersten Berichtsperiode eines am 1. Januar 2005 oder danach beginnenden Geschäftsjahres anzuwenden. Eine frühere Anwendung wird empfohlen.

ZIELSETZUNG

1 Die Zielsetzung dieses Standards ist es, Leasingnehmern und Leasinggebern sachgerechte Bilanzierungs- und Bewertungsmethoden und Angabepflichten vorzuschreiben, die in Verbindung mit Leasingverhältnissen anzuwenden sind.

ANWENDUNGSBEREICH

2 Dieser Standard ist bei der Bilanzierung von allen Leasingverhältnissen anzuwenden, außer:
 (a) Leasingverhältnissen in Bezug auf die Entdeckung und Verarbeitung von Mineralien, Öl, Erdgas und ähnlichen nicht regenerativen Ressourcen
 und
 (b) Lizenzvereinbarungen beispielsweise über Filme, Videoaufnahmen, Theaterstücke, Manuskripte, Patente und Urheberrechte.
 Dieser Standard ist jedoch nicht anzuwenden als Bewertungsgrundlage für:
 (a) von Leasingnehmern gehaltene Immobilien, die als Finanzinvestition bilanziert werden (siehe IAS 40 *Als Finanzinvestition gehaltene Immobilien*);

International Accounting Standard 17

Leases

International Accounting Standard 17 *Leases* (IAS 17) is set out in paragraphs 1—70. All the paragraphs have equal authority but retain the IASC format of the Standard when it was adopted by the IASB. IAS 17 should be read in the context of the *Preface to International Financial Reporting Standards* and the *Framework for the Preparation and Presentation of Financial Statements*. IAS 8 *Accounting Policies, Changes in Accounting Estimates and Errors* provides a basis for selecting and applying accounting policies in the absence of explicit guidance.

SUMMARY

	Paragraphs
Objective	1
Scope	2—3
Definitions	4—6
Classification of Leases	7—19
Leases in the financial statements of lessees	20—35
Finance Leases	20—32
Initial Recognition	20—24
Subsequent Measurement	25—32
Operating Leases	33—35
Leases in the financial statements of lessors	36—57
Finance Leases	36—48
Initial Recognition	36—38
Subsequent Measurement	39—48
Operating Leases	49—57
Sale and leaseback transactions	58—66
Transitional provisions	67—68
Effective date	69
Withdrawal of IAS 17 (revised 1997)	70

This revised Standard supersedes IAS 17 (revised 1997)
Leases and should be applied for annual periods beginning on or after 1 January 2005. Earlier application is encouraged.

OBJECTIVE

The objective of this Standard is to prescribe, for lessees and lessors, the appropriate accounting policies and disclosure to apply in relation to leases. 1

SCOPE

This Standard shall be applied in accounting for all leases other than: 2
(a) leases to explore for or use minerals, oil, natural gas and similar non-regenerative resources; and
(b) licensing agreements for such items as motion picture films, video recordings, plays, manuscripts, patents and copyrights.
However, this Standard shall not be applied as the basis of measurement for:
(a) property held by lessees that is accounted for as investment property (see IAS 40 *Investment Property*);

IAS 17

(b) als Finanzinvestition gehaltene Immobilien, die von Leasinggebern im Rahmen eines Operating-Leasingverhältnisses vermietet werden (siehe IAS 40);
(c) biologische Vermögenswerte, die von Leasingnehmern im Rahmen eines Finanzierungs-Leasingverhältnisses gehalten werden (siehe IAS 41 *Landwirtschaft*); oder
(d) biologische Vermögenswerte, die von Leasinggebern im Rahmen eines Operating-Leasingverhältnisses vermietet werden (siehe IAS 41).

3 Dieser Standard wird auf Vereinbarungen angewendet, die das Recht auf die Nutzung von Vermögenswerten übertragen, auch wenn wesentliche Leistungen des Leasinggebers in Verbindung mit dem Einsatz oder der Erhaltung solcher Vermögenswerte erforderlich sind. Dieser Standard findet keine Anwendung auf Vereinbarungen, die Dienstleistungsverträge sind, die nicht das Nutzungsrecht an Vermögenswerten von einem Vertragspartner auf den anderen übertragen.

DEFINITIONEN

4 Die folgenden Begriffe werden in diesem Standard mit der angegebenen Bedeutung verwendet:

Ein Leasingverhältnis ist eine Vereinbarung, bei der der Leasinggeber dem Leasingnehmer gegen eine Zahlung oder eine Reihe von Zahlungen das Recht auf Nutzung eines Vermögenswertes für einen vereinbarten Zeitraum überträgt.

Ein Finanzierungsleasing ist ein Leasingverhältnis, bei dem im Wesentlichen alle mit dem Eigentum verbundenen Risiken und Chancen eines Vermögenswertes übertragen werden. Dabei kann letztendlich das Eigentumsrecht übertragen werden oder nicht.

Ein Operating-Leasingverhältnis ist ein Leasingverhältnis, bei dem es sich nicht um ein Finanzierungsleasing handelt.

Ein unkündbares Leasingverhältnis ist ein Leasingverhältnis, das nur aufgelöst werden kann, wenn:
(a) ein unwahrscheinliches Ereignis eintritt;
(b) der Leasinggeber seine Einwilligung dazu gibt;
(c) der Leasingnehmer mit demselben Leasinggeber ein neues Leasingverhältnis über denselben oder einen entsprechenden Vermögenswert eingeht; oder
(d) durch den Leasingnehmer ein derartiger zusätzlicher Betrag zu zahlen ist, dass schon bei Vertragsbeginn die Fortführung des Leasingverhältnisses hinreichend sicher ist.

Als Beginn des Leasingverhältnisses gilt der frühere der beiden folgenden Zeitpunkte: der Tag der Leasingvereinbarung oder der Tag, an dem sich die Vertragsparteien über die wesentlichen Bestimmungen der Leasingvereinbarung geeinigt haben. Zu diesem Zeitpunkt:
(a) wird ein Leasingverhältnis entweder als Operating-Leasingverhältnis oder als Finanzierungsleasing klassifiziert; und
(b) im Falle eines Finanzierungsleasings werden die zu Beginn der Laufzeit des Leasingverhältnisses anzusetzenden Beträge bestimmt.

Der Beginn der Laufzeit des Leasingverhältnisses ist der Tag, ab dem der Leasingnehmer Anspruch auf die Ausübung seines Nutzungsrechts am Leasinggegenstand hat. Dies entspricht dem Tag des erstmaligen Ansatzes des Leasingverhältnisses (d. h. der entsprechenden Vermögenswerte, Schulden, Erträge oder Aufwendungen, die sich aus dem Leasingverhältnis ergeben).

Die Laufzeit des Leasingverhältnisses umfasst die unkündbare Zeitperiode, für die sich der Leasingnehmer vertraglich verpflichtet hat, den Vermögenswert zu mieten, sowie weitere Zeiträume, für die der Leasingnehmer mit oder ohne weitere Zahlungen eine Option ausüben kann, wenn zu Beginn des Leasingverhältnisses die Inanspruchnahme der Option durch den Leasingnehmer hinreichend sicher ist.

Die Mindestleasingzahlungen sind diejenigen Zahlungen, welche der Leasingnehmer während der Laufzeit des Leasingverhältnisses zu leisten hat oder zu denen er herangezogen werden kann, außer bedingten Mietzahlungen, Aufwand für Dienstleistungen und Steuern, die der Leasinggeber zu zahlen hat und die ihm erstattet werden, sowie:
(a) beim Leasingnehmer alle von ihm oder von einer mit ihm verbundenen Partei garantierten Beträge; oder
(b) beim Leasinggeber jegliche Restwerte, die ihm garantiert wurden, entweder:
   (i) vom Leasingnehmer;
   (ii) von einer mit dem Leasingnehmer verbundenen Partei; oder
   (iii) von einer vom Leasinggeber unabhängigen dritten Partei, die finanziell in der Lage ist, den Verpflichtungen der Garantie nachzukommen.

(b) investment property provided by lessors under operating leases (see IAS 40);
(c) biological assets held by lessees under finance leases (see IAS 41 *Agriculture*); or
(d) biological assets provided by lessors under operating leases (see IAS 41).

This Standard applies to agreements that transfer the right to use assets even though substantial services by the lessor may be called for in connection with the operation or maintenance of such assets. This Standard does not apply to agreements that are contracts for services that do not transfer the right to use assets from one contracting party to the other. 3

DEFINITIONS

The following terms are used in this Standard with the meanings specified: 4

A *lease* is an agreement whereby the lessor conveys to the lessee in return for a payment or series of payments the right to use an asset for an agreed period of time.

A *finance lease* is a lease that transfers substantially all the risks and rewards incidental to ownership of an asset. Title may or may not eventually be transferred.

An *operating lease* is a lease other than a finance lease.

A *non-cancellable lease* is a lease that is cancellable only:
(a) upon the occurrence of some remote contingency;
(b) with the permission of the lessor;
(c) if the lessee enters into a new lease for the same or an equivalent asset with the same lessor; or
(d) upon payment by the lessee of such an additional amount that, at inception of the lease, continuation of the lease is reasonably certain.

The *inception of the lease* is the earlier of the date of the lease agreement and the date of commitment by the parties to the principal provisions of the lease. As at this date:
(a) a lease is classified as either an operating or a finance lease; and
(b) in the case of a finance lease, the amounts to be recognised at the commencement of the lease term are determined.

The *commencement of the lease term* is the date from which the lessee is entitled to exercise its right to use the leased asset. It is the date of initial recognition of the lease (ie the recognition of the assets, liabilities, income or expenses resulting from the lease, as appropriate).

The *lease term* is the non-cancellable period for which the lessee has contracted to lease the asset together with any further terms for which the lessee has the option to continue to lease the asset, with or without further payment, when at the inception of the lease it is reasonably certain that the lessee will exercise the option.

Minimum lease payments are the payments over the lease term that the lessee is or can be required to make, excluding contingent rent, costs for services and taxes to be paid by and reimbursed to the lessor, together with:
(a) for a lessee, any amounts guaranteed by the lessee or by a party related to the lessee; or
(b) for a lessor, any residual value guaranteed to the lessor by:
   (i) the lessee;
   (ii) a party related to the lessee; or
   (iii) a third party unrelated to the lessor that is financially capable of discharging the obligations under the guarantee.

Besitzt der Leasingnehmer allerdings für den Vermögenswert eine Kaufoption zu einem Preis, der erwartungsgemäß deutlich niedriger als der zum möglichen Optionsausübungszeitpunkt beizulegende Zeitwert ist, so dass bereits bei Leasingbeginn die Ausübung der Option hinreichend sicher ist, dann umfassen die Mindestleasingzahlungen die während der Laufzeit des Leasingverhältnisses bis zum erwarteten Ausübungszeitpunkt dieser Kaufoption zu zahlenden Mindestraten sowie die für ihre Ausübung erforderliche Zahlung.

Der beizulegende Zeitwert ist der Betrag, zu dem zwischen sachverständigen, vertragswilligen und voneinander unabhängigen Geschäftspartnern ein Vermögenswert getauscht oder eine Schuld beglichen werden könnte.

Die wirtschaftliche Nutzungsdauer ist entweder:
(a) der Zeitraum, in dem ein Vermögenswert voraussichtlich von einem oder mehreren Nutzern wirtschaftlich nutzbar ist;
oder
(b) die voraussichtlich durch den Vermögenswert von einem oder mehreren Nutzern zu erzielende Anzahl an Produktionseinheiten oder ähnlichen Maßgrößen.

Die Nutzungsdauer ist der geschätzte verbleibende Zeitraum ab dem Beginn der Laufzeit des Leasingverhältnisses, ohne Beschränkung durch die Laufzeit des Leasingverhältnisses, über den der im Vermögenswert enthaltene wirtschaftliche Nutzen voraussichtlich vom Unternehmen verbraucht wird.

Der garantierte Restwert ist:
(a) beim Leasingnehmer der Teil des Restwertes, der vom Leasingnehmer oder von einer mit dem Leasingnehmer verbundenen Partei garantiert wurde (der Betrag der Garantie ist der Höchstbetrag, der im Zweifelsfall zu zahlen ist);
und
(b) beim Leasinggeber der Teil des Restwertes, der vom Leasingnehmer oder einer vom Leasinggeber unabhängigen dritten Partei garantiert wurde, die finanziell in der Lage ist, den Verpflichtungen der Garantie nachzukommen.

Der nicht garantierte Restwert ist derjenige Teil des Restwertes des Leasinggegenstandes, dessen Realisierung durch den Leasinggeber nicht gesichert ist oder nur durch eine mit dem Leasinggeber verbundene Partei garantiert wird.

Die anfänglichen direkten Kosten sind zusätzliche Kosten, die direkt den Verhandlungen und dem Abschluss eines Leasingvertrags zugerechnet werden können, mit Ausnahme derartiger Kosten, die Herstellern oder Händlern als Leasinggebern entstehen.

Die Bruttoinvestition in ein Leasingverhältnis ist die Summe aus:
(a) den vom Leasinggeber im Rahmen eines Finanzierungsleasings zu erhaltenen Mindestleasingzahlungen
und
(b) einem nicht garantierten Restwert, der zugunsten des Leasinggebers anfällt.

Die Nettoinvestition in ein Leasingverhältnis ist die Bruttoinvestition in ein Leasingverhältnis abgezinst mit dem Zinssatz, der dem Leasingverhältnis zugrunde liegt.

Der noch nicht realisierte Finanzertrag bezeichnet die Differenz zwischen:
(a) der Bruttoinvestition in ein Leasingverhältnis
und
(b) der Nettoinvestition in ein Leasingverhältnis.

Der dem Leasingverhältnis zugrunde liegende Zinssatz ist der Abzinsungssatz, bei dem zu Beginn des Leasingverhältnisses die Summe der Barwerte (a) der Mindestleasingzahlungen und (b) des nicht garantierten Restwertes der Summe (i) des beizulegenden Zeitwertes des Leasinggegenstandes und (ii) der anfänglichen direkten Kosten des Leasinggebers entspricht.

Der Grenzfremdkapitalzinssatz des Leasingnehmers ist derjenige Zinssatz, den der Leasingnehmer bei einem vergleichbaren Leasingverhältnis zahlen müsste, oder, wenn dieser nicht ermittelt werden kann, derjenige Zinssatz, den der Leasingnehmer zu Beginn des Leasingverhältnisses vereinbaren müsste, wenn er für den Kauf des Vermögenswertes Fremdkapital für die gleiche Dauer und mit der gleichen Sicherheit aufnehmen würde.

Eine bedingte Mietzahlung ist der Teil der Leasingzahlungen in einem Leasingverhältnis, der im Betrag nicht festgelegt ist, sondern von dem zukünftigen Wert eines anderen Faktors als des Zeitablaufs abhängt (beispielsweise zukünftige Verkaufsquote, zukünftige Nutzungsintensität, zukünftige Preisindizes, zukünftige Marktzinssätze).

5   Eine Leasingvereinbarung oder -verpflichtung kann eine Bestimmung enthalten, nach der die Leasingzahlungen angepasst werden, wenn zwischen dem Beginn des Leasingverhältnisses und dem Beginn der Laufzeit des Leasingverhältnisses Änderungen der Bau- oder Erwerbskosten für den Leasinggegenstand oder Änderungen anderer Kosten oder Wertmaßstäbe, wie beispielsweise der allgemeinen Preisniveaus, oder der Kosten des Leasinggebers zur Finanzierung des Leasingverhältnisses eintreten. Für die Zwecke dieses Standards sind die

However, if the lessee has an option to purchase the asset at a price that is expected to be sufficiently lower than fair value at the date the option becomes exercisable for it to be reasonably certain, at the inception of the lease, that the option will be exercised, the minimum lease payments comprise the minimum payments payable over the lease term to the expected date of exercise of this purchase option and the payment required to exercise it.

Fair value is the amount for which an asset could be exchanged, or a liability settled, between knowledgeable, willing parties in an arm's length transaction.

Economic life is either:

(a) the period over which an asset is expected to be economically usable by one or more users; or

(b) the number of production or similar units expected to be obtained from the asset by one or more users.

Useful life is the estimated remaining period, from the commencement of the lease term, without limitation by the lease term, over which the economic benefits embodied in the asset are expected to be consumed by the entity.

Guaranteed residual value is:

(a) for a lessee, that part of the residual value that is guaranteed by the lessee or by a party related to the lessee (the amount of the guarantee being the maximum amount that could, in any event, become payable); and

(b) for a lessor, that part of the residual value that is guaranteed by the lessee or by a third party unrelated to the lessor that is financially capable of discharging the obligations under the guarantee.

Unguaranteed residual value is that portion of the residual value of the leased asset, the realisation of which by the lessor is not assured or is guaranteed solely by a party related to the lessor.

Initial direct costs are incremental costs that are directly attributable to negotiating and arranging a lease, except for such costs incurred by manufacturer or dealer lessors.

Gross investment in the lease is the aggregate of:

(a) the minimum lease payments receivable by the lessor under a finance lease, and

(b) any unguaranteed residual value accruing to the lessor.

Net investment in the lease is the gross investment in the lease discounted at the interest rate implicit in the lease.

Unearned finance income is the difference between:

(a) the gross investment in the lease, and

(b) the net investment in the lease.

The interest rate implicit in the lease is the discount rate that, at the inception of the lease, causes the aggregate present value of (a) the minimum lease payments and (b) the unguaranteed residual value to be equal to the sum of (i) the fair value of the leased asset and (ii) any initial direct costs of the lessor.

The lessee's incremental borrowing rate of interest is the rate of interest the lessee would have to pay on a similar lease or, if that is not determinable, the rate that, at the inception of the lease, the lessee would incur to borrow over a similar term, and with a similar security, the funds necessary to purchase the asset.

Contingent rent is that portion of the lease payments that is not fixed in amount but is based on the future amount of a factor that changes other than with the passage of time (eg percentage of future sales, amount of future use, future price indices, future market rates of interest).

5   A lease agreement or commitment may include a provision to adjust the lease payments for changes in the construction or acquisition cost of the leased property or for changes in some other measure of cost or value, such as general price levels, or in the lessor's costs of financing the lease, during the period between the inception of the lease and the commencement of the lease term. If so, the effect of any such changes shall be deemed to have taken place at the inception of the lease for the purposes of this Standard.

Auswirkungen solcher Änderungen so zu behandeln, als hätten sie zu Beginn des Leasingverhältnisses stattgefunden.

6 Die Definition eines Leasingverhältnisses umfasst Vertragstypen für die Miete eines Vermögenswertes, die dem Mieter bei Erfüllung der vereinbarten Konditionen eine Option zum Erwerb der Eigentumsrechte an dem Vermögenswert einräumen. Diese Verträge werden manchmal als Mietkaufverträge bezeichnet.

KLASSIFIZIERUNG VON LEASINGVERHÄLTNISSEN

7 Grundlage für die Klassifizierung von Leasingverhältnissen in diesem Standard ist der Umfang, in welchem die mit dem Eigentum eines Leasinggegenstandes verbundenen Risiken und Chancen beim Leasinggeber oder Leasingnehmer liegen. Zu den Risiken gehören die Verlustmöglichkeiten auf Grund von ungenutzten Kapazitäten oder technischer Überholung und Renditeabweichungen auf Grund geänderter wirtschaftlicher Rahmenbedingungen. Chancen können die Erwartungen eines Gewinn bringenden Einsatzes im Geschäftsbetrieb während der wirtschaftlichen Nutzungsdauer des Vermögenswertes und eines Gewinnes aus einem Wertzuwachs oder aus der Realisation eines Restwertes sein.

8 **Ein Leasingverhältnis wird als Finanzierungsleasing klassifiziert, wenn es im Wesentlichen alle Risiken und Chancen, die mit dem Eigentum verbunden sind, überträgt. Ein Leasingverhältnis wird als Operating-Leasingverhältnis klassifiziert, wenn es nicht im Wesentlichen alle Risiken und Chancen, die mit dem Eigentum verbunden sind, überträgt.**

9 Da die Transaktion zwischen einem Leasinggeber und einem Leasingnehmer auf einer zwischen ihnen geschlossenen Leasingvereinbarung basiert, ist die Verwendung einheitlicher Definitionen angemessen. Die Anwendung dieser Definitionen auf die unterschiedlichen Verhältnisse des Leasinggebers und Leasingnehmers kann dazu führen, dass sie dasselbe Leasingverhältnis unterschiedlich klassifizieren. Dies kann beispielsweise der Fall sein, wenn eine vom Leasingnehmer unabhängige Partei eine Restwertgarantie zugunsten des Leasinggebers einräumt.

10 Ob es sich bei einem Leasingverhältnis um ein Finanzierungsleasing oder um ein Operating-Leasingverhältnis handelt, hängt eher von dem wirtschaftlichen Gehalt der Vereinbarung als von einer bestimmten formalen Vertragsform ab[1]. Beispiele für Situationen, die für sich genommen oder in Kombination normalerweise zur Klassifizierung eines Leasingverhältnisses als Finanzierungsleasing führen würden, sind:
(a) am Ende der Laufzeit des Leasingverhältnisses wird dem Leasingnehmer das Eigentum an dem Vermögenswert übertragen;
(b) der Leasingnehmer hat die Kaufoption, den Vermögenswert zu einem Preis zu erwerben, der erwartungsgemäß deutlich niedriger als der zum möglichen Optionsausübungszeitpunkt beizulegende Zeitwert des Vermögenswertes ist, so dass zu Beginn des Leasingverhältnisses hinreichend sicher ist, dass die Option ausgeübt wird;
(c) die Laufzeit des Leasingverhältnisses umfasst den überwiegenden Teil der wirtschaftlichen Nutzungsdauer des Vermögenswertes, auch wenn das Eigentumsrecht nicht übertragen wird;
(d) zu Beginn des Leasingverhältnisses entspricht der Barwert der Mindestleasingzahlungen im Wesentlichen mindestens dem beizulegenden Zeitwert des Leasinggegenstandes; und
(e) die Leasinggegenstände haben eine spezielle Beschaffenheit, so dass sie ohne wesentliche Veränderungen nur vom Leasingnehmer genutzt werden können.

11 Indikatoren für Situationen, die für sich genommen oder in Kombination mit anderen auch zu einem Leasingverhältnis führen könnten, das als Finanzierungsleasing klassifiziert wird, sind:
(a) wenn der Leasingnehmer das Leasingverhältnis auflösen kann, werden die Verluste des Leasinggebers in Verbindung mit der Auflösung vom Leasingnehmer getragen;
(b) Gewinne oder Verluste, die durch Schwankungen des beizulegenden Zeitwertes des Restwertes entstehen, fallen dem Leasingnehmer zu (beispielsweise in Form einer Mietrückerstattung, die einem Großteil des Verkaufserlöses am Ende des Leasingverhältnisses entspricht); und
(c) der Leasingnehmer hat die Möglichkeit, das Leasingverhältnis für eine zweite Mietperiode zu einer Miete fortzuführen, die wesentlich niedriger als die marktübliche Miete ist.

---

[1] Siehe auch SIC-27 *Beurteilung des wirtschaftlichen Gehalts von Transaktionen in der rechtlichen Form von Leasingverhältnissen.*

The definition of a lease includes contracts for the hire of an asset that contain a provision giving the hirer an option to acquire title to the asset upon the fulfilment of agreed conditions. These contracts are sometimes known as hire purchase contracts.

CLASSIFICATION OF LEASES

The classification of leases adopted in this Standard is based on the extent to which risks and rewards incidental to ownership of a leased asset lie with the lessor or the lessee. Risks include the possibilities of losses from idle capacity or technological obsolescence and of variations in return because of changing economic conditions. Rewards may be represented by the expectation of profitable operation over the asset's economic life and of gain from appreciation in value or realisation of a residual value.

A lease is classified as a finance lease if it transfers substantially all the risks and rewards incidental to ownership. A lease is classified as an operating lease if it does not transfer substantially all the risks and rewards incidental to ownership.

Because the transaction between a lessor and a lessee is based on a lease agreement between them, it is appropriate to use consistent definitions. The application of these definitions to the differing circumstances of the lessor and lessee may result in the same lease being classified differently by them. For example, this may be the case if the lessor benefits from a residual value guarantee provided by a party unrelated to the lessee.

Whether a lease is a finance lease or an operating lease depends on the substance of the transaction rather than the form of the contract.[1] Examples of situations that individually or in combination would normally lead to a lease being classified as a finance lease are:
(a) the lease transfers ownership of the asset to the lessee by the end of the lease term;
(b) the lessee has the option to purchase the asset at a price that is expected to be sufficiently lower than the fair value at the date the option becomes exercisable for it to be reasonably certain, at the inception of the lease, that the option will be exercised;
(c) the lease term is for the major part of the economic life of the asset even if title is not transferred;
(d) at the inception of the lease the present value of the minimum lease payments amounts to at least substantially all of the fair value of the leased asset; and
(e) the leased assets are of such a specialised nature that only the lessee can use them without major modifications.

Indicators of situations that individually or in combination could also lead to a lease being classified as a finance lease are:
(a) if the lessee can cancel the lease, the lessor's losses associated with the cancellation are borne by the lessee;
(b) gains or losses from the fluctuation in the fair value of the residual accrue to the lessee (for example, in the form of a rent rebate equalling most of the sales proceeds at the end of the lease); and
(c) the lessee has the ability to continue the lease for a secondary period at a rent that is substantially lower than market rent.

---

1 See also SIC-27 *Evaluating the Substance of Transactions Involving the Legal Form of a Lease.*

12 Die Beispiele und Indikatoren in den Paragraphen 10 und 11 sind nicht immer schlüssig. Wenn aus anderen Merkmalen klar hervorgeht, dass ein Leasingverhältnis nicht im Wesentlichen alle Risiken und Chancen, die mit Eigentum verbunden sind, überträgt, wird es als Operating-Leasingverhältnis klassifiziert. Dies kann beispielsweise der Fall sein, wenn das Eigentum an dem Vermögenswert am Ende des Leasingverhältnisses gegen eine variable Zahlung in der Höhe des jeweils beizulegenden Zeitwertes übertragen wird oder wenn bedingte Mietzahlungen dazu führen, dass nicht im Wesentlichen alle derartigen Risiken und Chancen auf den Lizenznehmer übergehen.

13 Die Leasingklassifizierung wird zu Beginn des Leasingverhältnisses vorgenommen. Wenn sich Leasingnehmer und Leasinggeber zu irgendeinem Zeitpunkt darüber einig sind, die Bestimmungen des Leasingverhältnisses zu ändern, außer das Leasingverhältnis neu abzuschließen, und das in einer Weise, die, wären die Bedingungen zu Beginn des Leasingverhältnisses bereits vorhanden gewesen, zu einer anderen Klassifizierung des Leasingverhältnisses gemäß den Kriterien der Paragraphen 7–12 geführt hätte, wird die geänderte Vereinbarung als eine neue Vereinbarung über deren Laufzeit betrachtet. Änderungen von Schätzungen (beispielsweise Änderungen einer Schätzung der wirtschaftlichen Nutzungsdauer oder des Restwertes des Leasingobjekts) oder Veränderungen von Sachverhalten (beispielsweise Zahlungsverzug des Leasingnehmers) geben allerdings keinen Anlass für eine neue Klassifizierung des Leasingverhältnisses für Rechnungslegungszwecke.

14 Leasingverhältnisse bei Grundstücken und Gebäuden werden ebenso wie bei anderen Leasinggegenständen entweder als Operating-Leasingverhältnis oder als Finanzierungsleasing klassifiziert. Allerdings besitzen Grundstücke in der Regel eine unbegrenzte wirtschaftliche Nutzungsdauer, und sofern nicht erwartet werden kann, dass das Eigentum am Ende der Laufzeit des Leasingverhältnisses auf den Leasingnehmer übergeht, werden ihm normalerweise nicht im Wesentlichen alle mit dem Eigentum verbundenen Risiken und Chancen übertragen, in welchem Fall das Leasing von Grundstücken als Operating-Leasingverhältnis einzustufen ist. Eine Zahlung, die bei Antritt oder Abschluss einer als Operating-Leasingverhältnis klassifizierten Pacht geleistet wird, stellt eine Leasingvorauszahlung dar, die über die Laufzeit des Leasingverhältnisses entsprechend dem Nutzenverlauf erfolgswirksam verteilt wird.

15 Bei einem Leasing von Grundstücken und Gebäuden werden die Grundstücks- und Gebäudekomponenten zum Zwecke der Leasingklassifizierung gesondert betrachtet. Geht das Eigentum an beiden Komponenten am Ende der Laufzeit des Leasingverhältnisses auf den Leasingnehmer über, werden sowohl die Grundstücks- als auch die Gebäudekomponente unabhängig davon, ob sie als ein oder zwei Leasingverhältnisse analysiert werden, als Finanzierungsleasing klassifiziert, es sei denn, dass aus anderen Merkmalen deutlich hervorgeht, dass das Leasingverhältnis nicht im Wesentlichen alle mit dem Eigentum an einer oder beiden Komponenten verbundenen Risiken und Chancen überträgt. Besitzt das Grundstück eine unbegrenzte wirtschaftliche Nutzungsdauer, wird die Grundstückskomponente normalerweise als Operating-Leasingverhältnis klassifiziert, es sei denn, das Eigentum wird gemäß Paragraph 14 am Ende der Laufzeit des Leasingverhältnisses auf den Leasingnehmer übertragen. Die Gebäudekomponente wird gemäß den Paragraphen 7–13 als Finanzierungsleasing oder als Operating-Leasingverhältnis klassifiziert.

16 Wann immer es zur Klassifizierung und Bilanzierung eines Leasingverhältnisses bei Grundstücken und Gebäuden notwendig ist, werden die Mindestleasingzahlungen (einschließlich einmaliger Vorauszahlungen) zwischen den Grundstücks- und Gebäudekomponenten nach dem Verhältnis der jeweiligen beizulegenden Zeitwerte der Leistungen für die Mietrechte für die Grundstückskomponente und die Gebäudekomponente des Leasingverhältnisses zu Beginn des Leasingverhältnisses aufgeteilt. Sollten die Leasingzahlungen zwischen diesen beiden Komponenten nicht zuverlässig aufgeteilt werden können, wird das gesamte Leasingverhältnis als Finanzierungsleasing klassifiziert, solange nicht klar ist, dass beide Komponenten Operating-Leasingverhältnisse sind, in welchem Fall das gesamte Leasingverhältnis als Operating-Leasingverhältnis zu klassifizieren ist.

17 Bei einem Leasing von Grundstücken und Gebäuden, bei dem der für die Grundstückskomponente gemäß Paragraph 20 anfänglich anzusetzende Wert unwesentlich ist, werden die Grundstücke und Gebäude bei der Klassifizierung des Leasingverhältnisses als eine Einheit betrachtet und gemäß den Paragraphen 7–13 als Finanzierungsleasing oder Operating-Leasingverhältnis eingestuft. In diesem Fall wird die wirtschaftliche Nutzungsdauer der Gebäude als wirtschaftliche Nutzungsdauer des gesamten Leasinggegenstandes angesehen.

18 Eine gesonderte Bewertung der Grundstücks- und Gebäudekomponenten ist nicht erforderlich, wenn es sich bei dem Anteil des Leasingnehmers an den Grundstücken und Gebäuden um als Finanzinvestition gehaltene Immobilien gemäß IAS 40 handelt und das Modell des beizulegenden Zeitwertes angewendet wird. Genaue Berechnungen werden bei dieser Bewertung nur dann verlangt, wenn die Klassifizierung einer oder beider Komponenten ansonsten unsicher wäre.

12 The examples and indicators in paragraphs 10 and 11 are not always conclusive. If it is clear from other features that the lease does not transfer substantially all risks and rewards incidental to ownership, the lease is classified as an operating lease. For example, this may be the case if ownership of the asset transfers at the end of the lease for a variable payment equal to its then fair value, or if there are contingent rents, as a result of which the lessee does not have substantially all such risks and rewards.

13 Lease classification is made at the inception of the lease. If at any time the lessee and the lessor agree to change the provisions of the lease, other than by renewing the lease, in a manner that would have resulted in a different classification of the lease under the criteria in paragraphs 7—12 if the changed terms had been in effect at the inception of the lease, the revised agreement is regarded as a new agreement over its term. However, changes in estimates (for example, changes in estimates of the economic life or of the residual value of the leased property), or changes in circumstances (for example, default by the lessee), do not give rise to a new classification of a lease for accounting purposes.

14 Leases of land and of buildings are classified as operating or finance leases in the same way as leases of other assets. However, a characteristic of land is that it normally has an indefinite economic life and, if title is not expected to pass to the lessee by the end of the lease term, the lessee normally does not receive substantially all of the risks and rewards incidental to ownership, in which case the lease of land will be an operating lease. A payment made on entering into or acquiring a leasehold that is accounted for as an operating lease represents prepaid lease payments that are amortised over the lease term in accordance with the pattern of benefits provided.

15 The land and buildings elements of a lease of land and buildings are considered separately for the purposes of lease classification. If title to both elements is expected to pass to the lessee by the end of the lease term, both elements are classified as a finance lease, whether analysed as one lease or as two leases, unless it is clear from other features that the lease does not transfer substantially all risks and rewards incidental to ownership of one or both elements. When the land has an indefinite economic life, the land element is normally classified as an operating lease unless title is expected to pass to the lessee by the end of the lease term, in accordance with paragraph 14. The buildings element is classified as a finance or operating lease in accordance with paragraphs 7—13.

16 Whenever necessary in order to classify and account for a lease of land and buildings, the minimum lease payments (including any lump-sum upfront payments) are allocated between the land and the buildings elements in proportion to the relative fair values of the leasehold interests in the land element and buildings element of the lease at the inception of the lease. If the lease payments cannot be allocated reliably between these two elements, the entire lease is classified as a finance lease, unless it is clear that both elements are operating leases, in which case the entire lease is classified as an operating lease.

17 For a lease of land and buildings in which the amount that would initially be recognised for the land element, in accordance with paragraph 20, is immaterial, the land and buildings may be treated as a single unit for the purpose of lease classification and classified as a finance or operating lease in accordance with paragraphs 7—13. In such a case, the economic life of the buildings is regarded as the economic life of the entire leased asset.

18 Separate measurement of the land and buildings elements is not required when the lessee's interest in both land and buildings is classified as an investment property in accordance with IAS 40 and the fair value model is adopted. Detailed calculations are required for this assessment only if the classification of one or both elements is otherwise uncertain.

19 Gemäß IAS 40 hat ein Leasingnehmer die Möglichkeit, einen im Rahmen eines Operating-Leasingverhältnisses gehaltenen Immobilienanteil als Finanzinvestition zu klassifizieren. In diesem Fall wird dieser Immobilienanteil wie ein Finanzierungsleasing bilanziert und außerdem für den angesetzten Vermögenswert das Modell des beizulegenden Zeitwertes angewendet. Der Leasingnehmer hat das Leasingverhältnis auch dann weiterhin als Finanzierungsleasing zu bilanzieren, wenn sich die Art des Immobilienanteils des Leasingnehmers durch spätere Ereignisse so ändert, dass er nicht mehr als eine als Finanzinvestition gehaltene Immobilie klassifiziert werden kann. Dies ist beispielsweise der Fall, wenn der Leasingnehmer:
(a) die Immobilie selbst nutzt, die daraufhin zu Kosten in Höhe des beizulegenden Zeitwertes am Tag der Nutzungsänderung in den Bestand der vom Eigentümer selbst genutzten Immobilien übertragen wird; oder
(b) ein Untermietverhältnis eingeht, das im Wesentlichen alle Risiken und Chancen, die mit dem Eigentum an dem Anteil verbunden sind, auf eine unabhängige dritte Partei überträgt. Ein solches Untermietverhältnis wird vom Lizenznehmer als ein der dritten Partei eingeräumtes Finanzierungsleasing behandelt, auch wenn es von der dritten Partei selbst möglicherweise als Operating-Leasingverhältnis bilanziert wird.

LEASINGVERHÄLTNISSE IN DEN ABSCHLÜSSEN DER LEASINGNEHMER

Finanzierungs-Leasingverhältnisse

Erstmaliger Ansatz

20 **Leasingnehmer haben Finanzierungs-Leasingverhältnisse zu Beginn der Laufzeit des Leasingverhältnisses als Vermögenswerte und Schulden in gleicher Höhe in ihrer Bilanz anzusetzen, und zwar in Höhe des zu Beginn des Leasingverhältnisses beizulegenden Zeitwertes des Leasinggegenstandes oder mit dem Barwert der Mindestleasingzahlungen, sofern dieser Wert niedriger ist. Bei der Berechnung des Barwertes der Mindestleasingzahlungen ist der dem Leasingverhältnis zugrunde liegende Zinssatz als Abzinsungssatz zu verwenden, sofern er in praktikabler Weise ermittelt werden kann. Ist dies nicht der Fall, ist der Grenzfremdkapitalzinssatz des Leasingnehmers anzuwenden. Dem als Vermögenswert angesetzten Betrag werden die anfänglichen direkten Kosten des Leasingnehmers hinzugerechnet.**

21 Transaktionen und andere Ereignisse werden entsprechend ihrem wirtschaftlichen Gehalt und den finanzwirtschaftlichen Gegebenheiten und nicht ausschließlich nach Maßgabe der rechtlichen Form bilanziert und dargestellt. Obwohl der Leasingnehmer gemäß der rechtlichen Gestaltung einer Leasingvereinbarung kein Eigentumsrecht an dem Leasinggegenstand erwirbt, ist die wirtschaftliche Substanz und finanzwirtschaftliche Realität im Falle des Finanzierungs-Leasingverhältnisses, dass der Leasingnehmer den wirtschaftlichen Nutzen aus dem Gebrauch des Leasinggegenstandes für den überwiegenden Teil seiner wirtschaftlichen Nutzungsdauer erwirbt und sich im Gegenzug verpflichtet, für dieses Recht einen Betrag zu zahlen, der zu Beginn des Leasingverhältnisses dem beizulegenden Zeitwert des Vermögenswertes und den damit verbundenen Finanzierungskosten annähernd entspricht.

22 Werden solche Leasingtransaktionen nicht in der Bilanz des Leasingnehmers erfasst, so werden die wirtschaftlichen Ressourcen und die Höhe der Verpflichtungen eines Unternehmens zu niedrig dargestellt, wodurch finanzwirtschaftliche Kennzahlen verzerrt werden. Es ist daher angemessen, ein Finanzierungsleasing in der Bilanz des Leasingnehmers als Vermögenswert und als eine Verpflichtung für künftige Leasingzahlungen anzusetzen. Zu Beginn der Laufzeit des Leasingverhältnisses werden der Vermögenswert und die Verpflichtung für künftige Leasingzahlungen in gleicher Höhe in der Bilanz angesetzt. Davon ausgenommen sind die anfänglichen direkten Kosten des Lizenznehmers, die dem als Vermögenswert angesetzten Betrag hinzugerechnet werden.

23 Es ist nicht angemessen, Schulden aus Leasinggegenständen in den Abschlüssen als Abzug von Leasinggegenständen darzustellen. Wenn im Rahmen der Bilanz für die Darstellung der Schulden eine Unterscheidung zwischen kurzfristigen und langfristigen Schulden vorgenommen wird, wird dieselbe Unterscheidung für Schulden aus dem Leasingverhältnis vorgenommen.

24 Anfängliche direkte Kosten werden oft in Verbindung mit spezifischen Leasingaktivitäten verursacht, wie dem Aushandeln und Absichern von Leasingvereinbarungen. Die Kosten, die den Aktivitäten des Leasingnehmers für ein Finanzierungsleasing direkt zugerechnet werden können, werden dem als Vermögenswert angesetzten Betrag hinzugerechnet.

In accordance with IAS 40, it is possible for a lessee to classify a property interest held under an operating lease as an investment property. If it does, the property interest is accounted for as if it were a finance lease and, in addition, the fair value model is used for the asset recognised. The lessee shall continue to account for the lease as a finance lease, even if a subsequent event changes the nature of the lessee's property interest so that it is no longer classified as investment property. This will be the case if, for example, the lessee:

(a) occupies the property, which is then transferred to owner-occupied property at a deemed cost equal to its fair value at the date of change in use; or
(b) grants a sublease that transfers substantially all of the risks and rewards incidental to ownership of the interest to an unrelated third party. Such a sublease is accounted for by the lessee as a finance lease to the third party, although it may be accounted for as an operating lease by the third party.

LEASES IN THE FINANCIAL STATEMENTS OF LESSEES

Finance Leases

Initial Recognition

At the commencement of the lease term, lessees shall recognise finance leases as assets and liabilities in their balance sheets at amounts equal to the fair value of the leased property or, if lower, the present value of the minimum lease payments, each determined at the inception of the lease. The discount rate to be used in calculating the present value of the minimum lease payments is the interest rate implicit in the lease, if this is practicable to determine; if not, the lessee's incremental borrowing rate shall be used. Any initial direct costs of the lessee are added to the amount recognised as an asset.

Transactions and other events are accounted for and presented in accordance with their substance and financial reality and not merely with legal form. Although the legal form of a lease agreement is that the lessee may acquire no legal title to the leased asset, in the case of finance leases the substance and financial reality are that the lessee acquires the economic benefits of the use of the leased asset for the major part of its economic life in return for entering into an obligation to pay for that right an amount approximating, at the inception of the lease, the fair value of the asset and the related finance charge.

If such lease transactions are not reflected in the lessee's balance sheet, the economic resources and the level of obligations of an entity are understated, thereby distorting financial ratios. Therefore, it is appropriate for a finance lease to be recognised in the lessee's balance sheet both as an asset and as an obligation to pay future lease payments. At the commencement of the lease term, the asset and the liability for the future lease payments are recognised in the balance sheet at the same amounts except for any initial direct costs of the lessee that are added to the amount recognised as an asset.

It is not appropriate for the liabilities for leased assets to be presented in the financial statements as a deduction from the leased assets. If for the presentation of liabilities on the face of the balance sheet a distinction is made between current and non-current liabilities, the same distinction is made for lease liabilities.

Initial direct costs are often incurred in connection with specific leasing activities, such as negotiating and securing leasing arrangements. The costs identified as directly attributable to activities performed by the lessee for a finance lease are added to the amount recognised as an asset.

Folgebewertung

25 Die Mindestleasingzahlungen sind in die Finanzierungskosten und den Tilgungsanteil der Restschuld aufzuteilen. Die Finanzierungskosten sind so über die Laufzeit des Leasingverhältnisses zu verteilen, dass über die Perioden ein konstanter Zinssatz auf die verbliebene Schuld entsteht. Bedingte Mietzahlungen werden in der Periode, in der sie anfallen, als Aufwand erfasst.

26 Zur Vereinfachung der Berechnungen kann der Leasingnehmer in der Praxis Näherungsverfahren verwenden, um Finanzierungskosten den Perioden während der Laufzeit des Leasingverhältnisses zuzuordnen.

27 Ein Finanzierungsleasing führt in jeder Periode zu einem Abschreibungsaufwand bei abschreibungsfähigen Vermögenswerten sowie zu einem Finanzierungsaufwand. Die Abschreibungsgrundsätze für abschreibungsfähige Leasinggegenstände haben mit den Grundsätzen übereinzustimmen, die auf abschreibungsfähige Vermögenswerte angewendet werden, die sich im Eigentum des Unternehmens befinden; die Abschreibungen sind gemäß IAS 16 *Sachanlagen* und IAS 38 *Immaterielle Vermögenswerte zu berechnen*. Ist zu Beginn des Leasingverhältnisses nicht hinreichend sicher, dass das Eigentum auf den Leasingnehmer übergeht, so ist der Vermögenswert über den kürzeren der beiden Zeiträume, Laufzeit des Leasingverhältnisses oder Nutzungsdauer, vollständig abzuschreiben.

28 Das Abschreibungsvolumen eines Leasinggegenstandes wird planmäßig auf jede Berichtsperiode während des Zeitraumes der erwarteten Nutzung verteilt, und zwar in Übereinstimmung mit den Abschreibungsgrundsätzen, die der Leasingnehmer auch auf in seinem Eigentum befindliche abschreibungsfähige Vermögenswerte anwendet. Ist der Eigentumsübergang auf den Leasingnehmer am Ende der Laufzeit des Leasingverhältnisses hinreichend sicher, so entspricht der Zeitraum der erwarteten Nutzung der Nutzungsdauer des Vermögenswertes. Andernfalls wird der Vermögenswert über den Kürzeren der beiden Zeiträume, Laufzeit des Leasingverhältnisses oder Nutzungsdauer, abgeschrieben.

29 Die Summe des Abschreibungsaufwandes für den Vermögenswert und des Finanzierungsaufwandes für die Periode entspricht nur in seltenen Fällen den Leasingzahlungen für die Periode. Es ist daher unangemessen, einfach die zu zahlenden Leasingzahlungen als Aufwand zu berücksichtigen. Folglich werden sich nach dem Beginn der Laufzeit des Leasingverhältnisses der Vermögenswert und die damit verbundene Schuld in ihrem Betrag vermutlich nicht mehr entsprechen.

30 Um zu beurteilen, ob ein Leasinggegenstand in seinem Wert gemindert ist, wendet ein Unternehmen IAS 36 *Wertminderung von Vermögenswerten* an.

31 Leasingnehmer haben bei einem Finanzierungsleasing zusätzlich zu den Vorschriften des IFRS 7 *Finanzinstrumente: Angaben* die folgenden Angaben zu machen:
   (a) für jede Gruppe von Vermögenswerten den Nettobuchwert zum Bilanzstichtag;
   (b) eine Überleitungsrechnung von der Summe der künftigen Mindestleasingzahlungen zum Bilanzstichtag zu deren Barwert. Ein Unternehmen hat zusätzlich die Summe der künftigen Mindestleasingzahlungen zum Bilanzstichtag und deren Barwert für jede der folgenden Perioden anzugeben:
      (i) bis zu einem Jahr;
      (ii) länger als ein Jahr und bis zu fünf Jahren;
      (iii) länger als fünf Jahre;
   (c) in der Periode als Aufwand erfasste bedingte Mietzahlungen;
   (d) die Summe der künftigen Mindestzahlungen aus Untermietverhältnissen zum Bilanzstichtag, deren Erhalt auf Grund von unkündbaren Untermietverhältnissen erwartet wird; und
   (e) eine allgemeine Beschreibung der wesentlichen Leasingvereinbarungen des Leasingnehmers, einschließlich der Folgenden, aber nicht darauf beschränkt:
      (i) die Grundlage, auf der bedingte Mietzahlungen festgelegt sind;
      (ii) das Bestehen und die Bestimmungen von Verlängerungs- oder Kaufoptionen und Preisanpassungsklauseln; und
      (iii) durch Leasingvereinbarungen auferlegte Beschränkungen, wie solche, die Dividenden, zusätzliche Schulden und weitere Leasingverhältnisse betreffen.

32 Außerdem finden für Leasingnehmer von im Rahmen von Finanzierungs-Leasingverhältnissen geleasten Vermögenswerten die Angabepflichten gemäß IAS 16, IAS 36, IAS 38, IAS 40 und IAS 41 Anwendung.

Subsequent Measurement

Minimum lease payments shall be apportioned between the finance charge and the reduction of the outstanding liability. The finance charge shall be allocated to each period during the lease term so as to produce a constant periodic rate of interest on the remaining balance of the liability. Contingent rents shall be charged as expenses in the periods in which they are incurred. **25**

In practice, in allocating the finance charge to periods during the lease term, a lessee may use some form of approximation to simplify the calculation. **26**

A finance lease gives rise to depreciation expense for depreciable assets as well as finance expense for each accounting period. The depreciation policy for depreciable leased assets shall be consistent with that for depreciable assets that are owned, and the depreciation recognised shall be calculated in accordance with IAS 16 *Property, Plant and Equipment* and IAS 38 *Intangible Assets*. If there is no reasonable certainty that the lessee will obtain ownership by the end of the lease term, the asset shall be fully depreciated over the shorter of the lease term and its useful life. **27**

The depreciable amount of a leased asset is allocated to each accounting period during the period of expected use on a systematic basis consistent with the depreciation policy the lessee adopts for depreciable assets that are owned. If there is reasonable certainty that the lessee will obtain ownership by the end of the lease term, the period of expected use is the useful life of the asset; otherwise the asset is depreciated over the shorter of the lease term and its useful life. **28**

The sum of the depreciation expense for the asset and the finance expense for the period is rarely the same as the lease payments payable for the period, and it is, therefore, inappropriate simply to recognise the lease payments payable as an expense. Accordingly, the asset and the related liability are unlikely to be equal in amount after the commencement of the lease term. **29**

To determine whether a leased asset has become impaired, an entity applies IAS 36 *Impairment of Assets*. **30**

Lessees shall, in addition to meeting the requirements of IFRS 7 Financial Instruments: Disclosures, make the following disclosures for finance leases: **31**
(a) for each class of asset, the net carrying amount at the balance sheet date.
(b) a reconciliation between the total of future minimum lease payments at the balance sheet date, and their present value. In addition, an entity shall disclose the total of future minimum lease payments at the balance sheet date, and their present value, for each of the following periods:
   (i) not later than one year;
   (ii) later than one year and not later than five years;
   (iii) later than five years.
(c) contingent rents recognised as an expense in the period.
(d) the total of future minimum sublease payments expected to be received under non-cancellable subleases at the balance sheet date.
(e) a general description of the lessee's material leasing arrangements including, but not limited to, the following:
   (i) the basis on which contingent rent payable is determined;
   (ii) the existence and terms of renewal or purchase options and escalation clauses; and
   (iii) restrictions imposed by lease arrangements, such as those concerning dividends, additional debt, and further leasing.

In addition, the requirements for disclosure in accordance with IAS 16, IAS 36, IAS 38, IAS 40 and IAS 41 apply to lessees for assets leased under finance leases. **32**

IAS 17

Operating-Leasingverhältnisse

33 Leasingzahlungen innerhalb eines Operating-Leasingverhältnisses sind als Aufwand linear über die Laufzeit des Leasingverhältnisses zu erfassen, es sei denn, eine andere systematische Grundlage entspricht eher dem zeitlichen Verlauf des Nutzens für den Leasingnehmer[2].

34 Bei einem Operating-Leasingverhältnis werden Leasingzahlungen (mit Ausnahme von Aufwendungen für Leistungen wie Versicherung und Instandhaltung) linear als Aufwand erfasst, es sei denn, eine andere systematische Grundlage entspricht dem zeitlichen Verlauf des Nutzens für den Leasingnehmer, selbst wenn die Zahlungen nicht auf dieser Grundlage erfolgen.

35 Leasingnehmer haben bei Operating-Leasingverhältnissen zusätzlich zu den Vorschriften des IFRS 7 die folgenden Angaben zu machen:
(a) die Summe der künftigen Mindestleasingzahlungen auf Grund von unkündbaren Operating-Leasingverhältnissen für jede der folgenden Perioden:
   (i) bis zu einem Jahr;
   (ii) länger als ein Jahr und bis zu fünf Jahren;
   (iii) länger als fünf Jahre;
(b) die Summe der künftigen Mindestzahlungen aus Untermietverhältnissen zum Bilanzstichtag, deren Erhalt auf Grund von unkündbaren Untermietverhältnissen erwartet wird; und
(c) Zahlungen aus Leasingverhältnissen und Untermietverhältnissen, die in der Berichtsperiode als Aufwand erfasst sind, getrennt nach Beträgen für Mindestleasingzahlungen, bedingte Mietzahlungen und Zahlungen aus Untermietverhältnissen;
(d) eine allgemeine Beschreibung der wesentlichen Leasingvereinbarungen des Leasingnehmers, einschließlich der Folgenden, aber nicht darauf beschränkt:
   (i) die Grundlage, auf der bedingte Mietzahlungen festgelegt sind;
   (ii) das Bestehen und die Bestimmungen von Verlängerungs- oder Kaufoptionen und Preisanpassungsklauseln; und
   (iii) durch Leasingvereinbarungen auferlegte Beschränkungen, wie solche, die Dividenden, zusätzliche Schulden und weitere Leasingverhältnisse betreffen.

LEASINGVERHÄLTNISSE IN DEN ABSCHLÜSSEN DER LEASINGGEBER

Finanzierungs-Leasingverhältnisse

Erstmaliger Ansatz

36 Leasinggeber haben Vermögenswerte aus einem Finanzierungsleasing in ihren Bilanzen anzusetzen und sie als Forderungen darzustellen, und zwar in Höhe des Nettoinvestitionswertes aus dem Leasingverhältnis.

37 Bei einem Finanzierungsleasing werden im Wesentlichen alle mit dem rechtlichen Eigentum verbundenen Risiken und Chancen vom Leasinggeber übertragen, und daher werden die ausstehenden Leasingzahlungen vom Leasinggeber als Kapitalrückzahlung und Finanzertrag behandelt, um dem Leasinggeber seine Finanzinvestition zurückzuerstatten und ihn für seine Dienstleistungen zu entlohnen.

38 Dem Leasinggeber entstehen häufig anfängliche direkte Kosten, wie Provisionen, Rechtsberatungsgebühren und interne Kosten, die zusätzlich anfallen und direkt den Verhandlungen und dem Abschluss eines Leasingvertrags zugerechnet werden können. Davon ausgenommen sind Gemeinkosten, die beispielsweise durch das Verkaufs- und Marketingpersonal entstehen. Bei einem Finanzierungsleasing, an dem kein Hersteller oder Händler als Leasinggeber beteiligt ist, werden die anfänglichen direkten Kosten bei der erstmaligen Bewertung der Forderungen aus dem Finanzierungsleasing einbezogen und vermindern die Höhe der über die Laufzeit des Leasingverhältnissees zu erfassenden Erträge. Der dem Leasingverhältnis zugrunde liegende Zinssatz wird so festgelegt, dass die anfänglichen direkten Kosten automatisch in den Forderungen aus dem Finanzierungsleasing enthalten sind und nicht gesondert hinzugerechnet werden müssen. Die Kosten, die Herstellern oder Händlern als Leasinggeber im Zusammenhang mit den Verhandlungen und dem Abschluss eines Leasingvertrags entstehen,

---

[2] Siehe auch SIC-15 *Operating-Leasingverhältnisse – Anreizvereinbarungen*.

Operating Leases

Lease payments under an operating lease shall be recognised as an expense on a straight-line basis over the lease term unless another systematic basis is more representative of the time pattern of the user's benefit[2]. 33

For operating leases, lease payments (excluding costs for services such as insurance and maintenance) are recognised as an expense on a straight-line basis unless another systematic basis is representative of the time pattern of the user's benefit, even if the payments are not on that basis. 34

Lessees shall, in addition to meeting the requirements of IFRS 7, make the following disclosures for operating leases: 35
(a) the total of future minimum lease payments under non—cancellable operating leases for each of the following periods:
    (i) not later than one year;
    (ii) later than one year and not later than five years;
    (iii) later than five years.
(b) the total of future minimum sublease payments expected to be received under non-cancellable subleases at the balance sheet date.
(c) lease and sublease payments recognised as an expense in the period, with separate amounts for minimum lease payments, contingent rents, and sublease payments.
(d) a general description of the lessee's significant leasing arrangements including, but not limited to, the following:
    (i) the basis on which contingent rent payable is determined;
    (ii) the existence and terms of renewal or purchase options and escalation clauses; and
    (iii) restrictions imposed by lease arrangements, such as those concerning dividends, additional debt and further leasing.

LEASES IN THE FINANCIAL STATEMENTS OF LESSORS

Finance Leases

Initial Recognition

Lessors shall recognise assets held under a finance lease in their balance sheets and present them as a receivable at an amount equal to the net investment in the lease. 36

Under a finance lease substantially all the risks and rewards incidental to legal ownership are transferred by the lessor, and thus the lease payment receivable is treated by the lessor as repayment of principal and finance income to reimburse and reward the lessor for its investment and services. 37

Initial direct costs are often incurred by lessors and include amounts such as commissions, legal fees and internal costs that are incremental and directly attributable to negotiating and arranging a lease. They exclude general overheads such as those incurred by a sales and marketing team. For finance leases other than those involving manufacturer or dealer lessors, initial direct costs are included in the initial measurement of the finance lease receivable and reduce the amount of income recognised over the lease term. The interest rate implicit in the lease is defined in such a way that the initial direct costs are included automatically in the finance lease receivable; there is no need to add them separately. Costs incurred by manufacturer or dealer lessors in connection with negotiating and arranging a lease are excluded from the definition of initial direct costs. As a result, they are excluded from the net investment in the lease and are recognised as an expense when the selling profit is recognised, which for a finance lease is normally at the commencement of the lease term. 38

---

2 See also SIC-15 *Operating Leases—Incentives*.

sind von der Definition der anfänglichen direkten Kosten ausgenommen. Folglich bleiben sie bei der Nettoinvestition in ein Leasingverhältnis unberücksichtigt und werden bei der Erfassung des Verkaufsgewinns, was bei einem Finanzierungsleasing normalerweise zu Beginn der Laufzeit des Leasingverhältnisses der Fall ist, als Aufwand erfasst.

Folgebewertung

39 Die Erfassung der Finanzerträge ist auf eine Weise vorzunehmen, die eine konstante periodische Verzinsung der Nettoinvestition des Leasinggebers in das Finanzierungs-Leasingverhältnis widerspiegelt.

40 Ziel eines Leasinggebers ist es, die Finanzerträge über die Laufzeit des Leasingverhältnisses auf einer planmäßigen und vernünftigen Grundlage zu verteilen. Diese Ertragsverteilung basiert auf einer konstanten periodischen Verzinsung der Nettoinvestition des Leasinggebers in das Finanzierungs-Leasingverhältnis. Leasingzahlungen der Berichtsperiode, ausgenommen solcher für Dienstleistungen, werden mit der Bruttoinvestition in das Leasingverhältnis verrechnet, um sowohl den Nominalbetrag als auch den nicht realisierten Finanzertrag zu reduzieren.

41 Geschätzte nicht garantierte Restwerte, die für die Berechnung der Bruttoinvestition des Leasinggebers angesetzt werden, werden regelmäßig überprüft. Im Falle einer Minderung des geschätzten nicht garantierten Restwertes wird die Ertragsverteilung über die Laufzeit des Leasingverhältnisses berichtigt, und jede Minderung bereits abgegrenzter Beiträge wird unmittelbar erfasst.

41A Vermögenswerte aus einem Finanzierungsleasing, die gemäß IFRS 5 als zur Veräußerung gehalten klassifiziert werden (oder zu einer als zur Veräußerung gehalten klassifizierten Veräußerungsgruppe gehören), sind gemäß diesem IFRS zu bilanzieren.

42 **Hersteller oder Händler als Leasinggeber haben den Verkaufsgewinn oder -verlust nach der gleichen Methode im Ergebnis zu erfassen, die das Unternehmen bei direkten Verkaufsgeschäften anwendet. Werden künstlich niedrige Zinsen verwendet, so ist der Verkaufsgewinn auf die Höhe zu beschränken, die sich bei Berechnung mit einem marktüblichen Zinssatz ergeben hätte. Kosten, die Herstellern oder Händlern als Leasinggeber im Zusammenhang mit den Verhandlungen und dem Abschluss eines Leasingvertrages entstehen, sind bei der Erfassung des Verkaufsgewinns als Aufwand zu berücksichtigen.**

43 Händler und Hersteller lassen ihren Kunden häufig die Wahl zwischen Erwerb oder Leasing eines Vermögenswertes. Aus dem Finanzierungsleasing eines Vermögenswertes durch einen Händler oder Hersteller ergeben sich zwei Arten von Ertrag:
   (a) der Gewinn oder Verlust, der dem Gewinn oder Verlust aus dem direkten Verkauf des Leasinggegenstandes zu normalen Verkaufspreisen entspricht und jegliche anwendbaren Mengen- oder Handelsrabatte widerspiegelt; und
   (b) der Finanzertrag über die Laufzeit des Leasingverhältnisses.

44 Der zu Beginn der Laufzeit eines Leasingverhältnisses von einem Leasinggeber, der Händler oder Hersteller ist, zu erfassende Umsatzerlös ist der beizulegende Zeitwert des Vermögenswertes oder, wenn niedriger, der dem Leasinggeber zuzurechnende Barwert der Mindestleasingzahlungen, berechnet auf Grundlage eines marktüblichen Zinssatzes. Die zu Beginn der Laufzeit des Leasingverhältnisses zu erfassenden Umsatzkosten sind die Anschaffungs- oder Herstellungskosten bzw., falls abweichend, der Buchwert des Leasinggegenstandes abzüglich des Barwertes des nicht garantierten Restwertes. Der Differenzbetrag zwischen dem Umsatzerlös und den Umsatzkosten ist der Verkaufsgewinn, der gemäß den vom Unternehmen bei direkten Verkäufen befolgten Grundsätzen erfasst wird.

45 Leasinggeber, die Händler oder Hersteller sind, verwenden manchmal künstlich niedrige Zinssätze, um das Interesse von Kunden zu wecken. Die Verwendung eines solchen Zinssatzes würde im Verkaufszeitpunkt zur Erfassung eines übermäßig hohen Anteiles des Gesamtertrages aus der Transaktion führen. Werden künstlich niedrige Zinsen verwendet, so ist der Verkaufsgewinn auf die Höhe zu beschränken, die sich bei Berechnung mit einem marktüblichen Zinssatz ergeben hätte.

46 Kosten, die einem Hersteller oder Händler als Leasinggeber bei den Verhandlungen und dem Abschluss eines Finanzierungsleasingvertrags entstehen, werden zu Beginn der Laufzeit des Leasingverhältnisses als Aufwand berücksichtigt, da sie in erster Linie mit dem Verkaufsgewinn des Händlers oder Herstellers in Zusammenhang stehen.

Subsequent Measurement

The recognition of finance income shall be based on a pattern reflecting a constant periodic rate of return on the lessor's net investment in the finance lease.   39

A lessor aims to allocate finance income over the lease term on a systematic and rational basis. This income allocation is based on a pattern reflecting a constant periodic return on the lessor's net investment in the finance lease. Lease payments relating to the period, excluding costs for services, are applied against the gross investment in the lease to reduce both the principal and the unearned finance income.   40

Estimated unguaranteed residual values used in computing the lessor's gross investment in a lease are reviewed regularly. If there has been a reduction in the estimated unguaranteed residual value, the income allocation over the lease term is revised and any reduction in respect of amounts accrued is recognised immediately.   41

An asset under a finance lease that is classified as held for sale (or included in a disposal group that is classified as held for sale) in accordance with IFRS 5 shall be accounted for in accordance with that IFRS.   41A

Manufacturer or dealer lessors shall recognise selling profit or loss in the period, in accordance with the policy followed by the entity for outright sales. If artificially low rates of interest are quoted, selling profit shall be restricted to that which would apply if a market rate of interest were charged. Costs incurred by manufacturer or dealer lessors in connection with negotiating and arranging a lease shall be recognised as an expense when the selling profit is recognised.   42

Manufacturers or dealers often offer to customers the choice of either buying or leasing an asset. A finance lease of an asset by a manufacturer or dealer lessor gives rise to two types of income: 43
(a) profit or loss equivalent to the profit or loss resulting from an outright sale of the asset being leased, at normal selling prices, reflecting any applicable volume or trade discounts; and
(b) finance income over the lease term.

The sales revenue recognised at the commencement of the lease term by a manufacturer or dealer lessor is the fair value of the asset, or, if lower, the present value of the minimum lease payments accruing to the lessor, computed at a market rate of interest. The cost of sale recognised at the commencement of the lease term is the cost, or carrying amount if different, of the leased property less the present value of the unguaranteed residual value. The difference between the sales revenue and the cost of sale is the selling profit, which is recognised in accordance with the entity's policy for outright sales.   44

Manufacturer or dealer lessors sometimes quote artificially low rates of interest in order to attract customers. The use of such a rate would result in an excessive portion of the total income from the transaction being recognised at the time of sale. If artificially low rates of interest are quoted, selling profit is restricted to that which would apply if a market rate of interest were charged.   45

Costs incurred by a manufacturer or dealer lessor in connection with negotiating and arranging a finance lease are recognised as an expense at the commencement of the lease term because they are mainly related to earning the manufacturer's or dealer's selling profit.   46

47 Leasinggeber haben bei Finanzierungs-Leasingverhältnissen zusätzlich zu den Vorschriften des IFRS 7 die folgenden Angaben zu machen:
   (a) eine Überleitung von der Bruttoinvestition in das Leasingverhältnis am Bilanzstichtag zum Barwert der am Bilanzstichtag ausstehenden Mindestleasingzahlungen. Ein Unternehmen hat zusätzlich die Bruttoinvestition in das Leasingverhältnis und den Barwert der am Bilanzstichtag ausstehenden Mindestleasingzahlungen für jede der folgenden Perioden anzugeben:
      (i) bis zu einem Jahr;
      (ii) länger als ein Jahr und bis zu fünf Jahren;
      (iii) länger als fünf Jahre;
   (b) noch nicht realisierter Finanzertrag;
   (c) die nicht garantierten Restwerte, die zu Gunsten des Leasinggebers anfallen;
   (d) die kumulierten Wertberichtigungen für uneinbringliche ausstehende Mindestleasingzahlungen;
   (e) in der Berichtsperiode als Ertrag erfasste bedingte Mietzahlungen;
   (f) eine allgemeine Beschreibung der wesentlichen Leasingvereinbarungen des Leasinggebers.

48 Es ist häufig sinnvoll, auch die Bruttoinvestition, vermindert um die noch nicht realisierten Erträge, aus in der Berichtsperiode abgeschlossenem Neugeschäft, nach Abzug der entsprechenden Beträge für gekündigte Leasingverhältnisse, als Wachstumsindikator anzugeben.

Operating-Leasingverhältnisse

49 Leasinggeber haben Vermögenswerte, die Gegenstand von Operating-Leasingverhältnissen sind, in ihrer Bilanz entsprechend der Eigenschaften dieser Vermögenswerte darzustellen.

50 Leasingerträge aus Operating-Leasingverhältnissen sind erfolgswirksam linear über die Laufzeit des Leasingverhältnisses zu erfassen, es sei denn, eine andere planmäßige Verteilung entspricht eher dem zeitlichen Verlauf, in dem sich der aus dem Leasinggegenstand erzielte Nutzenvorteil verringert[3].

51 Kosten, einschließlich Abschreibungen, die im Zusammenhang mit den Leasingerträgen anfallen, werden als Aufwand berücksichtigt. Leasingerträge (mit Ausnahme der Einnahmen aus Dienstleistungen wie Versicherungen und Instandhaltung) werden linear über die Laufzeit des Leasingverhältnisses erfasst, selbst wenn die Einnahmen nicht auf dieser Grundlage anfallen, es sei denn, eine andere planmäßige Verteilung entspricht eher dem zeitlichen Verlauf, in dem sich der aus dem Leasinggegenstand erzielte Nutzenvorteil verringert.

52 **Die anfänglichen direkten Kosten, die dem Leasinggeber bei den Verhandlungen und dem Abschluss eines Operating-Leasingverhältnisses entstehen, werden dem Buchwert des Leasinggegenstandes hinzugerechnet und über die Laufzeit des Leasingverhältnisses auf gleiche Weise wie die Leasingerträge als Aufwand erfasst.**

53 **Die Abschreibungsgrundsätze für abschreibungsfähige Leasinggegenstände haben mit den normalen Abschreibungsgrundsätzen des Leasinggebers für ähnliche Vermögenswerte überein zu stimmen; die Abschreibungen sind gemäß IAS 16 und IAS 38 zu berechnen.**

54 Um zu beurteilen, ob ein Leasinggegenstand in seinem Wert gemindert ist, wendet ein Unternehmen IAS 36 an.

55 Hersteller oder Händler als Leasinggeber setzen keinen Verkaufsgewinn beim Abschluss eines Operating-Leasingverhältnisses an, weil es nicht einem Verkauf entspricht.

56 Leasinggeber haben bei Operating-Leasingverhältnissen zusätzlich zu den Vorschriften des IFRS 7 die folgenden Angaben zu machen:
   (a) die Summe der künftigen Mindestleasingzahlungen aus unkündbaren Operating-Leasingverhältnissen als Gesamtbetrag und für jede der folgenden Perioden:
      (i) bis zu einem Jahr;
      (ii) länger als ein Jahr und bis zu fünf Jahren;
      (iii) länger als fünf Jahre;
   (b) Summe der in der Berichtsperiode als Ertrag erfassten bedingten Mietzahlungen;
   (c) eine allgemeine Beschreibung der Leasingvereinbarungen des Leasinggebers.

57 Außerdem finden für Leasinggeber von im Rahmen von Operating-Leasingverhältnissen vermieteten Vermögenswerten die Angabepflichten gemäß IAS 16, IAS 36, IAS 38, IAS 40 und IAS 41 Anwendung.

---

[3] Siehe auch SIC-15 *Operating-Leasingverhältnisse – Anreizvereinbarungen*.

Lessors shall, in addition to meeting the requirements in IFRS 7, disclose the following for finance leases: 47
(a) a reconciliation between the gross investment in the lease at the balance sheet date, and the present value of minimum lease payments receivable at the balance sheet date. In addition, an entity shall disclose the gross investment in the lease and the present value of minimum lease payments receivable at the balance sheet date, for each of the following periods:
  (i) not later than one year;
  (ii) later than one year and not later than five years;
  (iii) later than five years.
(b) unearned finance income.
(c) the unguaranteed residual values accruing to the benefit of the lessor.
(d) the accumulated allowance for uncollectible minimum lease payments receivable.
(e) contingent rents recognised as income in the period.
(f) a general description of the lessor's material leasing arrangements.

As an indicator of growth it is often useful also to disclose the gross investment less unearned income in new business added during the period, after deducting the relevant amounts for cancelled leases. 48

Operating Leases

Lessors shall present assets subject to operating leases in their balance sheets according to the nature of the asset. 49

Lease income from operating leases shall be recognised in income on a straight—line basis over the lease term, unless another systematic basis is more representative of the time pattern in which use benefit derived from the leased asset is diminished[3]. 50

Costs, including depreciation, incurred in earning the lease income are recognised as an expense. Lease income (excluding receipts for services provided such as insurance and maintenance) is recognised on a straight-line basis over the lease term even if the receipts are not on such a basis, unless another systematic basis is more representative of the time pattern in which use benefit derived from the leased asset is diminished. 51

Initial direct costs incurred by lessors in negotiating and arranging an operating lease shall be added to the carrying amount of the leased asset and recognised as an expense over the lease term on the same basis as the lease income. 52

The depreciation policy for depreciable leased assets shall be consistent with the lessor's normal depreciation policy for similar assets, and depreciation shall be calculated in accordance with IAS 16 and IAS 38. 53

To determine whether a leased asset has become impaired, an entity applies IAS 36. 54

A manufacturer or dealer lessor does not recognise any selling profit on entering into an operating lease because it is not the equivalent of a sale. 55

Lessors shall, in addition to meeting the requirements of IFRS 7, disclose the following for operating leases: 56
(a) the future minimum lease payments under non-cancellable operating leases in the aggregate and for each of the following periods:
  (i) not later than one year;
  (ii) later than one year and not later than five years;
  (iii) later than five years.
(b) total contingent rents recognised as income in the period.
(c) a general description of the lessor's leasing arrangements.

In addition, the disclosure requirements in IAS 16, IAS 36, IAS 38, IAS 40 and IAS 41 apply to lessors for assets provided under operating leases. 57

---

3   See also SIC-15 *Operating Leases—Incentives*.

SALE-AND-LEASEBACK-TRANSAKTIONEN

58 Eine Sale-and-leaseback-Transaktion umfasst die Veräußerung eines Vermögenswertes und die Rückvermietung des gleichen Vermögenswertes. Die Leasingzahlungen und der Verkaufspreis stehen normalerweise in einem Zusammenhang, da sie in den Verhandlungen gemeinsam festgelegt werden. Die Behandlung einer Sale-and-leaseback-Transaktion hängt von der Art des betreffenden Leasingverhältnisses ab.

59 **Wenn eine Sale-and-leaseback-Transaktion zu einem Finanzierungs-Leasingverhältnis führt, darf ein Überschuss der Verkaufserlöse über den Buchwert nicht unmittelbar als Ertrag des Verkäufer-Leasingnehmers erfasst werden. Stattdessen ist er abzugrenzen und über die Laufzeit des Leasingverhältnisses erfolgswirksam zu verteilen.**

60 Wenn das Lease-back ein Finanzierungs-Leasingverhältnis ist, stellt die Transaktion die Bereitstellung einer Finanzierung durch den Leasinggeber an den Leasingnehmer dar, mit dem Vermögenswert als Sicherheit. Aus diesem Grund ist es nicht angemessen, einen Überschuss der Verkaufserlöse über den Buchwert als Ertrag zu betrachten. Dieser Überschuss wird abgegrenzt und über die Laufzeit des Leasingverhältnisses erfolgswirksam verteilt.

61 **Wenn eine Sale-and-leaseback-Transaktion zu einem Operating-Leasingverhältnis führt und es klar ist, dass die Transaktion zum beizulegenden Zeitwert getätigt wird, so ist jeglicher Gewinn oder Verlust sofort zu erfassen. Liegt der Veräußerungspreis unter dem beizulegenden Zeitwert, so ist jeder Gewinn oder Verlust unmittelbar zu erfassen, mit der Ausnahme, dass ein Verlust abzugrenzen und im Verhältnis zu den Leasingzahlungen über dem voraussichtlichen Nutzungszeitraum des Vermögenswertes erfolgswirksam zu verteilen ist, wenn dieser Verlust durch künftige, unter dem Marktpreis liegende Leasingzahlungen ausgeglichen wird. Für den Fall, dass der Veräußerungspreis den beizulegenden Zeitwert übersteigt, ist der den beizulegenden Zeitwert übersteigende Betrag abzugrenzen und über den Zeitraum, in dem der Vermögenswert voraussichtlich genutzt wird, erfolgswirksam zu verteilen.**

62 Wenn das Lease-back ein Operating-Leasingverhältnis ist und die Leasingzahlungen und der Veräußerungspreis dem beizulegenden Zeitwert entsprechen, so handelt es sich faktisch um ein gewöhnliches Veräußerungsgeschäft, und jeglicher Gewinn oder Verlust wird unmittelbar erfasst.

63 **Liegt bei einem Operating-Leasingverhältnis der beizulegende Zeitwert zum Zeitpunkt der Sale-and-leaseback-Transaktion unter dem Buchwert des Vermögenswertes, so ist ein Verlust in Höhe der Differenz zwischen dem Buchwert und dem beizulegenden Zeitwert sofort zu erfassen.**

64 Beim Finanzierungsleasing ist eine solche Korrektur nicht notwendig, es sei denn, es handelt sich um eine Wertminderung. In diesem Fall wird der Buchwert gemäß IAS 36 auf den erzielbaren Betrag reduziert.

65 Angabepflichten für Leasingnehmer und Leasinggeber sind genauso auf Sale-and-leaseback-Transaktionen anzuwenden. Die erforderliche Beschreibung der wesentlichen Leasingvereinbarungen führt zu der Angabe von einzigartigen oder ungewöhnlichen Bestimmungen des Vertrages oder der Bedingungen der Sale-and-leaseback-Transaktionen.

66 Auf Sale-and-leaseback-Transaktionen können die getrennten Angabekriterien in IAS 1 *Darstellung des Abschlusses* zutreffen.

ÜBERGANGSVORSCHRIFTEN

67 Entsprechend Paragraph 68 wird eine retrospektive Anwendung dieses Standards empfohlen, aber nicht vorgeschrieben. Falls der Standard nicht retrospektiv angewendet wird, wird der Saldo eines jeden vorher existierenden Finanzierungs-Leasingverhältnisses als vom Leasinggeber zutreffend bestimmt angesehen und ist danach in Übereinstimmung mit den Vorschriften dieses Standards zu bilanzieren.

68 Ein Unternehmen, das bisher IAS 17 (überarbeitet 1997) angewendet hat, hat die mit diesem Standard vorgenommenen Änderungen entweder retrospektiv auf alle Leasingverhältnisse oder, bei keiner retrospektiven Anwendung von IAS 17 (überarbeitet 1997), auf alle Leasingverhältnisse anzuwenden, die seit der erstmaligen Anwendung dieses Standards abgeschlossen wurden.

SALE AND LEASEBACK TRANSACTIONS

58 A sale and leaseback transaction involves the sale of an asset and the leasing back of the same asset. The lease payment and the sale price are usually interdependent because they are negotiated as a package. The accounting treatment of a sale and leaseback transaction depends upon the type of lease involved.

59 **If a sale and leaseback transaction results in a finance lease, any excess of sales proceeds over the carrying amount shall not be immediately recognised as income by a seller-lessee. Instead, it shall be deferred and amortised over the lease term.**

60 If the leaseback is a finance lease, the transaction is a means whereby the lessor provides finance to the lessee, with the asset as security. For this reason it is not appropriate to regard an excess of sales proceeds over the carrying amount as income. Such excess is deferred and amortised over the lease term.

61 **If a sale and leaseback transaction results in an operating lease, and it is clear that the transaction is established at fair value, any profit or loss shall be recognised immediately. If the sale price is below fair value, any profit or loss shall be recognised immediately except that, if the loss is compensated for by future lease payments at below market price, it shall be deferred and amortised in proportion to the lease payments over the period for which the asset is expected to be used. If the sale price is above fair value, the excess over fair value shall be deferred and amortised over the period for which the asset is expected to be used.**

62 If the leaseback is an operating lease, and the lease payments and the sale price are at fair value, there has in effect been a normal sale transaction and any profit or loss is recognised immediately.

63 **For operating leases, if the fair value at the time of a sale and leaseback transaction is less than the carrying amount of the asset, a loss equal to the amount of the difference between the carrying amount and fair value shall be recognised immediately.**

64 For finance leases, no such adjustment is necessary unless there has been an impairment in value, in which case the carrying amount is reduced to recoverable amount in accordance with IAS 36.

65 Disclosure requirements for lessees and lessors apply equally to sale and leaseback transactions. The required description of material leasing arrangements leads to disclosure of unique or unusual provisions of the agreement or terms of the sale and leaseback transactions.

66 Sale and leaseback transactions may trigger the separate disclosure criteria in IAS 1 *Presentation of Financial Statements*.

TRANSITIONAL PROVISIONS

67 Subject to paragraph 68, retrospective application of this Standard is encouraged but not required. If the Standard is not applied retrospectively, the balance of any pre-existing finance lease is deemed to have been properly determined by the lessor and shall be accounted for thereafter in accordance with the provisions of this Standard.

68 An entity that has previously applied IAS 17 (revised 1997) shall apply the amendments made by this Standard retrospectively for all leases or, if IAS 17 (revised 1997) was not applied retrospectively, for all leases entered into since it first applied that Standard.

ZEITPUNKT DES INKRAFTTRETENS

69 Dieser Standard ist erstmals in der ersten Berichtsperiode eines am 1. Januar 2005 oder danach beginnenden Geschäftsjahres anzuwenden. Eine frühere Anwendung wird empfohlen. Wenn ein Unternehmen diesen Standard für Berichtsperioden anwendet, die vor dem 1. Januar 2005 beginnen, so ist diese Tatsache anzugeben.

RÜCKNAHME VON IAS 17 (ÜBERARBEITET 1997)

70 Der vorliegende Standard ersetzt IAS 17 *Leasingverhältnisse* (überarbeitet 1997).

EFFECTIVE DATE

An entity shall apply this Standard for annual periods beginning on or after 1 January 2005. Earlier application is encouraged. If an entity applies this Standard for a period beginning before 1 January 2005 it shall disclose that fact. 69

WITHDRAWAL OF IAS 17 (REVISED 1997)

This Standard supersedes IAS 17 *Leases* (revised in 1997). 70

International Accounting Standard 18

Erträge

> International Accounting Standard 18 *Erträge* (IAS 18) ist in den Paragraphen 1–37 festgelegt. Alle Paragraphen sind gleichrangig, behalten jedoch das IASC-Format des Standards, mit dem dieser durch den IASB verabschiedet wurde. IAS 18 ist in Verbindung mit seiner Zielsetzung, dem *Vorwort zu den International Financial Reporting Standards* und dem *Rahmenkonzept für die Aufstellung und Darstellung von Abschlüssen* zu betrachten. IAS 8 *Bilanzierungs- und Bewertungsmethoden, Änderungen von Schätzungen und Fehler*, stellt beim Fehlen ausdrücklicher Leitlinien eine Grundlage für die Auswahl und für die Anwendung von Bilanzierungs- und Bewertungsmethoden bereit.

1998 änderte IAS 39, Finanzinstrumente: Ansatz und Bewertung, den Paragraphen 11 des IAS 18 durch Einfügen eines Querverweises auf IAS 39.

Im Mai 1999 änderte IAS 10 (überarbeitet 1999), Ereignisse nach dem Bilanzstichtag, Paragraph 36. Der geänderte Text trat in Kraft, als IAS 10 (überarbeitet 1999) in Kraft trat – d. h. er war erstmals in der ersten Berichtsperiode eines am 1. Januar 2000 oder danach beginnenden Geschäftsjahres anzuwenden.

Im Januar 2001 wurde der Paragraph 6 durch IAS 41, Landwirtschaft, geändert. Der geänderte Text ist erstmals in der ersten Berichtsperiode eines am 1. Januar 2003 oder danach beginnenden Geschäftsjahres anzuwenden.

Folgende SIC-Interpretationen beziehen sich auf IAS 18:
– SIC-27: Beurteilung des wirtschaftlichen Gehalts von Transaktionen in der rechtlichen Form von Leasingverhältnissen,
– SIC-31: Erträge – Tausch von Werbeleistungen.

INHALT	Ziffer
Zielsetzung	
Anwendungsbereich	1–6
Definitionen	7–8
Bemessung der Erträge	9–12
Abgrenzung eines Geschäftsvorfalls	13
Verkauf von Gütern	14–19
Erbringen von Dienstleistungen	20–28
Zinsen, Nutzungsentgelte und Dividenden	29–34
Angaben	35–36
Zeitpunkt des Inkrafttretens	37

Die fett gedruckten Vorschriften sind in Verbindung mit den Hintergrundmaterialien und den Anwendungsleitlinien dieses Standards sowie in Verbindung mit dem Vorwort zu den International Accounting Standards zu betrachten. International Accounting Standards brauchen nicht auf unwesentliche Sachverhalte angewendet zu werden (siehe Paragraph 12 des Vorwortes).

ZIELSETZUNG

Ertrag ist im Rahmenkonzept für die Aufstellung und Darstellung von Abschlüssen als Zunahme wirtschaftlichen Nutzens während der Berichtsperiode in Form von Zuflüssen oder Wertsteigerungen von Vermögenswerten oder einer Verringerung von Schulden definiert, durch die sich das Eigenkapital unabhängig von Einlagen der Anteilseigner erhöht. Ertrag umfasst verschiedene Arten von positiven Erfolgsbeiträgen, darunter solche, die im Rahmen der gewöhnlichen Tätigkeit eines Unternehmens anfallen und eine Vielzahl unterschiedlicher Bezeichnungen haben, wie Umsatzerlöse, Dienstleistungsentgelte, Zinsen, Dividenden und Lizenzerträge. Zielsetzung dieses Standards ist es, die Behandlung von Erträgen festzulegen, die sich aus bestimmten Geschäftsvorfällen und Ereignissen ergeben.

Die primäre Fragestellung bei der Bilanzierung von Erträgen besteht darin, den Zeitpunkt der Ertragserfassung zu bestimmen. Ertrag ist zu erfassen, wenn hinreichend wahrscheinlich ist, dass dem Unternehmen ein künftiger wirtschaftlicher Nutzen erwächst und dieser verlässlich bestimmt werden kann. Dieser Standard

International Accounting Standard 18

Revenue

> International Accounting Standard 18 *Revenue* (IAS 18) is set out in paragraphs 1—37. All the paragraphs have equal authority but retain the IASC format of the Standard when it was adopted by the IASB. IAS 18 should be read in the context of its objective the *Preface to International Financial Reporting Standards* and the *Framework for the Preparation and Presentation of Financial Statements*. IAS 8 *Accounting Policies, Changes in Accounting Estimates and Errors* provides a basis for selecting and applying accounting policies in the absence of explicit guidance.

In 1998, IAS 39, financial instruments: recognition and measurement, amended paragraph 11 of IAS 18 by inserting a cross-reference to IAS 39.

In May 1999, IAS 10 (revised 1999), events after the balance sheet date, amended paragraph 36. The amended text became effective for annual financial statements covering periods beginning on or after 1 January 2000.

In January 2001, IAS 41, agriculture, amended paragraph 6. IAS 41 is effective for annual financial statements covering periods beginning on or after 1 January 2003.

The following SIC interpretations relate to IAS 18:
– SIC-27: evaluating the substance of transactions in the legal form of a lease,
– SIC-31: revenue—barter transactions involving advertising services.

SUMMARY

	Paragraphs
Objective	
Scope	1—6
Definitions	7—8
Measurement of revenue	9—12
Identification of the transaction	13
Sale of goods	14—19
Rendering of services	20—28
Interest, royalties and dividends	29—34
Disclosure	35—36
Effective date	37

The standards, which have been set in bold type, should be read in the context of the background material and implementation guidance in this Standard, and in the context of the 'Preface to International Accounting Standards'. International Accounting Standards are not intended to apply to immaterial items (see paragraph 12 of the Preface).

OBJECTIVE

Income is defined in the framework for the preparation and presentation of financial statements as increases in economic benefits during the accounting period in the form of inflows or enhancements of assets or decreases of liabilities that result in increases in equity, other than those relating to contributions from equity participants. Income encompasses both revenue and gains. Revenue is income that arises in the course of ordinary activities of an enterprise and is referred to by a variety of different names including sales, fees, interest, dividends and royalties. The objective of this Standard is to prescribe the accounting treatment of revenue arising from certain types of transactions and events.

The primary issue in accounting for revenue is determining when to recognise revenue. Revenue is recognised when it is probable that future economic benefits will flow to the enterprise and these benefits can be measured reliably. This Standard identifies the circumstances in which these criteria will be met and, therefore, revenue will be recognised. It also provides practical guidance on the application of these criteria.

bestimmt die Umstände, unter denen diese Voraussetzungen erfüllt sind und infolgedessen ein Ertrag zu erfassen ist. Er gibt außerdem praktische Anleitung zur Anwendung dieser Voraussetzungen.

ANWENDUNGSBEREICH

1   Dieser Standard ist auf die Bilanzierung von Erträgen anzuwenden, die sich aus folgenden Geschäftsvorfällen und Ereignissen ergeben:
    (a) dem Verkauf von Gütern;
    (b) dem Erbringen von Dienstleistungen; und
    (c) der Nutzung von Vermögenswerten des Unternehmens durch Dritte gegen Zinsen, Nutzungsentgelte und Dividenden.

2   Dieser Standard ersetzt den 1982 genehmigten IAS 18, Ertragserfassung.

3   Güter schließen sowohl Erzeugnisse ein, die von einem Unternehmen für den Verkauf hergestellt worden sind, als auch Waren, die für den Weiterverkauf erworben worden sind, wie etwa Handelswaren, die von einem Einzelhändler gekauft worden sind, oder Grundstücke und andere Sachanlagen, die für den Weiterverkauf bestimmt sind.

4   Das Erbringen von Dienstleistungen umfasst typischerweise die Ausführung vertraglich vereinbarter Aufgaben über einen vereinbarten Zeitraum durch das Unternehmen. Die Leistungen können innerhalb einer einzelnen Periode oder auch über mehrere Perioden hinweg erbracht werden. Teilweise sind die Verträge für das Erbringen von Dienstleistungen direkt mit langfristigen Fertigungsaufträgen verbunden. Dies betrifft beispielsweise die Leistungen von Projektmanagern und Architekten. Erträge, die aus diesen Verträgen resultieren, werden nicht in diesem Standard behandelt, sondern sind durch die Bestimmungen für Fertigungsaufträge in IAS 11, Fertigungsaufträge, geregelt.

5   Die Nutzung von Vermögenswerten des Unternehmens durch Dritte führt zu Erträgen in Form von:
    (a) Zinsen – Entgelte für die Überlassung von Zahlungsmitteln oder Zahlungsmitteläquivalenten oder für die Stundung von Zahlungsansprüchen;
    (b) Nutzungsentgelten – Entgelte für die Überlassung langlebiger immaterieller Vermögenswerte des Unternehmens, beispielsweise Patente, Warenzeichen, Urheberrechte und Computersoftware; und
    (c) Dividenden – Gewinnausschüttungen an die Inhaber von Kapitalbeteiligungen im Verhältnis zu den von ihnen gehaltenen Anteilen einer bestimmten Kapitalgattung.

6   Dieser Standard befasst sich nicht mit Erträgen aus:
    (a) Leasingverträgen (siehe hierzu IAS 17, Leasingverhältnisse);
    (b) Dividenden für Anteile, die nach der Equity-Methode bilanziert werden (siehe hierzu IAS 28, Anteile an assoziierten Unternehmen);
    (c) Versicherungsverträge im Anwendungsbereich von IFRS 4 *Versicherungsverträge*.
    (d) Änderungen des beizulegenden Zeitwertes finanzieller Vermögenswerte oder Schulden bzw. deren Abgang (siehe IAS 39, Finanzinstrumente: Ansatz und Bewertung);
    (e) Wertänderungen bei anderen kurzfristigen Vermögenswerten;
    (f) dem erstmaligen Ansatz und aus Änderungen des beizulegenden Zeitwertes der biologischen Vermögenswerte, die mit landwirtschaftlicher Tätigkeit im Zusammenhang stehen (siehe IAS 41, Landwirtschaft);
    (g) dem erstmaligen Ansatz landwirtschaftlicher Erzeugnisse (siehe IAS 41, Landwirtschaft); und
    (h) dem Abbau von Bodenschätzen.

DEFINITIONEN

7   Folgende Begriffe werden in diesem Standard mit der angegebenen Bedeutung verwendet:
    Ertrag ist der aus der gewöhnlichen Tätigkeit eines Unternehmens resultierende Bruttozufluss wirtschaftlichen Nutzens während der Berichtsperiode, der zu einer Erhöhung des Eigenkapitals führt, soweit er nicht aus Einlagen der Anteilseigner stammt.
    Der beizulegende Zeitwert ist der Betrag, zu dem zwischen sachverständigen, vertragswilligen und voneinander unabhängigen Geschäftspartnern ein Vermögenswert getauscht oder eine Schuld beglichen werden könnte.

SCOPE

This Standard should be applied in accounting for revenue arising from the following transactions and events: 1
(a) the sale of goods;
(b) the rendering of services; and
(c) the use by others of enterprise assets yielding interest, royalties and dividends.

This Standard supersedes IAS 18, revenue recognition, approved in 1982. 2

Goods includes goods produced by the enterprise for the purpose of sale and goods purchased for resale, such as merchandise purchased by a retailer or land and other property held for resale. 3

The rendering of services typically involves the performance by the enterprise of a contractually agreed task over an agreed period of time. The services may be rendered within a single period or over more than one period. Some contracts for the rendering of services are directly related to construction contracts, for example, those for the services of project managers and architects. Revenue arising from these contracts is not dealt with in this Standard but is dealt with in accordance with the requirements for construction contracts as specified in IAS 11, construction contracts. 4

The use by others of enterprise assets gives rise to revenue in the form of: 5
(a) interest—charges for the use of cash or cash equivalents or amounts due to the enterprise;
(b) royalties—charges for the use of long-term assets of the enterprise, for example, patents, trademarks, copyrights and computer software; and
(c) dividends—distributions of profits to holders of equity investments in proportion to their holdings of a particular class of capital.

This Standard does not deal with revenue arising from: 6
(a) lease agreements (see IAS 17, leases);
(b) dividends arising from investments which are accounted for under the equity method (see IAS 28, Investments in Associates);
(c) insurance contracts within the scope of IFRS 4 *Insurance Contracts*;
(d) changes in the fair value of financial assets and financial liabilities or their disposal (see IAS 39, financial instruments: recognition and measurement);
(e) changes in the value of other current assets;
(f) initial recognition and from changes in the fair value of biological assets related to agricultural activity (see IAS 41, agriculture);
(g) initial recognition of agricultural produce (see IAS 41, agriculture); and
(h) the extraction of mineral ores.

DEFINITIONS

The following terms are used in this Standard with the meanings specified: 7
   Revenue is the gross inflow of economic benefits during the period arising in the course of the ordinary activities of an enterprise when those inflows result in increases in equity, other than increases relating to contributions from equity participants.
   Fair value is the amount for which an asset could be exchanged, or a liability settled, between knowledgeable, willing parties in an arm's length transaction.

8 Der Begriff Ertrag umfasst nur Bruttozuflüsse wirtschaftlichen Nutzens, die ein Unternehmen für eigene Rechnung erhalten hat oder beanspruchen kann. Beträge, die im Interesse Dritter eingezogen werden, wie Umsatzsteuern und andere Verkehrsteuern, entfalten keinen wirtschaftlichen Nutzen für das Unternehmen und führen auch nicht zu einer Erhöhung des Eigenkapitals. Daher werden sie nicht unter den Begriff Ertrag subsumiert. Gleiches gilt bei Vermittlungsgeschäften für die in den Bruttozuflüssen wirtschaftlichen Nutzens enthaltenen Beträge, die für den Auftraggeber erhoben werden und die nicht zu einer Erhöhung des Eigenkapitals des vermittelnden Unternehmens führen. Beträge, die das Unternehmen für Rechnung des Auftraggebers erhebt, stellen keinen Ertrag dar. Ertrag ist demgegenüber die Provision.

BEMESSUNG DER ERTRÄGE

9 **Erträge sind zum beizulegenden Zeitwert der erhaltenen oder zu beanspruchenden Gegenleistung zu bemessen**[1]**.**

10 Die Höhe des Ertrages eines Geschäftsvorfalles ist normalerweise vertraglich zwischen dem Unternehmen und dem Käufer bzw. dem Nutzer des Vermögenswertes festgelegt. Sie bemisst sich nach dem beizulegenden Zeitwert der erhaltenen oder zu beanspruchenden Gegenleistung abzüglich der vom Unternehmen gewährten Preisnachlässe und Mengenrabatte.

11 In den meisten Fällen besteht die Gegenleistung in Zahlungsmitteln oder Zahlungsmitteläquivalenten, und entspricht der Ertrag dem Betrag der erhaltenen oder zu beanspruchenden Zahlungsmittel oder Zahlungsmitteläquivalente. Wenn sich jedoch der Zufluss der Zahlungsmittel oder Zahlungsmitteläquivalente zeitlich verzögert, kann der beizulegende Zeitwert der Gegenleistung unter dem Nominalwert der erhaltenen oder zu beanspruchenden Zahlungsmittel liegen. Ein Unternehmen kann beispielsweise einem Käufer einen zinslosen Kredit gewähren oder als Gegenleistung für den Verkauf von Gütern vom Käufer einen, gemessen am Marktzins, unterverzinslichen Wechsel akzeptieren. Wenn die Vereinbarung effektiv einen Finanzierungsvorgang darstellt, bestimmt sich der beizulegende Zeitwert der Gegenleistung durch Abzinsung aller zukünftigen Einnahmen mit einem kalkulatorischen Zinssatz. Der zu verwendende Zinssatz ist der verlässlicher bestimmbare der folgenden beiden Zinssätze:
(a) der für eine vergleichbare Finanzierung bei vergleichbarer Bonität des Schuldners geltende Zinssatz; oder
(b) der Zinssatz, mit dem der Nominalbetrag der Einnahmen auf den gegenwärtigen Barzahlungspreis für die verkauften Erzeugnisse, Waren oder Dienstleistungen des Basisgeschäftes diskontiert wird.
Die Differenz zwischen dem beizulegenden Zeitwert und dem Nominalwert der Gegenleistung wird als Zinsertrag gemäß den Paragraphen 29 und 30 und gemäß IAS 39, Finanzinstrumente: Ansatz und Bewertung, erfasst.

12 Der Tausch oder Swap von Erzeugnissen, Waren oder Dienstleistungen gegen Erzeugnisse, Waren oder Dienstleistungen, die gleichartig und gleichwertig sind, ist kein Geschäftsvorfall, der einen Ertrag bewirkt. Dies ist häufig in Bezug auf Rohstoffe und Bedarfsgüter, wie Öl und Milch, der Fall, wenn Lieferanten Vorräte an verschiedenen Standorten tauschen oder swappen, um eine zeitlich begrenzte Nachfrage an einem bestimmten Standort zu erfüllen. Werden Erzeugnisse, Waren oder Dienstleistungen gegen art- oder wertmäßig unterschiedliche Erzeugnisse, Waren oder Dienstleistungen ausgetauscht, stellt der Austausch einen Geschäftsvorfall dar, der einen Ertrag bewirkt. Der Ertrag bemisst sich nach dem beizulegenden Zeitwert der erhaltenen Erzeugnisse, Waren oder Dienstleistungen, korrigiert um den Betrag etwaiger zusätzlich geflossener Zahlungsmittel oder Zahlungsmitteläquivalente. Kann der beizulegende Zeitwert der erhaltenen Erzeugnisse, Waren oder Dienstleistungen nicht hinreichend verlässlich bestimmt werden, so bemisst sich der Ertrag nach dem beizulegenden Zeitwert der hingegebenen Erzeugnisse, Waren oder Dienstleistungen, korrigiert um den Betrag etwaiger zusätzlich geflossener Zahlungsmittel oder Zahlungsmitteläquivalente.

ABGRENZUNG EINES GESCHÄFTSVORFALLS

13 Die Ansatzkriterien in diesem Standard werden in der Regel einzeln für jeden Geschäftsvorfall angewendet. Unter bestimmten Umständen ist es jedoch erforderlich, die Ansatzkriterien auf einzelne abgrenzbare Bestandteile eines Geschäftsvorfalles anzuwenden, um den wirtschaftlichen Gehalt des Geschäftsvorfalles zutreffend abzubilden. Wenn beispielsweise der Verkaufspreis eines Produktes einen bestimmbaren Betrag für nachfolgend zu erbringende Serviceleistungen enthält, wird dieser Betrag passivisch abgegrenzt und über den Zeitraum als Ertrag erfasst, in dem die Leistungen erbracht werden. Umgekehrt werden die Ansatzkriterien auf zwei oder mehr Geschäftsvorfälle zusammen angewendet, wenn diese in einer Art und Weise miteinander

---
1 Siehe auch SIC-31: Erträge – Tausch von Werbeleistungen.

Revenue includes only the gross inflows of economic benefits received and receivable by the enterprise on its own account. Amounts collected on behalf of third parties such as sales taxes, goods and services taxes and value added taxes are not economic benefits which flow to the enterprise and do not result in increases in equity. Therefore, they are excluded from revenue. Similarly, in an agency relationship, the gross inflows of economic benefits include amounts collected on behalf of the principal and which do not result in increases in equity for the enterprise. The amounts collected on behalf of the principal are not revenue. Instead, revenue is the amount of commission. 8

MEASUREMENT OF REVENUE

Revenue should be measured at the fair value of the consideration received or receivable[1]. 9

The amount of revenue arising on a transaction is usually determined by agreement between the enterprise and the buyer or user of the asset. It is measured at the fair value of the consideration received or receivable taking into account the amount of any trade discounts and volume rebates allowed by the enterprise. 10

In most cases, the consideration is in the form of cash or cash equivalents and the amount of revenue is the amount of cash or cash equivalents received or receivable. However, when the inflow of cash or cash equivalents is deferred, the fair value of the consideration may be less than the nominal amount of cash received or receivable. For example, an enterprise may provide interest free credit to the buyer or accept a note receivable bearing a below-market interest rate from the buyer as consideration for the sale of goods. When the arrangement effectively constitutes a financing transaction, the fair value of the consideration is determined by discounting all future receipts using an imputed rate of interest. The imputed rate of interest is the more clearly determinable of either: 11
(a) the prevailing rate for a similar instrument of an issuer with a similar credit rating; or
(b) a rate of interest that discounts the nominal amount of the instrument to the current cash sales price of the goods or services.
The difference between the fair value and the nominal amount of the consideration is recognised as interest revenue in accordance with paragraphs 29 and 30 and in accordance with IAS 39, financial instruments: recognition and measurement.

When goods or services are exchanged or swapped for goods or services which are of a similar nature and value, the exchange is not regarded as a transaction which generates revenue. This is often the case with commodities like oil or milk where suppliers exchange or swap inventories in various locations to fulfil demand on a timely basis in a particular location. When goods are sold or services are rendered in exchange for dissimilar goods or services, the exchange is regarded as a transaction which generates revenue. The revenue is measured at the fair value of the goods or services received, adjusted by the amount of any cash or cash equivalents transferred. When the fair value of the goods or services received cannot be measured reliably, the revenue is measured at the fair value of the goods or services given up, adjusted by the amount of any cash or cash equivalents transferred. 12

IDENTIFICATION OF THE TRANSACTION

The recognition criteria in this Standard are usually applied separately to each transaction. However, in certain circumstances, it is necessary to apply the recognition criteria to the separately identifiable components of a single transaction in order to reflect the substance of the transaction. For example, when the selling price of a product includes an identifiable amount for subsequent servicing, that amount is deferred and recognised as revenue over the period during which the service is performed. Conversely, the recognition criteria are applied to two or more transactions together when they are linked in such a way that the commercial effect cannot be understood without reference to the series of transactions as a whole. For example, an enterprise may sell goods 13

---

1 See also SIC-31: revenue—barter transactions involving advertising services.

verknüpft sind, dass die wirtschaftlichen Auswirkungen ohne Bezugnahme auf die Gesamtheit der Geschäftsvorfälle nicht verständlich zu erfassen sind. So kann beispielsweise ein Unternehmen Waren veräußern und gleichzeitig in einer getrennten Absprache einen späteren Rückkauf vereinbaren, der die wesentlichen Auswirkungen des Veräußerungsgeschäftes rückgängig macht; in einem solchen Fall werden die beiden Geschäfte zusammen behandelt.

VERKAUF VON GÜTERN

14 **Erlöse aus dem Verkauf von Gütern sind zu erfassen, wenn die folgenden Kriterien erfüllt sind:**
   (a) **das Unternehmen hat die maßgeblichen Risiken und Chancen, die mit dem Eigentum der verkauften Waren und Erzeugnisse verbunden sind, auf den Käufer übertragen;**
   (b) **dem Unternehmen verbleibt weder ein weiter bestehendes Verfügungsrecht, wie es gewöhnlich mit dem Eigentum verbunden ist, noch eine wirksame Verfügungsmacht über die verkauften Waren und Erzeugnisse;**
   (c) **die Höhe der Erlöse kann verlässlich bestimmt werden;**
   (d) **es ist hinreichend wahrscheinlich, dass dem Unternehmen der wirtschaftliche Nutzen aus dem Verkauf zufließen wird; und**
   (e) **die im Zusammenhang mit dem Verkauf angefallenen oder noch anfallenden Kosten können verlässlich bestimmt werden.**

15 Eine Beurteilung darüber, zu welchem Zeitpunkt ein Unternehmen die maßgeblichen Risiken und Chancen aus dem Eigentum auf den Käufer übertragen hat, erfordert eine Untersuchung der Gesamtumstände des Verkaufes. In den meisten Fällen fällt die Übertragung der Risiken und Chancen mit der rechtlichen Eigentumsübertragung oder dem Besitzübergang auf den Käufer zusammen. Dies gilt für den überwiegenden Teil der Verkäufe im Einzelhandel. In anderen Fällen vollzieht sich die Übertragung der Risiken und Chancen aber zu einem von der rechtlichen Eigentumsübertragung oder dem Besitzübergang abweichenden Zeitpunkt.

16 Wenn maßgebliche Eigentumsrisiken beim Unternehmen verbleiben, wird der Vorgang nicht als Verkauf angesehen und der Ertrag nicht erfasst. Ein Unternehmen kann maßgebliche Eigentumsrisiken auf verschiedene Art und Weise zurückbehalten. Beispiele für Sachverhalte, in denen das Unternehmen maßgebliche Risiken und Chancen eines Eigentümers zurückbehält, sind:
   (a) wenn das Unternehmen Verpflichtungen aus Schlechterfüllung übernimmt, die über die geschäftsüblichen Garantie-/Gewährleistungsverpflichtungen hinausgehen;
   (b) wenn der Erhalt eines bestimmten Verkaufserlöses von den Erlösen aus dem Weiterverkauf der Waren oder Erzeugnisse durch den Käufer abhängig ist;
   (c) wenn die Gegenstände einschließlich Aufstellung und Montage geliefert werden, Aufstellung und Montage einen wesentlichen Vertragsbestandteil ausmachen, vom Unternehmen aber noch nicht erfüllt sind; und
   (d) wenn der Käufer unter bestimmten, im Kaufvertrag vereinbarten Umständen ein Rücktrittsrecht hat und das Unternehmen die Wahrscheinlichkeit eines Rücktrittes nicht einschätzen kann.

17 Soweit nur unmaßgebliche Eigentumsrisiken beim Unternehmen verbleiben, wird das Geschäft als Verkauf angesehen und der Ertrag erfasst. Beispielsweise kann sich der Verkäufer zur Sicherung seiner Forderungen das rechtliche Eigentum an den verkauften Gegenständen vorbehalten. In einem solchen Fall, in dem das Unternehmen die maßgeblichen Eigentumsrisiken und -chancen übertragen hat, wird das Geschäft als Verkauf betrachtet und der Ertrag erfasst. Ein anderer Fall, in dem dem Unternehmen nur unmaßgebliche Eigentumsrisiken verbleiben, sind Erlöse im Einzelhandel, deren Rückerstattung zugesagt ist, falls der Kunde mit der Ware nicht zufrieden ist. In diesem Fall wird der Ertrag im Zeitpunkt des Verkaufes erfasst, wenn der Verkäufer die zukünftigen Rücknahmen verlässlich schätzen kann und auf der Basis früherer Erfahrungen sowie anderer Einflussfaktoren eine entsprechende Schuld passiviert.

18 Erträge werden nur dann erfasst, wenn es hinreichend wahrscheinlich ist, dass dem Unternehmen der mit dem Geschäft verbundene wirtschaftliche Nutzen zufließt. In einigen Fällen kann es sein, dass bis zur Erfüllung der Gegenleistung oder bis zur Beseitigung von Unsicherheiten keine hinreichende Wahrscheinlichkeit besteht. Beispielsweise kann es unsicher sein, ob eine ausländische Behörde die Genehmigung für die Überweisung der Gegenleistung aus einem Verkauf ins Ausland erteilt. Wenn die Genehmigung vorliegt, ist die Unsicherheit beseitigt und der Ertrag wird erfasst. Falls sich demgegenüber jedoch Zweifel an der Einbringlichkeit eines Betrages ergeben, der zutreffend bereits als Ertrag erfasst worden ist, wird der uneinbringliche oder zweifelhafte Betrag als Aufwand erfasst und nicht etwa der ursprüngliche Ertrag berichtigt.

19 Ertrag und Aufwand aus demselben Geschäftsvorfall oder Ereignis werden zum selben Zeitpunkt erfasst; dieser Vorgang wird allgemein als Zuordnung von Aufwendungen zu Erträgen bezeichnet. Aufwendungen einschließ-

and, at the same time, enter into a separate agreement to repurchase the goods at a later date, thus negating the substantive effect of the transaction; in such a case, the two transactions are dealt with together.

SALE OF GOODS

Revenue from the sale of goods should be recognised when all the following conditions have been satisfied: **14**
(a) the enterprise has transferred to the buyer the significant risks and rewards of ownership of the goods;
(b) the enterprise retains neither continuing managerial involvement to the degree usually associated with ownership nor effective control over the goods sold;
(c) the amount of revenue can be measured reliably;
(d) it is probable that the economic benefits associated with the transaction will flow to the enterprise; and
(e) the costs incurred or to be incurred in respect of the transaction can be measured reliably.

The assessment of when an enterprise has transferred the significant risks and rewards of ownership to the buyer requires an examination of the circumstances of the transaction. In most cases, the transfer of the risks and rewards of ownership coincides with the transfer of the legal title or the passing of possession to the buyer. This is the case for most retail sales. In other cases, the transfer of risks and rewards of ownership occurs at a different time from the transfer of legal title or the passing of possession. **15**

If the enterprise retains significant risks of ownership, the transaction is not a sale and revenue is not recognised. An enterprise may retain a significant risk of ownership in a number of ways. Examples of situations in which the enterprise may retain the significant risks and rewards of ownership are: **16**
(a) when the enterprise retains an obligation for unsatisfactory performance not covered by normal warranty provisions;
(b) when the receipt of the revenue from a particular sale is contingent on the derivation of revenue by the buyer from its sale of the goods;
(c) when the goods are shipped subject to installation and the installation is a significant part of the contract which has not yet been completed by the enterprise; and
(d) when the buyer has the right to rescind the purchase for a reason specified in the sales contract and the enterprise is uncertain about the probability of return.

If an enterprise retains only an insignificant risk of ownership, the transaction is a sale and revenue is recognised. For example, a seller may retain the legal title to the goods solely to protect the collectability of the amount due. In such a case, if the enterprise has transferred the significant risks and rewards of ownership, the transaction is a sale and revenue is recognised. Another example of an enterprise retaining only an insignificant risk of ownership may be a retail sale when a refund is offered if the customer is not satisfied. Revenue in such cases is recognised at the time of sale provided the seller can reliably estimate future returns and recognises a liability for returns based on previous experience and other relevant factors. **17**

Revenue is recognised only when it is probable that the economic benefits associated with the transaction will flow to the enterprise. In some cases, this may not be probable until the consideration is received or until an uncertainty is removed. For example, it may be uncertain that a foreign governmental authority will grant permission to remit the consideration from a sale in a foreign country. When the permission is granted, the uncertainty is removed and revenue is recognised. However, when an uncertainty arises about the collectability of an amount already included in revenue, the uncollectable amount or the amount in respect of which recovery has ceased to be probable is recognised as an expense, rather than as an adjustment of the amount of revenue originally recognised. **18**

Revenue and expenses that relate to the same transaction or other event are recognised simultaneously; this process is commonly referred to as the matching of revenues and expenses. Expenses, including warranties and **19**

lich solcher für Gewährleistungen und weiterer nach der Lieferung der Waren oder Erzeugnisse entstehender Kosten können normalerweise verlässlich bestimmt werden, wenn die anderen Bedingungen für die Ertragserfassung erfüllt sind. Allerdings darf ein Ertrag nicht erfasst werden, wenn der entsprechende Aufwand nicht verlässlich bestimmt werden kann; in diesen Fällen werden etwaige, für den Verkauf der Waren oder Erzeugnisse bereits erhaltene Gegenleistungen als Schuld angesetzt.

ERBRINGEN VON DIENSTLEISTUNGEN

20 Wenn das Ergebnis eines Dienstleistungsgeschäftes verlässlich geschätzt werden kann, sind Erträge aus Dienstleistungsgeschäften nach Maßgabe des Fertigstellungsgrades des Geschäftes am Bilanzstichtag zu erfassen. Das Ergebnis derartiger Geschäfte kann dann verlässlich geschätzt werden, wenn die folgenden Bedingungen insgesamt erfüllt sind:
(a) Die Höhe der Erträge kann verlässlich bestimmt werden;
(b) es ist hinreichend wahrscheinlich, dass der wirtschaftliche Nutzen aus dem Geschäft dem Unternehmen zufließen wird;
(c) der Fertigstellungsgrad des Geschäftes am Bilanzstichtag kann verlässlich bestimmt werden; und
(d) die für das Geschäft angefallenen Kosten und die bis zu seiner vollständigen Abwicklung zu erwartenden Kosten können verlässlich bestimmt werden[23].

21 Die Ertragserfassung nach Maßgabe des Fertigstellungsgrades eines Geschäftes wird häufig als Methode der Gewinnrealisierung nach dem Fertigstellungsgrad bezeichnet. Nach dieser Methode werden die Erträge in den Berichtsperioden erfasst, in denen die jeweiligen Dienstleistungen erbracht werden. Die Ertragserfassung auf dieser Grundlage liefert nützliche Informationen über den Umfang der Dienstleistungsaktivitäten und der Ertragskraft während einer Periode. IAS 11, Fertigungsaufträge, fordert ebenfalls die Ertragserfassung auf dieser Grundlage. Die Anforderungen dieses Standards sind im Allgemeinen auch auf die Erfassung von Erträgen und die Erfassung zugehöriger Aufwendungen aus Dienstleistungsgeschäften anwendbar.

22 Erträge werden nur dann erfasst, wenn es hinreichend wahrscheinlich ist, dass dem Unternehmen der mit dem Geschäft verbundene wirtschaftliche Nutzen zufließt. Wenn sich jedoch Zweifel an der Einbringlichkeit eines Betrages ergeben, der bereits als Ertrag berücksichtigt worden ist, wird der uneinbringliche oder zweifelhafte Betrag als Aufwand erfasst und nicht etwa der ursprüngliche Ertrag berichtigt.

23 Im Allgemeinen kann ein Unternehmen verlässliche Schätzungen vornehmen, wenn mit den anderen Vertragsparteien Folgendes vereinbart ist:
(a) gegenseitige, durchsetzbare Rechte bezüglich der zu erbringenden und zu empfangenden Dienstleistung;
(b) die gegenseitigen Leistungen; und
(c) die Abwicklungs- und Erfüllungsmodalitäten.
Darüber hinaus ist es in der Regel erforderlich, dass das Unternehmen über ein effektives Budgetierungs- und Berichtssystem verfügt. Während der Leistungserbringung überprüft und ändert das Unternehmen gegebenenfalls die Ertragsschätzungen. Die Notwendigkeit solcher Änderungen ist nicht unbedingt ein Hinweis darauf, dass das Ergebnis des Geschäftes nicht verlässlich geschätzt werden kann.

24 Der Fertigstellungsgrad eines Geschäftes kann mit unterschiedlichen Methoden bestimmt werden. Ein Unternehmen hat die Methode anzuwenden, die die erbrachten Leistungen verlässlich bemisst. Je nach der Art der Geschäfte können die Methoden Folgendes beinhalten:
(a) Feststellung der erbrachten Arbeitsleistungen;
(b) zum Stichtag erbrachte Leistungen als Prozentsatz der zu erbringenden Gesamtleistung; oder
(c) Verhältnis der zum Stichtag angefallenen Kosten zu den geschätzten Gesamtkosten des Geschäftes. Bei den zum Stichtag angefallenen Kosten sind nur die Kosten zu berücksichtigen, die sich auf die zum Stichtag erbrachten Leistungen beziehen. Bei den geschätzten Gesamtkosten der Transaktion sind nur Kosten zu berücksichtigen, die sich auf erbrachte oder noch zu erbringende Leistungen beziehen.
Abschlagszahlungen oder erhaltene Anzahlungen des Kunden geben die erbrachten Leistungen zumeist nicht wieder.

25 Wenn Dienstleistungen durch eine unbestimmte Zahl von Teilleistungen über einen bestimmten Zeitraum erbracht wurden, kann aus Praktikabilitätsgründen von einer linearen Ertragserfassung innerhalb des be-

---

2 Siehe auch SIC-27: Beurteilung des wirtschaftlichen Gehalts von Transaktionen in der rechtlichen Form von Leasingverhältnissen.
3 Siehe auch SIC-31: Erträge – Tausch von Werbeleistungen.

other costs to be incurred after the shipment of the goods can normally be measured reliably when the other conditions for the recognition of revenue have been satisfied. However, revenue cannot be recognised when the expenses cannot be measured reliably; in such circumstances, any consideration already received for the sale of the goods is recognised as a liability.

RENDERING OF SERVICES

When the outcome of a transaction involving the rendering of services can be estimated reliably, revenue associated with the transaction should be recognised by reference to the stage of completion of the transaction at the balance sheet date. The outcome of a transaction can be estimated reliably when all the following conditions are satisfied: 20
(a) the amount of revenue can be measured reliably;
(b) it is probable that the economic benefits associated with the transaction will flow to the enterprise;
(c) the stage of completion of the transaction at the balance sheet date can be measured reliably; and
(d) the costs incurred for the transaction and the costs to complete the transaction can be measured reliably[23].

The recognition of revenue by reference to the stage of completion of a transaction is often referred to as the percentage of completion method. Under this method, revenue is recognised in the accounting periods in which the services are rendered. The recognition of revenue on this basis provides useful information on the extent of service activity and performance during a period. IAS 11, construction contracts, also requires the recognition of revenue on this basis. The requirements of that Standard are generally applicable to the recognition of revenue and the associated expenses for a transaction involving the rendering of services. 21

Revenue is recognised only when it is probable that the economic benefits associated with the transaction will flow to the enterprise. However, when an uncertainty arises about the collectability of an amount already included in revenue, the uncollectable amount, or the amount in respect of which recovery has ceased to be probable, is recognised as an expense, rather than as an adjustment of the amount of revenue originally recognised. 22

An enterprise is generally able to make reliable estimates after it has agreed to the following with the other parties to the transaction: 23
(a) each party's enforceable rights regarding the service to be provided and received by the parties;
(b) the consideration to be exchanged; and
(c) the manner and terms of settlement.
It is also usually necessary for the enterprise to have an effective internal financial budgeting and reporting system. The enterprise reviews and, when necessary, revises the estimates of revenue as the service is performed. The need for such revisions does not necessarily indicate that the outcome of the transaction cannot be estimated reliably.

The stage of completion of a transaction may be determined by a variety of methods. An enterprise uses the method that measures reliably the services performed. Depending on the nature of the transaction, the methods may include: 24
(a) surveys of work performed;
(b) services performed to date as a percentage of total services to be performed; or
(c) the proportion that costs incurred to date bear to the estimated total costs of the transaction. Only costs that reflect services performed to date are included in costs incurred to date. Only costs that reflect services performed or to be performed are included in the estimated total costs of the transaction.
Progress payments and advances received from customers often do not reflect the services performed.

For practical purposes, when services are performed by an indeterminate number of acts over a specified period of time, revenue is recognised on a straight line basis over the specified period unless there is evidence that some 25

---

2 See also SIC-27: evaluating the substance of transactions in the legal form of a lease.
3 See also SIC-31: revenue—barter transactions involving advertising services.

IAS 18

stimmen Zeitraumes ausgegangen werden, es sei denn, dass eine andere Methode den Fertigstellungsgrad besser wiedergibt. Wenn eine bestimmte Teilleistung von erheblich größerer Bedeutung als die Übrigen ist, wird die Ertragserfassung bis zu deren Erfüllung verschoben.

26 **Ist das Ergebnis eines Dienstleistungsgeschäftes nicht verlässlich schätzbar, sind Erträge nur in dem Ausmaß zu erfassen, in dem die angefallenen Aufwendungen wiedererlangt werden können.**

27 In frühen Stadien eines Geschäftes ist das Ergebnis häufig nicht verlässlich zu schätzen. Dennoch kann es hinreichend wahrscheinlich sein, dass das Unternehmen die für das Geschäft angefallenen Kosten zurückerhält. In diesem Fall werden Erträge nur insoweit erfasst, als eine Erstattung der angefallenen Kosten zu erwarten ist. Da das Ergebnis des Geschäftes nicht verlässlich geschätzt werden kann, wird kein Gewinn erfasst.

28 Wenn weder das Ergebnis des Geschäftes verlässlich geschätzt werden kann, noch eine hinreichende Wahrscheinlichkeit besteht, dass die angefallenen Kosten erstattet werden, werden keine Erträge erfasst, sondern nur die angefallenen Kosten als Aufwand angesetzt. Wenn die Unsicherheiten, die eine verlässliche Schätzung des Auftragsergebnisses verhindert haben, nicht mehr bestehen, bestimmt sich die Ertragserfassung nach Paragraph 20 und nicht nach Paragraph 26.

ZINSEN, NUTZUNGSENTGELTE UND DIVIDENDEN

29 **Erträge aus der Nutzung solcher Vermögenswerte des Unternehmens durch Dritte, die Zinsen, Nutzungsentgelte oder Dividenden erbringen, sind nach den Maßgaben in Paragraph 30 zu erfassen, wenn:**
   (a) es hinreichend wahrscheinlich ist, dass dem Unternehmen der wirtschaftliche Nutzen aus dem Geschäft zufließen wird; und
   (b) die Höhe der Erträge verlässlich bestimmt werden kann.

30 **Erträge sind nach folgenden Maßgaben zu erfassen:**
   (a) Zinsen sind unter Anwendung der Effektivzinsmethode gemäß der Beschreibung in IAS 39, Paragraphen 9 und A5-A8 zu erfassen;
   (b) Nutzungsentgelte sind periodengerecht in Übereinstimmung mit den Bestimmungen des zugrunde liegenden Vertrages zu erfassen; und
   (c) Dividenden sind mit der Entstehung des Rechtsanspruches auf Zahlung zu erfassen.

31 (gestrichen)

32 Wenn bereits vor dem Erwerb einer verzinslichen Finanzinvestition unbezahlte Zinsen aufgelaufen sind, wird die folgende Zinszahlung auf die Zeit vor und nach dem Erwerb aufgeteilt. Zu erfassender Ertrag ist nur der Teil, der auf die Zeit nach dem Erwerb entfällt. Wenn sich Dividendenausschüttungen auf den Gewinn aus der Zeit vor Erwerb von Eigenkapitaltiteln beziehen, werden diese Dividenden von den Anschaffungskosten der Wertpapiere abgezogen. Falls eine solche Zuordnung schwierig ist und nur willkürlich vorgenommen werden könnte, werden die Dividenden als Ertrag erfasst, sofern sie nicht eindeutig als Rückzahlung eines Teiles der Anschaffungskosten der Eigenkapitaltitel anzusehen sind.

33 Nutzungsentgelte fallen in Übereinstimmung mit den zugrunde liegenden Vertragsbestimmungen an und werden normalerweise auf dieser Grundlage erfasst, sofern es unter Berücksichtigung des vertraglich Gewollten nicht wirtschaftlich angemessen ist, den Ertrag auf einer anderen systematischen und sinnvollen Grundlage zu erfassen.

34 Ein Ertrag wird nur erfasst, wenn es hinreichend wahrscheinlich ist, dass dem Unternehmen der mit dem Geschäft verbundene wirtschaftliche Nutzen zufließen wird. Wenn sich jedoch Zweifel an der Einbringlichkeit eines Betrages ergeben, der zutreffend bereits als Ertrag berücksichtigt worden ist, wird der uneinbringliche oder zweifelhafte Betrag als Aufwand erfasst und nicht etwa der ursprüngliche Ertrag berichtigt.

other method better represents the stage of completion. When a specific act is much more significant than any other acts, the recognition of revenue is postponed until the significant act is executed.

When the outcome of the transaction involving the rendering of services cannot be estimated reliably, revenue should be recognised only to the extent of the expenses recognised that are recoverable. 26

During the early stages of a transaction, it is often the case that the outcome of the transaction cannot be estimated reliably. Nevertheless, it may be probable that the enterprise will recover the transaction costs incurred. Therefore, revenue is recognised only to the extent of costs incurred that are expected to be recoverable. As the outcome of the transaction cannot be estimated reliably, no profit is recognised. 27

When the outcome of a transaction cannot be estimated reliably and it is not probable that the costs incurred will be recovered, revenue is not recognised and the costs incurred are recognised as an expense. When the uncertainties that prevented the outcome of the contract being estimated reliably no longer exist, revenue is recognised in accordance with paragraph 20 rather than in accordance with paragraph 26. 28

INTEREST, ROYALTIES AND DIVIDENDS

Revenue arising from the use by others of enterprise assets yielding interest, royalties and dividends should be recognised on the bases set out in paragraph 30 when: 29
(a) it is probable that the economic benefits associated with the transaction will flow to the enterprise; and
(b) the amount of the revenue can be measured reliably.

Revenue shall be recognised on the following bases: 30
(a) interest shall be recognised using the effective interest method as set out in IAS 39, paragraphs 9 and AG5—AG8;
(b) royalties shall be recognised on an accrual basis in accordance with the substance of the relevant agreement; and
(c) dividends shall be recognised when the shareholder's right to receive payment is established.

(deleted) 31

When unpaid interest has accrued before the acquisition of an interest-bearing investment, the subsequent receipt of interest is allocated between pre-acquisition and post-acquisition periods; only the post-acquisition portion is recognised as revenue. When dividends on equity securities are declared from pre-acquisition net income, those dividends are deducted from the cost of the securities. If it is difficult to make such an allocation except on an arbitrary basis, dividends are recognised as revenue unless they clearly represent a recovery of part of the cost of the equity securities. 32

Royalties accrue in accordance with the terms of the relevant agreement and are usually recognised on that basis unless, having regard to the substance of the agreement, it is more appropriate to recognise revenue on some other systematic and rational basis. 33

Revenue is recognised only when it is probable that the economic benefits associated with the transaction will flow to the enterprise. However, when an uncertainty arises about the collectability of an amount already included in revenue, the uncollectable amount, or the amount in respect of which recovery has ceased to be probable, is recognised as an expense, rather than as an adjustment of the amount of revenue originally recognised. 34

ANGABEN

35 Folgende Angaben sind erforderlich:
(a) Die für die Ertragserfassung angewandten Bilanzierungs- und Bewertungsmethoden einschließlich der Methoden zur Ermittlung des Fertigstellungsgrades bei Dienstleistungsgeschäften;
(b) den Betrag jeder bedeutsamen Kategorie von Erträgen, die während der Berichtsperiode erfasst worden sind, wie Erträge aus:
   (i) dem Verkauf von Gütern;
   (ii) dem Erbringen von Dienstleistungen;
   (iii) Zinsen;
   (iv) Nutzungsentgelten;
   (v) Dividenden; und
(c) den Betrag von Erträgen aus Tauschgeschäften mit Waren oder Dienstleistungen, der in jeder bedeutsamen Kategorie von Erträgen enthalten ist.

36 Ein Unternehmen gibt alle Eventualschulden und Eventualforderungen gemäß IAS 37, Rückstellungen, Eventualschulden und Eventualforderungen, an. Eventualschulden und Eventualverbindlichkeiten können beispielsweise auf Grund von Gewährleistungskosten, Klagen, Vertragsstrafen oder möglichen Verlusten entstehen.

ZEITPUNKT DES INKRAFTTRETENS

37 Dieser International Accounting Standard ist erstmals in der ersten Berichtsperiode eines am 1. Januar 1995 oder danach beginnenden Geschäftsjahres anzuwenden.

DISCLOSURE

An enterprise should disclose: 35
(a) the accounting policies adopted for the recognition of revenue including the methods adopted to determine the stage of completion of transactions involving the rendering of services;
(b) the amount of each significant category of revenue recognised during the period including revenue arising from:
   (i) the sale of goods;
   (ii) the rendering of services;
   (iii) interest;
   (iv) royalties;
   (v) dividends; and
(c) the amount of revenue arising from exchanges of goods or services included in each significant category of revenue.

An enterprise discloses any contingent liabilities and contingent assets in accordance with IAS 37, provisions, contingent liabilities and contingent assets. Contingent liabilities and contingent assets may arise from items such as warranty costs, claims, penalties or possible losses. 36

EFFECTIVE DATE

This International Accounting Standard becomes operative for financial statements covering periods beginning on or after 1 January 1995. 37

International Accounting Standard 19

Leistungen an Arbeitnehmer

> International Accounting Standard 19 *Leistungen an Arbeitnehmer* (IAS 19) ist in den Paragraphen 1–160 festgelegt. Alle Paragraphen sind gleichrangig, behalten jedoch das IASC-Format des Standards, mit dem dieser durch den IASB verabschiedet wurde. IAS 19 ist in Verbindung mit seiner Zielsetzung, dem *Vorwort zu den International Financial Reporting Standards* und dem *Rahmenkonzept für die Aufstellung und Darstellung von Abschlüssen* zu betrachten. IAS 8 *Bilanzierungs- und Bewertungsmethoden, Änderungen von Schätzungen und Fehler*, stellt beim Fehlen ausdrücklicher Leitlinien eine Grundlage für die Auswahl und für die Anwendung von Bilanzierungs- und Bewertungsmethoden bereit.

Dieser überarbeitete International Accounting Standard ersetzt IAS 19, Aufwendungen für Altersversorgungspläne, der vom Board in seiner überarbeiteten Version von 1993 genehmigt wurde. Der überarbeitete Standard war erstmals in der ersten Berichtsperiode eines am 1. Januar 1999 oder danach beginnenden Geschäftsjahres anzuwenden.

Im Mai 1999 änderte IAS 10 (überarbeitet 1999), Ereignisse nach dem Bilanzstichtag, die Paragraphen 20(b), 35, 125 und 141. Diese Änderungen waren erstmals in der ersten Berichtsperiode eines am 1. Januar 2000 oder danach beginnenden Geschäftsjahres anzuwenden.

Dieser Standard wurde im Jahr 2000 überarbeitet um die Definition von Planvermögen zu ändern und um Ansatz-, Bewertungs- und Ausweisvorschriften für Erstattungsansprüche einzuführen. Diese Änderungen waren erstmals in der ersten Berichtsperiode eines am 1. Januar 2001 oder danach beginnenden Geschäftsjahres anzuwenden.

Weitere Änderungen erfolgten im Jahr 2002, um zu verhindern, dass ein Gewinn lediglich als Resultat eines anfallenden versicherungsmathematischen Verlusts oder nachzuverrechnenden Dienstzeitaufwands sowie ein Verlust lediglich als Resultat eines anfallenden versicherungsmathematischen Gewinns erfasst wird. Diese Änderungen waren erstmals in der ersten Berichtsperiode eines am 31. Mai 2002 oder danach beginnenden Geschäftsjahres anzuwenden. Eine frühere Anwendung wird empfohlen.

EINFÜHRUNG

IN1 Der vorliegende Standard regelt die Bilanzierung und die von Arbeitgebern zu beachtenden Angabepflichten für Leistungen an Arbeitnehmer. Der Standard ersetzt IAS 19, Aufwendungen für Altersversorgungspläne, der 1993 genehmigt wurde. Die wichtigsten Änderungen gegenüber dem alten IAS 19 sind in der Grundlage für Schlussfolgerungen (Anhang D) aufgeführt. Dieser Standard behandelt nicht die eigene Berichterstattung von Versorgungsplänen für Arbeitnehmer (siehe IAS 26, Bilanzierung und Berichterstattung von Altersversorgungsplänen).

IN2 In diesem Standard werden vier Kategorien von Leistungen an Arbeitnehmer unterschieden:
(a) kurzfristig fällige Leistungen an Arbeitnehmer wie Löhne, Gehälter und Sozialversicherungsbeiträge, Urlaubs- und Krankengeld, Gewinn- und Erfolgsbeteiligungen (sofern diese innerhalb von 12 Monaten nach Ende der Berichtsperiode gezahlt werden) sowie geldwerte Leistungen (wie medizinische Versorgung, Unterbringung und Dienstwagen, sowie kostenlose oder vergünstigte Waren oder Dienstleistungen) an aktive Arbeitnehmer;
(b) Leistungen nach Beendigung des Arbeitsverhältnisses wie Renten, sonstige Altersversorgungsleistungen, Lebensversicherungen und medizinische Versorgung;
(c) andere langfristig fällige Leistungen an Arbeitnehmer, einschließlich Sonderurlaub oder andere vergütete Dienstfreistellungen, Jubiläumsgelder oder andere Leistungen für langjährige Dienstzeit, Versorgungsleistungen im Falle von Erwerbsunfähigkeit und, sofern diese frühestens 12 Monate nach Ende der Berichtsperiode zu zahlen sind, Gewinn- und Erfolgsbeteiligungen sowie aufgeschobene Vergütungsbestandteile; und
(d) Leistungen aus Anlass der Beendigung des Arbeitsverhältnisses.

IN3 Nach dem Standard muss ein Unternehmen kurzfristig fällige Leistungen an Arbeitnehmer dann erfassen, wenn ein Arbeitnehmer die Gegenleistung dafür erbracht hat.

International Accounting Standard 19

Employee Benefits

> International Accounting Standard 19 *Employee Benefits* (IAS 19) is set out in paragraphs 1—160. All the paragraphs have equal authority but retain the IASC format of the Standard when it was adopted by the IASB. IAS 19 should be read in the context of its objective, the *Preface to International Financial Reporting Standards* and the *Framework for the Preparation and Presentation of Financial Statements*. IAS 8 *Accounting Policies, Changes in Accounting Estimates and Errors* provides a basis for selecting and applying accounting policies in the absence of explicit guidance.

This revised International Accounting Standard supersedes IAS 19, retirement benefit costs, which was approved by the Board in a revised version in 1993. This revised Standard became operative for financial statements covering periods beginning on or after 1 January 1999.

In May 1999, IAS 10 (revised 1999), events after the balance sheet date, amended paragraphs 20(b), 35, 125 and 141. These amendments became operative for annual financial statements covering periods beginning on or after 1 January 2000.

This Standard was amended in 2000 to change the definition of plan assets and to introduce recognition, measurement and disclosure requirements for reimbursements. These amendments became operative for accounting periods beginning on or after 1 January 2001.

Further amendments were made in 2002 to prevent the recognition of gains solely as a result of actuarial losses or past service cost and the recognition of losses solely as a result of actuarial gains. These amendments take effect for accounting periods ending on or after 31 May 2002. Earlier application is encouraged.

INTRODUCTION

The Standard prescribes the accounting and disclosure by employers for employee benefits. It replaces IAS 19, retirement benefit costs, which was approved in 1993. The major changes from the old IAS 19 are set out in the Basis for conclusions (Appendix D). The Standard does not deal with reporting by employee benefit plans (see IAS 26, accounting and reporting by retirement benefit plans). **IN1**

The Standard identifies four categories of employee benefits: **IN2**
(a) short-term employee benefits, such as wages, salaries and social security contributions, paid annual leave and paid sick leave, profit-sharing and bonuses (if payable within 12 months of the end of the period) and non-monetary benefits (such as medical care, housing, cars and free or subsidised goods or services) for current employees;
(b) post-employment benefits such as pensions, other retirement benefits, post-employment life insurance and post-employment medical care;
(c) other long-term employee benefits, including long-service leave or sabbatical leave, jubilee or other long-service benefits, long-term disability benefits and, if they are payable 12 months or more after the end of the period, profit-sharing, bonuses and deferred compensation; and
(d) termination benefits.

The Standard requires an enterprise to recognise short-term employee benefits when an employee has rendered service in exchange for those benefits. **IN3**

IAS 19

IN4 Pläne für Leistungen nach Beendigung des Arbeitsverhältnisses werden entweder als beitragsorientierte oder leistungsorientierte Pläne eingeordnet. Der Standard enthält konkrete Anwendungsleitlinien zur Einordnung von gemeinschaftlichen Plänen mehrerer Arbeitgeber, Plänen des Staates und Plänen mit versicherten Leistungen.

IN5 Bei beitragsorientierten Plänen entrichtet ein Unternehmen festgelegte Beiträge an eine eigenständige Einheit (einen Fonds) und ist weder rechtlich noch faktisch zur Zahlung darüber hinausgehender Beiträge verpflichtet, falls der Fonds nicht über ausreichende Vermögenswerte verfügt, um alle Leistungen in Bezug auf Arbeitsleistungen der Arbeitnehmer in der Berichtsperiode und in früheren Perioden zu erbringen. Nach diesem Standard ist ein Unternehmen verpflichtet, Beiträge an einen beitragsorientierten Plan zu erfassen, sobald ein Arbeitnehmer die Gegenleistung für diese Beiträge erbracht hat.

IN6 Alle anderen Pläne für Leistungen nach Beendigung des Arbeitsverhältnisses sind leistungsorientierte Pläne. Leistungsorientierte Pläne können vollständig, teilweise oder überhaupt nicht extern über einen Fonds finanziert sein. Nach diesem Standard ist ein Unternehmen verpflichtet:
(a) nicht nur rechtsverbindliche Versorgungsverpflichtungen, sondern auch faktische Verpflichtungen jeder Art, die sich aus seiner betrieblichen Praxis ergeben, zu erfassen;
(b) den Barwert einer leistungsorientierten Versorgungsverpflichtung und den beizulegenden Zeitwert eines Planvermögens mit ausreichender Regelmäßigkeit zu bestimmen, um zu gewährleisten, dass die im Abschluss erfassten Beträge nicht wesentlich von den Beträgen abweichen, die sich am Bilanzstichtag ergeben würden;
(c) die Methode der laufenden Einmalprämien zur Bewertung seiner Verpflichtungen und Aufwendungen anzuwenden;
(d) die zugesagte Leistung nach Maßgabe der Leistungsformel des Planes den Dienstjahren zuzuordnen, es sei denn, die von einem Arbeitnehmer erbrachte Arbeitsleistung führt in späteren Dienstjahren zu wesentlich höheren Leistungen als in früheren Jahren;
(e) unvoreingenommen gewählte und aufeinander abgestimmte versicherungsmathematische Annahmen zu demographischen Variablen (wie Arbeitnehmerfluktuation und Sterbewahrscheinlichkeit) und finanziellen Variablen (wie Gehaltstrends, Änderungen der Kosten für medizinische Versorgung sowie bestimmte Änderungen staatlicher Leistungen) zu verwenden. Annahmen zu finanziellen Variablen müssen die am Bilanzstichtag bestehenden Erwartungen des Marktes zu Grunde gelegt werden, die sich auf den Zeitraum, über den die Verpflichtungen zu erfüllen sind, beziehen;
(f) den Abzinsungssatz basierend auf den am Bilanzstichtag geltenden Renditen für solche erstrangigen festverzinslichen Industrieanleihen (oder Regierungsanleihen in Ländern ohne entwickelten Markt für Industrieanleihen) zu ermitteln, die in der Währung und ihrer Laufzeit mit der Währung und der Fristigkeit der Verpflichtungen gemäß Leistungsplan übereinstimmen;
(g) den beizulegenden Zeitwert eines etwaigen Planvermögens vom Buchwert der Verpflichtung abzuziehen. Bestimmte Erstattungsansprüche, die die Kriterien für Planvermögen nicht erfüllen, werden in der gleichen Weise wie Planvermögen behandelt, es sei denn, dass sie als separate Vermögenswerte ausgewiesen und nicht von der Verpflichtung abgezogen werden;
(h) den Buchwert eines aktivierten Vermögenswertes zu begrenzen, so dass dieser den Saldo aus
   (i) dem nicht erfassten nachzuverrechnenden Dienstzeitaufwand und nicht erfassten versicherungsmathematischen Verlusten; zuzüglich
   (ii) dem Barwert eines wirtschaftlichen Nutzens, der in Form von Rückerstattungen aus dem Plan oder Minderungen künftiger Beitragszahlungen an den Plan verfügbar ist; nicht übersteigt,
(i) den nachzuverrechnenden Dienstzeitaufwand linear über den durchschnittlichen Zeitraum zu verteilen, in dem die verbesserten Leistungen unverfallbar werden;
(j) Gewinne oder Verluste aus der Kürzung oder Abgeltung eines leistungsorientierten Planes zu erfassen, wenn die Kürzung oder Abgeltung stattfindet. Der Gewinn oder Verlust hat die sich hierdurch ergebenden Änderungen des Barwerts der leistungsorientierten Verpflichtung und des beizulegenden Zeitwerts des Planvermögens sowie die noch nicht verrechneten Teile der diesen zuordenbaren versicherungsmathematischen Gewinne und Verluste und des nachzuverrechnenden Dienstzeitaufwands zu umfassen; und
(k) einen bestimmten Anteil des Teils der kumulierten versicherungsmathematischen Gewinne und Verluste erfolgswirksam zu verrechnen, und zwar den Teil, der den höheren der beiden folgenden Werte übersteigt:
   (i) 10 % des Barwerts der leistungsorientierten Verpflichtung (vor Abzug des Planvermögens); und
   (ii) 10 % des beizulegenden Zeitwerts des Planvermögens.
Der für jeden leistungsorientierten Plan zu verrechnende Anteil der versicherungsmathematischen Gewinne und Verluste ist gleich dem am vorangegangenen Abschlussstichtag außerhalb des 10 % Korridors liegenden Betrag, geteilt durch die erwartete mittlere Restlebensarbeitszeit der vom Versorgungsplan erfassten Arbeitnehmer.
Dieser Standard lässt auch systematische Verfahren zur schnelleren Erfassung zu, sofern sie in gleicher Weise sowohl auf Gewinne als auch auf Verluste und stetig von Berichtsperiode zu Berichtsperiode angewandt

Post-employment benefit plans are classified as either defined contribution plans or defined benefit plans. The Standard gives specific guidance on the classification of multi-employer plans, State plans and plans with insured benefits. **IN4**

Under defined contribution plans, an enterprise pays fixed contributions into a separate entity (a fund) and will have no legal or constructive obligation to pay further contributions if the fund does not hold sufficient assets to pay all employee benefits relating to employee service in the current and prior periods. The Standard requires an enterprise to recognise contributions to a defined contribution plan when an employee has rendered service in exchange for those contributions. **IN5**

All other post-employment benefit plans are defined benefit plans. Defined benefit plans may be unfunded, or they may be wholly or partly funded. The Standard requires an enterprise to: **IN6**
(a) account not only for its legal obligation, but also for any constructive obligation that arises from the enterprise's practices;
(b) determine the present value of defined benefit obligations and the fair value of any plan assets with sufficient regularity that the amounts recognised in the financial statements do not differ materially from the amounts that would be determined at the balance sheet date;
(c) use the projected unit credit method to measure its obligations and costs;
(d) attribute benefit to periods of service under the plan's benefit formula, unless an employee's service in later years will lead to a materially higher level of benefit than in earlier years;
(e) use unbiased and mutually compatible actuarial assumptions about demographic variables (such as employee turnover and mortality) and financial variables (such as future increases in salaries, changes in medical costs and certain changes in State benefits). Financial assumptions should be based on market expectations, at the balance sheet date, for the period over which the obligations are to be settled;
(f) determine the discount rate by reference to market yields at the balance sheet date on high quality corporate bonds (or, in countries where there is no deep market in such bonds, government bonds) of a currency and term consistent with the currency and term of the post-employment benefit obligations;
(g) deduct the fair value of any plan assets from the carrying amount of the obligation. Certain reimbursement rights that do not qualify as plan assets are treated in the same way as plan assets, except that they are presented as a separate asset, rather than as a deduction from the obligation;
(h) limit the carrying amount of an asset so that it does not exceed the net total of:
    (i) any unrecognised past service cost and actuarial losses; plus
    (ii) the present value of any economic benefits available in the form of refunds from the plan or reductions in future contributions to the plan;
(i) recognise past service cost on a straight-line basis over the average period until the amended benefits become vested;
(j) recognise gains or losses on the curtailment or settlement of a defined benefit plan when the curtailment or settlement occurs. The gain or loss should comprise any resulting change in the present value of the defined benefit obligation and of the fair value of the plan assets and the unrecognised part of any related actuarial gains and losses and past service cost; and
(k) recognise a specified portion of the net cumulative actuarial gains and losses that exceed the greater of:
    (i) 10 % of the present value of the defined benefit obligation (before deducting plan assets); and
    (ii) 10 % of the fair value of any plan assets.
The portion of actuarial gains and losses to be recognised for each defined benefit plan is the excess that fell outside the 10 % 'corridor' at the previous reporting date, divided by the expected average remaining working lives of the employees participating in that plan.
The Standard also permits systematic methods of faster recognition, provided that the same basis is applied to both gains and losses and the basis is applied consistently from period to period. Such permitted methods include immediate recognition of all actuarial gains and losses.

IAS 19

werden. Zu den zulässigen Verfahren zählt auch die sofortige vollständige Erfassung aller versicherungsmathematischen Gewinne und Verluste.

IN7 Für andere langfristige Leistungen an Arbeitnehmer, die keine Leistungen nach Beendigung des Arbeitsverhältnisses betreffen, schreibt der Standard jedoch eine einfachere Behandlung vor: versicherungsmathematische Gewinne und Verluste sowie nachzuverrechnender Dienstzeitaufwand werden sofort erfasst.

IN8 Leistungen aus Anlass der Beendigung des Arbeitsverhältnisses sind an Arbeitnehmer zu zahlende Leistungen, entweder auf Grund der Entscheidung des Unternehmens, das Arbeitsverhältnis eines Arbeitnehmers vor dessen regulärem Pensionierungszeitpunkt zu beenden oder auf Grund der Entscheidung eines Arbeitnehmers, für diese Leistungen seine eigene Freisetzung freiwillig hinzunehmen. Das Ereignis, das dabei zur Entstehung einer Verpflichtung führt, ist die Beendigung des Arbeitsverhältnisses und nicht das Erbringen einer Arbeitsleistung. Daher sind Leistungen aus Anlass der Beendigung des Arbeitsverhältnisses durch das Unternehmen dann, und nur dann, zu erfassen, wenn das Unternehmen nachweislich verpflichtet ist:
(a) entweder das Arbeitsverhältnis eines Arbeitnehmers oder einer Arbeitnehmergruppe vor dem Zeitpunkt der regulären Pensionierung zu beenden; oder
(b) Leistungen bei Beendigung des Arbeitsverhältnisses auf Grund eines Angebots zur Förderung eines freiwilligen vorzeitigen Ausscheidens zu erbringen.

IN9 Ein Unternehmen ist dann, und nur dann, nachweislich zur Beendigung von Arbeitsverhältnissen verpflichtet, wenn das Unternehmen einen detaillierten formalen Plan (mit bestimmtem Mindestregelungsumfang) für die Beendigung des Arbeitsverhältnisses besitzt und keine realistische Möglichkeit hat sich dem zu entziehen.

IN10 Leistungen aus Anlass der Beendigung des Arbeitsverhältnisses, die mehr als 12 Monate nach dem Bilanzstichtag fällig werden, müssen abgezinst werden. Im Falle der Abgabe eines Angebots zur Förderung eines freiwilligen vorzeitigen Ausscheidens ist bei der Bewertung diesbezüglicher Leistungen auf die Anzahl der Arbeitnehmer abzustellen, die das Angebot erwartungsgemäß annehmen werden.

IN11 (gestrichen)

IN12 Der Standard gilt für Berichtsperioden, die am oder nach dem 1. Januar 1999 beginnen. Eine frühere Anwendung wird empfohlen. Bei der erstmaligen Anwendung dieses Standards kann ein Unternehmen eine sich daraus ergebende Erhöhung der bilanzierten Schuld aus Leistungen nach Beendigung des Arbeitsverhältnisses über einen Zeitraum von nicht mehr als fünf Jahren erfassen. Falls die erstmalige Anwendung dieses Standards die bilanzierte Schuld mindert, muss ein Unternehmen den Minderbetrag sofort erfassen.

IN13 Dieser Standard wurde im Jahr 2000 überarbeitet um die Definition des Planvermögens zu ändern und um Ansatz-, Bewertungs- und Ausweisvorschriften für Erstattungsansprüche einzuführen. Diese Änderungen waren erstmals in der ersten Berichtsperiode eines am 1. Januar 2001 oder danach beginnenden Geschäftsjahres anzuwenden. Eine frühere Anwendung wurde empfohlen.

The Standard requires a simpler method of accounting for other long-term employee benefits than for post-employment benefits: actuarial gains and losses and past service cost are recognised immediately. IN7

Termination benefits are employee benefits payable as a result of either: an enterprise's decision to terminate an employee's employment before the normal retirement date; or an employee's decision to accept voluntary redundancy in exchange for those benefits. The event which gives rise to an obligation is the termination rather than employee service. Therefore, an enterprise should recognise termination benefits when, and only when, the enterprise is demonstrably committed to either:
(a) terminate the employment of an employee or group of employees before the normal retirement date; or
(b) provide termination benefits as a result of an offer made in order to encourage voluntary redundancy. IN8

An enterprise is demonstrably committed to a termination when, and only when, the enterprise has a detailed formal plan (with specified minimum contents) for the termination and is without realistic possibility of withdrawal. IN9

Where termination benefits fall due more than 12 months after the balance sheet date, they should be discounted. In the case of an offer made to encourage voluntary redundancy, the measurement of termination benefits should be based on the number of employees expected to accept the offer. IN10

(deleted) IN11

The Standard is effective for accounting periods beginning on or after 1 January 1999. Earlier application is encouraged. On first adopting the Standard, an enterprise is permitted to recognise any resulting increase in its liability for post-employment benefits over not more than five years. If the adoption of the standard decreases the liability, an enterprise is required to recognise the decrease immediately. IN12

This Standard was amended in 2000 to amend the definition of plan assets and to introduce recognition, measurement and disclosure requirements for reimbursements. These amendments take effect for accounting periods beginning on or after 1 January 2001. Earlier application is encouraged. IN13

IAS 19

INHALT	Ziffer
Zielsetzung	
Anwendungsbereich	1–6
Definitionen	7
Kurzfristig fällige Leistungen an Arbeitnehmer	8–23
Erfassung und Bewertung	10–22
Alle kurzfristig fälligen Leistungen an Arbeitnehmer	10
Kurzfristig fällige Abwesenheitsvergütungen	11–16
Gewinn- und Erfolgsbeteiligungspläne	17–22
Angaben	23
Leistungen nach Beendigung des Arbeitsverhältnisses: Unterscheidung zwischen beitragsorientierten und leistungsorientierten Versorgungsplänen	24–42
Gemeinschaftliche Pläne mehrerer Arbeitgeber	29–33
Leistungsorientierte Pläne, die Risiken auf mehrere Unternehmen unter gemeinsamer Beherrschung verteilen	34–35
Staatliche Pläne	36–38
Versicherte Leistungen	39–42
Leistungen nach Beendigung des Arbeitsverhältnisses: Beitragsorientierte Pläne	43–47
Erfassung und Bewertung	44–45
Angaben	46–47
Leistungen nach Beendigung des Arbeitsverhältnisses: Leistungsorientierte Pläne	48–125
Erfassung und Bewertung	49–62
Bilanzierung einer faktischen Verpflichtung	52–53
Bilanz	54–60
Ergebnis	61–62
Erfassung und Bewertung: Barwert leistungsorientierter Verpflichtungen und laufender Dienstzeitaufwand	63–101
Versicherungsmathematische Bewertungsmethode	64–66
Zuordnung von Leistungen auf Dienstjahre	67–71
Versicherungsmathematische Annahmen	72–77
Versicherungsmathematische Annahmen: Abzinsungssatz	78–82
Versicherungsmathematische Annahmen: Gehälter, Leistungen und Kosten medizinischer Versorgung	83–91
Versicherungsmathematische Gewinne und Verluste	92–95
Nachzuverrechnender Dienstzeitaufwand	96–101
Ansatz und Bewertung: Planvermögen	102–107
Beizulegender Zeitwert des Planvermögens	102–104
Erstattungsbeträge	104A–104D
Erträge aus Planvermögen	105–107
Unternehmenszusammenschlüsse	108
Plankürzung und -abgeltung	109–115
Darstellung	116–119
Saldierung	116–117
Unterscheidung von Kurz- und Langfristigkeit	118
Finanzielle Komponenten der Leistungen nach Beendigung des Arbeitsverhältnisses	119
Angaben	120–125
Andere langfristig fällige Leistungen an Arbeitnehmer	126–131
Ansatz und Bewertung	128–130
Angaben	131
Leistungen aus Anlass der Beendigung des Arbeitsverhältnisses	132–152
Erfassung	133–138
Bewertung	139–140
Angaben	141–152
Übergangsvorschriften	153–156
Zeitpunkt des Inkrafttretens	157–160

Die fett gedruckten Vorschriften sind in Verbindung mit den Hintergrundmaterialien und den Anwendungsleitlinien dieses Standards sowie in Verbindung mit dem Vorwort zu den International Accounting Standards zu betrachten. International Accounting Standards brauchen nicht auf unwesentliche Sachverhalte angewendet zu werden (siehe Paragraph 12 des Vorwortes).

IAS 19

SUMMARY

	Paragraphs
Objective	
Scope	1—6
Definitions	7
Short-term employee benefits	8—23
Recognition and measurement	10—22
All short-term employee benefits	10
Short-term compensated absences	11—16
Profit-sharing and bonus plans	17—22
Disclosure	23
Post-employment benefits: distinction between defined contribution plans and defined benefit plans	24—42
Multi-employer plans	29—33
Defined benefit plans that share risks between various entities under common control	34—35
State plans	36—38
Insured benefits	39—42
Post-employment benefits: defined contribution plans	43—47
Recognition and measurement	44—45
Disclosure	46—47
Post-employment benefits: defined benefit plans	48—125
Recognition and measurement	49—62
Accounting for the constructive obligation	52—53
Balance sheet	54—60
Profit or loss	61—62
Recognition and measurement: present value of defined benefit obligations and current service cost	63—101
Actuarial valuation method	64—66
Attributing benefit to periods of service	67—71
Actuarial assumptions	72—77
Actuarial assumptions: discount rate	78—82
Actuarial assumptions: salaries, benefits and medical costs	83—91
Actuarial gains and losses	92—95
Past service cost	96—101
Recognition and measurement: plan assets	102—107
Fair value of plan assets	102—104
Reimbursements	104A-104D
Return on plan assets	105—107
Business combinations	108
Curtailments and settlements	109—115
Presentation	116—119
Offset	116—117
Current/non-current distinction	118
Financial components of post-employment benefit costs	119
Disclosure	120—125
Other long-term employee benefits	126—131
Recognition and measurement	128—130
Disclosure	131
Termination benefits	132—152
Recognition	133—138
Measurement	139—140
Disclosure	141—152
Transitional provisions	153—156
Effective date	157—160

The standards, which have been set in bold type, should be read in the context of the background material and implementation guidance in this Standard, and in the context of the 'Preface to International Accounting Standards'. International Accounting Standards are not intended to apply to immaterial items (see paragraph 12 of the Preface).

IAS 19

ZIELSETZUNG

Ziel des vorliegenden Standards ist die Regelung der Bilanzierung und der Angabepflichten für Leistungen an Arbeitnehmer. Nach diesem Standard ist ein Unternehmen verpflichtet:
(a) eine Schuld zu bilanzieren, wenn ein Arbeitnehmer Arbeitsleistungen im Austausch gegen in der Zukunft zu zahlende Leistungen erbracht hat; und
(b) Aufwand zu erfassen, wenn das Unternehmen den wirtschaftlichen Nutzen aus der im Austausch für spätere Leistungen von einem Arbeitnehmer erbrachten Arbeitsleistung vereinnahmt hat.

ANWENDUNGSBEREICH

1 **Dieser Standard ist von Arbeitgebern bei der Bilanzierung von Leistungen an Arbeitnehmer anzuwenden, ausgenommen Leistungen, auf die IRFS 2 *Aktienbasierte Vergütung* Anwendung findet.**

2 Der Standard behandelt nicht die eigene Berichterstattung von Versorgungsplänen für Arbeitnehmer (vgl. hierzu IAS 26, Bilanzierung und Berichterstattung von Altersversorgungsplänen).

3 Der Standard bezieht sich auf folgende Leistungen an Arbeitnehmer:
(a) gemäß formellen Plänen oder anderen formellen Vereinbarungen zwischen einem Unternehmen und einzelnen Arbeitnehmern, Arbeitnehmergruppen oder deren Vertretern;
(b) gemäß gesetzlichen Bestimmungen oder im Rahmen von tarifvertraglichen Vereinbarungen, durch die Unternehmen verpflichtet sind, Beiträge zu Plänen des Staates, eines Bundeslandes, eines Industriezweiges oder zu anderen gemeinschaftlichen Plänen mehrerer Arbeitnehmer zu leisten; oder
(c) gemäß betrieblicher Übung, die eine faktische Verpflichtung begründet. Betriebliche Übung begründet dann eine faktische Verpflichtung, wenn das Unternehmen keine realistische Alternative zur Zahlung der Leistungen an Arbeitnehmer hat. Eine faktische Verpflichtung ist beispielsweise dann gegeben, wenn eine Änderung der üblichen betrieblichen Praxis durch ein Unternehmen zu einer unannehmbaren Schädigung des sozialen Klimas im Betrieb führen würde.

4 Leistungen an Arbeitnehmer beinhalten:
(a) kurzfristig fällige Leistungen an Arbeitnehmer wie Löhne, Gehälter und Sozialversicherungsbeiträge, Urlaubs- und Krankengeld, Gewinn- und Erfolgsbeteiligungen (sofern diese innerhalb von 12 Monaten nach Ende der Berichtsperiode gezahlt werden) sowie geldwerte Leistungen (wie medizinische Versorgung, Unterbringung und Dienstwagen sowie kostenlose oder vergünstigte Waren oder Dienstleistungen) für aktive Arbeitnehmer;
(b) Leistungen nach Beendigung des Arbeitsverhältnisses wie Renten, sonstige Altersversorgungsleistungen, Lebensversicherungen und medizinische Versorgung nach Beendigung des Arbeitsverhältnisses;
(c) andere langfristig fällige Leistungen an Arbeitnehmer, einschließlich Sonderurlaub nach langjähriger Dienstzeit und andere vergütete Dienstfreistellungen, Jubiläumsgelder oder andere Leistungen für langjährige Dienstzeit, Versorgungsleistungen im Falle der Erwerbsunfähigkeit und – sofern diese Leistungen nicht vollständig innerhalb von 12 Monaten nach Ende der Berichtsperiode zu zahlen sind – Gewinn- und Erfolgsbeteiligungen, sowie später fällige Vergütungsbestandteile; und
(d) Leistungen aus Anlass der Beendigung des Arbeitsverhältnisses.
Da jede der unter (a) bis (d) aufgeführten Kategorien andere Merkmale aufweist, sind in diesem Standard unterschiedliche Vorschriften für jede Kategorie vorgesehen.

5 Leistungen an Arbeitnehmer beinhalten Leistungen sowohl an die Arbeitnehmer selbst als auch an von diesen wirtschaftlich abhängige Personen und können durch Zahlung (oder die Bereitstellung von Waren und Dienstleistungen) an die Arbeitnehmer direkt, an deren Ehepartner, Kinder oder sonstige von den Arbeitnehmern wirtschaftlich abhängige Personen oder an andere, wie z. B. Versicherungsunternehmen, erfüllt werden.

6 Ein Arbeitnehmer kann für ein Unternehmen Arbeitsleistungen auf Vollzeit- oder Teilzeitbasis, dauerhaft oder gelegentlich oder auch auf befristeter Basis erbringen. Für die Zwecke dieses Standards zählen Mitglieder des Geschäftsführungs- und/oder Aufsichtsorgans und sonstiges leitendes Personal zu den Arbeitnehmern.

IAS 19

OBJECTIVE

The objective of this Standard is to prescribe the accounting and disclosure for employee benefits. The Standard requires an enterprise to recognise:
(a) a liability when an employee has provided service in exchange for employee benefits to be paid in the future; and
(b) an expense when the enterprise consumes the economic benefit arising from service provided by an employee in exchange for employee benefits.

SCOPE

This Standard should be applied by an employer in accounting for all employee benefits, except those to which IFRS 2 Share-based Payment applies. 1

This Standard does not deal with reporting by employee benefit plans (see IAS 26, accounting and reporting by retirement benefit plans). 2

The employee benefits to which this Standard applies include those provided: 3
(a) under formal plans or other formal agreements between an enterprise and individual employees, groups of employees or their representatives;
(b) under legislative requirements, or through industry arrangements, whereby enterprises are required to contribute to national, State, industry or other multi-employer plans; or
(c) by those informal practices that give rise to a constructive obligation. Informal practices give rise to a constructive obligation where the enterprise has no realistic alternative but to pay employee benefits. An example of a constructive obligation is where a change in the enterprise's informal practices would cause unacceptable damage to its relationship with employees.

Employee benefits include: 4
(a) short-term employee benefits, such as wages, salaries and social security contributions, paid annual leave and paid sick leave, profit-sharing and bonuses (if payable within 12 months of the end of the period) and non-monetary benefits (such as medical care, housing, cars and free or subsidised goods or services) for current employees;
(b) post-employment benefits such as pensions, other retirement benefits, post-employment life insurance and post-employment medical care;
(c) other long-term employee benefits, including long-service leave or sabbatical leave, jubilee or other long-service benefits, long-term disability benefits and, if they are not payable wholly within 12 months after the end of the period, profit-sharing, bonuses and deferred compensation; and
(d) termination benefits.
Because each category identified in (a)-(d) above has different characteristics, this Standard establishes separate requirements for each category.

Employee benefits include benefits provided to either employees or their dependants and may be settled by payments (or the provision of goods or services) made either directly to the employees, to their spouses, children or other dependants or to others, such as insurance companies. 5

An employee may provide services to an enterprise on a full-time, part-time, permanent, casual or temporary basis. For the purpose of this Standard, employees include directors and other management personnel. 6

DEFINITIONEN

7 Folgende Begriffe werden in diesem Standard mit der angegebenen Bedeutung verwendet:

Leistungen an Arbeitnehmer sind alle Formen von Vergütung, die ein Unternehmen im Austausch für die von Arbeitnehmern erbrachte Arbeitsleistung gewährt.

Kurzfristig fällige Leistungen an Arbeitnehmer sind Leistungen des Unternehmens an Arbeitnehmer (außer Leistungen aus Anlass der Beendigung des Arbeitsverhältnisses), die innerhalb von 12 Monaten nach Ende der Berichtsperiode, in der die entsprechende Arbeitsleistung erbracht wurde, in voller Höhe fällig sind.

Leistungen nach Beendigung des Arbeitsverhältnisses sind Leistungen an Arbeitnehmer (außer Leistungen aus Anlass der Beendigung des Arbeitsverhältnisses), die vom Unternehmen nach Beendigung des Arbeitsverhältnisses zu zahlen sind.

Pläne für Leistungen nach Beendigung des Arbeitsverhältnisses sind formelle oder informelle Vereinbarungen, durch die ein Unternehmen einem oder mehreren Arbeitnehmern Versorgungsleistungen nach Beendigung des Arbeitsverhältnisses gewährt.

Beitragsorientierte Pläne sind Pläne für Leistungen nach Beendigung des Arbeitsverhältnisses, bei denen ein Unternehmen festgelegte Beiträge an eine eigenständige Einheit (einen Fonds) entrichtet und weder rechtlich noch faktisch zur Zahlung darüber hinausgehender Beiträge verpflichtet ist wenn der Fonds nicht über ausreichende Vermögenswerte verfügt, um alle Leistungen in Bezug auf Arbeitsleistungen der Arbeitnehmer in der Berichtsperiode und früheren Perioden zu erbringen.

Leistungsorientierte Pläne sind Pläne für Leistungen nach Beendigung des Arbeitsverhältnisses, die nicht unter die Definition der beitragsorientierten Pläne fallen.

Gemeinschaftliche Pläne mehrerer Arbeitgeber sind beitragsorientierte (außer staatlichen Plänen) oder leistungsorientierte Pläne (außer staatlichen Plänen), bei denen:

(a) Vermögenswerte zusammengeführt werden, die von verschiedenen, nicht einer gemeinschaftlichen Beherrschung unterliegenden Unternehmen in den Plan eingebracht wurden; und

(b) diese Vermögenswerte zur Gewährung von Leistungen an Arbeitnehmer aus mehr als einem Unternehmen verwendet werden, ohne dass die Beitrags- und Leistungshöhe von dem Unternehmen, in dem die entsprechenden Arbeitnehmer beschäftigt sind, abhängen.

Andere langfristig fällige Leistungen an Arbeitnehmer sind Leistungen an Arbeitnehmer (außer Leistungen nach Beendigung des Arbeitsverhältnisses und Leistungen aus Anlass der Beendigung des Arbeitsverhältnisses), die nicht innerhalb von 12 Monaten nach Ende der Berichtsperiode, in der die damit verbundene Arbeitsleistung erbracht wurde, in voller Höhe fällig werden.

Leistungen aus Anlass der Beendigung des Arbeitsverhältnisses sind zu zahlende Leistungen an Arbeitnehmer, die daraus resultieren, dass entweder:

(a) ein Unternehmen die Beendigung des Beschäftigungsverhältnisses eines Arbeitnehmers vor dem regulären Pensionierungszeitpunkt beschlossen hat; oder

(b) ein Arbeitnehmer im Austausch für diese Leistungen freiwillig seiner Freisetzung zugestimmt hat.

Unverfallbare Leistungen sind Leistungen an Arbeitnehmer, deren Gewährung nicht vom künftigen Fortbestand des Beschäftigungsverhältnisses abhängt.

Der Barwert einer leistungsorientierten Verpflichtung ist der ohne Abzug von Planvermögen beizulegende Barwert erwarteter künftiger Zahlungen, die erforderlich sind, um die auf Grund von Arbeitnehmerleistungen in der Berichtsperiode oder früheren Perioden entstandenen Verpflichtungen abgelten zu können.

Laufender Dienstzeitaufwand bezeichnet den Anstieg des Barwerts einer leistungsorientierten Verpflichtung, der auf die von Arbeitnehmern in der Berichtsperiode erbrachte Arbeitsleistung entfällt.

Zinsaufwand bezeichnet den in einer Periode zu verzeichnenden Anstieg des Barwerts einer leistungsorientierten Verpflichtung, der entsteht, weil der Zeitpunkt der Leistungserfüllung eine Periode näher gerückt ist.

Planvermögen umfasst:

(a) Vermögen, das durch einen langfristig ausgelegten Fonds zur Erfüllung von Leistungen an Arbeitnehmer gehalten wird; und

(b) qualifizierte Versicherungspolicen.

Vermögen, das durch einen langfristig ausgelegten Fonds zur Erfüllung von Leistungen an Arbeitnehmer gehalten wird, ist Vermögen (außer nicht übertragbaren Finanzinstrumenten, die vom berichtenden Unternehmen ausgegeben wurden), das:

(a) von einer Einheit (einem Fonds) gehalten wird, die rechtlich unabhängig von dem berichtenden Unternehmen ist und die ausschließlich besteht, um Leistungen an Arbeitnehmer zu zahlen oder zu finanzieren; und

(b) verfügbar ist, um ausschließlich die Leistungen an die Arbeitnehmer zu zahlen oder zu finanzieren, aber nicht für die Gläubiger des berichtenden Unternehmens verfügbar ist (auch nicht bei einem Insolvenzverfahren), und das nicht an das berichtende Unternehmen zurückgezahlt werden kann, es sei denn:

DEFINITIONS

The following terms are used in this Standard with the meanings specified:

Employee benefits are all forms of consideration given by an enterprise in exchange for service rendered by employees.

Short-term employee benefits are employee benefits (other than termination benefits) which fall due wholly within 12 months after the end of the period in which the employees render the related service.

Post-employment benefits are employee benefits (other than termination benefits) which are payable after the completion of employment.

Post-employment benefit plans are formal or informal arrangements under which an enterprise provides post-employment benefits for one or more employees.

Defined contribution plans are post-employment benefit plans under which an enterprise pays fixed contributions into a separate entity (a fund) and will have no legal or constructive obligation to pay further contributions if the fund does not hold sufficient assets to pay all employee benefits relating to employee service in the current and prior periods.

Defined benefit plans are post-employment benefit plans other than defined contribution plans.

Multi-employer plans are defined contribution plans (other than State plans) or defined benefit plans (other than State plans) that:
(a) pool the assets contributed by various enterprises that are not under common control; and
(b) use those assets to provide benefits to employees of more than one enterprise, on the basis that contribution and benefit levels are determined without regard to the identity of the enterprise that employs the employees concerned.

Other long-term employee benefits are employee benefits (other than post-employment benefits and termination benefits) which do not fall due wholly within 12 months after the end of the period in which the employees render the related service.

Termination benefits are employee benefits payable as a result of either:
(a) an enterprise's decision to terminate an employee's employment before the normal retirement date; or
(b) an employee's decision to accept voluntary redundancy in exchange for those benefits.

Vested employee benefits are employee benefits that are not conditional on future employment.

The present value of a defined benefit obligation is the present value, without deducting any plan assets, of expected future payments required to settle the obligation resulting from employee service in the current and prior periods.

Current service cost is the increase in the present value of the defined benefit obligation resulting from employee service in the current period.

Interest cost is the increase during a period in the present value of a defined benefit obligation which arises because the benefits are one period closer to settlement.

Plan assets comprise:
(a) assets held by a long-term employee benefit fund; and
(b) qualifying insurance policies.

Assets held by a long-term employee benefit fund are assets (other than non-transferable financial instruments issued by the reporting enterprise) that:
(a) are held by an entity (a fund) that is legally separate from the reporting enterprise and exists solely to pay or fund employee benefits; and
(b) are available to be used only to pay or fund employee benefits, are not available to the reporting enterprise's own creditors (even in bankruptcy), and cannot be returned to the reporting enterprise, unless either:

(i) das verbleibende Vermögen des Fonds reicht aus, um alle Leistungsverpflichtungen gegenüber den Arbeitnehmern, die mit dem Plan oder dem berichtenden Unternehmen verbunden sind, zu erfüllen; oder
(ii) das Vermögen wird an das berichtende Unternehmen zurückgezahlt, um Leistungen an Arbeitnehmer, die bereits gezahlt wurden, zu erstatten.

Eine qualifizierte Versicherungspolice[1] ist eine Versicherungspolice eines Versicherers, der nicht zu den nahestehenden Unternehmen des berichtenden Unternehmens gehört (wie in IAS 24, Angaben über Beziehungen zu nahe stehenden Unternehmen und Personen, definiert), wenn die Erlöse aus der Police:
(a) nur verwendet werden können, um Leistungen an Arbeitnehmer aus einem leistungsorientierten Versorgungsplan zu zahlen oder zu finanzieren; und
(b) nicht den Gläubigern des berichtenden Unternehmens zur Verfügung stehen (auch nicht im Fall des Insolvenzverfahrens) und nicht an das berichtende Unternehmen gezahlt werden können, es sei denn:
(i) die Erlöse stellen Überschüsse dar, die für die Erfüllung sämtlicher Leistungsverpflichtungen gegenüber Arbeitnehmern im Zusammenhang mit der Police nicht benötigt werden; oder
(ii) die Erlöse werden an das berichtende Unternehmen zurückgezahlt, um Leistungen an Arbeitnehmer, die bereits gezahlt wurden, zu erstatten.

Der beizulegende Zeitwert ist der Betrag, zu dem zwischen sachverständigen, vertragswilligen und voneinander unabhängigen Geschäftspartnern ein Vermögenswert getauscht oder eine Schuld beglichen werden könnte.

Erträge aus Planvermögen sind Zinsen, Dividenden und sonstige Erlöse, die aus dem Planvermögen erwirtschaftet werden, einschließlich realisierter und nicht realisierter Wertsteigerungen oder Wertminderungen des Vermögens, abzüglich der Aufwendungen für die Verwaltung des Plans sowie etwaiger vom Plan zu entrichtender Steuern.

Versicherungsmathematische Gewinne und Verluste bestehen aus:
(a) erfahrungsbedingten Anpassungen (die Auswirkungen der Abweichungen zwischen früheren versicherungsmathematischen Annahmen und der tatsächlichen Entwicklung); und
(b) Auswirkungen von Änderungen versicherungsmathematischer Annahmen.

Nachzuverrechnender Dienstzeitaufwand ist der Anstieg des Barwerts einer leistungsorientierten Verpflichtung, die auf eine Arbeitsleistung vorangegangener Perioden entfällt, auf Grund der in der Berichtsperiode erfolgten Einführung oder Änderung eines Planes für Leistungen nach Beendigung des Arbeitsverhältnisses oder anderer langfristig fälliger Leistungen an Arbeitnehmer. Der nachzuverrechnende Dienstzeitaufwand kann sowohl positiv (sofern Leistungen neu eingeführt oder verbessert werden) als auch negativ (im Falle der Kürzung bestehender Leistungen) ausfallen.

KURZFRISTIG FÄLLIGE LEISTUNGEN AN ARBEITNEHMER

8 Zu den kurzfristig fälligen Leistungen an Arbeitnehmer gehören:
(a) Löhne, Gehälter und Sozialversicherungsbeiträge;
(b) Vergütete kurzfristige Abwesenheiten (wie bezahlter Jahresurlaub oder Lohnfortzahlung im Krankheitsfall), sofern die Abwesenheit innerhalb von 12 Monaten nach Ende der Periode zu erwarten ist, in der die entsprechende Arbeitsleistung erbracht wurde;
(c) Gewinn- und Erfolgsbeteiligungen, die innerhalb von 12 Monaten nach Ende der Periode, in der die entsprechende Arbeitsleistung erbracht wurde, zu zahlen sind; und
(d) geldwerte (nichtmonetäre) Leistungen (wie medizinische Versorgung, Unterbringung, Dienstwagen und kostenlose oder vergünstigte Waren oder Dienstleistungen) für aktive Arbeitnehmer.

9 Die Bilanzierung für kurzfristig fällige Leistungen ist im Allgemeinen einfach, weil zur Bewertung der Verpflichtung oder des Aufwands keine versicherungsmathematischen Annahmen erforderlich sind und darüber hinaus keine versicherungsmathematischen Gewinne oder Verluste entstehen können. Zudem werden Verpflichtungen aus kurzfristig fälligen Leistungen an Arbeitnehmer auf nicht abgezinster Basis bewertet.

---

1 Eine qualifizierte Versicherungspolice ist nicht notwendigerweise ein Versicherungsvertrag, wie er in IFRS 4 Versicherungsverträge definiert wird.

(i) the remaining assets of the fund are sufficient to meet all the related employee benefit obligations of the plan or the reporting enterprise; or
(ii) the assets are returned to the reporting enterprise to reimburse it for employee benefits already paid.

A qualifying insurance policy[1] is an insurance policy issued by an insurer that is not a related party (as defined in IAS 24, related party disclosures) of the reporting enterprise, if the proceeds of the policy:
(a) can be used only to pay or fund employee benefits under a defined benefit plan; and
(b) are not available to the reporting enterprise's own creditors (even in bankruptcy) and cannot be paid to the reporting enterprise, unless either:
(i) the proceeds represent surplus assets that are not needed for the policy to meet all the related employee benefit obligations; or
(ii) the proceeds are returned to the reporting enterprise to reimburse it for employee benefits already paid.

Fair value is the amount for which an asset could be exchanged or a liability settled between knowledgeable, willing parties in an arm's length transaction.

The return on plan assets is interest, dividends and other revenue derived from the plan assets, together with realised and unrealised gains or losses on the plan assets, less any costs of administering the plan and less any tax payable by the plan itself.

Actuarial gains and losses comprise:
(a) experience adjustments (the effects of differences between the previous actuarial assumptions and what has actually occurred); and
(b) the effects of changes in actuarial assumptions.

Past service cost is the increase in the present value of the defined benefit obligation for employee service in prior periods, resulting in the current period from the introduction of, or changes to, post-employment benefits or other long-term employee benefits. Past service cost may be either positive (where benefits are introduced or improved) or negative (where existing benefits are reduced).

SHORT-TERM EMPLOYEE BENEFITS

Short-term employee benefits include items such as: 8
(a) wages, salaries and social security contributions;
(b) short-term compensated absences (such as paid annual leave and paid sick leave) where the absences are expected to occur within 12 months after the end of the period in which the employees render the related employee service;
(c) profit-sharing and bonuses payable within 12 months after the end of the period in which the employees render the related service; and
(d) non-monetary benefits (such as medical care, housing, cars and free or subsidised goods or services) for current employees.

Accounting for short-term employee benefits is generally straightforward because no actuarial assumptions are 9 required to measure the obligation or the cost and there is no possibility of any actuarial gain or loss. Moreover, short-term employee benefit obligations are measured on an undiscounted basis.

---

1 A qualifying insurance policy is not necessarily an insurance contract, as defined in IFRS 4 *Insurance Contracts*.

Erfassung und Bewertung

Alle kurzfristig fälligen Leistungen an Arbeitnehmer

10 Hat ein Arbeitnehmer im Verlauf der Berichtsperiode Arbeitsleistungen für ein Unternehmen erbracht, ist von dem Unternehmen der nicht abgezinste Betrag der kurzfristig fälligen Leistung zu erfassen, der erwartungsgemäß im Austausch für diese Arbeitsleistung gezahlt wird, und zwar:
(a) als Schuld (abzugrenzender Aufwand) nach Abzug bereits geleisteter Zahlungen. Übersteigt der bereits gezahlte Betrag den nicht abgezinsten Betrag der Leistungen, so hat das Unternehmen den Unterschiedsbetrag als Vermögenswert zu aktivieren (aktivische Abgrenzung), sofern die Vorauszahlung beispielsweise zu einer Verringerung künftiger Zahlungen oder einer Rückerstattung führen wird; und
(b) als Aufwand, es sei denn, ein anderer International Accounting Standard verlangt oder erlaubt die Einbeziehung der Leistungen in die Anschaffungs- oder Herstellungskosten eines Vermögenswertes (siehe z. B. IAS 2, Vorräte, und IAS 16, Sachanlagen).

Die Paragraphen 11, 14 und 17 erläutern, wie diese Vorschrift von einem Unternehmen auf kurzfristig fällige Leistungen an Arbeitnehmer in Form von vergüteter Abwesenheit und Gewinn- und Erfolgsbeteiligung anzuwenden ist.

Kurzfristig fällige Abwesenheitsvergütungen

11 Die erwarteten Kosten für kurzfristig fällige Leistungen an Arbeitnehmer in Form von vergüteten Abwesenheiten sind gemäß Paragraph 10 wie folgt zu erfassen:
(a) im Falle ansammelbarer Ansprüche, sobald die Arbeitsleistungen durch die Arbeitnehmer erbracht werden, durch die sich ihre Ansprüche auf vergütete künftige Abwesenheit erhöhen; und
(b) im Falle nicht ansammelbarer Ansprüche in dem Zeitpunkt, in dem die Abwesenheit eintritt.

12 Ein Unternehmen kann aus verschiedenen Gründen Vergütungen bei Abwesenheit von Arbeitnehmern zahlen, z. B. bei Urlaub, Krankheit, vorübergehender Arbeitsunfähigkeit, Erziehungsurlaub, Schöffentätigkeit oder bei Ableistung von Militärdienst. Ansprüche auf vergütete Abwesenheiten können in die folgenden zwei Kategorien unterteilt werden:
(a) ansammelbare Ansprüche; und
(b) nicht ansammelbare Ansprüche.

13 Ansammelbare Ansprüche auf vergütete Abwesenheit sind Ansprüche, die in die Zukunft vorgetragen und in späteren Perioden genutzt werden können, sofern die die Berichtsperiode betreffenden Ansprüche nicht vollständig genutzt wurden. Ansammelbare Ansprüche auf vergütete Abwesenheit können entweder unverfallbar (d. h. Arbeitnehmer haben bei ihrem Ausscheiden aus dem Unternehmen Anspruch auf einen Barausgleich für nicht in Anspruch genommene Leistungen) oder verfallbar sein (d. h. Arbeitnehmer haben bei ihrem Ausscheiden aus dem Unternehmen keinen Anspruch auf Barausgleich für nicht in Anspruch genommene Leistungen). Eine Verpflichtung entsteht, wenn Arbeitnehmer Leistungen erbringen, durch die sich ihr Anspruch auf künftige vergütete Abwesenheit erhöht. Die Verpflichtung entsteht selbst dann und ist zu erfassen, wenn die Ansprüche auf vergütete Abwesenheit verfallbar sind, wobei allerdings die Bewertung dieser Verpflichtung davon beeinflusst wird, dass Arbeitnehmer möglicherweise aus dem Unternehmen ausscheiden, bevor sie die angesammelten verfallbaren Ansprüche nutzen.

14 **Ein Unternehmen hat die erwarteten Kosten ansammelbarer Ansprüche auf vergütete Abwesenheit mit dem zusätzlichen Betrag zu bewerten, den das Unternehmen auf Grund der zum Bilanzstichtag angesammelten, nicht genutzten Ansprüche voraussichtlich zahlen muss.**

15 Bei dem im vorherigen Paragraphen beschriebenen Verfahren wird die Verpflichtung mit dem Betrag der zusätzlichen Zahlungen angesetzt, die erwartungsgemäß allein auf Grund der Tatsache entstehen, dass die Leistung ansammelbar ist. In vielen Fällen bedarf es keiner detaillierten Berechnungen des Unternehmens, um abschätzen zu können, dass keine wesentliche Verpflichtung aus ungenutzten Ansprüchen auf vergütete Abwesenheit existiert. Zum Beispiel ist eine Verpflichtung im Krankheitsfall wahrscheinlich nur dann wesentlich, wenn im Unternehmen formell oder informell Einvernehmen darüber herrscht, dass ungenutzte vergütete Abwesenheit für Krankheit als bezahlter Urlaub genommen werden kann.

Recognition and measurement

All short-term employee benefits

10 When an employee has rendered service to an enterprise during an accounting period, the enterprise should recognise the undiscounted amount of short-term employee benefits expected to be paid in exchange for that service:
(a) as a liability (accrued expense), after deducting any amount already paid. If the amount already paid exceeds the undiscounted amount of the benefits, an enterprise should recognise that excess as an asset (prepaid expense) to the extent that the prepayment will lead to, for example, a reduction in future payments or a cash refund; and
(b) as an expense, unless another International Accounting Standard requires or permits the inclusion of the benefits in the cost of an asset (see, for example, IAS 2, inventories, and IAS 16, property, plant and equipment).

Paragraphs 11, 14 and 17 explain how an enterprise should apply this requirement to short-term employee benefits in the form of compensated absences and profit-sharing and bonus plans.

Short-term compensated absences

11 An enterprise should recognise the expected cost of short-term employee benefits in the form of compensated absences under paragraph 10 as follows:
(a) in the case of accumulating compensated absences, when the employees render service that increases their entitlement to future compensated absences; and
(b) in the case of non-accumulating compensated absences, when the absences occur.

12 An enterprise may compensate employees for absence for various reasons including vacation, sickness and short-term disability, maternity or paternity, jury service and military service. Entitlement to compensated absences falls into two categories:
(a) accumulating; and
(b) non-accumulating.

13 Accumulating compensated absences are those that are carried forward and can be used in future periods if the current period's entitlement is not used in full. Accumulating compensated absences may be either vesting (in other words, employees are entitled to a cash payment for unused entitlement on leaving the enterprise) or non-vesting (when employees are not entitled to a cash payment for unused entitlement on leaving). An obligation arises as employees render service that increases their entitlement to future compensated absences. The obligation exists, and is recognised, even if the compensated absences are non-vesting, although the possibility that employees may leave before they use an accumulated non-vesting entitlement affects the measurement of that obligation.

14 An enterprise should measure the expected cost of accumulating compensated absences as the additional amount that the enterprise expects to pay as a result of the unused entitlement that has accumulated at the balance sheet date.

15 The method specified in the previous paragraph measures the obligation at the amount of the additional payments that are expected to arise solely from the fact that the benefit accumulates. In many cases, an enterprise may not need to make detailed computations to estimate that there is no material obligation for unused compensated absences. For example, a sick leave obligation is likely to be material only if there is a formal or informal understanding that unused paid sick leave may be taken as paid vacation.

IAS 19

> **Beispiel zur Veranschaulichung von Paragraph 14 und 15**
>
> In einem Unternehmen sind 100 Mitarbeiter beschäftigt, die jeweils Anspruch auf fünf bezahlte Krankheitstage pro Jahr haben. Nicht in Anspruch genommene Krankheitstage können ein Kalenderjahr vorgetragen werden. Krankheitstage werden zuerst mit den Ansprüchen des laufenden Jahres und dann mit den etwaigen übertragenen Ansprüchen aus dem vorangegangenen Jahr (auf LIFO-Basis) verrechnet. Zum 31. Dezember 20X1 belaufen sich die durchschnittlich ungenutzten Ansprüche auf zwei Tage je Arbeitnehmer. Das Unternehmen erwartet, dass die bisherigen Erfahrungen auch in Zukunft zutreffen, und geht davon aus, dass in 20X2 92 Arbeitnehmer nicht mehr als fünf bezahlte Krankheitstage und die restlichen acht Arbeitnehmer im Durchschnitt sechseinhalb Tage in Anspruch nehmen werden.
>
> Das Unternehmen erwartet, dass es auf Grund der zum 31. Dezember 20X1 ungenutzten angesammelten Ansprüche für zusätzliche 12 Krankentage zahlen wird (das entspricht je eineinhalb Tagen für acht Arbeitnehmer). Daher bilanziert das Unternehmen eine Schuld in Höhe von 12 Tagen Krankengeld.

16 Nicht ansammelbare Ansprüche auf vergütete Abwesenheit können nicht vorgetragen werden; sie verfallen, soweit die Ansprüche in der Berichtsperiode nicht vollständig genutzt werden, und berechtigen Arbeitnehmer auch nicht zum Erhalt eines Barausgleichs für ungenutzte Ansprüche bei Ausscheiden aus dem Unternehmen. Dies ist üblicherweise der Fall bei Krankengeld (soweit ungenutzte Ansprüche der Vergangenheit künftige Ansprüche nicht erhöhen), Erziehungsurlaub und vergüteter Abwesenheit bei Schöffentätigkeit oder Militärdienst. Eine Schuld oder ein Aufwand wird nicht vor der Abwesenheit erfasst, da die Arbeitsleistung der Arbeitnehmer den Wert des Leistungsanspruchs nicht erhöht.

Gewinn- und Erfolgsbeteiligungspläne

17 Ein Unternehmen hat die erwarteten Kosten eines Gewinn- oder Erfolgsbeteiligungsplanes gemäß Paragraph 10 dann, und nur dann, zu erfassen, wenn:
   (a) das Unternehmen auf Grund von Ereignissen der Vergangenheit gegenwärtig eine rechtliche oder faktische Verpflichtung hat, solche Leistungen zu gewähren; und
   (b) die Höhe der Verpflichtung verlässlich geschätzt werden kann.
   Eine gegenwärtige Verpflichtung besteht dann, und nur dann, wenn das Unternehmen keine realistische Alternative zur Zahlung hat.

18 Einige Gewinnbeteiligungspläne sehen vor, dass Arbeitnehmer nur dann einen Gewinnanteil erhalten, wenn sie für einen festgelegten Zeitraum beim Unternehmen bleiben. Im Rahmen solcher Pläne entsteht dennoch eine faktische Verpflichtung für das Unternehmen, da Arbeitnehmer Arbeitsleistung erbringen, durch die sich der zu zahlende Betrag erhöht, sofern sie bis zum Ende des festgesetzten Zeitraumes im Unternehmen verbleiben. Bei der Bewertung solcher faktischen Verpflichtungen ist zu berücksichtigen, dass möglicherweise einige Arbeitnehmer ausscheiden, ohne eine Gewinnbeteiligung zu erhalten.

> **Beispiel zur Veranschaulichung von Paragraph 18**
>
> Ein Gewinnbeteiligungsplan verpflichtet ein Unternehmen zur Zahlung eines bestimmten Anteils vom Nettogewinn des Geschäftsjahres an Arbeitnehmer, die während des ganzen Jahres beschäftigt sind. Wenn keine Arbeitnehmer im Laufe des Jahres ausscheiden, werden die insgesamt auszuzahlenden Gewinnbeteiligungen für das Jahr 3 % des Nettogewinns betragen. Das Unternehmen schätzt, dass sich die Zahlungen auf Grund der Mitarbeiterfluktuation auf 2,5 % des Nettogewinns reduzieren.
>
> Das Unternehmen erfasst eine Schuld und einen Aufwand in Höhe von 2,5 % des Nettogewinns

19 Möglicherweise ist ein Unternehmen rechtlich nicht zur Zahlung von Erfolgsbeteiligungen verpflichtet. In einigen Fällen kann es jedoch betriebliche Praxis sein, Erfolgsbeteiligungen zu gewähren. In diesen Fällen besteht eine faktische Verpflichtung, da das Unternehmen keine realistische Alternative zur Zahlung der Erfolgsbeteiligung hat. Bei der Bewertung der faktischen Verpflichtung ist zu berücksichtigen, dass möglicherweise einige Arbeitnehmer ausscheiden, ohne eine Erfolgsbeteiligung zu erhalten.

20 Eine verlässliche Schätzung einer rechtlichen oder faktischen Verpflichtung eines Unternehmens hinsichtlich eines Gewinn- oder Erfolgsbeteiligungsplanes ist dann, und nur dann, möglich, wenn,
   (a) die formellen Regelungen des Planes eine Formel zur Bestimmung der Leistungshöhe enthalten;

> **Example illustrating paragraphs 14 and 15**
>
> An enterprise has 100 employees, who are each entitled to five working days of paid sick leave for each year. Unused sick leave may be carried forward for one calendar year. Sick leave is taken first out of the current year's entitlement and then out of any balance brought forward from the previous year (a LIFO basis). At 31 December 20X1, the average unused entitlement is two days per employee. The enterprise expects, based on past experience which is expected to continue, that 92 employees will take no more than five days of paid sick leave in 20X2 and that the remaining eight employees will take an average of six and a half days each. The enterprise expects that it will pay an additional 12 days of sick pay as a result of the unused entitlement that has accumulated at 31 December 20X1 (one and a half days each, for eight employees). Therefore, the enterprise recognises a liability equal to 12 days of sick pay.

Non-accumulating compensated absences do not carry forward: they lapse if the current period's entitlement is not used in full and do not entitle employees to a cash payment for unused entitlement on leaving the enterprise. This is commonly the case for sick pay (to the extent that unused past entitlement does not increase future entitlement), maternity or paternity leave and compensated absences for jury service or military service. An enterprise recognises no liability or expense until the time of the absence, because employee service does not increase the amount of the benefit. 16

Profit-sharing and bonus plans

An enterprise should recognise the expected cost of profit-sharing and bonus payments under paragraph 10 when, and only when: 17
(a) the enterprise has a present legal or constructive obligation to make such payments as a result of past events; and
(b) a reliable estimate of the obligation can be made.
A present obligation exists when, and only when, the enterprise has no realistic alternative but to make the payments.

Under some profit-sharing plans, employees receive a share of the profit only if they remain with the enterprise for a specified period. Such plans create a constructive obligation as employees render service that increases the amount to be paid if they remain in service until the end of the specified period. The measurement of such constructive obligations reflects the possibility that some employees may leave without receiving profit-sharing payments. 18

> **Example illustrating paragraph 18**
>
> A profit-sharing plan requires an enterprise to pay a specified proportion of its net profit for the year to employees who serve throughout the year. If no employees leave during the year, the total profit-sharing payments for the year will be 3 % of net profit. The enterprise estimates that staff turnover will reduce the payments to 2,5 % of net profit.
> The enterprise recognises a liability and an expense of 2,5 % of net profit.

An enterprise may have no legal obligation to pay a bonus. Nevertheless, in some cases, an enterprise has a practice of paying bonuses. In such cases, the enterprise has a constructive obligation because the enterprise has no realistic alternative but to pay the bonus. The measurement of the constructive obligation reflects the possibility that some employees may leave without receiving a bonus. 19

An enterprise can make a reliable estimate of its legal or constructive obligation under a profit-sharing or bonus plan when, and only when: 20
(a) the formal terms of the plan contain a formula for determining the amount of the benefit;

IAS 19

(b) das Unternehmen die zu zahlenden Beträge festlegt, bevor der Abschluss zur Veröffentlichung freigegeben wurde; oder

(c) auf Grund früherer Praktiken die Höhe der faktischen Verpflichtung des Unternehmens eindeutig bestimmt ist.

21 Eine Verpflichtung aus Gewinn- oder Erfolgsbeteiligungsplänen beruht auf der Arbeitsleistung der Arbeitnehmer und nicht auf einem Rechtsgeschäft mit den Eigentümern des Unternehmens. Deswegen werden die Kosten eines Gewinn- und Erfolgsbeteiligungsplanes nicht als Gewinnausschüttung, sondern als Aufwand erfasst.

22 Sind Zahlungen aus Gewinn- und Erfolgsbeteiligungsplänen nicht in voller Höhe innerhalb von 12 Monaten nach Ende der Periode, in der die damit verbundene Arbeitsleistung von den Arbeitnehmern erbracht wurde, fällig, so fallen sie unter andere langfristig fällige Leistungen an Arbeitnehmer (vgl. hierzu Paragraphen 126 bis 131).

Angaben

23 Obgleich dieser Standard keine besonderen Angaben zu kurzfristig fälligen Leistungen für Arbeitnehmer vorschreibt, können solche Angaben nach Maßgabe anderer Standards erforderlich sein. Zum Beispiel sind nach IAS 24 *Angaben über Beziehungen zu nahe stehenden Unternehmen und Personen* Angaben zu Leistungen an Mitglieder der Geschäftsleitung zu machen. Nach IAS 1 *Darstellung des Abschlusses* sind die Leistungen an Arbeitnehmer anzugeben.

LEISTUNGEN NACH BEENDIGUNG DES ARBEITSVERHÄLTNISSES: UNTERSCHEIDUNG ZWISCHEN BEITRAGSORIENTIERTEN UND LEISTUNGSORIENTIERTEN VERSORGUNGSPLÄNEN

24 Leistungen nach Beendigung des Arbeitsverhältnisses beinhalten u. a.:
(a) Leistungen der betrieblichen Altersversorgung wie Renten; und
(b) andere Leistungen nach Beendigung des Arbeitsverhältnisses wie Lebensversicherungen und medizinische Versorgung.
Vereinbarungen, nach denen ein Unternehmen solche Leistungen gewährt, werden als Pläne für Leistungen nach Beendigung des Arbeitsverhältnisses bezeichnet. Dieser Standard ist auf alle derartigen Vereinbarungen anzuwenden, ungeachtet dessen, ob diese die Errichtung einer eigenständigen Einheit (eines Fonds) vorsehen, an die (an den) Beiträge entrichtet und aus der (aus dem) Leistungen erbracht werden, oder nicht.

25 Pläne für Leistungen nach Beendigung des Arbeitsverhältnisses werden in Abhängigkeit von ihrem wirtschaftlichen Gehalt, der sich aus den grundlegenden Leistungsbedingungen und -voraussetzungen des Planes ergibt, entweder als leistungsorientiert oder als beitragsorientiert klassifiziert. Im Rahmen beitragsorientierter Pläne:
(a) ist die rechtliche oder faktische Verpflichtung eines Unternehmens auf den vom Unternehmen vereinbarten Beitrag zum Fonds begrenzt. Damit richtet sich die Höhe der Leistungen nach der Höhe der Beiträge, die das Unternehmen (und manchmal auch dessen Arbeitnehmer) an den Plan oder an ein Versicherungsunternehmen gezahlt haben, und den Erträgen aus der Anlage dieser Beiträge; und
(b) folglich werden das versicherungsmathematische Risiko (dass Leistungen geringer ausfallen können als erwartet) und das Anlagerisiko (dass die angelegten Vermögenswerte nicht ausreichen, um die erwarteten Leistungen zu erbringen) vom Arbeitnehmer getragen.

26 Beispiele für Situationen, in denen die Verpflichtung eines Unternehmens nicht auf die vereinbarten Beitragszahlungen an den Fonds begrenzt ist, liegen dann vor, wenn die rechtliche oder faktische Verpflichtung des Unternehmens dadurch gekennzeichnet ist, dass:
(a) die in einem Plan enthaltene Leistungsformel nicht ausschließlich auf die Beiträge abstellt;
(b) eine bestimmte Mindestverzinsung der Beiträge entweder mittelbar über einen Leistungsplan oder unmittelbar garantiert wurde;
(c) betriebliche Übung eine faktische Verpflichtung begründet. Eine faktische Verpflichtung kann beispielsweise entstehen, wenn ein Unternehmen in der Vergangenheit stets die Leistungen ausgeschiedener Arbeitnehmer erhöht hat, um sie an die Inflation anzupassen, selbst wenn dazu keine rechtliche Verpflichtung bestand.

27 Im Rahmen leistungsorientierter Versorgungspläne:
(a) besteht die Verpflichtung des Unternehmens in der Gewährung der zugesagten Leistungen an aktive und frühere Arbeitnehmer; und

(b) the enterprise determines the amounts to be paid before the financial statements are authorised for issue; or
(c) past practice gives clear evidence of the amount of the enterprise's constructive obligation.

An obligation under profit-sharing and bonus plans results from employee service and not from a transaction with the enterprise's owners. Therefore, an enterprise recognises the cost of profit-sharing and bonus plans not as a distribution of net profit but as an expense. 21

If profit-sharing and bonus payments are not due wholly within 12 months after the end of the period in which the employees render the related service, those payments are other long-term employee benefits (see paragraphs 126 to 131). 22

Disclosure

Although this Standard does not require specific disclosures about short-term employee benefits, other Standards may require disclosures. For example, IAS 24 *Related Party Disclosures* requires disclosures about employee benefits for key management personnel. IAS 1 *Presentation of Financial Statements* requires disclosure of employee benefits expense. 23

POST-EMPLOYMENT BENEFITS: DISTINCTION BETWEEN DEFINED CONTRIBUTION PLANS AND DEFINED BENEFIT PLANS

Post-employment benefits include, for example: 24
(a) retirement benefits, such as pensions; and
(b) other post-employment benefits, such as post-employment life insurance and post-employment medical care.
Arrangements whereby an enterprise provides post-employment benefits are post-employment benefit plans. An enterprise applies this Standard to all such arrangements whether or not they involve the establishment of a separate entity to receive contributions and to pay benefits.

Post-employment benefit plans are classified as either defined contribution plans or defined benefit plans, depending on the economic substance of the plan as derived from its principal terms and conditions. Under defined contribution plans: 25
(a) the enterprise's legal or constructive obligation is limited to the amount that it agrees to contribute to the fund. Thus, the amount of the post-employment benefits received by the employee is determined by the amount of contributions paid by an enterprise (and perhaps also the employee) to a post-employment benefit plan or to an insurance company, together with investment returns arising from the contributions; and
(b) in consequence, actuarial risk (that benefits will be less than expected) and investment risk (that assets invested will be insufficient to meet expected benefits) fall on the employee.

Examples of cases where an enterprise's obligation is not limited to the amount that it agrees to contribute to the fund are when the enterprise has a legal or constructive obligation through: 26
(a) a plan benefit formula that is not linked solely to the amount of contributions;
(b) a guarantee, either indirectly through a plan or directly, of a specified return on contributions; or
(c) those informal practices that give rise to a constructive obligation. For example, a constructive obligation may arise where an enterprise has a history of increasing benefits for former employees to keep pace with inflation even where there is no legal obligation to do so.

Under defined benefit plans: 27
(a) the enterprise's obligation is to provide the agreed benefits to current and former employees; and

(b) das versicherungsmathematische Risiko (d. h., dass die zugesagten Leistungen höhere Kosten als erwartet verursachen) sowie das Anlagerisiko werden im Wesentlichen vom Unternehmen getragen. Sollte die tatsächliche Entwicklung ungünstiger verlaufen als dies nach den versicherungsmathematischen Annahmen oder Renditeannahmen für die Vermögensanlage erwartet wurde, so kann sich die Verpflichtung des Unternehmens erhöhen.

28 In den nachfolgenden Paragraphen 29 bis 42 wird die Unterscheidung zwischen beitragsorientierten und leistungsorientierten Plänen für gemeinschaftliche Pläne mehrerer Arbeitgeber, staatliche Pläne und für versicherte Leistungen erläutert.

Gemeinschaftliche Pläne mehrerer Arbeitgeber

29 Ein gemeinschaftlicher Plan mehrerer Arbeitgeber ist von einem Unternehmen nach den Regelungen des Plans (einschließlich faktischer Verpflichtungen, die über die formalen Regelungsinhalte des Plans hinausgehen) als beitragsorientierter Plan oder als leistungsorientierter Plan einzuordnen. Wenn ein gemeinschaftlicher Plan mehrerer Arbeitgeber ein leistungsorientierter Plan ist, so hat das Unternehmen:
(a) seinen Anteil an der leistungsorientierten Verpflichtung, dem Planvermögen und den mit dem Plan verbundenen Kosten genauso zu bilanzieren wie bei jedem anderen leistungsorientierten Plan; und
(b) die gemäß Paragraph 120A erforderlichen Angaben im Abschluss zu machen.

30 Falls keine ausreichenden Informationen zur Verfügung stehen, um einen leistungsorientierten gemeinschaftlichen Plan mehrerer Arbeitgeber wie einen leistungsorientierten Plan zu bilanzieren, hat das Unternehmen:
(a) den Plan wie einen beitragsorientierten Plan zu bilanzieren, d. h. gemäß den Paragraphen 44 bis 46;
(b) im Abschluss anzugeben:
  (i) die Tatsache, dass der Plan ein leistungsorientierter Plan ist; und
  (ii) aus welchem Grund keine ausreichenden Informationen zur Verfügung stehen, um den Plan als leistungsorientierten Plan zu bilanzieren; und
(c) soweit eine Vermögensüber- oder -unterdeckung des Planes Auswirkungen auf die Höhe der künftigen Beitragszahlungen haben könnte, im Abschluss zusätzlich anzugeben:
  (i) alle verfügbaren Informationen über die Vermögensüber- oder -unterdeckung;
  (ii) die zur Bestimmung der Vermögensüber- oder -unterdeckung verwendeten Grundlagen; sowie
  (iii) etwaige Auswirkungen für das Unternehmen.

31 Ein leistungsorientierter gemeinschaftlicher Plan mehrerer Arbeitgeber liegt beispielsweise dann vor, wenn:
(a) der Plan durch Umlagebeiträge finanziert wird, mit denen die in der gleichen Periode fälligen Leistungen voraussichtlich voll gezahlt werden können, während die in der Berichtsperiode erdienten künftigen Leistungen aus künftigen Beiträgen gezahlt werden; und
(b) sich die Höhe der zugesagten Leistungen für Arbeitnehmer nach der Länge ihrer Dienstzeiten bemisst und die am Plan beteiligten Unternehmen die Mitgliedschaft nicht beenden können, ohne einen Beitrag für die bis zum Tag des Ausscheidens aus dem Plan erdienten Leistungen ihrer Arbeitnehmer zu zahlen. Ein solcher Plan beinhaltet versicherungsmathematische Risiken für das Unternehmen: falls die tatsächlichen Kosten der bis zum Bilanzstichtag bereits erdienten Leistungen höher sind als erwartet, wird das Unternehmen entweder seine Beiträge erhöhen oder die Arbeitnehmer davon überzeugen müssen, Leistungsminderungen zu akzeptieren. Deswegen ist ein solcher Plan ein leistungsorientierter Plan.

32 Wenn ausreichende Informationen über einen gemeinschaftlichen leistungsorientierten Plan mehrerer Arbeitgeber verfügbar sind, erfasst das Unternehmen seinen Anteil an der leistungsorientierten Verpflichtung, dem Planvermögen und den Kosten für Leistungen nach Beendigung des Arbeitsverhältnisses in gleicher Weise wie für jeden anderen leistungsorientierten Plan. Jedoch kann in einigen Fällen ein Unternehmen nicht in der Lage sein, seinen Anteil an der Vermögens- Finanz- und Ertragslage des Plans für Bilanzierungszwecke hinreichend verlässlich zu bestimmen. Dies kann der Fall sein, wenn:
(a) das Unternehmen keinen Zugang zu Informationen über den Plan hat, die den Vorschriften dieses Standards genügen; oder
(b) der Plan die teilnehmenden Unternehmen versicherungsmathematischen Risiken in Bezug auf die aktiven und früheren Arbeitnehmer der anderen Unternehmen aussetzt, und so im Ergebnis keine stetige und verlässliche Grundlage für die Zuordnung der Verpflichtung, des Planvermögens und der Kosten auf die einzelnen, teilnehmenden Unternehmen existiert.
In diesen Fällen ist der Plan wie ein beitragsorientierter Plan zu behandeln, und es sind die in Paragraph 30 vorgeschriebenen zusätzlichen Angaben zu machen.

(b) actuarial risk (that benefits will cost more than expected) and investment risk fall, in substance, on the enterprise. If actuarial or investment experience are worse than expected, the enterprise's obligation may be increased.

Paragraphs 29 to 42 explain the distinction between defined contribution plans and defined benefit plans in the context of multi-employer plans, State plans and insured benefits. 28

Multi-employer plans

An enterprise should classify a multi-employer plan as a defined contribution plan or a defined benefit plan under the terms of the plan (including any constructive obligation that goes beyond the formal terms). Where a multi-employer plan is a defined benefit plan, an enterprise should: 29
(a) account for its proportionate share of the defined benefit obligation, plan assets and cost associated with the plan in the same way as for any other defined benefit plan; and
(b) disclose the information required by paragraph 120A.

When sufficient information is not available to use defined benefit accounting for a multi-employer plan that is a defined benefit plan, an enterprise should: 30
(a) account for the plan under paragraphs 44 to 46 as if it were a defined contribution plan;
(b) disclose:
 (i) the fact that the plan is a defined benefit plan; and
 (ii) the reason why sufficient information is not available to enable the enterprise to account for the plan as a defined benefit plan; and
(c) to the extent that a surplus or deficit in the plan may affect the amount of future contributions, disclose in addition:
 (i) any available information about that surplus or deficit;
 (ii) the basis used to determine that surplus or deficit; and
 (iii) the implications, if any, for the enterprise.

One example of a defined benefit multi-employer plan is one where: 31
(a) the plan is financed on a pay-as-you-go basis such that: contributions are set at a level that is expected to be sufficient to pay the benefits falling due in the same period; and future benefits earned during the current period will be paid out of future contributions; and
(b) employees' benefits are determined by the length of their service and the participating enterprises have no realistic means of withdrawing from the plan without paying a contribution for the benefits earned by employees up to the date of withdrawal. Such a plan creates actuarial risk for the enterprise: if the ultimate cost of benefits already earned at the balance sheet date is more than expected, the enterprise will have to either increase its contributions or persuade employees to accept a reduction in benefits. Therefore, such a plan is a defined benefit plan.

Where sufficient information is available about a multi-employer plan which is a defined benefit plan, an enterprise accounts for its proportionate share of the defined benefit obligation, plan assets and post-employment benefit cost associated with the plan in the same way as for any other defined benefit plan. However, in some cases, an enterprise may not be able to identify its share of the underlying financial position and performance of the plan with sufficient reliability for accounting purposes. This may occur if: 32
(a) the enterprise does not have access to information about the plan that satisfies the requirements of this Standard; or
(b) the plan exposes the participating enterprises to actuarial risks associated with the current and former employees of other enterprises, with the result that there is no consistent and reliable basis for allocating the obligation, plan assets and cost to individual enterprises participating in the plan.
In those cases, an enterprise accounts for the plan as if it were a defined contribution plan and discloses the additional information required by paragraph 30.

IAS 19

32A Es kann eine vertragliche Vereinbarung zwischen dem gemeinschaftlichen Plan mehrerer Arbeitgeber und dessen Teilnehmern bestehen, worin festgelegt ist, wie der Überschuss aus dem Plan an die Teilnehmer verteilt wird (oder der Fehlbetrag finanziert wird). Ein Teilnehmer eines gemeinschaftlichen Plans mehrerer Arbeitgeber, der vereinbarungsgemäß als beitragsorientierter Plan gemäß Paragraph 30 bilanziert wird, hat den Vermögenswert oder die Schuld aus der vertraglichen Vereinbarung anzusetzen und die daraus entstehenden Erträge oder Aufwendungen ergebniswirksam zu erfassen.

> **Beispiel zu Paragraph 32A**
>
> Ein Unternehmen beteiligt sich an einem leistungsorientierten Plan mehrerer Arbeitgeber, der jedoch keine auf IAS 19 basierenden Bewertungen des Plans erstellt. Das Unternehmen bilanziert den Plan daher als beitragsorientierten Plan. Eine nicht auf IAS 19 basierende Bewertung der Finanzierung weist einen Fehlbetrag des Plans von 100 Mio. auf. Der Plan hat mit den beteiligten Arbeitgebern einen Beitragsplan vertraglich vereinbart, der innerhalb der nächsten fünf Jahre den Fehlbetrag beseitigen wird. Die vertraglich vereinbarten Gesamtbeiträge des Unternehmens belaufen sich auf 8 Mio.
>
> *Das Unternehmen setzt die Schuld nach Berücksichtigung des Zinseffekts an und erfasst den entsprechenden Aufwand ergebniswirksam.*

32B IAS 37 *Rückstellungen, Eventualschulden und Eventualforderungen*, verpflichtet ein Unternehmen, bestimmte Eventualschulden anzusetzen oder Angaben zu diesen Eventualschulden zu machen. Im Rahmen eines gemeinschaftlichen Plans mehrerer Arbeitgeber kann eine Eventualschuld z. B. entstehen:
(a) wenn bei einem anderen am Plan teilnehmenden Unternehmen versicherungsmathematische Verluste auftreten, weil jedes an einem gemeinschaftlichen Plan mehrerer Arbeitgeber teilnehmende Unternehmen die versicherungsmathematischen Risiken der anderen teilnehmenden Unternehmen mit trägt, oder
(b) wenn gemäß den Regelungen des Plans eine Verpflichtung zur Finanzierung eines etwaigen Fehlbetrages infolge des Ausscheidens anderer teilnehmender Unternehmen besteht.

33 Gemeinschaftliche Pläne mehrerer Arbeitgeber unterscheiden sich von gemeinschaftlich verwalteten Plänen. Ein gemeinschaftlich verwalteter Plan ist lediglich eine Zusammenfassung von Plänen einzelner Arbeitgeber, die es diesen ermöglicht, ihre jeweiligen Planvermögen für Zwecke der gemeinsamen Anlage zusammenzulegen und die Kosten der Vermögensanlage und der allgemeinen Verwaltung zu reduzieren, wobei die Ansprüche der verschiedenen Arbeitgeber aber getrennt bleiben und nur Leistungen an ihre jeweiligen Arbeitnehmer betreffen. Gemeinschaftlich verwaltete Pläne verursachen keine besonderen Bilanzierungsprobleme, weil die erforderlichen Informationen jederzeit verfügbar sind, um sie wie jeden anderen Plan eines einzelnen Arbeitgebers zu behandeln, und solche Pläne die teilnehmenden Unternehmen keinen versicherungsmathematischen Risiken in Bezug auf gegenwärtige und frühere Arbeitnehmer der anderen Unternehmen aussetzen. Dieser Standard verpflichtet ein Unternehmen, einen gemeinschaftlich verwalteten Plan entsprechend dem Regelungswerk des Plans (einschließlich möglicher faktischer Verpflichtungen, die über die formalen Regelungsinhalte hinausgehen) als einen beitragsorientierten Plan oder einen leistungsorientierten Plan zu klassifizieren.

Leistungsorientierte Pläne, die Risiken auf mehrere Unternehmen unter gemeinsamer Beherrschung verteilen

34 Leistungsorientierte Pläne, die Risiken auf mehrere Unternehmen unter gemeinsamer Beherrschung verteilen, z. B. auf ein Mutterunternehmen und seine Tochterunternehmen, gelten nicht als gemeinschaftliche Pläne mehrerer Arbeitgeber.

34A Ein an einem solchen Plan teilnehmendes Unternehmen hat Informationen über den gesamten Plan einzuholen, der nach IAS 19 auf Grundlage von Annahmen, die für den gesamten Plan gelten, bewertet wird. Besteht eine vertragliche Vereinbarung oder eine ausgewiesene Richtlinie, die leistungsorientierten Nettokosten des gesamten gemäß IAS 19 bewerteten Plans den einzelnen Unternehmen der Gruppe zu belasten, so hat das Unternehmen die belasteten leistungsorientierten Nettokosten in seinem separaten Einzelabschluss oder dem Jahresabschluss zu erfassen. Gibt es keine derartige Vereinbarung oder Richtlinie, sind die leistungsorientierten Nettokosten von dem Unternehmen der Gruppe in dessen separatem Einzelabschluss oder in dessen Jahresabschluss zu erfassen, das rechtmäßig das Trägerunternehmen des Plans ist. Die anderen Unternehmen der Gruppe haben in ihren separaten Einzelabschlüssen oder einzelnen Abschlüssen einen Aufwand zu erfassen, der ihrem in der betreffenden Berichtsperiode zu zahlenden Beitrag entspricht.

32A There may be a contractual agreement between the multi-employer plan and its participants that determines how the surplus in the plan will be distributed to the participants (or the deficit funded). A participant in a multiemployer plan with such an agreement that accounts for the plan as a defined contribution plan in accordance with paragraph 30 shall recognise the asset or liability that arises from the contractual agreement and the resulting income or expense in profit or loss.

> **Example illustrating paragraph 32A**
>
> An entity participates in a multi-employer defined benefit plan that does not prepare plan valuations on an IAS 19 basis. It therefore accounts for the plan as if it were a defined contribution plan. A non-IAS 19 funding valuation shows a deficit of 100 million in the plan. The plan has agreed under contract a schedule of contributions with the participating employers in the plan that will eliminate the deficit over the next five years. The entity's total contributions under the contract are 8 million.
>
> *The entity recognises a liability for the contributions adjusted for the time value of money and an equal expense in profit or loss.*

32B IAS 37 *Provisions, contingent liabilities and contingent assets* requires an entity to recognise, or disclose information about, certain contingent liabilities. In the context of a multi-employer plan, a contingent liability may arise from, for example:
(a) actuarial losses relating to other participating entities because each entity that participates in a multi-employer plan shares in the actuarial risks of every other participating entity; or
(b) any responsibility under the terms of a plan to finance any shortfall in the plan if other entities cease to participate.

33 Multi-employer plans are distinct from group administration plans. A group administration plan is merely an aggregation of single employer plans combined to allow participating employers to pool their assets for investment purposes and reduce investment management and administration costs, but the claims of different employers are segregated for the sole benefit of their own employees. Group administration plans pose no particular accounting problems because information is readily available to treat them in the same way as any other single employer plan and because such plans do not expose the participating enterprises to actuarial risks associated with the current and former employees of other enterprises. The definitions in this Standard require an enterprise to classify a group administration plan as a defined contribution plan or a defined benefit plan in accordance with the terms of the plan (including any constructive obligation that goes beyond the formal terms).

Defined benefit plans that share risks between various entities under common control

34 Defined benefit plans that share risks between various entities under common control, for example, a parent and its subsidiaries, are not multi-employer plans.

34A An entity participating in such a plan shall obtain information about the plan as a whole measured in accordance with IAS 19 on the basis of assumptions that apply to the plan as a whole. If there is a contractual agreement or stated policy for charging the net defined benefit cost for the plan as a whole measured in accordance with IAS 19 to individual group entities, the entity shall, in its separate or individual financial statements, recognise the net defined benefit cost so charged. If there is no such agreement or policy, the net defined benefit cost shall be recognised in the separate or individual financial statements of the group entity that is legally the sponsoring employer for the plan. The other group entities shall, in their separate or individual financial statements, recognise a cost equal to their contribution payable for the period.

IAS 19

34B Für jedes einzelne Unternehmen der Gruppe gehört die Teilnahme an einem solchen Plan zu Geschäftsvorfällen mit nahe stehenden Unternehmen und Personen. Daher hat ein Unternehmen in seinem separaten Einzelabschluss oder seinem Jahresabschluss folgende Angaben zu machen:
(a) die vertragliche Vereinbarung oder die ausgewiesene Richtlinie hinsichtlich der Belastung der leistungsorientierten Nettokosten oder die Tatsache, dass es keine solche Richtlinie gibt;
(b) die Richtlinie für die Ermittlung des vom Unternehmen zu zahlenden Beitrags;
(c) alle Informationen über den gesamten Plan in Übereinstimmung mit den Paragraphen 120–121, wenn das Unternehmen die nach Paragraph 34A verteilten leistungsorientierten Nettokosten bilanziert;
(d) die gemäß den Paragraphen 120A Buchstaben b-e, j, n, o, q und 121 erforderlichen Informationen über den gesamten Plan, wenn das Unternehmen den für die Berichtsperiode gemäß Paragraph 34A zu zahlenden Beitrag bilanziert. Die anderen von Paragraph 120A geforderten Angaben sind nicht anwendbar.

35 (gestrichen)

Staatliche Pläne

36 Ein Unternehmen hat einen staatlichen Plan genauso zu behandeln wie einen gemeinschaftlichen Plan mehrerer Arbeitgeber (siehe Paragraphen 29 und 30).

37 Staatliche Pläne, die durch Gesetzgebung festgelegt sind, um alle Unternehmen (oder alle Unternehmen einer bestimmten Kategorie, wie z. B. in einem bestimmten Industriezweig) zu erfassen, werden vom Staat, von regionalen oder überregionalen Einrichtungen des öffentlichen Rechts oder anderen Stellen (z. B. eigens dafür geschaffene autonome Institutionen) betrieben, welche nicht der Kontrolle oder Einflussnahme des berichtenden Unternehmens unterstehen. Einige von Unternehmen eingerichtete Pläne erbringen sowohl Pflichtleistungen – und ersetzen insofern die andernfalls über einen staatlichen Plan zu versichernden Leistungen – als auch zusätzliche freiwillige Leistungen. Solche Pläne sind keine staatlichen Pläne.

38 Staatliche Pläne werden als leistungsorientiert oder als beitragsorientiert klassifiziert je nach dem Wesen der Verpflichtung, die das Unternehmen aus dem Plan hat. Viele staatliche Pläne werden nach dem Umlageprinzip finanziert: die Beiträge werden dabei so festgesetzt, dass sie ausreichen, um die erwarteten fälligen Leistungen der gleichen Periode zu erbringen; künftige, in der laufenden Periode erdiente Leistungen werden aus künftigen Beiträgen erbracht. Dennoch besteht bei staatlichen Plänen in den meisten Fällen keine rechtliche oder faktische Verpflichtung des Unternehmens zur Zahlung dieser künftigen Leistungen: es ist nur dazu verpflichtet, die fälligen Beiträge zu entrichten, und wenn das Unternehmen keine dem staatlichen Plan angehörenden Mitarbeiter mehr beschäftigt, ist es auch nicht verpflichtet, die in früheren Jahren erdienten Leistungen der eigenen Mitarbeiter zu erbringen. Deswegen sind staatliche Pläne im Regelfall beitragsorientierte Pläne. Jedoch sind in den wenigen Fällen, in denen staatliche Pläne leistungsorientierte Pläne sind, die Vorschriften der Paragraphen 29 und 30 anzuwenden.

Versicherte Leistungen

39 **Ein Unternehmen kann einen Plan für Leistungen nach Beendigung des Arbeitsverhältnisses durch die Zahlung von Versicherungsprämien finanzieren. Ein solcher Plan ist als beitragsorientierter Plan zu behandeln, es sei denn, das Unternehmen ist (unmittelbar oder mittelbar über den Plan) rechtlich oder faktisch verpflichtet:**
(a) **die Leistungen bei Fälligkeit unmittelbar an die Arbeitnehmer zu zahlen; oder**
(b) **zusätzliche Beträge zu entrichten, falls die Versicherungsgesellschaft nicht alle in der laufenden oder in früheren Perioden erdienten Leistungen zahlt.**
Wenn eine solche rechtliche oder faktische Verpflichtung zur Zahlung von Leistungen aus dem Plan beim Unternehmen verbleibt, ist der Plan als leistungsorientierter Plan zu behandeln.

40 Die durch einen Versicherungsvertrag versicherten Leistungen müssen keine direkte oder automatische Beziehung zur Verpflichtung des Unternehmens haben. Für versicherte Pläne gilt die gleiche Abgrenzung zwischen Bilanzierung und Finanzierung wie für andere fondsfinanzierte Pläne.

41 Wenn ein Unternehmen eine Verpflichtung zu einer nach Beendigung des Arbeitsverhältnisses zu erbringenden Leistung über Beiträge zu einem Versicherungsvertrag finanziert und gemäß diesem eine rechtliche oder faktische Verpflichtung bei dem Unternehmen verbleibt (unmittelbar oder mittelbar über den Plan, durch den Mechanismus bei der Festlegung zukünftiger Beiträge oder, weil der Versicherer ein verbundenes Unter-

Participation in such a plan is a related party transaction for each individual group entity. An entity shall therefore, in its separate or individual financial statements, make the following disclosures: 34B
(a) the contractual agreement or stated policy for charging the net defined benefit cost or the fact that there is no such policy.
(b) the policy for determining the contribution to be paid by the entity.
(c) if the entity accounts for an allocation of the net defined benefit cost in accordance with paragraph 34A, all the information about the plan as a whole in accordance with paragraphs 120—121.
(d) if the entity accounts for the contribution payable for the period in accordance with paragraph 34A, the information about the plan as a whole required in accordance with paragraphs 120A(b) to (e), (j), (n), (o), (q) and 121. The other disclosures required by paragraph 120A do not apply.

(deleted) 35

State plans

An enterprise should account for a State plan in the same way as for a multi-employer plan (see paragraphs 29 and 30). 36

State plans are established by legislation to cover all enterprises (or all enterprises in a particular category, for example, a specific industry) and are operated by national or local government or by another body (for example, an autonomous agency created specifically for this purpose) which is not subject to control or influence by the reporting enterprise. Some plans established by an enterprise provide both compulsory benefits which substitute for benefits that would otherwise be covered under a State plan and additional voluntary benefits. Such plans are not State plans. 37

State plans are characterised as defined benefit or defined contribution in nature based on the enterprise's obligation under the plan. Many State plans are funded on a pay-as-you-go basis: contributions are set at a level that is expected to be sufficient to pay the required benefits falling due in the same period; future benefits earned during the current period will be paid out of future contributions. Nevertheless, in most State plans, the enterprise has no legal or constructive obligation to pay those future benefits: its only obligation is to pay the contributions as they fall due and if the enterprise ceases to employ members of the State plan, it will have no obligation to pay the benefits earned by its own employees in previous years. For this reason, State plans are normally defined contribution plans. However, in the rare cases when a State plan is a defined benefit plan, an enterprise applies the treatment prescribed in paragraphs 29 and 30. 38

Insured benefits

An enterprise may pay insurance premiums to fund a post-employment benefit plan. The enterprise should treat such a plan as a defined contribution plan unless the enterprise will have (either directly, or indirectly through the plan) a legal or constructive obligation to either: 39
(a) pay the employee benefits directly when they fall due; or
(b) pay further amounts if the insurer does not pay all future employee benefits relating to employee service in the current and prior periods.
If the enterprise retains such a legal or constructive obligation, the enterprise should treat the plan as a defined benefit plan.

The benefits insured by an insurance contract need not have a direct or automatic relationship with the enterprise's obligation for employee benefits. Post-employment benefit plans involving insurance contracts are subject to the same distinction between accounting and funding as other funded plans. 40

Where an enterprise funds a post-employment benefit obligation by contributing to an insurance policy under which the enterprise (either directly, indirectly through the plan, through the mechanism for setting future premiums or through a related party relationship with the insurer) retains a legal or constructive obligation, the payment of the premiums does not amount to a defined contribution arrangement. It follows that the enterprise: 41

nehmen ist), ist die Zahlung der Versicherungsprämien nicht als beitragsorientierte Vereinbarung einzustufen. Daraus folgt, dass das Unternehmen:
(a) die qualifizierte Versicherungspolice als Planvermögen erfasst (siehe Paragraph 7); und
(b) andere Versicherungspolicen als Erstattungsansprüche bilanziert (wenn die Policen die Kriterien des Paragraphen 104A erfüllen).

42   Ist ein Versicherungsvertrag auf den Namen eines einzelnen Planbegünstigten oder auf eine Gruppe vom Planbegünstigten ausgestellt und das Unternehmen weder rechtlich noch faktisch dazu verpflichtet, mögliche Verluste aus der Police auszugleichen, so ist das Unternehmen auch nicht dazu verpflichtet, Leistungen unmittelbar an die Arbeitnehmer zu zahlen; die alleinige Verantwortung zur Zahlung der Leistungen liegt dann beim Versicherer. Im Rahmen solcher Verträge stellt die Zahlung der festgelegten Versicherungsprämien grundsätzlich die Abgeltung der Leistungsverpflichtung an Arbeitnehmer dar und nicht lediglich eine Finanzinvestition zur Erfüllung der Verpflichtung. Folglich existieren nach der Zahlung der Versicherungsprämie beim Unternehmen kein diesbezüglicher Vermögenswert und keine diesbezügliche Schuld mehr. Ein Unternehmen behandelt derartige Zahlungen daher wie Beiträge an einen beitragsorientierten Plan.

LEISTUNGEN NACH BEENDIGUNG DES ARBEITSVERHÄLTNISSES: BEITRAGSORIENTIERTE PLÄNE

43   Die Bilanzierung für beitragsorientierte Pläne ist einfach, weil die Verpflichtung des berichtenden Unternehmens in jeder Periode durch die für diese Periode zu entrichtenden Beiträge bestimmt ist. Deswegen sind zur Bewertung von Verpflichtung oder Aufwand des Unternehmens keine versicherungsmathematischen Annahmen erforderlich, und versicherungsmathematische Gewinne oder Verluste können nicht entstehen. Darüber hinaus werden die Verpflichtungen auf nicht abgezinster Basis bewertet, es sei denn, sie sind nicht in voller Höhe innerhalb von 12 Monaten nach Ende der Periode fällig, in der die damit verbundenen Arbeitsleistungen erbracht werden.

Erfassung und Bewertung

44   Wurden durch einen Arbeitnehmer im Verlauf einer Periode Arbeitsleistungen erbracht, hat das Unternehmen den im Austausch für die Arbeitsleistung zu zahlenden Beitrag an einen beitragsorientierten Plan wie folgt zu erfassen:
(a) als Schuld (abzugrenzender Aufwand) nach Abzug bereits entrichteter Beiträge. Übersteigt der bereits gezahlte Beitrag denjenigen Beitrag, der der bis zum Bilanzstichtag erbrachten Arbeitsleistung entspricht, so hat das Unternehmen den Unterschiedsbetrag als Vermögenswert zu aktivieren (aktivische Abgrenzung), sofern die Vorauszahlung beispielsweise zu einer Verringerung künftiger Zahlungen oder einer Rückerstattung führen wird; und
(b) als Aufwand, es sei denn, ein anderer International Accounting Standard verlangt oder erlaubt die Einbeziehung des Beitrages in die Anschaffungs- oder Herstellungskosten eines Vermögenswertes (siehe z. B. IAS 2, Vorräte, und IAS 16, Sachanlagen).

45   Soweit Beiträge an einen beitragsorientierten Plan nicht in voller Höhe innerhalb von 12 Monaten nach Ende der Periode, in der die Arbeitnehmer die damit im Zusammenhang stehende Arbeitsleistung erbracht haben, fällig werden, sind sie unter Anwendung des in Paragraph 78 spezifizierten Zinssatzes abzuzinsen.

Angaben

46   Der als Aufwand für einen beitragsorientierten Versorgungsplan erfasste Betrag ist im Abschluss des Unternehmens anzugeben.

47   Falls es nach IAS 24, Angaben über Beziehungen zu nahe stehenden Unternehmen und Personen, erforderlich ist, sind Angaben über Beiträge an beitragsorientierte Versorgungspläne für Mitglieder der Geschäftsleitung zu machen.

(a) accounts for a qualifying insurance policy as a plan asset (see paragraph 7); and
(b) recognises other insurance policies as reimbursement rights (if the policies satisfy the criteria in paragraph 104A).

Where an insurance policy is in the name of a specified plan participant or a group of plan participants and the enterprise does not have any legal or constructive obligation to cover any loss on the policy, the enterprise has no obligation to pay benefits to the employees and the insurer has sole responsibility for paying the benefits. The payment of fixed premiums under such contracts is, in substance, the settlement of the employee benefit obligation, rather than an investment to meet the obligation. Consequently, the enterprise no longer has an asset or a liability. Therefore, an enterprise treats such payments as contributions to a defined contribution plan. 42

POST-EMPLOYMENT BENEFITS: DEFINED CONTRIBUTION PLANS

Accounting for defined contribution plans is straightforward because the reporting enterprise's obligation for each period is determined by the amounts to be contributed for that period. Consequently, no actuarial assumptions are required to measure the obligation or the expense and there is no possibility of any actuarial gain or loss. Moreover, the obligations are measured on an undiscounted basis, except where they do not fall due wholly within 12 months after the end of the period in which the employees render the related service. 43

Recognition and measurement

When an employee has rendered service to an enterprise during a period, the enterprise should recognise the contribution payable to a defined contribution plan in exchange for that service: 44
(a) as a liability (accrued expense), after deducting any contribution already paid. If the contribution already paid exceeds the contribution due for service before the balance sheet date, an enterprise should recognise that excess as an asset (prepaid expense) to the extent that the prepayment will lead to, for example, a reduction in future payments or a cash refund; and
(b) as an expense, unless another International Accounting Standard requires or permits the inclusion of the contribution in the cost of an asset (see, for example, IAS 2, inventories, and IAS 16, property, plant and equipment).

Where contributions to a defined contribution plan do not fall due wholly within 12 months after the end of the period in which the employees render the related service, they should be discounted using the discount rate specified in paragraph 78. 45

Disclosure

An enterprise should disclose the amount recognised as an expense for defined contribution plans. 46

Where required by IAS 24, related party disclosures, an enterprise discloses information about contributions to defined contribution plans for key management personnel. 47

IAS 19

LEISTUNGEN NACH BEENDIGUNG DES ARBEITSVERHÄLTNISSES: LEISTUNGSORIENTIERTE PLÄNE

48 Die Bilanzierung für leistungsorientierte Pläne ist komplex, weil zur Bewertung von Verpflichtung und Aufwand versicherungsmathematische Annahmen erforderlich sind und versicherungsmathematische Gewinne und Verluste auftreten können. Darüber hinaus wird die Verpflichtung auf abgezinster Basis bewertet, da sie erst viele Jahre nach Erbringung der damit zusammenhängenden Arbeitsleistung der Arbeitnehmer zu zahlen sein kann.

Erfassung und Bewertung

49 Leistungsorientierte Versorgungspläne können durch die Zahlung von Beiträgen des Unternehmens, manchmal auch seiner Arbeitnehmer, an eine vom berichtenden Unternehmen unabhängige, rechtlich selbständige Einheit oder einen Fonds, aus der die Leistungen an die Arbeitnehmer gezahlt werden, ganz oder teilweise finanziert sein, oder sie bestehen ohne Fondsdeckung. Die Zahlung der über einen Fonds finanzierten Leistungen hängt bei deren Fälligkeit nicht nur von der Vermögens- und Finanzlage und dem Anlageerfolg des Fonds ab, sondern auch von der Fähigkeit (und Bereitschaft) des Unternehmens, etwaige Fehlbeträge im Vermögen des Fonds auszugleichen. Daher trägt letztlich das Unternehmen die mit dem Plan verbundenen versicherungsmathematischen Risiken und Anlagerisiken. Der für einen leistungsorientierten Plan zu erfassende Aufwand entspricht daher nicht notwendigerweise dem in der Periode fälligen Beitrag.

50 Die Bilanzierung leistungsorientierter Pläne durch ein Unternehmen umfasst die folgenden Schritte:
 (a) die Anwendung versicherungsmathematischer Methoden zur verlässlichen Schätzung der in der laufenden Periode und in früheren Perioden – im Austausch für die erbrachten Arbeitsleistungen der Arbeitnehmer – erdienten Leistungen. Dazu muss ein Unternehmen bestimmen, wie viel der Leistungen der laufenden und früheren Perioden zuzuordnen ist (siehe Paragraphen 67 bis 71), und Einschätzungen (versicherungsmathematische Annahmen) zu demographischen Variablen (z. B. Arbeitnehmerfluktuation und Sterbewahrscheinlichkeit) sowie zu finanziellen Variablen (z. B. künftige Gehaltssteigerungen oder Kostentrends für medizinische Versorgung) vornehmen, die die Kosten für die zugesagten Leistungen beeinflussen (siehe Paragraphen 72 bis 91);
 (b) die Abzinsung dieser Leistungen unter Anwendung des Verfahrens laufender Einmalprämien zur Bestimmung des Barwerts der leistungsorientierten Verpflichtung und des Dienstzeitaufwands der laufenden Periode (siehe Paragraphen 64 bis 66);
 (c) die Bestimmung des beizulegenden Zeitwerts eines etwaigen Planvermögens (siehe Paragraphen 102 bis 104);
 (d) die Bestimmung des Gesamtbetrages der versicherungsmathematischen Gewinne und Verluste und des ergebniswirksam zu erfassenden Teils dieser versicherungsmathematischen Gewinne und Verluste (siehe Paragraphen 92 bis 95);
 (e) im Falle der Einführung oder Änderung eines Plans die Bestimmung des daraus resultierenden nachzuverrechnenden Dienstzeitaufwands (siehe Paragraphen 96 bis 101); und
 (f) im Falle der Kürzung oder vorzeitigen Abgeltung eines Plans die Bestimmung des daraus resultierenden Gewinnes oder Verlustes (siehe Paragraphen 109 bis 115).
Wenn ein Unternehmen mehr als einen leistungsorientierten Versorgungsplan hat, sind diese Schritte auf jeden wesentlichen Plan gesondert anzuwenden.

51 In einigen Fällen können die in diesem Standard dargestellten detaillierten Berechnungen durch Schätzungen, Durchschnittsbildung und vereinfachte Berechnungen verlässlich angenähert werden.

Bilanzierung einer faktischen Verpflichtung

52 Ein Unternehmen ist nicht nur zur Erfassung der aus dem formalen Regelungswerk eines leistungsorientierten Planes resultierenden rechtlichen Verpflichtungen verpflichtet, sondern auch zur Erfassung aller faktischen Verpflichtungen, die aus betrieblicher Übung begründet sind. Betriebliche Übung begründet faktische Verpflichtungen, wenn das Unternehmen keine realistische Alternative zur Zahlung der Leistungen an Arbeitnehmer hat. Eine faktische Verpflichtung ist beispielsweise dann gegeben, wenn eine Änderung der üblichen betrieblichen Praxis zu einer unannehmbaren Schädigung des sozialen Klimas im Betrieb führen würde.

POST-EMPLOYMENT BENEFITS: DEFINED BENEFIT PLANS

Accounting for defined benefit plans is complex because actuarial assumptions are required to measure the obligation and the expense and there is a possibility of actuarial gains and losses. Moreover, the obligations are measured on a discounted basis because they may be settled many years after the employees render the related service.

Recognition and measurement

Defined benefit plans may be unfunded, or they may be wholly or partly funded by contributions by an enterprise, and sometimes its employees, into an entity, or fund, that is legally separate from the reporting enterprise and from which the employee benefits are paid. The payment of funded benefits when they fall due depends not only on the financial position and the investment performance of the fund but also on an enterprise's ability (and willingness) to make good any shortfall in the fund's assets. Therefore, the enterprise is, in substance, underwriting the actuarial and investment risks associated with the plan. Consequently, the expense recognised for a defined benefit plan is not necessarily the amount of the contribution due for the period.

Accounting by an enterprise for defined benefit plans involves the following steps:
(a) using actuarial techniques to make a reliable estimate of the amount of benefit that employees have earned in return for their service in the current and prior periods. This requires an enterprise to determine how much benefit is attributable to the current and prior periods (see paragraphs 67 to 71) and to make estimates (actuarial assumptions) about demographic variables (such as employee turnover and mortality) and financial variables (such as future increases in salaries and medical costs) that will influence the cost of the benefit (see paragraphs 72 to 91);
(b) discounting that benefit using the projected unit credit method in order to determine the present value of the defined benefit obligation and the current service cost (see paragraphs 64 to 66);
(c) determining the fair value of any plan assets (see paragraphs 102 to 104);
(d) determining the total amount of actuarial gains and losses and the amount of those actuarial gains and losses that should be recognised (see paragraphs 92 to 95);
(e) where a plan has been introduced or changed, determining the resulting past service cost (see paragraphs 96 to 101); and
(f) where a plan has been curtailed or settled, determining the resulting gain or loss (see paragraphs 109 to 115).
Where an enterprise has more than one defined benefit plan, the enterprise applies these procedures for each material plan separately.

In some cases, estimates, averages and computational shortcuts may provide a reliable approximation of the detailed computations illustrated in this Standard.

Accounting for the constructive obligation

An enterprise should account not only for its legal obligation under the formal terms of a defined benefit plan, but also for any constructive obligation that arises from the enterprise's informal practices. Informal practices give rise to a constructive obligation where the enterprise has no realistic alternative but to pay employee benefits. An example of a constructive obligation is where a change in the enterprise's informal practices would cause unacceptable damage to its relationship with employees.

IAS 19

53 Die formalen Regelungen eines leistungsorientierten Planes können es einem Unternehmen gestatten, sich von seinen Verpflichtungen aus dem Plan zu befreien. Dennoch ist es gewöhnlich schwierig, Pläne aufzuheben, wenn die Arbeitnehmer gehalten werden sollen. Solange das Gegenteil nicht belegt wird, erfolgt daher die Bilanzierung unter der Annahme, dass ein Unternehmen, das seinen Arbeitnehmer gegenwärtig solche Leistungen zusagt, dies während der erwarteten Restlebensarbeitszeit der Arbeitnehmer auch weiterhin tun wird.

Bilanz

54 Der als Schuld aus einem leistungsorientierten Plan zu erfassende Betrag entspricht dem Saldo folgender Beträge:
(a) dem Barwert der leistungsorientierten Verpflichtung zum Bilanzstichtag (siehe Paragraph 64);
(b) zuzüglich etwaiger versicherungsmathematischer Gewinne (abzüglich etwaiger versicherungsmathematischer Verluste), die aufgrund der in den Paragraphen 92 bis 93 dargestellten Behandlung noch nicht ergebniswirksam erfasst wurden;
(c) abzüglich eines etwaigen, bisher noch nicht erfassten nachzuverrechnenden Dienstzeitaufwands (siehe Paragraph 96);
(d) abzüglich des am Bilanzstichtag beizulegenden Zeitwerts von Planvermögen (falls vorhanden), mit dem die Verpflichtungen unmittelbar abzugelten sind (siehe Paragraph 102 bis 104).

55 Der Barwert der leistungsorientierten Verpflichtung ist der Bruttobetrag der Verpflichtung vor Abzug des beizulegenden Zeitwerts eines etwaigen Planvermögens.

56 Die Barwerte leistungsorientierter Verpflichtungen und die beizulegenden Zeitwerte von Planvermögen sind vom Unternehmen mit einer ausreichenden Regelmäßigkeit zu bestimmen, um zu gewährleisten, dass die im Abschluss erfassten Beträge nicht wesentlich von den Beträgen abweichen, die sich am Bilanzstichtag ergeben würden.

57 Dieser Standard empfiehlt, fordert aber nicht, dass ein Unternehmen einen anerkannten Versicherungsmathematiker für die Bewertung aller wesentlichen Verpflichtungen für Leistungen nach Beendigung des Arbeitsverhältnisses hinzuzieht. Aus praktischen Gründen kann ein Unternehmen einen anerkannten Versicherungsmathematiker damit beauftragen, schon vor dem Bilanzstichtag eine detaillierte versicherungsmathematische Bewertung der Verpflichtung durchzuführen. Die Ergebnisse dieser Bewertung müssen jedoch hinsichtlich eingetretener wesentlicher Geschäftsvorfälle und anderer wesentlicher Änderungen (einschließlich Änderungen der Marktwerte und Zinsen) auf den Bilanzstichtag aktualisiert werden.

58 Der nach Paragraph 54 ermittelte Betrag kann negativ sein (ein Vermögenswert). Ein sich ergebender Vermögenswert ist vom Unternehmen mit dem niedrigeren der beiden folgenden Beträge zu bewerten:
(a) dem gemäß Paragraph 54 ermittelten Betrag; und
(b) der Summe aus:
   (i) allen kumulierten, nicht erfassten, saldierten versicherungsmathematischen Verlusten und nachzuverrechnendem Dienstzeitaufwand (siehe Paragraphen 92, 93 und 96); und
   (ii) dem Barwert eines wirtschaftlichen Nutzens in Form von Rückerstattungen aus dem Plan oder Minderungen künftiger Beitragszahlungen an den Plan. Der Barwert dieses wirtschaftlichen Nutzens ist unter Verwendung des in Paragraph 78 beschriebenen Abzinsungssatzes zu ermitteln.

58A Die Anwendung des Paragraphen 58 darf nicht dazu führen, dass ein Gewinn lediglich als Resultat eines während der Berichtsperiode anfallenden versicherungsmathematischen Verlusts oder nachzuverrechnenden Dienstzeitaufwands sowie ein Verlust lediglich als Resultat eines innerhalb der Berichtsperiode anfallenden versicherungsmathematischen Gewinns erfasst werden. Ein Unternehmen muss folgende Fälle gemäß Paragraph 54 sofort ergebniswirksam erfassen, soweit sie aus einer in Übereinstimmung mit Paragraph 58(b) erfolgten Ermittlung des Vermögenswerts des leistungsorientierten Plans resultieren:
(a) saldierte versicherungsmathematische Verluste und nachzuverrechnender Dienstzeitaufwand der Berichtsperiode, soweit diese eine Verringerung des Barwerts des in Paragraph 58(b)(ii) bezeichneten wirtschaftlichen Nutzens übersteigen. Wenn keine Änderung oder ein Zuwachs des Barwerts dieses wirtschaftlichen Nutzens vorliegt, müssen alle während der Berichtsperiode angefallenen saldierten versicherungsmathematischen Verluste und der nachzuverrechnende Dienstzeitaufwand gemäß Paragraph 54 sofort erfasst werden.
(b) saldierte versicherungsmathematische Gewinne der Berichtsperiode nach Abzug des in der Berichtsperiode entstandenen nachzuverrechnenden Dienstzeitaufwandes, soweit diese eine Erhöhung des Barwerts des in Paragraph 58(b)(ii) bezeichneten wirtschaftlichen Nutzens übersteigen. Wenn keine

The formal terms of a defined benefit plan may permit an enterprise to terminate its obligation under the plan. Nevertheless, it is usually difficult for an enterprise to cancel a plan if employees are to be retained. Therefore, in the absence of evidence to the contrary, accounting for post-employment benefits assumes that an enterprise which is currently promising such benefits will continue to do so over the remaining working lives of employees.

Balance sheet

The amount recognised as a defined benefit liability should be the net total of the following amounts:
(a) the present value of the defined benefit obligation at the balance sheet date (see paragraph 64);
(b) plus any actuarial gains (less any actuarial losses) not recognised because of the treatment set out in paragraphs 92 to 93;
(c) minus any past service cost not yet recognised (see paragraph 96);
(d) minus the fair value at the balance sheet date of plan assets (if any) out of which the obligations are to be settled directly (see paragraphs 102 to 104).

The present value of the defined benefit obligation is the gross obligation, before deducting the fair value of any plan assets.

An enterprise should determine the present value of defined benefit obligations and the fair value of any plan assets with sufficient regularity that the amounts recognised in the financial statements do not differ materially from the amounts that would be determined at the balance sheet date.

This Standard encourages, but does not require, an enterprise to involve a qualified actuary in the measurement of all material post-employment benefit obligations. For practical reasons, an enterprise may request a qualified actuary to carry out a detailed valuation of the obligation before the balance sheet date. Nevertheless, the results of that valuation are updated for any material transactions and other material changes in circumstances (including changes in market prices and interest rates) up to the balance sheet date.

The amount determined under paragraph 54 may be negative (an asset). An enterprise should measure the resulting asset at the lower of:
(a) the amount determined under paragraph 54; and
(b) the total of:
    (i) any cumulative unrecognised net actuarial losses and past service cost (see paragraphs 92, 93 and 96); and
    (ii) the present value of any economic benefits available in the form of refunds from the plan or reductions in future contributions to the plan. The present value of these economic benefits should be determined using the discount rate specified in paragraph 78.

The application of paragraph 58 should not result in a gain being recognised solely as a result of an actuarial loss or past service cost in the current period or in a loss being recognised solely as a result of an actuarial gain in the current period. The enterprise should therefore recognise immediately under paragraph 54 the following, to the extent that they arise while the defined benefit asset is determined in accordance with paragraph 58(b):
(a) net actuarial losses of the current period and past service cost of the current period to the extent that they exceed any reduction in the present value of the economic benefits specified in paragraph 58(b)(ii). If there is no change or an increase in the present value of the economic benefits, the entire net actuarial losses of the current period and past service cost of the current period should be recognised immediately under paragraph 54,
(b) net actuarial gains of the current period after the deduction of past service cost of the current period to the extent that they exceed any increase in the present value of the economic benefits specified in paragraph 58(b)(ii). If there is no change or a decrease in the present value of the economic benefits, the

IAS 19

Änderung oder eine Verringerung des Barwerts des wirtschaftlichen Nutzens vorliegt, müssen alle während der Berichtsperiode angefallenen saldierten versicherungsmathematischen Gewinne nach Abzug des nachzuverrechnenden Dienstzeitaufwandes gemäß Paragraph 54 sofort erfasst werden.

58B Paragraph 58A betrifft ein Unternehmen nur, sofern es am Anfang oder Ende der Berichtsperiode für einen leistungsorientierten Plan einen Überschuss[2] aufweist, den es nach den aktuellen Bedingungen des Plans nicht vollständig durch Rückerstattungen oder Minderungen zukünftiger Beitragszahlungen wiedererlangen kann. In diesen Fällen erhöhen nachzuverrechnender Dienstzeitaufwand und versicherungsmathematische Verluste, die in der Berichtsperiode entstehen und deren Erfassung gemäß Paragraph 54 periodisiert wird, den gemäß Paragraph 58(b)(i) definierten Betrag. Falls dieser Zuwachs nicht durch einen entsprechenden Rückgang des gemäß Paragraph 58(b)(ii) für eine Erfassung qualifizierenden Barwerts eines wirtschaftlichen Nutzens ausgeglichen wird, entstehen ein Anstieg des nach Paragraph 58(b) spezifizierten Saldos und deswegen ein zu erfassender Gewinn. Paragraph 58A verbietet unter diesen Umständen die Erfassung eines Gewinns. Bei versicherungsmathematischen Gewinnen, die innerhalb der Berichtsperiode entstehen und deren Erfassung gemäß Paragraph 54 periodisiert wird, entsteht die umgekehrte Auswirkung, soweit der versicherungsmathematische Gewinn einen kumulierten, nicht erfassten versicherungsmathematischen Verlust vermindert. Paragraph 58A verbietet unter diesen Umständen die Erfassung eines Verlusts. Beispiele der Anwendung dieses Paragraphen sind in Anhang C dargestellt.

59 Ein Vermögenswert kann entstehen, wenn ein leistungsorientierter Plan überdotiert ist, oder in bestimmten Fällen, in denen versicherungsmathematische Gewinne erfasst wurden. In diesen Fällen bilanziert das Unternehmen einen Vermögenswert, da:
 (a) das Unternehmen Verfügungsmacht über eine Ressource ausübt, d. h. die Möglichkeit hat, aus der Überdotierung künftigen Nutzen zu ziehen;
 (b) diese Verfügungsmacht Ergebnis von Ereignissen der Vergangenheit ist (vom Unternehmen gezahlte Beiträge und von den Arbeitnehmern erbrachte Arbeitsleistung); und
 (c) dem Unternehmen daraus künftiger wirtschaftlicher Nutzen zur Verfügung steht, und zwar entweder in Form geminderter künftiger Beitragszahlungen oder in Form von Rückerstattungen, entweder unmittelbar an das Unternehmen selbst oder mittelbar an einen anderen Plan mit Vermögensunterdeckung.

60 Die Obergrenze des Paragraphen 58(b) hebt nicht die periodenverschobene Erfassung von bestimmten versicherungsmathematischen Verlusten (siehe Paragraphen 92 und 93) und von bestimmtem nachzuverrechnendem Dienstzeitaufwand (siehe Paragraph 96) außer im Falle des Paragraphen 58A auf. Die Obergrenze schließt jedoch die Nutzung des Übergangswahlrechts nach Paragraph 155(b) aus. Nach Paragraph 120A(f)(iii) ist das Unternehmen verpflichtet, einen aufgrund der Begrenzung des Paragraphen 58(b) nicht als Vermögenswert angesetzten Betrag anzugeben.

Beispiel zur Veranschaulichung von Paragraph 60	
Ein leistungsorientierter Plan hat folgende Merkmale:	
Barwert der Verpflichtung	1,1
Beizulegender Zeitwert des Planvermögens	(1.190)
	(90)
Nicht erfasste versicherungsmathematische Verluste	(110)
Nicht erfasster nachzuverrechnender Dienstzeitaufwand	(70)
Nicht erfasster Anstieg der Schulden bei erstmaliger Anwendung des Standards gemäß Paragraph 155(b)	(50)
Negativer, gemäß Paragraph 54 ermittelter Betrag	(320)
Barwert künftiger Rückerstattungen aus dem Plan und der Minderung künftiger Beitragszahlungen an den Plan	90

---

[2] Ein Überschuss ist ein Überhang des beizulegenden Zeitwerts des Planvermögens im Vergleich zum Barwert der leistungsorientierten Verpflichtung.

entire net actuarial gains of the current period after the deduction of past service cost of the current period should be recognised immediately under paragraph 54.

Paragraph 58A applies to an enterprise only if it has, at the beginning or end of the accounting period, a surplus[2] in a defined benefit plan and cannot, based on the current terms of the plan, recover that surplus fully through refunds or reductions in future contributions. In such cases, past service cost and actuarial losses that arise in the period, the recognition of which is deferred under paragraph 54, will increase the amount specified in paragraph 58(b)(i). If that increase is not offset by an equal decrease in the present value of economic benefits that qualify for recognition under paragraph 58(b)(ii), there will be an increase in the net total specified by paragraph 58(b) and, hence, a recognised gain. Paragraph 58A prohibits the recognition of a gain in these circumstances. The opposite effect arises with actuarial gains that arise in the period, the recognition of which is deferred under paragraph 54, to the extent that the actuarial gains reduce cumulative unrecognised actuarial losses. Paragraph 58A prohibits the recognition of a loss in these circumstances. For examples of the application of this paragraph, see Appendix C. **58B**

An asset may arise where a defined benefit plan has been overfunded or in certain cases where actuarial gains are recognised. An enterprise recognises an asset in such cases because: **59**
(a) the enterprise controls a resource, which is the ability to use the surplus to generate future benefits;
(b) that control is a result of past events (contributions paid by the enterprise and service rendered by the employee); and
(c) future economic benefits are available to the enterprise in the form of a reduction in future contributions or a cash refund, either directly to the enterprise or indirectly to another plan in deficit.

The limit in paragraph 58(b) does not over-ride the delayed recognition of certain actuarial losses (see paragraphs 92 and 93) and certain past service cost (see paragraph 96), other than as specified in paragraph 58A. However, that limit does over-ride the transitional option in paragraph 155(b). Paragraph 120A(f)(iii) requires an enterprise to disclose any amount not recognised as an asset because of the limit in paragraph 58(b). **60**

Example illustrating paragraph 60

A defined benefit plan has the following characteristics:
Present value of the obligation	1,1
Fair value of plan assets	(1 190)
	(90)
Unrecognised actuarial losses	(110)
Unrecognised past service cost	(70)
Unrecognised increase in the liability on initial adoption of the Standard under paragraph 155(b)	(50)
Negative amount determined under paragraph 54	(320)
Present value of available future refunds and reductions in future contributions	90

---

2 A surplus is an excess of the fair value of the plan assets over the present value of the defined benefit obligation.

> Die Obergrenze gemäß Paragraph 58(b) wird folgendermaßen ermittelt:
>
> | | |
> |---|---:|
> | Nicht erfasste versicherungsmathematische Verluste | 110 |
> | Nicht erfasster nachzuverrechnender Dienstzeitaufwand | 70 |
> | Barwert künftiger Rückerstattungen aus dem Plan und der Minderung künftiger Beitragszahlungen an den Plan | 90 |
> | Obergrenze | 270 |
>
> 270 ist weniger als 320. Daher bilanziert das Unternehmen einen Vermögenswert von 270 und gibt im Abschluss an, dass die Begrenzung den als Buchwert des Vermögenswertes zu bilanzierenden Betrag um 50 reduziert hat (siehe Paragraph 120A(f)(iii)).

Ergebnis

61 Der Saldo folgender Beträge ist ergebniswirksam zu erfassen, es sei denn, ein anderer Standard verlangt oder erlaubt deren Einbeziehung in die Anschaffungs- oder Herstellungskosten eines Vermögenswertes:
  (a) laufender Dienstzeitaufwand (siehe Paragraphen 63–91),
  (b) Zinsaufwand (siehe Paragraph 82),
  (c) erwarteter Ertrag aus etwaigem Planvermögen (siehe Paragraphen 105–107) und aus anderen Erstattungsansprüchen (siehe Paragraph 104A),
  (d) versicherungsmathematische Gewinne und Verluste gemäß den Bilanzierungs- und Bewertungsmethoden des Unternehmens (siehe Paragraphen 92–93D),
  (e) nachzuverrechnender Dienstzeitaufwand (siehe Paragraph 96),
  (f) die Auswirkungen von etwaigen Plankürzungen oder Abgeltungen (siehe Paragraph 109 und 110), und
  (g) die Auswirkungen der Obergrenze in Paragraph 58 Buchstabe b, es sei denn, sie werden gemäß Paragraph 93C außerhalb des Ergebnisses erfasst.

62 Andere International Accounting Standards verlangen, dass die Aufwendungen für bestimmte Leistungen an Arbeitnehmer bei der Ermittlung der Anschaffungs- oder Herstellungskosten von Vermögenswerten, wie z. B. bei Vorräten oder Sachanlagen, berücksichtigt werden (siehe IAS 2, Vorräte, und IAS 16, Sachanlagen). Alle Aufwendungen für Leistungen nach Beendigung des Arbeitsverhältnisses, die in die Anschaffungs- oder Herstellungskosten eines solchen Vermögenswertes einbezogen werden, müssen einen angemessenen Anteil der unter Paragraph 61 genannten Komponenten enthalten.

Erfassung und Bewertung: Barwert leistungsorientierter Verpflichtungen und laufender Dienstzeitaufwand

63 Die tatsächlichen Kosten eines leistungsorientierten Planes können durch viele Faktoren beeinflusst werden, wie z. B. Endgehälter, Mitarbeiterfluktuation und Sterbewahrscheinlichkeit, Kostentrends im Bereich der medizinischen Versorgung und – bei einem fondsfinanzierten Plan – von den Anlageerträgen aus dem Planvermögen. Die tatsächlichen Kosten des Planes sind ungewiss und diese Ungewissheit besteht in der Regel über einen langen Zeitraum. Um den Barwert von Verpflichtungen aus Leistungen nach Beendigung des Arbeitsverhältnisses und den damit verbundenen Dienstzeitaufwand einer Periode zu bestimmen, ist es erforderlich:
  (a) eine versicherungsmathematische Bewertungsmethode anzuwenden (siehe Paragraphen 64 bis 66);
  (b) die Leistungen den Dienstjahren der Arbeitnehmer zuzuordnen (siehe Paragraphen 67 bis 71); und
  (c) versicherungsmathematische Annahmen zu treffen (siehe Paragraphen 72 bis 91).

Versicherungsmathematische Bewertungsmethode

64 Zur Bestimmung des Barwerts einer leistungsorientierten Verpflichtung, des damit verbundenen Dienstzeitaufwands und, falls zutreffend, des nachzuverrechnenden Dienstzeitaufwandes hat ein Unternehmen die Methode der laufenden Einmalprämien anzuwenden.

65 Die Methode der laufenden Einmalprämien (mitunter auch als Anwartschaftsansammlungsverfahren oder Anwartschaftsbarwertverfahren bezeichnet, weil Leistungsbausteine linear pro-rata oder der Planformel folgend den Dienstjahren zugeordnet werden) geht davon aus, dass in jedem Dienstjahr ein zusätzlicher Teil des endgültigen Leistungsanspruches erdient wird (siehe Paragraphen 67 bis 71) und bewertet jeden dieser Leistungsbausteine separat, um so die endgültige Verpflichtung aufzubauen (siehe Paragraphen 72 bis 91).

> The limit under paragraph 58(b) is computed as follows:
>
> | | |
> |---|---:|
> | unrecognised actuarial losses | 110 |
> | unrecognised past service cost | 70 |
> | present value of available future refunds and reductions in future contributions | 90 |
> | Limit | 270 |
>
> 270 is less than 320. Therefore, the enterprise recognises an asset of 270 and discloses that the limit reduced the carrying amount of the asset by 50 (see paragraph 120A(f)(iii)).

Profit or loss

An entity shall recognise the net total of the following amounts in profit or loss, except to the extent that another Standard requires or permits their inclusion in the cost of an asset: **61**
(a) current service cost (see paragraphs 63 to 91);
(b) interest cost (see paragraph 82);
(c) the expected return on any plan assets (see paragraphs 105 to 107) and on any reimbursement rights (see paragraph 104A);
(d) actuarial gains and losses, as required in accordance with the entity's accounting policy (see paragraphs 92 to 93D);
(e) past service cost (see paragraph 96);
(f) the effect of any curtailments or settlements (see paragraphs 109 and 110); and
(g) the effect of the limit in paragraph 58(b), unless it is recognised outside profit or loss in accordance with paragraph 93C.

Other International Accounting Standards require the inclusion of certain employee benefit costs within the cost   62
of assets such as inventories or property, plant and equipment (see IAS 2, inventories, and IAS 16, property, plant and equipment). Any post-employment benefit costs included in the cost of such assets include the appropriate proportion of the components listed in paragraph 61.

Recognition and measurement: present value of defined benefit obligations and current service cost

The ultimate cost of a defined benefit plan may be influenced by many variables, such as final salaries, employee   63
turnover and mortality, medical cost trends and, for a funded plan, the investment earnings on the plan assets. The ultimate cost of the plan is uncertain and this uncertainty is likely to persist over a long period of time. In order to measure the present value of the post-employment benefit obligations and the related current service cost, it is necessary to:
(a) apply an actuarial valuation method (see paragraphs 64 to 66);
(b) attribute benefit to periods of service (see paragraphs 67 to 71); and
(c) make actuarial assumptions (see paragraphs 72 to 91).

Actuarial valuation method

An enterprise should use the projected unit credit method to determine the present value of its defined   **64**
benefit obligations and the related current service cost and, where applicable, past service cost.

The projected unit credit method (sometimes known as the accrued benefit method pro-rated on service or as   65
the benefit/years of service method) sees each period of service as giving rise to an additional unit of benefit entitlement (see paragraphs 67 to 71) and measures each unit separately to build up the final obligation (see paragraphs 72 to 91).

66 Die gesamte Verpflichtung für Leistungen nach Beendigung des Arbeitsverhältnisses ist vom Unternehmen abzuzinsen, auch wenn ein Teil der Verpflichtung innerhalb von 12 Monaten nach dem Bilanzstichtag fällig wird.

> **Beispiel zur Veranschaulichung von Paragraph 65**
>
> Bei Beendigung des Arbeitsverhältnisses ist eine Kapitalleistung in Höhe von 1 % des Endgehalts für jedes geleistete Dienstjahr zu zahlen. Im ersten Dienstjahr beträgt das Gehalt 10.000, das erwartungsgemäß jedes Jahr um 7 % (bezogen auf den Vorjahresstand) ansteigt. Der Abzinsungssatz beträgt 10 % per annum. Die folgende Tabelle veranschaulicht, wie sich die Verpflichtung für einen Mitarbeiter aufbaut, der erwartungsgemäß am Ende des 5. Dienstjahres ausscheidet, wobei unterstellt wird, dass die versicherungsmathematischen Annahmen keinen Änderungen unterliegen. Zur Vereinfachung wird im Beispiel die ansonsten erforderliche Berücksichtigung der Wahrscheinlichkeit vernachlässigt, dass der Arbeitnehmer vor oder nach diesem Zeitpunkt ausscheidet.
>
> | Jahr | 1 | 2 | 3 | 4 | 5 |
> |---|---|---|---|---|---|
> | Leistung erdient in: | | | | | |
> | – früheren Dienstjahren | 0 | 131 | 262 | 393 | 524 |
> | – dem laufenden Dienstjahr (1 % des Endgehalts) | 131 | 131 | 131 | 131 | 131 |
> | – dem laufenden und früheren Dienstjahren | 131 | 262 | 393 | 524 | 655 |
> | Verpflichtung zu Beginn des Berichtszeitraums | – | 89 | 196 | 324 | 476 |
> | Zinsen von 10 % | – | 9 | 20 | 33 | 48 |
> | Laufender Dienstzeitaufwand | 89 | 98 | 108 | 119 | 131 |
> | Verpflichtung am Ende des Berichtszeitraums | 89 | 196 | 324 | 476 | 655 |
>
> Anmerkung: 1. Die jeweilige Verpflichtung zu Beginn des Berichtszeitraums entspricht dem Barwert der Leistungen, die früheren Dienstjahren zugeordnet werden.
> 2. Der laufende Dienstzeitaufwand entspricht dem Barwert des Leistungsbausteins, der der Berichtsperiode zugeordnet wird.
> 3. Die jeweilige Verpflichtung am Ende einer Berichtsperiode entspricht dem Barwert der Leistungen, die früheren und der laufenden Periode zugeordnet werden.

Zuordnung von Leistungen auf Dienstjahre

67 Bei der Bestimmung des Barwerts seiner leistungsorientierten Verpflichtungen, des damit verbundenen Dienstzeitaufwands und, sofern zutreffend, des nachzuverrechnenden Dienstzeitaufwands hat das Unternehmen die Leistungen den Dienstjahren so zuzuordnen, wie es die Planformel vorgibt. Falls jedoch die in späteren Dienstjahren erbrachte Arbeitsleistung der Arbeitnehmer zu einem wesentlich höheren Leistungsniveau führt als die in früheren Dienstjahren erbrachte Arbeitsleistung, so ist die Leistungszuordnung linear vorzunehmen, und zwar:
(a) vom Zeitpunkt, ab dem die Arbeitsleistung des Arbeitnehmers erstmalig zu Leistungen aus dem Plan führt (unabhängig davon, ob die Gewährung der Leistungen vom Fortbestand des Arbeitsverhältnisses abhängig ist oder nicht); bis
(b) zu dem Zeitpunkt, ab dem die weitere Arbeitsleistung des Arbeitnehmers die Leistungen aus dem Plan, von Erhöhungen wegen Gehaltssteigerungen abgesehen, nicht mehr wesentlich erhöht.

68 Das Verfahren der laufenden Einmalprämien verlangt, dass das Unternehmen der laufenden Periode (zwecks Bestimmung des laufenden Dienstzeitaufwands) sowie der laufenden und früheren Perioden (zwecks Bestimmung des gesamten Barwerts der leistungsorientierten Verpflichtung) Leistungsteile zuordnet. Leistungsteile werden jenen Perioden zugeordnet, in denen die Verpflichtung, diese nach Beendigung des Arbeitsverhältnisses zu gewähren, entsteht. Diese Verpflichtung entsteht in dem Maße, wie die Arbeitnehmer ihre Arbeitsleistungen im Austausch für die ihnen nach Beendigung des Arbeitsverhältnisses vom Unternehmen erwartungsgemäß in späteren Berichtsperioden zu zahlenden Leistungen erbringen. Versicherungsmathematische Verfahren versetzen das Unternehmen in die Lage, diese Verpflichtung hinreichend verlässlich zu bewerten, um den Ansatz einer Schuld zu begründen.

An enterprise discounts the whole of a post-employment benefit obligation, even if part of the obligation falls due within 12 months of the balance sheet date. 66

> **Example illustrating paragraph 65**
>
> A lump sum benefit is payable on termination of service and equal to 1 % of final salary for each year of service. The salary in year 1 is 10.000 and is assumed to increase at 7 % (compound) each year. The discount rate used is 10 % per annum. The following table shows how the obligation builds up for an employee who is expected to leave at the end of year 5, assuming that there are no changes in actuarial assumptions. For simplicity, this example ignores the additional adjustment needed to reflect the probability that the employee may leave the enterprise at an earlier or later date.
>
> | Year | 1 | 2 | 3 | 4 | 5 |
> |---|---|---|---|---|---|
> | Benefit attributed to: | | | | | |
> | – prior years | 0 | 131 | 262 | 393 | 524 |
> | – current year (1 % of final salary) | 131 | 131 | 131 | 131 | 131 |
> | – current and prior years | 131 | 262 | 393 | 524 | 655 |
> | Opening obligation | – | 89 | 196 | 324 | 476 |
> | Interest at 10 % | – | 9 | 20 | 33 | 48 |
> | Current service cost | 89 | 98 | 108 | 119 | 131 |
> | Closing obligation | 89 | 196 | 324 | 476 | 655 |
>
> Note: 1. The opening obligation is the present value of benefit attributed to prior years.
> 2. The current service cost is the present value of benefit attributed to the current year.
> 3. The closing obligation is the present value of benefit attributed to current and prior years.

Attributing benefit to periods of service

In determining the present value of its defined benefit obligations and the related current service cost and, where applicable, past service cost, an enterprise should attribute benefit to periods of service under the plan's benefit formula. However, if an employee's service in later years will lead to a materially higher level of benefit than in earlier years, an enterprise should attribute benefit on a straight-line basis from: 67
(a) the date when service by the employee first leads to benefits under the plan (whether or not the benefits are conditional on further service); until
(b) the date when further service by the employee will lead to no material amount of further benefits under the plan, other than from further salary increases.

The projected unit credit method requires an enterprise to attribute benefit to the current period (in order to determine current service cost) and the current and prior periods (in order to determine the present value of defined benefit obligations). An enterprise attributes benefit to periods in which the obligation to provide post-employment benefits arises. That obligation arises as employees render services in return for post-employment benefits which an enterprise expects to pay in future reporting periods. Actuarial techniques allow an enterprise to measure that obligation with sufficient reliability to justify recognition of a liability. 68

> **Beispiele zur Veranschaulichung von Paragraph 68**
>
> 1. Ein leistungsorientierter Plan sieht bei Pensionierung die Zahlung eines Kapitals von 100 für jedes Dienstjahr vor.
>   Jedem Dienstjahr wird eine Leistung von 100 zugeordnet. Der laufende Dienstzeitaufwand entspricht dem Barwert von 100. Der gesamte Barwert der leistungsorientierten Verpflichtung entspricht dem Barwert von 100, multipliziert mit der Anzahl der bis zum Bilanzstichtag geleisteten Dienstjahre.
>   Wenn die Leistung unmittelbar beim Ausscheiden des Arbeitnehmers aus dem Unternehmen fällig wird, geht der erwartete Zeitpunkt des Ausscheidens des Arbeitnehmers in die Berechnung des laufenden Dienstzeitaufwands und des Barwerts der leistungsorientierten Verpflichtung ein. Folglich sind beide Werte – wegen des Abzinsungseffektes – geringer als die Beträge, die sich bei Ausscheiden des Mitarbeiters am Bilanzstichtag ergeben würden.
> 2. Ein Plan sieht eine monatliche Rente von 0,2 % des Endgehalts für jedes Dienstjahr vor. Die Rente ist ab dem Alter 65 zu zahlen.
>   Jedem Dienstjahr wird eine Leistung in Höhe des zum Zeitpunkt der Pensionierung ermittelten Barwertes einer lebenslangen monatlichen Rente von 0,2 % des geschätzten Endgehalts zugeordnet. Der laufende Dienstzeitaufwand entspricht dem Barwert dieser Teilleistung. Der Barwert der leistungsorientierten Verpflichtung entspricht dem Barwert monatlicher Pensionszahlungen in Höhe von 0,2 % des Endgehalts, multipliziert mit der Anzahl der bis zum Bilanzstichtag geleisteten Dienstjahre. Der laufende Dienstzeitaufwand und der Barwert der leistungsorientierten Verpflichtung werden abgezinst, weil die Rentenzahlungen erst mit Vollendung des 65. Lebensjahres beginnen.

69 Die erbrachte Arbeitsleistung eines Arbeitnehmers führt bei leistungsorientierten Plänen selbst dann zu einer Verpflichtung, wenn die Gewährung der Leistungen vom Fortbestand der Arbeitsverhältnisse abhängt (die Leistungen also noch nicht unverfallbar sind). Arbeitsleistung, die vor Eintritt der Unverfallbarkeit erbracht wurde, begründet eine faktische Verpflichtung, weil die bis zur vollen Anspruchsberechtigung noch zu erbringende Arbeitsleistung an jedem folgenden Bilanzstichtag vermindert ist. Das Unternehmen berücksichtigt bei der Bewertung seiner leistungsorientierten Verpflichtung die Wahrscheinlichkeit, dass einige Mitarbeiter die Unverfallbarkeitsvoraussetzungen nicht erfüllen. Auch wenn verschiedene Leistungen nach Beendigung des Arbeitsverhältnisses nur dann gezahlt werden, wenn nach dem Ausscheiden eines Arbeitnehmers ein bestimmtes Ereignis eintritt, z.B. im Falle der medizinischen Versorgung nach Beendigung des Arbeitsverhältnisses, entsteht gleichermaßen eine Verpflichtung bereits mit der Erbringung der Arbeitsleistung des Arbeitnehmers, wenn diese einen Leistungsanspruch bei Eintritt des bestimmten Ereignisses begründet. Die Wahrscheinlichkeit, dass das bestimmte Ereignis eintritt, beeinflusst die Verpflichtung der Höhe, nicht jedoch dem Grunde nach.

> **Beispiel zur Veranschaulichung von Paragraph 69**
>
> 1. Ein Plan zahlt eine Leistung von 100 für jedes Dienstjahr. Nach zehn Dienstjahren wird die Anwartschaft unverfallbar.
>   Jedem Dienstjahr wird eine Leistung von 100 zugeordnet. In jedem der ersten zehn Jahre ist im laufenden Dienstzeitaufwand und im Barwert der Verpflichtung die Wahrscheinlichkeit berücksichtigt, dass der Arbeitnehmer eventuell keine zehn Dienstjahre vollendet.
> 2. Aus einem Plan wird eine Leistung von 100 für jedes Dienstjahr gewährt, wobei Dienstjahre vor dem 25. Lebensjahr ausgeschlossen sind. Die Anwartschaft ist sofort unverfallbar.
>   Den vor dem 25. Lebensjahr erbrachten Dienstjahren wird keine Leistung zugeordnet, da die vor diesem Zeitpunkt erbrachte Arbeitsleistung (unabhängig vom Fortbestand des Arbeitsverhältnisses) keine Anwartschaft auf Leistungen begründet. Jedem Folgejahr wird eine Leistung von 100 zugeordnet.

70 Die Verpflichtung erhöht sich bis zu dem Zeitpunkt, ab dem weitere Arbeitsleistungen zu keiner wesentlichen Erhöhung der Leistungen mehr führen. Deswegen werden alle Leistungen Perioden zugeordnet, die zu diesem Zeitpunkt oder vorher enden. Die Leistung wird den einzelnen Berichtsperioden nach Maßgabe der im Plan enthaltenen Formel zugeordnet. Falls jedoch die in späteren Jahren erbrachte Arbeitsleistung eines Arbeitnehmers wesentlich höhere Anwartschaften begründet als in früheren Jahren, so hat das Unternehmen die Leistungen linear über die Berichtsperioden bis zu dem Zeitpunkt zu verteilen, ab dem weitere Arbeitsleistungen des Arbeitnehmers zu keiner wesentlichen Erhöhung der Anwartschaft mehr führen. Begründet ist dies dadurch, dass letztendlich die im gesamten Zeitraum erbrachte Arbeitsleistung zu einer Anwartschaft auf diesem höheren Niveau führt.

Examples illustrating paragraph 68

1. A defined benefit plan provides a lump-sum benefit of 100 payable on retirement for each year of service.
   A benefit of 100 is attributed to each year. The current service cost is the present value of 100. The present value of the defined benefit obligation is the present value of 100, multiplied by the number of years of service up to the balance sheet date. If the benefit is payable immediately when the employee leaves the enterprise, the current service cost and the present value of the defined benefit obligation reflect the date at which the employee is expected to leave. Thus, because of the effect of discounting, they are less than the amounts that would be determined if the employee left at the balance sheet date.
2. A plan provides a monthly pension of 0,2 % of final salary for each year of service. The pension is payable from the age of 65.
   Benefit equal to the present value, at the expected retirement date, of a monthly pension of 0,2 % of the estimated final salary payable from the expected retirement date until the expected date of death is attributed to each year of service. The current service cost is the present value of that benefit. The present value of the defined benefit obligation is the present value of monthly pension payments of 0,2 % of final salary, multiplied by the number of years of service up to the balance sheet date. The current service cost and the present value of the defined benefit obligation are discounted because pension payments begin at the age of 65.

69 Employee service gives rise to an obligation under a defined benefit plan even if the benefits are conditional on future employment (in other words they are not vested). Employee service before the vesting date gives rise to a constructive obligation because, at each successive balance sheet date, the amount of future service that an employee will have to render before becoming entitled to the benefit is reduced. In measuring its defined benefit obligation, an enterprise considers the probability that some employees may not satisfy any vesting requirements. Similarly, although certain post-employment benefits, for example, post-employment medical benefits, become payable only if a specified event occurs when an employee is no longer employed, an obligation is created when the employee renders service that will provide entitlement to the benefit if the specified event occurs. The probability that the specified event will occur affects the measurement of the obligation, but does not determine whether the obligation exists.

Examples illustrating paragraph 69

1. A plan pays a benefit of 100 for each year of service. The benefits vest after ten years of service.
   A benefit of 100 is attributed to each year. In each of the first 10 years, the current service cost and the present value of the obligation reflect the probability that the employee may not complete 10 years of service.
2. A plan pays a benefit of 100 for each year of service, excluding service before the age of 25. The benefits vest immediately.
   No benefit is attributed to service before the age of 25 because service before that date does not lead to benefits (conditional or unconditional). A benefit of 100 is attributed to each subsequent year.

70 The obligation increases until the date when further service by the employee will lead to no material amount of further benefits. Therefore, all benefit is attributed to periods ending on or before that date. Benefit is attributed to individual accounting periods under the plan's benefit formula. However, if an employee's service in later years will lead to a materially higher level of benefit than in earlier years, an enterprise attributes benefit on a straight-line basis until the date when further service by the employee will lead to no material amount of further benefits. That is because the employee's service throughout the entire period will ultimately lead to benefit at that higher level.

IAS 19

Beispiel zur Veranschaulichung von Paragraph 70

1. Ein Plan sieht eine einmalige Kapitalleistung von 1 000 vor, die nach zehn Dienstjahren unverfallbar wird. Für nachfolgende Dienstjahre sieht der Plan keine weiteren Leistungen mehr vor.
   Jedem der ersten 10 Jahre wird eine Leistung von 100 (1 000 geteilt durch 10) zugeordnet. Im laufenden Dienstzeitaufwand für jedes der ersten zehn Jahre ist die Wahrscheinlichkeit zu berücksichtigen, dass der Arbeitnehmer eventuell vor Vollendung von zehn Dienstjahren ausscheidet. Den folgenden Jahren wird keine Leistung zugeordnet.

2. Ein Plan zahlt bei Pensionierung eine einmalige Kapitalleistung von 2 000 an alle Arbeitnehmer, die im Alter von 55 Jahren nach zwanzig Dienstjahren noch im Unternehmen beschäftigt sind oder Arbeitnehmer, die unabhängig von ihrer Dienstzeit im Alter von 65 Jahren noch im Unternehmen beschäftigt sind.
   Arbeitnehmer, die vor dem 35. Lebensjahr eintreten, erwerben erst mit dem 35. Lebensjahr eine Anwartschaft auf Leistungen aus diesem Plan (ein Arbeitnehmer könnte mit 30 aus dem Unternehmen ausscheiden und mit 33 zurückkehren, ohne dass dies Auswirkungen auf die Höhe oder die Fälligkeit der Leistung hätte). Die Gewährung dieser Leistungen hängt von der Erbringung künftiger Arbeitsleistung ab. Zudem führt die Erbringung von Arbeitsleistung nach dem 55. Lebensjahr nicht zu einer wesentlichen Erhöhung der Anwartschaft. Für diese Arbeitnehmer ordnet das Unternehmen jedem Dienstjahr zwischen dem 35. und 55. Lebensjahr eine Leistung von 100 (2.000 geteilt durch 20) zu.
   Für Arbeitnehmer, die zwischen dem 35. und dem 45. Lebensjahr eintreten, führt eine Dienstzeit von mehr als 20 Jahren nicht zu einer wesentlichen Erhöhung der Anwartschaft. Jedem der ersten 20 Dienstjahre dieser Arbeitnehmer ordnet das Unternehmen deswegen eine Leistung von 100 zu (2 000 geteilt durch 20).
   Für einen Arbeitnehmer, der mit 55 eintritt, führt eine Dienstzeit von mehr als 10 Jahren nicht zu einer wesentlichen Erhöhung der Anwartschaft. Jedem der ersten 10 Dienstjahre dieses Arbeitnehmers ordnet das Unternehmen deswegen eine Leistung von 200 zu (2 000 geteilt durch 10).
   Im laufenden Dienstzeitaufwand und im Barwert der Verpflichtung wird für alle Arbeitnehmer die Wahrscheinlichkeit berücksichtigt, dass die für die Leistung erforderlichen Dienstjahre eventuell nicht erreicht werden.

3. Ein medizinischer Versorgungsplan für Leistungen nach der Pensionierung erstattet einem Arbeitnehmer 40 % seiner Kosten für medizinische Versorgung nach Beendigung des Arbeitsverhältnisses, wenn er nach mehr als 10 und weniger als 20 Dienstjahren ausscheidet und 50 % der Kosten, wenn er nach 20 oder mehr Jahren ausscheidet.
   Nach Maßgabe der Leistungsformel des Plans ordnet das Unternehmen jedem der ersten 10 Dienstjahre 4 % (40 % geteilt durch 10) und jedem der folgenden 10 Dienstjahre 1 % (10 % geteilt durch 10) des Barwerts der erwarteten Kosten für medizinische Versorgung zu. Im laufenden Dienstzeitaufwand eines jeden Dienstjahres wird die Wahrscheinlichkeit berücksichtigt, dass der Arbeitnehmer die für die gesamten oder anteiligen Leistungen erforderlichen Dienstjahre eventuell nicht erreicht. Für Arbeitnehmer, deren Ausscheiden innerhalb der ersten zehn Jahre erwartet wird, wird keine Leistung zugeordnet.

4. Ein Plan für Leistungen der medizinischen Versorgung nach der Pensionierung erstattet dem Arbeitnehmer 10 % der Kosten für medizinische Versorgung nach Beendigung des Arbeitsverhältnisses, wenn er nach mehr als 10 und weniger als 20 Dienstjahren ausscheidet und 50 % der Kosten, wenn er nach 20 oder mehr Jahren ausscheidet.
   Arbeitsleistung in späteren Jahren berechtigt zu wesentlich höheren Leistungen als Arbeitsleistung in früheren Jahren der Dienstzeit. Für Arbeitnehmer, die erwartungsgemäß nach 20 oder mehr Jahren ausscheiden, wird die Leistung daher linear gemäß Paragraph 68 verteilt. Arbeitsleistung nach mehr als 20 Jahren führt zu keiner wesentlichen Erhöhung der zugesagten Leistung. Deswegen wird jedem der ersten 20 Jahre ein Leistungsteil von 2,5 % des Barwertes der erwarteten Kosten der medizinischen Versorgung zugeordnet (50 % geteilt durch 20).Für Arbeitnehmer, die erwartungsgemäß zwischen dem zehnten und dem zwanzigsten Jahr ausscheiden, wird jedem der ersten 10 Jahre eine Teilleistung von 1 % des Barwertes der erwarteten Kosten für die medizinische Versorgung zugeordnet. Für diese Arbeitnehmer wird den Dienstjahren zwischen dem Ende des zehnten Jahres und dem geschätzten Datum des Ausscheidens keine Leistung zugeordnet.Für Arbeitnehmer, deren Ausscheiden innerhalb der ersten zehn Jahre erwartet wird, wird keine Leistung zugeordnet.

71 Entspricht die Höhe der zugesagten Leistung einem konstanten Anteil vom Endgehalt für jedes Dienstjahr, so haben künftige Gehaltserhöhungen zwar Auswirkungen auf den zur Erfüllung der am Bilanzstichtag bestehenden, auf frühere Dienstjahre zurückgehenden Verpflichtung nötigen Betrag, sie führen jedoch nicht zu einer Erhöhung der Verpflichtung selbst. Deswegen:
   (a) begründen Gehaltserhöhungen in Bezug auf Paragraph 67(b) keine zusätzliche Leistung an Arbeitnehmer, obwohl sich die Leistungshöhe am Endgehalt bemisst; und
   (b) die jeder Berichtsperiode zugeordnete Leistung entspricht in ihrer Höhe einem konstanten Anteil desjenigen Gehalts, auf das sich die Leistung bezieht.

Examples illustrating paragraph 70

1. A plan pays a lump-sum benefit of 1.000 that vests after 10 years of service. The plan provides no further benefit for subsequent service.
   A benefit of 100 (1 000 divided by 10) is attributed to each of the first 10 years. The current service cost in each of the first 10 years reflects the probability that the employee may not complete 10 years of service. No benefit is attributed to subsequent years.
2. A plan pays a lump-sum retirement benefit of 2 000 to all employees who are still employed at the age of 55 after 20 years of service, or who are still employed at the age of 65, regardless of their length of service. For employees who join before the age of 35, service first leads to benefits under the plan at the age of 35 (an employee could leave at the age of 30 and return at the age of 33, with no effect on the amount or timing of benefits). Those benefits are conditional on further service. Also, service beyond the age of 55 will lead to no material amount of further benefits. For these employees, the enterprise attributes benefit of 100 (2 000 divided by 20) to each year from the age of 35 to the age of 55.
   For employees who join between the ages of 35 and 45, service beyond 20 years will lead to no material amount of further benefits. For these employees, the enterprise attributes benefit of 100 (2 000 divided by 20) to each of the first 20 years.
   For an employee who joins at the age of 55, service beyond 10 years will lead to no material amount of further benefits. For this employee, the enterprise attributes benefit of 200 (2 000 divided by 10) to each of the first 10 years.
   For all employees, the current service cost and the present value of the obligation reflect the probability that the employee may not complete the necessary period of service.
3. A post-employment medical plan reimburses 40 % of an employee's post-employment medical costs if the employee leaves after more than 10 and less than 20 years of service and 50 % of those costs if the employee leaves after 20 or more years of service.
   Under the plan's benefit formula, the enterprise attributes 4 % of the present value of the expected medical costs (40 % divided by 10) to each of the first 10 years and 1 % (10 % divided by 10) to each of the second 10 years. The current service cost in each year reflects the probability that the employee may not complete the necessary period of service to earn part or all of the benefits. For employees expected to leave within 10 years, no benefit is attributed.
4. A post-employment medical plan reimburses 10 % of an employee's post-employment medical costs if the employee leaves after more than 10 and less than 20 years of service and 50 % of those costs if the employee leaves after 20 or more years of service.
   Service in later years will lead to a materially higher level of benefit than in earlier years. Therefore, for employees expected to leave after 20 or more years, the enterprise attributes benefit on a straight-line basis under paragraph 68. Service beyond 20 years will lead to no material amount of further benefits. Therefore, the benefit attributed to each of the first 20 years is 2,5 % of the present value of the expected medical costs (50 % divided by 20).For employees expected to leave between 10 and 20 years, the benefit attributed to each of the first 10 years is 1 % of the present value of the expected medical costs. For these employees, no benefit is attributed to service between the end of the 10th year and the estimated date of leaving.For employees expected to leave within 10 years, no benefit is attributed.

71 Where the amount of a benefit is a constant proportion of final salary for each year of service, future salary increases will affect the amount required to settle the obligation that exists for service before the balance sheet date, but do not create an additional obligation. Therefore:
(a) for the purpose of paragraph 67(b), salary increases do not lead to further benefits, even though the amount of the benefits is dependent on final salary; and
(b) the amount of benefit attributed to each period is a constant proportion of the salary to which the benefit is linked.

> **Beispiel zur Veranschaulichung von Paragraph 71**
>
> Den Arbeitnehmern steht eine Leistung in Höhe von 3 % des Endgehaltes für jedes Dienstjahr vor dem 55. Lebensjahr zu.
> Jedem Dienstjahr bis zum 55. Lebensjahr wird eine Leistung in Höhe von 3 % des geschätzten Endgehalts zugeordnet. Dieses ist der Zeitpunkt, ab dem weitere Arbeitsleistung zu keiner wesentlichen Erhöhung der Leistung aus dem Plan mehr führt. Dienstzeiten nach dem 55. Lebensjahr wird keine Leistung zugeordnet.

Versicherungsmathematische Annahmen

72 Versicherungsmathematische Annahmen müssen unvoreingenommen gewählt und aufeinander abgestimmt sein.

73 Versicherungsmathematische Annahmen sind die bestmögliche Einschätzung eines Unternehmens zu Variablen, die die tatsächlichen Kosten für Leistungen nach Beendigung des Arbeitsverhältnisses bestimmen. Die versicherungsmathematischen Annahmen umfassen:
(a) demographische Annahmen über die künftige Zusammensetzung der gegenwärtigen und früheren Arbeitnehmer (und deren Angehörigen), die für Leistungen qualifizieren. Derartige demographische Annahmen beziehen sich auf:
  (i) die Sterblichkeit der Begünstigten, und zwar sowohl während des Arbeitsverhältnisses wie auch nach dessen Beendigung;
  (ii) Fluktuationsraten, Invalidisierungsraten und Frühpensionierungsverhalten;
  (iii) den Anteil der begünstigten Arbeitnehmer mit Angehörigen, die für Leistungen qualifizieren werden; und
  (iv) die Raten der Inanspruchnahme von Leistungen aus Plänen zur medizinischen Versorgung; sowie
(b) finanzielle Annahmen, zum Beispiel in Bezug auf:
  (i) den Zinssatz für die Abzinsung (siehe Paragraphen 78 bis 82);
  (ii) das künftige Gehalts- und Leistungsniveau (siehe Paragraphen 83 bis 87);
  (iii) im Falle von Leistungen im Rahmen medizinischer Versorgung, die Kostentrends im Bereich der medizinischen Versorgung, einschließlich – falls wesentlich – der Kosten für die Bearbeitung von Ansprüchen und Leistungsauszahlungen (siehe Paragraphen 88 bis 91); und
  (iv) die erwarteten Erträge aus Planvermögen (siehe Paragraphen 105 bis 107).

74 Versicherungsmathematische Annahmen gelten als unvoreingenommen gewählt, wenn sie weder unvorsichtig noch übertrieben vorsichtig sind.

75 Versicherungsmathematische Annahmen sind aufeinander abgestimmt, wenn sie die wirtschaftlichen Zusammenhänge zwischen Faktoren wie Inflation, Lohn- und Gehaltssteigerungen, Erträgen aus dem Planvermögen und Abzinsungssätzen widerspiegeln. Beispielsweise haben alle Annahmen, die in jeder künftigen Periode von einem bestimmten Inflationsniveau abhängen (wie Annahmen zu Zinssätzen und zu Lohn- und Gehaltssteigerungen) für jede dieser Perioden von dem gleichen Inflationsniveau auszugehen.

76 Die Annahmen zum Zinssatz für die Abzinsung und andere finanzielle Annahmen werden vom Unternehmen mit nominalen (nominal festgesetzten) Werten festgelegt, es sei denn, Schätzungen auf Basis realer (inflationsbereinigter) Werte sind verlässlicher, wie z. B. in einer hochinflationären Volkswirtschaft (siehe IAS 29, Rechnungslegung in Hochinflationsländern) oder in jenen Fällen, in denen die Leistung an einen Index gekoppelt ist und zugleich ein hinreichend entwickelter Markt für indexgebundene Anleihen in der gleichen Währung und mit gleicher Laufzeit vorhanden ist.

77 Annahmen zu finanziellen Variablen haben auf den am Bilanzstichtag bestehenden Erwartungen des Marktes für den Zeitraum zu beruhen, über den die Verpflichtungen zu erfüllen sind.

Versicherungsmathematische Annahmen: Abzinsungssatz

78 Der Zinssatz, der zur Diskontierung der Verpflichtungen für die nach Beendigung des Arbeitsverhältnisses zu erbringenden Leistungen (mit oder ohne Verwendung eines Fonds) herangezogen wird, ist auf der Grundlage der Renditen zu bestimmen, die am Bilanzstichtag für erstrangige, festverzinsliche Industrieanleihen am Markt erzielt werden. In Ländern ohne liquiden Markt für solche Industrieanleihen sind stattdessen die (am Bilanzstichtag geltenden) Marktrenditen für Regierungsanleihen zu verwenden. Wäh-

IAS 19

> **Example illustrating paragraph 71**
>
> Employees are entitled to a benefit of 3 % of final salary for each year of service before the age of 55. Benefit of 3 % of estimated final salary is attributed to each year up to the age of 55. This is the date when further service by the employee will lead to no material amount of further benefits under the plan. No benefit is attributed to service after that age.

Actuarial assumptions

Actuarial assumptions should be unbiased and mutually compatible. 72

Actuarial assumptions are an enterprise's best estimates of the variables that will determine the ultimate cost of providing post-employment benefits. Actuarial assumptions comprise: 73
(a) demographic assumptions about the future characteristics of current and former employees (and their dependants) who are eligible for benefits. Demographic assumptions deal with matters such as:
    (i) mortality, both during and after employment;
    (ii) rates of employee turnover, disability and early retirement;
    (iii) the proportion of plan members with dependants who will be eligible for benefits; and
    (iv) claim rates under medical plans; and
(b) financial assumptions, dealing with items such as:
    (i) the discount rate (see paragraphs 78 to 82);
    (ii) future salary and benefit levels (see paragraphs 83 to 87);
    (iii) in the case of medical benefits, future medical costs, including, where material, the cost of administering claims and benefit payments (see paragraphs 88 to 91); and
    (iv) the expected rate of return on plan assets (see paragraphs 105 to 107).

Actuarial assumptions are unbiased if they are neither imprudent nor excessively conservative. 74

Actuarial assumptions are mutually compatible if they reflect the economic relationships between factors such as inflation, rates of salary increase, the return on plan assets and discount rates. For example, all assumptions which depend on a particular inflation level (such as assumptions about interest rates and salary and benefit increases) in any given future period assume the same inflation level in that period. 75

An enterprise determines the discount rate and other financial assumptions in nominal (stated) terms, unless estimates in real (inflation-adjusted) terms are more reliable, for example, in a hyperinflationary economy (see IAS 29, financial reporting in hyperinflationary economies), or where the benefit is index-linked and there is a deep market in index-linked bonds of the same currency and term. 76

Financial assumptions should be based on market expectations, at the balance sheet date, for the period over which the obligations are to be settled. 77

Actuarial assumptions: discount rate

The rate used to discount post-employment benefit obligations (both funded and unfunded) should be determined by reference to market yields at the balance sheet date on high quality corporate bonds. In countries where there is no deep market in such bonds, the market yields (at the balance sheet date) on government bonds should be used. The currency and term of the corporate bonds or government bonds should be consistent with the currency and estimated term of the post-employment benefit obligations. 78

rung und Laufzeiten der zugrunde gelegten Industrie- oder Regierungsanleihen haben mit der Währung und den voraussichtlichen Fristigkeiten der nach Beendigung der Arbeitsverhältnisse zu erfüllenden Verpflichtungen übereinzustimmen.

79 Der Abzinsungssatz ist eine versicherungsmathematische Annahme mit wesentlicher Auswirkung. Der Abzinsungssatz reflektiert den Zeitwert des Geldes, nicht jedoch das versicherungsmathematische Risiko oder das mit der Anlage des Fondsvermögens verbundene Anlagerisiko. Weiterhin gehen weder das unternehmensspezifische Ausfallrisiko, das die Gläubiger des Unternehmens tragen, noch das Risiko, dass die künftige Entwicklung von den versicherungsmathematischen Annahmen abweichen kann, in diesen Zinssatz ein.

80 Der Abzinsungssatz berücksichtigt die voraussichtliche Auszahlung der Leistungen im Zeitablauf. In der Praxis wird ein Unternehmen dies häufig durch die Verwendung eines einzigen gewichteten Durchschnittszinssatzes erreichen, in dem sich die Fälligkeiten, die Höhe und die Währung der zu zahlenden Leistungen widerspiegeln.

81 In einigen Fällen ist möglicherweise kein hinreichend entwickelter Markt für Anleihen mit ausreichend langen Laufzeiten vorhanden, die den geschätzten Fristigkeiten aller Leistungszahlungen entsprechen. In diesen Fällen werden für die Diskontierung kurzfristiger Zahlungen die jeweils aktuellen Marktzinssätze für entsprechende Laufzeiten von dem Unternehmen verwendet, während es den Abzinsungssatz für längerfristige Fälligkeiten durch Extrapolation der aktuellen Marktzinssätze entlang der Renditekurve schätzt. Die Höhe des gesamten Barwerts einer leistungsorientierten Verpflichtung dürfte durch den Abzinsungssatz für den Teil der Leistungen, der erst nach Endfälligkeit der zur Verfügung stehenden Industrie- oder Regierungsanleihen zu zahlen ist, kaum besonders empfindlich beeinflusst werden.

82 Der Zinsaufwand wird ermittelt, indem der zu Beginn der Periode festgesetzte Zinssatz mit dem über die Periode vorliegenden Barwert der leistungsorientierten Verpflichtung multipliziert wird, wobei wesentliche Änderungen der Verpflichtung berücksichtigt werden. Der Barwert der Verpflichtung wird im Allgemeinen von der in der Bilanz ausgewiesenen Schuld abweichen, weil die Schuld nach Abzug des beizulegenden Zeitwerts eines etwaigen Planvermögens erfasst wird und einige versicherungsmathematische Gewinne und Verluste sowie ein Teil des nachzuverrechnenden Dienstzeitaufwandes nicht sofort erfasst werden. [In Anhang A wird u. a. die Berechnung des Zinsaufwands veranschaulicht.]

Versicherungsmathematische Annahmen: Gehälter, Leistungen und Kosten medizinischer Versorgung

83 Bei der Bewertung von Verpflichtungen für nach Beendigung des Arbeitsverhältnisses zu erbringende Leistungen, sind folgende Faktoren zu berücksichtigen:
(a) erwartete künftige Gehaltssteigerungen;
(b) die auf Grund der Regelungen des Planes (oder auf Grund einer faktischen Verpflichtung auch über die Planregeln hinaus) am Bilanzstichtag zugesagten Leistungen; und
(c) die geschätzten künftigen Änderungen des Niveaus staatlicher Leistungen, die sich auf die nach Maßgabe des leistungsorientierten Planes zu zahlenden Leistungen auswirken, jedoch nur dann, wenn entweder:
  (i) diese Änderungen bereits vor dem Bilanzstichtag in Kraft getreten sind; oder
  (ii) die Erfahrungen der Vergangenheit, oder andere substanzielle Hinweise, darauf hindeuten, dass sich die staatlichen Leistungen in einer einigermaßen vorhersehbaren Weise ändern werden, z. B. in Anlehnung an zukünftige Veränderungen der allgemeinen Preis- oder Gehaltsniveaus.

84 Bei der Schätzung künftiger Gehaltssteigerungen werden u. a. Inflation, Dauer der Zugehörigkeit zum Unternehmen, Beförderung und andere relevante Faktoren wie Angebots- und Nachfragestruktur auf dem Arbeitsmarkt berücksichtigt.

85 Wenn ein Unternehmen auf Grund der formalen Regelungen eines Planes (oder auf Grund einer faktischen, darüber hinausgehenden Verpflichtung) die zugesagten Leistungen in künftigen Perioden anpassen muss, sind diese Anpassungen bei der Bewertung der Verpflichtung zu berücksichtigen. Dies ist z. B. der Fall, wenn:
(a) ein Unternehmen in der Vergangenheit stets die Leistungen erhöht hat, um die Auswirkungen der Inflation zu mindern und nichts darauf hindeutet, dass diese Praxis in Zukunft geändert wird; oder
(b) versicherungsmathematische Gewinne im Abschluss bereits erfasst wurden und das Unternehmen entweder auf Grund der formalen Regelungen des Planes (oder auf Grund einer faktischen, darüber hinausgehenden Verpflichtung) oder auf Grund gesetzlicher Bestimmungen eine etwaige Vermögensüberdeckung im Plan zu Gunsten der begünstigten Arbeitnehmer verwenden muss (siehe Paragraph 98(c)).

One actuarial assumption which has a material effect is the discount rate. The discount rate reflects the time value of money but not the actuarial or investment risk. Furthermore, the discount rate does not reflect the enterprise-specific credit risk borne by the enterprise's creditors, nor does it reflect the risk that future experience may differ from actuarial assumptions. 79

The discount rate reflects the estimated timing of benefit payments. In practice, an enterprise often achieves this by applying a single weighted average discount rate that reflects the estimated timing and amount of benefit payments and the currency in which the benefits are to be paid. 80

In some cases, there may be no deep market in bonds with a sufficiently long maturity to match the estimated maturity of all the benefit payments. In such cases, an enterprise uses current market rates of the appropriate term to discount shorter term payments, and estimates the discount rate for longer maturities by extrapolating current market rates along the yield curve. The total present value of a defined benefit obligation is unlikely to be particularly sensitive to the discount rate applied to the portion of benefits that is payable beyond the final maturity of the available corporate or government bonds. 81

Interest cost is computed by multiplying the discount rate as determined at the start of the period by the present value of the defined benefit obligation throughout that period, taking account of any material changes in the obligation. The present value of the obligation will differ from the liability recognised in the balance sheet because the liability is recognised after deducting the fair value of any plan assets and because some actuarial gains and losses, and some past service cost, are not recognised immediately. (Appendix A illustrates the computation of interest cost, among other things.) 82

Actuarial assumptions: salaries, benefits and medical costs

Post-employment benefit obligations should be measured on a basis that reflects: 83
(a) estimated future salary increases;
(b) the benefits set out in the terms of the plan (or resulting from any constructive obligation that goes beyond those terms) at the balance sheet date; and
(c) estimated future changes in the level of any State benefits that affect the benefits payable under a defined benefit plan, if, and only if, either:
  (i) those changes were enacted before the balance sheet date; or
  (ii) past history, or other reliable evidence, indicates that those State benefits will change in some predictable manner, for example, in line with future changes in general price levels or general salary levels.

Estimates of future salary increases take account of inflation, seniority, promotion and other relevant factors, such as supply and demand in the employment market. 84

If the formal terms of a plan (or a constructive obligation that goes beyond those terms) require an enterprise to change benefits in future periods, the measurement of the obligation reflects those changes. This is the case when, for example: 85
(a) the enterprise has a past history of increasing benefits, for example, to mitigate the effects of inflation, and there is no indication that this practice will change in the future; or
(b) actuarial gains have already been recognised in the financial statements and the enterprise is obliged, by either the formal terms of a plan (or a constructive obligation that goes beyond those terms) or legislation, to use any surplus in the plan for the benefit of plan participants (see paragraph 98(c)).

86 Die versicherungsmathematischen Annahmen berücksichtigen nicht Änderungen der künftigen Leistungen, die sich am Bilanzstichtag nicht aus den formalen Regelungen des Planes (oder einer faktischen Verpflichtung) ergeben. Derartige Änderungen führen zu:
(a) nachzuverrechnendem Dienstzeitaufwand, soweit sie die Höhe von Leistungen für vor der Änderung erbrachte Arbeitsleistung ändern, und
(b) laufendem Dienstzeitaufwand in den Perioden nach der Änderung, soweit sie die Höhe von Leistungen für nach der Änderung erbrachte Arbeitsleistung ändern.

87 Einige Leistungen nach Beendigung des Arbeitsverhältnisses sind an Variable wie z. B. das Niveau staatlicher Altersversorgungsleistungen oder das der staatlichen medizinischen Versorgung gebunden. Bei der Bewertung dieser Leistungen werden erwartete Änderungen dieser Variablen auf Grund der Erfahrungen der Vergangenheit und anderer verlässlicher substanzieller Hinweise berücksichtigt.

88 **Bei den Annahmen zu den Kosten medizinischer Versorgung sind erwartete Kostentrends für medizinische Dienstleistungen auf Grund von Inflation oder spezifischer Anpassungen der medizinischen Kosten zu berücksichtigen.**

89 Die Bewertung von medizinischen Leistungen nach Beendigung des Arbeitsverhältnisses erfordert Annahmen über Höhe und Häufigkeit künftiger Ansprüche und über die Kosten zur Erfüllung dieser Ansprüche. Die Kosten der künftigen medizinischen Versorgung werden vom Unternehmen anhand eigener, aus Erfahrung gewonnener Daten geschätzt, wobei – falls erforderlich – Erfahrungswerte anderer Unternehmen, Versicherungsunternehmen, medizinischer Dienstleister und anderer Quellen hinzugezogen werden können. In die Schätzung der Kosten künftiger medizinischer Versorgung gehen die Auswirkungen technologischen Fortschritts, Änderungen der Inanspruchnahme von Gesundheitsfürsorgeleistungen oder der Bereitstellungsstrukturen sowie Änderungen des Gesundheitszustands der begünstigten Arbeitnehmer ein.

90 Die Höhe der geltend gemachten Ansprüche und deren Häufigkeit hängen insbesondere von Alter, Gesundheitszustand und Geschlecht der Arbeitnehmer (und ihrer Angehörigen) ab, wobei jedoch auch andere Faktoren wie der geografische Standort von Bedeutung sein können. Deswegen sind Erfahrungswerte aus der Vergangenheit anzupassen, sofern die demographische Zusammensetzung des vom Plan erfassten Personenbestandes von der Zusammensetzung des Bestandes abweicht, der den historischen Daten zu Grunde liegt. Eine Anpassung ist auch dann erforderlich, wenn auf Grund verlässlicher substanzieller Hinweise davon ausgegangen werden kann, dass sich historische Trends nicht fortsetzen werden.

91 Einige Pläne für medizinische Leistungen nach Beendigung des Arbeitsverhältnisses sehen eine Arbeitnehmerbeteiligung an den durch den Plan gedeckten Kosten medizinischer Versorgung vor. Solche Beiträge sind nach den am Bilanzstichtag geltenden Regelungen des Planes (oder auf Grund einer faktischen, darüber hinausgehenden Verpflichtung) bei der Schätzung künftiger Kosten für medizinische Versorgung zu berücksichtigen. Änderungen solcher Arbeitnehmerbeiträge führen entweder zu nachzuverrechnendem Dienstzeitaufwand oder, sofern zutreffend, auch zu Leistungskürzungen. Die Kosten für die Erfüllung der Ansprüche können sich durch Leistungen des Staates oder anderer medizinischer Dienstleister vermindern (siehe Paragraphen 83(c) und 87).

Versicherungsmathematische Gewinne und Verluste

92 Bei der Bewertung der Schuld aus einer leistungsorientierten Zusage gemäß Paragraph 54 hat ein Unternehmen, vorbehaltlich Paragraph 58A, den (in Paragraph 93 spezifizierten) Teil seiner versicherungsmathematischen Gewinne und Verluste als Ertrag bzw. Aufwand zu erfassen, wenn der Saldo der kumulierten, nicht erfassten versicherungsmathematischen Gewinne und Verluste zum Ende der vorherigen Berichtsperiode den höheren der folgenden Beträge übersteigt:
(a) 10% des Barwerts der leistungsorientierten Verpflichtung zu diesem Zeitpunkt (vor Abzug des Planvermögens), und
(b) 10% des beizulegenden Zeitwerts eines etwaigen Planvermögens zu diesem Zeitpunkt.
Diese Grenzen sind für jeden leistungsorientierten Plan gesondert zu errechnen und anzuwenden.

93 Die für jeden leistungsorientierten Plan anteilig zu erfassenden versicherungsmathematischen Gewinne und Verluste entsprechen dem gemäß Paragraph 92 ermittelten Betrag außerhalb des Korridors, dividiert durch die erwartete durchschnittliche Restlebensarbeitszeit der vom Plan erfassten Arbeitnehmer. Ein Unternehmen kann jedoch jedes systematische Verfahren anwenden, das zu einer schnelleren Erfassung der versicherungsmathematischen Gewinne und Verluste führt, sofern das gleiche Verfahren sowohl auf Gewinne als auch auf Verluste und stetig von Periode zu Periode angewandt wird. Ein Unternehmen kann

86 Actuarial assumptions do not reflect future benefit changes that are not set out in the formal terms of the plan (or a constructive obligation) at the balance sheet date. Such changes will result in:
(a) past service cost, to the extent that they change benefits for service before the change; and
(b) current service cost for periods after the change, to the extent that they change benefits for service after the change.

87 Some post-employment benefits are linked to variables such as the level of State retirement benefits or State medical care. The measurement of such benefits reflects expected changes in such variables, based on past history and other reliable evidence.

88 **Assumptions about medical costs should take account of estimated future changes in the cost of medical services, resulting from both inflation and specific changes in medical costs.**

89 Measurement of post-employment medical benefits requires assumptions about the level and frequency of future claims and the cost of meeting those claims. An enterprise estimates future medical costs on the basis of historical data about the enterprise's own experience, supplemented where necessary by historical data from other enterprises, insurance companies, medical providers or other sources. Estimates of future medical costs consider the effect of technological advances, changes in health care utilisation or delivery patterns and changes in the health status of plan participants.

90 The level and frequency of claims is particularly sensitive to the age, health status and sex of employees (and their dependants) and may be sensitive to other factors such as geographical location. Therefore, historical data is adjusted to the extent that the demographic mix of the population differs from that of the population used as a basis for the historical data. It is also adjusted where there is reliable evidence that historical trends will not continue.

91 Some post-employment health care plans require employees to contribute to the medical costs covered by the plan. Estimates of future medical costs take account of any such contributions, based on the terms of the plan at the balance sheet date (or based on any constructive obligation that goes beyond those terms). Changes in those employee contributions result in past service cost or, where applicable, curtailments. The cost of meeting claims may be reduced by benefits from State or other medical providers (see paragraphs 83(c) and 87).

Actuarial gains and losses

92 **In measuring its defined benefit liability in accordance with paragraph 54, an entity shall, subject to paragraph 58A, recognise a portion (as specified in paragraph 93) of its actuarial gains and losses as income or expense if the net cumulative unrecognised actuarial gains and losses at the end of the previous reporting period exceeded the greater of:**
(a) 10 % of the present value of the defined benefit obligation at that date (before deducting plan assets); and
(b) 10 % of the fair value of any plan assets at that date.
These limits shall be calculated and applied separately for each defined benefit plan.

93 **The portion of actuarial gains and losses to be recognised for each defined benefit plan is the excess determined in accordance with paragraph 92, divided by the expected average remaining working lives of the employees participating in that plan. However, an entity may adopt any systematic method that results in faster recognition of actuarial gains and losses, provided that the same basis is applied to both gains and losses and the basis is applied consistently from period to period. An entity may apply such systematic methods to actuarial gains and losses even if they are within the limits specified in paragraph 92.**

IAS 19

solche systematischen Verfahren auch auf versicherungsmathematische Gewinne und Verluste innerhalb der in Paragraph 92 spezifizierten Grenzen anwenden.

93A Wenn ein Unternehmen gemäß Paragraph 93 beschließt, die Erfassung versicherungsmathematischer Gewinne und Verluste in der Periode vorzunehmen, in der sie anfallen, kann es diese außerhalb des Ergebnisses gemäß den Paragraphen 93B–93D erfassen, sofern dies für:
(a) alle leistungsorientierten Pläne, und
(b) alle versicherungsmathematischen Gewinne und Verluste durchgeführt wird.

93B Versicherungsmathematische Gewinne und Verluste, die nach Paragraph 93A außerhalb des Ergebnisses erfasst werden, sind in einer Aufstellung der Veränderungen des Eigenkapitals mit der Überschrift „Aufstellung der erfassten Erträge und Aufwendungen" darzustellen, die nur die in Paragraph 96 des IAS 1 (überarbeitet 2003) aufgeführten Posten umfasst. In einer Aufstellung der Veränderungen des Eigenkapitals darf das Unternehmen die versicherungsmathematischen Gewinne und Verluste nicht im Spaltenformat, wie in Paragraph 101 des IAS 1 erwähnt, oder in irgendeinem anderen Format, das die in Paragraph 97 des IAS 1 aufgeführten Posten umfasst, darstellen.

93C Ein Unternehmen, das versicherungsmathematische Gewinne und Verluste nach Paragraph 93A erfasst, hat auch alle Anpassungen, die durch die Obergrenze in Paragraph 58 Buchstabe b außerhalb des Ergebnisses entstehen, in der Aufstellung der erfassten Erträge und Aufwendungen zu erfassen.

93D Aufgrund der Obergrenze in Paragraph 58 Buchstabe b entstandene versicherungsmathematische Gewinne und Verluste sowie Anpassungen, die direkt in der Aufstellung der erfassten Erträge und Aufwendungen erfasst wurden, sind direkt in den Gewinnrücklagen zu erfassen. Sie dürfen nicht im Ergebnis einer nachfolgenden Berichtsperiode erfasst werden.

94 Versicherungsmathematische Gewinne und Verluste können aus Erhöhungen oder Verminderungen entweder des Barwerts einer leistungsorientierten Verpflichtung oder des beizulegenden Zeitwerts eines etwaigen Planvermögens entstehen. Zu den Gründen für das Entstehen versicherungsmathematischer Gewinne und Verluste zählen u. a.:
(a) eine unerwartet hohe oder niedrige Anzahl von Fluktuationsfällen, vorzeitigen Pensionierungen oder Todesfällen oder unerwartet hohe oder niedrige Anstiege der Gehälter, laufenden Leistungen (sofern die formalen oder faktischen Bedingungen eines Plans inflationsbedingte Leistungsanpassungen vorsehen) oder der Kosten der medizinischen Versorgung;
(b) der Effekt von Schätzungsänderungen hinsichtlich der angenommenen Arbeitnehmerfluktuation, dem Frühpensionierungsverhalten, der Sterblichkeit oder des Anstiegs von Gehältern, Leistungen (sofern die formalen oder faktischen Bedingungen eines Plans inflationsbedingte Leistungsanpassungen vorsehen) oder der Kosten medizinischer Versorgung;
(c) die Auswirkung einer Änderung des Abzinsungssatzes; und
(d) Abweichungen zwischen dem tatsächlichen und dem erwarteten Ertrag aus dem Planvermögen (siehe Paragraphen 105 bis 107).

95 Langfristig können sich versicherungsmathematische Gewinne und Verluste gegenseitig kompensieren. Deswegen können Schätzungen von Verpflichtungen für Leistungen nach Beendigung des Arbeitsverhältnisses als Näherungswerte in einer Bandbreite (einem „Korridor") um den bestmöglichen Schätzwert herum angesehen werden. Ein Unternehmen kann versicherungsmathematische Gewinne und Verluste, die innerhalb dieses Korridors liegen, erfassen, es ist dazu aber nicht verpflichtet. Dieser Standard verlangt von einem Unternehmen, einen bestimmten Mindestanteil derjenigen Teile der versicherungsmathematischen Gewinne und Verluste zu erfassen, welche aus dem „Korridor" von plus oder minus 10 % fallen. [In Anhang A wird unter anderem die Behandlung versicherungsmathematischer Gewinne und Verluste anschaulich beschrieben.] Dieser Standard gestattet auch die Anwendung systematischer Verfahren zur schnelleren Erfassung, sofern diese die in Paragraph 93 genannten Bedingungen erfüllen. Zu den zulässigen Verfahren gehört beispielsweise auch die sofortige Erfassung aller sowohl innerhalb als auch außerhalb des 10 %-„Korridors" liegenden versicherungsmathematischen Gewinne und Verluste. In Paragraph 155(b)(iii) wird erläutert, warum nicht erfasste Teile des Übergangs-Schuldpostens bei der Verrechnung nachfolgender versicherungsmathematischer Gewinne berücksichtigt werden müssen.

93A If, as permitted by paragraph 93, an entity adopts a policy of recognising actuarial gains and losses in the period in which they occur, it may recognise them outside profit or loss, in accordance with paragraphs 93B—93D, providing it does so for:
(a) all of its defined benefit plans; and
(b) all of its actuarial gains and losses.

93B Actuarial gains and losses recognised outside profit or loss as permitted by paragraph 93A shall be presented in a statement of changes in equity titled 'statement of recognised income and expense' that comprises only the items specified in paragraph 96 of IAS 1 (as revised in 2003). The entity shall not present the actuarial gains and losses in a statement of changes in equity in the columnar format referred to in paragraph 101 of IAS 1 or any other format that includes the items specified in paragraph 97 of IAS 1.

93C An entity that recognises actuarial gains and losses in accordance with paragraph 93A shall also recognise any adjustments arising from the limit in paragraph 58(b) outside profit or loss in the statement of recognised income and expense.

93D Actuarial gains and losses and adjustments arising from the limit in paragraph 58(b) that have been recognised directly in the statement of recognised income and expense shall be recognised immediately in retained earnings. They shall not be recognised in profit or loss in a subsequent period.

94 Actuarial gains and losses may result from increases or decreases in either the present value of a defined benefit obligation or the fair value of any related plan assets. Causes of actuarial gains and losses include, for example:
(a) unexpectedly high or low rates of employee turnover, early retirement or mortality or of increases in salaries, benefits (if the formal or constructive terms of a plan provide for inflationary benefit increases) or medical costs;
(b) the effect of changes in estimates of future employee turnover, early retirement or mortality or of increases in salaries, benefits (if the formal or constructive terms of a plan provide for inflationary benefit increases) or medical costs;
(c) the effect of changes in the discount rate; and
(d) differences between the actual return on plan assets and the expected return on plan assets (see paragraphs 105 to 107).

95 In the long term, actuarial gains and losses may offset one another. Therefore, estimates of post-employment benefit obligations may be viewed as a range (or corridor) around the best estimate. An entity is permitted, but not required, to recognise actuarial gains and losses that fall within that range. This Standard requires an enterprise to recognise, as a minimum, a specified portion of the actuarial gains and losses that fall outside a 'corridor' of plus or minus 10 %. (Appendix A illustrates the treatment of actuarial gains and losses, among other things.) The Standard also permits systematic methods of faster recognition, provided that those methods satisfy the conditions set out in paragraph 93. Such permitted methods include, for example, immediate recognition of all actuarial gains and losses, both within and outside the 'corridor'. Paragraph 155(b)(iii) explains the need to consider any unrecognised part of the transitional liability in accounting for subsequent actuarial gains.

IAS 19

Nachzuverrechnender Dienstzeitaufwand

96 Bei der Bemessung seiner Schuld aus einem leistungsorientierten Plan gemäß Paragraph 54 hat das Unternehmen, vorbehaltlich Paragraph 58A, nachzuverrechnenden Dienstzeitaufwand linear über den durchschnittlichen Zeitraum bis zum Eintritt der Unverfallbarkeit der Anwartschaften zu verteilen. Soweit Anwartschaften sofort nach Einführung oder Änderung eines leistungsorientierten Planes unverfallbar sind, ist der nachzuverrechnende Dienstzeitaufwand sofort ergebniswirksam zu erfassen.

97 Nachzuverrechnender Dienstzeitaufwand entsteht, wenn ein Unternehmen einen leistungsorientierten Plan einführt oder Leistungen aus einem bestehenden leistungsorientierten Plan ändert. Solche Änderungen betreffen eine Gegenleistung für Arbeitsleistung der Arbeitnehmer, die bis zum Zeitpunkt des Eintritts der Unverfallbarkeit erbracht wird. Deswegen ist nachzuverrechnender Dienstzeitaufwand über diesen Zeitraum zu erfassen, und zwar ungeachtet der Tatsache, dass sich der Aufwand auf Arbeitsleistung in früheren Perioden bezieht. Der nachzuverrechnende Dienstzeitaufwand wird als Veränderung der Schuld infolge der Planänderung bewertet (siehe Paragraph 64).

> **Beispiel zur Veranschaulichung von Paragraph 97**
>
> Ein Unternehmen unterhält einen Altersversorgungsplan, der eine Rente in Höhe von 2 % des Endgehalts für jedes Dienstjahr gewährt. Nach fünf Dienstjahren sind die Leistungen unverfallbar. Am 1. Januar 20X5 erhöht das Unternehmen die Rente auf 2,5 % des Endgehalts für jedes Dienstjahr ab dem 1. Januar 20X1. Zum Zeitpunkt der Planverbesserung stellt sich der Barwert der zusätzlichen Leistungen für die Dienstzeit vom 1. Januar 20X1 bis 1. Januar 20X5 wie folgt dar:
>
> | | |
> |---|---:|
> | Für Arbeitnehmer mit mehr als fünf Dienstjahren am 1.1.X5 | 150 |
> | Für Mitarbeiter mit weniger als fünf Dienstjahren zum 1.1.X5 (durchschnittlicher Zeitraum bis zur Unverfallbarkeit der Anwartschaft: drei Jahre) | 120 |
> | | 270 |
>
> Das Unternehmen erfasst 150 sofort als Aufwand, da die Anwartschaft bereits unverfallbar ist. Das Unternehmen verteilt 120 als Aufwand linear über drei Jahre beginnend mit dem 1. Januar 20X5.

98 Nachzuverrechnender Dienstzeitaufwand beinhaltet nicht:
(a) die Auswirkungen von Unterschieden zwischen tatsächlichen und ursprünglich angenommenen Gehaltssteigerungen auf die Höhe der in früheren Jahren erdienten Leistungen (nachzuverrechnender Dienstzeitaufwand entsteht nicht, da die Gehaltsentwicklung über die versicherungsmathematischen Annahmen berücksichtigt ist);
(b) zu hoch oder zu niedrig geschätzte freiwillige Rentenanpassungen, wenn das Unternehmen faktisch verpflichtet ist, Renten entsprechend anzupassen (nachzuverrechnender Dienstzeitaufwand entsteht nicht, da solche Steigerungen über die versicherungsmathematischen Annahmen berücksichtigt sind);
(c) Geschätzte Auswirkungen von Leistungsverbesserungen aus versicherungsmathematischen Gewinnen, die vom Unternehmen schon im Abschluss erfasst wurden, wenn das Unternehmen nach den Regelungen des Plans (oder auf Grund einer faktischen, über diese Regelungen hinausgehenden Verpflichtung) oder auf Grund rechtlicher Bestimmungen dazu verpflichtet ist, eine Vermögensüberdeckung des Plans zu Gunsten der vom Plan erfassten Arbeitnehmer zu verwenden, und zwar selbst dann, wenn die Leistungserhöhung noch nicht formal zuerkannt wurde (die resultierende höhere Verpflichtung ist ein versicherungsmathematischer Verlust und kein nachzuverrechnender Dienstzeitaufwand, siehe Paragraph 85(b));
(d) der Zuwachs an unverfallbaren Leistungen, wenn – ohne dass neue oder verbesserte Leistungen vorliegen – Arbeitnehmer Unverfallbarkeitsbedingungen erfüllen (in diesem Fall entsteht kein nachzuverrechnender Dienstzeitaufwand, weil die geschätzten Kosten für die Gewährung der Leistungen als laufender Dienstzeitaufwand in der Periode erfasst wurden, in der die Arbeitsleistung erbracht wurde); und
(e) Auswirkungen von Planänderungen, durch die sich die Leistungen für in künftigen Perioden zu erbringende Arbeitsleistung reduzieren (Plankürzung).

99 Der Plan für die ergebniswirksame Amortisation von nachzuverrechnendem Dienstzeitaufwand wird vom Unternehmen aufgestellt, wenn Leistungen neu eingeführt oder geändert werden. Es wäre jedoch nicht durchführbar oder wirtschaftlich vertretbar, alle detaillierten Aufzeichnungen zu führen, die nötig wären, um später erforderliche Anpassungen dieses Planes zu bestimmen und in ihm zu berücksichtigen. Hinzu kommt, dass die Auswirkungen solcher Anpassungen nur dann wesentlich sein dürften, wenn eine Plankürzung oder -abgeltung vorliegt. Deswegen wird ein einmal aufgestellter Plan zur Verteilung von nachzuverrechnendem Dienstzeitaufwand nur im Falle einer Plankürzung oder -abgeltung geändert.

Past service cost

96 In measuring its defined benefit liability under paragraph 54, an enterprise should, subject to paragraph 58A, recognise past service cost as an expense on a straight-line basis over the average period until the benefits become vested. To the extent that the benefits are already vested immediately following the introduction of, or changes to, a defined benefit plan, an enterprise should recognise past service cost immediately.

97 Past service cost arises when an enterprise introduces a defined benefit plan or changes the benefits payable under an existing defined benefit plan. Such changes are in return for employee service over the period until the benefits concerned are vested. Therefore, past service cost is recognised over that period, regardless of the fact that the cost refers to employee service in previous periods. Past service cost is measured as the change in the liability resulting from the amendment (see paragraph 64).

Example illustrating paragraph 97

An enterprise operates a pension plan that provides a pension of 2 % of final salary for each year of service. The benefits become vested after five years of service. On 1 January 20X5 the enterprise improves the pension to 2,5 % of final salary for each year of service starting from 1 January 20X1. At the date of the improvement, the present value of the additional benefits for service from 1 January 20X1 to 1 January 20X5 is as follows:

Employees with more than five years' service at 1/1/X5	150
Employees with less than five years' service at 1/1/X5 (average period until vesting: three years)	120
	270

The enterprise recognises 150 immediately because those benefits are already vested. The enterprise recognises 120 on a straight-line basis over three years from 1 January 20X5.

---

98 Past service cost excludes:
(a) the effect of differences between actual and previously assumed salary increases on the obligation to pay benefits for service in prior years (there is no past service cost because actuarial assumptions allow for projected salaries);
(b) under and over estimates of discretionary pension increases where an enterprise has a constructive obligation to grant such increases (there is no past service cost because actuarial assumptions allow for such increases);
(c) estimates of benefit improvements that result from actuarial gains that have already been recognised in the financial statements if the enterprise is obliged, by either the formal terms of a plan (or a constructive obligation that goes beyond those terms) or legislation, to use any surplus in the plan for the benefit of plan participants, even if the benefit increase has not yet been formally awarded (the resulting increase in the obligation is an actuarial loss and not past service cost, see paragraph 85(b));
(d) the increase in vested benefits when, in the absence of new or improved benefits, employees complete vesting requirements (there is no past service cost because the estimated cost of benefits was recognised as current service cost as the service was rendered); and
(e) the effect of plan amendments that reduce benefits for future service (a curtailment).

99 An enterprise establishes the amortisation schedule for past service cost when the benefits are introduced or changed. It would be impracticable to maintain the detailed records needed to identify and implement subsequent changes in that amortisation schedule. Moreover, the effect is likely to be material only where there is a curtailment or settlement. Therefore, an enterprise amends the amortisation schedule for past service cost only if there is a curtailment or settlement.

100 Reduziert ein Unternehmen die im Rahmen eines bestehenden leistungsorientierten Planes zu zahlenden Leistungen, so wird die daraus resultierende Verminderung der Schuld als (negativer) nachzuverrechnender Dienstzeitaufwand über die durchschnittliche Dauer bis zum Eintritt der Unverfallbarkeit des verminderten Leistungsteils verteilt.

101 Reduziert ein Unternehmen bestimmte im Rahmen eines bestehenden leistungsorientierten Planes zu zahlenden Leistungen und erhöht gleichzeitig andere Leistungen, die den gleichen Arbeitnehmern im Rahmen des Plans zugesagt sind, so werden alle Änderungen zusammengefasst als eine Änderung behandelt.

Ansatz und Bewertung: Planvermögen

Beizulegender Zeitwert des Planvermögens

102 Der beizulegende Zeitwert des Planvermögens geht bei der Ermittlung des nach Paragraph 54 in der Bilanz zu erfassenden Betrages als Abzugsposten ein. Ist kein Marktwert verfügbar, wird der beizulegende Zeitwert des Planvermögens geschätzt, z. B. indem die erwarteten künftigen Cashflows auf den Stichtag diskontiert werden und dabei ein Zinssatz verwendet wird, der sowohl die Risiken, die mit dem Planvermögen verbunden sind, als auch die Rückzahlungstermine oder das erwartete Veräußerungsdatum dieser Vermögenswerte berücksichtigt (oder, falls Rückzahlungstermine nicht festgelegt sind, den voraussichtlichen Zeitraum bis zur Erfüllung der damit verbundenen Verpflichtung).

103 Nicht zum Planvermögen zählen fällige, aber noch nicht an den Fonds entrichtete Beiträge des berichtenden Unternehmens sowie nicht übertragbare Finanzinstrumente, die vom Unternehmen emittiert und vom Fonds gehalten werden. Das Planvermögen wird gemindert um jegliche Schulden des Fonds, die nicht im Zusammenhang mit den Versorgungsansprüchen der Arbeitnehmer stehen, zum Beispiel Verbindlichkeiten aus Lieferungen und Leistungen oder andere Verbindlichkeiten und Schulden die aus derivativen Finanzinstrumenten resultieren.

104 Soweit zum Planvermögen qualifizierte Versicherungsverträge gehören, die die zugesagten Leistungen hinsichtlich ihres Betrages und ihrer Fälligkeiten ganz oder teilweise kongruent abdecken, ist der beizulegende Zeitwert der Versicherungspolicen annahmegemäß gleich dem Barwert der abgedeckten Verpflichtungen, wie in Paragraph 54 beschrieben (vorbehaltlich jeder zu erfassenden Reduzierung, wenn die Beträge die aus dem Versicherungsverträgen beansprucht werden, nicht voll erzielbar sind).

Erstattungsbeträge

104A **Nur dann, wenn es so gut wie sicher ist, dass eine andere Partei die Ausgaben zur Erfüllung der leistungsorientierten Verpflichtung, teilweise oder ganz erstatten wird, hat ein Unternehmen den Erstattungsanspruch als einen gesonderten Vermögenswert zu bilanzieren. Das Unternehmen hat den Vermögenswert mit dem beizulegenden Zeitwert zu bewerten. In jeder anderen Hinsicht hat das Unternehmen den Vermögenswert wie Planvermögen zu behandeln. In der Gewinn- und Verlustrechnung kann der Aufwand, der sich auf einen leistungsorientierten Plan bezieht, nach Abzug der Erstattungen netto präsentiert werden.**

104B In einigen Fällen kann ein Unternehmen von einer anderen Partei, zum Beispiel einem Versicherer, erwarten, dass diese die Ausgaben zur Erfüllung der leistungsorientierten Verpflichtung, ganz oder teilweise zahlt. Qualifizierte Versicherungspolicen, wie in Paragraph 7 definiert, sind Planvermögen. Ein Unternehmen erfasst qualifizierte Versicherungspolicen genauso wie jedes andere Planvermögen und Paragraph 104A findet keine Anwendung (siehe auch Paragraphen 39 bis 42 und 104).

104C Ist eine Versicherungspolice keine qualifizierte Versicherungspolice, dann ist diese auch kein Planvermögen. Paragraph 104A behandelt derartige Fälle: das Unternehmen erfasst den Erstattungsanspruch aus den Versicherungsverträgen als einen separaten Vermögenswert, und nicht als einen Abzug bei der Ermittlung der leistungsorientierten Verbindlichkeit, wie in Paragraph 54 beschrieben; in jeder anderen Hinsicht behandelt das Unternehmen den Vermögenswert genauso wie Planvermögen. Insbesondere ist die leistungsorientierte Verbindlichkeit gemäß Paragraph 54 bis zu dem Betrag zu erhöhen (vermindern), wie versicherungsmathematischen Gewinne (Verluste) der leistungsorientierten Verpflichtung und dem zugehörigen Erstattungsbetrag unter den Paragraphen 92 und 93 unberücksichtigt bleiben. Paragraph 120A(f)(iv) verpflichtet das Unternehmen zur Angabe einer kurzen Beschreibung des Zusammenhangs zwischen Erstattungsanspruch und zugehöriger Verpflichtung.

100 Where an enterprise reduces benefits payable under an existing defined benefit plan, the resulting reduction in the defined benefit liability is recognised as (negative) past service cost over the average period until the reduced portion of the benefits becomes vested.

101 Where an enterprise reduces certain benefits payable under an existing defined benefit plan and, at the same time, increases other benefits payable under the plan for the same employees, the enterprise treats the change as a single net change.

Recognition and measurement: plan assets

Fair value of plan assets

102 The fair value of any plan assets is deducted in determining the amount recognised in the balance sheet under paragraph 54. When no market price is available, the fair value of plan assets is estimated; for example, by discounting expected future cash flows using a discount rate that reflects both the risk associated with the plan assets and the maturity or expected disposal date of those assets (or, if they have no maturity, the expected period until the settlement of the related obligation).

103 Plan assets exclude unpaid contributions due from the reporting enterprise to the fund, as well as any nontransferable financial instruments issued by the enterprise and held by the fund. Plan assets are reduced by any liabilities of the fund that do not relate to employee benefits, for example, trade and other payables and liabilities resulting from derivative financial instruments.

104 Where plan assets include qualifying insurance policies that exactly match the amount and timing of some or all of the benefits payable under the plan, the fair value of those insurance policies is deemed to be the present value of the related obligations, as described in paragraph 54 (subject to any reduction required if the amounts receivable under the insurance policies are not recoverable in full).

Reimbursements

104A **When, and only when, it is virtually certain that another party will reimburse some or all of the expenditure required to settle a defined benefit obligation, an enterprise should recognise its right to reimbursement as a separate asset. The enterprise should measure the asset at fair value. In all other respects, an enterprise should treat that asset in the same way as plan assets. In the income statement, the expense relating to a defined benefit plan may be presented net of the amount recognised for a reimbursement.**

104B Sometimes, an enterprise is able to look to another party, such as an insurer, to pay part or all of the expenditure required to settle a defined benefit obligation. Qualifying insurance policies, as defined in paragraph 7, are plan assets. An enterprise accounts for qualifying insurance policies in the same way as for all other plan assets and paragraph 104A does not apply (see paragraphs 39 to 42 and 104).

104C When an insurance policy is not a qualifying insurance policy, that insurance policy is not a plan asset. Paragraph 104A deals with such cases: the enterprise recognises its right to reimbursement under the insurance policy as a separate asset, rather than as a deduction in determining the defined benefit liability recognised under paragraph 54; in all other respects, the enterprise treats that asset in the same way as plan assets. In particular, the defined benefit liability recognised under paragraph 54 is increased (reduced) to the extent that net cumulative actuarial gains (losses) on the defined benefit obligation and on the related reimbursement right remain unrecognised under paragraphs 92 and 93. Paragraph 120A(f)(iv) requires the enterprise to disclose a brief description of the link between the reimbursement right and the related obligation.

IAS 19

> **Beispiel zur Veranschaulichung der Paragraphen 104A bis C**
>
> | | |
> |---|---:|
> | Barwert der Verpflichtung | 1 241 |
> | Nicht erfasste versicherungsmathematische Gewinne | 17 |
> | In der Bilanz erfasste Schuld | 1 258 |
> | Rechte aus Versicherungsverträgen, die in Bezug auf den Betrag und ihre Fälligkeit genau Teilen der zu zahlenden Leistungen aus dem Plan entsprechen. Diese Leistungen haben einen Barwert von 1.092. | 1 092 |
>
> Die nicht erfassten versicherungsmathematischen Gewinne von 17 sind die kumulierten Beträge der versicherungsmathematischen Gewinne aus den Verpflichtungsveränderungen und den Erstattungsansprüchen.

104D Wenn die Rechte aus den Versicherungsverträgen die zugesagten Leistungen hinsichtlich ihres Betrages und ihrer Fälligkeit teilweise oder ganz kongruent abdecken, dann ist der beizulegende Zeitwert der Erstattungsansprüche annahmegemäß gleich dem Barwert der zugehörigen Verpflichtung, wie in Paragraph 54 beschrieben (vorbehaltlich jeder zu erfassenden Reduzierung, wenn der Erstattungsanspruch nicht voll erzielbar ist).

Erträge aus Planvermögen

105 Der erwartete Ertrag aus Planvermögen ist eine Komponente des in der Gewinn- und Verlustrechnung erfassten Aufwands. Die Differenz zwischen erwartetem und tatsächlichem Ertrag aus dem Planvermögen ist ein versicherungsmathematischer Gewinn oder Verlust; dieser wird zusammen mit den versicherungsmathematischen Gewinnen und Verlusten in Bezug auf die leistungsorientierte Verpflichtung in die Bestimmung des Netto-Betrages einbezogen, der mit den Grenzen des 10 %-Korridors gemäß Paragraph 92 zu vergleichen ist.

106 Der erwartete Ertrag aus Planvermögen basiert auf den zu Beginn der Periode herrschenden Erwartungen des Marktes in Bezug auf Anlageerträge imgesamten verbleibenden Zeitraum, in dem die zugehörige Verpflichtung besteht. Der erwartete Ertrag aus Planvermögen hat Änderungen des beizulegenden Zeitwerts des während der Periode vorhandenen Planvermögens zu berücksichtigen, die sich auf Grund von Beitragszahlungen an den Fonds und tatsächliche Leistungsauszahlungen des Fonds ergeben.

107 Bei der Bestimmung des erwarteten und des tatsächlichen Ertrags aus Planvermögen werden die vom Unternehmen erwarteten Verwaltungskosten abgezogen, soweit sie nicht in die versicherungsmathematischen Annahmen zur Bewertung der Verpflichtung eingegangen sind.

> **Beispiel zur Veranschaulichung von Paragraph 106**
>
> Zum 1. Januar 20X1 betrug der beizulegende Zeitwert des Planvermögens 10 000 und die kumulierten, noch nicht erfassten versicherungsmathematischen Nettogewinne 760. Am 30. Juni 20X1 hat der Plan Leistungen in Höhe von 1 900 ausgezahlt und Beiträge in Höhe von 4 900 erhalten. Am 31. Dezember 20X1 betrug der beizulegende Zeitwert des Planvermögens 15 000 und der Barwert der leistungsorientierten Verpflichtung 14 792. Die versicherungsmathematischen Verluste aus Verpflichtungsveränderungen in der Periode 20X1 betrugen 60.
>
> Am 1. Januar 20X1 führte das berichtende Unternehmen die folgenden Schätzungen auf der Basis der an diesem Stichtag geltenden Marktwerte durch:

Example illustrating paragraphs 104A-C

Present value of obligation	1 241
Unrecognised actuarial gains	17
Liability recognised in balance sheet	1 258
Rights under insurance policies that exactly match the amount and timing of some of the benefits payable under the plan. Those benefits have a present value of 1.092.	1.092
The unrecognised actuarial gains of 17 are the net cumulative actuarial gains on the obligation and on the reimbursement rights.	

If the right to reimbursement arises under an insurance policy that exactly matches the amount and timing of some or all of the benefits payable under a defined benefit plan, the fair value of the reimbursement right is deemed to be the present value of the related obligation, as described in paragraph 54 (subject to any reduction required if the reimbursement is not recoverable in full). **104D**

Return on plan assets

The expected return on plan assets is one component of the expense recognised in the income statement. The difference between the expected return on plan assets and the actual return on plan assets is an actuarial gain or loss; it is included with the actuarial gains and losses on the defined benefit obligation in determining the net amount that is compared with the limits of the 10 % 'corridor' specified in paragraph 92. **105**

The expected return on plan assets is based on market expectations, at the beginning of the period, for returns over the entire life of the related obligation. The expected return on plan assets reflects changes in the fair value of plan assets held during the period as a result of actual contributions paid into the fund and actual benefits paid out of the fund. **106**

In determining the expected and actual return on plan assets, an enterprise deducts expected administration costs, other than those included in the actuarial assumptions used to measure the obligation. **107**

Example illustrating paragraph 106

At 1 January 20X1, the fair value of plan assets was 10.000 and net cumulative unrecognised actuarial gains were 760. On 30 June 20X1, the plan paid benefits of 1.900 and received contributions of 4.900. At 31 December 20X1, the fair value of plan assets was 15.000 and the present value of the defined benefit obligation was 14.792. Actuarial losses on the obligation for 20X1 were 60.

At 1 January 20X1, the reporting enterprise made the following estimates, based on market prices at that date:

	(%)
Zins- und Dividendenerträge nach Abzug der vom Fonds zu entrichtenden Steuern	9,25
Realisierte und nicht realisierte Gewinne aus Planvermögen (nach Steuern)	2,00
Verwaltungsaufwand	(1,00)
Erwarteter Ertrag	10,25

Erwarteter und tatsächlicher Ertrag aus Planvermögen in 20X1 ergeben sich wie folgt:

Ertrag auf 10 000 gehalten für 12 Monate zu 10,25 %	1 025
Ertrag auf 3 000 gehalten für 12 Monate zu 5 % (entspricht 10,25 % p. a. bei Zinsgutschrift alle sechs Monate)	150
Erwarteter Ertrag aus Planvermögen für 20X1	1 175
Zeitwert des Planvermögens zum 31. Dezember 20X1	15 000
Abzgl. Zeitwert des Planvermögens zum 1. Januar 20X1	(10 000)
Abzgl. erhaltene Beiträge	(4 900)
Zzgl. ausgezahlte Leistungen	1 900
Tatsächlicher Ertrag aus Planvermögen	2 000

Die Differenz zwischen dem erwarteten (1 175) und dem tatsächlichen Ertrag aus Planvermögen (2 000) entspricht einem versicherungsmathematischen Gewinn von 825. Somit beträgt der kumulative Saldo nicht erfasster versicherungsmathematischer Gewinne 1 525 (760 plus 825 minus 60). Die Grenze des Korridors gemäß Paragraph 92 ist 1 500 (den höheren Betrag von (i) 10 % von 15 000 und (ii) 10 % von 14 792). Im folgenden Jahr (20X2) erfasst das Unternehmen in der Gewinn- und Verlustrechnung einen versicherungsmathematischen Gewinn von 25 (1 525 minus 1 500) dividiert durch die erwartete durchschnittliche Restdienstzeit der einzubeziehenden Arbeitnehmer.

Der erwartete Ertrag aus Planvermögen für 20X2 basiert auf den am 1.1.X2 vorherrschenden Erwartungen des Marktes in Bezug auf Anlageerträge im gesamten Zeitraum, in dem die zugrunde liegende Verpflichtung besteht.

Unternehmenszusammenschlüsse

108 Im Falle eines Unternehmenszusammenschlusses hat ein Unternehmen Vermögenswerte und Schulden aus Plänen für Leistungen nach Beendigung des Arbeitsverhältnisses mit dem Barwert der zugesagten Leistungen abzüglich des beizulegenden Zeitwertes des vorhandenen Planvermögens anzusetzen (siehe IFRS 3 *Unternehmenszusammenschlüsse*). Der Barwert der Leistungsverpflichtung beinhaltet alle folgenden Elemente, selbst wenn diese zum Zeitpunkt des Erwerbs vom erworbenen Unternehmen noch nicht erfasst worden waren:
(a) versicherungsmathematische Gewinne und Verluste, die vor dem Erwerbszeitpunkt entstanden sind (ungeachtet dessen, ob sie innerhalb des 10%-Korridors liegen oder nicht);
(b) nachzuverrechnender Dienstzeitaufwand als Folge der Änderung oder Einführung eines Planes vor dem Erwerbszeitpunkt;
und
(c) jene Beträge, die den Übergangsvorschriften aus Paragraph 155(b) folgend, vom erworbenen Unternehmen noch nicht erfasst waren.

Plankürzung und -abgeltung

109 Gewinne oder Verluste aus der Kürzung oder Abgeltung eines leistungsorientierten Planes sind zum Zeitpunkt der Kürzung oder Abgeltung zu erfassen. Gewinne oder Verluste aus der Kürzung oder Abgeltung eines leistungsorientierten Planes haben zu beinhalten:
(a) jede daraus resultierende Änderung des Barwerts der leistungsorientierten Verpflichtung;
(b) jede daraus resultierende Änderung des beizulegenden Zeitwerts des Planvermögens;
(c) alle etwaigen, damit verbundenen versicherungsmathematischen Gewinne und Verluste und etwaigen nachzuverrechnenden Dienstzeitaufwand, soweit diese nicht schon nach Paragraph 92 bzw. Paragraph 96 erfasst wurden.

110 Bevor die Auswirkung einer Plankürzung oder -abgeltung bestimmt wird, sind die leistungsorientierten Verpflichtungen (und das Planvermögen, sofern vorhanden) unter Verwendung aktueller versicherungsmathematischer Annahmen (einschließlich aktueller Marktzinssätze und sonstiger aktueller Marktwerte) neu zu bewerten.

	(%)
Interest and dividend income, after tax payable by the fund	9,25
Realised and unrealised gains on plan assets (after tax)	2,00
Administration costs	(1,00)
Expected rate of return	10,25

For 20X1, the expected and actual return on plan assets are as follows:

Return on 10.000 held for 12 months at 10,25 %	1 025
Return on 3.000 held for six months at 5 % (equivalent to 10,25 % annually, compounded every six months)	150
Expected return on plan assets for 20X1	1 175
Fair value of plan assets at 31 December 20X1	15 000
Less fair value of plan assets at 1 January 20X1	(10 000)
Less contributions received	(4 900)
Add benefits paid	1 900
Actual return on plan assets	2 000

The difference between the expected return on plan assets (1 175) and the actual return on plan assets (2 000) is an actuarial gain of 825. Therefore, the cumulative net unrecognised actuarial gains are 1 525 (760 plus 825 less 60). Under paragraph 92, the limits of the corridor are set at 1 500 (greater of: (i) 10 % of 15 000 and (ii) 10 % of 14 792). In the following year (20X2), the enterprise recognises in the income statement an actuarial gain of 25 (1 525 less 1 500) divided by the expected average remaining working life of the employees concerned.

The expected return on plan assets for 20X2 will be based on market expectations at 1/1/X2 for returns over the entire life of the obligation.

Business combinations

In a business combination, an entity recognises assets and liabilities arising from post-employment benefits at the present value of the obligation less the fair value of any plan assets (see IFRS 3 *Business Combinations*). The present value of the obligation includes all of the following, even if the acquiree had not recognised them at the acquisition date: **108**
(a) actuarial gains and losses that arose before the acquisition date (whether or not they fell inside the 10 % 'corridor');
(b) past service cost that arose from benefit changes, or the introduction of a plan, before the acquisition date; and
(c) amounts that, under the transitional provisions of paragraph 155(b), the acquiree had not recognised.

Curtailments and settlements

An enterprise should recognise gains or losses on the curtailment or settlement of a defined benefit plan when the curtailment or settlement occurs. The gain or loss on a curtailment or settlement should comprise: **109**
(a) any resulting change in the present value of the defined benefit obligation;
(b) any resulting change in the fair value of the plan assets;
(c) any related actuarial gains and losses and past service cost that, under paragraphs 92 and 96, had not previously been recognised.

Before determining the effect of a curtailment or settlement, an enterprise should remeasure the obligation (and the related plan assets, if any) using current actuarial assumptions (including current market interest rates and other current market prices). **110**

111 Eine Plankürzung liegt vor, wenn ein Unternehmen entweder:
(a) nachweislich dazu verpflichtet ist, die Anzahl der vom Plan erfassten Arbeitnehmer erheblich zu reduzieren; oder
(b) die Regelungen eines leistungsorientierten Planes so ändert, dass ein wesentlicher Teil der künftigen Arbeitsleistung der Arbeitnehmer zu keinen oder nur noch zu reduzierten Versorgungsleistungen führt.
Eine Plankürzung kann sich aus einem einzelnen Ereignis ergeben, wie z. B. einer Betriebsschließung, der Aufgabe eines Geschäftsbereichs oder der Beendigung oder Aussetzung eines Plans. Ein Ereignis ist dann hinreichend wesentlich, um als Plankürzung zu qualifizieren, wenn die Erfassung des Gewinns oder Verlusts aus der Plankürzung wesentliche Auswirkungen auf den Abschluss des Unternehmens hat. Plankürzungen stehen häufig im Zusammenhang mit einer Umstrukturierung. Eine Plankürzung wird daher zur gleichen Zeit erfasst wie die ihr zugrunde liegende Umstrukturierung.

112 Eine Abgeltung von Versorgungsansprüchen liegt vor, wenn ein Unternehmen eine Vereinbarung eingeht, wonach alle weiteren rechtlichen oder faktischen Verpflichtungen für einen Teil oder auch die Gesamtheit der im Rahmen eines leistungsorientierten Planes zugesagten Leistungen eliminiert werden, zum Beispiel dann, wenn an die Begünstigten eines Plans oder zu ihren Gunsten, als Gegenleistung für deren Verzicht auf bestimmte Leistungen nach Beendigung des Arbeitsverhältnisses eine Barausgleichszahlung geleistet wird.

113 In manchen Fällen erwirbt ein Unternehmen einen Versicherungsvertrag um alle Ansprüche, die auf geleistete Arbeiten in der laufenden oder früheren Periode zurückgehen, abzudecken. Der Erwerb eines solchen Vertrages ist keine Abgeltung, wenn die rechtliche oder faktische Verpflichtung (siehe Paragraph 39) beim Unternehmen verbleibt, weitere Beträge zu zahlen, wenn der Versicherer nicht in der Lage ist, die Leistungen zu zahlen, die in dem Versicherungsvertrag vereinbart sind. Die Paragraphen 104A bis D behandeln die Erfassung und die Bewertung von Erstattungsansprüchen aus Versicherungsverträgen, die kein Planvermögen sind.

114 Eine Abgeltung stellt gleichzeitig eine Plankürzung dar, wenn der Plan beendet wird, indem die aus dem Plan resultierende Verpflichtung abgegolten wird und der Plan damit nicht mehr länger existiert. Die Beendigung eines Plans ist jedoch keine Kürzung oder Abgeltung, wenn der Plan durch einen neuen Plan ersetzt wird, der substanziell gleichartige Leistungen vorsieht.

115 Erfolgt eine Plankürzung nur für einen Teil der vom Plan betroffenen Arbeitnehmer oder wird die Verpflichtung nur teilweise abgegolten, so umfasst der Gewinn oder Verlust den anteiligen noch nicht erfassten nachzuverrechnenden Dienstzeitaufwand und die anteiligen noch nicht erfassten versicherungsmathematischen Gewinne und Verluste (sowie die nach Paragraph 155(b) noch nicht erfassten anteiligen Übergangsbeträge). Die entsprechenden Anteile sind auf der Grundlage der Barwerte der Verpflichtung vor und nach der Plankürzung oder -abgeltung zu bestimmen, es sei denn, die Umstände lassen eine andere Grundlage sachgerechter erscheinen. So kann es beispielsweise angemessen sein, einen Gewinn aus der Kürzung oder Abgeltung eines Planes zunächst mit noch nicht erfasstem nachzuverrechnendem Dienstzeitaufwand desselben Planes zu verrechnen.

> **Beispiel zur Veranschaulichung von Paragraph 115**
>
> Ein Unternehmen gibt ein Geschäftssegment auf, wodurch die Arbeitnehmer des aufgegebenen Geschäftssegments keine weiteren Leistungen erdienen werden. Dies ist eine Plankürzung ohne gleichzeitige Abgeltung. Die Bewertung unter Verwendung aktueller versicherungsmathematischer Annahmen (einschließlich aktueller Marktzinsstze und anderer aktueller Marktwerte) unmittelbar vor der Kürzung resultiert in einer leistungsorientierten Verpflichtung des Unternehmens mit einem Nettobarwert von 1 000, einem Planvermögen mit einem beizulegenden Zeitwert von 820 und einem kumulierten, nicht erfassten versicherungsmathematischen Gewinn von 50. Die erstmalige Anwendung des Standards durch das Unternehmen erfolgte ein Jahr zuvor. Dabei hat sich die Nettoschuld um 100 erhöht, die gemäß Wahl des Unternehmens über fünf Jahre verteilt erfasst werden (siehe Paragraph 155(b)). Durch die Plankürzung verringert sich der Nettobarwert der zugesagten Leistung um 100 auf 900.
> Von den bisher noch nicht erfassten versicherungsmathematischen Gewinnen und dem Übergangssaldo aus der erstmaligen Anwendung entfallen 10 % (100/1 000) auf die durch die Plankürzung entfallende Verpflichtung. Somit wirkt sich die Plankürzung im Einzelnen wie folgt aus:

A curtailment occurs when an enterprise either: 111
(a) is demonstrably committed to make a material reduction in the number of employees covered by a plan; or
(b) amends the terms of a defined benefit plan such that a material element of future service by current employees will no longer qualify for benefits, or will qualify only for reduced benefits.

A curtailment may arise from an isolated event, such as the closing of a plant, discontinuance of an operation or termination or suspension of a plan. An event is material enough to qualify as a curtailment if the recognition of a curtailment gain or loss would have a material effect on the financial statements. Curtailments are often linked with a restructuring. Therefore, an enterprise accounts for a curtailment at the same time as for a related restructuring.

A settlement occurs when an enterprise enters into a transaction that eliminates all further legal or constructive obligation for part or all of the benefits provided under a defined benefit plan, for example, when a lump-sum cash payment is made to, or on behalf of, plan participants in exchange for their rights to receive specified post-employment benefits. 112

In some cases, an enterprise acquires an insurance policy to fund some or all of the employee benefits relating to employee service in the current and prior periods. The acquisition of such a policy is not a settlement if the enterprise retains a legal or constructive obligation (see paragraph 39) to pay further amounts if the insurer does not pay the employee benefits specified in the insurance policy. Paragraphs 104A to D deal with the recognition and measurement of reimbursement rights under insurance policies that are not plan assets. 113

A settlement occurs together with a curtailment if a plan is terminated such that the obligation is settled and the plan ceases to exist. However, the termination of a plan is not a curtailment or settlement if the plan is replaced by a new plan that offers benefits that are, in substance, identical. 114

Where a curtailment relates to only some of the employees covered by a plan, or where only part of an obligation is settled, the gain or loss includes a proportionate share of the previously unrecognised past service cost and actuarial gains and losses (and of transitional amounts remaining unrecognised under paragraph 155(b)). The proportionate share is determined on the basis of the present value of the obligations before and after the curtailment or settlement, unless another basis is more rational in the circumstances. For example, it may be appropriate to apply any gain arising on a curtailment or settlement of the same plan to first eliminate any unrecognised past service cost relating to the same plan. 115

Example illustrating paragraph 115

An enterprise discontinues an operating segment and employees of the discontinued segment will earn no further benefits. This is a curtailment without a settlement. Using current actuarial assumptions (including current market interest rates and other current market prices) immediately before the curtailment, the enterprise has a defined benefit obligation with a net present value of 1.000, plan assets with a fair value of 820 and net cumulative unrecognised actuarial gains of 50. The enterprise had first adopted the Standard one year before. This increased the net liability by 100, which the enterprise chose to recognise over five years (see paragraph 155(b)). The curtailment reduces the net present value of the obligation by 100 to 900.

Of the previously unrecognised actuarial gains and transitional amounts, 10 % (100/1.000) relates to the part of the obligation that was eliminated through the curtailment. Therefore, the effect of the curtailment is as follows:

	Vor Plankürzung	Gewinn aus Plankürzung	Nach Plankürzung
Nettobarwert der Verpflichtung	1.000	(100)	900
Beizulegender Zeitwert des Planvermögens	(820)	–	(820)
	180	(100)	80
Nicht erfasste versicherungsmathematische Gewinne	50	(5)	45
Nicht erfasster Übergangssaldo (100 × 4/5)	(80)	8	(72)
Bilanzierte Nettoschuld	150	(97)	53

Darstellung

Saldierung

116 Ein Unternehmen hat einen Vermögenswert aus einem Plan dann, und nur dann, mit der Schuld aus einem anderen Plan, zu saldieren, wenn das Unternehmen:
   (a) ein einklagbares Recht hat, die Vermögensüberdeckung des einen Plans zur Ablösung von Verpflichtungen aus dem anderen Plan zu verwenden; und
   (b) beabsichtigt, entweder den Ausgleich der Verpflichtungen auf Nettobasis herbeizuführen, oder gleichzeitig mit der Verwertung der Vermögensüberdeckung des einen Plans seine Verpflichtung aus dem anderen Plan abzulösen.

117 Die Kriterien für eine Saldierung gleichen annähernd denen für Finanzinstrumente gemäß IAS 32 Finanzinstrumente: Darstellung.

Unterscheidung von Kurz- und Langfristigkeit

118 Einige Unternehmen unterscheiden zwischen kurzfristigen und langfristigen Vermögenswerten oder Schulden. Dieser Standard enthält keine Regelungen, ob ein Unternehmen eine diesbezügliche Unterscheidung nach kurz- und langfristigen Aktiva oder Passiva aus Leistungen nach Beendigung des Arbeitsverhältnisses vorzunehmen hat.

Finanzielle Komponenten der Leistungen nach Beendigung des Arbeitsverhältnisses

119 Dieser Standard enthält keine Regelungen, ob ein Unternehmen den laufenden Dienstzeitaufwand, den Zinsaufwand und die erwarteten Erträge aus Planvermögen in der Gewinn- und Verlustrechnung zusammengefasst als Komponenten eines bestimmten Aufwands- oder Ertragspostens ausweisen muss.

Angaben

120 Ein Unternehmen hat Angaben zu machen, durch die Abschlussadressaten die Art der leistungsorientierten Pläne und die finanziellen Auswirkungen der Änderungen dieser Pläne während der Berichtsperiode bewerten können.

120A Ein Unternehmen hat die folgenden Angaben für leistungsorientierte Pläne zu machen:
   (a) die vom Unternehmen angewandte Methode zur Erfassung versicherungsmathematischer Gewinne und Verluste;
   (b) eine allgemeine Beschreibung der Art des Plans;
   (c) eine Überleitungsrechnung der Eröffnungs- und Schlusssalden des Barwertes der leistungsorientierten Verpflichtung, die die Auswirkungen auf jeden der nachstehenden Posten, falls zutreffend, getrennt aufzeigt:
      (i) laufender Dienstzeitaufwand,
      (ii) Zinsaufwand,
      (iii) Beiträge der Teilnehmer des Plans,
      (iv) versicherungsmathematische Gewinne und Verluste,
      (v) Wechselkursänderungen bei Plänen, die in einer von der Darstellungswährung des Unternehmens abweichenden Währung bewertet werden,

	Before curtailment	Curtailment gain	After curtailment
Net present value of obligation	1.000	(100)	900
Fair value of plan assets	(820)	–	(820)
	180	(100)	80
Unrecognised actuarial gains	50	(5)	45
Unrecognised transitional amount $(100 \times 4/5)$	(80)	8	(72)
Net liability recognised in balance sheet	150	(97)	53

Presentation

Offset

An enterprise should offset an asset relating to one plan against a liability relating to another plan when, and only when, the enterprise: 116
(a) has a legally enforceable right to use a surplus in one plan to settle obligations under the other plan; and
(b) intends either to settle the obligations on a net basis, or to realise the surplus in one plan and settle its obligation under the other plan simultaneously.

The offsetting criteria are similar to those established for financial instruments in IAS 32 financial instruments: presentation.   117

Current / non-current distinction

Some enterprises distinguish current assets and liabilities from non-current assets and liabilities. This Standard does not specify whether an enterprise should distinguish current and non-current portions of assets and liabilities arising from post-employment benefits.   118

Financial components of post-employment benefit costs

This Standard does not specify whether an enterprise should present current service cost, interest cost and the expected return on plan assets as components of a single item of income or expense on the face of the income statement.   119

Disclosure

An entity shall disclose information that enables users of financial statements to evaluate the nature of its defined benefit plans and the financial effects of changes in those plans during the period.   120

An entity shall disclose the following information about defined benefit plans: 120A
(a) the entity's accounting policy for recognising actuarial gains and losses;
(b) a general description of the type of plan;
(c) a reconciliation of opening and closing balances of the present value of the defined benefit obligation showing separately, if applicable, the effects during the period attributable to each of the following:
  (i) current service cost,
  (ii) interest cost,
  (iii) contributions by plan participants,
  (iv) actuarial gains and losses,
  (v) foreign currency exchange rate changes on plans measured in a currency different from the entity's presentation currency,

(vi) gezahlte Leistungen,
(vii) nachzuverrechnender Dienstzeitaufwand,
(viii) Unternehmenszusammenschlüsse,
(ix) Plankürzungen und
(x) Planabgeltungen;
(d) eine Analyse der leistungsorientierten Verpflichtung, aufgeteilt in Beträge aus Plänen, die nicht über einen Fonds finanziert werden, und in Beträge aus Plänen, die ganz oder teilweise aus einem Fonds finanziert werden;
(e) eine Überleitungsrechnung der Eröffnungs- und Schlusssalden des beizulegenden Zeitwertes des Planvermögens sowie der Eröffnungs- und Schlusssalden aller als Vermögenswert nach Paragraph 104A angesetzten Erstattungsansprüche, die die Auswirkungen innerhalb der Periode auf jeden der nachstehenden Posten, falls zutreffend, getrennt aufzeigt:
  (i) erwartete Erträge aus Planvermögen,
  (ii) versicherungsmathematische Gewinne und Verluste,
  (iii) Wechselkursänderungen bei Plänen, die in einer von der Darstellungswährung des Unternehmens abweichenden Währung bewertet werden,
  (iv) Beiträge des Arbeitgebers,
  (v) Beiträge der Teilnehmer des Plans,
  (vi) gezahlte Leistungen,
  (vii) Unternehmenszusammenschlüsse und
  (viii) Planabgeltungen;
(f) eine Überleitungsrechnung des Barwertes der leistungsorientierten Verpflichtung in Buchstabe c und des beizulegenden Zeitwertes des Planvermögens in Buchstabe e zu den in der Bilanz angesetzten Vermögenswerten und Schulden, wobei mindestens zu zeigen sind:
  (i) der Saldo der noch nicht in der Bilanz angesetzten versicherungsmathematischen Gewinne oder Verluste (siehe Paragraph 92),
  (ii) der noch nicht in der Bilanz angesetzte nachzuverrechnende Dienstzeitaufwand (siehe Paragraph 96),
  (iii) jeder aufgrund der Begrenzung des Paragraph 58 Buchstabe b nicht als Vermögenswert angesetzte Betrag,
  (iv) der beizulegende Zeitwert der am Bilanzstichtag als Vermögenswert gemäß Paragraph 104A angesetzten Erstattungsansprüche (mit einer kurzen Beschreibung des Zusammenhangs zwischen Erstattungsanspruch und zugehöriger Verpflichtung), und
  (v) die anderen in der Bilanz angesetzten Beträge;
(g) die gesamten ergebniswirksam erfassten Beträge für jede der folgenden Komponenten sowie der jeweilige Posten, unter dem sie im Ergebnis ausgewiesen sind:
  (i) laufender Dienstzeitaufwand,
  (ii) Zinsaufwand,
  (iii) erwartete Erträge aus Planvermögen,
  (iv) erwartete Erträge aus Erstattungsansprüchen, die gemäß Paragraph 104A als Vermögenswert angesetzt worden sind,
  (v) versicherungsmathematische Gewinne und Verluste,
  (vi) nachzuverrechnender Dienstzeitaufwand,
  (vii) Auswirkungen von Plankürzungen oder -abgeltungen, und
  (viii) Auswirkungen der Obergrenze in Paragraph 58 Buchstabe b;
(h) der gesamte in der Aufstellung der erfassten Erträge und Aufwendungen für jeden der folgenden Posten erfasste Betrag:
  (i) versicherungsmathematische Gewinne und Verluste, und
  (ii) Auswirkungen der Obergrenze in Paragraph 58 Buchstabe b;
(i) der kumulierte in der Aufstellung der erfassten Erträge und Aufwendungen erfasste Betrag der versicherungsmathematischen Gewinne und Verluste für Unternehmen, die eine solche Aufstellung gemäß Paragraph 93A machen;
(j) der Prozentsatz oder Betrag des beizulegenden Zeitwertes des gesamten Planvermögens für jede Hauptkategorie des Planvermögens, einschließlich, aber nicht beschränkt auf Eigenkapitalinstrumente, Schuldinstrumente, Immobilien und alle anderen Vermögenswerte;
(k) die im beizulegenden Zeitwert des Planvermögens enthaltenen Beträge für:
  (i) jede Kategorie von eigenen Finanzinstrumenten des Unternehmens und
  (ii) alle selbst genutzten Immobilien oder andere vom Unternehmen genutzten Vermögenswerte;
(l) ein beschreibender Text über die zur Bestimmung der allgemein erwarteten Rendite der Vermögenswerte benutzte Grundlage, welcher die Auswirkung der Hauptkategorien des Planvermögens beinhaltet;
(m) die tatsächlichen Erträge aus Planvermögen sowie die tatsächlichen Erträge aus Erstattungsansprüchen, die gemäß Paragraph 104A als Vermögenswert angesetzt worden sind;

(vi) benefits paid,
  (vii) past service cost,
  (viii) business combinations,
  (ix) curtailments and
  (x) settlements.
(d) an analysis of the defined benefit obligation into amounts arising from plans that are wholly unfunded and amounts arising from plans that are wholly or partly funded;
(e) a reconciliation of the opening and closing balances of the fair value of plan assets and of the opening and closing balances of any reimbursement right recognised as an asset in accordance with paragraph 104A showing separately, if applicable, the effects during the period attributable to each of the following:
  (i) expected return on plan assets,
  (ii) actuarial gains and losses,
  (iii) foreign currency exchange rate changes on plans measured in a currency different from the entity's presentation currency,
  (iv) contributions by the employer,
  (v) contributions by plan participants,
  (vi) benefits paid,
  (vii) business combinations and
  (viii) settlements.
(f) a reconciliation of the present value of the defined benefit obligation in (c) and the fair value of the plan assets in (e) to the assets and liabilities recognised in the balance sheet, showing at least:
  (i) the net actuarial gains or losses not recognised in the balance sheet (see paragraph 92),
  (ii) the past service cost not recognised in the balance sheet (see paragraph 96),
  (iii) any amount not recognised as an asset, because of the limit in paragraph 58(b),
  (iv) the fair value at the balance sheet date of any reimbursement right recognised as an asset in accordance with paragraph 104A (with a brief description of the link between the reimbursement right and the related obligation), and
  (v) the other amounts recognised in the balance sheet.
(g) the total expense recognised in profit or loss for each of the following, and the line item(s) in which they are included:
  (i) current service cost,
  (ii) interest cost,
  (iii) expected return on plan assets,
  (iv) expected return on any reimbursement right recognised as an asset in accordance with paragraph 104A,
  (v) actuarial gains and losses,
  (vi) past service cost,
  (vii) the effect of any curtailment or settlement, and
  (viii) the effect of the limit in paragraph 58(b).
(h) the total amount recognised in the statement of recognised income and expense for each of the following:
  (i) actuarial gains and losses, and
  (ii) the effect of the limit in paragraph 58(b).
(i) for entities that recognise actuarial gains and losses in the statement of recognised income and expense in accordance with paragraph 93A, the cumulative amount of actuarial gains and losses recognised in the statement of recognised income and expense;
(j) for each major category of plan assets, which shall include, but is not limited to, equity instruments, debt instruments, property, and all other assets, the percentage or amount that each major category constitutes of the fair value of the total plan assets;
(k) the amounts included in the fair value of plan assets for:
  (i) each category of the entity's own financial instruments, and
  (ii) any property occupied by, or other assets used by, the entity.
(l) a narrative description of the basis used to determine the overall expected rate of return on assets, including the effect of the major categories of plan assets;
(m) the actual return on plan assets, as well as the actual return on any reimbursement right recognised as an asset in accordance with paragraph 104A;

(n) die wichtigsten zum Bilanzstichtag verwendeten versicherungsmathematischen Annahmen, einschließlich, sofern zutreffend:
   (i) der Abzinsungssätze,
   (ii) der erwarteten Renditen auf das Planvermögen für die im Abschluss dargestellten Berichtsperioden,
   (iii) der erwarteten Erträge aus Erstattungsansprüchen, die gemäß Paragraph 104A als Vermögenswert angesetzt worden sind, für die im Abschluss dargestellten Berichtsperioden,
   (iv) der erwarteten Lohn- oder Gehaltssteigerungen (und Änderungen von Indizes oder anderen Variablen, die nach den formalen oder faktischen Regelungen eines Planes als Grundlage für Erhöhungen künftiger Leistungen maßgeblich sind),
   (v) der Kostentrends im Bereich der medizinischen Versorgung, und
   (vi) aller anderen verwendeten wesentlichen versicherungsmathematischen Annahmen.
   Jede versicherungsmathematische Annahme ist in absoluten Werten anzugeben (z. B. als absoluter Prozentsatz) und nicht nur als Spanne zwischen verschiedenen Prozentsätzen oder anderen Variablen;
(o) die Auswirkung einer Erhöhung um einen Prozentpunkt und die Auswirkung einer Minderung um einen Prozentpunkt der angenommenen Kostentrends im medizinischen Bereich auf:
   (i) die Summe der laufenden Dienstzeitaufwands- und Zinsaufwandskomponenten der periodischen Nettokosten für medizinische Versorgung nach Beendigung des Arbeitsverhältnisses, und
   (ii) die kumulierten Verpflichtungen hinsichtlich der Kosten für medizinische Versorgung für Leistungen nach Beendigung des Arbeitsverhältnisses.
   Zum Zwecke dieser Angabe sind alle anderen Annahmen konstant zu halten. Für Pläne, die in einem Hochinflationsgebiet eingesetzt werden, ist die Auswirkung einer Erhöhung oder Minderung des Prozentsatzes der angenommenen Kostentrends im medizinischen Bereich vergleichbar einem Prozentpunkt in einem Niedriginflationsgebiet anzugeben;
(p) die Beträge für die laufende Berichtsperiode und die vier vorangegangenen Berichtsperioden im Hinblick auf:
   (i) den Barwert der leistungsorientierten Verpflichtung, den beizulegenden Zeitwert des Planvermögens und den Überschuss bzw. den Fehlbetrag des Plans, und
   (ii) die erfahrungsbedingten Anpassungen:
      A. der Schulden des Plans, die zum Bilanzstichtag entweder als (1) ein Betrag oder als (2) ein Prozentsatz der Schulden des Plans ausgedrückt werden, und
      B. der Vermögenswerte des Plans, die zum Bilanzstichtag entweder als (1) ein Betrag oder als (2) ein Prozentsatz der Vermögenswerte des Plans ausgedrückt werden;
(q) die bestmögliche Schätzung des Arbeitgebers bezüglich der Beiträge, die erwartungsgemäß in der Berichtsperiode, die nach dem Bilanzstichtag beginnt, in den Plan eingezahlt werden, sobald diese auf angemessene Weise ermittelt werden kann.

121 Paragraph 120A Buchstabe b verlangt eine allgemeine Beschreibung der Art des Plans. Eine solche Beschreibung unterscheidet beispielsweise zwischen Festgehalts- und Endgehaltsplänen oder Plänen für medizinische Versorgung nach Beendigung des Arbeitsverhältnisses. In der Beschreibung des Plans ist die betriebliche Praxis, die faktische Verpflichtungen begründet, die in der Bewertung der leistungsorientierten Verpflichtung gemäß Paragraph 52 enthalten sind, aufzuführen. Weitere Einzelheiten sind nicht erforderlich.

122 Falls ein Unternehmen mehr als einen leistungsorientierten Plan hat, können die Angaben für alle Pläne zusammengefasst werden, für jeden Plan gesondert dargestellt oder nach Gruppierungen, die am sinnvollsten erscheinen, zusammengefasst werden. Sinnvoll erscheinen Gruppierungen zum Beispiel nach den folgenden Kriterien:
(a) nach der geografischen Zuordnung der Pläne, z. B. durch eine Unterscheidung in in- und ausländische Pläne; oder
(b) nach erheblichen Unterschieden in den Risiken der Pläne, z. B. durch eine Trennung von Festgehalts- und Endgehaltsplänen oder Plänen für medizinische Leistungen nach Beendigung des Arbeitsverhältnisses.
Wenn ein Unternehmen die geforderten Angaben für eine Gruppe von Plänen zusammenfasst, sind gewichtete Durchschnittswerte oder relativ enge Bandbreiten anzugeben.

123 Paragraph 30 verlangt zusätzliche Angaben zu gemeinschaftlichen leistungsorientierten Plänen mehrerer Arbeitgeber, die wie beitragsorientierte Pläne behandelt werden.

(n) the principal actuarial assumptions used as at the balance sheet date, including, when applicable:
   (i) the discount rates,
   (ii) the expected rates of return on any plan assets for the periods presented in the financial statements,
   (iii) the expected rates of return for the periods presented in the financial statements on any reimbursement right recognised as an asset in accordance with paragraph 104A,
   (iv) the expected rates of salary increases (and of changes in an index or other variable specified in the formal or constructive terms of a plan as the basis for future benefit increases),
   (v) medical cost trend rates, and
   (vi) any other material actuarial assumptions used.
   An entity shall disclose each actuarial assumption in absolute terms (for example, as an absolute percentage) and not just as a margin between different percentages or other variables;
(o) the effect of an increase of one percentage point and the effect of a decrease of one percentage point in the assumed medical cost trend rates on:
   (i) the aggregate of the current service cost and interest cost components of net periodic post-employment medical costs, and
   (ii) the accumulated post-employment benefit obligation for medical costs.
   For the purposes of this disclosure, all other assumptions shall be held constant. For plans operating in a high inflation environment, the disclosure shall be the effect of a percentage increase or decrease in the assumed medical cost trend rate of a significance similar to one percentage point in a low inflation environment.
(p) the amounts for the current annual period and previous four annual periods of:
   (i) the present value of the defined benefit obligation, the fair value of the plan assets and the surplus or deficit in the plan, and
   (ii) the experience adjustments arising on:
      A. the plan liabilities expressed either as (1) an amount or (2) a percentage of the plan liabilities at the balance sheet date and
      B. the plan assets expressed either as (1) an amount or (2) a percentage of the plan assets at the balance sheet date;
(q) the employer's best estimate, as soon as it can reasonably be determined, of contributions expected to be paid to the plan during the annual period beginning after the balance sheet date.

Paragraph 120A(b) requires a general description of the type of plan. Such a description distinguishes, for example, flat salary pension plans from final salary pension plans and from post-employment medical plans. The description of the plan shall include informal practices that give rise to constructive obligations included in the measurement of the defined benefit obligation in accordance with paragraph 52. Further detail is not required. 121

When an enterprise has more than one defined benefit plan, disclosures may be made in total, separately for each plan, or in such groupings as are considered to be the most useful. It may be useful to distinguish groupings by criteria such as the following: 122
(a) the geographical location of the plans, for example, by distinguishing domestic plans from foreign plans; or
(b) whether plans are subject to materially different risks, for example, by distinguishing flat salary pension plans from final salary pension plans and from post-employment medical plans.
When an enterprise provides disclosures in total for a grouping of plans, such disclosures are provided in the form of weighted averages or of relatively narrow ranges.

Paragraph 30 requires additional disclosures about multi-employer defined benefit plans that are treated as if they were defined contribution plans. 123

124 In den Fällen, in denen dies nach IAS 24, Angaben über Beziehungen zu nahe stehenden Unternehmen und Personen, verlangt ist, hat das Unternehmen Informationen zu geben über:
(a) Geschäftsvorfälle zwischen Plänen für Leistungen nach Beendigung des Arbeitsverhältnisses und nahe stehenden Unternehmen und Personen; und
(b) Leistungen nach Beendigung des Arbeitsverhältnisses für Personen in Schlüsselpositionen des Managements.

125 In den Fällen, in denen dies nach IAS 37, Rückstellungen, Eventualschulden und Eventualforderungen, verlangt ist, hat ein Unternehmen Informationen über Eventualschulden im Zusammenhang mit Verpflichtungen aus Leistungen nach Beendigung des Arbeitsverhältnisses zu geben.

ANDERE LANGFRISTIG FÄLLIGE LEISTUNGEN AN ARBEITNEHMER

126 Zu den anderen langfristig fälligen Leistungen an Arbeitnehmer gehören u. a.:
(a) Langfristig fällige vergütete Abwesenheitszeiten wie Sonderurlaub nach langjähriger Dienstzeit oder andere vergütete Dienstfreistellungen;
(b) Jubiläumsgelder oder andere Leistungen für lange Dienstzeit;
(c) langfristige Erwerbsunfähigkeitsleistungen;
(d) Gewinn- und Erfolgsbeteiligungen, die zwölf oder mehr Monate nach Ende der Periode, in der die entsprechende Arbeitsleistung erbracht wurde, fällig sind; und
(e) aufgeschobene Vergütungen, sofern diese zwölf oder mehr Monate nach Ende der Periode, in der sie erdient wurden, ausgezahlt werden.

127 Die Bewertung anderer langfristig fälliger Leistungen an Arbeitnehmer unterliegt gewöhnlich nicht den gleichen Unsicherheiten wie dies bei Leistungen nach Beendigung des Arbeitsverhältnisses der Fall ist. Darüber hinaus führt die Einführung oder Änderung anderer langfristig fälliger Leistungen an Arbeitnehmer nur selten zu wesentlichem nachzuverrechnendem Dienstzeitaufwand. Aus diesen Gründen schreibt dieser Standard eine vereinfachte Bilanzierungsmethode für andere langfristig fällige Leistungen an Arbeitnehmer vor. Diese unterscheidet sich von der für Leistungen nach Beendigung des Arbeitsverhältnisses geforderten Methode in folgenden Punkten:
(a) versicherungsmathematische Gewinne und Verluste sind sofort zu erfassen, ein „Korridor" findet keine Anwendung; und
(b) nachzuverrechnender Dienstzeitaufwand ist in voller Höhe sofort zu erfassen.

Ansatz und Bewertung

128 Der als Schuld für andere langfristig fällige Leistungen an Arbeitnehmer anzusetzende Betrag entspricht dem Saldo der folgenden Beträge:
(a) dem Barwert der leistungsorientierten Verpflichtung am Bilanzstichtag (siehe Paragraph 64);
(b) abzüglich des am Bilanzstichtag beizulegenden Zeitwerts von Planvermögen (sofern ein solches vorliegt), aus dem die Verpflichtungen unmittelbar erfüllt werden (siehe Paragraphen 102 bis 104).
Für die Bewertung der Schuld hat das Unternehmen die Paragraphen 49 bis 91 mit Ausnahme der Paragraphen 54 und 61 anzuwenden. Für Ansatz und Bewertung aller Erstattungsansprüche hat das Unternehmen den Paragraphen 104A anzuwenden.

129 Im Hinblick auf andere langfristig fällige Leistungen an Arbeitnehmer ist der Saldo folgender Beträge als Aufwand bzw. (vorbehaltlich der Regelungen des Paragraphen 58) als Ertrag zu erfassen, ausgenommen jedoch der Beträge, deren Einbeziehung in die Anschaffungs- oder Herstellungskosten eines Vermögenswertes ein anderer International Accounting Standard verlangt oder erlaubt:
(a) laufender Dienstzeitaufwand (siehe Paragraphen 63 bis 91);
(b) Zinsaufwand (siehe Paragraph 82);
(c) erwartete Erträge aus etwaigem Planvermögen (siehe Paragraphen 105 bis 107) und aus etwaigen Erstattungsansprüchen, die als Vermögenswert erfasst wurden (siehe Paragraph 104A);
(d) sofort und in voller Höhe, versicherungsmathematische Gewinne und Verluste;
(e) sofort und in voller Höhe, nachzuverrechnender Dienstzeitaufwand; und
(f) die Auswirkungen von etwaigen Plankürzungen oder Abgeltungen (siehe Paragraphen 109 und 110).

130 Zu den anderen langfristig fälligen Leistungen an Arbeitnehmer gehören auch die Leistungen bei langfristiger Erwerbsunfähigkeit. Hängt die Höhe der zugesagten Leistung von der Dauer der Dienstzeit ab, so entsteht die Verpflichtung mit der Ableistung der Dienstzeit. In die Bewertung der Verpflichtung gehen die Wahrschein-

124 Where required by IAS 24, related party disclosures, an enterprise discloses information about:
(a) related party transactions with post-employment benefit plans; and
(b) post-employment benefits for key management personnel.

125 Where required by IAS 37, provisions, contingent liabilities and contingent assets, an enterprise discloses information about contingent liabilities arising from post-employment benefit obligations.

OTHER LONG-TERM EMPLOYEE BENEFITS

126 Other long-term employee benefits include, for example:
(a) long-term compensated absences such as long-service or sabbatical leave;
(b) jubilee or other long-service benefits;
(c) long-term disability benefits;
(d) profit-sharing and bonuses payable 12 months or more after the end of the period in which the employees render the related service; and
(e) deferred compensation paid 12 months or more after the end of the period in which it is earned.

127 The measurement of other long-term employee benefits is not usually subject to the same degree of uncertainty as the measurement of post-employment benefits. Furthermore, the introduction of, or changes to, other long-term employee benefits rarely causes a material amount of past service cost. For these reasons, this Standard requires a simplified method of accounting for other long-term employee benefits. This method differs from the accounting required for post-employment benefits as follows:
(a) actuarial gains and losses are recognised immediately and no 'corridor' is applied; and
(b) all past service cost is recognised immediately.

Recognition and measurement

128 The amount recognised as a liability for other long-term employee benefits should be the net total of the following amounts:
(a) the present value of the defined benefit obligation at the balance sheet date (see paragraph 64);
(b) minus the fair value at the balance sheet date of plan assets (if any) out of which the obligations are to be settled directly (see paragraphs 102 to 104).
In measuring the liability, an enterprise should apply paragraphs 49 to 91, excluding paragraphs 54 and 61. An enterprise should apply paragraph 104A in recognising and measuring any reimbursement right.

129 For other long-term employee benefits, an enterprise should recognise the net total of the following amounts as expense or (subject to paragraph 58) income, except to the extent that another International Accounting Standard requires or permits their inclusion in the cost of an asset:
(a) current service cost (see paragraphs 63 to 91);
(b) interest cost (see paragraph 82);
(c) the expected return on any plan assets (see paragraphs 105 to 107) and on any reimbursement right recognised as an asset (see paragraph 104A);
(d) actuarial gains and losses, which should all be recognised immediately;
(e) past service cost, which should all be recognised immediately; and
(f) the effect of any curtailments or settlements (see paragraphs 109 and 110).

130 One form of other long-term employee benefit is long-term disability benefit. If the level of benefit depends on the length of service, an obligation arises when the service is rendered. Measurement of that obligation reflects the probability that payment will be required and the length of time for which payment is expected to be made.

IAS 19

lichkeit des Eintritts von Leistungsfällen und die wahrscheinliche Dauer der Zahlungen ein. Ist die Höhe der zugesagten Leistung ungeachtet der Dienstjahre für alle erwerbsunfähigen Arbeitnehmer gleich, werden die erwarteten Kosten für diese Leistungen bei Eintritt des Ereignisses, durch das die Erwerbsunfähigkeit verursacht wird, als Aufwand erfasst.

Angaben

131 Dieser Standard verlangt keine besonderen Angaben über andere langfristige fällige Leistungen an Arbeitgeber, jedoch können solche Angaben nach Maßgabe anderer Standards erforderlich sein, so z. B. wenn der mit diesen Leistungen verbundene Aufwand wesentlich ist und damit nach IAS 1 *Darstellung des Abschlusses* angabepflichtig wäre. In den Fällen, in denen dies nach IAS 24, *Angaben über Beziehungen zu nahe stehenden Unternehmen und Personen*, verlangt wird, hat das Unternehmen Informationen über andere langfristig fällige Leistungen für Personen in Schlüsselpositionen des Managements zu anzugeben.

LEISTUNGEN AUS ANLASS DER BEENDIGUNG DES ARBEITSVERHÄLTNISSES

132 In diesem Standard werden Leistungen aus Anlass der Beendigung des Arbeitsverhältnisses getrennt von anderen Leistungen an Arbeitnehmer behandelt, weil das Entstehen einer Verpflichtung durch die Beendigung des Arbeitsverhältnisses und nicht durch die vom Arbeitnehmer geleistete Arbeit begründet ist.

Erfassung

133 Leistungen aus Anlass der Beendigung des Arbeitsverhältnisses sind dann, und nur dann, als Schuld und Aufwand zu erfassen, wenn das Unternehmen nachweislich verpflichtet ist:
 (a) entweder das Arbeitsverhältnis eines Arbeitnehmers oder einer Arbeitnehmergruppe vor dem Zeitpunkt der regulären Pensionierung zu beenden; oder
 (b) Leistungen bei Beendigung des Arbeitsverhältnisses auf Grund eines Angebots zur Förderung eines freiwilligen vorzeitigen Ausscheidens zu erbringen.

134 Ein Unternehmen ist dann, und nur dann, nachweislich zur Beendigung eines Arbeitsverhältnisses verpflichtet, wenn es für die Beendigung des Arbeitsverhältnisses einen detaillierten formalen Plan besitzt und keine realistische Möglichkeit hat, sich dem zu entziehen. Der detaillierte Plan muss wenigstens folgende Angaben enthalten:
 (a) Standort, Funktion und ungefähre Anzahl der Arbeitnehmer, deren Arbeitsverhältnis beendet werden soll;
 (b) die Leistungen aus Anlass der Beendigung des Arbeitsverhältnisses, die für jede Arbeitsplatzkategorie oder Funktion vorgesehen sind; und
 (c) den Zeitpunkt der Umsetzung des Planes. Die Umsetzung hat so schnell wie möglich zu beginnen, und die Zeitspanne bis zur vollständig erfolgten Durchführung ist so zu bemessen, dass wesentliche Planänderungen unwahrscheinlich sind.

135 Ein Unternehmen kann auf Grund der Gesetzgebung, vertraglicher oder tarifvertraglicher Vereinbarungen mit den Arbeitnehmern oder ihren Vertretern oder auf Grund einer faktischen, aus der betrieblichen Praxis begründeten Verpflichtung, einer Gewohnheit oder aus dem eigenen Bestreben nach Gleichbehandlung verpflichtet sein, Zahlungen (oder andere Leistungen) an die betroffenen Arbeitnehmer zu gewähren, wenn es ihre Arbeitsverhältnisse beendet. Derartige Zahlungen sind Leistungen aus Anlass der Beendigung des Arbeitsverhältnisses. Im Regelfall handelt es sich dabei um Einmalzahlungen, es können aber auch folgende Elemente vorgesehen sein:
 (a) Verbesserung der Altersversorgungsleistungen oder anderer Leistungen nach Beendigung des Arbeitsverhältnisses entweder mittelbar über einen Versorgungsplan oder unmittelbar durch das Unternehmen; und
 (b) Lohnfortzahlung bis zum Ende einer bestimmten Kündigungsfrist, ohne dass der Arbeitnehmer weitere Arbeitsleistung erbringt, die dem Unternehmen wirtschaftlichen Nutzen verschafft.

136 Einige Leistungen an Arbeitnehmer werden unabhängig vom Grund des Ausscheidens gezahlt. Die Zahlung solcher Leistungen ist gewiss (vorbehaltlich der Erfüllung etwaiger Unverfallbarkeits- oder Mindestdienstzeitkriterien), der Zeitpunkt der Zahlung ist jedoch ungewiss. Obwohl solche Leistungen in einigen Ländern als Entschädigungen, Abfindungen oder Abfertigungen bezeichnet werden, sind sie dem Wesen nach Leistungen nach Beendigung des Arbeitsverhältnisses und nicht Leistungen aus Anlass der Beendigung des Arbeitsverhältnisses, so dass sie demzufolge auch wie Leistungen nach Beendigung des Arbeitsverhältnisses behandelt

If the level of benefit is the same for any disabled employee regardless of years of service, the expected cost of those benefits is recognised when an event occurs that causes a long-term disability.

Disclosure

Although this Standard does not require specific disclosures about other long-term employee benefits, other Standards may require disclosures, for example, when the expense resulting from such benefits is material and so would require disclosure in accordance with IAS 1 *Presentation of Financial Statements*. When required by IAS 24 *Related Party Disclosures*, an entity discloses information about other long-term employee benefits for key management personnel. 131

TERMINATION BENEFITS

This Standard deals with termination benefits separately from other employee benefits because the event which gives rise to an obligation is the termination rather than employee service. 132

Recognition

An enterprise should recognise termination benefits as a liability and an expense when, and only when, the enterprise is demonstrably committed to either: 133
(a) terminate the employment of an employee or group of employees before the normal retirement date; or
(b) provide termination benefits as a result of an offer made in order to encourage voluntary redundancy.

An enterprise is demonstrably committed to a termination when, and only when, the enterprise has a detailed formal plan for the termination and is without realistic possibility of withdrawal. The detailed plan should include, as a minimum: 134
(a) the location, function, and approximate number of employees whose services are to be terminated;
(b) the termination benefits for each job classification or function; and
(c) the time at which the plan will be implemented. Implementation should begin as soon as possible and the period of time to complete implementation should be such that material changes to the plan are not likely.

An enterprise may be committed, by legislation, by contractual or other agreements with employees or their representatives or by a constructive obligation based on business practice, custom or a desire to act equitably, to make payments (or provide other benefits) to employees when it terminates their employment. Such payments are termination benefits. Termination benefits are typically lump-sum payments, but sometimes also include: 135
(a) enhancement of retirement benefits or of other post-employment benefits, either indirectly through an employee benefit plan or directly; and
(b) salary until the end of a specified notice period if the employee renders no further service that provides economic benefits to the enterprise.

Some employee benefits are payable regardless of the reason for the employee's departure. The payment of such benefits is certain (subject to any vesting or minimum service requirements) but the timing of their payment is uncertain. Although such benefits are described in some countries as termination indemnities, or termination gratuities, they are post-employment benefits, rather than termination benefits and an enterprise accounts for them as post-employment benefits. Some enterprises provide a lower level of benefit for voluntary termination 136

werden. Einige Unternehmen gewähren geringere Leistungen aus Anlass der Beendigung des Arbeitsverhältnisses, wenn Arbeitnehmer freiwillig auf eigenen Wunsch ausscheiden (dem Grunde nach eine Leistung nach Beendigung des Arbeitsverhältnisses), als bei unfreiwilligem Ausscheiden auf Verlangen des Unternehmens. Die bei unfreiwilligem Ausscheiden vom Unternehmen zu erbringende Mehrleistung ist eine Leistung aus Anlass der Beendigung des Arbeitsverhältnisses.

137 Da mit Leistungen aus Anlass der Beendigung des Arbeitsverhältnisses kein künftiger wirtschaftlicher Nutzen für ein Unternehmen verbunden ist, werden sie sofort als Aufwand erfasst.

138 Wenn ein Unternehmen Leistungen aus Anlass der Beendigung des Arbeitsverhältnisses zu erfassen hat, können auch Kürzungen zugesagter Altersversorgungsleistungen oder anderer Leistungen an Arbeitnehmer zu berücksichtigen sein (siehe Paragraph 109).

Bewertung

139 Sind Leistungen aus Anlass der Beendigung des Arbeitsverhältnisses mehr als 12 Monate nach dem Bilanzstichtag fällig, sind sie unter Verwendung des nach Paragraph 78 abgeleiteten Zinssatzes zu diskontieren.

140 Im Falle eines Angebots zur Förderung des freiwilligen vorzeitigen Ausscheidens sind die Leistungen aus Anlass der Beendigung von Arbeitsverhältnissen auf der Basis der Anzahl von Arbeitnehmern, die das Angebot voraussichtlich annehmen werden, zu bewerten.

Angaben

141 Wenn die Anzahl der Arbeitnehmer ungewiss ist, die einem Angebot auf Leistungen zwecks Beendigung ihrer Arbeitsverhältnisse zustimmen, liegt eine Eventualschuld vor. Wie von IAS 37, Rückstellungen, Eventualschulden und Eventualforderungen, verlangt, ist das Unternehmen zu Angaben über diese Eventualschuld verpflichtet, es sei denn, dass das Eintreten eines Mittelabflusses bei der Erfüllung unwahrscheinlich ist.

142 Nach Maßgabe von IAS 1 hat ein Unternehmen Art und Betrag eines Aufwandspostens offen zu legen, wenn dieser wesentlich ist. Leistungen aus Anlass der Beendigung des Arbeitsverhältnisses können zu einem Aufwand führen, der nach diesen Anforderungen anzugeben ist.

143 Soweit es nach IAS 24, Angaben über Beziehungen zu nahe stehenden Unternehmen und Personen, vorgesehen ist, hat ein Unternehmen Informationen über Leistungen aus Anlass der Beendigung des Arbeitsverhältnisses für Personen in Schlüsselpositionen der Unternehmensleitung zu geben.

144–152 (gestrichen)

ÜBERGANGSVORSCHRIFTEN

153 Dieser Abschnitt regelt den Übergang auf diesen Standard im Fall von leistungsorientierten Plänen. Sofern ein Unternehmen diesen Standard zum ersten Mal für andere Leistungen an Arbeitnehmer anwendet, findet IAS 8 Bilanzierungs- und Bewertungsmethoden, Änderungen von Schätzungen und Fehler, Anwendung.

154 Bei der erstmaligen Anwendung dieses Standards hat ein Unternehmen zum Übergangsstichtag seine Schuld aus leistungsorientierten Plänen festzustellen als:
(a) Barwert der Verpflichtung (siehe Paragraph 64) zum Zeitpunkt der erstmaligen Anwendung;
(b) abzüglich des zum Zeitpunkt der erstmaligen Anwendung beizulegenden Zeitwerts eines zur unmittelbaren Erfüllung der Verpflichtungen vorhandenen Planvermögens (siehe Paragraphen 102 bis 104);
(c) abzüglich eines etwaigen nachzuverrechnenden Dienstzeitaufwands, der nach Paragraph 96 in künftigen Perioden zu verrechnen ist.

155 Übersteigt die Schuld zum Übergangsstichtag den Betrag, den das Unternehmen zum selben Zeitpunkt nach seinen zuvor verwendeten Bilanzierungs- und Bewertungsmethoden ausgewiesen hätte, so muss das Unternehmen ein unwiderrufliches Wahlrecht ausüben, wie es den Mehrbetrag als Teil seiner Schuld aus einem leistungsorientierten Plan nach Paragraph 54 erfassen will, und zwar:

at the request of the employee (in substance, a post-employment benefit) than for involuntary termination at the request of the enterprise. The additional benefit payable on involuntary termination is a termination benefit.

Termination benefits do not provide an enterprise with future economic benefits and are recognised as an expense immediately. — 137

Where an enterprise recognises termination benefits, the enterprise may also have to account for a curtailment of retirement benefits or other employee benefits (see paragraph 109). — 138

Measurement

Where termination benefits fall due more than 12 months after the balance sheet date, they should be discounted using the discount rate specified in paragraph 78. — 139

In the case of an offer made to encourage voluntary redundancy, the measurement of termination benefits should be based on the number of employees expected to accept the offer. — 140

Disclosure

Where there is uncertainty about the number of employees who will accept an offer of termination benefits, a contingent liability exists. As required by IAS 37, provisions, contingent liabilities and contingent assets, an enterprise discloses information about the contingent liability unless the possibility of an outflow in settlement is remote. — 141

As required by IAS 1, an entity discloses the nature and amount of an expense if it is material. Termination benefits may result in an expense needing disclosure in order to comply with this requirement. — 142

Where required by IAS 24, related party disclosures, an enterprise discloses information about termination benefits for key management personnel. — 143

(deleted) — 144—152

TRANSITIONAL PROVISIONS

This section specifies the transitional treatment for defined benefit plans. Where an enterprise first adopts this Standard for other employee benefits, the enterprise applies IAS 8 Accounting Policies, Changes in Accounting Estimates and Errors. — 153

On first adopting this Standard, an enterprise should determine its transitional liability for defined benefit plans at that date as: — 154
(a) the present value of the obligation (see paragraph 64) at the date of adoption;
(b) minus the fair value, at the date of adoption, of plan assets (if any) out of which the obligations are to be settled directly (see paragraphs 102 to 104);
(c) minus any past service cost that, under paragraph 96, should be recognised in later periods.

If the transitional liability is more than the liability that would have been recognised at the same date under the enterprise's previous accounting policy, the enterprise should make an irrevocable choice to recognise that increase as part of its defined benefit liability under paragraph 54: — 155

(a) entweder sofort, gemäß IAS 8 Bilanzierungs- und Bewertungsmethoden, Änderungen von Schätzungen und Fehler;
(b) oder als Aufwand, der linear über einen Zeitraum von höchstens fünf Jahren ab dem Zeitpunkt der erstmaligen Anwendung dieses Standards verteilt wird. Entscheidet sich ein Unternehmen für (b):
   (i) gilt die in Paragraph 58(b) beschriebene Begrenzung hinsichtlich der Bewertung eines in der Bilanz erfassten Vermögenswertes;
   (ii) sind an jedem Bilanzstichtag anzugeben: (1) die Höhe des noch nicht erfassten Mehrbetrags, und (2) die Höhe des in der laufenden Periode erfassten Betrags;
   (iii) ist die Erfassung späterer versicherungsmathematischer Gewinne (jedoch nicht die von negativem nachzuverrechnendem Dienstzeitaufwand) wie folgt zu begrenzen. Ein nach Paragraph 92 und 93 zu erfassender versicherungsmathematischer Gewinn ist nur insoweit zu erfassen, als kumulierte, nicht erfasste versicherungsmathematische Nettogewinne (vor seiner Erfassung) den noch nicht erfassten Teil des Mehrbetrages aus dem Übergang überschreiten; und
   (iv) ist der noch nicht erfasste Mehrbetrag aus dem Übergang entsprechend anteilig in die Bestimmung nachfolgender Gewinne oder Verluste aus einer Planabgeltung oder Plankürzung einzubeziehen.

Unterschreitet die Schuld zum Übergangsstichtag den Betrag, den das Unternehmen zum selben Zeitpunkt nach seinen zuvor verwendeten Bilanzierungs- und Bewertungsmethoden ausgewiesen hätte, so ist dieser Unterschiedsbetrag sofort gemäß IAS 8 zu erfassen.

156 Bei der erstmaligen Anwendung dieses Standards gehen in die Ermittlung der Auswirkungen aus dem Wechsel der Bilanzierungs- und Bewertungsmethode alle in früheren Perioden entstandenen versicherungsmathematischen Gewinne und Verluste ein, selbst dann, wenn diese innerhalb des „Korridors" nach Paragraph 92 liegen.

Beispiel zur Veranschaulichung von Paragraph 154 bis 156

Zum 31. Dezember 1998 besteht in der Bilanz eines Unternehmens eine Schuld aus Pensionsverpflichtungen in Höhe von 100. Das Unternehmen wendet diesen Standard erstmals zum 1. Januar 1999 an, zu diesem Zeitpunkt beträgt der Barwert der Verpflichtung nach diesem Standard 1 300 und der beizulegende Zeitwert des Planvermögens 1 000. Am 1. Januar 1993 hatte das Unternehmen seine Pensionszusagen verbessert (Kosten für verfallbare Leistungen 160; durchschnittliche Restdienstzeit bis zur Unverfallbarkeit zu jenem Zeitpunkt: 10 Jahre).
Folgende Auswirkungen ergeben sich aus der erstmaligen Anwendung dieses Standards:

Barwert der Verpflichtung	1 300
Beizulegender Zeitwert des Planvermögens	(1 000)
Abzüglich: nachzuverrechnender, in späteren Perioden zu erfassender Dienstzeitaufwand (160 × 4/10)	(64)
Schuld bei Übergang	236
Bereits erfasste Schuld	100
Anstieg der Schuld	136

Das Unternehmen kann wählen, ob es den Mehrbetrag in Höhe von 136 entweder sofort erfasst oder ihn über einen Zeitraum von höchstens fünf Jahren verteilt. Die einmal getroffene Entscheidung kann nicht revidiert werden. Das Unternehmen passt ebenfalls die Vergleichszahlen (IAS 8, Benchmark-Methode) an oder gibt zusätzliche Proforma-Vergleichszahlen an (IAS 8, Alternativ zulässige Methode), es sei denn, dass dies nicht durchführbar ist.

Zum 31. Dezember 1999 beträgt der Barwert der Verpflichtung nach diesem Standard 1 400 und der beizulegende Zeitwert des Planvermögens beträgt 1 050. Seit dem Zeitpunkt der erstmaligen Anwendung des Standards sind kumulierte, nicht erfasste versicherungsmathematische Nettogewinne von 120 entstanden. Die voraussichtliche durchschnittliche Restdienstzeit der begünstigten Arbeitnehmer war acht Jahre. Das Unternehmen hat beschlossen, die Erfassung aller versicherungsmathematischen Gewinne und Verluste gemäß Paragraph 93 vorzunehmen.
Die Begrenzung gemäß Paragraph 155(b)(iii) hat folgende Auswirkung.

Kumulierte, nicht erfasste versicherungsmathematische Nettogewinne	120
Nicht erfasster Teil des Mehrbetrages aus Übergang (136 × 4/5)	(109)
Maximal zu erfassender Gewinn (Paragraph 155(b)(iii))	11

(a) immediately, under IAS 8 Accounting Policies, Changes in Accounting Estimates and Errors; or
(b) as an expense on a straight-line basis over up to five years from the date of adoption. If an enterprise chooses (b), the enterprise should:
   (i) apply the limit described in paragraph 58(b) in measuring any asset recognised in the balance sheet;
   (ii) disclose at each balance sheet date: (1) the amount of the increase that remains unrecognised; and (2) the amount recognised in the current period;
   (iii) limit the recognition of subsequent actuarial gains (but not negative past service cost) as follows. If an actuarial gain is to be recognised under paragraphs 92 and 93, an enterprise should recognise that actuarial gain only to the extent that the net cumulative unrecognised actuarial gains (before recognition of that actuarial gain) exceed the unrecognised part of the transitional liability; and
   (iv) include the related part of the unrecognised transitional liability in determining any subsequent gain or loss on settlement or curtailment.

If the transitional liability is less than the liability that would have been recognised at the same date under the enterprise's previous accounting policy, the enterprise should recognise that decrease immediately under IAS 8.

156 On the initial adoption of the Standard, the effect of the change in accounting policy includes all actuarial gains and losses that arose in earlier periods even if they fall inside the 10 % 'corridor' specified in paragraph 92.

> **Example illustrating paragraphs 154 to 156**
>
> At 31 December 1998, an enterprise's balance sheet includes a pension liability of 100. The enterprise adopts the Standard as of 1 January 1999, when the present value of the obligation under the Standard is 1 300 and the fair value of plan assets is 1 000. On 1 January 1993, the enterprise had improved pensions (cost for non-vested benefits: 160; and average remaining period at that date until vesting: 10 years).
> The transitional effect is as follows:
>
> | | |
> |---|---:|
> | Present value of the obligation | 1 300 |
> | Fair value of plan assets | (1 000) |
> | Less: past service cost to be recognised in later periods (160 × 4/10) | (64) |
> | Transitional liability | 236 |
> | Liability already recognised | 100 |
> | Increase in liability | 136 |
>
> The enterprise may choose to recognise the increase of 136 either immediately or over up to 5 years. The choice is irrevocable.
> At 31 December 1999, the present value of the obligation under the Standard is 1.400 and the fair value of plan assets is 1.050. Net cumulative unrecognised actuarial gains since the date of adopting the Standard are 120. The expected average remaining working life of the employees participating in the plan was eight years. The enterprise has adopted a policy of recognising all actuarial gains and losses immediately, as permitted by paragraph 93.
> The effect of the limit in paragraph 155(b)(iii) is as follows.
>
> | | |
> |---|---:|
> | Net cumulative unrecognised actuarial gains | 120 |
> | Unrecognised part of transitional liability (136 × 4/5) | (109) |
> | Maximum gain to be recognised (paragraph 155(b)(iii)) | 11 |

ZEITPUNKT DES INKRAFTTRETENS

157 Mit Ausnahme der Paragraphen 159 und 159A ist dieser International Accounting Standard erstmals in der ersten Berichtsperiode eines am 1. Januar 1999 oder danach beginnenden Geschäftsjahres anzuwenden. Eine frühere Anwendung wird empfohlen. Wenn ein Unternehmen diesen Standard für Aufwendungen für Altersversorgungsleistungen für Berichtsperioden anwendet, die vor dem 1. Januar 1999 beginnen, hat das Unternehmen die Tatsache anzugeben, dass es diesen Standard an Stelle von IAS 19, Aufwendungen für Altersversorgung, genehmigt 1993, angewendet hat.

158 Dieser Standard ersetzt den 1993 genehmigten IAS 19, Aufwendungen für Altersversorgung.

159 Die folgenden Bestimmungen sind erstmals anzuwenden in der ersten Berichtsperiode eines am 1. Januar 2001 oder danach beginnenden Geschäftsjahres[3]:
(a) die überarbeitete Definition von Planvermögen in Paragraph 7 und die dazugehörigen Definitionen von Vermögenswerten, die von einem Fonds für langfristig fällige Leistungen an Arbeitnehmer gehalten werden, und qualifizierten Versicherungsverträgen; und
(b) die Ansatz- und Bewertungskriterien für Erstattungsansprüche in den Paragraphen 104A, 128 und 129 und die dazugehörigen Angaben in den Paragraphen 120A(f)(iv), 120A(g)(iv), 120A(m) und 120A(n)(iii).
Eine frühere Anwendung wird empfohlen. Wenn die frühere Anwendung den Abschluss beeinflusst, so ist dies anzugeben.

159A Die geänderte Fassung des Paragraphen 58A ist erstmals in der ersten Berichtsperiode eines am 31. Mai 2002 oder danach beginnenden Geschäftsjahres anzuwenden[4]. Eine frühere Anwendung wird empfohlen. Wenn die frühere Anwendung den Abschluss beeinflusst, so ist dies anzugeben.

159B Ein Unternehmen hat die Änderungen der Paragraphen 32A, 34–34B, 61 und 120–121 für Berichtsperioden eines am 1. Januar 2006 oder danach beginnenden Geschäftsjahres anzuwenden. Eine frühere Anwendung wird empfohlen. Wenn ein Unternehmen diese Änderungen für eine Berichtsperiode anwendet, die vor dem 1. Januar 2006 beginnt, so ist diese Tatsache anzugeben.

159C Das in den Paragraphen 93A–93D aufgeführte Wahlrecht kann für Berichtsperioden angewandt werden, die am 16. Dezember 2004 oder danach enden. Ein Unternehmen, das das Wahlrecht für Berichtsperioden, die vor dem 1. Januar 2006 beginnen, anwendet, hat auch die Änderungen der Paragraphen 32A, 34–34B, 61 und 120–121 anzuwenden.

160 IAS 8 kommt zur Anwendung, wenn ein Unternehmen seine Bilanzierungs- und Bewertungsmethoden ändert, um den in den Paragraphen 159–159C angegebenen Änderungen Rechnung zu tragen. Bei rückwirkender Anwendung dieser Änderungen nach IAS 8 hat das Unternehmen diese Änderungen so zu erfassen, als wären sie zur selben Zeit wie der Rest des Standards angewandt worden, mit der Ausnahme, dass ein Unternehmen die in Paragraph 120A Buchstabe p geforderten Beträge angeben kann, da die Beträge für jedes Geschäftsjahr prospektiv von dem ersten im Abschluss dargestellten Geschäftsjahr an bestimmt werden, in dem das Unternehmen die Änderungen in Paragraph 120A anwendet.

---

[3] In Übereinstimmung mit der in 1998 verabschiedeten, sprachlich präziseren Bestimmung für den Zeitpunkt des Inkrafttretens beziehen sich die Paragraphen 159 und 159A auf Abschlüsse eines Geschäftsjahres. Paragraph 157 bezieht sich auf Abschlüsse einer Berichtsperiode.

[4] In Übereinstimmung mit der in 1998 verabschiedeten, sprachlich präziseren Bestimmung für den Zeitpunkt des Inkrafttretens beziehen sich die Paragraphen 159 und 159A auf Abschlüsse eines Geschäftsjahres. Paragraph 157 bezieht sich auf Abschlüsse einer Berichtsperiode.

EFFECTIVE DATE

This International Accounting Standard becomes operative for financial statements covering periods beginning on or after 1 January 1999, except as specified in paragraphs 159 and 159A. Earlier adoption is encouraged. If an enterprise applies this Standard to retirement benefit costs for financial statements covering periods beginning before 1 January 1999, the enterprise should disclose the fact that it has applied this Standard instead of IAS 19, retirement benefit costs, approved in 1993. **157**

This Standard supersedes IAS 19, retirement benefit costs, approved in 1993. **158**

The following become operative for annual financial statements[3] covering periods beginning on or after 1 January 2001: **159**
(a) the revised definition of plan assets in paragraph 7 and the related definitions of assets held by a long-term employee benefit fund and qualifying insurance policy; and
(b) the recognition and measurement requirements for reimbursements in paragraphs 104A, 128 and 129 and related disclosures in paragraphs 120A(f)(iv), 120A(g)(iv), 120A(m) and 120A(n)(iii).
Earlier adoption is encouraged. If earlier adoption affects the financial statements, an enterprise should disclose that fact.

The amendment in paragraph 58A becomes operative for annual financial statements[4] covering periods ending on or after 31 May 2002. Earlier adoption is encouraged. If earlier adoption affects the financial statements, an enterprise should disclose that fact. **159A**

An entity shall apply the amendments in paragraphs 32A, 34—34B, 61 and 120—121 for annual periods beginning on or after 1 January 2006. Earlier application is encouraged. If an entity applies these amendments for a period beginning before 1 January 2006, it shall disclose that fact. **159B**

The option in paragraphs 93A to D may be used for annual periods ending on or after 16 December 2004. An entity using the option for annual periods beginning before 1 January 2006 shall also apply the amendments in paragraphs 32A, 34—34B, 61 and 120—121. **159C**

IAS 8 applies when an entity changes its accounting policies to reflect the changes specified in paragraphs 159—159C. In applying those changes retrospectively, as required by IAS 8, the entity treats those changes as if they had been applied at the same time as the rest of this Standard, except that an entity may disclose the amounts required by paragraph 120A(p) as the amounts are determined for each annual period prospectively from the first annual period presented in the financial statements in which the entity first applies the amendments in paragraph 120A. **160**

---

3 Paragraphs 159 and 159A refer to 'annual financial statements' in line with more explicit language for writing effective dates adopted in 1998. Paragraph 157 refers to 'financial statements'.

4 Paragraphs 159 and 159A refer to 'annual financial statements' in line with more explicit language for writing effective dates adopted in 1998. Paragraph 157 refers to 'financial statements'.

International Accounting Standard 20

Bilanzierung und Darstellung von Zuwendungen der öffentlichen Hand

> International Accounting Standard 20 *Bilanzierung und Darstellung von Zuwendungen der öffentlichen Hand* (IAS 20) ist in den Paragraphen 1–41 festgelegt. Alle Paragraphen sind gleichrangig, behalten jedoch das IASC-Format des Standards, mit dem dieser durch den IASB verabschiedet wurde. IAS 20 ist in Verbindung mit dem *Vorwort zu den International Financial Reporting Standards* und dem *Rahmenkonzept für die Aufstellung und Darstellung von Abschlüssen* zu betrachten. IAS 8 *Bilanzierungs- und Bewertungsmethoden, Änderungen von Schätzungen und Fehler*, stellt beim Fehlen ausdrücklicher Leitlinien eine Grundlage für die Auswahl und für die Anwendung von Bilanzierungs- und Bewertungsmethoden bereit.

Dieser umgegliederte International Accounting Standard ersetzt die vom Board ursprünglich im November 1982 genehmigte Fassung. Der Standard wird in der überarbeiteten Form dargestellt, die seit 1991 für International Accounting Standards üblich ist. Es wurden bestimmte terminologische Anpassungen an die aktuelle IASC-Anwendung vorgenommen, wobei der ursprünglich genehmigte Text nicht grundlegend verändert wurde.

Im Mai 1999 änderte IAS 10 (überarbeitet 1999), Ereignisse nach dem Bilanzstichtag, Paragraph 11. Der geänderte Text trat in Kraft, als IAS 10 (überarbeitet 1999) in Kraft trat – d. h. er war erstmals in der ersten Berichtsperiode eines am 1. Januar 2000 oder danach beginnenden Geschäftsjahres anzuwenden.

Im Januar 2001 wurde der Paragraph 2 durch IAS 41, Landwirtschaft, geändert. Der geänderte Text ist erstmals in der ersten Berichtsperiode eines am 1. Januar 2003 oder danach beginnenden Geschäftsjahres anzuwenden.

Eine SIC Interpretation bezieht sich auf IAS 20:
– SIC-10: Beihilfen der öffentlichen Hand – Kein spezifischer Zusammenhang mit betrieblichen Tätigkeiten.

INHALT

	Ziffer
Anwendungsbereich	1–2
Definitionen	3–6
Zuwendungen der öffentlichen Hand	7–33
Nicht monetäre Zuwendungen der öffentlichen Hand	23
Darstellung von Zuwendungen für Vermögenswerte	24–28
Darstellung von erfolgsbezogenen Zuwendungen	29–31
Rückzahlung von Zuwendungen der öffentlichen Hand	32–33
Beihilfen der öffentlichen Hand	34–38
Angaben	39
Übergangsvorschriften	40
Zeitpunkt des Inkrafttretens	41

Die fett gedruckten Vorschriften sind in Verbindung mit den Hintergrundmaterialien und den Anwendungsleitlinien dieses Standards sowie in Verbindung mit dem Vorwort zu den International Accounting Standards zu betrachten. International Accounting Standards brauchen nicht auf unwesentliche Sachverhalte angewendet zu werden (siehe Paragraph 12 des Vorwortes).

ANWENDUNGSBEREICH

1 **Dieser Standard ist auf die Bilanzierung und Darstellung von Zuwendungen der öffentlichen Hand sowie auf die Angaben sonstiger Unterstützungsmaßnahmen der öffentlichen Hand anzuwenden.**

2 Folgende Fragestellungen werden in diesem Standard nicht behandelt:
   (a) die besonderen Probleme, die sich aus der Bilanzierung von Zuwendungen der öffentlichen Hand in Abschlüssen ergeben, die die Auswirkungen von Preisänderungen berücksichtigen, sowie die Frage, wie sich Zuwendungen der öffentlichen Hand auf zusätzliche Informationen ähnlicher Art auswirken;
   (b) Beihilfen der öffentlichen Hand, die sich für ein Unternehmen als Vorteile bei der Ermittlung des zu versteuernden Einkommens auswirken oder die auf der Grundlage der Einkommensteuerschuld bestimmt

International Accounting Standard 20

Accounting for government grants and disclosure of government assistance

> International Accounting Standard 20 *Accounting for government grants and disclosure of government assistance* (IAS 20) is set out in paragraphs 1—41. All the paragraphs have equal authority but retain the IASC format of the Standard when it was adopted by the IASB. IAS 20 should be read in the context of the *Preface to International Financial Reporting Standards* and the *Framework for the Preparation and Presentation of Financial Statements*. IAS 8 *Accounting Policies, Changes in Accounting Estimates and Errors* provides a basis for selecting and applying accounting policies in the absence of explicit guidance.

This reformatted International Accounting Standard supersedes the Standard originally approved by the Board in November 1982. It is presented in the revised format adopted for International Accounting Standards in 1991 onwards. No substantive changes have been made to the original approved text. Certain terminology has been changed to bring it into line with current IASC practice.

In May 1999, IAS 10 (revised 1999), events after the balance sheet date, amended paragraph 11. The amended text was effective for financial statements covering annual periods beginning on or after 1 January 2000.

In January 2001, IAS 41, agriculture, amended paragraph 2. The amended text becomes effective for financial statements covering annual periods beginning on or after 1 January 2003.

One SIC interpretation relates to IAS 20:
– SIC-10: government assistance—no specific relation to operating activities.

SUMMARY

	Paragraphs
Scope	1—2
Definitions	3—6
Government grants	7—33
Non-monetary government grants	23
Presentation of grants related to assets	24—28
Presentation of grants related to income	29—31
Repayment of government grants	32—33
Government assistance	34—38
Disclosure	39
Transitional provisions	40
Effective date	41

The standards, which have been set in bold type, should be read in the context of the background material and implementation guidance in this Standard, and in the context of the 'Preface to International Accounting Standards'. International Accounting Standards are not intended to apply to immaterial items (see paragraph 12 of the Preface).

SCOPE

This Standard should be applied in accounting for, and in the disclosure of, government grants and in the disclosure of other forms of government assistance.   1

This Standard does not deal with: 2
(a) the special problems arising in accounting for government grants in financial statements reflecting the effects of changing prices or in supplementary information of a similar nature;
(b) government assistance that is provided for an enterprise in the form of benefits that are available in determining taxable income or are determined or limited on the basis of income tax liability (such as income tax holidays, investment tax credits, accelerated depreciation allowances and reduced income tax rates);

oder begrenzt werden (wie beispielsweise Steuerstundungen, Investitionssteuergutschriften, erhöhte Abschreibungsmöglichkeiten und ermäßigte Einkommensteuersätze);
(c) Beteiligungen der öffentlichen Hand an Unternehmen;
(d) Zuwendungen der öffentlichen Hand, die von IAS 41, Landwirtschaft, abgedeckt werden.

DEFINITIONEN

3 Folgende Begriffe werden in diesem Standard mit der angegebenen Bedeutung verwendet:
Öffentliche Hand bezieht sich auf Regierungsbehörden, Institutionen mit hoheitlichen Aufgaben und ähnliche Körperschaften, unabhängig davon, ob lokal, national oder international.

Beihilfen der öffentlichen Hand sind Maßnahmen der öffentlichen Hand, die dazu bestimmt sind, einem Unternehmen oder einer Reihe von Unternehmen, die bestimmte Kriterien erfüllen, einen besonderen wirtschaftlichen Vorteil zu gewähren. Beihilfen der öffentlichen Hand im Sinne dieses Standards umfassen keine indirekt bereitgestellten Vorteile auf Grund von Fördermaßnahmen, die auf die allgemeinen Wirtschaftsbedingungen Einfluss nehmen, wie beispielsweise die Bereitstellung von Infrastruktur in Entwicklungsgebieten oder die Auferlegung von Handelsbeschränkungen für Wettbewerber.

Zuwendungen der öffentlichen Hand sind Beihilfen der öffentlichen Hand, die an ein Unternehmen durch Übertragung von Mitteln gewährt werden und die zum Ausgleich für die vergangene oder künftige Erfüllung bestimmter Bedingungen im Zusammenhang mit der betrieblichen Tätigkeit des Unternehmens dienen. Davon ausgeschlossen sind bestimmte Formen von Beihilfen der öffentlichen Hand, die sich nicht angemessen bewerten lassen, sowie Geschäfte mit der öffentlichen Hand, die von der normalen Tätigkeit des Unternehmens nicht unterschieden werden können[1].

Zuwendungen für Vermögenswerte sind Zuwendungen der öffentlichen Hand, die an die Hauptbedingung geknüpft sind, dass ein Unternehmen, um die Zuwendungsvoraussetzungen zu erfüllen, langfristige Vermögenswerte kauft, herstellt oder auf andere Weise erwirbt. Damit können auch Nebenbedingungen verbunden sein, die die Art oder den Standort der Vermögenswerte oder die Perioden, während derer sie zu erwerben oder zu halten sind, beschränken.

Erfolgsbezogene Zuwendungen sind Zuwendungen der öffentlichen Hand, die sich nicht auf Vermögenswerte beziehen.

Erlassbare Darlehen sind Darlehen, die der Darlehensgeber mit der Zusage gewährt, die Rückzahlung unter bestimmten im Voraus festgelegten Bedingungen zu erlassen.

Der beizulegende Zeitwert ist der Betrag, zu dem ein Vermögenswert zwischen einem sachverständigen, vertragswilligen Käufer und einem sachverständigen, vertragswilligen Verkäufer wie unter voneinander unabhängigen Geschäftspartnern getauscht werden könnte.

4 Beihilfen der öffentlichen Hand sind in vielfacher Weise möglich und variieren sowohl in der Art der gewährten Beihilfe als auch in den Bedingungen, die daran üblicherweise geknüpft sind. Der Zweck einer Beihilfe kann darin bestehen, ein Unternehmen zu ermutigen, eine Tätigkeit aufzunehmen, die es nicht aufgenommen hätte, wenn die Beihilfe nicht gewährt worden wäre.

5 Der Erhalt von Beihilfen der öffentlichen Hand durch ein Unternehmen kann aus zwei Gründen für die Aufstellung des Abschlusses wesentlich sein. Erstens muss bei erfolgter Mittelübertragung eine sachgerechte Behandlung für die Bilanzierung der Übertragung gefunden werden. Zweitens ist die Angabe des Umfanges wünschenswert, in dem das Unternehmen während der Berichtsperiode von derartigen Beihilfen profitiert hat. Dies erleichtert den Vergleich mit Abschlüssen früherer Perioden und mit denen anderer Unternehmen.

6 Die Zuwendungen der öffentlichen Hand werden manchmal anders bezeichnet, beispielsweise als Zuschüsse, Subventionen oder als Prämien.

ZUWENDUNGEN DER ÖFFENTLICHEN HAND

7 Eine Erfassung von Zuwendungen der öffentlichen Hand, einschließlich nicht monetärer Zuwendungen zum beizulegenden Zeitwert, erfolgt nur dann, wenn eine angemessene Sicherheit dafür besteht, dass:
(a) das Unternehmen die damit verbundenen Bedingungen erfüllen wird; und dass
(b) die Zuwendungen gewährt werden.

---

[1] Siehe auch SIC-10: Beihilfen der öffentlichen Hand – Kein spezifischer Zusammenhang mit betrieblichen Tätigkeiten.

(c) government participation in the ownership of the enterprise;
(d) government grants covered by IAS 41, agriculture.

DEFINITIONS

The following terms are used in this Standard with the meanings specified:

Government refers to government, government agencies and similar bodies whether local, national or international.

Government assistance is action by government designed to provide an economic benefit specific to an enterprise or range of enterprises qualifying under certain criteria. Government assistance for the purpose of this Standard does not include benefits provided only indirectly through action affecting general trading conditions, such as the provision of infrastructure in development areas or the imposition of trading constraints on competitors.

Government grants are assistance by government in the form of transfers of resources to an enterprise in return for past or future compliance with certain conditions relating to the operating activities of the enterprise. They exclude those forms of government assistance which cannot reasonably have a value placed upon them and transactions with government which cannot be distinguished from the normal trading transactions of the enterprise[1].

Grants related to assets are government grants whose primary condition is that an enterprise qualifying for them should purchase, construct or otherwise acquire long-term assets. Subsidiary conditions may also be attached restricting the type or location of the assets or the periods during which they are to be acquired or held.

Grants related to income are government grants other than those related to assets.

Forgivable loans are loans which the lender undertakes to waive repayment of under certain prescribed conditions.

Fair value is the amount for which an asset could be exchanged between a knowledgeable, willing buyer and a knowledgeable, willing seller in an arm's length transaction.

Government assistance takes many forms varying both in the nature of the assistance given and in the conditions which are usually attached to it. The purpose of the assistance may be to encourage an enterprise to embark on a course of action which it would not normally have taken if the assistance was not provided.

The receipt of government assistance by an enterprise may be significant for the preparation of the financial statements for two reasons. Firstly, if resources have been transferred, an appropriate method of accounting for the transfer must be found. Secondly, it is desirable to give an indication of the extent to which the enterprise has benefited from such assistance during the reporting period. This facilitates comparison of an enterprise's financial statements with those of prior periods and with those of other enterprises.

Government grants are sometimes called by other names such as subsidies, subventions, or premiums.

GOVERNMENT GRANTS

Government grants, including non-monetary grants at fair value, should not be recognised until there is reasonable assurance that:
(a) the enterprise will comply with the conditions attaching to them; and
(b) the grants will be received.

---

1 See also SIC—10: government assistance—no specific relation to operating activities.

8 Zuwendungen der öffentlichen Hand werden nur erfasst, wenn eine angemessene Sicherheit dafür besteht, dass das Unternehmen die damit verbundenen Bedingungen erfüllen wird und dass die Zuwendungen gewährt werden. Der Zufluss einer Zuwendung liefert für sich allein keinen schlüssigen substanziellen Hinweis dafür, dass die mit der Zuwendung verbundenen Bedingungen erfüllt worden sind oder werden.

9 Die Art, in der eine Zuwendung gewährt wird, berührt die Bilanzierungsmethode, die auf die Zuwendung anzuwenden ist, nicht. Daher macht es bei der Bilanzierung keinen Unterschied, ob die Zuwendung als Zahlung oder als Kürzung einer Verpflichtung gegenüber der öffentlichen Hand empfangen wurde.

10 Ein erlassbares Darlehen der öffentlichen Hand wird als finanzielle Zuwendung behandelt, wenn angemessene Sicherheit dafür besteht, dass das Unternehmen die Bedingungen für den Erlass des Darlehens erfüllen wird.

11 Ist eine Zuwendung bereits erfasst worden, so ist jede damit verbundene Eventualschuld oder Eventualforderung gemäß IAS 37, Rückstellungen, Eventualschulden und Eventualforderungen, zu behandeln.

12 **Zuwendungen der öffentlichen Hand sind planmäßig als Ertrag zu erfassen, und zwar im Verlauf der Perioden, die erforderlich sind, um sie mit den entsprechenden Aufwendungen, die sie kompensieren sollen, zu verrechnen. Sie sind dem Eigenkapital nicht unmittelbar zuzuordnen.**

13 Für die Behandlung von Zuwendungen der öffentlichen Hand existieren zwei grundlegende Methoden: die Methode der Behandlung als Eigenkapital, wonach die finanzielle Zuwendung unmittelbar dem Eigenkapital zugeordnet wird, und die Methode der erfolgswirksamen Behandlung der Zuwendungen, wonach die finanzielle Zuwendung über eine oder mehrere Perioden als Ertrag behandelt wird.

14 Die Verfechter der Behandlung als Eigenkapital argumentieren in folgender Weise:
(a) Zuwendungen der öffentlichen Hand sind eine Finanzierungshilfe, die in der Bilanz auch als solche zu behandeln ist und die nicht in die Gewinn- und Verlustrechnung aufgenommen wird, um mit den Aufwendungen saldiert zu werden, zu deren Finanzierung die Zuwendung gewährt wurde. Da keine Rückzahlung zu erwarten ist, sind sie dem Eigenkapital unmittelbar zuzuordnen; und
(b) es ist unangemessen, die Zuwendungen der öffentlichen Hand in der Gewinn- und Verlustrechnung zu berücksichtigen, da sie nicht verdient worden sind, sondern einen von der öffentlichen Hand gewährten Anreiz darstellen, ohne dass entsprechender Aufwand entsteht.

15 Die Argumente für eine erfolgswirksame Behandlung lauten folgendermaßen:
(a) da finanzielle Zuwendungen der öffentlichen Hand nicht von den Anteilseignern zugeführt werden, dürfen sie nicht unmittelbar dem Eigenkapital zugeschrieben werden, sondern sind als Ertrag in der entsprechenden Periode zu erfassen;
(b) Zuwendungen der öffentlichen Hand sind selten unentgeltlich. Das Unternehmen verdient sie durch die Beachtung der Bedingungen und mit der Erfüllung der vorgesehenen Verpflichtungen. Sie sind daher korrespondierend zu den Kosten, die durch die Zuwendung gedeckt werden sollen, als Ertrag zu erfassen; und
(c) da Einkommensteuern und andere Steuern erfolgsmindernd erfasst werden, ist es logisch, auch finanzielle Zuwendungen der öffentlichen Hand, die eine Ausdehnung der Steuerpolitik darstellen, in der Gewinn- und Verlustrechnung zu erfassen.

16 Für die Methode der erfolgswirksamen Behandlung der Zuwendungen ist es von grundlegender Bedeutung, dass die Zuwendungen der öffentlichen Hand planmäßig und sachgerecht als Ertrag erfasst werden, und zwar im Verlauf der Perioden, die erforderlich sind, um sie mit den entsprechenden Aufwendungen zu verrechnen. Die erfolgswirksame Erfassung von Zuwendungen auf der Grundlage ihres Zuflusses steht nicht in Übereinstimmung mit der Grundvoraussetzung der Periodenabgrenzung (siehe IAS 1, Darstellung des Abschlusses), und eine Erfassung als Ertrag bei Zufluss der Zuwendung ist nur zulässig, wenn für die Periodisierung der Zuwendung keine andere Grundlage als die des Zuflusszeitpunktes verfügbar ist.

17 In den meisten Fällen sind die Perioden, über welche die im Zusammenhang mit einer Zuwendung anfallenden Aufwendungen erfasst werden, leicht feststellbar, und daher werden Zuwendungen, die mit bestimmten Aufwendungen zusammenhängen, in der gleichen Periode wie diese als Ertrag erfasst. Entsprechend werden Zuwendungen für abschreibungsfähige Vermögenswerte über die Perioden und in dem Verhältnis als Ertrag erfasst, in dem die Abschreibung auf diese Vermögenswerte angesetzt wird.

18 Zuwendungen der öffentlichen Hand, die im Zusammenhang mit nicht abschreibungsfähigen Vermögenswerten gewährt werden, können ebenfalls die Erfüllung bestimmter Verpflichtungen voraussetzen und werden dann als Erträge während der Perioden erfasst, die durch Aufwendungen infolge der Erfüllung der Ver-

A government grant is not recognised until there is reasonable assurance that the enterprise will comply with the conditions attaching to it, and that the grant will be received. Receipt of a grant does not of itself provide conclusive evidence that the conditions attaching to the grant have been or will be fulfilled. 8

The manner in which a grant is received does not affect the accounting method to be adopted in regard to the grant. Thus a grant is accounted for in the same manner whether it is received in cash or as a reduction of a liability to the government. 9

A forgivable loan from government is treated as a government grant when there is reasonable assurance that the enterprise will meet the terms for forgiveness of the loan. 10

Once a government grant is recognised, any related contingent liability or contingent asset is treated in accordance with IAS 37, provisions, contingent liabilities and contingent assets. 11

Government grants should be recognised as income over the periods necessary to match them with the related costs which they are intended to compensate, on a systematic basis. They should not be credited directly to shareholders' interests. 12

Two broad approaches may be found to the accounting treatment of government grants: the capital approach, under which a grant is credited directly to shareholders' interests, and the income approach, under which a grant is taken to income over one or more periods. 13

Those in support of the capital approach argue as follows: 14
(a) government grants are a financing device and should be dealt with as such in the balance sheet rather than be passed through the income statement to offset the items of expense which they finance. Since no repayment is expected, they should be credited directly to shareholders' interests; and
(b) it is inappropriate to recognise government grants in the income statement, since they are not earned but represent an incentive provided by government without related costs.

Arguments in support of the income approach are as follows: 15
(a) since government grants are receipts from a source other than shareholders, they should not be credited directly to shareholders' interests but should be recognised as income in appropriate periods;
(b) government grants are rarely gratuitous. The enterprise earns them through compliance with their conditions and meeting the envisaged obligations. They should therefore be recognised as income and matched with the associated costs which the grant is intended to compensate; and
(c) as income and other taxes are charges against income, it is logical to deal also with government grants, which are an extension of fiscal policies, in the income statement.

It is fundamental to the income approach that government grants be recognised as income on a systematic and rational basis over the periods necessary to match them with the related costs. Income recognition of government grants on a receipts basis is not in accordance with the accrual accounting assumption (see IAS 1, presentation of financial statements) and would only be acceptable if no basis existed for allocating a grant to periods other than the one in which it was received. 16

In most cases the periods over which an enterprise recognises the costs or expenses related to a government grant are readily ascertainable and thus grants in recognition of specific expenses are recognised as income in the same period as the relevant expense. Similarly, grants related to depreciable assets are usually recognised as income over the periods and in the proportions in which depreciation on those assets is charged. 17

Grants related to non-depreciable assets may also require the fulfilment of certain obligations and would then be recognised as income over the periods which bear the cost of meeting the obligations. As an example, a grant of 18

pflichtungen belastet werden. Beispielsweise kann eine Zuwendung in Form von Grund und Boden an die Bedingung gebunden sein, auf diesem Grundstück ein Gebäude zu errichten, und es kann angemessen sein, die Zuwendung auf die Lebensdauer des Gebäudes erfolgswirksam zu verteilen.

19   Zuwendungen können auch Teil eines Bündels von Fördermaßnahmen sein, die an eine Reihe von Bedingungen geknüpft sind. In solchen Fällen ist die Feststellung der Bedingungen, die die Aufwendungen der Perioden verursachen, in denen die Zuwendung vereinnahmt wird, sorgfältig durchzuführen. So kann es angemessen sein, einen Teil der Zuwendung auf der einen und einen anderen Teil auf einer anderen Grundlage zu verteilen.

20   **Eine Zuwendung der öffentlichen Hand für bereits angefallene Aufwendungen oder Verluste sowie für Zuwendungen zum Zweck der sofortigen finanziellen Unterstützung ohne zukünftig damit verbundenem Aufwand ist als Ertrag in der Periode zu erfassen, in der der entsprechende Anspruch entsteht.**

21   Unter manchen Umständen kann eine Zuwendung gewährt werden, um ein Unternehmen sofort finanziell zu unterstützen, ohne dass mit dieser Zuwendung ein Anreiz verbunden wäre, bestimmte Aufwendungen zu tätigen. Derartige Zuwendungen können auf ein einzelnes Unternehmen beschränkt sein und stehen unter Umständen nicht einer ganzen Klasse von Begünstigten zur Verfügung. Diese Umstände können eine Erfassung einer Zuwendung als Ertrag in der Periode erforderlich machen, in der das Unternehmen für eine Zuwendung in Betracht kommt, mit entsprechender Angabepflicht, um sicherzustellen, dass ihre Auswirkungen klar zu erkennen sind.

22   Eine Zuwendung der öffentlichen Hand kann einem Unternehmen zum Ausgleich von Aufwendungen oder Verlusten, die bereits in einer vorangegangenen Periode entstanden sind, gewährt werden. Solche Zuwendungen sind als Ertrag in der Periode zu erfassen, in der der entsprechende Anspruch entsteht, mit entsprechender Angabepflicht, um sicherzustellen, dass ihre Auswirkungen klar zu erkennen sind.

Nicht monetäre Zuwendungen der öffentlichen Hand

23   Eine Zuwendung der öffentlichen Hand kann als ein nicht monetärer Vermögenswert, wie beispielsweise Grund und Boden oder andere Ressourcen, zur Verwertung im Unternehmen übertragen werden. Unter diesen Umständen gilt es als übliches Verfahren, den beizulegenden Zeitwert des nicht monetären Vermögenswertes festzustellen und sowohl die Zuwendung als auch den Vermögenswert zu diesem beizulegenden Zeitwert zu bilanzieren. Als Alternative wird manchmal sowohl der Vermögenswert als auch die Zuwendung zu einem Merkposten bzw. zu einem symbolischen Wert angesetzt.

Darstellung von Zuwendungen für Vermögenswerte

24   **Zuwendungen der öffentlichen Hand für Vermögenswerte, einschließlich nicht monetärer Zuwendungen zum beizulegenden Zeitwert, sind in der Bilanz entweder als passivischer Abgrenzungsposten darzustellen oder bei der Feststellung des Buchwertes des Vermögenswertes abzusetzen.**

25   Die zwei Alternativen der Darstellung von Zuwendungen (oder entsprechende Anteile der Zuwendungen) für Vermögenswerte sind im Abschluss als gleichwertig zu betrachten.

26   Der einen Methode zufolge wird die Zuwendung als passivischer Abgrenzungsposten behandelt, die während der Nutzungsdauer des Vermögenswertes auf einer planmäßigen und vernünftigen Grundlage als Ertrag zu erfassen ist.

27   Nach der anderen Methode wird die Zuwendung bei der Feststellung des Buchwertes des Vermögenswertes abgezogen. Die Zuwendung wird mittels eines reduzierten Abschreibungsbetrages über die Lebensdauer des abschreibungsfähigen Vermögenswertes als Ertrag erfasst.

28   Der Erwerb von Vermögenswerten und die damit zusammenhängenden Zuwendungen können im Cashflow eines Unternehmens größere Bewegungen verursachen. Aus diesem Grund und zur Darstellung der Bruttoinvestitionen in Vermögenswerte werden diese Bewegungen oft als gesonderte Posten in der Kapitalflussrechnung angegeben, und zwar unabhängig davon, ob die Zuwendung von dem entsprechenden Vermögenswert zum Zwecke der Darstellung in der Bilanz abgezogen wird oder nicht.

land may be conditional upon the erection of a building on the site and it may be appropriate to recognise it as income over the life of the building.

Grants are sometimes received as part of a package of financial or fiscal aids to which a number of conditions are attached. In such cases, care is needed in identifying the conditions giving rise to costs and expenses which determine the periods over which the grant will be earned. It may be appropriate to allocate part of a grant on one basis and part on another. 19

A government grant that becomes receivable as compensation for expenses or losses already incurred or for the purpose of giving immediate financial support to the entity with no future related costs shall be recognised as income of the period in which it becomes receivable. 20

In some circumstances, a government grant may be awarded for the purpose of giving immediate financial support to an entity rather than as an incentive to undertake specific expenditures. Such grants may be confined to an individual entity and may not be available to a whole class of beneficiaries. These circumstances may warrant recognising a grant as income in the period in which the entity qualifies to receive it, with disclosure to ensure that its effect is clearly understood. 21

A government grant may become receivable by an entity as compensation for expenses or losses incurred in a previous period. Such a grant is recognised as income of the period in which it becomes receivable, with disclosure to ensure that its effect is clearly understood. 22

Non-monetary government grants

A government grant may take the form of a transfer of a non-monetary asset, such as land or other resources, for the use of the enterprise. In these circumstances it is usual to assess the fair value of the non-monetary asset and to account for both grant and asset at that fair value. An alternative course that is sometimes followed is to record both asset and grant at a nominal amount. 23

Presentation of grants related to assets

Government grants related to assets, including non-monetary grants at fair value, should be presented in the balance sheet either by setting up the grant as deferred income or by deducting the grant in arriving at the carrying amount of the asset. 24

Two methods of presentation in financial statements of grants (or the appropriate portions of grants) related to assets are regarded as acceptable alternatives. 25

One method sets up the grant as deferred income which is recognised as income on a systematic and rational basis over the useful life of the asset. 26

The other method deducts the grant in arriving at the carrying amount of the asset. The grant is recognised as income over the life of a depreciable asset by way of a reduced depreciation charge. 27

The purchase of assets and the receipt of related grants can cause major movements in the cash flow of an enterprise. For this reason and in order to show the gross investment in assets, such movements are often disclosed as separate items in the cash flow statement regardless of whether or not the grant is deducted from the related asset for the purpose of balance sheet presentation. 28

Darstellung von erfolgsbezogenen Zuwendungen

29 Zum Teil werden erfolgsbezogene Zuwendungen in der Gewinn- und Verlustrechnung als Ertrag dargestellt, entweder getrennt oder unter einem Hauptposten, wie beispielsweise sonstige Erträge, oder sie werden von den entsprechenden Aufwendungen abgezogen.

30 Die Befürworter der ersten Methode vertreten die Meinung, dass es unangebracht ist, Ertrags- und Aufwandsposten zu saldieren, und dass die Trennung der Zuwendung von den Aufwendungen den Vergleich mit anderen Aufwendungen, die nicht von einer Zuwendung beeinflusst sind, erleichtert. In Bezug auf die zweite Methode wird der Standpunkt vertreten, dass die Aufwendungen dem Unternehmen nicht entstanden wären, wenn die Zuwendung nicht verfügbar gewesen wäre, und dass die Darstellung der Aufwendungen ohne Saldierung der Zuwendung aus diesem Grund irreführend sein könnte.

31 Beide Vorgehensweisen sind als akzeptable Methoden zur Darstellung von erfolgsbezogenen Zuwendungen zu betrachten. Die Angabe der Zuwendungen kann für das richtige Verständnis von Abschlüssen notwendig sein. Es ist normalerweise angemessen, die Auswirkung von Zuwendungen auf jeden gesondert darzustellenden Ertrags- oder Aufwandsposten anzugeben.

Rückzahlung von Zuwendungen der öffentlichen Hand

32 Eine Zuwendung, die rückzahlungspflichtig wird, ist als Berichtigung einer Schätzung zu behandeln (vgl. IAS 8 Bilanzierungs- und Bewertungsmethoden, Änderungen von Schätzungen und Fehler). Die Rückzahlung einer erfolgsbezogenen Zuwendung ist zunächst mit dem nicht amortisierten, passivischen Abgrenzungsposten aus der Zuwendung zu verrechnen. Soweit die Rückzahlung diesen passivischen Abgrenzungsposten übersteigt oder für den Fall, dass eine solche nicht vorhanden ist, ist die Rückzahlung sofort als Aufwand zu verrechnen. Rückzahlungen von Zuwendungen für Vermögenswerte sind durch Zuschreibung zum Buchwert des Vermögenswertes oder durch Verminderung des passivischen Abgrenzungspostens um den rückzahlungspflichtigen Betrag zu korrigieren. Die kumulative zusätzliche Abschreibung, die bei einem Fehlen der Zuwendung bis zu diesem Zeitpunkt zu erfassen gewesen wäre, ist direkt als Aufwand zu berücksichtigen.

33 Umstände, die Anlass für eine Rückzahlung von Zuwendungen für Vermögenswerte sind, können es erforderlich machen, eine mögliche Minderung des neuen Buchwertes in Erwägung zu ziehen.

BEIHILFEN DER ÖFFENTLICHEN HAND

34 Die Definition der Zuwendungen der öffentlichen Hand in Paragraph 3 schließt bestimmte Formen von Beihilfen der öffentlichen Hand, die sich nicht angemessen bewerten lassen, aus, dies gilt ebenso für Geschäfte mit der öffentlichen Hand, die von der normalen Tätigkeit des Unternehmens nicht unterschieden werden können.

35 Beispiele für Beihilfen, die sich nicht angemessen bewerten lassen, sind die unentgeltliche technische oder Markterschließungs-Beratung und die Bereitstellung von Garantien. Ein Beispiel für eine Beihilfe, die nicht von der normalen Tätigkeit des Unternehmens unterschieden werden kann, ist die staatliche Beschaffungspolitik, die für einen Teil des Umsatzes verantwortlich ist. Das Vorhandensein des Vorteiles mag dabei zwar nicht in Frage gestellt sein, doch jeder Versuch, die betriebliche Tätigkeit von der Beihilfe zu trennen, könnte leicht willkürlich sein.

36 Die Bedeutung des Vorteiles mit Bezug auf die vorgenannten Beispiele kann sich so darstellen, dass Art, Umfang und Laufzeit der Beihilfe anzugeben sind, damit der Abschluss nicht irreführend ist.

37 Zinslose und niedrig verzinsliche Darlehen sind eine Form von Beihilfen der öffentlichen Hand, der Vorteil wird jedoch nicht durch die Berechnung der Zinsen quantifiziert.

38 Dieser Standard behandelt die Bereitstellung von Infrastruktur durch Verbesserung des allgemeinen Verkehrs- und Kommunikationsnetzes und die Bereitstellung verbesserter Versorgungsanlagen, wie Bewässerung oder Wassernetze, die auf dauernder, unbestimmter Basis zum Vorteil eines ganzen Gemeinwesens verfügbar sind, nicht als Beihilfen der öffentlichen Hand.

Presentation of grants related to income

29 Grants related to income are sometimes presented as a credit in the income statement, either separately or under a general heading such as 'Other income'; alternatively, they are deducted in reporting the related expense.

30 Supporters of the first method claim that it is inappropriate to net income and expense items and that separation of the grant from the expense facilitates comparison with other expenses not affected by a grant. For the second method it is argued that the expenses might well not have been incurred by the enterprise if the grant had not been available and presentation of the expense without offsetting the grant may therefore be misleading.

31 Both methods are regarded as acceptable for the presentation of grants related to income. Disclosure of the grant may be necessary for a proper understanding of the financial statements. Disclosure of the effect of the grants on any item of income or expense which is required to be separately disclosed is usually appropriate.

Repayment of government grants

32 A government grant that becomes repayable should be accounted for as a revision to an accounting estimate (see IAS 8 Accounting Policies, Changes in Accounting Estimates and Errors). Repayment of a grant related to income should be applied first against any unamortised deferred credit set up in respect of the grant. To the extent that the repayment exceeds any such deferred credit, or where no deferred credit exists, the repayment should be recognised immediately as an expense. Repayment of a grant related to an asset should be recorded by increasing the carrying amount of the asset or reducing the deferred income balance by the amount repayable. The cumulative additional depreciation that would have been recognised to date as an expense in the absence of the grant should be recognised immediately as an expense.

33 Circumstances giving rise to repayment of a grant related to an asset may require consideration to be given to the possible impairment of the new carrying amount of the asset.

GOVERNMENT ASSISTANCE

34 Excluded from the definition of government grants in paragraph 3 are certain forms of government assistance which cannot reasonably have a value placed upon them and transactions with government which cannot be distinguished from the normal trading transactions of the enterprise.

35 Examples of assistance that cannot reasonably have a value placed upon them are free technical or marketing advice and the provision of guarantees. An example of assistance that cannot be distinguished from the normal trading transactions of the enterprise is a government procurement policy that is responsible for a portion of the enterprise's sales. The existence of the benefit might be unquestioned but any attempt to segregate the trading activities from government assistance could well be arbitrary.

36 The significance of the benefit in the above examples may be such that disclosure of the nature, extent and duration of the assistance is necessary in order that the financial statements may not be misleading.

37 Loans at nil or low interest rates are a form of government assistance, but the benefit is not quantified by the imputation of interest.

38 In this Standard, government assistance does not include the provision of infrastructure by improvement to the general transport and communication network and the supply of improved facilities such as irrigation or water reticulation which is available on an ongoing indeterminate basis for the benefit of an entire local community.

ANGABEN

39 Folgende Angaben sind erforderlich:
(a) die auf Zuwendungen der öffentlichen Hand angewandte Bilanzierungs- und Bewertungsmethode, einschließlich der im Abschluss angewandten Darstellungsmethoden;
(b) Art und Umfang der im Abschluss erfassten Zuwendungen der öffentlichen Hand und ein Hinweis auf andere Formen von Beihilfen der öffentlichen Hand, von denen das Unternehmen unmittelbar begünstigt wurde; und
(c) unerfüllte Bedingungen und andere Erfolgsunsicherheiten im Zusammenhang mit im Abschluss erfassten Beihilfen der öffentlichen Hand.

ÜBERGANGSVORSCHRIFTEN

40 Zusätzlich zu den Angaben des Paragraphen 39 sind für Unternehmen, die den Standard erstmals anwenden, folgende Angaben erforderlich:
(a) die Angabepflichten zu erfüllen, wo dies angemessen ist; und
(b) entweder:
 (i) seinen Abschluss wegen des Wechsels der Bilanzierungs- und Bewertungsmethoden gemäß IAS 8 Bilanzierungs- und Bewertungsmethoden, Änderungen von Schätzungen und Fehler, anzupassen; oder
 (ii) die Bilanzierungsvorschriften des Standards nur auf solche Zuwendungen oder Teile davon anzuwenden, für die der Anspruch oder die Rückzahlung nach dem Zeitpunkt des Inkrafttretens des Standards entsteht.

ZEITPUNKT DES INKRAFTTRETENS

41 Dieser International Accounting Standard ist erstmals in der ersten Berichtsperiode eines am 1. Januar 1984 oder danach beginnenden Geschäftsjahres anzuwenden.

DISCLOSURE

The following matters should be disclosed: 39
(a) the accounting policy adopted for government grants, including the methods of presentation adopted in the financial statements;
(b) the nature and extent of government grants recognised in the financial statements and an indication of other forms of government assistance from which the enterprise has directly benefited; and
(c) unfulfilled conditions and other contingencies attaching to government assistance that has been recognised.

TRANSITIONAL PROVISIONS

An enterprise adopting the Standard for the first time should: 40
(a) comply with the disclosure requirements, where appropriate; and
(b) either:
   (i) adjust its financial statements for the change in accounting policy in accordance with IAS 8 Accounting Policies, Changes in Accounting Estimates and Errors; or
   (ii) apply the accounting provisions of the Standard only to grants or portions of grants becoming receivable or repayable after the effective date of the Standard.

EFFECTIVE DATE

This International Accounting Standard becomes operative for financial statements covering periods beginning on or after 1 January 1984. 41

International Account Standard 21

Auswirkungen von Änderungen der Wechselkurse

> International Accounting Standard 21 *Auswirkungen von Änderungen der Wechselkurse* (IAS 21) ist in den Paragraphen 1–62 festgelegt. Alle Paragraphen sind gleichrangig, behalten jedoch das IASC-Format des Standards, mit dem dieser durch den IASB verabschiedet wurde. IAS 21 ist in Verbindung mit dem *Vorwort zu den International Financial Reporting Standards* und dem *Rahmenkonzept für die Aufstellung und Darstellung von Abschlüssen* zu betrachten. IAS 8 *Bilanzierungs- und Bewertungsmethoden, Änderungen von Schätzungen und Fehler*, stellt beim Fehlen ausdrücklicher Leitlinien eine Grundlage für die Auswahl und für die Anwendung von Bilanzierungs- und Bewertungsmethoden bereit.

INHALT

	Ziffer
Zielsetzung	1–2
Anwendungsbereich	3–7
Definitionen	8–16
Ausführungen zu den Definitionen	9–16
Funktionale Währung	9–14
Nettoinvestition in einen ausländischen Geschäftsbetrieb	15–15A
Monetäre Posten	16
Zusammenfassung des in diesem Standard vorgeschriebenen Ansatzes	17–19
Bilanzierung von Fremdwährungstransaktionen in der funktionalen Währung	20–37
Erstmaliger Ansatz	20–22
Bilanzierung in Folgeperioden	23–26
Ansatz von Umrechnungsdifferenzen	27–34
Wechsel der funktionalen Währung	35–37
Verwendung einer anderen Darstellungswährung als der funktionalen Währung	38–49
Umrechnung in die Darstellungswährung	38–43
Umrechnung eines ausländischen Geschäftsbetriebs	44–47
Abgang eines ausländischen Geschäftsbetriebs	48–49
Steuerliche Auswirkungen sämtlicher Umrechnungsdifferenzen	50
Angaben	51–57
Zeitpunkt des Inkrafttretens und Übergangsvorschriften	58–60
Rücknahme anderer Verlautbarungen	61–62

Dieser überarbeitete Standard ersetzt IAS 21 (überarbeitet 1993) *Auswirkungen von Änderungen der Wechselkurse* und ist erstmals in der ersten Berichtsperiode eines am 1. Januar 2005 oder danach beginnenden Geschäftsjahres anzuwenden. Eine frühere Anwendung wird empfohlen.

ZIELSETZUNG

1 Für ein Unternehmen gibt es zwei Möglichkeiten, ausländische Geschäftsbeziehungen einzugehen. Entweder sind dies Geschäftsvorfälle in Fremdwährung, oder es handelt sich um ausländische Geschäftsbetriebe. Außerdem kann ein Unternehmen seinen Abschluss in einer Fremdwährung veröffentlichen. Ziel dieses Standards ist die Regelung, wie Fremdwährungsgeschäfte und ausländische Geschäftsbetriebe in den Abschluss eines Unternehmens einbezogen werden und wie ein Abschluss in eine Darstellungswährung umgerechnet wird.

2 Die grundsätzliche Fragestellung lautet, welche(r) Wechselkurs(e) heranzuziehen sind und wie die Auswirkungen von Änderungen der Wechselkurse im Abschluss zu berücksichtigen sind.

International Accounting Standard 21

The Effects of Changes in Foreign Exchange Rates

International Accounting Standard 21 *The Effects of Changes in Foreign Exchange Rates* (IAS 21) is set out in paragraphs 1—62. All the paragraphs have equal authority but retain the IASC format of the Standard when it was adopted by the IASB. IAS 21 should be read in the context of the *Preface to International Financial Reporting Standards* and the *Framework for the Preparation and Presentation of Financial Statements*. IAS 8 *Accounting Policies, Changes in Accounting Estimates and Errors* provides a basis for selecting and applying accounting policies in the absence of explicit guidance.

SUMMARY

	Paragraphs
Objective	1—2
Scope	3—7
Definitions	8—16
Elaboration on the Definitions	9—16
Functional Currency	9—14
Net Investment in a Foreign Operation	15—15A
Monetary Items	16
Summary of the approach required by this standard	17—19
Reporting foreign currency transactions in the functional currency	20—37
Initial Recognition	20—22
Reporting at Subsequent Balance Sheet Dates	23—26
Recognition of Exchange Differences	27—34
Change in Functional Currency	35—37
Use of a presentation currency other than the functional currency	38—49
Translation to the Presentation Currency	38—43
Translation of a Foreign Operation	44—47
Disposal of a Foreign Operation	48—49
Tax effects of all exchange differences	50
Disclosure	51—57
Effective date and transition	58—60
Withdrawal of other pronouncements	61—62

This revised Standard supersedes IAS 21 (revised 1993) *The Effects of Changes in Foreign Exchange Rates* and should be applied for annual periods beginning on or after 1 January 2005. Earlier application is encouraged.

OBJECTIVE

1 An entity may carry on foreign activities in two ways. It may have transactions in foreign currencies or it may have foreign operations. In addition, an entity may present its financial statements in a foreign currency. The objective of this Standard is to prescribe how to include foreign currency transactions and foreign operations in the financial statements of an entity and how to translate financial statements into a presentation currency.

2 The principal issues are which exchange rate(s) to use and how to report the effects of changes in exchange rates in the financial statements.

IAS 21

ANWENDUNGSBEREICH

3   Dieser Standard ist anzuwenden auf[1]:
    (a) die Bilanzierung von Geschäftsvorfällen und Salden in Fremdwährungen, mit Ausnahme von Geschäftsvorfällen und Salden, die sich auf Derivate beziehen, welche in den Anwendungsbereich von IAS 39 *Finanzinstrumente: Ansatz und Bewertung* fallen;
    (b) die Umrechnung der Vermögens-, Finanz- und Ertragslage ausländischer Geschäftsbetriebe, die durch Vollkonsolidierung, Quotenkonsolidierung oder durch die Equity-Methode in den Abschluss des Unternehmens einbezogen sind; und
    (c) die Umrechnung der Vermögens-, Finanz- und Ertragslage eines Unternehmens in eine Darstellungswährung.

4   IAS 39 findet auf viele Fremdwährungsderivate Anwendung, die folglich aus dem Anwendungsbereich dieses Standards ausgeschlossen sind. Alle Fremdwährungsderivate, die nicht von IAS 39 abgedeckt werden (z. B. einige Fremdwährungsderivate, die in andere Kontrakte eingebettet sind), fallen dagegen in den Anwendungsbereich dieses Standards. Außerdem ist dieser Standard anzuwenden, wenn ein Unternehmen Beträge im Zusammenhang mit Derivaten von seiner funktionalen Währung in seine Darstellungswährung umrechnet.

5   Dieser Standard gilt nicht für die Bilanzierung von Sicherungsgeschäften für Fremdwährungsposten, einschließlich der Absicherung einer Nettoinvestition in einen ausländischen Geschäftsbetrieb. Für die Bilanzierung von Sicherungsgeschäften ist IAS 39 maßgeblich.

6   Dieser Standard ist auf die Darstellung des Abschlusses eines Unternehmens in einer Fremdwährung anzuwenden und beschreibt, welche Anforderungen der daraus resultierende Abschluss erfüllen muss, um als mit den International Financial Reporting Standards übereinstimmend bezeichnet werden zu können. Bei Fremdwährungsumrechnungen von Finanzinformationen, die nicht diese Anforderungen erfüllen, legt dieser Standard die anzugebenden Informationen fest.

7   Dieser Standard bezieht sich nicht auf die Darstellung des Cash Flows aus Fremdwährungstransaktionen in einer Kapitalflussrechnung oder der Umrechnung des Cash Flows eines ausländischen Geschäftsbetriebes (siehe dazu den IAS 7 *Kapitalflussrechnungen*).

DEFINITIONEN

8   Die folgenden Begriffe werden in diesem Standard mit der angegebenen Bedeutung verwendet:
    Der **Stichtagskurs** ist der Kassakurs einer Währung am Bilanzstichtag.
    Eine **Umrechnungsdifferenz** ist der Unterschiedsbetrag aus der Umrechnung der gleichen Anzahl von Währungseinheiten in eine andere Währung zu unterschiedlichen Wechselkursen.
    Der **Wechselkurs** ist das Umtauschverhältnis zwischen zwei Währungen.
    Der **beizulegende Zeitwert** ist der Betrag, zu dem zwischen sachverständigen, vertragswilligen und voneinander unabhängigen Geschäftspartnern ein Vermögenswert getauscht oder eine Schuld beglichen werden könnte.
    Eine **Fremdwährung** ist jede andere Währung außer der funktionalen Währung des berichtenden Unternehmens.
    Ein **ausländischer Geschäftsbetrieb** ist ein Tochterunternehmen, ein assoziiertes Unternehmen, ein Joint Venture oder eine Niederlassung des berichtenden Unternehmens, dessen Geschäftstätigkeit in einem anderen Land angesiedelt oder in einer anderen Währung ausgeübt wird oder sich auf ein anderes Land oder eine andere Währung als die des berichtenden Unternehmens erstreckt.
    Die **funktionale Währung** ist die Währung des primären Wirtschaftsumfelds, in dem das Unternehmen tätig ist.
    Ein **Konzern** ist ein Mutterunternehmen sowie alle seine Tochterunternehmen.
    Monetäre Posten sind im Besitz befindliche Währungseinheiten sowie Vermögenswerte und Schulden, für die das Unternehmen eine feste oder bestimmbare Anzahl von Währungseinheiten erhält oder bezahlen muss.
    Eine **Nettoinvestition in einen ausländischen Geschäftsbetrieb** ist die Höhe des Anteils des berichtenden Unternehmens am Nettovermögen dieses Geschäftsbetriebs.
    Die **Darstellungswährung** ist die Währung, in der die Abschlüsse veröffentlicht werden.
    Der **Kassakurs** ist der Wechselkurs bei sofortiger Ausführung.

---

1   Siehe auch SIC-7 *Einführung des Euro*.

SCOPE

This Standard shall be applied[1]:
(a) in accounting for transactions and balances in foreign currencies, except for those derivative transactions and balances that are within the scope of IAS 39 *Financial Instruments: Recognition and Measurement;*
(b) in translating the results and financial position of foreign operations that are included in the financial statements of the entity by consolidation, proportionate consolidation or the equity method; and
(c) in translating an entity's results and financial position into a presentation currency.

IAS 39 applies to many foreign currency derivatives and, accordingly, these are excluded from the scope of this Standard. However, those foreign currency derivatives that are not within the scope of IAS 39 (eg some foreign currency derivatives that are embedded in other contracts) are within the scope of this Standard. In addition, this Standard applies when an entity translates amounts relating to derivatives from its functional currency to its presentation currency.

This Standard does not apply to hedge accounting for foreign currency items, including the hedging of a net investment in a foreign operation. IAS 39 applies to hedge accounting.

This Standard applies to the presentation of an entity's financial statements in a foreign currency and sets out requirements for the resulting financial statements to be described as complying with International Financial Reporting Standards. For translations of financial information into a foreign currency that do not meet these requirements, this Standard specifies information to be disclosed.

This Standard does not apply to the presentation in a cash flow statement of cash flows arising from transactions in a foreign currency, or to the translation of cash flows of a foreign operation (see IAS 7 *Cash Flow Statements*).

DEFINITIONS

The following terms are used in this Standard with the meanings specified:
  Closing rate is the spot exchange rate at the balance sheet date.
  Exchange difference is the difference resulting from translating a given number of units of one currency into another currency at different exchange rates.
  Exchange rate is the ratio of exchange for two currencies.
  Fair value is the amount for which an asset could be exchanged, or a liability settled, between knowledgeable, willing parties in an arm's length transaction.
  Foreign currency is a currency other than the functional currency of the entity.
  Foreign operation is an entity that is a subsidiary, associate, joint venture or branch of a reporting entity, the activities of which are based or conducted in a country or currency other than those of the reporting entity.
  Functional currency is the currency of the primary economic environment in which the entity operates.
  A **group** is a parent and all its subsidiaries.
  Monetary items are units of currency held and assets and liabilities to be received or paid in a fixed or determinable number of units of currency.
  Net investment in a foreign operation is the amount of the reporting entity's interest in the net assets of that operation.
  Presentation currency is the currency in which the financial statements are presented.
  Spot exchange rate is the exchange rate for immediate delivery.

---

1 See also SIC-7 *Introduction of the Euro.*

IAS 21

Ausführungen zu den Definitionen

Funktionale Währung

9 Das primäre Wirtschaftsumfeld eines Unternehmens ist normalerweise das Umfeld, in dem es hauptsächlich Zahlungsmittel erwirtschaftet und aufwendet. Bei der Bestimmung seiner funktionalen Währung hat ein Unternehmen die folgenden Faktoren zu berücksichtigen:
(a) die Währung:
  (i) die den größten Einfluss auf die Verkaufspreise seiner Waren und Dienstleistungen hat (dies ist oftmals die Währung, in der die Verkaufspreise der Waren und Dienstleistungen angegeben und abgerechnet werden);
  und
  (ii) des Landes, dessen Wettbewerbskräfte und Bestimmungen für die Verkaufspreise seiner Waren und Dienstleistungen ausschlaggebend sind.
(b) die Währung, die den größten Einfluss auf die Lohn-, Material- und sonstigen Kosten für das Anbieten der Waren oder Dienstleistungen hat. (Dies ist häufig die Währung, in der diese Kosten angegeben und abgerechnet werden.)

10 Die folgenden Faktoren können ebenfalls Aufschluss über die funktionale Währung eines Unternehmens geben:
(a) die Währung, in der Mittel aus Finanzierungstätigkeit (z. B. Ausgabe von Schuldverschreibungen oder Eigenkapitalinstrumenten) generiert werden.
(b) die Währung, in der Eingänge aus betrieblicher Tätigkeit normalerweise einbehalten werden.

11 Bei der Bestimmung der funktionalen Währung eines ausländischen Geschäftsbetriebs und der Entscheidung, ob dessen funktionale Währung mit der des berichtenden Unternehmens identisch ist (in diesem Kontext entspricht das berichtende Unternehmen dem Unternehmen, das den ausländischen Geschäftsbetrieb als Tochterunternehmen, Niederlassung, assoziiertes Unternehmen oder Joint Venture unterhält), werden die folgenden Faktoren herangezogen:
(a) ob die Tätigkeit des ausländischen Geschäftsbetriebs als erweiterter Bestandteil des berichtenden Unternehmens oder weitgehend unabhängig ausgeübt wird. Ersteres ist beispielsweise der Fall, wenn der ausländische Geschäftsbetrieb ausschließlich vom berichtenden Unternehmen importierte Güter verkauft und die erzielten Einnahmen wieder an dieses zurückleitet. Dagegen ist ein Geschäftsbetrieb als weitgehend unabhängig zu bezeichnen, wenn er überwiegend in seiner Landeswährung Zahlungsmittel und andere monetäre Posten ansammelt, Aufwendungen tätigt, Erträge erwirtschaftet und Fremdkapital aufnimmt.
(b) ob die Geschäftsvorfälle mit dem berichtenden Unternehmen bezogen auf das Gesamtgeschäftsvolumen des ausländischen Geschäftsbetriebes ein großes oder geringes Gewicht haben.
(c) ob sich die Cash Flows aus der Tätigkeit des ausländischen Geschäftsbetriebs direkt auf die Cash Flows des berichtenden Unternehmens auswirken und jederzeit dorthin zurückgeleitet werden können.
(d) ob die Cash Flows aus der Tätigkeit des ausländischen Geschäftsbetriebs ausreichen, um vorhandene und im Rahmen des normalen Geschäftsgangs erwartete Schuldverpflichtungen zu bedienen, ohne dass hierfür Mittel vom berichtenden Unternehmen bereitgestellt werden.

12 Wenn die obigen Indikatoren gemischt auftreten und die funktionale Währung nicht klar ersichtlich ist, bestimmt die Geschäftsleitung nach eigenem Urteil die funktionale Währung, welche die wirtschaftlichen Auswirkungen der zugrunde liegenden Geschäftsvorgänge, Ereignisse und Umstände am glaubwürdigsten darstellt. Dabei berücksichtigt die Geschäftsleitung vorrangig die in Paragraph 9 genannten primären Faktoren und erst dann die Indikatoren in den Paragraphen 10 und 11, die als zusätzliche substanzielle Hinweise zur Bestimmung der funktionalen Währung eines Unternehmens dienen sollen.

13 Die funktionale Währung eines Unternehmens spiegelt die zugrunde liegenden Geschäftsvorfälle, Ereignisse und Umstände wider, die für das Unternehmen relevant sind. Daraus folgt, dass eine funktionale Währung nach ihrer Festlegung nur dann geändert wird, wenn sich diese zugrunde liegenden Geschäftsvorfälle, Ereignisse und Umstände ebenfalls geändert haben.

14 Handelt es sich bei der funktionalen Währung um die Währung eines Hochinflationslandes, werden die Abschlüsse des Unternehmens gemäß IAS 29 *Rechnungslegung in Hochinflationsländern* angepasst. Ein Unternehmen kann eine Anpassung gemäß IAS 29 nicht dadurch umgehen, indem es beispielsweise eine andere funktionale Währung festlegt als die, die nach diesem Standard ermittelt würde (z. B. die funktionale Währung des Mutterunternehmens).

Elaboration on the Definitions

Functional Currency

9 The primary economic environment in which an entity operates is normally the one in which it primarily generates and expends cash. An entity considers the following factors in determining its functional currency:
(a) the currency:
  (i) that mainly influences sales prices for goods and services (this will often be the currency in which sales prices for its goods and services are denominated and settled); and
  (ii) of the country whose competitive forces and regulations mainly determine the sales prices of its goods and services.
(b) the currency that mainly influences labour, material and other costs of providing goods or services (this will often be the currency in which such costs are denominated and settled).

10 The following factors may also provide evidence of an entity's functional currency:
(a) the currency in which funds from financing activities (ie issuing debt and equity instruments) are generated.
(b) the currency in which receipts from operating activities are usually retained.

11 The following additional factors are considered in determining the functional currency of a foreign operation, and whether its functional currency is the same as that of the reporting entity (the reporting entity, in this context, being the entity that has the foreign operation as its subsidiary, branch, associate or joint venture):
(a) whether the activities of the foreign operation are carried out as an extension of the reporting entity, rather than being carried out with a significant degree of autonomy. An example of the former is when the foreign operation only sells goods imported from the reporting entity and remits the proceeds to it. An example of the latter is when the operation accumulates cash and other monetary items, incurs expenses, generates income and arranges borrowings, all substantially in its local currency.
(b) whether transactions with the reporting entity are a high or a low proportion of the foreign operation's activities.
(c) whether cash flows from the activities of the foreign operation directly affect the cash flows of the reporting entity and are readily available for remittance to it.
(d) whether cash flows from the activities of the foreign operation are sufficient to service existing and normally expected debt obligations without funds being made available by the reporting entity.

12 When the above indicators are mixed and the functional currency is not obvious, management uses its judgement to determine the functional currency that most faithfully represents the economic effects of the underlying transactions, events and conditions. As part of this approach, management gives priority to the primary indicators in paragraph 9 before considering the indicators in paragraphs 10 and 11, which are designed to provide additional supporting evidence to determine an entity's functional currency.

13 An entity's functional currency reflects the underlying transactions, events and conditions that are relevant to it. Accordingly, once determined, the functional currency is not changed unless there is a change in those underlying transactions, events and conditions.

14 If the functional currency is the currency of a hyperinflationary economy, the entity's financial statements are restated in accordance with IAS 29 *Financial Reporting in Hyperinflationary Economies*. An entity cannot avoid restatement in accordance with IAS 29 by, for example, adopting as its functional currency a currency other than the functional currency determined in accordance with this Standard (such as the functional currency of its parent).

IAS 21

Nettoinvestition in einen ausländischen Geschäftsbetrieb

15   Ein Unternehmen kann über monetäre Posten in Form einer ausstehenden Forderung oder Verbindlichkeit gegenüber eines ausländischen Geschäftsbetriebs verfügen. Ein Posten, für den die Abwicklung in einem absehbaren Zeitraum weder geplant noch wahrscheinlich ist, stellt im Wesentlichen einen Teil der Nettoinvestition in diesen ausländischen Geschäftsbetrieb dar und wird gemäß den Paragraphen 32 und 33 behandelt. Zu solchen monetären Posten können langfristige Forderungen bzw. Darlehen, nicht jedoch Forderungen oder Verbindlichkeiten aus Lieferungen und Leistungen gezählt werden.

15A   Bei dem Unternehmen, das über einen monetären Posten in Form einer ausstehenden Forderung oder Verbindlichkeit gegenüber einem in Paragraph 15 beschriebenen ausländischen Geschäftsbetrieb verfügt, kann es sich um jede Tochtergesellschaft der Gruppe handeln. Zum Beispiel: Ein Unternehmen hat zwei Tochtergesellschaften A und B, wobei B ein ausländischer Geschäftsbetrieb ist. Tochtergesellschaft A gewährt Tochtergesellschaft B einen Kredit. Die Forderung von Tochtergesellschaft A gegenüber Tochtergesellschaft B würde einen Teil der Nettoinvestition des Unternehmens in Tochtergesellschaft B darstellen, wenn die Abwicklung des Darlehens in einem absehbaren Zeitraum weder geplant noch wahrscheinlich ist. Dies würde auch dann gelten, wenn die Tochtergesellschaft A selbst ein ausländischer Geschäftsbetrieb wäre.

Monetäre Posten

16   Das wesentliche Merkmal eines monetären Postens besteht in dem Recht auf Erhalt (oder Verpflichtung zur Bezahlung) einer festen oder bestimmbaren Anzahl von Währungseinheiten. Dazu zählen folgende Beispiele: Barauszahlung von Pensionen und anderen Leistungen an Arbeitnehmer; bar zu begleichende Verpflichtungen und Bardividenden, die als Verbindlichkeit erfasst werden. Auch ein Vertrag über den Erhalt (oder die Lieferung) einer variablen Anzahl von Eigenkapitalinstrumenten des Unternehmens oder einer variablen Menge von Vermögenswerten, bei denen der zu erhaltende (oder zu bezahlende) beizulegende Zeitwert einer festen oder bestimmbaren Anzahl von Währungseinheiten entspricht, ist als monetärer Posten anzusehen. Im Gegensatz dazu besteht das wesentliche Merkmal eines nicht monetären Postens darin, dass er mit keinem Recht auf Erhalt (oder Verpflichtung zur Bezahlung) einer festen oder bestimmbaren Anzahl von Währungseinheiten verbunden ist. Dazu zählen folgende Beispiele: Vorauszahlungen für Waren und Dienstleistungen (z. B. Mietvorauszahlungen); Geschäfts- oder Firmenwert; immaterielle Vermögenswerte; Vorräte; Sachanlagen sowie Verpflichtungen, die durch nicht monetäre Vermögenswerte erfüllt werden.

ZUSAMMENFASSUNG DES IN DIESEM STANDARD VORGESCHRIEBENEN ANSATZES

17   Bei der Erstellung des Abschlusses legt jedes Unternehmen - unabhängig davon, ob es sich um ein einzelnes Unternehmen, ein Unternehmen mit ausländischem Geschäftsbetrieb (z. B. ein Mutterunternehmen) oder einen ausländischen Geschäftsbetrieb (z. B. ein Tochterunternehmen oder eine Niederlassung) handelt – gemäß Paragraph 9–14 seine funktionale Währung fest. Das Unternehmen rechnet die Fremdwährungsposten in die funktionale Währung um und weist die Auswirkungen einer solchen Umrechnung gemäß den Paragraphen 20–37 und 50 aus.

18   Viele berichtende Unternehmen bestehen aus mehreren Einzelunternehmen (z. B. umfasst eine Unternehmensgruppe ein Mutterunternehmen und ein oder mehrere Tochterunternehmen). Verschiedene Arten von Unternehmen, ob Mitglieder einer Unternehmensgruppe oder sonstige Unternehmen, können Beteiligungen an assoziierten Unternehmen oder Joint Ventures haben. Sie können auch Niederlassungen unterhalten. Es ist erforderlich, dass die Vermögens-, Finanz- und Ertragslage jedes einzelnen Unternehmens, das in das berichtende Unternehmen integriert ist, in die Währung umgerechnet wird, in der das berichtende Unternehmen seinen Abschluss veröffentlicht. Dieser Standard gestattet es einem berichtenden Unternehmen, seine Darstellungswährung (oder -währungen) frei zu wählen. Die Vermögens-, Finanz- und Ertragslage jedes einzelnen Unternehmens innerhalb des berichtenden Unternehmens, dessen funktionale Währung von der Darstellungswährung abweicht, ist gemäß den Paragraphen 38–50 umzurechnen.

19   Dieser Standard gestattet es auch einzelnen Unternehmen, die Abschlüsse erstellen, oder Unternehmen, die separate Einzelabschlüsse nach IFRS gemäß IAS 27 *Konzern- und separate Einzelabschlüsse nach IFRS* erstellen, ihre Abschlüsse in jeder beliebigen Währung (oder Währungen) zu veröffentlichen. Weicht die Darstellungswährung eines Unternehmens von seiner funktionalen Währung ab, ist seine Vermögens-, Finanz- und Ertragslage ebenfalls gemäß den Paragraphen 38–50 in die Darstellungswährung umzurechnen.

Net Investment in a Foreign Operation

An entity may have a monetary item that is receivable from or payable to a foreign operation. An item for which settlement is neither planned nor likely to occur in the foreseeable future is, in substance, a part of the entity's net investment in that foreign operation, and is accounted for in accordance with paragraphs 32 and 33. Such monetary items may include long-term receivables or loans. They do not include trade receivables or trade payables. **15**

The entity that has a monetary item receivable from or payable to a foreign operation described in paragraph 15 may be any subsidiary of the group. For example, an entity has two subsidiaries, A and B. Subsidiary B is a foreign operation. Subsidiary A grants a loan to Subsidiary B. Subsidiary A's loan receivable from Subsidiary B would be part of the entity's net investment in Subsidiary B if settlement of the loan is neither planned nor likely to occur in the foreseeable future. This would also be true if Subsidiary A were itself a foreign operation. **15A**

Monetary Items

The essential feature of a monetary item is a right to receive (or an obligation to deliver) a fixed or determinable number of units of currency. Examples include: pensions and other employee benefits to be paid in cash; provisions that are to be settled in cash; and cash dividends that are recognised as a liability. Similarly, a contract to receive (or deliver) a variable number of the entity's own equity instruments or a variable amount of assets in which the fair value to be received (or delivered) equals a fixed or determinable number of units of currency is a monetary item. Conversely, the essential feature of a non-monetary item is the absence of a right to receive (or an obligation to deliver) a fixed or determinable number of units of currency. Examples include: amounts prepaid for goods and services (eg prepaid rent); goodwill; intangible assets; inventories; property, plant and equipment; and provisions that are to be settled by the delivery of a non-monetary asset. **16**

SUMMARY OF THE APPROACH REQUIRED BY THIS STANDARD

In preparing financial statements, each entity—whether a stand-alone entity, an entity with foreign operations (such as a parent) or a foreign operation (such as a subsidiary or branch) — determines its functional currency in accordance with paragraphs 9—14. The entity translates foreign currency items into its functional currency and reports the effects of such translation in accordance with paragraphs 20—37 and 50. **17**

Many reporting entities comprise a number of individual entities (eg a group is made up of a parent and one or more subsidiaries). Various types of entities, whether members of a group or otherwise, may have investments in associates or joint ventures. They may also have branches. It is necessary for the results and financial position of each individual entity included in the reporting entity to be translated into the currency in which the reporting entity presents its financial statements. This Standard permits the presentation currency of a reporting entity to be any currency (or currencies). The results and financial position of any individual entity within the reporting entity whose functional currency differs from the presentation currency are translated in accordance with paragraphs 38—50. **18**

This Standard also permits a stand-alone entity preparing financial statements or an entity preparing separate financial statements in accordance with IAS 27 *Consolidated and Separate Financial* Statements to present its financial statements in any currency (or currencies). If the entity's presentation currency differs from its functional currency, its results and financial position are also translated into the presentation currency in accordance with paragraphs 38—50. **19**

IAS 21

BILANZIERUNG VON FREMDWÄHRUNGSTRANSAKTIONEN IN DER FUNKTIONALEN WÄHRUNG

Erstmaliger Ansatz

20 Eine Fremdwährungstransaktion ist ein Geschäftsvorfall, dessen Wert in einer Fremdwährung angegeben ist oder der die Erfüllung in einer Fremdwährung erfordert, einschließlich Geschäftsvorfällen, die auftreten, wenn ein Unternehmen:
 (a) Waren oder Dienstleistungen kauft oder verkauft, deren Preise in einer Fremdwährung angegeben sind;
 (b) Mittel aufnimmt oder verleiht, wobei der Wert der Verbindlichkeiten oder Forderungen in einer Fremdwährung angegeben ist;
 oder
 (c) auf sonstige Weise Vermögenswerte erwirbt oder veräußert oder Schulden eingeht oder begleicht, deren Wert in einer Fremdwährung angegeben ist.

21 **Die Fremdwährungstransaktion ist erstmalig in der funktionalen Währung anzusetzen, indem der Fremdwährungsbetrag mit dem am jeweiligen Tag des Geschäftsvorfalles gültigen Kassakurs zwischen der funktionalen Währung und der Fremdwährung umgerechnet wird.**

22 Der Tag des Geschäftsvorfalls ist der Tag, an dem der Geschäftsvorfall erstmals gemäß den International Financial Reporting Standards ansetzbar ist. Aus praktischen Erwägungen wird häufig ein Kurs verwendet, der einen Näherungswert für den aktuellen Kurs am Tag des Geschäftsvorfalles darstellt. So kann beispielsweise der Durchschnittskurs einer Woche oder eines Monats für alle Geschäftsvorfälle in der jeweiligen Fremdwährung verwendet werden. Bei stark schwankenden Wechselkursen ist jedoch die Verwendung von Durchschnittskursen für einen Zeitraum unangemessen.

Bilanzierung in Folgeperioden

23 **Zu jedem Bilanzstichtag:**
 (a) Monetäre Posten in einer Fremdwährung sind unter Verwendung des Stichtagskurses umzurechnen;
 (b) nicht monetäre Posten, die zu historischen Anschaffungs- oder Herstellungskosten in einer Fremdwährung bewertet wurden, sind mit dem Kurs am Tag des Geschäftsvorfalles umzurechnen;
 und
 (c) nicht monetäre Posten, die mit ihrem beizulegenden Zeitwert in einer Fremdwährung bewertet wurden, sind mit dem Kurs umzurechnen, der am Tag der Ermittlung des Wertes gültig war.

24 Der Buchwert eines Postens wird in Verbindung mit anderen einschlägigen Standards ermittelt. Beispielsweise können Sachanlagen zum beizulegenden Zeitwert oder zu den historischen Anschaffungs- oder Herstellungskosten gemäß IAS 16 *Sachanlagen* bewertet werden. Unabhängig davon, ob der Buchwert zu den historischen Anschaffungs- oder Herstellungskosten oder zum beizulegenden Zeitwert bestimmt wird, hat bei einer Ermittlung dieses Wertes in einer Fremdwährung eine Umrechnung in die funktionale Währung gemäß diesem Standard zu erfolgen.

25 Der Buchwert einiger Posten wird durch den Vergleich von zwei oder mehr Beträgen ermittelt. Beispielsweise entspricht der Buchwert von Vorräten gemäß IAS 2 *Vorräte* dem niedrigeren Wert aus Anschaffungs- oder Herstellungskosten und Nettoveräußerungswert. Auf ähnliche Weise wird gemäß IAS 36 *Wertminderung von Vermögenswerten* der Buchwert eines Vermögenswertes, bei dem ein Anhaltspunkt auf Wertminderung vorliegt, zu dem niedrigeren Wert aus dem Buchwert vor einer Erfassung des möglichen Wertminderungsaufwands und seinem erzielbaren Betrag angesetzt. Handelt es sich dabei um einen nicht monetären Vermögenswert, der in einer Fremdwährung bewertet wird, ergibt sich der Buchwert aus einem Vergleich zwischen:
 (a) den Anschaffungs- oder Herstellungskosten oder gegebenenfalls dem Buchwert, die bzw. der mit dem Wechselkurs am Tag der Ermittlung dieses Wertes umgerechnet wird (d. h. zum Kurs am Tag des Geschäftsvorfalls bei einem Posten, der zu den historischen Anschaffungs- oder Herstellungskosten bewertet wird);
 und
 (b) dem Nettoveräußerungswert oder gegebenenfalls dem erzielbaren Betrag, der mit dem Wechselkurs am Tag der Ermittlung dieses Wertes umgerechnet wird (d. h. zum Stichtagskurs am Bilanzstichtag).
Dieser Vergleich kann dazu führen, dass ein Wertminderungsaufwand in der funktionalen Währung, jedoch nicht in der Fremdwährung erfasst wird oder umgekehrt.

IAS 21

REPORTING FOREIGN CURRENCY TRANSACTIONS IN THE FUNCTIONAL CURRENCY

Initial Recognition

20 A foreign currency transaction is a transaction that is denominated or requires settlement in a foreign currency, including transactions arising when an entity:
(a) buys or sells goods or services whose price is denominated in a foreign currency;
(b) borrows or lends funds when the amounts payable or receivable are denominated in a foreign currency; or
(c) otherwise acquires or disposes of assets, or incurs or settles liabilities, denominated in a foreign currency.

21 A foreign currency transaction shall be recorded, on initial recognition in the functional currency, by applying to the foreign currency amount the spot exchange rate between the functional currency and the foreign currency at the date of the transaction.

22 The date of a transaction is the date on which the transaction first qualifies for recognition in accordance with International Financial Reporting Standards. For practical reasons, a rate that approximates the actual rate at the date of the transaction is often used, for example, an average rate for a week or a month might be used for all transactions in each foreign currency occurring during that period. However, if exchange rates fluctuate significantly, the use of the average rate for a period is inappropriate.

Reporting at Subsequent Balance Sheet Dates

23 At each balance sheet date:
(a) foreign currency monetary items shall be translated using the closing rate;
(b) non-monetary items that are measured in terms of historical cost in a foreign currency shall be translated using the exchange rate at the date of the transaction; and
(c) non-monetary items that are measured at fair value in a foreign currency shall be translated using the exchange rates at the date when the fair value was determined.

24 The carrying amount of an item is determined in conjunction with other relevant Standards. For example, property, plant and equipment may be measured in terms of fair value or historical cost in accordance with IAS 16 *Property, Plant and Equipment*. Whether the carrying amount is determined on the basis of historical cost or on the basis of fair value, if the amount is determined in a foreign currency it is then translated into the functional currency in accordance with this Standard.

25 The carrying amount of some items is determined by comparing two or more amounts. For example, the carrying amount of inventories is the lower of cost and net realisable value in accordance with IAS 2 *Inventories*. Similarly, in accordance with IAS 36 *Impairment of Assets*, the carrying amount of an asset for which there is an indication of impairment is the lower of its carrying amount before considering possible impairment losses and its recoverable amount. When such an asset is non-monetary and is measured in a foreign currency, the carrying amount is determined by comparing:
(a) the cost or carrying amount, as appropriate, translated at the exchange rate at the date when that amount was determined (ie the rate at the date of the transaction for an item measured in terms of historical cost); and
(b) the net realisable value or recoverable amount, as appropriate, translated at the exchange rate at the date when that value was determined (eg the closing rate at the balance sheet date).
The effect of this comparison may be that an impairment loss is recognised in the functional currency but would not be recognised in the foreign currency, or vice versa.

26 Sind mehrere Wechselkurse verfügbar, wird der Kurs verwendet, zu dem die zukünftigen Cash Flows, die durch den Geschäftsvorfall oder Saldo dargestellt werden, hätten abgerechnet werden können, wenn sie am Bewertungsstichtag stattgefunden hätten. Sollte der Umtausch zwischen zwei Währungen vorübergehend ausgesetzt sein, ist der erste darauf folgende Kurs zu verwenden, zu dem ein Umtausch wieder möglich war.

Ansatz von Umrechnungsdifferenzen

27 Wie in Paragraph 3 angemerkt, werden Sicherungsgeschäfte für Fremdwährungsposten gemäß IAS 39 bilanziert. Bei der Bilanzierung von Sicherungsgeschäften ist ein Unternehmen verpflichtet, einige Umrechnungsdifferenzen anders zu behandeln, als es den Bestimmungen dieses Standards entspricht. Beispielsweise sind Umrechnungsdifferenzen bei monetären Posten, die als Sicherungsinstrumente zum Zwecke der Absicherung des Cash Flows eingesetzt werden, für die Dauer der Wirksamkeit des Sicherungsgeschäfts zunächst im Eigenkapital zu erfassen.

28 **Umrechnungsdifferenzen, die sich aus dem Umstand ergeben, dass monetäre Posten zu einem anderen Kurs abgewickelt oder umgerechnet werden als dem, zu dem sie bei der erstmaligen Erfassung während der Berichtsperiode oder in früheren Abschlüssen umgerechnet wurden, sind mit Ausnahme der in Paragraph 32 beschriebenen Fälle im Ergebnis der Berichtsperiode zu erfassen, in der diese Differenzen entstehen.**

29 Eine Umrechnungsdifferenz ergibt sich, wenn bei monetären Posten aus einer Fremdwährungstransaktion am Tag des Geschäftsvorfalls und am Tag der Abwicklung unterschiedliche Wechselkurse bestehen. Erfolgt die Abwicklung des Geschäftsvorfalls innerhalb der gleichen Berichtsperiode wie die erstmalige Erfassung, wird die Umrechnungsdifferenz in dieser Periode berücksichtigt. Wird der Geschäftsvorfall jedoch in einer späteren Berichtsperiode abgewickelt, so wird die Umrechnungsdifferenz, die in jeder dazwischen liegenden Periode bis zur Periode, in welcher der Ausgleich erfolgt, erfasst wird, durch die Änderungen der Wechselkurse während der Periode bestimmt.

30 **Wird ein Gewinn oder Verlust aus einem nicht monetären Posten direkt im Eigenkapital erfasst, ist jeder Umrechnungsbestandteil dieses Gewinns oder Verlusts ebenfalls direkt im Eigenkapital zu erfassen. Umgekehrt gilt: Wird ein Gewinn oder Verlust aus einem nicht monetären Posten im Ergebnis erfasst, ist jeder Umrechnungsbestandteil dieses Gewinns oder Verlusts ebenfalls im Ergebnis zu erfassen.**

31 Andere Standards schreiben die Erfassung von Gewinnen und Verlusten direkt im Eigenkapital vor. Beispielsweise besteht nach IAS 16 die Verpflichtung, einige Gewinne und Verluste aus der Neubewertung von Sachanlagen direkt im Eigenkapital zu erfassen. Wird ein solcher Vermögenswert in einer Fremdwährung bewertet, ist der neubewertete Betrag gemäß Paragraph 23(c) zu dem Kurs am Tag der Wertermittlung umzurechnen, was zu einer Umrechnungsdifferenz führt, die ebenfalls im Eigenkapital zu erfassen ist.

32 **Umrechnungsdifferenzen aus einem monetären Posten, der Teil einer Nettoinvestition des berichtenden Unternehmens in einen ausländischen Geschäftsbetrieb ist (siehe Paragraph 15), sind im separaten Einzelabschluss des berichtenden Unternehmens nach IFRS oder gegebenenfalls im Einzelabschluss des ausländischen Geschäftsbetriebs im Ergebnis zu erfassen. In dem Abschluss, der den ausländischen Geschäftsbetrieb und das berichtende Unternehmen enthält (z. B. dem Konzernabschluss, wenn der ausländische Geschäftsbetrieb ein Tochterunternehmen ist), werden solche Umrechnungsdifferenzen zunächst als separater Bestandteil des Eigenkapitals angesetzt und bei einer Veräußerung der Nettoinvestition gemäß Paragraph 48 im Ergebnis erfasst.**

33 Wenn ein monetärer Posten Teil einer Nettoinvestition des berichtenden Unternehmens in einen ausländischen Geschäftsbetrieb ist und in der funktionalen Währung des berichtenden Unternehmens angegeben wird, ergeben sich in den Einzelabschlüssen des ausländischen Geschäftsbetriebs Umrechnungsdifferenzen gemäß Paragraph 28. Wird ein solcher Posten in der funktionalen Währung des ausländischen Geschäftsbetriebs angegeben, entsteht im separaten Einzelabschluss des berichtenden Unternehmens eine Umrechnungsdifferenz gemäß Paragraph 28. Wird ein solcher Posten in einer anderen Währung als der funktionalen Währung des berichtenden Unternehmens oder des ausländischen Geschäftsbetriebs angegeben, entstehen im separaten Einzelabschluss des berichtenden Unternehmens und in den Einzelabschlüssen des ausländischen Geschäftsbetriebs Umrechnungsdifferenzen gemäß Paragraph 28. Derartige Umrechnungsdifferenzen werden in Abschlüssen, die den ausländischen Geschäftsbetrieb und das berichtende Unternehmen enthalten (d. h. Abschlüsse, in denen der ausländische Geschäftsbetrieb konsolidiert, quotenkonsolidiert oder nach der Equity-Methode bilanziert wird), als separater Bestandteil des Eigenkapitals umgegliedert.

When several exchange rates are available, the rate used is that at which the future cash flows represented by the transaction or balance could have been settled if those cash flows had occurred at the measurement date. If exchangeability between two currencies is temporarily lacking, the rate used is the first subsequent rate at which exchanges could be made.

Recognition of Exchange Differences

As noted in paragraph 3, IAS 39 applies to hedge accounting for foreign currency items. The application of hedge accounting requires an entity to account for some exchange differences differently from the treatment of exchange differences required by this Standard. For example, IAS 39 requires that exchange differences on monetary items that qualify as hedging instruments in a cash flow hedge are reported initially in equity to the extent that the hedge is effective.

Exchange differences arising on the settlement of monetary items or on translating monetary items at rates different from those at which they were translated on initial recognition during the period or in previous financial statements shall be recognised in profit or loss in the period in which they arise, except as described in paragraph 32.

When monetary items arise from a foreign currency transaction and there is a change in the exchange rate between the transaction date and the date of settlement, an exchange difference results. When the transaction is settled within the same accounting period as that in which it occurred, all the exchange difference is recognised in that period. However, when the transaction is settled in a subsequent accounting period, the exchange difference recognised in each period up to the date of settlement is determined by the change in exchange rates during each period.

When a gain or loss on a non-monetary item is recognised directly in equity, any exchange component of that gain or loss shall be recognised directly in equity. Conversely, when a gain or loss on a non-monetary item is recognised in profit or loss, any exchange component of that gain or loss shall be recognised in profit or loss.

Other Standards require some gains and losses to be recognised directly in equity. For example, IAS 16 requires some gains and losses arising on a revaluation of property, plant and equipment to be recognised directly in equity. When such an asset is measured in a foreign currency, paragraph 23(c) of this Standard requires the revalued amount to be translated using the rate at the date the value is determined, resulting in an exchange difference that is also recognised in equity.

Exchange differences arising on a monetary item that forms part of a reporting entity's net investment in a foreign operation (see paragraph 15) shall be recognised in profit or loss in the separate financial statements of the reporting entity or the individual financial statements of the foreign operation, as appropriate. In the financial statements that include the foreign operation and the reporting entity (eg consolidated financial statements when the foreign operation is a subsidiary), such exchange differences shall be recognised initially in a separate component of equity and recognised in profit or loss on disposal of the net investment in accordance with paragraph 48.

When a monetary item forms part of a reporting entity's net investment in a foreign operation and is denominated in the functional currency of the reporting entity, an exchange difference arises in the foreign operation's individual financial statements in accordance with paragraph 28. If such an item is denominated in the functional currency of the foreign operation, an exchange difference arises in the reporting entity's separate financial statements in accordance with paragraph 28. If such an item is denominated in a currency other than the functional currency of either the reporting entity or the foreign operation, an exchange difference arises in the reporting entity's separate financial statements and in the foreign operation's individual financial statements in accordance with paragraph 28. Such exchange differences are reclassified to the separate component of equity in the financial statements that include the foreign operation and the reporting entity (ie financial statements in which the foreign operation is consolidated, proportionately consolidated or accounted for using the equity method).

34 Führt ein Unternehmen seine Bücher und Aufzeichnungen in einer anderen Währung als seiner funktionalen Währung, sind bei der Erstellung seines Abschlusses alle Beträge gemäß den Paragraphen 20–26 in die funktionale Währung umzurechnen. Daraus ergeben sich die gleichen Beträge in der funktionalen Währung, als wenn die Posten ursprünglich in der funktionalen Währung erfasst worden wären. Beispielsweise werden monetäre Posten zum Stichtagskurs und nicht monetäre Posten, die zu den historischen Anschaffungs- oder Herstellungskosten bewertet werden, zum Wechselkurs am Tag des Geschäftsvorfalls, der zu ihrer Erfassung geführt hat, in die funktionale Währung umgerechnet.

Wechsel der funktionalen Währung

35 **Bei einem Wechsel der funktionalen Währung hat das Unternehmen die für die neue funktionale Währung geltenden Umrechnungsverfahren prospektiv ab dem Zeitpunkt des Wechsels anzuwenden.**

36 Wie in Paragraph 13 erwähnt, spiegelt die funktionale Währung eines Unternehmens die zugrunde liegenden Geschäftsvorfälle, Ereignisse und Umstände wider, die für das Unternehmen relevant sind. Daraus folgt, dass eine funktionale Währung nach ihrer Festlegung nur dann geändert werden kann, wenn sich diese zugrunde liegenden Geschäftsvorfälle, Ereignisse und Umstände ebenfalls geändert haben. Ein Wechsel der funktionalen Währung kann beispielsweise dann angebracht sein, wenn sich die Währung ändert, die den größten Einfluss auf die Verkaufspreise der Waren und Dienstleistungen eines Unternehmens hat.

37 Die Auswirkungen eines Wechsels der funktionalen Währung werden prospektiv bilanziert. Das bedeutet, dass ein Unternehmen alle Posten zum Kurs am Tag des Wechsels in die neue funktionale Währung umrechnet. Die daraus resultierenden umgerechneten Beträge der nicht monetären Vermögenswerte werden als historische Anschaffungs- oder Herstellungskosten dieser Posten behandelt. Umrechnungsdifferenzen, die sich aus der Umrechnung eines bisher gemäß den Paragraphen 32 und 39(c) als Eigenkapital klassifizierten ausländischen Geschäftsbetriebs ergeben, werden erst bei dessen Veräußerung im Ergebnis erfasst.

VERWENDUNG EINER ANDEREN DARSTELLUNGSWÄHRUNG ALS DER FUNKTIONALEN WÄHRUNG

Umrechnung in die Darstellungswährung

38 Ein Unternehmen kann seinen Abschluss in jeder beliebigen Währung (oder Währungen) veröffentlichen. Weicht die Darstellungswährung von der funktionalen Währung des Unternehmens ab, ist seine Vermögens-, Finanz- und Ertragslage in die Darstellungswährung umzurechnen. Beispielsweise würde eine Unternehmensgruppe, die aus mehreren Einzelunternehmen mit verschiedenen funktionalen Währungen besteht, die Vermögens-, Finanz- und Ertragslage der einzelnen Unternehmen in einer gemeinsamen Währung ausdrücken, so dass ein Konzernabschluss aufgestellt werden kann.

39 **Die Vermögens-, Finanz- und Ertragslage eines Unternehmens, dessen funktionale Währung keine Währung eines Hochinflationslandes ist, wird unter Anwendung der folgenden Verfahren in eine andere Darstellungswährung umgerechnet:**
   (a) **Vermögenswerte und Schulden für alle dargestellten Bilanzen (d. h. einschließlich Vergleichsinformationen) sind zum Stichtagskurs der jeweiligen Bilanz umzurechnen;**
   (b) **Erträge und Aufwendungen für alle Gewinn- und Verlustrechnungen (d. h. einschließlich Vergleichsinformationen) sind zum Wechselkurs am Tag des Geschäftsvorfalls umzurechnen; und**
   (c) **alle sich ergebenden Umrechnungsdifferenzen sind als separater Bestandteil des Eigenkapitals anzusetzen.**

40 Aus praktischen Erwägungen wird zur Umrechnung von Ertrags- und Aufwandsposten häufig ein Kurs verwendet, der einen Näherungswert für den Umrechnungskurs am Tag des Geschäftsvorfalls darstellt, beispielsweise der Durchschnittskurs einer Periode. Bei stark schwankenden Wechselkursen ist jedoch die Verwendung von Durchschnittskursen für einen Zeitraum unangemessen.

41 Die in Paragraph 39(c) genannten Umrechnungsdifferenzen ergeben sich aus:
   (a) der Umrechnung von Erträgen und Aufwendungen zu den Wechselkursen an den Tagen der Geschäftsvorfälle und der Vermögenswerte und Schulden zum Stichtagskurs. Solche Umrechnungsdifferenzen entstehen sowohl bei Ertrags- und Aufwandsposten, die im Ergebnis erfasst werden, als auch solchen, die direkt im Eigenkapital erfasst werden.

When an entity keeps its books and records in a currency other than its functional currency, at the time the entity prepares its financial statements all amounts are translated into the functional currency in accordance with paragraphs 20—26. This produces the same amounts in the functional currency as would have occurred had the items been recorded initially in the functional currency. For example, monetary items are translated into the functional currency using the closing rate, and non-monetary items that are measured on a historical cost basis are translated using the exchange rate at the date of the transaction that resulted in their recognition. 34

Change in Functional Currency

When there is a change in an entity's functional currency, the entity shall apply the translation procedures applicable to the new functional currency prospectively from the date of the change. 35

As noted in paragraph 13, the functional currency of an entity reflects the underlying transactions, events and conditions that are relevant to the entity. Accordingly, once the functional currency is determined, it can be changed only if there is a change to those underlying transactions, events and conditions. For example, a change in the currency that mainly influences the sales prices of goods and services may lead to a change in an entity's functional currency. 36

The effect of a change in functional currency is accounted for prospectively. In other words, an entity translates all items into the new functional currency using the exchange rate at the date of the change. The resulting translated amounts for non-monetary items are treated as their historical cost. Exchange differences arising from the translation of a foreign operation previously classified in equity in accordance with paragraphs 32 and 39(c) are not recognised in profit or loss until the disposal of the operation. 37

USE OF A PRESENTATION CURRENCY OTHER THAN THE FUNCTIONAL CURRENCY

Translation to the Presentation Currency

An entity may present its financial statements in any currency (or currencies). If the presentation currency differs from the entity's functional currency, it translates its results and financial position into the presentation currency. For example, when a group contains individual entities with different functional currencies, the results and financial position of each entity are expressed in a common currency so that consolidated financial statements may be presented. 38

The results and financial position of an entity whose functional currency is not the currency of a hyperinflationary economy shall be translated into a different presentation currency using the following procedures: 39
(a) **assets and liabilities for each balance sheet presented (ie including comparatives) shall be translated at the closing rate at the date of that balance sheet;**
(b) **income and expenses for each income statement (ie including comparatives) shall be translated at exchange rates at the dates of the transactions; and**
(c) **all resulting exchange differences shall be recognised as a separate component of equity.**

For practical reasons, a rate that approximates the exchange rates at the dates of the transactions, for example an average rate for the period, is often used to translate income and expense items. However, if exchange rates fluctuate significantly, the use of the average rate for a period is inappropriate. 40

The exchange differences referred to in paragraph 39(c) result from: 41
(a) translating income and expenses at the exchange rates at the dates of the transactions and assets and liabilities at the closing rate. Such exchange differences arise both on income and expense items recognised in profit or loss and on those recognised directly in equity.

(b) der Umrechnung des Eröffnungswertes des Reinvermögens zu einem Stichtagskurs, der vom vorherigen Stichtagskurs abweicht.

Diese Umrechnungsdifferenzen werden nicht im Ergebnis erfasst, weil die Änderungen in den Wechselkursen nur einen geringen oder überhaupt keinen direkten Einfluss auf den gegenwärtigen und künftigen operativen Cash Flow haben. Beziehen sich die Umrechnungsdifferenzen auf einen ausländischen Geschäftsbetrieb, der konsolidiert wird, jedoch nicht vollständig im Besitz des Mutterunternehmens steht, so sind die kumulierten Umrechnungsdifferenzen, die aus Minderheitsanteilen stammen und diesen zuzurechnen sind, diesem Minderheitenanteil zuzuweisen und als Teil der Minderheiten in der Konzernbilanz anzusetzen.

42 Die Vermögens-, Finanz- und Ertragslage eines Unternehmens, dessen funktionale Währung die Währung eines Hochinflationslandes ist, wird unter Anwendung der folgenden Verfahren in eine andere Darstellungswährung umgerechnet:
(a) alle Beträge (d. h. Vermögenswerte, Schulden, Eigenkapitalposten, Erträge und Aufwendungen, einschließlich Vergleichsinformationen) sind zum Stichtagskurs der letzten Bilanz umzurechnen, mit folgender Ausnahme:
(b) bei der Umrechnung von Beträgen in die Währung eines Nicht-Hochinflationslandes sind als Vergleichswerte die Beträge heranzuziehen, die im betreffenden Vorjahresabschluss als Beträge des aktuellen Jahres ausgewiesen wurden (d. h. es erfolgt keine Anpassung zur Berücksichtigung späterer Preisänderungen oder späterer Änderungen der Wechselkurse).

43 Handelt es sich bei der funktionalen Währung eines Unternehmens um die Währung eines Hochinflationslandes, hat das Unternehmen seinen Abschluss gemäß IAS 29 Rechnungslegung in *Hochinflationsländern* anzupassen, bevor es die in Paragraph 42 genannte Umrechnungsmethode anwendet. Davon ausgenommen sind Vergleichsbeträge, die in die Währung eines Nicht-Hochinflationslandes umgerechnet werden (siehe Paragraph 42(b)). Wenn ein bisheriges Hochinflationsland nicht mehr als solches eingestuft wird und das Unternehmen seinen Abschluss nicht mehr gemäß IAS 29 anpasst, sind als historische Anschaffungs- oder Herstellungskosten für die Umrechnung in die Darstellungswährung die an das Preisniveau angepassten Beträge maßgeblich, die zu dem Zeitpunkt galten, an dem das Unternehmen mit der Anpassung seines Abschlusses aufgehört hat.

Umrechnung eines ausländischen Geschäftsbetriebs

44 Die Paragraphen 45–47 finden zusätzlich zu den Paragraphen 38–43 Anwendung, wenn die Vermögens-, Finanz- und Ertragslage eines ausländischen Geschäftsbetriebs in eine Darstellungswährung umgerechnet wird, damit der ausländische Geschäftsbetrieb durch Vollkonsolidierung, Quotenkonsolidierung oder durch die Equity-Methode in den Abschluss des berichtenden Unternehmens einbezogen werden kann.

45 Die Einbeziehung der Vermögens-, Finanz- und Ertragslage eines ausländischen Geschäftsbetriebs in den Abschluss des berichtenden Unternehmens folgt den üblichen Konsolidierungsverfahren. Dazu zählen etwa die Eliminierung von konzerninternen Salden und Transaktionen mit einem Tochterunternehmen (siehe IAS 27 *Konzern- und separate Einzelabschlüsse nach IFRS* und IAS 31 *Anteile an Joint Ventures*). Ein konzerninterner monetärer Vermögenswert (oder eine konzerninterne monetäre Schuld), ob kurzfristig oder langfristig, darf jedoch nur dann mit einem entsprechenden konzerninternen Vermögenswert (oder einer konzerninternen Schuld) verrechnet werden, wenn das Ergebnis von Währungsschwankungen im Konzernabschluss ausgewiesen wird. Dies ist deshalb der Fall, weil der monetäre Posten eine Verpflichtung darstellt, eine Währung in eine andere umzuwandeln, und das berichtende Unternehmen einen Gewinn oder Verlust aus Währungsschwankungen zu verzeichnen hat. Demgemäß wird eine derartige Umrechnungsdifferenz im Konzernabschluss des berichtenden Unternehmens weiter im Ergebnis erfasst, es sei denn, sie stammt aus Umständen, die in Paragraph 32 beschrieben wurden. In diesen Fällen wird sie bis zur Veräußerung des ausländischen Geschäftsbetriebs als Eigenkapital klassifiziert.

46 Wird der Abschluss eines ausländischen Geschäftsbetriebs zu einem anderen Stichtag als dem Stichtag des berichtenden Unternehmens aufgestellt, so erstellt dieser ausländische Geschäftsbetrieb häufig einen zusätzlichen Abschluss auf den Stichtag des berichtenden Unternehmens. Erfolgt dies nicht, so kann gemäß IAS 27 ein abweichender Abschlussstichtag verwendet werden, sofern die Unterschied nicht größer als drei Monate ist und Berichtigungen für die Auswirkungen aller bedeutenden Geschäftsvorfälle oder Ereignisse vorgenommen werden, die zwischen den abweichenden Stichtagen eingetreten sind. In einem solchen Fall werden die Vermögenswerte und Schulden des ausländischen Geschäftsbetriebs zum Wechselkurs am Bilanzstichtag des ausländischen Geschäftsbetriebs umgerechnet. Treten bis zum Bilanzstichtag des berichtenden Unternehmens erhebliche Wechselkursänderungen ein, so werden Anpassungen gemäß IAS 27 vorgenommen. Der gleiche

(b) translating the opening net assets at a closing rate that differs from the previous closing rate.

These exchange differences are not recognised in profit or loss because the changes in exchange rates have little or no direct effect on the present and future cash flows from operations. When the exchange differences relate to a foreign operation that is consolidated but not wholly-owned, accumulated exchange differences arising from translation and attributable to minority interests are allocated to, and recognised as part of, minority interest in the consolidated balance sheet.

The results and financial position of an entity whose functional currency is the currency of a hyperinflationary economy shall be translated into a different presentation currency using the following procedures: 42
(a) all amounts (ie assets, liabilities, equity items, income and expenses, including comparatives) shall be translated at the closing rate at the date of the most recent balance sheet, except that
(b) when amounts are translated into the currency of a non-hyperinflationary economy, comparative amounts shall be those that were presented as current year amounts in the relevant prior year financial statements (ie not adjusted for subsequent changes in the price level or subsequent changes in exchange rates).

When an entity's functional currency is the currency of a hyperinflationary economy, the entity shall restate its financial statements in accordance with IAS 29 *Financial Reporting in Hyperinflationary Economies* before applying the translation method set out in paragraph 42, except for comparative amounts that are translated into a currency of a non-hyperinflationary economy (see paragraph 42(b)). When the economy ceases to be hyperinflationary and the entity no longer restates its financial statements in accordance with IAS 29, it shall use as the historical costs for translation into the presentation currency the amounts restated to the price level at the date the entity ceased restating its financial statements. 43

Translation of a Foreign Operation

Paragraphs 45—47, in addition to paragraphs 38—43, apply when the results and financial position of a foreign operation are translated into a presentation currency so that the foreign operation can be included in the financial statements of the reporting entity by consolidation, proportionate consolidation or the equity method. 44

The incorporation of the results and financial position of a foreign operation with those of the reporting entity follows normal consolidation procedures, such as the elimination of intragroup balances and intragroup transactions of a subsidiary (see IAS 27 *Consolidated and Separate Financial Statements* and IAS 31 *Interests in Joint Ventures*). However, an intragroup monetary asset (or liability), whether short-term or long-term, cannot be eliminated against the corresponding intragroup liability (or asset) without showing the results of currency fluctuations in the consolidated financial statements. This is because the monetary item represents a commitment to convert one currency into another and exposes the reporting entity to a gain or loss through currency fluctuations. Accordingly, in the consolidated financial statements of the reporting entity, such an exchange difference continues to be recognised in profit or loss or, if it arises from the circumstances described in paragraph 32, it is classified as equity until the disposal of the foreign operation. 45

When the financial statements of a foreign operation are as of a date different from that of the reporting entity, the foreign operation often prepares additional statements as of the same date as the reporting entity's financial statements. When this is not done, IAS 27 allows the use of a different reporting date provided that the difference is no greater than three months and adjustments are made for the effects of any significant transactions or other events that occur between the different dates. In such a case, the assets and liabilities of the foreign operation are translated at the exchange rate at the balance sheet date of the foreign operation. Adjustments are made for significant changes in exchange rates up to the balance sheet date of the reporting entity in accordance with IAS 27. The same approach is used in applying the equity method to associates and joint ventures and in applying proportionate consolidation to joint ventures in accordance with IAS 28 *Investments in Associates* and IAS 31. 46

IAS 21

Ansatz gilt für die Anwendung der Equity-Methode auf assoziierte Unternehmen und Joint Ventures und die Quotenkonsolidierung von Joint Ventures gemäß IAS 28 *Anteile an assoziierten Unternehmen* und IAS 31.

47 Jeglicher im Zusammenhang mit dem Erwerb eines ausländischen Geschäftsbetriebs entstehende Geschäfts- oder Firmenwert und jegliche am beizulegenden Zeitwert ausgerichtete Anpassungen der Buchwerte der Vermögenswerte und Schulden, die aus dem Erwerb dieses ausländischen Geschäftsbetriebs stammen, sind als Vermögenswerte und Schulden des ausländischen Geschäftsbetriebs zu behandeln. Sie werden daher in der funktionalen Währung des ausländischen Geschäftsbetriebs angegeben und sind gemäß den Paragraphen 39 und 42 zum Stichtagskurs umzurechnen.

Abgang eines ausländischen Geschäftsbetriebs

48 Beim Abgang eines ausländischen Geschäftsbetriebs sind die kumulativen Umrechnungsdifferenzen, die bis zu diesem Zeitpunkt als separater Bestandteil des Eigenkapitals abgegrenzt wurden und die sich auf diesen ausländischen Geschäftsbetrieb beziehen, im Ergebnis der gleichen Periode zu erfassen, in der auch der Gewinn oder Verlust aus dem Abgang erfasst wird.

49 Ein Unternehmen kann seine Nettoinvestition in einen ausländischen Geschäftsbetrieb durch Verkauf, Liquidation, Kapitalrückzahlung oder Betriebsaufgabe, vollständig oder als Teil dieses Geschäftsbetriebs, abgeben. Die Zahlung einer Dividende ist nur dann als teilweiser Abgang eines Geschäftsbetriebs zu betrachten, wenn die Dividende eine Rückzahlung der Finanzinvestition darstellt, was beispielsweise dann der Fall ist, wenn die Dividende aus Gewinnen vor dem Unternehmenserwerb gezahlt wird. Im Fall eines teilweisen Abganges wird nur der entsprechende Anteil der damit verbundenen kumulierten Umrechnungsdifferenz als Gewinn oder Verlust einbezogen. Eine außerplanmäßige Abschreibung des Buchwertes eines ausländischen Geschäftsbetriebs ist nicht als teilweiser Abgang zu betrachten. Entsprechend wird auch kein Teil der abgegrenzten Umrechnungsgewinne oder -verluste zum Zeitpunkt der außerplanmäßigen Abschreibung im Ergebnis erfasst.

STEUERLICHE AUSWIRKUNGEN SÄMTLICHER UMRECHNUNGSDIFFERENZEN

50 Gewinne und Verluste aus Fremdwährungstransaktionen sowie Umrechnungsdifferenzen aus der Umrechnung der Vermögens-, Finanz- und Ertragslage eines Unternehmens (einschließlich eines ausländischen Geschäftsbetriebs) können steuerliche Auswirkungen haben, die gemäß IAS 12 *Ertragssteuern* bilanziert werden.

ANGABEN

51 Die Bestimmungen hinsichtlich der funktionalen Währung in den Paragraphen 53 und 55–57 beziehen sich im Falle einer Unternehmensgruppe auf die funktionale Währung des Mutterunternehmens.

52 Folgende Angaben sind erforderlich:
(a) der Betrag der Umrechnungsdifferenzen, die im Ergebnis erfasst wurden. Davon ausgenommen sind Umrechnungsdifferenzen aus Finanzinstrumenten, die gemäß IAS 39 über das Ergebnis zu ihrem beizulegenden Zeitwert bewertet werden.
(b) der Saldo der Umrechnungsdifferenzen, der als separater Posten in das Eigenkapital eingestellt wurde, und eine Überleitungsrechnung des Betrages solcher Umrechnungsdifferenzen zum Beginn und am Ende der Berichtsperiode.

53 Wenn die Darstellungswährung nicht der funktionalen Währung entspricht, ist dieser Umstand zusammen mit der Nennung der funktionalen Währung und einer Begründung für die Verwendung einer abweichenden Währung anzugeben.

54 Bei einem Wechsel der funktionalen Währung des berichtenden Unternehmens oder eines wesentlichen ausländischen Geschäftsbetriebs sind dieser Umstand und die Gründe anzugeben, die zur Umstellung der funktionalen Währung geführt haben.

55 Veröffentlicht ein Unternehmen seinen Abschluss in einer anderen Währung als seiner funktionalen Währung, darf es den Abschluss nur dann als mit den International Financial Reporting Standards übereinstimmend bezeichnen, wenn er sämtliche Anforderungen jedes anzuwendenden Standards und jeder anzuwendenden Interpretation dieser Standards, einschließlich die in den Paragraphen 39 und 42 dargelegte Umrechnungsmethode, erfüllt.

Any goodwill arising on the acquisition of a foreign operation and any fair value adjustments to the carrying amounts of assets and liabilities arising on the acquisition of that foreign operation shall be treated as assets and liabilities of the foreign operation. Thus they shall be expressed in the functional currency of the foreign operation and shall be translated at the closing rate in accordance with paragraphs 39 and 42.   47

Disposal of a Foreign Operation

On the disposal of a foreign operation, the cumulative amount of the exchange differences deferred in the separate component of equity relating to that foreign operation shall be recognised in profit or loss when the gain or loss on disposal is recognised.   48

An entity may dispose of its interest in a foreign operation through sale, liquidation, repayment of share capital or abandonment of all, or part of, that entity. The payment of a dividend is part of a disposal only when it constitutes a return of the investment, for example when the dividend is paid out of pre-acquisition profits. In the case of a partial disposal, only the proportionate share of the related accumulated exchange difference is included in the gain or loss. A write-down of the carrying amount of a foreign operation does not constitute a partial disposal. Accordingly, no part of the deferred foreign exchange gain or loss is recognised in profit or loss at the time of a write-down.   49

TAX EFFECTS OF ALL EXCHANGE DIFFERENCES

Gains and losses on foreign currency transactions and exchange differences arising on translating the results and financial position of an entity (including a foreign operation) into a different currency may have tax effects. IAS 12 *Income Taxes* applies to these tax effects.   50

DISCLOSURE

In paragraphs 53 and 55—57 references to 'functional currency' apply, in the case of a group, to the functional currency of the parent.   51

An entity shall disclose: 52
(a) the amount of exchange differences recognised in profit or loss except for those arising on financial instruments measured at fair value through profit or loss in accordance with IAS 39; and
(b) net exchange differences classified in a separate component of equity, and a reconciliation of the amount of such exchange differences at the beginning and end of the period.

When the presentation currency is different from the functional currency, that fact shall be stated, together with disclosure of the functional currency and the reason for using a different presentation currency.   53

When there is a change in the functional currency of either the reporting entity or a significant foreign operation, that fact and the reason for the change in functional currency shall be disclosed.   54

When an entity presents its financial statements in a currency that is different from its functional currency, it shall describe the financial statements as complying with International Financial Reporting Standards only if they comply with all the requirements of each applicable Standard and each applicable Interpretation of those Standards including the translation method set out in paragraphs 39 and 42.   55

56 Ein Unternehmen stellt seinen Abschluss oder andere Finanzinformationen manchmal in einer anderen Währung als seiner funktionalen Währung dar, ohne die Anforderungen von Paragraph 55 zu erfüllen. Beispielsweise kommt es vor, dass ein Unternehmen nur ausgewählte Posten seines Abschlusses in eine andere Währung umrechnet. In anderen Fällen rechnet ein Unternehmen, dessen funktionale Währung nicht die Währung eines Hochinflationslandes ist, seinen Abschluss in eine andere Währung um, indem es für alle Posten den letzten Stichtagskurs verwendet. Derartige Umrechnungen entsprechen nicht den International Financial Reporting Standards und den in Paragraph 57 genannten erforderlichen Angaben.

57 Stellt ein Unternehmen seinen Abschluss oder andere Finanzinformationen in einer anderen Währung als seiner funktionalen Währung oder seiner Darstellungswährung dar und werden die Anforderungen von Paragraph 55 nicht erfüllt, so hat das Unternehmen:
(a) die Informationen deutlich als zusätzliche Informationen zu kennzeichnen, um sie von den Informationen zu unterscheiden, die mit den International Financial Reporting Standards übereinstimmen;
(b) die Währung anzugeben, in der die zusätzlichen Informationen dargestellt werden; und
(c) die funktionale Währung des Unternehmens und die verwendete Umrechnungsmethode zur Ermittlung der zusätzlichen Informationen anzugeben.

ZEITPUNKT DES INKRAFTTRETENS UND ÜBERGANGSVORSCHRIFTEN

58 Dieser Standard ist erstmals in der ersten Berichtsperiode eines am 1. Januar 2005 oder danach beginnenden Geschäftsjahres anzuwenden. Eine frühere Anwendung wird empfohlen. Wenn ein Unternehmen diesen Standard für Berichtsperioden anwendet, die vor dem 1. Januar 2005 beginnen, so ist diese Tatsache anzugeben.

58A *Nettoinvestition in einen ausländischen Geschäftsbetrieb* (Änderung des IAS 21), Dezember 2005, Hinzufügung von Paragraph 15A und Änderung von Paragraph 33. Diese Änderungen sind erstmals in der ersten Berichtsperiode eines am 1. Januar 2006 oder danach beginnenden Geschäftsjahrs anzuwenden. Eine frühere Anwendung wird empfohlen.

59 Ein Unternehmen hat Paragraph 47 prospektiv auf alle Erwerbe anzuwenden, die nach Beginn der Berichtsperiode, in der dieser Standard erstmalig angewendet wird, stattfinden. Eine retrospektive Anwendung des Paragraphen 47 auf frühere Erwerbe ist zulässig. Beim Erwerb eines ausländischen Geschäftsbetriebs, der prospektiv behandelt wird, jedoch vor dem Zeitpunkt der erstmaligen Anwendung dieses Standards stattgefunden hat, braucht das Unternehmen keine Anpassung der Vorjahre vorzunehmen und kann daher, sofern angemessen, den Geschäfts- oder Firmenwert und die Anpassungen an den beizulegenden Zeitwert im Zusammenhang mit diesem Erwerb als Vermögenswerte und Schulden des Unternehmens und nicht als Vermögenswerte und Schulden des ausländischen Geschäftsbetriebs behandeln. Der Geschäfts- oder Firmenwert und die Anpassungen an den beizulegenden Zeitwert sind daher bereits in der funktionalen Währung des berichtenden Unternehmens angegeben, oder es handelt sich um nicht monetäre Fremdwährungsposten, die mit dem Wechselkurs zum Zeitpunkt des Erwerbs umgerechnet werden.

60 Alle anderen Änderungen, die sich aus der Anwendung dieses Standards ergeben, sind gemäß den Bestimmungen von IAS 8 *Bilanzierungs- und Bewertungsmethoden, Änderungen von Schätzungen und Fehler* zu bilanzieren.

RÜCKNAHME ANDERER VERLAUTBARUNGEN

61 Dieser Standard ersetzt IAS 21 *Auswirkungen von Änderungen der Wechselkurse* (überarbeitet 1993).

62 Dieser Standard ersetzt folgende Interpretationen:
(a) SIC-11 *Fremdwährung – Aktivierung von Verlusten aus erheblichen Währungsabwertungen;*
(b) SIC-19 *Berichtswährung – Bewertung und Darstellung von Abschlüssen gemäß IAS 21 und IAS 29* und
(c) SIC-30 *Berichtswährung – Umrechung von der Bewertungs- in die Darstellungswährung.*

56 An entity sometimes presents its financial statements or other financial information in a currency that is not its functional currency without meeting the requirements of paragraph 55. For example, an entity may convert into another currency only selected items from its financial statements. Or, an entity whose functional currency is not the currency of a hyperinflationary economy may convert the financial statements into another currency by translating all items at the most recent closing rate. Such conversions are not in accordance with International Financial Reporting Standards and the disclosures set out in paragraph 57 are required.

57 When an entity displays its financial statements or other financial information in a currency that is different from either its functional currency or its presentation currency and the requirements of paragraph 55 are not met, it shall:
(a) clearly identify the information as supplementary information to distinguish it from the information that complies with International Financial Reporting Standards;
(b) disclose the currency in which the supplementary information is displayed; and
(c) disclose the entity's functional currency and the method of translation used to determine the supplementary information.

EFFECTIVE DATE AND TRANSITION

58 An entity shall apply this Standard for annual periods beginning on or after 1 January 2005. Earlier application is encouraged. If an entity applies this Standard for a period beginning before 1 January 2005, it shall disclose that fact.

58A *Net Investment in a Foreign Operation* (Amendment to IAS 21), issued in December 2005, added paragraph 15A and amended paragraph 33. An entity shall apply those amendments for annual periods beginning on or after 1 January 2006. Earlier application is encouraged.

59 An entity shall apply paragraph 47 prospectively to all acquisitions occurring after the beginning of the financial reporting period in which this Standard is first applied. Retrospective application of paragraph 47 to earlier acquisitions is permitted. For an acquisition of a foreign operation treated prospectively but which occurred before the date on which this Standard is first applied, the entity shall not restate prior years and accordingly may, when appropriate, treat goodwill and fair value adjustments arising on that acquisition as assets and liabilities of the entity rather than as assets and liabilities of the foreign operation. Therefore, those goodwill and fair value adjustments either are already expressed in the entity's functional currency or are non-monetary foreign currency items, which are reported using the exchange rate at the date of the acquisition.

60 All other changes resulting from the application of this Standard shall be accounted for in accordance with the requirements of IAS 8 *Accounting Policies, Changes in Accounting Estimates and Errors.*

WITHDRAWAL OF OTHER PRONOUNCEMENTS

61 This Standard supersedes IAS 21 *The Effects of Changes in Foreign Exchange Rates* (revised in 1993).

62 This Standard supersedes the following Interpretations:
(a) SIC-11 *Foreign Exchange — Capitalisation of Losses Resulting from Severe Currency Devaluations;*
(b) SIC-19 *Reporting Currency — Measurement and Presentation of Financial Statements under IAS 21 and IAS 29;* and
(c) SIC-30 *Reporting Currency — Translation from Measurement Currency to Presentation Currency.*

International Accounting Standard 23

Fremdkapitalkosten

> International Accounting Standard 23 *Fremdkapitalkosten* (IAS 23) ist in den Paragraphen 1–31 festgelegt. Alle Paragraphen sind gleichrangig, behalten jedoch das IASC-Format des Standards, mit dem dieser durch den IASB verabschiedet wurde. IAS 23 ist in Verbindung mit seiner Zielsetzung, dem *Vorwort zu den International Financial Reporting Standards* und dem *Rahmenkonzept für die Aufstellung und Darstellung von Abschlüssen* zu betrachten. IAS 8 *Bilanzierungs- und Bewertungsmethoden, Änderungen von Schätzungen und Fehler*, stellt beim Fehlen ausdrücklicher Leitlinien eine Grundlage für die Auswahl und für die Anwendung von Bilanzierungs- und Bewertungsmethoden bereit.

Dieser überarbeitete International Accounting Standard ersetzt den vom Board im März 1984 genehmigten IAS 23, Aktivierung von Fremdkapitalkosten. Der überarbeitete Standard war erstmals in der ersten Berichtsperiode eines am 1. Januar 1995 oder danach beginnenden Geschäftsjahres anzuwenden.

Eine SIC Interpretation bezieht sich auf IAS 23:
– SIC-2: Stetigkeit – Aktivierung von Fremdkapitalkosten.

INHALT

	Ziffer
Zielsetzung	
Anwendungsbereich	1–3
Definitionen	4–6
Fremdkapitalkosten – Benchmark-Methode	7–9
Erfassung als Aufwand	7–8
Angaben	9
Fremdkapitalkosten – Alternativ zulässige Methode	10–29
Erfassung	10–28
Aktivierbare Fremdkapitalkosten	13–18
Buchwert des qualifizierten Vermögenswertes ist höher als der erzielbare Betrag	19
Beginn der Aktivierung	20–22
Unterbrechung der Aktivierung	23–24
Ende der Aktivierung	25–28
Angaben	29
Übergangsvorschriften	30
Zeitpunkt des Inkrafttretens	31

Die fett gedruckten Vorschriften sind in Verbindung mit den Hintergrundmaterialien und den Anwendungsleitlinien dieses Standards sowie in Verbindung mit dem Vorwort zu den International Accounting Standards zu betrachten. International Accounting Standards brauchen nicht auf unwesentliche Sachverhalte angewendet zu werden (siehe Paragraph 12 des Vorwortes).

ZIELSETZUNG

Zielsetzung dieses Standards ist es, die Bilanzierungsmethode für Fremdkapitalkosten festzulegen. Dieser Standard fordert grundsätzlich die sofortige erfolgswirksame Aufwandsverrechnung der Fremdkapitalkosten. Allerdings gestattet der Standard als alternativ zulässige Methode die Aktivierung von Fremdkapitalkosten, die direkt dem Erwerb, dem Bau oder der Herstellung eines qualifizierten Vermögenswertes zugerechnet werden können.

International Accounting Standard 23

Borrowing costs

International Accounting Standard 23 *Borrowing costs* (IAS 23) is set out in paragraphs 1—31. All the paragraphs have equal authority but retain the IASC format of the Standard when it was adopted by the IASB. IAS 23 should be read in the context of its objective, the *Preface to International Financial Reporting Standards* and the *Framework for the Preparation and Presentation of Financial Statements*. IAS 8 *Accounting Policies, Changes in Accounting Estimates and Errors* provides a basis for selecting and applying accounting policies in the absence of explicit guidance.

This revised International Accounting Standard supersedes IAS 23, capitalisation of borrowing costs, approved by the Board in March 1984. The revised Standard became effective for financial statements covering periods beginning on or after 1 January 1995.

One SIC interpretation relates to IAS 23:
- SIC-2: consistency — capitalisation of borrowing costs.

SUMMARY	Paragraphs
Objective	
Scope	1—3
Definitions	4—6
Borrowing costs — benchmark treatment	7—9
Recognition	7—8
Disclosure	9
Borrowing costs — allowed alternative treatment	10—29
Recognition	10—28
Borrowing costs eligible for capitalisation	13—18
Excess of the carrying amount of the qualifying asset over recoverable amount	19
Commencement of capitalisation	20—22
Suspension of capitalisation	23—24
Cessation of capitalisation	25—28
Disclosure	29
Transitional provisions	30
Effective date	31

The standards, which have been set in bold type, should be read in the context of the background material and implementation guidance in this Standard, and in the context of the 'Preface to International Accounting Standards'. International Accounting Standards are not intended to apply to immaterial items (see paragraph 12 of the Preface).

OBJECTIVE

The objective of this Standard is to prescribe the accounting treatment for borrowing costs. This Standard generally requires the immediate expensing of borrowing costs. However, the Standard permits, as an allowed alternative treatment, the capitalisation of borrowing costs that are directly attributable to the acquisition, construction or production of a qualifying asset.

IAS 23

ANWENDUNGSBEREICH

1 Dieser Standard ist auf die bilanzielle Behandlung von Fremdkapitalkosten anzuwenden.

2 Dieser Standard ersetzt den ursprünglich im Jahr 1983 genehmigten IAS 23, Aktivierung von Fremdkapitalkosten

3 Dieser Standard befasst sich nicht mit den tatsächlichen oder kalkulatorischen Kosten des Eigenkapitals einschließlich solcher bevorrechtigter Kapitalbestandteile, die nicht als Schuld zu qualifizieren sind.

DEFINITIONEN

4 Folgende Begriffe werden in diesem Standard mit der angegebenen Bedeutung verwendet:
Fremdkapitalkosten sind Zinsen und weitere im Zusammenhang mit der Aufnahme von Fremdkapital angefallene Kosten eines Unternehmens.
Ein qualifizierter Vermögenswert ist ein Vermögenswert, für den ein beträchtlicher Zeitraum erforderlich ist, um ihn in seinen beabsichtigten gebrauchs- oder verkaufsfähigen Zustand zu versetzen.

5 Fremdkapitalkosten können Folgendes umfassen:
(a) Zinsen für Kontokorrentkredite sowie für kurz- und langfristige Kredite;
(b) Abschreibung von Disagien oder Agien auf Fremdkapital;
(c) Abschreibung von Nebenkosten, die im Zusammenhang mit der Fremdkapitalaufnahme angefallen sind;
(d) Finanzierungskosten aus Finanzierungs-Leasingverhältnissen, die gemäß IAS 17, Leasingverhältnisse, bilanziert werden; und
(e) Währungsdifferenzen aus Fremdwährungskrediten, soweit sie als Zinskorrektur anzusehen sind.

6 Beispiele für qualifizierte Vermögenswerte sind Vorräte, für die ein beträchtlicher Zeitraum erforderlich ist, um sie in einen verkaufsfähigen Zustand zu versetzen, ferner Fabrikationsanlagen, Energieversorgungseinrichtungen und als Finanzinvestitionen gehaltene Grundstücke und Bauten. Sonstige Finanzinvestitionen und Vorräte, die routinemäßig gefertigt oder auf andere Weise in großen Mengen wiederholt über einen kurzen Zeitraum hergestellt werden, sind keine qualifizierten Vermögenswerte. Vermögenswerte, die bereits bei Erwerb in ihrem beabsichtigten gebrauchs- oder verkaufsfähigen Zustand sind, sind ebenfalls keine qualifizierten Vermögenswerte.

FREMDKAPITALKOSTEN – BENCHMARK-METHODE

Erfassung als Aufwand

7 Fremdkapitalkosten sind in der Periode als Aufwand zu erfassen, in der sie angefallen sind.

8 Nach der Benchmark-Methode werden Fremdkapitalkosten ohne Rücksicht auf die Verwendung des Fremdkapitals in der Periode als Aufwand erfasst, in der sie angefallen sind.

Angaben

9 Im Abschluss ist die angewandte Bilanzierungsmethode für Fremdkapitalkosten anzugeben.

FREMDKAPITALKOSTEN – ALTERNATIV ZULÄSSIGE METHODE

Erfassung

10 Fremdkapitalkosten sind grundsätzlich in der Periode erfolgswirksam als Aufwand zu erfassen, in der sie angefallen sind, außer in dem Umfang, in dem sie gemäß Paragraph 11 aktiviert werden.

IAS 23

SCOPE

This Standard should be applied in accounting for borrowing costs. 1

This Standard supersedes IAS 23, capitalisation of borrowing costs, approved in 1983. 2

This Standard does not deal with the actual or imputed cost of equity, including preferred capital not classified as a liability. 3

DEFINITIONS

The following terms are used in this Standard with the meanings specified: 4
  Borrowing costs are interest and other costs incurred by an enterprise in connection with the borrowing of funds.
  A qualifying asset is an asset that necessarily takes a substantial period of time to get ready for its intended use or sale.

Borrowing costs may include: 5
(a) interest on bank overdrafts and short-term and long-term borrowings;
(b) amortisation of discounts or premiums relating to borrowings;
(c) amortisation of ancillary costs incurred in connection with the arrangement of borrowings;
(d) finance charges in respect of finance leases recognised in accordance with IAS 17, leases; and
(e) exchange differences arising from foreign currency borrowings to the extent that they are regarded as an adjustment to interest costs.

Examples of qualifying assets are inventories that require a substantial period of time to bring them to a saleable condition, manufacturing plants, power generation facilities and investment properties. Other investments, and those inventories that are routinely manufactured or otherwise produced in large quantities on a repetitive basis over a short period of time, are not qualifying assets. Assets that are ready for their intended use or sale when acquired also are not qualifying assets. 6

BORROWING COSTS—BENCHMARK TREATMENT

Recognition

Borrowing costs should be recognised as an expense in the period in which they are incurred. 7

Under the benchmark treatment borrowing costs are recognised as an expense in the period in which they are incurred regardless of how the borrowings are applied. 8

Disclosure

The financial statements should disclose the accounting policy adopted for borrowing costs. 9

BORROWING COSTS—ALLOWED ALTERNATIVE TREATMENT

Recognition

Borrowing costs should be recognised as an expense in the period in which they are incurred, except to the extent that they are capitalised in accordance with paragraph 11. 10

IAS 23

11 Fremdkapitalkosten, die direkt dem Erwerb, dem Bau oder der Herstellung eines qualifizierten Vermögenswertes zugeordnet werden können, sind als Teil der Anschaffungs- oder Herstellungskosten dieses Vermögenswertes zu aktivieren. Der Betrag der aktivierbaren Fremdkapitalkosten ist nach diesem Standard zu bestimmen[1].

12 Nach der alternativ zulässigen Methode gehören die Fremdkapitalkosten, die direkt dem Erwerb, dem Bau oder der Herstellung eines Vermögenswertes zugeordnet werden können, zu den Anschaffungs- oder Herstellungskosten dieses Vermögenswertes. Solche Fremdkapitalkosten werden als Teil der Anschaffungs- oder Herstellungskosten des Vermögenswertes aktiviert, wenn wahrscheinlich ist, dass dem Unternehmen hieraus künftiger wirtschaftlicher Nutzen erwächst und die Kosten verlässlich bewertet werden können. Andere Fremdkapitalkosten werden in der Periode als Aufwand erfasst, in der sie angefallen sind.

Aktivierbare Fremdkapitalkosten

13 Die Fremdkapitalkosten, die direkt dem Erwerb, dem Bau oder der Herstellung eines qualifizierten Vermögenswertes zugeordnet werden können, sind solche Fremdkapitalkosten, die vermieden worden wären, wenn die Ausgaben für den qualifizierten Vermögenswert nicht getätigt worden wären. Wenn ein Unternehmen speziell für die Beschaffung eines bestimmten qualifizierten Vermögenswertes Mittel aufnimmt, können die Fremdkapitalkosten, die sich direkt auf diesen qualifizierten Vermögenswert beziehen, ohne weiteres bestimmt werden.

14 Es kann schwierig sein, einen direkten Zusammenhang zwischen bestimmten Fremdkapitalaufnahmen und einem qualifizierten Vermögenswert festzustellen und die Fremdkapitalaufnahmen zu bestimmen, die andernfalls hätten vermieden werden können. Solche Schwierigkeiten ergeben sich beispielsweise, wenn die Finanzierungstätigkeit eines Unternehmens zentral koordiniert wird. Schwierigkeiten treten auch dann auf, wenn ein Konzern verschiedene Schuldinstrumente mit unterschiedlichen Zinssätzen in Anspruch nimmt und diese Mittel zu unterschiedlichen Bedingungen an andere Unternehmen des Konzerns ausleiht. Andere Komplikationen erwachsen aus der Inanspruchnahme von Fremdwährungskrediten oder von Krediten, die an Fremdwährungen gekoppelt sind, wenn der Konzern in Hochinflationsländern tätig ist, sowie aus Wechselkursschwankungen. Dies führt dazu, dass der Betrag der Fremdkapitalkosten, die direkt einem qualifizierten Vermögenswert zugeordnet werden können, schwierig zu bestimmen ist und einer Ermessensentscheidung bedarf.

15 **In dem Umfang, in dem Fremdmittel speziell für die Beschaffung eines qualifizierten Vermögenswertes aufgenommen worden sind, ist der Betrag der für diesen Vermögenswert aktivierbaren Fremdkapitalkosten als die tatsächlich in der Periode auf Grund dieser Fremdkapitalaufnahme angefallenen Fremdkapitalkosten abzüglich etwaiger Anlageerträge aus der vorübergehenden Zwischenanlage dieser Mittel zu bestimmen.**

16 Die Finanzierungsvereinbarungen für einen qualifizierten Vermögenswert können dazu führen, dass ein Unternehmen die Mittel erhält und ihm die damit verbundenen Fremdkapitalkosten entstehen, bevor diese Mittel ganz oder teilweise für Zahlungen für den qualifizierten Vermögenswert verwendet werden. Unter diesen Umständen werden die Mittel häufig vorübergehend bis zur Verwendung für den qualifizierten Vermögenswert angelegt. Bei der Bestimmung des Betrages der aktivierbaren Fremdkapitalkosten einer Periode werden alle Anlageerträge, die aus derartigen Finanzinvestitionen erzielt worden sind, von den angefallenen Fremdkapitalkosten abgezogen.

17 **In dem Umfang, in dem Mittel allgemein aufgenommen und für die Beschaffung eines qualifizierten Vermögenswertes verwendet worden sind, ist der Betrag der aktivierbaren Fremdkapitalkosten durch Anwendung eines Finanzierungskostensatzes auf die Ausgaben für diesen Vermögenswert zu bestimmen. Als Finanzierungskostensatz ist der gewogene Durchschnitt der Fremdkapitalkosten für solche Kredite des Unternehmens zugrunde zu legen, die während der Periode bestanden haben und nicht speziell für die Beschaffung eines qualifizierten Vermögenswertes aufgenommen worden sind. Der Betrag der während einer Periode aktivierten Fremdkapitalkosten darf den Betrag der in der betreffenden Periode angefallenen Fremdkapitalkosten nicht übersteigen.**

18 In manchen Fällen ist es angebracht, alle Fremdkapitalaufnahmen des Mutterunternehmens und seiner Tochterunternehmen in die Berechnung des gewogenen Durchschnittes der Fremdkapitalkosten einzubeziehen. In anderen Fällen ist es angebracht, dass jedes Tochterunternehmen den für seine eigenen Fremdkapitalaufnahmen geltenden gewogenen Durchschnitt der Fremdkapitalkosten verwendet.

---

1 Siehe auch SIC-2: Stetigkeit — Aktivierung von Fremdkapitalkosten.

Borrowing costs that are directly attributable to the acquisition, construction or production of a qualifying asset should be capitalised as part of the cost of that asset. The amount of borrowing costs eligible for capitalisation should be determined in accordance with this Standard[1]. 11

Under the allowed alternative treatment, borrowing costs that are directly attributable to the acquisition, construction or production of an asset are included in the cost of that asset. Such borrowing costs are capitalised as part of the cost of the asset when it is probable that they will result in future economic benefits to the enterprise and the costs can be measured reliably. Other borrowing costs are recognised as an expense in the period in which they are incurred. 12

Borrowing costs eligible for capitalisation

The borrowing costs that are directly attributable to the acquisition, construction or production of a qualifying asset are those borrowing costs that would have been avoided if the expenditure on the qualifying asset had not been made. When an enterprise borrows funds specifically for the purpose of obtaining a particular qualifying asset, the borrowing costs that directly relate to that qualifying asset can be readily identified. 13

It may be difficult to identify a direct relationship between particular borrowings and a qualifying asset and to determine the borrowings that could otherwise have been avoided. Such a difficulty occurs, for example, when the financing activity of an enterprise is coordinated centrally. Difficulties also arise when a group uses a range of debt instruments to borrow funds at varying rates of interest, and lends those funds on various bases to other enterprises in the group. Other complications arise through the use of loans denominated in or linked to foreign currencies, when the group operates in highly inflationary economies, and from fluctuations in exchange rates. As a result, the determination of the amount of borrowing costs that are directly attributable to the acquisition of a qualifying asset is difficult and the exercise of judgement is required. 14

To the extent that funds are borrowed specifically for the purpose of obtaining a qualifying asset, the amount of borrowing costs eligible for capitalisation on that asset should be determined as the actual borrowing costs incurred on that borrowing during the period less any investment income on the temporary investment of those borrowings. 15

The financing arrangements for a qualifying asset may result in an enterprise obtaining borrowed funds and incurring associated borrowing costs before some or all of the funds are used for expenditures on the qualifying asset. In such circumstances, the funds are often temporarily invested pending their expenditure on the qualifying asset. In determining the amount of borrowing costs eligible for capitalisation during a period, any investment income earned on such funds is deducted from the borrowing costs incurred. 16

To the extent that funds are borrowed generally and used for the purpose of obtaining a qualifying asset, the amount of borrowing costs eligible for capitalisation should be determined by applying a capitalisation rate to the expenditures on that asset. The capitalisation rate should be the weighted average of the borrowing costs applicable to the borrowings of the enterprise that are outstanding during the period, other than borrowings made specifically for the purpose of obtaining a qualifying asset. The amount of borrowing costs capitalised during a period should not exceed the amount of borrowing costs incurred during that period. 17

In some circumstances, it is appropriate to include all borrowings of the parent and its subsidiaries when computing a weighted average of the borrowing costs; in other circumstances, it is appropriate for each subsidiary to use a weighted average of the borrowing costs applicable to its own borrowings. 18

---

1 See also SIC-2: consistency — capitalisation of borrowing costs.

Buchwert des qualifizierten Vermögenswertes ist höher als der erzielbare Betrag

19 Ist der Buchwert oder sind die letztlich zu erwartenden Anschaffungs- oder Herstellungskosten des qualifizierten Vermögenswertes höher als der erzielbare Betrag dieses Gegenstandes oder sein Nettoveräußerungswert, so wird der Buchwert gemäß den Bestimmungen anderer International Accounting Standards außerplanmäßig abgeschrieben oder ausgebucht. In bestimmten Fällen wird der Betrag der außerplanmäßigen Abschreibung oder Ausbuchung gemäß diesen anderen International Accounting Standards später wieder zugeschrieben bzw. eingebucht.

Beginn der Aktivierung

20 Die Aktivierung der Fremdkapitalkosten als Teil der Anschaffungs- oder Herstellungskosten eines qualifizierten Vermögenswertes ist dann aufzunehmen, wenn
    (a) Ausgaben für den Vermögenswert anfallen;
    (b) Fremdkapitalkosten anfallen; und
    (c) die erforderlichen Arbeiten begonnen haben, um den Vermögenswert für seinen beabsichtigten Gebrauch oder Verkauf herzurichten.

21 Ausgaben für einen qualifizierten Vermögenswert umfassen nur solche Ausgaben, die durch Barzahlungen, Übertragung anderer Vermögenswerte oder die Übernahme verzinslicher Schulden erfolgt sind. Die Ausgaben werden um alle erhaltenen Abschlagszahlungen und Zuwendungen in Verbindung mit dem Vermögenswert gekürzt (siehe IAS 20, Bilanzierung und Darstellung von Zuwendungen der öffentlichen Hand). Der durchschnittliche Buchwert des Vermögenswertes während einer Periode einschließlich der früher aktivierten Fremdkapitalkosten ist in der Regel ein vernünftiger Näherungswert für die Ausgaben, auf die der Finanzierungskostensatz in der betreffenden Periode angewendet wird.

22 Die Arbeiten, die erforderlich sind, um den Vermögenswert für seinen beabsichtigten Gebrauch oder Verkauf herzurichten, umfassen mehr als die physische Herstellung des Vermögenswertes. Darin eingeschlossen sind auch technische und administrative Arbeiten vor dem Beginn der physischen Herstellung, wie beispielsweise die Tätigkeiten, die mit der Beschaffung von Genehmigungen vor Beginn der physischen Herstellung verbunden sind. Davon ausgeschlossen ist jedoch das bloße Halten eines Vermögenswertes ohne jedwede Bearbeitung oder Entwicklung, die seinen Zustand verändert. Beispielsweise werden Fremdkapitalkosten, die während der Erschließung unbebauter Grundstücke anfallen, in der Periode aktiviert, in der die mit der Erschließung zusammenhängenden Arbeiten unternommen werden. Werden jedoch für Zwecke der Bebauung erworbene Grundstücke ohne eine damit verbundene Erschließungstätigkeit gehalten, sind Fremdkapitalkosten, die während dieser Zeit anfallen, nicht aktivierbar.

Unterbrechung der Aktivierung

23 Die Aktivierung von Fremdkapitalkosten ist auszusetzen, wenn die aktive Entwicklung für einen längeren Zeitraum unterbrochen ist.

24 Fremdkapitalkosten können während eines längeren Zeitraumes anfallen, in dem die Arbeiten, die erforderlich sind, um einen Vermögenswert für den beabsichtigten Gebrauch oder Verkauf herzurichten, unterbrochen sind. Bei diesen Kosten handelt es sich um Kosten für das Halten teilweise fertig gestellter Vermögenswerte, die nicht aktivierbar sind. Im Regelfall wird die Aktivierung von Fremdkapitalkosten allerdings nicht ausgesetzt, wenn während einer Periode wesentliche technische oder administrative Leistungen erbracht worden sind. Die Aktivierung von Fremdkapitalkosten wird ferner nicht ausgesetzt, wenn eine vorübergehende Verzögerung notwendiger Prozessbestandteil ist, um den Vermögenswert für seinen beabsichtigten Gebrauch oder Verkauf herzurichten. Beispielsweise läuft die Aktivierung über einen solchen längeren Zeitraum weiter, der für die Reifung von Vorräten erforderlich ist; gleiches gilt für einen längeren Zeitraum, um den sich Brückenbauarbeiten auf Grund hoher Wasserstände verzögern, sofern mit derartigen Wasserständen innerhalb der Bauzeit in der betreffenden geographischen Region üblicherweise zu rechnen ist.

Excess of the carrying amount of the qualifying asset over recoverable amount

19 When the carrying amount or the expected ultimate cost of the qualifying asset exceeds its recoverable amount or net realisable value, the carrying amount is written down or written off in accordance with the requirements of other International Accounting Standards. In certain circumstances, the amount of the write-down or write-off is written back in accordance with those other International Accounting Standards.

Commencement of capitalisation

20 **The capitalisation of borrowing costs as part of the cost of a qualifying asset should commence when:**
(a) expenditures for the asset are being incurred;
(b) borrowing costs are being incurred; and
(c) activities that are necessary to prepare the asset for its intended use or sale are in progress.

21 Expenditures on a qualifying asset include only those expenditures that have resulted in payments of cash, transfers of other assets or the assumption of interest-bearing liabilities. Expenditures are reduced by any progress payments received and grants received in connection with the asset (see IAS 20, accounting for government grants and disclosure of government assistance). The average carrying amount of the asset during a period, including borrowing costs previously capitalised, is normally a reasonable approximation of the expenditures to which the capitalisation rate is applied in that period.

22 The activities necessary to prepare the asset for its intended use or sale encompass more than the physical construction of the asset. They include technical and administrative work prior to the commencement of physical construction, such as the activities associated with obtaining permits prior to the commencement of the physical construction. However, such activities exclude the holding of an asset when no production or development that changes the asset's condition is taking place. For example, borrowing costs incurred while land is under development are capitalised during the period in which activities related to the development are being undertaken. However, borrowing costs incurred while land acquired for building purposes is held without any associated development activity do not qualify for capitalisation.

Suspension of capitalisation

23 **Capitalisation of borrowing costs should be suspended during extended periods in which active development is interrupted.**

24 Borrowing costs may be incurred during an extended period in which the activities necessary to prepare an asset for its intended use or sale are interrupted. Such costs are costs of holding partially completed assets and do not qualify for capitalisation. However, capitalisation of borrowing costs is not normally suspended during a period when substantial technical and administrative work is being carried out. Capitalisation of borrowing costs is also not suspended when a temporary delay is a necessary part of the process of getting an asset ready for its intended use or sale. For example, capitalisation continues during the extended period needed for inventories to mature or the extended period during which high water levels delay construction of a bridge, if such high water levels are common during the construction period in the geographic region involved.

Ende der Aktivierung

25 Die Aktivierung von Fremdkapitalkosten ist zu beenden, wenn im Wesentlichen alle Arbeiten abgeschlossen sind, um den qualifizierten Vermögenswert für seinen beabsichtigten Gebrauch oder Verkauf herzurichten.

26 Ein Vermögenswert ist in der Regel dann für seinen beabsichtigten Gebrauch oder Verkauf fertig gestellt, wenn die physische Herstellung des Vermögenswertes abgeschlossen ist, auch wenn noch normale Verwaltungsarbeiten andauern. Wenn lediglich geringfügige Veränderungen ausstehen, wie die Ausstattung eines Gebäudes nach den Angaben des Käufers oder Benutzers, deutet dies darauf hin, dass im Wesentlichen alle Arbeiten abgeschlossen sind.

27 Wenn die Herstellung eines qualifizierten Vermögenswertes in Teilen abgeschlossen ist und die einzelnen Teile nutzbar sind, während der Herstellungsprozess für weitere Teile fortgesetzt wird, ist die Aktivierung der Fremdkapitalkosten zu beenden, wenn im Wesentlichen alle Arbeiten abgeschlossen sind, um den betreffenden Teil für den beabsichtigten Gebrauch oder Verkauf herzurichten.

28 Ein Gewerbepark mit mehreren Gebäuden, die jeweils einzeln genutzt werden können, ist ein Beispiel für einen qualifizierten Vermögenswert, bei dem einzelne Teile nutzbar sind, während andere Teile noch erstellt werden. Ein Beispiel für einen qualifizierten Vermögenswert, der fertig gestellt sein muss, bevor irgendein Teil genutzt werden kann, ist eine industrielle Anlage mit verschiedenen Prozessen, die nacheinander in verschiedenen Teilen der Anlage am selben Standort ablaufen, wie beispielsweise ein Stahlwerk.

Angaben

29 Folgende Angaben sind erforderlich:
   (a) die angewandte Bilanzierungsmethode für Fremdkapitalkosten;
   (b) der Betrag der in der Periode aktivierten Fremdkapitalkosten; und
   (c) der Finanzierungskostensatz, der bei der Bestimmung der aktivierbaren Fremdkapitalkosten zugrunde gelegt worden ist.

ÜBERGANGSVORSCHRIFTEN

30 Sofern die Anwendung diese Standards zu einer Änderung der Bilanzierungs- und Bewertungsmethoden führt, wird dem Unternehmen empfohlen, seinen Abschluss gemäß IAS 8 *Bilanzierungs- und Bewertungsmethoden, Änderungen von Schätzungen und Fehler,* anzupassen. Alternativ dazu aktivieren Unternehmen nur diejenigen Fremdkapitalkosten, die nach dem Inkrafttreten des Standards angefallen sind und die Aktivierungskriterien erfüllen.

ZEITPUNKT DES INKRAFTTRETENS

31 Dieser International Accounting Standard ist erstmals in der ersten Berichtsperiode eines am 1. Januar 1995 oder danach beginnenden Geschäftsjahres anzuwenden.

Cessation of capitalisation

Capitalisation of borrowing costs should cease when substantially all the activities necessary to prepare the qualifying asset for its intended use or sale are complete. 25

An asset is normally ready for its intended use or sale when the physical construction of the asset is complete even though routine administrative work might still continue. If minor modifications, such as the decoration of a property to the purchaser's or user's specification, are all that are outstanding, this indicates that substantially all the activities are complete. 26

When the construction of a qualifying asset is completed in parts and each part is capable of being used while construction continues on other parts, capitalisation of borrowing costs should cease when substantially all the activities necessary to prepare that part for its intended use or sale are completed. 27

A business park comprising several buildings, each of which can be used individually is an example of a qualifying asset for which each part is capable of being usable while construction continues on other parts. An example of a qualifying asset that needs to be complete before any part can be used is an industrial plant involving several processes which are carried out in sequence at different parts of the plant within the same site, such as a steel mill. 28

Disclosure

The financial statements should disclose: 29
(a) the accounting policy adopted for borrowing costs;
(b) the amount of borrowing costs capitalised during the period; and
(c) the capitalisation rate used to determine the amount of borrowing costs eligible for capitalisation.

TRANSITIONAL PROVISIONS

When the adoption of this Standard constitutes a change in accounting policy, an entity is encouraged to adjust its financial statements in accordance with IAS 8 *Accounting Policies, Changes in Accounting Estimates and Errors*. Alternatively, entities shall capitalise only those borrowing costs incurred after the effective date of the Standard that meet the criteria for capitalisation. 30

EFFECTIVE DATE

This International Accounting Standard becomes operative for financial statements covering periods beginning on or after 1 January 1995. 31

International Accounting Standard 24

Angaben über Beziehungen zu nahe stehenden Unternehmen und Personen

> International Accounting Standard 24 *Angaben über Beziehungen zu nahe stehenden Unternehmen und Personen* (IAS 24) ist in den Paragraphen 1–24 festgelegt. Alle Paragraphen sind gleichrangig, behalten jedoch das IASC-Format des Standards, mit dem dieser durch den IASB verabschiedet wurde. IAS 24 ist in Verbindung mit dem *Vorwort zu den International Financial Reporting Standards* und dem *Rahmenkonzept für die Aufstellung und Darstellung von Abschlüssen* zu betrachten. IAS 8 *Bilanzierungs- und Bewertungsmethoden, Änderungen von Schätzungen und Fehler*, stellt beim Fehlen ausdrücklicher Leitlinien eine Grundlage für die Auswahl und für die Anwendung von Bilanzierungs- und Bewertungsmethoden bereit.

INHALT

	Ziffer
Zielsetzung	1
Anwendungsbereich	2–4
Zweck der Angaben über Beziehungen zu nahe stehenden Unternehmen und Personen	5–8
Definitionen	9–11
Angaben	12–22
Zeitpunkt des Inkrafttretens	23
Rücknahme von IAS 24 (umgegliedert 1994)	24

Dieser überarbeitete Standard ersetzt IAS 24 (umgegliedert 1994) *Angaben über Beziehungen zu nahe stehenden Unternehmen und Personen* und ist erstmals in der ersten Berichtsperiode eines am 1. Januar 2005 oder danach beginnenden Geschäftsjahres anzuwenden. Eine frühere Anwendung wird empfohlen.

ZIELSETZUNG

1 Zielsetzung dieses Standards ist es sicherzustellen, dass die Abschlüsse eines Unternehmens die notwendigen Angaben enthalten, um das Augenmerk auf die Möglichkeit zu richten, dass die Vermögens-, Finanz- und Ertragslage eines Unternehmens durch die Existenz nahe stehender Unternehmen und Personen sowie durch Geschäftsvorfälle und ausstehende Salden mit diesen beeinflusst werden kann.

ANWENDUNGSBEREICH

2 Dieser Standard ist anzuwenden bei:
(a) der Identifizierung von Geschäftsvorfällen mit nahe stehenden Unternehmen und Personen;
(b) der Identifizierung ausstehender Salden zwischen einem Unternehmen und seinen nahe stehenden Unternehmen und Personen;
(c) der Identifizierung der Umstände, unter denen eine Angabe der Positionen unter (a) und (b) erforderlich ist;
und
(d) der Bestimmung der für diese Posten erforderlichen Angaben.

3 Dieser Standard erfordert die Angabe von Geschäftsvorfällen und ausstehenden Salden mit nahe stehenden Unternehmen und Personen in den separaten Einzelabschlüssen eines Mutterunternehmens, eines Partnerunternehmens oder eines Anteilseigners in Übereinstimmung mit IAS 27 *Konzernabschlüsse und separate Einzelabschlüsse nach IFRS*.

4 Geschäftsvorfälle mit nahe stehenden Unternehmen und Personen und ausstehende Salden mit anderen Unternehmen eines Konzerns werden im Abschluss des Unternehmens angegeben. Konzerninterne Geschäftsvorfälle mit nahe stehenden Unternehmen und Personen und ausstehende Salden werden bei der Aufstellung des Konzernabschlusses eliminiert.

International Accounting Standard 24

Related Party Disclosures

International Accounting Standard 24 *Related Party Disclosures* (IAS 24) is set out in paragraphs 1—24. All the paragraphs have equal authority but retain the IASC format of the Standard when it was adopted by the IASB. IAS 24 should be read in the context of the *Preface to International Financial Reporting Standards* and the *Framework for the Preparation and Presentation of Financial Statements*. IAS 8 *Accounting Policies, Changes in Accounting Estimates and Errors* provides a basis for selecting and applying accounting policies in the absence of explicit guidance.

SUMMARY

	Paragraphs
Objective	1
Scope	2—4
Purpose of related party disclosures	5—8
Definitions	9—11
Disclosure	12—22
Effective date	23
Withdrawal of IAS 24 (reformatted 1994)	24

This revised Standard supersedes IAS 24 (reformatted 1994) *Related Party Disclosures* and should be applied for annual periods beginning on or after 1 January 2005. Earlier application is encouraged.

OBJECTIVE

The objective of this Standard is to ensure that an entity's financial statements contain the disclosures necessary to draw attention to the possibility that its financial position and profit or loss may have been affected by the existence of related parties and by transactions and outstanding balances with such parties.   1

SCOPE

This Standard shall be applied in: 2
(a) identifying related party relationships and transactions;
(b) identifying outstanding balances between an entity and its related parties;
(c) identifying the circumstances in which disclosure of the items in (a) and (b) is required; and
(d) determining the disclosures to be made about those items.

This Standard requires disclosure of related party transactions and outstanding balances in the separate financial statements of a parent, venturer or investor presented in accordance with IAS 27 *Consolidated and Separate Financial Statements***.**   3

Related party transactions and outstanding balances with other entities in a group are disclosed in an entity's financial statements. Intragroup related party transactions and outstanding balances are eliminated in the preparation of consolidated financial statements of the group.   4

ZWECK DER ANGABEN ÜBER BEZIEHUNGEN ZU NAHE STEHENDEN UNTERNEHMEN UND PERSONEN

5   Beziehungen zwischen nahe stehenden Unternehmen und Personen sind ein normales Kennzeichen von Handel und Gewerbe. Beispielsweise wickeln Unternehmen Teile ihrer Aktivitäten über Tochterunternehmen, Joint Ventures und assoziierte Unternehmen ab. In solchen Fällen hat das Unternehmen die Möglichkeit, durch das Vorliegen einer Beherrschung, einer gemeinsamen Führung oder eines maßgeblichen Einflusses die Finanz- und Geschäftspolitik des Beteiligungsunternehmens zu beeinflussen.

6   Eine Beziehung zu nahe stehenden Unternehmen und Personen kann sich auf die Vermögens-, Finanz- und Ertragslage eines Unternehmens auswirken. Es besteht die Möglichkeit, dass nahe stehende Unternehmen und Personen Geschäfte tätigen, die fremde Dritte nicht tätigen würden. Beispielsweise wird ein Unternehmen, das Produkte zu Anschaffungs- oder Herstellungskosten an sein Mutterunternehmen verkauft, nicht zwingend zu den gleichen Konditionen an andere Kunden verkaufen. Außerdem besteht die Möglichkeit, dass Geschäftsvorfälle zwischen nahe stehenden Unternehmen und Personen zu anderen Beträgen als zwischen fremden Dritten abgewickelt werden.

7   Eine Beziehung zu nahe stehenden Unternehmen und Personen kann sich auch dann auf die Vermögens-, Finanz- und Ertragslage des berichtenden Unternehmens auswirken, wenn keine Geschäfte zwischen dem Unternehmen und nahe stehenden Unternehmen und Personen stattfinden. Die bloße Existenz der Beziehung kann ausreichen, um die Geschäftsvorfälle des berichtenden Unternehmens mit Dritten zu beeinflussen. Ein Tochterunternehmen könnte beispielsweise die Beziehungen mit einem Handelspartner beenden, weil eine Schwestergesellschaft, die im gleichen Geschäftsfeld wie der frühere Geschäftspartner tätig ist, vom Mutterunternehmen erworben wurde. Im Gegensatz dazu könnte eine Partei auf Grund des maßgeblichen Einflusses eines Dritten eine Handlung unterlassen, wenn beispielsweise ein Tochterunternehmen von seinem Mutterunternehmen die Anweisung erhalten hat, keine Forschungs- und Entwicklungstätigkeiten auszuführen.

8   Aus diesen Gründen kann das Wissen um Geschäftsvorfälle mit nahe stehenden Unternehmen und Personen, ausstehende Salden und Beziehungen die Beurteilung der Geschäftstätigkeit durch die Abschlussadressaten beeinflussen, einschließlich der Einschätzung der Risiken und Chancen, die für das Unternehmen bestehen.

DEFINITIONEN

9   Folgende Begriffe werden in diesem Standard mit der angegebenen Bedeutung verwendet:
    Nahe stehende Unternehmen und Personen Unternehmen und Personen werden als nahe stehend betrachtet, wenn:
(a) die Partei direkt oder indirekt über eine oder mehrere Zwischenstufen:
    (i)   das Unternehmen (das schließt Mutterunternehmen, Tochterunternehmen und Schwestergesellschaften ein) beherrscht, von ihm beherrscht wird oder unter gemeinsamer Beherrschung steht;
    (ii) einen Anteil am Unternehmen besitzt, der ihm maßgeblichen Einfluss auf das Unternehmen gewährt;
       oder
    (iii) an der gemeinsamen Führung des Unternehmens beteiligt ist;
(b) die Partei ein assoziiertes Unternehmen des anderen Unternehmens ist (wie in IAS 28 *Anteile an assoziierten Unternehmen* definiert);
(c) die Partei ein Joint Venture ist, bei dem das Unternehmen ein Partnerunternehmen ist (siehe IAS 31 *Anteile an Joint Ventures*);
(d) die Partei eine Person in Schlüsselpositionen des Unternehmens oder seines Mutterunternehmens ist;
(e) die Partei ein naher Familienangehöriger einer natürlichen Person gemäß (a) oder (d) ist;
(f) die Partei ein Unternehmen ist, das von einer unter (d) oder (e) bezeichneten Person beherrscht wird, mit ihr unter gemeinsamer Beherrschung steht, von ihr maßgeblich beeinflusst wird oder die einen wesentlichen Stimmrechtsanteil, ob direkt oder indirekt, an diesem Unternehmen besitzt;
    oder
(g) die Partei eine zu Gunsten der Arbeitnehmer des Unternehmens oder eines seiner nahe stehenden Unternehmen bestehende Versorgungskasse für Leistungen nach Beendigung des Arbeitsverhältnisses ist.
    Als Geschäftsvorfall mit nahe stehenden Unternehmen und Personen gilt die Übertragung von Ressourcen, Dienstleistungen oder Verpflichtungen zwischen nahe stehenden Unternehmen und Personen, unabhängig davon, ob dafür ein Preis berechnet wird.

PURPOSE OF RELATED PARTY DISCLOSURES

Related party relationships are a normal feature of commerce and business. For example, entities frequently carry on parts of their activities through subsidiaries, joint ventures and associates. In these circumstances, the entity's ability to affect the financial and operating policies of the investee is through the presence of control, joint control or significant influence. 5

A related party relationship could have an effect on the profit or loss and financial position of an entity. Related parties may enter into transactions that unrelated parties would not. For example, an entity that sells goods to its parent at cost might not sell on those terms to another customer. Also, transactions between related parties may not be made at the same amounts as between unrelated parties. 6

The profit or loss and financial position of an entity may be affected by a related party relationship even if related party transactions do not occur. The mere existence of the relationship may be sufficient to affect the transactions of the entity with other parties. For example, a subsidiary may terminate relations with a trading partner on acquisition by the parent of a fellow subsidiary engaged in the same activity as the former trading partner. Alternatively, one party may refrain from acting because of the significant influence of another—for example, a subsidiary may be instructed by its parent not to engage in research and development. 7

For these reasons, knowledge of related party transactions, outstanding balances and relationships may affect assessments of an entity's operations by users of financial statements, including assessments of the risks and opportunities facing the entity. 8

DEFINITIONS

The following terms are used in this Standard with the meanings specified: 9
   Related party: A party is related to an entity if:
(a) directly, or indirectly through one or more intermediaries, the party:
   (i) controls, is controlled by, or is under common control with, the entity (this includes parents, subsidiaries and fellow subsidiaries);
   (ii) has an interest in the entity that gives it significant influence over the entity; or
   (iii) has joint control over the entity;
(b) the party is an associate (as defined in IAS 28 *Investments in Associates*) of the entity;
(c) the party is a joint venture in which the entity is a venturer (see IAS 31 *Interests in Joint Ventures*);
(d) the party is a member of the key management personnel of the entity or its parent;
(e) the party is a close member of the family of any individual referred to in (a) or (d);
(f) the party is an entity that is controlled, jointly controlled or significantly influenced by, or for which significant voting power in such entity resides with, directly or indirectly, any individual referred to in (d) or (e); or
(g) the party is a post-employment benefit plan for the benefit of employees of the entity, or of any entity that is a related party of the entity.
A related party transaction is a transfer of resources, services or obligations between related parties, regardless of whether a price is charged.

Nahe Familienangehörige einer natürlichen Person sind solche Familienmitglieder, von denen angenommen werden kann, dass sie bei Transaktionen mit dem Unternehmen auf die natürliche Person Einfluss nehmen oder von ihr beeinflusst werden können. Dazu gehören:
(a) der Lebenspartner und die Kinder der natürlichen Person;
(b) die Kinder des Lebenspartners der natürlichen Person;
und
(c) Angehörige der natürlichen Person und ihres Lebenspartners.

Vergütungen umfassen sämtliche Leistungen an Arbeitnehmer (wie in IAS 19 Leistungen an Arbeitnehmer definiert), einschließlich Leistungen an Arbeitnehmer, auf die IFRS 2 *Aktienbasierte Vergütung* anzuwenden ist. Leistungen an Arbeitnehmer umfassen jegliche Formen der durch das Unternehmen gezahlten, zahlbaren oder bereitgestellten Vergütungen, die Gegenleistungen für an das Unternehmen erbrachte Dienstleistungen darstellen. Dazu gehören auch Vergütungen, die von dem Unternehmen für ein Mutterunternehmen gezahlt werden. Vergütungen umfassen:
(a) kurzfristig fällige Leistungen an Arbeitnehmer wie Löhne, Gehälter und Sozialversicherungsbeiträge, jährlich gezahlte Urlaubs- und Krankengelder, Gewinn- und Erfolgsbeteiligungen (sofern diese innerhalb von 12 Monaten nach Ende der Berichtsperiode gezahlt werden) sowie geldwerte Leistungen (wie medizinische Versorgung, Unterbringung und Dienstwagen sowie kostenlose oder vergünstigte Waren oder Dienstleistungen) für laufend beschäftigte Arbeitnehmer;
(b) Leistungen nach Beendigung des Arbeitsverhältnisses wie Renten, sonstige Altersversorgungsleistungen, Lebensversicherungen und medizinische Versorgung;
(c) andere langfristig fällige Leistungen an Arbeitnehmer, einschließlich Sonderurlaub nach langjähriger Dienstzeit oder vergütete Dienstfreistellungen, Jubiläumsgelder oder andere Leistungen für langjährige Dienstzeit, Versorgungsleistungen im Falle der Erwerbsunfähigkeit und – sofern diese Leistungen nicht vollständig innerhalb von 12 Monaten nach Ende der Berichtsperiode zu zahlen sind – Gewinn- und Erfolgsbeteiligungen sowie später fällige Vergütungsbestandteile;
(d) Leistungen aus Anlass der Beendigung des Arbeitsverhältnisses;
und
(e) aktienbasierte Vergütungen.

Beherrschung ist die Möglichkeit, die Finanz- und Geschäftspolitik eines Unternehmens zu bestimmen, um aus dessen Tätigkeit Nutzen zu ziehen.

Gemeinschaftliche Führung ist die vertraglich vereinbarte Teilhabe an der Führung einer wirtschaftlichen Geschäftstätigkeit.

Personen in Schlüsselpositionen sind Personen, die für die Planung, Leitung und Überwachung der Tätigkeiten des Unternehmens direkt oder indirekt zuständig und verantwortlich sind; dies schließt Mitglieder der Geschäftsführungs- und Aufsichtsorgane ein.

Maßgeblicher Einfluss ist die Möglichkeit, an den finanz- und geschäftspolitischen Entscheidungen eines Unternehmens mitzuwirken, ohne diese Prozesse beherrschen zu können. Ein maßgeblicher Einfluss kann durch Anteilsbesitz, Satzung oder vertragliche Vereinbarungen begründet werden.

10 Bei der Betrachtung aller möglichen Beziehungen zu nahe stehenden Unternehmen und Personen wird der wirtschaftliche Gehalt der Beziehung und nicht allein die rechtliche Gestaltung geprüft.

11 Im Rahmen dieses Standards sind die folgenden Parteien nicht notwendigerweise nahe stehende Unternehmen und Personen:
(a) zwei Unternehmen, die lediglich ein Geschäftsleitungsmitglied oder Mitglieder des Managements in Schlüsselpositionen gemeinsam haben, ungeachtet (d) und (f) der Definition von „nahe stehende Unternehmen und Personen".
(b) zwei Partnerunternehmen, die lediglich die gemeinsame Führung eines Joint Ventures ausüben.
(c) (i) Kapitalgeber,
    (ii) Gewerkschaften,
    (iii) öffentliche Versorgungsunternehmen
    und
    (iv) Behörden und öffentliche Institutionen,
    lediglich auf Grund ihrer gewöhnlichen Geschäftsbeziehungen mit einem Unternehmen (dies gilt auch, wenn sie den Handlungsspielraum eines Unternehmens einengen oder am Entscheidungsprozess mitwirken können);
    und
(d) einzelne Kunden, Lieferanten, Franchisegeber, Vertriebspartner oder Generalvertreter, mit denen ein Unternehmen ein wesentliches Geschäftsvolumen abwickelt, auf Grund der daraus resultierenden wirtschaftlichen Abhängigkeit.

Close members of the family of an individual are those family members who may be expected to influence, or be influenced by, that individual in their dealings with the entity. They may include:
(a) the individual's domestic partner and children;
(b) children of the individual's domestic partner; and
(c) dependants of the individual or the individual's domestic partner.

Compensation includes all employee benefits (as defined in IAS 19 *Employee Benefits*) including employee benefits to which *IFRS 2 Share-based Payment applies*. Employee benefits are all forms of consideration paid, payable or provided by the entity, or on behalf of the entity, in exchange for services rendered to the entity. It also includes such consideration paid on behalf of a parent of the entity in respect of the entity. Compensation includes:
(a) short-term employee benefits, such as wages, salaries and social security contributions, paid annual leave and paid sick leave, profit-sharing and bonuses (if payable within twelve months of the end of the period) and non-monetary benefits (such as medical care, housing, cars and free or subsidised goods or services) for current employees;
(b) post-employment benefits such as pensions, other retirement benefits, post-employment life insurance and post-employment medical care;
(c) other long-term employee benefits, including long-service leave or sabbatical leave, jubilee or other long-service benefits, long-term disability benefits and, if they are not payable wholly within twelve months after the end of the period, profit-sharing, bonuses and deferred compensation;
(d) termination benefits; and
(e) share-based payment.

Control is the power to govern the financial and operating policies of an entity so as to obtain benefits from its activities.

Joint control is the contractually agreed sharing of control over an economic activity.

Key management personnel are those persons having authority and responsibility for planning, directing and controlling the activities of the entity, directly or indirectly, including any director (whether executive or otherwise) of that entity.

Significant influence is the power to participate in the financial and operating policy decisions of an entity, but is not control over those policies. Significant influence may be gained by share ownership, statute or agreement.

In considering each possible related party relationship, attention is directed to the substance of the relationship and not merely the legal form. 10

In the context of this Standard, the following are not necessarily related parties: 11
(a) two entities simply because they have a director or other member of key management personnel in common, notwithstanding (d) and (f) in the definition of 'related party'.
(b) two venturers simply because they share joint control over a joint venture.
(c) (i) providers of finance,
  (ii) trade unions,
  (iii) public utilities, and
  (iv) government departments and agencies,
  simply by virtue of their normal dealings with an entity (even though they may affect the freedom of action of an entity or participate in its decision-making process); and
(d) a customer, supplier, franchisor, distributor or general agent with whom an entity transacts a significant volume of business, merely by virtue of the resulting economic dependence.

ANGABEN

12 Beziehungen zwischen Mutterunternehmen und Tochterunternehmen sind anzugeben, unabhängig davon, ob Geschäfte zwischen diesen nahe stehenden Unternehmen und Personen stattgefunden haben. Das Unternehmen hat den Namen des Mutterunternehmens und, falls abweichend, des obersten beherrschenden Unternehmens anzugeben. Falls weder das Mutterunternehmen noch die oberste beherrschende Partei Abschlüsse veröffentlicht, ist auch der Name des nächsthöheren Mutterunternehmens, das diese veröffentlicht, anzugeben.

13 Damit sich der Abschlussadressat ein Urteil über die Auswirkungen der Beziehungen zu nahe stehenden Unternehmen und Personen auf das Unternehmen bilden kann, ist es sachgerecht, die Beziehungen zu nahe stehenden Unternehmen und Personen anzugeben, bei denen ein Beherrschungsverhältnis vorliegt, unabhängig davon, ob Geschäftsvorgänge zwischen den nahe stehenden Unternehmen und Personen stattgefunden haben.

14 Die Offenlegung von Beziehungen zwischen Mutterunternehmen und Tochterunternehmen erfolgt zusätzlich zu den Angabepflichten des IAS 27, IAS 28 und IAS 31, die eine sachgerechte Aufstellung und Beschreibung der wesentlichen Beteiligungen an Tochterunternehmen, assoziierten Unternehmen sowie gemeinschaftlich geführten Unternehmen vorsehen.

15 Wenn weder das Mutterunternehmen noch die oberste beherrschende Partei Abschlüsse veröffentlicht, ist der Name des nächsthöheren Mutterunternehmens, das diese veröffentlicht, anzugeben. Das nächsthöhere Mutterunternehmen ist das erste Mutterunternehmen im Konzern über dem unmittelbaren Mutterunternehmen, das Konzernabschlüsse veröffentlicht.

16 Das Unternehmen hat die Vergütungen für Mitglieder des Managements in Schlüsselpositionen insgesamt und für jede der folgenden Kategorien anzugeben:
(a) kurzfristig fällige Leistungen an Arbeitnehmer;
(b) Leistungen nach Beendigung des Arbeitsverhältnisses;
(c) andere langfristig fällige Leistungen;
(d) Leistungen aus Anlass der Beendigung des Arbeitsverhältnisses; und
(e) aktienbasierte Vergütungen.

17 Falls Geschäfte zwischen nahe stehenden Unternehmen und Personen stattgefunden haben, hat das Unternehmen die Art der Beziehung zu den nahe stehenden Unternehmen und Personen sowie Informationen über die Geschäfte und die ausstehenden Salden anzugeben, um ein Verständnis der potentiellen Auswirkungen der Beziehung auf den Abschluss zu ermöglichen. Diese Angabepflichten gelten zusätzlich zu denen des Paragraphen 16 über Vergütungen für Mitglieder des Managements in Schlüsselpositionen. Die Mindestangaben umfassen:
(a) den Betrag der Geschäftsvorfälle;
(b) den Betrag der ausstehenden Salden und
  (i) ihre Bedingungen und Konditionen, einschließlich einer möglichen Besicherung, sowie die Art der Leistungserfüllung; und
  (ii) Einzelheiten gewährter oder erhaltener Garantien;
(c) Rückstellungen für zweifelhafte Forderungen hinsichtlich der ausstehenden Salden; und
(d) den während der Periode erfassten Aufwand für uneinbringliche oder zweifelhafte Forderungen gegenüber nahe stehenden Unternehmen und Personen.

18 Die nach Paragraph 17 erforderlichen Angaben sind für jede der folgenden Kategorien getrennt zu erstellen:
(a) das Mutterunternehmen;
(b) Unternehmen mit gemeinsamer Führung oder maßgeblichem Einfluss auf das Unternehmen;
(c) Tochterunternehmen;
(d) assoziierte Unternehmen;
(e) Joint Ventures, bei denen das Unternehmen ein Partnerunternehmen ist;
(f) Mitglieder des Managements in Schlüsselpositionen des Unternehmens oder seines Mutterunternehmens; und
(g) sonstige nahe stehende Unternehmen und Personen.

DISCLOSURE

12 Relationships between parents and subsidiaries shall be disclosed irrespective of whether there have been transactions between those related parties. An entity shall disclose the name of the entity's parent and, if different, the ultimate controlling party. If neither the entity's parent nor the ultimate controlling party produces financial statements available for public use, the name of the next most senior parent that does so shall also be disclosed.

13 To enable users of financial statements to form a view about the effects of related party relationships on an entity, it is appropriate to disclose the related party relationship when control exists, irrespective of whether there have been transactions between the related parties.

14 The identification of related party relationships between parents and subsidiaries is in addition to the disclosure requirements in IAS 27, IAS 28 and IAS 31, which require an appropriate listing and description of significant investments in subsidiaries, associates and jointly controlled entities.

15 When neither the entity's parent nor the ultimate controlling party produces financial statements available for public use, the entity discloses the name of the next most senior parent that does so. The next most senior parent is the first parent in the group above the immediate parent that produces consolidated financial statements available for public use.

16 An entity shall disclose key management personnel compensation in total and for each of the following categories:
(a) short-term employee benefits;
(b) post-employment benefits;
(c) other long-term benefits;
(d) termination benefits; and
(e) share-based payment.

17 If there have been transactions between related parties, an entity shall disclose the nature of the related party relationship as well as information about the transactions and outstanding balances necessary for an understanding of the potential effect of the relationship on the financial statements. These disclosure requirements are in addition to the requirements in paragraph 16 to disclose key management personnel compensation. At a minimum, disclosures shall include:
(a) the amount of the transactions;
(b) the amount of outstanding balances and:
　(i) their terms and conditions, including whether they are secured, and the nature of the consideration to be provided in settlement; and
　(ii) details of any guarantees given or received;
(c) provisions for doubtful debts related to the amount of outstanding balances; and
(d) the expense recognised during the period in respect of bad or doubtful debts due from related parties.

18 The disclosures required by paragraph 17 shall be made separately for each of the following categories:
(a) the parent;
(b) entities with joint control or significant influence over the entity;
(c) subsidiaries;
(d) associates;
(e) joint ventures in which the entity is a venturer;
(f) key management personnel of the entity or its parent; and
(g) other related parties.

19 Die Klassifizierung der an nahe stehende Unternehmen und Personen zu zahlenden oder von ihnen zu fordernden Beträge in unterschiedliche Kategorien von nahe stehenden Unternehmen und Personen, wie in Paragraph 18 gefordert, ist eine Erweiterung der Angabepflichten nach IAS 1 *Darstellung des Abschlusses* von Informationen, die entweder in der Bilanz oder im Anhang dargestellt werden müssen. Die Kategorien werden erweitert, um eine umfassendere Analyse der Salden nahe stehender Unternehmen und Personen bereitzustellen, und sind für Geschäftsvorgänge mit nahe stehenden Unternehmen und Personen anzuwenden.

20 Es folgen Beispiele von Geschäftsvorfällen, die anzugeben sind, falls sie sich auf nahe stehende Unternehmen und Personen beziehen:
(a) Käufe oder Verkäufe von (fertigen oder unfertigen) Gütern;
(b) Käufe oder Verkäufe von Grundstcken, Bauten und anderen Vermögenswerten;
(c) geleistete oder bezogene Dienstleistungen;
(d) Leasingverhältnisse;
(e) Transfers von Dienstleistungen im Bereich Forschung und Entwicklung;
(f) Transfers auf Grund von Lizenzvereinbarungen;
(g) Finanzierungen (einschließlich Darlehen und Kapitaleinlagen in Form von Bar- oder Sacheinlagen);
(h) Gewährung von Bürgschaften oder Sicherheiten; und
(i) die Erfüllung von Verbindlichkeiten für Rechnung des Unternehmens oder durch das Unternehmen für Rechnung Dritter.

Die Teilnahme eines Mutterunternehmens oder eines Tochterunternehmens an einem leistungsorientierten Plan, der Risiken zwischen den Unternehmen einer Gruppe aufteilt, stellt einen Geschäftsvorfall zwischen nahe stehenden Unternehmen und Personen dar (siehe Paragraph 34B von IAS 19).

21 Angaben, dass Geschäftsvorfälle mit nahe stehenden Unternehmen und Personen denen mit unabhängigen Geschäftspartnern entsprechen, erfolgen nur dann, wenn diese Bedingungen belegbar sind.

22 Gleichartige Posten dürfen zusammengefasst angegeben werden, es sei denn, eine gesonderte Angabe ist für das Verständnis der Auswirkungen der Geschäftsvorfälle mit nahe stehenden Unternehmen und Personen auf den Abschluss des Unternehmens notwendig.

ZEITPUNKT DES INKRAFTTRETENS

23 Dieser Standard ist erstmals in der ersten Berichtsperiode eines am 1. Januar 2005 oder danach beginnenden Geschäftsjahres anzuwenden. Eine frühere Anwendung wird empfohlen. Wenn ein Unternehmen diesen Standard für eine Berichtsperiode anwendet, die vor dem 1. Januar 2005 beginnt, so ist diese Tatsache anzugeben.

RÜCKNAHME VON IAS 24 (UMGEGLIEDERT 1994)

24 Dieser Standard ersetzt IAS 24 *Angaben über Beziehungen zu nahe stehende Unternehmen und Personen* (umgegliedert 1994).

The classification of amounts payable to, and receivable from, related parties in the different categories as required in paragraph 18 is an extension of the disclosure requirement in IAS 1 *Presentation of Financial Statements* for information to be presented either on the balance sheet or in the notes. The categories are extended to provide a more comprehensive analysis of related party balances and apply to related party transactions.

The following are examples of transactions that are disclosed if they are with a related party:
(a) purchases or sales of goods (finished or unfinished);
(b) purchases or sales of property and other assets;
(c) rendering or receiving of services;
(d) leases;
(e) transfers of research and development;
(f) transfers under licence agreements;
(g) transfers under finance arrangements (including loans and equity contributions in cash or in kind);
(h) provision of guarantees or collateral; and
(i) settlement of liabilities on behalf of the entity or by the entity on behalf of another party.
Participation by a parent or subsidiary in a defined benefit plan that shares risks between group entities is a transaction between related parties (see paragraph 34B of IAS 19).

Disclosures that related party transactions were made on terms equivalent to those that prevail in arm's length transactions are made only if such terms can be substantiated.

Items of a similar nature may be disclosed in aggregate except when separate disclosure is necessary for an understanding of the effects of related party transactions on the financial statements of the entity.

EFFECTIVE DATE

An entity shall apply this Standard for annual periods beginning on or after 1 January 2005. *Earlier application is encouraged.* **If an entity applies this Standard for a period beginning before 1 January 2005, it shall disclose that fact.**

WITHDRAWAL OF IAS 24 (REFORMATTED 1994)

This Standard supersedes IAS 24 *Related Party Disclosures* (reformatted in 1994).

International Accounting Standard 26

Bilanzierung und Berichterstattung von Altersversorgungsplänen

> International Accounting Standard 26 *Bilanzierung und Berichterstattung von Altersversorgungsplänen* (IAS 26) ist in den Paragraphen 1–37 festgelegt. Alle Paragraphen sind gleichrangig, behalten jedoch das IASC-Format des Standards, mit dem dieser durch den IASB verabschiedet wurde. IAS 26 ist in Verbindung mit dem *Vorwort zu den International Financial Reporting Standards* und dem *Rahmenkonzept für die Aufstellung und Darstellung von Abschlüssen* zu betrachten. IAS 8 *Bilanzierungs- und Bewertungsmethoden, Änderungen von Schätzungen und Fehler*, stellt beim Fehlen ausdrücklicher Leitlinien eine Grundlage für die Auswahl und für die Anwendung von Bilanzierungs- und Bewertungsmethoden bereit.

Dieser umgegliederte International Accounting Standard ersetzt die vom Board ursprünglich im Juni 1986 genehmigte Fassung. Der Standard wird in der überarbeiteten Form dargestellt, die seit 1991 für International Accounting Standards üblich ist. Es wurden bestimmte terminologische Anpassungen an die aktuelle IASC-Anwendung vorgenommen, wobei der ursprünglich genehmigte Text nicht grundlegend verändert wurde.

INHALT

	Ziffer
Anwendungsbereich	1–7
Definitionen	8–12
Beitragsorientierte Pläne	13–16
Leistungsorientierte Pläne	17–31
Versicherungsmathematischer Barwert der zugesagten Versorgungsleistungen	23–26
Häufigkeit von versicherungsmathematischen Bewertungen	27
Berichtsinhalt	28–31
Alle Pläne	32–36
Bewertung des Planvermögens	32–33
Angaben	34–36
Zeitpunkt des Inkrafttretens	37

Die fett gedruckten Vorschriften sind in Verbindung mit den Hintergrundmaterialien und den Anwendungsleitlinien dieses Standards sowie in Verbindung mit dem Vorwort zu den International Accounting Standards zu betrachten. International Accounting Standards brauchen nicht auf unwesentliche Sachverhalte angewendet zu werden (siehe Paragraph 12 des Vorwortes).

ANWENDUNGSBEREICH

1 **Dieser Standard ist auf Berichte von Altersversorgungsplänen, bei denen die Erstellung solcher Berichte vorgesehen ist, anzuwenden.**

2 Altersversorgungspläne werden manchmal mit verschiedenen anderen Namen bezeichnet, wie etwa „Pensionsordnungen", „Versorgungswerke" oder „Betriebsrentenordnungen". Dieser Standard betrachtet einen Altersversorgungsplan als eine von den Arbeitgebern der Begünstigten des Planes losgelöste Berichtseinheit. Alle anderen International Accounting Standards finden auf die Berichte von Altersversorgungsplänen Anwendung, soweit sie nicht von diesem Standard ersetzt werden.

3 Dieser Standard befasst sich mit der Bilanzierung und Berichterstattung eines Planes für die Gesamtheit aller Begünstigten. Er beschäftigt sich nicht mit Berichten an einzelne Begünstigte im Hinblick auf ihre Altersversorgungsansprüche.

4 IAS 19, Leistungen an Arbeitnehmer, behandelt die Bestimmung der Aufwendungen für Versorgungsleistungen in den Abschlüssen von Arbeitgebern, die über solche Pläne verfügen. Der vorliegende Standard ergänzt daher IAS 19.

International Accounting Standard 26

Accounting and reporting by retirement benefit plans

> International Accounting Standard 26 *Accounting and reporting by retirement benefit plans* (IAS 26) is set out in paragraphs 1—37. All the paragraphs have equal authority but retain the IASC format of the Standard when it was adopted by the IASB. IAS 26 should be read in the context of the *Preface to International Financial Reporting Standards* and the *Framework for the Preparation and Presentation of Financial Statements*. IAS 8 *Accounting Policies, Changes in Accounting Estimates and Errors* provides a basis for selecting and applying accounting policies in the absence of explicit guidance.

This reformatted International Accounting Standard supersedes the Standard originally approved by the Board in June 1986. It is presented in the revised format adopted for International Accounting Standards in 1991 onwards. No substantive changes have been made to the original approved text. Certain terminology has been changed to bring it into line with current IASC practice.

SUMMARY	Paragraphs
Scope	1—7
Definitions	8—12
Defined contribution plans	13—16
Defined benefit plans	17—31
Actuarial present value of promised retirement benefits	23—26
Frequency of actuarial valuations	27
Report content	28—31
All plans	32—36
Valuation of plan assets	32—33
Disclosure	34—36
Effective date	37

The standards, which have been set in bold type, should be read in the context of the background material and implementation guidance in this Standard, and in the context of the 'Preface to International Accounting Standards'. International Accounting Standards are not intended to apply to immaterial items (see paragraph 12 of the Preface).

SCOPE

This Standard should be applied in the reports of retirement benefit plans where such reports are prepared.   1

Retirement benefit plans are sometimes referred to by various other names, such as 'pension schemes', 'superannuation schemes' or 'retirement benefit schemes'. This Standard regards a retirement benefit plan as a reporting entity separate from the employers of the participants in the plan. All other International Accounting Standards apply to the reports of retirement benefit plans to the extent that they are not superseded by this Standard.   2

This Standard deals with accounting and reporting by the plan to all participants as a group. It does not deal with reports to individual participants about their retirement benefit rights.   3

IAS 19, employee benefits, is concerned with the determination of the cost of retirement benefits in the financial statements of employers having plans. Hence this Standard complements IAS 19.   4

IAS 26

5   Ein Altersversorgungsplan kann entweder beitrags- oder leistungsorientiert sein. Bei vielen ist die Schaffung getrennter Fonds erforderlich, in die Beiträge einbezahlt und aus dem die Versorgungsleistungen ausbezahlt werden. Die Fonds können, müssen aber nicht, über folgende Merkmale verfügen: rechtliche Eigenständigkeit und Vorhandensein von Treuhändern. Dieser Standard gilt unabhängig davon, ob ein solcher Fonds geschaffen wurde oder ob Treuhänder vorhanden sind.

6   Altersversorgungspläne, deren Vermögenswerte bei Versicherungsunternehmen angelegt werden, unterliegen den gleichen Rechnungslegungs- und Finanzierungsanforderungen wie selbstverwaltete Anlagen. Demgemäß fallen diese Pläne in den Anwendungsbereich dieses Standards, es sei denn, die Vereinbarung mit dem Versicherungsunternehmen ist im Namen eines bezeichneten Begünstigten oder einer Gruppe von Begünstigten abgeschlossen worden und die Verpflichtung aus der Versorgungszusage obliegt allein dem Versicherungsunternehmen.

7   Dieser Standard befasst sich nicht mit anderen Leistungsformen aus Arbeitsverhältnissen wie Abfindungen bei Beendigung des Arbeitsverhältnisses, Vereinbarungen über in die Zukunft verlagerte Vergütungsbestandteile, Vergütungen bei Ausscheiden nach langer Dienstzeit, Vorruhestandsregelungen oder Sozialpläne, Gesundheits- und Fürsorgeregelungen oder Erfolgsbeteiligungen. Öffentliche Sozialversicherungssysteme sind von dem Anwendungsbereich dieses Standards ebenfalls ausgeschlossen.

DEFINITIONEN

8   Folgende Begriffe werden in diesem Standard mit der angegebenen Bedeutung verwendet:
Altersversorgungspläne sind Vereinbarungen, durch die ein Unternehmen seinen Mitarbeitern Versorgungsleistungen bei oder nach Beendigung des Arbeitsverhältnisses gewährt (entweder in Form einer Jahresrente oder in Form einer einmaligen Zahlung), sofern solche Versorgungsleistungen bzw. die vom Arbeitgeber dafür erbrachten Beiträge vor der Pensionierung der Mitarbeiter auf Grund einer vertraglichen Vereinbarung oder auf Grund der betrieblichen Praxis bestimmt oder geschätzt werden können.
Beitragsorientierte Pläne sind Altersversorgungspläne, bei denen die als Versorgungsleistung zu zahlenden Beträge durch die Beiträge zu einem Fonds und den daraus erzielten Anlageerträgen bestimmt werden.
Leistungsorientierte Pläne sind Altersversorgungspläne, bei denen die als Versorgungsleistung zu zahlenden Beträge nach Maßgabe einer Formel bestimmt werden, die üblicherweise das Einkommen des Arbeitnehmers und/oder die Jahre seiner Dienstzeit berücksichtigt.
Fondsfinanzierung ist der Vermögenstransfer vom Arbeitgeber zu einer vom Unternehmen getrennten Einheit (einem Fonds), um die Erfüllung künftiger Verpflichtungen zur Zahlung von Altersversorgungsleistungen sicherzustellen.
Außerdem werden im Rahmen dieses Standards die folgenden Begriffe verwendet:
Die Begünstigten sind die Mitglieder eines Altersversorgungsplanes und andere Personen, die gemäß dem Plan Ansprüche auf Leistungen haben.
Das für Leistungen zur Verfügung stehende Nettovermögen umfasst alle Vermögenswerte eines Altersversorgungsplanes, abzüglich der Schulden mit Ausnahme des versicherungsmathematischen Barwertes der zugesagten Versorgungsleistungen.
Der versicherungsmathematische Barwert der zugesagten Versorgungsleistungen ist der Barwert der künftig zu erwartenden Versorgungszahlungen des Altersversorgungsplanes an aktive und bereits ausgeschiedene Arbeitnehmer, soweit diese der bereits geleisteten Dienstzeit als erdient zuzurechnen sind.
Unverfallbare Leistungen sind erworbene Rechte auf künftige Leistungen, die nach den Bedingungen eines Altersversorgungsplanes nicht von der Fortsetzung des Arbeitsverhältnisses abhängig sind.

9   Einige Altersversorgungspläne haben Geldgeber, die nicht mit den Arbeitgebern identisch sind; dieser Standard bezieht sich auch auf die Berichterstattung solcher Pläne.

10 Die Mehrzahl der Altersversorgungspläne beruht auf formalen Vereinbarungen. Einige Pläne sind ohne formale Grundlage, jedoch haben sie durch die bestehende Praxis des Arbeitgebers Verpflichtungscharakter erlangt. Im Allgemeinen ist es für einen Arbeitgeber schwierig, einen Altersversorgungsplan außer Kraft zu setzen, wenn Arbeitnehmer weiter beschäftigt werden, selbst wenn einige Pläne den Arbeitgebern gestatten, ihre Verpflichtungen unter diesen Versorgungsplänen einzuschränken. Sowohl für einen vertraglich geregelten als auch einen Versorgungsplan ohne formale Grundlage gelten die gleichen Grundsätze für die Bilanzierung und Berichterstattung.

11 Viele Altersversorgungspläne sehen die Bildung von separaten Fonds zur Entgegennahme von Beiträgen und für die Auszahlung von Leistungen vor. Solche Fonds können von Beteiligten verwaltet werden, welche das Fondsvermögen in unabhängiger Weise betreuen. Diese Beteiligten werden in einigen Ländern als Treuhänder

Retirement benefit plans may be defined contribution plans or defined benefit plans. Many require the creation of separate funds, which may or may not have separate legal identity and may or may not have trustees, to which contributions are made and from which retirement benefits are paid. This Standard applies regardless of whether such a fund is created and regardless of whether there are trustees.

Retirement benefit plans with assets invested with insurance companies are subject to the same accounting and funding requirements as privately invested arrangements. Accordingly, they are within the scope of this Standard unless the contract with the insurance company is in the name of a specified participant or a group of participants and the retirement benefit obligation is solely the responsibility of the insurance company.

This Standard does not deal with other forms of employment benefits such as employment termination indemnities, deferred compensation arrangements, long-service leave benefits, special early retirement or redundancy plans, health and welfare plans or bonus plans. Government social security type arrangements are also excluded from the scope of this Standard.

DEFINITIONS

The following terms are used in this Standard with the meanings specified:

Retirement benefit plans are arrangements whereby an enterprise provides benefits for its employees on or after termination of service (either in the form of an annual income or as a lump sum) when such benefits, or the employer's contributions towards them, can be determined or estimated in advance of retirement from the provisions of a document or from the enterprise's practices.

Defined contribution plans are retirement benefit plans under which amounts to be paid as retirement benefits are determined by contributions to a fund together with investment earnings thereon.

Defined benefit plans are retirement benefit plans under which amounts to be paid as retirement benefits are determined by reference to a formula usually based on employees' earnings and/or years of service.

Funding is the transfer of assets to an entity (the fund) separate from the employer's enterprise to meet future obligations for the payment of retirement benefits.

For the purposes of this Standard the following terms are also used:

Participants are the members of a retirement benefit plan and others who are entitled to benefits under the plan.

Net assets available for benefits are the assets of a plan less liabilities other than the actuarial present value of promised retirement benefits.

Actuarial present value of promised retirement benefits is the present value of the expected payments by a retirement benefit plan to existing and past employees, attributable to the service already rendered.

Vested benefits are benefits, the rights to which, under the conditions of a retirement benefit plan, are not conditional on continued employment.

Some retirement benefit plans have sponsors other than employers; this Standard also applies to the reports of such plans.

Most retirement benefit plans are based on formal agreements. Some plans are informal but have acquired a degree of obligation as a result of employers' established practices. While some plans permit employers to limit their obligations under the plans, it is usually difficult for an employer to cancel a plan if employees are to be retained. The same basis of accounting and reporting applies to an informal plan as to a formal plan.

Many retirement benefit plans provide for the establishment of separate funds into which contributions are made and out of which benefits are paid. Such funds may be administered by parties who act independently in

IAS 26

bezeichnet. Der Begriff Treuhänder wird in diesem Standard verwendet, um in der Weise Beteiligte zu bezeichnen; dies gilt unabhängig davon, ob ein Treuhandfonds gebildet worden ist.

12 Altersversorgungspläne werden im Regelfall entweder als beitragsorientierte Pläne oder als leistungsorientierte Pläne bezeichnet. Beide verfügen über ihre eigenen charakteristischen Merkmale. Gelegentlich bestehen Pläne, welche Merkmale von beiden Arten aufweisen. Solche Mischpläne werden im Rahmen dieses Standards wie leistungsorientierte Pläne behandelt.

BEITRAGSORIENTIERTE PLÄNE

13 **Der Bericht eines beitragsorientierten Planes hat eine Aufstellung des für Leistungen zur Verfügung stehenden Nettovermögens sowie eine Beschreibung der Finanzierungspolitik zu enthalten.**

14 Bei einem beitragsorientierten Plan ergibt sich die Höhe der zukünftigen Versorgungsleistungen für einen Begünstigten aus den Beiträgen des Arbeitgebers, des Begünstigten oder beiden sowie aus der Wirtschaftlichkeit und den Anlageerträgen des Fonds. Im Allgemeinen wird der Arbeitgeber durch seine Beiträge an den Fonds von seinen Verpflichtungen befreit. Die Beratung durch einen Versicherungsmathematiker ist im Regelfall nicht erforderlich, obwohl eine solche Beratung manchmal darauf abzielt, die künftigen Versorgungsleistungen, die sich unter Zugrundelegung der gegenwärtigen Beiträge und unterschiedlicher Niveaus zukünftiger Beiträge und Finanzerträge ergeben, zu schätzen.

15 Die Begünstigten sind an den Aktivitäten des Planes interessiert, da diese eine direkte Auswirkung auf die Höhe ihrer zukünftigen Versorgungsleistungen haben. Die Begünstigten möchten auch erfahren, ob Beiträge eingingen und ob eine ordnungsgemäße Kontrolle stattgefunden hat, um ihre Rechte zu schützen. Ein Arbeitgeber hat ein Interesse an einer wirtschaftlichen und unparteiischen Abwicklung des Planes.

16 Zielsetzung der Berichterstattung von beitragsorientierten Plänen ist die regelmäßige Bereitstellung von Informationen über den Plan und die Ertragskraft der Kapitalanlagen. Dieses Ziel wird im Allgemeinen durch die Bereitstellung eines Berichts erfüllt, der Folgendes beinhaltet:
  (a) eine Beschreibung der maßgeblichen Tätigkeiten in der Periode und der Auswirkung aller Änderungen in Bezug auf den Versorgungsplan, sowie seiner Mitglieder und der Vertragsbedingungen;
  (b) Aufstellungen zu den Geschäftsvorfällen und der Ertragskraft der Kapitalanlagen in der Periode sowie zu der Vermögens- und Finanzlage des Versorgungsplanes am Ende der Periode; sowie
  (c) eine Beschreibung der Kapitalanlagepolitik.

LEISTUNGSORIENTIERTE PLÄNE

17 **Der Bericht eines leistungsorientierten Planes hat zu enthalten, entweder:**
  (a) eine Aufstellung, woraus Folgendes zu ersehen ist:
    (i) das für Leistungen zur Verfügung stehende Nettovermögen;
    (ii) der versicherungsmathematische Barwert der zugesagten Versorgungsleistungen, wobei zwischen unverfallbaren und verfallbaren Ansprüchen unterschieden wird; sowie
    (iii) eine sich ergebende Vermögensüber- oder -unterdeckung oder
  (b) eine Aufstellung des für Leistungen zur Verfügung stehenden Nettovermögens, einschließlich entweder:
    (i) einer Angabe, die den versicherungsmathematischen Barwert der zugesagten Versorgungsleistungen, unterschieden nach unverfallbaren und verfallbaren Ansprüchen, offen legt; oder
    (ii) einen Verweis auf diese Information in einem beigefügten Gutachten eines Versicherungsmathematikers.
  Falls zum Bilanzstichtag keine versicherungsmathematische Bewertung erfolgte, ist die aktuellste Bewertung als Grundlage heranzuziehen und der Bewertungsstichtag anzugeben.

18 Für Zwecke des Paragraphen 17 sind dem versicherungsmathematischen Barwert der zugesagten Versorgungsleistungen die gemäß den Bedingungen des Planes für die bisher erbrachte Dienstzeit zugesagten Versorgungsleistungen zugrunde zu legen; hierbei dürfen entweder die gegenwärtigen oder die erwarteten künftigen Gehaltsniveaus berücksichtigt werden, wobei die verwendete Rechnungsgrundlage anzugeben ist. Ebenfalls sind alle Änderungen der versicherungsmathematischen Annahmen, welche eine wesentliche Auswirkung auf den versicherungsmathematischen Barwert der zugesagten Versorgungsleistungen hatten, anzugeben.

managing fund assets. Those parties are called trustees in some countries. The term trustee is used in this Standard to describe such parties regardless of whether a trust has been formed.

Retirement benefit plans are normally described as either defined contribution plans or defined benefit plans, each having their own distinctive characteristics. Occasionally plans exist that contain characteristics of both. Such hybrid plans are considered to be defined benefit plans for the purposes of this Standard. 12

DEFINED CONTRIBUTION PLANS

The report of a defined contribution plan should contain a statement of net assets available for benefits and a description of the funding policy. 13

Under a defined contribution plan, the amount of a participant's future benefits is determined by the contributions paid by the employer, the participant, or both, and the operating efficiency and investment earnings of the fund. An employer's obligation is usually discharged by contributions to the fund. An actuary's advice is not normally required although such advice is sometimes used to estimate future benefits that may be achievable based on present contributions and varying levels of future contributions and investment earnings. 14

The participants are interested in the activities of the plan because they directly affect the level of their future benefits. Participants are interested in knowing whether contributions have been received and proper control has been exercised to protect the rights of beneficiaries. An employer is interested in the efficient and fair operation of the plan. 15

The objective of reporting by a defined contribution plan is periodically to provide information about the plan and the performance of its investments. That objective is usually achieved by providing a report including the following: 16
(a) a description of significant activities for the period and the effect of any changes relating to the plan, and its membership and terms and conditions;
(b) statements reporting on the transactions and investment performance for the period and the financial position of the plan at the end of the period; and
(c) a description of the investment policies.

DEFINED BENEFIT PLANS

The report of a defined benefit plan should contain either: 17
(a) a statement that shows:
    (i) the net assets available for benefits;
    (ii) the actuarial present value of promised retirement benefits, distinguishing between vested benefits and non-vested benefits; and
    (iii) the resulting excess or deficit; or
(b) a statement of net assets available for benefits including either:
    (i) a note disclosing the actuarial present value of promised retirement benefits, distinguishing between vested benefits and non-vested benefits; or
    (ii) a reference to this information in an accompanying actuarial report.
If an actuarial valuation has not been prepared at the date of the report, the most recent valuation should be used as a base and the date of the valuation disclosed.

For the purposes of paragraph 17, the actuarial present value of promised retirement benefits should be based on the benefits promised under the terms of the plan on service rendered to date using either current salary levels or projected salary levels with disclosure of the basis used. The effect of any changes in actuarial assumptions that have had a significant effect on the actuarial present value of promised retirement benefits should also be disclosed. 18

19 Der Bericht hat die Beziehung zwischen dem versicherungsmathematischen Barwert der zugesagten Versorgungsleistungen und dem für Leistungen zur Verfügung stehenden Nettovermögen sowie die Grundsätze für die über den Fonds erfolgende Finanzierung der zugesagten Versorgungsleistungen zu erläutern.

20 Die Zahlungen von zugesagten Versorgungsleistungen hängen bei einem leistungsorientierten Plan von der Vermögens- und Finanzlage des Versorgungsplanes und der Fähigkeit der Beitragszahler, zukünftige Beiträge zu leisten, sowie von der Ertragskraft der Kapitalanlagen in dem Fonds und der Wirtschaftlichkeit des Planes ab.

21 Ein leistungsorientierter Plan benötigt regelmäßige Beratung durch einen Versicherungsmathematiker, um die Vermögens- und Finanzlage des Versorgungsplanes einzuschätzen, die Berechnungsannahmen zu überprüfen und um Empfehlungen für zukünftige Beitragsniveaus zu erhalten.

22 Ziel der Berichterstattung eines leistungsorientierten Planes ist es, in regelmäßigen Zeitabständen Informationen über die Kapitalanlagen und Aktivitäten des Versorgungsplanes zu geben; diese müssen geeignet sein, das Verhältnis von angesammelten Ressourcen zu den Versorgungsleistungen im Zeitablauf zu beurteilen. Dieses Ziel wird im Allgemeinen durch die Bereitstellung eines Berichts erfüllt, der Folgendes beinhaltet:
(a) eine Beschreibung der maßgeblichen Tätigkeiten in der Periode und der Auswirkung aller Änderungen in Bezug auf den Versorgungsplan, sowie seiner Mitglieder und der Vertragsbedingungen;
(b) Aufstellungen zu den Geschäftsvorfällen und der Ertragskraft der Kapitalanlagen der Periode sowie zu der Vermögens- und Finanzlage des Versorgungsplanes am Ende der Periode;
(c) versicherungsmathematische Angaben, entweder als Teil der Aufstellungen oder durch einen separaten Bericht; sowie
(d) eine Beschreibung der Kapitalanlagepolitik.

Versicherungsmathematischer Barwert der zugesagten Versorgungsleistungen

23 Der Barwert der zu erwartenden Zahlungen eines Altersversorgungsplanes kann unter Verwendung der gegenwärtigen oder der bis zur Pensionierung der Begünstigten erwarteten künftigen Gehaltsniveaus berechnet und berichtet werden.

24 Die Gründe für die Verwendung eines Ansatzes, der gegenwärtige Gehälter berücksichtigt, beinhalten:
(a) der versicherungsmathematische Barwert der zugesagten Versorgungsleistungen, definiert als Summe der Beträge, die jedem einzelnen Begünstigten derzeit zuzuordnen sind, kann objektiver als bei Zugrundelegung der erwarteten künftigen Gehaltsniveaus bestimmt werden, weil weniger Annahmen zu treffen sind;
(b) auf eine Gehaltserhöhung zurückgehende Leistungserhöhungen werden erst zum Zeitpunkt der Gehaltserhöhung zu einer Verpflichtung des Planes; und
(c) der Betrag des versicherungsmathematischen Barwertes der zugesagten Versorgungsleistungen unter dem Ansatz des gegenwärtigen Gehaltsniveaus steht im Allgemeinen im Falle einer Schließung oder Einstellung eines Versorgungsplanes in engerer Beziehung zu dem zu zahlenden Betrag.

25 Die Gründe für die Verwendung eines Ansatzes, der die erwarteten künftigen Gehaltsniveaus berücksichtigt, beinhalten:
(a) Finanzinformationen sind auf der Basis der Prämisse der Unternehmensfortführung zu erstellen, ohne Rücksicht darauf, dass Annahmen zu treffen und Schätzungen vorzunehmen sind;
(b) bei Plänen, die auf das Entgelt zum Zeitpunkt der Pensionierung abstellen, bestimmen sich die Leistungen nach den Gehältern zum Zeitpunkt oder nahe dem Zeitpunkt der Pensionierung. Daher sind Gehälter, Beitragsniveaus und Verzinsung zu projizieren; sowie
(c) die Nichtberücksichtigung von zukünftigen Gehaltssteigerungen kann, da der Finanzierung von Fonds überwiegend Gehaltsprojektionen zugrunde liegen, möglicherweise dazu führen, dass der Fonds eine offensichtliche Überdotierung aufweist, obwohl dies in Wirklichkeit nicht der Fall ist, oder dazu führen, dass der Fonds sich als angemessen dotiert darstellt, obwohl in Wirklichkeit eine Unterdotierung vorliegt.

26 Die Angabe des versicherungsmathematischen Barwertes von zugesagten Versorgungsleistungen unter Berücksichtigung des gegenwärtigen Gehaltsniveaus in einem Bericht des Planes dient als Hinweis auf die zum Zeitpunkt des Berichtstages bestehende Verpflichtung für erworbene Versorgungsleistungen. Die Angabe des versicherungsmathematischen Barwertes von zugesagten Versorgungsleistungen unter Berücksichtigung der künftigen Gehälter dient auf Basis der Prämisse der Unternehmensfortführung als Hinweis auf das Ausmaß der potenziellen Verpflichtung, die im Allgemeinen die Grundlage der Fondsfinanzierung darstellt. Zusätzlich zur Angabe des versicherungsmathematischen Barwertes von zugesagten Versorgungsleistungen sind eventuell ausreichende Erläuterungen nötig, um genau anzugeben, in welchem Umfeld dieser Wert zu verstehen ist. Eine derartige Erläuterung kann in Form von Informationen über die Angemessenheit der geplanten zukünftigen

The report should explain the relationship between the actuarial present value of promised retirement benefits and the net assets available for benefits, and the policy for the funding of promised benefits.

Under a defined benefit plan, the payment of promised retirement benefits depends on the financial position of the plan and the ability of contributors to make future contributions to the plan as well as the investment performance and operating efficiency of the plan.

A defined benefit plan needs the periodic advice of an actuary to assess the financial condition of the plan, review the assumptions and recommend future contribution levels.

The objective of reporting by a defined benefit plan is periodically to provide information about the financial resources and activities of the plan that is useful in assessing the relationships between the accumulation of resources and plan benefits over time. This objective is usually achieved by providing a report including the following:
(a) a description of significant activities for the period and the effect of any changes relating to the plan, and its membership and terms and conditions;
(b) statements reporting on the transactions and investment performance for the period and the financial position of the plan at the end of the period;
(c) actuarial information either as part of the statements or by way of a separate report; and
(d) a description of the investment policies.

Actuarial present value of promised retirement benefits

The present value of the expected payments by a retirement benefit plan may be calculated and reported using current salary levels or projected salary levels up to the time of retirement of participants.

The reasons given for adopting a current salary approach include:
(a) the actuarial present value of promised retirement benefits, being the sum of the amounts presently attributable to each participant in the plan, can be calculated more objectively than with projected salary levels because it involves fewer assumptions;
(b) increases in benefits attributable to a salary increase become an obligation of the plan at the time of the salary increase; and
(c) the amount of the actuarial present value of promised retirement benefits using current salary levels is generally more closely related to the amount payable in the event of termination or discontinuance of the plan.

Reasons given for adopting a projected salary approach include:
(a) financial information should be prepared on a going concern basis, irrespective of the assumptions and estimates that must be made;
(b) under final pay plans, benefits are determined by reference to salaries at or near retirement date; hence salaries, contribution levels and rates of return must be projected; and
(c) failure to incorporate salary projections, when most funding is based on salary projections, may result in the reporting of an apparent overfunding when the plan is not overfunded, or in reporting adequate funding when the plan is underfunded.

The actuarial present value of promised retirement benefits based on current salaries is disclosed in the report of a plan to indicate the obligation for benefits earned to the date of the report. The actuarial present value of promised retirement benefits based on projected salaries is disclosed to indicate the magnitude of the potential obligation on a going concern basis which is generally the basis for funding. In addition to disclosure of the actuarial present value of promised retirement benefits, sufficient explanation may need to be given so as to indicate clearly the context in which the actuarial present value of promised retirement benefits should be read. Such explanation may be in the form of information about the adequacy of the planned future funding and of the funding policy based on salary projections. This may be included in the financial information or in the actuary's report.

Fondsfinanzierung und der Finanzierungspolitik auf Grund der Gehaltsprojektionen erfolgen. Dies kann in die Finanzinformationen oder in das Gutachten des Versicherungsmathematikers einbezogen werden.

Häufigkeit von versicherungsmathematischen Bewertungen

27 In vielen Ländern werden versicherungsmathematische Bewertungen nicht häufiger als alle drei Jahre erstellt. Falls zum Bilanzstichtag keine versicherungsmathematische Bewertung erstellt wurde, ist die aktuellste Bewertung als Grundlage heranzuziehen und der Bewertungsstichtag anzugeben.

Berichtsinhalt

28 Für leistungsorientierte Pläne sind die Angaben in einem der nachfolgend beschriebenen Formate darzustellen, die die unterschiedliche Praxis bei der Angabe und Darstellung von versicherungsmathematischen Informationen widerspiegeln:
  (a) der Bericht beinhaltet eine Aufstellung, die das für Leistungen zur Verfügung stehende Nettovermögen, den versicherungsmathematischen Barwert der zugesagten Versorgungsleistungen und eine sich ergebende Vermögensüber- oder -unterdeckung zeigt. Der Bericht des Planes beinhaltet auch eine Bewegungsbilanz des für Leistungen zur Verfügung stehenden Nettovermögens sowie Veränderungen im versicherungsmathematischen Barwert der zugesagten Versorgungsleistungen. Der Bericht kann auch ein separates versicherungsmathematisches Gutachten beinhalten, welches den versicherungsmathematischen Barwert der zugesagten Versorgungsleistungen bestätigt;
  (b) einen Bericht, der eine Aufstellung des für Leistungen zur Verfügung stehenden Nettovermögens und eine Bewegungsbilanz des für Leistungen zur Verfügung stehenden Nettovermögens einschließt. Der versicherungsmathematische Barwert der zugesagten Versorgungsleistungen wird im Anhang angegeben. Der Bericht kann auch ein separates versicherungsmathematisches Gutachten beinhalten, welches den versicherungsmathematischen Barwert der zugesagten Versorgungsleistungen bestätigt; sowie
  (c) einen Bericht, der eine Aufstellung des für Leistungen zur Verfügung stehenden Nettovermögens und eine Bewegungsbilanz des für Leistungen zur Verfügung stehenden Nettovermögens, zusammen mit dem versicherungsmathematischen Barwert der zugesagten Versorgungsleistungen, der in einem separaten versicherungsmathematischen Gutachten enthalten ist, umfasst.
In jedem der gezeigten Formate kann auch ein Bericht des Treuhänders in Form eines Berichtes des Managements sowie ein Kapitalanlagebericht den Aufstellungen beigefügt werden.

29 Diejenigen, welche die in Paragraph 28(a) und 28(b) gezeigten Formate bevorzugen, sind der Ansicht, dass die Quantifizierung der zugesagten Versorgungsleistungen und anderer gemäß dieser Ansätze gegebener Informationen es den Berichtsadressaten erleichtert, die gegenwärtige Lage des Planes und die Wahrscheinlichkeit, dass der Plan seine Verpflichtungen erfüllen kann, zu beurteilen. Sie sind auch der Ansicht, dass Finanzberichte in sich vollständig sein müssen und nicht auf begleitende Aufstellungen bauen dürfen. Andererseits besteht auch die Auffassung, dass das unter Paragraph 28(a) beschriebene Format den Eindruck einer bestehenden Schuld hervorrufen könnte, wobei der versicherungsmathematische Barwert der zugesagten Versorgungsleistungen nach dieser Auffassung nicht alle Merkmale einer Schuld besitzt.

30 Diejenigen, welche das in Paragraph 28(c) gezeigte Format bevorzugen, sind der Ansicht, dass der versicherungsmathematische Barwert der zugesagten Versorgungsleistungen nicht in eine Aufstellung des für Versorgungsleistungen zur Verfügung stehenden Nettovermögens, wie in Paragraph 28(a) gezeigt, einzubeziehen ist oder gemäß Paragraph 28(b) im Anhang anzugeben ist, da dies einen direkten Vergleich mit dem Planvermögen nach sich ziehen würde und ein derartiger Vergleich nicht zulässig sein könnte. Dabei wird vorgebracht, dass Versicherungsmathematiker nicht notwendigerweise die versicherungsmathematischen Barwerte der zugesagten Versorgungsleistungen mit den Marktwerten der Kapitalanlagen vergleichen, sondern hierzu stattdessen möglicherweise den Barwert der aus diesen Kapitalanlagen erwarteten Mittelzuflüsse heranziehen. Daher ist es nach Auffassung derjenigen, welche dieses Format bevorzugen, unwahrscheinlich, dass ein solcher Vergleich die generelle Beurteilung des Planes durch den Versicherungsmathematiker wiedergibt und so Missverständnisse entstehen. Zudem wird vorgebracht, dass die Informationen über die zugesagten Versorgungsleistungen, ob quantifiziert oder nicht, nur im gesonderten versicherungsmathematischen Gutachten aufzuführen ist, da dort angemessene Erläuterungen gegeben werden können.

31 Dieser Standard stimmt der Auffassung zu, die Angaben bezüglich zugesagter Versorgungsleistungen in einem gesonderten versicherungsmathematischen Gutachten zu gestatten. Dagegen werden die Argumente gegen eine Quantifizierung des versicherungsmathematischen Barwertes der zugesagten Versorgungsleistungen abgelehnt. Dementsprechend sind die in Paragraph 28(a) und 28(b) beschriebenen Formate gemäß diesem Standard

Frequency of actuarial valuations

In many countries, actuarial valuations are not obtained more frequently than every three years. If an actuarial valuation has not been prepared at the date of the report, the most recent valuation is used as a base and the date of the valuation disclosed. 27

Report content

For defined benefit plans, information is presented in one of the following formats which reflect different practices in the disclosure and presentation of actuarial information: 28
(a) a statement is included in the report that shows the net assets available for benefits, the actuarial present value of promised retirement benefits, and the resulting excess or deficit. The report of the plan also contains statements of changes in net assets available for benefits and changes in the actuarial present value of promised retirement benefits. The report may include a separate actuary's report supporting the actuarial present value of promised retirement benefits;
(b) a report that includes a statement of net assets available for benefits and a statement of changes in net assets available for benefits. The actuarial present value of promised retirement benefits is disclosed in a note to the statements. The report may also include a report from an actuary supporting the actuarial present value of promised retirement benefits; and
(c) a report that includes a statement of net assets available for benefits and a statement of changes in net assets available for benefits with the actuarial present value of promised retirement benefits contained in a separate actuarial report.

In each format a trustees' report in the nature of a management or directors' report and an investment report may also accompany the statements.

Those in favour of the formats described in paragraphs 28(a) and 28(b) believe that the quantification of promised retirement benefits and other information provided under those approaches help users to assess the current status of the plan and the likelihood of the plan's obligations being met. They also believe that financial reports should be complete in themselves and not rely on accompanying statements. However, some believe that the format described in paragraph 28(a) could give the impression that a liability exists, whereas the actuarial present value of promised retirement benefits does not in their opinion have all the characteristics of a liability. 29

Those who favour the format described in paragraph 28(c) believe that the actuarial present value of promised retirement benefits should not be included in a statement of net assets available for benefits as in the format described in paragraph 28(a) or even be disclosed in a note as in 28(b), because it will be compared directly with plan assets and such a comparison may not be valid. They contend that actuaries do not necessarily compare actuarial present value of promised retirement benefits with market values of investments but may instead assess the present value of cash flows expected from the investments. Therefore, those in favour of this format believe that such a comparison is unlikely to reflect the actuary's overall assessment of the plan and that it may be misunderstood. Also, some believe that, regardless of whether quantified, the information about promised retirement benefits should be contained solely in the separate actuarial report where a proper explanation can be provided. 30

This Standard accepts the views in favour of permitting disclosure of the information concerning promised retirement benefits in a separate actuarial report. It rejects arguments against the quantification of the actuarial present value of promised retirement benefits. Accordingly, the formats described in paragraphs 28(a) and 28(b) are considered acceptable under this Standard, as is the format described in paragraph 28(c) so long as the 31

akzeptabel. Dies gilt auch für das in Paragraph 28(c) beschriebene Format, solange den Finanzinformationen das versicherungsmathematische Gutachten, welches den versicherungsmathematischen Barwert der zugesagten Versorgungsleistungen aufzeigt, beigefügt wird und die Angaben einen Verweis auf das Gutachten enthalten.

ALLE PLÄNE

Bewertung des Planvermögens

32 Die Kapitalanlagen des Altersversorgungsplanes sind mit dem beizulegenden Zeitwert zu bilanzieren. Im Falle von marktfähigen Wertpapieren ist der beizulegende Zeitwert gleich dem Marktwert. In den Fällen, in denen ein Plan Kapitalanlagen hält, für die eine Schätzung des beizulegenden Zeitwertes nicht möglich ist, ist der Grund für die Nichtverwendung des beizulegenden Zeitwertes anzugeben.

33 Im Falle von marktfähigen Wertpapieren ist der beizulegende Zeitwert normalerweise gleich dem Marktwert, da dieser für die Wertpapiere zum Bilanzstichtag und für deren Ertragskraft der Periode den zweckmäßigsten Bewertungsmaßstab darstellt. Für Wertpapiere mit einem festen Rückkaufswert, die erworben wurden, um die Verpflichtungen des Planes, oder bestimmte Teile davon, abzudecken, können Beträge auf der Grundlage der endgültigen Rückkaufswerte unter Annahme einer bis zur Fälligkeit konstanten Rendite angesetzt werden. In den Fällen, in denen eine Schätzung des beizulegenden Zeitwertes von Kapitalanlagen des Planes nicht möglich ist, wie etwa eine hundertprozentige Beteiligung an einem Unternehmen, ist der Grund für die Nichtverwendung des beizulegenden Zeitwertes anzugeben. In dem Maße, wie Kapitalanlagen zu anderen Beträgen als den Marktwerten oder beizulegenden Zeitwerten angegeben werden, ist der beizulegende Zeitwert im Allgemeinen ebenfalls anzugeben. Die Bilanzierung für die im Rahmen der betrieblichen Tätigkeit des Fonds genutzten Vermögenswerte erfolgt gemäß den entsprechenden International Accounting Standards.

Angaben

34 Im Bericht eines leistungs- oder beitragsorientierten Altersversorgungsplanes sind ergänzend folgende Angaben zu machen:
 (a) eine Bewegungsbilanz des für Leistungen zur Verfügung stehenden Nettovermögens;
 (b) eine Zusammenfassung der maßgeblichen Bilanzierungs- und Bewertungsmethoden; sowie
 (c) eine Beschreibung des Planes und der Auswirkung aller Änderungen im Plan während der Periode.

35 Falls zutreffend, schließen Berichte, die von Altersversorgungsplänen erstellt werden, Folgendes ein:
 (a) eine Aufstellung des für Leistungen zur Verfügung stehenden Nettovermögens, mit Angabe:
   (i) der in geeigneter Weise aufgegliederten Vermögenswerte zum Ende der Periode;
   (ii) der Grundlage der Bewertung der Vermögenswerte;
   (iii) der Einzelheiten zu jeder einzelnen Kapitalanlage, die entweder 5 % des für Leistungen zur Verfügung stehenden Nettovermögens oder 5 % einer Wertpapiergattung oder -art übersteigt;
   (iv) der Einzelheiten jeder Beteiligung am Arbeitgeber; sowie
   (v) anderer Schulden als den versicherungsmathematischen Barwert der zugesagten Versorgungsleistungen,
 (b) eine Bewegungsbilanz des für Leistungen zur Verfügung stehenden Nettovermögens, die die folgenden Posten aufzeigt:
   (i) Arbeitgeberbeiträge;
   (ii) Arbeitnehmerbeiträge;
   (iii) Anlageerträge wie Zinsen und Dividenden;
   (iv) sonstige Erträge;
   (v) gezahlte oder zu zahlende Leistungen (beispielsweise aufgegliedert nach Leistungen für Alterspensionen, Todes- und Erwerbsunfähigkeitsfälle sowie Pauschalzahlungen);
   (vi) Verwaltungsaufwand;
   (vii) andere Aufwendungen;
   (viii) Ertragsteuern;
   (ix) Gewinne und Verluste aus der Veräußerung von Kapitalanlagen und Wertänderungen der Kapitalanlagen; sowie
   (x) Vermögensübertragungen von und an andere Pläne;
 (c) eine Beschreibung der Grundsätze der Fondsfinanzierung;
 (d) bei leistungsorientierten Plänen der versicherungsmathematische Barwert der zugesagten Versorgungsleistungen (eventuell unterschieden nach unverfallbaren und verfallbaren Ansprüchen) auf der Grundlage der gemäß diesem Plan zugesagten Versorgungsleistungen und der bereits geleisteten Dienstzeit sowie unter

ALL PLANS

Valuation of plan assets

Retirement benefit plan investments should be carried at fair value. In the case of marketable securities fair value is market value. Where plan investments are held for which an estimate of fair value is not possible disclosure should be made of the reason why fair value is not used. 32

In the case of marketable securities fair value is usually market value because this is considered the most useful measure of the securities at the report date and of the investment performance for the period. Those securities that have a fixed redemption value and that have been acquired to match the obligations of the plan, or specific parts thereof, may be carried at amounts based on their ultimate redemption value assuming a constant rate of return to maturity. Where plan investments are held for which an estimate of fair value is not possible, such as total ownership of an enterprise, disclosure is made of the reason why fair value is not used. To the extent that investments are carried at amounts other than market value or fair value, fair value is generally also disclosed. Assets used in the operations of the fund are accounted for in accordance with the applicable International Accounting Standards. 33

Disclosure

The report of a retirement benefit plan, whether defined benefit or defined contribution, should also contain the following information: 34
(a) a statement of changes in net assets available for benefits;
(b) a summary of significant accounting policies; and
(c) a description of the plan and the effect of any changes in the plan during the period.

Reports provided by retirement benefit plans include the following, if applicable: 35
(a) a statement of net assets available for benefits disclosing:
    (i) assets at the end of the period suitably classified;
    (ii) the basis of valuation of assets;
    (iii) details of any single investment exceeding either 5 % of the net assets available for benefits or 5 % of any class or type of security;
    (iv) details of any investment in the employer; and
    (v) liabilities other than the actuarial present value of promised retirement benefits;
(b) a statement of changes in net assets available for benefits showing the following:
    (i) employer contributions;
    (ii) employee contributions;
    (iii) investment income such as interest and dividends;
    (iv) other income;
    (v) benefits paid or payable (analysed, for example, as retirement, death and disability benefits, and lump sum payments);
    (vi) administrative expenses;
    (vii) other expenses;
    (viii) taxes on income;
    (ix) profits and losses on disposal of investments and changes in value of investments; and
    (x) transfers from and to other plans;
(c) a description of the funding policy;
(d) for defined benefit plans, the actuarial present value of promised retirement benefits (which may distinguish between vested benefits and non-vested benefits) based on the benefits promised under the terms of the plan, on service rendered to date and using either current salary levels or projected salary levels; this information may be included in an accompanying actuarial report to be read in conjunction with the related financial information; and

Berücksichtigung der gegenwärtigen oder der erwarteten künftigen Gehaltsniveaus; diese Angaben können in einem beigefügten versicherungsmathematischen Gutachten enthalten sein, das in Verbindung mit den damit zusammenhängenden Finanzinformationen zu lesen ist; sowie

(e) bei leistungsorientierten Plänen eine Beschreibung der maßgeblichen versicherungsmathematischen Annahmen und der zur Berechnung des versicherungsmathematischen Barwertes der zugesagten Versorgungsleistungen verwendeten Methode.

36 Der Bericht eines Altersversorgungsplanes beinhaltet eine Beschreibung des Planes, entweder als Teil der Finanzinformationen oder in einem selbständigen Bericht. Darin kann Folgendes enthalten sein:
(a) die Namen der Arbeitgeber und der vom Plan erfassten Arbeitnehmergruppen;
(b) die Anzahl der Begünstigten, welche Leistungen erhalten, und die Anzahl der anderen Begünstigten, in geeigneter Gruppierung;
(c) die Art des Planes – beitrags- oder leistungsorientiert;
(d) eine Angabe dazu, ob Begünstigte an den Plan Beiträge leisten;
(e) eine Beschreibung der den Begünstigten zugesagten Versorgungsleistungen;
(f) eine Beschreibung aller Regelungen hinsichtlich einer Schließung des Planes; sowie
(g) Veränderungen in den Posten (a) bis (f) während der Periode, die durch den Bericht behandelt wird.

Es ist nicht unüblich, auf andere den Plan beschreibende Unterlagen, die den Berichtsadressaten in einfacher Weise zugänglich sind, zu verweisen und im Bericht lediglich Angaben zu nachträglichen Veränderungen aufzuführen.

ZEITPUNKT DES INKRAFTTRETENS

37 Dieser International Accounting Standard ist erstmals in der ersten Berichtsperiode eines am 1. Januar 1988 oder danach beginnenden Geschäftsjahres von Altersversorgungsplänen anzuwenden.

(e) for defined benefit plans, a description of the significant actuarial assumptions made and the method used to calculate the actuarial present value of promised retirement benefits.

36 The report of a retirement benefit plan contains a description of the plan, either as part of the financial information or in a separate report. It may contain the following:
(a) the names of the employers and the employee groups covered;
(b) the number of participants receiving benefits and the number of other participants, classified as appropriate;
(c) the type of plan—defined contribution or defined benefit;
(d) a note as to whether participants contribute to the plan;
(e) a description of the retirement benefits promised to participants;
(f) a description of any plan termination terms; and
(g) changes in items (a) to (f) during the period covered by the report.
It is not uncommon to refer to other documents that are readily available to users and in which the plan is described, and to include only information on subsequent changes in the report.

EFFECTIVE DATE

37 This International Accounting Standard becomes operative for financial statements of retirement benefit plans covering periods beginning on or after 1 January 1988.

International Accounting Standard 27

Konzern- und separate Einzelabschlüsse nach IFRS

> International Accounting Standard 27 *Konzern- und separate Einzelabschlüsse nach IFRS* (IAS 27) ist in den Paragraphen 1–45 festgelegt. Alle Paragraphen sind gleichrangig, behalten jedoch das IASC-Format des Standards, mit dem dieser durch den IASB verabschiedet wurde. IAS 27 ist in Verbindung mit dem *Vorwort zu den International Financial Reporting Standards* und dem *Rahmenkonzept für die Aufstellung und Darstellung von Abschlüssen* zu betrachten. IAS 8 *Bilanzierungs- und Bewertungsmethoden, Änderungen von Schätzungen und Fehler*, stellt beim Fehlen ausdrücklicher Leitlinien eine Grundlage für die Auswahl und für die Anwendung von Bilanzierungs- und Bewertungsmethoden bereit.

INHALT

	Ziffer
Anwendungsbereich	1–3
Definitionen	4–8
Darstellung des Konzernabschlusses	9–11
Konsolidierungskreis	12–21
Konsolidierungsverfahren	22–36
Bilanzierung von Anteilen an Tochterunternehmen, gemeinsam geführten Unternehmen und assoziierten Unternehmen im separaten Einzelabschluss nach IFRS	37–39
Angaben	40–42
Zeitpunkt des Inkrafttretens	43
Rücknahme anderer Verlautbarungen	44–45

Dieser überarbeitete Standard ersetzt IAS 27 (überarbeitet 2000) *Konzernabschlüsse und Bilanzierung von Anteilen an Tochterunternehmen* und ist erstmals in der ersten Berichtsperiode eines am 1. Januar 2005 oder danach beginnenden Geschäftsjahres anzuwenden. Eine frühere Anwendung wird empfohlen.

ANWENDUNGSBEREICH

1 Dieser Standard ist bei der Aufstellung und Darstellung von Konzernabschlüssen für eine Gruppe von Unternehmen unter der Beherrschung eines Mutterunternehmens anzuwenden.

2 Dieser Standard behandelt nicht die Methoden der Bilanzierung von Unternehmenszusammenschlüssen und deren Auswirkungen auf die Konsolidierung, einschließlich eines aus einem Unternehmenszusammenschluss entstehenden Geschäfts- oder Firmenwertes (siehe IFRS 3 *Unternehmenszusammenschlüsse*).

3 Der Standard ist auch auf die Bilanzierungsmethode für Anteile an Tochterunternehmen, gemeinschaftlich geführten Unternehmen und assoziierten Unternehmen anzuwenden, wenn ein Unternehmen sich dafür entscheidet oder durch lokale Vorschriften gezwungen ist, einen separaten Einzelabschluss nach IFRS aufzustellen.

DEFINITIONEN

4 Folgende Begriffe werden in diesem Standard mit der angegebenen Bedeutung verwendet:
Ein **Konzernabschluss** ist der Abschluss eines Konzerns, der die Konzernunternehmen so darstellt, als ob es sich bei ihnen um ein einziges Unternehmen handelt.
Beherrschung ist die Möglichkeit, die Finanz- und Geschäftspolitik eines Unternehmens zu bestimmen, um aus dessen Tätigkeit Nutzen zu ziehen.
Die **Anschaffungskostenmethode** ist eine Bilanzierungsmethode, bei der die Anteile an einem Unternehmen mit den Anschaffungskosten angesetzt werden. Der Anteilseigner erfasst Erträge aus dem Anteilsbesitz nur soweit, wie der Anteilseigner Ausschüttungen aus den seit dem Zeitpunkt des Anteilserwerbs erwirtschafteten Ergebnissen des Beteiligungsunternehmens erhält. Erhaltene Ausschüttungen, die über

International Accounting Standard 27

Consolidated and Separate Financial Statements

> International Accounting Standard 27 *Consolidated and Separate Financial Statements* (IAS 27) is set out in paragraphs 1—45. All the paragraphs have equal authority but retain the IASC format of the Standard when it was adopted by the IASB. IAS 27 should be read in the context of the *Preface to International Financial Reporting Standards* and the *Framework for the Preparation and Presentation of Financial Statements*. IAS 8 *Accounting Policies, Changes in Accounting Estimates and Errors* provides a basis for selecting and applying accounting policies in the absence of explicit guidance.

SUMMARY

	Paragraphs
Scope	1—3
Definitions	4—8
Presentation of consolidated financial statements	9—11
Scope of consolidated financial statements	12—21
Consolidation procedures	22—36
Accounting for investments in subsidiaries, jointly controlled entities and associates in separate financial statements	37—39
Disclosure	40—42
Effective date	43
Withdrawal of other pronouncements	44—45

This revised Standard supersedes IAS 27 (revised 2000) *Consolidated Financial Statements and Accounting for Investments in Subsidiaries* and should be applied for annual periods beginning on or after 1 January 2005. Earlier application is encouraged.

SCOPE

This Standard shall be applied in the preparation and presentation of consolidated financial statements for a group of entities under the control of a parent. 1

This Standard does not deal with methods of accounting for business combinations and their effects on consolidation, including goodwill arising on a business combination (see IFRS 3 *Business Combinations*). 2

This Standard shall also be applied in accounting for investments in subsidiaries, jointly controlled entities and associates when an entity elects, or is required by local regulations, to present separate financial statements. 3

DEFINITIONS

The following terms are used in this Standard with the meanings specified: 4

Consolidated financial statements are the financial statements of a group presented as those of a single economic entity.

Control is the power to govern the financial and operating policies of an entity so as to obtain benefits from its activities.

The cost method is a method of accounting for an investment whereby the investment is recognised at cost. The investor recognises income from the investment only to the extent that the investor receives distributions from accumulated profits of the investee arising after the date of acquisition. Distributions

diese Ergebnisse hinausgehen, werden als Kapitalrückzahlung angesehen und verringern die Anschaffungskosten der Anteile.

Ein Konzern ist ein Mutterunternehmen mit allen seinen Tochterunternehmen.

Der Minderheitsanteil ist der Teil des Ergebnisses und des Reinvermögens eines Tochterunternehmens, der auf Anteile entfällt, die nicht direkt vom Mutterunternehmen oder nicht indirekt über andere Tochterunternehmen vom Mutterunternehmen gehalten werden.

Ein Mutterunternehmen ist ein Unternehmen mit einem oder mehreren Tochterunternehmen.

Separate Abschlüsse nach IFRS sind die von einem Mutterunternehmen, einem Anteilseigner eines assoziierten Unternehmens oder einem Partnerunternehmen eines gemeinsam geführten Unternehmens aufgestellten Abschlüsse, in denen die Anteile auf der Grundlage der unmittelbaren Kapitalbeteiligung anstatt auf Grundlage der vom Beteiligungsunternehmen berichteten Ergebnisse und seines Reinvermögens bilanziert werden.

Ein Tochterunternehmen ist ein Unternehmen, das von einem anderen Unternehmen, einschließlich einer Nicht-Kapitalgesellschaft, wie etwa einer Personengesellschaft, (als Mutterunternehmen bezeichnet) beherrscht wird.

5   Ein Mutterunternehmen oder sein Tochterunternehmen kann Anteilseigner eines assoziierten oder Partnerunternehmen eines gemeinsam geführten Unternehmens sein. In diesen Fällen gilt der in Übereinstimmung mit diesem Standard aufgestellte und dargestellte Konzernabschluss als in Übereinstimmung mit IAS 28 *Anteile an assoziierten Unternehmen* und IAS 31 *Anteile an Joint Ventures*.

6   Für ein in Paragraph 5 beschriebenes Unternehmen ist der separate Einzelabschluss nach IFRS ein Abschluss, der zusätzlich zu den in Paragraph 5 genannten Abschlüssen aufgestellt und dargestellt wird. Separate Einzelabschlüsse nach IFRS sind diesen Abschlüssen weder anzuhängen, noch beizufügen.

7   Der Abschluss eines Unternehmens, das weder ein Tochterunternehmen, noch ein assoziiertes Unternehmen besitzt oder Partnerunternehmen an einem gemeinschaftlich geführten Unternehmen ist, stellt keinen separaten Abschluss nach IFRS dar.

8   Ein Mutterunternehmen, das nach Paragraph 10 von der Aufstellung eines Konzernabschlusses befreit ist, kann einen separaten Einzelabschluss nach IFRS als seinen einzigen Abschluss vorlegen.

DARSTELLUNG DES KONZERNABSCHLUSSES

9   Ein Mutterunternehmen, ausgenommen Mutterunternehmen gemäß Paragraph 10, hat einen Konzernabschluss aufzustellen, in dem es seine Anteile an Tochterunternehmen in Übereinstimmung mit diesem Standard konsolidiert.

10 Ein Mutterunternehmen braucht dann, und nur dann, keinen Konzernabschluss aufzustellen, wenn:
    (a) das Mutterunternehmen selbst ein hundertprozentiges Tochterunternehmen ist oder das Mutterunternehmen ein teilweise im Besitz stehendes Tochterunternehmen eines anderen Unternehmens ist und die anderen Anteilseigner, einschließlich der nicht stimmberechtigten, darüber unterrichtet sind, dass das Mutterunternehmen keinen Konzernabschluss aufstellt, und dazu keine Einwendungen erheben;
    (b) die Schuld- oder Eigenkapitalinstrumente des Mutterunternehmens an keiner Börse (einer nationalen oder ausländischen Wertpapierbörse oder am Freiverkehrsmarkt, einschließlich lokaler und regionaler Börsen) gehandelt werden;
    (c) das Mutterunternehmen bei keiner Börsenaufsicht oder sonstigen Aufsichtbehörde ihre Abschlüsse zum Zweck der Emission von Finanzinstrumenten jeglicher Klasse an einer Wertpapierbörse eingereicht hat oder dies beabsichtigt; und
    (d) das oberste oder ein zwischengeschaltetes Mutterunternehmen des Mutterunternehmens einen Konzernabschluss aufstellt, der veröffentlicht wird und den International Financial Reporting Standards entspricht.

11 Ein Mutterunternehmen, das nach Paragraph 10 von der Aufstellung eines Konzernabschlusses befreit ist, und nur einen separaten Einzelabschluss nach IFRS aufstellt, handelt in Übereinstimmung mit den Paragraphen 37–42.

received in excess of such profits are regarded as a recovery of investment and are recognised as a reduction of the cost of the investment.

A group is a parent and all its subsidiaries.

Minority interest is that portion of the profit or loss and net assets of a subsidiary attributable to equity interests that are not owned, directly or indirectly through subsidiaries, by the parent.

A parent is an entity that has one or more subsidiaries.

Separate financial statements are those presented by a parent, an investor in an associate or a venturer in a jointly controlled entity, in which the investments are accounted for on the basis of the direct equity interest rather than on the basis of the reported results and net assets of the investees.

A subsidiary is an entity, including an unincorporated entity such as a partnership, that is controlled by another entity (known as the parent).

A parent or its subsidiary may be an investor in an associate or a venturer in a jointly controlled entity. In such cases, consolidated financial statements prepared and presented in accordance with this Standard are also prepared so as to comply with IAS 28 *Investments in Associates* and IAS 31 *Interests in Joint Ventures*. 5

For an entity described in paragraph 5, separate financial statements are those prepared and presented in addition to the financial statements referred to in paragraph 5. Separate financial statements need not be appended to, or accompany, those statements. 6

The financial statements of an entity that does not have a subsidiary, associate or venturer's interest in a jointly controlled entity are not separate financial statements. 7

A parent that is exempted in accordance with paragraph 10 from presenting consolidated financial statements may present separate financial statements as its only financial statements. 8

PRESENTATION OF CONSOLIDATED FINANCIAL STATEMENTS

A parent, other than a parent described in paragraph 10, shall present consolidated financial statements in which it consolidates its investments in subsidiaries in accordance with this Standard. 9

A parent need not present consolidated financial statements if and only if: 10
(a) the parent is itself a wholly-owned subsidiary, or is a partially-owned subsidiary of another entity and its other owners, including those not otherwise entitled to vote, have been informed about, and do not object to, the parent not presenting consolidated financial statements;
(b) the parent's debt or equity instruments are not traded in a public market (a domestic or foreign stock exchange or an over-the-counter market, including local and regional markets);
(c) the parent did not file, nor is it in the process of filing, its financial statements with a securities commission or other regulatory organisation for the purpose of issuing any class of instruments in a public market; and
(d) the ultimate or any intermediate parent of the parent produces consolidated financial statements available for public use that comply with International Financial Reporting Standards.

A parent that elects in accordance with paragraph 10 not to present consolidated financial statements, and presents only separate financial statements, complies with paragraphs 37—42. 11

IAS 27

KONSOLIDIERUNGSKREIS

12 Der Konzernabschluss schließt alle Tochterunternehmen des Mutterunternehmens ein, mit Ausnahme der in Paragraph 16 aufgeführten[1].

13 Eine Beherrschung wird dann angenommen, wenn das Mutterunternehmen, entweder direkt oder indirekt über Tochterunternehmen, über mehr als die Hälfte der Stimmrechte eines Unternehmens verfügt; dies gilt nicht, wenn sich in außergewöhnlichen Umständen eindeutig nachweisen lässt, dass ein derartiger Besitz keine Beherrschung begründet. Eine Beherrschung liegt ebenfalls vor, wenn das Mutterunternehmen die Hälfte oder weniger als die Hälfte der Stimmrechte an einem Unternehmen hält, sofern Folgendes erfüllt ist[2]:
   (a) die Möglichkeit, über mehr als die Hälfte der Stimmrechte kraft einer mit anderen Anteilseignern abgeschlossenen Vereinbarung zu verfügen;
   (b) die Möglichkeit, die Finanz- und Geschäftspolitik eines Unternehmens gemäß einer Satzung oder einer Vereinbarung zu bestimmen;
   (c) die Möglichkeit, die Mehrheit der Mitglieder der Geschäftsführungs- und/oder Aufsichtsorgane zu ernennen oder abzuberufen, wobei die Verfügungsgewalt über das andere Unternehmen bei diesen Organen liegt; oder
   (d) die Möglichkeit, die Mehrheit der Stimmen bei Sitzungen der Geschäftsführungs- und/oder Aufsichtsorgane oder eines gleichwertigen Leitungsgremiums zu bestimmen, wobei die Verfügungsgewalt über das andere Unternehmen bei diesen Organen liegt.

14 Ein Unternehmen kann Aktienoptionsscheine, Aktienkaufoptionen, Schuld- oder Eigenkapitalinstrumente halten, die in Stammaktien oder in ähnliche Instrumente eines anderen Unternehmens umwandelbar sind, bei deren Ausübung oder Umwandlung dem ausübenden Unternehmen möglicherweise Stimmrechte verliehen oder die Stimmrechte eines anderen Anteilsinhabers über die Finanz- und Geschäftspolitik des anderen Unternehmens beschränkt werden (potenzielle Stimmrechte). Die Existenz und Auswirkung von potenziellen Stimmrechten, die gegenwärtig ausgeübt oder umgewandelt werden können, einschließlich von anderen Unternehmen gehaltener potenzieller Stimmrechte, sind bei der Beurteilung zu berücksichtigen, ob ein Unternehmen die Möglichkeit besitzt, die Finanz- und Geschäftspolitik eines anderen Unternehmens zu bestimmen. Potenzielle Stimmrechte können nicht gegenwärtig ausgeübt oder umgewandelt werden, wenn sie zum Beispiel erst zu einem zukünftigen Datum oder bei Eintritt eines zukünftigen Ereignisses ausgeübt oder umgewandelt werden können.

15 Bei der Beurteilung, ob potenzielle Stimmrechte zur Beherrschung beitragen, hat das Unternehmen alle Tatsachen und Umstände zu untersuchen (einschließlich der Ausübungsbedingungen potenzieller Stimmrechte und sonstiger vertraglicher Vereinbarungen, gleich ob in der Einzelfallbetrachtung oder im Zusammenhang), welche die potenziellen Stimmrechte beeinflussen, ausgenommen die Absicht des Managements und die finanziellen Möglichkeiten zur Ausübung oder Umwandlung.

16–18 (gestrichen)

19 Eine Tochtergesellschaft ist nicht deshalb von der Konsolidierung ausgeschlossen, nur weil der Anteilsbesitzer eine Wagniskapital-Organisation, ein Investmentfonds, ein Unit Trusts oder ein ähnliches Unternehmen ist.

20 Ein Tochterunternehmen ist nicht von der Konsolidierung auszuschließen, wenn sich die Geschäftstätigkeit dieses Tochterunternehmens von der Geschäftstätigkeit anderer Unternehmen des Konzerns unterscheidet. Durch eine Konsolidierung solcher Tochterunternehmen bei gleichzeitiger Angabe zusätzlicher Informationen über ihre abweichende Geschäftstätigkeit im Konzernabschluss werden bessere Informationen zur Verfügung gestellt als ohne Konsolidierung. Beispielsweise helfen die von IFRS 8 *Geschäftssegmente* verlangten Angabepflichten, die Bedeutung abweichender Geschäftsfelder innerhalb des Konzerns zu erläutern.

21 Ein Mutterunternehmen beherrscht ein Beteiligungsunternehmen dann nicht mehr, wenn es nicht mehr in der Lage ist, dessen Finanz- und Geschäftspolitik zu bestimmen, um aus seiner Tätigkeit Nutzen zu ziehen. Ein Verlust der Beherrschung kann ohne Änderung der absoluten oder relativen Eigentumsverhältnisse eintreten. Das kann beispielsweise eintreten, wenn ein Tochterunternehmen unter die Kontrolle staatlicher Behörden, Gerichte, Zwangsverwalter oder Aufsichtsbehörden gerät. Es könnte auch das Ergebnis vertraglicher Vereinbarungen sein.

---

1 Erfüllt ein Tochterunternehmen zum Erwerbszeitpunkt die Kriterien für eine Klassifizierung als zur Veräußerung gehalten gemäß IFRS 5 *Zur Veräußerung gehaltene langfristige Vermögenswerte und aufgegebene Geschäftsbereiche*, ist es gemäß diesem Standard zu bilanzieren.
2 Siehe auch SIC-12 *Konsolidierung - Zweckgesellschaften*.

IAS 27

SCOPE OF CONSOLIDATED FINANCIAL STATEMENTS

Consolidated financial statements shall include all subsidiaries of the parent[1]. 12

Control is presumed to exist when the parent owns, directly or indirectly through subsidiaries, more than half of the voting power of an entity unless, in exceptional circumstances, it can be clearly demonstrated that such ownership does not constitute control. Control also exists when the parent owns half or less of the voting power of an entity when there is:[2] 13
(a) power over more than half of the voting rights by virtue of an agreement with other investors;
(b) power to govern the financial and operating policies of the entity under a statute or an agreement;
(c) power to appoint or remove the majority of the members of the board of directors or equivalent governing body and control of the entity is by that board or body; or
(d) power to cast the majority of votes at meetings of the board of directors or equivalent governing body and control of the entity is by that board or body.

An entity may own share warrants, share call options, debt or equity instruments that are convertible into ordinary shares, or other similar instruments that have the potential, if exercised or converted, to give the entity voting power or reduce another party's voting power over the financial and operating policies of another entity (potential voting rights). The existence and effect of potential voting rights that are currently exercisable or convertible, including potential voting rights held by another entity, are considered when assessing whether an entity has the power to govern the financial and operating policies of another entity. Potential voting rights are not currently exercisable or convertible when, for example, they cannot be exercised or converted until a future date or until the occurrence of a future event. 14

In assessing whether potential voting rights contribute to control, the entity examines all facts and circumstances (including the terms of exercise of the potential voting rights and any other contractual arrangements whether considered individually or in combination) that affect potential voting rights, except the intention of management and the financial ability to exercise or convert. 15

(deleted) 16–18

A subsidiary is not excluded from consolidation simply because the investor is a venture capital organisation, mutual fund, unit trust or similar entity. 19

A subsidiary is not excluded from consolidation because its business activities are dissimilar from those of the other entities within the group. Relevant information is provided by consolidating such subsidiaries and disclosing additional information in the consolidated financial statements about the different business activities of subsidiaries. For example, the disclosures required by IFRS 8 *Operating Segments* help to explain the significance of different business activities within the group. 20

A parent loses control when it loses the power to govern the financial and operating policies of an investee so as to obtain benefit from its activities. The loss of control can occur with or without a change in absolute or relative ownership levels. It could occur, for example, when a subsidiary becomes subject to the control of a government, court, administrator or regulator. It could also occur as a result of a contractual agreement. 21

---

1 If on acquisition a subsidiary meets the criteria to be classified as held for sale in accordance with IFRS 5 *Non-current Assets Held for Sale and Discontinued Operations*, it shall be accounted for in accordance with that Standard.

2 See also SIC-12 *Consolidation—Special Purpose Entities*.

KONSOLIDIERUNGSVERFAHREN

22 Bei der Aufstellung des Konzernabschlusses werden die Abschlüsse des Mutterunternehmens und seiner Tochterunternehmen durch Addition gleichartiger Posten der Vermögenswerte, der Schulden, des Eigenkapitals, der Erträge und der Aufwendungen zusammengefasst. Damit der Konzernabschluss die Rechnungslegungsinformationen über den Konzern so darstellt, als ob es sich bei dem Konzern um ein einziges Unternehmen handelt, sind die folgenden Schritte zu beachten:
   (a) der Buchwert der dem Mutterunternehmen gehörenden Anteile an jedem einzelnen Tochterunternehmen und der Anteil des Mutterunternehmens am Eigenkapital jedes Tochterunternehmens werden eliminiert (siehe IFRS 3, der auch die Behandlung eines resultierenden Geschäfts- oder Firmenwertes beschreibt);
   (b) Minderheitsanteile am Ergebnis konsolidierter Tochterunternehmen in der Berichtsperiode werden ermittelt; und
   (c) Minderheitsanteile am Reinvermögen konsolidierter Tochterunternehmen werden ermittelt und in der Konzernbilanz getrennt von den Schulden und dem Eigenkapital, das auf Anteilseigner des Mutterunternehmens entfällt, ausgewiesen. Minderheitsanteile am Reinvermögen bestehen aus:
      (i) dem Betrag der Minderheitsanteile zum Zeitpunkt des ursprünglichen Zusammenschlusses, welcher gemäß IFRS 3 ermittelt wurde; und
      (ii) dem Anteil der Minderheit an den Eigenkapitalbewegungen seit dem Zeitpunkt des Zusammenschlusses.

23 Wenn potenzielle Stimmrechte bestehen, werden die Anteile am Ergebnis und den Eigenkapitalbewegungen dem Mutterunternehmen und den Minderheitsanteilen auf Grundlage der bestehenden Eigentümerverhältnisse zugewiesen und stellen keine mögliche Ausübung oder Wandlung potenzieller Stimmrechte dar.

24 **Konzerninterne Salden, Transaktionen, Gewinne und Aufwendungen sind in voller Höhe zu eliminieren.**

25 Konzerninterne Salden und Transaktionen, einschließlich Gewinne, Aufwendungen und Dividenden, werden in voller Höhe eliminiert. Gewinne oder Verluste aus konzerninternen Transaktionen, die im Buchwert von Vermögenswerten, wie Vorräten und Anlagevermögen, enthalten sind, sind in voller Höhe zu eliminieren. Konzerninterne Verluste können auf eine Wertminderung hinweisen, die im Konzernabschluss ausgewiesen werden muss. IAS 12 *Ertragsteuern* ist auf zeitliche Differenzen auf Grund der Eliminierung von Gewinnen und Verlusten infolge Transaktionen innerhalb des Konzerns anzuwenden.

26 **Die Abschlüsse des Mutterunternehmens und seiner Tochterunternehmen, die bei der Aufstellung des Konzernabschlusses verwendet werden, sind gewöhnlich auf den gleichen Stichtag aufgestellt. Weichen die Abschlussstichtage des Mutterunternehmens und eines Tochterunternehmens voneinander ab, dann stellt das Tochterunternehmen einen Zwischenabschluss auf den Stichtag des Mutterunternehmens auf, sofern dies nicht undurchführbar ist.**

27 **Wird in Übereinstimmung mit Paragraph 26 der Abschluss eines Tochterunternehmens, der bei der Aufstellung des Konzernabschlusses herangezogen wird, zu einem vom Mutterunternehmen abweichenden Stichtag aufgestellt, so sind Berichtigungen für die Auswirkungen bedeutender Geschäftsvorfälle oder anderer Ereignisse vorzunehmen, die zwischen diesem Stichtag und dem Stichtag des Mutterunternehmens eingetreten sind. Der Unterschied zwischen den Abschlussstichtagen von Tochterunternehmen und Mutterunternehmen darf nicht mehr als drei Monate betragen. Die Länge der Berichtsperioden und die Abweichungen zwischen den Berichtsstichtagen müssen von Periode zu Periode gleich bleiben.**

28 **Bei der Aufstellung eines Konzernabschlusses sind für ähnliche Geschäftsvorfälle und andere Ereignisse unter vergleichbaren Umständen einheitliche Bilanzierungs- und Bewertungsmethoden anzuwenden.**

29 Wenn ein Konzernunternehmen Bilanzierungs- und Bewertungsmethoden anwendet, die sich von den im Konzernabschluss für ähnliche Geschäftsvorfälle und andere Ereignisse unter vergleichbaren Umständen verwendeten unterscheiden, sind bei der Aufstellung des Konzernabschlusses sachgerechte Berichtigungen in seinem Abschluss durchzuführen.

30 Die Erträge und Aufwendungen eines Tochterunternehmens sind gemäß der Definition von IFRS 3 vom Erwerbszeitpunkt an in den Konzernabschlüssen enthalten. Die Erträge und Aufwendungen eines Tochterunternehmens bleiben bis zu dem Zeitpunkt in den Konzernabschluss einbezogen, an dem die Beherrschung durch das Mutterunternehmen endet. Der Unterschiedsbetrag zwischen dem Erlös aus der Veräußerung des Tochterunternehmens und seinem Buchwert, einschließlich der kumulierten Umrechnungsdifferenzen, die

CONSOLIDATION PROCEDURES

In preparing consolidated financial statements, an entity combines the financial statements of the parent and its subsidiaries line by line by adding together like items of assets, liabilities, equity, income and expenses. In order that the consolidated financial statements present financial information about the group as that of a single economic entity, the following steps are then taken: 22
(a) the carrying amount of the parent's investment in each subsidiary and the parent's portion of equity of each subsidiary are eliminated (see IFRS 3, which describes the treatment of any resultant goodwill);
(b) minority interests in the profit or loss of consolidated subsidiaries for the reporting period are identified; and
(c) minority interests in the net assets of consolidated subsidiaries are identified separately from the parent shareholders' equity in them. Minority interests in the net assets consist of:
  (i) the amount of those minority interests at the date of the original combination calculated in accordance with IFRS 3; and
  (ii) the minority's share of changes in equity since the date of the combination.

When potential voting rights exist, the proportions of profit or loss and changes in equity allocated to the parent and minority interests are determined on the basis of present ownership interests and do not reflect the possible exercise or conversion of potential voting rights. 23

Intragroup balances, transactions, income and expenses shall be eliminated in full. 24

Intragroup balances and transactions, including income, expenses and dividends, are eliminated in full. Profits and losses resulting from intragroup transactions that are recognised in assets, such as inventory and fixed assets, are eliminated in full. Intragroup losses may indicate an impairment that requires recognition in the consolidated financial statements. IAS 12 Income Taxes applies to temporary differences that arise from the elimination of profits and losses resulting from intragroup transactions. 25

The financial statements of the parent and its subsidiaries used in the preparation of the consolidated financial statements shall be prepared as of the same reporting date. When the reporting dates of the parent and a subsidiary are different, the subsidiary prepares, for consolidation purposes, additional financial statements as of the same date as the financial statements of the parent unless it is impracticable to do so. 26

When, in accordance with paragraph 26, the financial statements of a subsidiary used in the preparation of consolidated financial statements are prepared as of a reporting date different from that of the parent, adjustments shall be made for the effects of significant transactions or events that occur between that date and the date of the parents financial statements. In any case, the difference between the reporting date of the subsidiary and that of the parent shall be no more than three months. The length of the reporting periods and any difference in the reporting dates shall be the same from period to period. 27

Consolidated financial statements shall be prepared using uniform accounting policies for like transactions and other events in similar circumstances. 28

If a member of the group uses accounting policies other than those adopted in the consolidated financial statements for like transactions and events in similar circumstances, appropriate adjustments are made to its financial statements in preparing the consolidated financial statements. 29

The income and expenses of a subsidiary are included in the consolidated financial statements from the acquisition date, as defined in IFRS 3. The income and expenses of a subsidiary are included in the consolidated financial statements until the date on which the parent ceases to control the subsidiary. The difference between the proceeds from the disposal of the subsidiary and its carrying amount as of the date of disposal, including the cumulative amount of any exchange differences that relate to the subsidiary recognised in equity in accordance 30

IAS 27

gemäß IAS 21 *Auswirkungen von Änderungen der Wechselkurse*, im Eigenkapital erfasst wurden, wird zum Zeitpunkt der Veräußerung in der konsolidierten Gewinn- und Verlustrechnung als Gewinn oder Verlust aus dem Abgang des Tochterunternehmens erfasst.

31 Anteile an einem Unternehmen werden von dem Zeitpunkt an, ab dem die Anteile nicht mehr die Kriterien eines Tochterunternehmens erfüllen, gemäß IAS 39 *Finanzinstrumente: Ansatz und Bewertung* bilanziert, sofern sie nicht zu einem assoziierten Unternehmen gemäß IAS 28 oder zu einem gemeinsam geführten Unternehmen gemäß IAS 31 werden.

32 Der Buchwert der Anteile zu dem Zeitpunkt, an dem ein Unternehmen aufhört, Tochterunternehmen zu sein, wird als Anschaffungskosten bei der erstmaligen Bewertung von finanziellen Vermögenswerten in Übereinstimmung mit IAS 39 betrachtet.

33 Minderheitsanteile sind in der Konzernbilanz innerhalb des Eigenkapitals getrennt vom Eigenkapital des Mutterunternehmens auszuweisen. Minderheitsanteile am Konzernergebnis sind gleichfalls gesondert anzugeben.

34 Das Ergebnis wird auf die Anteilseigner des Mutterunternehmen und die Minderheitsanteile aufgeteilt. Weil es sich in beiden Fällen um Eigenkapital handelt, ist der den Minderheitsanteilen zugeordnete Betrag kein Ertrag oder Aufwand.

35 Die auf Minderheitsanteile entfallenden Verluste eines konsolidierten Tochterunternehmens können den auf diese Anteile entfallenden Anteil am Eigenkapital des Tochterunternehmens übersteigen. Der übersteigende Betrag und jeder weitere auf Minderheitsanteile entfallende Verlust ist gegen die Mehrheitsbeteiligung am Konzerneigenkapital zu verrechnen, mit Ausnahme des Betrages, für den die Minderheiten eine verbindliche Verpflichtung besitzen und in der Lage sind, die Verluste auszugleichen. Falls das Tochterunternehmen zu einem späteren Zeitpunkt Gewinne ausweist, sind diese in voller Höhe der Mehrheitsbeteiligung zuzuweisen, bis der zuvor von der Mehrheit übernommene Verlustanteil der Minderheiten zurückerstattet ist.

36 Falls ein Tochterunternehmen kumulative Vorzugsaktien ausgegeben hat, welche von Minderheitsanteilen gehalten werden und als Eigenkapital ausgewiesen sind, hat das Mutterunternehmen seinen Anteil an den Gewinnen oder Verlusten nach Abzug der Vorzugsdividende auf diese Vorzugsaktien zu berechnen, unabhängig davon, ob ein Dividendenbeschluss vorliegt.

BILANZIERUNG VON ANTEILEN AN TOCHTERUNTERNEHMEN, GEMEINSAM GEFÜHRTEN UNTERNEHMEN UND ASSOZIIERTEN UNTERNEHMEN IM SEPARATEN EINZELABSCHLUSS NACH IFRS

37 Werden separate Einzelabschlüsse nach IFRS aufgestellt, dann sind die Anteile an Tochterunternehmen, gemeinsam geführten Unternehmen und assoziierten Unternehmen, die nicht gemäß IFRS 5 als zur Veräußerung gehalten klassifiziert werden (oder zu einer als zur Veräußerung gehalten klassifizierten Veräußerungsgruppe gehören), wie folgt zu bilanzieren:
(a) zu Anschaffungskosten
oder
(b) in Übereinstimmung mit IAS 39.
Für jede Kategorie von Anteilen gelten die gleichen Bilanzierungs- und Bewertungsmethoden. Anteile an Tochterunternehmen, gemeinsam geführten Unternehmen und assoziierten Unternehmen, die gemäß IFRS 5 als zur Veräußerung gehalten klassifiziert werden (oder zu einer als zur Veräußerung gehalten klassifizierten Veräußerungsgruppe gehören), sind gemäß diesem IFRS zu bilanzieren.

38 Dieser Standard schreibt nicht vor, welches Unternehmen separate Einzelabschlüsse nach IFRS erstellt, die zur Veröffentlichung geeignet sind. Die Paragraphen 37 und 39–42 gelten dann, wenn ein Unternehmen einen separaten Einzelabschluss nach IFRS aufstellt, der den International Financial Reporting Standards entspricht. Ein Unternehmen hat auch Konzernabschlüsse zur Veröffentlichung gemäß Paragraph 9 aufzustellen, sofern nicht eine Freistellung auf Grund Paragraph 10 in Betracht kommt.

39 Anteile an gemeinsam geführten Unternehmen und assoziierten Unternehmen, die im Konzernabschluss in Übereinstimmung mit IAS 39 bilanziert werden, sind im separaten Einzelabschluss des Anteilseigners nach IFRS in gleicher Weise zu bilanzieren.

with IAS 21 *The Effects of Changes in Foreign Exchange Rates*, is recognised in the consolidated income statement as the gain or loss on the disposal of the subsidiary.

An investment in an entity shall be accounted for in accordance with IAS 39 *Financial Instruments: Recognition and Measurement* from the date that it ceases to be a subsidiary, provided that it does not become an associate as defined in IAS 28 or a jointly controlled entity as described in IAS 31. 31

The carrying amount of the investment at the date that the entity ceases to be a subsidiary shall be regarded as the cost on initial measurement of a financial asset in accordance with IAS 39. 32

Minority interests shall be presented in the consolidated balance sheet within equity, separately from the parent shareholders' equity. Minority interests in the profit or loss of the group shall also be separately disclosed. 33

The profit or loss is attributed to the parent shareholders and minority interests. Because both are equity, the amount attributed to minority interests is not income or expense. 34

Losses applicable to the minority in a consolidated subsidiary may exceed the minority interest in the subsidiary's equity. The excess, and any further losses applicable to the minority, are allocated against the majority interest except to the extent that the minority has a binding obligation and is able to make an additional investment to cover the losses. If the subsidiary subsequently reports profits, such profits are allocated to the majority interest until the minority's share of losses previously absorbed by the majority has been recovered. 35

If a subsidiary has outstanding cumulative preference shares that are held by minority interests and classified as equity, the parent computes its share of profits or losses after adjusting for the dividends on such shares, whether or not dividends have been declared. 36

ACCOUNTING FOR INVESTMENTS IN SUBSIDIARIES, JOINTLY CONTROLLED ENTITIES AND ASSOCIATES IN SEPARATE FINANCIAL STATEMENTS

When separate financial statements are prepared, investments in subsidiaries, jointly controlled entities and associates that are not classified as held for sale (or included in a disposal group that is classified as held for sale) in accordance with IFRS 5 shall be accounted for either: 37
(a) at cost,
    or
(b) in accordance with IAS 39.
The same accounting shall be applied for each category of investments. Investments in subsidiaries, jointly controlled entities and associates that are classified as held for sale (or included in a disposal group that is classified as held for sale) in accordance with IFRS 5 shall be accounted for in accordance with that IFRS.

This Standard does not mandate which entities produce separate financial statements available for public use. Paragraphs 37 and 39—42 apply when an entity prepares separate financial statements that comply with International Financial Reporting Standards. The entity also produces consolidated financial statements available for public use as required by paragraph 9, unless the exemption provided in paragraph 10 is applicable. 38

Investments in jointly controlled entities and associates that are accounted for in accordance with IAS 39 in the consolidated financial statements shall be accounted for in the same way in the investor's separate financial statements. 39

ANGABEN

40 Folgende Angaben sind im Konzernabschluss erforderlich:
(a) (gestrichen)
(b) (gestrichen)
(c) die Art der Beziehung zwischen Mutterunternehmen und einem Tochterunternehmen, wenn dem Mutterunternehmen, direkt oder indirekt über Tochterunternehmen, nicht mehr als die Hälfte der Stimmrechte gehört;
(d) die Begründung, warum der Besitz unmittelbar oder mittelbar durch Tochtergesellschaften von mehr als der Hälfte der Stimmrechte oder potenziellen Stimmrechte keine Beherrschung darstellt;
(e) der Abschlussstichtag eines Tochterunternehmens, wenn der Abschluss zur Aufstellung eines Konzernabschlusses verwendet wird und dieser Stichtag oder die Berichtsperiode von denen des Mutterunternehmens abweichen, sowie die Gründe für die Verwendung unterschiedlicher Stichtage oder Berichtsperioden;
und
(f) Art und Umfang erheblicher Beschränkungen (z. B. aus Darlehensvereinbarungen oder aufsichtsrechtlichen Bestimmungen) seiner Fähigkeit zum Mitteltransfer in Form von Bardividenden oder Darlehens- und Vorschusstilgungen an das Mutterunternehmen.

41 Werden separate Einzelabschlüsse nach IFRS für ein Mutterunternehmen aufgestellt, das sich in Übereinstimmung mit Paragraph 10 entschließt, keinen Konzernabschluss aufzustellen, dann müssen die separaten Einzelabschlüsse nach IFRS folgende Angaben enthalten:
(a) die Tatsache, das es sich bei den Abschlüssen um separate Einzelabschlüsse nach IFRS handelt; dass von der Befreiung von der Konsolidierung Gebrauch gemacht wurde, Name und Gründungs- oder Sitzland des Unternehmens, dessen Konzernabschluss nach den Regeln der International Financial Reporting Standards zur Veröffentlichung erstellt wurde und die Anschrift, unter welcher der Konzernabschluss erhältlich ist;
(b) eine Auflistung wesentlicher Anteile an Tochterunternehmen, gemeinsam geführten Unternehmen und assoziierten Unternehmen unter Angabe des Namens, des Sitzlandes, der Beteiligungsquote und, soweit abweichend, der Stimmrechtsquote;
und
(c) eine Beschreibung der Bilanzierungsmethode der unter (b) aufgeführten Anteile.

42 Werden separate Einzelabschlüsse nach IFRS für ein Mutterunternehmen (ausgenommen ein Mutterunternehmen nach Paragraph 41), Partnerunternehmen mit Beteiligung an einem gemeinsam geführten Unternehmen oder einen Anteilseigner an einem assoziierten Unternehmen aufgestellt, dann müssen die separaten Einzelabschlüsse nach IFRS folgende Angaben enthalten:
(a) die Tatsache, das es sich bei den Abschlüssen um separate Einzelabschlüsse nach IFRS handelt und die Gründe, warum die Abschlüsse erstellt wurden, sofern nicht gesetzlich vorgeschrieben;
(b) eine Auflistung wesentlicher Anteile an Tochterunternehmen, gemeinsam geführten Unternehmen und assoziierten Unternehmen unter Angabe des Namens, des Sitzlandes, der Beteiligungsquote und, soweit abweichend, der Stimmrechtsquote;
und
(c) eine Beschreibung der Bilanzierungsmethode der unter (b) aufgeführten Anteile;
sowie die Angabe der in Übereinstimmung mit Paragraph 9 dieses Standards, mit IAS 28 und mit IAS 31 aufgestellten Abschlüsse, auf die sie sich beziehen.

ZEITPUNKT DES INKRAFTTRETENS

43 Dieser Standard ist erstmals in der ersten Berichtsperiode eines am 1. Januar 2005 oder danach beginnenden Geschäftsjahres anzuwenden. Eine frühere Anwendung wird empfohlen. Wenn ein Unternehmen diesen Standard für Berichtsperioden anwendet, die vor dem 1. Januar 2005 beginnen, so ist diese Tatsache anzugeben.

DISCLOSURE

40 The following disclosures shall be made in consolidated financial statements:
(a) (deleted)
(b) (deleted)
(c) the nature of the relationship between the parent and a subsidiary when the parent does not own, directly or indirectly through subsidiaries, more than half of the voting power;
(d) the reasons why the ownership, directly or indirectly through subsidiaries, of more than half of the voting or potential voting power of an investee does not constitute control;
(e) the reporting date of the financial statements of a subsidiary when such financial statements are used to prepare consolidated financial statements and are as of a reporting date or for a period that is different from that of the parent, and the reason for using a different reporting date or period; and
(f) the nature and extent of any significant restrictions (eg resulting from borrowing arrangements or regulatory requirements) on the ability of subsidiaries to transfer funds to the parent in the form of cash dividends or to repay loans or advances.

41 When separate financial statements are prepared for a parent that, in accordance with paragraph 10, elects not to prepare consolidated financial statements, those separate financial statements shall disclose:
(a) the fact that the financial statements are separate financial statements; that the exemption from consolidation has been used; the name and country of incorporation or residence of the entity whose consolidated financial statements that comply with International Financial Reporting Standards have been produced for public use; and the address where those consolidated financial statements are obtainable;
(b) a list of significant investments in subsidiaries, jointly controlled entities and associates, including the name, country of incorporation or residence, proportion of ownership interest and, if different, proportion of voting power held; and
(c) a description of the method used to account for the investments listed under (b).

42 When a parent (other than a parent covered by paragraph 41), venturer with an interest in a jointly controlled entity or an investor in an associate prepares separate financial statements, those separate financial statements shall disclose:
(a) the fact that the statements are separate financial statements and the reasons why those statements are prepared if not required by law;
(b) a list of significant investments in subsidiaries, jointly controlled entities and associates, including the name, country of incorporation or residence, proportion of ownership interest and, if different, proportion of voting power held; and
(c) a description of the method used to account for the investments listed under (b);
and shall identify the financial statements prepared in accordance with paragraph 9 of this Standard, IAS 28 and IAS 31 to which they relate.

EFFECTIVE DATE

43 An entity shall apply this Standard for annual periods beginning on or after 1 January 2005. Earlier application is encouraged. If an entity applies this Standard for a period beginning before 1 January 2005, it shall disclose that fact.

IAS 27

RÜCKNAHME ANDERER VERLAUTBARUNGEN

44 Dieser Standard ersetzt IAS 27 *Konzernabschlüsse und Bilanzierung von Anteilen an Tochterunternehmen* (überarbeitet 2000).

45 Der Standard ersetzt außerdem SIC-33, *Vollkonsolidierungs- und Equity-Methode - Potenzielle Stimmrechte und Ermittlung von Beteiligungsquoten.*

WITHDRAWAL OF OTHER PRONOUNCEMENTS

This Standard supersedes IAS 27 *Consolidated Financial Statements and Accounting for Investments in Subsidiaries* (revised in 2000). **44**

This Standard supersedes SIC-33 *Consolidation and Equity Method—Potential Voting Rights and Allocation of Ownership Interests.* **45**

International Accounting Standard 28

Anteile an assoziierten Unternehmen

International Accounting Standard 28 *Anteile an assoziierten Unternehmen* (IAS 28) ist in den Paragraphen 1–43 festgelegt. Alle Paragraphen sind gleichrangig, behalten jedoch das IASC-Format des Standards, mit dem dieser durch den IASB verabschiedet wurde. IAS 28 ist in Verbindung mit dem *Vorwort zu den International Financial Reporting Standards* und dem *Rahmenkonzept für die Aufstellung und Darstellung von Abschlüssen* zu betrachten. IAS 8 *Bilanzierungs- und Bewertungsmethoden, Änderungen von Schätzungen und Fehler*, stellt beim Fehlen ausdrücklicher Leitlinien eine Grundlage für die Auswahl und für die Anwendung von Bilanzierungs- und Bewertungsmethoden bereit.

INHALT

	Ziffer
Anwendungsbereich	1
Definitionen	2–12
Maßgeblicher Einfluss	6–10
Equity-Methode	11–12
Anwendung der Equity-Methode	13–36
Wertminderungsaufwand	31–34
Separater Einzelabschluss nach IFRS	35–36
Angaben	37–40
Zeitpunkt des Inkrafttretens	41
Rücknahme anderer Verlautbarungen	42–43

Dieser überarbeitete Standard ersetzt IAS 28 (überarbeitet 2000) *Bilanzierung von Anteilen an assoziierten Unternehmen* und ist erstmals in der ersten Berichtsperiode eines am 1. Januar 2005 oder danach beginnenden Geschäftsjahres anzuwenden. Eine frühere Anwendung wird empfohlen.

ANWENDUNGSBEREICH

1   Dieser Standard ist bei der Bilanzierung von Anteilen an assoziierten Unternehmen anzuwenden. Er ist jedoch nicht auf Anteile an assoziierten Unternehmen anzuwenden, die gehalten werden von:
(a) Wagniskapital-Organisationen
oder
(b) Investmentfonds, Unit Trusts und ähnlichen Unternehmen, einschließlich fondsgebundener Versicherungen,
die bei erstmaligem Ansatz als erfolgswirksam mit dem beizulegenden Zeitwert zu bewerten waren oder die als zu Handelszwecken klassifiziert und in Übereinstimmung mit IAS 39 *Finanzinstrumente: Ansatz und Bewertung* bilanziert wurden. Solche Anteile werden in Übereinstimmung mit IAS 39 zum beizulegenden Zeitwert bewertet, wobei Änderungen des beizulegenden Zeitwerts im Ergebnis erfasst werden.

DEFINITIONEN

2   Folgende Begriffe werden in diesem Standard mit der angegebenen Bedeutung verwendet:
Ein **assoziiertes Unternehmen** ist ein Unternehmen, einschließlich einer Nicht-Kapitalgesellschaft, wie etwa eine Personengesellschaft, bei welchem der Anteilseigner über maßgeblichen Einfluss verfügt und das weder ein Tochter- unternehmen noch ein Anteil an einem Joint Venture ist.
Ein **Konzernabschluss** ist der Abschluss eines Konzerns, der die Konzernunternehmen so darstellt, als ob es sich bei ihnen um ein einziges Unternehmen handelt.
Beherrschung ist die Möglichkeit, die Finanz- und Geschäftspolitik eines Unternehmens zu bestimmen, um aus dessen Tätigkeit Nutzen zu ziehen.
Die **Equity-Methode** ist eine Bilanzierungsmethode, bei der die Anteile zunächst mit den Anschaffungskosten angesetzt werden und in der Folge entsprechend dem Anteil des Anteilseigners am sich ändernden

International Accounting Standard 28

Investments in Associates

International Accounting Standard 28 *Investments in Associates* (IAS 28) is set out in paragraphs 1—43. All the paragraphs have equal authority but retain the IASC format of the Standard when it was adopted by the IASB. IAS 28 should be read in the context of the *Preface to International Financial Reporting Standards* and the *Framework for the Preparation and Presentation of Financial Statements*. IAS 8 *Accounting Policies, Changes in Accounting Estimates and Errors* provides a basis for selecting and applying accounting policies in the absence of explicit guidance.

SUMMARY

	Paragraphs
Scope	1
Definitions	2—12
Significant Influence	6—10
Equity Method	11—12
Application of the equity method	13—36
Impairment Losses	31—34
Separate Financial Statements	35—36
Disclosure	37—40
Effective date	41
Withdrawal of other pronouncements	42—43

This revised Standard supersedes IAS 28 (revised 2000) *Accounting for Investments in Associates* and should be applied for annual periods beginning on or after 1 January 2005. Earlier application is encouraged.

SCOPE

This Standard shall be applied in accounting for investments in associates. However, it does not apply to investments in associates held by: 1
(a) venture capital organisations,
or
(b) mutual funds, unit trusts and similar entities including investment-linked insurance funds
that upon initial recognition are designated as at fair value through profit or loss or are classified as held for trading and accounted for in accordance with IAS 39 *Financial Instruments: Recognition and Measurement*. Such investments shall be measured at fair value in accordance with IAS 39, with changes in fair value recognised in profit or loss in the period of the change.

DEFINITIONS

The following terms are used in this Standard with the meanings specified: 2
    An **associate** is an entity, including an unincorporated entity such as a partnership, over which the investor has significant influence and that is neither a subsidiary nor an interest in a joint venture.
    Consolidated financial statements are the financial statements of a group presented as those of a single economic entity.
    Control is the power to govern the financial and operating policies of an entity so as to obtain benefits from its activities.
    The **equity method** is a method of accounting whereby the investment is initially recognised at cost and adjusted thereafter for the post-acquisition change in the investor's share of net assets of the investee. The profit or loss of the investor includes the investor's share of the profit or loss of the investee.

Reinvermögen des Beteiligungsunternehmens berichtigt werden. Das Ergebnis des Anteilseigners enthält den Anteil des Anteilseigners am Erfolg des Beteiligungsunternehmens.

Gemeinschaftliche Führung ist die vertraglich vereinbarte Teilhabe an der Kontrolle der wirtschaftlichen Geschäftstätigkeit und existiert nur dann, wenn die mit dieser Geschäftstätigkeit verbundene strategische Finanz- und Geschäftspolitik die einstimmige Zustimmung der die Kontrolle teilenden Parteien erfordert (die Partnerunternehmen).

Separate Einzelabschlüsse nach IFRS sind die von einem Mutterunternehmen, einem Anteilseigner eines assoziierten Unternehmens oder einem Partnerunternehmen eines gemeinsam geführten Unternehmens aufgestellten Abschlüsse, in denen die Anteile auf der Grundlage der unmittelbaren Kapitalbeteiligung anstatt auf Grundlage der vom Beteiligungsunternehmen berichteten Ergebnisse und seines Reinvermögens bilanziert werden.

Maßgeblicher Einfluss ist die Möglichkeit, an den finanz- und geschäftspolitischen Entscheidungen des Beteiligungsunternehmens mitzuwirken, jedoch nicht die Beherrschung oder gemeinsame Führung der Entscheidungsprozesse.

Ein Tochterunternehmen ist ein Unternehmen, einschließlich einer Nicht-Kapitalgesellschaft, wie etwa eine Personengesellschaft, das von einem anderen Unternehmen (als Mutterunternehmen bezeichnet) beherrscht wird.

3 Ein Abschluss, bei dem die Equity-Methode angewendet wird, stellt keinen separaten Einzelabschluss nach IFRS dar, ebenso wenig wie der Abschluss eines Unternehmens, das weder ein Tochterunternehmen, noch ein assoziiertes Unternehmen besitzt oder das Partnerunternehmen bei einem gemeinschaftlich geführten Unternehmen ist.

4 Separate Einzelabschlüsse nach IFRS sind solche Abschlüsse, die zusätzlich zum Konzernabschluss veröffentlicht werden, Abschlüsse, bei denen Anteile unter Anwendung der Equity-Methode bilanziert werden und Abschlüsse bei denen Anteile von Partnerunternehmen an Joint Ventures quotenkonsolidiert werden. Separate Einzelabschlüsse nach IFRS können diesen Abschlüssen als Anhang oder als Anlage beigefügt werden.

5 Unternehmen, die in Übereinstimmung mit Paragraph 10 des IAS 27 *Konzern- und separate Einzelabschlüsse nach IFRS* von der Konsolidierung oder nach Paragraph 2 des IAS 31 *Anteile an Joint Ventures* von der Quotenkonsolidierung oder nach Paragraph 13(c) dieses Standards von der Anwendung der Equity-Methode befreit sind, können separate Einzelabschlüsse nach IFRS als ihren einzigen Abschluss veröffentlichen.

Maßgeblicher Einfluss

6 Hält ein Anteilseigner direkt oder indirekt (z. B. durch Tochterunternehmen) 20 % oder mehr der Stimmrechte an einem Beteiligungsunternehmen, besteht die Vermutung, dass ein maßgeblicher Einfluss des Anteilseigners vorliegt, es sei denn dies kann eindeutig widerlegt werden. Umgekehrt wird bei einem direkt oder indirekt (z. B. durch ein Tochterunternehmen) gehaltenen Stimmrechtsanteil des Anteilseigners von weniger als 20 % vermutet, dass der Anteilseigner über keinen maßgeblichen Einfluss verfügt, es sei denn, dass dieser Einfluss eindeutig nachgewiesen werden kann. Ein erheblicher Anteilsbesitz oder ein Mehrheitsbesitz eines anderen Anteilseigners schließen nicht notwendigerweise aus, dass ein Anteilseigner über einen maßgeblichen Einfluss verfügt.

7 Liegt einer oder liegen mehrere der folgenden Indikatoren vor, kann in der Regel auf das Vorliegen eines maßgeblichen Einflusses des Anteilseigners geschlossen werden:
   (a) Zugehörigkeit zum Geschäftsführungs- und/oder Aufsichtsorgan oder einem gleichartigen Leitungsgremium des Beteiligungsunternehmens;
   (b) Teilnahme an den Entscheidungsprozessen, einschließlich der Teilnahme an Entscheidungen über Dividenden oder sonstige Ausschüttungen;
   (c) wesentliche Geschäftsvorfälle zwischen dem Anteilseigner und dem Beteiligungsunternehmen;
   (d) Austausch von Führungspersonal;
       oder
   (e) Bereitstellung von bedeutenden technischen Informationen.

8 Ein Unternehmen kann Aktienoptionsscheine, Aktienkaufoptionen, Schuld- oder Eigenkapitalinstrumente, die in Stammaktien oder in ähnliche Instrumente eines anderen Unternehmens umwandelbar sind, halten, deren Ausübung oder Umwandlung dem ausübenden Unternehmen die Möglichkeit gibt, zusätzliche Stimmrechte über die Finanz- und Geschäftspolitik eines anderen Unternehmens zu erlangen oder die Stimmrechte eines anderen Anteilsinhabers über diese zu beschränken (d. h. potenzielle Stimmrechte). Die Existenz und Auswirkung potenzieller Stimmrechte, die gegenwärtig ausgeübt oder umgewandelt werden können, einschließlich

Joint control is the contractually agreed sharing of control over an economic activity, and exists only when the strategic financial and operating decisions relating to the activity require the unanimous consent of the parties sharing control (the venturers).

Separate financial statements are those presented by a parent, an investor in an associate or a venturer in a jointly controlled entity, in which the investments are accounted for on the basis of the direct equity interest rather than on the basis of the reported results and net assets of the investees.

Significant influence is the power to participate in the financial and operating policy decisions of the investee but is not control or joint control over those policies.

A subsidiary is an entity, including an unincorporated entity such as a partnership, that is controlled by another entity (known as the parent).

Financial statements in which the equity method is applied are not separate financial statements, nor are the financial statements of an entity that does not have a subsidiary, associate or venturer's interest in a joint venture. 3

Separate financial statements are those presented in addition to consolidated financial statements, financial statements in which investments are accounted for using the equity method and financial statements in which venturers' interests in joint ventures are proportionately consolidated. Separate financial statements may or may not be appended to, or accompany, those financial statements. 4

Entities that are exempted in accordance with paragraph 10 of IAS 27 *Consolidated and Separate Financial Statements* from consolidation, paragraph 2 of IAS 31 *Interests in Joint Ventures* from applying proportionate consolidation or paragraph 13(c) of this Standard from applying the equity method may present separate financial statements as their only financial statements. 5

Significant Influence

If an investor holds, directly or indirectly (eg through subsidiaries), 20 per cent or more of the voting power of the investee, it is presumed that the investor has significant influence, unless it can be clearly demonstrated that this is not the case. Conversely, if the investor holds, directly or indirectly (eg through subsidiaries), less than 20 per cent of the voting power of the investee, it is presumed that the investor does not have significant influence, unless such influence can be clearly demonstrated. A substantial or majority ownership by another investor does not necessarily preclude an investor from having significant influence. 6

The existence of significant influence by an investor is usually evidenced in one or more of the following ways: 7
(a) representation on the board of directors or equivalent governing body of the investee;
(b) participation in policy-making processes, including participation in decisions about dividends or other distributions;
(c) material transactions between the investor and the investee;
(d) interchange of managerial personnel;
or
(e) provision of essential technical information.

An entity may own share warrants, share call options, debt or equity instruments that are convertible into ordinary shares, or other similar instruments that have the potential, if exercised or converted, to give the entity additional voting power or reduce another party's voting power over the financial and operating policies of another entity (ie potential voting rights). The existence and effect of potential voting rights that are currently exercisable or convertible, including potential voting rights held by other entities, are considered when assessing whether an entity has significant influence. Potential voting rights are not currently exercisable or convertible 8

IAS 28

der von anderen Unternehmen gehaltenen potenziellen Stimmrechte, sind bei der Beurteilung, ob ein Unternehmen über maßgeblichen Einfluss verfügt, zu berücksichtigen. Potenzielle Stimmrechte können nicht gegenwärtig ausgeübt oder umgewandelt werden, wenn sie zum Beispiel erst zu einem zukünftigen Datum oder bei Eintritt eines zukünftigen Ereignisses ausgeübt oder umgewandelt werden können.

9   Bei der Beurteilung, ob potenzielle Stimmrechte zum maßgeblichen Einfluss beitragen, hat das Unternehmen alle Tatsachen und Umstände zu untersuchen (einschließlich der Ausübungsbedingungen potenzieller Stimmrechte und sonstiger vertraglicher Vereinbarungen, gleich ob in der Einzelfallbetrachtung oder im Zusammenhang), welche die potenziellen Stimmrechte beeinflussen, mit Ausnahme der Handlungsabsichten des Managements und der finanziellen Fähigkeit zur Ausübung oder Umwandlung.

10 Ein Unternehmen verliert den maßgeblichen Einfluss über ein Beteiligungsunternehmen, wenn es die Möglichkeit verliert, an dessen finanz- und geschäftspolitischen Entscheidungsprozessen teilzuhaben. Ein Verlust des maßgeblichen Einflusses kann mit oder ohne Änderung der absoluten oder relativen Eigentumsverhältnisse eintreten. Ein solcher Verlust kann beispielsweise eintreten, wenn ein assoziiertes Unternehmen unter die Kontrolle staatlicher Behörden, Gerichte, Zwangsverwalter oder Aufsichtsbehörden fällt. Der Verlust kann auch als Ergebnis vertraglicher Vereinbarungen eintreten.

Equity-Methode

11 Bei der Equity-Methode werden die Anteile am assoziierten Unternehmen zunächst mit den Anschaffungskosten angesetzt. In der Folge erhöht oder verringert sich der Buchwert der Anteile entsprechend dem Anteil des Anteilseigners am Ergebnis des Beteiligungsunternehmens. Der Anteil des Anteilseigners am Erfolg des Beteiligungsunternehmens wird in dessen Ergebnis ausgewiesen. Vom Beteiligungsunternehmen empfangene Ausschüttungen vermindern den Buchwert der Anteile. Änderungen des Buchwerts können auch auf Grund von Änderungen der Beteiligungsquote des Anteilseigners notwendig sein, welche sich aufgrund erfolgsneutraler Änderungen des Eigenkapitals des Beteiligungsunternehmens ergeben. Solche Änderungen entstehen unter Anderem infolge einer Neubewertung von Sachanlagevermögen und aus der Umrechnung von Fremdwährungsabschlüssen. Der Anteil des Anteilseigners an diesen Änderungen wird unmittelbar im Eigenkapital des Anteilseigners erfasst.

12 Wenn potenzielle Stimmrechte bestehen, werden die Anteile des Anteilseigners am Ergebnis und an Eigenkapitaländerungen beim Beteiligungsunternehmen auf Grundlage der bestehenden Eigentumsverhältnisse bestimmt und spiegeln nicht eine mögliche Ausübung oder Umwandlung potenzieller Stimmrechte wider.

ANWENDUNG DER EQUITY-METHODE

13 Anteile an einem assoziierten Unternehmen sind nach der Equity-Methode zu bilanzieren, ausgenommen wenn:
   (a) die Anteile gemäß IFRS 5 *Zur Veräußerung gehaltene langfristige Vermögenswerte und aufgegebene Geschäftsbereiche* als zur Veräußerung gehalten klassifiziert werden;
   (b) die Ausnahme nach Paragraph 10 des IAS 27 greift, die einem Mutterunternehmen, das Anteile an einem assoziierten Unternehmen besitzt, gestattet, keinen Konzernabschluss zu veröffentlichen; oder
   (c) alle folgenden Punkte zutreffen:
       (i) der Anteilseigner ist selbst ein hundertprozentiges Tochterunternehmen oder ein teilweise im Besitz stehendes Tochterunternehmen eines anderen Unternehmens und die anderen Anteilseigner, einschließlich der nicht stimmberechtigten, sind darüber unterrichtet und erheben keine Einwendungen, dass der Anteilseigner die Equity-Methode nicht anwendet;
       (ii) die Schuld- oder Eigenkapitalinstrumente des Anteilseigners werden nicht am Kapitalmarkt (einer nationalen oder ausländischen Wertpapierbörse oder am Freiverkehrsmarkt, einschließlich lokaler und regionaler Börsen) gehandelt;
       (iii) der Anteilseigner hat seine Abschlüsse nicht zum Zweck der Emission von Finanzinstrumenten jeglicher Klasse am Kapitalmarkt bei einer Börsenaufsicht oder sonstigen Aufsichtsbehörde eingereicht oder beabsichtigt dies zu tun; und
       (iv) das oberste oder ein zwischengeschaltetes Mutterunternehmen des Anteilseigners stellt einen Konzernabschluss auf, der veröffentlicht wird und den International Financial Reporting Standards entspricht.

9   when, for example, they cannot be exercised or converted until a future date or until the occurrence of a future event.

10   In assessing whether potential voting rights contribute to significant influence, the entity examines all facts and circumstances (including the terms of exercise of the potential voting rights and any other contractual arrangements whether considered individually or in combination) that affect potential rights, except the intention of management and the financial ability to exercise or convert.

An entity loses significant influence over an investee when it loses the power to participate in the financial and operating policy decisions of that investee. The loss of significant influence can occur with or without a change in absolute or relative ownership levels. It could occur, for example, when an associate becomes subject to the control of a government, court, administrator or regulator. It could also occur as a result of a contractual agreement.

Equity Method

Under the equity method, the investment in an associate is initially recognised at cost and the carrying amount is increased or decreased to recognise the investor's share of the profit or loss of the investee after the date of acquisition. The investor's share of the profit or loss of the investee is recognised in the investor's profit or loss. Distributions received from an investee reduce the carrying amount of the investment. Adjustments to the carrying amount may also be necessary for changes in the investor's proportionate interest in the investee arising from changes in the investee's equity that have not been recognised in the investee's profit or loss. Such changes include those arising from the revaluation of property, plant and equipment and from foreign exchange translation differences. The investor's share of those changes is recognised directly in equity of the investor.

When potential voting rights exist, the investor's share of profit or loss of the investee and of changes in the investee's equity is determined on the basis of present ownership interests and does not reflect the possible exercise or conversion of potential voting rights.

APPLICATION OF THE EQUITY METHOD

An investment in an associate shall be accounted for using the equity method except when:
(a) the investment is classified as held for sale in accordance with IFRS 5 *Non-current Assets Held for Sale and Discontinued Operations*;
(b) the exception in paragraph 10 of IAS 27, allowing a parent that also has an investment in an associate not to present consolidated financial statements, applies; or
(c) all of the following apply:
    (i) the investor is a wholly-owned subsidiary, or is a partially-owned subsidiary of another entity and its other owners, including those not otherwise entitled to vote, have been informed about, and do not object to, the investor not applying the equity method;
    (ii) the investor's debt or equity instruments are not traded in a public market (a domestic or foreign stock exchange or an over-the-counter market, including local and regional markets);
    (iii) the investor did not file, nor is it in the process of filing, its financial statements with a securities commission or other regulatory organisation, for the purpose of issuing any class of instruments in a public market; and
    (iv) the ultimate or any intermediate parent of the investor produces consolidated financial statements available for public use that comply with International Financial Reporting Standards.

14 Die in Paragraph 13(a) beschriebenen Anteile sind in Übereinstimmung mit IFRS 5 zu bilanzieren.

15 Wenn zuvor als zur Veräußerung gehalten klassifizierte Anteile an einem assoziierten Unternehmen die Kriterien für eine derartige Klassifizierung nicht mehr erfüllen, müssen sie ab dem Zeitpunkt ihrer Klassifizierung als zur Veräußerung gehaltene Anteile unter Anwendung der Equity-Methode bilanziert werden. Die Abschlüsse für die Perioden seit der Klassifizierung als zur Veräußerung gehalten sind entsprechend anzupassen.

16 (gestrichen)

17 Die Erfassung von Erträgen auf Basis der erhaltenen Dividenden spiegelt unter Umständen nicht in angemessener Weise die Erträge wider, die ein Anteilseigner aus Anteilen an einem assoziierten Unternehmen erzielt hat, da die erhaltenen Dividenden nur einen geringen Zusammenhang mit der Ertragskraft des assoziierten Unternehmens aufweisen können. Da der Anteilseigner über maßgeblichen Einfluss auf das assoziierte Unternehmen verfügt, hat er ein Interesse an der Ertragskraft des assoziierten Unternehmens und demzufolge der Verzinsung des eingesetzten Kapitals. Dieses Beteiligung an der Ertragskraft bilanziert der Anteilseigner indem er den Umfang seines Abschlusses um seinen Ergebnisanteil am assoziierten Unternehmen erweitert. Dementsprechend bietet die Anwendung der Equity-Methode mehr Informationen über das Reinvermögen und das Ergebnis des Anteilseigners.

18 Mit dem Zeitpunkt des Wegfallens des maßgeblichen Einflusses auf ein assoziiertes Unternehmen hat ein Anteilseigner die Anwendung der Equity-Methode einzustellen und die Anteile in Übereinstimmung mit IAS 39 zu bilanzieren, vorausgesetzt, das assoziierte Unternehmen wird kein Tochterunternehmen oder ein Joint Venture, wie in IAS 31 definiert.

19 Der Buchwert der Anteile zu dem Zeitpunkt, in dem ein Unternehmen aufhört assoziiertes Unternehmen zu sein, wird als Anschaffungskosten bei der erstmaligen Bewertung von finanziellen Vermögenswerten in Übereinstimmung mit IAS 39 betrachtet.

20 Viele der für die Anwendung der Equity-Methode sachgerechten Verfahren ähneln den Konsolidierungsverfahren des IAS 27. Außerdem werden die grundlegenden Vorgehensweisen, welche den Konsolidierungsverfahren beim Erwerb eines Tochterunternehmens zu Grunde liegen, ebenfalls bei der Bilanzierung eines Erwerbs von Anteilen an einem assoziierten Unternehmen übernommen.

21 Der Anteil einer Gruppe an einem assoziierten Unternehmen ist die Summe der vom Mutterunternehmen und ihren Tochterunternehmen gehaltenen Anteile. Die gehaltenen Anteile der anderen assoziierten Unternehmen oder Joint Ventures der Gruppe bleiben für diese Zwecke unberücksichtigt. Wenn ein assoziiertes Unternehmen Tochterunternehmen, assoziierte Unternehmen oder Joint Ventures besitzt, sind bei der Anwendung der Equity-Methode das Ergebnis und das Reinvermögens zu berücksichtigen, wie sie im Abschluss des assoziierten Unternehmens nach erforderlichen Änderungen zur Berücksichtigung der einheitliche Bilanzierungs- und Bewertungsmethoden (siehe Paragraphen 26 und 27), ausgewiesen werden (einschließlich des Anteils des assoziierten Unternehmens am Ergebnis und Reinvermögen seiner assoziierten Unternehmen und Joint Ventures).

22 Gewinne und Verluste aus „Upstream"- und „Downstream"-Transaktionen zwischen einem Anteilseigner (einschließlich seiner konsolidierten Tochterunternehmen) und einem assoziierten Unternehmen sind im Abschluss des Anteilseigners nur entsprechend dem Anteil unabhängiger Anteilseigner am assoziierten Unternehmen zu erfassen. „Upstream"- Transaktionen sind beispielsweise Verkäufe von Vermögenswerten eines assoziierten Unternehmens an den Anteilseigner. „Downstream"-Transaktionen sind beispielsweise Verkäufe von Vermögenswerten eines Anteilseigners an ein assoziiertes Unternehmen. Der Anteil des Anteilseigners am Gewinn und Verlust des assoziierten Unternehmens aus solchen Transaktionen wird eliminiert.

23 Anteile an einem assoziierten Unternehmen werden von dem Zeitpunkt an mittels der Equity-Methode bilanziert, an dem sie zu einem assoziierten Unternehmen werden. Bei dem Anteilserwerb ist jede Differenz zwischen den Anschaffungskosten des Anteils und dem Anteil des Anteilseigners an den beizulegenden Zeitwerten der identifizierbaren Vermögenswerte, Schulden und Eventualschulden des assoziierten Unternehmens gemäß IFRS 3 *Unternehmenszusammenschlüsse* zu bilanzieren. Deswegen:
(a) ist der mit einem assoziierten Unternehmen verbundene Geschäfts- oder Firmenwert im Buchwert des Anteils enthalten. Die planmäßige Abschreibung dieses Geschäfts- oder Firmenwertes ist jedoch untersagt und daher nicht in die Bestimmung des Anteils des Gesellschafters an den Gewinnen oder Verlusten des assoziierten Unternehmens einzuschließen.
(b) ist jeder Unterschiedsbetrag zwischen dem Anteil des Gesellschafters am beizulegenden Nettozeitwert der identifizierbaren Vermögenswerte, Schulden und Eventualschulden des assoziierten Unternehmens und den

Investments described in paragraph 13(a) shall be accounted for in accordance with IFRS 5. 14

When an investment in an associate previously classified as held for sale no longer meets the criteria to be so classified, it shall be accounted for using the equity method as from the date of its classification as held for sale. Financial statements for the periods since classification as held for sale shall be amended accordingly. 15

(deleted) 16

The recognition of income on the basis of distributions received may not be an adequate measure of the income earned by an investor on an investment in an associate because the distributions received may bear little relation to the performance of the associate. Because the investor has significant influence over the associate, the investor has an interest in the associate's performance and, as a result, the return on its investment. The investor accounts for this interest by extending the scope of its financial statements to include its share of profits or losses of such an associate. As a result, application of the equity method provides more informative reporting of the net assets and profit or loss of the investor. 17

An investor shall discontinue the use of the equity method from the date that it ceases to have significant influence over an associate and shall account for the investment in accordance with IAS 39 from that date, provided the associate does not become a subsidiary or a joint venture as defined in IAS 31. 18

The carrying amount of the investment at the date that it ceases to be an associate shall be regarded as its cost on initial measurement as a financial asset in accordance with IAS 39. 19

Many of the procedures appropriate for the application of the equity method are similar to the consolidation procedures described in IAS 27. Furthermore, the concepts underlying the procedures used in accounting for the acquisition of a subsidiary are also adopted in accounting for the acquisition of an investment in an associate. 20

A group's share in an associate is the aggregate of the holdings in that associate by the parent and its subsidiaries. The holdings of the group's other associates or joint ventures are ignored for this purpose. When an associate has subsidiaries, associates, or joint ventures, the profits or losses and net assets taken into account in applying the equity method are those recognised in the associate's financial statements (including the associate's share of the profits or losses and net assets of its associates and joint ventures), after any adjustments necessary to give effect to uniform accounting policies (see paragraphs 26 and 27). 21

Profits and losses resulting from 'upstream' and 'downstream' transactions between an investor (including its consolidated subsidiaries) and an associate are recognised in the investor's financial statements only to the extent of unrelated investors' interests in the associate. 'Upstream' transactions are, for example, sales of assets from an associate to the investor. 'Downstream' transactions are, for example, sales of assets from the investor to an associate. The investor's share in the associate's profits and losses resulting from these transactions is eliminated. 22

An investment in an associate is accounted for using the equity method from the date on which it becomes an associate. On acquisition of the investment any difference between the cost of the investment and the investor's share of the net fair value of the associate's identifiable assets, liabilities and contingent liabilities is accounted for in accordance with IFRS 3 *Business Combinations*. Therefore: 23
(a) goodwill relating to an associate is included in the carrying amount of the investment. However, amortisation of that goodwill is not permitted and is therefore not included in the determination of the investor's share of the associate's profits or losses.
(b) any excess of the investor's share of the net fair value of the associate's identifiable assets, liabilities and contingent liabilities over the cost of the investment is excluded from the carrying amount of the investment and is instead included as income in the determination of the investor's share of the associate's profit or loss in the period in which the investment is acquired.

Anschaffungskosten des Anteils vom Buchwert des Anteils ausgeschlossen und statt dessen als Ertrag in die Bestimmung des Anteils des Gesellschafters am Gewinn oder Verlust des assoziierten Unternehmens in der Periode, in der der Anteil erworben wurde, einzuschließen.

Der Anteil des Gesellschafters an den Gewinnen oder Verlusten des assoziierten Unternehmens nach dem Erwerb wird sachgerecht angepasst, um beispielsweise die planmäßige Abschreibung von abschreibungsfähigen Vermögenswerten auf der Basis ihrer beizulegenden Zeitwerte am Erwerbszeitpunkt zu berücksichtigen. Auf ähnliche Weise wird der Anteil des Gesellschafters an den Gewinnen oder Verlusten des assoziierten Unternehmens nach dem Erwerb sachgerecht angepasst in Bezug auf Wertminderungsaufwendungen, z. B. für den Geschäfts- oder Firmenwert oder Sachanlagen, die vom assoziierten Unternehmen erfasst wurden.

24 **Der Anteilseigner verwendet bei der Anwendung der Equity-Methode den letzten verfügbaren Abschluss des assoziierten Unternehmens. Weichen die Abschlussstichtage des Anteilseigners und des assoziierten Unternehmens voneinander ab, muss das assoziierte Unternehmen zur Verwendung durch den Anteilseigner einen Zwischenabschluss auf den Stichtag des Anteilseigners aufstellen, es sei denn, dies ist aus Praktikabilitätsgründen nicht undurchführbar.**

25 **Wird in Übereinstimmung mit Paragraph 24 der bei der Anwendung der Equity-Methode herangezogene Abschluss eines assoziierten Unternehmens zu einem vom Anteilseigner abweichenden Stichtag aufgestellt, so sind für die Auswirkungen bedeutender Geschäftsvorfälle oder anderer Ereignisse, die zwischen diesem Stichtag und dem Abschlussstichtag des Anteilseigners eingetreten sind, Berichtigungen vorzunehmen. In jedem Fall darf der Zeitraum zwischen dem Abschlussstichtag des assoziierten Unternehmens und dem Abschlussstichtag des Anteilseigners nicht mehr als drei Monate betragen. Die Länge der Berichtsperioden und die Abweichungen zwischen den Berichtsstichtagen müssen von Periode zu Periode gleich bleiben.**

26 **Der Abschluss des Anteilseigners ist unter Verwendung einheitlicher Bilanzierungs- und Bewertungsmethoden für ähnliche Geschäftsvorfälle und Ereignisse unter vergleichbaren Umständen zu erstellen.**

27 Wenn das assoziierte Unternehmen abweichende Bilanzierungs- und Bewertungsmethoden für ähnliche Geschäftsvorfälle und Ereignisse unter vergleichbaren Umständen verwendet als der Anteilseigner, sind angemessene Anpassungen vorzunehmen, um die Bilanzierungs- und Bewertungsmethode an die des Anteilseigners anzupassen, wenn der Abschluss des assoziierten Unternehmens vom Anteilseigner für die Anwendung der Equity-Methode herangezogen wird.

28 Falls ein assoziiertes Unternehmen kumulative Vorzugsaktien ausgegeben hat, die von anderen Parteien als dem Anteilseigner gehalten werden und als Eigenkapital ausgewiesen sind, hat der Anteilseigner seinen Anteil an den Gewinnen oder Verlusten nach Abzug der Dividende auf diese Vorzugsaktien zu berechnen, unabhängig davon, ob ein Dividendenbeschluss vorliegt.

29 Entspricht oder übersteigt der Anteil eines Anteilseigners an den Verlusten eines assoziierten Unternehmens den Wert seines Beteiligungsanteils, erfasst der Anteilseigner keine weiteren Verlustanteile. Der Anteil an einem assoziierten Unternehmen entspricht dem nach der Equity-Methode ermittelten Buchwert der Anteile am assoziierten Unternehmen zuzüglich sämtlicher langfristigen Anteile, die, dem wirtschaftlichen Gehalt nach, der Nettoinvestition des Anteilseigners in das assoziierte Unternehmen zuzuordnen sind. Beispielsweise stellt ein Posten, für den die Abwicklung in einem absehbaren Zeitraum weder geplant noch wahrscheinlich ist, seinem wirtschaftlichen Gehalt nach eine Erhöhung der Nettoinvestition in das assoziierte Unternehmen dar. Solche Posten können Vorzugsaktien und langfristige Forderungen oder Darlehen einschließen, nicht jedoch Forderungen und Verbindlichkeiten aus Lieferungen und Leistungen oder langfristige Forderungen, für die angemessene Sicherheiten bestehen, wie etwa besicherte Kredite. Verluste, die nach der Equity-Methode erfasst werden und den Anteil des Anteilseigners am Stammkapital übersteigen, werden den anderen Bestandteilen des Anteils des Anteilseigners am assoziierten Unternehmen in umgekehrter Rangreihenfolge (d. h. ihrer Priorität bei der Liquidierung) zugeordnet.

30 Nachdem der Anteil des Anteilseigners auf Null reduziert ist, werden zusätzliche Verluste nur in dem Umfang berücksichtigt und als Schuld angesetzt, wie der Anteilseigner rechtliche oder faktische Verpflichtungen eingegangen ist oder Zahlungen für das assoziierte Unternehmen geleistet hat. Weist das assoziierte Unternehmen zu einem späteren Zeitpunkt Gewinne aus, berücksichtigt der Anteilseigner seinen Anteil an den Gewinnen erst dann, wenn der Gewinnanteil den noch nicht erfassten Periodenfehlbetrag abdeckt.

Appropriate adjustments to the investor's share of the associate's profits or losses after acquisition are also made to account, for example, for depreciation of the depreciable assets based on their fair values at the acquisition date. Similarly, appropriate adjustments to the investor's share of the associate's profits or losses after acquisition are made for impairment losses recognised by the associate, such as for goodwill or property, plant and equipment.

The most recent available financial statements of the associate are used by the investor in applying the equity method. When the reporting dates of the investor and the associate are different, the associate prepares, for the use of the investor, financial statements as of the same date as the financial statements of the investor unless it is impracticable to do so. 24

When, in accordance with paragraph 24, the financial statements of an associate used in applying the equity method are prepared as of a different reporting date from that of the investor, adjustments shall be made for the effects of significant transactions or events that occur between that date and the date of the investor's financial statements. In any case, the difference between the reporting date of the associate and that of the investor shall be no more than three months. The length of the reporting periods and any difference in the reporting dates shall be the same from period to period. 25

The investor's financial statements shall be prepared using uniform accounting policies for like transactions and events in similar circumstances. 26

If an associate uses accounting policies other than those of the investor for like transactions and events in similar circumstances, adjustments shall be made to conform the associate's accounting policies to those of the investor when the associate's financial statements are used by the investor in applying the equity method. 27

If an associate has outstanding cumulative preference shares that are held by parties other than the investor and classified as equity, the investor computes its share of profits or losses after adjusting for the dividends on such shares, whether or not the dividends have been declared. 28

If an investor's share of losses of an associate equals or exceeds its interest in the associate, the investor discontinues recognising its share of further losses. The interest in an associate is the carrying amount of the investment in the associate under the equity method together with any long-term interests that, in substance, form part of the investor's net investment in the associate. For example, an item for which settlement is neither planned nor likely to occur in the foreseeable future is, in substance, an extension of the entity's investment in that associate. Such items may include preference shares and long-term receivables or loans but do not include trade receivables, trade payables or any long-term receivables for which adequate collateral exists, such as secured loans. Losses recognised under the equity method in excess of the investor's investment in ordinary shares are applied to the other components of the investor's interest in an associate in the reverse order of their seniority (ie priority in liquidation). 29

After the investor's interest is reduced to zero, additional losses are provided for, and a liability is recognised, only to the extent that the investor has incurred legal or constructive obligations or made payments on behalf of the associate. If the associate subsequently reports profits, the investor resumes recognising its share of those profits only after its share of the profits equals the share of losses not recognised. 30

IAS 28

Wertminderungsaufwand

31 Nach Anwendung der Equity-Methode einschließlich der Berücksichtigung von Verlusten des assoziierten Unternehmens in Übereinstimmung mit Paragraph 29 wendet der Anteilseigner die Bestimmungen des IAS 39 an, um festzustellen, ob hinsichtlich der Nettoinvestition des Anteilseigners beim assoziierten Unternehmen die Berücksichtigung eines zusätzlichen Wertminderungsaufwands erforderlich ist.

32 Der Anteilseigner wendet außerdem die Bestimmungen des IAS 39 an, um festzustellen, ob ein zusätzlicher Wertminderungsaufwand hinsichtlich der Anteile des Anteilseigners am assoziierten Unternehmen erfasst ist, der keinen Teil der Nettoinvestition darstellt, und wie hoch der Betrag dieses Wertminderungsaufwands ist.

33 Da der im Buchwert eines Anteils an einem assoziierten Unternehmens eingeschlossene Geschäfts- oder Firmenwert nicht getrennt ausgewiesen wird, wird er nicht gemäß den Anforderungen für die Überprüfung der Wertminderung beim Geschäfts- oder Firmenwert nach IAS 36 *Wertminderung von Vermögenswerten* separat auf Wertminderung geprüft. Stattdessen wird der gesamte Buchwert des Anteils gemäß IAS 36 auf Wertminderung geprüft, indem sein erzielbarer Betrag (der höhere der beiden Beträge, Nutzungswert und beizulegender Zeitwert abzüglich Veräußerungskosten) mit dem Buchwert immer dann verglichen wird, wenn die Anwendung der Vorschriften von IAS 39 darauf hinweist, dass der Anteil wertgemindert sein könnte. Bei der Bestimmung des Nutzungswertes des Anteils schätzt ein Unternehmen:
(a) seinen Anteil des Barwerts der geschätzten, erwarteten künftigen Cashflows, die von dem assoziierten Unternehmen als Ganzes voraussichtlich erzeugt werden, einschließlich der Cashflows aus den Tätigkeiten des assoziierten Unternehmens und den Erlösen aus dem endgültigen Abgang des Anteils; oder
(b) dem Barwert der geschätzten, erwarteten künftigen Cashflows, die aus den Dividenden des Anteils und aus dem endgültigen Abgang resultieren.
Bei richtigen Annahmen führen beide Methoden zu dem gleichen Ergebnis.

34 Der erzielbare Betrag einer Investition in ein assoziiertes Unternehmen wird für jedes einzelne assoziierte Unternehmen bestimmt, es sei denn ein einzelnes assoziiertes Unternehmen erzeugt keine Mittelzuflüsse aus der fortgesetzten Nutzung, die größtenteils unabhängig von denen anderer Vermögenswerte des Unternehmens sind.

Separater Einzelabschluss nach IFRS

35 **Anteile an assoziierten Unternehmen sind im separaten Einzelabschluss eines Anteilseigners nach IFRS in Übereinstimmung mit den Paragraphen 37–42 des IAS 27 zu bilanzieren.**

36 Dieser Standard schreibt nicht vor, welche Unternehmen separate Einzelabschlüsse nach IFRS zur Nutzung durch die Öffentlichkeit erstellen.

ANGABEN

37 Die folgenden Angaben sind erforderlich:
(a) der beizulegende Zeitwert von Anteilen an assoziierten Unternehmen, für die öffentlich notierte Marktpreise existieren;
(b) zusammenfassende Finanzinformationen über die assoziierten Unternehmen, einschließlich der aggregierten Beträge der Vermögenswerte, Schulden, Erlöse und Periodengewinne oder -verluste;
(c) die Gründe, weshalb die Annahme, dass eine Anteilseigner keinen maßgeblichen Einfluss ausübt, wenn er direkt oder indirekt durch ein Tochterunternehmen weniger als 20 % der Stimmrechte oder potenziellen Stimmrechte am Beteiligungsunternehmen hält, widerlegt wird, und statt dessen auf das Vorliegen eines maßgeblichen Einflusses des Anteilseigners geschlossen wird;
(d) die Gründe, weshalb die Annahme, dass ein Anteilseigner einen maßgeblichen Einfluss ausübt, wenn er direkt oder indirekt durch ein Tochterunternehmen mindestens 20 % der Stimmrechte oder potenziellen Stimmrechte am Beteiligungsunternehmen hält, widerlegt wird, und stattdessen auf das Nichtvorliegen eines maßgeblichen Einflusses geschlossen wird;
(e) der Abschlussstichtag eines assoziierten Unternehmens, wenn der Stichtag oder die Berichtsperiode des Abschlusses, der zur Anwendung der Equity-Methode verwendet wird vom Stichtag oder von der Berichtsperiode des Abschlusses des Anteilseigners abweichen, sowie die Gründe für die Verwendung unterschiedlicher Stichtage oder Berichtsperioden;

Impairment Losses

After application of the equity method, including recognising the associate's losses in accordance with paragraph 29, the investor applies the requirements of IAS 39 to determine whether it is necessary to recognise any additional impairment loss with respect to the investor's net investment in the associate. 31

The investor also applies the requirements of IAS 39 to determine whether any additional impairment loss is recognised with respect to the investor's interest in the associate that does not constitute part of the net investment and the amount of that impairment loss. 32

If application of the requirements in IAS 39 indicates that the investment may be impaired, an entity applies IAS 36 *Impairment of Assets*. In determining the value in use of the investment, an entity estimates: 33
(a) its share of the present value of the estimated future cash flows expected to be generated by the investee, including the cash flows from the operations of the investee and the proceeds on the ultimate disposal of the investment;
or
(b) the present value of the estimated future cash flows expected to arise from dividends to be received from the investment and from its ultimate disposal.
Under appropriate assumptions, both methods give the same result. Any resulting impairment loss for the investment is allocated in accordance with IAS 36. Therefore, it is allocated first to any remaining goodwill (see paragraph 23).

The recoverable amount of an investment in an associate is assessed for each associate, unless the associate does not generate cash inflows from continuing use that are largely independent of those from other assets of the entity. 34

Separate Financial Statements

An investment in an associate shall be accounted for in the investor's separate financial statements in accordance with paragraphs 37—42 of IAS 27. 35

This Standard does not mandate which entities produce separate financial statements available for public use. 36

DISCLOSURE

The following disclosures shall be made: 37
(a) the fair value of investments in associates for which there are published price quotations;
(b) summarised financial information of associates, including the aggregated amounts of assets, liabilities, revenues and profit or loss;
(c) the reasons why the presumption that an investor does not have significant influence is overcome if the investor holds, directly or indirectly through subsidiaries, less than 20 per cent of the voting or potential voting power of the investee but concludes that it has significant influence;
(d) the reasons why the presumption that an investor has significant influence is overcome if the investor holds, directly or indirectly through subsidiaries, 20 per cent or more of the voting or potential voting power of the investee but concludes that it does not have significant influence;
(e) the reporting date of the financial statements of an associate, when such financial statements are used in applying the equity method and are as of a reporting date or for a period that is different from that of the investor, and the reason for using a different reporting date or different period;

IAS 28

(f) Art und Umfang erheblicher Beschränkungen (z. B. aus Darlehensvereinbarungen oder aufsichtsrechtlichen Bestimmungen) der Fähigkeit des assoziierten Unternehmens Finanzmittel in Form von Bardividenden oder Darlehens- und Vorschusstilgungen an den Anteilseigner zu transferieren;
(g) der nicht erfasste anteilige Verlust eines Anteilseigners an den Verlusten des assoziierten Unternehmens, sowohl für die Periode als auch kumuliert, wenn der Anteilseigner Verlustanteile an einem assoziierten Unternehmen nicht mehr erfasst;
(h) die Tatsache, dass ein assoziiertes Unternehmen in Übereinstimmung mit Paragraph 13 nicht nach der Equity-Methode bilanziert wird; und
(i) zusammenfassende Finanzinformationen über assoziierte Unternehmen, entweder einzeln oder in Gruppen, die nicht nach der Equity-Methode bilanziert werden, einschließlich der Höhe der gesamten Vermögenswerte und Schulden, der Erlöse und Periodengewinne oder -verluste.

38 Anteile an assoziierten Unternehmen, die nach der Equity-Methode bilanziert werden, sind als langfristige Vermögenswerte zu klassifizieren. Der Anteil des Anteilseigners an den Gewinnen oder Verlusten und der Buchwert dieser assoziierten Unternehmen sind gesondert anzugeben. Der Anteil des Anteilseigners an allen aufgegebenen Geschäftsbereichen der assoziierten Unternehmen ist ebenfalls gesondert anzugeben.

39 Der Anteil des Anteilseigners an unmittelbar im Eigenkapital des assoziierten Unternehmens ausgewiesenen Veränderungen ist unmittelbar im Eigenkapital des Anteilseigners auszuweisen und gemäß IAS 1 *Darstellung des Abschlusses* in der Eigenkapitalveränderungsrechnung anzugeben.

40 Der Anteilseigner hat in Übereinstimmung mit IAS 37 *Rückstellungen Eventualschulden und Eventualforderungen,* folgendes anzugeben:
(a) seinen Anteil an den gemeinschaftlich mit anderen Anteilseignern eingegangenen Eventualschulden eines assoziierten Unternehmens; und
(b) solche Eventualschulden, die entstehen, weil der Anteilseigner getrennt für alle oder einzelne Schulden des assoziierten Unternehmens haftet.

ZEITPUNKT DES INKRAFTTRETENS

41 Dieser Standard ist erstmals in der ersten Berichtsperiode eines am 1. Januar 2005 oder danach beginnenden Geschäftsjahres anzuwenden. Eine frühere Anwendung wird empfohlen. Wenn ein Unternehmen diesen Standard für Berichtsperioden anwendet, die vor dem 1. Januar 2005 beginnen, so ist diese Tatsache anzugeben.

RÜCKNAHME ANDERER VERLAUTBARUNGEN

42 Dieser Standard ersetzt IAS 28 *Bilanzierung von Anteilen an assoziierten Unternehmen* (überarbeitet 2000).

43 Dieser Standard ersetzt die folgenden Interpretationen:
(a) SIC-3 *Eliminierung von nicht realisierten Gewinnen und Verlusten aus Transaktionen mit assoziierten Unternehmen;*
(b) SIC-20 *Equity-Methode – Erfassung von Verlusten;* und
(c) SIC-33 *Vollkonsolidierungs- und Equity-Methode – Potenzielle Stimmrechte und Ermittlung von Beteiligungsquoten.*

(f) the nature and extent of any significant restrictions (eg resulting from borrowing arrangements or regulatory requirements) on the ability of associates to transfer funds to the investor in the form of cash dividends, or repayment of loans or advances;
(g) the unrecognised share of losses of an associate, both for the period and cumulatively, if an investor has discontinued recognition of its share of losses of an associate;
(h) the fact that an associate is not accounted for using the equity method in accordance with paragraph 13; and
(i) summarised financial information of associates, either individually or in groups, that are not accounted for using the equity method, including the amounts of total assets, total liabilities, revenues and profit or loss.

Investments in associates accounted for using the equity method shall be classified as non-current assets. The investor's share of the profit or loss of such associates, and the carrying amount of those investments, shall be separately disclosed. The investor's share of any discontinued operations of such associates shall also be separately disclosed. 38

The investor's share of changes recognised directly in the associate's equity shall be recognised directly in equity by the investor and shall be disclosed in the statement of changes in equity as required by IAS 1 *Presentation of Financial Statements*. 39

In accordance with IAS 37 *Provisions, Contingent Liabilities and Contingent Assets*, the investor shall disclose: 40
(a) its share of the contingent liabilities of an associate incurred jointly with other investors; and
(b) those contingent liabilities that arise because the investor is severally liable for all or part of the liabilities of the associate.

EFFECTIVE DATE

An entity shall apply this Standard for annual periods beginning on or after 1 January 2005. Earlier application is encouraged. If an entity applies this Standard for a period beginning before 1 January 2005, it shall disclose that fact. 41

WITHDRAWAL OF OTHER PRONOUNCEMENTS

This Standard supersedes IAS 28 *Accounting for Investments in Associates* (revised in 2000). 42

This Standard supersedes the following Interpretations: 43
(a) SIC-3 *Elimination of Unrealised Profits and Losses on Transactions with Associates;*
(b) SIC-20 *Equity Accounting Method—Recognition of Losses;* and
(c) SIC-33 *Consolidation and Equity Method—Potential Voting Rights and Allocation of Ownership Interests.*

International Accounting Standard 29

Rechnungslegung in Hochinflationsländern

> International Accounting Standard 29 *Rechnungslegung in Hochinflationsländern* (IAS 29) ist in den Paragraphen 1–41 festgelegt. Alle Paragraphen sind gleichrangig, behalten jedoch das IASC-Format des Standards, mit dem dieser durch den IASB verabschiedet wurde. IAS 29 ist in Verbindung mit dem *Vorwort zu den International Financial Reporting Standards* und dem *Rahmenkonzept für die Aufstellung und Darstellung von Abschlüssen* zu betrachten. IAS 8 *Bilanzierungs- und Bewertungsmethoden, Änderungen von Schätzungen und Fehler*, stellt beim Fehlen ausdrücklicher Leitlinien eine Grundlage für die Auswahl und für die Anwendung von Bilanzierungs- und Bewertungsmethoden bereit.

Dieser umgegliederte International Accounting Standard ersetzt die vom Board ursprünglich im April 1989 genehmigte Fassung. Der Standard wird in der überarbeiteten Form dargestellt, die seit 1991 für International Accounting Standards üblich ist. Es wurden bestimmte terminologische Anpassungen an die aktuelle IASC-Anwendung vorgenommen, wobei der ursprünglich genehmigte Text nicht grundlegend verändert wurde.

Die folgenden SIC Interpretationen beziehen sich auf IAS 29:
– SIC-19: Berichtswährung – Bewertung und Darstellung von Abschlüssen gemäß IAS 21 und IAS 29.
– SIC-30: Berichtswährung – Umrechnung von der Bewertungs- in die Darstellungswährung.

INHALT	Ziffer
Anwendungsbereich	1–4
Anpassung des Abschlusses	5–37
Abschlüsse auf Basis historischer Anschaffungs- und/oder Herstellungskosten	11–28
Bilanz	11–25
Gewinn- und Verlustrechnung	26
Gewinn oder Verlust aus der Nettoposition der monetären Posten	27–28
Abschlüsse zu Tageswerten	29–31
Bilanz	29
Gewinn- und Verlustrechnung	30
Gewinn oder Verlust aus der Nettoposition der monetären Posten	31
Steuern	32
Kapitalflussrechnung	33
Vergleichszahlen	34
Konzernabschlüsse	35–36
Auswahl und Verwendung des allgemeinen Preisindexes	37
Beendigung der Hochinflation in einer Volkswirtschaft	38
Angaben	39–40
Zeitpunkt des Inkrafttretens	41

Die fett gedruckten Vorschriften sind in Verbindung mit den Hintergrundmaterialien und den Anwendungsleitlinien dieses Standards sowie in Verbindung mit dem Vorwort zu den International Accounting Standards zu betrachten. International Accounting Standards brauchen nicht auf unwesentliche Sachverhalte angewendet zu werden (siehe Paragraph 12 des Vorwortes).

ANWENDUNGSBEREICH

1 **Dieser Standard ist auf den separaten Einzelabschluss nach IFRS einschließlich des Konzernabschlusses eines Unternehmens anzuwenden, dessen funktionale Währung die Währung eines Hochinflationslandes ist.**

International Accounting Standard 29

Financial reporting in hyperinflationary economies

> International Accounting Standard 29 *Financial reporting in hyperinflationary economies* (IAS 29) is set out in paragraphs 1—41. All the paragraphs have equal authority but retain the IASC format of the Standard when it was adopted by the IASB. IAS 29 should be read in the context of the *Preface to International Financial Reporting Standards* and the *Framework for the Preparation and Presentation of Financial Statements*. IAS 8 *Accounting Policies, Changes in Accounting Estimates and Errors* provides a basis for selecting and applying accounting policies in the absence of explicit guidance.

This reformatted International Accounting Standard supersedes the Standard originally approved by the Board in April 1989. It is presented in the revised format adopted for International Accounting Standards in 1991 onwards. No substantive changes have been made to the original approved text. Certain terminology has been changed to bring it into line with current IASC practice.

The following SIC interpretations relate to IAS 29:
– SIC-19: reporting currency—measurement and presentation of financial statements under IAS 21 and IAS 29,
– SIC-30: reporting currency—translation from measurement currency to presentation currency.

SUMMARY

	Paragraphs
Scope	1—4
The restatement of financial statements	5—37
Historical cost financial statements	11—28
Balance sheet	11—25
Income statement	26
Gain or loss on net monetary position	27—28
Current cost financial statements	29—31
Balance sheet	29
Income statement	30
Gain or loss on net monetary position	31
Taxes	32
Cash flow statement	33
Corresponding figures	34
Consolidated financial statements	35—36
Selection and use of the general price index	37
Economies ceasing to be hyperinflationary	38
Disclosures	39—40
Effective date	41

The standards, which have been set in bold type, should be read in the context of the background material and implementation guidance in this Standard, and in the context of the 'Preface to International Accounting Standards'. International Accounting Standards are not intended to apply to immaterial items (see paragraph 12 of the Preface).

SCOPE

This Standard shall be applied to the individual financial statements, including the consolidated financial statements, of any entity whose functional currency is the currency of a hyperinflationary economy. 1

IAS 29

2 In einem Hochinflationsland ist eine Berichterstattung über die Vermögens-, Finanz- und Ertragslage in der lokalen Währung ohne Anpassung nicht zweckmäßig. Der Kaufkraftverlust ist so enorm, dass der Vergleich von Beträgen, die aus Geschäftsvorfällen und anderen Ereignissen zu verschiedenen Zeitpunkten resultieren, sogar innerhalb einer Berichtsperiode irreführend ist.

3 Dieser Standard legt keine absolute Inflationsrate fest, ab der eine Hochinflation vorliegt. Die Notwendigkeit einer Anpassung des Abschlusses gemäß diesem Standard ist eine Ermessensfrage. Hochinflation lässt sich durch Anhaltspunkte in der wirtschaftlichen Umgebung eines Landes entsprechend der folgenden, nicht abschließenden Aufzählung erkennen:
(a) Die Bevölkerung bevorzugt es, Vermögen in nicht monetären Vermögenswerten oder in einer relativ stabilen Fremdwährung zu halten. Beträge in Inlandswährung werden unverzüglich investiert, um die Kaufkraft zu erhalten;
(b) die Bevölkerung rechnet nicht in der Inlandswährung, sondern in einer relativ stabilen Fremdwährung. Preise können in dieser Währung angegeben werden;
(c) Verkäufe und Käufe auf Kredit werden zu Preisen getätigt, die den erwarteten Verlust der Kaufkraft in der Kreditperiode berücksichtigen, selbst wenn die Kreditperiode kurz ist;
(d) Zinssätze, Löhne und Preise sind an einen Preisindex gebunden; und
(e) die kumulative Preissteigerungsrate innerhalb von drei Jahren nähert sich oder überschreitet 100%.

4 Es ist wünschenswert, dass alle Unternehmen, die in der Währung eines bestimmten Hochinflationslandes bilanzieren, diesen Standard vom selben Zeitpunkt an anwenden. In jedem Fall ist dieser Standard für die Abschlüsse eines Unternehmens vom Beginn der Berichtsperiode an anzuwenden, in der es die Hochinflation in dem Land erkennt, in dessen Währung es bilanziert.

ANPASSUNG DES ABSCHLUSSES

5 Preisänderungen im Laufe der Zeit resultieren aus dem Zusammenspiel verschiedener spezifischer oder allgemeiner politischer, wirtschaftlicher und gesellschaftlicher Kräfte. Spezifische Kräfte, beispielsweise Änderungen von Angebot und Nachfrage und technischer Fortschritt, führen unter Umständen dazu, dass einzelne Preise wesentlich und unabhängig voneinander steigen oder sinken. Darüber hinaus führen allgemeine Kräfte unter Umständen zu einer Änderung des allgemeinen Preisniveaus und somit der allgemeinen Kaufkraft.

6 In den meisten Ländern werden die primären Abschlussbestandteile auf der Basis historischer Anschaffungs- und Herstellungskosten ungeachtet der Veränderungen des allgemeinen Preisniveaus oder bestimmter Preissteigerungen von im Bestand befindlichen Vermögenswerten aufgestellt, außer in dem Umfang, in dem Sachanlagen und Finanzinvestitionen neubewertet werden können. Einige Unternehmen legen jedoch primäre Abschlussbestandteile vor, die auf dem Tageswertkonzept basieren, welches die Auswirkungen von bestimmten Preisänderungen bei im Bestand befindlichen Vermögenswerten widerspiegelt.

7 In einem Hochinflationsland sind Abschlüsse unabhängig davon, ob sie auf dem Konzept der historischen Anschaffungs- und Herstellungskosten oder dem der Tageswerte basieren, nur zweckmäßig, wenn sie in der am Bilanzstichtag geltenden Maßeinheit ausgedrückt sind. Daher gilt dieser Standard für die primären Abschlussbestandteile von Unternehmen, die in der Währung eines Hochinflationslandes bilanzieren. Die Darstellung der von diesem Standard geforderten Informationen in Form einer Ergänzung zu einem nicht angepassten Abschluss ist nicht zulässig. Darüber hinaus wird von einer separaten Darstellung des Abschlusses vor der Anpassung abgeraten.

8 **Der Abschluss eines Unternehmens, dessen funktionale Währung der Währung eines Hochinflationslandes entspricht, ist unabhängig davon, ob er auf dem Konzept der historischen Anschaffungs- und Herstellungskosten oder dem der Tageswerte basiert, in der am Bilanzstichtag geltenden Maßeinheit auszudrücken. Die vom IAS 1** *Darstellung des Abschlusses* **geforderten Vergleichszahlen zur Vorperiode sowie alle anderen Informationen zu früheren Perioden sind ebenfalls in der am Bilanzstichtag geltenden Maßeinheit anzugeben. Für die Veröffentlichung von Vergleichsbeträgen in einer anderen Darstellungswährung sind die Paragraphen 42(b) und 43 des IAS 21** *Auswirkungen von Änderungen der Wechselkurse* **(überarbeitet 2003) maßgeblich.**

9 **Der Gewinn oder Verlust aus der Nettoposition der monetären Posten ist in das Ergebnis einzubeziehen und gesondert anzugeben.**

10 Die Anpassung des Abschlusses in Übereinstimmung mit diesem Standard erfordert die Anwendung bestimmter Verfahren sowie Ermessensentscheidungen. Die stetige Anwendung dieser Verfahren und Ermessensent-

In a hyperinflationary economy, reporting of operating results and financial position in the local currency without restatement is not useful. Money loses purchasing power at such a rate that comparison of amounts from transactions and other events that have occurred at different times, even within the same accounting period, is misleading.

This Standard does not establish an absolute rate at which hyperinflation is deemed to arise. It is a matter of judgement when restatement of financial statements in accordance with this Standard becomes necessary. Hyperinflation is indicated by characteristics of the economic environment of a country which include, but are not limited to, the following:
(a) the general population prefers to keep its wealth in non-monetary assets or in a relatively stable foreign currency. Amounts of local currency held are immediately invested to maintain purchasing power;
(b) the general population regards monetary amounts not in terms of the local currency but in terms of a relatively stable foreign currency. Prices may be quoted in that currency;
(c) sales and purchases on credit take place at prices that compensate for the expected loss of purchasing power during the credit period, even if the period is short;
(d) interest rates, wages and prices are linked to a price index; and
(e) the cumulative inflation rate over three years is approaching, or exceeds, 100%.

It is preferable that all enterprises that report in the currency of the same hyperinflationary economy apply this Standard from the same date. Nevertheless, this Standard applies to the financial statements of any enterprise from the beginning of the reporting period in which it identifies the existence of hyperinflation in the country in whose currency it reports.

THE RESTATEMENT OF FINANCIAL STATEMENTS

Prices change over time as the result of various specific or general political, economic and social forces. Specific forces such as changes in supply and demand and technological changes may cause individual prices to increase or decrease significantly and independently of each other. In addition, general forces may result in changes in the general level of prices and therefore in the general purchasing power of money.

In most countries, primary financial statements are prepared on the historical cost basis of accounting without regard either to changes in the general level of prices or to increases in specific prices of assets held, except to the extent that property, plant and equipment and investments may be revalued. Some enterprises, however, present primary financial statements that are based on a current cost approach that reflects the effects of changes in the specific prices of assets held.

In a hyperinflationary economy, financial statements, whether they are based on a historical cost approach or a current cost approach, are useful only if they are expressed in terms of the measuring unit current at the balance sheet date. As a result, this Standard applies to the primary financial statements of enterprises reporting in the currency of a hyperinflationary economy. Presentation of the information required by this Standard as a supplement to unrestated financial statements is not permitted. Furthermore, separate presentation of the financial statements before restatement is discouraged.

The financial statements of an entity whose functional currency is the currency of a hyperinflationary economy, whether they are based on a historical cost approach or a current cost approach, shall be stated in terms of the measuring unit current at the balance sheet date. The corresponding figures for the previous period required by IAS 1 *Presentation of Financial Statements,* **and any information in respect of earlier periods shall also be stated in terms of the measuring unit current at the balance sheet date. For the purpose of presenting comparative amounts in a different presentation currency, paragraphs 42(b) and 43 of IAS 21** *The Effects of Changes in Foreign Exchange Rates* **(as revised in 2003) apply.**

The gain or loss on the net monetary position should be included in net income and disclosed separately.

The restatement of financial statements in accordance with this Standard requires the application of certain procedures as well as judgement. The consistent application of these procedures and judgements from period to

scheidungen von einer Periode zur nächsten ist wichtiger als die präzise Genauigkeit der daraus resultierenden Beträge in den angepassten Abschlüssen.

Abschlüsse auf Basis historischer Anschaffungs- und/oder Herstellungskosten

Bilanz

11 Beträge in der Bilanz, die noch nicht in der am Bilanzstichtag geltenden Maßeinheit ausgedrückt sind, werden durch Anwendung eines allgemeinen Preisindexes angepasst.

12 Monetäre Posten werden nicht angepasst, da sie bereits in der am Bilanzstichtag geltenden Maßeinheit ausgedrückt sind. Monetäre Posten sind im Bestand befindliche Geldmittel oder Posten, für die das Unternehmen Geld zahlt oder Geld erhält.

13 Vermögenswerte und Schulden, die vertraglich an Preisveränderungen gebunden sind, wie beispielsweise Indexanleihen und -kredite, werden vertragsgemäß angeglichen, um den ausstehenden Betrag zum Bilanzstichtag zu ermitteln. Diese Posten werden in der angepassten Bilanz zu diesem angeglichenen Betrag aufgeführt.

14 Alle anderen Vermögenswerte und Schulden sind nicht monetär. Manche dieser nicht monetären Posten werden zu den am Bilanzstichtag geltenden Beträgen geführt, beispielsweise zum Nettoveräußerungswert und zum Marktwert, und somit nicht angepasst. Alle anderen nicht monetären Vermögenswerte und Schulden werden angepasst.

15 Die meisten nicht monetären Posten werden zu ihren Anschaffungskosten bzw. fortgeführten Anschaffungskosten geführt; somit werden sie zu dem zum Erwerbszeitpunkt geltenden Betrag ausgedrückt. Die angepassten bzw. fortgeführten Anschaffungs- oder Herstellungskosten jedes Postens werden bestimmt, indem man auf die historischen Anschaffungs- oder Herstellungskosten und die kumulierten Abschreibungen die Veränderung eines allgemeinen Preisindexes vom Anschaffungsdatum bis zum Bilanzstichtag anwendet. Daher werden Sachanlagen, Finanzinvestitionen, Vorräte an Rohstoffen und Waren, Geschäfts- oder Firmenwerte, Patente, Warenzeichen und ähnliche Vermögenswerte ab ihrem Anschaffungsdatum angepasst. Vorräte an Halb- und Fertigerzeugnissen werden ab dem Datum angepasst, an dem die Anschaffungs- und Herstellungskosten anfielen.

16 Es kann sein, dass ausführliche Aufzeichnungen über die Anschaffungsdaten der Sachanlagen nicht vorliegen oder die Anschaffungsdaten eine Schätzung nicht zulassen. In diesen seltenen Fällen kann es in der ersten Periode der Anwendung dieses Standards erforderlich sein, den Ausgangswert für die Anpassung dieser Posten durch eine unabhängige professionelle Bewertung zu ermitteln.

17 Es ist möglich, dass für die Perioden, für die eine Anpassung der Sachanlagen von diesem Standard verlangt wird, kein allgemeiner Preisindex zur Verfügung steht. In diesen seltenen Fällen kann es erforderlich sein, auf eine Schätzung zurückzugreifen, die beispielsweise auf den Bewegungen des Wechselkurses der funktionalen Währung gegenüber einer relativ stabilen Fremdwährung basiert.

18 Bei manchen nichtmonetären Posten wird der Wert eines anderen Zeitpunkts als dem des Anschaffungsdatums oder des Bilanzstichtages angesetzt, dies gilt beispielsweise für Sachanlagen, die zu einem früheren Zeitpunkt neubewertet wurden. In diesen Fällen wird der Buchwert ab dem Datum der Neubewertung angepasst.

19 Der angepasste Wert eines nicht monetären Postens wird gemäß den entsprechenden International Accounting Standards vermindert, wenn er den aus der künftigen Verwendung des Postens (einschließlich seines Verkaufes oder eines anderweitigen Abganges) erzielbaren Betrag überschreitet. In solchen Fällen werden daher die angepassten Beträge für Sachanlagen, Geschäfts- oder Firmenwerte, Patente und Warenzeichen auf den erzielbaren Betrag verringert, die angepassten Beträge der Vorräte werden auf den Nettoveräußerungswert und die angepassten Beträge für die kurzfristigen Finanzinvestitionen auf den Marktwert verringert.

20 Möglicherweise berichtet ein Beteiligungsunternehmen, das gemäß der Equity-Methode bilanziert wird, in der Währung eines Hochinflationslandes. Die Bilanz und die Gewinn- und Verlustrechnung eines solchen Beteiligungsunternehmens werden gemäß diesem Standard angepasst, damit der Anteil des Anteilseigners am Reinvermögen und am Ergebnis errechnet werden kann. Werden die angepassten Abschlüsse des Beteiligungsunternehmens in einer Fremdwährung ausgewiesen, so werden sie zum Stichtagskurs umgerechnet.

period is more important than the precise accuracy of the resulting amounts included in the restated financial statements.

Historical cost financial statements

Balance sheet

Balance sheet amounts not already expressed in terms of the measuring unit current at the balance sheet date are restated by applying a general price index. 11

Monetary items are not restated because they are already expressed in terms of the monetary unit current at the balance sheet date. Monetary items are money held and items to be received or paid in money. 12

Assets and liabilities linked by agreement to changes in prices, such as index linked bonds and loans, are adjusted in accordance with the agreement in order to ascertain the amount outstanding at the balance sheet date. These items are carried at this adjusted amount in the restated balance sheet. 13

All other assets and liabilities are non-monetary. Some non-monetary items are carried at amounts current at the balance sheet date, such as net realisable value and market value, so they are not restated. All other non-monetary assets and liabilities are restated. 14

Most non-monetary items are carried at cost or cost less depreciation; hence they are expressed at amounts current at their date of acquisition. The restated cost, or cost less depreciation, of each item is determined by applying to its historical cost and accumulated depreciation the change in a general price index from the date of acquisition to the balance sheet date. Hence, property, plant and equipment, investments, inventories of raw materials and merchandise, goodwill, patents, trade marks and similar assets are restated from the dates of their purchase. Inventories of partly-finished and finished goods are restated from the dates on which the costs of purchase and of conversion were incurred. 15

Detailed records of the acquisition dates of items of property, plant and equipment may not be available or capable of estimation. In these rare circumstances, it may be necessary, in the first period of application of this Standard, to use an independent professional assessment of the value of the items as the basis for their restatement. 16

A general price index may not be available for the periods for which the restatement of property, plant and equipment is required by this Standard. In these circumstances, it may be necessary to use an estimate based, for example, on the movements in the exchange rate between the functional currency and a relatively stable foreign currency. 17

Some non-monetary items are carried at amounts current at dates other than that of acquisition or that of the balance sheet, for example property, plant and equipment that has been revalued at some earlier date. In these cases, the carrying amounts are restated from the date of the revaluation. 18

The restated amount of a non-monetary item is reduced, in accordance with appropriate International Accounting Standards, when it exceeds the amount recoverable from the item's future use (including sale or other disposal). Hence, in such cases, restated amounts of property, plant and equipment, goodwill, patents and trade marks are reduced to recoverable amount, restated amounts of inventories are reduced to net realisable value and restated amounts of current investments are reduced to market value. 19

An investee that is accounted for under the equity method may report in the currency of a hyperinflationary economy. The balance sheet and income statement of such an investee are restated in accordance with this Standard in order to calculate the investor's share of its net assets and results of operations. Where the restated financial statements of the investee are expressed in a foreign currency they are translated at closing rates. 20

IAS 29

21 Die Auswirkungen der Inflation werden im Regelfall in den Fremdkapitalkosten erfasst. Es ist nicht sachgerecht, eine kreditfinanzierte Investition anzupassen und gleichzeitig den Teil der Fremdkapitalkosten zu aktivieren, der als Ausgleich für die Inflation im entsprechenden Zeitraum gedient hat. Dieser Teil der Fremdkapitalkosten wird als Aufwand in der Periode erfasst, in der diese Kosten anfallen.

22 Möglicherweise erwirbt ein Unternehmen Vermögenswerte im Rahmen eines Vertrags, der eine zinsfreie Stundung der Zahlung ermöglicht. Wenn eine Erhöhung des Zinsbetrags nicht durchführbar oder wirtschaftlich nicht vertretbar ist, werden solche Vermögenswerte ab dem Zahlungs- und nicht ab dem Erwerbszeitpunkt angepasst.

23 (gestrichen)

24 Zu Beginn der ersten Periode der Anwendung dieses Standards werden die Bestandteile des Eigenkapitals, mit Ausnahme der nicht ausgeschütteten Ergebnisse sowie etwaiger Neubewertungsrücklagen, vom Zeitpunkt ihrer Zuführung in das Eigenkapital mit einem allgemeinen Preisindex angepasst. Alle in früheren Perioden entstandenen Neubewertungsrücklagen werden eliminiert. Angepasste nicht ausgeschüttete Ergebnisse werden aus allen anderen Beträgen in der angepassten Bilanz abgeleitet.

25 Am Ende der ersten Periode und in den folgenden Perioden werden sämtliche Bestandteile des Eigenkapitals jeweils vom Beginn der Periode oder vom Zeitpunkt einer gegebenenfalls späteren Zuführung an durch Anwendung eines allgemeinen Preisindexes angepasst. Die Änderungen des Eigenkapitals in der Periode werden gemäß IAS 1, Darstellung des Abschlusses, angegeben.

Gewinn- und Verlustrechnung

26 Gemäß diesem Standard sind alle Posten der Gewinn- und Verlustrechnung in der am Bilanzstichtag geltenden Maßeinheit auszudrücken. Daher sind alle Beträge durch Anwendung des allgemeinen Preisindexes ab den Zeitpunkten anzupassen, an denen die Posten der Erträge und Aufwendungen erstmalig im Abschluss erfasst wurden.

Gewinn oder Verlust aus der Nettoposition der monetären Posten

27 Hat ein Unternehmen in einer Periode der Inflation mehr monetäre Vermögenswerte als monetäre Schulden, so verliert es an Kaufkraft, während ein Unternehmen mit mehr monetären Schulden als monetären Vermögenswerten an Kaufkraft gewinnt, sofern die Vermögenswerte und die Schulden nicht an einen Preisindex gebunden sind. Dieser Gewinn oder Verlust aus der Nettoposition der monetären Posten lässt sich aus der Differenz aus der Anpassung der nicht monetären Vermögenswerte, des Eigenkapitals und der Posten aus der Gewinn- und Verlustrechnung sowie der Korrektur der indexgebundenen Vermögenswerte und Schulden ableiten. Der Gewinn oder Verlust kann geschätzt werden, indem die Änderung eines allgemeinen Preisindexes auf den gewichteten Durchschnitt der Differenz zwischen monetären Vermögenswerten und Schulden angewendet wird, die in der Berichtsperiode vorhanden sind.

28 Der Gewinn oder Verlust aus der Nettoposition der monetären Posten wird in das Ergebnis aufgenommen. Die gemäß Paragraph 13 erfolgte Anpassung der Vermögenswerte und Schulden, die vertraglich an Preisänderungen gebunden sind, wird mit dem Gewinn oder Verlust aus der Nettoposition der monetären Posten saldiert. Andere Posten aus der Gewinn- und Verlustrechnung wie Zinserträge und Zinsaufwendungen sowie Währungsumrechnungsdifferenzen in Verbindung mit investierten oder aufgenommenen liquiden Mitteln werden auch mit der Nettoposition der monetären Posten in Beziehung gesetzt. Obwohl diese Posten gesondert angegeben werden, kann es hilfreich sein, sie in der Gewinn- und Verlustrechnung zusammen mit dem Gewinn oder Verlust aus der Nettoposition der monetären Posten darzustellen.

Abschlüsse zu Tageswerten

Bilanz

29 Die zu Tageswerten angegebenen Posten werden nicht angepasst, da sie bereits in der am Bilanzstichtag geltenden Maßeinheit angegeben sind. Andere Posten in der Bilanz werden gemäß den Paragraphen 11 bis 25 angepasst.

The impact of inflation is usually recognised in borrowing costs. It is not appropriate both to restate the capital expenditure financed by borrowing and to capitalise that part of the borrowing costs that compensates for the inflation during the same period. This part of the borrowing costs is recognised as an expense in the period in which the costs are incurred.

An enterprise may acquire assets under an arrangement that permits it to defer payment without incurring an explicit interest charge. Where it is impracticable to impute the amount of interest, such assets are restated from the payment date and not the date of purchase.

(deleted)

At the beginning of the first period of application of this Standard, the components of owners' equity, except retained earnings and any revaluation surplus, are restated by applying a general price index from the dates the components were contributed or otherwise arose. Any revaluation surplus that arose in previous periods is eliminated. Restated retained earnings are derived from all the other amounts in the restated balance sheet.

At the end of the first period and in subsequent periods, all components of owners' equity are restated by applying a general price index from the beginning of the period or the date of contribution, if later. The movements for the period in owners' equity are disclosed in accordance with IAS 1, presentation of financial statements.

Income statement

This Standard requires that all items in the income statement are expressed in terms of the measuring unit current at the balance sheet date. Therefore all amounts need to be restated by applying the change in the general price index from the dates when the items of income and expenses were initially recorded in the financial statements.

Gain or loss on net monetary position

In a period of inflation, an enterprise holding an excess of monetary assets over monetary liabilities loses purchasing power and an enterprise with an excess of monetary liabilities over monetary assets gains purchasing power to the extent the assets and liabilities are not linked to a price level. This gain or loss on the net monetary position may be derived as the difference resulting from the restatement of non-monetary assets, owners' equity and income statement items and the adjustment of index linked assets and liabilities. The gain or loss may be estimated by applying the change in a general price index to the weighted average for the period of the difference between monetary assets and monetary liabilities.

The gain or loss on the net monetary position is included in net income. The adjustment to those assets and liabilities linked by agreement to changes in prices made in accordance with paragraph 13 is offset against the gain or loss on net monetary position. Other income statement items, such as interest income and expense, and foreign exchange differences related to invested or borrowed funds, are also associated with the net monetary position. Although such items are separately disclosed, it may be helpful if they are presented together with the gain or loss on net monetary position in the income statement.

Current cost financial statements

Balance sheet

Items stated at current cost are not restated because they are already expressed in terms of the measuring unit current at the balance sheet date. Other items in the balance sheet are restated in accordance with paragraphs 11 to 25.

IAS 29

Gewinn- und Verlustrechnung

30 Vor der Anpassung enthält die zu Tageswerten aufgestellte Gewinn- und Verlustrechnung die Kosten zum Zeitpunkt der damit verbundenen Geschäftsvorfälle oder anderen Ereignisse. Umsatzkosten und planmäßige Abschreibungen werden zu den Tageswerten zum Zeitpunkt ihres Verbrauchs erfasst. Umsatzerlöse und andere Aufwendungen werden zu dem zum Zeitpunkt ihres Anfallens geltenden Geldbetrag erfasst. Daher sind alle Beträge durch Anwendung eines allgemeinen Preisindexes in die am Bilanzstichtag geltende Maßeinheit umzurechnen.

Gewinn oder Verlust aus der Nettoposition der monetären Posten

31 Der Gewinn oder Verlust aus der Nettoposition der monetären Posten wird gemäß den Paragraphen 27 und 28 bilanziert.

Steuern

32 Die Anpassung des Abschlusses gemäß diesem Standard kann zu Differenzen zwischen dem steuerpflichtigen Einkommen und dem Ergebnis führen. Diese Differenzen werden gemäß IAS 12, Ertragsteuern, behandelt.

Kapitalflussrechnung

33 Dieser Standard verlangt, dass alle Posten der Kapitalflussrechnung in der am Bilanzstichtag geltenden Maßeinheit ausgedrückt werden.

Vergleichszahlen

34 Vergleichszahlen für die vorangegangene Periode werden unabhängig davon, ob sie auf dem Konzept der historischen Anschaffungs- und Herstellungskosten oder dem der Tageswerte basierten, durch Anwendung eines allgemeinen Preisindexes angepasst, damit der Vergleichsabschluss in der am Ende der Berichtsperiode geltenden Maßeinheit dargestellt ist. Die Informationen, die für frühere Perioden angegeben werden, werden ebenfalls in der am Ende der Berichtsperiode geltenden Maßeinheit ausgedrückt. Für die Veröffentlichung von Vergleichsbeträgen in einer anderen Darstellungswährung sind die Paragraphen 42(b) und 43 des IAS 21 *Auswirkungen von Änderungen der Wechselkurse* (überarbeitet 2003) maßgeblich.

Konzernabschlüsse

35 Ein Mutterunternehmen, das in der Währung eines Hochinflationslandes berichtet, kann Tochterunternehmen haben, die ihren Abschluss ebenfalls in den Währungen hochinflationärer Länder erstellen. Der Abschluss jedes dieser Tochterunternehmen ist durch Anwendung eines allgemeinen Preisindexes des Landes anzupassen, in dessen Währung das Tochterunternehmen bilanziert, bevor er vom Mutterunternehmen in den Konzernabschluss einbezogen wird. Handelt es sich bei dem Tochterunternehmen um ein ausländisches Tochterunternehmen, so wird der angepasste Abschluss zum Stichtagskurs umgerechnet. Die Abschlüsse von Tochterunternehmen, die nicht in den Währungen von Hochinflationsländern berichten, werden gemäß IAS 21, Auswirkungen von Änderungen der Wechselkurse, behandelt.

36 Werden Abschlüsse mit unterschiedlichen Abschlussstichtagen konsolidiert, sind alle Posten, unabhängig davon, ob sie monetär oder nicht monetär sind, an die am Stichtag des Konzernabschlusses geltende Maßeinheit anzupassen.

Auswahl und Verwendung des allgemeinen Preisindexes

37 Die Anpassung des Abschlusses gemäß diesem Standard erfordert die Verwendung eines allgemeinen Preisindexes, der die Veränderungen in der allgemeinen Kaufkraft widerspiegelt. Es ist wünschenswert, dass alle Unternehmen, die in der Währung derselben Volkswirtschaft berichten, denselben Index verwenden.

Income statement

The current cost income statement, before restatement, generally reports costs current at the time at which the underlying transactions or events occurred. Cost of sales and depreciation are recorded at current costs at the time of consumption; sales and other expenses are recorded at their money amounts when they occurred. Therefore all amounts need to be restated into the measuring unit current at the balance sheet date by applying a general price index. 30

Gain or loss on net monetary position

The gain or loss on the net monetary position is accounted for in accordance with paragraphs 27 and 28. 31

Taxes

The restatement of financial statements in accordance with this Standard may give rise to differences between taxable income and accounting income. These differences are accounted for in accordance with IAS 12, income taxes. 32

Cash flow statement

This Standard requires that all items in the cash flow statement are expressed in terms of the measuring unit current at the balance sheet date. 33

Corresponding figures

Corresponding figures for the previous reporting period, whether they were based on a historical cost approach or a current cost approach, are restated by applying a general price index so that the comparative financial statements are presented in terms of the measuring unit current at the end of the reporting period. Information that is disclosed in respect of earlier periods is also expressed in terms of the measuring unit current at the end of the reporting period. For the purpose of presenting comparative amounts in a different presentation currency, paragraphs 42(b) and 43 of IAS 21 *The Effects of Changes in Foreign Exchange Rates* (as revised in 2003) apply. 34

Consolidated financial statements

A parent that reports in the currency of a hyperinflationary economy may have subsidiaries that also report in the currencies of hyperinflationary economies. The financial statements of any such subsidiary need to be restated by applying a general price index of the country in whose currency it reports before they are included in the consolidated financial statements issued by its parent. Where such a subsidiary is a foreign subsidiary, its restated financial statements are translated at closing rates. The financial statements of subsidiaries that do not report in the currencies of hyperinflationary economies are dealt with in accordance with IAS 21, the effects of changes in foreign exchange rates. 35

If financial statements with different reporting dates are consolidated, all items, whether non-monetary or monetary, need to be restated into the measuring unit current at the date of the consolidated financial statements. 36

Selection and use of the general price index

The restatement of financial statements in accordance with this Standard requires the use of a general price index that reflects changes in general purchasing power. It is preferable that all enterprises that report in the currency of the same economy use the same index. 37

IAS 29

BEENDIGUNG DER HOCHINFLATION IN EINER VOLKSWIRTSCHAFT

38 Wenn ein bisheriges Hochinflationsland nicht mehr als solches eingestuft wird und das Unternehmen aufhört, seinen Abschluss gemäß diesem Standard aufzustellen und darzustellen, so sind die in der am Ende der vorherigen Periode geltenden Maßeinheit ausgedrückten Beträge als Grundlage für die Buchwerte in seinem darauf folgenden Abschluss zu verwenden.

ANGABEN

39 Die folgenden Angaben sind erforderlich:
   (a) die Tatsache, dass der Abschluss und die Vergleichszahlen für die vorherigen Perioden auf Grund von Änderungen der allgemeinen Kaufkraft in der funktionalen Währung angepasst wurden und daher in der am Bilanzstichtag geltenden Maßeinheit angegeben sind;
   (b) ob der Abschluss auf dem Konzept historischer Anschaffungs- und Herstellungskosten oder dem Konzept der Tageswerte basiert; und
   (c) Art sowie Höhe des Preisindexes am Bilanzstichtag sowie Veränderungen des Indexes während der aktuellen und der vorherigen Periode.

40 Die von diesem Standard geforderten Angaben sind notwendig, um die Grundlage für die Behandlung der Inflationsauswirkungen im Abschluss zu verdeutlichen. Ferner sind sie dazu bestimmt, weitere Informationen zu geben, die für das Verständnis dieser Grundlage und der daraus resultierenden Beträge notwendig sind.

ZEITPUNKT DES INKRAFTTRETENS

41 Dieser International Accounting Standard ist erstmals in der ersten Berichtsperiode eines am 1. Januar 1990 oder danach beginnenden Geschäftsjahres anzuwenden.

ECONOMIES CEASING TO BE HYPERINFLATIONARY

When an economy ceases to be hyperinflationary and an enterprise discontinues the preparation and presentation of financial statements prepared in accordance with this Standard, it should treat the amounts expressed in the measuring unit current at the end of the previous reporting period as the basis for the carrying amounts in its subsequent financial statements. 38

DISCLOSURES

The following disclosures shall be made: 39
(a) the fact that the financial statements and the corresponding figures for previous periods have been restated for the changes in the general purchasing power of the functional currency and, as a result, are stated in terms of the measuring unit current at the balance sheet date;
(b) whether the financial statements are based on a historical cost approach or a current cost approach; and
(c) the identity and level of the price index at the balance sheet date and the movement in the index during the current and the previous reporting period.

The disclosures required by this Standard are needed to make clear the basis of dealing with the effects of inflation in the financial statements. They are also intended to provide other information necessary to understand that basis and the resulting amounts. 40

EFFECTIVE DATE

This International Accounting Standard becomes operative for financial statements covering periods beginning on or after 1 January 1990. 41

International Accounting Standard 31

Anteile an Joint Ventures

> International Accounting Standard 31 *Anteile an Joint Ventures* (IAS 31) ist in den Paragraphen 1–59 festgelegt. Alle Paragraphen sind gleichrangig, behalten jedoch das IASC-Format des Standards, mit dem dieser durch den IASB verabschiedet wurde. IAS 31 ist in Verbindung mit dem *Vorwort zu den International Financial Reporting Standards* und dem *Rahmenkonzept für die Aufstellung und Darstellung von Abschlüssen* zu betrachten. IAS 8 *Bilanzierungs- und Bewertungsmethoden, Änderungen von Schätzungen und Fehler*, stellt beim Fehlen ausdrücklicher Leitlinien eine Grundlage für die Auswahl und für die Anwendung von Bilanzierungs- und Bewertungsmethoden bereit.

INHALT

	Ziffer
Anwendungsbereich	1–2
Definitionen	3–12
Formen von Joint Ventures	7
Gemeinschaftliche Führung	8
Vertragliche Vereinbarung	9–12
Gemeinsame Tätigkeiten	13–17
Vermögenswerte unter gemeinschaftlicher Führung	18–23
Gemeinschaftlich geführte Unternehmen	24–47
Abschluss eines Partnerunternehmens	30–45
Quotenkonsolidierung	30–37
Equity-Methode	38–41
Ausnahmen von der Quotenkonsolidierung und der Equity-Methode	42–45
Separater Einzelabschluss eines Partnerunternehmens nach IFRS	46–47
Geschäftsvorfälle zwischen einem Partnerunternehmen und einem Joint Venture	48–50
Bilanzierung von Anteilen an Joint Ventures im Abschluss eines Gesellschafters	51
Betreiber eines Joint Ventures	52–53
Angaben	54–57
Zeitpunkt des Inkrafttretens	58
Rücknahme von IAS 31 (überarbeitet 2000)	59

Dieser überarbeitete Standard ersetzt IAS 31 (überarbeitet 2000) *Rechnungslegung über Anteile an Joint Ventures* und ist erstmals in der ersten Berichtsperiode eines am 1. Januar 2005 oder danach beginnenden Geschäftsjahrs anzuwenden. Eine frühere Anwendung wird empfohlen.

ANWENDUNGSBEREICH

1   Dieser Standard ist anzuwenden bei der Bilanzierung von Anteilen an Joint Ventures und der Berichterstattung von Vermögenswerten, Schulden, Erträgen und Aufwendungen von Joint Ventures im Abschluss der Partnerunternehmen und Gesellschafter, ungeachtet des Aufbaus oder der Form, in der die Tätigkeit der Joint Ventures stattfindet. Er ist jedoch nicht auf Anteile von Partnerunternehmen an gemeinsam geführten Unternehmen anzuwenden, die von
   (a) Wagniskapital-Organisationen
       oder
   (b) Investmentfonds, Unit Trusts und ähnlichen Unternehmen, einschließlich fondsgebundener Versicherungen
   gehalten werden, die bei erstmaligem Ansatz erfolgswirksam mit dem beizulegenden Zeitwert bewertet werden oder die als zu Handelszwecken gehalten eingestuft und in Übereinstimmung mit IAS 39 *Finanzinstrumente: Ansatz und Bewertung* bilanzieren werden. Solche Anteile werden in Übereinstimmung mit IAS 39 zum beizulegenden Zeitwert bewertet, wobei Änderungen des beizulegenden Zeitwerts im Ergebnis erfasst werden.

International Accounting Standard 31

Interests in Joint Ventures

International Accounting Standard 31 *Interests in Joint Ventures* (IAS 31) is set out in paragraphs 1—59. All the paragraphs have equal authority but retain the IASC format of the Standard when it was adopted by the IASB. IAS 31 should be read in the context of the *Preface to International Financial Reporting Standards* and the *Framework for the Preparation and Presentation of Financial Statements*. IAS 8 *Accounting Policies, Changes in Accounting Estimates and Errors* provides a basis for selecting and applying accounting policies in the absence of explicit guidance.

SUMMARY

	Paragraphs
Scope	1—2
Definitions	3—12
Forms of Joint Venture	7
Joint Control	8
Contractual Arrangement	9—12
Jointly controlled operations	13—17
Jointly controlled assets	18—23
Jointly controlled entities	24—47
Financial Statements of a Venturer	30—45
Proportionate Consolidation	30—37
Equity Method	38—41
Exceptions to Proportionate Consolidation and Equity Method	42—45
Separate Financial Statements of a Venturer	46—47
Transactions between a Venturer and a joint venture	48—50
Reporting interests in joint ventures in the financial statements of an investor	51
Operators of joint ventures	52—53
Disclosure	54—57
Effective date	58
Withdrawal of IAS 31 (revised 2000)	59

This revised Standard supersedes IAS 31 (revised 2000) Financial Reporting of Interests in Joint Ventures and should be applied for annual periods beginning on or after 1 January 2005. Earlier application is encouraged.

SCOPE

This Standard shall be applied in accounting for interests in joint ventures and the reporting of joint venture assets, liabilities, income and expenses in the financial statements of venturers and investors, regardless of the structures or forms under which the joint venture activities take place. However, it does not apply to venturers' interests in jointly controlled entities held by:
(a) venture capital organisations,
or
(b) mutual funds, unit trusts and similar entities including investment-linked insurance funds
that upon initial recognition are designated as at fair value through profit or loss or are classified as held for trading and accounted for in accordance with IAS 39 *Financial Instruments: Recognition and Measurement*. Such investments shall be measured at fair value in accordance with IAS 39, with changes in fair value recognised in profit or loss in the period of the change.

2 Ein Partnerunternehmen ist von der Anwendung der Paragraphen 30 (Quotenkonsolidierung) und 38 (Equity-Methode) auf einen Anteil an einem gemeinsam geführten Unternehmen befreit, wenn es die folgenden Voraussetzungen erfüllt:
   (a) der Anteil ist gemäß IFRS 5 *Zur Veräußerung gehaltene langfristige Vermögenswerte und aufgegebene Geschäftsbereiche* als zur Veräußerung gehalten klassifiziert;
   (b) es greift die Ausnahme nach Paragraph 10 des IAS 27 *Konzern- und separate Einzelabschlüsse nach IFRS*, welche einem Mutterunternehmen, das Anteile an einem gemeinsam geführten Unternehmen besitzt, gestattet, keinen Konzernabschluss zu veröffentlichen; oder
   (c) wenn alle folgenden Punkte zutreffen:
      (i) das Partnerunternehmen ist selbst ein hundertprozentiges Tochterunternehmen oder ein teilweise im Besitz stehendes Tochterunternehmen eines anderen Unternehmens und seine Anteilseigner, einschließlich der nicht anderweitig stimmberechtigten, sind darüber unterrichtet und erheben keine Einwendungen, dass das Partnerunternehmen die Quotenkonsolidierung oder die Equity-Methode nicht anwendet;
      (ii) die Schuld- oder Eigenkapitalinstrumente des Partnerunternehmens werden an keiner Börse (einer nationalen oder ausländischen Wertpapierbörse oder am Freiverkehrsmarkt, einschließlich lokaler und regionaler Börsen) gehandelt;
      (iii) das Partnerunternehmen hat bei keiner Börsenaufsicht oder sonstigen Aufsichtbehörde seine Abschlüsse zum Zweck der Emission von Finanzinstrumenten jeglicher Klasse an einer Wertpapierbörse eingereicht oder beabsichtigt dies; und
      (iv) das oberste oder ein zwischengeschaltetes Mutterunternehmen des Partnerunternehmens stellt einen Konzernabschluss auf, der veröffentlicht wird und den International Financial Reporting Standards entspricht.

DEFINITIONEN

3 Die folgenden Begriffe werden in diesem Standard mit der angegebenen Bedeutung verwendet:

Beherrschung ist die Möglichkeit, die Finanz- und Geschäftspolitik einer wirtschaftlichen Geschäftstätigkeit zu bestimmen, um daraus Nutzen zu ziehen.

Die *Equity-Methode* ist eine Bilanzierungsmethode, bei der die Anteile an einem gemeinschaftlich geführten Unternehmen zunächst mit den Anschaffungskosten angesetzt werden und in der Folge entsprechend dem Anteil des Partnerunternehmens am sich ändernden Reinvermögen des gemeinschaftlich geführten Unternehmens berichtigt werden. Das Ergebnis des Partnerunternehmens enthält den Anteil des Partnerunternehmens am Erfolg des gemeinschaftlich geführten Unternehmens.

Ein *Gesellschafter an einem Joint Venture* bezeichnet einen Partner an einem Joint Venture, welcher keinen Anteil an der gemeinschaftlichen Führung dieses Joint Ventures hat.

Gemeinschaftliche Führung ist die vertraglich vereinbarte Teilhabe an der Kontrolle der wirtschaftlichen Geschäftstätigkeit und existiert nur dann, wenn die mit dieser Geschäftstätigkeit verbundene strategische Finanz- und Geschäftspolitik die einstimmige Zustimmung der die Kontrolle teilenden Parteien erfordert (die Partnerunternehmen).

Ein *Joint Venture* ist eine vertragliche Vereinbarung, in der zwei oder mehr Partner eine wirtschaftliche Tätigkeit durchführen, die einer gemeinschaftlichen Führung unterliegt.

Die *Quotenkonsolidierung* ist ein Verfahren der Rechnungslegung, bei dem der Anteil des Partnerunternehmens an allen Vermögenswerten, Schulden, den Erträgen und den Aufwendungen eines gemeinschaftlich geführten Unternehmens mit den entsprechenden Posten des Abschlusses des Partnerunternehmens zusammengefasst oder als gesonderter Posten im Abschluss des Partnerunternehmens ausgewiesen wird.

Separate Einzelabschlüsse nach IFRS sind die von einem Mutterunternehmen, einem Anteilseigner eines assoziierten Unternehmens oder einem Partnerunternehmen eines gemeinsam geführten Unternehmens aufgestellten Abschlüsse, in denen die Anteile auf der Grundlage der unmittelbaren Kapitalbeteiligung anstatt auf Grundlage der vom Beteiligungsunternehmen berichteten Ergebnisse und seines Reinvermögens bilanziert werden.

Maßgeblicher Einfluss ist die Möglichkeit, an den finanz- und geschäftspolitischen Entscheidungen der wirtschaftlichen Geschäftstätigkeit teilzuhaben, jedoch nicht die Beherrschung oder gemeinsame Führung der Entscheidungsprozesse.

Ein *Partnerunternehmen* bezeichnet einen Partner an einem Joint Venture, der an der gemeinschaftlichen Führung des Joint Ventures beteiligt ist.

A venturer with an interest in a jointly controlled entity is exempted from paragraphs 30 (proportionate consolidation) and 38 (equity method) when it meets the following conditions:
(a) the interest is classified as held for sale in accordance with IFRS 5 *Non-current Assets Held for Sale and Discontinued Operations*;
(b) the exception in paragraph 10 of IAS 27 *Consolidated and Separate Financial Statements* allowing a parent that also has an interest in a jointly controlled entity not to present consolidated financial statements is applicable;
or
(c) all of the following apply:
   (i) the venturer is a wholly-owned subsidiary, or is a partially-owned subsidiary of another entity and its owners, including those not otherwise entitled to vote, have been informed about, and do not object to, the venturer not applying proportionate consolidation or the equity method;
   (ii) the venturer's debt or equity instruments are not traded in a public market (a domestic or foreign stock exchange or an over-the-counter market, including local and regional markets);
   (iii) the venturer did not file, nor is it in the process of filing, its financial statements with a securities commission or other regulatory organisation, for the purpose of issuing any class of instruments in a public market; and
   (iv) the ultimate or any intermediate parent of the venturer produces consolidated financial statements available for public use that comply with International Financial Reporting Standards.

DEFINITIONS

The following terms are used in this Standard with the meanings specified:

Control is the power to govern the financial and operating policies of an economic activity so as to obtain benefits from it.

The equity method is a method of accounting whereby an interest in a jointly controlled entity is initially recorded at cost and adjusted thereafter for the post-acquisition change in the venturer's share of net assets of the jointly controlled entity. The profit or loss of the venturer includes the venturer's share of the profit or loss of the jointly controlled entity.

An investor in a joint venture is a party to a joint venture and does not have joint control over that joint venture.

Joint control is the contractually agreed sharing of control over an economic activity, and exists only when the strategic financial and operating decisions relating to the activity require the unanimous consent of the parties sharing control (the venturers).

A joint venture is a contractual arrangement whereby two or more parties undertake an economic activity that is subject to joint control.

Proportionate consolidation is a method of accounting whereby a venturer's share of each of the assets, liabilities, income and expenses of a jointly controlled entity is combined line by line with similar items in the venturer's financial statements or reported as separate line items in the venturer's financial statements.

Separate financial statements are those presented by a parent, an investor in an associate or a venturer in a jointly controlled entity, in which the investments are accounted for on the basis of the direct equity interest rather than on the basis of the reported results and net assets of the investees.

Significant influence is the power to participate in the financial and operating policy decisions of an economic activity but is not control or joint control over those policies.

A venturer is a party to a joint venture and has joint control over that joint venture.

4 Ein Abschluss, bei dem die Quotenkonsolidierung oder die Equity-Methode angewendet wird, stellt keinen separaten Einzelabschluss nach IFRS dar, ebenso wenig wie der Abschluss eines Unternehmens, das weder ein Tochterunternehmen noch ein assoziiertes Unternehmen besitzt oder das Partnerunternehmen bei einem gemeinschaftlich geführten Unternehmen ist.

5 Separate Einzelabschlüsse nach IFRS sind solche Abschlüsse, die zusätzlich zum Konzernabschluss veröffentlicht werden, Abschlüsse, bei denen Anteile unter Anwendung der Equity-Methode bilanziert werden, und Abschlüsse, bei denen Anteile von Partnerunternehmen an Joint Ventures quotenkonsolidiert werden. Separate Einzelabschlüsse nach IFRS brauchen diesen Abschlüssen nicht als Anhang oder Anlage beigefügt werden.

6 Unternehmen, die in Übereinstimmung mit Paragraph 10 des IAS 27 von der Konsolidierung, nach Paragraph 13(c) des IAS 28 *Anteile an assoziierten Unternehmen* von der Anwendung der Equity-Methode oder nach Paragraph 2 dieses Standards von der Quotenkonsolidierung oder der Anwendung der Equity-Methode befreit sind, können separate Einzelabschlüsse nach IFRS als ihren einzigen Abschluss veröffentlichen.

Formen von Joint Ventures

7 Joint Ventures treten in vielen verschiedenen Formen und Strukturen auf. Dieser Standard unterscheidet drei Haupttypen – gemeinsame Tätigkeiten, Vermögenswerte unter gemeinschaftlicher Führung und gemeinschaftlich geführte Unternehmen –, die üblicherweise als Joint Ventures bezeichnet werden und die Kriterien für Joint Ventures erfüllen. Joint Ventures haben folgende Merkmale:
(a) zwei oder mehr Partnerunternehmen sind durch eine vertragliche Vereinbarung gebunden und
(b) die vertragliche Vereinbarung begründet eine gemeinschaftliche Führung.

Gemeinschaftliche Führung

8 Die gemeinschaftliche Führung kann ausgeschlossen sein, wenn sich ein Beteiligungsunternehmen in einer gesetzlichen Reorganisation oder in Insolvenz befindet oder unter langfristigen Beschränkungen tätig ist, die seine Fähigkeit zum Finanzmitteltransfer an das Partnerunternehmen beeinträchtigen. Wenn die gemeinschaftliche Führung fortbesteht, reichen derartige Ereignisse für sich genommen nicht aus, um eine Bilanzierung von Joint Ventures in Übereinstimmung mit diesem Standard nicht vorzunehmen.

Vertragliche Vereinbarung

9 Die Existenz einer vertraglichen Vereinbarung unterscheidet Anteile mit gemeinschaftlicher Führung von Anteilen an assoziierten Unternehmen, in denen der Gesellschafter einen maßgeblichen Einfluss innehat (siehe IAS 28). Aktivitäten ohne vertragliche Vereinbarung zur Begründung einer gemeinschaftlichen Führung sind im Sinne dieses Standards nicht als Joint Ventures anzusehen.

10 Die vertragliche Vereinbarung kann auf unterschiedliche Weise belegt werden, zum Beispiel durch einen Vertrag zwischen den Partnerunternehmen oder durch Sitzungsprotokolle aus Besprechungen zwischen den Partnerunternehmen. In einigen Fällen ist die Vereinbarung in der Satzung oder anderen Statuten des Joint Ventures festgeschrieben. Unabhängig von der rechtlichen Form liegt die vertragliche Vereinbarung gewöhnlich schriftlich vor und behandelt Angelegenheiten wie:
(a) die Tätigkeiten, die Dauer und die Berichtspflichten des Joint Ventures;
(b) die Ernennung eines Geschäftsführungs- und/oder Aufsichtsorgans oder gleichwertigen Leitungsgremiums des Joint Ventures und der Stimmrechte der Partnerunternehmen;
(c) die Kapitaleinlagen der Partnerunternehmen; und
(d) die Beteiligung der Partnerunternehmen an Produktion, Erträgen, Aufwendungen oder Ergebnissen des Joint Ventures.

11 Die vertragliche Vereinbarung begründet ein gemeinschaftliches Kontrollverhältnis bei dem Joint Venture. Eine solche Voraussetzung stellt sicher, dass kein einzelnes Partnerunternehmen, eine uneingeschränkte Beherrschung über die Aktivität haben kann.

12 Die vertragliche Vereinbarung kann ein Partnerunternehmen als den Betreiber oder Manager des Joint Ventures bestimmen. Der Betreiber verfügt nicht über die Beherrschung des Joint Ventures. Er handelt vielmehr

Financial statements in which proportionate consolidation or the equity method is applied are not separate financial statements, nor are the financial statements of an entity that does not have a subsidiary, associate or venturer's interest in a jointly controlled entity.

Separate financial statements are those presented in addition to consolidated financial statements, financial statements in which investments are accounted for using the equity method and financial statements in which venturers' interests in joint ventures are proportionately consolidated. Separate financial statements need not be appended to, or accompany, those statements.

Entities that are exempted in accordance with paragraph 10 of IAS 27 from consolidation, paragraph 13(c) of IAS 28 *Investments in Associates* from applying the equity method or paragraph 2 of this Standard from applying proportionate consolidation or the equity method may present separate financial statements as their only financial statements.

Forms of Joint Venture

Joint ventures take many different forms and structures. This Standard identifies three broad types—jointly controlled operations, jointly controlled assets and jointly controlled entities—that are commonly described as, and meet the definition of, joint ventures. The following characteristics are common to all joint ventures:
(a) two or more venturers are bound by a contractual arrangement; and
(b) the contractual arrangement establishes joint control.

Joint Control

Joint control may be precluded when an investee is in legal reorganisation or in bankruptcy, or operates under severe long-term restrictions on its ability to transfer funds to the venturer. If joint control is continuing, these events are not enough in themselves to justify not accounting for joint ventures in accordance with this Standard.

Contractual Arrangement

The existence of a contractual arrangement distinguishes interests that involve joint control from investments in associates in which the investor has significant influence (see IAS 28). Activities that have no contractual arrangement to establish joint control are not joint ventures for the purposes of this Standard.

The contractual arrangement may be evidenced in a number of ways, for example by a contract between the venturers or minutes of discussions between the venturers. In some cases, the arrangement is incorporated in the articles or other by-laws of the joint venture. Whatever its form, the contractual arrangement is usually in writing and deals with such matters as:
(a) the activity, duration and reporting obligations of the joint venture;
(b) the appointment of the board of directors or equivalent governing body of the joint venture and the voting rights of the venturers;
(c) capital contributions by the venturers; and
(d) the sharing by the venturers of the output, income, expenses or results of the joint venture.

The contractual arrangement establishes joint control over the joint venture. Such a requirement ensures that no single venturer is in a position to control the activity unilaterally.

The contractual arrangement may identify one venturer as the operator or manager of the joint venture. The operator does not control the joint venture but acts within the financial and operating policies that have been

innerhalb der Finanz- und Geschäftspolitik, die von den Partnerunternehmen gemäß der vertraglichen Vereinbarung abgestimmt wurde und in der Umsetzung an den Betreiber delegiert worden ist. Falls der Betreiber über die Möglichkeit verfügt, die Finanz- und Geschäftspolitik der wirtschaftlichen Tätigkeit zu bestimmen, liegt eine Beherrschung vor und das Unternehmen ist dann ein Tochterunternehmen des Betreibers und kein Joint Venture.

GEMEINSAME TÄTIGKEITEN

13 Die Durchführung mancher Joint Ventures beinhaltet den Einsatz des eigenen Vermögens und anderer Ressourcen der Partnerunternehmen an Stelle der Gründung einer Kapitalgesellschaft, Personengesellschaft oder einer anderen eigenständigen Tätigkeit, oder einer Vermögens- und Finanzstruktur, die von den Partnerunternehmen selbst getrennt ist. Jedes Partnerunternehmen verwendet seine eigenen Sachanlagen und bilanziert seine eigenen Vorräte. Es verursacht seine eigenen Aufwendungen und Schulden und bringt seine eigene Finanzierung auf. Dies sind Aktivitäten, die seine eigenen Verpflichtungen darstellen. Die Tätigkeiten des Joint Ventures können von den Arbeitnehmern des Partnerunternehmens neben gleichgelagerten Tätigkeiten des Partnerunternehmens durchgeführt werden. Der Vertrag über das Joint Venture regelt im Allgemeinen, wie die Erlöse aus dem Verkauf des gemeinsamen Produktes und alle gemeinschaftlich anfallenden Aufwendungen zwischen den Partnerunternehmen aufgeteilt werden.

14 Eine gemeinsame Tätigkeit liegt beispielsweise dann vor, wenn zwei oder mehr Partnerunternehmen ihre Geschäftstätigkeit, ihre Ressourcen und ihr Know-how zusammenführen, um gemeinsam ein bestimmtes Produkt, wie etwa ein Flugzeug, herzustellen, zu vermarkten und zu vertreiben. Jedes Partnerunternehmen führt verschiedene Stufen des Herstellungsprozesses aus. Jedes Partnerunternehmen trägt seine eigenen Kosten und erhält einen Anteil des Erlöses aus dem Verkauf des Flugzeuges gemäß den vertraglichen Vereinbarungen.

15 **In Bezug auf seine Anteile an gemeinschaftlich geführten Tätigkeiten hat ein Partnerunternehmen im Abschluss Folgendes anzusetzen:**
   (a) **die seiner Verfügungsmacht unterliegenden Vermögenswerte und die eingegangenen Schulden; und**
   (b) **die getätigten Aufwendungen und die anteiligen Erträge aus dem Verkauf von Gütern und Dienstleistungen des Joint Ventures.**

16 Da die Vermögenswerte, Schulden, Erträge und Aufwendungen bereits im Abschluss des Partnerunternehmens angesetzt wurden, sind bei der Vorlage des Konzernabschlusses des Partnerunternehmens keine Berichtigungen oder andere Konsolidierungsverfahren in Bezug auf diese Posten notwendig.

17 Im Regelfall wird weder eine eigenständige Buchhaltung noch ein separater Abschluss für das Joint Venture benötigt. Zur Beurteilung der Ertragskraft des Joint Ventures wird jedoch von den Partnerunternehmen möglicherweise eine Betriebsabrechnung erstellt.

VERMÖGENSWERTE UNTER GEMEINSCHAFTLICHER FÜHRUNG

18 Einige Joint Ventures beinhalten eine gemeinschaftliche Führung und oft gemeinsames Eigentum an einem oder mehreren Vermögenswerten, die in das Joint Venture eingebracht oder für die Zwecke des Joint Ventures erworben wurden und dafür eingesetzt werden. Die Vermögenswerte werden zum Nutzen der Partnerunternehmen eingesetzt. Jedem Partnerunternehmen steht ein Anteil an den vom gemeinschaftlich geführten Vermögen erbrachten Leistungen zu, und es trägt den vereinbarten Anteil an den Aufwendungen.

19 Diese Joint Ventures setzen nicht die Gründung einer Kapitalgesellschaft, Personenhandelsgesellschaft oder andere eigenständige Tätigkeit oder eine von den Partnerunternehmen unabhängige Vermögens- und Finanzstruktur voraus. Jedes Partnerunternehmen übt über seinen Anteil am gemeinschaftlich geführten Vermögen Einfluss auf den wirtschaftlichen Erfolg des Joint Ventures aus.

20 Viele Tätigkeiten bei der Öl-, Erdgas- und Mineralstoffgewinnung bedingen gemeinschaftlich geführtes Vermögen. Zum Beispiel kann eine Anzahl von Ölfördergesellschaften eine Ölpipeline gemeinschaftlich führen und betreiben. Dabei benutzt jedes Partnerunternehmen die Pipeline, um seine eigenen Produkte durchzuleiten, und hat dafür einen vereinbarten Anteil der Aufwendungen zu übernehmen. Ein weiteres Beispiel für gemeinschaftlich geführtes Vermögen ist die gemeinschaftliche Führung von Grundstücken und Bauten, wobei jedes Partnerunternehmen seinen Anteil an den Mieterträgen erhält und entsprechend seinen Anteil der Aufwendungen trägt.

JOINTLY CONTROLLED OPERATIONS

The operation of some joint ventures involves the use of the assets and other resources of the venturers rather than the establishment of a corporation, partnership or other entity, or a financial structure that is separate from the venturers themselves. Each venturer uses its own property, plant and equipment and carries its own inventories. It also incurs its own expenses and liabilities and raises its own finance, which represent its own obligations. The joint venture activities may be carried out by the venturer's employees alongside the venturer's similar activities. The joint venture agreement usually provides a means by which the revenue from the sale of the joint product and any expenses incurred in common are shared among the venturers. 13

An example of a jointly controlled operation is when two or more venturers combine their operations, resources and expertise to manufacture, market and distribute jointly a particular product, such as an aircraft. Different parts of the manufacturing process are carried out by each of the venturers. Each venturer bears its own costs and takes a share of the revenue from the sale of the aircraft, such share being determined in accordance with the contractual arrangement. 14

In respect of its interests in jointly controlled operations, a venturer shall recognise in its financial statements: 15
(a) **the assets that it controls and the liabilities that it incurs;**
   and
(b) **the expenses that it incurs and its share of the income that it earns from the sale of goods or services by the joint venture.**

Because the assets, liabilities, income and expenses are recognised in the financial statements of the venturer, no adjustments or other consolidation procedures are required in respect of these items when the venturer presents consolidated financial statements. 16

Separate accounting records may not be required for the joint venture itself and financial statements may not be prepared for the joint venture. However, the venturers may prepare management accounts so that they may assess the performance of the joint venture. 17

JOINTLY CONTROLLED ASSETS

Some joint ventures involve the joint control, and often the joint ownership, by the venturers of one or more assets contributed to, or acquired for the purpose of, the joint venture and dedicated to the purposes of the joint venture. The assets are used to obtain benefits for the venturers. Each venturer may take a share of the output from the assets and each bears an agreed share of the expenses incurred. 18

These joint ventures do not involve the establishment of a corporation, partnership or other entity, or a financial structure that is separate from the venturers themselves. Each venturer has control over its share of future economic benefits through its share of the jointly controlled asset. 19

Many activities in the oil, gas and mineral extraction industries involve jointly controlled assets. For example, a number of oil production companies may jointly control and operate an oil pipeline. Each venturer uses the pipeline to transport its own product in return for which it bears an agreed proportion of the expenses of operating the pipeline. Another example of a jointly controlled asset is when two entities jointly control a property, each taking a share of the rents received and bearing a share of the expenses. 20

21 In Bezug auf seinen Anteil am gemeinschaftlich geführten Vermögen hat ein Partnerunternehmen in seinem Abschluss Folgendes anzusetzen:
(a) seinen Anteil an dem gemeinschaftlich geführten Vermögen, klassifiziert nach der Art des Vermögens;
(b) die im eigenen Namen eingegangenen Schulden;
(c) seinen Anteil an gemeinschaftlich eingegangenen Schulden in Bezug auf das Joint Venture;
(d) die Erlöse aus dem Verkauf oder der Nutzung seines Anteiles an den vom Joint Venture erbrachten Leistungen zusammen mit seinem Anteil an den vom Joint Venture verursachten Aufwendungen; und
(e) seine Aufwendungen in Bezug auf seinen Anteil am Joint Venture.

22 In Bezug auf seinen Anteil am gemeinschaftlich geführten Vermögen hat jedes Partnerunternehmen in seinen Büchern Folgendes auszuweisen und in seinem Abschluss anzusetzen:
(a) seinen Anteil an dem gemeinschaftlich geführten Vermögen, klassifiziert nach der Art des Vermögens und nicht als Finanzinvestition. Zum Beispiel wird der Anteil an einer gemeinschaftlich geführten Ölpipeline als Sachanlage klassifiziert;
(b) die im eigenen Namen eingegangenen Schulden, zum Beispiel Verpflichtungen zur Finanzierung seines Anteils an den Vermögenswerten;
(c) seinen Anteil an gemeinschaftlich eingegangenen Schulden in Bezug auf das Joint Venture;
(d) die Erlöse aus dem Verkauf oder der Nutzung seines Anteiles an den vom Joint Venture erbrachten Leistungen zusammen mit seinem Anteil an den vom Joint Venture verursachten Aufwendungen;
(e) seine Aufwendungen in Bezug auf seinen Anteil am Joint Venture, beispielsweise die eingegangenen Verpflichtungen zur Finanzierung des Anteiles des Partnerunternehmens an den Vermögenswerten und dem Verkauf des Anteiles an der Produktion.
Da die Vermögenswerte, Schulden, Erträge und Aufwendungen bereits im Abschluss des Partnerunternehmens angesetzt wurden, sind bei der Vorlage des Konzernabschlusses des Partnerunternehmens keine Berichtigungen oder andere Konsolidierungsverfahren in Bezug auf diese Posten notwendig.

23 Die Behandlung von gemeinschaftlich geführten Vermögenswerten ist durch den wirtschaftlichen Gehalt und das wirtschaftliche Ergebnis sowie im Regelfall durch die rechtliche Gestaltung des Joint Ventures bedingt. Getrennte Buchhaltungsunterlagen für das Joint Venture selbst können sich auf solche anfallenden Aufwendungen beschränken, die gemeinschaftlich von den Partnerunternehmen verursacht wurden und letztendlich von diesen entsprechend ihren vereinbarten Anteilen getragen werden. Für das Joint Venture wird nicht notwendigerweise ein Abschluss erstellt, die Partnerunternehmen können jedoch eine Betriebsabrechnung zur Überprüfung der Ertragskraft des Joint Ventures führen.

GEMEINSCHAFTLICH GEFÜHRTE UNTERNEHMEN

24 Ein gemeinschaftlich geführtes Unternehmen ist ein Joint Venture in Form einer Kapitalgesellschaft, Personengesellschaft oder anderen rechtlichen Einheit, an der jedes Partnerunternehmen beteiligt ist. Das Unternehmen betätigt sich wie jedes andere Unternehmen mit der Ausnahme, dass auf Grund einer vertraglichen Vereinbarung zwischen den Partnerunternehmen eine gemeinschaftliche Führung über die wirtschaftlichen Aktivitäten des Unternehmens begründet wird.

25 Ein gemeinschaftlich geführtes Unternehmen beherrscht die Vermögenswerte des Joint Ventures, geht Schulden ein, trägt Aufwendungen und erzielt Erträge. Es kann Verträge in eigenem Namen eingehen und für die Zwecke des Joint Ventures Finanzierungen durchführen. Jedes Partnerunternehmen hat ein Anrecht auf einen Anteil am Ergebnis des gemeinschaftlich geführten Unternehmens, obwohl bei einigen gemeinschaftlich geführten Unternehmen auch die erbrachten Leistungen des Joint Ventures gemeinsam genutzt werden.

26 Ein gängiges Beispiel eines gemeinschaftlich geführten Unternehmens liegt vor, wenn zwei Unternehmen ihre Tätigkeiten in einem bestimmten Geschäftszweig verbinden, indem sie die entsprechenden Vermögenswerte und Schulden in ein gemeinschaftlich geführtes Unternehmen übertragen. Ein anderes Beispiel ist der Beginn von Auslandsaktivitäten eines Unternehmens in Verbindung mit dem Staat oder einer anderen Institution in diesem Land mittels der Gründung eines getrennten, selbständigen Unternehmens, welches vom Unternehmen und der öffentlichen Hand oder der Institution gemeinschaftlich geführt wird.

27 Viele gemeinschaftlich geführte Unternehmen haben ihrem wirtschaftlichen Gehalt nach eine starke Ähnlichkeit mit Joint Ventures, die als gemeinsame Tätigkeiten oder gemeinschaftlich geführtes Vermögen bezeichnet werden. Beispielsweise können die Partnerunternehmen gemeinschaftlich geführtes Vermögen, wie etwa eine Ölpipeline, aus steuerlichen oder anderen Gründen in ein gemeinschaftlich geführtes Unternehmen übertragen. Ähnlich liegt der Fall, wenn die Partnerunternehmen gemeinschaftlich geführtes Vermögen in ein gemein-

In respect of its interest in jointly controlled assets, a venturer shall recognise in its financial statements: 21
(a) its share of the jointly controlled assets, classified according to the nature of the assets;
(b) any liabilities that it has incurred;
(c) its share of any liabilities incurred jointly with the other venturers in relation to the joint venture;
(d) any income from the sale or use of its share of the output of the joint venture, together with its share of any expenses incurred by the joint venture; and
(e) any expenses that it has incurred in respect of its interest in the joint venture.

In respect of its interest in jointly controlled assets, each venturer includes in its accounting records and recognises in its financial statements: 22
(a) its share of the jointly controlled assets, classified according to the nature of the assets rather than as an investment. For example, a share of a jointly controlled oil pipeline is classified as property, plant and equipment.
(b) any liabilities that it has incurred, for example those incurred in financing its share of the assets.
(c) its share of any liabilities incurred jointly with other venturers in relation to the joint venture.
(d) any income from the sale or use of its share of the output of the joint venture, together with its share of any expenses incurred by the joint venture.
(e) any expenses that it has incurred in respect of its interest in the joint venture, for example those related to financing the venturer's interest in the assets and selling its share of the output.
Because the assets, liabilities, income and expenses are recognised in the financial statements of the venturer, no adjustments or other consolidation procedures are required in respect of these items when the venturer presents consolidated financial statements.

The treatment of jointly controlled assets reflects the substance and economic reality and, usually, the legal form of the joint venture. Separate accounting records for the joint venture itself may be limited to those expenses incurred in common by the venturers and ultimately borne by the venturers according to their agreed shares. Financial statements may not be prepared for the joint venture, although the venturers may prepare management accounts so that they may assess the performance of the joint venture. 23

JOINTLY CONTROLLED ENTITIES

A jointly controlled entity is a joint venture that involves the establishment of a corporation, partnership or other entity in which each venturer has an interest. The entity operates in the same way as other entities, except that a contractual arrangement between the venturers establishes joint control over the economic activity of the entity. 24

A jointly controlled entity controls the assets of the joint venture, incurs liabilities and expenses and earns income. It may enter into contracts in its own name and raise finance for the purposes of the joint venture activity. Each venturer is entitled to a share of the profits of the jointly controlled entity, although some jointly controlled entities also involve a sharing of the output of the joint venture. 25

A common example of a jointly controlled entity is when two entities combine their activities in a particular line of business by transferring the relevant assets and liabilities into a jointly controlled entity. Another example is when an entity commences a business in a foreign country in conjunction with the government or other agency in that country, by establishing a separate entity that is jointly controlled by the entity and the government or agency. 26

Many jointly controlled entities are similar in substance to those joint ventures referred to as jointly controlled operations or jointly controlled assets. For example, the venturers may transfer a jointly controlled asset, such as an oil pipeline, into a jointly controlled entity, for tax or other reasons. Similarly, the venturers may contribute into a jointly controlled entity assets that will be operated jointly. Some jointly controlled operations also involve 27

schaftlich geführtes Unternehmen einbringen. Bei einigen gemeinschaftlich geführten Tätigkeiten wird ein gemeinschaftlich geführtes Unternehmen gegründet, um verschiedene Aspekte der Unternehmenstätigkeit abzudecken, wie zum Beispiel Gestaltung, Vermarktung, Vertrieb oder Kundendienst des Produktes.

28   Ein gemeinschaftlich geführtes Unternehmen hat wie andere Unternehmen gemäß den International Financial Reporting Standards Bücher zu führen und Abschlüsse zu erstellen und vorzulegen.

29   Im Regelfall bringt jedes Partnerunternehmen flüssige Mittel oder andere Ressourcen in das gemeinschaftlich geführte Unternehmen ein. Diese Beiträge werden in der Buchhaltung des Partnerunternehmens erfasst und in seinem Abschluss als Anteile am gemeinschaftlich geführten Unternehmen bilanziert.

Abschluss eines Partnerunternehmens

Quotenkonsolidierung

30   **Ein Partnerunternehmen hat seinen Anteil an einem gemeinschaftlich geführten Unternehmen unter Verwendung der Quotenkonsolidierung oder der in Paragraph 38 beschriebenen alternativen Methode anzusetzen. Wenn die Quotenkonsolidierung angewendet wird, ist eines der beiden nachstehend festgelegten Berichtsformate zu verwenden.**

31   **Ein Partnerunternehmen hat seine Anteile an einem gemeinschaftlich geführten Unternehmen unter Verwendung einer der beiden Berichtsformate für die Quotenkonsolidierung zu bilanzieren, unabhängig davon, ob es auch Anteile an einem Tochterunternehmen besitzt oder seine Abschlüsse als Konzernabschlüsse bezeichnet.**

32   Bei der Bilanzierung der Anteile an einem gemeinschaftlich geführten Unternehmen ist es wichtig, dass ein Partnerunternehmen den wirtschaftlichen Gehalt und das wirtschaftliche Ergebnis der Vereinbarung abbildet und nicht lediglich den bestimmten Aufbau oder die Form des Joint Ventures. In einem gemeinschaftlich geführten Unternehmen übt ein Partnerunternehmen über seinen Anteil an den Vermögenswerten und Schulden seinen Einfluss auf den zukünftigen wirtschaftlichen Erfolg des Joint Ventures aus. Der wirtschaftliche Gehalt und das wirtschaftliche Ergebnis werden im Konzernabschluss des Partnerunternehmens dadurch abgebildet, dass das Partnerunternehmen seine Anteile an den Vermögenswerten, Schulden, Erträgen und Aufwendungen des gemeinschaftlich geführten Unternehmens unter Verwendung eines der beiden in Paragraph 34 beschriebenen Berichtsformate für die Quotenkonsolidierung bilanziert.

33   Die Anwendung der Quotenkonsolidierung bedeutet, dass das Partnerunternehmen in seiner Bilanz seinen Anteil an dem gemeinschaftlich geführten Vermögen und seinen Anteil an den Schulden, für das es gemeinschaftlich verantwortlich ist, einschließt. Die Gewinn- und Verlustrechnung des Partnerunternehmens schließt seinen Anteil an den Erträgen und den Aufwendungen des gemeinschaftlich geführten Unternehmens ein. Viele der für die Anwendung der Quotenkonsolidierung sachgerechten Verfahren sind ähnlich den Verfahren für die Konsolidierung von Anteilen an Tochterunternehmen, die im IAS 27 dargelegt werden.

34   Zur Berücksichtigung der Quotenkonsolidierung können unterschiedliche Berichtsformate verwendet werden. Das Partnerunternehmen kann seinen Anteil an allen Vermögenswerten, Schulden, Erträgen und Aufwendungen eines gemeinschaftlich geführten Unternehmens mit den entsprechenden Posten im Konzernabschluss zusammenfassen. Es kann zum Beispiel seinen Anteil an den Vorräten des gemeinschaftlich geführten Unternehmens mit seinen eigenen Vorräten und seinen Anteil an den Sachanlagen des gemeinschaftlich geführten Unternehmens mit den gleichen Posten in seiner Bilanz zusammenfassen. Andererseits kann das Partnerunternehmen auch getrennte Posten für seinen Anteil an den Vermögenswerten, den Schulden, den Erträgen und den Aufwendungen des gemeinschaftlich geführten Unternehmens in seinen Abschluss aufnehmen. Beispielsweise kann es seinen Anteil an den kurzfristigen Vermögenswerten des gemeinschaftlich geführten Unternehmens getrennt als Teil der eigenen kurzfristigen Vermögenswerte angeben; es kann seinen Anteil an den Sachanlagen des gemeinschaftlich geführten Unternehmens getrennt als Teil der eigenen Sachanlagen anzeigen. Beide Berichtsformate führen zu identischen Beträgen beim Ergebnis und bei jeder größeren Gruppe von Vermögenswerten, Schulden, Erträgen und Aufwendungen; für die Zwecke dieses Standards sind beide Formate zulässig.

35   Unabhängig vom verwendeten Format für die Berücksichtigung der Quotenkonsolidierung ist es unzulässig, Vermögenswerte oder Schulden durch Abzug anderer Schulden oder Vermögenswerte zu saldieren oder Erträge oder Aufwendungen durch den Abzug anderer Aufwendungen oder Erträge zu verrechnen, es sei denn, es besteht eine gesetzliche Aufrechnungsmöglichkeit und die Saldierung entspricht den Erwartungen in Bezug auf die Gewinnrealisierung der Vermögenswerte oder der Abgeltung der Schuld.

the establishment of a jointly controlled entity to deal with particular aspects of the activity, for example, the design, marketing, distribution or after-sales service of the product.

A jointly controlled entity maintains its own accounting records and prepares and presents financial statements in the same way as other entities in conformity with International Financial Reporting Standards. 28

Each venturer usually contributes cash or other resources to the jointly controlled entity. These contributions are included in the accounting records of the venturer and recognised in its financial statements as an investment in the jointly controlled entity. 29

Financial Statements of a Venturer

Proportionate Consolidation

A venturer shall recognise its interest in a jointly controlled entity using proportionate consolidation or the alternative method described in paragraph 38. When proportionate consolidation is used, one of the two reporting formats identified below shall be used. 30

A venturer investor recognises its interest in a jointly controlled entity using one of the two reporting formats for proportionate consolidation irrespective of whether it also has investments in subsidiaries or whether it describes its financial statements as consolidated financial statements. 31

When recognising an interest in a jointly controlled entity, it is essential that a venturer reflects the substance and economic reality of the arrangement, rather than the joint venture's particular structure or form. In a jointly controlled entity, a venturer has control over its share of future economic benefits through its share of the assets and liabilities of the venture. This substance and economic reality are reflected in the consolidated financial statements of the venturer when the venturer recognises its interests in the assets, liabilities, income and expenses of the jointly controlled entity by using one of the two reporting formats for proportionate consolidation described in paragraph 34. 32

The application of proportionate consolidation means that the balance sheet of the venturer includes its share of the assets that it controls jointly and its share of the liabilities for which it is jointly responsible. The income statement of the venturer includes its share of the income and expenses of the jointly controlled entity. Many of the procedures appropriate for the application of proportionate consolidation are similar to the procedures for the consolidation of investments in subsidiaries, which are set out in IAS 27. 33

Different reporting formats may be used to give effect to proportionate consolidation. The venturer may combine its share of each of the assets, liabilities, income and expenses of the jointly controlled entity with the similar items, line by line, in its financial statements. For example, it may combine its share of the jointly controlled entity's inventory with its inventory and its share of the jointly controlled entity's property, plant and equipment with its property, plant and equipment. Alternatively, the venturer may include separate line items for its share of the assets, liabilities, income and expenses of the jointly controlled entity in its financial statements. For example, it may show its share of a current asset of the jointly controlled entity separately as part of its current assets; it may show its share of the property, plant and equipment of the jointly controlled entity separately as part of its property, plant and equipment. Both these reporting formats result in the reporting of identical amounts of profit or loss and of each major classification of assets, liabilities, income and expenses; both formats are acceptable for the purposes of this Standard. 34

Whichever format is used to give effect to proportionate consolidation, it is inappropriate to offset any assets or liabilities by the deduction of other liabilities or assets or any income or expenses by the deduction of other expenses or income, unless a legal right of set-off exists and the offsetting represents the expectation as to the realisation of the asset or the settlement of the liability. 35

IAS 31

36 Mit dem Zeitpunkt des Fortfalles der gemeinschaftlichen Führung eines gemeinschaftlich geführten Unternehmens hat ein Partnerunternehmen die Anwendung der Quotenkonsolidierung einzustellen.

37 Mit dem Zeitpunkt des Fortfalles des Anteiles an der gemeinschaftlichen Führung eines gemeinschaftlich geführten Unternehmens stellt ein Partnerunternehmen die Anwendung der Quotenkonsolidierung ein. Dies kann beispielsweise eintreten, wenn das Partnerunternehmen seinen Anteil veräußert oder wenn dem gemeinschaftlich geführten Unternehmen äußere Einschränkungen auferlegt werden, die dergestalt sind, dass das Partnerunternehmen keine gemeinschaftliche Führung mehr ausüben kann.

Equity-Methode

38 Alternativ zur in Paragraph 30 beschriebenen Quotenkonsolidierung kann ein Partnerunternehmen seine Anteile an einem gemeinschaftlich geführten Unternehmen unter Verwendung der Equity-Methode ansetzen.

39 Ein Partnerunternehmen bilanziert seine Anteile an einem gemeinschaftlich geführten Unternehmen unter Verwendung der Equity-Methode, unabhängig davon, ob es auch Anteile an einem Tochterunternehmen besitzt oder seine Abschlüsse als Konzernabschlüsse bezeichnet.

40 Einige Partnerunternehmen bilanzieren ihre Anteile an gemeinschaftlich geführten Unternehmen unter Anwendung der Equity-Methode, wie sie im IAS 28 beschrieben wird. Die Befürworter der Verwendung der Equity-Methode vertreten die Meinung, dass es nicht angebracht ist, Posten unter alleiniger Beherrschung mit gemeinschaftlich geführten Posten zusammenzufassen, während andere als Begründung anführen, dass Partnerunternehmen eher über maßgeblichen Einfluss in einem gemeinschaftlich geführten Unternehmen verfügen als an einer gemeinschaftlichen Führung teilhaben. Die Anwendung der Equity-Methode wird von diesem Standard nicht empfohlen, da eine Quotenkonsolidierung den tatsächlichen wirtschaftlichen Gehalt der Anteile eines Partnerunternehmens an einem gemeinschaftlich geführten Unternehmen, also die Beherrschung über den Anteil des Partnerunternehmens am künftigen wirtschaftlichen Nutzen, besser abbildet. Trotzdem gestattet dieser Standard die Verwendung der Equity-Methode als alternativ zulässige Methode bei der Bilanzierung von Anteilen an gemeinschaftlich geführten Unternehmen.

41 Mit dem Zeitpunkt des Fortfalles der gemeinschaftlichen Führung in einem gemeinschaftlich geführten Unternehmen oder des maßgeblichen Einflusses über ein gemeinschaftlich geführtes Unternehmen hat ein Partnerunternehmen die Anwendung der Equity-Methode einzustellen.

Ausnahmen von der Quotenkonsolidierung und der Equity-Methode

42 Anteile an gemeinschaftlich geführten Unternehmen, die gemäß IFRS 5 als zur Veräußerung gehalten klassifiziert werden, sind in Übereinstimmung mit diesem IFRS zu bilanzieren.

43 Wenn zuvor als zur Veräußerung gehalten klassifizierte Anteile an einem gemeinschaftlich geführten Unternehmen die Kriterien für eine derartige Klassifizierung nicht mehr erfüllen, müssen sie ab dem Zeitpunkt ihrer Klassifizierung als zur Veräußerung gehaltene Anteile unter Anwendung der Equity-Methode bilanziert werden. Die Abschlüsse für die Perioden seit der Klassifizierung als zur Veräußerung gehalten sind entsprechend anzupassen.

44 (gestrichen)

45 Das Partnerunternehmen hat seine Anteile ab dem Zeitpunkt gemäß IAS 27 zu bilanzieren, ab dem das gemeinschaftlich geführte Unternehmen ein Tochterunternehmen des Partnerunternehmens wird. Das Partnerunternehmen hat seine Anteile ab dem Zeitpunkt gemäß IAS 28 zu bilanzieren, ab dem das gemeinschaftlich geführte Unternehmen ein assoziiertes Unternehmen des Partnerunternehmens wird.

Separater Einzelabschluss eines Partnerunternehmens nach IFRS

46 Anteile an einem gemeinschaftlich geführten Unternehmen sind im separaten Einzelabschluss eines Partnerunternehmens nach IFRS in Übereinstimmung mit den Paragraphen 37–42 des IAS 27 zu bilanzieren.

A venturer shall discontinue the use of proportionate consolidation from the date on which it ceases to have joint control over a jointly controlled entity. 36

A venturer discontinues the use of proportionate consolidation from the date on which it ceases to share in the control of a jointly controlled entity. This may happen, for example, when the venturer disposes of its interest or when such external restrictions are placed on the jointly controlled entity that the venturer no longer has joint control. 37

Equity Method

As an alternative to proportionate consolidation described in paragraph 30, a venturer shall recognise its interest in a jointly controlled entity using the equity method. 38

A venturer recognises its interest in a jointly controlled entity using the equity method irrespective of whether it also has investments in subsidiaries or whether it describes its financial statements as consolidated financial statements. 39

Some venturers recognise their interests in jointly controlled entities using the equity method, as described in IAS 28. The use of the equity method is supported by those who argue that it is inappropriate to combine controlled items with jointly controlled items and by those who believe that venturers have significant influence, rather than joint control, in a jointly controlled entity. This Standard does not recommend the use of the equity method because proportionate consolidation better reflects the substance and economic reality of a venturer's interest in a jointly controlled entity, that is to say, control over the venturer's share of the future economic benefits. Nevertheless, this Standard permits the use of the equity method, as an alternative treatment, when recognising interests in jointly controlled entities. 40

A venturer shall discontinue the use of the equity method from the date on which it ceases to have joint control over, or have significant influence in, a jointly controlled entity. 41

Exceptions to Proportionate Consolidation and Equity Method

Interests in jointly controlled entities that are classified as held for sale in accordance with IFRS 5 shall be accounted for in accordance with that IFRS. 42

When an interest in a jointly controlled entity previously classified as held for sale no longer meets the criteria to be so classified, it shall be accounted for using proportionate consolidation or the equity method as from the date of its classification as held for sale. Financial statements for the periods since classification as held for sale shall be amended accordingly. 43

(deleted) 44

From the date on which a jointly controlled entity becomes a subsidiary of a venturer, the venturer shall account for its interest in accordance with IAS 27. From the date on which a jointly controlled entity becomes an associate of a venturer, the venturer shall account for its interest in accordance with IAS 28. 45

Separate Financial Statements of a Venturer

An interest in a jointly controlled entity shall be accounted for in a venturer's separate financial statements in accordance with paragraphs 37—42 of IAS 27. 46

47 Dieser Standard schreibt nicht vor, welche Unternehmen separate Einzelabschlüsse nach IFRS zur Veröffentlichung aufzustellen haben.

GESCHÄFTSVORFÄLLE ZWISCHEN EINEM PARTNERUNTERNEHMEN UND EINEM JOINT VENTURE

48 Wenn ein Partnerunternehmen Einlagen an ein Joint Venture leistet oder Vermögenswerte verkauft, so ist bei der Erfassung eines Anteils der aus diesem Geschäftsvorfall stammenden Gewinne oder Verluste der wirtschaftliche Gehalt des Geschäftsvorfalls zu berücksichtigen. Die Vermögenswerte verbleiben beim Joint Venture und das Partnerunternehmen muss, unter der Voraussetzung, dass die wesentlichen Risiken und Chancen des Eigentums übertragen wurden, lediglich den Anteil des Gewinnes oder Verlustes erfassen, welcher der Anteilsquote der anderen Partnerunternehmen entspricht[1]. Das Partnerunternehmen hat den vollen Betrag eines jeden Verlustes zu erfassen, wenn sich aus dem Beitrag oder Verkauf substanzielle Hinweise auf eine Minderung des Nettoveräußerungswertes eines kurzfristigen Vermögenswertes oder auf einen Wertminderungsaufwand ergeben.

49 Erwirbt ein Partnerunternehmen von einem Joint Venture Vermögenswerte, so darf das Partnerunternehmen seinen Anteil am Gewinn des Joint Ventures aus diesem Geschäftsvorfall erst dann erfassen, wenn es die Vermögenswerte an einen unabhängigen Dritten weiterveräußert. Ein Partnerunternehmen hat seinen Anteil an den Verlusten aus diesen Geschäftsvorfällen in der gleichen Weise wie einen Gewinn zu erfassen, mit der Ausnahme, dass Verluste sofort zu erfassen sind, wenn sie eine Verringerung des Nettoveräußerungswertes von kurzfristigen Vermögenswerten oder einen Wertminderungsaufwand darstellen.

50 Um zu ermitteln, ob eine Transaktion zwischen einem Partnerunternehmen und einem Joint Venture einen substanziellen Hinweis auf die Wertminderung eines Vermögenswertes gibt, bestimmt das Partnerunternehmen den erzielbaren Betrag eines Vermögenswertes gemäß IAS 36 *Wertminderung von Vermögenswerten*. Bei der Bestimmung der Nutzungswerte schätzt das Partnerunternehmen die zukünftigen Cashflows des Vermögenswertes unter Annahme einer fortgesetzten Nutzung des Vermögenswertes und der endgültigen Verwertung durch das Joint Venture.

BILANZIERUNG VON ANTEILEN AN JOINT VENTURES IM ABSCHLUSS EINES GESELLSCHAFTERS

51 Ein Gesellschafter eines Joint Venture, der nicht an der gemeinschaftlichen Führung beteiligt ist, hat seine Anteile in Übereinstimmung mit IAS 39 oder, falls er über maßgeblichen Einfluss beim Joint Venture verfügt, in Übereinstimmung mit IAS 28 zu bilanzieren.

BETREIBER EINES JOINT VENTURES

52 Die Betreiber oder Manager eines Joint Ventures haben ihre Dienstleistungsentgelte gemäß IAS 18 *Erträge* anzusetzen.

53 Ein oder mehrere Partnerunternehmen kann bzw. können als Betreiber oder Manager eines Joint Ventures auftreten. Betreiber erhalten für eine solche Aufgabe im Regelfall ein Honorar. Beim Joint Venture sind die gezahlten Honorare als Aufwand zu verrechnen.

ANGABEN

54 Ein Partnerunternehmen hat die Summe der im Folgenden angeführten Eventualschulden getrennt vom Betrag anderer Eventualschulden anzugeben, es sei denn, die Wahrscheinlichkeit eines Verlustes ist äußerst gering:
(a) Eventualschulden eines Partnerunternehmens auf Grund von gemeinschaftlich eingegangenen Verpflichtungen aller Partnerunternehmen zu Gunsten des Joint Ventures und seinen Anteil an gemeinschaftlich mit anderen Partnerunternehmen eingegangenen Eventualschulden;
(b) seinen Anteil an den Eventualschulden des Joint Ventures, für den es gegebenenfalls haftet; und

---

1 Siehe SIC-13, *Gemeinschaftlich geführte Einheiten – Nicht monetäre Einlagen durch Partnerunternehmen*

This Standard does not mandate which entities produce separate financial statements available for public use. 47

TRANSACTIONS BETWEEN A VENTURER AND A JOINT VENTURE

When a venturer contributes or sells assets to a joint venture, recognition of any portion of a gain or loss from the transaction shall reflect the substance of the transaction. While the assets are retained by the joint venture, and provided the venturer has transferred the significant risks and rewards of ownership, the venturer shall recognise only that portion of the gain or loss that is attributable to the interests of the other venturers.[1] The venturer shall recognise the full amount of any loss when the contribution or sale provides evidence of a reduction in the net realisable value of current assets or an impairment loss. 48

When a venturer purchases assets from a joint venture, the venturer shall not recognise its share of the profits of the joint venture from the transaction until it resells the assets to an independent party. A venturer shall recognise its share of the losses resulting from these transactions in the same way as profits except that losses shall be recognised immediately when they represent a reduction in the net realisable value of current assets or an impairment loss. 49

To assess whether a transaction between a venturer and a joint venture provides evidence of impairment of an asset, the venturer determines the recoverable amount of the asset in accordance with IAS 36 *Impairment of Assets*. In determining value in use, the venturer estimates future cash flows from the asset on the basis of continuing use of the asset and its ultimate disposal by the joint venture. 50

REPORTING INTERESTS IN JOINT VENTURES IN THE FINANCIAL STATEMENTS OF AN INVESTOR

An investor in a joint venture that does not have joint control shall account for that investment in accordance with IAS 39 or, if it has significant influence in the joint venture, in accordance with IAS 28. 51

OPERATORS OF JOINT VENTURES

Operators or managers of a joint venture shall account for any fees in accordance with IAS 18 *Revenue*. 52

One or more venturers may act as the operator or manager of a joint venture. Operators are usually paid a management fee for such duties. The fees are accounted for by the joint venture as an expense. 53

DISCLOSURE

A venturer shall disclose the aggregate amount of the following contingent liabilities, unless the probability of loss is remote, separately from the amount of other contingent liabilities: 54
(a) any contingent liabilities that the venturer has incurred in relation to its interests in joint ventures and its share in each of the contingent liabilities that have been incurred jointly with other venturers;
(b) its share of the contingent liabilities of the joint ventures themselves for which it is contingently liable; and

---

1 See also SIC-13 *Jointly Controlled Entities—Non-Monetary Contributions by Venturers*.

(c) jene Eventualschulden, welche aus der Haftung des Partnerunternehmens für die Schulden der anderen Partnerunternehmen des Joint Ventures entstehen.

55 Ein Partnerunternehmen hat die Summe der im Folgenden angeführten Verpflichtungen in Bezug auf seine Anteile an Joint Ventures getrennt von anderen Verpflichtungen anzugeben:
(a) alle Kapitalverpflichtungen des Partnerunternehmens in Bezug auf seine Anteile an Joint Ventures und seinen Anteil an den Kapitalverpflichtungen, welche gemeinschaftlich mit anderen Partnerunternehmen eingegangen wurden;
und
(b) seinen Anteil an den Kapitalverpflichtungen der Joint Ventures selbst.

56 Ein Partnerunternehmen hat eine Auflistung und Beschreibung von Anteilen an maßgeblichen Joint Ventures sowie die Anteilsquote an gemeinschaftlich geführten Unternehmen anzugeben. Ein Partnerunternehmen, welches seine Anteile an gemeinschaftlich geführten Unternehmen mithilfe der Quotenkonsolidierung der entsprechenden Posten oder der Equity-Methode bilanziert, hat die Summe aller kurzfristigen Vermögenswerte, langfristigen Vermögenswerte, kurzfristigen Schulden, langfristigen Schulden, Erträge und Aufwendungen in Bezug auf seine Anteile an Joint Ventures anzugeben.

57 Ein Partnerunternehmen hat die Bilanzierungsmethode für seine Anteile an gemeinschaftlich geführten Unternehmen anzugeben.

ZEITPUNKT DES INKRAFTTRETENS

58 Dieser Standard ist erstmals in der ersten Berichtsperiode eines am 1. Januar 2005 oder danach beginnenden Geschäftsjahres anzuwenden. Eine frühere Anwendung wird empfohlen. Wenn ein Unternehmen diesen Standard für Berichtsperioden anwendet, die vor dem 1. Januar 2005 beginnen, so ist diese Tatsache anzugeben.

RÜCKNAHME VON IAS 31 (ÜBERARBEITET 2000)

59 Dieser Standard ersetzt IAS 31 *Rechnungslegung über Anteile an Joint Ventures* (überarbeitet 2000).

(c) those contingent liabilities that arise because the venturer is contingently liable for the liabilities of the other venturers of a joint venture.

A venturer shall disclose the aggregate amount of the following commitments in respect of its interests in joint ventures separately from other commitments: 55
(a) any capital commitments of the venturer in relation to its interests in joint ventures and its share in the capital commitments that have been incurred jointly with other venturers; and
(b) its share of the capital commitments of the joint ventures themselves.

A venturer shall disclose a listing and description of interests in significant joint ventures and the proportion of ownership interest held in jointly controlled entities. A venturer that recognises its interests in jointly controlled entities using the line-by-line reporting format for proportionate consolidation or the equity method shall disclose the aggregate amounts of each of current assets, long-term assets, current liabilities, long-term liabilities, income and expenses related to its interests in joint ventures. 56

A venturer shall disclose the method it uses to recognise its interests in jointly controlled entities. 57

EFFECTIVE DATE

An entity shall apply this Standard for annual periods beginning on or after 1 January 2005. Earlier application is encouraged. If an entity applies this Standard for a period beginning before 1 January 2005, it shall disclose that fact. 58

WITHDRAWAL OF IAS 31 (REVISED 2000)

This Standard supersedes IAS 31 Financial Reporting of *Interests in Joint Ventures* (revised in 2000). 59

International Accounting Standard 32

Finanzinstrumente: Darstellung

> International Accounting Standard 32 *Finanzinstrumente: Darstellung* (IAS 32) ist in den Paragraphen 1–100 sowie in Anhang A festgelegt. Alle Paragraphen sind gleichrangig, behalten jedoch das IASC-Format des Standards, mit dem dieser durch den IASB verabschiedet wurde. IAS 32 ist in Verbindung mit den Grundlagen für Schlussfolgerungen, dem *Vorwort zu den International Financial Reporting Standards* und dem *Rahmenkonzept für die Aufstellung und Darstellung von Abschlüssen* zu betrachten. IAS 8 *Bilanzierungs- und Bewertungsmethoden, Änderungen von Schätzungen und Fehler*, stellt beim Fehlen ausdrücklicher Leitlinien eine Grundlage für die Auswahl und für die Anwendung von Bilanzierungs- und Bewertungsmethoden bereit.

INHALT	Ziffer
Zielsetzung	1–3
Anwendungsbereich	4–10
Definitionen	11–14
Darstellung	15–50
Schulden und Eigenkapital	15–27
Keine vertragliche Verpflichtung zur Abgabe von flüssigen Mitteln oder anderen finanziellen Vermögenswerten (Paragraph 16 (a))	17–20
Erfüllung in Eigenkapitalinstrumenten des Unternehmens (Paragraph 16(b))	21–24
Bedingte Erfüllungsvereinbarungen	25
Erfüllungswahlrecht	26–27
Zusammengesetzte Finanzinstrumente	28–32
Eigene Anteile	33–34
Zinsen, Dividenden, Verluste und Gewinne	35–41
Saldierung von finanziellen Vermögenswerten und finanziellen Verbindlichkeiten	42–50
Angaben	51–95
Zeitpunkt des Inkrafttretens	96–97
Rücknahme anderer Verlautbarungen	98–100

Dieser überarbeitete Standard ersetzt IAS 32 (überarbeitet 2000) *Finanzinstrumente: Angaben und Darstellung* und ist erstmals in der ersten Berichtsperiode eines am 1. Januar 2005 oder danach beginnenden Geschäftsjahres anzuwenden. Eine frühere Anwendung ist zulässig.

ZIELSETZUNG

1   (gestrichen)

2   Dieser Standard stellt Grundsätze für die Darstellung von Finanzinstrumenten als Verbindlichkeiten oder Eigenkapital und für die Saldierung von finanziellen Vermögenswerten und finanziellen Verbindlichkeiten auf. Er gilt für die Klassifizierung von Finanzinstrumenten – aus Sicht des Emittenten – in finanzielle Vermögenswerte, finanzielle Verbindlichkeiten und Eigenkapitalinstrumente, die Klassifizierung der damit verbundenen Zinsen, Dividenden, Verluste und Gewinne sowie die Voraussetzungen für die Saldierung von finanziellen Vermögenswerten und finanziellen Verbindlichkeiten.

3   Die Grundsätze dieses Standards ergänzen die Grundsätze für den Ansatz und die Bewertung von finanziellen Vermögenswerten und finanziellen Verbindlichkeiten in IAS 39 *Finanzinstrumente: Ansatz und Bewertung* und für deren Ausweisung in IFRS 7 *Finanzinstrumente: Angaben*.

International Accounting Standard 32

Financial Instruments: Presentation

International Accounting Standard 32 *Financial Instruments: Presentation* (IAS 32) is set out in paragraphs 1—100 and Appendix A. All the paragraphs have equal authority but retain the IASC format of the Standard when it was adopted by the IASB. IAS 32 should be read in the context of the Basis for Conclusions, the *Preface to International Financial Reporting Standards* and the *Framework for the Preparation and Presentation of Financial Statements*. IAS 8 *Accounting Policies, Changes in Accounting Estimates and Errors* provides a basis for selecting and applying accounting policies in the absence of explicit guidance.

SUMMARY

	Paragraphs
Objective	1—3
Scope	4—10
Definitions	11—14
Presentation	15—50
Liabilities and Equity	15—27
No Contractual Obligation to Deliver Cash or Another Financial Asset (paragraph 16(a))	17—20
Settlement in the Entity's Own Equity Instruments (paragraph 16(b))	21—24
Contingent Settlement Provisions	25
Settlement Options	26—27
Compound Financial Instruments	28—32
Treasury Shares	33—34
Interest, Dividends, Losses and Gains	35—41
Offsetting a Financial Asset and a Financial Liability	42—50
Disclosure	51—95
Effective date	96—97
Withdrawal of other pronouncements	98—100

This revised Standard supersedes IAS 32 (revised 2000) *Financial Instruments: Disclosure and Presentation* and should be applied for annual periods beginning on or after 1 January 2005. Earlier application is permitted.

OBJECTIVE

(deleted) 1

The objective of this Standard is to establish principles for presenting financial instruments as liabilities or equity and for offsetting financial assets and financial liabilities. It applies to the classification of financial instruments, from the perspective of the issuer, into financial assets, financial liabilities and equity instruments; the classification of related interest, dividends, losses and gains; and the circumstances in which financial assets and financial liabilities should be offset. 2

The principles in this Standard complement the principles for recognising and measuring financial assets and financial liabilities in IAS 39 *Financial Instruments: Recognition and Measurement*, and for disclosing information about them in IFRS 7 *Financial Instruments: Disclosures*. 3

ANWENDUNGSBEREICH

4 Dieser Standard ist von allen Unternehmen auf alle Arten von Finanzinstrumenten anzuwenden. Ausgenommen davon sind:
   (a) Beteiligungen an Tochterunternehmen, assoziierten Unternehmen und Joint Ventures, die gemäß IAS 27 *Konzernabschlüsse und separate Einzelabschlüsse nach IFRS*, IAS 28 *Anteile an assoziierten Unternehmen* oder IAS 31 *Anteile an Joint Ventures* bilanziert werden. In einigen Fällen gestatten IAS 27, IAS 28 oder IAS 31 einem Unternehmen jedoch, eine Beteiligung an einem Tochterunternehmen, einem assoziierten Unternehmen oder einem Joint Venture unter Anwendung von IAS 39 zu bilanzieren. In diesen Fällen sind die Angabepflichten von IAS 27, IAS 28 oder IAS 31 zusätzlich zu denen dieses Standards anzuwenden. Der vorliegende Standard ist ebenso auf alle Derivate in Verbindung mit einer Beteiligung an einem Tochterunternehmen, einem assoziierten Unternehmen oder einem Joint Venture anzuwenden.
   (b) Rechte und Verpflichtungen eines Arbeitgebers aus Altersversorgungsplänen, auf die IAS 19 *Leistungen an Arbeitnehmer* Anwendung findet.
   (c) Verträge mit bedingter Gegenleistung im Rahmen eines Unternehmenszusammenschlusses (siehe IFRS 3 *Unternehmenszusammenschlüsse*). Diese Ausnahme ist nur auf den Erwerber anzuwenden.
   (d) Versicherungsverträge im Sinne von IFRS 4 *Versicherungsverträge*. Für in Versicherungsverträge eingebettete Derivate gilt dieser Standard, wenn das Unternehmen sie nach IAS 39 getrennt ausweisen muss. Auch auf Finanzgarantien hat ein Emittent diesen Standard anzuwenden, wenn er bei deren Ansatz und Bewertung nach IAS 39 verfährt; entscheidet er sich nach Paragraph 4(d) IFRS 4 jedoch dafür, bei Ansatz und Bewertung IFRS 4 anzuwenden, so gilt IFRS 4.
   (e) Finanzinstrumente, die zum Anwendungsbereich von IFRS 4 gehören, da sie eine ermessensabhängige Überschussbeteiligung enthalten. Der Verpflichtete dieser Finanzinstrumente ist von der Anwendung der Paragraphen 15–32 und AG25–AG35 dieses Standards bezüglich der Unterscheidung zwischen finanziellen Verbindlichkeiten und Eigenkapitalinstrumenten auf diese Überschussbeteiligung ausgenommen. Diese Finanzinstrumente unterliegen indes allen anderen Vorschriften dieses Standards. Außerdem ist der vorliegende Standard auf Derivate, die in diese Finanzinstrumente eingebettet sind, anzuwenden (siehe IAS 39).
   (f) Finanzinstrumente, Verträge und Verpflichtungen im Zusammenhang mit aktienbasierten Vergütungstransaktionen, auf die IFRS 2 *Aktienbasierte Vergütung* Anwendung findet, ausgenommen
      (i) in den Anwendungsbereich der Paragraphen 8–10 dieses Standards fallende Verträge, auf die dieser Standard anzuwenden ist,
      (ii) die Paragraphen 33 und 34 dieses Standards, die auf eigene Anteile anzuwenden sind, die im Rahmen von Mitarbeiteraktienoptionsplänen, Mitarbeiteraktienkaufplänen und allen anderen aktienbasierten Vergütungsvereinbarungen erworben, verkauft, ausgegeben oder entwertet werden.

5–7 (gestrichen)

8 Dieser Standard ist auf Verträge über den Kauf oder Verkauf eines nicht finanziellen Postens anzuwenden, die durch einen Ausgleich in bar oder anderen Finanzinstrumenten erfüllt werden können, oder durch den Tausch von Finanzinstrumenten, als handelte es sich bei den Verträgen um Finanzinstrumente, mit Ausnahme von den Verträgen, die zum Zweck des Empfangs oder der Lieferung von nicht finanziellen Posten gemäß dem erwarteten Kauf-, Verkaufs- oder Nutzungsbedarfs des Unternehmens abgeschlossen wurden und in diesem Sinne weiter behalten werden.

9 Es bestehen verschiedene Möglichkeiten, wie ein Vertrag über den Kauf oder Verkauf von einem nicht finanziellen Posten durch einen Ausgleich in bar oder in anderen Finanzinstrumenten oder durch den Tausch von Finanzinstrumenten abgewickelt werden kann. Dazu zählt:
   (a) den Vertrag durch Ausgleich in bar oder einem anderen Finanzinstrument bzw. durch den Tausch von Finanzinstrumenten abzuwickeln, sofern die Vertragsbedingungen dies jedem Kontrahenten gestatten;
   (b) wenn die Möglichkeit zu einem Ausgleich in bar oder einem anderen Finanzinstrument bzw. durch Tausch von Finanzinstrumenten nicht explizit in den Vertragsbedingungen vorgesehen ist, das Unternehmen jedoch ähnliche Verträge für gewöhnlich durch Ausgleich in bar oder einem anderen Finanzinstrument bzw. durch den Tausch von Finanzinstrumenten erfüllt (sei es durch den Abschluss gegenläufiger Verträge mit der Vertragspartei oder durch den Verkauf des Vertrags vor dessen Ausübung oder Verfall);
   (c) wenn das Unternehmen bei ähnlichen Verträgen den Vertragsgegenstand für gewöhnlich annimmt und ihn kurz nach der Anlieferung wieder veräußert, um Gewinne aus kurzfristigen Preisschwankungen oder Händlermargen zu erzielen; und

SCOPE

4 This Standard shall be applied by all entities to all types of financial instruments except:
(a) those interests in subsidiaries, associates and joint ventures that are accounted for in accordance with IAS 27 *Consolidated and Separate Financial Statements*, IAS 28 *Investments in Associates* or IAS 31 *Interests in Joint Ventures*. However, in some cases, IAS 27, IAS 28 or IAS 31 permits an entity to account for an interest in a subsidiary, associate or joint venture using IAS 39; in those cases, entities shall apply the disclosure requirements in IAS 27, IAS 28 or IAS 31 in addition to those in this Standard. Entities shall also apply this Standard to all derivatives linked to interests in subsidiaries, associates or joint ventures.
(b) employers' rights and obligations under employee benefit plans, to which IAS 19 *Employee Benefits* applies.
(c) contracts for contingent consideration in a business combination (see IFRS 3 *Business Combinations*). This exemption applies only to the acquirer.
(d) insurance contracts as defined in IFRS 4 *Insurance Contracts*. However, this Standard applies to derivatives that are embedded in insurance contracts if IAS 39 requires the entity to account for them separately. Moreover, an issuer shall apply this Standard to financial guarantee contracts if the issuer applies IAS 39 in recognising and measuring the contracts, but shall apply IFRS 4 if the issuer elects, in accordance with paragraph 4(d) of IFRS 4, to apply IFRS 4 in recognising and measuring them.
(e) financial instruments that are within the scope of IFRS 4 because they contain a discretionary participation feature. The issuer of these instruments is exempt from applying to these features paragraphs 15—32 and AG25—AG35 of this Standard regarding the distinction between financial liabilities and equity instruments. However, these instruments are subject to all other requirements of this Standard. Furthermore, this Standard applies to derivatives that are embedded in these instruments (see IAS 39).
(f) financial instruments, contracts and obligations under share- based payment transactions to which IFRS 2 *Share-based Payment* applies, except for
   (i) contracts within the scope of paragraphs 8—10 of this Standard, to which this Standard applies,
   (ii) paragraphs 33 and 34 of this Standard, which shall be applied to treasury shares purchased, sold, issued or cancelled in connection with employee share option plans, employee share purchase plans, and all other share-based payment arrangements.

5–7 (deleted)

8 This Standard shall be applied to those contracts to buy or sell a non-financial item that can be settled net in cash or another financial instrument, or by exchanging financial instruments, as if the contracts were financial instruments, with the exception of contracts that were entered into and continue to be held for the purpose of the receipt or delivery of a non-financial item in accordance with the entity's expected purchase, sale or usage requirements.

9 There are various ways in which a contract to buy or sell a non-financial item can be settled net in cash or another financial instrument or by exchanging financial instruments. These include:
(a) when the terms of the contract permit either party to settle it net in cash or another financial instrument or by exchanging financial instruments;
(b) when the ability to settle net in cash or another financial instrument, or by exchanging financial instruments, is not explicit in the terms of the contract, but the entity has a practice of settling similar contracts net in cash or another financial instrument, or by exchanging financial instruments (whether with the counterparty, by entering into offsetting contracts or by selling the contract before its exercise or lapse);
(c) when, for similar contracts, the entity has a practice of taking delivery of the underlying and selling it within a short period after delivery for the purpose of generating a profit from short-term fluctuations in price or dealer's margin;
and

IAS 32

(d) wenn der nicht finanzielle Posten, der Gegenstand des Vertrags ist, jederzeit in Zahlungsmittel umzuwandeln ist.

Ein Vertrag, auf den (b) oder (c) zutrifft, gilt nicht als zum Zwecke des Empfangs oder der Lieferung von nicht finanziellen Posten gemäß des erwarteten Einkaufs-, Verkaufs- oder Nutzungsbedarfs des Unternehmens abgeschlossen und fällt demzufolge in den Anwendungsbereich dieses Standards. Andere Verträge, auf die Paragraph 5 zutrifft, werden beurteilt, um zu bestimmen, ob sie zum Zwecke des Empfangs oder der Lieferung von nicht finanziellen Posten gemäß des erwarteten Einkaufs-, Verkaufs- oder Nutzungsbedarfs des Unternehmens abgeschlossen wurden und dazu weiterhin gehalten werden und ob sie demzufolge in den Anwendungsbereich dieses Standards fallen.

10 Eine geschriebene Option auf den Kauf oder Verkauf eines nicht finanziellen Postens, der durch Ausgleich in bar oder anderen Finanzinstrumenten bzw. durch den Tausch von Finanzinstrumenten gemäß Paragraph 9(a) oder (d) erfüllt werden kann, fällt in den Anwendungsbereich dieses Standards. Solch ein Vertrag kann nicht zum Zweck des Empfangs oder der Lieferung eines nicht finanziellen Postens gemäß dem voraussichtlichen Einkaufs-, Verkaufs- oder Nutzungsbedarfs des Unternehmens abgeschlossen werden.

DEFINITIONEN (siehe auch Paragraphen AG3–AG24)

11 Die folgenden Begriffe werden in diesem Standard mit der angegebenen Bedeutung verwendet:

Ein **Finanzinstrument** ist ein Vertrag, der gleichzeitig bei dem einen Unternehmen zu einem finanziellen Vermögenswert und bei dem anderen Unternehmen zu einer finanziellen Verbindlichkeit oder einem Eigenkapitalinstrument führt.

Finanzielle Vermögenswerte umfassen:
(a) flüssige Mittel;
(b) ein als Aktivum gehaltenes Eigenkapitalinstrument eines anderen Unternehmens;
(c) ein vertragliches Recht:
   (i) flüssige Mittel oder andere finanzielle Vermögenswerte von einem anderen Unternehmen zu erhalten;
   oder
   (ii) finanzielle Vermögenswerte oder finanzielle Verbindlichkeiten mit einem anderen Unternehmen zu potenziell vorteilhaften Bedingungen auszutauschen;
   oder
(d) einen Vertrag, der in eigenen Eigenkapitalinstrumenten des Unternehmens erfüllt werden wird oder kann und bei dem es sich um Folgendes handelt:
   (i) ein nicht derivatives Finanzinstrument, das eine vertragliche Verpflichtung des Unternehmens beinhaltet oder beinhalten kann, eine variable Anzahl von Eigenkapitalinstrumenten des Unternehmens zu erhalten;
   oder
   (ii) ein derivatives Finanzinstrument, das auf andere Weise als durch den Austausch eines festen Betrags an flüssigen Mitteln oder anderen finanziellen Vermögenswerten gegen eine feste Anzahl von Eigenkapitalinstrumenten des Unternehmens erfüllt werden wird oder kann. In diesem Sinne beinhalten die Eigenkapitalinstrumente eines Unternehmens keine Instrumente, die selbst Verträge über den künftigen Empfang oder die künftige Abgabe von Eigenkapitalinstrumenten des Unternehmens darstellen.

Finanzielle Verbindlichkeiten umfassen:
(a) eine vertragliche Verpflichtung:
   (i) flüssige Mittel oder einen anderen finanziellen Vermögenswert an ein anderes Unternehmen abzugeben;
   oder
   (ii) finanzielle Vermögenswerte oder finanzielle Verbindlichkeiten mit einem anderen Unternehmen zu potenziell nachteiligen Bedingungen auszutauschen;
   oder
(b) einen Vertrag, der in eigenen Eigenkapitalinstrumenten des Unternehmens erfüllt werden wird oder kann und bei dem es sich um Folgendes handelt:
   (i) ein nicht derivatives Finanzinstrument, das eine vertragliche Verpflichtung des Unternehmens beinhaltet oder beinhalten kann, eine variable Anzahl von Eigenkapitalinstrumenten des Unternehmens abzugeben;
   oder
   (ii) ein derivatives Finanzinstrument, das auf andere Weise als durch den Austausch eines festen Betrags an flüssigen Mitteln oder anderen finanziellen Vermögenswerten gegen eine feste Anzahl von Eigenkapitalinstrumenten des Unternehmens erfüllt werden wird oder kann. In diesem Sinne

(d) when the non-financial item that is the subject of the contract is readily convertible to cash.

A contract to which (b) or (c) applies is not entered into for the purpose of the receipt or delivery of the non-financial item in accordance with the entity's expected purchase, sale or usage requirements, and, accordingly, is within the scope of this Standard. Other contracts to which paragraph 8 applies are evaluated to determine whether they were entered into and continue to be held for the purpose of the receipt or delivery of the non-financial item in accordance with the entity's expected purchase, sale or usage requirement, and accordingly, whether they are within the scope of this Standard.

A written option to buy or sell a non-financial item that can be settled net in cash or another financial instrument, or by exchanging financial instruments, in accordance with paragraph 9(a) or (d) is within the scope of this Standard. Such a contract cannot be entered into for the purpose of the receipt or delivery of the non-financial item in accordance with the entity's expected purchase, sale or usage requirements.

DEFINITIONS (see also paragraphs AG3—AG24)

The following terms are used in this Standard with the meanings specified:

A **financial instrument** is any contract that gives rise to a financial asset of one entity and a financial liability or equity instrument of another entity.

A **financial asset** is any asset that is:
(a) cash;
(b) an equity instrument of another entity;
(c) a contractual right:
   (i) to receive cash or another financial asset from another entity;
   or
   (ii) to exchange financial assets or financial liabilities with another entity under conditions that are potentially favourable to the entity;
   or
(d) a contract that will or may be settled in the entity's own equity instruments and is:
   (i) a non-derivative for which the entity is or may be obliged to receive a variable number of the entity's own equity instruments;
   or
   (ii) a derivative that will or may be settled other than by the exchange of a fixed amount of cash or another financial asset for a fixed number of the entity's own equity instruments. For this purpose the entity's own equity instruments do not include instruments that are themselves contracts for the future receipt or delivery of the entity's own equity instruments.

A **financial liability** is any liability that is:
(a) a contractual obligation:
   (i) to deliver cash or another financial asset to another entity;
   or
   (ii) to exchange financial assets or financial liabilities with another entity under conditions that are potentially unfavourable to the entity;
   or
(b) a contract that will or may be settled in the entity's own equity instruments and is:
   (i) a non-derivative for which the entity is or may be obliged to deliver a variable number of the entity's own equity instruments;
   or
   (ii) a derivative that will or may be settled other than by the exchange of a fixed amount of cash or another financial asset for a fixed number of the entity's own equity instruments. For this purpose the entity's own equity instruments do not include instruments that are themselves contracts for the future receipt or delivery of the entity's own equity instruments.

beinhalten die Eigenkapitalinstrumente eines Unternehmens keine Instrumente, die selbst Verträge über den künftigen Empfang oder die künftige Abgabe von Eigenkapitalinstrumenten des Unternehmens darstellen.

Ein Eigenkapitalinstrument ist ein Vertrag, der einen Residualanspruch an den Vermögenswerten eines Unternehmens nach Abzug aller dazugehörigen Schulden begründet.

Der beizulegende Zeitwert ist der Betrag, zu dem zwischen sachverständigen, vertragswilligen und voneinander unabhängigen Geschäftspartnern ein Vermögenswert getauscht oder eine Schuld beglichen werden könnte.

12 Die folgenden Begriffe sind in Paragraph 9 des IAS 39 definiert und werden in diesem Standard mit der in IAS 39 angegebenen Bedeutung verwendet.
– fortgeführte Anschaffungskosten eines finanziellen Vermögenswertes oder einer finanziellen Verbindlichkeit
– zur Veräußerung verfügbare finanzielle Vermögenswerte
– Ausbuchung
– Derivat
– Effektivzinsmethode
– erfolgswirksam zum beizulegenden Zeitwert bewerteter finanzieller Vermögenswert und erfolgswirksam zum beizulegenden Zeitwert bewertete finanzielle Verbindlichkeit
– Finanzgarantie
– feste Verpflichtung
– erwartete Transaktion
– Wirksamkeit einer Sicherung
– Grundgeschäft
– Sicherungsinstrument
– bis zur Endfälligkeit gehaltene Finanzinvestitionen
– Kredite und Forderungen
– marktüblicher Kauf oder Verkauf
– Transaktionskosten

13 In diesem Standard beziehen sich die Begriffe „Vertrag" und „vertraglich" auf eine Vereinbarung zwischen zwei oder mehr Vertragsparteien, die eindeutige wirtschaftliche Folgen hat, die von den einzelnen Vertragsparteien kaum oder überhaupt nicht zu vermeiden sind, weil die Vereinbarung für gewöhnlich im Rechtsweg durchsetzbar ist. Verträge und folglich Finanzinstrumente können die verschiedensten Formen annehmen und müssen nicht in Schriftform abgefasst sein.

14 In diesem Standard umfasst der Begriff „Unternehmen" Einzelpersonen, Personengesellschaften, Kapitalgesellschaften, Treuhänder und öffentliche Institutionen.

DARSTELLUNG

Schulden und Eigenkapital (siehe auch Paragraphen AG25–AG29)

15 Der Emittent eines Finanzinstruments hat das Finanzinstrument oder dessen Bestandteile beim erstmaligen Ansatz als finanzielle Verbindlichkeit, als finanziellen Vermögenswert oder als Eigenkapitalinstrument entsprechend der wirtschaftlichen Substanz der vertraglichen Vereinbarung und den Begriffsbestimmungen für finanzielle Verbindlichkeiten, finanzielle Vermögenswerte und Eigenkapitalinstrumente zu klassifizieren.

16 Bei Anwendung der Begriffsbestimmungen in Paragraph 11 zur Einstufung eines Finanzinstruments als Eigenkapitalinstrument oder als finanzielle Verbindlichkeit ist dann, und nur dann ein Eigenkapitalinstrument gegeben, wenn die nachfolgenden Bedingungen (a) und (b) erfüllt sind.
(a) Das Finanzinstrument beinhaltet keine vertragliche Verpflichtung,
   (i) flüssige Mittel oder einen anderen finanziellen Vermögenswert an ein anderes Unternehmen abzugeben;
   oder
   (ii) finanzielle Vermögenswerte oder finanzielle Verbindlichkeiten mit einem anderen Unternehmen zu potenziell nachteiligen Bedingungen für den Emittenten auszutauschen.
(b) Kann das Finanzinstrument in den Eigenkapitalinstrumenten des Emittenten erfüllt werden, handelt es sich um:

An equity instrument is any contract that evidences a residual interest in the assets of an entity after deducting all of its liabilities.

Fair value is the amount for which an asset could be exchanged, or a liability settled, between knowledgeable, willing parties in an arm's length transaction.

The following terms are defined in paragraph 9 of IAS 39 and are used in this Standard with the meaning specified in IAS 39.   12
- amortised cost of a financial asset or financial liability
- available-for-sale financial assets
- derecognition
- derivative
- effective interest method
- financial asset or financial liability at fair value through profit or loss
- financial guarantee contract
- firm commitment
- forecast transaction
- hedge effectiveness
- hedged item
- hedging instrument
- held-to-maturity investments
- loans and receivables
- regular way purchase or sale
- transaction costs.

In this Standard, 'contract' and 'contractual' refer to an agreement between two or more parties that has clear economic consequences that the parties have little, if any, discretion to avoid, usually because the agreement is enforceable by law. Contracts, and thus financial instruments, may take a variety of forms and need not be in writing.   13

In this Standard, 'entity' includes individuals, partnerships, incorporated bodies, trusts and government agencies.   14

PRESENTATION

Liabilities and Equity (see also paragraphs AG25—AG29)

The issuer of a financial instrument shall classify the instrument, or its component parts, on initial recognition as a financial liability, a financial asset or an equity instrument in accordance with the substance of the contractual arrangement and the definitions of a financial liability, a financial asset and an equity instrument.   15

When an issuer applies the definitions in paragraph 11 to determine whether a financial instrument is an equity instrument rather than a financial liability, the instrument is an equity instrument if, and only if, both conditions (a) and (b) below are met.   16
(a) The instrument includes no contractual obligation:
   (i) to deliver cash or another financial asset to another entity; or
   (ii) to exchange financial assets or financial liabilities with another entity under conditions that are potentially unfavourable to the issuer.
(b) If the instrument will or may be settled in the issuer's own equity instruments, it is:

(i) ein nicht derivatives Finanzinstrument, das keine vertragliche Verpflichtung seitens des Emittenten beinhaltet, eine variable Anzahl eigener Eigenkapitalinstrumenten abzugeben; oder

(ii) ein Derivat, das vom Emittenten nur durch den Austausch eines festen Betrags an flüssigen Mitteln oder anderen finanziellen Vermögenswerten gegen eine feste Anzahl eigener Eigenkapitalinstrumente erfüllt wird. In diesem Sinne beinhalten die Eigenkapitalinstrumente eines Emittenten keine Instrumente, die selbst Verträge über den künftigen Empfang oder die künftige Abgabe von Eigenkapitalinstrumenten des Emittenten darstellen.

Eine vertragliche Verpflichtung, einschließlich einer aus einem Derivat entstehenden vertraglichen Verpflichtung, die zum künftigen Empfang oder zur künftigen Abgabe von Eigenkapitalinstrumenten des Emittenten führen wird oder kann, jedoch nicht die vorstehenden Bedingungen (a) und (b) erfüllt, ist kein Eigenkapitalinstrument.

Keine vertragliche Verpflichtung zur Abgabe von flüssigen Mitteln oder anderen finanziellen Vermögenswerten (Paragraph 16 (a))

17   Ein Hauptmerkmal für die Abgrenzung von finanziellen Verbindlichkeiten gegenüber Eigenkapitalinstrumenten besteht in der vertraglichen Verpflichtung einer Vertragspartei (des Emittenten) des Finanzinstruments entweder zur Abgabe von flüssigen Mitteln oder anderen finanziellen Vermögenswerten an die andere Vertragspartei (den Inhaber) oder zum Tausch von finanziellen Vermögenswerten oder finanziellen Verbindlichkeiten mit dem Inhaber unter für den Emittenten potenziell nachteiligen Bedingungen. Obwohl der Inhaber eines Eigenkapitalinstruments zum Empfang einer anteiligen Dividende oder anderer Gewinnausschüttungen aus dem Eigenkapital berechtigt sein kann, unterliegt der Emittent keiner vertraglichen Verpflichtung zu derartigen Ausschüttungen, da ihm die Abgabe von flüssigen Mitteln oder anderen finanziellen Vermögenswerten an eine andere Vertragspartei nicht vorgeschrieben werden kann.

18   Die wirtschaftliche Substanz eines Finanzinstruments und nicht allein seine rechtliche Gestaltung bestimmt die Klassifizierung in der Bilanz des Unternehmens. Die wirtschaftliche Substanz und die rechtliche Gestaltung stimmen in der Regel, jedoch nicht immer, überein. So nehmen einige Finanzinstrumente die rechtliche Gestalt von Eigenkapital an, stellen aber auf Grund ihrer wirtschaftlichen Substanz Verbindlichkeiten dar, andere Finanzinstrumente kombinieren die Merkmale von Eigenkapitalinstrumenten mit denen von finanziellen Verbindlichkeiten. Beispiele:

(a) Eine Vorzugsaktie, die den obligatorischen Rückkauf durch den Emittenten zu einem festen oder festzulegenden Geldbetrag und zu einem fest verabredeten oder zu bestimmenden Rücknahmezeitpunkt vorsieht oder dem Inhaber das Recht einräumt, vom Emittenten den Rückkauf des Finanzinstruments zu bzw. nach bestimmtem Termin und zu einem festen oder festzulegenden Geldbetrag zu verlangen, ist als finanzielle Verbindlichkeit zu klassifizieren.

(b) Ein Finanzinstrument, das den Inhaber zur Rückgabe an den Emittenten gegen flüssige Mittel oder andere finanzielle Vermögenswerte berechtigt („kündbares Instrument"), stellt eine finanzielle Verbindlichkeit dar. Dies ist selbst dann der Fall, wenn der Betrag an flüssigen Mitteln oder anderen finanziellen Vermögenswerten auf der Grundlage eines Indexes oder einer anderen veränderlichen Bezugsgröße ermittelt wird oder wenn der Inhaber auf Grund der rechtlichen Gestaltung des kündbaren Finanzinstruments einen Residualanspruch an den Vermögenswerten des Emittenten hat. Wenn der Inhaber über das Wahlrecht verfügt, das Finanzinstrument gegen flüssige Mittel oder andere finanzielle Vermögenswerte an den Emittenten zurückzugeben, erfüllt das kündbare Finanzinstrument die Definition einer finanziellen Verbindlichkeit. Beispielsweise können offene Investmentfonds, Unit Trusts, Personengesellschaften und bestimmte Genossenschaften ihre Anteilseigner bzw. Gesellschafter mit dem Recht ausstatten, ihre Anteile an dem Emittenten jederzeit gegen flüssige Mittel in Höhe ihres jeweiligen Anteils am Eigenkapital des Emittenten einzulösen. Eine Klassifizierung als finanzielle Verbindlichkeit schließt jedoch die Verwendung von beschreibenden Zusätzen wie „Inventarwert pro Anteil" und „Änderung des Inventarwertes pro Anteil" im Abschluss eines Unternehmens, das über kein gezeichnetes Kapital verfügt (wie dies bei einigen Investmentfonds und Unit Trusts der Fall ist, siehe erläuterndes Beispiel 7), oder die Verwendung zusätzlicher Angaben, aus denen hervorgeht, dass die Gesamtheit der von den Anteilseignern gehaltenen Anteile Posten wie Rücklagen, die der Definition von Eigenkapital entsprechen, und kündbare Finanzinstrumente, die dieser Definition nicht entsprechen, umfasst, nicht aus.

19   Sofern ein Unternehmen nicht über ein uneingeschränktes Recht verfügt, sich bei der Erfüllung einer vertraglichen Verpflichtung der Abgabe von flüssigen Mitteln oder anderen finanziellen Vermögenswerten zu entziehen, erfüllt diese Verpflichtung die Definition einer finanziellen Verbindlichkeit. Beispiele:

(a) Eine Beschränkung bezüglich der Fähigkeit des Unternehmens, der vertraglichen Verpflichtung nachzukommen, wie beispielsweise der fehlende Zugang zur Fremdwährung oder die Notwendigkeit, eine Zah-

(i) a non-derivative that includes no contractual obligation for the issuer to deliver a variable number of its own equity instruments; or
(ii) a derivative that will be settled only by the issuer exchanging a fixed amount of cash or another financial asset for a fixed number of its own equity instruments. For this purpose the issuer's own equity instruments do not include instruments that are themselves contracts for the future receipt or delivery of the issuer's own equity instruments.

A contractual obligation, including one arising from a derivative financial instrument, that will or may result in the future receipt or delivery of the issuer's own equity instruments, but does not meet conditions (a) and (b) above, is not an equity instrument.

No Contractual Obligation to Deliver Cash or Another Financial Asset (paragraph 16(a))

17 A critical feature in differentiating a financial liability from an equity instrument is the existence of a contractual obligation of one party to the financial instrument (the issuer) either to deliver cash or another financial asset to the other party (the holder) or to exchange financial assets or financial liabilities with the holder under conditions that are potentially unfavourable to the issuer. Although the holder of an equity instrument may be entitled to receive a pro rata share of any dividends or other distributions of equity, the issuer does not have a contractual obligation to make such distributions because it cannot be required to deliver cash or another financial asset to another party.

18 The substance of a financial instrument, rather than its legal form, governs its classification on the entity's balance sheet. Substance and legal form are commonly consistent, but not always. Some financial instruments take the legal form of equity but are liabilities in substance and others may combine features associated with equity instruments and features associated with financial liabilities. For example:
(a) a preference share that provides for mandatory redemption by the issuer for a fixed or determinable amount at a fixed or determinable future date, or gives the holder the right to require the issuer to redeem the instrument at or after a particular date for a fixed or determinable amount, is a financial liability.
(b) a financial instrument that gives the holder the right to put it back to the issuer for cash or another financial asset (a 'puttable instrument') is a financial liability. This is so even when the amount of cash or other financial assets is determined on the basis of an index or other item that has the potential to increase or decrease, or when the legal form of the puttable instrument gives the holder a right to a residual interest in the assets of an issuer. The existence of an option for the holder to put the instrument back to the issuer for cash or another financial asset means that the puttable instrument meets the definition of a financial liability. For example, open-ended mutual funds, unit trusts, partnerships and some co-operative entities may provide their unitholders or members with a right to redeem their interests in the issuer at any time for cash equal to their proportionate share of the asset value of the issuer. However, classification as a financial liability does not preclude the use of descriptors such as 'net asset value attributable to unitholders' and 'change in net asset value attributable to unitholders' on the face of the financial statements of an entity that has no contributed equity (such as some mutual funds and unit trusts, see Illustrative Example 7) or the use of additional disclosure to show that total members' interests comprise items such as reserves that meet the definition of equity and puttable instruments that do not (see Illustrative Example 8).

19 If an entity does not have an unconditional right to avoid delivering cash or another financial asset to settle a contractual obligation, the obligation meets the definition of a financial liability. For example:
(a) a restriction on the ability of an entity to satisfy a contractual obligation, such as lack of access to foreign currency or the need to obtain approval for payment from a regulatory authority, does not negate the entity's contractual obligation or the holder's contractual right under the instrument.

lungsgenehmigung von einer Aufsichtsbehörde zu erlangen, entbindet das Unternehmen nicht von seiner vertraglichen Verpflichtung bzw. beeinträchtigt nicht das vertragliche Recht des Inhabers bezüglich des Finanzinstruments.
(b) Eine vertragliche Verpflichtung, die nur dann zu erfüllen ist, wenn eine Vertragspartei ihr Rückkaufsrecht in Anspruch nimmt, stellt eine finanzielle Verbindlichkeit dar, weil das Unternehmen nicht über das uneingeschränkte Recht verfügt, sich der Abgabe von flüssigen Mitteln oder anderen finanziellen Vermögenswerten zu entziehen.

20 Ein Finanzinstrument, das nicht ausdrücklich eine vertragliche Verpflichtung zur Abgabe von flüssigen Mitteln oder anderen finanziellen Vermögenswerten begründet, kann eine solche Verpflichtung jedoch indirekt über die Vertragsbedingungen begründen. Beispiele:
(a) Ein Finanzinstrument kann eine nicht finanzielle Verpflichtung beinhalten, die dann, und nur dann, zu erfüllen ist, wenn das Unternehmen keine Ausschüttung vornimmt oder das Instrument nicht zurückkauft. Kann das Unternehmen die Abgabe von flüssigen Mitteln oder anderen finanziellen Vermögenswerten nur durch Erfüllung der nicht finanziellen Verpflichtung umgehen, ist das Finanzinstrument als finanzielle Verbindlichkeit einzustufen.
(b) Ein Finanzinstrument ist eine finanzielle Verbindlichkeit, wenn vorgesehen ist, dass die Erfüllung seitens des Unternehmens durch die Abgabe von
  (i) flüssigen Mittel oder anderen finanziellen Vermögenswerten
    oder
  (ii) eigenen Anteilen, deren Wert wesentlich höher als der Wert der flüssigen Mittel oder anderen finanziellen Vermögenswerte angesetzt wird, erfolgt.
Das Unternehmen ist zwar vertraglich nicht ausdrücklich zur Lieferung von flüssigen Mitteln oder anderen finanziellen Vermögenswerten verpflichtet, doch wird es sich auf Grund des Wertes der Anteile für einen Ausgleich in bar entscheiden. In jedem Fall wird dem Inhaber der wirtschaftlichen Substanz nach der Erhalt eines Betrags zugesichert, der mindestens dem bei Wahl einer Vertragserfüllung in bar zu entrichtenden Betrag entspricht (siehe Paragraph 21).

Erfüllung in Eigenkapitalinstrumenten des Unternehmens (Paragraph 16(b))

21 Der Umstand, dass ein Vertrag zum Empfang oder zur Abgabe von Eigenkapitalinstrumenten des Unternehmens führen kann, ist allein nicht ausreichend, um ihn als Eigenkapitalinstrument zu klassifizieren. Ein Unternehmen kann vertraglich berechtigt oder verpflichtet sein, eine variable Anzahl eigener Anteile oder anderer Eigenkapitalinstrumente zu empfangen oder abzugeben, deren Höhe so bemessen wird, dass der beizulegende Zeitwert der zu empfangenden oder abzugebenden Eigenkapitalinstrumente des Unternehmens dem in Bezug auf das vertragliche Recht oder die vertragliche Verpflichtung festgelegten Betrag entspricht. Das vertragliche Recht oder die vertragliche Verpflichtung kann sich auf einen festen Betrag oder auf einen ganz oder teilweise in Abhängigkeit von einer anderen Variablen als dem Marktpreis der Eigenkapitalinstrumente (z. B. einem Zinssatz, einem Warenpreis oder dem Preis für ein Finanzinstrument) schwankenden Betrag beziehen. Zwei Beispiele hierfür sind (a) ein Vertrag zur Abgabe von Eigenkapitalinstrumenten eines Unternehmens im Wert von WE 100[1] und (b) ein Vertrag zur Abgabe von Eigenkapitalinstrumenten des Unternehmens im Wert von 100 Unzen Gold. Obgleich ein derartiger Vertrag durch die Lieferung von Eigenkapitalinstrumenten erfüllt werden muss oder kann, stellt er eine finanzielle Verbindlichkeit des Unternehmens dar. Es handelt sich um kein Eigenkapitalinstrument, weil das Unternehmen zur Erfüllung des Vertrags eine variable Anzahl von Eigenkapitalinstrumenten verwendet. Dementsprechend begründet der Vertrag keinen Residualanspruch an den Vermögenswerten des Unternehmens nach Abzug aller Schulden.

22 Ein Vertrag, zu dessen Erfüllung das Unternehmen eine feste Anzahl von Eigenkapitalinstrumenten gegen einen festen Betrag an flüssigen Mitteln oder anderen finanziellen Vermögenswerten (erhält oder) abgibt, ist als Eigenkapitalinstrument zu klassifizieren. Beispielsweise stellt eine ausgegebene Aktienoption, die die Vertragspartei gegen Entrichtung eines festgelegten Preises oder eines festgelegten Kapitalbetrags einer Anleihe zum Kauf einer festen Anzahl von Aktien des Unternehmens berechtigt, ein Eigenkapitalinstrument dar. Änderungen des beizulegenden Zeitwertes eines Vertrags infolge von Schwankungen der Marktzinssätze, die keinerlei Auswirkung auf den Berag der bei Vertragserfüllung zu entrichtenden flüssigen Mittel oder anderen Vermögenswerte haben, schließen die Einstufung des Vertrags als Eigenkapitalinstrument nicht aus. Sämtliche erhaltenen Vergütungen (wie beispielsweise das Agio auf eine geschriebene Option oder ein Optionsschein auf die eigenen Aktien des Unternehmens) werden direkt zum Eigenkapital hinzugerechnet. Sämtliche entrichteten Vergütungen (wie beispielsweise das auf eine erworbene Option gezahlte Agio) werden direkt vom Eigenkapital abge-

---

[1] In diesem Standard werden Geldbeträge in „Währungseinheiten" (WE) angegeben.

(b) a contractual obligation that is conditional on a counterparty exercising its right to redeem is a financial liability because the entity does not have the unconditional right to avoid delivering cash or another financial asset.

A financial instrument that does not explicitly establish a contractual obligation to deliver cash or another financial asset may establish an obligation indirectly through its terms and conditions. For example: 20

(a) a financial instrument may contain a non-financial obligation that must be settled if, and only if, the entity fails to make distributions or to redeem the instrument. If the entity can avoid a transfer of cash or another financial asset only by settling the non-financial obligation, the financial instrument is a financial liability.

(b) a financial instrument is a financial liability if it provides that on settlement the entity will deliver either:
    (i) cash or another financial asset;
    or
    (ii) its own shares whose value is determined to exceed substantially the value of the cash or other financial asset.

Although the entity does not have an explicit contractual obligation to deliver cash or another financial asset, the value of the share settlement alternative is such that the entity will settle in cash. In any event, the holder has in substance been guaranteed receipt of an amount that is at least equal to the cash settlement option (see paragraph 21).

Settlement in the Entity's Own Equity Instruments (paragraph 16(b))

A contract is not an equity instrument solely because it may result in the receipt or delivery of the entity's own equity instruments. An entity may have a contractual right or obligation to receive or deliver a number of its own shares or other equity instruments that varies so that the fair value of the entity's own equity instruments to be received or delivered equals the amount of the contractual right or obligation. Such a contractual right or obligation may be for a fixed amount or an amount that fluctuates in part or in full in response to changes in a variable other than the market price of the entity's own equity instruments (eg an interest rate, a commodity price or a financial instrument price). Two examples are (a) a contract to deliver as many of the entity's own equity instruments as are equal in value to CU100,[1] and (b) a contract to deliver as many of the entity's own equity instruments as are equal in value to the value of 100 ounces of gold. Such a contract is a financial liability of the entity even though the entity must or can settle it by delivering its own equity instruments. It is not an equity instrument because the entity uses a variable number of its own equity instruments as a means to settle the contract. Accordingly, the contract does not evidence a residual interest in the entity's assets after deducting all of its liabilities. 21

A contract that will be settled by the entity (receiving or) delivering a fixed number of its own equity instruments in exchange for a fixed amount of cash or another financial asset is an equity instrument. For example, an issued share option that gives the counterparty a right to buy a fixed number of the entity's shares for a fixed price or for a fixed stated principal amount of a bond is an equity instrument. Changes in the fair value of a contract arising from variations in market interest rates that do not affect the amount of cash or other financial assets to be paid or received, or the number of equity instruments to be received or delivered, on settlement of the contract do not preclude the contract from being an equity instrument. Any consideration received (such as the premium received for a written option or warrant on the entity's own shares) is added directly to equity. Any consideration paid (such as the premium paid for a purchased option) is deducted directly from equity. Changes in the fair value of an equity instrument are not recognised in the financial statements. 22

---

1   In this Standard, monetary amounts are denominated in 'currency units' (CU).

zogen. Änderungen des beizulegenden Zeitwertes eines Eigenkapitalinstruments sind im Abschluss nicht auszuweisen.

23 Ein Vertrag, der ein Unternehmen zum Kauf eigener Eigenkapitalinstrumente gegen flüssige Mittel oder andere finanzielle Vermögenswerte verpflichtet, begründet eine finanzielle Verbindlichkeit in Höhe des Barwertes des Rückkaufbetrags (beispielsweise in Höhe des Barwertes des Rückkaufpreises eines Termingeschäfts, des Ausübungskurses einer Option oder eines anderen Rückkaufbetrags). Dies ist auch dann der Fall, wenn der Vertrag selbst ein Eigenkapitalinstrument ist. Ein Beispiel hierfür ist die aus einem Termingeschäft entstehende Verpflichtung eines Unternehmens, eigene Eigenkapitalinstrumente gegen flüssige Mittel zurückzuerwerben. Beim erstmaligen Ansatz der finanziellen Verbindlichkeit gemäß IAS 39 ist ihr beizulegender Zeitwert (der Barwert des Rückkaufbetrags) aus dem Eigenkapital umzugliedern. Anschließend erfolgt eine Bewertung der finanziellen Verbindlichkeit gemäß IAS 39. Läuft der Vertrag aus, ohne dass eine Lieferung erfolgt, wird der Buchwert der finanziellen Verbindlichkeit wieder in das Eigenkapital umgegliedert. Die vertragliche Verpflichtung eines Unternehmens zum Kauf eigener Eigenkapitalinstrumente begründet auch dann eine finanzielle Verbindlichkeit in Höhe des Barwertes des Rückkaufbetrags, wenn die Kaufverpflichtung nur bei Ausübung des Rückkaufrechts durch die Vertragspartei (z. B. durch Inanspruchnahme einer geschriebenen Verkaufsoption, welche die Vertragspartei zum Verkauf der Eigenkapitalinstrumente an das Unternehmen zu einem festen Preis berechtigt) zu erfüllen ist.

24 Ein Vertrag, zu dessen Erfüllung das Unternehmen eine feste Anzahl von Eigenkapitalinstrumenten gegen einen variablen Betrag an flüssigen Mitteln oder anderen finanziellen Vermögenswerten hingibt oder erhält, ist als finanzieller Vermögenswert bzw. als finanzielle Verbindlichkeit zu klassifizieren. Ein Beispiel ist ein Vertrag, bei dem das Unternehmen 100 Eigenkapitalinstrumente gegen flüssige Mittel im Wert von 100 Unzen Gold liefert.

Bedingte Erfüllungsvereinbarungen

25 Ein Finanzinstrument kann das Unternehmen zur Abgabe von flüssigen Mitteln oder anderen Vermögenswerten oder zu einer anderen als finanzielle Verbindlichkeit einzustufenden Erfüllung verpflichten, die vom Eintreten oder Nichteintreten unsicherer künftiger Ereignisse (oder dem Ausgang unsicherer Umstände), die außerhalb der Kontrolle sowohl des Emittenten als auch des Inhabers des Instruments liegen, abhängig sind. Hierzu zählen beispielsweise Änderungen eines Aktienindex, Verbraucherpreisindex, Zinssatzes oder steuerlicher Vorschriften oder die künftigen Erträge, das Ergebnis oder der Verschuldungsgrad des Emittenten. Der Emittent eines solchen Instruments verfügt nicht über das uneingeschränkte Recht, sich der Abgabe von flüssigen Mitteln oder anderen finanziellen Vermögenswerten (oder einer anderen als finanzielle Verbindlichkeit einzustufenden Erfüllung des Vertrags) zu entziehen. Aus diesem Grund liegt eine finanzielle Verbindlichkeit des Emittenten vor, es sei denn:
(a) der Teil der bedingten Erfüllungsvereinbarung, der eine Erfüllung in flüssigen Mitteln oder anderen finanziellen Vermögenswerten (oder eine andere als finanzielle Verbindlichkeit einzustufende Art der Erfüllung) erforderlich machen könnte, ist nicht echt;
oder
(b) der Emittent kann nur im Falle seiner Liquidation gezwungen werden, die Verpflichtung in flüssigen Mitteln oder anderen finanziellen Vermögenswerten (oder auf eine andere als finanzielle Verbindlichkeit einzustufende Weise) zu erfüllen.

Erfüllungswahlrecht

26 Ein Derivat, das einer Vertragspartei die Art der Erfüllung frei stellt (der Emittent oder Inhaber kann sich z. B. für einen Ausgleich in bar oder durch den Tausch von Aktien gegen flüssige Mittel entscheiden), stellt einen finanziellen Vermögenswert oder eine finanzielle Verbindlichkeit dar, soweit nicht alle Erfüllungsalternativen zu einer Klassifizierung als Eigenkapitalinstrument führen würden.

27 Ein Beispiel für ein als finanzielle Verbindlichkeit einzustufendes Derivat mit Erfüllungswahlrecht ist eine Aktienoption, bei der der Emittent die Wahl hat, ob die Erfüllung in bar oder durch den Tausch eigener Aktien gegen flüssige Mittel erfolgen soll. Ähnliches gilt für einige Verträge über den Kauf oder Verkauf eines nicht finanziellen Postens gegen Eigenkapitalinstrumente des Unternehmens, die ebenfalls in den Anwendungsbereich dieses Standards fallen, da sie wahlweise durch Lieferung des nicht finanziellen Postens oder durch einen Ausgleich in bar oder anderen finanziellen Vermögenswerten erfüllt werden können (siehe Paragraphen 8–10). Solche Verträge sind finanzielle Vermögenswerte oder finanzielle Verbindlichkeiten und keine Eigenkapitalinstrumente.

A contract that contains an obligation for an entity to purchase its own equity instruments for cash or another financial asset gives rise to a financial liability for the present value of the redemption amount (for example, for the present value of the forward repurchase price, option exercise price or other redemption amount). This is the case even if the contract itself is an equity instrument. One example is an entity's obligation under a forward contract to purchase its own equity instruments for cash. When the financial liability is recognised initially under IAS 39, its fair value (the present value of the redemption amount) is reclassified from equity. Subsequently, the financial liability is measured in accordance with IAS 39. If the contract expires without delivery, the carrying amount of the financial liability is reclassified to equity. An entity's contractual obligation to purchase its own equity instruments gives rise to a financial liability for the present value of the redemption amount even if the obligation to purchase is conditional on the counterparty exercising a right to redeem (eg a written put option that gives the counterparty the right to sell an entity's own equity instruments to the entity for a fixed price). 23

A contract that will be settled by the entity delivering or receiving a fixed number of its own equity instruments in exchange for a variable amount of cash or another financial asset is a financial asset or financial liability. An example is a contract for the entity to deliver 100 of its own equity instruments in return for an amount of cash calculated to equal the value of 100 ounces of gold. 24

Contingent Settlement Provisions

A financial instrument may require the entity to deliver cash or another financial asset, or otherwise to settle it in such a way that it would be a financial liability, in the event of the occurrence or non-occurrence of uncertain future events (or on the outcome of uncertain circumstances) that are beyond the control of both the issuer and the holder of the instrument, such as a change in a stock market index, consumer price index, interest rate or taxation requirements, or the issuer's future revenues, net income or debt-to-equity ratio. The issuer of such an instrument does not have the unconditional right to avoid delivering cash or another financial asset (or otherwise to settle it in such a way that it would be a financial liability). Therefore, it is a financial liability of the issuer unless: 25
(a) the part of the contingent settlement provision that could require settlement in cash or another financial asset (or otherwise in such a way that it would be a financial liability) is not genuine; or
(b) the issuer can be required to settle the obligation in cash or another financial asset (or otherwise to settle it in such a way that it would be a financial liability) only in the event of liquidation of the issuer.

Settlement Options

When a derivative financial instrument gives one party a choice over how it is settled (eg the issuer or the holder can choose settlement net in cash or by exchanging shares for cash), it is a financial asset or a financial liability unless all of the settlement alternatives would result in it being an equity instrument. 26

An example of a derivative financial instrument with a settlement option that is a financial liability is a share option that the issuer can decide to settle net in cash or by exchanging its own shares for cash. Similarly, some contracts to buy or sell a non-financial item in exchange for the entity's own equity instruments are within the scope of this Standard because they can be settled either by delivery of the non-financial item or net in cash or another financial instrument (see paragraphs 8—10). Such contracts are financial assets or financial liabilities and not equity instruments. 27

IAS 32

Zusammengesetzte Finanzinstrumente (siehe auch Paragraphen AG30–AG35 und erläuternde Beispiele 9–12)

28 Der Emittent eines nicht derivativen Finanzinstruments hat anhand der Konditionen des Finanzinstruments festzustellen, ob das Instrument sowohl eine Fremd- als auch eine Eigenkapitalkomponente aufweist. Diese Komponenten sind zu trennen und als finanzielle Verbindlichkeiten, finanzielle Vermögenswerte oder Eigenkapitalinstrumente gemäß Paragraph 14 zu klassifizieren.

29 Ein Unternehmen hat die Komponenten eines Finanzinstruments, das (a) eine finanzielle Verbindlichkeit des Unternehmens begründet und (b) dem Inhaber des Instruments eine Option auf dessen Wandlung in ein Eigenkapitalinstrument des Unternehmens garantiert, getrennt zu erfassen. Wandelschuldverschreibungen oder ähnliche durch den Inhaber in eine feste Anzahl von Stammaktien des Unternehmens wandelbare Instrumente sind Beispiele für zusammengesetzte Finanzinstrumente. Aus Sicht des Unternehmens besteht ein solches Instrument aus zwei Komponenten: einer finanziellen Verbindlichkeit (einer vertraglichen Vereinbarung zur Lieferung von flüssigen Mitteln oder anderen finanziellen Vermögenswerten) und einem Eigenkapitalinstrument (einer Kaufoption, die dem Inhaber für einen bestimmten Zeitraum das Recht auf Wandlung in eine feste Anzahl von Stammaktien des Unternehmens garantiert). Die wirtschaftlichen Effekte der Emission eines solchen Finanzinstruments stimmen in materieller Hinsicht mit den Effekten überein, die mit der Emission eines Schuldinstruments mit vorzeitiger Kündigungsmöglichkeit, das gleichzeitig mit einem Bezugsrecht auf Stammaktien verknüpft ist, oder die mit der Emission eines Schuldinstruments mit abtrennbaren Optionsscheinen zum Erwerb von Aktien verbunden sind. Dementsprechend hat ein Unternehmen in allen Fällen dieser Art die Fremd- und die Eigenkapitalkomponenten getrennt in seiner Bilanz auszuweisen.

30 Die Klassifizierung der Fremd- und Eigenkapitalkomponenten eines wandelbaren Instruments wird nicht revidiert, wenn sich die Wahrscheinlichkeit ändert, dass die Tauschoption wahrgenommen wird; dies gilt auch dann, wenn die Wahrnehmung der Tauschoption für einige Inhaber wirtschaftlich vorteilhaft erscheint. Die Inhaber handeln nicht immer in der erwarteten Weise, weil zum Beispiel die steuerlichen Folgen aus der Wandlung bei jedem Inhaber unterschiedlich sein können. Darüber hinaus unterliegt die Wahrscheinlichkeit der Wandlung zeitlichen Veränderungen. Die vertragliche Verpflichtung des Unternehmens zu künftigen Zahlungen bleibt offen stehend, bis sie durch Wandlung, Fälligkeit des Instruments oder andere Umstände getilgt ist.

31 IAS 39 behandelt die Bewertung finanzieller Vermögenswerte und finanzieller Verbindlichkeiten. Eigenkapitalinstrumente sind Finanzinstrumente, die einen Residualanspruch an den Vermögenswerten eines Unternehmens nach Abzug aller dazugehörigen Schulden begründen. Bei der Verteilung des erstmaligen Buchwertes eines zusammengesetzten Finanzinstruments auf die Eigen- und Fremdkapitalkomponenten wird der Eigenkapitalkomponente der Restwert zugewiesen, der sich nach Abzug des getrennt für die Schuldkomponente ermittelten Betrags vom beizulegenden Zeitwert des gesamten Instruments ergibt. Der Wert der derivativen Ausstattungsmerkmale (z. B. einer Kaufoption), die in ein zusammengesetztes Finanzinstrument eingebettet sind und keine Eigenkapitalkomponente darstellen (z. B. eine Option zur Umwandlung in ein Eigenkapitalinstrument) wird der Schuldkomponente hinzugerechnet. Die Summe der Buchwerte, die für die Fremd- und die Eigenkapitalkomponente beim erstmaligen Ansatz in der Bilanz ermittelt werden, ist in jedem Fall gleich dem beizulegenden Zeitwert, der für das Finanzinstrument als Ganzes anzusetzen wäre. Durch den getrennten erstmaligen Ansatz der Komponenten des Instruments entstehen keine Gewinne oder Verluste.

32 Bei dem in Paragraph 31 beschriebenen Ansatz bestimmt der Emittent einer in Stammaktien wandelbaren Anleihe zunächst den Buchwert der Schuldkomponente, indem er den beizulegenden Zeitwert einer ähnlichen, nicht mit einer Eigenkapitalkomponente verbundenen Verbindlichkeit (einschließlich aller eingebetteten derivativen Ausstattungsmerkmale ohne Eigenkapitalcharakter) ermittelt. Der Buchwert eines Eigenkapitalinstruments, der durch die Option auf Wandlung des Instruments in Stammaktien repräsentiert wird, ergibt sich danach durch Subtraktion des beizulegenden Zeitwertes der finanziellen Verbindlichkeit vom beizulegenden Zeitwert des gesamten zusammengesetzten Finanzinstruments.

Eigene Anteile (siehe auch Paragraph AG36)

33 Erwirbt ein Unternehmen seine eigenen Eigenkapitalinstrumente zurück, so sind diese Instrumente („eigene Anteile") vom Eigenkapital abzuziehen. Der Kauf, Verkauf, die Ausgabe oder Einziehung von eigenen Eigenkapitalinstrumenten werden nicht erfolgswirksam erfasst. Solche eigenen Anteile können vom Unternehmen selbst oder von anderen Konzernunternehmen erworben und gehalten werden. Alle gezahlten oder erhaltenen Gegenleistungen sind direkt im Eigenkapital zu erfassen.

Compound Financial Instruments (see also paragraphs AG30—AG35 and Illustrative Examples 9—12)

The issuer of a non-derivative financial instrument shall evaluate the terms of the financial instrument to determine whether it contains both a liability and an equity component. Such components shall be classified separately as financial liabilities, financial assets or equity instruments in accordance with paragraph 15. 28

An entity recognises separately the components of a financial instrument that (a) creates a financial liability of the entity and (b) grants an option to the holder of the instrument to convert it into an equity instrument of the entity. For example, a bond or similar instrument convertible by the holder into a fixed number of ordinary shares of the entity is a compound financial instrument. From the perspective of the entity, such an instrument comprises two components: a financial liability (a contractual arrangement to deliver cash or another financial asset) and an equity instrument (a call option granting the holder the right, for a specified period of time, to convert it into a fixed number of ordinary shares of the entity). The economic effect of issuing such an instrument is substantially the same as issuing simultaneously a debt instrument with an early settlement provision and warrants to purchase ordinary shares, or issuing a debt instrument with detachable share purchase warrants. Accordingly, in all cases, the entity presents the liability and equity components separately on its balance sheet. 29

Classification of the liability and equity components of a convertible instrument is not revised as a result of a change in the likelihood that a conversion option will be exercised, even when exercise of the option may appear to have become economically advantageous to some holders. Holders may not always act in the way that might be expected because, for example, the tax consequences resulting from conversion may differ among holders. Furthermore, the likelihood of conversion will change from time to time. The entity's contractual obligation to make future payments remains outstanding until it is extinguished through conversion, maturity of the instrument or some other transaction. 30

IAS 39 deals with the measurement of financial assets and financial liabilities. Equity instruments are instruments that evidence a residual interest in the assets of an entity after deducting all of its liabilities. Therefore, when the initial carrying amount of a compound financial instrument is allocated to its equity and liability components, the equity component is assigned the residual amount after deducting from the fair value of the instrument as a whole the amount separately determined for the liability component. The value of any derivative features (such as a call option) embedded in the compound financial instrument other than the equity component (such as an equity conversion option) is included in the liability component. The sum of the carrying amounts assigned to the liability and equity components on initial recognition is always equal to the fair value that would be ascribed to the instrument as a whole. No gain or loss arises from initially recognising the components of the instrument separately. 31

Under the approach described in paragraph 31, the issuer of a bond convertible into ordinary shares first determines the carrying amount of the liability component by measuring the fair value of a similar liability (including any embedded non-equity derivative features) that does not have an associated equity component. The carrying amount of the equity instrument represented by the option to convert the instrument into ordinary shares is then determined by deducting the fair value of the financial liability from the fair value of the compound financial instrument as a whole. 32

Treasury Shares (see also paragraph AG36)

If an entity reacquires its own equity instruments, those instruments ('treasury shares') shall be deducted from equity. No gain or loss shall be recognised in profit or loss on the purchase, sale, issue or cancellation of an entity's own equity instruments. Such treasury shares may be acquired and held by the entity or by other members of the consolidated group. Consideration paid or received shall be recognised directly in equity. 33

Zinsen, Dividenden, Verluste und Gewinne (siehe auch Paragraph AG37)

35 Zinsen, Dividenden, Verluste und Gewinne im Zusammenhang mit Finanzinstrumenten oder einem ihrer Komponenten, die finanzielle Verbindlichkeiten darstellen, sind im Ergebnis als Erträge bzw. Aufwendungen zu erfassen. Ausschüttungen an Inhaber eines Eigenkapitalinstruments sind, gemindert um alle damit verbundenen Ertragssteuervorteile, vom Unternehmen direkt vom Eigenkapital abzusetzen. Die Transaktionskosten einer Eigenkapitaltransaktion, mit Ausnahme der Kosten für die Ausgabe eines Eigenkapitalinstruments, die einem Unternehmenserwerb direkt zuzurechnen sind (und nach IFRS 3 bilanziert werden), sind, gemindert um alle damit verbundenen Ertragssteuervorteile, als Abzug vom Eigenkapital zu bilanzieren.

36 Die Klassifizierung eines Finanzinstruments als finanzielle Verbindlichkeit oder als Eigenkapitalinstrument ist ausschlaggebend dafür, ob die mit diesem Instrument verbundenen Zinsen, Dividenden, Verluste und Gewinne im Ergebnis als Erträge oder Aufwendungen erfasst werden. Daher sind auch Dividendenausschüttungen für Anteile, die insgesamt als Schulden angesetzt wurden, genauso wie beispielsweise Zinsen für eine Anleihe als Aufwand zu erfassen. Entsprechend sind auch mit dem Rückkauf oder der Refinanzierung von finanziellen Verbindlichkeiten verbundene Gewinne oder Verluste im Ergebnis zu erfassen, während hingegen der Rückkauf oder die Refinanzierung von Eigenkapitalinstrumenten als Bewegungen im Eigenkapital abgebildet werden. Änderungen des beizulegenden Zeitwertes eines Eigenkapitalinstruments sind im Abschluss nicht auszuweisen.

37 Einem Unternehmen entstehen bei der Ausgabe oder beim Erwerb eigener Eigenkapitalinstrumente in der Regel verschiedene Kosten. Hierzu zählen beispielsweise Register- und andere behördliche Gebühren, an Rechtsberater, Wirtschaftsprüfer und andere professionelle Berater entrichtete Beträge, Druckkosten und Börsenumsatzsteuern. Die Transaktionskosten einer Eigenkapitaltransaktion sind als Abzug vom Eigenkapital (gemindert um alle damit verbundenen Ertragssteuervorteile) zu bilanzieren, soweit es sich um zusätzliche, der Eigenkapitaltransaktion direkt zurechenbare Kosten handelt, die andernfalls vermieden worden wären. Die Kosten einer eingestellten Eigenkapitaltransaktion sind als Aufwand zu erfassen.

38 Transaktionskosten, die mit der Ausgabe eines zusammengesetzten Finanzinstruments verbunden sind, sind den Fremd- und Eigenkapitalkomponenten des Finanzinstruments proportional zu der Zurechnung des aufgenommenen Kapitals zuzuordnen. Transaktionskosten, die sich insgesamt auf mehr als eine Transaktion beziehen, beispielsweise Kosten eines gleichzeitigen Zeichnungsangebots für neue Aktien und für die Börsennotierung von bereits ausgegebenen Aktien, sind anhand eines sinnvollen, bei ähnlichen Transaktionen verwendeten Schlüssels auf die einzelnen Transaktionen umzulegen.

39 Der Betrag der Transaktionskosten, der in der Periode als Abzug vom Eigenkapital bilanziert wurde, ist nach IAS 1 *Darstellung des Abschlusses* gesondert anzugeben. Die damit verbundenen Ertragssteuern, die direkt im Eigenkapital erfasst sind, sind in den Gesamtbetrag der dem Eigenkapital gutgeschriebenen oder belasteten tatsächlichen und latenten Ertragssteuern einzubeziehen, die gemäß IAS 12 *Ertragssteuern* anzugeben sind.

40 Als Aufwendungen eingestufte Dividenden können in der Gewinn- und Verlustrechnung entweder mit Zinsaufwendungen für andere Verbindlichkeiten in einem Posten zusammengefasst oder gesondert ausgewiesen werden. Zusätzlich zu den Anforderungen dieses Standards sind bei Zinsen und Dividenden die Angabepflichten von IAS 1 und IFRS 7 zu beachten. Sofern jedoch, beispielsweise im Hinblick auf die steuerliche Abzugsfähigkeit, Unterschiede in der Behandlung von Dividenden und Zinsen bestehen, ist ein gesonderter Ausweis in der Gewinn- und Verlustrechnung wünschenswert. Bei den Berichtsangaben zu steuerlichen Einflüssen sind die Anforderungen gemäß IAS 12 zu erfüllen.

41 Gewinne und Verluste infolge von Änderungen des Buchwertes einer finanziellen Verbindlichkeit sind selbst dann als Ertrag oder Aufwand im Ergebnis zu erfassen, wenn sie sich auf ein Instrument beziehen, das einen Residualanspruch auf die Vermögenswerte des Unternehmens im Austausch gegen flüssige Mittel oder andere finanzielle Vermögenswerte begründet (siehe Paragraph 18(b)). Nach IAS 1 sind Gewinne und Verluste, die durch die Neubewertung eines derartigen Instruments entstehen, gesondert in der Gewinn- und Verlustrechnung auszuweisen, wenn dies für die Erläuterung der Ertragslage des Unternehmens relevant ist.

34 The amount of treasury shares held is disclosed separately either on the face of the balance sheet or in the notes, in accordance with IAS 1 Presentation of Financial Statements. An entity provides disclosure in accordance with IAS 24 Related Party Disclosures if the entity reacquires its own equity instruments from related parties.

Interest, Dividends, Losses and Gains (see also paragraph AG37)

35 **Interest, dividends, losses and gains relating to a financial instrument or a component that is a financial liability shall be recognised as income or expense in profit or loss. Distributions to holders of an equity instrument shall be debited by the entity directly to equity, net of any related income tax benefit. Transaction costs of an equity transaction, other than costs of issuing an equity instrument that are directly attributable to the acquisition of a business (which shall be accounted for under IFRS 3), shall be accounted for as a deduction from equity, net of any related income tax benefit.**

36 The classification of a financial instrument as a financial liability or an equity instrument determines whether interest, dividends, losses and gains relating to that instrument are recognised as income or expense in profit or loss. Thus, dividend payments on shares wholly recognised as liabilities are recognised as expenses in the same way as interest on a bond. Similarly, gains and losses associated with redemptions or refinancings of financial liabilities are recognised in profit or loss, whereas redemptions or refinancings of equity instruments are recognised as changes in equity. Changes in the fair value of an equity instrument are not recognised in the financial statements.

37 An entity typically incurs various costs in issuing or acquiring its own equity instruments. Those costs might include registration and other regulatory fees, amounts paid to legal, accounting and other professional advisers, printing costs and stamp duties. The transaction costs of an equity transaction are accounted for as a deduction from equity (net of any related income tax benefit) to the extent they are incremental costs directly attributable to the equity transaction that otherwise would have been avoided. The costs of an equity transaction that is abandoned are recognised as an expense.

38 Transaction costs that relate to the issue of a compound financial instrument are allocated to the liability and equity components of the instrument in proportion to the allocation of proceeds. Transaction costs that relate jointly to more than one transaction (for example, costs of a concurrent offering of some shares and a stock exchange listing of other shares) are allocated to those transactions using a basis of allocation that is rational and consistent with similar transactions.

39 The amount of transaction costs accounted for as a deduction from equity in the period is disclosed separately under IAS 1 *Presentation of Financial Statements*. The related amount of income taxes recognised directly in equity is included in the aggregate amount of current and deferred income tax credited or charged to equity that is disclosed under IAS 12 *Income Taxes*.

40 Dividends classified as an expense may be presented in the income statement either with interest on other liabilities or as a separate item. In addition to the requirements of this Standard, disclosure of interest and dividends is subject to the requirements of IAS 1 and IFRS 7. In some circumstances, because of the differences between interest and dividends with respect to matters such as tax deductibility, it is desirable to disclose them separately in the income statement. Disclosures of the tax effects are made in accordance with IAS 12.

41 Gains and losses related to changes in the carrying amount of a financial liability are recognised as income or expense in profit or loss even when they relate to an instrument that includes a right to the residual interest in the assets of the entity in exchange for cash or another financial asset (see paragraph 18(b)). Under IAS 1 the entity presents any gain or loss arising from remeasurement of such an instrument separately on the face of the income statement when it is relevant in explaining the entity's performance.

IAS 32

Saldierung von finanziellen Vermögenswerten und finanziellen Verbindlichkeiten
(siehe auch Paragraphen AG38 und AG39)

42 Die Saldierung von finanziellen Vermögenswerten und Verbindlichkeiten und die Angabe der Nettobeträge in der Bilanz hat dann, und nur dann, zu erfolgen, wenn ein Unternehmen:
(a) zum gegenwärtigen Zeitpunkt einen Rechtsanspruch hat, die erfassten Beträge miteinander zu verrechnen;
und
(b) beabsichtigt, entweder den Ausgleich auf Nettobasis herbeizuführen, oder gleichzeitig mit der Verwertung des betreffenden Vermögenswertes die dazugehörige Verbindlichkeit abzulösen.
Wenn die Übertragung eines finanziellen Vermögenswertes die Voraussetzungen für eine Ausbuchung nicht erfüllt, dürfen der übertragene Vermögenswert und die verbundene Verbindlichkeit bei der Bilanzierung nicht saldiert werden (siehe IAS 39, Paragraph 36).

43 Dieser Standard schreibt die Darstellung von finanziellen Vermögenswerten und finanziellen Verbindlichkeiten auf Nettobasis vor, wenn dadurch die erwarteten künftigen Cashflows eines Unternehmens aus dem Ausgleich von zwei oder mehreren verschiedenen Finanzinstrumenten abgebildet werden. Wenn ein Unternehmen das Recht hat, einen einzelnen Nettobetrag zu erhalten bzw. zu zahlen, und dies auch zu tun beabsichtigt, hat es tatsächlich nur einen einzigen finanziellen Vermögenswert bzw. nur eine einzige finanzielle Verbindlichkeit. In anderen Fällen werden die finanziellen Vermögenswerte und finanziellen Verbindlichkeiten entsprechend ihrer Eigenschaft als Ressource oder Verpflichtung des Unternehmens voneinander getrennt dargestellt.

44 Die Saldierung eines erfassten finanziellen Vermögenswertes mit einer erfassten finanziellen Verbindlichkeit einschließlich der Darstellung des Nettobetrags unterscheidet sich von der Ausbuchung eines finanziellen Vermögenswertes und einer finanziellen Verbindlichkeit in der Bilanz. Während die Saldierung nicht zur Erfassung von Gewinnen und Verlusten führt, hat die Ausbuchung eines Finanzinstruments aus der Bilanz nicht nur die Entfernung eines vorher bilanzwirksamen Postens, sondern möglicherweise auch die Erfassung von Gewinnen oder Verlusten zur Folge.

45 Der Anspruch auf Verrechnung ist ein auf vertraglicher oder anderer Grundlage beruhendes, einklagbares Recht eines Schuldners, einen Teilbetrag oder den gesamten Betrag einer einem Gläubiger geschuldeten Verbindlichkeit mit einer Forderung zu verrechnen, die dem Schuldner selbst gegenüber dem betreffenden Gläubiger zusteht. In ungewöhnlichen Fällen kann ein Schuldner berechtigt sein, eine Forderung gegenüber einem Dritten mit einer geschuldeten Verbindlichkeit gegenüber dem Gläubiger zu verrechnen, vorausgesetzt, dass zwischen allen drei Beteiligten eine eindeutige Vereinbarung über den Anspruch auf Verrechnung vorliegt. Da der Anspruch auf Verrechnung ein gesetzliches Recht ist, sind die Bedingungen, unter denen Verrechnungsvereinbarungen gültig sind, abhängig von den Gebräuchen des Rechtskreises, in dem sie getroffen werden; daher sind im Einzelfall immer die für das Vertragsverhältnis zwischen den Parteien maßgeblichen Rechtsvorschriften zu berücksichtigen.

46 Besteht ein einklagbarer Anspruch auf Verrechnung, wirkt sich dieses nicht nur auf die Rechte und Verpflichtungen aus, die mit den betreffenden finanziellen Vermögenswerten und finanziellen Verbindlichkeiten verbunden sind; es kann auch einen Einfluss auf die Ausfall- und Liquiditätsrisiken haben, denen das Unternehmen ausgesetzt ist. Das Bestehen eines solchen Rechtes stellt dabei jedoch noch keine hinreichende Voraussetzung für die Saldierung von Vermögens- und Schuldposten dar. Wenn keine Absicht besteht, dieses Recht auch tatsächlich auszuüben oder die jeweiligen Forderungen und Verbindlichkeiten zum gleichen Zeitpunkt zu bedienen, wirkt es sich weder auf die Beträge noch auf den zeitlichen Anfall der erwarteten Cashflows eines Unternehmens aus. Wenn ein Unternehmen beabsichtigt, von dem Anspruch auf Verrechnung Gebrauch zu machen oder die jeweiligen Forderungen und Verbindlichkeiten zum gleichen Zeitpunkt zu bedienen, spiegelt die Nettodarstellung des Vermögenswertes und der Verbindlichkeit die Beträge, den zeitlichen Anfall und die damit verbundenen Risiken künftiger Cashflows besser wider als die Bruttodarstellung. Die bloße Absicht eines oder beider Vertragsparteien, Forderungen und Schulden auf Nettobasis ohne rechtlich bindende Vereinbarung auszugleichen, stellt keine ausreichende Grundlage für eine bilanzielle Saldierung dar, da die mit den einzelnen finanziellen Vermögenswerten und finanziellen Verbindlichkeiten verbundenen Rechte und Verpflichtungen unverändert fortbestehen.

47 Die Absichten eines Unternehmens bezüglich der Erfüllung von einzelnen Vermögens- und Schuldposten können durch die üblichen Geschäftspraktiken, die Anforderungen der Finanzmärkte und andere Umstände beeinflusst werden, die die Fähigkeit zur Bedienung auf Nettobasis oder zur gleichzeitigen Bedienung begrenzen. Wenn ein Unternehmen einen Anspruch auf Aufrechnung hat, aber nicht beabsichtigt, auf Nettobasis auszugleichen bzw. den Vermögenswert zu realisieren und gleichzeitig die Verbindlichkeit zu begleichen, werden die Auswirkungen des Rechts auf das Ausfallrisiko des Unternehmens gemäß IFRS 7 Paragraph 36 angegeben.

Offsetting a Financial Asset and a Financial Liability (see also paragraphs AG38 and AG39)

A financial asset and a financial liability shall be offset and the net amount presented in the balance sheet when, and only when, an entity: 42
(a) currently has a legally enforceable right to set off the recognised amounts; and
(b) intends either to settle on a net basis, or to realise the asset and settle the liability simultaneously.
In accounting for a transfer of a financial asset that does not qualify for derecognition, the entity shall not offset the transferred asset and the associated liability (see IAS 39, paragraph 36).

This Standard requires the presentation of financial assets and financial liabilities on a net basis when doing so reflects an entity's expected future cash flows from settling two or more separate financial instruments. When an entity has the right to receive or pay a single net amount and intends to do so, it has, in effect, only a single financial asset or financial liability. In other circumstances, financial assets and financial liabilities are presented separately from each other consistently with their characteristics as resources or obligations of the entity. 43

Offsetting a recognised financial asset and a recognised financial liability and presenting the net amount differs from the derecognition of a financial asset or a financial liability. Although offsetting does not give rise to recognition of a gain or loss, the derecognition of a financial instrument not only results in the removal of the previously recognised item from the balance sheet but also may result in recognition of a gain or loss. 44

A right of set-off is a debtor's legal right, by contract or otherwise, to settle or otherwise eliminate all or a portion of an amount due to a creditor by applying against that amount an amount due from the creditor. In unusual circumstances, a debtor may have a legal right to apply an amount due from a third party against the amount due to a creditor provided that there is an agreement between the three parties that clearly establishes the debtor's right of set-off. Because the right of set-off is a legal right, the conditions supporting the right may vary from one legal jurisdiction to another and the laws applicable to the relationships between the parties need to be considered. 45

The existence of an enforceable right to set off a financial asset and a financial liability affects the rights and obligations associated with a financial asset and a financial liability and may affect an entity's exposure to credit and liquidity risk. However, the existence of the right, by itself, is not a sufficient basis for offsetting. In the absence of an intention to exercise the right or to settle simultaneously, the amount and timing of an entity's future cash flows are not affected. When an entity intends to exercise the right or to settle simultaneously, presentation of the asset and liability on a net basis reflects more appropriately the amounts and timing of the expected future cash flows, as well as the risks to which those cash flows are exposed. An intention by one or both parties to settle on a net basis without the legal right to do so is not sufficient to justify offsetting because the rights and obligations associated with the individual financial asset and financial liability remain unaltered. 46

An entity's intentions with respect to settlement of particular assets and liabilities may be influenced by its normal business practices, the requirements of the financial markets and other circumstances that may limit the ability to settle net or to settle simultaneously. When an entity has a right of set-off, but does not intend to settle net or to realise the asset and settle the liability simultaneously, the effect of the right on the entity's credit risk exposure is disclosed in accordance with paragraph 36 of IFRS 7. 47

48 Der gleichzeitige Ausgleich von zwei Finanzinstrumenten kann zum Beispiel durch direkten Austausch oder über eine Clearingstelle in einem organisierten Finanzmarkt erfolgen. In solchen Fällen findet tatsächlich nur ein einziger Finanzmitteltransfer statt, wobei weder ein Ausfall- noch ein Liquiditätsrisiko besteht. Erfolgt der Ausgleich über zwei voneinander getrennte (zu erhaltende bzw. zu leistende) Zahlungen, kann ein Unternehmen durchaus einem Ausfallrisiko im Hinblick auf den vollen Betrag der betreffenden finanziellen Forderungen und einem Liquiditätsrisiko im Hinblick auf den vollen Betrag der finanziellen Verbindlichkeit ausgesetzt sein. Auch wenn sie nur kurzzeitig auftreten, können solche Risiken erheblich sein. Die Gewinnrealisierung eines finanziellen Vermögenswertes und die Begleichung einer finanziellen Verbindlichkeit werden nur dann als gleichzeitig behandelt, wenn die Geschäftsvorfälle zum selben Zeitpunkt erfolgen.

49 Die in Paragraph 42 genannten Voraussetzungen sind im Allgemeinen in den folgenden Fällen nicht erfüllt, so dass eine Saldierung unangemessen ist:
   (a) wenn mehrere verschiedene Finanzinstrumente kombiniert werden, um die Merkmale eines einzelnen Finanzinstruments (eines „synthetischen Finanzinstruments") nachzuahmen;
   (b) wenn aus Finanzinstrumenten sich ergebende finanzielle Vermögenswerte und finanzielle Verbindlichkeiten, die das gleiche Risikoprofil haben (wenn sie beispielsweise zu einem Portfolio von Termingeschäften oder anderen Derivaten gehören), gegenüber verschiedenen Partnern bestehen;
   (c) wenn finanzielle oder andere Vermögenswerte als Sicherheit für finanzielle Verbindlichkeiten ohne Rückgriff verpfändet wurden;
   (d) wenn finanzielle Vermögenswerte von einem Schuldner in ein Treuhandverhältnis gegeben werden, um eine Verpflichtung zu begleichen, ohne dass die Vermögenswerte vom Gläubiger zum Ausgleich der Verbindlichkeit akzeptiert worden sind (beispielsweise eine Tilgungsfondsvereinbarung); oder
   (e) wenn bei Verpflichtungen, die aus Schadensereignissen entstehen, zu erwarten ist, dass diese durch Ersatzleistungen von Dritten beglichen werden, weil aus einem Versicherungsvertrag ein entsprechender Entschädigungsanspruch abgeleitet werden kann.

50 Ein Unternehmen, das eine Reihe von Geschäften mit Finanzinstrumenten mit einer einzigen Vertragspartei tätigt, kann mit dieser Vertragspartei einen Globalverrechnungsvertrag abschließen. Ein Globalverrechnungsvertrag sieht für den Fall von Nichtzahlung oder Kündigung bei einem einzigen Instrument die sofortige Aufrechnung bzw. Abwicklung aller Finanzinstrumente vor, die durch die Rahmenvereinbarung abgedeckt werden. Solche Rahmenvereinbarungen werden üblicherweise von Finanzinstitutionen verwendet, um sich gegen Verluste aus eventuellen Insolvenzverfahren oder anderen Umständen zu schützen, die dazu führen können, dass die Vertragspartei ihren Verpflichtungen nicht nachkommen kann. Ein Globalverrechnungsvertrag schafft üblicherweise nur einen bedingten Anspruch auf Verrechnung, der nur im Rechtsweg durchgesetzt werden kann und die Gewinnrealisierung oder Begleichung eines einzelnen finanziellen Vermögenswertes oder einer einzelnen finanziellen Verbindlichkeit nur beeinflussen kann, wenn ein tatsächlicher Zahlungsverzug oder andere Umstände vorliegen, mit denen im gewöhnlichen Geschäftsverlauf nicht zu rechnen ist. Ein Globalverrechnungsvertrag stellt für sich genommen keine Grundlage für eine Saldierung in der Bilanz dar, es sei denn, die Verrechnungsvoraussetzungen gemäß Paragraph 42 werden ebenfalls erfüllt. Wenn finanzielle Vermögenswerte und finanzielle Verbindlichkeiten im Rahmen eines Globalverrechnungsvertrages nicht miteinander saldiert werden, sind die Auswirkungen der Rahmenvereinbarung auf das Ausfallrisiko des Unternehmens gemäß IFRS 7 Paragraph 36 anzugeben.

ANGABEN

51–95 (gestrichen)

ZEITPUNKT DES INKRAFTTRETENS

96 Dieser Standard ist erstmals in der ersten Berichtsperiode eines am 1. Januar 2005 oder danach beginnenden Geschäftsjahres anzuwenden. Eine frühere Anwendung ist zulässig. Eine Anwendung dieses Standards für Berichtsperioden, die vor dem 1. Januar 2005 beginnen, ist jedoch nur bei zeitgleicher Anwendung von IAS 39 (herausgegeben im Dezember 2003) gestattet. Wenn ein Unternehmen diesen Standard für Berichtsperioden anwendet, die vor dem 1. Januar 2005 beginnen, so ist diese Tatsache anzugeben.

97 **Dieser Standard ist rückwirkend anzuwenden.**

Simultaneous settlement of two financial instruments may occur through, for example, the operation of a clearing house in an organised financial market or a face-to-face exchange. In these circumstances the cash flows are, in effect, equivalent to a single net amount and there is no exposure to credit or liquidity risk. In other circumstances, an entity may settle two instruments by receiving and paying separate amounts, becoming exposed to credit risk for the full amount of the asset or liquidity risk for the full amount of the liability. Such risk exposures may be significant even though relatively brief. Accordingly, realisation of a financial asset and settlement of a financial liability are treated as simultaneous only when the transactions occur at the same moment. 48

The conditions set out in paragraph 42 are generally not satisfied and offsetting is usually inappropriate when: 49
(a) several different financial instruments are used to emulate the features of a single financial instrument (a 'synthetic instrument');
(b) financial assets and financial liabilities arise from financial instruments having the same primary risk exposure (for example, assets and liabilities within a portfolio of forward contracts or other derivative instruments) but involve different counterparties;
(c) financial or other assets are pledged as collateral for non-recourse financial liabilities;
(d) financial assets are set aside in trust by a debtor for the purpose of discharging an obligation without those assets having been accepted by the creditor in settlement of the obligation (for example, a sinking fund arrangement); or
(e) obligations incurred as a result of events giving rise to losses are expected to be recovered from a third party by virtue of a claim made under an insurance contract.

An entity that undertakes a number of financial instrument transactions with a single counterparty may enter into a 'master netting arrangement' with that counterparty. Such an agreement provides for a single net settlement of all financial instruments covered by the agreement in the event of default on, or termination of, any one contract. These arrangements are commonly used by financial institutions to provide protection against loss in the event of bankruptcy or other circumstances that result in a counterparty being unable to meet its obligations. A master netting arrangement commonly creates a right of set-off that becomes enforceable and affects the realisation or settlement of individual financial assets and financial liabilities only following a specified event of default or in other circumstances not expected to arise in the normal course of business. A master netting arrangement does not provide a basis for offsetting unless both of the criteria in paragraph 42 are satisfied. When financial assets and financial liabilities subject to a master netting arrangement are not offset, the effect of the arrangement on an entity's exposure to credit risk is disclosed in accordance with paragraph 36 of IFRS 7. 50

DISCLOSURE

(deleted) 51–95

EFFECTIVE DATE

An entity shall apply this Standard for annual periods beginning on or after 1 January 2005. Earlier application is permitted. An entity shall not apply this Standard for annual periods beginning before 1 January 2005 unless it also applies IAS 39 (issued December 2003). If an entity applies this Standard for a period beginning before 1 January 2005, it shall disclose that fact. 96

This Standard shall be applied retrospectively. 97

IAS 32

RÜCKNAHME ANDERER VERLAUTBARUNGEN

98 Dieser Standard ersetzt IAS 32 *Finanzinstrumente: Angaben und Darstellung,* überarbeitet 2000.[2]

99 Dieser Standard ersetzt die folgenden Interpretationen:
 (a) SIC-5 *Klassifizierung von Finanzinstrumenten – Bedingte Erfüllungsvereinbarungen;*
 (b) SIC-16 *Gezeichnetes Kapital – Rückgekaufte eigene Eigenkapitalinstrumente* (eigene Anteile); und
 (c) SIC-17 *Eigenkapital – Kosten einer Eigenkapitaltransaktion.*

100 Dieser Standard widerruft die Entwurfsfassung der Interpretation SIC D43 *Financial Instruments – Instruments or Rights Redeemable by the Holder.*

---

[2] Im August 2005 verlagerte der IASB alle Angabepflichten in Bezug auf Finanzinstrumente nach IFRS 7 *Finanzinstrumente: Angaben.*

WITHDRAWAL OF OTHER PRONOUNCEMENTS

This Standard supersedes IAS 32 *Financial Instruments: Disclosure and Presentation* revised in 2000.[2]   **98**

This Standard supersedes the following Interpretations: **99**
(a) SIC-5 *Classification of Financial Instruments — Contingent Settlement Provisions;*
(b) SIC-16 *Share Capital—Reacquired Own Equity Instruments (Treasury Shares);* and
(c) SIC-17 *Equity—Costs of an Equity Transaction.*

This Standard withdraws draft SIC Interpretation D34 *Financial Instruments—Instruments or Rights Redeemable by the Holder.*   **100**

---

[2] In August 2005 the IASB relocated all disclosures relating to financial instruments to IFRS 7 *Financial Instruments: Disclosures.*

ANHANG A

Anleitungen zur Anwendung IAS 32 Finanzinstrumente: Angaben und Darstellung

Dieser Anhang ist Bestandteil des Standards.

AG1 In diesen Anleitungen zur Anwendung wird die Umsetzung bestimmter Aspekte des Standards erläutert.

AG2 Der Standard behandelt nicht den Ansatz bzw. die Bewertung von Finanzinstrumenten. Die Anforderungen bezüglich des Ansatzes und der Bewertung von finanziellen Vermögenswerten und finanziellen Verbindlichkeiten sind in IAS 39 *Finanzinstrumente: Ansatz und Bewertung* dargelegt.

Definitionen (Paragraphen 11–14)

Finanzielle Vermögenswerte und finanzielle Verbindlichkeiten

AG3 Zahlungsmittel (flüssige Mittel) stellen einen finanziellen Vermögenswert dar, weil sie das Austauschmedium und deshalb die Grundlage sind, auf der alle Transaktionen im Abschluss bewertet und erfasst werden. Eine Einlage flüssiger Mittel auf ein laufendes Konto bei einer Bank oder einer ähnlichen Finanzinstitution ist ein finanzieller Vermögenswert, weil sie das vertraglich eingeräumte Recht eines Einlegers darstellt, flüssige Mittel von der Bank zu erhalten bzw. einen Scheck oder ein ähnliches Finanzinstrument zu Gunsten eines Gläubigers zur Bezahlung einer finanziellen Verbindlichkeit zu verwenden.

AG4 Typische Beispiele für finanzielle Vermögenswerte, die ein vertraglich eingeräumtes Recht darstellen, flüssige Mittel zu einem künftigen Zeitpunkt zu erhalten, und korrespondierend für finanzielle Verbindlichkeiten, die eine vertragliche Verpflichtung darstellen, flüssige Mittel zu einem künftigen Zeitpunkt abzugeben, sind:
(a) Forderungen und Verbindlichkeiten aus Lieferungen und Leistungen,
(b) Wechselforderungen und Wechselverbindlichkeiten,
(c) Darlehensforderungen und Darlehensverbindlichkeiten
und
(d) Anleiheforderungen und Anleiheverbindlichkeiten.

In allen Fällen steht dem vertraglich eingeräumten Recht der einen Vertragspartei, flüssige Mittel zu erhalten (oder der Verpflichtung, flüssige Mittel abzugeben), korrespondierend die vertragliche Zahlungsverpflichtung (oder das Recht, flüssige Mittel zu erhalten) der anderen Vertragspartei gegenüber.

AG5 Andere Arten von Finanzinstrumenten sind solche, bei denen der (erwartete bzw. begebene) wirtschaftliche Nutzen nicht in flüssigen Mitteln, sondern in einem anderen finanziellen Vermögenswert besteht. Eine Wechselverbindlichkeit aus Regierungsanleihen räumt dem Inhaber beispielsweise das vertragliche Recht ein und verpflichtet den Emittenten vertraglich zur Übergabe von Regierungsanleihen und nicht von flüssigen Mitteln. Regierungsanleihen sind finanzielle Vermögenswerte, weil sie eine Verpflichtung der emittierenden Regierung auf Zahlung flüssiger Mittel darstellen. Wechsel stellen daher für den Wechselinhaber finanzielle Vermögenswerte dar, während sie für den Wechselemittenten finanzielle Verbindlichkeiten präsentieren.

AG6 Ewige Schuldinstrumente (wie beispielsweise ewige schuldrechtliche Papiere, ungesicherte Schuldverschreibungen und Schuldscheine) räumen dem Inhaber normalerweise ein vertragliches Recht auf Erhalt von Zahlungen auf Grund von Zinsen zu festgesetzten Zeitpunkten bis in unbestimmte Zukunft hinein ein. Der Inhaber hat hierbei kein Recht auf Rückerhalt des Kapitalbetrags, oder er hat dieses Recht zu Bedingungen, die den Erhalt sehr unwahrscheinlich machen bzw. ihn auf einen Termin in ferner Zukunft festlegen. Ein Unternehmen kann beispielsweise ein Finanzinstrument emittieren, mit dem es sich für alle Ewigkeit zu jährlichen Zahlungen zu einem vereinbarten Zinssatz von 8 % des ausgewiesenen Nennwertes oder Kapitalbetrags von WE 1 000 verpflichtet.[3] Wenn der marktgängige Zinssatz für das Finanzinstrument bei Ausgabe 8 % beträgt, übernimmt der Emittent eine vertragliche Verpflichtung zu einer Reihe von künftigen Zinszahlungen, deren beizulegender Zeitwert (Barwert) beim erstmaligen Ansatz WE 1 000 beträgt. Der Inhaber bzw. der Emittent des Finanzinstruments hat einen finanziellen Vermögenswert bzw. eine finanzielle Verbindlichkeit.

AG7 Ein vertragliches Recht oder eine vertragliche Verpflichtung auf Empfang, Lieferung oder Übertragung von Finanzinstrumenten stellt selbst ein Finanzinstrument dar. Eine Kette von vertraglich vereinbarten Rechten oder

---

[3] In diesen Anleitungen werden Geldbeträge in „Währungseinheiten" (WE) angegeben.

APPENDIX A

Application Guidance IAS 32 Financial Instruments: Disclosure and Presentation

This appendix is an integral part of the Standard.

This Application Guidance explains the application of particular aspects of the Standard. AG1

The Standard does not deal with the recognition or measurement of financial instruments. Requirements about the recognition and measurement of financial assets and financial liabilities are set out in IAS 39 Financial Instruments: Recognition and Measurement. AG2

Definitions (paragraphs 11—14)

Financial Assets and Financial Liabilities

Currency (cash) is a financial asset because it represents the medium of exchange and is therefore the basis on which all transactions are measured and recognised in financial statements. A deposit of cash with a bank or similar financial institution is a financial asset because it represents the contractual right of the depositor to obtain cash from the institution or to draw a cheque or similar instrument against the balance in favour of a creditor in payment of a financial liability. AG3

Common examples of financial assets representing a contractual right to receive cash in the future and corresponding financial liabilities representing a contractual obligation to deliver cash in the future are: AG4
(a) trade accounts receivable and payable;
(b) notes receivable and payable;
(c) loans receivable and payable; and
(d) bonds receivable and payable.

In each case, one party's contractual right to receive (or obligation to pay) cash is matched by the other party's corresponding obligation to pay (or right to receive).

Another type of financial instrument is one for which the economic benefit to be received or given up is a financial asset other than cash. For example, a note payable in government bonds gives the holder the contractual right to receive and the issuer the contractual obligation to deliver government bonds, not cash. The bonds are financial assets because they represent obligations of the issuing government to pay cash. The note is, therefore, a financial asset of the note holder and a financial liability of the note issuer. AG5

'Perpetual' debt instruments (such as 'perpetual' bonds, debentures and capital notes) normally provide the holder with the contractual right to receive payments on account of interest at fixed dates extending into the indefinite future, either with no right to receive a return of principal or a right to a return of principal under terms that make it very unlikely or very far in the future. For example, an entity may issue a financial instrument requiring it to make annual payments in perpetuity equal to a stated interest rate of 8 per cent applied to a stated par or principal amount of CU1 000.[3] Assuming 8 per cent to be the market rate of interest for the instrument when issued, the issuer assumes a contractual obligation to make a stream of future interest payments having a fair value (present value) of CU1 000 on initial recognition. The holder and issuer of the instrument have a financial asset and a financial liability, respectively. AG6

A contractual right or contractual obligation to receive, deliver or exchange financial instruments is itself a financial instrument. A chain of contractual rights or contractual obligations meets the definition of a financial AG7

---
[3] In this guidance, monetary amounts are denominated in 'currency units' (CU).

IAS 32

Verpflichtungen erfüllt die Definition eines Finanzinstruments, wenn sie letztendlich zum Empfang oder zur Abgabe von Finanzmitteln oder zum Erwerb oder zur Emission von Eigenkapitalinstrumenten führt.

AG8 Die Fähigkeit zur Ausübung eines vertraglich eingeräumten Rechtes oder die Forderung zur Erfüllung einer vertraglich eingeräumten Verpflichtung kann unbedingt oder abhängig vom Eintreten eines künftigen Ereignisses sein. Zum Beispiel ist eine Bürgschaft ein dem Kreditgeber vertraglich eingeräumtes Recht auf Empfang von Finanzmitteln durch den Bürgen und eine korrespondierende vertraglich eingeräumte Verpflichtung seitens des Bürgen zur Zahlung an den Kreditgeber, wenn der Kreditnehmer seinen Verpflichtungen nicht nachkommt. Das vertraglich eingeräumte Recht und die Verpflichtung bestehen auf Grund von früheren Rechtsgeschäften oder Geschäftsvorfällen (Berechnungsgrundlage der Bürgschaft), selbst wenn die Fähigkeit des Kreditgebers, sein Recht auszuüben, und die Anforderung an den Bürgen, seine Verpflichtungen zu begleichen, abhängig von einem künftigen Verzug des Kreditnehmers sind. Vom Eintreten bestimmter Ereignisse abhängige Rechte und Verpflichtungen erfüllen die Definition von finanziellen Vermögenswerten bzw. finanziellen Verbindlichkeiten, selbst wenn solche finanziellen Vermögenswerte bzw. Verbindlichkeiten nicht immer im Abschluss bilanziert werden. Einige dieser bedingten Rechte und Verpflichtungen können Versicherungsverträge im Anwendungsbereich von IFRS 4 sein.

AG9 Gemäß IAS 17 *Leasingverhältnisse* wird ein Leasingvertrag in erster Linie als Anspruch eines Leasinggebers auf Erhalt von bzw. als Verpflichtung eines Leasingnehmers zur Zahlung von Zahlungsströmen betrachtet, die in materieller Hinsicht der Zahlung von Zins und Tilgung bei einem Darlehensvertrag entsprechen. Der Leasinggeber verbucht seine Investition als ausstehende Forderung auf Grund des Leasingvertrags und nicht als geleasten Vermögenswert. Andererseits wird ein Operating-Leasingverhältnis in erster Linie als nicht erfüllter Vertrag betrachtet, der den Leasinggeber verpflichtet, die künftige Nutzung eines Vermögenswertes im Austausch für eine Gegenleistung ähnlich einem Entgelt für eine Dienstleistung zu gestatten. Der Leasinggeber verbucht den geleasten Vermögenswert und nicht die gemäß Leasingvertrag ausstehende Forderung. Dementsprechend wird ein Finanzierungsleasing als Finanzinstrument und ein Operating-Leasingverhältnis nicht als Finanzinstrument betrachtet (außer im Hinblick auf einzelne jeweils fällige Zahlungen).

AG10 Körperliche Vermögenswerte (wie beispielsweise Vorräte, Sachanlagen), geleaste Vermögenswerte und immaterielle Vermögenswerte (wie Patente und Warenrechte) gelten nicht als finanzielle Vermögenswerte. Mit der Verfügungsmacht über körperliche und immaterielle Vermögenswerte ist zwar die Möglichkeit verbunden, Finanzmittelzuflüsse oder den Zufluss anderer finanzieller Vermögenswerte zu generieren, sie führt aber nicht zu einem bestehenden Rechtsanspruch auf flüssige Mittel oder andere finanzielle Vermögenswerte.

AG11 Vermögenswerte (wie beispielsweise aktivische Abgrenzungen), für die der künftige wirtschaftliche Nutzen im Empfang von Waren oder Dienstleistungen und nicht im Recht auf Erhalt von flüssigen Mitteln oder anderen finanziellen Vermögenswerten besteht, sind keine finanziellen Vermögenswerte. Ebenso gelten Posten wie beispielsweise passivische Abgrenzungen und die meisten Gewährleistungsverpflichtungen nicht als finanzielle Verbindlichkeiten, da die aus ihnen resultierenden Nutzenabflüsse in der Bereitstellung von Gütern und Dienstleistungen und nicht in einer vertraglichen Verpflichtung zur Abgabe von flüssigen Mitteln oder anderen finanziellen Vermögenswerten bestehen.

AG12 Verbindlichkeiten oder Vermögenswerte, die nicht auf einer vertraglichen Vereinbarung basieren (wie beispielsweise Verbindlichkeiten für Ertragsteuern, die als Ergebnis gesetzlicher Vorschriften erhoben werden), gelten nicht als finanzielle Verbindlichkeiten oder finanzielle Vermögenswerte. Die Bilanzierung von Ertragsteuern wird im IAS 12 *Ertragsteuern* behandelt. Gleiches gilt für faktische Verpflichtungen laut Definition in IAS 37 *Rückstellungen, Eventualschulden und Eventualforderungen*, die nicht durch Verträge begründet werden und keine finanziellen Verbindlichkeiten darstellen.

Eigenkapitalinstrumente

AG13 Beispiele für Eigenkapitalinstrumente sind u. a. nicht kündbare Stammaktien, einige Arten von Vorzugsaktien (siehe Paragraphen AG25 und AG26) sowie Optionsscheine oder geschriebene Verkaufsoptionen, die den Inhaber zur Zeichnung oder zum Kauf einer festen Anzahl nicht kündbarer Stammaktien des emittierenden Unternehmens gegen einen festen Betrag an flüssigen Mitteln oder anderen finanziellen Vermögenswerten berechtigt. Die Verpflichtung eines Unternehmens, eine feste Anzahl von Eigenkapitalinstrumenten gegen einen festen Betrag an flüssigen Mitteln oder anderen finanziellen Vermögenswerten auszugeben oder zu erwerben, ist als Eigenkapitalinstrument des Unternehmens zu klassifizieren. Wird das Unternehmen in einem solchen Vertrag jedoch zur Abgabe von flüssigen Mitteln oder anderen finanziellen Vermögenswerten verpflichtet, so entsteht gleichzeitig eine Verbindlichkeit in Höhe des Barwertes des Rückkaufbetrags (siehe Paragraph AG27(a)). Ein Emittent nicht kündbarer Stammaktien geht eine Verbindlichkeit ein, wenn er formell eine

instrument if it will ultimately lead to the receipt or payment of cash or to the acquisition or issue of an equity instrument.

AG8 The ability to exercise a contractual right or the requirement to satisfy a contractual obligation may be absolute, or it may be contingent on the occurrence of a future event. For example, a financial guarantee is a contractual right of the lender to receive cash from the guarantor, and a corresponding contractual obligation of the guarantor to pay the lender, if the borrower defaults. The contractual right and obligation exist because of a past transaction or event (assumption of the guarantee), even though the lender's ability to exercise its right and the requirement for the guarantor to perform under its obligation are both contingent on a future act of default by the borrower. A contingent right and obligation meet the definition of a financial asset and a financial liability, even though such assets and liabilities are not always recognised in the financial statements. Some of these contingent rights and obligations may be insurance contracts within the scope of IFRS 4.

AG9 Under IAS 17 *Leases* a finance lease is regarded as primarily an entitlement of the lessor to receive, and an obligation of the lessee to pay, a stream of payments that are substantially the same as blended payments of principal and interest under a loan agreement. The lessor accounts for its investment in the amount receivable under the lease contract rather than the leased asset itself. An operating lease, on the other hand, is regarded as primarily an uncompleted contract committing the lessor to provide the use of an asset in future periods in exchange for consideration similar to a fee for a service. The lessor continues to account for the leased asset itself rather than any amount receivable in the future under the contract. Accordingly, a finance lease is regarded as a financial instrument and an operating lease is not regarded as a financial instrument (except as regards individual payments currently due and payable).

AG10 Physical assets (such as inventories, property, plant and equipment), leased assets and intangible assets (such as patents and trademarks) are not financial assets. Control of such physical and intangible assets creates an opportunity to generate an inflow of cash or another financial asset, but it does not give rise to a present right to receive cash or another financial asset.

AG11 Assets (such as prepaid expenses) for which the future economic benefit is the receipt of goods or services, rather than the right to receive cash or another financial asset, are not financial assets. Similarly, items such as deferred revenue and most warranty obligations are not financial liabilities because the outflow of economic benefits associated with them is the delivery of goods and services rather than a contractual obligation to pay cash or another financial asset.

AG12 Liabilities or assets that are not contractual (such as income taxes that are created as a result of statutory requirements imposed by governments) are not financial liabilities or financial assets. Accounting for income taxes is dealt with in IAS 12 *Income Taxes*. Similarly, constructive obligations, as defined in IAS 37 *Provisions, Contingent Liabilities and Contingent Assets*, do not arise from contracts and are not financial liabilities.

Equity Instruments

AG13 Examples of equity instruments include non-puttable ordinary shares, some types of preference shares (see paragraphs AG25 and AG26), and warrants or written call options that allow the holder to subscribe for or purchase a fixed number of non-puttable ordinary shares in the issuing entity in exchange for a fixed amount of cash or another financial asset. An entity's obligation to issue or purchase a fixed number of its own equity instruments in exchange for a fixed amount of cash or another financial asset is an equity instrument of the entity. However, if such a contract contains an obligation for the entity to pay cash or another financial asset, it also gives rise to a liability for the present value of the redemption amount (see paragraph AG27(a)). An issuer of non-puttable ordinary shares assumes a liability when it formally acts to make a distribution and becomes legally obligated to the shareholders to do so. This may be the case following the declaration of a dividend or when the

IAS 32

Gewinnausschüttung vornimmt oder den Anteilseignern gegenüber gesetzlich dazu verpflichtet wird. Dies kann nach einer Dividendenerklärung der Fall sein oder wenn das Unternehmen liquidiert wird und alle nach Begleichung der Schulden verbliebenen Vermögenswerte auf die Aktionäre zu verteilen sind.

AG14 Eine erworbene Kaufoption oder ein ähnlicher erworbener Vertrag, der ein Unternehmen zum Rückkauf einer festen Anzahl eigener Eigenkapitalinstrumente gegen die Abgabe eines festen Betrags an flüssigen Mitteln oder anderen finanziellen Vermögenswerten berechtigt, stellt keinen finanziellen Vermögenswert des Unternehmens dar. Stattdessen werden sämtliche für einen solchen Vertrag entrichteten Entgelte vom Eigenkapital abgezogen.

Derivative Finanzinstrumente

AG15 Zu den Finanzinstrumenten zählen originäre Instrumente (wie beispielsweise Forderungen, Zahlungsverpflichtungen und Eigeninstrumente) und derivative Finanzinstrumente (wie beispielsweise Optionen, standardisierte und andere Termingeschäfte, Zinsswaps und Währungsswaps). Derivative Finanzinstrumente erfüllen die Definition eines Finanzinstruments und fallen daher in den Anwendungsbereich dieses Standards.

AG16 Derivative Finanzinstrumente begründen Rechte und Verpflichtungen, so dass Finanzrisiken, die in den zugrunde liegenden originären Finanzinstrumenten enthalten sind, als separate Rechte und Verpflichtungen zwischen den Vertragsparteien übertragen werden können. Zu Beginn räumen derivative Finanzinstrumente einer Vertragspartei ein vertragliches Recht auf Austausch von finanziellen Vermögenswerten oder finanziellen Verbindlichkeiten mit der anderen Vertragspartei unter potenziell vorteilhaften Bedingungen ein bzw. verpflichten vertraglich zum Austausch von finanziellen Vermögenswerten oder finanziellen Verbindlichkeiten mit der anderen Vertragspartei unter potenziell nachteiligen Bedingungen. Sie führen im Allgemeinen[4] bei Vertragsabschluss jedoch nicht zu einer Übertragung des zugrunde liegenden originären Finanzinstruments, und auch die Erfüllung solcher Verträge ist nicht unbedingt mit einer Übertragung des originären Finanzinstruments verknüpft. Einige Finanzinstrumente schließen sowohl ein Recht auf Austausch als auch eine Verpflichtung zum Austausch ein. Da die Bedingungen des Austauschs zu Beginn des derivativen Finanzinstrumentes festgelegt werden und die Preise in den Finanzmärkten ständigen Veränderungen unterworfen sind, können die Bedingungen im Laufe der Zeit entweder vorteilhaft oder nachteilig werden.

AG17 Eine Verkaufs- oder Kaufoption auf den Austausch von finanziellen Vermögenswerten oder finanziellen Verbindlichkeiten (also anderen Finanzinstrumenten als den Eigenkapitalinstrumenten des Unternehmens) räumt dem Inhaber ein Recht auf einen potenziellen künftigen wirtschaftlichen Nutzen auf Grund der Veränderungen im beizulegenden Zeitwert der Basis ein, die dem Kontrakt zu Grunde liegt. Umgekehrt geht der Stillhalter einer Option eine Verpflichtung ein, sich eines potenziellen künftigen wirtschaftlichen Nutzens zu begeben bzw. potenzielle Verluste auf Grund der Veränderungen im beizulegenden Zeitwert des betreffenden Finanzinstrumentes zu tragen. Das vertraglich eingeräumte Recht des Inhabers und die Verpflichtung des Stillhalters erfüllen die definitorischen Merkmale eines finanziellen Vermögenswertes bzw. einer finanziellen Verbindlichkeit. Das einem Optionsvertrag zugrunde liegende Finanzinstrument kann ein beliebiger finanzieller Vermögenswert einschließlich Aktien an anderen Unternehmen und verzinslicher Instrumente sein. Eine Option kann den Stillhalter verpflichten, ein Schuldinstrument zu emittieren, statt einen finanziellen Vermögenswert zu übertragen, jedoch würde das dem Optionsvertrag zugrunde liegende Finanzinstrument einen finanziellen Vermögenswert des Inhabers darstellen, sofern das Optionsrecht genutzt wird. Das Recht des Optionsinhabers auf Austausch der Vermögenswerte unter potenziell vorteilhaften Bedingungen und die Verpflichtung des Stillhalters zur Abgabe von Vermögenswerten unter potenziell nachteiligen Bedingungen sind von den betreffenden, bei Ausübung der Option auszutauschenden finanziellen Vermögenswerten zu unterscheiden. Die Art des Inhaberrechtes und die Verpflichtung des Stillhalters bleiben von der Wahrscheinlichkeit der Ausübung des Optionsrechtes unberührt.

AG18 Ein weiteres Beispiel für derivative Finanzinstrumente ist ein Termingeschäft, das in einem Zeitraum von sechs Monaten zu erfüllen ist und in dem ein Übernehmer sich verpflichtet, flüssige Mittel im Wert von WE 1 000 000 im Austausch gegen festverzinsliche Regierungsanleihen mit einem Nennbetrag von WE 1 000 000 zu übergeben, und der Verkäufer sich verpflichtet, festverzinsliche Regierungsanleihen mit einem Nennbetrag von WE 1 000 000 im Austausch gegen flüssige Mittel im Wert von WE 1 000 000 zu übergeben. Während des Zeitraums von sechs Monaten haben beide Vertragsparteien ein vertraglich eingeräumtes Recht und eine vertraglich eingeräumte Verpflichtung zum Austausch von Finanzinstrumenten. Wenn der Marktpreis der Regierungsanleihen über WE 1 000 000 steigt, sind die Bedingungen für den Übernehmer vorteilhaft und für den Verkäufer nachteilig; wenn der Marktpreis unter WE 1 000 000 fällt, kommt es zum gegenteiligen Effekt. Der Übernehmer

---

[4] Dies trifft auf die meisten, jedoch nicht alle Derivate zu. Beispielsweise wird bei einigen kombinierten Zins-Währungsswaps der Nennbetrag bei Vertragsabschluss getauscht (und bei Vertragserfüllung zurückgetauscht).

entity is being wound up and any assets remaining after the satisfaction of liabilities become distributable to shareholders.

A purchased call option or other similar contract acquired by an entity that gives it the right to reacquire a fixed number of its own equity instruments in exchange for delivering a fixed amount of cash or another financial asset is not a financial asset of the entity. Instead, any consideration paid for such a contract is deducted from equity.

AG14

Derivative Financial Instruments

Financial instruments include primary instruments (such as receivables, payables and equity instruments) and derivative financial instruments (such as financial options, futures and forwards, interest rate swaps and currency swaps). Derivative financial instruments meet the definition of a financial instrument and, accordingly, are within the scope of this Standard.

AG15

Derivative financial instruments create rights and obligations that have the effect of transferring between the parties to the instrument one or more of the financial risks inherent in an underlying primary financial instrument. On inception, derivative financial instruments give one party a contractual right to exchange financial assets or financial liabilities with another party under conditions that are potentially favourable, or a contractual obligation to exchange financial assets or financial liabilities with another party under conditions that are potentially unfavourable. However, they generally[4] do not result in a transfer of the underlying primary financial instrument on inception of the contract, nor does such a transfer necessarily take place on maturity of the contract. Some instruments embody both a right and an obligation to make an exchange. Because the terms of the exchange are determined on inception of the derivative instrument, as prices in financial markets change those terms may become either favourable or unfavourable.

AG16

A put or call option to exchange financial assets or financial liabilities (ie financial instruments other than an entity's own equity instruments) gives the holder a right to obtain potential future economic benefits associated with changes in the fair value of the financial instrument underlying the contract. Conversely, the writer of an option assumes an obligation to forgo potential future economic benefits or bear potential losses of economic benefits associated with changes in the fair value of the underlying financial instrument. The contractual right of the holder and obligation of the writer meet the definition of a financial asset and a financial liability, respectively. The financial instrument underlying an option contract may be any financial asset, including shares in other entities and interest-bearing instruments. An option may require the writer to issue a debt instrument, rather than transfer a financial asset, but the instrument underlying the option would constitute a financial asset of the holder if the option were exercised. The option-holder's right to exchange the financial asset under potentially favourable conditions and the writer's obligation to exchange the financial asset under potentially unfavourable conditions are distinct from the underlying financial asset to be exchanged upon exercise of the option. The nature of the holder's right and of the writer's obligation are not affected by the likelihood that the option will be exercised.

AG17

Another example of a derivative financial instrument is a forward contract to be settled in six months' time in which one party (the purchaser) promises to deliver CU1 000 000 cash in exchange for CU1 000 000 face amount of fixed rate government bonds, and the other party (the seller) promises to deliver CU1 000 000 face amount of fixed rate government bonds in exchange for CU1 000 000 cash. During the six months, both parties have a contractual right and a contractual obligation to exchange financial instruments. If the market price of the government bonds rises above CU1 000 000, the conditions will be favourable to the purchaser and unfavourable to the seller; if the market price falls below CU1 000 000, the effect will be the opposite. The purchaser has a contractual right (a financial asset) similar to the right under a call option held and a contractual obligation (a financial liability) similar to the obligation under a put option written; the seller has a contractual

AG18

---

4   This is true of most, but not all derivatives, eg in some cross-currency interest rate swaps principal is exchanged on inception (and re-exchanged on maturity).

hat ein vertraglich eingeräumtes Recht (einen finanziellen Vermögenswert) ähnlich dem Recht auf Grund einer gehaltenen Kaufoption und eine vertragliche Verpflichtung (eine finanzielle Verbindlichkeit) ähnlich einer Verpflichtung auf Grund einer geschriebenen Verkaufsoption; der Verkäufer hat hingegen ein vertraglich eingeräumtes Recht (einen finanziellen Vermögenswert) ähnlich dem Recht auf Grund einer gehaltenen Verkaufsoption und eine vertragliche Verpflichtung (eine finanzielle Verbindlichkeit) ähnlich einer Verpflichtung auf Grund einer geschriebenen Kaufoption. Wie bei Optionen stellen diese vertraglich eingeräumten Rechte und Verpflichtungen finanzielle Vermögenswerte und finanzielle Verbindlichkeiten dar, die von den den Geschäften zugrunde liegenden Finanzinstrumenten (den auszutauschenden Regierungsanleihen und flüssigen Mitteln) zu trennen und wohl zu unterscheiden sind. Beide Vertragsparteien eines Termingeschäfts gehen eine zu einem vereinbarten Zeitpunkt zu erfüllende Verpflichtung ein, während die Erfüllung bei einem Optionsvertrag nur dann erfolgt, sofern der Inhaber der Option dies wünscht.

AG19 Viele andere Arten von derivativen Finanzinstrumenten beinhalten ein Recht auf bzw. eine Verpflichtung zu einem künftigen Austausch, einschließlich Zins- und Währungsswaps, Collars und Floors, Darlehenszusagen, NIFs (Note Issuance Facilities) und Akkreditive. Man kann einen Zinsswap als Variante eines standardisierten Terminkontrakts betrachten, bei dem die Vertragsparteien übereinkommen, künftig Geldbeträge auszutauschen, wobei der eine Betrag auf Grund eines variablen Zinssatzes und der andere Geldbetrag auf Grund eines festen Zinssatzes berechnet wird. Futures-Kontrakte stellen eine weitere Variante von Terminkontrakten dar, die sich hauptsächlich dadurch unterscheiden, dass die Verträge standardisiert sind und an Börsen gehandelt werden.

Verträge über den Kauf oder Verkauf eines nicht finanziellen Postens (Paragraphen 8–10)

AG20 Verträge über den Kauf oder Verkauf eines nicht finanziellen Postens erfüllen nicht die Definition eines Finanzinstruments, weil das vertraglich eingeräumte Recht einer Vertragspartei auf den Empfang nicht finanzieller Vermögenswerte oder Dienstleistungen und die korrespondierende Verpflichtung der anderen Vertragspartei keinen bestehenden Rechtsanspruch oder eine Verpflichtung auf Empfang, Lieferung oder Übertragung eines finanziellen Vermögenswertes begründen. Beispielsweise gelten Verträge, die eine Erfüllung ausschließlich durch Erhalt oder Lieferung eines nicht finanziellen Vermögenswertes (beispielsweise eine Option, ein standardisierter oder anderer Terminkontrakt über Silber) vorsehen, nicht als Finanzinstrumente. Viele Warenverträge sind von dieser Art. Einige Warenverträge sind der Form nach standardisiert und werden in organisierten Märkten auf ähnliche Weise wie einige derivative Finanzinstrumente gehandelt. Ein standardisiertes Warentermingeschäft kann beispielsweise sofort gegen Bargeld gekauft und verkauft werden, weil es an einer Börse zum Handel zugelassen ist und häufig den Besitzer wechseln kann. Die Vertragsparteien, die den Vertrag kaufen bzw. verkaufen, handeln allerdings im Grunde genommen mit der dem Vertrag zugrunde liegenden Ware. Die Fähigkeit, einen Warenvertrag gegen flüssige Mittel zu kaufen bzw. zu verkaufen, die Leichtigkeit, mit der der Warenvertrag gekauft bzw. verkauft werden kann, und die Möglichkeit, einen Barausgleich mit der Verpflichtung zu vereinbaren, die Ware zu erhalten bzw. zu liefern, ändern nichts an der grundlegenden Eigenschaft des Vertrags derart, dass ein Finanzinstrument gebildet würde. Dennoch fallen einige Verträge über den Kauf oder Verkauf nicht finanzieller Posten, die durch einen Ausgleich in bar oder anderen Finanzinstrumenten erfüllt werden können oder bei denen der nicht finanzielle Posten jederzeit in flüssige Mittel umgewandelt werden kann, in den Anwendungsbereich dieses Standards, als handelte es sich um Finanzinstrumente (siehe Paragraph 8).

AG21 Ein Vertrag, der den Erhalt bzw. die Lieferung von körperlichen Vermögenswerten beinhaltet, begründet weder einen finanziellen Vermögenswert bei der einen Vertragspartei noch eine finanzielle Verbindlichkeit bei der anderen Vertragspartei, es sei denn, dass eine entsprechende Zahlung oder Teilzahlung auf einen Zeitpunkt nach Übergabe der körperlichen Vermögenswerte verschoben wird. Dies ist der Fall beim Kauf oder Verkauf von Gütern mittels Handelskredit.

AG22 Einige Verträge beziehen sich auf Waren, beinhalten aber keine Erfüllung durch physische Entgegennahme bzw. Lieferung von Waren. Bei diesen Verträgen erfolgt die Erfüllung durch Barzahlungen, deren Betrag von einer im Vertrag vereinbarten Formel bestimmt wird, und nicht durch Zahlung von Festbeträgen. Der Kapitalwert einer Anleihe kann beispielsweise durch Zugrundelegung des Marktpreises für Öl berechnet werden, der bei Fälligkeit der Anleihe für eine feste Ölmenge besteht. Der Kapitalwert wird im Hinblick auf den Warenpreis indiziert, aber ausschließlich mit flüssigen Mitteln erbracht. Solche Verträge stellen Finanzinstrumente dar.

AG23 Die Definition eines Finanzinstruments umfasst auch Verträge, die zusätzlich zu finanziellen Vermögenswerten bzw. Verbindlichkeiten zu nicht finanziellen Vermögenswerten bzw. nicht finanziellen Verbindlichkeiten führen. Solche Finanzinstrumente räumen einer Vertragspartei häufig eine Option auf Austausch eines finanziellen Vermögenswertes gegen einen nicht finanziellen Vermögenswert ein. Eine an Öl gebundene Anleihe beispiels-

right (a financial asset) similar to the right under a put option held and a contractual obligation (a financial liability) similar to the obligation under a call option written. As with options, these contractual rights and obligations constitute financial assets and financial liabilities separate and distinct from the underlying financial instruments (the bonds and cash to be exchanged). Both parties to a forward contract have an obligation to perform at the agreed time, whereas performance under an option contract occurs only if and when the holder of the option chooses to exercise it.

Many other types of derivative instruments embody a right or obligation to make a future exchange, including interest rate and currency swaps, interest rate caps, collars and floors, loan commitments, note issuance facilities and letters of credit. An interest rate swap contract may be viewed as a variation of a forward contract in which the parties agree to make a series of future exchanges of cash amounts, one amount calculated with reference to a floating interest rate and the other with reference to a fixed interest rate. Futures contracts are another variation of forward contracts, differing primarily in that the contracts are standardised and traded on an exchange. AG19

Contracts to Buy or Sell Non-Financial Items (paragraphs 8—10)

Contracts to buy or sell non-financial items do not meet the definition of a financial instrument because the contractual right of one party to receive a non-financial asset or service and the corresponding obligation of the other party do not establish a present right or obligation of either party to receive, deliver or exchange a financial asset. For example, contracts that provide for settlement only by the receipt or delivery of a non-financial item (eg an option, futures or forward contract on silver) are not financial instruments. Many commodity contracts are of this type. Some are standardised in form and traded on organised markets in much the same fashion as some derivative financial instruments. For example, a commodity futures contract may be bought and sold readily for cash because it is listed for trading on an exchange and may change hands many times. However, the parties buying and selling the contract are, in effect, trading the underlying commodity. The ability to buy or sell a commodity contract for cash, the ease with which it may be bought or sold and the possibility of negotiating a cash settlement of the obligation to receive or deliver the commodity do not alter the fundamental character of the contract in a way that creates a financial instrument. Nevertheless, some contracts to buy or sell non-financial items that can be settled net or by exchanging financial instruments, or in which the non-financial item is readily convertible to cash, are within the scope of the Standard as if they were financial instruments (see paragraph 8). AG20

A contract that involves the receipt or delivery of physical assets does not give rise to a financial asset of one party and a financial liability of the other party unless any corresponding payment is deferred past the date on which the physical assets are transferred. Such is the case with the purchase or sale of goods on trade credit. AG21

Some contracts are commodity-linked, but do not involve settlement through the physical receipt or delivery of a commodity. They specify settlement through cash payments that are determined according to a formula in the contract, rather than through payment of fixed amounts. For example, the principal amount of a bond may be calculated by applying the market price of oil prevailing at the maturity of the bond to a fixed quantity of oil. The principal is indexed by reference to a commodity price, but is settled only in cash. Such a contract constitutes a financial instrument. AG22

The definition of a financial instrument also encompasses a contract that gives rise to a non-financial asset or nonfinancial liability in addition to a financial asset or financial liability. Such financial instruments often give one party an option to exchange a financial asset for a non-financial asset. For example, an oil-linked bond may give the holder the right to receive a stream of fixed periodic interest payments and a fixed amount of cash on AG23

weise kann dem Inhaber das Recht auf Erhalt von regelmäßigen Zinszahlungen in festen zeitlichen Abständen und auf Erhalt eines festen Betrags an flüssigen Mitteln bei Fälligkeit mit der Option einräumen, den Kapitalbetrag gegen eine feste Menge an Öl einzutauschen. Ob die Ausübung einer solchen Option vorteilhaft ist, hängt davon ab, wie stark sich der beizulegende Zeitwert des Öls in Bezug auf das in der Anleihe festgesetzte Tauschverhältnis von Zahlungsmitteln gegen Öl (den Tauschpreis) verändert. Die Absichten des Anleihegläubigers, eine Option auszuüben, beeinflussen nicht die wirtschaftliche Substanz derjenigen Teile, die Vermögenswerte darstellen. Der finanzielle Vermögenswert des Inhabers und die finanzielle Verbindlichkeit des Emittenten machen die Anleihe zu einem Finanzinstrument, unabhängig von anderen Arten von Vermögenswerten und Schulden, die ebenfalls geschaffen werden.

AG24 (gestrichen)

DARSTELLUNG

Schulden und Eigenkapital (Paragraphen 15–27)

Keine vertragliche Verpflichtung zur Abgabe von flüssigen Mitteln oder anderen finanziellen Vermögenswerten (Paragraphen 17–20)

AG25 Vorzugsaktien können mit verschiedenen Rechten ausgestattet emittiert werden. Bei der Einstufung einer Vorzugsaktie als finanzielle Verbindlichkeit oder als Eigenkapitalinstrument bewertet ein Emittent die einzelnen Rechte, die mit der Aktie verbunden sind, um zu bestimmen, ob sie die grundlegenden Eigenschaften einer finanziellen Verbindlichkeit erfüllt. Beispielsweise beinhaltet eine Vorzugsaktie, die einen Rückkauf zu einem bestimmten Zeitpunkt oder auf Wunsch des Inhabers vorsieht, eine finanzielle Verbindlichkeit, da der Emittent zur Abgabe von finanziellen Vermögenswerten an den Aktieninhaber verpflichtet ist. Die potenzielle Unfähigkeit eines Emittenten, der vertraglich vereinbarten Rückkaufverpflichtung von Vorzugsaktien nachzukommen, sei es aus Mangel an Finanzmitteln, auf Grund einer gesetzlich vorgeschriebenen Verfügungsbeschränkung oder ungenügender Gewinne oder Rückstellungen, macht die Verpflichtung nicht hinfällig. Eine Option des Emittenten auf Rückkauf der Aktien gegen flüssige Mittel erfüllt nicht die Definition einer finanziellen Verbindlichkeit, weil der Emittent keine gegenwärtige Verpflichtung zur Abgabe von finanziellen Vermögenswerten an die Anteilseigner hat. In diesem Fall liegt der Rückkauf von Aktien ausschließlich im Ermessensspielraum des Emittenten. Eine Verpflichtung kann allerdings entstehen, wenn der Emittent seine Option ausübt. Normalerweise geschieht dies, indem er die Anteilseigner von der Rückkaufabsicht formell unterrichtet.

AG26 Wenn Vorzugsaktien nicht rückkauffähig sind, hängt die angemessene Klassifizierung von den anderen mit ihnen verbundenen Rechten ab. Die Klassifizierung erfolgt entsprechend der wirtschaftlichen Substanz der vertraglichen Vereinbarungen und den Begriffsbestimmungen für finanzielle Verbindlichkeiten und für Eigenkapitalinstrumente. Wenn Gewinnausschüttungen an Inhaber von kumulativen oder nicht-kumulativen Vorzugsaktien im Ermessensspielraum des Emittenten liegen, gelten die Aktien als Eigenkapitalinstrumente. Die Klassifizierung einer Vorzugsaktie als Eigenkapitalinstrument oder als finanzielle Verbindlichkeit wird beispielsweise nicht beeinflusst durch:
(a) die Vornahme von Ausschüttungen in der Vergangenheit;
(b) die Absicht, künftig Ausschüttungen vorzunehmen;
(c) eine mögliche nachteilige Auswirkung auf den Kurs der Stammaktien des Emittenten, falls keine Ausschüttungen vorgenommen werden (auf Grund von Beschränkungen hinsichtlich der Zahlung von Dividenden auf Stammaktien, wenn keine Dividenden auf Vorzugsaktien gezahlt werden);
(d) die Höhe der Rücklagen des Emittenten;
(e) eine Gewinn- oder Verlusterwartung des Emittenten für eine Berichtsperiode; oder
(f) die Fähigkeit oder Unfähigkeit des Emittenten, die Höhe seines Ergebnisses zu beeinflussen.

Erfüllung in Eigenkapitalinstrumenten des Unternehmens (Paragraphen 21–24)

AG27 Die folgenden Beispiele veranschaulichen, wie die verschiedenen Arten von Verträgen über die Eigenkapitalinstrumente eines Unternehmens klassifiziert werden.
(a) Ein Vertrag, zu dessen Erfüllung das Unternehmen eine feste Anzahl von Eigenkapitalinstrumenten ohne künftige Gegenleistung erhält oder abgibt oder eine feste Anzahl eigener Anteile gegen einen festen Betrag an flüssigen Mitteln oder anderen finanziellen Vermögenswerten tauscht, ist als Eigenkapitalinstrument zu klassifizieren. Dementsprechend werden im Rahmen eines solchen Vertrags erhaltene oder entrichtete Entgelte direkt dem Eigenkapital zugeschrieben bzw. vom Eigenkapital abgezogen. Ein Beispiel hierfür ist

maturity, with the option to exchange the principal amount for a fixed quantity of oil. The desirability of exercising this option will vary from time to time depending on the fair value of oil relative to the exchange ratio of cash for oil (the exchange price) inherent in the bond. The intentions of the bondholder concerning the exercise of the option do not affect the substance of the component assets. The financial asset of the holder and the financial liability of the issuer make the bond a financial instrument, regardless of the other types of assets and liabilities also created.

(deleted) AG24

PRESENTATION

Liabilities and Equity (paragraphs 15—27)

No Contractual Obligation to Deliver Cash or Another Financial Asset (paragraphs 17—20)

Preference shares may be issued with various rights. In determining whether a preference share is a financial liability or an equity instrument, an issuer assesses the particular rights attaching to the share to determine whether it exhibits the fundamental characteristic of a financial liability. For example, a preference share that provides for redemption on a specific date or at the option of the holder contains a financial liability because the issuer has an obligation to transfer financial assets to the holder of the share. The potential inability of an issuer to satisfy an obligation to redeem a preference share when contractually required to do so, whether because of a lack of funds, a statutory restriction or insufficient profits or reserves, does not negate the obligation. An option of the issuer to redeem the shares for cash does not satisfy the definition of a financial liability because the issuer does not have a present obligation to transfer financial assets to the shareholders. In this case, redemption of the shares is solely at the discretion of the issuer. An obligation may arise, however, when the issuer of the shares exercises its option, usually by formally notifying the shareholders of an intention to redeem the shares. AG25

When preference shares are non-redeemable, the appropriate classification is determined by the other rights that attach to them. Classification is based on an assessment of the substance of the contractual arrangements and the definitions of a financial liability and an equity instrument. When distributions to holders of the preference shares, whether cumulative or non-cumulative, are at the discretion of the issuer, the shares are equity instruments. The classification of a preference share as an equity instrument or a financial liability is not affected by, for example: AG26
(a) a history of making distributions;
(b) an intention to make distributions in the future;
(c) a possible negative impact on the price of ordinary shares of the issuer if distributions are not made (because of restrictions on paying dividends on the ordinary shares if dividends are not paid on the preference shares);
(d) the amount of the issuer's reserves;
(e) an issuer's expectation of a profit or loss for a period;
or
(f) an ability or inability of the issuer to influence the amount of its profit or loss for the period.

Settlement in the Entity's Own Equity Instruments (paragraphs 21—24)

The following examples illustrate how to classify different types of contracts on an entity's own equity instruments: AG27
(a) A contract that will be settled by the entity receiving or delivering a fixed number of its own shares for no future consideration, or exchanging a fixed number of its own shares for a fixed amount of cash or another financial asset, is an equity instrument. Accordingly, any consideration received or paid for such a contract is added directly to or deducted directly from equity. One example is an issued share option that gives the counterparty a right to buy a fixed number of the entity's shares for a fixed amount of cash. However, if the

eine ausgegebene Aktienoption, welche die andere Vertragspartei zum Kauf einer festen Anzahl von Anteilen des Unternehmens gegen einen festen Betrag an flüssigen Mitteln berechtigt. Ist das Unternehmen jedoch vertraglich verpflichtet, seine eigenen Anteile zu einem fest verabredeten oder zu bestimmenden Zeitpunkt oder auf Verlangen gegen flüssige Mittel oder andere finanzielle Vermögenswerte zu kaufen (zurückzukaufen), hat es gleichzeitig eine finanzielle Verbindlichkeit in Höhe des Barwertes des Rückkaufbetrags anzusetzen. Ein Beispiel hierfür ist die Verpflichtung eines Unternehmens bei einem Termingeschäft, eine feste Anzahl eigener Anteile gegen einen festen Betrag an flüssigen Mitteln zurückzukaufen.

(b) Die Verpflichtung eines Unternehmens zum Kauf eigener Anteile gegen flüssige Mittel begründet auch dann eine finanzielle Verbindlichkeit in Höhe des Barwertes des Rückkaufbetrags, wenn die Anzahl der Anteile, zu deren Rückkauf das Unternehmen verpflichtet, nicht festgelegt ist oder die Verpflichtung nur bei Ausübung des Rückkaufrechts durch die Vertragspartei zu erfüllen ist. Ein Beispiel für eine solche vorbehaltliche Verpflichtung ist eine ausgegebene Option, die das Unternehmen zum Rückkauf eigener Anteile verpflichtet, sofern die Vertragspartei die Option ausübt.

(c) Ein in bar oder durch andere finanzielle Vermögenswerte abgegoltener Vertrag stellt auch dann einen finanziellen Vermögenswert bzw. eine finanzielle Verbindlichkeit dar, wenn der zu erhaltende bzw. abzugebende Betrag an flüssigen Mitteln oder anderen finanziellen Vermögenswerten auf Änderungen des Marktpreises der Eigenkapitalinstrumente des Unternehmens beruht. Ein Beispiel hierfür ist eine Aktienoption mit Nettobarausgleich.

(d) Ein Vertrag, der durch eine variable Anzahl eigener Anteile des Unternehmens erfüllt wird, deren Wert einem festen Betrag oder einem von Änderungen einer zugrunde liegenden Variablen (beispielsweise eines Warenpreises) abhängigen Betrag entspricht, stellt einen finanziellen Vermögenswert bzw. eine finanzielle Verbindlichkeit dar. Ein Beispiel hierfür ist eine geschriebene Option auf den Kauf von Gold, die bei deren Ausübung netto in den Eigenkapitalinstrumenten des Unternehmens erfüllt wird, wobei sich die Anzahl der abzugebenden Instrumente nach dem Wert des Optionskontrakts bemisst. Ein derartiger Vertrag stellt auch dann einen finanziellen Vermögenswert bzw. eine finanzielle Verbindlichkeit dar, wenn die zugrunde liegende Variable der Kurs der eigenen Anteile des Unternehmens und nicht das Gold ist. Auch ein Vertrag, der einen Ausgleich durch eine bestimmte Anzahl eigener Anteile des Unternehmens vorsieht, die jedoch mit unterschiedlichen Rechten ausgestattet werden, so dass der Erfüllungsbetrag einem festen Betrag oder einem auf Änderungen einer zugrunde liegenden Variablen basierenden Betrag entspricht, ist als finanzieller Vermögenswert bzw. als finanzielle Verbindlichkeit einzustufen.

Bedingte Erfüllungsvereinbarungen (Paragraph 25)

AG28 Ist ein Teil einer bedingten Erfüllungsvereinbarung, der einen Ausgleich in bar oder anderen finanziellen Vermögenswerten (oder eine andere als finanzielle Verbindlichkeit einzustufende Art der Erfüllung) erforderlich machen könnte, nicht echt, so hat die Erfüllungsvereinbarung gemä Paragraph 25 keinen Einfluss auf die Klassifizierung eines Finanzinstruments. Dementsprechend ist ein Vertrag, der nur dann in bar oder durch eine variable Anzahl eigener Anteile zu erfüllen ist, wenn ein extrem seltenes, äußerst ungewöhnliches und sehr unwahrscheinliches Ereignis eintritt, als Eigenkapitalinstrument zu klassifizieren. Ähnliches gilt für Verträge, deren Erfüllung durch eine feste Anzahl eigener Anteile des Unternehmens unter Umständen, die außerhalb der Kontrolle des Unternehmens liegen, vertraglich ausgeschlossen wird, die jedoch als Eigenkapitalinstrument einzustufen sind, wenn die Wahrscheinlichkeit des Eintretens dieser Umstände nicht echt ist.

Behandlung im Konzernabschluss

AG29 Im Konzernabschluss weist ein Unternehmen die Minderheitsanteile – also die Anteile Dritter am Eigenkapital und Ergebnis seiner Tochterunternehmen – gemäß IAS 1 *Darstellung des Abschlusses* und IAS 27 *Konzernabschlüsse und separate Einzelabschlüsse nach IFRS* aus. Bei der Klassifizierung eines Finanzinstruments (oder eines Bestandteils davon) im Konzernabschluss bestimmt ein Unternehmen anhand aller zwischen den Konzernmitgliedern und den Inhabern des Instruments vereinbarten Vertragsbedingungen, ob der Konzern als Ganzes in Bezug auf das Instrument zur Abgabe von flüssigen Mitteln oder anderen finanziellen Vermögenswerten oder zu einer anderen Art der Erfüllung verpflichtet ist, die zu einer Klassifizierung als Verbindlichkeit führt. Wenn ein Tochterunternehmen in einem Konzern ein Finanzinstrument emittiert und ein Mutterunternehmen oder ein anderes Konzernunternehmen mit den Inhabern des Instruments direkt zusätzliche Vertragsbedingungen (beispielsweise eine Garantie) vereinbart, liegen die Ausschüttungen oder der Rückkauf möglicherweise nicht mehr im Ermessensspielraum des Konzerns. Auch wenn eine Klassifizierung des Instruments unter Ausklammerung dieser zusätzlichen Bedingungen im Einzelabschluss des Tochterunternehmens angemessen sein kann, ist die Auswirkung anderer Vereinbarungen zwischen den Konzernmitgliedern und den Inhabern des Instruments zu berücksichtigen, um zu gewährleisten, dass der Konzernabschluss die vom Konzern als Ganzes eingegangenen Verträge und Transaktionen widerspiegelt. Soweit eine derartige Verpflichtung oder Erfüllungs-

contract requires the entity to purchase (redeem) its own shares for cash or another financial asset at a fixed or determinable date or on demand, the entity also recognises a financial liability for the present value of the redemption amount. One example is an entity's obligation under a forward contract to repurchase a fixed number of its own shares for a fixed amount of cash.
(b) An entity's obligation to purchase its own shares for cash gives rise to a financial liability for the present value of the redemption amount even if the number of shares that the entity is obliged to repurchase is not fixed or if the obligation is conditional on the counterparty exercising a right to redeem. One example of a conditional obligation is an issued option that requires the entity to repurchase its own shares for cash if the counterparty exercises the option.
(c) A contract that will be settled in cash or another financial asset is a financial asset or financial liability even if the amount of cash or another financial asset that will be received or delivered is based on changes in the market price of the entity's own equity. One example is a net cash-settled share option.
(d) A contract that will be settled in a variable number of the entity's own shares whose value equals a fixed amount or an amount based on changes in an underlying variable (eg a commodity price) is a financial asset or a financial liability. An example is a written option to buy gold that, if exercised, is settled net in the entity's own instruments by the entity delivering as many of those instruments as are equal to the value of the option contract. Such a contract is a financial asset or financial liability even if the underlying variable is the entity's own share price rather than gold. Similarly, a contract that will be settled in a fixed number of the entity's own shares, but the rights attaching to those shares will be varied so that the settlement value equals a fixed amount or an amount based on changes in an underlying variable, is a financial asset or a financial liability.

Contingent Settlement Provisions (paragraph 25)

Paragraph 25 requires that if a part of a contingent settlement provision that could require settlement in cash or another financial asset (or in another way that would result in the instrument being a financial liability) is not genuine, the settlement provision does not affect the classification of a financial instrument. Thus, a contract that requires settlement in cash or a variable number of the entity's own shares only on the occurrence of an event that is extremely rare, highly abnormal and very unlikely to occur is an equity instrument. Similarly, settlement in a fixed number of an entity's own shares may be contractually precluded in circumstances that are outside the control of the entity, but if these circumstances have no genuine possibility of occurring, classification as an equity instrument is appropriate.   **AG28**

Treatment in Consolidated Financial Statements

In consolidated financial statements, an entity presents minority interests—ie the interests of other parties in the equity and income of its subsidiaries—in accordance with IAS 1 *Presentation of Financial Statements* and IAS 27 *Consolidated and Separate Financial Statements*. When classifying a financial instrument (or a component of it) in consolidated financial statements, an entity considers all terms and conditions agreed between members of the group and the holders of the instrument in determining whether the group as a whole has an obligation to deliver cash or another financial asset in respect of the instrument or to settle it in a manner that results in liability classification. When a subsidiary in a group issues a financial instrument and a parent or other group entity agrees additional terms directly with the holders of the instrument (eg a guarantee), the group may not have discretion over distributions or redemption. Although the subsidiary may appropriately classify the instrument without regard to these additional terms in its individual financial statements, the effect of other agreements between members of the group and the holders of the instrument is considered in order to ensure that consolidated financial statements reflect the contracts and transactions entered into by the group as a whole. To the extent that there is such an obligation or settlement provision, the instrument (or the component of it that is subject to the obligation) is classified as a financial liability in consolidated financial statements.   **AG29**

vereinbarung besteht, ist das Instrument (oder dessen Bestandteil, auf den sich die Verpflichtung bezieht) im Konzernabschluss als finanzielle Verbindlichkeit einzustufen.

Zusammengesetzte Finanzinstrumente (Paragraphen 28–32)

AG30 Paragraph 28 bezieht sich nur auf die Emittenten von nicht derivativen zusammengesetzten Finanzinstrumenten. In Paragraph 28 werden zusammengesetzte Finanzinstrumente nicht aus Sicht der Inhaber behandelt. Die Trennung eingebetteter Derivate aus Sicht der Inhaber von zusammengesetzten Finanzinstrumenten, die sowohl Fremd- als auch Eigenkapitalmerkmale aufweisen, ist in IAS 39 geregelt.

AG31 Eine typische Art von zusammengesetzten Finanzinstrumenten ist ein Schuldinstrument, das eine Tauschoption wie beispielsweise in Stammaktien des Emittenten wandelbare Anleihen beinhaltet und keine anderen eingebetteten derivativen Ausstattungsmerkmale aufweist. Paragraph 28 verlangt vom Emittenten eines solchen Finanzinstruments, die Schuldkomponente und die Eigenkapitalkomponente in der Bilanz wie folgt getrennt auszuweisen:
(a) Die Verpflichtung des Emittenten zu regelmäßigen Zins- und Kapitalzahlungen stellt eine finanzielle Verbindlichkeit dar, die solange besteht, wie das Instrument nicht gewandelt wird. Beim erstmaligen Ansatz entspricht der beizulegende Zeitwert der Schuldkomponente dem Barwert der vertraglich festgelegten künftigen Cashflows, die zum marktgängigen Zinssatz abgezinst werden, der zu diesem Zeitpunkt für Finanzinstrumente gültig ist, die einen vergleichbaren Kreditstatus haben und die bei gleichen Bedingungen zu im Wesentlichen den gleichen Cashflows führen, bei denen aber keine Tauschoption vorliegt.
(b) Das Eigenkapitalinstrument besteht in der darin enthaltenen Option auf Wandlung der Verbindlichkeit in Eigenkapital des Emittenten. Der beizulegende Zeitwert der Option umfasst ihren Zeitwert und gegebenenfalls ihren inneren Wert. Diese Option hat beim erstmaligen Ansatz auch dann einen Wert, wenn sie aus dem Geld ist.

AG32 Bei Wandlung eines wandelbaren Instruments zum Fälligkeitstermin wird die Schuldkomponente ausgebucht und im Eigenkapital erfasst. Die ursprüngliche Eigenkapitalkomponente wird weiterhin als Eigenkapital geführt (kann jedoch von einem Eigenkapitalposten in einen anderen umgebucht werden). Bei der Umwandlung zum Fälligkeitstermin entsteht kein Gewinn oder Verlust.

AG33 Wird ein wandelbares Instrument durch frühzeitige Rücknahme oder frühzeitigen Rückkauf, bei dem die ursprünglichen Wandlungsrechte unverändert bestehen bleiben, vor seiner Fälligkeit getilgt, werden das entrichtete Entgelt und alle Transaktionskosten für den Rückkauf oder die Rücknahme zum Zeitpunkt der Transaktion den Schuld- und Eigenkapitalkomponenten des Instruments zugeordnet. Die Methode zur Verteilung der entrichteten Entgelte und Transaktionskosten auf die beiden Komponenten muss mit der identisch sein, die bei der ursprünglichen Verteilung der vom Unternehmen bei der Emission des wandelbaren Instruments vereinnahmten Erlöse gemäß den Paragraphen 28–32 angewendet wurde.

AG34 Nach der Verteilung des Entgelts sind alle daraus resultierenden Gewinne oder Verluste nach den maßgeblichen Bilanzierungsgrundsätzen für die jeweilige Komponente zu behandeln:
(a) der Gewinn oder Verlust, der sich auf die Schuldkomponente bezieht, wird im Ergebnis erfasst; und
(b) der Betrag des Entgelts, der sich auf die Eigenkapitalkomponente bezieht, wird im Eigenkapital erfasst.

AG35 Ein Unternehmen kann die Bedingungen eines wandelbaren Instruments ändern, um eine frühzeitige Wandlung herbeizuführen, beispielsweise durch das Angebot eines günstigeren Umtauschverhältnisses oder die Zahlung einer zusätzlichen Gegenleistung bei Wandlung vor einem festgesetzten Termin. Die Differenz, die zum Zeitpunkt der Änderung der Bedingungen zwischen dem beizulegenden Zeitwert der Gegenleistung, die der Inhaber bei Wandlung des Instruments gemäß den geänderten Bedingungen erhält, und dem beizulegenden Zeitwert der Gegenleistung, die der Inhaber gemäß den ursprünglichen Bedingungen erhalten hätte, besteht, werden im Ergebnis als Aufwand erfasst.

Eigene Anteile (Paragraphen 33 und 34)

AG36 Die eigenen Eigenkapitalinstrumente eines Unternehmens werden unabhängig vom Grund ihres Rückkaufs nicht als finanzieller Vermögenswert angesetzt. Paragraph 33 schreibt vor, dass zurückerworbene Eigenkapitalinstrumente vom Eigenkapital abzuziehen sind. Hält ein Unternehmen dagegen eigene Eigenkapitalinstrumente im Namen Dritter, wie dies etwa bei einer Finanzinstitution der Fall ist, die Eigenkapitalinstrumente im Namen

Compound Financial Instruments (paragraphs 28—32)

Paragraph 28 applies only to issuers of non-derivative compound financial instruments. Paragraph 28 does not deal with compound financial instruments from the perspective of holders. IAS 39 deals with the separation of embedded derivatives from the perspective of holders of compound financial instruments that contain debt and equity features. AG30

A common form of compound financial instrument is a debt instrument with an embedded conversion option, such as a bond convertible into ordinary shares of the issuer, and without any other embedded derivative features. Paragraph 28 requires the issuer of such a financial instrument to present the liability component and the equity component separately on the balance sheet, as follows: AG31
(a) The issuer's obligation to make scheduled payments of interest and principal is a financial liability that exists as long as the instrument is not converted. On initial recognition, the fair value of the liability component is the present value of the contractually determined stream of future cash flows discounted at the rate of interest applied at that time by the market to instruments of comparable credit status and providing substantially the same cash flows, on the same terms, but without the conversion option.
(b) The equity instrument is an embedded option to convert the liability into equity of the issuer. The fair value of the option comprises its time value and its intrinsic value, if any. This option has value on initial recognition even when it is out of the money.

On conversion of a convertible instrument at maturity, the entity derecognises the liability component and recognises it as equity. The original equity component remains as equity (although it may be transferred from one line item within equity to another). There is no gain or loss on conversion at maturity. AG32

When an entity extinguishes a convertible instrument before maturity through an early redemption or repurchase in which the original conversion privileges are unchanged, the entity allocates the consideration paid and any transaction costs for the repurchase or redemption to the liability and equity components of the instrument at the date of the transaction. The method used in allocating the consideration paid and transaction costs to the separate components is consistent with that used in the original allocation to the separate components of the proceeds received by the entity when the convertible instrument was issued, in accordance with paragraphs 28—32. AG33

Once the allocation of the consideration is made, any resulting gain or loss is treated in accordance with accounting principles applicable to the related component, as follows: AG34
(a) the amount of gain or loss relating to the liability component is recognised in profit or loss; and
(b) the amount of consideration relating to the equity component is recognised in equity.

An entity may amend the terms of a convertible instrument to induce early conversion, for example by offering a more favourable conversion ratio or paying other additional consideration in the event of conversion before a specified date. The difference, at the date the terms are amended, between the fair value of the consideration the holder receives on conversion of the instrument under the revised terms and the fair value of the consideration the holder would have received under the original terms is recognised as a loss in profit or loss. AG35

Treasury Shares (paragraphs 33 and 34)

An entity's own equity instruments are not recognised as a financial asset regardless of the reason for which they are reacquired. Paragraph 33 requires an entity that reacquires its own equity instruments to deduct those equity instruments from equity. However, when an entity holds its own equity on behalf of others, eg a financial institution holding its own equity on behalf of a client, there is an agency relationship and as a result those holdings are not included in the entity's balance sheet. AG36

eines Kunden hält, liegt ein Vermittlungsgeschäft vor, so dass diese Bestände nicht in die Bilanz des Unternehmens einfließen.

Zinsen, Dividenden, Verluste und Gewinne (Paragraphen 35–41)

AG37 Das folgende Beispiel veranschaulicht die Anwendung des Paragraphen 35 auf ein zusammengesetztes Finanzinstrument. Es wird von der Annahme ausgegangen, dass eine nicht kumulative Vorzugsaktie in fünf Jahren gegen flüssige Mittel rückgabepflichtig ist, die Zahlung von Dividenden vor dem Rückkauftermin jedoch im Ermessensspielraum des Unternehmens liegt. Ein solches Instrument ist ein zusammengesetztes Finanzinstrument, dessen Schuldkomponente dem Barwert des Rückkaufbetrags entspricht. Die Abwicklung der Diskontierung dieser Komponente wird im Ergebnis erfasst und als Zinsaufwendungen klassifiziert. Alle gezahlten Dividenden beziehen sich auf die Eigenkapitalkomponente und werden dementsprechend als Ergebnisausschüttung erfasst. Eine ähnliche Bilanzierungsweise fände auch dann Anwendung, wenn der Rückkauf nicht obligatorisch, sondern auf Wunsch des Inhabers erfolgte oder die Verpflichtung bestünde, den Anteil in eine variable Anzahl von Stammaktien umzuwandeln, deren Höhe einem festen Betrag oder einem von Änderungen einer zugrunde liegenden Variablen (beispielsweise einer Ware) abhängigen Betrag entspricht. Werden dem Rückkaufbetrag jedoch noch nicht gezahlte Dividenden hinzugefügt, stellt das gesamte Instrument eine Verbindlichkeit dar. In diesem Fall sind alle Dividenden als Zinsaufwendungen zu klassifizieren.

Saldierung von finanziellen Vermögenswerten und finanziellen Verbindlichkeiten (Paragraphen 42–50)

AG38 Zur Saldierung von finanziellen Vermögenswerten und finanziellen Verbindlichkeiten muss ein Unternehmen zum gegenwärtigen Zeitpunkt einen Rechtsanspruch haben, die erfassten Beträge miteinander zu verrechnen. Ein Unternehmen kann über ein bedingtes Recht auf Verrechnung erfasster Beträge verfügen, wie dies beispielsweise bei Globalverrechnungsverträgen oder einigen Arten von Schulden ohne Rückgriffsanspruch der Fall ist, jedoch sind solche Rechte nur beim Eintreten eines künftigen Ereignisses, in der Regel eines Verzugs der Vertragspartei, durchsetzbar. Eine derartige Vereinbarung erfüllt daher nicht die Voraussetzungen für eine Saldierung.

AG39 Der Standard stellt keine spezielle Behandlung für so genannte „synthetische Finanzinstrumente" bereit, worunter Gruppen von einzelnen Finanzinstrumenten zu verstehen sind, die erworben und gehalten werden, um die Eigenschaften eines anderen Finanzinstruments nachzuahmen. Eine variabel verzinsliche langfristige Anleihe, die mit einem Zinsswap kombiniert wird, der den Erhalt von variablen Zahlungen und die Durchführung fester Zahlungen beinhaltet, synthetisiert beispielsweise eine festverzinsliche langfristige Anleihe. Jedes der einzelnen Finanzinstrumente eines „synthetischen Finanzinstruments" stellt ein vertragliches Recht bzw. eine vertragliche Verpflichtung mit eigenen Laufzeiten und Vertragsbedingungen dar, so dass jedes Instrument für sich übertragen oder verrechnet werden kann. Jedes Finanzinstrument ist Risiken ausgesetzt, die von denen verschieden sein können, denen die anderen Finanzinstrumente unterliegen. Wenn das eine Finanzinstrument eines „synthetischen Finanzinstruments" ein Vermögenswert und das andere eine Schuld ist, werden diese dementsprechend nur dann auf Nettobasis in der Unternehmensbilanz saldiert und ausgewiesen, wenn sie die Saldierungskriterien in Paragraph 42 erfüllen.

ANGABEN

Finanzielle Vermögenswerte und finanzielle Verbindlichkeiten, die erfolgswirksam zum beizulegenden Zeitwert bewertet werden (Paragraph 94(f))

AG40 (gestrichen)

Interest, Dividends, Losses and Gains (paragraphs 35—41)

The following example illustrates the application of paragraph 35 to a compound financial instrument. Assume that a non-cumulative preference share is mandatorily redeemable for cash in five years, but that dividends are payable at the discretion of the entity before the redemption date. Such an instrument is a compound financial instrument, with the liability component being the present value of the redemption amount. The unwinding of the discount on this component is recognised in profit or loss and classified as interest expense. Any dividends paid relate to the equity component and, accordingly, are recognised as a distribution of profit or loss. A similar treatment would apply if the redemption was not mandatory but at the option of the holder, or if the share was mandatorily convertible into a variable number of ordinary shares calculated to equal a fixed amount or an amount based on changes in an underlying variable (eg commodity). However, if any unpaid dividends are added to the redemption amount, the entire instrument is a liability. In such a case, any dividends are classified as interest expense. AG37

Offsetting a Financial Asset and a Financial Liability (paragraphs 42—50)

To offset a financial asset and a financial liability, an entity must have a currently enforceable legal right to set off the recognised amounts. An entity may have a conditional right to set off recognised amounts, such as in a master netting agreement or in some forms of non-recourse debt, but such rights are enforceable only on the occurrence of some future event, usually a default of the counterparty. Thus, such an arrangement does not meet the conditions for offset. AG38

The Standard does not provide special treatment for so-called 'synthetic instruments', which are groups of separate financial instruments acquired and held to emulate the characteristics of another instrument. For example, a floating rate long-term debt combined with an interest rate swap that involves receiving floating payments and making fixed payments synthesises a fixed rate long-term debt. Each of the individual financial instruments that together constitute a 'synthetic instrument' represents a contractual right or obligation with its own terms and conditions and each may be transferred or settled separately. Each financial instrument is exposed to risks that may differ from the risks to which other financial instruments are exposed. Accordingly, when one financial instrument in a 'synthetic instrument' is an asset and another is a liability, they are not offset and presented on an entity's balance sheet on a net basis unless they meet the criteria for offsetting in paragraph 42. AG39

DISCLOSURE

Financial Assets and Financial Liabilities at Fair Value Through Profit or Loss (paragraph 94(f))

(deleted) AG40

International Accounting Standard 33

Ergebnis je Aktie

> International Accounting Standard 33 *Ergebnis je Aktie* (IAS 33) ist in den Paragraphen 1–76 sowie in Anhang A festgelegt. Alle Paragraphen sind gleichrangig, behalten jedoch das IASC-Format des Standards, mit dem dieser durch den IASB verabschiedet wurde. IAS 33 ist in Verbindung mit dem *Vorwort zu den International Financial Reporting Standards* und dem *Rahmenkonzept für die Aufstellung und Darstellung von Abschlüssen* zu betrachten. IAS 8 *Bilanzierungs- und Bewertungsmethoden, Änderungen von Schätzungen und Fehler*, stellt beim Fehlen ausdrücklicher Leitlinien eine Grundlage für die Auswahl und für die Anwendung von Bilanzierungs- und Bewertungsmethoden bereit.

INHALT	Ziffer
Zielsetzung	1
Anwendungsbereich	2–4
Definitionen	5–8
Bewertung	9–63
Unverwässertes Ergebnis je Aktie	9–29
Ergebnis	12–18
Aktien	19–29
Verwässertes Ergebnis je Aktie	30–63
Ergebnis	33–35
Aktien	36–40
Potenzielle Stammaktien mit Verwässerungseffekten	41–63
Optionen, Optionsscheine und ihre Äquivalente	45–48
Wandelbare Instrumente	49–51
Bedingt emissionsfähige Aktien	52–57
Verträge, die in Stammaktien oder liquiden Mitteln erfüllt werden können	58–61
Gekaufte Optionen	62
Geschriebene Verkaufsoptionen	63
Rückwirkende Anpassungen	64–65
Ausweis	66–69
Angaben	70–73
Zeitpunkt des Inkrafttretens	74
Rücknahme anderer Verlautbarungen	75–76

Dieser überarbeitete Standard ersetzt IAS 33 (1997) *Ergebnis je Aktie* und ist erstmals in der ersten Berichtsperiode eines am 1. Januar 2005 oder danach beginnenden Geschäftsjahrs anzuwenden. Eine frühere Anwendung wird empfohlen.

ZIELSETZUNG

1   Das Ziel dieses Standards ist die Entwicklung von Leitlinien für die Ermittlung und Darstellung des Ergebnisses je Aktie, um den Vergleich der Ertragskraft zwischen unterschiedlichen Unternehmen für die gleiche Berichtsperiode und unterschiedlichen Berichtsperioden für das gleiche Unternehmen zu verbessern. Trotz der eingeschränkten Aussagefähigkeit der Daten zum Ergebnis je Aktie aufgrund unterschiedlicher Bilanzierungs- und Bewertungsmethoden bei der Ermittlung des „Ergebnisses" verbessert ein auf einheitliche Weise festgelegter Nenner die Finanzberichterstattung. Das Hauptaugenmerk dieses Standards liegt auf der Bestimmung des Nenners bei der Berechnung des Ergebnisses je Aktie.

International Accounting Standard 33

Earnings per Share

International Accounting Standard 33 *Earnings per Share* (IAS 33) is set out in paragraphs 1—76 and Appendix A. All the paragraphs have equal authority but retain the IASC format of the Standard when it was adopted by the IASB. IAS 33 should be read in the context of the *Preface to International Financial Reporting Standards* and the *Framework for the Preparation and Presentation of Financial Statements*. IAS 8 *Accounting Policies, Changes in Accounting Estimates and Errors* provides a basis for selecting and applying accounting policies in the absence of explicit guidance.

SUMMARY

	Paragraphs
Objective	1
Scope	2—4
Definitions	5—8
Measurement	9—63
Basic Earnings per Share	9—29
Earnings	12—18
Shares	19—29
Diluted Earnings per Share	30—63
Earnings	33—35
Shares	36—40
Dilutive Potential Ordinary Shares	41—63
Options, warrants and their equivalents	45—48
Convertible instruments	49—51
Contingently issuable shares	52—57
Contracts that may be settled in ordinary shares or cash	58—61
Purchased options	62
Written put options	63
Retrospective adjustments	64—65
Presentation	66—69
Disclosure	70—73
Effective date	74
Withdrawal of other pronouncements	75—76

This revised Standard supersedes IAS 33 (1997) *Earnings Per Share* and should be applied for annual periods beginning on or after 1 January 2005. Earlier application is encouraged.

OBJECTIVE

The objective of this Standard is to prescribe principles for the determination and presentation of earnings per share, so as to improve performance comparisons between different entities in the same reporting period and between different reporting periods for the same entity. Even though earnings per share data have limitations because of the different accounting policies that may be used for determining 'earnings', a consistently determined denominator enhances financial reporting. The focus of this Standard is on the denominator of the earnings per share calculation.   1

ANWENDUNGSBEREICH

2 Dieser Standard ist anwendbar auf:
   (a) den gesonderten Abschluss oder den Einzelabschluss eines Unternehmens:
      (i) dessen Stammaktien oder potientielle Stammaktien auf einem öffentlichen Markt gehandelt werden (d. h. eine inländische oder ausländische Börse oder ein OTC-Markt, einschließlich lokaler und regionaler Märkte); oder
      (ii) das seinen Abschluss einer Wertpapieraufsichtsbehörde oder einer anderen Regulierungsbehörde zwecks Emission von Stammaktien auf einem öffentlichen Markt zukommen lässt; und
   (b) den konsolidierten Abschluss einer Gruppe mit seinem Mutterunternehmen:
      (i) dessen Stammaktien oder potientielle Stammaktien auf einem öffentlichen Markt gehandelt werden (d. h. eine inländische oder ausländische Börse oder ein OTC-Markt, einschließlich lokaler und regionaler Märkte); oder
      (ii) das seinen Abschluss einer Wertpapieraufsichtsbehörde oder einer anderen Regulierungsbehörde zwecks Emission von Stammaktien auf einem öffentlichen Markt zukommen lässt.

3 Ein Unternehmen, das das Ergebnis je Aktie angibt, hat dieses in Übereinstimmung mit diesem Standard zu ermitteln und anzugeben.

4 Wenn ein Unternehmen sowohl Konzernabschlüsse als auch separate Einzelabschlüsse aufstellt, die in Übereinstimmung mit IAS 27 *Konzernabschlüsse und separate Einzelabschlüsse nach IFRS* erstellt wurden, sind die in diesem Standard geforderten Angaben lediglich auf der Grundlage der konsolidierten Informationen zu machen. Ein Unternehmen, das sich zur Angabe des Ergebnisses je Aktie auf der Grundlage seines separaten Abschlusses entscheidet, hat die entsprechenden Informationen zum Ergebnis je Aktie ausschließlich in der Gewinn- und Verlustrechnung des separaten Abschlusses anzugeben. Ein Unternehmen darf diese Informationen zum Ergebnis je Aktie nicht im Konzernabschluss angeben.

DEFINITIONEN

5 Die folgenden Begriffe werden in diesem Standard mit der angegebenen Bedeutung verwendet:

Unter Verwässerungsschutz versteht man eine Erhöhung des Ergebnisses je Aktie bzw. eine Reduzierung des Verlusts je Aktie aufgrund der Annahme, dass wandelbare Instrumente umgewandelt, Optionen oder Optionsscheine ausgeübt oder Stammaktien unter bestimmten Voraussetzungen ausgegeben werden.

Eine Übereinkunft zur Ausgabe bedingt emissionsfähiger Aktien ist eine Vereinbarung zur Ausgabe von Aktien, sofern bestimmte Voraussetzungen erfüllt wurden.

Bedingt emissionsfähige Aktien umfassen Stammaktien, die gegen eine geringe oder gar keine Zahlung oder andere Gegenleistung ausgegeben werden, sofern bestimmte Voraussetzungen einer Übereinkunft zur Emission bedingten Kapitals erfüllt sind.

Eine Verwässerung ist eine Reduzierung des Ergebnisses je Aktie bzw. eine Erhöhung des Verlusts je Aktie aufgrund der Annahme, dass bei wandelbaren Instrumenten eine Wandlung stattfindet, dass Optionen oder Optionsscheine ausgeübt, oder dass Stammaktien unter bestimmten Voraussetzungen emittiert werden.

Optionen, Optionsscheine und ihre Äquivalente sind Finanzinstrumente, die ihrem Inhaber ein Recht zum Kauf von Stammaktien zu sichern.

Eine Stammaktie ist ein Eigenkapitalinstrument, das allen anderen Arten von Eigenkapitalinstrumenten nachgeordnet ist.

Eine potenzielle Stammaktie ist ein Finanzinstrument oder sonstiger Vertrag, das bzw. der dem Inhaber ein Anrecht auf Stammaktien verbriefen kann.

Verkaufsoptionen auf Stammaktien sind Verträge, die es dem Inhaber ermöglichen, Stammaktien zu einem bestimmten Kurs über einen bestimmten Zeitraum zu verkaufen.

6 Stammaktien erhalten erst einen Anteil am Ergebnis, nachdem andere Aktienarten, wie etwa Vorzugsaktien, bedient wurden. Ein Unternehmen kann unterschiedliche Arten von Stammaktien emittieren. Stammaktien der gleichen Art haben das gleiche Anrecht auf den Bezug von Dividenden.

7 Beispiele für potenzielle Stammaktien sind:
   (a) finanzielle Schulden oder Eigenkapitalinstrumente, einschließlich Vorzugsaktien, die in Stammaktien umgewandelt werden können;
   (b) Optionen und Optionsscheine;
   (c) Aktien, die bei Erfüllung vertraglicher Bedingungen, wie etwa dem Erwerb eines Unternehmens oder anderer Vermögenswerte, ausgegeben werden.

IAS 33

SCOPE

This Standard schall apply to: 2
(a) the separate or individual financial statements of an entity:
  (i) whose ordinary shares or potential ordinary shares are traded in a public market (a domestic or foreign stock exchange or an over-the-counter market, including lokal and regional markets); or
  (ii) that files, or is in the process of filing, its financial statements with a securities commission or other regulatory organisation for the purpose of issuing ordinary shares in a public market; and
(b) the consolidatet financial statements of a group with a parent:
  (i) whose ordinary shares or potential ordinary shares are traded in a public market (a domestic or foreign stock exchange or an over-the-counter market, including lokal and regional markets); or
  (ii) that files, or is in the process of filing, its financial statements with a securities commission or other regulatory organisation for the purpose of issuing ordinary shares in a public market.

An entity that discloses earnings per share shall calculate and disclose earnings per share in accordance with this Standard. 3

When an entity presents both consolidated financial statements and separate financial statements prepared in accordance with IAS 27 *Consolidated and Separate Financial Statements*, the disclosures required by this Standard need be presented only on the basis of the consolidated information. An entity that chooses to disclose earnings per share based on its separate financial statements shall present such earnings per share information only on the face of its separate income statement. An entity shall not present such earnings per share information in the consolidated financial statements. 4

DEFINITIONS

The following terms are used in this Standard with the meanings specified: 5

Antidilution is an increase in earnings per share or a reduction in loss per share resulting from the assumption that convertible instruments are converted, that options or warrants are exercised, or that ordinary shares are issued upon the satisfaction of specified conditions.

A contingent share agreement is an agreement to issue shares that is dependent on the satisfaction of specified conditions.

Contingently issuable ordinary shares are ordinary shares issuable for little or no cash or other consideration upon the satisfaction of specified conditions in a contingent share agreement.

Dilution is a reduction in earnings per share or an increase in loss per share resulting from the assumption that convertible instruments are converted, that options or warrants are exercised, or that ordinary shares are issued upon the satisfaction of specified conditions.

Options, warrants and their equivalents are financial instruments that give the holder the right to purchase ordinary shares.

An ordinary share is an equity instrument that is subordinate to all other classes of equity instruments.

A potential ordinary share is a financial instrument or other contract that may entitle its holder to ordinary shares.

Put options on ordinary shares are contracts that give the holder the right to sell ordinary shares at a specified price for a given period.

Ordinary shares participate in profit for the period only after other types of shares such as preference shares have participated. An entity may have more than one class of ordinary shares. Ordinary shares of the same class have the same rights to receive dividends. 6

Examples of potential ordinary shares are: 7
(a) financial liabilities or equity instruments, including preference shares, that are convertible into ordinary shares;
(b) options and warrants;
(c) shares that would be issued upon the satisfaction of conditions resulting from contractual arrangements, such as the purchase of a business or other assets.

8 In IAS 32 *Finanzinstrumente: Darstellung* abgegrenzte Begriffe werden in diesem Standard mit der in Paragraph 11 von IAS 32 angegebenen Bedeutung verwendet, sofern nichts Anderes angegeben ist. IAS 32 definiert die Begriffe Finanzinstrument, finanzieller Vermögenswert, finanzielle Schuld, Eigenkapitalinstrument und beizulegender Zeitwert und liefert Hinweise zur Anwendung dieser Definitionen.

BEWERTUNG

Unverwässertes Ergebnis je Aktie

9 Ein Unternehmen hat die Beträge des unverwässerten Ergebnisses je Aktie für das den Stammaktionären des Mutterunternehmens zurechenbare Ergebnis zu ermitteln; sofern ein entsprechender Ausweis erfolgt, ist auch das diesen Stammaktionären zurechenbare Ergebnis aus dem fortzuführenden Geschäft darzustellen.

10 Das unverwässerte Ergebnis je Aktie ist mittels Division des den Stammaktionären des Mutterunternehmens zustehenden Ergebnisses (Zähler) durch die gewichtete durchschnittliche Anzahl der innerhalb der Berichtsperiode im Umlauf gewesenen Stammaktien (Nenner) zu ermitteln.

11 Die Angabe von Informationen zum unverwässerten Ergebnis je Aktie dient dem Zweck, einen Maßstab für die Beteiligung jeder Stammaktie eines Mutterunternehmens an der Ertragskraft des Unternehmens während des Berichtszeitraums bereitzustellen.

Ergebnis

12 Zur Ermittlung des unverwässerten Ergebnisses je Aktie verstehen sich die Beträge, die den Stammaktionären des Mutterunternehmens zugerechnet werden können im Hinblick auf:
 (a) das Ergebnis aus dem fortzuführenden Geschäft, das auf das Mutterunternehmen entfällt; und
 (b) das dem Mutterunternehmen zuzurechnende Ergebnis
 als die Beträge in (a) und (b), bereinigt um die Nachsteuerbeträge von Vorzugsdividenden, Differenzen bei Erfüllung von Vorzugsaktien sowie ähnlichen Auswirkungen aus der Klassifizierung von Vorzugsaktien als Eigenkapital.

13 Alle Ertrags- und Aufwandsposten, die Stammaktionären des Mutterunternehmens zuzurechnen sind und in einer Periode erfasst werden, darunter auch Steueraufwendungen und als Verbindlichkeiten klassifizierte Dividenden auf Vorzugsaktien, sind bei der Ermittlung des Ergebnisses, das den Stammaktionären des Mutterunternehmens zuzurechnen ist, zu berücksichtigen (siehe IAS 1 *Darstellung des Abschlusses*).

14 Der vom Ergebnis abziehbare Nachsteuerbetrag von Vorzugsdividenden ist:
 (a) der Nachsteuerbetrag jedweder für diese Periode beschlossener Vorzugsdividenden auf nicht kumulierende Vorzugsaktien
 sowie
 (b) der Nachsteuerbetrag der für kumulierende Vorzugsaktien in dieser Periode benötigten Vorzugsdividenden, unabhängig davon, ob die Dividenden beschlossen wurden oder nicht. Der Betrag der für diese Periode beschlossenen Vorzugsdividenden beinhaltet nicht den Betrag von Vorzugsdividenden auf kumulierende Vorzugsaktien, die während dieser Periode für frühere Perioden gezahlt oder beschlossen wurden.

15 Vorzugsaktien, die mit einer niedrigen Ausgangsdividende ausgestattet sind, um einem Unternehmen einen Ausgleich dafür zu schaffen, dass es die Vorzugsaktien mit einem Abschlag verkauft hat, bzw. mit einer höheren Dividende in späteren Perioden, um den Investoren einen Ausgleich dafür zu bieten, dass sie die Vorzugsaktien mit einem Aufschlag erwerben, werden auch als Vorzugsaktien mit steigender Gewinnberechtigung bezeichnet. Jeder Ausgabeabschlag bzw. -aufschlag bei Erstemission von Vorzugsaktien mit steigender Gewinnberechtigung wird unter Anwendung der Effektivzinsmethode den Gewinnrücklagen zugeführt und zur Ermittlung des Ergebnisses je Aktie als Vorzugsdividende behandelt.

16 Vorzugsaktien können möglicherweise unter Abgabe eines Angebots seitens des Unternehmens an die Besitzer zurückgekauft werden. Der Betrag, um den der beizulegende Zeitwert des an die Vorzugsaktionäre gezahlten Entgelts den Buchwert der Vorzugsaktien übersteigt, stellt für die Vorzugsaktionäre eine Rendite und für das Unternehmen eine Belastung seiner Gewinnrücklagen dar. Dieser Betrag wird bei der Berechnung des den Stammaktionären des Mutterunternehmens zurechenbaren Ergebnisses abgezogen.

Terms defined in IAS 32 *Financial Instruments: Presentation* are used in this Standard with the meanings specified in paragraph 11 of IAS 32, unless otherwise noted. IAS 32 defines financial instrument, financial asset, financial liability, equity instrument and fair value, and provides guidance on applying those definitions.

MEASUREMENT

Basic Earnings per Share

An entity shall calculate basic earnings per share amounts for profit or loss attributable to ordinary equity holders of the parent entity and, if presented, profit or loss from continuing operations attributable to those equity holders.

Basic earnings per share shall be calculated by dividing profit or loss attributable to ordinary equity holders of the parent entity (the numerator) by the weighted average number of ordinary shares outstanding (the denominator) during the period.

The objective of basic earnings per share information is to provide a measure of the interests of each ordinary share of a parent entity in the performance of the entity over the reporting period.

Earnings

For the purpose of calculating basic earnings per share, the amounts attributable to ordinary equity holders of the parent entity in respect of:
(a) profit or loss from continuing operations attributable to the parent entity;
 and
(b) profit or loss attributable to the parent entity
shall be the amounts in (a) and (b) adjusted for the after-tax amounts of preference dividends, differences arising on the settlement of preference shares, and other similar effects of preference shares classified as equity.

All items of income and expense attributable to ordinary equity holders of the parent entity that are recognised in a period, including tax expense and dividends on preference shares classified as liabilities are included in the determination of profit or loss for the period attributable to ordinary equity holders of the parent entity (see IAS 1 Presentation of Financial Statements).

The after-tax amount of preference dividends that is deducted from profit or loss is:
(a) the after-tax amount of any preference dividends on non-cumulative preference shares declared in respect of the period;
 and
(b) the after-tax amount of the preference dividends for cumulative preference shares required for the period, whether or not the dividends have been declared. The amount of preference dividends for the period does not include the amount of any preference dividends for cumulative preference shares paid or declared during the current period in respect of previous periods.

Preference shares that provide for a low initial dividend to compensate an entity for selling the preference shares at a discount, or an above-market dividend in later periods to compensate investors for purchasing preference shares at a premium, are sometimes referred to as increasing rate preference shares. Any original issue discount or premium on increasing rate preference shares is amortised to retained earnings using the effective interest method and treated as a preference dividend for the purposes of calculating earnings per share.

Preference shares may be repurchased under an entity's tender offer to the holders. The excess of the fair value of the consideration paid to the preference shareholders over the carrying amount of the preference shares represents a return to the holders of the preference shares and a charge to retained earnings for the entity. This amount is deducted in calculating profit or loss attributable to ordinary equity holders of the parent entity.

17 Ein Unternehmen kann eine vorgezogene Umwandlung von wandelbaren Vorzugsaktien herbeiführen, indem es die ursprünglichen Umwandlungsbedingungen vorteilhaft abändert oder aber ein zusätzliches Entgelt zahlt. Der Betrag, um den der beizulegende Zeitwert der Stammaktien bzw. des sonstigen gezahlten Entgelts den beizulegenden Zeitwert der unter den ursprünglichen Umwandlungsbedingungen auszugebenden Stammaktien übersteigt, stellt eine Rendite für die Vorzugsaktionäre dar und wird bei der Ermittlung des den Stammaktionären des Mutterunternehmens zurechenbaren Ergebnisses abgezogen.

18 Jedweder Betrag, um den der Buchwert der Vorzugsaktien den beizulegenden Zeitwert des Entgelts zur Erfüllung der Kaufpreisforderung übersteigt, wird bei der Ermittlung des den Stammaktionären des Mutterunternehmens zurechenbaren Ergebnisses hinzugezählt.

Aktien

19 **Bei der Berechnung des unverwässerten Ergebnisses je Aktie entspricht die Anzahl der Stammaktien der gewichteten durchschnittlichen Anzahl der während der Periode im Umlauf gewesenen Stammaktien.**

20 Die Verwendung der gewichteten durchschnittlichen Anzahl der während der Periode im Umlauf gewesenen Stammaktien trägt dem Umstand Rechnung, dass das gezeichnete Kapital während der Periode Schwankungen infolge einer größeren oder geringeren Anzahl der zu einem Zeitpunkt im Umlauf gewesenen Stammaktien unterlegen haben kann. Die gewichtete durchschnittliche Anzahl der Stammaktien, die während der Periode im Umlauf sind, ist die Anzahl an Stammaktien, die am Anfang der Periode im Umlauf waren, bereinigt um die Anzahl an Stammaktien, die während der Periode zurückgekauft oder ausgegeben wurden, multipliziert mit einem Zeitgewichtungsfaktor. Der Zeitgewichtungsfaktor ist das Verhältnis zwischen der Anzahl von Tagen, während der sich die betreffenden Aktien im Umlauf befanden, und der Gesamtzahl von Tagen der Periode. Die Verwendung eines angemessenen Näherungswertes für den gewichteten Durchschnitt ist in vielen Fällen ausreichend.

21 Normalerweise werden die Aktien zu dem Zeitpunkt in die gewichtete durchschnittliche Anzahl von Aktien aufgenommen, zu dem die Gegenleistung fällig ist (generell handelt es sich dabei um Tag der Emission), beispielsweise werden:
(a) Stammaktien, die gegen Barzahlung ausgegeben wurden, dann einbezogen, wenn die Geldzahlung eingefordert werden kann;
(b) Stammaktien, die gegen die freiwillige Wiederanlage von Dividenden auf Stamm- oder Vorzugsaktien ausgegeben wurden, einbezogen, wenn die Dividenden wiederangelegt sind;
(c) Stammaktien, die in Folge einer Umwandlung eines Schuldinstruments in Stammaktien ausgegeben wurden, mit dem Tage des Fortfalls der Verzinsung einbezogen;
(d) Stammaktien, die anstelle von Zinsen oder Kapital auf andere Finanzinstrumente ausgegeben wurden, mit dem Tage des Fortfalls der Verzinsung einbezogen;
(e) Stammaktien, die im Austausch für die Erfüllung einer Schuld des Unternehmens ausgegeben wurden, mit dem Erfüllungstag einbezogen;
(f) Stammaktien, die als Entgelt für den Erwerb eines Vermögenswertes anstelle von liquiden Mitteln ausgegeben wurden, zum Datum der Erfassung des entsprechenden Erwerbs erfasst; und
(g) Stammaktien, die für die Erbringung von Dienstleistungen an das Unternehmen ausgegeben wurden, mit Erbringung der Dienstleistungen einbezogen.
Der Zeitpunkt der Einbeziehung von Stammaktien ergibt sich aus den Bedingungen ihrer Emission. Der wirtschaftliche Gehalt eines jeden im Zusammenhang mit der Emission stehenden Vertrages ist sorgfältig zu prüfen.

22 Stammaktien, die als Teil der Anschaffungskosten eines Unternehmenszusammenschlusses ausgegeben wurden, sind in der durchschnittlich gewichteten Anzahl der Aktien zum Erwerbszeitpunkt enthalten. Dies ist darauf zurückzuführen, dass der Erwerber die Gewinne und Verluste des erworbenen Unternehmens von dem Zeitpunkt an in seine Gewinn- und Verlustrechnung mit einbezieht.

23 Stammaktien, die aufgrund der Umwandlung eines wandlungspflichtigen Instruments ausgegeben werden, sind bei der Ermittlung des unverwässerten Ergebnisses je Aktie ab dem Datum des Vertragsabschlusses mit einzubeziehen.

24 Bedingt emissionsfähige Aktien werden als im Umlauf befindlich behandelt und bei der Ermittlung des unverwässerten Ergebnisses je Aktie erst ab dem Datum mit einbezogen, zu dem alle erforderlichen Voraussetzungen erfüllt sind (d. h. die Ereignisse sind eingetreten). Aktien, die ausschließlich nach einem Ablauf einer Zeitspanne emissionsfähig sind, gelten nicht als bedingt emissionsfähige Aktien, da der Zeitablauf ein sicheres Ereignis ist.

Early conversion of convertible preference shares may be induced by an entity through favourable changes to the original conversion terms or the payment of additional consideration. The excess of the fair value of the ordinary shares or other consideration paid over the fair value of the ordinary shares issuable under the original conversion terms is a return to the preference shareholders, and is deducted in calculating profit or loss attributable to ordinary equity holders of the parent entity. **17**

Any excess of the carrying amount of preference shares over the fair value of the consideration paid to settle them is added in calculating profit or loss attributable to ordinary equity holders of the parent entity. **18**

Shares

For the purpose of calculating basic earnings per share, the number of ordinary shares shall be the weighted average number of ordinary shares outstanding during the period. **19**

Using the weighted average number of ordinary shares outstanding during the period reflects the possibility that the amount of shareholders' capital varied during the period as a result of a larger or smaller number of shares being outstanding at any time. The weighted average number of ordinary shares outstanding during the period is the number of ordinary shares outstanding at the beginning of the period, adjusted by the number of ordinary shares bought back or issued during the period multiplied by a time-weighting factor. The time-weighting factor is the number of days that the shares are outstanding as a proportion of the total number of days in the period; a reasonable approximation of the weighted average is adequate in many circumstances. **20**

Shares are usually included in the weighted average number of shares from the date consideration is receivable (which is generally the date of their issue), for example: **21**
(a) ordinary shares issued in exchange for cash are included when cash is receivable;
(b) ordinary shares issued on the voluntary reinvestment of dividends on ordinary or preference shares are included when dividends are reinvested;
(c) ordinary shares issued as a result of the conversion of a debt instrument to ordinary shares are included from the date that interest ceases to accrue;
(d) ordinary shares issued in place of interest or principal on other financial instruments are included from the date that interest ceases to accrue;
(e) ordinary shares issued in exchange for the settlement of a liability of the entity are included from the settlement date;
(f) ordinary shares issued as consideration for the acquisition of an asset other than cash are included as of the date on which the acquisition is recognised; and
(g) ordinary shares issued for the rendering of services to the entity are included as the services are rendered.
The timing of the inclusion of ordinary shares is determined by the terms and conditions attaching to their issue. Due consideration is given to the substance of any contract associated with the issue.

Ordinary shares issued as part of the cost of a business combination are included in the weighted average number of shares from the acquisition date. This is because the acquirer incorporates into its income statement the acquiree's profits and losses from that date. **22**

Ordinary shares that will be issued upon the conversion of a mandatorily convertible instrument are included in the calculation of basic earnings per share from the date the contract is entered into. **23**

Contingently issuable shares are treated as outstanding and are included in the calculation of basic earnings per share only from the date when all necessary conditions are satisfied (ie the events have occurred). Shares that are issuable solely after the passage of time are not contingently issuable shares, because the passage of time is a certainty. **24**

25 Im Umlauf befindliche Stammaktien, die nur unter gewissen Bedingungen zurückgegeben werden können (also dem Vorbehalt des Rückrufes unterliegen), gelten nicht als im Umlauf befindlich und werden von der Ermittlung des unverwässerten Ergebnisses je Aktie bis zu dem Datum ausgenommen, zu dem der Vorbehalt des Rückrufs nicht mehr gilt.

26 **Die gewichtete durchschnittliche Anzahl der während der Periode und allen übrigen dargestellten Perioden im Umlauf befindlichen Stammaktien ist mit Ausnahme der Umwandlung potenzieller Stammaktien um Sachverhalte zu bereinigen, welche die Anzahl im Umlauf befindlicher Stammaktien verändert haben, ohne dass eine entsprechende Änderung der Ressourcen damit verbunden gewesen wäre.**

27 Stammaktien können emittiert oder die Anzahl der im Umlauf befindlichen Aktien verringert werden, ohne dass es zu einer entsprechenden Änderung der Ressourcen kommt. Dazu zählen folgende Beispiele:
(a) eine Kapitalisierung oder Ausgabe von Gratisaktien (auch als Dividende in Form von Aktien bezeichnet);
(b) ein Gratiselement an jeder anderen Emission, beispielsweise ein Gratiselement an einer Ausgabe von Bezugsrechten an die bestehenden Aktionäre;
(c) eine Neustückelung von Aktien; und
(d) eine Umkehrung einer Neustückelung von Aktien (Aktienkonsolidierung).

28 Bei einer Kapitalisierung, einer Ausgabe von Gratisaktien oder einer Neustückelung von Aktien werden Stammaktien an die bestehenden Aktionäre ohne zusätzliche Gegenleistung ausgegeben. Folglich erhöht sich die Anzahl der im Umlauf befindlichen Stammaktien, ohne dass es zu einer Erhöhung der Ressourcen kommt. Die Anzahl der vor dem Eintritt des Ereignisses im Umlauf befindlichen Stammaktien wird um die anteilige Veränderung der Anzahl umlaufender Stammaktien derart berichtigt, als wäre das Ereignis zu Beginn der ersten dargestellten Periode eingetreten. Beispielsweise wird bei einer zwei-zu-eins-Ausgabe von Gratisaktien die Anzahl der vor der Emission im Umlauf befindlichen Stammaktien mit dem Faktor 3 multipliziert, um die neue Gesamtanzahl an Stammaktien zu ermitteln, bzw. mit dem Faktor 2, um die Anzahl der zusätzlichen Stammaktien zu erhalten.

29 In der Regel verringert eine Konsolidierung von Stammaktien die Anzahl der im Umlauf befindlichen Stammaktien, ohne dass es zu einer entsprechenden Verringerung der Ressourcen kommt. Falls jedoch ein Aktienrückkauf zum beizulegenden Zeitwert stattfindet, handelt es sich bei der Verringerung der Anzahl im Umlauf befindlicher Stammaktien um das Ergebnis einer entsprechenden Abnahme an Ressourcen. Ein Beispiel wäre eine Aktienkonsolidierung in Verbindung mit einer Sonderdividende. Die gewichtete durchschnittliche Anzahl der im Umlauf befindlichen Stammaktien ist für die Periode, in welcher der Zusammenschluss eintritt, um die verringerte Anzahl von Stammaktien ab dem Datum zu bereinigen, zu dem die Sonderdividende erfasst wird.

Verwässertes Ergebnis je Aktie

30 **Ein Unternehmen hat die verwässerten Ergebnisse je Aktie für das den Stammaktionären des Mutterunternehmens zurechenbare Ergebnis zu ermitteln; sofern ein entsprechender Ausweis erfolgt, ist auch das jenen Stammaktionären zurechenbare Ergebnis aus dem fortzuführenden Geschäft darzustellen.**

31 **Zur Berechnung des verwässerten Ergebnisses je Aktie hat ein Unternehmen das den Stammaktionären des Mutterunternehmens zurechenbare Ergebnis sowie die gewichtete durchschnittliche Anzahl im Umlauf befindlicher Stammaktien um alle Verwässerungseffekte potenzieller Stammaktien zu bereinigen.**

32 Die Zielsetzung beim verwässerten Ergebnis je Aktie stimmt mit der beim unverwässerten Ergebnis je Aktie überein nämlich, einen Maßstab für die Beteiligung jeder Stammaktie an der Ertragskraft eines Unternehmens zu schaffen - und gleichzeitig alle während der Periode im Umlauf befindlichen potenziellen Stammaktien mit Verwässerungseffekten zu berücksichtigen. In der Folge wird:
(a) das den Stammaktionären des Mutterunternehmens zurechenbare Ergebnis um die Nachsteuerbeträge der in der Periode erfassten Dividenden und Zinsen für potenzielle Stammaktien mit Verwässerungseffekten erhöht und um jegliche sonstige Änderungen im Ertrag oder Aufwand berichtigt, die sich aus der Umwandlung der potenziellen Stammaktien mit Verwässerungseffekten ergeben würden, sowie
(b) die gewichtete durchschnittliche Anzahl im Umlauf befindlicher Stammaktien um die gewichtete durchschnittliche Anzahl der zusätzlichen Stammaktien erhöht, welche sich unter der Annahme einer Umwandlung aller potenziellen Stammaktien mit Verwässerungseffekten im Umlauf befunden hätten.

Outstanding ordinary shares that are contingently returnable (ie subject to recall) are not treated as outstanding and are excluded from the calculation of basic earnings per share until the date the shares are no longer subject to recall. 25

The weighted average number of ordinary shares outstanding during the period and for all periods presented shall be adjusted for events, other than the conversion of potential ordinary shares, that have changed the number of ordinary shares outstanding without a corresponding change in resources. 26

Ordinary shares may be issued, or the number of ordinary shares outstanding may be reduced, without a corresponding change in resources. Examples include: 27
(a) a capitalisation or bonus issue (sometimes referred to as a stock dividend);
(b) a bonus element in any other issue, for example a bonus element in a rights issue to existing shareholders;
(c) a share split; and
(d) a reverse share split (consolidation of shares).

In a capitalisation or bonus issue or a share split, ordinary shares are issued to existing shareholders for no additional consideration. Therefore, the number of ordinary shares outstanding is increased without an increase in resources. The number of ordinary shares outstanding before the event is adjusted for the proportionate change in the number of ordinary shares outstanding as if the event had occurred at the beginning of the earliest period presented. For example, on a two-for-one bonus issue, the number of ordinary shares outstanding before the issue is multiplied by three to obtain the new total number of ordinary shares, or by two to obtain the number of additional ordinary shares. 28

A consolidation of ordinary shares generally reduces the number of ordinary shares outstanding without a corresponding reduction in resources. However, when the overall effect is a share repurchase at fair value, the reduction in the number of ordinary shares outstanding is the result of a corresponding reduction in resources. An example is a share consolidation combined with a special dividend. The weighted average number of ordinary shares outstanding for the period in which the combined transaction takes place is adjusted for the reduction in the number of ordinary shares from the date the special dividend is recognised. 29

Diluted Earnings per Share

An entity shall calculate diluted earnings per share amounts for profit or loss attributable to ordinary equity holders of the parent entity and, if presented, profit or loss from continuing operations attributable to those equity holders. 30

For the purpose of calculating diluted earnings per share, an entity shall adjust profit or loss attributable to ordinary equity holders of the parent entity, and the weighted average number of shares outstanding, for the effects of all dilutive potential ordinary shares. 31

The objective of diluted earnings per share is consistent with that of basic earnings per share — to provide a measure of the interest of each ordinary share in the performance of an entity — while giving effect to all dilutive potential ordinary shares outstanding during the period. As a result: 32
(a) profit or loss attributable to ordinary equity holders of the parent entity is increased by the after-tax amount of dividends and interest recognised in the period in respect of the dilutive potential ordinary shares and is adjusted for any other changes in income or expense that would result from the conversion of the dilutive potential ordinary shares; and
(b) the weighted average number of ordinary shares outstanding is increased by the weighted average number of additional ordinary shares that would have been outstanding assuming the conversion of all dilutive potential ordinary shares.

IAS 33

Ergebnis

33 Zur Berechnung des verwässerten Ergebnisses je Aktie hat ein Unternehmen das den Stammaktionären des Mutterunternehmens zurechenbare, gemäß Paragraph 12 ermittelte Ergebnis um die Nachsteuerwirkungen folgender Posten zu bereinigen:
 (a) alle Dividenden oder sonstige Posten im Zusammenhang mit potenziellen Stammaktien mit Verwässerungseffekten, die zur Berechnung des den Stammaktionären des Mutterunternehmens zurechenbaren, gemäß Paragraph 12 ermittelte, Ergebnis abgezogen wurden;
 (b) in der Periode erfasste Zinsen im Zusammenhang mit potenziellen Stammaktien mit Verwässerungseffekten;
 und
 (c) alle sonstigen Änderungen im Ertrag oder Aufwand, die sich aus der Umwandlung der potenziellen Stammaktien mit Verwässerungseffekten ergeben würden.

34 Nach der Umwandlung potenzieller Stammaktien in Stammaktien fallen die in Paragraph 33(a)-(c) genannten Sachverhalte nicht mehr an. Stattdessen sind die neuen Stammaktien zur Beteiligung am Ergebnis berechtigt, das den Stammaktionären des Mutterunternehmens zusteht. Somit wird das Ergebnis, das den Stammaktionären des Mutterunternehmens zusteht und gemäß Paragraph 12 ermittelt wird, um die in Paragraph 33(a)-(c) genannten Sachverhalte sowie die zugehörigen Steuern bereinigt. Die mit den potenziellen Stammaktien verbundenen Aufwendungen beinhalten die unter Anwendung der Effektivzinsmethode behandelten Transaktionskosten und Disagien (s. Paragraph 9 von IAS 39 *Finanzinstrumente: Ansatz und Bewertung*, in der im Jahr 2003 überarbeiteten Fassung).

35 Aus der Umwandlung potenzieller Stammaktien können sich Folgeänderungen bei den Erträgen oder Aufwendungen ergeben. Beispielsweise kann die Verringerung der Zinsaufwendungen für die potenziellen Stammaktien und die daraus folgende Erhöhung resp. Reduzierung des Ergebnisses eine Erhöhung des Aufwandes für einen freiwilligen Gewinnbeteiligungsplan für Arbeitnehmer zur Folge haben. Zur Berechnung des verwässerten Ergebnisses je Aktie wird das den Stammaktionären des Mutterunternehmens zurechenbare Ergebnis um alle derartigen Folgeänderungen bei den Erträgen oder Aufwendungen bereinigt.

Aktien

36 Bei der Berechnung des verwässerten Ergebnisses je Aktie entspricht die Anzahl der Stammaktien der gewichteten durchschnittlichen Anzahl an gemäß den Paragraphen 19 und 26 berechneten Stammaktien zuzüglich der gewichteten durchschnittlichen Anzahl an Stammaktien, welche nach der Umwandlung aller potenzieller Stammaktien mit Verwässerungseffekten in Stammaktien ausgegeben würden. Die Umwandlung von potenziellen Stammaktien mit Verwässerungseffekten in Stammaktien gilt mit dem Beginn der Periode als erfolgt oder, falls dieses Datum auf einen späteren Tag fällt, mit dem Tag, an dem die potenziellen Stammaktien emittiert wurden.

37 Potenzielle Stammaktien mit Verwässerungseffekten sind unabhängig für jede dargestellte Periode zu ermitteln. Die Anzahl potenzieller Stammaktien mit Verwässerungseffekten, die in den Zeitraum vom Jahresbeginn bis zum Stichtag einbezogen werden, ist kein gewichteter Durchschnitt der in jeder Zwischenberechnung enthaltenen potenziellen Stammaktien mit Verwässerungseffekten.

38 Potenzielle Stammaktien werden für die Periode gewichtet, in der sie im Umlauf sind. Potenzielle Stammaktien, die während der Periode gelöscht wurden oder verfallen sind, werden bei der Berechnung des verwässerten Ergebnisses je Aktie nur für den Teil der Periode berücksichtigt, in dem sie im Umlauf waren. Potenzielle Stammaktien, die während der Periode in Stammaktien umgewandelt werden, werden bei der Berechnung des verwässerten Ergebnisses je Aktie vom Periodenbeginn bis zum Datum der Umwandlung berücksichtigt. Vom Zeitpunkt der Umwandlung an werden die daraus resultierenden Stammaktien sowohl in das unverwässerte als auch in das verwässerte Ergebnis je Aktie einbezogen.

39 Die Bestimmung der Anzahl der bei der Umwandlung potenzieller Stammaktien mit Verwässerungseffekten auszugebenden Stammaktien erfolgt zu den für die potenziellen Stammaktien gültigen Bedingungen. Sofern mehr als eine Grundlage für die Umwandlung besteht, wird bei der Berechnung das vorteilhafteste Umwandlungsverhältnis oder der günstigste Ausübungskurs aus Sicht des Inhabers der potenziellen Stammaktien zu Grunde gelegt.

Earnings

For the purpose of calculating diluted earnings per share, an entity shall adjust profit or loss attributable to ordinary equity holders of the parent entity, as calculated in accordance with paragraph 12, by the after-tax effect of: 33
(a) any dividends or other items related to dilutive potential ordinary shares deducted in arriving at profit or loss attributable to ordinary equity holders of the parent entity as calculated in accordance with paragraph 12;
(b) any interest recognised in the period related to dilutive potential ordinary shares; and
(c) any other changes in income or expense that would result from the conversion of the dilutive potential ordinary shares.

After the potential ordinary shares are converted into ordinary shares, the items identified in paragraph 33(a)-(c) no longer arise. Instead, the new ordinary shares are entitled to participate in profit or loss attributable to ordinary equity holders of the parent entity. Therefore, profit or loss attributable to ordinary equity holders of the parent entity calculated in accordance with paragraph 12 is adjusted for the items identified in paragraph 33(a)-(c) and any related taxes. The expenses associated with potential ordinary shares include transaction costs and discounts accounted for in accordance with the effective interest method (see paragraph 9 of IAS 39 *Financial Instruments: Recognition and Measurement,* as revised in 2003). 34

The conversion of potential ordinary shares may lead to consequential changes in income or expenses. For example, the reduction of interest expense related to potential ordinary shares and the resulting increase in profit or reduction in loss may lead to an increase in the expense related to a non-discretionary employee profit-sharing plan. For the purpose of calculating diluted earnings per share, profit or loss attributable to ordinary equity holders of the parent entity is adjusted for any such consequential changes in income or expense. 35

Shares

For the purpose of calculating diluted earnings per share, the number of ordinary shares shall be the weighted average number of ordinary shares calculated in accordance with paragraphs 19 and 26, plus the weighted average number of ordinary shares that would be issued on the conversion of all the dilutive potential ordinary shares into ordinary shares. Dilutive potential ordinary shares shall be deemed to have been converted into ordinary shares at the beginning of the period or, if later, the date of the issue of the potential ordinary shares. 36

Dilutive potential ordinary shares shall be determined independently for each period presented. The number of dilutive potential ordinary shares included in the year-to-date period is not a weighted average of the dilutive potential ordinary shares included in each interim computation. 37

Potential ordinary shares are weighted for the period they are outstanding. Potential ordinary shares that are cancelled or allowed to lapse during the period are included in the calculation of diluted earnings per share only for the portion of the period during which they are outstanding. Potential ordinary shares that are converted into ordinary shares during the period are included in the calculation of diluted earnings per share from the beginning of the period to the date of conversion; from the date of conversion, the resulting ordinary shares are included in both basic and diluted earnings per share. 38

The number of ordinary shares that would be issued on conversion of dilutive potential ordinary shares is determined from the terms of the potential ordinary shares. When more than one basis of conversion exists, the calculation assumes the most advantageous conversion rate or exercise price from the standpoint of the holder of the potential ordinary shares. 39

40 Ein Tochterunternehmen, Joint Venture oder assoziiertes Unternehmen kann an alle Parteien mit Ausnahme des Mutterunternehmens, des Gesellschafters oder Anlegers potenzielle Stammaktien ausgeben, welche entweder in Stammaktien des Tochterunternehmens, Joint Ventures oder assoziierten Unternehmens oder in Stammaktien des Mutterunternehmens, des Gesellschafters oder Anlegers (des berichtenden Unternehmens) wandelbar sind. Haben diese potenziellen Stammaktien des Tochterunternehmens, Joint Ventures oder assoziierten Unternehmens einen Verwässerungseffekt auf das unverwässerte Ergebnis je Aktie des berichtenden Unternehmens, sind sie bei der Ermittlung des verwässerten Ergebnisses je Aktie einzubeziehen.

Potenzielle Stammaktien mit Verwässerungseffekten

41 **Potenzielle Stammaktien sind ausschließlich dann als verwässernd zu betrachten, wenn ihre Umwandlung in Stammaktien das Ergebnis je Aktie aus dem fortzuführenden Geschäft kürzen bzw. den Periodenverlust je Aktie aus dem fortzuführenden Geschäft erhöhen würde.**

42 Ein Unternehmen verwendet das Ergebnis aus dem fortzuführenden Geschäft, das auf das Mutterunternehmen entfällt, als Kontrollgröße um festzustellen, ob bei potenziellen Stammaktien eine Verwässerung oder ein Verwässerungsschutz vorliegt. Das dem Mutterunternehmen zurechenbare Ergebnis aus dem fortzuführenden Geschäft wird gemäß Paragraph 12 bereinigt und schließt dabei Posten aus der Aufgabe von Geschäftsbereichen aus.

43 Bei potenziellen Stammaktien liegt ein Verwässerungsschutz vor, wenn ihre Umwandlung in Stammaktien das Ergebnis je Aktie aus dem fortzuführenden Geschäft erhöhen bzw. den Verlust je Aktie aus dem fortzuführenden Geschäft reduzieren würde. Die Berechnung des verwässerten Ergebnisses je Aktie erfolgt nicht unter der Annahme einer Umwandlung, Ausübung oder weiteren Emission von potenziellen Stammaktien, bei denen ein Verwässerungsschutz in Bezug auf das Ergebnis je Aktie vorliegen würde.

44 Bei der Beurteilung, ob bei potenziellen Stammaktien eine Verwässerung oder aber ein Verwässerungsschutz vorliegt, sind alle Emissionen oder Emissionsfolgen potenzieller Stammaktien getrennt statt in Summe zu betrachten. Die Reihenfolge, in der potenzielle Stammaktien beurteilt werden, kann einen Einfluss auf die Beurteilung haben, ob sie zu einer Verwässerung beitragen. Um die Verwässerung des unverwässerten Ergebnisses je Aktie zu maximieren, wird daher jede Emission oder Emissionsfolge potenzieller Stammaktien in der Reihenfolge vom höchsten bis zum geringsten Verwässerungseffekt betrachtet, d. h. potenzielle Stammaktien, bei denen ein Verwässerungseffekt vorliegt, werden mit dem geringsten „Ergebnis je zusätzliche Aktie" vor denjenigen mit einem höheren Ergebnis je zusätzliche Aktie bei der Berechnung des verwässerten Ergebnisses je Aktie einbezogen. Optionen und Optionsscheine werden in der Regel zuerst berücksichtigt, weil sie den Zähler der Berechnung nicht beeinflussen.

Optionen, Optionsscheine und ihre Äquivalente

45 **Bei der Berechnung des verwässerten Ergebnisses je Aktie hat ein Unternehmen von der Ausübung verwässernder Optionen und Optionsscheinen des Unternehmens auszugehen. Die angenommenen Erlöse aus diesen Instrumenten werden so behandelt, als wären sie im Zuge der Emission von Stammaktien zum durchschnittlichen Börsenkurs der Stammaktien während der Periode angefallen. Die Differenz zwischen der Anzahl der ausgegebenen Stammaktien und der Anzahl der Stammaktien, die zum durchschnittlichen Börsenkurs der Stammaktien während der Periode ausgegeben worden wären, ist als Ausgabe von Stammaktien ohne Entgelt zu behandeln.**

46 Optionen und Optionsscheine sind verwässernd, wenn sie zur Ausgabe von Stammaktien zu einem geringeren als dem durchschnittlichen Börsenkurs der Stammaktien während der Periode führen würden. Der Betrag der Verwässerung ist der durchschnittliche Börsenkurs von Stammaktien während der Periode abzüglich des Ausgabepreises. Zur Ermittlung des verwässerten Ergebnisses je Aktie wird daher unterstellt, dass potenziellen Stammaktie die beiden folgenden Ausgestaltungen umfassen:
(a) einen Vertrag zur Ausgabe einer bestimmten Anzahl von Stammaktien zu ihrem durchschnittlichen Börsenpreis während der Periode. Bei diesen Stammaktien wird davon ausgegangen, dass sie einen marktgerechten Kurs aufweisen und weder ein Verwässerungseffekt noch ein Verwässerungsschutz vorliegt. Bei der Berechnung des verwässerten Ergebnisses je Aktie bleiben sie unberücksichtigt;
(b) einen Vertrag zur Ausgabe der verbleibenden Stammaktien ohne Entgelt. Derartige Stammaktien erzielen keine Erlöse und haben keine Auswirkung auf das Ergebnis, welches den im Umlauf befindlichen Stammaktien zuzurechnen ist. Daher liegt bei diesen Aktien ein Verwässerungseffekt vor, und sie sind bei der Berechnung des verwässerten Ergebnisses je Aktie der Anzahl der im Umlauf befindlichen Stammaktien hinzuzuzählen.

A subsidiary, joint venture or associate may issue to parties other than the parent, venturer or investor potential ordinary shares that are convertible into either ordinary shares of the subsidiary, joint venture or associate, or ordinary shares of the parent, venturer or investor (the reporting entity). If these potential ordinary shares of the subsidiary, joint venture or associate have a dilutive effect on the basic earnings per share of the reporting entity, they are included in the calculation of diluted earnings per share. 40

Dilutive Potential Ordinary Shares

Potential ordinary shares shall be treated as dilutive when, and only when, their conversion to ordinary shares would decrease earnings per share or increase loss per share from continuing operations. 41

An entity uses profit or loss from continuing operations attributable to the parent entity as the control number to establish whether potential ordinary shares are dilutive or antidilutive. Profit or loss from continuing operations attributable to the parent entity is adjusted in accordance with paragraph 12 and excludes items relating to discontinued operations. 42

Potential ordinary shares are antidilutive when their conversion to ordinary shares would increase earnings per share or decrease loss per share from continuing operations. The calculation of diluted earnings per share does not assume conversion, exercise, or other issue of potential ordinary shares that would have an antidilutive effect on earnings per share. 43

In determining whether potential ordinary shares are dilutive or antidilutive, each issue or series of potential ordinary shares is considered separately rather than in aggregate. The sequence in which potential ordinary shares are considered may affect whether they are dilutive. Therefore, to maximise the dilution of basic earnings per share, each issue or series of potential ordinary shares is considered in sequence from the most dilutive to the least dilutive, ie dilutive potential ordinary shares with the lowest 'earnings per incremental share' are included in the diluted earnings per share calculation before those with a higher earnings per incremental share. Options and warrants are generally included first because they do not affect the numerator of the calculation. 44

Options, warrants and their equivalents

For the purpose of calculating diluted earnings per share, an entity shall assume the exercise of dilutive options and warrants of the entity. The assumed proceeds from these instruments shall be regarded as having been received from the issue of ordinary shares at the average market price of ordinary shares during the period. The difference between the number of ordinary shares issued and the number of ordinary shares that would have been issued at the average market price of ordinary shares during the period shall be treated as an issue of ordinary shares for no consideration. 45

Options and warrants are dilutive when they would result in the issue of ordinary shares for less than the average market price of ordinary shares during the period. The amount of the dilution is the average market price of ordinary shares during the period minus the issue price. Therefore, to calculate diluted earnings per share, potential ordinary shares are treated as consisting of both the following: 46
(a) a contract to issue a certain number of the ordinary shares at their average market price during the period. Such ordinary shares are assumed to be fairly priced and to be neither dilutive nor antidilutive. They are ignored in the calculation of diluted earnings per share.
(b) a contract to issue the remaining ordinary shares for no consideration. Such ordinary shares generate no proceeds and have no effect on profit or loss attributable to ordinary shares outstanding. Therefore, such shares are dilutive and are added to the number of ordinary shares outstanding in the calculation of diluted earnings per share.

47 Bei Optionen und Optionsscheinen tritt ein Verwässerungseffekt nur dann ein, wenn der durchschnittliche Börsenkurs der Stammaktien während der Periode den Ausübungspreis der Optionen oder Optionsscheine übersteigt (d. h. wenn sie „im Geld" sind). In Vorjahren angegebene Ergebnisse je Aktie werden nicht rückwirkend bereinigt, um die Kursveränderungen der Stammaktien zu berücksichtigen.

47A Bei Aktienoptionen und anderen aktienbasierten Vergütungsvereinbarungen, auf die IFRS 2 *Aktienbasierte Vergütung* Anwendung findet, muss der in Paragraph 46 erwähnte Ausgabepreis und der in Paragraph 47 erwähnte Ausübungspreis den beizulegenden Zeitwert von Gütern oder Dienstleistungen enthalten, die dem Unternehmen künftig im Rahmen der Aktienoption oder einer anderen aktienbasierten Vergütungsvereinbarung zu liefern bzw. zu erbringen sind.

48 Mitarbeiteraktienoptionen mit festen oder bestimmbaren Laufzeiten und verfallbare Stammaktien werden bei der Ermittlung des verwässerten Ergebnisses je Aktie als Optionen behandelt, obgleich sie eventuell von einer Anwartschaft abhängig sind. Sie werden zum Bewilligungsdatum als im Umlauf befindlich behandelt. Leistungsabhängige Mitarbeiteraktienoptionen werden als bedingtes Kapital behandelt, weil ihre Ausgabe von der Erfüllung bestimmter Bedingungen sowie vom Zeitablauf abhängig ist.

Wandelbare Instrumente

49 Der Verwässerungseffekt von wandelbaren Instrumenten ist im verwässerten Ergebnis je Aktie gemäß den Paragraphen 33 und 36 darzustellen.

50 Bei wandelbaren Vorzugsaktien liegt immer dann ein Verwässerungsschutz vor, wenn der Betrag der angekündigten bzw. aufgelaufenen Dividende auf solche Aktien für die laufende Periode, das bei einer Umwandlung je erhaltener Stammaktie unverwässerte Ergebnis je Aktie übersteigt. Gleichermaßen wirken wandelbare Schuldtitel einer Verwässerung entgegen, wenn die zu erhaltende Verzinsung (nach Steuern und sonstigen Änderungen bei den Erträgen oder Aufwendungen) je Stammaktie bei einer Umwandlung das unverwässerte Ergebnis je Aktie übersteigt.

51 Die Rückzahlung oder vorgenommene Umwandlung von wandelbaren Vorzugsaktien kann unter Umständen nur einen Teil der vormals im Umlauf befindlichen wandelbaren Vorzugsaktien betreffen. In diesen Fällen wird ein erzielter Überschuss nach Paragraph 17 denjenigen Aktien zugerechnet, die zurückgezahlt oder umgewandelt werden um zu ermitteln, ob bei den übrigen im Umlauf befindlichen Vorzugsaktien ein Verwässerungseffekt vorliegt. Die zurückgezahlten oder umgewandelten Aktien werden getrennt von denjenigen Aktien betrachtet, die nicht zurückgezahlt oder umgewandelt wurden.

Bedingt emissionsfähige Aktien

52 Wie bei der Ermittlung des unverwässerten Ergebnisses je Aktie werden bedingt emissionsfähige Aktien als im Umlauf befindlich behandelt und bei der Berechnung des verwässerten Ergebnisses je Aktie mit einbezogen, sofern die Voraussetzungen erfüllt sind (d. h., dass die Ereignisse eingetreten sind). Bedingt emissionsfähige Aktien werden mit Beginn der Periode (oder ab dem Tag der Vereinbarung zur bedingten Emission, falls dieser Termin später liegt) einbezogen. Falls die Bedingungen nicht erfüllt sind, basiert die Aktienanzahl der bedingt emissionsfähigen Aktien, welche in die Berechnung des verwässerten Ergebnisses je Aktie einbezogen werden, auf der Anzahl an Aktien, die auszugeben wären, falls das Ende der Periode mit dem Ende des Zeitraums zusammenfällt, innerhalb dessen diese Bedingung eintreten kann. Wenn die Bedingungen bei Ablauf der Periode, innerhalb der diese Bedingung eintreten kann, nicht erfüllt wurden, sind rückwirkende Anpassungen nicht erlaubt.

53 Besteht die Bedingung einer bedingten Emission in der Erzielung oder Aufrechterhaltung eines bestimmten Ergebnisses und wurde dieser Betrag zum Ende des Berichtszeitraumes zwar erzielt, muss aber für einen zusätzlichen Zeitraum nach dem Ende der Berichtsperiode erhalten bleiben, so gelten die zusätzlichen Stammaktien als im Umlauf befindlich, falls bei der Ermittlung des verwässerten Ergebnisses je Aktie ein Verwässerungseffekt eintritt. In diesem Fall basiert die Ermittlung des verwässerten Ergebnisses je Aktie auf der Anzahl von Stammaktien, die ausgegeben würden, wenn der Betrag des Ergebnisses am Ende der Berichtsperiode dem Betrag des Ergebnisses am Ende der Periode entspräche, innerhalb der diese Bedingung eintreten kann. Da sich das Ergebnis in einer künftigen Periode verändern kann, wird bedingtes Stammkapital in die Ermittlung des unverwässerten Ergebnisses bis zum Ende der Periode, innerhalb der diese Bedingung eintreten kann, nicht mit einbezogen, da nicht alle erforderlichen Voraussetzungen erfüllt wurden.

54 Die Aktienanzahl der bedingt emissionsfähigen Aktien kann vom künftigen Börsenkurs der Stammaktien abhängen. Führt dieser Effekt zu einer Verwässerung, so basiert die Ermittlung des verwässerten Ergebnisses je Aktie in diesem Fall auf der Anzahl von Stammaktien, die ausgegeben würden, wenn der Börsenkurs am Ende der Berichtsperiode dem Börsenkurs am Ende der Periode, innerhalb der diese Bedingung eintreten kann,

Options and warrants have a dilutive effect only when the average market price of ordinary shares during the period exceeds the exercise price of the options or warrants (ie they are 'in the money'). Previously reported earnings per share are not retroactively adjusted to reflect changes in prices of ordinary shares. 47

For share options and other share-based payment arrangements to which IFRS 2 *Share-based Payment* applies, the issue price referred to in paragraph 46 and the exercise price referred to in paragraph 47 shall include the fair value of any goods or services to be supplied to the entity in the future under the share option or other share-based payment arrangement. 47A

Employee share options with fixed or determinable terms and non-vested ordinary shares are treated as options in the calculation of diluted earnings per share, even though they may be contingent on vesting. They are treated as outstanding on the grant date. Performance-based employee share options are treated as contingently issuable shares because their issue is contingent upon satisfying specified conditions in addition to the passage of time. 48

Convertible instruments

The dilutive effect of convertible instruments shall be reflected in diluted earnings per share in accordance with paragraphs 33 and 36. 49

Convertible preference shares are antidilutive whenever the amount of the dividend on such shares declared in or accumulated for the current period per ordinary share obtainable on conversion exceeds basic earnings per share. Similarly, convertible debt is antidilutive whenever its interest (net of tax and other changes in income or expense) per ordinary share obtainable on conversion exceeds basic earnings per share. 50

The redemption or induced conversion of convertible preference shares may affect only a portion of the previously outstanding convertible preference shares. In such cases, any excess consideration referred to in paragraph 17 is attributed to those shares that are redeemed or converted for the purpose of determining whether the remaining outstanding preference shares are dilutive. The shares redeemed or converted are considered separately from those shares that are not redeemed or converted. 51

Contingently issuable shares

As in the calculation of basic earnings per share, contingently issuable ordinary shares are treated as outstanding and included in the calculation of diluted earnings per share if the conditions are satisfied (ie the events have occurred). Contingently issuable shares are included from the beginning of the period (or from the date of the contingent share agreement, if later). If the conditions are not satisfied, the number of contingently issuable shares included in the diluted earnings per share calculation is based on the number of shares that would be issuable if the end of the period were the end of the contingency period. Restatement is not permitted if the conditions are not met when the contingency period expires. 52

If attainment or maintenance of a specified amount of earnings for a period is the condition for contingent issue and if that amount has been attained at the end of the reporting period but must be maintained beyond the end of the reporting period for an additional period, then the additional ordinary shares are treated as outstanding, if the effect is dilutive, when calculating diluted earnings per share. In that case, the calculation of diluted earnings per share is based on the number of ordinary shares that would be issued if the amount of earnings at the end of the reporting period were the amount of earnings at the end of the contingency period. Because earnings may change in a future period, the calculation of basic earnings per share does not include such contingently issuable ordinary shares until the end of the contingency period because not all necessary conditions have been satisfied. 53

The number of ordinary shares contingently issuable may depend on the future market price of the ordinary shares. In that case, if the effect is dilutive, the calculation of diluted earnings per share is based on the number of ordinary shares that would be issued if the market price at the end of the reporting period were the market price at the end of the contingency period. If the condition is based on an average of market prices over a period of 54

entspräche. Basiert die Bedingung auf einem Durchschnitt der Börsenkurse über einen Zeitraum, der über das Ende der Berichtsperiode hinausgeht, so wird der Durchschnitt für den abgelaufenen Zeitraum verwendet. Da sich der Börsenkurs in einer künftigen Periode verändern kann, werden bedingt emissionsfähige Aktien in die Ermittlung des unverwässerten Ergebnisses je Aktie bis zum Ende der Periode, innerhalb der diese Bedingung eintreten kann, nicht mit einbezogen, da nicht alle erforderlichen Voraussetzungen erfüllt wurden.

55 Die Anzahl der bedingt emissionsfähigen Aktien kann sich u. U. nach dem künftigen Ergebnis und künftigen Kursen der Stammaktien richten. In solchen Fällen basiert die Anzahl der Stammaktien, die in die Berechnung des verwässerten Ergebnisses je Aktie einbezogen werden, auf beiden Bedingungen (also Ergebnis bis dato und aktueller Börsenkurs am Ende des Berichtszeitraumes). Bedingt emissionsfähige Aktien werden in die Ermittlung des verwässerten Ergebnisses je Aktie nicht einbezogen, es sei denn, beide Bedingungen sind erfüllt.

56 In anderen Fällen hängt die Anzahl der bedingt bedingt emissionsfähigen Aktien von einer anderen Bedingung als dem Ergebnis oder Börsenkurs (beispielsweise die Eröffnung einer bestimmten Anzahl von Einzelhandelsgeschäften) ab. In diesen Fällen werden die bedingt emissionsfähigen Aktien unter der Annahme, dass der derzeitige Stand der Bedingung bis zum Ende der Periode, innerhalb der diese Bedingung eintreten kann, unverändert bleibt, in die Berechnung des verwässerten Ergebnisses je Aktie nach dem Stand am Ende des Berichtszeitraums mit einbezogen.

57 Bedingt emissionsfähige potenzielle Stammaktien (außer denjenigen, die einer Vereinbarung zur bedingten Emission unterliegen, wie beispielsweise bedingtes Wandlungskapital) werden folgendermaßen in die Berechnung des verwässerten Ergebnisses je Aktie einbezogen:
(a) Ein Unternehmen stellt fest, ob man bei den potenziellen Stammaktien davon ausgehen kann, dass sie aufgrund ihrer festgelegten Emissionsbedingungen nach Maßgabe der Bestimmungen über bedingt emissionsfähige Stammaktien in den Paragraphen 52–56 emissionsfähig sind; und
(b) sofern sich jene potenziellen Stammaktien im verwässerten Ergebnis je Aktie widerspiegeln sollten, stellt ein Unternehmen die entsprechenden Auswirkungen auf die Berechnung des verwässerten Ergebnisses je Aktie nach Maßgabe der Bestimmungen über Optionen und Optionsscheine (Paragraphen 45–48), der Bestimmungen über wandelbare Instrumente (Paragraphen 49–51), der Bestimmungen über Verträge, die in Stammaktien oder in liquiden Mitteln erfüllt werden (Paragraphen 58–61) bzw. sonstiger Bestimmungen fest.
Die Ausübung bzw. Umwandlung wird jedoch nicht zum Zweck der Ermittlung des verwässerten Ergebnisses je Aktie angenommen, es sei denn, es wird von der Ausübung bzw. Umwandlung ähnlicher im Umlauf befindlicher potenzieller und unbedingter Stammaktien ausgegangen.

Verträge, die in Stammaktien oder liquiden Mitteln erfüllt werden können

58 **Hat ein Unternehmen einen Vertrag abgeschlossen, der nach Wahl des Unternehmens in Stammaktien oder liquiden Mitteln erfüllt werden kann, so hat das Unternehmen davon auszugehen, dass der Vertrag in Stammaktien erfüllt wird, wobei die sich daraus ergebenden potenziellen Stammaktien im verwässerten Ergebnis je Aktie zu berücksichtigen sind, sofern ein Verwässerungseffekt vorliegt.**

59 Wird ein solcher Vertrag zu Bilanzierungszwecken als Vermögenswert oder als Schuld dargestellt oder enthält dieser eine Eigenkapital- und eine Schuldkomponente, so hat das Unternehmen den Zähler um etwaige Änderungen hinsichtlich Gewinn und Verlust zu bereinigen, die sich während der Periode ergeben hätten, wenn der Vertrag in vollem Umfang als Eigenkapitalinstrument klassifiziert worden wäre. Diese Bereinigung erfolgt in ähnlicher Weise wie die nach Paragraph 33 erforderlichen Anpassungen.

60 **Bei Verträgen, die nach Wahl des Inhabers in Stammaktien oder liquiden Mitteln erfüllt werden können, hat die Berechnung des verwässerten Ergebnisses je Aktie unter Berücksichtigung der Erfüllung mit dem stärkeren Verwässerungseffekt - also Erfüllung in Stammaktien oder in liquiden Mitteln - zu erfolgen.**

61 Ein Beispiel für einen Vertrag, bei dem die Erfüllung in Stammaktien oder liquiden Mitteln erfolgen kann, ist ein Schuldinstrument, das dem Unternehmen bei Fälligkeit das uneingeschränkte Recht einräumt, den Kapitalbetrag in liquiden Mitteln oder aber in eigenen Stammaktien zu leisten. Ein weiteres Beispiel ist eine geschriebene Verkaufsoption, deren Inhaber die Wahl zwischen Erfüllung in Stammaktien oder in liquiden Mitteln hat.

Gekaufte Optionen

62 Verträge wie gekaufte Verkaufsoptionen und gekaufte Kaufoptionen (also Optionen, die das Unternehmen auf die eigenen Stammaktien hält) werden nicht in die Berechnung des verwässerten Ergebnisses je Aktie einbezogen, weil dies einem Verwässerungsschutz entspräche. Die Verkaufsoption würde nur dann ausgeübt

time that extends beyond the end of the reporting period, the average for the period of time that has lapsed is used. Because the market price may change in a future period, the calculation of basic earnings per share does not include such contingently issuable ordinary shares until the end of the contingency period because not all necessary conditions have been satisfied.

55 The number of ordinary shares contingently issuable may depend on future earnings and future prices of the ordinary shares. In such cases, the number of ordinary shares included in the diluted earnings per share calculation is based on both conditions (ie earnings to date and the current market price at the end of the reporting period). Contingently issuable ordinary shares are not included in the diluted earnings per share calculation unless both conditions are met.

56 In other cases, the number of ordinary shares contingently issuable depends on a condition other than earnings or market price (for example, the opening of a specific number of retail stores). In such cases, assuming that the present status of the condition remains unchanged until the end of the contingency period, the contingently issuable ordinary shares are included in the calculation of diluted earnings per share according to the status at the end of the reporting period.

57 Contingently issuable potential ordinary shares (other than those covered by a contingent share agreement, such as contingently issuable convertible instruments) are included in the diluted earnings per share calculation as follows:
(a) an entity determines whether the potential ordinary shares may be assumed to be issuable on the basis of the conditions specified for their issue in accordance with the contingent ordinary share provisions in paragraphs 52—56;
and
(b) if those potential ordinary shares should be reflected in diluted earnings per share, an entity determines their impact on the calculation of diluted earnings per share by following the provisions for options and warrants in paragraphs 45—48, the provisions for convertible instruments in paragraphs 49—51, the provisions for contracts that may be settled in ordinary shares or cash in paragraphs 58—61, or other provisions, as appropriate.

However, exercise or conversion is not assumed for the purpose of calculating diluted earnings per share unless exercise or conversion of similar outstanding potential ordinary shares that are not contingently issuable is assumed.

Contracts that may be settled in ordinary shares or cash

58 **When an entity has issued a contract that may be settled in ordinary shares or cash at the entity's option, the entity shall presume that the contract will be settled in ordinary shares, and the resulting potential ordinary shares shall be included in diluted earnings per share if the effect is dilutive.**

59 When such a contract is presented for accounting purposes as an asset or a liability, or has an equity component and a liability component, the entity shall adjust the numerator for any changes in profit or loss that would have resulted during the period if the contract had been classified wholly as an equity instrument. That adjustment is similar to the adjustments required in paragraph 33.

60 **For contracts that may be settled in ordinary shares or cash at the holder's option, the more dilutive of cash settlement and share settlement shall be used in calculating diluted earnings per share.**

61 An example of a contract that may be settled in ordinary shares or cash is a debt instrument that, on maturity, gives the entity the unrestricted right to settle the principal amount in cash or in its own ordinary shares. Another example is a written put option that gives the holder a choice of settling in ordinary shares or cash.

Purchased options

62 Contracts such as purchased put options and purchased call options (ie options held by the entity on its own ordinary shares) are not included in the calculation of diluted earnings per share because including them would be antidilutive. The put option would be exercised only if the exercise price were higher than the market price and the call option would be exercised only if the exercise price were lower than the market price.

werden, wenn der Ausübungspreis den Börsenkurs übersteigen würde, und die Kaufoption würde nur dann ausgeübt werden, wenn der Ausübungspreis niedriger als der Börsenkurs wäre.

Geschriebene Verkaufsoptionen

63 Verträge, die vorsehen, dass das Unternehmen seine eigenen Aktien zurückkaufen muss (beispielsweise bei geschriebenen Verkaufsoptionen und Terminkäufen), kommen bei der Berechnung des verwässerten Ergebnisses je Aktie zum Tragen, wenn ein Verwässerungseffekt vorliegt. Wenn diese Verträge innerhalb der Periode „im Geld" sind (d. h. dass der Ausübungs- oder Erfüllungspreis den durchschnittlichen Börsenkurs in der Periode übersteigt), so ist der potenzielle Verwässerungseffekt auf das Ergebnis je Aktie folgendermaßen zu ermitteln:

(a) es ist anzunehmen, dass am Anfang der Periode eine ausreichende Menge an Stammaktien (zum durchschnittlichen Börsenkurs während der Periode) emittiert werden, um die Mittel zur Vertragserfüllung zu beschaffen;

(b) es ist anzunehmen, dass die Erlöse aus der Emission zur Vertragserfüllung (also zum Rückkauf der Stammaktien) verwendet werden; und

(c) dass die zusätzlichen Stammaktien (der Unterschied zwischen der als emittiert angenommenen Anzahl an Stammaktien und der Anzahl an Stammaktien, die aus der Vertragserfüllung vereinnahmt wurden) in die Berechnung des verwässerten Ergebnisses je Aktie mit einfließen.

RÜCKWIRKENDE ANPASSUNGEN

64 Wenn die Anzahl der im Umlauf befindlichen Stammaktien oder potenziellen Stammaktien auf Grund einer Kapitalisierung, Emission von Gratisaktien oder einer Neustückelung von Aktien zunimmt, oder als Ergebnis einer Zusammenlegung des Aktienkapitals abnimmt, so ist die Berechnung des unverwässerten und verwässerten Ergebnisses je Aktie für alle vorgelegten Perioden rückwirkend zu berichten. Falls diese Änderungen nach dem Bilanzstichtag, aber vor der Veröffentlichungsfreigabe des Abschlusses eintreten, sind die Berechnungen je Aktie für den Abschluss, der für diese Periode vorgelegt wird, sowie für die Abschlüsse aller früheren Perioden auf der Grundlage der neuen Anzahl der Aktien vorzunehmen. Die Tatsache, dass die Je-Aktie-Berechnungen derartige Änderungen in der Anzahl der Aktien widerspiegeln, ist anzugeben. Unverwässerte und verwässerte Ergebnisse je Aktie aller dargestellten Perioden sind außerdem hinsichtlich der Auswirkungen von Fehlern und Berichtigungen aus Änderungen der Bilanzierungs- und Bewertungsmethoden, die rückwirkend berücksichtigt werden, anzupassen.

65 Ein Unternehmen darf verwässerte Ergebnisse je Aktie, die in früheren Perioden ausgewiesen wurden, aufgrund von Änderungen der Berechnungsannahmen zur Ergebnisermittlung je Aktie oder zwecks Umwandlung potenzieller Stammaktien in Stammaktien nicht rückwirkend anpassen.

AUSWEIS

66 In der Gewinn- und Verlustrechnung hat ein Unternehmen das unverwässerte und das verwässerte Ergebnis je Aktie aus dem den Stammaktionären des Mutterunternehmens zurechenbaren Periodengewinn bzw. -verlust aus dem fortzuführenden Geschäft sowie das den Stammaktionären des Mutterunternehmens zurechenbare Ergebnis für jede Art von Stammaktien, die ein unterschiedliches Anrecht auf Teilnahme am Ergebnis haben, auszuweisen. Ein Unternehmen hat die unverwässerten und verwässerten Ergebnisse je Aktie in allen dargestellten Perioden gleichrangig auszuweisen.

67 Das Ergebnis je Aktie ist für jede Periode auszuweisen, in der eine Gewinn- und Verlustrechnung vorgelegt wird. Wird das verwässerte Ergebnis je Aktie für mindestens eine Periode ausgewiesen, so ist es, selbst wenn es dem unverwässerten Ergebnis je Aktie entspricht, für sämtliche Perioden auszuweisen. Entspricht das unverwässerte Ergebnis dem verwässerten Ergebnis je Aktie, so kann der doppelte Ausweis in einer Zeile in der Gewinn- und Verlustrechnung erfolgen.

68 Ein Unternehmen, das die Aufgabe eines Geschäftsbereichs meldet, hat die unverwässerten und verwässerten Ergebnisse je Aktie für den aufzugebenden Geschäftsbereich entweder in der Gewinn- und Verlustrechnung oder im Anhang auszuweisen.

69 Ein Unternehmen hat die unverwässerten und verwässerten Ergebnisse je Aktie auch dann auszuweisen, wenn die Beträge negativ (also als Verlust je Aktie) ausfallen.

Written put options

Contracts that require the entity to repurchase its own shares, such as written put options and forward purchase contracts, are reflected in the calculation of diluted earnings per share if the effect is dilutive. If these contracts are 'in the money' during the period (ie the exercise or settlement price is above the average market price for that period), the potential dilutive effect on earnings per share shall be calculated as follows: 63

(a) it shall be assumed that at the beginning of the period sufficient ordinary shares will be issued (at the average market price during the period) to raise proceeds to satisfy the contract;
(b) it shall be assumed that the proceeds from the issue are used to satisfy the contract (ie to buy back ordinary shares); and
(c) the incremental ordinary shares (the difference between the number of ordinary shares assumed issued and the number of ordinary shares received from satisfying the contract) shall be included in the calculation of diluted earnings per share.

RETROSPECTIVE ADJUSTMENTS

If the number of ordinary or potential ordinary shares outstanding increases as a result of a capitalisation, bonus issue or share split, or decreases as a result of a reverse share split, the calculation of basic and diluted earnings per share for all periods presented shall be adjusted retrospectively. If these changes occur after the balance sheet date but before the financial statements are authorised for issue, the per share calculations for those and any prior period financial statements presented shall be based on the new number of shares. The fact that per share calculations reflect such changes in the number of shares shall be disclosed. In addition, basic and diluted earnings per share of all periods presented shall be adjusted for the effects of errors and adjustments resulting from changes in accounting policies accounted for retrospectively. 64

An entity does not restate diluted earnings per share of any prior period presented for changes in the assumptions used in earnings per share calculations or for the conversion of potential ordinary shares into ordinary shares. 65

PRESENTATION

An entity shall present on the face of the income statement basic and diluted earnings per share for profit or loss from continuing operations attributable to the ordinary equity holders of the parent entity and for profit or loss attributable to the ordinary equity holders of the parent entity for the period for each class of ordinary shares that has a different right to share in profit for the period. An entity shall present basic and diluted earnings per share with equal prominence for all periods presented. 66

Earnings per share is presented for every period for which an income statement is presented. If diluted earnings per share is reported for at least one period, it shall be reported for all periods presented, even if it equals basic earnings per share. If basic and diluted earnings per share are equal, dual presentation can be accomplished in one line on the income statement. 67

An entity that reports a discontinuing operation shall disclose the basic and diluted amounts per share for the discontinuing operation either on the face of the income statement or in the notes. 68

An entity shall present basic and diluted earnings per share, even if the amounts are negative (ie a loss per share). 69

IAS 33

ANGABEN

70 Ein Unternehmen hat folgende Angaben zu machen:
  (a) die zur Berechnung von unverwässerten und verwässerten Ergebnissen je Aktie als Zähler verwendeten Beträge sowie eine Überleitungsrechnung der entsprechenden Beträge des dem Mutterunternehmen zurechenbaren Ergebnisses. Die Überleitungsrechnung hat die Einzelauswirkungen jeder Art von Instrumenten auszuweisen, die das Ergebnis je Aktie beeinflussen.
  (b) die gewichtete durchschnittliche Anzahl von Stammaktien, welche als Nenner in der Berechnung der unverwässerten und verwässerten Ergebnisse je Aktie verwendet wurde, sowie eine Überleitungsrechnung dieser Nenner zueinander. Die Überleitungsrechnung hat die Einzelauswirkungen jeder Art von Instrumenten auszuweisen, die das Ergebnis je Aktie beeinflussen.
  (c) Instrumente (darunter auch bedingtes Kapital), die das unverwässerte Ergebnis je Aktie in Zukunft potenziell verwässern könnten, die jedoch nicht in die Berechnung des verwässerten Ergebnisses je Aktie eingeflossen sind, weil sie für die dargestellte(n) Periode(n) einer Verwässerung entgegenwirken.
  (d) eine Beschreibung der Geschäftsvorfälle mit Stammaktien oder potenziellen Stammaktien – mit Ausnahme der gemäß Paragraph 64 berücksichtigten Geschäftsvorfälle –, die nach dem Bilanzstichtag zustande kommen und die Anzahl der am Ende der Periode im Umlauf befindlichen Stammaktien oder potenziellen Stammaktien erheblich verändert hätten, wenn diese Geschäftsvorfälle vor Ende der Berichtsperiode stattgefunden hätten.

71 Beispiele für solche in Paragraph 70(d) genannte Geschäftsvorfälle sind:
  (a) die Ausgabe von Aktien gegen liquide Mittel;
  (b) die Ausgabe von Aktien, wenn die Erlöse dazu verwendet werden, zum Bilanzstichtag Schulden oder im Umlauf befindliche Vorzugsaktien zu tilgen;
  (c) die Tilgung von im Umlauf befindlichen Stammaktien;
  (d) die Umwandlung oder Ausübung des Bezugsrechtes potenzieller, sich zum Bilanzstichtag im Umlauf befindlicher Stammaktien in Stammaktien;
  (e) die Ausgabe von Optionen, Optionsscheinen oder wandelbaren Instrumenten; und
  (f) die Erfüllung von Bedingungen, welche die Ausgabe von bedingtem Kapital zur Folge hätten.
  Der Betrag des Ergebnisses je Aktie wird für nach dem Bilanzstichtag eintretende Geschäftsvorfälle nicht angepasst, da derartige Geschäftsvorfälle den zur Generierung des Ergebnisses verwendeten Kapitalbetrag nicht beeinflussen.

72 Finanzinstrumente und sonstige Verträge, welche zu potenziellen Stammaktien führen, können Bedingungen enthalten, welche die Messung des unverwässerten und verwässerten Ergebnisses je Aktie beeinflussen. Diese Bedingungen können entscheidend sein für die Frage, ob bei potenziellen Stammaktien ein Verwässerungseffekt vorliegt und, falls dem so ist, für die Auswirkungen auf die gewichtete durchschnittliche Anzahl im Umlauf befindlicher Aktien sowie alle daraus resultierenden Berichtigungen des Periodengewinnes, der den Stammaktionären zuzurechnen ist. Die Angabe der Vertragsbedingungen dieser Finanzinstrumente und anderer Verträge wird empfohlen, sofern diese nicht ohnehin verlangt werden (s. IFRS 7 *Finanzinstrumente: Angaben*).

73 Falls ein Unternehmen zusätzlich zum unverwässerten und verwässerten Ergebnis je Aktie Beträge je Aktie angibt, die mittels eines im Bericht enthaltenen Bestandteils des Periodengewinns ermittelt werden, der von diesem Standard abweicht, so sind derartige Beträge unter Verwendung der gemäß diesem Standard ermittelten gewichteten durchschnittlichen Anzahl von Stammaktien zu bestimmen. Unverwässerte und verwässerte Beträge je Aktie, die sich auf einen derartigen Bestandteil beziehen, sind gleichrangig anzugeben und im Anhang auszuweisen. Ein Unternehmen hat auf die Grundlage zur Ermittlung der(s) Nenner(s) hinzuweisen, einschließlich der Angabe, ob es sich bei den entsprechenden Beträgen je Aktie um Vor- oder Nachsteuerbeträge handelt. Bei Verwendung eines Bestandteils des Periodengewinns, der nicht als eigenständiger Posten in der Gewinn- und Verlustrechnung ausgewiesen wird, ist eine Überleitung zwischen diesem verwendeten Bestandteil zu einem in der Gewinn- und Verlustrechnung ausgewiesenen Posten herzustellen.

ZEITPUNKT DES INKRAFTTRETENS

74 Dieser Standard ist erstmals in der ersten Berichtsperiode eines am 1. Januar 2005 oder danach beginnenden Geschäftsjahres anzuwenden. Eine frühere Anwendung wird empfohlen. Wenn ein Unternehmen diesen Standard für Berichtsperioden anwendet, die vor dem 1. Januar 2005 beginnen, so ist diese Tatsache anzugeben.

DISCLOSURE

An entity shall disclose the following: 70
(a) the amounts used as the numerators in calculating basic and diluted earnings per share, and a reconciliation of those amounts to profit or loss attributable to the parent entity for the period. The reconciliation shall include the individual effect of each class of instruments that affects earnings per share.
(b) the weighted average number of ordinary shares used as the denominator in calculating basic and diluted earnings per share, and a reconciliation of these denominators to each other. The reconciliation shall include the individual effect of each class of instruments that affects earnings per share.
(c) instruments (including contingently issuable shares) that could potentially dilute basic earnings per share in the future, but were not included in the calculation of diluted earnings per share because they are antidilutive for the period(s) presented.
(d) a description of ordinary share transactions or potential ordinary share transactions, other than those accounted for in accordance with paragraph 64, that occur after the balance sheet date and that would have changed significantly the number of ordinary shares or potential ordinary shares outstanding at the end of the period if those transactions had occurred before the end of the reporting period.

Examples of transactions in paragraph 70(d) include: 71
(a) an issue of shares for cash;
(b) an issue of shares when the proceeds are used to repay debt or preference shares outstanding at the balance sheet date;
(c) the redemption of ordinary shares outstanding;
(d) the conversion or exercise of potential ordinary shares outstanding at the balance sheet date into ordinary shares;
(e) an issue of options, warrants, or convertible instruments; and
(f) the achievement of conditions that would result in the issue of contingently issuable shares.

Earnings per share amounts are not adjusted for such transactions occurring after the balance sheet date because such transactions do not affect the amount of capital used to produce profit or loss for the period.

Financial instruments and other contracts generating potential ordinary shares may incorporate terms and 72
conditions that affect the measurement of basic and diluted earnings per share. These terms and conditions may determine whether any potential ordinary shares are dilutive and, if so, the effect on the weighted average number of shares outstanding and any consequent adjustments to profit or loss attributable to ordinary equity holders. The disclosure of the terms and conditions of such financial instruments and other contracts is encouraged, if not otherwise required (see IFRS 7 *Financial Instruments: Disclosures*).

If an entity discloses, in addition to basic and diluted earnings per share, amounts per share using a 73
reported component of the income statement other than one required by this Standard, such amounts shall be calculated using the weighted average number of ordinary shares determined in accordance with this Standard. Basic and diluted amounts per share relating to such a component shall be disclosed with equal prominence and presented in the notes to the financial statements. An entity shall indicate the basis on which the numerator(s) is (are) determined, including whether amounts per share are before tax or after tax. If a component of the income statement is used that is not reported as a line item in the income statement, a reconciliation shall be provided between the component used and a line item that is reported in the income statement.

EFFECTIVE DATE

An entity shall apply this Standard for annual periods beginning on or after 1 January 2005. Earlier 74
application is encouraged. If an entity applies the Standard for a period beginning before 1 January 2005 it shall disclose that fact.

IAS 33

RÜCKNAHME ANDERER VERLAUTBARUNGEN

75 Dieser Standard ersetzt IAS 33 *Ergebnis je Aktie (im Jahr 1997 verabschiedet)*.

76 Dieser Standard ersetzt SIC-24 *Ergebnis je Aktie – Finanzinstrumente und sonstige Verträge, die in Aktien erfüllt werden können*.

WITHDRAWAL OF OTHER PRONOUNCEMENTS

This Standard supersedes IAS 33 *Earnings Per Share* (issued in 1997). **75**

This Standard supersedes SIC-24 *Earnings Per Share—Financial Instruments and Other Contracts that May Be Settled in Shares.* **76**

ANHANG A

Anwendungsleitlinien

Dieser Anhang ist Bestandteil des Standards.

Das dem Mutterunternehmen zuzurechnende Ergebnis

A1 Zur Berechnung des Ergebnisses je Aktie auf der Grundlage des Konzernabschlusses bezieht sich das dem Mutterunternehmen zuzurechnende Ergebnis auf das Ergebnis des konsolidierten Unternehmens nach Berücksichtigung von Minderheitsanteilen.

Bezugsrechtsausgabe

A2 Durch die Ausgabe von Stammaktien zum Zeitpunkt der Ausübung oder Umwandlung potenzieller Stammaktien entsteht im Regelfall kein Bonuselement, weil die potenziellen Stammaktien normalerweise zum vollen Wert ausgegeben werden, was zu einer proportionalen Änderung der dem Unternehmen zur Verfügung stehenden Ressourcen führt. Bei der Bezugsrechtsausgabe ist der Ausübungskurs jedoch häufig niedriger als der beizulegende Zeitwert der Aktien. Daher beinhaltet eine derartige Bezugsrechtsausgabe, wie in Paragraph 27(b) angemerkt, ein Bonuselement. Wird eine Bezugsrechtsausgabe allen gegenwärtigen Aktionären angeboten, ist die Zahl der bei der Berechnung des unverwässerten und des verwässerten Ergebnisses je Aktie für alle Perioden vor der Bezugsrechtsausgabe verwendeten Anzahl von Stammaktien gleich der Anzahl der sich vor der Ausgabe in Umlauf befindlichen Stammaktien, multipliziert mit dem folgenden Faktor:

(Beizulegender Zeitwert je Aktie unmittelbar vor der Bezugsrechtsausübung)/(Theoretischer beizulegender Zeitwert je Aktie nach Bezugsrecht)

Der theoretische beizulegende Zeitwert je Aktie nach Bezugsrecht wird berechnet, indem die Summe der Marktwerte der Aktien unmittelbar vor der Ausübung der Bezugsrechte zu den Erlösen aus der Ausübung der Bezugsrechte hinzugezählt wird und durch die Anzahl der sich nach Ausübung der Bezugsrechte in Umlauf befindlichen Aktien geteilt wird. In dem Fall, in dem die Bezugsrechte unabhängig von den Aktien selbständig vor dem Ausübungsdatum öffentlich gehandelt werden sollen, wird der beizulegende Zeitwert für die Zwecke dieser Ermittlung am Schluss des letzten Handelstages festgelegt, an dem die Aktien gemeinsam mit den Bezugsrechten gehandelt werden.

Kontrollgröße

A3 Um die Anwendung des in den Paragraphen 42 und 43 beschriebenen Begriffs der Kontrollgröße zu veranschaulichen, soll angenommen werden, dass ein Unternehmen aus fortgeführten Geschäftsbereichen einen dem Mutterunternehmen zurechenbaren Gewinn von GE 4 800[1], einen dem Mutterunternehmen zurechenbaren Verlust von (GE 7 200) aus aufgegebenen Geschäftsbereichen, einen dem Mutterunternehmen zurechenbaren Verlust von (GE 2 400) und 2 000 Stammaktien sowie 400 potenzielle in Umlauf befindliche Stammaktien hat. Das unverwässerte Ergebnis des Unternehmens je Aktie beträgt GE 2,40 für fortgeführte Geschäftsbereiche, (GE 3,60) für aufgegebene Geschäftsbereiche und (GE 1,20) für den Verlust. Die 400 potenziellen Stammaktien werden in die Berechnung des verwässerten Ergebnisses je Aktie einbezogen, weil das resultierende Ergebnis von GE 2,00 je Aktie für fortgeführte Geschäftsbereiche verwässernd wirkt, wenn keine Auswirkung dieser 400 potenziellen Stammaktien auf das Ergebnis angenommen wird. Weil der dem Mutterunternehmen zurechenbare Gewinn aus fortgeführten Geschäftsbereichen die Kontrollgröße ist, umfasst die Einheit auch jene 400 potenziellen Stammaktien in der Berechnung der übrigen Beträge für das Ergebnis je Aktie, obwohl die resultierenden Beträge für das Ergebnis je Aktie für die ihnen vergleichbaren unverwässerten Beträge des Ergebnisses je Aktie einen Verwässerungsschutz darstellen; d. h., der Verlust je Aktie geringer ist [(GE 3,00) je Aktie für den Verlust aus aufgegebenen Geschäftsbereichen und (GE 1,00) je Aktie für den Verlust].

---

[1] In diesen Leitlinien werden Geldbeträge in „Geldeinheiten" (GE) bezeichnet.

APPENDIX A

Application Guidance

This appendix is an integral part of the Standard.

Profit or Loss Attributable to the Parent Entity

A1 For the purpose of calculating earnings per share based on the consolidated financial statements, profit or loss attributable to the parent entity refers to profit or loss of the consolidated entity after adjusting for minority interests.

Rights Issues

A2 The issue of ordinary shares at the time of exercise or conversion of potential ordinary shares does not usually give rise to a bonus element. This is because the potential ordinary shares are usually issued for full value, resulting in a proportionate change in the resources available to the entity. In a rights issue, however, the exercise price is often less than the fair value of the shares. Therefore, as noted in paragraph 27(b), such a rights issue includes a bonus element. If a rights issue is offered to all existing shareholders, the number of ordinary shares to be used in calculating basic and diluted earnings per share for all periods before the rights issue is the number of ordinary shares outstanding before the issue, multiplied by the following factor:

(Fair value per share immediately before the xercise of right)/(Theoretical ex-rights fair value per share)

The theoretical ex-rights fair value per share is calculated by adding the aggregate market value of the shares immediately before the exercise of the rights to the proceeds from the exercise of the rights, and dividing by the number of shares outstanding after the exercise of the rights. Where the rights are to be publicly traded separately from the shares before the exercise date, fair value for the purposes of this calculation is established at the close of the last day on which the shares are traded together with the rights.

Control Number

A3 To illustrate the application of the control number notion described in paragraphs 42 and 43, assume that an entity has profit from continuing operations attributable to the parent entity of CU4 800[1] a loss from discontinuing operations attributable to the parent entity of (CU7 200), a loss attributable to the parent entity of (CU2 400), and 2 000 ordinary shares and 400 potential ordinary shares outstanding. The entity's basic earnings per share is CU2.40 for continuing operations, (CU3.60) for discontinuing operations and (CU1.20) for the loss. The 400 potential ordinary shares are included in the diluted earnings per share calculation because the resulting CU2.00 earnings per share for continuing operations is dilutive, assuming no profit or loss impact of those 400 potential ordinary shares. Because profit from continuing operations attributable to the parent entity is the control number, the entity also includes those 400 potential ordinary shares in the calculation of the other earnings per share amounts, even though the resulting earnings per share amounts are antidilutive to their comparable basic earnings per share amounts, ie the loss per share is less [(CU3.00) per share for the loss from discontinuing operations and (CU1.00) per share for the loss].

---

1 In this guidance, monetary amounts are denominated in 'currency units' (CU).

Durchschnittlicher Marktpreis der Stammaktien

A4 Zur Berechnung des verwässerten Ergebnisses je Aktie wird der durchschnittliche Marktpreis der Stammaktien, von deren Ausgabe ausgegangen wird, auf der Basis des durchschnittlichen Marktpreises während der Periode errechnet. Theoretisch könnte jede Markttransaktion mit den Stammaktien eines Unternehmens in die Bestimmung des Durchschnittsbörsenkurses einbezogen werden. In der Praxis reicht jedoch gewöhnlich ein einfacher Durchschnitt aus den wöchentlichen oder monatlichen Kursen.

A5 Im Allgemeinen sind die Schlusskurse ausreichend für die Berechnung des durchschnittlichen Marktpreises. Schwanken die Kurse allerdings mit großer Bandbreite, ergibt ein Durchschnitt aus den Höchst- und Tiefstkursen normalerweise einen repräsentativeren Kurs. Die zur Berechnung des durchschnittlichen Marktpreises angewendete Methode ist stetig zu benutzen, es sei denn, sie ist wegen geänderter Bedingungen nicht mehr repräsentativ. So könnte z. B. ein Unternehmen, das zur Errechnung des durchschnittlichen Marktpreises über mehrere Jahre relativ stabiler Kurse hinweg die Schlusskurse benutzt, zur Durchschnittsbildung aus Höchst- und Tiefstkursen übergehen, wenn starke Kursschwankungen einsetzen und die Schlusskurse keinen repräsentativen Durchschnittskurs mehr ergeben.

Optionen, Optionsscheine und ihre Äquivalente

A6 Es wird davon ausgegangen, dass Optionen oder Optionsscheine für den Kauf wandelbarer Instrumente immer dann für diesen Zweck ausgeübt werden, wenn die Durchschnittskurse sowohl der wandelbaren Instrumente als auch der nach der Wandlung zu beziehenden Stammaktien über dem Ausübungskurs der Optionen oder Optionsscheine liegen. Von einer Ausübung wird jedoch nur ausgegangen, wenn auch von einer Umwandlung ähnlicher eventuell in Umlauf befindlicher wandelbarer Instrumente ausgegangen wird.

A7 Optionen oder Optionsscheine können die Andienung schuldrechtlicher oder anderweitiger Wertpapiere des Unternehmens (oder seines Mutterunternehmens oder eines Tochterunternehmens) zur Zahlung des gesamten Ausübungspreises oder eines Teiles davon ermöglichen oder erforderlich machen. Bei der Berechnung des verwässerten Ergebnisses je Aktie wirken diese Optionen oder Optionsscheine verwässernd, wenn (a) der durchschnittliche Marktpreis der zugehörigen Stammaktien für die Periode den Ausübungskurs überschreitet oder (b) der Verkaufskurs des anzudienenden Instrumentes unter dem liegt, zu dem das Instrument entsprechend der Options- oder Optionsscheinvereinbarung angedient werden kann und die sich ergebende Abzinsung zu einem effektiven Ausübungskurs unter dem Börsenkurs für die Stammaktien führt, die nach der Ausübung bezogen werden können. Bei der Berechnung des verwässerten Ergebnisses je Aktie wird davon ausgegangen, dass diese Optionen oder Optionsscheine ausgeübt und die schuldrechtlichen oder anderweitigen Wertpapiere angedient werden sollen. Ist die Andienung liquider Mittel für den Options- oder Optionsschein-Inhaber vorteilhafter und lässt der Vertrag diese Andienung zu, wird von der Andienung liquider Mittel ausgegangen. Zinsen (abzüglich Steuern) auf schuldrechtliche Wertpapiere, von deren Andienung ausgegangen wird, werden dem Zähler als Berichtigung wieder hinzugerechnet.

A8 Ähnlich werden Vorzugsaktien mit ähnlichen Bestimmungen oder andere Wertpapiere behandelt, deren Umwandlungsoptionen dem Investor Barzahlung zur Erzielung eines günstigeren Umwandlungssatzes erlauben.

A9 Die zugrunde liegenden Vertragsbedingungen bestimmter Optionen oder Optionsscheine verlangen eventuell, dass die aus der Ausübung dieser Instrumente erzielten Erlöse für den Rückkauf schuldrechtlicher oder anderweitiger Wertpapiere des Unternehmens (oder seines Mutter- oder eines Tochterunternehmens) verwendet werden. Bei der Berechnung des verwässerten Ergebnisses je Aktie wird davon ausgegangen, dass diese Optionen oder Optionsscheine ausgeübt wurden und der Erlös für den Kauf der schuldrechtlichen Wertpapiere zum durchschnittlichen Marktpreis und nicht für den Kauf von Stammaktien verwendet wird. Der aus der angenommenen Ausübung erzielte Erlösüberschuss jedoch, der über den für den angenommenen Kauf schuldrechtlicher Wertpapiere aufgewendeten Betrag hinausgeht, wird bei der Berechnung des verwässerten Ergebnisses je Aktie berücksichtigt (d. h., es wird davon ausgegangen, dass er für den Rückkauf von Stammaktien eingesetzt wurde). Zinsen (abzüglich Steuern) auf schuldrechtliche Wertpapiere, von deren Kauf ausgegangen wird, werden dem Zähler als Berichtigung wieder hinzugerechnet.

Geschriebene Verkaufsoptionen

A10 Zur Erläuterung der Anwendung von Paragraph 63 soll angenommen werden, dass sich von einem Unternehmen 120 geschriebene Verkaufsoptionen auf seine Stammaktien mit einem Ausübungskurs von GE 35 in Umlauf befinden. Der durchschnittliche Marktpreis für die Stammaktien des Unternehmens in der Periode

Average Market Price of Ordinary Shares

For the purpose of calculating diluted earnings per share, the average market price of ordinary shares assumed to be issued is calculated on the basis of the average market price of the ordinary shares during the period. Theoretically, every market transaction for an entity's ordinary shares could be included in the determination of the average market price. As a practical matter, however, a simple average of weekly or monthly prices is usually adequate.   A4

Generally, closing market prices are adequate for calculating the average market price. When prices fluctuate widely, however, an average of the high and low prices usually produces a more representative price. The method used to calculate the average market price is used consistently unless it is no longer representative because of changed conditions. For example, an entity that uses closing market prices to calculate the average market price for several years of relatively stable prices might change to an average of high and low prices if prices start fluctuating greatly and the closing market prices no longer produce a representative average price.   A5

Options, Warrants and Their Equivalents

Options or warrants to purchase convertible instruments are assumed to be exercised to purchase the convertible instrument whenever the average prices of both the convertible instrument and the ordinary shares obtainable upon conversion are above the exercise price of the options or warrants. However, exercise is not assumed unless conversion of similar outstanding convertible instruments, if any, is also assumed.   A6

Options or warrants may permit or require the tendering of debt or other instruments of the entity (or its parent or a subsidiary) in payment of all or a portion of the exercise price. In the calculation of diluted earnings per share, those options or warrants have a dilutive effect if (a) the average market price of the related ordinary shares for the period exceeds the exercise price or (b) the selling price of the instrument to be tendered is below that at which the instrument may be tendered under the option or warrant agreement and the resulting discount establishes an effective exercise price below the market price of the ordinary shares obtainable upon exercise. In the calculation of diluted earnings per share, those options or warrants are assumed to be exercised and the debt or other instruments are assumed to be tendered. If tendering cash is more advantageous to the option or warrant holder and the contract permits tendering cash, tendering of cash is assumed. Interest (net of tax) on any debt assumed to be tendered is added back as an adjustment to the numerator.   A7

Similar treatment is given to preference shares that have similar provisions or to other instruments that have conversion options that permit the investor to pay cash for a more favourable conversion rate.   A8

The underlying terms of certain options or warrants may require the proceeds received from the exercise of those instruments to be applied to redeem debt or other instruments of the entity (or its parent or a subsidiary). In the calculation of diluted earnings per share, those options or warrants are assumed to be exercised and the proceeds applied to purchase the debt at its average market price rather than to purchase ordinary shares. However, the excess proceeds received from the assumed exercise over the amount used for the assumed purchase of debt are considered (ie assumed to be used to buy back ordinary shares) in the diluted earnings per share calculation. Interest (net of tax) on any debt assumed to be purchased is added back as an adjustment to the numerator.   A9

Written Put Options

To illustrate the application of paragraph 63, assume that an entity has outstanding 120 written put options on its ordinary shares with an exercise price of CU35. The average market price of its ordinary shares for the period is CU28. In calculating diluted earnings per share, the entity assumes that it issued 150 shares at CU28 per share   A10

beträgt GE 28. Bei der Berechnung des verwässerten Ergebnisses je Aktie geht das Unternehmen davon aus, dass es zu Periodenbeginn 150 Aktien zu je GE 28 zur Erfüllung seiner Verkaufsverpflichtung von GE 4 200 ausgegeben hat. Die Differenz zwischen den 150 ausgegebenen Stammaktien und den 120 Stammaktien aus der Erfüllung der Verkaufsoption (30 zusätzliche Stammaktien) wird dem Nenner bei der Berechnung des verwässerten Ergebnisses je Aktie hinzuaddiert.

Instrumente von Tochterunternehmen, Joint Ventures oder assoziierten Unternehmen

A11 Potenzielle Stammaktien eines Tochterunternehmens, Joint Venture oder assoziierten Unternehmens, die entweder in Stammaktien des Tochterunternehmens, Joint Venture oder assoziierten Unternehmens umgewandelt werden können oder Stammaktien des Mutterunternehmens, des Gesellschafters oder des Anlegers (des bilanzierenden Unternehmens) werden in die Berechnung des verwässerten Ergebnisses je Aktie wie folgt einbezogen:
(a) Durch ein Tochterunternehmen, Joint Venture oder assoziiertes Unternehmen ausgegebene Instrumente, die ihren Inhabern den Bezug von Stammaktien des Tochterunternehmens, Joint Venture oder assoziierten Unternehmens ermöglichen, werden in die Berechnung der Daten des verwässerten Ergebnisses je Aktie des Tochterunternehmens, Joint Venture oder assoziierten Unternehmens einbezogen. Dieses Ergebnis je Aktie wird dann in die Berechnungen des Ergebnisses je Aktie für das bilanzierende Unternehmen einbezogen, und zwar auf der Grundlage, dass das bilanzierende Unternehmen die Instrumente des Tochterunternehmens, Joint Venture oder assoziierten Unternehmens hält.
(b) Instrumente eines Tochterunternehmens, Joint Venture oder assoziierten Unternehmens, die in die Stammaktien des berichtenden Unternehmens umgewandelt werden können, werden für die Berechnung des verwässerten Ergebnisses je Aktie als zu den potenziellen Stammaktien des bilanzierenden Unternehmens gehörend betrachtet. Ebenso werden auch von einem Tochterunternehmen, Joint Venture oder assoziierten Unternehmen für den Kauf von Stammaktien des bilanzierenden Unternehmens ausgegebene Optionen oder Optionsscheine bei der Berechnung des konsolidierten verwässerten Ergebnisses je Aktie als zu den potenziellen Stammaktien des bilanzierenden Unternehmens gehörend betrachtet.

A12 Zur Bestimmung der Auswirkung des Ergebnisses je Aktie von Instrumenten, die von einem bilanzierenden Unternehmen ausgegeben wurden und in Stammaktien eines Tochterunternehmens, Joint Venture oder assoziierten Unternehmens umgewandelt werden können, wird von der Umwandlung der Instrumente ausgegangen, und der Zähler (Stammaktionären des Mutterunternehmens zurechenbares Ergebnis) wird gemäß Paragraph 33 entsprechend berichtigt. Zusätzlich zu diesen Berichtigungen wird der Zähler mit Bezug auf jede Änderung berichtigt, die im Ergebnis des bilanzierenden Unternehmens auftritt (z. B. Erträge nach der Dividenden- oder nach der Equity-Methode) und der erhöhten Stammaktienzahl des Tochterunternehmens, Joint Venture oder assoziierten Unternehmens zuzurechnen ist, die sich als Folge der angenommenen Umwandlung in Umlauf befindet. Der Nenner ist bei der Berechnung des verwässerten Ergebnisses je Aktie nicht betroffen, weil die Zahl der in Umlauf befindlichen Stammaktien des bilanzierenden Unternehmens sich bei Annahme der Umwandlung nicht ändern würde.

Partizipierende Eigenkapitalinstrumente und aus zwei Gattungen bestehende Stammaktien

A13 Zum Eigenkapital einiger Unternehmen gehören:
(a) Instrumente, die an Stammaktien-Dividenden nach einer festgelegten Formel beteiligt werden (z. B. zwei zu eins), wobei in einigen Fällen eine Obergrenze der Gewinnbeteiligung gilt (z. B. bis zu einem spezifizierten Höchstbetrag je Aktie).
(b) eine Stammaktien-Gattung, deren Dividendensatz von dem der anderen Stammaktien-Gattung abweicht, ohne jedoch vorrangige oder vorgehende Rechte zu haben.

A14 Zur Berechnung des verwässerten Ergebnisses je Aktie wird bei den in Paragraph A13 bezeichneten Instrumenten, die in Stammaktien umgewandelt werden können, von einer Umwandlung ausgegangen, wenn sie eine verwässernde Wirkung hat. Für die nicht in eine Stammaktien-Gattung umwandelbaren Instrumente wird das Ergebnis entsprechend ihren Dividendenrechten oder anderen Rechten auf Beteiligung an nicht ausgeschütteten Gewinnen den unterschiedlichen Aktiengattungen und gewinnberechtigten Dividendenpapieren zugewiesen. Zur Berechnung des unverwässerten und verwässerten Ergebnisses je Aktie:
(a) wird das den Stammaktieninhabern des Mutterunternehmens zurechenbare Ergebnis um den Betrag der Dividenden (durch Gewinnreduzierung und Verlusterhöhung) angepasst, der in der Periode für jede Aktiengattung erklärt wurde, sowie um den vertraglichen Betrag der Dividenden (oder Zinsen auf Gewinnschuldverschreibungen), der für die Periode zu zahlen ist (z. B. ausgeschüttete, aber noch nicht ausgezahlte kumulative Dividenden).

at the beginning of the period to satisfy its put obligation of CU4 200. The difference between the 150 ordinary shares issued and the 120 ordinary shares received from satisfying the put option (30 incremental ordinary shares) is added to the denominator in calculating diluted earnings per share.

Instruments of Subsidiaries, Joint Ventures or Associates

Potential ordinary shares of a subsidiary, joint venture or associate convertible into either ordinary shares of the subsidiary, joint venture or associate, or ordinary shares of the parent, venturer or investor (the reporting entity) are included in the calculation of diluted earnings per share as follows: **A11**
(a) instruments issued by a subsidiary, joint venture or associate that enable their holders to obtain ordinary shares of the subsidiary, joint venture or associate are included in calculating the diluted earnings per share data of the subsidiary, joint venture or associate. Those earnings per share are then included in the reporting entity's earnings per share calculations based on the reporting entity's holding of the instruments of the subsidiary, joint venture or associate.
(b) instruments of a subsidiary, joint venture or associate that are convertible into the reporting entity's ordinary shares are considered among the potential ordinary shares of the reporting entity for the purpose of calculating diluted earnings per share. Likewise, options or warrants issued by a subsidiary, joint venture or associate to purchase ordinary shares of the reporting entity are considered among the potential ordinary shares of the reporting entity in the calculation of consolidated diluted earnings per share.

For the purpose of determining the earnings per share effect of instruments issued by a reporting entity that are convertible into ordinary shares of a subsidiary, joint venture or associate, the instruments are assumed to be converted and the numerator (profit or loss attributable to ordinary equity holders of the parent entity) adjusted as necessary in accordance with paragraph 33. In addition to those adjustments, the numerator is adjusted for any change in the profit or loss recorded by the reporting entity (such as dividend income or equity method income) that is attributable to the increase in the number of ordinary shares of the subsidiary, joint venture or associate outstanding as a result of the assumed conversion. The denominator of the diluted earnings per share calculation is not affected because the number of ordinary shares of the reporting entity outstanding would not change upon assumed conversion. **A12**

Participating Equity Instruments and Two-Class Ordinary Shares

The equity of some entities includes: **A13**
(a) instruments that participate in dividends with ordinary shares according to a predetermined formula (for example, two for one) with, at times, an upper limit on the extent of participation (for example, up to, but not beyond, a specified amount per share).
(b) a class of ordinary shares with a different dividend rate from that of another class of ordinary shares but without prior or senior rights.

For the purpose of calculating diluted earnings per share, conversion is assumed for those instruments described in paragraph A13 that are convertible into ordinary shares if the effect is dilutive. For those instruments that are not convertible into a class of ordinary shares, profit or loss for the period is allocated to the different classes of shares and participating equity instruments in accordance with their dividend rights or other rights to participate in undistributed earnings. To calculate basic and diluted earnings per share: **A14**
(a) profit or loss attributable to ordinary equity holders of the parent entity is adjusted (a profit reduced and a loss increased) by the amount of dividends declared in the period for each class of shares and by the contractual amount of dividends (or interest on participating bonds) that must be paid for the period (for example, unpaid cumulative dividends).

IAS 33

(b) wird das verbleibende Ergebnis Stammaktien und partizipierenden Eigenkapitalinstrumenten in dem Umfang zugeteilt, in dem jedes Instrument am Ergebnis beteiligt ist, so, als sei das gesamte Ergebnis ausgeschüttet worden. Das gesamte jeder Gattung von Eigenkapitalinstrumenten zugewiesene Ergebnis wird durch Addition des aus Dividenden und aus Gewinnbeteiligung zugeteilten Betrages bestimmt.

(c) wird der Gesamtbetrag des jeder Gattung von Eigenkapitalinstrumenten zugewiesenen Ergebnisses durch die Zahl der in Umlauf befindlichen Instrumente geteilt, denen das Ergebnis zugewiesen wird, um das Ergebnis je Aktie für das Instrument zu bestimmen.

Zur Berechnung des verwässerten Ergebnisses je Aktie werden alle potenziellen Stammaktien, die als ausgegeben gelten, in die in Umlauf befindlichen Stammaktien einbezogen.

Teilweise bezahlte Aktien

A15   Werden Stammaktien ausgegeben, jedoch nicht voll bezahlt, werden sie bei der Berechnung des unverwässerten Ergebnisses je Aktie in dem Umfang als Bruchteil einer Stammaktie angesehen, in dem sie während der Periode dividendenberechtigt in Relation zu einer voll bezahlten Stammaktie sind.

A16   Soweit teilweise bezahlte Aktien während der Periode nicht dividendenberechtigt sind, werden sie bei der Berechnung des verwässerten Ergebnisses je Aktie analog zu Optionen oder Optionsscheinen behandelt. Der unbezahlte Restbetrag gilt als für den Kauf von Stammaktien verwendeter Erlös. Die Zahl der in das verwässerte Ergebnis je Aktie einbezogenen Aktien ist die Differenz zwischen der Zahl der gezeichneten Aktien und der Zahl der Aktien, die als gekauft gelten.

(b) the remaining profit or loss is allocated to ordinary shares and participating equity instruments to the extent that each instrument shares in earnings as if all of the profit or loss for the period had been distributed. The total profit or loss allocated to each class of equity instrument is determined by adding together the amount allocated for dividends and the amount allocated for a participation feature.
(c) the total amount of profit or loss allocated to each class of equity instrument is divided by the number of outstanding instruments to which the earnings are allocated to determine the earnings per share for the instrument.

For the calculation of diluted earnings per share, all potential ordinary shares assumed to have been issued are included in outstanding ordinary shares.

Partly Paid Shares

Where ordinary shares are issued but not fully paid, they are treated in the calculation of basic earnings per share as a fraction of an ordinary share to the extent that they were entitled to participate in dividends during the period relative to a fully paid ordinary share. **A15**

To the extent that partly paid shares are not entitled to participate in dividends during the period they are treated as the equivalent of warrants or options in the calculation of diluted earnings per share. The unpaid balance is assumed to represent proceeds used to purchase ordinary shares. The number of shares included in diluted earnings per share is the difference between the number of shares subscribed and the number of shares assumed to be purchased. **A16**

International Account Standard 34

Zwischenberichterstattung

> International Accounting Standard 34 *Zwischenberichterstattung* (IAS 34) ist in den Paragraphen 1–46festgt. Alle Paragraphen sind gleichrangig, behalten jedoch das IASC-Format des Standards, mit dem dieser durch den IASB verabschiedet wurde. IAS 34 ist in Verbindung mit seiner Zielsetzung, dem *Vorwort zu den International Financial Reporting Standards* und dem *Rahmenkonzept für die Aufstellung und Darstellung von Abschlüssen* zu betrachten. IAS 8 *Bilanzierungs- und Bewertungsmethoden, Änderungen von Schätzungen und Fehler*, stellt beim Fehlen ausdrücklicher Leitlinien eine Grundlage für die Auswahl und für die Anwendung von Bilanzierungs- und Bewertungsmethoden bereit.

Dieser International Accounting Standard wurde im Februar 1998 vom IASC Board genehmigt und war erstmals in der ersten Berichtsperiode eines am 1. Januar 1999 oder danach beginnenden Geschäftsjahres anzuwenden.

Im April 2000 wurde der Paragraph 7 des Anhangs C durch IAS 40, Als Finanzinvestition gehaltene Immobilien, geändert.

EINFÜHRUNG

IN1 Dieser Standard („IAS 34") befasst sich mit der Zwischenberichterstattung, einem Themenkomplex, der noch nicht Gegenstand eines bereits verabschiedeten International Accounting Standard war. IAS 34 war erstmals in der ersten Berichtsperiode eines am 1. Januar 1999 oder danach beginnenden Geschäftsjahres anzuwenden.

IN2 Ein Zwischenbericht ist ein Finanzbericht, der entweder einen vollständigen oder verkürzten Abschluss für eine Berichtsperiode umfasst, die kürzer als das volle Geschäftsjahr eines Unternehmens ist.

IN3 Dieser Standard schreibt weder vor, welche Unternehmen Zwischenberichte zu veröffentlichen haben, noch wie häufig oder wie schnell nach Ablauf einer Zwischenberichtsperiode dies zu geschehen hat. Nach der Auffassung des IASC sind solche Sachverhalte von den nationalen Regierungen, Aufsichtsbehörden, Börsen und sich mit der Rechnungslegung befassenden Berufsverbänden zu entscheiden. Dieser Standard ist anzuwenden, wenn ein Unternehmen pflichtgemäß oder freiwillig einen Zwischenbericht in Übereinstimmung mit den International Accounting Standards veröffentlicht.

IN4 Dieser Standard:
(a) definiert den Mindestinhalt eines Zwischenberichts einschließlich der Angaben; und
(b) stellt die Erfassungs- und Bewertungsgrundsätze dar, die bei einem Zwischenbericht anzuwenden sind.

IN5 Der Mindestinhalt eines Zwischenberichts besteht aus einer verkürzten Bilanz, einer verkürzten Gewinn- und Verlustrechnung, einer verkürzten Kapitalflussrechnung, einer verkürzten Aufstellung, die Veränderungen des Eigenkapitals zeigt, und ausgewählten erläuternden Anhangangaben.

IN6 Unter der Annahme, dass jeder, der den Zwischenbericht eines Unternehmens liest, auch Zugang zu dessen letztem Geschäftsbericht hat, wird praktisch keine der Anhangangaben im Abschluss eines Geschäftsjahres im Zwischenbericht wiederholt oder aktualisiert. Stattdessen enthalten die Anhangangaben im Zwischenbericht hauptsächlich Erläuterungen der Ereignisse und Veränderungen, die für ein Verständnis der Änderungen der Vermögens-, Finanz- und Ertragslage des Unternehmens seit dem letzten Abschlussstichtag wesentlich sind.

IN7 Ein Unternehmen hat dieselben Bilanzierungs- und Bewertungsmethoden in seinem Zwischenbericht anzuwenden, die in seinem Abschluss eines Geschäftsjahres angewendet werden, abgesehen von Änderungen der Bilanzierungs- und Bewertungsmethoden, die nach dem Bilanzstichtag des letzten Abschlusses eines Geschäftsjahres vorgenommen wurden und in dem nächsten Abschluss eines Geschäftsjahres wirksam werden. Die Häufigkeit der Berichterstattung eines Unternehmens -jährlich, halb- oder vierteljährlich – darf die Höhe seines Jahresergebnisses nicht beeinflussen. Um diese Zielsetzung zu erreichen, werden die Bewertungen für Zwecke der Zwischenberichterstattung vom Geschäftsjahresbeginn bis zum Zwischenberichtstermin fortgeführt vorgenommen.

International Accounting Standard IAS 34

Interim financial reporting

> International Accounting Standard 34 *Interim financial reporting* (IAS 34) is set out in paragraphs 1—46. All the paragraphs have equal authority but retain the IASC format of the Standard when it was adopted by the IASB. IAS 34 should be read in the context of its objective, the *Preface to International Financial Reporting Standards* and the *Framework for the Preparation and Presentation of Financial Statements*. IAS 8 *Accounting Policies, Changes in Accounting Estimates and Errors* provides a basis for selecting and applying accounting policies in the absence of explicit guidance.

This International Accounting Standard was approved by the IASC Board in February 1998 and became effective for financial statements covering periods beginning on or after 1 January 1999.

In April 2000, Appendix C, paragraph 7, was amended by IAS 40, investment property.

INTRODUCTION

IN1 This Standard ('IAS 34') addresses interim financial reporting, a matter not covered in a prior International Accounting Standard. IAS 34 is effective for accounting periods beginning on or after 1 January 1999.

IN2 An interim financial report is a financial report that contains either a complete or condensed set of financial statements for a period shorter than an enterprise's full financial year.

IN3 This Standard does not mandate which enterprises should publish interim financial reports, how frequently, or how soon after the end of an interim period. In IASC's judgement, those matters should be decided by national governments, securities regulators, stock exchanges, and accountancy bodies. This Standard applies if a company is required or elects to publish an interim financial report in accordance with International Accounting Standards.

IN4 This Standard:
(a) defines the minimum content of an interim financial report, including disclosures; and
(b) identifies the accounting recognition and measurement principles that should be applied in an interim financial report.

IN5 Minimum content of an interim financial report is a condensed balance sheet, condensed income statement, condensed cash flow statement, condensed statement showing changes in equity, and selected explanatory notes.

IN6 On the presumption that anyone who reads an enterprise's interim report will also have access to its most recent annual report, virtually none of the notes to the annual financial statements are repeated or updated in the interim report. Instead, the interim notes include primarily an explanation of the events and changes that are significant to an understanding of the changes in financial position and performance of the enterprise since the last annual reporting date.

IN7 An enterprise should apply the same accounting policies in its interim financial report as are applied in its annual financial statements, except for accounting policy changes made after the date of the most recent annual financial statements that are to be reflected in the next annual financial statements. The frequency of an enterprise's reporting—annual, half-yearly, or quarterly—should not affect the measurement of its annual results. To achieve that objective, measurements for interim reporting purposes are made on a year-to-date basis.

IAS 34

IN8 Ein Anhang zu diesem Standard stellt Anwendungsleitlinien zur Anwendung der grundlegenden Erfassungs- und Bewertungsgrundsätze zu Zwischenberichtterminen für verschiedene Arten von Vermögenswerten, Schulden, Erträgen und Aufwendungen zur Verfügung. Der Ertragsteueraufwand für eine Zwischenberichtsperiode wird auf der Basis eines geschätzten durchschnittlichen jährlichen effektiven Ertragsteuersatzes ermittelt und mit der jährlichen Steuerfestsetzung abgestimmt.

IN9 Bei der Entscheidung, wie ein Posten für Zwecke der Zwischenberichterstattung zu erfassen, zu klassifizieren oder anzugeben ist, ist die Wesentlichkeit im Verhältnis zu den Finanzdaten der Zwischenberichtsperiode festzulegen und nicht im Verhältnis zu den prognostizierten jährlichen Daten.

INHALT	Ziffer
Zielsetzung	
Anwendungsbereich	1–3
Definitionen	4
Inhalt eines Zwischenberichts	5–25
Mindestbestandteile eines Zwischenberichts	8
Form und Inhalt von Zwischenabschlüssen	9–14
Ausgewählte erläuternde Anhangangaben	15–18
Angabe der Übereinstimmung mit den IAS	19
Berichtsperioden, für die Zwischenabschlüsse darzustellen sind	20–22
Wesentlichkeit	23–25
Angaben in jährlichen Abschlüssen	26–27
Erfassung und Bewertung	28–42
Gleiche Bilanzierungs- und Bewertungsmethoden wie im jährlichen Abschluss	28–36
Saisonal, konjunkturell oder gelegentlich erzielte Erträge	37–38
Aufwendungen, die während des Geschäftsjahres unregelmäßig anfallen	39
Anwendung der Erfassungs- und Bewertungsgrundsätze	40
Verwendung von Schätzungen	41–42
Anpassung bereits dargestellter Zwischenberichtsperioden	43–45
Zeitpunkt des Inkrafttretens	46

Die fett gedruckten Vorschriften sind in Verbindung mit den Hintergrundmaterialien und den Anwendungsleitlinien dieses Standards sowie in Verbindung mit dem Vorwort zu den International Accounting Standards zu betrachten. International Accounting Standards brauchen nicht auf unwesentliche Sachverhalte angewendet zu werden (siehe Paragraph 12 des Vorwortes).

ZIELSETZUNG

Die Zielsetzung dieses Standards ist, den Mindestinhalt eines Zwischenberichts sowie die Grundsätze für die Erfassung und Bewertung in einem vollständigen oder verkürzten Abschluss für eine Zwischenberichtsperiode vorzuschreiben. Eine rechtzeitige und verlässliche Zwischenberichterstattung erlaubt Investoren, Gläubigern und anderen Adressaten, die Fähigkeit eines Unternehmens, Periodenüberschüsse und Mittelzuflüsse zu erzeugen, sowie seine Vermögenslage und Liquidität besser zu beurteilen.

ANWENDUNGSBEREICH

1 Dieser Standard schreibt weder vor, welche Unternehmen Zwischenberichte zu veröffentlichen haben, noch wie häufig oder innerhalb welchen Zeitraums nach dem Ablauf einer Zwischenberichtsperiode dies zu erfolgen hat. Jedoch verlangen Regierungen, Aufsichtsbehörden, Börsen und sich mit der Rechnungslegung befassende Berufsverbände oft von Unternehmen, deren Schuld- oder Eigenkapitaltitel öffentlich gehandelt werden, die Veröffentlichung von Zwischenberichten. Dieser Standard ist anzuwenden, wenn ein Unternehmen pflichtgemäß oder freiwillig einen Zwischenbericht in Übereinstimmung mit den International Accounting Standards veröffentlicht. Das International Accounting Standard Committee empfiehlt Unternehmen, deren Wertpapiere öffentlich gehandelt werden, Zwischenberichte bereitzustellen, die hinsichtlich Erfassung, Bewertung und Angaben den Grundsätzen dieses Standards entsprechen. Unternehmen, deren Wertpapiere öffentlich gehandelt werden, wird insbesondere empfohlen

An appendix to this Standard provides guidance for applying the basic recognition and measurement principles at interim dates to various types of asset, liability, income, and expense. Income tax expense for an interim period is based on an estimated average annual effective income tax rate, consistent with the annual assessment of taxes. **IN8**

In deciding how to recognise, classify, or disclose an item for interim financial reporting purposes, materiality is to be assessed in relation to the interim period financial data, not forecasted annual data. **IN9**

SUMMARY	Paragraphs
Objective	
Scope	1—3
Definitions	4
Content of an interim financial report	5—25
Minimum components of an interim financial report	8
Form and content of interim financial statements	9—14
Selected explanatory notes	15—18
Disclosure of compliance with IAS	19
Periods for which interim financial statements are required to be presented	20—22
Materiality	23—25
Disclosure in annual financial statements	26—27
Recognition and measurement	28—42
Same accounting policies as annual	28—36
Revenues received seasonally, cyclically, or occasionally	37—38
Costs incurred unevenly during the financial year	39
Applying the recognition and measurement principles	40
Use of estimates	41—42
Restatement of previously reported interim periods	43—45
Effective date	46

The standards, which have been set in bold type, should be read in the context of the background material and implementation guidance in this Standard, and in the context of the 'Preface to International Accounting Standards'. International Accounting Standards are not intended to apply to immaterial items (see paragraph 12 of the Preface).

OBJECTIVE

The objective of this Standard is to prescribe the minimum content of an interim financial report and to prescribe the principles for recognition and measurement in complete or condensed financial statements for an interim period. Timely and reliable interim financial reporting improves the ability of investors, creditors, and others to understand an enterprise's capacity to generate earnings and cash flows and its financial condition and liquidity.

SCOPE

This Standard does not mandate which enterprises should be required to publish interim financial reports, how frequently, or how soon after the end of an interim period. However, governments, securities regulators, stock exchanges, and accountancy bodies often require enterprises whose debt or equity securities are publicly traded to publish interim financial reports. This Standard applies if an enterprise is required or elects to publish an interim financial report in accordance with International Accounting Standards. The International Accounting Standards Committee encourages publicly traded enterprises to provide interim financial reports that conform to the recognition, measurement, and disclosure principles set out in this Standard. Specifically, publicly traded enterprises are encouraged: **1**

(a) Zwischenberichte wenigstens zum Ende der ersten Hälfte des Geschäftsjahres bereitzustellen; und
(b) ihre Zwischenberichte innerhalb von 60 Tagen nach Abschluss der Zwischenberichtsperiode verfügbar zu machen.

2 Jeder Finanzbericht, ob Abschluss eines Geschäftsjahres oder Zwischenbericht, ist hinsichtlich seiner Konformität mit den International Accounting Standards gesondert zu beurteilen. Die Tatsache, dass ein Unternehmen während eines bestimmten Geschäftsjahres keine Zwischenberichterstattung vorgenommen hat oder Zwischenberichte erstellt hat, die nicht diesem Standard entsprechen, darf das Unternehmen nicht davon abhalten, den International Accounting Standards entsprechende Abschlüsse eines Geschäftsjahres zu erstellen, wenn ansonsten auch so verfahren wird.

3 Wenn der Zwischenbericht eines Unternehmens als mit den International Accounting Standards übereinstimmend bezeichnet wird, hat er allen Anforderungen dieses Standards zu entsprechen. Paragraph 19 schreibt dafür bestimmte Angaben vor.

DEFINITIONEN

4 **Folgende Begriffe werden in diesem Standard mit der angegebenen Bedeutung verwendet:**
Eine Zwischenberichtsperiode ist eine Finanzberichtsperiode, die kürzer als ein gesamtes Geschäftsjahr ist.
Ein Zwischenbericht ist ein Finanzbericht, der einen vollständigen Abschluss (wie in IAS 1, Darstellung des Abschlusses, beschrieben) oder einen verkürzten Abschluss (wie in diesem Standard beschrieben) für eine Zwischenberichtsperiode enthält.

INHALT EINES ZWISCHENBERICHTS

5 IAS 1 definiert für einen vollständigen Abschluss folgende Bestandteile:
(a) eine Bilanz;
(b) eine Gewinn- und Verlustrechnung;
(c) eine Aufstellung der Veränderungen des Eigenkapitals, die entweder
  (i) sämtliche Veränderungen des Eigenkapitals
    oder
  (ii) Änderungen des Eigenkapitals mit Ausnahme solcher, die aus Transaktionen mit Anteilseignern in ihrer Eigenschaft als Anteilseigner entstehen, zeigt;
(d) eine Kapitalflussrechnung
  und
(e) den Anhang, der die wesentlichen Bilanzierungs- und Bewertungsmethoden zusammenfasst und sonstige Erläuterungen enthält.

6 Im Interesse von rechtzeitigen Informationen, aus Kostengesichtspunkten, und um eine Wiederholung von bereits berichteten Informationen zu vermeiden, kann ein Unternehmen dazu verpflichtet sein oder sich freiwillig dafür entscheiden, weniger Informationen an Zwischenberichtsterminen bereitzustellen als in seinen Abschlüssen eines Geschäftsjahres. Dieser Standard definiert den Mindestinhalt eines Zwischenberichts, der einen verkürzten Abschluss und ausgewählte erläuternde Anhangangaben enthält. Der Zwischenbericht soll eine Aktualisierung des letzten Abschlusses eines Geschäftsjahres darstellen. Dementsprechend konzentriert er sich auf neue Aktivitäten, Ereignisse und Umstände und wiederholt nicht bereits berichtete Informationen.

7 Die Vorschriften in diesem Standard sollen den Unternehmen nicht verbieten bzw. sie nicht davon abhalten, an Stelle eines verkürzten Abschlusses und ausgewählter erläuternder Anhangangaben einen vollständigen Abschluss (wie in IAS 1 beschrieben) als Zwischenbericht zu veröffentlichen. Dieser Standard verbietet nicht und hält Unternehmen auch nicht davon ab, mehr als das Minimum der von diesem Standard vorgeschriebenen Posten oder ausgewählten erläuternden Anhangangaben in verkürzte Zwischenberichte aufzunehmen. Die Anwendungsleitlinien für Erfassung und Bewertung in diesem Standard gelten auch für vollständige Abschlüsse einer Zwischenberichtsperiode; solche Abschlüsse würden sowohl alle von diesem Standard geforderten Angaben (insbesondere die ausgewählten Anhangangaben in Paragraph 16) als auch die von anderen International Accounting Standards geforderten Angaben umfassen.

(a) to provide interim financial reports at least as of the end of the first half of their financial year; and
(b) to make their interim financial reports available not later than 60 days after the end of the interim period.

Each financial report, annual or interim, is evaluated on its own for conformity to International Accounting Standards. The fact that an enterprise may not have provided interim financial reports during a particular financial year or may have provided interim financial reports that do not comply with this Standard does not prevent the enterprise's annual financial statements from conforming to International Accounting Standards if they otherwise do so. 2

If an enterprise's interim financial report is described as complying with International Accounting Standards, it must comply with all of the requirements of this Standard. Paragraph 19 requires certain disclosures in that regard. 3

DEFINITIONS

The following terms are used in this Standard with the meanings specified: 4
Interim period is a financial reporting period shorter than a full financial year.
Interim financial report means a financial report containing either a complete set of financial statements (as described in IAS 1, presentation of financial statements) or a set of condensed financial statements (as described in this Standard) for an interim period.

CONTENT OF AN INTERIM FINANCIAL REPORT

IAS 1 defines a complete set of financial statements as including the following components: 5
(a) a balance sheet;
(b) an income statement;
(c) a statement of changes in equity showing either:
    (i) all changes in equity, or
    (ii) changes in equity other than those arising from transactions with equity holders acting in their capacity as equity holders;
(d) a cash flow statement; and
(e) notes, comprising a summary of significant accounting policies and other explanatory notes.

In the interest of timeliness and cost considerations and to avoid repetition of information previously reported, an enterprise may be required to or may elect to provide less information at interim dates as compared with its annual financial statements. This Standard defines the minimum content of an interim financial report as including condensed financial statements and selected explanatory notes. The interim financial report is intended to provide an update on the latest complete set of annual financial statements. Accordingly, it focuses on new activities, events, and circumstances and does not duplicate information previously reported. 6

Nothing in this Standard is intended to prohibit or discourage an enterprise from publishing a complete set of financial statements (as described in IAS 1) in its interim financial report, rather than condensed financial statements and selected explanatory notes. Nor does this Standard prohibit or discourage an enterprise from including in condensed interim financial statements more than the minimum line items or selected explanatory notes as set out in this Standard. The recognition and measurement guidance in this Standard applies also to complete financial statements for an interim period, and such statements would include all of the disclosures required by this Standard (particularly the selected note disclosures in paragraph 16) as well as those required by other International Accounting Standards. 7

Mindestbestandteile eines Zwischenberichts

8 Ein Zwischenbericht hat mindestens die folgenden Bestandteile zu enthalten:
   (a) eine verkürzte Bilanz;
   (b) eine verkürzte Gewinn- und Verlustrechnung;
   (c) eine verkürzte Aufstellung, die entweder (i) alle Veränderungen des Eigenkapitals oder (ii) Veränderungen des Eigenkapitals, die nicht aus Kapitaltransaktionen mit Eigentümern oder Ausschüttungen an Eigentümer resultieren, zeigt;
   (d) eine verkürzte Kapitalflussrechnung und
   (e) ausgewählte erläuternde Anhangangaben.

Form und Inhalt von Zwischenabschlüssen

9 Wenn ein Unternehmen einen vollständigen Abschluss in seinem Zwischenbericht veröffentlicht, haben Form und Inhalt der Bestandteile des Abschlusses die Anforderungen des IAS 1 an vollständige Abschlüsse zu erfüllen.

10 Wenn ein Unternehmen einen verkürzten Abschluss in seinem Zwischenbericht veröffentlicht, hat dieser verkürzte Abschluss mindestens jede der Überschriften und Zwischensummen zu enthalten, die in seinem letzten Abschluss eines Geschäftsjahres enthalten waren, sowie die von diesem Standard vorgeschriebenen ausgewählten erläuternden Anhangangaben. Zusätzliche Posten oder Anhangangaben sind einzubeziehen, wenn ihr Weglassen den Zwischenbericht irreführend erscheinen lassen würde.

11 Das unverwässerte und das verwässerte Ergebnis je Aktie sind für eine Zwischenberichtsperiode in der vollständigen oder verkürzten Gewinn- und Verlustrechnung anzugeben.

12 IAS 1 stellt Anwendungsleitlinien für die Struktur von jährlichen Abschlüssen bereit. Die Anwendungsleitlinien für IAS 1 geben Beispiele dafür, auf welche Weise die Darstellung der Gewinn- und Verlustrechnung, der Bilanz und der Aufstellung der Veränderungen des Eigenkapitals erfolgen kann.

13 IAS 1 verlangt, dass eine Aufstellung der Veränderungen des Eigenkapitals als separater Bestandteil eines Abschlusses dargestellt wird, und erlaubt die Angabe von Veränderungen des Eigenkapitals, die aus Transaktionen mit Eigentümern (einschließlich Ausschüttungen an Eigentümer) resultieren, entweder in der Bilanz und der Gewinn- und Verlustrechnung oder im Anhang. Ein Unternehmen hat in seinem Zwischenbericht in der Aufstellung der Veränderungen des Eigenkapitals das gleiche Format zu verwenden, das es in seinem letzten jährlichen Abschluss verwendet hat.

14 Ein Zwischenbericht wird auf konsolidierter Basis aufgestellt, wenn der letzte Abschluss eines Geschäftsjahres des Unternehmens ein Konzernabschluss war. Der Einzelabschluss des Mutterunternehmens stimmt nicht überein oder ist nicht vergleichbar mit dem Konzernabschluss in dem letzten Geschäftsbericht. Wenn der Geschäftsbericht eines Unternehmens zusätzlich zum Konzernabschluss den Einzelabschluss des Mutterunternehmens enthält, verlangt oder verbietet dieser Standard nicht die Einbeziehung des Einzelabschlusses des Mutterunternehmens in den Zwischenbericht des Unternehmens.

Ausgewählte erläuternde Anhangangaben

15 Ein Adressat des Zwischenberichts eines Unternehmens wird auch Zugang zu dem letzten Geschäftsbericht dieses Unternehmens haben. Deswegen ist es nicht notwendig, im Anhang eines Zwischenberichts relativ unwesentliche Aktualisierungen von Informationen, die schon im Anhang des letzten Geschäftsberichtes berichtet wurden, zur Verfügung zu stellen. An einem Zwischenberichtstermin sind Informationen über Ereignisse und Geschäftsvorfälle von größerem Nutzen, die für ein Verständnis von Veränderungen der Vermögens-, Finanz- und Ertragslage eines Unternehmens seit dem Abschlussstichtag wesentlich sind.

16 Ein Unternehmen hat mindestens die folgenden Informationen in die Anhangangaben seines Zwischenabschlusses einzubeziehen, wenn diese Informationen wesentlich sind und nicht bereits an einer anderen Stelle des Zwischenberichts gegeben werden. Die Informationen sind in der Regel vom Geschäftsjahresbeginn bis zum Zwischenberichtstermin kumuliert darzustellen. Das Unternehmen hat jedoch auch alle Ereignisse oder Geschäftsvorfälle anzugeben, die für ein Verständnis der aktuellen Zwischenberichtsperiode wesentlich sind:

Minimum components of an interim financial report

An interim financial report should include, at a minimum, the following components: 8
(a) condensed balance sheet;
(b) condensed income statement;
(c) condensed statement showing either (i) all changes in equity or (ii) changes in equity other than those arising from capital transactions with owners and distributions to owners;
(d) condensed cash flow statement; and
(e) selected explanatory notes.

Form and content of interim financial statements

If an enterprise publishes a complete set of financial statements in its interim financial report, the form and content of those statements should conform to the requirements of IAS 1 for a complete set of financial statements. 9

If an enterprise publishes a set of condensed financial statements in its interim financial report, those condensed statements should include, at a minimum, each of the headings and subtotals that were included in its most recent annual financial statements and the selected explanatory notes as required by this Standard. Additional line items or notes should be included if their omission would make the condensed interim financial statements misleading. 10

Basic and diluted earnings per share should be presented on the face of an income statement, complete or condensed, for an interim period. 11

IAS 1 provides guidance on the structure of financial statements. The Implementation Guidance for IAS 1 illustrates ways in which the balance sheet, income statement and statement of changes in equity may be presented. 12

IAS 1 requires a statement of changes in equity to be presented as a separate component of an entity's financial statements, and permits information about changes in equity arising from transactions with equity holders acting in their capacity as equity holders (including distributions to equity holders) to be shown either on the face of the statement or in the notes. An entity follows the same format in its interim statement of changes in equity as it did in its most recent annual statement. 13

An interim financial report is prepared on a consolidated basis if the enterprise's most recent annual financial statements were consolidated statements. The parent's separate financial statements are not consistent or comparable with the consolidated statements in the most recent annual financial report. If an enterprise's annual financial report included the parent's separate financial statements in addition to consolidated financial statements, this Standard neither requires nor prohibits the inclusion of the parent's separate statements in the enterprise's interim financial report. 14

Selected explanatory notes

A user of an enterprise's interim financial report will also have access to the most recent annual financial report of that enterprise. It is unnecessary, therefore, for the notes to an interim financial report to provide relatively insignificant updates to the information that was already reported in the notes in the most recent annual report. At an interim date, an explanation of events and transactions that are significant to an understanding of the changes in financial position and performance of the enterprise since the last annual reporting date is more useful. 15

An enterprise should include the following information, as a minimum, in the notes to its interim financial statements, if material and if not disclosed elsewhere in the interim financial report. The information should normally be reported on a financial year-to-date basis. However, the enterprise should also disclose any events or transactions that are material to an understanding of the current interim period: 16

(a) eine Erklärung, dass die gleichen Bilanzierungs- und Bewertungsmethoden sowie Berechnungsmethoden im Zwischenabschluss befolgt werden wie im letzten Abschluss eines Geschäftsjahres oder, wenn diese Methoden geändert worden sind, eine Beschreibung der Art und Auswirkung der Änderung;
(b) erläuternde Bemerkungen über die Saisoneinflüsse oder die Konjunktureinflüsse auf die Geschäftstätigkeit innerhalb der Zwischenberichtsperiode;
(c) die Art und den Umfang von Sachverhalten, die Vermögenswerte, Schulden, Eigenkapital, Ergebnis oder Cashflows beeinflussen, und die auf Grund ihrer Art, ihres Ausmaßes oder ihrer Häufigkeit ungewöhnlich sind;
(d) die Art und den Umfang bei Änderungen von Schätzungen von Beträgen, die in früheren Zwischenberichtsperioden des aktuellen Geschäftsjahres dargestellt wurden oder Änderungen von Schätzungen von Beträgen, die in früheren Geschäftsjahren dargestellt wurden, wenn diese Änderungen eine wesentliche Auswirkung auf die aktuelle Zwischenberichtsperiode haben;
(e) Emissionen, Rückkäufe und Rückzahlungen von Schuldverschreibungen oder Eigenkapitaltitel;
(f) gezahlte Dividenden (zusammengefasst oder je Aktie), gesondert für Stammaktien und sonstige Aktien;
(g) die folgenden Segmentinformationen (die Angabe von Segmentinformationen in einem Zwischenbericht eines Unternehmens wird nur verlangt, wenn IFRS 8 *Geschäftselemente* das Unternehmen zur Angabe der Segmentinformationen in seinem Abschluss eines Geschäftsjahres verpflichtet):
  (i) Erträge von externen Kunden, wenn sie in die Bemessungsgrundlage des Periodenergebnisses des Segments mit einbezogen sind, das vom Hauptentscheidungsträger des Unternehmens überprüft wird oder diesem ansonsten regelmäßig übermittelt wird;
  (ii) Erträge, die zwischen den Segmenten erwirtschaftet werden, wenn sie in die Bemessungsgrundlage des Periodenergebnisses des Segments mit einbezogen sind, das vom Hauptentscheidungsträger des Unternehmens überprüft wird oder diesem ansonsten regelmäßig übermittelt wird;
  (iii) eine Bewertung des Periodenergebnisses des Segments;
  (iv) die Gesamtvermögenswerte, deren Höhe sich im Vergleich zu den Angaben im letzten Jahresabschluss wesentlich verändert hat;
  (v) eine Beschreibung der Unterschiede im Vergleich zum letzten Jahresabschluss, die sich in der Segmentierungsgrundlage oder in der Bemessungsgrundlage des Periodenergebnisses des Segments ergeben haben;
  (vi) eine Überleitungsrechnung für den Gesamtbetrag der Bewertungen des Periodenergebnisses der berichtpflichtigen Segmente und Periodenergebnis des Unternehmens vor Steueraufwand (Steuerertrag) und Aufgabe von Geschäftsbereichen. Weist ein Unternehmen indes berichtpflichtigen Segmenten Posten wie Steueraufwand (Steuerertrag) zu, kann das Unternehmen für den Gesamtbetrag der Bewertungen der Periodenergebnisse der Segmente und dem Periodenergebnis eine Überleitungsrechnung nach Ausklammerung dieser Posten erstellen. Wesentliche Abstimmungsposten sind in dieser Überleitungsrechnung gesondert zu identifizieren und zu beschreiben.
(h) wesentliche Ereignisse nach Ende der Zwischenberichtsperiode, die nicht im Abschluss der Zwischenberichtsperiode widergespiegelt worden sind;
(i) die Auswirkung von Änderungen in der Zusammensetzung eines Unternehmens während der Zwischenberichtsperiode, einschließlich Unternehmenszusammenschlüssen, dem Erwerb oder der Veräußerung von Tochterunternehmen und langfristigen Finanzinvestitionen, Restrukturierungsmaßnahmen sowie Aufgabe von Geschäftsbereichen. Im Fall von Unternehmenszusammenschlüssen hat das Unternehmen die Angaben zu machen, die der Angabepflicht gemäß den Paragraphen 66–73 von IFRS 3 *Unternehmenszusammenschlüsse* unterliegen; und
(j) Änderungen der Eventualschulden oder Eventualforderungen seit dem letzten Bilanzstichtag.

17 Beispiele für die von Paragraph 16 verlangte Art der Angaben werden unten aufgeführt. Einzelne Standards und Interpretationen bieten Anwendungsleitlinien bezüglich der Angaben für viele dieser Posten:
(a) Abschreibung von Vorräten auf den Nettoveräußerungswert und die Rückbuchung solcher Abschreibungen;
(b) Erfassung eines Aufwands aus der Wertminderung von Sachanlagen, immateriellen Vermögenswerten oder anderen Vermögenswerten sowie die Aufhebung von solchen Wertminderungsaufwendungen;
(c) die Auflösungen von Rückstellungen für Restrukturierungsmaßnahmen;
(d) Anschaffungen und Veräußerungen von Sachanlagen;
(e) Verpflichtungen zum Kauf von Sachanlagen;
(f) Beendigung von Rechtsstreitigkeiten;
(g) Korrekturen von Fehlern aus früheren Perioden;
(h) (gestrichen);
(i) jeder Kreditausfall oder -vertragsbruch, der nicht am bzw. bis zum Bilanzdatum beseitigt wurde; und
(j) Geschäftsvorfälle mit nahe stehenden Unternehmen und Personen.

(a) a statement that the same accounting policies and methods of computation are followed in the interim financial statements as compared with the most recent annual financial statements or, if those policies or methods have been changed, a description of the nature and effect of the change;
(b) explanatory comments about the seasonality or cyclicality of interim operations;
(c) the nature and amount of items affecting assets, liabilities, equity, net income, or cash flows that are unusual because of their nature, size, or incidence;
(d) the nature and amount of changes in estimates of amounts reported in prior interim periods of the current financial year or changes in estimates of amounts reported in prior financial years, if those changes have a material effect in the current interim period;
(e) issuances, repurchases, and repayments of debt and equity securities;
(f) dividends paid (aggregate or per share) separately for ordinary shares and other shares;
(g) the following segment information (disclosure of segment information is required in an enterprise's interim financial report only if IFRS 8 *Operating Segments* requires that enterprise to disclose segment information in its annual financial statements):
   (i) revenues from external customers, if included in the measure of segment profit of loss reviewed by the chief operating decision maker of otherwise regularly provided to the chief operating decision maker;
   (ii) intersegment revenues, if included in the measure of segment profit or loss reviewed by the chief operating decision maker or otherwise regularly provided to the chief operating decision maker;
   (iii) a measure of segment profit or loss;
   (iv) total assets for which there has been a material change from the amount disclosed in the last annual financial statements;
   (v) a description of differences from the last annual financial statements in the basis of segmentation or in the basis of measurement of segment profit or loss;
   (vi) a reconciliation of the total of the reportable segments' measures of profit or loss to the entity's profit or loss before tax expense (tax income) and discontinued operations. However, if an entity allocates to reportable segments items such as tax expense (tax income), the entity may reconcile the total of the segments' measures of profit or loss to profit or loss after those items. Material reconciling items shall be separately identified and described in that reconciliation;
(h) material events subsequent to the end of the interim period that have not been reflected in the financial statements for the interim period;
(i) the effect of changes in the composition of the entity during the interim period, including business combinations, acquisition or disposal of subsidiaries and long-term investments, restructurings, and discontinued operations. In the case of business combinations, the entity shall disclose the information required to be disclosed under paragraphs 66—73 of IFRS 3 *Business Combinations;* and
(j) changes in contingent liabilities or contingent assets since the last annual balance sheet date.

17 Examples of the kinds of disclosures that are required by paragraph 16 are set out below. Individual Standards and Interpretations provide guidance regarding disclosures for many of these items:
(a) the write-down of inventories to net realisable value and the reversal of such a write-down;
(b) recognition of a loss from the impairment of property, plant and equipment, intangible assets, or other assets, and the reversal of such an impairment loss;
(c) the reversal of any provisions for the costs of restructuring;
(d) acquisitions and disposals of items of property, plant and equipment;
(e) commitments for the purchase of property, plant and equipment;
(f) litigation settlements;
(g) corrections of prior period errors;
(h) (deleted);
(i) any loan default or breach of a loan agreement that has not been remedied on or before the balance sheet date; and
(j) related party transactions.

18 Andere Standards schreiben Angaben vor, die in Abschlüssen darzustellen sind. In diesem Zusammenhang sind unter Abschlüssen vollständige Abschlüsse zu verstehen, in der Art, wie sie normalerweise in einem Geschäftsbericht und zuweilen in anderen Berichten enthalten sind. Mit Ausnahme der Vorschrift von Paragraph 16(i) sind die von den anderen Standards vorgeschriebenen Angaben dann nicht erforderlich, wenn der Zwischenbericht des Unternehmens keinen vollständigen Abschluss, sondern nur einen verkürzten Abschluss und ausgewählte erläuternde Anhangangaben enthält.

Angabe der Übereinstimmung mit den IAS

19 Wenn der Zwischenbericht eines Unternehmens den Vorschriften dieses International Accounting Standards entspricht, ist diese Tatsache anzugeben. Ein Zwischenbericht darf nicht als mit den International Accounting Standards übereinstimmend bezeichnet werden, solange er nicht allen Anforderungen sowohl aller anzuwendenden Standards als auch aller anzuwendenden Interpretationen des Standing Interpretations Committee entspricht.

Berichtsperioden, für die Zwischenabschlüsse darzustellen sind

20 Zwischenberichte haben (verkürzte oder vollständige) Zwischenabschlüsse für Berichtsperioden wie folgt zu enthalten:
   (a) eine Bilanz zum Ende der aktuellen Zwischenberichtsperiode und eine vergleichende Bilanz zum Ende des unmittelbar vorangegangenen Geschäftsjahres;
   (b) eine Gewinn- und Verlustrechnung für die aktuelle Zwischenberichtsperiode und eine vom Beginn des aktuellen Geschäftsjahres bis zum Zwischenberichtstermin kumulierte Gewinn- und Verlustrechnung, mit vergleichenden Gewinn- und Verlustrechnungen für die vergleichbaren Zwischenberichtsperioden (zur aktuellen und zur vom Beginn des Geschäftsjahres bis zum kumulierten Zwischenberichtstermin fortgeführten Zwischenberichtsperiode) des unmittelbar vorangegangenen Geschäftsjahres;
   (c) eine Aufstellung, die Veränderungen des Eigenkapitals vom Beginn des aktuellen Geschäftsjahres bis zum Zwischenberichtstermin zeigt, mit einer vergleichenden Aufstellung für die vergleichbare Berichtsperiode vom Beginn des Geschäftsjahres an bis zum Zwischenberichtstermin des unmittelbar vorangegangenen Geschäftsjahres und
   (d) eine vom Beginn des aktuellen Geschäftsjahres bis zum Zwischenberichtstermin erstellte Kapitalflussrechnung, mit einer vergleichenden Aufstellung für die vom Beginn des Geschäftsjahres an kumulierte Berichtsperiode des unmittelbar vorangegangenen Geschäftsjahres.

21 Für ein Unternehmen, dessen Geschäfte stark saisonabhängig sind, können Finanzinformationen über zwölf Monate, die am Zwischenberichtsstichtag enden, sowie Vergleichsinformationen für die vorangegangene zwölfmonatige Berichtsperiode nützlich sein. Dementsprechend wird Unternehmen, deren Geschäfte stark saisonabhängig sind, empfohlen, solche Informationen zusätzlich zu den in dem vorangegangenen Paragraphen geforderten Informationen zu geben.

22 Anhang A veranschaulicht die darzustellenden Berichtsperioden von einem Unternehmen, das halbjährlich berichtet, sowie von einem Unternehmen, das vierteljährlich berichtet.

Wesentlichkeit

23 Bei der Entscheidung, wie ein Posten zum Zweck der Zwischenberichterstattung zu erfassen, zu bewerten, zu klassifizieren oder anzugeben ist, ist die Wesentlichkeit im Verhältnis zu den Finanzdaten der Zwischenberichtsperiode einzuschätzen. Bei der Einschätzung der Wesentlichkeit ist zu beachten, dass Bewertungen in einem größeren Umfang auf Schätzungen aufbauen als die Bewertungen von jährlichen Finanzdaten.

24 IAS 1 *Darstellung des Abschlusses* und IAS 8 *Bilanzierungs- und Bewertungsmethoden, Änderungen von Schätzungen und Fehler* definieren einen Posten als wesentlich, wenn seine Auslassung oder fehlerhafte Angabe die wirtschaftlichen Entscheidungen von Adressaten der Abschlüsse beeinflussen könnte. IAS 1 verlangt die getrennte Angabe wesentlicher Posten, darunter (beispielsweise) aufgegebene Geschäftsbereiche, und IAS 8 verlangt die Angabe von Änderungen von Schätzungen, von Fehlern und Änderungen der Bilanzierungs- und Bewertungsmethoden. Beide Standards enthalten keine quantifizierten Leitlinien hinsichtlich der Wesentlichkeit.

Other Standards specify disclosures that should be made in financial statements. In that context, financial statements means complete sets of financial statements of the type normally included in an annual financial report and sometimes included in other reports. Except as required by paragraph 16(i), the disclosures required by those other Standards are not required if an entity's interim financial report includes only condensed financial statements and selected explanatory notes rather than a complete set of financial statements. 18

Disclosure of compliance with IAS

If an enterprise's interim financial report is in compliance with this International Accounting Standard, that fact should be disclosed. An interim financial report should not be described as complying with International Accounting Standards unless it complies with all of the requirements of each applicable Standard and each applicable interpretation of the Standing Interpretations Committee. 19

Periods for which interim financial statements are required to be presented

Interim reports should include interim financial statements (condensed or complete) for periods as follows: 20
(a) balance sheet as of the end of the current interim period and a comparative balance sheet as of the end of the immediately preceding financial year;
(b) income statements for the current interim period and cumulatively for the current financial year to date, with comparative income statements for the comparable interim periods (current and year-to-date) of the immediately preceding financial year;
(c) statement showing changes in equity cumulatively for the current financial year to date, with a comparative statement for the comparable year-to-date period of the immediately preceding financial year; and
(d) cash flow statement cumulatively for the current financial year to date, with a comparative statement for the comparable year-to-date period of the immediately preceding financial year.

For an enterprise whose business is highly seasonal, financial information for the 12 months ending on the interim reporting date and comparative information for the prior 12-month period may be useful. Accordingly, enterprises whose business is highly seasonal are encouraged to consider reporting such information in addition to the information called for in the preceding paragraph. 21

Appendix A illustrates the periods required to be presented by an enterprise that reports half-yearly and an enterprise that reports quarterly. 22

Materiality

In deciding how to recognise, measure, classify, or disclose an item for interim financial reporting purposes, materiality should be assessed in relation to the interim period financial data. In making assessments of materiality, it should be recognised that interim measurements may rely on estimates to a greater extent than measurements of annual financial data. 23

IAS 1 *Presentation of Financial Statements* and IAS 8 *Accounting Policies, Changes in Accounting Estimates and Errors* define an item as material if its omission or misstatement could influence the economic decisions of users of the financial statements. IAS 1 requires separate disclosure of material items, including (for example) discontinued operations, and IAS 8 requires disclosure of changes in accounting estimates, errors and changes in accounting policies. The two Standards do not contain quantified guidance as to materiality. 24

25 Während die Einschätzung der Wesentlichkeit immer Ermessensentscheidungen erfordert, basiert dieser Standard aus Gründen der Verständlichkeit der Zwischenberichtzahlen die Entscheidung über Erfassung und Angabe von Daten auf Daten für die Zwischenberichtsperiode selbst. So werden beispielsweise ungewöhnliche Posten, Änderungen der Bilanzierungs- und Bewertungsmethoden oder der Schätzungen sowie grundlegende Fehler auf der Grundlage der Wesentlichkeit im Verhältnis zu den Daten der Zwischenberichtsperiode erfasst und angegeben, um irreführende Schlussfolgerungen zu vermeiden, die aus der Nichtangabe resultieren könnten. Das übergeordnete Ziel ist sicherzustellen, dass ein Zwischenbericht alle Informationen enthält, die für ein Verständnis der Vermögens-, Finanz- und Ertragslage eines Unternehmens während der Zwischenberichtsperiode wesentlich sind.

ANGABEN IN JÄHRLICHEN ABSCHLÜSSEN

26 Wenn eine Schätzung eines in einer Zwischenberichtsperiode berichteten Betrags während der abschließenden Zwischenberichtsperiode eines Geschäftsjahres wesentlich geändert wird, aber kein gesonderter Finanzbericht für diese abschließende Zwischenberichtsperiode veröffentlicht wird, sind die Art und der Betrag dieser Änderung der Schätzung im Anhang des Abschlusses eines Geschäftsjahres für dieses Geschäftsjahr anzugeben.

27 IAS 8 verlangt die Angabe der Art und (falls durchführbar) des Betrags einer Änderung der Schätzung, die entweder eine wesentliche Auswirkung auf die Berichtsperiode hat oder von der angenommen wird, dass sie eine wesentliche Auswirkung auf folgende Berichtsperioden haben wird. Paragraph 16(d) dieses Standards verlangt entsprechende Angaben in einem Zwischenbericht. Beispiele umfassen Änderungen der Schätzung in der abschließenden Zwischenberichtsperiode, die sich auf außerplanmäßige Abschreibungen von Vorräten, Restrukturierungsmaßnahmen oder Wertminderungsaufwand beziehen, die in einer früheren Zwischenberichtsperiode des Geschäftsjahres berichtet wurden. Die vom vorangegangenen Paragraphen verlangten Angaben stimmen mit den Anforderungen des IAS 8 überein und sollen eng im Anwendungsbereich sein - sie beziehen sich nur auf die Änderung einer Schätzung. Ein Unternehmen ist nicht dazu verpflichtet, zusätzliche Finanzinformationen der Zwischenberichtsperiode in seinen Abschluss eines Geschäftsjahres einzubeziehen.

ERFASSUNG UND BEWERTUNG

Gleiche Bilanzierungs- und Bewertungsmethoden wie im jährlichen Abschluss

28 Ein Unternehmen hat die gleichen Bilanzierungs- und Bewertungsmethoden in seinen Zwischenabschlüssen anzuwenden, die es in seinen Abschlüssen eines Geschäftsjahres anwendet, mit Ausnahme von Änderungen der Bilanzierungs- und Bewertungsmethoden, die nach dem Stichtag des letzten Abschlusses eines Geschäftsjahres vorgenommen wurden und die in dem nächsten Abschluss eines Geschäftsjahres wiederzugeben sind. Die Häufigkeit der Berichterstattung eines Unternehmens (jährlich, halb- oder vierteljährlich) darf die Höhe des Jahresergebnisses jedoch nicht beeinflussen. Um diese Zielsetzung zu erreichen, sind Bewertungen in Zwischenberichten unterjährig auf einer vom Geschäftsjahresbeginn bis zum Zwischenberichtstermin kumulierten Grundlage vorzunehmen.

29 Durch die Anforderung, dass ein Unternehmen die gleichen Bilanzierungs- und Bewertungsmethoden in seinen Zwischenabschlüssen wie in seinen Abschlüssen eines Geschäftsjahres anzuwenden hat, könnte der Eindruck entstehen, dass Bewertungen in der Zwischenberichtsperiode so vorgenommen werden, als ob jede Zwischenberichtsperiode als unabhängige Berichterstattungsperiode alleine zu betrachten wäre. Bei der Vorschrift, dass die Häufigkeit der Berichterstattung eines Unternehmens nicht die Bewertung seiner Jahresergebnisse beeinflussen darf, erkennt Paragraph 28 jedoch an, dass eine Zwischenberichtsperiode Teil eines umfassenderen Geschäftsjahres ist. Unterjährige Bewertungen vom Beginn des Geschäftsjahres bis zum Zwischenberichtstermin können die Änderungen von Schätzungen von Beträgen einschließen, die in früheren Zwischenberichtsperioden des aktuellen Geschäftsjahres berichtet wurden. Dennoch sind die Grundsätze zur Bilanzierung von Vermögenswerten, Schulden, Erträgen und Aufwendungen für die Zwischenberichtsperioden die gleichen wie in den jährlichen Abschlüssen.

30 Zur Veranschaulichung:
(a) die Grundsätze zur Erfassung und Bewertung von Aufwendungen aus außerplanmäßigen Abschreibungen von Vorräten, Restrukturierungsmaßnahmen oder Wertminderungen in einer Zwischenberichtsperiode sind die gleichen wie die, die ein Unternehmen befolgen würde, wenn es nur einen Abschluss eines Geschäftsjahres aufstellen würde. Wenn jedoch solche Sachverhalte in einer Zwischenberichtsperiode erfasst und bewertet werden, und in einer der folgenden Zwischenberichtsperioden des Geschäftsjahres Schätz-

While judgement is always required in assessing materiality, this Standard bases the recognition and disclosure decision on data for the interim period by itself for reasons of understandability of the interim figures. Thus, for example, unusual items, changes in accounting policies or estimates, and errors are recognised and disclosed on the basis of materiality in relation to interim period data to avoid misleading inferences that might result from non-disclosure. The overriding goal is to ensure that an interim financial report includes all information that is relevant to understanding an entity's financial position and performance during the interim period.

DISCLOSURE IN ANNUAL FINANCIAL STATEMENTS

If an estimate of an amount reported in an interim period is changed significantly during the final interim period of the financial year but a separate financial report is not published for that final interim period, the nature and amount of that change in estimate should be disclosed in a note to the annual financial statements for that financial year.

IAS 8 requires disclosure of the nature and (if practicable) the amount of a change in estimate that either has a material effect in the current period or is expected to have a material effect in subsequent periods. Paragraph 16(d) of this Standard requires similar disclosure in an interim financial report. Examples include changes in estimate in the final interim period relating to inventory write-downs, restructurings, or impairment losses that were reported in an earlier interim period of the financial year. The disclosure required by the preceding paragraph is consistent with the IAS 8 requirement and is intended to be narrow in scope—relating only to the change in estimate. An entity is not required to include additional interim period financial information in its annual financial statements.

RECOGNITION AND MEASUREMENT

Same accounting policies as annual

An enterprise should apply the same accounting policies in its interim financial statements as are applied in its annual financial statements, except for accounting policy changes made after the date of the most recent annual financial statements that are to be reflected in the next annual financial statements. However, the frequency of an enterprise's reporting (annual, half-yearly, or quarterly) should not affect the measurement of its annual results. To achieve that objective, measurements for interim reporting purposes should be made on a year-to-date basis.

Requiring that an enterprise apply the same accounting policies in its interim financial statements as in its annual statements may seem to suggest that interim period measurements are made as if each interim period stands alone as an independent reporting period. However, by providing that the frequency of an enterprise's reporting should not affect the measurement of its annual results, paragraph 28 acknowledges that an interim period is a part of a larger financial year. Year-to-date measurements may involve changes in estimates of amounts reported in prior interim periods of the current financial year. But the principles for recognising assets, liabilities, income, and expenses for interim periods are the same as in annual financial statements.

To illustrate:
(a) the principles for recognising and measuring losses from inventory write-downs, restructurings, or impairments in an interim period are the same as those that an enterprise would follow if it prepared only annual financial statements. However, if such items are recognised and measured in one interim period and the estimate changes in a subsequent interim period of that financial year, the original estimate is changed in the

IAS 34

ungen geändert werden, wird die ursprüngliche Schätzung in der folgenden Zwischenberichtsperiode entweder durch eine Abgrenzung von zusätzlichen Aufwendungen oder durch die Rückbuchung des bereits erfassten Betrags geändert;

(b) Aufwendungen, die am Ende einer Zwischenberichtsperiode nicht die Definition eines Vermögenswerts erfüllen, werden in der Bilanz nicht abgegrenzt, um entweder zukünftige Informationen darüber abzuwarten, ob die Definition eines Vermögenswerts erfüllt wurde, oder um die Erträge über die Zwischenberichtsperioden innerhalb eines Geschäftsjahres zu glätten und

(c) Ertragsteueraufwand wird in jeder Zwischenberichtsperiode auf der Grundlage der besten Schätzung des gewichteten durchschnittlichen jährlichen Ertragsteuersatzes erfasst, der für das gesamte Geschäftsjahr erwartet wird. Beträge, die für den Ertragsteueraufwand in einer Zwischenberichtsperiode abgegrenzt wurden, werden gegebenenfalls in einer nachfolgenden Zwischenberichtsperiode des Geschäftsjahres angepasst, wenn sich die Schätzung des jährlichen Ertragsteuersatzes ändert.

31 Gemäß dem Rahmenkonzept für die Aufstellung und Darstellung von Abschlüssen (das Rahmenkonzept) versteht man unter Erfassung den „Einbezug eines Sachverhaltes in der Bilanz oder in der Gewinn- und Verlustrechnung, der die Definition eines Abschlusspostens und die Kriterien für die Erfassung erfüllt". Die Definitionen von Vermögenswerten, Schulden, Erträgen und Aufwendungen sind für die Erfassung sowohl am Abschlussstichtag als auch am Zwischenberichtsstichtag von grundlegender Bedeutung.

32 Für Vermögenswerte werden die gleichen Kriterien hinsichtlich der Beurteilung des zukünftigen wirtschaftlichen Nutzens an Zwischenberichtsterminen und am Ende des Geschäftsjahres eines Unternehmens angewendet. Ausgaben, die auf Grund ihrer Art am Ende des Geschäftsjahres nicht die Bedingungen für einen Vermögenswert erfüllen würden, würden diese Bedingungen auch an Zwischenberichtsterminen nicht erfüllen. Gleichfalls hat eine Schuld an einem Zwischenberichtsstichtag ebenso wie am Abschlussstichtag eine zu diesem Zeitpunkt bestehende Verpflichtung darzustellen.

33 Ein unentbehrliches Merkmal von Erträgen und Aufwendungen ist, dass die entsprechenden Zugänge und Abgänge von Vermögenswerten und Schulden schon stattgefunden haben. Wenn diese Zugänge oder Abgänge stattgefunden haben, werden die zugehörigen Erträge und Aufwendungen erfasst. In allen anderen Fällen werden sie nicht erfasst. Das Rahmenkonzept besagt, „Aufwendungen werden in der Gewinn- und Verlustrechnung erfasst, wenn es zu einer Abnahme des künftigen wirtschaftlichen Nutzens in Verbindung mit einer Abnahme bei einem Vermögenswert oder einer Zunahme bei einer Schuld gekommen ist, die verlässlich bewertet werden kann. (...) Das Rahmenkonzept gestattet jedoch nicht die Erfassung von Sachverhalten in der Bilanz, die nicht die Definition von Vermögenswerten oder Schulden erfüllen."

34 Bei der Bewertung der in seinen Abschlüssen dargestellten Vermögenswerte, Schulden, Erträge, Aufwendungen sowie Cashflows ist es einem Unternehmen, das nur jährlich berichtet, möglich, Informationen zu berücksichtigen, die während des gesamten Geschäftsjahres verfügbar sind. Tatsächlich beruhen seine Bewertungen auf einer vom Geschäftsjahresbeginn an bis zum Berichtstermin fortgeführten Grundlage.

35 Ein Unternehmen, das halbjährlich berichtet, verwendet Informationen, die in der Jahresmitte oder kurz danach verfügbar sind, um die Bewertungen in seinem Abschluss für die erste sechsmonatige Berichtsperiode durchzuführen, und Informationen, die am Jahresende oder kurz danach verfügbar sind, für die zwölfmonatige Berichtsperiode. Die Bewertungen für die zwölf Monate werden mögliche Änderungen von Schätzungen von Beträgen widerspiegeln, die für die erste sechsmonatige Berichtsperiode angegeben wurden. Die im Zwischenbericht für die erste sechsmonatige Berichtsperiode berichteten Beträge werden nicht rückwirkend angepasst. Die Paragraphen 16(d) und 26 schreiben jedoch vor, dass Art und Betrag jeder wesentlichen Änderung von Schätzungen angegeben wird.

36 Ein Unternehmen, das häufiger als halbjährlich berichtet, bewertet Erträge und Aufwendungen auf einer von Geschäftsjahresbeginn an bis zum Zwischenberichtstermin fortgeführten Grundlage für jede Zwischenberichtsperiode, indem es Informationen verwendet, die verfügbar sind, wenn der jeweilige Abschluss aufgestellt wird. Erträge und Aufwendungen, die in der aktuellen Zwischenberichtsperiode dargestellt werden, spiegeln alle Änderungen von Schätzungen von Beträgen wider, die in früheren Zwischenberichtsperioden des Geschäftsjahres dargestellt wurden. Die in früheren Zwischenberichtsperioden berichteten Beträge werden nicht rückwirkend angepasst. Die Paragraphen 16(d) und 26 schreiben jedoch vor, dass Art und Betrag jeder wesentlichen Änderung von Schätzungen angegeben wird.

subsequent interim period either by accrual of an additional amount of loss or by reversal of the previously recognised amount;

(b) a cost that does not meet the definition of an asset at the end of an interim period is not deferred on the balance sheet either to await future information as to whether it has met the definition of an asset or to smooth earnings over interim periods within a financial year; and

(c) income tax expense is recognised in each interim period based on the best estimate of the weighted average annual income tax rate expected for the full financial year. Amounts accrued for income tax expense in one interim period may have to be adjusted in a subsequent interim period of that financial year if the estimate of the annual income tax rate changes.

Under the framework for the preparation and presentation of financial statements (the framework), recognition is the 'process of incorporating in the balance sheet or income statement an item that meets the definition of an element and satisfies the criteria for recognition'. The definitions of assets, liabilities, income, and expenses are fundamental to recognition, both at annual and interim financial reporting dates. 31

For assets, the same tests of future economic benefits apply at interim dates and at the end of an enterprise's financial year. Costs that, by their nature, would not qualify as assets at financial year end would not qualify at interim dates either. Similarly, a liability at an interim reporting date must represent an existing obligation at that date, just as it must at an annual reporting date. 32

An essential characteristic of income (revenue) and expenses is that the related inflows and outflows of assets and liabilities have already taken place. If those inflows or outflows have taken place, the related revenue and expense are recognised; otherwise they are not recognised. The framework says that 'expenses are recognised in the income statement when a decrease in future economic benefits related to a decrease in an asset or an increase of a liability has arisen that can be measured reliably ... . [The] framework does not allow the recognition of items in the balance sheet which do not meet the definition of assets or liabilities'. 33

In measuring the assets, liabilities, income, expenses, and cash flows reported in its financial statements, an enterprise that reports only annually is able to take into account information that becomes available throughout the financial year. Its measurements are, in effect, on a year-to-date basis. 34

An enterprise that reports half-yearly uses information available by mid-year or shortly thereafter in making the measurements in its financial statements for the first six-month period and information available by yearend or shortly thereafter for the 12-month period. The 12-month measurements will reflect possible changes in estimates of amounts reported for the first six-month period. The amounts reported in the interim financial report for the first six-month period are not retrospectively adjusted. Paragraphs 16(d) and 26 require, however, that the nature and amount of any significant changes in estimates be disclosed. 35

An enterprise that reports more frequently than half-yearly measures income and expenses on a year-to-date basis for each interim period using information available when each set of financial statements is being prepared. Amounts of income and expenses reported in the current interim period will reflect any changes in estimates of amounts reported in prior interim periods of the financial year. The amounts reported in prior interim periods are not retrospectively adjusted. Paragraphs 16(d) and 26 require, however, that the nature and amount of any significant changes in estimates be disclosed. 36

Saisonal, konjunkturell oder gelegentlich erzielte Erträge

37 Erträge, die innerhalb eines Geschäftsjahres saisonal bedingt, konjunkturell bedingt oder gelegentlich erzielt werden, dürfen am Zwischenberichtsstichtag nicht vorgezogen oder abgegrenzt werden, wenn das Vorziehen oder die Abgrenzung am Ende des Geschäftsjahres des Unternehmens nicht angemessen wäre.

38 Beispiele umfassen Dividendenerträge, Nutzungsentgelte und Zuwendungen der öffentlichen Hand. Darüber hinaus erwirtschaften einige Unternehmen gleich bleibend mehr Erträge in bestimmten Zwischenberichtsperioden eines Geschäftsjahres als in anderen Zwischenberichtsperioden, beispielsweise saisonale Erträge von Einzelhändlern. Solche Erträge werden bei ihrer Entstehung erfasst.

Aufwendungen, die während des Geschäftsjahres unregelmäßig anfallen

39 Aufwendungen, die unregelmäßig während des Geschäftsjahres eines Unternehmens anfallen, sind für Zwecke der Zwischenberichterstattung dann und nur dann vorzuziehen oder abzugrenzen, wenn es auch am Ende des Geschäftsjahres angemessen wäre, diese Art der Aufwendungen vorzuziehen oder abzugrenzen.

Anwendung der Erfassungs- und Bewertungsgrundsätze

40 Anhang B enthält Beispiele zur Anwendung der grundlegenden, in den Paragraphen 28 bis 39 dargestellten Erfassungs- und Bewertungsgrundsätze.

Verwendung von Schätzungen

41 Bei der Bewertung in einem Zwischenbericht muss sichergestellt sein, dass die resultierenden Informationen verlässlich sind und dass alle wesentlichen Finanzinformationen, die für ein Verständnis der Vermögens-, Finanz- und Ertragslage des Unternehmens relevant sind, angemessen angegeben werden. Auch wenn die Bewertungen in Geschäftsberichten und in Zwischenberichten oft auf vernünftigen Schätzungen beruhen, wird die Aufstellung von Zwischenberichten in der Regel eine umfangreichere Verwendung von Schätzungsmethoden erfordern als die der jährlichen Rechnungslegung.

42 Anhang C enthält Beispiele für die Verwendung von Schätzungen in Zwischenberichtsperioden.

ANPASSUNG BEREITS DARGESTELLTER ZWISCHENBERICHTSPERIODEN

43 Eine Änderung der Bilanzierungs- und Bewertungsmethoden ist mit Ausnahme von Übergangsregelungen, die von einem neuen Standard oder von einer neuen Interpretation vorgeschrieben werden, darzustellen, indem:
(a) eine Anpassung der Abschlüsse früherer Zwischenberichtsperioden des aktuellen Geschäftsjahres und vergleichbarer Zwischenberichtsperioden früherer Geschäftsjahre, die im Abschluss nach IAS 8 anzupassen sind, vorgenommen wird;
oder
(b) wenn die Ermittlung der kumulierten Auswirkung der Anwendung einer neuen Bilanzierungs- und Bewertungsmethode auf alle früheren Perioden am Anfang des Geschäftsjahres und der Anpassung von Abschlüssen früherer Zwischenberichtsperioden des laufenden Geschäftsjahres sowie vergleichbarer Zwischenberichtsperioden früherer Geschäftsjahre undurchführbar ist, die neue Bilanzierungs- und Bewertungsmethoden prospektiv ab dem frühest möglichen Datum anzuwenden.

44 Eine Zielsetzung des vorangegangenen Grundsatzes ist sicherzustellen, dass eine einzige Bilanzierungs- und Bewertungsmethode auf eine bestimmte Gruppe von Geschäftsvorfällen über das gesamte Geschäftsjahr angewendet wird. Gemäß IAS 8 wird eine Änderung der Bilanzierungs- und Bewertungsmethoden durch die rückwirkende Anwendung widerspiegelt, wobei Finanzinformationen aus früheren Berichtsperioden so weit wie vergangenheitsbezogen möglich angepasst werden. Wenn jedoch die Ermittlung des kumulierten Anpassungsbetrags, der sich auf die früheren Geschäftsjahre bezieht, undurchführbar ist, dann ist gemäß IAS 8 die neue Methode prospektiv ab dem frühest möglichen Datum anzuwenden. Der Grundsatz in Paragraph 43 führt dazu, dass vorgeschrieben wird, dass alle Änderungen von Bilanzierungs- und Bewertungsmethoden innerhalb

Revenues received seasonally, cyclically, or occasionally

Revenues that are received seasonally, cyclically, or occasionally within a financial year should not be anticipated or deferred as of an interim date if anticipation or deferral would not be appropriate at the end of the enterprise's financial year. 37

Examples include dividend revenue, royalties, and government grants. Additionally, some enterprises consistently earn more revenues in certain interim periods of a financial year than in other interim periods, for example, seasonal revenues of retailers. Such revenues are recognised when they occur. 38

Costs incurred unevenly during the financial year

Costs that are incurred unevenly during an enterprise's financial year should be anticipated or deferred for interim reporting purposes if, and only if, it is also appropriate to anticipate or defer that type of cost at the end of the financial year. 39

Applying the recognition and measurement principles

Appendix B provides examples of applying the general recognition and measurement principles set out in paragraphs 28 to 39. 40

Use of estimates

The measurement procedures to be followed in an interim financial report should be designed to ensure that the resulting information is reliable and that all material financial information that is relevant to an understanding of the financial position or performance of the enterprise is appropriately disclosed. While measurements in both annual and interim financial reports are often based on reasonable estimates, the preparation of interim financial reports generally will require a greater use of estimation methods than annual financial reports. 41

Appendix C provides examples of the use of estimates in interim periods. 42

RESTATEMENT OF PREVIOUSLY REPORTED INTERIM PERIODS

A change in accounting policy, other than one for which the transition is specified by a new Standard or Interpretation, shall be reflected by: 43
(a) restating the financial statements of prior interim periods of the current financial year and the comparable interim periods of any prior financial years that will be restated in the annual financial statements in accordance with IAS 8;
or
(b) when it is impracticable to determine the cumulative effect at the beginning of the financial year of applying a new accounting policy to all prior periods, adjusting the financial statements of prior interim periods of the current financial year, and comparable interim periods of prior financial years to apply the new accounting policy prospectively from the earliest date practicable.

One objective of the preceding principle is to ensure that a single accounting policy is applied to a particular class of transactions throughout an entire financial year. Under IAS 8, a change in accounting policy is reflected by retrospective application, with restatement of prior period financial data as far back as is practicable. However, if the cumulative amount of the adjustment relating to prior financial years is impracticable to determine, then under IAS 8 the new policy is applied prospectively from the earliest date practicable. The effect of the principle in paragraph 43 is to require that within the current financial year any change in accounting policy is applied either retrospectively or, if that is not practicable, prospectively, from no later than the beginning of the financial year. 44

IAS 34

des aktuellen Geschäftsjahres entweder rückwirkend oder, wenn dies undurchführbar ist, prospektiv spätestens ab Anfang des laufenden Geschäftsjahres zur Anwendung kommen.

45   Die Darstellung von Änderungen der Bilanzierungs- und Bewertungsmethoden an einem Zwischenberichtstermin innerhalb des Geschäftsjahres zuzulassen, würde die Anwendung zweier verschiedener Bilanzierungs- und Bewertungsmethoden auf eine bestimmte Gruppe von Geschäftsvorfällen innerhalb eines einzelnen Geschäftsjahres zulassen. Das Resultat wären Verteilungsschwierigkeiten bei der Zwischenberichterstattung, unklare Betriebsergebnisse und eine erschwerte Analyse und Verständlichkeit der Informationen im Zwischenbericht.

ZEITPUNKT DES INKRAFTTRETENS

46   Dieser International Accounting Standard ist erstmals in der ersten Berichtsperiode eines am 1. Januar 1999 oder danach beginnenden Geschäftsjahres anzuwenden. Eine frühere Anwendung wird empfohlen.

To allow accounting changes to be reflected as of an interim date within the financial year would allow two differing accounting policies to be applied to a particular class of transactions within a single financial year. The result would be interim allocation difficulties, obscured operating results, and complicated analysis and understandability of interim period information. 45

EFFECTIVE DATE

This International Accounting Standard becomes operative for financial statements covering periods beginning on or after 1 January 1999. Earlier application is encouraged. 46

International Accounting Standard 36

Wertminderung von Vermögenswerten

> International Accounting Standard 36 *Wertminderung von Vermögenswerten* (IAS 36) ist in den Paragraphen 1–141 sowie Anhang A festgelegt. Alle Paragraphen sind gleichrangig, behalten jedoch das IASC-Format des Standards, mit dem dieser durch den IASB verabschiedet wurde. IAS 36 ist in Verbindung mit dem *Vorwort zu den International Financial Reporting Standards* und dem *Rahmenkonzept für die Aufstellung und Darstellung von Abschlüssen* zu betrachten. IAS 8 *Bilanzierungs- und Bewertungsmethoden, Änderungen von Schätzungen und Fehler*, stellt beim Fehlen ausdrücklicher Leitlinien eine Grundlage für die Auswahl und für die Anwendung von Bilanzierungs- und Bewertungsmethoden bereit.

INHALT

	Ziffer
Zielsetzung	1
Anwendungsbereich	2–5
Definitionen	6
Identifizierung eines Vermögenswertes, der wertgemindert sein könnte	7–17
Bewertung des erzielbaren Betrages	18–57
Bewertung des erzielbaren Betrages eines immateriellen Vermögenswertes mit einer unbegrenzten Nutzungsdauer	24
Beizulegender Zeitwert abzüglich der Verkaufskosten	25–29
Nutzungswert	30–57
Grundlage für die Schätzungen der künftigen Cashflows	33–38
Zusammensetzung der Schätzungen der künftigen Cashflows	39–53
Künftige Cashflows in Fremdwährung	54
Abzinsungssatz	55–57
Erfassung und Bewertung eines Wertminderungsaufwands	58–64
Zahlungsmittelgenerierende Einheiten und Geschäfts- oder Firmenwert	65–108
Identifizierung der zahlungsmittelgenerierenden Einheit, zu der ein Vermögenswert gehört	66–73
Erzielbarer Betrag und Buchwert einer zahlungsmittelgenerierenden Einheit	74–103
Geschäfts- oder Firmenwert	80–99
Zuordnung von Geschäfts- oder Firmenwert zu zahlungsmittelgenerierenden Einheiten	80–87
Überprüfung von zahlungsmittelgenerierenden Einheiten mit einem Geschäfts- oder Firmenwert auf eine Wertminderung	88–90
Minderheitsanteile	91–95
Zeitpunkt der Prüfungen auf Wertminderung	96–99
Gemeinschaftliche Vermögenswerte	100–103
Wertminderungsaufwand für eine zahlungsmittelgenerierende Einheit	104–108
Wertaufholung	109–125
Wertaufholung für einen einzelnen Vermögenswert	117–121
Wertaufholung für eine zahlungsmittelgenerierende Einheit	122–123
Wertaufholung für einen Geschäfts- oder Firmenwert	124–125
Angaben	126–137
Schätzungen, die zur Bewertung der erzielbaren Beträge der zahlungsmittelgenerierenden Einheiten, die einen Geschäfts- oder Firmenwert oder immaterielle Vermögenswerte mit unbegrenzter Nutzungsdauer enthalten, benutzt werden	134–137
Übergangsvorschriften und Zeitpunkt des Inkrafttretens	138–140
Rücknahme von IAS 36 (herausgegeben 1998)	141

International Accounting Standard 36

Impairment of assets

International Accounting Standard 36 *Impairment of assets* (IAS 36) is set out in paragraphs 1—141 and Appendix A. All the paragraphs have equal authority but retain the IASC format of the Standard when it was adopted by the IASB. IAS 36 should be read in the context of the *Preface to International Financial Reporting Standards* and the *Framework for the Preparation and Presentation of Financial Statements.* IAS 8 *Accounting Policies, Changes in Accounting Estimates and Errors* provides a basis for selecting and applying accounting policies in the absence of explicit guidance.

SUMMARY

	Paragraphs
Objective	1
Scope	2—5
Definitions	6
Identifying an asset that may be impaired	7—17
Measuring recoverable amount	18—57
Measuring the recoverable amount of an intangible asset with an indefinite useful life	24
Fair value less costs to sell	25—29
Value in use	30—57
Basis for estimates of future cash flows	33—38
Composition of estimates of future cash flows	39—53
Foreign currency future cash flows	54
Discount rate	55—57
Recognising and measuring an impairment loss	58—64
Cash-generating units and goodwill	65—108
Identifying the cash-generating unit to which an asset belongs	66—73
Recoverable amount and carrying amount of a cash-generating unit	74—103
Goodwill	80—99
Allocating goodwill to cash-generating units	80—87
Testing cash-generating units with goodwill for impairment	88—90
Minority interest	91—95
Timing of impairment tests	96—99
Corporate assets	100—103
Impairment loss for a cash-generating unit	104—108
Reversing an impairment loss	109—125
Reversing an impairment loss for an individual asset	117—121
Reversing an impairment loss for a cash-generating unit	122—123
Reversing an impairment loss for goodwill	124—125
Disclosure	126—137
Estimates used to measure recoverable amounts of cash-generating units containing goodwill or intangible assets with indefinite useful lives	134—137
Transitional provisions and effective date	138—140
Withdrawal of IAS 36 (issued 1998)	141

IAS 36

Dieser überarbeitete Standard ersetzt IAS 36 (1998) *Wertminderung von Vermögenswerten* und ist anzuwenden
(a) auf im Rahmen von Unternehmenszusammenschlüssen mit Datum vom 31. März 2004 oder danach erworbenen Geschäfts- oder Firmenwert und erworbene immaterielle Vermögenswerte,
(b) auf alle anderen Vermögenswerte in der ersten Berichtsperiode eines am 31. März 2004 oder danach beginnenden Geschäftsjahres.
Eine frühere Anwendung wird empfohlen.

ZIELSETZUNG

1 Die Zielsetzung dieses Standards ist es, die Verfahren vorzuschreiben, die ein Unternehmen anwendet, um sicherzustellen, dass seine Vermögenswerte nicht mit mehr als ihrem erzielbaren Betrag bewertet werden. Ein Vermögenswert wird mit mehr als seinem erzielbaren Betrag bewertet, wenn sein Buchwert den Betrag übersteigt, der durch die Nutzung oder den Verkauf des Vermögenswertes erzielt werden könnte. Wenn dies der Fall ist, wird der Vermögenswert als wertgemindert bezeichnet und der Standard verlangt, dass das Unternehmen einen Wertminderungsaufwand erfasst. Der Standard konkretisiert ebenso, wann ein Unternehmen einen Wertminderungsaufwand aufzuheben hat und schreibt Angaben vor.

ANWENDUNGSBEREICH

2 Dieser Standard muss auf die Bilanzierung einer Wertminderung von allen Vermögenswerten angewendet werden, davon ausgenommen sind:
   (a) Vorräte (siehe IAS 2 *Vorräte*);
   (b) Vermögenswerte, die aus Fertigungsaufträgen entstehen (siehe IAS 11 *Fertigungsaufträge*);
   (c) latente Steueransprüche (siehe IAS 12 *Ertragsteuern*);
   (d) Vermögenswerte, die aus Leistungen an Arbeitnehmer resultieren (siehe IAS 19 *Leistungen an Arbeitnehmer*);
   (e) finanzielle Vermögenswerte, die in den Anwendungsbereich des IAS 39 *Finanzinstrumente: Ansatz und Bewertung* fallen;
   (f) als Finanzinvestition gehaltene Immobilien, die zum beizulegenden Zeitwert bewertet werden (siehe IAS 40 *Als Finanzinvestition gehaltene Immobilien*);
   (g) mit landwirtschaftlicher Tätigkeit im Zusammenhang stehende biologische Vermögenswerte, die zum beizulegenden Zeitwert abzüglich der geschätzten Verkaufskosten bewertet werden (siehe IAS 41 *Landwirtschaft*);
   (h) abgegrenzte Anschaffungskosten und immaterielle Vermögenswerte, die aus den vertraglichen Rechten eines Versicherers aufgrund von Versicherungsverträgen entstehen, und in den Anwendungsbereich von IFRS 4 *Versicherungsverträge* fallen;
   und
   (i) langfristige Vermögenswerte (oder Veräußerungsgruppen), die gemäß IFRS 5 *Zur Veräußerung gehaltene langfristige Vermögenswerte und aufgegebene Geschäftsbereiche* als zur Veräußerung gehalten klassifiziert werden.

3 IAS 36 gilt nicht für Wertminderungen von Vorräten, Vermögenswerten aus Fertigungsaufträgen, latenten Steueransprüchen, in Verbindung mit Leistungen an Arbeitnehmer entstehenden Vermögenswerten oder Vermögenswerten, die als zur Veräußerung gehalten klassifiziert werden (oder zu einer als zur Veräußerung gehalten klassifizierten Veräußerungsgruppe gehören), da die auf diese Vermögenswerte anwendbaren bestehenden Standards Vorschriften für den Ansatz und die Bewertung dieser Vermögenswerte enthalten.

4 Dieser Standard ist auf finanzielle Vermögenswerte anzuwenden, die wie folgt eingestuft sind:
   (a) Tochterunternehmen, wie in IAS 27 Konzernabschlüsse und separate Einzelabschlüsse nach IFRS definiert;
   (b) assoziierte Unternehmen, wie in IAS 28 Anteile an assoziierten Unternehmen definiert;
   und
   (c) Joint Ventures, wie in IAS 31 Anteile an Joint Ventures definiert.
   Bei Wertminderungen anderer finanzieller Vermögenswerte ist IAS 39 heranzuziehen.

5 Dieser Standard ist nicht auf finanzielle Vermögenswerte, die in den Anwendungsbereich von IAS 39 fallen, auf als Finanzinvestition gehaltene Immobilien, die zum beizulegenden Zeitwert gemäß IAS 40 bewertet werden, oder auf biologische Vermögenswerte, die mit landwirtschaftlicher Tätigkeit in Zusammenhang stehen und die gemäß IAS 41 zum beizulegenden Zeitwert abzüglich der geschätzten Verkaufskosten bewertet werden, anzuwenden. Dieser Standard ist jedoch auf Vermögenswerte anzuwenden, die zum Neubewertungsbetrag (d. h. beizulegenden Zeitwert) nach anderen Standards, wie dem Neubewertungsmodell gemäß IAS 16 *Sachanlagen*

IAS 36

This revised standard supersedes IAS 36 (1998) *Impairment of assets* and should be applied:
(a) on acquisition to goodwill and intangible assets acquired in business combinations for which the agreement date is on or after 31 March 2004.
(b) to all other assets, for annual periods beginning on or after 31 March 2004.
Earlier application is encouraged.

OBJECTIVE

The objective of this Standard is to prescribe the procedures that an entity applies to ensure that its assets are carried at no more than their recoverable amount. An asset is carried at more than its recoverable amount if its carrying amount exceeds the amount to be recovered through use or sale of the asset. If this is the case, the asset is described as impaired and the Standard requires the entity to recognise an impairment loss. The Standard also specifies when an entity should reverse an impairment loss and prescribes disclosures. 1

SCOPE

This Standard shall be applied in accounting for the impairment of all assets, other than: 2
(a) inventories (see IAS 2 *Inventories*);
(b) assets arising from construction contracts (see IAS 11 *Construction Contracts*);
(c) deferred tax assets (see IAS 12 *Income Taxes*);
(d) assets arising from employee benefits (see IAS 19 *Employee Benefits*);
(e) financial assets that are within the scope of IAS 39 *Financial Instruments: Recognition and Measurement*;
(f) investment property that is measured at fair value (see IAS 40 *Investment Property*);
(g) biological assets related to agricultural activity that are measured at fair value less estimated point-of-sale costs (see IAS 41 *Agriculture*);
(h) deferred acquisition costs, and intangible assets, arising from an insurer's contractual rights under insurance contracts within the scope of IFRS 4 *Insurance Contracts*; and
(i) non-current assets (or disposal groups) classified as held for sale in accordance with IFRS 5 *Non-current Assets Held for Sale and Discontinued Operations*.

This Standard does not apply to inventories, assets arising from construction contracts, deferred tax assets, assets arising from employee benefits, or assets classified as held for sale (or included in a disposal group that is classified as held for sale) because existing Standards applicable to these assets contain requirements for recognising and measuring these assets. 3

This Standard applies to financial assets classified as: 4
(a) subsidiaries, as defined in IAS 27 Consolidated and Separate Financial Statements;
(b) associates, as defined in IAS 28 Investments in Associates; and
(c) joint ventures, as defined in IAS 31 Interests in Joint Ventures.
For impairment of other financial assets, refer to IAS 39.

This Standard does not apply to financial assets within the scope of IAS 39, investment property measured at fair value in accordance with IAS 40, or biological assets related to agricultural activity measured at fair value less estimated point-of-sale costs in accordance with IAS 41. However, this Standard applies to assets that are carried at revalued amount (ie fair value) in accordance with other Standards, such as the revaluation model in IAS 16 *Property, Plant and Equipment*. Identifying whether a revalued asset may be impaired depends on the basis used to determine fair value: 5

angesetzt werden. Die Identifizierung, ob ein neu bewerteter Vermögenswert wertgemindert sein könnte, hängt von der Grundlage ab, die zur Bestimmung des beizulegenden Zeitwertes benutzt wird:
(a) wenn der beizulegende Zeitwert des Vermögenswertes seinem Marktwert entspricht, besteht die Differenz zwischen dem beizulegenden Zeitwert des Vermögenswertes und dessen beizulegenden Zeitwert abzüglich der Verkaufskosten in den direkt zurechenbaren Kosten für den Abgang des Vermögenswertes:
  (i) wenn die Veräußerungskosten unbedeutend sind, ist der erzielbare Betrag des neu bewerteten Vermögenswertes notwendigerweise fast identisch mit, oder größer als, dessen Neubewertungsbetrag (d. h. beizulegender Zeitwert). Nach Anwendung der Anforderungen für eine Neubewertung ist es in diesem Fall unwahrscheinlich, dass der neu bewertete Vermögenswert wertgemindert ist, und eine Schätzung des erzielbaren Betrages ist nicht notwendig.
  (ii) wenn die Veräußerungskosten nicht unbedeutend sind, ist der beizulegende Zeitwert abzüglich der Verkaufskosten des neu bewerteten Vermögenswertes notwendigerweise geringer als sein beizulegender Zeitwert. Deshalb wird der neu bewertete Vermögenswert wertgemindert sein, wenn sein Nutzungswert geringer ist als sein Neubewertungsbetrag (d. h. beizulegender Zeitwert). Nach Anwendung der Anforderungen für eine Neubewertung wendet ein Unternehmen in diesem Fall diesen Standard an, um zu ermitteln, ob der Vermögenswert wertgemindert sein könnte.
(b) wenn der beizulegende Zeitwert auf einer anderen Grundlage als der des Marktwertes bestimmt worden ist, kann der Neubewertungsbetrag (d. h. beizulegende Zeitwert) größer oder kleiner als der erzielbare Betrag des Vermögenswertes sein. Nach der Anwendung der Regelungen für eine Neubewertung wendet ein Unternehmen daher diesen Standard an, um zu ermitteln, ob der Vermögenswert wertgemindert sein könnte.

DEFINITIONEN

6 Folgende Begriffe werden in diesem Standard mit der angegebenen Bedeutung verwendet:
Ein aktiver Markt ist ein Markt, der die nachstehenden Bedingungen kumulativ erfüllt:
(a) die auf dem Markt gehandelten Produkte sind homogen;
(b) vertragswillige Käufer und Verkäufer können in der Regel jederzeit gefunden werden; und
(c) Preise stehen der Öffentlichkeit zur Verfügung.
Das Datum des Vertragsabschlusses bei einem Unternehmenszusammenschluss ist das Datum, an dem der grundlegende Vertrag zwischen den sich zusammenschließenden Parteien geschlossen wird und, im Falle von börsennotierten Unternehmen, öffentlich bekannt gegeben wird. Im Falle einer feindlichen Übernahme wird der Tag, an dem eine ausreichende Anzahl von Eigentümern des erworbenen Unternehmens das Angebot des erwerbenden Unternehmens angenommen hat, damit das erwerbende Unternehmen die Beherrschung über das erworbene Unternehmen erlangen kann, als der früheste Zeitpunkt eines grundlegenden Vertragsabschlusses zwischen den sich zusammenschließenden Parteien angesehen.
Der Buchwert ist der Betrag, mit dem ein Vermögenswert nach Abzug aller kumulierten Abschreibungen (Amortisationen) und aller kumulierten Wertminderungsaufwendungen angesetzt wird.
Eine zahlungsmittelgenerierende Einheit ist die kleinste identifizierbare Gruppe von Vermögenswerten, die Mittelzuflüsse erzeugen, die weitestgehend unabhängig von den Mittelzuflüssen anderer Vermögenswerte oder anderer Gruppen von Vermögenswerten sind.
Gemeinschaftliche Vermögenswerte sind Vermögenswerte, außer dem Geschäfts- oder Firmenwert, die zu den künftigen Cashflows sowohl der zu prüfenden zahlungsmittelgenerierenden Einheit als auch anderer zahlungsmittelgenerierender Einheiten beitragen.
Die Veräußerungskosten sind zusätzliche Kosten, die dem Verkauf eines Vermögenswertes oder einer zahlungsmittelgenerierenden Einheit direkt zugeordnet werden können, mit Ausnahme der Finanzierungskosten und des Ertragsteueraufwands.
Das Abschreibungsvolumen umfasst die Anschaffungs- oder Herstellungskosten eines Vermögenswertes oder einen Ersatzbetrag abzüglich seines Restwertes.
Abschreibung (Amortisation) ist die systematische Verteilung des Abschreibungsvolumens eines Vermögenswertes über dessen Nutzungsdauer[1].
Der beizulegende Zeitwert abzüglich der Verkaufskosten ist der Betrag, der durch den Verkauf eines Vermögenswertes oder einer zahlungsmittelgenerierenden Einheit in einer Transaktion zu Marktbedingungen zwischen sachverständigen, vertragswilligen Parteien nach Abzug der Veräußerungskosten erzielt werden könnte.
Ein Wertminderungsaufwand ist der Betrag, um den der Buchwert eines Vermögenswertes oder einer zahlungsmittelgenerierenden Einheit seinen erzielbaren Betrag übersteigt.

---

1 Im Fall eines immateriellen Vermögenswertes wird grundsätzlich der Ausdruck Amortisation anstelle von Abschreibung benutzt. Beide Ausdrücke haben dieselbe Bedeutung.

(a) if the asset's fair value is its market value, the only difference between the asset's fair value and its fair value less costs to sell is the direct incremental costs to dispose of the asset:
   (i) if the disposal costs are negligible, the recoverable amount of the revalued asset is necessarily close to, or greater than, its revalued amount (ie fair value). In this case, after the revaluation requirements have been applied, it is unlikely that the revalued asset is impaired and recoverable amount need not be estimated.
   (ii) if the disposal costs are not negligible, the fair value less costs to sell of the revalued asset is necessarily less than its fair value. Therefore, the revalued asset will be impaired if its value in use is less than its revalued amount (ie fair value). In this case, after the revaluation requirements have been applied, an entity applies this Standard to determine whether the asset may be impaired.
(b) if the asset's fair value is determined on a basis other than its market value, its revalued amount (ie fair value) may be greater or lower than its recoverable amount. Hence, after the revaluation requirements have been applied, an entity applies this Standard to determine whether the asset may be impaired.

DEFINITIONS

The following terms are used in this Standard with the meanings specified:

6

An active market is a market in which all the following conditions exist:
(a) the items traded within the market are homogeneous;
(b) willing buyers and sellers can normally be found at any time; and
(c) prices are available to the public.

The agreement date for a business combination is the date that a substantive agreement between the combining parties is reached and, in the case of publicly listed entities, announced to the public. In the case of a hostile takeover, the earliest date that a substantive agreement between the combining parties is reached is the date that a sufficient number of the acquiree's owners have accepted the acquirer's offer for the acquirer to obtain control of the acquiree.

Carrying amount is the amount at which an asset is recognised after deducting any accumulated depreciation (amortisation) and accumulated impairment losses thereon.

A cash-generating unit is the smallest identifiable group of assets that generates cash inflows that are largely independent of the cash inflows from other assets or groups of assets.

Corporate assets are assets other than goodwill that contribute to the future cash flows of both the cash-generating unit under review and other cash-generating units.

Costs of disposal are incremental costs directly attributable to the disposal of an asset or cash-generating unit, excluding finance costs and income tax expense.

Depreciable amount is the cost of an asset, or other amount substituted for cost in the financial statements, less its residual value.

Depreciation (Amortisation) is the systematic allocation of the depreciable amount of an asset over its useful life.[1]

Fair value less costs to sell is the amount obtainable from the sale of an asset or cash-generating unit in an arm's length transaction between knowledgeable, willing parties, less the costs of disposal.

An impairment loss is the amount by which the carrying amount of an asset or a cash-generating unit exceeds its recoverable amount.

---

1 In the case of an intangible asset, the term 'amortisation' is generally used instead of 'depreciation'. The two terms have the same meaning.

Der erzielbare Betrag eines Vermögenswertes oder einer zahlungsmittelgenerierenden Einheit ist der höhere der beiden Beträge aus beizulegendem Zeitwert abzüglich der Verkaufskosten und Nutzungswert.
Die Nutzungsdauer ist entweder:
(a) die voraussichtliche Nutzungszeit des Vermögenswertes im Unternehmen; oder
(b) die voraussichtlich durch den Vermögenswert im Unternehmen zu erzielende Anzahl an Produktionseinheiten oder ähnlichen Maßgrößen.

Der Nutzungswert ist der Barwert der künftigen Cashflows, der voraussichtlich aus einem Vermögenswert oder einer zahlungsmittelgenerierenden Einheit abgeleitet werden kann.

IDENTIFIZIERUNG EINES VERMÖGENSWERTES, DER WERTGEMINDERT SEIN KÖNNTE

7   Die Paragraphen 8–17 konkretisieren, wann der erzielbare Betrag zu bestimmen ist. Diese Anforderungen benutzen den Begriff „ein Vermögenswert", aber sind ebenso auf einen einzelnen Vermögenswert wie auf eine zahlungsmittelgenerierende Einheit anzuwenden. Der übrige Teil dieses Standards ist folgendermaßen aufgebaut:
   (a) Die Paragraphen 18–57 beschreiben die Anforderungen an die Bewertung des erzielbaren Betrages. Diese Anforderungen benutzen auch den Begriff „ein Vermögenswert", sind aber ebenso auf einen einzelnen Vermögenswert wie auf eine zahlungsmittelgenerierende Einheit anzuwenden.
   (b) Die Paragraphen 58–108 beschreiben die Anforderungen an die Erfassung und die Bewertung von Wertminderungsaufwendungen. Die Erfassung und die Bewertung von Wertminderungsaufwendungen für einzelne Vermögenswerte, außer dem Geschäfts- oder Firmenwert, werden in den Paragraphen 58–64 behandelt. Die Paragraphen 65–108 behandeln die Erfassung und Bewertung von Wertminderungsaufwendungen für zahlungsmittelgenerierende Einheiten und den Geschäfts- oder Firmenwert.
   (c) Die Paragraphen 109–116 beschreiben die Anforderungen an die Umkehr eines in früheren Berichtsperioden für einen Vermögenswert oder eine zahlungsmittelgenerierende Einheit erfassten Wertminderungsaufwands. Diese Anforderungen benutzen wiederum den Begriff „ein Vermögenswert", sind aber ebenso auf einen einzelnen Vermögenswert wie auf eine zahlungsmittelgenerierende Einheit anzuwenden. Zusätzliche Anforderungen sind für einen einzelnen Vermögenswert in den Paragraphen 117–121, für eine zahlungsmittelgenerierende Einheit in den Paragraphen 122 und 123 und für den Geschäfts- oder Firmenwert in den Paragraphen 124 und 125 festgelegt.
   (d) Die Paragraphen 126–133 konkretisieren die Informationen, die über Wertminderungsaufwendungen und Wertaufholungen für Vermögenswerte und zahlungsmittelgenerierende Einheiten anzugeben sind. Die Paragraphen 134–137 konkretisieren zusätzliche Angabepflichten für zahlungsmittelgenerierende Einheiten, denen ein Geschäfts- oder Firmenwert bzw. immaterielle Vermögenswerte mit unbestimmter Nutzungsdauer zwecks Überprüfung auf Wertminderung zugeordnet wurden.

8   Ein Vermögenswert ist wertgemindert, wenn sein Buchwert seinen erzielbaren Betrag übersteigt. Die Paragraphen 12–14 beschreiben einige Anhaltspunkte dafür, dass sich eine Wertminderung ereignet haben könnte. Wenn einer von diesen Anhaltspunkten vorliegt, ist ein Unternehmen verpflichtet, eine formelle Schätzung des erzielbaren Betrages vorzunehmen. Wenn kein Anhaltspunkt für einen Wertminderungsaufwand vorliegt, verlangt dieser Standard von einem Unternehmen nicht, eine formale Schätzung des erzielbaren Betrages vorzunehmen, es sei denn, es ist etwas anderes in Paragraph 10 beschrieben.

9   Ein Unternehmen hat an jedem Bilanzstichtag einzuschätzen, ob irgendein Anhaltspunkt dafür vorliegt, dass ein Vermögenswert wertgemindert sein könnte. Wenn ein solcher Anhaltspunkt vorliegt, hat das Unternehmen den erzielbaren Betrag des Vermögenswertes zu schätzen.

10 Unabhängig davon, ob irgendein Anhaltspunkt für eine Wertminderung vorliegt, muss ein Unternehmen auch:
   (a) einen immateriellen Vermögenswert mit einer unbestimmten Nutzungsdauer oder einen noch nicht nutzungsbereiten immateriellen Vermögenswert jährlich auf Wertminderung überprüfen, indem sein Buchwert mit seinem erzielbaren Betrag verglichen wird. Diese Überprüfung auf Wertminderung kann zu jedem Zeitpunkt innerhalb des Geschäftsjahres durchgeführt werden, vorausgesetzt, sie wird immer zum gleichen Zeitpunkt jedes Jahres durchgeführt. Verschiedene immaterielle Vermögenswerte können zu unterschiedlichen Zeiten auf Wertminderung geprüft werden. Wenn ein solcher immaterieller Vermögenswert jedoch erstmals in der aktuellen Berichtsperiode angesetzt wurde, muss dieser immaterielle Vermögenswert vor Ende der aktuellen Berichtsperiode auf Wertminderung geprüft werden.
   (b) den bei einem Unternehmenszusammenschluss erworbenen Geschäfts- oder Firmenwert jährlich auf Wertminderung gemäß den Paragraphen 80–99 überprüfen.

The recoverable amount of an asset or a cash-generating unit is the higher of its fair value less costs to sell and its value in use.

Useful life is either:
(a) the period of time over which an asset is expected to be used by the entity;
or
(b) the number of production or similar units expected to be obtained from the asset by the entity.

Value in use is the present value of the future cash flows expected to be derived from an asset or cash-generating unit.

IDENTIFYING AN ASSET THAT MAY BE IMPAIRED

Paragraphs 8—17 specify when recoverable amount shall be determined. These requirements use the term 'an asset' but apply equally to an individual asset or a cash-generating unit. The remainder of this Standard is structured as follows: 7

(a) paragraphs 18—57 set out the requirements for measuring recoverable amount. These requirements also use the term 'an asset' but apply equally to an individual asset and a cash-generating unit.
(b) paragraphs 58—108 set out the requirements for recognising and measuring impairment losses. Recognition and measurement of impairment losses for individual assets other than goodwill are dealt with in paragraphs 5864. Paragraphs 65—108 deal with the recognition and measurement of impairment losses for cash-generating units and goodwill.
(c) paragraphs 109—116 set out the requirements for reversing an impairment loss recognised in prior periods for an asset or a cash-generating unit. Again, these requirements use the term 'an asset' but apply equally to an individual asset or a cash-generating unit. Additional requirements for an individual asset are set out in paragraphs 117—121, for a cash-generating unit in paragraphs 122 and 123, and for goodwill in paragraphs 124 and 125.
(d) paragraphs 126—133 specify the information to be disclosed about impairment losses and reversals of impairment losses for assets and cash-generating units. Paragraphs 134—137 specify additional disclosure requirements for cash-generating units to which goodwill or intangible assets with indefinite useful lives have been allocated for impairment testing purposes.

An asset is impaired when its carrying amount exceeds its recoverable amount. Paragraphs 12—14 describe some indications that an impairment loss may have occurred. If any of those indications is present, an entity is required to make a formal estimate of recoverable amount. Except as described in paragraph 10, this Standard does not require an entity to make a formal estimate of recoverable amount if no indication of an impairment loss is present. 8

An entity shall assess at each reporting date whether there is any indication that an asset may be impaired. If any such indication exists, the entity shall estimate the recoverable amount of the asset. 9

Irrespective of whether there is any indication of impairment, an entity shall also: 10
(a) test an intangible asset with an indefinite useful life or an intangible asset not yet available for use for impairment annually by comparing its carrying amount with its recoverable amount. This impairment test may be performed at any time during an annual period, provided it is performed at the same time every year. Different intangible assets may be tested for impairment at different times. However, if such an intangible asset was initially recognised during the current annual period, that intangible asset shall be tested for impairment before the end of the current annual period.
(b) test goodwill acquired in a business combination for impairment annually in accordance with paragraphs 80—99.

IAS 36

11 Die Fähigkeit eines immateriellen Vermögenswertes ausreichend künftigen wirtschaftlichen Nutzen zu erzeugen, um seinen Buchwert zu erzielen, unterliegt, bis der Vermögenswert zum Gebrauch zur Verfügung steht, für gewöhnlich größerer Ungewissheit, als nachdem er nutzungsbereit ist. Daher verlangt dieser Standard von einem Unternehmen, den Buchwert eines noch nicht zum Gebrauch verfügbaren immateriellen Vermögenswertes mindestens jährlich auf Wertminderung zu prüfen.

12 Bei der Beurteilung, ob irgendein Anhaltspunkt vorliegt, dass ein Vermögenswert wertgemindert sein könnte, hat ein Unternehmen mindestens die folgenden Anhaltspunkte zu berücksichtigen:
Externe Informationsquellen
(a) Während der Berichtsperiode ist der Marktwert eines Vermögenswertes deutlich stärker gesunken als dies durch den Zeitablauf oder die gewöhnliche Nutzung zu erwarten wäre.
(b) Während der Berichtsperiode sind signifikante Veränderungen mit nachteiligen Folgen für das Unternehmen im technischen, marktbezogenen, ökonomischen oder gesetzlichen Umfeld, in welchem das Unternehmen tätig ist, oder in Bezug auf den Markt, für den der Vermögenswert bestimmt ist, eingetreten oder werden in der nächsten Zukunft eintreten.
(c) Die Marktzinssätze oder andere Marktrenditen haben sich während der Berichtsperiode erhöht und solche Erhöhungen werden sich wahrscheinlich auf den Abzinsungssatz, der für die Berechnung des Nutzungswertes herangezogen wird, auswirken und den erzielbaren Betrag des Vermögenswertes wesentlich vermindern.
(d) Der Buchwert des Reinvermögens des Unternehmens ist größer als seine Marktkapitalisierung.
Interne Informationsquellen
(e) Es liegen substanzielle Hinweise für eine Überalterung oder einen physischen Schaden eines Vermögenswertes vor.
(f) Während der Berichtsperiode haben sich signifikante Veränderungen mit nachteiligen Folgen für das Unternehmen in dem Umfang oder der Weise, in dem bzw. der der Vermögenswert genutzt wird oder aller Erwartung nach genutzt werden wird, ereignet oder werden für die nähere Zukunft erwartet. Diese Veränderungen umfassen die Stilllegung des Vermögenswertes, Planungen für die Einstellung oder Restrukturierung des Bereiches, zu dem ein Vermögenswert gehört, Planungen für den Abgang eines Vermögenswertes vor dem ursprünglich erwarteten Zeitpunkt und die Neueinschätzung der Nutzungsdauer eines Vermögenswertes als begrenzt vielmehr als unbegrenzt[2].
(g) Das interne Berichtswesen liefert substanzielle Hinweise dafür, dass die wirtschaftliche Ertragskraft eines Vermögenswertes schlechter ist oder sein wird als erwartet.

13 Die Liste in Paragraph 12 ist nicht abschließend. Ein Unternehmen kann andere Anhaltspunkte, dass ein Vermögenswert wertgemindert sein könnte, identifizieren, und diese würden das Unternehmen ebenso verpflichten, den erzielbaren Betrag des Vermögenswertes zu bestimmen, oder im Falle eines Geschäfts- oder Firmenwertes eine Wertminderungsüberprüfung gemäß den Paragraphen 80–99 vorzunehmen.

14 Substanzielle Hinweise aus dem internen Berichtswesen, die anzeigen, dass ein Vermögenswert wertgemindert sein könnte, schließen folgende Faktoren ein:
(a) Cashflows für den Erwerb des Vermögenswertes, oder nachfolgende Mittelerfordernisse für den Betrieb oder die Unterhaltung des Vermögenswertes, die signifikant höher sind als ursprünglich geplant;
(b) tatsächliche Netto-Cashflows oder betriebliche Gewinne oder Verluste, die aus der Nutzung des Vermögenswertes resultieren, die signifikant schlechter als ursprünglich geplant sind;
(c) ein wesentlicher Rückgang der geplanten Netto-Cashflows oder des betrieblichen Ergebnisses oder eine signifikante Erhöhung der geplanten Verluste, die aus der Nutzung des Vermögenswertes resultieren; oder
(d) betriebliche Verluste oder Nettomittelabflüsse in Bezug auf den Vermögenswert, wenn die gegenwärtigen Beträge für die Berichtsperiode mit den veranschlagten Beträgen für die Zukunft zusammengefasst werden.

15 Wie in Paragraph 10 angegeben, verlangt dieser Standard, dass ein immaterieller Vermögenswert mit einer unbegrenzten Nutzungsdauer oder einer, der noch nicht zum Gebrauch verfügbar ist, und ein Geschäfts- oder Firmenwert mindestens jährlich auf Wertminderung zu überprüfen sind. Außer bei Anwendung der in Paragraph 10 dargestellten Anforderungen ist das Konzept der Wesentlichkeit bei der Identifizierung, ob der erzielbare Betrag eines Vermögenswertes zu schätzen ist, heranzuziehen. Wenn frühere Berechnungen beispielsweise zeigen, dass der erzielbare Betrag eines Vermögenswertes erheblich über dessen Buchwert liegt, braucht das Unternehmen den erzielbaren Betrag des Vermögenswertes nicht erneut zu schätzen, soweit sich keine Ereignisse ereignet haben, die diese Differenz beseitigt haben könnten. Entsprechend kann eine frühere Analyse

---

[2] Sobald ein Vermögenswert die Kriterien für eine Klassifizierung als zur Veräußerung gehalten erfüllt (oder in eine als zur Veräußerung gehalten klassifizierte Veräußerungsgruppe aufgenommen wird), fällt er nicht mehr in den Anwendungsbereich des IAS 36, sondern ist gemäß IFRS 5 zu bilanzieren.

The ability of an intangible asset to generate sufficient future economic benefits to recover its carrying amount is usually subject to greater uncertainty before the asset is available for use than after it is available for use. Therefore, this Standard requires an entity to test for impairment, at least annually, the carrying amount of an intangible asset that is not yet available for use. 11

In assessing whether there is any indication that an asset may be impaired, an entity shall consider, as a minimum, the following indications: 12
External sources of information
(a) during the period, an asset's market value has declined significantly more than would be expected as a result of the passage of time or normal use.
(b) significant changes with an adverse effect on the entity have taken place during the period, or will take place in the near future, in the technological, market, economic or legal environment in which the entity operates or in the market to which an asset is dedicated.
(c) market interest rates or other market rates of return on investments have increased during the period, and those increases are likely to affect the discount rate used in calculating an asset's value in use and decrease the asset's recoverable amount materially.
(d) the carrying amount of the net assets of the entity is more than its market capitalisation.
Internal sources of information
(e) evidence is available of obsolescence or physical damage of an asset.
(f) significant changes with an adverse effect on the entity have taken place during the period, or are expected to take place in the near future, in the extent to which, or manner in which, an asset is used or is expected to be used. These changes include the asset becoming idle, plans to discontinue or restructure the operation to which an asset belongs, plans to dispose of an asset before the previously expected date, and reassessing the useful life of an asset as finite rather than indefinite[2].
(g) evidence is available from internal reporting that indicates that the economic performance of an asset is, or will be, worse than expected.

The list in paragraph 12 is not exhaustive. An entity may identify other indications that an asset may be impaired and these would also require the entity to determine the asset's recoverable amount or, in the case of goodwill, perform an impairment test in accordance with paragraphs 80—99. 13

Evidence from internal reporting that indicates that an asset may be impaired includes the existence of: 14
(a) cash flows for acquiring the asset, or subsequent cash needs for operating or maintaining it, that are significantly higher than those originally budgeted;
(b) actual net cash flows or operating profit or loss flowing from the asset that are significantly worse than those budgeted;
(c) a significant decline in budgeted net cash flows or operating profit, or a significant increase in budgeted loss, flowing from the asset;
or
(d) operating losses or net cash outflows for the asset, when current period amounts are aggregated with budgeted amounts for the future.

As indicated in paragraph 10, this Standard requires an intangible asset with an indefinite useful life or not yet available for use and goodwill to be tested for impairment, at least annually. Apart from when the requirements in paragraph 10 apply, the concept of materiality applies in identifying whether the recoverable amount of an asset needs to be estimated. For example, if previous calculations show that an asset's recoverable amount is significantly greater than its carrying amount, the entity need not re-estimate the asset's recoverable amount if no events have occurred that would eliminate that difference. Similarly, previous analysis may show that an asset's recoverable amount is not sensitive to one (or more) of the indications listed in paragraph 12. 15

---

2 Once an asset meets the criteria to be classified as held for sale (or is included in a disposal group that is classified as held for sale), it is excluded from the scope of the Standard and is accounted for in accordance with IFRS 5.

zeigen, dass der erzielbare Betrag eines Vermögenswertes auf einen (oder mehrere) der in Paragraph 12 aufgelisteten Anhaltspunkte nicht sensibel reagiert.

16 Zur Veranschaulichung von Paragraph 15 ist ein Unternehmen, wenn die Marktzinssätze oder andere Marktrenditen für Finanzinvestitionen während der Berichtsperiode gestiegen sind, in den folgenden Fällen nicht verpflichtet, eine formale Schätzung des erzielbaren Betrages eines Vermögenswertes vorzunehmen:
(a) wenn der Abzinsungssatz, der bei der Berechnung des Nutzungswertes des Vermögenswertes benutzt wird, wahrscheinlich nicht von der Erhöhung dieser Marktrenditen beeinflusst wird. Eine Erhöhung der kurzfristigen Zinssätze muss sich beispielsweise nicht wesentlich auf den Abzinsungssatz auswirken, der für einen Vermögenswert benutzt wird, der noch eine lange Restnutzungsdauer hat.
(b) Wenn der Abzinsungssatz, der bei der Berechnung des Nutzungswertes des Vermögenswertes benutzt wird, wahrscheinlich von der Erhöhung dieser Marktzinssätze betroffen ist, aber eine frühere Sensitivitätsanalyse des erzielbaren Betrages zeigt, dass:
  (i) es unwahrscheinlich ist, dass es zu einer wesentlichen Verringerung des erzielbaren Betrages kommen wird, weil die künftigen Cashflows wahrscheinlich ebenso steigen werden (in einigen Fällen kann ein Unternehmen beispielsweise in der Lage sein zu zeigen, dass es seine Erlöse anpasst, um jegliche Erhöhungen der Marktzinssätze zu kompensieren); oder
  (ii) es unwahrscheinlich ist, dass die Abnahme des erzielbaren Betrages einen wesentlichen Wertminderungsaufwand zur Folge hat.

17 Wenn ein Anhaltspunkt vorliegt, dass ein Vermögenswert wertgemindert sein könnte, kann dies darauf hindeuten, dass die Restnutzungsdauer, die Abschreibungs-/Amortisationsmethode oder der Restwert des Vermögenswertes überprüft und entsprechend dem auf den Vermögenswert anwendbaren Standard angepasst werden muss, auch wenn kein Wertminderungsaufwand für den Vermögenswert erfasst wird.

BEWERTUNG DES ERZIELBAREN BETRAGES

18 Dieser Standard definiert den erzielbaren Betrag als den höheren der beiden Beträge aus beizulegendem Zeitwert abzüglich der Verkaufskosten und Nutzungswert eines Vermögenswertes oder einer zahlungsmittelgenerierenden Einheit. Die Paragraphen 19–57 beschreiben die Anforderungen an die Bewertung des erzielbaren Betrages. Diese Anforderungen benutzen den Begriff „ein Vermögenswert", aber sind ebenso auf einen einzelnen Vermögenswert wie auf eine zahlungsmittelgenerierende Einheit anzuwenden.

19 Es ist nicht immer erforderlich, sowohl den beizulegenden Zeitwert abzüglich der Verkaufskosten als auch den Nutzungswert eines Vermögenswertes zu bestimmen. Wenn einer dieser Werte den Buchwert des Vermögenswertes übersteigt, ist der Vermögenswert nicht wertgemindert und es ist nicht erforderlich, den anderen Wert zu schätzen.

20 Es kann möglich sein, den beizulegenden Zeitwert abzüglich der Verkaufskosten auch dann zu bestimmen, wenn der Vermögenswert nicht an einem aktiven Markt gehandelt wird. Manchmal wird es indes nicht möglich sein, den beizulegenden Zeitwert abzüglich der Verkaufskosten zu bestimmen, weil keine Grundlage für eine verlässliche Schätzung des Betrages aus dem Verkauf des Vermögenswertes zu Marktbedingungen zwischen sachverständigen und vertragswilligen Parteien besteht. In diesem Fall kann das Unternehmen den Nutzungswert des Vermögenswertes als seinen erzielbaren Betrag verwenden.

21 Liegt kein Grund zu der Annahme vor, dass der Nutzungswert eines Vermögenswertes seinen beizulegenden Zeitwert abzüglich der Verkaufskosten wesentlich übersteigt, kann der beizulegende Zeitwert abzüglich der Verkaufskosten als erzielbarer Betrag des Vermögenswertes angesehen werden. Dies ist häufig bei Vermögenswerten der Fall, die zu Veräußerungszwecken gehalten werden. Das liegt daran, dass der Nutzungswert eines Vermögenswertes, der zu Veräußerungszwecken gehalten wird, hauptsächlich aus den Nettoveräußerungserlösen besteht, da die künftigen Cashflows aus der fortgesetzten Nutzung des Vermögenswertes bis zu seinem Abgang wahrscheinlich unbedeutend sein werden.

22 Der erzielbare Betrag ist für einen einzelnen Vermögenswert zu bestimmen, es sei denn, ein Vermögenswert erzeugt keine Mittelzuflüsse, die weitestgehend unabhängig von denen anderer Vermögenswerte oder anderer Gruppen von Vermögenswerten sind. Wenn dies der Fall ist, ist der erzielbare Betrag für die zahlungsmittelgenerierende Einheit zu bestimmen, zu der der Vermögenswert gehört (siehe Paragraphen 65–103), es sei denn, dass entweder:

As an illustration of paragraph 15, if market interest rates or other market rates of return on investments have increased during the period, an entity is not required to make a formal estimate of an asset's recoverable amount in the following cases: **16**

(a) if the discount rate used in calculating the asset's value in use is unlikely to be affected by the increase in these market rates. For example, increases in short-term interest rates may not have a material effect on the discount rate used for an asset that has a long remaining useful life.
(b) if the discount rate used in calculating the asset's value in use is likely to be affected by the increase in these market rates but previous sensitivity analysis of recoverable amount shows that:
  (i) it is unlikely that there will be a material decrease in recoverable amount because future cash flows are also likely to increase (eg in some cases, an entity may be able to demonstrate that it adjusts its revenues to compensate for any increase in market rates);
  or
  (ii) the decrease in recoverable amount is unlikely to result in a material impairment loss.

If there is an indication that an asset may be impaired, this may indicate that the remaining useful life, the depreciation (amortisation) method or the residual value for the asset needs to be reviewed and adjusted in accordance with the Standard applicable to the asset, even if no impairment loss is recognised for the asset. **17**

MEASURING RECOVERABLE AMOUNT

This Standard defines recoverable amount as the higher of an asset's or cash-generating unit's fair value less costs to sell and its value in use. Paragraphs 19—57 set out the requirements for measuring recoverable amount. These requirements use the term 'an asset' but apply equally to an individual asset or a cash-generating unit. **18**

It is not always necessary to determine both an asset's fair value less costs to sell and its value in use. If either of these amounts exceeds the asset's carrying amount, the asset is not impaired and it is not necessary to estimate the other amount. **19**

It may be possible to determine fair value less costs to sell, even if an asset is not traded in an active market. However, sometimes it will not be possible to determine fair value less costs to sell because there is no basis for making a reliable estimate of the amount obtainable from the sale of the asset in an arm's length transaction between knowledgeable and willing parties. In this case, the entity may use the asset's value in use as its recoverable amount. **20**

If there is no reason to believe that an asset's value in use materially exceeds its fair value less costs to sell, the asset's fair value less costs to sell may be used as its recoverable amount. This will often be the case for an asset that is held for disposal. This is because the value in use of an asset held for disposal will consist mainly of the net disposal proceeds, as the future cash flows from continuing use of the asset until its disposal are likely to be negligible. **21**

Recoverable amount is determined for an individual asset, unless the asset does not generate cash inflows that are largely independent of those from other assets or groups of assets. If this is the case, recoverable amount is determined for the cash-generating unit to which the asset belongs (see paragraphs 65—103), unless either: **22**

IAS 36

(a) der beizulegende Zeitwert abzüglich der Verkaufskosten des Vermögenswertes höher ist als sein Buchwert; oder
(b) der Nutzungswert des Vermögenswertes Schätzungen zufolge nahezu dem beizulegenden Zeitwert abzüglich der Verkaufskosten entspricht, und der beizulegende Zeitwert abzüglich der Verkaufskosten ermittelt werden kann.

23 In einigen Fällen können Schätzungen, Durchschnittswerte und computerunterstützte abgekürzte Verfahren angemessene Annäherungen an die in diesem Standard dargestellten ausführlichen Berechnungen zur Bestimmung des beizulegenden Zeitwertes abzüglich der Verkaufskosten oder des Nutzungswertes liefern.

Bewertung des erzielbaren Betrages eines immateriellen Vermögenswertes mit einer unbegrenzten Nutzungsdauer

24 Paragraph 10 verlangt, dass ein immaterieller Vermögenswert mit einer unbegrenzten Nutzungsdauer jährlich auf Wertminderung zu überprüfen ist, wobei sein Buchwert mit seinem erzielbaren Betrag verglichen wird, unabhängig davon ob irgendetwas auf eine Wertminderung hindeutet. Die jüngsten ausführlichen Berechnungen des erzielbaren Betrages eines solchen Vermögenswertes, der in einer vorhergehenden Berichtsperiode ermittelt wurde, können jedoch für die Überprüfung auf Wertminderung dieses Vermögenswertes in der aktuellen Berichtsperiode benutzt werden, vorausgesetzt, dass alle nachstehenden Kriterien erfüllt sind:
(a) wenn der immaterielle Vermögenswert keine Mittelzuflüsse aus der fortgesetzten Nutzung erzeugt, die von denen anderer Vermögenswerte oder Gruppen von Vermögenswerten weitestgehend unabhängig sind, und daher als Teil der zahlungsmittelgenerierenden Einheit, zu der er gehört, auf Wertminderung überprüft wird, haben sich die diese Einheit bildenden Vermögenswerte und Schulden seit der letzten Berechnung des erzielbaren Betrages nicht wesentlich geändert;
(b) die letzte Berechnung des erzielbaren Betrages ergab einen Betrag, der den Buchwert des Vermögenswertes wesentlich überstieg; und
(c) auf der Grundlage einer Analyse der seit der letzten Berechnung des erzielbaren Betrages aufgetretenen Ereignisse und geänderten Umstände ist die Wahrscheinlichkeit, dass bei einer aktuellen Ermittlung der erzielbare Betrag niedriger als der Buchwert des Vermögenswertes sein würde, äußerst gering.

Beizulegender Zeitwert abzüglich der Verkaufskosten

25 Der bestmögliche substanzielle Hinweis für den beizulegenden Zeitwert abzüglich der Verkaufskosten eines Vermögenswertes ist der in einem bindenden Verkaufsvertrag zwischen unabhängigen Geschäftspartnern festgelegte Preis, nach Abzug der zusätzlichen Kosten, die dem Verkauf des Vermögenswertes direkt zugeordnet werden können.

26 Wenn kein bindender Verkaufsvertrag vorliegt, der Vermögenswert jedoch an einem aktiven Markt gehandelt wird, ist der beizulegende Zeitwert abzüglich der Verkaufskosten der Marktpreis des Vermögenswertes abzüglich der Veräußerungskosten. Der aktuelle Angebotspreis wird für gewöhnlich als geeigneter Marktpreis erachtet. Wenn aktuelle Angebotspreise nicht zur Verfügung stehen, kann der Preis der jüngsten Transaktion eine geeignete Grundlage für die Schätzung des beizulegenden Zeitwertes abzüglich der Verkaufskosten liefern, vorausgesetzt, dass zwischen dem Zeitpunkt der Transaktion und dem Zeitpunkt, zu dem die Schätzung vorgenommen wurde, keine signifikante Veränderung der wirtschaftlichen Verhältnisse eingetreten ist.

27 Wenn kein bindender Verkaufsvertrag oder aktiver Markt für einen Vermögenswert besteht, basiert der beizulegende Zeitwert abzüglich der Verkaufskosten auf der Grundlage der besten verfügbaren Informationen, um den Betrag widerzuspiegeln, den ein Unternehmen an dem Bilanzstichtag aus dem Verkauf des Vermögenswertes zu Marktbedingungen zwischen sachverständigen, vertragswilligen und voneinander unabhängigen Geschäftspartnern nach dem Abzug der Veräußerungskosten erzielen könnte. Bei der Bestimmung dieses Betrages berücksichtigt ein Unternehmen das Ergebnis der jüngsten Transaktionen für ähnliche Vermögenswerte innerhalb derselben Branche. Der beizulegende Zeitwert abzüglich der Verkaufskosten spiegelt nicht das Ergebnis eines Zwangsverkaufs wider, sofern das Management nicht zum sofortigen Verkauf gezwungen ist.

28 Sofern die Veräußerungskosten nicht als Schulden angesetzt wurden, werden sie bei der Bestimmung des beizulegenden Zeitwertes abzüglich der Verkaufskosten abgezogen. Beispiele für derartige Kosten sind Gerichts- und Anwaltskosten, Börsenumsatzsteuern und ähnliche Transaktionssteuern, die Aufwendungen für die Beseitigung des Vermögenswertes und die direkt zurechenbaren zusätzlichen Aufwendungen, um den Vermögenswert in den entsprechenden Zustand für seinen Verkauf zu versetzen. Leistungen aus Anlass der Beendigung des

(a) the asset's fair value less costs to sell is higher than its carrying amount; or
(b) the asset's value in use can be estimated to be close to its fair value less costs to sell and fair value less costs to sell can be determined.

In some cases, estimates, averages and computational short cuts may provide reasonable approximations of the detailed computations illustrated in this Standard for determining fair value less costs to sell or value in use. 23

Measuring the Recoverable Amount of an Intangible Asset with an Indefinite Useful Life

Paragraph 10 requires an intangible asset with an indefinite useful life to be tested for impairment annually by comparing its carrying amount with its recoverable amount, irrespective of whether there is any indication that it may be impaired. However, the most recent detailed calculation of such an asset's recoverable amount made in a preceding period may be used in the impairment test for that asset in the current period, provided all of the following criteria are met: 24
(a) if the intangible asset does not generate cash inflows from continuing use that are largely independent of those from other assets or groups of assets and is therefore tested for impairment as part of the cash-generating unit to which it belongs, the assets and liabilities making up that unit have not changed significantly since the most recent recoverable amount calculation;
(b) the most recent recoverable amount calculation resulted in an amount that exceeded the asset's carrying amount by a substantial margin; and
(c) based on an analysis of events that have occurred and circumstances that have changed since the most recent recoverable amount calculation, the likelihood that a current recoverable amount determination would be less than the asset's carrying amount is remote.

Fair Value less Costs to Sell

The best evidence of an asset's fair value less costs to sell is a price in a binding sale agreement in an arm's length transaction, adjusted for incremental costs that would be directly attributable to the disposal of the asset. 25

If there is no binding sale agreement but an asset is traded in an active market, fair value less costs to sell is the asset's market price less the costs of disposal. The appropriate market price is usually the current bid price. When current bid prices are unavailable, the price of the most recent transaction may provide a basis from which to estimate fair value less costs to sell, provided that there has not been a significant change in economic circumstances between the transaction date and the date as at which the estimate is made. 26

If there is no binding sale agreement or active market for an asset, fair value less costs to sell is based on the best information available to reflect the amount that an entity could obtain, at the balance sheet date, from the disposal of the asset in an arm's length transaction between knowledgeable, willing parties, after deducting the costs of disposal. In determining this amount, an entity considers the outcome of recent transactions for similar assets within the same industry. Fair value less costs to sell does not reflect a forced sale, unless management is compelled to sell immediately. 27

Costs of disposal, other than those that have been recognised as liabilities, are deducted in determining fair value less costs to sell. Examples of such costs are legal costs, stamp duty and similar transaction taxes, costs of removing the asset, and direct incremental costs to bring an asset into condition for its sale. However, termination benefits (as defined in IAS 19 *Employee Benefits*) and costs associated with reducing or reorganising a business following the disposal of an asset are not direct incremental costs to dispose of the asset. 28

Arbeitsverhältnisses (wie in IAS 19 *Leistungen an Arbeitnehmer* definiert) und Aufwendungen, die mit der Verringerung oder Reorganisation eines Geschäftsbereichs nach dem Verkauf eines Vermögenswertes verbunden sind, sind indes keine direkt zurechenbaren zusätzlichen Kosten für die Veräußerung des Vermögenswertes.

29 Manchmal erfordert die Veräußerung eines Vermögenswertes, dass der Käufer eine Schuld übernimmt, und für den Vermögenswert und die Schuld ist nur ein einziger beizulegender Zeitwert abzüglich der Verkaufskosten vorhanden. Paragraph 78 erläutert, wie in solchen Fällen zu verfahren ist.

Nutzungswert

30 In der Berechnung des Nutzungswertes eines Vermögenswertes müssen sich die folgenden Elemente widerspiegeln:
(a) eine Schätzung der künftigen Cashflows, die das Unternehmen durch den Vermögenswert zu erzielen erhofft;
(b) Erwartungen im Hinblick auf eventuelle wertmäßige oder zeitliche Veränderungen dieser künftigen Cashflows;
(c) der Zinseffekt, der durch den risikolosen Zinssatz des aktuellen Marktes dargestellt wird;
(d) der Preis, um die mit dem Vermögenswert verbundene Unsicherheit zu tragen; und
(e) andere Faktoren, wie Illiquidität, die Marktteilnehmer bei der Preisgestaltung der künftigen Cashflows, die das Unternehmen durch den Vermögenswert zu erzielen erhofft, widerspiegeln würden.

31 Die Schätzung des Nutzungswertes eines Vermögenswertes umfasst die folgenden Schritte:
(a) die Schätzung der künftigen Cashflows aus der fortgesetzten Nutzung des Vermögenswertes und aus seiner letztendlichen Veräußerung; sowie
(b) die Anwendung eines angemessenen Abzinsungssatzes für jene künftigen Cashflows.

32 Die in Paragraph 30(b), (d) und (e) aufgeführten Elemente können entweder als Anpassungen der künftigen Cashflows oder als Anpassungen des Abzinsungssatzes widergespiegelt werden. Welchen Ansatz ein Unternehmen auch anwendet, um Erwartungen hinsichtlich eventueller wertmäßiger oder zeitlicher Änderungen der künftigen Cashflows widerzuspiegeln, es muss letztendlich der erwartete Barwert der künftigen Cashflows, d. h. der gewichtete Durchschnitt aller möglichen Ergebnisse widergespiegelt werden. Anhang A enthält zusätzliche Leitlinien für die Anwendung der Barwert-Methoden, um den Nutzungswert eines Vermögenswertes zu bewerten.

Grundlage für die Schätzungen der künftigen Cashflows

33 Bei der Ermittlung des Nutzungswertes muss ein Unternehmen:
(a) die Cashflow-Prognosen auf vernünftigen und vertretbaren Annahmen aufbauen, die die beste vom Management vorgenommene Einschätzung der ökonomischen Rahmenbedingungen repräsentieren, die für die Restnutzungsdauer eines Vermögenswertes bestehen werden. Ein größeres Gewicht ist dabei auf externe Hinweise zu legen.
(b) die Cashflow-Prognosen auf den jüngsten vom Management genehmigten Finanzplänen/Vorhersagen aufbauen, die jedoch alle geschätzten künftigen Mittelzuflüsse bzw. Mittelabflüsse, die aus künftigen Restrukturierungen oder aus der Verbesserung bzw. Erhöhung der Ertragskraft des Vermögenswertes erwartet werden, ausschließen sollen. Auf diesen Finanzplänen/Vorhersagen basierende Prognosen sollen sich auf einen Zeitraum von maximal fünf Jahren erstrecken, es sei denn, dass ein längerer Zeitraum gerechtfertigt werden kann.
(c) die Cashflow-Prognosen jenseits des Zeitraums schätzen, auf den sich die jüngsten Finanzpläne/Vorhersagen beziehen, unter Anwendung einer gleich bleibenden oder rückläufigen Wachstumsrate für die Folgejahre durch eine Extrapolation der Prognosen, die auf den Finanzplänen/Vorhersagen beruhen, es sei denn, dass eine steigende Rate gerechtfertigt werden kann. Diese Wachstumsrate darf die langfristige Durchschnittswachstumsrate für die Produkte, die Branchen oder das Land bzw. die Länder, in dem/denen das Unternehmen tätig ist, oder für den Markt, in welchem der Vermögenswert genutzt wird, nicht überschreiten, es sei denn, dass eine höhere Rate gerechtfertigt werden kann.

34 Das Management beurteilt die Angemessenheit der Annahmen, auf denen seine aktuellen Cashflow-Prognosen beruhen, indem es die Gründe für Differenzen zwischen den vorherigen Cashflow-Prognosen und den aktuellen Cashflows überprüft. Das Management hat sicherzustellen, dass die Annahmen, auf denen die aktuellen

Sometimes, the disposal of an asset would require the buyer to assume a liability and only a single fair value less costs to sell is available for both the asset and the liability. Paragraph 78 explains how to deal with such cases.   29

Value in Use

The following elements shall be reflected in the calculation of an asset's value in use: 30
(a) an estimate of the future cash flows the entity expects to derive from the asset;
(b) expectations about possible variations in the amount or timing of those future cash flows;
(c) the time value of money, represented by the current market risk-free rate of interest;
(d) the price for bearing the uncertainty inherent in the asset; and
(e) other factors, such as illiquidity, that market participants would reflect in pricing the future cash flows the entity expects to derive from the asset.

Estimating the value in use of an asset involves the following steps: 31
(a) estimating the future cash inflows and outflows to be derived from continuing use of the asset and from its ultimate disposal; and
(b) applying the appropriate discount rate to those future cash flows.

The elements identified in paragraph 30(b), (d) and (e) can be reflected either as adjustments to the future cash flows or as adjustments to the discount rate. Whichever approach an entity adopts to reflect expectations about possible variations in the amount or timing of future cash flows, the result shall be to reflect the expected present value of the future cash flows, ie the weighted average of all possible outcomes. Appendix A provides additional guidance on the use of present value techniques in measuring an asset's value in use.   32

Basis for Estimates of Future Cash Flows

In measuring value in use an entity shall: 33
(a) base cash flow projections on reasonable and supportable assumptions that represent management's best estimate of the range of economic conditions that will exist over the remaining useful life of the asset. Greater weight shall be given to external evidence.
(b) base cash flow projections on the most recent financial budgets/forecasts approved by management, but shall exclude any estimated future cash inflows or outflows expected to arise from future restructurings or from improving or enhancing the asset's performance. Projections based on these budgets/forecasts shall cover a maximum period of five years, unless a longer period can be justified.
(c) estimate cash flow projections beyond the period covered by the most recent budgets/forecasts by extrapolating the projections based on the budgets/forecasts using a steady or declining growth rate for subsequent years, unless an increasing rate can be justified. This growth rate shall not exceed the long-term average growth rate for the products, industries, or country or countries in which the entity operates, or for the market in which the asset is used, unless a higher rate can be justified.

Management assesses the reasonableness of the assumptions on which its current cash flow projections are based by examining the causes of differences between past cash flow projections and actual cash flows. Management shall ensure that the assumptions on which its current cash flow projections are based are consistent with past   34

IAS 36

Cashflow-Prognosen beruhen, mit den effektiven Ergebnissen der Vergangenheit übereinstimmen, vorausgesetzt, dass die Auswirkungen von Ereignissen und Umständen, die, nachdem die effektiven Cashflows generiert waren, auftraten, dies als geeignet erscheinen lassen.

35 Detaillierte, eindeutige und verlässliche Finanzpläne/Vorhersagen für künftige Cashflows für längere Perioden als fünf Jahre sind in der Regel nicht verfügbar. Aus diesem Grund beruhen die Schätzungen des Managements über die künftigen Cashflows auf den jüngsten Finanzplänen/Vorhersagen für einen Zeitraum von maximal fünf Jahren. Das Management kann auch Cashflow-Prognosen verwenden, die sich auf Finanzpläne/Vorhersagen für einen längeren Zeitraum als fünf Jahre erstrecken, wenn es sicher ist, dass diese Prognosen verlässlich sind und es seine Fähigkeit unter Beweis stellen kann, basierend auf vergangenen Erfahrungen, die Cashflows über den entsprechenden längeren Zeitraum genau vorherzusagen.

36 Cashflow-Prognosen bis zum Ende der Nutzungsdauer eines Vermögenswertes werden durch die Extrapolation der Cashflow-Prognosen auf der Basis der Finanzpläne/Vorhersagen unter Verwendung einer Wachstumsrate für die Folgejahre vorgenommen. Diese Rate ist gleich bleibend oder fallend, es sei denn, dass eine Steigerung der Rate objektiven Informationen über den Verlauf des Lebenszyklus eines Produktes oder einer Branche entspricht. Falls angemessen, ist die Wachstumsrate gleich Null oder negativ.

37 Soweit die Bedingungen günstig sind, werden Wettbewerber wahrscheinlich in den Markt eintreten und das Wachstum beschränken. Deshalb ist es für ein Unternehmen schwierig, die durchschnittliche historische Wachstumsrate für die Produkte, die Branchen, das Land oder die Länder, in dem/denen das Unternehmen tätig ist, oder für den Markt für den der Vermögenswert genutzt wird, über einen längeren Zeitraum (beispielsweise zwanzig Jahre) zu überschreiten.

38 Bei der Verwendung der Informationen aus den Finanzplänen/Vorhersagen berücksichtigt ein Unternehmen, ob die Informationen auf vernünftigen und vertretbaren Annahmen beruhen und die beste Einschätzung des Managements über die ökonomischen Rahmenbedingungen, die über die Restnutzungsdauer eines Vermögenswertes bestehen werden, darstellen.

Zusammensetzung der Schätzungen der künftigen Cashflows

39 **In die Schätzungen der künftigen Cashflows sind die folgenden Elemente einzubeziehen:**
 (a) **Prognosen der Mittelzuflüsse aus der fortgesetzten Nutzung des Vermögenswertes;**
 (b) **Prognosen der Mittelabflüsse, die notwendigerweise entstehen, um Mittelzuflüsse aus der fortgesetzten Nutzung eines Vermögenswertes zu erzielen (einschließlich der Mittelabflüsse zur Vorbereitung des Vermögenswertes für seine Nutzung), die direkt oder auf einer vernünftigen und stetigen Basis dem Vermögenswert zugeordnet werden können; und**
 (c) **Netto-Cashflows, die ggf. für den Abgang des Vermögenswertes am Ende seiner Nutzungsdauer eingehen (oder gezahlt werden).**

40 Schätzungen der künftigen Cashflows und des Abzinsungssatzes spiegeln stetige Annahmen über die auf die allgemeine Inflation zurückzuführenden Preissteigerungen wider. Wenn der Abzinsungssatz die Wirkung von Preissteigerungen, die auf die allgemeine Inflation zurückzuführen sind, einbezieht, werden die künftigen Cashflows in nominalen Beträgen geschätzt. Wenn der Abzinsungssatz die Wirkung von Preissteigerungen, die auf die allgemeine Inflation zurückzuführen sind, nicht einbezieht, werden die künftigen Cashflows in realen Beträgen geschätzt (schließen aber künftige spezifische Preissteigerungen oder -senkungen ein).

41 Die Prognosen der Mittelabflüsse schließen jene für die tägliche Wartung des Vermögenswertes als auch künftige Gemeinkosten ein, die der Nutzung des Vermögenswertes direkt zugerechnet oder auf einer vernünftigen und stetigen Basis zugeordnet werden können.

42 Wenn der Buchwert eines Vermögenswertes noch nicht alle Mittelabflüsse enthält, die anfallen werden, bevor dieser nutzungs- oder verkaufsbereit ist, enthält die Schätzung der künftigen Mittelabflüsse eine Schätzung aller weiteren künftigen Mittelabflüsse, die erwartungsgemäß anfallen werden, bevor der Vermögenswert nutzungs- oder verkaufsbereit ist. Dies ist beispielsweise der Fall für ein im Bau befindliches Gebäude oder bei einem noch nicht abgeschlossenen Entwicklungsprojekt.

actual outcomes, provided the effects of subsequent events or circumstances that did not exist when those actual cash flows were generated make this appropriate.

Detailed, explicit and reliable financial budgets/forecasts of future cash flows for periods longer than five years are generally not available. For this reason, management's estimates of future cash flows are based on the most recent budgets/forecasts for a maximum of five years. Management may use cash flow projections based on financial budgets/forecasts over a period longer than five years if it is confident that these projections are reliable and it can demonstrate its ability, based on past experience, to forecast cash flows accurately over that longer period. 35

Cash flow projections until the end of an asset's useful life are estimated by extrapolating the cash flow projections based on the financial budgets/forecasts using a growth rate for subsequent years. This rate is steady or declining, unless an increase in the rate matches objective information about patterns over a product or industry lifecycle. If appropriate, the growth rate is zero or negative. 36

When conditions are favourable, competitors are likely to enter the market and restrict growth. Therefore, entities will have difficulty in exceeding the average historical growth rate over the long term (say, twenty years) for the products, industries, or country or countries in which the entity operates, or for the market in which the asset is used. 37

In using information from financial budgets/forecasts, an entity considers whether the information reflects reasonable and supportable assumptions and represents management's best estimate of the set of economic conditions that will exist over the remaining useful life of the asset. 38

Composition of Estimates of Future Cash Flows

Estimates of future cash flows shall include: 39
(a) **projections of cash inflows from the continuing use of the asset;**
(b) **projections of cash outflows that are necessarily incurred to generate the cash inflows from continuing use of the asset (including cash outflows to prepare the asset for use) and can be directly attributed, or allocated on a reasonable and consistent basis, to the asset; and**
(c) **net cash flows, if any, to be received (or paid) for the disposal of the asset at the end of its useful life.**

Estimates of future cash flows and the discount rate reflect consistent assumptions about price increases attributable to general inflation. Therefore, if the discount rate includes the effect of price increases attributable to general inflation, future cash flows are estimated in nominal terms. If the discount rate excludes the effect of price increases attributable to general inflation, future cash flows are estimated in real terms (but include future specific price increases or decreases). 40

Projections of cash outflows include those for the day-to-day servicing of the asset as well as future overheads that can be attributed directly, or allocated on a reasonable and consistent basis, to the use of the asset. 41

When the carrying amount of an asset does not yet include all the cash outflows to be incurred before it is ready for use or sale, the estimate of future cash outflows includes an estimate of any further cash outflow that is expected to be incurred before the asset is ready for use or sale. For example, this is the case for a building under construction or for a development project that is not yet completed. 42

43 Um Doppelzählungen zu vermeiden, beziehen die Schätzungen der künftigen Cashflows die folgenden Faktoren nicht mit ein:
(a) Mittelzuflüsse von Vermögenswerten, die Mittelzuflüsse erzeugen, die weitgehend unabhängig von den Mittelzuflüssen des zu prüfenden Vermögenswertes sind (beispielsweise finanzielle Vermögenswerte wie Forderungen);
und
(b) Mittelabflüsse, die sich auf als Schulden angesetzte Verpflichtungen beziehen (beispielsweise Verbindlichkeiten, Pensionen oder Rückstellungen).

44 **Künftige Cashflows sind für einen Vermögenswert in seinem gegenwärtigen Zustand zu schätzen. Schätzungen der künftigen Cashflows dürfen nicht die geschätzten künftigen Cashflows umfassen, deren Entstehung erwartet wird, aufgrund**
(a) einer künftigen Restrukturierung, zu der ein Unternehmen noch nicht verpflichtet ist;
oder
(b) einer Verbesserung oder Erhöhung der Ertragskraft des Vermögenswertes.

45 Da die künftigen Cashflows für einen Vermögenswert in seinem gegenwärtigen Zustand geschätzt werden, spiegelt der Nutzungswert nicht die folgenden Faktoren wider:
(a) künftige Mittelabflüsse oder die dazugehörigen Kosteneinsparungen (beispielsweise durch die Verminderung des Personalaufwands) oder der erwartete Nutzen aus einer künftigen Restrukturierung, zu der ein Unternehmen noch nicht verpflichtet ist;
oder
(b) künftige Mittelabflüsse, die die Ertragskraft des Vermögenswertes verbessern oder erhöhen werden, oder die dazugehörigen Mittelzuflüsse, die aus solchen Mittelabflüsse entstehen sollen.

46 Eine Restrukturierung ist ein vom Management geplantes und gesteuertes Programm, das entweder den Umfang der Geschäftstätigkeit oder die Weise, in der das Geschäft geführt wird, wesentlich verändert. IAS 37 *Rückstellungen, Eventualschulden und Eventualforderungen* konkretisiert, wann sich ein Unternehmen zu einer Restrukturierung verpflichtet hat.

47 Wenn ein Unternehmen zu einer Restrukturierung verpflichtet ist, sind wahrscheinlich einige Vermögenswerte von der Restrukturierung betroffen sein. Sobald das Unternehmen zur Restrukturierung verpflichtet ist:
(a) spiegeln seine zwecks Bestimmung des Nutzungswertes künftigen Schätzungen der Cashflows die Kosteneinsparungen und den sonstigen Nutzen aus der Restrukturierung wider (auf Basis der jüngsten vom Management gebilligten Finanzpläne/Vorhersagen);
und
(b) werden seine Schätzungen künftiger Mittelabflüsse für die Restrukturierung in einer Restrukturierungsrückstellung in Übereinstimmung mit IAS 37 erfasst.
Das erläuternde Beispiel 5 veranschaulicht die Wirkung einer künftigen Restrukturierung auf die Berechnung des Nutzungswertes.

48 Bis ein Unternehmen Mittelabflüsse tätigt, die die Ertragskraft des Vermögenswertes verbessern oder erhöhen, enthalten die Schätzungen der künftigen Cashflows keine künftigen geschätzten Mittelzuflüsse, die infolge der Erhöhung des mit dem Mittelabfluss verbundenen wirtschaftlichen Nutzens zufließen werden (siehe erläuterndes Beispiel 6).

49 Schätzungen der künftigen Cashflows umfassen auch künftige Mittelabflüsse, die erforderlich sind, um den wirtschaftlichen Nutzen des Vermögenswertes auf dem gegenwärtigen Niveau zu halten. Wenn eine zahlungsmittelgenerierende Einheit aus Vermögenswerten mit verschiedenen geschätzten Nutzungsdauern besteht, die alle für den laufenden Betrieb der Einheit notwendig sind, wird bei der Schätzung der mit der Einheit verbundenen künftigen Cashflows der Ersatz von Vermögenswerten kürzerer Nutzungsdauer als Teil der täglichen Wartung der Einheit betrachtet. Ähnliches gilt, wenn ein einzelner Vermögenswert aus Bestandteilen mit unterschiedlichen Nutzungsdauern besteht, dann wird der Ersatz der Bestandteile kürzerer Nutzungsdauer als Teil der täglichen Wartung des Vermögenswertes betrachtet, wenn die vom Vermögenswert generierten künftigen Cashflows geschätzt werden.

50 **In den Schätzungen der künftigen Cashflows sind folgende Elemente nicht enthalten:**
(a) Mittelzu- oder -abflüsse aus Finanzierungstätigkeiten;
oder
(b) Ertragsteuereinnahmen oder -zahlungen.

To avoid double-counting, estimates of future cash flows do not include: 43
(a) cash inflows from assets that generate cash inflows that are largely independent of the cash inflows from the asset under review (for example, financial assets such as receivables); and
(b) cash outflows that relate to obligations that have been recognised as liabilities (for example, payables, pensions or provisions).

Future cash flows shall be estimated for the asset in its current condition. Estimates of future cash flows shall not include estimated future cash inflows or outflows that are expected to arise from: 44
(a) a future restructuring to which an entity is not yet committed; or
(b) improving or enhancing the asset's performance.

Because future cash flows are estimated for the asset in its current condition, value in use does not reflect: 45
(a) future cash outflows or related cost savings (for example reductions in staff costs) or benefits that are expected to arise from a future restructuring to which an entity is not yet committed; or
(b) future cash outflows that will improve or enhance the asset's performance or the related cash inflows that are expected to arise from such outflows.

A restructuring is a programme that is planned and controlled by management and materially changes either the scope of the business undertaken by an entity or the manner in which the business is conducted. IAS 37 *Provisions, Contingent Liabilities and Contingent Assets* contains guidance clarifying when an entity is committed to a restructuring. 46

When an entity becomes committed to a restructuring, some assets are likely to be affected by this restructuring. Once the entity is committed to the restructuring: 47
(a) its estimates of future cash inflows and cash outflows for the purpose of determining value in use reflect the cost savings and other benefits from the restructuring (based on the most recent financial budgets/forecasts approved by management); and
(b) its estimates of future cash outflows for the restructuring are included in a restructuring provision in accordance with IAS 37.
Illustrative Example 5 illustrates the effect of a future restructuring on a value in use calculation.

Until an entity incurs cash outflows that improve or enhance the asset's performance, estimates of future cash flows do not include the estimated future cash inflows that are expected to arise from the increase in economic benefits associated with the cash outflow (see Illustrative Example 6). 48

Estimates of future cash flows include future cash outflows necessary to maintain the level of economic benefits expected to arise from the asset in its current condition. When a cash-generating unit consists of assets with different estimated useful lives, all of which are essential to the ongoing operation of the unit, the replacement of assets with shorter lives is considered to be part of the day-to-day servicing of the unit when estimating the future cash flows associated with the unit. Similarly, when a single asset consists of components with different estimated useful lives, the replacement of components with shorter lives is considered to be part of the day-to-day servicing of the asset when estimating the future cash flows generated by the asset. 49

Estimates of future cash flows shall not include: 50
(a) cash inflows or outflows from financing activities; or
(b) income tax receipts or payments.

51 Geschätzte künftige Cashflows spiegeln Annahmen wider, die der Art und Weise der Bestimmung des Abzinsungssatzes entsprechen. Andernfalls würden die Wirkungen einiger Annahmen zweimal angerechnet oder ignoriert werden. Da der Zinseffekt bei der Diskontierung der künftigen Cashflows berücksichtigt wird, schließen diese Cashflows Mittelzu- oder -abflüsse aus Finanzierungstätigkeit aus. Da der Abzinsungssatz auf einer Vorsteuerbasis bestimmt wird, werden auch die künftigen Cashflows auf einer Vorsteuerbasis geschätzt.

52 **Die Schätzung der Netto-Cashflows, die für den Abgang eines Vermögenswertes am Ende seiner Nutzungsdauer eingehen (oder gezahlt werden), muss dem Betrag entsprechen, den ein Unternehmen aus dem Verkauf des Vermögenswertes zwischen sachverständigen, vertragswilligen und voneinander unabhängigen Geschäftspartnern nach Abzug der geschätzten Veräußerungskosten erzielen könnte.**

53 Die Schätzung der Netto-Cashflows, die für den Abgang eines Vermögenswertes am Ende seiner Nutzungsdauer eingehen (oder gezahlt werden), ist in einer ähnlichen Weise wie beim beizulegenden Zeitwert abzüglich der Verkaufskosten eines Vermögenswertes zu bestimmen, außer dass bei der Schätzung dieser Netto-Cashflows:
(a) ein Unternehmen die Preise verwendet, die zum Zeitpunkt der Schätzung für ähnlichen Vermögenswerte gelten, die das Ende ihrer Nutzungsdauer erreicht haben und die unter Bedingungen betrieben wurden, die mit den Bedingungen vergleichbar sind, unter denen der Vermögenswert genutzt werden soll.
(b) Das Unternehmen passt diese Preise im Hinblick auf die Auswirkungen künftiger Preiserhöhungen aufgrund der allgemeinen Inflation und spezieller künftiger Preissteigerungen/-senkungen an. Wenn die Schätzungen der künftigen Cashflows aus der fortgesetzten Nutzung des Vermögenswertes und des Abzinsungssatzes die Wirkung der allgemeinen Inflation indes ausschließen, dann berücksichtigt das Unternehmen diese Wirkung auch nicht bei der Schätzung der Netto-Cashflows des Abgangs.

Künftige Cashflows in Fremdwährung

54 Künftige Cashflows werden in der Währung geschätzt, in der sie generiert werden, und werden mit einem für diese Währung angemessenen Abzinsungssatz abgezinst. Ein Unternehmen rechnet den Barwert mithilfe des am Tag der Berechnung des Nutzungswertes geltenden Devisenkassakurses um.

Abzinsungssatz

55 **Bei dem Abzinsungssatz (den Abzinsungssätzen) muss es sich um einen Zinssatz (Zinssätze) vor Steuern handeln, der (die) die gegenwärtigen Marktbewertungen folgender Faktoren widerspiegelt (widerspiegeln):**
(a) den Zinseffekt;
und
(b) die speziellen Risiken eines Vermögenswertes, für die die geschätzten künftigen Cashflows nicht angepasst wurden.

56 Ein Zinssatz, der die gegenwärtigen Markteinschätzungen des Zinseffektes und die speziellen Risiken eines Vermögenswertes widerspiegelt, ist die Rendite, die Investoren verlangen würden, wenn eine Finanzinvestition zu wählen wäre, die Cashflows über Beträge, Zeiträume und Risikoprofile erzeugen würde, die vergleichbar mit denen wären, die das Unternehmen von dem Vermögenswert zu erzielen erhofft. Dieser Zinssatz ist auf der Basis des Zinssatzes zu schätzen, der bei gegenwärtigen Markttransaktionen für vergleichbare Vermögenswerte verwendet wird, oder auf der Basis der durchschnittlich gewichteten Kapitalkosten eines börsennotierten Unternehmens, das einen einzelnen Vermögenswert (oder einen Bestand an Vermögenswerten) besitzt, der mit dem zu prüfenden Vermögenswert im Hinblick auf das Nutzungspotenzial und die Risiken vergleichbar ist. Der Abzinsungssatz (die Abzinsungssätze), der (die) zur Berechnung des Nutzungswertes eines Vermögenswertes verwendet wird (werden), darf (dürfen) jedoch keine Risiken widerspiegeln, für die die geschätzten künftigen Cashflows bereits angepasst wurden. Andernfalls würden die Wirkungen einiger Annahmen doppelt angerechnet.

57 Wenn ein vermögenswertspezifischer Zinssatz nicht direkt über den Markt erhältlich ist, verwendet ein Unternehmen Ersatzfaktoren zur Schätzung des Abzinsungssatzes. Anhang A enthält zusätzliche Leitlinien zur Schätzung von Abzinsungssätzen unter diesen Umständen.

Estimated future cash flows reflect assumptions that are consistent with the way the discount rate is determined. Otherwise, the effect of some assumptions will be counted twice or ignored. Because the time value of money is considered by discounting the estimated future cash flows, these cash flows exclude cash inflows or outflows from financing activities. Similarly, because the discount rate is determined on a pre-tax basis, future cash flows are also estimated on a pre-tax basis. 51

The estimate of net cash flows to be received (or paid) for the disposal of an asset at the end of its useful life shall be the amount that an entity expects to obtain from the disposal of the asset in an arm's length transaction between knowledgeable, willing parties, after deducting the estimated costs of disposal. 52

The estimate of net cash flows to be received (or paid) for the disposal of an asset at the end of its useful life is determined in a similar way to an asset's fair value less costs to sell, except that, in estimating those net cash flows: 53
(a) an entity uses prices prevailing at the date of the estimate for similar assets that have reached the end of their useful life and have operated under conditions similar to those in which the asset will be used.
(b) the entity adjusts those prices for the effect of both future price increases due to general inflation and specific future price increases or decreases. However, if estimates of future cash flows from the asset's continuing use and the discount rate exclude the effect of general inflation, the entity also excludes this effect from the estimate of net cash flows on disposal.

Foreign Currency Future Cash Flows

Future cash flows are estimated in the currency in which they will be generated and then discounted using a discount rate appropriate for that currency. An entity translates the present value using the spot exchange rate at the date of the value in use calculation. 54

Discount Rate

The discount rate (rates) shall be a pre-tax rate (rates) that reflect(s) current market assessments of: 55
(a) **the time value of money; and**
(b) **the risks specific to the asset for which the future cash flow estimates have not been adjusted.**

A rate that reflects current market assessments of the time value of money and the risks specific to the asset is the return that investors would require if they were to choose an investment that would generate cash flows of amounts, timing and risk profile equivalent to those that the entity expects to derive from the asset. This rate is estimated from the rate implicit in current market transactions for similar assets or from the weighted average cost of capital of a listed entity that has a single asset (or a portfolio of assets) similar in terms of service potential and risks to the asset under review. However, the discount rate(s) used to measure an asset's value in use shall not reflect risks for which the future cash flow estimates have been adjusted. Otherwise, the effect of some assumptions will be double-counted. 56

When an asset-specific rate is not directly available from the market, an entity uses surrogates to estimate the discount rate. Appendix A provides additional guidance on estimating the discount rate in such circumstances. 57

ERFASSUNG UND BEWERTUNG EINES WERTMINDERUNGSAUFWANDS

58 Die Paragraphen 59–64 beschreiben die Anforderungen an die Erfassung und Bewertung eines Wertminderungsaufwands für einen einzelnen Vermögenswert mit Ausnahme eines Geschäfts- oder Firmenwertes. Die Erfassung und Bewertung des Wertminderungsaufwands einer zahlungsmittelgenerierenden Einheit und eines Geschäfts- oder Firmenwertes werden in den Paragraphen 65–108 behandelt.

59 **Dann, und nur dann, wenn der erzielbare Betrag eines Vermögenswertes geringer ist als sein Buchwert, ist der Buchwert des Vermögenswertes auf seinen erzielbaren Betrag zu verringern. Diese Verringerung stellt einen Wertminderungsaufwand dar.**

60 Ein Wertminderungsaufwand ist sofort im Ergebnis zu erfassen, es sei denn, dass der Vermögenswert zum Neubewertungsbetrag nach einem anderen Standard (beispielsweise nach dem Neubewertungsmodell in IAS 16 Sachanlagen) erfasst wird. Jeder Wertminderungsaufwand eines neu bewerteten Vermögenswertes ist als eine Neubewertungsabnahme in Übereinstimmung mit diesem anderen Standard zu behandeln.

61 Ein Wertminderungsaufwand eines nicht neu bewerteten Vermögenswertes wird im Ergebnis erfasst. Ein Wertminderungsaufwand eines neu bewerteten Vermögenswertes wird indes direkt gegen die Neubewertungsrücklage des Vermögenswertes verrechnet, soweit der Wertminderungsaufwand nicht den in der Neubewertungsrücklage für denselben Vermögenswert erfassten Betrag übersteigt.

62 Wenn der geschätzte Betrag des Wertminderungsaufwands größer ist als der Buchwert des Vermögenswertes, hat ein Unternehmen dann, und nur dann, eine Schuld anzusetzen, wenn dies von einem anderen Standard verlangt wird.

63 Nach der Erfassung eines Wertminderungsaufwands ist der Abschreibungs-/Amortisationsaufwand eines Vermögenswertes in künftigen Perioden anzupassen, um den berichtigten Buchwert des Vermögenswertes, abzüglich eines etwaigen Restwertes systematisch über seine Restnutzungsdauer zu verteilen.

64 Wenn ein Wertminderungsaufwand erfasst worden ist, werden alle damit in Beziehung stehenden latenten Steueransprüche oder -schulden nach IAS 12 *Ertragsteuern* bestimmt, indem der berichtigte Buchwert des Vermögenswertes mit seinem Steuerwert verglichen wird (siehe erläuterndes Beispiel 3).

ZAHLUNGSMITTELGENERIERENDE EINHEITEN UND GESCHÄFTS- ODER FIRMENWERT

65 Die Paragraphen 66–108 beschreiben die Anforderungen an die Identifizierung der zahlungsmittelgenerierenden Einheit, zu der ein Vermögenswert gehört, sowie an die Bestimmung des Buchwertes und die Erfassung der Wertminderungsaufwendungen für zahlungsmittelgenerierende Einheiten und Geschäfts- oder Firmenwerte.

Identifizierung der zahlungsmittelgenerierenden Einheit, zu der ein Vermögenswert gehört

66 Wenn irgendein Anhaltspunkt dafür vorliegt, dass ein Vermögenswert wertgemindert sein könnte, ist der erzielbare Betrag für den einzelnen Vermögenswert zu schätzen. Falls es nicht möglich ist, den erzielbaren Betrag für den einzelnen Vermögenswert zu schätzen, hat ein Unternehmen den erzielbaren Betrag der zahlungsmittelgenerierenden Einheit zu bestimmen, zu der der Vermögenswert gehört (die zahlungsmittelgenerierende Einheit des Vermögenswertes).

67 Der erzielbare Betrag eines einzelnen Vermögenswertes kann nicht bestimmt werden, wenn:
(a) der Nutzungswert des Vermögenswertes nicht nah an seinem beizulegenden Zeitwert abzüglich der Verkaufskosten geschätzt werden kann (wenn beispielsweise die künftigen Cashflows aus der fortgesetzten Nutzung des Vermögenswertes nicht als unbedeutend eingeschätzt werden können); und
(b) der Vermögenswert keine Mittelzuflüsse erzeugt, die weitestgehend unabhängig von denen anderer Vermögenswerte sind.
In derartigen Fällen kann ein Nutzungswert und demzufolge ein erzielbarer Betrag nur für die zahlungsmittelgenerierende Einheit des Vermögenswertes bestimmt werden.

RECOGNISING AND MEASURING AN IMPAIRMENT LOSS

58 Paragraphs 59—64 set out the requirements for recognising and measuring impairment losses for an individual asset other than goodwill. Recognising and measuring impairment losses for cash-generating units and goodwill are dealt with in paragraphs 65—108.

59 **If, and only if, the recoverable amount of an asset is less than its carrying amount, the carrying amount of the asset shall be reduced to its recoverable amount. That reduction is an impairment loss.**

60 **An impairment loss shall be recognised immediately in profit or loss, unless the asset is carried at revalued amount in accordance with another Standard (for example, in accordance with the revaluation model in IAS 16 Property, Plant and Equipment). Any impairment loss of a revalued asset shall be treated as a revaluation decrease in accordance with that other Standard.**

61 An impairment loss on a non-revalued asset is recognised in profit or loss. However, an impairment loss on a revalued asset is recognised directly against any revaluation surplus for the asset to the extent that the impairment loss does not exceed the amount in the revaluation surplus for that same asset.

62 **When the amount estimated for an impairment loss is greater than the carrying amount of the asset to which it relates, an entity shall recognise a liability if, and only if, that is required by another Standard.**

63 **After the recognition of an impairment loss, the depreciation (amortisation) charge for the asset shall be adjusted in future periods to allocate the asset's revised carrying amount, less its residual value (if any), on a systematic basis over its remaining useful life.**

64 If an impairment loss is recognised, any related deferred tax assets or liabilities are determined in accordance with IAS 12 *Income Taxes* by comparing the revised carrying amount of the asset with its tax base (see Illustrative Example 3).

CASH-GENERATING UNITS AND GOODWILL

65 Paragraphs 66—108 set out the requirements for identifying the cash-generating unit to which an asset belongs and determining the carrying amount of, and recognising impairment losses for, cash-generating units and goodwill.

Identifying the cash-generating unit to which an asset belongs

66 **If there is any indication that an asset may be impaired, recoverable amount shall be estimated for the individual asset. If it is not possible to estimate the recoverable amount of the individual asset, an entity shall determine the recoverable amount of the cash-generating unit to which the asset belongs (the asset's cash-generating unit).**

67 The recoverable amount of an individual asset cannot be determined if:
(a) the asset's value in use cannot be estimated to be close to its fair value less costs to sell (for example, when the future cash flows from continuing use of the asset cannot be estimated to be negligible); and
(b) the asset does not generate cash inflows that are largely independent of those from other assets.
In such cases, value in use and, therefore, recoverable amount, can be determined only for the asset's cash-generating unit.

> **Beispiel**
>
> Ein Bergbauunternehmen besitzt eine private Eisenbahn zur Unterstützung seiner Bergbautätigkeit. Die private Eisenbahn könnte nur zum Schrottwert verkauft werden und sie erzeugt keine Mittelzuflüsse, die weitestgehend unabhängig von den Mittelzuflüssen der anderen Vermögenswerte des Bergwerkes sind.
>
> *Es ist nicht möglich, den erzielbaren Betrag der privaten Eisenbahn zu schätzen, weil ihr Nutzungswert nicht bestimmt werden kann und wahrscheinlich von dem Schrottwert abweicht. Deshalb schätzt das Unternehmen den erzielbaren Betrag der zahlungsmittel- generierenden Einheit, zu der die private Eisenbahn gehört, d. h. des Bergwerkes als Ganzes.*

68 Wie in Paragraph 6 definiert, ist die zahlungsmittelgenerierende Einheit eines Vermögenswertes die kleinste Gruppe von Vermögenswerten, die den Vermögenswert enthält und Mittelzuflüsse erzeugt, die weitestgehend unabhängig von den Mittelzuflüssen anderer Vermögenswerte oder einer anderen Gruppe von Vermögenswerten sind. Die Identifizierung der zahlungsmittelgenerierenden Einheit eines Vermögenswertes erfordert Einschätzungen. Wenn der erzielbare Betrag nicht für einen einzelnen Vermögenswert bestimmt werden kann, identifiziert ein Unternehmen die kleinste Zusammenfassung von Vermögenswerten, die weitestgehend unabhängige Mittelzuflüsse erzeugt.

> **Beispiel**
>
> Eine Busgesellschaft bietet Beförderungsleistungen im Rahmen eines Vertrages mit einer Gemeinde an, der auf fünf verschiedenen Strecken jeweils einen Mindestservice verlangt. Die auf jeder Strecke eingesetzten Vermögenswerte und die Cashflows von jeder Strecke können gesondert identifiziert werden. Auf einer der Stecken wird ein erheblicher Verlust erwirtschaftet.
>
> *Da das Unternehmen nicht die Möglichkeit hat, eine der Busrouten einzuschränken, ist die niedrigste Einheit identifizierbarer Mittelzuflüsse, die weitestgehend von den Mittelzuflüssen anderer Vermögenswerte oder anderer Gruppen von Vermögenswerten unabhängig sind, die von den fünf Routen gemeinsam erzeugten Mittelzuflüsse. Die zahlungsmittelgenerierende Einheit für jede der Strecken ist die Busgesellschaft als Ganzes.*

69 Mittelzuflüsse sind die Zuflüsse von Zahlungsmitteln und Zahlungsmitteläquivalenten, die von Parteien außerhalb des Unternehmens zufließen. Bei der Identifizierung, ob die Mittelzuflüsse von einem Vermögenswert (oder einer Gruppe von Vermögenswerten) weitestgehend von den Mittelzuflüssen anderer Vermögenswerte (oder anderer Gruppen von Vermögenswerten) unabhängig sind, berücksichtigt ein Unternehmen verschiedene Faktoren einschließlich der Frage, wie das Management die Unternehmenstätigkeiten steuert (z. B. nach Produktlinien, Geschäftsfeldern, einzelnen Standorten, Bezirken oder regionalen Gebieten), oder wie das Management Entscheidungen über die Fortsetzung oder den Abgang der Vermögenswerte bzw. die Einstellung von Unternehmenstätigkeiten trifft. Das erläuternde Beispiel 1 enthält Beispiele für die Identifizierung einer zahlungsmittelgenerierenden Einheit.

70 **Wenn ein aktiver Markt für die von einem Vermögenswert oder einer Gruppe von Vermögenswerten produzierten Erzeugnisse und erstellten Dienstleistungen besteht, ist dieser Vermögenswert oder diese Gruppe von Vermögenswerten als eine zahlungsmittelgenerierende Einheit zu identifizieren, auch wenn die produzierten Erzeugnisse oder erstellten Dienstleistungen ganz oder teilweise intern genutzt werden. Wenn die von einem Vermögenswert oder einer zahlungsmittelgenerierenden Einheit erzeugten Mittelzuflüsse von der Berechnung interner Verrechnungspreise betroffen sind, so hat ein Unternehmen die bestmöglichste Schätzung des Managements über den (die) künftigen Preis(e), der (die) bei Transaktionen zu marktüblichen Bedingungen erzielt werden könnte(n), zu verwenden, indem:**
   (a) **die zur Bestimmung des Nutzungswertes des Vermögenswertes oder der zahlungsmittelgenerierenden Einheit verwendeten künftigen Mittelzuflüsse geschätzt werden;**
   und
   (b) **die künftigen Mittelabflüsse geschätzt werden, die zur Bestimmung des Nutzungswertes aller anderen von der Berechnung interner Verrechnungspreise betroffenen Vermögenswerte oder zahlungsmittelgenerierenden Einheiten verwendet werden.**

71 Auch wenn ein Teil oder die gesamten produzierten Erzeugnisse und erstellten Dienstleistungen, die von einem Vermögenswert oder einer Gruppe von Vermögenswerten erzeugt werden, von anderen Einheiten des Unternehmens genutzt werden (beispielsweise Produkte für eine Zwischenstufe im Produktionsprozess), bildet dieser Vermögenswert oder diese Gruppe von Vermögenswerten eine gesonderte zahlungsmittelgenerierende Einheit, wenn das Unternehmen diese produzierten Erzeugnisse und erstellten Dienstleistungen auf einem aktiven Markt verkaufen kann. Das liegt daran, dass der Vermögenswert oder die Gruppe von Vermögenswerten

> **Example**
>
> A mining entity owns a private railway to support its mining activities. The private railway could be sold only for scrap value and it does not generate cash inflows that are largely independent of the cash inflows from the other assets of the mine.
>
> *It is not possible to estimate the recoverable amount of the private railway because its value in use cannot be determined and is probably different from scrap value. Therefore, the entity estimates the recoverable amount of the cash-generating unit to which the private railway belongs, ie the mine as a whole.*

68 As defined in paragraph 6, an asset's cash-generating unit is the smallest group of assets that includes the asset and generates cash inflows that are largely independent of the cash inflows from other assets or groups of assets. Identification of an asset's cash-generating unit involves judgement. If recoverable amount cannot be determined for an individual asset, an entity identifies the lowest aggregation of assets that generate largely independent cash inflows.

> **Example**
>
> A bus company provides services under contract with a municipality that requires minimum service on each of five separate routes. Assets devoted to each route and the cash flows from each route can be identified separately. One of the routes operates at a significant loss.
>
> *Because the entity does not have the option to curtail any one bus route, the lowest level of identifiable cash inflows that are largely independent of the cash inflows from other assets or groups of assets is the cash inflows generated by the five routes together. The cash-generating unit for each route is the bus company as a whole.*

69 Cash inflows are inflows of cash and cash equivalents received from parties external to the entity. In identifying whether cash inflows from an asset (or group of assets) are largely independent of the cash inflows from other assets (or groups of assets), an entity considers various factors including how management monitors the entity's operations (such as by product lines, businesses, individual locations, districts or regional areas) or how management makes decisions about continuing or disposing of the entity's assets and operations. Illustrative Example 1 gives examples of identification of a cash-generating unit.

70 If an active market exists for the output produced by an asset or group of assets, that asset or group of assets shall be identified as a cash-generating unit, even if some or all of the output is used internally. If the cash inflows generated by any asset or cash-generating unit are affected by internal transfer pricing, an entity shall use management's best estimate of future price(s) that could be achieved in arm's length transactions in estimating:
(a) the future cash inflows used to determine the asset's or cash-generating unit's value in use; and
(b) the future cash outflows used to determine the value in use of any other assets or cash-generating units that are affected by the internal transfer pricing.

71 Even if part or all of the output produced by an asset or a group of assets is used by other units of the entity (for example, products at an intermediate stage of a production process), this asset or group of assets forms a separate cash-generating unit if the entity could sell the output on an active market. This is because the asset or group of assets could generate cash inflows that would be largely independent of the cash inflows from other assets or groups of assets. In using information based on financial budgets/forecasts that relates to such a cash-generating unit, or to any other asset or cash-generating unit affected by internal transfer pricing, an entity

IAS 36

Mittelzuflüsse erzeugen kann, die weitestgehend von den Mittelzuflüssen von anderen Vermögenswerten oder einer anderen Gruppe von Vermögenswerten unabhängig wären. Bei der Verwendung von Informationen, die auf Finanzplänen/Vorhersagen basieren, die sich auf eine solche zahlungsmittelgenerierende Einheit oder auf jeden anderen Vermögenswert bzw. jede andere zahlungsmittelgenerierende Einheit, die von der internen Verrechnungspreisermittlung betroffen ist, beziehen, passt ein Unternehmen diese Informationen an, wenn die internen Verrechnungspreise nicht die beste Schätzung des Managements über die künftigen Preise, die bei Transaktionen zu marktüblichen Bedingungen erzielt werden könnten, widerspiegeln.

72 **Zahlungsmittelgenerierende Einheiten sind von Periode zu Periode für die gleichen Vermögenswerte oder Arten von Vermögenswerten stetig zu identifizieren, es sei denn, dass eine Änderung gerechtfertigt ist.**

73 Wenn ein Unternehmen bestimmt, dass ein Vermögenswert zu einer anderen zahlungsmittelgenerierende Einheit als in den vorangegangenen Berichtsperioden gehört, oder dass die Arten von Vermögenswerten, die zu der zahlungsmittelgenerierenden Einheit des Vermögenswertes zusammengefasst werden, sich geändert haben, verlangt Paragraph 130 Angaben über die zahlungsmittelgenerierende Einheit, wenn ein Wertminderungsaufwand für die zahlungsmittelgenerierende Einheit erfasst oder aufgehoben wird.

Erzielbarer Betrag und Buchwert einer zahlungsmittelgenerierenden Einheit

74 Der erzielbare Betrag einer zahlungsmittelgenerierenden Einheit ist der höhere der beiden Beträge aus beizulegendem Zeitwert abzüglich Verkaufskosten und Nutzungswert einer zahlungsmittelgenerierenden Einheit. Für den Zweck der Bestimmung des erzielbaren Betrages einer zahlungsmittelgenerierenden Einheit ist jeder Bezug in den Paragraphen 19–57 auf „einen Vermögenswert" als ein Bezug auf „eine zahlungsmittelgenerierende Einheit" zu verstehen.

75 **Der Buchwert einer zahlungsmittelgenerierenden Einheit ist in Übereinstimmung mit der Art, in der der erzielbare Betrag einer zahlungsmittelgenerierenden Einheit bestimmt wird, zu ermitteln.**

76 Der Buchwert einer zahlungsmittelgenerierenden Einheit:
(a) enthält den Buchwert nur solcher Vermögenswerte, die der zahlungsmittelgenerierenden Einheit direkt zugerechnet oder auf einer vernünftigen und stetigen Basis zugeordnet werden können, und die künftige Mittelzuflüsse erzeugen werden, die bei der Bestimmung des Nutzungswertes der zahlungsmittelgenerierenden Einheit verwendet wurden;
und
(b) enthält nicht den Buchwert irgendeiner angesetzten Schuld, es sei denn, dass der erzielbare Betrag der zahlungsmittelgenerierenden Einheit nicht ohne die Berücksichtigung dieser Schuld bestimmt werden kann.
Das liegt daran, dass der beizulegende Zeitwert abzüglich der Verkaufskosten und der Nutzungswert einer zahlungsmittelgenerierenden Einheit unter Ausschluss der Cashflows bestimmt werden, die sich auf die Vermögenswerte beziehen, die nicht Teil der zahlungsmittelgenerierenden Einheit sind und unter Ausschluss der bereits erfassten Schulden (siehe Paragraphen 28 und 43).

77 Soweit Vermögenswerte für die Beurteilung der Erzielbarkeit zusammengefasst werden, ist es wichtig, in der zahlungsmittelgenerierende Einheit alle Vermögenswerte einzubeziehen, die den entsprechenden Strom von Mittelzuflüssen erzeugen oder zur Erzeugung verwendet werden. Andernfalls könnte die zahlungsmittelgenerierende Einheit als voll erzielbar erscheinen, obwohl tatsächlich ein Wertminderungsaufwand eingetreten ist. In einigen Fällen können gewisse Vermögenswerte nicht zu einer zahlungsmittelgenerierenden Einheit auf einer vernünftigen und stetigen Basis zugeordnet werden, obwohl sie zu den geschätzten künftigen Cashflows einer zahlungsmittelgenerierenden Einheit beitragen. Dies kann beim Geschäfts- oder Firmenwert oder bei gemeinschaftlichen Vermögenswerten, wie den Vermögenswerten der Hauptverwaltung der Fall sein. Die Paragraphen 80–103 erläutern, wie mit diesen Vermögenswerten bei der Untersuchung einer zahlungsmittelgenerierenden Einheit auf eine Wertminderung zu verfahren ist.

78 Es kann notwendig sein, gewisse angesetzte Schulden zu berücksichtigen, um den erzielbaren Betrag einer zahlungsmittelgenerierenden Einheit zu bestimmen. Dies könnte auftreten, wenn der Verkauf einer zahlungsmittelgenerierenden Einheit den Käufer verpflichtet, die Schuld zu übernehmen. In diesem Fall setzt sich der beizulegende Zeitwert abzüglich der Verkaufskosten (oder die geschätzten Cashflows aus dem endgültigen Abgang) einer zahlungsmittelgenerierenden Einheit aus dem geschätzten Verkaufspreis der Vermögenswerte der zahlungsmittelgenerierenden Einheit und der Schuld zusammen, nach Abzug der Veräußerungskosten. Um einen aussagekräftigen Vergleich zwischen dem Buchwert einer zahlungsmittelgenerierenden Einheit und ihrem

Cash-generating units shall be identified consistently from period to period for the same asset or types of assets, unless a change is justified.   72

If an entity determines that an asset belongs to a cash-generating unit different from that in previous periods, or that the types of assets aggregated for the asset's cash-generating unit have changed, paragraph 130 requires disclosures about the cash-generating unit, if an impairment loss is recognised or reversed for the cash-generating unit.   73

Recoverable Amount and Carrying Amount of a Cash-generating Unit

The recoverable amount of a cash-generating unit is the higher of the cash-generating unit's fair value less costs to sell and its value in use. For the purpose of determining the recoverable amount of a cash-generating unit, any reference in paragraphs 19—57 to 'an asset' is read as a reference to 'a cash-generating unit'.   74

The carrying amount of a cash-generating unit shall be determined on a basis consistent with the way the recoverable amount of the cash-generating unit is determined.   75

The carrying amount of a cash-generating unit: 76
(a) includes the carrying amount of only those assets that can be attributed directly, or allocated on a reasonable and consistent basis, to the cash-generating unit and will generate the future cash inflows used in determining the cash-generating unit's value in use; and
(b) does not include the carrying amount of any recognised liability, unless the recoverable amount of the cash-generating unit cannot be determined without consideration of this liability.
This is because fair value less costs to sell and value in use of a cash-generating unit are determined excluding cash flows that relate to assets that are not part of the cash-generating unit and liabilities that have been recognised (see paragraphs 28 and 43).

When assets are grouped for recoverability assessments, it is important to include in the cash-generating unit all assets that generate or are used to generate the relevant stream of cash inflows. Otherwise, the cash-generating unit may appear to be fully recoverable when in fact an impairment loss has occurred. In some cases, although some assets contribute to the estimated future cash flows of a cash-generating unit, they cannot be allocated to the cash-generating unit on a reasonable and consistent basis. This might be the case for goodwill or corporate assets such as head office assets. Paragraphs 80—103 explain how to deal with these assets in testing a cash-generating unit for impairment.   77

It may be necessary to consider some recognised liabilities to determine the recoverable amount of a cash-generating unit. This may occur if the disposal of a cash-generating unit would require the buyer to assume the liability. In this case, the fair value less costs to sell (or the estimated cash flow from ultimate disposal) of the cash-generating unit is the estimated selling price for the assets of the cash-generating unit and the liability together, less the costs of disposal. To perform a meaningful comparison between the carrying amount of the cash-generating unit and its recoverable amount, the carrying amount of the liability is deducted in determining both the cash-generating unit's value in use and its carrying amount.   78

IAS 36

erzielbaren Betrag anzustellen, wird der Buchwert der Schuld bei der Bestimmung beider Werte, also sowohl des Nutzungswertes als auch des Buchwertes der zahlungsmittelgenerierenden Einheit, abgezogen.

> **Beispiel**
>
> Eine Gesellschaft betreibt ein Bergwerk in einem Staat, in dem der Eigentümer gesetzlich verpflichtet ist, den Bereich der Förderung nach Beendigung der Abbautätigkeiten wiederherzustellen. Die Instandsetzungsaufwendungen schließen die Wiederherstellung der Oberfläche mit ein, welche entfernt werden musste, bevor die Abbautätigkeiten beginnen konnten. Eine Rückstellung für die Aufwendungen für die Wiederherstellung der Oberfläche wurde zu dem Zeitpunkt der Entfernung der Oberfläche angesetzt. Der bereitgestellte Betrag wurde als Teil der Anschaffungskosten des Bergwerks erfasst und über die Nutzungsdauer des Bergwerks abgeschrieben. Der Buchwert der Rückstellung für die Wiederherstellungskosten beträgt 500 WE[3], dies entspricht dem Barwert der Wiederherstellungskosten.
>
> Das Unternehmen überprüft das Bergwerk auf eine Wertminderung. Die zahlungsmittelgenerierende Einheit des Bergwerkes ist das Bergwerk als Ganzes. Das Unternehmen hat verschiedene Kaufangebote für das Bergwerk zu einem Preis von 800 WE erhalten. Dieser Preis berücksichtigt die Tatsache, dass der Käufer die Verpflichtung zur Wiederherstellung der Oberfläche übernehmen wird. Die Verkaufskosten für das Bergwerk sind unbedeutend. Der Nutzungswert des Bergwerkes beträgt annähernd 1 200 WE, ohne die Wiederherstellungskosten. Der Buchwert des Bergwerkes beträgt 1 000 WE.
>
> *Der beizulegende Zeitwert abzüglich der Verkaufskosten beträgt für die zahlungsmittelgenerierende Einheit 800 WE. Dieser Wert berücksichtigt die Wiederherstellungskosten, die bereits bereitgestellt worden sind. Infolgedessen wird der Nutzungswert der zahlungsmittelgenerierenden Einheit nach der Berücksichtigung der Wiederherstellungskosten bestimmt und auf 700 WE geschätzt (1 200 WE minus 500 WE). Der Buchwert der zahlungsmittelgenerierenden Einheit beträgt 500 WE, dies entspricht dem Buchwert des Bergwerkes (1 000 WE), nach Abzug des Buchwertes der Rückstellungen für die Wiederherstellungskosten (500 WE). Der erzielbare Betrag der zahlungsmittelgenerierenden Einheit ist also höher als ihr Buchwert.*

79 Aus praktischen Gründen wird der erzielbare Betrag einer zahlungsmittelgenerierenden Einheit manchmal nach Berücksichtigung der Vermögenswerte bestimmt, die nicht Teil der zahlungsmittelgenerierenden Einheit sind (beispielsweise Forderungen oder anderes Finanzvermögen) oder bereits erfasste Schulden (beispielsweise Verbindlichkeiten, Pensionen und andere Rückstellungen). In diesen Fällen wird der Buchwert der zahlungsmittelgenerierenden Einheit um den Buchwert solcher Vermögenswerte erhöht und um den Buchwert solcher Schulden vermindert.

Geschäfts- oder Firmenwert

Zuordnung von Geschäfts- oder Firmenwert zu zahlungsmittelgenerierenden Einheiten

80 Zum Zweck der Überprüfung auf eine Wertminderung muss ein Geschäfts- oder Firmenwert, der bei einem Unternehmenszusammenschluss erworben wurde, vom Übernahmetag an jeder der zahlungsmittelgenerierenden Einheiten bzw. Gruppen von zahlungsmittelgenerierenden Einheiten des erwerbenden Unternehmens, die aus den Synergien des Zusammenschlusses Nutzen ziehen sollen, zugeordnet werden, unabhängig davon ob andere Vermögenswerte oder Schulden des erwerbenden Unternehmens diesen Einheiten oder Gruppen von Einheiten bereits zugewiesen worden sind. Jede Einheit oder Gruppe von Einheiten, zu der der Geschäfts- oder Firmenwert so zugeordnet worden ist,
  (a) hat die niedrigste Ebene innerhalb des Unternehmens darzustellen, zu der der Geschäfts- oder Firmenwert für interne Managementzwecke überwacht wird; und
  (b) darf nicht größer sein als ein Geschäftssegment, wie es gemäß IFRS 8 *Geschäftssegmente* festgelegt ist.

81 Der bei einem Unternehmenszusammenschluss erworbene Geschäfts- oder Firmenwert stellt eine Zahlung dar, die ein Erwerber in der Erwartung künftigen wirtschaftlichen Nutzens von Vermögenswerten, die nicht einzeln identifiziert oder getrennt erfasst werden können, geleistet hat. Der Geschäfts- oder Firmenwert erzeugt keine Cashflows, die unabhängig von anderen Vermögenswerten oder Gruppen von Vermögenswerten sind, und trägt oft zu den Cashflows von mehreren zahlungsmittelgenerierenden Einheiten bei. Der Geschäfts- oder Firmenwert kann nicht unwillkürlich zu einzelnen zahlungsmittelgenerierenden Einheiten sondern nur zu Gruppen von zahlungsmittelgenerierenden Einheiten zugeordnet werden. Daraus folgt, dass die niedrigste Ebene innerhalb der Einheit, auf der der Geschäfts- oder Firmenwert für interne Managementzwecke überwacht wird, manchmal mehrere zahlungsmittelgenerierende Einheiten umfasst, auf die sich der Geschäfts- oder Firmenwert

---

3 In diesem Standard werden Geldbeträge in „Währungseinheiten" (WE) angegeben.

> **Example**
>
> A company operates a mine in a country where legislation requires that the owner must restore the site on completion of its mining operations. The cost of restoration includes the replacement of the overburden, which must be removed before mining operations commence. A provision for the costs to replace the overburden was recognised as soon as the overburden was removed. The amount provided was recognised as part of the cost of the mine and is being depreciated over the mine's useful life. The carrying amount of the provision for restoration costs is CU500,[3] which is equal to the present value of the restoration costs.
> The entity is testing the mine for impairment. The cash-generating unit for the mine is the mine as a whole. The entity has received various offers to buy the mine at a price of around CU800. This price reflects the fact that the buyer will assume the obligation to restore the overburden. Disposal costs for the mine are negligible. The value in use of the mine is approximately CU1.200, excluding restoration costs. The carrying amount of the mine is CU1 000.
>
> *The cash-generating unit's fair value less costs to sell is CU800. This amount considers restoration costs that have already been provided for. As a consequence, the value in use for the cash-generating unit is determined after consideration of the restoration costs and is estimated to be CU700 (CU1.200 less CU500). The carrying amount of the cash-generating unit is CU500, which is the carrying amount of the mine (CU1.000) less the carrying amount of the provision for restoration costs (CU500). Therefore, the recoverable amount of the cash-generating unit exceeds its carrying amount.*

79 For practical reasons, the recoverable amount of a cash-generating unit is sometimes determined after consideration of assets that are not part of the cash-generating unit (for example, receivables or other financial assets) or liabilities that have been recognised (for example, payables, pensions and other provisions). In such cases, the carrying amount of the cash-generating unit is increased by the carrying amount of those assets and decreased by the carrying amount of those liabilities.

Goodwill

Allocating Goodwill to Cash-generating Units

80 For the purpose of impairment testing, goodwill acquired in a business combination shall, from the acquisition date, be allocated to each of the acquirer's cash-generating units, or groups of cash-generating units, that are expected to benefit from the synergies of the combination, irrespective of whether other assets or liabilities of the acquiree are assigned to those units or groups of units. Each unit or group of units to which the goodwill is so allocated shall:
(a) represent the lowest level within the entity at which the goodwill is monitored for internal management purposes; and
(b) not be larger than an operating segment determined in accordance with IFRS 8 *Operating Segments*.

81 Goodwill acquired in a business combination represents a payment made by an acquirer in anticipation of future economic benefits from assets that are not capable of being individually identified and separately recognised. Goodwill does not generate cash flows independently of other assets or groups of assets, and often contributes to the cash flows of multiple cash-generating units. Goodwill sometimes cannot be allocated on a non-arbitrary basis to individual cash-generating units, but only to groups of cash-generating units. As a result, the lowest level within the entity at which the goodwill is monitored for internal management purposes sometimes comprises a number of cash-generating units to which the goodwill relates, but to which it cannot be allocated. References in paragraphs 83—99 to a cash-generating unit to which goodwill is allocated should be read as references also to a group of cash-generating units to which goodwill is allocated.

---
3 In this Standard, monetary amounts are denominated in 'currency units' (CU).

bezieht, zu denen er jedoch nicht zugeordnet werden kann. Die in den Paragraphen 83–99 aufgeführten Verweise auf eine zahlungsmittelgenerierende Einheit, zu der ein Geschäfts- oder Firmenwert zugeordnet ist, sind ebenso als Verweise auf eine Gruppe von zahlungsmittelgenerierenden Einheiten, zu der ein Geschäfts- oder Firmenwert zugeordnet ist, zu verstehen.

82 Die Anwendung der Anforderungen in Paragraph 80 führt dazu, dass der Geschäfts- oder Firmenwert auf einer Ebene auf eine Wertminderung überprüft wird, die die Art und Weise der Führung der Geschäftstätigkeit der Einheit widerspiegelt, mit der der Geschäfts- oder Firmenwert natürlich verbunden wäre. Die Entwicklung zusätzlicher Berichtssysteme ist daher selbstverständlich nicht erforderlich.

83 Eine zahlungsmittelgenerierende Einheit, zu der ein Geschäfts- oder Firmenwert zwecks Überprüfung auf eine Wertminderung zugeordnet ist, fällt eventuell nicht mit der Einheit zusammen, zu der der Geschäfts- oder Firmenwert gemäß IAS 21 *Auswirkungen von Änderungen der Wechselkurse* für die Bewertung von Währungsgewinnen/-verlusten zugeordnet ist. Wenn IAS 21 von einer Einheit beispielsweise verlangt, dass der Geschäfts- oder Firmenwert für die Bewertung von Fremdwährungsgewinnen und -verlusten einer relativ niedrigen Ebene zugeordnet wird, wird damit nicht verlangt, dass die Überprüfung auf eine Wertminderung des Geschäfts- oder Firmenwertes auf der selben Ebene zu erfolgen hat, es sei denn, der Geschäfts- oder Firmenwert wird auch auf dieser Ebene für interne Managementzwecke überwacht.

84 **Wenn die erstmalige Zuordnung eines bei einem Unternehmenszusammenschluss erworbenen Geschäfts- oder Firmenwertes nicht vor Ende der Berichtsperiode, in der der Unternehmenszusammenschluss stattfand, erfolgen kann, muss die erstmalige Zuordnung vor dem Ende der ersten Berichtsperiode, die nach dem Erwerbsdatum beginnt, erfolgt sein.**

85 Wenn die erstmalige Bilanzierung für einen Unternehmenszusammenschluss am Ende der Berichtsperiode, in der der Zusammenschluss stattfand, nur provisorisch festgestellt werden kann, hat das erwerbende Unternehmen gemäß IFRS 3 *Unternehmenszusammenschlüsse*:
(a) mit jenen provisorischen Werten die Bilanz für den Zusammenschluss zu erstellen; und
(b) alle Anpassungen dieser provisorischen Werte infolge der Fertigstellung der ersten Bilanzierung innerhalb von zwölf Monaten nach dem Erwerbsdatum zu erfassen.

Unter diesen Umständen könnte es auch nicht möglich sein, die erstmalige Zuordnung des bei dem Zusammenschluss erworbenen Geschäfts- oder Firmenwertes vor dem Ende der Berichtsperiode, in der der Zusammenschluss stattfand, fertig zu stellen. Wenn dies der Fall ist, gibt das Unternehmen die in Paragraph 133 geforderten Informationen an.

86 **Wenn ein Geschäfts- oder Firmenwert einer zahlungsmittelgenerierenden Einheit zugeordnet wurde, und das Unternehmen einen Geschäftsbereich dieser Einheit veräußert, so ist der mit diesem veräußerten Geschäftsbereich verbundene Geschäfts- oder Firmenwert:**
(a) **bei der Feststellung des Gewinnes oder Verlustes aus der Veräußerung im Buchwert des Geschäftsbereiches enthalten; und**
(b) **auf der Grundlage der relativen Werte des veräußerten Geschäftsbereiches und dem Teil der zurückbehaltenen zahlungsmittelgenerierenden Einheit zu bewerten, es sei denn, das Unternehmen kann beweisen, dass eine andere Methode den mit dem veräußerten Geschäftsbereich verbundenen Geschäfts- oder Firmenwert besser widerspiegelt.**

> **Beispiel**
>
> Ein Unternehmen verkauft für 100 WE einen Geschäftsbereich, der Teil einer zahlungsmittelgenerierenden Einheit war, zu der ein Geschäfts- oder Firmenwert zugeordnet worden ist. Der zu der Einheit zugeordnete Geschäfts- oder Firmenwert kann nicht identifiziert oder mit einer Gruppe von Vermögenswerten auf einer niedrigeren Ebene als dieser Einheit verbunden werden, außer willkürlich. Der erzielbare Betrag des Teils der zurückbehaltenen zahlungsmittelgenerierenden Einheit beträgt 300 WE:
>
> *Da der zur zahlungsmittelgenerierenden Einheit zugeordnete Geschäfts- oder Firmenwert nicht unwillkürlich identifiziert oder mit einer Gruppe von Vermögenswerten auf einer niedrigeren Ebene als dieser Einheit verbunden werden kann, wird der mit diesem veräußerten Geschäftsbereich verbundene Geschäfts- oder Firmenwert auf der Grundlage der relativen Werte des veräußerten Geschäftsbereiches und dem Teil der zurückbehaltenen Einheit bewertet. 25 Prozent des zur zahlungsmittelgenerierenden Einheit zugeordneten Geschäfts- oder Firmenwertes sind deshalb im Buchwert des verkauften Geschäftsbereiches enthalten.*

Applying the requirements in paragraph 80 results in goodwill being tested for impairment at a level that reflects the way an entity manages its operations and with which the goodwill would naturally be associated. Therefore, the development of additional reporting systems is typically not necessary. 82

A cash-generating unit to which goodwill is allocated for the purpose of impairment testing may not coincide with the level at which goodwill is allocated in accordance with IAS 21 *The Effects of Changes in Foreign Exchange Rates* for the purpose of measuring foreign currency gains and losses. For example, if an entity is required by IAS 21 to allocate goodwill to relatively low levels for the purpose of measuring foreign currency gains and losses, it is not required to test the goodwill for impairment at that same level unless it also monitors the goodwill at that level for internal management purposes. 83

If the initial allocation of goodwill acquired in a business combination cannot be completed before the end of the annual period in which the business combination is effected, that initial allocation shall be completed before the end of the first annual period beginning after the acquisition date. 84

In accordance with IFRS 3 *Business Combinations*, if the initial accounting for a business combination can be determined only provisionally by the end of the period in which the combination is effected, the acquirer: 85
(a) accounts for the combination using those provisional values; and
(b) recognises any adjustments to those provisional values as a result of completing the initial accounting within twelve months of the acquisition date.
In such circumstances, it might also not be possible to complete the initial allocation of the goodwill acquired in the combination before the end of the annual period in which the combination is effected. When this is the case, the entity discloses the information required by paragraph 133.

If goodwill has been allocated to a cash-generating unit and the entity disposes of an operation within that unit, the goodwill associated with the operation disposed of shall be: 86
(a) included in the carrying amount of the operation when determining the gain or loss on disposal; and
(b) measured on the basis of the relative values of the operation disposed of and the portion of the cash-generating unit retained, unless the entity can demonstrate that some other method better reflects the goodwill associated with the operation disposed of.

> Example
>
> An entity sells for CU100 an operation that was part of a cash-generating unit to which goodwill has been allocated. The goodwill allocated to the unit cannot be identified or associated with an asset group at a level lower than that unit, except arbitrarily. The recoverable amount of the portion of the cash-generating unit retained is CU300.
>
> *Because the goodwill allocated to the cash-generating unit cannot be non-arbitrarily identified or associated with an asset group at a level lower than that unit, the goodwill associated with the operation disposed of is measured on the basis of the relative values of the operation disposed of and the portion of the unit retained. Therefore, 25 per cent of the goodwill allocated to the cash-generating unit is included in the carrying amount of the operation that is sold.*

87 Wenn ein Unternehmen seine Berichtsstruktur in einer Art reorganisiert, die die Zusammensetzung einer oder mehrerer zahlungsmittelgenerierender Einheiten, zu denen ein Geschäfts- oder Firmenwert zugeordnet ist, ändert, muss der Geschäfts- oder Firmenwert zu den Einheiten neu zugeordnet werden. Diese Neuzuordnung hat unter Anwendung eines relativen Wertansatzes zu erfolgen, der ähnlich dem ist, der verwendet wird, wenn ein Unternehmen einen Geschäftsbereich innerhalb einer zahlungsmittelgenerierenden Einheit veräußert, es sei denn, das Unternehmen kann beweisen, dass eine andere Methode den mit den reorganisierten Einheiten verbundenen Geschäfts- oder Firmenwert besser widerspiegelt.

> **Beispiel**
>
> Der Geschäfts- oder Firmenwert wurde bisher zur zahlungsmittelgenerierenden Einheit A zugeordnet. Der zu A zugeordnete Geschäfts- oder Firmenwert kann nicht identifiziert oder mit einer Gruppe von Vermögenswerten auf einer niedrigeren Ebene als A verbunden werden, außer willkürlich. A muss geteilt und in drei andere zahlungsmittelgenerierende Einheiten, B, C und D, integriert werden.
>
> *Da der zu A zugeordnete Geschäfts- oder Firmenwert nicht unwillkürlich identifiziert oder mit einer Gruppe von Vermögenswerten auf einer niedrigeren Ebene als A verbunden werden kann, wird er auf der Grundlage der relativen Werte der drei Teile von A, bevor diese Teile in B, C und D integriert werden, zu den Einheiten B, C und D neu zugeordnet.*

Überprüfung von zahlungsmittelgenerierenden Einheiten mit einem Geschäfts- oder Firmenwert auf eine Wertminderung

88 Wenn sich der Geschäfts- oder Firmenwert, wie in Paragraph 81 beschrieben, auf eine zahlungsmittelgenerierende Einheit bezieht, dieser jedoch nicht zugeordnet ist, so ist die Einheit auf eine Wertminderung hin zu prüfen, wann immer es einen Anhaltspunkt gibt, dass die Einheit wertgemindert sein könnte, indem der Buchwert der Einheit ohne den Geschäfts- oder Firmenwert mit dem erzielbaren Betrag verglichen wird. Jeder Wertminderungsaufwand ist gemäß Paragraph 104 zu erfassen.

89 Wenn eine zahlungsmittelgenerierende Einheit, wie in Paragraph 88 beschrieben, einen immateriellen Vermögenswert mit einer unbegrenzten Nutzungsdauer, oder der noch nicht gebrauchsfähig ist, einschließt, und wenn dieser Vermögenswert nur als Teil der zahlungsmittelgenerierenden Einheit auf eine Wertminderung hin geprüft werden kann, so verlangt Paragraph 10, dass diese Einheit auch jährlich auf Wertminderung geprüft wird.

90 Eine zahlungsmittelgenerierende Einheit, der ein Geschäfts- oder Firmenwert zugeordnet worden ist, ist jährlich und, wann immer es einen Anhaltspunkt gibt, dass die Einheit wertgemindert sein könnte, zu prüfen, indem der Buchwert der Einheit, einschließlich des Geschäfts- oder Firmenwertes, mit dem erzielbaren Betrag verglichen wird. Wenn der erzielbare Betrag der Einheit höher ist als ihr Buchwert, so sind die Einheit und der ihr zugeordnete Geschäfts- oder Firmenwert als nicht wertgemindert anzusehen. Wenn der Buchwert der Einheit höher ist als ihr erzielbarer Betrag, so hat das Unternehmen den Wertminderungsaufwand gemäß Paragraph 104 zu erfassen.

Minderheitsanteile

91 Der bei einem Unternehmenszusammenschluss erfasste Geschäfts- oder Firmenwert stellt gemäß IFRS 3 den Geschäfts- oder Firmenwert dar, der von einem Mutterunternehmen eher aufgrund der Beteiligung des Mutterunternehmens erworben wurde als aufgrund des Betrags des Geschäfts- oder Firmenwertes, der infolge des Unternehmenszusammenschlusses vom Mutterunternehmen beherrscht wird. Der einem Minderheitsanteil zurechenbare Geschäfts- oder Firmenwert wird daher nicht im Konzernabschluss des Mutterunternehmens erfasst. Wenn es einen Minderheitsanteil an einer zahlungsmittelgenerierenden Einheit gibt, zu der ein Geschäfts- oder Firmenwert zugeordnet ist, enthält der Buchwert dieser Einheit demzufolge:
(a) sowohl die Anteile des Mutterunternehmens als auch die Minderheitsanteile am identifizierbaren Nettovermögen der Einheit; und
(b) die Anteile des Mutterunternehmens am Geschäfts- oder Firmenwert.
Ein nach diesem Standard bestimmter Teil des erzielbaren Betrags der zahlungsmittelgenerierenden Einheit wird jedoch dem Minderheitsanteil an dem Geschäfts- oder Firmenwert zugerechnet.

92 Zum Zweck der Prüfung auf Wertminderung einer zahlungsmittelgenerierenden Einheit mit einem Geschäfts- oder Firmenwert, die nicht vollständig im Besitz eines Mutterunternehmens ist, wird folglich der Buchwert fiktiv berichtigt, ehe er mit dem erzielbaren Betrag verglichen wird. Dies wird erreicht, indem der Bruttobetrag des Buchwertes des zur Einheit zugeordneten Geschäfts- oder Firmenwertes ermittelt wird, um den dem

If an entity reorganises its reporting structure in a way that changes the composition of one or more cash-generating units to which goodwill has been allocated, the goodwill shall be reallocated to the units affected. This reallocation shall be performed using a relative value approach similar to that used when an entity disposes of an operation within a cash-generating unit, unless the entity can demonstrate that some other method better reflects the goodwill associated with the reorganised units. 87

> **Example**
>
> Goodwill had previously been allocated to cash-generating unit A. The goodwill allocated to A cannot be identified or associated with an asset group at a level lower than A, except arbitrarily. A is to be divided and integrated into three other cash-generating units, B, C and D.
>
> *Because the goodwill allocated to A cannot be non-arbitrarily identified or associated with an asset group at a level lower than A, it is reallocated to units B, C and D on the basis of the relative values of the three portions of A before those portions are integrated with B, C and D.*

Testing Cash-generating Units with Goodwill for Impairment

When, as described in paragraph 81, goodwill relates to a cash-generating unit but has not been allocated to that unit, the unit shall be tested for impairment, whenever there is an indication that the unit may be impaired, by comparing the unit's carrying amount, excluding any goodwill, with its recoverable amount. Any impairment loss shall be recognised in accordance with paragraph 104. 88

If a cash-generating unit described in paragraph 88 includes in its carrying amount an intangible asset that has an indefinite useful life or is not yet available for use and that asset can be tested for impairment only as part of the cash-generating unit, paragraph 10 requires the unit also to be tested for impairment annually. 89

A cash-generating unit to which goodwill has been allocated shall be tested for impairment annually, and whenever there is an indication that the unit may be impaired, by comparing the carrying amount of the unit, including the goodwill, with the recoverable amount of the unit. If the recoverable amount of the unit exceeds the carrying amount of the unit, the unit and the goodwill allocated to that unit shall be regarded as not impaired. If the carrying amount of the unit exceeds the recoverable amount of the unit, the entity shall recognise the impairment loss in accordance with paragraph 104. 90

Minority Interest

In accordance with IFRS 3, goodwill recognised in a business combination represents the goodwill acquired by a parent based on the parent's ownership interest, rather than the amount of goodwill controlled by the parent as a result of the business combination. Therefore, goodwill attributable to a minority interest is not recognised in the parent's consolidated financial statements. Accordingly, if there is a minority interest in a cash-generating unit to which goodwill has been allocated, the carrying amount of that unit comprises: 91
(a) both the parent's interest and the minority interest in the identifiable net assets of the unit; and
(b) the parent's interest in goodwill.
However, part of the recoverable amount of the cash-generating unit determined in accordance with this Standard is attributable to the minority interest in goodwill.

Consequently, for the purpose of impairment testing a non-wholly-owned cash-generating unit with goodwill, the carrying amount of that unit is notionally adjusted, before being compared with its recoverable amount. This is accomplished by grossing up the carrying amount of goodwill allocated to the unit to include the goodwill attributable to the minority interest. This notionally adjusted carrying amount is then compared with 92

IAS 36

Minderheitsanteil zuzurechnenden Geschäfts- oder Firmenwert einzuschließen. Der fiktiv berichtete Buchwert wird dann mit dem erzielbaren Betrag der Einheit verglichen, um zu bestimmen, ob die zahlungsmittelgenerierende Einheit wertgemindert ist. Wenn dem so ist, dann nimmt das Unternehmen eine Zuordnung des Wertminderungsaufwands gemäß Paragraph 104 vor, um zuerst den Buchwert des zur Einheit zugeordneten Geschäfts- oder Firmenwertes zu reduzieren.

93 Da der Geschäfts- oder Firmenwert jedoch nur entsprechend der Beteiligung des Mutterunternehmens erfasst wird, wird jeder Wertminderungsaufwand bezüglich des Geschäfts- oder Firmenwertes zwischen dem Teil, der dem Mutterunternehmen zuzurechnen ist, und demjenigen, der dem Minderheitsanteil zuzurechnen ist, aufgeteilt, wobei nur der erstere als Wertminderungsaufwand des Geschäfts- oder Firmenwertes erfasst wird.

94 Wenn der gesamte Wertminderungsaufwand, der sich auf den Geschäfts- oder Firmenwert bezieht, niedriger ist als der Betrag, durch den der fiktiv berichtete Buchwert der zahlungsmittelgenerierenden Einheit seinen erzielbaren Betrag überschreitet, verlangt Paragraph 104, dass der restliche Überhang den anderen Vermögenswerten der Einheit anteilig zugeordnet wird, basierend auf dem Buchwert jedes Vermögenswertes dieser Einheit.

95 Das erläuternde Beispiel 7 veranschaulicht die Prüfung auf Wertminderung einer zahlungsmittelgenerierenden Einheit mit einem Geschäfts- oder Firmenwert, die kein hundertprozentiges Tochterunternehmen ist.

Zeitpunkt der Prüfungen auf Wertminderung

96 **Die jährliche Prüfung auf Wertminderung für zahlungsmittelgenerierende Einheiten mit zugeordnetem Geschäfts- oder Firmenwert kann im Laufe der Berichtsperiode jederzeit durchgeführt werden, vorausgesetzt, dass die Prüfung immer zur gleichen Zeit jedes Jahr stattfindet. Verschiedene zahlungsmittelgenerierende Einheiten können zu unterschiedlichen Zeiten auf Wertminderung geprüft werden. Wenn einige oder alle Geschäfts- oder Firmenwerte, die einer zahlungsmittelgenerierenden Einheit zugeordnet sind, bei einem Unternehmenszusammenschluss im Laufe der gegenwärtigen Berichtsperiode erworben wurden, so ist diese Einheit auf Wertminderung vor Ablauf der aktuellen Berichtsperiode zu überprüfen.**

97 Wenn die Vermögenswerte, aus denen die zahlungsmittelgenerierende Einheit besteht, zu der der Geschäfts- oder Firmenwert zugeordnet worden ist, zur selben Zeit auf Wertminderung geprüft werden wie die Einheit, die den Geschäfts- oder Firmenwert enthält, so sind sie vor der den Geschäfts- oder Firmenwert enthaltenen Einheit zu überprüfen. Ähnlich ist es, wenn die zahlungsmittelgenerierenden Einheiten, aus denen eine Gruppe von zahlungsmittelgenerierenden Einheiten besteht, zu der der Geschäfts- oder Firmenwert zugeordnet worden ist, zur selben Zeit auf Wertminderung geprüft werden wie die Gruppe von Einheiten, die den Geschäfts- oder Firmenwert enthält, so sind die einzelnen Einheiten vor der den Geschäfts- oder Firmenwert enthaltenen Gruppe von Einheiten zu überprüfen.

98 Zum Zeitpunkt der Prüfung auf Wertminderung einer zahlungsmittelgenerierenden Einheit, der ein Geschäfts- oder Firmenwert zugeordnet worden ist, könnte es einen Anhaltspunkt auf eine Wertminderung bei einem Vermögenswert innerhalb der Einheit, die den Geschäfts- oder Firmenwert enthält, geben. Unter diesen Umständen prüft das Unternehmen zuerst den Vermögenswert auf eine Wertminderung und erfasst jeglichen Wertminderungsaufwand für diesen Vermögenswert, ehe es die den Geschäfts- oder Firmenwert enthaltende zahlungsmittelgenerierende Einheit auf eine Wertminderung überprüft. Entsprechend könnte es einen Anhaltspunkt auf eine Wertminderung bei einer zahlungsmittelgenerierenden Einheit innerhalb einer Gruppe von Einheiten, die den Geschäfts- oder Firmenwert enthält, geben. Unter diesen Umständen prüft das Unternehmen zuerst die zahlungsmittelgenerierende Einheit auf eine Wertminderung und erfasst jeglichen Wertminderungsaufwand für diese Einheit, ehe es die Gruppe von Einheiten, der der Geschäfts- oder Firmenwert zugeordnet ist, auf eine Wertminderung überprüft.

99 Die jüngste ausführliche Berechnung des erzielbaren Betrages einer zahlungsmittelgenerierenden Einheit, der ein Geschäfts- oder Firmenwert zugeordnet worden ist, der in einer vorhergehenden Berichtsperiode ermittelt wurde, kann für die Überprüfung dieser Einheit auf Wertminderung in der aktuellen Berichtsperiode benutzt werden, vorausgesetzt, dass alle folgenden Kriterien erfüllt sind:
(a) die Vermögenswerte und Schulden, die diese Einheit bilden, haben sich seit der letzten Berechnung des erzielbaren Betrages nicht wesentlich geändert;
(b) die letzte Berechnung des erzielbaren Betrages ergab einen Betrag, der den Buchwert der Einheit wesentlich überstieg; und
(c) auf der Grundlage einer Analyse der seit der letzten Berechnung des erzielbaren Betrages aufgetretenen Ereignisse und geänderten Umstände ist die Wahrscheinlichkeit, dass bei einer aktuellen Ermittlung der erzielbare Betrag niedriger als der aktuelle Buchwert des Vermögenswertes sein würde, äußerst gering.

the recoverable amount of the unit to determine whether the cash-generating unit is impaired. If it is, the entity allocates the impairment loss in accordance with paragraph 104 first to reduce the carrying amount of goodwill allocated to the unit.

However, because goodwill is recognised only to the extent of the parent's ownership interest, any impairment loss relating to the goodwill is apportioned between that attributable to the parent and that attributable to the minority interest, with only the former being recognised as a goodwill impairment loss. 93

If the total impairment loss relating to goodwill is less than the amount by which the notionally adjusted carrying amount of the cash-generating unit exceeds its recoverable amount, paragraph 104 requires the remaining excess to be allocated to the other assets of the unit pro rata on the basis of the carrying amount of each asset in the unit. 94

Illustrative Example 7 illustrates the impairment testing of a nonwholly-owned cash-generating unit with goodwill. 95

Timing of Impairment Tests

The annual impairment test for a cash-generating unit to which goodwill has been allocated may be performed at any time during an annual period, provided the test is performed at the same time every year. Different cash-generating units may be tested for impairment at different times. However, if some or all of the goodwill allocated to a cash-generating unit was acquired in a business combination during the current annual period, that unit shall be tested for impairment before the end of the current annual period. 96

If the assets constituting the cash-generating unit to which goodwill has been allocated are tested for impairment at the same time as the unit containing the goodwill, they shall be tested for impairment before the unit containing the goodwill. Similarly, if the cash-generating units constituting a group of cash-generating units to which goodwill has been allocated are tested for impairment at the same time as the group of units containing the goodwill, the individual units shall be tested for impairment before the group of units containing the goodwill. 97

At the time of impairment testing a cash-generating unit to which goodwill has been allocated, there may be an indication of an impairment of an asset within the unit containing the goodwill. In such circumstances, the entity tests the asset for impairment first, and recognises any impairment loss for that asset before testing for impairment the cash-generating unit containing the goodwill. Similarly, there may be an indication of an impairment of a cash-generating unit within a group of units containing the goodwill. In such circumstances, the entity tests the cash-generating unit for impairment first, and recognises any impairment loss for that unit, before testing for impairment the group of units to which the goodwill is allocated. 98

The most recent detailed calculation made in a preceding period of the recoverable amount of a cash-generating unit to which goodwill has been allocated may be used in the impairment test of that unit in the current period provided all of the following criteria are met: 99
(a) the assets and liabilities making up the unit have not changed significantly since the most recent recoverable amount calculation;
(b) the most recent recoverable amount calculation resulted in an amount that exceeded the carrying amount of the unit by a substantial margin; and
(c) based on an analysis of events that have occurred and circumstances that have changed since the most recent recoverable amount calculation, the likelihood that a current recoverable amount determination would be less than the current carrying amount of the unit is remote.

IAS 36

Gemeinschaftliche Vermögenswerte

100 Gemeinschaftliche Vermögenswerte umfassen Vermögenswerte des Konzerns oder einzelner Unternehmensbereiche, wie das Gebäude der Hauptverwaltung oder eines Geschäftsbereiches, EDV-Ausrüstung oder ein Forschungszentrum. Die Struktur eines Unternehmens bestimmt, ob ein Vermögenswert die Definition dieses Standards für gemeinschaftliche Vermögenswerte einer bestimmten zahlungsmittelgenerierenden Einheit erfüllt. Die charakteristischen Merkmale von gemeinschaftlichen Vermögenswerten sind, dass sie keine Mittelzuflüsse erzeugen, die unabhängig von anderen Vermögenswerten oder Gruppen von Vermögenswerten sind, und dass ihr Buchwert der zu prüfenden zahlungsmittelgenerierenden Einheit nicht vollständig zugeordnet werden kann.

101 Da gemeinschaftliche Vermögenswerte keine gesonderten Mittelzuflüsse erzeugen, kann der erzielbare Betrag eines einzelnen gemeinschaftlichen Vermögenswertes nicht bestimmt werden, sofern das Management nicht den Verkauf des Vermögenswertes beschlossen hat. Wenn daher ein Anhaltspunkt dafür vorliegt, dass ein gemeinschaftlicher Vermögenswert wertgemindert sein könnte, wird der erzielbare Betrag für die zahlungsmittelgenerierende Einheit oder die Gruppe von zahlungsmittelgenerierenden Einheiten bestimmt, zu der der gemeinschaftliche Vermögenswert gehört, der dann mit dem Buchwert dieser zahlungsmittelgenerierenden Einheit oder Gruppe von zahlungsmittelgenerierenden Einheiten verglichen wird. Jeglicher Wertminderungsaufwand ist gemäß Paragraph 104 zu erfassen.

102 Bei der Überprüfung einer zahlungsmittelgenerierenden Einheit auf eine Wertminderung hat ein Unternehmen alle gemeinschaftlichen Vermögenswerte zu bestimmen, die zu der zu prüfenden zahlungsmittelgenerierenden Einheit in Beziehung stehen. Wenn ein Teil des Buchwertes eines gemeinschaftlichen Vermögenswertes:
(a) auf einer vernünftigen und stetigen Basis dieser Einheit zugeordnet werden kann, hat das Unternehmen den Buchwert der Einheit, einschließlich des Teils des Buchwertes des gemeinschaftlichen Vermögenswertes, der der Einheit zugeordnet ist, mit deren erzielbaren Betrag zu vergleichen. Jeglicher Wertminderungsaufwand ist gemäß Paragraph 104 zu erfassen.
(b) nicht auf einer vernünftigen und stetigen Basis dieser Einheit zugeordnet werden kann, hat das Unternehmen:
   (i) den Buchwert der Einheit ohne den gemeinschaftlichen Vermögenswert mit deren erzielbaren Betrag zu vergleichen und jeglichen Wertminderungsaufwand gemäß Paragraph 104 zu erfassen;
   (ii) die kleinste Gruppe von zahlungsmittelgenerierenden Einheiten zu bestimmen, die die zu prüfende zahlungsmittelgenerierende Einheit einschließt und der ein Teil des Buchwertes des gemeinschaftlichen Vermögenswertes auf einer vernünftigen und stetigen Basis zugeordnet werden kann; und
   (iii) den Buchwert dieser Gruppe von zahlungsmittelgenerierenden Einheiten, einschließlich des Teils des Buchwertes des gemeinschaftlichen Vermögenswertes, der dieser Gruppe von Einheiten zugeordnet ist, mit dem erzielbaren Betrag der Gruppe von Einheiten zu vergleichen. Jeglicher Wertminderungsaufwand ist gemäß Paragraph 104 zu erfassen.

103 Das erläuternde Beispiel 8 veranschaulicht die Anwendung dieser Anforderungen an gemeinschaftliche Vermögenswerte.

Wertminderungsaufwand für eine zahlungsmittelgenerierende Einheit

104 Ein Wertminderungsaufwand ist dann, und nur dann, für eine zahlungsmittelgenerierende Einheit (die kleinste Gruppe von zahlungsmittelgenerierenden Einheiten, der ein Geschäfts- oder Firmenwert bzw. ein gemeinschaftlicher Vermögenswert zugeordnet worden ist) zu erfassen, wenn der erzielbare Betrag der Einheit (Gruppe von Einheiten) geringer ist als der Buchwert der Einheit (Gruppe von Einheiten). Der Wertminderungsaufwand ist folgendermaßen zu verteilen, um den Buchwert der Vermögenswerte der Einheit (Gruppe von Einheiten) in der folgenden Reihenfolge zu vermindern:
(a) zuerst den Buchwert jeglichen Geschäfts- oder Firmenwertes, der der zahlungsmittelgenerierenden Einheit (Gruppe von Einheiten) zugeordnet ist; und
(b) dann anteilig die anderen Vermögenswerte der Einheit (Gruppe von Einheiten) auf Basis der Buchwerte jedes einzelnen Vermögenswertes der Einheit (Gruppe von Einheiten).
Diese Verminderungen der Buchwerte sind als Wertminderungsaufwendungen für einzelne Vermögenswerte zu behandeln und gemäß Paragraph 60 zu erfassen.

Corporate Assets

Corporate assets include group or divisional assets such as the building of a headquarters or a division of the entity, EDP equipment or a research centre. The structure of an entity determines whether an asset meets this Standard's definition of corporate assets for a particular cash-generating unit. The distinctive characteristics of corporate assets are that they do not generate cash inflows independently of other assets or groups of assets and their carrying amount cannot be fully attributed to the cash-generating unit under review. 100

Because corporate assets do not generate separate cash inflows, the recoverable amount of an individual corporate asset cannot be determined unless management has decided to dispose of the asset. As a consequence, if there is an indication that a corporate asset may be impaired, recoverable amount is determined for the cash-generating unit or group of cash-generating units to which the corporate asset belongs, and is compared with the carrying amount of this cash-generating unit or group of cash-generating units. Any impairment loss is recognised in accordance with paragraph 104. 101

In testing a cash-generating unit for impairment, an entity shall identify all the corporate assets that relate to the cash-generating unit under review. If a portion of the carrying amount of a corporate asset: 102
(a) can be allocated on a reasonable and consistent basis to that unit, the entity shall compare the carrying amount of the unit, including the portion of the carrying amount of the corporate asset allocated to the unit, with its recoverable amount. Any impairment loss shall be recognised in accordance with paragraph 104.
(b) cannot be allocated on a reasonable and consistent basis to that unit, the entity shall:
   (i) compare the carrying amount of the unit, excluding the corporate asset, with its recoverable amount and recognise any impairment loss in accordance with paragraph 104;
   (ii) identify the smallest group of cash-generating units that includes the cash-generating unit under review and to which a portion of the carrying amount of the corporate asset can be allocated on a reasonable and consistent basis; and
   (iii) compare the carrying amount of that group of cash-generating units, including the portion of the carrying amount of the corporate asset allocated to that group of units, with the recoverable amount of the group of units. Any impairment loss shall be recognised in accordance with paragraph 104.

Illustrative Example 8 illustrates the application of these requirements to corporate assets. 103

Impairment Loss for a Cash-generating Unit

An impairment loss shall be recognised for a cash-generating unit (the smallest group of cash-generating units to which goodwill or a corporate asset has been allocated) if, and only if, the recoverable amount of the unit (group of units) is less than the carrying amount of the unit (group of units). The impairment loss shall be allocated to reduce the carrying amount of the assets of the unit (group of units) in the following order: 104
(a) first, to reduce the carrying amount of any goodwill allocated to the cash-generating unit (group of units); and
(b) then, to the other assets of the unit (group of units) pro rata on the basis of the carrying amount of each asset in the unit (group of units).

These reductions in carrying amounts shall be treated as impairment losses on individual assets and recognised in accordance with paragraph 60.

IAS 36

105 Bei der Zuordnung eines Wertminderungsaufwands gemäß Paragraph 104 darf ein Unternehmen den Buchwert eines Vermögenswertes nicht unter den höchsten der folgenden Werte vermindern:
(a) seinen beizulegenden Zeitwert abzüglich der Verkaufskosten (sofern bestimmbar);
(b) seinen Nutzungswert (sofern bestimmbar); und
(c) Null.
Der Betrag des Wertminderungsaufwands, der andernfalls dem Vermögenswert zugeordnet worden wäre, ist anteilig den anderen Vermögenswerten der Einheit (Gruppe von Einheiten) zuzuordnen.

106 Ist die Schätzung des erzielbaren Betrages jedes einzelnen Vermögenswertes der zahlungsmittelgenerierenden Einheit nicht durchführbar, verlangt dieser Standard eine willkürliche Zuordnung des Wertminderungsaufwands auf die Vermögenswerte der Einheit, mit Ausnahme des Geschäfts- oder Firmenwertes, da alle Vermögenswerte der zahlungsmittelgenerierenden Einheit zusammenarbeiten.

107 Wenn der erzielbare Betrag eines einzelnen Vermögenswertes nicht bestimmt werden kann (siehe Paragraph 67):
(a) wird ein Wertminderungsaufwand für den Vermögenswert erfasst, wenn dessen Buchwert größer ist als der höhere der beiden Beträge aus beizulegendem Zeitwert abzüglich der Verkaufskosten und dem Ergebnis der in den Paragraphen 104 und 105 beschriebenen Zuordnungsverfahren; und
(b) wird kein Wertminderungsaufwand für den Vermögenswert erfasst, wenn die damit verbundene zahlungsmittelgenerierende Einheit nicht wertgemindert ist. Dies gilt auch dann, wenn der beizulegende Zeitwert abzüglich der Verkaufskosten des Vermögenswertes unter dessen Buchwert liegt.

Beispiel

Eine Maschine wurde beschädigt, funktioniert aber noch, wenn auch nicht so gut wie vor der Beschädigung. Der beizulegende Zeitwert abzüglich der Verkaufskosten der Maschine ist geringer als deren Buchwert. Die Maschine erzeugt keine unabhängigen Mittelzuflüsse. Die kleinste identifizierbare Gruppe von Vermögenswerten, die die Maschine einschließt und die Mittelzuflüsse erzeugt, die weitestgehend unabhängig von den Mittelzuflüssen anderer Vermögenswerte sind, ist die Produktionslinie, zu der die Maschine gehört. Der erzielbare Betrag der Produktionslinie zeigt, dass die Produktionslinie als Ganzes nicht wertgemindert ist.
  Annahme 1: Die vom Management genehmigten Pläne/Vorhersagen enthalten keine Verpflichtung des Managements, die Maschine zu ersetzen.

Der erzielbare Betrag der Maschine allein kann nicht geschätzt werden, da der Nutzungswert der Maschine:
(a) von deren beizulegendem Zeitwert abzüglich der Verkaufskosten abweichen kann; und
(b) nur für die zahlungsmittelgenerierende Einheit, zu der die Maschine gehört (die Produktionslinie), bestimmt werden kann.

Die Produktionslinie ist nicht wertgemindert. Deshalb wird kein Wertminderungsaufwand für die Maschine erfasst. Dennoch kann es notwendig sein, dass das Unternehmen den Abschreibungszeitraum oder die Abschreibungsmethode für die Maschine neu fest- setzt. Vielleicht ist ein kürzerer Abschreibungszeitraum oder eine schnellere Abschreibungsmethode erforderlich, um die erwartete Restnutzungsdauer der Maschine oder den Verlauf, nach dem der wirtschaftliche Nutzen von dem Unternehmen voraussichtlich ver- braucht wird, widerzuspiegeln.
  Annahme 2: Die vom Management gebilligten Pläne/Vorhersagen enthalten eine Verpflichtung des Managements, die Maschine zu ersetzen und sie in naher Zukunft zu verkaufen. Die Cashflows aus der fortgesetzten Nutzung der Maschine bis zu ihrem Verkauf werden als unbedeutend eingeschätzt.

Der Nutzungswert der Maschine kann als nah an deren beizulegenden Zeitwert abzüglich der Verkaufskosten geschätzt werden. Der erzielbare Betrag der Maschine kann demzufolge bestimmt werden, und die zahlungsmittelgenerierende Einheit, zu der die Maschine gehört (d. h. die Produktionslinie), wird nicht berücksichtigt. Da der beizulegende Zeitwert abzüglich der Verkaufskosten der Maschine geringer ist als deren Buchwert, wird ein Wertminderungsaufwand für die Maschine erfasst.

108 Nach Anwendung der Anforderungen der Paragraphen 104 und 105 ist eine Schuld für jeden verbleibenden Restbetrag eines Wertminderungsaufwands einer zahlungsmittelgenerierenden Einheit dann, und nur dann, anzusetzen, wenn dies von einem anderen Standard verlangt wird.

IAS 36

In allocating an impairment loss in accordance with paragraph 104, an entity shall not reduce the carrying amount of an asset below the highest of: 105
(a) its fair value less costs to sell (if determinable);
(b) its value in use (if determinable); and
(c) zero.

The amount of the impairment loss that would otherwise have been allocated to the asset shall be allocated pro rata to the other assets of the unit (group of units).

If it is not practicable to estimate the recoverable amount of each individual asset of a cash-generating unit, this Standard requires an arbitrary allocation of an impairment loss between the assets of that unit, other than goodwill, because all assets of a cash-generating unit work together. 106

If the recoverable amount of an individual asset cannot be determined (see paragraph 67): 107
(a) an impairment loss is recognised for the asset if its carrying amount is greater than the higher of its fair value less costs to sell and the results of the allocation procedures described in paragraphs 104 and 105; and
(b) no impairment loss is recognised for the asset if the related cash-generating unit is not impaired. This applies even if the asset's fair value less costs to sell is less than its carrying amount.

> **Example**
>
> A machine has suffered physical damage but is still working, although not as well as before it was damaged. The machine's fair value less costs to sell is less than its carrying amount. The machine does not generate independent cash inflows. The smallest identifiable group of assets that includes the machine and generates cash inflows that are largely independent of the cash inflows from other assets is the production line to which the machine belongs. The recoverable amount of the production line shows that the production line taken as a whole is not impaired.
>
> Assumption 1: budgets/forecasts approved by management reflect no commitment of management to replace the machine.
>
> *The recoverable amount of the machine alone cannot be estimated because the machine's value in use:*
> *(a) may differ from its fair value less costs to sell; and*
> *(b) can be determined only for the cash-generating unit to which the machine belongs (the production line).*
>
> *The production line is not impaired. Therefore, no impairment loss is recognised for the machine. Nevertheless, the entity may need to reassess the depreciation period or the depreciation method for the machine. Perhaps a shorter depreciation period or a faster depreciation method is required to reflect the expected remaining useful life of the machine or the pattern in which economic benefits are expected to be consumed by the entity.*
>
> Assumption 2: budgets/forecasts approved by management reflect a commitment of management to replace the machine and sell it in the near future. Cash flows from continuing use of the machine until its disposal are estimated to be negligible.
>
> *The machine's value in use can be estimated to be close to its fair value less costs to sell. Therefore, the recoverable amount of the machine can be determined and no consideration is given to the cash-generating unit to which the machine belongs (ie the production line). Because the machine's fair value less costs to sell is less than its carrying amount, an impairment loss is recognised for the machine.*

After the requirements in paragraphs 104 and 105 have been applied, a liability shall be recognised for any remaining amount of an impairment loss for a cash-generating unit if, and only if, that is required by another Standard. 108

WERTAUFHOLUNG

109 Die Paragraphen 110–116 beschreiben die Anforderungen an die Aufholung eines in früheren Berichtsperioden für einen Vermögenswert oder eine zahlungsmittelgenerierende Einheit erfassten Wertminderungsaufwands. Diese Anforderungen benutzen den Begriff „ein Vermögenswert", aber sind ebenso auf einen einzelnen Vermögenswert wie auf eine zahlungsmittelgenerierende Einheit anzuwenden. Zusätzliche Anforderungen sind für einen einzelnen Vermögenswert in den Paragraphen 117–121, für eine zahlungsmittelgenerierende Einheit in den Paragraphen 122 und 123 und für den Geschäfts- oder Firmenwert in den Paragraphen 124 und 125 festgelegt.

110 Ein Unternehmen hat an jedem Berichtsstichtag zu prüfen, ob irgendein Anhaltspunkt vorliegt, dass ein Wertminderungsaufwand, der für einen Vermögenswert mit Ausnahme von einem Geschäfts- oder Firmenwert in früheren Berichtsperioden erfasst worden ist, nicht länger besteht oder sich vermindert haben könnte. Wenn ein solcher Anhaltspunkt vorliegt, hat das Unternehmen den erzielbaren Betrag dieses Vermögenswertes zu schätzen.

111 Bei der Beurteilung, ob irgendein Anhaltspunkt vorliegt, dass ein Wertminderungsaufwand, der für einen Vermögenswert mit Ausnahme von einem Geschäfts- oder Firmenwert in früheren Berichtsperioden erfasst wurde, nicht länger besteht oder sich verringert haben könnte, hat ein Unternehmen mindestens die folgenden Anhaltspunkte zu berücksichtigen:
Externe Informationsquellen
(a) der Marktwert eines Vermögenswertes ist während der Berichtsperiode signifikant gestiegen.
(b) während der Berichtsperiode sind signifikante Veränderungen mit günstigen Folgen für das Unternehmen in dem technischen, marktbezogenen, ökonomischen oder gesetzlichen Umfeld, in welchem das Unternehmen tätig ist oder in Bezug auf den Markt, auf den der Vermögenswert abzielt, eingetreten, oder werden in der näheren Zukunft eintreten.
(c) die Marktzinssätze oder andere Marktrenditen für Finanzinvestitionen sind während der Berichtsperiode gesunken, und diese Rückgänge werden sich wahrscheinlich auf den Abzinsungssatz, der für die Berechnung des Nutzungswertes herangezogen wird, auswirken und den erzielbaren Betrag des Vermögenswertes wesentlich erhöhen.
Interne Informationsquellen
(d) während der Berichtsperiode haben sich signifikante Veränderungen mit günstigen Folgen für das Unternehmen in dem Umfang oder der Weise, in dem bzw. der ein Vermögenswert genutzt wird oder aller Erwartung nach genutzt werden soll, ereignet oder werden für die nächste Zukunft erwartet. Diese Veränderungen enthalten Kosten, die während der Berichtsperiode entstanden sind, um die Ertragskraft eines Vermögenswertes zu verbessern bzw. zu erhöhen oder den Betrieb zu restrukturieren, zu dem der Vermögenswert gehört.
(e) das interne Berichtswesen liefert substanzielle Hinweise dafür, dass die wirtschaftliche Ertragskraft eines Vermögenswertes besser ist oder sein wird als erwartet.

112 Die Anhaltspunkte für eine mögliche Verringerung eines Wertminderungsaufwands in Paragraph 111 spiegeln weitestgehend die Anhaltspunkte für einen möglichen Wertminderungsaufwand nach Paragraph 12 wider.

113 Wenn ein Anhaltspunkt dafür vorliegt, dass ein erfasster Wertminderungsaufwand für einen Vermögenswert mit Ausnahme von einem Geschäfts- oder Firmenwert nicht mehr länger besteht oder sich verringert hat, kann dies darauf hindeuten, dass die Restnutzungsdauer, die Abschreibungs-/Amortisationsmethode oder der Restwert überprüft und in Übereinstimmung mit dem auf den Vermögenswert anzuwendenden Standard angepasst werden muss, auch wenn kein Wertminderungsaufwand für den Vermögenswert aufgehoben wird.

114 Ein in früheren Berichtsperioden für einen Vermögenswert mit Ausnahme von einem Geschäfts- oder Firmenwert erfasster Wertminderungsaufwand ist dann, und nur dann, aufzuheben, wenn sich seit der Erfassung des letzten Wertminderungsaufwands eine Änderung in den Schätzungen ergeben hat, die bei der Bestimmung des erzielbaren Betrages herangezogen wurden. Wenn dies der Fall ist, ist der Buchwert des Vermögenswertes auf seinen erzielbaren Betrag zu erhöhen, es sei denn, es ist anders in Paragraph 117 beschrieben. Diese Erhöhung ist eine Wertaufholung.

115 Eine Wertaufholung spiegelt eine Erhöhung des geschätzten Leistungspotenzials eines Vermögenswertes entweder durch Nutzung oder Verkauf seit dem Zeitpunkt wider, an dem ein Unternehmen zuletzt einen Wertminderungsaufwand für diesen Vermögenswert erfasst hat. Paragraph 130 verlangt von einem Unternehmen, die Änderung von Schätzungen zu identifizieren, die einen Anstieg des geschätzten Leistungspotenzials begründen. Beispiele für Änderungen von Schätzungen umfassen:

IAS 36

REVERSING AN IMPAIRMENT LOSS

Paragraphs 110—116 set out the requirements for reversing an impairment loss recognised for an asset or a cash-generating unit in prior periods. These requirements use the term 'an asset' but apply equally to an individual asset or a cash-generating unit. Additional requirements for an individual asset are set out in paragraphs 117—121, for a cash-generating unit in paragraphs 122 and 123 and for goodwill in paragraphs 124 and 125. **109**

An entity shall assess at each reporting date whether there is any indication that an impairment loss recognised in prior periods for an asset other than goodwill may no longer exist or may have decreased. If any such indication exists, the entity shall estimate the recoverable amount of that asset. **110**

In assessing whether there is any indication that an impairment loss recognised in prior periods for an asset other than goodwill may no longer exist or may have decreased, an entity shall consider, as a minimum, the following indications: **111**
External sources of information
(a) the asset's market value has increased significantly during the period.
(b) significant changes with a favourable effect on the entity have taken place during the period, or will take place in the near future, in the technological, market, economic or legal environment in which the entity operates or in the market to which the asset is dedicated.
(c) market interest rates or other market rates of return on investments have decreased during the period, and those decreases are likely to affect the discount rate used in calculating the asset's value in use and increase the asset's recoverable amount materially.
Internal sources of information
(d) significant changes with a favourable effect on the entity have taken place during the period, or are expected to take place in the near future, in the extent to which, or manner in which, the asset is used or is expected to be used. These changes include costs incurred during the period to improve or enhance the asset's performance or restructure the operation to which the asset belongs.
(e) evidence is available from internal reporting that indicates that the economic performance of the asset is, or will be, better than expected.

Indications of a potential decrease in an impairment loss in paragraph 111 mainly mirror the indications of a potential impairment loss in paragraph 12. **112**

If there is an indication that an impairment loss recognised for an asset other than goodwill may no longer exist or may have decreased, this may indicate that the remaining useful life, the depreciation (amortisation) method or the residual value may need to be reviewed and adjusted in accordance with the Standard applicable to the asset, even if no impairment loss is reversed for the asset. **113**

An impairment loss recognised in prior periods for an asset other than goodwill shall be reversed if, and only if, there has been a change in the estimates used to determine the asset's recoverable amount since the last impairment loss was recognised. If this is the case, the carrying amount of the asset shall, except as described in paragraph 117, be increased to its recoverable amount. That increase is a reversal of an impairment loss. **114**

A reversal of an impairment loss reflects an increase in the estimated service potential of an asset, either from use or from sale, since the date when an entity last recognised an impairment loss for that asset. Paragraph 130 requires an entity to identify the change in estimates that causes the increase in estimated service potential. Examples of changes in estimates include: **115**

(a) eine Änderung der Grundlage des erzielbaren Betrages (d. h., ob der erzielbare Betrag auf dem beizulegendem Zeitwert abzüglich der Verkaufskosten oder auf dem Nutzungswert basiert);
(b) falls der erzielbare Betrag auf dem Nutzungswert basierte, eine Änderung in dem Betrag oder in dem zeitlichen Anfall der geschätzten künftigen Cashflows oder in dem Abzinsungssatz; oder
(c) falls der erzielbare Betrag auf dem beizulegenden Zeitwert abzüglich der Verkaufskosten basierte, eine Änderung der Schätzung der Bestandteile des beizulegenden Zeitwertes abzüglich der Verkaufskosten.

116 Der Nutzungswert eines Vermögenswertes kann den Buchwert des Vermögenswertes aus dem einfachen Grunde übersteigen, dass sich der Barwert der künftigen Mittelzuflüsse erhöht, wenn diese zeitlich näher kommen. Das Leistungspotenzial des Vermögenswertes hat sich indes nicht erhöht. Ein Wertminderungsaufwand wird daher nicht nur wegen des Zeitablaufs (manchmal als „Abwicklung" der Diskontierung bezeichnet) aufgehoben, auch wenn der erzielbare Betrag des Vermögenswertes dessen Buchwert übersteigt.

Wertaufholung für einen einzelnen Vermögenswert

117 Der infolge einer Wertaufholung erhöhte Buchwert eines Vermögenswertes mit Ausnahme von einem Geschäfts- oder Firmenwert darf nicht den Buchwert übersteigen, der bestimmt worden wäre (abzüglich der Amortisationen oder Abschreibungen), wenn in den früheren Jahren kein Wertminderungsaufwand erfasst worden wäre.

118 Jede Erhöhung des Buchwertes eines Vermögenswertes, mit Ausnahme von einem Geschäfts- oder Firmenwert, über den Buchwert hinaus, der bestimmt worden wäre (abzüglich der Amortisationen oder Abschreibungen), wenn in den früheren Jahren kein Wertminderungsaufwand erfasst worden wäre, ist eine Neubewertung. Bei der Bilanzierung einer solchen Neubewertung wendet ein Unternehmen den auf den Vermögenswert anwendbaren Standard an.

119 Eine Wertaufholung eines Vermögenswertes, mit Ausnahme von einem Geschäft- oder Firmenwert, ist sofort im Ergebnis zu erfassen, es sei denn, dass der Vermögenswert zum Neubewertungsbetrag nach einem anderen Standard (beispielsweise nach dem Modell der Neubewertung in IAS 16 *Sachanlagen*) erfasst wird. Jede Wertaufholung eines neu bewerteten Vermögenswertes ist als eine Wertsteigerung durch Neubewertung gemäß diesem anderen Standard zu behandeln.

120 Eine Wertaufholung für einen neu bewerteten Vermögenswert wird direkt im Eigenkapital unter dem Posten Neubewertungsrücklage erfasst. Bis zu dem Betrag jedoch, zu dem ein Wertminderungsaufwand für denselben neu bewerteten Vermögenswert vorher im Ergebnis erfasst wurde, wird eine Wertaufholung ebenso im Ergebnis erfasst.

121 Nachdem eine Wertaufholung erfasst worden ist, ist der Abschreibungs-/Amortisationsaufwand des Vermögenswertes in künftigen Berichtsperioden anzupassen, um den berichteten Buchwert des Vermögenswertes, abzüglich eines etwaigen Restbuchwertes systematisch auf seine Restnutzungsdauer zu verteilen.

Wertaufholung für eine zahlungsmittelgenerierende Einheit

122 Eine Wertaufholung für eine zahlungsmittelgenerierende Einheit ist den Vermögenswerten der Einheit, bis auf den Geschäfts- oder Firmenwert, anteilig des Buchwertes dieser Vermögenswerte zuzuordnen. Diese Erhöhungen der Buchwerte sind als Wertaufholungen für einzelne Vermögenswerte zu behandeln und gemäß Paragraph 119 zu erfassen.

123 Bei der Zuordnung einer Wertaufholung für eine zahlungsmittelgenerierende Einheit gemäß Paragraph 122 ist der Buchwert eines Vermögenswertes nicht über den niedrigeren der folgenden Werte zu erhöhen:
(a) seinen erzielbaren Betrag (sofern bestimmbar); und
(b) den Buchwert, der bestimmt worden wäre (abzüglich von Amortisationen oder Abschreibungen), wenn in früheren Berichtsperioden kein Wertminderungsaufwand für den Vermögenswert erfasst worden wäre.
Der Betrag der Wertaufholung, der andernfalls dem Vermögenswert zugeordnet worden wäre, ist anteilig den anderen Vermögenswerten der Einheit, mit Ausnahme des Geschäfts- oder Firmenwertes, zuzuordnen.

(a) a change in the basis for recoverable amount (ie whether recoverable amount is based on fair value less costs to sell or value in use);
(b) if recoverable amount was based on value in use, a change in the amount or timing of estimated future cash flows or in the discount rate; or
(c) if recoverable amount was based on fair value less costs to sell, a change in estimate of the components of fair value less costs to sell.

An asset's value in use may become greater than the asset's carrying amount simply because the present value of future cash inflows increases as they become closer. However, the service potential of the asset has not increased. Therefore, an impairment loss is not reversed just because of the passage of time (sometimes called the 'unwinding' of the discount), even if the recoverable amount of the asset becomes higher than its carrying amount. **116**

Reversing an Impairment Loss for an Individual Asset

The increased carrying amount of an asset other than goodwill attributable to a reversal of an impairment loss shall not exceed the carrying amount that would have been determined (net of amortisation or depreciation) had no impairment loss been recognised for the asset in prior years. **117**

Any increase in the carrying amount of an asset other than goodwill above the carrying amount that would have been determined (net of amortisation or depreciation) had no impairment loss been recognised for the asset in prior years is a revaluation. In accounting for such a revaluation, an entity applies the Standard applicable to the asset. **118**

A reversal of an impairment loss for an asset other than goodwill shall be recognised immediately in profit or loss, unless the asset is carried at revalued amount in accordance with another Standard (for example, the revaluation model in IAS 16 *Property, Plant and Equipment*). Any reversal of an impairment loss of a revalued asset shall be treated as a revaluation increase in accordance with that other Standard. **119**

A reversal of an impairment loss on a revalued asset is credited directly to equity under the heading revaluation surplus. However, to the extent that an impairment loss on the same revalued asset was previously recognised in profit or loss, a reversal of that impairment loss is also recognised in profit or loss. **120**

After a reversal of an impairment loss is recognised, the depreciation (amortisation) charge for the asset shall be adjusted in future periods to allocate the asset's revised carrying amount, less its residual value (if any), on a systematic basis over its remaining useful life. **121**

Reversing an Impairment Loss for a Cash-generating Unit

A reversal of an impairment loss for a cash-generating unit shall be allocated to the assets of the unit, except for goodwill, pro rata with the carrying amounts of those assets. These increases in carrying amounts shall be treated as reversals of impairment losses for individual assets and recognised in accordance with paragraph 119. **122**

In allocating a reversal of an impairment loss for a cash-generating unit in accordance with paragraph 122, the carrying amount of an asset shall not be increased above the lower of: **123**
(a) its recoverable amount (if determinable); and
(b) the carrying amount that would have been determined (net of amortisation or depreciation) had no impairment loss been recognised for the asset in prior periods.
The amount of the reversal of the impairment loss that would otherwise have been allocated to the asset shall be allocated pro rata to the other assets of the unit, except for goodwill.

IAS 36

Wertaufholung für einen Geschäfts- oder Firmenwert

124 Ein für den Geschäfts- oder Firmenwert erfasster Wertminderungsaufwand darf nicht in den nachfolgenden Berichtsperioden aufgeholt werden.

125 IAS 38 *Immaterielle Vermögenswerte* verbietet den Ansatz eines selbst geschaffenen Geschäfts- oder Firmenwert. Bei jeder Erhöhung des erzielbaren Betrages des Geschäfts- oder Firmenwertes, die in Berichtsperioden nach der Erfassung des Wertminderungsaufwands für diesen Geschäfts- oder Firmenwert stattfindet, wird es sich wahrscheinlich eher um einen selbst geschaffenen Geschäfts- oder Firmenwert, als um eine, für den erworbenen Geschäfts- oder Firmenwert erfasste, Wertaufholung handeln.

ANGABEN

126 Ein Unternehmen hat für jede Gruppe von Vermögenswerten die folgenden Angaben zu machen:
   (a) die Höhe der im Ergebnis während der Berichtsperiode erfassten Wertminderungsaufwendungen und der/die Posten der Gewinn- und Verlustrechnung, in dem/denen jene Wertminderungsaufwendungen enthalten sind;
   (b) die Höhe der im Ergebnis während der Berichtsperiode erfassten Wertaufholungen und der/die Posten der Gewinn- und Verlustrechnung, in dem/denen solche Wertminderungsaufwendungen aufgehoben wurden;
   (c) die Höhe der Wertminderungsaufwendungen bei neu bewerteten Vermögenswerten, die während der Berichtsperiode direkt im Eigenkapital erfasst wurden;
   (d) die Höhe der Wertaufholungen bei neu bewerteten Vermögenswerten, die während der Berichtsperiode direkt im Eigenkapital erfasst wurden.

127 Eine Gruppe von Vermögenswerten ist eine Zusammenfassung von Vermögenswerten, die sich durch eine ähnliche Art und Verwendung im Unternehmen auszeichnen.

128 Die in Paragraph 126 verlangten Informationen können gemeinsam mit anderen Informationen für diese Gruppe von Vermögenswerten angegeben werden. Diese Informationen könnten beispielsweise in eine Überleitungsrechnung des Buchwertes der Sachanlagen am Anfang und am Ende der Berichtsperiode, wie in IAS 16 *Sachanlagen* gefordert, einbezogen werden.

129 Ein Unternehmen, das gemäß IFRS 8 *Geschäftssegmente* Informationen für Segmente darstellt, hat für jedes berichtspflichtige Segment folgende Angaben zu machen:
   (a) die Höhe des Wertminderungsaufwands, der während der Berichtsperiode im Ergebnis und direkt im Eigenkapital erfasst wurde.
   (b) die Höhe der Wertaufholung, die während der Berichtsperiode im Ergebnis und direkt im Eigenkapital erfasst wurde.

130 Ein Unternehmen hat für jeden wesentlichen Wertminderungsaufwand, der für einen einzelnen Vermögenswert, einschließlich Geschäfts- oder Firmenwert, oder eine zahlungsmittelgenerierende Einheit während der Berichtsperiode erfasst oder aufgehoben wurde, folgende Angaben zu machen:
   (a) die Ereignisse und Umstände, die zu der Erfassung oder der Wertaufholungen geführt haben.
   (b) die Höhe des erfassten oder aufgehobenen Wertminderungsaufwands.
   (c) für einen einzelnen Vermögenswert:
      (i) die Art des Vermögenswertes; und
      (ii) falls das Unternehmen gemäß IFRS 8 Informationen für Segmente darstellt, das berichtspflichtige Segment, zu dem der Vermögenswert gehört.
   (d) für eine zahlungsmittelgenerierende Einheit:
      (i) eine Beschreibung der zahlungsmittelgenerierenden Einheit (beispielsweise, ob es sich dabei um eine Produktlinie, ein Werk, eine Geschäftstätigkeit, einen geografischen Bereich oder ein berichtspflichtiges Segment, wie in IFRS 8 *Geschäftssegmente* definiert, handelt);
      (ii) die Höhe des erfassten oder aufgehobenen Wertminderungsaufwands bei der Gruppe von Vermögenswerten und, falls das Unternehmen gemäß IFRS 8 Informationen für Segmente darstellt, bei dem berichtspflichtigen Segment; und

Reversing an Impairment Loss for Goodwill

An impairment loss recognised for goodwill shall not be reversed in a subsequent period. 124

IAS 38 *Intangible Assets* prohibits the recognition of internally generated goodwill. Any increase in the recoverable amount of goodwill in the periods following the recognition of an impairment loss for that goodwill is likely to be an increase in internally generated goodwill, rather than a reversal of the impairment loss recognised for the acquired goodwill. 125

DISCLOSURE

An entity shall disclose the following for each class of assets: 126
(a) the amount of impairment losses recognised in profit or loss during the period and the line item(s) of the income statement in which those impairment losses are included.
(b) the amount of reversals of impairment losses recognised in profit or loss during the period and the line item(s) of the income statement in which those impairment losses are reversed.
(c) the amount of impairment losses on revalued assets recognised directly in equity during the period.
(d) the amount of reversals of impairment losses on revalued assets recognised directly in equity during the period.

A class of assets is a grouping of assets of similar nature and use in an entity's operations. 127

The information required in paragraph 126 may be presented with other information disclosed for the class of assets. For example, this information may be included in a reconciliation of the carrying amount of property, plant and equipment, at the beginning and end of the period, as required by IAS 16 *Property, Plant and Equipment*. 128

An entity that reports segment information in accordance with IFRS 8 *Operating Segments* shall disclose the following for each reportable segment: 129
(a) the amount of impairment losses recognised in profit or loss and directly in equity during the period.
(b) the amount of reversals of impairment losses recognised in profit or loss and directly in equity during the period.

An entity shall disclose the following for each material impairment loss recognised or reversed during the period for an individual asset, including goodwill, or a cash-generating unit: 130
(a) the events and circumstances that led to the recognition or reversal of the impairment loss.
(b) the amount of the impairment loss recognised or reversed.
(c) for an individual asset:
  (i) the nature of the asset; and
  (ii) if the entity reports segment information in accordance with IFRS 8, the reportable segment to which the asset belongs.
(d) for a cash-generating unit:
  (i) a description of the cash-generating unit (such as whether it is a product line, a plant, a business operation, a geographical area, or a reportable segment as defined in IFRS 8 *Operating Segments*);
  (ii) the amount of the impairment loss recognised or reversed by class of assets and, if the entity reports segment information in accordance with IFRS 8, by reportable segment; and

(iii) wenn sich die Zusammenfassung von Vermögenswerten für die Identifizierung der zahlungsmittelgenerierenden Einheit seit der vorhergehenden Schätzung des etwaig erzielbaren Betrages der zahlungsmittelgenerierenden Einheit geändert hat, eine Beschreibung der gegenwärtigen und der früheren Art der Zusammenfassung der Vermögenswerte sowie der Gründe für die Änderung der Art, wie die zahlungsmittelgenerierende Einheit identifiziert wird.
(e) ob der für den Vermögenswert (die zahlungsmittelgenerierende Einheit) erzielbare Betrag dessen (deren) beizulegendem Zeitwert abzüglich der Verkaufskosten oder dessen (deren) Nutzungswert entspricht.
(f) wenn der erzielbare Betrag dem beizulegenden Zeitwert abzüglich der Verkaufskosten entspricht, die Grundlage, die benutzt wurde, um den beizulegenden Zeitwert abzüglich der Verkaufskosten zu bestimmen (beispielsweise, ob der beizulegende Zeitwert durch die Bezugnahme eines aktiven Marktes bestimmt wurde).
(g) wenn der erzielbare Betrag der Nutzungswert ist, der Abzinsungssatz (-sätze), der bei der gegenwärtigen und der vorhergehenden Schätzung (sofern vorhanden) des Nutzungswertes benutzt wurde.

131 Ein Unternehmen hat für die Summe der Wertminderungsaufwendungen und die Summe der Wertaufholungen, die während der Berichtsperiode erfasst wurden, und für die keine Angaben gemäß Paragraph 130 gemacht wurden, die folgenden Informationen anzugeben:
(a) die wichtigsten Gruppen von Vermögenswerten, die von Wertminderungsaufwendungen betroffen sind, sowie die wichtigsten Gruppen von Vermögenswerten, die von Wertaufholungen betroffen sind.
(b) die wichtigsten Ereignisse und Umstände, die zu der Erfassung dieser Wertminderungsaufwendungen und Wertaufholungen geführt haben.

132 Einem Unternehmen wird empfohlen, die während der Berichtsperiode benutzten Annahmen zur Bestimmung des erzielbaren Betrages der Vermögenswerte (der zahlungsmittelgenerierenden Einheiten) anzugeben. Paragraph 134 verlangt indes von einem Unternehmen, Angaben über die Schätzungen zu machen, die für die Bewertung des erzielbaren Betrages einer zahlungsmittelgenerierenden Einheit benutzt werden, wenn ein Geschäfts- oder Firmenwert oder ein immaterieller Vermögenswert mit einer unbegrenzten Nutzungsdauer in dem Buchwert dieser Einheit enthalten ist.

133 Wenn gemäß Paragraph 84 irgendein Teil eines Geschäfts- oder Firmenwertes, der während der Berichtsperiode bei einem Unternehmenszusammenschluss erworben wurde, zum Berichtsstichtag nicht zu einer zahlungsmittelgenerierenden Einheit (Gruppe von Einheiten) zugeordnet worden ist, muss der Betrag des nicht zugeordneten Geschäfts- oder Firmenwertes zusammen mit den Gründen, warum dieser Betrag nicht zugeordnet worden ist, angegeben werden.

Schätzungen, die zur Bewertung der erzielbaren Beträge der zahlungsmittelgenerierenden Einheiten, die einen Geschäfts- oder Firmenwert oder immaterielle Vermögenswerte mit unbegrenzter Nutzungsdauer enthalten, benutzt werden

134 Ein Unternehmen hat für jede zahlungsmittelgenerierende Einheit (Gruppe von Einheiten), für die der Buchwert des Geschäfts- oder Firmenwertes oder der immateriellen Vermögenswerte mit unbegrenzter Nutzungsdauer, die dieser Einheit (Gruppe von Einheiten) zugeordnet sind, signifikant ist im Vergleich zum Gesamtbuchwert des Geschäfts- oder Firmenwertes oder der immateriellen Vermögenswerte mit unbegrenzter Nutzungsdauer des Unternehmens, die unter (a) - (f) geforderten Angaben zu machen:
(a) der Buchwert des der Einheit (Gruppe von Einheiten) zugeordneten Geschäfts- oder Firmenwertes.
(b) der Buchwert der der Einheit (Gruppe von Einheiten) zugeordneten immateriellen Vermögenswerten mit unbegrenzter Nutzungsdauer.
(c) die Grundlage, auf der der erzielbare Betrag der Einheit (Gruppe von Einheiten) bestimmt worden ist (d. h. der Nutzungswert oder der beizulegende Zeitwert abzüglich der Verkaufskosten).
(d) wenn der erzielbare Betrag der Einheit (Gruppe von Einheiten) auf dem Nutzungswert basiert:
(i) eine Beschreibung jeder wesentlichen Annahme, auf der das Management seine Cashflow-Prognosen für den durch die jüngsten Finanzpläne/Vorhersagen abgedeckten Zeitraum aufgebaut hat. Die wesentlichen Annahmen sind diejenigen, auf die der erzielbare Betrag der Einheit (Gruppe von Einheiten) am sensibelsten reagiert.
(ii) eine Beschreibung des Managementansatzes zur Bestimmung der (des) zu jeder wesentlichen Annahme zugewiesenen Werte(s), ob diese Werte vergangene Erfahrungen widerspiegeln, oder ob sie ggf. mit externen Informationsquellen übereinstimmen, und wenn nicht, auf welche Art und aus welchem Grund sie sich von vergangenen Erfahrungen oder externen Informationsquellen unterscheiden.

(iii) if the aggregation of assets for identifying the cash-generating unit has changed since the previous estimate of the cash-generating unit's recoverable amount (if any), a description of the current and former way of aggregating assets and the reasons for changing the way the cash-generating unit is identified.
(e) whether the recoverable amount of the asset (cash-generating unit) is its fair value less costs to sell or its value in use.
(f) if recoverable amount is fair value less costs to sell, the basis used to determine fair value less costs to sell (such as whether fair value was determined by reference to an active market).
(g) if recoverable amount is value in use, the discount rate(s) used in the current estimate and previous estimate (if any) of value in use.

131 An entity shall disclose the following information for the aggregate impairment losses and the aggregate reversals of impairment losses recognised during the period for which no information is disclosed in accordance with paragraph 130:
(a) the main classes of assets affected by impairment losses and the main classes of assets affected by reversals of impairment losses.
(b) the main events and circumstances that led to the recognition of these impairment losses and reversals of impairment losses.

132 An entity is encouraged to disclose assumptions used to determine the recoverable amount of assets (cash-generating units) during the period. However, paragraph 134 requires an entity to disclose information about the estimates used to measure the recoverable amount of a cash-generating unit when goodwill or an intangible asset with an indefinite useful life is included in the carrying amount of that unit.

133 If, in accordance with paragraph 84, any portion of the goodwill acquired in a business combination during the period has not been allocated to a cash-generating unit (group of units) at the reporting date, the amount of the unallocated goodwill shall be disclosed together with the reasons why that amount remains unallocated.

Estimates used to Measure Recoverable Amounts of Cash-generating Units Containing Goodwill or Intangible Assets with Indefinite Useful Lives

134 An entity shall disclose the information required by (a)-(f) for each cash-generating unit (group of units) for which the carrying amount of goodwill or intangible assets with indefinite useful lives allocated to that unit (group of units) is significant in comparison with the entity's total carrying amount of goodwill or intangible assets with indefinite useful lives:
(a) the carrying amount of goodwill allocated to the unit (group of units).
(b) the carrying amount of intangible assets with indefinite useful lives allocated to the unit (group of units).
(c) the basis on which the unit's (group of units') recoverable amount has been determined (ie value in use or fair value less costs to sell).
(d) if the unit's (group of units') recoverable amount is based on value in use:
  (i) a description of each key assumption on which management has based its cash flow projections for the period covered by the most recent budgets/forecasts. Key assumptions are those to which the unit's (group of units') recoverable amount is most sensitive.
  (ii) a description of management's approach to determining the value(s) assigned to each key assumption, whether those value(s) reflect past experience or, if appropriate, are consistent with external sources of information, and, if not, how and why they differ from past experience or external sources of information.

IAS 36

- (iii) der Zeitraum, für den das Management die Cashflows geplant hat, die auf den vom Management genehmigten Finanzplänen/Vorhersagen beruhen, und wenn für eine zahlungsmittelgenerierende Einheit (Gruppe von Einheiten) ein Zeitraum von mehr als fünf Jahren benutzt wird, eine Erklärung über den Grund, der diesen längeren Zeitraum rechtfertigt.
- (iv) die Wachstumsrate, die zur Extrapolation der Cashflow-Prognosen jenseits des Zeitraums benutzt wird, auf den sich die jüngsten Finanzpläne/Vorhersagen beziehen, und die Rechtfertigung für die Anwendung jeglicher Wachstumsrate, die die langfristige durchschnittliche Wachstumsrate für die Produkte, Industriezweige oder Land bzw. Länder, in welchen das Unternehmen tätig ist oder für den Markt, für den die Einheit (Gruppe von Einheiten) bestimmt ist, übersteigt.
- (v) der (die) auf die Cashflow-Prognosen angewendete Abzinsungssatz (-sätze).
- (e) falls der erzielbare Betrag der Einheit (Gruppe von Einheiten) auf dem beizulegendem Zeitwert abzüglich der Veräußerungskosten basiert, die für die Bestimmung des beizulegenden Zeitwertes abzüglich der Verkaufskosten verwendete Methode. Wenn für eine Einheit (Gruppe von Einheiten) der beizulegende Zeitwert abzüglich der Verkaufskosten nicht anhand eines direkt beobachteten Marktpreises bestimmt wird, sind auch folgende Angaben zu machen:
  - (i) eine Beschreibung jeder wesentlichen Annahme, nach der das Management den beizulegenden Zeitwert abzüglich der Verkaufskosten bestimmt. Die wesentlichen Annahmen sind diejenigen, auf die der erzielbare Betrag der Einheit (Gruppe von Einheiten) am sensibelsten reagiert.
  - (ii) eine Beschreibung des Managementansatzes zur Bestimmung der (des) zu jeder wesentlichen Annahme zugewiesenen Werte(s), ob diese Werte vergangene Erfahrungen widerspiegeln, oder ob sie ggf. mit externen Informationsquellen übereinstimmen, und wenn nicht, auf welche Art und aus welchem Grund sie sich von vergangenen Erfahrungen oder externen Informationsquellen unterscheiden.
- (f) wenn eine für möglich gehaltene Änderung einer wesentlichen Annahme, auf der das Management seine Bestimmung des erzielbaren Betrages der Einheit (Gruppe von Einheiten) aufgebaut hat, verursachen würde, dass der Buchwert der Einheit (Gruppe von Einheiten) deren erzielbaren Betrag übersteigt:
  - (i) der Betrag, mit dem der erzielbare Betrag der Einheit (Gruppe von Einheiten) deren Buchwert übersteigt.
  - (ii) der der wesentlichen Annahme zugewiesene Wert.
  - (iii) der Betrag, der die Änderung des Wertes der wesentlichen Annahme hervorruft, nach Einbezug aller nachfolgenden Auswirkungen dieser Änderung auf die anderen Variablen, die zur Bewertung des erzielbaren Betrages eingesetzt werden, damit der erzielbare Betrag der Einheit (Gruppe von Einheiten) gleich deren Buchwert ist.

135 Wenn ein Teil oder der gesamte Buchwert eines Geschäfts- oder Firmenwertes oder eines immateriellen Vermögenswertes mit unbegrenzter Nutzungsdauer mehreren zahlungsmittelgenerierenden Einheiten (Gruppen von Einheiten) zugeordnet ist, und der auf diese Weise jeder einzelnen Einheit (Gruppe von Einheiten) zugeordnete Betrag nicht signifikant ist, im Vergleich zu dem Gesamtbuchwert des Geschäfts- oder Firmenwertes oder des immateriellen Vermögenswertes mit unbegrenzter Nutzungsdauer des Unternehmens, ist diese Tatsache zusammen mit der Summe der Buchwerte des Geschäfts- oder Firmenwertes oder der immateriellen Vermögenswerte mit unbegrenzter Nutzungsdauer, die diesen Einheiten (Gruppen von Einheiten) zugeordnet sind, anzugeben. Wenn darüber hinaus die erzielbaren Beträge irgendeiner dieser Einheiten (Gruppen von Einheiten) auf denselben wesentlichen Annahmen beruhen und die Summe der Buchwerte des Geschäfts- oder Firmenwertes oder der immateriellen Vermögenswerte mit unbegrenzter Nutzungsdauer, die diesen Einheiten zugeordnet sind, signifikant ist im Vergleich zum Gesamtbuchwert des Geschäfts- oder Firmenwertes oder der immateriellen Vermögenswerte mit unbegrenzter Nutzungsdauer des Unternehmens, so hat ein Unternehmen Angaben über diese und die folgenden Tatsachen zu machen:
- (a) die Summe der Buchwerte des diesen Einheiten (Gruppen von Einheiten) zugeordneten Geschäfts- oder Firmenwertes.
- (b) die Summe der Buchwerte der diesen Einheiten (Gruppen von Einheiten) zugeordneten immateriellen Vermögenswerte mit unbegrenzter Nutzungsdauer.
- (c) eine Beschreibung der wesentlichen Annahme(n).
- (d) eine Beschreibung des Managementansatzes zur Bestimmung der (des) zu der (den) wesentlichen Annahme(n) zugewiesenen Werte(s), ob diese Werte vergangene Erfahrungen widerspiegeln, oder ob sie ggf. mit externen Informationsquellen übereinstimmen, und wenn nicht, auf welche Art und aus welchem Grund sie sich von vergangenen Erfahrungen oder externen Informationsquellen unterscheiden.
- (e) wenn eine für möglich gehaltene Änderung der wesentlichen Annahme(n) verursachen würde, dass die Summe der Buchwerte der Einheiten (Gruppen von Einheiten) die Summe der erzielbaren Beträge übersteigen würde:

(iii) the period over which management has projected cash flows based on financial budgets/forecasts approved by management and, when a period greater than five years is used for a cash-generating unit (group of units), an explanation of why that longer period is justified.
(iv) the growth rate used to extrapolate cash flow projections beyond the period covered by the most recent budgets/forecasts, and the justification for using any growth rate that exceeds the long-term average growth rate for the products, industries, or country or countries in which the entity operates, or for the market to which the unit (group of units) is dedicated.
(v) the discount rate(s) applied to the cash flow projections.
(e) if the unit's (group of units') recoverable amount is based on fair value less costs to sell, the methodology used to determine fair value less costs to sell. If fair value less costs to sell is not determined using an observable market price for the unit (group of units), the following information shall also be disclosed:
(i) a description of each key assumption on which management has based its determination of fair value less costs to sell. Key assumptions are those to which the unit's (group of units') recoverable amount is most sensitive.
(ii) a description of management's approach to determining the value(s) assigned to each key assumption, whether those value(s) reflect past experience or, if appropriate, are consistent with external sources of information, and, if not, how and why they differ from past experience or external sources of information.
(f) if a reasonably possible change in a key assumption on which management has based its determination of the unit's (group of units') recoverable amount would cause the unit's (group of units') carrying amount to exceed its recoverable amount:
(i) the amount by which the unit's (group of units') recoverable amount exceeds its carrying amount.
(ii) the value assigned to the key assumption.
(iii) the amount by which the value assigned to the key assumption must change, after incorporating any consequential effects of that change on the other variables used to measure recoverable amount, in order for the unit's (group of units') recoverable amount to be equal to its carrying amount.

If some or all of the carrying amount of goodwill or intangible assets with indefinite useful lives is allocated across multiple cash-generating units (groups of units), and the amount so allocated to each unit (group of units) is not significant in comparison with the entity's total carrying amount of goodwill or intangible assets with indefinite useful lives, that fact shall be disclosed, together with the aggregate carrying amount of goodwill or intangible assets with indefinite useful lives allocated to those units (groups of units). In addition, if the recoverable amounts of any of those units (groups of units) are based on the same key assumption(s) and the aggregate carrying amount of goodwill or intangible assets with indefinite useful lives allocated to them is significant in comparison with the entity's total carrying amount of goodwill or intangible assets with indefinite useful lives, an entity shall disclose that fact, together with:
(a) the aggregate carrying amount of goodwill allocated to those units (groups of units).
(b) the aggregate carrying amount of intangible assets with indefinite useful lives allocated to those units (groups of units).
(c) a description of the key assumption(s).
(d) a description of management's approach to determining the value(s) assigned to the key assumption(s), whether those value(s) reflect past experience or, if appropriate, are consistent with external sources of information, and, if not, how and why they differ from past experience or external sources of information.
(e) if a reasonably possible change in the key assumption(s) would cause the aggregate of the units' (groups of units') carrying amounts to exceed the aggregate of their recoverable amounts:

IAS 36

(i) der Betrag, mit dem die Summe der erzielbaren Beträge der Einheiten (Gruppen von Einheiten) die Summe der Buchwerte übersteigt.
(ii) der (die) der (den) wesentlichen Annahme(n) zugewiesene(n) Wert(e).
(iii) der Betrag, der die Änderung des (der) Werte(s) der wesentlichen Annahme(n) hervorruft, nach Einbezug aller nachfolgenden Auswirkungen dieser Änderung auf die anderen Variablen, die zur Bewertung des erzielbaren Betrages eingesetzt werden, damit die Summe der erzielbaren Beträge der Einheiten (Gruppen von Einheiten) gleich der Summe der Buchwerte ist.

136 Die jüngste ausführliche Berechnung des erzielbaren Betrages einer zahlungsmittelgenerierenden Einheit (Gruppe von Einheiten), der in einer vorhergehenden Berichtsperiode ermittelt wurde, kann gemäß Paragraph 24 oder 99 vorgetragen werden und für die Überprüfung dieser Einheit (Gruppe von Einheiten) auf eine Wertminderung in der aktuellen Berichtsperiode benutzt werden, vorausgesetzt, dass bestimmte Kriterien erfüllt sind. Ist dies der Fall, beziehen sich die Informationen für diese Einheit (Gruppe von Einheiten), die in den von den Paragraphen 134 und 135 verlangten Angaben eingegliedert sind, auf die Berechnung für den Vortrag des erzielbaren Betrages.

137 Das erläuternde Beispiel 9 veranschaulicht die von den Paragraphen 134 und 135 geforderten Angaben.

ÜBERGANGSVORSCHRIFTEN UND ZEITPUNKT DES INKRAFTTRETENS

138 Wenn sich ein Unternehmen in Übereinstimmung mit Paragraph 85 von IFRS 3 Unternehmenszusammenschlüsse dazu entschieden hat, IFRS 3 irgendwann vor dem in den Paragraphen 78–84 von IFRS 3 dargelegtem Zeitpunkt des Inkrafttretens anzuwenden, so hat es auch diesen Standard von demselben Zeitpunkt an prospektiv anzuwenden.

139 Andernfalls hat ein Unternehmen diesen Standard anzuwenden:
(a) auf einen Geschäfts- oder Firmenwert und immaterielle Vermögenswerte, die bei Unternehmenszusammenschlüssen, für die das Datum des Vertragsabschlusses am oder nach dem 31. März 2004 liegt, erworben worden sind; und
(b) prospektiv auf alle anderen Vermögenswerte vom Beginn der ersten Berichtsperiode des Geschäftsjahres, das am oder nach dem 31. März 2004 beginnt.

140 Unternehmen, auf die der Paragraph 139 anwendbar ist, wird empfohlen, diesen Standard vor dem in Paragraph 139 spezifizierten Zeitpunkt des Inkrafttretens anzuwenden. Wenn ein Unternehmen diesen Standard vor dem Zeitpunkt des Inkrafttretens anwendet, hat es gleichzeitig IFRS 3 und IAS 38 Immaterielle Vermögenswerte (überarbeitet 2004) anzuwenden.

RÜCKNAHME VON IAS 36 (HERAUSGEGEBEN 1998)

141 Dieser Standard ersetzt IAS 36 *Wertminderung von Vermögenswerten* (herausgegeben 1998).

(i) the amount by which the aggregate of the units' (groups of units') recoverable amounts exceeds the aggregate of their carrying amounts.
(ii) the value(s) assigned to the key assumption(s).
(iii) the amount by which the value(s) assigned to the key assumption(s) must change, after incorporating any consequential effects of the change on the other variables used to measure recoverable amount, in order for the aggregate of the units' (groups of units') recoverable amounts to be equal to the aggregate of their carrying amounts.

The most recent detailed calculation made in a preceding period of the recoverable amount of a cash-generating unit (group of units) may, in accordance with paragraph 24 or 99, be carried forward and used in the impairment test for that unit (group of units) in the current period provided specified criteria are met. When this is the case, the information for that unit (group of units) that is incorporated into the disclosures required by paragraphs 134 and 135 relate to the carried forward calculation of recoverable amount. 136

Illustrative Example 9 illustrates the disclosures required by paragraphs 134 and 135. 137

TRANSITIONAL PROVISIONS AND EFFECTIVE DATE

If an entity elects in accordance with paragraph 85 of IFRS 3 Business Combinations to apply IFRS 3 from any date before the effective dates set out in paragraphs 78—84 of IFRS 3, it also shall apply this Standard prospectively from that same date. 138

Otherwise, an entity shall apply this Standard: 139
(a) to goodwill and intangible assets acquired in business combinations for which the agreement date is on or after 31 March 2004; and
(b) to all other assets prospectively from the beginning of the first annual period beginning on or after 31 March 2004.

Entities to which paragraph 139 applies are encouraged to apply the requirements of this Standard before the effective dates specified in paragraph 139. However, if an entity applies this Standard before those effective dates, it also shall apply IFRS 3 and IAS 38 Intangible Assets (as revised in 2004) at the same time. 140

WITHDRAWAL OF IAS 36 (ISSUED 1998)

This Standard supersedes IAS 36 *Impairment of Assets* (issued in 1998). 141

ANHANG A

Die Anwendung von Barwert-Verfahren zur Bewertung des Nutzungswertes

Dieser Anhang ist Bestandteil des Standards. Er enthält zusätzliche Leitlinien für die Anwendung von Barwert-Verfahren zur Ermittlung des Nutzungswertes. Obwohl in den Leitlinien der Begriff „Vermögenswert" benutzt wird, sind sie ebenso auf eine Gruppe von Vermögenswerten, die eine zahlungsmittelgenerierende Einheit bildet, anzuwenden.

Die Bestandteile einer Barwert-Ermittlung

A1 Die folgenden Elemente erfassen gemeinsam die wirtschaftlichen Unterschiede zwischen den Vermögenswerten:
 (a) eine Schätzung des künftigen Cashflows bzw. in komplexeren Fällen von Serien künftiger Cashflows, die das Unternehmen durch die Vermögenswerte zu erzielen erhofft;
 (b) Erwartungen im Hinblick auf eventuelle wertmäßige oder zeitliche Veränderungen dieser Cashflows;
 (c) der Zinseffekt, der durch den risikolosen Zinssatz des aktuellen Marktes dargestellt wird;
 (d) der Preis für die mit dem Vermögenswert verbundene Unsicherheit; und
 (e) andere, manchmal nicht identifizierbare Faktoren (wie Illiquidität), die Marktteilnehmer bei der Preisgestaltung der künftigen Cashflows, die das Unternehmen durch die Vermögenswerte zu erzielen erhofft, widerspiegeln würden.

A2 Dieser Anhang stellt zwei Ansätze zur Berechnung des Barwertes gegenüber, jeder von ihnen kann den Umständen entsprechend für die Schätzung des Nutzungswertes eines Vermögenswertes benutzt werden. Bei dem „traditionellen" Ansatz sind die Anpassungen für die im Paragraph A1 beschriebenen Faktoren (b)-(e) im Abzinsungssatz enthalten. Bei dem „erwarteten Cashflow" Ansatz verursachen die Faktoren (b), (d) und (e) Anpassungen bei den risikobereinigten erwarteten Cashflows. Welchen Ansatz ein Unternehmen auch anwendet, um Erwartungen hinsichtlich eventueller wertmäßiger oder zeitlicher Änderungen der künftigen Cashflows widerzuspiegeln, letztendlich muss der erwartete Barwert der künftigen Cashflows, d. h. der gewichtete Durchschnitt aller möglichen Ergebnisse widergespiegelt werden.

Allgemeine Prinzipien

A3 Die Verfahren, die zur Schätzung künftiger Cashflows und Zinssätze benutzt werden, variieren von einer Situation zur anderen, je nach den Umständen, die den betreffenden Vermögenswert umgeben. Die folgenden allgemeinen Prinzipien regeln jedoch jede Anwendung von Barwert-Verfahren bei der Bewertung von Vermögenswerten:
 (a) Zinssätze, die zur Abzinsung von Cashflows benutzt werden, haben die Annahmen widerzuspiegeln, die mit denen der geschätzten Cashflows übereinstimmen. Andernfalls würden die Wirkungen einiger Annahmen doppelt angerechnet oder ignoriert werden. Ein Abzinsungssatz von 12 Prozent könnte beispielsweise auf vertragliche Cashflows einer Darlehensforderung angewendet werden. Dieser Satz spiegelt die Erwartungen über künftigen Zahlungsverzug bei Darlehen mit besonderen Merkmalen wider. Derselbe 12 Prozent Zinssatz ist nicht zur Abzinsung erwarteter Cashflows zu verwenden, da solche Cashflows bereits die Annahmen über künftigen Zahlungsverzug widerspiegeln.
 (b) geschätzte Cashflows und Abzinsungssätze müssen sowohl frei von verzerrenden Einflüssen als auch von Faktoren sein, die nicht mit dem betreffenden Vermögenswert in Verbindung stehen. Ein verzerrender Einfluss wird beispielsweise in die Bewertung eingebracht, wenn geschätzte Netto-Cashflows absichtlich zu niedrig dargestellt werden, um die offensichtliche künftige Rentabilität eines Vermögenswertes zu verbessern.
 (c) geschätzte Cashflows oder Abzinsungssätze müssen eher die Bandbreite möglicher Ergebnisse widerspiegeln als einen einzigen Betrag, höchstwahrscheinlich den möglichen Mindest- oder Höchstbetrag.

APPENDIX A

Using Present Value Techniques to Measure Value in Use

This appendix is an integral part of the Standard. It provides guidance on the use of present value techniques in measuring value in use. Although the guidance uses the term 'asset', it equally applies to a group of assets forming a cash-generating unit.

The Components of a Present Value Measurement

The following elements together capture the economic differences between assets: A1
(a) an estimate of the future cash flow, or in more complex cases, series of future cash flows the entity expects to derive from the asset;
(b) expectations about possible variations in the amount or timing of those cash flows;
(c) the time value of money, represented by the current market riskfree rate of interest;
(d) the price for bearing the uncertainty inherent in the asset; and
(e) other, sometimes unidentifiable, factors (such as illiquidity) that market participants would reflect in pricing the future cash flows the entity expects to derive from the asset.

This appendix contrasts two approaches to computing present value, either of which may be used to estimate the   A2
value in use of an asset, depending on the circumstances. Under the 'traditional' approach, adjustments for factors (b)—(e) described in paragraph A1 are embedded in the discount rate. Under the 'expected cash flow' approach, factors (b), (d) and (e) cause adjustments in arriving at risk-adjusted expected cash flows. Whichever approach an entity adopts to reflect expectations about possible variations in the amount or timing of future cash flows, the result should be to reflect the expected present value of the future cash flows, ie the weighted average of all possible outcomes.

General Principles

The techniques used to estimate future cash flows and interest rates will vary from one situation to another   A3
depending on the circumstances surrounding the asset in question. However, the following general principles govern any application of present value techniques in measuring assets:
(a) interest rates used to discount cash flows should reflect assumptions that are consistent with those inherent in the estimated cash flows. Otherwise, the effect of some assumptions will be double-counted or ignored. For example, a discount rate of 12 per cent might be applied to contractual cash flows of a loan receivable. That rate reflects expectations about future defaults from loans with particular characteristics. That same 12 per cent rate should not be used to discount expected cash flows because those cash flows already reflect assumptions about future defaults.
(b) estimated cash flows and discount rates should be free from both bias and factors unrelated to the asset in question. For example, deliberately understating estimated net cash flows to enhance the apparent future profitability of an asset introduces a bias into the measurement.
(c) estimated cash flows or discount rates should reflect the range of possible outcomes rather than a single most likely, minimum or maximum possible amount.

IAS 36

Traditioneller Ansatz und ‚erwarteter Cashflow' Ansatz zur Darstellung des Barwertes

Traditioneller Ansatz

A4 Anwendungen der Bilanzierung eines Barwertes haben traditionell einen einzigen Satz geschätzter Cashflows und einen einzigen Abzinsungssatz benutzt, der oft als der „dem Risiko entsprechende Zinssatz" beschrieben wurde. In der Tat nimmt der traditionelle Ansatz an, dass eine einzige Abzinsungssatz-Regel alle Erwartungen über die künftigen Cashflows und den angemessenen Risikozuschlag enthalten kann. Daher legt der traditionelle Ansatz größten Wert auf die Auswahl des Abzinsungssatzes.

A5 Unter gewissen Umständen, wenn beispielsweise vergleichbare Vermögenswerte auf dem Markt beobachtet werden können, ist es relativ einfach einen traditionellen Ansatz anzuwenden. Für Vermögenswerte mit vertraglichen Cashflows stimmt dies mit der Art und Weise überein, in der die Marktteilnehmer die Vermögenswerte beschreiben, wie bei „einer 12-prozentigen Anleihe".

A6 Der traditionelle Ansatz kann jedoch gewisse komplexe Bewertungsprobleme nicht angemessen behandeln, wie beispielsweise die Bewertung von nicht-finanziellen Vermögenswerten, für die es keinen Markt oder keinen vergleichbaren Posten gibt. Eine angemessene Suche nach „dem Risiko entsprechenden Zinssatz" verlangt eine Analyse von zumindest zwei Posten – einem Vermögenswert, der auf dem Markt existiert und einen beobachteten Zinssatz hat und dem zu bewertenden Vermögenswert. Der entsprechende Abzinsungssatz für die zu bewertenden Cashflows muss aus dem in diesem anderen Vermögenswert erkennbaren Zinssatz hergeleitet werden. Um diese Schlussfolgerung ziehen zu können, müssen die Merkmale der Cashflows des anderen Vermögenswertes ähnlich derer des zu bewertenden Vermögenswertes sein. Daher muss für die Bewertung folgendermaßen vorgegangen werden:
(a) Identifizierung des Satzes von Cashflows, die abgezinst werden;
(b) Identifizierung eines anderen Vermögenswertes auf dem Markt, der ähnliche Cashflow-Merkmale zu haben scheint;
(c) Vergleich der Cashflow-Sätze beider Posten um sicherzustellen, dass sie ähnlich sind (zum Beispiel: Sind beide Sätze vertragliche Cashflows, oder ist der eine ein vertraglicher und der andere ein geschätzter Cashflow?);
(d) Beurteilung, ob es bei einem Posten ein Element gibt, das es bei dem anderen nicht gibt (zum Beispiel: Ist einer weniger liquide als der andere?); und
(e) Beurteilung, ob beide Cashflow-Sätze sich bei sich ändernden wirtschaftlichen Bedingungen voraussichtlich ähnlich verhalten (d. h. variieren).

‚Erwarteter Cashflow' Ansatz

A7 In gewissen Situationen ist der ‚erwartete Cashflow' Ansatz ein effektiveres Bewertungsinstrument als der traditionelle Ansatz. Bei der Erarbeitung einer Bewertung benutzt der ‚erwartete Cashflow' Ansatz alle Erwartungen über mögliche Cashflows anstelle des einzigen Cashflows, der am ähnlichsten ist. Beispielsweise könnte ein Cashflow 100 WE, 200 WE oder 300 WE sein mit Wahrscheinlichkeiten von 10 Prozent bzw. 60 Prozent oder 30 Prozent. Der erwartete Cashflow beträgt 220 WE. Der ‚erwartete Cashflow' Ansatz unterscheidet sich somit vom traditionellen Ansatz dadurch, dass er sich auf die direkte Analyse der betreffenden Cashflows und auf präzisere Darstellungen der bei der Bewertung benutzten Annahmen konzentriert.

A8 Der ‚erwartete Cashflow' Ansatz erlaubt auch die Anwendung des Barwert-Verfahrens, wenn die zeitliche Abstimmung der Cashflows ungewiss ist. Beispielsweise könnte ein Cashflow von 1.000 WE in einem Jahr, zwei Jahren oder drei Jahren mit Wahrscheinlichkeiten von 10 Prozent bzw. 60 Prozent oder 30 Prozent erhalten werden. Das nachstehende Beispiel zeigt die Berechnung des erwarteten Barwertes in dieser Situation.

Barwert von 1 000 WE in 1 Jahr zu 5 %	952,38 WE	
Wahrscheinlichkeit	10,00 %	95,24 WE
Barwert von 1 000 WE in 2 Jahren zu 5,25 %	902,73 WE	
Wahrscheinlichkeit	60,00 %	541,64 WE
Barwert von 1 000 WE in 3 Jahren zu 5,50 %	851,61 WE	
Wahrscheinlichkeit	30,00 %	255,48 WE
Erwarteter Barwert		892,36 WE

Traditional and Expected Cash Flow Approaches to Present Value

Traditional Approach

Accounting applications of present value have traditionally used a single set of estimated cash flows and a single discount rate, often described as 'the rate commensurate with the risk'. In effect, the traditional approach assumes that a single discount rate convention can incorporate all the expectations about the future cash flows and the appropriate risk premium. Therefore, the traditional approach places most of the emphasis on selection of the discount rate. **A4**

In some circumstances, such as those in which comparable assets can be observed in the marketplace, a traditional approach is relatively easy to apply. For assets with contractual cash flows, it is consistent with the manner in which marketplace participants describe assets, as in 'a 12 per cent bond'. **A5**

However, the traditional approach may not appropriately address some complex measurement problems, such as the measurement of nonfinancial assets for which no market for the item or a comparable item exists. A proper search for 'the rate commensurate with the risk' requires analysis of at least two items—an asset that exists in the marketplace and has an observed interest rate and the asset being measured. The appropriate discount rate for the cash flows being measured must be inferred from the observable rate of interest in that other asset. To draw that inference, the characteristics of the other asset's cash flows must be similar to those of the asset being measured. Therefore, the measurer must do the following: **A6**
(a) identify the set of cash flows that will be discounted;
(b) identify another asset in the marketplace that appears to have similar cash flow characteristics;
(c) compare the cash flow sets from the two items to ensure that they are similar (for example, are both sets contractual cash flows, or is one contractual and the other an estimated cash flow?);
(d) evaluate whether there is an element in one item that is not present in the other (for example, is one less liquid than the other?); and
(e) evaluate whether both sets of cash flows are likely to behave (ie vary) in a similar fashion in changing economic conditions.

Expected Cash Flow Approach

The expected cash flow approach is, in some situations, a more effective measurement tool than the traditional approach. In developing a measurement, the expected cash flow approach uses all expectations about possible cash flows instead of the single most likely cash flow. For example, a cash flow might be CU100, CU200 or CU300 with probabilities of 10 per cent, 60 per cent and 30 per cent, respectively. The expected cash flow is CU220. The expected cash flow approach thus differs from the traditional approach by focusing on direct analysis of the cash flows in question and on more explicit statements of the assumptions used in the measurement. **A7**

The expected cash flow approach also allows use of present value techniques when the timing of cash flows is uncertain. For example, a cash flow of CU1 000 may be received in one year, two years or three years with probabilities of 10 per cent, 60 per cent and 30 per cent, respectively. The example below shows the computation of expected present value in that situation. **A8**

Present value of CU1 000 in 1 year at 5 %	CU952.38	
Probability	10.00 %	CU 95.24
Present value of CU1 000 in 2 years at 5.25 %	CU902.73	
Probability	60.00 %	CU541.64
Present value of CU1 000 in 3 years at 5.50 %	CU851.61	
Probability	30.00 %	CU255.48
Expected present value		CU892.36

IAS 36

A9 Der erwartete Barwert von 892,36 WE unterscheidet sich von der traditionellen Auffassung einer bestmöglichen Schätzung von 902,73 WE (die 60 Prozent Wahrscheinlichkeit). Eine auf dieses Beispiel angewendete traditionelle Barwertberechnung verlangt eine Entscheidung darüber, welche möglichen Zeitpunkte der Cashflows anzusetzen sind, und würde demzufolge die Wahrscheinlichkeiten anderer Zeitpunkte nicht widerspiegeln. Das beruht darauf, dass bei einer traditionellen Berechnung des Barwertes der Abzinsungssatz keine Ungewissheiten über die Zeitpunkte widerspiegeln kann.

A10 Die Benutzung von Wahrscheinlichkeiten ist ein wesentliches Element des ‚erwarteten Cashflow' Ansatzes. In Frage gestellt wird, ob die Zuweisung von Wahrscheinlichkeiten zu hohen subjektiven Schätzungen größere Präzision vermuten lässt, als dass sie in der Tat existiert. Die richtige Anwendung des traditionellen Ansatzes (wie in Paragraph A6 beschrieben) verlangt hingegen dieselben Schätzungen und dieselbe Subjektivität ohne die computerunterstützte Transparenz des ‚erwarteten Cashflow' Ansatzes zu liefern.

A11 Viele in der gegenwärtigen Praxis entwickelte Schätzungen beinhalten bereits informell die Elemente der erwarteten Cashflows. Außerdem werden Rechnungsleger oft mit der Notwendigkeit konfrontiert, einen Vermögenswert zu bewerten und dabei begrenzte Informationen über die Wahrscheinlichkeiten möglicher Cashflows zu benutzen. Ein Rechnungsleger könnte beispielsweise mit den folgenden Situationen konfrontiert werden:
(a) der geschätzte Betrag liegt irgendwo zwischen 50 WE und 250 WE, aber kein Betrag, der in diesem Bereich liegt, kommt eher in Frage als irgendein ein anderer Betrag. Auf der Grundlage dieser begrenzten Information beläuft sich der geschätzte erwartete Cashflow auf 150 WE [(50 + 250)/2].
(b) der geschätzte Betrag liegt irgendwo zwischen 50 WE und 250 WE und der wahrscheinlichste Betrag ist 100 WE. Die mit jedem Betrag verbundenen Wahrscheinlichkeiten sind unbekannt. Auf der Grundlage dieser begrenzten Information beläuft sich der geschätzte erwartete Cashflow auf 133,33 WE [(50 + 250)/3].
(c) der geschätzte Betrag beträgt 50 WE (10 Prozent Wahrscheinlichkeit), 250 WE (30 Prozent Wahrscheinlichkeit) oder 100 WE (60 Prozent Wahrscheinlichkeit). Auf der Grundlage dieser begrenzten Information beläuft sich der geschätzte erwartete Cashflow auf 140 WE [(50 × 0,10) + (250 × 0,30) + (100 × 0,60)].
In jedem Fall liefert der geschätzte erwartete Cashflow voraussichtlich eine bessere Schätzung des Nutzungswertes als wahrscheinlich der Mindestbetrag oder der Höchstbetrag alleine genommen.

A12 Die Anwendung eines ‚erwarteten Cashflow' Ansatzes ist abhängig von einer Kosten-Nutzen Auflage. In manchen Fällen kann ein Unternehmen Zugriff auf zahlreiche Daten haben und somit viele Cashflow Szenarien entwickeln. In anderen Fällen kann es sein, dass ein Unternehmen nicht mehr als die allgemeinen Darstellungen über die Schwankung der Cashflows ohne Berücksichtigung wesentlicher Kosten entwickeln kann. Das Unternehmen muss die Kosten für den Erhalt zusätzlicher Informationen mit der zusätzlichen Verlässlichkeit, die diese Informationen für die Bewertung bringen wird, abwägen.

A13 Einige behaupten, dass erwartete Cashflow-Verfahren ungeeignet für die Bewertung eines einzelnen Postens oder eines Postens mit einer begrenzten Anzahl von möglichen Ergebnissen sind. Sie geben ein Beispiel eines Vermögenswertes mit zwei möglichen Ergebnissen an: eine 90-prozentige Wahrscheinlichkeit, dass der Cashflow 10 WE und eine 10-prozentige Wahrscheinlichkeit, dass der Cashflow 1.000 WE betragen wird. Sie beobachten, dass der erwartete Cashflow in diesem Beispiel 109 WE beträgt und kritisieren dieses Ergebnis, weil es keinen der Beträge darstellt, die letztendlich bezahlt werden könnten.

A14 Behauptungen, wie die gerade dargelegte, spiegeln die zugrunde liegende Unstimmigkeit hinsichtlich der Bewertungsziele wider. Wenn die Kumulierung der einzugehenden Kosten die Zielsetzung ist, könnten die erwarteten Cashflows keine repräsentativ glaubwürdige Schätzung der erwarteten Kosten erzeugen. Dieser Standard befasst sich indes mit der Bewertung des erzielbaren Betrages eines Vermögenswertes. Der erzielbare Betrag des Vermögenswertes aus diesem Beispiel ist voraussichtlich nicht 10 WE, selbst wenn dies der wahrscheinlichste Cashflow ist. Der Grund hierfür ist, dass eine Bewertung von 10 WE nicht die Ungewissheit des Cashflows bei der Bewertung des Vermögenswertes beinhaltet. Stattdessen wird der ungewisse Cashflow dargestellt, als wäre er ein gewisser Cashflow. Kein rational handelndes Unternehmen würde einen Vermögenswert mit diesen Merkmalen für 10 WE verkaufen.

Abzinsungssatz

A15 Welchen Ansatz ein Unternehmen auch für die Bewertung des Nutzungswertes eines Vermögenswertes wählt, die Zinssätze, die zur Abzinsung der Cashflows benutzt werden, dürfen nicht die Risiken widerspiegeln, aufgrund derer die geschätzten Cashflows angepasst worden sind. Andernfalls würden die Wirkungen einiger Annahmen doppelt angerechnet.

The expected present value of CU892.36 differs from the traditional notion of a best estimate of CU902.73 (the 60 per cent probability). A traditional present value computation applied to this example requires a decision about which of the possible timings of cash flows to use and, accordingly, would not reflect the probabilities of other timings. This is because the discount rate in a traditional present value computation cannot reflect uncertainties in timing.

A9

The use of probabilities is an essential element of the expected cash flow approach. Some question whether assigning probabilities to highly subjective estimates suggests greater precision than, in fact, exists. However, the proper application of the traditional approach (as described in paragraph A6) requires the same estimates and subjectivity without providing the computational transparency of the expected cash flow approach.

A10

Many estimates developed in current practice already incorporate the elements of expected cash flows informally. In addition, accountants often face the need to measure an asset using limited information about the probabilities of possible cash flows. For example, an accountant might be confronted with the following situations:

A11

(a) the estimated amount falls somewhere between CU50 and CU250, but no amount in the range is more likely than any other amount. Based on that limited information, the estimated expected cash flow is CU150 [(50 + 250)/2].
(b) the estimated amount falls somewhere between CU50 and CU250, and the most likely amount is CU100. However, the probabilities attached to each amount are unknown. Based on that limited information, the estimated expected cash flow is CU133.33 [(50 + 100 + 250)/3].
(c) the estimated amount will be CU50 (10 per cent probability), CU250 (30 per cent probability), or CU100 (60 per cent probability). Based on that limited information, the estimated expected cash flow is CU140 [(50 × 0.10) + (250 × 0.30) + (100 × 0.60)].

In each case, the estimated expected cash flow is likely to provide a better estimate of value in use than the minimum, most likely or maximum amount taken alone.

The application of an expected cash flow approach is subject to a costbenefit constraint. In some cases, an entity may have access to extensive data and may be able to develop many cash flow scenarios. In other cases, an entity may not be able to develop more than general statements about the variability of cash flows without incurring substantial cost. The entity needs to balance the cost of obtaining additional information against the additional reliability that information will bring to the measurement.

A12

Some maintain that expected cash flow techniques are inappropriate for measuring a single item or an item with a limited number of possible outcomes. They offer an example of an asset with two possible outcomes: a 90 per cent probability that the cash flow will be CU10 and a 10 per cent probability that the cash flow will be CU1.000. They observe that the expected cash flow in that example is CU109 and criticise that result as not representing either of the amounts that may ultimately be paid.

A13

Assertions like the one just outlined reflect underlying disagreement with the measurement objective. If the objective is accumulation of costs to be incurred, expected cash flows may not produce a representationally faithful estimate of the expected cost. However, this Standard is concerned with measuring the recoverable amount of an asset. The recoverable amount of the asset in this example is not likely to be CU10, even though that is the most likely cash flow. This is because a measurement of CU10 does not incorporate the uncertainty of the cash flow in the measurement of the asset. Instead, the uncertain cash flow is presented as if it were a certain cash flow. No rational entity would sell an asset with these characteristics for CU10.

A14

Discount Rate

Whichever approach an entity adopts for measuring the value in use of an asset, interest rates used to discount cash flows should not reflect risks for which the estimated cash flows have been adjusted. Otherwise, the effect of some assumptions will be double-counted.

A15

IAS 36

A16 Wenn ein vermögenswertspezifischer Zinssatz nicht direkt über den Markt erhältlich ist, verwendet ein Unternehmen Ersatzfaktoren zur Schätzung des Abzinsungssatzes. Ziel ist es, so weit wie möglich, die Marktbeurteilung folgender Faktoren zu schätzen:
(a) den Zinseffekt für die Berichtsperioden bis zum Ende der Nutzungsdauer des Vermögenswertes; und
(b) die in Paragraph A1 beschriebenen Faktoren (b), (d) und (e), soweit diese Faktoren keine Anpassungen bei den geschätzten Cashflows verursacht haben.

A17 Als Ausgangspunkt kann ein Unternehmen bei der Erstellung einer solchen Schätzung die folgenden Zinssätze berücksichtigen:
(a) die durchschnittlich gewichteten Kapitalkosten des Unternehmens, die mithilfe von Verfahren wie dem Capital Asset Pricing Model bestimmt werden können;
(b) den Zinssatz für Neukredite des Unternehmens; und
(c) andere marktübliche Fremdkapitalzinssätze.

A18 Diese Zinssätze müssen jedoch angepasst werden:
(a) um die Art und Weise widerzuspiegeln, auf die der Markt die spezifischen Risiken, die mit den geschätzten Cashflows verbunden sind, bewerten würde; und
(b) um Risiken auszuschließen, die für die geschätzten Cashflows der Vermögenswerte nicht relevant sind, oder aufgrund derer bereits eine Anpassung der geschätzten Cashflows vorgenommen wurde.
Berücksichtigt werden Risiken, wie das Länderrisiko, das Währungsrisiko und das Preisrisiko.

A19 Der Abzinsungssatz ist unabhängig von der Kapitalstruktur des Unternehmens und von der Art und Weise, wie das Unternehmen den Kauf des Vermögenswertes finanziert, weil die künftig erwarteten Cashflows aus dem Vermögenswert nicht von der Art und Weise abhängen, wie das Unternehmen den Kauf des Vermögenswertes finanziert hat.

A20 Paragraph 55 verlangt, dass der benutzte Abzinsungssatz ein Vor-Steuer-Zinssatz ist. Wenn daher die Grundlage für die Schätzung des Abzinsungssatzes eine Betrachtung nach Steuern ist, ist diese Grundlage anzupassen, um einen Zinssatz vor Steuern widerzuspiegeln.

A21 Ein Unternehmen verwendet normalerweise einen einzigen Abzinsungssatz zur Schätzung des Nutzungswertes eines Vermögenswertes. Ein Unternehmen verwendet indes unterschiedliche Abzinsungssätze für die verschiedenen künftigen Berichtsperioden, wenn der Nutzungswert sensibel auf die unterschiedlichen Risiken in den verschiedenen Perioden oder auf die Laufzeitstruktur der Zinssätze reagiert.

When an asset-specific rate is not directly available from the market, an entity uses surrogates to estimate the discount rate. The purpose is to estimate, as far as possible, a market assessment of: **A16**
(a) the time value of money for the periods until the end of the asset's useful life; and
(b) factors (b), (d) and (e) described in paragraph A1, to the extent those factors have not caused adjustments in arriving at estimated cash flows.

As a starting point in making such an estimate, the entity might take into account the following rates: **A17**
(a) the entity's weighted average cost of capital determined using techniques such as the Capital Asset Pricing Model;
(b) the entity's incremental borrowing rate; and
(c) other market borrowing rates.

However, these rates must be adjusted: **A18**
(a) to reflect the way that the market would assess the specific risks associated with the asset's estimated cash flows; and
(b) to exclude risks that are not relevant to the asset's estimated cash flows or for which the estimated cash flows have been adjusted.
Consideration should be given to risks such as country risk, currency risk and price risk.

The discount rate is independent of the entity's capital structure and the way the entity financed the purchase of the asset, because the future cash flows expected to arise from an asset do not depend on the way in which the entity financed the purchase of the asset. **A19**

Paragraph 55 requires the discount rate used to be a pre-tax rate. Therefore, when the basis used to estimate the discount rate is post-tax, that basis is adjusted to reflect a pre-tax rate. **A20**

An entity normally uses a single discount rate for the estimate of an asset's value in use. However, an entity uses separate discount rates for different future periods where value in use is sensitive to a difference in risks for different periods or to the term structure of interest rates. **A21**

International Accounting Standard 37

Rückstellungen, Eventualschulden und Eventualforderungen

> International Accounting Standard 37 *Rückstellungen, Eventualschulden und Eventualforderungen* (IAS 37) ist in den Paragraphen 1–96 festgelegt. Alle Paragraphen sind gleichrangig, behalten jedoch das IASC-Format des Standards, mit dem dieser durch den IASB verabschiedet wurde. IAS 37 ist in Verbindung mit seiner Zielsetzung, dem *Vorwort zu den International Financial Reporting Standards* und dem *Rahmenkonzept für die Aufstellung und Darstellung von Abschlüssen* zu betrachten. IAS 8 *Bilanzierungs- und Bewertungsmethoden, Änderungen von Schätzungen und Fehler*, stellt beim Fehlen ausdrücklicher Leitlinien eine Grundlage für die Auswahl und für die Anwendung von Bilanzierungs- und Bewertungsmethoden bereit.

Dieser International Accounting Standard wurde im Juli 1998 vom IASC Board genehmigt und war erstmals in der ersten Berichtsperiode eines am 1. Juli 1999 oder danach beginnenden Geschäftsjahres anzuwenden.

EINFÜHRUNG

IN1 IAS 37 schreibt die Bilanzierung und Angabe aller Rückstellungen, Eventualschulden und Eventualforderungen vor. Hiervon ausgenommen sind
 (a) diejenigen, die aus zum beizulegenden Zeitwert bilanzierten Finanzinstrumenten resultieren;
 (b) diejenigen, die aus noch zu erfüllenden Verträgen resultieren, außer der Vertrag ist belastend. Noch zu erfüllende Verträge sind Verträge, bei denen beide Parteien ihre Verpflichtungen nicht oder teilweise zu gleichen Teilen erfüllt haben;
 (c) diejenigen, die bei Lebensversicherungsunternehmen aus ausgegebenen Policen entstehen; und
 (d) diejenigen, die durch einen anderen International Accounting Standard abgedeckt werden.

Rückstellungen

IN2 Der Standard definiert Rückstellungen als Schulden, die bezüglich ihrer Fälligkeit oder ihrer Höhe ungewiss sind. Eine Rückstellung ist ausschließlich dann anzusetzen, wenn:
 (a) einem Unternehmen aus einem Ereignis der Vergangenheit eine gegenwärtige Verpflichtung (rechtlich oder faktisch) entstanden ist;
 (b) es wahrscheinlich ist (d. h. mehr dafür als dagegen spricht), dass zur Erfüllung der Verpflichtung ein Abfluss von Ressourcen mit wirtschaftlichem Nutzen erforderlich ist; und
 (c) eine verlässliche Schätzung der Höhe der Verpflichtung möglich ist. Der Standard weist darauf hin, dass eine verlässliche Schätzung nur in sehr seltenen Ausnahmefällen nicht möglich sein dürfte.

IN3 Dieser Standard definiert eine faktische Verpflichtung als eine Verpflichtung, die aus den Aktivitäten eines Unternehmens entsteht, wenn:
 (a) das Unternehmen durch sein bisher übliches Geschäftsgebaren, öffentlich angekündigte Maßnahmen oder eine ausreichend spezifische, aktuelle Aussage gegenüber anderen Parteien seine Bereitschaft zur Übernahme gewisser Verpflichtungen angedeutet hat; und
 (b) das Unternehmen dadurch bei den anderen Parteien eine gerechtfertigte Erwartung geweckt hat, dass es diesen Verpflichtungen nachkommt.

IN4 In Ausnahmefällen, zum Beispiel in einem Rechtsstreit, kann darüber Unklarheit bestehen, ob das Unternehmen eine gegenwärtige Verpflichtung hat. In diesen Fällen führt ein Ereignis der Vergangenheit zu einer gegenwärtigen Verpflichtung, wenn zum Bilanzstichtag für das Bestehen einer gegenwärtigen Verpflichtung nach Berücksichtigung aller substanziellen Hinweise mehr dafür als dagegen spricht. Ein Unternehmen setzt eine Rückstellung für diese gegenwärtige Verpflichtung an, wenn die anderen oben genannten Ansatzkriterien erfüllt sind. Wenn für eine gegenwärtige Verpflichtung nicht mehr dafür als dagegen spricht, ist eine Eventualschuld anzugeben, es sei denn, ein Abfluss von Ressourcen mit wirtschaftlichem Nutzen ist unwahrscheinlich.

International Accounting Standard 37

Provisions, contingent liabilities and contingent assets

> International Accounting Standard 37 *Provisions, contingent liabilities and contingent assets* (IAS 37) is set out in paragraphs 1—96. All the paragraphs have equal authority but retain the IASC format of the Standard when it was adopted by the IASB. IAS 37 should be read in the context of its objective, the *Preface to International Financial Reporting Standards* and the *Framework for the Preparation and Presentation of Financial Statements*. IAS 8 *Accounting Policies, Changes in Accounting Estimates and Errors* provides a basis for selecting and applying accounting policies in the absence of explicit guidance.

This International Accounting Standard was approved by the IASC Board in July 1998 and became effective for financial statements covering periods beginning on or after 1 July 1999.

INTRODUCTION

IAS 37 prescribes the accounting and disclosure for all provisions, contingent liabilities and contingent assets, except: **IN1**
(a) those resulting from financial instruments that are carried at fair value;
(b) those resulting from executory contracts, except where the contract is onerous. Executory contracts are contracts under which neither party has performed any of its obligations or both parties have partially performed their obligations to an equal extent;
(c) those arising in insurance enterprises from contracts with policyholders; or
(d) those covered by another International Accounting Standard.

Provisions

The Standard defines provisions as liabilities of uncertain timing or amount. A provision should be recognised when, and only when: **IN2**
(a) an enterprise has a present obligation (legal or constructive) as a result of a past event;
(b) it is probable (i.e. more likely than not) that an outflow of resources embodying economic benefits will be required to settle the obligation; and
(c) a reliable estimate can be made of the amount of the obligation. The Standard notes that it is only in extremely rare cases that a reliable estimate will not be possible.

The Standard defines a constructive obligation as an obligation that derives from an enterprise's actions where: **IN3**
(a) by an established pattern of past practice, published policies or a sufficiently specific current statement, the enterprise has indicated to other parties that it will accept certain responsibilities; and
(b) as a result, the enterprise has created a valid expectation on the part of those other parties that it will discharge those responsibilities.

In rare cases, for example in a law suit, it may not be clear whether an enterprise has a present obligation. In these cases, a past event is deemed to give rise to a present obligation if, taking account of all available evidence, it is more likely than not that a present obligation exists at the balance sheet date. An enterprise recognises a provision for that present obligation if the other recognition criteria described above are met. If it is more likely than not that no present obligation exists, the enterprise discloses a contingent liability, unless the possibility of an outflow of resources embodying economic benefits is remote. **IN4**

IAS 37

IN5 Der als Rückstellung erfasste Betrag hat die bestmögliche Schätzung der zur Erfüllung der gegenwärtigen Verpflichtung zum Bilanzstichtag erforderlichen Ausgaben darzustellen; mit anderen Worten, den Betrag, den das Unternehmen bei vernünftiger Betrachtung zur Erfüllung der Verpflichtung am Bilanzstichtag oder zu ihrer Übertragung auf eine Dritte Partei zahlen müsste.

IN6 Der Standard schreibt vor, dass ein Unternehmen bei der Bewertung einer Rückstellung:
(a) Risiken und Unsicherheiten berücksichtigt; Unsicherheit rechtfertigt jedoch nicht die Bildung übermäßiger Rückstellungen oder eine vorsätzliche Überbewertung von Schulden;
(b) eine Abzinsung von Rückstellungen vornimmt, wenn der bei der Diskontierung resultierende Zinseffekt wesentlich ist, unter Verwendung eines (oder mehrerer) Abzinsungssatzes (-sätze) vor Steuern; die Abzinsungssätze spiegeln jeweils die aktuellen Markterwartungen im Hinblick auf den Zinseffekt sowie die für die Schuld spezifischen Risiken, die nicht bei der bestmöglichen Schätzung der Ausgaben berücksichtigt wurden, wider. Bei Verwendung der Abzinsungsmethode wird der Anstieg der Rückstellungen im Zeitablauf als Zinsaufwand erfasst;
(c) künftige Ereignisse wie Gesetzes- und Technologieänderungen berücksichtigt, wenn ausreichend objektive substanzielle Hinweise für deren Eintreten vorhanden sind; und
(d) Erträge aus dem erwarteten Abgang von Vermögenswerten nicht berücksichtigt; dies gilt auch dann, wenn der erwartete Abgang eng mit dem Ereignis verbunden ist, auf Grund dessen die Rückstellung gebildet wird.

IN7 Es kann sein, dass ein Unternehmen die Erstattung eines Teils oder der gesamten bei Erfüllung der zurückgestellten Verpflichtung entstehenden Ausgaben erwartet (beispielsweise durch Versicherungsverträge, Entschädigungsklauseln oder Gewährleistungen von Lieferanten). Ein Unternehmen hat:
(a) eine Erstattung dann anzusetzen, aber nur dann, wenn der Erhalt dieser Erstattung bei Erfüllung der Verpflichtung so gut wie sicher ist. Der für die Erstattung angesetzte Betrag darf die Höhe der Rückstellung nicht übersteigen; und
(b) die Erstattung als separaten Vermögenswert ansetzen. In der Gewinn- und Verlustrechnung können Aufwendungen für die Bildung einer Rückstellung netto nach Abzug der Erstattung angesetzt werden.

IN8 Rückstellungen sind zu jedem Bilanzstichtag zu prüfen und auf Grund der bestmöglichen Schätzung anzupassen. Wenn es nicht mehr wahrscheinlich ist, dass zur Erfüllung der Verpflichtung ein Abfluss von Ressourcen mit wirtschaftlichem Nutzen erforderlich ist, ist eine Rückstellung aufzulösen.

IN9 Dieser Standard ist auf Rückstellungen für Restrukturierungsmaßnahmen (einschließlich aufgegebene Geschäftsbereiche) anzuwenden. Wenn eine Restrukturierungsmaßnahme der Definition eines aufgegebenen Geschäftsbereichs entspricht, können zusätzliche Angaben nach IFRS 5 *Zur Veräußerung gehaltene langfristige Vermögenswerte und aufgegebene Geschäftsbereiche* erforderlich werden.

Rückstellungen – Besondere Anwendungsfälle

IN10 Der Standard legt die allgemeinen Anforderungen für den Ansatz und die Bewertung von Rückstellungen in drei speziellen Fällen dar: künftige betriebliche Verluste, belastende Verträge und Restrukturierungsmaßnahmen.

IN11 Im Zusammenhang mit künftigen betrieblichen Verlusten sind keine Rückstellungen zu bilden. Die Erwartung künftiger betrieblicher Verluste ist ein Anzeichen für eine mögliche Wertminderung bestimmter Vermögenswerte eines Unternehmensbereichs. In diesem Fall, prüft ein Unternehmen diese Vermögenswerte auf Wertminderung nach IAS 36, Wertminderung von Vermögenswerten.

IN12 Hat das Unternehmen einen belastenden Vertrag, ist die gegenwärtige vertragliche Verpflichtung als Rückstellung anzusetzen und zu bewerten. Ein belastender Vertrag ist ein Vertrag, bei dem die unvermeidbaren Kosten zur Erfüllung der vertraglichen Verpflichtungen höher sind als der erwartete wirtschaftliche Nutzen.

IN13 Der Standard definiert eine Restrukturierungsmaßnahme als ein Programm, das vom Management geplant und kontrolliert wird und entweder
(a) ein von dem Unternehmen abgedecktes Geschäftsfeld; oder
(b) die Art, in der dieses Geschäft durchgeführt wird wesentlich verändert.

IN14 Eine Rückstellung für Restrukturierungsaufwand wird nur angesetzt, wenn die allgemeinen Ansatzkriterien für Rückstellungen erfüllt werden. In diesem Zusammenhang entsteht eine faktische Verpflichtung zur Restrukturierung nur, wenn ein Unternehmen:

The amount recognised as a provision should be the best estimate of the expenditure required to settle the present obligation at the balance sheet date, in other words, the amount that an enterprise would rationally pay to settle the obligation at the balance sheet date or to transfer it to a third party at that time. IN5

The Standard requires that an enterprise should, in measuring a provision: IN6
(a) take risks and uncertainties into account. However, uncertainty does not justify the creation of excessive provisions or a deliberate overstatement of liabilities;
(b) discount the provisions, where the effect of the time value of money is material, using a pre-tax discount rate (or rates) that reflect(s) current market assessments of the time value of money and those risks specific to the liability that have not been reflected in the best estimate of the expenditure. Where discounting is used, the increase in the provision due to the passage of time is recognised as an interest expense;
(c) take future events, such as changes in the law and technological changes, into account where there is sufficient objective evidence that they will occur; and
(d) not take gains from the expected disposal of assets into account, even if the expected disposal is closely linked to the event giving rise to the provision.

An enterprise may expect reimbursement of some or all of the expenditure required to settle a provision (for example, through insurance contracts, indemnity clauses or suppliers' warranties). An enterprise should: IN7
(a) recognise a reimbursement when, and only when, it is virtually certain that reimbursement will be received if the enterprise settles the obligation. The amount recognised for the reimbursement should not exceed the amount of the provision; and
(b) recognise the reimbursement as a separate asset. In the income statement, the expense relating to a provision may be presented net of the amount recognised for a reimbursement.

Provisions should be reviewed at each balance sheet date and adjusted to reflect the current best estimate. If it is no longer probable that an outflow of resources embodying economic benefits will be required to settle the obligation, the provision should be reversed. IN8

This Standard applies to provisions for restructurings (including discontinued operations). When a restructuring meets the definition of a discontinued operation, additional disclosures may be required by IFRS 5 *Non-current Assets Held for Sale and Discontinued Operations*. IN9

Provisions—specific applications

The Standard explains how the general recognition and measurement requirements for provisions should be applied in three specific cases: future operating losses; onerous contracts; and restructurings. IN10

Provisions should not be recognised for future operating losses. An expectation of future operating losses is an indication that certain assets of the operation may be impaired. In this case, an enterprise tests these assets for impairment under IAS 36, impairment of assets. IN11

If an enterprise has a contract that is onerous, the present obligation under the contract should be recognised and measured as a provision. An onerous contract is one in which the unavoidable costs of meeting the obligations under the contract exceed the economic benefits expected to be received under it. IN12

The Standard defines a restructuring as a programme that is planned and controlled by management, and materially changes either: IN13
(a) the scope of a business undertaken by an enterprise; or
(b) the manner in which that business is conducted.

A provision for restructuring costs is recognised only when the general recognition criteria for provisions are met. In this context, a constructive obligation to restructure arises only when an enterprise: IN14

IAS 37

(a) einen detaillierten, formalen Restrukturierungsplan aufgestellt hat, in dem zumindest die folgenden Angaben enthalten sind:
  (i) der Geschäftsbereich oder die betroffenen Teile des Geschäftsbereiches;
  (ii) die wichtigsten betroffenen Standorte;
  (iii) Einsatzort, Funktion und ungefähre Anzahl der Arbeitnehmer, die für die Beendigung ihres Beschäftigungsverhältnisses abgefunden werden;
  (iv) die entstehenden Ausgaben; und
  (v) den Umsetzungszeitpunkt des Plans; und
(b) bei den Betroffenen eine gerechtfertigte Erwartung geweckt hat, dass die Restrukturierungsmaßnahme durch den Beginn der Umsetzung oder die Ankündigung der wesentlichen Planbestandteile den Betroffenen gegenüber durchgeführt wird.

IN15 Allein durch einen Restrukturierungsbeschluss des Managements oder eines Aufsichtgremiums entsteht noch keine faktische Verpflichtung zum Bilanzstichtag, sofern das Unternehmen nicht vor dem Bilanzstichtag
(a) mit der Umsetzung des Restrukturierungsplans begonnen hat; oder
(b) den Restrukturierungsplan den Betroffenen gegenüber ausreichend detailliert mitgeteilt hat, um deren gerechtfertigte Erwartung zu wecken, dass die Restrukturierungsmaßnahme vom Unternehmen durchgeführt wird.

IN16 Sofern eine Restrukturierungsmaßnahme den Verkauf eines Unternehmensbereichs erfordert, entsteht keine Verpflichtung zum Verkauf bis dieser verbindlich abgeschlossen wurde, d. h. ein bindender Verkaufsvertrag existiert.

IN17 Eine Restrukturierungsrückstellung darf nur die direkt im Zusammenhang mit der Restrukturierungsmaßnahme entstehenden Ausgaben enthalten; diese müssen sowohl
(a) zwangsläufig im Zuge der Restrukturierung entstehen; als auch
(b) nicht mit den laufenden Aktivitäten des Unternehmens in Zusammenhang stehen. Daher enthält eine Restrukturierungsrückstellung bspw. keine Aufwendungen für Umschulungen oder Umzüge für weiterbeschäftigte Mitarbeiter, Marketingaufwendungen oder Aufwendungen für Investitionen in neue Systeme und Vertriebsnetze.

Eventualschulden

IN18 Der Standard definiert eine Eventualschuld als:
(a) eine mögliche Verpflichtung, die aus Ereignissen der Vergangenheit resultiert und deren Existenz durch das Eintreten oder Nichteintreten eines oder mehrerer unsicherer künftiger Ereignisse bedingt ist, die nicht vollständig unter der Kontrolle des Unternehmens stehen; oder
(b) eine gegenwärtige Verpflichtung, die auf vergangenen Ereignissen beruht, jedoch nicht erfasst wurde, weil:
  (i) der Abfluss von Ressourcen mit wirtschaftlichem Nutzen mit der Erfüllung dieser Verpflichtung nicht wahrscheinlich ist; oder
  (ii) die Höhe der Verpflichtung nicht ausreichend verlässlich geschätzt werden kann.

IN19 Ein Unternehmen darf keine Eventualschuld ansetzen. Ein Unternehmen hat eine Eventualschuld anzugeben, sofern die Möglichkeit eines Abflusses von Ressourcen mit wirtschaftlichem Nutzen nicht unwahrscheinlich ist.

Eventualforderungen

IN20 Dieser Standard definiert eine Eventualforderung als einen möglichen Vermögenswert, der aus Ereignissen der Vergangenheit resultiert und dessen Existenz durch das Eintreten oder Nichteintreten eines oder mehrerer unsicherer künftiger Ereignisse bedingt ist, die nicht vollständig unter der Kontrolle des Unternehmens stehen. Ein Beispiel ist ein Anspruch, den ein Unternehmen in einem gerichtlichen Verfahren mit unsicherem Ausgang durchzusetzen versucht.

IN21 Ein Unternehmen darf keine Eventualforderung ansetzen. Eine Eventualforderung ist anzugeben, wenn der Zufluss wirtschaftlichen Nutzens wahrscheinlich ist.

IN22 Ist jedoch die Realisation von Erträgen so gut wie sicher, dann handelt es sich bei dem betreffenden Vermögenswert nicht um eine Eventualforderung und sein Ansatz ist angemessen.

(a) has a detailed formal plan for the restructuring identifying at least:
  (i) the business or part of a business concerned;
  (ii) the principal locations affected;
  (iii) the location, function, and approximate number of employees who will be compensated for terminating their services;
  (iv) the expenditures that will be undertaken; and
  (v) when the plan will be implemented; and
(b) has raised a valid expectation in those affected that it will carry out the restructuring by starting to implement that plan or announcing its main features to those affected by it.

A management or board decision to restructure does not give rise to a constructive obligation at the balance sheet date unless the enterprise has, before the balance sheet date: **IN15**
(a) started to implement the restructuring plan; or
(b) communicated the restructuring plan to those affected by it in a sufficiently specific manner to raise a valid expectation in them that the enterprise will carry out the restructuring.

Where a restructuring involves the sale of an operation, no obligation arises for the sale until the enterprise is committed to the sale, i.e. there is a binding sale agreement. **IN16**

A restructuring provision should include only the direct expenditures arising from the restructuring, which are those that are both: **IN17**
(a) necessarily entailed by the restructuring; and
(b) not associated with the ongoing activities of the enterprise. Thus, a restructuring provision does not include such costs as: retraining or relocating continuing staff; marketing; or investment in new systems and distribution networks.

Contingent liabilities

The Standard defines a contingent liability as: **IN18**
(a) a possible obligation that arises from past events and whose existence will be confirmed only by the occurrence or non-occurrence of one or more uncertain future events not wholly within the control of the enterprise; or
(b) a present obligation that arises from past events but is not recognised because:
  (i) it is not probable that an outflow of resources embodying economic benefits will be required to settle the obligation; or
  (ii) the amount of the obligation cannot be measured with sufficient reliability.

An enterprise should not recognise a contingent liability. An enterprise should disclose a contingent liability, unless the possibility of an outflow of resources embodying economic benefits is remote. **IN19**

Contingent assets

The Standard defines a contingent asset as a possible asset that arises from past events and whose existence will be confirmed only by the occurrence or non-occurrence of one or more uncertain future events not wholly within the control of the enterprise. An example is a claim that an enterprise is pursuing through legal processes, where the outcome is uncertain. **IN20**

An enterprise should not recognise a contingent asset. A contingent asset should be disclosed where an inflow of economic benefits is probable. **IN21**

When the realisation of income is virtually certain, then the related asset is not a contingent asset and its recognition is appropriate. **IN22**

IAS 37

Zeitpunkt des Inkrafttretens

IN23 Dieser Standard ist erstmals in der ersten Berichtsperiode eines am 1. Juli 1999 oder danach beginnenden Geschäftsjahres anzuwenden. Eine frühere Anwendung wird empfohlen.

INHALT	Ziffer
Zielsetzung	
Anwendungsbereich	1–9
Definitionen	10–13
Rückstellungen und sonstige Schulden	11
Beziehung zwischen Rückstellungen und Eventualschulden	12–13
Ansatz	14–35
Rückstellungen	14–26
Gegenwärtige Verpflichtung	15–16
Ereignis der Vergangenheit	17–22
Wahrscheinlicher Abfluss von Ressourcen mit wirtschaftlichem Nutzen	23–24
Verlässliche Schätzung der Verpflichtung	25–26
Eventualschulden	27–30
Eventualforderungen	31–35
Bewertung	36–52
Bestmögliche Schätzung	36–41
Risiken und Unsicherheiten	42–44
Barwert	45–47
Künftige Ereignisse	48–50
Erwarteter Abgang von Vermögenswerten	51–52
Erstattungen	53–58
Anpassung der Rückstellungen	59–60
Verbrauch von Rückstellungen	61–62
Anwendung der Bilanzierungs- und Bewertungsvorschriften	63–83
Künftige betriebliche Verluste	63–65
Belastende Verträge	66–69
Restrukturierungsmaßnahmen	70–83
Angaben	84–92
Übergangsvorschriften	93–94
Zeitpunkt des Inkrafttretens	95–96

Die fett gedruckten Vorschriften sind in Verbindung mit den Hintergrundmaterialien und den Anwendungsleitlinien dieses Standards sowie in Verbindung mit dem Vorwort zu den International Accounting Standards zu betrachten. International Accounting Standards brauchen nicht auf unwesentliche Sachverhalte angewendet zu werden (siehe Paragraph 12 des Vorwortes).

ZIELSETZUNG

Zielsetzung dieses Standards ist es, sicherzustellen, dass angemessene Ansatzkriterien und Bewertungsgrundlagen auf Rückstellungen, Eventualschulden und Eventualforderungen angewendet werden und, dass im Anhang ausreichend Informationen angegeben werden, die dem Leser die Beurteilung von Art, Fälligkeit und Höhe derselben ermöglichen.

IAS 37

Effective date

The Standard becomes operative for annual financial statements covering periods beginning on or after 1 July 1999. Earlier application is encouraged.

IN23

SUMMARY	
	Paragraphs
Objective	
Scope	1—9
Definitions	10—13
Provisions and other liabilities	11
Relationship between provisions and contingent liabilities	12—13
Recognition	14—35
Provisions	14—26
Present obligation	15—16
Past event	17—22
Probable outflow of resources embodying economic benefits	23—24
Reliable estimate of the obligation	25—26
Contingent liabilities	27—30
Contingent assets	31—35
Measurement	36—52
Best estimate	36—41
Risk and uncertainties	42—44
Present value	45—47
Future events	48—50
Expected disposals of assets	51—52
Reimbursements	53—58
Changes in provisions	59—60
Use of provisions	61—62
Application of the recognition and measurement rules	63—83
Future operating losses	63—65
Onerous contracts	66—69
Restructuring	70—83
Disclosure	84—92
Transitional provisions	93—94
Effective date	95—96

The standards, which have been set in bold type, should be read in the context of the background material and implementation guidance in this Standard, and in the context of the 'Preface to International Accounting Standards'. International Accounting Standards are not intended to apply to immaterial items (see paragraph 12 of the Preface).

OBJECTIVE

The objective of this Standard is to ensure that appropriate recognition criteria and measurement bases are applied to provisions, contingent liabilities and contingent assets and that sufficient information is disclosed in the notes to enable users to understand their nature, timing and amount.

ANWENDUNGSBEREICH

1 **Dieser Standard ist von allen Unternehmen auf die Bilanzierung und Bewertung von Rückstellungen, Eventualschulden und Eventualforderungen anzuwenden; hiervon ausgenommen sind:**
   (a) diejenigen, die aus noch zu erfüllenden Verträgen resultieren, außer der Vertrag ist belastend; und
   (b) diejenigen, die von einem anderen Standard abgedeckt werden.

2 Dieser Standard wird nicht auf Finanzinstrumente (einschließlich Garantien) angewendet, die in den Anwendungsbereich von IAS 39 *Finanzinstrumente: Ansatz und Bewertung* fallen.

3 Noch zu erfüllende Verträge sind Verträge, unter denen beide Parteien ihre Verpflichtungen in keiner Weise oder teilweise zu gleichen Teilen erfüllt haben. Dieser Standard ist nicht auf noch zu erfüllende Verträge anzuwenden, sofern diese nicht belastend sind.

4 (gestrichen)

5 Wenn ein anderer Standard bestimmte Rückstellungen, Eventualschulden oder Eventualforderungen behandelt, ist der betreffende Standard von dem Unternehmen an Stelle dieses Standards anzuwenden. IFRS 3 *Unternehmenszusammenschlüsse* führt beispielsweise die Behandlung von Eventualschulden durch einen Erwerber auf, die bei einem Unternehmenszusammenschluss übernommen wurden. Ähnlich werden gewisse Rückstellungsarten in weiteren Standards behandelt:
   (a) Fertigungsaufträgen (siehe IAS 11, Fertigungsaufträge);
   (b) Ertragsteuern (siehe IAS 12, Ertragsteuern);
   (c) Leasingverhältnissen (siehe IAS 17, Leasingverhältnisse). IAS 17 enthält jedoch keine speziellen Vorschriften für die Behandlung von belastenden Operating-Leasingverhältnissen. In diesen Fällen ist der vorliegende Standard anzuwenden;
   (d) Leistungen an Arbeitnehmer (siehe IAS 19, Leistungen an Arbeitnehmer); und
   (e) Versicherungsverträge (siehe IFRS 4 *Versicherungsverträge*). Dieser Standard ist indes auf alle anderen Rückstellungen, Eventualschulden und Eventualforderungen eines Versicherers anzuwenden, die sich nicht aus seinen vertraglichen Verpflichtungen und Rechten aus Versicherungsverträgen im Anwendungsbereich von IFRS 4 ergeben.

6 Einige als Rückstellungen behandelte Beträge können mit der Erfassung von Erträgen zusammenhängen; zum Beispiel in Fällen, in denen ein Unternehmen Bürgschaften gegen Gebühr übernimmt. Der vorliegende Standard behandelt nicht die Erfassung von Erträgen. IAS 18, Erträge, legt die Umstände dar, unter denen Erträge erfasst werden und gibt praktische Anleitungen zur Anwendung der Kriterien für eine Erfassung. Der vorliegende Standard hat keinen Einfluss auf die Anforderungen nach IAS 18.

7 Dieser Standard definiert Rückstellungen als Schulden, die bezüglich ihrer Fälligkeit oder ihrer Höhe ungewiss sind. In einigen Ländern wird der Begriff 'Rückstellungen' auch im Zusammenhang mit Posten wie Abschreibungen, Wertminderung von Vermögenswerten und Wertberichtigungen von zweifelhaften Forderungen verwendet: dies sind Berichtigungen der Buchwerte von Vermögenswerten. Sie werden in vorliegendem Standard nicht behandelt.

8 Andere International Accounting Standards legen fest, ob Ausgaben als Vermögenswerte oder als Aufwendungen behandelt werden. Diese Frage wird in vorliegendem Standard nicht behandelt. Entsprechend wird eine Aktivierung der bei der Bildung der Rückstellung erfassten Aufwendungen weder durch diesen Standard verboten noch vorgeschrieben.

9 Dieser Standard ist auf Rückstellungen für Restrukturierungsmaßnahmen (einschließlich aufgegebene Geschäftsbereiche) anzuwenden. Wenn eine Restrukturierungsmaßnahme der Definition eines aufgegebenen Geschäftsbereichs entspricht, können zusätzliche Angaben nach IFRS 5 *Zur Veräußerung gehaltene langfristige Vermögenswerte und aufgegebene Geschäftsbereiche* erforderlich werden.

SCOPE

This Standard shall be applied by all entities in accounting for provisions, contingent liabilities and contingent assets, except:
(a) those resulting from executory contracts, except where the contract is onerous; and
(b) those covered by another Standard.

This Standard does not apply to financial instruments (including guarantees) that are within the scope of IAS 39 *Financial Instruments: Recognition and Measurement*.

Executory contracts are contracts under which neither party has performed any of its obligations or both parties have partially performed their obligations to an equal extent. This Standard does not apply to executory contracts unless they are onerous.

(deleted)

Where another Standard deals with a specific type of provision, contingent liability or contingent asset, an entity applies that Standard instead of this Standard. For example, IFRS 3 *Business Combinations* addresses the treatment by an acquirer of contingent liabilities assumed in a business combination. Similarly, certain types of provisions are also addressed in Standards on:
(a) construction contracts (see IAS 11, construction contracts);
(b) income taxes (see IAS 12, income taxes);
(c) leases (see IAS 17, leases). However, as IAS 17 contains no specific requirements to deal with operating leases that have become onerous, this Standard applies to such cases;
(d) employee benefits (see IAS 19, employee benefits); and
(e) insurance contracts (see IFRS 4 *Insurance Contracts*). However, this Standard applies to provisions, contingent liabilities and contingent assets of an insurer, other than those arising from its contractual obligations and rights under insurance contracts within the scope of IFRS 4.

Some amounts treated as provisions may relate to the recognition of revenue, for example where an enterprise gives guarantees in exchange for a fee. This Standard does not address the recognition of revenue. IAS 18, revenue, identifies the circumstances in which revenue is recognised and provides practical guidance on the application of the recognition criteria. This Standard does not change the requirements of IAS 18.

This Standard defines provisions as liabilities of uncertain timing or amount. In some countries the term 'provision' is also used in the context of items such as depreciation, impairment of assets and doubtful debts: these are adjustments to the carrying amounts of assets and are not addressed in this Standard.

Other International Accounting Standards specify whether expenditures are treated as assets or as expenses. These issues are not addressed in this Standard. Accordingly, this Standard neither prohibits nor requires capitalisation of the costs recognised when a provision is made.

This Standard applies to provisions for restructurings (including discontinued operations). When a restructuring meets the definition of a discontinued operation, additional disclosures may be required by IFRS 5 *Non-current Assets Held for Sale and Discontinued Operations*.

DEFINITIONEN

10 Folgende Begriffe werden in diesem Standard mit der angegebenen Bedeutung verwendet:

Eine **Rückstellung** ist eine Schuld, die bezüglich ihrer Fälligkeit oder ihrer Höhe ungewiss ist.

Eine **Schuld** ist eine gegenwärtige Verpflichtung des Unternehmens, die aus Ereignissen der Vergangenheit entsteht und deren Erfüllung für das Unternehmen erwartungsgemäß mit einem Abfluss von Ressourcen mit wirtschaftlichem Nutzen verbunden ist.

Ein **verpflichtendes Ereignis** ist ein Ereignis, das eine rechtliche oder faktische Verpflichtung schafft, auf Grund derer das Unternehmen keine realistische Alternative zur Erfüllung der Verpflichtung hat.

Eine **rechtliche Verpflichtung** ist eine Verpflichtung, die sich ableitet aus
(a) einem Vertrag (auf Grund seiner expliziten oder impliziten Bedingungen);
(b) Gesetzen; oder
(c) sonstigen unmittelbaren Auswirkungen der Gesetze.

Eine **faktische Verpflichtung** ist eine aus den Aktivitäten eines Unternehmens entstehende Verpflichtung, wenn:
(a) das Unternehmen durch sein bisher übliches Geschäftsgebaren, öffentlich angekündigte Maßnahmen oder eine ausreichend spezifische, aktuelle Aussage anderen Parteien gegenüber die Übernahme gewisser Verpflichtungen angedeutet hat; und
(b) das Unternehmen dadurch bei den anderen Parteien eine gerechtfertigte Erwartung geweckt hat, dass es diesen Verpflichtungen nachkommt.

Eine **Eventualschuld** ist:
(a) eine mögliche Verpflichtung, die aus vergangenen Ereignissen resultiert und deren Existenz durch das Eintreten oder Nichteintreten eines oder mehrerer unsicherer künftiger Ereignisse erst noch bestätigt wird, die nicht vollständig unter der Kontrolle des Unternehmens stehen, oder
(b) eine gegenwärtige Verpflichtung, die auf vergangenen Ereignissen beruht, jedoch nicht erfasst wird, weil:
  (i) ein Abfluss von Ressourcen mit wirtschaftlichem Nutzen zur Erfüllung dieser Verpflichtung nicht wahrscheinlich ist, oder
  (ii) die Höhe der Verpflichtung nicht ausreichend verlässlich geschätzt werden kann.

Eine **Eventualforderung** ist ein möglicher Vermögenswert, der aus vergangenen Ereignissen resultiert und dessen Existenz durch das Eintreten oder Nichteintreten eines oder mehrerer unsicherer künftiger Ereignisse erst noch bestätigt wird, die nicht vollständig unter der Kontrolle des Unternehmens stehen.

Ein **belastender Vertrag** ist ein Vertrag, bei dem die unvermeidbaren Kosten zur Erfüllung der vertraglichen Verpflichtungen höher sind als der erwartete wirtschaftliche Nutzen.

Eine **Restrukturierungsmaßnahme** ist ein Programm, das vom Management geplant und kontrolliert wird und entweder
(a) das von dem Unternehmen abgedeckte Geschäftsfeld; oder
(b) die Art, in der dieses Geschäft durchgeführt wird; wesentlich verändert.

Rückstellungen und sonstige Schulden

11 Rückstellungen können dadurch von sonstigen Schulden, wie z. B. Verbindlichkeiten aus Lieferungen und Leistungen sowie abgegrenzten Schulden unterschieden werden, dass bei ihnen Unsicherheiten hinsichtlich des Zeitpunkts oder der Höhe der künftig erforderlichen Ausgaben bestehen. Als Beispiel:
(a) Verbindlichkeiten aus Lieferungen und Leistungen sind Schulden zur Zahlung von erhaltenen oder gelieferten Gütern oder Dienstleistungen, die vom Lieferanten in Rechnung gestellt oder formal vereinbart wurden; und
(b) abgegrenzte Schulden sind Schulden zur Zahlung von erhaltenen oder gelieferten Gütern oder Dienstleistungen, die weder bezahlt wurden, noch vom Lieferanten in Rechnung gestellt oder formal vereinbart wurden. Hierzu gehören auch an Mitarbeiter geschuldete Beträge (zum Beispiel im Zusammenhang mit der Abgrenzung von Urlaubsgeldern). Auch wenn zur Bestimmung der Höhe oder des zeitlichen Eintretens der abgegrenzten Schulden gelegentlich Schätzungen erforderlich sind, ist die Unsicherheit im Allgemeinen deutlich geringer als bei Rückstellungen.

Abgegrenzte Schulden werden häufig als Teil der Verbindlichkeiten aus Lieferungen und Leistungen und sonstige Verbindlichkeiten ausgewiesen, wohingegen der Ausweis von Rückstellungen separat erfolgt.

DEFINITIONS

The following terms are used in this Standard with the meanings specified:

A **provision** is a liability of uncertain timing or amount.

A **liability** is a present obligation of the enterprise arising from past events, the settlement of which is expected to result in an outflow from the enterprise of resources embodying economic benefits.

An **obligating event** is an event that creates a legal or constructive obligation that results in an enterprise having no realistic alternative to settling that obligation.

A **legal obligation** is an obligation that derives from:
(a) a contract (through its explicit or implicit terms);
(b) legislation; or
(c) other operation of law.

A **constructive obligation** is an obligation that derives from an enterprise's actions where:
(a) by an established pattern of past practice, published policies or a sufficiently specific current statement, the enterprise has indicated to other parties that it will accept certain responsibilities; and
(b) as a result, the enterprise has created a valid expectation on the part of those other parties that it will discharge those responsibilities.

A **contingent liability** is:
(a) a possible obligation that arises from past events and whose existence will be confirmed only by the occurrence or non-occurrence of one or more uncertain future events not wholly within the control of the enterprise; or
(b) a present obligation that arises from past events but is not recognised because:
   (i) it is not probable that an outflow of resources embodying economic benefits will be required to settle the obligation; or
   (ii) the amount of the obligation cannot be measured with sufficient reliability.

A **contingent asset** is a possible asset that arises from past events and whose existence will be confirmed only by the occurrence or non-occurrence of one or more uncertain future events not wholly within the control of the enterprise.

An **onerous contract** is a contract in which the unavoidable costs of meeting the obligations under the contract exceed the economic benefits expected to be received under it.

A **restructuring** is a programme that is planned and controlled by management, and materially changes either:
(a) the scope of a business undertaken by an enterprise; or
(b) the manner in which that business is conducted.

Provisions and other liabilities

Provisions can be distinguished from other liabilities such as trade payables and accruals because there is uncertainty about the timing or amount of the future expenditure required in settlement. By contrast:
(a) trade payables are liabilities to pay for goods or services that have been received or supplied and have been invoiced or formally agreed with the supplier; and
(b) accruals are liabilities to pay for goods or services that have been received or supplied but have not been paid, invoiced or formally agreed with the supplier, including amounts due to employees (for example, amounts relating to accrued vacation pay). Although it is sometimes necessary to estimate the amount or timing of accruals, the uncertainty is generally much less than for provisions.

Accruals are often reported as part of trade and other payables, whereas provisions are reported separately.

Beziehung zwischen Rückstellungen und Eventualschulden

12 Im Allgemeinen betrachtet sind alle Rückstellungen als unsicher anzusehen, da sie hinsichtlich ihrer Fälligkeit oder ihrer Höhe nicht sicher sind. Nach der Definition dieses Standards wird der Begriff „unsicher" jedoch für nicht bilanzierte Schulden und Vermögenswerte verwendet, die durch das Eintreten oder Nichteintreten eines oder mehrerer unsicherer künftiger Ereignisse bedingt sind, die nicht vollständig unter der Kontrolle des Unternehmens stehen. Des Weiteren wird der Begriff „Eventualschuld" für Schulden verwendet, die die Ansatzkriterien nicht erfüllen.

13 Dieser Standard unterscheidet zwischen:
(a) Rückstellungen – die als Schulden erfasst werden (unter der Annahme, dass eine verlässliche Schätzung möglich ist), da sie gegenwärtige Verpflichtungen sind und zur Erfüllung der Verpflichtungen ein Abfluss von Mitteln mit wirtschaftlichem Nutzen wahrscheinlich ist.
(b) Eventualschulden – die nicht als Schulden erfasst werden, da sie entweder:
  (i) mögliche Verpflichtungen sind, da die Verpflichtung des Unternehmens noch bestätigt werden muss, die zu einem Abfluss von Ressourcen mit wirtschaftlichem Nutzen führen kann; oder
  (ii) gegenwärtige Verpflichtungen sind, die nicht den Ansatzkriterien dieses Standards genügen (entweder weil ein Abfluss von Ressourcen mit wirtschaftlichem Nutzen zur Erfüllung dieser Verpflichtungen nicht wahrscheinlich ist oder weil die Höhe der Verpflichtung nicht ausreichend verlässlich geschätzt werden kann).

ANSATZ

Rückstellungen

14 Eine Rückstellung ist dann anzusetzen, wenn
(a) ein Unternehmen aus einem Ereignis der Vergangenheit eine gegenwärtige Verpflichtung (rechtlich oder faktisch) hat;
(b) der Abfluss von Ressourcen mit wirtschaftlichem Nutzen zur Erfüllung dieser Verpflichtung wahrscheinlich ist; und
(c) eine verlässliche Schätzung der Höhe der Verpflichtung möglich ist.
Sind diese Bedingungen nicht erfüllt, ist keine Rückstellung anzusetzen.

Gegenwärtige Verpflichtung

15 Vereinzelt gibt es Fälle, in denen unklar ist, ob eine gegenwärtige Verpflichtung existiert. In diesen Fällen führt ein Ereignis der Vergangenheit zu einer gegenwärtigen Verpflichtung, wenn unter Berücksichtigung aller verfügbaren substanziellen Hinweise für das Bestehen einer gegenwärtigen Verpflichtung zum Bilanzstichtag mehr dafür als dagegen spricht.

16 In fast allen Fällen wird es eindeutig sein, ob ein Ereignis der Vergangenheit zu einer gegenwärtigen Verpflichtung geführt hat. In Ausnahmefällen, zum Beispiel in einem Rechtsstreit, kann über die Frage gestritten werden, ob bestimmte Ereignisse eingetreten sind oder diese aus einer gegenwärtigen Verpflichtung resultieren. In diesem Fall bestimmt ein Unternehmen unter Berücksichtigung aller verfügbaren substanziellen Hinweise, einschließlich z. B. der Meinung von Sachverständigen, ob zum Bilanzstichtag eine gegenwärtige Verpflichtung besteht. Die berücksichtigten substanziellen Hinweise umfassen alle zusätzlichen, durch Ereignisse nach dem Bilanzstichtag entstandenen substanziellen Hinweise. Auf der Grundlage dieser substanziellen Hinweise:
(a) setzt das Unternehmen eine Rückstellung an (wenn die Ansatzkriterien erfüllt sind), wenn zum Bilanzstichtag für das Bestehen einer gegenwärtigen Verpflichtung mehr dafür als dagegen spricht; und
(b) gibt das Unternehmen eine Eventualschuld an, wenn zum Bilanzstichtag für das Nichtbestehen einer gegenwärtigen Verpflichtung mehr Gründe dafür als dagegen sprechen, es sei denn, ein Abfluss von Ressourcen mit wirtschaftlichem Nutzen ist unwahrscheinlich (siehe Paragraph 86).

Ereignis der Vergangenheit

17 Ein Ereignis der Vergangenheit, das zu einer gegenwärtigen Verpflichtung führt, wird als verpflichtendes Ereignis bezeichnet. Ein Ereignis ist ein verpflichtendes Ereignis, wenn ein Unternehmen keine realistische Alternative zur Erfüllung der durch dieses Ereignis entstandenen Verpflichtung hat. Das ist nur der Fall,
(a) wenn die Erfüllung einer Verpflichtung rechtlich durchgesetzt werden kann; oder

Relationship between provisions and contingent liabilities

In a general sense, all provisions are contingent because they are uncertain in timing or amount. However, within this Standard the term 'contingent' is used for liabilities and assets that are not recognised because their existence will be confirmed only by the occurrence or non-occurrence of one or more uncertain future events not wholly within the control of the enterprise. In addition, the term 'contingent liability' is used for liabilities that do not meet the recognition criteria.

This Standard distinguishes between:
(a) provisions—which are recognised as liabilities (assuming that a reliable estimate can be made) because they are present obligations and it is probable that an outflow of resources embodying economic benefits will be required to settle the obligations; and
(b) contingent liabilities—which are not recognised as liabilities because they are either:
   (i) possible obligations, as it has yet to be confirmed whether the enterprise has a present obligation that could lead to an outflow of resources embodying economic benefits; or
   (ii) present obligations that do not meet the recognition criteria in this Standard (because either it is not probable that an outflow of resources embodying economic benefits will be required to settle the obligation, or a sufficiently reliable estimate of the amount of the obligation cannot be made).

RECOGNITION

Provisions

A provision should be recognised when:
(a) an enterprise has a present obligation (legal or constructive) as a result of a past event;
(b) it is probable that an outflow of resources embodying economic benefits will be required to settle the obligation; and
(c) a reliable estimate can be made of the amount of the obligation.
If these conditions are not met, no provision should be recognised.

Present obligation

In rare cases it is not clear whether there is a present obligation. In these cases, a past event is deemed to give rise to a present obligation if, taking account of all available evidence, it is more likely than not that a present obligation exists at the balance sheet date.

In almost all cases it will be clear whether a past event has given rise to a present obligation. In rare cases, for example in a law suit, it may be disputed either whether certain events have occurred or whether those events result in a present obligation. In such a case, an enterprise determines whether a present obligation exists at the balance sheet date by taking account of all available evidence, including, for example, the opinion of experts. The evidence considered includes any additional evidence provided by events after the balance sheet date. On the basis of such evidence:
(a) where it is more likely than not that a present obligation exists at the balance sheet date, the enterprise recognises a provision (if the recognition criteria are met); and
(b) where it is more likely that no present obligation exists at the balance sheet date, the enterprise discloses a contingent liability, unless the possibility of an outflow of resources embodying economic benefits is remote (see paragraph 86).

Past event

A past event that leads to a present obligation is called an obligating event. For an event to be an obligating event, it is necessary that the enterprise has no realistic alternative to settling the obligation created by the event. This is the case only:
(a) where the settlement of the obligation can be enforced by law; or

(b) wenn, im Falle einer faktischen Verpflichtung, das Ereignis (das aus einer Handlung des Unternehmens bestehen kann) gerechtfertigte Erwartungen bei anderen Parteien hervorruft, dass das Unternehmen die Verpflichtung erfüllen wird.

18 Abschlüsse befassen sich mit der Vermögens- und Finanzlage eines Unternehmens zum Ende der Berichtsperiode und nicht mit der möglichen künftigen Situation. Daher wird keine Rückstellung für Aufwendungen der künftigen Geschäftstätigkeit angesetzt. In der Bilanz eines Unternehmens werden ausschließlich diejenigen Verpflichtungen angesetzt, die zum Bilanzstichtag bestehen.

19 Rückstellungen werden nur für diejenigen aus Ereignissen der Vergangenheit resultierenden Verpflichtungen angesetzt, die unabhängig von der künftigen Geschäftstätigkeit (z. B. die künftige Fortführung der Geschäftstätigkeit) eines Unternehmens entstehen. Beispiele für solche Verpflichtungen sind Strafgelder oder Aufwendungen für die Beseitigung unrechtmäßiger Umweltschäden; diese beiden Fälle würden unabhängig von der künftigen Geschäftstätigkeit des Unternehmens bei Erfüllung zu einem Abfluss von Ressourcen mit wirtschaftlichem Nutzen führen. Entsprechend setzt ein Unternehmen eine Rückstellung den Aufwand für die Beseitigung einer Ölanlage oder eines Kernkraftwerkes insoweit an, als das Unternehmen zur Beseitigung bereits entstandener Schäden verpflichtet ist. Dagegen kann eine Unternehmen auf Grund von wirtschaftlichem Druck oder gesetzlichen Anforderungen Ausgaben planen oder vornehmen müssen, um seine Betriebstätigkeit künftig in einer bestimmten Weise zu ermöglichen (zum Beispiel die Installation von Rauchfiltern in einer bestimmten Fabrikart). Da das Unternehmen diese Ausgaben durch seine künftigen Aktivitäten vermeiden kann, zum Beispiel durch Änderung der Verfahren, hat es keine gegenwärtige Verpflichtung für diese künftigen Ausgaben und bildet auch keine Rückstellung.

20 Eine Verpflichtung betrifft immer eine andere Partei, gegenüber der die Verpflichtung besteht. Die Kenntnis oder Identifikation der Partei, gegenüber der die Verpflichtung besteht, ist jedoch nicht notwendig – sie kann sogar gegenüber der Öffentlichkeit in ihrer Gesamtheit bestehen. Da eine Verpflichtung immer eine Zusage an eine andere Partei beinhaltet, entsteht durch eine Entscheidung des Managements bzw. eines entsprechenden Gremiums noch keine faktische Verpflichtung zum Bilanzstichtag, wenn diese nicht den davon betroffenen Parteien vor dem Bilanzstichtag ausreichend ausführlich mitgeteilt wurde, so dass die Mitteilung eine gerechtfertigte Erwartung bei den Betroffenen hervorgerufen hat, dass das Unternehmen seinen Verpflichtungen nachkommt.

21 Ein Ereignis, das nicht unverzüglich zu einer Verpflichtung führt, kann auf Grund von Gesetzesänderungen oder Handlungen des Unternehmens (zum Beispiel eine ausreichend spezifische, aktuelle Aussage) zu einem späteren Zeitpunkt zu einer Verpflichtung führen. Beispielsweise kann zum Zeitpunkt der Verursachung von Umweltschäden keine Verpflichtung zur Beseitigung der Folgen bestehen. Die Verursachung der Schäden wird jedoch zu einem verpflichtenden Ereignis, wenn ein neues Gesetz deren Beseitigung vorschreibt oder das Unternehmen öffentlich die Verantwortung für die Beseitigung in einer Weise übernimmt, dass dadurch eine faktische Verpflichtung entsteht.

22 Wenn einzelne Bestimmungen eines Gesetzesentwurfes noch nicht endgültig feststehen, besteht eine Verpflichtung nur dann, wenn die Verabschiedung des Gesetzesentwurfs so gut wie sicher ist. Für die Zwecke dieses Standards wird eine solche Verpflichtung als rechtliche Verpflichtung behandelt. Auf Grund unterschiedlicher Verfahren bei der Verabschiedung von Gesetzen kann hier kein einzelnes Ereignis spezifiziert werden, bei dem die Verabschiedung eines Gesetzes so gut wie sicher ist. In vielen Fällen dürfte es unmöglich sein, die tatsächliche Verabschiedung eines Gesetzes mit Sicherheit vorherzusagen, solange es nicht verabschiedet ist.

Wahrscheinlicher Abfluss von Ressourcen mit wirtschaftlichem Nutzen

23 Damit eine Schuld die Voraussetzungen für den Ansatz erfüllt, muss nicht nur eine gegenwärtige Verpflichtung existieren, auch der Abfluss von Ressourcen mit wirtschaftlichem Nutzen muss im Zusammenhang mit der Erfüllung der Verpflichtung wahrscheinlich sein. Für die Zwecke dieses Standards[1] wird ein Abfluss von Ressourcen oder ein anderes Ereignis als wahrscheinlich angesehen, wenn mehr dafür als dagegen spricht; d. h. die Wahrscheinlichkeit, dass das Ereignis eintritt, ist größer als die Wahrscheinlichkeit, dass es nicht eintritt. Ist die Existenz einer gegenwärtigen Verpflichtung nicht wahrscheinlich, so gibt das Unternehmen eine Eventualschuld an, sofern ein Abfluss von Ressourcen mit wirtschaftlichem Nutzen nicht unwahrscheinlich ist (siehe Paragraph 86).

---

[1] Die Auslegung von „wahrscheinlich" in diesem Standard als „es spricht mehr dafür als dagegen" ist nicht zwingend auf andere International Accounting Standards anwendbar.

(b) in the case of a constructive obligation, where the event (which may be an action of the enterprise) creates valid expectations in other parties that the enterprise will discharge the obligation.

Financial statements deal with the financial position of an enterprise at the end of its reporting period and not its possible position in the future. Therefore, no provision is recognised for costs that need to be incurred to operate in the future. The only liabilities recognised in an enterprise's balance sheet are those that exist at the balance sheet date. 18

It is only those obligations arising from past events existing independently of an enterprise's future actions (i. e. the future conduct of its business) that are recognised as provisions. Examples of such obligations are penalties or clean-up costs for unlawful environmental damage, both of which would lead to an outflow of resources embodying economic benefits in settlement regardless of the future actions of the enterprise. Similarly, an enterprise recognises a provision for the decommissioning costs of an oil installation or a nuclear power station to the extent that the enterprise is obliged to rectify damage already caused. In contrast, because of commercial pressures or legal requirements, an enterprise may intend or need to carry out expenditure to operate in a particular way in the future (for example, by fitting smoke filters in a certain type of factory). Because the enterprise can avoid the future expenditure by its future actions, for example by changing its method of operation, it has no present obligation for that future expenditure and no provision is recognised. 19

An obligation always involves another party to whom the obligation is owed. It is not necessary, however, to know the identity of the party to whom the obligation is owed—indeed the obligation may be to the public at large. Because an obligation always involves a commitment to another party, it follows that a management or board decision does not give rise to a constructive obligation at the balance sheet date unless the decision has been communicated before the balance sheet date to those affected by it in a sufficiently specific manner to raise a valid expectation in them that the enterprise will discharge its responsibilities. 20

An event that does not give rise to an obligation immediately may do so at a later date, because of changes in the law or because an act (for example, a sufficiently specific public statement) by the enterprise gives rise to a constructive obligation. For example, when environmental damage is caused there may be no obligation to remedy the consequences. However, the causing of the damage will become an obligating event when a new law requires the existing damage to be rectified or when the enterprise publicly accepts responsibility for rectification in a way that creates a constructive obligation. 21

Where details of a proposed new law have yet to be finalised, an obligation arises only when the legislation is virtually certain to be enacted as drafted. For the purpose of this Standard, such an obligation is treated as a legal obligation. Differences in circumstances surrounding enactment make it impossible to specify a single event that would make the enactment of a law virtually certain. In many cases it will be impossible to be virtually certain of the enactment of a law until it is enacted. 22

Probable outflow of resources embodying economic benefits

For a liability to qualify for recognition there must be not only a present obligation but also the probability of an outflow of resources embodying economic benefits to settle that obligation. For the purpose of this Standard[1], an outflow of resources or other event is regarded as probable if the event is more likely than not to occur, i. e. the probability that the event will occur is greater than the probability that it will not. Where it is not probable that a present obligation exists, an enterprise discloses a contingent liability, unless the possibility of an outflow of resources embodying economic benefits is remote (see paragraph 86). 23

---

1 The interpretation of 'probable' in this Standard as 'more likely than not' does not necessarily apply in other International Accounting Standards.

24 Bei einer Vielzahl ähnlicher Verpflichtungen (z. B. Produktgarantien oder ähnliche Verträge) wird die Wahrscheinlichkeit eines Mittelabflusses bestimmt, indem die Gruppe der Verpflichtungen als Ganzes betrachtet wird. Auch wenn die Wahrscheinlichkeit eines Abflusses im Einzelfall gering sein dürfte, kann ein Abfluss von Ressourcen zur Erfüllung dieser Gruppe von Verpflichtungen insgesamt durchaus wahrscheinlich sein. Ist dies der Fall, wird eine Rückstellung angesetzt (wenn die anderen Ansatzkriterien erfüllt sind).

Verlässliche Schätzung der Verpflichtung

25 Die Verwendung von Schätzungen ist ein wesentlicher Bestandteil bei der Aufstellung von Abschlüssen und beeinträchtigt nicht deren Verlässlichkeit. Dies gilt insbesondere im Falle von Rückstellungen, die naturgemäß in höherem Maße unsicher sind, als die meisten anderen Bilanzposten. Von äußerst seltenen Fällen abgesehen dürfte ein Unternehmen in der Lage sein, ein Spektrum möglicher Ergebnisse zu bestimmen und daher auch eine Schätzung der Verpflichtung vornehmen zu können, die für den Ansatz einer Rückstellung ausreichend verlässlich ist.

26 In äußerst seltenen Fällen kann eine bestehende Schuld nicht angesetzt werden, und zwar dann, wenn keine verlässliche Schätzung möglich ist. Diese Schuld wird als Eventualschuld angegeben (siehe Paragraph 86).

Eventualschulden

27 **Ein Unternehmen darf keine Eventualschuld ansetzen.**

28 Eine Eventualschuld ist nach Paragraph 86 anzugeben, sofern die Möglichkeit eines Abflusses von Ressourcen mit wirtschaftlichem Nutzen nicht unwahrscheinlich ist.

29 Haftet ein Unternehmen gesamtschuldnerisch für eine Verpflichtung, wird der Teil der Verpflichtung, dessen Übernahme durch andere Parteien erwartet wird, als Eventualschuld behandelt. Das Unternehmen setzt eine Rückstellung für den Teil der Verpflichtung an, für den ein Abfluss von Ressourcen mit wirtschaftlichem Nutzen wahrscheinlich ist; dies gilt nicht in den äußerst seltenen Fällen, in denen keine verlässliche Schätzung möglich ist.

30 Eventualschulden können sich anders entwickeln, als ursprünglich erwartet. Daher werden sie laufend daraufhin beurteilt, ob ein Abfluss von Ressourcen mit wirtschaftlichem Nutzen wahrscheinlich geworden ist. Ist ein Abfluss von künftigem wirtschaftlichem Nutzen für einen zuvor als Eventualschuld behandelten Posten wahrscheinlich, so wird eine Rückstellung im Abschluss des Berichtszeitraumes angesetzt, in dem die Änderung in Bezug auf die Wahrscheinlichkeit auftritt (mit Ausnahme der äußerst seltenen Fälle, in denen keine verlässliche Schätzung möglich ist).

Eventualforderungen

31 **Ein Unternehmen darf keine Eventualforderung ansetzen.**

32 Eventualforderungen entstehen normalerweise aus ungeplanten oder unerwarteten Ereignissen, durch die dem Unternehmen die Möglichkeit eines Zuflusses von wirtschaftlichem Nutzen entsteht. Ein Beispiel ist ein Anspruch, den ein Unternehmen in einem gerichtlichen Verfahren mit unsicherem Ausgang durchzusetzen versucht.

33 Eventualforderungen werden nicht im Abschluss angesetzt, da dadurch Erträge erfasst würden, die möglicherweise nie realisiert werden. Ist die Realisation von Erträgen jedoch so gut wie sicher, ist der betreffende Vermögenswert nicht mehr als Eventualforderung anzusehen und dessen Ansatz ist angemessen.

34 Eventualforderungen sind nach Paragraph 89 anzugeben, wenn der Zufluss wirtschaftlichen Nutzens wahrscheinlich ist.

35 Eventualforderungen werden laufend beurteilt, um sicherzustellen, dass im Abschluss eine angemessene Entwicklung widergespiegelt wird. Wenn ein Zufluss wirtschaftlichen Nutzens so gut wie sicher geworden ist, werden der Vermögenswert und der diesbezügliche Ertrag im Abschluss des Berichtszeitraumes erfasst, in dem die Änderung auftritt. Ist ein Zufluss wirtschaftlichen Nutzens wahrscheinlich geworden, gibt das Unternehmen eine Eventualforderung an (siehe Paragraph 89).

Where there are a number of similar obligations (e.g. product warranties or similar contracts) the probability that an outflow will be required in settlement is determined by considering the class of obligations as a whole. Although the likelihood of outflow for any one item may be small, it may well be probable that some outflow of resources will be needed to settle the class of obligations as a whole. If that is the case, a provision is recognised (if the other recognition criteria are met). 24

Reliable estimate of the obligation

The use of estimates is an essential part of the preparation of financial statements and does not undermine their reliability. This is especially true in the case of provisions, which by their nature are more uncertain than most other balance sheet items. Except in extremely rare cases, an enterprise will be able to determine a range of possible outcomes and can therefore make an estimate of the obligation that is sufficiently reliable to use in recognising a provision. 25

In the extremely rare case where no reliable estimate can be made, a liability exists that cannot be recognised. That liability is disclosed as a contingent liability (see paragraph 86). 26

Contingent liabilities

An enterprise should not recognise a contingent liability. 27

A contingent liability is disclosed, as required by paragraph 86, unless the possibility of an outflow of resources embodying economic benefits is remote. 28

Where an enterprise is jointly and severally liable for an obligation, the part of the obligation that is expected to be met by other parties is treated as a contingent liability. The enterprise recognises a provision for the part of the obligation for which an outflow of resources embodying economic benefits is probable, except in the extremely rare circumstances where no reliable estimate can be made. 29

Contingent liabilities may develop in a way not initially expected. Therefore, they are assessed continually to determine whether an outflow of resources embodying economic benefits has become probable. If it becomes probable that an outflow of future economic benefits will be required for an item previously dealt with as a contingent liability, a provision is recognised in the financial statements of the period in which the change in probability occurs (except in the extremely rare circumstances where no reliable estimate can be made). 30

Contingent assets

An enterprise should not recognise a contingent asset. 31

Contingent assets usually arise from unplanned or other unexpected events that give rise to the possibility of an inflow of economic benefits to the enterprise. An example is a claim that an enterprise is pursuing through legal processes, where the outcome is uncertain. 32

Contingent assets are not recognised in financial statements since this may result in the recognition of income that may never be realised. However, when the realisation of income is virtually certain, then the related asset is not a contingent asset and its recognition is appropriate. 33

A contingent asset is disclosed, as required by paragraph 89, where an inflow of economic benefits is probable. 34

Contingent assets are assessed continually to ensure that developments are appropriately reflected in the financial statements. If it has become virtually certain that an inflow of economic benefits will arise, the asset and the related income are recognised in the financial statements of the period in which the change occurs. If an inflow of economic benefits has become probable, an enterprise discloses the contingent asset (see paragraph 89). 35

BEWERTUNG

Bestmögliche Schätzung

36   Der als Rückstellung angesetzte Betrag stellt die bestmögliche Schätzung der Ausgabe dar, die zur Erfüllung der gegenwärtigen Verpflichtung zum Bilanzstichtag erforderlich ist.

37   Die bestmögliche Schätzung der zur Erfüllung der gegenwärtigen Verpflichtung erforderlichen Ausgabe ist der Betrag, den das Unternehmen bei vernünftiger Betrachtung zur Erfüllung der Verpflichtung zum Bilanzstichtag oder zur Übertragung der Verpflichtung auf einen Dritten zu diesem Termin zahlen müsste. Oft dürfte die Erfüllung oder Übertragung einer Verpflichtung zum Bilanzstichtag unmöglich oder über die Maßen teuer sein. Die Schätzung des vom Unternehmen bei vernünftiger Betrachtung zur Erfüllung oder zur Übertragung der Verpflichtung zu zahlenden Betrages stellt trotzdem die bestmögliche Schätzung der zur Erfüllung der gegenwärtigen Verpflichtung zum Bilanzstichtag erforderlichen Ausgaben dar.

38   Die Schätzungen von Ergebnis und finanzieller Auswirkung hängen von der Bewertung des Managements, zusammen mit Erfahrungswerten aus ähnlichen Transaktionen und, gelegentlich, unabhängigen Sachverständigengutachten ab. Die zugrunde liegenden substanziellen Hinweise umfassen alle zusätzlichen, durch Ereignisse nach dem Bilanzstichtag entstandenen substanziellen Hinweise.

39   Unsicherheiten in Bezug auf den als Rückstellung anzusetzenden Betrag werden in Abhängigkeit von den Umständen unterschiedlich behandelt. Wenn die zu bewertende Rückstellung eine große Anzahl von Positionen umfasst, wird die Verpflichtung durch Gewichtung aller möglichen Ergebnisse mit den damit verbundenen Wahrscheinlichkeiten geschätzt. Dieses statistische Schätzungsverfahren wird als Erwartungswertmethode bezeichnet. Daher wird je nach Eintrittswahrscheinlichkeit eines Verlustbetrages, zum Beispiel 60 % oder 90 %, eine unterschiedlich hohe Rückstellung gebildet. Bei einer Bandbreite möglicher Ergebnisse, innerhalb derer die Wahrscheinlichkeit der einzelnen Punkte gleich groß ist, wird der Mittelpunkt der Bandbreite verwendet.

> **Beispiel**
>
> Ein Unternehmen verkauft Güter mit einer Gewährleistung, nach der Kunden eine Erstattung der Reparaturkosten für Produktionsfehler erhalten, die innerhalb der ersten sechs Monate nach Kauf entdeckt werden. Bei kleineren Fehlern an allen verkauften Produkten würden Reparaturkosten in Höhe von 1 000 000 entstehen. Bei größeren Fehlern an allen verkauften Produkten würden Reparaturkosten in Höhe von 4 000 000 entstehen. Erfahrungswert und künftige Erwartungen des Unternehmens deuten darauf hin, dass 75 % der verkauften Güter keine Fehler haben werden, 20 % kleinere Fehler und 5 % größere Fehler aufweisen dürften. Nach Paragraph 24 bestimmt ein Unternehmen die Wahrscheinlichkeit eines Abflusses der Verpflichtungen aus Gewährleistungen insgesamt.
> Der Erwartungswert für die Reparaturkosten beträgt:
> (75 % von Null) + (20 % von 1 000 000) + (5 % von 4 000 000) = 400 000

40   Wenn eine einzelne Verpflichtung bewertet wird, dürfte das jeweils wahrscheinlichste Ergebnis die bestmögliche Schätzung der Schuld darstellen. Aber auch in einem derartigen Fall betrachtet das Unternehmen die Möglichkeit anderer Ergebnisse. Wenn andere mögliche Ergebnisse entweder größtenteils über oder größtenteils unter dem wahrscheinlichsten Ergebnis liegen, ist die bestmögliche Schätzung ein höherer bzw. niedrigerer Betrag. Zum Beispiel: Wenn ein Unternehmen einen schwerwiegenden Fehler in einer großen, für einen Kunden gebauten Anlage beseitigen muss und das einzeln betrachtete, wahrscheinlichste Ergebnis sein mag, dass die Reparatur beim ersten Versuch erfolgreich ist und 1 000 kostet, wird dennoch eine höhere Rückstellung gebildet, wenn ein wesentliches Risiko besteht, dass weitere Reparaturen erforderlich sind.

41   Die Bewertung der Rückstellung erfolgt vor Steuern, da die steuerlichen Konsequenzen von Rückstellungen und Veränderungen von Rückstellungen in IAS 12, Ertragsteuern, behandelt werden.

Risiken und Unsicherheiten

42   Bei der bestmöglichen Schätzung einer Rückstellung sind die unvermeidbar mit vielen Ereignissen und Umständen verbundenen Risiken und Unsicherheiten zu berücksichtigen.

43   Risiko beschreibt die Unsicherheit zukünftiger Entwicklungen. Eine Risikoanpassung kann den Betrag erhöhen, mit dem eine Schuld bewertet wird. Bei einer Beurteilung unter unsicheren Umständen ist Vorsicht angebracht,

MEASUREMENT

Best estimate

The amount recognised as a provision should be the best estimate of the expenditure required to settle the present obligation at the balance sheet date.   36

The best estimate of the expenditure required to settle the present obligation is the amount that an enterprise would rationally pay to settle the obligation at the balance sheet date or to transfer it to a third party at that time. It will often be impossible or prohibitively expensive to settle or transfer an obligation at the balance sheet date. However, the estimate of the amount that an enterprise would rationally pay to settle or transfer the obligation gives the best estimate of the expenditure required to settle the present obligation at the balance sheet date.   37

The estimates of outcome and financial effect are determined by the judgement of the management of the enterprise, supplemented by experience of similar transactions and, in some cases, reports from independent experts. The evidence considered includes any additional evidence provided by events after the balance sheet date.   38

Uncertainties surrounding the amount to be recognised as a provision are dealt with by various means according to the circumstances. Where the provision being measured involves a large population of items, the obligation is estimated by weighting all possible outcomes by their associated probabilities. The name for this statistical method of estimation is 'expected value'. The provision will therefore be different depending on whether the probability of a loss of a given amount is, for example, 60 % or 90 %. Where there is a continuous range of possible outcomes, and each point in that range is as likely as any other, the mid-point of the range is used.   39

> **Example**
>
> An enterprise sells goods with a warranty under which customers are covered for the cost of repairs of any manufacturing defects that become apparent within the first six months after purchase. If minor defects were detected in all products sold, repair costs of 1 000 000 would result. If major defects were detected in all products sold, repair costs of 4 million would result. The enterprise's past experience and future expectations indicate that, for the coming year, 75 % of the goods sold will have no defects, 20 % of the goods sold will have minor defects and 5 % of the goods sold will have major defects. In accordance with paragraph 24, an enterprise assesses the probability of an outflow for the warranty obligations as a whole.
> The expected value of the cost of repairs is:
> (75 % of nil) + (20 % of 1 000 000) + (5 % of 4 000 000) = 400 000

Where a single obligation is being measured, the individual most likely outcome may be the best estimate of the liability. However, even in such a case, the enterprise considers other possible outcomes. Where other possible outcomes are either mostly higher or mostly lower than the most likely outcome, the best estimate will be a higher or lower amount. For example, if an enterprise has to rectify a serious fault in a major plant that it has constructed for a customer, the individual most likely outcome may be for the repair to succeed at the first attempt at a cost of 1 000, but a provision for a larger amount is made if there is a significant chance that further attempts will be necessary.   40

The provision is measured before tax, as the tax consequences of the provision, and changes in it, are dealt with under IAS 12, income taxes.   41

Risks and uncertainties

The risks and uncertainties that inevitably surround many events and circumstances should be taken into account in reaching the best estimate of a provision.   42

Risk describes variability of outcome. A risk adjustment may increase the amount at which a liability is measured. Caution is needed in making judgements under conditions of uncertainty, so that income or assets   43

damit Erträge bzw. Vermögenswerte nicht überbewertet und Aufwendungen bzw. Schulden nicht unterbewertet werden. Unsicherheiten rechtfertigen jedoch nicht die Bildung übermäßiger Rückstellungen oder eine vorsätzliche Überbewertung von Schulden. Wenn zum Beispiel der prognostizierte Aufwand eines besonders nachteiligen Ergebnisses vorsichtig ermittelt wird, so wird dieses Ergebnis nicht absichtlich so behandelt, als sei es wahrscheinlicher als es tatsächlich ist. Sorgfalt ist notwendig, um die doppelte Berücksichtigung von Risiken und Unsicherheiten und die daraus resultierende Überbewertung einer Rückstellung zu vermeiden.

44 Die Angabe von Unsicherheiten im Zusammenhang mit der Höhe der Ausgabe wird in Paragraph 85(b) behandelt.

Barwert

45 Bei einer wesentlichen Wirkung des Zinseffektes ist im Zusammenhang mit der Erfüllung der Verpflichtung eine Rückstellung in Höhe des Barwertes der erwarteten Ausgaben anzusetzen.

46 Auf Grund des Zinseffektes sind Rückstellungen für bald nach dem Bilanzstichtag erfolgende Mittelabflüsse belastender als diejenigen für Mittelabflüsse in derselben Höhe zu einem späteren Zeitpunkt. Wenn die Wirkung wesentlich ist, werden Rückstellungen daher abgezinst.

47 Der (die) Abzinsungssatz (-sätze) ist (sind) ein Satz (Sätze) vor Steuern, der (die) die aktuellen Markterwartungen im Hinblick auf den Zinseffekt sowie die für die Schuld spezifischen Risiken widerspiegelt. Risiken, an die die Schätzungen künftiger Cashflows angepasst wurden, dürfen keine Auswirkung auf den (die) Abzinsungssatz (-sätze) haben.

Künftige Ereignisse

48 Künftige Ereignisse, die den zur Erfüllung einer Verpflichtung erforderlichen Betrag beeinflussen können, sind bei der Höhe einer Rückstellung zu berücksichtigen, sofern es ausreichende objektive substanzielle Hinweise auf deren Eintritt gibt.

49 Erwartete künftige Ereignisse können bei der Bewertung von Rückstellungen von besonderer Bedeutung sein. Ein Unternehmen kann beispielsweise der Ansicht sein, dass die Aufwendungen für Aufräumarbeiten bei Stilllegung eines Standorts durch künftige technologische Veränderungen reduziert werden. Der angesetzte Betrag berücksichtigt eine vernünftige Einschätzung technisch geschulter, objektiver Dritter und berücksichtigt alle verfügbaren substanziellen Hinweise auf zum Zeitpunkt der Aufräumarbeiten verfügbare Technologien. Daher sind beispielsweise die mit der zunehmenden Erfahrung bei Anwendung gegenwärtiger Technologien erwarteten Kostenminderungen oder die erwarteten Kosten für die Anwendung gegenwärtiger Technologien auf – verglichen mit den vorher ausgeführten Arbeiten – größere und komplexere Aufräumarbeiten zu berücksichtigen. Ein Unternehmen trifft jedoch keine Annahmen hinsichtlich der Entwicklung einer vollständig neuen Technologie für Aufräumarbeiten, wenn dies nicht durch ausreichend objektive substanzielle Hinweise gestützt wird.

50 Die Wirkung möglicher Gesetzesänderungen wird bei der Bewertung gegenwärtiger Verpflichtungen berücksichtigt, wenn ausreichend objektive substanzielle Hinweise vorliegen, dass die Verabschiedung der Gesetze so gut wie sicher ist. Die Vielzahl von Situationen in der Praxis macht die Festlegung eines einzelnen Ereignisses, das in jedem Fall ausreichend substanzielle objektive Hinweise liefern würde, unmöglich. Die substanziellen Hinweise müssen sich sowohl auf die Anforderungen der Gesetze als auch darauf, dass eine zeitnahe Verabschiedung und Umsetzung so gut wie sicher ist, erstrecken. In vielen Fällen dürften bis zur Verabschiedung der neuen Gesetze nicht hinreichend objektive substanzielle Hinweise vorliegen.

Erwarteter Abgang von Vermögenswerten

51 Erträge aus dem erwarteten Abgang von Vermögenswerten sind bei der Bildung einer Rückstellung nicht zu berücksichtigen.

52 Erträge aus dem erwarteten Abgang von Vermögenswerten werden bei der Bildung einer Rückstellung nicht berücksichtigt; dies gilt selbst, wenn der erwartete Abgang eng mit dem Ereignis verbunden ist, auf Grund dessen die Rückstellung gebildet wird. Stattdessen erfasst das Unternehmen Erträge aus dem erwarteten Abgang von Vermögenswerten nach dem International Accounting Standard, der die betreffenden Vermögenswerte behandelt.

are not overstated and expenses or liabilities are not understated. However, uncertainty does not justify the creation of excessive provisions or a deliberate overstatement of liabilities. For example, if the projected costs of a particularly adverse outcome are estimated on a prudent basis, that outcome is not then deliberately treated as more probable than is realistically the case. Care is needed to avoid duplicating adjustments for risk and uncertainty with consequent overstatement of a provision.

Disclosure of the uncertainties surrounding the amount of the expenditure is made under paragraph 85(b). 44

Present value

Where the effect of the time value of money is material, the amount of a provision should be the present value of the expenditure expected to be required to settle the obligation. 45

Because of the time value of money, provisions relating to cash outflows that arise soon after the balance sheet date are more onerous than those where cash outflows of the same amount arise later. Provisions are therefore discounted, where the effect is material. 46

The discount rate (or rates) should be a pre-tax rate (or rates) that reflect(s) current market assessments of the time value of money and the risks specific to the liability. The discount rate(s) should not reflect risks for which future cash flow estimates have been adjusted. 47

Future events

Future events that may affect the amount required to settle an obligation should be reflected in the amount of a provision where there is sufficient objective evidence that they will occur. 48

Expected future events may be particularly important in measuring provisions. For example, an enterprise may believe that the cost of cleaning up a site at the end of its life will be reduced by future changes in technology. The amount recognised reflects a reasonable expectation of technically qualified, objective observers, taking account of all available evidence as to the technology that will be available at the time of the clean-up. Thus it is appropriate to include, for example, expected cost reductions associated with increased experience in applying existing technology or the expected cost of applying existing technology to a larger or more complex clean-up operation than has previously been carried out. However, an enterprise does not anticipate the development of a completely new technology for cleaning up unless it is supported by sufficient objective evidence. 49

The effect of possible new legislation is taken into consideration in measuring an existing obligation when sufficient objective evidence exists that the legislation is virtually certain to be enacted. The variety of circumstances that arise in practice makes it impossible to specify a single event that will provide sufficient, objective evidence in every case. Evidence is required both of what legislation will demand and of whether it is virtually certain to be enacted and implemented in due course. In many cases sufficient objective evidence will not exist until the new legislation is enacted. 50

Expected disposal of assets

Gains from the expected disposal of assets should not be taken into account in measuring a provision. 51

Gains on the expected disposal of assets are not taken into account in measuring a provision, even if the expected disposal is closely linked to the event giving rise to the provision. Instead, an enterprise recognises gains on expected disposals of assets at the time specified by the International Accounting Standard dealing with the assets concerned. 52

ERSTATTUNGEN

53 Wenn erwartet wird, dass die zur Erfüllung einer zurückgestellten Verpflichtung erforderlichen Ausgaben ganz oder teilweise von einer anderen Partei erstattet werden, ist die Erstattung nur zu erfassen, wenn es so gut wie sicher ist, dass das Unternehmen die Erstattung bei Erfüllung der Verpflichtung erhält. Die Erstattung ist als separater Vermögenswert zu behandeln. Der für die Erstattung angesetzte Betrag darf die Höhe der Rückstellung nicht übersteigen.

54 In der Gewinn- und Verlustrechnung kann der Aufwand zur Bildung einer Rückstellung nach Abzug der Erstattung netto erfasst werden.

55 In einigen Fällen kann ein Unternehmen von einer anderen Partei ganz oder teilweise die Zahlung der zur Erfüllung der zurückgestellten Verpflichtung erforderlichen Ausgaben erwarten (beispielsweise auf Grund von Versicherungsverträgen, Entschädigungsklauseln oder Gewährleistungen von Lieferanten). Entweder erstattet die andere Partei die vom Unternehmen gezahlten Beträge oder sie zahlt diese direkt.

56 In den meisten Fällen bleibt das Unternehmen für den gesamten entsprechenden Betrag haftbar, so dass es den gesamten Betrag begleichen muss, falls die Zahlung aus irgendeinem Grunde nicht durch Dritte erfolgt. In dieser Situation wird eine Rückstellung in voller Höhe der Schuld und ein separater Vermögenswert für die erwartete Erstattung angesetzt, wenn es so gut wie sicher ist, dass das Unternehmen die Erstattung bei Begleichung der Schuld erhalten wird.

57 In einigen Fällen ist das Unternehmen bei Nichtzahlung Dritter nicht für die entsprechenden Kosten haftbar. In diesem Fall hat das Unternehmen keine Schuld für diese Kosten und sie werden nicht in die Rückstellung einbezogen.

58 Wie in Paragraph 29 dargelegt, ist eine Verpflichtung, für die ein Unternehmen gesamtschuldnerisch haftet, insofern eine Eventualschuld als eine Erfüllung der Verpflichtung durch andere Parteien erwartet wird.

ANPASSUNG DER RÜCKSTELLUNGEN

59 Rückstellungen sind zu jedem Bilanzstichtag zu prüfen und anzupassen, damit sie die bestmögliche Schätzung widerspiegeln. Wenn es nicht mehr wahrscheinlich ist, dass mit der Erfüllung der Verpflichtung ein Abfluss von Ressourcen mit wirtschaftlichem Nutzen verbunden ist, ist die Rückstellung aufzulösen.

60 Bei Abzinsung spiegelt sich der Zeitablauf in der periodischen Erhöhung des Buchwertes einer Rückstellung wider. Diese Erhöhung wird als Fremdkapitalkosten erfasst.

VERBRAUCH VON RÜCKSTELLUNGEN

61 Eine Rückstellung ist nur für Ausgaben zu verbrauchen, für die sie ursprünglich gebildet wurde.

62 Gegen die ursprüngliche Rückstellung dürfen nur Ausgaben aufgerechnet werden, für die sie auch gebildet wurde. Die Aufrechnung einer Ausgabe gegen eine für einen anderen Zweck gebildete Rückstellung würde die Wirkung zweier unterschiedlicher Ereignisse verbergen.

ANWENDUNG DER BILANZIERUNGS- UND BEWERTUNGSVORSCHRIFTEN

Künftige betriebliche Verluste

63 Im Zusammenhang mit künftigen betrieblichen Verlusten sind keine Rückstellungen anzusetzen.

64 Künftige betriebliche Verluste entsprechen nicht der Definition einer Schuld nach Paragraph 10 und den in Paragraph 14 dargelegten allgemeinen Ansatzkriterien für Rückstellungen.

65 Die Erwartung künftiger betrieblicher Verluste ist ein Anzeichen für eine mögliche Wertminderung bestimmter Vermögenswerte des Unternehmensbereichs. Ein Unternehmen prüft diese Vermögenswerte auf Wertminderung nach IAS 36, Wertminderung von Vermögenswerten.

REIMBURSEMENTS

Where some or all of the expenditure required to settle a provision is expected to be reimbursed by another party, the reimbursement should be recognised when, and only when, it is virtually certain that reimbursement will be received if the enterprise settles the obligation. The reimbursement should be treated as a separate asset. The amount recognised for the reimbursement should not exceed the amount of the provision. 53

In the income statement, the expense relating to a provision may be presented net of the amount recognised for a reimbursement. 54

Sometimes, an enterprise is able to look to another party to pay part or all of the expenditure required to settle a provision (for example, through insurance contracts, indemnity clauses or suppliers' warranties). The other party may either reimburse amounts paid by the enterprise or pay the amounts directly. 55

In most cases the enterprise will remain liable for the whole of the amount in question so that the enterprise would have to settle the full amount if the third party failed to pay for any reason. In this situation, a provision is recognised for the full amount of the liability, and a separate asset for the expected reimbursement is recognised when it is virtually certain that reimbursement will be received if the enterprise settles the liability. 56

In some cases, the enterprise will not be liable for the costs in question if the third party fails to pay. In such a case the enterprise has no liability for those costs and they are not included in the provision. 57

As noted in paragraph 29, an obligation for which an enterprise is jointly and severally liable is a contingent liability to the extent that it is expected that the obligation will be settled by the other parties. 58

CHANGES IN PROVISIONS

Provisions should be reviewed at each balance sheet date and adjusted to reflect the current best estimate. If it is no longer probable that an outflow of resources embodying economic benefits will be required to settle the obligation, the provision should be reversed. 59

Where discounting is used, the carrying amount of a provision increases in each period to reflect the passage of time. This increase is recognised as borrowing cost. 60

USE OF PROVISIONS

A provision should be used only for expenditures for which the provision was originally recognised. 61

Only expenditures that relate to the original provision are set against it. Setting expenditures against a provision that was originally recognised for another purpose would conceal the impact of two different events. 62

APPLICATION OF THE RECOGNITION AND MEASUREMENT RULES

Future operating losses

Provisions should not be recognised for future operating losses. 63

Future operating losses do not meet the definition of a liability in paragraph 10 and the general recognition criteria set out for provisions in paragraph 14. 64

An expectation of future operating losses is an indication that certain assets of the operation may be impaired. An enterprise tests these assets for impairment under IAS 36, impairment of assets. 65

Belastende Verträge

66 Hat ein Unternehmen einen belastenden Vertrag, ist die gegenwärtige vertragliche Verpflichtung als Rückstellung anzusetzen und zu bewerten.

67 Zahlreiche Verträge (beispielsweise einige Standard-Kaufaufträge) können ohne Zahlung einer Entschädigung an eine andere Partei storniert werden, daher besteht in diesen Fällen keine Verpflichtung. Andere Verträge begründen sowohl Rechte als auch Verpflichtungen für jede Vertragspartei. Wenn die Umstände dazu führen, dass ein solcher Vertrag belastend wird, fällt der Vertrag unter den Anwendungsbereich dieses Standards und es besteht eine anzusetzende Schuld. Noch zu erfüllende Verträge, die nicht belastend sind, fallen nicht in den Anwendungsbereich dieses Standards.

68 Dieser Standard definiert einen belastenden Vertrag als einen Vertrag, bei dem die unvermeidbaren Kosten zur Erfüllung der vertraglichen Verpflichtungen höher als der erwartete wirtschaftliche Nutzen sind. Die unvermeidbaren Kosten unter einem Vertrag spiegeln den Mindestbetrag der bei Ausstieg aus dem Vertrag anfallenden Nettokosten wider; diese stellen den niedrigeren Betrag von Erfüllungskosten und etwaigen aus der Nichterfüllung resultierenden Entschädigungszahlungen oder Strafgeldern dar.

69 Bevor eine separate Rückstellung für einen belastenden Vertrag erfasst wird, erfasst ein Unternehmen den Wertminderungsaufwand für Vermögenswerte, die mit dem Vertrag verbunden sind (siehe IAS 36, Wertminderung von Vermögenswerten).

Restrukturierungsmaßnahmen

70 Die folgenden beispielhaften Ereignisse können unter die Definition einer Restrukturierungsmaßnahme fallen:
(a) Verkauf oder Beendigung eines Geschäftszweigs;
(b) die Stilllegung von Standorten in einem Land oder einer Region oder die Verlegung von Geschäftsaktivitäten von einem Land oder einer Region in ein anderes bzw. eine andere;
(c) Änderungen in der Struktur des Managements, z. B. Auflösung einer Managementebene; und
(d) grundsätzliche Umorganisation mit wesentlichen Auswirkungen auf den Charakter und Schwerpunkt der Geschäftstätigkeit des Unternehmens.

71 Eine Rückstellung für Restrukturierungsaufwand wird nur angesetzt, wenn die in Paragraph 14 aufgeführten allgemeinen Ansatzkriterien für Rückstellungen erfüllt werden. Die Paragraphen 72–83 legen dar, wie die allgemeinen Ansatzkriterien auf Restrukturierungen anzuwenden sind.

72 Eine faktische Verpflichtung zur Restrukturierung entsteht nur, wenn ein Unternehmen:
(a) einen detaillierten, formalen Restrukturierungsplan hat, in dem zumindest die folgenden Angaben enthalten sind:
 (i) der betroffene Geschäftsbereich oder Teil eines Geschäftsbereichs;
 (ii) die wichtigsten betroffenen Standorte;
 (iii) Standort, Funktion und ungefähre Anzahl der Arbeitnehmer, die für die Beendigung ihres Beschäftigungsverhältnisses eine Abfindung erhalten werden;
 (iv) die entstehenden Ausgaben; und
 (v) den Umsetzungszeitpunkt des Plans; und
(b) bei den Betroffenen eine gerechtfertigte Erwartung geweckt hat, dass die Restrukturierungsmaßnahmen durch den Beginn der Umsetzung des Plans oder die Ankündigung seiner wesentlichen Bestandteile den Betroffenen gegenüber durchgeführt wird.

73 Substanzielle Hinweise für den Beginn der Umsetzung eines Restrukturierungsplans in einem Unternehmen wären beispielsweise die Demontage einer Anlage oder der Verkauf von Vermögenswerten oder die öffentliche Ankündigung der Hauptpunkte des Plans. Eine öffentliche Ankündigung eines detaillierten Restrukturierungsplans stellt nur dann eine faktische Verpflichtung zur Restrukturierung dar, wenn sie ausreichend detailliert (d. h. unter Angabe der Hauptpunkte im Plan) ist, dass sie bei anderen Parteien, z. B. Kunden, Lieferanten und Mitarbeitern (oder deren Vertreter) gerechtfertigte Erwartungen hervorruft, dass das Unternehmen die Restrukturierung durchführen wird.

74 Voraussetzung dafür, dass ein Plan durch die Bekanntgabe an die Betroffenen zu einer faktischen Verpflichtung führt, ist, dass der Beginn der Umsetzung zum frühest möglichen Zeitpunkt geplant ist und in einem Zeitrahmen vollzogen wird, der bedeutende Änderungen am Plan unwahrscheinlich erscheinen lässt. Wenn der Beginn der Restrukturierungsmaßnahmen erst nach einer längeren Verzögerung erwartet wird oder ein unver-

Onerous contracts

If an enterprise has a contract that is onerous, the present obligation under the contract should be recognised and measured as a provision. 66

Many contracts (for example, some routine purchase orders) can be cancelled without paying compensation to the other party, and therefore there is no obligation. Other contracts establish both rights and obligations for each of the contracting parties. Where events make such a contract onerous, the contract falls within the scope of this Standard and a liability exists which is recognised. Executory contracts that are not onerous fall outside the scope of this Standard. 67

This Standard defines an onerous contract as a contract in which the unavoidable costs of meeting the obligations under the contract exceed the economic benefits expected to be received under it. The unavoidable costs under a contract reflect the least net cost of exiting from the contract, which is the lower of the cost of fulfilling it and any compensation or penalties arising from failure to fulfil it. 68

Before a separate provision for an onerous contract is established, an enterprise recognises any impairment loss that has occurred on assets dedicated to that contract (see IAS 36, impairment of assets). 69

Restructuring

The following are examples of events that may fall under the definition of restructuring: 70
(a) sale or termination of a line of business;
(b) the closure of business locations in a country or region or the relocation of business activities from one country or region to another;
(c) changes in management structure, for example, eliminating a layer of management; and
(d) fundamental reorganisations that have a material effect on the nature and focus of the enterprise's operations.

A provision for restructuring costs is recognised only when the general recognition criteria for provisions set out in paragraph 14 are met. Paragraphs 72 to 83 set out how the general recognition criteria apply to restructurings. 71

A constructive obligation to restructure arises only when an enterprise: 72
(a) has a detailed formal plan for the restructuring identifying at least:
  (i) the business or part of a business concerned;
  (ii) the principal locations affected;
  (iii) the location, function, and approximate number of employees who will be compensated for terminating their services;
  (iv) the expenditures that will be undertaken; and
  (v) when the plan will be implemented; and
(b) has raised a valid expectation in those affected that it will carry out the restructuring by starting to implement that plan or announcing its main features to those affected by it.

Evidence that an enterprise has started to implement a restructuring plan would be provided, for example, by dismantling plant or selling assets or by the public announcement of the main features of the plan. A public announcement of a detailed plan to restructure constitutes a constructive obligation to restructure only if it is made in such a way and in sufficient detail (i.e. setting out the main features of the plan) that it gives rise to valid expectations in other parties such as customers, suppliers and employees (or their representatives) that the enterprise will carry out the restructuring. 73

For a plan to be sufficient to give rise to a constructive obligation when communicated to those affected by it, its implementation needs to be planned to begin as soon as possible and to be completed in a timeframe that makes significant changes to the plan unlikely. If it is expected that there will be a long delay before the restructuring begins or that the restructuring will take an unreasonably long time, it is unlikely that the plan will raise a valid 74

hältnismäßig langer Zeitraum für die Durchführung vorgesehen ist, ist es unwahrscheinlich, dass der Plan in anderen die gerechtfertigte Erwartung einer gegenwärtigen Bereitschaft des Unternehmens zur Restrukturierung weckt, denn der Zeitrahmen gestattet dem Unternehmen, Änderungen am Plan vorzunehmen.

75 Allein durch einen Restrukturierungsbeschluss des Managements oder eines Aufsichtsorgans vor dem Bilanzstichtag entsteht noch keine faktische Verpflichtung zum Bilanzstichtag, sofern das Unternehmen nicht vor dem Bilanzstichtag:
(a) mit der Umsetzung des Restrukturierungsplans begonnen hat; oder
(b) den Betroffenen gegenüber die Hauptpunkte des Restrukturierungsplans ausreichend detailliert mitgeteilt hat, um in diesen eine gerechtfertigte Erwartung zu wecken, dass die Restrukturierung von dem Unternehmen durchgeführt wird.
Wenn ein Unternehmen mit der Umsetzung eines Restrukturierungsplans erst nach dem Bilanzstichtag beginnt oder den Betroffenen die Hauptpunkte erst nach dem Bilanzstichtag ankündigt, ist eine Angabe gemäß IAS 10 *Ereignisse nach dem Bilanzstichtag* erforderlich, sofern die Restrukturierung wesentlich und deren unterlassene Angabe die wirtschaftliche Entscheidung beeinflussen könnte, die Adressaten auf der Grundlage des Abschlusses treffen.

76 Auch wenn allein durch die Entscheidung des Managements noch keine faktische Verpflichtung entstanden ist, kann, zusammen mit anderen früheren Ereignissen, eine Verpflichtung aus einer solchen Entscheidung entstehen. Beispielsweise können Verhandlungen über Abfindungszahlungen mit Arbeitnehmervertretern oder Verhandlungen zum Verkauf von Bereichen mit Käufern unter dem Vorbehalt der Zustimmung des Aufsichtsgremiums abgeschlossen werden. Nachdem die Zustimmung erteilt und den anderen Parteien mitgeteilt wurde, hat das Unternehmen eine faktische Verpflichtung zur Restrukturierung, wenn die Bedingungen in Paragraph 72 erfüllt wurden.

77 In einigen Ländern liegt die letztendliche Entscheidungsbefugnis bei einem Gremium, in dem auch Vertreter anderer Interessen als die des Managements (z. B. Arbeitnehmer) vertreten sind, oder eine Bekanntgabe gegenüber diesen Vertretern kann vor der Entscheidung dieses Gremiums erforderlich sein. Da eine Entscheidung durch ein solches Gremium die Bekanntgabe an die genannten Vertreter erfordert, kann hieraus eine faktische Verpflichtung zur Restrukturierung resultieren.

78 **Aus dem Verkauf von Bereichen entsteht keine Verpflichtung bis das Unternehmen den Verkauf verbindlich abgeschlossen hat, d. h. ein bindender Verkaufsvertrag existiert.**

79 Auch wenn das Unternehmen eine Entscheidung zum Verkauf eines Bereichs getroffen und diese Entscheidung öffentlich angekündigt hat, kann der Verkauf nicht als verpflichtend angesehen werden, solange kein Käufer identifiziert wurde und kein bindender Verkaufsvertrag existiert. Bevor nicht ein bindender Verkaufsvertrag besteht, kann das Unternehmen seine Meinung noch ändern und wird tatsächlich andere Maßnahmen ergreifen müssen, wenn kein Käufer zu akzeptablen Bedingungen gefunden werden kann. Wenn der Verkauf eines Bereichs im Rahmen einer Restrukturierung geplant ist, werden die Vermögenswerte des Bereichs nach IAS 36, Wertminderung von Vermögenswerten, auf Wertminderung geprüft. Wenn ein Verkauf nur Teil einer Restrukturierung darstellt, kann für die anderen Teile der Restrukturierung eine faktische Verpflichtung entstehen, bevor ein bindender Verkaufsvertrag existiert.

80 **Eine Restrukturierungsrückstellung darf nur die direkt im Zusammenhang mit der Restrukturierung entstehenden Ausgaben enthalten, die sowohl:**
(a) zwangsweise im Zuge der Restrukturierung entstehen als auch
(b) nicht mit den laufenden Aktivitäten des Unternehmens im Zusammenhang stehen.

81 Eine Restrukturierungsrückstellung enthält keine Aufwendungen für:
(a) Umschulung oder Versetzung weiterbeschäftigter Mitarbeiter;
(b) Marketing; oder
(c) Investitionen in neue Systeme und Vertriebsnetze.
Diese Ausgaben entstehen für die künftige Geschäftstätigkeit und stellen zum Bilanzstichtag keine Restrukturierungsverpflichtungen dar. Solche Ausgaben werden auf derselben Grundlage erfasst, als wären sie unabhängig von einer Restrukturierung entstanden.

82 Bis zum Tag einer Restrukturierung entstehende, identifizierbare künftige betriebliche Verluste werden nicht als Rückstellung behandelt, sofern sie nicht im Zusammenhang mit einem belastenden Vertrag nach der Definition in Paragraph 10 stehen.

expectation on the part of others that the enterprise is at present committed to restructuring, because the timeframe allows opportunities for the enterprise to change its plans.

A management or board decision to restructure taken before the balance sheet date does not give rise to a constructive obligation at the balance sheet date unless the entity has, before the balance sheet date: 75
(a) started to implement the restructuring plan;
   or
(b) announced the main features of the restructuring plan to those affected by it in a sufficiently specific manner to raise a valid expectation in them that the entity will carry out the restructuring.

If an entity starts to implement a restructuring plan, or announces its main features to those affected, only after the balance sheet date, disclosure is required under IAS 10 *Events after the Balance Sheet Date*, if the restructuring is material and non-disclosure could influence the economic decisions of users taken on the basis of the financial statements.

Although a constructive obligation is not created solely by a management decision, an obligation may result from other earlier events together with such a decision. For example, negotiations with employee representatives for termination payments, or with purchasers for the sale of an operation, may have been concluded subject only to board approval. Once that approval has been obtained and communicated to the other parties, the enterprise has a constructive obligation to restructure, if the conditions of paragraph 72 are met. 76

In some countries, the ultimate authority is vested in a board whose membership includes representatives of interests other than those of management (e.g. employees) or notification to such representatives may be necessary before the board decision is taken. Because a decision by such a board involves communication to these representatives, it may result in a constructive obligation to restructure. 77

No obligation arises for the sale of an operation until the enterprise is committed to the sale, i.e. there is a binding sale agreement. 78

Even when an enterprise has taken a decision to sell an operation and announced that decision publicly, it cannot be committed to the sale until a purchaser has been identified and there is a binding sale agreement. Until there is a binding sale agreement, the enterprise will be able to change its mind and indeed will have to take another course of action if a purchaser cannot be found on acceptable terms. When the sale of an operation is envisaged as part of a restructuring, the assets of the operation are reviewed for impairment, under IAS 36, impairment of assets. When a sale is only part of a restructuring, a constructive obligation can arise for the other parts of the restructuring before a binding sale agreement exists. 79

A restructuring provision should include only the direct expenditures arising from the restructuring, which are those that are both: 80
(a) **necessarily entailed by the restructuring; and**
(b) **not associated with the ongoing activities of the enterprise.**

A restructuring provision does not include such costs as: 81
(a) retraining or relocating continuing staff;
(b) marketing; or
(c) investment in new systems and distribution networks.

These expenditures relate to the future conduct of the business and are not liabilities for restructuring at the balance sheet date. Such expenditures are recognised on the same basis as if they arose independently of a restructuring.

Identifiable future operating losses up to the date of a restructuring are not included in a provision, unless they relate to an onerous contract as defined in paragraph 10. 82

83 Gemäß Paragraph 51 sind Erträge aus dem erwarteten Abgang von Vermögenswerten bei der Bewertung einer Restrukturierungsrückstellung nicht zu berücksichtigen; dies gilt selbst, wenn der Verkauf der Vermögenswerte als Teil der Restrukturierung geplant ist.

ANGABEN

84 Ein Unternehmen hat für jede Gruppe von Rückstellungen die folgenden Angaben zu machen:
   (a) den Buchwert zu Beginn und zum Ende der Berichtsperiode;
   (b) zusätzliche, in der Berichtsperiode gebildete Rückstellungen, einschließlich der Erhöhung von bestehenden Rückstellungen;
   (c) während der Berichtsperiode verwendete (d. h. entstandene und gegen die Rückstellung verrechnete) Beträge;
   (d) nicht verwendete Beträge, die während der Berichtsperiode aufgelöst wurden; und
   (e) die Erhöhung des während der Berichtsperiode auf Grund des Zeitablaufs abgezinsten Betrages und die Auswirkung von Änderungen des Abzinsungssatzes.
   Vergleichsinformationen sind nicht erforderlich.

85 Ein Unternehmen hat für jede Gruppe von Rückstellungen die folgenden Angaben zu machen:
   (a) eine kurze Beschreibung der Art der Verpflichtung sowie der erwarteten Fälligkeiten resultierender Abflüsse von wirtschaftlichem Nutzen;
   (b) die Angabe von Unsicherheiten hinsichtlich des Betrags oder der Fälligkeiten dieser Abflüsse. Falls die Angabe von adäquaten Informationen erforderlich ist, hat ein Unternehmen die wesentlichen Annahmen für künftige Ereignisse nach Paragraph 48 anzugeben; und
   (c) die Höhe aller erwarteten Erstattungen unter Angabe der Höhe der Vermögenswerte, die für die jeweilige erwartete Erstattung angesetzt wurden.

86 Sofern die Möglichkeit eines Abflusses bei der Erfüllung nicht unwahrscheinlich ist, hat ein Unternehmen für jede Gruppe von Eventualschulden zum Bilanzstichtag eine kurze Beschreibung der Eventualschuld und, falls praktikabel, die folgenden Angaben zu machen:
   (a) eine Schätzung der finanziellen Auswirkungen, bewertet nach den Paragraphen 36 bis 52;
   (b) die Angabe von Unsicherheiten hinsichtlich des Betrages oder der Fälligkeiten von Abflüssen; und
   (c) die Möglichkeit einer Erstattung.

87 Bei der Bestimmung, welche Rückstellungen oder Eventualschulden zu einer Gruppe zusammengefasst werden können, muss überlegt werden, ob die Positionen ihrer Art nach mit den Anforderungen der Paragraphen 85(a) und (b) und 86(a) und (b) in ausreichendem Maße übereinstimmen, um eine zusammengefasste Angabe zu rechtfertigen. Es kann daher angebracht sein, Beträge für Gewährleistungen für unterschiedliche Produkte als eine Rückstellungsgruppe zu behandeln; es wäre jedoch nicht angebracht, Beträge für normale Gewährleistungsrückstellungen und Beträge, die durch Rechtsstreit geklärt werden müssen, als eine Gruppe von Rückstellungen zu behandeln.

88 Wenn aus denselben Umständen eine Rückstellung und eine Eventualschuld entstehen, erfolgt die nach den Paragraphen 84 bis 86 erforderliche Angabe vom Unternehmen in einer Art und Weise, die den Zusammenhang zwischen der Rückstellung und der Eventualschuld aufzeigt.

89 Ist ein Zufluss von wirtschaftlichem Nutzen wahrscheinlich, so hat ein Unternehmen eine kurze Beschreibung der Art der Eventualforderungen zum Bilanzstichtag und, wenn praktikabel, eine Schätzung der finanziellen Auswirkungen, bewertet auf der Grundlage der Vorgaben für Rückstellungen gemäß den Paragraphen 36 bis 52 anzugeben.

90 Es ist wichtig, dass bei Angaben zu Eventualforderungen irreführende Angaben zur Wahrscheinlichkeit des Entstehens von Erträgen vermieden werden.

91 Werden nach den Paragraphen 86 und 89 erforderliche Angaben aus Gründen der Praktikabilität nicht gemacht, so ist diese Tatsache anzugeben.

92 In äußerst seltenen Fällen kann damit gerechnet werden, dass die teilweise oder vollständige Angabe von Informationen nach den Paragraphen 84 bis 89 die Lage des Unternehmens in einem Rechtsstreit mit anderen Parteien über den Gegenstand der Rückstellungen, Eventualschulden oder Eventualforderungen

As required by paragraph 51, gains on the expected disposal of assets are not taken into account in measuring a restructuring provision, even if the sale of assets is envisaged as part of the restructuring. 83

DISCLOSURE

For each class of provision, an enterprise should disclose: 84
(a) the carrying amount at the beginning and end of the period;
(b) additional provisions made in the period, including increases to existing provisions;
(c) amounts used (i. e. incurred and charged against the provision) during the period;
(d) unused amounts reversed during the period; and
(e) the increase during the period in the discounted amount arising from the passage of time and the effect of any change in the discount rate.
Comparative information is not required.

An enterprise should disclose the following for each class of provision: 85
(a) a brief description of the nature of the obligation and the expected timing of any resulting outflows of economic benefits;
(b) an indication of the uncertainties about the amount or timing of those outflows. Where necessary to provide adequate information, an enterprise should disclose the major assumptions made concerning future events, as addressed in paragraph 48; and
(c) the amount of any expected reimbursement, stating the amount of any asset that has been recognised for that expected reimbursement.

Unless the possibility of any outflow in settlement is remote, an enterprise should disclose for each class of contingent liability at the balance sheet date a brief description of the nature of the contingent liability and, where practicable: 86
(a) an estimate of its financial effect, measured under paragraphs 36 to 52;
(b) an indication of the uncertainties relating to the amount or timing of any outflow; and
(c) the possibility of any reimbursement.

In determining which provisions or contingent liabilities may be aggregated to form a class, it is necessary to consider whether the nature of the items is sufficiently similar for a single statement about them to fulfil the requirements of paragraphs 85(a) and (b) and 86(a) and (b). Thus, it may be appropriate to treat as a single class of provision amounts relating to warranties of different products, but it would not be appropriate to treat as a single class amounts relating to normal warranties and amounts that are subject to legal proceedings. 87

Where a provision and a contingent liability arise from the same set of circumstances, an enterprise makes the disclosures required by paragraphs 84 to 86 in a way that shows the link between the provision and the contingent liability. 88

Where an inflow of economic benefits is probable, an enterprise should disclose a brief description of the nature of the contingent assets at the balance sheet date, and, where practicable, an estimate of their financial effect, measured using the principles set out for provisions in paragraphs 36 to 52. 89

It is important that disclosures for contingent assets avoid giving misleading indications of the likelihood of income arising. 90

Where any of the information required by paragraphs 86 and 89 is not disclosed because it is not practicable to do so, that fact should be stated. 91

In extremely rare cases, disclosure of some or all of the information required by paragraphs 84 to 89 can be expected to prejudice seriously the position of the enterprise in a dispute with other parties on the subject matter of the provision, contingent liability or contingent asset. In such cases, an enterprise need not 92

ernsthaft beeinträchtigt. In diesen Fällen muss das Unternehmen die Angaben nicht machen, es hat jedoch den allgemeinen Charakter des Rechtsstreites darzulegen, sowie die Tatsache, dass gewisse Angaben nicht gemacht wurden und die Gründe dafür.

ÜBERGANGSVORSCHRIFTEN

93 Die Auswirkungen der Anwendung dieses Standards zum Zeitpunkt seines Inkrafttretens (oder früher) ist als eine Anpassung des Eröffnungsbilanzwertes der Gewinnrücklagen in der Berichtsperiode zu erfassen, in der der Standard erstmals angewendet wird. Unternehmen wird empfohlen, jedoch nicht zwingend vorgeschrieben, die Anpassung der Eröffnungsbilanz der Gewinnrücklagen für die früheste angegebene Berichtsperiode vorzunehmen und die vergleichenden Informationen anzupassen. Falls Vergleichsinformationen nicht angepasst werden, so ist diese Tatsache anzugeben.

94 (gestrichen)

ZEITPUNKT DES INKRAFTTRETENS

95 Dieser International Accounting Standard ist erstmals in der ersten Berichtsperiode eines am 1. Juli 1999 oder danach beginnenden Geschäftsjahres anzuwenden. Eine frühere Anwendung wird empfohlen. Wenn ein Unternehmen diesen Standard für Berichtsperioden anwendet, die vor dem 1. Juli 1999 beginnen, so ist dies anzugeben.

96 (gestrichen)

disclose the information, but should disclose the general nature of the dispute, together with the fact that, and reason why, the information has not been disclosed.

TRANSITIONAL PROVISIONS

The effect of adopting this Standard on its effective date (or earlier) should be reported as an adjustment to the opening balance of retained earnings for the period in which the Standard is first adopted. Enterprises are encouraged, but not required, to adjust the opening balance of retained earnings for the earliest period presented and to restate comparative information. If comparative information is not restated, this fact should be disclosed. 93

(deleted) 94

EFFECTIVE DATE

This International Accounting Standard becomes operative for annual financial statements covering periods beginning on or after 1 July 1999. Earlier application is encouraged. If an enterprise applies this Standard for periods beginning before 1 July 1999, it should disclose that fact. 95

(deleted) 96

International Accounting Standard 38

Immaterielle Vermögenswerte

International Accounting Standard 38 *Immaterielle Vermögenswerte* (IAS 38) ist in den Paragraphen 1–133 festgelegt. Alle Paragraphen sind gleichrangig, behalten jedoch das IASC-Format des Standards, mit dem dieser durch den IASB verabschiedet wurde. IAS 38 ist in Verbindung mit dem *Vorwort zu den International Financial Reporting Standards* und dem *Rahmenkonzept für die Aufstellung und Darstellung von Abschlüssen* zu betrachten. IAS 8 *Bilanzierungs- und Bewertungsmethoden, Änderungen von Schätzungen und Fehler*, stellt beim Fehlen ausdrücklicher Leitlinien eine Grundlage für die Auswahl und für die Anwendung von Bilanzierungs- und Bewertungsmethoden bereit.

INHALT

	Ziffer
Zielsetzung	1
Anwendungsbereich	2–7
Definitionen	8–17
Immaterielle Vermögenswerte	9–17
Identifizierbarkeit	11–12
Beherrschung	13–16
Künftiger wirtschaftlicher Nutzen	17
Ansatz und Bewertung	18–67
Gesonderte Anschaffung	25–32
Erwerb im Rahmen eines Unternehmenszusammenschlusses	33–43
Bewertung des beizulegenden Zeitwertes eines bei einem Unternehmenszusammenschluss erworbenen immateriellen Vermögenswertes	35–41
Nachträgliche Ausgaben für ein erworbenes laufendes Forschungs- und Entwicklungsprojekt	42–43
Erwerb durch eine Zuwendung der öffentlichen Hand	44
Tausch von Vermögenswerten	45–47
Selbst geschaffener Geschäfts- oder Firmenwert	48–50
Selbst geschaffene immaterielle Vermögenswerte	51–67
Forschungsphase	54–56
Entwicklungsphase	57–64
Herstellungskosten eines selbst geschaffenen immateriellen Vermögenswertes	65–67
Erfassung eines Aufwands	68–71
Keine Erfassung früherer Aufwendungen als Vermögenswert	71
Folgebewertung	72–87
Anschaffungskostenmodell	74
Neubewertungsmodell	75–87
Nutzungsdauer	88–96
Immaterielle Vermögenswerte mit begrenzter Nutzungsdauer	97–106
Abschreibungsperiode und Abschreibungsmethode	97–99
Restwert	100–103
Überprüfung der Abschreibungsperiode und der Abschreibungsmethode	104–106
Immaterielle Vermögenswerte mit unbegrenzter Nutzungsdauer	107–110
Überprüfung der Einschätzung der Nutzungsdauer	109–110
Erzielbarkeit des Buchwertes – Wertminderungsaufwand	111
Stilllegungen und Abgänge	112–117
Angaben	118–128
Allgemeines	118–123
Folgebewertung von immateriellen Vermögenswerten nach dem Neubewertungsmodell	124–125
Forschungs- und Entwicklungsausgaben	126–127
Sonstige Informationen	128
Übergangsvorschriften und Zeitpunkt des Inkrafttretens	129–132
Tausch von ähnlichen Vermögenswerten	131
Frühzeitige Anwendung	132
Rücknahme von IAS 38 (herausgegeben 1998)	133

International Accounting Standard 38

Intangible assets

International Accounting Standard 38 *Intangible assets* (IAS 38) is set out in paragraphs 1—133. All the paragraphs have equal authority but retain the IASC format of the Standard when it was adopted by the IASB. IAS 38 should be read in the context of the *Preface to International Financial Reporting Standards* and the *Framework for the Preparation and Presentation of Financial Statements*. IAS 8 *Accounting Policies, Changes in Accounting Estimates and Errors* provides a basis for selecting and applying accounting policies in the absence of explicit guidance.

SUMMARY

	Paragraphs
Objective	1
Scope	2—7
Definitions	8—17
Intangible assets	9—17
Identifiability	11—12
Control	13—16
Future economic benefits	17
Recognition and measurement	18—67
Separate acquisition	25—32
Acquisition as part of a business combination	33—43
Measuring the fair value of an intangible asset acquired in a business combination	35—41
Subsequent expenditure on an acquired in-process research and development project	42—43
Acquisition by way of a government grant	44
Exchanges of assets	45—47
Internally generated goodwill	48—50
Internally generated intangible assets	51—67
Research phase	54—56
Development phase	57—64
Cost of an internally generated intangible asset	65—67
Recognition of an expense	68—71
Past expenses not to be recognised as an asset	71
Measurement after recognition	72—87
Cost model	74
Revaluation model	75—87
Useful life	88—96
Intangible assets with finite useful lives	97—106
Amortisation period and amortisation method	97—99
Residual value	100—103
Review of amortisation period and amortisation method	104—106
Intangible assets with indefinite useful lives	107—110
Review of useful life assessment	109—110
Recoverability of the carrying amount - impairment losses	111
Retirements and disposals	112—117
Disclosure	118—128
General	118—123
Intangible assets measured after recognition using the revaluation model	124—125
Research and development expenditure	126—127
Other information	128
Transitional provisions and effective date	129—132
Exchanges of similar assets	131
Early application	132
Withdrawal of IAS 38 (issued 1998)	133

IAS 38

Dieser überarbeitete Standard ersetzt IAS 38 (1998) *Immaterielle Vermögenswerte* und ist anzuwenden auf
(a) im Rahmen eines Unternehmenszusammenschlusses erworbene immaterielle Vermögenswerte, wenn der Vertragsabschluss am 31. März 2004 oder danach erfolgt,
(b) alle anderen immateriellen Vermögenswerte für Geschäftsjahre, die am 31. März 2004 oder danach beginnen,
Eine frühere Anwendung wird empfohlen.

ZIELSETZUNG

1 Die Zielsetzung dieses Standards ist die Regelung der Bilanzierung immaterieller Vermögenswerte, die nicht in anderen Standards konkret behandelt werden. Dieser Standard verlangt von einem Unternehmen den Ansatz eines immateriellen Vermögenswertes dann, aber nur dann, wenn bestimmte Kriterien erfüllt sind. Der Standard bestimmt ferner, wie der Buchwert immaterieller Vermögenswerte zu ermitteln ist, und fordert bestimmte Angaben in Bezug auf immaterielle Vermögenswerte.

ANWENDUNGSBEREICH

2 Dieser Standard ist auf die bilanzielle Behandlung immaterieller Vermögenswerte anzuwenden, mit Ausnahme von:
   (a) immateriellen Vermögenswerten, die in den Anwendungsbereich eines anderen Standards fallen,
   (b) finanziellen Vermögenswerten, wie sie in IAS 39 Finanzinstrumente: Ansatz und Bewertung definiert sind,
   (c) Ansatz und Bewertung von Vermögenswerten aus Exploration und Evaluierung (siehe IFRS 6 Exploration und Evaluierung von mineralischen Ressourcen), und
   (d) Ausgaben für die Förderung und den Abbau von Mineralien, Öl, Erdgas und ähnlichen nicht regenerativen Ressourcen.

3 Wenn ein anderer Standard die Bilanzierung für eine bestimmte Art eines immateriellen Vermögenswertes vorschreibt, wendet ein Unternehmen diesen Standard anstatt des vorliegenden Standards an. Dieser Standard findet beispielsweise keine Anwendung auf:
   (a) immaterielle Vermögenswerte, die von einem Unternehmen zum Verkauf im normalen Geschäftsgang gehalten werden (siehe IAS 2 *Vorräte* und IAS 11 *Fertigungsaufträge*).
   (b) latente Steueransprüche (siehe IAS 12 *Ertragsteuern*).
   (c) Leasingverhältnisse, die in den Anwendungsbereich von IAS 17 *Leasingverhältnisse* fallen.
   (d) Vermögenswerte, die aus Leistungen an Arbeitnehmer resultieren (siehe IAS 19 *Leistungen an Arbeitnehmer*).
   (e) finanzielle Vermögenswerte, wie sie in IAS 39 definiert sind. Der Ansatz und die Bewertung einiger finanzieller Vermögenswerte werden von IAS 27 *Konzernabschlüsse und separate Einzelabschlüsse nach IFRS*, von IAS 28 *Anteile an assoziierten Unternehmen* und von IAS 31 *Anteile an Joint Ventures* abgedeckt.
   (f) einen bei einem Unternehmenszusammenschluss erworbenen Geschäfts- oder Firmenwert (siehe IFRS 3 *Unternehmenszusammenschlüsse*).
   (g) abgegrenzte Anschaffungskosten und immaterielle Vermögenswerte, die aus den vertraglichen Rechten eines Versicherers aufgrund von Versicherungsverträgen entstehen und in den Anwendungsbereich von IFRS 4 *Versicherungsverträge* fallen. IFRS 4 führt spezielle Angabepflichten für diese abgegrenzten Anschaffungskosten auf, jedoch nicht für diese immateriellen Vermögenswerte. Daher sind die in diesem Standard aufgeführten Angabepflichten auf diese immateriellen Vermögenswerte anzuwenden.
   (h) langfristige immaterielle Vermögenswerte, die gemäß IFRS 5 *Zur Veräußerung gehaltene langfristige Vermögenswerte und aufgegebene Geschäftsbereiche* als zur Veräußerung gehalten klassifiziert werden (oder in einer als zur Veräußerung gehalten klassifizierten Veräußerungsgruppe enthalten sind).

4 Einige immaterielle Vermögenswerte können in oder auf einer physischen Substanz enthalten sein, wie beispielsweise einer Compact Disk (im Fall von Computersoftware), einem Rechtsdokument (im Falle einer Lizenz oder eines Patentes) oder einem Film. Bei der Feststellung, ob ein Vermögenswert, der sowohl immaterielle als auch materielle Elemente in sich vereint, gemäß IAS 16 *Sachanlagen* oder als immaterieller Vermögenswert gemäß dem vorliegenden Standard zu behandeln ist, beurteilt ein Unternehmen nach eigenem Ermessen, welches Element wesentlicher ist. Beispielsweise ist die Computersoftware für eine computergesteuerte Werkzeugmaschine, die ohne diese bestimmte Software nicht betriebsfähig ist, integraler Bestandteil der zugehörigen

This revised standard supersedes IAS 38 (1998) *intangible assets* and should be applied:
(a) on acquisition to intangible assets acquired in business combinations for which the agreement date is on or after 31 March 2004.
(b) to all other intangible assets, for annual periods beginning on or after 31 March 2004.
Earlier application is encouraged.

OBJECTIVE

The objective of this Standard is to prescribe the accounting treatment for intangible assets that are not dealt with specifically in another Standard. This Standard requires an entity to recognise an intangible asset if, and only if, specified criteria are met. The Standard also specifies how to measure the carrying amount of intangible assets and requires specified disclosures about intangible assets. 1

SCOPE

This Standard shall be applied in accounting for intangible assets, except: 2
(a) intangible assets that are within the scope of another Standard;
(b) financial assets, as defined in IAS 39 Financial Instruments: Recognition and Measurement;
(c) the recognition and measurement of exploration and evaluation assets (see IFRS 6 Exploration for and Evaluation of Mineral Resources);
and
(d) expenditure on the development and extraction of minerals, oil, natural gas and similar non-regenerative resources.

If another Standard prescribes the accounting for a specific type of intangible asset, an entity applies that Standard instead of this Standard. For example, this Standard does not apply to: 3
(a) intangible assets held by an entity for sale in the ordinary course of business (see IAS 2 *Inventories* and IAS 11 *Construction Contracts*).
(b) deferred tax assets (see IAS 12 *Income Taxes*).
(c) leases that are within the scope of IAS 17 *Leases*.
(d) assets arising from employee benefits (see IAS 19 *Employee Benefits*).
(e) financial assets as defined in IAS 39. The recognition and measurement of some financial assets are covered by IAS 27 *Consolidated and Separate Financial Statements*, IAS 28 *Investments in Associates* and IAS 31 *Interests in Joint Ventures*.
(f) goodwill acquired in a business combination (see IFRS 3 *Business Combinations*).
(g) deferred acquisition costs, and intangible assets, arising from an insurer's contractual rights under insurance contracts within the scope of IFRS 4 *Insurance Contracts*. IFRS 4 sets out specific disclosure requirements for those deferred acquisition costs but not for those intangible assets. Therefore, the disclosure requirements in this Standard apply to those intangible assets.
(h) non-current intangible assets classified as held for sale (or included in a disposal group that is classified as held for sale) in accordance with IFRS 5 *Non-current Assets Held for Sale and Discontinued Operations*.

Some intangible assets may be contained in or on a physical substance such as a compact disc (in the case of computer software), legal documentation (in the case of a licence or patent) or film. In determining whether an asset that incorporates both intangible and tangible elements should be treated under IAS 16 *Property, Plant and Equipment* or as an intangible asset under this Standard, an entity uses judgement to assess which element is more significant. For example, computer software for a computer-controlled machine tool that cannot operate without that specific software is an integral part of the related hardware and it is treated as property, plant and 4

IAS 38

Hardware und wird daher als Sachanlage behandelt. Gleiches gilt für das Betriebssystem eines Computers. Wenn die Software kein integraler Bestandteil der zugehörigen Hardware ist, wird die Computersoftware als immaterieller Vermögenswert behandelt.

5 Dieser Standard bezieht sich u. a. auf Ausgaben für Werbung, Aus- und Weiterbildung, Gründung und Anlauf eines Geschäftsbetriebes sowie Forschungs- und Entwicklungsaktivitäten. Forschungs- und Entwicklungsaktivitäten zielen auf die Wissenserweiterung ab. Obwohl diese Aktivitäten zu einem Vermögenswert mit physischer Substanz (z. B. einem Prototypen) führen können, ist das physische Element des Vermögenswertes sekundär im Vergleich zu seiner immateriellen Komponente, d. h. das durch ihn verkörperte Wissen.

6 Im Falle eines Finanzierungsleasings kann der zu Grunde liegende Vermögenswert entweder materieller oder immaterieller Natur sein. Nach erstmaligem Ansatz bilanziert ein Leasingnehmer einen immateriellen Vermögenswert, den er im Rahmen eines Finanzierungsleasings nutzt, nach diesem Standard. Rechte aus Lizenzvereinbarungen, beispielsweise über Filmmaterial, Videoaufnahmen, Theaterstücke, Manuskripte, Patente und Urheberrechte sind aus dem Anwendungsbereich von IAS 17 ausgeschlossen und fallen in den Anwendungsbereich dieses Standards.

7 Der Ausschluss aus dem Anwendungsbereich eines Standards kann vorliegen, wenn bestimmte Aktivitäten oder Geschäftsvorfälle so speziell sind, dass sie zu Rechnungslegungsfragen führen, die gegebenenfalls auf eine andere Art und Weise zu behandeln sind. Derartige Fragen entstehen bei der Bilanzierung der Ausgaben für die Erschließung oder die Förderung und den Abbau von Erdöl, Erdgas und Bodenschätzen bei der rohstoffgewinnenden Industrie sowie im Fall von Versicherungsverträgen. Aus diesem Grunde bezieht sich dieser Standard nicht auf Ausgaben für derartige Aktivitäten und Verträge. Dieser Standard gilt jedoch für sonstige immaterielle Vermögenswerte (z. B. Computersoftware) und sonstige Ausgaben (z. B. Kosten für die Gründung und den Anlauf eines Geschäftsbetriebes), die in der rohstoffgewinnenden Industrie oder bei Versicherern genutzt werden bzw. anfallen.

DEFINITIONEN

8 Die folgenden Begriffe werden in diesem Standard mit der angegebenen Bedeutung verwendet:
Ein aktiver Markt ist ein Markt, der die nachstehenden Bedingungen kumulativ erfüllt:
(a) die auf dem Markt gehandelten Produkte sind homogen;
(b) vertragswillige Käufer und Verkäufer können in der Regel jederzeit gefunden werden; und
(c) Preise stehen der Öffentlichkeit zur Verfügung.

Das Datum des Vertragsabschlusses bei einem Unternehmenszusammenschluss ist das Datum, an dem der grundlegende Vertrag zwischen den sich zusammenschließenden Parteien geschlossen wird und, im Falle von börsennotierten Unternehmen, öffentlich bekannt gegeben wird. Im Falle einer feindlichen Übernahme wird der Tag, an dem eine ausreichende Anzahl von Eigentümern des erworbenen Unternehmens das Angebot des erwerbenden Unternehmens angenommen hat, damit das erwerbende Unternehmen die Beherrschung über das erworbene Unternehmen erlangen kann, als der früheste Zeitpunkt eines grundlegenden Vertragsabschlusses zwischen den sich zusammenschließenden Parteien angesehen.

Abschreibung (Amortisation) ist die systematische Verteilung des gesamten Abschreibungsvolumens eines immateriellen Vermögenswertes über dessen Nutzungsdauer.

Ein Vermögenswert ist eine Ressource:
(a) die auf Grund von Ereignissen der Vergangenheit von einem Unternehmen beherrscht wird; und
(b) von der erwartet wird, dass dem Unternehmen durch sie künftiger wirtschaftlicher Nutzen zufließt.

Der Buchwert ist der Betrag, mit dem ein Vermögenswert in der Bilanz nach Abzug aller der auf ihn entfallenden kumulierten Abschreibungen und kumulierten Wertminderungsaufwendungen angesetzt wird.

Die Anschaffungs- oder Herstellungskosten sind der zum Erwerb oder zur Herstellung eines Vermögenswertes entrichtete Betrag an Zahlungsmitteln oder Zahlungsmitteläquivalenten bzw. der beizulegende Zeitwert einer anderen Entgeltform zum Zeitpunkt des Erwerbes bzw. der Herstellung, oder wenn zutreffend der diesem Vermögenswert beim erstmaligen Ansatz zugewiesene Betrag in Übereinstimmung mit den spezifischen Anforderungen anderer IFRS, wie z. B. IFRS 2 *Aktienbasierte Entlohnung*.

Das Abschreibungsvolumen ist die Differenz zwischen Anschaffungs- oder Herstellungskosten eines Vermögenswertes oder eines Ersatzbetrages und dem Restwert.

Entwicklung ist die Anwendung von Forschungsergebnissen oder von anderem Wissen auf einen Plan oder Entwurf für die Produktion von neuen oder beträchtlich verbesserten Materialien, Vorrichtungen,

equipment. The same applies to the operating system of a computer. When the software is not an integral part of the related hardware, computer software is treated as an intangible asset.

This Standard applies to, among other things, expenditure on advertising, training, start-up, research and development activities. Research and development activities are directed to the development of knowledge. Therefore, although these activities may result in an asset with physical substance (eg a prototype), the physical element of the asset is secondary to its intangible component, ie the knowledge embodied in it. 5

In the case of a finance lease, the underlying asset may be either tangible or intangible. After initial recognition, a lessee accounts for an intangible asset held under a finance lease in accordance with this Standard. Rights under licensing agreements for items such as motion picture films, video recordings, plays, manuscripts, patents and copyrights are excluded from the scope of IAS 17 and are within the scope of this Standard. 6

Exclusions from the scope of a Standard may occur if activities or transactions are so specialised that they give rise to accounting issues that may need to be dealt with in a different way. Such issues arise in the accounting for expenditure on the exploration for, or development and extraction of, oil, gas and mineral deposits in extractive industries and in the case of insurance contracts. Therefore, this Standard does not apply to expenditure on such activities and contracts. However, this Standard applies to other intangible assets used (such as computer software), and other expenditure incurred (such as start-up costs), in extractive industries or by insurers. 7

DEFINITIONS

The following terms are used in this Standard with the meanings specified: 8
  An *active market* is a market in which all the following conditions exist:
(a) the items traded in the market are homogeneous;
(b) willing buyers and sellers can normally be found at any time; and
(c) prices are available to the public.
The *agreement date* for a business combination is the date that a substantive agreement between the combining parties is reached and, in the case of publicly listed entities, announced to the public. In the case of a hostile takeover, the earliest date that a substantive agreement between the combining parties is reached is the date that a sufficient number of the acquiree's owners have accepted the acquirer's offer for the acquirer to obtain control of the acquiree.
  Amortisation is the systematic allocation of the depreciable amount of an intangible asset over its useful life.
  An *asset* is a resource:
(a) controlled by an entity as a result of past events; and
(b) from which future economic benefits are expected to flow to the entity.
Carrying amount is the amount at which an asset is recognised in the balance sheet after deducting any accumulated amortisation and accumulated impairment losses thereon.
  Cost is the amount of cash or cash equivalents paid or the fair value of other consideration given to acquire an asset at the time of its acquisition or construction, or, when applicable, the amount attributed to that asset when initially recognised in accordance with the specific requirements of other IFRSs, eg IFRS 2 *Share-based Payment*.
  Depreciable amount is the cost of an asset, or other amount substituted for cost, less its residual value.
  Development is the application of research findings or other knowledge to a plan or design for the production of new or substantially improved materials, devices, products, processes, systems or services before the start of commercial production or use.

Produkten, Verfahren, Systemen oder Dienstleistungen. Die Entwicklung findet dabei vor Beginn der kommerziellen Produktion oder Nutzung statt.

Der unternehmensspezifische Wert ist der Barwert der Cashflows, von denen ein Unternehmen erwartet, dass sie aus der fortgesetzten Nutzung eines Vermögenswertes und seinem Abgang am Ende seiner Nutzungsdauer oder bei Begleichung einer Schuld entstehen.

Der beizulegende Zeitwert ist der Betrag, zu dem zwischen sachverständigen, vertragswilligen und voneinander unabhängigen Geschäftspartnern ein Vermögenswert getauscht werden könnte.

Ein Wertminderungsaufwand ist der Betrag, um den der Buchwert eines Vermögenswertes seinen erzielbaren Betrag übersteigt.

Ein immaterieller Vermögenswert ist ein identifizierbarer, nicht monetärer Vermögenswert ohne physische Substanz.

Monetäre Vermögenswerte sind im Bestand befindliche Geldmittel und Vermögenswerte, für die das Unternehmen einen festen oder bestimmbaren Geldbetrag erhält.

Forschung ist die eigenständige und planmäßige Suche mit der Aussicht, zu neuen wissenschaftlichen oder technischen Erkenntnissen zu gelangen.

Der Restwert eines immateriellen Vermögenswertes ist der geschätzte Betrag, den ein Unternehmen gegenwärtig bei Abgang des Vermögenswertes nach Abzug der geschätzten Veräußerungskosten erhalten würde, wenn der Vermögenswert alters- und zustandsgemäß schon am Ende seiner Nutzungsdauer angelangt wäre.

Die Nutzungsdauer ist:
(a) der Zeitraum, über den ein Vermögenswert voraussichtlich von einem Unternehmen nutzbar ist; oder
(b) die voraussichtlich durch den Vermögenswert im Unternehmen zu erzielende Anzahl an Produktionseinheiten oder ähnlichen Maßgrößen.

Immaterielle Vermögenswerte

9 Unternehmen verwenden häufig Ressourcen oder gehen Schulden ein im Hinblick auf die Anschaffung, Entwicklung, Erhaltung oder Wertsteigerung immaterieller Ressourcen, wie beispielsweise wissenschaftliche oder technische Erkenntnisse, Entwurf und Implementierung neuer Prozesse oder Systeme, Lizenzen, geistiges Eigentum, Marktkenntnisse und Warenzeichen (einschließlich Markennamen und Verlagsrechte). Gängige Beispiele für Rechte und Werte, die unter diese Oberbegriffe fallen, sind Computersoftware, Patente, Urheberrechte, Filmmaterial, Kundenlisten, Hypothekenbedienungsrechte, Fischereilizenzen, Importquoten, Franchiseverträge, Kunden- oder Lieferantenbeziehungen, Kundenloyalität, Marktanteile und Absatzrechte.

10 Nicht alle der in Paragraph 9 beschriebenen Sachverhalte erfüllen die Definitionskriterien eines immateriellen Vermögenswertes, d. h. Identifizierbarkeit, Beherrschung einer Ressource und Bestehen eines künftigen wirtschaftlichen Nutzens. Wenn ein im Anwendungsbereich dieses Standards fallender Posten der Definition eines immateriellen Vermögenswertes nicht entspricht, werden die Kosten für seinen Erwerb oder seine interne Erstellung in der Periode als Aufwand erfasst, in der sie anfallen. Wird der Posten jedoch bei einem Unternehmenszusammenschluss erworben, ist er Teil des zum Erwerbszeitpunkt angesetzten Geschäfts- oder Firmenwertes (siehe Paragraph 68).

Identifizierbarkeit

11 Die Definition eines immateriellen Vermögenswertes verlangt, dass ein immaterieller Vermögenswert identifizierbar ist, um ihn vom Geschäfts- oder Firmenwert unterscheiden zu können. Der bei einem Unternehmenszusammenschluss erworbene Geschäfts- oder Firmenwert stellt eine Zahlung dar, die der Erwerber in der Erwartung künftigen wirtschaftlichen Nutzens aus Vermögenswerten, die nicht einzeln identifiziert oder getrennt angesetzt werden können, geleistet hat. Der künftige wirtschaftliche Nutzen kann das Ergebnis von Synergien zwischen den erworbenen identifizierbaren Vermögenswerten sein. Er kann aber auch aus Vermögenswerten resultieren, die nicht im Abschluss angesetzt werden können, für die der Erwerber jedoch bereit ist, im Rahmen des Unternehmenszusammenschlusses eine Zahlung zu leisten.

12 Ein Vermögenswert erfüllt die Definitionskriterien in Bezug auf die Identifizierbarkeit eines immateriellen Vermögenswertes, wenn:
(a) er separierbar ist, d. h. er kann vom Unternehmen getrennt und somit verkauft, übertragen, lizenziert, vermietet oder getauscht werden. Dies kann einzeln oder in Verbindung mit einem Vertrag, einem Vermögenswert oder einer Schuld erfolgen; oder

Entity-specific value is the present value of the cash flows an entity expects to arise from the continuing use of an asset and from its disposal at the end of its useful life or expects to incur when settling a liability.

Fair value of an asset is the amount for which that asset could be exchanged between knowledgeable, willing parties in an arm's length transaction.

An impairment loss is the amount by which the carrying amount of an asset exceeds its recoverable amount.

An intangible asset is an identifiable non-monetary asset without physical substance.

Monetary assets are money held and assets to be received in fixed or determinable amounts of money.

Research is original and planned investigation undertaken with the prospect of gaining new scientific or technical knowledge and understanding.

The residual value of an intangible asset is the estimated amount that an entity would currently obtain from disposal of the asset, after deducting the estimated costs of disposal, if the asset were already of the age and in the condition expected at the end of its useful life.

Useful life is:
(a) the period over which an asset is expected to be available for use by an entity;
or
(b) the number of production or similar units expected to be obtained from the asset by an entity.

Intangible Assets

Entities frequently expend resources, or incur liabilities, on the acquisition, development, maintenance or enhancement of intangible resources such as scientific or technical knowledge, design and implementation of new processes or systems, licences, intellectual property, market knowledge and trademarks (including brand names and publishing titles). Common examples of items encompassed by these broad headings are computer software, patents, copyrights, motion picture films, customer lists, mortgage servicing rights, fishing licences, import quotas, franchises, customer or supplier relationships, customer loyalty, market share and marketing rights. 9

Not all the items described in paragraph 9 meet the definition of an intangible asset, ie identifiability, control over a resource and existence of future economic benefits. If an item within the scope of this Standard does not meet the definition of an intangible asset, expenditure to acquire it or generate it internally is recognised as an expense when it is incurred. However, if the item is acquired in a business combination, it forms part of the goodwill recognised at the acquisition date (see paragraph 68). 10

Identifiability

The definition of an intangible asset requires an intangible asset to be identifiable to distinguish it from goodwill. Goodwill acquired in a business combination represents a payment made by the acquirer in anticipation of future economic benefits from assets that are not capable of being individually identified and separately recognised. The future economic benefits may result from synergy between the identifiable assets acquired or from assets that, individually, do not qualify for recognition in the financial statements but for which the acquirer is prepared to make a payment in the business combination. 11

An asset meets the identifiability criterion in the definition of an intangible asset when it: 12
(a) is separable, ie is capable of being separated or divided from the entity and sold, transferred, licensed, rented or exchanged, either individually or together with a related contract, asset or liability;
or

(b) er aus vertraglichen oder anderen gesetzlichen Rechten entsteht, unabhängig davon, ob diese Rechte vom Unternehmen oder von anderen Rechten und Verpflichtungen übertragbar oder separierbar sind.

Beherrschung

13 Ein Unternehmen beherrscht einen Vermögenswert, wenn das Unternehmen die Macht hat, sich den künftigen wirtschaftlichen Nutzen, der aus der zu Grunde liegenden Ressource zufließt, zu verschaffen, und es den Zugriff Dritter auf diesen Nutzen beschränken kann. Die Fähigkeit eines Unternehmens, den künftigen wirtschaftlichen Nutzen aus einem immateriellen Vermögenswert zu beherrschen, basiert normalerweise auf juristisch durchsetzbaren Ansprüchen. Sind derartige Rechtsansprüche nicht vorhanden, gestaltet sich der Nachweis der Beherrschung schwieriger. Allerdings ist die juristische Durchsetzbarkeit eines Rechtes keine notwendige Voraussetzung für Beherrschung, da ein Unternehmen in der Lage sein kann, den künftigen wirtschaftlichen Nutzen auf andere Weise zu beherrschen.

14 Marktkenntnisse und technische Erkenntnisse können zu künftigem wirtschaftlichen Nutzen führen. Ein Unternehmen beherrscht diesen Nutzen, wenn das Wissen geschützt wird, beispielsweise durch Rechtsansprüche wie Urheberrechte, einen eingeschränkten Handelsvertrag (wo zulässig) oder durch eine den Arbeitnehmern auferlegte gesetzliche Vertraulichkeitspflicht.

15 Ein Unternehmen kann über ein Team von Fachkräften verfügen und in der Lage sein, zusätzliche Mitarbeiterfähigkeiten zu identifizieren, die auf Grund von Schulungsmaßnahmen zu einem künftigen wirtschaftlichen Nutzen führen. Das Unternehmen kann auch erwarten, dass die Arbeitnehmer ihre Fähigkeiten dem Unternehmen weiterhin zur Verfügung stellen werden. Für gewöhnlich hat ein Unternehmen jedoch keine hinreichende Beherrschung des voraussichtlichen künftigen wirtschaftlichen Nutzens, der ihm durch ein Team von Fachkräften und die Weiterbildung erwächst, damit diese Werte die Definition eines immateriellen Vermögenswertes erfüllen. Aus einem ähnlichen Grund ist es unwahrscheinlich, dass eine bestimmte Management- oder fachliche Begabung die Definition eines immateriellen Vermögenswertes erfüllt, es sei denn, dass deren Nutzung und der Erhalt des von ihr zu erwartenden künftigen wirtschaftlichen Nutzens durch Rechtsansprüche geschützt sind und sie zudem die übrigen Definitionskriterien erfüllt.

16 Ein Unternehmen kann über einen Kundenstamm oder Marktanteil verfügen und erwarten, dass die Kunden dem Unternehmen auf Grund seiner Bemühungen, Kundenbeziehungen und Kundenloyalität aufzubauen, treu bleiben werden. Fehlen jedoch die rechtlichen Ansprüche zum Schutz oder sonstige Mittel und Wege zur Kontrolle der Kundenbeziehungen oder der Loyalität der Kunden gegenüber dem Unternehmen, so hat das Unternehmen für gewöhnlich eine unzureichende Beherrschung des voraussichtlichen wirtschaftlichen Nutzens aus Kundenbeziehungen und Kundenloyalität, damit solche Werte (z. B. Kundenstamm, Marktanteile, Kundenbeziehungen, Kundenloyalität) die Definition als immaterielle Vermögenswerte erfüllen. Sind derartige Rechtsansprüche zum Schutz der Kundenbeziehungen nicht vorhanden, erbringen Tauschtransaktionen für dieselben oder ähnliche nicht vertragsgebundene Kundenbeziehungen (wenn es sich nicht um einen Teil eines Unternehmenszusammenschlusse handelt) den Nachweis, dass ein Unternehmen dennoch fähig ist, den voraussichtlichen künftigen wirtschaftliche Nutzen aus den Kundenbeziehungen zu beherrschen. Da solche Tauschtransaktionen auch den Nachweis erbringen, dass Kundenbeziehungen separierbar sind, erfüllen diese Kundenbeziehungen die Definition eines immateriellen Vermögenswertes.

Künftiger wirtschaftlicher Nutzen

17 Der künftige wirtschaftliche Nutzen aus einem immateriellen Vermögenswert kann Erlöse aus dem Verkauf von Produkten oder der Erbringung von Dienstleistungen, Kosteneinsparungen oder andere Vorteile, die sich für das Unternehmen aus der Eigenverwendung des Vermögenswertes ergeben, beinhalten. So ist es beispielsweise wahrscheinlich, dass die Nutzung geistigen Eigentums in einem Herstellungsprozess eher die künftigen Herstellungskosten reduziert, als dass es zu künftigen Erlössteigerungen führt.

ANSATZ UND BEWERTUNG

18 Der Ansatz eines Postens als immateriellen Vermögenswert verlangt von einem Unternehmen den Nachweis, dass dieser Posten:
(a) der Definition eines immateriellen Vermögenswertes entspricht (siehe Paragraphen 8–17); und
(b) die Ansatzkriterien erfüllt (siehe Paragraphen 21–23).

(b) arises from contractual or other legal rights, regardless of whether those rights are transferable or separable from the entity or from other rights and obligations.

Control

An entity controls an asset if the entity has the power to obtain the future economic benefits flowing from the underlying resource and to restrict the access of others to those benefits. The capacity of an entity to control the future economic benefits from an intangible asset would normally stem from legal rights that are enforceable in a court of law. In the absence of legal rights, it is more difficult to demonstrate control. However, legal enforceability of a right is not a necessary condition for control because an entity may be able to control the future economic benefits in some other way. 13

Market and technical knowledge may give rise to future economic benefits. An entity controls those benefits if, for example, the knowledge is protected by legal rights such as copyrights, a restraint of trade agreement (where permitted) or by a legal duty on employees to maintain confidentiality. 14

An entity may have a team of skilled staff and may be able to identify incremental staff skills leading to future economic benefits from training. The entity may also expect that the staff will continue to make their skills available to the entity. However, an entity usually has insufficient control over the expected future economic benefits arising from a team of skilled staff and from training for these items to meet the definition of an intangible asset. For a similar reason, specific management or technical talent is unlikely to meet the definition of an intangible asset, unless it is protected by legal rights to use it and to obtain the future economic benefits expected from it, and it also meets the other parts of the definition. 15

An entity may have a portfolio of customers or a market share and expect that, because of its efforts in building customer relationships and loyalty, the customers will continue to trade with the entity. However, in the absence of legal rights to protect, or other ways to control, the relationships with customers or the loyalty of the customers to the entity, the entity usually has insufficient control over the expected economic benefits from customer relationships and loyalty for such items (eg portfolio of customers, market shares, customer relationships and customer loyalty) to meet the definition of intangible assets. In the absence of legal rights to protect customer relationships, exchange transactions for the same or similar non-contractual customer relationships (other than as part of a business combination) provide evidence that the entity is nonetheless able to control the expected future economic benefits flowing from the customer relationships. Because such exchange transactions also provide evidence that the customer relationships are separable, those customer relationships meet the definition of an intangible asset. 16

Future Economic Benefits

The future economic benefits flowing from an intangible asset may include revenue from the sale of products or services, cost savings, or other benefits resulting from the use of the asset by the entity. For example, the use of intellectual property in a production process may reduce future production costs rather than increase future revenues. 17

RECOGNITION AND MEASUREMENT

The recognition of an item as an intangible asset requires an entity to demonstrate that the item meets: 18
(a) the definition of an intangible asset (see paragraphs 8—17); and
(b) the recognition criteria (see paragraphs 21—23).

Diese Anforderung besteht für Anschaffungs- oder Herstellungskosten, die erstmalig beim Erwerb oder der internen Erzeugung von immateriellen Vermögenswerten entstehen, und für später anfallende Kosten, um dem Vermögenswert etwas hinzuzufügen, ihn zu ersetzen oder zu warten.

19 Die Paragraphen 25–32 befassen sich mit der Anwendung der Kriterien für den Ansatz von einzeln erworbenen immateriellen Vermögenswerten, und die Paragraphen 33–43 befassen sich mit deren Anwendung auf immaterielle Vermögenswerte, die bei einem Unternehmenszusammenschluss erworben wurden. Paragraph 44 befasst sich mit der erstmaligen Bewertung von immateriellen Vermögenswerten, die durch eine Zuwendung der öffentlichen Hand erworben wurden, die Paragraphen 45–47 mit dem Tausch von immateriellen Vermögenswerten und die Paragraphen 48–50 mit der Behandlung von selbst geschaffenem Geschäfts- oder Firmenwert. Die Paragraphen 51–67 befassen sich mit dem erstmaligen Ansatz und der erstmaligen Bewertung von selbst geschaffenen immateriellen Vermögenswerten.

20 Immaterielle Vermögenswerte sind von solcher Natur, dass es in vielen Fällen keine Erweiterungen eines solchen Vermögenswertes bzw. keinen Ersatz von Teilen eines solchen gibt. Demzufolge werden die meisten nachträglichen Ausgaben wahrscheinlich eher den erwarteten künftigen wirtschaftlichen Nutzen eines bestehenden immateriellen Vermögenswertes erhalten, als die Definition eines immateriellen Vermögenswertes und dessen Ansatzkriterien dieses Standards erfüllen. Zudem ist es oftmals schwierig, nachträgliche Ausgaben einem bestimmten immateriellen Vermögenswert direkt zuzuordnen und nicht dem Unternehmen als Ganzes. Aus diesem Grund werden nachträgliche Ausgaben – Ausgaben, die nach erstmaligem Ansatz eines erworbenen immateriellen Vermögenswertes oder nach der Fertigstellung eines selbst geschaffenen immateriellen Vermögenswertes anfallen – nur selten im Buchwert eines Vermögenswertes erfasst. In Übereinstimmung mit Paragraph 63 werden nachträgliche Ausgaben für Markennamen, Drucktitel, Verlagsrechte, Kundenlisten und ihrem Wesen nach ähnliche Sachverhalte (ob extern erworben oder selbst geschaffen) immer erfolgswirksam erfasst, wenn sie anfallen. Dies beruht darauf, dass solche Ausgaben nicht von den Ausgaben für die Entwicklung des Unternehmens als Ganzes unterschieden werden können.

21 Ein immaterieller Vermögenswert ist dann anzusetzen, aber nur dann, wenn:
(a) es wahrscheinlich ist, dass dem Unternehmen der erwartete künftige wirtschaftliche Nutzen aus dem Vermögenswert zufließen wird; und
(b) die Anschaffungs- oder Herstellungskosten des Vermögenswertes verlässlich bewertet werden können.

22 Ein Unternehmen hat die Wahrscheinlichkeit eines erwarteten künftigen wirtschaftlichen Nutzens anhand von vernünftigen und begründeten Annahmen zu beurteilen. Diese Annahmen beruhen auf der bestmöglichen Einschätzung seitens des Managements in Bezug auf die wirtschaftlichen Rahmenbedingungen, die über die Nutzungsdauer des Vermögenswertes bestehen werden.

23 Ein Unternehmen schätzt nach eigenem Ermessen auf Grund der zum Zeitpunkt des erstmaligen Ansatzes zur Verfügung stehenden substanziellen Hinweise den Grad der Sicherheit ein, der dem Zufluss an künftigem wirtschaftlichen Nutzen aus der Nutzung des Vermögenswertes zuzuschreiben ist, wobei externen substanziellen Hinweisen größeres Gewicht beizumessen ist.

24 Ein immaterieller Vermögenswert ist bei Zugang mit seinen Anschaffungs- oder Herstellungskosten zu bewerten.

Gesonderte Anschaffung

25 Der Preis, den ein Unternehmen für den gesonderten Erwerb eines immateriellen Vermögenswertes zahlt, spiegelt normalerweise die Erwartungen über die Wahrscheinlichkeit wider, dass der voraussichtliche künftige Nutzen aus dem Vermögenswert dem Unternehmen zufließen wird. Mit anderen Worten: die Auswirkungen der Wahrscheinlichkeit spiegeln sich in den Anschaffungskosten des Vermögenswertes wider. Das Ansatzkriterium aus Paragraph 21 (a) über die Wahrscheinlichkeit wird daher für gesondert erworbene immaterielle Vermögenswerte stets als erfüllt angesehen.

26 Zudem können die Anschaffungskosten des gesondert erworbenen immateriellen Vermögenswertes für gewöhnlich verlässlich bewertet werden. Dies gilt insbesondere dann, wenn der Kaufpreis in Form von Zahlungsmitteln oder sonstigen monetären Vermögenswerten beglichen wird.

This requirement applies to costs incurred initially to acquire or internally generate an intangible asset and those incurred subsequently to add to, replace part of, or service it.

19 Paragraphs 25—32 deal with the application of the recognition criteria to separately acquired intangible assets, and paragraphs 33—43 deal with their application to intangible assets acquired in a business combination. Paragraph 44 deals with the initial measurement of intangible assets acquired by way of a government grant, paragraphs 45—47 with exchanges of intangible assets, and paragraphs 48—50 with the treatment of internally generated goodwill. Paragraphs 51—67 deal with the initial recognition and measurement of internally generated intangible assets.

20 The nature of intangible assets is such that, in many cases, there are no additions to such an asset or replacements of part of it. Accordingly, most subsequent expenditures are likely to maintain the expected future economic benefits embodied in an existing intangible asset rather than meet the definition of an intangible asset and the recognition criteria in this Standard. In addition, it is often difficult to attribute subsequent expenditure directly to a particular intangible asset rather than to the business as a whole. Therefore, only rarely will subsequent expenditure—expenditure incurred after the initial recognition of an acquired intangible asset or after completion of an internally generated intangible asset—be recognised in the carrying amount of an asset. Consistently with paragraph 63, subsequent expenditure on brands, mastheads, publishing titles, customer lists and items similar in substance (whether externally acquired or internally generated) is always recognised in profit or loss as incurred. This is because such expenditure cannot be distinguished from expenditure to develop the business as a whole.

21 **An intangible asset shall be recognised if, and only if:**
(a) it is probable that the expected future economic benefits that are attributable to the asset will flow to the entity; and
(b) the cost of the asset can be measured reliably.

22 **An entity shall assess the probability of expected future economic benefits using reasonable and supportable assumptions that represent management's best estimate of the set of economic conditions that will exist over the useful life of the asset.**

23 An entity uses judgement to assess the degree of certainty attached to the flow of future economic benefits that are attributable to the use of the asset on the basis of the evidence available at the time of initial recognition, giving greater weight to external evidence.

24 **An intangible asset shall be measured initially at cost.**

Separate Acquisition

25 Normally, the price an entity pays to acquire separately an intangible asset reflects expectations about the probability that the expected future economic benefits embodied in the asset will flow to the entity. In other words, the effect of probability is reflected in the cost of the asset. Therefore, the probability recognition criterion in paragraph 21(a) is always considered to be satisfied for separately acquired intangible assets.

26 In addition, the cost of a separately acquired intangible asset can usually be measured reliably. This is particularly so when the purchase consideration is in the form of cash or other monetary assets.

27 Die Anschaffungskosten eines gesondert erworbenen immateriellen Vermögenswertes umfassen:
(a) den Kaufpreis einschließlich Einfuhrzölle und nicht erstattungsfhiger Umsatzsteuern nach Abzug von Rabatten, Boni und Skonti; und
(b) direkt zurechenbare Kosten für die Vorbereitung des Vermögenswertes auf seine beabsichtigte Nutzung.

28 Beispiele für direkt zurechenbare Kosten sind:
(a) Aufwendungen für Leistungen an Arbeitnehmer (wie in IAS 19 *Leistungen an Arbeitnehmer* definiert), die direkt anfallen, wenn der Vermögenswert in seinen betriebsbereiten Zustand versetzt wird;
(b) Honorare, die direkt anfallen, wenn der Vermögenswert in seinen betriebsbereiten Zustand versetzt wird; und
(c) Kosten für Testläufe, ob der Vermögenswert ordentlich funktioniert.

29 Beispiele für Ausgaben, die nicht Teil der Anschaffungs- oder Herstellungskosten eines immateriellen Vermögenswertes sind:
(a) Kosten für die Einführung eines neuen Produktes oder einer neuen Dienstleistung (einschließlich Kosten für Werbung und verkaufsfördernde Maßnahmen);
(b) Kosten für die Geschäftsführung in einem neuen Standort oder mit einer neuen Kundengruppe (einschließlich Schulungskosten); und
(c) Verwaltungs- und andere Gemeinkosten.

30 Die Erfassung von Kosten im Buchwert eines immateriellen Vermögenswertes endet, wenn der Vermögenswert sich in dem betriebsbereiten wie vom Management gewünschten Zustand befindet. Kosten, die bei der Benutzung oder Verlagerung eines immateriellen Vermögenswertes anfallen, sind somit nicht in den Buchwert dieses Vermögenswertes eingeschlossen. Die nachstehenden Kosten sind beispielsweise nicht im Buchwert eines immateriellen Vermögenswertes erfasst:
(a) Kosten, die anfallen, wenn ein Vermögenswert, der auf die vom Management beabsichtigten Weise betriebsbereit ist, noch in Betrieb gesetzt werden muss; und
(b) erstmalige Betriebsverluste, wie diejenigen, die während der Nachfrage nach Produktionserhöhung des Vermögenswertes auftreten.

31 Einige Geschäftätigkeiten treten bei der Entwicklung eines immateriellen Vermögenswertes auf, sind jedoch nicht notwendig, um den Vermögenswert in den vom Management beabsichtigten betriebsbereiten Zustand zu bringen. Diese verbundenen Geschäftstätigkeiten können vor oder bei den Entwicklungstätigkeiten auftreten. Da verbundene Geschäftstätigkeiten nicht notwendig sind, um einen Vermögenswert in den vom Management beabsichtigten betriebsbereiten Zustand zu bringen, werden die Einnahmen und dazugehörigen Ausgaben der verbundenen Geschäftstätigkeiten unmittelbar erfolgswirksam erfasst und unter den entsprechenden Posten von Erträgen und Aufwendungen ausgewiesen.

32 Wird die Zahlung für einen immateriellen Vermögenswert über das normale Zahlungsziel hinaus aufgeschoben, entsprechen seine Anschaffungskosten dem Gegenwert des Barpreises. Die Differenz zwischen diesem Betrag und der zu leistenden Gesamtzahlung wird über den Zeitraum des Zahlungszieles als Zinsaufwand erfasst, es sei denn, dass sie entsprechend der zulässigen Aktivierungsmethode gemäß IAS 23 *Fremdkapitalkosten* angesetzt wird.

Erwerb im Rahmen eines Unternehmenszusammenschlusses

33 Wenn ein immaterieller Vermögenswert gemäß IFRS 3 *Unternehmenszusammenschlüsse* bei einem Unternehmenszusammenschluss erworben wird, entsprechen die Anschaffungskosten dieses immateriellen Vermögenswertes seinem beizulegenden Zeitwert zum Erwerbszeitpunkt. Der beizulegende Zeitwert eines immateriellen Vermögenswertes spiegelt die Markterwartungen über die Wahrscheinlichkeit wider, dass der künftige wirtschaftliche Nutzen aus dem Vermögenswert dem Unternehmen zufließen wird. Mit anderen Worten: die Auswirkungen der Wahrscheinlichkeit spiegeln sich in der Bewertung des beizulegenden Zeitwertes des Vermögenswertes wider. Das Ansatzkriterium aus Paragraph 21 (a) über die Wahrscheinlichkeit wird für immaterielle Vermögenswerte, die bei Unternehmenszusammenschlüssen erworben wurden, stets als erfüllt angesehen.

34 Gemäß diesem Standard und IFRS 3 setzt daher ein Erwerber den immateriellen Vermögenswert des erworbenen Unternehmens zum Erwerbszeitpunkt separat vom Geschäfts- oder Firmenwert an, wenn der beizulegende

The cost of a separately acquired intangible asset comprises: 27
(a) its purchase price, including import duties and non-refundable purchase taxes, after deducting trade discounts and rebates; and
(b) any directly attributable cost of preparing the asset for its intended use.

Examples of directly attributable costs are: 28
(a) costs of employee benefits (as defined in IAS 19 *Employee Benefits*) arising directly from bringing the asset to its working condition;
(b) professional fees arising directly from bringing the asset to its working condition; and
(c) costs of testing whether the asset is functioning properly.

Examples of expenditures that are not part of the cost of an intangible asset are: 29
(a) costs of introducing a new product or service (including costs of advertising and promotional activities);
(b) costs of conducting business in a new location or with a new class of customer (including costs of staff training); and
(c) administration and other general overhead costs.

Recognition of costs in the carrying amount of an intangible asset ceases when the asset is in the condition necessary for it to be capable of operating in the manner intended by management. Therefore, costs incurred in using or redeploying an intangible asset are not included in the carrying amount of that asset. For example, the following costs are not included in the carrying amount of an intangible asset: 30
(a) costs incurred while an asset capable of operating in the manner intended by management has yet to be brought into use; and
(b) initial operating losses, such as those incurred while demand for the asset's output builds up.

Some operations occur in connection with the development of an intangible asset, but are not necessary to bring the asset to the condition necessary for it to be capable of operating in the manner intended by management. These incidental operations may occur before or during the development activities. Because incidental operations are not necessary to bring an asset to the condition necessary for it to be capable of operating in the manner intended by management, the income and related expenses of incidental operations are recognised immediately in profit or loss, and included in their respective classifications of income and expense. 31

If payment for an intangible asset is deferred beyond normal credit terms, its cost is the cash price equivalent. The difference between this amount and the total payments is recognised as interest expense over the period of credit unless it is capitalised in accordance with the capitalisation treatment permitted in IAS 23 *Borrowing Costs*. 32

Acquisition as Part of a Business Combination

In accordance with IFRS 3 *Business Combinations*, if an intangible asset is acquired in a business combination, the cost of that intangible asset is its fair value at the acquisition date. The fair value of an intangible asset reflects market expectations about the probability that the future economic benefits embodied in the asset will flow to the entity. In other words, the effect of probability is reflected in the fair value measurement of the intangible asset. Therefore, the probability recognition criterion in paragraph 21(a) is always considered to be satisfied for intangible assets acquired in business combinations. 33

Therefore, in accordance with this Standard and IFRS 3, an acquirer recognises at the acquisition date separately from goodwill an intangible asset of the acquiree if the asset's fair value can be measured reliably, irrespective of 34

Zeitwert des Vermögenswertes verlässlich bewertet werden kann, unabhängig davon, ob der Vermögenswert vor dem Unternehmenszusammenschluss vom erworbenen Unternehmen angesetzt wurde. Das bedeutet, dass das erwerbende Unternehmen ein aktives Forschungs- und Entwicklungsprojekt des erworbenen Unternehmens als einen vom Geschäfts- oder Firmenwert getrennten Vermögenswert ansetzt, wenn das Projekt die Definition eines immateriellen Vermögenswertes erfüllt und sein beizulegender Zeitwert verlässlich bewertet werden kann. Ein laufendes Forschungs- und Entwicklungsprojekt eines erworbenen Unternehmens erfllt die Definitionen eines immateriellen Vermögenswertes, wenn es:
(a) die Definitionen eines Vermögenswertes erfüllt; und
(b) identifizierbar ist, d. h. wenn es separierbar ist oder aus vertraglichen oder gesetzlichen Rechten entsteht.

Bewertung des beizulegenden Zeitwertes eines bei einem Unternehmenszusammenschluss erworbenen immateriellen Vermögenswertes

35 Der beizulegende Zeitwert immaterieller Vermögenswerte, die bei einem Unternehmenszusammenschluss erworben wurden, kann normalerweise verlässlich genug bewertet werden, um gesondert vom Geschäfts- oder Firmenwert angesetzt zu werden. Wenn es für die Schätzungen, die zur Bewertung des beizulegenden Zeitwertes eines immateriellen Vermögenswertes benutzt werden, eine Reihe möglicher Ergebnisse mit verschiedenen Wahrscheinlichkeiten gibt, geht diese Unsicherheit eher in die Bewertung des beizulegenden Zeitwertes des Vermögenswertes ein, als dass aus diesem Grund der beizulegende Zeitwert nicht verlässlich bestimmt werden kann. Wenn ein bei einem Unternehmenszusammenschluss erworbener immaterieller Vermögenswert eine begrenzte Nutzungsdauer hat, besteht eine widerlegbare Vermutung, dass sein beizulegender Zeitwert verlässlich bewertet werden kann.

36 Ein bei einem Unternehmenszusammenschluss erworbener immaterieller Vermögenswert könnte separierbar sein, jedoch nur in Verbindung mit einem materiellen oder immateriellen Vermögenswert. Die Verlagsrechte einer Zeitschrift könnten beispielsweise nicht getrennt von einer dazugehörigen Abonnenten-Datenbank verkauft werden, oder ein Warenzeichen für natürliches Quellwasser bezöge sich auf eine bestimmte Quelle und könnte somit nicht separat von der Quelle verkauft werden. In solchen Fällen setzt das erwerbende Unternehmen die Gruppe von Vermögenswerten als einen einzelnen Vermögenswert separat vom Geschäfts- oder Firmenwert an, wenn die einzelnen beizulegenden Zeitwerte der Vermögenswerte innerhalb der Gruppe nicht verlässlich bewertbar sind.

37 Entsprechend werden die Begriffe „Marke" und „Markenname" häufig als Synonyme für Warenzeichen und andere Zeichen benutzt. Die vorhergehenden Begriffe sind jedoch allgemeine Marketing-Begriffe, die üblicherweise in Bezug auf eine Gruppe von ergänzenden Vermögenswerten, wie ein Warenzeichen (oder eine Dienstleistungsmarke) und den damit verbundenen Firmennamen, Geheimverfahren, Rezepten und technologischen Gutachten benutzt werden. Der Erwerber setzt eine Gruppe von ergänzenden immateriellen Vermögenswerten, die eine Marke einschließen, als einen einzelnen Vermögenswert an, wenn die einzelnen beizulegenden Zeitwerte des ergänzenden Vermögenswertes nicht verlässlich bewertbar sind. Wenn die einzelnen beizulegenden Zeitwerte des ergänzenden Vermögenswertes verlässlich bewertbar sind, kann ein erwerbendes Unternehmen sie als einen einzelnen Vermögenswert ansetzen, vorausgesetzt, dass die einzelnen Vermögenswerte ähnliche Nutzungsdauern haben.

38 Die einzigen Umstände, in denen ein beizulegender Zeitwert eines bei einem Unternehmenszusammenschluss erworbenen immateriellen Vermögenswertes nicht verlässlich bewertet werden könnte, sind diejenigen wenn ein immaterieller Vermögenswert aus gesetzlichen oder anderen vertraglichen Rechten entsteht und entweder:
(a) nicht separierbar ist; oder
(b) separierbar ist, es jedoch keine Historie über oder Hinweise auf Tauschvorgänge für dieselben oder ähnliche Vermögenswerte gibt, und die Schätzung des beizulegenden Zeitwertes im Übrigen von unbestimmbaren Variablen abhängig sein würde.

39 Die auf einem aktiven Markt verwendeten Marktpreise bieten die verlässlichste Schätzungsgrundlage für den beizulegenden Zeitwert eines immateriellen Vermögenswertes (siehe auch Paragraph 78). Der aktuelle Angebotspreis wird für gewöhnlich als geeigneter Marktpreis erachtet. Stehen keine aktuellen Angebotspreise zur Verfügung, kann der Preis des letzten vergleichbaren Geschäftsvorfalles als Grundlage für die Schätzung des beizulegenden Zeitwertes dienen, vorausgesetzt, dass sich die wirtschaftlichen Rahmenbedingungen zwischen dem Zeitpunkt des Geschäftsvorfalles und dem Zeitpunkt der Schätzung des beizulegenden Zeitwertes des Vermögenswertes nicht wesentlich geändert haben.

whether the asset had been recognised by the acquiree before the business combination. This means that the acquirer recognises as an asset separately from goodwill an in-process research and development project of the acquiree if the project meets the definition of an intangible asset and its fair value can be measured reliably. An acquiree's in-process research and development project meets the definition of an intangible asset when it:
(a) meets the definition of an asset; and
(b) is identifiable, ie is separable or arises from contractual or other legal rights.

Measuring the Fair Value of an Intangible Asset Acquired in a Business Combination

35 The fair value of intangible assets acquired in business combinations can normally be measured with sufficient reliability to be recognised separately from goodwill. When, for the estimates used to measure an intangible asset's fair value, there is a range of possible outcomes with different probabilities, that uncertainty enters into the measurement of the asset's fair value, rather than demonstrates an inability to measure fair value reliably. If an intangible asset acquired in a business combination has a finite useful life, there is a rebuttable presumption that its fair value can be measured reliably.

36 An intangible asset acquired in a business combination might be separable, but only together with a related tangible or intangible asset. For example, a magazine's publishing title might not be able to be sold separately from a related subscriber database, or a trademark for natural spring water might relate to a particular spring and could not be sold separately from the spring. In such cases, the acquirer recognises the group of assets as a single asset separately from goodwill if the individual fair values of the assets in the group are not reliably measurable.

37 Similarly, the terms 'brand' and 'brand name' are often used as synonyms for trademarks and other marks. However, the former are general marketing terms that are typically used to refer to a group of complementary assets such as a trademark (or service mark) and its related trade name, formulas, recipes and technological expertise. The acquirer recognises as a single asset a group of complementary intangible assets comprising a brand if the individual fair values of the complementary assets are not reliably measurable. If the individual fair values of the complementary assets are reliably measurable, an acquirer may recognise them as a single asset provided the individual assets have similar useful lives.

38 The only circumstances in which it might not be possible to measure reliably the fair value of an intangible asset acquired in a business combination are when the intangible asset arises from legal or other contractual rights and either:
(a) is not separable; or
(b) is separable, but there is no history or evidence of exchange transactions for the same or similar assets, and otherwise estimating fair value would be dependent on immeasurable variables.

39 Quoted market prices in an active market provide the most reliable estimate of the fair value of an intangible asset (see also paragraph 78). The appropriate market price is usually the current bid price. If current bid prices are unavailable, the price of the most recent similar transaction may provide a basis from which to estimate fair value, provided that there has not been a significant change in economic circumstances between the transaction date and the date at which the asset's fair value is estimated.

IAS 38

40 Existiert kein aktiver Markt für einen immateriellen Vermögenswert, ist sein beizulegender Zeitwert der Betrag, den das Unternehmen in einem Geschäftsvorfall zwischen sachverständigen, vertragswilligen und unabhängigen Geschäftspartnern zum Erwerbszeitpunkt, auf der Basis der besten zur Verfügung stehenden Informationen für den Vermögenswert gezahlt hätte. Bei der Bestimmung dieses Betrages zieht ein Unternehmen das Resultat jüngster Geschäftsvorfälle in Betracht, bei denen ähnliche Vermögenswerte betroffen waren.

41 Unternehmen, die regelmäßig am Kauf oder Verkauf einzigartiger immaterieller Vermögenswerte beteiligt sind, können Verfahren zur indirekten Schätzung des beizulegenden Zeitwertes entwickelt haben. Diese Verfahren können zur erstmaligen Bewertung eines immateriellen Vermögenswertes herangezogen werden, der bei einem Unternehmenszusammenschluss erworben wurde, wenn ihre Zielsetzung die Schätzung des beizulegenden Zeitwertes ist. Auch müssen sie die aktuellen Geschäftsvorfälle und Praktiken der entsprechenden Branche eines Vermögenswertes widerspiegeln. Diese Techniken beinhalten, soweit angemessen:
(a) die Anwendung von Multiplikatoren, die aktuelle Marktvorgänge in Abhängigkeit von Rentabilitätskennzahlen des Vermögenswertes (wie Erlöse, Marktanteile und Betriebsergebnis) widerspiegeln, oder in Abhängigkeit vom Strom des Nutzungsentgelts, das aus der Lizenzvergabe des immateriellen Vermögenswertes an eine andere Partei innerhalb einer Transaktion zu marktüblichen Bedingungen erzielt werden könnte (wie bei dem einkommensorientiertem Ansatz der „Relief from Royalty-Methode"); oder
(b) die Diskontierung künftiger Netto-Cashflows aus diesem Vermögenswert.

Nachträgliche Ausgaben für ein erworbenes laufendes Forschungs- und Entwicklungsprojekt

42 **Forschungs- oder Entwicklungsausgaben, die:**
(a) sich auf ein laufendes Forschungs- oder Entwicklungsprojekt beziehen, das gesondert oder bei einem Unternehmenszusammenschluss erworben und als ein immaterieller Vermögenswert angesetzt wurde; und
(b) nach dem Erwerb dieses Projektes anfallen, sind gemäß den Paragraphen 54–62 zu bilanzieren.

43 Die Anwendung der Bestimmungen in den Paragraphen 54–62 bedeutet, dass nachträgliche Ausgaben für ein laufendes Forschungs- oder Entwicklungsprojekt, das gesondert oder bei einem Unternehmenszusammenschluss erworben und als ein immaterieller Vermögenswert angesetzt wurde,
(a) bei ihrem Anfall als Aufwand erfasst werden, wenn es sich um Forschungsausgaben handelt;
(b) bei ihrem Anfall als Aufwand erfasst werden, wenn es sich um Entwicklungsausgaben handelt, die nicht die Ansatzkriterien eines immateriellen Vermögenswertes gemäß Paragraph 57 erfüllen; und
(c) zum Buchwert des erworbenen aktiven Forschungs- oder Entwicklungsprojekt hinzugefügt werden, wenn es sich um Entwicklungsausgaben handelt, die die Ansatzkriterien gemäß Paragraph 57 erfüllen.

Erwerb durch eine Zuwendung der öffentlichen Hand

44 In manchen Fällen kann ein immaterieller Vermögenswert durch eine Zuwendung der öffentlichen Hand kostenlos oder zum Nominalwert der Gegenleistung erworben werden. Dies kann geschehen, wenn die öffentliche Hand einem Unternehmen immaterielle Vermögenswerte überträgt oder zuteilt, wie beispielsweise Flughafenlanderechte, Lizenzen zum Betreiben von Rundfunk- oder Fernsehanstalten, Importlizenzen oder -quoten oder Zugangsrechte für sonstige begrenzt zugängliche Ressourcen. Gemäß IAS 20 *Bilanzierung und Darstellung von Zuwendungen der öffentlichen Hand* kann sich ein Unternehmen dafür entscheiden, sowohl den immateriellen Vermögenswert als auch die Zuwendung zunächst mit dem beizulegenden Zeitwert anzusetzen. Entscheidet sich ein Unternehmen dafür, den Vermögenswert zunächst nicht mit dem beizulegenden Zeitwert anzusetzen, setzt das Unternehmen den Vermögenswert zunächst zu einem Nominalwert an (die andere durch IAS 20 gestattete Methode), zuzüglich aller direkt zurechenbaren Kosten für die Vorbereitung des Vermögenswertes auf seinen beabsichtigten Gebrauch.

Tausch von Vermögenswerten

45 Ein oder mehrere immateriellen Vermögenswerte können im Tausch gegen nicht monetäre Vermögenswerte oder eine Kombination von monetären und nicht monetären Vermögenswerten erworben werden. Die folgende Diskussion bezieht sich nur auf den Tausch von einem nicht monetären Vermögenswert gegen einen anderen, ist jedoch auch auf alle anderen im vorhergehenden Satz beschriebenen Tauschgeschäfte anwendbar. Die An-

If no active market exists for an intangible asset, its fair value is the amount that the entity would have paid for the asset, at the acquisition date, in an arm's length transaction between knowledgeable and willing parties, on the basis of the best information available. In determining this amount, an entity considers the outcome of recent transactions for similar assets.

Entities that are regularly involved in the purchase and sale of unique intangible assets may have developed techniques for estimating their fair values indirectly. These techniques may be used for initial measurement of an intangible asset acquired in a business combination if their objective is to estimate fair value and if they reflect current transactions and practices in the industry to which the asset belongs. These techniques include, when appropriate:
(a) applying multiples reflecting current market transactions to indicators that drive the profitability of the asset (such as revenue, market shares and operating profit) or to the royalty stream that could be obtained from licensing the intangible asset to another party in an arm's length transaction (as in the 'relief from royalty' approach);
or
(b) discounting estimated future net cash flows from the asset.

Subsequent Expenditure on an Acquired In-process Research and Development Project

Research or development expenditure that:
(a) relates to an in-process research or development project acquired separately or in a business combination and recognised as an intangible asset;
and
(b) is incurred after the acquisition of that project shall be accounted for in accordance with paragraphs 54—62.

Applying the requirements in paragraphs 54—62 means that subsequent expenditure on an in-process research or development project acquired separately or in a business combination and recognised as an intangible asset is:
(a) recognised as an expense when incurred if it is research expenditure;
(b) recognised as an expense when incurred if it is development expenditure that does not satisfy the criteria for recognition as an intangible asset in paragraph 57;
and
(c) added to the carrying amount of the acquired in-process research or development project if it is development expenditure that satisfies the recognition criteria in paragraph 57.

Acquisition by way of a Government Grant

In some cases, an intangible asset may be acquired free of charge, or for nominal consideration, by way of a government grant. This may happen when a government transfers or allocates to an entity intangible assets such as airport landing rights, licences to operate radio or television stations, import licences or quotas or rights to access other restricted resources. In accordance with IAS 20 *Accounting for Government Grants and Disclosure of Government Assistance*, an entity may choose to recognise both the intangible asset and the grant initially at fair value. If an entity chooses not to recognise the asset initially at fair value, the entity recognises the asset initially at a nominal amount (the other treatment permitted by IAS 20) plus any expenditure that is directly attributable to preparing the asset for its intended use.

Exchanges of Assets

One or more intangible assets may be acquired in exchange for a non-monetary asset or assets, or a combination of monetary and non-monetary assets. The following discussion refers simply to an exchange of one non-monetary asset for another, but it also applies to all exchanges described in the preceding sentence. The cost of such an intangible asset is measured at fair value unless (a) the exchange transaction lacks commercial substance

IAS 38

schaffungskosten eines solchen immateriellen Vermögenswertes werden zum beizulegenden Zeitwert bewertet, es sei denn, (a) dem Tauschgeschäft fehlt es an wirtschaftlicher Substanz, oder (b) weder der beizulegende Zeitwert des erhaltenen Vermögenswertes noch der des hingegebenen Vermögenswertes ist verlässlich bewertbar. Der erworbene Vermögenswert wird in dieser Art bewertet, auch wenn ein Unternehmen den hingegebenen Vermögenswert nicht sofort ausbuchen kann. Wenn der erworbene Vermögenswert nicht zum beizulegenden Zeitwert bewertet wird, werden die Anschaffungskosten zum Buchwert des hingegebenen Vermögenswertes bewertet.

46 Ein Unternehmen legt fest, ob ein Tauschgeschäft wirtschaftliche Substanz hat, indem es prüft, in welchem Umfang sich die künftigen Cashflows infolge der Transaktion voraussichtlich ändern. Ein Tauschgeschäft hat wirtschaftliche Substanz, wenn:
(a) die Spezifikationen (d. h. Risiko, Timing und Betrag) des Cashflows des erhaltenen Vermögenswertes sich von den Spezifikationen des übertragenen Vermögenswertes unterscheiden; oder
(b) der unternehmensspezifische Wert des Teils der Geschäftstätigkeiten des Unternehmens, der von der Transaktion betroffen ist, sich auf Grund des Tauschgeschäfts ändert; bzw.
(c) die Differenz in (a) oder (b) sich im Wesentlichen auf den beizulegenden Zeitwert der getauschten Vermögenswerte bezieht.
Für den Zweck der Bestimmung ob ein Tauschgeschäft wirtschaftliche Substanz hat, spiegelt der unternehmensspezifische Wert des Teils der Geschäftstätigkeiten des Unternehmens, der von der Transaktion betroffen ist, Cashflows nach Steuern wider. Das Ergebnis dieser Analysen kann eindeutig sein, ohne dass ein Unternehmen detaillierte Kalkulationen erbringen muss.

47 Paragraph 21(b) beschreibt, dass die verlässliche Bewertung der Anschaffungskosten eines Vermögenswertes eine Voraussetzung für den Ansatz eines immateriellen Vermögenswertes ist. Der beizulegende Zeitwert eines immateriellen Vermögenswertes, für den es keine vergleichbaren Markttransaktionen gibt, gilt als verlässlich ermittelbar, wenn (a) die Schwankungsbandbreite der vernünftigen Schätzungen des beizulegenden Zeitwertes für diesen Vermögenswert nicht signifikant ist oder (b) die Eintrittswahrscheinlichkeiten der verschiedenen Schätzungen innerhalb dieser Bandbreite vernünftig geschätzt und bei der Schätzung des beizulegenden Zeitwertes verwendet werden können. Wenn ein Unternehmen den beizulegenden Zeitwert des erhaltenen Vermögenswertes oder des hingegebenen Vermögenswertes verlässlich bestimmen kann, dann wird der beizulegende Zeitwert des hingegebenen Vermögenswertes benutzt, um die Anschaffungskosten zu bewerten, es sei denn, der beizulegende Zeitwert des erhaltenen Vermögenswertes ist eindeutiger zu ermitteln.

Selbst geschaffener Geschäfts- oder Firmenwert

48 **Ein selbst geschaffener Geschäfts- oder Firmenwert darf nicht aktiviert werden.**

49 In manchen Fällen fallen zuvor Aufwendungen für die Erzeugung eines künftigen wirtschaftlichen Nutzens an, diese führen jedoch nicht zur Schaffung eines immateriellen Vermögenswertes, der die Ansatzkriterien dieses Standards erfüllt. Derartige Aufwendungen werden oft als Beitrag zum selbst geschaffenen Geschäfts- oder Firmenwert beschrieben. Ein selbst geschaffener Geschäfts- oder Firmenwert wird nicht als Vermögenswert angesetzt, da es sich hierbei nicht um eine durch das Unternehmen kontrollierte identifizierbare Ressource (d. h. er ist weder separierbar noch aus vertraglichen oder gesetzlichen Rechten entstanden) handelt, deren Herstellungskosten verlässlich bewertet werden können.

50 Die irgendwann auftretenden Unterschiede zwischen dem Marktwert eines Unternehmens und dem Buchwert seiner identifizierbaren Nettovermögenswerte können eine Reihe von Faktoren einbeziehen, die sich auf den Unternehmenswert auswirken. Derartige Unterschiede stellen jedoch nicht die Herstellungskosten eines durch das Unternehmen kontrollierten immateriellen Vermögenswertes dar.

Selbst geschaffene immaterielle Vermögenswerte

51 Manchmal ist es schwierig zu beurteilen, ob ein selbst geschaffener immaterieller Vermögenswert ansetzbar ist, da es Probleme gibt bei:
(a) der Feststellung, ob und wann es einen identifizierbaren Vermögenswert gibt, der einen voraussichtlichen künftigen wirtschaftlichen Nutzen erzeugen wird; und

or (b) the fair value of neither the asset received nor the asset given up is reliably measurable. The acquired asset is measured in this way even if an entity cannot immediately derecognise the asset given up. If the acquired asset is not measured at fair value, its cost is measured at the carrying amount of the asset given up.

An entity determines whether an exchange transaction has commercial substance by considering the extent to which its future cash flows are expected to change as a result of the transaction. An exchange transaction has commercial substance if: 46
(a) the configuration (ie risk, timing and amount) of the cash flows of the asset received differs from the configuration of the cash flows of the asset transferred; or
(b) the entity-specific value of the portion of the entity's operations affected by the transaction changes as a result of the exchange; and
(c) the difference in (a) or (b) is significant relative to the fair value of the assets exchanged.
For the purpose of determining whether an exchange transaction has commercial substance, the entity-specific value of the portion of the entity's operations affected by the transaction shall reflect post-tax cash flows. The result of these analyses may be clear without an entity having to perform detailed calculations.

Paragraph 21(b) specifies that a condition for the recognition of an intangible asset is that the cost of the asset can be measured reliably. The fair value of an intangible asset for which comparable market transactions do not exist is reliably measurable if (a) the variability in the range of reasonable fair value estimates is not significant for that asset or (b) the probabilities of the various estimates within the range can be reasonably assessed and used in estimating fair value. If an entity is able to determine reliably the fair value of either the asset received or the asset given up, then the fair value of the asset given up is used to measure cost unless the fair value of the asset received is more clearly evident. 47

Internally Generated Goodwill

Internally generated goodwill shall not be recognised as an asset. 48

In some cases, expenditure is incurred to generate future economic benefits, but it does not result in the creation of an intangible asset that meets the recognition criteria in this Standard. Such expenditure is often described as contributing to internally generated goodwill. Internally generated goodwill is not recognised as an asset because it is not an identifiable resource (ie it is not separable nor does it arise from contractual or other legal rights) controlled by the entity that can be measured reliably at cost. 49

Differences between the market value of an entity and the carrying amount of its identifiable net assets at any time may capture a range of factors that affect the value of the entity. However, such differences do not represent the cost of intangible assets controlled by the entity. 50

Internally Generated Intangible Assets

It is sometimes difficult to assess whether an internally generated intangible asset qualifies for recognition because of problems in: 51
(a) identifying whether and when there is an identifiable asset that will generate expected future economic benefits; and

(b) der verlässlichen Bestimmung der Herstellungskosten des Vermögenswertes. In manchen Fällen können die Kosten für die interne Herstellung eines immateriellen Vermögenswertes nicht von den Kosten unterschieden werden, die mit der Erhaltung oder Erhöhung des selbst geschaffenen Geschäfts- oder Firmenwertes des Unternehmens oder der Durchführung des Tagesgeschäftes in Verbindung stehen.

Zusätzlich zur Beachtung der allgemeinen Bestimmungen für den Ansatz und die erstmalige Bewertung eines immateriellen Vermögenswertes wendet ein Unternehmen daher die Vorschriften und Anwendungsleitlinien der Paragraphen 52–67 auf alle selbst geschaffenen immateriellen Vermögenswerte an.

52 Um zu beurteilen, ob ein selbst geschaffener immaterieller Vermögenswert die Ansatzkriterien erfüllt, unterteilt ein Unternehmen den Erstellungsprozess des Vermögenswertes in:
(a) eine Forschungsphase; und
(b) eine Entwicklungsphase.
Obwohl die Begriffe „Forschung" und „Entwicklung" definiert sind, ist die Bedeutung der Begriffe „Forschungsphase" und „Entwicklungsphase" im Sinne dieses Standards umfassender.

53 Kann ein Unternehmen die Forschungsphase nicht von der Entwicklungsphase eines internen Projektes zur Schaffung eines immateriellen Vermögenswertes unterscheiden, behandelt das Unternehmen die mit diesem Projekt verbundenen Ausgaben so, als ob sie lediglich in der Forschungsphase angefallen wären.

Forschungsphase

54 **Ein aus der Forschung (oder der Forschungsphase eines internen Projektes) entstehender immaterieller Vermögenswert darf nicht angesetzt werden. Ausgaben für Forschung (oder in der Forschungsphase eines internen Projektes) sind in der Periode als Aufwand zu erfassen, in der sie anfallen.**

55 Ein Unternehmen kann in der Forschungsphase eines Projektes nicht nachweisen, dass ein immaterieller Vermögenswert existiert, der einen voraussichtlichen künftigen wirtschaftlichen Nutzen erzeugen wird. Daher werden diese Ausgaben in der Periode als Aufwand erfasst, in der sie anfallen.

56 Beispiele für Forschungsaktivitäten sind:
(a) Aktivitäten, die auf die Erlangung neuer Erkenntnisse ausgerichtet sind;
(b) die Suche nach sowie die Abschätzung und endgültige Auswahl von Anwendungen für Forschungsergebnisse und anderem Wissen;
(c) die Suche nach Alternativen für Materialien, Vorrichtungen, Produkte, Verfahren, Systeme oder Dienstleistungen; und
(d) die Formulierung, der Entwurf sowie die Abschätzung und endgültige Auswahl von möglichen Alternativen für neue oder verbesserte Materialien, Vorrichtungen, Produkte, Verfahren, Systeme oder Dienstleistungen.

Entwicklungsphase

57 **Ein aus der Entwicklung (oder der Entwicklungsphase eines internen Projektes) entstehender immaterieller Vermögenswert ist dann, aber nur dann, anzusetzen, wenn ein Unternehmen alle folgenden Nachweise erbringen kann:**
(a) **die technische Realisierbarkeit der Fertigstellung des immateriellen Vermögenswertes, damit er zur Nutzung oder zum Verkauf zur Verfügung stehen wird.**
(b) **seine Absicht, den immateriellen Vermögenswert fertig zu stellen sowie ihn zu nutzen oder zu verkaufen.**
(c) **seine Fähigkeit, den immateriellen Vermögenswert zu nutzen oder zu verkaufen.**
(d) **wie der immaterielle Vermögenswert einen voraussichtlichen künftigen wirtschaftlichen Nutzen erzielen wird. Nachgewiesen werden kann von dem Unternehmen u. a. die Existenz eines Marktes für die Produkte des immateriellen Vermögenswertes oder den immateriellen Vermögenswert an sich oder, falls er intern genutzt werden soll, der Nutzen des immateriellen Vermögenswertes.**
(e) **die Verfügbarkeit adäquater technischer, finanzieller und sonstiger Ressourcen, um die Entwicklung abschließen und den immateriellen Vermögenswert nutzen oder verkaufen zu können.**
(f) **seine Fähigkeit, die dem immateriellen Vermögenswert während seiner Entwicklung zurechenbaren Ausgaben verlässlich zu bewerten.**

(b) determining the cost of the asset reliably. In some cases, the cost of generating an intangible asset internally cannot be distinguished from the cost of maintaining or enhancing the entity's internally generated goodwill or of running day-to-day operations.

Therefore, in addition to complying with the general requirements for the recognition and initial measurement of an intangible asset, an entity applies the requirements and guidance in paragraphs 52—67 to all internally generated intangible assets.

To assess whether an internally generated intangible asset meets the criteria for recognition, an entity classifies the generation of the asset into: 52
(a) a research phase;
and
(b) a development phase.
Although the terms 'research' and 'development' are defined, the terms 'research phase' and 'development phase' have a broader meaning for the purpose of this Standard.

If an entity cannot distinguish the research phase from the development phase of an internal project to create an intangible asset, the entity treats the expenditure on that project as if it were incurred in the research phase only. 53

Research Phase

No intangible asset arising from research (or from the research phase of an internal project) shall be recognised. Expenditure on research (or on the research phase of an internal project) shall be recognised as an expense when it is incurred. 54

In the research phase of an internal project, an entity cannot demonstrate that an intangible asset exists that will generate probable future economic benefits. Therefore, this expenditure is recognised as an expense when it is incurred. 55

Examples of research activities are: 56
(a) activities aimed at obtaining new knowledge;
(b) the search for, evaluation and final selection of, applications of research findings or other knowledge;
(c) the search for alternatives for materials, devices, products, processes, systems or services;
and
(d) the formulation, design, evaluation and final selection of possible alternatives for new or improved materials, devices, products, processes, systems or services.

Development Phase

An intangible asset arising from development (or from the development phase of an internal project) shall be recognised if, and only if, an entity can demonstrate all of the following: 57
(a) the technical feasibility of completing the intangible asset so that it will be available for use or sale.
(b) its intention to complete the intangible asset and use or sell it.
(c) its ability to use or sell the intangible asset.
(d) how the intangible asset will generate probable future economic benefits. Among other things, the entity can demonstrate the existence of a market for the output of the intangible asset or the intangible asset itself or, if it is to be used internally, the usefulness of the intangible asset.
(e) the availability of adequate technical, financial and other resources to complete the development and to use or sell the intangible asset.
(f) its ability to measure reliably the expenditure attributable to the intangible asset during its development.

IAS 38

58 In der Entwicklungsphase eines internen Projektes kann ein Unternehmen in manchen Fällen einen immateriellen Vermögenswert identifizieren und nachweisen, dass der Vermögenswert einen voraussichtlichen künftigen wirtschaftlichen Nutzen erzeugen wird. Dies ist darauf zurückzuführen, dass die Entwicklungsphase eines Projektes weiter vorangeschritten ist als die Forschungsphase.

59 Beispiele für Entwicklungsaktivitäten sind:
(a) der Entwurf, die Konstruktion und das Testen von Prototypen und Modellen vor Aufnahme der eigentlichen Produktion oder Nutzung;
(b) der Entwurf von Werkzeugen, Spannvorrichtungen, Prägestempeln und Gussformen unter Verwendung neuer Technologien;
(c) der Entwurf, die Konstruktion und der Betrieb einer Pilotanlage, die von ihrer Größe her für eine kommerzielle Produktion wirtschaftlich ungeeignet ist; und
(d) der Entwurf, die Konstruktion und das Testen einer gewählten Alternative für neue oder verbesserte Materialien, Vorrichtungen, Produkte, Verfahren, Systeme oder Dienstleistungen.

60 Um zu zeigen, wie ein immaterieller Vermögenswert einen voraussichtlichen künftigen wirtschaftlichen Nutzen erzeugen wird, beurteilt ein Unternehmen den aus dem Vermögenswert zu erzielenden künftigen wirtschaftlichen Nutzen unter Verwendung der Grundsätze in IAS 36 *Wertminderung von Vermögenswerten*. Wird der Vermögenswert nur in Verbindung mit anderen Vermögenswerten einen wirtschaftlichen Nutzen erzeugen, wendet das Unternehmen das Konzept der zahlungsmittelgenerierenden Einheiten gemäß IAS 36 an.

61 Die Verfügbarkeit von Ressourcen zur Vollendung, Nutzung und Erlangung eines Nutzens aus einem immateriellen Vermögenswert kann beispielsweise anhand eines Unternehmensplanes nachgewiesen werden, der die benötigten technischen, finanziellen und sonstigen Ressourcen sowie die Fähigkeit des Unternehmens zur Sicherung dieser Ressourcen zeigt. In einigen Fällen weist ein Unternehmen die Verfügbarkeit von Fremdkapital mittels einer vom Kreditgeber erhaltenen Absichtserklärung, den Plan zu finanzieren, nach.

62 Die Kostenrechnungssysteme eines Unternehmens können oftmals die Kosten für die Selbstschaffung eines immateriellen Vermögenswertes verlässlich ermitteln, wie beispielsweise Gehälter und sonstige Ausgaben, die bei der Sicherung von Urheberrechten oder Lizenzen oder bei der Entwicklung von Computersoftware anfallen.

63 **Selbst geschaffene Markennamen, Drucktitel, Verlagsrechte, Kundenlisten sowie ihrem Wesen nach ähnliche Sachverhalte dürfen nicht als immaterielle Vermögenswerte angesetzt werden.**

64 Kosten für selbst geschaffene Markennamen, Drucktitel, Verlagsrechte, Kundenlisten sowie dem Wesen nach ähnliche Sachverhalte können nicht von den Kosten für die Entwicklung des Unternehmens als Ganzes unterschieden werden. Aus diesem Grund werden solche Sachverhalte nicht als immaterielle Vermögenswerte angesetzt.

Herstellungskosten eines selbst geschaffenen immateriellen Vermögenswertes

65 Die Herstellungskosten eines selbst geschaffenen immateriellen Vermögenswertes im Sinne des Paragraphen 24 entsprechen der Summe der Kosten, die ab dem Zeitpunkt anfallen, wenn der immaterielle Vermögenswert die in den Paragraphen 21, 22 und 57 beschriebenen Ansatzkriterien erstmals erfüllt. Paragraph 71 untersagt die Nachaktivierung von Kosten, die vorher als Aufwand erfasst wurden.

66 Die Herstellungskosten eines selbst geschaffenen immateriellen Vermögenswertes umfassen alle direkt zurechenbaren Kosten, die zur Schaffung, Herstellung und Vorbereitung des Vermögenswertes erforderlich sind, damit er für den vom Management beabsichtigten Gebrauch betriebsbereit ist. Beispiele für direkt zurechenbare Kosten sind:
(a) Kosten für Materialien und Dienstleistungen, die bei der Erzeugung des immateriellen Vermögenswertes genutzt oder verbraucht werden;
(b) Aufwendungen für Leistungen an Arbeitnehmer (wie in IAS 19 *Leistungen an Arbeitnehmer* definiert), die bei der Erzeugung des immateriellen Vermögenswertes anfallen;
(c) Registrierungsgebühren eines Rechtsanspruches; und
(d) Abschreibung auf Patente und Lizenzen, die zur Erzeugung des immateriellen Vermögenswertes genutzt werden.

IAS 23 *Fremdkapitalkosten* bestimmt Kriterien für die Erfassung von Zinsen als Kostenbestandteil eines selbst geschaffenen immateriellen Vermögenswertes.

In the development phase of an internal project, an entity can, in some instances, identify an intangible asset and demonstrate that the asset will generate probable future economic benefits. This is because the development phase of a project is further advanced than the research phase. 58

Examples of development activities are: 59
(a) the design, construction and testing of pre-production or pre-use prototypes and models;
(b) the design of tools, jigs, moulds and dies involving new technology;
(c) the design, construction and operation of a pilot plant that is not of a scale economically feasible for commercial production; and
(d) the design, construction and testing of a chosen alternative for new or improved materials, devices, products, processes, systems or services.

To demonstrate how an intangible asset will generate probable future economic benefits, an entity assesses the future economic benefits to be received from the asset using the principles in IAS 36 *Impairment of Assets*. If the asset will generate economic benefits only in combination with other assets, the entity applies the concept of cash-generating units in IAS 36. 60

Availability of resources to complete, use and obtain the benefits from an intangible asset can be demonstrated by, for example, a business plan showing the technical, financial and other resources needed and the entity's ability to secure those resources. In some cases, an entity demonstrates the availability of external finance by obtaining a lender's indication of its willingness to fund the plan. 61

An entity's costing systems can often measure reliably the cost of generating an intangible asset internally, such as salary and other expenditure incurred in securing copyrights or licences or developing computer software. 62

Internally generated brands, mastheads, publishing titles, customer lists and items similar in substance shall not be recognised as intangible assets. 63

Expenditure on internally generated brands, mastheads, publishing titles, customer lists and items similar in substance cannot be distinguished from the cost of developing the business as a whole. Therefore, such items are not recognised as intangible assets. 64

Cost of an Internally Generated Intangible Asset

The cost of an internally generated intangible asset for the purpose of paragraph 24 is the sum of expenditure incurred from the date when the intangible asset first meets the recognition criteria in paragraphs 21, 22 and 57. Paragraph 71 prohibits reinstatement of expenditure previously recognised as an expense. 65

The cost of an internally generated intangible asset comprises all directly attributable costs necessary to create, produce, and prepare the asset to be capable of operating in the manner intended by management. Examples of directly attributable costs are: 66
(a) costs of materials and services used or consumed in generating the intangible asset;
(b) costs of employee benefits (as defined in IAS 19 *Employee Benefits*) arising from the generation of the intangible asset;
(c) fees to register a legal right; and
(d) amortisation of patents and licences that are used to generate the intangible asset.
IAS 23 *Borrowing Costs* specifies criteria for the recognition of interest as an element of the cost of an internally generated intangible asset.

IAS 38

67 Zu den Kostenbestandteilen eines selbst geschaffenen immateriellen Vermögenswertes zählen nicht:
(a) Vertriebs- und Verwaltungsgemeinkosten sowie sonstige Gemeinkosten, es sei denn, diese Kosten können direkt der Vorbereitung zur Nutzung des Vermögenswertes zugeordnet werden;
(b) identifizierte Ineffizienzen und anfängliche Betriebsverluste, die auftreten, bevor der Vermögenswert seine geplante Ertragskraft erreicht hat;
und
(c) Ausgaben für die Schulung von Mitarbeitern im Umgang mit dem Vermögenswert.

> **Beispiel zu Paragraph 65**
>
> Ein Unternehmen entwickelt einen neuen Produktionsprozess. Die in 20X5 angefallenen Ausgaben beliefen sich auf 1 000 WE[1], wovon 900 WE vor dem 1. Dezember 20X5 und 100 WE zwischen dem 1. Dezember 20X5 und dem 31. Dezember 20X5 anfielen. Das Unternehmen kann beweisen, dass der Produktionsprozess zum 1. Dezember 20X5 die Kriterien für einen Ansatz als immaterieller Vermögenswert erfüllte. Der erzielbare Betrag des in diesem Prozess verankerten Know-hows (einschließlich künftiger Zahlungsmittelabflüsse, um den Prozess vor seiner eigentlichen Nutzung fertig zu stellen) wird auf 500 WE geschätzt.
>
> *Ende 20X5 wird der Produktionsprozess als immaterieller Vermögenswert mit Herstellungskosten in Höhe von 100 WE angesetzt (Ausgaben, die seit dem Zeitpunkt der Erfüllung der Ansatzkriterien, d. h. dem 1. Dezember 20X5, angefallen sind). Die Ausgaben in Höhe von 900 WE, die vor dem 1. Dezember 20X5 angefallen waren, werden als Aufwand erfasst, da die Ansatzkriterien erst ab dem 1. Dezember 20X5 erfüllt wurden. Diese Ausgaben sind Teil der in der Bilanz angesetzten Ausgaben des Produktionsprozesses.*
>
> In 20X6 betragen die angefallenen Ausgaben 2 000 WE. Ende 20X6 wird der erzielbare Betrag des in diesem Prozess verankerten Know-hows (einschließlich künftiger Zahlungsmittelabflüsse, um den Prozess vor seiner eigentlichen Nutzung fertig zu stellen) auf 1 900 WE geschätzt.
>
> *Ende 20X6 belaufen sich die Ausgaben für den Produktionsprozess auf 2 100 WE (Ausgaben 100 WE werden Ende 20X5 erfasst plus Ausgaben 2 000 WE in 20X6). Das Unternehmen erfasst einen Wertminderungsaufwand in Höhe von 200 WE, um den Buchwert des Prozesses vor dem Wertminderungsaufwand (2 100 WE) an seinen erzielbaren Betrag (1 900 WE) anzupassen. Dieser Wertminderungsaufwand wird in einer Folgeperiode wieder aufgehoben, wenn die in IAS 36 dargelegten Anforderungen für die Wertaufholung erfüllt sind.*

ERFASSUNG EINES AUFWANDS

68 **Ausgaben für einen immateriellen Posten sind in der Periode als Aufwand zu erfassen, in der sie anfallen, es sei denn, dass:**
(a) **sie Teil der Anschaffungs- oder Herstellungskosten eines immateriellen Vermögenswertes sind, der die Ansatzkriterien erfüllt (siehe Paragraphen 18–67);**
oder
(b) **der Posten bei einem Unternehmenszusammenschluss erworben wird und nicht als immaterieller Vermögenswert angesetzt werden kann. Ist dies der Fall, sind diese Ausgaben (in den Kosten des Unternehmenszusammenschlusses enthalten) in den dem Geschäfts- oder Firmenwert zum Erwerbszeitpunkt zuzurechnenden Betrag einzubeziehen (siehe IFRS 3** *Unternehmenszusammenschlüsse***).**

69 Manchmal entstehen Ausgaben, um für ein Unternehmen einen künftigen wirtschaftlichen Nutzen zu erzielen. Allerdings wird dabei kein immaterieller Vermögenswert oder sonstiger Vermögenswert erworben oder geschaffen, der angesetzt werden kann. In diesen Fällen werden die Ausgaben in der Periode als Aufwand erfasst, in der sie anfallen. Beispielsweise werden Ausgaben für Forschung, außer wenn sie Teil der Kosten eines Unternehmenszusammenschlusses sind, in der Periode als Aufwand erfasst, in der sie anfallen (siehe Paragraph 54). Weitere Beispiele für Kosten, die in der Periode als Aufwand erfasst werden, in der sie anfallen, sind:
(a) Ausgaben für die Gründung und den Anlauf eines Geschäftsbetriebes (d. h. Gründungs- und Anlaufkosten), es sei denn, diese Ausgaben sind in den Anschaffungs- oder Herstellungskosten eines Gegenstands der Sachanlagen gemäß IAS 16 *Sachanlagen* enthalten. Zu Gründungs- und Anlaufkosten zählen Gründungskosten wie Rechts- und sonstige Kosten, die bei der Gründung einer juristischen Einheit anfallen, Ausgaben für die Eröffnung einer neuen Betriebsstätte oder eines neuen Geschäftes (d. h. Eröffnungskosten) oder Kosten für die Aufnahme neuer Tätigkeitsbereiche oder die Einführung neuer Produkte oder Verfahren (d. h. Anlaufkosten).

---

1 In diesem Standard werden Geldbeträge in „Währungseinheiten" (WE) ausgedrückt.

The following are not components of the cost of an internally generated intangible asset: 67
(a) selling, administrative and other general overhead expenditure unless this expenditure can be directly attributed to preparing the asset for use;
(b) identified inefficiencies and initial operating losses incurred before the asset achieves planned performance; and
(c) expenditure on training staff to operate the asset.

> **Example illustrating paragraph 65**
>
> An entity is developing a new production process. During 20X5, expenditure incurred was CU1 000[1], of which CU900 was incurred before 1 December 20X5 and CU100 was incurred between 1 December 20X5 and 31 December 20X5. The entity is able to demonstrate that, at 1 December 20X5, the production process met the criteria for recognition as an intangible asset. The recoverable amount of the know-how embodied in the process (including future cash outflows to complete the process before it is available for use) is estimated to be CU500.
>
> *At the end of 20X5, the production process is recognised as an intangible asset at a cost of CU100 (expenditure incurred since the date when the recognition criteria were met, ie 1 December 20X5). The CU900 expenditure incurred before 1 December 20X5 is recognised as an expense because the recognition criteria were not met until 1 December 20X5. This expenditure does not form part of the cost of the production process recognised in the balance sheet.*
>
> During 20X6, expenditure incurred is CU2 000. At the end of 20X6, the recoverable amount of the know-how embodied in the process (including future cash outflows to complete the process before it is available for use) is estimated to be CU1 900.
>
> *At the end of 20X6, the cost of the production process is CU2.100 (CU100 expenditure recognised at the end of 20X5 plus CU2 000 expenditure recognised in 20X6). The entity recognises an impairment loss of CU200 to adjust the carrying amount of the process before impairment loss (CU2.100) to its recoverable amount (CU1.900). This impairment loss will be reversed in a sub- sequent period if the requirements for the reversal of an impairment loss in IAS 36 are met.*

RECOGNITION OF AN EXPENSE

Expenditure on an intangible item shall be recognised as an expense when it is incurred unless: 68
(a) it forms part of the cost of an intangible asset that meets the recognition criteria (see paragraphs 18—67);
or
(b) the item is acquired in a business combination and cannot be recognised as an intangible asset. If this is the case, this expenditure (included in the cost of the business combination) shall form part of the amount attributed to goodwill at the acquisition date (see IFRS 3 *Business Combinations***).**

In some cases, expenditure is incurred to provide future economic benefits to an entity, but no intangible asset or other asset is acquired or created that can be recognised. In these cases, the expenditure is recognised as an expense when it is incurred. For example, except when it forms part of the cost of a business combination, expenditure on research is recognised as an expense when it is incurred (see paragraph 54). Other examples of expenditure that is recognised as an expense when it is incurred include: 69
(a) expenditure on start-up activities (ie start-up costs), unless this expenditure is included in the cost of an item of property, plant and equipment in accordance with IAS 16 *Property, Plant and Equipment.* Start-up costs may consist of establishment costs such as legal and secretarial costs incurred in establishing a legal entity, expenditure to open a new facility or business (ie pre-opening costs) or expenditures for starting new operations or launching new products or processes (ie preoperating costs).

---

1 In this Standard, monetary amounts are denominated in 'currency units' (CU).

IAS 38

(b) Ausgaben für Aus- und Weiterbildungsaktivitäten.
(c) Ausgaben für Werbekampagnen und Maßnahmen der Verkaufsförderung.
(d) Ausgaben für die Verlegung oder Umorganisation von Unternehmensteilen oder des gesamten Unternehmens.

70 Paragraph 68 schließt die Erfassung einer Vorauszahlung nicht aus, wenn die Zahlung für die Lieferung von Waren oder die Erbringung von Dienstleistungen vor der tatsächlichen Lieferung von Waren oder der Erbringung von Dienstleistungen erfolgte.

Keine Erfassung früherer Aufwendungen als Vermögenswert

71 Ausgaben für einen immateriellen Posten, die ursprünglich als Aufwand erfasst wurden, sind zu einem späteren Zeitpunkt nicht als Teil der Anschaffungs- oder Herstellungskosten eines immateriellen Vermögenswertes anzusetzen.

FOLGEBEWERTUNG

72 Ein Unternehmen hat als seine Bilanzierungs- und Bewertungsmethode entweder das Anschaffungskostenmodell entsprechend Paragraph 74 oder das Neubewertungsmodell entsprechend Paragraph 75 zu wählen. Wird ein immaterieller Vermögenswert unter Verwendung des Neubewertungsmodells bilanziert, sind alle anderen Vermögenswerte seiner Gruppe ebenfalls nach demselben Modell zu bilanzieren, es sei denn, dass kein aktiver Markt für diese Vermögenswerte existiert.

73 Eine Gruppe immaterieller Vermögenswerte ist eine Zusammenfassung von Vermögenswerten, die hinsichtlich ihrer Art und ihrem Verwendungszweck innerhalb des Unternehmens ähnlich sind. Zur Vermeidung einer selektiven Neubewertung von Vermögenswerten und der Darstellung von Beträgen in den Abschlüssen, die eine Mischung aus Anschaffungs- oder Herstellungskosten und neu bewerteten Beträgen zu unterschiedlichen Zeitpunkten darstellen, werden die Posten innerhalb einer Gruppe immaterieller Vermögenswerte gleichzeitig neu bewertet.

Anschaffungskostenmodell

74 Nach erstmaligem Ansatz ist ein immaterieller Vermögenswert mit seinen Anschaffungs- oder Herstellungskosten anzusetzen, abzüglich jeder kumulierten Abschreibung und aller kumulierten Wertminderungsaufwendungen.

Neubewertungsmodell

75 Nach erstmaligem Ansatz ist ein immaterieller Vermögenswert mit einem Neubewertungsbetrag fortzuführen, der sein beizulegender Zeitwert zum Zeitpunkt der Neubewertung ist, abzüglich späterer kumulierter Abschreibungen und späterer kumulierter Wertminderungsaufwendungen. Im Rahmen der unter diesen Standard fallenden Neubewertungen ist der beizulegende Zeitwert unter Bezugnahme auf einen aktiven Markt zu ermitteln. Neubewertungen sind mit einer solchen Regelmäßigkeit vorzunehmen, dass der Buchwert des Vermögenswertes nicht wesentlich von seinem beizulegenden Zeitwert abweicht.

76 Das Neubewertungsmodell untersagt:
(a) die Neubewertung immaterieller Vermögenswerte, die zuvor nicht als Vermögenswerte angesetzt wurden; oder
(b) den erstmaligen Ansatz immaterieller Vermögenswerte mit von ihren Anschaffungs- oder Herstellungskosten abweichenden Beträgen.

77 Das Neubewertungsmodell wird angewendet, wenn ein Vermögenswert zunächst mit seinen Anschaffungs- oder Herstellungskosten angesetzt wurde. Wird allerdings nur ein Teil der Anschaffungs- oder Herstellungskosten eines immateriellen Vermögenswertes angesetzt, da der Vermögenswert die Ansatzkriterien erst zu einem späteren Zeitpunkt erfüllte (siehe Paragraph 65), kann das Neubewertungsmodell auf den gesamten Vermögenswert angewendet werden. Zudem kann das Neubewertungsmodell auf einen immateriellen Vermögenswert angewendet werden, der durch eine Zuwendung der öffentlichen Hand zuging und zu einem Nominalwert angesetzt wurde (siehe Paragraph 44).

(b) expenditure on training activities.
(c) expenditure on advertising and promotional activities.
(d) expenditure on relocating or reorganising part or all of an entity.

Paragraph 68 does not preclude recognising a prepayment as an asset when payment for the delivery of goods or services has been made in advance of the delivery of goods or the rendering of services. 70

Past Expenses not to be Recognised as an Asset

Expenditure on an intangible item that was initially recognised as an expense shall not be recognised as part of the cost of an intangible asset at a later date. 71

MEASUREMENT AFTER RECOGNITION

An entity shall choose either the cost model in paragraph 74 or the revaluation model in paragraph 75 as its accounting policy. If an intangible asset is accounted for using the revaluation model, all the other assets in its class shall also be accounted for using the same model, unless there is no active market for those assets. 72

A class of intangible assets is a grouping of assets of a similar nature and use in an entity's operations. The items within a class of intangible assets are revalued simultaneously to avoid selective revaluation of assets and the reporting of amounts in the financial statements representing a mixture of costs and values as at different dates. 73

Cost Model

After initial recognition, an intangible asset shall be carried at its cost less any accumulated amortisation and any accumulated impairment losses. 74

Revaluation Model

After initial recognition, an intangible asset shall be carried at a revalued amount, being its fair value at the date of the revaluation less any subsequent accumulated amortisation and any subsequent accumulated impairment losses. For the purpose of revaluations under this Standard, fair value shall be determined by reference to an active market. Revaluations shall be made with such regularity that at the balance sheet date the carrying amount of the asset does not differ materially from its fair value. 75

The revaluation model does not allow: 76
(a) the revaluation of intangible assets that have not previously been recognised as assets; or
(b) the initial recognition of intangible assets at amounts other than cost.

The revaluation model is applied after an asset has been initially recognised at cost. However, if only part of the cost of an intangible asset is recognised as an asset because the asset did not meet the criteria for recognition until part of the way through the process (see paragraph 65), the revaluation model may be applied to the whole of that asset. Also, the revaluation model may be applied to an intangible asset that was received by way of a government grant and recognised at a nominal amount (see paragraph 44). 77

IAS 38

78 Normalerweise existiert ein, den in Paragraph 8 beschriebenen Merkmalen entsprechender, aktiver Markt für einen immateriellen Vermögenswert nicht, obwohl dies dennoch vorkommen kann. Zum Beispiel kann in manchen Ländern ein aktiver Markt für frei übertragbare Taxilizenzen, Fischereilizenzen oder Produktionsquoten bestehen. Allerdings gibt es keinen aktiven Markt für Markennamen, Drucktitel bei Zeitungen, Musik- und Filmverlagsrechte, Patente oder Warenzeichen, da jeder dieser Vermögenswerte einzigartig ist. Und obwohl immaterielle Vermögenswerte gekauft und verkauft werden, werden Verträge zwischen einzelnen Käufern und Verkäufern ausgehandelt, und Transaktionen finden relativ selten statt. Aus diesen Gründen gibt der für einen Vermögenswert gezahlte Preis möglicherweise keinen ausreichenden substanziellen Hinweis auf den beizulegenden Zeitwert eines anderen. Darüber hinaus stehen der Öffentlichkeit die Preise oft nicht zur Verfügung.

79 Die Häufigkeit von Neubewertungen ist abhängig vom Ausmaß der Schwankung (Volatilität) des beizulegenden Zeitwertes der einer Neubewertung unterliegenden immateriellen Vermögenswerte. Weicht der beizulegende Zeitwert eines neu bewerteten Vermögenswertes wesentlich von seinem Buchwert ab, ist eine weitere Neubewertung notwendig. Manche immaterielle Vermögenswerte können bedeutende und starke Schwankungen ihres beizulegenden Zeitwertes erfahren, wodurch eine jährliche Neubewertung erforderlich wird. Derartig häufige Neubewertungen sind bei immateriellen Vermögenswerten mit nur unbedeutenden Bewegungen des beizulegenden Zeitwertes nicht notwendig.

80 Wird ein immaterieller Vermögenswert neu bewertet, werden die kumulierten Abschreibungen zum Zeitpunkt der Neubewertung entweder:
(a) im Verhältnis zur Änderung des Bruttobuchwertes des Vermögenswertes angepasst, so dass der Buchwert des Vermögenswertes nach der Neubewertung seinem Neubewertungsbetrag entspricht;
oder
(b) gegen den Bruttobuchwert des Vermögenswertes ausgebucht und der Nettobetrag dem Neubewertungsbetrag des Vermögenswertes angepasst.

81 **Kann ein immaterieller Vermögenswert einer Gruppe von neu bewerteten immateriellen Vermögenswerten auf Grund der fehlenden Existenz eines aktiven Marktes für diesen Vermögenswert nicht neu bewertet werden, ist der Vermögenswert mit seinen Anschaffungs- oder Herstellungskosten anzusetzen, abzüglich aller kumulierten Abschreibungen und Wertminderungsaufwendungen.**

82 **Kann der beizulegende Zeitwert eines neu bewerteten immateriellen Vermögenswertes nicht länger unter Bezugnahme auf einen aktiven Markt bestimmt werden, entspricht der Buchwert des Vermögenswertes seinem Neubewertungsbetrag, der zum Zeitpunkt der letzten Neubewertung unter Bezugnahme auf den aktiven Markt ermittelt wurde, abzüglich aller späteren kumulierten Abschreibungen und Wertminderungsaufwendungen.**

83 Die Tatsache, dass ein aktiver Markt nicht länger für einen neu bewerteten immateriellen Vermögenswert besteht, kann darauf schließen lassen, dass der Vermögenswert möglicherweise in seinem Wert gemindert ist und gemäß IAS 36 *Wertminderung von Vermögenswerten* geprüft werden muss.

84 Kann der beizulegende Zeitwert des Vermögenswertes zu einem späteren Bewertungsstichtag unter Bezugnahme auf einen aktiven Markt bestimmt werden, wird ab diesem Zeitpunkt das Neubewertungsmodell angewendet.

85 **Führt eine Neubewertung zu einer Erhöhung des Buchwertes eines immateriellen Vermögenswertes, ist die Wertsteigerung direkt in das Eigenkapital unter der Position Neubewertungsrücklage einzustellen. Allerdings wird der Wertzuwachs in dem Umfang erfolgswirksam erfasst, soweit er eine in der Vergangenheit erfolgswirksam erfasste Abwertung desselben Vermögenswertes auf Grund einer Neubewertung rückgängig macht.**

86 **Führt eine Neubewertung zu einer Verringerung des Buchwertes eines immateriellen Vermögenswertes, ist die Wertminderung erfolgswirksam zu erfassen. Eine Verminderung ist jedoch direkt vom Eigenkapital unter der Position Neubewertungsrücklage zu erfassen, soweit sie den Betrag der entsprechenden Neubewertungsrücklage nicht übersteigt.**

87 Die im Eigenkapital eingestellte kumulative Neubewertungsrücklage kann bei Realisierung direkt in die Gewinnrücklagen umgebucht werden. Die gesamte Rücklage kann bei Stilllegung oder Veräußerung des Vermögenswertes realisiert werden. Ein Teil der Rücklage kann jedoch realisiert werden, während der Vermögenswert vom Unternehmen genutzt wird; in solch einem Fall entspricht der realisierte Rücklagenbetrag dem Unterschiedsbetrag zwischen der Abschreibung auf Basis des neu bewerteten Buchwertes des Vermögenswertes und der Abschreibung, die auf Basis der historischen Anschaffungs- oder Herstellungskosten des

78 It is uncommon for an active market with the characteristics described in paragraph 8 to exist for an intangible asset, although this may happen. For example, in some jurisdictions, an active market may exist for freely transferable taxi licences, fishing licences or production quotas. However, an active market cannot exist for brands, newspaper mastheads, music and film publishing rights, patents or trademarks, because each such asset is unique. Also, although intangible assets are bought and sold, contracts are negotiated between individual buyers and sellers, and transactions are relatively infrequent. For these reasons, the price paid for one asset may not provide sufficient evidence of the fair value of another. Moreover, prices are often not available to the public.

79 The frequency of revaluations depends on the volatility of the fair values of the intangible assets being revalued. If the fair value of a revalued asset differs materially from its carrying amount, a further revaluation is necessary. Some intangible assets may experience significant and volatile movements in fair value, thus necessitating annual revaluation. Such frequent revaluations are unnecessary for intangible assets with only insignificant movements in fair value.

80 If an intangible asset is revalued, any accumulated amortisation at the date of the revaluation is either:
(a) restated proportionately with the change in the gross carrying amount of the asset so that the carrying amount of the asset after revaluation equals its revalued amount; or
(b) eliminated against the gross carrying amount of the asset and the net amount restated to the revalued amount of the asset.

81 **If an intangible asset in a class of revalued intangible assets cannot be revalued because there is no active market for this asset, the asset shall be carried at its cost less any accumulated amortisation and impairment losses.**

82 **If the fair value of a revalued intangible asset can no longer be determined by reference to an active market, the carrying amount of the asset shall be its revalued amount at the date of the last revaluation by reference to the active market less any subsequent accumulated amortisation and any subsequent accumulated impairment losses.**

83 The fact that an active market no longer exists for a revalued intangible asset may indicate that the asset may be impaired and that it needs to be tested in accordance with IAS 36 Impairment of Assets.

84 If the fair value of the asset can be determined by reference to an active market at a subsequent measurement date, the revaluation model is applied from that date.

85 **If an intangible asset's carrying amount is increased as a result of a revaluation, the increase shall be credited directly to equity under the heading of revaluation surplus. However, the increase shall be recognised in profit or loss to the extent that it reverses a revaluation decrease of the same asset previously recognised in profit or loss.**

86 **If an intangible asset's carrying amount is decreased as a result of a revaluation, the decrease shall be recognised in profit or loss. However, the decrease shall be debited directly to equity under the heading of revaluation surplus to the extent of any credit balance in the revaluation surplus in respect of that asset.**

87 The cumulative revaluation surplus included in equity may be transferred directly to retained earnings when the surplus is realised. The whole surplus may be realised on the retirement or disposal of the asset. However, some of the surplus may be realised as the asset is used by the entity; in such a case, the amount of the surplus realised is the difference between amortisation based on the revalued carrying amount of the asset and amortisation that would have been recognised based on the asset's historical cost. The transfer from revaluation surplus to retained earnings is not made through the income statement.

Vermögenswertes erfasst worden wäre. Die Umbuchung von der Neubewertungsrücklage in die Gewinnrücklagen erfolgt nicht über die Gewinn- und Verlustrechnung.

NUTZUNGSDAUER

88 Ein Unternehmen hat festzustellen, ob die Nutzungsdauer eines immateriellen Vermögenswertes begrenzt oder unbegrenzt ist, und wenn begrenzt, dann die Laufzeit dieser Nutzungsdauer bzw. die Anzahl der Produktions- oder ähnlichen Einheiten, die diese Nutzungsdauer bestimmen. Ein immaterieller Vermögenswert ist von einem Unternehmen so anzusehen, als habe er eine unbegrenzte Nutzungsdauer, wenn es aufgrund einer Analyse aller relevanten Faktoren keine vorhersehbare Begrenzung der Periode gibt, in der der Vermögenswert voraussichtlich Netto-Cashflows für das Unternehmen erzeugen wird.

89 Die Bilanzierung eines immateriellen Vermögenswertes basiert auf seiner Nutzungsdauer. Ein immaterieller Vermögenswert mit einer begrenzten Nutzungsdauer wird abgeschrieben (siehe Paragraphen 97–106), hingegen ein immaterieller Vermögenswert mit einer unbegrenzten Nutzungsdauer nicht (siehe Paragraphen 107–110). Die erläuternden Beispiele zu diesem Standard veranschaulichen die Bestimmung der Nutzungsdauer für verschiedene immaterielle Vermögenswerte und die daraus folgende Bilanzierung dieser Vermögenswerte, je nach ihrer festgestellten Nutzungsdauer.

90 Bei der Ermittlung der Nutzungsdauer eines immateriellen Vermögenswertes werden viele Faktoren in Betracht gezogen, so auch:
(a) die voraussichtliche Nutzung des Vermögenswertes durch das Unternehmen und die Frage, ob der Vermögenswert unter einem anderen Management effizient eingesetzt werden könnte;
(b) für den Vermögenswert typische Produktlebenszyklen und öffentliche Informationen über die geschätzte Nutzungsdauer von ähnlichen Vermögenswerten, die auf ähnliche Weise genutzt werden;
(c) technische, technologische, kommerzielle oder andere Arten der Veralterung;
(d) die Stabilität der Branche, in der der Vermögenswert zum Einsatz kommt, und Änderungen in der Gesamtnachfrage nach den Produkten oder Dienstleistungen, die mit dem Vermögenswert erzeugt werden;
(e) voraussichtliche Handlungen seitens der Wettbewerber oder potenzieller Konkurrenten;
(f) die Höhe der Erhaltungsausgaben, die zur Erzielung des voraussichtlichen künftigen wirtschaftlichen Nutzens aus dem Vermögenswert erforderlich sind sowie die Fähigkeit und Intention des Unternehmens, dieses Niveau zu erreichen;
(g) der Zeitraum der Beherrschung des Vermögenswertes und rechtliche oder ähnliche Beschränkungen hinsichtlich der Nutzung des Vermögenswertes, wie beispielsweise der Verfalltermin zugrunde liegender Leasingverhältnisse; und
(h) ob die Nutzungsdauer des Vermögenswertes von der Nutzungsdauer anderer Vermögenswerte des Unternehmens abhängt.

91 Der Begriff „unbegrenzt" hat nicht dieselbe Bedeutung wie „endlos". Die Nutzungsdauer eines immateriellen Vermögenswertes spiegelt nur die Höhe der künftigen Erhaltungsausgaben wider, die zur Erhaltung des Vermögenswertes auf dem Niveau der Ertragskraft, die zum Zeitpunkt der Schätzung der Nutzungsdauer des Vermögenswertes festgestellt wurde, erforderlich sind sowie die Fähigkeit und Intention des Unternehmens, dieses Niveau zu erreichen. Eine Schlussfolgerung, dass die Nutzungsdauer eines immateriellen Vermögenswertes unbegrenzt ist, darf nicht von den geplanten künftigen Ausgaben abhängen, die diejenigen übersteigen, die zur Erhaltung des Vermögenswertes auf diesem Niveau der Ertragskraft erforderlich sind.

92 Angesichts des durch die Vergangenheit belegten, rasanten Technologiewandels sind Computersoftware und viele andere immaterielle Vermögenswerte technologischer Veralterung ausgesetzt. Es ist daher wahrscheinlich, dass ihre Nutzungsdauer kurz ist.

93 Die Nutzungsdauer eines immateriellen Vermögenswertes kann sehr lang sein bzw. sogar unbegrenzt. Ungewissheit rechtfertigt, die Nutzungsdauer eines immateriellen Vermögenswertes vorsichtig zu schätzen, allerdings rechtfertigt sie nicht die Wahl einer unrealistisch kurzen Nutzungsdauer.

94 **Die Nutzungsdauer eines immateriellen Vermögenswertes, der aus vertraglichen oder gesetzlichen Rechten entsteht, darf den Zeitraum der vertraglichen oder anderen gesetzlichen Rechte nicht überschreiten, kann jedoch kürzer sein, je nachdem über welche Periode das Unternehmen diesen Vermögenswert voraussichtlich einsetzt. Wenn die vertraglichen oder anderen gesetzlichen Rechte für eine begrenzte Dauer mit der Möglichkeit der Verlängerung übertragen werden, darf die Nutzungsdauer des immateriellen Ver-**

USEFUL LIFE

An entity shall assess whether the useful life of an intangible asset is finite or indefinite and, if finite, the length of, or number of production or similar units constituting, that useful life. An intangible asset shall be regarded by the entity as having an indefinite useful life when, based on an analysis of all of the relevant factors, there is no foreseeable limit to the period over which the asset is expected to generate net cash inflows for the entity. 88

The accounting for an intangible asset is based on its useful life. An intangible asset with a finite useful life is amortised (see paragraphs 97—106), and an intangible asset with an indefinite useful life is not (see paragraphs 107—110). The Illustrative Examples accompanying this Standard illustrate the determination of useful life for different intangible assets, and the subsequent accounting for those assets based on the useful life determinations. 89

Many factors are considered in determining the useful life of an intangible asset, including: 90
(a) the expected usage of the asset by the entity and whether the asset could be managed efficiently by another management team;
(b) typical product life cycles for the asset and public information on estimates of useful lives of similar assets that are used in a similar way;
(c) technical, technological, commercial or other types of obsolescence;
(d) the stability of the industry in which the asset operates and changes in the market demand for the products or services output from the asset;
(e) expected actions by competitors or potential competitors;
(f) the level of maintenance expenditure required to obtain the expected future economic benefits from the asset and the entity's ability and intention to reach such a level;
(g) the period of control over the asset and legal or similar limits on the use of the asset, such as the expiry dates of related leases; and
(h) whether the useful life of the asset is dependent on the useful life of other assets of the entity.

The term 'indefinite' does not mean 'infinite'. The useful life of an intangible asset reflects only that level of future maintenance expenditure required to maintain the asset at its standard of performance assessed at the time of estimating the asset's useful life, and the entity's ability and intention to reach such a level. A conclusion that the useful life of an intangible asset is indefinite should not depend on planned future expenditure in excess of that required to maintain the asset at that standard of performance. 91

Given the history of rapid changes in technology, computer software and many other intangible assets are susceptible to technological obsolescence. Therefore, it is likely that their useful life is short. 92

The useful life of an intangible asset may be very long or even indefinite. Uncertainty justifies estimating the useful life of an intangible asset on a prudent basis, but it does not justify choosing a life that is unrealistically short. 93

The useful life of an intangible asset that arises from contractual or other legal rights shall not exceed the period of the contractual or other legal rights, but may be shorter depending on the period over which the entity expects to use the asset. If the contractual or other legal rights are conveyed for a limited term that can be renewed, the useful life of the intangible asset shall include the renewal period(s) only if there is evidence to support renewal by the entity without significant cost. 94

mögenswertes die Verlängerungsperiode(n) nur mit einschließen, wenn es bewiesen ist, dass das Unternehmen die Verlängerung ohne erhebliche Kosten unterstützt.

95 Es kann sowohl wirtschaftliche als auch rechtliche Faktoren geben, die die Nutzungsdauer eines immateriellen Vermögenswertes beeinflussen. Wirtschaftliche Faktoren bestimmen den Zeitraum, über den ein künftiger wirtschaftlicher Nutzen dem Unternehmen erwächst. Rechtliche Faktoren können den Zeitraum begrenzen, über den ein Unternehmen den Zugriff auf diesen Nutzen beherrscht. Die Nutzungsdauer entspricht dem kürzeren der durch diese Faktoren bestimmten Zeiträume.

96 Das Vorhandensein u. a. folgender Faktoren deutet darauf hin, dass ein Unternehmen die vertraglichen oder anderen gesetzlichen Rechte ohne wesentliche Kosten verlängern könnte:
 (a) es gibt substanzielle Hinweise, die möglicherweise auf Erfahrungen basieren, dass die vertraglichen oder anderen gesetzlichen Rechte verlängert werden. Wenn die Verlängerung von der Zustimmung eines Dritten abhängt, ist der substanzielle Hinweis, dass der Dritte seine Zustimmung geben wird, hier eingeschlossen;
 (b) es gibt substanzielle Hinweise, dass die erforderlichen Vorraussetzungen für eine Verlängerung erfüllt sind; und
 (c) die Verlängerungskosten sind für das Unternehmen unwesentlich im Vergleich zu dem künftigen wirtschaftliche Nutzen, der dem Unternehmen durch diese Verlängerung zufließen wird.
Falls die Verlängerungskosten im Vergleich zu dem künftigen wirtschaftlichen Nutzen, der dem Unternehmen voraussichtlich durch diese Verlängerung zufließen wird, erheblich sind, stellen die Verlängerungskosten im Wesentlichen die Anschaffungskosten dar, um zum Verlängerungszeitpunkt einen neuen immateriellen Vermögenswert zu erwerben.

IMMATERIELLE VERMÖGENSWERTE MIT BEGRENZTER NUTZUNGSDAUER

Abschreibungsperiode und Abschreibungsmethode

97 Das Abschreibungsvolumen eines immateriellen Vermögenswertes mit einer begrenzten Nutzungsdauer ist planmäßig über seine Nutzungsdauer zu verteilen. Die Abschreibung beginnt, sobald der Vermögenswert verwendet werden kann, d. h. wenn er sich an seinem Standort und in dem vom Management beabsichtigten betriebsbereiten Zustand befindet. Die Abschreibung endet an dem Tag, an dem der Vermögenswert gemäß IFRS 5 *Zur Veräußerung gehaltene langfristige Vermögenswerte und aufgegebene Geschäftsbereiche* als zur Veräußerung gehalten klassifiziert wird (oder in eine als zur Veräußerung gehalten klassifizierte Veräußerungsgruppe aufgenommen wird), spätestens jedoch an dem Tag, an dem er ausgebucht wird. Die Abschreibungsmethode hat dem erwarteten Verbrauch des zukünftigen wirtschaftlichen Nutzens des Vermögenswertes durch das Unternehmen zu entsprechen. Kann dieser Verlauf nicht verlässlich bestimmt werden, ist die lineare Abschreibungsmethode anzuwenden. Die für jede Periode anfallenden Abschreibungen sind erfolgswirksam zu erfassen, es sei denn, dieser oder ein anderer Standard erlaubt oder fordert, dass sie in den Buchwert eines anderen Vermögenswertes einzubeziehen sind.

98 Für die systematische Verteilung des Abschreibungsvolumens eines Vermögenswertes über dessen Nutzungsdauer können verschiedene Abschreibungsmethoden herangezogen werden. Zu diesen Methoden zählen die lineare und degressive Abschreibung sowie die leistungsabhängige Abschreibung. Die anzuwendende Methode wird auf der Grundlage des erwarteten Abschreibungsverlaufes dieses Vermögenswertes ausgewählt und von Periode zu Periode stetig angewendet, es sei denn, der erwartete Abschreibungsverlauf ändert sich. Es liegen selten, wenn überhaupt, überzeugende substanzielle Hinweise zur Rechtfertigung einer Abschreibungsmethode für immaterielle Vermögenswerte mit begrenzter Nutzungsdauer vor, die zu einem niedrigeren kumulierten Abschreibungsbetrag führt als die lineare Methode.

99 Abschreibungen werden allgemein erfolgswirksam erfasst. Manchmal wird jedoch der zukünftige wirtschaftliche Nutzen eines Vermögenswertes durch die Herstellung anderer Vermögenswerte verbraucht. In diesem Fall stellt der Abschreibungsbetrag einen Teil der Herstellungskosten des anderen Vermögenswertes dar und wird in dessen Buchwert einbezogen. Beispielsweise wird die Abschreibung auf immaterielle Vermögenswerte, die in einem Herstellungsprozess verwendet werden, in den Buchwert der Vorräte einbezogen (siehe IAS 2 *Vorräte*).

There may be both economic and legal factors influencing the useful life of an intangible asset. Economic factors determine the period over which future economic benefits will be received by the entity. Legal factors may restrict the period over which the entity controls access to these benefits. The useful life is the shorter of the periods determined by these factors.

Existence of the following factors, among others, indicates that an entity would be able to renew the contractual or other legal rights without significant cost:
(a) there is evidence, possibly based on experience, that the contractual or other legal rights will be renewed. If renewal is contingent upon the consent of a third party, this includes evidence that the third party will give its consent;
(b) there is evidence that any conditions necessary to obtain renewal will be satisfied; and
(c) the cost to the entity of renewal is not significant when compared with the future economic benefits expected to flow to the entity from renewal.
If the cost of renewal is significant when compared with the future economic benefits expected to flow to the entity from renewal, the 'renewal' cost represents, in substance, the cost to acquire a new intangible asset at the renewal date.

INTANGIBLE ASSETS WITH FINITE USEFUL LIVES

Amortisation Period and Amortisation Method

The depreciable amount of an intangible asset with a finite useful life shall be allocated on a systematic basis over its useful life. Amortisation shall begin when the asset is available for use, ie when it is in the location and condition necessary for it to be capable of operating in the manner intended by management. Amortisation shall cease at the earlier of the date that the asset is classified as held for sale (or included in a disposal group that is classified as held for sale) in accordance with IFRS 5 *Non-current Assets Held for Sale and Discontinued Operations* **and the date that the asset is derecognised. The amortisation method used shall reflect the pattern in which the asset's future economic benefits are expected to be consumed by the entity. If that pattern cannot be determined reliably, the straight-line method shall be used. The amortisation charge for each period shall be recognised in profit or loss unless this or another Standard permits or requires it to be included in the carrying amount of another asset.**

A variety of amortisation methods can be used to allocate the depreciable amount of an asset on a systematic basis over its useful life. These methods include the straight-line method, the diminishing balance method and the unit of production method. The method used is selected on the basis of the expected pattern of consumption of the expected future economic benefits embodied in the asset and is applied consistently from period to period, unless there is a change in the expected pattern of consumption of those future economic benefits. There is rarely, if ever, persuasive evidence to support an amortisation method for intangible assets with finite useful lives that results in a lower amount of accumulated amortisation than under the straight-line method.

Amortisation is usually recognised in profit or loss. However, sometimes the future economic benefits embodied in an asset are absorbed in producing other assets. In this case, the amortisation charge constitutes part of the cost of the other asset and is included in its carrying amount. For example, the amortisation of intangible assets used in a production process is included in the carrying amount of inventories (see IAS 2 Inventories).

IAS 38

Restwert

100 Der Restwert eines immateriellen Vermögenswertes mit einer begrenzten Nutzugsdauer ist mit Null anzusetzen, es sei denn, dass:
(a) eine Verpflichtung seitens einer dritten Partei besteht, den Vermögenswert am Ende seiner Nutzungsdauer zu erwerben; oder
(b) ein aktiver Markt für den Vermögenswert besteht, und:
(i) der Restwert unter Bezugnahme auf diesen Markt ermittelt werden kann; und
(ii) es wahrscheinlich ist, dass ein solcher Markt am Ende der Nutzungsdauer des Vermögenswertes bestehen wird.

101 Das Abschreibungsvolumen eines Vermögenswertes mit einer begrenzten Nutzungsdauer wird nach Abzug seines Restwertes ermittelt. Ein anderer Restwert als Null impliziert, dass ein Unternehmen von einer Veräußerung des immateriellen Vermögenswertes vor dem Ende seiner wirtschaftlichen Nutzungsdauer ausgeht.

102 Eine Schätzung des Restwertes eines Vermögenswertes beruht auf dem bei Abgang erzielbaren Betrag unter Verwendung von Preisen, die zum geschätzten Zeitpunkt des Verkaufs eines hnlichen Vermögenswertes galten, der das Ende seiner Nutzungsdauer erreicht hat und unter ähnlichen Bedingungen zum Einsatz kam wie der künftig einzusetzende Vermögenswert. Der Restwert wird mindestens am Ende jedes Geschäftsjahres überprüft. Eine Änderung des Restwertes eines Vermögenswertes wird als Änderung einer Schätzung gemäß IAS 8 *Bilanzierungs- und Bewertungsmethoden, Änderungen von Schätzungen und Fehler* angesetzt.

103 Der Restwert eines Vermögenswertes kann bis zu einem Betrag ansteigen, der entweder dem Buchwert entspricht oder ihn übersteigt. Wenn dies der Fall ist, fällt der Abschreibungsbetrag des Vermögenswertes auf Null, solange der Restwert anschließend nicht unter den Buchwert des Vermögenswertes gefallen ist.

Überprüfung der Abschreibungsperiode und der Abschreibungsmethode

104 Die Abschreibungsperiode und die Abschreibungsmethode sind für einen immateriellen Vermögenswert mit einer begrenzten Nutzungsdauer mindestens zum Ende jedes Geschäftsjahres zu überprüfen. Unterscheidet sich die erwartete Nutzungsdauer des Vermögenswertes von vorangegangenen Schätzungen, ist die Abschreibungsperiode entsprechend zu ändern. Hat sich der erwartete Abschreibungsverlauf des Vermögenswertes geändert, ist eine andere Abschreibungsmethode zu wählen, um dem veränderten Verlauf Rechnung zu tragen. Derartige Änderungen sind als Änderungen einer Schätzung gemäß IAS 8 zu berücksichtigen.

105 Während der Lebensdauer eines immateriellen Vermögenswertes kann es sich zeigen, dass die Schätzung hinsichtlich seiner Nutzungsdauer nicht sachgerecht ist. Beispielsweise kann die Erfassung eines Wertminderungsaufwands darauf hindeuten, dass die Abschreibungsperiode geändert werden muss.

106 Der Verlauf des künftigen wirtschaftlichen Nutzens, der einem Unternehmen aus einem immateriellen Vermögenswert voraussichtlich zufließen wird, kann sich mit der Zeit ändern. Beispielsweise kann es sich zeigen, dass eine degressive Abschreibung geeigneter ist als eine lineare. Ein anderes Beispiel ist, wenn sich die Nutzung der mit einer Lizenz verbundenen Rechte verzögert, bis in Bezug auf andere Bestandteile des Unternehmensplanes Maßnahmen ergriffen worden sind. In diesem Fall kann der wirtschaftliche Nutzen aus dem Vermögenswert höchstwahrscheinlich erst in späteren Perioden erzielt werden.

IMMATERIELLE VERMÖGENSWERTE MIT UNBEGRENZTER NUTZUNGSDAUER

107 Ein immaterieller Vermögenswert mit einer unbegrenzten Nutzungsdauer darf nicht abgeschrieben werden.

108 Von einem Unternehmen wird gemäß IAS 36 *Wertminderung von Vermögenswerten* verlangt, einen immateriellen Vermögenswert mit einer unbegrenzten Nutzungsdauer auf Wertminderung zu überprüfen, indem sein erzielbarer Betrag mit seinem Buchwert
(a) jährlich, und
(b) wann immer es einen Anhaltspunkt dafür gibt, dass der immaterielle Vermögenswert wertgemindert sein könnte, verglichen wird.

Residual Value

The residual value of an intangible asset with a finite useful life shall be assumed to be zero unless: 100
(a) there is a commitment by a third party to purchase the asset at the end of its useful life; or
(b) there is an active market for the asset and:
   (i) residual value can be determined by reference to that market; and
   (ii) it is probable that such a market will exist at the end of the asset's useful life.

The depreciable amount of an asset with a finite useful life is determined after deducting its residual value. A residual value other than zero implies that an entity expects to dispose of the intangible asset before the end of its economic life. 101

An estimate of an asset's residual value is based on the amount recoverable from disposal using prices prevailing at the date of the estimate for the sale of a similar asset that has reached the end of its useful life and has operated under conditions similar to those in which the asset will be used. The residual value is reviewed at least at each financial yearend. A change in the asset's residual value is accounted for as a change in an accounting estimate in accordance with IAS 8 *Accounting Policies, Changes in Accounting Estimates and Errors*. 102

The residual value of an intangible asset may increase to an amount equal to or greater than the asset's carrying amount. If it does, the asset's amortisation charge is zero unless and until its residual value subsequently decreases to an amount below the asset's carrying amount. 103

Review of Amortisation Period and Amortisation Method

The amortisation period and the amortisation method for an intangible asset with a finite useful life shall be reviewed at least at each financial year-end. If the expected useful life of the asset is different from previous estimates, the amortisation period shall be changed accordingly. If there has been a change in the expected pattern of consumption of the future economic benefits embodied in the asset, the amortisation method shall be changed to reflect the changed pattern. Such changes shall be accounted for as changes in accounting estimates in accordance with IAS 8. 104

During the life of an intangible asset, it may become apparent that the estimate of its useful life is inappropriate. For example, the recognition of an impairment loss may indicate that the amortisation period needs to be changed. 105

Over time, the pattern of future economic benefits expected to flow to an entity from an intangible asset may change. For example, it may become apparent that a diminishing balance method of amortisation is appropriate rather than a straight-line method. Another example is if use of the rights represented by a licence is deferred pending action on other components of the business plan. In this case, economic benefits that flow from the asset may not be received until later periods. 106

INTANGIBLE ASSETS WITH INDEFINITE USEFUL LIVES

An intangible asset with an indefinite useful life shall not be amortised. 107

In accordance with IAS 36 Impairment of Assets, an entity is required to test an intangible asset with an indefinite useful life for impairment by comparing its recoverable amount with its carrying amount 108
(a) annually, and
(b) whenever there is an indication that the intangible asset may be impaired.

Überprüfung der Einschätzung der Nutzungsdauer

109 Die Nutzungsdauer eines immateriellen Vermögenswertes, der nicht abgeschrieben wird, ist in jeder Berichtsperiode zu überprüfen, ob für diesen Vermögenswert weiterhin die Ereignisse und Umstände die Einschätzung einer unbegrenzten Nutzungsdauer rechtfertigen. Ist dies nicht der Fall, ist die Änderung der Einschätzung der Nutzungsdauer von unbegrenzt auf begrenzt als Änderung einer Schätzung gemäß IAS 8 *Bilanzierungs- und Bewertungsmethoden, Änderungen von Schätzungen und Fehler* anzusetzen.

110 Gemäß IAS 36 ist die Neubewertung der Nutzungsdauer eines immateriellen Vermögenswertes als begrenzt und nicht mehr als unbegrenzt ein Hinweis darauf, dass dieser Vermögenswert wertgemindert sein könnte. Demzufolge prüft das Unternehmen den Vermögenswert auf Wertminderung, indem es seinen erzielbaren Betrag, wie gemäß IAS 36festgelegt, mit seinem Buchwert vergleicht und jeden Überschuss des Buchwertes über den erzielbaren Betrag als Wertminderungsaufwand erfasst.

ERZIELBARKEIT DES BUCHWERTES - WERTMINDERUNGSAUFWAND

111 Um zu beurteilen, ob ein immaterieller Vermögenswert in seinem Wert gemindert ist, wendet ein Unternehmen IAS 36 *Wertminderung von Vermögenswerten* an. Dieser Standard erklärt, wann und wie ein Unternehmen den Buchwert seiner Vermögenswerte überprüft, wie es den erzielbaren Betrag eines Vermögenswertes bestimmt, und wann es einen Wertminderungsaufwand erfasst oder aufhebt.

STILLLEGUNGEN UND ABGÄNGE

112 **Ein immaterieller Vermögenswert ist auszubuchen:**
 (a) **bei Abgang;**
 oder
 (b) **wenn kein weiterer wirtschaftlicher Nutzen von seiner Nutzung oder seinem Abgang zu erwarten ist.**

113 **Die aus der Ausbuchung eines immateriellen Vermögenswertes resultierenden Gewinne oder Verluste sind als Differenz zwischen dem eventuellen Nettoveräußerungserlös und dem Buchwert des Vermögenswertes zu bestimmen. Diese Differenz ist bei Ausbuchung des Vermögenswertes erfolgswirksam zu erfassen (sofern IAS 17 Leasingverhältnisse bei Sale-and-leaseback-Transaktionen nichts anderes verlangt). Gewinne sind nicht als Erlöse auszuweisen.**

114 Der Abgang eines immateriellen Vermögenswertes kann auf verschiedene Arten erfolgen (z. B. Verkauf, Eintritt in ein Finanzierungsleasing oder Schenkung). Bei der Bestimmung des Abgangsdatums eines solchen Vermögenswertes wendet das Unternehmen zur Erfassung der Erträge aus dem Warenverkauf die Kriterien von IAS 18 *Erträge* an. IAS 17 wird auf Abgänge durch Sale-and-leaseback-Transaktionen angewendet.

115 Wenn ein Unternehmen nach dem Ansatzgrundsatz in Paragraph 21 im Buchwert eines Vermögenswertes die Anschaffungskosten für den Ersatz eines Teils des immateriellen Vermögenswertes erfasst, dann bucht es den Buchwert des ersetzten Teils aus. Wenn es dem Unternehmen nicht mglich ist, den Buchwert des ersetzten Teils zu ermitteln, kann es die Anschaffungskosten für den Ersatz als Indikation für seine Anschaffungskosten zum Zeitpunkt seines Erwerbs oder seiner Generierung nehmen.

116 Die erhaltene Gegenleistung beim Abgang eines immateriellen Vermögenswertes ist zunächst mit dem beizulegenden Zeitwert anzusetzen. Wenn die Zahlung für den immateriellen Vermögenswert nicht sofort erfolgt, ist die erhaltene Gegenleistung zunächst in Höhe des Gegenwertes des Barpreises anzusetzen. Der Unterschied zwischen dem Nominalbetrag der Gegenleistung und dem Gegenwert des Barpreises wird als Zinsertrag, der die Effektivverzinsung der Forderung widerspiegelt, gemäß IAS 18 erfasst.

117 Die Abschreibung eines immateriellen Vermögenswertes mit einer begrenzten Nutzungsdauer hört nicht auf, wenn der immaterielle Vermögenswert nicht mehr genutzt wird, sofern der Vermögenswert nicht vollkommen abgeschrieben ist oder gemäß IFRS 5 als zur Veräußerung gehalten klassifiziert wird (oder zu einer als zur Veräußerung gehalten klassifizierten Veräußerungsgruppe gehört).

Review of Useful Life Assessment

The useful life of an intangible asset that is not being amortised shall be reviewed each period to determine whether events and circumstances continue to support an indefinite useful life assessment for that asset. If they do not, the change in the useful life assessment from indefinite to finite shall be accounted for as a change in an accounting estimate in accordance with IAS 8 *Accounting Policies, Changes in Accounting Estimates and Errors*. 109

In accordance with IAS 36, reassessing the useful life of an intangible asset as finite rather than indefinite is an indicator that the asset may be impaired. As a result, the entity tests the asset for impairment by comparing its recoverable amount, determined in accordance with IAS 36, with its carrying amount, and recognising any excess of the carrying amount over the recoverable amount as an impairment loss. 110

RECOVERABILITY OF THE CARRYING AMOUNT - IMPAIRMENT LOSSES

To determine whether an intangible asset is impaired, an entity applies IAS 36 *Impairment of Assets*. That Standard explains when and how an entity reviews the carrying amount of its assets, how it determines the recoverable amount of an asset and when it recognises or reverses an impairment loss. 111

RETIREMENTS AND DISPOSALS

An intangible asset shall be derecognised: 112
(a) **on disposal;**
or
(b) **when no future economic benefits are expected from its use or disposal.**

The gain or loss arising from the derecognition of an intangible asset shall be determined as the difference between the net disposal proceeds, if any, and the carrying amount of the asset. It shall be recognised in profit or loss when the asset is derecognised (unless IAS 17 Leases requires otherwise on a sale and leaseback). Gains shall not be classified as revenue. 113

The disposal of an intangible asset may occur in a variety of ways (eg by sale, by entering into a finance lease, or by donation). In determining the date of disposal of such an asset, an entity applies the criteria in IAS 18 Revenue for recognising revenue from the sale of goods. IAS 17 applies to disposal by a sale and leaseback. 114

If in accordance with the recognition principle in paragraph 21 an entity recognises in the carrying amount of an asset the cost of a replacement for part of an intangible asset, then it derecognises the carrying amount of the replaced part. If it is not practicable for an entity to determine the carrying amount of the replaced part, it may use the cost of the replacement as an indication of what the cost of the replaced part was at the time it was acquired or internally generated. 115

The consideration receivable on disposal of an intangible asset is recognised initially at its fair value. If payment for the intangible asset is deferred, the consideration received is recognised initially at the cash price equivalent. The difference between the nominal amount of the consideration and the cash price equivalent is recognised as interest revenue in accordance with IAS 18 reflecting the effective yield on the receivable. 116

Amortisation of an intangible asset with a finite useful life does not cease when the intangible asset is no longer used, unless the asset has been fully depreciated or is classified as held for sale (or included in a disposal group that is classified as held for sale) in accordance with IFRS 5. 117

ANGABEN

Allgemeines

118 Für jede Gruppe immaterieller Vermögenswerte sind vom Unternehmen folgende Angaben zu machen, wobei zwischen selbst geschaffenen immateriellen Vermögenswerten und sonstigen immateriellen Vermögenswerten zu unterscheiden ist:
   (a) ob die Nutzungsdauern unbegrenzt oder begrenzt sind, und wenn begrenzt, die zu Grunde gelegten Nutzungsdauern und die angewandten Abschreibungssätze;
   (b) die für immaterielle Vermögenswerte mit begrenzten Nutzungsdauern verwendeten Abschreibungsmethoden;
   (c) der Bruttobuchwert und die kumulierte Abschreibung (zusammengefasst mit den kumulierten Wertminderungsaufwendungen) zu Beginn und zum Ende der Periode;
   (d) der/die Posten der Gewinn- und Verlustrechnung, in dem/denen die Abschreibungen auf immaterielle Vermögenswerte enthalten sind;
   (e) eine Überleitung des Buchwertes zu Beginn und zum Ende der Periode unter gesonderter Angabe der:
      (i) Zugänge, wobei solche aus unternehmensinterner Entwicklung, solche aus gesondertem Erwerb und solche aus Unternehmenszusammenschlüssen separat zu bezeichnen sind;
      (ii) Vermögenswerte, die gemäß IFRS 5 als zur Veräußerung gehalten klassifiziert werden oder zu einer als zur Veräußerung gehalten klassifizierten Veräußerungsgruppe gehören, und andere Abgänge;
      (iii) Erhöhungen oder Verminderungen während der Berichtsperiode auf Grund von Neubewertungen gemäß den Paragraphen 75, 85, und 86 und von direkt im Eigenkapital erfassten oder aufgehobenen Wertminderungsaufwendungen gemäß IAS 36 *Wertminderung von Vermögenswerten* (falls vorhanden);
      (iv) Wertminderungsaufwendungen, die während der Berichtsperiode erfolgswirksam gemäß IAS 36 erfasst wurden (falls vorhanden);
      (v) Wertminderungsaufwendungen, die während der Berichtsperiode erfolgswirksam gemäß IAS 36 rückgängig gemacht wurden (falls vorhanden);
      (vi) jede Abschreibung, die während der Berichtsperiode erfasst wurde;
      (vii) Nettoumrechnungsdifferenzen auf Grund der Umrechnung von Abschlüssen in die Darstellungswährung und der Umrechnung einer ausländischen Betriebsstätte in die Darstellungswährung des Unternehmens; und
      (viii) sonstige Buchwertänderungen während der Periode.

119 Eine Gruppe immaterieller Vermögenswerte ist eine Zusammenfassung von Vermögenswerten, die hinsichtlich ihrer Art und ihrem Verwendungszweck innerhalb des Unternehmens ähnlich sind. Beispiele für separate Gruppen können sein:
   (a) Markennamen;
   (b) Drucktitel und Verlagsrechte;
   (c) Computersoftware;
   (d) Lizenzen und Franchiseverträge;
   (e) Urheberrechte, Patente und sonstige gewerbliche Schutzrechte, Nutzungs- und Betriebskonzessionen;
   (f) Rezepte, Geheimverfahren, Modelle, Entwürfe und Prototypen; und
   (g) immaterielle Vermögenswerte in Entwicklung.
   Die oben bezeichneten Gruppen werden in kleinere (größere) Gruppen aufgespaltet (zusammengefasst), wenn den Abschlussadressaten dadurch relevantere Informationen zur Verfügung gestellt werden.

120 Zusätzlich zu den in Paragraph 118 (e)(iii)–(v) geforderten Informationen veröffentlicht ein Unternehmen Informationen über im Wert geminderte immaterielle Vermögenswerte gemäß IAS 36.

121 IAS 8 verlangt vom Unternehmen die Angabe der Art und des Betrags einer Änderung der Schätzung, die entweder eine wesentliche Auswirkung auf die Berichtsperiode hat oder von der angenommen wird, dass sie eine wesentliche Auswirkung auf nachfolgende Berichtsperioden haben wird. Derartige Angaben resultieren möglicherweise aus Änderungen in Bezug auf:
   (a) die Einschätzung der Nutzungsdauer eines immateriellen Vermögenswertes;
   (b) die Abschreibungsmethode; oder
   (c) Restwerte.

DISCLOSURE

General

118 An entity shall disclose the following for each class of intangible assets, distinguishing between internally generated intangible assets and other intangible assets:
(a) whether the useful lives are indefinite or finite and, if finite, the useful lives or the amortisation rates used;
(b) the amortisation methods used for intangible assets with finite useful lives;
(c) the gross carrying amount and any accumulated amortisation (aggregated with accumulated impairment losses) at the beginning and end of the period;
(d) the line item(s) of the income statement in which any amortisation of intangible assets is included;
(e) a reconciliation of the carrying amount at the beginning and end of the period showing:
  (i) additions, indicating separately those from internal development, those acquired separately, and those acquired through business combinations;
  (ii) assets classified as held for sale or included in a disposal group classified as held for sale in accordance with IFRS 5 and other disposals;
  (iii) increases or decreases during the period resulting from revaluations under paragraphs 75, 85 and 86 and from impairment losses recognised or reversed directly in equity in accordance with IAS 36 *Impairment of Assets* (if any);
  (iv) impairment losses recognised in profit or loss during the period in accordance with IAS 36 (if any);
  (v) impairment losses reversed in profit or loss during the period in accordance with IAS 36 (if any);
  (vi) any amortisation recognised during the period;
  (vii) net exchange differences arising on the translation of the financial statements into the presentation currency, and on the translation of a foreign operation into the presentation currency of the entity; and
  (viii) other changes in the carrying amount during the period.

119 A class of intangible assets is a grouping of assets of a similar nature and use in an entity's operations. Examples of separate classes may include:
(a) brand names;
(b) mastheads and publishing titles;
(c) computer software;
(d) licences and franchises;
(e) copyrights, patents and other industrial property rights, service and operating rights;
(f) recipes, formulae, models, designs and prototypes; and
(g) intangible assets under development.

The classes mentioned above are disaggregated (aggregated) into smaller (larger) classes if this results in more relevant information for the users of the financial statements.

120 An entity discloses information on impaired intangible assets in accordance with IAS 36 in addition to the information required by paragraph 118(e)(iii)—(v).

121 IAS 8 requires an entity to disclose the nature and amount of a change in an accounting estimate that has a material effect in the current period or is expected to have a material effect in subsequent periods. Such disclosure may arise from changes in:
(a) the assessment of an intangible asset's useful life;
(b) the amortisation method; or
(c) residual values.

IAS 38

122 Darüber hinaus hat ein Unternehmen anzugeben:
(a) für einen immateriellen Vermögenswert, dessen Nutzungsdauer als unbegrenzt eingeschätzt wurde, den Buchwert dieses Vermögenswertes und die Gründe für die Einschätzung seiner unbegrenzten Nutzungsdauer. Im Rahmen der Begründung muss das Unternehmen den/die Faktor(en) beschreiben, der/die bei der Ermittlung der unbegrenzten Nutzungsdauer des Vermögenswertes eine wesentliche Rolle spielte(n);
(b) eine Beschreibung, den Buchwert und den verbleibenden Abschreibungszeitraum eines jeden einzelnen immateriellen Vermögenswertes, der für den Abschluss des Unternehmens von wesentlicher Bedeutung ist;
(c) für immaterielle Vermögenswerte, die durch eine Zuwendung der öffentlichen Hand erworben und zunächst mit dem beizulegenden Zeitwert angesetzt wurden (siehe Paragraph 44):
  (i) den beizulegenden Zeitwert, der für diese Vermögenswerte zunächst angesetzt wurde;
  (ii) ihren Buchwert;
  und
  (iii) ob sie in der Folgebewertung nach dem Anschaffungskostenmodell oder nach dem Neubewertungsmodell bewertet werden.
(d) das Bestehen und die Buchwerte immaterieller Vermögenswerte, mit denen ein beschränktes Eigentumsrecht verbunden ist, und die Buchwerte immaterieller Vermögenswerte, die als Sicherheit für Verbindlichkeiten begeben sind.
(e) der Betrag für vertragliche Verpflichtungen für den Erwerb immaterieller Vermögenswerte.

123 Wenn ein Unternehmen den/die Faktor(en) beschreibt, der/die bei der Ermittlung, dass die Nutzungsdauer eines immateriellen Vermögenswertes unbegrenzt ist, eine wesentliche Rolle spielte(n), berücksichtigt das Unternehmen die in Paragraph 90 aufgeführten Faktoren.

Folgebewertung von immateriellen Vermögenswerten nach dem Neubewertungsmodell

124 Werden immaterielle Vermögenswerte zu ihrem Neubewertungsbetrag angesetzt, sind folgende Angaben vom Unternehmen zu machen:
(a) für jede Gruppe immaterieller Vermögenswerte:
  (i) den Stichtag der Neubewertung;
  (ii) den Buchwert der neu bewerteten immateriellen Vermögenswerte;
  und
  (iii) den Buchwert, der angesetzt worden wäre, wenn die neu bewertete Gruppe von immateriellen Vermögenswerten nach dem Anschaffungskostenmodell in Paragraph 74 bewertet worden wäre;
(b) den Betrag der sich auf immaterielle Vermögenswerte beziehenden Neubewertungsrücklage zu Beginn und zum Ende der Berichtsperiode unter Angabe der Änderungen während der Periode und jeglicher Ausschüttungsbeschränkungen an die Anteilseigner;
und
(c) die Methoden und wesentlichen Annahmen, die zur Schätzung des beizulegenden Zeitwertes der Vermögenswerte geführt haben.

125 Für Angabezwecke kann es erforderlich sein, die Gruppen neu bewerteter Vermögenswerte in größere Gruppen zusammenzufassen. Gruppen werden jedoch nicht zusammengefasst, wenn dies zu einer Kombination von Werten innerhalb einer Gruppe von immateriellen Vermögenswerten führen würde, die sowohl nach dem Anschaffungskostenmodell als auch nach dem Neubewertungsmodell bewertete Beträge enthält.

Forschungs- und Entwicklungsausgaben

126 Ein Unternehmen hat die Summe der Ausgaben für Forschung und Entwicklung offen zu legen, die während der Berichtsperiode als Aufwand erfasst wurden.

127 Forschungs- und Entwicklungsausgaben umfassen sämtliche Ausgaben, die Forschungs- oder Entwicklungsaktivitäten direkt zurechenbar sind (siehe die Paragraphen 66 und 67 als Orientierungshilfe für die Arten von Ausgaben, die im Rahmen der Angabevorschriften in Paragraph 126 einzubeziehen sind).

An entity shall also disclose: 122
(a) for an intangible asset assessed as having an indefinite useful life, the carrying amount of that asset and the reasons supporting the assessment of an indefinite useful life. In giving these reasons, the entity shall describe the factor(s) that played a significant role in determining that the asset has an indefinite useful life.
(b) a description, the carrying amount and remaining amortisation period of any individual intangible asset that is material to the entity's financial statements.
(c) for intangible assets acquired by way of a government grant and initially recognised at fair value (see paragraph 44):
   (i) the fair value initially recognised for these assets;
   (ii) their carrying amount; and
   (iii) whether they are measured after recognition under the cost model or the revaluation model.
(d) the existence and carrying amounts of intangible assets whose title is restricted and the carrying amounts of intangible assets pledged as security for liabilities.
(e) the amount of contractual commitments for the acquisition of intangible assets.

When an entity describes the factor(s) that played a significant role in determining that the useful life of an intangible asset is indefinite, the entity considers the list of factors in paragraph 90. 123

Intangible Assets Measured after Recognition using the Revaluation Model

If intangible assets are accounted for at revalued amounts, an entity shall disclose the following: 124
(a) by class of intangible assets:
   (i) the effective date of the revaluation;
   (ii) the carrying amount of revalued intangible assets; and
   (iii) the carrying amount that would have been recognised had the revalued class of intangible assets been measured after recognition using the cost model in paragraph 74;
(b) the amount of the revaluation surplus that relates to intangible assets at the beginning and end of the period, indicating the changes during the period and any restrictions on the distribution of the balance to shareholders; and
(c) the methods and significant assumptions applied in estimating the assets' fair values.

It may be necessary to aggregate the classes of revalued assets into larger classes for disclosure purposes. However, classes are not aggregated if this would result in the combination of a class of intangible assets that includes amounts measured under both the cost and revaluation models. 125

Research and Development Expenditure

An entity shall disclose the aggregate amount of research and development expenditure recognised as an expense during the period. 126

Research and development expenditure comprises all expenditure that is directly attributable to research or development activities (see paragraphs 66 and 67 for guidance on the type of expenditure to be included for the purpose of the disclosure requirement in paragraph 126). 127

Sonstige Informationen

128 Einem Unternehmen wird empfohlen, aber nicht vorgeschrieben, die folgenden Informationen offen zu legen:
(a) eine Beschreibung jedes vollständig abgeschriebenen, aber noch genutzten immateriellen Vermögenswertes; und
(b) eine kurze Beschreibung wesentlicher immaterieller Vermögenswerte, die vom Unternehmen beherrscht werden, jedoch nicht als Vermögenswerte angesetzt sind, da sie die Ansatzkriterien in diesem Standard nicht erfüllen oder weil sie vor Inkrafttreten der im Jahr 1998 herausgegebenen Fassung von IAS 38 *Immaterielle Vermögenswerte* erworben oder geschaffen wurden.

ÜBERGANGSVORSCHRIFTEN UND ZEITPUNKT DES INKRAFTTRETENS

129 Wenn sich ein Unternehmen in Übereinstimmung mit Paragraph 85 von IFRS 3 Unternehmenszusammenschlüsse dazu entschieden hat, IFRS 3 irgendwann vor dem in den Paragraphen 78–84 von ISFR 3 dargelegtem Zeitpunkt des Inkrafttretens anzuwenden, so hat es auch diesen Standard von demselben Zeitpunkt an prospektiv anzuwenden. Das Unternehmen hat somit den zu dem Zeitpunkt angesetzten Buchwert der immateriellen Vermögenswerte nicht anzupassen. Zu diesem Zeitpunkt muss das Unternehmen jedoch diesen Standard zur Neueinschätzung der Nutzungsdauer seiner angesetzten immateriellen Vermögenswerte anwenden. Falls infolge dieser Neueinschätzung das Unternehmen seine Einschätzung der Nutzungsdauer eines Vermögenswertes ändert, ist diese Änderung gemäß IAS 8 *Bilanzierungs- und Bewertungsmethoden, Änderungen von Schätzungen und Fehler* als eine Änderung einer Schätzung zu berücksichtigen.

130 Andernfalls hat ein Unternehmen diesen Standard anzuwenden:
(a) bei der Bilanzierung immaterieller Vermögenswerte, die bei Unternehmenszusammenschlüssen mit Datum des Vertragsabschlusses am 31. März 2004 oder danach erworben wurden; und
(b) prospektiv bei der Bilanzierung aller anderen immateriellen Vermögenswerten in der ersten Berichtsperiode eines am 31. März 2004 oder danach beginnenden Geschäftsjahres. Das Unternehmen hat somit den zu dem Zeitpunkt angesetzten Buchwert der immateriellen Vermögenswerte nicht anzupassen. Zu diesem Zeitpunkt muss das Unternehmen jedoch diesen Standard zur Neueinschätzung der Nutzungsdauer solcher immateriellen Vermögenswerte anwenden. Falls infolge dieser Neueinschätzung das Unternehmen seine Einschätzung der Nutzungsdauer eines Vermögenswertes ändert, ist diese Änderung gemäß IAS 8 als eine Änderung einer Schätzung zu berücksichtigen.

Tausch von ähnlichen Vermögenswerten

131 Die Vorschrift in den Paragraphen 129 und 130(b), diesen Standard prospektiv anzuwenden, bedeutet, dass bei der Bewertung eines Tausches von Vermögenswerten vor Inkrafttreten dieses Standards auf der Grundlage des Buchwertes des hingegebenen Vermögenswertes das Unternehmen den Buchwert des erworbenen Vermögenswertes nicht berichtigt, um den beizulegenden Zeitwert zum Erwerbszeitpunkt widerzuspiegeln.

Frühzeitige Anwendung

132 Unternehmen, auf die der Paragraph 130 anwendbar ist, wird empfohlen, diesen Standard vor dem in Paragraph 130 spezifizierten Zeitpunkt des Inkrafttretens anzuwenden. Wenn ein Unternehmen diesen Standard vor dem Zeitpunkt des Inkrafttretens anwendet, hat es gleichzeitig IFRS 3 und IAS 36 Wertminderung von Vermögenswerten (überarbeitet 2004) anzuwenden.

RÜCKNAHME VON IAS 38 (HERAUSGEGEBEN 1998)

133 Der vorliegende Standard ersetzt IAS 38 *Immaterielle Vermögenswerte* (herausgegeben 1998).

Other Information

An entity is encouraged, but not required, to disclose the following information: 128
(a) a description of any fully amortised intangible asset that is still in use; and
(b) a brief description of significant intangible assets controlled by the entity but not recognised as assets because they did not meet the recognition criteria in this Standard or because they were acquired or generated before the version of IAS 38 *Intangible Assets* issued in 1998 was effective.

TRANSITIONAL PROVISIONS AND EFFECTIVE DATE

If an entity elects in accordance with paragraph 85 of IFRS 3 Business Combinations to apply IFRS 3 from any date before the effective dates set out in paragraphs 78—84 of IFRS 3, it also shall apply this Standard prospectively from that same date. Thus, the entity shall not adjust the carrying amount of intangible assets recognised at that date. However, the entity shall, at that date, apply this Standard to reassess the useful lives of its recognised intangible assets. If, as a result of that reassessment, the entity changes its assessment of the useful life of an asset, that change shall be accounted for as a change in an accounting estimate in accordance with IAS 8 *Accounting Policies, Changes in Accounting Estimates and Errors*.   129

Otherwise, an entity shall apply this Standard: 130
(a) to the accounting for intangible assets acquired in business combinations for which the agreement date is on or after 31 March 2004; and
(b) to the accounting for all other intangible assets prospectively from the beginning of the first annual period beginning on or after 31 March 2004. Thus, the entity shall not adjust the carrying amount of intangible assets recognised at that date. However, the entity shall, at that date, apply this Standard to reassess the useful lives of such intangible assets. If, as a result of that reassessment, the entity changes its assessment of the useful life of an asset, that change shall be accounted for as a change in an accounting estimate in accordance with IAS 8.

Exchanges of Similar Assets

The requirement in paragraphs 129 and 130(b) to apply this Standard prospectively means that if an exchange of assets was measured before the effective date of this Standard on the basis of the carrying amount of the asset given up, the entity does not restate the carrying amount of the asset acquired to reflect its fair value at the acquisition date.   131

Early Application

Entities to which paragraph 130 applies are encouraged to apply the requirements of this Standard before the effective dates specified in paragraph 130. However, if an entity applies this Standard before those effective dates, it also shall apply IFRS 3 and IAS 36 Impairment of Assets (as revised in 2004) at the same time.   132

WITHDRAWAL OF IAS 38 (ISSUED 1998)

This Standard supersedes IAS 38 *Intangible Assets* (issued in 1998).   133

Internationaler Rechnungslegungsstandard 39

Finanzinstrumente: Ansatz und Bewertung

International Accounting Standard 39 *Finanzinstrumente: Ansatz und Bewertung* (IAS 39) ist in den Paragraphen 1–110 sowie in Anhang A festgelegt. Alle Paragraphen sind gleichrangig, behalten jedoch das IASC-Format des Standards, mit dem dieser durch den IASB verabschiedet wurde. IAS 39 ist in Verbindung mit den Grundlagen für Schlussfolgerungen, dem *Vorwort zu den International Financial Reporting Standards* und dem *Rahmenkonzept für die Aufstellung und Darstellung von Abschlüssen* zu betrachten. IAS 8 *Bilanzierungs- und Bewertungsmethoden, Änderungen von Schätzungen und Fehler*, stellt beim Fehlen ausdrücklicher Leitlinien eine Grundlage für die Auswahl und für die Anwendung von Bilanzierungs- und Bewertungsmethoden bereit.

INHALT

	Ziffer
Zielsetzung	1
Anwendungsbereich	2–7
Definitionen	8–9
Eingebettete Derivate	10–13
Ansatz und Ausbuchung	14–42
Erstmaliger Ansatz	14
Ausbuchung eines finanziellen Vermögenswertes	15–23
Übertragungen, die die Bedingungen für eine Ausbuchung erfüllen	24–28
Übertragungen, die die Bedingungen für eine Ausbuchung nicht erfüllen	29
Anhaltendes Engagement bei übertragenen Vermögenswerten	30–35
Alle Übertragungen	36–37
Marktüblicher Kauf und Verkauf eines finanziellen Vermögenswertes	38
Ausbuchung einer finanziellen Verbindlichkeit	39–42
Bewertung	43–70
Erstmalige Bewertung finanzieller Vermögenswerte und finanzieller Verbindlichkeiten	43–44
Folgebewertung finanzieller Vermögenswerte	45–46
Folgebewertung finanzieller Verbindlichkeiten	47
Überlegungen zur Bewertung mit dem beizulegenden Zeitwert	48–49
Umklassifizierungen	50–54
Gewinne und Verluste	55–57
Wertminderung und Uneinbringlichkeit von finanziellen Vermögenswerten	58–62
Finanzielle Vermögenswerte, die zu fortgeführten Anschaffungskosten bilanziert werden	63–65
Finanzielle Vermögenswerte, die zu Anschaffungskosten bilanziert werden	66
Zur Veräußerung verfügbare finanzielle Vermögenswerte	67–70
Sicherungsmaßnahmen	71–102
Sicherungsinstrumente	72–77
Qualifizierende Instrumente	72–73
Bestimmung von Sicherungsinstrumenten	74–77
Grundgeschäfte	78–84
Qualifizierende Grundgeschäfte	78–80
Bestimmung finanzieller Posten als Grundgeschäfte	81–81A
Bestimmung nicht finanzieller Posten als Grundgeschäfte	82
Bestimmung von Gruppen von Posten als Grundgeschäfte	83–84
Bilanzierung von Sicherungsbeziehungen	85–101
Absicherung des beizulegenden Zeitwertes	89–94
Absicherung von Zahlungsströmen	95–101
Absicherungen einer Nettoinvestition	102
Zeitpunkt des Inkrafttretens und Übergangsvorschriften	103–108B
Rücknahme anderer Verlautbarungen	109–110

International Accounting Standard 39

Financial Instruments: Recognition and Measurement

> International Accounting Standard 39 *Financial Instruments: Recognition and Measurement* (IAS 39) is set out in paragraphs 1—110 and Appendix A. All the paragraphs have equal authority but retain the IASC format of the Standard when it was adopted by the IASB. IAS 39 should be read in the context of the Basis for Conclusions, the *Preface to International Financial Reporting Standards* and the *Framework for the Preparation and Presentation of Financial Statements*. IAS 8 *Accounting Policies, Changes in Accounting Estimates and Errors* provides a basis for selecting and applying accounting policies in the absence of explicit guidance.

SUMMARY

	Paragraphs
Objective	1
Scope	2—7
Definitions	8—9
Embedded derivatives	10—13
Recognition and derecognition	14—42
Initial recognition	14
Derecognition of a financial asset	15—23
Transfers that qualify for derecognition	24—28
Transfers that do not qualify for derecognition	29
Continuing involvement in transferred assets	30—35
All transfers	36—37
Regular way purchase or sale of a financial asset	38
Derecognition of a financial liability	39—42
Measurement	43—70
Initial measurement of financial assets and financial liabilities	43—44
Subsequent measurement of financial assets	45—46
Subsequent measurement of financial liabilities	47
Fair value measurement considerations	48—49
Reclassifications	50—54
Gains and losses	55—57
Impairment and uncollectibility of financial assets	58—62
Financial assets carried at amortised cost	63—65
Financial assets carried at cost	66
Available-for-sale financial assets	67—70
Hedging	71—102
Hedging instruments	72—77
Qualifying instruments	72—73
Designation of hedging instruments	74—77
Hedged items	78—84
Qualifying items	78—80
Designation of financial items as hedged items	81—81A
Designation of non-financial items as hedged items	82
Designation of groups of items as hedged items	83—84
Hedge accounting	85—101
Fair value hedges	89—94
Cash flow hedges	95—101
Hedges of a net investment	102
Effective date and transitional provisions	103—108B
Withdrawal of other pronouncements	109—110

IAS 39

Der vorliegende Standard ersetzt IAS 39 *Finanzinstrumente: Ansatz und Bewertung* (überarbeitet 2000) und ist erstmals in der ersten Berichtsperiode eines am 1. Januar 2005 oder danach beginnenden Geschäftsjahres anzuwenden. Eine frühere Anwendung wird empfohlen.

ZIELSETZUNG

1   Zielsetzung des vorliegenden Standards ist es, Grundsätze für den Ansatz und die Bewertung von finanziellen Vermögenswerten, finanziellen Verbindlichkeiten und einigen Verträgen bezüglich eines Kaufs oder Verkaufs nicht finanzieller Posten aufzustellen. Anforderungen für die Darstellung von Informationen zu Finanzinstrumenten sind in IAS 32 *Finanzinstrumente: Darstellung* dargelegt. Anforderungen für die Angabe von Informationen zu Finanzinstrumenten sind in IFRS 7 *Finanzinstrumente: Angaben* dargelegt.

ANWENDUNGSBEREICH

2   Dieser Standard ist von allen Unternehmen auf alle Arten von Finanzinstrumenten anzuwenden, ausgenommen davon sind:
 (a) Anteile an Tochterunternehmen, assoziierten Unternehmen und Joint Ventures, die gemäß IAS 27 *Konzernabschlüsse und separate Einzelabschlüsse nach IFRS*, IAS 28 *Anteile an assoziierten Unternehmen* oder IAS 31 *Anteile an Joint Ventures* bilanziert werden. Unternehmen haben diesen Standard jedoch auf einen Anteil an einem Tochterunternehmen, einem assoziierten Unternehmen oder einem Joint Venture anzuwenden, der gemäß IAS 27, IAS 28 oder IAS 31 nach dem vorliegenden Standard zu bilanzieren ist. Der vorliegende Standard ist ebenso auf Derivate auf einen Anteil an einer Tochtergesellschaft, einem assoziierten Unternehmen oder einem Joint Venture anzuwenden, es sei denn, das Derivat erfüllt die Definition eines Eigenkapitalinstruments des Unternehmens gemäß IAS 32.
 (b) Rechte und Verpflichtungen aus Leasingverhältnissen, auf die IAS 17 *Leasingverhältnisse Anwendung* findet. Jedoch:
  (i) Forderungen aus Leasingverhältnissen, die vom Leasinggeber angesetzt wurden, unterliegen den in dem vorliegenden Standard aufgeführten Vorschriften zur Ausbuchung und Wertminderung (siehe Paragraphen 15–37, 58, 59, 63–65 und Anhang A Paragraphen AG36–AG52 und AG84–AG93);
  (ii) Verbindlichkeiten aus Finanzierungsleasingverhältnissen, die vom Leasingnehmer angesetzt wurden, unterliegen den in dem vorliegenden Standard aufgeführten Vorschriften zur Ausbuchung (siehe Paragraphen 39–42 und Anhang A Paragraphen AG57-AG63); und
  (iii) in Leasingverhältnisse eingebettete Derivate unterliegen den in dem vorliegenden Standard aufgeführten Vorschriften für eingebettete Derivate (siehe Paragraphen 10–13 und Anhang A Paragraphen AG27–AG33).
 (c) Rechte und Verpflichtungen eines Arbeitgebers aus Altersversorgungsplänen, auf die IAS 19 *Leistungen an Arbeitnehmer Anwendung findet*.
 (d) Finanzinstrumente, die von dem Unternehmen emittiert wurden, und die die Definition eines Eigenkapitalinstruments gemäß IAS 32 (einschließlich Options- und Bezugsrechte) erfüllen. Der Inhaber solcher Eigenkapitalinstrumente hat jedoch den vorliegenden Standard auf diese Instrumente anzuwenden, es sei denn sie erfüllen die zuvor unter (a) aufgeführten Ausnahmen.
 (e) Rechte und Verpflichtungen aus (i) einem Versicherungsvertrag im Sinne von IFRS 4 *Versicherungsverträge*, bei denen es sich nicht um Rechte und Verpflichtungen eines Emittenten aus einem Versicherungsvertrag handelt, der der Definition einer Finanzgarantie in Paragraph 9 entspricht, oder (ii) aus einem Vertrag, der aufgrund der Tatsache, dass er eine ermessensabhängige Überschussbeteiligung vorsieht, in den Anwendungsbereich von IFRS 4 fällt. Für ein Derivat, das in einen unter IFRS 4 fallenden Vertrag eingebettet ist, gilt dieser Standard aber dennoch, wenn das Derivat nicht selbst ein Vertrag ist, der in den Anwendungsbereich von IFRS 4 fällt (siehe Paragraphen 10–13 und Anhang A Paragraphen AG27–AG33). Hat ein Finanzgarantiegeber darüber hinaus zuvor ausdrücklich erklärt, dass er diese Garantien als Versicherungsverträge betrachtet, und hat er sie nach den für Versicherungsverträge geltenden Vorschriften bilanziert, so kann er auf die genannten Finanzgarantien entweder diesen Standard oder IFRS 4 anwenden (siehe Paragraphen AG4 und AG4A). Der Garantiegeber kann diese Entscheidung vertragsweise fällen, doch ist sie für jeden Vertrag unwiderruflich.
 (f) Verträge mit bedingter Gegenleistung im Rahmen eines Unternehmenszusammenschlusses (siehe IFRS 3 *Unternehmenszusammenschlüsse*). Diese Ausnahme ist nur auf den Erwerber anzuwenden.
 (g) Verträge zwischen einem Erwerber und einem Verkäufer in einem Unternehmenszusammenschluss, das erworbene Unternehmen zu einem zukünftigen Zeitpunkt zu erwerben oder zu veräußern.

IAS 39

This revised Standard supersedes IAS 39 (revised 2000) *Financial Instruments: Recognition and Measurement* and should be applied for annual periods beginning on or after 1 January 2005. Earlier application is permitted.

OBJECTIVE

1. The objective of this Standard is to establish principles for recognising and measuring financial assets, financial liabilities and some contracts to buy or sell non-financial items. Requirements for presenting information about financial instruments are in IAS 32 *Financial Instruments: Presentation*. Requirements for disclosing information about financial instruments are in IFRS 7 *Financial Instruments: Disclosures*.

SCOPE

2. This Standard shall be applied by all entities to all types of financial instruments except:
   (a) those interests in subsidiaries, associates and joint ventures that are accounted for under IAS 27 *Consolidated and Separate Financial Statements*, IAS 28 *Investments in Associates* or IAS 31 *Interests in Joint Ventures*. However, entities shall apply this Standard to an interest in a subsidiary, associate or joint venture that according to IAS 27, IAS 28 or IAS 31 is accounted for under this Standard. Entities shall also apply this Standard to derivatives on an interest in a subsidiary, associate or joint venture unless the derivative meets the definition of an equity instrument of the entity in IAS 32.
   (b) rights and obligations under leases to which IAS 17 *Leases* applies. However:
      (i) lease receivables recognised by a lessor are subject to the derecognition and impairment provisions of this Standard (see paragraphs 15—37, 58, 59, 63—65 and Appendix A paragraphs AG36—AG52 and AG84—AG93);
      (ii) finance lease payables recognised by a lessee are subject to the derecognition provisions of this Standard (see paragraphs 39—42 and Appendix A paragraphs AG57—AG63); and
      (iii) derivatives that are embedded in leases are subject to the embedded derivatives provisions of this Standard (see paragraphs 10—13 and Appendix A paragraphs AG27—AG33).
   (c) employers' rights and obligations under employee benefit plans, to which IAS 19 *Employee Benefits* applies.
   (d) financial instruments issued by the entity that meet the definition of an equity instrument in IAS 32 (including options and warrants). However, the holder of such equity instruments shall apply this Standard to those instruments, unless they meet the exception in (a) above.
   (e) rights and obligations arising under (i) an insurance contract as defined in IFRS 4 Insurance Contracts, other than an issuer's rights and obligations arising under an insurance contract that meets the definition of a financial guarantee contract in paragraph 9, or (ii) a contract that is within the scope of IFRS 4 because it contains a discretionary participation feature. However, this Standard applies to a derivative that is embedded in a contract within the scope of IFRS 4 if the derivative is not itself a contract within the scope of IFRS 4 (see paragraphs 10—13 and Appendix A paragraphs AG27—AG33). Moreover, if an issuer of financial guarantee contracts has previously asserted explicitly that it regards such contracts as insurance contracts and has used accounting applicable to insurance contracts, the issuer may elect to apply either this Standard or IFRS 4 to such financial guarantee contracts (see paragraphs AG4 and AG4A). The issuer may make that election contract by contract, but the election for each contract is irrevocable.
   (f) contracts for contingent consideration in a business combination (see IFRS 3 *Business Combinations*). This exemption applies only to the acquirer.
   (g) contracts between an acquirer and a vendor in a business combination to buy or sell an acquiree at a future date.

IAS 39

(h) Kreditzusagen, bei denen es sich nicht um die in Paragraph 4 beschriebenen Zusagen handelt. Auf Kreditzusagen, die nicht unter diesen Standard fallen, hat der Emittent IAS 37 anzuwenden. Sämtliche Kreditzusagen fallen jedoch unter die Ausbuchungsvorschriften dieses Standards (siehe Paragraphen 15–42 und Anhang A Paragraphen AG36–AG63).

(i) Finanzinstrumente, Verträge und Verpflichtungen im Zusammenhang mit aktienbasierten Vergütungstransaktionen, auf die IFRS 2 *Aktienbasierte Vergütung* Anwendung findet. Davon ausgenommen sind in den Anwendungsbereich der Paragraphen 5–7 dieses Standards fallende Verträge, auf die dieser Standard anzuwenden ist.

(j) Rechte auf Zahlungen zur Erstattung von Ausgaben, zu denen das Unternehmen verpflichtet ist, um eine Schuld zu begleichen, die es als Rückstellung gemäß IAS 37 *Rückstellungen, Eventualschulden und Eventualforderungen* ansetzt oder für die es in einer früheren Periode eine Rückstellung gemäß IAS 37 angesetzt hat.

3   (gestrichen)

4   Dieser Standard findet Anwendung auf folgende Kreditzusagen:
(a) Kreditzusagen, die das Unternehmen als finanzielle Verbindlichkeiten einstuft, die erfolgswirksam zum beizulegenden Zeitwert bewertet werden. Ein Unternehmen, das in der Vergangenheit die Vermögenswerte aus seinen Kreditzusagen für gewöhnlich kurz nach der Ausreichung verkauft hat, hat diesen Standard auf all seine Kreditzusagen derselben Klasse anzuwenden.
(b) Kreditzusagen, die durch einen Ausgleich in bar oder durch Lieferung oder Emission eines anderen Finanzinstruments erfüllt werden können. Diese Kreditzusagen sind Derivate. Eine Kreditzusage gilt nicht allein aufgrund der Tatsache, dass das Darlehen in Tranchen ausgezahlt wird (beispielsweise ein Hypothekenkredit, der gemäß dem Baufortschritt in Tranchen ausgezahlt wird) als im Wege eines Nettoausgleichs erfüllt.
(c) Zusagen, einen Kredit unter dem Marktzinssatz zur Verfügung zu stellen. Zur Folgebewertung finanzieller Verbindlichkeiten nach derartigen Zusagen siehe Paragraph 47(d).

5   Dieser Standard ist auf Verträge über den Kauf oder Verkauf eines nicht finanziellen Postens anzuwenden, die durch einen Ausgleich in bar oder anderen Finanzinstrumenten erfüllt werden können, oder durch den Tausch von Finanzinstrumenten, als handelte es sich bei den Verträgen um Finanzinstrumente, mit Ausnahme von den Verträgen, die zum Zweck des Empfangs oder der Lieferung von nicht finanziellen Posten gemäß dem erwarteten Einkaufs-, Verkaufs- oder Nutzungsbedarf des Unternehmens abgeschlossen wurden und in diesem Sinne weiter behalten werden.

6   Es bestehen verschiedene Möglichkeiten, wie ein Vertrag über den Kauf oder Verkauf von einem nicht finanziellen Posten durch einen Ausgleich in bar oder in anderen Finanzinstrumenten oder durch den Tausch von Finanzinstrumenten abgewickelt werden kann. Dazu zählt:
(a) den Vertrag durch Ausgleich in bar oder einem anderen Finanzinstrument bzw. durch den Tausch von Finanzinstrumenten abzuwickeln, sofern die Vertragsbedingungen dies jedem Kontrahenten gestatten;
(b) wenn die Möglichkeit zu einem Ausgleich in bar oder einem anderen Finanzinstrument bzw. durch Tausch von Finanzinstrumenten nicht explizit in den Vertragsbedingungen vorgesehen ist, das Unternehmen jedoch ähnliche Verträge für gewöhnlich durch Ausgleich in bar oder einem anderen Finanzinstrument bzw. durch den Tausch von Finanzinstrumenten erfüllt (sei es durch den Abschluss gegenläufiger Verträge mit der Vertragspartei oder durch den Verkauf des Vertrags vor dessen Ausübung oder Verfall);
(c) wenn das Unternehmen bei ähnlichen Verträgen den Vertragsgegenstand für gewöhnlich annimmt und ihn kurz nach der Anlieferung wieder veräußert, um Gewinne aus kurzfristigen Preisschwankungen oder Händlermargen zu erzielen; und
(d) wenn der nicht finanzielle Posten, der Gegenstand des Vertrags ist, jederzeit in Zahlungsmittel umzuwandeln ist.
Ein Vertrag, auf den (b) oder (c) zutrifft, gilt nicht als zum Zwecke des Empfangs oder der Lieferung von nicht finanziellen Posten gemäß des erwarteten Einkaufs-, Verkaufs- oder Nutzungsbedarfs des Unternehmen abgeschlossen und fällt demzufolge in den Anwendungsbereich dieses Standards. Andere Verträge, auf die Paragraph 5 zutrifft, werden beurteilt um zu bestimmen, ob sie zum Zwecke des Empfangs oder der Lieferung von nicht finanziellen Posten gemäß des erwarteten Einkaufs-, Verkaufs- oder Nutzungsbedarfs des Unternehmens abgeschlossen wurden und dazu weiterhin gehalten werden und ob sie demzufolge in den Anwendungsbereich dieses Standards fallen.

7   Eine geschriebene Option auf den Kauf oder Verkauf eines nicht finanziellen Postens, der durch Ausgleich in bar oder anderen Finanzinstrumenten bzw. durch den Tausch von Finanzinstrumenten gemäß Paragraph 6 (a) oder

(h) loan commitments other than those loan commitments described in paragraph 4. An issuer of loan commitments shall apply IAS 37 to loan commitments that are not within the scope of this Standard. However, all loan commitments are subject to the derecognition provisions of this Standard (see paragraphs 15—42 and Appendix A paragraphs AG36—AG63).
(i) financial instruments, contracts and obligations under share- based payment transactions to which IFRS 2 *Share-based Payment* applies, except for contracts within the scope of paragraphs 5—7 of this Standard, to which this Standard applies.
(j) rights to payments to reimburse the entity for expenditure it is required to make to settle a liability that it recognises as a provision in accordance with IAS 37 *Provisions, Contingent Liabilities and Contingent Assets,* or for which, in an earlier period, it recognised a provision in accordance with IAS 37.

(deleted) 3

The following loan commitments are within the scope of this Standard: 4
(a) loan commitments that the entity designates as financial liabilities at fair value through profit or loss. An entity that has a past practice of selling the assets resulting from its loan commitments shortly after origination shall apply this Standard to all its loan commitments in the same class.
(b) loan commitments that can be settled net in cash or by delivering or issuing another financial instrument. These loan commitments are derivatives. A loan commitment is not regarded as settled net merely because the loan is paid out in instalments (for example, a mortgage construction loan that is paid out in instalments in line with the progress of construction).
(c) commitments to provide a loan at a below-market interest rate. Paragraph 47(d) specifies the subsequent measurement of liabilities arising from these loan commitments.

This Standard shall be applied to those contracts to buy or sell a non-financial item that can be settled net in cash or another financial instrument, or by exchanging financial instruments, as if the contracts were financial instruments, with the exception of contracts that were entered into and continue to be held for the purpose of the receipt or delivery of a non-financial item in accordance with the entity's expected purchase, sale or usage requirements. 5

There are various ways in which a contract to buy or sell a non-financial item can be settled net in cash or another financial instrument or by exchanging financial instruments. These include: 6
(a) when the terms of the contract permit either party to settle it net in cash or another financial instrument or by exchanging financial instruments;
(b) when the ability to settle net in cash or another financial instrument, or by exchanging financial instruments, is not explicit in the terms of the contract, but the entity has a practice of settling similar contracts net in cash or another financial instrument or by exchanging financial instruments (whether with the counterparty, by entering into offsetting contracts or by selling the contract before its exercise or lapse);
(c) when, for similar contracts, the entity has a practice of taking delivery of the underlying and selling it within a short period after delivery for the purpose of generating a profit from short-term fluctuations in price or dealer's margin; and
(d) when the non-financial item that is the subject of the contract is readily convertible to cash.
A contract to which (b) or (c) applies is not entered into for the purpose of the receipt or delivery of the non-financial item in accordance with the entity's expected purchase, sale or usage requirements and, accordingly, is within the scope of this Standard. Other contracts to which paragraph 5 applies are evaluated to determine whether they were entered into and continue to be held for the purpose of the receipt or delivery of the non-financial item in accordance with the entity's expected purchase, sale or usage requirements and, accordingly, whether they are within the scope of this Standard.

A written option to buy or sell a non-financial item that can be settled net in cash or another financial instrument, or by exchanging financial instruments, in accordance with paragraph 6(a) or (d) is within the 7

IAS 39

(d) erfüllt werden kann, fällt in den Anwendungsbereich dieses Standards. Solch ein Vertrag kann nicht zum Zweck des Empfangs oder Verkaufs eines nicht finanziellen Postens gemäß dem erwarteten Einkaufs-, Verkaufs- oder Nutzungsbedarfs des Unternehmens abgeschlossen werden.

DEFINITIONEN

8 Die in IAS 32 definierten Begriffe werden in diesem Standard mit der in Paragraph 11 von IAS 32 angegebenen Bedeutung verwendet. IAS 32 definiert die folgenden Begriffe:
– Finanzinstrument
– finanzieller Vermögenswert
– finanzielle Verbindlichkeit
– Eigenkapitalinstrument
und gibt Hinweise zur Anwendung dieser Definitionen.

9 Die folgenden Begriffe werden in diesem Standard mit der angegebenen Bedeutung verwendet:

Definition eines Derivats
Ein Derivat ist ein Finanzinstrument oder ein anderer Vertrag, der in den Anwendungsbereich des vorliegenden Standards (siehe Paragraphen 2–7) fällt und alle der drei nachstehenden Merkmale aufweist:
(a) sein Wert verändert sich infolge einer Änderung eines bestimmten Zinssatzes, Preises eines Finanzinstruments, Rohstoffpreises, Wechselkurses, Preis- oder Zinsindexes, Bonitätsratings oder Kreditindexes oder einer anderen Variablen, vorausgesetzt, dass im Fall einer nicht-finanziellen Variablen die Variable nicht spezifisch für eine Partei des Vertrages ist (auch „Basis" genannt);
(b) es erfordert keine Anschaffungsauszahlung oder eine, die im Vergleich zu anderen Vertragsformen, von denen zu erwarten ist, dass sie in ähnlicher Weise auf Änderungen der Marktbedingungen reagieren, geringer ist;
und
(c) es wird zu einem späteren Zeitpunkt beglichen.

Definitionen der vier Kategorien von Finanzinstrumenten
Ein *erfolgswirksam zum beizulegenden Zeitwert bewerteter finanzieller Vermögenswert* oder eine *erfolgswirksam zum beizulegenden Zeitwert bewertete finanzielle Verbindlichkeit* ist ein finanzieller Vermögenswert bzw. eine finanzielle Verbindlichkeit, der/die eine der beiden folgenden Bedingungen erfüllt.
(a) Er/sie ist als zu Handelszwecken gehalten eingestuft. Ein finanzieller Vermögenswert oder eine finanzielle Verbindlichkeit wird als zu Handelszwecken gehalten eingestuft, wenn er/sie:
  (i) hauptsächlich mit der Absicht erworben oder eingegangen wurde, das Finanzinstrument kurzfristig zu verkaufen oder zurückzukaufen;
  (ii) Teil eines Portfolios eindeutig identifizierter und gemeinsam gemanagter Finanzinstrumenten ist, für das in der jüngeren Vergangenheit Hinweise auf kurzfristige Gewinnmitnahmen bestehen; oder
  (iii) ein Derivat ist (mit Ausnahme von Derivaten, bei denen es sich um eine Finanzgarantie handelt oder die als Sicherheitsinstrument designiert wurden und als solche effektiv sind).
(b) Beim erstmaligen Ansatz wird er/sie vom Unternehmen als erfolgswirksam zum beizulegenden Zeitwert zu bewerten eingestuft. Ein Unternehmen darf eine solche Einstufung nur dann vornehmen, wenn sie gemäß Paragraph 11A gestattet ist oder dadurch relevantere Informationen vermittelt werden, weil entweder
  (i) durch die Einstufung Inkongruenzen bei der Bewertung oder beim Ansatz (zuweilen als „Rechnungslegungsanomalie" bezeichnet) beseitigt oder erheblich verringert werden, die sich aus der ansonsten vorzunehmenden Bewertung von Vermögenswerten oder Verbindlichkeiten oder der Erfassung von Gewinnen und Verlusten zu unterschiedlichen Bewertungsmethoden ergeben würden; oder
  (ii) eine Gruppe von finanziellen Vermögenswerten und/oder finanziellen Verbindlichkeiten gemäß einer dokumentierten Risikomanagement- oder Anlagestrategie gesteuert und ihre Wertentwicklung auf Grundlage des beizulegenden Zeitwerts beurteilt wird und die auf dieser Grundlage ermittelten Informationen zu dieser Gruppe intern an Personen in Schlüsselpositionen des Unternehmens (wie in IAS 24 Angaben zu Beziehungen über nahe stehende Parteien (überarbeitet 2003) definiert), wie beispielsweise dem Geschäftsführungs- und/oder Aufsichtsorgan und dem Vorstandsvorsitzenden, weitergereicht werden.
Gemäß IFRS 7 Paragraphen 9–11 und B4 ist das Unternehmen verpflichtet, Angaben über finanzielle Vermögenswerte und finanzielle Verbindlichkeiten zu machen, die es als erfolgswirksam zum beizulegenden Zeitwert bewertet eingestuft hat, was auch Angaben darüber beinhaltet, auf welche Weise diese

IAS 39

scope of this Standard. Such a contract cannot be entered into for the purpose of the receipt or delivery of the non-financial item in accordance with the entity's expected purchase, sale or usage requirements.

DEFINITIONS

The terms defined in IAS 32 are used in this Standard with the meanings specified in paragraph 11 of IAS 32. IAS 32 defines the following terms: 8
- financial instrument
- financial asset
- financial liability
- equity instrument

and provides guidance on applying those definitions.

The following terms are used in this Standard with the meanings specified: 9

Definition of a Derivative

A derivative is a financial instrument or other contract within the scope of this Standard (see paragraphs 2—7) with all three of the following characteristics:
(a) its value changes in response to the change in a specified interest rate, financial instrument price, commodity price, foreign exchange rate, index of prices or rates, credit rating or credit index, or other variable, provided in the case of a non-financial variable that the variable is not specific to a party to the contract (sometimes called the 'underlying');
(b) it requires no initial net investment or an initial net investment that is smaller than would be required for other types of contracts that would be expected to have a similar response to changes in market factors; and
(c) it is settled at a future date.

Definitions of Four Categories of Financial Instruments

A *financial asset or financial liability at fair value through profit or loss* is a financial asset or financial liability that meets either of the following conditions.
(a) It is classified as held for trading. A financial asset or financial liability is classified as held for trading if it is:
  (i) acquired or incurred principally for the purpose of selling or repurchasing it in the near term;
  (ii) part of a portfolio of identified financial instruments that are managed together and for which there is evidence of a recent actual pattern of short-term profit-taking; or
  (iii) a derivative (except for a derivative that is a financial guarantee contract or a designated and effective hedging instrument).
(b) Upon initial recognition it is designated by the entity as at fair value through profit or loss. An entity may use this designation only when permitted by paragraph 11A, or when doing so results in more relevant information, because either
  (i) it eliminates or significantly reduces a measurement or recognition inconsistency (sometimes referred to as 'an accounting mismatch') that would otherwise arise from measuring assets or liabilities or recognising the gains and losses on them on different bases; or
  (ii) a group of financial assets, financial liabilities or both is managed and its performance is evaluated on a fair value basis, in accordance with a documented risk management or investment strategy, and information about the group is provided internally on that basis to the entity's key management personnel (as defined in IAS 24 *Related Party Disclosures* (as revised in 2003)), for example the entity's board of directors and chief executive officer.
In IFRS 7, paragraphs 9—11 and B4 require the entity to provide disclosures about financial assets and financial liabilities it has designated as at fair value through profit or loss, including how it has satisfied these conditions. For instruments qualifying in accordance with (ii) above, that disclosure includes a narrative description of how designation as at fair value through profit or loss is consistent with the entity's documented risk management or investment strategy.

Voraussetzungen erfüllt wurden. Bei Instrumenten, welche die Kriterien von (ii) oben erfüllen, schließt dies auch eine verbale Beschreibung ein, wie die Einstufung als erfolgswirksam zum beizulegenden Zeitwert bewertet mit der dokumentierten Risikomanagement- oder Anlagestrategie des Unternehmens in Einklang steht.

Finanzinvestitionen in Eigenkapitalinstrumente, für die kein auf einem aktiven Markt notierter Preis vorliegt und deren beizulegender Zeitwert nicht verlässlich ermittelt werden kann (siehe Paragraph 46(c) sowie die Paragraphen AG80 und AG81 in Anhang A) sind von einer Einstufung als erfolgswirksam zum beizulegenden Zeitwert bewertet ausgeschlossen.

Es wird darauf hingewiesen, dass die Paragraphen 48, 48A, 49 sowie die Paragraphen AG69-AG82 in Anhang A, in denen die Vorschriften zur Bestimmung eines verlässlichen beizulegenden Zeitwert eines finanziellen Vermögenswertes bzw. einer finanziellen Verbindlichkeit dargelegt sind, gleichermaßen auf alle Posten Anwendung finden, die – ob durch Einstufung oder auf andere Weise – zum beizulegenden Zeitwert bewertet werden oder deren beizulegender Zeitwert angegeben wird.

Bis zur Endfälligkeit gehaltene Finanzinvestitionen sind nicht derivative finanzielle Vermögenswerte mit festen oder bestimmbaren Zahlungen sowie einer festen Laufzeit, die das Unternehmen bis zur Endfälligkeit halten will und kann (siehe Anhang A Paragraphen AG16–AG25), mit Ausnahme von:
(a) denjenigen, die das Unternehmen beim erstmaligen Ansatz als erfolgswirksam zum beizulegenden Zeitwert zu bewerten designiert;
(b) denjenigen, die das Unternehmen als zur Veräußerung verfügbar bestimmt; und
(c) denjenigen, die die Definition von Krediten und Forderungen erfüllen.

Ein Unternehmen darf keine finanziellen Vermögenswerte als bis zur Endfälligkeit zu halten einstufen, wenn es im laufenden oder während der vorangegangenen zwei Geschäftsjahre mehr als einen unwesentlichen Teil der bis zur Endfälligkeit gehaltenen Finanzinvestitionen vor Endfälligkeit verkauft oder umgegliedert hat („unwesentlicher Teil' bezieht sich hierbei auf den Gesamtbetrag der bis zur Endfälligkeit gehaltenen Finanzinvestitionen), mit Ausnahme von Verkäufen oder Umgliederungen, die:
(i) so nahe am Endfälligkeits- oder Ausübungstermin des finanziellen Vermögenswertes liegen (z. B. weniger als drei Monate vor Ablauf), dass Veränderungen des Marktzinses keine wesentlichen Auswirkungen auf den beizulegenden Zeitwert des finanziellen Vermögenswertes haben würden;
(ii) stattfinden, nachdem das Unternehmen nahezu den gesamten ursprünglichen Kapitalbetrag des finanziellen Vermögenswertes durch planmäßige oder vorzeitige Zahlungen eingezogen hat; oder
(iii) einem isolierten Sachverhalt zuzurechnen sind, der sich der Kontrolle des Unternehmens entzieht, von einmaliger Natur ist und von diesem praktisch nicht vorhergesehen werden konnte.

Kredite und Forderungen sind nicht derivative finanzielle Vermögenswerte mit festen oder bestimmbaren Zahlungen, die nicht in einem aktiven Markt notiert sind, mit Ausnahme von:
(a) denjenigen, die das Unternehmen sofort oder kurzfristig zu verkaufen beabsichtigt und die dann als zu Handelszwecken gehalten einzustufen sind, und denjenigen, die das Unternehmen beim erstmaligen Ansatz als erfolgswirksam zum beizulegenden Zeitwert zu bewerten designiert;
(b) denjenigen, die das Unternehmen nach erstmaligem Ansatz als zur Veräußerung verfügbar klassifiziert; oder
(c) denjenigen, für die der Inhaber seine ursprüngliche Investition infolge anderer Gründe als einer Bonitätsverschlechterung nicht mehr nahezu vollständig wiedererlangen könnte und die dann als zur Veräußerung verfügbar einzustufen sind.

Ein erworbener Anteil an einem Pool von Vermögenswerten, die weder Kredite noch Forderungen darstellen (beispielsweise ein Anteil an einem offenen Investmentfonds oder einem ähnlichen Fonds), zählt nicht als Kredit oder Forderung.

Zur Veräußerung verfügbare finanzielle Vermögenswerte sind jene nicht derivativen finanziellen Vermögenswerte, die als zur Veräußerung verfügbar klassifiziert sind und nicht als (a) Kredite und Forderungen, (b) bis zur Endfälligkeit gehaltene Investitionen oder (c) finanzielle Vermögenswerte, die erfolgswirksam zum beizulegenden Zeitwert bewertet werden, eingestuft sind.

Definition von Finanzgarantie
Eine *Finanzgarantie* ist ein Vertrag, bei dem der Garantiegeber zur Leistung bestimmter Zahlungen verpflichtet ist, die den Garantienehmer für einen Verlust entschädigen, der entsteht, weil ein bestimmter Schuldner seinen Zahlungsverpflichtungen gemäß den ursprünglichen oder geänderten Bedingungen eines Schuldinstruments nicht fristgemäß nachkommt.

Definitionen in Bezug auf Ansatz und Bewertung
Als fortgeführte Anschaffungskosten eines finanziellen Vermögenswertes oder einer finanziellen Verbindlichkeit wird der Betrag bezeichnet, mit dem ein finanzieller Vermögenswert oder eine finanzielle Verbindlichkeit beim erstmaligen Ansatz bewertet wurde, abzüglich Tilgungen, zuzüglich oder abzüglich der

Investments in equity instruments that do not have a quoted market price in an active market, and whose fair value cannot be reliably measured (see paragraph 46(c) and Appendix A paragraphs AG80 and AG81), shall not be designated as at fair value through profit or loss.

It should be noted that paragraphs 48, 48A, 49 and Appendix A paragraphs AG69-AG82, which set out requirements for determining a reliable measure of the fair value of a financial asset or financial liability, apply equally to all items that are measured at fair value, whether by designation or otherwise, or whose fair value is disclosed.

Held-to-maturity investments are non-derivative financial assets with fixed or determinable payments and fixed maturity that an entity has the positive intention and ability to hold to maturity (see Appendix A paragraphs AG16—AG25) other than:
(a) those that the entity upon initial recognition designates as at fair value through profit or loss;
(b) those that the entity designates as available for sale; and
(c) those that meet the definition of loans and receivables.

An entity shall not classify any financial assets as held to maturity if the entity has, during the current financial year or during the two preceding financial years, sold or reclassified more than an insignificant amount of held-to-maturity investments before maturity (more than insignificant in relation to the total amount of held-to-maturity investments) other than sales or reclassifications that:
(i) are so close to maturity or the financial asset's call date (for example, less than three months before maturity) that changes in the market rate of interest would not have a significant effect on the financial asset's fair value;
(ii) occur after the entity has collected substantially all of the financial asset's original principal through scheduled payments or prepayments; or
(iii) are attributable to an isolated event that is beyond the entity's control, is non-recurring and could not have been reasonably anticipated by the entity.

Loans and receivables are non-derivative financial assets with fixed or determinable payments that are not quoted in an active market, other than:
(a) those that the entity intends to sell immediately or in the near term, which shall be classified as held for trading, and those that the entity upon initial recognition designates as at fair value through profit or loss;
(b) those that the entity upon initial recognition designates as available for sale; or
(c) those for which the holder may not recover substantially all of its initial investment, other than because of credit deterioration, which shall be classified as available for sale.

An interest acquired in a pool of assets that are not loans or receivables (for example, an interest in a mutual fund or a similar fund) is not a loan or receivable.

Available-for-sale financial assets are those non-derivative financial assets that are designated as available for sale or are not classified as (a) loans and receivables, (b) held-to-maturity investments or (c) financial assets at fair value through profit or loss.

Definition of a financial guarantee contract

A *financial guarantee contract* is a contract that requires the issuer to make specified payments to reimburse the holder for a loss it incurs because a specified debtor fails to make payment when due in accordance with the original or modified terms of a debt instrument.

Definitions Relating to Recognition and Measurement

The *amortised cost of a financial asset or financial liability* is the amount at which the financial asset or financial liability is measured at initial recognition minus principal repayments, plus or minus the cumulative amortisation using the effective interest method of any difference between that initial amount

kumulierten Amortisation einer etwaigen Differenz zwischen dem ursprünglichen Betrag und dem bei Endfälligkeit rückzahlbaren Betrag unter Anwendung der Effektivzinsmethode sowie abzüglich etwaiger Minderung (entweder direkt oder mithilfe eines Wertberichtigungskontos) für Wertminderungen oder Uneinbringlichkeit.

Die Effektivzinsmethode ist eine Methode zur Berechnung der fortgeführten Anschaffungskosten eines finanziellen Vermögenswertes oder einer finanziellen Verbindlichkeit (oder einer Gruppe von finanziellen Vermögenswerten oder finanziellen Verbindlichkeiten) und der Allokation von Zinserträgen und Zinsaufwendungen auf die jeweiligen Perioden. Der Effektivzinssatz ist derjenige Kalkulationszinssatz, mit dem die geschätzten künftigen Ein- und Auszahlungen über die erwartete Laufzeit des Finanzinstruments oder eine kürzere Periode, sofern zutreffend, exakt auf den Nettobuchwert des finanziellen Vermögenswertes oder der finanziellen Verbindlichkeit abgezinst werden. Bei der Ermittlung des Effektivzinssatzes hat ein Unternehmen zur Schätzung der Cashflows alle vertraglichen Bedingungen des Finanzinstruments zu berücksichtigen (z. B. Vorauszahlungen, Kauf- und andere Optionen), nicht jedoch künftigen Kreditausfälle. In diese Berechnung fließen alle unter den Vertragspartnern gezahlten oder erhaltenen Gebühren und sonstige Entgelte ein, die ein integraler Teil des Effektivzinssatzes (siehe IAS 18), der Transaktionskosten und aller anderen Agien und Disagien sind. Es wird davon ausgegangen, dass die Cashflows und die erwartete Laufzeit einer Gruppe ähnlicher Finanzinstrumente verlässlich geschätzt werden kann. In den seltenen Fällen, in denen es jedoch nicht möglich ist, die Cashflows oder die erwartete Laufzeit eines Finanzinstruments (oder einer Gruppe von Finanzinstrumenten) verlässlich zu bestimmen, hat das Unternehmen die vertraglichen Cashflows über die gesamte vertragliche Laufzeit des Finanzinstruments (oder der Gruppe von Finanzinstrumenten) zugrunde zu legen.

Unter Ausbuchung versteht man die Entfernung eines finanziellen Vermögenswertes oder einer finanziellen Verbindlichkeit aus der Bilanz eines Unternehmens.

Der beizulegende Zeitwert ist der Betrag, zu dem zwischen sachverständigen, vertragswilligen und voneinander unabhängigen Geschäftspartnern ein Vermögenswert getauscht oder eine Schuld beglichen werden könnte[1].

Unter einem marktüblichen Kauf oder Verkauf versteht man einen Kauf oder Verkauf eines finanziellen Vermögenswertes im Rahmen eines Vertrags, dessen Bedingungen die Lieferung des Vermögenswertes innerhalb eines Zeitraums vorsehen, der üblicherweise durch Vorschriften oder Konventionen des jeweiligen Marktes festgelegt wird.

Transaktionskosten sind zusätzlich anfallende Kosten, die dem Erwerb, der Emission oder der Veräußerung eines finanziellen Vermögenswertes oder einer finanziellen Verbindlichkeit unmittelbar zurechenbar sind (siehe Anhang A Paragraph AG13). Zusätzlich anfallende Kosten sind solche, die nicht entstanden wären, wenn das Unternehmen das Finanzinstrument nicht erworben, emittiert oder veräußert hätte.

Definitionen zur Bilanzierung von Sicherungsbeziehungen
Eine feste Verpflichtung ist eine rechtlich bindende Vereinbarung zum Austausch einer bestimmten Menge an Ressourcen zu einem festgesetzten Preis und einem festgesetzten Zeitpunkt oder Zeitpunkten.

Eine erwartete Transaktion ist eine noch nicht kontrahierte, aber voraussichtlich eintretende künftige Transaktion.

Ein Sicherungsinstrument ist ein designierter derivativer oder (im Falle einer Absicherung von Währungsrisiken) nicht derivativer finanzieller Vermögenswert bzw. eine nicht derivative finanzielle Verbindlichkeit, von deren beizulegendem Zeitwert oder Cashflows erwartet wird, dass sie Änderungen des beizulegenden Zeitwertes oder der Cashflows eines designierten Grundgeschäfts kompensieren (in den Paragraphen 72–77 und Anhang A Paragraphen AG94–AG97 wird die Definition eines Sicherungsinstruments weiter ausgeführt).

Ein Grundgeschäft ist ein Vermögenswert, eine Verbindlichkeit, eine feste Verpflichtung, eine erwartete und mit hoher Wahrscheinlichkeit eintretende künftige Transaktion oder eine Nettoinvestition in einen ausländischen Geschäftsbetrieb, durch das (a) das Unternehmen dem Risiko einer Änderung des beizulegenden Zeitwerts oder der künftigen Cashflows ausgesetzt ist und das (b) als gesichert designiert wird (in den Paragraphen 78–84 und Anhang A Paragraphen AG98–AG101 wird die Definition des Grundgeschäfts weiter ausgeführt).

Die Wirksamkeit einer Sicherung bezeichnet den Grad, mit dem die einem gesicherten Risiko zurechenbaren Änderungen des beizulegenden Zeitwertes oder der Cashflows des Grundgeschäfts durch Änderungen des beizulegenden Zeitwertes oder der Cashflows des Sicherungsinstruments kompensiert werden (siehe Anhang A Paragraphen AG105–AG113).

---

1 Die Paragraphen 48, 49 und AG69–AG82 aus Anhang A enthalten Anforderungen zur Bestimmung des beizulegenden Zeitwertes eines finanziellen Vermögenswertes oder einer finanziellen Verbindlichkeit.

and the maturity amount, and minus any reduction (directly or through the use of an allowance account) for impairment or uncollectibility.

The effective interest method is a method of calculating the amortised cost of a financial asset or a financial liability (or group of financial assets or financial liabilities) and of allocating the interest income or interest expense over the relevant period. The effective interest rate is the rate that exactly discounts estimated future cash payments or receipts through the expected life of the financial instrument or, when appropriate, a shorter period to the net carrying amount of the financial asset or financial liability. When calculating the effective interest rate, an entity shall estimate cash flows considering all contractual terms of the financial instrument (for example, prepayment, call and similar options) but shall not consider future credit losses. The calculation includes all fees and points paid or received between parties to the contract that are an integral part of the effective interest rate (see IAS 18), transaction costs, and all other premiums or discounts. There is a presumption that the cash flows and the expected life of a group of similar financial instruments can be estimated reliably. However, in those rare cases when it is not possible to estimate reliably the cash flows or the expected life of a financial instrument (or group of financial instruments), the entity shall use the contractual cash flows over the full contractual term of the financial instrument (or group of financial instruments).

Derecognition is the removal of a previously recognised financial asset or financial liability from an entity's balance sheet.

Fair value is the amount for which an asset could be exchanged, or a liability settled, between knowledgeable, willing parties in an arm's length transaction.[1]

A regular way purchase or sale is a purchase or sale of a financial asset under a contract whose terms require delivery of the asset within the time frame established generally by regulation or convention in the marketplace concerned.

Transaction costs are incremental costs that are directly attributable to the acquisition, issue or disposal of a financial asset or financial liability (see Appendix A paragraph AG13). An incremental cost is one that would not have been incurred if the entity had not acquired, issued or disposed of the financial instrument.

Definitions Relating to Hedge Accounting

A firm commitment is a binding agreement for the exchange of a specified quantity of resources at a specified price on a specified future date or dates.

A forecast transaction is an uncommitted but anticipated future transaction.

A hedging instrument is a designated derivative or (for a hedge of the risk of changes in foreign currency exchange rates only) a designated non-derivative financial asset or non-derivative financial liability whose fair value or cash flows are expected to offset changes in the fair value or cash flows of a designated hedged item (paragraphs 72—77 and Appendix A paragraphs AG94—AG97 elaborate on the definition of a hedging instrument).

A hedged item is an asset, liability, firm commitment, highly probable forecast transaction or net investment in a foreign operation that (a) exposes the entity to risk of changes in fair value or future cash flows and (b) is designated as being hedged (paragraphs 78—84 and Appendix A paragraphs AG98—AG101 elaborate on the definition of hedged items).

Hedge effectiveness is the degree to which changes in the fair value or cash flows of the hedged item that are attributable to a hedged risk are offset by changes in the fair value or cash flows of the hedging instrument (see Appendix A paragraphs AG105—AG113).

---

1 Paragraphs 48, 49 and AG69—AG82 of Appendix A contain requirements for determining the fair value of a financial asset or financial liability.

EINGEBETTETE DERIVATE

10 Ein eingebettetes Derivat ist Bestandteil eines strukturierten (zusammengesetzten) Finanzinstruments, das auch einen nicht derivativen Basisvertrag enthält, mit dem Ergebnis, dass ein Teil der Cashflows des zusammengesetzten Finanzinstruments ähnlichen Schwankungen ausgesetzt ist wie ein freistehendes Derivat. Ein eingebettetes Derivat verändert einen Teil oder alle Cashflows aus einem Kontrakt in Abhängigkeit von einem bestimmten Zinssatz, Preis eines Finanzinstruments, Rohstoffpreis, Wechselkurs, Preis- oder Kursindex, Bonitätsrating oder -index oder einer anderen Variablen, vorausgesetzt, dass im Fall einer nicht-finanziellen Variablen die Variable nicht spezifisch für eine Partei des Vertrages ist. Ein Derivat, das mit einem Finanzinstrument verbunden ist, jedoch unabhängig von diesem Instrument vertraglich übertragbar ist oder mit einer von diesem Instrument abweichenden Vertragspartei abgeschlossen wurde, ist kein eingebettetes derivatives Finanzinstrument, sondern ein eigenständiges Finanzinstrument.

11 Ein eingebettetes Derivat ist von dem Basisvertrag zu trennen und nach Maßgabe des vorliegenden Standards dann und nur dann als Derivat zu bilanzieren, wenn:
   (a) die wirtschaftlichen Merkmale und Risiken des eingebetteten Derivats nicht eng mit den wirtschaftlichen Merkmalen und Risiken des Basisvertrags verbunden sind (siehe Anhang A Paragraphen AG30 und AG33);
   (b) ein eigenständiges Instrument mit den gleichen Bedingungen wie das eingebettete Derivat die Definition eines Derivats erfüllen würde; und
   (c) das strukturierte (zusammengesetzte) Finanzinstrument nicht zum beizulegenden Zeitwert bewertet wird, dessen Änderungen erfolgswirksam erfasst werden (d. h. ein Derivat, das in einem erfolgswirksam zum beizulegenden Zeitwert bewerteten finanziellen Vermögenswert oder einer finanziellen Verbindlichkeit eingebettet ist, ist nicht zu trennen).

Wird ein eingebettetes Derivat getrennt, so ist der Basisvertrag gemäß vorliegendem Standard zu bilanzieren, wenn es sich um ein Finanzinstrument handelt, und entsprechend den Bestimmungen anderer Standards, wenn es sich nicht um ein Finanzinstrument handelt. Der vorliegende Standard regelt nicht, ob ein eingebettetes Derivat im Abschluss gesondert auszuweisen ist.

11A Wenn ein Vertrag ein oder mehrere eingebettete Derivate enthält, kann ein Unternehmen den gesamten strukturierten (zusammengesetzten) Vertrag ungeachtet Paragraph 11 als erfolgswirksam zum beizulegenden Zeitwert bewerteten finanziellen Vermögenswert bzw. finanzielle Verbindlichkeit einstufen, es sei denn:
   (a) das/die eingebettete(n) Derivat(e) verändert/verändern die ansonsten anfallenden Zahlungsströme aus dem Vertrag nur unerheblich; oder
   (b) es ist bei erstmaliger Beurteilung eines vergleichbaren strukturierten (zusammengesetzten) Instruments ohne oder mit nur geringem Analyseaufwand ersichtlich, dass eine Abspaltung des bzw. der eingebetteten Derivats/Derivate unzulässig ist, wie beispielsweise bei einer in einen Kredit eingebetteten Vorfälligkeitsoption, die den Kreditnehmer zu einer vorzeitigen Rückzahlung des Kredits zu ungefähr den fortgeführten Anschaffungskosten berechtigt.

12 Wenn ein Unternehmen nach Maßgabe des vorliegenden Standards verpflichtet ist, ein eingebettetes Derivat getrennt von seinem Basisvertrag zu erfassen, aber eine gesonderte Bewertung des eingebetteten Derivats weder bei Erwerb noch an den folgenden Abschlussstichtagen möglich ist, dann ist der gesamte strukturierte (zusammengesetzte) Vertrag als erfolgswirksam zum beizulegenden Zeitwert bewertet einzustufen.

13 Wenn es einem Unternehmen nicht möglich ist, den beizulegenden Zeitwert eines eingebetteten Derivats auf Grundlage seiner Ausstattungsmerkmale verlässlich zu bestimmen (weil das eingebettete Derivat beispielsweise auf einem nicht notierten Eigenkapitalinstrument basiert), dann entspricht der beizulegende Zeitwert des eingebetteten Derivats der Differenz zwischen dem beizulegenden Zeitwert des strukturierten (zusammengesetzten) Finanzinstruments und dem beizulegenden Zeitwert des Basisvertrags, wenn diese gemäß dem vorliegenden Standard bestimmt werden können. Wenn das Unternehmen den beizulegenden Zeitwert des eingebetteten Derivats nach dieser Methode nicht bestimmen kann, findet Paragraph 12 Anwendung, und das strukturierte (zusammengesetzte) Finanzinstrument wird als erfolgswirksam zum beizulegenden Zeitwert bewertet eingestuft.

EMBEDDED DERIVATIVES

An embedded derivative is a component of a hybrid (combined) instrument that also includes a non-derivative host contract — with the effect that some of the cash flows of the combined instrument vary in a way similar to a standalone derivative. An embedded derivative causes some or all of the cash flows that otherwise would be required by the contract to be modified according to a specified interest rate, financial instrument price, commodity price, foreign exchange rate, index of prices or rates, credit rating or credit index, or other variable, provided in the case of a non-financial variable that the variable is not specific to a party to the contract. A derivative that is attached to a financial instrument but is contractually transferable independently of that instrument, or has a different counterparty from that instrument, is not an embedded derivative, but a separate financial instrument.

An embedded derivative shall be separated from the host contract and accounted for as a derivative under this Standard if, and only if:
(a) the economic characteristics and risks of the embedded derivative are not closely related to the economic characteristics and risks of the host contract (see Appendix A paragraphs AG30 and AG33);
(b) a separate instrument with the same Terms as the embedded derivative would meet the definition of a derivative; and
(c) the hybrid (combined) instrument is not measured at fair value with changes in fair value recognised in profit or loss (ie a derivative that is embedded in a financial asset or financial liability at fair value through profit or loss is not separated).

If an embedded derivative is separated, the host contract shall be accounted for under this Standard if it is a financial instrument, and in accordance with other appropriate Standards if it is not a financial instrument. This Standard does not address whether an embedded derivative shall be presented separately on the face of the financial statements.

Notwithstanding paragraph 11, if a contract contains one or more embedded derivatives, an entity may designate the entire hybrid (combined) contract as a financial asset or financial liability at fair value through profit or loss unless:
(a) the embedded derivative(s) does not significantly modify the cash flows that otherwise would be required by the contract; or
(b) it is clear with little or no analysis when a similar hybrid (combined) instrument is first considered that separation of the embedded derivative(s) is prohibited, such as a prepayment option embedded in a loan that permits the holder to prepay the loan for approximately its amortised cost.

If an entity is required by this Standard to separate an embedded derivative from its host contract, but is unable to measure the embedded derivative separately either at acquisition or at a subsequent financial reporting date, it shall designate the entire hybrid (combined) contract as at fair value through profit or loss.

If an entity is unable to determine reliably the fair value of an embedded derivative on the basis of its terms and conditions (for example, because the embedded derivative is based on an unquoted equity instrument), the fair value of the embedded derivative is the difference between the fair value of the hybrid (combined) instrument and the fair value of the host contract, if those can be determined under this Standard. If the entity is unable to determine the fair value of the embedded derivative using this method, paragraph 12 applies and the hybrid (combined) instrument is designated as at fair value through profit or loss.

ANSATZ UND AUSBUCHUNG

Erstmaliger Ansatz

14 Ein Unternehmen hat einen finanziellen Vermögenswert oder eine finanzielle Verbindlichkeit dann und nur dann in seiner Bilanz anzusetzen, wenn das Unternehmen Vertragspartei der Regelungen des Finanzinstruments wird. (Zum marktüblichen Erwerb eines finanziellen Vermögenswertes siehe Paragraph 38.)

Ausbuchung eines finanziellen Vermögenswertes

15 Bei Konzernabschlüssen werden die Paragraphen 16–23 und Anhang A Paragraphen AG34–AG52 auf Konzernebene angewendet. Folglich konsolidiert ein Unternehmen zuerst alle Tochterunternehmen gemäß IAS 27 und SIC-12 *Konsolidierung – Zweckgesellschaften* und wendet dann die Paragraphen 16–23 und Anhang A Paragraphen AG34–AG52 auf die daraus resultierende Unternehmensgruppe an.

16 Vor der Beurteilung, ob und in welcher Höhe eine Ausbuchung gemäß den Paragraphen 17–23 zulässig ist, bestimmt ein Unternehmen, ob diese Paragraphen auf einen Teil des finanziellen Vermögenswertes (oder einen Teil einer Gruppe ähnlicher finanzieller Vermögenswerte) oder auf einen finanziellen Vermögenswert (oder eine Gruppe ähnlicher finanzieller Vermögenswerte) in seiner Gesamtheit anzuwenden ist, und zwar wie folgt.
(a) Die Paragraphen 17–23 sind dann und nur dann auf einen Teil eines finanziellen Vermögenswertes (oder einen Teil einer Gruppe ähnlicher finanzieller Vermögenswerte) anzuwenden, wenn der Teil, der für eine Ausbuchung in Erwägung gezogen wird, eine der drei folgenden Voraussetzungen erfüllt.
  (i) Der Teil enthält nur speziell abgegrenzte Cashflows eines finanziellen Vermögenswertes (oder einer Gruppe ähnlicher finanzieller Vermögenswerte). Wenn ein Unternehmen beispielsweise einen Zinsstrip eingeht, wobei die Vertragspartei das Recht auf die Zinszahlungen, jedoch nicht auf die Tilgungen aus dem Schuldinstrument erhält, sind die Paragraphen 17–23 auf die Zinszahlungen anzuwenden.
  (ii) Der Teil umfasst lediglich einen exakt proportionalen (pro rata) Teil an den Cashflows eines finanziellen Vermögenswertes (oder einer Gruppe ähnlicher finanzieller Vermögenswerte). Wenn ein Unternehmen beispielsweise eine Vereinbarung eingeht, bei der die Vertragspartei die Rechte auf 90 Prozent aller Cashflows eines Schuldinstruments erhält, sind die Paragraphen 17–23 auf 90 Prozent dieser Cashflows anzuwenden. Gibt es mehr als eine Vertragspartei, wird nicht von jeder Vertragspartei verlangt, einen entsprechenden Anteil an den Cashflows zu haben, vorausgesetzt dass das übertragende Unternehmen einen exakt proportionalen Teil hat.
  (iii) Der Teil umfasst lediglich einen exakt proportionalen (pro rata) Teil an speziell abgegrenzten Cashflows eines finanziellen Vermögenswertes (oder einer Gruppe ähnlicher finanzieller Vermögenswerte). Wenn ein Unternehmen beispielsweise eine Vereinbarung eingeht, bei der die Vertragspartei die Rechte auf 90 Prozent der Zinszahlungen eines Schuldinstruments erhält, sind die Paragraphen 17–23 auf 90 Prozent dieser Zinszahlungen anzuwenden. Gibt es mehr als eine Vertragspartei, wird nicht von jeder Vertragspartei verlangt, einen proportionalen Teil an den speziell abgegrenzten Cashflows zu haben, vorausgesetzt dass das übertragende Unternehmen einen exakt proportionalen Teil hat.
(b) In allen anderen Fällen sind die Paragraphen 17–23 auf den finanziellen Vermögenswert in seiner Gesamtheit (oder auf die Gruppe ähnlicher finanzieller Vermögenswerte in ihrer Gesamtheit) anzuwenden. Wenn ein Unternehmen beispielsweise (i) die Rechte an den ersten oder letzten 90 Prozent der Zahlungseingänge aus einem finanziellen Vermögenswert (oder einer Gruppe finanzieller Vermögenswerte), oder (ii) die Rechte an 90 Prozent der Cashflows aus einer Gruppe von Forderungen überträgt, dazu jedoch eine Garantie abgibt, dem Käufer jegliche Zahlungsausfälle bis in Höhe von 8 Prozent des Kapitalbetrags der Forderungen zu erstatten, sind die Paragraphen 17–23 auf den finanziellen Vermögenswert in seiner Gesamtheit (oder die Gruppe ähnlicher finanzieller Vermögenswerte in ihrer Gesamtheit) anzuwenden.
In den Paragraphen 17–26 bezieht sich der Begriff „finanzieller Vermögenswert" entweder auf einen Teil eines finanziellen Vermögenswertes (oder einen Teil einer Gruppe ähnlicher finanzieller Vermögenswerte) wie oben in (a) beschrieben oder anderenfalls auf einen finanziellen Vermögenswert in seiner Gesamtheit (oder eine Gruppe ähnlicher finanzieller Vermögenswerte in ihrer Gesamtheit).

RECOGNITION AND DERECOGNITION

Initial Recognition

14 An entity shall recognise a financial asset or a financial liability on its balance sheet when, and only when, the entity becomes a party to the contractual provisions of the instrument. (See paragraph 38 with respect to regular way purchases of financial assets.)

Derecognition of a Financial Asset

15 In consolidated financial statements, paragraphs 16—23 and Appendix A paragraphs AG34-AG52 are applied at a consolidated level. Hence, an entity first consolidates all subsidiaries in accordance with IAS 27 and SIC-12 *Consolidation—Special Purpose Entities* and then applies paragraphs 16—23 and Appendix A paragraphs AG34—AG52 to the resulting group.

16 Before evaluating whether, and to what extent, derecognition is appropriate under paragraphs 17—23, an entity determines whether those paragraphs should be applied to a part of a financial asset (or a part of a group of similar financial assets) or a financial asset (or a group of similar financial assets) in its entirety, as follows.
  (a) Paragraphs 17—23 are applied to a part of a financial asset (or a part of a group of similar financial assets) if, and only if, the part being considered for derecognition meets one of the following three conditions.
     (i) The part comprises only specifically identified cash flows from a financial asset (or a group of similar financial assets). For example, when an entity enters into an interest rate strip whereby the counterparty obtains the right to the interest cash flows, but not the principal cash flows from a debt instrument, paragraphs 17—23 are applied to the interest cash flows.
     (ii) The part comprises only a fully proportionate (pro rata) share of the cash flows from a financial asset (or a group of similar financial assets). For example, when an entity enters into an arrangement whereby the counterparty obtains the rights to a 90 per cent share of all cash flows of a debt instrument, paragraphs 17—23 are applied to 90 per cent of those cash flows. If there is more than one counterparty, each counterparty is not required to have a proportionate share of the cash flows provided that the transferring entity has a fully proportionate share.
     (iii) The part comprises only a fully proportionate (pro rata) share of specifically identified cash flows from a financial asset (or a group of similar financial assets). For example, when an entity enters into an arrangement whereby the counterparty obtains the rights to a 90 per cent share of interest cash flows from a financial asset, paragraphs 17—23 are applied to 90 per cent of those interest cash flows. If there is more than one counterparty, each counterparty is not required to have a proportionate share of the specifically identified cash flows provided that the transferring entity has a fully proportionate share.
  (b) In all other cases, paragraphs 17—23 are applied to the financial asset in its entirety (or to the group of similar financial assets in their entirety). For example, when an entity transfers (i) the rights to the first or the last 90 per cent of cash collections from a financial asset (or a group of financial assets), or (ii) the rights to 90 per cent of the cash flows from a group of receivables, but provides a guarantee to compensate the buyer for any credit losses up to 8 per cent of the principal amount of the receivables, paragraphs 17—23 are applied to the financial asset (or a group of similar financial assets) in its entirety.
In paragraphs 17—26, the term 'financial asset' refers to either a part of a financial asset (or a part of a group of similar financial assets) as identified in (a) above or, otherwise, a financial asset (or a group of similar financial assets) in its entirety.

17 Ein Unternehmen hat einen finanziellen Vermögenswert dann und nur dann auszubuchen, wenn:
(a) die vertraglichen Rechte auf Cashflows aus einem finanziellen Vermögenswert auslaufen; oder
(b) es den finanziellen Vermögenswert, wie in den Paragraphen 18 und 19 dargestellt, überträgt und die Übertragung die Kriterien einer Ausbuchung gemäß Paragraph 20 erfüllt.
(Zum marktüblichen Verkauf von finanziellen Vermögenswerten siehe Paragraph 38.)

18 Ein Unternehmen überträgt dann und nur dann einen finanziellen Vermögenswert, wenn es entweder:
(a) die vertraglichen Rechte auf den Bezug von Cashflows aus dem finanziellen Vermögenswert überträgt; oder
(b) die vertraglichen Rechte auf den Bezug von Cashflows aus finanziellen Vermögenswerten zurückbehält, jedoch eine vertragliche Verpflichtung zur Zahlung der Cashflows an einen oder mehrere Empfänger im Rahmen einer Vereinbarung, die die Bedingungen in Paragraph 19 erfüllt, übernimmt.

19 Behält ein Unternehmen die vertraglichen Rechte auf den Bezug von Cashflows aus einem finanziellen Vermögenswert (dem „ursprünglichen Vermögenswert") zurück, übernimmt jedoch eine vertragliche Verpflichtung zur Zahlung dieser Cashflows an ein oder mehrere Unternehmen (die „eventuellen Empfänger"), hat das Unternehmen die Transaktion dann und nur dann als eine Übertragung eines finanziellen Vermögenswertes zu behandeln, wenn alle drei nachfolgenden Bedingungen erfüllt sind.
(a) Das Unternehmen ist nicht verpflichtet, den eventuellen Empfängern Zahlungen zu leisten, sofern es nicht entsprechende Beträge von dem ursprünglichen Vermögenswert vereinnahmt. Von dem Unternehmen geleistete kurzfristige Vorauszahlungen, die das Recht auf volle Rückerstattung des geliehenen Betrags zuzüglich der aufgelaufenen Zinsen zum Marktzinssatz beinhalten, verletzen diese Bedingung nicht.
(b) Gemäß den Bedingungen des Übertragungsvertrags ist es dem Unternehmen untersagt, den ursprünglichen Vermögenswert zu verkaufen oder zu verpfänden, es sei denn als Sicherheit gegenüber den eventuellen Empfängern, um die Verpflichtung, Ihnen die Cashflows zu zahlen, zu erfüllen.
(c) Das Unternehmen ist verpflichtet, alle Cashflows, die es für die eventuellen Empfänger einnimmt, ohne wesentliche Verzögerung weiterzuleiten. Ein Unternehmen ist außerdem nicht befugt, solche Cashflows innerhalb der kurzen Erfüllungsperiode vom Inkassotag bis zum geforderten Überweisungstermin an die eventuellen Empfänger zu reinvestieren, außer in Zahlungsmittel oder Zahlungsmitteläquivalente (wie in IAS 7 Kapitalflussrechnungen definiert), wobei die Zinsen aus solchen Finanzinvestitionen an die eventuellen Empfänger weiterzuleiten sind.

20 Überträgt ein Unternehmen einen finanziellen Vermögenswert (siehe Paragraph 18), hat es das Ausmaß festzustellen, in dem es die Risiken und Chancen, die mit dem Eigentum des finanziellen Vermögenswertes verbunden sind, zurückbehält. In diesem Fall gilt folgendes:
(a) Wenn das Unternehmen im Wesentlichen alle Risiken und Chancen, die mit dem Eigentum des finanziellen Vermögenswertes verbunden sind, überträgt, hat es den finanziellen Vermögenswert auszubuchen und jegliche bei dieser Übertragung entstandenen oder behaltenen Rechte und Verpflichtungen gesondert als Vermögenswerte oder Verbindlichkeiten anzusetzen.
(b) Wenn das Unternehmen im Wesentlichen alle Risiken und Chancen, die mit dem Eigentum des finanziellen Vermögenswertes verbunden sind, behält, hat es den finanziellen Vermögenswert weiterhin zu erfassen.
(c) Wenn das Unternehmen im Wesentlichen alle Risiken und Chancen, die mit dem Eigentum des finanziellen Vermögenswertes verbunden sind, weder überträgt noch behält, hat es zu bestimmen, ob es die Verfügungsmacht des finanziellen Vermögenswertes behalten hat. In diesem Fall gilt folgendes:
(i) Wenn das Unternehmen die Verfügungsmacht nicht behalten hat, ist der finanzielle Vermögenswert auszubuchen und sind jegliche bei dieser Übertragung entstandenen oder behaltenen Rechte und Verpflichtungen gesondert als Vermögenswerte oder Verbindlichkeiten anzusetzen.
(ii) Wenn das Unternehmen die Verfügungsmacht behalten hat, ist der finanzielle Vermögenswert in dem Umfang seines anhaltenden Engagements weiter zu erfassen (siehe Paragraph 30).

21 Die Übertragung von Risiken und Chancen (siehe Paragraph 20) wird durch einen Vergleich der Risikopositionen des Unternehmens im Hinblick auf Veränderungen in der Höhe und dem Eintrittszeitpunkt der Netto-Cashflows des übertragenen Vermögenswertes vor und nach der Übertragung festgestellt. Ein Unternehmen hat im Wesentlichen alle Risiken und Chancen, die mit dem Eigentum eines finanziellen Vermögenswertes verbunden sind, behalten, wenn sich seine Risikoposition im Hinblick auf Schwankungen des Barwertes der künftigen Netto-Cashflows durch die Übertragung nicht wesentlich geändert hat (weil z. B. das Unternehmen einen finanziellen Vermögenswert gemäß einer Vereinbarung über dessen Rückkauf zu einem festen Preis oder zum Verkaufspreis zuzüglich einer Verzinsung veräußert hat). Ein Unternehmen hat im Wesentlichen alle Risiken und Chancen am Eigentum eines finanziellen Vermögenswertes übertragen, wenn seine Risiko-

17 An entity shall derecognise a financial asset when, and only when:
(a) the contractual rights to the cash flows from the financial asset expire;
or
(b) it transfers the financial asset as set out in paragraphs 18 and 19 and the transfer qualifies for derecognition in accordance with paragraph 20.
(See paragraph 38 for regular way sales of financial assets.)

18 An entity transfers a financial asset if, and only if, it either:
(a) transfers the contractual rights to receive the cash flows of the financial asset;
or
(b) retains the contractual rights to receive the cash flows of the financial asset, but assumes a contractual obligation to pay the cash flows to one or more recipients in an arrangement that meets the conditions in paragraph 19.

19 When an entity retains the contractual rights to receive the cash flows of a financial asset (the 'original asset'), but assumes a contractual obligation to pay those cash flows to one or more entities (the 'eventual recipients'), the entity treats the transaction as a transfer of a financial asset if, and only if, all of the following three conditions are met.
(a) The entity has no obligation to pay amounts to the eventual recipients unless it collects equivalent amounts from the original asset. Short-term advances by the entity with the right of full recovery of the amount lent plus accrued interest at market rates do not violate this condition.
(b) The entity is prohibited by the terms of the transfer contract from selling or pledging the original asset other than as security to the eventual recipients for the obligation to pay them cash flows.
(c) The entity has an obligation to remit any cash flows it collects on behalf of the eventual recipients without material delay. In addition, the entity is not entitled to reinvest such cash flows, except for investments in cash or cash equivalents (as defined in IAS 7 *Cash Flow Statements*) during the short settlement period from the collection date to the date of required remittance to the eventual recipients, and interest earned on such investments is passed to the eventual recipients.

20 When an entity transfers a financial asset (see paragraph 18), it shall evaluate the extent to which it retains the risks and rewards of ownership of the financial asset. In this case:
(a) if the entity transfers substantially all the risks and rewards of ownership of the financial asset, the entity shall derecognise the financial asset and recognise separately as assets or liabilities any rights and obligations created or retained in the transfer.
(b) if the entity retains substantially all the risks and rewards of ownership of the financial asset, the entity shall continue to recognise the financial asset.
(c) if the entity neither transfers nor retains substantially all the risks and rewards of ownership of the financial asset, the entity shall determine whether it has retained control of the financial asset. In this case:
  (i) if the entity has not retained control, it shall derecognise the financial asset and recognise separately as assets or liabilities any rights and obligations created or retained in the transfer.
  (ii) if the entity has retained control, it shall continue to recognise the financial asset to the extent of its continuing involvement in the financial asset (see paragraph 30).

21 The transfer of risks and rewards (see paragraph 20) is evaluated by comparing the entity's exposure, before and after the transfer, with the variability in the amounts and timing of the net cash flows of the transferred asset. An entity has retained substantially all the risks and rewards of ownership of a financial asset if its exposure to the variability in the present value of the future net cash flows from the financial asset does not change significantly as a result of the transfer (eg because the entity has sold a financial asset subject to an agreement to buy it back at a fixed price or the sale price plus a lender's return). An entity has transferred substantially all the risks and rewards of ownership of a financial asset if its exposure to such variability is no longer significant in relation to the total variability in the present value of the future net cash flows associated with the financial asset (eg because the entity has sold a financial asset subject only to an option to buy it back at its fair value at the time of

position im Hinblick auf solche Schwankungen nicht mehr signifikant ist im Vergleich zu der gesamten Schwankungsbreite des Barwertes der mit dem finanziellen Vermögenswert verbundenen künftigen Netto-Cashflows (weil z. B. das Unternehmen einen finanziellen Vermögenswert lediglich mit der Option verkauft hat, ihn zum beizulegenden Zeitwert zum Zeitpunkt des Rückkaufs zurückzukaufen, oder weil es einen exakt proportionalen Teil der Cashflows eines größeren finanziellen Vermögenswertes im Rahmen einer Vereinbarung, wie einer Kredit-Unterbeteiligung, die die Bedingungen in Paragraph 19 erfüllt, übertragen hat).

22 Oft ist es offensichtlich, ob ein Unternehmen im Wesentlichen alle Risiken und Chancen am Eigentum übertragen oder behalten hat, und es bedarf keiner weiteren Berechnungen. In anderen Fällen wird es notwendig sein, die Risikoposition des Unternehmens im Hinblick auf Schwankungen des Barwertes der künftigen Netto-Cashflows vor und nach der Übertragung zu berechnen und zu vergleichen. Zur Berechnung und zum Vergleich wird ein angemessener aktueller Marktzins als Abzinsungssatz benutzt. Jede für möglich gehaltene Schwankung der Netto-Cashflows wird berücksichtigt, wobei den Ergebnissen mit einer größeren Eintrittswahrscheinlichkeit mehr Gewicht beigemessen wird.

23 Ob das Unternehmen die Verfügungsmacht des übertragenen Vermögenswertes behalten hat (siehe Paragraph 20(c), hängt von der Fähigkeit des Empfängers ab, den Vermögenswert zu verkaufen. Wenn der Empfänger den Vermögenswert faktisch in seiner Gesamtheit an eine nicht verbundene dritte Partei verkaufen kann und diese Fähigkeit einseitig ausüben kann, ohne zusätzliche Einschränkungen der Übertragung aufzuerlegen, hat das Unternehmen die Verfügungsmacht nicht behalten. In allen anderen Fällen hat das Unternehmen die Verfügungsmacht behalten.

Übertragungen, die die Bedingungen für eine Ausbuchung erfüllen
(siehe Paragraph 20(a) und (c)(i))

24 Wenn ein Unternehmen einen finanziellen Vermögenswert im Rahmen einer Übertragung, die die Bedingungen für eine vollständige Ausbuchung erfüllt, überträgt und sich das Recht behält, diesen finanziellen Vermögenswert gegen eine Gebühr zu verwalten, hat es für diesen Verwaltungs-/Abwicklungsvertrag entweder einen Vermögenswert oder eine Verbindlichkeit aus dem Bedienungsrecht zu erfassen. Wenn die zu erhaltenen Gebühren voraussichtlich keine angemessene Vergütung für die Verwaltung bzw. Abwicklung durch das Unternehmen darstellen, ist eine Verbindlichkeit für die Verwaltungs- bzw. Abwicklungsverpflichtung zum beizulegenden Zeitwert zu erfassen. Wenn die zu erhaltenden Gebühren für die Verwaltung bzw. Abwicklung die angemessene Kompensierung voraussichtlich übersteigen, ist ein Vermögenswert aus dem Verwaltungsrecht zu einem Betrag erfassen, der auf der Grundlage einer Verteilung des Buchwertes des größeren finanziellen Vermögenswertes gemäß Paragraph 27 bestimmt wird.

25 Wird infolge einer Übertragung ein finanzieller Vermögenswert vollständig ausgebucht, führt die Übertragung jedoch dazu, dass das Unternehmen einen neuen finanziellen Vermögenswert erhält bzw. eine neue finanzielle Verbindlichkeit oder eine Verbindlichkeit aus der Verwaltungs- bzw. Abwicklungsverpflichtung übernimmt, hat das Unternehmen den neuen finanziellen Vermögenswert, die neue finanzielle Verbindlichkeit oder die Verbindlichkeit aus der Verwaltungs- bzw. Abwicklungsverpflichtung zum beizulegenden Zeitwert zu erfassen.

26 Bei der vollständigen Ausbuchung eines finanziellen Vermögenswertes ist die Differenz zwischen:
(a) dem Buchwert
und
(b) der Summe aus (i) der erhaltenen Gegenleistung (einschließlich jedes neu erhaltenen Vermögenswertes abzüglich jeder neu übernommenen Verbindlichkeit) und (ii) aller kumulierten Gewinne oder Verluste, die direkt im Eigenkapital erfasst wurden (siehe Paragraph 55(b)),
ergebniswirksam zu erfassen.

27 Ist der übertragene Vermögenswert Teil eines größeren Vermögenswertes (wenn ein Unternehmen z. B. Zinszahlungen, die Teil eines Schuldinstruments sind, überträgt, siehe Paragraph 16(a)) und der übertragene Teil die Bedingungen für eine vollständige Ausbuchung erfüllt, ist der frühere Buchwert des größeren finanziellen Vermögenswertes zwischen dem Teil, der weiter erfasst wird, und dem Teil, der ausgebucht wird, auf der Grundlage der relativen beizulegenden Zeitwerte dieser Teile am Übertragungstag aufzuteilen. Zu diesem Zweck ist ein einbehaltener Vermögenswert aus dem Verwaltungsrecht als ein Teil, der weiter erfasst wird, zu behandeln. Die Differenz zwischen:
(a) dem Buchwert, der dem ausgebuchten Teil zugeordnet wurde,
und

repurchase or has transferred a fully proportionate share of the cash flows from a larger financial asset in an arrangement, such as a loan sub-participation, that meets the conditions in paragraph 19).

Often it will be obvious whether the entity has transferred or retained substantially all risks and rewards of ownership and there will be no need to perform any computations. In other cases, it will be necessary to compute and compare the entity's exposure to the variability in the present value of the future net cash flows before and after the transfer. The computation and comparison is made using as the discount rate an appropriate current market interest rate. All reasonably possible variability in net cash flows is considered, with greater weight being given to those outcomes that are more likely to occur. 22

Whether the entity has retained control (see paragraph 20(c)) of the transferred asset depends on the transferee's ability to sell the asset. If the transferee has the practical ability to sell the asset in its entirety to an unrelated third party and is able to exercise that ability unilaterally and without needing to impose additional restrictions on the transfer, the entity has not retained control. In all other cases, the entity has retained control. 23

Transfers that Qualify for Derecognition
(see paragraph 20(a) and (c)(i))

If an entity transfers a financial asset in a transfer that qualifies for derecognition in its entirety and retains the right to service the financial asset for a fee, it shall recognise either a servicing asset or a servicing liability for that servicing contract. If the fee to be received is not expected to compensate the entity adequately for performing the servicing, a servicing liability for the servicing obligation shall be recognised at its fair value. If the fee to be received is expected to be more than adequate compensation for the servicing, a servicing asset shall be recognised for the servicing right at an amount determined on the basis of an allocation of the carrying amount of the larger financial asset in accordance with paragraph 27. 24

If, as a result of a transfer, a financial asset is derecognised in its entirety but the transfer results in the entity obtaining a new financial asset or assuming a new financial liability, or a servicing liability, the entity shall recognise the new financial asset, financial liability or servicing liability at fair value. 25

On derecognition of a financial asset in its entirety, the difference between: 26
(a) the carrying amount
and
(b) the sum of (i) the consideration received (including any new asset obtained less any new liability assumed) and (ii) any cumulative gain or loss that had been recognised directly in equity (see paragraph 55(b))
shall be recognised in profit or loss.

If the transferred asset is part of a larger financial asset (eg when an entity transfers interest cash flows that are part of a debt instrument, see paragraph 16(a)) and the part transferred qualifies for derecognition in its entirety, the previous carrying amount of the larger financial asset shall be allocated between the part that continues to be recognised and the part that is derecognised, based on the relative fair values of those parts on the date of the transfer. For this purpose, a retained servicing asset shall be treated as a part that continues to be recognised. The difference between: 27
(a) the carrying amount allocated to the part derecognised
and

(b) der Summe aus (i) der für den ausgebuchten Teil erhaltenen Gegenleistung (einschließlich jedes neu erhaltenen Vermögenswertes abzüglich jeder neu übernommenen Verbindlichkeit) und (ii) aller kumulierten ihm zugeordneten Gewinne oder Verluste, die direkt im Eigenkapital erfasst wurden (siehe Paragraph 55(b)),

ist ergebniswirksam zu erfassen. Ein kumulierter Gewinn oder Verlust, der im Eigenkapital erfasst wurde, wird zwischen dem Teil, der weiter erfasst wird, und dem Teil der ausgebucht wurde, auf der Grundlage der relativen beizulegenden Zeitwerte dieser Teile aufgeteilt.

28 Wenn ein Unternehmen den früheren Buchwert des größeren finanziellen Vermögenswertes zwischen dem Teil, der weiter erfasst wird, und dem Teil der ausgebucht wurde, aufteilt, muss der beizulegende Zeitwert des Teils, der weiter erfasst wird, bestimmt werden. Hat das Unternehmen in der Vergangenheit ähnliche Teile verkauft wie denjenigen, der weiter erfasst wird, oder gibt es andere Markttransaktionen für solche Teile, liefern die jüngsten Preise gegenwärtiger Transaktionen die beste Schätzung für seinen beizulegenden Zeitwert. Gibt es keine Preisnotierungen oder aktuelle Markttransaktionen zur Belegung des beizulegenden Zeitwertes des Teils, der weiter erfasst wird, besteht die beste Schätzung des beizulegenden Zeitwertes in der Differenz zwischen dem beizulegenden Zeitwert des größeren finanziellen Vermögenswertes als Ganzes und der vom Empfänger erhaltenen Gegenleistung für den ausgebuchten Teil.

Übertragungen, die die Bedingungen für eine Ausbuchung nicht erfüllen
(siehe Paragraph 20(b))

29 Führt eine Übertragung nicht zu einer Ausbuchung, da das Unternehmen im Wesentlichen alle Risiken und Chancen an dem Eigentum des übertragenen Vermögenswertes behalten hat, hat das Unternehmen den übertragenen Vermögenswert in seiner Gesamtheit weiter zu erfassen und eine finanzielle Verbindlichkeit für die erhaltene Gegenleistung zu erfassen. In den nachfolgenden Berichtsperioden hat das Unternehmen alle Erträge aus dem übertragenen Vermögenswert und alle Aufwendungen für die finanzielle Verbindlichkeit zu erfassen.

Anhaltendes Engagement bei übertragenen Vermögenswerten
(siehe Paragraph 20(c)(ii))

30 Wenn ein Unternehmen im Wesentlichen alle Risiken und Chancen am Eigentum eines übertragenen Vermögenswertes weder überträgt noch behält und die Verfügungsmacht an dem übertragenen Vermögenswert behält, hat das Unternehmen den übertragenen Vermögenswert weiter in dem Umfang seines anhaltenden Engagements zu erfassen. Der Umfang des anhaltenden Engagements des Unternehmens an dem übertragenen Vermögenswert entspricht dem Umfang, in dem es Wertänderungen des übertragenen Vermögenswertes ausgesetzt ist. Einige Beispiele:
(a) Wenn das anhaltende Engagement eines Unternehmens der Form nach den übertragenen Vermögenswert garantiert, ist der Umfang des anhaltenden Engagements des Unternehmens der niedrigere aus (i) dem Betrag des Vermögenswertes und (ii) dem Höchstbetrag der erhaltenen Gegenleistung, den das Unternehmen eventuell zurückzahlen müsste („der garantierte Betrag").
(b) Wenn das anhaltende Engagement des Unternehmens der Form nach eine geschriebene oder eine erworbene Option (oder beides) auf den übertragenen Vermögenswert ist, so ist der Umfang des anhaltenden Engagements des Unternehmens der Betrag des übertragenen Vermögenswertes, den das Unternehmen zurückkaufen kann. Im Fall einer geschriebenen Verkaufsoption auf einen Vermögenswert, der zum beizulegenden Zeitwert bewertet wird, ist der Umfang des anhaltenden Engagements des Unternehmens allerdings auf den niedrigeren Betrag aus beizulegendem Zeitwert des übertragenen Vermögenswertes und Ausübungspreis der Option begrenzt (siehe Paragraph AG48).
(c) Wenn das anhaltende Engagement des Unternehmens der Form nach eine Option ist, die durch Barausgleich oder vergleichbare Art auf den übertragenen Vermögenswert erfüllt wird, wird der Umfang des anhaltenden Engagements des Unternehmens in derselben Art und Weise wie derjenige aus Optionen ermittelt, die nicht durch Barausgleich erfüllt werden, wie oben unter (b) beschrieben.

31 Wenn ein Unternehmen weiterhin einen Vermögenswert im Umfang seines anhaltenden Engagements erfasst, hat das Unternehmen auch eine damit verbundene Verbindlichkeit zu erfassen. Ungeachtet der anderen Bewertungsvorschriften dieses Standards werden der übertragene Vermögenswert und die damit verbundene Verbindlichkeit in einer Weise bewertet, die die Rechte und Verpflichtungen widerspiegelt, die das Unternehmen behalten hat. Die verbundene Verbindlichkeit wird so bewertet, dass der Nettobuchwert aus übertragenem Vermögenswert und verbundener Verbindlichkeit:

(b) the sum of (i) the consideration received for the part derecognised (including any new asset obtained less any new liability assumed) and (ii) any cumulative gain or loss allocated to it that had been recognised directly in equity (see paragraph 55(b))

shall be recognised in profit or loss. A cumulative gain or loss that had been recognised in equity is allocated between the part that continues to be recognised and the part that is derecognised, based on the relative fair values of those parts.

When an entity allocates the previous carrying amount of a larger financial asset between the part that continues to be recognised and the part that is derecognised, the fair value of the part that continues to be recognised needs to be determined. When the entity has a history of selling parts similar to the part that continues to be recognised or other market transactions exist for such parts, recent prices of actual transactions provide the best estimate of its fair value. When there are no price quotes or recent market transactions to support the fair value of the part that continues to be recognised, the best estimate of the fair value is the difference between the fair value of the larger financial asset as a whole and the consideration received from the transferee for the part that is derecognised. 28

Transfers that Do Not Qualify for Derecognition
(see paragraph 20(b))

If a transfer does not result in derecognition because the entity has retained substantially all the risks and rewards of ownership of the transferred asset, the entity shall continue to recognise the transferred asset in its entirety and shall recognise a financial liability for the consideration received. In subsequent periods, the entity shall recognise any income on the transferred asset and any expense incurred on the financial liability. 29

Continuing Involvement in Transferred Assets
(see paragraph 20(c)(ii))

If an entity neither transfers nor retains substantially all the risks and rewards of ownership of a transferred asset, and retains control of the transferred asset, the entity continues to recognise the transferred asset to the extent of its continuing involvement. The extent of the entity's continuing involvement in the transferred asset is the extent to which it is exposed to changes in the value of the transferred asset. For example:
(a) when the entity's continuing involvement takes the form of guaranteeing the transferred asset, the extent of the entity's continuing involvement is the lower of (i) the amount of the asset and (ii) the maximum amount of the consideration received that the entity could be required to repay ('the guarantee amount').
(b) when the entity's continuing involvement takes the form of a written or purchased option (or both) on the transferred asset, the extent of the entity's continuing involvement is the amount of the transferred asset that the entity may repurchase. However, in case of a written put option on an asset that is measured at fair value, the extent of the entity's continuing involvement is limited to the lower of the fair value of the transferred asset and the option exercise price (see paragraph AG48).
(c) when the entity's continuing involvement takes the form of a cash-settled option or similar provision on the transferred asset, the extent of the entity's continuing involvement is measured in the same way as that which results from non-cash settled options as set out in (b) above. 30

When an entity continues to recognise an asset to the extent of its continuing involvement, the entity also recognises an associated liability. Despite the other measurement requirements in this Standard, the transferred asset and the associated liability are measured on a basis that reflects the rights and obligations that the entity has retained. The associated liability is measured in such a way that the net carrying amount of the transferred asset and the associated liability is: 31

(a) den fortgeführten Anschaffungskosten der von dem Unternehmen behaltenen Rechte und Verpflichtungen entspricht, falls der übertragene Vermögenswert zu fortgeführten Anschaffungskosten bewertet wird;
oder
(b) gleich dem beizulegenden Zeitwert der von dem Unternehmen behaltenen Rechte und Verpflichtungen ist, wenn diese eigenständig bewertet würden, falls der übertragene Vermögenswert zum beizulegenden Zeitwert bewertet wird.

32 Das Unternehmen hat weiterhin alle Erträge aus dem übertragenen Vermögenswert in dem Umfang seines anhaltenden Engagements zu erfassen sowie alle Aufwendungen für damit verbundene Verbindlichkeiten.

33 Bei der Folgebewertung werden aufgetretene Änderungen im beizulegenden Zeitwert des übertragenen Vermögenswertes und der damit verbundenen Verbindlichkeit gemäß Paragraph 55 gleichartig erfasst und nicht miteinander saldiert.

34 Bezieht sich das anhaltende Engagement des Unternehmens nur auf einen Teil eines finanziellen Vermögenswertes (wenn z. B. ein Unternehmen sich eine Option behält, einen Teil des übertragenen Vermögenswertes zurückzukaufen, oder einen Residualanspruch behält, der nicht zu einer Einbehaltung im Wesentlichen aller mit dem Eigentum verbundenen Risiken und Chancen führt und das Unternehmen die Verfügungsmacht behält), hat das Unternehmen den früheren Buchwert des finanziellen Vermögenswertes zwischen dem Teil, der von ihm gemäß des anhaltenden Engagements weiter erfasst wird, und dem Teil, den es nicht länger erfasst, auf Grundlage der relativen beizulegenden Zeitwerte dieser Teile am Übertragungstag, aufzuteilen. Diesbezüglich sind die Bestimmungen aus Paragraph 28 anzuwenden. Die Differenz zwischen:
(a) dem Buchwert, der dem nicht länger erfassten Teil zugeordnet wurde;
und
(b) der Summe aus (i) der für den nicht länger erfassten Teil erhaltenen Gegenleistung und (ii) allen ihm zugeordneten kumulierten Gewinne oder Verluste, die direkt im Eigenkapital erfasst wurden (siehe Paragraph 55(b))
ist ergebniswirksam zu erfassen. Ein kumulierter Gewinn oder Verlust, der im Eigenkapital erfasst wurde, wird zwischen dem Teil, der weiter erfasst wird, und dem Teil der nicht länger erfasst wird, auf der Grundlage der relativen beizulegenden Zeitwerte dieser Teile aufgeteilt.

35 Wird der übertragene Vermögenswert zu fortgeführten Anschaffungskosten bewertet, kann das in diesem Standard niedergelegte Wahlrecht, eine finanzielle Verbindlichkeit erfolgswirksam zum beizulegenden Zeitwert zu bewerten, nicht auf die verbundene Verbindlichkeit angewendet werden.

Alle Übertragungen

36 Wird ein übertragener Vermögenswert weiterhin erfasst, dürfen der Vermögenswert und die verbundene Verbindlichkeit nicht saldiert werden. Ebenso darf ein Unternehmen Erträge aus dem übertragenen Vermögenswert nicht mit Aufwendungen saldieren, die für die verbundene Verbindlichkeit angefallen sind (siehe IAS 32 Paragraph 42).

37 Bietet der Übertragende dem Empfänger nicht-zahlungswirksame Sicherheiten (wie Schuld- oder Eigenkapitalinstrumente), hängt die Bilanzierung der Sicherheit durch den Übertragenden und den Empfänger davon ab, ob der Empfänger das Recht hat, die Sicherheit zu verkaufen oder weiter zu verpfänden, und davon, ob der Übertragende ausgefallen ist. Der Übertragende und der Empfänger haben die Sicherheit folgendermaßen zu bilanzieren:
(a) Hat der Empfänger das vertrags- oder gewohnheitsmäßige Recht, die Sicherheit zu verkaufen oder weiter zu verpfänden, dann hat der Übertragende diesen Vermögenswert in seiner Bilanz getrennt von anderen Vermögenswerten neu zu klassifizieren (z. B. als verliehenen Vermögenswert, verpfändetes Eigenkapitalinstrument oder Rückkaufforderung).
(b) Verkauft der Empfänger die ihm dienende Sicherheit, hat er den Veräußerungserlös und eine zum beizulegenden Zeitwert zu bewertende Verbindlichkeit für seine Verpflichtung, die Sicherheit zurückzugeben, zu erfassen.
(c) Ist der Übertragende nach den Bedingungen des Vertrags ausgefallen und ist er nicht länger berechtigt, die Sicherheit zurückzufordern, hat er die Sicherheit auszubuchen und der Empfänger die Sicherheit als seinen Vermögenswert anzusetzen und zum beizulegenden Zeitwert zu bewerten, oder wenn er die Sicherheit bereits verkauft hat, seine Verpflichtung zur Rückgabe der Sicherheit auszubuchen.

(a) the amortised cost of the rights and obligations retained by the entity, if the transferred asset is measured at amortised cost; or
(b) equal to the fair value of the rights and obligations retained by the entity when measured on a stand-alone basis, if the transferred asset is measured at fair value.

The entity shall continue to recognise any income arising on the transferred asset to the extent of its continuing involvement and shall recognise any expense incurred on the associated liability. 32

For the purpose of subsequent measurement, recognised changes in the fair value of the transferred asset and the associated liability are accounted for consistently with each other in accordance with paragraph 55, and shall not be offset. 33

If an entity's continuing involvement is in only a part of a financial asset (eg when an entity retains an option to repurchase part of a transferred asset, or retains a residual interest that does not result in the retention of substantially all the risks and rewards of ownership and the entity retains control), the entity allocates the previous carrying amount of the financial asset between the part it continues to recognise under continuing involvement, and the part it no longer recognises on the basis of the relative fair values of those parts on the date of the transfer. For this purpose, the requirements of paragraph 28 apply. The difference between: 34
(a) the carrying amount allocated to the part that is no longer recognised; and
(b) the sum of (i) the consideration received for the part no longer recognised and (ii) any cumulative gain or loss allocated to it that had been recognised directly in equity (see paragraph 55(b))
shall be recognised in profit or loss. A cumulative gain or loss that had been recognised in equity is allocated between the part that continues to be recognised and the part that is no longer recognised on the basis of the relative fair values of those parts.

If the transferred asset is measured at amortised cost, the option in this Standard to designate a financial liability as at fair value through profit or loss is not applicable to the associated liability. 35

All Transfers

If a transferred asset continues to be recognised, the asset and the associated liability shall not be offset. Similarly, the entity shall not offset any income arising from the transferred asset with any expense incurred on the associated liability (see IAS 32 paragraph 42). 36

If a transferor provides non-cash collateral (such as debt or equity instruments) to the transferee, the accounting for the collateral by the transferor and the transferee depends on whether the transferee has the right to sell or repledge the collateral and on whether the transferor has defaulted. The transferor and transferee shall account for the collateral as follows: 37
(a) If the transferee has the right by contract or custom to sell or repledge the collateral, then the transferor shall reclassify that asset in its balance sheet (eg as a loaned asset, pledged equity instruments or repurchase receivable) separately from other assets.
(b) If the transferee sells collateral pledged to it, it shall recognise the proceeds from the sale and a liability measured at fair value for its obligation to return the collateral.
(c) If the transferor defaults under the terms of the contract and is no longer entitled to redeem the collateral, it shall derecognise the collateral, and the transferee shall recognise the collateral as its asset initially measured at fair value or, if it has already sold the collateral, derecognise its obligation to return the collateral.

(d) Mit Ausnahme der Bestimmungen unter (c) hat der Übertragende die Sicherheit als seinen Vermögenswert anzusetzen, und der Empfänger darf die Sicherheit nicht als einen Vermögenswert ansetzen.

Marktüblicher Kauf und Verkauf eines finanziellen Vermögenswertes

38 Ein marktüblicher Kauf oder Verkauf von finanziellen Vermögenswerten ist entweder zum Handelstag oder zum Erfüllungstag anzusetzen bzw. auszubuchen (siehe Anhang A Paragraphen AG53–AG56).

Ausbuchung einer finanziellen Verbindlichkeit

39 Ein Unternehmen hat eine finanzielle Verbindlichkeit (oder einen Teil einer finanziellen Verbindlichkeit) dann und nur dann aus seiner Bilanz zu entfernen, wenn diese getilgt ist – d. h. wenn die im Vertrag genannten Verpflichtungen beglichen oder aufgehoben sind oder ausläuft.

40 Ein Austausch von Schuldinstrumenten mit substanziell verschiedenen Vertragsbedingungen zwischen einem bestehenden Kreditnehmer und einem Kreditgeber ist wie eine Tilgung der ursprünglichen finanziellen Verbindlichkeit und den Ansatz einer neuen finanziellen Verbindlichkeit zu behandeln. In gleicher Weise ist eine wesentliche Änderung der Vertragsbedingungen einer vorhandenen finanziellen Verbindlichkeit oder einem Teil davon (ungeachtet dessen, ob auf die finanziellen Schwierigkeiten des Schuldners zurückzuführen oder nicht) wie eine Tilgung der ursprünglichen finanziellen Verbindlichkeit und den Ansatz einer neuen finanziellen Verbindlichkeit zu behandeln.

41 Die Differenz zwischen dem Buchwert einer getilgten oder auf eine andere Partei übertragenen finanziellen Verbindlichkeit (oder eines Teils derselben) und der gezahlten Gegenleistung, einschließlich übertragener nicht-zahlungswirksamer Vermögenswerte oder übernommener Verbindlichkeiten, ist ergebniswirksam zu erfassen.

42 Wenn ein Unternehmen einen Teil einer finanziellen Verbindlichkeit zurückkauft, hat das Unternehmen den früheren Buchwert der finanziellen Verbindlichkeit zwischen dem Teil, der weiter erfasst wird, und dem Teil, der ausgebucht ist, auf der Grundlage der relativen beizulegenden Zeitwerte dieser Teile am Rückkauftag aufzuteilen. Die Differenz zwischen (a) dem Buchwert, der dem ausgebuchten Teil zugeordnet wurde, und (b) der gezahlten Gegenleistung für den ausgebuchten Teil, einschließlich übertragener nicht-zahlungswirksamer Vermögenswerte oder übernommener Verbindlichkeiten, ist ergebniswirksam zu erfassen.

BEWERTUNG

Erstmalige Bewertung finanzieller Vermögenswerte und finanzieller Verbindlichkeiten

43 Beim erstmaligen Ansatz eines finanziellen Vermögenswertes oder einer finanziellen Verbindlichkeit hat ein Unternehmen diesen/diese zum beizulegenden Zeitwert zu bewerten; im Falle eines finanziellen Vermögenswertes oder einer finanziellen Verbindlichkeit, die nicht erfolgswirksam zum beizulegenden Zeitwert bewertet werden, zusätzlich dazu unter Einschluss von Transaktionskosten, die direkt dem Erwerb des finanziellen Vermögenswertes oder der Emission der finanziellen Verbindlichkeit zuzurechnen sind.

44 Bilanziert ein Unternehmen einen Vermögenswert, der in den folgenden Perioden zu Anschaffungskosten oder fortgeführten Anschaffungskosten bewertet wird, zum Erfüllungstag, wird der Vermögenswert erstmalig zu seinem beizulegenden Zeitwert am Handelstag erfasst (siehe Anhang A Paragraphen AG53–AG56).

Folgebewertung finanzieller Vermögenswerte

45 Zum Zwecke der Folgebewertung eines finanziellen Vermögenswertes nach dessen erstmaligem Ansatz stuft der vorliegende Standard finanzielle Vermögenswerte in die folgenden vier in Paragraph 9 definierten Kategorien ein:
 (a) finanzielle Vermögenswerte, die erfolgswirksam zum beizulegenden Zeitwert bewertet werden;
 (b) bis zur Endfälligkeit gehaltene Finanzinvestitionen;
 (c) Kredite und Forderungen;
  und
 (d) zur Veräußerung verfügbare finanzielle Vermögenswerte.

(d) Except as provided in (c), the transferor shall continue to carry the collateral as its asset, and the transferee shall not recognise the collateral as an asset.

Regular Way Purchase or Sale of a Financial Asset

38 A regular way purchase or sale of financial assets shall be recognised and derecognised, as applicable, using trade date accounting or settlement date accounting (see Appendix A paragraphs AG53-AG56).

Derecognition of a Financial Liability

39 An entity shall remove a financial liability (or a part of a financial liability) from its balance sheet when, and only when, it is extinguished—ie when the obligation specified in the contract is discharged or cancelled or expires.

40 An exchange between an existing borrower and lender of debt instruments with substantially different terms shall be accounted for as an extinguishment of the original financial liability and the recognition of a new financial liability. Similarly, a substantial modification of the terms of an existing financial liability or a part of it (whether or not attributable to the financial difficulty of the debtor) shall be accounted for as an extinguishment of the original financial liability and the recognition of a new financial liability.

41 The difference between the carrying amount of a financial liability (or part of a financial liability) extinguished or transferred to another party and the consideration paid, including any non-cash assets transferred or liabilities assumed, shall be recognised in profit or loss.

42 If an entity repurchases a part of a financial liability, the entity shall allocate the previous carrying amount of the financial liability between the part that continues to be recognised and the part that is derecognised based on the relative fair values of those parts on the date of the repurchase. The difference between (a) the carrying amount allocated to the part derecognised and (b) the consideration paid, including any non-cash assets transferred or liabilities assumed, for the part derecognised shall be recognised in profit or loss.

MEASUREMENT

Initial Measurement of Financial Assets and Financial Liabilities

43 When a financial asset or financial liability is recognised initially, an entity shall measure it at its fair value plus, in the case of a financial asset or financial liability not at fair value through profit or loss, transaction costs that are directly attributable to the acquisition or issue of the financial asset or financial liability.

44 When an entity uses settlement date accounting for an asset that is subsequently measured at cost or amortised cost, the asset is recognised initially at its fair value on the trade date (see Appendix A paragraphs AG53-AG56).

Subsequent Measurement of Financial Assets

45 For the purpose of measuring a financial asset after initial recognition, this Standard classifies financial assets into the following four categories defined in paragraph 9:
(a) financial assets at fair value through profit or loss;
(b) held-to-maturity investments;
(c) loans and receivables;
and
(d) available-for-sale financial assets.

IAS 39

Diese Kategorien sind für die Bewertung und die ertragswirksame Erfassung nach diesem Standard maßgeblich. Das Unternehmen kann für den Ausweis im Abschluss andere Bezeichnungen für diese Kategorien oder andere Einteilungen verwenden. Das Unternehmen hat die durch IFRS 7 geforderten Informationen im Anhang anzugeben.

46 Mit Ausnahme der nachfolgend genannten finanziellen Vermögenswerte hat ein Unternehmen finanzielle Vermögenswerte, einschließlich derivativer Finanzinstrumente mit positivem Marktwert, nach dem erstmaligen Ansatz mit deren beizulegendem Zeitwert ohne den Abzug von Transaktionskosten, die beim Verkauf oder einer anders gearteten Veräußerung anfallen könnten, zu bewerten:
   (a) Kredite und Forderungen in der Definition von Paragraph 9, die zu fortgeführten Anschaffungskosten unter Anwendung der Effektivzinsmethode bewertet werden;
   (b) bis zur Endfälligkeit gehaltene Finanzinvestitionen in der Definition von Paragraph 9, die zu fortgeführten Anschaffungskosten unter Anwendung der Effektivzinsmethode bewertet werden; und
   (c) Finanzinvestitionen in Eigenkapitalinstrumente, für die kein auf einem aktiven Markt notierter Preis vorliegt und deren beizulegender Zeitwert nicht verlässlich ermittelt werden kann, sowie Derivate auf solche nicht notierte Eigenkapitalinstrumente, die nur durch Andienung erfüllt werden können; diese sind mit den Anschaffungskosten zu bewerten (siehe Anhang A Paragraphen AG80 und AG81).

Finanzielle Vermögenswerte, die als Grundgeschäfte designiert wurden, sind gemäß den in den Paragraphen 89–102 angegebenen Bilanzierungsvorschriften für Sicherungsbeziehungen zu bewerten. Alle finanziellen Vermögenswerte außer denen, die erfolgswirksam zum beizulegenden Zeitwert bewertet werden, sind gemäß den Paragraphen 58–70 und Anhang A Paragraphen AG84–AG93 auf Wertminderung zu überprüfen.

Folgebewertung finanzieller Verbindlichkeiten

47 Nach dem erstmaligen Ansatz hat ein Unternehmen alle finanziellen Verbindlichkeiten mit den fortgeführten Anschaffungskosten unter Anwendung der Effektivzinsmethode zu bewerten, mit Ausnahme von:
   (a) finanziellen Verbindlichkeiten, die erfolgswirksam zum beizulegenden Zeitwert bewertet werden. Solche Verbindlichkeiten, einschließlich derivativer Finanzinstrumente mit negativem Marktwert, sind zum beizulegenden Zeitwert zu bewerten, mit Ausnahme einer derivativen Verbindlichkeit auf ein nicht notiertes Eigenkapitalinstrument, dessen beizulegender Zeitwert nicht verlässlich ermittelt werden kann, und das nur durch Andienung erfüllt werden kann; diese ist mit den Anschaffungskosten zu bewerten.
   (b) finanziellen Verbindlichkeiten, die entstehen, wenn die Übertragung eines finanziellen Vermögenswerts nicht zu einer Ausbuchung berechtigt, oder nach dem Ansatz des anhaltenden Engagements verfahren wird. Die Paragraphen 29 und 31 sind auf die Bewertung derartiger finanzieller Verbindlichkeiten anzuwenden.
   (c) den in Paragraph 9 definierten Finanzgarantien. Nach dem erstmaligen Ansatz hat der Emittent eines solchen Vertrags (außer für den Fall, dass die Paragraphen 47(a) oder (b) Anwendung finden) bei dessen Bewertung den höheren der beiden folgenden Beträge zugrunde zu legen:
      (i) den gemäß IAS 37 *Rückstellungen, Eventualschulden und Eventualforderungen* bestimmten Betrag;
      (ii) den ursprünglich erfassten Betrag (siehe Paragraph 43) abzüglich, soweit zutreffend, der gemäß IAS 18 *Erträge* erfassten kumulierten Amortisationen.
   (d) Zusagen, einen Kredit unter dem Marktzinssatz zur Verfügung zu stellen. Nach dem erstmaligen Ansatz hat das Unternehmen, das eine solche Zusage gibt, (außer für den Fall, dass Paragraph 47(a) Anwendung findet) bei deren Bewertung den höheren der beiden folgenden Beträge zugrunde zu legen:
      (i) den gemäß IAS 37 bestimmten Betrag;
      (ii) den ursprünglich erfassten Betrag (siehe Paragraph 43) abzüglich, soweit zutreffend, der gemäß IAS 18 erfassten kumulierten Amortisationen.

Finanzielle Verbindlichkeiten, die als Grundgeschäfte designiert wurden, sind gemäß den in den Paragraphen 89–102 angegebenen Bilanzierungsvorschriften für Sicherungsbeziehungen zu bewerten.

Überlegungen zur Bewertung mit dem beizulegenden Zeitwert

48 Zur Bestimmung des beizulegenden Zeitwertes eines finanziellen Vermögenswertes oder einer finanziellen Verbindlichkeit für Zwecke der Anwendung des vorliegenden Standards, von IAS 32 oder von IFRS 7, hat ein Unternehmen die Paragraphen AG69-AG82 des Anhangs A anzuwenden.

These categories apply to measurement and profit or loss recognition under this Standard. The entity may use other descriptors for these categories or other categorisations when presenting information on the face of the financial statements. The entity shall disclose in the notes the information required by IFRS 7.

After initial recognition, an entity shall measure financial assets, including derivatives that are assets, at their fair values, without any deduction for transaction costs it may incur on sale or other disposal, except for the following financial assets: 46
(a) loans and receivables as defined in paragraph 9, which shall be measured at amortised cost using the effective interest method;
(b) held-to-maturity investments as defined in paragraph 9, which shall be measured at amortised cost using the effective interest method; and
(c) investments in equity instruments that do not have a quoted market price in an active market and whose fair value cannot be reliably measured and derivatives that are linked to and must be settled by delivery of such unquoted equity instruments, which shall be measured at cost (see Appendix A paragraphs AG80 and AG81).

Financial assets that are designated as hedged items are subject to measurement under the hedge accounting requirements in paragraphs 89—102. All financial assets except those measured at fair value through profit or loss are subject to review for impairment in accordance with paragraphs 58—70 and Appendix A paragraphs AG84-AG93.

Subsequent Measurement of Financial Liabilities

After initial recognition, an entity shall measure all financial liabilities at amortised cost using the effective interest method, except for: 47
(a) financial liabilities at fair value through profit or loss. Such liabilities, including derivatives that are liabilities, shall be measured at fair value except for a derivative liability that is linked to and must be settled by delivery of an unquoted equity instrument whose fair value cannot be reliably measured which shall be measured at cost.
(b) financial liabilities that arise when a transfer of a financial asset does not qualify for derecognition or when the continuing involvement approach applies. Paragraphs 29 and 31 apply to the measurement of such financial liabilities.
(c) financial guarantee contracts as defined in paragraph 9. After initial recognition, an issuer of such a contract shall (unless paragraph 47(a) or (b) applies) measure it at the higher of:
   (i) the amount determined in accordance with IAS 37 *Provisions, Contingent Liabilities and Contingent Assets*; and
   (ii) the amount initially recognised (see paragraph 43) less, when appropriate, cumulative amortisation recognised in accordance with IAS 18 *Revenue*.
(d) commitments to provide a loan at a below-market interest rate. After initial recognition, an issuer of such a commitment shall (unless paragraph 47(a) applies) measure it at the higher of:
   (i) the amount determined in accordance with IAS 37; and
   (ii) the amount initially recognised (see paragraph 43) less, when appropriate, cumulative amortisation recognised in accordance with IAS 18.

Financial liabilities that are designated as hedged items are subject to the hedge accounting requirements in paragraphs 89—102.

Fair Value Measurement Considerations

In determining the fair value of a financial asset or a financial liability for the purpose of applying this Standard, IAS 32 or IFRS 7, an entity shall apply paragraphs AG69-AG82 of Appendix A. 48

48A Den besten Anhaltspunkt für den beizulegenden Zeitwert stellen notierte Preise an einem aktiven Markt dar. Wenn der Markt für ein Finanzinstrument nicht aktiv ist, bestimmt ein Unternehmen den beizulegenden Zeitwert mithilfe eines Bewertungsverfahrens. Ziel der Anwendung eines Bewertungsverfahrens ist es, den Transaktionspreis festzustellen, der sich am Bewertungsstichtag zwischen unabhängigen Vertragspartnern bei Vorliegen normaler Geschäftsbedingungen ergeben hätte. Zu den Bewertungsverfahren gehören der Rückgriff auf unlängst aufgetretene Geschäftsvorfälle zwischen sachverständigen, vertragswilligen und unabhängigen Geschäftspartnern – sofern verfügbar –, der Vergleich mit dem aktuellen beizulegenden Zeitwert eines anderen, im Wesentlichen identischen Finanzinstruments, DCF-Verfahren sowie Optionspreismodelle. Gibt es ein Bewertungsverfahren, das von den Marktteilnehmern üblicherweise für die Preisfindung dieses Finanzinstruments verwendet wird, und hat dieses Verfahren nachweislich verlässliche Schätzwerte für Preise geliefert, die bei tatsächlichen Marktvorgängen erzielt wurden, setzt das Unternehmen dieses Verfahren ein. Das gewählte Bewertungsverfahren verwendet im größtmöglichen Umfang Marktdaten und beruht so wenig wie möglich auf unternehmensspezifischen Daten. Es berücksichtigt alle Faktoren, die Marktteilnehmer bei einer Preisfindung beachten würden und steht mit den anerkannten ökonomischen Verfahrensweisen für die Preisfindung von Finanzinstrumenten in Einklang. Ein Unternehmen justiert das Bewertungsverfahren regelmäßig und prüft seine Validität, indem es Preise von gegenwärtig zu beobachtenden aktuellen Markttransaktionen für dasselbe Instrument (d. h. ohne Änderung oder Umgestaltung) oder Preise, die auf verfügbaren, beobachtbaren Marktdaten beruhen, verwendet.

49 Der beizulegende Zeitwert einer finanziellen Verbindlichkeit mit einem Kontokorrentinstrument (z. B. einer Sichteinlage) ist nicht niedriger als der auf Sicht zahlbare Betrag, der vom ersten Tag an, an dem der Betrag zurückgezahlt werden muss, abgezinst wird.

Umklassifizierungen

50 Ein Unternehmen darf ein Finanzinstrument nicht in die oder aus der Kategorie der erfolgswirksam zum beizulegenden Zeitwert zu bewertenden Finanzinstrumente umklassifizieren, solange dieses gehalten wird oder begeben ist.

51 Falls es auf Grund einer geänderten Absicht oder Fähigkeit nicht länger sachgerecht ist, eine Finanzinvestition als bis zur Fälligkeit zu halten zu klassifizieren, ist eine Umklassifizierung als zur Veräußerung verfügbar und eine Neubewertung zum beizulegenden Zeitwert vorzunehmen und die Differenz zwischen dem Buchwert und dem beizulegenden Zeitwert gemäß Paragraph 55(b) zu erfassen.

52 Wann immer Verkäufe oder Umklassifizierungen eines mehr als geringfügigen Betrags an bis zur Endfälligkeit gehaltenen Finanzinvestitionen die Bedingungen in Paragraph 9 nicht erfüllen, sind alle übrigen bis zur Endfälligkeit gehaltenen Finanzinstrumente in ‚zur Veräußerung verfügbar' umzugliedern. Bei solchen Umklassifizierungen ist die Differenz zwischen dem Buchwert und dem beizulegenden Zeitwert gemäß Paragraph 55(b) zu erfassen.

53 Wird eine verlässliche Bewertung für einen finanziellen Vermögenswert oder eine finanzielle Verbindlichkeit verfügbar, die es in der Art bislang nicht gab, und muss der Vermögenswert oder die Verbindlichkeit zum beizulegenden Zeitwert bewertet werden, wenn eine verlässliche Bewertung verfügbar ist (siehe Paragraphen 46(c) und 47), ist der Vermögenswert oder die Verbindlichkeit zum beizulegenden Zeitwert neu zu bewerten und die Differenz zwischen dem Buchwert und dem beizulegenden Zeitwert gemäß Paragraph 55 zu erfassen.

54 Falls es auf Grund einer geänderten Absicht oder Fähigkeit oder in dem seltenen Fall, dass eine verlässliche Bestimmung des beizulegenden Zeitwertes nicht länger möglich ist (siehe Paragraphen 46(c) und 47), oder weil die in Paragraph 9 angesprochenen 'zwei vorangegangenen Geschäftsjahre' abgelaufen sind, nunmehr sachgerecht ist, einen finanziellen Vermögenswert oder eine finanzielle Verbindlichkeit mit Anschaffungskosten oder fortgeführten Anschaffungskosten an Stelle des beizulegenden Zeitwerts anzusetzen, so wird der zu diesem Zeitpunkt mit dem beizulegenden Zeitwert bewertete Buchwert des finanziellen Vermögenswertes oder der finanziellen Verbindlichkeit zu den neuen Anschaffungs- bzw. fortgeführten Anschaffungskosten. Jeglicher in Übereinstimmung mit Paragraph 55(b) direkt im Eigenkapital erfasste frühere Gewinn oder Verlust aus diesem Vermögenswert ist folgendermaßen zu behandeln:
(a) Im Falle eines finanziellen Vermögenswertes mit fester Laufzeit ist der Gewinn oder Verlust über die Restlaufzeit der bis zur Endfälligkeit gehaltenen Finanzinvestition mittels der Effektivzinsmethode ergebniswirksam aufzulösen. Jedwede Differenz zwischen den neuen fortgeführten Anschaffungskosten und dem bei Endfälligkeit rückzahlbaren Betrag ist ebenso über die Restlaufzeit des finanziellen

48A The best evidence of fair value is quoted prices in an active market. If the market for a financial instrument is not active, an entity establishes fair value by using a valuation technique. The objective of using a valuation technique is to establish what the transaction price would have been on the measurement date in an arm's length exchange motivated by normal business considerations. Valuation techniques include using recent arm's length market transactions between knowledgeable, willing parties, if available, reference to the current fair value of another instrument that is substantially the same, discounted cash flow analysis and option pricing models. If there is a valuation technique commonly used by market participants to price the instrument and that technique has been demonstrated to provide reliable estimates of prices obtained in actual market transactions, the entity uses that technique. The chosen valuation technique makes maximum use of market inputs and relies as little as possible on entity-specific inputs. It incorporates all factors that market participants would consider in setting a price and is consistent with accepted economic methodologies for pricing financial instruments. Periodically, an entity calibrates the valuation technique and tests it for validity using prices from any observable current market transactions in the same instrument (ie without modification or repackaging) or based on any available observable market data.

49 The fair value of a financial liability with a demand feature (eg a demand deposit) is not less than the amount payable on demand, discounted from the first date that the amount could be required to be paid.

Reclassifications

50 An entity shall not reclassify a financial instrument into or out of the fair value through profit or loss category while it is held or issued.

51 If, as a result of a change in intention or ability, it is no longer appropriate to classify an investment as held to maturity, it shall be reclassified as available for sale and remeasured at fair value, and the difference between its carrying amount and fair value shall be accounted for in accordance with paragraph 55(b).

52 Whenever sales or reclassifications of more than an insignificant amount of held-to-maturity investments do not meet any of the conditions in paragraph 9, any remaining held-to-maturity investments shall be reclassified as available for sale. On such reclassification, the difference between their carrying amount and fair value shall be accounted for in accordance with paragraph 55(b).

53 If a reliable measure becomes available for a financial asset or financial liability for which such a measure was previously not available, and the asset or liability is required to be measured at fair value if a reliable measure is available (see paragraphs 46(c) and 47), the asset or liability shall be remeasured at fair value, and the difference between its carrying amount and fair value shall be accounted for in accordance with paragraph 55.

54 If, as a result of a change in intention or ability or in the rare circumstance that a reliable measure of fair value is no longer available (see paragraphs 46(c) and 47) or because the 'two preceding financial years' referred to in paragraph 9 have passed, it becomes appropriate to carry a financial asset or financial liability at cost or amortised cost rather than at fair value, the fair value carrying amount of the financial asset or the financial liability on that date becomes its new cost or amortised cost, as applicable. Any previous gain or loss on that asset that has been recognised directly in equity in accordance with paragraph 55(b) shall be accounted for as follows:
(a) In the case of a financial asset with a fixed maturity, the gain or loss shall be amortised to profit or loss over the remaining life of the held-to-maturity investment using the effective interest method. Any difference between the new amortised cost and maturity amount shall also be amortised over the remaining life of the financial asset using the effective interest method, similar to the amortisation of a premium and a discount. If the financial asset is subsequently impaired, any gain or loss that has been recognised directly in equity is recognised in profit or loss in accordance with paragraph 67.

Vermögenswertes mittels der Effektivzinsmethode aufzulösen, ähnlich einer Verteilung von Agien und Disagien. Wird nachträglich eine Wertminderung für den finanziellen Vermögenswert festgestellt, ist jeder direkt im Eigenkapital erfasste Gewinn oder Verlust gemäß Paragraph 67 im Ergebnis zu erfassen.
(b) Im Falle eines finanziellen Vermögenswertes ohne feste Laufzeit ist der Gewinn oder Verlust solange im Eigenkapital zu belassen, bis der finanzielle Vermögenswert verkauft oder anderweitig abgegeben wird und erst dann im Ergebnis zu erfassen. Wird nachträglich eine Wertminderung für den finanziellen Vermögenswert festgestellt, ist jeder direkt im Eigenkapital erfasste frühere Gewinn oder Verlust gemäß Paragraph 67 im Ergebnis zu erfassen.

Gewinne und Verluste

55 Ein Gewinn oder Verlust aus einer Änderung des beizulegenden Zeitwertes eines finanziellen Vermögenswertes oder einer finanziellen Verbindlichkeit, die nicht Teil einer Sicherungsbeziehung sind (siehe die Paragraphen 89–102), ist wie folgt zu erfassen:
(a) Ein Gewinn oder Verlust aus einem finanziellen Vermögenswert bzw. einer finanziellen Verbindlichkeit, der/die erfolgswirksam zum beizulegenden Zeitwert bewertet wird, ist im Ergebnis zu erfassen.
(b) Ein Gewinn oder Verlust aus einem zur Veräußerung verfügbaren finanziellen Vermögenswert ist in der Aufstellung über die Veränderung des Eigenkapitals (siehe IAS 1 *Darstellung des Abschlusses*) solange direkt im Eigenkapital zu erfassen, mit Ausnahme von Wertberichtigungen (siehe Paragraphen 67–70) und von Gewinnen und Verlusten aus der Währungsumrechnung (siehe Anhang A Paragraph AG83), bis der finanzielle Vermögenswert ausgebucht wird. Zu diesem Zeitpunkt ist der zuvor im Eigenkapital erfasste kumulierte Gewinn oder Verlust im Ergebnis zu erfassen. Die mittels der Effektivzinsmethode berechneten Zinsen sind dagegen in der Gewinn- und Verlustrechnung zu erfassen (siehe IAS 18 *Erträge*). Dividenden auf zur Veräußerung verfügbare Eigenkapitalinstrumente sind mit der Entstehung des Rechtsanspruches des Unternehmens auf Zahlung bei Gewinnen oder Verlusten zu erfassen.

56 Gewinne oder Verluste aus finanziellen Vermögenswerten und finanziellen Verbindlichkeiten, die mit den fortgeführten Anschaffungskosten angesetzt werden (siehe die Paragraphen 46 und 47), werden im Ergebnis erfasst, wenn der finanzielle Vermögenswert oder die finanzielle Verbindlichkeit ausgebucht oder wertgemindert ist sowie im Rahmen von Amortisationen. Bei finanziellen Vermögenswerten oder finanziellen Verbindlichkeiten, die Grundgeschäfte darstellen (siehe Paragraphen 78–84 und Anhang A Paragraphen AG98–AG101) erfolgt die Bilanzierung der Gewinne bzw. Verluste dagegen gemäß den Paragraphen 89–102.

57 Bilanziert ein Unternehmen finanzielle Vermögenswerte zum Erfüllungstag (siehe Paragraph 38 und Anhang A Paragraphen AG53 und AG56), ist eine Änderung des beizulegenden Zeitwertes des entgegenzunehmenden Vermögenswertes in der Zeit zwischen dem Handelstag und dem Erfüllungstag für jene Vermögenswerte nicht zu erfassen, die mit ihren Anschaffungskosten oder fortgeführten Anschaffungskosten angesetzt werden (mit Ausnahme von Wertberichtigungen). Bei Vermögenswerten, die mit dem beizulegenden Zeitwert angesetzt werden, wird die Änderung des beizulegenden Zeitwertes jedoch gemäß Paragraph 55 entweder im Ergebnis oder im Eigenkapital erfasst.

Wertminderung und Uneinbringlichkeit von finanziellen Vermögenswerten

58 Ein Unternehmen hat an jedem Bilanzstichtag zu ermitteln, ob objektive Hinweise darauf schließen lassen, dass eine Wertminderung eines finanziellen Vermögenswertes oder einer Gruppe von finanziellen Vermögenswerten vorliegt. Bestehen derartige Hinweise, hat das Unternehmen Paragraph 63 (für mit fortgeführten Anschaffungskosten bewertete finanzielle Vermögenswerte) oder Paragraph 67 (für zur Veräußerung verfügbare finanzielle Vermögenswerte) anzuwenden, um den Betrag einer Wertberichtigung zu bestimmen.

59 Ein finanzieller Vermögenswert oder eine Gruppe von finanziellen Vermögenswerten ist nur dann wertgemindert und Wertminderungen sind nur dann entstanden, wenn infolge eines oder mehrerer Ereignisse, die nach dem erstmaligen Ansatz des Vermögenswertes eintraten (ein „Schadensfall"), ein objektiver Hinweis auf eine Wertminderung vorliegt und dieser Schadensfall (oder -fälle) eine Auswirkung auf die erwarteten künftigen Cashflows des finanziellen Vermögenswertes oder der Gruppe der finanziellen Vermögenswerte hat, die sich verlässlich schätzen lässt. Es kann sein, dass es nicht möglich ist, ein einzelnes, singuläres Ereignis als Grund für die Wertminderung zu identifizieren. Vielmehr könnte ein Zusammentreffen mehrerer Ereignisse die Wertminderung verursacht haben. Verluste aus künftig erwarteten Ereignissen, dürfen ungeachtete ihrer Eintrittswahrscheinlichkeit nicht erfasst werden. Objektive Hinweise auf eine Wertminderung eines finanziellen

(b) In the case of a financial asset that does not have a fixed maturity, the gain or loss shall remain in equity until the financial asset is sold or otherwise disposed of, when it shall be recognised in profit or loss. If the financial asset is subsequently impaired any previous gain or loss that has been recognised directly in equity is recognised in profit or loss in accordance with paragraph 67.

Gains and Losses

55 A gain or loss arising from a change in the fair value of a financial asset or financial liability that is not part of a hedging relationship (see paragraphs 89—102), shall be recognised, as follows.
(a) A gain or loss on a financial asset or financial liability classified as at fair value through profit or loss shall be recognised in profit or loss.
(b) A gain or loss on an available-for-sale financial asset shall be recognised directly in equity, through the statement of changes in equity (see IAS 1 *Presentation of Financial Statements*), except for impairment losses (see paragraphs 67—70) and foreign exchange gains and losses (see Appendix A paragraph AG83), until the financial asset is derecognised, at which time the cumulative gain or loss previously recognised in equity shall be recognised in profit or loss. However, interest calculated using the effective interest method (see paragraph 9) is recognised in profit or loss (see IAS 18 *Revenue*). Dividends on an available-for-sale equity instrument are recognised in profit or loss when the entity's right to receive payment is established (see IAS 18).

56 For financial assets and financial liabilities carried at amortised cost (see paragraphs 46 and 47), a gain or loss is recognised in profit or loss when the financial asset or financial liability is derecognised or impaired, and through the amortisation process. However, for financial assets or financial liabilities that are hedged items (see paragraphs 78—84 and Appendix A paragraphs AG98—AG101) the accounting for the gain or loss shall follow paragraphs 89—102.

57 If an entity recognises financial assets using settlement date accounting (see paragraph 38 and Appendix A paragraphs AG53 and AG56), any change in the fair value of the asset to be received during the period between the trade date and the settlement date is not recognised for assets carried at cost or amortised cost (other than impairment losses). For assets carried at fair value, however, the change in fair value shall be recognised in profit or loss or in equity, as appropriate under paragraph 55.

Impairment and Uncollectibility of Financial Assets

58 An entity shall assess at each balance sheet date whether there is any objective evidence that a financial asset or group of financial assets is impaired. If any such evidence exists, the entity shall apply paragraph 63 (for financial assets carried at amortised cost), paragraph 66 (for financial assets carried at cost) or paragraph 67 (for available-for-sale financial assets) to determine the amount of any impairment loss.

59 A financial asset or a group of financial assets is impaired and impairment losses are incurred if, and only if, there is objective evidence of impairment as a result of one or more events that occurred after the initial recognition of the asset (a 'loss event') and that loss event (or events) has an impact on the estimated future cash flows of the financial asset or group of financial assets that can be reliably estimated. It may not be possible to identify a single, discrete event that caused the impairment. Rather the combined effect of several events may have caused the impairment. Losses expected as a result of future events, no matter how likely, are not recognised. Objective evidence that a financial asset or group of assets is impaired includes observable data that comes to the attention of the holder of the asset about the following loss events:

IAS 39

Vermögenswertes oder einer Gruppe von Vermögenswerten schließen beobachtbare Daten zu den folgenden Schadensfällen, die dem Inhaber des Vermögenswertes zur Kenntnis gelangen, ein:

(a) erhebliche finanzielle Schwierigkeiten des Emittenten oder des Schuldners;
(b) ein Vertragsbruch wie beispielsweise ein Ausfall oder Verzug von Zins- oder Tilgungszahlungen;
(c) Zugeständnisse von Seiten des Kreditgebers an den Kreditnehmer infolge wirtschaftlicher oder rechtlicher Gründe im Zusammenhang mit den finanziellen Schwierigkeiten des Kreditnehmers, die der Kreditgeber ansonsten nicht gewähren würde;
(d) eine erhöhte Wahrscheinlichkeit, dass der Kreditnehmer in Insolvenz oder ein sonstiges Sanierungsverfahren geht;
(e) das Verschwinden eines aktiven Marktes für diesen finanziellen Vermögenswert infolge finanzieller Schwierigkeiten; oder
(f) beobachtbare Daten, die auf eine messbare Verringerung der erwarteten künftigen Cashflows aus einer Gruppe von finanziellen Vermögenswerten seit deren erstmaligem Ansatz hinweisen, obwohl die Verringerung noch nicht einzelnen finanziellen Vermögenswerten der Gruppe zugeordnet werden kann, einschließlich:
  (i) nachteilige Veränderungen beim Zahlungsstand von Kreditnehmern in der Gruppe (z. B. eine größere Anzahl an Zahlungsaufschüben oder eine größere Anzahl von Kreditkarteninhabern, die ihr Kreditlimit erreicht haben und den niedrigsten Monatsbetrag zahlen); oder
  (ii) volkswirtschaftliche oder regionale wirtschaftliche Bedingungen, die mit Ausfällen bei den Vermögenswerten der Gruppe korrelieren (z. B. eine Steigerung der Arbeitslosenquote in der Region des Kreditnehmers, ein Verfall der Immobilienpreise für Hypotheken in dem betreffenden Gebiet, eine Ölpreisreduzierung für Kredite an Erdölproduzenten oder nachteilige Veränderungen in den Branchenbedingungen, die die Kreditnehmer der Gruppe beinträchtigen).

60 Das Verschwinden eines aktiven Marktes infolge der Einstellung des öffentlichen Handels mit Wertpapieren eines Unternehmens ist kein Hinweis auf eine Wertminderung. Auch die Herabstufung des Bonitätsratings eines Unternehmens ist für sich genommen kein Hinweis auf eine Wertminderung, es kann jedoch zusammen mit anderen verfügbaren Informationen ein Hinweis auf eine Wertminderung sein. Eine Abnahme des beizulegenden Zeitwertes eines finanziellen Vermögenswertes unter seine Anschaffungskosten oder fortgeführten Anschaffungskosten ist nicht notwendigerweise ein Hinweis auf eine Wertminderung (z. B. eine Abnahme des beizulegenden Zeitwertes eines gehaltenen Schuldinstruments, die durch einen Anstieg des risikolosen Zinssatzes entsteht).

61 Zusätzlich zu den Arten von Ereignissen aus Paragraph 59 schließt ein objektiver Hinweis auf eine Wertminderung eines gehaltenen Eigenkapitalinstruments Informationen über signifikante Änderungen mit nachteiligen Folgen ein, die in dem technologischen, marktbezogenen, wirtschaftlichen oder rechtlichen Umfeld, in welchem der Emittent tätig ist, eingetreten sind und deutet darauf hin, dass die Ausgabe für das Eigenkapitalinstrument nicht zurückerlangt werden könnte. Eine signifikante oder länger anhaltende Abnahme des beizulegenden Zeitwertes eines Eigenkapitalinstruments unter dessen Anschaffungskosten ist ebenfalls ein objektiver Hinweis auf eine Wertminderung.

62 In manchen Fällen mögen die beobachtbaren Daten, die für die Schätzung der Höhe der Wertberichtigung eines finanziellen Vermögenswertes erforderlich sind, nur begrenzt vorhanden oder nicht länger in vollem Umfang relevant für die gegenwärtigen Umstände sein. Dies kann beispielsweise der Fall sein, wenn ein Kreditnehmer in finanziellen Schwierigkeiten ist und nur wenige historische Daten über vergleichbare Kreditnehmer vorliegen. Ein Unternehmen greift zur Schätzung der Höhe einer Wertberichtigung in diesen Fällen auf seine Erfahrungen zurück. In ähnlicher Weise greift ein Unternehmen auf Erfahrungen zurück, um die beobachtbaren Daten auf eine Gruppe von finanziellen Vermögenswerten zur Widerspiegelung der gegenwärtigen Umstände anzupassen (siehe Paragraph AG89). Die Verwendung vernünftiger Schätzungen ist bei der Aufstellung von Abschlüssen unumgänglich und beinträchtigt deren Verlässlichkeit nicht.

Finanzielle Vermögenswerte, die zu fortgeführten Anschaffungskosten bilanziert werden

63 **Gibt es einen objektiven Hinweis, dass eine Wertminderung bei mit fortgeführten Anschaffungskosten bilanzierten Krediten und Forderungen oder bei bis zur Endfälligkeit gehaltenen Finanzinvestitionen eingetreten ist, ergibt sich die Höhe des Verlusts als Differenz zwischen dem Buchwert des Vermögenswertes und dem Barwert der erwarteten künftigen Cashflows (mit Ausnahme künftiger, noch nicht erlittener Kreditausfälle), abgezinst mit dem ursprünglichen Effektivzinssatz des finanziellen Vermögenswertes (d. h.**

(a) significant financial difficulty of the issuer or obligor;
(b) a breach of contract, such as a default or delinquency in interest or principal payments;
(c) the lender, for economic or legal reasons relating to the borrower's financial difficulty, granting to the borrower a concession that the lender would not otherwise consider;
(d) it becoming probable that the borrower will enter bankruptcy or other financial reorganisation;
(e) the disappearance of an active market for that financial asset because of financial difficulties; or
(f) observable data indicating that there is a measurable decrease in the estimated future cash flows from a group of financial assets since the initial recognition of those assets, although the decrease cannot yet be identified with the individual financial assets in the group, including:
  (i) adverse changes in the payment status of borrowers in the group (eg an increased number of delayed payments or an increased number of credit card borrowers who have reached their credit limit and are paying the minimum monthly amount); or
  (ii) national or local economic conditions that correlate with defaults on the assets in the group (eg an increase in the unemployment rate in the geographical area of the borrowers, a decrease in property prices for mortgages in the relevant area, a decrease in oil prices for loan assets to oil producers, or adverse changes in industry conditions that affect the borrowers in the group).

60 The disappearance of an active market because an entity's financial instruments are no longer publicly traded is not evidence of impairment. A downgrade of an entity's credit rating is not, of itself, evidence of impairment, although it may be evidence of impairment when considered with other available information. A decline in the fair value of a financial asset below its cost or amortised cost is not necessarily evidence of impairment (for example, a decline in the fair value of an investment in a debt instrument that results from an increase in the risk-free interest rate).

61 In addition to the types of events in paragraph 59, objective evidence of impairment for an investment in an equity instrument includes information about significant changes with an adverse effect that have taken place in the technological, market, economic or legal environment in which the issuer operates, and indicates that the cost of the investment in the equity instrument may not be recovered. A significant or prolonged decline in the fair value of an investment in an equity instrument below its cost is also objective evidence of impairment.

62 In some cases the observable data required to estimate the amount of an impairment loss on a financial asset may be limited or no longer fully relevant to current circumstances. For example, this may be the case when a borrower is in financial difficulties and there are few available historical data relating to similar borrowers. In such cases, an entity uses its experienced judgement to estimate the amount of any impairment loss. Similarly an entity uses its experienced judgement to adjust observable data for a group of financial assets to reflect current circumstances (see paragraph AG89). The use of reasonable estimates is an essential part of the preparation of financial statements and does not undermine their reliability.

Financial Assets Carried at Amortised Cost

63 If there is objective evidence that an impairment loss on loans and receivables or held-to-maturity investments carried at amortised cost has been incurred, the amount of the loss is measured as the difference between the asset's carrying amount and the present value of estimated future cash flows (excluding future credit losses that have not been incurred) discounted at the financial asset's original effective interest rate (ie the effective interest rate computed at initial recognition). The carrying amount of

dem bei erstmaligem Ansatz ermittelten Zinssatz). Der Buchwert des Vermögenswertes ist entweder direkt oder unter Verwendung eines Wertberichtigungskontos zu reduzieren. Der Verlustbetrag ist ergebniswirksam zu erfassen.

64 Ein Unternehmen stellt zunächst fest, ob ein objektiver Hinweis auf Wertminderung bei finanziellen Vermögenswerten, die für sich gesehen bedeutsam sind, individuell und bei finanziellen Vermögenswerten, die für sich gesehen nicht bedeutsam sind (siehe Paragraph 59), individuell oder gemeinsam besteht. Stellt ein Unternehmen fest, dass für einen einzeln untersuchten finanziellen Vermögenswert, sei er bedeutsam oder nicht, kein objektiver Hinweis auf Wertminderung besteht, nimmt es den Vermögenswert in eine Gruppe finanzieller Vermögenswerte mit vergleichbaren Ausfallrisikoprofilen auf und untersucht sie gemeinsam auf Wertminderung. Vermögenswerte, die einzeln auf Wertminderung untersucht werden und für die eine Wertberichtigung neu bzw. weiterhin erfasst wird, werden nicht in eine gemeinsame Wertminderungsbeurteilung einbezogen.

65 Verringert sich die Höhe der Wertberichtigung in einer der folgenden Berichtsperioden und kann diese Verringerung objektiv auf einen nach der Erfassung der Wertminderung aufgetretenen Sachverhalt zurückgeführt werden (wie beispielsweise die Verbesserung des Bonitätsratings eines Schuldners), ist die früher erfasste Wertberichtigung entweder direkt oder durch Anpassung des Wertberichtigungskontos rückgängig zu machen. Dieser Vorgang darf zum Zeitpunkt der Wertaufholung jedoch nicht zu einem Buchwert des finanziellen Vermögenswertes führen, der den Betrag der fortgeführten Anschaffungskosten, der sich ergeben hätte, wenn die Wertminderung nicht erfasst worden wäre, übersteigt. Der Betrag der Wertaufholung ist ergebniswirksam zu erfassen.

Finanzielle Vermögenswerte, die zu Anschaffungskosten bilanziert werden

66 Bestehen objektive Hinweise darauf, dass eine Wertminderung bei einem nicht notierten Eigenkapitalinstrument, das nicht zum beizulegenden Zeitwert angesetzt wird, weil sein beizulegender Zeitwert nicht verlässlich ermittelt werden kann, oder bei einem derivativen Vermögenswert, der mit diesem nicht notierten Eigenkapitalinstrument verknüpft ist und nur durch Andienung erfüllt werden kann, aufgetreten ist, ergibt sich der Betrag der Wertberichtigung als Differenz zwischen dem Buchwert des finanziellen Vermögenswertes und dem Barwert der geschätzten künftigen Cashflows, die mit der aktuellen Marktrendite eines vergleichbaren finanziellen Vermögenswerts abgezinst werden (siehe Paragraph 46(c) und Anhang A Paragraph AG80 und AG81). Solche Wertberichtigungen dürfen nicht rückgängig gemacht werden.

Zur Veräußerung verfügbare finanzielle Vermögenswerte

67 Wenn ein Rückgang des beizulegenden Zeitwertes eines zur Veräußerung verfügbaren finanziellen Vermögenswertes direkt im Eigenkapital erfasst wurde und ein objektiver Hinweis besteht, dass der Vermögenswert wertgemindert ist (siehe Paragraph 59), ist der direkt im Eigenkapital angesetzte kumulierte Verlust aus dem Eigenkapital zu entfernen und ergebniswirksam zu erfassen, auch wenn der finanzielle Vermögenswert nicht ausgebucht wurde.

68 Die Höhe des aus dem Eigenkapital gemäß Paragraph 67 entfernten und ergebniswirksam erfassten kumulierten Verlusts entspricht der Differenz zwischen den Anschaffungskosten (abzüglich etwaiger Tilgungen und Amortisationen) und dem aktuellen beizulegenden Zeitwert, abzüglich etwaiger, bereits früher ergebniswirksam erfasster Wertberichtigungen dieses finanziellen Vermögenswertes.

69 Ergebniswirksam erfasste Wertberichtigungen für ein gehaltenes Eigenkapitalinstrument, das als zur Veräußerung verfügbar eingestuft wird, dürfen nicht ergebniswirksam rückgängig gemacht werden.

70 Wenn der beizulegende Zeitwert eines Schuldinstruments, das als zur Veräußerung verfügbar eingestuft wurde, in einer nachfolgenden Berichtsperiode ansteigt und sich der Anstieg objektiv auf ein Ereignis zurückführen lässt, das nach der ergebniswirksamen Verbuchung der Wertminderung auftritt, ist die Wertberichtigung rückgängig zu machen und der Betrag der Wertaufholung ergebniswirksam zu erfassen.

the asset shall be reduced either directly or through use of an allowance account. The amount of the loss shall be recognised in profit or loss.

64 An entity first assesses whether objective evidence of impairment exists individually for financial assets that are individually significant, and individually or collectively for financial assets that are not individually significant (see paragraph 59). If an entity determines that no objective evidence of impairment exists for an individually assessed financial asset, whether significant or not, it includes the asset in a group of financial assets with similar credit risk characteristics and collectively assesses them for impairment. Assets that are individually assessed for impairment and for which an impairment loss is or continues to be recognised are not included in a collective assessment of impairment.

65 If, in a subsequent period, the amount of the impairment loss decreases and the decrease can be related objectively to an event occurring after the impairment was recognised (such as an improvement in the debtor's credit rating), the previously recognised impairment loss shall be reversed either directly or by adjusting an allowance account. The reversal shall not result in a carrying amount of the financial asset that exceeds what the amortised cost would have been had the impairment not been recognised at the date the impairment is reversed. The amount of the reversal shall be recognised in profit or loss.

Financial Assets Carried at Cost

66 If there is objective evidence that an impairment loss has been incurred on an unquoted equity instrument that is not carried at fair value because its fair value cannot be reliably measured, or on a derivative asset that is linked to and must be settled by delivery of such an unquoted equity instrument, the amount of the impairment loss is measured as the difference between the carrying amount of the financial asset and the present value of estimated future cash flows discounted at the current market rate of return for a similar financial asset (see paragraph 46(c) and Appendix A paragraphs AG80 and AG81). Such impairment losses shall not be reversed.

Available-for-Sale Financial Assets

67 When a decline in the fair value of an available-for-sale financial asset has been recognised directly in equity and there is objective evidence that the asset is impaired (see paragraph 59), the cumulative loss that had been recognised directly in equity shall be removed from equity and recognised in profit or loss even though the financial asset has not been derecognised.

68 The amount of the cumulative loss that is removed from equity and recognised in profit or loss under paragraph 67 shall be the difference between the acquisition cost (net of any principal repayment and amortisation) and current fair value, less any impairment loss on that financial asset previously recognised in profit or loss.

69 Impairment losses recognised in profit or loss for an investment in an equity instrument classified as available for sale shall not be reversed through profit or loss.

70 If, in a subsequent period, the fair value of a debt instrument classified as available for sale increases and the increase can be objectively related to an event occurring after the impairment loss was recognised in profit or loss, the impairment loss shall be reversed, with the amount of the reversal recognised in profit or loss.

SICHERUNGSMASSNAHMEN

71 Besteht zwischen einem Sicherungsinstrument und einem in den Paragraphen 85–88 und Anhang A Paragraphen AG102–AG104 beschriebenen Grundgeschäft eine designierte Sicherungsbeziehung, so erfolgt die Bilanzierung der Gewinne und Verluste aus dem Sicherungsinstrument und dem Grundgeschäft gemäß den Paragraphen 89–102.

Sicherungsinstrumente

Qualifizierende Instrumente

72 Dieser Standard beschränkt nicht die Umstände, in denen ein Derivat als Sicherungsinstrument bestimmt werden kann, sofern die in Paragraph 88 genannten Bedingungen erfüllt sind, mit Ausnahme bestimmter geschriebener Optionen (siehe Anhang A Paragraph AG94). Ein nicht-derivativer finanzieller Vermögenswert oder eine nicht-derivative finanzielle Verbindlichkeit kann jedoch nur dann als Sicherungsinstrument bestimmt werden, wenn es zur Absicherung eines Währungsrisikos benutzt wird.

73 Im Rahmen der Bilanzierung von Sicherungsbeziehungen können nur solche Finanzinstrumente als Sicherungsinstrumente bestimmt werden, bei denen eine nicht zum Berichtsunternehmen gehörende externe Partei (d. h. außerhalb der Unternehmensgruppe, des Segments oder des einzelnen Unternehmens, über die/das berichtet wird) eingebunden ist. Zwar können einzelne Unternehmen innerhalb eines Konzerns oder einzelne Bereiche innerhalb eines Unternehmens mit anderen Unternehmen des gleichen Konzerns oder anderen Bereichen des gleichen Unternehmens Sicherungsmaßnahmen durchführen, jedoch werden solche konzerninternen Transaktionen bei der Konsolidierung eliminiert. Daher qualifizieren solche Sicherungsmaßnahmen nicht für eine Bilanzierung von Sicherungsbeziehungen im Konzernabschluss der Unternehmensgruppe. Sie können jedoch die Bedingungen für eine Bilanzierung von Sicherungsbeziehungen in den Einzelabschlüssen oder separaten Einzelabschlüssen nach IFRS einzelner Unternehmen innerhalb der Unternehmensgruppe oder bei der Segmentberichterstattung erfüllen, sofern sie nicht zu dem einzelnen Unternehmen oder Segment gehören, über das berichtet wird.

Bestimmung von Sicherungsinstrumenten

74 In der Regel existiert für ein Sicherungsinstrument in seiner Gesamtheit nur ein einziger beizulegender Zeitwert, und die Faktoren, die zu Änderungen des beizulegenden Zeitwerts führen, bedingen sich gegenseitig. Daher wird eine Sicherungsbeziehung von einem Unternehmen stets für ein Sicherungsinstrument in seiner Gesamtheit designiert. Die einzigen zulässigen Ausnahmen sind:
(a) die Trennung eines Optionskontrakts in inneren Wert und Zeitwertes, wobei nur die Änderung des inneren Wertes einer Option als Sicherungsinstrument bestimmt und die Änderung des Zeitwertes ausgeklammert wird;
sowie
(b) die Trennung von Zinskomponente und Kassakurs eines Terminkontrakts.
Diese Ausnahmen werden zugelassen, da der innere Wert der Option und die Prämie eines Terminkontrakts in der Regel getrennt bewertet werden können. Eine dynamische Sicherungsstrategie, bei der sowohl der innere Wert als auch der Zeitwert eines Optionskontrakts bewertet werden, kann die Bedingungen für die Bilanzierung von Sicherungsbeziehungen erfüllen.

75 Ein Anteil des gesamten Sicherungsinstruments, wie beispielsweise 50 Prozent des Nominalvolumens, kann in einer Sicherungsbeziehung als Sicherungsinstrument bestimmt werden. Jedoch kann eine Sicherungsbeziehung nicht nur für einen Teil der Zeit, über den das Sicherungsinstrument noch läuft, bestimmt werden.

76 Ein einzelnes Sicherungsinstrument kann zur Absicherung verschiedener Risiken eingesetzt werden, vorausgesetzt dass (a) die abzusichernden Risiken eindeutig ermittelt werden können, (b) die Wirksamkeit der Sicherungsbeziehung nachgewiesen werden kann und (c) es möglich ist, eine exakte Zuordnung des Sicherungsinstruments zu den verschiedenen Risikopositionen zu gewährleisten.

77 Zwei oder mehrere Derivate oder Anteile davon (oder im Falle der Absicherung eines Währungsrisikos zwei oder mehrere nicht-derivative Instrumente oder Anteile davon bzw. eine Kombination von derivativen und nicht-derivativen Instrumenten oder Anteilen davon) können in Verbindung berücksichtigt und zusammen als Sicherungsinstrument eingesetzt werden, ebenso wenn das/die aus einigen Derivaten entstandene(n) Risiko/Risiken diejenigen aus anderen ausgleichen. Ein Collar oder ein anderes derivatives Finanzinstrument, in dem

HEDGING

If there is a designated hedging relationship between a hedging instrument and a hedged item as described in paragraphs 85—88 and Appendix A paragraphs AG102—AG104, accounting for the gain or loss on the hedging instrument and the hedged item shall follow paragraphs 89—102.

Hedging Instruments

Qualifying Instruments

This Standard does not restrict the circumstances in which a derivative may be designated as a hedging instrument provided the conditions in paragraph 88 are met, except for some written options (see Appendix A paragraph AG94). However, a non-derivative financial asset or non-derivative financial liability may be designated as a hedging instrument only for a hedge of a foreign currency risk.

For hedge accounting purposes, only instruments that involve a party external to the reporting entity (ie external to the group, segment or individual entity that is being reported on) can be designated as hedging instruments. Although individual entities within a consolidated group or divisions within an entity may enter into hedging transactions with other entities within the group or divisions within the entity, any such intragroup transactions are eliminated on consolidation. Therefore, such hedging transactions do not qualify for hedge accounting in the consolidated financial statements of the group. However, they may qualify for hedge accounting in the individual or separate financial statements of individual entities within the group or in segment reporting provided that they are external to the individual entity or segment that is being reported on.

Designation of Hedging Instruments

There is normally a single fair value measure for a hedging instrument in its entirety, and the factors that cause changes in fair value are co-dependent. Thus, a hedging relationship is designated by an entity for a hedging instrument in its entirety. The only exceptions permitted are:
(a) separating the intrinsic value and time value of an option contract and designating as the hedging instrument only the change in intrinsic value of an option and excluding change in its time value; and
(b) separating the interest element and the spot price of a forward contract.
These exceptions are permitted because the intrinsic value of the option and the premium on the forward can generally be measured separately. A dynamic hedging strategy that assesses both the intrinsic value and time value of an option contract can qualify for hedge accounting.

A proportion of the entire hedging instrument, such as 50 per cent of the notional amount, may be designated as the hedging instrument in a hedging relationship. However, a hedging relationship may not be designated for only a portion of the time period during which a hedging instrument remains outstanding.

A single hedging instrument may be designated as a hedge of more than one type of risk provided that (a) the risks hedged can be identified clearly; (b) the effectiveness of the hedge can be demonstrated; and (c) it is possible to ensure that there is specific designation of the hedging instrument and different risk positions.

Two or more derivatives, or proportions of them (or, in the case of a hedge of currency risk, two or more non-derivatives or proportions of them, or a combination of derivatives and non-derivatives or proportions of them), may be viewed in combination and jointly designated as the hedging instrument, including when the risk(s) arising from some derivatives offset(s) those arising from others. However, an interest rate collar or other derivative instrument that combines a written option and a purchased option does not qualify as a hedging

IAS 39

eine geschriebene Option mit einer erworbenen Option kombiniert wird, erfüllt jedoch nicht die Anforderungen an ein Sicherungsinstrument, wenn es sich netto um eine geschriebene Option handelt (für die eine Nettoprämie erhalten wird). Ebenso können zwei oder mehrere Finanzinstrumente (oder Anteile davon) als Sicherungsinstrumente designiert werden, jedoch nur wenn keins von ihnen eine geschriebene Option bzw. netto eine geschriebene Option ist.

Grundgeschäfte

Qualifizierende Grundgeschäfte

78 Ein Grundgeschäft kann ein bilanzierter Vermögenswert oder eine bilanzierte Verbindlichkeit, eine bilanzunwirksame feste Verpflichtung, eine erwartete und mit hoher Wahrscheinlichkeit eintretende künftige Transaktion oder eine Nettoinvestition in einen ausländischen Geschäftsbetrieb sein. Das Grundgeschäft kann (a) ein einzelner Vermögenswert, eine einzelne Verbindlichkeit, eine feste Verpflichtung, eine erwartete und mit hoher Wahrscheinlichkeit eintretende künftige Transaktion oder eine Nettoinvestition in einen ausländischen Geschäftsbetrieb, (b) eine Gruppe von Vermögenswerten, Verbindlichkeiten, festen Verpflichtungen, erwarteten und mit hoher Wahrscheinlichkeit eintretenden künftigen Transaktionen oder Nettoinvestitionen in ausländische Geschäftsbetriebe mit vergleichbarem Risikoprofil oder (c) bei der Absicherung eines Portfolios gegen Zinsänderungsrisiken ein Teil eines Portfolios an finanziellen Vermögenswerten oder finanziellen Verbindlichkeiten, die demselben Risiko unterliegen, sein.

79 Im Gegensatz zu Krediten und Forderungen kann eine bis zur Endfälligkeit gehaltene Finanzinvestition kein Grundgeschäft im Hinblick auf Zinsrisiken oder Kündigungsrisiken sein, da die Klassifizierung als bis zur Endfälligkeit gehaltene Finanzinvestition die Absicht erfordert, die Finanzinvestition bis zur Endfälligkeit zu halten, ohne Rücksicht auf Änderungen des beizulegenden Zeitwertes oder der Cashflows einer solchen Finanzinvestition, die auf Zinsänderungen zurückzuführen sind. Eine bis zur Endfälligkeit gehaltene Finanzinvestition kann jedoch ein Grundgeschäft zum Zwecke der Absicherung von Währungs- und Ausfallrisiken sein.

80 Zum Zwecke der Bilanzierung von Sicherungsbeziehungen können nur Vermögenswerte, Verbindlichkeiten, feste Verpflichtungen oder erwartete und mit hoher Wahrscheinlichkeit eintretende künftige Transaktionen als Grundgeschäfte bezeichnet werden, bei denen eine nicht zum Unternehmen gehörende externe Partei eingebunden ist. Daraus folgt, dass die Bilanzierung von Sicherungsbeziehungen bei Transaktionen zwischen Unternehmen oder Segmenten innerhalb derselben Unternehmensgruppe nur für Einzelabschlüsse oder separate Einzelabschlüsse nach IFRS eben dieser Unternehmen oder Segmente angewendet werden kann und nicht für den Konzernabschluss der Unternehmensgruppe. Als eine Ausnahme kann das Währungsrisiko aus einem konzerninternen monetären Posten (z. B. eine Verbindlichkeit/Forderung zwischen zwei Tochtergesellschaften) die Voraussetzung eines Grundgeschäfts im Konzernabschluss erfüllen, wenn es zu Gewinnen oder Verlusten aus einer Wechselkursrisikoposition führt, die gemäß IAS 21 *Auswirkungen von Änderungen der Wechselkurse* bei der Konsolidierung nicht vollkommen eliminiert werden. Nach IAS 21 werden Gewinne und Verluste aus Währungskursumrechnungen von konzerninternen monetären Posten bei der Konsolidierung nicht vollkommen eliminiert, wenn der konzerninterne monetäre Posten zwischen zwei Unternehmen des Konzerns mit unterschiedlichen funktionalen Währungen abgewickelt wird. Darüber hinaus kann das Währungsrisiko einer mit hoher Wahrscheinlichkeit eintretenden künftigen konzerninternen Transaktion als ein Grundgeschäft in einem Konzernabschluss angesehen werden, sofern die Transaktion auf eine andere Währung lautet als die funktionale Währung des Unternehmens, das diese Transaktion abwickelt und das Währungsrisiko sich auf die konsolidierte Gewinn- und Verlustrechnung auswirkt.

Bestimmung finanzieller Posten als Grundgeschäfte

81 Ist das Grundgeschäft ein finanzieller Vermögenswert oder eine finanzielle Verbindlichkeit, so kann es ein Grundgeschäft im Hinblick auf Risiken, denen lediglich ein Teil seiner Cashflows oder seines beizulegenden Zeitwerts ausgesetzt ist (wie ein oder mehrere ausgewählte vertragliche Cashflows oder Teile derer oder ein Anteil am beizulegenden Zeitwert), sein, vorausgesetzt die Wirksamkeit kann ermittelt werden. Ein identifizierbarer und gesondert bewertbarer Teil des Zinsrisikos eines zinstragenden Vermögenswertes oder einer zinstragenden Verbindlichkeit kann beispielsweise als ein gesichertes Risiko bestimmt werden (wie z. B. ein risikoloser Zinssatz oder ein Benchmarkzinsteil des gesamten Zinsrisikos eines gesicherten Finanzinstruments).

81A Bei der Absicherung des beizulegenden Zeitwertes gegen das Zinsänderungsrisiko eines Portfolios finanzieller Vermögenswerte oder finanzieller Verbindlichkeiten (und nur im Falle einer solchen Absicherung) kann der

instrument if it is, in effect, a net written option (ie for which a net premium is received). Similarly, two or more instruments (or proportions of them) may be designated as the hedging instrument only if none of them is a written option or a net written option.

Hedged Items

Qualifying Items

A hedged item can be a recognised asset or liability, an unrecognised firm commitment, a highly probable forecast transaction or a net investment in a foreign operation. The hedged item can be (a) a single asset, liability, firm commitment, highly probable forecast transaction or net investment in a foreign operation, or (b) a group of assets, liabilities, firm commitments, highly probable forecast transactions or net investments in foreign operations with similar risk characteristics or (c) in a portfolio hedge of interest rate risk only, a portion of the portfolio of financial assets or financial liabilities that share the risk being hedged. 78

Unlike loans and receivables, a held-to-maturity investment cannot be a hedged item with respect to interest-rate risk or prepayment risk because designation of an investment as held to maturity requires an intention to hold the investment until maturity without regard to changes in the fair value or cash flows of such an investment attributable to changes in interest rates. However, a held-to-maturity investment can be a hedged item with respect to risks from changes in foreign currency exchange rates and credit risk. 79

For hedge accounting purposes, only assets, liabilities, firm commitments or highly probable forecast transactions that involve a party external to the entity can be designated as hedged items. It follows that hedge accounting can be applied to transactions between entities or segments in the same group only in the individual or separate financial statements of those entities or segments and not in the consolidated financial statements of the group. As an exception, the foreign currency risk of an intragroup monetary item (e. g. a payable/receivable between two subsidiaries) may qualify as a hedged item in the consolidated financial statements if it results in an exposure to foreign exchange rate gains or losses that are not fully eliminated on consolidation in accordance with IAS 21 "The Effects of Changes in Foreign Exchange Rates". In accordance with IAS 21, foreign exchange rate gains and losses on intragroup monetary items are not fully eliminated on consolidation when the intragroup monetary item is transacted between two group entities that have different functional currencies. In addition, the foreign currency risk of a highly probable forecast intragroup transaction may qualify as a hedged item in consolidated financial statements provided that the transaction is denominated in a currency other than the functional currency of the entity entering into that transaction and the foreign currency risk will affect consolidated profit or loss. 80

Designation of Financial Items as Hedged Items

If the hedged item is a financial asset or financial liability, it may be a hedged item with respect to the risks associated with only a portion of its cash flows or fair value (such as one or more selected contractual cash flows or portions of them or a percentage of the fair value) provided that effectiveness can be measured. For example, an identifiable and separately measurable portion of the interest rate exposure of an interest-bearing asset or interest-bearing liability may be designated as the hedged risk (such as a risk-free interest rate or benchmark interest rate component of the total interest rate exposure of a hedged financial instrument). 81

In a fair value hedge of the interest rate exposure of a portfolio of financial assets or financial liabilities (and only in such a hedge), the portion hedged may be designated in terms of an amount of a currency (eg an amount of 81A

abgesicherte Teil in Form eines Währungsbetrags festgelegt werden (z. B. ein Dollar-, Euro-, Pfund- oder Rand-Betrag) anstelle eines einzelnen Vermögenswertes (oder einer Verbindlichkeit). Auch wenn das Portfolio für Zwecke des Risikomanagements Vermögenswerte und Verbindlichkeiten beinhalten kann, ist der festgelegte Betrag ein Betrag von Vermögenswerten oder ein Betrag von Verbindlichkeiten. Die Festlegung eines Nettobetrags aus Vermögenswerten und Verbindlichkeiten ist nicht statthaft. Das Unternehmen kann einen Teil des Zinsänderungsrisikos, das mit diesem festgelegten Betrag verbunden ist, absichern. Im Falle der Absicherung eines Portfolios, das vorzeitig rückzahlbare Vermögenswerte enthält, kann ein Unternehmen beispielsweise jene Änderung des beizulegenden Zeitwertes absichern, die auf einer Änderung des abgesicherten Zinssatzes auf Grundlage der erwarteten statt der vertraglichen Zinsanpassungstermine beruht. [...].

Bestimmung nicht finanzieller Posten als Grundgeschäfte

82   Handelt es sich bei dem Grundgeschäft nicht um einen finanziellen Vermögenswert oder eine finanzielle Verbindlichkeit, ist es wegen der Schwierigkeiten bei der Isolierung und Bewertung der in Bezug auf spezifische Risiken, ausgenommen der Währungsrisiken, zurechenbaren anteiligen Veränderungen der Cashflows bzw. der beizulegenden Zeitwerte entweder (a) als gegen Währungsrisiken oder (b) insgesamt als gegen alle Risiken abgesichert zu bestimmen.

Bestimmung von Gruppen von Posten als Grundgeschäfte

83   Gleichartige Vermögenswerte oder gleichwertige Verbindlichkeiten sind nur dann zusammenzufassen und als Gruppe gegen Risiken abzusichern, wenn die einzelnen Vermögenswerte oder die einzelnen Verbindlichkeiten in der Gruppe demselben Risikofaktor unterliegen, der als Sicherungsgegenstand festgelegt wurde. Des Weiteren muss zu erwarten sein, dass die Änderung des beizulegenden Zeitwertes, die dem abgesicherten Risiko für jeden einzelnen Posten in der Gruppe zuzurechnen ist, in etwa proportional der gesamten Änderung des beizulegenden Zeitwertes im Hinblick auf das abgesicherte Risiko der Gruppe der Posten entspricht.

84   Da ein Unternehmen die Wirksamkeit einer Absicherung durch den Vergleich der Änderung des beizulegenden Zeitwertes oder des Cashflows eines Sicherungsinstruments (oder einer Gruppe gleichartiger Sicherungsinstrumente) und eines Grundgeschäfts (oder einer Gruppe gleichartiger Grundgeschäfte) beurteilt, qualifiziert der Vergleich eines Sicherungsinstruments mit einer gesamten Nettoposition (z. B. der Saldo aller festverzinslichen Vermögenswerte und festverzinslichen Verbindlichkeiten mit vergleichbaren Laufzeiten) an Stelle eines Vergleichs mit einem bestimmten Grundgeschäft nicht für eine Bilanzierung von Sicherungsbeziehungen.

Bilanzierung von Sicherungsbeziehungen

85   Die Bilanzierung von Sicherungsbeziehungen berücksichtigt den kompensatorischen Effekt von Änderungen des beizulegenden Zeitwertes des Sicherungsinstruments und des Grundgeschäfts in der Gewinn- und Verlustrechnung.

86   **Es gibt drei Arten von Sicherungsbeziehungen:**
   (a) **Absicherung des beizulegenden Zeitwertes:** Eine Absicherung gegen das Risiko einer Änderung des beizulegenden Zeitwertes eines bilanzierten Vermögenswertes oder einer bilanzierten Verbindlichkeit oder einer bilanzunwirksamen festen Verpflichtung oder eines genau bezeichneten Teils eines solchen Vermögenswertes, einer solchen Verbindlichkeit oder einer festen Verpflichtung, das auf ein bestimmtes Risiko zurückzuführen ist und Auswirkungen auf das Ergebnis haben könnte.
   (b) **Absicherung von Zahlungsströmen:** Eine Absicherung gegen das Risiko schwankender Zahlungsströme, das (i) ein bestimmtes mit dem bilanzierten Vermögenswert oder der bilanzierten Verbindlichkeit (wie beispiels- weise ein Teil oder alle künftigen Zinszahlungen einer variabel verzinslichen Schuld) oder dem mit einer erwarteten und mit hoher Wahrscheinlichkeit eintretenden künftigen Transaktion verbundenes Risiko zurückzuführen ist und (ii) Auswirkungen auf das Ergebnis haben könnte.
   (c) **Absicherung einer Nettoinvestition in einen ausländischen Geschäftsbetrieb,** wie in IAS 21 beschrieben.

87   Eine Absicherung des Währungsrisikos einer festen Verpflichtung kann als eine Absicherung des beizulegenden Zeitwertes oder als eine Absicherung von Zahlungsströmen bilanziert werden.

88   **Eine Sicherungsbeziehung qualifiziert nur dann für die Bilanzierung von Sicherungsbeziehungen gemäß den Paragraphen 89–102, wenn alle im Folgenden aufgeführten Bedingungen erfüllt sind:**

dollars, euro, pounds or rand) rather than as individual assets (or liabilities). Although the portfolio may, for risk management purposes, include assets and liabilities, the amount designated is an amount of assets or an amount of liabilities. Designation of a net amount including assets and liabilities is not permitted. The entity may hedge a portion of the interest rate risk associated with this designated amount. For example, in the case of a hedge of a portfolio containing prepayable assets, the entity may hedge the change in fair value that is attributable to a change in the hedged interest rate on the basis of expected, rather than contractual, repricing dates. [...].

Designation of Non-Financial Items as Hedged Items

If the hedged item is a non-financial asset or non-financial liability, it shall be designated as a hedged item (a) for foreign currency risks, or (b) in its entirety for all risks, because of the difficulty of isolating and measuring the appropriate portion of the cash flows or fair value changes attributable to specific risks other than foreign currency risks. 82

Designation of Groups of Items as Hedged Items

Similar assets or similar liabilities shall be aggregated and hedged as a group only if the individual assets or individual liabilities in the group share the risk exposure that is designated as being hedged. Furthermore, the change in fair value attributable to the hedged risk for each individual item in the group shall be expected to be approximately proportional to the overall change in fair value attributable to the hedged risk of the group of items. 83

Because an entity assesses hedge effectiveness by comparing the change in the fair value or cash flow of a hedging instrument (or group of similar hedging instruments) and a hedged item (or group of similar hedged items), comparing a hedging instrument with an overall net position (eg the net of all fixed rate assets and fixed rate liabilities with similar maturities), rather than with a specific hedged item, does not qualify for hedge accounting. 84

Hedge Accounting

Hedge accounting recognises the offsetting effects on profit or loss of changes in the fair values of the hedging instrument and the hedged item. 85

Hedging relationships are of three types: 86
(a) fair value hedge: a hedge of the exposure to changes in fair value of a recognised asset or liability or an unrecognised firm commitment, or an identified portion of such an asset, liability or firm commitment, that is attributable to a particular risk and could affect profit or loss.
(b) cash flow hedge: a hedge of the exposure to variability in cash flows that (i) is attributable to a particular risk associated with a recognised asset or liability (such as all or some future interest payments on variable rate debt) or a highly probable forecast transaction and (ii) could affect profit or loss.
(c) hedge of a net investment in a foreign operation as defined in IAS 21.

A hedge of the foreign currency risk of a firm commitment may be accounted for as a fair value hedge or as a cash flow hedge. 87

A hedging relationship qualifies for hedge accounting under paragraphs 89—102 if, and only if, all of the following conditions are met. 88

(a) Zu Beginn der Absicherung sind sowohl die Sicherungsbeziehung als auch die Risikomanagementzielsetzungen und -strategien des Unternehmens im Hinblick auf die Absicherung formal festzulegen und zu dokumentieren. Diese Dokumentation hat die Festlegung des Sicherungsinstruments, des Grundgeschäfts oder der abgesicherten Transaktion und die Art des abzusichernden Risikos zu beinhalten sowie eine Beschreibung, wie das Unternehmen die Wirksamkeit des Sicherungsinstruments bei der Kompensation der Risiken aus Änderungen des beizulegenden Zeitwertes oder der Cashflows des gesicherten Grundgeschäfts bestimmen wird.
(b) Die Absicherung wird als in hohem Maße wirksam eingeschätzt hinsichtlich der Erreichung einer Kompensation der Risiken aus Änderungen des beizulegenden Zeitwertes oder der Cashflows in Bezug auf das abgesicherte Risiko (siehe Anhang A Paragraphen AG105–AG113), in Übereinstimmung mit der ursprünglich dokumentierten Risikomanagementstrategie für diese spezielle Sicherungsbeziehung.
(c) Bei Absicherungen von Zahlungsströmen muss eine der Absicherung zugrunde liegende erwartete künftige Transaktion eine hohe Eintrittswahrscheinlichkeit haben und Risiken im Hinblick auf Schwankungen der Zahlungsströme ausgesetzt sein, die sich letztlich im Ergebnis niederschlagen könnten.
(d) Die Wirksamkeit der Sicherungsbeziehung ist verlässlich bestimmbar, d. h., der beizulegende Zeitwert oder die Cashflows des Grundgeschäfts, die auf das abgesicherte Risiko zurückzuführen sind, und der beizulegende Zeitwert des Sicherungsinstruments können verlässlich bestimmt werden (siehe Paragraphen 46 und 47 und Anhang A Paragraphen AG80 und AG81 für die Regelungen zur Bestimmung des beizulegenden Zeitwertes).
(e) Die Sicherungsbeziehung wird fortlaufend beurteilt und als tatsächlich hoch wirksam über die gesamte Berichtsperiode eingeschätzt, für die die Sicherungsbeziehung designiert wurde.

Absicherung des beizulegenden Zeitwertes

89 Erfüllt die Absicherung des beizulegenden Zeitwertes im Verlauf der Berichtsperiode die in Paragraph 88 genannten Voraussetzungen, so hat die Bilanzierung folgendermaßen zu erfolgen:
(a) der Gewinn oder Verlust aus der erneuten Bewertung des Sicherungsinstruments zum beizulegenden Zeit- wert (für ein derivatives Sicherungsinstrument) oder die Währungskomponente seines gemäß IAS 21 bewerteten Buchwerts (für nicht derivative Sicherungsinstrumente) ist im Ergebnis zu erfassen; und
(b) der Buchwert eines Grundgeschäfts ist um den dem abgesicherten Risiko zuzurechnenden Gewinn oder Verlust aus dem Grundgeschäft anzupassen und im Ergebnis zu erfassen. Dies gilt für den Fall, dass das Grundgeschäft ansonsten mit den Anschaffungskosten bewertet wird. Der dem abgesicherten Risiko zuzurechnende Gewinn oder Verlust ist im Ergebnis zu erfassen, wenn es sich bei dem Grundgeschäft um einen zur Veräußerung verfügbaren finanziellen Vermögenswert handelt.

89A Bei einer Absicherung des beizulegenden Zeitwertes gegen das Zinsänderungsrisiko eines Teils eines Portfolios finanzieller Vermögenswerte oder finanzieller Verbindlichkeiten (und nur im Falle einer solchen Absicherung) kann die Anforderung von Paragraph 89(b) erfüllt werden, indem der dem Grundgeschäft zuzurechnende Gewinn oder Verlust entweder durch
(a) einen einzelnen gesonderten Posten innerhalb der Vermögenswerte für jene Zinsanpassungsperioden, in denen das Grundgeschäft ein Vermögenswert ist,
oder
(b) einen einzelnen gesonderten Posten innerhalb der Verbindlichkeiten hinsichtlich für jene Zinsanpassungsperioden, in denen das Grundgeschäft eine Verbindlichkeit ist,
dargestellt wird. Die unter (a) und (b) erwähnten gesonderten Posten sind in unmittelbarer Nähe zu den finanziellen Vermögenswerten oder den finanziellen Verbindlichkeiten darzustellen. Die in diesen gesonderten Posten ausgewiesenen Beträge sind bei der Ausbuchung der dazugehörigen Vermögenswerte oder Verbindlichkeiten aus der Bilanz zu entfernen.

90 Werden nur bestimmte, mit dem Grundgeschäft verbundene Risiken abgesichert, sind erfasste Änderungen des beizulegenden Zeitwertes eines Grundgeschäfts, die nicht dem abgesicherten Risiko zuzurechnen sind, gemäß einer der beiden in Paragraph 55 beschriebenen Methoden zu bilanzieren.

91 Ein Unternehmen hat die in Paragraph 89 dargelegte Bilanzierung von Sicherungsbeziehungen künftig einzustellen, wenn:
(a) das Sicherungsinstrument ausläuft oder veräußert, beendet oder ausgeübt wird (in diesem Sinne gilt ein Ersatz oder ein Überrollen eines Sicherungsinstruments in ein anderes Sicherungsinstrument nicht als Auslaufen oder Beendigung, sofern ein derartiger Ersatz oder ein derartiges Überrollen Teil der durch das Unternehmen dokumentierten Sicherungsstrategie ist)

(a) At the inception of the hedge there is formal designation and documentation of the hedging relationship and the entity's risk management objective and strategy for undertaking the hedge. That documentation shall include identification of the hedging instrument, the hedged item or transaction, the nature of the risk being hedged and how the entity will assess the hedging instrument's effectiveness in offsetting the exposure to changes in the hedged item's fair value or cash flows attributable to the hedged risk.
(b) The hedge is expected to be highly effective (see Appendix A paragraphs AG105—AG113) in achieving offsetting changes in fair value or cash flows attributable to the hedged risk, consistently with the originally documented risk management strategy for that particular hedging relationship.
(c) For cash flow hedges, a forecast transaction that is the subject of the hedge must be highly probable and must present an exposure to variations in cash flows that could ultimately affect profit or loss.
(d) The effectiveness of the hedge can be reliably measured, ie the fair value or cash flows of the hedged item that are attributable to the hedged risk and the fair value of the hedging instrument can be reliably measured (see paragraphs 46 and 47 and Appendix A paragraphs AG80 and AG81 for guidance on determining fair value).
(e) The hedge is assessed on an ongoing basis and determined actually to have been highly effective throughout the financial reporting periods for which the hedge was designated.

Fair Value Hedges

If a fair value hedge meets the conditions in paragraph 88 during the period, it shall be accounted for as follows: 89
(a) the gain or loss from remeasuring the hedging instrument at fair value (for a derivative hedging instrument) or the foreign currency component of its carrying amount measured in accordance with IAS 21 (for a non-derivative hedging instrument) shall be recognised in profit or loss; and
(b) the gain or loss on the hedged item attributable to the hedged risk shall adjust the carrying amount of the hedged item and be recognised in profit or loss. This applies if the hedged item is otherwise measured at cost. Recognition of the gain or loss attributable to the hedged risk in profit or loss applies if the hedged item is an available-for-sale financial asset.

For a fair value hedge of the interest rate exposure of a portion of a portfolio of financial assets or financial liabilities (and only in such a hedge), the requirement in paragraph 89(b) may be met by presenting the gain or loss attributable to the hedged item either: 89A
(a) in a single separate line item within assets, for those repricing time periods for which the hedged item is an asset;
or
(b) in a single separate line item within liabilities, for those repricing time periods for which the hedged item is a liability.
The separate line items referred to in (a) and (b) above shall be presented next to financial assets or financial liabilities. Amounts included in these line items shall be removed from the balance sheet when the assets or liabilities to which they relate are derecognised.

If only particular risks attributable to a hedged item are hedged, recognised changes in the fair value of the hedged item unrelated to the hedged risk are recognised as set out in paragraph 55.   90

An entity shall discontinue prospectively the hedge accounting specified in paragraph 89 if: 91
(a) the hedging instrument expires or is sold, terminated or exercised (for this purpose, the replacement or rollover of a hedging instrument into another hedging instrument is not an expiration or termination if such replacement or rollover is part of the entity's documented hedging strategy);

(b) das Sicherungsgeschäft nicht mehr die in Paragraph 88 genannten Kriterien für eine Bilanzierung von Sicherungsbeziehungen erfüllt; oder
(c) das Unternehmen die Designation zurückzieht.

92 Jede auf Paragraph 89(b) beruhende Anpassung des Buchwertes eines gesicherten Finanzinstruments, das zu fortgeführten Anschaffungskosten bewertet wird (oder im Falle einer Absicherung eines Portfolios gegen Zinsänderungsrisiken des gesonderten Bilanzposten, wie in Paragraph 89A beschrieben) ist ergebniswirksam aufzulösen. Sobald es eine Anpassung gibt, kann die Auflösung beginnen, sie darf aber nicht später als zu dem Zeitpunkt beginnen, an dem das Grundgeschäft nicht mehr um Änderungen des beizulegenden Zeitwertes, die auf das abzusichernde Risiko zurückzuführen sind, angepasst wird. Die Anpassung basiert auf einem zum Zeitpunkt des Amortisationsbeginns neu berechneten Effektivzinssatz. Wenn jedoch im Falle einer Absicherung des beizulegenden Zeitwertes gegen Zinsänderungsrisiken eines Portfolios finanzieller Vermögenswerte oder finanzieller Verbindlichkeiten (und nur bei einer solchen Absicherung) eine Amortisierung unter Einsatz eines neu berechneten Effektivzinssatzes nicht durchführbar ist, so ist der Anpassungsbetrag mittels einer linearen Amortisationsmethode aufzulösen. Der Anpassungsbetrag ist bis zur Fälligkeit des Finanzinstruments oder im Falle der Absicherung eines Portfolios gegen Zinsänderungsrisiken bei Ablauf des entsprechenden Zinsanpassungstermins vollständig aufzulösen.

93 Wird eine bilanzunwirksame feste Verpflichtung als Grundgeschäft designiert, so wird die nachfolgende kumulierte Änderung des beizulegenden Zeitwertes der festen Verpflichtung, die auf das gesicherte Risiko zurückzuführen ist, als Vermögenswert oder Verbindlichkeit mit einem entsprechendem Gewinn oder Verlust im Ergebnis zu erfassen (siehe Paragraph 89(b)). Die Änderungen des beizulegenden Zeitwertes des Sicherungsinstruments sind ebenfalls im Ergebnis zu erfassen.

94 Geht ein Unternehmen eine feste Verpflichtung ein, einen Vermögenswert zu erwerben oder eine Verbindlichkeit zu übernehmen, der/die ein Grundgeschäft im Rahmen einer Absicherung eines beizulegenden Zeitwertes darstellt, wird der Buchwert des Vermögenswertes oder der Verbindlichkeit, der aus der Erfüllung der festen Verpflichtung des Unternehmens hervorgeht, im Zugangszeitpunkt um die kumulierte Änderung des beizulegenden Zeitwertes der festen Verpflichtung, der auf das in der Bilanz erfasste abgesicherte Risiko zurückzuführen ist, angepasst.

Absicherung von Zahlungsströmen

95 Erfüllt die Absicherung von Zahlungsströmen im Verlauf der Berichtsperiode die in Paragraph 88 genannten Voraussetzungen, so hat die Bilanzierung folgendermaßen zu erfolgen:
(a) der Teil des Gewinns oder Verlusts aus einem Sicherungsinstrument, der als effektive Absicherung ermittelt wird (siehe Paragraph 88), ist mittels der Aufstellung über die Veränderungen des Eigenkapitals unmittelbar im Eigenkapital zu erfassen (siehe IAS 1); und
(b) der ineffektive Teil des Gewinns oder Verlusts aus dem Sicherungsinstruments ist im Ergebnis zu erfassen.

96 Ausführlicher dargestellt wird eine Absicherung von Zahlungsströmen folgendermaßen bilanziert:
(a) die eigenständige, mit dem Grundgeschäft verbundene Eigenkapitalkomponente wird um den niedrigeren der folgenden Beträge (in absoluten Beträgen) berichtigt:
 (i) den kumulierten Gewinn oder Verlust aus dem Sicherungsinstrument seit Beginn der Sicherungsbeziehung; und
 (ii) die kumulierte Änderung des beizulegenden Zeitwertes (Barwertes) der erwarteten künftigen Cashflows aus dem Grundgeschäft seit Beginn der Sicherungsbeziehung;
(b) ein verbleibender Gewinn oder Verlust aus einem Sicherungsinstrument oder einer bestimmten Komponente davon (das keine effektive Sicherung darstellt) wird im Ergebnis erfasst; und
(c) sofern die dokumentierte Risikomanagementstrategie eines Unternehmens für eine bestimmte Sicherungsbeziehung einen bestimmten Teil des Gewinns oder Verlusts oder damit verbundener Cashflows aus einem Sicherungsinstrument von der Beurteilung der Wirksamkeit der Sicherungsbeziehung ausschließt (siehe Paragraph 74, 75 und 88(a)), so ist dieser ausgeschlossene Gewinn- oder Verlustteil gemäß Paragraph 55 zu erfassen.

(b) the hedge no longer meets the criteria for hedge accounting in paragraph 88; or
(c) the entity revokes the designation.

92 Any adjustment arising from paragraph 89(b) to the carrying amount of a hedged financial instrument that is measured at amortised cost (or, in the case of a portfolio hedge of interest rate risk, to the separate balance sheet line item described in paragraph 89A) shall be amortised to profit or loss. Amortisation may begin as soon as an adjustment exists and shall begin no later than when the hedged item ceases to be adjusted for changes in its fair value attributable to the risk being hedged. The adjustment is based on a recalculated effective interest rate at the date amortisation begins. However, if, in the case of a fair value hedge of the interest rate exposure of a portfolio of financial assets or financial liabilities (and only in such a hedge), amortising using a recalculated effective interest rate is not practicable, the adjustment shall be amortised using a straight-line method. The adjustment shall be amortised fully by maturity of the financial instrument or, in the case of a portfolio hedge of interest rate risk, by expiry of the relevant repricing time period.

93 When an unrecognised firm commitment is designated as a hedged item, the subsequent cumulative change in the fair value of the firm commitment attributable to the hedged risk is recognised as an asset or liability with a corresponding gain or loss recognised in profit or loss (see paragraph 89(b)). The changes in the fair value of the hedging instrument are also recognised in profit or loss.

94 When an entity enters into a firm commitment to acquire an asset or assume a liability that is a hedged item in a fair value hedge, the initial carrying amount of the asset or liability that results from the entity meeting the firm commitment is adjusted to include the cumulative change in the fair value of the firm commitment attributable to the hedged risk that was recognised in the balance sheet.

Cash Flow Hedges

95 If a cash flow hedge meets the conditions in paragraph 88 during the period, it shall be accounted for as follows:
(a) the portion of the gain or loss on the hedging instrument that is determined to be an effective hedge (see paragraph 88) shall be recognised directly in equity through the statement of changes in equity (see IAS 1); and
(b) the ineffective portion of the gain or loss on the hedging instrument shall be recognised in profit or loss.

96 More specifically, a cash flow hedge is accounted for as follows:
(a) the separate component of equity associated with the hedged item is adjusted to the lesser of the following (in absolute amounts):
    (i) the cumulative gain or loss on the hedging instrument from inception of the hedge; and
    (ii) the cumulative change in fair value (present value) of the expected future cash flows on the hedged item from inception of the hedge;
(b) any remaining gain or loss on the hedging instrument or designated component of it (that is not an effective hedge) is recognised in profit or loss; and
(c) if an entity's documented risk management strategy for a particular hedging relationship excludes from the assessment of hedge effectiveness a specific component of the gain or loss or related cash flows on the hedging instrument (see paragraphs 74, 75 and 88(a)), that excluded component of gain or loss is recognised in accordance with paragraph 55.

97 Resultiert eine Absicherung einer erwarteten Transaktion später in dem Ansatz eines finanziellen Vermögenswertes oder einer finanziellen Verbindlichkeit, sind die damit verbundenen, direkt im Eigenkapital erfassten Gewinne oder Verluste gemäß Paragraph 95 in derselben Berichtsperiode oder denselben Berichtsperioden in das Ergebnis umzubuchen, in denen der erworbene Vermögenswert oder die übernommene Verbindlichkeit das Ergebnis beeinflusst (wie z. B. in den Perioden, in denen Zinserträge oder Zinsaufwendungen erfasst werden). Erwartet ein Unternehmen jedoch, dass der gesamte oder ein Teil des direkt im Eigenkapital erfassten Verlusts in einer oder mehreren Berichtsperioden nicht wieder hereingeholt wird, hat es den voraussichtlich nicht wieder hereingeholten Betrag in das Ergebnis umzubuchen.

98 Resultiert eine Absicherung einer erwarteten Transaktion später in dem Ansatz eines nicht finanziellen Vermögenswertes oder einer nicht finanziellen Verbindlichkeit oder wird eine erwartete Transaktion für einen nicht finanziellen Vermögenswert oder eine nicht finanzielle Verbindlichkeit zu einer festen Verpflichtung, für die die Bilanzierung für die Absicherung des beizulegenden Zeitwertes angewendet wird, hat das Unternehmen den nachfolgenden Punkt (a) oder (b) anzuwenden:
(a) Die entsprechenden Gewinne und Verluste, die gemäß Paragraph 95 unmittelbar im Eigenkapital erfasst wurden, sind in das Ergebnis derselben Berichtsperiode oder der Berichtsperioden umzubuchen, in denen der erworbene Vermögenswert oder die übernommene Verbindlichkeit den Gewinn oder Verlust beeinflusst (wie z. B. in den Perioden, in denen Abschreibungsaufwendungen oder Umsatzkosten erfasst werden). Erwartet ein Unternehmen jedoch, dass der gesamte oder ein Teil des direkt im Eigenkapital erfassten Verlusts in einer oder mehreren Berichtsperioden nicht wieder hereingeholt wird, hat es den voraussichtlich nicht wieder hereingeholten Betrag in das Ergebnis umzubuchen.
(b) Die entsprechenden Gewinne und Verluste, die gemäß Paragraph 95 unmittelbar im Eigenkapital erfasst wurden, werden entfernt und Teil der Anschaffungskosten im Zugangszeitpunkt oder eines anderweitigen Buchwertes des Vermögenswertes oder der Verbindlichkeit.

99 Ein Unternehmen hat entweder Punkt (a) oder (b) aus Paragraph 98 als Bilanzierungs- und Bewertungsmethode zu wählen und stetig auf alle Sicherungsbeziehungen anzuwenden, für die Paragraph 98 einschlägig ist.

100 Bei anderen als den in Paragraph 97 und 98 angeführten Absicherungen von Zahlungsströmen sind die Beträge, die unmittelbar im Eigenkapital erfasst wurden, in derselben Periode oder denselben Perioden ergebniswirksam zu erfassen, in denen die abgesicherte erwartete Transaktion das Ergebnis beeinflusst (z. B., wenn ein erwarteter Verkauf stattfindet).

101 In jedem der nachstehenden Umstände hat ein Unternehmen die in den Paragraphen 95–100 beschriebene Bilanzierung von Sicherungsziehungen einzustellen:
(a) Das Sicherungsinstrument läuft aus oder wird veräußert, beendet oder ausgeübt (in diesem Sinne gilt ein Ersatz oder ein Überrollen eines Sicherungsinstruments in ein anderes Sicherungsinstrument nicht als Auslaufen oder Beendigung, sofern ein derartiger Ersatz oder ein derartiges Überrollen Teil der durch das Unternehmen dokumentierten Sicherungsstrategie ist); In diesem Fall verbleibt der kumulierte Gewinn oder Verlust aus dem Sicherungsinstrument, der seit der Periode, als die Sicherungsbeziehung als wirksam eingestuft wurde, im Eigenkapital erfasst wird (siehe Paragraph 95(a)), als gesonderter Posten im Eigenkapital, bis die vorhergesehene Transaktion eingetreten ist. Tritt die Transaktion ein, kommen Paragraph 97, 98 und 100 zur Anwendung.
(b) Das Sicherungsgeschäft erfüllt nicht mehr die in Paragraph 88 genannten Kriterien für die Bilanzierung von Sicherungsbeziehungen. In diesem Fall verbleibt der kumulierte Gewinn oder Verlust aus dem Sicherungsinstrument, der seit der Periode, als die Sicherungsbeziehung als wirksam eingestuft wurde, im Eigenkapital erfasst wird (siehe Paragraph 95(a)), als gesonderter Posten im Eigenkapital, bis die vorhergesehene Transaktion eingetreten ist. Tritt die Transaktion ein, kommen Paragraph 97, 98 und 100 zur Anwendung.
(c) Mit dem Eintritt der erwarteten Transaktion wird nicht mehr gerechnet, so dass in diesem Fall alle entsprechenden kumulierten Gewinne oder Verluste aus dem Sicherungsinstrument, die seit der Periode, als die Sicherungsbeziehung als wirksam eingestuft wurde, im Eigenkapital erfasst werden (siehe Paragraph 95(a)), ergebniswirksam zu erfassen sind. Eine erwartete Transaktion, deren Eintritt nicht mehr hoch wahrscheinlich ist (siehe Paragraph 88(c)), kann jedoch noch immer erwartet werden, stattzufinden.

97 If a hedge of a forecast transaction subsequently results in the recognition of a financial asset or a financial liability, the associated gains or losses that were recognised directly in equity in accordance with paragraph 95 shall be reclassified into profit or loss in the same period or periods during which the asset acquired or liability assumed affects profit or loss (such as in the periods that interest income or interest expense is recognised). However, if an entity expects that all or a portion of a loss recognised directly in equity will not be recovered in one or more future periods, it shall reclassify into profit or loss the amount that is not expected to be recovered.

98 If a hedge of a forecast transaction subsequently results in the recognition of a non-financial asset or a non-financial liability, or a forecast transaction for a non-financial asset or non-financial liability becomes a firm commitment for which fair value hedge accounting is applied, then the entity shall adopt (a) or (b) below:
(a) It reclassifies the associated gains and losses that were recognised directly in equity in accordance with paragraph 95 into profit or loss in the same period or periods during which the asset acquired or liability assumed affects profit or loss (such as in the periods that depreciation expense or cost of sales is recognised). However, if an entity expects that all or a portion of a loss recognised directly in equity will not be recovered in one or more future periods, it shall reclassify into profit or loss the amount that is not expected to be recovered.
(b) It removes the associated gains and losses that were recognised directly in equity in accordance with paragraph 95, and includes them in the initial cost or other carrying amount of the asset or liability.

99 An entity shall adopt either (a) or (b) in paragraph 98 as its accounting policy and shall apply it consistently to all hedges to which paragraph 98 relates.

100 For cash flow hedges other than those covered by paragraphs 97 and 98, amounts that had been recognised directly in equity shall be recognised in profit or loss in the same period or periods during which the hedged forecast transaction affects profit or loss (for example, when a forecast sale occurs).

101 In any of the following circumstances an entity shall discontinue prospectively the hedge accounting specified in paragraphs 95—100:
(a) The hedging instrument expires or is sold, terminated or exercised (for this purpose, the replacement or rollover of a hedging instrument into another hedging instrument is not an expiration or termination if such replacement or rollover is part of the entity's documented hedging strategy). In this case, the cumulative gain or loss on the hedging instrument that remains recognised directly in equity from the period when the hedge was effective (see paragraph 95(a)) shall remain separately recognised in equity until the forecast transaction occurs. When the transaction occurs, paragraph 97, 98 or 100 applies.
(b) The hedge no longer meets the criteria for hedge accounting in paragraph 88. In this case, the cumulative gain or loss on the hedging instrument that remains recognised directly in equity from the period when the hedge was effective (see paragraph 95(a)) shall remain separately recognised in equity until the forecast transaction occurs. When the transaction occurs, paragraph 97, 98 or 100 applies.
(c) The forecast transaction is no longer expected to occur, in which case any related cumulative gain or loss on the hedging instrument that remains recognised directly in equity from the period when the hedge was effective (see paragraph 95(a)) shall be recognised in profit or loss. A forecast transaction that is no longer highly probable (see paragraph 88(c)) may still be expected to occur.

(d) Das Unternehmen zieht die Designation zurück. Für Absicherungen einer erwarteten Transaktion verbleibt der kumulierte Gewinn oder Verlust aus dem Sicherungsinstrument, der seit der Periode, als die Sicherungsbeziehung als wirksam eingestuft wurde, im Eigenkapital erfasst wird (siehe Paragraph 95(a)), als gesonderter Posten im Eigenkapital, bis die erwartete Transaktion eingetreten ist oder deren Eintritt nicht mehr erwartet wird. Tritt die Transaktion ein, so kommen Paragraph 97, 98 und 100 zur Anwendung. Wenn der Eintritt der Transaktion nicht mehr erwartet wird, ist der direkt im Eigenkapital erfasste kumulierte Gewinn oder Verlust ergebniswirksam zu erfassen.

Absicherungen einer Nettoinvestition

102 Absicherungen einer Nettoinvestition in einen ausländischen Geschäftsbetrieb, einschließlich einer Absicherung eines monetären Postens, der als Teil der Nettoinvestition behandelt wird (siehe IAS 21) sind in gleicher Weise zu bilanzieren wie die Absicherung von Zahlungsströmen:
(a) der Teil des Gewinns oder Verlusts aus einem Sicherungsinstrument, der als effektive Absicherung ermittelt wird (siehe Paragraph 88), ist mittels der Aufstellung über die Veränderungen des Eigenkapitals unmittelbar im Eigenkapital zu erfassen (siehe IAS 1); und
(b) der ineffektive Teil ist ergebniswirksam zu erfassen.
Der Gewinn oder Verlust aus einem Sicherungsinstrument, der dem effektiven Teil der Sicherungsbeziehung zuzurechnen ist und direkt im Eigenkapital erfasst wurde, ist bei der Veräußerung des ausländischen Geschäftsbetriebs ergebniswirksam zu erfassen.

ZEITPUNKT DES INKRAFTTRETENS UND ÜBERGANGSVORSCHRIFTEN

103 Ein Unternehmen hat diesen Standard (einschließlich der im März 2004 herausgegebenen Änderungen) für Geschäftsjahre, die am oder nach dem 1. Januar 2005 beginnen, anzuwenden. Eine frühere Anwendung ist zulässig. Dieser Standard (einschließlich der im März 2004 herausgegebenen Änderungen) darf für Berichtsperioden eines vor dem 1. Januar 2005 beginnenden Geschäftsjahres nicht angewendet werden, es sei denn, das Unternehmen wendet ebenfalls IAS 32 (herausgegeben Dezember 2003) an. Wenn ein Unternehmen diesen Standard für Berichtsperioden anwendet, die vor dem 1. Januar 2005 beginnen, so ist diese Tatsache anzugeben.

103B *Finanzgarantien* (Änderungen der IAS 39 und IFRS 4), herausgegeben im August 2005, Paragraphen 2(e) und (h), 4, 47 und AG4 wurden geändert, Paragraph AG4A wurde hinzugefügt, in Paragraph 9 wurde eine neue Definition „Finanzgarantie" hinzugefügt und Paragraph 3 wurde gestrichen. Unternehmen haben diese Änderungen für Geschäftsjahre anzuwenden, die am oder nach dem 1. Januar 2006 beginnen. Eine frühere Anwendung wird empfohlen. Wendet ein Unternehmen diese Änderungen für ein früheres Geschäftsjahr an, so weist es auf diese Tatsache hin und wendet gleichzeitig die damit zusammenhängenden Änderungen der IFRS 7 und IFRS 4 an.

104 Dieser Standard ist rückwirkend anzuwenden mit Ausnahme der Darlegungen in den Paragraphen 105–108. Der Eröffnungsbilanzwert der Gewinnrücklagen für die früheste vorangegangene dargestellte Berichtsperiode sowie alle anderen Vergleichsbeträge sind auf die Weise anzupassen, als wenn dieser Standard immer angewendet worden wäre, es sei denn die Anpassung der Informationen wäre nicht durchführbar. Wenn eine Anpassung nicht durchführbar ist, hat das Unternehmen diesen Sachverhalt anzugeben und aufzuführen, wie weit die Informationen angepasst wurden.

105 Wenn dieser Standard zum ersten Mal angewendet wird, darf ein Unternehmen einen früher angesetzten finanziellen Vermögenswert als zur Veräußerung verfügbar einstufen. Bei jedem derartigen finanziellen Vermögenswert hat ein Unternehmen alle kumulierten Änderungen des beizulegenden Zeitwertes in einem getrennten Posten des Eigenkapitals bis zur nachfolgenden Ausbuchung oder Wertminderung zu erfassen und dann diesen kumulierten Gewinn oder Verlust in das Ergebnis zu übertragen. Außerdem hat das Unternehmen:
(a) den finanziellen Vermögenswert mittels der neuen Einstufung an die Vergleichsabschlüsse anzupassen; und
(b) den beizulegenden Zeitwert der finanziellen Vermögenswerte zum Zeitpunkt der Einstufung sowie deren Klassifizierung und den Buchwert in den vorhergehenden Abschlüssen anzugeben.

(d) The entity revokes the designation. For hedges of a forecast transaction, the cumulative gain or loss on the hedging instrument that remains recognised directly in equity from the period when the hedge was effective (see paragraph 95(a)) shall remain separately recognised in equity until the forecast transaction occurs or is no longer expected to occur. When the transaction occurs, paragraph 97, 98 or 100 applies. If the transaction is no longer expected to occur, the cumulative gain or loss that had been recognised directly in equity shall be recognised in profit or loss.

Hedges of a Net Investment

102 Hedges of a net investment in a foreign operation, including a hedge of a monetary item that is accounted for as part of the net investment (see IAS 21), shall be accounted for similarly to cash flow hedges:
(a) the portion of the gain or loss on the hedging instrument that is determined to be an effective hedge (see paragraph 88) shall be recognised directly in equity through the statement of changes in equity (see IAS 1); and
(b) the ineffective portion shall be recognised in profit or loss.

The gain or loss on the hedging instrument relating to the effective portion of the hedge that has been recognised directly in equity shall be recognised in profit or loss on disposal of the foreign operation.

EFFECTIVE DATE AND TRANSITIONAL PROVISIONS

103 An entity shall apply this Standard (including the amendments issued in March 2004) for annual periods beginning on or after 1 January 2005. Earlier application is permitted. An entity shall not apply this Standard (including the amendments issued in March 2004) for annual periods beginning before 1 January 2005 unless it also applies IAS 32 (issued December 2003). If an entity applies this Standard for a period beginning before 1 January 2005, it shall disclose that fact.

103B *Financial Guarantee Contracts* (Amendments to IAS 39 and IFRS 4), issued in August 2005, amended paragraphs 2(e) and (h), 4, 47 and AG4, added paragraph AG4A, added a new definition of financial guarantee contracts in paragraph 9, and deleted paragraph 3. An entity shall apply those amendments for annual periods beginning on or after 1 January 2006. Earlier application is encouraged. If an entity applies these changes for an earlier period, it shall disclose that fact and apply the related amendments to IFRS 7 and IFRS 4 at the same time.

104 This Standard shall be applied retrospectively except as specified in paragraphs 105—108. The opening balance of retained earnings for the earliest prior period presented and all other comparative amounts shall be adjusted as if this Standard had always been in use unless restating the information would be impracticable. If restatement is impracticable, the entity shall disclose that fact and indicate the extent to which the information was restated.

105 When this Standard is first applied, an entity is permitted to designate a previously recognised financial asset as available for sale. For any such financial asset the entity shall recognise all cumulative changes in fair value in a separate component of equity until subsequent derecognition or impairment, when the entity shall transfer that cumulative gain or loss to profit or loss. The entity shall also:
(a) restate the financial asset using the new designation in the comparative financial statements; and
(b) disclose the fair value of the financial assets at the date of designation and their classification and carrying amount in the previous financial statements.

IAS 39

105A Ein Unternehmen hat die Paragraphen 11A, 48A, AG4B–AG4K, AG33A und AG33B sowie die Änderungen der Paragraphen 9, 12 und 13 aus dem Jahr 2005 erstmals für Geschäftsjahre anzuwenden, die am oder nach dem 1. Januar 2006 beginnen. Eine frühere Anwendung wird empfohlen.

105B Ein Unternehmen, das die Paragraphen 11A, 48A, AG4B–AG4K, AG33A und AG33B sowie die Änderungen der Paragraphen 9, 12 und 13 aus dem Jahr 2005 erstmals für Geschäftsjahre anwendet, die vor dem 1. Januar 2006 beginnen,
(a) darf früher angesetzte finanzielle Vermögenswerte oder finanzielle Verbindlichkeiten bei der erstmaligen Anwendung der neuen und geänderten Paragraphen als erfolgswirksam zum beizulegenden Zeitwert bewertet einstufen, wenn sie zu diesem Zeitpunkt die Kriterien für eine derartige Einstufung erfüllten. Bei vor dem 1. September 2005 beginnenden Geschäftsjahren braucht diese Einstufung erst zum 1. September 2005 vorgenommen zu werden und kann auch finanzielle Vermögenswerte und finanzielle Verbindlichkeiten umfassen, die zwischen dem Beginn des betreffenden Geschäftsjahres und dem 1. September 2005 angesetzt wurden. Ungeachtet Paragraph 91 ist bei allen finanziellen Vermögenswerten und finanziellen Verbindlichkeiten, die gemäß diesem Unterparagraphen als erfolgswirksam zum beizulegenden Zeitwert bewertet eingestuft werden und bisher im Rahmen der Bilanzierung von Sicherungsbeziehungen als Grundgeschäft designiert waren, diese Designation zum gleichen Zeitpunkt aufzuheben, zu dem ihre Einstufung als erfolgswirksam zum beizulegenden Zeitwert bewertet erfolgt;
(b) hat den beizulegenden Zeitwert von gemäß Unterparagraph (a) eingestuften finanziellen Vermögenswerten bzw. finanziellen Verbindlichkeiten zum Zeitpunkt der Einstufung sowie deren Klassifizierung und Buchwert in den vorhergehenden Abschlüssen anzugeben;
(c) hat die Einstufung von finanziellen Vermögenswerten bzw. finanziellen Verbindlichkeiten, die bisher als erfolgswirksam zum beizulegenden Zeitwert bewertet klassifiziert waren, aufzuheben, wenn diese gemäß den neuen und geänderten Paragraphen nicht mehr die Kriterien für eine solche Einstufung erfüllen. Wird ein finanzieller Vermögenswert bzw. eine finanzielle Verbindlichkeit nach Aufhebung der Einstufung zu fortgeführten Anschaffungskosten bewertet, gilt der Tag, an dem die Einstufung aufgehoben wurde, als Zeitpunkt des erstmaligen Ansatzes;
(d) hat den beizulegenden Zeitwert von finanziellen Vermögenswerten bzw. finanziellen Verbindlichkeiten, deren Einstufung gemäß Unterparagraph c aufgehoben wurde, zum Zeitpunkt dieser Aufhebung sowie ihre neuen Klassifizierungen anzugeben.

105C Ein Unternehmen, das die Paragraphen 11A, 48A, AG4B–AG4K, AG33A und AG33B sowie die Änderungen der Paragraphen 9, 12 und 13 aus dem Jahr 2005 für Geschäftsjahre anwendet, die am oder nach dem 1. Januar 2006 beginnen,
(a) hat die Einstufung von finanziellen Vermögenswerten oder finanziellen Verbindlichkeiten, die bisher als erfolgswirksam zum beizulegenden Zeitwert bewertet eingestuft waren, nur dann aufzuheben, wenn diese gemäß den neuen und geänderten Paragraphen nicht mehr die Kriterien für eine solche Einstufung erfüllen. Wird ein finanzieller Vermögenswert bzw. eine finanzielle Verbindlichkeit nach Aufhebung der Einstufung zu fortgeführten Anschaffungskosten bewertet, gilt der Tag, an dem die Einstufung aufgehoben wurde, als Zeitpunkt des erstmaligen Ansatzes;.
(b) darf vorher angesetzte finanzielle Vermögenswerte bzw. finanzielle Verbindlichkeiten nicht als erfolgswirksam zum beizulegenden Zeitwert bewertet einstufen;.
(c) hat den beizulegenden Zeitwert von finanziellen Vermögenswerten bzw. finanziellen Verbindlichkeiten, deren Einstufung gemäß Unterparagraph a aufgehoben wurde, zum Zeitpunkt dieser Aufhebung sowie die neuen Klassifizierungen anzugeben.

105D Ein Unternehmen hat seine Vergleichsabschlüsse an die neuen Einstufungen nach Paragraph 105B bzw. 105C anzupassen, sofern im Falle eines finanziellen Vermögenswertes, einer finanziellen Verbindlichkeit oder einer Gruppe von finanziellen Vermögenswerten und/oder finanziellen Verbindlichkeiten, die als erfolgswirksam zum beizulegenden Zeitwert bewertet eingestuft werden, diese Posten oder Gruppen die in Paragraph 9b i, 9b ii oder 11A genannten Kriterien zu Beginn der Vergleichsperiode oder, bei einem Erwerb nach Beginn der Vergleichsperiode, zum Zeitpunkt des erstmaligen Ansatzes erfüllt hätten.

106 Ein Unternehmen hat die Ausbuchungsvorschriften der Paragraphen 15–37 und Anhang A Paragraphen AG36–AG56 prospektiv anzuwenden, es sei denn Paragraph 107 lässt etwas anderes zu. Demzufolge darf ein Unternehmen, wenn es infolge einer Transaktion, die vor dem 1. Januar 2004 stattfand, die finanziellen Vermögenswerte gemäß IAS 39 (überarbeitet 2000) ausbuchte und diese Vermögenswerte nicht gemäß dem vorliegenden Standard ausgebucht werden würden, diese Vermögenswerte nicht erfassen.

107 Ungeachtet Paragraph 106 kann ein Unternehmen die Ausbuchungsvorschriften der Paragraphen 15–37 und Anhang A Paragraphen AG36–AG52 rückwirkend ab einem vom Unternehmen beliebig zu wählenden

105A An entity shall apply paragraphs 11A, 48A, AG4B—AG4K, AG33A and AG33B and the 2005 amendments in paragraphs 9, 12 and 13 for annual periods beginning on or after 1 January 2006. Earlier application is encouraged.

105B An entity that first applies paragraphs 11A, 48A, AG4B—AG4K, AG33A and AG33B and the 2005 amendments in paragraphs 9, 12 and 13 in its annual period beginning before 1 January 2006
(a) is permitted, when those new and amended paragraphs are first applied, to designate as at fair value through profit or loss any previously recognised financial asset or financial liability that then qualifies for such designation. When the annual period begins before 1 September 2005, such designations need not be completed until 1 September 2005 and may also include financial assets and financial liabilities recognised between the beginning of that annual period and 1 September 2005. Notwithstanding paragraph 91, any financial assets and financial liabilities designated as at fair value through profit or loss in accordance with this subparagraph that were previously designated as the hedged item in fair value hedge accounting relationships shall be de-designated from those relationships at the same time they are designated as at fair value through profit or loss.
(b) shall disclose the fair value of any financial assets or financial liabilities designated in accordance with subparagraph (a) at the date of designation and their classification and carrying amount in the previous financial statements.
(c) shall de-designate any financial asset or financial liability previously designated as at fair value through profit or loss if it does not qualify for such designation in accordance with those new and amended paragraphs. When a financial asset or financial liability will be measured at amortised cost after de-designation, the date of de-designation is deemed to be its date of initial recognition.
(d) shall disclose the fair value of any financial assets or financial liabilities de-designated in accordance with subparagraph (c) at the date of de-designation and their new classifications.

105C An entity that first applies paragraphs 11A, 48A, AG4B—AG4K, AG33A and AG33B and the 2005 amendments in paragraphs 9, 12 and 13 in its annual period beginning on or after 1 January 2006
(a) shall de-designate any financial asset or financial liability previously designated as at fair value through profit or loss only if it does not qualify for such designation in accordance with those new and amended paragraphs. When a financial asset or financial liability will be measured at amortised cost after de-designation, the date of de-designation is deemed to be its date of initial recognition.
(b) shall not designate as at fair value through profit or loss any previously recognised financial assets or financial liabilities.
(c) shall disclose the fair value of any financial assets or financial liabilities de-designated in accordance with subparagraph (a) at the date of de-designation and their new classifications.

105D An entity shall restate its comparative financial statements using the new designations in paragraph 105B or 105C provided that, in the case of a financial asset, financial liability, or group of financial assets, financial liabilities or both, designated as at fair value through profit or loss, those items or groups would have met the criteria in paragraph 9(b)(i), 9(b)(ii) or 11A at the beginning of the comparative period or, if acquired after the beginning of the comparative period, would have met the criteria in paragraph 9(b)(i), 9(b)(ii) or 11A at the date of initial recognition.

106 Except as permitted by paragraph 107, an entity shall apply the derecognition requirements in paragraphs 15—37 and Appendix A paragraphs AG36—AG52 prospectively. Accordingly, if an entity derecognised financial assets under IAS 39 (revised 2000) as a result of a transaction that occurred before 1 January 2004 and those assets would not have been derecognised under this Standard, it shall not recognise those assets.

107 Notwithstanding paragraph 106, an entity may apply the derecognition requirements in paragraphs 15—37 and Appendix A paragraphs AG36—AG52 retrospectively from a date of the entity's choosing, provided

IAS 39

Datum anwenden, sofern die benötigten Informationen, um IAS 39 auf infolge vergangener Transaktionen ausgebuchte Vermögenswerte und Verbindlichkeiten anzuwenden, zum Zeitpunkt der erstmaligen Bilanzierung dieser Transaktionen vorlagen.

107A Unbeschadet der Bestimmungen in Paragraph 104 kann ein Unternehmen die Vorschriften im letzten Satz von Paragraph AG76 und in Paragraph AG76A alternativ auf eine der beiden folgenden Arten anwenden:
(a) prospektiv auf Transaktionen, die nach dem 25. Oktober 2002 abgeschlossen wurden; oder
(b) prospektiv auf Transaktionen, die nach dem 1. Januar 2004 abgeschlossen wurden.

108 Ein Unternehmen darf den Buchwert nicht finanzieller Vermögenswerte und nicht finanzieller Verbindlichkeiten nicht anpassen, um Gewinne und Verluste aus Absicherungen von Zahlungsströmen, die vor dem Beginn des Geschäftsjahres, in dem der vorliegende Standard zuerst angewendet wurde, in den Buchwert eingeschlossen waren, auszuschließen. Zu Beginn der Berichtsperiode, in der der vorliegende Standard erstmalig angewendet wird, ist jeder direkt im Eigenkapital erfasste Betrag für eine Absicherung einer festen Verpflichtung, die gemäß diesem Standard als eine Absicherung eines beizulegenden Zeitwertes behandelt wird, in einen Vermögenswert oder eine Verbindlichkeit umzugliedern, mit Ausnahme einer Absicherung des Währungsrisikos, das weiterhin als Absicherung von Zahlungsströmen behandelt wird.

108A Ein Unternehmen wendet den letzten Satz von Paragraph 80 und von Paragraph AG99A und AG99B für Geschäftsjahre an, die am oder nach dem 1. Januar 2006 beginnen. Eine frühere Anwendung wird empfohlen. Hat ein Unternehmen eine externe künftige Transaktion als ein Grundgeschäft ausgewiesen, wobei diese Transaktion
(a) auf die funktionale Währung des Unternehmens lautet, das diese Transaktion abwickelt,
(b) zu einem Risiko führt, das sich auf die konsolidierte Gewinn- und Verlustrechnung auswirkt (d. h. auf eine Währung lautet, bei der es sich nicht um die Darstellungswährung des Konzerns handelt), und
(c) für Sicherungsbeziehungen in Frage gekommen wäre, würde die Transaktion nicht auf die funktionale Währung des Unternehmens lauten, das diese Transaktion abwickelt,
so kann das Unternehmen die Sicherungsbeziehungen im konsolidierten Abschluss für die Zeiträume anwenden, die dem Datum der Anwendung des letzten Satzes von Paragraph 80 sowie der Paragraphen AG99A und AG99B vorausgehen.

108B Ein Unternehmen braucht Paragraph AG99B nicht auf vergleichende Informationen anzuwenden, die sich auf Zeiträume vor dem Datum der Anwendung des letzten Satzes von Paragraph 80 und Paragraph AG99A beziehen.

RÜCKNAHME ANDERER VERLAUTBARUNGEN

109 Dieser Standard ersetzt IAS 39 *Finanzinstrumente: Ansatz und Bewertung* in der im Oktober 2000 überarbeiteten Fassung.

110 Dieser Standard und die dazugehörigen Anwendungsleitlinien ersetzen die vom IAS 39 Implementation Guidance Committee herausgegebenen Anwendungsleitlinien, die vom ursprünglichen IASC festgelegt wurden.

that the information needed to apply IAS 39 to assets and liabilities derecognised as a result of past transactions was obtained at the time of initially accounting for those transactions.

Notwithstanding paragraph 104, an entity may apply the requirements in the last sentence of paragraph AG76, and paragraph AG76A, in either of the following ways: **107A**
(a) prospectively to transactions entered into after 25 October 2002; or
(b) prospectively to transactions entered into after 1 January 2004.

An entity shall not adjust the carrying amount of non-financial assets and non-financial liabilities to exclude gains and losses related to cash flow hedges that were included in the carrying amount before the beginning of the financial year in which this Standard is first applied. At the beginning of the financial period in which this Standard is first applied, any amount recognised directly in equity for a hedge of a firm commitment that under this Standard is accounted for as a fair value hedge shall be reclassified as an asset or liability, except for a hedge of foreign currency risk that continues to be treated as a cash flow hedge. **108**

An entity shall apply the last sentence of paragraph 80, and paragraphs AG99A and AG99B, for annual periods beginning on or after 1 January 2006. Earlier application is encouraged. If an entity has designated as the hedged item an external forecast transaction that **108A**
(a) is denominated in the functional currency of the entity entering into the transaction,
(b) gives rise to an exposure that will have an effect on consolidated profit or loss (ie is denominated in a currency other than the group's presentation currency), and
(c) would have qualified for hedge accounting had it not been denominated in the functional currency of the entity entering into it,
it may apply hedge accounting in the consolidated financial statements in the period(s) before the date of application of the last sentence of paragraph 80, and paragraphs AG99A and AG99B.

An entity need not apply paragraph AG99B to comparative information relating to periods before the date of application of the last sentence of paragraph 80 and paragraph AG99A. **108B**

WITHDRAWAL OF OTHER PRONOUNCEMENTS

This Standard supersedes IAS 39 *Financial Instruments: Recognition and Measurement* revised in October 2000. **109**

This Standard and the accompanying Implementation Guidance supersede the Implementation Guidance issued by the IAS 39 Implementation Guidance Committee, established by the former IASC. **110**

ANHANG A

Anleitungen zur Anwendung

Dieser Anhang ist Bestandteil des Standards.

Anwendungsbereich (Paragraphen 2–7)

AG1 Einige Verträge sehen eine Zahlung auf der Basis klimatischer, geologischer oder sonstiger physikalischer Variablen vor. (Solche auf klimatischen Variablen basierende Verträge werden gelegentlich auch als „Wetterderivate bezeichnet".) Wenn diese Verträge nicht im Anwendungsbereich von IFRS 4 *Versicherungsverträge* liegen, fallen sie in den Anwendungsbereich dieses Standards.

AG2 Der vorliegende Standard ändert keine Vorschriften für Versorgungspläne für Arbeitnehmer die in den Anwendungsbereich von IAS 26 *Bilanzierung und Berichterstattung von Altersversorgungsplänen* fallen und Verträge über Nutzungsentgelte, die an das Umsatzvolumen oder die Höhe der Erträge aus Dienstleistungen gekoppelt sind, welche gemäß IAS 18 *Erträge* bilanziert werden.

AG3 Gelegentlich tätigt ein Unternehmen aus seiner Sicht „strategische Investitionen" in von anderen Unternehmen emittierte Eigenkapitalinstrumente mit der Absicht, eine langfristige Geschäftsbeziehung mit dem Unternehmen, in das investiert wurde, aufzubauen oder zu vertiefen. Das Unternehmen des Anteilseigners muss anhand von IAS 28 *Anteile an assoziierten Unternehmen* feststellen, ob eine solche Finanzinvestition sachgerecht nach der Equity-Methode zu bilanzieren ist. In ähnlicher Weise wendet das Unternehmen des Anteilseigners die Vorschriften aus IAS 31 *Anteile an Joint Ventures* an, um festzustellen, ob die Quotenkonsolidierung oder die Equity-Methode die sachgerechte Bilanzierungsmethode ist. Falls weder die Equity-Methode noch die Quotenkonsolidierung sachgerecht sind, hat das Unternehmen eine solche strategische Finanzinvestition nach dem vorliegenden Standard zu bilanzieren.

AG3A Dieser Standard ist auf finanzielle Vermögenswerte und finanzielle Verbindlichkeiten von Versicherern anzuwenden, mit Ausnahme der Rechte und Verpflichtungen, die Paragraph 2(e) ausschließt, da sie sich aufgrund von Verträgen im Anwendungsbereich von IFRS 4 ergeben.

AG4 Finanzgarantien können verschiedene rechtliche Formen haben; so kann es sich dabei um eine Garantie, bestimmte Akkreditivarten, ein Verzugs-Kreditderivat oder einen Versicherungsvertrag handeln. Ihre Behandlung in der Rechnungslegung hängt nicht von ihrer rechtlichen Form ab. In den folgenden Beispielen wird dargelegt, welche Behandlung angemessen ist (siehe Paragraph 2(e)):
(a) Wenn bei einer Finanzgarantie das übertragene Risiko signifikant ist, wendet der Garantiegeber diesen Standard an, auch wenn die Garantie der Definition eines Versicherungsvertrags in IFRS 4 entspricht. Hat der Garantiegeber jedoch zuvor ausdrücklich erklärt, dass er solche Garantien als Versicherungsverträge betrachtet, und hat er sie nach den für Versicherungsverträge geltenden Vorschriften bilanziert, so kann er auf die genannten Finanzgarantien entweder diesen Standard oder IFRS 4 anwenden. Findet dieser Standard Anwendung, so ist der Garantiegeber nach Paragraph 43 verpflichtet, eine Finanzgarantie zunächst mit dem beizulegenden Zeitwert anzusetzen. Handelt es sich bei dem Garantienehmer um eine nicht nahe stehende Partei und wurde die Garantie eigenständig zu Marktbedingungen gestellt, dürfte ihr beizulegender Zeitwert – so lange das Gegenteil nicht erwiesen ist – zu Beginn der erhaltenen Prämie entsprechen. In der Folge legt der Garantiesteller den höheren der beiden nachstehend genannten Beträge zugrunde, es sei denn, die Finanzgarantie wurde zu Beginn als erfolgswirksam zum beizulegenden Zeitwert zu bewerten eingestuft oder die Paragraphen 29–37 und AG47–AG52 finden Anwendung (wenn die Übertragung eines finanziellen Vermögenswerts nicht zu einer Ausbuchung berechtigt, oder nach dem Ansatz des anhaltenden Engagements verfahren wird):
(i) den gemäß IAS 37 bestimmten Betrag;
(ii) den ursprünglich erfassten Betrag abzüglich, soweit zutreffend, der gemäß IAS 18 erfassten kumulierten Amortisationen (siehe Paragraph 47(c)).
(b) Bei einigen kreditbezogenen Garantien muss der Garantienehmer, um eine Zahlung zu erhalten, weder dem Risiko ausgesetzt sein, dass der Schuldner seinen Zahlungsverpflichtungen aus einem durch eine Garantie unterlegten Vermögenswert nicht fristgerecht nachkommt noch aufgrund eines solchen Ausfalls einen Verlust erlitten haben. Ein Beispiel hierfür sind Garantien, bei denen bei einer Änderung der Bonitätseinstufung oder des Kreditindex' Zahlungen geleistet werden müssen. Bei solchen Garantien handelt es sich weder um Finanzgarantien im Sinne dieses Standards noch um Versicherungsverträge im Sinne des IFRS 4. Solche Garantien sind Derivate, auf die der Garantiegeber den vorliegenden Standard anwendet.

IAS 39

APPENDIX A

Application Guidance

This appendix is an integral part of the Standard.

Scope (paragraphs 2—7)

AG1 Some contracts require a payment based on climatic, geological or other physical variables. (Those based on climatic variables are sometimes referred to as 'weather derivatives'.) If those contracts are not within the scope of IFRS 4 *Insurance Contracts*, they are within the scope of this Standard.

AG2 This Standard does not change the requirements relating to employee benefit plans that comply with IAS 26 *Accounting and Reporting by Retirement Benefit Plans* and royalty agreements based on the volume of sales or service revenues that are accounted for under IAS 18 *Revenue*.

AG3 Sometimes, an entity makes what it views as a 'strategic investment' in equity instruments issued by another entity, with the intention of establishing or maintaining a long-term operating relationship with the entity in which the investment is made. The investor entity uses IAS 28 *Investments in Associates* to determine whether the equity method of accounting is appropriate for such an investment. Similarly, the investor entity uses IAS 31 *Interests in Joint Ventures* to determine whether proportionate consolidation or the equity method is appropriate for such an investment. If neither the equity method nor proportionate consolidation is appropriate, the entity applies this Standard to that strategic investment.

AG3A This Standard applies to the financial assets and financial liabilities of insurers, other than rights and obligations that paragraph 2(e) excludes because they arise under contracts within the scope of IFRS 4.

AG4 Financial guarantee contracts may have various legal forms, such as a guarantee, some types of letter of credit, a credit default contract or an insurance contract. Their accounting treatment does not depend on their legal form. The following are examples of the appropriate treatment (see paragraph 2(e)):
(a) Although a financial guarantee contract meets the definition of an insurance contract in IFRS 4 if the risk transferred is significant, the issuer applies this Standard. Nevertheless, if the issuer has previously asserted explicitly that it regards such contracts as insurance contracts and has used accounting applicable to insurance contracts, the issuer may elect to apply either this Standard or IFRS 4 to such financial guarantee contracts. If this Standard applies, paragraph 43 requires the issuer to recognise a financial guarantee contract initially at fair value. If the financial guarantee contract was issued to an unrelated party in a stand-alone arm's length transaction, its fair value at inception is likely to equal the premium received, unless there is evidence to the contrary. Subsequently, unless the financial guarantee contract was designated at inception as at fair value through profit or loss or unless paragraphs 29—37 and AG47—AG52 apply (when a transfer of a financial asset does not qualify for derecognition or the continuing involvement approach applies), the issuer measures it at the higher of:
  (i) the amount determined in accordance with IAS 37; and
  (ii) the amount initially recognised less, when appropriate, cumulative amortisation recognised in accordance with IAS 18 (see paragraph 47(c)).
(b) Some credit-related guarantees do not, as a precondition for payment, require that the holder is exposed to, and has incurred a loss on, the failure of the debtor to make payments on the guaranteed asset when due. An example of such a guarantee is one that requires payments in response to changes in a specified credit rating or credit index. Such guarantees are not financial guarantee contracts, as defined in this Standard, and are not insurance contracts, as defined in IFRS 4. Such guarantees are derivatives and the issuer applies this Standard to them.

IAS 39

(c) Wird eine Finanzgarantie in Verbindung mit dem Verkauf von Waren gestellt, wendet der Garantiegeber bei der Bestimmung des Zeitpunkts, zu dem die aus der Garantie und dem Warenverkauf resultierenden Erträge zu erfassen sind, IAS 18 an.

AG4A Erklärungen, wonach ein Garantiegeber Verträge als Versicherungsverträge betrachtet, finden sich regelmäßig im Schriftwechsel des Garantiegebers mit Kunden und Regulierungsbehörden, in Verträgen, Geschäftsunterlagen und Abschlüssen. Darüber hinaus gelten für Versicherungsverträge oftmals andere Bilanzierungsvorschriften als für andere Transaktionstypen, wie Kontrakte von Banken oder Handelsgesellschaften. In solchen Fällen enthalten die Abschlüsse eines Garantiegebers in der Regel einen Hinweis darauf, dass sie nach diesen Bilanzierungsvorschriften erstellt wurden.

Definitionen (Paragraphen 8–9)

Einstufung als erfolgswirksam zum beizulegenden Zeitwert bewertet

AG4B Gemäß Paragraph 9 dieses Standards darf ein Unternehmen einen finanziellen Vermögenswert, eine finanzielle Verbindlichkeit oder eine Gruppe von Finanzinstrumenten (finanziellen Vermögenswerten, finanziellen Verbindlichkeiten oder einer Kombination aus beidem) als erfolgswirksam zum beizulegenden Zeitwert bewertet einstufen, wenn dadurch relevantere Informationen vermittelt werden.

AG4C Die Entscheidung eines Unternehmens auf Einstufung eines finanziellen Vermögenswertes bzw. einer finanziellen Verbindlichkeit als erfolgswirksam zum beizulegenden Zeitwert bewertet ist mit der Entscheidung für eine Bilanzierungs- und Bewertungsmethode vergleichbar (auch wenn anders als bei einer gewählten Bilanzierungs- und Bewertungsmethode keine stetige Anwendung für alle ähnlichen Geschäftsvorfälle verlangt wird). Wenn ein Unternehmen ein derartiges Wahlrecht hat, muss die gewählte Methode gemäß Paragraph 14 (b) des IAS 8 Bilanzierungs- und Bewertungsmethoden, Änderungen von Schätzungen und Fehler dazu führen, dass der Abschluss zuverlässige und relevantere Informationen über die Auswirkungen von Geschäftsvorfällen, sonstigen Ereignissen und Bedingungen auf die Vermögens-, Finanz- oder Ertragslage des Unternehmens vermittelt. Für die Einstufung als erfolgswirksam zum beizulegenden Zeitwert bewertet werden in Paragraph 9 die beiden Umstände genannt, unter denen die Bedingung relevanterer Informationen erfüllt wird. Dementsprechend muss ein Unternehmen, das sich für eine Einstufung gemäß Paragraph 9 entscheidet, nachweisen, dass einer dieser beiden Umstände (oder alle beide) zutrifft.

Paragraph 9b i: Durch die Einstufung werden sonst entstehende Inkongruenzen bei der Bewertung oder beim Ansatz beseitigt oder erheblich verringert

AG4D Nach IAS 39 richtet sich die Bewertung eines finanziellen Vermögenswertes oder einer finanziellen Verbindlichkeit und die Erfassung der Bewertungsänderungen danach, wie der Posten klassifiziert wurde und ob er Teil einer designierten Sicherungsbeziehung ist. Diese Vorschriften können zu Inkongruenzen bei der Bewertung oder beim Ansatz führen (auch als „Rechnungslegungsanomalie" bezeichnet). Dies ist z. B. dann der Fall, wenn ein finanzieller Vermögenswert, ohne die Möglichkeit als erfolgswirksam zum beizulegenden Zeitwert bewertet eingestuft zu werden, als zur Veräußerung verfügbar klassifiziert wird (wodurch die meisten Änderungen des beizulegenden Zeitwertes direkt im Eigenkapital erfasst werden) und eine nach Auffassung des Unternehmens zugehörige Verbindlichkeit zu fortgeführten Anschaffungskosten (d. h. ohne Erfassung von Änderungen des beizulegenden Zeitwertes) bewertet wird. Unter solchen Umständen mag ein Unternehmen zu dem Schluss kommen, dass sein Abschluss relevantere Informationen vermitteln würde, wenn sowohl der Vermögenswert als auch die Verbindlichkeit als erfolgswirksam zum beizulegenden Zeitwert bewertet eingestuft würden.

AG4E Die folgenden Beispiele veranschaulichen, wann diese Bedingung erfüllt sein könnte. In allen Fällen darf ein Unternehmen diese Bedingung nur dann für die Einstufung finanzieller Vermögenswerte bzw. finanzieller Verbindlichkeiten als erfolgswirksam zum beizulegenden Zeitwert bewertet heranziehen, wenn es den Grundsatz in Paragraph 9b i erfüllt.
(a) Ein Unternehmen hat Verbindlichkeiten, deren Zahlungsströme vertraglich an die Wertentwicklung von Vermögenswerten gekoppelt sind, die ansonsten als zur Veräußerung verfügbar eingestuft würden. Beispiel: Ein Versicherer hat Verbindlichkeiten mit einer ermessensabhängigen Überschussbeteiligung, deren Höhe von den realisierten und/oder nicht realisierten Kapitalerträgen eines bestimmten Portfolios von Vermögenswerten des Versicherers abhängt. Spiegelt die Bewertung dieser Verbindlichkeiten die aktuellen Marktpreise wider, bedeutet eine Klassifizierung der Vermögenswerte als erfolgswirksam zum beizulegenden Zeitwert bewertet, dass Änderungen des beizulegenden Zeitwertes der finanziellen Vermögenswerte in

(c) If a financial guarantee contract was issued in connection with the sale of goods, the issuer applies IAS 18 in determining when it recognises the revenue from the guarantee and from the sale of goods.

Assertions that an issuer regards contracts as insurance contracts are typically found throughout the issuer's communications with customers and regulators, contracts, business documentation and financial statements. Furthermore, insurance contracts are often subject to accounting requirements that are distinct from the requirements for other types of transaction, such as contracts issued by banks or commercial companies. In such cases, an issuer's financial statements typically include a statement that the issuer has used those accounting requirements. AG4A

Definitions (paragraphs 8—9)

Designation as at Fair Value through Profit or Loss

Paragraph 9 of this Standard allows an entity to designate a financial asset, a financial liability, or a group of financial instruments (financial assets, financial liabilities or both) as at fair value through profit or loss provided that doing so results in more relevant information. AG4B

The decision of an entity to designate a financial asset or financial liability as at fair value through profit or loss is similar to an accounting policy choice (although, unlike an accounting policy choice, it is not required to be applied consistently to all similar transactions). When an entity has such a choice, paragraph 14(b) of IAS 8 *Accounting Policies, Changes in Accounting Estimates and Errors* requires the chosen policy to result in the financial statements providing reliable and more relevant information about the effects of transactions, other events and conditions on the entity's financial position, financial performance or cash flows. In the case of designation as at fair value through profit or loss, paragraph 9 sets out the two circumstances when the requirement for more relevant information will be met. Accordingly, to choose such designation in accordance with paragraph 9, the entity needs to demonstrate that it falls within one (or both) of these two circumstances. AG4C

Paragraph 9(b)(i): Designation eliminates or significantly reduces a measurement or recognition inconsistency that would otherwise arise

Under IAS 39, measurement of a financial asset or financial liability and classification of recognised changes in its value are determined by the item's classification and whether the item is part of a designated hedging relationship. Those requirements can create a measurement or recognition inconsistency (sometimes referred to as an 'accounting mismatch') when, for example, in the absence of designation as at fair value through profit or loss, a financial asset would be classified as available for sale (with most changes in fair value recognised directly in equity) and a liability the entity considers related would be measured at amortised cost (with changes in fair value not recognised). In such circumstances, an entity may conclude that its financial statements would provide more relevant information if both the asset and the liability were classified as at fair value through profit or loss. AG4D

The following examples show when this condition could be met. In all cases, an entity may use this condition to designate financial assets or financial liabilities as at fair value through profit or loss only if it meets the principle in paragraph 9(b)(i). AG4E
(a) An entity has liabilities whose cash flows are contractually based on the performance of assets that would otherwise be classified as available for sale. For example, an insurer may have liabilities containing a discretionary participation feature that pay benefits based on realised and/or unrealised investment returns of a specified pool of the insurer's assets. If the measurement of those liabilities reflects current market prices, classifying the assets as at fair value through profit or loss means that changes in the fair value of the financial assets are recognised in profit or loss in the same period as related changes in the value of the liabilities.

der gleichen Periode wie die zugehörigen Änderungen des Wertes der Verbindlichkeiten erfolgswirksam erfasst werden.

(b) Ein Unternehmen hat Verbindlichkeiten aus Versicherungsverträgen, in deren Bewertung aktuelle Informationen einfließen (wie in Paragraph 24 des IFRS 4 Versicherungsverträge gestattet), und aus seiner Sicht zugehörige finanzielle Vermögenswerte, die ansonsten als zur Veräußerung verfügbar eingestuft oder zu fortgeführten Anschaffungskosten bewertet würden.

(c) Ein Unternehmen hat finanzielle Vermögenswerte und/oder finanzielle Verbindlichkeiten, die dem gleichen Risiko unterliegen, wie z. B. dem Zinsänderungsrisiko, das zu gegenläufigen Veränderungen der beizulegenden Zeitwerte führt, die sich weitgehend kompensieren. Jedoch würden nur einige Instrumente erfolgswirksam zum beizulegenden Zeitwert bewertet werden (d. h. die Derivate oder als zu Handelszwecken gehalten klassifiziert sind). Es ist auch möglich, dass die Voraussetzungen für die Bilanzierung von Sicherungsbeziehungen nicht erfüllt werden, z. B. weil das in Paragraph 88 enthaltene Kriterium der Effektivität nicht gegeben ist.

(d) Ein Unternehmen hat finanzielle Vermögenswerte, finanzielle Verbindlichkeiten oder beides, die dem gleichen Risiko unterliegen, wie z. B. dem Zinsänderungsrisiko, das zu gegenläufigen Veränderungen der beizulegenden Zeitwerte führt, die sich weitgehend kompensieren. Keines der Instrumente ist ein Derivat, so dass das Unternehmen nicht die Voraussetzungen für die Bilanzierung von Sicherungsbeziehungen erfüllt. Ohne eine Bilanzierung als Sicherungsbeziehung kommt es darüber hinaus bei der Erfassung von Gewinnen und Verlusten zu erheblichen Inkongruenzen. Beispiel:

(i) das Unternehmen hat ein Portfolio festverzinslicher Vermögenswerte, die ansonsten als zur Veräußerung verfügbar klassifiziert würden, mit festverzinslichen Schuldverschreibungen refinanziert, wobei sich die Änderungen der beizulegenden Zeitwerte weitgehend kompensieren. Durch den einheitlichen Ausweis der Vermögenswerte und der Schuldverschreibungen als erfolgswirksam zum beizulegenden Zeitwert bewertet wird die Inkongruenz berichtigt, die sich andernfalls dadurch ergeben hätte, dass die Vermögenswerte zum beizulegenden Zeitwert bei Erfassung der Wertänderungen im Eigenkapital und die Schuldverschreibungen zu fortgeführten Anschaffungskosten bewertet worden wären.

(ii) das Unternehmen hat eine bestimmte Gruppe von Krediten durch die Emission gehandelter Anleihen refinanziert, wobei sich die Änderungen der beizulegenden Zeitwerte weitgehend kompensieren. Wenn das Unternehmen darüber hinaus die Anleihen regelmäßig kauft und verkauft, die Kredite dagegen nur selten, wenn überhaupt, kauft und verkauft, wird durch den einheitlichen Ausweis der Kredite und Anleihen als erfolgswirksam zum beizulegenden Zeitwert bewertet die Inkongruenz bezüglich des Zeitpunktes der Erfolgserfassung beseitigt, die sonst aus ihrer Bewertung zu fortgeführten Anschaffungskosten und der Erfassung eines Gewinns bzw. Verlusts bei jedem Anleihe-Rückkauf resultieren würde.

AG4F In Fällen wie den im vorstehenden Paragraphen beschriebenen Beispielen lassen sich dadurch, dass finanzielle Vermögenswerte und finanzielle Verbindlichkeiten, auf die sonst andere Bewertungsmaßstäbe Anwendung fänden, beim erstmaligen Ansatz als erfolgswirksam zum beizulegenden Zeitwert bewertet eingestuft werden, Inkongruenzen bei der Bewertung oder beim Ansatz beseitigen oder erheblich verringern und relevantere Informationen vermitteln. Aus Praktikabilitätsgründen braucht das Unternehmen nicht alle Vermögenswerte und Verbindlichkeiten, die zu Inkongruenzen bei der Bewertung oder beim Ansatz führen, genau zeitgleich einzugehen. Eine angemessene Verzögerung wird zugestanden, sofern jede Transaktion bei ihrem erstmaligen Ansatz als erfolgswirksam zum beizulegenden Zeitwert bewertet eingestuft wird und etwaige verbleibende Transaktionen zu diesem Zeitpunkt voraussichtlich eintreten werden.

AG4G Es wäre nicht zulässig, nur einige finanzielle Vermögenswerte und finanzielle Verbindlichkeiten, die Ursache der Inkongruenzen sind, als erfolgswirksam zum beizulegenden Zeitwert bewertet einzustufen, wenn die Inkongruenzen dadurch nicht beseitigt oder erheblich verringert und folglich keine relevanteren Informationen vermittelt würden. Dagegen wäre es zulässig, nur eine von einer Vielzahl ähnlicher finanzieller Vermögenswerte oder finanzieller Verbindlichkeiten einzustufen, wenn die Inkongruenzen dadurch erheblich (und möglicherweise stärker als mit anderen zulässigen Einstufungen) verringert würden. Beispiel: Angenommen, ein Unternehmen habe eine Reihe ähnlicher finanzieller Verbindlichkeiten über insgesamt WE 100[2] und eine Reihe ähnlicher finanzieller Vermögenswerte über insgesamt WE 50, die jedoch nach unterschiedlichen Bewertungsmethoden bewertet werden. Das Unternehmen kann die Bewertungsinkongruenzen erheblich verringern, indem es beim erstmaligen Ansatz alle Vermögenswerte, jedoch nur einige Verbindlichkeiten (z. B. einzelne Verbindlichkeiten über eine Summe von WE 45) als erfolgswirksam zum beizulegenden Zeitwert bewertet einstuft. Da ein Finanzinstrument jedoch immer nur als Ganzes als erfolgswirksam zum beizulegenden Zeitwert bewertet eingestuft werden kann, muss das Unternehmen in diesem Beispiel eine oder mehrere Verbindlichkeiten in ihrer Gesamtheit designieren. Das Unternehmen darf die Einstufung weder auf eine Komponente einer Verbindlichkeit (z. B. Wertänderungen, die nur einem Risiko zuzurechnen sind, wie etwa Änderungen eines Referenzzinssatzes) noch auf einen Anteil einer Verbindlichkeit (d. h. einen Prozentsatz) beschränken.

---

2 In diesem Standard werden Geldbeträge in „Währungseinheiten" (WE) angegeben.

(b) An entity has liabilities under insurance contracts whose measurement incorporates current information (as permitted by IFRS 4 *Insurance Contracts,* paragraph 24), and financial assets it considers related that would otherwise be classified as available for sale or measured at amortised cost.
(c) An entity has financial assets, financial liabilities or both that share a risk, such as interest rate risk, that gives rise to opposite changes in fair value that tend to offset each other. However, only some of the instruments would be measured at fair value through profit or loss (ie are derivatives, or are classified as held for trading). It may also be the case that the requirements for hedge accounting are not met, for example because the requirements for effectiveness in paragraph 88 are not met.
(d) An entity has financial assets, financial liabilities or both that share a risk, such as interest rate risk, that gives rise to opposite changes in fair value that tend to offset each other and the entity does not qualify for hedge accounting because none of the instruments is a derivative. Furthermore, in the absence of hedge accounting there is a significant inconsistency in the recognition of gains and losses. For example:
  (i) the entity has financed a portfolio of fixed rate assets that would otherwise be classified as available for sale with fixed rate debentures whose changes in fair value tend to offset each other. Reporting both the assets and the debentures at fair value through profit or loss corrects the inconsistency that would otherwise arise from measuring the assets at fair value with changes reported in equity and the debentures at amortised cost.
  (ii) the entity has financed a specified group of loans by issuing traded bonds whose changes in fair value tend to offset each other. If, in addition, the entity regularly buys and sells the bonds but rarely, if ever, buys and sells the loans, reporting both the loans and the bonds at fair value through profit or loss eliminates the inconsistency in the timing of recognition of gains and losses that would otherwise result from measuring them both at amortised cost and recognising a gain or loss each time a bond is repurchased.

AG4F In cases such as those described in the preceding paragraph, to designate, at initial recognition, the financial assets and financial liabilities not otherwise so measured as at fair value through profit or loss may eliminate or significantly reduce the measurement or recognition inconsistency and produce more relevant information. For practical purposes, the entity need not enter into all of the assets and liabilities giving rise to the measurement or recognition inconsistency at exactly the same time. A reasonable delay is permitted provided that each transaction is designated as at fair value through profit or loss at its initial recognition and, at that time, any remaining transactions are expected to occur.

AG4G It would not be acceptable to designate only some of the financial assets and financial liabilities giving rise to the inconsistency as at fair value through profit or loss if to do so would not eliminate or significantly reduce the inconsistency and would therefore not result in more relevant information. However, it would be acceptable to designate only some of a number of similar financial assets or similar financial liabilities if doing so achieves a significant reduction (and possibly a greater reduction than other allowable designations) in the inconsistency. For example, assume an entity has a number of similar financial liabilities that sum to CU100[2] and a number of similar financial assets that sum to CU50 but are measured on a different basis. The entity may significantly reduce the measurement inconsistency by designating at initial recognition all of the assets but only some of the liabilities (for example, individual liabilities with a combined total of CU45) as at fair value through profit or loss. However, because designation as at fair value through profit or loss can be applied only to the whole of a financial instrument, the entity in this example must designate one or more liabilities in their entirety. It could not designate either a component of a liability (eg changes in value attributable to only one risk, such as changes in a benchmark interest rate) or a proportion (ie percentage) of a liability.

---

[2] In this Standard, monetary amounts are denominated in 'currency units' (CU)

IAS 39

Paragraph 9b ii: Eine Gruppe von finanziellen Vermögenswerten und/oder finanziellen Verbindlichkeiten wird gemäß einer dokumentierten Risikomanagement- oder Anlagestrategie zum beizulegenden Zeitwert gesteuert und ihre Wertentwicklung entsprechend beurteilt

AG4H Ein Unternehmen kann eine Gruppe von finanziellen Vermögenswerten und/oder finanziellen Verbindlichkeiten auf eine Weise steuern und ihre Wertentwicklung beurteilen, dass die erfolgswirksame Bewertung dieser Gruppe mit dem beizulegenden Zeitwert zu relevanteren Informationen führt. In diesem Fall liegt das Hauptaugenmerk nicht auf der Art der Finanzinstrumente, sondern auf der Art und Weise, wie das Unternehmen diese steuert und ihre Wertentwicklung beurteilt.

AG4I Die folgenden Beispiele veranschaulichen, wann diese Bedingung erfüllt sein könnte. In allen Fällen darf ein Unternehmen diese Bedingung nur dann für die Einstufung finanzieller Vermögenswerte bzw. finanzieller Verbindlichkeiten als erfolgswirksam zum beizulegenden Zeitwert bewertet heranziehen, wenn es den Grundsatz in Paragraph 9b ii erfüllt.
(a) Das Unternehmen ist eine Beteiligungsgesellschaft, ein Investmentfonds, eine Investmentgesellschaft oder ein ähnliches Unternehmen, dessen Geschäftszweck in der Anlage in finanzielle Vermögenswerte besteht mit der Absicht, einen Gewinn aus der Gesamtrendite in Form von Zinsen oder Dividenden sowie Änderungen des beizulegenden Zeitwertes zu erzielen. IAS 28 *Anteile an assoziierten Unternehmen* und IAS 31 *Anteile an Joint Ventures* gestatten den Ausschluss solcher Finanzinvestitionen aus ihrem Anwendungsbereich, sofern sie erfolgswirksam zum beizulegenden Zeitwert bewertet werden. Ein Unternehmen kann die gleiche Bilanzierungs- und Bewertungsmethode auch auf andere Finanzinvestitionen anwenden, die auf Gesamtertragsbasis gesteuert werden, bei denen sein Einfluss jedoch nicht groß genug ist, um in den Anwendungsbereich des IAS 28 oder IAS 31 zu fallen.
(b) Das Unternehmen hat finanzielle Vermögenswerte und finanzielle Verbindlichkeiten, die ein oder mehrere Risiken teilen und gemäß einer dokumentierten Richtlinie zum Asset-Liability-Management gesteuert und beurteilt werden. Ein Beispiel wäre ein Unternehmen, das „strukturierte Produkte" mit mehreren eingebetteten Derivaten emittiert hat und die daraus resultierenden Risiken mit einer Mischung aus derivativen und nicht-derivativen Finanzinstrumenten auf Basis des beizulegenden Zeitwertes steuert. Ein ähnliches Beispiel wäre ein Unternehmen, das festverzinsliche Kredite ausreicht und das daraus resultierende Risiko einer Änderung des Referenzzinssatzes mit einer Mischung aus derivativen und nicht-derivativen Finanzinstrumenten steuert.
(c) Das Unternehmen ist ein Versicherer, der ein Portfolio von finanziellen Vermögenswerten hält, dieses Portfolio im Hinblick auf eine größtmögliche Gesamtrendite (d. h. Zinsen oder Dividenden und Änderungen des beizulegenden Zeitwertes) steuert und seine Wertentwicklung auf dieser Grundlage beurteilt. Das Portfolio kann zur Deckung bestimmter Verbindlichkeiten und/oder Eigenkapital dienen. Werden mit dem Portfolio bestimmte Verbindlichkeiten gedeckt, kann die Bedingung in Paragraph 9b ii in Bezug auf die Vermögenswerte unabhängig davon erfüllt sein, ob der Versicherer die Verbindlichkeiten ebenfalls auf Grundlage des beizulegenden Zeitwertes steuert und beurteilt. Die Bedingung in Paragraph 9b ii kann erfüllt sein, wenn der Versicherer das Ziel verfolgt, die Gesamtrendite aus den Vermögenswerten langfristig zu maximieren, und zwar selbst dann, wenn die an die Inhaber von Verträgen mit Überschussbeteiligung ausgezahlten Beträge von anderen Faktoren, wie z. B. der Höhe der in einem kürzeren Zeitraum (z. B. einem Jahr) erzielten Gewinne, abhängen oder im Ermessen des Versicherers liegen.

AG4J Wie vorstehend angemerkt, bezieht sich diese Bedingung auf die Art und Weise, wie das Unternehmen die betreffende Gruppe von Finanzinstrumenten steuert und ihre Wertentwicklung beurteilt. Dementsprechend hat ein Unternehmen, das Finanzinstrumente auf Grundlage dieser Bedingung als erfolgswirksam zum beizulegenden Zeitwert bewertet einstuft, (vorbehaltlich der vorgeschriebenen Einstufung beim erstmaligen Ansatz) alle in Frage kommenden Finanzinstrumente, die gemeinsam gesteuert und beurteilt werden, ebenfalls so einzustufen.

AG4K Die Dokumentation über die Strategie des Unternehmens braucht nicht umfangreich zu sein, muss jedoch den Nachweis der Übereinstimmung mit Paragraph 9b ii erbringen. Eine solche Dokumentation ist nicht für jeden einzelnen Posten erforderlich, sondern kann auch auf Basis eines Portfolios erfolgen. Beispiel: Wenn aus dem System zur Steuerung der Wertentwicklung für eine Abteilung – das von Personen in Schlüsselpositionen des Unternehmens genehmigt wurde – eindeutig hervorgeht, dass die Wertentwicklung auf Basis der Gesamtrendite beurteilt wird, ist für den Nachweis der Übereinstimmung mit Paragraph 9b ii keine weitere Dokumentation notwendig.

Paragraph 9(b)(ii): A group of financial assets, financial liabilities or both is managed and its performance is evaluated on a fair value basis, in accordance with a documented risk management or investment strategy

An entity may manage and evaluate the performance of a group of financial assets, financial liabilities or both in such a way that measuring that group at fair value through profit or loss results in more relevant information. The focus in this instance is on the way the entity manages and evaluates performance, rather than on the nature of its financial instruments.   AG4H

The following examples show when this condition could be met. In all cases, an entity may use this condition to designate financial assets or financial liabilities as at fair value through profit or loss only if it meets the principle in paragraph 9(b)(ii).   AG4I
(a) The entity is a venture capital organisation, mutual fund, unit trust or similar entity whose business is investing in financial assets with a view to profiting from their total return in the form of interest or dividends and changes in fair value. IAS 28 *Investments in Associates* and IAS 31 *Interests in Joint Ventures* allow such investments to be excluded from their scope provided they are measured at fair value through profit or loss. An entity may apply the same accounting policy to other investments managed on a total return basis but over which its influence is insufficient for them to be within the scope of IAS 28 or IAS 31.
(b) The entity has financial assets and financial liabilities that share one or more risks and those risks are managed and evaluated on a fair value basis in accordance with a documented policy of asset and liability management. An example could be an entity that has issued 'structured products' containing multiple embedded derivatives and manages the resulting risks on a fair value basis using a mix of derivative and non-derivative financial instruments. A similar example could be an entity that originates fixed interest rate loans and manages the resulting benchmark interest rate risk using a mix of derivative and nonderivative financial instruments.
(c) The entity is an insurer that holds a portfolio of financial assets, manages that portfolio so as to maximise its total return (ie interest or dividends and changes in fair value), and evaluates its performance on that basis. The portfolio may be held to back specific liabilities, equity or both. If the portfolio is held to back specific liabilities, the condition in paragraph 9(b)(ii) may be met for the assets regardless of whether the insurer also manages and evaluates the liabilities on a fair value basis. The condition in paragraph 9(b)(ii) may be met when the insurer's objective is to maximise total return on the assets over the longer term even if amounts paid to holders of participating contracts depend on other factors such as the amount of gains realised in a shorter period (eg a year) or are subject to the insurer's discretion.

As noted above, this condition relies on the way the entity manages and evaluates performance of the group of financial instruments under consideration. Accordingly, (subject to the requirement of designation at initial recognition) an entity that designates financial instruments as at fair value through profit or loss on the basis of this condition shall so designate all eligible financial instruments that are managed and evaluated together.   AG4J

Documentation of the entity's strategy need not be extensive but should be sufficient to demonstrate compliance with paragraph 9(b)(ii). Such documentation is not required for each individual item, but may be on a portfolio basis. For example, if the performance management system for a department—as approved by the entity's key management personnel—clearly demonstrates that its performance is evaluated on a total return basis, no further documentation is required to demonstrate compliance with paragraph 9(b)(ii).   AG4K

IAS 39

Effektivzinssatz

AG5 In einigen Fällen werden finanzielle Vermögenswerte mit einem hohen Disagio erworben, das die angefallenen Kreditausfälle widerspiegelt. Diese angefallenen Kreditausfälle sind bei der Ermittlung des Effektivzinssatzes in die geschätzten Cashflows einzubeziehen.

AG6 Bei der Anwendung der Effektivzinsmethode werden alle in die Berechnung des Effektivzinssatzes einfließenden Gebühren, gezahlten oder erhaltenen Entgelte, Transaktionskosten und anderen Agien oder Disagien normalerweise über die erwartete Laufzeit des Finanzinstruments amortisiert. Beziehen sich die Gebühren, gezahlten oder erhaltenen Entgelte, Transaktionskosten, Agien oder Disagien jedoch auf einen kürzeren Zeitraum, so ist dieser Zeitraum zu verwenden. Dies ist dann der Fall, wenn die Variable, auf die sich die Gebühren, gezahlten oder erhaltenen Entgelte, Transaktionskosten, Agien oder Disagien beziehen, vor der voraussichtlichen Fälligkeit des Finanzinstruments an Marktverhältnisse angepasst wird. In einem solchen Fall ist als angemessene Amortisationsperiode der Zeitraum bis zum nächsten Anpassungstermin zu wählen. Spiegelt ein Agio oder Disagio auf ein variabel verzinstes Finanzinstrument beispielsweise die seit der letzten Zinszahlung angefallenen Zinsen oder die Marktzinsänderungen seit der letzten Anpassung des variablen Zinssatzes an die Marktverhältnisse wider, so wird dieses bis zum nächsten Zinsanpassungstermin amortisiert. Dies ist darauf zurückzuführen, dass das Agio oder Disagio für den Zeitraum bis zum nächsten Zinsanpassungstermin gilt, da die Variable, auf die sich das Agio oder Disagio bezieht (das heißt der Zinssatz), zu diesem Zeitpunkt an die Marktverhältnisse angepasst wird. Ist das Agio oder Disagio dagegen durch eine Änderung des Bonitätsaufschlags auf die im Finanzinstrument angegebene variable Verzinsung oder durch andere, nicht an den Marktzins gekoppelte Variablen entstanden, erfolgt die Amortisation über die erwartete Laufzeit des Finanzinstruments.

AG7 Bei variabel verzinslichen finanziellen Vermögenswerten und variabel verzinslichen finanziellen Verbindlichkeiten führt die periodisch vorgenommene Neuschätzung der Cashflows, die der Änderung der Marktverhältnisse Rechnung trägt, zu einer Änderung des Effektivzinssatzes. Wird ein variabel verzinslicher finanzieller Vermögenswert oder eine variabel verzinsliche finanzielle Verbindlichkeit zunächst mit einem Betrag angesetzt, der dem bei Endfälligkeit zu erhaltenden bzw. zu zahlenden Kapitalbetrag entspricht, hat die Neuschätzung künftiger Zinszahlungen in der Regel keine wesentlichen Auswirkungen auf den Buchwert des Vermögenswertes bzw. der Verbindlichkeit.

AG8 Ändert ein Unternehmen seine Schätzungen bezüglich der Mittelabflüsse oder -zuflüsse, ist der Buchwert des finanziellen Vermögenswertes oder der finanziellen Verbindlichkeit (oder der Gruppe von Finanzinstrumenten) so anzupassen, dass er die tatsächlichen und geänderten geschätzten Cashflows wiedergibt. Das Unternehmen berechnet den Buchwert neu, indem es den Barwert der geschätzten künftigen Cashflows mit dem ursprünglichen Effektivzinssatz des Finanzinstruments ermittelt. Die Anpassung wird als Ertrag oder Aufwand im Ergebnis erfasst.

Derivate

AG9 Typische Beispiele für Derivate sind Futures und Forwards sowie Swaps und Optionen. Ein Derivat hat in der Regel einen Nennbetrag in Form eines Währungsbetrags, einer Anzahl von Aktien, einer Anzahl von Einheiten gemessen in Gewicht oder Volumen oder anderer im Vertrag genannter Einheiten. Ein Derivat beinhaltet jedoch nicht die Verpflichtung aufseiten des Inhabers oder Stillhalters, den Nennbetrag bei Vertragsabschluss auch tatsächlich zu investieren oder in Empfang zu nehmen. Alternativ könnte ein Derivat zur Zahlung eines festen Betrags oder eines Betrages, der sich infolge des Eintritts eines künftigen, vom Nennbetrag unabhängigen Sachverhalts (jedoch nicht proportional zu einer Änderung des Basiswerts) ändern kann, verpflichten. So kann beispielsweise eine Vereinbarung zu einer feste Zahlung von WE 1 000[3] verpflichten, wenn der 6-Monats-LIBOR um 100 Basispunkte steigt. Eine derartige Vereinbarung stellt auch ohne die Angabe eines Nennbetrags ein Derivat dar.

AG10 Die Definition eines Derivats umfasst in diesem Standard Verträge, die auf Bruttobasis durch Lieferung des zugrunde liegenden Postens erfüllt werden (beispielsweise ein Forward-Geschäft über den Kauf eines festverzinslichen Schuldinstruments). Ein Unternehmen kann einen Vertrag über den Kauf oder Verkauf eines nicht finanziellen Postens geschlossen haben, der durch einen Ausgleich in bar oder anderen Finanzinstrumenten oder durch den Tausch von Finanzinstrumenten erfüllt werden kann (beispielsweise ein Vertrag über den Kauf oder Verkauf eines Rohstoffs zu einem festen Preis zu einem zukünftigen Termin). Ein derartiger Vertrag fällt in

---

[3] In diesem Standard werden Geldbeträge in „Währungseinheiten" (WE) angegeben.

Effective Interest Rate

In some cases, financial assets are acquired at a deep discount that reflects incurred credit losses. Entities include such incurred credit losses in the estimated cash flows when computing the effective interest rate. **AG5**

When applying the effective interest method, an entity generally amortises any fees, points paid or received, transaction costs and other premiums or discounts included in the calculation of the effective interest rate over the expected life of the instrument. However, a shorter period is used if this is the period to which the fees, points paid or received, transaction costs, premiums or discounts relate. This will be the case when the variable to which the fees, points paid or received, transaction costs, premiums or discounts relate is repriced to market rates before the expected maturity of the instrument. In such a case, the appropriate amortisation period is the period to the next such repricing date. For example, if a premium or discount on a floating rate instrument reflects interest that has accrued on the instrument since interest was last paid, or changes in market rates since the floating interest rate was reset to market rates, it will be amortised to the next date when the floating interest is reset to market rates. This is because the premium or discount relates to the period to the next interest reset date because, at that date, the variable to which the premium or discount relates (ie interest rates) is reset to market rates. If, however, the premium or discount results from a change in the credit spread over the floating rate specified in the instrument, or other variables that are not reset to market rates, it is amortised over the expected life of the instrument. **AG6**

For floating rate financial assets and floating rate financial liabilities, periodic re-estimation of cash flows to reflect movements in market rates of interest alters the effective interest rate. If a floating rate financial asset or floating rate financial liability is recognised initially at an amount equal to the principal receivable or payable on maturity, re-estimating the future interest payments normally has no significant effect on the carrying amount of the asset or liability. **AG7**

If an entity revises its estimates of payments or receipts, the entity shall adjust the carrying amount of the financial asset or financial liability (or group of financial instruments) to reflect actual and revised estimated cash flows. The entity recalculates the carrying amount by computing the present value of estimated future cash flows at the financial instrument's original effective interest rate. The adjustment is recognised as income or expense in profit or loss. **AG8**

Derivatives

Typical examples of derivatives are futures and forward, swap and option contracts. A derivative usually has a notional amount, which is an amount of currency, a number of shares, a number of units of weight or volume or other units specified in the contract. However, a derivative instrument does not require the holder or writer to invest or receive the notional amount at the inception of the contract. Alternatively, a derivative could require a fixed payment or payment of an amount that can change (but not proportionally with a change in the underlying) as a result of some future event that is unrelated to a notional amount. For example, a contract may require a fixed payment of CU1 000[3] if six-month LIBOR increases by 100 basis points. Such a contract is a derivative even though a notional amount is not specified. **AG9**

The definition of a derivative in this Standard includes contracts that are settled gross by delivery of the underlying item (eg a forward contract to purchase a fixed rate debt instrument). An entity may have a contract to buy or sell a non-financial item that can be settled net in cash or another financial instrument or by exchanging financial instruments (eg a contract to buy or sell a commodity at a fixed price at a future date). Such a contract is within the scope of this Standard unless it was entered into and continues to be held for the purpose of delivery of a non-financial item in accordance with the entity's expected purchase, sale or usage requirements (see paragraphs 5—7). **AG10**

---

3 In this Standard, monetary amounts are denominated in 'currency units' (CU).

den Anwendungsbereich dieses Standards, soweit er nicht zum Zweck der Lieferung eines nicht finanziellen Postens gemäß dem voraussichtlichen Einkaufs-, Verkaufs- oder Nutzungsbedarf des Unternehmens abgeschlossen wurde und in diesem Sinne weiter gehalten wird (siehe Paragraphen 5–7).

AG11 Ein spezifisches Merkmal eines Derivats besteht darin, dass es eine Anschaffungsauszahlung erfordert, die im Vergleich zu anderen Vertragsformen, von denen zu erwarten ist, dass sie in ähnlicher Weise auf Änderungen der Marktbedingungen reagieren, geringer ist. Ein Optionsvertrag erfüllt diese Definition, da die Prämie geringer ist als die Investition, die für den Erwerb des zugrunde liegenden Finanzinstruments, an das die Option gekoppelt ist, erforderlich wäre. Ein Währungsswap, der zu Beginn einen Tausch verschiedener Währungen mit dem gleichen beizulegenden Zeitwert erfordert, erfüllt diese Definition, da keine Anschaffungsauszahlung erforderlich ist.

AG12 Durch einen marktüblichen Kauf oder Verkauf entsteht zwischen dem Handelstag und dem Erfüllungstag eine Festpreisverpflichtung, welche die Definition eines Derivats erfüllt. Auf Grund der kurzen Dauer der Verpflichtung wird ein solcher Vertrag jedoch nicht als Derivat erfasst. Stattdessen schreibt dieser Standard eine spezielle Bilanzierung für solche „marktüblichen" Verträge vor (siehe Paragraph 38 und AG53-AG56).

AG12A Die Definition eines Derivates bezieht sich auf nicht-finanzielle Variablen, die nicht spezifisch für eine Partei des Vertrages sind. Diese beinhalten einen Index zu Erdbebenschäden in einem bestimmten Gebiet und einen Index zu Temperaturen in einer bestimmten Stadt. Nicht-finanzielle Variablen, die spezifisch für eine Partei dieses Vertrages sind, beinhalten den Eintritt oder Nichteintritt eines Feuers, das einen Vermögenswert einer Vertragspartei beschädigt oder zerstört. Eine Änderung des beizulegenden Zeitwertes eines nicht-finanziellen Vermögenswertes ist spezifisch für den Eigentümer, wenn der beizulegende Zeitwert nicht nur Änderungen der Marktpreise für solche Vermögenswerte (eine finanzielle Variable) widerspiegelt, sondern auch den Zustand des bestimmten, im Eigentum befindlichen nicht-finanziellen Vermögenswert (eine nicht-finanzielle Variable). Wenn beispielsweise eine Garantie des Restwertes eines bestimmten Autos den Garantiegeber dem Risiko von Änderungen des physischen Zustands des Autos aussetzt, so ist die Änderung dieses Restwertes spezifisch für den Eigentümer des Autos.

Transaktionskosten

AG13 Zu den Transaktionskosten gehören an Vermittler (einschließlich als Verkaufsvertreter agierende Mitarbeiter), Berater, Makler und Händler gezahlte Gebühren und Provisionen, an Aufsichtsbehörden und Wertpapierbörsen zu entrichtende Abgaben sowie Steuern und Gebühren. Unter Transaktionskosten fallen weder Agio oder Disagio für Schuldinstrumente, Finanzierungskosten oder interne Verwaltungs- oder Haltekosten.

Zu Handelszwecken gehaltene finanzielle Vermögenswerte und finanzielle Verbindlichkeiten

AG14 Handel ist normalerweise durch eine aktive und häufige Kauf- und Verkaufstätigkeit gekennzeichnet, und zu Handelszwecken gehaltene Finanzinstrumente dienen im Regelfall der Gewinnerzielung aus kurzfristigen Schwankungen der Preise oder Händlermargen.

AG15 Zu den zu Handelszwecken gehaltenen finanziellen Verbindlichkeiten gehören:
(a) derivative Verbindlichkeiten, die nicht als Sicherungsinstrumente bilanziert werden;
(b) Lieferverpflichtungen eines Leerverkäufers (eines Unternehmens, das geliehene, noch nicht in seinem Besitz befindliche finanzielle Vermögenswerte verkauft);
(c) finanzielle Verbindlichkeiten, die mit der Absicht eingegangen wurden, in kurzer Frist zurückgekauft zu werden (beispielsweise ein notiertes Schuldinstrument, das vom Emittenten je nach Änderung seines beizulegenden Zeitwerts kurzfristig zurückgekauft werden kann); und
(d) finanzielle Verbindlichkeiten, die Teil eines Portfolios eindeutig identifizierter und gemeinsam gemanagter Finanzinstrumente sind, für die in der jüngeren Vergangenheit Nachweise für kurzfristige Gewinnmitnahmen bestehen.

Allein die Tatsache, dass eine Verbindlichkeit zur Finanzierung von Handelsaktivitäten verwendet wird, genügt nicht, um sie als „zu Handelszwecken gehalten" einzustufen.

One of the defining characteristics of a derivative is that it has an initial net investment that is smaller than would be required for other types of contracts that would be expected to have a similar response to changes in market factors. An option contract meets that definition because the premium is less than the investment that would be required to obtain the underlying financial instrument to which the option is linked. A currency swap that requires an initial exchange of different currencies of equal fair values meets the definition because it has a zero initial net investment. — AG11

A regular way purchase or sale gives rise to a fixed price commitment between trade date and settlement date that meets the definition of a derivative. However, because of the short duration of the commitment it is not recognised as a derivative financial instrument. Rather, this Standard provides for special accounting for such regular way contracts (see paragraphs 38 and AG53—AG56). — AG12

The definition of a derivative refers to non-financial variables that are not specific to a party to the contract. These include an index of earthquake losses in a particular region and an index of temperatures in a particular city. Non-financial variables specific to a party to the contract include the occurrence or nonoccurrence of a fire that damages or destroys an asset of a party to the contract. A change in the fair value of a nonfinancial asset is specific to the owner if the fair value reflects not only changes in market prices for such assets (a financial variable) but also the condition of the specific nonfinancial asset held (a nonfinancial variable). For example, if a guarantee of the residual value of a specific car exposes the guarantor to the risk of changes in the car's physical condition, the change in that residual value is specific to the owner of the car. — AG12A

Transaction Costs

Transaction costs include fees and commissions paid to agents (including employees acting as selling agents), advisers, brokers and dealers, levies by regulatory agencies and securities exchanges, and transfer taxes and duties. Transaction costs do not include debt premiums or discounts, financing costs or internal administrative or holding costs. — AG13

Financial Assets and Financial Liabilities Held for Trading

Trading generally reflects active and frequent buying and selling, and financial instruments held for trading generally are used with the objective of generating a profit from short-term fluctuations in price or dealer's margin. — AG14

Financial liabilities held for trading include: — AG15
(a) derivative liabilities that are not accounted for as hedging instruments;
(b) obligations to deliver financial assets borrowed by a short seller (ie an entity that sells financial assets it has borrowed and does not yet own);
(c) financial liabilities that are incurred with an intention to repurchase them in the near term (eg a quoted debt instrument that the issuer may buy back in the near term depending on changes in its fair value); and
(d) financial liabilities that are part of a portfolio of identified financial instruments that are managed together and for which there is evidence of a recent pattern of short-term profit-taking.

The fact that a liability is used to fund trading activities does not in itself make that liability one that is held for trading.

IAS 39

Bis zur Endfälligkeit gehaltene Finanzinvestitionen

AG16 Ein Unternehmen hat nicht die feste Absicht, eine Investition in einen finanziellen Vermögenswert mit fester Laufzeit bis zur Endfälligkeit zu halten, wenn:
(a) das Unternehmen beabsichtigt, den finanziellen Vermögenswert für einen nicht definierten Zeitraum zu halten;
(b) das Unternehmen jederzeit bereit ist, den finanziellen Vermögenswert (außer in nicht wiederkehrenden, vom Unternehmen nicht vernünftigerweise vorhersehbaren Situationen) als Reaktion auf Änderungen der Marktzinsen oder -risiken, des Liquiditätsbedarfs, Änderungen der Verfügbarkeit und Verzinsung alternativer Finanzinvestitionen, Änderungen der Finanzierungsquellen und -bedingungen oder Änderungen des Währungsrisikos zu verkaufen;
oder
(c) der Emittent das Recht hat, den finanziellen Vermögenswert zu einem Betrag zu begleichen, der wesentlich unter den fortgeführten Anschaffungskosten liegt.

AG17 Ein Schuldinstrument mit variabler Verzinsung kann die Kriterien für eine bis zur Endfälligkeit gehaltene Finanzinvestition erfüllen. Eigenkapitalinstrumente können keine bis zur Endfälligkeit gehaltenen Finanzinvestitionen sein, da sie entweder eine unbegrenzte Laufzeit haben (wie beispielsweise Stammaktien) oder weil die Beträge, die der Inhaber empfangen kann, in nicht vorher bestimmbarer Weise schwanken können (wie bei Aktienoptionen, Optionsscheinen und ähnlichen Rechten). In Bezug auf die Definition der bis zur Endfälligkeit gehaltenen Finanzinvestitionen bedeuten feste oder bestimmbare Zahlungen und feste Laufzeiten, dass eine vertragliche Vereinbarung existiert, die die Höhe und den Zeitpunkt von Zahlungen an den Inhaber wie Zins- oder Kapitalzahlungen definiert. Ein signifikantes Risiko von Zahlungsausfällen schließt die Klassifikation eines finanziellen Vermögenswertes als bis zur Endfälligkeit gehaltene Finanzinvestition nicht aus, solange die vertraglich vereinbarten Zahlungen fest oder bestimmbar sind und die anderen Kriterien für diese Klassifikation erfüllt werden. Sehen die Bedingungen eines ewigen Schuldinstruments Zinszahlungen für einen unbestimmten Zeitraum vor, kann es nicht als „bis zur Endfälligkeit zu halten" klassifiziert werden, weil es keinen Fälligkeitstermin gibt.

AG18 Ein durch den Emittenten kündbarer finanzieller Vermögenswert erfüllt die Kriterien einer bis zur Endfälligkeit gehaltenen Finanzinvestition, sofern der Inhaber beabsichtigt und in der Lage ist, diesen bis zur Kündigung oder Fälligkeit zu halten und er den vollständigen Buchwert der Finanzinvestition im Wesentlichen wiedererlangen wird. Die Kündigungsoption des Emittenten verkürzt bei Ausübung lediglich die Laufzeit des Vermögenswertes. Eine Klassifikation als bis zur Endfälligkeit gehaltener Vermögenswert kommt jedoch nicht in Betracht, wenn der finanzielle Vermögenswert dergestalt kündbar ist, dass der vollständige Buchwert nicht im Wesentlichen vom Inhaber wiedererlangt werden würde. Bei der Bestimmung, ob der Buchwert im Wesentlichen wiedererlangt werden kann, sind Agien sowie aktivierte Transaktionskosten zu berücksichtigen.

AG19 Ein durch den Inhaber kündbarer finanzieller Vermögenswert (d. h., der Inhaber hat das Recht, vom Emittenten die Rückzahlung oder anderweitige Rücknahme des finanziellen Vermögenswertes vor Fälligkeit zu verlangen) kann nicht als bis zur Endfälligkeit gehaltene Finanzinvestition eingestuft werden, weil das Bezahlen einer Verkaufsmöglichkeit bei einem finanziellen Vermögenswert im Widerspruch zur festen Absicht steht, den finanziellen Vermögenswert bis zur Endfälligkeit zu halten.

AG20 Bei den meisten finanziellen Vermögenswerten ist der beizulegende Zeitwert als Bewertungsmaßstab den fortgeführten Anschaffungskosten vorzuziehen. Eine Ausnahme bildet hierbei die Kategorie der bis zur Endfälligkeit gehaltenen Finanzinvestitionen, allerdings nur für den Fall, dass das Unternehmen die feste Absicht hat und in der Lage ist, die Finanzinvestition bis zur Endfälligkeit zu halten. Sollte es auf Grund der Unternehmensaktivitäten Zweifel an der Absicht und Fähigkeit geben, besagte Finanzinvestitionen bis zur Endfälligkeit zu halten, so schließt Paragraph 9 die Verwendung der Ausnahmeregelung für einen vernünftigen Zeitraum aus.

AG21 Ein äußerst unwahrscheinliches „Katastrophenszenario" wie ein Run auf eine Bank oder eine vergleichbare Situation für ein Versicherungsunternehmen wird von einem Unternehmen bei der Bestimmung der festen Absicht oder Fähigkeit, eine Finanzinvestition bis zur Endfälligkeit zu halten, nicht berücksichtigt.

AG22 Verkäufe vor Endfälligkeit können die in Paragraph 9 enthaltenen Kriterien erfüllen – und stellen daher die Absicht des Unternehmens, die Finanzinvestition bis zur Endfälligkeit zu halten, nicht in Frage –, wenn sie auf einen der folgenden Sachverhalte zurückzuführen sind:
(a) eine wesentliche Bonitätsverschlechterung des Emittenten. Beispielsweise stellt ein Verkauf nach einer Herabstufung des Bonitätsratings durch eine externe Ratingagentur nicht die Absicht des Unternehmens in Frage, andere Finanzinvestitionen bis zur Endfälligkeit zu halten, wenn die Herabstufung einen objektiven Hinweis auf eine wesentliche Verschlechterung der Bonität des Emittenten gegenüber dem Bonitätsrating

Held-to-Maturity Investments

An entity does not have a positive intention to hold to maturity an investment in a financial asset with a fixed maturity if:
(a) the entity intends to hold the financial asset for an undefined period;
(b) the entity stands ready to sell the financial asset (other than if a situation arises that is non-recurring and could not have been reasonably anticipated by the entity) in response to changes in market interest rates or risks, liquidity needs, changes in the availability of and the yield on alternative investments, changes in financing sources and terms or changes in foreign currency risk; or
(c) the issuer has a right to settle the financial asset at an amount significantly below its amortised cost.

AG16

A debt instrument with a variable interest rate can satisfy the criteria for a held-to-maturity investment. Equity instruments cannot be held-to-maturity investments either because they have an indefinite life (such as ordinary shares) or because the amounts the holder may receive can vary in a manner that is not predetermined (such as for share options, warrants and similar rights). With respect to the definition of held-to-maturity investments, fixed or determinable payments and fixed maturity mean that a contractual arrangement defines the amounts and dates of payments to the holder, such as interest and principal payments. A significant risk of non-payment does not preclude classification of a financial asset as held to maturity as long as its contractual payments are fixed or determinable and the other criteria for that classification are met. If the terms of a perpetual debt instrument provide for interest payments for an indefinite period, the instrument cannot be classified as held to maturity because there is no maturity date.

AG17

The criteria for classification as a held-to-maturity investment are met for a financial asset that is callable by the issuer if the holder intends and is able to hold it until it is called or until maturity and the holder would recover substantially all of its carrying amount. The call option of the issuer, if exercised, simply accelerates the asset's maturity. However, if the financial asset is callable on a basis that would result in the holder not recovering substantially all of its carrying amount, the financial asset cannot be classified as a held-to-maturity investment. The entity considers any premium paid and capitalised transaction costs in determining whether the carrying amount would be substantially recovered.

AG18

A financial asset that is puttable (ie the holder has the right to require that the issuer repay or redeem the financial asset before maturity) cannot be classified as a held-to-maturity investment because paying for a put feature in a financial asset is inconsistent with expressing an intention to hold the financial asset until maturity.

AG19

For most financial assets, fair value is a more appropriate measure than amortised cost. The held-to-maturity classification is an exception, but only if the entity has a positive intention and the ability to hold the investment to maturity. When an entity's actions cast doubt on its intention and ability to hold such investments to maturity, paragraph 9 precludes the use of the exception for a reasonable period of time.

AG20

A disaster scenario that is only remotely possible, such as a run on a bank or a similar situation affecting an insurer, is not something that is assessed by an entity in deciding whether it has the positive intention and ability to hold an investment to maturity.

AG21

Sales before maturity could satisfy the condition in paragraph 9—and therefore not raise a question about the entity's intention to hold other investments to maturity—if they are attributable to any of the following:
(a) a significant deterioration in the issuer's creditworthiness. For example, a sale following a downgrade in a credit rating by an external rating agency would not necessarily raise a question about the entity's intention to hold other investments to maturity if the downgrade provides evidence of a significant deterioration in the issuer's creditworthiness judged by reference to the credit rating at initial recognition. Similarly, if an entity uses internal ratings for assessing exposures, changes in those internal ratings may help to identify

AG22

beim erstmaligen Ansatz liefert. In ähnlicher Weise erlauben interne Ratings zur Einschätzung von Risikopositionen die Identifikation von Emittenten, deren Bonität sich wesentlich verschlechtert hat, sofern die Methode, mit der das Unternehmen die internen Ratings vergibt und ändert, zu einem konsistenten, verlässlichen und objektiven Maßstab für die Bonität des Emittenten führt. Existieren Beweise für eine Wertminderung eines finanziellen Vermögenswertes (siehe Paragraph 58 und 59), wird die Bonitätsverschlechterung häufig als wesentlich angesehen.

(b) eine Änderung der Steuergesetzgebung, wodurch die Steuerbefreiung von Zinsen auf die bis zur Endfälligkeit gehaltenen Finanzinvestitionen abgeschafft oder wesentlich reduziert wird (außer Änderungen der Steuergesetzgebung, die die auf Zinserträge anwendbaren Grenzsteuersätze verändern).

(c) ein bedeutender Unternehmenszusammenschluss oder eine bedeutende Veräußerung (wie der Verkauf eines Unternehmenssegments), wodurch der Verkauf oder die Übertragung von bis zur Endfälligkeit gehaltenen Finanzinvestitionen zur Aufrechterhaltung der aktuellen Zinsrisikoposition oder Kreditrisikopolitik des Unternehmens erforderlich wird (obwohl ein Unternehmenszusammenschluss einen Sachverhalt darstellt, der der Kontrolle des Unternehmens unterliegt, können Änderungen des Anlageportfolios zur Aufrechterhaltung der Zinsrisikoposition oder der Kreditrisikopolitik eher eine Folge als ein Grund dieses Zusammenschlusses sein).

(d) eine wesentliche Änderung der gesetzlichen oder aufsichtsrechtlichen Bestimmungen im Hinblick auf die Zulässigkeit von Finanzinvestitionen oder den zulässigen Höchstbetrag für bestimmte Finanzanlagen, die das Unternehmen zwingt, bis zur Endfälligkeit gehaltene Finanzinvestitionen vorzeitig zu veräußern.

(e) eine wesentliche Erhöhung der von der für den Industriezweig aufsichtsrechtlich geforderten Eigenkapitalausstattung, die das Unternehmen zwingt, den Bestand von bis zur Endfälligkeit gehaltenen Finanzinvestitionen durch Verkäufe zu reduzieren.

(f) eine wesentliche Erhöhung der aufsichtsrechtlichen Risikogewichtung von bis zur Endfälligkeit gehaltenen Finanzinvestitionen.

AG23 Ein Unternehmen verfügt nicht über die nachgewiesene Fähigkeit, eine Investition in einen finanziellen Vermögenswert mit fester Laufzeit bis zur Endfälligkeit zu halten, wenn:
(a) es nicht die erforderlichen finanziellen Ressourcen besitzt, um eine Finanzinvestition bis zur Endfälligkeit zu halten;
oder
(b) es bestehenden gesetzlichen oder anderen Beschränkungen unterliegt, die seine Absicht, einen finanziellen Vermögenswert bis zur Endfälligkeit zu halten, zunichte machen könnten. (Gleichwohl bedeutet die Kaufoption des Emittenten nicht zwangsläufig, dass die Absicht eines Unternehmens, einen finanziellen Vermögenswert bis zur Endfälligkeit zu halten, zunichte gemacht wird – siehe Paragraph AG18.)

AG24 Andere als die in Paragraph AG16–AG23 beschriebenen Umstände können darauf hindeuten, dass ein Unternehmen nicht die feste Absicht hat oder nicht über die Fähigkeit verfügt, eine Finanzinvestition bis zur Endfälligkeit zu halten.

AG25 Die Absicht oder Fähigkeit, eine Finanzinvestition bis zur Endfälligkeit zu halten, ist vom Unternehmen nicht nur beim erstmaligen Ansatz der betreffenden finanziellen Vermögenswerte, sondern auch an jedem nachfolgenden Bilanzstichtag zu beurteilen.

Kredite und Forderungen

AG26 Alle nicht derivativen finanziellen Vermögenswerte mit festen oder bestimmbaren Zahlungen (einschließlich Kredite, Forderungen aus Lieferungen und Leistungen, Investitionen in Schuldinstrumente und Bankeinlagen) können potenziell die Definition von Krediten und Forderungen erfüllen. Für eine Klassifikation als Kredite und Forderungen ausgenommen sind allerdings an einem aktiven Markt notierte finanzielle Vermögenswerte (wie beispielsweise notierte Schuldinstrumente, siehe Paragraph AG71). Finanzielle Vermögenswerte, die nicht der Definition von Krediten und Forderungen entsprechen, können als bis zur Endfälligkeit gehaltene Finanzinvestitionen eingestuft werden, sofern sie die Voraussetzungen dafür erfüllen (siehe Paragraph 9 und AG16–AG25). Beim erstmaligen Ansatz eines finanziellen Vermögenswertes, der ansonsten als Kredit oder Forderung klassifiziert werden würde, kann dieser als „erfolgswirksam zum beizulegenden Zeitwert bewertet" oder als „zur Veräußerung verfügbar" eingestuft werden.

issuers for which there has been a significant deterioration in creditworthiness, provided the entity's approach to assigning internal ratings and changes in those ratings give a consistent, reliable and objective measure of the credit quality of the issuers. If there is evidence that a financial asset is impaired (see paragraphs 58 and 59), the deterioration in creditworthiness is often regarded as significant.
(b) a change in tax law that eliminates or significantly reduces the tax-exempt status of interest on the held-to-maturity investment (but not a change in tax law that revises the marginal tax rates applicable to interest income).
(c) a major business combination or major disposition (such as a sale of a segment) that necessitates the sale or transfer of held-to-maturity investments to maintain the entity's existing interest rate risk position or credit risk policy (although the business combination is an event within the entity's control, the changes to its investment portfolio to maintain an interest rate risk position or credit risk policy may be consequential rather than anticipated).
(d) a change in statutory or regulatory requirements significantly modifying either what constitutes a permissible investment or the maximum level of particular types of investments, thereby causing an entity to dispose of a held-to-maturity investment.
(e) a significant increase in the industry's regulatory capital requirements that causes the entity to downsize by selling held-to-maturity investments.
(f) a significant increase in the risk weights of held-to-maturity investments used for regulatory risk-based capital purposes.

An entity does not have a demonstrated ability to hold to maturity an investment in a financial asset with a fixed maturity if: AG23
(a) it does not have the financial resources available to continue to finance the investment until maturity; or
(b) it is subject to an existing legal or other constraint that could frustrate its intention to hold the financial asset to maturity. (However, an issuer's call option does not necessarily frustrate an entity's intention to hold a financial asset to maturity — see paragraph AG18.)

Circumstances other than those described in paragraphs AG16—AG23 can indicate that an entity does not have a positive intention or the ability to hold an investment to maturity. AG24

An entity assesses its intention and ability to hold its held-to-maturity investments to maturity not only when those financial assets are initially recognised, but also at each subsequent balance sheet date. AG25

Loans and Receivables

Any non-derivative financial asset with fixed or determinable payments (including loan assets, trade receivables, investments in debt instruments and deposits held in banks) could potentially meet the definition of loans and receivables. However, a financial asset that is quoted in an active market (such as a quoted debt instrument, see paragraph AG71) does not qualify for classification as a loan or receivable. Financial assets that do not meet the definition of loans and receivables may be classified as held-to-maturity investments if they meet the conditions for that classification (see paragraphs 9 and AG16—AG25). On initial recognition of a financial asset that would otherwise be classified as a loan or receivable, an entity may designate it as a financial asset at fair value through profit or loss, or available for sale. AG26

Eingebettete Derivate (Paragraphen 10–13)

AG27 Wenn der Basisvertrag keine angegebene oder vorbestimmte Laufzeit hat und einen Residualanspruch am Reinvermögen eines Unternehmens begründet, sind seine wirtschaftlichen Merkmale und Risiken die eines Eigenkapitalinstruments, und ein eingebettetes Derivat müsste Eigenkapitalmerkmale in Bezug auf das gleiche Unternehmen aufweisen, um als eng mit dem Basisvertrag verbunden zu gelten. Wenn der Basisvertrag kein Eigenkapitalinstrument darstellt und die Definition eines Finanzinstruments erfüllt, sind seine wirtschaftlichen Merkmale und Risiken die eines Schuldinstruments.

AG28 Eingebettete Derivate ohne Optionscharakter (wie etwa ein eingebetteter Forward oder Swap), sind auf der Grundlage ihrer angegebenen oder unausgesprochen enthaltenen materiellen Bedingungen vom zugehörigen Basisvertrag zu trennen, so dass sie beim erstmaligen Ansatz einen beizulegenden Zeitwert von Null aufweisen. Eingebettete Derivate mit Optionscharakter (wie eingebettete Verkaufsoptionen, Kaufoptionen, Caps, Floors oder Swaptions) sind auf der Grundlage der angegebenen Bedingungen des Optionsmerkmals vom Basisvertrag zu trennen. Der anfängliche Buchwert des Basisinstruments entspricht dem Restbetrag nach Trennung vom eingebetteten Derivat.

AG29 Normalerweise werden mehrere in einem Instrument eingebettete Derivate als ein einziges zusammengesetztes eingebettetes Derivat behandelt. Davon ausgenommen sind jedoch als Eigenkapital klassifizierte eingebettete Derivate (siehe IAS 32 Finanzinstrumente: Darstellung), die gesondert von denen zu bilanzieren sind, die als Vermögenswerte oder Verbindlichkeiten eingestuft werden. Eine gesonderte Bilanzierung erfolgt auch dann, wenn sich die in einem Instrument eingebetteten Derivate unterschiedlichem Risiko ausgesetzt sind und jederzeit getrennt werden können und unabhängig voneinander sind.

AG30 In den folgenden Beispielen sind die wirtschaftlichen Merkmale und Risiken eines eingebetteten Derivats nicht eng mit dem Basisvertrag verbunden (Paragraph 11(a)). In diesen Beispielen und in der Annahme, dass die Bedingungen aus Paragraph 11(b) und (c) erfüllt sind, bilanziert ein Unternehmen das eingebettete Derivat getrennt von seinem Basisvertrag.
(a) Eine in ein Instrument eingebettete Verkaufsoption, die es dem Inhaber ermöglicht, vom Emittenten den Rückkauf des Instruments für einen an einen Eigenkapital- oder Rohstoffpreis oder -index gekoppelten Betrag an Zahlungsmitteln oder anderen Vermögenswerten zu verlangen, ist nicht eng mit dem Basisvertrag verbunden.
(b) Eine in ein Eigenkapitalinstrument eingebettete Kaufoption, die dem Emittenten den Rückkauf dieses Eigenkapitalinstruments zu einem bestimmten Preis ermöglicht, ist aus Sicht des Inhabers nicht eng mit dem originären Eigenkapitalinstrument verbunden (aus Sicht des Emittenten stellt die Kaufoption ein Eigenkapitalinstrument dar und fällt, sofern die Kriterien für eine derartige Klassifikation gemäß IAS 32 erfüllt sind, nicht in den Anwendungsbereich dieses Standards.).
(c) Eine Option oder automatische Regelung zur Verlängerung der Restlaufzeit eines Schuldinstruments ist nicht eng mit dem originären Schuldinstrument verbunden, es sei denn, zum Zeitpunkt der Verlängerung findet gleichzeitig eine Anpassung an den ungefähren herrschenden Marktzins statt. Wenn ein Unternehmen ein Schuldinstrument emittiert und der Inhaber dieses Schuldinstruments einem Dritten eine Kaufoption auf das Schuldinstrument einräumt, stellt die Kaufoption für den Emittenten eine Verlängerung der Laufzeit des Schuldinstruments dar, sofern der Emittent bei einer Ausübung der Kaufoption dazu verpflichtet werden kann, sich an der Vermarktung des Schuldinstruments zu beteiligen oder diese zu erleichtern.
(d) In ein Schuldinstrument oder in einen Versicherungsvertrag eingebettete eigenkapitalindizierte Zins- oder Kapitalzahlungen – bei denen die Höhe der Zinsen oder des Kapitalbetrags an den Wert von Eigenkapitalinstrumenten gekoppelt ist – sind nicht eng mit dem Basisinstrument verbunden, da das Basisinstrument und das eingebettete Derivat unterschiedlichen Risiken ausgesetzt sind.
(e) In ein Schuldinstrument oder in einen Versicherungsvertrag eingebettete güterindizierte Zins- oder Kapitalzahlungen – bei denen die Höhe der Zinsen oder des Kapitalbetrags an den Preis eines Gutes (wie z. B. Gold) gebunden ist – sind nicht eng mit dem Basisinstrument verbunden, da das Basisinstrument und das eingebettete Derivat unterschiedlichen Risiken ausgesetzt sind.
(f) Ein in ein wandelbares Schuldinstrument eingebettetes Recht zur Umwandlung in Eigenkapital ist aus Sicht des Inhabers des Instruments nicht eng mit dem Basisschuldinstrument verbunden (aus Sicht des Emittenten stellt die Option zur Umwandlung in Eigenkapital ein Eigenkapitalinstrument dar und fällt, sofern die Kriterien für eine derartige Klassifikation gemäß IAS 32 erfüllt sind, nicht in den Anwendungsbereich dieses Standards.
(g) Eine Kaufs-, Verkaufs- oder Vorauszahlungsoption, die in einen Basisvertrag oder Basis-Versicherungsvertrag eingebettet ist, ist nicht eng mit dem Basisvertrag verbunden, wenn nicht der Ausübungspreis der Option an jedem Ausübungszeitpunkt annähernd gleich den fortgeführten Anschaffungskosten des Basis-Schuldinstruments oder des Buchwertes des Basis-Versicherungsvertrages ist. Aus Sicht des Emittenten einer Wandelschuldverschreibung mit einer eingebetteten Kaufs- oder Verkaufsoption wird die Einschätzung, ob

Embedded Derivatives (paragraphs 10—13)

If a host contract has no stated or predetermined maturity and represents a residual interest in the net assets of an entity, then its economic characteristics and risks are those of an equity instrument, and an embedded derivative would need to possess equity characteristics related to the same entity to be regarded as closely related. If the host contract is not an equity instrument and meets the definition of a financial instrument, then its economic characteristics and risks are those of a debt instrument.   **AG27**

An embedded non-option derivative (such as an embedded forward or swap) is separated from its host contract on the basis of its stated or implied substantive terms, so as to result in it having a fair value of zero at initial recognition. An embedded option-based derivative (such as an embedded put, call, cap, floor or swaption) is separated from its host contract on the basis of the stated terms of the option feature. The initial carrying amount of the host instrument is the residual amount after separating the embedded derivative.   **AG28**

Generally, multiple embedded derivatives in a single instrument are treated as a single compound embedded derivative. However, embedded derivatives that are classified as equity (see IAS 32 Financial Instruments: Presentation) are accounted for separately from those classified as assets or liabilities. In addition, if an instrument has more than one embedded derivative and those derivatives relate to different risk exposures and are readily separable and independent of each other, they are accounted for separately from each other.   **AG29**

The economic characteristics and risks of an embedded derivative are not closely related to the host contract (paragraph 11(a)) in the following examples. In these examples, assuming the conditions in paragraph 11(b) and (c) are met, an entity accounts for the embedded derivative separately from the host contract.   **AG30**
(a) A put option embedded in an instrument that enables the holder to require the issuer to reacquire the instrument for an amount of cash or other assets that varies on the basis of the change in an equity or commodity price or index is not closely related to a host debt instrument.
(b) A call option embedded in an equity instrument that enables the issuer to reacquire that equity instrument at a specified price is not closely related to the host equity instrument from the perspective of the holder (from the issuer's perspective, the call option is an equity instrument provided it meets the conditions for that classification under IAS 32, in which case it is excluded from the scope of this Standard).
(c) An option or automatic provision to extend the remaining term to maturity of a debt instrument is not closely related to the host debt instrument unless there is a concurrent adjustment to the approximate current market rate of interest at the time of the extension. If an entity issues a debt instrument and the holder of that debt instrument writes a call option on the debt instrument to a third party, the issuer regards the call option as extending the term to maturity of the debt instrument provided the issuer can be required to participate in or facilitate the remarketing of the debt instrument as a result of the call option being exercised.
(d) Equity-indexed interest or principal payments embedded in a host debt instrument or insurance contract—by which the amount of interest or principal is indexed to the value of equity instruments—are not closely related to the host instrument because the risks inherent in the host and the embedded derivative are dissimilar.
(e) Commodity-indexed interest or principal payments embedded in a host debt instrument or insurance contract—by which the amount of interest or principal is indexed to the price of a commodity (such as gold)—are not closely related to the host instrument because the risks inherent in the host and the embedded derivative are dissimilar.
(f) An equity conversion feature embedded in a convertible debt instrument is not closely related to the host debt instrument from the perspective of the holder of the instrument (from the issuer's perspective, the equity conversion option is an equity instrument and excluded from the scope of this Standard provided it meets the conditions for that classification under IAS 32).
(g) A call, put, or prepayment option embedded in a host debt contract or host insurance contract is not closely related to the host contract unless the option's exercise price is approximately equal on each exercise date to the amortised cost of the host debt instrument or the carrying amount of the host insurance contract. From the perspective of the issuer of a convertible debt instrument with an embedded call or put option feature, the assessment of whether the call or put option is closely related to the host debt contract is made before separating the equity element under IAS 32.

IAS 39

die Kaufs- oder Verkaufsoption eng mit dem Basis-Schuldinstrument verbunden ist, durchgeführt, bevor das Eigenkapitalinstrument gemäß IAS 32 abgetrennt wird.

(h) Kreditderivate, die in ein Basisschuldinstrument eingebettet sind und einer Vertragspartei (dem „Begünstigten") die Möglichkeit einräumen, das Ausfallrisiko eines bestimmten Referenzvermögenswertes, der sich unter Umständen nicht in seinem Eigentum befindet, auf eine andere Vertragspartei (den „Garantiegeber") zu übertragen, sind nicht eng mit dem Basisschuldinstrument verbunden. Solche Kreditderivate ermöglichen es dem Garantiegeber, das mit dem Referenzvermögenswert verbundene Ausfallrisiko zu übernehmen, ohne dass er den dazugehörigen Referenzvermögenswert direkt haben muss.

AG31 Ein Beispiel für ein strukturiertes Instrument ist ein Finanzinstrument, das den Inhaber berechtigt, das Finanzinstrument im Tausch gegen einen an einen Eigenkapital- oder Güterindex, der zu- oder abnehmen kann, gekoppelten Betrag an Zahlungsmitteln oder anderen finanziellen Vermögenswerten an den Emittenten zurückzuverkaufen (,kündbares Instrument'). Soweit der Emittent das kündbare Instrument beim erstmaligen Ansatz nicht als finanzielle Verbindlichkeit einstuft, die erfolgswirksam zum beizulegenden Zeitwert bewertet wird, ist er verpflichtet, ein eingebettetes Derivat (d. h. die indexgebundene Kapitalzahlung) gemäß Paragraph 11 getrennt zu erfassen, weil der Basisvertrag ein Schuldinstrument gemäß Paragraph AG27 darstellt und die indexgebundene Kapitalzahlung gemäß Paragraph 30(a) nicht eng mit dem Basisschuldinstrument verbunden ist. Da die Kapitalzahlung zu- und abnehmen kann, handelt es sich beim eingebetteten Derivat um ein Derivat ohne Optionscharakter, dessen Wert an die zugrunde liegende Variable gekoppelt ist.

AG32 Im Falle eines kündbaren Instruments, das jederzeit gegen einen Betrag an Zahlungsmitteln in Höhe des entsprechenden Anteils am Reinvermögen des Unternehmens zurückgegeben werden kann (wie beispielsweise Anteile an einem offenen Investmentfonds oder einige fondsgebundene Investmentprodukte), wird das zusammengesetzte Finanzinstrument durch Trennung des eingebetteten Derivats und Bilanzierung der einzelnen Bestandteile mit dem Rückzahlungsbetrag bewertet, der am Bilanzstichtag zahlbar wäre, wenn der Inhaber sein Recht auf Verkauf des Instruments zurück an den Emittenten ausüben würde.

AG33 In den folgenden Beispielen sind die wirtschaftlichen Merkmale und Risiken eines eingebetteten Derivats eng mit den wirtschaftlichen Merkmalen und Risiken des Basisvertrags verbunden. In diesen Beispielen wird das eingebettete Derivat nicht gesondert vom Basisvertrag bilanziert.
(a) Ein eingebettetes Derivat, in dem das Basisobjekt ein Zinssatz oder ein Zinsindex ist, der den Betrag der ansonsten aufgrund des verzinslichen Basis-Schuldinstruments oder Basis-Versicherungsvertrages zahlbaren oder zu erhaltenden Zinsen ändern kann, ist eng mit dem Basisvertrag verbunden, es sei denn der kombinierte Vertrag kann in einer solchen Weise erfüllt werden, dass der Inhaber im Wesentlichen nicht alle seine Einlagen zurückerhält, oder das eingebettete Derivat kann zumindest die anfängliche Verzinsung des Basisvertrages des Inhabers verdoppeln, und damit kann sich eine Verzinsung ergeben, die mindestens das Zweifache des Marktzinses für einen Vertrag mit den gleichen Bedingungen wie der Basisvertrag beträgt.
(b) Eine eingebettete Ober- oder Untergrenze auf Zinssätze eines Schuldinstruments oder Versicherungsvertrages ist eng mit dem Basisvertrag verbunden, wenn zum Zeitpunkt des Abschlusses des Vertrages die Zinsobergrenze gleich oder höher als der herrschende Marktzins ist oder die Zinsuntergrenze gleich oder unter dem herrschenden Marktzins liegt und die Zinsober- oder -untergrenze im Verhältnis zum Basisvertrag keine Hebelwirkung aufweist. Ähnlich sind Bestimmungen in einem Vertrag über den Kauf oder Verkauf eines Vermögenswertes (z. B. eines Rohstoffes), die eine Ober- oder Untergrenze auf den zu zahlenden oder zu erhaltenden Preis für den Vermögenswert bilden, eng mit dem Basisvertrag verbunden, wenn sowohl die Preisobergrenze als auch die Preisuntergrenze bei Abschluss unter Marktkonditionen liegen und keine Hebelwirkung aufweisen.
(c) Ein eingebettetes Fremdwährungsderivat, das Ströme von Kapital- oder Zinszahlungen erzeugt, die auf eine Fremdwährung lauten und in ein Basisschuldinstrument eingebettet sind (z. B. eine Doppelwährungsanleihe), ist eng mit dem Basisschuldinstrument verbunden. Ein solches Derivat wird nicht von seinem Basisinstrument getrennt, da IAS 21 *Auswirkungen von Änderungen der Wechselkurse* vorschreibt, dass Fremdwährungsgewinne und -verluste aus monetären Posten im Ergebnis erfasst werden.
(d) Ein eingebettetes Fremdwährungsderivat in einem Basisvertrag, der ein Versicherungsvertrag bzw. kein Finanzinstrument ist (wie ein Kauf- oder Verkaufvertrag für einen nicht-finanziellen Gegenstand, dessen Preis auf eine Fremdwährung lautet), ist eng mit dem Basisvertrag verbunden, sofern es keine Hebelwirkung aufweist, keine Optionsklausel beinhaltet und Zahlungen in einer der folgenden Währungen erfordert:
(i) die zuständige Währung einer substanziell an dem Vertrag beteiligten Partei;
(ii) die im internationalen Handel übliche Währung für die hiermit verbundenen erworbenen oder gelieferten Waren oder Dienstleistungen (wie z. B. US-Dollar bei Erdölgeschäften); oder

(h) Credit derivatives that are embedded in a host debt instrument and allow one party (the 'beneficiary') to transfer the credit risk of a particular reference asset, which it may not own, to another party (the 'guarantor') are not closely related to the host debt instrument. Such credit derivatives allow the guarantor to assume the credit risk associated with the reference asset without directly owning it.

An example of a hybrid instrument is a financial instrument that gives the holder a right to put the financial instrument back to the issuer in exchange for an amount of cash or other financial assets that varies on the basis of the change in an equity or commodity index that may increase or decrease (a "puttable instrument"). Unless the issuer on initial recognition designates the puttable instrument as a financial liability at fair value through profit or loss, it is required to separate an embedded derivative (ie the indexed principal payment) under paragraph 11 because the host contract is a debt instrument under paragraph AG27 and the indexed principal payment is not closely related to a host debt instrument under paragraph AG 30(a). Because the principal payment can increase and decrease, the embedded derivative is a non-option derivative whose value is indexed to the underlying variable. AG31

In the case of a puttable instrument that can be put back at any time for cash equal to a proportionate share of the net asset value of an entity (such as units of an open-ended mutual fund or some unit-linked investment products), the effect of separating an embedded derivative and accounting for each component is to measure the combined instrument at the redemption amount that is payable at the balance sheet date if the holder exercised its right to put the instrument back to the issuer. AG32

The economic characteristics and risks of an embedded derivative are closely related to the economic characteristics and risks of the host contract in the following examples. In these examples, an entity does not account for the embedded derivative separately from the host contract. AG33
(a) An embedded derivative in which the underlying is an interest rate or interest rate index that can change the amount of interest that would otherwise be paid or received on an interest-bearing host debt contract or insurance contract is closely related to the host contract unless the combined contract can be settled in such a way that the holder would not recover substantially all of its recognised investment or the embedded derivative could at least double the holder's initial rate of return on the host contract and could result in a rate of return that is at least twice what the market return would be for a contract with the same terms as the host contract.
(b) An embedded floor or cap on the interest rate on a debt contract or insurance contract is closely related to the host contract, provided the cap is at or above the market rate of interest and the floor is at or below the market rate of interest when the contract is issued, and the cap or floor is not leveraged in relation to the host contract. Similarly, provisions included in a contract to purchase or sell an asset (eg a commodity) that establish a cap and a floor on the price to be paid or received for the asset are closely related to the host contract if both the cap and floor were out of the money at inception and are not leveraged.
(c) An embedded foreign currency derivative that provides a stream of principal or interest payments that are denominated in a foreign currency and is embedded in a host debt instrument (eg a dual currency bond) is closely related to the host debt instrument. Such a derivative is not separated from the host instrument because IAS 21 *The Effects of Changes in Foreign Exchange Rates* requires foreign currency gains and losses on monetary items to be recognised in profit or loss.
(d) An embedded foreign currency derivative in a host contract that is an insurance contract or not a financial instrument (such as a contract for the purchase or sale of a non-financial item where the price is denominated in a foreign currency) is closely related to the host contract provided it is not leveraged, does not contain an option feature, and requires payments denominated in one of the following currencies:
  (i) the functional currency of any substantial party to that contract;
  (ii) the currency in which the price of the related good or service that is acquired or delivered is routinely denominated in commercial transactions around the world (such as the US dollar for crude oil transactions);
    or

(iii) eine Währung, die üblicherweise in Verträgen verwendet wird, um nicht-finanzielle Objekte in dem wirtschaftlichen Umfeld, in dem das Geschäft stattfindet, zu kaufen oder zu verkaufen (z. B. eine relativ stabile und verfügbare Währung, die üblicherweise bei örtlichen Geschäften oder im auswärtigen Handel verwendet wird).
(e) Eine in einen Zins- oder Kapitalstrip eingebettete Vorfälligkeitsoption ist eng mit dem Basisvertrag verbunden, sofern der Basisvertrag (i) anfänglich aus der Trennung des Rechts auf Empfang vertraglich festgelegter Cashflows eines Finanzinstruments resultierte, in das ursprünglich kein Derivat eingebettet war, und (ii) keine Bedingungen beinhaltet, die nicht auch Teil des ursprünglichen originären Schuldinstruments sind.
(f) Ein in einen Basisvertrag in Form eines Leasingverhältnisses eingebettetes Derivat ist eng mit dem Basisvertrag verbunden, wenn das eingebettete Derivat (i) ein an die Inflation gekoppelter Index wie z. B. im Falle einer Anbindung von Leasingzahlungen an einen Verbraucherpreisindex (vorausgesetzt, das Leasingverhältnis wurde nicht als Leveraged-Lease-Finanzierung gestaltet und der Index ist an die Inflationsentwicklung im Wirtschaftsumfeld des Unternehmens geknüpft), (ii) Eventualmietzahlungen auf Umsatzbasis oder (iii) Eventualmietzahlungen basierend auf variablen Zinsen ist.
(g) Ein auf Anteilseinheiten lautendes Recht, das in einem Basis-Finanzinstrument oder Basis-Versicherungsvertrag eingebettet ist, ist eng mit dem Basis-Instrument bzw. Basisvertrag verbunden, wenn die anteilsbestimmten Zahlungen zum aktuellen Wert der Anteilseinheiten bestimmt werden, die dem beizulegenden Zeitwert der Vermögenswerte des Fonds entsprechen. Ein auf Anteilseinheiten lautendes Recht ist eine vertragliche Bestimmung, die Zahlungen in Anteilseinheiten eines internen oder externen Investmentfonds vorschreibt.
(h) Ein Derivat, das in einen Versicherungsvertrag eingebettet ist, ist eng mit dem Basis-Versicherungsvertrag verbunden, wenn das eingebettete Derivat und der Basis-Versicherungsvertrag so voneinander abhängig sind, dass das Unternehmen das eingebettete Derivat nicht abgetrennt bewerten kann (d. h. ohne dabei den Basisvertrag zu berücksichtigen).

Instrumente mit eingebetteten Derivaten

AG33A Wenn ein Unternehmen Vertragspartei eines strukturierten (zusammengesetzten) Finanzinstruments mit einem oder mehreren eingebetteten Derivaten wird, ist es gemäß Paragraph 11 verpflichtet, jedes derartige eingebettete Derivat zu identifizieren, zu beurteilen, ob es vom Basisvertrag getrennt werden muss, und die zu trennenden Derivate beim erstmaligen Ansatz und zu den folgenden Bilanzstichtagen mit dem beizulegenden Zeitwert zu bewerten. Diese Vorschriften können komplexer sein oder zu weniger verlässlichen Wertansätzen führen, als wenn das gesamte Instrument erfolgswirksam zum beizulegenden Zeitwert bewertet würde. Aus diesem Grund gestattet dieser Standard eine Einstufung des gesamten Instruments als erfolgswirksam zum beizulegenden Zeitwert bewertet.

AG33B Eine solche Einstufung ist unabhängig davon zulässig, ob eine Trennung der eingebetteten Derivate vom Basisvertrag nach Maßgabe von Paragraph 11 vorgeschrieben oder verboten ist. Paragraph 11A würde jedoch in den in Paragraph 11A a und b beschriebenen Fällen keine Einstufung des strukturierten (zusammengesetzten) Finanzinstruments als erfolgswirksam zum beizulegenden Zeitwert zu bewerten rechtfertigen, weil dadurch die Komplexität nicht verringert oder die Verlässlichkeit nicht erhöht würde.

Ansatz und Ausbuchung (Paragraphen 14–42)

Erstmaliger Ansatz (Paragraph 14)

AG34 Nach dem in Paragraph 14 dargelegten Grundsatz hat ein Unternehmen sämtliche vertraglichen Rechte und Verpflichtungen im Zusammenhang mit Derivaten in seiner Bilanz als Vermögenswerte bzw. Verbindlichkeiten anzusetzen. Davon ausgenommen sind Derivate, die verhindern, dass eine Übertragung finanzieller Vermögenswerte als Verkauf bilanziert wird (siehe Paragraph AG49). Erfüllt die Übertragung eines finanziellen Vermögenswerts nicht die Bedingungen für eine Ausbuchung, wird der übertragene Vermögenswert vom Empfänger nicht als Vermögenswert angesetzt (siehe Paragraph AG50).

AG35 Im Folgenden werden Beispiele für die Anwendung des in Paragraph 14 aufgestellten Grundsatzes aufgeführt:
(a) unbedingte Forderungen und Verbindlichkeiten sind als Vermögenswert oder Verbindlichkeit anzusetzen, wenn das Unternehmen Vertragspartei wird und infolgedessen das Recht auf Empfang oder die rechtliche Verpflichtung zur Zahlung von flüssigen Mitteln hat.
(b) Vermögenswerte und Verbindlichkeiten, die infolge einer festen Verpflichtung zum Kauf oder Verkauf von Gütern oder Dienstleistungen erworben bzw. eingegangen sind, sind im Allgemeinen erst dann anzusetzen,

(iii) a currency that is commonly used in contracts to purchase or sell non-financial items in the economic environment in which the transaction takes place (eg a relatively stable and liquid currency that is commonly used in local business transactions or external trade).
(e) An embedded prepayment option in an interest-only or principal-only strip is closely related to the host contract provided the host contract (i) initially resulted from separating the right to receive contractual cash flows of a financial instrument that, in and of itself, did not contain an embedded derivative, and (ii) does not contain any terms not present in the original host debt contract.
(f) An embedded derivative in a host lease contract is closely related to the host contract if the embedded derivative is (i) an inflation-related index such as an index of lease payments to a consumer price index (provided that the lease is not leveraged and the index relates to inflation in the entity's own economic environment), (ii) contingent rentals based on related sales or (iii) contingent rentals based on variable interest rates.
(g) A unit-linking feature embedded in a host financial instrument or host insurance contract is closely related to the host instrument or host contract if the unit-denominated payments are measured at current unit values that reflect the fair values of the assets of the fund. A unit-linking feature is a contractual term that requires payments denominated in units of an internal or external investment fund.
(h) A derivative embedded in an insurance contract is closely related to the host insurance contract if the embedded derivative and host insurance contract are so interdependent that an entity cannot measure the embedded derivative separately (ie without considering the host contract).

Instruments containing Embedded Derivatives

When an entity becomes a party to a hybrid (combined) instrument that contains one or more embedded derivatives, paragraph 11 requires the entity to identify any such embedded derivative, assess whether it is required to be separated from the host contract and, for those that are required to be separated, measure the derivatives at fair value at initial recognition and subsequently. These requirements can be more complex, or result in less reliable measures, than measuring the entire instrument at fair value through profit or loss. For that reason this Standard permits the entire instrument to be designated as at fair value through profit or loss.   AG33A

Such designation may be used whether paragraph 11 requires the embedded derivatives to be separated from the host contract or prohibits such separation. However, paragraph 11A would not justify designating the hybrid (combined) instrument as at fair value through profit or loss in the cases set out in paragraph 11A(a) and (b) because doing so would not reduce complexity or increase reliability.   AG33B

Recognition and Derecognition (paragraphs 14—42)

Initial Recognition (paragraph 14)

As a consequence of the principle in paragraph 14, an entity recognises all of its contractual rights and obligations under derivatives in its balance sheet as assets and liabilities, respectively, except for derivatives that prevent a transfer of financial assets from being accounted for as a sale (see paragraph AG49). If a transfer of a financial asset does not qualify for derecognition, the transferee does not recognise the transferred asset as its asset (see paragraph AG50).   AG34

The following are examples of applying the principle in paragraph 14:   AG35
(a) unconditional receivables and payables are recognised as assets or liabilities when the entity becomes a party to the contract and, as a consequence, has a legal right to receive or a legal obligation to pay cash.
(b) assets to be acquired and liabilities to be incurred as a result of a firm commitment to purchase or sell goods or services are generally not recognised until at least one of the parties has performed under the agreement. For example, an entity that receives a firm order does not generally recognise an asset (and the entity that

wenn mindestens eine Vertragspartei den Vertrag erfüllt hat. So wird beispielsweise ein Unternehmen, das eine feste Bestellung entgegennimmt, zum Zeitpunkt der Auftragszusage im Allgemeinen keinen Vermögenswert ansetzen (und das beauftragende Unternehmen wird keine Verbindlichkeit bilanzieren), sondern den Ansatz erst dann vornehmen, wenn die bestellten Waren versandt oder geliefert oder die Dienstleistungen erbracht wurden. Fällt eine feste Verpflichtung zum Kauf oder Verkauf nicht finanzieller Posten gemäß Paragraph 5–7 in den Anwendungsbereich dieses Standards, wird ihr beizulegender Nettozeitwert am Tag, an dem die Verpflichtung eingegangen wurde, als Vermögenswert oder Verbindlichkeit angesetzt (siehe (c) unten). Wird eine bisher nicht bilanzwirksame feste Verpflichtung bei einer Absicherung des beizulegenden Zeitwertes als Grundgeschäft designiert, so sind alle Änderungen des beizulegenden Nettozeitwertes, die auf das gesicherte Risiko zurückzuführen sind, nach Beginn der Absicherung als Vermögenswert oder Verbindlichkeit zu erfassen (siehe Paragraph 93 und 94).

(c) ein Forward-Geschäft, das in den Anwendungsbereich dieses Standards fällt (siehe Paragraph 2–7), ist mit dem Tag, an dem die vertragliche Verpflichtung eingegangen wurde, und nicht erst am Erfüllungstag als Vermögenswert oder Verbindlichkeit anzusetzen. Wenn ein Unternehmen Vertragspartei bei einem Forward-Geschäft wird, haben das Recht und die Verpflichtung häufig den gleichen beizulegenden Zeitwert, so dass der beizulegende Nettozeitwert des Forward-Geschäfts Null ist. Ist der beizulegende Nettozeitwert des Rechts und der Verpflichtung nicht Null, ist der Vertrag als Vermögenswert oder Verbindlichkeit anzusetzen.

(d) Optionsverträge, die in den Anwendungsbereich dieses Standards fallen (siehe Paragraph 2–7), werden als Vermögenswerte oder Verbindlichkeiten angesetzt, wenn der Inhaber oder Stillhalter Vertragspartei wird.

(e) geplante künftige Geschäftsvorfälle sind, unabhängig von ihrer Eintrittswahrscheinlichkeit, keine Vermögenswerte oder Verbindlichkeiten, da das Unternehmen nicht Vertragspartei geworden ist.

Ausbuchung eines finanziellen Vermögenswertes (Paragraphen 15–37)

AG36 Das folgende Prüfschema in Form eines Flussdiagramms veranschaulicht, ob und in welchem Umfang ein finanzieller Vermögenswert ausgebucht wird.

places the order does not recognise a liability) at the time of the commitment but, rather, delays recognition until the ordered goods or services have been shipped, delivered or rendered. If a firm commitment to buy or sell non-financial items is within the scope of this Standard under paragraphs 5—7, its net fair value is recognised as an asset or liability on the commitment date (see (c) below). In addition, if a previously unrecognised firm commitment is designated as a hedged item in a fair value hedge, any change in the net fair value attributable to the hedged risk is recognised as an asset or liability after the inception of the hedge (see paragraphs 93 and 94).
(c) a forward contract that is within the scope of this Standard (see paragraphs 2—7) is recognised as an asset or a liability on the commitment date, rather than on the date on which settlement takes place. When an entity becomes a party to a forward contract, the fair values of the right and obligation are often equal, so that the net fair value of the forward is zero. If the net fair value of the right and obligation is not zero, the contract is recognised as an asset or liability.
(d) option contracts that are within the scope of this Standard (see paragraphs 2—7) are recognised as assets or liabilities when the holder or writer becomes a party to the contract.
(e) planned future transactions, no matter how likely, are not assets and liabilities because the entity has not become a party to a contract.

Derecognition of a Financial Asset (paragraphs 15—37)

The following flow chart illustrates the evaluation of whether and to what extent a financial asset is derecognised. AG36

IAS 39

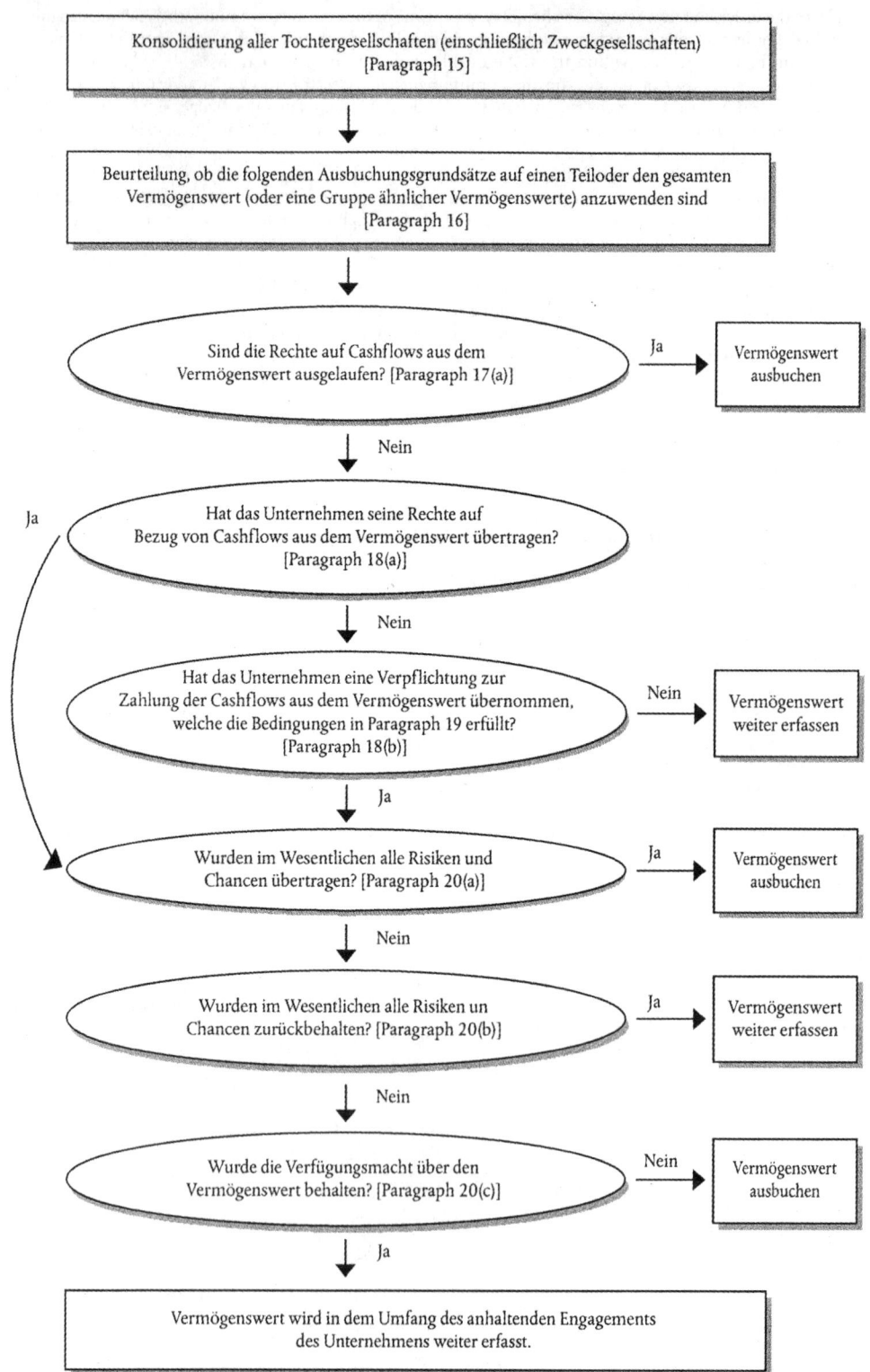

IAS 39

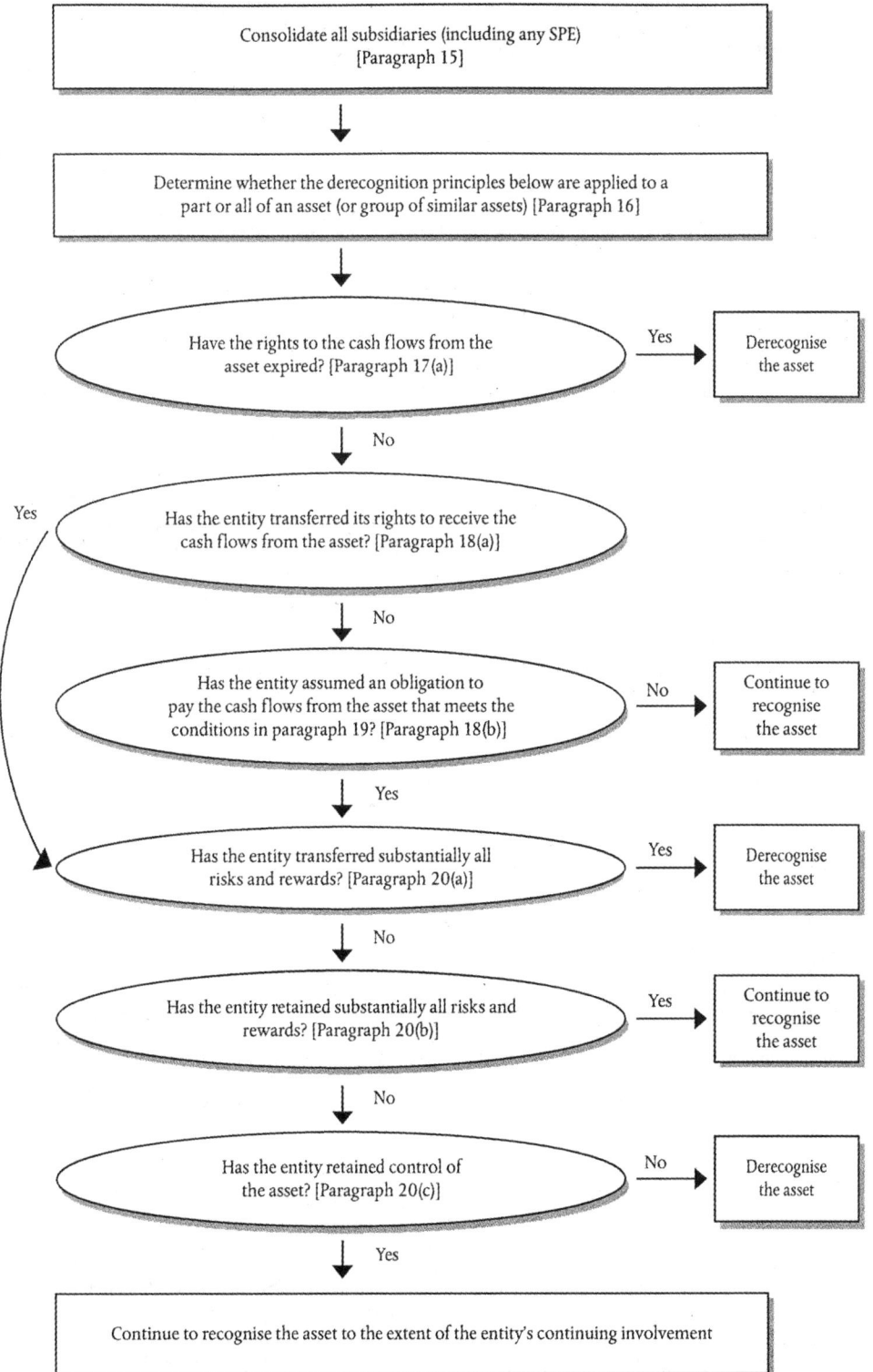

IAS 39

Vereinbarungen, bei denen ein Unternehmen die vertraglichen Rechte auf den Bezug von Cashflows aus finanziellen Vermögenswerten zurückbehält, jedoch eine vertragliche Verpflichtung zur Zahlung der Cashflows an einen oder mehrere Empfänger übernimmt (Paragraph 18(b))

AG37   Die in Paragraph 18(b) beschriebene Situation (in der ein Unternehmen die vertraglichen Rechte auf den Bezug von Cashflows aus finanziellen Vermögenswerten zurückbehält, jedoch eine vertragliche Verpflichtung zur Zahlung der Cashflows an einen oder mehrere Empfänger übernimmt) trifft beispielsweise dann zu, wenn das Unternehmen eine Zweckgesellschaft oder ein Treuhandfonds ist, die an Anteilseigner eine nutzbringende Beteiligung an den zugrunde liegenden finanziellen Vermögenswerten, deren Eigentümer sie ist, ausgibt und die Verwaltung bzw. Abwicklung dieser finanziellen Vermögenswerte übernimmt. In diesem Fall kommen die finanziellen Vermögenswerte für eine Ausbuchung in Betracht, sofern die Voraussetzungen der Paragraphen 19 und 20 erfüllt sind.

AG38   In Anwendung von Paragraph 19 könnte das Unternehmen beispielsweise der Herausgeber des finanziellen Vermögenswertes sein, oder es könnte sich um einen Konzern mit einer konsolidierten Zweckgesellschaft handeln, die den finanziellen Vermögenswert erworben hat und die Cashflows an nicht verbundene Drittanteilseigner weitergibt.

Beurteilung der Übertragung der mit dem Eigentum verbundenen Risiken und Chancen (Paragraph 20)

AG39   Beispiele für Fälle, in denen ein Unternehmen im Wesentlichen alle mit dem Eigentum verbundenen Risiken und Chancen überträgt, sind:
(a) ein unbedingter Verkauf eines finanziellen Vermögenswertes;
(b) ein Verkauf eines finanziellen Vermögenswertes in Kombination mit einer Option, den finanziellen Vermögenswert zu dessen beizulegendem Zeitwert zum Zeitpunkt des Rückkaufs zurückzukaufen; und
(c) ein Verkauf eines finanziellen Vermögenswertes in Kombination mit einer Verkaufs- oder Kaufoption, die weit aus dem Geld ist (d. h. einer Option, die so weit aus dem Geld ist, dass es äußerst unwahrscheinlich ist, dass diese vor Fälligkeit im Geld sein wird).

AG40   Beispiele für Fälle, in denen ein Unternehmen im Wesentlichen alle mit dem Eigentum verbundenen Risiken und Chancen zurückbehält, sind:
(a) ein Verkauf, kombiniert mit einem Rückkauf, bei dem der Rückkaufspreis festgelegt ist oder dem Verkaufspreis zuzüglich einer Verzinsung entspricht;
(b) eine Wertpapierleihe;
(c) ein Verkauf eines finanziellen Vermögenswertes, gekoppelt mit einem Total Return-Swap, bei dem das Marktrisiko auf das Unternehmen zurück übertragen wird;
(d) ein Verkauf eines finanziellen Vermögenswertes in Kombination mit einer Verkaufs- oder Kaufoption, die weit im Geld ist (d. h., einer Option, die so weit im Geld ist, dass es äußerst unwahrscheinlich ist, dass diese vor Fälligkeit aus dem Geld sein wird);
und
(e) ein Verkauf von kurzfristigen Forderungen, bei dem das Unternehmen eine Garantie auf Entschädigung des Empfängers für wahrscheinlich eintretende Kreditausfälle übernimmt.

AG41   Wenn ein Unternehmen feststellt, dass es mit der Übertragung im Wesentlichen alle Risiken und Chancen übertragen hat, die mit dem Eigentum des finanziellen Vermögenswertes verbunden sind, wird der übertragene Vermögenswert in künftigen Perioden nicht mehr erfasst, es sei denn, er wird in einem neuen Geschäftsvorfall zurückerworben.

Beurteilung der Übertragung der Verfügungsmacht

AG42   Ein Unternehmen hat die Verfügungsmacht an einem übertragenen Vermögenswert nicht behalten, wenn der Empfänger die tatsächliche Fähigkeit zur Veräußerung des übertragenen Vermögenswertes besitzt. Ein Unternehmen hat die Verfügungsmacht über einen übertragenen Vermögenswert behalten, wenn der Empfänger nicht die tatsächliche Fähigkeit zur Veräußerung des übertragenen Vermögenswertes besitzt. Der Empfänger verfügt über die tatsächliche Fähigkeit zur Veräußerung des übertragenen Vermögenswertes, wenn dieser an einem aktiven Markt gehandelt wird, da er den übertragenen Vermögenswert bei Bedarf am Markt wieder erwerben könnte, falls er ihn an das Unternehmen zurückgeben muss. Beispielsweise kann ein Empfänger über

Arrangements under which an entity retains the contractual rights to receive the cash flows of a financial asset, but assumes a contractual obligation to pay the cash flows to one or more recipients (paragraph 18(b))

AG37 The situation described in paragraph 18(b) (when an entity retains the contractual rights to receive the cash flows of the financial asset, but assumes a contractual obligation to pay the cash flows to one or more recipients) occurs, for example, if the entity is a special purpose entity or trust, and issues to investors beneficial interests in the underlying financial assets that it owns and provides servicing of those financial assets. In that case, the financial assets qualify for derecognition if the conditions in paragraphs 19 and 20 are met.

AG38 In applying paragraph 19, the entity could be, for example, the originator of the financial asset, or it could be a group that includes a consolidated special purpose entity that has acquired the financial asset and passes on cash flows to unrelated third party investors.

Evaluation of the transfer of risks and rewards of ownership (paragraph 20)

AG39 Examples of when an entity has transferred substantially all the risks and rewards of ownership are:
(a) an unconditional sale of a financial asset;
(b) a sale of a financial asset together with an option to repurchase the financial asset at its fair value at the time of repurchase; and
(c) a sale of a financial asset together with a put or call option that is deeply out of the money (ie an option that is so far out of the money it is highly unlikely to go into the money before expiry).

AG40 Examples of when an entity has retained substantially all the risks and rewards of ownership are:
(a) a sale and repurchase transaction where the repurchase price is a fixed price or the sale price plus a lender's return;
(b) a securities lending agreement;
(c) a sale of a financial asset together with a total return swap that transfers the market risk exposure back to the entity;
(d) a sale of a financial asset together with a deep in-the-money put or call option (ie an option that is so far in the money that it is highly unlikely to go out of the money before expiry); and
(e) a sale of short-term receivables in which the entity guarantees to compensate the transferee for credit losses that are likely to occur.

AG41 If an entity determines that as a result of the transfer, it has transferred substantially all the risks and rewards of ownership of the transferred asset, it does not recognise the transferred asset again in a future period, unless it reacquires the transferred asset in a new transaction.

Evaluation of the transfer of control

AG42 An entity has not retained control of a transferred asset if the transferee has the practical ability to sell the transferred asset. An entity has retained control of a transferred asset if the transferee does not have the practical ability to sell the transferred asset. A transferee has the practical ability to sell the transferred asset if it is traded in an active market because the transferee could repurchase the transferred asset in the market if it needs to return the asset to the entity. For example, a transferee may have the practical ability to sell a transferred asset if the transferred asset is subject to an option that allows the entity to repurchase it, but the transferee can readily obtain the transferred asset in the market if the option is exercised. A transferee does not have the practical

die tatsächliche Fähigkeit zum Verkauf eines übertragenen Vermögenswertes verfügen, wenn dem Unternehmen zwar eine Rückkaufsoption eingeräumt wurde, der Empfänger den übertragenen Vermögenswert jedoch bei Ausübung der Option jederzeit am Markt erwerben kann. Der Empfänger verfügt nicht über die tatsächliche Fähigkeit zum Verkauf des übertragenen Vermögenswertes, wenn sich das Unternehmen eine derartige Option vorbehält und der Empfänger den übertragenen Vermögenswert nicht jederzeit erwerben kann, falls das Unternehmen seine Option ausübt.

AG43 Der Empfänger verfügt nur dann über die tatsächliche Fähigkeit zur Veräußerung des übertragenen Vermögenswertes, wenn er ihn als Ganzes an einen außen stehenden Dritten veräußern und von dieser Fähigkeit einseitig Gebrauch machen kann, ohne dass die Übertragung zusätzlichen Beschränkungen unterliegt. Die entscheidende Frage lautet, welche tatsächlichen Möglichkeiten der Empfänger hat und nicht, welche vertraglichen Verfügungsmöglichkeiten oder -verbote ihm in Bezug auf den übertragenen Vermögenswert zustehen bzw. auferlegt sind. Insbesondere gilt:
(a) ein vertraglich eingeräumtes Recht auf Veräußerung eines übertragenen Vermögenswertes hat kaum eine tatsächliche Auswirkung, wenn kein Markt für den übertragenen Vermögenswert vorhanden ist; und
(b) die Fähigkeit, einen übertragenen Vermögenswert zu veräußern, hat kaum eine tatsächliche Auswirkung, wenn von ihr nicht frei Gebrauch gemacht werden kann. Aus diesem Grund gilt:
 (i) die Fähigkeit des Empfängers, einen übertragenen Vermögenswert zu veräußern, muss von den Handlungen Dritter unabhängig sein (d. h. es muss sich um eine einseitige Fähigkeit handeln); und
 (ii) der Empfänger muss in der Lage sein, den übertragenen Vermögenswert ohne einschränkende Bedingungen oder Auflagen für die Übertragung zu veräußern (z. B. Bedingungen bezüglich der Bedienung eines Kredits oder eine Option, die den Empfänger zum Rückkauf des Vermögenswertes berechtigt).

AG44 Allein die Tatsache, dass der Empfänger den übertragenen Vermögenswert wahrscheinlich nicht veräußern kann, bedeutet noch nicht, dass der Übertragende die Verfügungsmacht an dem übertragenen Vermögenswert behalten hat. Die Verfügungsmacht wird vom Übertragenden jedoch weiterhin ausgeübt, wenn eine Verkaufsoption oder Garantie den Empfänger davon abhält, den übertragenen Vermögenswert zu veräußern. Ist beispielsweise der Wert einer Verkaufsoption oder Garantie ausreichend hoch, wird der Empfänger vom Verkauf des übertragenen Vermögenswertes abgehalten, da er ihn tatsächlich nicht ohne eine ähnliche Option oder andere einschränkende Bedingungen an einen Dritten verkaufen würde. Stattdessen würde der Empfänger den übertragenen Vermögenswert auf Grund der mit der Garantie oder Verkaufsoption verbundenen Berechtigung zum Empfang von Zahlungen weiter halten. In diesem Fall hat der Übertragende die Verfügungsmacht an dem übertragenen Vermögenswert behalten.

Übertragungen, welche die Bedingungen für eine Ausbuchung erfüllen

AG45 Ein Unternehmen kann als Gegenleistung für die Verwaltung bzw. Abwicklung der übertragenen Vermögenswerte das Recht auf den Empfang eines Teils der Zinszahlungen auf diese Vermögenswerte zurückbehalten. Der Anteil der Zinszahlungen, auf die das Unternehmen bei Beendigung oder Übertragung des Verwaltungs-/Abwicklungsvertrags verzichten würde, ist dem Vermögenswert oder der Verbindlichkeit aus dem Verwaltungsrecht zuzuordnen. Der Anteil der Zinszahlungen, der dem Unternehmen weiterhin zustehen würde, stellt eine Forderung aus Zinsstrip dar. Würde das Unternehmen beispielsweise nach Beendigung oder Übertragung des Verwaltungs-/Abwicklungsvertrags auf keine Zinszahlungen verzichten, ist die gesamte Zinsspanne als Forderung aus Zinsstrip zu behandeln. Bei Anwendung von Paragraph 27 werden zur Aufteilung des Buchwertes der Forderung zwischen dem Teil des Vermögenswertes, der ausgebucht wird, und dem Teil, der weiterhin erfasst bleibt, die beizulegenden Zeitwerte des Vermögenswertes aus dem Verwaltungsrecht und der Forderung aus Zinsstrip zugrunde gelegt. Falls keine Verwaltungs-/Abwicklungsgebühr festgelegt wurde oder die zu erhaltende Gebühr voraussichtlich keine angemessene Vergütung für die Verwaltung bzw. Abwicklung durch das Unternehmen darstellt, ist eine Verbindlichkeit für die Verwaltungs- bzw. Abwicklungsverpflichtung zum beizulegenden Zeitwert zu erfassen.

AG46 Bei der in Paragraph 27 vorgeschriebenen Schätzung der beizulegenden Zeitwerte jenes Teils, der weiterhin erfasst bleibt, und jenes Teils, der ausgebucht wird, sind zusätzlich zu Paragraph 28 die Vorschriften der Paragraphen 48, 49 und AG69–AG82 zur Bestimmung der beizulegenden Zeitwerte anzuwenden.

ability to sell the transferred asset if the entity retains such an option and the transferee cannot readily obtain the transferred asset in the market if the entity exercises its option.

AG43 The transferee has the practical ability to sell the transferred asset only if the transferee can sell the transferred asset in its entirety to an unrelated third party and is able to exercise that ability unilaterally and without imposing additional restrictions on the transfer. The critical question is what the transferee is able to do in practice, not what contractual rights the transferee has concerning what it can do with the transferred asset or what contractual prohibitions exist. In particular:
(a) a contractual right to dispose of the transferred asset has little practical effect if there is no market for the transferred asset; and
(b) an ability to dispose of the transferred asset has little practical effect if it cannot be exercised freely. For that reason:
  (i) the transferee's ability to dispose of the transferred asset must be independent of the actions of others (ie it must be a unilateral ability); and
  (ii) the transferee must be able to dispose of the transferred asset without needing to attach restrictive conditions or 'strings' to the transfer (eg conditions about how a loan asset is serviced or an option giving the transferee the right to repurchase the asset).

AG44 That the transferee is unlikely to sell the transferred asset does not, of itself, mean that the transferor has retained control of the transferred asset. However, if a put option or guarantee constrains the transferee from selling the transferred asset, then the transferor has retained control of the transferred asset. For example, if a put option or guarantee is sufficiently valuable it constrains the transferee from selling the transferred asset because the transferee would, in practice, not sell the transferred asset to a third party without attaching a similar option or other restrictive conditions. Instead, the transferee would hold the transferred asset so as to obtain payments under the guarantee or put option. Under these circumstances the transferor has retained control of the transferred asset.

Transfers that Qualify for Derecognition

AG45 An entity may retain the right to a part of the interest payments on transferred assets as compensation for servicing those assets. The part of the interest payments that the entity would give up upon termination or transfer of the servicing contract is allocated to the servicing asset or servicing liability. The part of the interest payments that the entity would not give up is an interest-only strip receivable. For example, if the entity would not give up any interest upon termination or transfer of the servicing contract, the entire interest spread is an interest-only strip receivable. For the purposes of applying paragraph 27, the fair values of the servicing asset and interest-only strip receivable are used to allocate the carrying amount of the receivable between the part of the asset that is derecognised and the part that continues to be recognised. If there is no servicing fee specified or the fee to be received is not expected to compensate the entity adequately for performing the servicing, a liability for the servicing obligation is recognised at fair value.

AG46 In estimating the fair values of the part that continues to be recognised and the part that is derecognised for the purposes of applying paragraph 27, an entity applies the fair value measurement requirements in paragraphs 48, 49 and AG69—AG82 in addition to paragraph 28.

IAS 39

Übertragungen, welche die Bedingungen für eine Ausbuchung nicht erfüllen

AG47   Das folgende Beispiel ist eine Anwendung des in Paragraph 29 aufgestellten Grundsatzes. Wenn ein übertragener Vermögenswert auf Grund einer von einem Unternehmen gewährten Garantie für Ausfallverluste aus dem übertragenen Vermögenswert nicht ausgebucht werden kann, weil das Unternehmen im Wesentlichen alle Risiken und Chancen, die mit dem Eigentum des übertragenen Vermögenswertes verbunden sind, zurückbehalten hat, wird der übertragene Vermögenswert weiter in seiner Gesamtheit und die erhaltene Gegenleistung als Verbindlichkeit erfasst.

Anhaltendes Engagement bei übertragenen Vermögenswerten

AG48   Im Folgenden sind Beispiele für die Bewertung eines übertragenen Vermögenswertes und der zugehörigen Verbindlichkeit gemäß Paragraph 30 aufgeführt.

Alle Vermögenswerte
(a) Wenn ein übertragener Vermögenswert auf Grund einer von einem Unternehmen gewährten Garantie zur Zahlung von Ausfallverlusten aus dem übertragenen Vermögenswert im Umfang des anhaltenden Engagements nicht ausgebucht werden kann, ist der übertragene Vermögenswert zum Zeitpunkt der Übertragung mit dem niedrigeren Wert aus (i) dem Buchwert des Vermögenswertes und (ii) dem Höchstbetrag der erhaltenen Gegenleistung, den das Unternehmen eventuell zurückzahlen müsste (dem „garantierten Betrag") zu bewerten. Die zugehörige Verbindlichkeit wird bei Zugang mit dem Garantiebetrag zuzüglich des beizulegenden Zeitwerts der Garantie (der normalerweise der für die Garantie erhaltenen Gegenleistung entspricht) bewertet. Anschließend ist der anfängliche beizulegende Zeitwert der Garantie zeitproportional im Ergebnis zu erfassen (siehe IAS 18) und der Buchwert des Vermögenswertes um etwaige Wertminderungsaufwendungen zu kürzen.

Zu fortgeführten Anschaffungskosten bewertete Vermögenswerte
(b) Wenn die Verpflichtung eines Unternehmens auf Grund einer geschriebenen Verkaufsoption oder das Recht eines Unternehmens auf Grund einer gehaltenen Kaufoption dazu führt, dass ein übertragener Vermögenswert nicht ausgebucht werden kann, und der übertragene Vermögenswert zu fortgeführten Anschaffungskosten bewertet wird, ist die zugehörige Verbindlichkeit mit deren Anschaffungskosten (also der erhaltenen Gegenleistung), bereinigt um die Amortisation der Differenz zwischen den Anschaffungskosten und den fortgeführten Anschaffungskosten des übertragenen Vermögenswertes am Fälligkeitstermin der Option, zu bewerten. Als Beispiel soll angenommen werden, dass die fortgeführten Anschaffungskosten und der Buchwert des Vermögenswertes zum Zeitpunkt der Übertragung WE 98 betragen und die erhaltene Gegenleistung WE 95 beträgt. Am Ausübungstag der Option werden die fortgeführten Anschaffungskosten des Vermögenswertes bei WE 100 liegen. Der anfängliche Buchwert der entsprechenden Verbindlichkeit beträgt WE 95; die Differenz zwischen WE 95 und WE 100 ist unter Anwendung der Effektivzinsmethode im Ergebnis zu erfassen. Bei Ausübung der Option wird die Differenz zwischen dem Buchwert der zugehörigen Verbindlichkeit und dem Ausübungspreis im Ergebnis erfasst.

Vermögenswerte, die zum beizulegenden Zeitwert bewertet werden
(c) Wenn ein übertragener Vermögenswert auf Grund einer vom Unternehmen zurückbehaltener Kaufoption nicht ausgebucht werden kann und der übertragene Vermögenswert zum beizulegenden Zeitwert bewertet wird, erfolgt die Bewertung des Vermögenswertes weiterhin zum beizulegenden Zeitwert. Die zugehörige Verbindlichkeit wird (i) zum Ausübungspreis der Option, abzüglich des Zeitwerts der Option, wenn diese im oder am Geld ist, oder (ii) zum beizulegenden Zeitwert des übertragenen Vermögenswertes, abzüglich des Zeitwerts der Option, wenn diese aus dem Geld ist, bewertet. Durch Anpassung der Bewertung der zugehörigen Verbindlichkeit wird gewährleistet, dass der Nettobuchwert des Vermögenswertes und der zugehörigen Verbindlichkeit dem beizulegenden Zeitwert dem Recht aus der Kaufoption entspricht. Beträgt beispielsweise der beizulegende Zeitwert des zugrunde liegenden Vermögenswertes WE 80, der Ausübungspreis der Option WE 95 und der Zeitwert der Option WE 5, so entspricht der Buchwert der entsprechenden Verbindlichkeit WE 75 (WE 80–WE 5) und der Buchwert des übertragenen Vermögenswertes WE 80 (also seinem beizulegenden Zeitwert).

(d) Wenn ein übertragener Vermögenswert auf Grund einer geschriebenen Verkaufsoption eines Unternehmens nicht ausgebucht werden kann und der übertragene Vermögenswert zum beizulegenden Zeitwert bewertet wird, erfolgt die Bewertung der zugehörigen Verbindlichkeit zum Ausübungspreis der Option plus dessen Zeitwert. Die Bewertung des Vermögenswertes zum beizulegenden Zeitwert ist auf den niedrigeren Wert aus beizulegendem Zeitwert und Ausübungspreis der Option beschränkt, da das Unternehmen nicht berechtigt ist, den beizulegenden Zeitwert des übertragenen Vermögenswertes über den Ausübungspreis der Option hinaus zu erhöhen. Dadurch wird gewährleistet, dass der Nettobuchwert des Vermögenswertes und der

Transfers that Do Not Qualify for Derecognition

The following is an application of the principle outlined in paragraph 29. If a guarantee provided by the entity for default losses on the transferred asset prevents a transferred asset from being derecognised because the entity has retained substantially all the risks and rewards of ownership of the transferred asset, the transferred asset continues to be recognised in its entirety and the consideration received is recognised as a liability.   AG47

Continuing Involvement in Transferred Assets

The following are examples of how an entity measures a transferred asset and the associated liability under paragraph 30.   AG48

All assets
(a) If a guarantee provided by an entity to pay for default losses on a transferred asset prevents the transferred asset from being derecognised to the extent of the continuing involvement, the transferred asset at the date of the transfer is measured at the lower of (i) the carrying amount of the asset and (ii) the maximum amount of the consideration received in the transfer that the entity could be required to repay ('the guarantee amount'). The associated liability is initially measured at the guarantee amount plus the fair value of the guarantee (which is normally the consideration received for the guarantee). Subsequently, the initial fair value of the guarantee is recognised in profit or loss on a time proportion basis (see IAS 18) and the carrying value of the asset is reduced by any impairment losses.

Assets measured at amortised cost
(b) If a put option obligation written by an entity or call option right held by an entity prevents a transferred asset from being derecognised and the entity measures the transferred asset at amortised cost, the associated liability is measured at its cost (ie the consideration received) adjusted for the amortisation of any difference between that cost and the amortised cost of the transferred asset at the expiration date of the option. For example, assume that the amortised cost and carrying amount of the asset on the date of the transfer is CU98 and that the consideration received is CU95. The amortised cost of the asset on the option exercise date will be CU100. The initial carrying amount of the associated liability is CU95 and the difference between CU95 and CU100 is recognised in profit or loss using the effective interest method. If the option is exercised, any difference between the carrying amount of the associated liability and the exercise price is recognised in profit or loss.

Assets measured at fair value
(c) If a call option right retained by an entity prevents a transferred asset from being derecognised and the entity measures the transferred asset at fair value, the asset continues to be measured at its fair value. The associated liability is measured at (i) the option exercise price less the time value of the option if the option is in or at the money, or (ii) the fair value of the transferred asset less the time value of the option if the option is out of the money. The adjustment to the measurement of the associated liability ensures that the net carrying amount of the asset and the associated liability is the fair value of the call option right. For example, if the fair value of the underlying asset is CU80, the option exercise price is CU95 and the time value of the option is CU5, the carrying amount of the associated liability is CU75 (CU80—CU5) and the carrying amount of the transferred asset is CU80 (ie its fair value).
(d) If a put option written by an entity prevents a transferred asset from being derecognised and the entity measures the transferred asset at fair value, the associated liability is measured at the option exercise price plus the time value of the option. The measurement of the asset at fair value is limited to the lower of the fair value and the option exercise price because the entity has no right to increases in the fair value of the transferred asset above the exercise price of the option. This ensures that the net carrying amount of the asset and the associated liability is the fair value of the put option obligation. For example, if the fair value of the underlying asset is CU120, the option exercise price is CU100 and the time value of the option is CU5, the carrying amount of the associated liability is CU105 (CU100 + CU5) and the carrying amount of the asset is CU100 (in this case the option exercise price).

zugehörigen Verbindlichkeit dem beizulegenden Zeitwert der Verpflichtung aus der Verkaufsoption entspricht. Beträgt beispielsweise der beizulegende Zeitwert des zugrunde liegenden Vermögenswertes WE 120, der Ausübungspreis der Option WE 100 und der Zeitwert der Option WE 5, so entspricht der Buchwert der zugehörigen Verbindlichkeit WE 105 (WE 100 + WE 5) und der Buchwert des Vermögenswertes WE 100 (in diesem Fall dem Ausübungspreis der Option).

(e) Wenn ein übertragener Vermögenswert auf Grund eines Collar in Form einer erworbenen Kaufoption und geschriebenen Verkaufsoption nicht ausgebucht werden kann und der Vermögenswert zum beizulegenden Zeitwert bewertet wird, erfolgt seine Bewertung weiterhin zum beizulegenden Zeitwert. Die zugehörige Verbindlichkeit wird (i) mit der Summe aus dem Ausübungspreis der Kaufoption und dem beizulegenden Zeitwert der Verkaufsoption, abzüglich des Zeitwerts der Kaufoption, wenn diese im oder am Geld ist, oder (ii) mit der Summe aus dem beizulegenden Zeitwert des Vermögenswertes und dem beizulegenden Zeitwert der Verkaufsoption, abzüglich des Zeitwerts der Kaufoption, wenn diese aus dem Geld ist, bewertet. Durch Anpassung der zugehörigen Verbindlichkeit wird gewährleistet, dass der Nettobuchwert des Vermögenswertes und der zugehörigen Verbindlichkeit dem beizulegenden Zeitwert der vom Unternehmen gehaltenen und geschriebenen Optionen entspricht. Als Beispiel soll angenommen werden, dass ein Unternehmen einen finanziellen Vermögenswert überträgt, der zum beizulegenden Zeitwert bewertet wird. Gleichzeitig erwirbt es eine Kaufoption mit einem Ausübungspreis von WE 120 und schreibt eine Verkaufsoption mit einem Ausübungspreis von WE 80. Der beizulegende Zeitwert des Vermögenswertes zum Zeitpunkt der Übertragung beträgt WE 100. Der Zeitwert der Verkaufs- und Kaufoption liegt bei WE 1 bzw. WE 5. In diesem Fall setzt das Unternehmen einen Vermögenswert in Höhe von WE 100 (dem beizulegenden Zeitwert des Vermögenswertes) und eine Verbindlichkeit in Höhe von WE 96 [(WE 100 + WE 1) − WE 5] an. Daraus ergibt sich ein Nettobuchwert von WE 4, der dem beizulegenden Zeitwert der vom Unternehmen gehaltenen und geschriebenen Optionen entspricht.

Alle Übertragungen

AG49 Soweit die Übertragung eines finanziellen Vermögenswertes nicht die Kriterien für eine Ausbuchung erfüllt, werden die im Zusammenhang mit der Übertragung vertraglich eingeräumten Rechte oder Verpflichtungen des Übertragenden nicht gesondert als Derivate bilanziert, wenn ein Ansatz des Derivats einerseits und des übertragenen Vermögenswertes oder der aus der Übertragung stammenden Verbindlichkeit andererseits dazu führen würde, dass die gleichen Rechte bzw. Verpflichtungen doppelt erfasst werden. Beispielsweise kann eine vom Übertragenden zurückbehaltene Kaufoption dazu führen, dass eine Übertragung finanzieller Vermögenswerte nicht als Veräußerung bilanziert werden kann. In diesem Fall wird die Kaufoption nicht gesondert als derivativer Vermögenswert angesetzt.

AG50 Soweit die Übertragung eines finanziellen Vermögenswerts nicht die Kriterien für eine Ausbuchung erfüllt, wird der übertragene Vermögenswert vom Empfänger nicht als Vermögenswert angesetzt. Der Empfänger bucht die Zahlung oder andere entrichtete Gegenleistung aus und setzt eine Forderung gegenüber dem Übertragenden an. Hat der Übertragende sowohl das Recht als auch die Verpflichtung, die Verfügungsmacht an dem gesamten übertragenen Vermögenswert gegen einen festen Betrag zurückzuerwerben (wie dies beispielsweise bei einer Rückkaufvereinbarung der Fall ist), kann der Empfänger seine Forderung als Kredit oder Forderung ansetzen.

Beispiele

AG51 Die folgenden Beispiele veranschaulichen die Anwendung der Ausbuchungsgrundsätze dieses Standards.
(a) *Rückkaufvereinbarungen und Wertpapierleihe.* Wenn ein finanzieller Vermögenswert verkauft und gleichzeitig eine Vereinbarung über dessen Rückkauf zu einem festen Preis oder zum Verkaufspreis zuzüglich einer Verzinsung geschlossen wird oder ein finanzieller Vermögenswert mit der vertraglichen Verpflichtung zur Rückgabe an den Übertragenden verliehen wird, erfolgt keine Ausbuchung, weil der Übertragende im Wesentlichen alle mit dem Eigentum verbundenen Risiken und Chancen zurückbehält. Erwirbt der Empfänger das Recht, den Vermögenswert zu verkaufen oder zu verpfänden, dann hat der Übertragende diesen Vermögenswert in der Bilanz umzugliedern, z. B. als ausgeliehenen Vermögenswert oder ausstehenden Rückkauf.
(b) *Rückkaufvereinbarungen und Wertpapierleihe - im Wesentlichen gleiche Vermögenswerte.* Wenn ein finanzieller Vermögenswert verkauft und gleichzeitig eine Vereinbarung über den Rückkauf des gleichen oder im Wesentlichen gleichen Vermögenswertes zu einem festen Preis oder zum Verkaufspreis zuzüglich einer Verzinsung geschlossen wird oder ein finanzieller Vermögenswert mit der vertraglichen Verpflichtung zur Rückgabe des gleichen oder im Wesentlichen gleichen Vermögenswertes an den Übertragenden ausgeliehen oder verliehen wird, erfolgt keine Ausbuchung, weil der Übertragende im Wesentlichen alle mit dem Eigentum verbundenen Risiken und Chancen zurückbehält.

(e) If a collar, in the form of a purchased call and written put, prevents a transferred asset from being derecognised and the entity measures the asset at fair value, it continues to measure the asset at fair value. The associated liability is measured at (i) the sum of the call exercise price and fair value of the put option less the time value of the call option, if the call option is in or at the money, or (ii) the sum of the fair value of the asset and the fair value of the put option less the time value of the call option if the call option is out of the money. The adjustment to the associated liability ensures that the net carrying amount of the asset and the associated liability is the fair value of the options held and written by the entity. For example, assume an entity transfers a financial asset that is measured at fair value while simultaneously purchasing a call with an exercise price of CU120 and writing a put with an exercise price of CU80. Assume also that the fair value of the asset is CU100 at the date of the transfer. The time value of the put and call are CU1 and CU5 respectively. In this case, the entity recognises an asset of CU100 (the fair value of the asset) and a liability of CU96 [(CU100 + CU1) — CU5]. This gives a net asset value of CU4, which is the fair value of the options held and written by the entity.

All Transfers

AG49 To the extent that a transfer of a financial asset does not qualify for derecognition, the transferor's contractual rights or obligations related to the transfer are not accounted for separately as derivatives if recognising both the derivative and either the transferred asset or the liability arising from the transfer would result in recognising the same rights or obligations twice. For example, a call option retained by the transferor may prevent a transfer of financial assets from being accounted for as a sale. In that case, the call option is not separately recognised as a derivative asset.

AG50 To the extent that a transfer of a financial asset does not qualify for derecognition, the transferee does not recognise the transferred asset as its asset. The transferee derecognises the cash or other consideration paid and recognises a receivable from the transferor. If the transferor has both a right and an obligation to reacquire control of the entire transferred asset for a fixed amount (such as under a repurchase agreement), the transferee may account for its receivable as a loan or receivable.

Examples

AG51 The following examples illustrate the application of the derecognition principles of this Standard.
(a) *Repurchase agreements and securities lending*. If a financial asset is sold under an agreement to repurchase it at a fixed price or at the sale price plus a lender's return or if it is loaned under an agreement to return it to the transferor, it is not derecognised because the transferor retains substantially all the risks and rewards of ownership. If the transferee obtains the right to sell or pledge the asset, the transferor reclassifies the asset on its balance sheet, for example, as a loaned asset or repurchase receivable.
(b) *Repurchase agreements and securities lending—assets that are substantially the same*. If a financial asset is sold under an agreement to repurchase the same or substantially the same asset at a fixed price or at the sale price plus a lender's return or if a financial asset is borrowed or loaned under an agreement to return the same or substantially the same asset to the transferor, it is not derecognised because the transferor retains substantially all the risks and rewards of ownership.

(c) *Rückkaufvereinbarungen und Wertpapierleihe - Substitutionsrecht.* Wenn eine Rückkaufvereinbarung mit einem festen Rückkaufpreis oder einem Preis, der dem Verkaufspreis zuzüglich einer Verzinsung entspricht, oder ein ähnliches Wertpapierleihgeschäft dem Empfänger das Recht einräumt, den übertragenen Vermögenswert am Rückkauftermin durch ähnliche Vermögenswerte mit dem gleichen beizulegenden Zeitwert zu ersetzen, wird der im Rahmen einer Rückkaufvereinbarung oder Wertpapierleihe verkaufte oder verliehene Vermögenswert nicht ausgebucht, weil der Übertragende im Wesentlichen alle mit dem Eigentum verbundenen Risiken und Chancen zurückbehält.

(d) *Vorrecht auf Rückkauf zum beizulegenden Zeitwert.* Wenn ein Unternehmen einen finanziellen Vermögenswert verkauft und nur im Falle einer anschließenden Veräußerung durch den Empfänger ein Vorrecht auf Rückkauf zum beizulegenden Zeitwert zurückbehält, ist dieser Vermögenswert auszubuchen, weil das Unternehmen im Wesentlichen alle mit dem Eigentum verbundenen Risiken und Chancen übertragen hat.

(e) *Scheingeschäfte.* Der Rückerwerb eines finanziellen Vermögenswertes kurz nach dessen Verkauf wird manchmal als Scheingeschäft bezeichnet. Ein solcher Rückkauf schließt eine Ausbuchung nicht aus, sofern die ursprüngliche Transaktion die Kriterien für eine Ausbuchung erfüllte. Eine Ausbuchung des Vermögenswertes ist jedoch nicht zulässig, wenn gleichzeitig mit einer Vereinbarung über den Verkauf eines finanziellen Vermögenswertes eine Vereinbarung über dessen Rückerwerb zu einem festen Preis oder dem Verkaufspreis zuzüglich einer Verzinsung geschlossen wird.

(f) *Verkaufsoptionen und Kaufoptionen, die weit im Geld sind.* Wenn ein übertragener finanzieller Vermögenswert vom Übertragenden zurück erworben werden kann und die Kaufoption weit im Geld ist, erfüllt die Übertragung nicht die Bedingungen für eine Ausbuchung, weil der Übertragende im Wesentlichen alle mit dem Eigentum verbundenen Risiken und Chancen zurückbehalten hat. Gleiches gilt, wenn der übertragene finanzielle Vermögenswert vom Empfänger zurückveräußert werden kann und die Verkaufsoption weit im Geld ist. Auch in diesem Fall erfüllt die Übertragung nicht die Bedingungen für eine Ausbuchung, weil der Übertragende im Wesentlichen alle mit dem Eigentum verbundenen Risiken und Chancen zurückbehalten hat.

(g) *Verkaufsoptionen und Kaufoptionen, die weit aus dem Geld sind.* Ein finanzieller Vermögenswert, der nur in Verbindung mit einer weit aus dem Geld liegenden vom Empfänger gehaltenen Verkaufsoption oder einer weit aus dem Geld liegenden vom Übertragenden gehaltenen Kaufoption übertragen wird, ist auszubuchen. Dies ist darauf zurückzuführen, dass der Übertragende im Wesentlichen alle mit dem Eigentum verbundenen Risiken und Chancen übertragen hat.

(h) *Jederzeit verfügbare Vermögenswerte mit einer Kaufoption, die weder weit im Geld noch weit aus dem Geld ist.* Hält ein Unternehmen eine Kaufoption auf einen jederzeit am Markt verfügbaren Vermögenswert und ist die Option weder weit im Geld noch weit aus dem Geld, so ist der Vermögenswert auszubuchen. Dies ist damit zu begründen, dass das Unternehmen (i) im Wesentlichen alle mit dem Eigentum verbundenen Risiken und Chancen weder behalten noch übertragen hat und (ii) nicht die Verfügungsmacht behalten hat. Ist der Vermögenswert jedoch nicht jederzeit am Markt verfügbar, ist eine Ausbuchung in der Höhe des Teils des Vermögenswertes, der der Kaufoption unterliegt, ausgeschlossen, weil das Unternehmen die Verfügungsmacht über den Vermögenswert behalten hat.

(i) *Ein nicht jederzeit verfügbarer Vermögenswert, der einer von einem Unternehmen geschriebenen Verkaufsoption unterliegt, die weder weit im Geld noch weit aus dem Geld ist.* Wenn ein Unternehmen einen nicht jederzeit am Markt verfügbaren Vermögenswert überträgt und eine Verkaufsoption schreibt, die nicht weit aus dem Geld ist, werden auf Grund der geschriebenen Verkaufsoption im Wesentlichen alle mit dem Eigentum verbundenen Risiken und Chancen weder behalten noch übertragen. Das Unternehmen übt weiterhin die Verfügungsmacht über den Vermögenswert aus, wenn der Wert der Verkaufsoption so hoch ist, dass der Empfänger vom Verkauf des Vermögenswerts abgehalten wird. In diesem Fall ist der Vermögenswert im Umfang des anhaltenden Engagements des Übertragenden weiterhin anzusetzen (siehe Paragraph AG44). Das Unternehmen überträgt die Verfügungsmacht über den Vermögenswert, wenn der Wert der Verkaufsoption nicht hoch genug ist, um den Empfänger an einem Verkauf des Vermögenswertes abzuhalten. In diesem Fall ist der Vermögenswert auszubuchen.

(j) *Vermögenswerte, die einer Verkaufs- oder Kaufoption oder einer Forwardrückkaufsvereinbarung zum beizulegenden Zeitwert unterliegen.* Ein finanzieller Vermögenswert, dessen Übertragung nur mit einer Verkaufs- oder Kaufoption oder einer Forwardrückkaufsvereinbarung verbunden ist, deren Ausübungs- oder Rückkaufspreis dem beizulegenden Zeitwert des finanziellen Vermögenswertes zum Zeitpunkt des Rückerwerbs entspricht, ist auszubuchen, weil im Wesentlichen alle mit dem Eigentum verbundenen Risiken und Chancen übertragen werden.

(k) *Kauf- oder Verkaufsoptionen mit Barausgleich.* Die Übertragung eines finanziellen Vermögenswertes, der einer Verkaufs- oder Kaufoption oder einer Forwardrückkaufsvereinbarung mit Nettobarausgleich unterliegt, ist daraufhin zu beurteilen, ob im Wesentlichen alle mit dem Eigentum verbundenen Risiken und Chancen behalten oder übertragen wurden. Hat das Unternehmen nicht im Wesentlichen alle Risiken und Chancen, die mit dem Eigentum des übertragenen Vermögenswertes verbunden sind, zurückbehalten, ist zu bestimmen, ob es weiterhin die Verfügungsmacht über den übertragenen Vermögenswert ausübt. Die Tatsache, dass die Verkaufs- oder Kaufoption oder die Forwardrückkaufsvereinbarung durch einen Aus-

(c) *Repurchase agreements and securities lending—right of substitution.* If a repurchase agreement at a fixed repurchase price or a price equal to the sale price plus a lender's return, or a similar securities lending transaction, provides the transferee with a right to substitute assets that are similar and of equal fair value to the transferred asset at the repurchase date, the asset sold or lent under a repurchase or securities lending transaction is not derecognised because the transferor retains substantially all the risks and rewards of ownership.

(d) *Repurchase right of first refusal at fair value.* If an entity sells a financial asset and retains only a right of first refusal to repurchase the transferred asset at fair value if the transferee subsequently sells it, the entity derecognises the asset because it has transferred substantially all the risks and rewards of ownership.

(e) *Wash sale transaction.* The repurchase of a financial asset shortly after it has been sold is sometimes referred to as a wash sale. Such a repurchase does not preclude derecognition provided that the original transaction met the derecognition requirements. However, if an agreement to sell a financial asset is entered into concurrently with an agreement to repurchase the same asset at a fixed price or the sale price plus a lender's return, then the asset is not derecognised.

(f) *Put options and call options that are deeply in the money.* If a transferred financial asset can be called back by the transferor and the call option is deeply in the money, the transfer does not qualify for derecognition because the transferor has retained substantially all the risks and rewards of ownership. Similarly, if the financial asset can be put back by the transferee and the put option is deeply in the money, the transfer does not qualify for derecognition because the transferor has retained substantially all the risks and rewards of ownership.

(g) *Put options and call options that are deeply out of the money.* A financial asset that is transferred subject only to a deep out-of-the-money put option held by the transferee or a deep out-of-the-money call option held by the transferor is derecognised. This is because the transferor has transferred substantially all the risks and rewards of ownership.

(h) *Readily obtainable assets subject to a call option that is neither deeply in the money nor deeply out of the money.* If an entity holds a call option on an asset that is readily obtainable in the market and the option is neither deeply in the money nor deeply out of the money, the asset is derecognised. This is because the entity (i) has neither retained nor transferred substantially all the risks and rewards of ownership, and (ii) has not retained control. However, if the asset is not readily obtainable in the market, derecognition is precluded to the extent of the amount of the asset that is subject to the call option because the entity has retained control of the asset.

(i) *A not readily obtainable asset subject to a put option written by an entity that is neither deeply in the money nor deeply out of the money.* If an entity transfers a financial asset that is not readily obtainable in the market, and writes a put option that is not deeply out of the money, the entity neither retains nor transfers substantially all the risks and rewards of ownership because of the written put option. The entity retains control of the asset if the put option is sufficiently valuable to prevent the transferee from selling the asset, in which case the asset continues to be recognised to the extent of the transferor's continuing involvement (see paragraph AG44). The entity transfers control of the asset if the put option is not sufficiently valuable to prevent the transferee from selling the asset, in which case the asset is derecognised.

(j) *Assets subject to a fair value put or call option or a forward repurchase agreement.* A transfer of a financial asset that is subject only to a put or call option or a forward repurchase agreement that has an exercise or repurchase price equal to the fair value of the financial asset at the time of repurchase results in derecognition because of the transfer of substantially all the risks and rewards of ownership.

(k) *Cash settled call or put options.* An entity evaluates the transfer of a financial asset that is subject to a put or call option or a forward repurchase agreement that will be settled net in cash to determine whether it has retained or transferred substantially all the risks and rewards of ownership. If the entity has not retained substantially all the risks and rewards of ownership of the transferred asset, it determines whether it has retained control of the transferred asset. That the put or the call or the forward repurchase agreement is settled net in cash does not automatically mean that the entity has transferred control (see paragraphs AG44 and (g), (h) and (i) above).

gleich in bar erfüllt wird, bedeutet nicht automatisch, dass das Unternehmen die Verfügungsmacht übertragen hat (siehe Paragraph AG44 und (g), (h) und (i) oben).

(l) *Rückübertragungsanspruch.* Ein Rückübertragungsanspruch ist eine bedingungslose Rückkaufoption (Kaufoption), die dem Unternehmen das Recht gibt, übertragene Vermögenswerte unter dem Vorbehalt bestimmter Beschränkungen zurückzuverlangen. Sofern eine derartige Option dazu führt, dass das Unternehmen im Wesentlichen alle mit dem Eigentum verbundenen Risiken und Chancen weder behält noch überträgt, ist eine Ausbuchung nur in Höhe des Betrags ausgeschlossen, der unter dem Vorbehalt des Rückkaufs steht (unter der Annahme, dass der Empfänger die Vermögenswerte nicht veräußern kann). Wenn beispielsweise der Buchwert und der Erlös aus der Übertragung von Krediten WE 100 000 beträgt und jeder einzelne Kredit zurück erworben werden kann, die Summe aller zurück erworbenen Kredite jedoch WE 10.000 nicht übersteigen darf, erfüllen WE 90 000 der Kredite die Bedingungen für eine Ausbuchung.

(m) *Clean-up-Calls.* Ein Unternehmen, bei dem es sich um einen Übertragenden handeln kann, das übertragene Vermögenswerte verwaltet bzw. abwickelt, kann einen Clean-up-Call für den Kauf der verbleibenden übertragenen Vermögenswerte halten, wenn die Höhe der ausstehenden Vermögenswerte unter einen bestimmten Grenzwert fällt, bei dem die Kosten für die Verwaltung bzw. Abwicklung dieser Vermögenswerte den damit verbundenen Nutzen übersteigen. Sofern ein solcher Clean-up-Call dazu führt, dass das Unternehmen im Wesentlichen alle mit dem Eigentum verbundenen Risiken und Chancen weder behält noch überträgt, und der Empfänger die Vermögenswerte nicht veräußern kann, ist eine Ausbuchung nur in dem Umfang der Vermögenswerte ausgeschlossen, der Gegenstand der Kaufoption ist.

(n) *Nachrangige zurückbehaltene Anteile und Kreditgarantien.* Ein Unternehmen kann dem Empfänger eine Bonitätsverbesserung gewähren, indem es einige oder alle am übertragenen Vermögenswert zurückbehaltenen Anteile nachordnet. Alternativ kann ein Unternehmen dem Empfänger eine Bonitätsverbesserung in Form einer unbeschränkten oder auf einen bestimmten Betrag beschränkten Kreditgarantie gewähren. Behält das Unternehmen im Wesentlichen alle Risiken und Chancen, die mit dem Eigentum des übertragenen Vermögenswertes verbunden sind, ist dieser Vermögenswert weiterhin in seiner Gesamtheit zu erfassen. Wenn das Unternehmen einige, jedoch nicht im Wesentlichen alle mit dem Eigentum verbundenen Risiken und Chancen zurückbehält und weiterhin die Verfügungsmacht ausübt, ist eine Ausbuchung in der Höhe des Betrags an flüssigen Mitteln oder anderen Vermögenswerten ausgeschlossen, den das Unternehmen eventuell zahlen müsste.

(o) *Total Return-Swaps.* Ein Unternehmen kann einen finanziellen Vermögenswert an einen Empfänger verkaufen und mit diesem einen Total Return-Swap vereinbaren, bei dem sämtliche Zinszahlungsströme aus dem zugrunde liegenden Vermögenswert im Austausch gegen eine feste Zahlung oder eine variable Ratenzahlung an das Unternehmen zurückfließen und alle Erhöhungen oder Kürzungen des beizulegenden Zeitwerts des zugrunde liegenden Vermögenswertes vom Unternehmen übernommen werden. In diesem Fall darf kein Teil des Vermögenswertes ausgebucht werden.

(p) *Zinsswaps.* Ein Unternehmen kann einen festverzinslichen finanziellen Vermögenswert auf einen Empfänger übertragen und mit diesem einen Zinsswap vereinbaren, bei dem der Empfänger einen festen Zinssatz erhält und einen variablen Zinssatz auf der Grundlage eines Nennbetrags, der dem Kapitalbetrag des übertragenen finanziellen Vermögenswertes entspricht, zahlt. Der Zinsswap schließt die Ausbuchung des übertragenen Vermögenswertes nicht aus, sofern die Zahlungen auf den Swap nicht von Zahlungen auf den übertragenen Vermögenswert abhängen.

(q) *Amortisierende Zinsswaps.* Ein Unternehmen kann einen festverzinslichen finanziellen Vermögenswert, der im Laufe der Zeit zurückgezahlt wird, auf einen Empfänger übertragen und mit diesem einen amortisierenden Zinsswap vereinbaren, bei dem der Empfänger einen festen Zinssatz erhält und einen variablen Zinssatz auf der Grundlage eines Nennbetrags zahlt. Amortisiert sich der Nennbetrag des Swaps so, dass er zu jedem beliebigen Zeitpunkt dem jeweils ausstehenden Kapitalbetrag des übertragenen finanziellen Vermögenswertes entspricht, würde der Swap im Allgemeinen dazu führen, dass ein wesentliches Vorauszahlungsrisiko beim Unternehmen verbleibt. In diesem Fall hat es den übertragenen Vermögenswert entweder zur Gänze oder im Umfang seines anhaltenden Engagements weiter zu erfassen. Ist die Amortisation des Nennbetrags des Swaps nicht an den ausstehenden Kapitalbetrag des übertragenen Vermögenswertes gekoppelt, so würde dieser Swap nicht dazu führen, dass das Vorauszahlungsrisiko in Bezug auf den Vermögenswert beim Unternehmen verbleibt. Folglich wäre eine Ausbuchung des übertragenen Vermögenswertes nicht ausgeschlossen, sofern die Zahlungen im Rahmen des Swaps nicht von Zinszahlungen auf den übertragenen Vermögenswert abhängen und der Swap nicht dazu führt, dass das Unternehmen andere wesentliche Risiken und Chancen zurückbehält.

AG52 Dieser Paragraph veranschaulicht die Anwendung des Konzepts des anhaltenden Engagements, wenn das anhaltende Engagement sich auf einen Teil eines finanziellen Vermögenswertes bezieht.

(l) *Removal of accounts provision.* A removal of accounts provision is an unconditional repurchase (call) option that gives an entity the right to reclaim assets transferred subject to some restrictions. Provided that such an option results in the entity neither retaining nor transferring substantially all the risks and rewards of ownership, it precludes derecognition only to the extent of the amount subject to repurchase (assuming that the transferee cannot sell the assets). For example, if the carrying amount and proceeds from the transfer of loan assets are CU100 000 and any individual loan could be called back but the aggregate amount of loans that could be repurchased could not exceed CU10 000, CU90 000 of the loans would qualify for derecognition.

(m) *Clean-up calls.* An entity, which may be a transferor, that services transferred assets may hold a clean-up call to purchase remaining transferred assets when the amount of outstanding assets falls to a specified level at which the cost of servicing those assets becomes burdensome in relation to the benefits of servicing. Provided that such a clean-up call results in the entity neither retaining nor transferring substantially all the risks and rewards of ownership and the transferee cannot sell the assets, it precludes derecognition only to the extent of the amount of the assets that is subject to the call option.

(n) *Subordinated retained interests and credit guarantees.* An entity may provide the transferee with credit enhancement by subordinating some or all of its interest retained in the transferred asset. Alternatively, an entity may provide the transferee with credit enhancement in the form of a credit guarantee that could be unlimited or limited to a specified amount. If the entity retains substantially all the risks and rewards of ownership of the transferred asset, the asset continues to be recognised in its entirety. If the entity retains some, but not substantially all, of the risks and rewards of ownership and has retained control, derecognition is precluded to the extent of the amount of cash or other assets that the entity could be required to pay.

(o) *Total return swaps.* An entity may sell a financial asset to a transferee and enter into a total return swap with the transferee, whereby all of the interest payment cash flows from the underlying asset are remitted to the entity in exchange for a fixed payment or variable rate payment and any increases or declines in the fair value of the underlying asset are absorbed by the entity. In such a case, derecognition of all of the asset is prohibited.

(p) *Interest rate swaps.* An entity may transfer to a transferee a fixed rate financial asset and enter into an interest rate swap with the transferee to receive a fixed interest rate and pay a variable interest rate based on a notional amount that is equal to the principal amount of the transferred financial asset. The interest rate swap does not preclude derecognition of the transferred asset provided the payments on the swap are not conditional on payments being made on the transferred asset.

(q) *Amortising interest rate swaps.* An entity may transfer to a transferee a fixed rate financial asset that is paid off over time, and enter into an amortising interest rate swap with the transferee to receive a fixed interest rate and pay a variable interest rate based on a notional amount. If the notional amount of the swap amortises so that it equals the principal amount of the transferred financial asset outstanding at any point in time, the swap would generally result in the entity retaining substantial prepayment risk, in which case the entity either continues to recognise all of the transferred asset or continues to recognise the transferred asset to the extent of its continuing involvement. Conversely, if the amortisation of the notional amount of the swap is not linked to the principal amount outstanding of the transferred asset, such a swap would not result in the entity retaining prepayment risk on the asset. Hence, it would not preclude derecognition of the transferred asset provided the payments on the swap are not conditional on interest payments being made on the transferred asset and the swap does not result in the entity retaining any other significant risks and rewards of ownership on the transferred asset.

AG52 This paragraph illustrates the application of the continuing involvement approach when the entity's continuing involvement is in a part of a financial asset.

IAS 39

Es wird angenommen, dass ein Unternehmen ein Portfolio vorzeitig rückzahlbarer Kredite mit einem Kupon- und Effektivzinssatz von 10% und einem Kapitalbetrag und fortgeführten Anschaffungskosten in Höhe von WE 10 000 besitzt. Das Unternehmen schließt eine Transaktion ab, mit der der Empfänger gegen eine Zahlung von WE 9.115 ein Recht auf die Tilgungsbeträge in Höhe von WE 9 000 zuzüglich eines Zinssatzes von 9,5 % auf diese Beträge erwirbt. Das Unternehmen behält die Rechte an WE 1.000 der Tilgungsbeträge zuzüglich eines Zinssatzes von 10 % auf diesen Betrag zuzüglich der Überschussspanne von 0,5% auf den verbleibenden Kapitalbetrag in Höhe von WE 9 000. Die Zahlungseingänge aus vorzeitigen Rückzahlungen werden zwischen dem Unternehmen und dem Empfänger im Verhältnis von 1:9 aufgeteilt; alle Ausfälle werden jedoch vom Anteil des Unternehmens in Höhe von WE 1 000 abgezogen, bis dieser Anteil erschöpft ist. Der beizulegende Zeitwert der Kredite zum Zeitpunkt der Transaktion beträgt WE 10 100 und der geschätzte beizulegende Zeitwert der Überschussspanne von 0,5 % beträgt WE 40.

Das Unternehmen stellt fest, dass es einige mit dem Eigentum verbundene wesentliche Risiken und Chancen (beispielsweise ein wesentliches Vorauszahlungsrisiko) übertragen, jedoch auch einige mit dem Eigentum verbundene wesentliche Risiken und Chancen (auf Grund seines nachrangigen zurückbehaltenen Anteils) behalten hat und außerdem weiterhin die Verfügungsmacht ausübt. Es wendet daher das Konzept des anhaltenden Engagements an.

Bei der Anwendung dieses Standards analysiert das Unternehmen die Transaktion als (a) Beibehaltung eines zurückbehaltenen Anteils von WE 1 000 sowie (b) Nachordnung dieses zurückbehaltenen Anteils, um dem Empfänger eine Bonitätsverbesserung für Kreditausfälle zu gewähren.

Das Unternehmen berechnet, dass WE 9 090 (90 % von WE 10 100) des erhaltenen Entgelts in Höhe von WE 9 115 der Gegenleistung für einen Anteil von 90 % entsprechen. Der Rest des erhaltenen Entgelts (WE 25) entspricht der Gegenleistung, die das Unternehmen für die Nachordnung seines zurückbehaltenen Anteils erhalten hat, um dem Empfänger eine Bonitätsverbesserung für Kreditausfälle zu gewähren. Die Überschussspanne von 0,5 % stellt ebenfalls eine für die Bonitätsverbesserung erhaltene Gegenleistung dar. Dementsprechend beträgt die für die Bonitätsverbesserung erhaltene Gegenleistung insgesamt WE 65 (WE 25 + WE 40).

Das Unternehmen berechnet den Gewinn oder Verlust aus der Veräußerung auf Grundlage des 90-prozentigen Anteils an den Cashflows. Unter der Annahme, dass zum Zeitpunkt der Übertragung keine gesonderten beizulegenden Zeitwerte für den übertragenen Anteil von 10 % und den zurückbehaltenen Anteil von 90% verfügbar sind, teilt das Unternehmen den Buchwert des Vermögenswertes gemäß Paragraph 28 wie folgt auf:

	Geschätzter beizulegender Zeitwert	Prozentsatz	Zugewiesener Buchwert
Übertragener Anteil	9 090	90 %	9 000
Zurückbehaltener Anteil	1 010	10 %	1 000
Summe	**10 100**		**10 000**

Zur Berechnung des Gewinns oder Verlusts aus dem Verkauf des 90-prozentigen Anteils an den Cashflows zieht das Unternehmen den zugewiesenen Buchwert des übertragenen Anteils von der erhaltenen Gegenleistung ab. Daraus ergibt sich ein Wert von WE 90 (WE 9 090 – WE 9 000). Der Buchwert des vom Unternehmen zurückbehaltenen Anteils beträgt WE 1 000.

Außerdem erfasst das Unternehmen das anhaltende Engagement, das durch Nachordnung seines zurückbehaltenen Anteils für Kreditverluste entsteht. Folglich setzt es einen Vermögenswert in Höhe von WE 1 000 (den Höchstbetrag an Cashflows, den es auf Grund der Nachordnung nicht erhalten würde) und eine zugehörige Verbindlichkeit in Höhe von WE 1 065 an (den Höchstbetrag an Cashflows, den es auf Grund der Nachordnung nicht erhalten würde, d. h. WE 1 000 zuzüglich des beizulegenden Zeitwerts der Nachordnung in Höhe von WE 65).

Unter Einbeziehung aller vorstehenden Informationen wird die Transaktion wie folgt gebucht:

	Soll	Haben
Ursprünglicher Vermögenswert	-	9 000
Angesetzter Vermögenswert bezüglich Nachordnung des Residualanspruchs	1 000	-
Vermögenswert für die in Form einer Überschussspanne erhaltene Gegenleistung	40	-
Gewinn oder Verlust (Gewinn bei der Übertragung)	-	90
Verbindlichkeit	-	1 065
Erhaltene Zahlung	9 115	
Summe	**10 155**	**10 155**

Assume an entity has a portfolio of prepayable loans whose coupon and effective interest rate is 10 per cent and whose principal amount and amortised cost is CU10 000. It enters into a transaction in which, in return for a payment of CU9.115, the transferee obtains the right to CU9 000 of any collections of principal plus interest thereon at 9.5 per cent. The entity retains rights to CU1 000 of any collections of principal plus interest thereon at 10 per cent, plus the excess spread of 0.5 per cent on the remaining CU9 000 of principal. Collections from prepayments are allocated between the entity and the transferee proportionately in the ratio of 1:9, but any defaults are deducted from the entity's interest of CU1 000 until that interest is exhausted. The fair value of the loans at the date of the transaction is CU10 100 and the estimated fair value of the excess spread of 0.5 per cent is CU40.

The entity determines that it has transferred some significant risks and rewards of ownership (for example, significant prepayment risk) but has also retained some significant risks and rewards of ownership (because of its subordinated retained interest) and has retained control. It therefore applies the continuing involvement approach.

To apply this Standard, the entity analyses the transaction as (a) a retention of a fully proportionate retained interest of CU1 000, plus (b) the subordination of that retained interest to provide credit enhancement to the transferee for credit losses.

The entity calculates that CU9.090 (90 per cent CU10.100) of the consideration received of CU9.115 represents the consideration for a fully proportionate 90 per cent share. The remainder of the consideration received (CU25) represents consideration received for subordinating its retained interest to provide credit enhancement to the transferee for credit losses. In addition, the excess spread of 0.5 per cent represents consideration received for the credit enhancement. Accordingly, the total consideration received for the credit enhancement is CU65 (CU25+CU40).

The entity calculates the gain or loss on the sale of the 90 per cent share of cash flows. Assuming that separate fair values of the 10 per cent part transferred and the 90 per cent part retained are not available at the date of the transfer, the entity allocates the carrying amount of the asset in accordance with paragraph 28 as follows:

	Estimated Fair Value	Percentage	Allocated Carrying Amount
Portion transferred	9 090	90 %	9 000
Portion retained	1 010	10 %	1 000
Total	10 100		10 000

The entity computes its gain or loss on the sale of the 90 per cent share of the cash flows by deducting the allocated carrying amount of the portion transferred from the consideration received, ie CU90 (CU9 090 — CU9 000). The carrying amount of the portion retained by the entity is CU1 000.

In addition, the entity recognises the continuing involvement that results from the subordination of its retained interest for credit losses. Accordingly, it recognises an asset of CU1 000 (the maximum amount of the cash flows it would not receive under the subordination), and an associated liability of CU1 065 (which is the maximum amount of the cash flows it would not receive under the subordination, ie CU1 000 plus the fair value of the subordination of CU65).

The entity uses all of the above information to account for the transaction as follows:

	Debit	Credit
Original asset	—	9 000
Asset recognised for subordination or the residual interest	1 000	—
Asset for the consideration received in the form of excess spread	40	—
Profit or loss (gain on transfer)	—	90
Liability	—	1 065
Cash received	9 115	—
Total	10 155	10 155

> Unmittelbar nach der Transaktion beträgt der Buchwert des Vermögenswertes WE 2 040, bestehend aus WE 1 000 (den Kosten, die dem zurückbehaltenen Anteil zugewiesen sind) und WE 1 040 (dem zusätzlichen anhaltenden Engagement des Unternehmens auf Grund der Nachordnung seines zurückbehaltenen Anteils für Kreditverluste, wobei in diesem Betrag auch die Überschussspanne von WE 40 enthalten ist).
>
> In den Folgeperioden erfasst das Unternehmen zeitproportional die für die Bonitätsverbesserung erhaltene Gegenleistung (WE 65), grenzt die Zinsen auf den erfassten Vermögenswert unter Anwendung der Effektivzinsmethode ab und erfasst etwaige Kreditwertminderungen auf die angesetzten Vermögenswerte. Als Beispiel für Letzteres soll angenommen werden, dass im darauf folgenden Jahr ein Kreditwertminderungsaufwand für die zugrunde liegenden Kredite in Höhe von WE 300 anfällt. Das Unternehmen schreibt den angesetzten Vermögenswert um WE 600 ab (WE 300 für seinen zurückbehaltenen Anteil und WE 300 für das zusätzliche anhaltende Engagement, das durch Nachordnung des zurückbehaltenen Anteils für Kreditverluste entsteht) und verringert die erfasste Verbindlichkeit um WE 300. Netto wird das Ergebnis also mit einer Kreditwertminderung von WE 300 belastet.

Marktüblicher Kauf und Verkauf eines finanziellen Vermögenswertes (Paragraph 38)

AG53 Ein marktüblicher Kauf oder Verkauf eines finanziellen Vermögenswertes ist entweder zum Handelstag oder zum Erfüllungstag, wie in Paragraph AG55 und AG56 beschrieben, zu bilanzieren. Die gewählte Methode ist stetig für alle Käufe und Verkäufe finanzieller Vermögenswerte anzuwenden, die der gleichen Kategorie von finanziellen Vermögenswerten gemäß Definition in Paragraph 9 angehören. Für diese Zwecke bilden zu Handelszwecken gehaltene Vermögenswerte eine eigenständige Kategorie, die von den Vermögenswerten zu unterscheiden ist, die als „erfolgswirksam zum beizulegenden Zeitwert bewertet" eingestuft werden.

AG54 Ein Vertrag, der einen Nettoausgleich für eine Änderung des Vertragswertes vorschreibt oder gestattet, stellt keinen marktüblichen Vertrag dar. Ein solcher Vertrag ist hingegen im Zeitraum zwischen Handels- und Erfüllungstag wie ein Derivat zu bilanzieren.

AG55 Der Handelstag ist der Tag, an dem das Unternehmen die Verpflichtung zum Kauf oder Verkauf eines Vermögenswertes eingegangen ist. Die Bilanzierung zum Handelstag bedeutet (a) den Ansatz eines zu erhaltenden Vermögenswertes und der dafür zu zahlenden Verbindlichkeit am Handelstag und (b) die Ausbuchung eines verkauften Vermögenswertes, die Erfassung etwaiger Gewinne oder Verluste aus dem Abgang und die Einbuchung einer Forderung gegenüber dem Käufer auf Zahlung am Handelstag. In der Regel beginnen Zinsen für den Vermögenswert und die korrespondierende Verbindlichkeit nicht vor dem Erfüllungstag bzw. dem Eigentumsübergang aufzulaufen.

AG56 Der Erfüllungstag ist der Tag, an dem ein Vermögenswert an oder durch das Unternehmen geliefert wird. Die Bilanzierung zum Erfüllungstag bedeutet (a) den Ansatz eines Vermögenswertes am Tag seines Eingangs beim Unternehmen und (b) die Ausbuchung eines Vermögenswertes und die Erfassung eines etwaigen Gewinns oder Verlusts aus dem Abgang am Tag seiner Übergabe durch das Unternehmen. Wird die Bilanzierung zum Erfüllungstag angewandt, so hat das Unternehmen jede Änderung des beizulegenden Zeitwerts eines zu erhaltenden Vermögenswertes in der Zeit zwischen Handels- und Erfüllungstag in der gleichen Weise zu erfassen, wie es den erworbenen Vermögenswert bewertet. Mit anderen Worten wird eine Änderung des Wertes bei Vermögenswerten, die mit ihren Anschaffungskosten oder fortgeführten Anschaffungskosten angesetzt werden, nicht erfasst; bei Vermögenswerten, die als erfolgswirksam zum beizulegenden Zeitwert bewertet klassifiziert sind, erfolgt eine Erfassung im Ergebnis und bei Vermögenswerten, die als zur Veräußerung verfügbar eingestuft sind, eine Erfassung im Eigenkapital.

Ausbuchung einer finanziellen Verbindlichkeit (Paragraphen 39–42)

AG57 Eine finanzielle Verbindlichkeit (oder ein Teil davon) ist getilgt, wenn der Schuldner entweder:
(a) die Verbindlichkeit (oder einen Teil davon) durch Zahlung an den Gläubiger beglichen hat, was in der Regel durch Zahlungsmittel, andere finanzielle Vermögenswerte, Waren oder Dienstleistungen erfolgt; oder
(b) per Gesetz oder durch den Gläubiger von der ursprünglichen Verpflichtung aus der Verbindlichkeit (oder einem Teil davon) rechtlich entbunden wird. (Wenn der Schuldner eine Garantie gegeben hat, kann diese Bedingung noch erfüllt sein.)

AG58 Wenn der Emittent eines Schuldinstruments dieses zurückkauft, ist die Verbindlichkeit auch dann getilgt, wenn der Emittent ein Market Maker für dieses Instrument ist oder beabsichtigt, es kurzfristig wieder zu veräußern.

Immediately following the transaction, the carrying amount of the asset is CU2.040 comprising CU1 000, representing the allocated cost of the portion retained, and CU1.040, representing the entity's additional continuing involvement from the subordination of its retained interest for credit losses (which includes the excess spread of CU40).

In subsequent periods, the entity recognises the consideration received for the credit enhancement (CU65) on a time proportion basis, accrues interest on the recognised asset using the effective interest method and recognises any credit impairment on the recognised assets. As an example of the latter, assume that in the following year there is a credit impairment loss on the underlying loans of CU300. The entity reduces its recognised asset by CU600 (CU300 relating to its retained interest and CU300 relating to the additional continuing involvement that arises from the subordination of its retained interest for credit losses), and reduces its recognised liability by CU300. The net result is a charge to profit or loss for credit impairment of CU300.

Regular Way Purchase or Sale of a Financial Asset (paragraph 38)

A regular way purchase or sale of financial assets is recognised using either trade date accounting or settlement date accounting as described in paragraphs AG55 and AG56. The method used is applied consistently for all purchases and sales of financial assets that belong to the same category of financial assets defined in paragraph 9. For this purpose assets that are held for trading form a separate category from assets designated at fair value through profit and loss. **AG53**

A contract that requires or permits net settlement of the change in the value of the contract is not a regular way contract. Instead, such a contract is accounted for as a derivative in the period between the trade date and the settlement date. **AG54**

The trade date is the date that an entity commits itself to purchase or sell an asset. Trade date accounting refers to (a) the recognition of an asset to be received and the liability to pay for it on the trade date, and (b) derecognition of an asset that is sold, recognition of any gain or loss on disposal and the recognition of a receivable from the buyer for payment on the trade date. Generally, interest does not start to accrue on the asset and corresponding liability until the settlement date when title passes. **AG55**

The settlement date is the date that an asset is delivered to or by an entity. Settlement date accounting refers to (a) the recognition of an asset on the day it is received by the entity, and (b) the derecognition of an asset and recognition of any gain or loss on disposal on the day that it is delivered by the entity. When settlement date accounting is applied an entity accounts for any change in the fair value of the asset to be received during the period between the trade date and the settlement date in the same way as it accounts for the acquired asset. In other words, the change in value is not recognised for assets carried at cost or amortised cost; it is recognised in profit or loss for assets classified as financial assets at fair value through profit or loss; and it is recognised in equity for assets classified as available for sale. **AG56**

Derecognition of a Financial Liability (paragraphs 39—42)

A financial liability (or part of it) is extinguished when the debtor either: **AG57**
(a) discharges the liability (or part of it) by paying the creditor, normally with cash, other financial assets, goods or services; or
(b) is legally released from primary responsibility for the liability (or part of it) either by process of law or by the creditor. (If the debtor has given a guarantee this condition may still be met.)

If an issuer of a debt instrument repurchases that instrument, the debt is extinguished even if the issuer is a market maker in that instrument or intends to resell it in the near term. **AG58**

AG59 Die Zahlung an eine dritte Partei, einschließlich eines Treuhandfonds (gelegentlich auch als „In-Substance-Defeasance" bezeichnet), bedeutet für sich genommen nicht, dass der Schuldner von seiner ursprünglichen Verpflichtung dem Gläubiger gegenüber entbunden ist, sofern er nicht rechtlich hieraus entbunden wurde.

AG60 Wenn ein Schuldner einer dritten Partei eine Zahlung für die Übernahme einer Verpflichtung leistet und seinen Gläubiger davon unterrichtet, dass die dritte Partei seine Schuldverpflichtung übernommen hat, bucht der Schuldner die Schuldverpflichtung nicht aus, es sei denn, die Bedingung aus Paragraph AG57(b) ist erfüllt. Wenn ein Schuldner einer dritten Partei eine Zahlung für die Übernahme einer Verpflichtung leistet und von seinem Gläubiger hieraus rechtlich entbunden wird, hat der Schuldner die Schuld getilgt. Vereinbart der Schuldner jedoch, Zahlungen auf die Schuld an die dritte Partei oder an den ursprünglichen Gläubiger direkt zu leisten, erfasst der Schuldner eine neue Schuldverpflichtung gegenüber der dritten Partei.

AG61 Obwohl eine rechtliche Entbindung, sei es per Gerichtsentscheid oder durch den Gläubiger, zur Ausbuchung einer Verbindlichkeit führt, kann das Unternehmen unter Umständen eine neue Verbindlichkeit ansetzen, falls die für eine Ausbuchung erforderlichen Kriterien aus den Paragraphen 15–37 für übertragene finanzielle Vermögenswerte nicht erfüllt sind. Wenn diese Kriterien nicht erfüllt sind, werden die übertragenen Vermögenswerte nicht ausgebucht, und das Unternehmen setzt eine neue Verbindlichkeit für die übertragenen Vermögenswerte an.

AG62 Vertragsbedingungen gelten als substanziell verschieden im Sinne von Paragraph 40, wenn der abgezinste Barwert der Cashflows unter den neuen Vertragsbedingungen, einschließlich etwaiger Gebühren, die netto unter Anrechnung erhaltener und unter Anwendung des ursprünglichen Effektivzinssatzes abgezinster Gebühren gezahlt wurden, mindestens 10 Prozent von dem abgezinsten Barwert der restlichen Cashflows der ursprünglichen finanziellen Verbindlichkeit abweicht. Wird ein Austausch von Schuldinstrumenten oder die Änderung der Vertragsbedingungen wie eine Tilgung bilanziert, so sind alle angefallenen Kosten oder Gebühren als Teil des Gewinns oder Verlusts aus der Tilgung zu buchen. Wird der Austausch oder die Änderung nicht wie eine Tilgung erfasst, so führen etwaig angefallene Kosten oder Gebühren zu einer Anpassung des Buchwertes der Verbindlichkeit und werden über die Restlaufzeit der geänderten Verbindlichkeit amortisiert.

AG63 In einigen Fällen wird der Schuldner vom Gläubiger aus seiner gegenwärtigen Zahlungsverpflichtung entlassen, leistet jedoch eine Zahlungsgarantie für den Fall, dass die Partei, die die ursprüngliche Verpflichtung übernommen hat, dieser nicht nachkommt. In diesem Fall hat der Schuldner:
(a) eine neue finanzielle Verbindlichkeit basierend auf dem beizulegenden Zeitwert der Garantieverpflichtung anzusetzen; und
(b) einen Gewinn oder Verlust zu erfassen, der der Differenz zwischen (i) etwaigen gezahlten Erlösen und (ii) dem Buchwert der ursprünglichen finanziellen Verbindlichkeit abzüglich des beizulegenden Zeitwertes der neuen finanziellen Verbindlichkeit entspricht.

Bewertung (Paragraphen 43–70)

Erstmalige Bewertung finanzieller Vermögenswerte und finanzieller Verbindlichkeiten (Paragraph 43)

AG64 Bei dem erstmaligen Ansatz eines Finanzinstruments ist der beizulegende Zeitwert in der Regel der Transaktionspreis (d. h.. der beizulegende Zeitwert der gegebenen oder erhaltenen Gegenleistung, siehe auch Paragraph AG76). Wenn jedoch ein Teil der gegebenen oder erhaltenen Gegenleistung sich auf etwas anderes als das Finanzinstrument bezieht, wird der beizulegende Zeitwert des Finanzinstruments unter Anwendung einer Bewertungsmethode (siehe Paragraphen AG74-AG79) geschätzt. Der beizulegende Zeitwert eines langfristigen Kredits oder einer langfristigen Forderung ohne Verzinsung kann beispielsweise als der Barwert aller künftigen Einzahlungen geschätzt werden, die unter Verwendung des herrschenden Marktzinses für ein ähnliches Instrument (vergleichbar im Hinblick auf Währung, Laufzeit, Art des Zinssatzes und sonstiger Faktoren) mit vergleichbarer Bonität abgezinst werden. Jeder zusätzlich geliehene Betrag stellt einen Aufwand bzw. eine Ertragsminderung dar, sofern er nicht die Kriterien für den Ansatz eines Vermögenswerts anderer Art erfüllt.

AG65 Wenn ein Unternehmen einen Kredit ausreicht, der zu einem marktunüblichen Zinssatz verzinst wird (z. B. zu 5 Prozent, wenn der Marktzinssatz für ähnliche Kredite 8 Prozent beträgt), und als Entschädigung ein im Voraus gezahltes Entgelt erhält, setzt das Unternehmen den Kredit zu dessen beizulegendem Zeitwert an, d. h.. abzüglich des erhaltenen Entgelts. Das Unternehmen schreibt das Disagio erfolgswirksam unter Anwendung der Effektivzinsmethode zu.

IAS 39

Payment to a third party, including a trust (sometimes called 'in-substance defeasance'), does not, by itself, relieve the debtor of its primary obligation to the creditor, in the absence of legal release. AG59

If a debtor pays a third party to assume an obligation and notifies its creditor that the third party has assumed its debt obligation, the debtor does not derecognise the debt obligation unless the condition in paragraph AG57(b) is met. If the debtor pays a third party to assume an obligation and obtains a legal release from its creditor, the debtor has extinguished the debt. However, if the debtor agrees to make payments on the debt to the third party or direct to its original creditor, the debtor recognises a new debt obligation to the third party. AG60

Although legal release, whether judicially or by the creditor, results in derecognition of a liability, the entity may recognise a new liability if the derecognition criteria in paragraphs 15—37 are not met for the financial assets transferred. If those criteria are not met, the transferred assets are not derecognised, and the entity recognises a new liability relating to the transferred assets. AG61

For the purpose of paragraph 40, the terms are substantially different if the discounted present value of the cash flows under the new terms, including any fees paid net of any fees received and discounted using the original effective interest rate, is at least 10 per cent different from the discounted present value of the remaining cash flows of the original financial liability. If an exchange of debt instruments or modification of terms is accounted for as an extinguishment, any costs or fees incurred are recognised as part of the gain or loss on the extinguishment. If the exchange or modification is not accounted for as an extinguishment, any costs or fees incurred adjust the carrying amount of the liability and are amortised over the remaining term of the modified liability. AG62

In some cases, a creditor releases a debtor from its present obligation to make payments, but the debtor assumes a guarantee obligation to pay if the party assuming primary responsibility defaults. In this circumstance the debtor:
(a) recognises a new financial liability based on the fair value of its obligation for the guarantee; and
(b) recognises a gain or loss based on the difference between (i) any proceeds paid and (ii) the carrying amount of the original financial liability less the fair value of the new financial liability. AG63

Measurement (paragraphs 43—70)

Initial Measurement of Financial Assets and Financial Liabilities (paragraph 43)

The fair value of a financial instrument on initial recognition is normally the transaction price (ie the fair value of the consideration given or received, see also paragraph AG76). However, if part of the consideration given or received is for something other than the financial instrument, the fair value of the financial instrument is estimated, using a valuation technique (see paragraphs AG74-AG79). For example, the fair value of a long-term loan or receivable that carries no interest can be estimated as the present value of all future cash receipts discounted using the prevailing market rate(s) of interest for a similar instrument (similar as to currency, term, type of interest rate and other factors) with a similar credit rating. Any additional amount lent is an expense or a reduction of income unless it qualifies for recognition as some other type of asset. AG64

If an entity originates a loan that bears an off-market interest rate (eg 5 per cent when the market rate for similar loans is 8 per cent), and receives an up-front fee as compensation, the entity recognises the loan at its fair value, ie net of the fee it receives. The entity accretes the discount to profit or loss using the effective interest rate method. AG65

IAS 39

Folgebewertung finanzieller Vermögenswerte (Paragraph 45 und 46)

AG66 Wird ein Finanzinstrument, das zunächst als finanzieller Vermögenswert angesetzt wurde, mit dem beizulegenden Zeitwert bewertet und fällt dieser unter Null, so ist dieses Finanzinstrument eine finanzielle Verbindlichkeit gemäß Paragraph 47.

AG67 Das folgende Beispiel beschreibt die Behandlung von Transaktionskosten bei der erstmaligen Bewertung und der Folgebewertung von zur Veräußerung verfügbaren finanziellen Vermögenswerten. Ein Vermögenswert wird für WE 100 zuzüglich einer Kaufprovision von WE 2 erworben. Beim erstmaligen Ansatz wird der Vermögenswert mit WE 102 angesetzt. Der nächste Abschlussstichtag ist ein Tag später, an dem der notierte Marktpreis für den Vermögenswert WE 100 beträgt. Beim Verkauf des Vermögenswertes wäre eine Provision von WE 3 zu entrichten. Zu diesem Zeitpunkt wäre der Vermögenswert mit WE 100 zu bewerten (ohne Berücksichtigung der etwaigen Provision im Verkaufsfall) und ein Verlust von WE 2 im Eigenkapital zu erfassen. Wenn der zur Veräußerung verfügbare finanzielle Vermögenswert feste oder bestimmbare Zahlungen hat, werden die Transaktionskosten unter Anwendung der Effektivzinsmethode erfolgswirksam abgeschrieben. Wenn der zur Veräußerung verfügbare finanzielle Vermögenswert keine festen oder bestimmbaren Zahlungen hat, werden die Transaktionskosten erfolgswirksam erfasst, wenn der Vermögenswert ausgebucht oder wertgemindert ist.

AG68 Als Kredite und Forderungen klassifizierte Instrumente werden mit ihren fortgeführten Anschaffungskosten bewertet ohne Berücksichtigung der Absicht des Unternehmens, sie bis zur Endfälligkeit zu halten.

Überlegungen zur Bewertung mit dem beizulegenden Zeitwert (Paragraphen 48 und 49)

AG69 Der Definition des beizulegenden Zeitwertes liegt die Prämisse der Unternehmensfortführung zu Grunde, der zufolge weder die Absicht noch die Notwendigkeit zur Liquidation, zur wesentlichen Einschränkung des Geschäftsbetriebs oder zum Eingehen von Geschäften zu ungünstigen Bedingungen besteht. Der beizulegende Zeitwert wird daher nicht durch den Betrag bestimmt, den ein Unternehmen auf Grund von erzwungenen Geschäften, zwangsweisen Liquidationen oder durch Notverkäufe erzielen oder bezahlen würde. Der beizulegende Zeitwert spiegelt indes die Bonität des Instruments wider.

AG70 Dieser Standard verwendet im Rahmen von notierten Marktpreisen die Begriffe „Geldkurs" und „Briefkurs" (manchmal als „aktueller Angebotspreis" bezeichnet) und den Begriff „Geld-Brief-Spanne", um nur Transaktionskosten einzuschließen. Andere Anpassungen zur Bestimmung des beizulegenden Zeitwertes (z. B. für das Ausfallrisiko der Gegenseite) sind nicht in dem Begriff „Geld-Brief-Spanne" enthalten.

Aktiver Markt: Notierter Preis

AG71 Ein Finanzinstrument gilt als an einem aktiven Markt notiert, wenn notierte Preise an einer Börse, von einem Händler, Broker, einer Branchengruppe, einem Preisberechnungs-Service oder einer Aufsichtsbehörde leicht und regelmäßig erhältlich sind und diese Preise aktuelle und regelmäßig auftretende Markttransaktionen wie unter unabhängigen Dritten darstellen. Der beizulegende Zeitwert wird durch einen zwischen einem vertragswilligen Käufer und einem vertragswilligen Verkäufer in einer Transaktion zu marktüblichen Bedingungen vereinbarten Preis bestimmt. Die Zielsetzung der Bestimmung des beizulegenden Zeitwertes für ein Finanzinstrument, das an einem aktiven Markt gehandelt wird, ist es zu dem Preis zu gelangen, zu dem am Bilanzstichtag eine Transaktion mit diesem Instrument (d. h., ohne dessen Änderung oder Umgestaltung) an dem vorteilhaftesten aktiven Markt, zu dem das Unternehmen unmittelbaren Zugang hat, erfolgen würde. Das Unternehmen passt jedoch den Preis des vorteilhaften Markts an, um Unterschiede des Ausfallrisikos der Gegenpartei zwischen den an diesem Markt gehandelten Instrumenten und dem bewerteten Instrument widerzuspiegeln. Das Vorhandensein öffentlich notierter Marktpreise auf einem aktiven Markt ist der bestmögliche objektive Hinweis für den beizulegenden Zeitwert und werden falls existent für die Bewertung des finanziellen Vermögenswertes oder der finanziellen Verbindlichkeit verwendet.

AG72 Für Vermögenswerte, die das Unternehmen hält, sowie für Verbindlichkeiten, die vom Unternehmen begeben werden, entspricht der sachgerechte notierte Marktpreis üblicherweise dem vom Käufer gebotenen Geldkurs. Für Vermögenswerte, deren Erwerb beabsichtigt ist, oder für Verbindlichkeiten, die weiter gehalten werden, ist der aktuelle Briefkurs sachgerecht. Hält ein Unternehmen Vermögenswerte und Verbindlichkeiten mit sich kompensierenden Marktrisiken, kann es als Grundlage zur Bestimmung des beizulegenden Zeitwertes für die Kompensierung der Risikopositionen Mittelkurse verwenden und den Geld- bzw. Briefkurs gegebenenfalls auf die offene Nettoposition anwenden. Sind weder die aktuellen Geld- noch Briefkurse verfügbar, kann der beizulegende Zeitwert aus den bei den jüngsten Transaktionen erzielten Kursen abgeleitet werden, allerdings

Subsequent Measurement of Financial Assets (paragraphs 45 and 46)

If a financial instrument that was previously recognised as a financial asset is measured at fair value and its fair value falls below zero, it is a financial liability in accordance with paragraph 47. AG66

The following example illustrates the accounting for transaction costs on the initial and subsequent measurement of an available-for-sale financial asset. An asset is acquired for CU100 plus a purchase commission of CU2. Initially, the asset is recognised at CU102. The next financial reporting date occurs one day later, when the quoted market price of the asset is CU100. If the asset were sold, a commission of CU3 would be paid. On that date, the asset is measured at CU100 (without regard to the possible commission on sale) and a loss of CU2 is recognised in equity. If the available-for-sale financial asset has fixed or determinable payments, the transaction costs are amortised to profit or loss using the effective interest method. If the available-for-sale financial asset does not have fixed or determinable payments, the transaction costs are recognised in profit or loss when the asset is derecognised or becomes impaired. AG67

Instruments that are classified as loans and receivables are measured at amortised cost without regard to the entity's intention to hold them to maturity. AG68

Fair Value Measurement Considerations (paragraphs 48 and 49)

Underlying the definition of fair value is a presumption that an entity is a going concern without any intention or need to liquidate, to curtail materially the scale of its operations or to undertake a transaction on adverse terms. Fair value is not, therefore, the amount that an entity would receive or pay in a forced transaction, involuntary liquidation or distress sale. However, fair value reflects the credit quality of the instrument. AG69

This Standard uses the terms 'bid price' and 'asking price' (sometimes referred to as 'current offer price') in the context of quoted market prices, and the term 'the bid-ask spread' to include only transaction costs. Other adjustments to arrive at fair value (eg for counterparty credit risk) are not included in the term 'bid-ask spread'. AG70

Active Market: Quoted Price

A financial instrument is regarded as quoted in an active market if quoted prices are readily and regularly available from an exchange, dealer, broker, industry group, pricing service or regulatory agency, and those prices represent actual and regularly occurring market transactions on an arm's length basis. Fair value is defined in terms of a price agreed by a willing buyer and a willing seller in an arm's length transaction. The objective of determining fair value for a financial instrument that is traded in an active market is to arrive at the price at which a transaction would occur at the balance sheet date in that instrument (ie without modifying or repackaging the instrument) in the most advantageous active market to which the entity has immediate access. However, the entity adjusts the price in the more advantageous market to reflect any differences in counterparty credit risk between instruments traded in that market and the one being valued. The existence of published price quotations in an active market is the best evidence of fair value and when they exist they are used to measure the financial asset or financial liability. AG71

The appropriate quoted market price for an asset held or liability to be issued is usually the current bid price and, for an asset to be acquired or liability held, the asking price. When an entity has assets and liabilities with offsetting market risks, it may use mid-market prices as a basis for establishing fair values for the offsetting risk positions and apply the bid or asking price to the net open position as appropriate. When current bid and asking prices are unavailable, the price of the most recent transaction provides evidence of the current fair value as long as there has not been a significant change in economic circumstances since the time of the transaction. If conditions have changed since the time of the transaction (eg a change in the risk-free interest rate following the most recent price quote for a corporate bond), the fair value reflects the change in conditions by reference to AG72

unter der Voraussetzung, dass sich die wirtschaftlichen Rahmendaten seit dem Transaktionszeitpunkt nicht wesentlich verändert haben. Wenn sich seit dem Transaktionszeitpunkt die Voraussetzungen verändert haben (z. B. eine Änderung des risikolosen Zinssatzes nach der jüngsten Kursnotierung einer Industrieanleihe), spiegelt der beizulegende Zeitwert falls sachgerecht die Änderung der Gegebenheiten hinsichtlich der aktuellen Kurse oder Zinssätze für ähnliche Finanzinstrumente wider. Wenn das Unternehmen nachweisen kann, dass der letzte Transaktionspreis nicht dem beizulegenden Zeitwert entspricht (weil er beispielsweise den Betrag widerspiegelte, den ein Unternehmen auf Grund von erzwungenen Geschäften, zwangsweisen Liquidationen oder durch Notverkäufe erzielen oder bezahlen würde), wird dieser Preis ebenso angepasst. Der beizulegende Zeitwert eines Portfolios von Finanzinstrumenten ist das Produkt aus der Anzahl der Anteile der Finanzinstrumente und deren notierten Marktpreisen. Falls kein öffentlich notierter Preis auf einem aktiven Markt für das Finanzinstrument als Ganzes vorhanden ist, wohl aber für seine einzelnen Bestandteile, wird der beizulegende Zeitwert aus den jeweiligen Marktpreisen für die Bestandteile bestimmt.

AG73 Wenn ein Zinssatz (anstelle eines Preises) auf einem aktiven Markt notiert wird, verwendet das Unternehmen diesen auf dem Markt notierten Zinssatz bei der Bewertungsmethode zur Bestimmung des beizulegenden Zeitwertes. Wenn der auf dem Markt notierte Zinssatz kein Ausfallrisiko oder andere Faktoren beinhaltet, die von den Marktteilnehmern bei der Bewertung des Instruments berücksichtigt werden würden, wird vom Unternehmen eine Anpassung um diese Faktoren vorgenommen.

Kein aktiver Markt: Bewertungsmethode

AG74 Wenn kein aktiver Markt für ein Finanzinstrument besteht, bestimmt ein Unternehmen den beizulegenden Zeitwert mithilfe einer Bewertungsmethode. Zu den Bewertungsmethoden gehören die Verwendung der jüngsten Geschäftsvorfälle zwischen sachverständigen, vertragswilligen und unabhängigen Geschäftspartnern, der Vergleich mit dem aktuellen beizulegenden Zeitwert eines anderen, im Wesentlichen identischen Finanzinstruments, die Analyse von diskontierten Cashflows sowie Optionspreismodelle. Gibt es eine Bewertungsmethode, die üblicherweise von den Marktteilnehmern für die Bewertung dieses Finanzinstruments verwendet wird, und hat diese Methode bewiesen, dass sie verlässliche Schätzwerte von Preisen liefert, die bei aktuellen Marktvorgängen erzielt wurden, setzt das Unternehmen diese Methode ein.

AG75 Bei der Anwendung einer Bewertungsmethode besteht das Ziel darin, den Transaktionspreis festzustellen, der sich am Bewertungsstichtag zwischen unabhängigen Vertragspartnern bei Vorliegen normaler Geschäftsbedingungen ergeben hätte. Der beizulegende Zeitwert wird auf Grundlage der Ergebnisse einer Bewertungsmethode geschätzt, die im größtmöglichen Umfang Daten aus dem Markt verwendet und sich so wenig wie möglich auf unternehmensspezifische Daten verlässt. Eine Bewertungsmethode ermöglicht erwartungsgemäß eine realistische Schätzung des beizulegenden Zeitwertes, wenn (a) sie auf angemessene Weise widerspiegelt, wie der Markt voraussichtlich das Finanzinstrument bewerten könnte, und (b) die in der Bewertungsmethode verwendeten Daten auf angemessene Weise die inhärenten Markterwartungen und Berechnungen der Risiko-Rentabilitätsfaktoren der Finanzinstrumente darstellen.

AG76 Eine Bewertungsmethode (a) berücksichtigt daher alle Faktoren, die Marktteilnehmer bei einer Preisfestlegung beachten würden, und (b) ist mit den anerkannten wirtschaftlichen Methoden für die Preisfindung von Finanzinstrumenten konsistent. Ein Unternehmen richtet die Bewertungsmethode periodisch neu aus und prüft ihre Validität, indem es Preise von beobachtbaren aktuellen Markttransaktionen oder Preise, die auf verfügbaren, beobachtbaren Marktdaten beruhen, auf dasselbe Finanzinstrument (d. h., ohne Änderung oder Umgestaltung) verwendet. Ein Unternehmen erhält stetig Marktdaten von demselben Markt, an dem das Finanzinstrument aufgelegt oder erworben wurde. Beim erstmaligen Ansatz ist der beste Nachweis des beizulegenden Zeitwertes eines Finanzinstruments der Transaktionspreis (d. h., der beizulegende Zeitwert der gegebenen oder erhaltenen Gegenleistung), es sei denn, der beizulegende Zeitwert dieses Finanzinstruments wird durch einen Vergleich mit anderen beobachtbaren aktuellen Markttransaktionen desselben Instruments (d. h. ohne Änderung oder Umgestaltung) nachgewiesen oder beruht auf einer Bewertungsmethode, deren Variablen nur Daten von beobachtbaren Märkten umfassen.

AG76A Die Folgebewertung eines finanziellen Vermögenswertes oder einer finanziellen Verbindlichkeit und die nachfolgende Erfassung von Gewinnen und Verlusten müssen den Vorschriften dieses Standards entsprechen. Die Anwendung von Paragraph AG76 kann dazu führen, dass beim erstmaligen Ansatz eines finanziellen Vermögenswertes oder einer finanziellen Verbindlichkeit kein Gewinn oder Verlust erfasst wird. In diesem Fall ist gemäß IAS 39 ein Gewinn oder Verlust nach dem erstmaligen Ansatz nur insoweit zu erfassen, wie er durch die Änderung eines Faktors (einschließlich Zeit) entstanden ist, den Marktteilnehmer bei der Festlegung eines Preises berücksichtigen würden.

current prices or rates for similar financial instruments, as appropriate. Similarly, if the entity can demonstrate that the last transaction price is not fair value (eg because it reflected the amount that an entity would receive or pay in a forced transaction, involuntary liquidation or distress sale), that price is adjusted. The fair value of a portfolio of financial instruments is the product of the number of units of the instrument and its quoted market price. If a published price quotation in an active market does not exist for a financial instrument in its entirety, but active markets exist for its component parts, fair value is determined on the basis of the relevant market prices for the component parts.

If a rate (rather than a price) is quoted in an active market, the entity uses that market-quoted rate as an input into a valuation technique to determine fair value. If the market-quoted rate does not include credit risk or other factors that market participants would include in valuing the instrument, the entity adjusts for those factors. AG73

No Active Market: Valuation Technique

If the market for a financial instrument is not active, an entity establishes fair value by using a valuation technique. Valuation techniques include using recent arm's length market transactions between knowledgeable, willing parties, if available, reference to the current fair value of another instrument that is substantially the same, discounted cash flow analysis and option pricing models. If there is a valuation technique commonly used by market participants to price the instrument and that technique has been demonstrated to provide reliable estimates of prices obtained in actual market transactions, the entity uses that technique. AG74

The objective of using a valuation technique is to establish what the transaction price would have been on the measurement date in an arm's length exchange motivated by normal business considerations. Fair value is estimated on the basis of the results of a valuation technique that makes maximum use of market inputs, and relies as little as possible on entity-specific inputs. A valuation technique would be expected to arrive at a realistic estimate of the fair value if (a) it reasonably reflects how the market could be expected to price the instrument and (b) the inputs to the valuation technique reasonably represent market expectations and measures of the risk-return factors inherent in the financial instrument. AG75

Therefore, a valuation technique (a) incorporates all factors that market participants would consider in setting a price and (b) is consistent with accepted economic methodologies for pricing financial instruments. Periodically, an entity calibrates the valuation technique and tests it for validity using prices from any observable current market transactions in the same instrument (ie without modification or repackaging) or based on any available observable market data. An entity obtains market data consistently in the same market where the instrument was originated or purchased. The best evidence of the fair value of a financial instrument at initial recognition is the transaction price (ie the fair value of the consideration given or received) unless the fair value of that instrument is evidenced by comparison with other observable current market transactions in the same instrument (ie without modification or repackaging) or based on a valuation technique whose variables include only data from observable markets. AG76

The subsequent measurement of the financial asset or financial liability and the subsequent recognition of gains and losses shall be consistent with the requirements of this Standard. The application of paragraph AG76 may result in no gain or loss being recognised on the initial recognition of a financial asset or financial liability. In such a case, IAS 39 requires that a gain or loss shall be recognised after initial recognition only to the extent that it arises from a change in a factor (including time) that market participants would consider in setting a price. AG76A

IAS 39

AG77 Der erstmalige Erwerb oder die Ausreichung eines finanziellen Vermögenswertes oder das Eingehen einer finanziellen Verbindlichkeit ist eine Markttransaktion, die die Grundlage für die Schätzung des beizulegenden Zeitwertes des Finanzinstruments liefert. Insbesondere wenn das Finanzinstrument ein Schuldinstrument ist (wie ein Kredit), kann sein beizulegender Zeitwert durch Rückgriff auf die Marktbedingungen ermittelt werden, die zum Zeitpunkt des Erwerbs oder der Ausreichung gültig waren, sowie auf die aktuellen Marktbedingungen oder auf die Zinssätze, die derzeit vom Unternehmen oder von anderen auf ähnliche Schuldinstrumente (d. h. ähnliche Restlaufzeit, Cashflow-Verläufe, Währung, Ausfallrisiko, Sicherheiten) berechnet werden. Vorausgesetzt, dass sich weder das Ausfallrisiko des Schuldners noch die anwendbaren Bonitätsaufschläge nach der Ausreichung des Schuldinstruments geändert haben, kann alternativ eine Schätzung des aktuellen Marktzinses auf Grundlage eines Leitzinssatzes, der eine bessere Bonität widerspiegelt als das zugrunde liegende Schuldinstrument, abgeleitet werden, bei der der Bonitätsaufschlag konstant gehalten wird und Anpassungen des Leitzinssatzes seit dem Ausreichungszeitpunkt berücksichtigt werden. Haben sich die Bedingungen seit der jüngsten Markttransaktion geändert, wird die entsprechende Änderung des beizulegenden Zeitwertes des bewerteten Finanzinstruments anhand aktueller Kurse oder Zinssätze für ähnliche Finanzinstrumente bestimmt und hinsichtlich bestehender Unterschiede zum bewerteten Instruments auf angemessene Weise angepasst.

AG78 Es kann sein, dass dieselben Informationen nicht zu jedem Bewertungsstichtag zur Verfügung stehen. Zu dem Zeitpunkt, an dem beispielsweise ein Unternehmen einen Kredit abschließt oder ein nicht aktiv gehandeltes Schuldinstrument erwirbt, hat das Unternehmen einen Transaktionspreis, der gleichzeitig der Marktpreis ist. Allerdings kann zum nächsten Bewertungsstichtag der Fall eintreten, dass keine neuen Transaktionsinformationen zur Verfügung stehen und, obwohl das Unternehmen das allgemeine Niveau des Marktzinses ermitteln kann, kann der Fall eintreten, dass es das Bonitäts- oder Risikoniveau nicht kennt, das Marktteilnehmer zu diesem Zeitpunkt bei der Bewertung des Finanzinstruments berücksichtigen würden. Ein Unternehmen hat möglicherweise keine Informationen aus jüngsten Transaktionen, um den angemessenen Bonitätsaufschlag auf den Basiszins zu bestimmen und diesen zur Ermittlung eines Abzinsungssatzes für eine Barwert-Berechnung heranzuziehen. Solange das Gegenteil nicht belegt ist, wäre es vernünftig anzunehmen, dass sich der Aufschlag seit dem Zeitpunkt der Kreditvergabe nicht verändert hat. Allerdings wird vom Unternehmen erwartet angemessene Anstrengungen zu unternehmen, Belege für die Änderung dieser Faktoren zu suchen. Wenn es Belege für eine Änderung gibt, hätte das Unternehmen die Auswirkungen dieser Änderung bei der Bestimmung des beizulegenden Zeitwertes des Finanzinstruments zu berücksichtigen.

AG79 Bei der Anwendung der Analyse von diskontierten Cashflows verwendet eine Unternehmen ein oder mehrere Diskontierungssätze, die den derzeitigen Zinssätzen für Finanzinstrumente entsprechen, die im Wesentlichen gleiche Bedingungen und Eigenschaften aufweisen, wozu auch die Bonität des Finanzinstruments, die Restlaufzeit, über die der Zinssatz festgeschrieben ist, die verbleibende Laufzeit der Rückzahlung des Kapitalbetrags und die Währung, in der Zahlungen erfolgen, gehören. Kurzfristige Forderungen und Verbindlichkeiten ohne festgelegten Zinssatz können mit dem ursprünglichen Rechnungsbetrag bewertet werden, falls der Abzinsungseffekt unwesentlich ist.

Kein aktiver Markt: Eigenkapitalinstrumente

AG80 Der beizulegende Zeitwert von Finanzinvestitionen in Eigenkapitalinstrumente, die über keinen auf einem aktiven Markt notierten Preis verfügen, sowie von Derivaten, die mit ihnen verbunden sind und die durch Lieferung solcher nicht notierten Eigenkapitalinstrumente beglichen werden müssen (siehe Paragraphen 46(c) und 47), kann verlässlich bestimmt werden, wenn (a) die Schwankungsbreite der vernünftigen Schätzungen des beizulegenden Zeitwertes für dieses Instrument nicht signifikant ist oder (b) die Eintrittswahrscheinlichkeiten der verschiedenen Schätzungen innerhalb dieser Bandbreite auf angemessene Weise beurteilt und bei der Schätzung des beizulegenden Zeitwertes verwendet werden können.

AG81 Es gibt zahlreiche Situationen, in denen die Schwankungsbreite der vernünftigen Schätzungen des beizulegenden Zeitwertes von Finanzinvestitionen in Eigenkapitalinstrumente, die über keinen notierten Marktpreis verfügen, und von Derivaten, die mit ihnen verbunden sind und durch die Lieferung solcher nicht notierten Eigenkapitalinstrumente beglichen werden müssen (siehe Paragraphen 46(c) und 47), voraussichtlich nicht signifikant ist. In der Regel ist die Schätzung des beizulegenden Zeitwertes eines von einem Dritten erworbenen finanziellen Vermögenswertes möglich. Wenn jedoch die Schwankungsbreite der vernünftigen Schätzungen des beizulegenden Zeitwertes signifikant ist und die Eintrittswahrscheinlichkeiten der verschiedenen Schätzungen nicht auf angemessene Weise beurteilt werden können, ist eine Bewertung des Finanzinstruments mit dem beizulegenden Zeitwert ausgeschlossen.

AG77 The initial acquisition or origination of a financial asset or incurrence of a financial liability is a market transaction that provides a foundation for estimating the fair value of the financial instrument. In particular, if the financial instrument is a debt instrument (such as a loan), its fair value can be determined by reference to the market conditions that existed at its acquisition or origination date and current market conditions or interest rates currently charged by the entity or by others for similar debt instruments (ie similar remaining maturity, cash flow pattern, currency, credit risk, collateral and interest basis). Alternatively, provided there is no change in the credit risk of the debtor and applicable credit spreads after the origination of the debt instrument, an estimate of the current market interest rate may be derived by using a benchmark interest rate reflecting a better credit quality than the underlying debt instrument, holding the credit spread constant, and adjusting for the change in the benchmark interest rate from the origination date. If conditions have changed since the most recent market transaction, the corresponding change in the fair value of the financial instrument being valued is determined by reference to current prices or rates for similar financial instruments, adjusted as appropriate, for any differences from the instrument being valued.

AG78 The same information may not be available at each measurement date. For example, at the date that an entity makes a loan or acquires a debt instrument that is not actively traded, the entity has a transaction price that is also a market price. However, no new transaction information may be available at the next measurement date and, although the entity can determine the general level of market interest rates, it may not know what level of credit or other risk market participants would consider in pricing the instrument on that date. An entity may not have information from recent transactions to determine the appropriate credit spread over the basic interest rate to use in determining a discount rate for a present value computation. It would be reasonable to assume, in the absence of evidence to the contrary, that no changes have taken place in the spread that existed at the date the loan was made. However, the entity would be expected to make reasonable efforts to determine whether there is evidence that there has been a change in such factors. When evidence of a change exists, the entity would consider the effects of the change in determining the fair value of the financial instrument.

AG79 In applying discounted cash flow analysis, an entity uses one or more discount rates equal to the prevailing rates of return for financial instruments having substantially the same terms and characteristics, including the credit quality of the instrument, the remaining term over which the contractual interest rate is fixed, the remaining term to repayment of the principal and the currency in which payments are to be made. Short-term receivables and payables with no stated interest rate may be measured at the original invoice amount if the effect of discounting is immaterial.

No Active Market: Equity Instruments

AG80 The fair value of investments in equity instruments that do not have a quoted market price in an active market and derivatives that are linked to and must be settled by delivery of such an unquoted equity instrument (see paragraphs 46(c) and 47) is reliably measurable if (a) the variability in the range of reasonable fair value estimates is not significant for that instrument or (b) the probabilities of the various estimates within the range can be reasonably assessed and used in estimating fair value.

AG81 There are many situations in which the variability in the range of reasonable fair value estimates of investments in equity instruments that do not have a quoted market price and derivatives that are linked to and must be settled by delivery of such an unquoted equity instrument (see paragraphs 46(c) and 47) is likely not to be significant. Normally it is possible to estimate the fair value of a financial asset that an entity has acquired from an outside party. However, if the range of reasonable fair value estimates is significant and the probabilities of the various estimates cannot be reasonably assessed, an entity is precluded from measuring the instrument at fair value.

IAS 39

In Bewertungsmethoden einfließende Daten

AG82   Eine angemessene Methode zur Schätzung des beizulegenden Zeitwertes eines bestimmten Finanzinstruments berücksichtigt beobachtbare Marktdaten über die Marktbedingungen und andere Faktoren, die voraussichtlich den beizulegenden Zeitwert des Finanzinstruments beeinflussen. Der beizulegende Zeitwert eines Finanzinstruments wird auf einem oder mehreren der folgenden Faktoren (und vielleicht anderen) beruhen.

(a) *Zeitwert des Geldes (d. h., Basiszinssatz oder risikolosen Zinssatz)*. Basiszinssätze können in der Regel von beobachtbaren Preisen von Staatsanleihen abgeleitet werden und werden oft in wirtschaftlichen Veröffentlichungen angegeben. Diese Zinssätze verändern sich typischerweise mit den erwarteten Zahlungszeitpunkten der prognostizierten Cashflows entlang einer Renditekurve von Zinssätzen für verschiedene Zeithorizonte. Aus praktischen Gründen kann ein Unternehmen als Richtzinssatz einen anerkannten und leicht beobachtbaren allgemeinen Zinssatz, wie den LIBOR oder einen Swap-Satz verwenden. (Da ein Zinssatz, wie der LIBOR, kein risikoloser Zinssatz ist, wird die für das jeweilige Finanzinstrument angemessene Anpassung des Ausfallrisikos auf Grundlage seines Ausfallrisikos in Relation zum Ausfallrisiko des Richtzinssatzes ermittelt.) In einigen Ländern können die zentralen Staatsanleihen signifikante Ausfallrisiken bergen und keinen stabilen Basis-Richtzinssatz für auf diese Währung lautende Finanzinstrumente liefern. In diesen Ländern haben einige Unternehmen eventuell eine bessere Bonitätsbewertung und einen niedrigeren Kreditzins als die zentrale Regierung. In solchen Fällen können die Basis-Zinssätze besser durch Rückgriff auf Zinssätze von den am höchsten bewerteten in der Währung dieses Rechtskreises ausgegebenen Unternehmensanleihen ermittelt werden.

(b) *Ausfallrisiko*. Die Auswirkung eines Ausfallrisikos auf den beizulegenden Zeitwert (d. h. der Aufschlag auf den Basiszinssatz für Ausfallrisiko) kann von beobachtbaren Marktpreisen für gehandelte Finanzinstrumente unterschiedlicher Bonität oder von beobachtbaren Zinssätzen, die Kreditgeber für Kredite mit unterschiedlichen Bewertungen berechnen, abgeleitet werden.

(c) *Wechselkurse*. Für die meisten größeren Währungen gibt es aktive Devisenmärkte und die Kurse werden täglich in der Wirtschaftspresse veröffentlicht.

(d) *Warenpreise*. Für viele Waren gibt es beobachtbare Marktpreise.

(e) *Kurse von Eigenkapital*. Kurse (und Kursindizes) von gehandelten Eigenkapitalinstrumenten sind in einigen Märkten leicht beobachtbar. Auf dem Barwert basierende Methoden können zur Schätzung der aktuellen Markpreise von Eigenkapitalinstrumenten, für die es keine beobachtbaren Preise gibt, verwendet werden.

(f) *Volatilität (d. h. das Ausmaß künftiger Preisänderungen bei den Finanzinstrumenten oder anderen Posten)*. Der Umfang der Volatilität aktiv gehandelter Posten kann in der Regel auf Grundlage historischer Marktdaten oder unter Verwendung der in den aktuellen Marktpreisen implizierten Volatilitäten auf angemessene Weise geschätzt werden.

(g) *Risiko der vorzeitigen Rückzahlung und Rückgaberisiko*. Erwartete vorzeitige Rückzahlungsmuster für finanzielle Vermögenswerte und erwartete Rückgabemuster für finanzielle Verbindlichkeiten können auf Grundlage historischer Daten geschätzt werden. (Der beizulegende Zeitwert einer finanziellen Verbindlichkeit, die von der Gegenpartei zurückgekauft werden kann, kann nicht niedriger als der Barwert des Rückkaufwertes sein – siehe Paragraph 49.)

(h) *Verwaltungs- bzw. Abwicklungsgebühren für einen finanziellen Vermögenswert oder eine finanzielle Verbindlichkeit*. Verwaltungs- bzw. Abwicklungsgebühren können durch Vergleiche mit aktuellen Gebühren von anderen Marktteilnehmern geschätzt werden. Wenn die Kosten für die Verwaltung bzw. Abwicklung eines finanziellen Vermögenswertes oder einer finanziellen Verbindlichkeit wesentlich sind und andere Marktteilnehmer mit vergleichbaren Kosten konfrontiert sind, würde der Emittent sie bei der Ermittlung des beizulegenden Zeitwertes des betreffenden finanziellen Vermögenswertes oder der betreffenden finanziellen Verbindlichkeit berücksichtigen. Es ist wahrscheinlich, dass der beizulegende Zeitwert bei Begründung vertraglicher Rechte hinsichtlich künftiger Gebühren den Anschaffungskosten entspricht, es sei denn, die künftigen Gebühren und die zugehörigen Kosten sind mit den Vergleichswerten am Markt unvereinbar.

Gewinne und Verluste (Paragraphen 55–57)

AG83   Ein Unternehmen wendet IAS 21 für finanzielle Vermögenswerte und finanzielle Verbindlichkeiten an, die monetäre Posten im Sinne von IAS 21 sind und auf eine Fremdwährung lauten. Gemäß IAS 21 sind alle Gewinne und Verluste aus der Währungsumrechnung eines monetären Vermögenswertes und einer monetären Verbindlichkeit im Ergebnis zu erfassen. Eine Ausnahme ist ein monetärer Posten, der als Sicherungsinstrument entweder zum Zwecke der Absicherung von Zahlungsströmen (siehe Paragraphen 95–101) oder zur Absicherung einer Nettoinvestition (siehe Paragraph 102) eingesetzt wird. Zum Zwecke der Erfassung von Gewinnen und Verlusten aus der Währungsumrechnung gemäß IAS 21 wird ein zur Veräußerung verfügbarer monetärer Vermögenswert so behandelt, als würde er zu fortgeführten Anschaffungskosten in der Fremdwährung bilanziert werden. Dementsprechend werden für solche finanzielle Vermögenswerte Umrechnungsdifferenzen aus Änderungen der fortgeführten Anschaffungskosten erfolgswirksam erfasst, und andere Änderungen des Buch-

Inputs to Valuation Techniques

An appropriate technique for estimating the fair value of a particular financial instrument would incorporate observable market data about the market conditions and other factors that are likely to affect the instrument's fair value. The fair value of a financial instrument will be based on one or more of the following factors (and perhaps others). AG82

(a) *The time value of money (ie interest at the basic or risk-free rate)*. Basic interest rates can usually be derived from observable government bond prices and are often quoted in financial publications. These rates typically vary with the expected dates of the projected cash flows along a yield curve of interest rates for different time horizons. For practical reasons, an entity may use a well-accepted and readily observable general rate, such as LIBOR or a swap rate, as the benchmark rate. (Because a rate such as LIBOR is not the risk-free interest rate, the credit risk adjustment appropriate to the particular financial instrument is determined on the basis of its credit risk in relation to the credit risk in this benchmark rate.) In some countries, the central government's bonds may carry a significant credit risk and may not provide a stable benchmark basic interest rate for instruments denominated in that currency. Some entities in these countries may have a better credit standing and a lower borrowing rate than the central government. In such a case, basic interest rates may be more appropriately determined by reference to interest rates for the highest rated corporate bonds issued in the currency of that jurisdiction.

(b) *Credit risk*. The effect on fair value of credit risk (ie the premium over the basic interest rate for credit risk) may be derived from observable market prices for traded instruments of different credit quality or from observable interest rates charged by lenders for loans of various credit ratings.

(c) *Foreign currency exchange prices*. Active currency exchange markets exist for most major currencies, and prices are quoted daily in financial publications.

(d) *Commodity prices*. There are observable market prices for many commodities.

(e) *Equity prices*. Prices (and indexes of prices) of traded equity instruments are readily observable in some markets. Present value based techniques may be used to estimate the current market price of equity instruments for which there are no observable prices.

(f) *Volatility (ie magnitude of future changes in price of the financial instrument or other item)*. Measures of the volatility of actively traded items can normally be reasonably estimated on the basis of historical market data or by using volatilities implied in current market prices.

(g) *Prepayment risk and surrender risk*. Expected prepayment patterns for financial assets and expected surrender patterns for financial liabilities can be estimated on the basis of historical data. (The fair value of a financial liability that can be surrendered by the counterparty cannot be less than the present value of the surrender amount—see paragraph 49.)

(h) *Servicing costs for a financial asset or a financial liability*. Costs of servicing can be estimated using comparisons with current fees charged by other market participants. If the costs of servicing a financial asset or financial liability are significant and other market participants would face comparable costs, the issuer would consider them in determining the fair value of that financial asset or financial liability. It is likely that the fair value at inception of a contractual right to future fees equals the origination costs paid for them, unless future fees and related costs are out of line with market comparables.

Gains and Losses (paragraphs 55—57)

An entity applies IAS 21 to financial assets and financial liabilities that are monetary items in accordance with IAS 21 and denominated in a foreign currency. Under IAS 21, any foreign exchange gains and losses on monetary assets and monetary liabilities are recognised in profit or loss. An exception is a monetary item that is designated as a hedging instrument in either a cash flow hedge (see paragraphs 95—101) or a hedge of a net investment (see paragraph 102). For the purpose of recognising foreign exchange gains and losses under IAS 21, a monetary available-for-sale financial asset is treated as if it were carried at amortised cost in the foreign currency. Accordingly, for such a financial asset, exchange differences resulting from changes in amortised cost are recognised in profit or loss and other changes in carrying amount are recognised in accordance with paragraph 55(b). For available-for-sale financial assets that are not monetary items under IAS 21 (for example, equity instruments), the gain or loss that is recognised directly in equity under paragraph 55(b) includes any AG83

wertes gemäß Paragraph 55(b) erfasst. Im Hinblick auf zur Veräußerung verfügbare finanzielle Vermögenswerte, die keine monetären Posten gemäß IAS 21 darstellen (Eigenkapitalinstrumente beispielsweise), beinhalten die direkt gemäß Paragraph 55(b) im Eigenkapital erfassten Gewinne oder Verluste jeden dazugehörigen Fremdwährungsbestandteil. Besteht zwischen einem nicht-derivativen monetären Vermögenswert und einer nicht-derivativen monetären Verbindlichkeit eine Sicherungsbeziehung, werden Änderungen des Fremdwährungsbestandteils dieser Finanzinstrumente erfolgswirksam erfasst.

Wertminderung und Uneinbringlichkeit von finanziellen Vermögenswerten (Paragraphen 58–70)

Finanzielle Vermögenswerte, die zu fortgeführten Anschaffungskosten bilanziert werden (Paragraphen 63–65)

AG84 Die Bewertung einer Wertminderung eines finanziellen Vermögenswertes, der zu fortgeführten Anschaffungskosten bilanziert wird, erfolgt unter Verwendung des ursprünglichen effektiven Zinssatzes des Finanzinstruments, da eine Abzinsung unter Verwendung des aktuellen Marktzinses zu einer auf dem beizulegenden Zeitwert basierenden Bewertung des finanziellen Vermögenswertes führen würde, der ansonsten mit den fortgeführten Anschaffungskosten bewertet wird. Wenn die Bedingungen eines Kredits, einer Forderung oder einer bis zur Endfälligkeit gehaltenen Finanzinvestition auf Grund finanzieller Schwierigkeiten des Kreditnehmers oder des Emittenten neu verhandelt oder anderweitig geändert werden, wird die Wertminderung mithilfe des ursprünglichen vor der Änderung anwendbaren Effektivzinssatzes bewertet. Cashflows kurzfristiger Forderungen werden nicht abgezinst, falls der Abzinsungseffekt unwesentlich ist. Ist ein Kredit, eine Forderung oder eine bis zur Endfälligkeit gehaltene Finanzinvestition mit einem variablen Zinssatz ausgestattet, entspricht der zur Bewertung des Wertminderungsaufwands verwendete Abzinsungssatz gemäß Paragraph 63 dem (den) nach Maßgabe des Vertrags festgesetzten aktuellen effektiven Zinssatz(-sätzen). Ein Gläubiger kann aus praktischen Gründen die Wertminderung eines mit fortgeführten Anschaffungskosten bilanzierten finanziellen Vermögenswertes auf der Grundlage eines beizulegenden Zeitwertes des Finanzinstruments unter Verwendung eines beobachtbaren Marktpreises bewerten. Die Berechnung des Barwertes der geschätzten künftigen Cashflows eines besicherten finanziellen Vermögenswertes spiegelt die Cashflows wider, die aus einer Zwangsvollstreckung entstehen können, abzüglich der Kosten für den Erwerb und den Verkauf der Sicherheit, je nachdem ob eine Zwangsvollstreckung wahrscheinlich ist oder nicht.

AG85 Das Verfahren zur Schätzung der Wertminderung berücksichtigt alle Ausfallrisikopositionen, nicht nur die geringer Bonität. Verwendet ein Unternehmen beispielsweise ein internes Bonitätsbewertungssystem, berücksichtigt es alle Bonitätsbewertungen und nicht nur diejenigen, die eine erhebliche Bonitätsverschlechterung widerspiegeln.

AG86 Das Verfahren zur Schätzung des Betrags eines Wertminderungsaufwands kann sich entweder aus einem einzelnen Betrag oder aus einer Bandbreite möglicher Beträge ergeben. Im letzteren Fall erfasst ein Unternehmen einen Wertminderungsaufwand, der der bestmöglichen Schätzung innerhalb der Bandbreite[4] entspricht, wobei alle vor Herausgabe des Abschlusses relevanten Informationen über die zum Bilanzstichtag herrschenden Bedingungen berücksichtigt werden.

AG87 Zum Zwecke einer gemeinsamen Wertminderungsbeurteilung werden finanzielle Vermögenswerte zusammengefasst, die ähnliche Ausfallrisikoeigenschaften haben, die über die Fähigkeit des Schuldners Auskunft geben, alle fälligen Beträge nach Maßgabe der vertraglichen Bedingungen zu begleichen (zum Beispiel auf der Grundlage eines Bewertungs- oder Einstufungsprozesses hinsichtlich des Ausfallrisikos, der die Art des Vermögenswertes, die Branche, den geographischen Standort, die Art der Sicherheiten, den Verzugsstatus und andere relevante Faktoren berücksichtigt). Die ausgewählten Eigenschaften sind für die Schätzung künftiger Cashflows für Gruppen solcher Vermögenswerte relevant, da sie einen Hinweis auf die Fähigkeit des Schuldners liefern, alle fälligen Beträge nach Maßgabe der vertraglichen Bedingungen der beurteilten Vermögenswerte zu begleichen. Die Wahrscheinlichkeiten von Verlusten und andere Statistiken zu Verlusten unterscheiden jedoch auf Gruppenebene zwischen (a) Vermögenswerten, die einzeln auf Wertminderung bewertet und als nicht wertgemindert beurteilt wurden und (b) Vermögenswerten, die nicht einzeln auf Wertminderung bewertet wurden, was dazu führt, dass ein anderer Wertminderungsbetrag erforderlich sein kann. Hat ein Unternehmen keine Gruppe von Vermögenswerten mit ähnlichen Risikoeigenschaften, wird keine zusätzliche Einschätzung vorgenommen.

AG88 Gruppenweise erfasste Wertminderungsaufwendungen stellen eine Zwischenstufe dar bis zur Identifizierung der Wertminderungsaufwendungen für die einzelnen Vermögenswerte innerhalb der Gruppe von finanziellen

---

4 IAS 37, Paragraph 39 enthält eine Anwendungsleitlinie über die Ermittlung der bestmöglichen Schätzung innerhalb einer Bandbreite möglicher Ergebnisse.

Impairment and Uncollectibility of Financial Assets (paragraphs 58—70)

Financial Assets Carried at Amortised Cost (paragraphs 63—65)

Impairment of a financial asset carried at amortised cost is measured using the financial instrument's original effective interest rate because discounting at the current market rate of interest would, in effect, impose fair value measurement on financial assets that are otherwise measured at amortised cost. If the terms of a loan, receivable or held-to-maturity investment are renegotiated or otherwise modified because of financial difficulties of the borrower or issuer, impairment is measured using the original effective interest rate before the modification of terms. Cash flows relating to short-term receivables are not discounted if the effect of discounting is immaterial. If a loan, receivable or held-to-maturity investment has a variable interest rate, the discount rate for measuring any impairment loss under paragraph 63 is the current effective interest rate(s) determined under the contract. As a practical expedient, a creditor may measure impairment of a financial asset carried at amortised cost on the basis of an instrument's fair value using an observable market price. The calculation of the present value of the estimated future cash flows of a collateralised financial asset reflects the cash flows that may result from foreclosure less costs for obtaining and selling the collateral, whether or not foreclosure is probable. AG84

The process for estimating impairment considers all credit exposures, not only those of low credit quality. For example, if an entity uses an internal credit grading system it considers all credit grades, not only those reflecting a severe credit deterioration. AG85

The process for estimating the amount of an impairment loss may result either in a single amount or in a range of possible amounts. In the latter case, the entity recognises an impairment loss equal to the best estimate within the range[4] taking into account all relevant information available before the financial statements are issued about conditions existing at the balance sheet date. AG86

For the purpose of a collective evaluation of impairment, financial assets are grouped on the basis of similar credit risk characteristics that are indicative of the debtors' ability to pay all amounts due according to the contractual terms (for example, on the basis of a credit risk evaluation or grading process that considers asset type, industry, geographical location, collateral type, past-due status and other relevant factors). The characteristics chosen are relevant to the estimation of future cash flows for groups of such assets by being indicative of the debtors' ability to pay all amounts due according to the contractual terms of the assets being evaluated. However, loss probabilities and other loss statistics differ at a group level between (a) assets that have been individually evaluated for impairment and found not to be impaired and (b) assets that have not been individually evaluated for impairment, with the result that a different amount of impairment may be required. If an entity does not have a group of assets with similar risk characteristics, it does not make the additional assessment. AG87

Impairment losses recognised on a group basis represent an interim step pending the identification of impairment losses on individual assets in the group of financial assets that are collectively assessed for impairment. As AG88

---

4 IAS 37, paragraph 39 contains guidance on how to determine the best estimate in a range of possible outcomes.

Vermögenswerten, die gemeinsam auf Wertminderung beurteilt werden. Sobald Informationen zur Verfügung stehen, die ausdrücklich den Nachweis über Verluste bei einzeln wertgeminderten Vermögenswerten innerhalb einer Gruppe erbringen, werden diese Vermögenswerte aus der Gruppe entfernt.

AG89 Künftige Cashflows aus einer Gruppe finanzieller Vermögenswerte, die gemeinsam auf Wertminderung beurteilt werden, werden auf Grund der historischen Ausfallquote für Vermögenswerte mit ähnlichen Ausfallrisikoeigenschaften wie diejenigen der Gruppe geschätzt. Unternehmen, die keine unternehmensspezifische Forderungsausfallquoten oder unzureichende Erfahrungswerte haben, verwenden die Erfahrung von Vergleichsunternehmen derselben Branche für vergleichbare Gruppen finanzieller Vermögenswerte. Die historische Ausfallquote wird auf Grundlage der aktuellen beobachtbaren Daten angepasst, um die Auswirkungen des aktuellen Umfelds widerzuspiegeln, die nicht die Periode, auf der die historische Ausfallquote beruht, betreffen, und um die Auswirkungen des Umfelds in der historischen Periode, die nicht mehr aktuell sind, zu eliminieren. Schätzungen von Änderungen der künftigen Cashflows spiegeln die Änderungen der in Zusammenhang stehenden beobachtbaren Daten von einer Periode zur anderen wider und sind mit diesen hinsichtlich der Richtung der Änderung konsistent (wie Änderungen der Arbeitslosenquote, Grundstückspreise, Warenpreise, des Zahlungsstatus oder anderer Faktoren, die einen Hinweis auf entstandene Verluste innerhalb der Gruppe und deren Ausmaß liefern). Die Methoden und Annahmen zur Schätzung der künftigen Cashflows werden regelmäßig überprüft, um Differenzen zwischen geschätzten Ausfällen und aktuellen Ausfällen zu verringern.

AG90 Als Beispiel für die Anwendung des Paragraphen AG89 kann ein Unternehmen auf Grund der historischen Quoten feststellen, dass einer der Hauptgründe für den Forderungsausfall bei Kreditkartenforderungen der Tod des Kreditnehmers ist. Das Unternehmen kann beobachten, dass sich die Sterblichkeitsrate von einem Jahr zum anderen nicht ändert. Dennoch ist anzunehmen, dass einige der Kreditnehmer aus der Gruppe der Kreditkartenforderungen in diesem Jahr gestorben sind, was auf einen Wertminderungsaufwand bei diesen Krediten hinweist, selbst wenn sich das Unternehmen zum Jahresende noch nicht bewusst ist, welche Kreditnehmer konkret gestorben sind. Es wäre angemessen, für diese „eingetretenen aber nicht bekannt gewordenen" Verluste einen Wertminderungsaufwand zu erfassen. Es wäre jedoch nicht angemessen, einen Wertminderungsaufwand für Sterbefälle, die erwartungsgemäß in künftigen Perioden eintreten, zu erfassen, da das erforderliche Verlustereignis (der Tod des Kreditnehmers) noch nicht eingetreten ist.

AG91 Bei der Verwendung von historischen Ausfallquoten zur Schätzung der künftigen Cashflows ist es wichtig, dass die Informationen über die historischen Ausfallquoten auf Gruppen angewendet werden, die gleichermaßen definiert sind wie die Gruppen, für die diese historischen Quoten beobachtet wurden. Durch den Einsatz dieser Methode kann daher für jede Gruppe auf Informationen über vergangene Ausfallquoten von Gruppen von Vermögenswerten mit ähnlichen Ausfalleigenschaften und relevanten beobachtbaren Daten, die die aktuellen Bedingungen widerspiegeln, zurückgegriffen werden.

AG92 Auf Formeln basierende Ansätze oder statistische Methoden können für die Bestimmung der Wertminderungsaufwendungen innerhalb einer Gruppe finanzieller Vermögenswerte (z. B. für kleinere Restschulden) verwendet werden, solange sie den Anforderungen in den Paragraphen 63–65 und AG67–AG91 entsprechen. Jede verwendete Methode würde den Zinseffekt mit einbeziehen, die Cashflows für die gesamte Restlaufzeit eines Vermögenswertes (nicht nur des kommende Jahres) berücksichtigen, das Alter der Kredite innerhalb des Portfolios berücksichtigen und zu keinem Wertminderungsaufwand beim erstmaligen Ansatz eines finanziellen Vermögenswertes führen.

Zinsertrag nach Erfassung einer Wertminderung

AG93 Sobald ein finanzieller Vermögenswert oder eine Gruppe von ähnlichen finanziellen Vermögenswerten auf Grund eines Wertminderungsaufwands abgeschrieben wurde, wird der Zinsertrag danach mithilfe des Zinssatzes erfasst, der zur Abzinsung der künftigen Cashflows bei der Bestimmung des Wertminderungsaufwands verwendet wurde.

soon as information is available that specifically identifies losses on individually impaired assets in a group, those assets are removed from the group.

Future cash flows in a group of financial assets that are collectively evaluated for impairment are estimated on the basis of historical loss experience for assets with credit risk characteristics similar to those in the group. Entities that have no entity-specific loss experience or insufficient experience, use peer group experience for comparable groups of financial assets. Historical loss experience is adjusted on the basis of current observable data to reflect the effects of current conditions that did not affect the period on which the historical loss experience is based and to remove the effects of conditions in the historical period that do not exist currently. Estimates of changes in future cash flows reflect and are directionally consistent with changes in related observable data from period to period (such as changes in unemployment rates, property prices, commodity prices, payment status or other factors that are indicative of incurred losses in the group and their magnitude). The methodology and assumptions used for estimating future cash flows are reviewed regularly to reduce any differences between loss estimates and actual loss experience. **AG89**

As an example of applying paragraph AG89, an entity may determine, on the basis of historical experience, that one of the main causes of default on credit card loans is the death of the borrower. The entity may observe that the death rate is unchanged from one year to the next. Nevertheless, some of the borrowers in the entity's group of credit card loans may have died in that year, indicating that an impairment loss has occurred on those loans, even if, at the year-end, the entity is not yet aware which specific borrowers have died. It would be appropriate for an impairment loss to be recognised for these 'incurred but not reported' losses. However, it would not be appropriate to recognise an impairment loss for deaths that are expected to occur in a future period, because the necessary loss event (the death of the borrower) has not yet occurred. **AG90**

When using historical loss rates in estimating future cash flows, it is important that information about historical loss rates is applied to groups that are defined in a manner consistent with the groups for which the historical loss rates were observed. Therefore, the method used should enable each group to be associated with information about past loss experience in groups of assets with similar credit risk characteristics and relevant observable data that reflect current conditions. **AG91**

Formula-based approaches or statistical methods may be used to determine impairment losses in a group of financial assets (eg for smaller balance loans) as long as they are consistent with the requirements in paragraphs 63—65 and AG87—AG91. Any model used would incorporate the effect of the time value of money, consider the cash flows for all of the remaining life of an asset (not only the next year), consider the age of the loans within the portfolio and not give rise to an impairment loss on initial recognition of a financial asset. **AG92**

Interest Income After Impairment Recognition

Once a financial asset or a group of similar financial assets has been written down as a result of an impairment loss, interest income is thereafter recognised using the rate of interest used to discount the future cash flows for the purpose of measuring the impairment loss. **AG93**

Sicherungsmaßnahmen (Paragraphen 71–102)

Sicherungsinstrumente (Paragraphen 72–77)

Qualifizierende Instrumente (Paragraphen 72 und 73)

AG94   Der mögliche Verlust aus einer von einem Unternehmen geschriebenen Option kann erheblich höher ausfallen als der mögliche Wertzuwachs des zugehörigen Grundgeschäfts. Mit anderen Worten ist eine geschriebene Option kein wirksames Mittel zur Reduzierung des Gewinn- oder Verlustrisikos eines Grundgeschäfts. Eine geschriebene Option erfüllt daher nicht die Kriterien eines Sicherungsinstruments, es sei denn, sie wird zur Glattstellung einer erworbenen Option eingesetzt; hierzu gehören auch solche Optionen, die in ein anderes Finanzinstrument eingebettet sind (beispielsweise eine geschriebene Kaufoption, mit der das Risiko aus einer kündbaren Verbindlichkeit abgesichert werden soll). Eine erworbene Option hingegen führt zu potenziellen Gewinnen, die entweder den Verlusten entsprechen oder diese übersteigen; sie beinhaltet daher die Möglichkeit, das Gewinn- oder Verlustrisiko aus Änderungen des beizulegenden Zeitwerts oder der Cashflows zu reduzieren. Sie kann folglich die Kriterien eines Sicherungsinstruments erfüllen.

AG95   Eine bis zur Endfälligkeit gehaltene Finanzinvestition, die mit den fortgeführten Anschaffungskosten bilanziert wird, kann zur Absicherung eines Währungsrisikos als Sicherungsinstrument eingesetzt werden.

AG96   Eine Finanzinvestition in ein nicht notiertes Eigenkapitalinstrument, das nicht mit dem beizulegenden Zeitwert bilanziert wird, da dieser nicht verlässlich bestimmt werden kann oder ein Derivat, das mit einem nicht notierten Eigenkapitalinstrument verbunden ist und das durch Lieferung eines solchen beglichen werden muss (siehe Paragraphen 46(c) und 47), kann nicht als ein Sicherungsinstrument eingesetzt werden.

AG97   Die eigenen Eigenkapitalinstrumente eines Unternehmens sind keine finanziellen Vermögenswerte oder finanziellen Verbindlichkeiten des Unternehmens und können daher nicht als Sicherungsinstrumente eingesetzt werden.

Grundgeschäfte (Paragraphen 78–84)

Qualifizierende Grundgeschäfte (Paragraphen 78–80)

AG98   Eine feste Verpflichtung zum Erwerb eines Unternehmens im Rahmen eines Unternehmenszusammenschlusses kann nicht als Grundgeschäft gelten, mit Ausnahme der damit verbundenen Währungsrisiken, da die anderen abzusichernden Risiken nicht gesondert ermittelt und bewertet werden können. Bei diesen anderen Risiken handelt es sich um allgemeine Geschäftsrisiken.

AG99   Eine nach der Equity-Methode bilanzierte Finanzinvestition kann kein Grundgeschäft zur Absicherung des beizulegenden Zeitwertes sein, da bei der Equity-Methode der Anteil des Investors am Ergebnis des assoziierten Unternehmens erfolgswirksam erfasst wird und nicht die Veränderung des beizulegenden Zeitwertes der Finanzinvestition. Aus einem ähnlichem Grund kann eine Finanzinvestition in ein konsolidiertes Tochterunternehmen kein Grundgeschäft zur Absicherung des beizulegenden Zeitwertes sein, da bei einer Konsolidierung der Periodengewinn oder -verlust einer Tochtergesellschaft erfolgswirksam erfasst wird und nicht etwaige Änderungen des beizulegenden Zeitwertes der Finanzinvestition. Anders verhält es sich bei der Absicherung einer Nettoinvestition in einen ausländischen Geschäftsbetrieb, da es sich hierbei um die Absicherung eines Währungsrisikos handelt und nicht um die Absicherung des beizulegenden Zeitwertes hinsichtlich etwaiger Änderungen des Investitionswertes.

AG99A   In Paragraph 80 heißt es, dass das Währungsrisiko einer mit hoher Wahrscheinlichkeit eintretenden künftigen konzerninternen Transaktion als ein Grundgeschäft in einem Cashflow-Sicherungsgeschäft angesehen werden kann, sofern die Transaktion auf eine andere Währung lautet als die funktionale Währung des Unternehmens, das diese Transaktion abwickelt und das Währungsrisiko sich auf die konsolidierte Gewinn- und Verlustrechnung auswirkt. Zu diesem Zweck kann ein Unternehmen eine Muttergesellschaft, eine Tochtergesellschaft, ein verbundenes Unternehmen, ein Joint Venture oder eine Zweigniederlassung sein. Wirkt sich ein Währungsrisiko einer künftigen konzerninternen Transaktion nicht auf die konsolidierte Gewinn- und Verlustrechnung aus, kommt die konzerninterne Transaktion nicht als Grundgeschäft in Frage. Dies ist in der Regel der Fall bei der Zahlung von Lizenzgebühren, Zinszahlungen oder Aufwendungen der Unternehmensleitung, die zwischen Mitgliedern ein und desselben Konzerns erfolgen, es sei denn, es besteht eine entsprechende externe Transaktion. Wirkt sich ein Währungsrisiko einer künftigen konzerninternen Transaktion jedoch auf die konsolidierte Gewinn- und Verlustrechnung aus, kommt die konzerninterne Transaktion als Grundgeschäft in Frage.

Hedging (paragraphs 71—102)

Hedging Instruments (paragraphs 72—77)

Qualifying Instruments (paragraphs 72 and 73)

The potential loss on an option that an entity writes could be significantly greater than the potential gain in value of a related hedged item. In other words, a written option is not effective in reducing the profit or loss exposure of a hedged item. Therefore, a written option does not qualify as a hedging instrument unless it is designated as an offset to a purchased option, including one that is embedded in another financial instrument (for example, a written call option used to hedge a callable liability). In contrast, a purchased option has potential gains equal to or greater than losses and therefore has the potential to reduce profit or loss exposure from changes in fair values or cash flows. Accordingly, it can qualify as a hedging instrument. AG94

A held-to-maturity investment carried at amortised cost may be designated as a hedging instrument in a hedge of foreign currency risk. AG95

An investment in an unquoted equity instrument that is not carried at fair value because its fair value cannot be reliably measured or a derivative that is linked to and must be settled by delivery of such an unquoted equity instrument (see paragraphs 46(c) and 47) cannot be designated as a hedging instrument. AG96

An entity's own equity instruments are not financial assets or financial liabilities of the entity and therefore cannot be designated as hedging instruments. AG97

Hedged Items (paragraphs 78—84)

Qualifying Items (paragraphs 78—80)

A firm commitment to acquire a business in a business combination cannot be a hedged item, except for foreign exchange risk, because the other risks being hedged cannot be specifically identified and measured. These other risks are general business risks. AG98

An equity method investment cannot be a hedged item in a fair value hedge because the equity method recognises in profit or loss the investor's share of the associate's profit or loss, rather than changes in the investment's fair value. For a similar reason, an investment in a consolidated subsidiary cannot be a hedged item in a fair value hedge because consolidation recognises in profit or loss the subsidiary's profit or loss, rather than changes in the investment's fair value. A hedge of a net investment in a foreign operation is different because it is a hedge of the foreign currency exposure, not a fair value hedge of the change in the value of the investment. AG99

Paragraph 80 states that in consolidated financial statements the foreign currency risk of a highly probable forecast intragroup transaction may qualify as a hedged item in a cash flow hedge, provided the transaction is denominated in a currency other than the functional currency of the entity entering into that transaction and the foreign currency risk will affect consolidated profit or loss. For this purpose an entity can be a parent, subsidiary, associate, joint venture or branch. If the foreign currency risk of a forecast intragroup transaction does not affect consolidated profit or loss, the intragroup transaction cannot qualify as a hedged item. This is usually the case for royalty payments, interest payments or management charges between members of the same group unless there is a related external transaction. However, when the foreign currency risk of a forecast intragroup transaction will affect consolidated profit or loss, the intragroup transaction can qualify as a hedged item. An example is forecast sales or purchases of inventories between members of the same group if there is an onward sale of the inventory to a party external to the group. Similarly, a forecast intragroup sale of plant and equipment from the group entity that manufactured it to a group entity that will use the plant and equipment in its AG99A

IAS 39

Ein Beispiel dafür sind künftige Käufe oder Verkäufe von Lagerbeständen zwischen Mitgliedern ein und desselben Konzerns, sofern ein Weiterverkauf an eine konzernexterne Partei erfolgt. Ebenso kann ein künftiger konzerninterner Verkauf von Maschinen an ein Konzernunternehmen, das die Maschinen für ein Konzernunternehmen hergestellt hat, das diese Maschinen für seine Geschäfte benötigt, sich auf die konsolidierte Gewinn- und Verlustrechnung auswirken. Dieser Fall kann z. B. eintreten, wenn die Maschinen von dem erwerbenden Unternehmen abgeschrieben werden und sich der Betrag, der ursprünglich für die Maschinen ausgewiesen wurde, ändert, wenn die künftige konzerninterne Transaktion auf eine Währung lautet, bei der es sich nicht um die funktionale Währung des kaufenden Unternehmens handelt.

AG99B Kommt ein Sicherungsgeschäft einer künftigen konzerninternen Transaktion für die Bilanzierung von Sicherungsbeziehungen in Frage, so werden jeder Gewinn und jeder Verlust, die direkt im Eigenkapital ausgewiesen werden, gemäß Paragraph 95a in die Gewinn- und Verlustrechnung umgebucht, und zwar für den gleichen Zeitraum oder die gleichen Zeiträume, während dessen oder während deren das Währungsrisiko des Grundgeschäfts sich auf die konsolidierte Gewinn- und Verlustrechnung auswirkt.

Bestimmung finanzieller Posten als Grundgeschäfte (Paragraphen 81–81A)

AG99C […]. Ein Unternehmen kann alle Cashflows des gesamten finanziellen Vermögenswertes oder der finanziellen Verbindlichkeit als Grundgeschäft bestimmen und sie gegen nur ein bestimmtes Risiko absichern (z. B. gegen Änderungen, die den Veränderungen des LIBOR zuzurechnen sind). Beispielsweise kann ein Unternehmen im Falle einer finanziellen Verbindlichkeit, deren Effektivzinssatz 100 Basispunkten unter dem LIBOR liegt, die gesamte Verbindlichkeit (d. h. der Kapitalbetrag zuzüglich der Zinsen zum LIBOR abzüglich 100 Basispunkte) als Grundgeschäft bestimmen und die gesamte Verbindlichkeit gegen Änderungen des beizulegenden Zeitwerts oder der Cashflows, die auf Veränderungen des LIBORs zurückzuführen sind, absichern. Das Unternehmen kann auch einen anderen Hedge-Faktor als eins zu eins wählen, um die Wirksamkeit der Absicherung, wie in Paragraph AG100 beschrieben, zu verbessern.

AG99D Wenn ein festverzinsliches Finanzinstrument einige Zeit nach seiner Emission abgesichert wird und sich die Zinssätze zwischenzeitlich geändert haben, kann das Unternehmen einen Teil bestimmen, der einem Richtzinssatz entspricht […]. […]. Als Beispiel wird angenommen, dass ein Unternehmen einen festverzinslichen finanziellen Vermögenswert über WE 100 mit einem Effektivzinssatz von 6 Prozent zu einem Zeitpunkt emittiert, an dem der LIBOR 4 Prozent beträgt. Die Absicherung dieses Vermögenswertes beginnt zu einem späteren Zeitpunkt, zu dem der LIBOR auf 8 Prozent gestiegen ist und der beizulegende Zeitwert des Vermögenswertes auf WE 90 gefallen ist. Das Unternehmen berechnet, dass der Effektivzinssatz 9,5 Prozent betragen würde, wenn es den Vermögenswert zu dem Zeitpunkt erworben hätte, als es ihn erstmalig als Grundgeschäft zu seinem zu diesem Zeitpunkt geltenden beizulegenden Zeitwert von WE 90 bestimmt hätte. […] Das Unternehmen kann einen Anteil des LIBOR von 8 Prozent bestimmen, der zum einen Teil aus den vertraglichen Zinszahlungen und zum anderen Teil aus der Differenz zwischen dem aktuellen beizulegenden Zeitwert (d. h. WE 90) und dem bei Fälligkeit zu zahlenden Betrag (d. h. WE 100) besteht.

Bestimmung nicht finanzieller Posten als Grundgeschäfte (Paragraph 82)

AG100 Preisänderungen eines Bestandteils oder einer Komponente eines nicht finanziellen Vermögenswertes oder einer nicht finanziellen Verbindlichkeit haben in der Regel keine vorhersehbaren, getrennt bestimmbaren Auswirkungen auf den Preis des Postens, die mit den Auswirkungen z. B. einer Änderung der Marktzinses oder des Kurses einer Anleihe vergleichbar wären. Daher kann ein nicht finanzieller Vermögenswert oder eine nicht finanzielle Verbindlichkeit nur insgesamt oder für Währungsrisiken als Grundgeschäft bestimmt werden. Gibt es einen Unterschied zwischen den Bedingungen des Sicherungsinstruments und des Grundgeschäfts (wie beispielsweise für die Absicherung eines geplanten Kaufs von brasilianischem Kaffee durch ein Forwardgeschäft auf den Kauf von kolumbianischem Kaffee zu ansonsten vergleichbaren Bedingungen), kann die Sicherungsbeziehung dennoch als eine solche gelten, sofern alle Voraussetzungen aus Paragraph 88, einschließlich derjenigen, dass die Absicherung als in hohem Maße tatsächlich wirksam eingeschätzt wird, erfüllt sind. Für diesen Zweck kann der Wert des Sicherungsinstruments größer oder kleiner als der des Grundgeschäfts sein, wenn dadurch die Wirksamkeit der Sicherungsbeziehung verbessert wird. Eine Regressionsanalyse könnte beispielsweise durchgeführt werden, um einen statistischen Zusammenhang zwischen dem Grundgeschäft (z. B. einer Transaktion mit brasilianischem Kaffee) und dem Sicherungsinstrument (z. B. einer Transaktion mit kolumbianischem Kaffee) aufzustellen. Gibt es einen validen statistischen Zusammenhang zwischen den beiden Variablen (d. h. zwischen dem Preis je Einheit von brasilianischem Kaffee und kolumbianischem Kaffee), kann

operations may affect consolidated profit or loss. This could occur, for example, because the plant and equipment will be depreciated by the purchasing entity and the amount initially recognised for the plant and equipment may change if the forecast intragroup transaction is denominated in a currency other than the functional currency of the purchasing entity.

If a hedge of a forecast intragroup transaction qualifies for hedge accounting, any gain or loss that is recognised directly in equity in accordance with paragraph 95(a) shall be reclassified into profit or loss in the same period or periods during which the foreign currency risk of the hedged transaction affects consolidated profit or loss. **AG99B**

Designation of Financial Items as Hedged Items (paragraphs 81 and 81A)

[…] The entity may designate all of the cash flows of the entire financial asset or financial liability as the hedged item and hedge them for only one particular risk (eg only for changes that are attributable to changes in LIBOR). For example, in the case of a financial liability whose effective interest rate is 100 basis points below LIBOR, an entity can designate as the hedged item the entire liability (ie principal plus interest at LIBOR minus 100 basis points) and hedge the change in the fair value or cash flows of that entire liability that is attributable to changes in LIBOR. The entity may also choose a hedge ratio of other than one to one in order to improve the effectiveness of the hedge as described in paragraph AG100. **AG99C**

In addition, if a fixed rate financial instrument is hedged some time after its origination and interest rates have changed in the meantime, the entity can designate a portion equal to a benchmark rate […]. For example, assume an entity originates a fixed rate financial asset of CU100 that has an effective interest rate of 6 per cent at a time when LIBOR is 4 per cent. It begins to hedge that asset some time later when LIBOR has increased to 8 per cent and the fair value of the asset has decreased to CU90. The entity calculates that if it had purchased the asset on the date it first designates it as the hedged item for its then fair value of CU90, the effective yield would have been 9.5 per cent. […] The entity can designate a LIBOR portion of 8 per cent that consists partly of the contractual interest cash flows and partly of the difference between the current fair value (ie CU90) and the amount repayable on maturity (ie CU100). **AG99D**

Designation of Non-Financial Items as Hedged Items (paragraph 82)

Changes in the price of an ingredient or component of a non-financial asset or non-financial liability generally do not have a predictable, separately measurable effect on the price of the item that is comparable to the effect of, say, a change in market interest rates on the price of a bond. Thus, a non-financial asset or non-financial liability is a hedged item only in its entirety or for foreign exchange risk. If there is a difference between the terms of the hedging instrument and the hedged item (such as for a hedge of the forecast purchase of Brazilian coffee using a forward contract to purchase Colombian coffee on otherwise similar terms), the hedging relationship nonetheless can qualify as a hedge relationship provided all the conditions in paragraph 88 are met, including that the hedge is expected to be highly effective. For this purpose, the amount of the hedging instrument may be greater or less than that of the hedged item if this improves the effectiveness of the hedging relationship. For example, a regression analysis could be performed to establish a statistical relationship between the hedged item (eg a transaction in Brazilian coffee) and the hedging instrument (eg a transaction in Columbian coffee). If there is a valid statistical relationship between the two variables (ie between the unit prices of Brazilian coffee and Columbian coffee), the slope of the regression line can be used to establish the hedge ratio that will maximise expected effectiveness. For example, if the slope of the regression line is 1.02, a hedge ratio based on 0.98 quantities of hedged items to 1.00 quantities of the hedging instrument maximises expected effectiveness. **AG100**

IAS 39

die Steigung der Regressionskurve zur Feststellung des Hedge-Faktors, der die erwartete Wirksamkeit maximiert, verwendet werden. Liegt beispielsweise die Steigung der Regressionskurve bei 1,02, maximiert ein Hedge-Faktor, der auf 0,98 Mengeneinheiten der gesicherten Posten zu 1,00 Mengeneinheiten der Sicherungsinstrumente basiert, die erwartete Wirksamkeit. Die Sicherungsbeziehung kann jedoch zu einer Unwirksamkeit führen, die im Zeitraum der Sicherungsbeziehung im Ergebnis erfasst wird.

Bestimmung von Gruppen von Posten als Grundgeschäfte (Paragraphen 83 und 84)

AG101 Eine Absicherung einer gesamten Nettoposition (z. B. der Saldo aller festverzinslichen Vermögenswerte und festverzinslichen Verbindlichkeiten mit ähnlichen Laufzeiten) im Gegensatz zu einer Absicherung eines einzelnen Postens erfüllt nicht die Kriterien für eine Bilanzierung als Sicherungsbeziehung. Allerdings können bei einem solchen Sicherungszusammenhang annähernd die gleichen Auswirkungen auf das Ergebnis erzielt werden wie bei einer Bilanzierung von Sicherungsbeziehungen, wenn nur ein Teil der zugrunde liegenden Posten als Grundgeschäft bestimmt wird. Wenn beispielsweise eine Bank über Vermögenswerte von WE 100 und Verbindlichkeiten in Höhe von WE 90 verfügt, deren Risiken und Laufzeiten in ähnlich sind, und die Bank das verbleibende Nettorisiko von WE 10 absichert, so kann sie WE 10 dieser Vermögenswerte als Grundgeschäft bestimmen. Eine solche Bestimmung kann erfolgen, wenn es sich bei den besagten Vermögenswerten und Verbindlichkeiten um festverzinsliche Instrumente handelt, was in diesem Fall einer Absicherung des beizulegenden Zeitwerts entspricht, oder wenn es sich um variabel verzinsliche Instrumente handelt, wobei es sich dann um eine Absicherung von Cashflows handelt. Ähnlich wäre dies im Falle eines Unternehmens, das eine feste Verpflichtung zum Kauf in einer Fremdwährung in Höhe von WE 100 sowie eine feste Verpflichtung zum Verkauf in dieser Währung in Höhe von WE 90 eingegangen ist; in diesem Fall kann es den Nettobetrag von WE 10 durch den Kauf eines Derivats absichern, das als Sicherungsinstrument zum Erwerb von WE 10 als Teil der festen Verpflichtung zum Kauf von WE 100 bestimmt wird.

Bilanzierung von Sicherungsbeziehungen(Paragraphen 85–102)

AG102 Ein Beispiel für die Absicherung des beizulegenden Zeitwertes ist die Absicherung des Risikos aus einer Änderung des beizulegenden Zeitwertes eines festverzinslichen Schuldinstruments auf Grund einer Zinsänderung. Eine solche Sicherungsbeziehung kann vonseiten des Emittenten oder des Inhabers des Schuldinstruments eingegangen werden.

AG103 Ein Beispiel für eine Absicherung von Cashflows ist der Einsatz eines Swap-Kontrakts, mit dem variabel verzinsliche Verbindlichkeiten gegen festverzinsliche Verbindlichkeiten getauscht werden (d. h. eine Absicherung gegen Risiken aus einer künftigen Transaktion, wobei die abgesicherten künftigen Cashflows hierbei die künftigen Zinszahlungen darstellen).

AG104 Die Absicherung einer festen Verpflichtung (z. B. eine Absicherung gegen Risiken einer Änderung des Kraftstoffpreises im Rahmen einer nicht bilanzierten vertraglichen Verpflichtung eines Energieversorgers zum Kauf von Kraftstoff zu einem festgesetzten Preis) ist eine Absicherung des Risikos einer Änderung des beizulegenden Zeitwertes. Demzufolge stellt solch eine Sicherungsbeziehung eine Absicherung des beizulegenden Zeitwertes dar. Nach Paragraph 87 könnte jedoch eine Absicherung des Währungsrisikos einer festen Verpflichtung alternativ als eine Absicherung von Cashflows behandelt werden.

Beurteilung der Wirksamkeit einer Sicherungsbeziehung

AG105 Eine Sicherungsbeziehung wird nur dann als in hohem Maße wirksam angesehen, wenn die beiden folgenden Voraussetzungen erfüllt sind:
(a) Zu Beginn der Sicherungsbeziehung und in den darauf folgenden Perioden wird die Absicherung als in hohem Maße wirksam hinsichtlich der Erreichung einer Kompensation der Risiken aus Änderungen des beizulegenden Zeitwertes oder der Cashflows in Bezug auf das abgesicherte Risiko eingeschätzt. Eine solche Einschätzung kann auf verschiedene Weisen nachgewiesen werden, u. a. durch einen Vergleich bisheriger Änderungen des beizulegenden Zeitwertes oder der Cashflows des Grundgeschäfts, die auf das abgesicherte Risiko zurückzuführen sind, mit bisherigen Änderungen des beizulegenden Zeitwertes oder der Cashflows des Sicherungsinstruments oder durch den Nachweis einer hohen statistischen Korrelation zwischen dem beizulegenden Zeitwert oder den Cashflows des Grundgeschäfts und denen des Sicherungsinstruments. Das Unternehmen kann einen anderen Hedge-Faktor als eins zu eins wählen, um die Wirksamkeit der Absicherung, wie in Paragraph AG100 beschrieben, zu verbessern.

Designation of Groups of Items as Hedged Items (paragraphs 83 and 84)

AG101 A hedge of an overall net position (eg the net of all fixed rate assets and fixed rate liabilities with similar maturities), rather than of a specific hedged item, does not qualify for hedge accounting. However, almost the same effect on profit or loss of hedge accounting for this type of hedging relationship can be achieved by designating as the hedged item part of the underlying items. For example, if a bank has CU100 of assets and CU90 of liabilities with risks and terms of a similar nature and hedges the net CU10 exposure, it can designate as the hedged item CU10 of those assets. This designation can be used if such assets and liabilities are fixed rate instruments, in which case it is a fair value hedge, or if they are variable rate instruments, in which case it is a cash flow hedge. Similarly, if an entity has a firm commitment to make a purchase in a foreign currency of CU100 and a firm commitment to make a sale in the foreign currency of CU90, it can hedge the net amount of CU10 by acquiring a derivative and designating it as a hedging instrument associated with CU10 of the firm purchase commitment of CU100.

Hedge Accounting (paragraphs 85—102)

AG102 An example of a fair value hedge is a hedge of exposure to changes in the fair value of a fixed rate debt instrument as a result of changes in interest rates. Such a hedge could be entered into by the issuer or by the holder.

AG103 An example of a cash flow hedge is the use of a swap to change floating rate debt to fixed rate debt (ie a hedge of a future transaction where the future cash flows being hedged are the future interest payments).

AG104 A hedge of a firm commitment (eg a hedge of the change in fuel price relating to an unrecognised contractual commitment by an electric utility to purchase fuel at a fixed price) is a hedge of an exposure to a change in fair value. Accordingly, such a hedge is a fair value hedge. However, under paragraph 87 a hedge of the foreign currency risk of a firm commitment could alternatively be accounted for as a cash flow hedge.

Assessing Hedge Effectiveness

AG105 A hedge is regarded as highly effective only if both of the following conditions are met:
(a) At the inception of the hedge and in subsequent periods, the hedge is expected to be highly effective in achieving offsetting changes in fair value or cash flows attributable to the hedged risk during the period for which the hedge is designated. Such an expectation can be demonstrated in various ways, including a comparison of past changes in the fair value or cash flows of the hedged item that are attributable to the hedged risk with past changes in the fair value or cash flows of the hedging instrument, or by demonstrating a high statistical correlation between the fair value or cash flows of the hedged item and those of the hedging instrument. The entity may choose a hedge ratio of other than one to one in order to improve the effectiveness of the hedge as described in paragraph AG100.

(b) Die aktuellen Ergebnisse der Sicherungsbeziehung liegen innerhalb einer Bandbreite von 80–125 Prozent. Sehen die aktuellen Ergebnisse so aus, dass beispielsweise der Verlust aus einem Sicherungsinstrument WE 120 und der Gewinn aus dem monetären Instrument WE 100 beträgt, so kann die Kompensation anhand der Berechnung 120/100 bewertet werden, was einem Ergebnis von 120 Prozent oder anhand von 100/120 einem Ergebnis von 83 Prozent entspricht. Angenommen, dass in diesem Beispiel die Sicherungsbeziehung die Voraussetzungen unter (a) erfüllt, würde das Unternehmen daraus schließen, dass die Sicherungsbeziehung in hohem Maße wirksam gewesen ist.

AG106 Eine Beurteilung der Wirksamkeit von Sicherungsinstrumenten hat mindestens zum Zeitpunkt der Aufstellung des jährlichen Abschlusses oder des Zwischenabschlusses zu erfolgen.

AG107 Dieser Standard schreibt keine bestimmte Methode zur Beurteilung der Wirksamkeit einer Sicherungsbeziehung vor. Die von einem Unternehmen gewählte Methode zur Beurteilung der Wirksamkeit einer Sicherungsbeziehung richtet sich nach seiner Risikomanagementstrategie. Wenn beispielsweise die Risikomanagementstrategie eines Unternehmens vorsieht, die Höhe des Sicherungsinstruments periodisch anzupassen, um Änderungen der abgesicherten Position widerzuspiegeln, hat das Unternehmen den Nachweis zu erbringen, dass die Sicherungsbeziehung nur für die Periode als in hohem Maße wirksam eingeschätzt wird, bis die Höhe des Sicherungsinstruments das nächste Mal angepasst wird. In manchen Fällen werden für verschiedene Sicherungsbeziehungen unterschiedliche Methoden verwendet. In der Dokumentation seiner Sicherungsstrategie macht ein Unternehmen Angaben über die zur Beurteilung der Wirksamkeit eingesetzten Methoden und Verfahren. Diese sollten auch angeben, ob bei der Beurteilung sämtliche Gewinne oder Verluste aus einem Sicherungsinstrument berücksichtigt werden oder ob der Zeitwert des Instruments unberücksichtigt bleibt.

AG107A [...].

AG108 Sind die wesentlichen Bedingungen des Sicherungsinstruments und des gesicherten Vermögenswertes, der gesicherten Verbindlichkeit, der festen Verpflichtung oder der sehr wahrscheinlichen vorhergesehenen Transaktion gleich, so ist wahrscheinlich, dass sich die Änderungen des beizulegenden Zeitwertes und der Cashflows, die auf das abgesicherte Risiko zurückzuführen sind, gegenseitig vollständig ausgleichen, und dies gilt sowohl zu Beginn der Sicherungsbeziehung als auch danach. So ist beispielsweise ein Zinsswap voraussichtlich ein wirksames Sicherungsinstrumentbeziehung, wenn Nominal- und Kapitalbetrag, Laufzeiten, Zinsanpassungstermine, die Zeitpunkte der Zins- und Tilgungsein- und -auszahlungen sowie die Bemessungsgrundlage zur Festsetzung der Zinsen für das Sicherungsinstrument und das Grundgeschäft gleich sind. Außerdem ist die Absicherung eines erwarteten Warenkaufs, dessen Eintritt hoch wahrscheinlich ist, durch ein Forwardgeschäft eine hoch wirksam, sofern:
(a) das Forwardgeschäft den Erwerb einer Ware der gleichen Art und Menge, zum gleichen Zeitpunkt und Ort wie das erwartete Grundgeschäft zum Gegenstand hat;
(b) der beizulegende Zeitwert des Forwardgeschäfts zu Beginn Null ist; und
(c) entweder die Änderung des Disagios oder des Agios des Forwardgeschäfts aus der Beurteilung der Wirksamkeit herausgenommen und direkt im Ergebnis erfasst wird oder die Änderung der erwarteten Cashflows aus der erwarteten Transaktion, deren Eintritt hoch wahrscheinlich ist, auf dem Forwardkurs der zugrunde liegenden Ware basiert.

AG109 Manchmal kompensiert das Sicherungsinstrument nur einen Teil des abgesicherten Risikos. So dürfte eine Sicherungsbeziehung nur zum Teil wirksam sein, wenn das Sicherungsinstrument und das Grundgeschäft auf verschiedene Währungen lauten und beide sich nicht parallel entwickeln. Des gleichen dürfte die Absicherung eines Zinsrisikos mithilfe eines derivativen Finanzinstruments nur bedingt wirksam sein, wenn ein Teil der Änderung des beizulegenden Zeitwertes des derivativen Finanzinstruments auf das Ausfallrisiko der Gegenseite zurückzuführen ist.

AG110 Um die Kriterien für eine Bilanzierung als Sicherungsbeziehung zu erfüllen, muss sich die Sicherungsbeziehung nicht nur auf allgemeine Geschäftsrisiken sondern auf ein bestimmtes, identifizier- und bestimmbares Risiko beziehen und sich letztlich auf das Ergebnis des Unternehmens auswirken. Die Absicherung gegen Veralterung von physischen Vermögenswerten oder gegen das Risiko einer staatlichen Enteignung von Gegenständen kann nicht als Sicherungsbeziehung bilanziert werden, denn die Wirksamkeit lässt sich nicht bewerten, da die hiermit verbundenen Risiken nicht verlässlich geschätzt werden können.

AG111 Im Falle eines Zinsänderungsrisikos kann die Wirksamkeit einer Sicherungsbeziehung durch die Erstellung eines Fälligkeitsplans für finanzielle Vermögenswerte und finanzielle Verbindlichkeiten beurteilt werden, aus dem das Nettozinsänderungsrisiko für jede Periode hervorgeht, vorausgesetzt das Nettorisiko ist mit einem besonderen Vermögenswert oder einer besonderen Verbindlichkeit verbunden (oder einer besonderen Gruppe

(b) The actual results of the hedge are within a range of 80—125 per cent. For example, if actual results are such that the loss on the hedging instrument is CU120 and the gain on the cash instruments CU100, offset can be measured by 120/100, which is 120 per cent, or by 100/120, which is 83 per cent. In this example, assuming the hedge meets the condition in (a) the entity would conclude that the hedge has been highly effective.

AG106 Effectiveness is assessed, at a minimum, at the time an entity prepares its annual or interim financial statements.

AG107 This Standard does not specify a single method for assessing hedge effectiveness. The method an entity adopts for assessing hedge effectiveness depends on its risk management strategy. For example, if the entity's risk management strategy is to adjust the amount of the hedging instrument periodically to reflect changes in the hedged position, the entity needs to demonstrate that the hedge is expected to be highly effective only for the period until the amount of the hedging instrument is next adjusted. In some cases, an entity adopts different methods for different types of hedges. An entity's documentation of its hedging strategy includes its procedures for assessing effectiveness. Those procedures state whether the assessment includes all of the gain or loss on a hedging instrument or whether the instrument's time value is excluded.

AG107A [...].

AG108 If the principal terms of the hedging instrument and of the hedged asset, liability, firm commitment or highly probable forecast transaction are the same, the changes in fair value and cash flows attributable to the risk being hedged may be likely to offset each other fully, both when the hedge is entered into and afterwards. For example, an interest rate swap is likely to be an effective hedge if the notional and principal amounts, term, repricing dates, dates of interest and principal receipts and payments, and basis for measuring interest rates are the same for the hedging instrument and the hedged item. In addition, a hedge of a highly probable forecast purchase of a commodity with a forward contract is likely to be highly effective if:
(a) the forward contract is for the purchase of the same quantity of the same commodity at the same time and location as the hedged forecast purchase;
(b) the fair value of the forward contract at inception is zero; and
(c) either the change in the discount or premium on the forward contract is excluded from the assessment of effectiveness and recognised in profit or loss or the change in expected cash flows on the highly probable forecast transaction is based on the forward price for the commodity.

AG109 Sometimes the hedging instrument offsets only part of the hedged risk. For example, a hedge would not be fully effective if the hedging instrument and hedged item are denominated in different currencies that do not move in tandem. Also, a hedge of interest rate risk using a derivative would not be fully effective if part of the change in the fair value of the derivative is attributable to the counterparty's credit risk.

AG110 To qualify for hedge accounting, the hedge must relate to a specific identified and designated risk, and not merely to the entity's general business risks, and must ultimately affect the entity's profit or loss. A hedge of the risk of obsolescence of a physical asset or the risk of expropriation of property by a government is not eligible for hedge accounting; effectiveness cannot be measured because those risks are not measurable reliably.

AG111 In the case of interest rate risk, hedge effectiveness may be assessed by preparing a maturity schedule for financial assets and financial liabilities that shows the net interest rate exposure for each time period, provided that the net exposure is associated with a specific asset or liability (or a specific group of assets or liabilities or a specific portion of them) giving rise to the net exposure, and hedge effectiveness is assessed against that asset or liability.

IAS 39

von Vermögenswerten oder Verbindlichkeiten bzw. einem bestimmten Teil davon), auf die das Nettorisiko zurückzuführen ist, und die Wirksamkeit der Absicherung wird in Bezug auf diesen Vermögenswert oder diese Verbindlichkeit beurteilt.

AG112 Bei der Beurteilung der Wirksamkeit einer Sicherungsbeziehung berücksichtigt ein Unternehmen in der Regel den Zeitwert des Geldes. Der feste Zinssatz eines Grundgeschäfts muss dabei nicht exakt mit dem festen Zinssatz eines zur Absicherung des beizulegenden Zeitwertes bestimmten Swaps übereinstimmen. Auch muss der variable Zinssatz eines zinstragenden Vermögenswertes oder einer Verbindlichkeit nicht mit dem variablen Zinssatz eines zur Absicherung von Zahlungsströmen bestimmten Swaps übereinstimmen. Der beizulegende Zeitwert eines Swaps ergibt sich aus seinem Nettoausgleich. So können die festen und variablen Zinssätze eines Swaps ausgetauscht werden, ohne dass dies Auswirkungen auf den Nettoausgleich hat, wenn beide in gleicher Höhe getauscht werden.

AG113 Wenn die Kriterien für die Wirksamkeit einer Sicherungsbeziehung nicht erfüllt werden, stellt das Unternehmen die Bilanzierung von Sicherungsbeziehungen ab dem Zeitpunkt ein, an dem die Wirksamkeit der Sicherungsbeziehung letztmals nachgewiesen wurde. Wenn jedoch ein Unternehmen das Ereignis oder die Änderung des Umstands, wodurch die Sicherungsbeziehung die Wirksamkeitskriterien nicht mehr erfüllte, identifiziert und nachweist, dass die Sicherungsbeziehung vor Eintritt des Ereignisses oder des geänderten Umstands wirksam war, stellt das Unternehmen die Bilanzierung der Sicherungsbeziehung ab dem Zeitpunkt des Ereignisses oder der Änderung des Umstands ein.

Bilanzierung der Absicherung des beizulegenden Zeitwertes zur Absicherung eines Portfolios gegen Zinsänderungsrisiken

AG114 Für die Absicherung eines beizulegenden Zeitwertes hinsichtlich des mit einem Portfolio von finanziellen Vermögenswerten und finanziellen Verbindlichkeiten verbundenen Zinsänderungsrisikos wären die Anforderungen dieses Standards erfüllt, wenn das Unternehmen die unter den nachstehenden Punkten (a)–(i) und den Paragraphen AG115–AG132 dargelegten Verfahren einhält.
  (a) Das Unternehmen identifiziert als Teil seines Risikomanagement-Prozesses ein Portfolio von Posten, deren Zinsänderungsrisiken abgesichert werden sollen. Das Portfolio kann nur Vermögenswerte, nur Verbindlichkeiten oder auch beides, Vermögenswerte und Verbindlichkeiten umfassen. Das Unternehmen kann ein oder mehrere Portfolios bestimmen (seine zur Veräußerung verfügbaren Vermögenswerte können beispielsweise in einem gesonderten Portfolio zusammengefasst werden), wobei es die nachstehenden Anleitungen für jedes Portfolio gesondert anwendet.
  (b) Das Unternehmen teilt das Portfolio nach Zinsanpassungsperioden auf, die nicht auf vertraglich fixierten, sondern vielmehr auf erwarteten Zinsanpassungsterminen basieren. Diese Aufteilung in Zinsanpassungsperioden kann auf verschiedene Weise durchgeführt werden, einschließlich in Form einer Aufstellung von Cashflows in den Perioden, in denen sie erwartungsgemäß anfallen, oder einer Aufstellung von nominalen Kapitalbeträgen in allen Perioden, bis zum erwarteten Zeitpunkt der Zinsanpassung.
  (c) Auf Grundlage dieser Aufteilung legt das Unternehmen den Betrag fest, den es absichern möchte. Als Grundgeschäft bestimmt das Unternehmen aus dem identifizierten Portfolio einen Betrag von Vermögenswerten oder Verbindlichkeiten (jedoch keinen Nettobetrag), der dem abzusichernden Betrag entspricht. […].
  (d) Das Unternehmen bestimmt das abzusichernde Zinsänderungsrisiko. Dieses Risiko könnte einen Teil des Zinsänderungsrisikos jedes Postens innerhalb der abgesicherten Position darstellen, wie beispielsweise ein Richtzinssatz (z. B. LIBOR).
  (e) Das Unternehmen bestimmt ein oder mehrere Sicherungsinstrumente für jede Zinsanpassungsperiode.
  (f) Gemäß den zuvor erwähnten Einstufungen aus (c)–(e) beurteilt das Unternehmen zu Beginn und in den Folgeperioden, ob es die Sicherungsbeziehung innerhalb der für die Absicherung relevanten Periode als in hohem Maße wirksam einschätzt.
  (g) Das Unternehmen bewertet regelmäßig die Änderung des beizulegenden Zeitwertes des Grundgeschäfts (wie unter (c) bestimmt), die auf das abgesicherte Risiko zurückzuführen ist (wie unter (d) bestimmt) […]. Sofern bestimmt wird, dass die Sicherungsbeziehung zum Zeitpunkt ihrer Beurteilung gemäß der vom Unternehmen dokumentierten Methode zur Beurteilung der Wirksamkeit tatsächlich in hohem Maße wirksam war, erfasst das Unternehmen die Änderung des beizulegenden Zeitwertes des Grundgeschäfts erfolgswirksam im Ergebnis und in einem der beiden Posten der Bilanz, wie im Paragraphen 89A beschrieben. Die Änderung des beizulegenden Zeitwertes braucht nicht einzelnen Vermögenswerten oder Verbindlichkeiten zugeordnet zu werden.

AG112 In assessing the effectiveness of a hedge, an entity generally considers the time value of money. The fixed interest rate on a hedged item need not exactly match the fixed interest rate on a swap designated as a fair value hedge. Nor does the variable interest rate on an interest-bearing asset or liability need to be the same as the variable interest rate on a swap designated as a cash flow hedge. A swap's fair value derives from its net settlements. The fixed and variable rates on a swap can be changed without affecting the net settlement if both are changed by the same amount.

AG113 If an entity does not meet hedge effectiveness criteria, the entity discontinues hedge accounting from the last date on which compliance with hedge effectiveness was demonstrated. However, if the entity identifies the event or change in circumstances that caused the hedging relationship to fail the effectiveness criteria, and demonstrates that the hedge was effective before the event or change in circumstances occurred, the entity discontinues hedge accounting from the date of the event or change in circumstances.

Fair Value Hedge Accounting for a Portfolio Hedge of Interest Rate Risk

AG114 For a fair value hedge of interest rate risk associated with a portfolio of financial assets or financial liabilities, an entity would meet the requirements of this Standard if it complies with the procedures set out in (a)—(i) and paragraphs AG115—AG132 below.
(a) As part of its risk management process the entity identifies a portfolio of items whose interest rate risk it wishes to hedge. The portfolio may comprise only assets, only liabilities or both assets and liabilities. The entity may identify two or more portfolios (eg the entity may group its available-for-sale assets into a separate portfolio), in which case it applies the guidance below to each portfolio separately.
(b) The entity analyses the portfolio into repricing time periods based on expected, rather than contractual, repricing dates. The analysis into repricing time periods may be performed in various ways including scheduling cash flows into the periods in which they are expected to occur, or scheduling notional principal amounts into all periods until repricing is expected to occur.
(c) On the basis of this analysis, the entity decides the amount it wishes to hedge. The entity designates as the hedged item an amount of assets or liabilities (but not a net amount) from the identified portfolio equal to the amount it wishes to designate as being hedged. […].
(d) The entity designates the interest rate risk it is hedging. This risk could be a portion of the interest rate risk in each of the items in the hedged position, such as a benchmark interest rate (eg LIBOR).
(e) The entity designates one or more hedging instruments for each repricing time period.
(f) Using the designations made in (c)—(e) above, the entity assesses at inception and in subsequent periods, whether the hedge is expected to be highly effective during the period for which the hedge is designated.
(g) Periodically, the entity measures the change in the fair value of the hedged item (as designated in (c)) that is attributable to the hedged risk (as designated in (d)), […]. Provided that the hedge is determined actually to have been highly effective when assessed using the entity's documented method of assessing effectiveness, the entity recognises the change in fair value of the hedged item as a gain or loss in profit or loss and in one of two line items in the balance sheet as described in paragraph 89A. The change in fair value need not be allocated to individual assets or liabilities.

(h) Das Unternehmen bestimmt die Änderung des beizulegenden Zeitwertes des/der Sicherungsinstrument(s)e (wie unter (e) festgelegt) und erfasst sie im Ergebnis als Gewinn oder Verlust. Der beizulegende Zeitwert des/der Sicherungsinstrument(s)e wird in der Bilanz als Vermögenswert oder Verbindlichkeit angesetzt.

(i) Jede Unwirksamkeit[5] wird im Ergebnis als Differenz zwischen der Änderung des unter (g) erwähnten beizulegenden Zeitwertes und desjenigen unter (h) erwähnten erfasst.

AG115 Nachstehend wird dieser Ansatz detaillierter beschrieben. Der Ansatz ist nur auf eine Absicherung des beizulegenden Zeitwertes gegen ein Zinsänderungsrisiko in Bezug auf ein Portfolio von finanziellen Vermögenswerten oder finanziellen Verbindlichkeiten anzuwenden.

AG116 Das in Paragraph AG114(a) identifizierte Portfolio könnte Vermögenswerte und Verbindlichkeiten beinhalten. Alternativ könnte es sich auch um ein Portfolio handeln, das nur Vermögenswerte oder nur Verbindlichkeiten umfasst. Das Portfolio wird verwendet, um die Höhe der abzusichernden Vermögenswerte oder Verbindlichkeiten zu bestimmen. Das Portfolio als solches wird jedoch nicht als Grundgeschäft bestimmt.

AG117 Bei der Anwendung von Paragraph AG114(b) legt das Unternehmen den erwarteten Zinsanpassungstermin eines Postens auf den früheren der Termine fest, wenn dieser Posten erwartungsgemäß fällig wird oder an die Marktzinsen angepasst wird. Die erwarteten Zinsanpassungstermine werden zu Beginn der Sicherungsbeziehung und während seiner Laufzeit geschätzt, sie basieren auf historischen Erfahrungen und anderen verfügbaren Informationen, einschließlich Informationen und Erwartungen über Vorfälligkeitsquoten, Zinssätze und die Wechselwirkung zwischen diesen. Ohne unternehmensspezifische Erfahrungswerte oder bei unzureichenden Erfahrungswerten verwenden Unternehmen die Erfahrungen vergleichbarer Unternehmen für vergleichbare Finanzinstrumente. Diese Schätzwerte werden regelmäßig überprüft und im Hinblick auf Erfahrungswerte angepasst. Im Falle eines festverzinslichen, vorzeitig rückzahlbaren Postens ist der erwartete Zinsanpassungstermin der Zeitpunkt, an dem die Rückzahlung erwartet wird, es sei denn, es findet zu einem früheren Zeitpunkt eine Zinsanpassung an Marktzinsen statt. Bei einer Gruppe von vergleichbaren Posten kann die Aufteilung in Perioden auf Grund von erwarteten Zinsanpassungsterminen in der Form durchgeführt werden, dass ein Prozentsatz der Gruppe und nicht einzelne Posten jeder Periode zugewiesen werden. Für solche Zuordnungszwecke dürfen auch andere Methoden verwendet werden. Für die Zuordnung von Tilgungsdarlehen auf Perioden, die auf erwarteten Zinsanpassungsterminen basieren, kann beispielsweise ein Multiplikator für Vorfälligkeitsquoten verwendet werden. Die Methode für eine solche Zuordnung hat jedoch in Übereinstimmung mit dem Risikomanagementverfahren und der -zielsetzung des Unternehmens zu erfolgen.

AG118 Ein Beispiel für eine in Paragraph AG114(c) beschriebene Bestimmung: Wenn in einer bestimmten Zinsanpassungsperiode ein Unternehmen schätzt, dass es festverzinsliche Vermögenswerte von WE 100 und festverzinsliche Verbindlichkeiten von WE 80 hat und beschließt, die gesamte Nettoposition von WE 20 abzusichern, so bestimmt es Vermögenswerte in Höhe von WE 20 (einen Teil der Vermögenswerte) als Grundgeschäft.[6] Die Bestimmung wird vorwiegend als „Betrag einer Währung" (z. B. ein Betrag in Dollar, Euro, Pfund oder Rand) und nicht als einzelne Vermögenswerte bezeichnet. Daraus folgt, dass alle Vermögenswerte (oder Verbindlichkeiten), aus denen der abgesicherte Betrag entstanden ist, d. h.. im vorstehenden Beispiel alle Vermögenswerte von WE 100, Posten sein müssen, deren beizulegender Zeitwerte sich bei Änderung der abgesicherten Zinssätze ändern [...].

AG119 Das Unternehmen hat auch die anderen in Paragraph 88(a) aufgeführten Anforderungen zur Bestimmung und Dokumentation zu erfüllen. Die Unternehmenspolitik bezüglich aller Faktoren, die zur Identifizierung des abzusichernden Betrags und zur Beurteilung der Wirksamkeit verwendet werden, wird bei einer Absicherung eines Portfolios gegen Zinsänderungsrisiken durch die Bestimmung und Dokumentation festgelegt. Folgende Faktoren sind eingeschlossen:
(a) welche Vermögenswerte und Verbindlichkeiten in eine Absicherung des Portfolios einzubeziehen sind und auf welcher Basis sie aus dem Portfolio entfernt werden können.
(b) wie Zinsanpassungstermine geschätzt werden, welche Annahmen von Zinssätzen den Schätzungen von Vorfälligkeitsquoten unterliegen und welches die Basis für die Änderung dieser Schätzungen ist. Dieselbe Methode wird sowohl für die erstmaligen Schätzungen, die zu dem Zeitpunkt erfolgen, wenn ein Vermögenswert oder eine Verbindlichkeit in das gesicherte Portfolio eingebracht wird, als auch für alle späteren Korrekturen dieser Schätzwerte verwendet.

---

5 Die gleichen Wesentlichkeitsüberlegungen gelten in diesem Zusammenhang wie auch im Rahmen aller IFRS.
6 Dieser Standard erlaubt einem Unternehmen, jeden Betrag verfügbarer, qualifizierender Vermögenswerten oder Verbindlichkeiten zu bestimmen, d. h. in diesem Beispiel jeden Betrag von Vermögenswerten zwischen WE 0 und WE 100.

(h) The entity measures the change in fair value of the hedging instrument(s) (as designated in (e)) and recognises it as a gain or loss in profit or loss. The fair value of the hedging instrument(s) is recognised as an asset or liability in the balance sheet.
(i) Any ineffectiveness[5] will be recognised in profit or loss as the difference between the change in fair value referred to in (g) and that referred to in (h).

AG115 This approach is described in more detail below. The approach shall be applied only to a fair value hedge of the interest rate risk associated with a portfolio of financial assets or financial liabilities.

AG116 The portfolio identified in paragraph AG114(a) could contain assets and liabilities. Alternatively, it could be a portfolio containing only assets, or only liabilities. The portfolio is used to determine the amount of the assets or liabilities the entity wishes to hedge. However, the portfolio is not itself designated as the hedged item.

AG117 In applying paragraph AG114(b), the entity determines the expected repricing date of an item as the earlier of the dates when that item is expected to mature or to reprice to market rates. The expected repricing dates are estimated at the inception of the hedge and throughout the term of the hedge, based on historical experience and other available information, including information and expectations regarding prepayment rates, interest rates and the interaction between them. Entities that have no entity-specific experience or insufficient experience use peer group experience for comparable financial instruments. These estimates are reviewed periodically and updated in the light of experience. In the case of a fixed rate item that is prepayable, the expected repricing date is the date on which the item is expected to prepay unless it reprices to market rates on an earlier date. For a group of similar items, the analysis into time periods based on expected repricing dates may take the form of allocating a percentage of the group, rather than individual items, to each time period. An entity may apply other methodologies for such allocation purposes. For example, it may use a prepayment rate multiplier for allocating amortising loans to time periods based on expected repricing dates. However, the methodology for such an allocation shall be in accordance with the entity's risk management procedures and objectives.

AG118 As an example of the designation set out in paragraph AG114(c), if in a particular repricing time period an entity estimates that it has fixed rate assets of CU100 and fixed rate liabilities of CU80 and decides to hedge all of the net position of CU20, it designates as the hedged item assets in the amount of CU20 (a portion of the assets)[6]. The designation is expressed as an 'amount of a currency' (eg an amount of dollars, euro, pounds or rand) rather than as individual assets. It follows that all of the assets (or liabilities) from which the hedged amount is drawn—ie all of the CU100 of assets in the above example—must be items whose fair value changes in response to changes in the interest rate being hedged […].

AG119 The entity also complies with the other designation and documentation requirements set out in paragraph 88(a). For a portfolio hedge of interest rate risk, this designation and documentation specifies the entity's policy for all of the variables that are used to identify the amount that is hedged and how effectiveness is measured, including the following:
(a) which assets and liabilities are to be included in the portfolio hedge and the basis to be used for removing them from the portfolio.
(b) how the entity estimates repricing dates, including what interest rate assumptions underlie estimates of prepayment rates and the basis for changing those estimates. The same method is used for both the initial estimates made at the time an asset or liability is included in the hedged portfolio and for any later revisions to those estimates.

---

5   The same materiality considerations apply in this context as apply throughout IFRSs.
6   The Standard permits an entity to designate any amount of the available qualifying assets or liabilities, ie in this example any amount of assets between CU0 and CU100.

(c) die Anzahl und Dauer der Zinsanpassungsperioden.
(d) wie häufig das Unternehmen die Wirksamkeit überprüfen wird [...].
(e) die verwendete Methode, um den Betrag der Vermögenswerte oder Verbindlichkeiten, die als Grundgeschäft eingesetzt werden [...].
(f) [...] ob das Unternehmen die Wirksamkeit für jede Zinsanpassungsperiode einzeln prüfen wird, für alle Perioden gemeinsam oder eine Kombination von beidem durchführen wird.
Die für die Bestimmung und Dokumentation der Sicherungsbeziehung festgelegten Methoden haben den Risikomanagementverfahren und der -zielsetzung des Unternehmens zu entsprechen. Die Methoden sind nicht willkürlich zu ändern. Sie müssen auf Grundlage der Änderungen der Bedingungen am Markt und anderer Faktoren gerechtfertigt sein und auf den Risikomanagementverfahren und der -zielsetzung des Unternehmens beruhen und mit diesen im Einklang sein.

AG120 Das Sicherungsinstrument, auf das in Paragraph AG114(e) verwiesen wird, kann ein einzelnes Derivat oder ein Portfolio von Derivaten sein, die alle dem nach Paragraph AG114(d) bestimmten gesicherten Zinsänderungsrisiko ausgesetzt sind (z. B. ein Portfolio von Zinsswaps die alle dem Risiko des LIBOR ausgesetzt sind). Ein solches Portfolio von Derivaten kann kompensierende Risikopositionen enthalten. Es kann jedoch keine geschriebenen Optionen oder geschriebenen Nettooptionen enthalten, weil der Standard[7] nicht zulässt, dass solche Optionen als Sicherungsinstrumente eingesetzt werden (außer wenn eine geschriebene Option als Kompensation für eine Kaufoption eingesetzt wird). Wenn das Sicherungsinstrument den nach Paragraph AG114(c) bestimmten Betrag für mehr als eine Zinsanpassungsperiode absichert, wird er allen abzusichernden Perioden zugeordnet. Das gesamte Sicherungsinstrument muss jedoch diesen Zinsanpassungsperioden zugeordnet werden, da der Standard[8] untersagt, eine Sicherungsbeziehung nur für einen Teil der Zeit, in der das Sicherungsinstrument in Umlauf ist, einzusetzen.

AG121 Bewertet ein Unternehmen die Änderung des beizulegenden Zeitwertes eines vorzeitig rückzahlbaren Postens gemäß Paragraph AG114(g), wird der beizulegende Zeitwert des vorzeitig rückzahlbaren Postens auf zwei Arten durch die Änderung des Zinssatzes beeinflusst: Sie beeinflusst den beizulegenden Zeitwert der vertraglichen Cashflows und den beizulegenden Zeitwert der Vorfälligkeitsoption, die in dem vorzeitig rückzahlbarem Posten enthalten ist. Paragraph 81 des Standards gestattet einem Unternehmen, einen Teil eines finanziellen Vermögenswertes oder einer finanziellen Verbindlichkeit, der einem gemeinsamen Risiko ausgesetzt ist, als Grundgeschäft zu bestimmen, sofern die Wirksamkeit bewertet werden kann. [...].

AG122 Der Standard gibt nicht die zur Bestimmung des in Paragraph AG114(g) genannten Betrags verwendeten Methoden vor, insbesondere nicht zur Änderung des beizulegenden Zeitwertes des Grundgeschäfts, das dem abgesicherten Risiko zuzuordnen ist. [...]. Es ist unangebracht zu vermuten, dass Änderungen des beizulegenden Zeitwertes des Grundgeschäfts den Änderungen des Sicherungsinstruments wertmäßig gleichen.

AG123 Wenn das Grundgeschäft für eine bestimmte Zinsanpassungsperiode ein Vermögenswert ist, verlangt Paragraph 89A, dass die Änderung seines Wertes in einem gesonderten Posten innerhalb der Vermögenswerte dargestellt wird. Wenn dagegen das Grundgeschäft für eine bestimmte Zinsanpassungsperiode eine Verbindlichkeit ist, wird die Änderung ihres Wertes in einem gesonderten Posten innerhalb der Verbindlichkeiten dargestellt. Hierbei handelt es sich um die gesonderten Posten, auf die sich Paragraph AG114(g) bezieht. Eine detaillierte Zuordnung zu einzelnen Vermögenswerten (oder Verbindlichkeiten) wird nicht verlangt.

AG124 Paragraph AG114(i) weist darauf hin, dass Unwirksamkeit in dem Maße auftritt, in dem die Änderung des beizulegenden Zeitwertes des dem gesicherten Risiko zuzurechnenden Grundgeschäfts sich von der Änderung des beizulegenden Zeitwertes des Sicherungsderivats unterscheidet. Eine solche Differenz kann aus verschiedenen Gründen auftreten, u. a.:
(a) [...];
(b) Posten aus dem gesicherten Portfolio wurden wertgemindert oder ausgebucht;
(c) die Zahlungstermine des Sicherungsinstruments und des Grundgeschäfts sind verschieden; und
(d) andere Gründe [...].
Eine solche Unwirksamkeit[9] ist zu identifizieren und erfolgswirksam zu erfassen.

---

[7] siehe Paragraphen 77 und AG94
[8] siehe Paragraph 75
[9] Die gleichen Wesentlichkeitsüberlegungen gelten in diesem Zusammenhang wie auch im Rahmen aller IFRS.

(c) the number and duration of repricing time periods.
(d) how often the entity will test effectiveness […].
(e) the methodology used by the entity to determine the amount of assets or liabilities that are designated as the hedged item […].
(f) […] whether the entity will test effectiveness for each repricing time period individually, for all time periods in aggregate, or by using some combination of the two.

The policies specified in designating and documenting the hedging relationship shall be in accordance with the entity's risk management procedures and objectives. Changes in policies shall not be made arbitrarily. They shall be justified on the basis of changes in market conditions and other factors and be founded on and consistent with the entity's risk management procedures and objectives.

AG120 The hedging instrument referred to in paragraph AG114(e) may be a single derivative or a portfolio of derivatives all of which contain exposure to the hedged interest rate risk designated in paragraph AG114(d) (eg a portfolio of interest rate swaps all of which contain exposure to LIBOR). Such a portfolio of derivatives may contain offsetting risk positions. However, it may not include written options or net written options, because the Standard[7] does not permit such options to be designated as hedging instruments (except when a written option is designated as an offset to a purchased option). If the hedging instrument hedges the amount designated in paragraph AG114(c) for more than one repricing time period, it is allocated to all of the time periods that it hedges. However, the whole of the hedging instrument must be allocated to those repricing time periods because the Standard[8] does not permit a hedging relationship to be designated for only a portion of the time period during which a hedging instrument remains outstanding.

AG121 When the entity measures the change in the fair value of a prepayable item in accordance with paragraph AG114(g), a change in interest rates affects the fair value of the prepayable item in two ways: it affects the fair value of the contractual cash flows and the fair value of the prepayment option that is contained in a prepayable item. Paragraph 81 of the Standard permits an entity to designate a portion of a financial asset or financial liability, sharing a common risk exposure, as the hedged item, provided effectiveness can be measured. […].

AG122 The Standard does not specify the techniques used to determine the amount referred to in paragraph AG114(g), namely the change in the fair value of the hedged item that is attributable to the hedged risk. […]. It is not appropriate to assume that changes in the fair value of the hedged item equal changes in the value of the hedging instrument.

AG123 Paragraph 89A requires that if the hedged item for a particular repricing time period is an asset, the change in its value is presented in a separate line item within assets. Conversely, if the hedged item for a particular repricing time period is a liability, the change in its value is presented in a separate line item within liabilities. These are the separate line items referred to in paragraph AG114(g). Specific allocation to individual assets (or liabilities) is not required.

AG124 Paragraph AG114(i) notes that ineffectiveness arises to the extent that the change in the fair value of the hedged item that is attributable to the hedged risk differs from the change in the fair value of the hedging derivative. Such a difference may arise for a number of reasons, including:
(a) […];
(b) items in the hedged portfolio becoming impaired or being derecognised;
(c) the payment dates of the hedging instrument and the hedged item being different; and
(d) other causes […].
Such ineffectiveness[9] shall be identified and recognised in profit or loss.

---

7   see paragraphs 77 and AG94
8   see paragraph 75
9   The same materiality considerations apply in this context as apply throughout IFRSs.

AG125 Die Wirksamkeit der Absicherung wird im Allgemeinen verbessert:
(a) wenn das Unternehmen die Posten mit verschiedenen Rückzahlungseigenschaften auf eine Art aufteilt, die die Verhaltensunterschiede von vorzeitigen Rückzahlungen berücksichtigt.
(b) wenn die Anzahl der Posten im Portfolio größer ist. Wenn nur wenige Posten zu dem Portfolio gehören, ist eine relativ hohe Unwirksamkeit wahrscheinlich, wenn bei einem der Posten eine Vorauszahlung früher oder später als erwartet erfolgt. Wenn dagegen das Portfolio viele Posten umfasst, kann das Verhalten von Vorauszahlungen genauer vorausgesagt werden.
(c) wenn die verwendeten Zinsanpassungsperioden kürzer sind (z. B. Zinsanpassungsperioden von 1 Monat anstelle von 3 Monaten). Kürzere Zinsanpassungsperioden verringern den Effekt von Inkongruenz zwischen dem Zinsanpassungs- und dem Zahlungstermin (innerhalb der Zinsanpassungsperioden) des Grundgeschäfts und des Sicherungsinstruments.
(d) je größer die Häufigkeit ist, mit der der Betrag des Sicherungsinstruments angepasst wird, um Änderungen des Grundgeschäfts widerzuspiegeln (z. B. auf Grund von Änderungen der Erwartungen bei den vorzeitigen Rückzahlungen).

AG126 Ein Unternehmen überprüft regelmäßig die Wirksamkeit. [...].

AG127 Bei der Bewertung der Wirksamkeit unterscheidet das Unternehmen zwischen Überarbeitungen der geschätzten Zinsanpassungstermine der bestehenden Vermögenswerte (oder Verbindlichkeiten) und der Emission neuer Vermögenswerte (oder Verbindlichkeiten), wobei nur erstere Unwirksamkeit auslösen. [...]. Sobald eine Unwirksamkeit, wie zuvor erwähnt, erfasst wurde, erstellt das Unternehmen eine neue Schätzung der gesamten Vermögenswerte (oder Verbindlichkeiten) für jede Zinsanpassungsperiode, wobei neue Vermögenswerte (oder Verbindlichkeiten), die seit der letzten Überprüfung der Wirksamkeit emittiert wurden, einbezogen werden, und bestimmt einen neuen Betrag für das Grundgeschäft und einen neuen Prozentsatz für die Absicherung. [...].

AG128 Posten, die ursprünglich in eine Zinsanpassungsperiode aufgeteilt wurden, können ausgebucht sein, da vorzeitige Rückzahlungen oder Abschreibungen auf Grund von Wertminderung oder Verkauf früher als erwartet stattfanden. In diesem Falle ist der Änderungsbetrag des beizulegenden Zeitwertes des gesonderten Postens (siehe Paragraph AG114(g)), der sich auf den ausgebuchten Posten bezieht, aus der Bilanz zu entfernen und in den Gewinn oder Verlust, der bei der Ausbuchung des Postens entsteht, einzubeziehen. Zu diesem Zweck ist es notwendig, die Zinsanpassungsperiode(n) zu kennen, der der ausgebuchte Posten zugeteilt war, um ihn aus dieser/diesen zu entfernen und um folglich den Betrag aus dem gesonderten Posten (siehe Paragraph AG114(g)) zu entfernen. Wenn bei der Ausbuchung eines Postens die Zinsanpassungsperiode bestimmt werden kann, zu der er gehörte, wird er aus dieser Periode entfernt. Ist dies nicht möglich, wird er aus der frühesten Periode entfernt, wenn die Ausbuchung auf Grund höher als erwarteter vorzeitiger Rückzahlungen stattfand, oder allen Perioden zugeordnet, die den ausgebuchten Posten in einer systematischen und vernünftigen Weise enthalten, sofern der Posten verkauft oder wertgemindert wurde.

AG129 Jeder sich auf eine bestimmte Periode beziehender Betrag, der bei Ablauf der Periode nicht ausgebucht wurde, wird im Ergebnis für diesen Zeitraum erfasst (siehe Paragraph 89A). [...].

AG130 [...].

AG131 Wenn der gesicherte Betrag für die Zinsanpassungsperiode verringert wird, ohne dass die zugehörigen Vermögenswerte (oder Verbindlichkeiten) ausgebucht werden, ist der zu der Wertminderung gehörende Betrag, der in dem gesonderten Posten, wie in Paragraph AG114(g) beschrieben, enthalten ist, gemäß Paragraph 92 abzuschreiben.

AG132 Ein Unternehmen möchte eventuell den in den Paragraphen AG114–AG131 dargelegten Ansatz auf die Absicherung eines Portfolios, das zuvor als Absicherung von Zahlungsströmen gemäß IAS 39 bilanziert wurde, anwenden. Dieses Unternehmen würde den vorherigen Einsatz der Absicherung von Zahlungsströmen gemäß Paragraph 101(d) rückgängig machen und die Anforderungen dieses Paragraphen anwenden. Es würde gleichzeitig das Sicherungsgeschäft als Absicherung des beizulegenden Zeitwertes neu bestimmen und den in den Paragraphen AG114–AG131 beschriebenen Ansatz prospektiv auf die nachfolgenden Berichtsperioden anwenden.

AG133 Ein Unternehmen kann eine künftige konzerninterne Transaktion als Grundgeschäft zu Beginn eines Geschäftsjahres, das am oder nach dem 1. Januar 2005 beginnt (oder im Sinne der Neufassung vergleichender Informationen zu Beginn eines früheren Vergleichszeitraums) im Rahmen eines Sicherungsgeschäfts ausgewiesen haben, das für die Bilanzierung von Sicherungsbeziehungen im Sinne dieses Standards in Frage kommt (in Form der

Generally, the effectiveness of the hedge will be improved: AG125
(a) if the entity schedules items with different prepayment characteristics in a way that takes account of the differences in prepayment behaviour.
(b) when the number of items in the portfolio is larger. When only a few items are contained in the portfolio, relatively high ineffectiveness is likely if one of the items prepays earlier or later than expected. Conversely, when the portfolio contains many items, the prepayment behaviour can be predicted more accurately.
(c) when the repricing time periods used are narrower (eg 1-month as opposed to 3-month repricing time periods). Narrower repricing time periods reduces the effect of any mismatch between the repricing and payment dates (within the repricing time period) of the hedged item and those of the hedging instrument.
(d) the greater the frequency with which the amount of the hedging instrument is adjusted to reflect changes in the hedged item (eg because of changes in prepayment expectations).

An entity tests effectiveness periodically. [...]. AG126

When measuring effectiveness, the entity distinguishes revisions to the estimated repricing dates of existing assets (or liabilities) from the origination of new assets (or liabilities), with only the former giving rise to ineffectiveness. [...]. Once ineffectiveness has been recognised as set out above, the entity establishes a new estimate of the total assets (or liabilities) in each repricing time period, including new assets (or liabilities) that have been originated since it last tested effectiveness, and designates a new amount as the hedged item and a new percentage as the hedged percentage. [...]. AG127

Items that were originally scheduled into a repricing time period may be derecognised because of earlier than expected prepayment or write-offs caused by impairment or sale. When this occurs, the amount of change in fair value included in the separate line item referred to in paragraph AG114(g) that relates to the derecognised item shall be removed from the balance sheet, and included in the gain or loss that arises on derecognition of the item. For this purpose, it is necessary to know the repricing time period(s) into which the derecognised item was scheduled, because this determines the repricing time period(s) from which to remove it and hence the amount to remove from the separate line item referred to in paragraph AG114(g). When an item is derecognised, if it can be determined in which time period it was included, it is removed from that time period. If not, it is removed from the earliest time period if the derecognition resulted from higher than expected prepayments, or allocated to all time periods containing the derecognised item on a systematic and rational basis if the item was sold or became impaired. AG128

In addition, any amount relating to a particular time period that has not been derecognised when the time period expires is recognised in profit or loss at that time (see paragraph 89A). [...]. AG129

[...]. AG130

If the hedged amount for a repricing time period is reduced without the related assets (or liabilities) being derecognised, the amount included in the separate line item referred to in paragraph AG114(g) that relates to the reduction shall be amortised in accordance with paragraph 92. AG131

An entity may wish to apply the approach set out in paragraphs AG114—AG131 to a portfolio hedge that had previously been accounted for as a cash flow hedge in accordance with IAS 39. Such an entity would revoke the previous designation of a cash flow hedge in accordance with paragraph 101(d), and apply the requirements set out in that paragraph. It would also redesignate the hedge as a fair value hedge and apply the approach set out in paragraphs AG114—AG131 prospectively to subsequent accounting periods. AG132

An entity may have designated a forecast intragroup transaction as a hedged item at the start of an annual period beginning on or after 1 January 2005 (or, for the purpose of restating comparative information, the start of an earlier comparative period) in a hedge that would qualify for hedge accounting in accordance with this Standard (as amended by the last sentence of paragraph 80). Such an entity may use that designation to apply hedge AG133

Änderung durch den letzten Satz von Paragraph 80). Ein solches Unternehmen kann diesen Ausweis dazu nutzen, die Bilanzierung von Sicherungsbeziehungen auf den Konzernabschluss ab Beginn des Geschäftsjahres anzuwenden, das am oder nach dem 1. Januar 2005 beginnt (bzw. zu Beginn eines früheren Vergleichzeitraums). Ein solches Unternehmen legt ebenfalls die Paragraphen AG99A und AG99B ab Beginn des Geschäftsjahres zu Grunde, das am oder nach dem 1. Januar 2005 beginnt. In Übereinstimmung mit Paragraph 108B muss es jedoch nicht Paragraph AG99B auf vergleichende Informationen für frühere Berichtszeiträume anwenden.

accounting in consolidated financial statements from the start of the annual period beginning on or after 1 January 2005 (or the start of the earlier comparative period). Such an entity shall also apply paragraphs AG99A and AG99B from the start of the annual period beginning on or after 1 January 2005. However, in accordance with paragraph 108B, it need not apply paragraph AG99B to comparative information for earlier periods.

International Accounting Standard 40

Als Finanzinvestition gehaltene Immobilien

> International Accounting Standard 40 *Als Finanzinvestition gehaltene Immobilien* (IAS 40) ist in den Paragraphen 1–86 festgelegt. Alle Paragraphen sind gleichrangig, behalten jedoch das IASC-Format des Standards, mit dem dieser durch den IASB verabschiedet wurde. IAS 40 ist in Verbindung mit dem *Vorwort zu den International Financial Reporting Standards* und dem *Rahmenkonzept für die Aufstellung und Darstellung von Abschlüssen* zu betrachten. IAS 8 *Bilanzierungs- und Bewertungsmethoden, Änderungen von Schätzungen und Fehler*, stellt beim Fehlen ausdrücklicher Leitlinien eine Grundlage für die Auswahl und für die Anwendung von Bilanzierungs- und Bewertungsmethoden bereit.

INHALT

	Ziffer
Zielsetzung	1
Anwendungsbereich	2–4
Definitionen	5–15
Ansatz	16–19
Bewertung beim Ansatz	20–29
Bewertung nach dem Ansatz	30–56
Bilanzierungs- und Bewertungsmethode	30–32
Als Finanzinvestition gehaltene, mit Verbindlichkeiten verbundene Immobilien	32A–32C
Modell des beizulegenden Zeitwerts	33–55
Unfähigkeit, den beizulegenden Zeitwert verlässlich zu ermitteln	53–55
Anschaffungskostenmodell	56
Übertragungen	57–65
Abgänge	66–73
Angaben	74–79
Modell des beizulegenden Zeitwerts und Anschaffungskostenmodell	74–79
Modell des beizulegenden Zeitwerts	76–78
Anschaffungskostenmodell	79
Übergangsvorschriften	80–84
Modell des beizulegenden Zeitwerts	80–82
Anschaffungskostenmodell	83–84
Zeitpunkt des Inkrafttretens	85
Rücknahme von IAS 40 (2000)	86

Dieser überarbeitete Standard ersetzt IAS 40 (2000) *Als Finanzinvestition gehaltene Immobilien* und ist erstmals in der ersten Berichtsperiode eines am 1. Januar 2005 oder danach beginnenden Geschäftsjahres anzuwenden. Eine frühere Anwendung wird empfohlen.

ZIELSETZUNG

1 Die Zielsetzung dieses Standards ist die Regelung der Bilanzierung für als Finanzinvestition gehaltene Immobilien und die damit verbundenen Angabeerfordernisse.

ANWENDUNGSBEREICH

2 **Dieser Standard ist für den Ansatz und die Bewertung von als Finanzinvestition gehaltenen Immobilien sowie für die Angaben zu diesen Immobilien anzuwenden.**

International Accounting Standard 40

Investment Property

International Accounting Standard 40 *Investment Property* (IAS 40) is set out in paragraphs 1—86. All the paragraphs have equal authority but retain the IASC format of the Standard when it was adopted by the IASB. IAS 40 should be read in the context of the *Preface to International Financial Reporting Standards* and the *Framework for the Preparation and Presentation of Financial Statements*. IAS 8 *Accounting Policies, Changes in Accounting Estimates and Errors* provides a basis for selecting and applying accounting policies in the absence of explicit guidance.

SUMMARY

	Paragraphs
Objective	1
Scope	2—4
Definitions	5—15
Recognition	16—19
Measurement at recognition	20—29
Measurement after recognition	30—56
Accounting Policy	30—32
Investment property linked to liabilities	32A-32C
Fair Value Model	33—55
Inability to Determine Fair Value Reliably	53—55
Cost Model	56
Transfers	57—65
Disposals	66—73
Disclosure	74—79
Fair Value Model and Cost Model	74—79
Fair Value Model	76—78
Cost Model	79
Transitional provisions	80—84
Fair Value Model	80—82
Cost Model	83—84
Effective date	85
Withdrawal of IAS 40 (2000)	86

This revised Standard supersedes IAS 40 (2000) *Investment Property* and should be applied for annual periods beginning on or after 1 January 2005. Earlier application is encouraged.

OBJECTIVE

1 The objective of this Standard is to prescribe the accounting treatment for investment property and related disclosure requirements.

SCOPE

2 **This Standard shall be applied in the recognition, measurement and disclosure of investment property.**

IAS 40

3   Dieser Standard bezieht sich u. a. auf die Bewertung von als Finanzinvestition gehaltenen Immobilien im Abschluss eines Leasingnehmers, die als Finanzierungsleasingverhältnis bilanziert werden, sowie die Bewertung von als Finanzinvestition gehaltenen Immobilien im Abschluss eines Leasinggebers, die im Rahmen eines Operating-Leasingverhältnisses an einen Leasingnehmer vermietet wurden. Dieser Standard regelt keine Sachverhalte, die in IAS 17 *Leasingverhältnisse* behandelt werden, einschließlich:
   (a) der Klassifizierung der Leasingverhältnisse als Finanzierungs- bzw. Operating-Leasingverhältnisse;
   (b) der Erfassung von Leasingerträgen aus als Finanzinvestition gehaltenen Immobilien (siehe auch IAS 18 *Erträge*);
   (c) der Bewertung von geleasten Immobilien im Abschluss eines Leasingnehmers, die als Operating-Leasingverhältnis bilanziert werden;
   (d) der Bewertung der Nettoinvestition in ein Finanzierungsleasingverhältnis im Abschluss eines Leasinggebers;
   (e) der Bilanzierung von Sale-and-leaseback-Transaktionen;
   und
   (f) der Angaben über Finanzierungs- und Operating-Leasingverhältnisse.

4   Dieser Standard bezieht sich nicht auf:
   (a) biologische Vermögenswerte, die mit landwirtschaftlicher Tätigkeit im Zusammenhang stehen (siehe IAS 41 *Landwirtschaft*);
   und
   (b) Abbau- und Schürfrechte sowie Bodenschätze wie Öl, Erdgas und ähnliche nicht-regenerative Ressourcen.

DEFINITIONEN

5   Die folgenden Begriffe werden in diesem Standard mit der angegebenen Bedeutung verwendet:
   Der **Buchwert** ist der Betrag, mit dem ein Vermögenswert in der Bilanz erfasst wird.
   Anschaffungs- oder Herstellungskosten sind der zum Erwerb oder zur Herstellung eines Vermögenswertes entrichtete Betrag an Zahlungsmitteln oder Zahlungsmitteläquivalenten oder der beizulegende Zeitwert einer anderen Entgeltform zum Zeitpunkt des Erwerbes oder der Herstellung oder, falls zutreffend, der Betrag, der diesem Vermögenswert beim erstmaligen Ansatz gemäß den besonderen Bestimmungen anderer IFRS, wie beispielsweise IFRS 2 *Aktienbasierte Vergütung*, beigelegt wird.
   Der **beizulegende Zeitwert** ist der Betrag, zu dem ein Vermögenswert zwischen sachverständigen, vertragswilligen und voneinander unabhängigen Geschäftspartnern getauscht werden könnte.
   Als Finanzinvestition gehaltene Immobilien sind Immobilien (Grundstücke oder Gebäude - oder Teile von Gebäuden - oder beides), die (vom Eigentümer oder vom Leasingnehmer im Rahmen eines Finanzierungsleasingverhältnisses) zur Erzielung von Mieteinnahmen und/oder zum Zwecke der Wertsteigerung gehalten werden und nicht:
   (a) zur Herstellung oder Lieferung von Gütern bzw. zur Erbringung von Dienstleistungen oder für Verwaltungszwecke;
   oder
   (b) zum Verkauf im Rahmen der gewöhnlichen Geschäftstätigkeit des Unternehmens.
   Vom Eigentümer selbst genutzte Immobilien sind Immobilien, die (vom Eigentümer oder vom Leasingnehmer im Rahmen eines Finanzierungsleasingverhältnisses) zum Zwecke der Herstellung oder der Lieferung von Gütern bzw. der Erbringung von Dienstleistungen oder für Verwaltungszwecke gehalten werden.

6   Eine von einem Leasingnehmer im Rahmen eines Operating-Leasingverhältnisses geleaste Immobilie ist dann, und nur dann, als eine als Finanzinvestition gehaltene Immobilie zu klassifizieren und bilanzieren, wenn diese Immobilie ansonsten die Definition von als Finanzinvestition gehaltenen Immobilien erfüllen würde und der Leasingnehmer für den erfassten Vermögenswert das in den Paragraphen 33–55 beschriebene Modell des beizulegenden Zeitwerts anwendet. Diese alternative Klassifizierung kann für jede Immobilie einzeln gewählt werden. Sobald die alternative Klassifizierung jedoch für eine im Rahmen eines Operating-Leasingverhältnisses geleaste Immobilie festgelegt wurde, sind alle als Finanzinvestition gehaltenen Immobilien nach dem Modell des beizulegenden Zeitwerts zu bilanzieren. Bei Wahl dieser alternativen Klassifizierung unterliegt jede so klassifizierte Immobilie der Berichtspflicht nach den Paragraphen 74–78.

7   Als Finanzinvestition gehaltene Immobilien werden zur Erzielung von Mieteinnahmen und/oder zum Zwecke der Wertsteigerung gehalten. Daher erzeugen als Finanzinvestition gehaltene Immobilien Cashflows, die weitgehend unabhängig von den anderen vom Unternehmen gehaltenen Vermögenswerten anfallen. Darin unterscheiden sich als Finanzinvestition gehaltene Immobilien von vom Eigentümer selbstgenutzten Immobilien. Die Herstellung oder die Lieferung von Gütern bzw. die Erbringung von Dienstleistungen (oder die Nutzung der Immobilien für Verwaltungszwecke) führt zu Cashflows, die nicht nur den als Finanzinvestition gehaltenen

Among other things, this Standard applies to the measurement in a lessee's financial statements of investment property interests held under a lease accounted for as a finance lease and to the measurement in a lessor's financial statements of investment property provided to a lessee under an operating lease. This Standard does not deal with matters covered in IAS 17 *Leases*, including:

(a) classification of leases as finance leases or operating leases;
(b) recognition of lease income from investment property (see also IAS 18 *Revenue*);
(c) measurement in a lessee's financial statements of property interests held under a lease accounted for as an operating lease;
(d) measurement in a lessor's financial statements of its net investment in a finance lease;
(e) accounting for sale and leaseback transactions; and
(f) disclosure about finance leases and operating leases.

This Standard does not apply to:
(a) biological assets related to agricultural activity (see IAS 41 *Agriculture*); and
(b) mineral rights and mineral reserves such as oil, natural gas and similar non-regenerative resources.

DEFINITIONS

The following terms are used in this Standard with the meanings specified:

Carrying amount is the amount at which an asset is recognised in the balance sheet.

Cost is the amount of cash or cash equivalents paid or the fair value of other consideration given to acquire an asset at the time of its acquisition or construction or, where applicable, the amount attributed to that asset when initially recognised in accordance with the specific requirements of other IFRSs, eg IFRS 2 *Share-based Payment*.

Fair value is the amount for which an asset could be exchanged between knowledgeable, willing parties in an arm's length transaction.

Investment property is property (land or a building — or part of a building — or both) held (by the owner or by the lessee under a finance lease) to earn rentals or for capital appreciation or both, rather than for:
(a) use in the production or supply of goods or services or for administrative purposes; or
(b) sale in the ordinary course of business.

Owner-occupied property is property held (by the owner or by the lessee under a finance lease) for use in the production or supply of goods or services or for administrative purposes.

A property interest that is held by a lessee under an operating lease may be classified and accounted for as investment property if, and only if, the property would otherwise meet the definition of an investment property and the lessee uses the fair value model set out in paragraphs 33—55 for the asset recognised. This classification alternative is available on a property-by-property basis. However, once this classification alternative is selected for one such property interest held under an operating lease, all property classified as investment property shall be accounted for using the fair value model. When this classification alternative is selected, any interest so classified is included in the disclosures required by paragraphs 74—78.

Investment property is held to earn rentals or for capital appreciation or both. Therefore, an investment property generates cash flows largely independently of the other assets held by an entity. This distinguishes investment property from owner-occupied property. The production or supply of goods or services (or the use of property for administrative purposes) generates cash flows that are attributable not only to property, but also to other assets used in the production or supply process. IAS 16 *Property, Plant and Equipment* applies to owner-occupied property.

Immobilien, sondern auch anderen Vermögenswerten, die im Herstellungs- oder Lieferprozess genutzt werden, zuzurechnen sind. IAS 16 *Sachanlagen* ist auf die vom Eigentümer selbst genutzten Immobilien anzuwenden.

8 Beispiele für als Finanzinvestition gehaltene Immobilien sind:
(a) Grundstücke, die langfristig zum Zwecke der Wertsteigerung und nicht kurzfristig zum Verkauf im Rahmen der gewöhnlichen Geschäftstätigkeit gehalten werden.
(b) Grundstücke, die für eine gegenwärtig unbestimmte künftige Nutzung gehalten werden. (Legt ein Unternehmen nicht fest, ob das Grundstück zur Selbstnutzung oder kurzfristig zum Verkauf im Rahmen der gewöhnlichen Geschäftstätigkeit gehalten wird, ist das Grundstück als zum Zwecke der Wertsteigerung gehalten zu behandeln).
(c) ein Gebäude, welches sich im Besitz des Unternehmens befindet (oder vom Unternehmen im Rahmen eines Finanzierungsleasingverhältnisses gehalten wird) und im Rahmen eines oder mehrerer Operating-Leasingverhältnisse vermietet wird.
(d) ein leer stehendes Gebäude, welches zur Vermietung im Rahmen eines oder mehrerer Operating-Leasingverhältnisse gehalten wird.

9 Beispiele, die keine als Finanzinvestition gehaltenen Immobilien darstellen und daher nicht in den Anwendungsbereich dieses Standards fallen, sind:
(a) Immobilien, die zum Verkauf im Rahmen der gewöhnlichen Geschäftstätigkeit oder des Erstellungs- oder Entwicklungsprozesses für einen solchen Verkauf bestimmt sind (siehe IAS 2 *Vorräte*), beispielsweise Immobilien, die ausschließlich zum Zwecke der Weiterveräußerung in naher Zukunft oder für die Entwicklung und den Weiterverkauf erworben wurden.
(b) für Dritte erstellte oder entwickelte Immobilien (siehe IAS 11 *Fertigungsaufträge*).
(c) vom Eigentümer selbst genutzte Immobilien (siehe IAS 16), einschließlich (neben anderen) der Immobilien, die künftig vom Eigentümer selbst genutzt werden sollen, Immobilien, die für die zukünftige Entwicklung und anschließende Selbstnutzung gehalten werden, von Arbeitnehmern genutzte Immobilien (unabhängig davon, ob die Arbeitnehmer einen marktgerechten Mietzins zahlen oder nicht) und vom Eigentümer selbst genutzte Immobilien, die zur Weiterveräußerung bestimmt sind.
(d) Immobilien, die für die zukünftige Nutzung als Finanzinvestition erstellt oder entwickelt werden. Bis zum Abschluss der Erstellung oder der Entwicklung ist für diese Immobilien IAS 16 anzuwenden, ab diesem Zeitpunkt werden diese Immobilien als Finanzinvestition behandelt, und dieser Standard findet Anwendung. Dieser Standard ist jedoch für bestehende als Finanzinvestition gehaltene Immobilien heranzuziehen, die für die weitere zukünftige Nutzung saniert werden (siehe Paragraph 58).
(e) Immobilien, die im Rahmen eines Finanzierungsleasingverhältnisses an ein anderes Unternehmen vermietet wurden.

10 Einige Immobilien werden teilweise zur Erzielung von Mieteinnahmen oder zum Zwecke der Wertsteigerung und teilweise zum Zwecke der Herstellung oder Lieferung von Gütern bzw. der Erbringung von Dienstleistungen oder für Verwaltungszwecke gehalten. Wenn diese Teile gesondert verkauft (oder im Rahmen eines Finanzierungsleasingverhältnisses gesondert vermietet) werden können, bilanziert das Unternehmen diese Teile getrennt. Können die Teile nicht gesondert verkauft werden, stellen die gehaltenen Immobilien nur dann eine Finanzinvestition dar, wenn der Anteil, der für Zwecke der Herstellung oder Lieferung von Gütern bzw. Erbringung von Dienstleistungen oder für Verwaltungszwecke gehalten wird, unbedeutend ist.

11 In einigen Fällen bietet ein Unternehmen den Mietern von ihm gehaltener Immobilien Nebenleistungen an. Ein Unternehmen behandelt solche Immobilien dann als Finanzinvestition, wenn die Leistungen für die Vereinbarung insgesamt unbedeutend sind. Ein Beispiel hierfür sind Sicherheits- und Instandhaltungsleistungen seitens des Eigentümers eines Verwaltungsgebäudes für die das Gebäude nutzenden Mieter.

12 In anderen Fällen sind die erbrachten Leistungen wesentlich. Besitzt und führt ein Unternehmen beispielsweise ein Hotel, ist der den Gästen angebotene Service von wesentlicher Bedeutung für die gesamte Vereinbarung. Daher ist ein vom Eigentümer geführtes Hotel eine vom Eigentümer selbst genutzte und keine als Finanzinvestition gehaltene Immobilie.

13 Die Bestimmung, ob die Nebenleistungen so bedeutend sind, dass Immobilien nicht die Kriterien einer Finanzinvestition erfüllen, kann schwierig sein. Beispielsweise überträgt der Hoteleigentümer manchmal einige Verantwortlichkeiten im Rahmen eines Geschäftsführungsvertrags auf Dritte. Die Regelungen solcher Verträge variieren mitunter beträchtlich. Einerseits kann die Position des Eigentümers substanziell der eines passiven Anteilseigners entsprechen. Andererseits kann der Eigentümer einfach alltägliche Funktionen ausgelagert haben, während er weiterhin die wesentlichen Risiken aus Schwankungen der Cashflows, die aus dem Betrieb des Hotels herrühren, trägt.

The following are examples of investment property: 8
(a) land held for long-term capital appreciation rather than for short-term sale in the ordinary course of business.
(b) land held for a currently undetermined future use. (If an entity has not determined that it will use the land as owner-occupied property or for short-term sale in the ordinary course of business, the land is regarded as held for capital appreciation).
(c) a building owned by the entity (or held by the entity under a finance lease) and leased out under one or more operating leases.
(d) a building that is vacant but is held to be leased out under one or more operating leases.

The following are examples of items that are not investment property and are therefore outside the scope of this Standard: 9
(a) property intended for sale in the ordinary course of business or in the process of construction or development for such sale (see IAS 2 *Inventories*), for example, property acquired exclusively with a view to subsequent disposal in the near future or for development and resale.
(b) property being constructed or developed on behalf of third parties (see IAS 11 *Construction Contracts*).
(c) owner-occupied property (see IAS 16), including (among other things) property held for future use as owner-occupied property, property held for future development and subsequent use as owner-occupied property, property occupied by employees (whether or not the employees pay rent at market rates) and owner-occupied property awaiting disposal.
(d) property that is being constructed or developed for future use as investment property. IAS 16 applies to such property until construction or development is complete, at which time the property becomes investment property and this Standard applies. However, this Standard applies to existing investment property that is being redeveloped for continued future use as investment property (see paragraph 58).
(e) property that is leased to another entity under a finance lease.

Some properties comprise a portion that is held to earn rentals or for capital appreciation and another portion that is held for use in the production or supply of goods or services or for administrative purposes. If these portions could be sold separately (or leased out separately under a finance lease), an entity accounts for the portions separately. If the portions could not be sold separately, the property is investment property only if an insignificant portion is held for use in the production or supply of goods or services or for administrative purposes. 10

In some cases, an entity provides ancillary services to the occupants of a property it holds. An entity treats such a property as investment property if the services are insignificant to the arrangement as a whole. An example is when the owner of an office building provides security and maintenance services to the lessees who occupy the building. 11

In other cases, the services provided are significant. For example, if an entity owns and manages a hotel, services provided to guests are significant to the arrangement as a whole. Therefore, an owner-managed hotel is owner-occupied property, rather than investment property. 12

It may be difficult to determine whether ancillary services are so significant that a property does not qualify as investment property. For example, the owner of a hotel sometimes transfers some responsibilities to third parties under a management contract. The terms of such contracts vary widely. At one end of the spectrum, the owner's position may, in substance, be that of a passive investor. At the other end of the spectrum, the owner may simply have outsourced day-to-day functions while retaining significant exposure to variation in the cash flows generated by the operations of the hotel. 13

14 Die Feststellung, ob eine Immobilie die Kriterien einer Finanzinvestition erfüllt, erfordert eine sorgfältige Einschätzung. Damit ein Unternehmen diese Einschätzung einheitlich in Übereinstimmung mit der Definition für als Finanzinvestition gehaltene Immobilien und den damit verbundenen Anwendungsleitlinien in den Paragraphen 7–13 vornehmen kann, legt es hierfür Kriterien fest. Gemäß Paragraph 75(c) ist ein Unternehmen zur Angabe dieser Kriterien verpflichtet, falls die Zuordnung Schwierigkeiten bereitet.

15 In einigen Fällen besitzt ein Unternehmen Immobilien, die an sein Mutterunternehmen oder ein anderes Tochterunternehmen vermietet und von diesen genutzt werden. Die Immobilien stellen im Konzernabschluss keine als Finanzinvestition gehaltenen Immobilien dar, da sie aus der Sicht des Konzerns selbstgenutzt sind. Aus der Sicht des Unternehmens, welches Eigentümer der Immobilie ist, handelt es sich jedoch um eine als Finanzinvestition gehaltene Immobilie, sofern die Definition nach Paragraph 5 erfüllt ist. Daher behandelt der Leasinggeber die Immobilie in seinem Einzelabschluss als Finanzinvestition.

ANSATZ

16 **Als Finanzinvestition gehaltene Immobilien sind dann, und nur dann, als Vermögenswert anzusetzen, wenn:**
   (a) **es wahrscheinlich ist, dass dem Unternehmen der künftige wirtschaftliche Nutzen, der mit den als Finanzinvestition gehaltenen Immobilien verbunden ist, zufließen wird; und**
   (b) **die Anschaffungs- oder Herstellungskosten der als Finanzinvestition gehaltenen Immobilien verlässlich bewertet werden können.**

17 Nach diesem Ansatz bewertet ein Unternehmen alle Anschaffungs- oder Herstellungskosten der als Finanzinvestition gehaltenen Immobilien zum Zeitpunkt ihres Anfalls. Hierzu zählen die anfänglich anfallenden Kosten für den Erwerb von als Finanzinvestition gehaltenen Immobilien sowie die späteren Kosten für den Ausbau, die teilweise Ersetzung oder Instandhaltung einer Immobilie.

18 Gemäß dem Ansatz in Paragraph 16 beinhaltet der Buchwert von als Finanzinvestition gehaltenen Immobilien nicht die Kosten der täglichen Instandhaltung dieser Immobilien. Diese Kosten werden sofort im Ergebnis erfasst. Bei den Kosten der täglichen Instandhaltung handelt es sich in erster Linie um Personalkosten und Kosten für Verbrauchsgüter, die auch Kosten für kleinere Teile umfassen können. Als Zweck dieser Aufwendungen wird häufig „Reparaturen und Instandhaltung" der Immobilie angegeben.

19 Ein Teil der als Finanzinvestition gehaltenen Immobilien kann durch Ersetzung erworben worden sein. Beispielsweise können die ursprünglichen Innenwände durch neue Wände ersetzt worden sein. Gemäß dem Ansatz berücksichtigt ein Unternehmen im Buchwert von als Finanzinvestition gehaltenen Immobilien die Kosten für die Ersetzung eines Teils bestehender als Finanzinvestition gehaltener Immobilien zum Zeitpunkt ihres Anfalls, sofern die Ansatzkriterien erfüllt sind. Der Buchwert der ersetzten Teile wird gemäß den in diesem Standard aufgeführten Ausbuchungsvorschriften ausgebucht.

BEWERTUNG BEIM ANSATZ

20 **Als Finanzinvestition gehaltene Immobilien sind bei Zugang mit ihren Anschaffungs- oder Herstellungskosten zu bewerten. Die Transaktionskosten sind in die erstmalige Bewertung mit einzubeziehen.**

21 Die Kosten der erworbenen als Finanzinvestition gehaltenen Immobilien umfassen den Kaufpreis und die direkt zurechenbaren Kosten. Zu den direkt zurechenbaren Kosten zählen beispielsweise Honorare und Gebühren für Rechtsberatung, auf die Übertragung der Immobilien anfallende Steuern und andere Transaktionskosten.

22 Die Herstellungskosten der selbstgefertigten und als Finanzinvestition gehaltenen Immobilien beinhalten jene Kosten, die bis zum Zeitpunkt des Abschlusses der Erstellung oder Entwicklung angefallen sind. Bis zu diesem Zeitpunkt wendet das Unternehmen IAS 16 an. Ab diesem Zeitpunkt gelten die Immobilien als Finanzinvestition, und dieser Standard gelangt zur Anwendung (siehe Paragraph 57(e) und 65).

23 Die Anschaffungs- oder Herstellungskosten der als Finanzinvestition gehaltenen Immobilien erhöhen sich nicht durch:
   (a) Anlaufkosten (es sei denn, dass diese notwendig sind, um die als Finanzinvestition gehaltenen Immobilien in den vom Management beabsichtigten betriebsbereiten Zustand zu versetzen),

Judgement is needed to determine whether a property qualifies as investment property. An entity develops criteria so that it can exercise that judgement consistently in accordance with the definition of investment property and with the related guidance in paragraphs 7—13. Paragraph 75(c) requires an entity to disclose these criteria when classification is difficult.

In some cases, an entity owns property that is leased to, and occupied by, its parent or another subsidiary. The property does not qualify as investment property in the consolidated financial statements, because the property is owner-occupied from the perspective of the group. However, from the perspective of the entity that owns it, the property is investment property if it meets the definition in paragraph 5. Therefore, the lessor treats the property as investment property in its individual financial statements.

RECOGNITION

Investment property shall be recognised as an asset when, and only when:
(a) it is probable that the future economic benefits that are associated with the investment property will flow to the entity; and
(b) the cost of the investment property can be measured reliably.

An entity evaluates under this recognition principle all its investment property costs at the time they are incurred. These costs include costs incurred initially to acquire an investment property and costs incurred subsequently to add to, replace part of, or service a property.

Under the recognition principle in paragraph 16, an entity does not recognise in the carrying amount of an investment property the costs of the day-to-day servicing of such a property. Rather, these costs are recognised in profit or loss as incurred. Costs of day-to-day servicing are primarily the cost of labour and consumables, and may include the cost of minor parts. The purpose of these expenditures is often described as for the 'repairs and maintenance' of the property.

Parts of investment properties may have been acquired through replacement. For example, the interior walls may be replacements of original walls. Under the recognition principle, an entity recognises in the carrying amount of an investment property the cost of replacing part of an existing investment property at the time that cost is incurred if the recognition criteria are met. The carrying amount of those parts that are replaced is derecognised in accordance with the derecognition provisions of this Standard.

MEASUREMENT AT RECOGNITION

An investment property shall be measured initially at its cost. Transaction costs shall be included in the initial measurement.

The cost of a purchased investment property comprises its purchase price and any directly attributable expenditure. Directly attributable expenditure includes, for example, professional fees for legal services, property transfer taxes and other transaction costs.

The cost of a self-constructed investment property is its cost at the date when the construction or development is complete. Until that date, an entity applies IAS 16. At that date, the property becomes investment property and this Standard applies (see paragraphs 57(e) and 65).

The cost of an investment property is not increased by:
(a) start-up costs (unless they are necessary to bring the property to the condition necessary for it to be capable of operating in the manner intended by management),

(b) anfängliche Betriebsverluste, die anfallen, bevor die als Finanzinvestition gehaltenen Immobilien die geplante Belegungsquote erreichen,
oder
(c) ungewöhnlich hohe Materialabfälle, Personalkosten oder andere Ressourcen, die bei der Erstellung oder Entwicklung der als Finanzinvestition gehaltenen Immobilien anfallen.

24   Erfolgt die Bezahlung der als Finanzinvestition gehaltenen Immobilien auf Ziel, entsprechen die Anschaffungs- oder Herstellungskosten dem Gegenwert bei Barzahlung. Die Differenz zwischen diesem Betrag und der zu leistenden Gesamtzahlung wird über den Zeitraum des Zahlungsziels als Zinsaufwand erfasst.

25   **Die anfänglichen Kosten geleaster Immobilien, die als Finanzinvestition klassifiziert sind, sind gemäß den in Paragraph 20 des IAS 17 enthaltenen Vorschriften für Finanzierungsleasingverhältnisse anzusetzen, d. h. in Höhe des beizulegenden Zeitwerts des Vermögenswertes oder mit dem Barwert der Mindestleasingzahlungen, sofern dieser Wert niedriger ist. Gemäß dem gleichen Paragraphen ist ein Betrag in gleicher Höhe als Schuld anzusetzen.**

26   Für diesen Zweck werden alle für ein Leasingverhältnis geleisteten Sonderzahlungen den Mindestleasingzahlungen zugerechnet und sind daher in den Anschaffungs- oder Herstellungskosten des Vermögenswertes enthalten, werden jedoch von den Schulden ausgenommen. Ist eine geleaste Immobilie als Finanzinvestition klassifiziert, wird das Recht an der Immobilie und nicht die Immobilie selbst mit dem beizulegenden Zeitwert bilanziert. Anwendungsleitlinien zur Bestimmung des beizulegenden Zeitwerts von Immobilien sind in den Paragraphen 33–52 über das Modell des beizulegenden Zeitwerts enthalten. Diese Anwendungsleitlinien gelten auch für die Bestimmung des beizulegenden Zeitwerts, wenn dieser Wert für die Anschaffungs- oder Herstellungskosten beim erstmaligen Ansatz herangezogen wird.

27   Eine oder mehrere als Finanzinvestition gehaltene Immobilien können im Austausch gegen einen oder mehrere nicht monetäre Vermögenswerte oder eine Kombination aus monetären und nicht monetären Vermögenswerten erworben werden. Die folgenden Ausführungen beziehen sich auf einen Tausch von zwei nicht monetären Vermögenswerten, finden aber auch auf alle anderen im vorstehenden Satz genannten Tauschvorgänge Anwendung. Die Anschaffungs- oder Herstellungskosten solcher als Finanzinvestition gehaltenen Immobilien werden mit dem beizulegenden Zeitwert bewertet, es sei denn, (a) der Tauschvorgang hat keinen wirtschaftlichen Gehalt, oder (b) weder der beizulegende Zeitwert des erhaltenen noch des hingegebenen Vermögenswertes ist zuverlässig ermittelbar. Der erworbene Vermögenswert ist auch dann auf diese Weise zu bewerten, wenn ein Unternehmen den hingegebenen Vermögenswert nicht sofort ausbuchen kann. Wird der erworbene Vermögenswert nicht mit dem beizulegenden Zeitwert bewertet, sind dessen Anschaffungs- oder Herstellungskosten mit dem Buchwert des hingegebenen Vermögenswertes anzusetzen.

28   Der wirtschaftliche Gehalt eines Tauschvorgangs wird von einem Unternehmen dadurch bestimmt, indem es prüft, in welchem Ausmaß er die künftigen Cashflows erwartungsgemäß verändern wird. Ein Tauschvorgang hat wirtschaftlichen Gehalt, wenn:
(a) die Zusammensetzung (Risiko, Zeit und Höhe)
des Cashflows des erhaltenen Vermögenswertes sich von der Zusammensetzung des Cashflows des übertragenen Vermögenswertes unterscheidet,
oder
(b) der unternehmensspezifische Wert jenes Teils der Geschäftstätigkeit des Unternehmens, der vom Tauschvorgang betroffen ist, sich durch den Tauschvorgang ändert,
und
(c) die Differenz unter (a) oder (b) im Verhältnis zum beizulegenden Zeitwert der getauschten Vermögenswerte bedeutsam ist.
Zum Zwecke der Bestimmung des wirtschaftlichen Gehalts eines Tauschvorgangs sind für den unternehmensspezifischen Wert jenes Teils der Geschäftstätigkeit des Unternehmens, der vom Tauschvorgang betroffen ist, die Cashflows nach Steuern heranzuziehen. Das Ergebnis dieser Analysen kann eindeutig sein, ohne dass ein Unternehmen hierzu detaillierte Berechnungen durchführen muss.

29   Der beizulegende Zeitwert eines Vermögenswertes, für den keine vergleichbaren Markttransaktionen vorhanden sind, gilt als verlässlich ermittelbar, wenn (a) die Schwankungsbandbreite der vernünftigen Schätzungen des beizulegenden Zeitwerts für diesen Vermögenswert nicht signifikant ist oder (b) die Eintrittswahrscheinlichkeiten der verschiedenen Schätzungen innerhalb dieser Bandbreite vernünftig geschätzt und bei der Schätzung des beizulegenden Zeitwerts verwendet werden können. Ist das Unternehmen nicht in der Lage, weder den beizulegenden Zeitwert des erhaltenen noch des hingegebenen Vermögenswertes zu bestimmen, wird der

(b) operating losses incurred before the investment property achieves the planned level of occupancy, or
(c) abnormal amounts of wasted material, labour or other resources incurred in constructing or developing the property.

24 If payment for an investment property is deferred, its cost is the cash price equivalent. The difference between this amount and the total payments is recognised as interest expense over the period of credit.

25 **The initial cost of a property interest held under a lease and classified as an investment property shall be as prescribed for a finance lease by paragraph 20 of IAS 17, ie the asset shall be recognised at the lower of the fair value of the property and the present value of the minimum lease payments. An equivalent amount shall be recognised as a liability in accordance with that same paragraph.**

26 Any premium paid for a lease is treated as part of the minimum lease payments for this purpose, and is therefore included in the cost of the asset, but is excluded from the liability. If a property interest held under a lease is classified as investment property, the item accounted for at fair value is that interest and not the underlying property. Guidance on determining the fair value of a property interest is set out for the fair value model in paragraphs 33—52. That guidance is also relevant to the determination of fair value when that value is used as cost for initial recognition purposes.

27 One or more investment properties may be acquired in exchange for a non-monetary asset or assets, or a combination of monetary and non-monetary assets. The following discussion refers to an exchange of one non-monetary asset for another, but it also applies to all exchanges described in the preceding sentence. The cost of such an investment property is measured at fair value unless (a) the exchange transaction lacks commercial substance or (b) the fair value of neither the asset received nor the asset given up is reliably measurable. The acquired asset is measured in this way even if an entity cannot immediately derecognise the asset given up. If the acquired asset is not measured at fair value, its cost is measured at the carrying amount of the asset given up.

28 An entity determines whether an exchange transaction has commercial substance by considering the extent to which its future cash flows are expected to change as a result of the transaction. An exchange transaction has commercial substance if:
(a) the configuration (risk, timing and amount) of the cash flows of the asset received differs from the configuration of the cash flows of the asset transferred, or
(b) the entity-specific value of the portion of the entity's operations affected by the transaction changes as a result of the exchange, and
(c) the difference in (a) or (b) is significant relative to the fair value of the assets exchanged.
For the purpose of determining whether an exchange transaction has commercial substance, the entity-specific value of the portion of the entity's operations affected by the transaction shall reflect post-tax cash flows. The result of these analyses may be clear without an entity having to perform detailed calculations.

29 The fair value of an asset for which comparable market transactions do not exist is reliably measurable if (a) the variability in the range of reasonable fair value estimates is not significant for that asset or (b) the probabilities of the various estimates within the range can be reasonably assessed and used in estimating fair value. If the entity is able to determine reliably the fair value of either the asset received or the asset given up, then the fair value of the asset given up is used to measure cost unless the fair value of the asset received is more clearly evident.

beizulegende Zeitwert des hingegebenen Vermögenswertes zur Bewertung der Anschaffungs- oder Herstellungskosten verwendet, solange der beizulegende Zeitwert des erhaltenen Vermögenswertes nicht eindeutig zu ermitteln ist.

BEWERTUNG NACH DEM ANSATZ

Bilanzierungs- und Bewertungsmethode

30 Mit den in den Paragraphen 32A und 34 dargelegten Ausnahmen hat ein Unternehmen als seine Bilanzierungs- und Bewertungsmethoden entweder das Modell des beizulegenden Zeitwertes gemäß den Paragraphen 33–55 oder des Anschaffungskostenmodells gemäß Paragraph 56 zu wählen und diese Methode auf alle als Finanzinvestition gehaltene Immobilien anzuwenden.

31 IAS 8 *Bilanzierungs- und Bewertungsmethoden, Änderungen von Schätzungen und Fehler* schreibt vor, dass eine freiwillige Änderung einer Bilanzierungs- und Bewertungsmethode nur dann vorgenommen werden darf, wenn die Änderung zu einer sachgerechteren Darstellung der Ereignisse oder Geschäftsvorfälle in den Abschlüssen des Unternehmens führt. Es ist unwahrscheinlich, dass ein Wechsel vom Modell des beizulegenden Zeitwerts zum Anschaffungskostenmodell eine sachgerechtere Darstellung zur Folge hat.

32 Der vorliegende Standard verlangt von allen Unternehmen die Bestimmung des beizulegenden Zeitwerts der als Finanzinvestition gehaltenen Immobilien, sei es zum Zwecke der Bewertung (wenn das Unternehmen das Modell des beizulegenden Zeitwerts verwendet) oder der Angabe (wenn es sich für das Anschaffungskostenmodell entschieden hat). Obwohl ein Unternehmen nicht dazu verpflichtet ist, wird ihm empfohlen, den Zeitwert der als Finanzinvestition gehaltenen Immobilien auf der Grundlage einer Bewertung durch einen unabhängigen Gutachter, der eine entsprechende berufliche Qualifikation und aktuelle Erfahrungen mit der Lage und der Art der zu bewertenden Immobilien hat, zu bestimmen.

Als Finanzinvestition gehaltene, mit Verbindlichkeiten verbundene Immobilien

32A Ein Unternehmen kann:
(a) entweder das Modell des beizulegenden Zeitwertes oder das Anschaffungskostenmodell für alle als Finanzinvestition gehaltene Immobilien wählen, die Verbindlichkeiten bedecken, aufgrund derer die Höhe der Rückzahlungen direkt von dem beizulegenden Zeitwert von bestimmten Vermögenswerten einschließlich von als Finanzinvestition gehaltenen Immobilien bzw. den Kapitalerträgen daraus bestimmt wird;
und
(b) entweder das Modell des beizulegenden Zeitwertes oder das Anschaffungskostenmodell für alle anderen als Finanzinvestition gehaltenen Immobilien wählen, ungeachtet der in (a) getroffenen Wahl.

32B Einige Versicherer und andere Unternehmen unterhalten einen internen Immobilienfonds, der fiktive Anteilseinheiten ausgibt, die teilweise von Investoren in verbundenen Verträgen und teilweise vom Unternehmen gehalten werden. Paragraph 32A untersagt einem Unternehmen, die im Fonds gehaltenen Immobilien teilweise zu Anschaffungskosten und teilweise zum beizulegenden Zeitwert zu bewerten.

32C Wenn ein Unternehmen verschiedene Modelle für die beiden in Paragraph 32A beschriebenen Kategorien wählt, sind Verkäufe von als Finanzinvestition gehaltenen Immobilien zwischen Beständen von Vermögenswerten, die nach verschiedenen Modellen bewertet werden, zum beizulegenden Zeitwert anzusetzen und die kumulativen Änderungen des beizulegenden Zeitwertes sind erfolgswirksam zu erfassen. Wenn eine als Finanzinvestition gehaltene Immobilie von einem Bestand, für den das Modell des beizulegenden Zeitwertes verwendet wird, an einen Bestand, für den das Anschaffungskostenmodell verwendet wird, verkauft wird, wird demzufolge der beizulegende Zeitwert der Immobilie zum Zeitpunkt des Verkaufs als deren Anschaffungskosten angesehen.

Modell des beizulegenden Zeitwerts

33 Nach dem erstmaligen Ansatz hat ein Unternehmen, welches das Modell des beizulegenden Zeitwerts gewählt hat, alle als Finanzinvestition gehaltenen Immobilien mit Ausnahme der in Paragraph 53 beschriebenen Fälle mit dem beizulegenden Zeitwert zu bewerten.

MEASUREMENT AFTER RECOGNITION

Accounting Policy

With the exceptions noted in paragraphs 32A and 34, an entity shall choose as its accounting policy either the fair value model in paragraphs 33—55 or the cost model in paragraph 56 and shall apply that policy to all of its investment property. 30

IAS 8 *Accounting Policies, Changes in Accounting Estimates and Errors* states that a voluntary change in accounting policy shall be made only if the change will result in a more appropriate presentation of transactions, other events or conditions in the entity's financial statements. It is highly unlikely that a change from the fair value model to the cost model will result in a more appropriate presentation. 31

This Standard requires all entities to determine the fair value of investment property, for the purpose of either measurement (if the entity uses the fair value model) or disclosure (if it uses the cost model). An entity is encouraged, but not required, to determine the fair value of investment property on the basis of a valuation by an independent valuer who holds a recognised and relevant professional qualification and has recent experience in the location and category of the investment property being valued. 32

Investment property linked to liabilities

An entity may: 32A
(a) choose either the fair value model or the cost model for all investment property backing liabilities that pay a return linked directly to the fair value of, or returns from, specified assets including that investment property; and
(b) choose either the fair value model or the cost model for all other investment property, regardless of the choice made in (a).

Some insurers and other entities operate an internal property fund that issues notional units, with some units held by investors in linked contracts and others held by the entity. Paragraph 32A does not permit an entity to measure the property held by the fund partly at cost and partly at fair value. 32B

If an entity chooses different models for the two categories described in paragraph 32A, sales of investment property between pools of assets measured using different models shall be recognised at fair value and the cumulative change in fair value shall be recognised in profit or loss. Accordingly, if an investment property is sold from a pool in which the fair value model is used into a pool in which the cost model is used, the property's fair value at the date of the sale becomes its deemed cost. 32C

Fair Value Model

After initial recognition, an entity that chooses the fair value model shall measure all of its investment property at fair value, except in the cases described in paragraph 53. 33

34 Ist eine im Rahmen eines Operating-Leasingverhältnisses geleaste Immobilie als Finanzinvestition gemäß Paragraph 6 klassifiziert, besteht die in Paragraph 30 genannte Wahlfreiheit nicht, sondern es muss das Modell des beizulegenden Zeitwerts angewendet werden.

35 Ein Gewinn oder Verlust, der durch die Änderung des beizulegenden Zeitwerts der als Finanzinvestition gehaltenen Immobilien entsteht, ist im Ergebnis der Periode erfolgswirksam zu berücksichtigen, in der er entstanden ist.

36 Der beizulegende Zeitwert von als Finanzinvestition gehaltenen Immobilien entspricht dem Preis, zu dem die Immobilien zwischen sachverständigen, vertragswilligen und voneinander unabhängigen Geschäftspartnern getauscht werden könnten (siehe Paragraph 5). Der beizulegende Zeitwert schließt insbesondere geschätzte Preise aus, die durch Nebenabreden oder besondere Umstände erhöht oder gesenkt werden, bspw. untypische Finanzierungen, Sale-and-leaseback-Vereinbarungen oder besondere in Verbindung mit dem Verkauf gewährte Vergünstigungen oder Zugeständnisse.

37 Ein Unternehmen bestimmt den beizulegenden Zeitwert ohne Abzug der dem Unternehmen gegebenenfalls beim Verkauf oder bei einem anders gearteten Abgang entstehenden Transaktionskosten.

38 **Der beizulegende Zeitwert von als Finanzinvestition gehaltenen Immobilien spiegelt die Marktbedingungen am Bilanzstichtag wider.**

39 Der beizulegende Zeitwert bezieht sich auf einen bestimmten Zeitpunkt. Da sich die Marktbedingungen ändern können, kann der als beizulegender Zeitwert ausgewiesene Betrag bei einer Schätzung zu einem anderen Zeitpunkt falsch oder unangemessen sein. Die Definition des beizulegenden Zeitwerts geht zudem vom gleichzeitigen Austausch und der Erfüllung des Kaufvertrags ohne jede Preisänderung aus, die zwischen sachverständigen, vertragswilligen und voneinander unabhängigen Geschäftspartnern vereinbart werden könnte, wenn Austausch und Erfüllung nicht gleichzeitig stattfinden.

40 Der beizulegende Zeitwert der als Finanzinvestition gehaltenen Immobilien berücksichtigt neben anderen Dingen die Mieterträge aus den gegenwärtigen Mietverhältnissen sowie angemessene und vertretbare Annahmen, die dem entsprechen, was sachverständige und vertragswillige Geschäftspartner für Mieterträge aus zukünftigen Mietverhältnissen nach den aktuellen Marktbedingungen annehmen würden. Außerdem gibt er auf einer ähnlichen Grundlage alle Mittelabflüsse (einschließlich Mietzahlungen und anderer Abflüsse) wider, die in Bezug auf die Immobilie zu erwarten sind. Einige dieser Mittelabflüsse sind als Verbindlichkeiten erfasst, während andere erst zu einem späteren Zeitpunkt im Abschluss ausgewiesen werden (z. B. regelmäßige Zahlungen wie Eventualmietzahlungen).

41 Paragraph 25 nennt die Grundlage für den erstmaligen Ansatz der Anschaffungskosten für ein Recht an einer geleasten Immobilie. Paragraph 33 schreibt erforderlichenfalls eine Neubewertung der geleasten Immobilie mit dem beizulegenden Zeitwert vor. Bei einem zu Marktpreisen abgeschlossenen Leasingverhältnis sollte der beizulegende Zeitwert eines Rechts an einer geleasten Immobilie zum Zeitpunkt des Erwerbs, abzüglich aller erwarteten Leasingzahlungen (einschließlich der Leasingzahlungen im Zusammenhang mit den erfassten Schulden), Null sein. Dieser beizulegende Zeitwert ändert sich nicht, unabhängig davon, ob geleaste Vermögenswerte und Schulden für Rechnungslegungszwecke mit dem beizulegenden Zeitwert oder mit dem Barwert der Mindestleasingzahlungen gemäß Paragraph 20 des IAS 17 angesetzt werden. Die Neubewertung eines geleasten Vermögenswertes von den Anschaffungskosten gemäß Paragraph 25 zum beizulegenden Zeitwert gemäß Paragraph 33 darf daher zu keinem anfänglichen Gewinn oder Verlust führen, sofern der beizulegende Zeitwert nicht zu verschiedenen Zeitpunkten ermittelt wird. Dies könnte dann der Fall sein, wenn nach dem ersten Ansatz das Modell des beizulegenden Zeitwerts gewählt wird.

42 Die Definition des beizulegenden Zeitwerts bezieht sich auf „sachverständige und vertragswillige Geschäftspartner". In diesem Zusammenhang bedeutet „sachverständig", dass sowohl der vertragswillige Käufer als auch der vertragswillige Verkäufer ausreichend über die Art und die Merkmale der als Finanzinvestition gehaltenen Immobilien, ihre gegenwärtige und mögliche Nutzung und über die Marktbedingungen zum Bilanzstichtag informiert sind. Ein vertragswilliger Käufer ist jemand, der zum Kauf motiviert, aber nicht gezwungen ist. Ein solcher Käufer ist weder übereifrig noch entschlossen, um jeden Preis zu kaufen. Der angenommene Käufer würde keinen höheren Preis als den bezahlen, der von einem Markt, bestehend aus sachverständigen und vertragswilligen Käufern und Verkäufern, gefordert würde.

43 Ein vertragswilliger Verkäufer ist weder übereifrig noch zum Verkauf gezwungen, er ist weder bereit, zu jedem Preis zu verkaufen, noch wird er einen unter den aktuellen Marktbedingungen als unvernünftig angesehenen Preis verlangen. Der vertragswillige Verkäufer ist daran interessiert, die als Finanzinvestition gehaltenen

When a property interest held by a lessee under an operating lease is classified as an investment property under paragraph 6, paragraph 30 is not elective; the fair value model shall be applied. 34

A gain or loss arising from a change in the fair value of investment property shall be recognised in profit or loss for the period in which it arises. 35

The fair value of investment property is the price at which the property could be exchanged between knowledgeable, willing parties in an arm's length transaction (see paragraph 5). Fair value specifically excludes an estimated price inflated or deflated by special terms or circumstances such as atypical financing, sale and leaseback arrangements, special considerations or concessions granted by anyone associated with the sale. 36

An entity determines fair value without any deduction for transaction costs it may incur on sale or other disposal. 37

The fair value of investment property shall reflect market conditions at the balance sheet date. 38

Fair value is time-specific as of a given date. Because market conditions may change, the amount reported as fair value may be incorrect or inappropriate if estimated as of another time. The definition of fair value also assumes simultaneous exchange and completion of the contract for sale without any variation in price that might be made in an arm's length transaction between knowledgeable, willing parties if exchange and completion are not simultaneous. 39

The fair value of investment property reflects, among other things, rental income from current leases and reasonable and supportable assumptions that represent what knowledgeable, willing parties would assume about rental income from future leases in the light of current conditions. It also reflects, on a similar basis, any cash outflows (including rental payments and other outflows) that could be expected in respect of the property. Some of those outflows are reflected in the liability whereas others relate to outflows that are not recognised in the financial statements until a later date (eg periodic payments such as contingent rents). 40

Paragraph 25 specifies the basis for initial recognition of the cost of an interest in a leased property. Paragraph 33 requires the interest in the leased property to be remeasured, if necessary, to fair value. In a lease negotiated at market rates, the fair value of an interest in a leased property at acquisition, net of all expected lease payments (including those relating to recognised liabilities), should be zero. This fair value does not change regardless of whether, for accounting purposes, a leased asset and liability are recognised at fair value or at the present value of minimum lease payments, in accordance with paragraph 20 of IAS 17. Thus, remeasuring a leased asset from cost in accordance with paragraph 25 to fair value in accordance with paragraph 33 should not give rise to any initial gain or loss, unless fair value is measured at different times. This could occur when an election to apply the fair value model is made after initial recognition. 41

The definition of fair value refers to 'knowledgeable, willing parties'. In this context, 'knowledgeable' means that both the willing buyer and the willing seller are reasonably informed about the nature and characteristics of the investment property, its actual and potential uses, and market conditions at the balance sheet date. A willing buyer is motivated, but not compelled, to buy. This buyer is neither over-eager nor determined to buy at any price. The assumed buyer would not pay a higher price than a market comprising knowledgeable, willing buyers and sellers would require. 42

A willing seller is neither an over-eager nor a forced seller, prepared to sell at any price, nor one prepared to hold out for a price not considered reasonable in current market conditions. The willing seller is motivated to sell the investment property at market terms for the best price obtainable. The factual circumstances of the actual 43

IAS 40

Immobilien zu dem nach den Marktgegebenheiten bestmöglichen erzielbaren Preis zu verkaufen. Die tatsächlichen Verhältnisse des gegenwärtigen Eigentümers der als Finanzinvestition gehaltenen Immobilien sind nicht Teil dieser Betrachtung, da der vertragswillige Verkäufer ein hypothetischer Eigentümer ist. (Ein vertragswilliger Verkäufer würde beispielsweise nicht die besondere steuerliche Situation des gegenwärtigen Immobilieneigentümers berücksichtigen.)

44 Die Definition des beizulegenden Zeitwerts bezieht sich auf Transaktionen zwischen unabhängigen Geschäftspartnern. Eine solche Transaktion ist ein Geschäftsabschluss zwischen Parteien, die keine besondere oder spezielle Beziehung zueinander haben, die marktuntypische Transaktionspreise begründet. Es ist zu unterstellen, dass die Transaktion zwischen einander nicht nahe stehenden, voneinander unabhängig handelnden Unternehmen stattfindet.

45 Den bestmöglichen substanziellen Hinweis für den beizulegenden Zeitwert erhält man durch auf einem aktiven Markt notierte aktuelle Preise ähnlicher Immobilien, die sich am gleichen Ort und im gleichen Zustand befinden und Gegenstand vergleichbarer Mietverhältnisse und anderer, mit den Immobilien zusammenhängender Verträge sind. Ein Unternehmen hat dafür Sorge zu tragen, jegliche Unterschiede hinsichtlich Art, Lage oder Zustand der Immobilien in den Vertragsbedingungen der Mietverhältnisse und in anderen, mit den Immobilien zusammenhängenden Verträgen festzustellen.

46 Liegen aktuelle Preise eines aktiven Markts in der nach Paragraph 45 verlangten Art nicht vor, berücksichtigt ein Unternehmen Informationen verschiedenster Quellen, einschließlich:
(a) aktueller Preise eines aktiven Markts für Immobilien abweichender Art, anderen Zustands oder Standorts (oder solche, die abweichenden Leasingverhältnissen oder anderweitigen Verträgen unterliegen), die angepasst wurden, um diese Unterschiede widerzuspiegeln;
(b) der vor kurzem auf einem weniger aktiven Markt erzielten Preise für ähnliche Immobilien, die angepasst wurden, um die Änderungen der wirtschaftlichen Rahmenbedingungen seit dem Zeitpunkt der Transaktion, zu dem diese Preise erzielt wurden, widerzuspiegeln; und
(c) diskontierter Cashflow-Prognosen, die auf einer verlässlichen Schätzung von zukünftigen Cashflows beruhen, gestützt durch die Vertragsbedingungen bestehender Mietverhältnisse und anderer Verträge sowie durch (wenn möglich) externe substanzielle Hinweise wie aktuelle marktübliche Mieten für ähnliche Immobilien am gleichen Ort und im gleichen Zustand und für die Abzinsungssätze verwendet wurden, die die gegenwärtigen Bewertungen des Marktes hinsichtlich der Unsicherheit der Höhe und des zeitlichen Anfalls künftiger Cashflows widerspiegeln.

47 In einigen Fällen können die verschiedenen, im vorherigen Paragraphen aufgeführten Quellen zu unterschiedlichen Schlussfolgerungen bezüglich des beizulegenden Zeitwerts der als Finanzinvestition gehaltenen Immobilien führen. Ein Unternehmen hat die Gründe für diese Unterschiede zu berücksichtigen, um zum verlässlichsten Schätzwert innerhalb einer Bandbreite vernünftiger Abschätzungen des beizulegenden Zeitwerts zu gelangen.

48 Wenn ein Unternehmen eine als Finanzinvestition gehaltene Immobilie erstmals erwirbt (oder wenn eine bereits vorhandene Immobilie nach Abschluss der Erstellung oder Entwicklung erstmals als Finanzinvestition gehalten wird oder nach einer Nutzungsänderung), liegen in Ausnahmefällen eindeutige substanzielle Hinweise vor, dass die Bandbreite vernünftiger Schätzungen für den beizulegenden Zeitwert so groß und die Eintrittswahrscheinlichkeiten der verschiedenen Ergebnisse so schwierig zu ermitteln sind, dass die Zweckmäßigkeit der Verwendung eines einzelnen Schätzwerts für den beizulegenden Zeitwert bezweifelt werden muss. Dies kann darauf hindeuten, dass der beizulegende Zeitwert der als Finanzinvestition gehaltenen Immobilie nicht fortlaufend verlässlich bestimmt werden kann (siehe Paragraph 53).

49 Der beizulegende Zeitwert unterscheidet sich von dem in IAS 36 *Wertminderung von Vermögenswerten* definierten Nutzungswert. Der beizulegende Zeitwert spiegelt den Kenntnisstand und die Erwartungen sachverständiger und vertragswilliger Käufer und Verkäufer wider. Dagegen spiegelt der Nutzungswert die Erwartungen des Unternehmens wider, einschließlich der Auswirkungen unternehmensspezifischer Faktoren, die nur für das Unternehmen zutreffen können, nicht aber im Allgemeinen für Unternehmen anwendbar sind. Der beizulegende Zeitwert berücksichtigt beispielsweise nicht die folgenden Faktoren, soweit sie sachverständigen und vertragswilligen Käufern und Verkäufern nicht ohne Weiteres zur Verfügung stehen würden:
(a) den zusätzlichen Wert, der sich aus der Bildung eines Portfolios von Immobilien an unterschiedlichen Standorten ergibt;

investment property owner are not a part of this consideration because the willing seller is a hypothetical owner (eg a willing seller would not take into account the particular tax circumstances of the actual investment property owner).

The definition of fair value refers to an arm's length transaction. An arm's length transaction is one between parties that do not have a particular or special relationship that makes prices of transactions uncharacteristic of market conditions. The transaction is presumed to be between unrelated parties, each acting independently. **44**

The best evidence of fair value is given by current prices in an active market for similar property in the same location and condition and subject to similar lease and other contracts. An entity takes care to identify any differences in the nature, location or condition of the property, or in the contractual terms of the leases and other contracts relating to the property. **45**

In the absence of current prices in an active market of the kind described in paragraph 45, an entity considers information from a variety of sources, including: **46**
(a) current prices in an active market for properties of different nature, condition or location (or subject to different lease or other contracts), adjusted to reflect those differences;
(b) recent prices of similar properties on less active markets, with adjustments to reflect any changes in economic conditions since the date of the transactions that occurred at those prices; and
(c) discounted cash flow projections based on reliable estimates of future cash flows, supported by the terms of any existing lease and other contracts and (when possible) by external evidence such as current market rents for similar properties in the same location and condition, and using discount rates that reflect current market assessments of the uncertainty in the amount and timing of the cash flows.

In some cases, the various sources listed in the previous paragraph may suggest different conclusions about the fair value of an investment property. An entity considers the reasons for those differences, in order to arrive at the most reliable estimate of fair value within a range of reasonable fair value estimates. **47**

In exceptional cases, there is clear evidence when an entity first acquires an investment property (or when an existing property first becomes investment property following the completion of construction or development, or after a change in use) that the variability in the range of reasonable fair value estimates will be so great, and the probabilities of the various outcomes so difficult to assess, that the usefulness of a single estimate of fair value is negated. This may indicate that the fair value of the property will not be reliably determinable on a continuing basis (see paragraph 53). **48**

Fair value differs from value in use, as defined in IAS 36 *Impairment of Assets*. Fair value reflects the knowledge and estimates of knowledgeable, willing buyers and sellers. In contrast, value in use reflects the entity's estimates, including the effects of factors that may be specific to the entity and not applicable to entities in general. For example, fair value does not reflect any of the following factors to the extent that they would not be generally available to knowledgeable, willing buyers and sellers: **49**
(a) additional value derived from the creation of a portfolio of properties in different locations;

IAS 40

(b) Synergieeffekte zwischen als Finanzinvestition gehaltenen Immobilien und anderen Vermögenswerten;
(c) Rechtsansprüche oder gesetzliche Einschränkungen, die lediglich für den gegenwärtigen Eigentümer gelten; und
(d) Steuervorteile oder Steuerbelastungen, die nur für den gegenwärtigen Eigentümer bestehen.

50 Bei der Bestimmung des beizulegenden Zeitwerts von als Finanzinvestition gehaltenen Immobilien hat das Unternehmen Vermögenswerte und Schulden, die bereits als solche einzeln erfasst wurden, nicht erneut anzusetzen. Zum Beispiel:
(a) Ausstattungsgegenstände wie Aufzug oder Klimaanlage sind häufig ein integraler Bestandteil des Gebäudes und im Allgemeinen in den beizulegenden Zeitwert der als Finanzinvestition gehaltenen Immobilien mit einzubeziehen und nicht gesondert als Sachanlage zu erfassen.
(b) der beizulegende Zeitwert eines im möblierten Zustand vermieteten Bürogebäudes schließt im Allgemeinen den beizulegenden Zeitwert der Möbel mit ein, da die Mieteinnahmen sich auf das möblierte Bürogebäude beziehen. Sind Möbel im beizulegenden Zeitwert der als Finanzinvestition gehaltenen Immobilien enthalten, erfasst das Unternehmen die Möbel nicht als gesonderten Vermögenswert.
(c) der beizulegende Zeitwert der als Finanzinvestition gehaltenen Immobilien beinhaltet nicht im Voraus bezahlte oder abgegrenzte Mieten aus Operating-Leasingverhältnissen, da das Unternehmen diese als gesonderte Schuld oder gesonderten Vermögenswert erfasst.
(d) der beizulegende Zeitwert von geleasten als Finanzinvestition gehaltenen Immobilien spiegelt die erwarteten Cashflows wider (einschließlich erwarteter Eventualmietzahlungen). Wurden bei der Bewertung einer Immobilie die erwarteten Zahlungen nicht berücksichtigt, müssen daher zur Bestimmung des beizulegenden Zeitwerts der als Finanzinvestition gehaltenen Immobilien für Rechnungslegungszwecke alle erfassten Schulden aus dem Leasingverhältnis wieder hinzugefügt werden.

51 Der beizulegende Zeitwert der als Finanzinvestition gehaltenen Immobilien spiegelt weder zukünftige Ausgaben zur Verbesserung oder Wertsteigerung noch den damit einhergehenden künftigen Nutzen wider.

52 In einigen Fällen erwartet ein Unternehmen, dass der Barwert der mit einer als Finanzinvestition gehaltenen Immobilie verbundenen Auszahlungen (andere als die Auszahlungen, die sich auf erfasste Schulden beziehen) den Barwert der damit zusammenhängenden Einzahlungen übersteigt. Zur Beurteilung, ob eine Schuld anzusetzen und, wenn ja, wie diese zu bewerten ist, zieht ein Unternehmen IAS 37 *Rückstellungen, Eventualschulden und Eventualforderungen* heran.

Unfähigkeit, den beizulegenden Zeitwert verlässlich zu ermitteln

53 **Es besteht die widerlegbare Vermutung, dass ein Unternehmen in der Lage ist, den beizulegenden Zeitwert einer als Finanzinvestition gehaltenen Immobilie fortwährend verlässlich zu bestimmen. In Ausnahmefällen liegen jedoch eindeutige substanzielle Hinweise dahingehend vor, dass ein Unternehmen, das eine als Finanzinvestition gehaltene Immobilie erstmals erwirbt (oder wenn eine bereits vorhandene Immobilie nach Abschluss der Erstellung oder Entwicklung erstmals als Finanzinvestition gehalten wird oder nach einer Nutzungsänderung), nicht in der Lage ist, den beizulegenden Zeitwert der als Finanzinvestition gehaltenen Immobilie fortlaufend verlässlich zu bestimmen. Dieses wird dann, aber nur dann der Fall sein, wenn vergleichbare Markttransaktionen selten und anderweitige zuverlässige Schätzungen für den beizulegenden Zeitwert (beispielsweise basierend auf diskontierten Cashflow-Prognosen) nicht verfügbar sind. In solchen Fällen hat ein Unternehmen die als Finanzinvestition gehaltenen Immobilien nach dem Anschaffungskostenmodell in IAS 16 zu bewerten. Der Restwert der als Finanzinvestition gehaltenen Immobilie ist mit Null anzunehmen. Das Unternehmen hat IAS 16 bis zum Abgang der als Finanzinvestition gehaltenen Immobilie anzuwenden.**

54 In den Ausnahmefällen, wenn ein Unternehmen aus den in dem vorherigen Paragraphen genannten Gründen gezwungen ist, eine als Finanzinvestition gehaltene Immobilie nach dem Anschaffungskostenmodell des IAS 16 zu bewerten, bewertet es seine gesamten sonstigen als Finanzinvestition gehaltenen Immobilien zum beizulegenden Zeitwert. In diesen Fällen kann ein Unternehmen zwar für eine einzelne als Finanzinvestition gehaltene Immobilie das Anschaffungskostenmodell anwenden, hat jedoch für alle anderen Immobilien nach dem Modell des beizulegenden Zeitwerts zu bilanzieren.

55 **Hat ein Unternehmen eine als Finanzinvestition gehaltene Immobilie bisher zum beizulegenden Zeitwert bewertet, hat es die Immobilie bis zu deren Abgang (oder bis zu dem Zeitpunkt, ab dem die Immobilie selbst genutzt oder für einen späteren Verkauf im Rahmen der gewöhnlichen Geschäftstätigkeit entwickelt wird) weiterhin zum beizulegenden Zeitwert zu bewerten, auch wenn vergleichbare Markttransaktionen seltener auftreten oder Marktpreise seltener verfügbar sind.**

(b) synergies between investment property and other assets;
(c) legal rights or legal restrictions that are specific only to the current owner; and
(d) tax benefits or tax burdens that are specific to the current owner.

In determining the fair value of investment property, an entity does not double-count assets or liabilities that are recognised as separate assets or liabilities. For example: 50

(a) equipment such as lifts or air-conditioning is often an integral part of a building and is generally included in the fair value of the investment property, rather than recognised separately as property, plant and equipment.
(b) if an office is leased on a furnished basis, the fair value of the office generally includes the fair value of the furniture, because the rental income relates to the furnished office. When furniture is included in the fair value of investment property, an entity does not recognise that furniture as a separate asset.
(c) the fair value of investment property excludes prepaid or accrued operating lease income, because the entity recognises it as a separate liability or asset.
(d) the fair value of investment property held under a lease reflects expected cash flows (including contingent rent that is expected to become payable). Accordingly, if a valuation obtained for a property is net of all payments expected to be made, it will be necessary to add back any recognised lease liability, to arrive at the fair value of the investment property for accounting purposes.

The fair value of investment property does not reflect future capital expenditure that will improve or enhance the property and does not reflect the related future benefits from this future expenditure. 51

In some cases, an entity expects that the present value of its payments relating to an investment property (other than payments relating to recognised liabilities) will exceed the present value of the related cash receipts. An entity applies IAS 37 *Provisions, Contingent Liabilities and Contingent Assets* to determine whether to recognise a liability and, if so, how to measure it. 52

Inability to Determine Fair Value Reliably

There is a rebuttable presumption that an entity can reliably determine the fair value of an investment property on a continuing basis. However, in exceptional cases, there is clear evidence when an entity first acquires an investment property (or when an existing property first becomes investment property following the completion of construction or development, or after a change in use) that the fair value of the investment property is not reliably determinable on a continuing basis. This arises when, and only when, comparable market transactions are infrequent and alternative reliable estimates of fair value (for example, based on discounted cash flow projections) are not available. In such cases, an entity shall measure that investment property using the cost model in IAS 16. The residual value of the investment property shall be assumed to be zero. The entity shall apply IAS 16 until disposal of the investment property. 53

In the exceptional cases when an entity is compelled, for the reason given in the previous paragraph, to measure an investment property using the cost model in accordance with IAS 16, it measures all its other investment property at fair value. In these cases, although an entity may use the cost model for one investment property, the entity shall continue to account for each of the remaining properties using the fair value model. 54

If an entity has previously measured an investment property at fair value, it shall continue to measure the property at fair value until disposal (or until the property becomes owner-occupied property or the entity begins to develop the property for subsequent sale in the ordinary course of business) even if comparable market transactions become less frequent or market prices become less readily available. 55

IAS 40

Anschaffungskostenmodell

56 Sofern sich ein Unternehmen nach dem erstmaligen Ansatz für das Anschaffungskostenmodell entscheidet, hat es seine gesamten als Finanzinvestition gehaltenen Immobilien nach den Vorschriften des IAS 16 für dieses Modell zu bewerten, ausgenommen solche, die gemäß IFRS 5 Zur Veräußerung gehaltene langfristige Vermögenswerte und aufgegebene Geschäftsbereiche als zur Veräußerung gehalten klassifiziert werden (oder zu einer als zur Veräußerung gehalten klassifizierten Veräußerungsgruppe gehören). Als Finanzinvestition gehaltene Immobilien, welche die Kriterien für eine Klassifizierung als zur Veräußerung gehalten erfüllen (oder zu einer als zur Veräußerung gehalten klassifizierten Veräußerungsgruppe gehören), sind in Übereinstimmung mit IFRS 5 zu bewerten.

ÜBERTRAGUNGEN

57 Übertragungen in den oder aus dem Bestand der als Finanzinvestition gehaltenen Immobilien sind dann, und nur dann vorzunehmen, wenn eine Nutzungsänderung vorliegt, die sich wie folgt belegen lässt:
 (a) Beginn der Selbstnutzung als Beispiel für eine Übertragung von als Finanzinvestition gehaltenen zu vom Eigentümer selbst genutzten Immobilien;
 (b) Beginn der Entwicklung mit der Absicht des Verkaufs als Beispiel für eine Übertragung von als Finanzinvestition gehaltenen Immobilien in das Vorratsvermögen;
 (c) Ende der Selbstnutzung als Beispiel für eine Übertragung der von dem Eigentümer selbst genutzten in den Bestand der als Finanzinvestition gehaltenen Immobilien;
 (d) Beginn eines Operating-Leasingverhältnisses mit einer anderen Partei als Beispiel für eine Übertragung aus dem Vorratsvermögen in als Finanzinvestition gehaltene Immobilien; oder
 (e) das Ende der Erstellung oder Entwicklung als Beispiel für eine Übertragung von Immobilien, die sich in der Erstellung oder Entwicklung befinden (geregelt in IAS 16) in die als Finanzinvestition gehaltenen Immobilien.

58 Nach Paragraph 57(b) ist ein Unternehmen dann, und nur dann, verpflichtet, Immobilien von als Finanzinvestition gehaltenen Immobilien in das Vorratsvermögen zu übertragen, wenn eine Nutzungsänderung vorliegt, die durch den Beginn der Entwicklung mit der Absicht des Verkaufs belegt wird. Trifft ein Unternehmen die Entscheidung, eine als Finanzinvestition gehaltene Immobilie ohne Entwicklung zu veräußern, behandelt es die Immobilie solange weiter als Finanzinvestition und nicht als Vorräte, bis sie ausgebucht (und damit aus der Bilanz entfernt) wird. In ähnlicher Weise wird, wenn ein Unternehmen beginnt, eine vorhandene als Finanzinvestition gehaltene Immobilie für die weitere zukünftige Nutzung als Finanzinvestition zu sanieren, diese weiterhin als Finanzinvestition eingestuft und während der Sanierung nicht in den Bestand der vom Eigentümer selbst genutzten Immobilien umgegliedert.

59 Die Paragraphen 60–65 behandeln Fragen des Ansatzes und der Bewertung, die das Unternehmen bei der Anwendung des Modells des beizulegenden Zeitwerts für als Finanzinvestition gehaltene Immobilien zu berücksichtigen hat. Wenn ein Unternehmen das Anschaffungskostenmodell anwendet, führen Übertragungen zwischen als Finanzinvestition gehaltenen, vom Eigentümer selbst genutzten Immobilien oder Vorräten für Bewertungs- oder Angabezwecke weder zu einer Buchwertänderung der übertragenen Immobilien noch zu einer Veränderung ihrer Anschaffungs- oder Herstellungskosten.

60 Bei einer Übertragung von als Finanzinvestition gehaltenen und zum beizulegenden Zeitwert bewerteten Immobilien in den Bestand der vom Eigentümer selbst genutzten Immobilien oder Vorräte entsprechen die Anschaffungs- oder Herstellungskosten der Immobilien für die Folgebewertung gemäß IAS 16 oder IAS 2 deren beizulegendem Zeitwert zum Zeitpunkt der Nutzungsänderung.

61 Wird eine vom Eigentümer selbstgenutzte zu einer als Finanzinvestition gehaltenen Immobilie, die zum beizulegenden Zeitwert bewertet wird, hat ein Unternehmen bis zu dem Zeitpunkt der Nutzungsänderung IAS 16 anzuwenden. Das Unternehmen hat einen zu diesem Zeitpunkt bestehenden Unterschiedsbetrag zwischen dem nach IAS 16 ermittelten Buchwert der Immobilien und dem beizulegenden Zeitwert in der selben Weise wie eine Neubewertung gemäß IAS 16 zu behandeln.

62 Bis zu dem Zeitpunkt, an dem eine vom Eigentümer selbstgenutzte Immobilie zu einer als Finanzinvestition gehaltenen und zum beizulegenden Zeitwert bewerteten Immobilie wird, hat ein Unternehmen die Immobilie abzuschreiben und jegliche eingetretene Wertminderungsaufwendungen zu erfassen. Das Unternehmen hat einen zu diesem Zeitpunkt bestehenden Unterschiedsbetrag zwischen dem nach IAS 16 ermittelten Buchwert

IAS 40

Cost Model

After initial recognition, an entity that chooses the cost model shall measure all of its investment properties in accordance with IAS 16's requirements for that model other than those that meet the criteria to be classified as held for sale (or are included in a disposal group that is classified as held for sale) in accordance with IFRS 5 Non-current Assets Held for Sale and Discontinued Operations. Investment properties that meet the criteria to be classified as held for sale (or are included in a disposal group that is classified as held for sale) shall be measured in accordance with IFRS 5.   56

TRANSFERS

Transfers to, or from, investment property shall be made when, and only when, there is a change in use, evidenced by: 57
(a) commencement of owner-occupation, for a transfer from investment property to owner-occupied property;
(b) commencement of development with a view to sale, for a transfer from investment property to inventories;
(c) end of owner-occupation, for a transfer from owner-occupied property to investment property;
(d) commencement of an operating lease to another party, for a transfer from inventories to investment property;
or
(e) end of construction or development, for a transfer from property in the course of construction or development (covered by IAS 16) to investment property.

Paragraph 57(b) requires an entity to transfer a property from investment property to inventories when, and only when, there is a change in use, evidenced by commencement of development with a view to sale. When an entity decides to dispose of an investment property without development, it continues to treat the property as an investment property until it is derecognised (eliminated from the balance sheet) and does not treat it as inventory. Similarly, if an entity begins to redevelop an existing investment property for continued future use as investment property, the property remains an investment property and is not reclassified as owner-occupied property during the redevelopment.   58

Paragraphs 60—65 apply to recognition and measurement issues that arise when an entity uses the fair value model for investment property. When an entity uses the cost model, transfers between investment property, owner-occupied property and inventories do not change the carrying amount of the property transferred and they do not change the cost of that property for measurement or disclosure purposes.   59

For a transfer from investment property carried at fair value to owner-occupied property or inventories, the property's deemed cost for subsequent accounting in accordance with IAS 16 or IAS 2 shall be its fair value at the date of change in use.   60

If an owner-occupied property becomes an investment property that will be carried at fair value, an entity shall apply IAS 16 up to the date of change in use. The entity shall treat any difference at that date between the carrying amount of the property in accordance with IAS 16 and its fair value in the same way as a revaluation in accordance with IAS 16.   61

Up to the date when an owner-occupied property becomes an investment property carried at fair value, an entity depreciates the property and recognises any impairment losses that have occurred. The entity treats any difference at that date between the carrying amount of the property in accordance with IAS 16 and its fair value in the same way as a revaluation in accordance with IAS 16. In other words: 62

der Immobilien und dem beizulegenden Zeitwert in der selben Weise wie eine Neubewertung gemäß IAS 16 zu behandeln. Mit anderen Worten:
(a) jede auftretende Minderung des Buchwerts der Immobilie ist im Ergebnis zu erfassen. In dem Umfang, in dem jedoch ein der Immobilie zuzurechnender Betrag in der Neubewertungsrücklage eingestellt ist, ist die Abwertung gegen diese vorzunehmen.
(b) eine sich ergebende Erhöhung des Buchwerts ist folgendermaßen zu behandeln:
  (i) soweit die Erhöhung einen früheren Wertminderungsaufwand für diese Immobilie aufhebt, ist die Erhöhung im Ergebnis zu erfassen. Der im Ergebnis erfasste Betrag darf den Betrag nicht übersteigen, der zur Aufstockung auf den Buchwert benötigt wird, der sich ohne die Erfassung des Wertminderungsaufwands (abzüglich mittlerweile vorgenommener Abschreibungen) ergeben hätte.
  (ii) ein noch verbleibender Teil der Erhöhung wird direkt im Eigenkapital innerhalb der Neubewertungsrücklage erfasst. Bei einem anschließenden Abgang der als Finanzinvestition gehaltenen Immobilie kann die Neubewertungsrücklage unmittelbar in die Gewinnrücklagen umgebucht werden. Die Übertragung von der Neubewertungsrücklage in die Gewinnrücklagen erfolgt nicht über die Gewinn- und Verlustrechnung.

63 Bei einer Übertragung von den Vorräten in die als Finanzinvestition gehaltenen Immobilien, die dann zum beizulegenden Zeitwert bewertet werden, ist ein zu diesem Zeitpunkt bestehender Unterschiedsbetrag zwischen dem beizulegenden Zeitwert der Immobilie und dem vorherigen Buchwert im Ergebnis zu erfassen.

64 Die bilanzielle Behandlung von Übertragungen aus den Vorräten in die als Finanzinvestition gehaltenen Immobilien, die dann zum beizulegenden Zeitwert bewertet werden, entspricht der Behandlung einer Veräußerung von Vorräten.

65 Wenn ein Unternehmen die Erstellung oder Entwicklung einer selbst hergestellten und als Finanzinvestition gehaltenen Immobilie abschließt, die dann zum beizulegenden Zeitwert bewertet wird, ist ein zu diesem Zeitpunkt bestehender Unterschiedsbetrag zwischen dem beizulegenden Zeitwert der Immobilie und dem vorherigen Buchwert im Ergebnis zu erfassen.

ABGÄNGE

66 Eine als Finanzinvestition gehaltene Immobilie ist bei ihrem Abgang oder dann, wenn sie dauerhaft nicht mehr genutzt werden soll und ein zukünftiger wirtschaftlicher Nutzen aus ihrem Abgang nicht mehr erwartet wird, auszubuchen (und damit aus der Bilanz zu entfernen).

67 Der Abgang einer als Finanzinvestition gehaltenen Immobilie kann durch den Verkauf oder den Abschluss eines Finanzierungsleasingverhältnisses erfolgen. Bei der Bestimmung des Abgangszeitpunkts der als Finanzinvestition gehaltenen Immobilien wendet das Unternehmen die Bedingungen des IAS 18 hinsichtlich der Erfassung von Erträgen aus dem Verkauf von Waren und Erzeugnissen an und berücksichtigt die diesbezüglichen Anwendungsleitlinien im Anhang zu IAS 18. IAS 17 ist beim Abgang infolge des Abschlusses eines Finanzierungsleasings oder einer Sale-and-leaseback-Transaktion anzuwenden.

68 Wenn ein Unternehmen gemäß dem Ansatz in Paragraph 16 die Kosten für die Ersetzung eines Teils einer als Finanzinvestition gehaltenen Immobilie im Buchwert berücksichtigt, hat es den Buchwert des ersetzten Teils auszubuchen. Bei als Finanzinvestition gehaltenen Immobilien, die nach dem Anschaffungskostenmodell bilanziert werden, kann es vorkommen, dass ein ersetztes Teil nicht gesondert abgeschrieben wurde. Sollte die Ermittlung des Buchwerts des ersetzten Teils für ein Unternehmen praktisch nicht durchführbar sein, kann es die Kosten für die Ersetzung als Anhaltspunkt für die Anschaffungskosten des ersetzten Teils zum Zeitpunkt seines Kaufs oder seiner Erstellung verwenden. Beim Modell des beizulegenden Zeitwerts spiegelt der beizulegende Zeitwert der als Finanzinvestition gehaltenen Immobilien unter Umständen bereits die Wertminderung des zu ersetzenden Teils wider. In anderen Fällen kann es schwierig sein zu erkennen, um wie viel der beizulegende Zeitwert für das ersetzte Teil gemindert werden sollte. Sollte eine Minderung des beizulegenden Zeitwerts für das ersetzte Teil praktisch nicht durchführbar sein, können alternativ die Kosten für die Ersetzung in den Buchwert des Vermögenswertes einbezogen werden. Anschließend erfolgt eine Neubewertung des beizulegenden Zeitwerts, wie sie bei Zugängen ohne eine Ersetzung erforderlich wäre.

69 Gewinne oder Verluste, die bei Stilllegung oder Abgang von als Finanzinvestition gehaltenen Immobilien entstehen, sind als Unterschiedsbetrag zwischen dem Nettoveräußerungserlös und dem Buchwert des Vermögenswertes zu bestimmen und in der Periode der Stilllegung bzw. des Abgangs im Ergebnis zu erfassen (es sei denn, dass IAS 17 bei Sale-and-leaseback-Transaktionen etwas anderes erfordert).

(a) any resulting decrease in the carrying amount of the property is recognised in profit or loss. However, to the extent that an amount is included in revaluation surplus for that property, the decrease is charged against that revaluation surplus.
(b) any resulting increase in the carrying amount is treated as follows:
   (i) to the extent that the increase reverses a previous impairment loss for that property, the increase is recognised in profit or loss. The amount recognised in profit or loss does not exceed the amount needed to restore the carrying amount to the carrying amount that would have been determined (net of depreciation) had no impairment loss been recognised.
   (ii) any remaining part of the increase is credited directly to equity in revaluation surplus. On subsequent disposal of the investment property, the revaluation surplus included in equity may be transferred to retained earnings. The transfer from revaluation surplus to retained earnings is not made through profit or loss.

For a transfer from inventories to investment property that will be carried at fair value, any difference between the fair value of the property at that date and its previous carrying amount shall be recognised in profit or loss. 63

The treatment of transfers from inventories to investment property that will be carried at fair value is consistent with the treatment of sales of inventories. 64

When an entity completes the construction or development of a self-constructed investment property that will be carried at fair value, any difference between the fair value of the property at that date and its previous carrying amount shall be recognised in profit or loss. 65

DISPOSALS

An investment property shall be derecognised (eliminated from the balance sheet) on disposal or when the investment property is permanently withdrawn from use and no future economic benefits are expected from its disposal. 66

The disposal of an investment property may be achieved by sale or by entering into a finance lease. In determining the date of disposal for investment property, an entity applies the criteria in IAS 18 for recognising revenue from the sale of goods and considers the related guidance in the Appendix to IAS 18. IAS 17 applies to a disposal effected by entering into a finance lease and to a sale and leaseback. 67

If, in accordance with the recognition principle in paragraph 16, an entity recognises in the carrying amount of an asset the cost of a replacement for part of an investment property, it derecognises the carrying amount of the replaced part. For investment property accounted for using the cost model, a replaced part may not be a part that was depreciated separately. If it is not practicable for an entity to determine the carrying amount of the replaced part, it may use the cost of the replacement as an indication of what the cost of the replaced part was at the time it was acquired or constructed. Under the fair value model, the fair value of the investment property may already reflect that the part to be replaced has lost its value. In other cases it may be difficult to discern how much fair value should be reduced for the part being replaced. An alternative to reducing fair value for the replaced part, when it is not practical to do so, is to include the cost of the replacement in the carrying amount of the asset and then to reassess the fair value, as would be required for additions not involving replacement. 68

Gains or losses arising from the retirement or disposal of investment property shall be determined as the difference between the net disposal proceeds and the carrying amount of the asset and shall be recognised in profit or loss (unless IAS 17 requires otherwise on a sale and leaseback) in the period of the retirement or disposal. 69

70 Die erhaltene Gegenleistung beim Abgang einer als Finanzinvestition gehaltenen Immobilie ist zunächst mit dem beizulegenden Zeitwert zu erfassen. Insbesondere dann, wenn die Zahlung für eine als Finanzinvestition gehaltene Immobilie nicht sofort erfolgt, ist die erhaltene Gegenleistung beim Erstansatz in Höhe des Gegenwerts des Barpreises zu erfassen. Der Unterschiedsbetrag zwischen dem Nennbetrag der Gegenleistung und dem Gegenwert bei Barzahlung wird als Zinsertrag gemäß IAS 18 nach der Effektivzinsmethode erfasst.

71 Ein Unternehmen wendet IAS 37 oder - soweit sachgerecht - andere Standards auf etwaige Schulden an, die nach dem Abgang einer als Finanzinvestition gehaltenen Immobilie verbleiben.

72 Entschädigungen von Dritten für die Wertminderung, den Untergang oder die Außerbetriebnahme von als Finanzinvestition gehaltenen Immobilien sind bei Erhalt der Entschädigung im Ergebnis zu erfassen.

73 Wertminderungen oder der Untergang von als Finanzinvestition gehaltenen Immobilien, damit verbundene Ansprüche auf oder Zahlungen von Entschädigung von Dritten und jeglicher nachfolgende Kauf oder nachfolgende Erstellung von Ersatzvermögenswerten stellen einzelne wirtschaftliche Ereignisse dar und sind gesondert wie folgt zu bilanzieren:
(a) Wertminderungen von als Finanzinvestition gehaltenen Immobilien werden gemäß IAS 36 erfasst;
(b) Stilllegungen oder Abgänge von als Finanzinvestition gehaltenen Immobilien werden gemäß den Paragraphen 66–71 des vorliegenden Standards erfasst;
(c) Entschädigungen von Dritten für die Wertminderung, den Untergang oder die Außerbetriebnahme von als Finanzinvestition gehaltenen Immobilien werden bei Erhalt der Entschädigung im Ergebnis erfasst; und
(d) die Kosten von Vermögenswerten, die in Stand gesetzt, als Ersatz gekauft oder erstellt wurden, werden gemäß den Paragraphen 20–29 des vorliegenden Standards ermittelt.

ANGABEN

Modell des beizulegenden Zeitwerts und Anschaffungskostenmodell

74 Die unten aufgeführten Angaben sind zusätzlich zu denen nach IAS 17 zu machen. Gemäß IAS 17 gelten für den Eigentümer einer als Finanzinvestition gehaltenen Immobilie die Angabepflichten für einen Leasinggeber zu den von ihm abgeschlossenen Leasingverhältnissen. Ein Unternehmen, welches eine Immobilie im Rahmen eines Finanzierungs- oder Operating-Leasingverhältnisses als Finanzinvestition hält, macht die Angaben eines Leasingnehmers zu den Finanzierungsleasingverhältnissen sowie die Angaben eines Leasinggebers zu allen Operating-Leasingverhältnissen, die das Unternehmen abgeschlossen hat.

75 Folgende Angaben sind von einem Unternehmen zu machen:
(a) ob es das Modell des beizulegenden Zeitwertes oder das Anschaffungskostenmodell anwendet.
(b) bei Anwendung des Modells des beizulegenden Zeitwerts, ob und unter welchen Umständen die im Rahmen von Operating-Leasingverhältnissen gehaltenen Immobilien als Finanzinvestition klassifiziert und bilanziert werden.
(c) sofern eine Zuordnung Schwierigkeiten bereitet (siehe Paragraph 14), die vom Unternehmen verwendeten Kriterien, nach denen zwischen als Finanzinvestition gehaltenen, vom Eigentümer selbst genutzten und Immobilien, die zum Verkauf im Rahmen der gewöhnlichen Geschäftstätigkeit gehalten werden, unterschieden wird.
(d) die Methoden und wesentlichen Annahmen, die bei der Bestimmung des beizulegenden Zeitwerts der als Finanzinvestition gehaltenen Immobilien angewendet wurden, einschließlich einer Aussage, ob die Bestimmung des beizulegenden Zeitwerts durch Marktdaten unterlegt wurde oder auf Grund der Art der Immobilien und in Ermangelung vergleichbarer Marktdaten überwiegend auf anderen Faktoren (die das Unternehmen anzugeben hat) beruhte.
(e) das Ausmaß, in dem der beizulegende Zeitwert der als Finanzinvestition gehaltenen Immobilien (wie in den Abschlüssen bewertet oder angegeben) auf der Grundlage einer Bewertung durch einen unabhängigen Gutachter basiert, der eine entsprechende berufliche Qualifikation und aktuelle Erfahrungen mit der Lage und der Art der zu bewertenden, als Finanzinvestition gehaltenen Immobilien hat. Hat eine solche Bewertung nicht stattgefunden, ist diese Tatsache anzugeben.
(f) die im Ergebnis erfassten Beträge für:
   (i) Mieteinnahmen aus als Finanzinvestition gehaltenen Immobilien;
   (ii) betriebliche Aufwendungen (einschließlich Reparaturen und Instandhaltung), die denjenigen als Finanzinvestition gehaltenen Immobilien direkt zurechenbar sind, mit denen während der Berichtsperiode Mieteinnahmen erzielt wurden;

70 The consideration receivable on disposal of an investment property is recognised initially at fair value. In particular, if payment for an investment property is deferred, the consideration received is recognised initially at the cash price equivalent. The difference between the nominal amount of the consideration and the cash price equivalent is recognised as interest revenue in accordance with IAS 18 using the effective interest method.

71 An entity applies IAS 37 or other Standards, as appropriate, to any liabilities that it retains after disposal of an investment property.

72 **Compensation from third parties for investment property that was impaired, lost or given up shall be recognised in profit or loss when the compensation becomes receivable.**

73 Impairments or losses of investment property, related claims for or payments of compensation from third parties and any subsequent purchase or construction of replacement assets are separate economic events and are accounted for separately as follows:
(a) impairments of investment property are recognised in accordance with IAS 36;
(b) retirements or disposals of investment property are recognised in accordance with paragraphs 66—71 of this Standard;
(c) compensation from third parties for investment property that was impaired, lost or given up is recognised in profit or loss when it becomes receivable; and
(d) the cost of assets restored, purchased or constructed as replacements is determined in accordance with paragraphs 20—29 of this Standard.

DISCLOSURE

Fair Value Model and Cost Model

74 The disclosures below apply in addition to those in IAS 17. In accordance with IAS 17, the owner of an investment property provides lessors' disclosures about leases into which it has entered. An entity that holds an investment property under a finance or operating lease provides lessees' disclosures for finance leases and lessors' disclosures for any operating leases into which it has entered.

75 An entity shall disclose:
(a) whether it applies the fair value model or the cost model.
(b) if it applies the fair value model, whether, and in what circumstances, property interests held under operating leases are classified and accounted for as investment property.
(c) when classification is difficult (see paragraph 14), the criteria it uses to distinguish investment property from owner-occupied property and from property held for sale in the ordinary course of business.
(d) the methods and significant assumptions applied in determining the fair value of investment property, including a statement whether the determination of fair value was supported by market evidence or was more heavily based on other factors (which the entity shall disclose) because of the nature of the property and lack of comparable market data.
(e) the extent to which the fair value of investment property (as measured or disclosed in the financial statements) is based on a valuation by an independent valuer who holds a recognised and relevant professional qualification and has recent experience in the location and category of the investment property being valued. If there has been no such valuation, that fact shall be disclosed.
(f) the amounts recognised in profit or loss for:
  (i) rental income from investment property;
  (ii) direct operating expenses (including repairs and maintenance) arising from investment property that generated rental income during the period;

(iii) betriebliche Aufwendungen (einschließlich Reparaturen und Instandhaltung), die denjenigen als Finanzinvestition gehaltenen Immobilien direkt zurechenbar sind, mit denen während der Berichtsperiode keine Mieteinnahmen erzielt wurden; und
(iv) die kumulierte Änderung des beizulegenden Zeitwertes, die beim Verkauf einer als Finanzinvestition gehaltenen Immobilie von einem Bestand von Vermögenswerten, in dem das Anschaffungskostenmodell verwendet wird, an einen Bestand, in dem das Modell des beizulegenden Zeitwertes verwendet wird, erfolgswirksam erfasst wird (siehe Paragraph 32C).

(g) die Existenz und die Höhe von Beschränkungen hinsichtlich der Veräußerbarkeit von als Finanzinvestition gehaltenen Immobilien oder der Überweisung von Erträgen und Veräußerungserlösen.
(h) vertragliche Verpflichtungen, als Finanzinvestitionen gehaltene Immobilien zu kaufen, zu erstellen oder zu entwickeln, oder solche für Reparaturen, Instandhaltung oder Verbesserungen.

Modell des beizulegenden Zeitwerts

76 Zusätzlich zu den nach Paragraph 75 erforderlichen Angaben hat ein Unternehmen, welches das Modell des beizulegenden Zeitwerts gemäß den Paragraphen 33–55 anwendet, eine Überleitungsrechnung zu erstellen, die die Entwicklung des Buchwertes der als Finanzinvestition gehaltenen Immobilien zu Beginn und zum Ende der Berichtsperiode zeigt und dabei Folgendes darstellt:
(a) Zugänge, wobei diejenigen Zugänge gesondert anzugeben sind, die auf einen Erwerb und die auf nachträgliche im Buchwert eines Vermögenswertes erfasste Anschaffungskosten entfallen;
(b) Zugänge, die aus dem Erwerb im Rahmen von Unternehmenszusammenschlüssen resultieren;
(c) Vermögenswerte, die gemäß IFRS 5 als zur Veräußerung gehalten klassifiziert werden oder zu einer als zur Veräußerung gehalten klassifizierten Veräußerungsgruppe gehören, und andere Abgänge;
(d) Nettogewinne oder -verluste aus der Anpassung des beizulegenden Zeitwerts;
(e) Nettoumrechnungsdifferenzen aus der Umrechnung von Abschlüssen in eine andere Darstellungswährung und aus der Umrechnung eines ausländischen Geschäftsbetriebs in die Darstellungswährung des berichtenden Unternehmens;
(f) Übertragungen in den bzw. aus dem Bestand der Vorräte und der vom Eigentümer selbst genutzten Immobilien; und
(g) andere Änderungen.

77 Wird die Bewertung einer als Finanzinvestition gehaltenen Immobilie für die Abschlüsse erheblich angepasst, beispielsweise um wie in Paragraph 50 beschrieben einen erneuten Ansatz von Vermögenswerten oder Schulden zu vermeiden, die bereits als gesonderte Vermögenswerte und Schulden erfasst wurden, hat das Unternehmen eine Überleitungsrechnung zwischen der ursprünglichen Bewertung und der in den Abschlüssen enthaltenen angepassten Bewertung zu erstellen, in der der Gesamtbetrag aller erfassten zurückaddierten Leasingverpflichtungen und alle anderen wesentlichen Anpassungen gesondert dargestellt ist.

78 In den in Paragraph 53 beschriebenen Ausnahmefällen, in denen ein Unternehmen als Finanzinvestition gehaltene Immobilien nach dem Anschaffungskostenmodell gemäß IAS 16 bewertet, hat die in Paragraph 76 vorgeschriebenen Überleitungsrechnung die Beträge dieser als Finanzinvestition gehaltenen Immobilien getrennt von den Beträgen der anderen als Finanzinvestition gehaltenen Immobilien auszuweisen. Zusätzlich hat ein Unternehmen Folgendes anzugeben:
(a) eine Beschreibung der als Finanzinvestition gehaltenen Immobilien;
(b) eine Erklärung, warum der beizulegende Zeitwert nicht verlässlich bestimmt werden kann;
(c) wenn möglich, die Schätzungsbandbreite, innerhalb derer der beizulegende Zeitwert höchstwahrscheinlich liegt; und
(d) bei Abgang der als Finanzinvestition gehaltenen Immobilien, die nicht zum beizulegenden Zeitwert bewertet wurden:
(i) den Umstand, dass das Unternehmen als Finanzinvestition gehaltene Immobilien veräußert hat, die nicht zum beizulegenden Zeitwert bewertet wurden;
(ii) den Buchwert dieser als Finanzinvestition gehaltenen Immobilien zum Zeitpunkt des Verkaufs; und
(iii) den als Gewinn oder Verlust erfassten Betrag.

(iii) direct operating expenses (including repairs and maintenance) arising from investment property that did not generate rental income during the period; and
(iv) the cumulative change in fair value recognised in profit or loss on a sale of investment property from a pool of assets in which the cost model is used into a pool in which the fair value model is used (see paragraph 32C).
(g) the existence and amounts of restrictions on the realisability of investment property or the remittance of income and proceeds of disposal.
(h) contractual obligations to purchase, construct or develop investment property or for repairs, maintenance or enhancements.

Fair Value Model

76 In addition to the disclosures required by paragraph 75, an entity that applies the fair value model in paragraphs 33—55 shall disclose a reconciliation between the carrying amounts of investment property at the beginning and end of the period, showing the following:
(a) additions, disclosing separately those additions resulting from acquisitions and those resulting from subsequent expenditure recognised in the carrying amount of an asset;
(b) additions resulting from acquisitions through business combinations;
(c) assets classified as held for sale or included in a disposal group classified as held for sale in accordance with IFRS 5 and other disposals;
(d) net gains or losses from fair value adjustments;
(e) the net exchange differences arising on the translation of the financial statements into a different presentation currency, and on translation of a foreign operation into the presentation currency of the reporting entity;
(f) transfers to and from inventories and owner-occupied property; and
(g) other changes.

77 When a valuation obtained for investment property is adjusted significantly for the purpose of the financial statements, for example to avoid double-counting of assets or liabilities that are recognised as separate assets and liabilities as described in paragraph 50, the entity shall disclose a reconciliation between the valuation obtained and the adjusted valuation included in the financial statements, showing separately the aggregate amount of any recognised lease obligations that have been added back, and any other significant adjustments.

78 In the exceptional cases referred to in paragraph 53, when an entity measures investment property using the cost model in IAS 16, the reconciliation required by paragraph 76 shall disclose amounts relating to that investment property separately from amounts relating to other investment property. In addition, an entity shall disclose:
(a) a description of the investment property;
(b) an explanation of why fair value cannot be determined reliably;
(c) if possible, the range of estimates within which fair value is highly likely to lie; and
(d) on disposal of investment property not carried at fair value:
　(i) the fact that the entity has disposed of investment property not carried at fair value;
　(ii) the carrying amount of that investment property at the time of sale; and
　(iii) the amount of gain or loss recognised.

Anschaffungskostenmodell

79 Zusätzlich zu den nach Paragraph 75 erforderlichen Angaben hat das Unternehmen, welches das Anschaffungskostenmodell gemäß Paragraph 56 anwendet, Folgendes anzugeben:
   (a) die verwendeten Abschreibungsmethoden;
   (b) die zugrunde gelegten Nutzungsdauern oder Abschreibungssätze;
   (c) den Bruttobuchwert und die kumulierten Abschreibungen (zusammengefasst mit den kumulierten Wertminderungsaufwendungen) zu Beginn und zum Ende der Periode;
   (d) eine Überleitungsrechnung, welche die Entwicklung des Buchwertes der als Finanzinvestition gehaltenen Immobilien zu Beginn und zum Ende der gesamten Berichtsperiode zeigt und dabei Folgendes darstellt:
      (i) Zugänge, wobei diejenigen Zugänge gesondert anzugeben sind, welche auf einen Erwerb und welche auf als Vermögenswert erfasste nachträgliche Anschaffungskosten entfallen;
      (ii) Zugänge, die aus dem Erwerb im Rahmen von Unternehmenszusammenschlüssen resultieren;
      (iii) Vermögenswerte, die gemäß IFRS 5 als zur Veräußerung gehalten klassifiziert werden oder zu einer als zur Veräußerung gehalten klassifizierten Veräußerungsgruppe gehören, und andere Abgänge;
      (iv) Abschreibungen;
      (v) den Betrag der Wertminderungsaufwendungen, der während der Berichtsperiode gemäß IAS 36 erfasst wurde, und den Betrag an wieder aufgehobenen Wertminderungsaufwendungen;
      (vi) Nettoumrechnungsdifferenzen aus der Umrechnung von Abschlüssen in eine andere Darstellungswährung und aus der Umrechnung eines ausländischen Geschäftsbetriebs in die Darstellungswährung des berichtenden Unternehmens;
      (vii) Übertragungen in den bzw. aus dem Bestand der Vorräte und der vom Eigentümer selbst genutzten Immobilien;
      und
      (viii) sonstige Änderungen;
      sowie
   (e) den beizulegenden Zeitwert der als Finanzinvestition gehaltenen Immobilien. In den in Paragraph 53 beschriebenen Ausnahmefällen, in denen ein Unternehmen den beizulegenden Zeitwert der als Finanzinvestition gehaltenen Immobilien nicht verlässlich bestimmen kann, hat es Folgendes anzugeben:
      (i) eine Beschreibung der als Finanzinvestition gehaltenen Immobilien;
      (ii) eine Erklärung, warum der beizulegende Zeitwert nicht verlässlich ermittelt werden kann;
      und
      (iii) wenn möglich, die Schätzungsbandbreite, innerhalb derer der beizulegende Zeitwert höchstwahrscheinlich liegt.

ÜBERGANGSVORSCHRIFTEN

Modell des beizulegenden Zeitwerts

80 Ein Unternehmen, das bisher IAS 40 (2000) angewendet hat und sich erstmals dafür entscheidet, einige oder alle im Rahmen von Operating-Leasingverhältnissen geleasten Immobilien als Finanzinvestition zu klassifizieren und bilanzieren, hat die Auswirkung dieser Entscheidung als eine Anpassung des Eröffnungsbilanzwertes der Gewinnrücklagen in der Berichtsperiode zu erfassen, in der die Entscheidung erstmals getroffen wurde. Ferner gilt:
   (a) hat das Unternehmen früher (im Abschluss oder anderweitig) den beizulegenden Zeitwert dieser Immobilien in vorhergehenden Berichtsperioden veröffentlicht und war der beizulegende Zeitwert auf einer Grundlage ermittelt, die den Anforderungen der Definition des beizulegenden Zeitwerts in Paragraph 5 und den Anwendungsleitlinien der Paragraphen 36–52 genügt, wird dem Unternehmen empfohlen, aber nicht vorgeschrieben:
      (i) den Eröffnungsbilanzwert der Gewinnrücklagen für die früheste ausgewiesene Berichtsperiode, für die der beizulegende Zeitwert veröffentlicht wurde, anzupassen;
      sowie
      (ii) die Vergleichsinformationen für diese Perioden anzupassen;
      und
   (b) hat das Unternehmen früher keine der unter a) beschriebenen Informationen veröffentlicht, sind die Vergleichsinformationen nicht anzupassen und ist diese Tatsache anzugeben.

81 Dieser Standard schreibt eine andere Behandlung als nach IAS 8 vor. Nach IAS 8 sind Vergleichsinformationen anzupassen, solange dies nicht durchführbar oder wirtschaftlich nicht vertretbar ist.

Cost Model

In addition to the disclosures required by paragraph 75, an entity that applies the cost model in paragraph 56 shall disclose:
(a) the depreciation methods used;
(b) the useful lives or the depreciation rates used;
(c) the gross carrying amount and the accumulated depreciation (aggregated with accumulated impairment losses) at the beginning and end of the period;
(d) a reconciliation of the carrying amount of investment property at the beginning and end of the period, showing the following:
    (i) additions, disclosing separately those additions resulting from acquisitions and those resulting from subsequent expenditure recognised as an asset;
    (ii) additions resulting from acquisitions through business combinations;
    (iii) assets classified as held for sale or included in a disposal group classified as held for sale in accordance with IFRS 5 and other disposals;
    (iv) depreciation;
    (v) the amount of impairment losses recognised, and the amount of impairment losses reversed, during the period in accordance with IAS 36;
    (vi) the net exchange differences arising on the translation of the financial statements into a different presentation currency, and on translation of a foreign operation into the presentation currency of the reporting entity;
    (vii) transfers to and from inventories and owner-occupied property; and
    (viii) other changes; and
(e) the fair value of investment property. In the exceptional cases described in paragraph 53, when an entity cannot determine the fair value of the investment property reliably, it shall disclose:
    (i) a description of the investment property;
    (ii) an explanation of why fair value cannot be determined reliably; and
    (iii) if possible, the range of estimates within which fair value is highly likely to lie.

TRANSITIONAL PROVISIONS

Fair Value Model

An entity that has previously applied IAS 40 (2000) and elects for the first time to classify and account for some or all eligible property interests held under operating leases as investment property shall recognise the effect of that election as an adjustment to the opening balance of retained earnings for the period in which the election is first made. In addition:
(a) if the entity has previously disclosed publicly (in financial statements or otherwise) the fair value of those property interests in earlier periods (determined on a basis that satisfies the definition of fair value in paragraph 5 and the guidance in paragraphs 36—52), the entity is encouraged, but not required:
    (i) to adjust the opening balance of retained earnings for the earliest period presented for which such fair value was disclosed publicly; and
    (ii) to restate comparative information for those periods; and
(b) if the entity has not previously disclosed publicly the information described in (a), it shall not restate comparative information and shall disclose that fact.

This Standard requires a treatment different from that required by IAS 8. IAS 8 requires comparative information to be restated unless such restatement is impracticable.

IAS 40

82 Wenn ein Unternehmen zum ersten Mal diesen Standard anwendet, umfasst die Anpassung des Eröffnungsbilanzwertes der Gewinnrücklagen die Umgliederung aller Beträge, die für als Finanzinvestition gehaltene Immobilien in der Neubewertungsrücklage erfasst wurden.

Anschaffungskostenmodell

83 IAS 8 ist auf alle Änderungen der Bilanzierungs- und Bewertungsmethoden anzuwenden, die vorgenommen werden, wenn ein Unternehmen diesen Standard zum ersten Mal anwendet und sich für das Anschaffungskostenmodell entscheidet. Die Auswirkungen einer Änderung der Bilanzierungs- und Bewertungsmethoden beinhalten die Umgliederung aller Beträge, die für als Finanzinvestition gehaltene Immobilien in der Neubewertungsrücklage erfasst wurden.

84 Die Anforderungen der Paragraphen 27–29 bezüglich der erstmaligen Bewertung von als Finanzinvestition gehaltenen Immobilien, die durch einen Tausch von Vermögenswerten erworben werden, sind nur prospektiv auf künftige Transaktionen anzuwenden.

ZEITPUNKT DES INKRAFTTRETENS

85 Dieser Standard ist erstmals in der ersten Berichtsperiode eines am 1. Januar 2005 oder danach beginnenden Geschäftsjahres anzuwenden. Eine frühere Anwendung wird empfohlen. Wenn ein Unternehmen diesen Standard für Berichtsperioden anwendet, die vor dem 1. Januar 2005 beginnen, so ist diese Tatsache anzugeben.

RÜCKNAHME VON IAS 40 (2000)

86 Der vorliegende Standard ersetzt IAS 40 *Als Finanzinvestition gehaltene Immobilien* (herausgegeben 2000).

When an entity first applies this Standard, the adjustment to the opening balance of retained earnings includes the reclassification of any amount held in revaluation surplus for investment property.   **82**

Cost Model

IAS 8 applies to any change in accounting policies that is made when an entity first applies this Standard and chooses to use the cost model. The effect of the change in accounting policies includes the reclassification of any amount held in revaluation surplus for investment property.   **83**

The requirements of paragraphs 27—29 regarding the initial measurement of an investment property acquired in an exchange of assets transaction shall be applied prospectively only to future transactions.   **84**

EFFECTIVE DATE

An entity shall apply this Standard for annual periods beginning on or after 1 January 2005. Earlier application is encouraged. If an entity applies this Standard for a period beginning before 1 January 2005, it shall disclose that fact.   **85**

WITHDRAWAL OF IAS 40 (2000)

This Standard supersedes IAS 40 *Investment Property* (issued in 2000).   **86**

International Accounting Standard 41

Landwirtschaft

> International Accounting Standard 41 *Landwirtschaft* (IAS 41) ist in den Paragraphen 1–59 festgelegt. Alle Paragraphen sind gleichrangig, behalten jedoch das IASC-Format des Standards, mit dem dieser durch den IASB verabschiedet wurde. IAS 41 ist in Verbindung mit seiner Zielsetzung, dem *Vorwort zu den International Financial Reporting Standards* und dem *Rahmenkonzept für die Aufstellung und Darstellung von Abschlüssen* zu betrachten. IAS 8 *Bilanzierungs- und Bewertungsmethoden, Änderungen von Schätzungen und Fehler*, stellt beim Fehlen ausdrücklicher Leitlinien eine Grundlage für die Auswahl und für die Anwendung von Bilanzierungs- und Bewertungsmethoden bereit.

Dieser International Accounting Standard wurde im Dezember 2000 vom IASC Board genehmigt und ist erstmals in der ersten Berichtsperiode eines am 1. Januar 2003 oder danach beginnenden Geschäftsjahres anzuwenden.

EINFÜHRUNG

IN1   IAS 41 regelt die Bilanzierung, die Darstellung im Abschluss und die offen zu legenden Angaben von landwirtschaftlicher Tätigkeit — ein Sachverhalt, der von anderen International Accounting Standards nicht behandelt wird. Landwirtschaftliche Tätigkeit ist das Management der absatzbestimmten biologischen Transformation lebender Tiere oder Pflanzen (biologische Vermögenswerte) in landwirtschaftliche Erzeugnisse oder in zusätzliche biologische Vermögenswerte durch ein Unternehmen.

IN2   IAS 41 regelt unter anderem die Bilanzierung biologischer Vermögenswerte während der Periode des Wachstums, des Rückgangs, der Fruchtbringung und der Vermehrung sowie die Erstbewertung landwirtschaftlicher Erzeugnisse zum Zeitpunkt der Ernte. Er verlangt vom Zeitpunkt des erstmaligen Ansatzes der biologischen Vermögenswerte bis zum Zeitpunkt der Ernte eine Bewertung zum beizulegenden Zeitwert abzüglich der geschätzten Verkaufskosten, es sei denn, der beizulegende Zeitwert kann beim erstmaligen Ansatz nicht verlässlich bewertet werden. IAS 41 behandelt jedoch nicht die Verarbeitung von landwirtschaftlichen Erzeugnissen nach der Ernte, wie beispielsweise die Verarbeitung von Weintrauben zu Wein und Wolle zu Garn.

IN3   Es wird angenommen, dass der beizulegende Zeitwert für biologische Vermögenswerte verlässlich bewertet werden kann. Diese Annahme kann jedoch lediglich beim erstmaligen Ansatz eines biologischen Vermögenswertes widerlegt werden, für den marktbestimmte Preise oder Werte nicht zur Verfügung stehen und für den alternative Schätzungen des beizulegenden Zeitwerts als eindeutig nicht verlässlich befunden werden. In einem solchen Fall verlangt IAS 41 von einem Unternehmen den biologischen Vermögenswert mit seinen Kosten abzüglich aller kumulierten Abschreibungen und aller kumulierten Wertminderungsaufwendungen zu bewerten. Sobald der beizulegende Zeitwert eines solchen biologischen Vermögenswertes verlässlich ermittelt werden kann, hat ein Unternehmen diesen zu seinem beizulegenden Zeitwert abzüglich der geschätzten Verkaufskosten zu bewerten. In jedem Fall hat ein Unternehmen die landwirtschaftlichen Erzeugnisse im Zeitpunkt der Ernte zum beizulegenden Zeitwert abzüglich der geschätzten Verkaufskosten zu bewerten.

IN4   IAS 41 verlangt die Berücksichtigung einer Änderung des beizulegenden Zeitwerts abzüglich der geschätzten Verkaufskosten eines biologischen Vermögenswertes im Ergebnis der Periode, in der die Änderung verursacht wurde. Bei der landwirtschaftlichen Tätigkeit erhöht oder verringert eine Veränderung körperlicher Eigenschaften eines lebenden Tieres oder einer Pflanze unmittelbar den wirtschaftlichen Nutzen für das Unternehmen. Nach einem transaktionsorientierten, auf historischen Anschaffungs- oder Herstellungskosten basierenden Rechnungslegungsmodell könnte ein Unternehmen der Forstwirtschaft bis zum Zeitpunkt der ersten Ernte und des Verkaufs keine Erträge ausweisen – möglicherweise bis zu 30 Jahre nach der Pflanzung. Auf der anderen Seite werden nach einem Rechnungslegungsmodell, welches das biologische Wachstum anhand der aktuellen beizulegenden Zeitwerte ansetzt und bewertet, Änderungen des beizulegenden Zeitwerts während sämtlicher Perioden zwischen Pflanzung und Ernte ausgewiesen.

IN5   IAS 41 führt keine neuen Grundsätze für Grundstücke ein, die im Zusammenhang mit landwirtschaftlicher Tätigkeit stehen. Vielmehr hat ein Unternehmen den Umständen entsprechend IAS 16, Sachanlagen, oder IAS 40, Als Finanzinvestition gehaltene Immobilien, anzuwenden. IAS 16 verlangt, dass Grundstücke entweder zu den Anschaffungs- oder Herstellungskosten abzüglich aller kumulierten Wertminderungsaufwendungen oder

International Accounting Standard 41

Agriculture

> International Accounting Standard 41 *Agriculture* (IAS 41) is set out in paragraphs 1—59. All the paragraphs have equal authority but retain the IASC format of the Standard when it was adopted by the IASB. IAS 41 should be read in the context of its objective, the *Preface to International Financial Reporting Standards* and the *Framework for the Preparation and Presentation of Financial Statements*. IAS 8 *Accounting Policies, Changes in Accounting Estimates and Errors* provides a basis for selecting and applying accounting policies in the absence of explicit guidance.

This International Accounting Standard was approved by the IASC Board in December 2000 and becomes effective for financial statements covering periods beginning on or after 1 January 2003.

INTRODUCTION

IAS 41 prescribes the accounting treatment, financial statement presentation, and disclosures related to agricultural activity, a matter not covered in other International Accounting Standards. Agricultural activity is the management by an enterprise of the biological transformation of living animals or plants (biological assets) for sale, into agricultural produce, or into additional biological assets. **IN1**

IAS 41 prescribes, among other things, the accounting treatment for biological assets during the period of growth, degeneration, production, and procreation, and for the initial measurement of agricultural produce at the point of harvest. It requires measurement at fair value less estimated point-of-sale costs from initial recognition of biological assets up to the point of harvest, other than when fair value cannot be measured reliably on initial recognition. However, IAS 41 does not deal with processing of agricultural produce after harvest; for example, processing grapes into wine and wool into yarn. **IN2**

There is a presumption that fair value can be measured reliably for a biological asset. However, that presumption can be rebutted only on initial recognition for a biological asset for which market-determined prices or values are not available and for which alternative estimates of fair value are determined to be clearly unreliable. In such a case, IAS 41 requires an enterprise to measure that biological asset at its cost less any accumulated depreciation and any accumulated impairment losses. Once the fair value of such a biological asset becomes reliably measurable, an enterprise should measure it at its fair value less estimated point-of-sale costs. In all cases, an enterprise should measure agricultural produce at the point of harvest at its fair value less estimated point-of-sale costs. **IN3**

IAS 41 requires that a change in fair value less estimated point-of-sale costs of a biological asset be included in profit or loss for the period in which it arises. In agricultural activity, a change in physical attributes of a living animal or plant directly enhances or diminishes economic benefits to the enterprise. Under a transaction-based, historical cost accounting model, a plantation forestry enterprise might report no income until first harvest and sale, perhaps 30 years after planting. On the other hand, an accounting model that recognises and measures biological growth using current fair values reports changes in fair value throughout the period between planting and harvest. **IN4**

IAS 41 does not establish any new principles for land related to agricultural activity. Instead, an enterprise follows IAS 16, property, plant and equipment, or IAS 40, investment property, depending on which standard is appropriate in the circumstances. IAS 16 requires land to be measured either at its cost less any accumulated impairment losses, or at a revalued amount. IAS 40 requires land that is investment property to be measured at **IN5**

IAS 41

zum Neubewertungsbetrag bewertet werden. IAS 40 schreibt vor, dass die als Finanzinvestitionen gehaltenen Grundstücke zum beizulegenden Zeitwert oder zu den Anschaffungs- oder Herstellungskosten abzüglich aller kumulierten Wertminderungsaufwendungen bewertet werden. Biologische Vermögenswerte, die mit dem Grundstück verbunden sind (beispielsweise Bäume einer Waldflur) sind vom Grundstück getrennt zum beizulegenden Zeitwert abzüglich der geschätzten Verkaufskosten zu bewerten.

IN6 IAS 41 verlangt, dass eine unbedingte Zuwendung der öffentlichen Hand, die mit einem biologischen Vermögenswert im Zusammenhang steht, der zum beizulegenden Zeitwert abzüglich der geschätzten Verkaufskosten bewertet wird, nur dann als Ertrag angesetzt wird, wenn die Zuwendung der öffentlichen Hand einforderbar wird. Wenn eine Zuwendung der öffentlichen Hand, einschließlich einer Zuwendung der öffentlichen Hand für die Nichtausübung einer bestimmten landwirtschaftlichen Tätigkeit, bedingt ist, hat ein Unternehmen die Zuwendung der öffentlichen Hand nur dann als Ertrag zu erfassen, wenn die mit der Zuwendung der öffentlichen Hand verbundenen Bedingungen eingetreten sind. Wenn eine Zuwendung der öffentlichen Hand mit einem biologischen Vermögenswert im Zusammenhang steht, der zu seinen Anschaffungs- oder Herstellungskosten abzüglich aller kumulierten Abschreibungen und aller kumulierten Wertminderungsaufwendungen bewertet wird, wird IAS 20, Bilanzierung und Darstellung von Zuwendungen der öffentlichen Hand, angewendet.

IN7 IAS 41 ist erstmals in der ersten Berichtsperiode eines am 1. Januar 2003 oder danach beginnenden Geschäftsjahres anzuwenden. Eine frühere Anwendung wird empfohlen.

IN8 IAS 41 enthält keine besonderen Übergangsvorschriften. Die erstmalige Anwendung von IAS 41 hat in Übereinstimmung mit IAS 8 Bilanzierungs- und Bewertungsmethoden, Änderungen von Schätzungen und Fehler, zu erfolgen.

IN9 Anhang A enthält erläuternde Beispiele für die Anwendung von IAS 41. Anhang B, Grundlage für Schlussfolgerungen, fasst die Gründe des Board für die Einführung der in IAS 41 gesetzten Anforderungen zusammen.

INHALT	Ziffer
Zielsetzung	
Anwendungsbereich	1–4
Definitionen	5–9
Definitionen, die mit der Landwirtschaft im Zusammenhang stehen	5–7
Allgemeine Definitionen	8–9
Ansatz und Bewertung	10–33
Gewinne und Verluste	26–29
Unfähigkeit, den beizulegenden Zeitwert verlässlich zu ermitteln	30–33
Zuwendungen der Öffentlichen Hand	34–38
Darstellung und Angaben	39–57
Darstellung	39
Angaben	40–57
Allgemeines	40–53
Zusätzliche Angaben für biologische Vermögenswerte, wenn der beizulegende Zeitwert nicht verlässlich bewertet werden kann	54–56
Zuwendungen der öffentlichen Hand	57
Zeitpunkt des Inkrafttretens und Übergangsvorschriften	58–59

Die fett gedruckten Vorschriften sind in Verbindung mit den Hintergrundmaterialien und den Anwendungsleitlinien dieses Standards sowie in Verbindung mit dem Vorwort zu den International Accounting Standards zu betrachten. International Accounting Standards brauchen nicht auf unwesentliche Sachverhalte angewendet zu werden (siehe Paragraph 12 des Vorwortes).

ZIELSETZUNG

Die Zielsetzung dieses Standards ist die Regelung der Bilanzierung, der Darstellung im Abschluss und der Angabepflichten für landwirtschaftliche Tätigkeit.

its fair value, or cost less any accumulated impairment losses. Biological assets that are physically attached to land (for example, trees in a plantation forest) are measured at their fair value less estimated point-of-sale costs separately from the land.

IAS 41 requires that an unconditional government grant related to a biological asset measured at its fair value less estimated point-of-sale costs be recognised as income when, and only when, the government grant becomes receivable. If a government grant is conditional, including where a government grant requires an enterprise not to engage in specified agricultural activity, an enterprise should recognise the government grant as income when, and only when, the conditions attaching to the government grant are met. If a government grant relates to a biological asset measured at its cost less any accumulated depreciation and any accumulated impairment losses, IAS 20, accounting for government grants and disclosure of government assistance, is applied. IN6

IAS 41 is effective for annual financial statements covering periods beginning on or after 1 January 2003. Earlier application is encouraged. IN7

IAS 41 does not establish any specific transitional provisions. The adoption of IAS 41 is accounted for in accordance with IAS 8 Accounting Policies, Changes in Accounting Estimates and Errors. IN8

Appendix A provides illustrative examples of the application of IAS 41. Appendix B, Basis for conclusions, summarises the Board's reasons for adopting the requirements set out in IAS 41. IN9

SUMMARY	Paragraphs
Objective	
Scope	1—4
Definitions	5—9
Agriculture-related definitions	5—7
General definitions	8—9
Recognition and measurement	10—33
Gains and losses	26—29
Inability to measure fair value reliably	30—33
Government grants	34—38
Presentation and disclosure	39—57
Presentation	39
Disclosure	40—57
General	40—53
Additional disclosures for biological assets where fair value cannot be measured reliably	54—56
Government grants	57
Effective date and transition	58—59

The standards, which have been set in bold type, should be read in the context of the background material and implementation guidance in this Standard, and in the context of the 'Preface to International Accounting Standards'. International Accounting Standards are not intended to apply to immaterial items (see paragraph 12 of the Preface).

OBJECTIVE

The objective of this Standard is to prescribe the accounting treatment, financial statement presentation, and disclosures related to agricultural activity.

IAS 41

ANWENDUNGSBEREICH

1 Dieser Standard ist für die Rechnungslegung über folgende Punkte anzuwenden, wenn sie mit einer landwirtschaftlichen Tätigkeit im Zusammenhang stehen:
   (a) biologische Vermögenswerte;
   (b) landwirtschaftliche Erzeugnisse zum Zeitpunkt der Ernte; und
   (c) Zuwendungen der öffentlichen Hand, die durch die Paragraphen 34 bis 35 abgedeckt werden.

2 Dieser Standard ist nicht anzuwenden auf:
   (a) Grundstücke, die im Zusammenhang mit landwirtschaftlicher Tätigkeit stehen (siehe IAS 16, Sachanlagen, und IAS 40, Als Finanzinvestition gehaltene Immobilien);
   (b) Immaterielle Vermögenswerte, die mit landwirtschaftlicher Tätigkeit im Zusammenhang stehen (siehe IAS 38, Immaterielle Vermögenswerte).

3 Dieser Standard findet nur zum Zeitpunkt der Ernte Anwendung auf landwirtschaftliche Erzeugnisse, welche die Früchte der biologischen Vermögenswerte des Unternehmens darstellen. Danach ist IAS 2, Vorräte, oder ein anderer anwendbarer Standard anzuwenden. Demnach behandelt dieser Standard nicht die Verarbeitung landwirtschaftlicher Erzeugnisse nach der Ernte, wie beispielsweise die Verarbeitung von Trauben zu Wein durch den Winzer, der die Trauben selbst angebaut hat. Obwohl diese Verarbeitung eine logische und natürliche Ausdehnung landwirtschaftlicher Tätigkeit sein kann, und die stattfindenden Vorgänge eine gewisse Gleichartigkeit zur biologischen Transformation aufweisen können, ist in diesem Standard eine solche Verarbeitung nicht in der Definition der landwirtschaftlichen Tätigkeit eingeschlossen.

4 Die unten aufgeführte Tabelle enthält Beispiele von biologischen Vermögenswerten, landwirtschaftlichen Erzeugnissen und Produkten, die das Ergebnis der Verarbeitung nach der Ernte darstellen:

Biologische Vermögenswerte	Landwirtschaftliche Erzeugnisse	Produkte aus Weiterverarbeitung
Schafe	Wolle	Garne, Teppiche
Bäume einer Waldflur	Gefällte Baumstämme	Bauholz, Nutzholz
Pflanzen	Baumwolle	Fäden, Kleidung
	Geerntete Zuckerrohre	Zucker
Milchvieh	Milch	Käse
Schweine	Rümpfe geschlachteter Tiere	Würste, geräucherte Schinken
Büsche	Blätter	Tee, getrockneter Tabak
Weinstöcke	Weintrauben	Wein
Obstbäume	Gepflücktes Obst	Verarbeitetes Obst

DEFINITIONEN

Definitionen, die mit der Landwirtschaft im Zusammenhang stehen

5 Die folgenden Begriffe werden in diesem Standard mit der angegebenen Bedeutung verwendet:
   Landwirtschaftliche Tätigkeit ist das Management der absatzbestimmten biologischen Transformation biologischer Vermögenswerte in landwirtschaftliche Erzeugnisse oder in zusätzliche biologische Vermögenswerte durch ein Unternehmen.
   Landwirtschaftliches Erzeugnis ist die Frucht der biologischen Vermögenswerte des Unternehmens.
   Ein **biologischer Vermögenswert** ist ein lebendes Tier oder eine lebende Pflanze.
   Die **biologische Transformation** umfasst den Prozess des Wachstums, des Rückgangs, der Fruchtbringung und der Vermehrung, welcher qualitative oder quantitative Änderungen eines biologischen Vermögenswertes verursacht.
   Eine **Gruppe biologischer Vermögenswerte** ist die Zusammenfassung gleichartiger lebender Tiere oder Pflanzen.
   Ernte ist die Abtrennung des Erzeugnisses von dem biologischen Vermögenswert oder das Ende der Lebensprozesse eines biologischen Vermögenswertes.

IAS 41

SCOPE

1 This Standard should be applied to account for the following when they relate to agricultural activity:
(a) biological assets;
(b) agricultural produce at the point of harvest; and
(c) government grants covered by paragraphs 34 to 35.

2 This Standard does not apply to:
(a) land related to agricultural activity (see IAS 16, property, plant and equipment, and IAS 40, investment property); and
(b) intangible assets related to agricultural activity (see IAS 38, intangible assets).

3 This Standard is applied to agricultural produce, which is the harvested product of the enterprise's biological assets, only at the point of harvest. Thereafter, IAS 2, inventories, or another applicable International Accounting Standard is applied. Accordingly, this Standard does not deal with the processing of agricultural produce after harvest; for example, the processing of grapes into wine by a vintner who has grown the grapes. While such processing may be a logical and natural extension of agricultural activity, and the events taking place may bear some similarity to biological transformation, such processing is not included within the definition of agricultural activity in this Standard.

4 The table below provides examples of biological assets, agricultural produce, and products that are the result of processing after harvest:

Biological assets	Agricultural produce	Products that are the result of processing after harvest
Sheep	Wool	Yarn, carpet
Trees in a plantation forest	Logs	Lumber
Plants	CottonHarvested cane	Thread, clothingSugar
Dairy cattle	Milk	Cheese
Pigs	Carcase	Sausages, cured hams
Bushes	Leaf	Tea, cured tobacco
Vines	Grapes	Wine
Fruit trees	Picked fruit	Processed fruit

DEFINITIONS

Agriculture-related definitions

5 The following terms are used in this Standard with the meanings specified:

Agricultural activity is the management by an enterprise of the biological transformation of biological assets for sale, into agricultural produce, or into additional biological assets.

Agricultural produce is the harvested product of the enterprise's biological assets.

A biological asset is a living animal or plant.

Biological transformation comprises the processes of growth, degeneration, production, and procreation that cause qualitative or quantitative changes in a biological asset.

A group of biological assets is an aggregation of similar living animals or plants.

Harvest is the detachment of produce from a biological asset or the cessation of a biological asset's life processes.

IAS 41

6 Die landwirtschaftliche Tätigkeit deckt eine breite Palette von Tätigkeiten ab, wie beispielsweise Viehzucht, Forstwirtschaft, jährliche oder kontinuierliche Ernte, Kultivierung von Obstgärten und Plantagen, Blumenzucht und Aquakultur (einschließlich Fischzucht). Innerhalb dieser Vielfalt bestehen bestimmte gemeinsame Merkmale:
 (a) Fähigkeit zur Änderung: lebende Tiere und Pflanzen sind zur biologischen Transformation fähig;
 (b) Management der Änderung: das Management fördert die biologische Transformation durch Verbesserung oder zumindest Stabilisierung der Bedingungen, die für die Durchführung des Prozesses notwendig sind (beispielsweise Nahrungssituation, Feuchtigkeit, Temperatur, Fruchtbarkeit und Helligkeit). Ein solches Management unterscheidet die landwirtschaftliche Tätigkeit von anderen Tätigkeiten. Beispielsweise ist die Aberntung unbearbeiteter Ressourcen (wie Hochseefischen und Entwaldung) keine landwirtschaftliche Tätigkeit; und
 (c) Bewertung der Änderung: als routinemäßige Managementfunktion wird die durch biologische Transformation herbeigeführte Änderung der Qualität (beispielsweise genetische Eigenschaften, Dichte, Reife, Fettgehalt, Proteingehalt und Faserstärke) oder Quantität (beispielsweise Nachkommenschaft, Gewicht, Kubikmeter, Faserlänge oder -dicke und die Anzahl von Keimen) bewertet und überwacht.

7 Biologische Transformationen führen zu folgenden Formen von Ergebnissen:
 (a) Änderungen des Vermögenswertes durch (i) Wachstum (eine Zunahme der Quantität oder Verbesserung der Qualität eines Tieres oder einer Pflanze), (ii) Rückgang (eine Abnahme der Quantität oder Verschlechterung der Qualität eines Tieres oder einer Pflanze), oder (iii) Vermehrung (Erzeugung zusätzlicher lebender Tiere oder Pflanzen); oder
 (b) Fruchtbringung von landwirtschaftlichen Erzeugnissen wie Latex, Teeblätter, Wolle und Milch.

Allgemeine Definitionen

8 Die folgenden Begriffe werden in diesem Standard mit der angegebenen Bedeutung verwendet:
 Ein aktiver Markt ist ein Markt, der die nachstehenden Bedingungen kumulativ erfüllt:
 (a) Die auf dem Markt gehandelten Produkte sind homogen;
 (b) vertragswillige Käufer und Verkäufer können in der Regel jederzeit gefunden werden; und
 (c) Preise stehen der Öffentlichkeit zur Verfügung.
 Der Buchwert ist der Betrag, mit dem ein Vermögenswert in der Bilanz erfasst wird.
 Der beizulegende Zeitwert ist der Betrag, zu dem zwischen sachverständigen, vertragswilligen und voneinander unabhängigen Geschäftspartnern ein Vermögenswert getauscht oder eine Schuld beglichen werden könnte.
 Zuwendungen der öffentlichen Hand sind definiert in IAS 20, Bilanzierung und Darstellung von Zuwendungen der öffentlichen Hand.

9 Der beizulegende Zeitwert eines Vermögenswertes basiert auf seinen gegenwärtigen Ort und Zustand. Daraus geht hervor, dass beispielsweise der beizulegende Zeitwert eines Rindes auf einem Hof dem jeweiligen Marktpreis des Rindes abzüglich der Transportkosten und anderer Kosten, die durch das Angebot des Rindes auf diesem Markt entstehen, entspricht.

ANSATZ UND BEWERTUNG

10 Ein Unternehmen hat biologische Vermgenswerte und landwirtschaftliche Erzeugnisse dann, und nur dann, anzusetzen, wenn:
 (a) das Unternehmen den Vermögenswert auf Grund von Ereignissen der Vergangenheit kontrolliert; und
 (b) es wahrscheinlich ist, dass ein mit dem Vermögenswert verbundener künftiger wirtschaftlicher Nutzen dem Unternehmen zufließen wird; und
 (c) der beizulegende Zeitwert oder die Anschaffungs- oder Herstellungskosten des Vermögenswertes verlässlich bewertet werden können.

11 Bei der landwirtschaftlichen Tätigkeit kann die Kontrolle beispielsweise durch das rechtliche Eigentum an einem Rind durch das Brandzeichen oder eine andere Markierung bei Erwerb, Geburt oder Entwöhnung des Kalbes von der Mutterkuh bewiesen werden. Der künftige Nutzen wird gewöhnlich durch die Bewertung der wesentlichen körperlichen Eigenschaften ermittelt.

Agricultural activity covers a diverse range of activities; for example, raising livestock, forestry, annual or perennial cropping, cultivating orchards and plantations, floriculture, and aquaculture (including fish farming). Certain common features exist within this diversity:
(a) Capability to change: living animals and plants are capable of biological transformation;
(b) Management of change: management facilitates biological transformation by enhancing, or at least stabilising, conditions necessary for the process to take place (for example, nutrient levels, moisture, temperature, fertility, and light). Such management distinguishes agricultural activity from other activities. For example, harvesting from unmanaged sources (such as ocean fishing and deforestation) is not agricultural activity; and
(c) Measurement of change: the change in quality (for example, genetic merit, density, ripeness, fat cover, protein content, and fibre strength) or quantity (for example, progeny, weight, cubic metres, fibre length or diameter, and number of buds) brought about by biological transformation is measured and monitored as a routine management function.

Biological transformation results in the following types of outcomes:
(a) asset changes through (i) growth (an increase in quantity or improvement in quality of an animal or plant); (ii) degeneration (a decrease in the quantity or deterioration in quality of an animal or plant); or (iii) procreation (creation of additional living animals or plants); or
(b) production of agricultural produce such as latex, tea leaf, wool, and milk.

General definitions

The following terms are used in this Standard with the meanings specified:
  An active market is a market where all the following conditions exist:
(a) the items traded within the market are homogeneous;
(b) willing buyers and sellers can normally be found at any time; and
(c) prices are available to the public.
Carrying amount is the amount at which an asset is recognised in the balance sheet.
  Fair value is the amount for which an asset could be exchanged, or a liability settled, between knowledgeable, willing parties in an arm's length transaction.
  Government grants are as defined in IAS 20, accounting for government grants and disclosure of government assistance.

The fair value of an asset is based on its present location and condition. As a result, for example, the fair value of cattle at a farm is the price for the cattle in the relevant market less the transport and other costs of getting the cattle to that market.

RECOGNITION AND MEASUREMENT

An enterprise should recognise a biological asset or agricultural produce when, and only when:
(a) the enterprise controls the asset as a result of past events;
(b) it is probable that future economic benefits associated with the asset will flow to the enterprise; and
(c) the fair value or cost of the asset can be measured reliably.

In agricultural activity, control may be evidenced by, for example, legal ownership of cattle and the branding or otherwise marking of the cattle on acquisition, birth, or weaning. The future benefits are normally assessed by measuring the significant physical attributes.

IAS 41

12   Ein biologischer Vermögenswert ist beim erstmaligen Ansatz und an jedem Bilanzstichtag zu seinem beizulegenden Zeitwert abzüglich der geschätzten Verkaufskosten zu bewerten; davon ausgenommen ist der in Paragraph 30 beschriebene Fall, in dem der beizulegende Zeitwert nicht verlässlich bewertet werden kann.

13   Landwirtschaftliche Erzeugnisse, die von den biologischen Vermögenswerten des Unternehmens geerntet werden, sind im Zeitpunkt der Ernte mit dem beizulegenden Zeitwert abzüglich der geschätzten Verkaufskosten zu bewerten. Zu diesem Zeitpunkt stellt eine solche Bewertung die Anschaffungs- oder Herstellungskosten für die Anwendung von IAS 2, Vorräte, oder einem anderen anwendbaren International Accounting Standard dar.

14   Die Verkaufskosten schließen Provisionen an Makler und Händler, Abgaben an Aufsichtsbehörden und Warenterminbörsen sowie Verkehrsteuern und Zölle ein. Nicht zu den Verkaufskosten gehören Transport und andere notwendige Kosten, um Vermögenswerte einem Markt zuzuführen.

15   Die Ermittlung des beizulegenden Zeitwertes für einen biologischen Vermögenswert oder ein landwirtschaftliches Erzeugnis kann vereinfacht werden durch die Gruppierung von biologischen Vermögenswerten oder landwirtschaftlichen Erzeugnissen nach wesentlichen Eigenschaften, beispielsweise nach Alter oder Qualität. Ein Unternehmen wählt die Eigenschaften danach aus, welche auf dem Markt als Preisgrundlage herangezogen werden.

16   Unternehmen schließen oft Verträge ab, um ihre biologischen Vermögenswerte oder landwirtschaftlichen Erzeugnisse zu einem späteren Zeitpunkt zu verkaufen. Die Vertragspreise sind nicht notwendigerweise für die Ermittlung des beizulegenden Zeitwerts relevant, da der beizulegende Zeitwert die gegenwärtige Marktsituation widerspiegelt, in welcher ein vertragswilliger Käufer und Verkäufer eine Geschäftsbeziehung eingehen. Demnach ist der beizulegende Zeitwert eines biologischen Vermögenswertes oder eines landwirtschaftlichen Erzeugnisses aufgrund der Existenz eines Vertrages nicht anzupassen. In einigen Fällen kann der Vertrag über den Verkauf eines biologischen Vermögenswertes oder landwirtschaftlichen Erzeugnisses ein belastender Vertrag sein, wie in IAS 37, Rückstellungen, Eventualschulden und Eventualforderungen, definiert. IAS 37 wird auf belastende Verträge angewendet.

17   Wenn für einen biologischen Vermögenswert oder ein landwirtschaftliches Erzeugnis ein aktiver Markt existiert, ist der notierte Preis in diesem Markt die angemessene Grundlage für die Bestimmung des beizulegenden Zeitwertes für diesen Vermögenswert. Wenn ein Unternehmen Zugang zu verschiedenen aktiven Märkten hat, nutzt das Unternehmen den relevantesten Markt. Wenn beispielsweise ein Unternehmen Zugang zu zwei aktiven Märkten hat, würde es den bestehenden Preis in dem Markt zu Grunde legen, der voraussichtlich genutzt wird.

18   Wenn ein aktiver Markt nicht existiert, legt ein Unternehmen – sofern vorhanden – einen oder mehrere der folgenden Punkte für die Bestimmung des beizulegenden Zeitwertes zu Grunde:
 (a) den jüngsten Markttransaktionspreis, vorausgesetzt, dass keine wesentliche Änderung der wirtschaftlichen Rahmenbedingungen zwischen dem Transaktionszeitpunkt und dem Bilanzstichtag eingetreten ist;
 (b) Marktpreise für ähnliche Vermögenswerte mit einer Anpassung, um die Unterschiede widerzuspiegeln; und
 (c) Branchen-Benchmarks, wie der Wert einer Obstplantage, ausgedrückt durch Exportkisten, Scheffel oder Hektar, und der Wert der Rinder, ausgedrückt durch Kilogramm Fleisch.

19   In einigen Fällen können die in Paragraph 18 aufgeführten Informationsquellen verschiedene Schlussfolgerungen für den beizulegenden Zeitwert eines biologischen Vermögenswertes oder eines landwirtschaftlichen Erzeugnisses nahe legen. Ein Unternehmen berücksichtigt die Gründe für diese Unterschiede, um innerhalb einer relativ engen Bandbreite vernünftiger Schätzungen die verlässlichste Schätzung für den beizulegenden Zeitwert zu erhalten.

20   Unter gewissen Umständen können marktbestimmte Preise oder Werte nicht für einen biologischen Vermögenswert in seinem gegenwärtigen Zustand verfügbar sein. Unter diesen Umständen nutzt ein Unternehmen für die Ermittlung des beizulegenden Zeitwerts den Barwert der erwarteten Netto-Cashflows eines Vermögenswertes abgezinst mit einem aktuellen marktbestimmten Vorsteuer-Zinssatz.

21   Die Zielsetzung der Berechnung des Barwertes der erwarteten Netto-Cashflows ist die Ermittlung des beizulegenden Zeitwerts eines biologischen Vermögenswertes an seinem gegenwärtigen Ort und in seinem gegenwärtigen Zustand. Ein Unternehmen berücksichtigt dies bei der Ermittlung eines angemessenen Abzinsungssatzes und bei der Schätzung der voraussichtlichen Netto-Cashflows. Der gegenwärtige Zustand eines biologischen Vermögenswertes schließt jede Werterhöhung durch zusätzliche biologische Transformatio-

IAS 41

12 A biological asset should be measured on initial recognition and at each balance sheet date at its fair value less estimated point-of-sale costs, except for the case described in paragraph 30 where the fair value cannot be measured reliably.

13 Agricultural produce harvested from an enterprise's biological assets should be measured at its fair value less estimated point-of-sale costs at the point of harvest. Such measurement is the cost at that date when applying IAS 2, inventories, or another applicable International Accounting Standard.

14 Point-of-sale costs include commissions to brokers and dealers, levies by regulatory agencies and commodity exchanges, and transfer taxes and duties. Point-of-sale costs exclude transport and other costs necessary to get assets to a market.

15 The determination of fair value for a biological asset or agricultural produce may be facilitated by grouping biological assets or agricultural produce according to significant attributes; for example, by age or quality. An enterprise selects the attributes corresponding to the attributes used in the market as a basis for pricing.

16 Enterprises often enter into contracts to sell their biological assets or agricultural produce at a future date. Contract prices are not necessarily relevant in determining fair value, because fair value reflects the current market in which a willing buyer and seller would enter into a transaction. As a result, the fair value of a biological asset or agricultural produce is not adjusted because of the existence of a contract. In some cases, a contract for the sale of a biological asset or agricultural produce may be an onerous contract, as defined in IAS 37, provisions, contingent liabilities and contingent assets. IAS 37 applies to onerous contracts.

17 If an active market exists for a biological asset or agricultural produce, the quoted price in that market is the appropriate basis for determining the fair value of that asset. If an enterprise has access to different active markets, the enterprise uses the most relevant one. For example, if an enterprise has access to two active markets, it would use the price existing in the market expected to be used.

18 If an active market does not exist, an enterprise uses one or more of the following, when available, in determining fair value:
(a) the most recent market transaction price, provided that there has not been a significant change in economic circumstances between the date of that transaction and the balance sheet date;
(b) market prices for similar assets with adjustment to reflect differences; and
(c) sector benchmarks such as the value of an orchard expressed per export tray, bushel, or hectare, and the value of cattle expressed per kilogram of meat.

19 In some cases, the information sources listed in paragraph 18 may suggest different conclusions as to the fair value of a biological asset or agricultural produce. An enterprise considers the reasons for those differences, in order to arrive at the most reliable estimate of fair value within a relatively narrow range of reasonable estimates.

20 In some circumstances, market-determined prices or values may not be available for a biological asset in its present condition. In these circumstances, an enterprise uses the present value of expected net cash flows from the asset discounted at a current market-determined pre-tax rate in determining fair value.

21 The objective of a calculation of the present value of expected net cash flows is to determine the fair value of a biological asset in its present location and condition. An enterprise considers this in determining an appropriate discount rate to be used and in estimating expected net cash flows. The present condition of a biological asset excludes any increases in value from additional biological transformation and future activities of the enterprise, such as those related to enhancing the future biological transformation, harvesting, and selling.

nen und künftige Aktivitäten des Unternehmens, wie solche, die mit der Steigerung künftiger biologischer Transformationen, Ernten und Verkäufe im Zusammenhang stehen, aus.

22 Ein Unternehmen schließt keine Cashflows für die Finanzierung der Vermögenswerte, für Steuern oder für die Wiederherstellung biologischer Vermögenswerte nach der Ernte ein (beispielsweise die Kosten für die Wiederanpflanzung von Bäumen einer Waldflur nach der Abholzung).

23 Mit der Zustimmung zu einem unabhängigen Transaktionspreis berücksichtigen sachverständige, vertragswillige Käufer und Verkäufer die Möglichkeit von Schwankungen der Cashflows. Daraus folgt, dass der beizulegende Zeitwert die Möglichkeit solcher Schwankungen widerspiegelt. Daher berücksichtigt ein Unternehmen die Erwartungen über mögliche Schwankungen der Cashflows entweder in den erwarteten Cashflows, dem Abzinsungssatz oder in einer Kombination der beiden. Bei der Ermittlung des Abzinsungssatzes benutzt ein Unternehmen Annahmen, die mit denen für die Schätzung der erwarteten Cashflows übereinstimmen, um die Wirkung einer doppelten oder fehlenden Berücksichtigung einiger Annahmen zu vermeiden.

24 Die Anschaffungs- oder Herstellungskosten können manchmal dem beizulegenden Zeitwert näherungsweise entsprechen, insbesondere wenn:
(a) geringe biologische Transformationen seit der erstmaligen Kostenverursachung stattgefunden haben (beispielsweise unmittelbar vor dem Bilanzstichtag gepflanzte Obstbaumsämlinge); oder
(b) der Einfluss der biologischen Transformation auf den Preis voraussichtlich nicht wesentlich ist (beispielsweise das Anfangswachstum in einem 30 jährigen Produktionszyklus eines Kiefernbestandes).

25 Biologische Vermögenswerte sind oft körperlich mit dem Grundstück verbunden (beispielsweise Bäume in einer Waldflur). Möglicherweise besteht kein eigenständiger Markt für biologische Vermögenswerte, die mit dem Grundstück verbunden sind, jedoch ein aktiver Markt für kombinierte Vermögenswerte, d. h. für biologische Vermögenswerte, für unbestellte Grundstücke und für Bodenverbesserungen als ein Bündel. Ein Unternehmen kann die Informationen über die kombinierten Vermögenswerte zur Ermittlung des beizulegenden Zeitwerts des biologischen Vermögenswerts nutzen. Beispielsweise kann zur Erzielung des beizulegenden Zeitwerts der biologischen Vermögenswerte der beizulegende Zeitwert des unbestellten Grundstückes und der Bodenverbesserungen von dem beizulegenden Zeitwert der kombinierten Vermögenswerte abgezogen werden.

Gewinne und Verluste

26 **Ein Gewinn oder Verlust, der beim erstmaligen Ansatz eines biologischen Vermögenswertes zum beizulegenden Zeitwert abzüglich geschätzter Verkaufskosten und durch eine Änderung des beizulegenden Zeitwerts abzüglich der geschätzten Verkaufskosten eines biologischen Vermögenswertes entsteht, ist in das Ergebnis der Periode einzubeziehen, in der er entstanden ist.**

27 Ein Verlust kann beim erstmaligen Ansatz eines biologischen Vermögenswertes entstehen, weil bei der Ermittlung des beizulegenden Zeitwerts abzüglich der geschätzten Verkaufskosten eines biologischen Vermögenswertes die geschätzten Verkaufskosten abgezogen werden. Ein Gewinn kann beim erstmaligen Ansatz eines biologischen Vermögenswertes entstehen, wenn beispielsweise ein Kalb geboren wird.

28 **Ein Gewinn oder Verlust, der beim erstmaligen Ansatz von landwirtschaftlichen Erzeugnissen zum beizulegenden Zeitwert abzüglich der geschätzten Verkaufskosten entsteht, ist in das Ergebnis der Periode einzubeziehen, in der er entstanden ist.**

29 Ein Gewinn oder Verlust kann beim erstmaligen Ansatz von landwirtschaftlichen Erzeugnissen als Folge der Ernte entstehen.

Unfähigkeit, den beizulegenden Zeitwert verlässlich zu ermitteln

30 Es wird angenommen, dass der beizulegende Zeitwert für einen biologischen Vermögenswert verlässlich bestimmt werden kann. Diese Annahme kann jedoch lediglich beim erstmaligen Ansatz eines biologischen Vermögenswertes widerlegt werden, für den marktbestimmte Preise oder Werte nicht vorhanden sind und für den alternative Schätzungen des beizulegenden Zeitwerts als eindeutig nicht verlässlich gelten. In solch einem Fall ist dieser biologische Vermögenswert mit seinen Anschaffungs- oder Herstellungskosten abzüglich aller kumulierten Abschreibungen und aller kumulierten Wertminderungsaufwendungen zu bewerten. Sobald der beizulegende Zeitwert eines solchen biologischen Vermgenswertes verlässlich ermittelbar wird, hat ein Unternehmen ihn zum beizulegenden Zeitwert abzüglich der geschätzten Verkaufskosten zu

An enterprise does not include any cash flows for financing the assets, taxation, or re-establishing biological assets after harvest (for example, the cost of replanting trees in a plantation forest after harvest). 22

In agreeing an arm's length transaction price, knowledgeable, willing buyers and sellers consider the possibility of variations in cash flows. It follows that fair value reflects the possibility of such variations. Accordingly, an enterprise incorporates expectations about possible variations in cash flows into either the expected cash flows, or the discount rate, or some combination of the two. In determining a discount rate, an enterprise uses assumptions consistent with those used in estimating the expected cash flows, to avoid the effect of some assumptions being double-counted or ignored. 23

Cost may sometimes approximate fair value, particularly when: 24
(a) little biological transformation has taken place since initial cost incurrence (for example, for fruit tree seedlings planted immediately prior to a balance sheet date); or
(b) the impact of the biological transformation on price is not expected to be material (for example, for the initial growth in a 30-year pine plantation production cycle).

Biological assets are often physically attached to land (for example, trees in a plantation forest). There may be no separate market for biological assets that are attached to the land but an active market may exist for the combined assets, that is, for the biological assets, raw land, and land improvements, as a package. An enterprise may use information regarding the combined assets to determine fair value for the biological assets. For example, the fair value of raw land and land improvements may be deducted from the fair value of the combined assets to arrive at the fair value of biological assets. 25

Gains and losses

A gain or loss arising on initial recognition of a biological asset at fair value less estimated point-of-sale costs and from a change in fair value less estimated point-of-sale costs of a biological asset should be included in profit or loss for the period in which it arises. 26

A loss may arise on initial recognition of a biological asset, because estimated point-of-sale costs are deducted in determining fair value less estimated point-of-sale costs of a biological asset. A gain may arise on initial recognition of a biological asset, such as when a calf is born. 27

A gain or loss arising on initial recognition of agricultural produce at fair value less estimated point-of-sale costs should be included in profit or loss for the period in which it arises. 28

A gain or loss may arise on initial recognition of agricultural produce as a result of harvesting. 29

Inability to measure fair value reliably

There is a presumption that fair value can be measured reliably for a biological asset. However, that presumption can be rebutted only on initial recognition for a biological asset for which market-determined prices or values are not available and for which alternative estimates of fair value are determined to be clearly unreliable. In such a case, that biological asset shall be measured at its cost less any accumulated depreciation and any accumulated impairment losses. Once the fair value of such a biological asset becomes reliably measurable, an entity shall measure it at its fair value less estimated point-of-sale costs. Once a non-current biological asset meets the criteria to be classified as held for sale (or is included in a disposal group 30

bewerten. Der beizulegende Zeitwert gilt als verlässlich ermittelbar, sobald ein langfristiger biologischer Vermögenswert gemäß IFRS 5 *Zur Veräußerung gehaltene langfristige Vermögenswerte und aufgegebene Geschäftsbereiche* die Kriterien für eine Klassifizierung als zur Veräußerung gehalten erfüllt (oder in eine als zur Veräußerung gehalten klassifizierte Veräußerungsgruppe aufgenommen wird).

31   Die Annahme in Paragraph 30 kann lediglich beim erstmaligen Ansatz widerlegt werden. Ein Unternehmen, das früher einen biologischen Vermögenswert zum beizulegenden Zeitwert abzüglich der geschätzten Verkaufskosten bewertet hat, fährt mit der Bewertung des biologischen Vermögenswertes zum beizulegenden Zeitwert abzüglich der geschätzten Verkaufskosten bis zum Abgang fort.

32   In jedem Fall bewertet ein Unternehmen landwirtschaftliche Erzeugnisse im Zeitpunkt der Ernte zum beizulegenden Zeitwert abzüglich der geschätzten Verkaufskosten. Dieser Standard folgt der Auffassung, dass der beizulegende Zeitwert der landwirtschaftlichen Erzeugnisse zum Zeitpunkt der Ernte immer verlässlich bewertet werden kann.

33   Bei der Ermittlung der Anschaffungs- oder Herstellungskosten, der kumulierten Abschreibungen und der kumulierten Wertminderungsaufwendungen berücksichtigt ein Unternehmen IAS 2, Vorräte, IAS 16, Sachanlagen, und IAS 36, Wertminderung von Vermögenswerten.

ZUWENDUNGEN DER ÖFFENTLICHEN HAND

34   Eine unbedingte Zuwendung der öffentlichen Hand, die mit einem biologischen Vermögenswert im Zusammenhang steht, der zum beizulegenden Zeitwert abzüglich der geschätzten Verkaufskosten bewertet wird, ist nur dann als Ertrag zu erfassen, wenn die Zuwendung der öffentlichen Hand einforderbar wird.

35   Wenn eine Zuwendung der öffentlichen Hand, einschließlich einer Zuwendung der öffentlichen Hand für die Nichtausübung einer bestimmten landwirtschaftlichen Tätigkeit, die mit einem biologischen Vermögenswert im Zusammenhang steht, der zum beizulegenden Zeitwert abzüglich der geschätzten Verkaufskosten bewertet wird, bedingt ist, hat ein Unternehmen die Zuwendung der öffentlichen Hand nur dann als Ertrag zu erfassen, wenn die mit der Zuwendung der öffentlichen Hand verbundenen Bedingungen eingetreten sind.

36   Die Bedingungen für Zuwendungen der öffentlichen Hand sind vielfältig. Beispielsweise kann eine Zuwendung der öffentlichen Hand verlangen, dass ein Unternehmen eine bestimmte Fläche fünf Jahre bewirtschaftet und die Rückzahlung aller Zuwendungen der öffentlichen Hand fordern, wenn weniger als fünf Jahre bewirtschaftet wird. In diesem Fall wird die Zuwendung der öffentlichen Hand nicht als Ertrag erfasst, bis die fünf Jahre vergangen sind. Wenn die Zuwendung der öffentlichen Hand es jedoch erlaubt, einen Teil der Zuwendung der öffentlichen Hand aufgrund des Zeitablaufes zu behalten, erfasst das Unternehmen die Zuwendung der öffentlichen Hand zeitproportional als Ertrag.

37   Wenn eine Zuwendung der öffentlichen Hand mit einem biologischen Vermögenswert im Zusammenhang steht, der zu seinen Anschaffungs- oder Herstellungskosten abzüglich aller kumulierten Abschreibungen und aller kumulierten Wertminderungsaufwendungen bewertet wird (siehe Paragraph 30), wird IAS 20, Bilanzierung und Darstellung von Zuwendungen der öffentlichen Hand, angewendet.

38   Dieser Standard schreibt eine andere Behandlung als IAS 20 vor, wenn eine Zuwendung der öffentlichen Hand mit einem biologischen Vermögenswert im Zusammenhang steht, der zum beizulegenden Zeitwert abzüglich der geschätzten Verkaufskosten bewertet wird, oder wenn eine Zuwendung der öffentlichen Hand die Nichtausübung einer bestimmten landwirtschaftlichen Tätigkeit verlangt. IAS 20 wird lediglich auf eine Zuwendung der öffentlichen Hand angewendet, die mit einem biologischen Vermögenswert im Zusammenhang steht, der zu seinen Anschaffungs- oder Herstellungskosten abzüglich aller kumulierten Abschreibungen und aller kumulierten Wertminderungsaufwendungen bewertet wird.

that is classified as held for sale) in accordance with IFRS 5 Non-current Assets Held for Sale and Discontinued Operations, it is presumed that fair value can be measured reliably.

31 The presumption in paragraph 30 can be rebutted only on initial recognition. An enterprise that has previously measured a biological asset at its fair value less estimated point-of-sale costs continues to measure the biological asset at its fair value less estimated point-of-sale costs until disposal.

32 In all cases, an enterprise measures agricultural produce at the point of harvest at its fair value less estimated point-of-sale costs. This Standard reflects the view that the fair value of agricultural produce at the point of harvest can always be measured reliably.

33 In determining cost, accumulated depreciation and accumulated impairment losses, an enterprise considers IAS 2, inventories, IAS 16, property, plant and equipment, and IAS 36, impairment of assets.

GOVERNMENT GRANTS

34 An unconditional government grant related to a biological asset measured at its fair value less estimated point-of-sale costs should be recognised as income when, and only when, the government grant becomes receivable.

35 **If a government grant related to a biological asset measured at its fair value less estimated point-of-sale costs is conditional, including where a government grant requires an enterprise not to engage in specified agricultural activity, an enterprise should recognise the government grant as income when, and only when, the conditions attaching to the government grant are met.**

36 Terms and conditions of government grants vary. For example, a government grant may require an enterprise to farm in a particular location for five years and require the enterprise to return all of the government grant if it farms for less than five years. In this case, the government grant is not recognised as income until the five years have passed. However, if the government grant allows part of the government grant to be retained based on the passage of time, the enterprise recognises the government grant as income on a time proportion basis.

37 If a government grant relates to a biological asset measured at its cost less any accumulated depreciation and any accumulated impairment losses (see paragraph 30), IAS 20, accounting for government grants and disclosure of government assistance, is applied.

38 This Standard requires a different treatment from IAS 20, if a government grant relates to a biological asset measured at its fair value less estimated point-of-sale costs or a government grant requires an enterprise not to engage in specified agricultural activity. IAS 20 is applied only to a government grant related to a biological asset measured at its cost less any accumulated depreciation and any accumulated impairment losses.

DARSTELLUNG UND ANGABEN

Darstellung

39 (gestrichen)

Angaben

Allgemeines

40 Ein Unternehmen hat den Gesamtbetrag des Gewinnes oder Verlustes anzugeben, der während der laufenden Periode beim erstmaligen Ansatz biologischer Vermögenswerte und landwirtschaftlicher Erzeugnisse und durch die Änderung des beizulegenden Zeitwerts abzüglich der geschätzten Verkaufskosten der biologischen Vermögenswerte entsteht.

41 Ein Unternehmen hat jede Gruppe der biologischen Vermögenswerte zu beschreiben.

42 Die nach Paragraph 41 geforderten Angaben können in Form verbaler oder wertmäßiger Beschreibungen erfolgen.

43 Einem Unternehmen wird empfohlen eine wertmäßige Beschreibung von jeder Gruppe der biologischen Vermögenswerte zur Verfügung zu stellen, unterschieden nach verbrauchbaren und produzierenden biologischen Vermögenswerten oder nach reifen und unreifen biologischen Vermögenswerten, soweit dies geeignet ist. Beispielsweise kann ein Unternehmen den Buchwert von verbrauchbaren biologischen Vermögenswerten und von produzierenden biologischen Vermögenswerten nach Gruppen angeben. Ein Unternehmen kann weiterhin diese Buchwerte nach reifen und unreifen Vermögenswerten aufteilen. Diese Unterscheidungen stellen Informationen zur Verfügung, die hilfreich sein können, um den zeitlichen Anfall künftiger Cashflows abschätzen zu können. Ein Unternehmen gibt die Grundlagen für das Treffen solcher Unterscheidungen an.

44 Verbrauchbare biologische Vermögenswerte sind solche, die als landwirtschaftliche Erzeugnisse geerntet oder als biologische Vermögenswerte verkauft werden sollen. Beispiele für verbrauchbare biologische Vermögenswerte sind der Viehbestand für die Fleischproduktion, der Viehbestand für den Verkauf, Fische in Farmen, Getreide wie Mais und Weizen sowie Bäume, die als Nutzholz wachsen. Produzierende biologische Vermögenswerte unterscheiden sich von verbrauchbaren biologischen Vermögenswerten; z. B. Viehbestand, der für die Milchproduktion gehalten wird, Weinstöcke, Obstbäume sowie Bäume, die der Brennholzgewinnung dienen, während der Baum erhalten bleibt. Produzierende biologische Vermögenswerte sind keine landwirtschaftlichen Erzeugnisse, vielmehr sind sie selbstregenerierend.

45 Biologische Vermögenswerte können entweder als reife oder als unreife biologische Vermögenswerte klassifiziert werden. Reife biologische Vermögenswerte sind solche, die den Erntegrad erlangt haben (für verbrauchbare biologische Vermögenswerte) oder gewöhnliche Ernten tragen können (für produzierende biologische Vermögenswerte).

46 Wenn nicht an anderer Stelle innerhalb von Informationen, die mit dem Abschluss veröffentlicht werden, angegeben, hat ein Unternehmen zu beschreiben:
(a) die Art seiner Tätigkeiten, die mit jeder Gruppe der biologischen Vermögenswerte verbunden sind; und
(b) nicht finanzielle Maßgrößen oder Schätzungen für die körperlichen Mengen von:
    (i) jeder Gruppe der biologischen Vermögenswerte des Unternehmens zum Periodenende; und
    (ii) der Produktionsmenge landwirtschaftlicher Erzeugnisse während der Periode.

47 Ein Unternehmen hat die Methoden und wesentlichen Annahmen anzugeben, die bei der Ermittlung des beizulegenden Zeitwertes jeder Gruppe landwirtschaftlicher Erzeugnisse zum Erntezeitpunkt und jeder Gruppe biologischer Vermögenswerte angewendet werden.

48 Ein Unternehmen hat den zum Erntezeitpunkt ermittelten beizulegenden Zeitwert abzüglich der geschätzten Verkaufskosten der landwirtschaftlichen Erzeugnisse, die während der Periode geerntet wurden, anzugeben.

IAS 41

PRESENTATION AND DISCLOSURE

Presentation

(deleted)   39

Disclosure

General

An enterprise should disclose the aggregate gain or loss arising during the current period on initial recognition of biological assets and agricultural produce and from the change in fair value less estimated point-of-sale costs of biological assets.   40

An enterprise should provide a description of each group of biological assets.   41

The disclosure required by paragraph 41 may take the form of a narrative or quantified description.   42

An enterprise is encouraged to provide a quantified description of each group of biological assets, distinguishing between consumable and bearer biological assets or between mature and immature biological assets, as appropriate. For example, an enterprise may disclose the carrying amounts of consumable biological assets and bearer biological assets by group. An enterprise may further divide those carrying amounts between mature and immature assets. These distinctions provide information that may be helpful in assessing the timing of future cash flows. An enterprise discloses the basis for making any such distinctions.   43

Consumable biological assets are those that are to be harvested as agricultural produce or sold as biological assets. Examples of consumable biological assets are livestock intended for the production of meat, livestock held for sale, fish in farms, crops such as maize and wheat, and trees being grown for lumber. Bearer biological assets are those other than consumable biological assets; for example, livestock from which milk is produced, grape vines, fruit trees, and trees from which firewood is harvested while the tree remains. Bearer biological assets are not agricultural produce but, rather, are self-regenerating.   44

Biological assets may be classified either as mature biological assets or immature biological assets. Mature biological assets are those that have attained harvestable specifications (for consumable biological assets) or are able to sustain regular harvests (for bearer biological assets).   45

If not disclosed elsewhere in information published with the financial statements, an enterprise should describe:
(a) the nature of its activities involving each group of biological assets; and
(b) non-financial measures or estimates of the physical quantities of:
    (i) each group of the enterprise's biological assets at the end of the period; and
    (ii) output of agricultural produce during the period.   46

An enterprise should disclose the methods and significant assumptions applied in determining the fair value of each group of agricultural produce at the point of harvest and each group of biological assets.   47

An enterprise should disclose the fair value less estimated point-of-sale costs of agricultural produce harvested during the period, determined at the point of harvest.   48

49 Ein Unternehmen hat anzugeben:
   (a) die Existenz und die Buchwerte biologischer Vermögenswerte, mit denen ein beschränktes Eigentumsrecht verbunden ist, und die Buchwerte biologischer Vermögenswerte, die als Sicherheit für Verbindlichkeiten begeben sind;
   (b) den Betrag von Verpflichtungen für die Entwicklung oder den Erwerb von biologischen Vermögenswerten; und
   (c) Finanzrisikomanagementstrategien, die mit der landwirtschaftlichen Tätigkeit im Zusammenhang stehen.

50 Ein Unternehmen hat eine Überleitungsrechnung der Änderungen des Buchwertes der biologischen Vermögenswerte zwischen dem Beginn und dem Ende der Berichtsperiode anzugeben. Die Überleitungsrechnung hat zu enthalten:
   (a) den Gewinn oder Verlust durch Änderung des beizulegenden Zeitwerts abzüglich der geschätzten Verkaufskosten;
   (b) Erhöhungen infolge von Käufen;
   (c) Verringerungen infolge von Verkäufen und biologische Vermögenswerte, die gemäß IFRS 5 als zur Veräußerung gehalten klassifiziert werden (oder zu einer als zur Veräußerung gehalten klassifizierten Veräußerungsgruppe gehören);
   (d) Verringerungen infolge der Ernte;
   (e) Erhöhungen, die aus Unternehmenszusammenschlüssen resultieren;
   (f) Nettoumrechnungsdifferenzen aus der Umrechnung von Abschlüssen in eine andere Darstellungswährung und aus der Umrechnung eines ausländischen Geschäftsbetriebs in die Darstellungswährung des berichtenden Unternehmens; und
   (g) andere Änderungen.

51 Der beizulegende Zeitwert abzüglich der geschätzten Verkaufskosten eines biologischen Vermögenswertes kann sich infolge von körperlichen Änderungen und infolge von Preisänderungen auf dem Markt ändern. Eine gesonderte Angabe von körperlichen Änderungen und von Preisänderungen ist nützlich, um die Ertragskraft der Berichtsperiode und die Zukunftsaussichten zu beurteilen, insbesondere wenn ein Produktionszyklus länger als ein Jahr dauert. In solchen Fällen wird einem Unternehmen empfohlen, den im Ergebnis enthaltenen Betrag der Änderung des beizulegenden Zeitwerts abzüglich der geschätzten Verkaufskosten aufgrund von körperlichen Änderungen und aufgrund von Preisänderungen je Gruppe oder auf andere Weise anzugeben. Diese Informationen sind grundsätzlich weniger nützlich, wenn der Produktionszyklus weniger als ein Jahr dauert (beispielsweise bei der Hühnerzucht oder dem Getreideanbau).

52 Biologische Transformationen führen zu einer Anzahl von Arten der körperlichen Änderung — Wachstum, Rückgang, Fruchtbringung und Vermehrung —, welche sämtlich beobachtbar und bewertbar sind. Jede dieser körperlichen Änderungen hat einen unmittelbaren Bezug zu künftigen wirtschaftlichen Nutzen. Eine Änderung des beizulegenden Zeitwerts eines biologischen Vermögenswertes aufgrund der Ernte ist ebenfalls eine körperliche Änderung.

53 Landwirtschaftliche Tätigkeit ist häufig klimatischen, krankheitsbedingten und anderen natürlichen Risiken ausgesetzt. Tritt ein Ereignis ein, durch das ein wesentlicher Ertrags- bzw. Aufwandsposten entsteht, sind die Art und der Betrag dieses Postens gemäß IAS 1 *Darstellung des Abschlusses* auszuweisen. Beispiele für solche Ereignisse sind das Ausbrechen einer Viruserkrankung, eine Überschwemmung, starke Dürre oder Frost sowie eine Insektenplage.

Zusätzliche Angaben für biologische Vermögenswerte, wenn der beizulegende Zeitwert nicht verlässlich bewertet werden kann

54 Wenn ein Unternehmen biologische Vermögenswerte am Periodenende zu ihren Anschaffungs- oder Herstellungskosten abzüglich aller kumulierten Abschreibungen und aller kumulierten Wertminderungsaufwendungen (siehe Paragraph 30) bewertet, hat ein Unternehmen für solche biologischen Vermögenswerte anzugeben:
   (a) eine Beschreibung der biologischen Vermögenswerte;
   (b) eine Erklärung, warum der beizulegende Zeitwert nicht verlässlich bewertet werden kann;
   (c) sofern möglich eine Schätzungsbandbreite, innerhalb welcher der beizulegende Zeitwert höchstwahrscheinlich liegt;
   (d) die verwendete Abschreibungsmethode;

An enterprise should disclose: 49
(a) the existence and carrying amounts of biological assets whose title is restricted, and the carrying amounts of biological assets pledged as security for liabilities;
(b) the amount of commitments for the development or acquisition of biological assets; and
(c) financial risk management strategies related to agricultural activity.

An entity shall present a reconciliation of changes in the carrying amount of biological assets between the beginning and the end of the current period. The reconciliation shall include: 50
(a) the gain or loss arising from changes in fair value less estimated point-of-sale costs;
(b) increases due to purchases;
(c) decreases attributable to sales and biological assets classified as held for sale (or included in a disposal group that is classified as held for sale) in accordance with IFRS 5;
(d) decreases due to harvest;
(e) increases resulting from business combinations;
(f) net exchange differences arising on the translation of financial statements into a different presentation currency, and on the translation of a foreign operation into the presentation currency of the reporting entity; and
(g) other changes.

The fair value less estimated point-of-sale costs of a biological asset can change due to both physical changes and price changes in the market. Separate disclosure of physical and price changes is useful in appraising current period performance and future prospects, particularly when there is a production cycle of more than one year. In such cases, an enterprise is encouraged to disclose, by group or otherwise, the amount of change in fair value less estimated point-of-sale costs included in profit or loss due to physical changes and due to price changes. This information is generally less useful when the production cycle is less than one year (for example, when raising chickens or growing cereal crops). 51

Biological transformation results in a number of types of physical change — growth, degeneration, production, and procreation, each of which is observable and measurable. Each of those physical changes has a direct relationship to future economic benefits. A change in fair value of a biological asset due to harvesting is also a physical change. 52

Agricultural activity is often exposed to climatic, disease and other natural risks. If an event occurs that gives rise to a material item of income or expense, the nature and amount of that item are disclosed in accordance with IAS 1 *Presentation of Financial Statements*. Examples of such an event include an outbreak of a virulent disease, a flood, a severe drought or frost, and a plague of insects. 53

Additional disclosures for biological assets where fair value cannot be measured reliably

If an enterprise measures biological assets at their cost less any accumulated depreciation and any accumulated impairment losses (see paragraph 30) at the end of the period, the enterprise should disclose for such biological assets: 54
(a) a description of the biological assets;
(b) an explanation of why fair value cannot be measured reliably;
(c) if possible, the range of estimates within which fair value is highly likely to lie;
(d) the depreciation method used;

IAS 41

(e) die verwendeten Nutzungsdauern oder Abschreibungssätze; und
(f) den Bruttobuchwert und die kumulierten Abschreibungen (zusammengefasst mit den kumulierten Wertminderungsaufwendungen) zu Beginn und zum Ende der Periode.

55 Wenn ein Unternehmen während der Berichtsperiode biologische Vermögenswerte zu ihren Anschaffungs- oder Herstellungskosten abzüglich aller kumulierten Abschreibungen und aller kumulierten Wertminderungsaufwendungen (siehe Paragraph 30) bewertet, hat ein Unternehmen jeden bei Ausscheiden solcher biologischen Vermögenswerte erfassten Gewinn oder Verlust anzugeben. Die in Paragraph 50 geforderte Überleitungsrechnung hat die Beträge gesondert anzugeben, die mit solchen biologischen Vermögenswerten im Zusammenhang stehen. Die Überleitungsrechnung hat zusätzlich die folgenden Beträge, die mit diesen biologischen Vermögenswerten im Zusammenhang stehen, im Ergebnis zu berücksichtigen:
(a) Wertminderungsaufwendungen;
(b) Wertaufholungen aufgrund früherer Wertminderungsaufwendungen; und
(c) Abschreibungen.

56 Wenn der beizulegende Zeitwert der biologischen Vermögenswerte während der Berichtsperiode verlässlich ermittelbar wird, die früher zu den Anschaffungs- oder Herstellungskosten abzüglich aller kumulierten Abschreibungen und aller kumulierten Wertminderungsaufwendungen bewertet wurden, hat ein Unternehmen für diese biologischen Vermögenswerte anzugeben:
(a) eine Beschreibung der biologischen Vermögenswerte;
(b) eine Begründung, warum der beizulegende Zeitwert verlässlich ermittelbar wurde; und
(c) die Auswirkung der Änderung.

Zuwendungen der öffentlichen Hand

57 Ein Unternehmen hat folgende mit der in diesem Standard abgedeckten landwirtschaftlichen Tätigkeit in Verbindung stehenden Punkte anzugeben:
(a) die Art und das Ausmaß der im Abschluss erfassten öffentlichen Zuwendungen der öffentlichen Hand;
(b) unerfüllte Bedingungen und andere Erfolgsunsicherheiten, die im Zusammenhang mit Zuwendungen der öffentlichen Hand stehen; und
(c) wesentliche zu erwartende Verringerungen des Umfangs der Zuwendungen der öffentlichen Hand.

ZEITPUNKT DES INKRAFTTRETENS UND ÜBERGANGSVORSCHRIFTEN

58 Dieser International Accounting Standard ist erstmals in der ersten Berichtsperiode eines am 1. Januar 2003 oder danach beginnenden Geschäftsjahres anzuwenden. Eine frühere Anwendung wird empfohlen. Wenn ein Unternehmen diesen Standard für Berichtsperioden anwendet, die vor dem 1. Januar 2003 beginnen, so ist dies anzugeben.

59 Dieser Standard enthält keine besonderen Übergangsvorschriften. Die erstmalige Anwendung dieses Standards hat in Übereinstimmung mit IAS 8 Bilanzierungs- und Bewertungsmethoden, Änderungen von Schätzungen und Fehler, zu erfolgen.

(e) the useful lives or the depreciation rates used; and
(f) the gross carrying amount and the accumulated depreciation (aggregated with accumulated impairment losses) at the beginning and end of the period.

If, during the current period, an enterprise measures biological assets at their cost less any accumulated depreciation and any accumulated impairment losses (see paragraph 30), an enterprise should disclose any gain or loss recognised on disposal of such biological assets and the reconciliation required by paragraph 50 should disclose amounts related to such biological assets separately. In addition, the reconciliation should include the following amounts included in profit or loss related to those biological assets: 55
(a) impairment losses;
(b) reversals of impairment losses; and
(c) depreciation.

If the fair value of biological assets previously measured at their cost less any accumulated depreciation and any accumulated impairment losses becomes reliably measurable during the current period, an enterprise should disclose for those biological assets: 56
(a) a description of the biological assets;
(b) an explanation of why fair value has become reliably measurable; and
(c) the effect of the change.

Government grants

An enterprise should disclose the following related to agricultural activity covered by this Standard: 57
(a) the nature and extent of government grants recognised in the financial statements;
(b) unfulfilled conditions and other contingencies attaching to government grants; and
(c) significant decreases expected in the level of government grants.

EFFECTIVE DATE AND TRANSITION

This International Accounting Standard becomes operative for annual financial statements covering periods beginning on or after 1 January 2003. Earlier application is encouraged. If an enterprise applies this Standard for periods beginning before 1 January 2003, it should disclose that fact. 58

This Standard does not establish any specific transitional provisions. The adoption of this Standard is accounted for in accordance with IAS 8 Accounting Policies, Changes in Accounting Estimates and Errors. 59

International Financial Reporting Standard 1

Erstmalige Anwendung der International Financial Reporting Standards

> International Financial Reporting Standard 1 *Erstmalige Anwendung der International Financial Reporting Standards* (IFRS 1) ist in den Paragraphen 1–47 sowie in den Anhängen A-C festgelegt. Alle Paragraphen sind gleichrangig. **Fett gedruckte** Paragraphen bestimmen die zentralen Grundsätze. Im Anhang A definierte Begriffe werden bei erstmaligem Erscheinen in einem Standard *kursiv* gedruckt. Definitionen anderer Begriffe sind im Glossar der International Financial Reporting Standards enthalten. IFRS 1 ist in Verbindung mit seiner Zielsetzung, den Grundlagen für Schlussfolgerungen, dem *Vorwort zu den International Financial Reporting Standards* und *dem Rahmenkonzept für die Aufstellung und Darstellung von Abschlüssen* zu betrachten. IAS 8 *Bilanzierungs- und Bewertungsmethoden, Änderungen von Schätzungen und Fehler*, stellt beim Fehlen ausdrücklicher Leitlinien eine Grundlage für die Auswahl und für die Anwendung von Bilanzierungs- und Bewertungsmethoden bereit.

EINFÜHRUNG

Gründe zur Veröffentlichung dieses IFRS

IN1 IFRS 1 ersetzt SIC-8 Erstmalige Anwendung der IAS als primäre Grundlage der Rechnungslegung. Der Board entwickelte diesen IFRS, um sich den folgenden Problembereichen zu widmen:
(a) Einige Aspekte der in SIC-8 enthaltenen Vorschrift einer vollständigen retrospektiven Anwendung verursachten Kosten, welche die daraus entstandenen wahrscheinlichen Vorteile der Abschlussadressaten überstiegen. Obwohl SIC-8 keine retrospektive Anwendung verlangte, falls diese nicht durchführbar war, erläuterte die Interpretation darüber hinaus nicht, ob die mangelnde Durchführbarkeit oder die fehlende wirtschaftliche Vertretbarkeit durch die erstmaligen Anwender streng oder großzügig ausgelegt werden sollte und wie in solchen Fällen zu verfahren ist.
(b) SIC-8 konnte einen erstmaligen Anwender zur Anwendung zweier unterschiedlicher Versionen eines Standards zwingen, falls eine neue Version während der in seinem ersten Abschluss nach IAS enthaltenen Perioden eingeführt wurde und eine retrospektive Anwendung untersagte.
(c) SIC-8 sagte nicht eindeutig aus, ob ein erstmaliger Anwender aktuelle Kenntnisse bei retrospektiven Erfassungs- und Bewertungsentscheidungen nutzen sollte.
(d) Es gab Zweifel über die Beziehung zwischen SIC-8 und spezifischen Übergangsvorschriften in einzelnen Standards.

Grundzüge dieses IFRS

IN2 IFRS 1 kommt zur Anwendung, wenn ein Unternehmen die IFRS zum ersten Mal mit einer ausdrücklichen und uneingeschränkten Erklärung hinsichtlich der Befolgung von IFRS anwendet.

IN3 Im Allgemeinen verlangt IFRS 1, dass ein Unternehmen jeden IFRS zu befolgen hat, der zum Abschlussstichtag seines ersten IFRS-Abschlusses in Kraft ist. Insbesondere verlangt IFRS 1, dass ein Unternehmen folgende Schritte im Rahmen der Erstellung seiner IFRS-Eröffnungsbilanz durchführt, die als Ausgangspunkt der Rechnungslegung nach IFRS dient:
(a) Ansatz aller Vermögenswerte und Schulden, deren Ansatz nach IFRS vorgeschrieben ist,
(b) kein Ansatz von Posten als Vermögenswerte oder Schulden, deren Ansatz nach IFRS nicht gestattet ist,
(c) Umgliederung von Posten, die nach vorherigen Rechnungslegungsgrundsätzen als eine bestimmte Kategorie Vermögenswert, Schuld oder Bestandteil des Eigenkapitals angesetzt wurden, nach IFRS jedoch eine andere Kategorie Vermögenswert, Schuld oder Bestandteil des Eigenkapitals darstellen und
(d) Anwendung der IFRS bei der Bewertung aller angesetzten Vermögenswerte und Schulden.

IN4 IFRS 1 gestattet in bestimmten Bereichen einige Ausnahmen von diesen Vorschriften, falls die Kosten ihrer Einhaltung den Nutzen für Abschlussadressaten wahrscheinlich übersteigen würden. IFRS 1 verbietet überdies in bestimmten Bereichen die retrospektive Anwendung von IFRS, insbesondere falls zur retrospektiven Anwendung die Beurteilung vergangener Umstände hinsichtlich des Ausgangs einer bestimmten Transaktion durch das Management notwendig wäre, deren Ergebnis bereits bekannt ist.

International Financial Reporting Standard 1

First-time adoption of International Financial Reporting Standard

> International Financial Reporting Standard 1 *First-time Adoption of International Financial Reporting Standards* (IFRS 1) is set out in paragraphs 1–47 and Appendices A-C. All the paragraphs have equal authority. Paragraphs in **bold type** state the main principles. Terms defined in Appendix A are in *italics* the first time they appear in the Standard. Definitions of other terms are given in the Glossary for International Financial Reporting Standards. IFRS 1 should be read in the context of its objective and the Basis for Conclusions, the *Preface to International Financial Reporting Standards* and the *Framework for the Preparation and Presentation of Financial Statements*. IAS 8 *Accounting Policies, Changes in Accounting Estimates and Errors* provides a basis for selecting and applying accounting policies in the absence of explicit guidance.

INTRODUCTION

Reasons for issuing the IFRS

The IFRS replaces SIC-8 First-time Application of IASs as the Primary Basis of Accounting. The Board developed this IFRS to address concerns that: — IN1

(a) some aspects of SIC-8's requirement for full retrospective application caused costs that exceeded the likely benefits for users of financial statements. Moreover, although SIC-8 did not require retrospective application when this would be impracticable, it did not explain whether a first-time adopter should interpret impracticability as a high hurdle or a low hurdle and it did not specify any particular treatment in cases of impracticability.

(b) SIC-8 could require a first-time adopter to apply two different versions of a Standard if a new version were introduced during the periods covered by its first financial statements prepared under IASs and the new version prohibited retrospective application.

(c) SIC-8 did not state clearly whether a first-time adopter should use hindsight in applying recognition and measurement decisions retrospectively.

(d) there was some doubt about how SIC-8 interacted with specific transitional provisions in individual Standards.

Main features of the IFRS

The IFRS applies when an entity adopts IFRSs for the first time by an explicit and unreserved statement of compliance with IFRSs. — IN2

In general, the IFRS requires an entity to comply with each IFRS effective at the reporting date for its first IFRS financial statements. In particular, the IFRS requires an entity to do the following in the opening IFRS balance sheet that it prepares as a starting point for its accounting under IFRSs: — IN3

(a) recognise all assets and liabilities whose recognition is required by IFRSs;

(b) not recognise items as assets or liabilities if IFRSs do not permit such recognition;

(c) reclassify items that it recognised under previous GAAP as one type of asset, liability or component of equity, but are a different type of asset, liability or component of equity under IFRSs; and

(d) apply IFRSs in measuring all recognised assets and liabilities.

The IFRS grants limited exemptions from these requirements in specified areas where the cost of complying with them would be likely to exceed the benefits to users of financial statements. The IFRS also prohibits retrospective application of IFRSs in some areas, particularly where retrospective application would require judgements by management about past conditions after the outcome of a particular transaction is already known. — IN4

IFRS 1

IN5 Im Rahmen dieses IFRS ist zu erläutern, wie der Übergang von vorherigen Rechnungslegungsgrundsätzen auf IFRS die ausgewiesene Vermögens-, Finanz- und Ertragslage und die Cashflows des Unternehmens beeinflusst hat.

IN6 Ein Unternehmen muss diesen IFRS anwenden, falls die Periode seines ersten IFRS-Abschlusses am 1. Januar 2004 oder später beginnt. Eine frühere Anwendung wird empfohlen.

Änderungen gegenüber früheren Bestimmungen

IN7 IFRS 1 schreibt wie SIC-8 in den meisten Bereichen eine retrospektive Anwendung vor. IFRS 1 unterscheidet sich jedoch von SIC-8 insofern, als er
  (a) gezielte Befreiungen zur Vermeidung von Kosten, die den Nutzen für Abschlussadressaten wahrscheinlich übersteigen würden, sowie eine geringe Anzahl weiterer Ausnahmen aus Praktikabilitätsgründen enthält,
  (b) verdeutlicht, dass ein Unternehmen die neueste Version der IFRS anwendet,
  (c) verdeutlicht, welcher Bezug zwischen Annahmen, die ein erstmaliger Anwender für die Bilanzierung nach IFRS getroffen hat, und Annahmen, die er – bezogen auf denselben Stichtag – bei der bisher gewählten Bilanzierung zugrunde gelegt hat, besteht,
  (d) angibt, dass die Übergangsvorschriften anderer IFRS für einen erstmaligen Anwender nicht gelten, sowie
  (e) zusätzliche Angaben zum Übergang auf IFRS verlangt.

ZIELSETZUNG

1 Die Zielsetzung dieses IFRS ist es sicherzustellen, dass der erste IFRS-Abschluss eines Unternehmens und dessen Zwischenberichte, die sich auf eine Periode innerhalb des Berichtszeitraums dieses ersten Abschlusses beziehen, hochwertige Informationen enthalten, die
  (a) für Abschlussadressaten transparent und über alle dargestellten Perioden hinweg vergleichbar sind,
  (b) einen geeigneten Ausgangspunkt für die Rechnungslegung nach International Financial Reporting Standards (IFRS) darstellen und
  (c) zu Kosten erstellt werden können, die den Nutzen für Abschlussadressaten nicht übersteigen.

ANWENDUNGSBEREICH

2 Ein Unternehmen muss diesen IFRS in
  (a) seinem ersten IFRS-Abschluss und
  (b) ggf. jedem Zwischenbericht, den es gemäß IAS 34 Zwischenberichterstattung erstellt und der sich auf eine Periode innerhalb des Berichtszeitraums dieses ersten IFRS-Abschlusses bezieht, anwenden.

3 Der erste IFRS-Abschluss eines Unternehmens ist der erste Abschluss des Geschäftsjahres, in welchem das Unternehmen die IFRS durch eine ausdrückliche und uneingeschränkte Erklärung hinsichtlich der Befolgung von IFRS anwendet. Ein Abschluss nach IFRS ist der erste IFRS-Abschluss eines Unternehmens, falls dieses beispielsweise
  (a) seinen letzten vorherigen Abschluss
    (i) nach nationalen Vorschriften, die nicht in jeder Hinsicht mit IFRS übereinstimmen,
    (ii) in jeder Hinsicht entsprechend den IFRS, jedoch ohne eine ausdrückliche und uneingeschränkte Erklärung hinsichtlich der Befolgung von IFRS innerhalb des Abschlusses,
    (iii) mit einer ausdrücklichen Erklärung hinsichtlich der Befolgung von einigen, jedoch nicht allen IFRS,
    (iv) nach nationalen, von IFRS abweichenden Vorschriften unter Verwendung individueller IFRS zur Berücksichtigung von Posten, für die keine nationalen Vorschriften bestanden, oder
    (v) nach nationalen Vorschriften mit einer Überleitung einiger Beträge auf nach IFRS ermittelte Beträge erstellt hat,
  (b) nur zur internen Nutzung einen Abschluss nach IFRS erstellt hat, ohne diesen den Eigentümern des Unternehmens oder sonstigen externen Adressaten zur Verfügung zu stellen,
  (c) für Konsolidierungszwecke eine Konzernberichterstattung nach IFRS erstellt hat, ohne einen vollständigen Abschluss im Sinne von IAS 1 Darstellung des Abschlusses zu erstellen oder
  (d) für frühere Perioden keine Abschlüsse veröffentlicht hat.

The IFRS requires disclosures that explain how the transition from previous GAAP to IFRSs affected the entity's reported financial position, financial performance and cash flows. IN5

An entity is required to apply the IFRS if its first IFRS financial statements are for a period beginning on or after 1 January 2004. Earlier application is encouraged. IN6

Changes from previous requirements

Like SIC-8, the IFRS requires retrospective application in most areas. Unlike SIC-8, the IFRS: IN7
(a) includes targeted exemptions to avoid costs that would be likely to exceed the benefits to users of financial statements, and a small number of other exceptions for practical reasons.
(b) clarifies that an entity applies the latest version of IFRSs.
(c) clarifies how a first-time adopter's estimates under IFRSs relate to the estimates it made for the same date under previous GAAP.
(d) specifies that the transitional provisions in other IFRSs do not apply to a first-time adopter.
(e) requires enhanced disclosure about the transition to IFRSs.

OBJECTIVE

The objective of this IFRS is to ensure that an entity's first IFRS financial statements, and its interim financial reports for part of the period covered by those financial statements, contain high quality information that: 1
(a) is transparent for users and comparable over all periods presented;
(b) provides a suitable starting point for accounting under International Financial Reporting Standards (IFRSs); and
(c) can be generated at a cost that does not exceed the benefits to users.

SCOPE

An entity shall apply this IFRS in: 2
(a) its first IFRS financial statements; and
(b) each interim financial report, if any, that it presents under IAS 34 Interim Financial Reporting for part of the period covered by its first IFRS financial statements.

An entity's first IFRS financial statements are the first annual financial statements in which the entity adopts IFRSs, by an explicit and unreserved statement in those financial statements of compliance with IFRSs. Financial statements under IFRSs are an entity's first IFRS financial statements if, for example, the entity: 3
(a) presented its most recent previous financial statements:
    (i) under national requirements that are not consistent with IFRSs in all respects;
    (ii) in conformity with IFRSs in all respects, except that the financial statements did not contain an explicit and unreserved statement that they complied with IFRSs;
    (iii) containing an explicit statement of compliance with some, but not all, IFRSs;
    (iv) under national requirements inconsistent with IFRSs, using some individual IFRSs to account for items for which national requirements did not exist; or
    (v) under national requirements, with a reconciliation of some amounts to the amounts determined under IFRSs;
(b) prepared financial statements under IFRSs for internal use only, without making them available to the entity's owners or any other external users;
(c) prepared a reporting package under IFRSs for consolidation purposes without preparing a complete set of financial statements as defined in IAS 1 Presentation of Financial Statements; or
(d) did not present financial statements for previous periods.

IFRS 1

4 Dieser IFRS kommt zur Anwendung, falls ein Unternehmen zum ersten Mal IFRS anwendet. Er wird nicht angewendet, falls ein Unternehmen beispielsweise
   (a) keine weiteren Abschlüsse nach nationalen Vorschriften veröffentlicht und in der Vergangenheit solche Abschlüsse sowie zusätzliche Abschlüsse mit einer ausdrücklichen und uneingeschränkten Erklärung hinsichtlich der Befolgung von IFRS veröffentlicht hat,
   (b) im vorigen Jahr Abschlüsse nach nationalen Vorschriften veröffentlicht hat, die eine ausdrückliche und uneingeschränkte Erklärung hinsichtlich der Befolgung von IFRS enthalten oder
   (c) im vorigen Jahr Abschlüsse veröffentlicht hat, die eine ausdrückliche und uneingeschränkte Erklärung hinsichtlich der Befolgung von IFRS enthalten, selbst wenn die Abschlussprüfer für diese Abschlüsse einen eingeschränkten Bestätigungsvermerk erteilt haben.

5 IFRS 1 gilt nicht für Änderungen der Bilanzierungs- und Bewertungsmethoden eines Unternehmens, das IFRS bereits anwendet. Solche Änderungen werden in
   (a) Bestimmungen hinsichtlich der Änderungen von Bilanzierungs- und Bewertungsmethoden in IAS 8 Bilanzierungs- und Bewertungsmethoden, Änderungen von Schätzungen und Fehler und
   (b) in spezifischen Übergangsvorschriften anderer IFRS behandelt.

ANSATZ UND BEWERTUNG

IFRS-Eröffnungsbilanz

6 Ein Unternehmen hat eine IFRS-Eröffnungsbilanz zum Zeitpunkt des Übergangs auf IFRS zu erstellen. Diese stellt den Ausgangspunkt seiner Rechnungslegung nach IFRS dar. Ein Unternehmen braucht seine IFRS-Eröffnungsbilanz in seinem ersten IFRS-Abschluss nicht darzustellen.

Bilanzierungs- und Bewertungsmethoden

7 **Ein Unternehmen hat in seiner IFRS-Eröffnungsbilanz und für alle innerhalb seines ersten IFRS-Abschlusses dargestellten Perioden einheitliche Bilanzierungs- und Bewertungsmethoden anzuwenden. Diese Bilanzierungs- und Bewertungsmethoden müssen allen IFRS entsprechen, die am Abschlussstichtag seines ersten IFRS-Abschlusses gelten (mit Ausnahme der in den Paragraphen 13–34 genannten Fälle).**

8 Ein Unternehmen darf keine unterschiedlichen, früher geltenden IFRS-Versionen anwenden. Ein neuer, noch nicht verbindlicher IFRS darf von einem Unternehmen angewendet werden, falls eine frühere Anwendung zulässig ist.

Beispiel: Einheitliche Anwendung der neuesten IFRS-Versionen

HINTERGRUND
Der Abschlussstichtag des IFRS-Abschlusses von Unternehmen A ist der 31. Dezember 2005. Unternehmen A entschließt sich, in diesem Abschluss lediglich Vergleichsinformationen für ein Jahr darzustellen (siehe Paragraph 36). Der Zeitpunkt des Übergangs auf IFRS ist daher der Beginn des Geschäftsjahres am 1. Januar 2004 (oder entsprechend das Geschäftsjahresende am 31. Dezember 2003). Unternehmen A veröffentlichte seinen Abschluss jedes Jahr zum 31. Dezember (bis einschließlich zum 31. Dezember 2004) nach den vorherigen Rechnungslegungsgrundsätzen.

ANWENDUNG DER VORSCHRIFTEN
Unternehmen A muss die IFRS anwenden, die für Perioden gelten, die am 31. Dezember 2005 enden, und zwar
(a) bei der Erstellung seiner IFRS-Eröffnungsbilanz zum 1. Januar 2004 und
(b) bei der Erstellung und Darstellung seiner Bilanz zum 31. Dezember 2005 (einschließlich der Vergleichszahlen für 2004), seiner Gewinn- und Verlustrechnung, der Aufstellung über die Veränderungen des Eigenkapitals und der Kapitalflussrechnung für das Jahr bis zum 31. Dezember 2005 (einschließlich Vergleichszahlen für 2004) sowie der Angaben (einschließlich Vergleichsinformationen für 2004).
Falls ein neuer IFRS noch nicht verbindlich ist, aber eine frühere Anwendung zulässt, darf Unternehmen A diesen IFRS in seinem ersten IFRS-Abschluss anwenden, ist dazu jedoch nicht verpflichtet.

IFRS 1

This IFRS applies when an entity first adopts IFRSs. It does not apply when, for example, an entity: 4
(a) stops presenting financial statements under national requirements, having previously presented them as well as another set of financial statements that contained an explicit and unreserved statement of compliance with IFRSs;
(b) presented financial statements in the previous year under national requirements and those financial statements contained an explicit and unreserved statement of compliance with IFRSs; or
(c) presented financial statements in the previous year that contained an explicit and unreserved statement of compliance with IFRSs, even if the auditors qualified their audit report on those financial statements.

This IFRS does not apply to changes in accounting policies made by an entity that already applies IFRSs. Such 5
changes are the subject of:
(a) requirements on changes in accounting policies in IAS 8 Accounting Policies, Changes in Accounting Estimates and Errors; and
(b) specific transitional requirements in other IFRSs.

RECOGNITION AND MEASUREMENT

Opening IFRS balance sheet

An entity shall prepare an opening IFRS balance sheet at the date of transition to IFRSs. This is the starting point 6
for its accounting under IFRSs. An entity need not present its opening IFRS balance sheet in its first IFRS financial statements.

Accounting policies

An entity shall use the same accounting policies in its opening IFRS balance sheet and throughout all 7
periods presented in its first IFRS financial statements. Those accounting policies shall comply with each
IFRS effective at the *reporting date* for its first IFRS financial statements, except as specified in paragraphs
13 to 34.

An entity shall not apply different versions of IFRSs that were effective at earlier dates. An entity may apply a new 8
IFRS that is not yet mandatory if it permits early application.

Example: Consistent application of latest version of IFRSs

BACKGROUND
The reporting date for entity A's first IFRS financial statements is 31 December 2005. Entity A decides to present comparative information in those financial statements for one year only (see paragraph 36). Therefore, its date of transition to IFRSs is the beginning of business on 1 January 2004 (or, equivalently, close of business on 31 December 2003). Entity A presented financial statements under its previous GAAP annually to 31 December each year up to, and including, 31 December 2004.

APPLICATION OF REQUIREMENTS
Entity A is required to apply the IFRSs effective for periods ending on 31 December 2005 in:
(a) preparing its opening IFRS balance sheet at 1 January 2004; and
(b) preparing and presenting its balance sheet for 31 December 2005 (including comparative amounts for 2004), income statement, statement of changes in equity and cash flow statement for the year to 31 December 2005 (including comparative amounts for 2004) and disclosures (including comparative information for 2004).
If a new IFRS is not yet mandatory but permits early application, entity A is permitted, but not required, to apply that IFRS in its first IFRS financial statements.

IFRS 1

9   Die Übergangsvorschriften anderer IFRS gelten für Änderungen der Bilanzierungs- und Bewertungsmethoden eines Unternehmens, das IFRS bereits anwendet. Sie gelten nicht für den Übergang eines erstmaligen Anwenders auf IFRS, mit Ausnahme der in den Paragraphen 27–30 beschriebenen Regelungen.

10   Mit Ausnahme der in den Paragraphen 13–34 beschriebenen Fälle ist ein Unternehmen in seiner IFRS-Eröffnungsbilanz dazu verpflichtet,
(a) alle Vermögenswerte und Schulden anzusetzen, deren Ansatz nach den IFRS vorgeschrieben ist,
(b) keine Posten als Vermögenswerte oder Schulden anzusetzen, falls die IFRS deren Ansatz nicht erlauben,
(c) Posten umzugliedern, die nach vorherigen Rechnungslegungsgrundsätzen als eine bestimmte Kategorie Vermögenswert, Schuld oder Bestandteil des Eigenkapitals angesetzt wurden, nach den IFRS jedoch eine andere Kategorie Vermögenswert, Schuld oder Bestandteil des Eigenkapitals darstellen, und
(d) die IFRS bei der Bewertung aller angesetzten Vermögenswerte und Schulden anzuwenden.

11   Die Bilanzierungs- und Bewertungsmethoden, die ein Unternehmen in seiner IFRS-Eröffnungsbilanz verwendet, können sich von den Methoden der zum selben Zeitpunkt verwendeten vorherigen Rechnungslegungsgrundsätze unterscheiden. Die sich ergebenden Anpassungen resultieren aus Ereignissen und Geschäftsvorfällen vor dem Zeitpunkt des Übergangs auf IFRS. Ein Unternehmen hat solche Anpassungen daher zum Zeitpunkt des Übergangs auf IFRS direkt in den Gewinnrücklagen (oder, falls zutreffender in einer anderen Eigenkapitalkategorie) zu erfassen.

12   Dieser IFRS legt zwei Arten von Ausnahmen von dem Grundsatz fest, dass die IFRS-Eröffnungsbilanz eines Unternehmens mit den Vorschriften aller IFRS übereinstimmen muss:
(a) Die Paragraphen 13–25F befreien von einigen Vorschriften anderer IFRS.
(b) Die Paragraphen 26–34B verbieten die retrospektive Anwendung einiger Aspekte anderer IFRS.

Befreiungen von anderen IFRS

13   Ein Unternehmen kann eine oder mehrere der folgenden Befreiungen in Anspruch nehmen:
(a) Unternehmenszusammenschlüsse (Paragraph 15),
(b) beizulegender Zeitwert oder Neubewertung als Ersatz für Anschaffungs- oder Herstellungskosten (Paragraphen 16–19),
(c) Leistungen an Arbeitnehmer (Paragraph 20),
(d) kumulierte Umrechnungsdifferenzen (Paragraphen 21 und 22),
(e) zusammengesetzte Finanzinstrumente (Paragraph 23);
(f) Vermögenswerte und Schulden von Tochterunternehmen, assoziierten Unternehmen und Joint Ventures (Paragraphen 24 und 25);
(g) Einstufung von früher angesetzten Finanzinstrumenten (Paragraph 25A);
(h) Transaktionen mit anteilsbasierten Zahlungen (Paragraphen 25B und 25C);
(i) Versicherungsverträge (Paragraph 25D);
(j) in den Anschaffungskosten von Sachanlagen enthaltene Entsorgungsschulden (Paragraph 25E);
(k) Leasingverhältnisse (Paragraph 25F); und
(l) Bewertung von finanziellen Vermögenswerten oder finanziellen Verbindlichkeiten beim erstmaligen Ansatz mit dem beizulegenden Zeitwert (Paragraph 25G).
Ein Unternehmen darf diese Befreiungen nicht analog auf andere Sachverhalte anwenden.

14   Einige der folgenden Befreiungen beziehen sich auf den beizulegenden Zeitwert. IFRS 3 Unternehmenszusammenschlüsse erläutert, wie beizulegende Zeitwerte identifizierbarer Vermögenswerte und Schulden ermittelt werden, die im Rahmen eines Unternehmenszusammenschlusses erworben wurden. Ein Unternehmen muss für die Ermittlung der beizulegenden Zeitwerte die entsprechenden Erläuterungen dieses IFRS anwenden, solange kein anderer IFRS spezifischere Anwendungsleitlinien hinsichtlich der Ermittlung beizulegender Zeitwerte für den jeweiligen Vermögenswert oder die Schuld enthält. Diese beizulegenden Zeitwerte müssen die Gegebenheiten des Zeitpunkts wiedergeben, für den sie ermittelt wurden.

Unternehmenszusammenschlüsse

15   Für Unternehmenszusammenschlüsse, die ein Unternehmen vor dem Zeitpunkt des Übergangs auf IFRS erfasst hat, sind die Vorschriften aus Anhang B anzuwenden.

9 The transitional provisions in other IFRSs apply to changes in accounting policies made by an entity that already uses IFRSs; they do not apply to a first-time adopter's transition to IFRSs, except as specified in paragraphs 27 to 30.

10 Except as described in paragraphs 13 to 34, an entity shall, in its opening IFRS balance sheet:
(a) recognise all assets and liabilities whose recognition is required by IFRSs;
(b) not recognise items as assets or liabilities if IFRSs do not permit such recognition;
(c) reclassify items that it recognised under previous GAAP as one type of asset, liability or component of equity, but are a different type of asset, liability or component of equity under IFRSs; and
(d) apply IFRSs in measuring all recognised assets and liabilities.

11 The accounting policies that an entity uses in its opening IFRS balance sheet may differ from those that it used for the same date using its previous GAAP. The resulting adjustments arise from events and transactions before the date of transition to IFRSs. Therefore, an entity shall recognise those adjustments directly in retained earnings (or, if appropriate, another category of equity) at the date of transition to IFRSs.

12 This IFRS establishes two categories of exceptions to the principle that an entity's opening IFRS balance sheet shall comply with each IFRS:
(a) paragraphs 13 to 25F grant exemptions from some requirements of other IFRSs.
(b) paragraphs 26–34B prohibit retrospective application of some aspects of other IFRSs.

Exemptions from other IFRSs

13 An entity may elect to use one or more of the following exemptions:
(a) business combinations (paragraph 15);
(b) fair value or revaluation as deemed cost (paragraphs 16 to 19);
(c) employee benefits (paragraph 20);
(d) cumulative translation differences (paragraphs 21 and 22);
(e) compound financial instruments (paragraph 23);
(f) assets and liabilities of subsidiaries, associates and joint ventures (paragraphs 24 and 25);
(g) designation of previously recognised financial instruments (paragraph 25A);
(h) share-based payment transactions (paragraphs 25B and 25C);
(i) insurance contracts (paragraph 25D);
(j) decommissioning liabilities included in the cost of property, plant and equipment (paragraph 25E);
(k) leases (paragraph 25F); and
(l) fair value measurement of financial assets or financial liabilities at initial recognition (paragraph 25G).
An entity shall not apply these exemptions by analogy to other items.

14 Some exemptions below refer to fair value. IFRS 3 Business Combinations explains how to determine the fair values of identifiable assets and liabilities acquired in a business combination. An entity shall apply those explanations in determining fair values under this IFRS, unless another IFRS contains more specific guidance on the determination of fair values for the asset or liability in question. Those fair values shall reflect conditions that existed at the date for which they were determined.

Business combinations

15 An entity shall apply the requirements in Appendix B to business combinations that the entity recognised before the date of transition to IFRSs.

IFRS 1

Beizulegender Zeitwert oder Neubewertung als Ersatz für Anschaffungs- oder Herstellungskosten

16 Ein Unternehmen kann eine Sachanlage zum Zeitpunkt des Übergangs auf IFRS zu ihrem beizulegenden Zeitwert bewerten und diesen beizulegenden Zeitwert als Ersatz für Anschaffungs- oder Herstellungskosten zu diesem Zeitpunkt verwenden.

17 Ein erstmaliger Anwender darf eine am oder vor dem Zeitpunkt des Übergangs auf IFRS nach vorherigen Rechnungslegungsgrundsätzen vorgenommene Neubewertung einer Sachanlage als Ersatz für Anschaffungs- oder Herstellungskosten zum Zeitpunkt der Neubewertung ansetzen, falls die Neubewertung zum Zeitpunkt ihrer Ermittlung weitgehend vergleichbar war mit
(a) dem beizulegenden Zeitwert oder
(b) den Anschaffungs- oder Herstellungskosten bzw. den fortgeführten Anschaffungs- oder Herstellungskosten nach IFRS, angepasst beispielsweise zur Berücksichtigung von Veränderungen eines allgemeinen oder spezifischen Preisindex.

18 Die Wahlrechte der Paragraphen 16 und 17 gelten auch für
(a) als Finanzinvestition gehaltene Immobilien, falls sich ein Unternehmen zur Verwendung des Anschaffungskostenmodells in IAS 40 Als Finanzinvestition gehaltene Immobilien entschließt, und
(b) immaterielle Vermögenswerte, die folgende Kriterien erfüllen:
    (i) die Ansatzkriterien aus IAS 38 Immaterielle Vermögenswerte (einschließlich einer verlässlichen Bewertung der historischen Anschaffungs- oder Herstellungskosten) und
    (ii) die Kriterien aus IAS 38 zur Neubewertung (einschließlich der Existenz eines aktiven Markts).
Ein Unternehmen darf diese Wahlrechte nicht für andere Vermögenswerte oder Schulden verwenden.

19 Ein erstmaliger Anwender kann gemäß den vorherigen Rechnungslegungsgrundsätzen für alle oder einen Teil seiner Vermögenswerte und Schulden einen als Ersatz für Anschaffungs- oder Herstellungskosten angesetzten Wert ermittelt haben, indem er sie wegen eines Ereignisses wie einer Privatisierung oder eines Börsengangs zu ihrem beizulegenden Zeitwert zu diesem bestimmten Zeitpunkt bewertete. Solche ereignisgesteuerten Bewertungen zum beizulegenden Zeitwert drfen von dem Unternehmen im Rahmen der IFRS zum Datum der Bewertung als Ersatz für Anschaffungs- oder Herstellungskosten verwendet werden.

Leistungen an Arbeitnehmer

20 Nach IAS 19 Leistungen an Arbeitnehmer kann ein Unternehmen einen ‚Korridor'-Ansatz verwenden, bei dem einige versicherungsmathematische Gewinne und Verluste nicht erfasst werden. Die retrospektive Anwendung dieses Ansatzes setzt voraus, dass ein Unternehmen die kumulierten versicherungsmathematischen Gewinne und Verluste seit Beginn des Plans bis zum Zeitpunkt des Übergangs auf IFRS in erfasste bzw. nicht erfasste Gewinne und Verluste aufteilt. Ein erstmaliger Anwender darf jedoch die gesamten bis zum Zeitpunkt des Übergangs auf IFRS kumulierten versicherungsmathematischen Gewinne und Verluste erfassen, selbst wenn er für spätere versicherungsmathematische Gewinne und Verluste den Korridor-Ansatz verwendet. Falls ein erstmaliger Anwender von diesem Wahlrecht Gebrauch macht, muss er dies für alle Pläne tun.

20A Ein Unternehmen kann die gemäß Paragraph 120A Buchstabe p erforderlichen Beträge angeben, da die Beträge für jede Berichtsperiode prospektiv seit dem Übergangszeitpunkt ermittelt werden.

Kumulierte Umrechnungsdifferenzen

21 IAS 21 Auswirkungen von Änderungen der Wechselkurse verlangt, dass ein Unternehmen
(a) bestimmte Umrechnungsdifferenzen als gesonderten Bestandteil des Eigenkapitals klassifiziert und
(b) bei der Veräußerung eines ausländischen Geschäftsbetriebs die kumulierten Umrechnungsdifferenzen für diesen ausländischen Geschäftsbetrieb (einschließlich Gewinnen und Verlusten aus damit eventuell zusammenhängenden Sicherungsbeziehungen) als Gewinn oder Verlust aus der Veräußerung erfasst.

22 Ein erstmaliger Anwender muss diese Bestimmungen jedoch nicht für kumulierte Umrechnungsdifferenzen erfüllen, die zum Zeitpunkt des Übergangs auf IFRS bestanden. Falls ein erstmaliger Anwender diese Befreiung in Anspruch nimmt,
(a) wird angenommen, dass die kumulierten Umrechnungsdifferenzen für alle ausländischen Geschäftsbetriebe zum Zeitpunkt des Übergangs auf IFRS null betragen, und

Fair value or revaluation as deemed cost

An entity may elect to measure an item of property, plant and equipment at the date of transition to IFRSs at its fair value and use that fair value as its deemed cost at that date. **16**

A first-time adopter may elect to use a previous GAAP revaluation of an item of property, plant and equipment at, or before, the date of transition to IFRSs as deemed cost at the date of the revaluation, if the revaluation was, at the date of the revaluation, broadly comparable to: **17**
(a) fair value; or
(b) cost or depreciated cost under IFRSs, adjusted to reflect, for example, changes in a general or specific price index.

The elections in paragraphs 16 and 17 are also available for: **18**
(a) investment property, if an entity elects to use the cost model in IAS 40 Investment Property; and
(b) intangible assets that meet:
   (i) the recognition criteria in IAS 38 Intangible Assets (including reliable measurement of original cost); and
   (ii) the criteria in IAS 38 for revaluation (including the existence of an active market).
An entity shall not use these elections for other assets or for liabilities.

A first-time adopter may have established a deemed cost under previous GAAP for some or all of its assets and liabilities by measuring them at their fair value at one particular date because of an event such as a privatisation or initial public offering. It may use such event-driven fair value measurements as deemed cost for IFRSs at the date of that measurement. **19**

Employee benefits

Under IAS 19 Employee Benefits, an entity may elect to use a "corridor" approach that leaves some actuarial gains and losses unrecognised. Retrospective application of this approach requires an entity to split the cumulative actuarial gains and losses from the inception of the plan until the date of transition to IFRSs into a recognised portion and an unrecognised portion. However, a first-time adopter may elect to recognise all cumulative actuarial gains and losses at the date of transition to IFRSs, even if it uses the corridor approach for later actuarial gains and losses. If a first-time adopter uses this election, it shall apply it to all plans. **20**

An entity may disclose the amounts required by paragraph 120A (p) as the amounts are determined for each accounting period prospectively from the transition date. **20A**

Cumulative translation differences

IAS 21 The Effects of Changes in Foreign Exchange Rates requires an entity: **21**
(a) to classify some translation differences as a separate component of equity; and
(b) on disposal of a foreign operation, to transfer the cumulative translation difference for that foreign operation (including, if applicable, gains and losses on related hedges) to the income statement as part of the gain or loss on disposal.

However, a first-time adopter need not comply with these requirements for cumulative translation differences that existed at the date of transition to IFRSs. If a first-time adopter uses this exemption: **22**
(a) the cumulative translation differences for all foreign operations are deemed to be zero at the date of transition to IFRSs; and

IFRS 1

(b) darf der Gewinn oder Verlust aus einer Weiterveräußerung eines ausländischen Geschäftsbetriebs keine vor dem Zeitpunkt des Übergangs auf IFRS entstandenen Umrechnungsdifferenzen enthalten und muss die nach diesem Datum entstandenen Umrechnungsdifferenzen berücksichtigen.

Zusammengesetzte Finanzinstrumente

23   IAS 32 Finanzinstrumente: Darstellung verlangt, dass Unternehmen ein zusammengesetztes Finanzinstrument von Anfang an in gesonderte Schuld- und Eigenkapitalkomponenten aufteilen. Falls keine Schuldkomponente mehr aussteht, umfasst die retrospektive Anwendung von IAS 32 eine Aufteilung in zwei Eigenkapitalkomponenten. Der erste Bestandteil wird in den Gewinnrücklagen erfasst und stellt die kumulierten Zinsen dar, die für die Schuldkomponente anfielen. Der andere Bestandteil stellt die ursprüngliche Eigenkapitalkomponente dar. Falls die Schuldkomponente zum Zeitpunkt des Übergangs auf IFRS jedoch nicht mehr aussteht, braucht ein erstmaliger Anwender nach diesem IFRS keine Aufteilung in zwei Bestandteile vorzunehmen.

Vermögenswerte und Schulden von Tochterunternehmen, assoziierten Unternehmen und Joint Ventures

24   Wenn ein Tochterunternehmen später als die Muttergesellschaft zum erstmaligen Anwender wird, muss die Tochtergesellschaft für ihren eigenen Abschluss ihre Vermögenswerte und Schulden wie folgt bewerten:
(a) zu den Buchwerten bewerten, die basierend auf dem Zeitpunkt des Übergangs des Mutterunternehmens auf IFRS in dem Konzernabschluss des Mutterunternehmens angesetzt worden wären, falls keine Konsolidierungsanpassungen und keine Anpassungen wegen der Auswirkungen des Unternehmenszusammenschlusses, in dessen Rahmen das Mutterunternehmen das Tochterunternehmen erwarb, vorgenommen worden wären, oder
(b) die vom Rest dieses IFRS geforderten Buchwerte basierten auf dem Übergangsdatum des Tochterunternehmens zu den IFRS. Diese Buchwerte können sich von denen unter (a) beschriebenen unterscheiden:
 (i) falls die Befreiungen in diesem IFRS zu Bewertungen führen, die vom Zeitpunkt des Übergangs auf IFRS abhängig sind, bzw.
 (ii) wenn die im Abschluss des Tochterunternehmens angewendeten Bilanzierungs- und Bewertungsmethoden sich von denen des Konzernabschlusses unterscheiden. Beispielsweise kann das Tochterunternehmen das Anschaffungskostenmodell gemäß IAS 16 *Sachanlagen* als Bilanzierungs- und Bewertungsmethode anwenden, während der Konzern das Modell der Neubewertung anwenden kann.
Ein ähnliches Wahlrecht steht einem assoziierten Unternehmen oder Joint Venture zu, das erst nach einem Unternehmen, das maßgeblichen Einfluss über es besitzt oder es gemeinschaftlich kontrolliert, zu einem erstmaligen Anwender wird.

25   Falls ein Unternehmen jedoch nach seinem Tochterunternehmen (oder assoziiertem Unternehmen oder Joint Venture) ein erstmaliger Anwender wird, muss das Unternehmen in seinem Konzernabschluss die Vermögenswerte und Schulden des Tochterunternehmens (oder assoziierten Unternehmens oder Joint Ventures) nach Durchführung von Anpassungen im Rahmen der Konsolidierung, der Equity-Methode und der Auswirkungen des Unternehmenszusammenschlusses, im Rahmen dessen das Unternehmen das Tochterunternehmen erwarb, zu denselben Buchwerten wie in dem Einzelabschluss des Tochterunternehmens (oder assoziierten Unternehmens oder Joint Ventures) bewerten. Falls ein Mutterunternehmen entsprechend für seinen Einzelabschluss früher oder später als für seinen Konzernabschluss ein erstmaliger Anwender wird, muss es seine Vermögenswerte und Schulden, abgesehen von Konsolidierungsanpassungen, in beiden Abschlüssen identisch bewerten.

Einstufung von früher angesetzten Finanzinstrumenten

25A   Gemäß IAS 39 *Finanzinstrumente: Ansatz und Bewertung* kann ein finanzieller Vermögenswert beim erstmaligen Ansatz als zur Veräußerung verfügbar oder ein Finanzinstrument (sofern es bestimmte Kriterien erfüllt) als ein finanzieller Vermögenswert oder eine finanzielle Verbindlichkeit, der/die erfolgswirksam zum beizulegenden Zeitwert bewertet wird, eingestuft werden. Ungeachtet dieser Bestimmung kommen in den folgenden Situationen Ausnahmen zur Anwendung:
(a) Jedes Unternehmen darf eine Einstufung als zur Veräußerung verfügbar zum Zeitpunkt des Übergangs auf IFRS vornehmen.
(b) bei einem Unternehmen, das seinen ersten IFRS-Abschluss für ein Geschäftsjahr veröffentlicht, das am oder nach dem 1. September 2006 beginnt – ein solches Unternehmen darf zum Zeitpunkt des Übergangs auf IFRS jeden finanziellen Vermögenswert bzw. jede finanzielle Verbindlichkeit als erfolgswirksam zum beizulegen-

(b) the gain or loss on a subsequent disposal of any foreign operation shall exclude translation differences that arose before the date of transition to IFRSs and shall include later translation differences.

Compound financial instruments

IAS 32 Financial Instruments: Presentation requires an entity to split a compound financial instrument at inception into separate liability and equity components. If the liability component is no longer outstanding, retrospective application of IAS 32 involves separating two portions of equity. The first portion is in retained earnings and represents the cumulative interest accreted on the liability component. The other portion represents the original equity component. However, under this IFRS, a first-time adopter need not separate these two portions if the liability component is no longer outstanding at the date of transition to IFRSs.   23

Assets and liabilities of subsidiaries, associates and joint ventures

If a subsidiary becomes a first-time adopter later than its parent, the subsidiary shall, in its individual financial statements, measure its assets and liabilities at either: 24
(a) the carrying amounts that would be included in the parent's consolidated financial statements, based on the parent's date of transition to IFRSs, if no adjustments were made for consolidation procedures and for the effects of the business combination in which the parent acquired the subsidiary; or
(b) the carrying amounts required by the rest of this IFRS, based on the subsidiary's date of transition to IFRSs. These carrying amounts could differ from those described in (a):
   (i) when the exemptions in this IFRS result in measurements that depend on the date of transition to IFRSs.
   (ii) when the accounting policies used in the subsidiary's financial statements differ from those in the consolidated financial statements. For example, the subsidiary may use as its accounting policy the cost model in IAS 16 *Property, Plant and Equipment*, whereas the group may use the revaluation model.
A similar election is available to an associate or joint venture that becomes a first-time adopter later than an entity that has significant influence or joint control over it.

However, if an entity becomes a first-time adopter later than its subsidiary (or associate or joint venture) the entity shall, in its consolidated financial statements, measure the assets and liabilities of the subsidiary (or associate or joint venture) at the same carrying amounts as in the separate financial statements of the subsidiary (or associate or joint venture), after adjusting for consolidation and equity accounting adjustments and for the effects of the business combination in which the entity acquired the subsidiary. Similarly, if a parent becomes a first-time adopter for its separate financial statements earlier or later than for its consolidated financial statements, it shall measure its assets and liabilities at the same amounts in both financial statements, except for consolidation adjustments.   25

Designation of previously recognised financial instruments

IAS 39 *Financial Instruments: Recognition and Measurement* permits a financial asset to be designated on initial recognition as available for sale or a financial instrument (provided it meets certain criteria) to be designated as a financial asset or financial liability at fair value through profit or loss. Despite this requirement exceptions apply in the following circumstances,   25A
(a) any entity is permitted to make an available-for-sale designation at the date of transition to IFRSs;
(b) *an entity that presents its first IFRS financial statements for an annual period beginning on or after 1 September 2006*—such an entity is permitted to designate, at the date of transition to IFRSs, any financial asset or financial liability as at fair value through profit or loss provided the asset or liability meets the criteria in paragraph 9(b)(i), 9(b)(ii) or 11A of IAS 39 at that date;

IFRS 1

den Zeitwert bewertet einstufen, sofern der Vermögenswert bzw. die Verbindlichkeit zu diesem Zeitpunkt die Kriterien in Paragraph 9b)i), 9b)ii) oder 11A des IAS 39 erfüllt.

(c) *bei einem Unternehmen, das seinen ersten IFRS-Abschluss für ein Geschäftsjahr veröffentlicht, das am oder nach dem 1. Januar 2006 und vor dem 1. September 2006 beginnt* – ein solches Unternehmen darf zum Zeitpunkt des Übergangs auf IFRS jeden finanziellen Vermögenswert bzw. jede finanzielle Verbindlichkeit als erfolgswirksam zum beizulegenden Zeitwert bewertet einstufen, sofern der Vermögenswert bzw. die Verbindlichkeit zu diesem Zeitpunkt die Kriterien in Paragraph 9b)i), 9b)ii) oder 11A des IAS 39 erfüllt. Erfolgt die Umstellung auf IFRS vor dem 1. September 2005, braucht diese Einstufung erst zum 1. September 2005 abgeschlossen zu werden und kann auch finanzielle Vermögenswerte und finanzielle Verbindlichkeiten umfassen, die zwischen dem Zeitpunkt des Übergangs auf IFRS und dem 1. September 2005 angesetzt wurden.

(d) *bei einem Unternehmen, das seinen ersten IFRS-Abschluss für ein Geschäftsjahr veröffentlicht, das vor dem 1. Januar 2006 beginnt, und die Paragraphen 11A, 48A, AG4B-AG4K, AG33A und AG33B sowie die im Jahr 2005 vorgenommenen Änderungen der Paragraphen 9, 12 und 13 des IAS 39 anwendet* – ein solches Unternehmen darf zu Beginn der ersten IFRS-Berichtsperiode jeden finanziellen Vermögenswert bzw. jede finanzielle Verbindlichkeit, der/die zu diesem Zeitpunkt die Voraussetzungen für eine Einstufung gemäß diesen neuen und geänderten Paragraphen erfüllt, als erfolgswirksam zum beizulegenden Zeitwert bewertet einstufen. Beginnt die erste IFRS-Berichtsperiode des Unternehmens vor dem 1. September 2005, braucht diese Einstufung erst zum 1. September 2005 abgeschlossen zu werden und kann auch finanzielle Vermögenswerte und finanzielle Verbindlichkeiten umfassen, die zwischen dem Beginn der betreffenden Berichtsperiode und dem 1. September 2005 angesetzt wurden. Passt das Unternehmen die Vergleichsinformationen für IAS 39 an, sind diese Informationen für die zu Beginn der ersten IFRS-Berichtsperiode eingestufte(n) finanziellen Vermögenswerte, finanziellen Verbindlichkeiten oder Gruppe von finanziellen Vermögenswerten und/oder finanziellen Verbindlichkeiten anzupassen. Eine solche Anpassung der Vergleichsinformationen ist nur dann vorzunehmen, wenn die eingestuften Posten oder Gruppen zum Zeitpunkt des Übergangs auf IFRS bzw. bei einem Erwerb nach dem Übergang auf IFRS zum Zeitpunkt des erstmaligen Ansatzes die in Paragraph 9b)i), 9b)ii) oder 11A des IAS 39 genannten Kriterien für eine derartige Einstufung erfüllt hätten.

(e) *bei einem Unternehmen, das seinen ersten IFRS-Abschluss für ein Geschäftsjahr veröffentlicht, das vor dem 1. September 2006 beginnt* – ungeachtet Paragraph 91 des IAS 39 ist bei allen finanziellen Vermögenswerten und finanziellen Verbindlichkeiten, die gemäß Unterparagraph c) oder d) als erfolgswirksam zum beizulegenden Zeitwert bewertet eingestuft werden und bisher im Rahmen der Bilanzierung von Sicherungsbeziehungen als Grundgeschäft designiert waren, diese Designation zum gleichen Zeitpunkt aufzuheben, zu dem ihre Einstufung als erfolgswirksam zum beizulegenden Zeitwert bewertet erfolgt.

25B Obwohl ein Erstanwender nicht dazu verpflichtet ist, wird ihm empfohlen, IFRS 2 *Aktienbasierte Vergütung* auf Eigenkapitalinstrumente anzuwenden, die am oder vor dem 7. November 2002 gewährt wurden. Außerdem wird einem Erstanwender, obwohl er nicht dazu verpflichtet ist, empfohlen, IRFS 2 auf nach dem 7. November 2002 gewährte Eigenkapitalinstrumente anzuwenden, die vor (a) dem Tag der Umstellung auf IFRS oder (b) dem 1. Januar 2005 - je nachdem was später eintritt - ausübbar wurden. Eine freiwillige Anwendung des IFRS 2 auf solche Eigenkapitalinstrumente ist jedoch nur dann zulässig, wenn das Unternehmen den beizulegenden Zeitwert dieser Eigenkapitalinstrumente, der zum Bewertungsstichtag laut Definition in IFRS 2 ermittelt wurde, veröffentlicht hat. Alle gewährten Eigenkapitalinstrumente, auf die IFRS 2 keine Anwendung findet (also alle bis einschließlich 7. November 2002 zugeteilten Eigenkapitalinstrumente), unterliegen trotzdem den Angabepflichten gemäß den Paragraphen 44 und 45 des IFRS 2. Ändert ein Erstanwender die Vertragsbedingungen für gewährte Eigenkapitalinstrumente, auf die IFRS 2 nicht angewendet worden ist, ist das Unternehmen nicht zur Anwendung der Paragraphen 26–29 des IFRS 2 verpflichtet, wenn diese Änderung vor (a) dem Tag der Umstellung auf IFRS oder (b) dem 1. Januar 2005 – je nachdem, welcher Zeitpunkt früher eintritt – erfolgte.

25C Obwohl ein Erstanwender nicht dazu verpflichtet ist, wird ihm empfohlen, IRFS 2 auf Schulden aus aktienbasierten Vergütungstransaktionen anzuwenden, die vor dem Tag der Umstellung auf IFRS beglichen wurden. Außerdem wird einem Erstanwender, obwohl er nicht dazu verpflichtet ist, empfohlen, IRFS 2 auf Schulden anzuwenden, die vor dem 1. Januar 2005 beglichen wurden. Bei Schulden, auf die IFRS 2 angewendet wird, ist ein Erstanwender nicht zu einer Anpassung der Vergleichsinformationen verpflichtet, soweit sich diese Informationen auf eine Berichtsperiode oder einen Zeitpunkt vor dem 7. November 2002 beziehen.

Versicherungsverträge

25D Ein Erstanwender kann die Übergangsvorschriften von IFRS 4 *Versicherungsverträge* anwenden. IFRS 4 beschränkt Änderungen der Bilanzierungs- und Bewertungsmethoden für Versicherungsverträge und schließt Änderungen, die von Erstanwendern durchgeführt wurden, mit ein.

(c) *an entity that presents its first IFRS financial statements for an annual period beginning on or after 1 January 2006 and before 1 September 2006*—such an entity is permitted to designate, at the date of transition to IFRSs, any financial asset or financial liability as at fair value through profit or loss provided the asset or liability meets the criteria in paragraph 9(b)(i), 9(b)(ii) or 11A of IAS 39 at that date. When the date of transition to IFRSs is before 1 September 2005, such designations need not be completed until 1 September 2005 and may also include financial assets and financial liabilities recognised between the date of transition to IFRSs and 1 September 2005;

(d) *an entity that presents its first IFRS financial statements for an annual period beginning before 1 January 2006 and applies paragraphs 11A, 48A, AG4B-AG4K, AG33A and AG33B and the 2005 amendments in paragraphs 9, 12 and 13 of IAS 39*—such an entity is permitted at the start of its first IFRS reporting period to designate as at fair value through profit or loss any financial asset or financial liability that qualifies for such designation in accordance with these new and amended paragraphs at that date. When the entity's first IFRS reporting period begins before 1 September 2005, such designations need not be completed until 1 September 2005 and may also include financial assets and financial liabilities recognised between the beginning of that period and 1 September 2005. If the entity restates comparative information for IAS 39 it shall restate that information for the financial assets, financial liabilities, or group of financial assets, financial liabilities or both, designated at the start of its first IFRS reporting period. Such restatement of comparative information shall be made only if the designated items or groups would have met the criteria for such designation in paragraph 9(b)(i), 9(b)(ii) or 11A of IAS 39 at the date of transition to IFRSs or, if acquired after the date of transition to IFRSs, would have met the criteria in paragraph 9(b)(i), 9(b)(ii) or 11A at the date of initial recognition;

(e) *for an entity that presents its first IFRS financial statements for an annual period beginning before 1 September 2006*—notwithstanding paragraph 91 of IAS 39, any financial assets and financial liabilities such an entity designated as at fair value through profit or loss in accordance with subparagraph (c) or (d) above that were previously designated as the hedged item in fair value hedge accounting relationships shall be de-designated from those relationships at the same time they are designated as at fair value through profit or loss.

25B A first-time adopter is encouraged, but not required, to apply IFRS 2 *Share-based Payment* to equity instruments that were granted on or before 7 November 2002. A first-time adopter is also encouraged, but not required, to apply IFRS 2 to equity instruments that were granted after 7 November 2002 that vested before the later of (a) the date of transition to IFRSs and (b) 1 January 2005. However, if a first-time adopter elects to apply IFRS 2 to such equity instruments, it may do so only if the entity has disclosed publicly the fair value of those equity instruments, determined at the measurement date, as defined in IFRS 2. For all grants of equity instruments to which IFRS 2 has not been applied (eg equity instruments granted on or before 7 November 2002), a first-time adopter shall nevertheless disclose the information required by paragraphs 44 and 45 of IFRS 2. If a first-time adopter modifies the terms or conditions of a grant of equity instruments to which IFRS 2 has not been applied, the entity is not required to apply paragraphs 26–29 of IFRS 2 if the modification occurred before the later of (a) the date of transition to IFRSs and (b) 1 January 2005.

25C A first-time adopter is encouraged, but not required, to apply IFRS 2 to liabilities arising from share-based payment transactions that were settled before the date of transition to IFRSs. A first-time adopter is also encouraged, but not required, to apply IFRS 2 to liabilities that were settled before 1 January 2005. For liabilities to which IFRS 2 is applied, a first-time adopter is not required to restate comparative information to the extent that the information relates to a period or date that is earlier than 7 November 2002.

Insurance contracts

25D A first-time adopter may apply the transitional provisions in IFRS 4 *Insurance Contracts*. IFRS 4 restricts changes in accounting policies for insurance contracts, including changes made by a first-time adopter.

IFRS 1

In den Anschaffungskosten von Sachanlagen enthaltene Änderungen bestehender Rückstellungen für Entsorgungs-, Wiederherstellungs- und ähnliche Verpflichtungen

25E IFRIC 1 *Änderungen bestehender Rückstellungen für Entsorgungs-, Wiederherstellungs- und ähnliche Verpflichtungen* fordert, dass spezifizierte Änderungen einer Rückstellung für Entsorgungs-, Wiederherstellungs- oder ähnliche Verpflichtungen zu den Anschaffungskosten des dazugehörigen Vermögenswertes hinzugefügt oder davon abgezogen werden; das angepasste Abschreibungsvolumen des Vermögenswertes wird dann prospektiv über seine verbleibende Nutzungsdauer abgeschrieben. Ein Erstanwender braucht diese Anforderungen für Änderungen solcher Rückstellungen, die vor dem Zeitpunkt des Übergangs auf IFRSs auftraten, nicht anzuwenden. Wenn ein Erstanwender diese Ausnahme nutzt, hat er:
(a) zum Zeitpunkt des Übergangs auf IFRS die Rückstellung gemäß IAS 37 zu bewerten;
(b) sofern die Rückstellung im Anwendungsbereich von IFRIC 1 liegt, den Betrag, der in den Anschaffungskosten des zugehörigen Vermögenswertes beim ersten Auftreten der Verpflichtung enthalten gewesen wäre, zu schätzen, indem die Rückstellung zu dem Zeitpunkt unter Einsatz seiner bestmöglichen Schätzung des/der historisch risikobereinigten Abzinsungssatzes/-sätze diskontiert wird, die für diese Rückstellung für die dazwischen liegenden Perioden angewendet worden wären; und
(c) zum Übergangszeitpunkt auf IFRS die kumulierte Abschreibung auf den Betrag auf Grundlage der laufenden Schätzung der Nutzungsdauer des Vermögenswertes unter Anwendung der vom Unternehmen gemäß IFRS eingesetzten Abschreibungsmethode zu berechnen.

Leasingverhältnisse

IFRIC 4 Feststellung, ob eine Vereinbarung ein Leasingverhältnis enthält

25F Ein Erstanwender kann die Übergangsvorschriften von IFRIC 4 *Feststellung, ob eine Vereinbarung ein Leasingverhältnis enthält* anwenden. Demzufolge kann ein Erstanwender feststellen, ob eine zum Übergangszeitpunkt zu IFRS bestehende Vereinbarung ein Leasingverhältnis aufgrund der zu diesem Zeitpunkt bestehenden Tatsachen und Umstände enthält.

Bewertung finanzieller Vermögenswerte oder finanzieller Verbindlichkeiten zum beizulegenden Zeitwert

25G Unbeschadet der Bestimmungen in den Paragraphen 7 und 9 kann ein Unternehmen die Vorschriften im letzten Satz von Paragraph AG76 und in Paragraph AG76A des IAS 39 alternativ auf eine der beiden folgenden Arten anwenden:
(a) prospektiv auf Transaktionen, die nach dem 25. Oktober 2002 abgeschlossen wurden; oder
(b) prospektiv auf Transaktionen, die nach dem 1. Januar 2004 abgeschlossen wurden.

Ausnahmen von der retrospektiven Anwendung anderer IFRS

26 Dieser IFRS verbietet die retrospektive Anwendung einiger Aspekte anderer IFRS hinsichtlich der
(a) Ausbuchung finanzieller Vermögenswerte und finanzieller Schulden (Paragraph 27),
(b) Bilanzierung von Sicherungsgeschäften (Paragraphen 28–30);
(c) Schätzungen (Paragraphen 31–34); und
(d) als zur Veräußerung gehalten klassifizierten Vermögenswerten und aufgegebenen Geschäftsbereichen.

Ausbuchung finanzieller Vermögenswerte und finanzieller Schulden

27 Ein erstmaliger Anwender hat die Ausbuchungsvorschriften in IAS 39 prospektiv für Transaktionen, die am oder nach dem 1. Januar 2004 auftreten, anzuwenden, es sei denn Paragraph 27A lässt etwas anderes zu. Mit anderen Worten: Falls ein erstmaliger Anwender nicht derivative finanzielle Vermögenswerte oder nicht derivative finanzielle Verbindlichkeiten nach seinen vorherigen Rechnungslegungsgrundsätzen infolge einer vor dem 1. Januar 2004 stattgefundenen Transaktion ausgebucht hat, ist ein Ansatz der Vermögenswerte und Verbindlichkeiten nach IFRS nicht gestattet (es sei denn, ein Ansatz ist aufgrund einer späteren Transaktion oder eines späteren Ereignisses möglich).

Changes in existing decommissioning, restoration and similar liabilities included in the cost of property, plant and equipment

IFRIC 1 *Changes in Existing Decommissioning, Restoration and Similar Liabilities* requires specified changes in a decommissioning, restoration or similar liability to be added to or deducted from the cost of the asset to which it relates; the adjusted depreciable amount of the asset is then depreciated prospectively over its remaining useful life. A first-time adopter need not comply with these requirements for changes in such liabilities that occurred before the date of transition to IFRSs. If a first-time adopter uses this exemption, it shall: 25E
(a) measure the liability as at the date of transition to IFRSs in accordance with IAS 37;
(b) to the extent that the liability is within the scope of IFRIC 1, estimate the amount that would have been included in the cost of the related asset when the liability first arose, by discounting the liability to that date using its best estimate of the historical risk-adjusted discount rate(s) that would have applied for that liability over the intervening period; and
(c) calculate the accumulated depreciation on that amount, as at the date of transition to IFRSs, on the basis of the current estimate of the useful life of the asset, using the depreciation policy adopted by the entity under IFRSs.

Leases

IFRIC 4 Determining whether an arrangement contains a lease

A first-time adopter may apply the transitional provisions in IFRIC 4 *Determining whether an arrangement contains a lease*. Therefore, a first-time adopter may determine whether an arrangement existing at the date of transition to IFRSs contains a lease on the basis of facts and circumstances existing at that date. 25F

Fair value measurement of financial assets or financial liabilities

Notwithstanding the requirements of paragraphs 7 and 9, an entity may apply the requirements in the last sentence of IAS 39 paragraph AG76, and paragraph AG76A, in either of the following ways: 25G
(a) prospectively to transactions entered into after 25 October 2002; or
(b) prospectively to transactions entered into after 1 January 2004.

Exceptions to retrospective application of other IFRSs

This IFRS prohibits retrospective application of some aspects of other IFRSs relating to: 26
(a) derecognition of financial assets and financial liabilities (paragraph 27);
(b) hedge accounting (paragraphs 28–30);
(c) estimates (paragraphs 31–34); and
(d) assets classified as held for sale and discontinued operations.

Derecognition of financial assets and financial liabilities

Except as permitted by paragraph 27A, a first-time adopter shall apply the derecognition requirements in IAS 39 prospectively for transactions occurring on or after 1 January 2004. In other words, if a first-time adopter derecognised non-derivative financial assets or non-derivative financial liabilities under its previous GAAP as a result of a transaction that occurred before 1 January 2004, it shall not recognise those assets and liabilities under IFRSs (unless they qualify for recognition as a result of a later transaction or event). 27

IFRS 1

27A Ungeachtet Paragraph 27 kann ein Unternehmen die Ausbuchungsvorschriften in IAS 39 rückwirkend ab einem vom Unternehmen beliebig zu wählenden Datum anwenden, sofern die benötigten Informationen, um IAS 39 auf infolge vergangener Transaktionen ausgebuchte finanzielle Vermögenswerte und finanzielle Verbindlichkeiten anzuwenden, zum Zeitpunkt der erstmaligen Bilanzierung dieser Transaktionen vorlagen.

Bilanzierung von Sicherungsbeziehungen

28 Wie von IAS 39, Finanzinstrumente: Ansatz und Bewertung, gefordert, muss ein Unternehmen zum Zeitpunkt des Übergangs auf IFRS
 (a) alle derivativen Finanzinstrumente zu ihrem beizulegenden Zeitwert bewerten und
 (b) alle aus derivativen Finanzinstrumenten entstandenen abgegrenzten Verluste und Gewinne ausbuchen, die nach vorherigen Rechnungslegungsgrundsätzen wie Vermögenswerte oder Schulden ausgewiesen wurden.

29 Die IFRS-Eröffnungsbilanz eines Unternehmens darf keine Sicherungsbeziehung beinhalten, welche die Kriterien für eine Bilanzierung von Sicherungsbeziehungen nach IAS 39 nicht erfüllt (zum Beispiel viele Sicherungsbeziehungen, bei denen das Sicherungsinstrument ein Kassainstrument oder eine geschriebene Option ist, bei denen das Grundgeschäft eine Nettoposition darstellt oder bei denen die Sicherungsbeziehung eine bis zur Endfälligkeit zu haltende Finanzinvestition gegen Zinsrisiken absichert). Falls ein Unternehmen jedoch nach vorherigen Rechnungslegungsgrundsätzen eine Nettoposition als Grundgeschäft eingestuft hatte, darf es innerhalb dieser Nettoposition einen Einzelposten als ein Grundgeschäft nach IFRS einstufen, falls es diesen Schritt spätestens zum Zeitpunkt des Übergangs auf IFRS vornimmt.

30 Wenn ein Unternehmen vor dem Zeitpunkt des Übergangs zu IFRS eine Transaktion als ein Sicherungsgeschäft bestimmt hat, das Sicherungsgeschäft jedoch nicht die Bilanzierungsbedingungen für Sicherungsgeschäfte in IAS 39 erfüllt, hat das Unternehmen die Paragraphen 91 und 101 von IAS 39 anzuwenden, um die Bilanzierung des Sicherungsgeschäfts einzustellen. Vor dem Zeitpunkt des Übergangs zu IFRS eingegangene Transaktionen dürfen nicht rückwirkend als Sicherungsgeschäfte bezeichnet werden.

Schätzungen

31 **Zum Zeitpunkt des Übergangs auf IFRS vorgenommene Schätzungen nach IFRS eines Unternehmens müssen mit Schätzungen nach vorherigen Rechnungslegungsgrundsätzen zu demselben Zeitpunkt (nach Anpassungen zur Berücksichtigung unterschiedlicher Bilanzierungs- und Bewertungsmethoden) übereinstimmen, es sei denn, es liegen objektive Hinweise vor, dass diese Schätzungen fehlerhaft waren.**

32 Ein Unternehmen kann nach dem Zeitpunkt des Übergangs auf IFRS Informationen zu Schätzungen erhalten, die es nach vorherigen Rechnungslegungsgrundsätzen vorgenommen hatte. Nach Paragraph 31 muss ein Unternehmen diese Informationen wie nicht zu berücksichtigende Ereignisse nach dem Bilanzstichtag im Sinne von IAS 10 Ereignisse nach dem Bilanzstichtag behandeln. Der Zeitpunkt des Übergangs auf IFRS eines Unternehmens sei beispielsweise der 1. Januar 2004. Am 15. Juli 2004 werden neue Informationen bekannt, die eine Korrektur der am 31. Dezember 2003 nach vorherigen Rechnungslegungsgrundsätzen vorgenommenen Schätzungen notwendig machen. Das Unternehmen darf diese neuen Informationen in seiner IFRS-Eröffnungsbilanz nicht berücksichtigen (es sei denn, die Schätzungen müssen wegen unterschiedlicher Bilanzierungs- und Bewertungsmethoden angepasst werden oder es bestehen objektive Hinweise, dass sie fehlerhaft waren). Stattdessen hat das Unternehmen die neuen Informationen in seiner Gewinn- und Verlustrechnung (oder ggf. in sonstigen Veränderungen des Eigenkapitals) zum 31. Dezember 2004 des Geschäftsjahres zu berücksichtigen.

33 Ein Unternehmen muss unter Umständen zum Zeitpunkt des Übergangs auf IFRS Schätzungen nach IFRS vornehmen, die für diesen Zeitpunkt nach den vorherigen Rechnungslegungsgrundsätzen nicht vorgeschrieben waren. Um mit IAS 10 übereinzustimmen, müssen diese Schätzungen nach IFRS die Gegebenheiten zum Zeitpunkt des Übergangs auf IFRS wiedergeben. Insbesondere Schätzungen von Marktpreisen, Zinssätzen oder Wechselkursen zum Zeitpunkt des Übergangs auf IFRS müssen den Marktbedingungen dieses Zeitpunkts entsprechen.

34 Die Paragraphen 31–33 gelten für die IFRS-Eröffnungsbilanz. Sie gelten auch für Vergleichsperioden, die in dem ersten IFRS-Abschluss eines Unternehmens dargestellt werden. In diesem Fall werden die Verweise auf den Zeitpunkt des Übergangs auf IFRS durch Verweise auf das Ende dieser Vergleichsperiode ersetzt.

Notwithstanding paragraph 27, an entity may apply the derecognition requirements in IAS 39 retrospectively from a date of the entity's choosing, provided that the information needed to apply IAS 39 to financial assets and financial liabilities derecognised as a result of past transactions was obtained at the time of initially accounting for those transactions. 27A

Hedge accounting

As required by IAS 39 Financial Instruments: Recognition and Measurement, at the date of transition to IFRSs, an entity shall: 28
(a) measure all derivatives at fair value; and
(b) eliminate all deferred losses and gains arising on derivatives that were reported under previous GAAP as if they were assets or liabilities.

An entity shall not reflect in its opening IFRS balance sheet a hedging relationship of a type that does not qualify for hedge accounting under IAS 39 (for example, many hedging relationships where the hedging instrument is a cash instrument or written option; where the hedged item is a net position; or where the hedge covers interest risk in a held-to-maturity investment). However, if an entity designated a net position as a hedged item under previous GAAP, it may designate an individual item within that net position as a hedged item under IFRSs, provided that it does so no later than the date of transition to IFRSs. 29

If, before the date of transition to IFRSs, an entity had designated a transaction as a hedge but the hedge does not meet the conditions for hedge accounting in IAS 39 the entity shall apply paragraphs 91 and 101 of IAS 39 to discontinue hedge accounting. Transactions entered into before the date of transition to IFRSs shall not be retrospectively designated as hedges. 30

Estimates

An entity's estimates under IFRSs at the date of transition to IFRSs shall be consistent with estimates made for the same date under previous GAAP (after adjustments to reflect any difference in accounting policies), unless there is objective evidence that those estimates were in error. 31

An entity may receive information after the date of transition to IFRSs about estimates that it had made under previous GAAP. Under paragraph 31, an entity shall treat the receipt of that information in the same way as non-adjusting events after the balance sheet date under IAS 10 Events After the Balance Sheet Date. For example, assume that an entity's date of transition to IFRSs is 1 January 2004 and new information on 15 July 2004 requires the revision of an estimate made under previous GAAP at 31 December 2003. The entity shall not reflect that new information in its opening IFRS balance sheet (unless the estimates need adjustment for any differences in accounting policies or there is objective evidence that the estimates were in error). Instead, the entity shall reflect that new information in its income statement (or, if appropriate, other changes in equity) for the year ended 31 December 2004. 32

An entity may need to make estimates under IFRSs at the date of transition to IFRSs that were not required at that date under previous GAAP. To achieve consistency with IAS 10, those estimates under IFRSs shall reflect conditions that existed at the date of transition to IFRSs. In particular, estimates at the date of transition to IFRSs of market prices, interest rates or foreign exchange rates shall reflect market conditions at that date. 33

Paragraphs 31 to 33 apply to the opening IFRS balance sheet. They also apply to a comparative period presented in an entity's first IFRS financial statements, in which case the references to the date of transition to IFRSs are replaced by references to the end of that comparative period. 34

IFRS 1

34A IFRS 5 schreibt die prospektive Anwendung auf langfristige Vermögenswerte (oder Veräußerungsgruppen) vor, welche die Kriterien für eine Klassifizierung als zur Veräußerung gehalten nach dem Inkrafttreten des IFRS erfüllen, sowie auf Geschäftsbereiche, welche die Kriterien für eine Klassifizierung als aufgegebene Geschäftsbereiche nach dem Inkrafttreten des IFRS erfüllen. IFRS 5 gestattet eine Anwendung der Vorschriften des IFRS auf alle langfristigen Vermögenswerte (oder Veräußerungsgruppen), die vor dem Zeitpunkt des Inkrafttretens die Kriterien für eine Klassifizierung als zur Veräußerung gehalten erfüllen, sowie auf Geschäftsbereiche, welche die Kriterien für eine Klassifizierung als aufgegebene Geschäftsbereiche erfüllen, sofern die Bewertungen und anderen notwendigen Informationen zur Anwendung des IFRS zu dem Zeitpunkt durchgeführt bzw. eingeholt wurden, zu dem diese Kriterien ursprünglich erfüllt wurden.

34B Ein Unternehmen, das vor dem 1. Januar 2005 auf IFRS umstellt, hat die Übergangsbestimmungen des IFRS 5 anzuwenden. Erfolgt die Umstellung auf IFRS am oder nach dem 1. Januar 2005, ist IFRS 5 retrospektiv anzuwenden.

DARSTELLUNG UND ANGABEN

35 Dieser IFRS enthält keine Befreiungen von den Darstellungs- und Angabepflichten anderer IFRS.

Vergleichsinformationen

36 Um IAS 1 Darstellung des Abschlusses zu entsprechen, muss der erste IFRS-Abschluss eines Unternehmens Vergleichsinformationen nach IFRS für mindestens ein Jahr enthalten.

Befreiung von der Vorschrift, Vergleichsinformationen für IAS 39 und IFRS 4 anzupassen.

36A Ein Unternehmen, das vor dem 1. Januar 2006 IFRS anwendet, hat in seinem ersten IFRS Abschluss Vergleichsinformationen von mindestens einem Jahr vorzulegen, die jedoch nicht mit IAS 32, IAS 39 oder IFRS 4 übereinstimmen müssen. Ein Unternehmen, das Vergleichsinformationen vorlegt, die im ersten Jahr des Übergangs nicht mit IAS 32, IAS 39 oder IFRS 4 übereinstimmen, hat
(a) bei den Vergleichsinformationen über Finanzinstrumente im Anwendungsbereich von IAS 32 und IAS 39 und über Versicherungsverträge im Anwendungsbereich von IFRS 4 die Angabe- und Darstellungspflichten seiner früheren GAAP-Vorschriften anzuwenden;
(b) diese Tatsache zusammen mit der zur Vorbereitung der Informationen benutzten Grundlage anzugeben; und
(c) die Art der Hauptanpassungen anzugeben, die zur Übereinstimmung der Informationen mit IAS 32, IAS 39 und IFRS 4 führen würden. Das Unternehmen muss diese Anpassungen nicht quantifizieren. Das Unternehmen hat jedoch jede Anpassung zwischen der Bilanz am Berichtsstichtag der Vergleichsperiode (d. h. die Bilanz, die Vergleichsinformationen gemäß den vorherigen Rechnungslegungsgrundsätzen einschließt) und der Bilanz zu Beginn der ersten IFRS Berichtsperiode (d. h. die erste Periode, in der mit IAS 32, IAS 39 und IFRS 4 übereinstimmende Informationen eingeschlossen sind) so zu behandeln, wie dies aus einer Änderung der Bilanzierungs- und Bewertungsmethoden hervorgeht und die im Paragraph 28(a)-(e) und (f)(i) von IAS 8 geforderten Angaben darzulegen.
Paragraph 28(f)(i) wird nur auf die in der Bilanz am Berichtsstichtag der Vergleichsperiode ausgewiesenen Beträge angewendet.
   Im Falle eines Unternehmens, das sich dazu entschließt, nicht mit IAS 32, IAS 39 und IFRS 4 übereinstimmende Vergleichsinformationen vorzulegen, bedeutet die Bezugnahme auf den „Zeitpunkt des Übergangs auf IFRS" – nur im Falle dieser Standards – die Bezugnahme auf den Beginn der ersten IFRS-Berichtsperiode. Diese Unternehmen müssen IAS 1 Paragraph 15(c) beachten und dementsprechend zusätzliche Angaben bereitstellen, wenn die Anforderungen in den IFRS nicht ausreichen, um es den Abschlussadressaten zu ermöglichen, die Auswirkungen von einzelnen Geschäftsvorfällen oder Ereignissen auf die Vermögens-, Finanz- und Ertragslage des Unternehmens zu verstehen.

Befreiung von der Pflicht zur Vorlage von Vergleichsinformationen nach IFRS 6

36B Ein Unternehmen, das vor dem 1. Januar 2006 IFRS anwendet und beschließt, IFRS 6 *Exploration und Evaluierung von mineralischen Ressourcen* vor dem 1. Januar 2006 anzuwenden, muss die Anforderungen, die IFRS 6 in Bezug auf Vergleichsinformationen festlegt, in seinem ersten nach IFRS erstellten Abschluss nicht erfüllen.

IFRS 5 requires that it shall be applied prospectively to non-current assets (or disposal groups) that meet the criteria to be classified as held for sale and operations that meet the criteria to be classified as discontinued after the effective date of the IFRS. IFRS 5 permits an entity to apply the requirements of the IFRS to all non-current assets (or disposal groups) that meet the criteria to be classified as held for sale and operations that meet the criteria to be classified as discontinued after any date before the effective date of the IFRS, provided the valuations and other information needed to apply the IFRS were obtained at the time those criteria were originally met. 34A

An entity with a date of transition to IFRSs before 1 January 2005 shall apply the transitional provisions of IFRS 5. An entity with a date of transition to IFRSs on or after 1 January 2005 shall apply IFRS 5 retrospectively. 34B

PRESENTATION AND DISCLOSURE

This IFRS does not provide exemptions from the presentation and disclosure requirements in other IFRSs. 35

Comparative information

To comply with IAS 1 Presentation of Financial Statements, an entity's first IFRS financial statements shall include at least one year of comparative information under IFRSs. 36

Exemption from the requirement to restate comparative information for IAS 39 and IFRS 4

In its first IFRS financial statements, an entity that adopts IFRSs before 1 January 2006 shall present at least one year of comparative information, but this comparative information need not comply with IAS 32, IAS 39 or IFRS 4. An entity that chooses to present comparative information that does not comply with IAS 32, IAS 39 or IFRS 4 in its first year of transition shall: 36A
(a) apply the recognition and measurement requirements of its previous GAAP in the comparative information for financial instruments within the scope of IAS 32 and IAS 39 and for insurance contracts within the scope of IFRS 4;
(b) disclose this fact, together with the basis used to prepare this information; and
(c) disclose the nature of the main adjustments that would make the information comply with IAS 32, IAS 39 and IFRS 4. The entity need not quantify those adjustments. However, the entity shall treat any adjustment between the balance sheet at the comparative period's reporting date (ie the balance sheet that includes comparative information under previous GAAP) and the balance sheet at the start of the first IFRS reporting period (ie the first period that includes information that complies with IAS 32, IAS 39 and IFRS 4) as arising from a change in accounting policy and give the disclosures required by paragraph 28(a)-(e) and (f)(i) of IAS 8.
Paragraph 28(f)(i) applies only to amounts presented in the balance sheet at the comparative period's reporting date.
In the case of an entity that chooses to present comparative information that does not comply with IAS 32, IAS 39 and IFRS 4, references to the 'date of transition to IFRSs' shall mean, in the case of those Standards only, the beginning of the first IFRS reporting period. Such entities are required to comply with paragraph 15(c) of IAS 1 to provide additional disclosures when compliance with the specific requirements in IFRSs is insufficient to enable users to understand the impact of particular transactions, other events and conditions on the entity's financial position and financial performance.

Exemption from the requirement to present comparative information for IFRS 6

An entity that adopts IFRSs before 1 January 2006 and chooses to adopt IFRS 6 *Exploration for and Evaluation of Mineral Resources* before 1 January 2006 need not apply the requirements of IFRS 6 to comparative information presented in its first IFRS financial statements. 36B

IFRS 1

Befreiung von der Pflicht zur Vorlage von Vergleichsinformationen gemäß IFRS 7

36C Ein Unternehmen, das vor dem 1. Januar 2006 IFRS anwendet und in seinem ersten Abschluss IFRS 7 *Finanzinstrumente: Angaben* anwendet, muss in diesem Abschluss die von IFRS 7 geforderten Vergleichsinformationen nicht vorlegen.

37 Einige Unternehmen veröffentlichen Zusammenfassungen ausgewählter historischer Daten für Perioden vor der ersten Periode, für die sie umfassende Vergleichsinformationen nach IFRS bekannt geben. Nach diesem IFRS brauchen solche Zusammenfassungen nicht die Ansatz- und Bewertungsvorschriften der IFRS zu erfüllen. Des Weiteren stellen einige Unternehmen Vergleichsinformationen nach vorherigen Rechnungslegungsgrundsätzen und nach IAS 1 vorgeschriebene Vergleichsinformationen dar. In Abschlüssen mit Zusammenfassungen historischer Daten oder Vergleichsinformationen nach vorherigen Rechnungslegungsgrundsätzen muss ein Unternehmen:
(a) die vorherigen Rechnungslegungsgrundsätzen entsprechenden Informationen deutlich als nicht nach IFRS erstellt kennzeichnen und
(b) die wichtigsten Anpassungen angeben, die für eine Übereinstimmung mit IFRS notwendig wären. Eine Quantifizierung dieser Anpassungen muss das Unternehmen nicht vornehmen.

Erläuterung des Übergangs auf IFRS

38 Ein Unternehmen muss erläutern, wie sich der Übergang von vorherigen Rechnungslegungsgrundsätzen auf IFRS auf seine dargestellte Vermögens-, Finanz- und Ertragslage sowie auf seine Cashflows ausgewirkt hat.

Überleitungsrechnungen

39 Um Paragraph 38 zu entsprechen, muss der erste IFRS-Abschluss eines Unternehmens folgende Bestandteile enthalten:
(a) Überleitungen des nach vorherigen Rechnungslegungsgrundsätzen ausgewiesenen Eigenkapitals auf das Eigenkapital nach IFRS für
  (i) den Zeitpunkt des Übergangs auf IFRS und
  (ii) das Ende der Periode, die in dem letzten, nach vorherigen Rechnungslegungsgrundsätzen aufgestellten Abschluss des Unternehmens dargestellt wurde,
(b) eine Überleitung des Ergebnisses, das im letzten Abschluss nach vorherigen Rechnungslegungsgrundsätzen ausgewiesen wurde, auf das Ergebnis derselben Periode nach IFRS und,
(c) falls das Unternehmen bei der Erstellung seiner IFRS-Eröffnungsbilanz zum ersten Mal Wertminderungsaufwendungen erfasst oder aufgehoben hat, die Angaben nach IAS 36 Wertminderung von Vermögenswerten, die notwendig gewesen wären, falls das Unternehmen diese Wertminderungsaufwendungen oder Wertaufholungen in der Periode erfasst hätte, die mit dem Zeitpunkt des Übergangs auf IFRS beginnt.

40 Die nach Paragraph 39 Buchstaben a) und b) vorgeschriebenen Überleitungsrechnungen müssen ausreichend detailliert sein, damit die Adressaten die wesentlichen Anpassungen der Bilanz und der Gewinn- und Verlustrechnung nachvollziehen können. Falls ein Unternehmen im Rahmen seiner vorherigen Rechnungslegungsgrundsätze eine Kapitalflussrechnung veröffentlicht hat, muss es auch die wesentlichen Anpassungen der Kapitalflussrechnung erläutern.

41 Falls ein Unternehmen auf Fehler aufmerksam wird, die im Rahmen der vorherigen Rechnungslegungsgrundsätze entstanden sind, ist in den nach Paragraph 39 Buchstaben a) und b) vorgeschriebenen Überleitungsrechnungen die Korrektur solcher Fehler von Änderungen der Bilanzierungs- und Bewertungsmethoden abzugrenzen.

42 IAS 8 Bilanzierungs- und Bewertungsmethoden, Änderungen von Schätzungen und Fehler behandelt keine Änderungen der Bilanzierungs- und Bewertungsmethoden, die durch die erstmalige Anwendung der IFRS in einem Unternehmen auftreten. In IAS 8 vorgeschriebene Angaben über Änderungen der Bilanzierungs- und Bewertungsmethoden gelten daher nicht für den ersten IFRS-Abschluss eines Unternehmens.

43 Falls ein Unternehmen für frühere Perioden keine Abschlüsse veröffentlichte, hat es diese Tatsache in seinem ersten IFRS-Abschluss anzugeben.

IFRS 1

Exemption from the requirement to provide comparative disclosures for IFRS 7

An entity that adopts IFRSs before 1 January 2006 and chooses to adopt IFRS 7 *Financial Instruments: Disclosures* in its first IFRS financial statements need not present the comparative disclosures required by IFRS 7 in those financial statements. 36C

Some entities present historical summaries of selected data for periods before the first period for which they present full comparative information under IFRSs. This IFRS does not require such summaries to comply with the recognition and measurement requirements of IFRSs. Furthermore, some entities present comparative information under previous GAAP as well as the comparative information required by IAS 1. In any financial statements containing historical summaries or comparative information under previous GAAP, an entity shall:
(a) label the previous GAAP information prominently as not being prepared under IFRSs; and
(b) disclose the nature of the main adjustments that would make it comply with IFRSs. An entity need not quantify those adjustments. 37

Explanation of transition to IFRSs

An entity shall explain how the transition from previous GAAP to IFRSs affected its reported financial position, financial performance and cash flows. 38

Reconciliations

To comply with paragraph 38, an entity's first IFRS financial statements shall include: 39
(a) reconciliations of its equity reported under previous GAAP to its equity under IFRSs for both of the following dates:
 (i) the date of transition to IFRSs; and
 (ii) the end of the latest period presented in the entity's most recent annual financial statements under previous GAAP;
(b) a reconciliation of the profit or loss reported under previous GAAP for the latest period in the entity's most recent annual financial statements to its profit or loss under IFRSs for the same period; and
(c) if the entity recognised or reversed any impairment losses for the first time in preparing its opening IFRS balance sheet, the disclosures that IAS 36 Impairment of Assets would have required if the entity had recognised those impairment losses or reversals in the period beginning with the date of transition to IFRSs.

The reconciliations required by paragraph 39(a) and (b) shall give sufficient detail to enable users to understand the material adjustments to the balance sheet and income statement. If an entity presented a cash flow statement under its previous GAAP, it shall also explain the material adjustments to the cash flow statement. 40

If an entity becomes aware of errors made under previous GAAP, the reconciliations required by paragraph 39(a) and (b) shall distinguish the correction of those errors from changes in accounting policies. 41

IAS 8 Accounting Policies, Changes in Accounting Estimates and Errors does not deal with changes in accounting policies that occur when an entity first adopts IFRSs. Therefore, IAS 8's requirements for disclosures about changes in accounting policies do not apply in an entity's first IFRS financial statements. 42

If an entity did not present financial statements for previous periods, its first IFRS financial statements shall disclose that fact. 43

IFRS 1

Bestimmung finanzieller Vermögenswerte und finanzieller Verbindlichkeiten

43A Ein Unternehmen kann einen früher angesetzten finanziellen Vermögenswert oder eine finanzielle Verbindlichkeit als einen finanziellen Vermögenswert oder eine finanzielle Verbindlichkeit, der/die erfolgswirksam zum beizulegenden Zeitwert bewertet wird, oder einen finanziellen Vermögenswert als zur Veräußerung verfügbar gemäß Paragraph 25A bestimmen. Das Unternehmen hat den beizulegenden Zeitwert der in jede Kategorie eingestuften finanziellen Vermögenswerte und finanziellen Verbindlichkeiten zum Zeitpunkt der Einstufung sowie deren Klassifizierung und den Buchwert aus den vorhergehenden Abschlüssen anzugeben.

Verwendung des beizulegenden Zeitwerts als Ersatz für Anschaffungs- oder Herstellungskosten

44 Falls ein Unternehmen in seiner IFRS-Eröffnungsbilanz für eine Sachanlage, eine als Finanzinvestition gehaltene Immobilie oder einen immateriellen Vermögenswert (siehe Paragraphen 16 und 18) den beizulegenden Zeitwert als Ersatz für Anschaffungs- oder Herstellungskosten verwendet, sind in dem ersten IFRS-Abschluss des Unternehmens für jeden einzelnen Bilanzposten der IFRS-Eröffnungsbilanz folgende Angaben zu machen:
(a) die Summe dieser beizulegenden Zeitwerte und
(b) die Gesamtanpassung der nach vorherigen Rechnungslegungsgrundsätzen ausgewiesenen Buchwerte.

Zwischenberichte

45 Um Paragraph 38 zu entsprechen, muss ein Unternehmen, falls es einen Zwischenbericht nach IAS 34 Zwischenberichterstattung veröffentlicht, der einen Teil der in seinem ersten IFRS-Abschluss erfassten Periode abdeckt, zusätzlich zu den Vorschriften des IAS 34 die folgenden Maßgaben erfüllen:
(a) Falls das Unternehmen für die entsprechende Zwischenberichtsperiode des unmittelbar vorangegangenen Geschäftsjahres ebenfalls einen Zwischenbericht veröffentlicht hat, muss jeder dieser Zwischenberichte folgende Überleitungsrechnungen enthalten:
  (i) Überleitung des nach vorherigen Rechnungslegungsgrundsätzen ermittelten Eigenkapitals zum Ende der entsprechenden Zwischenberichtsperiode auf das Eigenkapital nach IFRS zum selben Zeitpunkt und
  (ii) Überleitung des nach vorherigen Rechnungslegungsgrundsätzen ermittelten Ergebnisses der entsprechenden Zwischenberichtsperiode (zur aktuellen und zur vom Beginn des Geschäftsjahres an bis zum Zwischenberichtstermin fortgeführten Zwischenberichtsperiode) auf das nach IFRS ermittelte Ergebnis dieser Periode.
(b) Zusätzlich zu den nach a) erforderlichen Überleitungsrechnungen muss der erste Zwischenbericht eines Unternehmens nach IAS 34, der einen Teil der in seinem ersten IFRS-Abschluss erfassten Periode abdeckt, die in den Paragraphen 39 Buchstaben a) und b) beschriebenen Überleitungsrechnungen (ergänzt um die in den Paragraphen 40 und 41 enthaltenen Einzelheiten) oder einen Querverweis auf ein anderes veröffentlichtes Dokument enthalten, das diese Überleitungsrechnungen beinhaltet.

46 IAS 34 schreibt Mindestangaben vor, die auf der Annahme basieren, dass die Adressaten der Zwischenberichte auch Zugriff auf die aktuellsten Abschlüsse eines Geschäftsjahres haben. IAS 34 schreibt jedoch auch vor, dass ein Unternehmen ‚alle Ereignisse oder Geschäftsvorfälle anzugeben hat, die für ein Verständnis der aktuellen Zwischenberichtsperiode wesentlich sind'. Falls daher ein erstmaliger Anwender in seinem letzten Abschluss eines Geschäftsjahres nach vorherigen Rechnungslegungsgrundsätzen keine Informationen veröffentlicht hat, die zum Verständnis der aktuellen Zwischenberichtsperioden notwendig sind, muss sein Zwischenbericht diese Informationen offen legen oder einen Querverweis auf ein anderes veröffentlichtes Dokument beinhalten, das diese enthält.

ZEITPUNKT DES INKRAFTTRETENS

47 Ein Unternehmen hat diesen IFRS anzuwenden, falls der Zeitraum seines ersten IFRS-Abschlusses am 1. Januar 2004 oder später beginnt. Eine frühere Anwendung wird empfohlen. Falls der erste IFRS-Abschluss eines Unternehmens eine vor dem 1. Januar 2004 beginnende Periode umfasst und das Unternehmen diesen IFRS anstatt SIC-8 Erstmalige Anwendung der IAS als primäre Grundlage der Rechnungslegung verwendet, hat es diese Tatsache anzugeben.

Designation of financial assets or financial liabilities

An entity is permitted to designate a previously recognised financial asset or financial liability as a financial asset or financial liability at fair value through profit or loss or a financial asset as available for sale in accordance with paragraph 25A. The entity shall disclose the fair value of financial assets or financial liabilities designated into each category at the date of designation and their classification and carrying amount in the previous financial statements. **43A**

Use of fair value as deemed cost

If an entity uses fair value in its opening IFRS balance sheet as deemed cost for an item of property, plant and equipment, an investment property or an intangible asset (see paragraphs 16 and 18), the entity's first IFRS financial statements shall disclose, for each line item in the opening IFRS balance sheet: **44**
(a) the aggregate of those fair values; and
(b) the aggregate adjustment to the carrying amounts reported under previous GAAP.

Interim financial reports

To comply with paragraph 38, if an entity presents an interim financial report under IAS 34 Interim Financial Reporting for part of the period covered by its first IFRS financial statements, the entity shall satisfy the following requirements in addition to the requirements of IAS 34: **45**
(a) Each such interim financial report shall, if the entity presented an interim financial report for the comparable interim period of the immediately preceding financial year, include reconciliations of:
   (i) its equity under previous GAAP at the end of that comparable interim period to its equity under IFRSs at that date; and
   (ii) its profit or loss under previous GAAP for that comparable interim period (current and year-to-date) to its profit or loss under IFRSs for that period.
(b) In addition to the reconciliations required by (a), an entity's first interim financial report under IAS 34 for part of the period covered by its first IFRS financial statements shall include the reconciliations described in paragraph 39(a) and (b) (supplemented by the details required by paragraphs 40 and 41) or a cross-reference to another published document that includes these reconciliations.

IAS 34 requires minimum disclosures, which are based on the assumption that users of the interim financial report also have access to the most recent annual financial statements. However, IAS 34 also requires an entity to disclose 'any events or transactions that are material to an understanding of the current interim period'. Therefore, if a first-time adopter did not, in its most recent annual financial statements under previous GAAP, disclose information material to an understanding of the current interim period, its interim financial report shall disclose that information or include a cross-reference to another published document that includes it. **46**

EFFECTIVE DATE

An entity shall apply this IFRS if its first IFRS financial statements are for a period beginning on or after 1 January 2004. Earlier application is encouraged. If an entity's first IFRS financial statements are for a period beginning before 1 January 2004 and the entity applies this IFRS instead of SIC-8 First-time Application of IASs as the Primary Basis of Accounting, it shall disclose that fact. **47**

ANHANG A

Definitionen

Dieser Anhang ist integraler Bestandteil des IFRS.

Zeitpunkt des Übergangs auf IFRS	Der Beginn der frühesten Periode, für die ein Unternehmen in seinem ersten IFRS-Abschluss vollständige Vergleichsinformationen nach IFRS veröffentlicht.
Ersatz für Anschaffungs- oder Herstellungskosten	Ein Wert, der als Ersatz für Anschaffungs- oder Herstellungskosten oder fortgeführte Anschaffungs- oder Herstellungskosten zu einem bestimmten Zeitpunkt verwendet wird. Anschließende Abschreibungen gehen davon aus, dass das Unternehmen den Ansatz des Vermögenswerts oder der Schuld ursprünglich an diesem bestimmten Datum vorgenommen hatte und dass seine Anschaffungs- oder Herstellungskosten dem als Ersatz für Anschaffungs- oder Herstellungskosten angesetzten Wert entsprachen.
erste IFRS Berichtsperiode	Die am **Berichtsstichtag** des **ersten IFRS Abschlusses** eines Unternehmens endende Berichtsperiode
Beizulegender Zeitwert	Der Betrag, zu dem zwischen sachverständigen, vertragswilligen und voneinander unabhängigen Geschäftspartnern ein Vermögenswert getauscht oder eine Schuld beglichen werden könnte.
Erster IFRS-Abschluss	Der erste Abschluss eines Geschäftsjahres, in dem ein Unternehmen die International Financial Reporting Standards (IFRS) durch eine ausdrückliche und uneingeschränkte Erklärung hinsichtlich der Befolgung von IFRS anwendet.
Erstmaliger Anwender	Ein Unternehmen, das seinen ersten IFRS-Abschluss veröffentlicht.
International Financial Reporting Standards (IFRS)	Standards und Interpretationen, die vom International Accounting Standards Board (IASB) verabschiedet wurden. Sie bestehen aus: (a) International Financial Reporting Standards; (b) International Accounting Standards; sowie (c) Interpretationen des International Financial Reporting Interpretations Committee (IFRIC) bzw. des ehemaligen Standing Interpretations Committee (SIC).
IFRS-Eröffnungsbilanz	Die (veröffentlichte oder unveröffentlichte) Bilanz eines Unternehmens zum Zeitpunkt des Übergangs auf IFRS.
Vorherige Rechnungslegungsgrundsätze	Die Rechnungslegungsbasis eines erstmaligen Anwenders unmittelbar vor der Anwendung der IFRS.
Abschlussstichtag	Das Ende der letzten, durch einen Abschluss oder einen Zwischenbericht abgedeckten Periode.

APPENDIX A

Defined terms

This appendix is an integral part of the IFRS.

date of transition to IFRSs	The beginning of the earliest period for which an entity presents full comparative information under IFRSs in its first IFRS financial statements.
deemed cost	An amount used as a surrogate for cost or depreciated cost at a given date. Subsequent depreciation or amortisation assumes that the entity had initially recognised the asset or liability at the given date and that its cost was equal to the deemed cost.
fair value	The amount for which an asset could be exchanged, or a liability settled, between knowledgeable, willing parties in an arm's length transaction.
first IFRS financial statements	The first annual financial statements in which an entity adopts International Financial Reporting Standards (IFRSs), by an explicit and unreserved statement of compliance with IFRSs.
first IFRS reporting period	The reporting period ending on the **reporting date** of an entity's **first IFRS financial statements**.
first-time adopter	An entity that presents its first IFRS financial statements.
International Financial Reporting Standards (IFRSs)	Standards and Interpretations adopted by the International Accounting Standards Board (IASB). They comprise: (a) International Financial Reporting Standards; (b) International Accounting Standards; and (c) Interpretations originated by the International Financial Reporting Interpretations Committee (IFRIC) or the former Standing Interpretations Committee (*SIC*).
opening IFRS balance sheet	An entity's balance sheet (published or unpublished) at the date of transition to IFRSs.
previous GAAP	The basis of accounting that a first-time adopter used immediately before adopting IFRSs.
reporting date	The end of the latest period covered by financial statements or by an interim financial report.

ANHANG B

Unternehmenszusammenschlüsse

Dieser Anhang ist integraler Bestandteil des IFRS.

B1 Ein erstmaliger Anwender kann beschließen, IFRS 3 *Unternehmenszusammenschlüsse* nicht rückwirkend auf vergangene Unternehmenszusammenschlüsse (Unternehmenszusammenschlüsse, die vor dem Zeitpunkt des Übergangs auf IFRS stattfanden) anzuwenden. Falls ein erstmaliger Anwender einen Unternehmenszusammenschluss jedoch berichtigt, um die Übereinstimmung mit IFRS 3 herzustellen muss er alle späteren Unternehmenszusammenschlüsse anpassen und ebenfalls IAS 36 *Wertminderung von Vermögenswerten* (überarbeitet 2004) und IAS 38 *immaterielle Vermögenswerte* (überarbeitet 2004) von demselben Zeitpunkt an anwenden. Wenn ein erstmaliger Anwender sich beispielsweise entschließt, einen Unternehmenszusammenschluss zu berichtigen, der am 30. Juni 2002 stattfand, muss er alle Unternehmenszusammenschlüsse anpassen, die zwischen dem 30. Juni 2002 und dem Zeitpunkt des Übergangs auf IFRS vollzogen wurden, und ebenso IAS 36 (überarbeitet 2004) sowie IAS 38 (überarbeitet 2004) ab dem 30. Juni 2002 anwenden.

B1A Ein Unternehmen braucht IAS 21 *Auswirkungen von Änderungen der Wechselkurse* nicht retrospektiv auf Anpassungen an den beizulegenden Zeitwert und den Geschäfts- und Firmenwert anzuwenden, die sich aus Unternehmenszusammenschlüssen ergeben, die vor dem Zeitpunkt der Umstellung auf die IFRS stattgefunden haben. Wendet ein Unternehmen IAS 21 retrospektiv auf derartige Anpassungen an den beizulegenden Zeitwert und den Geschäfts- und Firmenwert an, sind diese als Vermögenswerte und Schulden des Unternehmens und nicht als Vermögenswerte und Schulden des erworbenen Unternehmens zu behandeln. Der Geschäfts- oder Firmenwert und die Anpassungen an den beizulegenden Zeitwert sind daher bereits in der funktionalen Währung des berichtenden Unternehmens angegeben, oder es handelt sich um nicht monetäre Fremdwährungsposten, die mit dem nach den bisherigen Rechnungslegungsstandards anzuwendenden Wechselkurs umgerechnet werden.

B1B Ein Unternehmen kann den IAS 21 retrospektiv auf Anpassungen an den beizulegenden Zeitwert und den Geschäfts- oder Firmenwert anwenden im Zusammenhang mit:
(a) allen Unternehmenszusammenschlüssen, die vor dem Tag der Umstellung auf die IFRS stattgefunden haben; oder
(b) allen Unternehmenszusammenschlüssen, die das Unternehmen zur Erfüllung von IFRS 3 gemäß Paragraph B1 oben anpassen möchte.

B2 Falls ein erstmaliger Anwender IFRS 3 nicht rückwirkend auf einen vergangenen Unternehmenszusammenschluss anwendet, hat dies für den Unternehmenszusammenschluss folgende Auswirkungen:
(a) Der erstmalige Anwender muss dieselbe Klassifizierung (als Erwerb durch den rechtlichen Erwerber oder umgekehrten Unternehmenserwerb durch das im rechtlichen Sinne erworbene Unternehmen oder Interessenzusammenführung) wie in seinem Abschluss nach vorherigen Rechnungslegungsgrundsätzen vornehmen.
(b) Der erstmalige Anwender muss zum Zeitpunkt des Übergangs auf IFRS alle im Rahmen eines vergangenen Unternehmenszusammenschlusses erworbenen Vermögenswerte oder übernommenen Schulden ansetzen, bis auf
  (i) einige finanzielle Vermögenswerte und finanzielle Schulden, die nach vorherigen Rechnungslegungsgrundsätzen ausgebucht wurden (siehe Paragraph 27) und
  (ii) Vermögenswerte, einschließlich Geschäfts- oder Firmenwert, und Schulden, die in der nach vorherigen Rechnungslegungsgrundsätzen erstellten Konzernbilanz des erwerbenden Unternehmens nicht angesetzt waren und auch nach IFRS in der Einzelbilanz des erworbenen Unternehmens die Ansatzkriterien nicht erfüllen würden (siehe Paragraph B2 Buchstaben f) und i)).
Sich ergebende Änderungen muss der erstmalige Anwender durch Anpassung der Gewinnrücklagen (oder, falls angemessen, einer anderen Eigenkapitalkategorie) erfassen, es sei denn, die Änderung beruht auf dem Ansatz eines immateriellen Vermögenswerts, der bisher Bestandteil des Postens Geschäfts- oder Firmenwert war (siehe Paragraph B2 Buchstabe g) Punkt i).
(c) Der erstmalige Anwender muss in seiner IFRS-Eröffnungsbilanz alle nach vorherigen Rechnungslegungsgrundsätzen bilanzierten Posten, welche die Ansatzkriterien eines Vermögenswerts oder einer Schuld nach IFRS nicht erfüllen, ausbuchen. Die sich ergebenden Änderungen sind durch den erstmaligen Anwender wie folgt zu erfassen:

APPENDIX B

Business combinations

This appendix is an integral part of the IFRS.

A first-time adopter may elect not to apply IFRS 3 *Business Combinations* retrospectively to past business combinations (business combinations that occurred before the date of transition to IFRSs). However, if a first-time adopter restates any business combination to comply with IFRS 3, it shall restate all later business combinations and shall also apply IAS 36 *Impairment of Assets* (as revised in 2004) and IAS 38 *Intangible Assets* (as revised in 2004) from that same date. For example, if a first-time adopter elects to restate a business combination that occurred on 30 June 2002, it shall restate all business combinations that occurred between 30 June 2002 and the date of transition to IFRSs, and it shall also apply IAS 36 (as revised in 2004) and IAS 38 (as revised in 2004) from 30 June 2002. **B1**

An entity need not apply IAS 21 *The Effects of Changes in Foreign Exchange Rates* retrospectively to fair value adjustments and goodwill arising in business combinations that occurred before the date of transition to IFRSs. If the entity does not apply IAS 21 retrospectively to those fair value adjustments and goodwill, it shall treat them as assets and liabilities of the entity rather than as assets and liabilities of the acquiree. Therefore, those goodwill and fair value adjustments either are already expressed in the entity's functional currency or are non-monetary foreign currency items, which are reported using the exchange rate applied under previous GAAP. **B1A**

An entity may apply IAS 21 retrospectively to fair value adjustments and goodwill arising in either: **B1B**
(a) all business combinations that occurred before the date of transition to IFRSs; or
(b) all business combinations that the entity elects to restate to comply with IFRS 3, as permitted by paragraph B1 above.

If a first-time adopter does not apply IFRS 3 retrospectively to a past business combination, this has the following consequences for that business combination: **B2**
(a) The first-time adopter shall keep the same classification (as an acquisition by the legal acquirer, a reverse acquisition by the legal acquiree, or a uniting of interests) as in its previous GAAP financial statements.
(b) The first-time adopter shall recognise all its assets and liabilities at the date of transition to IFRSs that were acquired or assumed in a past business combination, other than:
  (i) some financial assets and financial liabilities derecognised under previous GAAP (see paragraph 27); and
  (ii) assets, including goodwill, and liabilities that were not recognised in the acquirer's consolidated balance sheet under previous GAAP and also would not qualify for recognition under IFRSs in the separate balance sheet of the acquiree (see paragraph B2(f) to B2(i)).
The first-time adopter shall recognise any resulting change by adjusting retained earnings (or, if appropriate, another category of equity), unless the change results from the recognition of an intangible asset that was previously subsumed within goodwill (see paragraph B2(g)(i)).
(c) The first-time adopter shall exclude from its opening IFRS balance sheet any item recognised under previous GAAP that does not qualify for recognition as an asset or liability under IFRSs. The first-time adopter shall account for the resulting change as follows:

IFRS 1

(i) Es kann sein, dass der erstmalige Anwender einen in der Vergangenheit stattgefundenen Unternehmenszusammenschluss als Erwerb klassifiziert und einen Posten als immateriellen Vermögenswert bilanziert hat, der die Ansatzkriterien eines Vermögenswerts nach IAS 38 Immaterielle Vermögenswerte nicht erfüllt. Dieser Posten (und, falls vorhanden, die damit zusammenhängenden latenten Steuern und Minderheitsanteile) ist in den Geschäfts- oder Firmenwert umzugliedern (es sei denn, der Geschäfts- oder Firmenwert wurde nach vorherigen Rechnungslegungsgrundsätzen direkt mit dem Eigenkapital verrechnet (siehe Paragraph B2 Buchstabe g) Punkt i) und B2 Buchstabe i))).

(ii) Alle sonstigen sich ergebenden Änderungen sind durch den erstmaligen Anwender in den Gewinnrücklagen zu erfassen[1].

(d) Die IFRS verlangen eine Folgebewertung einiger Vermögenswerte und Schulden, die nicht auf historischen Anschaffungs- oder Herstellungskosten, sondern zum Beispiel auf dem beizulegenden Zeitwert basiert. Der erstmalige Anwender muss diese Vermögenswerte und Schulden in seiner Eröffnungsbilanz selbst dann auf dieser Basis bewerten, falls sie im Rahmen eines vergangenen Unternehmenszusammenschlusses erworben oder übernommen wurden. Jegliche dadurch entstehenden Veränderungen des Buchwerts sind durch Anpassung der Gewinnrücklagen (oder, falls angemessen, einer anderen Eigenkapitalkategorie) anstatt durch Korrektur des Geschäfts- oder Firmenwerts zu erfassen.

(e) Der unmittelbar nach dem Unternehmenszusammenschluss nach vorherigen Rechnungslegungsgrundsätzen ermittelte Buchwert von im Rahmen dieses Unternehmenszusammenschlusses erworbenen Vermögenswerten und übernommenen Schulden ist nach IFRS als Ersatz für Anschaffungs- oder Herstellungskosten zu diesem Zeitpunkt festzulegen. Falls die IFRS zu einem späteren Zeitpunkt eine auf Anschaffungs- oder Herstellungskosten basierende Bewertung dieser Vermögenswerte und Schulden verlangen, stellt dieser als Ersatz für Anschaffungs- oder Herstellungskosten angesetzte Wert ab dem Zeitpunkt des Unternehmenszusammenschlusses die Basis der auf Anschaffungs- oder Herstellungskosten basierenden Abschreibungen dar.

(f) Falls ein im Rahmen eines vergangenen Unternehmenszusammenschlusses erworbener Vermögenswert oder eine übernommene Schuld nach den vorherigen Rechnungslegungsgrundsätzen nicht bilanziert wurde, beträgt der als Ersatz für Anschaffungs- oder Herstellungskosten in der IFRS-Eröffnungsbilanz angesetzte Wert nicht null. Stattdessen muss der Erwerber den Vermögenswert oder die Schuld in seiner Konzernbilanz ansetzen und so bewerten, wie es nach den IFRS in der Einzelbilanz des erworbenen Unternehmens vorgeschrieben wäre. Zur Veranschaulichung: Falls der Erwerber in vergangenen Unternehmenszusammenschlüssen erworbene Finanzierungs-Leasingverhältnisse nach den vorherigen Rechnungslegungsgrundsätzen nicht aktiviert hatte, muss er diese Leasingverhältnisse in seinem Konzernabschluss so aktivieren, wie es IAS 17 Leasingverhältnisse für die Einzelbilanz nach IFRS des erworbenen Unternehmens vorschreiben würde. Falls im Gegensatz dazu Vermögenswerte oder Schulden nach vorherigen Rechnungslegungsgrundsätzen Bestandteil des Geschäfts- oder Firmenwerts waren, nach IFRS 3 jedoch gesondert bilanziert worden wären, verbleiben diese Vermögenswerte oder Schulden im Geschäfts- oder Firmenwert, es sei denn, die IFRS würden ihren Ansatz im Einzelabschluss des erworbenen Unternehmens verlangen.

(g) Der Buchwert des Geschäfts- oder Firmenwerts in der Eröffnungsbilanz nach IFRS entspricht nach Durchführung der folgenden drei Anpassungen dem Buchwert nach vorherigen Rechnungslegungsgrundsätzen zum Zeitpunkt des Übergangs auf IFRS:

(i) Wenn es der obige Paragraph B2 Buchstabe c) Punkt i) verlangt, muss der erstmalige Anwender den Buchwert des Geschäfts- oder Firmenwerts erhöhen, falls er einen Posten umgliedert, der nach vorherigen Rechnungslegungsgrundsätzen als immaterieller Vermögenswert angesetzt wurde. Falls der erstmalige Anwender nach Paragraph B2 Buchstabe f) analog einen immateriellen Vermögenswert bilanzieren muss, der nach vorherigen Rechnungslegungsgrundsätzen Bestandteil des aktivierten Geschäfts- oder Firmenwerts war, muss der erstmalige Anwender den Buchwert des Geschäfts- oder Firmenwerts entsprechend vermindern (und, falls angebracht, latente Steuern und Minderheitsanteile korrigieren).

(ii) Es kann sein, dass eine Bedingung, von der der Betrag der Gegenleistung für einen vergangenen Unternehmenszusammenschluss abhängt, vor dem Zeitpunkt des Übergangs auf IFRS eingetreten ist. Falls eine verlässliche Schätzung der Anpassung dieser Gegenleistung vorgenommen werden kann und die Zahlung wahrscheinlich ist, muss der erstmalige Anwender den Geschäfts- oder Firmenwert um diesen Betrag korrigieren. Analog muss der erstmalige Anwender den Buchwert des Geschäfts- oder Firmenwerts korrigieren, falls eine früher erfasste Anpassung dieser Gegenleistung nicht mehr verlässlich bewertet werden kann oder ihre Zahlung nicht mehr wahrscheinlich ist.

---

1 Solche Änderungen beinhalten Umgliederungen von oder auf immaterielle Vermögenswerte, falls der Geschäfts- oder Firmenwert nach vorherigen Rechnungslegungsgrundsätzen nicht als Vermögenswert bilanziert wurde. Dies ist der Fall, wenn das Unternehmen nach vorherigen Rechnungslegungsgrundsätzen a) den Geschäfts- oder Firmenwert direkt mit dem Eigenkapital verrechnet oder b) den Unternehmenszusammenschluss nicht als Erwerb behandelt hat.

(i) the first-time adopter may have classified a past business combination as an acquisition and recognised as an intangible asset an item that does not qualify for recognition as an asset under IAS 38 Intangible Assets. It shall reclassify that item (and, if any, the related deferred tax and minority interests) as part of goodwill (unless it deducted goodwill directly from equity under previous GAAP, see paragraph B2(g)(i) and B2(i)).

(ii) the first-time adopter shall recognise all other resulting changes in retained earnings[1].

(d) IFRSs require subsequent measurement of some assets and liabilities on a basis that is not based on original cost, such as fair value. The first-time adopter shall measure these assets and liabilities on that basis in its opening IFRS balance sheet, even if they were acquired or assumed in a past business combination. It shall recognise any resulting change in the carrying amount by adjusting retained earnings (or, if appropriate, another category of equity), rather than goodwill.

(e) Immediately after the business combination, the carrying amount under previous GAAP of assets acquired and liabilities assumed in that business combination shall be their deemed cost under IFRSs at that date. If IFRSs require a cost-based measurement of those assets and liabilities at a later date, that deemed cost shall be the basis for cost-based depreciation or amortisation from the date of the business combination.

(f) If an asset acquired, or liability assumed, in a past business combination was not recognised under previous GAAP, it does not have a deemed cost of zero in the opening IFRS balance sheet. Instead, the acquirer shall recognise and measure it in its consolidated balance sheet on the basis that IFRSs would require in the separate balance sheet of the acquiree. To illustrate: if the acquirer had not, under its previous GAAP, capitalised finance leases acquired in a past business combination, it shall capitalise those leases in its consolidated financial statements, as IAS 17 Leases would require the acquiree to do in its separate IFRS balance sheet. Conversely, if an asset or liability was subsumed in goodwill under previous GAAP but would have been recognised separately under IFRS 3, that asset or liability remains in goodwill unless IFRSs would require its recognition in the separate financial statements of the acquiree.

(g) The carrying amount of goodwill in the opening IFRS balance sheet shall be its carrying amount under previous GAAP at the date of transition to IFRSs, after the following three adjustments:

(i) If required by paragraph B2(c)(i) above, the first-time adopter shall increase the carrying amount of goodwill when it reclassifies an item that it recognised as an intangible asset under previous GAAP. Similarly, if paragraph B2(f) requires the first-time adopter to recognise an intangible asset that was subsumed in recognised goodwill under previous GAAP, the first-time adopter shall decrease the carrying amount of goodwill accordingly (and, if applicable, adjust deferred tax and minority interests).

(ii) A contingency affecting the amount of the purchase consideration for a past business combination may have been resolved before the date of transition to IFRSs. If a reliable estimate of the contingent adjustment can be made and its payment is probable, the first-time adopter shall adjust the goodwill by that amount. Similarly, the first-time adopter shall adjust the carrying amount of goodwill if a previously recognised contingent adjustment can no longer be measured reliably or its payment is no longer probable.

---

1 Such changes include reclassifications from or to intangible assets if goodwill was not recognised under previous GAAP as an asset. This arises if, under previous GAAP, the entity (a) deducted goodwill directly from equity or (b) did not treat the business combination as an acquisition.

IFRS 1

(iii) Unabhängig davon, ob Anzeichen für eine Wertminderung des Geschäfts- oder Firmenwertes vorliegen, muss der erstmalige Anwender IAS 36 Wertminderung von Vermögenswerten anwenden, um zum Zeitpunkt des Übergangs auf IFRS den Geschäfts- oder Firmenwert auf eine Wertminderung zu überprüfen und daraus resultierende Wertminderungsaufwendungen in den Gewinnrücklagen (oder, falls nach IAS 36 vorgeschrieben, in den Neubewertungsrücklagen) zu erfassen. Die Überprüfung auf Wertminderungen hat auf den Gegebenheiten zum Zeitpunkt des Übergangs auf IFRS zu basieren.

(h) Weitere Anpassungen des Buchwerts des Geschäfts- oder Firmenwerts sind zum Zeitpunkt des Übergangs auf IFRS nicht gestattet. Der erstmalige Anwender darf beispielsweise den Buchwert des Geschäfts- oder Firmenwerts nicht berichtigen, um

    (i) laufende, im Rahmen des Unternehmenszusammenschlusses erworbene Forschungs- und Entwicklungskosten herauszurechnen (es sei denn, der damit zusammenhängende immaterielle Vermögenswert würde die Ansatzkriterien nach IAS 38 in der Einzelbilanz des erworbenen Unternehmens erfüllen),

    (ii) frühere Abschreibungen des Geschäfts- oder Firmenwerts anzupassen,

    (iii) Anpassungen des Geschäfts- oder Firmenwertes umzukehren, die nach IFRS 3 nicht gestattet wären, jedoch nach vorherigen Rechnungslegungsgrundsätzen aufgrund von Anpassungen von Vermögenswerten und Schulden zwischen dem Zeitpunkt des Unternehmenszusammenschlusses und dem Zeitpunkt des Übergangs auf IFRS vorgenommen wurden.

(i) Falls der erstmalige Anwender den Geschäfts- oder Firmenwert im Rahmen der vorherigen Rechnungslegungsgrundsätze mit dem Eigenkapital verrechnet hat,

    (i) darf er diesen Geschäfts- oder Firmenwert in seiner IFRS-Eröffnungsbilanz nicht ansetzen. Des Weiteren darf er diesen Geschäfts- oder Firmenwert nicht ergebniswirksam erfassen, falls er das Tochterunternehmen veräußert oder falls eine Wertminderung der in das Tochterunternehmen vorgenommenen Finanzinvestition auftritt;

    (ii) sind Anpassungen aus dem Eintreten einer Bedingung, von der der Betrag der Gegenleistung für einen Erwerb abhängt, in den Gewinnrücklagen zu erfassen.

(j) Es kann sein, dass der erstmalige Anwender keine Konsolidierung eines im Rahmen eines Unternehmenszusammenschlusses erworbenen Tochterunternehmens nach seinen vorherigen Rechnungslegungsgrundsätzen vorgenommen hat (zum Beispiel weil es durch das Mutterunternehmen nach den vorherigen Rechnungslegungsgrundsätzen nicht als Tochterunternehmen eingestuft wurde oder das Mutterunternehmen keinen Konzernabschluss erstellt hat). Der erstmalige Anwender hat die Buchwerte der Vermögenswerte und Schulden des Tochterunternehmens so anzupassen, wie es die IFRS für die Einzelbilanz des Tochterunternehmens vorschreiben würden. Der als Ersatz für Anschaffungs- oder Herstellungskosten zum Zeitpunkt des Übergangs auf IFRS angesetzte Wert entspricht beim Geschäfts- oder Firmenwert der Differenz zwischen

    (i) dem Anteil des Mutterunternehmens an diesen angepassten Buchwerten und

    (ii) den im Einzelabschluss des Mutterunternehmens bilanzierten Anschaffungs- oder Herstellungskosten der in das Tochterunternehmen vorgenommenen Finanzinvestition.

(k) Die Bewertung von Minderheitsanteilen und latenten Steuern folgt aus der Bewertung der anderen Vermögenswerte und Schulden. Die oben erwähnten Anpassungen bilanzierter Vermögenswerte und Schulden wirken sich daher auf Minderheitsanteile und latente Steuern aus.

B3 Die Befreiung für vergangene Unternehmenszusammenschlüsse gilt auch für in der Vergangenheit erworbene Anteile an assoziierten Unternehmen und an Joint Ventures. Des Weiteren gilt das nach Paragraph B1 gewählte Datum entsprechend für alle derartigen Akquisitionen.

(iii) Regardless of whether there is any indication that the goodwill may be impaired, the first-time adopter shall apply IAS 36 Impairment of Assets in testing the goodwill for impairment at the date of transition to IFRSs and in recognising any resulting impairment loss in retained earnings (or, if so required by IAS 36, in revaluation surplus). The impairment test shall be based on conditions at the date of transition to IFRSs.

(h) No other adjustments shall be made to the carrying amount of goodwill at the date of transition to IFRSs. For example, the first-time adopter shall not restate the carrying amount of goodwill:
  (i) to exclude in-process research and development acquired in that business combination (unless the related intangible asset would qualify for recognition under IAS 38 in the separate balance sheet of the acquiree);
  (ii) to adjust previous amortisation of goodwill;
  (iii) to reverse adjustments to goodwill that IFRS 3 would not permit, but were made under previous GAAP because of adjustments to assets and liabilities between the date of the business combination and the date of transition to IFRSs.

(i) If the first-time adopter recognised goodwill under previous GAAP as a deduction from equity:
  (i) it shall not recognise that goodwill in its opening IFRS balance sheet. Furthermore, it shall not transfer that goodwill to the income statement if it disposes of the subsidiary or if the investment in the subsidiary becomes impaired.
  (ii) adjustments resulting from the subsequent resolution of a contingency affecting the purchase consideration shall be recognised in retained earnings.

(j) Under its previous GAAP, the first-time adopter may not have consolidated a subsidiary acquired in a past business combination (for example, because the parent did not regard it as a subsidiary under previous GAAP or did not prepare consolidated financial statements). The first-time adopter shall adjust the carrying amounts of the subsidiary's assets and liabilities to the amounts that IFRSs would require in the subsidiary's separate balance sheet. The deemed cost of goodwill equals the difference at the date of transition to IFRSs between:
  (i) the parent's interest in those adjusted carrying amounts; and
  (ii) the cost in the parent's separate financial statements of its investment in the subsidiary.

(k) The measurement of minority interests and deferred tax follows from the measurement of other assets and liabilities. Therefore, the above adjustments to recognised assets and liabilities affect minority interests and deferred tax.

The exemption for past business combinations also applies to past acquisitions of investments in associates and of interests in joint ventures. Furthermore, the date selected for paragraph B1 applies equally for all such acquisitions. **B3**

International Financial Reporting Standard 2

Aktienbasierte Vergütung

INHALT	Ziffer
Zielsetzung	1
Anwendungsbereich	2–6
Ansatz	7–9
Aktienbasierte Vergütungstransaktionen mit Ausgleich durch Eigenkapitalinstrumente	10–29
Überblick	10–13
Transaktionen, bei denen Dienstleistungen erhalten werden	14–15
Transaktionen, die unter Bezugnahme auf den beizulegenden Zeitwert der gewährten Eigenkapitalinstrumente bewertet werden	16–25
Ermittlung des beizulegenden Zeitwertes der gewährten Eigenkapitalinstrumente	16–18
Behandlung der Ausübungsbedingungen	19–21
Behandlung von Reload-Eigenschaften	22
Nach dem Tag der ersten Ausübungsmöglichkeit	23
Wenn der beizulegende Zeitwert der Eigenkapitalinstrumente nicht verlässlich geschätzt werden kann	24–25
Änderungen der Vertragsbedingungen, zu denen die Eigenkapitalinstrumente gewährt wurden, einschließlich Annullierungen und Erfüllungen	26–29
Aktienbasierte Vergütungstransaktionen mit Barausgleich	30–33
Aktienbasierte Vergütungstransaktionen mit wahlweisem Barausgleich oder Ausgleich durch Eigenkapitalinstrumente	34–43
Aktienbasierte Vergütungstransaktionen mit Erfüllungswahlrecht bei der Gegenpartei	35–40
Aktienbasierte Vergütungstransaktionen mit Erfüllungswahlrecht beim Unternehmen	41–43
Angaben	44–52
Übergangsvorschriften	53–59
Zeitpunkt des Inkrafttretens	60

ZIELSETZUNG

1 Die Zielsetzung dieses IFRS ist die Regelung der Bilanzierung von *aktienbasierten Vergütungstransaktionen*. Insbesondere schreibt er einem Unternehmen vor, bei der Darstellung seiner Vermögens-, Finanz- und Ertragslage die Auswirkungen aktienbasierter Vergütungstransaktionen, einschließlich der Kosten im Zusammenhang mit Transaktionen, bei denen Mitarbeitern *Aktienoptionen* gewährt werden, zu berücksichtigen.

ANWENDUNGSBEREICH

2 Dieser IFRS ist bei der Bilanzierung aller aktienbasierten Vergütungstransaktionen anzuwenden. Hierzu zählen:
   (a) *aktienbasierte Vergütungstransaktionen mit Ausgleich durch Eigenkapitalinstrumente*, bei denen das Unternehmen Güter oder Dienstleistungen erhält und im Gegenzug Eigenkapitalinstrumente des Unternehmens (einschließlich Aktien oder Aktienoptionen) hingibt,
   (b) *aktienbasierte Vergütungstransaktionen mit Barausgleich*, bei denen das Unternehmen Güter oder Dienstleistungen erhält und im Gegenzug beim Lieferanten dieser Güter oder Dienstleistungen Schulden eingeht, deren Höhe vom Kurs (oder Wert) der Aktien oder anderer Eigenkapitalinstrumente des Unternehmens abhängig ist,
   und
   (c) Transaktionen, bei denen das Unternehmen Güter oder Dienstleistungen erhält oder erwirbt und das Unternehmen oder der Lieferant dieser Güter oder Dienstleistungen die Wahl hat, ob der Ausgleich in bar (oder in anderen Vermögenswerten) oder durch die Ausgabe von Eigenkapitalinstrumenten erfolgen soll, soweit in den Paragraphen 5 und 6 nichts anderes angegeben ist.

International Financial Reporting Standard 2

Share-based Payment

SUMMARY

	Paragraphs
Objective	1
Scope	2–6
Recognition	7–9
Equity-settled share-based payment transactions	10–29
Overview	10–13
Transactions in which services are received	14–15
Transactions measured by reference to the fair value of the equity instruments granted	16–25
Determining the fair value of equity instruments granted	16–18
Treatment of vesting conditions	19–21
Treatment of a reload feature	22
After vesting date	23
If the fair value of the equity instruments cannot be estimated reliably	24–25
Modifications to the terms and conditions on which equity instruments were granted, including cancellations and settlements	26–29
Cash-settled share-based payment transactions	30–33
Share-based payment transactions with cash alternatives	34–43
Share-based payment transactions in which the terms of the arrangement provide the counterparty with a choice of settlement	35–40
Share-based payment transactions in which the terms of the arrangement provide the entity with a choice of settlement	41–43
Disclosures	44–52
Transitional provisions	53–59
Effective date	60

OBJECTIVE

1. The objective of this IFRS is to specify the financial reporting by an entity when it undertakes a *share-based payment transaction*. In particular, it requires an entity to reflect in its profit or loss and financial position the effects of share-based payment transactions, including expenses associated with transactions in which *share options* are granted to employees.

SCOPE

2. An entity shall apply this IFRS in accounting for all share-based payment transactions including:
   (a) *equity-settled share-based payment transactions*, in which the entity receives goods or services as consideration for *equity instruments* of the entity (including shares or share options),
   (b) *cash-settled share-based payment transactions*, in which the entity acquires goods or services by incurring liabilities to the supplier of those goods or services for amounts that are based on the price (or value) of the entity's shares or other equity instruments of the entity, and
   (c) transactions in which the entity receives or acquires goods or services and the terms of the arrangement provide either the entity or the supplier of those goods or services with a choice of whether the entity settles the transaction in cash (or other assets) or by issuing equity instruments,
   except as noted in paragraphs 5 and 6.

IFRS 2

3   Im Sinne dieses IFRS stellt die Übertragung von Eigenkapitalinstrumenten eines Unternehmens durch seine Anteilseigner an andere Parteien (einschließlich Mitarbeiter), die Güter oder Dienstleistungen an das Unternehmen geliefert haben, eine aktienbasierte Vergütungstransaktion dar, sofern die Übertragung nicht eindeutig für einen anderen Zweck als die Bezahlung der an das Unternehmen gelieferten Güter oder Dienstleistungen bestimmt ist. Dies gilt auch für die Übertragung von Eigenkapitalinstrumenten des Mutterunternehmens oder anderer Unternehmen im selben Konzern des Unternehmens an Parteien, die Güter oder Dienstleistungen an das Unternehmen geliefert haben.

4   Im Sinne dieses IFRS stellt eine Transaktion mit einem Mitarbeiter (oder einer anderen Partei) in seiner bzw. ihrer Eigenschaft als Inhaber von Eigenkapitalinstrumenten des Unternehmens keine aktienbasierte Vergütungstransaktion dar. Gewährt ein Unternehmen beispielsweise allen Inhabern einer bestimmten Gattung seiner Eigenkapitalinstrumente das Recht, weitere Eigenkapitalinstrumente des Unternehmens zu einem Preis zu erwerben, der unter dem beizulegenden Zeitwert dieser Eigenkapitalinstrumente liegt, und wird einem Mitarbeiter nur deshalb ein solches Recht eingeräumt, weil er Inhaber von Eigenkapitalinstrumenten der betreffenden Gattung ist, unterliegt die Gewährung oder Ausübung dieses Rechts nicht den Vorschriften dieses IFRS.

5   Wie in Paragraph 2 ausgeführt, findet dieser IFRS auf aktienbasierte Vergütungstransaktionen Anwendung, bei denen ein Unternehmen Güter oder Dienstleistungen erwirbt oder erhält. Güter schließen Vorräte, Verbrauchsgüter, Sachanlagen, immaterielle Vermögenswerte und andere nicht finanzielle Vermögenswerte ein. Dieser IFRS gilt jedoch nicht für Transaktionen, bei denen ein Unternehmen Güter als Teil des bei einem Unternehmenszusammenschluss gemäß IAS 22 *Unternehmenszusammenschlüsse* erworbenen Reinvermögens erhält. Daher fallen Eigenkapitalinstrumente, die bei einem Unternehmenszusammenschluss im Austausch für die Kontrolle über das erworbene Unternehmen ausgegeben werden, nicht in den Anwendungsbereich dieses IFRS. Dagegen sind Eigenkapitalinstrumente, die Mitarbeitern des erworbenen Unternehmens in ihrer Eigenschaft als Mitarbeiter (beispielsweise als Gegenleistung für ihr Verbleiben im Unternehmen) gewährt werden, im Anwendungsbereich dieses IFRS eingeschlossen. Ähnliches gilt für die Aufhebung, Ersetzung oder sonstige Änderung *aktienbasierter Vergütungsvereinbarungen* infolge eines Unternehmenszusammenschlusses oder einer anderen Eigenkapitalrestrukturierung, die ebenfalls in Übereinstimmung mit diesem IFRS zu bilanzieren sind.

6   Dieser IFRS findet keine Anwendung auf aktienbasierte Vergütungstransaktionen, bei denen das Unternehmen Güter oder Dienstleistungen im Rahmen eines Vertrags erhält oder erwirbt, der in den Anwendungsbereich der Paragraphen 8–10 von IAS 32 *Finanzinstrumente: Angaben und Darstellung* (überarbeitet 2003) oder der Paragraphen 5–7 von IAS 39 *Finanzinstrumente: Ansatz und Bewertung* (überarbeitet 2003) fällt.

ANSATZ

7   **Die bei einer aktienbasierten Vergütungstransaktion erhaltenen oder erworbenen Güter oder Dienstleistungen sind zu dem Zeitpunkt anzusetzen, zu dem die Güter erworben oder die Dienstleistungen erhalten wurden. Das Unternehmen hat eine entsprechende Zunahme im Eigenkapital zu erfassen, wenn die Güter oder Dienstleistungen bei einer aktienbasierten Vergütungstransaktion mit Ausgleich durch Eigenkapitalinstrumente erhalten wurden, oder eine Schuld anzusetzen, wenn die Güter oder Dienstleistungen bei einer aktienbasierten Vergütungstransaktion mit Barausgleich erworben wurden.**

8   **Kommen die bei einer aktienbasierten Vergütungstransaktion erhaltenen oder erworbenen Güter oder Dienstleistungen nicht für eine Erfassung als Vermögenswert in Betracht, sind sie als Aufwand anzusetzen.**

9   In der Regel entsteht ein Aufwand aus dem Verbrauch der Güter oder Dienstleistungen. Beispielsweise werden Dienstleistungen normalerweise sofort verbraucht, in welchem Fall zum Zeitpunkt der Leistungserbringung durch die Vertragspartei ein Aufwand erfasst wird. Güter können über einen Zeitraum verbraucht oder, wie bei Vorräten, zu einem späteren Zeitpunkt verkauft werden. In diesem Fall erfolgt die Erfassung zu dem Zeitpunkt, zu dem die Güter verbraucht oder verkauft wurden. Manchmal ist es jedoch erforderlich, bereits vor dem Verbrauch oder Verkauf der Güter oder Dienstleistungen einen Aufwand anzusetzen, da sie nicht für eine Erfassung als Vermögenswert in Betracht kommen. Beispielsweise könnte ein Unternehmen in der Forschungsphase eines Projekts zur Entwicklung eines neuen Produkts Güter erwerben. Diese Güter sind zwar nicht verbraucht worden, erfüllen jedoch unter Umständen nicht die Kriterien für eine Erfassung als Vermögenswert nach dem einschlägigen IFRS.

3 For the purposes of this IFRS, transfers of an entity's equity instruments by its shareholders to parties that have supplied goods or services to the entity (including employees) are share-based payment transactions, unless the transfer is clearly for a purpose other than payment for goods or services supplied to the entity. This also applies to transfers of equity instruments of the entity's parent, or equity instruments of another entity in the same group as the entity, to parties that have supplied goods or services to the entity.

4 For the purposes of this IFRS, a transaction with an employee (or other party) in his/her capacity as a holder of equity instruments of the entity is not a share-based payment transaction. For example, if an entity grants all holders of a particular class of its equity instruments the right to acquire additional equity instruments of the entity at a price that is less than the fair value of those equity instruments, and an employee receives such a right because he/she is a holder of equity instruments of that particular class, the granting or exercise of that right is not subject to the requirements of this IFRS.

5 As noted in paragraph 2, this IFRS applies to share-based payment transactions in which an entity acquires or receives goods or services. Goods includes inventories, consumables, property, plant and equipment, intangible assets and other non-financial assets. However, an entity shall not apply this IFRS to transactions in which the entity acquires goods as part of the net assets acquired in a business combination to which IAS 22 *Business Combinations* applies. Hence, equity instruments issued in a business combination in exchange for control of the acquiree are not within the scope of this IFRS. However, equity instruments granted to employees of the acquiree in their capacity as employees (eg in return for continued service) are within the scope of this IFRS. Similarly, the cancellation, replacement or other modification of *share-based payment arrangements* because of a business combination or other equity restructuring shall be accounted for in accordance with this IFRS.

6 This IFRS does not apply to share-based payment transactions in which the entity receives or acquires goods or services under a contract within the scope of paragraphs 8–10 of IAS 32 *Financial Instruments: Disclosure and Presentation* (as revised in 2003) or paragraphs 5–7 of IAS 39 *Financial Instruments: Recognition and Measurement* (as revised in 2003).

RECOGNITION

7 **An entity shall recognise the goods or services received or acquired in a share-based payment transaction when it obtains the goods or as the services are received. The entity shall recognise a corresponding increase in equity if the goods or services were received in an equity-settled share-based payment transaction, or a liability if the goods or services were acquired in a cash-settled share-based payment transaction.**

8 **When the goods or services received or acquired in a share-based payment transaction do not qualify for recognition as assets, they shall be recognised as expenses.**

9 Typically, an expense arises from the consumption of goods or services. For example, services are typically consumed immediately, in which case an expense is recognised as the counterparty renders service. Goods might be consumed over a period of time or, in the case of inventories, sold at a later date, in which case an expense is recognised when the goods are consumed or sold. However, sometimes it is necessary to recognise an expense before the goods or services are consumed or sold, because they do not qualify for recognition as assets. For example, an entity might acquire goods as part of the research phase of a project to develop a new product. Although those goods have not been consumed, they might not qualify for recognition as assets under the applicable IFRS.

AKTIENBASIERTE VERGÜTUNGSTRANSAKTIONEN MIT AUSGLEICH DURCH EIGENKAPITALINSTRUMENTE

Überblick

10   Bei aktienbasierten Vergütungstransaktionen, die durch Eigenkapitalinstrumente beglichen werden, sind die erhaltenen Güter oder Dienstleistungen und die entsprechende Erhöhung des Eigenkapitals direkt mit dem *beizulegenden Zeitwert* der erhaltenen Güter oder Dienstleistungen anzusetzen, es sei denn, dass dieser nicht verlässlich geschätzt werden kann. Kann der beizulegende Zeitwert der erhaltenen Güter oder Dienstleistungen nicht verlässlich geschätzt werden, ist deren Wert und die entsprechende Erhöhung des Eigenkapitals indirekt unter Bezugnahme auf[1] den beizulegenden Zeitwert der *gewährten Eigenkapitalinstrumente* zu ermitteln.

11   Zur Erfüllung der Bestimmungen von Paragraph 10 bei Transaktionen mit *Mitarbeitern und anderen, die ähnliche Leistungen erbringen*[2] ist der beizulegende Zeitwert der erhaltenen Leistungen unter Bezugnahme auf den beizulegenden Zeitwert der gewährten Eigenkapitalinstrumente zu ermitteln, da es in der Regel nicht möglich ist, den beizulegenden Zeitwert der erhaltenen Leistungen verlässlich zu schätzen, wie in Paragraph 12 näher erläutert wird. Für die Bewertung der Eigenkapitalinstrumente ist der beizulegende Zeitwert am *Tag der Gewährung* heranzuziehen.

12   Aktien, Aktienoptionen oder andere Eigenkapitalinstrumente werden Mitarbeitern normalerweise als Teil ihre Vergütungspakets zusätzlich zu einem Bargehalt und anderen Sonderleistungen gewährt. Im Regelfall ist es nicht möglich, die für bestimmte Bestandteile des Vergütungspakets eines Mitarbeiters erhaltenen Leistungen direkt zu bewerten. Oftmals kann auch der beizulegende Zeitwert des gesamten Vergütungspakets nicht unabhängig bestimmt werden, ohne direkt den beizulegenden Zeitwert der gewährten Eigenkapitalinstrumente zu ermitteln. Darüber hinaus werden Aktien oder Aktienoptionen manchmal im Rahmen einer Erfolgsbeteiligung und nicht als Teil der Grundvergütung gewährt, beispielsweise um die Mitarbeiter zum Verbleib im Unternehmen zu motivieren oder ihren Einsatz bei der Verbesserung des Unternehmensergebnisses zu honorieren. Mit der Gewährung von Aktien oder Aktienoptionen zusätzlich zu anderen Vergütungsformen bezahlt das Unternehmen ein zusätzliches Entgelt für den Erhalt zusätzlicher Leistungen. Der beizulegende Zeitwert dieser zusätzlichen Leistungen ist wahrscheinlich schwer zu schätzen. Aufgrund der Schwierigkeit, den beizulegenden Zeitwert der erhaltenen Leistungen direkt zu ermitteln, ist der beizulegende Zeitwert der erhaltenen Arbeitsleistungen unter Bezugnahme auf den beizulegenden Zeitwert der gewährten Eigenkapitalinstrumente zu bemessen.

13   Zur Anwendung der Bestimmungen von Paragraph 10 auf Transaktionen mit anderen Parteien als Mitarbeitern gilt die widerlegbare Vermutung, dass der beizulegende Zeitwert der erhaltenen Güter oder Dienstleistungen verlässlich geschätzt werden kann. Der beizulegende Zeitwert ist an dem Tag zu ermitteln, an dem das Unternehmen die Güter erhält oder die Vertragspartei ihre Leistung erbringt. Sollte das Unternehmen diese Vermutung in seltenen Fällen widerlegen, weil es den beizulegenden Zeitwert der erhaltenen Güter oder Dienstleistungen nicht verlässlich schätzen kann, sind die erhaltenen Güter oder Dienstleistungen und die entsprechende Erhöhung des Eigenkapitals indirekt unter Bezugnahme auf den beizulegenden Zeitwert der gewährten Eigenkapitalinstrumente an dem Tag, an dem die Güter erhalten oder Leistungen erbracht wurden, zu bewerten.

Transaktionen, bei denen Dienstleistungen erhalten werden

14   Sind die gewährten Eigenkapitalinstrumente sofort *ausübbar*, ist die Vertragspartei nicht an eine bestimmte Dienstzeit gebunden, bevor sie einen uneingeschränkten Anspruch an diesen Eigenkapitalinstrumenten erwirbt. Sofern kein gegenteiliger substanzieller Hinweis vorliegt, ist von der Annahme auszugehen, dass die von der Vertragspartei als Gegenleistung für die Eigenkapitalinstrumente zu erbringenden Leistungen bereits erhalten wurden. In diesem Fall sind die erhaltenen Leistungen am Tag der Gewährung in voller Höhe mit einer entsprechenden Erhöhung des Eigenkapitals zu erfassen.

---

1   In diesem IFRS wird die Formulierung „unter Bezugnahme auf" und nicht „zum" verwendet, weil die Bewertung der Transaktion letztlich durch Multiplikation des beizulegenden Zeitwertes der gewährten Eigenkapitalinstrumente an dem in Paragraph 11 bzw. 13 angegebenen Tag (je nach Sachlage) mit der Anzahl der ausübbaren Eigenkapitalinstrumente, wie in Paragraph 19 erläutert, erfolgt.

2   Im verbleibenden Teil dieses IFRS schließen alle Bezugnahmen auf Mitarbeiter auch andere Personen, die ähnliche Leistungen erbringen, ein.

EQUITY-SETTLED SHARE-BASED PAYMENT TRANSACTIONS

Overview

For equity-settled share-based payment transactions, the entity shall measure the goods or services received, and the corresponding increase in equity, directly, at the *fair value* of the goods or services received, unless that fair value cannot be estimated reliably. If the entity cannot estimate reliably the fair value of the goods or services received, the entity shall measure their value, and the corresponding increase in equity, indirectly, by reference to the fair value of the[1] ***equity instruments granted.*** 10

To apply the requirements of paragraph 10 to transactions with *employees and others providing similar services*[2], the entity shall measure the fair value of the services received by reference to the fair value of the equity instruments granted, because typically it is not possible to estimate reliably the fair value of the services received, as explained in paragraph 12. The fair value of those equity instruments shall be measured at *grant date*. 11

Typically, shares, share options or other equity instruments are granted to employees as part of their remuneration package, in addition to a cash salary and other employment benefits. Usually, it is not possible to measure directly the services received for particular components of the employee's remuneration package. It might also not be possible to measure the fair value of the total remuneration package independently, without measuring directly the fair value of the equity instruments granted. Furthermore, shares or share options are sometimes granted as part of a bonus arrangement, rather than as a part of basic remuneration, eg as an incentive to the employees to remain in the entity's employ or to reward them for their efforts in improving the entity's performance. By granting shares or share options, in addition to other remuneration, the entity is paying additional remuneration to obtain additional benefits. Estimating the fair value of those additional benefits is likely to be difficult. Because of the difficulty of measuring directly the fair value of the services received, the entity shall measure the fair value of the employee services received by reference to the fair value of the equity instruments granted. 12

To apply the requirements of paragraph 10 to transactions with parties other than employees, there shall be a rebuttable presumption that the fair value of the goods or services received can be estimated reliably. That fair value shall be measured at the date the entity obtains the goods or the counterparty renders service. In rare cases, if the entity rebuts this presumption because it cannot estimate reliably the fair value of the goods or services received, the entity shall measure the goods or services received, and the corresponding increase in equity, indirectly, by reference to the fair value of the equity instruments granted, measured at the date the entity obtains the goods or the counterparty renders service. 13

Transactions in which services are received

If the equity instruments granted *vest* immediately, the counterparty is not required to complete a specified period of service before becoming unconditionally entitled to those equity instruments. In the absence of evidence to the contrary, the entity shall presume that services rendered by the counterparty as consideration for the equity instruments have been received. In this case, on grant date the entity shall recognise the services received in full, with a corresponding increase in equity. 14

---

1 This IFRS uses the phrase »by reference to« rather than »at«, because the transaction is ultimately measured by multiplying the fair value of the equity instruments granted, measured at the date specified in paragraph 11 or 13 (whichever is applicable), by the number of equity instruments that vest, as explained in paragraph 19.
2 In the remainder of this IFRS, all references to employees also includes others providing similar services.

IFRS 2

15 Ist die Ausübung der gewährten Eigenkapitalinstrumente von der Ableistung einer bestimmten Dienstzeit abhängig, ist von der Annahme auszugehen, dass die von der Vertragspartei als Gegenleistung für die Eigenkapitalinstrumente zu erbringenden Leistungen künftig im Laufe des *Erdienungszeitraums* erhalten werden. Diese Leistungen sind jeweils zum Zeitpunkt ihrer Erbringung während des Erdienungszeitraums mit einer einhergehenden Erhöhung des Eigenkapitals zu erfassen. Beispiele:
   (a) Wenn einem Arbeitnehmer Aktienoptionen unter der Bedingung eines dreijährigen Verbleibs im Unternehmen gewährt werden, ist zu unterstellen, dass die vom Arbeitnehmer als Gegenleistung für die Aktienoptionen zu erbringenden Leistungen künftig im Laufe dieses dreijährigen Erdienungszeitraums erhalten werden.
   (b) Wenn einem Arbeitnehmer Aktienoptionen mit der Auflage gewährt werden, eine bestimmte Leistungsbedingung zu erfüllen und so lange im Unternehmen zu bleiben, bis diese Bedingung eingetreten ist, und die Länge des Erdienungszeitraums je nach dem Zeitpunkt der Erfüllung der Leistungsbedingung variiert, ist zu unterstellen, dass die vom Arbeitnehmer als Gegenleistung für die Aktienoptionen zu erbringenden Dienstleistungen künftig im Laufe des erwarteten Erdienungszeitraums erhalten werden. Die Dauer des erwarteten Erdienungszeitraums ist am Tag der Gewährung nach dem wahrscheinlichsten Eintreten der Leistungsbedingung zu schätzen. Handelt es sich bei der Leistungsbedingung um eine *Marktbedingung*, muss die geschätzte Dauer des erwarteten Erdienungszeitraums mit den bei der Schätzung des beizulegenden Zeitwertes der gewährten Optionen verwendeten Annahmen übereinstimmen und darf später nicht mehr geändert werden. Ist die Leistungsbedingung keine Marktbedingung, hat das Unternehmen die geschätzte Dauer des Erdienungszeitraums bei Bedarf zu korrigieren, wenn spätere Informationen darauf hindeuten, dass die Länge des Erdienungszeitraums von den bisherigen Schätzungen abweicht.

Transaktionen, die unter Bezugnahme auf den beizulegenden Zeitwert der gewährten Eigenkapitalinstrumente bewertet werden

Ermittlung des beizulegenden Zeitwertes der gewährten Eigenkapitalinstrumente

16 Bei Transaktionen, die unter Bezugnahme auf den beizulegenden Zeitwert der gewährten Eigenkapitalinstrumente bewertet werden, ist der beizulegende Zeitwert der gewährten Eigenkapitalinstrumente am *Bewertungsstichtag* anhand der Marktpreise (sofern verfügbar) unter Berücksichtigung der besonderen Konditionen, zu denen die Eigenkapitalinstrumente gewährt wurden, (vorbehaltlich der Bestimmungen der Paragraphen 19–22) zu ermitteln.

17 Stehen keine Marktpreise zur Verfügung, ist der beizulegende Zeitwert der gewährten Eigenkapitalinstrumente mit einer Bewertungsmethode zu bestimmen, bei der geschätzt wird, welchen Preis die betreffenden Eigenkapitalinstrumente am Bewertungsstichtag in einer Transaktion zwischen sachverständigen, vertragswilligen und voneinander unabhängigen Parteien erzielt hätten. Die Bewertungsmethode muss den allgemein anerkannten Bewertungsverfahren zur Ermittlung der Preise von Finanzinstrumenten entsprechen und alle Faktoren und Annahmen berücksichtigen, die sachverständige, vertragswillige Marktteilnehmer bei der Preisfestlegung in Erwägung ziehen würden (vorbehaltlich der Bestimmungen der Paragraphen 19–22).

18 Anhang B enthält weitere Leitlinien für die Ermittlung des beizulegenden Zeitwertes von Aktien und Aktienoptionen, wobei vor allem auf die üblichen Vertragsbedingungen bei der Gewährung von Aktien oder Aktienoptionen an Mitarbeiter eingegangen wird.

Behandlung der Ausübungsbedingungen

19 Die Gewährung von Eigenkapitalinstrumenten kann an die Erfüllung bestimmter *Ausübungsbedingungen* gekoppelt sein. Beispielsweise ist die Zusage von Aktien oder Aktienoptionen an einen Mitarbeiter in der Regel davon abhängig, dass er eine bestimmte Zeit im Unternehmen verbleibt. Manchmal sind auch Leistungsbedingungen zu erfüllen, wie z. B. die Erzielung eines bestimmten Gewinnwachstums oder eine bestimmte Steigerung des Aktienkurses des Unternehmens. Im Gegensatz zu den Marktbedingungen fließen die Ausübungsbedingungen nicht in die Schätzung des beizulegenden Zeitwertes der Aktien oder Aktienoptionen am Bewertungsstichtag ein. Statt dessen sind die Ausübungsbedingungen durch Anpassung der Anzahl der in die Bestimmung des Transaktionsbetrags einbezogenen Eigenkapitalinstrumente zu berücksichtigen, so dass der für die Güter oder Dienstleistungen, die als Gegenleistung für die gewährten Eigenkapitalinstrumente erhalten werden, angesetzte Betrag letztendlich auf der Anzahl der letztendlich ausübbaren Eigenkapitalinstrumente

If the equity instruments granted do not vest until the counterparty completes a specified period of service, the entity shall presume that the services to be rendered by the counterparty as consideration for those equity instruments will be received in the future, during the *vesting period*. The entity shall account for those services as they are rendered by the counterparty during the vesting period, with a corresponding increase in equity. For example:

(a) if an employee is granted share options conditional upon completing three years' service, then the entity shall presume that the services to be rendered by the employee as consideration for the share options will be received in the future, over that three-year vesting period.

(b) if an employee is granted share options conditional upon the achievement of a performance condition and remaining in the entity's employ until that performance condition is satisfied, and the length of the vesting period varies depending on when that performance condition is satisfied, the entity shall presume that the services to be rendered by the employee as consideration for the share options will be received in the future, over the expected vesting period. The entity shall estimate the length of the expected vesting period at grant date, based on the most likely outcome of the performance condition. If the performance condition is a *market condition*, the estimate of the length of the expected vesting period shall be consistent with the assumptions used in estimating the fair value of the options granted, and shall not be subsequently revised. If the performance condition is not a market condition, the entity shall revise its estimate of the length of the vesting period, if necessary, if subsequent information indicates that the length of the vesting period differs from previous estimates.

Transactions measured by reference to the fair value of the equity instruments granted

Determining the fair value of equity instruments granted

For transactions measured by reference to the fair value of the equity instruments granted, an entity shall measure the fair value of equity instruments granted at the *measurement date*, based on market prices if available, taking into account the terms and conditions upon which those equity instruments were granted (subject to the requirements of paragraphs 19–22).

If market prices are not available, the entity shall estimate the fair value of the equity instruments granted using a valuation technique to estimate what the price of those equity instruments would have been on the measurement date in an arm's length transaction between knowledgeable, willing parties. The valuation technique shall be consistent with generally accepted valuation methodologies for pricing financial instruments, and shall incorporate all factors and assumptions that knowledgeable, willing market participants would consider in setting the price (subject to the requirements of paragraphs 19–22).

Appendix B contains further guidance on the measurement of the fair value of shares and share options, focusing on the specific terms and conditions that are common features of a grant of shares or share options to employees.

Treatment of vesting conditions

A grant of equity instruments might be conditional upon satisfying specified *vesting conditions*. For example, a grant of shares or share options to an employee is typically conditional on the employee remaining in the entity's employ for a specified period of time. There might be performance conditions that must be satisfied, such as the entity achieving a specified growth in profit or a specified increase in the entity's share price. Vesting conditions, other than market conditions, shall not be taken into account when estimating the fair value of the shares or share options at the measurement date. Instead, vesting conditions shall be taken into account by adjusting the number of equity instruments included in the measurement of the transaction amount so that, ultimately, the amount recognised for goods or services received as consideration for the equity instruments granted shall be

beruht. Dementsprechend wird auf kumulierter Basis kein Betrag für erhaltene Güter oder Dienstleistungen erfasst, wenn die gewährten Eigenkapitalinstrumente wegen der Nichterfüllung einer Ausübungsbedingung, beispielsweise beim Ausscheiden eines Mitarbeiters vor der festgelegten Dienstzeit oder Nichterreichen einer Leistungsvorgabe, vorbehaltlich der Bestimmungen von Paragraph 21 nicht ausgeübt werden können.

20 Zur Anwendung der Bestimmungen von Paragraph 19 ist für die während des Erdienungszeitraums erhaltenen Güter oder Dienstleistungen ein Betrag anzusetzen, der auf der bestmöglichen Schätzung der Anzahl der erwarteten ausübbaren Eigenkapitalinstrumente basiert, wobei diese Schätzung bei Bedarf zu korrigieren ist, wenn spätere Informationen darauf hindeuten, dass die Anzahl der erwarteten ausübbaren Eigenkapitalinstrumente von den bisherigen Schätzungen abweicht. Am Tag der ersten Ausübungsmöglichkeit ist die Schätzung vorbehaltlich der Bestimmungen von Paragraph 21 an die Anzahl der letztendlich ausübbaren Eigenkapitalinstrumente anzugleichen.

21 Bei der Schätzung des beizulegenden Zeitwertes gewährter Eigenkapitalinstrumente sind die Marktbedingungen zu berücksichtigen, wie beispielsweise ein Zielkurs, an den die Ausübung (oder Ausübbarkeit) geknüpft ist. Daher hat das Unternehmen bei der Gewährung von Eigenkapitalinstrumenten, die Marktbedingungen unterliegen, die von einer Vertragspartei erhaltenen Güter oder Dienstleistungen unabhängig vom Eintreten dieser Marktbedingungen zu erfassen, sofern die Vertragspartei alle anderen Ausübungsbedingungen erfüllt (etwa die Leistungen eines Mitarbeiters, der die vertraglich festgelegte Zeit im Unternehmen verblieben ist).

Behandlung von Reload-Eigenschaften

22 Bei Optionen mit *Reload-Eigenschaften* ist die Reload-Eigenschaft bei der Ermittlung des beizulegenden Zeitwertes der am Bewertungsstichtag gewährten Optionen nicht zu berücksichtigen. Stattdessen ist eine *Reload-Option* zu dem Zeitpunkt als neu gewährte Option zu verbuchen, zu dem sie später gewährt wird.

Nach dem Tag der ersten Ausübungsmöglichkeit

23 Nachdem die erhaltenen Güter oder Dienstleistungen gemäß den Paragraphen 10–22 mit einer entsprechenden Erhöhung des Eigenkapitals erfasst wurden, dürfen nach dem Tag der ersten Ausübungsmöglichkeit keine weiteren Änderungen am Gesamtwert des Eigenkapitals mehr vorgenommen werden. Beispielsweise darf der verbuchte Betrag für von einem Mitarbeiter erbrachte Leistungen nicht zurückgebucht werden, wenn die ausübbaren Eigenkapitalinstrumente später verwirkt oder, im Falle von Aktienoptionen, die Optionen nicht ausgeübt werden. Diese Vorschrift schließt jedoch nicht die Möglichkeit einer Umbuchung innerhalb des Eigenkapitals, also eine Umbuchung von einem Eigenkapitalposten in einen anderen, aus.

Wenn der beizulegende Zeitwert der Eigenkapitalinstrumente nicht verlässlich geschätzt werden kann

24 Die Vorschriften in den Paragraphen 16–23 finden Anwendung, wenn eine aktienbasierte Vergütungstransaktionen unter Bezugnahme auf den beizulegenden Zeitwert der gewährten Eigenkapitalinstrumente zu bewerten ist. In seltenen Fällen kann ein Unternehmen nicht in der Lage sein, den beizulegenden Zeitwert der gewährten Eigenkapitalinstrumente gemäß den Bestimmungen der Paragraphen 16–22 am Bewertungsstichtag verlässlich zu schätzen. Ausschließlich in diesen seltenen Fällen hat das Unternehmen stattdessen:
(a) die Eigenkapitalinstrumente mit ihrem *inneren Wert* anzusetzen, und zwar erstmals zu dem Zeitpunkt, zu dem das Unternehmen die Waren erhält oder die Vertragspartei die Dienstleistung erbringt, und anschließend an jedem Berichtsstichtag sowie am Tag der endgültigen Erfüllung, wobei etwaige Änderungen des inneren Wertes erfolgswirksam zu erfassen sind. Bei der Gewährung von Aktienoptionen gilt die aktienbasierte Vergütungsvereinbarung als endgültig erfüllt, wenn die Optionen ausgeübt werden, verwirkt werden (z. B. durch Beendigung des Beschäftigungsverhältnisses) oder verfallen (z. B. nach Ablauf der Ausübungsfrist).

based on the number of equity instruments that eventually vest. Hence, on a cumulative basis, no amount is recognised for goods or services received if the equity instruments granted do not vest because of failure to satisfy a vesting condition, eg the counterparty fails to complete a specified service period, or a performance condition is not satisfied, subject to the requirements of paragraph 21.

20 To apply the requirements of paragraph 19, the entity shall recognise an amount for the goods or services received during the vesting period based on the best available estimate of the number of equity instruments expected to vest and shall revise that estimate, if necessary, if subsequent information indicates that the number of equity instruments expected to vest differs from previous estimates. On vesting date, the entity shall revise the estimate to equal the number of equity instruments that ultimately vested, subject to the requirements of paragraph 21.

21 Market conditions, such as a target share price upon which vesting (or exercisability) is conditioned, shall be taken into account when estimating the fair value of the equity instruments granted. Therefore, for grants of equity instruments with market conditions, the entity shall recognise the goods or services received from a counterparty who satisfies all other vesting conditions (eg services received from an employee who remains in service for the specified period of service), irrespective of whether that market condition is satisfied.

Treatment of a reload feature

22 For options with a *reload feature*, the reload feature shall not be taken into account when estimating the fair value of options granted at the measurement date. Instead, a *reload option* shall be accounted for as a new option grant, if and when a reload option is subsequently granted.

After vesting date

23 Having recognised the goods or services received in accordance with paragraphs 10–22, and a corresponding increase in equity, the entity shall make no subsequent adjustment to total equity after vesting date. For example, the entity shall not subsequently reverse the amount recognised for services received from an employee if the vested equity instruments are later forfeited or, in the case of share options, the options are not exercised. However, this requirement does not preclude the entity from recognising a transfer within equity, ie a transfer from one component of equity to another.

If the fair value of the equity instruments cannot be estimated reliably

24 The requirements in paragraphs 16–23 apply when the entity is required to measure a share-based payment transaction by reference to the fair value of the equity instruments granted. In rare cases, the entity may be unable to estimate reliably the fair value of the equity instruments granted at the measurement date, in accordance with the requirements in paragraphs 16–22. In these rare cases only, the entity shall instead:
(a) measure the equity instruments at their *intrinsic value*, initially at the date the entity obtains the goods or the counterparty renders service and subsequently at each reporting date and at the date of final settlement, with any change in intrinsic value recognised in profit or loss. For a grant of share options, the share-based payment arrangement is finally settled when the options are exercised, are forfeited (eg upon cessation of employment) or lapse (eg at the end of the option's life).

IFRS 2

(b) die erhaltenen Güter oder Dienstleistungen auf Basis der Anzahl der letztendlich ausübbaren oder (falls zutreffend) ausgeübten Eigenkapitalinstrumente anzusetzen. Bei Anwendung dieser Vorschrift auf Aktienoptionen sind beispielsweise die während des Erdienungszeitraums erhaltenen Güter oder Dienstleistungen gemäß den Paragraphen 14 und 15, mit Ausnahme der Bestimmungen in Paragraph 15(b) in Bezug auf das Vorliegen einer Marktbedingung, zu erfassen. Der Betrag, der für die während des Erdienungszeitraums erhaltenen Güter oder Dienstleistungen angesetzt wird, richtet sich nach der Anzahl der erwartungsgemäß ausübbaren Aktienoptionen. Diese Schätzung ist bei Bedarf zu korrigieren, wenn spätere Informationen darauf hindeuten, dass die erwartete Anzahl der Aktienoptionen von den bisherigen Schätzungen abweicht. Am Tag der ersten Ausübungsmöglichkeit ist die Schätzung an die Anzahl der letztendlich ausübbaren Eigenkapitalinstrumente anzugleichen. Nach dem Tag der ersten Ausübungsmöglichkeit ist der für erhaltene Güter oder Dienstleistungen erfasste Betrag zurückzubuchen, wenn die Aktienoptionen später verwirkt werden oder nach Ablauf der Ausübungsfrist verfallen.

25 Für Unternehmen, die nach Paragraph 24 bilanzieren, finden die Vorschriften in den Paragraphen 26–29 keine Anwendung, da etwaige Änderungen der Vertragsbedingungen, zu denen die Eigenkapitalinstrumente gewährt wurden, bei der in Paragraph 24 beschriebenen Methode des inneren Wertes bereits berücksichtigt werden. Für die Erfüllung gewährter Eigenkapitalinstrumente, die nach Paragraph 24 bewertet wurden, gilt jedoch:
(a) Tritt die Erfüllung während des Erdienungszeitraums ein, hat das Unternehmen die Erfüllung als vorgezogene Ausübungsmöglichkeit zu berücksichtigen und daher den Betrag, der ansonsten für die im restlichen Erdienungszeitraum erhaltenen Leistungen erfasst worden wäre, sofort zu verbuchen.
(b) Alle zum Zeitpunkt der Erfüllung geleisteten Zahlungen sind als Rückkauf von Eigenkapitalinstrumenten, also als Abzug vom Eigenkapital, zu bilanzieren. Davon ausgenommen sind Überschussbeträge, die den am Tag des Rückkaufs ermittelten inneren Wert der Eigenkapitalinstrumente übersteigen und als Aufwand zu erfassen sind.

Änderungen der Vertragsbedingungen, zu denen die Eigenkapitalinstrumente gewährt wurden, einschließlich Annullierungen und Erfüllungen

26 Es ist denkbar, dass ein Unternehmen die Vertragsbedingungen für die Gewährung der Eigenkapitalinstrumente ändert. Beispielsweise könnte es den Ausübungspreis für gewährte Mitarbeiteroptionen senken (also den Optionspreis neu festsetzen), wodurch sich der beizulegende Zeitwert dieser Optionen erhöht. Die Bestimmungen in den Paragraphen 27–29 für die Bilanzierung der Auswirkungen solcher Änderungen sind im Kontext aktienbasierter Vergütungstransaktionen mit Mitarbeitern formuliert. Sie gelten jedoch auch für aktienbasierte Vergütungstransaktionen mit anderen Parteien als Mitarbeitern, die unter Bezugnahme auf den beizulegenden Zeitwert der gewährten Eigenkapitalinstrumente angesetzt werden. Im letzten Fall beziehen sich alle in den Paragraphen 27–29 enthaltenen Verweise auf den Tag der Gewährung statt dessen auf den Tag, an dem das Unternehmen die Waren erhält oder die Vertragspartei die Dienstleistung erbringt.

27 Die erhaltenen Leistungen sind mindestens mit dem am Tag der Gewährung ermittelten beizulegenden Zeitwert der gewährten Eigenkapitalinstrumente anzusetzen, es sei denn, diese Eigenkapitalinstrumente sind nicht ausübbar, weil am Tag der Gewährung eine vereinbarte Ausübungsbedingung (außer einer Marktbedingung) nicht erfüllt war. Dies gilt unabhängig von etwaigen Änderungen der Vertragsbedingungen, zu denen die Eigenkapitalinstrumente gewährt wurden, oder einer Annullierung oder Erfüllung der gewährten Eigenkapitalinstrumente. Außerdem hat ein Unternehmen die Auswirkungen von Änderungen zu erfassen, die den gesamten beizulegenden Zeitwert der aktienbasierten Vergütungsvereinbarung erhöhen oder mit einem anderen Nutzen für den Mitarbeiter verbunden sind. Leitlinien für die Anwendung dieser Vorschrift sind in Anhang B zu finden.

28 Bei einer Annullierung (ausgenommen einer Annullierung durch Verwirkung, weil die Ausübungsbedingungen nicht erfüllt wurden) oder Erfüllung gewährter Eigenkapitalinstrumente während des Erdienungszeitraums gilt Folgendes:
(a) Das Unternehmen hat die Annullierung oder Erfüllung als vorgezogene Ausübungsmöglichkeit zu behandeln und daher den Betrag, der ansonsten für die im restlichen Erdienungszeitraum erhaltenen Leistungen erfasst worden wäre, sofort zu verbuchen.
(b) Alle Zahlungen, die zum Zeitpunkt der Annullierung oder Erfüllung an den Mitarbeiter geleistet werden, sind als Rückkauf eines Eigenkapitalanteils, also als Abzug vom Eigenkapital, zu bilanzieren. Davon ausgenommen sind Überschussbeträge, die den am Tag des Rückkaufs ermittelten inneren Wert der gewährten Eigenkapitalinstrumente übersteigen und als Aufwand zu erfassen sind.

(b) recognise the goods or services received based on the number of equity instruments that ultimately vest or (where applicable) are ultimately exercised. To apply this requirement to share options, for example, the entity shall recognise the goods or services received during the vesting period, if any, in accordance with paragraphs 14 and 15, except that the requirements in paragraph 15(b) concerning a market condition do not apply. The amount recognised for goods or services received during the vesting period shall be based on the number of share options expected to vest. The entity shall revise that estimate, if necessary, if subsequent information indicates that the number of share options expected to vest differs from previous estimates. On vesting date, the entity shall revise the estimate to equal the number of equity instruments that ultimately vested. After vesting date, the entity shall reverse the amount recognised for goods or services received if the share options are later forfeited, or lapse at the end of the share option's life.

25 If an entity applies paragraph 24, it is not necessary to apply paragraphs 26–29, because any modifications to the terms and conditions on which the equity instruments were granted will be taken into account when applying the intrinsic value method set out in paragraph 24. However, if an entity settles a grant of equity instruments to which paragraph 24 has been applied:
(a) if the settlement occurs during the vesting period, the entity shall account for the settlement as an acceleration of vesting, and shall therefore recognise immediately the amount that would otherwise have been recognised for services received over the remainder of the vesting period.
(b) any payment made on settlement shall be accounted for as the repurchase of equity instruments, ie as a deduction from equity, except to the extent that the payment exceeds the intrinsic value of the equity instruments, measured at the repurchase date. Any such excess shall be recognised as an expense.

Modifications to the terms and conditions on which equity instruments were granted, including cancellations and settlements

26 An entity might modify the terms and conditions on which the equity instruments were granted. For example, it might reduce the exercise price of options granted to employees (ie reprice the options), which increases the fair value of those options. The requirements in paragraphs 27–29 to account for the effects of modifications are expressed in the context of share-based payment transactions with employees. However, the requirements shall also be applied to share-based payment transactions with parties other than employees that are measured by reference to the fair value of the equity instruments granted. In the latter case, any references in paragraphs 27–29 to grant date shall instead refer to the date the entity obtains the goods or the counterparty renders service.

27 The entity shall recognise, as a minimum, the services received measured at the grant date fair value of the equity instruments granted, unless those equity instruments do not vest because of failure to satisfy a vesting condition (other than a market condition) that was specified at grant date. This applies irrespective of any modifications to the terms and conditions on which the equity instruments were granted, or a cancellation or settlement of that grant of equity instruments. In addition, the entity shall recognise the effects of modifications that increase the total fair value of the share-based payment arrangement or are otherwise beneficial to the employee. Guidance on applying this requirement is given in Appendix B.

28 If the entity cancels or settles a grant of equity instruments during the vesting period (other than a grant cancelled by forfeiture when the vesting conditions are not satisfied):
(a) the entity shall account for the cancellation or settlement as an acceleration of vesting, and shall therefore recognise immediately the amount that otherwise would have been recognised for services received over the remainder of the vesting period.
(b) any payment made to the employee on the cancellation or settlement of the grant shall be accounted for as the repurchase of an equity interest, ie as a deduction from equity, except to the extent that the payment exceeds the fair value of the equity instruments granted, measured at the repurchase date. Any such excess shall be recognised as an expense.

IFRS 2

(c) Wenn einem Arbeitnehmer neue Eigenkapitalinstrumente gewährt werden und das Unternehmen am Tag der Gewährung dieser neuen Eigenkapitalinstrumente angibt, dass die neuen Eigenkapitalinstrumente als Ersatz für die annullierten Eigenkapitalinstrumente gewährt wurden, sind die als Ersatz gewährten Eigenkapitalinstrumente auf gleiche Weise wie eine Änderung der ursprünglich gewährten Eigenkapitalinstrumente in Übereinstimmung mit Paragraph 27 und den Leitlinien in Anhang B zu bilanzieren. Der gewährte zusätzliche beizulegende Zeitwert entspricht der Differenz zwischen dem beizulegenden Zeitwert der als Ersatz bestimmten Eigenkapitalinstrumente und dem beizulegenden Nettozeitwert der annullierten Eigenkapitalinstrumente am Tag, an dem die Ersatzinstrumente gewährt wurden. Der beizulegende Nettozeitwert der annullierten Eigenkapitalinstrumente ergibt sich aus ihrem beizulegenden Zeitwert unmittelbar vor der Annullierung, abzüglich des Betrags einer etwaigen Zahlung, die zum Zeitpunkt der Annullierung der Eigenkapitalinstrumente an den Mitarbeiter geleistet wurde und die gemäß (b) oben als Abzug vom Eigenkapital zu bilanzieren ist. Neue Eigenkapitalinstrumente, die nach Angabe des Unternehmens nicht als Ersatz für die annullierten Eigenkapitalinstrumente gewährt wurden, sind als neue gewährte Eigenkapitalinstrumente zu bilanzieren.

29 Beim Rückkauf von Eigenkapitalinstrumenten sind die an den Mitarbeiter geleisteten Zahlungen als Abzug vom Eigenkapital zu bilanzieren. Davon ausgenommen ist der Anteil des gezahlten Betrags, der den am Tag des Rückkaufs ermittelten beizulegenden Zeitwert der rückgekauften Eigenkapitalinstrumente übersteigt und als Aufwand zu erfassen ist.

AKTIENBASIERTE VERGÜTUNGSTRANSAKTIONEN MIT BARAUSGLEICH

30 **Bei aktienbasierten Vergütungstransaktionen, die in bar abgegolten werden, sind die erworbenen Güter oder Dienstleistungen und die entstandene Schuld mit dem beizulegenden Zeitwert der Schuld anzusetzen. Bis zur Begleichung der Schuld ist der beizulegende Zeitwert der Schuld zu jedem Berichtsstichtag und am Erfüllungstag neu zu bemessen und sind alle Änderungen des beizulegenden Zeitwertes erfolgswirksam zu erfassen.**

31 Ein Unternehmen könnte seinen Mitarbeitern als Teil ihres Vergütungspakets Wertsteigerungsrechte gewähren, mit denen sie einen Anspruch auf eine künftige Barvergütung (anstelle eines Eigenkapitalinstruments) erwerben, die an den Kursanstieg der Aktien dieses Unternehmens gegenüber einem bestimmten Basiskurs über einen bestimmten Zeitraum gekoppelt ist. Eine andere Möglichkeit der Gewährung eines Anspruchs auf den Erhalt einer künftigen Barvergütung besteht darin, den Mitarbeitern ein Bezugsrecht auf Aktien (einschließlich zum Zeitpunkt der Ausübung der Aktienoptionen auszugebender Aktien) einzuräumen, die entweder rückkaufpflichtig sind (beispielsweise bei Beendigung des Beschäftigungsverhältnisses) oder nach Wahl des Mitarbeiters eingelöst werden können.

32 Das Unternehmen hat zu dem Zeitpunkt, zu dem die Mitarbeiter ihre Leistung erbringen, die erhaltenen Leistungen und gleichzeitig eine Schuld zur Abgeltung dieser Leistungen anzusetzen. Einige Wertsteigerungsrechte sind beispielsweise sofort ausübbar, so dass der Mitarbeiter nicht an die Ableistung einer bestimmten Dienstzeit gebunden ist, bevor er einen Anspruch auf die Barvergütung erwirbt. Sofern kein gegenteiliger substanzieller Hinweis vorliegt, ist zu unterstellen, dass die von den Mitarbeitern als Gegenleistung für die Wertsteigerungsrechte zu erbringenden Leistungen erhalten wurden. Dementsprechend hat das Unternehmen die erhaltenen Leistungen und die daraus entstehende Schuld sofort zu erfassen. Ist die Ausübung der Wertsteigerungsrechte von der Ableistung einer bestimmten Dienstzeit abhängig, sind die erhaltenen Leistungen und die daraus entstehende Schuld zu dem Zeitpunkt zu erfassen, zu dem die Leistungen von den Mitarbeitern während dieses Zeitraums erbracht wurden.

33 Die Schuld ist bei der erstmaligen Erfassung und zu jedem Berichtsstichtag bis zu ihrer Begleichung mit dem beizulegenden Zeitwert der Wertsteigerungsrechte anzusetzen. Hierzu ist ein Optionspreismodell anzuwenden, das die Vertragsbedingungen, zu denen die Wertsteigerungsrechte gewährt wurden, und den Umfang der bisher von den Mitarbeitern abgeleisteten Dienstzeit berücksichtigt.

(c) if new equity instruments are granted to the employee and, on the date when those new equity instruments are granted, the entity identifies the new equity instruments granted as replacement equity instruments for the cancelled equity instruments, the entity shall account for the granting of replacement equity instruments in the same way as a modification of the original grant of equity instruments, in accordance with paragraph 27 and the guidance in Appendix B. The incremental fair value granted is the difference between the fair value of the replacement equity instruments and the net fair value of the cancelled equity instruments, at the date the replacement equity instruments are granted. The net fair value of the cancelled equity instruments is their fair value, immediately before the cancellation, less the amount of any payment made to the employee on cancellation of the equity instruments that is accounted for as a deduction from equity in accordance with (b) above. If the entity does not identify new equity instruments granted as replacement equity instruments for the cancelled equity instruments, the entity shall account for those new equity instruments as a new grant of equity instruments.

If an entity repurchases vested equity instruments, the payment made to the employee shall be accounted for as a deduction from equity, except to the extent that the payment exceeds the fair value of the equity instruments repurchased, measured at the repurchase date. Any such excess shall be recognised as an expense. 29

CASH-SETTLED SHARE-BASED PAYMENT TRANSACTIONS

For cash-settled share-based payment transactions, the entity shall measure the goods or services acquired and the liability incurred at the fair value of the liability. Until the liability is settled, the entity shall remeasure the fair value of the liability at each reporting date and at the date of settlement, with any changes in fair value recognised in profit or loss for the period. 30

For example, an entity might grant share appreciation rights to employees as part of their remuneration package, whereby the employees will become entitled to a future cash payment (rather than an equity instrument), based on the increase in the entity's share price from a specified level over a specified period of time. Or an entity might grant to its employees a right to receive a future cash payment by granting to them a right to shares (including shares to be issued upon the exercise of share options) that are redeemable, either mandatorily (eg upon cessation of employment) or at the employee's option. 31

The entity shall recognise the services received, and a liability to pay for those services, as the employees render service. For example, some share appreciation rights vest immediately, and the employees are therefore not required to complete a specified period of service to become entitled to the cash payment. In the absence of evidence to the contrary, the entity shall presume that the services rendered by the employees in exchange for the share appreciation rights have been received. Thus, the entity shall recognise immediately the services received and a liability to pay for them. If the share appreciation rights do not vest until the employees have completed a specified period of service, the entity shall recognise the services received, and a liability to pay for them, as the employees render service during that period. 32

The liability shall be measured, initially and at each reporting date until settled, at the fair value of the share appreciation rights, by applying an option pricing model, taking into account the terms and conditions on which the share appreciation rights were granted, and the extent to which the employees have rendered service to date. 33

IFRS 2

AKTIENBASIERTE VERGÜTUNGSTRANSAKTIONEN MIT WAHLWEISEM BARAUSGLEICH ODER AUSGLEICH DURCH EIGENKAPITALINSTRUMENTE

34 Bei aktienbasierten Vergütungstransaktionen, bei denen das Unternehmen oder die Gegenpartei vertraglich die Wahl haben, ob die Transaktion in bar (oder in anderen Vermögenswerten) oder durch die Ausgabe von Eigenkapitalinstrumenten abgegolten wird, ist diese Transaktion bzw. sind deren Bestandteile als aktienbasierte Vergütungstransaktion mit Barausgleich zu bilanzieren, sofern und soweit für das Unternehmen eine Verpflichtung zum Ausgleich in bar oder in anderen Vermögenswerten besteht, bzw. als aktienbasierte Vergütungstransaktion mit Ausgleich durch Eigenkapitalinstrumente, sofern und soweit keine solche Verpflichtung vorliegt.

Aktienbasierte Vergütungstransaktionen mit Erfüllungswahlrecht bei der Gegenpartei

35 Lässt ein Unternehmen der Gegenpartei die Wahl, ob eine aktienbasierte Vergütungstransaktion in bar[3] oder durch die Ausgabe von Eigenkapitalinstrumenten beglichen werden soll, liegt die Gewährung eines zusammengesetzten Finanzinstruments vor, das aus einer Schuldkomponente (dem Recht der Gegenpartei auf Barvergütung) und einer Eigenkapitalkomponente (dem Recht der Gegenpartei auf einen Ausgleich durch Eigenkapitalinstrumente anstelle von flüssigen Mitteln) besteht. Bei Transaktionen mit anderen Parteien als Mitarbeitern, bei denen der beizulegende Zeitwert der erhaltenen Güter und Dienstleistungen direkt ermittelt wird, ist die Eigenkapitalkomponente des zusammengesetzten Finanzinstruments als Differenz zwischen dem beizulegenden Zeitwert der erhaltenen Güter oder Dienstleistungen und dem beizulegenden Zeitwert der Schuldkomponente zum Zeitpunkt des Empfangs der Güter oder Dienstleistungen anzusetzen.

36 Bei anderen Transaktionen, einschließlich Transaktionen mit Mitarbeitern, ist der beizulegende Zeitwert des zusammengesetzten Finanzinstruments zum Bewertungsstichtag unter Berücksichtigung der Vertragsbedingungen zu bestimmen, zu denen die Rechte auf Barausgleich oder Ausgleich durch Eigenkapitalinstrumente gewährt wurden.

37 Zur Anwendung von Paragraph 36 ist zunächst der beizulegende Zeitwert der Schuldkomponente und im Anschluss daran der beizulegende Zeitwert der Eigenkapitalkomponente zu ermitteln - wobei zu berücksichtigen ist, dass die Gegenpartei beim Erhalt des Eigenkapitalinstruments ihr Recht auf Barvergütung verwirkt. Der beizulegende Zeitwert des zusammengesetzten Finanzinstruments entspricht der Summe der beizulegenden Zeitwerte der beiden Komponenten. Aktienbasierte Vergütungstransaktionen, bei denen die Gegenpartei die Form des Ausgleichs frei wählen kann, sind jedoch häufig so strukturiert, dass beide Alternativen den gleichen beizulegenden Zeitwert haben. Die Gegenpartei könnte beispielsweise die Wahl zwischen dem Erhalt von Aktienoptionen oder in bar abgegoltenen Wertsteigerungsrechten haben. In solchen Fällen ist der beizulegende Zeitwert der Eigenkapitalkomponente gleich Null, d. h. der beizulegende Zeitwert des zusammengesetzten Finanzinstruments entspricht dem der Schuldkomponente. Umgekehrt ist der beizulegende Zeitwert der Eigenkapitalkomponente in der Regel größer als Null, wenn sich die beizulegenden Zeitwerte der Vergütungsalternativen unterscheiden. In diesem Fall ist der beizulegende Zeitwert des zusammengesetzten Finanzinstruments größer als der beizulegende Zeitwert der Schuldkomponente.

38 Die erhaltenen oder erworbenen Güter oder Dienstleistungen sind entsprechend ihrer Klassifizierung als Schuld- oder Eigenkapitalkomponente des zusammengesetzten Finanzinstrumente getrennt auszuweisen. Für die Schuldkomponente sind zu dem Zeitpunkt, zu dem die Gegenpartei die Güter liefert oder Leistungen erbringt, die erhaltenen Güter oder Dienstleistungen und gleichzeitig eine Schuld zur Begleichung dieser Güter oder Dienstleistungen gemäß den für aktienbasierte Vergütungstransaktionen mit Barausgleich geltenden Vorschriften (Paragraph 30–33) zu erfassen. Für die Eigenkapitalkomponente (falls vorhanden) sind zu dem Zeitpunkt, zu dem die Gegenpartei die Güter liefert oder Leistungen erbringt, die erhaltenen Güter oder Dienstleistungen und gleichzeitig eine Schuld zur Begleichung dieser Güter oder Dienstleistungen gemäß den für aktienbasierte Vergütungstransaktionen mit Ausgleich durch Eigenkapitalinstrumente geltenden Vorschriften (Paragraph 10–29) zu erfassen.

39 Am Erfüllungstag ist die Schuld mit dem beizulegenden Zeitwert neu zu bewerten. Erfolgt der Ausgleich nicht in bar, sondern durch die Ausgabe von Eigenkapitalinstrumenten, ist die Schuld als Gegenleistung für die ausgegebenen Eigenkapitalinstrumente direkt ins Eigenkapital umzubuchen.

---

[3] In den Paragraphen 35–43 schließen alle Verweise auf flüssige Mittel auch andere Vermögenswerte des Unternehmens ein.

IFRS 2

SHARE-BASED PAYMENT TRANSACTIONS WITH CASH ALTERNATIVES

For share-based payment transactions in which the terms of the arrangement provide either the entity or the counterparty with the choice of whether the entity settles the transaction in cash (or other assets) or by issuing equity instruments, the entity shall account for that transaction, or the components of that transaction, as a cash-settled share-based payment transaction if, and to the extent that, the entity has incurred a liability to settle in cash or other assets, or as an equity-settled share-based payment transaction if, and to the extent that, no such liability has been incurred. 34

Share-based payment transactions in which the terms of the arrangement provide the counterparty with a choice of settlement

If an entity has granted the counterparty the right to choose whether a share-based payment transaction is settled in cash[3] or by issuing equity instruments, the entity has granted a compound financial instrument, which includes a debt component (ie the counterparty's right to demand payment in cash) and an equity component (ie the counterparty's right to demand settlement in equity instruments rather than in cash). For transactions with parties other than employees, in which the fair value of the goods or services received is measured directly, the entity shall measure the equity component of the compound financial instrument as the difference between the fair value of the goods or services received and the fair value of the debt component, at the date when the goods or services are received. 35

For other transactions, including transactions with employees, the entity shall measure the fair value of the compound financial instrument at the measurement date, taking into account the terms and conditions on which the rights to cash or equity instruments were granted. 36

To apply paragraph 36, the entity shall first measure the fair value of the debt component, and then measure the fair value of the equity component—taking into account that the counterparty must forfeit the right to receive cash in order to receive the equity instrument. The fair value of the compound financial instrument is the sum of the fair values of the two components. However, share-based payment transactions in which the counterparty has the choice of settlement are often structured so that the fair value of one settlement alternative is the same as the other. For example, the counterparty might have the choice of receiving share options or cash-settled share appreciation rights. In such cases, the fair value of the equity component is zero, and hence the fair value of the compound financial instrument is the same as the fair value of the debt component. Conversely, if the fair values of the settlement alternatives differ, the fair value of the equity component usually will be greater than zero, in which case the fair value of the compound financial instrument will be greater than the fair value of the debt component. 37

The entity shall account separately for the goods or services received or acquired in respect of each component of the compound financial instrument. For the debt component, the entity shall recognise the goods or services acquired, and a liability to pay for those goods or services, as the counterparty supplies goods or renders service, in accordance with the requirements applying to cash-settled share-based payment transactions (paragraphs 30–33). For the equity component (if any), the entity shall recognise the goods or services received, and an increase in equity, as the counterparty supplies goods or renders service, in accordance with the requirements applying to equity-settled share-based payment transactions (paragraphs 10–29). 38

At the date of settlement, the entity shall remeasure the liability to its fair value. If the entity issues equity instruments on settlement rather than paying cash, the liability shall be transferred direct to equity, as the consideration for the equity instruments issued. 39

---

3 In paragraphs 35–43, all references to cash also include other assets of the entity.

IFRS 2

40 Erfolgt der Ausgleich in bar anstatt durch die Ausgabe von Eigenkapitalinstrumenten, gilt die Schuld mit dieser Zahlung als vollständig beglichen. Alle vorher erfassten Eigenkapitalkomponenten bleiben im Eigenkapital. Durch ihre Entscheidung für eine Barabgeltung verwirkt die Gegenpartei das Recht auf den Erhalt von Eigenkapitalinstrumenten. Diese Vorschrift schließt jedoch nicht die Möglichkeit einer Umbuchung innerhalb des Eigenkapitals, also eine Umbuchung von einem Eigenkapitalposten in einen anderen, aus.

Aktienbasierte Vergütungstransaktionen mit Erfüllungswahlrecht beim Unternehmen

41 Bei aktienbasierten Vergütungstransaktionen, die dem Unternehmen das vertragliche Wahlrecht einräumen, ob der Ausgleich in bar oder durch die Ausgabe von Eigenkapitalinstrumenten erfolgen soll, hat das Unternehmen zu bestimmen, ob eine gegenwärtige Verpflichtung zum Barausgleich besteht, und die aktienbasierte Vergütungstransaktion entsprechend abzubilden. Eine gegenwärtige Verpflichtung zum Barausgleich liegt dann vor, wenn die Möglichkeit eines Ausgleichs durch Eigenkapitalinstrumente keinen wirtschaftlichen Gehalt hat (z. B. weil dem Unternehmen die Ausgabe von Aktien gesetzlich verboten ist) oder der Barausgleich eine vergangene betriebliche Praxis oder erklärte Richtlinie des Unternehmens war oder das Unternehmen im Allgemeinen einen Barausgleich vornimmt, wenn die Gegenpartei diese Form des Ausgleichs wünscht.

42 Hat das Unternehmen eine gegenwärtige Verpflichtung zum Barausgleich, ist die Transaktion gemäß den Vorschriften für aktienbasierte Vergütungstransaktionen mit Barausgleich (Paragraph 30–33) zu erfassen.

43 Liegt eine solche Verpflichtung nicht vor, ist die Transaktion gemäß den Vorschriften für aktienbasierte Vergütungstransaktionen mit Ausgleich durch Eigenkapitalinstrumente (Paragraph 10–29) zu bilanzieren. Bei der Erfüllung kommen folgende Regelungen zur Anwendung:
(a) Entscheidet sich das Unternehmen für einen Barausgleich, ist die Barvergütung mit Ausnahme der unter (c) unten beschriebenen Fälle als Rückkauf von Eigenkapitalanteilen, also als Abzug vom Eigenkapital, zu behandeln.
(b) Entscheidet sich das Unternehmen für einen Ausgleich durch die Ausgabe von Eigenkapitalinstrumenten, ist mit Ausnahme der unter (c) unten beschriebenen Fälle keine weitere Buchung erforderlich (außer ggf. eine Umbuchung von einem Eigenkapitalposten in einen anderen).
(c) Wählt das Unternehmen die Form des Ausgleichs mit dem am Erfüllungstag höheren beizulegenden Zeitwert, ist ein zusätzlicher Aufwand für den Überschussbetrag anzusetzen, d. h. für die Differenz zwischen der Höhe der Barvergütung und dem beizulegenden Zeitwert der Eigenkapitalinstrumente, die sonst ausgegeben worden wären, bzw., je nach Sachlage, der Differenz zwischen dem beizulegenden Zeitwert der ausgegebenen Eigenkapitalinstrumente und dem Barbetrag, der sonst gezahlt worden wäre.

ANGABEN

44 Ein Unternehmen hat Informationen anzugeben, die Art und Ausmaß der in der Berichtsperiode bestehenden aktienbasierten Vergütungsvereinbarungen für den Abschlussadressaten nachvollziehbar machen.

45 Um dem Grundsatz in Paragraph 44 Rechnung zu tragen, sind mindestens folgende Angaben erforderlich:
(a) eine Beschreibung der einzelnen Arten von aktienbasierten Vergütungsvereinbarungen, die während der Berichtsperiode in Kraft waren, einschließlich der allgemeinen Vertragsbedingungen jeder Vereinbarung, wie Ausübungsbedingungen, maximale Anzahl gewährter Optionen und Form des Ausgleichs (ob in bar oder durch Eigenkapitalinstrumente). Ein Unternehmen mit substanziell ähnlichen Arten von aktienbasierten Vergütungsvereinbarungen kann diese Angaben zusammenfassen, soweit zur Erfüllung des Grundsatzes in Paragraph 44 keine gesonderte Darstellung der einzelnen Vereinbarungen notwendig ist.
(b) Anzahl und gewichteter Durchschnitt der Ausübungspreise der Aktienoptionen für jede der folgenden Gruppen von Optionen:
  (i) zu Beginn der Berichtsperiode ausstehende Optionen;
  (ii) in der Berichtsperiode gewährte Optionen;
  (iii) in der Berichtsperiode verwirkte Optionen;
  (iv) in der Berichtsperiode ausgeübte Optionen;
  (v) in der Berichtsperiode verfallene Optionen;
  (vi) am Ende der Berichtsperiode ausstehende Optionen
    und
  (vii) am Ende der Berichtsperiode ausübbare Optionen.

IFRS 2

40 If the entity pays in cash on settlement rather than issuing equity instruments, that payment shall be applied to settle the liability in full. Any equity component previously recognised shall remain within equity. By electing to receive cash on settlement, the counterparty forfeited the right to receive equity instruments. However, this requirement does not preclude the entity from recognising a transfer within equity, ie a transfer from one component of equity to another.

Share-based payment transactions in which the terms of the arrangement provide the entity with a choice of settlement

41 For a share-based payment transaction in which the terms of the arrangement provide an entity with the choice of whether to settle in cash or by issuing equity instruments, the entity shall determine whether it has a present obligation to settle in cash and account for the share-based payment transaction accordingly. The entity has a present obligation to settle in cash if the choice of settlement in equity instruments has no commercial substance (eg because the entity is legally prohibited from issuing shares), or the entity has a past practice or a stated policy of settling in cash, or generally settles in cash whenever the counterparty asks for cash settlement.

42 If the entity has a present obligation to settle in cash, it shall account for the transaction in accordance with the requirements applying to cash-settled share-based payment transactions, in paragraphs 30–33.

43 If no such obligation exists, the entity shall account for the transaction in accordance with the requirements applying to equity-settled share-based payment transactions, in paragraphs 10–29. Upon settlement:
(a) if the entity elects to settle in cash, the cash payment shall be accounted for as the repurchase of an equity interest, ie as a deduction from equity, except as noted in (c) below.
(b) if the entity elects to settle by issuing equity instruments, no further accounting is required (other than a transfer from one component of equity to another, if necessary), except as noted in (c) below.
(c) if the entity elects the settlement alternative with the higher fair value, as at the date of settlement, the entity shall recognise an additional expense for the excess value given, ie the difference between the cash paid and the fair value of the equity instruments that would otherwise have been issued, or the difference between the fair value of the equity instruments issued and the amount of cash that would otherwise have been paid, whichever is applicable.

DISCLOSURES

44 An entity shall disclose information that enables users of the financial statements to understand the nature and extent of share-based payment arrangements that existed during the period.

45 To give effect to the principle in paragraph 44, the entity shall disclose at least the following:
(a) a description of each type of share-based payment arrangement that existed at any time during the period, including the general terms and conditions of each arrangement, such as vesting requirements, the maximum term of options granted, and the method of settlement (eg whether in cash or equity). An entity with substantially similar types of share-based payment arrangements may aggregate this information, unless separate disclosure of each arrangement is necessary to satisfy the principle in paragraph 44.
(b) the number and weighted average exercise prices of share options for each of the following groups of options:
  (i) outstanding at the beginning of the period;
  (ii) granted during the period;
  (iii) forfeited during the period;
  (iv) exercised during the period;
  (v) expired during the period;
  (vi) outstanding at the end of the period; and
  (vii) exercisable at the end of the period.

(c) bei in der Berichtsperiode ausgeübten Optionen der gewichtete Durchschnittsaktienkurs am Tag der Ausübung. Wurden die Optionen während der Berichtsperiode regelmäßig ausgeübt, kann statt dessen der gewichtete Durchschnittsaktienkurs der Berichtsperiode herangezogen werden.
(d) für die am Ende der Berichtsperiode ausstehenden Optionen die Bandbreite an Ausübungspreisen und der gewichtete Durchschnitt der restlichen Vertragslaufzeit. Ist die Bandbreite der Ausübungspreise sehr groß, sind die ausstehenden Optionen in Bereiche zu unterteilen, die zur Beurteilung der Anzahl und des Zeitpunktes der möglichen Ausgabe zusätzlicher Aktien und des bei Ausübung dieser Optionen realisierbaren Barbetrags geeignet sind.

46 Ein Unternehmen hat Informationen anzugeben, die den Abschlussadressaten deutlich machen, wie der beizulegende Zeitwert der erhaltenen Güter oder Dienstleistungen oder der beizulegende Zeitwert der gewährten Eigenkapitalinstrumente in der Berichtsperiode bestimmt wurde.

47 Wurde der beizulegende Zeitwert der im Austausch für Eigenkapitalinstrumente des Unternehmens erhaltenen Güter oder Dienstleistungen indirekt unter Bezugnahme auf den beizulegenden Zeitwert der gewährten Eigenkapitalinstrumente bemessen, hat das Unternehmen zur Erfüllung des Grundsatzes in Paragraph 46 mindestens folgende Angaben zu machen:
(a) für in der Berichtsperiode gewährte Aktienoptionen der gewichtete Durchschnitt der beizulegenden Zeitwerte dieser Optionen am Bewertungsstichtag sowie Angaben darüber, wie dieser beizulegende Zeitwert ermittelt wurde, einschließlich:
 (i) das verwendete Optionspreismodell und die in dieses Modell einfließenden Daten, einschließlich gewichteter Durchschnittsaktienkurs, Ausübungspreis, erwartete Volatilität, Laufzeit der Option, erwartete Dividenden, risikoloser Zinssatz und andere in das Modell einfließende Parameter, einschließlich verwendete Methode und die zugrunde gelegten Annahmen zur Berücksichtigung der Auswirkungen einer erwarteten frühzeitigen Ausübung;
 (ii) wie die erwartete Volatilität bestimmt wurde. Hierzu gehören auch erläuternde Angaben, inwieweit die erwartete Volatilität auf der historischen Volatilität beruht; und
 (iii) ob und auf welche Weise andere Ausstattungsmerkmale der Optionsgewährung, wie z. B. eine Marktbedingung, in die Ermittlung des beizulegenden Zeitwert einbezogen wurden.
(b) für andere in der Berichtsperiode gewährte Eigenkapitalinstrumente (keine Aktienoptionen) die Anzahl und der gewichtete Durchschnitt der beizulegenden Zeitwerte dieser Eigenkapitalinstrumente am Bewertungsstichtag sowie Angaben darüber, wie dieser beizulegende Zeitwert ermittelt wurde, einschließlich:
 (i) wenn der beizulegende Zeitwert nicht anhand eines beobachtbaren Marktpreises ermittelt wurde, auf welche Weise er bestimmt wurde;
 (ii) ob und auf welche Weise erwartete Dividenden bei der Ermittlung des beizulegenden Zeitwertes berücksichtigt wurden; und
 (iii) ob und auf welche Weise andere Ausstattungsmerkmale der gewährten Eigenkapitalinstrumente in die Bestimmung des beizulegenden Zeitwertes eingeflossen sind.
(c) für aktienbasierte Vergütungstransaktionen, die in der Berichtsperiode geändert wurden:
 (i) eine Erklärung, warum diese Änderungen vorgenommen wurden;
 (ii) der zusätzliche beizulegende Zeitwert, der (infolge dieser Änderungen) gewährt wurde; und
 (iii) ggf. Angaben darüber, wie der gewährte zusätzliche beizulegende Zeitwert unter Beachtung der Vorschriften von (a) und (b) oben bestimmt wurde.

48 Wurden die in der Berichtsperiode erhaltenen Güter oder Dienstleistungen direkt zum beizulegenden Zeitwert angesetzt, ist anzugeben, wie der beizulegende Zeitwert bestimmt wurde, d. h. ob er anhand eines Marktpreises für die betreffenden Güter oder Dienstleistungen ermittelt wurde.

49 Hat das Unternehmen die Vermutung in Paragraph 13 widerlegt, hat es diese Tatsache zusammen mit einer Begründung anzugeben, warum es zu einer Widerlegung dieser Vermutung kam.

50 Ein Unternehmen hat Informationen anzugeben, die den Abschlussadressaten die Auswirkungen aktienbasierter Vergütungstransaktionen auf das Periodenergebnis und die Vermögens- und Finanzlage des Unternehmens verständlich machen.

(c) for share options exercised during the period, the weighted average share price at the date of exercise. If options were exercised on a regular basis throughout the period, the entity may instead disclose the weighted average share price during the period.
(d) for share options outstanding at the end of the period, the range of exercise prices and weighted average remaining contractual life. If the range of exercise prices is wide, the outstanding options shall be divided into ranges that are meaningful for assessing the number and timing of additional shares that may be issued and the cash that may be received upon exercise of those options.

An entity shall disclose information that enables users of the financial statements to understand how the fair value of the goods or services received, or the fair value of the equity instruments granted, during the period was determined. 46

If the entity has measured the fair value of goods or services received as consideration for equity instruments of the entity indirectly, by reference to the fair value of the equity instruments granted, to give effect to the principle in paragraph 46, the entity shall disclose at least the following: 47
(a) for share options granted during the period, the weighted average fair value of those options at the measurement date and information on how that fair value was measured, including:
  (i) the option pricing model used and the inputs to that model, including the weighted average share price, exercise price, expected volatility, option life, expected dividends, the risk-free interest rate and any other inputs to the model, including the method used and the assumptions made to incorporate the effects of expected early exercise;
  (ii) how expected volatility was determined, including an explanation of the extent to which expected volatility was based on historical volatility; and
  (iii) whether and how any other features of the option grant were incorporated into the measurement of fair value, such as a market condition.
(b) for other equity instruments granted during the period (ie other than share options), the number and weighted average fair value of those equity instruments at the measurement date, and information on how that fair value was measured, including:
  (i) if fair value was not measured on the basis of an observable market price, how it was determined;
  (ii) whether and how expected dividends were incorporated into the measurement of fair value; and
  (iii) whether and how any other features of the equity instruments granted were incorporated into the measurement of fair value.
(c) for share-based payment arrangements that were modified during the period:
  (i) an explanation of those modifications;
  (ii) the incremental fair value granted (as a result of those modifications); and
  (iii) information on how the incremental fair value granted was measured, consistently with the requirements set out in (a) and (b) above, where applicable.

If the entity has measured directly the fair value of goods or services received during the period, the entity shall disclose how that fair value was determined, eg whether fair value was measured at a market price for those goods or services. 48

If the entity has rebutted the presumption in paragraph 13, it shall disclose that fact, and give an explanation of why the presumption was rebutted. 49

An entity shall disclose information that enables users of the financial statements to understand the effect of share-based payment transactions on the entity's profit or loss for the period and on its financial position. 50

51 Um dem Grundsatz in Paragraph 50 Rechnung zu tragen, sind mindestens folgende Angaben erforderlich:
 (a) der in der Berichtsperiode erfasste Gesamtaufwand für aktienbasierte Vergütungstransaktionen, bei denen die erhaltenen Güter oder Dienstleistungen nicht für eine Erfassung als Vermögenswert in Betracht kamen und daher sofort aufwandswirksam verbucht wurden. Dabei ist der Anteil am Gesamtaufwand, der auf aktienbasierte Vergütungstransaktionen mit Ausgleich durch Eigenkapitalinstrumente entfällt, gesondert auszuweisen;
 (b) für Schulden aus aktienbasierten Vergütungstransaktionen:
  (i) der Gesamtbuchwert am Ende der Berichtsperiode und
  (ii) der gesamte innere Wert der Schulden am Ende der Berichtsperiode, bei denen das Recht der Gegenpartei auf Erhalt von flüssigen Mitteln oder anderen Vermögenswerten zum Ende der Berichtsperiode ausübbar war (z. B. ausübbare Wertsteigerungsrechte).

52 Sind die Angabepflichten dieses IFRS zur Erfüllung der Grundsätze in den Paragraphen 44, 46 und 50 nicht ausreichend, hat das Unternehmen zusätzliche Angaben zu machen, die zu einer Erfüllung dieser Grundsätze führen.

ÜBERGANGSVORSCHRIFTEN

53 Bei aktienbasierten Vergütungstransaktionen mit Ausgleich durch Eigenkapitalinstrumente ist dieser IFRS auf Aktien, Aktienoptionen und andere Eigenkapitalinstrumente anzuwenden, die nach dem 7. November 2002 gewährt wurden und zum Zeitpunkt des Inkrafttretens dieses IFRS noch nicht ausübbar waren.

54 Es wird empfohlen, aber nicht vorgeschrieben, diesen IFRS auf andere gewährte Eigenkapitalinstrumente anzuwenden, sofern das Unternehmen den am Bewertungsstichtag bestimmten beizulegenden Zeitwert dieser Eigenkapitalinstrumente veröffentlicht hat.

55 Bei allen gewährten Eigenkapitalinstrumenten, auf die dieser IFRS angewendet wird, ist eine Anpassung der Vergleichsinformationen und ggf. des Eröffnungsbilanzwertes der Gewinnrücklagen für die früheste dargestellte Berichtsperiode vorzunehmen.

56 Alle gewährten Eigenkapitalinstrumente, auf dieser IFRS keine Anwendung findet (also alle bis einschließlich 7. November 2002 zugeteilten Eigenkapitalinstrumente), unterliegen dennoch den Angabepflichten gemäß Paragraph 44 und 45.

57 Ändert ein Unternehmen nach Inkrafttreten des IFRS die Vertragsbedingungen für gewährte Eigenkapitalinstrumente, auf die dieser IFRS nicht angewendet worden ist, sind dennoch für die Bilanzierung derartiger Änderungen die Paragraphen 26–29 maßgeblich.

58 Der IFRS ist rückwirkend auf Schulden aus aktienbasierten Vergütungstransaktionen anzuwenden, die zum Zeitpunkt des Inkrafttretens dieses IFRS bestanden. Für diese Schulden ist eine Anpassung der Vergleichsinformationen vorzunehmen. Hierzu gehört auch eine Anpassung des Eröffnungsbilanzwertes der Gewinnrücklagen in der frühesten dargestellten Berichtsperiode, für die die Vergleichsinformationen angepasst worden sind. Eine Pflicht zur Anpassung der Vergleichsinformationen besteht allerdings nicht für Informationen, die sich auf eine Berichtsperiode oder einen Tag vor dem 7. November 2002 beziehen.

59 Es wird empfohlen, aber nicht vorgeschrieben, den IFRS rückwirkend auf andere Schulden aus aktienbasierten Vergütungstransaktionen anzuwenden, wie beispielsweise auf Schulden, die in einer Berichtsperiode beglichen wurden, für die Vergleichsinformationen aufgeführt sind.

ZEITPUNKT DES INKRAFTTRETENS

60 Dieser IFRS ist erstmals in der ersten Berichtsperiode eines am 1. Januar 2005 oder danach beginnenden Geschäftsjahres anzuwenden. Eine frühere Anwendung wird empfohlen. Wenn ein Unternehmen den IFRS für Berichtsperioden anwendet, die vor dem 1. Januar 2005 beginnen, so ist diese Tatsache anzugeben.

To give effect to the principle in paragraph 50, the entity shall disclose at least the following: 51

(a) the total expense recognised for the period arising from share-based payment transactions in which the goods or services received did not qualify for recognition as assets and hence were recognised immediately as an expense, including separate disclosure of that portion of the total expense that arises from transactions accounted for as equity-settled share-based payment transactions;

(b) for liabilities arising from share-based payment transactions:

  (i) the total carrying amount at the end of the period; and

  (ii) the total intrinsic value at the end of the period of liabilities for which the counterparty's right to cash or other assets had vested by the end of the period (eg vested share appreciation rights).

If the information required to be disclosed by this IFRS does not satisfy the principles in paragraphs 44, 46 and 50, the entity shall disclose such additional information as is necessary to satisfy them. 52

TRANSITIONAL PROVISIONS

For equity-settled share-based payment transactions, the entity shall apply this IFRS to grants of shares, share options or other equity instruments that were granted after 7 November 2002 and had not yet vested at the effective date of this IFRS. 53

The entity is encouraged, but not required, to apply this IFRS to other grants of equity instruments if the entity has disclosed publicly the fair value of those equity instruments, determined at the measurement date. 54

For all grants of equity instruments to which this IFRS is applied, the entity shall restate comparative information and, where applicable, adjust the opening balance of retained earnings for the earliest period presented. 55

For all grants of equity instruments to which this IFRS has not been applied (eg equity instruments granted on or before 7 November 2002), the entity shall nevertheless disclose the information required by paragraphs 44 and 45. 56

If, after the IFRS becomes effective, an entity modifies the terms or conditions of a grant of equity instruments to which this IFRS has not been applied, the entity shall nevertheless apply paragraphs 26–29 to account for any such modifications. 57

For liabilities arising from share-based payment transactions existing at the effective date of this IFRS, the entity shall apply the IFRS retrospectively. For these liabilities, the entity shall restate comparative information, including adjusting the opening balance of retained earnings in the earliest period presented for which comparative information has been restated, except that the entity is not required to restate comparative information to the extent that the information relates to a period or date that is earlier than 7 November 2002. 58

The entity is encouraged, but not required, to apply retrospectively the IFRS to other liabilities arising from share-based payment transactions, for example, to liabilities that were settled during a period for which comparative information is presented. 59

EFFECTIVE DATE

An entity shall apply this IFRS for annual periods beginning on or after 1 January 2005. Earlier application is encouraged. If an entity applies the IFRS for a period beginning before 1 January 2005, it shall disclose that fact. 60

ANHANG A

Begriffsbestimmungen

Dieser Anhang ist Bestandteil des IFRS.

Aktienbasierte Vergütungstransaktion mit Barausgleich	eine **aktienbasierte Vergütungstransaktion**, bei denen das Unternehmen Güter oder Dienstleistungen erhält und im Gegenzug die Verpflichtung eingeht, dem Lieferanten dieser Güter oder Dienstleistungen flüssige Mittel oder andere Vermögenswerte zu übertragen, deren Höhe vom Kurs (oder Wert) der Aktien oder anderer **Eigenkapitalinstrumente** des Unternehmens abhängig ist.
Mitarbeiter und andere, die ähnliche Leistungen erbringen	Personen, die persönliche Leistungen für das Unternehmen erbringen und die (a) rechtlich oder steuerlich als Mitarbeiter gelten, (b) für das Unternehmen auf dessen Anweisung tätig sind wie Personen, die rechtlich oder steuerlich als Mitarbeiter gelten, oder (c) ähnliche Leistungen wie Mitarbeiter erbringen. Der Begriff umfasst beispielsweise das gesamte Management, d. h. alle Personen, die für die Planung, Leitung und Überwachung der Tätigkeiten des Unternehmens zuständig und verantwortlich sind, einschließlich Non-Executive Directors.
Eigenkapitalinstrument	Ein Vertrag, der einen Residualanspruch an den Vermögenswerten nach Abzug aller dazugehörigen Schulden begründet[4].
Gewährtes Eigenkapitalinstrument	Das vom Unternehmen im Rahmen einer **aktienbasierten Vergütungstransaktion** übertragene (bedingte oder uneingeschränkte) Recht an einem **Eigenkapitalinstrument** des Unternehmens.
Aktienbasierte Vergütungstransaktion mit Ausgleich durch Eigenkapitalinstrumente	eine **aktienbasierte Vergütungstransaktion**, bei der das Unternehmen Güter oder Dienstleistungen erhält und im Gegenzug **Eigenkapitalinstrumente** des Unternehmens (einschließlich Aktien oder Aktienoptionen) hingibt.
Beizulegender Zeitwert	Der Betrag, zu dem zwischen sachverständigen, vertragswilligen und voneinander unabhängigen Geschäftspartnern ein Vermögenswert getauscht, eine Schuld beglichen oder ein gewährtes **Eigenkapitalinstrument** getauscht werden könnte.
Tag der Gewährung	Tag, an dem das Unternehmen und eine andere Partei (einschließlich ein Mitarbeiter) eine **aktienbasierte Vergütungsvereinbarung** treffen, worunter der Zeitpunkt zu verstehen ist, zu dem das Unternehmen und die Gegenpartei ein gemeinsames Verständnis über die Vertragsbedingungen der Vereinbarung erlangt haben. Am Tag der Gewährung verleiht das Unternehmen der Gegenpartei das Recht auf den Erhalt von flüssigen Mitteln, anderen Vermögenswerten oder **Eigenkapitalinstrumenten** des Unternehmens, das ggf. an die Erfüllung bestimmter Ausübungsbedingungen geknüpft ist. Unterliegt diese Vereinbarung einem Genehmigungsverfahren (z. B. durch die Anteilseigner), entspricht der Tag der Gewährung dem Tag, an dem die Genehmigung erteilt wurde.
Innerer Wert	Die Differenz zwischen dem beizulegenden Zeitwert der Aktien, zu deren Zeichnung oder Erhalt die Gegenpartei (bedingt oder uneingeschränkt) berechtigt ist, und (gegebenenfalls) dem von der Gegenpartei für diese Aktien zu entrichtenden Betrag. Bei- spielsweise hat eine **Aktienoption** mit einem Ausübungspreis von WE 15[5] bei einer Aktie mit einem **beizulegenden Zeitwert** von WE 20 einen inneren Wert von WE 5.

---

[4] Im *Rahmenkonzept* ist eine Schuld definiert als eine gegenwärtige Verpflichtung des Unternehmens, die aus Ereignissen der Vergangenheit entsteht und deren Erfüllung für das Unternehmen erwartungsgemäß mit einem Abfluss von Ressourcen mit wirtschaftlichem Nutzen verbunden ist (z. B. einem Abfluss von Zahlungsmitteln oder anderen Vermögenswerten).

[5] In diesem Anhang werden Geldbeträge in „Währungseinheiten" (WE) angegeben.

APPENDIX A

Defined terms

This appendix is an integral part of the IFRS.

cash-settled share-based payment transaction	A **share-based payment transaction** in which the entity acquires goods or services by incurring a liability to transfer cash or other assets to the supplier of those goods or services for amounts that are based on the price (or value) of the entity's shares or other **equity instruments** of the entity.
employees and others providing similar services	Individuals who render personal services to the entity and either (a) the individuals are regarded as employees for legal or tax purposes, (b) the individuals work for the entity under its direction in the same way as individuals who are regarded as employees for legal or tax purposes, or (c) the services rendered are similar to those rendered by employees. For example, the term encompasses all management personnel, ie those persons having authority and responsibility for planning, directing and controlling the activities of the entity, including non-executive directors.
equity instrument	A contract that evidences a residual interest in the assets of an entity after deducting all of its liabilities[4].
equity instrument granted	The right (conditional or unconditional) to an equity instrument of the entity conferred by the entity on another party, under a **share-based payment arrangement**.
equity-settled share-based payment transaction	A **share-based payment transaction** in which the entity receives goods or services as consideration for **equity instruments** of the entity (including shares or share options).
fair value	The amount for which an asset could be exchanged, a liability settled, or an **equity instrument granted** could be exchanged, between knowledgeable, willing parties in an arm's length transaction.
grant date	The date at which the entity and another party (including an employee) agree to a **share-based payment arrangement**, being when the entity and the counterparty have a shared understanding of the terms and conditions of the arrangement. At grant date the entity confers on the counterparty the right to cash, other assets, or **equity instruments** of the entity, provided the specified **vesting conditions**, if any, are met. If that agreement is subject to an approval process (for example, by shareholders), grant date is the date when that approval is obtained.
intrinsic value	The difference between the **fair value** of the shares to which the counterparty has the (conditional or unconditional) right to subscribe or which it has the right to receive, and the price (if any) the counterparty is (or will be) required to pay for those shares. For example, a **share option** with an exercise price of CU15[5], on a share with a **fair value** of CU20, has an intrinsic value of CU5.

---

[4] The *Framework* defines a liability as a present obligation of the entity arising from past events, the settlement of which is expected to result in an outflow from the entity of resources embodying economic benefits (ie an outflow of cash or other assets of the entity).

[5] In this appendix, monetary amounts are denominated in »currency units« (CU).

IFRS 2

Marktbedingung	Eine Bedingung für den Ausübungspreis, den Übergang des Rechtsanspruchs an oder die Ausübungsmöglichkeit von **Eigenkapitalinstrumenten**, die mit dem Marktpreis der **Eigenkapitalinstrumente** des Unternehmens in Zusammenhang stehen, wie beispielsweise die Erzielung eines bestimmten Aktienkurses oder eines bestimmten **inneren Wertes** einer Aktienoption oder die Erreichung einer bestimmten Erfolgsziels, das auf dem Marktkurs der **Eigenkapitalinstrumente** des Unternehmens gegenüber einem Index von Marktpreisen der **Eigenkapitalinstrumente** anderer Unternehmen basiert.
Bewertungsstichtag	Tag, an dem der **beizulegende Zeitwert** der gewährten **Eigenkapitalinstrumente** für die Zwecke dieses Standards bestimmt wird. Bei Transaktionen mit **Mitarbeiten und anderen, die ähnliche Leistungen erbringen**, ist der Bewertungsstichtag der **Tag der Gewährung**. Bei Transaktionen mit anderen Parteien als Mitarbeitern (und Personen, die ähnliche Leistungen erbringen) ist der Bewertungsstichtag der Tag, an dem das Unternehmen die Güter erhält oder die Gegenpartei die Leistungen erbringt.
Reload-Eigenschaft	Ausstattungsmerkmal, das eine automatische Gewährung zusätzlicher **Aktienoptionen** vorsieht, wenn der Optionsinhaber bei der Ausübung vorher gewährter Optionen den Ausübungspreis mit den Aktien des Unternehmens und nicht in bar begleicht.
Reload-Option	Eine neue **Aktienoption**, die gewährt wird, wenn der Ausübungspreis einer früheren **Aktienoption** mit einer Aktie beglichen wird.
Aktienbasierte Vergütungsvereinbarung	Eine Vereinbarung zwischen dem Unternehmen und einer anderen Partei (einschließlich einem Mitarbeiter), eine **aktienbasierte Vergütungstransaktion** durchzuführen, welche die andere Partei – ggf. unter dem Vorbehalt der Erfüllung bestimmter **Ausübungsbedingungen** – zum Erhalt von flüssigen Mitteln oder anderen Vermögenswerten des Unternehmens, deren Höhe vom Kurs der Aktien oder anderer **Eigenkapitalinstrumente** des Unternehmens abhängig ist, oder zum Erhalt von **Eigenkapitalinstrumenten** des Unternehmens berechtigt.
Aktienbasierte Vergütungstransaktion	Eine Transaktion, bei der das Unternehmen Güter oder Dienstleistungen erhält und im Gegenzug **Eigenkapitalinstrumente** des Unternehmens (einschließlich Aktien oder **Aktienoptionen**) hingibt oder Güter oder Dienstleistungen erwirbt und dafür gegenüber dem Lieferanten dieser Güter oder Dienstleistungen eine Schuld eingeht, deren Höhe vom Kurs der Aktien oder anderer **Eigenkapitalinstrumente** des Unternehmens abhängig ist.
Aktienoption	Ein Vertrag, der den Inhaber berechtigt, aber nicht verpflichtet, die Aktien des Unternehmens während eines bestimmten Zeitraums zu einem festen oder bestimmbaren Preis zu kaufen.
Ausübbar werden	Einen festen Rechtsanspruch erwerben. Im Rahmen einer **aktienbasierten Vergütungsvereinbarung** wird das Recht einer Gegenpartei auf den Erhalt von flüssigen Mitteln, Vermögenswerten oder **Eigenkapitalinstrumenten** des Unternehmens bei Erfüllung bestimmter **Ausübungsbedingungen** ausübbar.
Ausübungsbedingungen	Die Bedingungen, die die Gegenpartei erfüllen muss, um im Rahmen einer **aktienbasierten Vergütungsvereinbarung** einen Rechtsanspruch auf den Erhalt von flüssigen Mitteln, anderen Vermögenswerten oder **Eigenkapitalinstrumenten** des Unternehmens zu erwerben. Die Ausübungsbedingungen umfassen Dienstbedingungen, bei denen die andere Partei eine bestimmte Dienstzeit ableisten muss, und Leistungsbedingungen, die die Erfüllung bestimmter Erfolgsziele erfordern (wie z. B. eine bestimmte Steigerung des Unternehmensgewinns innerhalb eines bestimmten Zeitraums).
Erdienungszeitraum	Zeitraum, in dem alle festgelegten **Ausübungsbedingungen** einer **aktienbasierten Vergütungsvereinbarung** erfüllt werden müssen.

market condition	A condition upon which the exercise price, vesting or exercisability of an **equity instrument** depends that is related to the market price of the entity's **equity instruments**, such as attaining a specified share price or a specified amount of **intrinsic value** of a **share option**, or achieving a specified target that is based on the market price of the entity's **equity instruments** relative to an index of market prices of **equity instruments** of other entities.
measurement date	The date at which the **fair value** of the **equity instruments granted** is measured for the purposes of this IFRS. For transactions with **employees and others providing similar services**, the measurement date is **grant date**. For transactions with parties other than employees (and those providing similar services), the measurement date is the date the entity obtains the goods or the counterparty renders service.
reload feature	A feature that provides for an automatic grant of additional **share options** whenever the option holder exercises previously granted options using the entity's shares, rather than cash, to satisfy the exercise price.
reload option	A new **share option** granted when a share is used to satisfy the exercise price of a previous **share option**.
share-based payment arrangement	An agreement between the entity and another party (including an employee) to enter into a **share-based payment transaction**, which thereby entitles the other party to receive cash or other assets of the entity for amounts that are based on the price of the entity's shares or other **equity instruments** of the entity, or to receive **equity instruments** of the entity, provided the specified **vesting conditions**, if any, are met.
share-based payment transaction	A transaction in which the entity receives goods or services as consideration for **equity instruments** of the entity (including shares or **share options**), or acquires goods or services by incurring liabilities to the supplier of those goods or services for amounts that are based on the price of the entity's shares or other **equity instruments** of the entity.
share option	A contract that gives the holder the right, but not the obligation, to subscribe to the entity's shares at a fixed or determinable price for a specified period of time.
vest	To become an entitlement. Under a **share-based payment arrangement**, a counterparty's right to receive cash, other assets, or **equity instruments** of the entity vests upon satisfaction of any specified **vesting conditions**.
vesting conditions	The conditions that must be satisfied for the counterparty to become entitled to receive cash, other assets or equity instruments of the entity, under a **share-based payment arrangement**. Vesting conditions include service conditions, which require the other party to complete a specified period of service, and performance conditions, which require specified performance targets to be met (such as a specified increase in the entity's profit over a specified period of time).
vesting period	The period during which all the specified **vesting conditions** of a **share-based payment arrangement** are to be satisfied.

ANHANG B

Anwendungsleitlinien

Dieser Anhang ist Bestandteil des IFRS.

Schätzung des beizulegenden Zeitwertes der gewährten Eigenkapitalinstrumente

B1 Die Paragraphen B2–B41 dieses Anhangs behandeln die Ermittlung des beizulegenden Zeitwertes von gewährten Aktien und Aktienoptionen, wobei vor allem auf die üblichen Vertragsbedingungen bei der Gewährung von Aktien oder Aktienoptionen an Mitarbeiter eingegangen wird. Sie sind daher nicht erschöpfend. Da sich die nachstehenden Erläuterungen in erster Linie auf an Mitarbeiter gewährte Aktien und Aktienoptionen beziehen, wird außerdem unterstellt, dass der beizulegende Zeitwert der Aktien oder Aktienoptionen am Tag der Gewährung bestimmt wird. Viele der nachfolgend angeschnittenen Punkte (wie etwa die Bestimmung der erwarteten Volatilität) gelten jedoch auch im Kontext einer Schätzung des beizulegenden Zeitwertes von Aktien oder Aktienoptionen, die anderen Parteien als Mitarbeitern zum Zeitpunkt des Empfangs der Güter durch das Unternehmen oder der Leistungserbringung durch die Gegenpartei gewährt werden.

Aktien

B2 Bei der Gewährung von Aktien an Mitarbeiter ist der beizulegende Zeitwert der Aktien anhand des Marktpreises der Aktien des Unternehmens (bzw. eines geschätzten Marktpreises, wenn die Aktien des Unternehmens nicht öffentlich gehandelt werden) unter Berücksichtigung der Vertragsbedingungen, zu denen die Aktien gewährt wurden (ausgenommen Ausübungsbedingungen, die gemäß Paragraph 19–21 nicht in die Bestimmung des beizulegenden Zeitwertes einfließen), zu ermitteln.

B3 Hat der Mitarbeiter beispielsweise während des Erdienungszeitraums keinen Anspruch auf den Bezug von Dividenden, ist dieser Faktor bei der Schätzung des beizulegenden Zeitwertes der gewährten Aktien zu berücksichtigen. Gleiches gilt, wenn die Aktien nach dem Tag der ersten Ausübungsmöglichkeit Übertragungsbeschränkungen unterliegen, allerdings nur insoweit die Beschränkungen nach der Ausübbarkeit einen Einfluss auf den Preis haben, den ein sachverständiger, vertragswilliger Marktteilnehmer für diese Aktie zahlen würde. Werden die Aktien zum Beispiel aktiv in einem hinreichend entwickelten, liquiden Markt gehandelt, haben Übertragungsbeschränkungen nach dem Tag der ersten Ausübungsmöglichkeit nur eine geringe oder überhaupt keine Auswirkung auf den Preis, den ein sachverständiger, vertragswilliger Marktteilnehmer für diese Aktien zahlen würde. Übertragungsbeschränkungen oder andere Beschränkungen während des Erdienungszeitraums sind bei der Schätzung des beizulegenden Zeitwertes der gewährten Aktien am Tag der Gewährung nicht zu berücksichtigen, weil diese Beschränkungen im Vorhandensein von Ausübungsbedingungen begründet sind, die gemäß Paragraph 19–21 bilanziert werden.

Aktienoptionen

B4 Bei der Gewährung von Aktienoptionen an Mitarbeiter stehen in vielen Fällen keine Marktpreise zur Verfügung, weil die gewährten Optionen Vertragsbedingungen unterliegen, die nicht für gehandelte Optionen gelten. Gibt es keine gehandelten Optionen mit ähnlichen Vertragsbedingungen, ist der beizulegende Zeitwert der gewährten Optionen mithilfe eines Optionspreismodells zu schätzen.

B5 Das Unternehmen hat Faktoren zu berücksichtigen, die sachverständige, vertragswillige Marktteilnehmer bei der Auswahl des anzuwendenden Optionspreismodells in Betracht ziehen würden. Viele Mitarbeiteroptionen haben beispielsweise eine lange Laufzeit, sind normalerweise vom Tag, an dem alle Ausübungsbedingungen erfüllt sind, bis zum Ende der Optionslaufzeit ausübbar und werden oft frühzeitig ausgeübt. Alle diese Faktoren müssen bei der Schätzung des beizulegenden Zeitwertes der Optionen am Tag der Gewährung berücksichtigt werden. Bei vielen Unternehmen schließt dies die Verwendung der Black-Scholes-Merton-Formel aus, die nicht die Möglichkeit einer Ausübung vor Ende der Optionslaufzeit zulässt und die Auswirkungen einer erwarteten frühzeitigen Ausübung nicht adäquat wiedergibt. Außerdem ist darin nicht vorgesehen, dass sich die erwartete Volatilität und andere in das Modell einfließende Parameter während der Laufzeit einer Option ändern können. Unter Umständen treffen die vorstehend genannten Faktoren jedoch nicht auf Aktienoptionen zu, die eine relativ kurze Vertragslaufzeit haben oder innerhalb einer kurzen Frist nach Erfüllung der Ausübungsbedingungen ausgeübt werden müssen. In solchen Fällen kann die Black-Scholes-Merton-Formel ein Ergebnis liefern, das sich im Wesentlichen mit dem eines flexibleren Optionspreismodells deckt.

IFRS 2

APPENDIX B

Application Guidance

This appendix is an integral part of the IFRS.

Estimating the fair value of equity instruments granted

Paragraphs B2—B41 of this appendix discuss measurement of the fair value of shares and share options granted, focusing on the specific terms and conditions that are common features of a grant of shares or share options to employees. Therefore, it is not exhaustive. Furthermore, because the valuation issues discussed below focus on shares and share options granted to employees, it is assumed that the fair value of the shares or share options is measured at grant date. However, many of the valuation issues discussed below (eg determining expected volatility) also apply in the context of estimating the fair value of shares or share options granted to parties other than employees at the date the entity obtains the goods or the counterparty renders service. **B1**

Shares

For shares granted to employees, the fair value of the shares shall be measured at the market price of the entity's shares (or an estimated market price, if the entity's shares are not publicly traded), adjusted to take into account the terms and conditions upon which the shares were granted (except for vesting conditions that are excluded from the measurement of fair value in accordance with paragraphs 19–21). **B2**

For example, if the employee is not entitled to receive dividends during the vesting period, this factor shall be taken into account when estimating the fair value of the shares granted. Similarly, if the shares are subject to restrictions on transfer after vesting date, that factor shall be taken into account, but only to the extent that the post-vesting restrictions affect the price that a knowledgeable, willing market participant would pay for that share. For example, if the shares are actively traded in a deep and liquid market, post-vesting transfer restrictions may have little, if any, effect on the price that a knowledgeable, willing market participant would pay for those shares. Restrictions on transfer or other restrictions that exist during the vesting period shall not be taken into account when estimating the grant date fair value of the shares granted, because those restrictions stem from the existence of vesting conditions, which are accounted for in accordance with paragraphs 19–21. **B3**

Share options

For share options granted to employees, in many cases market prices are not available, because the options granted are subject to terms and conditions that do not apply to traded options. If traded options with similar terms and conditions do not exist, the fair value of the options granted shall be estimated by applying an option pricing model. **B4**

The entity shall consider factors that knowledgeable, willing market participants would consider in selecting the option pricing model to apply. For example, many employee options have long lives, are usually exercisable during the period between vesting date and the end of the options' life, and are often exercised early. These factors should be considered when estimating the grant date fair value of the options. For many entities, this might preclude the use of the Black-Scholes-Merton formula, which does not allow for the possibility of exercise before the end of the option's life and may not adequately reflect the effects of expected early exercise. It also does not allow for the possibility that expected volatility and other model inputs might vary over the option's life. However, for share options with relatively short contractual lives, or that must be exercised within a short period of time after vesting date, the factors identified above may not apply. In these instances, the Black-Scholes-Merton formula may produce a value that is substantially the same as a more flexible option pricing model. **B5**

IFRS 2

B6 Alle Optionspreismodelle berücksichtigen mindestens die folgenden Faktoren:
(a) den Ausübungspreis der Option;
(b) die Laufzeit der Option;
(c) den aktuellen Kurs der zugrunde liegenden Aktien;
(d) die erwartete Volatilität des Aktienkurses;
(e) die erwarteten Dividenden auf die Aktien (falls zutreffend); und
(f) den risikolosen Zins für die Laufzeit der Option.

B7 Darüber hinaus sind andere Faktoren zu berücksichtigen, die sachverständige, vertragswillige Marktteilnehmer bei der Preisfestlegung in Betracht ziehen würden (ausgenommen Ausübungsbedingungen und Reload-Eigenschaften, die gemäß Paragraph 19–22 nicht in die Ermittlung des beizulegenden Zeitwertes einfließen).

B8 Beispielsweise können an Mitarbeiter gewährte Aktienoptionen normalerweise in bestimmten Zeiträumen nicht ausgeübt werden (z. B. während des Erdienungszeitraums oder in von den Aufsichtsbehörden festgelegten Fristen). Dieser Faktor ist zu berücksichtigen, wenn das verwendete Optionspreismodell ansonsten von der Annahme ausginge, dass die Option während ihrer Laufzeit jederzeit ausübbar wäre. Verwendet ein Unternehmen dagegen ein Optionspreismodell, das Optionen bewertet, die erst am Ende der Optionslaufzeit ausgeübt werden können, ist für den Umstand, dass während des Erdienungszeitraums (oder in anderen Zeiträumen während der Optionslaufzeit) keine Ausübung möglich ist, keine Anpassung vorzunehmen, weil das Modell bereits davon ausgeht, dass die Optionen in diesen Zeiträumen nicht ausgeübt werden können.

B9 Ein ähnlicher, bei Mitarbeiteraktienoptionen häufig anzutreffender Faktor ist die Möglichkeit einer frühzeitigen Optionsausübung, beispielsweise weil die Option nicht frei übertragbar ist oder der Mitarbeiter bei seinem Ausscheiden alle ausübbaren Optionen ausüben muss. Die Auswirkungen einer erwarteten frühzeitigen Ausübung sind gemäß den Ausführungen in Paragraph B16–B21 zu berücksichtigen.

B10 Faktoren, die ein sachverständiger, vertragswilliger Marktteilnehmer bei der Festlegung des Preises einer Aktienoption (oder eines anderen Eigenkapitalinstruments) nicht berücksichtigen würde, sind bei der Schätzung des beizulegenden Zeitwertes gewährter Aktienoptionen (oder anderer Eigenkapitalinstrumente) nicht zu berücksichtigen. Beispielsweise sind bei der Gewährung von Aktienoptionen an Mitarbeiter Faktoren, die aus Sicht des einzelnen Mitarbeiters den Wert der Option beeinflussen, für die Schätzung des Preises, den ein sachverständiger, vertragswilliger Marktteilnehmer festlegen würde, unerheblich.

In Optionspreismodelle einfließende Daten

B11 Bei der Schätzung der erwarteten Volatilität und Dividenden der zugrunde liegenden Aktien lautet das Ziel, einen Näherungswert für die Erwartungen zu ermitteln, die sich in einem aktuellen Marktkurs oder verhandelten Tauschkurs für die Option widerspiegeln würden. Gleiches gilt für die Schätzung der Auswirkungen einer frühzeitigen Ausübung von Mitarbeiteraktienoptionen, bei denen das Ziel lautet, einen Näherungswert für die Erwartungen zu ermitteln, die eine außenstehende Partei mit Zugang zu detaillierten Informationen über das Ausübungsverhalten der Mitarbeiter anhand der am Tag der Gewährung verfügbaren Informationen hätte.

B12 Häufig dürfte es eine Bandbreite vernünftiger Einschätzungen in Bezug auf künftige Volatilität, Dividenden und Ausübungsverhalten geben. In diesem Fall ist durch Gewichtung der einzelnen Beträge innerhalb der Bandbreite nach der Wahrscheinlichkeit ihres Eintretens ein Erwartungswert zu berechnen.

B13 Zukunftserwartungen beruhen im Allgemeinen auf vergangenen Erfahrungen und werden angepasst, wenn sich die Zukunft bei vernünftiger Betrachtungsweise voraussichtlich anders als die Vergangenheit entwickeln wird. In einigen Fällen können bestimmbare Faktoren darauf hindeuten, dass unbereinigte historische Erfahrungswerte ein relativ schlechter Anhaltspunkt für künftige Entwicklungen sind. Wenn zum Beispiel ein Unternehmen mit zwei völlig unterschiedlichen Geschäftsbereichen denjenigen Bereich verkauft, der mit deutlich geringeren Risiken behaftet war, ist die vergangene Volatilität für eine vernünftige Einschätzung der Zukunft unter Umständen nicht aussagekräftig.

B14 In anderen Fällen stehen keine historischen Daten zur Verfügung. So wird ein erst kürzlich an der Börse eingeführtes Unternehmen nur wenige oder überhaupt keine Daten über die Volatilität seines Aktienkurses haben. Nicht notierte und neu notierte Unternehmen werden weiter unten behandelt.

All option pricing models take into account, as a minimum, the following factors: **B6**
(a) the exercise price of the option;
(b) the life of the option;
(c) the current price of the underlying shares;
(d) the expected volatility of the share price;
(e) the dividends expected on the shares (if appropriate); and
(f) the risk-free interest rate for the life of the option.

Other factors that knowledgeable, willing market participants would consider in setting the price shall also be taken into account (except for vesting conditions and reload features that are excluded from the measurement of fair value in accordance with paragraphs 19–22). **B7**

For example, a share option granted to an employee typically cannot be exercised during specified periods (eg during the vesting period or during periods specified by securities regulators). This factor shall be taken into account if the option pricing model applied would otherwise assume that the option could be exercised at any time during its life. However, if an entity uses an option pricing model that values options that can be exercised only at the end of the options' life, no adjustment is required for the inability to exercise them during the vesting period (or other periods during the options' life), because the model assumes that the options cannot be exercised during those periods. **B8**

Similarly, another factor common to employee share options is the possibility of early exercise of the option, for example, because the option is not freely transferable, or because the employee must exercise all vested options upon cessation of employment. The effects of expected early exercise shall be taken into account, as discussed in paragraphs B16—B21. **B9**

Factors that a knowledgeable, willing market participant would not consider in setting the price of a share option (or other equity instrument) shall not be taken into account when estimating the fair value of share options (or other equity instruments) granted. For example, for share options granted to employees, factors that affect the value of the option from the individual employee's perspective only are not relevant to estimating the price that would be set by a knowledgeable, willing market participant. **B10**

Inputs to option pricing models

In estimating the expected volatility of and dividends on the underlying shares, the objective is to approximate the expectations that would be reflected in a current market or negotiated exchange price for the option. Similarly, when estimating the effects of early exercise of employee share options, the objective is to approximate the expectations that an outside party with access to detailed information about employees' exercise behaviour would develop based on information available at the grant date. **B11**

Often, there is likely to be a range of reasonable expectations about future volatility, dividends and exercise behaviour. If so, an expected value should be calculated, by weighting each amount within the range by its associated probability of occurrence. **B12**

Expectations about the future are generally based on experience, modified if the future is reasonably expected to differ from the past. In some circumstances, identifiable factors may indicate that unadjusted historical experience is a relatively poor predictor of future experience. For example, if an entity with two distinctly different lines of business disposes of the one that was significantly less risky than the other, historical volatility may not be the best information on which to base reasonable expectations for the future. **B13**

In other circumstances, historical information may not be available. For example, a newly listed entity will have little, if any, historical data on the volatility of its share price. Unlisted and newly listed entities are discussed further below. **B14**

IFRS 2

B15 Zusammenfassend ist festzuhalten, dass ein Unternehmen seine Schätzungen in Bezug auf Volatilität, Ausübungsverhalten und Dividenden nicht einfach auf historische Daten gründen darf, ohne zu berücksichtigen, inwieweit die vergangenen Erfahrungen bei vernünftiger Betrachtungsweise für künftige Prognosen verwendbar sind.

Erwartete frühzeitige Ausübung

B16 Mitarbeiter üben Aktienoptionen aus einer Vielzahl von Gründen oft frühzeitig aus. Beispielsweise sind Mitarbeiteraktienoptionen in der Regel nicht übertragbar. Dies veranlasst die Mitarbeiter häufig zu einer frühzeitigen Ausübung ihrer Aktienoptionen, weil dies für sie die einzige Möglichkeit ist, ihre Position zu realisieren. Außerdem sind ausscheidende Mitarbeiter oftmals verpflichtet, ihre ausübbaren Optionen innerhalb eines kurzen Zeitraums auszuüben, da sie sonst verfallen. Dieser Faktor führt ebenfalls zu einer frühzeitigen Ausübung von Mitarbeiteraktienoptionen. Als weitere Faktoren für eine frühzeitige Ausübung sind Risikoscheu und mangelnde Vermögensdiversifizierung zu nennen.

B17 Die Methode zur Berücksichtigung der Auswirkungen einer erwarteten frühzeitigen Ausübung ist von der Art des angewendeten Optionspreismodells abhängig. Beispielsweise könnte hierzu ein Schätzwert der voraussichtlichen Optionslaufzeit verwendet werden (die bei einer Mitarbeiteraktienoption dem Zeitraum vom Tag der Gewährung bis zum Tag der voraussichtlichen Optionsausübung entspricht), der als Parameter in ein Optionspreismodell (z. B. die Black-Scholes-Merton-Formel) einfließt. Alternativ dazu könnte eine erwartete frühzeitige Ausübung in einem Binomial- oder ähnlichen Optionspreismodell abgebildet werden, das als Eingabewert die Vertragslaufzeit verwendet.

B18 Bei der Ermittlung des Schätzwertes für eine frühzeitige Ausübung sind folgende Faktoren zu berücksichtigen:
(a) die Länge des Erdienungszeitraums, da die Aktienoption im Regelfall erst nach Ablauf des Erdienungszeitraums ausgeübt werden kann. Die Bestimmung der Auswirkungen einer erwarteten frühzeitigen Ausübung auf die Bewertung basiert daher auf der Annahme, dass die Optionen ausübbar werden. Die Auswirkungen der Ausübungsbedingungen werden in den Paragraphen 19–21 behandelt.
(b) der durchschnittliche Zeitraum, den ähnliche Optionen in der Vergangenheit ausstehend waren.
(c) der Kurs der zugrunde liegenden Aktien. Vergangene Erfahrungen können darauf hindeuten, dass Mitarbeiter ihre Optionen meist dann ausüben, wenn der Aktienkurs ein bestimmtes Niveau über dem Ausübungspreis erreicht hat.
(d) der Rang des Mitarbeiters innerhalb der Organisation. Beispielsweise könnten Mitarbeiter in höheren Positionen erfahrungsgemäß dazu tendieren, ihre Optionen später auszuüben als Mitarbeiter in niedrigeren Positionen (in Paragraph B21 wird darauf näher eingegangen).
(e) voraussichtliche Volatilität der zugrunde liegenden Aktien. Im Durchschnitt könnten Mitarbeiter dazu tendieren, Aktienoptionen auf Aktien mit großer Schwankungsbreite früher auszuüben als auf Aktien mit geringer Volatilität.

B19 Wie in Paragraph B17 ausgeführt, könnte zur Berücksichtigung der Auswirkungen einer frühzeitigen Ausübung ein Schätzwert der erwarteten Optionslaufzeit verwendet werden, der als Parameter in ein Optionspreismodell einfließt. Bei der Schätzung der erwarteten Laufzeit von Aktienoptionen, die einer Gruppe von Mitarbeitern gewährt wurden, könnte diese Schätzung auf einem annähernd gewichteten Durchschnitt der erwarteten Laufzeit für die gesamte Mitarbeitergruppe oder auf einem annähernd gewichteten Durchschnitt der Laufzeiten für Untergruppen von Mitarbeitern innerhalb dieser Gruppe basieren, die anhand detaillierterer Daten über das Ausübungsverhalten der Mitarbeiter ermittelt werden (weitere Ausführungen siehe unten).

B20 Die Aufteilung gewährter Optionen in Mitarbeitergruppen mit einem relativ homogenen Ausübungsverhalten dürfte von großer Bedeutung sein. Der Wert einer Option stellt keine lineare Funktion der Optionslaufzeit dar; er nimmt mit fortschreitender Dauer der Laufzeit immer weniger zu. Ein Beispiel hierfür ist eine Option mit zweijähriger Laufzeit, die – wenn alle anderen Annahmen identisch sind – zwar mehr, jedoch nicht doppelt so viel wert ist wie eine Option mit einjähriger Laufzeit. Dies bedeutet, dass der gesamte beizulegende Zeitwert der gewährten Aktienoptionen bei einer Berechnung des geschätzten Optionswertes anhand einer einzigen gewichteten Durchschnittslaufzeit, die ganz unterschiedliche Einzellaufzeiten umfasst, zu hoch angesetzt würde. Eine solche Überbewertung kann durch die Aufteilung der gewährten Optionen in mehrere Gruppen, deren gewichtete Durchschnittslaufzeit eine relativ geringen Bandbreite an Laufzeiten umfasst, reduziert werden.

B21 Ähnliche Überlegungen sind bei der Verwendung eines Binomial- oder ähnlichen Modells anzustellen. Beispielsweise könnten die vergangenen Erfahrungen eines Unternehmens, das Mitarbeiteroptionen in allen Hierarchieebenen gewährt, darauf hindeuten, dass Führungskräfte in hohen Positionen ihre Optionen länger behalten als Mitarbeiter im mittleren Management und dass Mitarbeiter in unteren Positionen ihre Optionen

In summary, an entity should not simply base estimates of volatility, exercise behaviour and dividends on historical information without considering the extent to which the past experience is expected to be reasonably predictive of future experience. B15

Expected early exercise

Employees often exercise share options early, for a variety of reasons. For example, employee share options are typically non-transferable. This often causes employees to exercise their share options early, because that is the only way for the employees to liquidate their position. Also, employees who cease employment are usually required to exercise any vested options within a short period of time, otherwise the share options are forfeited. This factor also causes the early exercise of employee share options. Other factors causing early exercise are risk aversion and lack of wealth diversification. B16

The means by which the effects of expected early exercise are taken into account depends upon the type of option pricing model applied. For example, expected early exercise could be taken into account by using an estimate of the option's expected life (which, for an employee share option, is the period of time from grant date to the date on which the option is expected to be exercised) as an input into an option pricing model (eg the Black-Scholes-Merton formula). Alternatively, expected early exercise could be modelled in a binomial or similar option pricing model that uses contractual life as an input. B17

Factors to consider in estimating early exercise include: B18
(a) the length of the vesting period, because the share option typically cannot be exercised until the end of the vesting period. Hence, determining the valuation implications of expected early exercise is based on the assumption that the options will vest. The implications of vesting conditions are discussed in paragraphs 19–21.
(b) the average length of time similar options have remained outstanding in the past.
(c) the price of the underlying shares. Experience may indicate that the employees tend to exercise options when the share price reaches a specified level above the exercise price.
(d) the employee's level within the organisation. For example, experience might indicate that higher-level employees tend to exercise options later than lower-level employees (discussed further in paragraph B21).
(e) expected volatility of the underlying shares. On average, employees might tend to exercise options on highly volatile shares earlier than on shares with low volatility.

As noted in paragraph B17, the effects of early exercise could be taken into account by using an estimate of the option's expected life as an input into an option pricing model. When estimating the expected life of share options granted to a group of employees, the entity could base that estimate on an appropriately weighted average expected life for the entire employee group or on appropriately weighted average lives for subgroups of employees within the group, based on more detailed data about employees' exercise behaviour (discussed further below). B19

Separating an option grant into groups for employees with relatively homogeneous exercise behaviour is likely to be important. Option value is not a linear function of option term; value increases at a decreasing rate as the term lengthens. For example, if all other assumptions are equal, although a two-year option is worth more than a one-year option, it is not worth twice as much. That means that calculating estimated option value on the basis of a single weighted average life that includes widely differing individual lives would overstate the total fair value of the share options granted. Separating options granted into several groups, each of which has a relatively narrow range of lives included in its weighted average life, reduces that overstatement. B20

Similar considerations apply when using a binomial or similar model. For example, the experience of an entity that grants options broadly to all levels of employees might indicate that top-level executives tend to hold their options longer than middle-management employees hold theirs and that lower-level employees tend to exercise their options earlier than any other group. In addition, employees who are encouraged or required to hold a B21

IFRS 2

meist früher als jede andere Gruppe ausüben. Außerdem könnten Mitarbeiter, denen empfohlen oder vorgeschrieben wird, eine Mindestanzahl an Eigenkapitalinstrumenten, einschließlich Optionen, ihres Arbeitgebers zu halten, ihre Optionen im Durchschnitt später ausüben als Mitarbeiter, die keiner derartigen Bestimmung unterliegen. In diesen Fällen führt die Aufteilung der Optionen in Empfängergruppen mit einem relativ homogenen Ausübungsverhalten zu einer richtigeren Schätzung des gesamten beizulegenden Zeitwertes der gewährten Aktienoptionen.

Erwartete Volatilität

B22 Die erwartete Volatilität ist eine Kennzahl für das Schwankungsmaß von Kursen innerhalb eines bestimmten Zeitraums. In Optionspreismodellen wird als Volatilitätskennzahl die annualisierte Standardabweichung der stetigen Rendite der Aktie über einen bestimmten Zeitraum verwendet. Die Volatilität wird normalerweise auf ein Jahr bezogen angegeben, was einen Vergleich unabhängig von der in der Berechnung verwendeten Zeitspanne (z. B. tägliche, wöchentliche oder monatliche Kursbeobachtungen) ermöglicht.

B23 Die (positive oder negative) Rendite einer Aktie in einem bestimmten Zeitraum gibt an, in welchem Umfang der Anteilsinhaber von Dividenden und einer Steigerung (oder einem Rückgang) des Aktienkurses profitiert hat.

B24 Die erwartete annualisierte Volatilität einer Aktie entspricht der Bandbreite, in welche die stetige jährliche Rendite zirka zwei Drittel der Zeit voraussichtlich fallen wird. Wenn beispielsweise eine Aktie mit einer voraussichtlichen stetigen Rendite von 12 % eine Volatilität von 30 % aufweist, bedeutet dies, dass die Wahrscheinlichkeit, dass die Rendite der Aktie in einem Jahr zwischen -18 % (12 %–30 %) und 42 % (12 % + 30 %) liegt, rund zwei Drittel beträgt. Beträgt der Aktienkurs am Jahresbeginn WE 100 und werden keine Dividenden ausgeschüttet, liegt der Aktienkurs ungefähr zwei Drittel der Zeit am Jahresende voraussichtlich zwischen WE 83,53 (WE 100 × $e^{-0,18}$) und WE 152,20 (WE 100 × $e^{0,42}$).

B25 Bei der Schätzung der erwarteten Volatilität sind folgende Faktoren zu berücksichtigen:
(a) die implizite Volatilität, die sich gegebenenfalls aus gehandelten Aktienoptionen auf die Aktien oder andere gehandelte Instrumente des Unternehmens mit Optionseigenschaften (wie etwa wandelbare Schuldinstrumente), ergibt.
(b) die historische Volatilität des Aktienkurses im jüngsten Zeitraum, der im Allgemeinen der erwarteten Optionslaufzeit (unter Berücksichtigung der restlichen Vertragslaufzeit der Option und der Auswirkungen einer erwarteten frühzeitigen Ausübung) entspricht.
(c) der Zeitraum, seit dem die Aktien des Unternehmens öffentlich gehandelt werden. Ein neu notiertes Unternehmen hat im Vergleich zu ähnlichen Unternehmen, die bereits länger notiert sind, oftmals eine höhere historische Volatilität. Weitere Anwendungsleitlinien werden weiter unten gegeben.
(d) die Tendenz der Volatilität, wieder zu ihrem Mittelwert, also ihrem langjährigen Durchschnitt, zurückzukehren, und andere Faktoren, die darauf hinweisen, dass sich die erwartete künftige Volatilität von der vergangenen Volatilität unterscheiden könnte. War der Aktienkurs eines Unternehmens in einem bestimmbaren Zeitraum aufgrund eines gescheiterten Übernahmeangebots oder einer umfangreichen Restrukturierung extremen Schwankungen unterworfen, könnte dieser Zeitraum bei der Berechnung der historischen jhrlichen Durchschnittsvolatilität außer acht gelassen werden.
(e) angemessene, regelmäßige Intervalle bei den Kursbeobachtungen. Die Preisbeobachtungen müssen von Periode zu Periode stetig durchgeführt werden. Beispielsweise könnte ein Unternehmen die Wochenschlusskurse und Wochenhöchststände verwenden; nicht zulässig ist es dagegen, in einigen Wochen den Schlusskurs und in anderen Wochen den Höchstkurs zu verwenden. Außerdem müssen die Kursbeobachtungen in der gleichen Währung wie der Ausübungspreis angegeben werden.

Neu notierte Unternehmen

B26 Wie in Paragraph B25 ausgeführt, hat ein Unternehmen die historische Volatilität des Aktienkurses im jüngsten Zeitraum zu berücksichtigen, der im Allgemeinen der erwarteten Optionslaufzeit entspricht. Besitzt ein neu notiertes Unternehmen nicht genügend Informationen über die historische Volatilität, sollte es die historische Volatilität dennoch bezogen auf den längsten Zeitraum berechnen, für den Handelsdaten verfügbar sind. Denkbar wäre auch, die historische Volatilität ähnlicher Unternehmen nach einer vergleichbaren Zeit der Börsennotierung heranzuziehen. Beispielsweise könnte ein Unternehmen, das erst seit einem Jahr an der Börse notiert ist und Optionen mit einer voraussichtlichen Laufzeit von fünf Jahren gewährt, das Muster und Ausmaß der historischen Volatilität von Unternehmen der gleichen Branche in den ersten sechs Jahren, in denen die Aktien dieser Unternehmen öffentlich gehandelt wurden, in Betracht ziehen.

minimum amount of their employer's equity instruments, including options, might on average exercise options later than employees not subject to that provision. In those situations, separating options by groups of recipients with relatively homogeneous exercise behaviour will result in a more accurate estimate of the total fair value of the share options granted.

Expected volatility

B22 Expected volatility is a measure of the amount by which a price is expected to fluctuate during a period. The measure of volatility used in option pricing models is the annualised standard deviation of the continuously compounded rates of return on the share over a period of time. Volatility is typically expressed in annualised terms that are comparable regardless of the time period used in the calculation, for example, daily, weekly or monthly price observations.

B23 The rate of return (which may be positive or negative) on a share for a period measures how much a shareholder has benefited from dividends and appreciation (or depreciation) of the share price.

B24 The expected annualised volatility of a share is the range within which the continuously compounded annual rate of return is expected to fall approximately two-thirds of the time. For example, to say that a share with an expected continuously compounded rate of return of 12 per cent has a volatility of 30 per cent means that the probability that the rate of return on the share for one year will be between -18 per cent (12 %—30 %) and 42 per cent (12 % + 30 %) is approximately two-thirds. If the share price is CU100 at the beginning of the year and no dividends are paid, the yearend share price would be expected to be between CU83,53 (CU100 × $e^{-0,18}$) and CU152,20 (CU100 × $e^{0,42}$) approximately two-thirds of the time.

B25 Factors to consider in estimating expected volatility include:
(a) implied volatility from traded share options on the entity's shares, or other traded instruments of the entity that include option features (such as convertible debt), if any.
(b) the historical volatility of the share price over the most recent period that is generally commensurate with the expected term of the option (taking into account the remaining contractual life of the option and the effects of expected early exercise).
(c) the length of time an entity's shares have been publicly traded. A newly listed entity might have a high historical volatility, compared with similar entities that have been listed longer. Further guidance for newly listed entities is given below.
(d) the tendency of volatility to revert to its mean, ie its long-term average level, and other factors indicating that expected future volatility might differ from past volatility. For example, if an entity's share price was extraordinarily volatile for some identifiable period of time because of a failed takeover bid or a major restructuring, that period could be disregarded in computing historical average annual volatility.
(e) appropriate and regular intervals for price observations. The price observations should be consistent from period to period. For example, an entity might use the closing price for each week or the highest price for the week, but it should not use the closing price for some weeks and the highest price for other weeks. Also, the price observations should be expressed in the same currency as the exercise price.

Newly listed entities

B26 As noted in paragraph B25, an entity should consider historical volatility of the share price over the most recent period that is generally commensurate with the expected option term. If a newly listed entity does not have sufficient information on historical volatility, it should nevertheless compute historical volatility for the longest period for which trading activity is available. It could also consider the historical volatility of similar entities following a comparable period in their lives. For example, an entity that has been listed for only one year and grants options with an average expected life of five years might consider the pattern and level of historical volatility of entities in the same industry for the first six years in which the shares of those entities were publicly traded.

IFRS 2

Nicht notierte Unternehmen

B27 Ein nicht notiertes Unternehmen kann bei der Schätzung der erwarteten Volatilität nicht auf historischen Daten zurückgreifen. Statt dessen gibt es andere Faktoren zu berücksichtigen, auf die nachfolgend näher eingegangen wird.

B28 In einigen Fällen könnte ein nicht notiertes Unternehmen, das regelmäßig Optionen oder Aktien an Mitarbeiter (oder andere Parteien) ausgibt, einen internen Markt für seine Aktien eingerichtet haben. Bei der Schätzung der erwarteten Volatilität könnte dann die Volatilität dieser Aktienkurse berücksichtigt werden.

B29 Alternativ könnte die erwartete Volatilität anhand der historischen oder impliziten Volatilität vergleichbarer notierter Unternehmen, für die Informationen über Aktienkurse oder Optionspreise zur Verfügung stehen, geschätzt werden. Dies wäre angemessen, wenn das Unternehmen den Wert seiner Aktien auf Grundlage der Aktienkurse vergleichbarer notierter Unternehmen bestimmt hat.

B30 Hat das Unternehmen zur Schätzung des Wertes seiner Aktien nicht die Aktienkurse vergleichbarer notierter Unternehmen herangezogen, sondern statt dessen eine andere Bewertungsmethode verwendet, könnte daraus in Übereinstimmung mit dieser Bewertungsmethode eine Schätzung der erwarteten Volatilität abgeleitet werden. Beispielsweise könnte die Bewertung der Aktien auf Basis des Reinvermögens oder Periodenüberschusses erfolgen. In diesem Fall könnte die erwartete Volatilität der Reinvermögenswerte oder Periodenüberschüsse in Betracht gezogen werden.

Erwartete Dividenden

B31 Ob erwartete Dividenden bei der Ermittlung des beizulegenden Zeitwertes gewährter Aktien oder Optionen zu berücksichtigen sind, hängt davon ab, ob die Gegenpartei Anspruch auf Dividenden oder ausschüttungsgleiche Beträge hat.

B32 Wenn Mitarbeitern beispielsweise Optionen gewährt wurden und sie zwischen dem Tag der Gewährung und dem Tag der Ausübung Anspruch auf Dividenden auf die zugrunde liegenden Aktien oder ausschüttungsgleiche Beträge haben (die bar ausgezahlt oder mit dem Ausübungspreis verrechnet werden), sind die gewährten Optionen so zu bewerten, als würden auf die zugrunde liegenden Aktien keine Dividenden ausgeschüttet, d. h. die Höhe der erwarteten Dividenden muss Null sein.

B33 Auf gleiche Weise ist bei der Schätzung des beizulegenden Zeitwertes gewährter Mitarbeiteroptionen am Tag der Gewährung keine Anpassung für erwartete Dividenden notwendig, wenn die Mitarbeiter während des Erdienungszeitraums einen Anspruch auf Dividendenzahlungen haben.

B34 Haben die Mitarbeiter dagegen während des Erdienungszeitraums (bzw. im Falle einer Option vor der Ausübung) keinen Anspruch auf Dividenden oder ausschüttungsgleiche Beträge, sind bei der Bewertung der Anrechte auf den Bezug von Aktien oder Optionen am Tag der Gewährung die erwarteten Dividenden zu berücksichtigen. Dies bedeutet, dass bei der Verwendung eines Optionspreismodells die erwarteten Dividenden in die Schätzung des beizulegenden Zeitwertes einer gewährten Option einzubeziehen sind. Bei der Schätzung des beizulegenden Zeitwertes einer gewährten Aktie ist dieser um den Barwert der während des Erdienungszeitraums voraussichtlich zahlbaren Dividenden zu verringern.

B35 Optionspreismodelle verlangen im Allgemeinen die Angabe der erwarteten Dividendenrendite. Die Modelle lassen sich jedoch so modifizieren, dass statt einer Rendite ein erwarteter Dividendenbetrag verwendet wird. Ein Unternehmen kann die erwartete Rendite oder den erwarteten Dividendenbetrag verwenden. Im letzteren Fall sind die Dividendenerhöhungen der Vergangenheit zu berücksichtigen. Hat ein Unternehmen seine Dividenden beispielsweise bisher im Allgemeinen um rund 3 % pro Jahr erhöht, darf bei der Schätzung des Optionswertes kein fester Dividendenbetrag über die gesamte Laufzeit der Option angenommen werden, sofern es keine substanziellen Hinweise zur Stützung dieser Annahme gibt.

B36 Im Allgemeinen sollte die Annahme über erwartete Dividenden auf öffentlich zugänglichen Informationen beruhen. Ein Unternehmen, das keine Dividenden ausschüttet und keine künftigen Ausschüttungen beabsichtigt, hat von einer erwarteten Dividendenrendite von Null auszugehen. Ein junges aufstrebendes Unternehmen, das in der Vergangenheit keine Dividenden gezahlt hat, könnte jedoch mit dem Beginn von Dividendenausschüttungen während der erwarteten Laufzeit der Mitarbeiteraktienoptionen rechnen. Diese Unternehmen könnten einen Durchschnitt aus ihrer bisherigen Dividendenrendite (Null) und dem Mittelwert der Dividendenrendite einer sinnvollen Vergleichsgruppe verwenden.

Unlisted entities

An unlisted entity will not have historical information to consider when estimating expected volatility. Some factors to consider instead are set out below. **B27**

In some cases, an unlisted entity that regularly issues options or shares to employees (or other parties) might have set up an internal market for its shares. The volatility of those share prices could be considered when estimating expected volatility. **B28**

Alternatively, the entity could consider the historical or implied volatility of similar listed entities, for which share price or option price information is available, to use when estimating expected volatility. This would be appropriate if the entity has based the value of its shares on the share prices of similar listed entities. **B29**

If the entity has not based its estimate of the value of its shares on the share prices of similar listed entities, and has instead used another valuation methodology to value its shares, the entity could derive an estimate of expected volatility consistent with that valuation methodology. For example, the entity might value its shares on a net asset or earnings basis. It could consider the expected volatility of those net asset values or earnings. **B30**

Expected dividends

Whether expected dividends should be taken into account when measuring the fair value of shares or options granted depends on whether the counterparty is entitled to dividends or dividend equivalents. **B31**

For example, if employees were granted options and are entitled to dividends on the underlying shares or dividend equivalents (which might be paid in cash or applied to reduce the exercise price) between grant date and exercise date, the options granted should be valued as if no dividends will be paid on the underlying shares, ie the input for expected dividends should be zero. **B32**

Similarly, when the grant date fair value of shares granted to employees is estimated, no adjustment is required for expected dividends if the employee is entitled to receive dividends paid during the vesting period. **B33**

Conversely, if the employees are not entitled to dividends or dividend equivalents during the vesting period (or before exercise, in the case of an option), the grant date valuation of the rights to shares or options should take expected dividends into account. That is to say, when the fair value of an option grant is estimated, expected dividends should be included in the application of an option pricing model. When the fair value of a share grant is estimated, that valuation should be reduced by the present value of dividends expected to be paid during the vesting period. **B34**

Option pricing models generally call for expected dividend yield. However, the models may be modified to use an expected dividend amount rather than a yield. An entity may use either its expected yield or its expected payments. If the entity uses the latter, it should consider its historical pattern of increases in dividends. For example, if an entity's policy has generally been to increase dividends by approximately 3 per cent per year, its estimated option value should not assume a fixed dividend amount throughout the option's life unless there is evidence that supports that assumption. **B35**

Generally, the assumption about expected dividends should be based on publicly available information. An entity that does not pay dividends and has no plans to do so should assume an expected dividend yield of zero. However, an emerging entity with no history of paying dividends might expect to begin paying dividends during the expected lives of its employee share options. Those entities could use an average of their past dividend yield (zero) and the mean dividend yield of an appropriately comparable peer group. **B36**

Risikoloser Zins

B37 Normalerweise ist der risikolose Zins die derzeit verfügbare implizite Rendite auf Nullkupon-Staatsanleihen des Landes, in dessen Währung der Ausübungspreis ausgedrückt wird, mit einer Restlaufzeit, die der erwarteten Laufzeit der zu bewertenden Option (auf Grundlage der vertraglichen Restlaufzeit der Option und unter Berücksichtigung der Auswirkungen einer erwarteten frühzeitigen Ausübung) entspricht. Falls solche Staatsanleihen nicht vorhanden sind oder Umstände darauf hindeuten, dass die implizite Rendite auf Nullkupon-Staatsanleihen nicht den risikolosen Zins wiedergibt (zum Beispiel in Hochinflationsländern), muss unter Umständen ein geeigneter Ersatz verwendet werden. Bei der Ermittlung des beizulegenden Zeitwertes einer Option mit einer Laufzeit, die der erwarteten Laufzeit der zu bewertenden Option entspricht, ist ebenfalls ein geeigneter Ersatz zu verwenden, wenn die Marktteilnehmer den risikolosen Zins üblicherweise anhand dieses Ersatzes und nicht anhand der impliziten Rendite von Nullkupon-Staatsanleihen bestimmen.

Auswirkungen auf die Kapitalverhältnisse

B38 Normalerweise werden gehandelte Aktienoptionen von Dritten und nicht vom Unternehmen verkauft. Bei Ausübung dieser Aktienoptionen liefert der Verkäufer die Aktien an den Optionsinhaber, die dann von bestehenden Anteilseignern gekauft werden. Die Ausübung gehandelter Aktienoptionen hat daher keinen verwässernden Effekt.

B39 Werden die Aktienoptionen dagegen vom Unternehmen verkauft, werden bei der Ausübung dieser Optionen neue Aktien ausgegeben (entweder tatsächlich oder ihrem wirtschaftlichen Gehalt nach, falls vorher zurückgekaufte und gehaltene eigene Anteile verwendet werden). Da die Aktien zum Ausübungspreis und nicht zum aktuellen Marktpreis am Tag der Ausübung ausgegeben werden, könnte diese tatsächliche oder potenzielle Verwässerung einen Rückgang des Aktienkurses bewirken, so dass der Optionsinhaber bei der Ausübung keinen so großen Gewinn wie bei der Ausübung einer ansonsten gleichartigen gehandelten Option ohne Verwässerung des Aktienkurses erzielt.

B40 Ob dies eine wesentliche Auswirkung auf den Wert der gewährten Aktienoptionen hat, ist von verschiedenen Faktoren abhängig, wie etwa der Anzahl der bei Ausübung der Optionen neu ausgegebenen Aktien im Verhältnis zur Anzahl der bereits im Umlauf befindlichen Aktien. Außerdem könnte der Markt, wenn er die Gewährung von Optionen bereits erwartet, die potenzielle Verwässerung bereits in den Aktienkurs am Tag der Gewährung eingepreist haben.

B41 Das Unternehmen hat jedoch zu prüfen, ob der mögliche verwässernde Effekt einer künftigen Ausübung der gewährten Aktienoptionen unter Umständen einen Einfluss auf den geschätzten beizulegenden Zeitwert zum Tag der Gewährung hat. Die Optionspreismodelle können zur Berücksichtigung dieses potenziellen verwässernden Effekts entsprechend angepasst werden.

Änderungen an aktienbasierten Vergütungsvereinbarungen mit Ausgleich durch Eigenkapitalinstrumente

B42 Paragraph 27 schreibt vor, dass ungeachtet etwaiger Änderungen an den Vertragsbedingungen, zu denen die Eigenkapitalinstrumente gewährt wurden, oder einer Annullierung oder Erfüllung der gewährten Eigenkapitalinstrumente als Mindestanforderung die erhaltenen Leistungen, die zum beizulegenden Zeitwert der gewährten Eigenkapitalinstrumente am Tag der Gewährung bewertet wurden, zu erfassen sind, es sei denn, diese Eigenkapitalinstrumente sind aufgrund der Nichterfüllung einer am Tag der Gewährung vereinbarten Ausübungsbedingung (außer einer Marktbedingung) nicht ausübbar. Außerdem hat ein Unternehmen die Auswirkungen von Änderungen zu erfassen, die den gesamten beizulegenden Zeitwert der aktienbasierten Vergütungsvereinbarung erhöhen oder mit einem anderen Nutzen für den Arbeitnehmer verbunden sind.

B43 Zur Anwendung der Bestimmungen von Paragraph 27 gilt:
(a) Wenn durch eine Änderung der unmittelbar vor und nach dieser Änderung ermittelte beizulegende Zeitwert der gewährten Eigenkapitalinstrumente zunimmt (z. B. durch Verringerung des Ausübungspreises), ist der gewährte zusätzliche beizulegende Zeitwert in die Berechnung des Betrags einzubeziehen, der für die als Entgelt für die gewährten Eigenkapitalinstrumente erhaltenen Leistungen erfasst wird. Der gewährte zusätzliche beizulegende Zeitwert ergibt sich aus der Differenz zwischen dem beizulegenden Zeitwert des geänderten Eigenkapitalinstruments und dem des ursprünglichen Eigenkapitalinstruments, die beide am Tag der Änderung geschätzt werden. Erfolgt die Änderung während des Erdienungszeitraums, ist zusätzlich zu dem Betrag, der auf dem beizulegenden Zeitwert der ursprünglichen Eigenkapitalinstrumente

Risk-free interest rate

Typically, the risk-free interest rate is the implied yield currently available on zero-coupon government issues of the country in whose currency the exercise price is expressed, with a remaining term equal to the expected term of the option being valued (based on the option's remaining contractual life and taking into account the effects of expected early exercise). It may be necessary to use an appropriate substitute, if no such government issues exist or circumstances indicate that the implied yield on zero-coupon government issues is not representative of the risk-free interest rate (for example, in high inflation economies). Also, an appropriate substitute should be used if market participants would typically determine the risk-free interest rate by using that substitute, rather than the implied yield of zero-coupon government issues, when estimating the fair value of an option with a life equal to the expected term of the option being valued.   B37

Capital structure effects

Typically, third parties, not the entity, write traded share options. When these share options are exercised, the writer delivers shares to the option holder. Those shares are acquired from existing shareholders. Hence the exercise of traded share options has no dilutive effect.   B38

In contrast, if share options are written by the entity, new shares are issued when those share options are exercised (either actually issued or issued in substance, if shares previously repurchased and held in treasury are used). Given that the shares will be issued at the exercise price rather than the current market price at the date of exercise, this actual or potential dilution might reduce the share price, so that the option holder does not make as large a gain on exercise as on exercising an otherwise similar traded option that does not dilute the share price.   B39

Whether this has a significant effect on the value of the share options granted depends on various factors, such as the number of new shares that will be issued on exercise of the options compared with the number of shares already issued. Also, if the market already expects that the option grant will take place, the market may have already factored the potential dilution into the share price at the date of grant.   B40

However, the entity should consider whether the possible dilutive effect of the future exercise of the share options granted might have an impact on their estimated fair value at grant date. Option pricing models can be adapted to take into account this potential dilutive effect.   B41

Modifications to equity-settled share-based payment arrangements

Paragraph 27 requires that, irrespective of any modifications to the terms and conditions on which the equity instruments were granted, or a cancellation or settlement of that grant of equity instruments, the entity should recognise, as a minimum, the services received measured at the grant date fair value of the equity instruments granted, unless those equity instruments do not vest because of failure to satisfy a vesting condition (other than a market condition) that was specified at grant date. In addition, the entity should recognise the effects of modifications that increase the total fair value of the share-based payment arrangement or are otherwise beneficial to the employee.   B42

To apply the requirements of paragraph 27:   B43
(a) if the modification increases the fair value of the equity instruments granted (eg by reducing the exercise price), measured immediately before and after the modification, the entity shall include the incremental fair value granted in the measurement of the amount recognised for services received as consideration for the equity instruments granted. The incremental fair value granted is the difference between the fair value of the modified equity instrument and that of the original equity instrument, both estimated as at the date of the modification. If the modification occurs during the vesting period, the incremental fair value granted is included in the measurement of the amount recognised for services received over the period from the modification date until the date when the modified equity instruments vest, in addition to the amount based

IFRS 2

am Tag der Gewährung basiert und der über den restlichen ursprünglichen Erdienungszeitraum zu erfassen ist, der gewährte zusätzliche beizulegende Zeitwert in den Betrag einzubeziehen, der für ab dem Tag der Änderung bis zum Tag der ersten Ausübungsmöglichkeit der geänderten Eigenkapitalinstrumente erhaltene Leistungen erfasst wird. Erfolgt die Änderung nach dem Tag der ersten Ausübungsmöglichkeit, ist der gewährte zusätzliche beizulegende Zeitwert sofort zu erfassen bzw. über den Erdienungszeitraum, wenn der Mitarbeiter eine zusätzliche Dienstzeit ableisten muss, bevor er einen uneingeschränkten Anspruch auf die geänderten Eigenkapitalinstrumente erwirbt.

(b) Auf gleiche Weise ist bei einer Änderung, bei der die Anzahl der gewährten Eigenkapitalinstrumente erhöht wird, der zum Zeitpunkt der Änderung beizulegende Zeitwert der zusätzlich gewährten Eigenkapitalinstrumente bei der Ermittlung des Betrags gemäß den Bestimmungen unter (a) oben zu berücksichtigen, der für Leistungen erfasst wird, die als Gegenleistung für die gewährten Eigenkapitalinstrumente erhalten werden. Erfolgt die Änderung beispielsweise während des Erdienungszeitraums, ist zusätzlich zu dem Betrag, der auf dem beizulegenden Zeitwert der ursprünglich gewährten Eigenkapitalinstrumente am Tag der Gewährung basiert und der über den restlichen ursprünglichen Erdienungszeitraum zu erfassen ist, der beizulegende Zeitwert der zusätzlich gewährten Eigenkapitalinstrumente in den Betrag einzubeziehen, der für ab dem Tag der Änderung bis zum Tag der ersten Ausübungsmöglichkeit der geänderten Eigenkapitalinstrumente erhaltene Leistungen erfasst wird.

(c) Werden die Ausübungsbedingungen zugunsten des Mitarbeiters geändert, beispielsweise durch Verkürzung des Erdienungszeitraums oder durch Änderung oder Streichung einer Leistungsbedingung (außer einer Marktbedingung, deren Änderungen gemäß (a) oben zu bilanzieren sind), sind bei Anwendung der Bestimmungen der Paragraphen 19–21 die geänderten Ausübungsbedingungen zu berücksichtigen.

B44 Werden die Vertragsbedingungen der gewährten Eigenkapitalinstrumente auf eine Weise geändert, die eine Minderung des gesamten beizulegenden Zeitwertes der aktienbasierten Vergütungsvereinbarung zur Folge hat oder mit keinem anderen Nutzen für den Mitarbeiter verbunden ist, sind die als Gegenleistung für die gewährten Eigenkapitalinstrumente erhaltenen Leistungen trotzdem weiterhin so zu bilanzieren, als hätte diese Änderung nicht stattgefunden (außer es handelt sich um eine Annullierung einiger oder aller gewährten Eigenkapitalinstrumente, die gemäß Paragraph 28 zu behandeln ist). Beispiele:

(a) Wenn infolge einer Änderung der unmittelbar vor und nach der Änderung ermittelte beizulegende Zeitwert der gewährten Eigenkapitalinstrumente abnimmt, hat das Unternehmen diese Minderung nicht zu berücksichtigen, sondern weiterhin den Betrag anzusetzen, der für die als Gegenleistung für die Eigenkapitalinstrumente erhaltenen Leistungen, bemessen nach dem beizulegenden Zeitwert der gewährten Eigenkapitalinstrumente am Tag der Gewährung, erfasst wurde.

(b) Führt die Änderung dazu, dass einem Mitarbeiter eine geringere Anzahl von Eigenkapitalinstrumenten gewährt wird, ist diese Herabsetzung gemäß den Bestimmungen von Paragraph 28 als Annullierung des betreffenden Anteils der gewährten Eigenkapitalinstrumente zu bilanzieren.

(c) Werden die Ausübungsbedingungen zuungunsten des Mitarbeiters geändert, beispielsweise durch Verlängerung des Erdienungszeitraums oder durch Änderung oder Aufnahme einer zusätzlichen Leistungsbedingung (außer einer Marktbedingung, deren Änderungen gemäß (a) oben zu bilanzieren sind), sind bei Anwendung der Bestimmungen der Paragraphen 19–21 die geänderten Ausübungsbedingungen zu berücksichtigen.

on the grant date fair value of the original equity instruments, which is recognised over the remainder of the original vesting period. If the modification occurs after vesting date, the incremental fair value granted is recognised immediately, or over the vesting period if the employee is required to complete an additional period of service before becoming unconditionally entitled to those modified equity instruments.
(b) similarly, if the modification increases the number of equity instruments granted, the entity shall include the fair value of the additional equity instruments granted, measured at the date of the modification, in the measurement of the amount recognised for services received as consideration for the equity instruments granted, consistently with the requirements in (a) above. For example, if the modification occurs during the vesting period, the fair value of the additional equity instruments granted is included in the measurement of the amount recognised for services received over the period from the modification date until the date when the additional equity instruments vest, in addition to the amount based on the grant date fair value of the equity instruments originally granted, which is recognised over the remainder of the original vesting period.
(c) if the entity modifies the vesting conditions in a manner that is beneficial to the employee, for example, by reducing the vesting period or by modifying or eliminating a performance condition (other than a market condition, changes to which are accounted for in accordance with (a) above), the entity shall take the modified vesting conditions into account when applying the requirements of paragraphs 19–21.

B44 Furthermore, if the entity modifies the terms or conditions of the equity instruments granted in a manner that reduces the total fair value of the share-based payment arrangement, or is not otherwise beneficial to the employee, the entity shall nevertheless continue to account for the services received as consideration for the equity instruments granted as if that modification had not occurred (other than a cancellation of some or all the equity instruments granted, which shall be accounted for in accordance with paragraph 28). For example:
(a) if the modification reduces the fair value of the equity instruments granted, measured immediately before and after the modification, the entity shall not take into account that decrease in fair value and shall continue to measure the amount recognised for services received as consideration for the equity instruments based on the grant date fair value of the equity instruments granted.
(b) if the modification reduces the number of equity instruments granted to an employee, that reduction shall be accounted for as a cancellation of that portion of the grant, in accordance with the requirements of paragraph 28.
(c) if the entity modifies the vesting conditions in a manner that is not beneficial to the employee, for example, by increasing the vesting period or by modifying or adding a performance condition (other than a market condition, changes to which are accounted for in accordance with (a) above), the entity shall not take the modified vesting conditions into account when applying the requirements of paragraphs 19–21.

International Financial Reporting Standard 3

Unternehmenszusammenschlüsse

INHALT	Ziffer
Zielsetzung	1
Anwendungsbereich	2–13
Identifizierung eines Unternehmenszusammenschlusses	4–9
Unternehmenszusammenschlüsse von Unternehmen unter gemeinsamer Beherrschung	10–13
Bilanzierungsmethode	14–15
Anwendung der Erwerbsmethode	16–65
Identifizierung des Erwerbers	17–23
Anschaffungskosten eines Unternehmenszusammenschlusses	24–35
Anpassungen der Anschaffungskosten eines Unternehmenszusammenschlusses abhängig von künftigen Ereignissen	32–35
Verteilung der Anschaffungskosten eines Unternehmenszusammenschlusses auf die erworbenen Vermögenswerte sowie die übernommenen Schulden und Eventualschulden	36–60
Identifizierbare Vermögenswerte und Schulden des erworbenen Unternehmens	41–44
Immaterielle Vermögenswerte des erworbenen Unternehmens	45–46
Eventualschulden des erworbenen Unternehmens	47–50
Geschäfts- oder Firmenwert	51–55
Überschuss des Anteils des Erwerbers an dem beizulegenden Nettozeitwert der identifizierbaren Vermögenswerte, Schulden und Eventualschulden des erworbenen Unternehmens über die Anschaffungskosten	56–57
Sukzessiver Unternehmenszusammenschluss	58–60
Provisorische Feststellung der erstmaligen Bilanzierung	61–65
Anpassungen nach der Fertigstellung der erstmaligen Bilanzierung	63–64
Ansatz latenter Steueransprüche nach Fertigstellung der erstmaligen Bilanzierung	65
Angaben	66–77
Übergangsvorschriften und Zeitpunkt des Inkrafttretens	78–85
Zuvor angesetzter Geschäfts- oder Firmenwert	79–80
Zuvor angesetzter negativer Geschäfts- oder Firmenwert	81
Zuvor angesetzte immaterielle Vermögenswerte	82
Nach der Equity-Methode bilanzierte Anteile	83–84
Begrenzte rückwirkende Anwendung	85
Rücknahme anderer Verlautbarungen	86–87

ZIELSETZUNG

1 Die Zielsetzung dieses IFRS ist es, die Rechnungslegung eines Unternehmens bei einem *Unternehmenszusammenschluss* darzulegen. Es wird insbesondere festgelegt, dass alle Unternehmenszusammenschlüsse unter Anwendung der Erwerbsmethode zu bilanzieren sind. Der Erwerber setzt daher *zum Erwerbszeitpunkt* die identifizierbaren Vermögenswerte, Schulden und *Eventualschulden* des erworbenen Unternehmens zu ihren *beizulegenden Zeitwerten* an sowie auch den *Geschäfts- oder Firmenwert*, der danach nicht planmäßig abgeschrieben, vielmehr auf Wertminderung überprüft wird.

ANWENDUNGSBEREICH

2 Für die Bilanzierung von Unternehmenszusammenschlüssen müssen die Unternehmen den vorliegenden IFRS anwenden außer in den in Paragraph 3 beschriebenen Fällen.

International Financial Reporting Standard 3

Business combinations

SUMMARY

	Paragraphs
Objective	1
Scope	2–13
Identifying a business combination	4–9
Business combinations involving entities under common control	10–13
Method of accounting	14–15
Application of the purchase method	16–65
Identifying the acquirer	17–23
Cost of a business combination	24–35
Adjustments to the cost of a business combination contingent on future events	32–35
Allocating the cost of a business combination to the assets acquired and liabilities and contingent liabilities assumed	36–60
Acquiree's identifiable assets and liabilities	41–44
Acquiree's intangible assets	45–46
Acquiree's contingent liabilities	47–50
Goodwill	51–55
Excess of acquirer's interest in the net fair value of acquiree's identifiable assets, liabilities and contingent liabilities over cost	56–57
Business combination achieved in stages	58–60
Initial accounting determined provisionally	61–65
Adjustments after the initial accounting is complete	63–64
Recognition of deferred tax assets after the initial accounting is complete	65
Disclosure	66–77
Transitional provisions and effective date	78–85
Previously recognised goodwill	79–80
Previously recognised negative goodwill	81
Previously recognised intangible assets	82
Equity accounted investments	83–84
Limited retrospective application	85
Withdrawal of other pronouncements	86–87

OBJECTIVE

1   The objective of this IFRS is to specify the financial reporting by an entity when it undertakes a *business combination*. In particular, it specifies that all business combinations should be accounted for by applying the purchase method. Therefore, the acquirer recognises the acquiree's identifiable assets, liabilities and *contingent liabilities* at their *fair values* at the *acquisition date*, and also recognises *goodwill*, which is subsequently tested for impairment rather than amortised.

SCOPE

2   Except as described in paragraph 3, entities shall apply this IFRS when accounting for business combinations.

IFRS 3

3 Dieser IFRS ist nicht anwendbar auf:
(a) Unternehmenszusammenschlüsse, bei denen separate Unternehmen oder *Geschäftsbetriebe* zusammengeführt werden, um ein *Joint Venture* zu gründen.
(b) *Unternehmenszusammenschlüsse, an denen Unternehmen oder Geschäftsbetriebe unter gemeinsamer Beherrschung beteiligt sind.*
(c) Unternehmenszusammenschlüsse, an denen zwei oder mehrere *Gegenseitigkeitsunternehmen* beteiligt sind.
(d) Unternehmenszusammenschlüsse, bei denen separate Unternehmen oder Geschäftsbetriebe zusammengeführt werden, um nur rein vertraglich ein *Bericht erstattendes Unternehmen* zu gründen, ohne Anteilsrechte zu erhalten (z. B. Zusammenschlüsse, bei denen separate Unternehmen nur vertraglich zusammengeführt werden, um ein an zwei Börsen notiertes Unternehmen zu gründen).

Identifizierung eines Unternehmenszusammenschlusses

4 Ein Unternehmenszusammenschluss ist die Zusammenführung von separaten Unternehmen oder Geschäftsbetrieben in ein Bericht erstattendes Unternehmen. Das Ergebnis fast aller Unternehmenszusammenschlüsse ist, dass ein Unternehmen, der Erwerber, die *Beherrschung* über ein oder mehrere andere Unternehmen, das erworbene Unternehmen, übernimmt. bernimmt ein Unternehmen die Beherrschung über ein oder mehrere Unternehmen, die keine Geschäftsbetriebe darstellen, handelt es sich bei der Zusammenführung dieser Art von Unternehmen nicht um einen Unternehmenszusammenschluss. Erwirbt ein Unternehmen eine Gruppe von Vermögenswerten oder Nettovermögen, die kein Unternehmen bildet, hat sie die Anschaffungskosten zwischen den einzelnen identifizierbaren Vermögenswerten und Schulden der Gruppe auf der Grundlage ihrer relativen beizulegenden Zeitwerte zum Erwerbszeitpunkt aufzuteilen.

5 Ein Unternehmenszusammenschluss kann auf unterschiedliche Arten auf Grund rechtlicher, steuerlicher oder anderer Motive vorgenommen werden. Dabei kann es zum Erwerb des Eigenkapitals eines Unternehmens durch ein anderes Unternehmen, zum Erwerb des gesamten Nettovermögens eines anderen Unternehmens, zur Übernahme der Schulden eines andern Unternehmens oder zum Erwerb von Teilen des Nettovermögens eines anderen Unternehmens, die zusammen einen oder mehrere Geschäftsbetriebe bilden, kommen. Ein Unternehmenszusammenschluss kann durch die Ausgabe von Eigenkapitalinstrumenten, die Übertragung von Zahlungsmitteln, Zahlungsmitteläquivalenten oder anderen Vermögenswerten oder eine Kombination der Vorgenannten erfolgen. Die Transaktion kann zwischen den Anteilseignern der sich zusammenschließenden Unternehmen oder zwischen einem Unternehmen und den Anteilseignern eines anderen Unternehmens abgewickelt werden. Der Zusammenschluss kann zur Gründung eines neuen Unternehmens, das die Beherrschung über die sich zusammenschließenden Unternehmen oder das übertragene Nettovermögen erlangt, oder zur Restrukturierung von einem oder mehreren der sich zusammenschließenden Unternehmen führen.

6 Beim Unternehmenserwerb kann es zu einer Mutter-Tochter-Beziehung kommen, in der das erwerbende Unternehmen das *Mutterunternehmen* und das erworbene Unternehmen ein *Tochterunternehmen* des Erwerbers ist. Unter solchen Bedingungen hat der Erwerber diesen IFRS in seinem Konzernabschluss anzuwenden. Das Mutterunternehmen nimmt seinen Anteil am erworbenen Unternehmen als Anteil an einem Tochterunternehmen in jedem von ihm veröffentlichten separatem Einzelabschluss auf (siehe IAS 27 *Konzern- und separate Einzelabschlüsse nach IFRS*).

7 Ein Unternehmenszusammenschluss kann den Erwerb des Nettovermögens, inklusive eines Geschäfts- oder Firmenwertes, eines anderen Unternehmens umfassen, ohne dass das Eigenkapital des anderen Unternehmens erworben wird. Ein solcher Zusammenschluss führt nicht zu einer Mutter-Tochter-Beziehung.

8 Die Definition eines Unternehmenszusammenschlusses und damit auch der Anwendungsbereich des vorliegenden IFRS umfasst Unternehmenszusammenschlüsse, in denen ein Unternehmen die Beherrschung über ein anderes Unternehmen erlangt, wobei der Zeitpunkt der Erlangung der Beherrschung (d. h. Erwerbszeitpunkt) nicht mit dem oder den Zeitpunkten des Erwerbs der Beteiligung (d. h. *Tauschzeitpunkt(en)*) übereinstimmt. Diese Situation kann sich beispielsweise ergeben, wenn ein Beteiligungsunternehmen eine Aktienrückkauf-Vereinbarung mit einigen seiner Investoren eingeht und sich daraus eine Änderung der Beherrschung des Beteiligungsunternehmens ergibt.

9 Dieser IFRS schreibt nicht die Rechnungslegung von Partnerunternehmen für Anteile an Joint Ventures vor (siehe IAS 31 *Anteile an Joint Ventures*).

IFRS 3

This IFRS does not apply to: 3
(a) business combinations in which separate entities or *businesses* are brought together to form a *joint venture*.
(b) *business combinations involving entities or businesses under common control*.
(c) business combinations involving two or more *mutual entities*.
(d) business combinations in which separate entities or businesses are brought together to form a *reporting entity* by contract alone without the obtaining of an ownership interest (for example, combinations in which separate entities are brought together by contract alone to form a dual listed corporation).

Identifying a business combination

A business combination is the bringing together of separate entities or businesses into one reporting entity. The result of nearly all business combinations is that one entity, the acquirer, obtains *control* of one or more other businesses, the acquiree. If an entity obtains control of one or more other entities that are not businesses, the bringing together of those entities is not a business combination. When an entity acquires a group of assets or net assets that does not constitute a business, it shall allocate the cost of the group between the individual identifiable assets and liabilities in the group based on their relative fair values at the date of acquisition. 4

A business combination may be structured in a variety of ways for legal, taxation or other reasons. It may involve the purchase by an entity of the equity of another entity, the purchase of all the net assets of another entity, the assumption of the liabilities of another entity, or the purchase of some of the net assets of another entity that together form one or more businesses. It may be effected by the issue of equity instruments, the transfer of cash, cash equivalents or other assets, or a combination thereof. The transaction may be between the shareholders of the combining entities or between one entity and the shareholders of another entity. It may involve the establishment of a new entity to control the combining entities or net assets transferred, or the restructuring of one or more of the combining entities. 5

A business combination may result in a parent-subsidiary relationship in which the acquirer is the *parent* and the acquiree a *subsidiary* of the acquirer. In such circumstances, the acquirer applies this IFRS in its consolidated financial statements. It includes its interest in the acquiree in any separate financial statements it issues as an investment in a subsidiary (see IAS 27 *Consolidated and Separate Financial Statements*). 6

A business combination may involve the purchase of the net assets, including any goodwill, of another entity rather than the purchase of the equity of the other entity. Such a combination does not result in a parentsubsidiary relationship. 7

Included within the definition of a business combination, and therefore the scope of this IFRS, are business combinations in which one entity obtains control of another entity but for which the date of obtaining control (ie the acquisition date) does not coincide with the date or dates of acquiring an ownership interest (ie the *date or dates of exchange*). This situation may arise, for example, when an investee enters into share buy-back arrangements with some of its investors and, as a result, control of the investee changes. 8

This IFRS does not specify the accounting by venturers for interests in joint ventures (see IAS 31 *Interests in Joint Ventures*). 9

IFRS 3

Unternehmenszusammenschlüsse von Unternehmen unter gemeinsamer Beherrschung

10 Ein Unternehmenszusammenschluss von Unternehmen oder Geschäftsbetrieben unter gemeinsamer Beherrschung ist ein Zusammenschluss, in dem letztendlich alle sich zusammenschließenden Unternehmen oder Geschäftsbetriebe von derselben Partei oder denselben Parteien sowohl vor als auch nach dem Unternehmenszusammenschluss beherrscht werden, und diese Beherrschung nicht vorübergehender Natur ist.

11 Von einer Gruppe von Personen wird angenommen, dass sie ein Unternehmen beherrschen, wenn sie auf Grund vertraglicher Vereinbarungen gemeinsam die Möglichkeit haben, dessen Finanz- und Geschäftspolitik zu bestimmen, um aus dessen Geschäftstätigkeiten Nutzen zu ziehen. Daher ist ein Unternehmenszusammenschluss vom Anwendungsbereich des vorliegenden IFRS ausgenommen, wenn dieselbe Gruppe von Personen auf Grund vertraglicher Vereinbarungen die endgültige gemeinsame Möglichkeit hat, die Finanz- und Geschäftspolitik von jedem des sich zusammenschließenden Unternehmen zu bestimmen, um aus deren Geschäftstätigkeiten Nutzen zu ziehen, und wenn diese endgültige gemeinsame Befugnis nicht nur vorübergehender Natur ist.

12 Die Beherrschung eines Unternehmens kann durch eine Person oder eine Gruppe von Personen, die gemäß einer vertraglichen Vereinbarung gemeinsam handeln, erfolgen, und es ist möglich, dass diese Person bzw. Gruppe von Personen nicht den Rechnungslegungsvorschriften der IFRS unterliegt. Es ist daher für sich zusammenschließende Unternehmen nicht erforderlich, als eine Einheit von Unternehmen unter gemeinsamer Beherrschung betrachtet zu werden, um bei einem Unternehmenszusammenschluss in denselben Konzernabschluss einbezogen zu werden.

13 Die Höhe der *Minderheitsanteile* an jedem der sich zusammenschließenden Unternehmen, vor und nach dem Unternehmenszusammenschluss, ist für die Bestimmung, ob der Zusammenschluss Unternehmen unter gemeinsamer Beherrschung umfasst, nicht relevant. Ähnliches gilt für die Tatsache, dass eines der sich zusammenschließenden Unternehmen ein gemäß IAS 27 nicht in den Konzernabschluss der Unternehmensgruppe einbezogenes Tochterunternehmen ist, was für die Bestimmung, ob ein Unternehmenszusammenschluss Unternehmen unter gemeinsamer Beherrschung einschließt, auch nicht relevant ist.

BILANZIERUNGSMETHODE

14 **Alle Unternehmenszusammenschlüsse sind mithilfe der Erwerbsmethode zu bilanzieren.**

15 Die Erwerbsmethode betrachtet einen Unternehmenszusammenschluss aus der Perspektive des sich zusammenschließenden Unternehmens, das als Erwerber identifiziert wurde. Der Erwerber erwirbt Nettovermögen und setzt die erworbenen Vermögenswerte sowie die übernommenen Schulden und Eventualschulden an, einschließlich derer, die das erworbene Unternehmen vorher nicht angesetzt hat. Die Bewertung der Vermögenswerte und Schulden des erwerbenden Unternehmens wird nicht von der Transaktion beeinflusst, noch werden irgendwelche zusätzlichen Vermögenswerte oder Schulden des erwerbenden Unternehmens als eine Folge der Transaktion angesetzt, da sie nicht Gegenstand der Transaktion sind.

ANWENDUNG DER ERWERBSMETHODE

16 Die Anwendung der Erwerbsmethode beinhaltet folgende Schritte:
(a) Identifizierung eines Erwerbers;
(b) Ermittlung der Anschaffungskosten des Unternehmenszusammenschlusses; und
(c) Verteilung der Anschaffungskosten des Unternehmenszusammenschlusses auf die erworbenen Vermögenswerte sowie die übernommenen Schulden und Eventualschulden zum Erwerbszeitpunkt.

Identifizierung des Erwerbers

17 **Bei allen Unternehmenszusammenschlüssen ist ein Erwerber zu identifizieren. Der Erwerber ist das sich zusammenschließende Unternehmen, das die Beherrschung über die anderen Unternehmen oder Geschäftsbetriebe erlangt.**

18 Da die Erwerbsmethode einen Unternehmenszusammenschluss aus Sicht des Erwerbers behandelt, wird vorausgesetzt dass eine der Transaktions-Parteien als der Erwerber identifiziert werden kann.

Business combinations involving entities under common control

A business combination involving entities or businesses under common control is a business combination in which all of the combining entities or businesses are ultimately controlled by the same party or parties both before and after the business combination, and that control is not transitory.

A group of individuals shall be regarded as controlling an entity when, as a result of contractual arrangements, they collectively have the power to govern its financial and operating policies so as to obtain benefits from its activities. Therefore, a business combination is outside the scope of this IFRS when the same group of individuals has, as a result of contractual arrangements, ultimate collective power to govern the financial and operating policies of each of the combining entities so as to obtain benefits from their activities, and that ultimate collective power is not transitory.

An entity can be controlled by an individual, or by a group of individuals acting together under a contractual arrangement, and that individual or group of individuals may not be subject to the financial reporting requirements of IFRSs. Therefore, it is not necessary for combining entities to be included as part of the same consolidated financial statements for a business combination to be regarded as one involving entities under common control.

The extent of *minority interests* in each of the combining entities before and after the business combination is not relevant to determining whether the combination involves entities under common control. Similarly, the fact that one of the combining entities is a subsidiary that has been excluded from the consolidated financial statements of the group in accordance with IAS 27 is not relevant to determining whether a combination involves entities under common control.

METHOD OF ACCOUNTING

All business combinations shall be accounted for by applying the purchase method.

The purchase method views a business combination from the perspective of the combining entity that is identified as the acquirer. The acquirer purchases net assets and recognises the assets acquired and liabilities and contingent liabilities assumed, including those not previously recognised by the acquiree. The measurement of the acquirer's assets and liabilities is not affected by the transaction, nor are any additional assets or liabilities of the acquirer recognised as a result of the transaction, because they are not the subjects of the transaction.

APPLICATION OF THE PURCHASE METHOD

Applying the purchase method involves the following steps:
(a) identifying an acquirer;
(b) measuring the cost of the business combination; and
(c) allocating, at the acquisition date, the cost of the business combination to the assets acquired and liabilities and contingent liabilities assumed.

Identifying the acquirer

An acquirer shall be identified for all business combinations. The acquirer is the combining entity that obtains control of the other combining entities or businesses.

Because the purchase method views a business combination from the acquirer's perspective, it assumes that one of the parties to the transaction can be identified as the acquirer.

IFRS 3

19 Beherrschung ist die Möglichkeit, die Finanz- und Geschäftspolitik eines Unternehmens oder eines Geschäftsbetriebs zu bestimmen, um aus dessen Tätigkeiten Nutzen zu ziehen. Es wird angenommen, dass ein sich zusammenschließendes Unternehmen die Beherrschung über ein anderes sich zusammenschließendes Unternehmen erlangt hat, wenn es mehr als die Hälfte der Stimmrechte des anderen Unternehmens erwirbt, es sei denn, es kann nachgewiesen werden, dass ein solcher Besitz nicht zur Beherrschung des Unternehmens führt. Auch wenn eines der sich zusammenschließenden Unternehmen nicht mehr als die Hälfte der Stimmrechte des anderen Unternehmens übernimmt, könnte es die Beherrschung über dieses andere Unternehmen erlangt haben, wenn es als Folge des Zusammenschlusses die Möglichkeit erlangt:
(a) über mehr als die Hälfte der Stimmrechte des anderen Unternehmens kraft einer mit anderen Investoren geschlossenen Vereinbarung zu verfügen;
oder
(b) die Finanz- und Geschäftspolitik des anderen Unternehmens gemäß einer Satzung oder einer Vereinbarung zu bestimmen;
oder
(c) die Mehrheit der Mitglieder des Geschäftsführungs- und/oder Aufsichtsorgans oder eines gleichwertigen Leitungsgremiums des anderen Unternehmens zu ernennen oder abzuberufen;
oder
(d) die Mehrheit der Stimmen bei Sitzungen des Geschäftsführungs- und/oder Aufsichtsorgans oder eines gleichwertigen Leitungsgremiums des anderen Unternehmens zu bestimmen.

20 Auch wenn es manchmal schwierig sein kann einen Erwerber zu identifizieren, lassen sich dafür im Normalfall Anhaltspunkte finden. Zum Beispiel:
(a) ist der beizulegende Zeitwert eines der sich zusammenschließenden Unternehmen bedeutend größer als der des anderen Unternehmens, wird voraussichtlich das Unternehmen mit dem größeren beizulegenden Zeitwert der Erwerber sein;
(b) ist der Unternehmenszusammenschluss durch einen Tausch von Eigenkapitalinstrumenten mit Stimmrechten gegen Zahlungsmittel oder andere Vermögenswerte zustande gekommen, wird voraussichtlich das Unternehmen, das Zahlungsmittel und andere Vermögenswerte liefert, der Erwerber sein;
und
(c) führt der Unternehmenszusammenschluss dazu, dass das Management eines der sich zusammenschließenden Unternehmen die Möglichkeit hat, das Management des entstandenen zusammengeschlossenen Unternehmens zu bestimmen, wird voraussichtlich das Unternehmen mit einer solchen Dominanz seines Managements der Erwerber sein.

21 Bei einem Unternehmenszusammenschluss, der durch einen Tausch von Eigenkapitalanteilen zustande kommt, ist in der Regel das Unternehmen der Erwerber, das Eigenkapitalanteile emittiert. Es sind jedoch alle sachdienlichen Tatsachen und Umstände für die Entscheidung in Betracht zu ziehen, welches der sich zusammenschließenden Unternehmen die Möglichkeit hat, die Finanz- und Geschäftspolitik des anderen Unternehmens (oder der anderen Unternehmen) so zu bestimmen, um aus dessen (oder deren) Geschäftstätigkeit Nutzen zu ziehen. Bei einigen Unternehmenszusammenschlüssen, die allgemein als umgekehrter Unternehmenserwerb bezeichnet werden, ist der Erwerber das Unternehmen, dessen Eigenkapitalanteile erworben wurden, und das emittierende Unternehmen ist das erworbene Unternehmen. Das könnte beispielsweise für die Fälle zutreffen, wo ein nicht börsennotiertes Unternehmen veranlasst, sich von einer kleineren börsennotierten Gesellschaft ‚erwerben' zu lassen, um auf diese Weise eine Börsennotierung zu erhalten. Auch wenn das emittierende nicht börsennotierte Unternehmen rechtlich betrachtet als Mutterunternehmen und das börsennotierte Unternehmen als Tochterunternehmen angesehen wird, ist das rechtliche Tochterunternehmen der Erwerber, wenn er die Möglichkeit hat, die Finanz- und Geschäftspolitik des rechtlichen Mutterunternehmens so zu bestimmen, um Nutzen aus dessen Geschäftstätigkeiten zu ziehen. Im Allgemeinen ist das größere Unternehmen der Erwerber; die einen Unternehmenszusammenschluss umgebenden Tatschen und Umstände zeigen jedoch manchmal, dass ein kleineres Unternehmen ein größeres Unternehmen erwirbt. Die Anwendungsleitlinien zur Bilanzierung von umgekehrtem Unternehmenserwerb sind im Anhang B in den Paragraphen B1-B15 aufgeführt.

22 Wird zur Durchführung eines Unternehmenszusammenschlusses ein neues Unternehmen gegründet, um Eigenkapitalinstrumente zu emittieren, ist eines der sich zusammenschließenden Unternehmen, das vor dem Zusammenschluss bestand, auf Grund der verfügbaren Hinweise als der Erwerber zu identifizieren.

23 Dies gilt auch, wenn ein Unternehmenszusammenschluss mehr als zwei sich zusammenschließende Unternehmen umfasst, dann ist eines der sich zusammenschließenden Unternehmen, das vor dem Zusammenschluss bestand, auf Grund der verfügbaren Hinweise als Erwerber zu identifizieren. Bei der Bestimmung des Erwerbers ist in solchen Fällen u. a. zu berücksichtigen, welches der sich zusammenschließenden Unternehmen den Zusammenschluss veranlasst hat, und ob die Vermögenswerte oder Erträge eines der sich zusammenschließenden Unternehmen die der anderen signifikant übersteigt.

Control is the power to govern the financial and operating policies of an entity or business so as to obtain benefits from its activities. A combining entity shall be presumed to have obtained control of another combining entity when it acquires more than one-half of that other entity's voting rights, unless it can be demonstrated that such ownership does not constitute control. Even if one of the combining entities does not acquire more than one-half of the voting rights of another combining entity, it might have obtained control of that other entity if, as a result of the combination, it obtains:

(a) power over more than one-half of the voting rights of the other entity by virtue of an agreement with other investors; or
(b) power to govern the financial and operating policies of the other entity under a statute or an agreement; or
(c) power to appoint or remove the majority of the members of the board of directors or equivalent governing body of the other entity; or
(d) power to cast the majority of votes at meetings of the board of directors or equivalent governing body of the other entity.

Although sometimes it may be difficult to identify an acquirer, there are usually indications that one exists. For example:
(a) if the fair value of one of the combining entities is significantly greater than that of the other combining entity, the entity with the greater fair value is likely to be the acquirer;
(b) if the business combination is effected through an exchange of voting ordinary equity instruments for cash or other assets, the entity giving up cash or other assets is likely to be the acquirer; and
(c) if the business combination results in the management of one of the combining entities being able to dominate the selection of the management team of the resulting combined entity, the entity whose management is able so to dominate is likely to be the acquirer.

In a business combination effected through an exchange of equity interests, the entity that issues the equity interests is normally the acquirer. However, all pertinent facts and circumstances shall be considered to determine which of the combining entities has the power to govern the financial and operating policies of the other entity (or entities) so as to obtain benefits from its (or their) activities. In some business combinations, commonly referred to as reverse acquisitions, the acquirer is the entity whose equity interests have been acquired and the issuing entity is the acquiree. This might be the case when, for example, a private entity arranges to have itself 'acquired' by a smaller public entity as a means of obtaining a stock exchange listing. Although legally the issuing public entity is regarded as the parent and the private entity is regarded as the subsidiary, the legal subsidiary is the acquirer if it has the power to govern the financial and operating policies of the legal parent so as to obtain benefits from its activities. Commonly the acquirer is the larger entity; however, the facts and circumstances surrounding a combination sometimes indicate that a smaller entity acquires a larger entity. Guidance on the accounting for reverse acquisitions is provided in paragraphs B1—B15 of Appendix B.

When a new entity is formed to issue equity instruments to effect a business combination, one of the combining entities that existed before the combination shall be identified as the acquirer on the basis of the evidence available.

Similarly, when a business combination involves more than two combining entities, one of the combining entities that existed before the combination shall be identified as the acquirer on the basis of the evidence available. Determining the acquirer in such cases shall include a consideration of, amongst other things, which of the combining entities initiated the combination and whether the assets or revenues of one of the combining entities significantly exceed those of the others.

Anschaffungskosten eines Unternehmenszusammenschlusses

24 Die Anschaffungskosten eines Unternehmenszusammenschlusses sind von dem Erwerber als Summe zu ermitteln aus:
(a) den zum Tauschzeitpunkt gültigen beizulegenden Zeitwerten der entrichteten Vermögenswerte, der eingegangenen oder übernommenen Schulden und der von dem Erwerber emittierten Eigenkapitalinstrumente im Austausch gegen die Beherrschung des erworbenen Unternehmens;
zuzüglich
(b) aller dem Unternehmenszusammenschluss direkt zurechenbaren Kosten.

25 Der Erwerbszeitpunkt ist jener Zeitpunkt, an dem der Erwerber tatsächlich die Beherrschung über das erworbene Unternehmen übernimmt. Erfolgt dies durch eine einzige Tauschtransaktion, ist der Tauschzeitpunkt mit dem Erwerbszeitpunkt identisch. Ein Unternehmenszusammenschluss kann jedoch mehrere Tauschtransaktionen umfassen, wenn er beispielsweise in mehreren Schritten durch sukzessiven Aktienerwerb durchgeführt wird. In diesem Fall:
(a) entsprechen die Anschaffungskosten des Zusammenschlusses der Summe der Anschaffungskosten der einzelne Transaktionen;
und
(b) entspricht der Tauschzeitpunkt dem Zeitpunkt jeder einzelnen Tauschtransaktion (d. h. der Zeitpunkt, zu dem jede einzelne Investition im Abschluss des Erwerbers angesetzt wird), während der Erwerbszeitpunkt der Zeitpunkt ist, an dem der Erwerber die Beherrschung über das erworbene Unternehmen erlangt.

26 Von dem Erwerber im Austausch gegen die Beherrschung des erworbenen Unternehmens entrichtete Vermögenswerte und eingegangene oder übernomme Schulden müssen gemäß Paragraph 24 zu ihrem beizulegenden Zeitwert zum Tauschzeitpunkt bewertet werden. Werden indes alle oder ein Teil der Anschaffungskosten eines Unternehmenszusammenschlusses erst später beglichen, ist der beizulegende Zeitwert dieses zurückgestellten Teils zum Tauschzeitpunkt zu bestimmen durch die Abzinsung der ausstehenden Beträge auf ihren Barwert unter Berücksichtigung vermutlich übernommener Aufgelder oder Abschläge.

27 Der zum Tauschzeitpunkt veröffentlichte Börsenkurs eines notierten Eigenkapitalinstruments stellt den besten Anhaltspunkt für seinen beizulegenden Zeitwert dar und ist, außer in äußerst seltenen Fällen, zu verwenden. Andere Anhaltspunkte und Bewertungsmethoden sind nur in den äußerst seltenen Fällen in Betracht zu ziehen, in denen der Erwerber nachweisen kann, dass der zum Tauschzeitpunkt veröffentlichte Börsenkurs ein unzuverlässiger Indikator für den beizulegenden Zeitwert ist, und dass die anderen Anhaltspunkte und Bewertungsmethoden einen verlässlicheren Maßstab für den beizulegenden Zeitwert des Eigenkapitalinstruments darstellen. Der zum Tauschzeitpunkt veröffentlichte Börsenkurs ist nur dann ein unzuverlässiger Indikator, wenn er von der Enge des Marktes beeinflusst wurde. Ist der zum Tauschzeitpunkt veröffentlichte Börsenkurs ein unzuverlässiger Indikator oder gibt es keinen veröffentlichten Börsenkurs für die von dem Erwerber ausgegebenen Eigenkapitalinstrumente, könnte der beizulegende Zeitwert dieser Finanzinstrumente beispielsweise geschätzt werden. Dabei wird entweder auf den proportionalen Anteil der ausgegebenen Eigenkapitalinstrumente am beizulegenden Zeitwert des erwerbenden Unternehmens oder auf den proportionalen Anteil am beizulegenden Zeitwert des erworbenen Unternehmens Bezug genommen, abhängig davon, welcher Wert eindeutiger zu ermitteln ist. Der zum Tauschzeitpunkt gültige beizulegende Zeitwert der monetären Vermögenswerte, die den Anteilseignern des erworbenen Unternehmens als eine Alternative zu Eigenkapitalinstrumenten gegeben wurden, kann auch einen Hinweis auf den gesamten beizulegenden Zeitwert liefern, der von dem Erwerber im Austausch gegen die Beherrschung des erworbenen Unternehmens entrichtet wurde. In jedem Fall sind alle Aspekte des Unternehmenszusammenschlusses, inklusive wichtiger Faktoren, welche die Verhandlungen beeinflusst haben, zu berücksichtigen. Weitere Anleitungen zur Bestimmung des beizulegenden Zeitwertes von Eigenkapitalinstrumenten sind in IAS 39 *Finanzinstrumente: Ansatz und Bewertung* aufgeführt.

28 Die Anschaffungskosten eines Unternehmenszusammenschlusses beinhalten von dem Erwerber eingegangene oder übernomme Schulden im Austausch gegen die Beherrschung des erworbenen Unternehmens. Künftige Verluste oder sonstige Kosten, die voraussichtlich in Folge eines Zusammenschlusses entstehen werden, gehören nicht zu den von dem Erwerber eingegangenen oder übernommenen Schulden im Austausch gegen die Beherrschung über das erworbene Unternehmen und sind daher nicht als Teil der Anschaffungskosten eines Zusammenschlusses abzubilden.

IFRS 3

Cost of a business combination

The acquirer shall measure the cost of a business combination as the aggregate of: 24
(a) the fair values, at the date of exchange, of assets given, liabilities incurred or assumed, and equity instruments issued by the acquirer, in exchange for control of the acquiree; plus
(b) any costs directly attributable to the business combination.

The acquisition date is the date on which the acquirer effectively obtains control of the acquiree. When this is achieved through a single exchange transaction, the date of exchange coincides with the acquisition date. However, a business combination may involve more than one exchange transaction, for example when it is achieved in stages by successive share purchases. When this occurs: 25
(a) the cost of the combination is the aggregate cost of the individual transactions; and
(b) the date of exchange is the date of each exchange transaction (ie the date that each individual investment is recognised in the financial statements of the acquirer), whereas the acquisition date is the date on which the acquirer obtains control of the acquiree.

Assets given and liabilities incurred or assumed by the acquirer in exchange for control of the acquiree are required by paragraph 24 to be measured at their fair values at the date of exchange. Therefore, when settlement of all or any part of the cost of a business combination is deferred, the fair value of that deferred component shall be determined by discounting the amounts payable to their present value at the date of exchange, taking into account any premium or discount likely to be incurred in settlement. 26

The published price at the date of exchange of a quoted equity instrument provides the best evidence of the instrument's fair value and shall be used, except in rare circumstances. Other evidence and valuation methods shall be considered only in the rare circumstances when the acquirer can demonstrate that the published price at the date of exchange is an unreliable indicator of fair value, and that the other evidence and valuation methods provide a more reliable measure of the equity instrument's fair value. The published price at the date of exchange is an unreliable indicator only when it has been affected by the thinness of the market. If the published price at the date of exchange is an unreliable indicator or if a published price does not exist for equity instruments issued by the acquirer, the fair value of those instruments could, for example, be estimated by reference to their proportional interest in the fair value of the acquirer or by reference to the proportional interest in the fair value of the acquiree obtained, whichever is the more clearly evident. The fair value at the date of exchange of monetary assets given to equity holders of the acquiree as an alternative to equity instruments may also provide evidence of the total fair value given by the acquirer in exchange for control of the acquiree. In any event, all aspects of the combination, including significant factors influencing the negotiations, shall be considered. Further guidance on determining the fair value of equity instruments is set out in IAS 39 *Financial Instruments: Recognition and Measurement*. 27

The cost of a business combination includes liabilities incurred or assumed by the acquirer in exchange for control of the acquiree. Future losses or other costs expected to be incurred as a result of a combination are not liabilities incurred or assumed by the acquirer in exchange for control of the acquiree, and are not, therefore, included as part of the cost of the combination. 28

29 Die Anschaffungskosten eines Unternehmenszusammenschlusses umfassen alle dem Zusammenschluss direkt zurechenbaren Kosten, wie Honorare für Wirtschaftsprüfer, Rechtsberater, Gutachter und für andere im Zusammenhang mit dem Zusammenschluss tätigen Berater. Allgemeine Verwaltungskosten, einschließlich der Kosten für den Unterhalt einer Akquisitionsabteilung, sowie andere Kosten, die nicht direkt dem zu bilanzierenden Unternehmenszusammenschluss zugeordnet werden können, dürfen nicht in die Anschaffungskosten des Zusammenschlusses einbezogen werden: Sie sind erfolgswirksam als Aufwand zu erfassen.

30 Die Kosten für die Aufnahme und Ausgabe von finanziellen Verbindlichkeiten sind ein integraler Teil der Transaktion der Ausgabe von Verbindlichkeiten, sie sind jedoch nicht dem Zusammenschluss direkt zurechenbar, auch dann nicht wenn die Verbindlichkeiten für die Durchführung des Unternehmenszusammenschlusses emittiert werden. Unternehmen dürfen daher diese Kosten nicht in die Anschaffungskosten eines Unternehmenszusammenschlusses integrieren. Gemäß IAS 39 sind diese Kosten in der erstmaligen Bewertung der Verbindlichkeit zu berücksichtigen.

31 Die Kosten für die Emission von Eigenkapitalinstrumenten sind dementsprechend ein integraler Teil der Aktienemissions-Transaktion, jedoch nicht dem Zusammenschluss direkt zurechenbar, auch dann nicht wenn die Eigenkapitalinstrumente für die Durchführung des Unternehmenszusammenschlusses emittiert werden. Unternehmen dürfen daher diese Kosten nicht in die Anschaffungskosten eines Unternehmenszusammenschlusses integrieren. Gemäß IAS 32 *Finanzinstrumente: Darstellung* verringern diese Kosten den Erlös aus der Aktienemission.

Anpassungen der Anschaffungskosten eines Unternehmenszusammenschlusses abhängig von künftigen Ereignissen

32 **Wenn die Vereinbarung über einen Unternehmenszusammenschluss eine von knftigen Ereignissen abhängige Anpassung der Anschaffungskosten für den Zusammenschluss vorsieht, so hat der Erwerber den Betrag dieser Anpassung in die Anschaffungskosten des Zusammenschlusses zum Erwerbszeitpunkt mit einzubeziehen, wenn die Anpassung *wahrscheinlich* ist und verlässlich bewertet werden kann.**

33 Die Vereinbarung über einen Unternehmenszusammenschluss kann Anpassungen der Anschaffungskosten des Zusammenschlusses enthalten, die von einem oder mehreren künftigen Ereignissen abhängen. Die Anpassung könnte beispielsweise von einem bestimmten Erfolgsniveau, welches in Zukunft beizubehalten oder zu erreichen ist, oder von einem beizubehaltenden Börsenpreis der ausgegebenen Finanzinstrumente, abhängig sein. Es ist im Regelfall möglich, den Betrag einer solchen Anpassung zum Zeitpunkt der erstmaligen Bilanzierung des Zusammenschlusses zu schätzen, ohne die Verlässlichkeit der Information zu beeinträchtigen, obwohl eine gewisse Unsicherheit besteht. Treten die künftigen Ereignisse nicht ein oder muss die Schätzung revidiert werden, so sind die Anschaffungskosten des Unternehmenszusammenschlusses entsprechend anzupassen.

34 Sieht die Vereinbarung über einen Unternehmenszusammenschluss eine solche Anpassung vor, wird diese Anpassung dennoch nicht in die Anschaffungskosten des Zusammenschlusses zum Zeitpunkt der erstmaligen Bilanzierung des Zusammenschlusses einbezogen, sofern sie entweder nicht wahrscheinlich ist oder nicht verlässlich bewertet werden kann. Wenn die Anpassung nachträglich wahrscheinlich wird und verlässlich bewertet werden kann, ist die zusätzliche Gegenleistung als eine Anpassung der Anschaffungskosten des Zusammenschlusses zu behandeln.

35 Unter gewissen Umständen wird vom Erwerber verlangt, als Kompensation eine nachträgliche Zahlung an den Verkäufer zu entrichten, wenn sich der Wert der für die Beherrschung des erworbenen Unternehmens vom Erwerber entrichteten Vermögenswerte, ausgegebenen Eigenkapitalinstrumente oder eingegangenen bzw. übernommenen Schulden reduziert hat. Dies kann beispielsweise der Fall sein, wenn der Erwerber den Börsenkurs der im Rahmen der Anschaffungskosten des Unternehmenszusammenschlusses ausgegebenen Eigenkapital- oder Schuldinstrumente garantiert und von ihm verlangt wird, zusätzliche Eigenkapital- oder Schuldinstrumente zu emittieren, um die ursprünglich festgesetzten Anschaffungskosten auszugleichen. In solchen Fällen werden die Anschaffungskosten des Unternehmenszusammenschlusses nicht erhöht. Im Falle von Eigenkapitalinstrumenten wird der beizulegende Zeitwert der zusätzlichen Zahlung durch eine gleichwertige Reduzierung des Wertes, der den ursprünglich ausgegebenen Finanzinstrumenten zugewiesen wurde, kompensiert. Im Falle von Schuldinstrumenten stellt die zusätzliche Zahlung ein verringertes Aufgeld oder einen zusätzlichen Abschlag auf die ursprüngliche Ausgabe der Schuldinstrumente dar.

29 The cost of a business combination includes any costs directly attributable to the combination, such as professional fees paid to accountants, legal advisers, valuers and other consultants to effect the combination. General administrative costs, including the costs of maintaining an acquisitions department, and other costs that cannot be directly attributed to the particular combination being accounted for are not included in the cost of the combination: they are recognised as an expense when incurred.

30 The costs of arranging and issuing financial liabilities are an integral part of the liability issue transaction, even when the liabilities are issued to effect a business combination, rather than costs directly attributable to the combination. Therefore, entities shall not include such costs in the cost of a business combination. In accordance with IAS 39, such costs shall be included in the initial measurement of the liability.

31 Similarly, the costs of issuing equity instruments are an integral part of the equity issue transaction, even when the equity instruments are issued to effect a business combination, rather than costs directly attributable to the combination. Therefore, entities shall not include such costs in the cost of a business combination. In accordance with IAS 32 *Financial Instruments: Presentation*, such costs reduce the proceeds from the equity issue.

Adjustments to the cost of a business combination contingent on future events

32 **When a business combination agreement provides for an adjustment to the cost of the combination contingent on future events, the acquirer shall include the amount of that adjustment in the cost of the combination at the acquisition date if the adjustment is *probable* and can be measured reliably.**

33 A business combination agreement may allow for adjustments to the cost of the combination that are contingent on one or more future events. The adjustment might, for example, be contingent on a specified level of profit being maintained or achieved in future periods, or on the market price of the instruments issued being maintained. It is usually possible to estimate the amount of any such adjustment at the time of initially accounting for the combination without impairing the reliability of the information, even though some uncertainty exists. If the future events do not occur or the estimate needs to be revised, the cost of the business combination shall be adjusted accordingly.

34 However, when a business combination agreement provides for such an adjustment, that adjustment is not included in the cost of the combination at the time of initially accounting for the combination if it either is not probable or cannot be measured reliably. If that adjustment subsequently becomes probable and can be measured reliably, the additional consideration shall be treated as an adjustment to the cost of the combination.

35 In some circumstances, the acquirer may be required to make a subsequent payment to the seller as compensation for a reduction in the value of the assets given, equity instruments issued or liabilities incurred or assumed by the acquirer in exchange for control of the acquiree. This is the case, for example, when the acquirer guarantees the market price of equity or debt instruments issued as part of the cost of the business combination and is required to issue additional equity or debt instruments to restore the originally determined cost. In such cases, no increase in the cost of the business combination is recognised. In the case of equity instruments, the fair value of the additional payment is offset by an equal reduction in the value attributed to the instruments initially issued. In the case of debt instruments, the additional payment is regarded as a reduction in the premium or an increase in the discount on the initial issue.

IFRS 3

Verteilung der Anschaffungskosten eines Unternehmenszusammenschlusses auf die erworbenen Vermögenswerte sowie die übernommenen Schulden und Eventualschulden

36   Zum Erwerbszeitpunkt hat der Erwerber die Anschaffungskosten des Unternehmenszusammenschlusses zu verteilen, indem er die identifizierbaren Vermögenswerte, Schulden und Eventualschulden des erworbenen Unternehmens, die die Ansatzkriterien in Paragraph 37 erfüllen, zu ihren zu dem Zeitpunkt gültigen beizulegenden Zeitwerten ansetzt, mit Ausnahme der langfristigen Vermögenswerte (oder Veräußerungsgruppen), die gemäß IFRS 5 *Zur Veräußerung gehaltene langfristige Vermögenswerte und aufgegebene Geschäftsbereiche* als zur Veräußerung gehalten eingestuft sind, und die zum beizulegenden Zeitwert abzüglich der Veräußerungskosten anzusetzen sind. Jegliche Differenz zwischen den Anschaffungskosten für den Unternehmenszusammenschluss und dem Anteil des Erwerbers an dem beizulegenden Nettozeitwert der auf die Weise angesetzten identifizierbaren Vermögenswerte, Schulden und Eventualschulden sind gemäß den Paragraphen 51–57 zu bilanzieren.

37   Die identifizierbaren Vermögenswerte, Schulden und Eventualschulden des erworbenen Unternehmens sind vom Erwerber zum Erwerbszeitpunkt nur dann getrennt anzusetzen, wenn sie die folgenden Kriterien zu dem Zeitpunkt erfüllen:
(a) im Falle eines Vermögenswertes, der kein *immaterieller Vermögenswert* ist, ist es wahrscheinlich, dass damit verbundener künftiger wirtschaftlicher Nutzen dem Erwerber zufließen wird und sein beizulegender Zeitwert verlässlich bewertet werden kann;
(b) im Falle einer Schuld, mit Ausnahme einer Eventualschuld, ist es wahrscheinlich, dass ein Abfluss von Ressourcen mit wirtschaftlichem Nutzen zur Erfüllung der Verpflichtung erforderlich ist und sein beizulegender Zeitwert verlässlich bewertet werden kann;
(c) im Falle eines immateriellen Vermögenswertes oder einer Eventualschuld kann der beizulegende Zeitwert verlässlich bewertet werden.

38   In der Gewinn- und Verlustrechnung des Erwerbers sind die Gewinne und Verluste des erworbenen Unternehmens ab dem Erwerbszeitpunkt einzubeziehen, indem die Erträge und Aufwendungen des erworbenen Unternehmens auf Grundlage der Anschaffungskosten des Erwerbers für den Unternehmenszusammenschluss ermittelt werden. Zum Beispiel ermittelt sich der Abschreibungsaufwand der abschreibungsfähigen Vermögenswerte des erworbenen Unternehmens ab dem Erwerbszeitpunkt in der Gewinn- und Verlustrechnung des Erwerbers nach dem beizulegenden Zeitwert dieser abschreibungsfähigen Vermögenswerte zum Erwerbszeitpunkt, d. h. ihren Anschaffungskosten des Erwerbers.

39   Die Anwendung der Erwerbsmethode beginnt zum Erwerbszeitpunkt, d. h. dem Zeitpunkt, an dem der Erwerber tatsächlich die Beherrschung über das erworbene Unternehmen erlangt. Da Beherrschung die Möglichkeit ist, die Finanz- und Geschäftspolitik eines Unternehmens oder eines Geschäftsbetriebs zu bestimmen, um Nutzen aus den Geschäftstätigkeiten zu ziehen, ist es nicht notwendig, dass eine rechtliche Transaktion abgeschlossen sein muss, bevor der Erwerber die Beherrschung erlangt. Alle sachdienlichen Tatsachen und Umstände in Zusammenhang mit einem Unternehmenszusammenschluss sind für die Beurteilung in Betracht zu ziehen, ab wann der Erwerber die Beherrschung erlangt.

40   Da der Erwerber die identifizierbaren Vermögenswerte, Schulden und Eventualschulden des erworbenen Unternehmens, welche die Ansatzkriterien in Paragraph 37 erfüllen, zu den jeweiligen beizulegenden Zeitwerten zum Erwerbszeitpunkt ansetzt, wird jeder Minderheitsanteil an dem erworbenen Unternehmen zu dem den Minderheitsgesellschaftern zuzuordnenden Anteil an dem beizulegenden Nettozeitwert dieser Posten bemessen. Die Paragraphen B16 und B17 in Anhang B geben Hinweise zur Bestimmung der beizulegenden Zeitwerte der identifizierbaren Vermögenswerte, Schulden und Eventualschulden des erworbenen Unternehmens zum Zweck der Verteilung der Anschaffungskosten eines Unternehmenszusammenschlusses.

Identifizierbare Vermögenswerte und Schulden des erworbenen Unternehmens

41   Im Rahmen der Verteilung der Anschaffungskosten des Zusammenschlusses setzt der Erwerber gemäß Paragraph 36 nur die identifizierbaren Vermögenswerte, Schulden und Eventualschulden des erworbenen Unternehmens separat an, die zum Erwerbsdatum bereits bestanden und die Ansatzkriterien in Paragraph 37 erfüllen. Deswegen:
(a) hat der Erwerber die Schulden für die Beendigung oder Verringerung der Aktivitäten des erworbenen Unternehmens im Rahmen der Verteilung der Anschaffungskosten des Zusammenschlusses nur dann anzusetzen, wenn das erworbene Unternehmen zum Erwerbszeitpunkt eine gemäß IAS 37 *Rückstellungen, Eventualschulden und Eventualforderungen* bestehende für Restrukturierungen angesetzte Schuld hat; und

IFRS 3

Allocating the cost of a business combination to the assets acquired and liabilities and contingent liabilities assumed

The acquirer shall, at the acquisition date, allocate the cost of a business combination by recognising the acquiree's identifiable assets, liabilities and contingent liabilities that satisfy the recognition criteria in paragraph 37 at their fair values at that date, except for non-current assets (or disposal groups) that are classified as held for sale in accordance with IFRS 5 *Non-current Assets Held for Sale and Discontinued Operations*, which shall be recognised at fair value less costs to sell. Any difference between the cost of the business combination and the acquirer's interest in the net fair value of the identifiable assets, liabilities and contingent liabilities so recognised shall be accounted for in accordance with paragraphs 51–57. 36

The acquirer shall recognise separately the acquiree's identifiable assets, liabilities and contingent liabilities at the acquisition date only if they satisfy the following criteria at that date: 37
(a) in the case of an asset other than an *intangible asset*, it is probable that any associated future economic benefits will flow to the acquirer, and its fair value can be measured reliably;
(b) in the case of a liability other than a contingent liability, it is probable that an outflow of resources embodying economic benefits will be required to settle the obligation, and its fair value can be measured reliably;
(c) in the case of an intangible asset or a contingent liability, its fair value can be measured reliably.

The acquirer's income statement shall incorporate the acquiree's profits and losses after the acquisition date by including the acquiree's income and expenses based on the cost of the business combination to the acquirer. For example, depreciation expense included after the acquisition date in the acquirer's income statement that relates to the acquiree's depreciable assets shall be based on the fair values of those depreciable assets at the acquisition date, ie their cost to the acquirer. 38

Application of the purchase method starts from the acquisition date, which is the date on which the acquirer effectively obtains control of the acquiree. Because control is the power to govern the financial and operating policies of an entity or business so as to obtain benefits from its activities, it is not necessary for a transaction to be closed or finalised at law before the acquirer obtains control. All pertinent facts and circumstances surrounding a business combination shall be considered in assessing when the acquirer has obtained control. 39

Because the acquirer recognises the acquiree's identifiable assets, liabilities and contingent liabilities that satisfy the recognition criteria in paragraph 37 at their fair values at the acquisition date, any minority interest in the acquiree is stated at the minority's proportion of the net fair value of those items. Paragraphs B16 and B17 of Appendix B provide guidance on determining the fair values of the acquiree's identifiable assets, liabilities and contingent liabilities for the purpose of allocating the cost of a business combination. 40

Acquiree's identifiable assets and liabilities

In accordance with paragraph 36, the acquirer recognises separately as part of allocating the cost of the combination only the identifiable assets, liabilities and contingent liabilities of the acquiree that existed at the acquisition date and satisfy the recognition criteria in paragraph 37. Therefore: 41
(a) the acquirer shall recognise liabilities for terminating or reducing the activities of the acquiree as part of allocating the cost of the combination only when the acquiree has, at the acquisition date, an existing liability for restructuring recognised in accordance with IAS 37 *Provisions, Contingent Liabilities and Contingent Assets*; and

(b) hat der Erwerber bei der Verteilung der Anschaffungskosten des Zusammenschlusses die Schulden für künftige Verluste oder sonstige erwartete Kosten, die in Folge des Unternehmenszusammenschlusses entstehen, nicht anzusetzen.

42 Eine Zahlung, zu der ein Unternehmen vertraglich verpflichtet ist, beispielsweise an seine Arbeitnehmer oder Lieferanten für den Fall, dass es in einem Unternehmenszusammenschluss erworben wird, ist eine gegenwärtige Verpflichtung des Unternehmens, die solange als eine Eventualschuld angesehen wird, bis es wahrscheinlich ist, dass ein Unternehmenszusammenschluss stattfinden wird. Gemäß IAS 37 wird die vertragliche Verpflichtung dieses Unternehmens als eine Schuld angesetzt, wenn ein Unternehmenszusammenschluss wahrscheinlich ist und die Schuld verlässlich bewertet werden kann. Wird der Unternehmenszusammenschluss durchgeführt, ist diese Schuld des erworbenen Unternehmens vom Erwerber im Rahmen der Verteilung der Anschaffungskosten des Zusammenschlusses anzusetzen.

43 Ein Restrukturierungsplan eines erworbenen Unternehmens, dessen Durchführung an die Bedingung gebunden ist, dass es in einem Unternehmenszusammenschluss erworben wird, stellt jedoch unmittelbar vor dem Unternehmenszusammenschluss keine gegenwärtige Verpflichtung des erworbenen Unternehmens dar. Es stellt unmittelbar vor dem Unternehmenszusammenschluss auch keine Eventualschuld des erworbenen Unternehmens dar, da es sich hierbei um eine mögliche Verpflichtung aus einem vergangenen Ereignis handelt, deren Existenz durch das Eintreten oder Nichteintreten eines oder mehrerer unsicherer künftiger Ereignisse, die nicht vollständig unter der Kontrolle des erworbenen Unternehmens stehen, bedingt ist. Eine Schuld für derartige Restrukturierungspläne ist daher nicht vom Erwerber im Rahmen der Verteilung der Anschaffungskosten des Zusammenschlusses anzusetzen.

44 Die gemäß Paragraph 36 angesetzten identifizierbaren Vermögenswerte und Schulden umfassen alle Vermögenswerte und Schulden des erworbenen Unternehmens, die der Erwerber erwirbt oder übernimmt, einschließlich aller seiner finanziellen Vermögenswerte und finanziellen Verbindlichkeiten. Dazu könnten auch Vermögenswerte und Schulden gehören, die vorher in den Abschlüssen des erworbenen Unternehmens nicht angesetzt waren, z. B. weil sie vor dem Erwerb nicht die Ansatzkriterien erfüllten. Zum Beispiel ist ein steuerlicher Nutzen aus steuerlichen Verlusten des erworbenen Unternehmens, der vor dem Unternehmenszusammenschluss von dem erworbenen Unternehmen nicht angesetzt war, gemäß Paragraph 36 als ein identifizierbarer Vermögenswert anzusetzen, wenn die Wahrscheinlichkeit besteht, dass der Erwerber künftig steuerliche Gewinne haben wird, die mit dem nicht bilanzierten steuerlichen Nutzen verrechnet werden können.

Immaterielle Vermögenswerte des erworbenen Unternehmens

45 Gemäß Paragraph 37 setzt der Erwerber einen immateriellen Vermögenswert des erworbenen Unternehmens zum Erwerbszeitpunkt nur dann separat an, wenn er der in IAS 38 *Immaterielle Vermögenswerte* enthaltenen Definition eines immateriellen Vermögenswertes entspricht und sein beizulegender Zeitwert verlässlich bewertet werden kann. Das bedeutet, dass das erwerbende Unternehmen ein aktives Forschungs- und Entwicklungsprojekt des erworbenen Unternehmens als einen vom Geschäfts- oder Firmenwert getrennten Vermögenswert ansetzt, wenn das Projekt die Definition eines immateriellen Vermögenswertes erfüllt und sein beizulegender Zeitwert verlässlich bewertet werden kann. IAS 38 enthält Hinweise zur Bestimmung, ob der beizulegende Zeitwert eines immateriellen Vermögenswertes, der bei einem Unternehmenszusammenschluss erworben wurde, verlässlich bewertet werden kann.

46 Ein nicht-monetärer Vermögenswert ohne physische Substanz muss identifizierbar sein, um die Definition eines immateriellen Vermögenswertes zu erfüllen. Gemäß IAS 38 erfüllt ein Vermögenswert die Definitionskriterien in Bezug auf die Identifizierbarkeit eines immateriellen Vermögenswertes nur dann, wenn:
(a) er separierbar ist, d. h. er kann vom Unternehmen getrennt und verkauft, übertragen, lizenziert, vermietet oder getauscht werden. Dies kann einzeln oder in Verbindung mit einem Vertrag, einem Vermögenswert oder einer Schuld erfolgen;
oder
(b) er aus vertraglichen oder anderen gesetzlichen Rechten entsteht, unabhängig davon ob diese Rechte vom Unternehmen oder von anderen Rechten und Verpflichtungen übertragbar oder separierbar sind.

(b) the acquirer, when allocating the cost of the combination, shall not recognise liabilities for future losses or other costs expected to be incurred as a result of the business combination.

A payment that an entity is contractually required to make, for example, to its employees or suppliers in the event that it is acquired in a business combination is a present obligation of the entity that is regarded as a contingent liability until it becomes probable that a business combination will take place. The contractual obligation is recognised as a liability by that entity in accordance with IAS 37 when a business combination becomes probable and the liability can be measured reliably. Therefore, when the business combination is effected, that liability of the acquiree is recognised by the acquirer as part of allocating the cost of the combination. 42

However, an acquiree's restructuring plan whose execution is conditional upon its being acquired in a business combination is not, immediately before the business combination, a present obligation of the acquiree. Nor is it a contingent liability of the acquiree immediately before the combination because it is not a possible obligation arising from a past event whose existence will be confirmed only by the occurrence or nonoccurrence of one or more uncertain future events not wholly within the control of the acquiree. Therefore, an acquirer shall not recognise a liability for such restructuring plans as part of allocating the cost of the combination. 43

The identifiable assets and liabilities that are recognised in accordance with paragraph 36 include all of the acquiree's assets and liabilities that the acquirer purchases or assumes, including all of its financial assets and financial liabilities. They might also include assets and liabilities not previously recognised in the acquiree's financial statements, eg because they did not qualify for recognition before the acquisition. For example, a tax benefit arising from the acquiree's tax losses that was not recognised by the acquiree before the business combination qualifies for recognition as an identifiable asset in accordance with paragraph 36 if it is probable that the acquirer will have future taxable profits against which the unrecognised tax benefit can be applied. 44

Acquiree's intangible assets

In accordance with paragraph 37, the acquirer recognises separately an intangible asset of the acquiree at the acquisition date only if it meets the definition of an intangible asset in IAS 38 *Intangible Assets* and its fair value can be measured reliably. This means that the acquirer recognises as an asset separately from goodwill an in-process research and development project of the acquiree if the project meets the definition of an intangible asset and its fair value can be measured reliably. IAS 38 provides guidance on determining whether the fair value of an intangible asset acquired in a business combination can be measured reliably. 45

A non-monetary asset without physical substance must be identifiable to meet the definition of an intangible asset. In accordance with IAS 38, an asset meets the identifiability criterion in the definition of an intangible asset only if it:
(a) is separable, ie capable of being separated or divided from the entity and sold, transferred, licensed, rented or exchanged, either individually or together with a related contract, asset or liability; or
(b) arises from contractual or other legal rights, regardless of whether those rights are transferable or separable from the entity or from other rights and obligations. 46

IFRS 3

Eventualschulden des erworbenen Unternehmens

47 Paragraph 37 präzisiert, dass der Erwerber eine Eventualschuld des erworbenen Unternehmens im Rahmen der Verteilung der Anschaffungskosten für einen Unternehmenszusammenschluss nur dann getrennt ansetzt, wenn ihr beizulegender Zeitwert verlässlich bewertet werden kann. Wenn ihr beizulegender Zeitwert nicht verlässlich bewertet werden kann:
  (a) wirkt sich dies auf den als Geschäfts- oder Firmenwert angesetzten oder nach Paragraph 56 bilanzierten Betrag aus;
  und
  (b) hat der Erwerber die Informationen über diese Eventualschuld gemäß den Angabepflichten von IAS 37 anzugeben.
Paragraph B16(I) in Anhang B enthält Hinweise zur Bestimmung des beizulegenden Zeitwertes einer Eventualschuld.

48 Nach dem erstmaligen Ansatz hat der Erwerber Eventualschulden, die gemäß Paragraph 36 getrennt angesetzt wurden, zu dem höheren der nachstehenden Werte zu bewerten:
  (a) dem Betrag, der gemäß IAS 37 angesetzt werden würde,
  und
  (b) dem erstmalig angesetzten Betrag abzüglich, der gemäß IAS 18 *Erträge* erfassten kumulativen Abschreibung, wenn zutreffend.

49 Die Anforderungen aus Paragraph 48 sind nicht auf Verträge anzuwenden, die gemäß IAS 39 *Finanzinstrumente: Ansatz und Bewertung* bilanziert werden. Aus dem Anwendungsbereich von IAS 39 ausgeschlossene Kreditzusagen, die indes keine Zusagen für Kredite unter dem Marktzinssatz sind, werden als Eventualschulden des erworbenen Unternehmens bilanziert, wenn es zum Erwerbszeitpunkt nicht wahrscheinlich ist, dass ein Abfluss von Ressourcen mit wirtschaftlichem Nutzen zur Erfüllung der Verpflichtung erforderlich ist, oder wenn der Betrag der Verpflichtung nicht verlässlich genug bewertet werden kann. Eine solche Kreditzusage wird gemäß Paragraph 37 im Rahmen der Verteilung der Anschaffungskosten für einen Unternehmenszusammenschluss nur dann getrennt ansetzt, wenn ihr beizulegender Zeitwert verlässlich bewertet werden kann.

50 Eventualschulden, die im Rahmen der Verteilung der Anschaffungskosten für einen Unternehmenszusammenschluss getrennt angesetzt werden, sind vom Anwendungsbereich von IAS 37 ausgeschlossen. Der Erwerber hat jedoch die Informationen über diese Eventualschulden gemäß den Angabepflichten von IAS 37 für jede Klasse von Rückstellungen anzugeben.

Geschäfts- oder Firmenwert

51 Zum Erwerbsdatum hat der Erwerber:
  (a) den bei einem Unternehmenszusammenschluss erworbenen Geschäfts- oder Firmenwert als Vermögenswert anzusetzen;
  und
  (b) erstmalig diesen Geschäfts- oder Firmenwert zu seinen Anschaffungskosten zu bewerten, die sich als der Überschuss der Anschaffungskosten des Unternehmenszusammenschlusses über den vom Erwerber gemäß Paragraph 36 angesetzten Anteil an dem beizulegenden Nettozeitwert der identifizierbaren Vermögenswerte, Schulden und Eventualschulden darstellen.

52 Der bei einem Unternehmenszusammenschluss erworbene Geschäfts- oder Firmenwert stellt eine Zahlung dar, die der Erwerber in der Erwartung künftigen wirtschaftlichen Nutzens aus Vermögenswerten, die nicht einzeln identifiziert oder getrennt angesetzt werden können, geleistet hat.

53 Sofern die identifizierbaren Vermögenswerte, Schulden oder Eventualschulden des erworbenen Unternehmens die Kriterien für den getrennten Ansatz zum Erwerbszeitpunkt in Paragraph 37 nicht erfüllen, wirkt sich dies auf den als Geschäfts- oder Firmenwert angesetzten (oder gemäß Paragraph 56 bilanzierten) Betrag aus. Dies ist darauf zurückzuführen, dass der Geschäfts- oder Firmenwert nach dem Ansatz der identifizierbaren Vermögenswerte, Schulden und Eventualschulden des erworbenen Unternehmens in Höhe der verbleibenden Kosten des Unternehmenszusammenschlusses bewertet wird.

54 Nach dem erstmaligen Ansatz hat der Erwerber den bei einem Unternehmenszusammenschluss erworbenen Geschäfts- oder Firmenwert zu den Anschaffungskosten abzüglich aller kumulierten Wertminderungsaufwendungen zu bewerten.

Acquiree's contingent liabilities

47 Paragraph 37 specifies that the acquirer recognises separately a contingent liability of the acquiree as part of allocating the cost of a business combination only if its fair value can be measured reliably. If its fair value cannot be measured reliably:
(a) there is a resulting effect on the amount recognised as goodwill or accounted for in accordance with paragraph 56; and
(b) the acquirer shall disclose the information about that contingent liability required to be disclosed by IAS 37.

Paragraph B16(l) of Appendix B provides guidance on determining the fair value of a contingent liability.

48 **After their initial recognition, the acquirer shall measure contingent liabilities that are recognised separately in accordance with paragraph 36 at the higher of:**
(a) **the amount that would be recognised in accordance with IAS 37, and**
(b) **the amount initially recognised less, when appropriate, cumulative amortisation recognised in accordance with IAS 18** *Revenue***.**

49 The requirement in paragraph 48 does not apply to contracts accounted for in accordance with IAS 39 *Financial Instruments: Recognition and Measurement*. However, loan commitments excluded from the scope of IAS 39 that are not commitments to provide loans at below-market interest rates are accounted for as contingent liabilities of the acquiree if, at the acquisition date, it is not probable that an outflow of resources embodying economic benefits will be required to settle the obligation or if the amount of the obligation cannot be measured with sufficient reliability. Such a loan commitment is, in accordance with paragraph 37, recognised separately as part of allocating the cost of a combination only if its fair value can be measured reliably.

50 Contingent liabilities recognised separately as part of allocating the cost of a business combination are excluded from the scope of IAS 37. However, the acquirer shall disclose for those contingent liabilities the information required to be disclosed by IAS 37 for each class of provision.

Goodwill

51 **The acquirer shall, at the acquisition date:**
(a) **recognise goodwill acquired in a business combination as an asset; and**
(b) **initially measure that goodwill at its cost, being the excess of the cost of the business combination over the acquirer's interest in the net fair value of the identifiable assets, liabilities and contingent liabilities recognised in accordance with paragraph 36.**

52 Goodwill acquired in a business combination represents a payment made by the acquirer in anticipation of future economic benefits from assets that are not capable of being individually identified and separately recognised.

53 To the extent that the acquiree's identifiable assets, liabilities or contingent liabilities do not satisfy the criteria in paragraph 37 for separate recognition at the acquisition date, there is a resulting effect on the amount recognised as goodwill (or accounted for in accordance with paragraph 56). This is because goodwill is measured as the residual cost of the business combination after recognising the acquiree's identifiable assets, liabilities and contingent liabilities.

54 **After initial recognition, the acquirer shall measure goodwill acquired in a business combination at cost less any accumulated impairment losses.**

55 Ein Geschäfts- oder Firmenwert, der bei einem Unternehmenszusammenschluss erworben wurde, darf nicht abgeschrieben werden. Stattdessen hat der Erwerber ihn gemäß IAS 36 *Wertminderung von Vermögenswerten* einmal jährlich auf Wertminderung zu prüfen oder häufiger, falls Ereignisse oder veränderte Umstände darauf hinweisen, dass eine Wertminderung stattgefunden haben könnte.

Überschuss des Anteils des Erwerbers an dem beizulegenden Nettozeitwert der identifizierbaren Vermögenswerte, Schulden und Eventualschulden des erworbenen Unternehmens über die Anschaffungskosten

56 Übersteigt der Anteil des Erwerbers an der Summe der beizulegenden Zeitwerte der gemäß Paragraph 36 angesetzten identifizierbaren Vermögenswerte, Schulden und Eventualschulden die Anschaffungskosten des Unternehmenszusammenschlusses, hat der Erwerber:
(a) die Identifizierung und Bewertung der identifizierbaren Vermögenswerte, Schulden und Eventualschulden des erworbenen Unternehmens sowie die Bemessung der Anschaffungskosten des Zusammenschlusses erneut zu beurteilen;
und
(b) den nach der erneuten Beurteilung noch verbleibenden Überschuss sofort erfolgswirksam zu erfassen.

57 Ein gemäß Paragraph 56 erfasster Gewinn kann aus einer oder mehreren der folgenden Komponenten bestehen:
(a) Fehler bei der Bemessung der beizulegenden Zeitwerte entweder der Anschaffungskosten des Unternehmenszusammenschlusses oder der identifizierbaren Vermögenswerte, Schulden oder Eventualschulden des erworbenen Unternehmens. Potentielle Ursachen für solche Fehler sind möglicherweise die beim erworbenen Unternehmen im Zusammenhang mit dem Unternehmenszusammenschluss künftig anfallenden Kosten, Eventuelle künftige Kosten, die sich im Hinblick auf das erworbene Unternehmen ergeben, welche nicht korrekt im beizulegenden Zeitwert der identifizierbaren Vermögenswerte, Schulden oder Eventualschulden des erworbenen Unternehmens widergespiegelt waren, sind ein potenzieller Grund für solche Fehler.
(b) eine Bestimmung eines Rechnungslegungsstandards, erworbene identifizierbare Netto-Vermögenswerte zu einem anderen Wert als dem beizulegenden Zeitwert zu bewerten, der jedoch so behandelt wird, als sei er der beizulegende Zeitwert, um die Anschaffungskosten des Zusammenschlusses zu verteilen. Die Hinweise in Anhang B zur Bestimmung der beizulegenden Zeitwerte der identifizierbaren Vermögenswerte und Schulden des erworbenen Unternehmens verlangen beispielsweise, dass der den Steueransprüchen und Steuerschulden zugeordnete Betrag nicht abgezinst ist.
(c) ein günstiger Erwerb.

Sukzessiver Unternehmenszusammenschluss

58 Ein Unternehmenszusammenschluss kann mehrere Tauschtransaktionen umfassen, beispielsweise wenn er in mehreren Stufen durch sukzessiven Aktienerwerb durchgeführt wird. In einem solchen Fall ist jede Transaktion vom Erwerber getrennt zu behandeln, wobei zu jedem Tauschzeitpunkt die Anschaffungskosten der Transaktion und die Informationen zum beizulegenden Zeitwert benutzt werden, um den Betrag eines jeden mit der Transaktion verbundenen Geschäfts- oder Firmenwertes zu bestimmen. Dieses Vorgehen führt zu einem stufenweisen Vergleich der Kosten der einzelnen Anteilserwerbe mit dem prozentualen Anteil des Erwerbers am beizulegenden Zeitwert der erworbenen identifizierbaren Vermögenswerte, Schulden und Eventualschulden des erworbenen Unternehmens zum Zeitpunkt des jeweiligen Schrittes.

59 Wenn ein Unternehmenszusammenschluss mehr als eine Tauschtransaktion umfasst, können die beizulegenden Zeitwerte der identifizierbaren Vermögenswerte, Schulden und Eventualschulden zum Zeitpunkt jeder Tauschtransaktion unterschiedlich sein. Dadurch dass
(a) die identifizierbaren Vermögenswerte, Schulden und Eventualschulden des erworbenen Unternehmens zu ihren beizulegenden Zeitwerten zum Zeitpunkt jeder Tauschtransaktion fiktiv neu bewertet werden, um den Betrag jedes mit der jeweiligen Transaktion verbundenen Geschäfts- oder Firmenwertes zu bestimmen; und
(b) die identifizierbaren Vermögenswerte, Schulden und Eventualschulden des erworbenen Unternehmens dann vom Erwerber zu ihren beizulegenden Zeitwerten zum Erwerbszeitpunkt angesetzt werden müssen, stellt jede Anpassung dieser beizulegenden Zeitwerte in Bezug auf den vorher gehaltenen Anteil des Erwerbers eine Neubewertung dar, die auch als solche zu bilanzieren ist. Da diese Neubewertung aus dem erstmaligen vom Erwerber durchgeführten Ansatz der Vermögenswerte, Schulden und Eventualschulden des erworbenen Unternehmens entsteht, bedeutet dies jedoch nicht, dass der Erwerber sich dafür entschieden hat, eine Bilanzierungs- und Bewertungsmethode der Neubewertung dieser Posten nach erstmaligem Ansatz gemäß IAS 16 *Sachanlagen* z. B. anzuwenden.

Goodwill acquired in a business combination shall not be amortised. Instead, the acquirer shall test it for impairment annually, or more frequently if events or changes in circumstances indicate that it might be impaired, in accordance with IAS 36 *Impairment of Assets*.

Excess of acquirer's interest in the net fair value of acquiree's identifiable assets, liabilities and contingent liabilities over cost

If the acquirer's interest in the net fair value of the identifiable assets, liabilities and contingent liabilities recognised in accordance with paragraph 36 exceeds the cost of the business combination, the acquirer shall:
(a) reassess the identification and measurement of the acquiree's identifiable assets, liabilities and contingent liabilities and the measurement of the cost of the combination; and
(b) recognise immediately in profit or loss any excess remaining after that reassessment.

A gain recognised in accordance with paragraph 56 could comprise one or more of the following components:
(a) errors in measuring the fair value of either the cost of the combination or the acquiree's identifiable assets, liabilities or contingent liabilities. Possible future costs arising in respect of the acquiree that have not been reflected correctly in the fair value of the acquiree's identifiable assets, liabilities or contingent liabilities are a potential cause of such errors.
(b) a requirement in an accounting standard to measure identifiable net assets acquired at an amount that is not fair value, but is treated as though it is fair value for the purpose of allocating the cost of the combination. For example, the guidance in Appendix B on determining the fair values of the acquiree's identifiable assets and liabilities requires the amount assigned to tax assets and liabilities to be undiscounted.
(c) a bargain purchase.

Business combination achieved in stages

A business combination may involve more than one exchange transaction, for example when it occurs in stages by successive share purchases. If so, each exchange transaction shall be treated separately by the acquirer, using the cost of the transaction and fair value information at the date of each exchange transaction, to determine the amount of any goodwill associated with that transaction. This results in a step-by-step comparison of the cost of the individual investments with the acquirer's interest in the fair values of the acquiree's identifiable assets, liabilities and contingent liabilities at each step.

When a business combination involves more than one exchange transaction, the fair values of the acquiree's identifiable assets, liabilities and contingent liabilities may be different at the date of each exchange transaction. Because:
(a) the acquiree's identifiable assets, liabilities and contingent liabilities are notionally restated to their fair values at the date of each exchange transaction to determine the amount of any goodwill associated with each transaction; and
(b) the acquiree's identifiable assets, liabilities and contingent liabilities must then be recognised by the acquirer at their fair values at the acquisition date,
any adjustment to those fair values relating to previously held interests of the acquirer is a revaluation and shall be accounted for as such. However, because this revaluation arises on the initial recognition by the acquirer of the acquiree's assets, liabilities and contingent liabilities, it does not signify that the acquirer has elected to apply an accounting policy of revaluing those items after initial recognition in accordance with, for example, IAS 16 *Property, Plant and Equipment*.

60 Bevor die Bedingungen eines Unternehmenszusammenschlusses erfüllt sind, kann eine Transaktion auch als ein Anteil an einem assoziierten Unternehmen betrachtet werden und ist dann mittels der Equity-Methode gemäß IAS 28 *Anteile an assoziierten Unternehmen* zu bilanzieren. In diesem Fall sind die beizulegenden Zeitwerte der identifizierbaren Netto-Vermögenswerte des assoziierten Unternehmens zum Zeitpunkt jeder früheren Tauschtransaktion unter Anwendung der Equity-Methode zu bestimmen.

Provisorische Feststellung der erstmaligen Bilanzierung

61 Bei einem Unternehmenszusammenschluss umfasst die erstmalige Bilanzierung die Identifizierung und Bestimmung des beizulegenden Zeitwertes, der den identifizierbaren Vermögenswerten, Schulden und Eventualschulden des erworbenen Unternehmens zugewiesen wird, sowie der Anschaffungskosten des Zusammenschlusses.

62 Wenn die erstmalige Bilanzierung eines Unternehmenszusammenschlusses nur vorläufig am Ende der Berichtsperiode, in der der Zusammenschluss stattfand, festgestellt werden kann, weil entweder die den identifizierbaren Vermögenswerten, Schulden oder Eventualschulden des erworbenen Unternehmens zuzuweisenden beizulegenden Zeitwerte oder die Anschaffungskosten des Zusammenschlusses nur provisorisch bestimmt werden können, hat der Erwerber den Zusammenschluss mittels dieser provisorischen Werte zu bilanzieren. Der Erwerber hat alle Anpassungen dieser vorläufigen Werte zur Fertigstellung der erstmaligen Bilanzierung wie folgt anzusetzen:
(a) innerhalb von zwölf Monaten nach dem Erwerbszeitpunkt; und
(b) ab dem Erwerbszeitpunkt. Deswegen:
  (i) ist der Buchwert von angesetzten oder auf Grund der Fertigstellung der erstmaligen Bilanzierung angepassten identifizierbaren Vermögenswerten, Schulden oder Eventualschulden so zu berechnen, als ob ihr beizulegender Zeitwert zum Erwerbszeitpunkt von diesem Zeitpunkt an angesetzt worden wäre.
  (ii) ist der Geschäfts- oder Firmenwert oder jeglicher Gewinn, der gemäß Paragraph 56 erfasst wurde, ab dem Erwerbszeitpunkt mit dem Betrag anzupassen, der der Anpassung des beizulegenden Zeitwertes der angesetzten oder angepassten identifizierbaren Vermögenswerte, Schulden oder Eventualschulden zum Erwerbszeitpunkt entspricht.
  (iii) sind Vergleichsinformationen für Berichtsperioden vor Fertigstellung der erstmaligen Bilanzierung des Zusammenschlusses so darzustellen, als wäre die erstmalige Bilanzierung zum Erwerbszeitpunkt fertig gestellt worden. Dazu gehören auch alle weiteren Abschreibungen oder sonstige erfolgswirksamen Auswirkungen auf Grund der Fertigstellung der erstmaligen Bilanzierung.

Anpassungen nach der Fertigstellung der erstmaligen Bilanzierung

63 Mit Ausnahme der Darlegungen in den Paragraphen 33, 34 und 65 sind Anpassungen der erstmaligen Bilanzierung von Unternehmenszusammenschlüssen nach deren Fertigstellung nur anzusetzen, um Fehler gemäß IAS 8 *Bilanzierungs- und Bewertungsmethoden, Änderungen von Schätzungen und Fehler* zu korrigieren. Es sind keine Anpassungen der erstmaligen Bilanzierung von Unternehmenszusammenschlüssen nach deren Fertigstellung als Folge der Änderungen von Schätzwerten anzusetzen. Gemäß IAS 8 ist die Auswirkung einer Änderung von Schätzwerten in den laufenden und künftigen Berichtsperioden erfolgswirksam zu erfassen.

64 IAS 8 verlangt von einem Unternehmen, die Korrektur eines Fehlers rückwirkend zu bilanzieren und den Abschluss so darzustellen, als wäre der Fehler nie aufgetreten, indem die Vergleichsinformationen des/der früheren Berichtszeitraums/-räume, in dem/denen der Fehler auftrat, angepasst werden. Daher ist der Buchwert von auf Grund der Korrektur eines Fehlers angesetzten oder angepassten identifizierbaren Vermögenswerten, Schulden oder Eventualschulden des erworbenen Unternehmens so zu berechnen, als ob ihr beizulegender Zeitwert oder angepasster beizulegender Zeitwert zum Erwerbszeitpunkt von diesem Zeitpunkt an angesetzt worden wäre. Der Geschäfts- oder Firmenwert oder jeglicher Gewinn, der gemäß Paragraph 56 in einer früheren Periode erfasst wurde, ist mit einem Betrag rückwirkend anzupassen, der dem beizulegenden Zeitwert (oder der Anpassung des beizulegenden Zeitwertes) der angesetzten (oder angepassten) identifizierbaren Vermögenswerte, Schulden oder Eventualschulden zum Erwerbszeitpunkt entspricht.

Before qualifying as a business combination, a transaction may qualify as an investment in an associate and be accounted for in accordance with IAS 28 *Investments in Associates* using the equity method. If so, the fair values of the investee's identifiable net assets at the date of each earlier exchange transaction will have been determined previously in applying the equity method to the investment.

Initial accounting determined provisionally

The initial accounting for a business combination involves identifying and determining the fair values to be assigned to the acquiree's identifiable assets, liabilities and contingent liabilities and the cost of the combination.

If the initial accounting for a business combination can be determined only provisionally by the end of the period in which the combination is effected because either the fair values to be assigned to the acquiree's identifiable assets, liabilities or contingent liabilities or the cost of the combination can be determined only provisionally, the acquirer shall account for the combination using those provisional values. The acquirer shall recognise any adjustments to those provisional values as a result of completing the initial accounting:
(a) within twelve months of the acquisition date; and
(b) from the acquisition date. Therefore:
   (i) the carrying amount of an identifiable asset, liability or contingent liability that is recognised or adjusted as a result of completing the initial accounting shall be calculated as if its fair value at the acquisition date had been recognised from that date.
   (ii) goodwill or any gain recognised in accordance with paragraph 56 shall be adjusted from the acquisition date by an amount equal to the adjustment to the fair value at the acquisition date of the identifiable asset, liability or contingent liability being recognised or adjusted.
   (iii) comparative information presented for the periods before the initial accounting for the combination is complete shall be presented as if the initial accounting had been completed from the acquisition date. This includes any additional depreciation, amortisation or other profit or loss effect recognised as a result of completing the initial accounting.

Adjustments after the initial accounting is complete

Except as outlined in paragraphs 33, 34 and 65, adjustments to the initial accounting for a business combination after that initial accounting is complete shall be recognised only to correct an error in accordance with IAS 8 *Accounting Policies, Changes in Accounting Estimates and Errors*. Adjustments to the initial accounting for a business combination after that accounting is complete shall not be recognised for the effect of changes in estimates. In accordance with IAS 8, the effect of a change in estimates shall be recognised in the current and future periods.

IAS 8 requires an entity to account for an error correction retrospectively, and to present financial statements as if the error had never occurred by restating the comparative information for the prior period(s) in which the error occurred. Therefore, the carrying amount of an identifiable asset, liability or contingent liability of the acquiree that is recognised or adjusted as a result of an error correction shall be calculated as if its fair value or adjusted fair value at the acquisition date had been recognised from that date. Goodwill or any gain recognised in a prior period in accordance with paragraph 56 shall be adjusted retrospectively by an amount equal to the fair value at the acquisition date (or the adjustment to the fair value at the acquisition date) of the identifiable asset, liability or contingent liability being recognised (or adjusted).

IFRS 3

Ansatz latenter Steueransprüche nach Fertigstellung der erstmaligen Bilanzierung

65 Wenn der potenzielle Nutzen eines ertragsteuerlichen Verlustvortrags oder anderer latenter Steueransprüche des erworbenen Unternehmens, der zum Zeitpunkt der erstmaligen Bilanzierung eines Unternehmenszusammenschlusses nicht die Kriterien für einen gesonderten Ansatz nach Paragraph 37 erfüllte, nachträglich jedoch realisiert wurde, hat der Erwerber diesen Nutzen als Ertrag gemäß IAS 12 *Ertragsteuern* zu erfassen. Zusätzlich hat der Erwerber:
   (a) den Buchwert des Geschäfts- oder Firmenwertes auf den Betrag zu verringern, der angesetzt worden wäre, wenn der latente Steueranspruch ab dem Erwerbszeitpunkt als ein identifizierbarer Vermögenswert bilanziert worden wäre;
   und
   (b) die Verringerung des Nettobuchwertes des Geschäfts- oder Firmenwertes als Aufwand zu erfassen.
   Diese Vorgehensweise darf jedoch nicht zur Bildung eines Überschusses nach Paragraph 56 führen, noch darf dadurch der Betrag eines zuvor nach Paragraph 56 erfassten Gewinns erhöht werden.

ANGABEN

66 Ein Erwerber hat Informationen offen zu legen, durch die die Abschlussadressaten die Art und finanziellen Auswirkungen der Unternehmenszusammenschlusse beurteilen können, die erfolgten:
   (a) während der Berichtperiode;
   (b) nach dem Bilanzstichtag, jedoch vor der Freigabe zur Veröffentlichung des Abschlusses.

67 Zur Durchführung des Grundsatzes in Paragraph 66(a) hat der Erwerber für jeden in der betreffenden Berichtperiode erfolgten Unternehmenszusammenschluss die folgenden Angaben zu machen:
   (a) Namen und Beschreibungen der zusammengeschlossenen Unternehmen oder Geschäftsbetriebe;
   (b) den Erwerbszeitpunkt.
   (c) den Prozentsatz der erworbenen Eigenkapitalinstrumente mit Stimmrecht.
   (d) die Anschaffungskosten des Zusammenschlusses und eine Beschreibung der Bestandteile dieser Anschaffungskosten, einschließlich aller dem Zusammenschluss direkt zurechenbaren Kosten. Wenn Eigenkapitalinstrumente im Rahmen der Anschaffungskosten ausgegeben wurden oder auszugeben sind, sind auch folgende Angaben zu machen:
      (i) die Anzahl der ausgegebenen oder noch auszugebenden Eigenkapitalinstrumente;
      und
      (ii) der beizulegende Zeitwert dieser Finanzinstrumente und die Grundlage für dessen Bestimmung. Wenn zum Tauschzeitpunkt für diese Finanzinstrumente kein veröffentlichter Börsenkurs vorhanden ist, sind die wesentlichen Annahmen, die zur Bestimmung des beizulegenden Zeitwertes geführt haben, anzugeben. Gab es zum Tauschzeitpunkt einen veröffentlichten Börsenkurs, der jedoch nicht als Grundlage für die Bestimmung der Anschaffungskosten des Zusammenschlusses benutzt wurde, ist diese Tatsache anzugeben, zusammen mit den Gründen, weshalb der veröffentlichte Börsenkurs nicht benutzt wurde; der Methode und den wesentlichen Annahmen, die zur Zuordnung eines Wertes zu den Eigenkapitalinstrumenten führten; und dem Gesamtbetrag der Differenz zwischen dem zugeordneten Wert und dem veröffentlichten Börsenkurs der Eigenkapitalinstrumente.
   (e) Details zu allen Geschäftsbereichen, die das Unternehmen als Folge des Zusammenschlusses aufgeben will.
   (f) die für jede Klasse von Vermögenswerten, Schulden und Eventualschulden des erworbenen Unternehmens zum Erwerbszeitpunkt angesetzten Beträge und die gemäß IFRS unmittelbar vor dem Zusammenschluss bestimmten Buchwerte jeder dieser Klassen, sofern die Angaben hierzu nicht praktisch undurchführbar sind. Wenn solche Angaben praktisch undurchführbar sind, ist diese Tatsache zusammen mit einer Erklärung, warum dies der Fall ist, anzugeben.
   (g) der Betrag eines jeden gemäß Paragraph 56 erfolgswirksam erfassten Überschusses und der Posten in der Gewinn- und Verlustrechnung, in dem der Überschuss erfasst wurde.
   (h) eine Beschreibung der Faktoren, die zu den Anschaffungskosten beitrugen, die zum Ansatz des Geschäfts- oder Firmenwertes führten - eine Beschreibung jedes immateriellen Vermögenswertes, der nicht gesondert vom Geschäfts- oder Firmenwert angesetzt wurde sowie eine Erklärung, warum der beizulegende Zeitwert des immateriellen Vermögenswertes nicht verlässlich bewertet werden konnte – oder eine Beschreibung der Art jedes Überschusses, der gemäß Paragraph 56 erfolgswirksam erfasst wurde.
   (i) der Betrag des Gewinns oder Verlustes des erworbenen Unternehmens seit dem Erwerbszeitpunkt, der im Ergebnis des erwerbenden Unternehmens enthalten ist, es sei denn diese Angabe ist praktisch undurchführbar. Wenn solche Angaben praktisch undurchführbar sind, ist diese Tatsache zusammen mit einer Erklärung, warum dies der Fall ist, anzugeben.

IFRS 3

Recognition of deferred tax assets after the initial accounting is complete

65 If the potential benefit of the acquiree's income tax loss carry-forwards or other deferred tax assets did not satisfy the criteria in paragraph 37 for separate recognition when a business combination is initially accounted for but is subsequently realised, the acquirer shall recognise that benefit as income in accordance with IAS 12 *Income Taxes*. In addition, the acquirer shall:
(a) reduce the carrying amount of goodwill to the amount that would have been recognised if the deferred tax asset had been recognised as an identifiable asset from the acquisition date; and
(b) recognise the reduction in the carrying amount of the goodwill as an expense.
However, this procedure shall not result in the creation of an excess as described in paragraph 56, nor shall it increase the amount of any gain previously recognised in accordance with paragraph 56.

DISCLOSURE

66 An acquirer shall disclose information that enables users of its financial statements to evaluate the nature and financial effect of business combinations that were effected:
(a) during the period.
(b) after the balance sheet date but before the financial statements are authorised for issue.

67 To give effect to the principle in paragraph 66(a), the acquirer shall disclose the following information for each business combination that was effected during the period:
(a) the names and descriptions of the combining entities or businesses.
(b) the acquisition date.
(c) the percentage of voting equity instruments acquired.
(d) the cost of the combination and a description of the components of that cost, including any costs directly attributable to the combination. When equity instruments are issued or issuable as part of the cost, the following shall also be disclosed:
  (i) the number of equity instruments issued or issuable; and
  (ii) the fair value of those instruments and the basis for determining that fair value. If a published price does not exist for the instruments at the date of exchange, the significant assumptions used to determine fair value shall be disclosed. If a published price exists at the date of exchange but was not used as the basis for determining the cost of the combination, that fact shall be disclosed together with: the reasons the published price was not used; the method and significant assumptions used to attribute a value to the equity instruments; and the aggregate amount of the difference between the value attributed to, and the published price of, the equity instruments.
(e) details of any operations the entity has decided to dispose of as a result of the combination.
(f) the amounts recognised at the acquisition date for each class of the acquiree's assets, liabilities and contingent liabilities, and, unless disclosure would be impracticable, the carrying amounts of each of those classes, determined in accordance with IFRSs, immediately before the combination. If such disclosure would be impracticable, that fact shall be disclosed, together with an explanation of why this is the case.
(g) the amount of any excess recognised in profit or loss in accordance with paragraph 56, and the line item in the income statement in which the excess is recognised.
(h) a description of the factors that contributed to a cost that results in the recognition of goodwill—a description of each intangible asset that was not recognised separately from goodwill and an explanation of why the intangible asset's fair value could not be measured reliably—or a description of the nature of any excess recognised in profit or loss in accordance with paragraph 56.
(i) the amount of the acquiree's profit or loss since the acquisition date included in the acquirer's profit or loss for the period, unless disclosure would be impracticable. If such disclosure would be impracticable, that fact shall be disclosed, together with an explanation of why this is the case.

IFRS 3

68 Die Informationen, deren Angaben von Paragraph 67 verlangt werden, sind für Unternehmenszusammenschlüsse, die während der Berichtsperiode stattfanden und einzeln betrachtet unwesentlich sind, zusammengefasst anzugeben.

69 Wenn die erstmalige Bilanzierung für einen Unternehmenszusammenschluss, der während der Berichtsperiode stattfand, nur vorläufig, wie in Paragraph 62 beschrieben, festgestellt wurde, so ist auch diese Tatsache zusammen mit einer Erklärung, warum dies der Fall ist, anzugeben.

70 Zur Durchführung des Grundsatzes in Paragraph 66(a) hat der Erwerber die folgenden Angaben zu machen, es sei denn solche Angaben sind praktisch undurchführbar:
   (a) die Umsätze des zusammengeschlossenen Unternehmens für die Berichtsperiode, unter Annahme, dass der Erwerbszeitpunkt für alle Unternehmenszusammenschlüsse innerhalb dieser Periode am Anfang dieser Berichtsperiode läge.
   (b) der Gewinn oder Verlust des zusammengeschlossenen Unternehmens für die Berichtsperiode, unter Annahme, dass der Erwerbszeitpunkt für alle Unternehmenszusammenschlüsse innerhalb dieser Periode am Anfang dieser Berichtsperiode läge.
   Wenn die Angabe dieser Informationen praktisch undurchführbar ist, ist diese Tatsache zusammen mit einer Erklärung, warum dies der Fall ist, anzugeben.

71 Zur Durchführung des Grundsatzes in Paragraph 66(b) hat der Erwerber für jeden Unternehmenszusammenschluss, der nach dem Bilanzstichtag jedoch vor der Freigabe zur Veröffentlichung des Abschlusses stattfand, die in Paragraph 67 vorgeschriebenen Informationen anzugeben, es sei denn, solche Angaben sind praktisch undurchführbar. Wenn die Angabe einer dieser Informationen praktisch undurchführbar ist, ist diese Tatsache zusammen mit einer Erklärung, warum dies der Fall ist, anzugeben.

72 **Ein Erwerber hat Angaben zu machen, durch die die Abschlussadressaten die finanziellen Auswirkungen von Gewinnen, Verlusten, Fehlerkorrekturen und anderen Anpassungen, die in der laufenden Berichtsperiode erfasst wurden und sich auf Unternehmenszusammenschlüsse der laufenden Periode oder früherer Perioden beziehen, beurteilen können.**

73 Zur Durchführung des Grundsatzes in Paragraph 72 hat der Erwerber die folgenden Angaben zu machen:
   (a) den Betrag jedes in der laufenden Periode erfassten Gewinnes oder Verlustes mit einer Erläuterung, der:
       (i) sich auf die in einem Unternehmenszusammenschluss, der in der laufenden oder einer früheren Periode stattfand, erworbenen Vermögenswerte oder übernommenen Schulden oder Eventualschulden bezieht;
       und
       (ii) von solchem Umfang, Art oder Häufigkeit ist, dass diese Angabe für das Verständnis der Ertragslage des zusammengeschlossenen Unternehmens relevant ist.
   (b) die Beträge der in der laufenden Periode erfassten Anpassungen der vorläufigen Werte mit Erläuterungen, wenn die erstmalige Bilanzierung für den Unternehmenszusammenschluss, der in der unmittelbar vorausgegangenen Periode stattfand, nur vorläufig am Ende jener Periode bestimmt wurde.
   (c) die Informationen über Fehlerkorrekturen, deren Angabe von IAS 8 für alle identifizierbaren Vermögenswerte, Schulden oder Eventualschulden des erworbenen Unternehmens oder für Änderungen der diesen Posten zugewiesenen Werte, die der Erwerber gemäß Paragraph 63 und 64 in der laufenden Periode erfasst, verlangt wird.

74 **Ein Unternehmen hat Angaben zu machen, durch die die Abschlussadressaten Änderungen des Buchwertes des Geschäfts- oder Firmenwertes während der Berichtsperiode beurteilen können.**

75 Zur Durchführung des Grundsatzes in Paragraph 74 hat das Unternehmen eine Überleitungsrechnung des Buchwertes des Geschäfts- oder Firmenwertes zu Beginn und zum Ende der Berichtsperiode zu erstellen, mit gesonderten Angaben über:
   (a) den Bruttobetrag und die kumulierten Wertminderungsaufwendungen zu Beginn der Berichtsperiode;
   (b) zusätzlichen Geschäfts- oder Firmenwert, der während der Berichtsperiode angesetzt wurde, mit Ausnahme von dem Geschäfts- oder Firmenwert, der in einer Veräußerungsgruppe enthalten ist, die beim Erwerb die Kriterien zur Einstufung „als zur Veräußerung gehalten" gemäß IFRS 5 erfüllt;
   (c) Anpassungen auf Grund nachträglich gemäß Paragraph 65 erfasster latenter Steueransprüche während der Berichtsperiode;

	IFRS 3

68 The information required to be disclosed by paragraph 67 shall be disclosed in aggregate for business combinations effected during the reporting period that are individually immaterial.

69 If the initial accounting for a business combination that was effected during the period was determined only provisionally as described in paragraph 62, that fact shall also be disclosed together with an explanation of why this is the case.

70 To give effect to the principle in paragraph 66(a), the acquirer shall disclose the following information, unless such disclosure would be impracticable:
(a) the revenue of the combined entity for the period as though the acquisition date for all business combinations effected during the period had been the beginning of that period.
(b) the profit or loss of the combined entity for the period as though the acquisition date for all business combinations effected during the period had been the beginning of the period.
If disclosure of this information would be impracticable, that fact shall be disclosed, together with an explanation of why this is the case.

71 To give effect to the principle in paragraph 66(b), the acquirer shall disclose the information required by paragraph 67 for each business combination effected after the balance sheet date but before the financial statements are authorised for issue, unless such disclosure would be impracticable. If disclosure of any of that information would be impracticable, that fact shall be disclosed, together with an explanation of why this is the case.

72 **An acquirer shall disclose information that enables users of its financial statements to evaluate the financial effects of gains, losses, error corrections and other adjustments recognised in the current period that relate to business combinations that were effected in the current or in previous periods.**

73 To give effect to the principle in paragraph 72, the acquirer shall disclose the following information:
(a) the amount and an explanation of any gain or loss recognised in the current period that:
 (i) relates to the identifiable assets acquired or liabilities or contingent liabilities assumed in a business combination that was effected in the current or a previous period; and
 (ii) is of such size, nature or incidence that disclosure is relevant to an understanding of the combined entity's financial performance.
(b) if the initial accounting for a business combination that was effected in the immediately preceding period was determined only provisionally at the end of that period, the amounts and explanations of the adjustments to the provisional values recognised during the current period.
(c) the information about error corrections required to be disclosed by IAS 8 for any of the acquiree's identifiable assets, liabilities or contingent liabilities, or changes in the values assigned to those items, that the acquirer recognises during the current period in accordance with paragraphs 63 and 64.

74 **An entity shall disclose information that enables users of its financial statements to evaluate changes in the carrying amount of goodwill during the period.**

75 To give effect to the principle in paragraph 74, the entity shall disclose a reconciliation of the carrying amount of goodwill at the beginning and end of the period, showing separately:
(a) the gross amount and accumulated impairment losses at the beginning of the period;
(b) additional goodwill recognised during the period except goodwill included in a disposal group that, on acquisition, meets the criteria to be classified as held for sale in accordance with IFRS 5;
(c) adjustments resulting from the subsequent recognition of deferred tax assets during the period in accordance with paragraph 65;

IFRS 3

(d) einen Geschäfts- oder Firmenwert, der in einer gemäß IFRS 5 „als zur Veräußerung gehaltenen" eingestuften Veräußerungsgruppe enthalten ist und einen Geschäfts- oder Firmenwert, der während der Berichtsperiode ausgebucht wurde, ohne vorher zu einer als „zur Veräußerung gehaltenen" eingestuften Veräußerungsgruppe gehört zu haben;

(e) Wertminderungsaufwendungen, die während der Berichtsperiode gemäß IAS 36 erfasst wurden;

(f) Nettoumrechnungsdifferenzen, die während der Berichtsperiode gemäß IAS 21 *Auswirkungen von Änderungen der Wechselkurse* entstanden;

(g) andere Veränderungen des Buchwertes während der Berichtsperiode; und

(h) den Bruttobetrag und die kumulierten Wertminderungsaufwendungen zum Ende der Berichtsperiode.

76 Das Unternehmen macht gemäß IAS 36 Angaben über den erzielbaren Betrag und die Wertminderung des Geschäfts- oder Firmenwertes zusätzlich zu den Angaben, zu denen es durch Paragraph 75(e) verpflichtet ist.

77 Wenn in irgendeiner Situation die Informationen, die laut diesem IFRS offen gelegt werden müssen, nicht die in den Paragraphen 66, 72 und 74 dargelegten Zielsetzungen erfüllen, hat das Unternehmen die zur Erreichung der Zielsetzungen erforderlichen Angaben zu machen.

ÜBERGANGSVORSCHRIFTEN UND ZEITPUNKT DES INKRAFTTRETENS

78 Mit Ausnahme der Bestimmungen in Paragraph 85 ist dieser IFRS auf die Bilanzierung von Unternehmenszusammenschlüssen mit *Datum des Vertragsabschlusses* am 31. März 2004 oder danach anzuwenden. Dieser IFRS ist auch auf die Bilanzierung folgender Posten anzuwenden:

(a) Geschäfts- oder Firmenwert, der aus einem Unternehmenszusammenschluss mit Datum des Vertragsabschlusses am 31. März 2004 oder danach entsteht; oder

(b) jeglichen Überschuss der Anteile des Erwerbers an dem beizulegenden Nettozeitwert der identifizierbaren Vermögenswerte, Schulden und Eventualschulden des erworbenen Unternehmens über die Anschaffungskosten des Unternehmenszusammenschlusses mit Datum des Vertragsabschlusses am 31. März 2004 oder danach.

Zuvor angesetzter Geschäfts- oder Firmenwert

79 Vom Beginn der ersten Berichtsperiode des am 31. März 2004 oder danach beginnenden Geschäftsjahres hat ein Unternehmen diesen IFRS auf den Geschäfts- oder Firmenwert prospektiv anzuwenden, der bei einem Unternehmenszusammenschluss mit Datum des Vertragsabschlusses vor dem 31. März 2004 erworben wurde, sowie auf einen Geschäfts- oder Firmenwert, der aus einem Anteil an einem gemeinsam beherrschten Unternehmen entstand, der vor dem 31. März 2004 erlangt und mittels der Quotenkonsolidierung bilanziert wurde. Deswegen hat ein Unternehmen:

(a) vom Beginn der ersten Berichtsperiode des am 31. März 2004 oder danach beginnenden Geschäftsjahres die planmäßige Abschreibung eines solchen Geschäfts- oder Firmenwertes einzustellen;

(b) zu Beginn der ersten Berichtsperiode des am 31. März 2004 oder danach beginnenden Geschäftsjahres den Buchwert der damit verbundenen kumulierten Abschreibungen mit einer entsprechenden Minderung des Geschäfts- oder Firmenwertes aufzurechnen; und

(c) vom Beginn der ersten Berichtsperiode des am 31. März 2004 oder danach beginnenden Geschäftsjahres den Geschäfts- oder Firmenwert auf Wertminderung gemäß IAS 36 (in der im Jahr 2004 überarbeiteten Fassung) zu überprüfen.

80 Hat ein Unternehmen zuvor den Geschäfts- oder Firmenwert als einen Abzug vom Eigenkapital ausgewiesen, darf es diesen Geschäfts- oder Firmenwert nicht erfolgswirksam erfassen, wenn es den gesamten Geschäftsbereich, auf den sich der Geschäfts- oder Firmenwert bezieht, oder einen Teil davon veräußert, oder wenn eine zahlungsmittelgenerierende Einheit, auf die sich der Geschäfts- oder Firmenwert bezieht, eine Wertminderung erleidet.

(d) goodwill included in a disposal group classified as held for sale in accordance with IFRS 5 and goodwill derecognised during the period without having previously been included in a disposal group classified as held for sale;
(e) impairment losses recognised during the period in accordance with IAS 36;
(f) net exchange differences arising during the period in accordance with IAS 21 *The Effects of Changes in Foreign Exchange Rates*;
(g) any other changes in the carrying amount during the period; and
(h) the gross amount and accumulated impairment losses at the end of the period.

The entity discloses information about the recoverable amount and impairment of goodwill in accordance with IAS 36 in addition to the information required to be disclosed by paragraph 75(e). 76

If in any situation the information required to be disclosed by this IFRS does not satisfy the objectives set out in paragraphs 66, 72 and 74, the entity shall disclose such additional information as is necessary to meet those objectives. 77

TRANSITIONAL PROVISIONS AND EFFECTIVE DATE

Except as provided in paragraph 85, this IFRS shall apply to the accounting for business combinations for which the *agreement date* is on or after 31 March 2004. This IFRS shall also apply to the accounting for: 78
(a) goodwill arising from a business combination for which the agreement date is on or after 31 March 2004; or
(b) any excess of the acquirer's interest in the net fair value of the acquiree's identifiable assets, liabilities and contingent liabilities over the cost of a business combination for which the agreement date is on or after 31 March 2004.

Previously recognised goodwill

An entity shall apply this IFRS prospectively, from the beginning of the first annual period beginning on or after 31 March 2004, to goodwill acquired in a business combination for which the agreement date was before 31 March 2004, and to goodwill arising from an interest in a jointly controlled entity obtained before 31 March 2004 and accounted for by applying proportionate consolidation. Therefore, an entity shall: 79
(a) from the beginning of the first annual period beginning on or after 31 March 2004, discontinue amortising such goodwill;
(b) at the beginning of the first annual period beginning on or after 31 March 2004, eliminate the carrying amount of the related accumulated amortisation with a corresponding decrease in goodwill; and
(c) from the beginning of the first annual period beginning on or after 31 March 2004, test the goodwill for impairment in accordance with IAS 36 (as revised in 2004).

If an entity previously recognised goodwill as a deduction from equity, it shall not recognise that goodwill in profit or loss when it disposes of all or part of the business to which that goodwill relates or when a cashgenerating unit to which the goodwill relates becomes impaired. 80

IFRS 3

Zuvor angesetzter negativer Geschäfts- oder Firmenwert

81 Der Buchwert eines negativen Geschäfts- oder Firmenwertes zu Beginn der ersten Berichtsperiode des am 31. März 2004 oder danach beginnenden Geschäftsjahres, der entweder aus
    (a) einem Unternehmenszusammenschluss mit Datum des Vertragsabschlusses vor dem 31. März 2004 oder
    (b) einem Anteil an einem gemeinsam beherrschten Unternehmen, das vor dem 31. März 2004 übernommen und mittels der Quotenkonsolidierung bilanziert wurde,
    entstanden ist, ist zu Beginn dieser Berichtsperiode auszubuchen unter Berücksichtigung einer entsprechenden Anpassung der Eröffnungsbilanzwerte der Gewinnrücklagen.

Zuvor angesetzte immaterielle Vermögenswerte

82 Der Buchwert eines als ein immaterieller Vermögenswert eingestuften Postens, der entweder
    (a) bei einem Unternehmenszusammenschluss mit Datum des Vertragsabschlusses vor dem 31. März 2004 erworben wurde,
    oder
    (b) aus einem Anteil an einem gemeinsam beherrschten Unternehmen entstanden ist, das vor dem 31. März 2004 übernommen und mittels der Quotenkonsolidierung bilanziert wurde,
    ist zu Beginn der ersten Berichtsperiode des am 31. März 2004 oder danach beginnenden Geschäftsjahres als Geschäfts- oder Firmenwert neu einzustufen, sofern dieser immaterielle Vermögenswert zu dem Zeitpunkt nicht die Definitionskriterien der Identifizierbarkeit gemäß IAS 38 (in der im Jahr 2004 überarbeiteten Fassung) erfüllt.

Nach der Equity-Methode bilanzierte Anteile

83 Für mittels der Equity-Methode bilanzierte Anteile, die am 31. März 2004 oder danach erworben wurden, hat ein Unternehmen diesen IFRS für die Bilanzierung folgender Posten anzuwenden:
    (a) jeglichen erworbenen Geschäfts- oder Firmenwert, der in dem Buchwert dieser Anteile enthalten ist. Deswegen ist die planmäßige Abschreibung dieses nominellen Geschäfts- oder Firmenwertes nicht in die Bestimmung des Anteils des Unternehmens an den Gewinnen oder Verlusten des Beteiligungsunternehmens einzuschließen.
    (b) jeglichen Überschuss über die Anschaffungskosten der Finanzinvestition, der im Buchwert der Finanzinvestition des Anteils des Unternehmens am beizulegenden Nettozeitwert der identifizierbaren Vermögenswerte, Schulden und Eventualschulden des Beteiligungsunternehmens enthalten ist. Deswegen hat ein Unternehmen diesen Überschuss als Ertrag in die Bestimmung des Anteils des Unternehmens an den Gewinnen oder Verlusten des Beteiligungsunternehmens in der Berichtsperiode, in der die Anteile erworben wurden, einzuschließen.

84 Für mittels der Equity-Methode bilanzierte Anteile, die vor dem 31. März 2004 erworben wurden:
    (a) vom Beginn der ersten Berichtsperiode des am 31. März 2004 oder danach beginnenden Geschäftsjahres hat ein Unternehmen diesen IFRS auf jeglichen erworbenen Geschäfts- oder Firmenwert, der in dem Buchwert dieser Anteile enthalten ist, auf einer prospektiven Basis anzuwenden. Deswegen hat das Unternehmen von dem Zeitpunkt an die Einbeziehung der planmäßigen Abschreibung dieses Geschäfts- oder Firmenwertes in die Bestimmung des Anteils des Unternehmens an den Gewinnen oder Verlusten des Beteiligungsunternehmens einzustellen.
    (b) ein Unternehmen hat jeglichen negativen Geschäfts- oder Firmenwert, der in dem Buchwert dieser Anteile zu Beginn der ersten Berichtsperiode des am 31. März 2004 oder danach beginnenden Geschäftsjahres enthalten ist, auszubuchen und gleichzeitig eine entsprechende Anpassung der Eröffnungsbilanzwerte der Gewinnrücklagen durchzuführen.

Begrenzte rückwirkende Anwendung

85 Ein Unternehmen darf die Regelungen dieses IFRS auf einen Geschäfts- oder Firmenwert, der zu einem beliebigen Zeitpunkt vor dem in den Paragraphen 78–84 beschriebenen Zeitpunkt des Inkrafttretens bestand oder danach erworben wurde, und auf Unternehmenszusammenschlüsse ab diesem Zeitpunkt anwenden, vorausgesetzt:

IFRS 3

Previously recognised negative goodwill

81 The carrying amount of negative goodwill at the beginning of the first annual period beginning on or after 31 March 2004 that arose from either
(a) a business combination for which the agreement date was before 31 March 2004
or
(b) an interest in a jointly controlled entity obtained before 31 March 2004 and accounted for by applying proportionate consolidation

shall be derecognised at the beginning of that period, with a corresponding adjustment to the opening balance of retained earnings.

Previously recognised intangible assets

82 The carrying amount of an item classified as an intangible asset that either
(a) was acquired in a business combination for which the agreement date was before 31 March 2004
or
(b) arises from an interest in a jointly controlled entity obtained before 31 March 2004 and accounted for by applying proportionate consolidation

shall be reclassified as goodwill at the beginning of the first annual period beginning on or after 31 March 2004, if that intangible asset does not at that date meet the identifiability criterion in IAS 38 (as revised in 2004).

Equity accounted investments

83 For investments accounted for by applying the equity method and acquired on or after 31 March 2004, an entity shall apply this IFRS in the accounting for:
(a) any acquired goodwill included in the carrying amount of that investment. Therefore, amortisation of that notional goodwill shall not be included in the determination of the entity's share of the investee's profits or losses.
(b) any excess included in the carrying amount of the investment of the entity's interest in the net fair value of the investee's identifiable assets, liabilities and contingent liabilities over the cost of the investment. Therefore, an entity shall include that excess as income in the determination of the entity's share of the investee's profits or losses in the period in which the investment is acquired.

84 For investments accounted for by applying the equity method and acquired before 31 March 2004:
(a) an entity shall apply this IFRS on a prospective basis, from the beginning of the first annual period beginning on or after 31 March 2004, to any acquired goodwill included in the carrying amount of that investment. Therefore, an entity shall, from that date, discontinue including the amortisation of that goodwill in the determination of the entity's share of the investee's profits or losses.
(b) an entity shall derecognise any negative goodwill included in the carrying amount of that investment at the beginning of the first annual period beginning on or after 31 March 2004, with a corresponding adjustment to the opening balance of retained earnings.

Limited retrospective application

85 An entity is permitted to apply the requirements of this IFRS to goodwill existing at or acquired after, and to business combinations occurring from, any date before the effective dates outlined in paragraphs 78–84, provided:

IFRS 3

(a) die Bewertungen und sonstige Informationen, die zur Anwendung von IFRS auf vergangene Unternehmenszusammenschlüsse benötigt werden, wurden zum Zeitpunkt der erstmaligen Bilanzierung dieser Zusammenschlüsse erhoben; und

(b) das Unternehmen wendet von demselben Zeitpunkt an auch IAS 36 (in der im Jahr 2004 überarbeiteten Fassung) und IAS 38 (in der im Jahr 2004 überarbeiteten Fassung) prospektiv an und das Unternehmen hat die Bewertungen und sonstigen Informationen, die zur Anwendung dieser Standards von diesem Zeitpunkt an benötigt werden, zuvor erhoben, so dass es nicht erforderlich ist, Schätzungen festzulegen, die zu einem früheren Zeitpunkt hätten gemacht werden müssen.

RÜCKNAHME ANDERER VERLAUTBARUNGEN

86   Dieser IFRS ersetzt IAS 22 *Unternehmenszusammenschlüsse* (herausgegeben 1998).

87   Dieser IFRS ersetzt die folgenden Interpretationen:
(a) SIC-9 *Unternehmenszusammenschlüsse – Klassifizierung als Unternehmenserwerbe oder Interessenzusammenführungen;*
(b) SIC-22 Unternehmenszusammenschlüsse - Nachträgliche Anpassung der ursprünglich erfassten beizulegenden Zeitwerte und des Geschäfts- oder Firmenwertes; und
(c) SIC-28 *Unternehmenszusammenschlüsse – Tauschzeitpunkt"* und beizulegender Zeitwert von Eigenkapitalinstrumenten.

(a) the valuations and other information needed to apply the IFRS to past business combinations were obtained at the time those combinations were initially accounted for; and
(b) the entity also applies IAS 36 (as revised in 2004) and IAS 38 (as revised in 2004) prospectively from that same date, and the valuations and other information needed to apply those Standards from that date were previously obtained by the entity so that there is no need to determine estimates that would need to have been made at a prior date.

WITHDRAWAL OF OTHER PRONOUNCEMENTS

This IFRS supersedes IAS 22 *Business Combinations* (as issued in 1998). 86

This IFRS supersedes the following Interpretations: 87
(a) SIC-9 *Business Combinations—Classification either as Acquisitions or Unitings of Interests;*
(b) SIC-22 *Business Combinations—Subsequent Adjustment of Fair Values and Goodwill Initially Reported;* and
(c) SIC-28 *Business Combinations —'Date of Exchange' and Fair Value of Equity Instruments.*

ANHANG A

Begriffsdefinitionen

Dieser Anhang ist Bestandteil des IFRS.

Erwerbszeitpunkt	Der Zeitpunkt, an dem das erwerbende Unternehmen tatsächlich die **Beherrschung** über das erworbene Unternehmen erhält.
Datum des Vertragsabschlusses	Das Datum, an dem der grundlegende Vertrag zwischen den sich zusammenschließenden Parteien geschlossen wird und, im Falle von börsennotierten Unternehmen, öffentlich bekannt gegeben wird. Im Falle einer feindlichen Übernahme wird der Tag, an dem eine ausreichende Anzahl von Eigentümern des erworbenen Unternehmens das Angebot des erwerbenden Unternehmens angenommen hat, damit das erwerbende Unternehmen die Beherrschung über das erworbene Unternehmen erlangen kann, als der früheste Zeitpunkt eines grundlegenden Vertragsabschlusses zwischen den sich zusammenschließenden Parteien angesehen.
Geschäftsbetrieb	Eine integrierte Gruppe von Tätigkeiten und Vermögenswerten, die mit dem Ziel geführt und geleitet werden: (a) den Investoren Dividenden zu zahlen; oder (b) niedrigere Kosten oder sonstigen wirtschaftlichen Nutzen den Versicherungsnehmern oder Teilnehmern direkt und anteilig zukommen zu lassen. Ein Geschäftsbetrieb besteht im Allgemeinen aus Ressourceneinsatz, darauf anzuwendenden Verfahren und den daraus resultierenden Leistungen, die gegenwärtig oder künftig verwendet werden, um Erträge zu erwirtschaften. Wenn ein **Geschäfts- oder Firmenwert** zu einer übertragenen Gruppe von Aktivitäten und Vermögenswerten gehört, ist die übertragene Gruppe als ein Geschäft anzusehen.
Unternehmenszusammenschluss	Die Zusammenführung von getrennten Unternehmen oder **Geschäftsbetrieben** zu einem **berichtenden Unternehmen**.
Unternehmenszusammenschluss, an dem Unternehmen oder Geschäftsbetriebe unter gemeinsamer Beherrschung beteiligt sind.	Ein **Unternehmenszusammenschluss**, in dem letztendlich alle sich zusammenschließenden Unternehmen oder Geschäftsbetriebe von derselben Partei oder denselben Parteien sowohl vor als auch nach dem Unternehmenszusammenschluss **beherrscht** werden, und diese **Beherrschung** nicht nur vorübergehender Natur ist.
Eventualschuld	Eventualschuld hat die Bedeutung, die ihr von IAS 37 *Rückstellungen, Eventualschulden und Eventualforderungen* gegeben wurde, d. h.: (a) eine mögliche Verpflichtung, die aus vergangenen Ereignissen resultiert und deren Existenz durch das Eintreten oder Nichteintreten eines oder mehrerer unsicherer künftiger Ereignisse erst noch bestätigt wird, die nicht vollständig unter der Kontrolle des Unternehmens stehen, oder (b) eine gegenwärtige Verpflichtung, die auf vergangenen Ereignissen beruht, jedoch nicht erfasst wird, weil: (i) ein Abfluss von Ressourcen mit wirtschaftlichem Nutzen mit der Erfüllung dieser Verpflichtung nicht **wahrscheinlich** ist, oder (ii) die Höhe der Verpflichtung nicht ausreichend verlässlich geschätzt werden kann.
Beherrschung	Beherrschung ist die Möglichkeit, die Finanz- und Geschäftspolitik eines Unternehmens oder eines **Geschäftsbetriebes** zu bestimmen, um aus den Tätigkeiten Nutzen zu ziehen.

APPENDIX A

Defined terms

This appendix is an integral part of the IFRS.

acquisition date	The date on which the acquirer effectively obtains **control** of the acquiree.
agreement date	The date that a substantive agreement between the combining parties is reached and, in the case of publicly listed entities, announced to the public. In the case of a hostile takeover, the earliest date that a substantive agreement between the combining parties is reached is the date that a sufficient number of the acquiree's owners have accepted the acquirer's offer for the acquirer to obtain control of the acquiree.
Business	An integrated set of activities and assets conducted and managed for the purpose of providing: (a) a return to investors; or (b) lower costs or other economic benefits directly and proportionately to policyholders or participants. A business generally consists of inputs, processes applied to those inputs, and resulting outputs that are, or will be, used to generate revenues. If **goodwill** is present in a transferred set of activities and assets, the transferred set shall be presumed to be a business.
Business combination	The bringing together of separate entities or **businesses** into one **reporting entity**.
Business combination involving entities or businesses under common control	A **business combination** in which all of the combining entities or **businesses** ultimately are **controlled** by the same party or parties both before and after the combination, and that **control** is not transitory.

contingent liability	Contingent liability has the meaning given to it in IAS 37 *Provisions, Contingent Liabilities and Contingent Assets*, ie:
	(a) a possible obligation that arises from past events and whose existence will be confirmed only by the occurrence or non-occurrence of one or more uncertain future events not wholly within the control of the entity; or
	(b) a present obligation that arises from past events but is not recognised because:
	  (i) it is not **probable** that an outflow of resources embodying economic benefits will be required to settle the obligation; or
	  (ii) the amount of the obligation cannot be measured with sufficient reliability.

control	The power to govern the financial and operating policies of an entity or **business** so as to obtain benefits from its activities.

IFRS 3

Tauschzeitpunkt	Erfolgt ein **Unternehmenszusammenschluss** durch eine einzige Tauschtransaktion, ist der Tauschzeitpunkt mit dem **Erwerbszeitpunkt** sch. Wenn ein **Unternehmenszusammenschluss** mehrere Tauschtransaktionen umfasst, wenn er beispielsweise in Stufen durch sukzessiven Anteilserwerb erfolgt, dann ist der Tauschzeitpunkt der Zeitpunkt, zu dem jede einzelne Finanzinvestition im Abschluss des Erwerbers angesetzt wird.
Beizulegender Zeitwert	Der Betrag, zu dem zwischen sachverständigen, vertragswilligen und voneinander unabhängigen Geschäftspartnern unter marktüblichen Bedingungen ein Vermögenswert getauscht oder eine Schuld beglichen werden könnte.
Geschäfts- oder Firmenwert	Künftiger wirtschaftlicher Nutzen aus Vermögenswerten, die nicht einzeln identifiziert und separat angesetzt werden können.
immaterielle Vermögenswerte	Immaterieller Vermögenswert hat die Bedeutung, die ihm von IAS 38 *Immaterielle Vermögenswerte* gegeben wurde, d.h. ein identifizierbarer, nicht monetärer Vermögenswert ohne physische Substanz.
Joint Venture	Joint Venture hat die Bedeutung, die ihm von IAS 31 *Anteile an Joint Ventures* gegeben wurde, d.h. eine vertragliche Vereinbarung, in der zwei oder mehrere Parteien eine wirtschaftliche Tätigkeit durchführen, die einer gemeinschaftlichen Führung unterliegt.
Minderheitsanteil	Der Teil des Ergebnisses und des Nettovermögens eines **Tochterunternehmens**, der auf Anteile des Eigenkapitals entfällt, die nicht direkt vom Mutterunternehmen oder nicht indirekt über andere Tochterunternehmen vom Mutterunternehmen gehalten werden.
Gegenseitigkeitsunternehmen	Ein Unternehmen, bei dem es sich nicht um ein Unternehmen im Besitz der Anleger, wie ein Versicherungsverein auf Gegenseitigkeit oder ein genossenschaftliches Unternehmen handelt, das niedrigere Kosten oder sonstigen wirtschaftlichen Nutzen seinen Versicherungsnehmern oder Teilnehmern direkt und anteilig zukommen lässt.
Mutterunternehmen	Ein Unternehmen, das ein oder mehrere **Tochterunternehmen** hat.
wahrscheinlich	Es spricht mehr dafür als dagegen.
berichtendes Unternehmen	Ein Unternehmen, dessen Adressaten sich auf die allgemeinen Abschlüsse des Unternehmens im Hinblick auf Informationen verlassen, die ihnen für ihre Entscheidungsfindung über die Verteilung der Ressourcen nützlich sein werden. Ein berichtendes Unternehmen kann ein einzelnes Unternehmen sein oder eine Unternehmensgruppe aus einem **Mutterunternehmen** und allen seinen **Tochterunternehmen**.
Tochterunternehmen	Ein Unternehmen, einschließlich eines Unternehmens ohne eigene Rechtspersönlichkeit, wie eine Personengesellschaft, das von einem anderen Unternehmen (als **Mutterunternehmen** bezeichnet) **beherrscht** wird.

date of exchange	When a **business combination** is achieved in a single exchange transaction, the date of exchange is the **acquisition date**. When a **business combination** involves more than one exchange transaction, for example when it is achieved in stages by successive share purchases, the date of exchange is the date that each individual investment is recognised in the financial statements of the acquirer.
fair value	The amount for which an asset could be exchanged, or a liability settled, between knowledgeable, willing parties in an arm's length transaction.
Goodwill	Future economic benefits arising from assets that are not capable of being individually identified and separately recognised.
intangible asset	Intangible asset has the meaning given to it in IAS 38 *Intangible Assets*, ie an identifiable nonmonetary asset without physical substance.
joint venture	Joint venture has the meaning given to it in IAS 31 *Interests in Joint Ventures*, ie a contractual arrangement whereby two or more parties undertake an economic activity that is subject to joint control.
Minority interest	That portion of the profit or loss and net assets of a **subsidiary** attributable to equity interests that are not owned, directly or indirectly through **subsidiaries**, by the parent.
mutual entity	An entity other than an investor-owned entity, such as a mutual insurance company or a mutual cooperative entity, that provides lower costs or other economic benefits directly and proportionately to its policyholders or participants.
Parent	An entity that has one or more **subsidiaries**.
Probable	More likely than not.
reporting entity	An entity for which there are users who rely on the entity's general purpose financial statements for information that will be useful to them for making decisions about the allocation of resources. A reporting entity can be a single entity or a group comprising a **parent** and all of its **subsidiaries**.
Subsidiary	An entity, including an unincorporated entity such as a partnership, that is **controlled** by another entity (known as the **parent**).

ANHANG B

Ergänzungen zu Anwendungen

Dieser Anhang ist Bestandteil des IFRS.

Umgekehrter Unternehmenserwerb

B1 Wie in Paragraph 21 vermerkt, ist bei einigen Unternehmenszusammenschlüssen, die allgemein als umgekehrter Unternehmenserwerb bezeichnet werden, der Erwerber das Unternehmen, dessen Eigenkapitalanteile erworben wurden, und das emittierende Unternehmen ist das erworbene Unternehmen. Das könnte beispielsweise in den Fällen zutreffen, wo ein nicht börsennotiertes Unternehmen sich von einem kleineren börsennotiertem Unternehmen „erwerben" lässt, um auf diese Weise eine Börsennotierung zu erhalten. Auch wenn das emittierende nicht börsennotierte Unternehmen rechtlich betrachtet als Mutterunternehmen und das börsennotierte Unternehmen als Tochterunternehmen angesehen wird, ist das rechtliche Tochterunternehmen der Erwerber, wenn es die Möglichkeit hat, die Finanz- und Geschäftspolitik des rechtlichen Mutterunternehmens zu bestimmen, um Nutzen aus dessen Geschäftstätigkeiten zu ziehen.

B2 Ein Unternehmen hat die Leitlinien der Paragraphen B3–B15 für die Bilanzierung eines umgekehrten Unternehmenserwerbs anzuwenden.

B3 Die Bilanzierung eines umgekehrten Unternehmenserwerbs bestimmt die Aufteilung der Anschaffungskosten des Unternehmenszusammenschlusses zum Erwerbszeitpunkt und ist nicht auf Transaktionen nach dem Zusammenschluss anzuwenden.

Anschaffungskosten eines Unternehmenszusammenschlusses

B4 Wenn Eigenkapitalinstrumente als Teil der Anschaffungskosten des Unternehmenszusammenschlusses emittiert werden, verlangt Paragraph 24, dass die Anschaffungskosten des Zusammenschlusses den beizulegenden Zeitwert dieser Eigenkapitalinstrumente zum Tauschzeitpunkt enthalten. Paragraph 27 beschreibt, dass bei Fehlen eines verlässlichen veröffentlichten Börsenkurses der beizulegende Zeitwert des Eigenkapitalinstruments geschätzt werden kann unter Bezugnahme des beizulegenden Zeitwertes des erwerbenden Unternehmens bzw. des beizulegenden Zeitwertes des erworbenen Unternehmens, je nach dem, welcher Wert eindeutiger zu ermitteln ist.

B5 Bei einem umgekehrten Unternehmenserwerb wird angenommen, dass die Anschaffungskosten des Zusammenschlusses von dem rechtlichen Tochterunternehmen (d. h. dem Erwerber für Bilanzierungszwecke) in Form von Eigenkapitalinstrumenten getragen wurden, die an die Eigentümer des rechtlichen Mutterunternehmens (d. h. das erworbene Unternehmen für Bilanzierungszwecke) ausgegeben wurden. Wenn der veröffentlichte Börsenkurs der Eigenkapitalinstrumente des rechtlichen Tochterunternehmens zur Bestimmung der Anschaffungskosten des Zusammenschlusses benutzt wird, ist eine Berechnung zur Bestimmung der Anzahl der Eigenkapitalinstrumente durchzuführen, die das rechtliche Tochterunternehmen emittieren müsste, um den gleichen Prozentsatz an Eigentumsanteilen des zusammengeschlossenen Unternehmens an die Eigentümer des rechtlichen Mutterunternehmens zu liefern, wie sie an dem zusammengeschlossenen Unternehmen in Folge des umgekehrten Unternehmenserwerbs haben. Der beizulegende Zeitwert der so berechneten Anzahl der Eigenkapitalinstrumente stellt die Anschaffungskosten des Zusammenschlusses dar.

B6 Ist der beizulegende Zeitwert der Eigenkapitalinstrumente des rechtlichen Tochterunternehmens im Übrigen nicht eindeutig zu bestimmen, so ist der gesamte beizulegende Zeitwert aller vor dem Unternehmenszusammenschluss ausgegebenen Eigenkapitalinstrumente des rechtlichen Mutterunternehmens als Basis für die Bestimmung der Anschaffungskosten des Zusammenschlusses zu nehmen.

Aufstellung und Darstellung von Konzernabschlüssen

B7 Nach einem umgekehrten Unternehmenserwerb aufgestellte Konzernabschlüsse sind unter dem Namen des rechtlichen Mutterunternehmens zu veröffentlichen, jedoch mit einem Vermerk im Anhang, dass es sich hierbei um eine Fortführung des Abschlusses des rechtlichen Tochterunternehmens handelt (d. h. des Erwerbers für Bilanzierungszwecke). Da solche Konzernabschlüsse eine Fortführung der Abschlüsse des rechtlichen Tochterunternehmens darstellen:

APPENDIX B

Application supplement

This appendix is an integral part of the IFRS.

Reverse acquisitions

As noted in paragraph 21, in some business combinations, commonly referred to as reverse acquisitions, the acquirer is the entity whose equity interests have been acquired and the issuing entity is the acquiree. This might be the case when, for example, a private entity arranges to have itself 'acquired' by a smaller public entity as a means of obtaining a stock exchange listing. Although legally the issuing public entity is regarded as the parent and the private entity is regarded as the subsidiary, the legal subsidiary is the acquirer if it has the power to govern the financial and operating policies of the legal parent so as to obtain benefits from its activities. **B1**

An entity shall apply the guidance in paragraphs B3—B15 when accounting for a reverse acquisition. **B2**

Reverse acquisition accounting determines the allocation of the cost of the business combination as at the acquisition date and does not apply to transactions after the combination. **B3**

Cost of the business combination

When equity instruments are issued as part of the cost of the business combination, paragraph 24 requires the cost of the combination to include the fair value of those equity instruments at the date of exchange. Paragraph 27 notes that, in the absence of a reliable published price, the fair value of the equity instruments can be estimated by reference to the fair value of the acquirer or the fair value of the acquiree, whichever is more clearly evident. **B4**

In a reverse acquisition, the cost of the business combination is deemed to have been incurred by the legal subsidiary (ie the acquirer for accounting purposes) in the form of equity instruments issued to the owners of the legal parent (ie the acquiree for accounting purposes). If the published price of the equity instruments of the legal subsidiary is used to determine the cost of the combination, a calculation shall be made to determine the number of equity instruments the legal subsidiary would have had to issue to provide the same percentage ownership interest of the combined entity to the owners of the legal parent as they have in the combined entity as a result of the reverse acquisition. The fair value of the number of equity instruments so calculated shall be used as the cost of the combination. **B5**

If the fair value of the equity instruments of the legal subsidiary is not otherwise clearly evident, the total fair value of all the issued equity instruments of the legal parent before the business combination shall be used as the basis for determining the cost of the combination. **B6**

Preparation and presentation of consolidated financial statements

Consolidated financial statements prepared following a reverse acquisition shall be issued under the name of the legal parent, but described in the notes as a continuation of the financial statements of the legal subsidiary (ie the acquirer for accounting purposes). Because such consolidated financial statements represent a continuation of the financial statements of the legal subsidiary: **B7**

IFRS 3

(a) sind in diesen Konzernabschlüssen die Vermögenswerte und Schulden des rechtlichen Tochterunternehmens zu ihren vor dem Zusammenschluss gültigen Buchwerten anzusetzen und zu bewerten.
(b) sind die in diesen Konzernabschlüssen ausgewiesenen Gewinnrücklagen und sonstigen Kapitalguthaben gleich den Gewinnrücklagen und sonstigen Kapitalguthaben des rechtlichen Tochterunternehmens unmittelbar vor dem Zusammenschluss.
(c) ist der in diesen Konzernabschlüssen angesetzte Betrag für ausgegebene Eigenkapitalinstrumente auf die Weise zu bestimmen, dass dem unmittelbar vor dem Unternehmenszusammenschluss gezeichneten Eigenkapital des rechtlichen Tochterunternehmens die Anschaffungskosten des Zusammenschlusses, wie in den Paragraphen B4–B6 beschrieben, hinzugerechnet werden. Die in diesen Konzernabschlüssen erscheinende Eigenkapitalstruktur (d. h. die Anzahl und Art der ausgegebenen Eigenkapitalinstrumente) hat jedoch die Eigenkapitalstruktur des rechtlichen Mutterunternehmens widerzuspiegeln, einschließlich der Eigenkapitalinstrumente, die von dem rechtlichen Mutterunternehmen zur Durchführung des Zusammenschlusses emittiert wurden.
(d) sind in diesen Konzernabschlüssen die Informationen des rechtlichen Tochterunternehmens als Vergleichsinformationen darzustellen.

B8 Die Bilanzierung von umgekehrtem Unternehmenserwerb wird nur für Konzernabschlüsse angewendet. Deswegen wird in dem separatem Einzelabschluss des rechtlichen Mutterunternehmens (falls vorhanden) der Anteil an dem rechtlichen Tochterunternehmen gemäß den Anforderungen von IAS 27 *Konzern- und separate Einzelabschlüsse nach IFRS* in Bezug auf die Bilanzierung von Anteilen im separaten Einzelabschluss eines Anteilseigners bilanziert.

B9 Nach einem umgekehrten Unternehmenserwerb aufgestellte Konzernabschlüsse haben die beizulegenden Zeitwerte der Vermögenswerte, Schulden und Eventualschulden des rechtlichen Mutterunternehmens (d. h. des erworbenen Unternehmens für Bilanzierungszwecke) widerzuspiegeln. Deswegen sind zur Verteilung der Anschaffungskosten des Unternehmenszusammenschlusses die identifizierbaren Vermögenswerte, Schulden und Eventualschulden des rechtlichen Mutterunternehmens, die die Ansatzkriterien in Paragraph 37 erfüllen, mit ihren beizulegenden Zeitwerten zum Erwerbszeitpunkt zu bewerten. Jeglicher Überschuss der Anschaffungskosten des Zusammenschlusses über den Anteil des Erwerbers an dem beizulegenden Nettozeitwert dieser Posten ist gemäß den Paragraphen 51–55 zu behandeln. Jeder Überschuss des Anteils des Erwerbers an dem beizulegenden Nettozeitwert dieser Posten über den Anschaffungskosten des Zusammenschlusses ist gemäß Paragraph 56 zu behandeln.

Minderheitsanteile

B10 Manchmal gibt es bei einem umgekehrten Unternehmenserwerb Eigentümer von rechtlichen Tochterunternehmen, die ihre Eigenkapitalinstrumente nicht gegen Eigenkapitalinstrumente des rechtlichen Mutterunternehmens umtauschen. Obgleich das Unternehmen, an dem diese Eigentümer Eigenkapitalinstrument halten, (das rechtliche Tochterunternehmen) ein anderes Unternehmen (das rechtliche Mutterunternehmen) erwarb, sind diese Eigentümer als Minderheitsanteile im Rahmen des Konzernabschlusses, der nach dem umgekehrten Unternehmenserwerb aufgestellt wurde, zu behandeln. Dies ist darauf zurückzuführen, dass die Eigentümer des rechtlichen Tochterunternehmens, die ihre Eigenkapitalinstrumente nicht gegen Eigenkapitalinstrumente des rechtlichen Mutterunternehmens umtauschen, nur an den Ergebnissen und dem Nettovermögen des rechtlichen Tochterunternehmens beteiligt sind und nicht an den Ergebnissen und dem Nettovermögen des zusammengeschlossenen Unternehmens. Umgekehrt sind alle Eigentümer des rechtlichen Mutterunternehmens ungeachtet dessen, dass das rechtliche Mutterunternehmen als das erworbene Unternehmen anzusehen ist, an den Ergebnissen und dem Nettovermögen des zusammengeschlossenen Unternehmens beteiligt.

B11 Da die Vermögenswerte und Schulden des rechtlichen Tochterunternehmens zu ihren vor dem Zusammenschluss gültigen Buchwerten im Konzernabschluss angesetzt und bewertet werden, haben die Minderheitsanteile die entsprechenden Anteile der Minderheitsanteilseigner an den vor dem Zusammenschluss gültigen Buchwerten der Netto-Vermögenswerte des rechtlichen Tochterunternehmens widerzuspiegeln.

Ergebnis je Aktie

B12 Wie in Paragraph B7 (c) beschrieben hat die Eigenkapitalstruktur, die in den nach einem Unternehmenserwerb aufgestellten Konzernabschlüssen erscheint, die Eigenkapitalstruktur des rechtlichen Mutterunternehmens widerzuspiegeln, einschließlich der Eigenkapitalinstrumente, die von dem rechtlichen Mutterunternehmen zur Durchführung des Zusammenschlusses emittiert wurden.

(a) the assets and liabilities of the legal subsidiary shall be recognised and measured in those consolidated financial statements at their pre-combination carrying amounts.
(b) the retained earnings and other equity balances recognised in those consolidated financial statements shall be the retained earnings and other equity balances of the legal subsidiary immediately before the business combination.
(c) the amount recognised as issued equity instruments in those consolidated financial statements shall be determined by adding to the issued equity of the legal subsidiary immediately before the business combination the cost of the combination determined as described in paragraphs B4–B6. However, the equity structure appearing in those consolidated financial statements (ie the number and type of equity instruments issued) shall reflect the equity structure of the legal parent, including the equity instruments issued by the legal parent to effect the combination.
(d) comparative information presented in those consolidated financial statements shall be that of the legal subsidiary.

Reverse acquisition accounting applies only in the consolidated financial statements. Therefore, in the legal parent's separate financial statements, if any, the investment in the legal subsidiary is accounted for in accordance with the requirements in IAS 27 *Consolidated and Separate Financial Statements* on accounting for investments in an investor's separate financial statements. **B8**

Consolidated financial statements prepared following a reverse acquisition shall reflect the fair values of the assets, liabilities and contingent liabilities of the legal parent (ie the acquiree for accounting purposes). Therefore, the cost of the business combination shall be allocated by measuring the identifiable assets, liabilities and contingent liabilities of the legal parent that satisfy the recognition criteria in paragraph 37 at their fair values at the acquisition date. Any excess of the cost of the combination over the acquirer's interest in the net fair value of those items shall be accounted for in accordance with paragraphs 51–55. Any excess of the acquirer's interest in the net fair value of those items over the cost of the combination shall be accounted for in accordance with paragraph 56. **B9**

Minority interest

In some reverse acquisitions, some of the owners of the legal subsidiary do not exchange their equity instruments for equity instruments of the legal parent. Although the entity in which those owners hold equity instruments (the legal subsidiary) acquired another entity (the legal parent), those owners shall be treated as a minority interest in the consolidated financial statements prepared after the reverse acquisition. This is because the owners of the legal subsidiary that do not exchange their equity instruments for equity instruments of the legal parent have an interest only in the results and net assets of the legal subsidiary, and not in the results and net assets of the combined entity. Conversely, all of the owners of the legal parent, notwithstanding that the legal parent is regarded as the acquiree, have an interest in the results and net assets of the combined entity. **B10**

Because the assets and liabilities of the legal subsidiary are recognised and measured in the consolidated financial statements at their pre-combination carrying amounts, the minority interest shall reflect the minority shareholders' proportionate interest in the pre-combination carrying amounts of the legal subsidiary's net assets. **B11**

Earnings per share

As noted in paragraph B7 (c), the equity structure appearing in the consolidated financial statements prepared following a reverse acquisition reflects the equity structure of the legal parent, including the equity instruments issued by the legal parent to effect the business combination. **B12**

IFRS 3

B13 Für die Ermittlung der durchschnittlich gewichteten Anzahl der während der Periode, in der der umgekehrte Unternehmenserwerb erfolgt, ausstehenden Stammaktien (der Nenner):
(a) ist die Anzahl der ausstehenden Stammaktien vom Beginn dieser Periode bis zum Erwerbszeitpunkt als die Anzahl von Stammaktien anzusehen, die von dem rechtlichen Mutterunternehmen für die Eigentümer des rechtlichen Tochterunternehmens emittiert wurden; und
(b) ist die Anzahl der ausstehenden Stammaktien vom Erwerbszeitpunkt bis zum Ende dieser Periode gleich der tatsächlichen Anzahl der ausstehenden Stammaktien des rechtlichen Mutterunternehmens während dieser Periode.

B14 Die unverwässerten Ergebnisse je Aktie sind für jede Vergleichsperiode vor dem Erwerbsdatum, die in den Konzernabschlüssen nach einem umgekehrten Unternehmenserwerb dargestellt ist, zu berechnen, indem das den Stammaktionären in der jeweiligen Periode zurechenbare Ergebnis des rechtlichen Tochterunternehmens durch die Anzahl der Stammaktien geteilt wird, die von dem rechtlichen Mutterunternehmen für die Eigentümer des rechtlichen Tochterunternehmens bei einem umgekehrten Unternehmenserwerb emittiert wurden.

B15 Die in den Paragraphen B13 und B14 dargestellten Berechnungen gehen davon aus, dass sich die Anzahl der von dem rechtlichen Tochterunternehmen emittierten Stammaktien in den Vergleichsperioden und in dem Zeitraum vom Beginn der Periode, in der der Unternehmenserwerb stattfand, bis zum Erwerbszeitpunkt nicht geändert hat. Die Ermittlung der Ergebnisse je Aktie ist entsprechend anzupassen, um die Auswirkungen einer Änderung der Anzahl der während diesen Perioden von dem rechtlichen Tochterunternehmen emittierten Stammaktien zu berücksichtigen.

Verteilung der Anschaffungskosten eines Unternehmenszusammenschlusses

B16 Dieser IFRS verlangt von einem erwerbenden Unternehmen, die identifizierbaren Vermögenswerte, Schulden und Eventualschulden des erworbenen Unternehmens, die die relevanten Ansatzkriterien erfüllen, zu ihren beizulegenden Zeitwerten zum Erwerbszeitpunkt anzusetzen. Für die Verteilung der Anschaffungskosten eines Unternehmenszusammenschlusses hat der Erwerber die folgenden Messgrößen als beizulegende Zeitwerte zu behandeln:
(a) für Finanzinstrumente, die an einem aktiven Markt gehandelt werden, hat das erwerbende Unternehmen die aktuellen Börsenkurse anzusetzen.
(b) für Finanzinstrumente, die nicht an einem aktiven Markt gehandelt werden, hat das erwerbende Unternehmen die geschätzten Werte heranzuziehen, die Aspekte wie Kurs-Gewinn-Verhältnisse, Dividendenrenditen und erwartete Wachstumsraten von vergleichbaren Finanzinstrumenten von Unternehmen mit vergleichbaren Charakteristika berücksichtigen.
(c) für Forderungen, Nutzungsverträge und sonstige identifizierbare Vermögenswerte hat das erwerbende Unternehmen den Barwert von zu erhaltenden Beträgen anzusetzen, bei deren Bestimmung angemessene, derzeit gültige Marktzinsen zu Grunde zu legen sind, abzüglich der Wertberichtigungen für Uneinbringlichkeit und Eintreibungskosten, falls notwendig. Eine Diskontierung von kurzfristigen Forderungen, Nutzungsverträgen oder sonstigen identifizierbaren Vermögenswerten ist jedoch dann nicht erforderlich, wenn die Differenz zwischen Nominalwert und dem abgezinsten Wert unwesentlich ist.
(d) für Vorräte von:
 (i) Fertigerzeugnissen und Handelswaren hat das erwerbende Unternehmen Verkaufspreise, abzüglich (1) der Kosten der Veräußerung und (2) einer vernünftigen Gewinnspanne für die Verkaufsbemühungen des Erwerbers in Anlehnung an den Gewinn für ähnliche Fertigerzeugnisse und Handelswaren, anzusetzen;
 (ii) unfertigen Erzeugnissen hat das erwerbende Unternehmen die Verkaufspreise der Fertigerzeugnisse, abzüglich (1) der noch anfallenden Kosten bis zur Fertigstellung und (2) der Kosten der Veräußerung und (3) einer vernünftigen Gewinnspanne für die Fertigstellung des Produktes und die Verkaufsbemühungen in Anlehnung an den Gewinn für ähnliche Fertigerzeugnisse, anzusetzen; und
 (iii) Rohstoffen hat das erwerbende Unternehmen die aktuellen Wiederbeschaffungskosten anzusetzen.
(e) für Grundstücke und Gebäude hat das erwerbende Unternehmen Marktwerte anzusetzen.
(f) für technische Anlagen und Betriebs- und Geschäftsausstattung hat das erwerbende Unternehmen Marktwerte anzusetzen, die im Normalfall geschätzt werden. Gibt es auf Grund der speziellen Art der technischen Anlage und Betriebs- und Geschäftsausstattung und der seltenen Veräußerung solcher Gegenstände, ausgenommen als Teil eines fortbestehenden Geschäftsbereiches, keine auf dem Markt basierende Anhaltspunkte für den beizulegenden Zeitwert, muss ein erwerbendes Unternehmen eventuell den beizulegenden Zeitwert unter Anwendung eines Ertragswertverfahrens oder einer Methode des Wiederbeschaffungswertes nach Abschreibung schätzen.

For the purpose of calculating the weighted average number of ordinary shares outstanding (the denominator) during the period in which the reverse acquisition occurs: **B13**
(a) the number of ordinary shares outstanding from the beginning of that period to the acquisition date shall be deemed to be the number of ordinary shares issued by the legal parent to the owners of the legal subsidiary; and
(b) the number of ordinary shares outstanding from the acquisition date to the end of that period shall be the actual number of ordinary shares of the legal parent outstanding during that period.

The basic earnings per share disclosed for each comparative period before the acquisition date that is presented in the consolidated financial statements following a reverse acquisition shall be calculated by dividing the profit or loss of the legal subsidiary attributable to ordinary shareholders in each of those periods by the number of ordinary shares issued by the legal parent to the owners of the legal subsidiary in the reverse acquisition. **B14**

The calculations outlined in paragraphs B13 and B14 assume that there were no changes in the number of the legal subsidiary's issued ordinary shares during the comparative periods and during the period from the beginning of the period in which the reverse acquisition occurred to the acquisition date. The calculation of earnings per share shall be appropriately adjusted to take into account the effect of a change in the number of the legal subsidiary's issued ordinary shares during those periods. **B15**

Allocating the cost of a business combination

This IFRS requires an acquirer to recognise the acquiree's identifiable assets, liabilities and contingent liabilities that satisfy the relevant recognition criteria at their fair values at the acquisition date. For the purpose of allocating the cost of a business combination, the acquirer shall treat the following measures as fair values: **B16**
(a) for financial instruments traded in an active market the acquirer shall use current market values.
(b) for financial instruments not traded in an active market the acquirer shall use estimated values that take into consideration features such as price-earnings ratios, dividend yields and expected growth rates of comparable instruments of entities with similar characteristics.
(c) for receivables, beneficial contracts and other identifiable assets the acquirer shall use the present values of the amounts to be received, determined at appropriate current interest rates, less allowances for uncollectibility and collection costs, if necessary. However, discounting is not required for short-term receivables, beneficial contracts and other identifiable assets when the difference between the nominal and discounted amounts is not material.
(d) for inventories of:
    (i) finished goods and merchandise the acquirer shall use selling prices less the sum of (1) the costs of disposal and (2) a reasonable profit allowance for the selling effort of the acquirer based on profit for similar finished goods and merchandise;
    (ii) work in progress the acquirer shall use selling prices of finished goods less the sum of (1) costs to complete, (2) costs of disposal and (3) a reasonable profit allowance for the completing and selling effort based on profit for similar finished goods; and
    (iii) raw materials the acquirer shall use current replacement costs.
(e) for land and buildings the acquirer shall use market values.
(f) for plant and equipment the acquirer shall use market values, normally determined by appraisal. If there is no market-based evidence of fair value because of the specialised nature of the item of plant and equipment and the item is rarely sold, except as part of a continuing business, an acquirer may need to estimate fair value using an income or a depreciated replacement cost approach.

(g) für immaterielle Vermögenswerte hat das erwerbende Unternehmen den beizulegenden Zeitwert zu bestimmen:
 (i) durch Rückgriff auf einen aktiven Markt, wie in IAS 38 *Immaterielle Vermögenswerte* definiert; oder
 (ii) wenn kein aktiver Markt existiert, bildet der Betrag die Basis, den das erwerbende Unternehmen auf der Grundlage der besten verfügbaren Informationen bei Transaktionen zu marktüblichen Bedingungen zwischen sachverständigen, vertragswilligen und voneinander unabhängigen Geschäftspartnern unter marktüblichen Bedingungen gezahlt hätte (siehe IAS 38 für weitere Anleitung zur Bestimmung des beizulegenden Zeitwertes eines bei einem Unternehmenszusammenschluss erworbenen immateriellen Vermögenswertes);
(h) für den Saldo aus dem für Leistungen an Arbeitnehmer angelegten Vermögen, abzüglich Schulden für leistungsorientierte Pläne, hat das erwerbende Unternehmen den Barwert einer leistungsorientierten Verpflichtung, abzüglich des beizulegenden Zeitwertes aller Vermögenswerte, die zur Deckung der Pläne angesetzt sind, anzusetzen. Ein Vermögenswert darf indes nur dann angesetzt werden, wenn es wahrscheinlich ist, dass der Vermögenswert dem erwerbenden Unternehmen in der Form von Rückerstattungen aus dem Plan oder in Form geminderter künftiger Beitragszahlungen zur Verfügung stehen wird.
(i) für Steueransprüche und Steuerschulden hat das erwerbende Unternehmen den Betrag des Steuervorteils, der sich aus steuerlichen Verlusten ergibt, oder die zu zahlenden Steuern hinsichtlich der Gewinne und Verluste gemäß IAS 12 *Ertragsteuern* anzusetzen, welche aus Sicht des zusammengeschlossenen Unternehmens zu beurteilen sind. Die Steueransprüche oder Steuerschulden werden, nachdem die Steuereffekte bei der Neubewertung der identifizierbaren Vermögenswerte, Schulden und Eventualschulden mit ihren beizulegenden Zeitwerten eingerechnet wurden, bestimmt und nicht abgezinst.
(j) für Verbindlichkeiten und Wechselverbindlichkeiten, langfristige Verbindlichkeiten, Schulden, Rückstellungen und sonstige fällige Leistungen hat das erwerbende Unternehmen die Barwerte anzusetzen, die unter Berücksichtigung angemessener, derzeit gültiger Marktzinsen aufgewendet werden müssten, um die Schulden zu begleichen. Eine Abzinsung kurzfristiger Schulden ist indes dann nicht notwendig, wenn der Unterschied zwischen dem Nominalwert und dem abgezinsten Betrag unwesentlich ist.
(k) für Verlustverträge und andere identifizierbare Schulden des erworbenen Unternehmens hat das erwerbende Unternehmen die Barwerte der Beträge anzusetzen, die aufgewendet werden müssten, um die Verpflichtungen zu erfüllen, wobei angemessene, derzeit gültige Marktzinsen zu Grunde gelegt werden.
(l) für Eventualschulden des erworbenen Unternehmens hat das erwerbende Unternehmen die Beträge anzusetzen, die eine dritte Partei berechnen würde, um diese Eventualschulden zu übernehmen. Ein solcher Betrag hat alle Erwartungen hinsichtlich möglicher Cashflows und nicht nur des einen wahrscheinlichsten oder des erwarteten Höchst- oder Mindest-Cashflows widerzuspiegeln.

B17 Einige der oben genannten Leitlinien schreiben vor, dass die beizulegenden Zeitwerte mittels Barwertmethoden geschätzt werden. Wenn die Leitlinie für einen bestimmten Posten nicht auf die Anwendung der Barwertmethode verweist, kann diese Methode dennoch für die Schätzung des beizulegenden Zeitwertes dieses Postens benutzt werden.

(g) for intangible assets the acquirer shall determine fair value:
  (i) by reference to an active market as defined in IAS 38 *Intangible Assets*; or
  (ii) if no active market exists, on a basis that reflects the amounts the acquirer would have paid for the assets in arm's length transactions between knowledgeable willing parties, based on the best information available (see IAS 38 for further guidance on determining the fair values of intangible assets acquired in business combinations).
(h) for net employee benefit assets or liabilities for defined benefit plans the acquirer shall use the present value of the defined benefit obligation less the fair value of any plan assets. However, an asset is recognised only to the extent that it is probable it will be available to the acquirer in the form of refunds from the plan or a reduction in future contributions.
(i) for tax assets and liabilities the acquirer shall use the amount of the tax benefit arising from tax losses or the taxes payable in respect of profit or loss in accordance with IAS 12 *Income Taxes*, assessed from the perspective of the combined entity. The tax asset or liability is determined after allowing for the tax effect of restating identifiable assets, liabilities and contingent liabilities to their fair values and is not discounted.
(j) for accounts and notes payable, long-term debt, liabilities, accruals and other claims payable the acquirer shall use the present values of amounts to be disbursed in settling the liabilities determined at appropriate current interest rates. However, discounting is not required for short-term liabilities when the difference between the nominal and discounted amounts is not material.
(k) for onerous contracts and other identifiable liabilities of the acquiree the acquirer shall use the present values of amounts to be disbursed in settling the obligations determined at appropriate current interest rates.
(l) for contingent liabilities of the acquiree the acquirer shall use the amounts that a third party would charge to assume those contingent liabilities. Such an amount shall reflect all expectations about possible cash flows and not the single most likely or the expected maximum or minimum cash flow.

Some of the above guidance requires fair values to be estimated using present value techniques. If the guidance for a particular item does not refer to the use of present value techniques, such techniques may be used in estimating the fair value of that item. **B17**

International Financial Reporting Standard 4

Versicherungsverträge

INHALT	Ziffer
Zielsetzung	1
Anwendungsbereich	2–12
Eingebettete Derivate	7–9
Entflechtung von Einlagenkomponenten	10–12
Ansatz und Bewertung	13–35
Vorübergehende Befreiung von der Anwendung einiger anderer IFRSs	13–20
Angemessenheitstest für Verbindlichkeiten	15–19
Wertminderung von Rückversicherungsvermögenswerten	20
Änderungen der Bilanzierungs- und Bewertungsmethoden	21–30
Aktuelle Marktzinssätze	24
Fortführung bestehender Vorgehensweisen	25
Vorsicht	26
Zukünftige Kapitalanlage-Margen	27–29
Schattenbilanzierung	30
Erwerb von Versicherungsverträgen durch Unternehmenszusammenschluss oder Bestandsübertragung	31–33
Ermessensabhängige Überschussbeteiligung	34–35
Ermessensabhängige Überschussbeteiligung in Versicherungsverträgen	34
Ermessensabhängige Überschussbeteiligung in Finanzinstrumenten	35
Angaben	36–39A
Erläuterung der ausgewiesenen Beträge	36–37
Art und Ausmaß von Risiken aufgrund von Versicherungsverträgen	38–39A
Zeitpunkt des Inkrafttretens und Übergangsvorschriften	40–45
Angaben	42–44
Neueinstufung von finanziellen Vermögenswerten	45

ZIELSETZUNG

1 Zielsetzung dieses IFRS ist es, die Rechnungslegung für *Versicherungsverträge* für jedes Unternehmen, das solche Verträge im Bestand hält (in diesem IFRS als ein *Versicherer* bezeichnet), zu bestimmen, bis der Board die zweite Phase des Projektes über Versicherungsverträge abgeschlossen hat. Insbesondere fordert dieser IFRS:
(a) begrenzte Verbesserungen der Rechnungslegung des Versicherers für Versicherungsverträge.
(b) Angaben zur Identifizierung und Erläuterung der aus Versicherungsverträgen stammenden Beträge im Abschluss eines Versicherers, die den Abschlussadressaten helfen, den Betrag, den Zeitpunkt und die Unsicherheit der künftigen Cashflows aus Versicherungsverträgen zu verstehen.

ANWENDUNGSBEREICH

2 Dieser IFRS ist von einem Unternehmen anzuwenden auf:
(a) Versicherungsverträge (einschließlich *Rückversicherungsverträge*), die es im Bestand hält und Rückversicherungsverträge, die es nimmt.
(b) Finanzinstrumente mit einer ermessensabhängigen Überschussbeteiligung, die es im Bestand hält (siehe Paragraph 35). IFRS 7 *Finanzinstrumente: Angaben* verlangt Angaben zu Finanzinstrumenten, einschließlich der Finanzinstrumente, die solche Rechte beinhalten.

International Financial Reporting Standard 4

Insurance contracts

SUMMARY

	Paragraphs
Objective	1
Scope	2–12
Embedded derivatives	7–9
Unbundling of deposit components	10–12
Recognition and measurement	13–35
Temporary exemption from some other IFRSs	13–20
Liability adequacy test	15–19
Impairment of reinsurance assets	20
Changes in accounting policies	21–30
Current market interest rates	24
Continuation of existing practices	25
Prudence	26
Future investment margins	27–29
Shadow accounting	30
Insurance contracts acquired in a business combination or portfolio transfer	31–33
Discretionary participation features	34–35
Discretionary participation features in insurance contracts	34
Discretionary participation features in financial instruments	35
Disclosure	36–39A
Explanation of recognised amounts	36–37
Nature and extent of risks arising from insurance contracts	38–39A
Effective date and transition	40–45
Disclosure	42–44
Redesignation of financial assets	45

OBJECTIVE

The objective of this IFRS is to specify the financial reporting for *insurance contracts* by any entity that issues such contracts (described in this IFRS as an *insurer*) until the Board completes the second phase of its project on insurance contracts. In particular, this IFRS requires: 1
(a) limited improvements to accounting by insurers for insurance contracts.
(b) disclosure that identifies and explains the amounts in an insurer's financial statements arising from insurance contracts and helps users of those financial statements understand the amount, timing and uncertainty of future cash flows from insurance contracts.

SCOPE

An entity shall apply this IFRS to: 2
(a) insurance contracts (including *reinsurance contracts*) that it issues and reinsurance contracts that it holds.
(b) financial instruments that it issues with a *discretionary participation feature* (see paragraph 35). IFRS 7 *Financial Instruments: Disclosures* requires disclosure about financial instruments, including financial instruments that contain such features.

IFRS 4

3   Dieser IFRS behandelt keine anderen Aspekte der Rechnungslegung von Versicherern, wie die Rechnungslegung für finanzielle Vermögenswerte, die Versicherer halten und für finanzielle Verbindlichkeiten, die Versicherer begeben (siehe IAS 32 und IAS 39 *Finanzinstrumente: Ansatz und Bewertung*), außer in den in Paragraph 45 aufgeführten Übergangsvorschriften.

4   Dieser IFRS ist von einem Unternehmen nicht anzuwenden auf:
(a) Produktgewährleistungen, die direkt vom Hersteller, Groß- oder Einzelhändler gewährt werden (siehe IAS 18 *Erträge* und IAS 37 *Rückstellungen, Eventualschulden und Eventualforderungen*).
(b) Vermögenswerte und Verbindlichkeiten von Arbeitgebern aufgrund von Versorgungsplänen für Arbeitnehmer (siehe IAS 19 *Leistungen an Arbeitnehmer* und IFRS 2 *Anteilsbasierte Zahlungen*) und Verpflichtungen aus der Versorgungszusage, die unter leistungsorientierten Altersversorgungsplänen berichtet werden (siehe IAS 26 *Bilanzierung und Berichterstattung von Altersversorgungsplänen*).
(c) vertragliche Rechte oder vertragliche Verpflichtungen, die abhängig vom künftigen Gebrauch oder Gebrauchsrecht eines nicht-finanziellen Sachverhalts (z. B. Lizenzgebühren, Nutzungsentgelte, mögliche Leasingzahlungen und ähnliche Sachverhalte) sowie von der in einem Finanzierungsleasing eingebetteten Restwertgarantie eines Leasingnehmers sind (siehe IAS 17 *Leasingverhältnisse* und IAS 38 *Immaterielle Vermögenswerte*).
(d) Finanzgarantien, es sei denn, der Garantiegeber hat zuvor ausdrücklich erklärt, dass er solche Garantien als Versicherungsverträge betrachtet, und sie nach den für Versicherungsverträge geltenden Vorschriften bilanziert; in diesem Fall kann er auf solche Finanzgarantien entweder IAS 39 und IFRS 7 oder den vorliegenden Standard anwenden. Der Garantiesteller kann diese Entscheidung vertragsweise fällen, doch ist sie für jeden Vertrag unwiderruflich.
(e) im Rahmen eines Unternehmenszusammenschlusses zu zahlende oder ausstehende bedingte Gegenleistungen (siehe IFRS 3 *Unternehmenszusammenschlüsse*).
(f) *Erstversicherungsverträge*, die das Unternehmen nimmt (d. h. Erstversicherungsverträge, in denen das Unternehmen der *Versicherungsnehmer* ist). Ein *Zedent* indes hat diesen IFRS auf Rückversicherungsverträge anzuwenden, die er nimmt.

5   Zur Vereinfachung der Bezugnahme bezeichnet dieser IFRS jedes Unternehmen, das einen Versicherungsvertrag im Bestand hält, als einen Versicherer, unabhängig davon, ob der Halter für rechtliche Zwecke oder Aufsichtszwecke als Versicherer angesehen wird.

6   Ein Rückversicherungsvertrag ist eine Form eines Versicherungsvertrages. Dementsprechend gelten in diesem IFRS alle Hinweise auf Versicherungsverträge ebenso für Rückversicherungsverträge.

Eingebettete Derivate

7   IAS 39 verlangt von einem Unternehmen, einige eingebettete Derivate von ihrem Basisvertrag abzutrennen, zu ihrem *beizulegenden Zeitwert* zu bewerten und Änderungen des beizulegenden Zeitwertes erfolgswirksam zu berücksichtigen. IAS 39 ist auf Derivate anzuwenden, die in Versicherungsverträgen eingebettet sind, sofern das eingebettete Derivat nicht selbst ein Versicherungsvertrag ist.

8   Als eine Ausnahme von den Anforderungen in IAS 39 braucht ein Versicherer das Recht eines Versicherungsnehmers, einen Versicherungsvertrag zu einem festen Betrag zurückzukaufen (oder zu einem Betrag, der sich aus einem festen Betrag und einem Zinssatz ergibt) nicht abzutrennen und zum beizulegenden Zeitwert zu bewerten, auch dann nicht, wenn der Rückkaufswert vom Buchwert der Basis-*Versicherungsverbindlichkeit* abweicht. Die Anforderung in IAS 39 ist indes nicht auf eine in Versicherungsverträgen enthaltene Verkaufsoption oder ein Rückkaufsrecht anzuwenden, wenn der Rückkaufswert sich infolge einer Änderung einer finanziellen Variablen (wie etwa ein Aktien- oder Warenpreis bzw. -index) oder einer nicht-finanziellen Variablen, die nicht für eine der Vertragsparteien spezifisch ist, verändert. Außerdem gilt diese Anforderung ebenso, wenn das Recht des Inhabers auf Ausübung einer Verkaufsoption oder eines Rückkaufsrechts von der Änderung einer solchen Variablen ausgelöst wird (z. B. eine Verkaufsoption kann ausgeübt werden, wenn ein Börsenindex einen bestimmten Stand erreicht).

9   Paragraph 8 gilt ebenso für Rückkaufs- oder entsprechende Beendigungsrechte im Fall von Finanzinstrumenten mit ermessensabhängiger Überschussbeteiligung.

This IFRS does not address other aspects of accounting by insurers, such as accounting for financial assets held by insurers and financial liabilities issued by insurers (see IAS 32 and IAS 39 *Financial Instruments: Recognition and Measurement*), except in the transitional provisions in paragraph 45.

An entity shall not apply this IFRS to:
(a) product warranties issued directly by a manufacturer, dealer or retailer (see IAS 18 *Revenue* and IAS 37 *Provisions, Contingent Liabilities and Contingent Assets*).
(b) employers' assets and liabilities under employee benefit plans (see IAS 19 *Employee Benefits* and IFRS 2 *Share-based Payment*) and retirement benefit obligations reported by defined benefit retirement plans (see IAS 26 *Accounting and Reporting by Retirement Benefit Plans*).
(c) contractual rights or contractual obligations that are contingent on the future use of, or right to use, a nonfinancial item (for example, some licence fees, royalties, contingent lease payments and similar items), as well as a lessee's residual value guarantee embedded in a finance lease (see IAS 17 *Leases*, IAS 18 *Revenue* and IAS 38 *Intangible Assets*).
(d) financial guarantee contracts unless the issuer has previously asserted explicitly that it regards such contracts as insurance contracts and has used accounting applicable to insurance contracts, in which case the issuer may elect to apply either IAS 39 and IFRS 7 or this Standard to such financial guarantee contracts. The issuer may make that election contract by contract, but the election for each contract is irrevocable.
(e) contingent consideration payable or receivable in a business combination (see IFRS 3 *Business Combinations*).
(f) *direct insurance contracts* that the entity holds (ie direct insurance contracts in which the entity is the policyholder). However, a *cedant* shall apply this IFRS to reinsurance contracts that it holds.

For ease of reference, this IFRS describes any entity that issues an insurance contract as an insurer, whether or not the issuer is regarded as an insurer for legal or supervisory purposes.

A reinsurance contract is a type of insurance contract. Accordingly, all references in this IFRS to insurance contracts also apply to reinsurance contracts.

Embedded derivatives

IAS 39 requires an entity to separate some embedded derivatives from their host contract, measure them at *fair value* and include changes in their fair value in profit or loss. IAS 39 applies to derivatives embedded in an insurance contract unless the embedded derivative is itself an insurance contract.

As an exception to the requirement in IAS 39, an insurer need not separate, and measure at fair value, a policyholder's option to surrender an insurance contract for a fixed amount (or for an amount based on a fixed amount and an interest rate), even if the exercise price differs from the carrying amount of the host *insurance liability*. However, the requirement in IAS 39 does apply to a put option or cash surrender option embedded in an insurance contract if the surrender value varies in response to the change in a financial variable (such as an equity or commodity price or index), or a nonfinancial variable that is not specific to a party to the contract. Furthermore, that requirement also applies if the holder's ability to exercise a put option or cash surrender option is triggered by a change in such a variable (for example, a put option that can be exercised if a stock market index reaches a specified level).

Paragraph 8 applies equally to options to surrender a financial instrument containing a discretionary participation feature.

Entflechtung von Einlagenkomponenten

10 Einige Versicherungsverträge enthalten sowohl eine Versicherungskomponenten wie auch eine *Einlagenkomponente*. In einigen Fällen muss oder darf ein Versicherer diese Komponenten *entflechten*:
(a) eine Entflechtung ist erforderlich, wenn die beiden folgenden Bedingungen erfüllt sind:
   (i) der Versicherer kann die Einlagenkomponente (einschließlich aller eingebetteten Rückkaufsrechte) abgetrennt (d. h. ohne Berücksichtigung der Versicherungskomponente) bewerten.
   (ii) ohne dies würden die Bilanzierungs- und Bewertungsmethoden des Versicherers nicht vorschreiben, alle Verpflichtungen und Rechte, die aus der Einlagenkomponente resultieren, anzusetzen.
(b) eine Entflechtung ist erlaubt, aber nicht vorgeschrieben, wenn der Versicherer die Einlagenkomponente abgetrennt, wie in (a)(i) beschrieben, bewerten kann, aber seine Bilanzierungs- und Bewertungsmethoden den Ansatz aller Verpflichtungen und Rechte aus der Einlagenkomponente verlangen, ungeachtet der Grundsätze, die für die Bewertung dieser Rechte und Verpflichtungen verwendet werden.
(c) eine Entflechtung ist untersagt, wenn ein Versicherer die Einlagenkomponente nicht abgetrennt, wie in (a)(i) beschrieben, bewerten kann.

11 Nachstehend ein Beispiel für den Fall, dass die Bilanzierungs- und Bewertungsmethoden eines Versicherers nicht verlangen, dass alle aus einer Einlagenkomponente entstehenden Verpflichtungen angesetzt werden. Ein Zedent erhält eine Erstattung von Schäden von einem Rückversicherer, aber der Vertrag verpflichtet den Zedenten, die Erstattung in künftigen Jahren zurückzuzahlen. Diese Verpflichtung entstammt einer Einlagenkomponente. Wenn die Bilanzierungs- und Bewertungsmethoden des Zedenten es andernfalls erlauben würden, die Erstattung als Erträge zu erfassen, ohne die daraus resultierende Verpflichtung anzusetzen, ist eine Entflechtung erforderlich.

12 Zur Entflechtung eines Vertrages hat ein Versicherer:
(a) diesen IFRS auf die Versicherungskomponente anzuwenden.
(b) IAS 39 auf die Einlagenkomponente anzuwenden.

ANSATZ UND BEWERTUNG

Vorübergehende Befreiung von der Anwendung einiger anderer IFRSs

13 Die Paragraphen 10–12 von IAS 8 *Bilanzierungs- und Bewertungsmethoden, Änderungen von Schätzungen und Fehler* legen die Kriterien fest, die ein Unternehmen zur Entwicklung der Bilanzierungs- und Bewertungsmethode zu verwenden hat, wenn kein IFRS ausdrücklich für einen Sachverhalt anwendbar ist. Der vorliegende IFRS nimmt jedoch Versicherer von der Anwendung dieser Kriterien auf seine Bilanzierungs- und Bewertungsmethoden für Folgendes aus:
(a) Versicherungsverträge, die er im Bestand hält (einschließlich zugehöriger Abschlusskosten und zugehöriger immaterieller Vermögenswerte, wie solche, die in den Paragraphen 31 und 32 beschrieben sind); und
(b) Rückversicherungsverträge, die er nimmt.

14 Trotzdem nimmt der vorliegende IFRS den Versicherer von einigen Auswirkungen der in den Paragraphen 10–12 von IAS 8 dargelegten Kriterien nicht aus. Ein Versicherer ist insbesondere verpflichtet:
(a) jede Rückstellung für eventuelle künftige Schäden nicht als Verbindlichkeit anzusetzen, wenn diese Schäden bei Versicherungsverträgen anfallen, die am Berichtsstichtag nicht bestehen (wie z. B. Großrisiken- und Schwankungsrückstellungen).
(b) den *Angemessenheitstest für Verbindlichkeiten*, wie in den Paragraphen 15–19 beschrieben, durchzuführen.
(c) eine Versicherungsverbindlichkeit (oder einen Teil einer Versicherungsverbindlichkeit) dann, und nur dann, aus seiner Bilanz auszubuchen, wenn diese getilgt ist – d. h. wenn die im Vertrag genannte Verpflichtung erfüllt oder gekündigt oder erloschen ist.
(d) Folgendes nicht zu saldieren:
   (i) *Rückversicherungsvermögenswerte* mit den zugehörigen Versicherungsverbindlichkeiten; oder
   (ii) Erträge oder Aufwendungen von Rückversicherungsverträgen mit den Aufwendungen oder Erträgen von den zugehörigen Versicherungsverträgen.
(e) zu berücksichtigen, ob seine Rückversicherungsvermögenswerte wertgemindert sind (siehe Paragraph 20).

Unbundling of deposit components

Some insurance contracts contain both an insurance component and a *deposit component*. In some cases, an insurer is required or permitted to *unbundle* those components:
(a) unbundling is required if both the following conditions are met:
  (i) the insurer can measure the deposit component (including any embedded surrender options) separately (ie without considering the insurance component).
  (ii) the insurer's accounting policies do not otherwise require it to recognise all obligations and rights arising from the deposit component.
(b) unbundling is permitted, but not required, if the insurer can measure the deposit component separately as in (a)(i) but its accounting policies require it to recognise all obligations and rights arising from the deposit component, regardless of the basis used to measure those rights and obligations.
(c) unbundling is prohibited if an insurer cannot measure the deposit component separately as in (a)(i).

10

The following is an example of a case when an insurer's accounting policies do not require it to recognise all obligations arising from a deposit component. A cedant receives compensation for losses from a *reinsurer*, but the contract obliges the cedant to repay the compensation in future years. That obligation arises from a deposit component. If the cedant's accounting policies would otherwise permit it to recognise the compensation as income without recognising the resulting obligation, unbundling is required.

11

To unbundle a contract, an insurer shall:
(a) apply this IFRS to the insurance component.
(b) apply IAS 39 to the deposit component.

12

RECOGNITION AND MEASUREMENT

Temporary exemption from some other IFRSs

Paragraphs 10–12 of IAS 8 *Accounting Policies, Changes in Accounting Estimates and Errors* specify criteria for an entity to use in developing an accounting policy if no IFRS applies specifically to an item. However, this IFRS exempts an insurer from applying those criteria to its accounting policies for:
(a) insurance contracts that it issues (including related acquisition costs and related intangible assets, such as those described in paragraphs 31 and 32); and
(b) reinsurance contracts that it holds.

13

Nevertheless, this IFRS does not exempt an insurer from some implications of the criteria in paragraphs 10–12 of IAS 8. Specifically, an insurer:
(a) shall not recognise as a liability any provisions for possible future claims, if those claims arise under insurance contracts that are not in existence at the reporting date (such as catastrophe provisions and equalisation provisions).
(b) shall carry out the *liability adequacy test* described in paragraphs 15–19.
(c) shall remove an insurance liability (or a part of an insurance liability) from its balance sheet when, and only when, it is extinguished—ie when the obligation specified in the contract is discharged or cancelled or expires.
(d) shall not offset:
  (i) *reinsurance assets* against the related insurance liabilities; or
  (ii) income or expense from reinsurance contracts against the expense or income from the related insurance contracts.
(e) shall consider whether its reinsurance assets are impaired (see paragraph 20).

14

IFRS 4

Angemessenheitstest für Verbindlichkeiten

15 Ein Versicherer hat an jedem Berichtsstichtag unter Verwendung aktueller Schätzungen der künftigen Cashflows aufgrund seiner Versicherungsverträge einzuschätzen, ob seine angesetzten Versicherungsverbindlichkeiten angemessen sind. Zeigt die Einschätzung, dass der Buchwert seiner Versicherungsverbindlichkeiten (abzüglich der zugehörigen abgegrenzten Abschlusskosten und der zugehörigen immateriellen Vermögenswerte, wie die in den Paragraphen 31 und 32 behandelten) im Hinblick auf die geschätzten künftigen Cashflows unangemessen ist, ist der gesamte Fehlbetrag erfolgswirksam zu erfassen.

16 Wendet ein Versicherer einen Angemessenheitstest für Verbindlichkeiten an, der den spezifizierten Mindestanforderungen entspricht, schreibt dieser IFRS keine weiteren Anforderungen vor. Die Mindestanforderungen sind die Folgenden:
(a) Der Test berücksichtigt aktuelle Schätzungen aller vertraglichen Cashflows und aller zugehörigen Cashflows, wie Regulierungskosten und Cashflows, die aus enthaltenen Optionen und Garantien stammen.
(b) Zeigt der Test, dass die Verbindlichkeit unangemessen ist, wird der gesamte Fehlbetrag erfolgswirksam erfasst.

17 Verlangen die Bilanzierungs- und Bewertungsmethoden eines Versicherers keinen Angemessenheitstest für Verbindlichkeiten, der die im Paragraph 16 beschriebenen Mindestanforderungen erfüllt, hat der Versicherer:
(a) den Buchwert der betreffenden Versicherungsverbindlichkeiten[1] festzustellen, der vermindert ist um den Buchwert von:
  (i) allen zugehörigen abgegrenzten Abschlusskosten; und
  (ii) allen zugehörigen immateriellen Vermögenswerten, wie diejenigen, die bei einem Unternehmenszusammenschluss oder einer Bestandsübertragung erworben wurden (siehe Paragraphen 31 und 32). Zugehörige Rückversicherungsvermögenswerte werden indes nicht berücksichtigt, da ein Versicherer diese gesondert bilanziert (siehe Paragraph 20).
(b) festzustellen, ob der in (a) beschriebene Betrag geringer als der Buchwert ist, der gefordert wäre, wenn die betreffende Versicherungsverbindlichkeit im Anwendungsbereich von IAS 37 *Rückstellungen, Eventualschulden und Eventualforderungen* läge. Wenn er geringer ist, hat der Versicherer die gesamte Differenz erfolgswirksam zu erfassen und den Buchwert der zugehörigen abgegrenzten Abschlusskosten oder der zugehörigen immateriellen Vermögenswerte zu vermindern bzw. den Buchwert der betreffenden Versicherungsverbindlichkeiten zu erhöhen.

18 Erfüllt der Angemessenheitstest für Verbindlichkeiten eines Versicherers die Mindestanforderungen aus Paragraph 16, wird der Test entsprechend der in ihm bestimmten Zusammenfassung von Verträgen angewendet. Wenn sein Angemessenheitstest für Verbindlichkeiten diese Mindestanforderungen nicht erfüllt, ist der in Paragraph 17 beschriebene Vergleich auf einen Teilbestand von Verträgen anzuwenden, die ungefähr ähnliche Risiken beinhalten und zusammen als ein Portefeuille geführt werden.

19 Der im Paragraph 17 (b) beschriebene Betrag (d. h. das Ergebnis der Anwendung von IAS 37) hat zukünftige Kapitalanlage-Margen (siehe Paragraphen 27–29) dann widerzuspiegeln und nur dann, wenn der in Paragraph 17 (a) beschriebene Betrag auch diese Margen widerspiegelt.

Wertminderung von Rückversicherungsvermögenswerten

20 Ist der Rückversicherungsvermögenswert eines Zedenten wertgemindert, hat der Zedent den Buchwert entsprechend zu reduzieren und diesen Wertminderungsaufwand erfolgswirksam zu erfassen. Ein Rückversicherungsvermögenswert ist dann und nur dann wertgemindert, wenn:
(a) ein objektiver substantieller Hinweis vorliegt, dass der Zedent als Folge eines nach dem erstmaligen Ansatz des Rückversicherungsvermögenswertes eingetretenen Ereignisses möglicherweise nicht alle ihm nach den Vertragsbedingungen zustehenden Beträge erhalten wird; und
(b) dieses Ereignis eine verlässlich bewertbare Auswirkung auf die Beträge hat, die der Zedent vom Rückversicherer erhalten wird.

---

[1] Die betreffenden Versicherungsverbindlichkeiten sind diejenigen Versicherungsverbindlichkeiten (und zugehörige abgegrenzte Abschlusskosten sowie zugehörige immaterielle Vermögenswerte), für die die Bilanzierungs- und Bewertungsmethoden des Versicherers keinen Angemessenheitstest für Verbindlichkeiten verlangen, der die Mindestanforderungen aus Paragraph 16 erfüllt.

Liability adequacy test

15 An insurer shall assess at each reporting date whether its recognised insurance liabilities are adequate, using current estimates of future cash flows under its insurance contracts. If that assessment shows that the carrying amount of its insurance liabilities (less related deferred acquisition costs and related intangible assets, such as those discussed in paragraphs 31 and 32) is inadequate in the light of the estimated future cash flows, the entire deficiency shall be recognised in profit or loss.

16 If an insurer applies a liability adequacy test that meets specified minimum requirements, this IFRS imposes no further requirements. The minimum requirements are the following:
(a) The test considers current estimates of all contractual cash flows, and of related cash flows such as claims handling costs, as well as cash flows resulting from embedded options and guarantees.
(b) If the test shows that the liability is inadequate, the entire deficiency is recognised in profit or loss.

17 If an insurer's accounting policies do not require a liability adequacy test that meets the minimum requirements of paragraph 16, the insurer shall:
(a) determine the carrying amount of the relevant insurance liabilities[1] less the carrying amount of:
  (i) any related deferred acquisition costs; and
  (ii) any related intangible assets, such as those acquired in a business combination or portfolio transfer (see paragraphs 31 and 32). However, related reinsurance assets are not considered because an insurer accounts for them separately (see paragraph 20).
(b) determine whether the amount described in (a) is less than the carrying amount that would be required if the relevant insurance liabilities were within the scope of IAS 37 *Provisions, Contingent Liabilities and Contingent Assets*. If it is less, the insurer shall recognise the entire difference in profit or loss and decrease the carrying amount of the related deferred acquisition costs or related intangible assets or increase the carrying amount of the relevant insurance liabilities.

18 If an insurer's liability adequacy test meets the minimum requirements of paragraph 16, the test is applied at the level of aggregation specified in that test. If its liability adequacy test does not meet those minimum requirements, the comparison described in paragraph 17 shall be made at the level of a portfolio of contracts that are subject to broadly similar risks and managed together as a single portfolio.

19 The amount described in paragraph 17 (b) (ie the result of applying IAS 37) shall reflect future investment margins (see paragraphs 27–29) if, and only if, the amount described in paragraph 17 (a) also reflects those margins.

Impairment of reinsurance assets

20 If a cedant's reinsurance asset is impaired, the cedant shall reduce its carrying amount accordingly and recognise that impairment loss in profit or loss. A reinsurance asset is impaired if, and only if:
(a) there is objective evidence, as a result of an event that occurred after initial recognition of the reinsurance asset, that the cedant may not receive all amounts due to it under the terms of the contract; and
(b) that event has a reliably measurable impact on the amounts that the cedant will receive from the reinsurer.

---

[1] The relevant insurance liabilities are those insurance liabilities (and related deferred acquisition costs and related intangible assets) for which the insurer's accounting policies do not require a liability adequacy test that meets the minimum requirements of paragraph 16.

IFRS 4

Änderungen der Bilanzierungs- und Bewertungsmethoden

21 Die Paragraphen 22–30 gelten sowohl für Änderungen, die ein Versicherer vornimmt, der bereits IFRSs verwendet als auch für Änderungen, die ein Versicherer vornimmt, wenn er IFRSs zum ersten Mal anwendet.

22 Ein Versicherer darf seine Bilanzierungs- und Bewertungsmethoden für Versicherungsverträge dann und nur dann ändern, wenn diese Änderung den Abschluss für die wirtschaftliche Entscheidungsfindung der Adressaten relevanter macht, ohne weniger verlässlich zu sein, oder verlässlicher macht, ohne weniger relevant für jene Entscheidungsfindung zu sein. Ein Versicherer hat die Relevanz und Verlässlichkeit anhand der Kriterien von IAS 8 zu beurteilen.

23 Zur Rechtfertigung der Änderung seiner Bilanzierungs- und Bewertungsmethoden für Versicherungsverträge hat ein Versicherer zu zeigen, dass die Änderung seinen Abschluss näher an die Erfüllung der Kriterien in IAS 8 bringt, wobei die Änderung eine vollständige Übereinstimmung mit jenen Kriterien nicht erreichen muss. Die folgenden besonderen Sachverhalte werden nachstehend erläutert:
(a) aktuelle Zinssätze (Paragraph 24);
(b) Fortführung bestehender Vorgehensweisen (Paragraph 25);
(c) Vorsicht (Paragraph 26);
(d) zukünftige Kapitalanlage-Margen (Paragraphen 27–29); und
(e) Schattenbilanzierung (Paragraph 30).

Aktuelle Marktzinssätze

24 Ein Versicherer darf, ohne dazu verpflichtet zu sein, seine Bilanzierungs- und Bewertungsmethoden so ändern, dass er eine Neubewertung bestimmter Versicherungsverbindlichkeiten[2] vornimmt, um die aktuellen Marktzinssätze widerzuspiegeln, und er die Änderungen dieser Verbindlichkeiten erfolgswirksam erfasst. Dabei darf er auch Bilanzierungs- und Bewertungsmethoden einführen, die andere aktuelle Schätzwerte und Annahmen für die Bewertung dieser Verbindlichkeiten fordern. Das Wahlrecht in diesem Paragraphen erlaubt einem Versicherer, seine Bilanzierungs- und Bewertungsmethoden für bestimmte Verbindlichkeiten zu ändern, ohne diese Methoden konsequent auf alle ähnlichen Verbindlichkeiten anzuwenden, wie es andernfalls von IAS 8 verlangt würde. Wenn ein Versicherer Verbindlichkeiten für diese Wahl bestimmt, dann hat er die aktuellen Marktzinsen (und ggf. die anderen aktuellen Schätzwerte und Annahmen) konsequent in allen Perioden auf alle diese Verbindlichkeiten anzuwenden, bis sie erloschen sind.

Fortführung bestehender Vorgehensweisen

25 Ein Versicherer kann die folgenden Vorgehensweisen fortführen, aber die Einführung einer solchen erfüllt nicht Paragraph 22:
(a) Bewertung von Versicherungsverbindlichkeiten auf einer nicht abgezinsten Basis.
(b) Bewertung der vertraglichen Rechte auf künftige Kapitalanlage-Gebühren mit einem Betrag, der deren beizulegenden Zeitwert übersteigt, der durch einen Vergleich mit aktuellen Gebühren, die von anderen Marktteilnehmern für ähnliche Dienstleistungen erhoben werden, angenähert werden kann. Es ist wahrscheinlich, dass der beizulegende Zeitwert bei Begründung dieser vertraglichen Rechte den Anschaffungskosten entspricht, es sei denn die künftigen Kapitalanlage-Gebühren und die zugehörigen Kosten fallen aus dem Rahmen der Vergleichswerte im Markt.
(c) Der Gebrauch uneinheitlicher Bilanzierungs- und Bewertungsmethoden für Versicherungsverträge (und zugehörige abgegrenzte Abschlusskosten und zugehörige immaterielle Vermögenswerte, sofern vorhanden) von Tochterunternehmen, abgesehen von denen, die durch Paragraph 24 erlaubt sind. Im Fall von uneinheitlichen Bilanzierungs- und Bewertungsmethoden darf ein Versicherer sie ändern, sofern diese Änderung die Bilanzierungs- und Bewertungsmethoden nicht noch uneinheitlicher macht und überdies die anderen Anforderungen in diesem IFRS erfüllt.

---

[2] In diesem Paragraphen beinhalten Versicherungsverbindlichkeiten zugehörige Abschlusskosten und zugehörige immaterielle Vermögenswerte, wie die in den Paragraphen 31 und 32 beschriebenen.

Changes in accounting policies

Paragraphs 22–30 apply both to changes made by an insurer that already applies IFRSs and to changes made by an insurer adopting IFRSs for the first time. 21

An insurer may change its accounting policies for insurance contracts if, and only if, the change makes the financial statements more relevant to the economic decision-making needs of users and no less reliable, or more reliable and no less relevant to those needs. An insurer shall judge relevance and reliability by the criteria in IAS 8. 22

To justify changing its accounting policies for insurance contracts, an insurer shall show that the change brings its financial statements closer to meeting the criteria in IAS 8, but the change need not achieve full compliance with those criteria. The following specific issues are discussed below: 23
(a) current interest rates (paragraph 24);
(b) continuation of existing practices (paragraph 25);
(c) prudence (paragraph 26);
(d) future investment margins (paragraphs 27–29); and
(e) shadow accounting (paragraph 30).

Current market interest rates

An insurer is permitted, but not required, to change its accounting policies so that it remeasures designated insurance liabilities[2] to reflect current market interest rates and recognises changes in those liabilities in profit or loss. At that time, it may also introduce accounting policies that require other current estimates and assumptions for the designated liabilities. The election in this paragraph permits an insurer to change its accounting policies for designated liabilities, without applying those policies consistently to all similar liabilities as IAS 8 would otherwise require. If an insurer designates liabilities for this election, it shall continue to apply current market interest rates (and, if applicable, the other current estimates and assumptions) consistently in all periods to all these liabilities until they are extinguished. 24

Continuation of existing practices

An insurer may continue the following practices, but the introduction of any of them does not satisfy paragraph 22: 25
(a) measuring insurance liabilities on an undiscounted basis.
(b) measuring contractual rights to future investment management fees at an amount that exceeds their fair value as implied by a comparison with current fees charged by other market participants for similar services. It is likely that the fair value at inception of those contractual rights equals the origination costs paid, unless future investment management fees and related costs are out of line with market comparables.
(c) using non-uniform accounting policies for the insurance contracts (and related deferred acquisition costs and related intangible assets, if any) of subsidiaries, except as permitted by paragraph 24. If those accounting policies are not uniform, an insurer may change them if the change does not make the accounting policies more diverse and also satisfies the other requirements in this IFRS.

---

2   In this paragraph, insurance liabilities include related deferred acquisition costs and related intangible assets, such as those discussed in paragraphs 31 and 32.

IFRS 4

Vorsicht

26 Ein Versicherer braucht seine Bilanzierungs- und Bewertungsmethoden für Versicherungsverträge nicht zu ändern, um übermäßige Vorsicht zu beseitigen. Bewertet ein Versicherer indes seine Versicherungsverträge bereits mit ausreichender Vorsicht, so hat er keine zusätzliche Vorsicht mehr einzuführen.

Zukünftige Kapitalanlage-Margen

27 Ein Versicherer braucht seine Bilanzierungs- und Bewertungsmethoden für Versicherungsverträge nicht zu ändern, um die Berücksichtigung zukünftiger Kapitalanlage-Margen zu unterlassen. Es besteht jedoch eine widerlegbare Vermutung, dass der Abschluss eines Versicherers weniger relevant und verlässlich wird, wenn er eine Bilanzierungs- und Bewertungsmethode einführt, die zukünftige Kapitalanlage-Margen bei der Bewertung von Versicherungsverträgen berücksichtigt, es sei denn diese Margen beeinflussen die vertraglichen Zahlungen. Zwei Beispiele von Bilanzierungs- und Bewertungsmethoden, die diese Margen berücksichtigen, sind:
(a) Verwendung eines Abzinsungssatzes, der die geschätzten Erträge aus den Vermögenswerten des Versicherers berücksichtigt;
oder
(b) Hochrechnung der Erträge aus diesen Vermögenswerten aufgrund einer geschätzten Verzinsung, Abzinsung dieser hochgerechneten Erträge mit einem anderen Zinssatz und Einschluss des Ergebnisses in die Bewertung der Verbindlichkeit.

28 Ein Versicherer kann die in Paragraph 27 beschriebene widerlegbare Vermutung dann und nur dann widerlegen, wenn die anderen Komponenten der Änderung der Bilanzierungs- und Bewertungsmethoden die Relevanz und Verlässlichkeit seiner Abschlüsse genügend verbessern, um die Verschlechterung der Relevanz und Verlässlichkeit aufzuwiegen, die durch den Einschluss zukünftiger Kapitalanlage-Margen bewirkt wird. Man nehme beispielsweise an, dass die bestehenden Bilanzierungs- und Bewertungsmethoden eines Versicherers für Versicherungsverträge übermäßig vorsichtige bei Vertragsabschluss festzusetzende Annahmen und einen von einer Regulierungsbehörde vorgeschriebenen Abzinsungssatz ohne direkten Bezug zu den Marktkonditionen vorsehen und einige enthaltene Optionen und Garantien ignorieren. Der Versicherer könnte seine Abschlüsse relevanter und nicht weniger verlässlich machen, wenn er zu umfassenden anleger-orientierten Grundsätzen der Rechnungslegung übergehen würde, die weit gebräuchlich sind und Folgendes vorsehen:
(a) aktuelle Schätzungen und Annahmen;
(b) eine vernünftige (aber nicht übermäßig vorsichtige) Marge, um das Risiko und die Ungewissheit zu berücksichtigen;
(c) Bewertungen, die sowohl den inneren Wert als auch den Zeitwert der enthaltenen Optionen und Garantien berücksichtigen;
und
(d) einen aktuellen Marktabzinsungssatz, selbst wenn dieser Abzinsungssatz die geschätzten Erträge aus den Vermögenswerten des Versicherers berücksichtigt.

29 Bei einigen Bewertungsansätzen wird der Abzinsungssatz zur Bestimmung des Barwertes zukünftiger Gewinnmargen verwendet. Diese Gewinnmargen werden dann verschiedenen Perioden mittels einer Formel zugewiesen. Bei diesen Methoden beeinflusst der Abzinsungssatz die Bewertung der Verbindlichkeit nur indirekt. Insbesondere hat die Verwendung eines weniger geeigneten Abzinsungssatzes eine begrenzte oder keine Einwirkung auf die Bewertung der Verbindlichkeit bei Vertragsabschluss. Bei anderen Methoden bestimmt der Abzinsungssatz jedoch die Bewertung der Verbindlichkeit direkt. In letzterem Fall ist es höchst unwahrscheinlich, dass ein Versicherer die im Paragraphen 27 beschriebene widerlegbare Vermutung widerlegen kann, da die Einführung eines auf den Vermögenswerten basierenden Abzinsungssatzes einen signifikanteren Effekt hat.

Schattenbilanzierung

30 In einigen Rechnungslegungsmodellen haben die realisierten Gewinne und Verluste der Vermögenswerte eines Versicherers einen direkten Effekt auf die Bewertung einiger oder aller seiner (a) Versicherungsverbindlichkeiten, (b) zugehörigen abgegrenzten Abschlusskosten und (c) zugehörigen immateriellen Vermögenswerten, wie die in den Paragraphen 31 und 32 beschriebenen. Ein Versicherer darf, ohne dazu verpflichtet zu sein, seine Bilanzierungs- und Bewertungsmethoden so ändern, dass ein erfasster, aber nicht realisierter Gewinn oder Verlust aus einem Vermögenswert diese Bewertungen in der selben Weise beeinflussen kann, wie es ein realisierter Gewinn oder Verlust täte. Die zugehörige Anpassung der Versicherungsverbindlichkeit (oder abge-

IFRS 4

Prudence

An insurer need not change its accounting policies for insurance contracts to eliminate excessive prudence. However, if an insurer already measures its insurance contracts with sufficient prudence, it shall not introduce additional prudence. 26

Future investment margins

An insurer need not change its accounting policies for insurance contracts to eliminate future investment margins. However, there is a rebuttable presumption that an insurer's financial statements will become less relevant and reliable if it introduces an accounting policy that reflects future investment margins in the measurement of insurance contracts, unless those margins affect the contractual payments. Two examples of accounting policies that reflect those margins are: 27
(a) using a discount rate that reflects the estimated return on the insurer's assets; or
(b) projecting the returns on those assets at an estimated rate of return, discounting those projected returns at a different rate and including the result in the measurement of the liability.

An insurer may overcome the rebuttable presumption described in paragraph 27 if, and only if, the other components of a change in accounting policies increase the relevance and reliability of its financial statements sufficiently to outweigh the decrease in relevance and reliability caused by the inclusion of future investment margins. For example, suppose that an insurer's existing accounting policies for insurance contracts involve excessively prudent assumptions set at inception and a discount rate prescribed by a regulator without direct reference to market conditions, and ignore some embedded options and guarantees. The insurer might make its financial statements more relevant and no less reliable by switching to a comprehensive investor-oriented basis of accounting that is widely used and involves: 28
(a) current estimates and assumptions;
(b) a reasonable (but not excessively prudent) adjustment to reflect risk and uncertainty;
(c) measurements that reflect both the intrinsic value and time value of embedded options and guarantees; and
(d) a current market discount rate, even if that discount rate reflects the estimated return on the insurer's assets.

In some measurement approaches, the discount rate is used to determine the present value of a future profit margin. That profit margin is then attributed to different periods using a formula. In those approaches, the discount rate affects the measurement of the liability only indirectly. In particular, the use of a less appropriate discount rate has a limited or no effect on the measurement of the liability at inception. However, in other approaches, the discount rate determines the measurement of the liability directly. In the latter case, because the introduction of an asset-based discount rate has a more significant effect, it is highly unlikely that an insurer could overcome the rebuttable presumption described in paragraph 27. 29

Shadow accounting

In some accounting models, realised gains or losses on an insurer's assets have a direct effect on the measurement of some or all of (a) its insurance liabilities, (b) related deferred acquisition costs and (c) related intangible assets, such as those described in paragraphs 31 and 32. An insurer is permitted, but not required, to change its accounting policies so that a recognised but unrealised gain or loss on an asset affects those measurements in the 30

grenzten Abschlusskosten oder immateriellen Vermögenswerte) sind dann und nur dann im Eigenkapital zu berücksichtigen, wenn die nicht realisierten Gewinne oder Verluste direkt im Eigenkapital berücksichtigt werden. Diese Vorgehensweise wird manchmal als „Schattenbilanzierung" beschrieben.

Erwerb von Versicherungsverträgen durch Unternehmenszusammenschluss oder Bestandsübertragung

31 Im Einklang mit IFRS 3 *Unternehmenszusammenschlüsse* hat ein Versicherer zum Erwerbszeitpunkt die von ihm in einem Unternehmenszusammenschluss übernommenen Versicherungsverbindlichkeiten und erworbenen *Versicherungsvermögenswerte* mit dem beizulegenden Zeitwert zu bewerten. Ein Versicherer darf jedoch, ohne dazu verpflichtet zu sein, eine ausgeweitete Darstellung verwenden, die den beizulegenden Zeitwert der erworbenen Versicherungsverträge in zwei Komponenten aufteilt:
(a) eine Verbindlichkeit, die gemäß den Bilanzierungs- und Bewertungsmethoden des Versicherers für von ihm gehaltene Versicherungsverträge bewertet wird; und
(b) einen immateriellen Vermögenswert, der die Differenz zwischen (i) dem beizulegenden Zeitwert der erworbenen vertraglichen Rechte und übernommenen vertraglichen Verpflichtungen aus Versicherungsverträgen und (ii) dem in (a) beschriebenen Betrag darstellt. Die Folgebewertung dieses Vermögenswertes hat im Einklang mit der Bewertung der zugehörigen Versicherungsverbindlichkeit zu erfolgen.

32 Ein Versicherer, der einen Bestand von Versicherungsverträgen erwirbt, kann die in Paragraph 31 beschriebene ausgeweitete Darstellung verwenden.

33 Die in den Paragraphen 31 und 32 beschriebenen immateriellen Vermögenswerte sind vom Anwendungsbereich von IAS 36 *Wertminderung von Vermögenswerten* und von IAS 38 *Immaterielle Vermögenswerte* ausgenommen. IAS 36 und IAS 38 sind jedoch auf Kundenlisten und Kundenbeziehungen anzuwenden, die die Erwartungen auf künftige Verträge beinhalten, die nicht in den Rahmen der vertraglichen Rechte und Verpflichtungen der Versicherungsverträge fallen, die zum Zeitpunkt des Unternehmenszusammenschlusses oder der Bestandsübertragung bestanden.

Ermessensabhängige Überschussbeteiligung

Ermessensabhängige Überschussbeteiligung in Versicherungsverträgen

34 Einige Versicherungsverträge enthalten sowohl eine ermessensabhängige Überschussbeteiligung als auch ein *garantiertes Element*. Der Versicherer eines solchen Vertrages:
(a) darf, ohne dazu verpflichtet zu sein, das garantierte Element getrennt von der ermessensabhängigen Überschussbeteiligung ansetzen. Wenn der Versicherer diese nicht getrennt ansetzt, hat er den gesamten Vertrag als eine Verbindlichkeit zu klassifizieren. Setzt der Versicherer sie getrennt an, dann ist das garantierte Element als eine Verbindlichkeit zu klassifizieren.
(b) hat, wenn er die ermessensabhängige Überschussbeteiligung getrennt vom garantierten Element ansetzt, diese entweder als eine Verbindlichkeit oder als eine gesonderte Komponente des Eigenkapitals zu klassifizieren. Dieser IFRS bestimmt nicht, wie der Versicherer festlegt, ob dieses Recht eine Verbindlichkeit oder Eigenkapital ist. Der Versicherer darf dieses Recht in eine Verbindlichkeit und Eigenkapitalkomponenten aufteilen und hat für diese Aufteilung eine einheitliche Bilanzierungs- und Bewertungsmethode zu verwenden. Der Versicherer darf dieses Recht nicht als eine Zwischenkategorie klassifizieren, die weder Verbindlichkeit noch Eigenkapital ist.
(c) darf alle erhaltenen Beiträge als Erträge erfassen, ohne dabei einen Teil abzutrennen, der zur Eigenkapitalkomponente gehört. Die sich ergebenden Änderungen des garantierten Elements und des Anteils an der ermessensabhängigen Überschussbeteiligung, der als Verbindlichkeit klassifiziert ist, sind erfolgswirksam zu erfassen. Wenn ein Teil oder die gesamte ermessensabhängige Überschussbeteiligung als Eigenkapital klassifiziert ist, kann ein Teil des Gewinns oder Verlustes diesem Recht zugerechnet werden (auf dieselbe Weise wie ein Teil einem Minderheitsanteil zugerechnet werden kann). Der Versicherer hat den Teil eines Gewinns oder Verlustes, der einer Eigenkapitalkomponente einer ermessensabhängigen Überschussbeteiligung zuzurechnen ist, als Ergebnisverwendung und nicht als Aufwendungen oder Erträge erfassen (siehe IAS 1 *Darstellung des Abschlusses*).
(d) hat für den Fall, dass ein eingebettetes Derivat im Vertrag enthalten ist, das in den Anwendungsbereich von IAS 39 fällt, IAS 39 auf dieses eingebettete Derivat anzuwenden.

same way that a realised gain or loss does. The related adjustment to the insurance liability (or deferred acquisition costs or intangible assets) shall be recognised in equity if, and only if, the unrealised gains or losses are recognised directly in equity. This practice is sometimes described as 'shadow accounting'.

Insurance contracts acquired in a business combination or portfolio transfer

To comply with IFRS 3 *Business Combinations*, an insurer shall, at the acquisition date, measure at fair value the insurance liabilities assumed and *insurance assets* acquired in a business combination. However, an insurer is permitted, but not required, to use an expanded presentation that splits the fair value of acquired insurance contracts into two components: 31
(a) a liability measured in accordance with the insurer's accounting policies for insurance contracts that it issues; and
(b) an intangible asset, representing the difference between (i) the fair value of the contractual insurance rights acquired and insurance obligations assumed and (ii) the amount described in (a). The subsequent measurement of this asset shall be consistent with the measurement of the related insurance liability.

An insurer acquiring a portfolio of insurance contracts may use the expanded presentation described in paragraph 31. 32

The intangible assets described in paragraphs 31 and 32 are excluded from the scope of IAS 36 *Impairment of Assets* and IAS 38 *Intangible Assets*. However, IAS 36 and IAS 38 apply to customer lists and customer relationships reflecting the expectation of future contracts that are not part of the contractual insurance rights and contractual insurance obligations that existed at the date of a business combination or portfolio transfer. 33

Discretionary participation features

Discretionary participation features in insurance contracts

Some insurance contracts contain a discretionary participation feature as well as a *guaranteed element*. The issuer of such a contract: 34
(a) may, but need not, recognise the guaranteed element separately from the discretionary participation feature. If the issuer does not recognise them separately, it shall classify the whole contract as a liability. If the issuer classifies them separately, it shall classify the guaranteed element as a liability.
(b) shall, if it recognises the discretionary participation feature separately from the guaranteed element, classify that feature as either a liability or a separate component of equity. This IFRS does not specify how the issuer determines whether that feature is a liability or equity. The issuer may split that feature into liability and equity components and shall use a consistent accounting policy for that split. The issuer shall not classify that feature as an intermediate category that is neither liability nor equity.
(c) may recognise all premiums received as revenue without separating any portion that relates to the equity component. The resulting changes in the guaranteed element and in the portion of the discretionary participation feature classified as a liability shall be recognised in profit or loss. If part or all of the discretionary participation feature is classified in equity, a portion of profit or loss may be attributable to that feature (in the same way that a portion may be attributable to minority interests). The issuer shall recognise the portion of profit or loss attributable to any equity component of a discretionary participation feature as an allocation of profit or loss, not as expense or income (see IAS 1 *Presentation of Financial Statements*).
(d) shall, if the contract contains an embedded derivative within the scope of IAS 39, apply IAS 39 to that embedded derivative.

IFRS 4

(e) hat in jeder Hinsicht, soweit nichts anderes in den Paragraphen 14–20 und 34 (a)–(d) aufgeführt ist, seine bestehenden Bilanzierungs- und Bewertungsmethoden für solche Verträge fortzuführen, es sei denn er ändert seine Bilanzierungs- und Bewertungsmethoden in Übereinstimmung mit den Paragraphen 21–30.

Ermessensabhängige Überschussbeteiligung in Finanzinstrumenten

35 Die Anforderungen in Paragraph 34 gelten ebenso für ein Finanzinstrument, das eine ermessensabhängige Überschussbeteiligung enthält. Ferner:
(a) hat der Verpflichtete, wenn er die gesamte ermessensabhängige Überschussbeteiligung als eine Verbindlichkeit klassifiziert, den Angemessenheitstest für Verbindlichkeiten nach den Paragraphen 15–19 auf den ganzen Vertrag anzuwenden (d. h. sowohl auf das garantierte Element als auch auf die ermessensabhängige Überschussbeteiligung). Der Verpflichtete braucht den Betrag, der sich aus der Anwendung von IAS 39 auf das garantierte Element ergeben würde, nicht zu bestimmen.
(b) darf, wenn der Verpflichtete das Recht teilweise oder ganz als eine getrennte Komponente des Eigenkapitals klassifiziert, die für den ganzen Vertrag angesetzte Verbindlichkeit nicht kleiner als der Betrag sein, der sich bei der Anwendung von IAS 39 auf das garantierte Element ergeben würde. Dieser Betrag beinhaltet den inneren Wert einer Option, den Vertrag zurückzukaufen, braucht jedoch nicht seinen Zeitwert zu beinhalten, wenn Paragraph 9 diese Option von der Bewertung zum beizulegenden Zeitwert ausnimmt. Der Verpflichtete braucht den Betrag, der sich aus der Anwendung von IAS 39 auf das garantierte Element ergeben würde, weder anzugeben noch separat auszuweisen. Weiterhin braucht der Verpflichtete diesen Betrag nicht zu bestimmen, wenn die gesamte angesetzte Verbindlichkeit offensichtlich höher ist.
(c) darf der Verpflichtete weiterhin die Beiträge für diese Verträge als Erträge und die sich ergebende Erhöhung des Buchwertes der Verbindlichkeit als Aufwand erfassen, obwohl diese Verträge Finanzinstrumente sind.
(d) Obwohl diese Verträge Finanzinstrumente darstellen, muss der Verpflichtete, der IFRS 7 Paragraph 19(b) auf Verträge mit einer ermessensabhängigen Überschussbeteiligung anwendet, sämtliche in der Gewinn- und Verlustrechnung erfassten Zinsaufwendungen angeben, wobei er aber nicht die Effektivverzinsungsmethode anwenden muss.

ANGABEN

Erläuterung der ausgewiesenen Beträge

36 Ein Versicherer hat Angaben zu machen, die die Beträge in seinem Abschluss, die aus Versicherungsverträgen stammen, identifizieren und erläutern.

37 Zur Erfüllung von Paragraph 36 hat der Versicherer folgende Angaben zu machen:
(a) seine Bilanzierungs- und Bewertungsmethoden für Versicherungsverträge und zugehörige Vermögenswerte, Verbindlichkeiten, Erträge und Aufwendungen.
(b) die angesetzten Vermögenswerte, Verbindlichkeiten, Erträge und Aufwendungen (und, wenn zur Darstellung der Kapitalflussrechnung die direkte Methode verwendet wird, Cashflows), die sich aus Versicherungsverträgen ergeben. Wenn der Versicherer ein Zedent ist, hat er außerdem folgende Angaben zu machen:
   (i) erfolgswirksam erfasste Gewinne und Verluste aus der Rückversicherungsnahme; und
   (ii) wenn der Zedent die Gewinne und Verluste, die sich aus Rückversicherungsnahmen ergeben, abgrenzt und tilgt, die Tilgung für die Berichtsperiode und die ungetilgt verbleibenden Beträge am Anfang und Ende der Periode.
(c) das zur Bestimmung der Annahmen verwendete Verfahren, die die größte Auswirkung auf die Bewertung der unter (b) beschriebenen angesetzten Beträge haben. Sofern es durchführbar ist, hat ein Versicherer auch zahlenmäßige Angaben dieser Annahmen zu geben.
(d) die Auswirkung von Änderungen der zur Bewertung von Versicherungsvermögenswerten und Versicherungsverbindlichkeiten verwendeten Annahmen, wobei der Effekt jeder einzelnen Änderung, der sich wesentlich auf den Abschluss auswirkt, gesondert aufgezeigt wird.
(e) Überleitungsrechnungen der Änderungen der Versicherungsverbindlichkeiten, Rückversicherungsvermögenswerten und, sofern vorhanden, zugehöriger abgegrenzter Abschlusskosten.

(e) shall, in all respects not described in paragraphs 14–20 and 34 (a)—(d), continue its existing accounting policies for such contracts, unless it changes those accounting policies in a way that complies with paragraphs 21–30.

Discretionary participation features in financial instruments

The requirements in paragraph 34 also apply to a financial instrument that contains a discretionary participation feature. In addition: 35
(a) if the issuer classifies the entire discretionary participation feature as a liability, it shall apply the liability adequacy test in paragraphs 15–19 to the whole contract (ie both the guaranteed element and the discretionary participation feature). The issuer need not determine the amount that would result from applying IAS 39 to the guaranteed element.
(b) if the issuer classifies part or all of that feature as a separate component of equity, the liability recognised for the whole contract shall not be less than the amount that would result from applying IAS 39 to the guaranteed element. That amount shall include the intrinsic value of an option to surrender the contract, but need not include its time value if paragraph 9 exempts that option from measurement at fair value. The issuer need not disclose the amount that would result from applying IAS 39 to the guaranteed element, nor need it present that amount separately. Furthermore, the issuer need not determine that amount if the total liability recognised is clearly higher.
(c) although these contracts are financial instruments, the issuer may continue to recognise the premiums for those contracts as revenue and recognise as an expense the resulting increase in the carrying amount of the liability.
(d) although these contracts are financial instruments, an issuer applying paragraph 19(b) of IFRS 7 to contracts with a discretionary participation feature shall disclose the total interest expense recognised in profit or loss, but need not calculate such interest expense using the effective interest method.

DISCLOSURE

Explanation of recognised amounts

An insurer shall disclose information that identifies and explains the amounts in its financial statements arising from insurance contracts. 36

To comply with paragraph 36, an insurer shall disclose: 37
(a) its accounting policies for insurance contracts and related assets, liabilities, income and expense.
(b) the recognised assets, liabilities, income and expense (and, if it presents its cash flow statement using the direct method, cash flows) arising from insurance contracts. Furthermore, if the insurer is a cedant, it shall disclose:
  (i) gains and losses recognised in profit or loss on buying reinsurance; and
  (ii) if the cedant defers and amortises gains and losses arising on buying reinsurance, the amortisation for the period and the amounts remaining unamortised at the beginning and end of the period.
(c) the process used to determine the assumptions that have the greatest effect on the measurement of the recognised amounts described in (b). When practicable, an insurer shall also give quantified disclosure of those assumptions.
(d) the effect of changes in assumptions used to measure insurance assets and insurance liabilities, showing separately the effect of each change that has a material effect on the financial statements.
(e) reconciliations of changes in insurance liabilities, reinsurance assets and, if any, related deferred acquisition costs.

IFRS 4

Art und Ausmaß von Risiken aufgrund von Versicherungsverträgen

38 **Ein Versicherer hat Angaben zu machen, die es den Adressaten seines Abschlusses ermöglichen, Art und Ausmaß der Risiken aufgrund von Versicherungsverträgen zu beurteilen.**

39 Zur Erfüllung von Paragraph 38 hat der Versicherer folgende Angaben zu machen:
(a) Seine Ziele, Strategien und Verfahren zur Steuerung der Risiken, die sich aus Versicherungsverträgen ergeben, und seine Methoden zur Steuerung dieser Risiken.
(b) (gestrichen)
(c) Informationen über das Versicherungsrisiko (sowohl vor als auch nach dem Ausgleich des Risikos durch Rückversicherung), einschließlich Informationen über:
  (i) die Sensitivität bezüglich Versicherungsrisiken (siehe Paragraph 39A);
  (ii) Konzentrationen von Versicherungsrisiken mit Beschreibung der Art und Weise, in der die Unternehmensleitung Konzentrationen ermittelt, und Beschreibung der gemeinsamen Merkmale der einzelnen Konzentrationen (z. B. Art des versicherten Ereignisses, räumliche Verteilung, Währung);
  (iii) tatsächliche Schäden verglichen mit früheren Schätzungen (d. h. Schadenentwicklung). Die Angaben zur Schadenentwicklung gehen bis zu der Periode zurück, in der der erste wesentliche Schaden eingetreten ist, für den noch Ungewissheit über den Betrag und den Zeitpunkt der Schadenzahlung besteht, aber sie müssen nicht mehr als zehn Jahre zurückgehen. Ein Versicherer braucht diese Angaben nicht für Schäden zu machen, für die die Ungewissheit über den Betrag und den Zeitpunkt der Schadenzahlung üblicherweise innerhalb eines Jahres geklärt ist.
(d) Die Informationen über Ausfallrisiken, Liquiditätsrisiken und Marktrisiken, die IFRS 7 Paragraphen 31–42 fordern würde, wenn die Versicherungsverträge in den Anwendungsbereich von IFRS 7 fielen. Jedoch
  (i) muss ein Versicherer die von IFRS 7 Paragraph 39(a) geforderte Fälligkeitsanalyse nicht vorlegen, wenn er stattdessen Angaben über den voraussichtlichen zeitlichen Ablauf der Nettomittelabflüsse aufgrund von anerkannten Versicherungsverbindlichkeiten macht. Dies kann in Form einer Analyse der voraussichtlichen Fälligkeit der in der Bilanz erfassten Beträge geschehen.
  (ii) wendet ein Versicherer eine alternative Methode zur Steuerung der Sensitivität bezüglich Marktrisiken an, etwa eine Analyse der eingebetteten Werte, so kann er mit dieser Sensitivitätsanalyse der Anforderung aus IFRS 7 Paragraph 40(a) nachkommen. Ein solcher Versicherer macht außerdem die von IFRS 7 Paragraph 41 verlangten Angaben.
(e) Informationen über Marktrisiken aufgrund von eingebetteten Derivaten, die in einem Basisversicherungsvertrag enthalten sind, wenn der Versicherer die eingebetteten Derivate nicht zum beizulegenden Zeitwert bewerten muss und dies auch nicht tut.

39A Um Paragraph 39(b)(i) nachzukommen, macht ein Versicherer die unter (a) oder die unter (b) genannten Angaben:
(a) Eine Sensitivitätsanalyse, aus der sich ergibt, welche Auswirkungen auf Gewinn bzw. Verlust und Eigenkapital sich ergeben hätten, wenn Änderungen der relevanten Risikovariablen eingetreten wären, die am Bilanzstichtag nach vernünftigem Ermessen möglich waren; die Methoden und Annahmen, die bei der Durchführung der Analyse verwendet bzw. zugrunde gelegt wurden; sowie sämtliche Änderungen hinsichtlich der Methoden und Annahmen gegenüber dem vorangegangenen Berichtszeitraum. Wendet ein Versicherer eine alternative Methode zur Steuerung der Sensitivität bezüglich Marktrisiken an, wie eine Analyse der eingebetteten Werte, so kann er dieser Anforderung durch die Angabe dieser alternativen Sensitivitätsanalyse und der in IFRS 7 Paragraph 41(a) geforderten Angaben nachkommen.
(b) Qualitative Informationen über die Sensitivität und Informationen über diejenigen Konditionen von Versicherungsverträgen, die materielle Auswirkungen auf Höhe, Zeitpunkt und Ungewissheit künftiger Mittelflüsse bei dem Versicherer haben.

ZEITPUNKT DES INKRAFTTRETENS UND ÜBERGANGSVORSCHRIFTEN

40 Die Übergangsvorschriften in den Paragraphen 41–45 gelten sowohl für ein Unternehmen, das bereits IFRSs anwendet, wenn es erstmals diesen IFRS anwendet, und für ein Unternehmen, das IFRSs zum ersten Mal anwendet (Erstanwender).

41 Ein Unternehmen hat diesen IFRS erstmals in der ersten Berichtsperiode eines am 1. Januar 2005 oder danach beginnenden Geschäftsjahres anzuwenden. Eine frühere Anwendung wird empfohlen. Wendet ein Unternehmen diesen IFRS auf eine frühere Periode an, so ist dies anzugeben.

Nature and extent of risks arising from insurance contracts

An insurer shall disclose information that enables users of its financial statements to evaluate the nature and extent of risks arising from insurance contracts. 38

To comply with paragraph 38, an insurer shall disclose: 39
(a) its objectives, policies and processes for managing risks arising from insurance contracts and the methods used to manage those risks.
(b) (deleted)
(c) information about *insurance risk* (both before and after risk mitigation by reinsurance), including information about:
  (i) sensitivity to insurance risk (see paragraph 39A).
  (ii) concentrations of insurance risk, including a description of how management determines concentrations and a description of the shared characteristic that identifies each concentration (eg type of insured event, geographical area, or currency).
  (iii) actual claims compared with previous estimates (ie claims development). The disclosure about claims development shall go back to the period when the earliest material claim arose for which there is still uncertainty about the amount and timing of the claims payments, but need not go back more than ten years. An insurer need not disclose this information for claims for which uncertainty about the amount and timing of claims payments is typically resolved within one year.
(d) information about credit risk, liquidity risk and market risk that paragraphs 31–42 of IFRS 7 would require if the insurance contracts were within the scope of IFRS 7. However:
  (i) an insurer need not provide the maturity analysis required by paragraph 39(a) of IFRS 7 if it discloses information about the estimated timing of the net cash outflows resulting from recognised insurance liabilities instead. This may take the form of an analysis, by estimated timing, of the amounts recognised in the balance sheet.
  (ii) if an insurer uses an alternative method to manage sensitivity to market conditions, such as an embedded value analysis, it may use that sensitivity analysis to meet the requirement in paragraph 40(a) of IFRS 7. Such an insurer shall also provide the disclosures required by paragraph 41 of IFRS 7.
(e) information about exposures to market risk arising from embedded derivatives contained in a host insurance contract if the insurer is not required to, and does not, measure the embedded derivatives at fair value.

To comply with paragraph 39(b)(i), an insurer shall disclose either (a) or (b) as follows: 39A
(a) a sensitivity analysis that shows how profit or loss and equity would have been affected had changes in the relevant risk variable that were reasonably possible at the balance sheet date occurred; the methods and assumptions used in preparing the sensitivity analysis; and any changes from the previous period in the methods and assumptions used. However, if an insurer uses an alternative method to manage sensitivity to market conditions, such as an embedded value analysis, it may meet this requirement by disclosing that alternative sensitivity analysis and the disclosures required by paragraph 41 of IFRS 7.
(b) qualitative information about sensitivity, and information about those terms and conditions of insurance contracts that have a material effect on the amount, timing and uncertainty of the insurer's future cash flows.

EFFECTIVE DATE AND TRANSITION

The transitional provisions in paragraphs 41–45 apply both to an entity that is already applying IFRSs when it first applies this IFRS and to an entity that applies IFRSs for the first-time (a first-time adopter). 40

An entity shall apply this IFRS for annual periods beginning on or after 1 January 2005. Earlier application is encouraged. If an entity applies this IFRS for an earlier period, it shall disclose that fact. 41

IFRS 4

41A *Finanzgarantien* (Änderungen der IAS 39 und IFRS 4), herausgegeben im August 2005, die Paragraphen 4(d), B18(g) und B19(f) wurden geändert. Unternehmen haben diese Änderungen für Geschäftsjahre anzuwenden, die am oder nach dem 1. Januar 2006 beginnen. Eine frühere Anwendung wird empfohlen. Wendet ein Unternehmen diese Änderungen für ein früheres Geschäftsjahr an, so weist es auf diese Tatsache hin und wendet gleichzeitig die damit zusammenhängenden Änderungen der IAS 39 und IFRS 7 an.

Angaben

42 Ein Unternehmen braucht die Angabepflichten in diesem IFRS nicht auf Vergleichsinformationen anzuwenden, die sich auf vor dem 1. Januar 2005 beginnende Geschäftsjahre beziehen, mit Ausnahme der Angaben gemäß Paragraph 37(a) und (b) über Bilanzierungs- und Bewertungsmethoden und angesetzte Vermögenswerte, Verbindlichkeiten, Erträge und Aufwendungen (und Cashflows bei Verwendung der direkten Methode).

43 Wenn es undurchführbar ist, eine bestimmte Vorschrift der Paragraphen 10–35 auf Vergleichsinformationen anzuwenden, die sich auf Geschäftsjahre beziehen, die vor dem 1. Januar 2005 beginnen, hat ein Unternehmen dies anzugeben. Die Anwendung des Angemessenheitstests für Verbindlichkeiten (Paragraphen 15–19) auf solche Vergleichsinformationen knnte manchmal undurchführbar sein, aber es ist höchst unwahrscheinlich, dass es undurchführbar ist, andere Vorschriften der Paragraphen 10–35 bei solchen Vergleichsinformationen anzuwenden. IAS 8 erläutert den Begriff „undurchführbar".

44 Bei der Anwendung des Paragraphen 39(c)(iii) braucht ein Unternehmen keine Informationen über Schadenentwicklung anzugeben, bei der der Schaden mehr als fünf Jahre vor dem Ende des ersten Geschäftsjahres, für das dieser IFRS angewendet wird, zurückliegt. Ist es überdies bei erstmaliger Anwendung dieses IFRS undurchführbar, Informationen über die Schadenentwicklung vor dem Beginn der frühesten Berichtsperiode bereit zu stellen, für die ein Unternehmen vollständige Vergleichsinformationen in Übereinstimmung mit diesem IFRS darlegt, so hat das Unternehmen dies anzugeben.

Neueinstufung von finanziellen Vermögenswerten

45 Wenn ein Versicherer seine Bilanzierungs- und Bewertungsmethoden für Versicherungsverbindlichkeiten ändert, ist er berechtigt, jedoch nicht verpflichtet, einige oder alle seiner finanziellen Vermögenswerte als „erfolgswirksam zum beizulegenden Zeitwert bewertet" einzustufen. Diese Neueinstufung ist erlaubt, wenn ein Versicherer bei der erstmaligen Anwendung dieses IFRS seine Bilanzierungs- und Bewertungsmethoden ändert und wenn er nachfolgend Änderungen der Methoden durchführt, die von Paragraph 22 zugelassen sind. Diese Neueinstufung ist eine Änderung der Bilanzierungs- und Bewertungsmethoden und IAS 8 ist anzuwenden.

Financial Guarantee Contracts (Amendments to IAS 39 and IFRS 4), issued in August 2005, amended paragraphs 4(d), B18(g) and B19(f). An entity shall apply those amendments for annual periods beginning on or after 1 January 2006. Earlier application is encouraged. If an entity applies those amendments for an earlier period, it shall disclose that fact and apply the related amendments to IAS 39 and IFRS 7 at the same time.   41A

Disclosure

An entity need not apply the disclosure requirements in this IFRS to comparative information that relates to annual periods beginning before 1 January 2005, except for the disclosures required by paragraph 37(a) and (b) about accounting policies, and recognised assets, liabilities, income and expense (and cash flows if the direct method is used).   42

If it is impracticable to apply a particular requirement of paragraphs 10–35 to comparative information that relates to annual periods beginning before 1 January 2005, an entity shall disclose that fact. Applying the liability adequacy test (paragraphs 15–19) to such comparative information might sometimes be impracticable, but it is highly unlikely to be impracticable to apply other requirements of paragraphs 10–35 to such comparative information. IAS 8 explains the term 'impracticable'.   43

In applying paragraph 39(c)(iii), an entity need not disclose information about claims development that occurred earlier than five years before the end of the first financial year in which it applies this IFRS. Furthermore, if it is impracticable, when an entity first applies this IFRS, to prepare information about claims development that occurred before the beginning of the earliest period for which an entity presents full comparative information that complies with this IFRS, the entity shall disclose that fact.   44

Redesignation of financial assets

When an insurer changes its accounting policies for insurance liabilities, it is permitted, but not required, to reclassify some or all of its financial assets as 'at fair value through profit or loss'. This reclassification is permitted if an insurer changes accounting policies when it first applies this IFRS and if it makes a subsequent policy change permitted by paragraph 22. The reclassification is a change in accounting policy and IAS 8 applies.   45

ANHANG A

Begriffsdefinitionen

Dieser Anhang ist Bestandteil des IFRS.

Zedent	Der **Versicherungsnehmer** eines **Rückversicherungsvertrages**.
Einlagenkomponente	Eine vertragliche Komponente, die nicht als ein Derivat nach IAS 39 bilanziert wird und die in den Anwendungsbereich von IAS 39 fallen würde, wenn sie ein eigenständiger Vertrag wäre.
Erstversicherungsvertrag	Ein **Versicherungsvertrag**, der kein **Rückversicherungsvertrag** ist.

Ermessensabhängige Überschussbeteiligung	Ein vertragliches Recht, als Ergänzung zu **garantierten Leistungen** zusätzliche Leistungen zu erhalten:
	(a) die wahrscheinlich einen signifikanten Anteil an den gesamten vertraglichen Leistungen ausmachen;
	(b) deren Betrag oder Fälligkeit vertraglich im Ermessen des Verpflichteten liegt; und
	(c) die vertraglich beruhen auf:
	  (i) dem Ergebnis eines bestimmten Bestands an Verträgen oder eines bestimmten Typs von Verträgen;
	  (ii) den realisierten und/oder nicht realisierten Kapitalerträgen eines bestimmten Portefeuilles von Vermögenswerten, die vom Verpflichteten gehalten werden; oder
	  (iii) dem Gewinn oder Verlust der Gesellschaft, dem Sondervermögen oder der Unternehmenseinheit, die bzw. das den Vertrag im Bestand hält.

Beizulegender Zeitwert	Der Betrag, zu dem zwischen sachverständigen, vertragswilligen und voneinander unabhängigen Geschäftspartnern unter marktüblichen Bedingungen ein Vermögenswert getauscht oder eine Schuld beglichen werden könnte.
Finanzgarantien	Ein Vertrag, bei dem der Garantiegeber zur Leistung bestimmter Zahlungen verpflichtet ist, die den Garantienehmer für einen Verlust entschädigen, der entsteht, weil ein bestimmter Schuldner seinen Zahlungsverpflichtungen gemäß den ursprünglichen oder geänderten Bedingungen eines Schuldinstruments nicht fristgemäß nachkommt.
Finanzrisiko	Das Risiko einer möglichen künftigen Änderung von einem oder mehreren eines genannten Zinssatzes, Wertpapierkurses, Rohstoffpreises, Wechselkurses, Preis- oder Zinsindexes, Bonitätsratings oder Kreditindexes oder einer anderen Variablen, vorausgesetzt dass im Fall einer nicht-finanziellen Variablen die Variable nicht spezifisch für eine der Parteien des Vertrages ist.
Garantierte Leistungen	Zahlungen oder andere Leistungen, auf die der jeweilige **Versicherungsnehmer** oder Investor einen unbedingten Anspruch hat, der nicht im Ermessen des Verpflichteten liegt.
Garantiertes Element	Eine Verpflichtung, **garantierte Leistungen** zu erbringen, die in einem Vertrag mit ermessensabhängiger Überschussbeteiligung enthalten sind.
Versicherungsvermögenswert	Ein Netto-Anspruch des **Versicherers** aus einem **Versicherungsvertrag**.
Versicherungsvertrag	Ein Vertrag, nach dem eine Partei (der **Versicherer**) ein signifikantes **Versicherungsrisiko** von einer anderen Partei (dem **Versicherungsnehmer**) übernimmt, indem sie vereinbart dem Versicherungsnehmer eine Entschädigung zu leisten, wenn ein spezifiziertes ungewisses künftiges Ereignis (das **versicherte Ereignis**) den Versicherungsnehmer nachteilig betrifft. (Für die Hinweise zu dieser Definition siehe Anhang B.)

APPENDIX A

Defined terms

This appendix is an integral part of the IFRS.

cedant	The **policyholder** under a **reinsurance contract**.
deposit component	A contractual component that is not accounted for as a derivative under IAS 39 and would be within the scope of IAS 39 if it were a separate instrument.
direct insurance contract	An **insurance contract** that is not a **reinsurance contract**.

discretionary participation feature	A contractual right to receive, as a supplement to **guaranteed benefits**, additional benefits:
	(a) that are likely to be a significant portion of the total contractual benefits;
	(b) whose amount or timing is contractually at the discretion of the issuer; and
	(c) that are contractually based on:
	   (i) the performance of a specified pool of contracts or a specified type of contract;
	   (ii) realised and/or unrealised investment returns on a specified pool of assets held by the issuer; or
	   (iii) the profit or loss of the company, fund or other entity that issues the contract.

fair value	The amount for which an asset could be exchanged, or a liability settled, between knowledgeable, willing parties in an arm's length transaction.
financial guarantee contract	A contract that requires the issuer to make specified payments to reimburse the holder for a loss it incurs because a specified debtor fails to make payment when due in accordance with the original or modified terms of a debt instrument.
financial risk	The risk of a possible future change in one or more of a specified interest rate, financial instrument price, commodity price, foreign exchange rate, index of prices or rates, credit rating or credit index or other variable, provided in the case of a non-financial variable that the variable is not specific to a party to the contract.
guaranteed benefits	Payments or other benefits to which a particular **policyholder** or investor has an unconditional right that is not subject to the contractual discretion of the issuer.
guaranteed element	An obligation to pay **guaranteed benefits**, included in a contract that contains a discretionary participation feature.
insurance asset	An insurer's net contractual rights under an **insurance contract**.
insurance contract	A contract under which one party (the **insurer**) accepts significant **insurance** risk from another party (the policyholder) by agreeing to compensate the **policyholder** if a specified uncertain future event (the **insured event**) adversely affects the policyholder. (See Appendix B for guidance on this definition.)

IFRS 4

Versicherungsverbindlichkeit	Eine Netto-Verpflichtung des **Versicherers** aus einem **Versicherungsvertrag**.
Versicherungsrisiko	Ein Risiko, mit Ausnahme eines **Finanzrisikos**, das von demjenigen, der den Vertrag nimmt, auf denjenigen, der ihn hält, übertragen wird.
Versichertes Ereignis	Ein ungewisses künftiges Ereignis, das von einem **Versicherungsvertrag** gedeckt ist und ein **Versicherungsrisiko** bewirkt.
Versicherer	Die Partei, die nach einem **Versicherungsvertrag** eine Verpflichtung hat, den **Versicherungsnehmer** zu entschädigen, falls ein **versichertes Ereignis** eintritt.
Angemessenheitstest für Verbindlichkeiten	Eine Einschätzung, ob der Buchwert einer **Versicherungsverbindlichkeit** aufgrund einer Überprüfung der künftigen Cashflows erhöht (oder der Buchwert der zugehörigen abgegrenzten Abschlusskosten oder der zugehörigen immateriellen Vermögenswerte gesenkt) werden muss.
Versicherungsnehmer	Die Partei, die nach einem **Versicherungsvertrag** das Recht auf Entschädigung hat, falls ein **versichertes Ereignis** eintritt.
Rückversicherungsvermögenswert	Ein Netto-Anspruch des **Zedenten** aus einem **Rückversicherungsvertrag**.
Rückversicherungsvertrag	Ein **Versicherungsvertrag**, den ein Versicherer (der **Rückversicherer**) hält, nach dem er einen anderen Versicherer (den **Zedenten**) für Schäden aus einem oder mehreren Verträgen, die der Zedent im Bestand hält, entschädigen muss.
Rückversicherer	Die Partei, die nach einem **Rückversicherungsvertrag** eine Verpflichtung hat, den **Zedenten** zu entschädigen, falls ein **versichertes Ereignis** eintritt.
Entflechten	Bilanzieren der Komponenten eines Vertrages, als wären sie selbstständige Verträge.

insurance liability	An **insurer's** net contractual obligations under an **insurance contract**.
insurance risk	Risk, other than **financial risk**, transferred from the holder of a contract to the issuer.
insured event	An uncertain future event that is covered by an **insurance contract** and creates **insurance risk**.
insurer	The party that has an obligation under an **insurance contract** to compensate a **policyholder** if an **insured event** occurs.
liability adequacy test	An assessment of whether the carrying amount of an **insurance liability** needs to be increased (or the carrying amount of related deferred acquisition costs or related intangible assets decreased), based on a review of future cash flows.
policyholder	A party that has a right to compensation under an **insurance contract** if an **insured event** occurs.
reinsurance assets	A **cedant's** net contractual rights under a **reinsurance contract**.
reinsurance contract	An **insurance contract** issued by one **insurer** (the **reinsurer**) to compensate another insurer (the cedant) for losses on one or more contracts issued by the **cedant**.
reinsurer	The party that has an obligation under a **reinsurance contract** to compensate a **cedant** if an **insured event** occurs.
unbundle	Account for the components of a contract as if they were separate contracts.

ANHANG B

Definition eines Versicherungsvertrages

Dieser Anhang ist Bestandteil des IFRS.

B1 Dieser Anhang enthält Anwendungsleitlinien zur Definition eines Versicherungsvertrages in Anhang A. Er behandelt die folgenden Sachverhalte:
 (a) den Begriff „ungewisses künftiges Ereignis" (Paragraphen B2–B4);
 (b) Naturalleistungen (Paragraphen B5-B7);
 (c) Versicherungsrisiko und andere Risiken (Paragraphen B8-B17);
 (d) Beispiele für Versicherungsverträge (Paragraphen B18-B21);
 (e) signifikantes Versicherungsrisiko (Paragraphen B22-B28); und
 (f) Änderungen im Umfang des Versicherungsrisikos (Paragraphen B29 und B30).

Ungewisses künftiges Ereignis

B2 Ungewissheit (oder Risiko) ist das Wesentliche eines Versicherungsvertrages. Dementsprechend besteht bei Abschluss eines Versicherungsvertrages mindestens bei einer der folgenden Fragen Ungewissheit:
 (a) ob ein *versichertes Ereignis* eintreten wird;
 (b) wann es eintreten wird;
  oder
 (c) wie hoch die Leistung des Versicherers sein wird, wenn es eintritt.

B3 Bei einigen Versicherungsverträgen ist das versicherte Ereignis das Bekannt werden eines Schadens während der Vertragslaufzeit, selbst wenn der Schaden die Folge eines Ereignisses ist, das vor Abschluss des Vertrages eintrat. In anderen Versicherungsverträgen ist das versicherte Ereignis ein Ereignis, das während der Vertragslaufzeit eintritt, selbst wenn der daraus resultierende Schaden nach Ende der Vertragslaufzeit bekannt wird.

B4 Einige Versicherungsverträge decken Ereignisse, die bereits eingetreten sind, aber deren finanzielle Auswirkung noch ungewiss ist. Ein Beispiel ist ein Rückversicherungsvertrag, der dem Erstversicherer Deckung für ungünstige Entwicklungen von Schäden gewährt, die bereits von den Versicherungsnehmern gemeldet wurden. Bei solchen Verträgen ist das versicherte Ereignis das Bekannt werden der endgültigen Höhe dieser Schäden.

Naturalleistungen

B5 Einige Versicherungsverträge verlangen oder erlauben die Erbringung von Naturalleistungen. Beispielsweise kann ein Versicherer einen gestohlenen Gegenstand direkt ersetzen, statt dem Versicherungsnehmer eine Erstattung zu zahlen. Als weiteres Beispiel nutzt ein Versicherer eigene Krankenhäuser und medizinisches Personal, um medizinische Dienste zu leisten, die durch die Verträge zugesagt sind.

B6 Einige Dienstleistungsverträge gegen festes Entgelt, in denen der Umfang der Dienstleistung von einem ungewissen Ereignis abhängt, erfüllen die Definition eines Versicherungsvertrages in diesem IFRS, fallen jedoch in einigen Ländern nicht unter die Regulierungsvorschriften für Versicherungsverträge. Ein Beispiel ist ein Wartungsvertrag, in dem der Dienstleister sich verpflichtet, bestimmte Geräte nach einer Funktionsstörung zu reparieren. Das feste Dienstleistungsentgelt beruht auf der erwarteten Anzahl von Funktionsstörungen, aber es ist ungewiss, ob ein bestimmtes Gerät defekt sein wird. Die Funktionsstörung des Geräts betrifft dessen Betreiber nachteilig und der Vertrag entschädigt den Betreiber (durch eine Dienstleistung, nicht durch Geld). Ein anderes Beispiel ist ein Vertrag über einen Pannenservice für Automobile, in dem sich der Dienstleister verpflichtet, für eine feste jährliche Gebühr Pannenhilfe zu leisten oder den Wagen in eine nahegelegene Werkstatt zu schleppen. Der letztere Vertrag könnte die Definition eines Versicherungsvertrages sogar dann erfüllen, wenn sich der Dienstleister nicht verpflichtet, Reparaturen durchzuführen oder Teile zu ersetzen.

B7 Die Anwendung des vorliegenden IFRS auf die in Paragraph B6 beschriebenen Verträge ist wahrscheinlich nicht aufwändiger als die Anwendung von denjenigen IFRSs, die gültig wären, wenn solche Verträge außerhalb des Anwendungsbereiches dieses IFRS lägen.
 (a) Es ist unwahrscheinlich, dass es wesentliche Verbindlichkeiten für bereits eingetretene Funktionsstörungen und Pannen gibt.

APPENDIX B

Definition of an insurance contract

This appendix is an integral part of the IFRS.

This appendix gives guidance on the definition of an insurance contract in Appendix A. It addresses the following issues: B1
(a) the term 'uncertain future event' (paragraphs B2—B4);
(b) payments in kind (paragraphs B5-B7);
(c) insurance risk and other risks (paragraphs B8-B17);
(d) examples of insurance contracts (paragraphs B18-B21);
(e) significant insurance risk (paragraphs B22-B28); and
(f) changes in the level of insurance risk (paragraphs B29 and B30).

Uncertain future event

Uncertainty (or risk) is the essence of an insurance contract. Accordingly, at least one of the following is uncertain at the inception of an insurance contract: B2
(a) whether an *insured event* will occur;
(b) when it will occur; or
(c) how much the insurer will need to pay if it occurs.

In some insurance contracts, the insured event is the discovery of a loss during the term of the contract, even if the loss arises from an event that occurred before the inception of the contract. In other insurance contracts, the insured event is an event that occurs during the term of the contract, even if the resulting loss is discovered after the end of the contract term. B3

Some insurance contracts cover events that have already occurred, but whose financial effect is still uncertain. An example is a reinsurance contract that covers the direct insurer against adverse development of claims already reported by policyholders. In such contracts, the insured event is the discovery of the ultimate cost of those claims. B4

Payments in kind

Some insurance contracts require or permit payments to be made in kind. An example is when the insurer replaces a stolen article directly, instead of reimbursing the policyholder. Another example is when an insurer uses its own hospitals and medical staff to provide medical services covered by the contracts. B5

Some fixed-fee service contracts in which the level of service depends on an uncertain event meet the definition of an insurance contract in this IFRS but are not regulated as insurance contracts in some countries. One example is a maintenance contract in which the service provider agrees to repair specified equipment after a malfunction. The fixed service fee is based on the expected number of malfunctions, but it is uncertain whether a particular machine will break down. The malfunction of the equipment adversely affects its owner and the contract compensates the owner (in kind, rather than cash). Another example is a contract for car breakdown services in which the provider agrees, for a fixed annual fee, to provide roadside assistance or tow the car to a nearby garage. The latter contract could meet the definition of an insurance contract even if the provider does not agree to carry out repairs or replace parts. B6

Applying the IFRS to the contracts described in paragraph B6 is likely to be no more burdensome than applying the IFRSs that would be applicable if such contracts were outside the scope of this IFRS: B7
(a) There are unlikely to be material liabilities for malfunctions and breakdowns that have already occurred.

IFRS 4

(b) Wenn IAS 18 *Erträge* gelten würde, würde der Dienstleister Erträge entsprechend dem Stand der Erfüllung (und gemäß anderen spezifizierten Kriterien) ansetzen. Diese Methode ist ebenso nach diesem IFRS akzeptabel, was dem Dienstleister erlaubt, (i) seine bestehenden Bilanzierungs- und Bewertungsmethoden für diese Verträge weiterhin anzuwenden, sofern sie keine durch Paragraph 14 verbotenen Vorgehensweisen beinhalten, und (ii) seine Bilanzierungs- und Bewertungsmethoden zu verbessern, wenn dies durch die Paragraphen 22–30 erlaubt ist.

(c) Der Dienstleister prüft, ob die Kosten zur Erfüllung seiner vertraglichen Verpflichtungen die im Voraus erhaltenen Erträge überschreiten. Hierzu wendet er den in den Paragraphen 15–19 dieses IFRS beschriebenen Angemessenheitstest für Verbindlichkeiten an. Würde dieser IFRS für diese Verträge nicht gelten, würde der Dienstleister zur Bestimmung, ob diese Verträge belastend sind, IAS 37 *Rückstellungen, Eventualschulden und Eventualforderungen* anwenden.

(d) Für diese Verträge ist es unwahrscheinlich, dass die Angabepflichten in diesem IFRS die von anderen IFRSs geforderten Angaben signifikant erhöhen.

Unterscheidung zwischen Versicherungsrisiko und anderen Risiken

B8 Die Definition eines Versicherungsvertrages bezieht sich auf ein Versicherungsrisiko, das dieser IFRS als Risiko definiert, mit Ausnahme eines *Finanzrisikos*, das vom Nehmer eines Vertrages auf den Halter übertragen wird. Ein Vertrag, der den Halter ohne signifikantes Versicherungsrisiko einem Finanzrisiko aussetzt, ist kein Versicherungsvertrag.

B9 Die Definition von Finanzrisiko in Anhang A enthält eine Liste von finanziellen und nicht-finanziellen Variablen. Diese Liste umfasst auch nicht-finanzielle Variablen, die nicht spezifisch für eine Partei des Vertrages sind, so wie ein Index über Erdbebenschäden in einem bestimmten Gebiet oder ein Index über Temperaturen in einer bestimmten Stadt. Nicht-finanzielle Variablen, die spezifisch für eine Partei dieses Vertrages sind, so wie der Eintritt oder Nichteintritt eines Feuers, das einen Vermögenswert dieser Partei beschädigt oder zerstört, sind hier ausgeschlossen. Außerdem ist das Risiko, dass sich der beizulegende Zeitwert eines nicht-finanziellen Vermögenswertes ändert, kein Finanzrisiko, wenn der beizulegende Zeitwert nicht nur Änderungen der Marktpreise für solche Vermögenswerte (eine finanzielle Variable) widerspiegelt, sondern auch den Zustand eines bestimmten nicht-finanziellen Vermögenswertes im Besitz einer Partei eines Vertrages (eine nicht-finanzielle Variable). Wenn beispielsweise eine Garantie des Restwertes eines bestimmten Autos den Garantiegeber dem Risiko von Änderungen des physischen Zustands des Autos aussetzt, ist dieses Risiko ein Versicherungsrisiko und kein Finanzrisiko.

B10 Einige Verträge setzen den Halter zusätzlich zu einem signifikanten Versicherungsrisiko einem Finanzrisiko aus. Zum Beispiel beinhalten viele Lebensversicherungsverträge sowohl die Garantie einer Mindestverzinsung für die Versicherungsnehmer (Finanzrisiko bewirkend) als auch die Zusage von Todesfallleistungen, die zu manchen Zeitpunkten den Stand des Versicherungskontos übersteigen (Versicherungsrisiko in Form von Sterblichkeitsrisiko bewirkend). Hierbei handelt es sich um Versicherungsverträge.

B11 Bei einigen Verträgen löst das versicherte Ereignis die Zahlung eines Betrages aus, der an einen Preisindex gekoppelt ist. Solche Verträge sind Versicherungsverträge, sofern die durch das versicherte Ereignis bedingte Zahlung signifikant sein kann. Ist beispielsweise eine Leibrente an einen Index der Lebenshaltungskosten gebunden, so wird ein Versicherungsrisiko übertragen, weil die Zahlung durch ein ungewisses Ereignis - dem Überleben des Leibrentners ausgelöst wird. Die Kopplung an den Preisindex ist ein eingebettetes Derivat, gleichzeitig wird jedoch ein Versicherungsrisiko übertragen. Wenn die daraus folgende Übertragung von Versicherungsrisiko signifikant ist, erfüllt das eingebettete Derivat die Definition eines Versicherungsvertrages, in welchem Fall es nicht abgetrennt und zum beizulegenden Zeitwert bewertet werden muss (siehe Paragraph 7 dieses IFRS).

B12 Die Definition von Versicherungsrisiko bezieht sich auf ein Risiko, das der Versicherer vom Versicherungsnehmer übernimmt. Mit anderen Worten ist Versicherungsrisiko ein vorher existierendes Risiko, das vom Versicherungsnehmer auf den Versicherer übertragen wird. Daher ist ein neues, durch den Vertrag entstandenes Risiko kein Versicherungsrisiko.

B13 Die Definition eines Versicherungsvertrages bezieht sich auf eine nachteilige Wirkung auf den Versicherungsnehmer. Die Definition begrenzt die Zahlung des Versicherers nicht auf einen Betrag, der der finanziellen Wirkung des nachteiligen Ereignisses entspricht. Zum Beispiel schließt die Definition „Neuwertversicherungen" nicht aus, unter denen dem Versicherungsnehmer genügend gezahlt wird, damit dieser den geschädigten bisherigen Vermögenswert durch einen neuwertigen Vermögenswert ersetzen kann. Entsprechend beschränkt die Definition die Zahlung aufgrund eines Risikolebensversicherungsvertrages nicht auf den finanziellen

(b) If IAS 18 *Revenue* applied, the service provider would recognise revenue by reference to the stage of completion (and subject to other specified criteria). That approach is also acceptable under this IFRS, which permits the service provider (i) to continue its existing accounting policies for these contracts unless they involve practices prohibited by paragraph 14 and (ii) to improve its accounting policies if so permitted by paragraphs 22–30.
(c) The service provider considers whether the cost of meeting its contractual obligation to provide services exceeds the revenue received in advance. To do this, it applies the liability adequacy test described in paragraphs 15–19 of this IFRS. If this IFRS did not apply to these contracts, the service provider would apply IAS 37 *Provisions, Contingent Liabilities and Contingent Assets* to determine whether the contracts are onerous.
(d) For these contracts, the disclosure requirements in this IFRS are unlikely to add significantly to disclosures required by other IFRSs.

Distinction between insurance risk and other risks

The definition of an insurance contract refers to insurance risk, which this IFRS defines as risk, other than *financial risk*, transferred from the holder of a contract to the issuer. A contract that exposes the issuer to financial risk without significant insurance risk is not an insurance contract. **B8**

The definition of financial risk in Appendix A includes a list of financial and non-financial variables. That list includes non-financial variables that are not specific to a party to the contract, such as an index of earthquake losses in a particular region or an index of temperatures in a particular city. It excludes nonfinancial variables that are specific to a party to the contract, such as the occurrence or nonoccurrence of a fire that damages or destroys an asset of that party. Furthermore, the risk of changes in the fair value of a nonfinancial asset is not a financial risk if the fair value reflects not only changes in market prices for such assets (a financial variable) but also the condition of a specific nonfinancial asset held by a party to a contract (a nonfinancial variable). For example, if a guarantee of the residual value of a specific car exposes the guarantor to the risk of changes in the car's physical condition, that risk is insurance risk, not financial risk. **B9**

Some contracts expose the issuer to financial risk, in addition to significant insurance risk. For example, many life insurance contracts both guarantee a minimum rate of return to policyholders (creating financial risk) and promise death benefits that at some times significantly exceed the policyholder's account balance (creating insurance risk in the form of mortality risk). Such contracts are insurance contracts. **B10**

Under some contracts, an insured event triggers the payment of an amount linked to a price index. Such contracts are insurance contracts, provided the payment that is contingent on the insured event can be significant. For example, a life-contingent annuity linked to a cost-of-living index transfers insurance risk because payment is triggered by an uncertain event—the survival of the annuitant. The link to the price index is an embedded derivative, but it also transfers insurance risk. If the resulting transfer of insurance risk is significant, the embedded derivative meets the definition of an insurance contract, in which case it need not be separated and measured at fair value (see paragraph 7 of this IFRS). **B11**

The definition of insurance risk refers to risk that the insurer accepts from the policyholder. In other words, insurance risk is a pre-existing risk transferred from the policyholder to the insurer. Thus, a new risk created by the contract is not insurance risk. **B12**

The definition of an insurance contract refers to an adverse effect on the policyholder. The definition does not limit the payment by the insurer to an amount equal to the financial impact of the adverse event. For example, the definition does not exclude 'new-for-old' coverage that pays the policyholder sufficient to permit replacement of a damaged old asset by a new asset. Similarly, the definition does not limit payment under a term life **B13**

Schaden, den die Angehörigen des Verstorbenen erleiden, noch schließt sie die Zahlung von vorher festgelegten Beträgen aus, um den Schaden zu bewerten, der durch Tod oder Unfall verursacht würde.

B14 Einige Verträge bestimmen eine Leistung, wenn ein spezifiziertes ungewisses Ereignis eintritt, aber schreiben nicht vor, dass als Vorbedingung für die Leistung eine nachteilige Auswirkung auf den Versicherungsnehmer erfolgt sein muss. Solch ein Vertrag ist kein Versicherungsvertrag, auch dann nicht wenn der Nehmer den Vertrag dazu benutzt, um ein zugrunde liegendes Risiko, dem er ausgesetzt ist, auszugleichen. Benutzt der Nehmer beispielsweise ein Derivat, um eine zugrunde liegende nicht-finanzielle Variable abzusichern, die mit Cashflows von einem Vermögenswert des Unternehmens korreliert, so ist das Derivat kein Versicherungsvertrag, weil die Zahlung nicht davon abhängt, ob der Nehmer nachteilig durch die Minderung der Cashflows aus dem Vermögenswert betroffen ist. Umgekehrt bezieht sich die Definition eines Versicherungsvertrages auf ein ungewisses Ereignis, für das eine nachteilige Wirkung auf den Versicherungsnehmer eine vertragliche Voraussetzung für die Leistung ist. Diese vertragliche Voraussetzung verlangt vom Versicherer keine Überprüfung, ob das Ereignis tatsächlich eine nachteilige Wirkung verursacht hat, aber sie erlaubt dem Versicherer, eine Leistung zu verweigern, wenn er nicht überzeugt ist, dass das Ereignis eine nachteilige Wirkung verursacht hat.

B15 Storno- oder Bestandsfestigkeitsrisiko (d. h. das Risiko, dass die Gegenpartei den Vertrag früher oder später kündigt als bei der Preisfestsetzung des Vertrages vom Anbieter erwartet) ist kein Versicherungsrisiko, da die Leistung an die Gegenpartei nicht von einem ungewissen künftigen Ereignis abhängt, das die Gegenpartei nachteilig betrifft. Entsprechend ist ein Kostenrisiko (d. h. das Risiko von unerwarteten Erhöhungen der Verwaltungskosten, die mit der Verwaltung eines Vertrages, nicht jedoch der Kosten, die mit versicherten Ereignissen verbunden sind) kein Versicherungsrisiko, da eine unerwartete Erhöhung der Kosten die Gegenpartei nicht nachteilig betrifft.

B16 Deswegen ist ein Vertrag, der den Halter einem Storno-, Bestandsfestigkeits- oder Kostenrisiko aussetzt, kein Versicherungsvertrag, sofern er den Halter nicht auch einem Versicherungsrisiko aussetzt. Wenn jedoch der Halter dieses Vertrages dieses Risiko mithilfe eines zweiten Vertrages herabsetzt, in dem er einen Teil dieses Risikos auf eine andere Partei überträgt, so setzt dieser zweite Vertrag diese andere Partei einem Versicherungsrisiko aus.

B17 Ein Versicherer kann signifikantes Versicherungsrisiko nur dann vom Versicherungsnehmer übernehmen, wenn der Versicherer ein vom Versicherungsnehmer getrenntes Unternehmen ist. Im Falle eines Gegenseitigkeitsversicherers übernimmt dieser von jedem Versicherungsnehmer Risiken und erreicht mit diesen einen Portefeuilleausgleich. Obwohl die Versicherungsnehmer kollektiv das Portefeuillerisiko in ihrer Eigenschaft als Eigentümer tragen, übernimmt dennoch der Gegenseitigkeitsversicherer das Risiko des einzelnen Versicherungsvertrages.

Beispiele für Versicherungsverträge

B18 Bei den folgenden Beispielen handelt es sich um Versicherungsverträge, wenn das übertragene Versicherungsrisiko signifikant ist:
(a) Diebstahlversicherung oder Sachversicherung.
(b) Produkthaftpflicht-, Berufshaftpflicht-, allgemeine Haftpflicht- oder Rechtsschutzversicherung.
(c) Lebensversicherung und Beerdigungskostenversicherung (obwohl der Tod sicher ist, ist es ungewiss, wann er eintreten wird oder bei einigen Formen der Lebensversicherung, ob der Tod während der Versicherungsdauer eintreten wird).
(d) Leibrenten und Pensionsversicherungen (d. h. Verträge, die eine Entschädigung für das ungewisse künftige Ereignis – das Überleben des Leibrentners oder Pensionärs – zusagen, um den Leibrentner oder Pensionär zu unterstützen, einen bestimmten Lebensstandard aufrecht zu erhalten, der ansonsten nachteilig durch dessen Überleben beeinträchtigt werden würde).
(e) Erwerbsminderungsversicherung und Krankheitskostenversicherung.
(f) Bürgschaften, Kautionsversicherungen, Gewährleistungsbürgschaften und Bietungsbürgschaften (d. h. Verträge, die eine Entschädigung zusagen, wenn eine andere Partei eine vertragliche Verpflichtung nicht erfüllt, z. B. eine Verpflichtung ein Gebäude zu errichten).
(g) Kreditversicherung, die bestimmte Zahlungen vorsieht, um den Nehmer für einen Verlust zu entschädigen, der entsteht, weil ein bestimmter Schuldner seinen Zahlungsverpflichtungen gemäß den ursprünglichen oder geänderten Bedingungen eines Schuldinstruments nicht fristgemäß nachkommt. Diese Verträge können verschiedene rechtliche Formen haben; so kann es sich dabei um eine Garantie, bestimmte Akkreditivarten, ein Verzugs-Kreditderivat oder einen Versicherungsvertrag handeln. Auch wenn diese Verträge der Definition eines Versicherungsvertrags entsprechen, entsprechen sie doch ebenso der in IAS 39 enthaltenen Definition einer Finanzgarantie und fallen damit nicht unter diesen IFRS, sondern unter IFRS 7

insurance contract to the financial loss suffered by the deceased's dependants, nor does it preclude the payment of predetermined amounts to quantify the loss caused by death or an accident.

Some contracts require a payment if a specified uncertain event occurs, but do not require an adverse effect on the policyholder as a precondition for payment. Such a contract is not an insurance contract even if the holder uses the contract to mitigate an underlying risk exposure. For example, if the holder uses a derivative to hedge an underlying nonfinancial variable that is correlated with cash flows from an asset of the entity, the derivative is not an insurance contract because payment is not conditional on whether the holder is adversely affected by a reduction in the cash flows from the asset. Conversely, the definition of an insurance contract refers to an uncertain event for which an adverse effect on the policyholder is a contractual precondition for payment. This contractual precondition does not require the insurer to investigate whether the event actually caused an adverse effect, but permits the insurer to deny payment if it is not satisfied that the event caused an adverse effect.   B14

Lapse or persistency risk (ie the risk that the counterparty will cancel the contract earlier or later than the issuer had expected in pricing the contract) is not insurance risk because the payment to the counterparty is not contingent on an uncertain future event that adversely affects the counterparty. Similarly, expense risk (ie the risk of unexpected increases in the administrative costs associated with the servicing of a contract, rather than in costs associated with insured events) is not insurance risk because an unexpected increase in expenses does not adversely affect the counterparty.   B15

Therefore, a contract that exposes the issuer to lapse risk, persistency risk or expense risk is not an insurance contract unless it also exposes the issuer to insurance risk. However, if the issuer of that contract mitigates that risk by using a second contract to transfer part of that risk to another party, the second contract exposes that other party to insurance risk.   B16

An insurer can accept significant insurance risk from the policyholder only if the insurer is an entity separate from the policyholder. In the case of a mutual insurer, the mutual accepts risk from each policyholder and pools that risk. Although policyholders bear that pooled risk collectively in their capacity as owners, the mutual has still accepted the risk that is the essence of an insurance contract.   B17

Examples of insurance contracts

The following are examples of contracts that are insurance contracts, if the transfer of insurance risk is significant: B18
(a) insurance against theft or damage to property.
(b) insurance against product liability, professional liability, civil liability or legal expenses.
(c) life insurance and prepaid funeral plans (although death is certain, it is uncertain when death will occur or, for some types of life insurance, whether death will occur within the period covered by the insurance).
(d) life-contingent annuities and pensions (ie contracts that provide compensation for the uncertain future event—the survival of the annuitant or pensioner—to assist the annuitant or pensioner in maintaining a given standard of living, which would otherwise be adversely affected by his or her survival).
(e) disability and medical cover.
(f) surety bonds, fidelity bonds, performance bonds and bid bonds (ie contracts that provide compensation if another party fails to perform a contractual obligation, for example an obligation to construct a building).
(g) credit insurance that provides for specified payments to be made to reimburse the holder for a loss it incurs because a specified debtor fails to make payment when due under the original or modified terms of a debt instrument. These contracts could have various legal forms, such as that of a guarantee, some types of letter of credit, a credit derivative default contract or an insurance contract. However, although these contracts meet the definition of an insurance contract, they also meet the definition of a financial guarantee contract

IFRS 4

und IAS 39 (siehe Paragraph 4(d)). Hat der Emittent einer Finanzgarantie jedoch zuvor ausdrücklich erklärt, dass er solche Garantien als Versicherungsverträge betrachtet, und hat er sie nach den für Versicherungsverträgen geltenden Vorschriften bilanziert, so kann er auf solche Finanzgarantien entweder IAS 39 und IFRS 7 oder den vorliegenden Standard anwenden.

(h) Produktgewährleistungen. Produktgewährleistungen, die von einer anderen Partei für vom Hersteller, Groß- oder Einzelhändler verkaufte Waren gewährt werden, fallen in den Anwendungsbereich dieses IFRS. Produktgewährleistungen, die hingegen direkt vom Hersteller, Groß- oder Einzelhändler gewährt werden, sind außerhalb des Anwendungsbereichs, weil sie in den Anwendungsbereich von IAS 18 *Erträge* und IAS 37 *Rückstellungen, Eventualschulden und Eventualforderungen* fallen.

(i) Rechtstitelversicherungen (d. h. Versicherung gegen die Aufdeckung von Mängeln eines Rechtstitels auf Grundeigentum, die bei Abschluss des Versicherungsvertrages nicht erkennbar waren). In diesem Fall ist die Aufdeckung eines Mangels eines Rechtstitels das versicherte Ereignis und nicht der Mangel als solcher.

(j) Reiseserviceversicherung (d. h. Entschädigung in bar oder in Form von Dienstleistungen an Versicherungsnehmer für Schäden, die sie während einer Reise erlitten haben). Die Paragraphen B6 und B7 erläutern einige Verträge dieser Art.

(k) Katastrophenbonds, die verringerte Zahlungen von Kapital, Zinsen oder beidem vorsehen, wenn ein bestimmtes Ereignis den Emittenten des Bonds nachteilig betrifft (sofern dieses bestimmte Ereignis kein signifikantes Versicherungsrisiko bewirkt, zum Beispiel wenn dieses Ereignis eine Änderung eines Zinssatzes oder Wechselkurses ist).

(l) Versicherungs-Swaps und andere Verträge, die eine Zahlung auf Basis von Änderungen der klimatischen, geologischen oder sonstigen physikalischen Variablen vorsehen, die spezifisch für eine Partei des Vertrages sind.

(m) Rückversicherungsverträge.

B19 Die folgenden Beispiele stellen keine Versicherungsverträge dar:

(a) Kapitalanlageverträge, die die rechtliche Form eines Versicherungsvertrages haben, aber den Versicherer keinem signifikanten Versicherungsrisiko aussetzen, z. B. Lebensversicherungsverträge, bei denen der Versicherer kein signifikantes Sterblichkeitsrisiko trägt (solche Verträge sind nicht-versicherungsartige Finanzinstrumente oder Dienstleistungsverträge, siehe Paragraphen B20 und B21).

(b) Verträge, die die rechtliche Form von Versicherungen haben, aber jedes signifikante Versicherungsrisiko durch unkündbare und durchsetzbare Mechanismen an den Versicherungsnehmer zurückübertragen, indem sie die künftigen Zahlungen des Versicherungsnehmers als direkte Folge der versicherten Schäden anpassen, wie beispielsweise einige Finanzrückversicherungs- oder Gruppenversicherungsverträge (solche Verträge sind in der Regel nicht-versicherungsartige Finanzinstrumente oder Dienstleistungsverträge, siehe Paragraphen B20 und B21).

(c) Selbstversicherung, in anderen Worten Selbsttragung eines Risikos das durch eine Versicherung gedeckt werden könnte (hier gibt es keinen Versicherungsvertrag, da es keine Vereinbarung mit einer anderen Partei gibt).

(d) Verträge (wie Rechtsverhältnisse von Spielbanken) die eine Zahlung bestimmen, wenn ein bestimmtes ungewisses künftiges Ereignis eintritt, aber nicht als vertragliche Bedingung für die Zahlung verlangen, dass das Ereignis den Versicherungsnehmer nachteilig betrifft. Dies schließt jedoch nicht die Festlegung eines vorab bestimmten Auszahlungsbetrages zur Quantifizierung des durch ein spezifiziertes Ereignis, wie Tod oder Unfall, verursachten Schadens aus (siehe auch Paragraph B13).

(e) Derivate, die eine Partei einem Finanzrisiko aber nicht einem Versicherungsrisiko aussetzen, weil sie bestimmen, dass diese Partei Zahlungen nur bei Änderungen eines oder mehrerer eines genannten Zinssatzes, Wertpapierkurses, Rohstoffpreises, Wechselkurses, Preis- oder Zinsindexes, Bonitätsratings oder Kreditindexes oder einer anderen Variablen zu leisten hat, sofern im Fall einer nicht-finanziellen Variablen die Variable nicht spezifisch für eine Partei des Vertrages ist (siehe IAS 39).

(f) eine kreditbezogene Garantie (oder Akkreditiv, Verzugskredit-Derivat oder Kreditversicherungsvertrag), die Zahlungen auch dann verlangt, wenn der Inhaber keinen Schaden dadurch erleidet, dass der Schuldner eine fällige Zahlung nicht leistet (siehe IAS 39).

(g) Verträge, die eine auf einer klimatischen, geologischen oder physikalischen Variablen begründete Zahlung vorsehen, die nicht spezifisch für eine Vertragspartei ist (allgemein als Wetterderivate bezeichnet).

(h) Katastrophenbonds, die verringerte Zahlungen von Kapital, Zinsen oder beidem vorsehen, welche auf einer klimatischen, geologischen oder anderen physikalischen Variablen beruhen, die nicht spezifisch für eine Vertragspartei ist.

B20 Wenn die in Paragraph B19 beschriebenen Verträge finanzielle Vermögenswerte oder finanzielle Verbindlichkeiten bewirken, fallen sie in den Anwendungsbereich von IAS 39. Unter anderem bedeutet dies, dass die Vertragsparteien das manchmal als „Einlagenbilanzierung" bezeichnete Verfahren verwenden, das Folgendes beinhaltet:

in IAS 39 and are within the scope of IFRS 7 and IAS 39, not this IFRS (see paragraph 4(d)). Nevertheless, if an issuer of financial guarantee contracts has previously asserted explicitly that it regards such contracts as insurance contracts and has used accounting applicable to insurance contracts, the issuer may elect to apply either IAS 39 and IFRS 7 or this Standard to such financial guarantee contracts.

(h) product warranties. Product warranties issued by another party for goods sold by a manufacturer, dealer or retailer are within the scope of this IFRS. However, product warranties issued directly by a manufacturer, dealer or retailer are outside its scope, because they are within the scope of IAS 18 *Revenue* and IAS 37 *Provisions, Contingent Liabilities and Contingent Assets*.

(i) title insurance (ie insurance against the discovery of defects in title to land that were not apparent when the insurance contract was written). In this case, the insured event is the discovery of a defect in the title, not the defect itself.

(j) travel assistance (ie compensation in cash or in kind to policyholders for losses suffered while they are travelling). Paragraphs B6 and B7 discuss some contracts of this kind.

(k) catastrophe bonds that provide for reduced payments of principal, interest or both if a specified event adversely affects the issuer of the bond (unless the specified event does not create significant insurance risk, for example if the event is a change in an interest rate or foreign exchange rate).

(l) insurance swaps and other contracts that require a payment based on changes in climatic, geological or other physical variables that are specific to a party to the contract.

(m) reinsurance contracts.

B19 The following are examples of items that are not insurance contracts:

(a) investment contracts that have the legal form of an insurance contract but do not expose the insurer to significant insurance risk, for example life insurance contracts in which the insurer bears no significant mortality risk (such contracts are non-insurance financial instruments or service contracts, see paragraphs B20 and B21).

(b) contracts that have the legal form of insurance, but pass all significant insurance risk back to the policy-holder through noncancellable and enforceable mechanisms that adjust future payments by the policy-holder as a direct result of insured losses, for example some financial reinsurance contracts or some group contracts (such contracts are normally noninsurance financial instruments or service contracts, see paragraphs B20 and B21).

(c) self-insurance, in other words retaining a risk that could have been covered by insurance (there is no insurance contract because there is no agreement with another party).

(d) contracts (such as gambling contracts) that require a payment if a specified uncertain future event occurs, but do not require, as a contractual precondition for payment, that the event adversely affects the policy-holder. However, this does not preclude the specification of a predetermined payout to quantify the loss caused by a specified event such as death or an accident (see also paragraph B13).

(e) derivatives that expose one party to financial risk but not insurance risk, because they require that party to make payment based solely on changes in one or more of a specified interest rate, financial instrument price, commodity price, foreign exchange rate, index of prices or rates, credit rating or credit index or other variable, provided in the case of a non-financial variable that the variable is not specific to a party to the contract (see IAS 39).

(f) a credit-related guarantee (or letter of credit, credit derivative default contract or credit insurance contract) that requires payments even if the holder has not incurred a loss on the failure of the debtor to make payments when due (see IAS 39).

(g) contracts that require a payment based on a climatic, geological or other physical variable that is not specific to a party to the contract (commonly described as weather derivatives).

(h) catastrophe bonds that provide for reduced payments of principal, interest or both, based on a climatic, geological or other physical variable that is not specific to a party to the contract.

B20 If the contracts described in paragraph B19 create financial assets or financial liabilities, they are within the scope of IAS 39. Among other things, this means that the parties to the contract use what is sometimes called deposit accounting, which involves the following:

(a) eine Partei setzt die erhaltene Gegenleistung als eine finanzielle Verbindlichkeit an und nicht als Erträge.
(b) die andere Partei setzt die gezahlte Gegenleistung als einen finanziellen Vermögenswert an und nicht als Aufwendungen.

B21 Wenn die in Paragraph B19 beschriebenen Verträge weder finanzielle Vermögenswerte noch finanzielle Verbindlichkeiten bewirken, gilt IAS 18. Gemäß IAS 18 werden Erträge, die mit einem Geschäft verbunden sind, welche die Erbringung von Dienstleistungen einschließt, entsprechend dem Fertigstellungsgrad des Geschäfts angesetzt, wenn der Ausgang des Geschäfts verlässlich geschätzt werden kann.

Signifikantes Versicherungsrisiko

B22 Ein Vertrag ist nur dann ein Versicherungsvertrag, wenn er ein signifikantes Versicherungsrisiko überträgt. Die Paragraphen B8–B21 behandeln das Versicherungsrisiko. Die folgenden Paragraphen behandeln die Einschätzung, ob ein Versicherungsrisiko signifikant ist.

B23 Ein Versicherungsrisiko ist dann und nur dann signifikant, wenn ein versichertes Ereignis bewirken könnte, dass ein Versicherer unter irgendwelchen Umständen signifikante zusätzliche Leistungen zu erbringen hat, ausgenommen der Umstände, denen es an kommerzieller Bedeutung fehlt (d. h. die keine wahrnehmbare Wirkung auf die wirtschaftliche Sicht des Geschäfts haben). Wenn signifikante zusätzliche Leistungen unter Umständen von kommerzieller Bedeutung zu erbringen wären, kann die Bedingung des vorhergehenden Satzes sogar dann erfüllt sein, wenn das versicherte Ereignis höchst unwahrscheinlich ist oder wenn der erwartete (d. h. wahrscheinlichkeitsgewichtete) Barwert der bedingten Cashflows nur einen kleinen Teil des erwarteten Barwertes aller übrigen vertraglichen Cashflows ausmacht.

B24 Die in Paragraph 23 beschriebenen zusätzlichen Leistungen beziehen sich auf Beträge, die über die zu Erbringenden hinausgehen, wenn kein versichertes Ereignis eintreten würde (ausgenommen der Umstände, denen es an kommerzieller Bedeutung fehlt). Diese zusätzlichen Beträge schließen Schadensbearbeitungs- und Schadensfeststellungskosten mit ein, aber beinhalten nicht:
(a) den Verlust der Möglichkeit, den Versicherungsnehmer für künftige Dienstleistungen zu belasten. So bedeutet beispielsweise im Fall eines an Kapitalanlagen gebundenen Lebensversicherungsvertrages der Tod des Versicherungsnehmers, dass der Versicherer nicht länger Kapitalanlagedienstleistungen erbringt und dafür eine Gebühr einnimmt. Dieser wirtschaftliche Schaden stellt für den Versicherer indes kein Versicherungsrisiko dar, wie auch ein Investmentfondsmanager kein Versicherungsrisiko in Bezug auf den möglichen Tod eines Kunden trägt. Daher ist der potenzielle Verlust von künftigen Kapitalanlagegebühren bei der Einschätzung, wie viel Versicherungsrisiko von dem Vertrag übertragen wird, nicht relevant.
(b) den Verzicht auf Abzüge im Todesfall, die bei Kündigung oder Rückkauf vorgenommen würden. Da der Vertrag diese Abzüge erst eingeführt hat, stellt der Verzicht auf diese Abzüge keine Entschädigung des Versicherungsnehmers für ein vorher bestehendes Risiko dar. Daher sind sie bei der Einschätzung, wie viel Versicherungsrisiko von dem Vertrag übertragen wird, nicht relevant.
(c) eine Zahlung, die von einem Ereignis abhängt, das keinen signifikanten Schaden für den Nehmer des Vertrages hervorruft. Betrachtet man beispielsweise einen Vertrag, der den Anbieter verpflichtet, eine Million Währungseinheiten zu zahlen, wenn ein Vermögenswert einen physischen Schaden erleidet, der einen insignifikanten wirtschaftlichen Schaden von einer Währungseinheit für den Besitzer verursacht. Durch diesen Vertrag überträgt der Nehmer auf den Versicherer das insignifikante Risiko, eine Währungseinheit zu verlieren. Gleichzeitig bewirkt der Vertrag ein Risiko, das kein Versicherungsrisiko ist, aufgrund dessen der Anbieter 999 999 Währungseinheiten zahlen muss, wenn das spezifizierte Ereignis eintritt. Weil der Anbieter kein signifikantes Versicherungsrisiko vom Nehmer übernimmt, ist der Vertrag kein Versicherungsvertrag.
(d) mögliche Rückversicherungsdeckung. Der Versicherer bilanziert diese gesondert.

B25 Ein Versicherer hat die Signifikanz des Versicherungsrisikos für jeden einzelnen Vertrag einzuschätzen, ohne Bezugnahme auf die Wesentlichkeit für den Abschluss[3]. Daher kann ein Versicherungsrisiko auch signifikant sein, selbst wenn die Wahrscheinlichkeit wesentlicher Verluste aus dem Bestand an Verträgen in Summe minimal ist. Diese Einschätzung auf Basis des einzelnen Vertrages macht es eher möglich, einen Vertrag als einen Versicherungsvertrag zu klassifizieren. Ist indes von einem relativ homogenen Bestand von kleinen Verträgen bekannt, dass alle Versicherungsrisiken übertragen, braucht ein Versicherer nicht jeden Vertrag dieses Bestandes einzeln zu überprüfen, um nur wenige Verträge, die jedoch keine Derivate sein dürfen, mit einer Übertragung von insignifikantem Versicherungsrisiko herauszufinden.

---

3 Für diesen Zweck bilden Verträge, die gleichzeitig mit einer einzigen Gegenpartei geschlossen wurden (oder Verträge, die auf andere Weise voneinander abhängig sind) einen einzigen Vertrag.

(a) one party recognises the consideration received as a financial liability, rather than as revenue.
(b) the other party recognises the consideration paid as a financial asset, rather than as an expense.

If the contracts described in paragraph B19 do not create financial assets or financial liabilities, IAS 18 applies. Under IAS 18, revenue associated with a transaction involving the rendering of services is recognised by reference to the stage of completion of the transaction if the outcome of the transaction can be estimated reliably. — B21

Significant insurance risk

A contract is an insurance contract only if it transfers significant insurance risk. Paragraphs B8—B21 discuss insurance risk. The following paragraphs discuss the assessment of whether insurance risk is significant. — B22

Insurance risk is significant if, and only if, an insured event could cause an insurer to pay significant additional benefits in any scenario, excluding scenarios that lack commercial substance (ie have no discernible effect on the economics of the transaction). If significant additional benefits would be payable in scenarios that have commercial substance, the condition in the previous sentence may be met even if the insured event is extremely unlikely or even if the expected (ie probability-weighted) present value of contingent cash flows is a small proportion of the expected present value of all the remaining contractual cash flows. — B23

The additional benefits described in paragraph B23 refer to amounts that exceed those that would be payable if no insured event occurred (excluding scenarios that lack commercial substance). Those additional amounts include claims handling and claims assessment costs, but exclude: — B24
(a) the loss of the ability to charge the policyholder for future services. For example, in an investment-linked life insurance contract, the death of the policyholder means that the insurer can no longer perform investment management services and collect a fee for doing so. However, this economic loss for the insurer does not reflect insurance risk, just as a mutual fund manager does not take on insurance risk in relation to the possible death of the client. Therefore, the potential loss of future investment management fees is not relevant in assessing how much insurance risk is transferred by a contract.
(b) waiver on death of charges that would be made on cancellation or surrender. Because the contract brought those charges into existence, the waiver of these charges does not compensate the policyholder for a pre-existing risk. Hence, they are not relevant in assessing how much insurance risk is transferred by a contract.
(c) a payment conditional on an event that does not cause a significant loss to the holder of the contract. For example, consider a contract that requires the issuer to pay one million currency units if an asset suffers physical damage causing an insignificant economic loss of one currency unit to the holder. In this contract, the holder transfers to the insurer the insignificant risk of losing one currency unit. At the same time, the contract creates non-insurance risk that the issuer will need to pay 999 999 currency units if the specified event occurs. Because the issuer does not accept significant insurance risk from the holder, this contract is not an insurance contract.
(d) possible reinsurance recoveries. The insurer accounts for these separately.

An insurer shall assess the significance of insurance risk contract by contract, rather than by reference to materiality to the financial statements.[3] Thus, insurance risk may be significant even if there is a minimal probability of material losses for a whole book of contracts. This contract-by-contract assessment makes it easier to classify a contract as an insurance contract. However, if a relatively homogeneous book of small contracts is known to consist of contracts that all transfer insurance risk, an insurer need not examine each contract within that book to identify a few non-derivative contracts that transfer insignificant insurance risk. — B25

---

3 For this purpose, contracts entered into simultaneously with a single counterparty (or contracts that are otherwise interdependent) form a single contract.

IFRS 4

B26 Aus den Paragraphen B23–B25 folgt, dass ein Vertrag, der die Zahlung einer über der Erlebensfallleistung liegenden Todesfallleistung vorsieht, ein Versicherungsvertrag ist, es sei denn, dass die zusätzliche Todesfallleistung insignifikant ist (beurteilt in Bezug auf den Vertrag und nicht auf den gesamten Bestand der Verträge). Wie in Paragraph B24(b) vermerkt, wird der Verzicht auf Kündigungs- oder Rückkaufabzügen im Todesfall bei dieser Einschätzung nicht berücksichtigt, wenn dieser Verzicht den Versicherungsnehmer nicht für ein vorher bestehendes Risiko entschädigt. Entsprechend ist ein Rentenversicherungsvertrag, der für den Rest des Lebens des Versicherungsnehmers regelmäßige Zahlungen vorsieht, ein Versicherungsvertrag, es sei denn, die gesamten vom Überleben abhängigen Zahlungen sind insignifikant.

B27 Paragraph B23 bezieht sich auf zusätzliche Leistungen. Diese zusätzlichen Leistungen können eine Erfordernis beinhalten, die Leistungen früher zu erbringen, wenn das versicherte Ereignis früher eintritt und die Zahlung nicht entsprechend der Zinseffekte berichtigt ist. Ein Beispiel hierfür ist eine lebenslängliche Todesfallversicherung mit fester Versicherungssumme (in anderen Worten, eine Versicherung, die eine feste Todesfallleistung vorsieht, wann immer der Versicherungsnehmer stirbt, ohne Ende des Versicherungsschutzes). Es ist gewiss, dass der Versicherungsnehmer sterben wird, aber der Zeitpunkt des Todes ist ungewiss. Der Versicherer wird bei jenen individuellen Verträgen einen Verlust erleiden, deren Versicherungsnehmer früh sterben, selbst wenn es insgesamt im Bestand der Verträge keinen Verlust gibt.

B28 Wenn ein Versicherungsvertrag in eine Einlagenkomponente und eine Versicherungskomponente entflochten wird, wird die Signifikanz des übertragenen Versicherungsrisikos in Bezug auf die Versicherungskomponente eingeschätzt. Die Signifikanz des innerhalb eines eingebetteten Derivates übertragenen Versicherungsrisikos wird in Bezug auf das eingebettete Derivat eingeschätzt.

Änderungen im Umfang des Versicherungsrisikos

B29 Einige Verträge übertragen bei Abschluss kein Versicherungsrisiko auf den Versicherer, obwohl sie zu einer späteren Zeit Versicherungsrisiko übertragen. Man betrachte z. B. einen Vertrag, der einen spezifizierten Kapitalertrag vorsieht und ein Wahlrecht für den Versicherungsnehmer beinhaltet, das Ergebnis der Kapitalanlage bei Ablauf zum Erwerb einer Leibrente zu benutzen, deren Preis sich nach den aktuellen Rentenbeitragssätzen bestimmt, die von dem Versicherer zum Ausübungszeitpunkt des Wahlrechtes von anderen neuen Leibrentnern erhoben werden. Der Vertrag überträgt kein Versicherungsrisiko auf den Versicherer, bis das Wahlrecht ausgeübt wird, weil der Versicherer frei bleibt, den Preis der Rente so zu bestimmen, dass sie das zu dem Zeitpunkt auf den Versicherer übertragene Versicherungsrisiko widerspiegelt. Wenn der Vertrag indes die Rentenfaktoren angibt (oder eine Grundlage für die Bestimmung der Rentenfaktoren), überträgt der Vertrag das Versicherungsrisiko auf den Versicherer ab Vertragsabschluss.

B30 Ein Vertrag, der die Kriterien eines Versicherungsvertrages erfüllt, bleibt ein Versicherungsvertrag bis alle Rechte und Verpflichtungen aus dem Vertrag aufgehoben oder erloschen sind.

It follows from paragraphs B23—B25 that if a contract pays a death benefit exceeding the amount payable on survival, the contract is an insurance contract unless the additional death benefit is insignificant (judged by reference to the contract rather than to an entire book of contracts). As noted in paragraph B24(b), the waiver on death of cancellation or surrender charges is not included in this assessment if this waiver does not compensate the policyholder for a pre-existing risk. Similarly, an annuity contract that pays out regular sums for the rest of a policyholder's life is an insurance contract, unless the aggregate lifecontingent payments are insignificant. B26

Paragraph B23 refers to additional benefits. These additional benefits could include a requirement to pay benefits earlier if the insured event occurs earlier and the payment is not adjusted for the time value of money. An example is whole life insurance for a fixed amount (in other words, insurance that provides a fixed death benefit whenever the policyholder dies, with no expiry date for the cover). It is certain that the policyholder will die, but the date of death is uncertain. The insurer will suffer a loss on those individual contracts for which policyholders die early, even if there is no overall loss on the whole book of contracts. B27

If an insurance contract is unbundled into a deposit component and an insurance component, the significance of insurance risk transfer is assessed by reference to the insurance component. The significance of insurance risk transferred by an embedded derivative is assessed by reference to the embedded derivative. B28

Changes in the level of insurance risk

Some contracts do not transfer any insurance risk to the issuer at inception, although they do transfer insurance risk at a later time. For example, consider a contract that provides a specified investment return and includes an option for the policyholder to use the proceeds of the investment on maturity to buy a life-contingent annuity at the current annuity rates charged by the insurer to other new annuitants when the policyholder exercises the option. The contract transfers no insurance risk to the issuer until the option is exercised, because the insurer remains free to price the annuity on a basis that reflects the insurance risk transferred to the insurer at that time. However, if the contract specifies the annuity rates (or a basis for setting the annuity rates), the contract transfers insurance risk to the issuer at inception. B29

A contract that qualifies as an insurance contract remains an insurance contract until all rights and obligations are extinguished or expire. B30

International Financial Reporting Standard 5

Zur Veräußerung gehaltene langfristige Vermögenswerte und aufgegebene Geschäftsbereiche

INHALT	Ziffer
Zielsetzung	1
Anwendungsbereich	2–5
Klassifizierung von langfristigen Vermögenswerten (oder Veräußerungsgruppen) als zur Veräußerung gehalten	6–14
Zur Stilllegung bestimmte langfristige Vermögenswerte	13–14
Bewertung von langfristigen Vermögenswerten (oder Veräußerungsgruppen), die als zur Veräußerung gehalten klassifiziert werden	15–29
Bewertung eines langfristigen Vermögenswertes (oder einer Veräußerungsgruppe)	15–19
Erfassung von Wertminderungsaufwendungen und Wertaufholungen	20–25
Änderungen eines Veräußerungsplans	26–29
Darstellung und Angaben	30–42
Darstellung von aufgegebenen Geschäftsbereichen	31–36
Ergebnis aus fortzuführenden Geschäftsbereichen	37
Darstellung von langfristigen Vermögenswerten oder Veräußerungsgruppen, die als zur Veräußerung gehalten klassifiziert werden	38–40
Zusätzliche Angaben	41–42
Übergangsvorschriften	43
Zeitpunkt des Inkrafttretens	44
Rücknahme von IAS 35	45

ZIELSETZUNG

1 Die Zielsetzung dieses IFRS ist es, die Bilanzierung von zur Veräußerung gehaltenen Vermögenswerten sowie die Darstellung von und die Anhangangaben zu *aufgegebenen Geschäftsbereichen* festzulegen. Im Besonderen schreibt der IFRS vor:
(a) Vermögenswerte, die als zur Veräußerung gehalten klassifiziert werden, sind mit dem niedrigeren Wert aus Buchwert und *beizulegendem Zeitwert* abzüglich *Veräußerungskosten* zu bewerten und die Abschreibung dieser Vermögenswerte auszusetzen; und
(b) Vermögenswerte, die als zur Veräußerung gehalten klassifiziert werden, sind als gesonderter Posten in der Bilanz und die Ergebnisse aufgegebener Geschäftsbereiche als gesonderte Posten in der Gewinn- und Verlustrechnung auszuweisen.

ANWENDUNGSBEREICH

2 Die Klassifizierungs- und Darstellungspflichten dieses IFRS gelten für alle angesetzten *langfristigen Vermögenswerte*[1] und alle Veräußerungsgruppen eines Unternehmens. Die Bewertungsvorschriften dieses IFRS sind auf alle angesetzten langfristigen Vermögenswerte und Veräußerungsgruppen (wie in Paragraph 4 beschrieben) anzuwenden, mit Ausnahme der in Paragraph 5 aufgeführten Vermögenswerte, die weiterhin gemäß dem jeweils angegebenen Standard zu bewerten sind.

3 Vermögenswerte, die gemäß IAS 1 *Darstellung des Abschlusses* (überarbeitet 2003) als langfristige Vermögenswerte eingestuft wurden, dürfen nur dann in kurzfristige Vermögenswerte umgegliedert werden, wenn sie die

---

[1] Bei einer Klassifizierung der Vermögenswerte gemäß einer Liquiditätsdarstellung sind als langfristige Vermögenswerte alle Vermögenswerte einzustufen, die Beträge beinhalten, deren Realisierung nach mehr als zwölf Monaten nach dem Bilanzstichtag erwartet wird. Auf die Klassifizierung solcher Vermögenswerte findet Paragraph 3 Anwendung.

International Financial Reporting Standard 5

Non-current assets held for sale and discontinued operations

SUMMARY	Paragraphs
Objective	1
Scope	2–5
Classification of non-current assets (or disposal groups) as held for sale	6–14
Non-current assets that are to be abandoned	13–14
Measurement of non-current assets (or disposal groups) classified as held for sale	15–29
Measurement of a non-current asset (or disposal group)	15–19
Recognition of impairment losses and reversals	20–25
Changes to a plan of sale	26–29
Presentation and disclosure	30–42
Presenting discontinued operations	31–36
Gains or losses relating to continuing operations	37
Presentation of a non-current asset or disposal group classified as held for sale	38–40
Additional disclosures	41–42
Transitional provisions	43
Effective date	44
Withdrawal of IAS 35	45

OBJECTIVE

1 The objective of this IFRS is to specify the accounting for assets held for sale, and the presentation and disclosure of *discontinued operations*. In particular, the IFRS requires:
(a) assets that meet the criteria to be classified as held for sale to be measured at the lower of carrying amount and *fair value* less *costs to sell*, and depreciation on such assets to cease; and
(b) assets that meet the criteria to be classified as held for sale to be presented separately on the face of the balance sheet and the results of discontinued operations to be presented separately in the income statement.

SCOPE

2 The classification and presentation requirements of this IFRS apply to all recognised *non-current assets*[1] and to all *disposal groups* of an entity. The measurement requirements of this IFRS apply to all recognised noncurrent assets and disposal groups (as set out in paragraph 4), except for those assets listed in paragraph 5 which shall continue to be measured in accordance with the Standard noted.

3 Assets classified as non-current in accordance with IAS 1 *Presentation of Financial Statements* (as revised in 2003) shall not be reclassified as *current assets* until they meet the criteria to be classified as held for sale in accordance

---

[1] For assets classified according to a liquidity presentation, non-current assets are assets that include amounts expected to be recovered more than twelve months after the balance sheet date. Paragraph 3 applies to the classification of such assets.

IFRS 5

Kriterien für eine Klassifizierung als ‚zur Veräußerung gehalten' gemäß diesem IFRS erfüllen. Vermögenswerte einer Gruppe, die ein Unternehmen normalerweise als langfristige Vermögenswerte betrachten würde und die ausschließlich mit der Absicht einer Weiterveräußerung erworben wurden, dürfen nur dann als kurzfristige Vermögenswerte eingestuft werden, wenn sie die Kriterien für eine Klassifizierung als ‚zur Veräußerung gehalten' gemäß diesem IFRS erfüllen.

4   Manchmal veräußert ein Unternehmen eine Gruppe von Vermögenswerten und möglicherweise einige direkt mit ihnen in Verbindung stehende Schulden gemeinsam in einer einzigen Transaktion. Bei einer solchen Veräußerungsgruppe kann es sich um eine Gruppe von *zahlungsmittelgenerierenden Einheiten*, eine einzelne zahlungsmittelgenerierende Einheit oder einen Teil einer zahlungsmittelgenerierenden Einheit handeln.[2] Die Gruppe kann alle Arten von Vermögenswerten und Schulden des Unternehmens umfassen, einschließlich kurzfristige Vermögenswerte, kurzfristige Schulden und Vermögenswerte, die gemäß Paragraph 5 von den Bewertungsvorschriften dieses IFRS ausgenommen sind. Enthält die Veräußerungsgruppe einen langfristigen Vermögenswert, der in den Anwendungsbereich der Bewertungsvorschriften dieses IFRS fällt, sind diese Bewertungsvorschriften auf die gesamte Gruppe anzuwenden, d. h. die Gruppe ist zum niedrigeren Wert aus Buchwert oder beizulegendem Zeitwert abzüglich Veräußerungskosten anzusetzen. Die Vorschriften für die Bewertung der einzelnen Vermögenswerte und Schulden innerhalb einer Veräußerungsgruppe werden in den Paragraphen 18, 19 und 23 ausgeführt.

5   Die Bewertungsvorschriften dieses IFRS[3] finden keine Anwendung auf die folgenden Vermögenswerte, die als einzelne Vermögenswerte oder Bestandteil einer Veräußerungsgruppe durch die nachfolgend angegebenen Standards abgedeckt werden:
(a) latente Steueransprüche (IAS 12 *Ertragsteuern*);
(b) Vermögenswerte, die aus Leistungen an Arbeitnehmer resultieren (IAS 19 *Leistungen an Arbeitnehmer*);
(c) finanzielle Vermögenswerte, die in den Anwendungsbereich von IAS 39 *Finanzinstrumente: Ansatz und Bewertung* fallen;
(d) langfristige Vermögenswerte, die nach dem Modell des beizulegenden Zeitwertes in IAS 40 *Als Finanzinvestition gehaltene Immobilien* bilanziert werden;
(e) langfristige Vermögenswerte, die mit dem beizulegenden Zeitwert abzüglich geschätzter Verkaufskosten gemäß IAS 41 *Landwirtschaft* angesetzt werden;
(f) vertragliche Rechte im Rahmen von Versicherungsverträgen laut Definition in IFRS 4 *Versicherungsverträge*.

KLASSIFIZIERUNG VON LANGFRISTIGEN VERMÖGENSWERTEN (ODER VERÄUSSERUNGSGRUPPEN) ALS ZUR VERÄUSSERUNG GEHALTEN

6   **Ein langfristiger Vermögenswert (oder eine Veräußerungsgruppe) ist als zur Veräußerung gehalten zu klassifizieren, wenn der zugehörige Buchwert überwiegend durch ein Veräußerungsgeschäft und nicht durch fortgesetzte Nutzung realisiert wird.**

7   Damit dies der Fall ist, muss der Vermögenswert (oder die Veräußerungsgruppe) im gegenwärtigen Zustand zu Bedingungen, die für den Verkauf derartiger Vermögenswerte (oder Veräußerungsgruppen) gängig und üblich sind, sofort veräußerbar und eine solche Veräußerung *höchstwahrscheinlich* sein.

8   Eine Veräußerung ist dann höchstwahrscheinlich, wenn die zuständige Managementebene einen Plan für den Verkauf des Vermögenswertes (oder der Veräußerungsgruppe) beschlossen hat und mit der Suche nach einem Käufer und der Durchführung des Plans aktiv begonnen wurde. Des Weiteren muss der Vermögenswert (oder die Veräußerungsgruppe) aktiv zum Erwerb für einen Preis angeboten werden, der in einem angemessenen Verhältnis zum gegenwärtig beizulegenden Zeitwert steht. Außerdem muss die Veräußerung erwartungsgemäß innerhalb eines Jahres ab dem Zeitpunkt der Klassifizierung für eine Erfassung als abgeschlossener Verkauf in Betracht kommen, soweit gemäß Paragraph 9 nicht etwas anderes gestattet ist, und die zur Umsetzung des Plans erforderlichen Maßnahmen müssen den Schluss zulassen, dass wesentliche Änderungen am Plan oder eine Aufhebung des Plans unwahrscheinlich erscheinen.

---

2   Sobald jedoch erwartet wird, dass die in Verbindung mit einem Vermögenswert oder einer Gruppe von Vermögenswerten anfallenden Cashflows hauptsächlich durch Veräußerung und nicht durch fortgesetzte Nutzung erzeugt werden, werden sie weniger abhängig von den Cashflows aus anderen Vermögenswerten, so dass eine Veräußerungsgruppe, die Bestandteil einer zahlungsmittelgenerierenden Einheit war, zu einer eigenen zahlungsmittelgenerierenden Einheit wird.

3   Mit Ausnahme der Paragraphen 18 und 19, die eine Bewertung der betreffenden Vermögenswerte gemäß anderen maßgeblichen IFRS vorschreiben.

with this IFRS. Assets of a class that an entity would normally regard as non-current that are acquired exclusively with a view to resale shall not be classified as current unless they meet the criteria to be classified as held for sale in accordance with this IFRS.

Sometimes an entity disposes of a group of assets, possibly with some directly associated liabilities, together in a single transaction. Such a disposal group may be a group of *cash-generating units*, a single cash-generating unit, or part of a cash-generating unit.[2] The group may include any assets and any liabilities of the entity, including current assets, current liabilities and assets excluded by paragraph 5 from the measurement requirements of this IFRS. If a non-current asset within the scope of the measurement requirements of this IFRS is part of a disposal group, the measurement requirements of this IFRS apply to the group as a whole, so that the group is measured at the lower of its carrying amount and fair value less costs to sell. The requirements for measuring the individual assets and liabilities within the disposal group are set out in paragraphs 18, 19 and 23.   4

The measurement provisions of this IFRS[3] do not apply to the following assets, which are covered by the Standards listed, either as individual assets or as part of a disposal group: 5
(a) deferred tax assets (IAS 12 *Income Taxes*).
(b) assets arising from employee benefits (IAS 19 *Employee Benefits*).
(c) financial assets within the scope of IAS 39 *Financial Instruments: Recognition and Measurement*.
(d) non-current assets that are accounted for in accordance with the fair value model in IAS 40 *Investment Property*.
(e) non-current assets that are measured at fair value less estimated point-of-sale costs in accordance with IAS 41 *Agriculture*.
(f) contractual rights under insurance contracts as defined in IFRS 4 *Insurance Contracts*.

CLASSIFICATION OF NON-CURRENT ASSETS (OR DISPOSAL GROUPS) AS HELD FOR SALE

An entity shall classify a non-current asset (or disposal group) as held for sale if its carrying amount will be recovered principally through a sale transaction rather than through continuing use.   6

For this to be the case, the asset (or disposal group) must be available for immediate sale in its present condition subject only to terms that are usual and customary for sales of such assets (or disposal groups) and its sale must be *highly probable*.   7

For the sale to be highly probable, the appropriate level of management must be committed to a plan to sell the asset (or disposal group), and an active programme to locate a buyer and complete the plan must have been initiated. Further, the asset (or disposal group) must be actively marketed for sale at a price that is reasonable in relation to its current fair value. In addition, the sale should be expected to qualify for recognition as a completed sale within one year from the date of classification, except as permitted by paragraph 9, and actions required to complete the plan should indicate that it is unlikely that significant changes to the plan will be made or that the plan will be withdrawn.   8

---

2 However, once the cash flows from an asset or group of assets are expected to arise principally from sale rather than continuing use, they become less dependent on cash flows arising from other assets, and a disposal group that was part of a cash-generating unit becomes a separate cash-generating unit.
3 Other than paragraphs 18 and 19, which require the assets in question to be measured in accordance with other applicable IFRSs.

IFRS 5

9   Ereignisse oder Umstände können dazu führen, dass der Verkauf erst nach einem Jahr stattfindet. Eine Verlängerung des für den Verkaufsabschluss benötigten Zeitraums schließt nicht die Klassifizierung eines Vermögenswertes (oder einer Veräußerungsgruppe) als zur Veräußerung gehalten aus, wenn die Verzögerung auf Ereignisse oder Umstände zurückzuführen ist, die außerhalb der Kontrolle des Unternehmens liegen, und ausreichende substanzielle Hinweise vorliegen, dass das Unternehmen weiterhin an seinem Plan zum Verkauf des Vermögenswertes (oder der Veräußerungsgruppe) festhält. Dies ist der Fall, wenn die in Anhang B angegebenen Kriterien erfüllt werden.

10 Veräußerungsgeschäfte umfassen auch den Tausch von langfristigen Vermögenswerten gegen andere langfristige Vermögenswerte, wenn der Tauschvorgang gemäß IAS 16 *Sachanlagen* wirtschaftliche Substanz hat.

11 Wird ein langfristiger Vermögenswert (oder eine Veräußerungsgruppe) ausschließlich mit der Absicht einer späteren Veräußerung erworben, darf der langfristige Vermögenswert (oder die Veräußerungsgruppe) nur dann zum Erwerbszeitpunkt als zur Veräußerung gehalten klassifiziert werden, wenn das Ein-Jahres-Kriterium in Paragraph 8 erfüllt ist (mit Ausnahme der in Paragraph 9 gestatteten Fälle) und es höchstwahrscheinlich ist, dass andere in den Paragraphen 7 und 8 genannten Kriterien, die zum Erwerbszeitpunkt nicht erfüllt waren, innerhalb kurzer Zeit nach dem Erwerb (in der Regel innerhalb von drei Monaten) erfüllt werden.

12 Werden die in den Paragraphen 7 und 8 genannten Kriterien nach dem Bilanzstichtag erfüllt, darf der langfristige Vermögenswert (oder die Veräußerungsgruppe) im betreffenden veröffentlichten Abschluss nicht als zur Veräußerung gehalten klassifiziert werden. Werden diese Kriterien dagegen nach dem Bilanzstichtag, jedoch vor der Freigabe des Abschlusses zur Veröffentlichung erfüllt, sind die in Paragraph 41(a), (b) und (d) enthaltenen Informationen im Anhang anzugeben.

Zur Stilllegung bestimmte langfristige Vermögenswerte

13 Zur Stilllegung bestimmte langfristige Vermögenswerte (oder Veräußerungsgruppen) dürfen nicht als zur Veräußerung gehalten klassifiziert werden. Dies ist darauf zurückzuführen, dass der zugehörige Buchwert überwiegend durch fortgesetzte Nutzung realisiert wird. Erfüllt die stillzulegende Veräußerungsgruppe jedoch die in Paragraph 32(a)-(c) genannten Kriterien, sind die Ergebnisse und Cashflows der Veräußerungsgruppe zu dem Zeitpunkt, zu dem sie nicht mehr genutzt wird, als aufgegebener Geschäftsbereich gemäß den Paragraphen 33 und 34 darzustellen. Stillzulegende langfristige Vermögenswerte (oder Veräußerungsgruppen) beinhalten auch langfristige Vermögenswerte (oder Veräußerungsgruppen), die bis zum Ende ihrer wirtschaftlichen Nutzungsdauer genutzt werden sollen, und langfristige Vermögenswerte (oder Veräußerungsgruppen), die zur Stilllegung und nicht zur Veräußerung vorgesehen sind.

14 Ein langfristiger Vermögenswert, der vorübergehend außer Betrieb genommen wurde, darf nicht wie ein stillgelegter langfristiger Vermögenswert behandelt werden.

BEWERTUNG VON LANGFRISTIGEN VERMÖGENSWERTEN (ODER VERÄUSSERUNGSGRUPPEN), DIE ALS ZUR VERÄUSSERUNG GEHALTEN KLASSIFIZIERT WERDEN

Bewertung eines langfristigen Vermögenswertes (oder einer Veräußerungsgruppe)

15 **Langfristige Vermögenswerte (oder Veräußerungsgruppen), die als zur Veräußerung gehalten klassifiziert werden, sind zum niedrigeren Wert aus Buchwert und beizulegendem Zeitwert abzüglich Veräußerungskosten anzusetzen.**

16 Wenn neu erworbene Vermögenswerte (oder Veräußerungsgruppen) die Kriterien für eine Klassifizierung als zur Veräußerung gehalten erfüllen (siehe Paragraph 11), führt die Anwendung von Paragraph 15 dazu, dass diese Vermögenswerte (oder Veräußerungsgruppen) beim erstmaligen Ansatz mit dem niedrigeren Wert aus dem Buchwert, wenn eine solche Klassifizierung nicht erfolgt wäre (beispielsweise den Anschaffungs- oder Herstellungskosten), und dem beizulegenden Zeitwert abzüglich Veräußerungskosten bewertet werden. Dementsprechend sind Vermögenswerte (oder Veräußerungsgruppen), die im Rahmen eines Unternehmenszusammenschlusses erworben werden, mit dem beizulegenden Zeitwert abzüglich Veräußerungskosten anzusetzen.

17 Wird der Verkauf erst nach einem Jahr erwartet, sind die Veräußerungskosten mit ihrem Barwert zu bewerten. Ein Anstieg des Barwertes der Veräußerungskosten aufgrund des Zeitablaufs ist im Ergebnis unter Finanzierungskosten auszuweisen.

IFRS 5

9 Events or circumstances may extend the period to complete the sale beyond one year. An extension of the period required to complete a sale does not preclude an asset (or disposal group) from being classified as held for sale if the delay is caused by events or circumstances beyond the entity's control and there is sufficient evidence that the entity remains committed to its plan to sell the asset (or disposal group). This will be the case when the criteria in Appendix B are met.

10 Sale transactions include exchanges of non-current assets for other noncurrent assets when the exchange has commercial substance in accordance with IAS 16 *Property, Plant and Equipment*.

11 When an entity acquires a non-current asset (or disposal group) exclusively with a view to its subsequent disposal, it shall classify the non-current asset (or disposal group) as held for sale at the acquisition date only if the one year requirement in paragraph 8 is met (except as permitted by paragraph 9) and it is highly probable that any other criteria in paragraphs 7 and 8 that are not met at that date will be met within a short period following the acquisition (usually within three months).

12 If the criteria in paragraphs 7 and 8 are met after the balance sheet date, an entity shall not classify a non-current asset (or disposal group) as held for sale in those financial statements when issued. However, when those criteria are met after the balance sheet date but before the authorisation of the financial statements for issue, the entity shall disclose the information specified in paragraph 41(a), (b) and (d) in the notes.

Non-current assets that are to be abandoned

13 An entity shall not classify as held for sale a non-current asset (or disposal group) that is to be abandoned. This is because its carrying amount will be recovered principally through continuing use. However, if the disposal group to be abandoned meets the criteria in paragraph 32(a)-(c), the entity shall present the results and cash flows of the disposal group as discontinued operations in accordance with paragraphs 33 and 34 at the date on which it ceases to be used. Non-current assets (or disposal groups) to be abandoned include non-current assets (or disposal groups) that are to be used to the end of their economic life and non-current assets (or disposal groups) that are to be closed rather than sold.

14 An entity shall not account for a non-current asset that has been temporarily taken out of use as if it had been abandoned.

MEASUREMENT OF NON-CURRENT ASSETS (OR DISPOSAL GROUPS) CLASSIFIED AS HELD FOR SALE

Measurement of a non-current asset (or disposal group)

15 **An entity shall measure a non-current asset (or disposal group) classified as held for sale at the lower of its carrying amount and fair value less costs to sell.**

16 If a newly acquired asset (or disposal group) meets the criteria to be classified as held for sale (see paragraph 11), applying paragraph 15 will result in the asset (or disposal group) being measured on initial recognition at the lower of its carrying amount had it not been so classified (for example, cost) and fair value less costs to sell. Hence, if the asset (or disposal group) is acquired as part of a business combination, it shall be measured at fair value less costs to sell.

17 When the sale is expected to occur beyond one year, the entity shall measure the costs to sell at their present value. Any increase in the present value of the costs to sell that arises from the passage of time shall be presented in profit or loss as a financing cost.

IFRS 5

18 Unmittelbar vor der erstmaligen Klassifizierung eines Vermögenswertes (oder einer Veräußerungsgruppe) als zur Veräußerung gehalten sind die Buchwerte des Vermögenswertes (bzw. alle Vermögenswerte und Schulden der Gruppe) gemäß den einschlägigen IFRS zu bewerten.

19 Bei einer späteren Neubewertung einer Veräußerungsgruppe sind die Buchwerte der Vermögenswerte und Schulden, die nicht in den Anwendungsbereich der Bewertungsvorschriften dieses IFRS fallen, jedoch zu einer Veräußerungsgruppe gehören, die als zur Veräußerung gehalten klassifiziert wird, zuerst gemäß den einschlägigen IFRS neu zu bewerten und anschließend mit dem beizulegenden Zeitwert abzüglich der Veräußerungskosten für die Veräußerungsgruppe anzusetzen.

Erfassung von Wertminderungsaufwendungen und Wertaufholungen

20 Ein Unternehmen hat bei einer erstmaligen oder späteren außerplanmäßigen Abschreibung des Vermögenswertes (oder der Veräußerungsgruppe) auf den beizulegenden Zeitwert abzüglich Veräußerungskosten einen Wertminderungsaufwand zu erfassen, soweit dieser nicht gemäß Paragraph 19 berücksichtigt wurde.

21 Ein späterer Anstieg des beizulegenden Zeitwertes abzüglich Veräußerungskosten für einen Vermögenswert ist als Gewinn zu erfassen, jedoch nur bis zur Höhe des kumulierten Wertminderungsaufwands, der gemäß diesem IFRS oder davor gemäß IAS 36 *Wertminderung von Vermögenswerten* erfasst wurde.

22 Ein späterer Anstieg des beizulegenden Zeitwertes abzüglich Veräußerungskosten für eine Veräußerungsgruppe ist als Gewinn zu erfassen:
 (a) soweit dieser Anstieg nicht gemäß Paragraph 19 erfasst wurde;
 jedoch
 (b) nur bis zur Höhe des kumulativen Wertminderungsaufwands, der für die langfristigen Vermögenswerte, die in den Anwendungsbereich der Bewertungsvorschriften dieses IFRS fallen, gemäß diesem IFRS oder davor gemäß IAS 36 erfasst wurde.

23 Der für eine Veräußerungsgruppe erfasste Wertminderungsaufwand (oder spätere Gewinn) verringert (bzw. erhöht) den Buchwert der langfristigen Vermögenswerte in der Gruppe, die den Bewertungsvorschriften dieses IFRS unterliegen, in der in den Paragraphen 104(a) und (b) und 122 des IAS 36 (überarbeitet 2004) angegebenen Verteilungsreihenfolge.

24 Ein Gewinn oder Verlust, der bis zum Tag der Veräußerung eines langfristigen Vermögenswertes (oder einer Veräußerungsgruppe) bisher nicht erfasst wurde, ist am Tag der Ausbuchung zu erfassen. Die Vorschriften zur Ausbuchung sind dargelegt in:
 (a) Paragraph 67–72 des IAS 16 (überarbeitet 2003) für Sachanlagen
 und
 (b) Paragraph 112–117 des IAS 38 *Immaterielle Vermögenswerte* (überarbeitet 2004) für immaterielle Vermögenswerte.

25 Ein langfristiger Vermögenswert darf, solange er als zur Veräußerung gehalten klassifiziert wird oder zu einer als zur Veräußerung gehalten klassifizierten Veräußerungsgruppe gehört, nicht planmäßig abgeschrieben werden. Zinsen und andere Aufwendungen, die den Schulden einer als zur Veräußerung gehalten klassifizierten Veräußerungsgruppe zugerechnet werden können, sind weiterhin zu erfassen.

Änderungen eines Veräußerungsplans

26 Vermögenswerte (oder Veräußerungsgruppen), die als zur Veräußerung gehalten klassifiziert werden, die in den Paragraphen 7–9 genannten Kriterien jedoch nicht mehr erfüllen, dürfen nicht mehr als zur Veräußerung gehalten klassifiziert werden.

27 Ein langfristiger Vermögenswert, der nicht mehr als zur Veräußerung gehalten klassifiziert wird (oder nicht mehr zu einer als zur Veräußerung gehalten klassifizierten Veräußerungsgruppe gehört) ist anzusetzen mit dem niedrigeren Wert aus:

IFRS 5

18 Immediately before the initial classification of the asset (or disposal group) as held for sale, the carrying amounts of the asset (or all the assets and liabilities in the group) shall be measured in accordance with applicable IFRSs.

19 On subsequent remeasurement of a disposal group, the carrying amounts of any assets and liabilities that are not within the scope of the measurement requirements of this IFRS, but are included in a disposal group classified as held for sale, shall be remeasured in accordance with applicable IFRSs before the fair value less costs to sell of the disposal group is remeasured.

Recognition of impairment losses and reversals

20 An entity shall recognise an impairment loss for any initial or subsequent write-down of the asset (or disposal group) to fair value less costs to sell, to the extent that it has not been recognised in accordance with paragraph 19.

21 An entity shall recognise a gain for any subsequent increase in fair value less costs to sell of an asset, but not in excess of the cumulative impairment loss that has been recognised either in accordance with this IFRS or previously in accordance with IAS 36 *Impairment of Assets*.

22 An entity shall recognise a gain for any subsequent increase in fair value less costs to sell of a disposal group:
(a) to the extent that it has not been recognised in accordance with paragraph 19; but
(b) not in excess of the cumulative impairment loss that has been recognised, either in accordance with this IFRS or previously in accordance with IAS 36, on the non-current assets that are within the scope of the measurement requirements of this IFRS.

23 The impairment loss (or any subsequent gain) recognised for a disposal group shall reduce (or increase) the carrying amount of the non-current assets in the group that are within the scope of the measurement requirements of this IFRS, in the order of allocation set out in paragraphs 104(a) and (b) and 122 of IAS 36 (as revised in 2004).

24 A gain or loss not previously recognised by the date of the sale of a noncurrent asset (or disposal group) shall be recognised at the date of derecognition. Requirements relating to derecognition are set out in:
(a) paragraphs 67–72 of IAS 16 (as revised in 2003) for property, plant and equipment, and
(b) paragraphs 112–117 of IAS 38 *Intangible Assets* (as revised in 2004) for intangible assets.

25 An entity shall not depreciate (or amortise) a non-current asset while it is classified as held for sale or while it is part of a disposal group classified as held for sale. Interest and other expenses attributable to the liabilities of a disposal group classified as held for sale shall continue to be recognised.

Changes to a plan of sale

26 If an entity has classified an asset (or disposal group) as held for sale, but the criteria in paragraphs 7–9 are no longer met, the entity shall cease to classify the asset (or disposal group) as held for sale.

27 The entity shall measure a non-current asset that ceases to be classified as held for sale (or ceases to be included in a disposal group classified as held for sale) at the lower of:

IFRS 5

(a) dem Buchwert, bevor der Vermögenswert (oder die Veräußerungsgruppe) als zur Veräußerung gehalten klassifiziert wurde, bereinigt um alle planmäßigen Abschreibungen oder Neubewertungen, die ohne eine Klassifizierung des Vermögenswertes (oder der Veräußerungsgruppe) als zur Veräußerung gehalten erfasst worden wären.
(b) dem *erzielbaren Betrag* zum Zeitpunkt der späteren Entscheidung, nicht zu verkaufen[4].

28 Notwendige Anpassungen des Buchwertes langfristiger Vermögenswerte, die nicht mehr als zur Veräußerung gehalten klassifiziert werden, sind in der Berichtsperiode, in der die Kriterien der Paragraphen 7–9 nicht mehr erfüllt sind, in den Erträgen[5] aus fortzuführenden Geschäftsbereichen zu berücksichtigen. Die Anpassung ist in der Gewinn- und Verlustrechnung unter der gleichen Position wie die gegebenenfalls gemäß Paragraph 37 dargestellten Gewinne oder Verluste auszuweisen.

29 Bei der Herausnahme einzelner Vermögenswerte oder Schulden aus einer als zur Veräußerung gehalten klassifizierten Veräußerungsgruppe sind die verbleibenden Vermögenswerte und Schulden der zum Verkauf stehenden Veräußerungsgruppe nur dann als Gruppe zu bewerten, wenn die Gruppe die Kriterien der Paragraphen 7–9 erfüllt. Andernfalls sind die verbleibenden langfristigen Vermögenswerte der Gruppe, die für sich genommen die Kriterien für eine Klassifizierung als zur Veräußerung gehalten erfüllen, einzeln mit dem niedrigeren Wert aus Buchwert und dem zu diesem Zeitpunkt beizulegenden Zeitwert abzüglich Veräußerungskosten anzusetzen. Alle langfristigen Vermögenswerte, die diesen Kriterien nicht entsprechen, dürfen nicht mehr als zur Veräußerung gehaltene langfristige Vermögenswerte gemäß Paragraph 26 klassifiziert werden.

DARSTELLUNG UND ANGABEN

30 **Ein Unternehmen hat Informationen darzustellen und anzugeben, die es den Abschlussadressaten ermöglichen, die finanziellen Auswirkungen von aufgegebenen Geschäftsbereichen und der Veräußerung langfristiger Vermögenswerte (oder Veräußerungsgruppen) zu beurteilen.**

Darstellung von aufgegebenen Geschäftsbereichen

31 Ein *Unternehmensbestandteil* bezeichnet einen Geschäftsbereich und die zugehörigen Cashflows, die betrieblich und für die Zwecke der Rechnungslegung vom restlichen Unternehmen klar abgegrenzt werden können. Mit anderen Worten: ein Unternehmensbestandteil ist während seiner Nutzungsdauer eine zahlungsmittelgenerierende Einheit oder eine Gruppe von zahlungsmittelgenerierenden Einheiten gewesen.

32 Ein aufgegebener Geschäftsbereich ist ein Unternehmensbestandteil, der veräußert wurde oder als zur Veräußerung gehalten klassifiziert wird
und der
(a) einen gesonderten, wesentlichen Geschäftszweig oder geografischen Geschäftsbereich darstellt,
(b) Teil eines einzelnen, abgestimmten Plans zur Veräußerung eines gesonderten wesentlichen Geschäftszweigs oder geografischen Geschäftsbereichs ist
oder
(c) ein Tochterunternehmen darstellt, das ausschließlich mit der Absicht einer Weiterveräußerung erworben wurde.

33 Folgende Angaben sind von einem Unternehmen zu machen:
(a) ein gesonderter Betrag in der Gewinn- und Verlustrechnung, welcher der Summe entspricht aus:
 (i) dem Ergebnis nach Steuern des aufgegebenen Geschäftsbereichs
 und
 (ii) dem Ergebnis nach Steuern, das bei der Bewertung mit dem beizulegenden Zeitwert abzüglich Veräußerungskosten oder bei der Veräußerung der Vermögenswerte oder Veräußerungsgruppe(n), die den aufgegebenen Geschäftsbereich darstellen, erfasst wurde.
(b) eine Untergliederung des gesonderten Betrags unter (a) in:
 (i) Erlöse, Aufwendungen und Ergebnis vor Steuern des aufgegebenen Geschäftsbereichs;
 (ii) den zugehörigen Ertragsteueraufwand gemäß Paragraph 81 (h) des IAS 12;

---

[4] Ist der langfristige Vermögenswert Bestandteil einer zahlungsmittelgenerierenden Einheit, entspricht der erzielbare Betrag dem Buchwert, der nach Verteilung eines Wertminderungsaufwands bei dieser zahlungsmittelgenerierenden Einheit gemäß IAS 36 erfasst worden wäre.
[5] Sofern die Vermögenswerte keine Sachanlagen oder immateriellen Vermögenswerte sind, die vor einer Klassifizierung als zur Veräußerung gehalten gemäß IAS 16 oder IAS 38 neu bewertet wurden, ist die Anpassung als eine Zu- oder Abnahme auf Grund einer Neubewertung zu behandeln.

(a) its carrying amount before the asset (or disposal group) was classified as held for sale, adjusted for any depreciation, amortisation or revaluations that would have been recognised had the asset (or disposal group) not been classified as held for sale, and
(b) its *recoverable amount* at the date of the subsequent decision not to sell.[4]

The entity shall include any required adjustment to the carrying amount of a non-current asset that ceases to be classified as held for sale in income[5] from continuing operations in the period in which the criteria in paragraphs 7–9 are no longer met. The entity shall present that adjustment in the same income statement caption used to present a gain or loss, if any, recognised in accordance with paragraph 37.   28

If an entity removes an individual asset or liability from a disposal group classified as held for sale, the remaining assets and liabilities of the disposal group to be sold shall continue to be measured as a group only if the group meets the criteria in paragraphs 7–9. Otherwise, the remaining non-current assets of the group that individually meet the criteria to be classified as held for sale shall be measured individually at the lower of their carrying amounts and fair values less costs to sell at that date. Any non-current assets that do not meet the criteria shall cease to be classified as held for sale in accordance with paragraph 26.   29

PRESENTATION AND DISCLOSURE

An entity shall present and disclose information that enables users of the financial statements to evaluate the financial effects of discontinued operations and disposals of non-current assets (or disposal groups).   30

Presenting discontinued operations

A *component* of an entity comprises operations and cash flows that can be clearly distinguished, operationally and for financial reporting purposes, from the rest of the entity. In other words, a component of an entity will have been a cash-generating unit or a group of cash-generating units while being held for use.   31

A discontinued operation is a component of an entity that either has been disposed of, or is classified as held for sale, and   32
(a) represents a separate major line of business or geographical area of operations,
(b) is part of a single co-ordinated plan to dispose of a separate major line of business or geographical area of operations
or
(c) is a subsidiary acquired exclusively with a view to resale.

An entity shall disclose: 33
(a) a single amount on the face of the income statement comprising the total of:
  (i) the post-tax profit or loss of discontinued operations
   and
  (ii) the post-tax gain or loss recognised on the measurement to fair value less costs to sell or on the disposal of the assets or disposal group(s) constituting the discontinued operation.
(b) an analysis of the single amount in (a) into:
  (i) the revenue, expenses and pre-tax profit or loss of discontinued operations;
  (ii) the related income tax expense as required by paragraph 81 (h) of IAS 12;

---

[4] If the non-current asset is part of a cash-generating unit, its recoverable amount is the carrying amount that would have been recognised after the allocation of any impairment loss arising on that cash-generating unit in accordance with IAS 36.
[5] Unless the asset is property, plant and equipment or an intangible asset that had been revalued in accordance with IAS 16 or IAS 38 before classification as held for sale, in which case the adjustment shall be treated as a revaluation increase or decrease.

(iii) den Gewinn oder Verlust, der bei der Bewertung mit dem beizulegenden Zeitwert abzüglich Veräußerungskosten oder bei der Veräußerung der Vermögenswerte oder Veräußerungsgruppe(n), die den aufgegebenen Geschäftsbereich darstellen, erfasst wurde.
(iv) den zugehörigen Ertragsteueraufwand gemäß Paragraph 81 (h) von IAS 12.
Diese Gliederung kann in der Gewinn- und Verlustrechnung oder in den Anhangangaben zur Gewinn- und Verlustrechnung dargestellt werden. Die Darstellung in der Gewinn- und Verlustrechnung hat in einem eigenen Abschnitt für aufgegebene Geschäftsbereiche, also getrennt von den fortzuführenden Geschäftsbereichen, zu erfolgen. Eine Gliederung ist nicht für Veräußerungsgruppen erforderlich, bei denen es sich um neu erworbene Tochter- unternehmen handelt, die zum Erwerbszeitpunkt die Kriterien für eine Klassifizierung als zur Veräußerung gehalten erfüllen (siehe Paragraph 11).
(c) die Netto-Cashflows, die der laufenden Geschäftstätigkeit sowie der Investitions- und Finanzierungstätigkeit des aufgegebenen Geschäftsbereichs zuzurechnen sind; diese Angaben können entweder in einem bestimmten Abschlussbestandteil oder in den Anhangangaben dargestellt werden. Sie sind nicht für Veräußerungsgruppen erforderlich, bei denen es sich um neu erworbene Tochterunternehmen handelt, die zum Erwerbszeitpunkt die Kriterien für eine Klassifizierung als zur Veräußerung gehalten erfüllen (siehe Paragraph 11).

34 Die Angaben gemäß Paragraph 33 sind für frühere im Abschluss dargestellte Berichtsperioden so anzupassen, dass sich die Angaben auf alle Geschäftsbereiche beziehen, die bis zum Bilanzstichtag der zuletzt dargestellten Berichtsperiode aufgegeben wurden.

35 Alle in der gegenwärtigen Periode vorgenommenen Änderungen von Beträgen, die früher im Abschnitt für aufgegebene Geschäftsbereiche dargestellt wurden und in direktem Zusammenhang mit der Veräußerung eines aufgegebenen Geschäftsbereichs in einer vorangegangenen Periode stehen, sind unter diesem Abschnitt in einer gesonderten Kategorie auszuweisen. Es sind die Art und Höhe solcher Anpassungen anzugeben. Im Folgenden werden einige Beispiele für Situationen genannt, in denen derartige Anpassungen auftreten können:
(a) Auflösung von Unsicherheiten, die durch die Bedingungen des Veräußerungsgeschäfts entstehen, wie beispielsweise die Auflösung von Kaufpreisanpassungen und Klärung von Entschädigungsfragen mit dem Käufer.
(b) Auflösung von Unsicherheiten, die auf die Geschäftstätigkeit des Unternehmensbestandteils vor seiner Veräußerung zurückzuführen sind oder in direktem Zusammenhang damit stehen, wie beispielsweise beim Verkäufer verbliebene Verpflichtungen aus der Umwelt- und Produkthaftung.
(c) Abgeltung von Verpflichtungen im Rahmen eines Versorgungsplans für Arbeitnehmer, sofern diese Abgeltung in direktem Zusammenhang mit dem Veräußerungsgeschäft steht.

36 Wird ein Unternehmensbestandteil nicht mehr als zur Veräußerung gehalten klassifiziert, ist das Ergebnis dieses Unternehmensbestandteils, das zuvor gemäß den Paragraphen 33–35 im Abschnitt für aufgegebene Geschäftsbereiche ausgewiesen wurde, umzugliedern und für alle dargestellten Berichtsperioden in die Erträge aus fortzuführenden Geschäftsbereichen einzubeziehen. Die Beträge für vorangegangene Berichtsperioden sind mit dem Hinweis zu versehen, dass es sich um angepasste Beträge handelt.

Ergebnis aus fortzuführenden Geschäftsbereichen

37 Alle Gewinne oder Verluste aus der Neubewertung von langfristigen Vermögenswerten (oder Veräußerungsgruppen), die als zur Veräußerung gehalten klassifiziert werden und nicht die Definition eines aufgegebenen Geschäftsbereichs erfüllen, sind im Ergebnis aus fortzuführenden Geschäftsbereichen zu erfassen.

Darstellung von langfristigen Vermögenswerten oder Veräußerungsgruppen, die als zur Veräußerung gehalten klassifiziert werden

38 Langfristige Vermögenswerte, die als zur Veräußerung gehalten klassifiziert werden, sowie die Vermögenswerte einer als zur Veräußerung gehalten klassifizierten Veräußerungsgruppe sind in der Bilanz getrennt von anderen Vermögenswerten darzustellen. Die Schulden einer als zur Veräußerung gehalten klassifizierten Veräußerungsgruppe sind getrennt von anderen Schulden in der Bilanz auszuweisen. Diese Vermögenswerte und Schulden dürfen nicht miteinander saldiert und als gesonderter Betrag abgebildet werden. Die Hauptgruppen der Vermögenswerte und Schulden, die als zur Veräußerung gehalten klassifiziert werden, sind außer in dem gemäß Paragraph 39 gestatteten Fall entweder in der Bilanz oder im Anhang gesondert anzugeben. Alle direkt im Eigenkapital erfassten kumulativen Erträge oder Aufwendungen, die in Verbindung mit langfristigen Vermögenswerten (oder Veräußerungsgruppen) stehen, die als zur Veräußerung gehalten klassifiziert werden, sind gesondert auszuweisen.

(iii) the gain or loss recognised on the measurement to fair value less costs to sell or on the disposal of the assets or disposal group(s) constituting the discontinued operation; and

(iv) the related income tax expense as required by paragraph 81 (h) of IAS 12.

The analysis may be presented in the notes or on the face of the income statement. If it is presented on the face of the income statement it shall be presented in a section identified as relating to discontinued operations, ie separately from continuing operations. The analysis is not required for disposal groups that are newly acquired subsidiaries that meet the criteria to be classified as held for sale on acquisition (see paragraph 11).

(c) the net cash flows attributable to the operating, investing and financing activities of discontinued operations. These disclosures may be presented either in the notes or on the face of the financial statements. These disclosures are not required for disposal groups that are newly acquired subsidiaries that meet the criteria to be classified as held for sale on acquisition (see paragraph 11).

34 An entity shall re-present the disclosures in paragraph 33 for prior periods presented in the financial statements so that the disclosures relate to all operations that have been discontinued by the balance sheet date for the latest period presented.

35 Adjustments in the current period to amounts previously presented in discontinued operations that are directly related to the disposal of a discontinued operation in a prior period shall be classified separately in discontinued operations. The nature and amount of such adjustments shall be disclosed. Examples of circumstances in which these adjustments may arise include the following:

(a) the resolution of uncertainties that arise from the terms of the disposal transaction, such as the resolution of purchase price adjustments and indemnification issues with the purchaser.

(b) the resolution of uncertainties that arise from and are directly related to the operations of the component before its disposal, such as environmental and product warranty obligations retained by the seller.

(c) the settlement of employee benefit plan obligations, provided that the settlement is directly related to the disposal transaction.

36 If an entity ceases to classify a component of an entity as held for sale, the results of operations of the component previously presented in discontinued operations in accordance with paragraphs 33–35 shall be reclassified and included in income from continuing operations for all periods presented. The amounts for prior periods shall be described as having been re-presented.

Gains or losses relating to continuing operations

37 Any gain or loss on the remeasurement of a non-current asset (or disposal group) classified as held for sale that does not meet the definition of a discontinued operation shall be included in profit or loss from continuing operations.

Presentation of a non-current asset or disposal group classified as held for sale

38 An entity shall present a non-current asset classified as held for sale and the assets of a disposal group classified as held for sale separately from other assets in the balance sheet. The liabilities of a disposal group classified as held for sale shall be presented separately from other liabilities in the balance sheet. Those assets and liabilities shall not be offset and presented as a single amount. The major classes of assets and liabilities classified as held for sale shall be separately disclosed either on the face of the balance sheet or in the notes, except as permitted by paragraph 39. An entity shall present separately any cumulative income or expense recognised directly in equity relating to a non-current asset (or disposal group) classified as held for sale.

39 Handelt es sich bei der Veräußerungsgruppe um ein neu erworbenes Tochterunternehmen, dass zum Erwerbszeitpunkt die Kriterien für eine Klassifizierung als zur Veräußerung gehalten erfüllt (siehe Paragraph 11), ist eine Angabe der Hauptklassen der Vermögenswerte und Schulden nicht erforderlich.

40 Die Beträge, die für langfristige Vermögenswerte oder Vermögenswerte und Schulden von Veräußerungsgruppen, die als zur Veräußerung gehalten klassifiziert werden, in den Bilanzen vorangegangener Berichtsperioden ausgewiesen wurden, sind nicht neu zu gliedern oder anzupassen, um die bilanzielle Gliederung für die zuletzt dargestellte Berichtsperiode widerzuspiegeln.

Zusätzliche Angaben

41 Ein Unternehmen hat in der Berichtsperiode, in der ein langfristiger Vermögenswert (oder eine Veräußerungsgruppe) entweder als zur Veräußerung gehalten klassifiziert oder verkauft wurde, im Anhang die folgenden Informationen anzugeben:
(a) eine Beschreibung des langfristigen Vermögenswertes (oder der Veräußerungsgruppe);
(b) eine Beschreibung der Sachverhalte und Umstände der Veräußerung oder der Sachverhalte und Umstände, die zu der erwarteten Veräußerung führen, sowie die voraussichtliche Art und Weise und der voraussichtliche Zeitpunkt dieser Veräußerung;
(c) der gemäß den Paragraphen 20–22 erfasste Gewinn oder Verlust und, falls dieser nicht gesondert in der Gewinn- und Verlustrechnung ausgewiesen wird, in welcher Kategorie der Gewinn- und Verlustrechnung dieser Gewinn oder Verlust berücksichtigt wurde;
(d) gegebenenfalls das berichtspflichtige Segment, in dem der langfristige Vermögenswert (oder die Veräußerungsgruppe) gemäß IFRS 8 *Geschäftssegmente* ausgewiesen wird.

42 Wenn die Paragraphen 26 oder 29 Anwendung finden, sind in der Berichtsperiode, in der eine Änderung des Plans zur Veräußerung des langfristigen Vermögenswertes (oder der Veräußerungsgruppe) beschlossen wurde, die Sachverhalte und Umstände zu beschreiben, die zu dieser Entscheidung geführt haben, und die Auswirkungen der Entscheidung auf das Ergebnis für die dargestellte Berichtsperiode und die dargestellten vorangegangenen Berichtsperioden anzugeben.

ÜBERGANGSVORSCHRIFTEN

43 Der IFRS ist prospektiv auf langfristige Vermögenswerte (oder Veräußerungsgruppen) anzuwenden, welche nach dem Zeitpunkt des Inkrafttretens des IFRS die Kriterien für eine Klassifizierung als zur Veräußerung gehalten erfüllen, sowie auf Geschäftsbereiche, welche nach dem Zeitpunkt des Inkrafttretens die Kriterien für eine Klassifizierung als aufgegebene Geschäftsbereiche erfüllen. Die Vorschriften des IFRS können auf alle langfristigen Vermögenswerte (oder Veräußerungsgruppen) angewendet werden, die vor dem Zeitpunkt des Inkrafttretens die Kriterien für eine Klassifizierung als zur Veräußerung gehalten erfüllen, sowie auf Geschäftsbereiche, welche nach dem Zeitpunkt des Inkrafttretens die Kriterien für eine Klassifizierung als aufgegebene Geschäftsbereiche erfüllen, sofern die Bewertungen und anderen notwendigen Informationen zur Anwendung des IFRS zu dem Zeitpunkt durchgeführt bzw. eingeholt wurden, zu dem diese Kriterien ursprünglich erfüllt wurden.

ZEITPUNKT DES INKRAFTTRETENS

44 Dieser IFRS ist erstmals in der ersten Berichtsperiode eines am 1. Januar 2005 oder danach beginnenden Geschäftsjahres anzuwenden. Eine frühere Anwendung wird empfohlen. Wenn ein Unternehmen den IFRS für Berichtsperioden anwendet, die vor dem 1. Januar 2005 beginnen, so ist diese Tatsache anzugeben.

RÜCKNAHME VON IAS 35

45 Dieser IFRS ersetzt IAS 35 *Aufgabe von Geschäftsbereichen*.

39 If the disposal group is a newly acquired subsidiary that meets the criteria to be classified as held for sale on acquisition (see paragraph 11), disclosure of the major classes of assets and liabilities is not required.

40 An entity shall not reclassify or re-present amounts presented for non-current assets or for the assets and liabilities of disposal groups classified as held for sale in the balance sheets for prior periods to reflect the classification in the balance sheet for the latest period presented.

Additional disclosures

41 An entity shall disclose the following information in the notes in the period in which a non-current asset (or disposal group) has been either classified as held for sale or sold:
(a) a description of the non-current asset (or disposal group);
(b) a description of the facts and circumstances of the sale, or leading to the expected disposal, and the expected manner and timing of that disposal;
(c) the gain or loss recognised in accordance with paragraphs 20–22 and, if not separately presented on the face of the income statement, the caption in the income statement that includes that gain or loss;
(d) if applicable, the reportable segment in which the non-current asset (or disposal group) is presented in accordance with IFRS 8 *Operating Segments*.

42 If either paragraph 26 or paragraph 29 applies, an entity shall disclose, in the period of the decision to change the plan to sell the non-current asset (or disposal group), a description of the facts and circumstances leading to the decision and the effect of the decision on the results of operations for the period and any prior periods presented.

TRANSITIONAL PROVISIONS

43 The IFRS shall be applied prospectively to non-current assets (or disposal groups) that meet the criteria to be classified as held for sale and operations that meet the criteria to be classified as discontinued after the effective date of the IFRS. An entity may apply the requirements of the IFRS to all non-current assets (or disposal groups) that meet the criteria to be classified as held for sale and operations that meet the criteria to be classified as discontinued after any date before the effective date of the IFRS, provided the valuations and other information needed to apply the IFRS were obtained at the time those criteria were originally met.

EFFECTIVE DATE

44 An entity shall apply this IFRS for annual periods beginning on or after 1 January 2005. Earlier application is encouraged. If an entity applies the IFRS for a period beginning before 1 January 2005, it shall disclose that fact.

WITHDRAWAL OF IAS 35

45 This IFRS supersedes IAS 35 *Discontinuing Operations*.

ANHANG A

Begriffsbestimmungen

Dieser Anhang ist Bestandteil des IFRS.

Zahlungsmittelgenerierende Einheit	Die kleinste identifizierbare Gruppe von Vermögenswerten, die Mittelzuflüsse erzeugt, die weitestgehend unabhängig von den Mittelzuflüssen anderer Vermögenswerte oder anderer Gruppen von Vermögenswerten sind.
Unternehmensbestandteil	Ein Geschäftsbereich und die zugehörigen Cashflows, die betrieblich und für die Zwecke der Rechnungslegung vom restlichen Unternehmen klar abgegrenzt werden können.
Veräußerungskosten	Zusätzliche Kosten, die der Veräußerung eines Vermögenswertes (oder einer **Veräußerungsgruppe**) direkt zugeordnet werden können, mit Ausnahme der Finanzierungskosten und des Ertragsteueraufwands.
kurzfristiger Vermögenswert	Ein Vermögenswert, der eines der nachfolgenden Kriterien erfüllt: (a) seine Realisation wird innerhalb des normalen Verlaufs des Geschäftszyklus des Unternehmens erwartet oder er wird zum Verkauf oder Verbrauch innerhalb dieses Zeitraums gehalten; (b) er wird primär für Handelszwecke gehalten; (c) seine Realisation wird innerhalb von zwölf Monaten nach dem Bilanzstichtag erwartet; oder (d) es handelt sich um Zahlungsmittel oder Zahlungsmitteläquivalente, es sei denn, der Tausch oder die Nutzung des Vermögenswertes zur Erfüllung einer Verpflichtung sind für einen Zeitraum von mindestens 12 Monaten nach dem Bilanzstichtag eingeschränkt.
aufgegebener Geschäftsbereich	Ein **Unternehmensbestandteil**, der veräußert wurde oder als zur Veräußerung gehalten klassifiziert wird und: (a) einen gesonderten, wesentlichen Geschäftszweig oder geografischen Geschäftsbereich darstellt, (b) Teil eines einzelnen, abgestimmten Plans zur Veräußerung eines gesonderten wesentlichen Geschäftszweigs oder geografischen Geschäftsbereichs ist oder (c) ein Tochterunternehmen darstellt, das ausschließlich mit der Absicht einer Weiterveräußerung erworben wurde.
Veräußerungsgruppe	Eine Gruppe von Vermögenswerten, die gemeinsam in einer einzigen Transaktion durch Verkauf oder auf andere Weise veräußert werden sollen, sowie die direkt mit ihnen in Verbindung stehenden Schulden, die bei der Transaktion übertragen werden. Die Gruppe beinhaltet den bei einem Unternehmenszusammenschluss erworbenen Geschäfts- oder Firmenwert, wenn sie eine zahlungsmittelgenerierende Einheit darstellt, welcher der Geschäfts- oder Firmenwert gemäß den Vorschriften der Paragraphen 80–87 des IAS 36 *Wertminderung von Vermögenswerten* (überarbeitet 2004) zugeordnet wurde, oder es sich um einen Geschäftsbereich innerhalb einer solchen zahlungsmittelgenerierenden Einheit handelt.
beizulegender Zeitwert	Der Betrag, zu dem zwischen sachverständigen, vertragswilligen und voneinander unabhängigen Geschäftspartnern unter marktüblichen Bedingungen ein Vermögenswert getauscht oder eine Schuld beglichen werden könnte.
feste Kaufverpflichtung	Eine für beide Parteien verbindliche und in der Regel einklagbare Vereinbarung mit einer nicht nahe stehenden Partei, die (a) alle wesentlichen Bestimmungen, einschließlich Preis und Zeitpunkt der Transaktionen, enthält und (b) so schwerwiegende Konsequenzen bei einer Nichterfüllung festlegt, dass eine Erfüllung **höchstwahrscheinlich** ist.
höchstwahrscheinlich	Erheblich wahrscheinlicher als **wahrscheinlich**.
langfristiger Vermögenswert	Ein Vermögenswert, der nicht die Definition eines **kurzfristigen Vermögenswertes** erfüllt.

APPENDIX A

Defined terms

This appendix is an integral part of the IFRS.

cash-generating unit	The smallest identifiable group of assets that generates cash inflows that are largely independent of the cash inflows from other assets or groups of assets.
component of an entity	Operations and cash flows that can be clearly distinguished, operationally and for financial reporting purposes, from the rest of the entity.
costs to sell	The incremental costs directly attributable to the disposal of an asset (or **disposal group**), excluding finance costs and income tax expense.
current asset	An asset that satisfies any of the following criteria: (a) it is expected to be realised in, or is intended for sale or consumption in, the entity's normal operating cycle; (b) it is held primarily for the purpose of being traded; (c) it is expected to be realised within twelve months after the balance sheet date; or (d) it is cash or a cash equivalent asset unless it is restricted from being exchanged or used to settle a liability for at least twelve months after the balance sheet date.
discontinued operation	A **component of an entity** that either has been disposed of or is classified as held for sale and: (a) represents a separate major line of business or geographical area of operations, (b) is part of a single co-ordinated plan to dispose of a separate major line of business or geographical area of operations or (c) is a subsidiary acquired exclusively with a view to resale.
disposal group	A group of assets to be disposed of, by sale or otherwise, together as a group in a single transaction, and liabilities directly associated with those assets that will be transferred in the transaction. The group includes goodwill acquired in a business combination if the group is a **cash-generating unit** to which goodwill has been allocated in accordance with the requirements of paragraphs 80–87 of IAS 36 *Impairment of Assets* (as revised in 2004) or if it is an operation within such a cash-generating unit.
fair value	The amount for which an asset could be exchanged, or a liability settled, between knowledgeable, willing parties in an arm's length transaction.
firm purchase commitment	An agreement with an unrelated party, binding on both parties and usually legally enforceable, that (a) specifies all significant terms, including the price and timing of the transactions, and (b) includes a disincentive for non-performance that is sufficiently large to make performance **highly probable**.
highly probable	Significantly more likely than **probable**.
non-current asset	An asset that does not meet the definition of a **current asset**.

IFRS 5

wahrscheinlich	es spricht mehr dafür als dagegen
erzielbarer Betrag	Der höhere Betrag aus dem **beizulegenden Zeitwert** eines Vermögenswertes abzüglich **Veräußerungskosten** und seinem **Nutzungswert**.
Nutzungswert	Der Barwert der geschätzten künftigen Cashflows, die aus der fortgesetzten Nutzung eines Vermögenswertes und seinem Abgang am Ende seiner Nutzungsdauer erwartet werden.

probable	More likely than not.
recoverable amount	The higher of an asset's **fair value** less **costs to sell** and its **value in use**.
value in use	The present value of estimated future cash flows expected to arise from the continuing use of an asset and from its disposal at the end of its useful life.

ANHANG B

Ergänzungen zu Anwendungen

Dieser Anhang ist Bestandteil des IFRS.

VERLÄNGERUNG DES FÜR DEN VERKAUFSABSCHLUSS BENÖTIGTEN ZEITRAUMS

B1 Wie in Paragraph 9 ausgeführt, schließt eine Verlängerung des für den Verkaufsabschluss benötigten Zeitraums nicht die Klassifizierung eines Vermögenswertes (oder einer Veräußerungsgruppe) als zur Veräußerung gehalten aus, wenn die Verzögerung auf Ereignisse oder Umstände zurückzuführen ist, die außerhalb der Kontrolle des Unternehmens liegen, und ausreichende substanzielle Hinweise vorliegen, dass das Unternehmen weiterhin an seinem Plan zum Verkauf des Vermögenswertes (oder der Veräußerungsgruppe) festhält. Ein Abweichen von der in Paragraph 8 vorgeschriebenen Ein-Jahres-Frist ist daher in den folgenden Situationen zulässig, in denen solche Ereignisse oder Umstände eintreten:

(a) zu dem Zeitpunkt, zu dem das Unternehmen einen Plan zur Veräußerung eines langfristigen Vermögenswertes (oder einer Veräußerungsgruppe) beschließt, erwartet es bei vernünftiger Betrachtungsweise, dass andere Parteien (mit Ausnahme des Käufers) die Übertragung des Vermögenswertes (oder der Veräußerungsgruppe) von Bedingungen abhängig machen werden, durch die sich der für den Verkaufsabschluss benötigte Zeitraum verlängern wird, und:

(i) die zur Erfüllung dieser Bedingungen erforderlichen Maßnahmen können erst nach Erlangen einer *festen Kaufverpflichtung* ergriffen werden,
und

(ii) es ist höchstwahrscheinlich, dass eine feste Kaufverpflichtung innerhalb von einem Jahr erlangt wird.

(b) ein Unternehmen erlangt eine feste Kaufverpflichtung, in deren Folge ein Käufer oder andere Parteien die Übertragung eines Vermögenswertes (oder einer Veräußerungsgruppe), die vorher als zur Veräußerung gehalten klassifiziert wurden, unerwartet von Bedingungen abhängig machen, durch die sich der für den Verkaufsabschluss benötigte Zeitraum verlängern wird, und:

(i) es sind rechtzeitig Maßnahmen zur Erfüllung der Bedingungen ergriffen worden,
und

(ii) es wird ein günstiger Ausgang der den Verkauf verzögernden Faktoren erwartet.

(c) während der ursprünglichen Ein-Jahres-Frist treten Umstände ein, die vorher für unwahrscheinlich erachtet wurden, auf Grund dessen langfristige Vermögenswerte (oder Veräußerungsgruppen), die vorher als zur Veräußerung gehalten klassifiziert wurden, nicht bis zum Ablauf dieser Frist veräußert werden, und:

(i) während der ursprünglichen Ein-Jahres-Frist hat das Unternehmen die erforderlichen Maßnahmen zur Berücksichtigung der geänderten Umstände ergriffen,

(ii) der langfristige Vermögenswert (oder die Veräußerungsgruppe) wird aktiv zu einem Preis vermarktet, der angesichts der geänderten Umstände angemessen ist,
und

(iii) die in den Paragraphen 7 und 8 genannten Kriterien werden erfüllt.

APPENDIX B

Application supplement

This appendix is an integral part of the IFRS.

EXTENSION OF THE PERIOD REQUIRED TO COMPLETE A SALE

As noted in paragraph 9, an extension of the period required to complete a sale does not preclude an asset (or disposal group) from being classified as held for sale if the delay is caused by events or circumstances beyond the entity's control and there is sufficient evidence that the entity remains committed to its plan to sell the asset (or disposal group). An exception to the one-year requirement in paragraph 8 shall therefore apply in the following situations in which such events or circumstances arise: **B1**

(a) at the date an entity commits itself to a plan to sell a non-current asset (or disposal group) it reasonably expects that others (not a buyer) will impose conditions on the transfer of the asset (or disposal group) that will extend the period required to complete the sale, and:
  (i) actions necessary to respond to those conditions cannot be initiated until after a *firm purchase commitment* is obtained, and
  (ii) a firm purchase commitment is highly probable within one year.
(b) an entity obtains a firm purchase commitment and, as a result, a buyer or others unexpectedly impose conditions on the transfer of a non-current asset (or disposal group) previously classified as held for sale that will extend the period required to complete the sale, and:
  (i) timely actions necessary to respond to the conditions have been taken, and
  (ii) a favourable resolution of the delaying factors is expected.
(c) during the initial one-year period, circumstances arise that were previously considered unlikely and, as a result, a non-current asset (or disposal group) previously classified as held for sale is not sold by the end of that period, and:
  (i) during the initial one-year period the entity took action necessary to respond to the change in circumstances,
  (ii) the non-current asset (or disposal group) is being actively marketed at a price that is reasonable, given the change in circumstances, and
  (iii) the criteria in paragraphs 7 and 8 are met.

International Financial Reporting Standard 6

Exploration und Evaluierung von mineralischen Ressourcen

ZIELSETZUNG

1 Zielsetzung dieses IFRS ist es, die Rechnungslegung für die *Exploration und Evaluierung* von *mineralischen Ressourcen* festzulegen.

2 Insbesondere verlangt IFRS 6:
   (a) begrenzte Verbesserungen bei der derzeitigen Bilanzierung von Ausgaben aus *Exploration und Evaluierung;*
   (b) Vermögenswerte, die als Vermögenswerte aus *Exploration und Evaluierung* angesetzt werden, gemäß IFRS 6 auf Wertminderung zu überprüfen und etwaige Wertminderungen gemäß IAS 36 *Wertminderung von Vermögenswerten* zu bewerten;
   (c) Angaben, welche die im Abschluss des Unternehmens für die Exploration und Evaluierung von mineralischen Rohstoffen erfassten Beträge kennzeichnen und erläutern und den Abschlussadressaten die Höhe, die Zeitpunkte und die Eintrittswahrscheinlichkeit künftiger Zahlungsströme verständlich machen, die aus den angesetzten Vermögenswerten aus Exploration und Evaluierung resultieren.

ANWENDUNGSBEREICH

3 IFRS 6 ist auf die einem Unternehmen entstehenden Ausgaben aus Exploration und Evaluierung anzuwenden.

4 IFRS 6 behandelt keine anderen Aspekte der Bilanzierung von Unternehmen, die sich im Rahmen ihrer Geschäftstätigkeit mit der Exploration und Evaluierung von mineralischen Ressourcen befassen.

5 IFRS 6 gilt nicht für Ausgaben, die entstehen:
   (a) vor der Exploration und Evaluierung von mineralischen Ressourcen, z. B. Ausgaben, die anfallen, bevor das Unternehmen die Rechte zur Exploration eines bestimmten Gebietes erhalten hat;
   (b) nach dem Nachweis der technischen Durchführbarkeit und Rentabilität einer mineralischen Ressource.

ANSATZ VON VERMÖGENSWERTEN AUS EXPLORATION UND EVALUIERUNG

Vorübergehende Befreiung von der Anwendung der Paragraphen 11 und 12 des IAS 8

6 Bei der Entwicklung von Bilanzierungs- und Bewertungsmethoden hat ein Unternehmen, das Vermögenswerte aus Exploration und Evaluierung ansetzt, Paragraph 10 des IAS 8 *Bilanzierungs- und Bewertungsmethoden, Änderungen von Schätzungen und Fehler* anzuwenden.

7 Die Paragraphen 11 und 12 des IAS 8 nennen Quellen für verbindliche Vorschriften und Leitlinien, die das Management bei der Entwicklung von Bilanzierungs- und Bewertungsmethoden für Geschäftsvorfälle berücksichtigen muss, auf die kein IFRS ausdrücklich zutrifft. Vorbehaltlich der folgenden Paragraphen 9 und 10 befreit dieser IFRS ein Unternehmen von der Anwendung jener Paragraphen auf die Bilanzierungs- und Bewertungsmethoden für Vermögenswerte aus Exploration und Evaluierung.

BEWERTUNG VON VERMÖGENSWERTEN AUS EXPLORATION UND EVALUIERUNG

Bewertung bei erstmaligem Ansatz

8 Vermögenswerte aus Exploration und Evaluierung sind mit ihren Anschaffungs- oder Herstellungskosten zu bewerten.

Bestandteile der Anschaffungs- oder Herstellungskosten von Vermögenswerten aus Exploration und Evaluierung

9 Ein Unternehmen hat eine Methode festzulegen, nach der zu bestimmen ist, welche Ausgaben als Vermögenswerte aus Exploration und Evaluierung angesetzt werden, und diese Methode einheitlich anzuwenden. Bei dieser

International Financial Reporting Standard 6

Exploration for and evaluation of mineral resources

OBJECTIVE

The objective of this IFRS is to specify the financial reporting for the *exploration for and evaluation of mineral resources*. 1

In particular, the IFRS requires: 2
(a) limited improvements to existing accounting practices for *exploration and evaluation expenditures.*
(b) entities that recognise *exploration and evaluation* assets to assess such assets for impairment in accordance with this IFRS and measure any impairment in accordance with IAS 36 *Impairment of Assets.*
(c) disclosures that identify and explain the amounts in the entity's financial statements arising from the exploration for and evaluation of mineral resources and help users of those financial statements understand the amount, timing and certainty of future cash flows from any exploration and evaluation assets recognised.

SCOPE

An entity shall apply the IFRS to exploration and evaluation expenditures that it incurs. 3

The IFRS does not address other aspects of accounting by entities engaged in the exploration for and evaluation of mineral resources. 4

An entity shall not apply the IFRS to expenditures incurred: 5
(a) before the exploration for and evaluation of mineral resources, such as expenditures incurred before the entity has obtained the legal rights to explore a specific area.
(b) after the technical feasibility and commercial viability of extracting a mineral resource are demonstrable.

RECOGNITION OF EXPLORATION AND EVALUATION ASSETS

Temporary exemption from IAS 8 paragraphs 11 and 12

When developing its accounting policies, an entity recognising exploration and evaluation assets shall apply paragraph 10 of IAS 8 *Accounting Policies, Changes in Accounting Estimates and Errors.* 6

Paragraphs 11 and 12 of IAS 8 specify sources of authoritative requirements and guidance that management is required to consider in developing an accounting policy for an item if no IFRS applies specifically to that item. Subject to paragraphs 9 and 10 below, this IFRS exempts an entity from applying those paragraphs to its accounting policies for the recognition and measurement of exploration and evaluation assets. 7

MEASUREMENT OF EXPLORATION AND EVALUATION ASSETS

Measurement at recognition

Exploration and evaluation assets shall be measured at cost. 8

Elements of cost of exploration and evaluation assets

9

An entity shall determine a policy specifying which expenditures are recognised as exploration and evaluation assets and apply the policy consistently. In making this determination, an entity considers the degree to which

IFRS 6

Entscheidung ist zu berücksichtigen, inwieweit die Ausgaben mit der Suche nach spezifischen mineralischen Ressourcen in Verbindung gebracht werden können. Es folgen einige Beispiele für Ausgaben, die in die erstmalige Bewertung von Vermögenswerten aus Exploration und Evaluierung einbezogen werden könnten (die Liste ist nicht vollständig):
(a) Erwerb von Rechten zur Exploration,
(b) topografische, geologische, geochemische und geophysikalische Studien,
(c) Probebohrungen
(d) Erdbewegungen
(e) Probenentnahme und
(f) Tätigkeiten in Zusammenhang mit der Beurteilung der technischen Durchführbarkeit und Rentabilität einer mineralischen Ressource.

10 Ausgaben in Verbindung mit der Erschließung von mineralischen Ressourcen sind nicht als Vermögenswerte aus Exploration und Evaluierung anzusetzen. Das *Rahmenkonzept* und IAS 38 *Immaterielle Vermögenswerte* enthalten Leitlinien für den Ansatz von Vermögenswerten, die aus der Erschließung resultieren.

11 Gemäß IAS 37 *Rückstellungen, Eventualschulden und Eventualforderungen* sind alle Beseitigungs- und Wiederherstellungsverpflichtungen zu erfassen, die in einer bestimmten Periode im Zuge der Exploration und Evaluierung von mineralischen Ressourcen anfallen.

Folgebewertung

12 Nach dem erstmaligen Ansatz sind die Vermögenswerte aus Exploration und Evaluierung entweder nach dem Anschaffungskostenmodell oder nach dem Neubewertungsmodell zu bewerten. Bei Anwendung des Neubewertungsmodells (entweder gemäß IAS 16 Sachanlagen oder gemäß IAS 38) muss dieses mit der Klassifizierung der Vermögenswerte (siehe Paragraph 15) übereinstimmen.

Änderungen der Bilanzierungs- und Bewertungsmethoden

13 **Ein Unternehmen darf seine Bilanzierungs- und Bewertungsmethoden für Ausgaben aus Exploration und Evaluierung ändern, wenn diese Änderung den Abschluss für die wirtschaftliche Entscheidungsfindung der Adressaten relevanter macht, ohne weniger verlässlich zu sein, oder verlässlicher macht, ohne weniger relevant für jene Entscheidungsfindung zu sein. Ein Unternehmen hat die Relevanz und Verlässlichkeit anhand der Kriterien in IAS 8 zu beurteilen.**

14 Zur Rechtfertigung der Änderung seiner Bilanzierungs- und Bewertungsmethoden für Ausgaben aus Exploration und Evaluierung hat ein Unternehmen nachzuweisen, dass die Änderung seinen Abschluss näher an die Erfüllung der Kriterien in IAS 8 bringt, wobei die Änderung eine vollständige Übereinstimmung mit jenen Kriterien nicht erreichen muss.

DARSTELLUNG

Klassifizierung von Vermögenswerten aus Exploration und Evaluierung

15 **Ein Unternehmen hat Vermögenswerte aus Exploration und Evaluierung je nach Art als materielle oder immaterielle Vermögenswerte zu klassifizieren und diese Klassifizierung stetig anzuwenden.**

16 Einige Vermögenswerte aus Exploration und Evaluierung werden als immaterielle Vermögenswerte behandelt (z. B. Bohrrechte), während andere materielle Vermögenswerte darstellen (z. B. Fahrzeuge und Bohrinseln). Soweit bei der Entwicklung eines immateriellen Vermögenswertes ein materieller Vermögenswert verbraucht wird, ist der Betrag in Höhe dieses Verbrauchs Bestandteil der Kosten des immateriellen Vermögenswertes. Jedoch führt die Tatsache, dass ein materieller Vermögenswert zur Entwicklung eines immateriellen Vermögenswertes eingesetzt wird, nicht zur Umklassifizierung dieses materiellen Vermögenswertes in einen immateriellen Vermögenswert.

the expenditure can be associated with finding specific mineral resources. The following are examples of expenditures that might be included in the initial measurement of exploration and evaluation assets (the list is not exhaustive):
(a) acquisition of rights to explore;
(b) topographical, geological, geochemical and geophysical studies;
(c) exploratory drilling;
(d) trenching;
(e) sampling; and
(f) activities in relation to evaluating the technical feasibility and commercial viability of extracting a mineral resource.

Expenditures related to the development of mineral resources shall not be recognised as exploration and evaluation assets. The *Framework* and IAS 38 *Intangible Assets* provide guidance on the recognition of assets arising from development. 10

In accordance with IAS 37 *Provisions, Contingent Liabilities and Contingent Assets* an entity recognises any obligations for removal and restoration that are incurred during a particular period as a consequence of having undertaken the exploration for and evaluation of mineral resources. 11

Measurement after recognition

After recognition, an entity shall apply either the cost model or the revaluation model to the exploration and evaluation assets. If the revaluation model is applied (either the model in IAS 16 *Property, Plant and Equipment* or the model in IAS 38) it shall be consistent with the classification of the assets (see paragraph 15). 12

Changes in accounting policies

An entity may change its accounting policies for exploration and evaluation expenditures if the change makes the financial statements more relevant to the economic decision-making needs of users and no less reliable, or more reliable and no less relevant to those needs. An entity shall judge relevance and reliability using the criteria in IAS 8. 13

To justify changing its accounting policies for exploration and evaluation expenditures, an entity shall demonstrate that the change brings its financial statements closer to meeting the criteria in IAS 8, but the change need not achieve full compliance with those criteria. 14

PRESENTATION

Classification of exploration and evaluation assets

An entity shall classify exploration and evaluation assets as tangible or intangible according to the nature of the assets acquired and apply the classification consistently. 15

Some exploration and evaluation assets are treated as intangible (e. g. drilling rights), whereas others are tangible (e. g. vehicles and drilling rigs). To the extent that a tangible asset is consumed in developing an intangible asset, the amount reflecting that consumption is part of the cost of the intangible asset. However, using a tangible asset to develop an intangible asset does not change a tangible asset into an intangible asset. 16

IFRS 6

Umklassifizierung von Vermögenswerten aus Exploration und Evaluierung

17 Ein Vermögenswert aus Exploration und Evaluierung ist nicht mehr als solcher zu klassifizieren, wenn die technische Durchführbarkeit und Rentabilität einer mineralischen Ressource nachgewiesen werden kann. Das Unternehmen hat die Vermögenswerte aus Exploration und Evaluierung vor einer Umklassifizierung auf Wertminderung zu überprüfen und einen etwaigen Wertminderungsaufwand zu erfassen.

WERTMINDERUNG

Ansatz und Bewertung

18 Vermögenswerte aus Exploration und Evaluierung sind auf Wertminderung zu überprüfen, wenn Tatsachen und Umstände darauf hindeuten, dass der Buchwert eines Vermögenswertes aus Exploration und Evaluierung seinen erzielbaren Betrag übersteigt. Wenn Tatsachen und Umstände Anhaltspunkte dafür geben, dass dies der Fall ist, hat ein Unternehmen, außer wie in Paragraph 21 unten beschrieben, einen etwaigen Wertminderungsaufwand gemäß IAS 36 zu bewerten, darzustellen und zu erläutern.

19 Bei der Identifizierung eines möglicherweise wertgeminderten Vermögenswertes aus Exploration und Evaluierung findet – ausschließlich in Bezug auf derartige Vermögenswerte – anstelle der Paragraphen 8–17 von IAS 36 Paragraph 20 dieses IFRS Anwendung. Paragraph 20 verwendet den Begriff „Vermögenswerte", ist aber sowohl auf einen einzelnen Vermögenswert aus Exploration und Evaluierung als auch auf eine zahlungsmittelgenerierende Einheit anzuwenden.

20 Eine oder mehrere der folgenden Tatsachen und Umstände deuten darauf hin, dass ein Unternehmen die Vermögenswerte aus Exploration und Evaluierung auf Wertminderung zu überprüfen hat (die Liste ist nicht vollständig):
(a) Der Zeitraum, für den das Unternehmen das Recht zur Exploration eines bestimmten Gebietes erworben hat, ist während der Berichtsperiode abgelaufen oder wird in naher Zukunft ablaufen und voraussichtlich nicht verlängert werden.
(b) Erhebliche Ausgaben für die weitere Exploration und Evaluierung von mineralischen Ressourcen in einem bestimmten Gebiet sind weder veranschlagt noch geplant.
(c) Die Exploration und Evaluierung von mineralischen Ressourcen in einem bestimmten Gebiet hat nicht zur Entdeckung wirtschaftlich förderbarer Mengen an mineralischen Ressourcen geführt, und das Unternehmen hat beschlossen, seine Aktivitäten in diesem Gebiet einzustellen.
(d) Es liegen genügend Daten vor, aus denen hervorgeht, dass die Erschließung eines bestimmten Gebiets zwar wahrscheinlich fortgesetzt wird, der Buchwert des Vermögenswertes aus Exploration und Evaluierung durch eine erfolgreiche Erschließung oder Veräußerung jedoch voraussichtlich nicht vollständig wiedererlangt werden kann.
In diesen und ähnlichen Fällen hat das Unternehmen eine Wertminderungsprüfung nach IAS 36 durchzuführen. Jeglicher Wertminderungsaufwand ist gemäß IAS 36 als Aufwand zu erfassen.

Festlegung der Ebene, auf der Vermögenswerte aus Exploration und Evaluierung auf Wertminderung überprüft werden

21 Ein Unternehmen hat eine Bilanzierungs- und Bewertungsmethode zu wählen, mit der die Vermögenswerte aus Exploration und Evaluierung zum Zwecke ihrer Überprüfung auf Wertminderung zahlungsmittelgenerierenden Einheiten oder Gruppen von zahlungsmittelgenerierenden Einheiten zugeordnet werden. Eine zahlungsmittelgenerierende Einheit oder Gruppe von Einheiten, der ein Vermögenswert aus Exploration und Evaluierung zugeordnet wird, darf nicht größer sein als ein gemäß IFRS 8 *Geschäftssegmente* bestimmtes Geschäftssegment.

22 Die vom Unternehmen festgelegte Ebene zur Überprüfung von Vermögenswerten aus Exploration und Evaluierung auf Wertminderung kann eine oder mehrere zahlungsmittelgenerierende Einheiten umfassen.

Reclassification of exploration and evaluation assets

An exploration and evaluation asset shall no longer be classified as such when the technical feasibility and commercial viability of extracting a mineral resource are demonstrable. Exploration and evaluation assets shall be assessed for impairment, and any impairment loss recognised, before reclassification. 17

IMPAIRMENT

Recognition and measurement

Exploration and evaluation assets shall be assessed for impairment when facts and circumstances suggest that the carrying amount of an exploration and evaluation asset may exceed its recoverable amount. When facts and circumstances suggest that the carrying amount exceeds the recoverable amount, an entity shall measure, present and disclose any resulting impairment loss in accordance with IAS 36, except as provided by paragraph 21 below. 18

For the purposes of exploration and evaluation assets only, paragraph 20 of this IFRS shall be applied rather than paragraphs 8 to 17 of IAS 36 when identifying an exploration and evaluation asset that may be impaired. Paragraph 20 uses the term 'assets' but applies equally to separate exploration and evaluation assets or a cash-generating unit. 19

One or more of the following facts and circumstances indicate that an entity should test exploration and evaluation assets for impairment (the list is not exhaustive): 20
(a) the period for which the entity has the right to explore in the specific area has expired during the period or will expire in the near future, and is not expected to be renewed;
(b) substantive expenditure on further exploration for and evaluation of mineral resources in the specific area is neither budgeted nor planned;
(c) exploration for and evaluation of mineral resources in the specific area have not led to the discovery of commercially viable quantities of mineral resources and the entity has decided to discontinue such activities in the specific area;
(d) sufficient data exist to indicate that, although a development in the specific area is likely to proceed, the carrying amount of the exploration and evaluation asset is unlikely to be recovered in full from successful development or by sale.
In any such case, or similar cases, the entity shall perform an impairment test in accordance with IAS 36. Any impairment loss is recognised as an expense in accordance with IAS 36.

Specifying the level at which exploration and evaluation assets are assessed for impairment

An entity shall determine an accounting policy for allocating exploration and evaluation assets to cash-generating units or groups of cash-generating units for the purpose of assessing such assets for impairment. Each cash-generating unit or group of units to which an exploration and evaluation asset is allocated shall not be larger than an operating segment determined in accordance with IFRS 8 *Operating Segments*. 21

The level identified by the entity for the purposes of testing exploration and evaluation assets for impairment may comprise one or more cash-generating units. 22

ANGABEN

23 Ein Unternehmen hat Angaben zu machen, welche die in seinem Abschluss erfassten Beträge für die Exploration und Evaluierung von mineralischen Ressourcen kennzeichnen und erläutern.

24 Zur Erfüllung der Vorschrift in Paragraph 23 sind folgende Angaben erforderlich:
   (a) die Bilanzierungs- und Bewertungsmethoden des Unternehmens für Ausgaben aus Exploration und Evaluierung, einschließlich des Ansatzes von Vermögenswerten aus Exploration und Evaluierung,
   (b) die Höhe der Vermögenswerte, Schulden, Erträge und Aufwendungen sowie der Cashflows aus betrieblicher und Investitionstätigkeit, die aus der Exploration und Evaluierung von mineralischen Ressourcen resultieren.

25 Ein Unternehmen hat die Vermögenswerte aus Exploration und Evaluierung als gesonderte Gruppe von Vermögenswerten zu behandeln und die gemäß IAS 16 oder IAS 38 verlangten Angaben in Übereinstimmung mit der Klassifizierung der Vermögenswerte zu machen.

ZEITPUNKT DES INKRAFTTRETENS

26 Dieser IFRS ist erstmals in der ersten Berichtsperiode eines am 1. Januar 2006 oder danach beginnenden Geschäftsjahres anzuwenden. Eine frühere Anwendung wird empfohlen. Wendet ein Unternehmen den IFRS für Berichtsperioden an, die vor dem 1. Januar 2006 beginnen, so ist dies anzugeben.

ÜBERGANGSVORSCHRIFTEN

27 Wenn es undurchführbar ist, eine bestimmte Vorschrift des Paragraphen 18 auf Vergleichsinformationen anzuwenden, die sich auf vor dem 1. Januar 2006 beginnende Berichtsperioden beziehen, so ist dies anzugeben. IAS 8 erläutert den Begriff „undurchführbar".

DISCLOSURE

An entity shall disclose information that identifies and explains the amounts recognised in its financial statements arising from the exploration for and evaluation of mineral resources. 23

To comply with paragraph 23, an entity shall disclose: 24
(a) its accounting policies for exploration and evaluation expenditures including the recognition of exploration and evaluation assets;
(b) the amounts of assets, liabilities, income and expense and operating and investing cash flows arising from the exploration for and evaluation of mineral resources.

An entity shall treat exploration and evaluation assets as a separate class of assets and make the disclosures required by either IAS 16 or IAS 38 consistent with how the assets are classified. 25

EFFECTIVE DATE

An entity shall apply this IFRS for annual periods beginning on or after 1 January 2006. Earlier application is encouraged. If an entity applies the IFRS for a period beginning before 1 January 2006, it shall disclose that fact. 26

TRANSITIONAL PROVISIONS

If it is impracticable to apply a particular requirement of paragraph 18 to comparative information that relates to annual periods beginning before 1 January 2006, an entity shall disclose that fact. IAS 8 explains the term 'impracticable'. 27

Anlage A

Begriffsdefinitionen

Diese Anlage ist Bestandteil des IFRS.

Vermögenswerte aus Exploration und Evaluierung	**Ausgaben aus Exploration und Evaluierung**, die gemäß den Bilanzierungs- und Bewertungsmethoden des Unternehmens als Vermögenswerte angesetzt werden.
Ausgaben aus Exploration und Evaluierung	Ausgaben, die einem Unternehmen in Zusammenhang mit der **Exploration und Evaluierung von mineralischen Ressourcen** entstehen, bevor die technische Durchführbarkeit und Rentabilität einer mineralischen Ressource nachgewiesen werden kann.
Exploration und Evaluierung von mineralischen Ressourcen	Suche nach mineralischen Ressourcen, einschließlich Mineralien, Öl, Erdgas und ähnlichen nicht regenerativen Ressourcen, nachdem das Unternehmen die Rechte zur Exploration eines bestimmten Gebietes erhalten hat, sowie Feststellung der technischen Durchführbarkeit und Rentabilität dieser mineralischen Ressourcen.

Appendix A

Defined terms

This appendix is an integral part of the IFRS.

exploration and evaluation assets	**Exploration and evaluation expenditures** recognised as assets in accordance with the entity's accounting policy.
exploration and evaluation expenditures	Expenditures incurred by an entity in connection with the **exploration for and evaluation of mineral resources** before the technical feasibility and commercial viability of extracting a mineral resource are demonstrable.
exploration for and evaluation of mineral resources	The search for mineral resources, including minerals, oil, natural gas and similar non-regenerative resources after the entity has obtained legal rights to explore in a specific area, as well as the determination of the technical feasibility and commercial viability of extracting the mineral resource.

International Financial Reporting Standard 7

Finanzinstrumente: Angaben

ZWECK

1 Ziel dieses IFRS ist es, Unternehmen vorzuschreiben, Angaben zu ihren Abschlüssen zu machen, anhand deren die Anwender die folgenden Aspekte bewerten können:
 (a) die Bedeutung von Finanzinstrumenten für die Finanzlage und die Ertragskraft des Unternehmens; und
 (b) die Wesensart und das Ausmaß der Risiken, die sich aus den Finanzinstrumenten ergeben, und denen das Unternehmen während des Berichtszeitraums und zum Berichtszeitpunkt ausgesetzt ist, sowie die Art und Weise der Handhabung dieser Risiken.

2 Die Grundsätze dieses IFRS ergänzen die Grundsätze für den Ansatz, die Bewertung und die Darstellung von finanziellen Vermögenswerten und finanziellen Verbindlichkeiten in IAS 32 *Finanzinstrumente: Darstellung* und IAS 39 *Finanzinstrumente: Ansatz und Bewertung*.

ANWENDUNGSBEREICH

3 Dieser IFRS ist von allen Unternehmen auf alle Arten von Finanzinstrumenten anzuwenden, ausgenommen davon sind:
 (a) jene Beteiligungen an Tochterunternehmen, assoziierten Unternehmen und Joint Ventures, die gemäß IAS 27 *Konzern- und separate Einzelabschlüsse nach IFRS*, IAS 28 *Anteile an assoziierten Unternehmen* oder IAS 31 *Anteile an Joint Ventures* ausgewiesen werden. In einigen Fällen gestatten IAS 27, IAS 28 oder IAS 31, einem Unternehmen, eine Beteiligung an einem Tochterunternehmen, einem assoziierten Unternehmen oder einem Joint Venture unter Zugrundelegung von IAS 39 zu bilanzieren; in diesen Fällen wenden die Unternehmen die Anforderungen von IAS 27, IAS 28 oder IAS 31 zusätzlich zu den in diesem IFRS genannten hinsichtlich der veröffentlichenden Angaben an. Die Unternehmen wenden diesen IFRS auch auf alle derivativen Finanzinstrumente an, die an Beteiligungen an einem Tochterunternehmen, einem assoziierten Unternehmen oder einem Joint Venture geknüpft sind, es sei denn, das derivative Finanzinstrument erfüllt die Definition eines Eigenkapitalinstruments in IAS 32.
 (b) die Rechte und Verpflichtungen von Arbeitgebern, die sich aus Versorgungsplänen für Arbeitnehmer ergeben, auf die IAS 19 *Leistungen an Arbeitnehmer* Anwendung findet.
 (c) Verträge über die bedingte Berücksichtigung bei einem Unternehmenszusammenschluss (s. IFRS 3 *Unternehmenszusammenschlüsse*). Diese Ausnahme gilt lediglich für den Erwerber;
 (d) Versicherungsverträge im Sinne von IFRS 4 *Versicherungsverträge*. Für in Versicherungsverträge eingebettete Derivate gilt dieser Standard, wenn das Unternehmen sie nach IAS 39 getrennt ausweisen muss. Auch auf Finanzgarantien hat ein Emittent diesen Standard anzuwenden, wenn er bei deren Ansatz und Bewertung nach IAS 39 verfährt; entscheidet er sich nach Paragraph 4(d) IFRS 4 jedoch dafür, bei Ansatz und Bewertung IFRS 4 anzuwenden, so gilt IFRS 4;
 (e) Finanzinstrumente, Verträge und Verpflichtungen im Rahmen von anteilsbasierten Vergütungstransaktionen, auf die IFRS 2 *Anteilsbasierte Vergütung* Anwendung findet. Dies gilt nicht für den Fall, dass dieser IFRS auf Verträge Anwendung findet, die in den Anwendungsbereich von Paragraph 5–7 von IAS 39 fallen.

4 Dieser IFRS findet auf angesetzte und nicht angesetzte Finanzinstrumente Anwendung. Zu den angesetzten Finanzinstrumenten können finanzielle Vermögenswerte und finanzielle Verbindlichkeiten zählen, die in den Anwendungsbereich von IAS 39 fallen. Zu den nicht angesetzten Finanzinstrumenten gehören einige Finanzinstrumente, die zwar nicht in den Anwendungsbereich von IAS 39, wohl aber in den dieses IFRS fallen (wie z. B. Kreditzusagen).

5 Dieser IFRS gilt für Verträge zum Kauf oder Verkauf eines nicht-finanziellen Postens, der in den Anwendungsbereich von IAS 39 fällt (s. Paragraph 5–7 von IAS 39).

KATEGORIEN VON FINANZINSTRUMENTEN UND NIVEAU DER ANGABEN

6 Wenn dieser IFRS Angaben je nach Kategorie des Finanzinstruments vorschreibt, so fasst ein Unternehmen die Finanzinstrumente in Kategorien zusammen, die der Wesensart der anzugebenden Informationen Rechnung tragen und die Charakteristika dieser Finanzinstrumente berücksichtigen. Ein Unternehmen bringt Informa-

International Financial Reporting Standard 7

Financial Instruments: Disclosures

OBJECTIVE

1 The objective of this IFRS is to require entities to provide disclosures in their financial statements that enable users to evaluate:
(a) the significance of financial instruments for the entity's financial position and performance; and
(b) the nature and extent of risks arising from financial instruments to which the entity is exposed during the period and at the reporting date, and how the entity manages those risks.

2 The principles in this IFRS complement the principles for recognising, measuring and presenting financial assets and financial liabilities in IAS 32 *Financial Instruments: Presentation* and IAS 39 *Financial Instruments: Recognition and Measurement*.

SCOPE

3 This IFRS shall be applied by all entities to all types of financial instruments, except:
(a) those interests in subsidiaries, associates and joint ventures that are accounted for in accordance with IAS 27 *Consolidated and Separate Financial Statements*, IAS 28 *Investments in Associates* or IAS 31 *Interests in Joint Ventures*. However, in some cases, IAS 27, IAS 28 or IAS 31 permits an entity to account for an interest in a subsidiary, associate or joint venture using IAS 39; in those cases, entities shall apply the disclosure requirements in IAS 27, IAS 28 or IAS 31 in addition to those in this IFRS. Entities shall also apply this IFRS to all derivatives linked to interests in subsidiaries, associates or joint ventures unless the derivative meets the definition of an equity instrument in IAS 32.
(b) employers' rights and obligations arising from employee benefit plans, to which IAS 19 *Employee Benefits* applies.
(c) contracts for contingent consideration in a business combination (see IFRS 3 *Business Combinations*). This exemption applies only to the acquirer.
(d) insurance contracts as defined in IFRS 4 *Insurance Contracts*. However, this IFRS applies to derivatives that are embedded in insurance contracts if IAS 39 requires the entity to account for them separately. Moreover, an issuer shall apply this IFRS to *financial guarantee contracts* if the issuer applies IAS 39 in recognising and measuring the contracts, but shall apply IFRS 4 if the issuer elects, in accordance with paragraph 4(d) of IFRS 4, to apply IFRS 4 in recognising and measuring them;
(e) financial instruments, contracts and obligations under share-based payment transactions to which IFRS 2 *Share-based Payment* applies, except that this IFRS applies to contracts within the scope of paragraphs 5–7 of IAS 39.

4 This IFRS applies to recognised and unrecognised financial instruments. Recognised financial instruments include financial assets and financial liabilities that are within the scope of IAS 39. Unrecognised financial instruments include some financial instruments that, although outside the scope of IAS 39, are within the scope of this IFRS (such as some loan commitments).

5 This IFRS applies to contracts to buy or sell a non-financial item that are within the scope of IAS 39 (see paragraphs 5–7 of IAS 39).

CLASSES OF FINANCIAL INSTRUMENTS AND LEVEL OF DISCLOSURE

6 When this IFRS requires disclosures by class of financial instrument, an entity shall group financial instruments into classes that are appropriate to the nature of the information disclosed and that take into account the

tionen bei, die so ausreichend sind, dass eine Überleitungsrechnung zu den in der Bilanz ausgewiesenen Posten möglich ist.

BEDEUTUNG VON FINANZINSTRUMENTEN FÜR DIE FINANZLAGE UND DEN UNTERNEHMENSERFOLG

7   Ein Unternehmen wird diejenigen Informationen offen legen, die die Nutzer seiner Abschlüsse benötigen, um die Bedeutung der Finanzinstrumente für seine Finanzlage und seinen Unternehmenserfolg bewerten zu können.

Bilanz

Kategorien von finanziellen Vermögenswerten und finanziellen Verbindlichkeiten

8   Die Buchwerte jeder der nachfolgend genannten Kategorien, so wie sie in IAS 39 definiert sind, werden entweder in der Bilanz selbst oder aber im Anhang angegeben:
(a) die, wobei erfolgswirksam zum beizulegenden Zeitwert bewerteten finanziellen Vermögenswerte diejenigen, die (i) beim erstmaligen Ansatz als solche eingestuft wurden, von jenen zu trennen sind, die (ii) gemäß IAS 39 zu Handelszwecken gehalten werden;
(b) bis zur Endfälligkeit zu haltende Finanzinvestitionen;
(c) Kredite und Forderungen;
(d) zur Veräußerung verfügbare finanzielle Vermögenswerte;
(e) die erfolgswirksam zum beizulegenden Zeitwert bewerteten finanziellen Verbindlichkeiten, wobei diejenigen, die (i) beim erstmaligen Ansatz als solche eingestuft wurden, von jenen zu trennen sind, die (ii) gemäß IAS 39 zu Handelszwecken gehalten werden;
sowie
(f) finanzielle Verbindlichkeiten, die zum Restbuchwert bewertet werden.

Erfolgswirksam zum beizulegenden Zeitwert bewertete finanziellen Vermögenswerte oder finanzielle Verbindlichkeiten

9   Hat ein Unternehmen einen Kredit oder eine Forderung (bzw. eine Gruppe von Krediten oder Forderungen) als erfolgswirksam zum beizulegenden Zeitwert zu bewerten eingestuft, so macht es Angaben zu den folgenden Faktoren:
(a) zum Höchstengagement in Bezug auf das *Kreditrisiko* (s. Paragraph 36 (a)), mit dem der Kredit oder die Forderung (bzw. die Gruppen von Krediten oder Forderungen) zum Abschlussstichtag behaftet ist;
(b) zu dem Betrag, mittels dessen etwaige verbundene Kreditderivate oder ähnliche Instrumente das Höchstengagement in Bezug auf das Kreditrisiko abschwächen;
(c) zum Betrag während des Berichtszeitraums und in kumulativer Form der Änderung des beizulegenden Zeitwerts des Kredits bzw. der Forderung (oder der Gruppe von Krediten bzw. Forderungen), der durch die Änderungen des Kreditrisikos des finanziellen Vermögenswertes bedingt ist und sich wie folgt bestimmt:
(i) als der Betrag der Änderung des beizulegenden Zeitwerts, der nicht auf Änderungen der Marktbedingungen zurück geht, die zu einem *Marktrisiko* geführt haben;
oder
(ii) durch Verwendung einer alternativen Methode, von der das Unternehmen annimmt, dass sie den Betrag der Änderung des beizulegenden Zeitwerts besser widerspiegelt, der auf Änderungen des Kreditrisikos des Vermögenswertes zurück zu führen ist.
Zu den Veränderungen der Marktbedingungen, die zu einem Marktrisiko führen, zählen Veränderungen eines beobachteten (richtungsweisenden) Zinssatzes, von Warenpreisen, Wechselkursen oder Preis- bzw. Kursindizes.
(d) zum Betrag der Änderung des beizulegenden Zeitwerts etwaiger verbundener Kreditderivate oder ähnlicher Instrumente, der während des Berichtszeitraums und kumulativ seit der Einstufung des Kredits oder der Forderung eingetreten ist.

10   Hat ein Unternehmen eine finanzielle Verbindlichkeit als erfolgswirksam zum beizulegenden Zeitwert im Sinne von Paragraph 9 von IAS 39 eingestuft, so macht es folgende Angaben:
(a) zum Betrag während des Berichtszeitraums und in kumulativer Form der Änderung des beizulegenden Zeitwerts der finanziellen Verbindlichkeit, der durch die Änderungen des Kreditrisikos dieser finanziellen Verbindlichkeit bedingt ist und sich wie folgt bestimmt:

SIGNIFICANCE OF FINANCIAL INSTRUMENTS FOR FINANCIAL POSITION AND PERFORMANCE

An entity shall disclose information that enables users of its financial statements to evaluate the significance of financial instruments for its financial position and performance.   7

Balance sheet

Categories of financial assets and financial liabilities

The carrying amounts of each of the following categories, as defined in IAS 39, shall be disclosed either on the face of the balance sheet or in the notes: 8
(a) financial assets at fair value through profit or loss, showing separately (i) those designated as such upon initial recognition and (ii) those classified as held for trading in accordance with IAS 39;
(b) held-to-maturity investments;
(c) loans and receivables;
(d) available-for-sale financial assets;
(e) financial liabilities at fair value through profit or loss, showing separately (i) those designated as such upon initial recognition and (ii) those classified as held for trading in accordance with IAS 39; and
(f) financial liabilities measured at amortised cost.

Financial assets or financial liabilities at fair value through profit or loss

If the entity has designated a loan or receivable (or group of loans or receivables) as at fair value through profit or loss, it shall disclose: 9
(a) the maximum exposure to *credit risk* (see paragraph 36(a)) of the loan or receivable (or group of loans or receivables) at the reporting date.
(b) the amount by which any related credit derivatives or similar instruments mitigate that maximum exposure to credit risk.
(c) the amount of change, during the period and cumulatively, in the fair value of the loan or receivable (or group of loans or receivables) that is attributable to changes in the credit risk of the financial asset determined either:
  (i) as the amount of change in its fair value that is not attributable to changes in market conditions that give rise to *market risk*; or
  (ii) using an alternative method the entity believes more faithfully represents the amount of change in its fair value that is attributable to changes in the credit risk of the asset.
Changes in market conditions that give rise to market risk include changes in an observed (benchmark) interest rate, commodity price, foreign exchange rate or index of prices or rates.
(d) the amount of the change in the fair value of any related credit derivatives or similar instruments that has occurred during the period and cumulatively since the loan or receivable was designated.

If the entity has designated a financial liability as at fair value through profit or loss in accordance with paragraph 9 of IAS 39, it shall disclose: 10
(a) the amount of change, during the period and cumulatively, in the fair value of the financial liability that is attributable to changes in the credit risk of that liability determined either:

IFRS 7

(i) als der Betrag der Änderung des beizulegenden Zeitwerts, der nicht auf Änderungen der Marktbedingungen zurück geht, die zu einem *Marktrisiko* geführt haben (s. Anhang B, Paragraph B4); oder

(ii) durch Verwendung einer alternativen Methode, von der das Unternehmen annimmt, dass sie den Betrag der Änderung des beizulegenden Zeitwerts besser widerspiegelt, der auf Änderungen des Kreditrisikos der Verbindlichkeit zurück zu führen ist.

Zu den Veränderungen der Marktbedingungen, die zu einem Marktrisiko führen, zählen Veränderungen eines richtungsweisenden Zinssatzes, der Preis eines Finanzinstruments eines anderen Unternehmens, von Warenpreisen, Wechselkursen oder Preis- bzw. Kursindizes. Bei Kontrakten, die mit einem anteilsgebundenen Merkmal einhergehen, zählen auch Änderungen in der Wertentwicklung des verbundenen internen oder externen Investmentfonds dazu;

(b) zum Unterschiedsbetrag zwischen dem Buchwert der finanziellen Verbindlichkeit und dem Betrag, den das Unternehmen vertraglich bedingt bei Fälligkeit an den Inhaber der Verbindlichkeit zu zahlen hat.

11   Das Unternehmen macht folgende Angaben:
(a) zu den Methoden, die verwendet werden, um den Anforderungen in den Paragraphen 9(c) und 10(a) nachzukommen;
(b) wenn das Unternehmen die Auffassung vertritt, dass die Angaben zur Erfüllung der Anforderungen in den Paragraphen 9(c) und 10(a) nicht glaubwürdig die Änderung des beizulegenden Zeitwerts des finanziellen Vermögenswertes oder finanziellen Verbindlichkeit widerspiegeln, die durch Änderungen des Kreditrisikos bedingt ist, die Gründe für diese Schlussfolgerung und die Faktoren, die das Unternehmen für relevant hält.

Neueinstufung

12   Hat ein Unternehmen einen finanziellen Vermögenswert
(a) zu den Anschaffungskosten oder zum Restbuchwert anstelle zum beizulegenden Zeitwert oder aber
(b) zum beizulegenden Zeitwert anstelle zu den Anschaffungskosten oder zum Restbuchwert bewertet, so gibt es den neu eingestuften Betrag für jede Kategorie sowie den Grund für diese Neueinstufung (s. Paragraph 51–54 von IAS 39).

Ausbuchung

13   Ein Unternehmen kann finanzielle Vermögenswerte dergestalt transferiert haben, dass ein Teil oder sämtliche finanziellen Vermögenswerte nicht für die Ausbuchung in Frage kommen (s. Paragraph 15–37 von IAS 39). Das Unternehmen macht für jede Kategorie derartiger finanzieller Vermögenswerte die folgenden Angaben:
(a) Art des Vermögenswertes;
(b) Art der Risiken und Chancen der rechtlichen Eigentumsübertragung, denen das Unternehmen nach wie vor ausgesetzt ist;
(c) wenn das Unternehmen weiterhin alle Vermögenswerte ansetzt, die Buchwerte dieser Vermögenswerte und der damit verbundenen Verbindlichkeiten; sowie
(d) wenn das Unternehmen weiterhin die Vermögenswerte in Höhe ihrer weiteren Einbeziehung ansetzt, den Gesamtbuchwert der ursprünglichen Vermögenswerte, den Gesamtwert der Vermögenswerte, die das Unternehmen weiterhin ansetzt sowie den Buchwert der damit verbundenen Verbindlichkeiten.

Sicherheiten

14   Ein Unternehmen macht folgende Angaben:
(a) den Buchwert der finanziellen Vermögenswerte, die es als Sicherheit für Verbindlichkeiten oder Eventualverbindlichkeiten gestellt hat, einschließlich der Beträge, die gemäß Paragraph 37(a) von IAS 39 neu eingestuft wurden; sowie
(b) die Bedingungen und Modalitäten für diese Besicherung.

15   Wenn ein Unternehmen Sicherheiten hält (finanzielle oder nicht-finanzielle Vermögenswerte) und es ihm gestattet ist, diese Sicherheiten bei nicht gegebenem Ausfall des Inhabers der Sicherheiten zu veräußern oder erneut zu besichern, macht es folgende Angaben:

(i) as the amount of change in its fair value that is not attributable to changes in market conditions that give rise to market risk (see Appendix B, paragraph B4); or
(ii) using an alternative method the entity believes more faithfully represents the amount of change in its fair value that is attributable to changes in the credit risk of the liability.

Changes in market conditions that give rise to market risk include changes in a benchmark interest rate, the price of another entity's financial instrument, a commodity price, a foreign exchange rate or an index of prices or rates. For contracts that include a unit-linking feature, changes in market conditions include changes in the performance of the related internal or external investment fund.

(b) the difference between the financial liability's carrying amount and the amount the entity would be contractually required to pay at maturity to the holder of the obligation.

The entity shall disclose: 11
(a) the methods used to comply with the requirements in paragraphs 9(c) and 10(a).
(b) if the entity believes that the disclosure it has given to comply with the requirements in paragraph 9(c) or 10(a) does not faithfully represent the change in the fair value of the financial asset or financial liability attributable to changes in its credit risk, the reasons for reaching this conclusion and the factors it believes are relevant.

Reclassification

If the entity has reclassified a financial asset as one measured: 12
(a) at cost or amortised cost, rather than at fair value; or
(b) at fair value, rather than at cost or amortised cost,
it shall disclose the amount reclassified into and out of each category and the reason for that reclassification (see paragraphs 51–54 of IAS 39).

Derecognition

An entity may have transferred financial assets in such a way that part or all of the financial assets do not qualify for derecognition (see paragraphs 15–37 of IAS 39). The entity shall disclose for each class of such financial assets: 13
(a) the nature of the assets;
(b) the nature of the risks and rewards of ownership to which the entity remains exposed;
(c) when the entity continues to recognise all of the assets, the carrying amounts of the assets and of the associated liabilities; and
(d) when the entity continues to recognise the assets to the extent of its continuing involvement, the total carrying amount of the original assets, the amount of the assets that the entity continues to recognise, and the carrying amount of the associated liabilities.

Collateral

An entity shall disclose: 14
(a) the carrying amount of financial assets it has pledged as collateral for liabilities or contingent liabilities, including amounts that have been reclassified in accordance with paragraph 37(a) of IAS 39; and
(b) the terms and conditions relating to its pledge.

When an entity holds collateral (of financial or non-financial assets) and is permitted to sell or repledge the collateral in the absence of default by the owner of the collateral, it shall disclose: 15

IFRS 7

(a) der beizulegende Zeitwert der gehaltenen Sicherheit;
(b) der beizulegende Zeitwert einer solchen veräußerten oder neu besicherten Sicherheit und Angabe der Tatsache, ob das Unternehmen zu ihrer Rückgabe verpflichtet ist;
sowie
(c) die Bedingungen und Modalitäten, die mit der Verwendung der Sicherheiten einher gehen.

Wertberichtigungskonto für Kreditausfälle

16 Werden finanzielle Vermögenswerte durch Kreditausfälle gemindert und das Unternehmen verbucht diese Minderung auf einem Sonderkonto (z. B. Wertberichtigungskonto zur Verbuchung einzelner Ausfälle oder ein vergleichbares Konto zur Verbuchung einer Gesamtminderung der Vermögenswerte) anstatt direkt den Buchwert dieses Vermögenswertes zu mindern, so gibt es eine Überleitungsrechnung für diese Änderungen auf dem Konto während des Berichtszeitraums für jede Kategorie der finanziellen Vermögenswerte an.

Kombinierte Finanzinstrumente mit vielfachen eingebetteten Derivaten

17 Hat ein Unternehmen ein Instrument emittiert, das sowohl eine Verbindlichkeit als auch eine Eigenkapitalkomponente enthält (s. Paragraph 28 von IAS 32) und das Instrument hat vielfache eingebettete Derivate, deren Werte voneinander abhängen (wie z. B. ein kündbares konvertibles Schuldinstrument), so macht es Angaben zu diesen Merkmalen.

Forderungsausfälle oder Verletzungen von Zahlungsvereinbarungen

18 Für *Darlehensverbindlichkeiten*, die zum Abschlussstichtag angesetzt werden, macht ein Unternehmen folgende Angaben:
(a) Einzelheiten zu etwaigen Ausfällen während des Berichtszeitraums, die Tilgungs- oder Zinszahlungen, den Tilgungsfonds oder die Tilgungsbedingungen der Darlehensverbindlichkeiten betreffen;
(b) den Buchwert der Darlehensverbindlichkeiten, die zum Abschlussstichtag ausgefallen sind;
sowie
(c) Angabe der Tatsache, ob der Ausfall behoben wurde oder die Bedingungen für die Darlehensverbindlichkeiten neu ausgehandelt wurden, bevor der Abschluss zur Veröffentlichung freigegeben wurde.

19 Wenn es während des Berichtszeitraums zu Verstößen gegen die Darlehensvertragsbedingungen gekommen ist, bei denen es sich nicht um die in Paragraph 18 beschriebenen handelt, hat ein Unternehmen die gleichen Informationen wie in Paragraph 18 offen zu legen, sofern der Darlehensgeber aufgrund dieser Verstöße eine vorzeitige Rückzahlung fordern kann (es sei denn, diese Verstöße wurden behoben oder die Darlehensbedingungen wurden vor dem Abschlussstichtag neu ausgehandelt).

Gewinn- und Verlustrechnung und Eigenkapital

Ertrags- und Aufwandsposten, Gewinn- und Verlustposten

20 Ein Unternehmen gibt die folgenden Ertrags- und Aufwandsposten, Gewinn- und Verlustposten entweder in der Gewinn- und Verlustrechnung selbst oder im Anhang zum Abschluss an:
(a) Nettogewinne oder -verluste aus:
  (i) erfolgswirksam zum beizulegenden Zeitwert bewerteten finanziellen Vermögenswerte oder finanziellen Verbindlichkeiten, wobei diejenigen, die in Bezug auf finanzielle Vermögenswerte oder finanzielle Verbindlichkeiten beim erstmaligen Ansatz als solche eingestuft wurden, von jenen in Bezug auf finanzielle Vermögenswerte oder finanzielle Verbindlichkeiten zu trennen sind, die zu Handelszwecken im Sinne von IAS 39 gehalten werden;
  (ii) zur Veräußerung verfügbaren finanziellen Vermögenswerten, die gesondert den Betrag des Gewinns oder des Verlusts ausweisen, der direkt im Eigenkapital während des Berichtszeitraums verbucht wird, sowie den Betrag, der dem Eigenkapital entnommen und in der Gewinn- und Verlustrechnung während des Berichtszeitraums verbucht wird;
  (iii) bis zur Endfälligkeit zu haltende Finanzinvestitionen;
  (iv) Kredite und Forderungen;
  sowie
  (v) finanzielle Verbindlichkeiten, die zum Restbuchwert bewertet werden;

(a) the fair value of the collateral held;
(b) the fair value of any such collateral sold or repledged, and whether the entity has an obligation to return it; and
(c) the terms and conditions associated with its use of the collateral.

Allowance account for credit losses

When financial assets are impaired by credit losses and the entity records the impairment in a separate account (eg an allowance account used to record individual impairments or a similar account used to record a collective impairment of assets) rather than directly reducing the carrying amount of the asset, it shall disclose a reconciliation of changes in that account during the period for each class of financial assets. 16

Compound financial instruments with multiple embedded derivatives

If an entity has issued an instrument that contains both a liability and an equity component (see paragraph 28 of IAS 32) and the instrument has multiple embedded derivatives whose values are interdependent (such as a callable convertible debt instrument), it shall disclose the existence of those features. 17

Defaults and breaches

For *loans payable* recognised at the reporting date, an entity shall disclose: 18
(a) details of any defaults during the period of principal, interest, sinking fund, or redemption terms of those loans payable;
(b) the carrying amount of the loans payable in default at the reporting date; and
(c) whether the default was remedied, or the terms of the loans payable were renegotiated, before the financial statements were authorised for issue.

If, during the period, there were breaches of loan agreement terms other than those described in paragraph 18, an entity shall disclose the same information as required by paragraph 18 if those breaches permitted the lender to demand accelerated repayment (unless the breaches were remedied, or the terms of the loan were renegotiated, on or before the reporting date). 19

Income statement and equity

Items of income, expense, gains or losses

An entity shall disclose the following items of income, expense, gains or losses either on the face of the financial statements or in the notes: 20
(a) net gains or net losses on:
  (i) financial assets or financial liabilities at fair value through profit or loss, showing separately those on financial assets or financial liabilities designated as such upon initial recognition, and those on financial assets or financial liabilities that are classified as held for trading in accordance with IAS 39;
  (ii) available-for-sale financial assets, showing separately the amount of gain or loss recognised directly in equity during the period and the amount removed from equity and recognised in profit or loss for the period;
  (iii) held-to-maturity investments;
  (iv) loans and receivables; and
  (v) financial liabilities measured at amortised cost;

IFRS 7

(b) Gesamtzinserträge und Gesamtzinsaufwendungen (berechnet nach der Effektivverzinsungsmethode) für finanzielle Vermögenswerte und finanzielle Verbindlichkeiten, die nicht als erfolgswirksam zum beizulegenden Zeitwert zu bewerten eingestuft sind;

(c) Ertrags- und Aufwandsposten in Form von Entgelt (bei denen es sich nicht um Beträge handelt, die zur Bestimmung des Effektivzinssatzes aufgenommen wurden), aus:
  (i) finanziellen Vermögenswerten und finanziellen Verbindlichkeiten, die nicht als erfolgswirksam zum beizulegenden Zeitwert zu bewerten eingestuft sind, sowie
  (ii) Treuhändertätigkeiten oder anderen treuhänderischen Funktionen, die eine Verwaltung oder Platzierung von Vermögenswerten für fremde Rechnung einzelner Personen, Treuhandeinrichtungen, Pensionsfonds und anderer Institute zur Folge haben;

(d) Zinserträge auf wertgeminderte finanzielle Vermögenswerte, die gemäß Paragraph AG93 von IAS 39 abgegrenzt werden; sowie

(e) der Betrag eines etwaigen Minderungsverlustes für jede Kategorie finanzieller Vermögenswerte.

Andere Angaben

Bilanzierungs- und Bewertungsmethoden

21 Gemäß Paragraph 108 von IAS 1 *Darstellung des Abschlusses* gibt ein Unternehmen in der Zusammenfassung wichtiger Bilanzierungs- und Bewertungsmethoden die bei der Vorbereitung der Abschlüsse verwendeten Bewertungsgrundlage(n) und die anderen Bilanzierungs- und Bewertungsmethoden an, die für das Verständnis der Abschlüsse relevant sind.

Bilanzierung von Sicherungsgeschäften

22 Ein Unternehmen macht für jede Kategorie der nachfolgend genannten Sicherungsgeschäfte, die in IAS 39 beschrieben werden (d. h. Sicherungsgeschäfte zum beizulegenden Zeitwert, Absicherung des Cashflows und Absicherung von Nettoinvestitionen in ausländische Geschäftsbetriebe) die folgenden Angaben:
  (a) eine Beschreibung jeder Kategorie von Sicherungsgeschäften;
  (b) eine Beschreibung der Finanzinstrumente, die als Sicherungsinstrumente eingestuft werden, sowie ihrer beizulegenden Zeitwerte zum Abschlussstichtag; sowie
  (c) die Art der zu besichernden Risiken.

23 Bei Absicherungen des Cashflows macht ein Unternehmen folgende Angaben:
  (a) die Berichtszeiträume, in denen die Cashflows eintreten und sich auf die Gewinne und die Verluste auswirken dürften;
  (b) eine Beschreibung jeder prognostizierten Transaktion, für die zuvor die Methode der Bilanzierung von Sicherungsgeschäften verwendet wurde, wobei diese Transaktion in Zukunft nicht mehr eintreten dürfte.
  (c) der Betrag, der während des Berichtszeitraums direkt im Eigenkapital erfasst wurde;
  (d) der Betrag, der dem Eigenkapital entnommen und während der Berichtsperiode in der Gewinn- und Verlustrechnung verbucht wurde, wobei der in jedem Posten der Gewinn- und Verlustrechnung enthaltene Betrag darzustellen ist; sowie
  (e) der Betrag, der dem Eigenkapital entnommen und während der Berichtsperiode in die anfänglichen Kosten oder in einen sonstigen Buchwert eines nicht-finanziellen Vermögenswertes oder einer nicht-finanziellen Verbindlichkeit aufgenommen wurde, wobei es sich bei dessen/deren Erwerb bzw. Eintreten um ein gesichertes Geschäft handelt, das mit hoher Wahrscheinlichkeit prognostiziert wurde.

24 Ein Unternehmen macht folgende gesonderte Angaben:
  (a) in Bezug auf Sicherungsgeschäfte zum beizulegenden Zeitwert, Gewinne oder Verluste:
    (i) zum Sicherungsinstrument; sowie
    (ii) zum abgesicherten Posten, der dem besicherten Risiko zurechenbar ist;
  (b) zur Unwirksamkeit von Absicherungen des Cashflows, die in der Gewinn- und Verlustrechnung ausgewiesen wird; sowie

(b) total interest income and total interest expense (calculated using the effective interest method) for financial assets or financial liabilities that are not at fair value through profit or loss;
(c) fee income and expense (other than amounts included in determining the effective interest rate) arising from:
  (i) financial assets or financial liabilities that are not at fair value through profit or loss; and
  (ii) trust and other fiduciary activities that result in the holding or investing of assets on behalf of individuals, trusts, retirement benefit plans, and other institutions;
(d) interest income on impaired financial assets accrued in accordance with paragraph AG93 of IAS 39; and
(e) the amount of any impairment loss for each class of financial asset.

Other disclosures

Accounting policies

21 In accordance with paragraph 108 of IAS 1 *Presentation of Financial Statements*, an entity discloses, in the summary of significant accounting policies, the measurement basis (or bases) used in preparing the financial statements and the other accounting policies used that are relevant to an understanding of the financial statements.

Hedge accounting

22 An entity shall disclose the following separately for each type of hedge described in IAS 39 (ie fair value hedges, cash flow hedges, and hedges of net investments in foreign operations):
(a) a description of each type of hedge;
(b) a description of the financial instruments designated as hedging instruments and their fair values at the reporting date; and
(c) the nature of the risks being hedged.

23 For cash flow hedges, an entity shall disclose:
(a) the periods when the cash flows are expected to occur and when they are expected to affect profit or loss;
(b) a description of any forecast transaction for which hedge accounting had previously been used, but which is no longer expected to occur;
(c) the amount that was recognised in equity during the period;
(d) the amount that was removed from equity and included in profit or loss for the period, showing the amount included in each line item in the income statement; and
(e) the amount that was removed from equity during the period and included in the initial cost or other carrying amount of a non-financial asset or non-financial liability whose acquisition or incurrence was a hedged highly probable forecast transaction.

24 An entity shall disclose separately:
(a) in fair value hedges, gains or losses:
  (i) on the hedging instrument; and
  (ii) on the hedged item attributable to the hedged risk.
(b) the ineffectiveness recognised in profit or loss that arises from cash flow hedges; and

IFRS 7

(c) zur Unwirksamkeit von Absicherungen von Nettoinvestitionen in ausländische Geschäftsbetriebe, die in der Gewinn- und Verlustrechnung ausgewiesen wird.

Beizulegender Zeitwert

25 Abgesehen von den Erläuterungen in Paragraph 29 hinsichtlich der Kategorien von finanziellen Vermögenswerten und finanziellen Verbindlichkeiten (s. Paragraph 6) gibt ein Unternehmen den beizulegenden Zeitwert dieser Kategorie von Vermögenswerten und Verbindlichkeiten auf eine Art und Weise an, die einen Vergleich mit seinem Buchwert gestattet.

26 Bei der Angabe der beizulegenden Zeitwerte fasst ein Unternehmen die finanziellen Vermögenswerte und finanziellen Verbindlichkeiten in Kategorien zusammen; es saldiert sie aber nur in dem Maße, wie ihre Buchwerte in der Bilanz saldiert werden.

27 Ein Unternehmen macht folgende Angaben:
(a) zu den Methoden und – sofern eine Bewertungstechnik zu Grunde gelegt wird – die Annahmen zur Bestimmung der beizulegenden Zeitwerte für jede Kategorie von finanziellen Vermögenswerten oder finanziellen Verbindlichkeiten. Zum Beispiel macht ein Unternehmen Angaben zu den Annahmen hinsichtlich der Vorauszahlungssätze, der Sätze der geschätzten Ausfallverluste sowie der Zinssätze oder der Abzinsungssätze.
(b) zu der Tatsache, ob die beizulegenden Zeitwerte insgesamt oder teilweise direkt durch Bezugnahme auf die veröffentlichten Kursgebote auf einem aktiven Markt bestimmt werden oder mittels einer Bewertungstechnik geschätzt werden (s. Paragraph AG71–AG79 von IAS 39).
(c) zu der Tatsache, ob die im Abschluss angesetzten oder angegebenen beizulegenden Zeitwerte insgesamt oder teilweise durch Zugrundelegung einer Bewertungstechnik ermittelt werden, die sich auf Annahmen stützt, die weder auf Kursen von beobachtbaren aktuellen Markttransaktionen mit dem gleichen Instrument basieren (d. h. ohne Modifizierung oder Umgestaltung) noch sich auf verfügbare beobachtbare Marktdaten stützen. Im Falle von beizulegenden Zeitwerte, die im Abschluss angesetzt werden und die ihren Wert erheblich verändern würden, wenn eine oder mehrere der Annahmen in vernünftigerweise mögliche alternative Annahmen umgewandelt werden, weist das Unternehmen auf diese Tatsache hin und macht Angaben zu den Auswirkungen dieser Änderungen. Zu diesem Zweck wird die Bedeutung im Hinblick auf die jeweiligen Gewinne oder Verluste bzw. die Gesamtvermögenswerte oder die Gesamtverbindlichkeiten ermittelt bzw. für den Fall, dass die Änderungen des beizulegenden Zeitwerts im Eigenkapital angesetzt werden, im Hinblick auf das Gesamteigenkapital.
(d) im Falle der Anwendung von (c) zum Gesamtbetrag der Änderung des beizulegenden Zeitwerts, der unter Verwendung derjenigen Bewertungstechnik ermittelt wird, die für die Gewinne und Verluste während der Berichtsperiode angesetzt wurde.

28 Ist der Markt für ein Finanzinstrument nicht aktiv, so ermittelt das Unternehmen seinen beizulegenden Zeitwert mittels einer Bewertungstechnik (s. Paragraph AG74–AG79 von IAS 39). Nichtsdestoweniger ist der beste Nachweis für einen beizulegenden Zeitwert beim erstmaligen Ansatz der Transaktionskurs (d. h. der beizulegende Zeitwert der gegebenen oder erhaltenen Gegenleistung), es sei denn, die Bedingungen von Paragraph AG76 von IAS 39 sind erfüllt. Daraus folgt, dass eine Differenz zwischen dem beizulegenden Zeitwert beim erstmaligen Ansatz und dem Betrag bestehen könnte, der zu diesem Stichtag unter Verwendung der Bewertungstechnik ermittelt wird. Wenn eine solche Differenz besteht, macht ein Unternehmen für jede Finanzinstrumentkategorie die folgenden Angaben:
(a) zu seiner Bilanzierungs- und Bewertungsmethode für den Ansatz dieser Differenz bei den Gewinnen oder Verlusten, um den veränderten Faktoren (einschließlich des Faktors Zeit) Rechnung zu tragen, die die Marktteilnehmer bei der Preisfestsetzung berücksichtigen (s. Paragraph AG76A of IAS 39); sowie
(b) zur aggregierten Differenz, die noch bei den Gewinnen oder Verlusten zu Beginn und zu Ende der Berichtsperiode anzusetzen ist, sowie zur Überleitungsrechnung für Änderungen in der Bilanz aufgrund dieser Differenz.

29 Angaben zum beizulegenden Zeitwert sind in den folgenden Fällen nicht erforderlich:
(a) Wenn der Buchwert eine vernünftige Annäherung des beizulegenden Zeitwerts darstellt, z. B. bei Finanzinstrumenten, wie kurzfristige Forderungen oder Verbindlichkeiten aus Lieferungen und Leistungen;
(b) für eine Anlage in Eigenkapitalinstrumente, die keinen notierten Preis auf einem aktiven Markt haben, bzw. mit diesen Eigenkapitalinstrumenten verbundene Derivate, die gemäß IAS 39 zu ihren Anschaffungskosten bewertet werden, weil ihr beizulegender Zeitwert nicht verlässlich ermittelt werden kann; und

(c) the ineffectiveness recognised in profit or loss that arises from hedges of net investments in foreign operations.

Fair value

Except as set out in paragraph 29, for each class of financial assets and financial liabilities (see paragraph 6), an entity shall disclose the fair value of that class of assets and liabilities in a way that permits it to be compared with its carrying amount.

25

In disclosing fair values, an entity shall group financial assets and financial liabilities into classes, but shall offset them only to the extent that their carrying amounts are offset in the balance sheet.

26

An entity shall disclose:
(a) the methods and, when a valuation technique is used, the assumptions applied in determining fair values of each class of financial assets or financial liabilities. For example, if applicable, an entity discloses information about the assumptions relating to prepayment rates, rates of estimated credit losses, and interest rates or discount rates.
(b) whether fair values are determined, in whole or in part, directly by reference to published price quotations in an active market or are estimated using a valuation technique (see paragraphs AG71—AG79 of IAS 39).
(c) whether the fair values recognised or disclosed in the financial statements are determined in whole or in part using a valuation technique based on assumptions that are not supported by prices from observable current market transactions in the same instrument (ie without modification or repackaging) and not based on available observable market data. For fair values that are recognised in the financial statements, if changing one or more of those assumptions to reasonably possible alternative assumptions would change fair value significantly, the entity shall state this fact and disclose the effect of those changes. For this purpose, significance shall be judged with respect to profit or loss, and total assets or total liabilities, or, when changes in fair value are recognised in equity, total equity.
(d) if (c) applies, the total amount of the change in fair value estimated using such a valuation technique that was recognised in profit or loss during the period.

27

If the market for a financial instrument is not active, an entity establishes its fair value using a valuation technique (see paragraphs AG74—AG79 of IAS 39). Nevertheless, the best evidence of fair value at initial recognition is the transaction price (ie the fair value of the consideration given or received), unless conditions described in paragraph AG76 of IAS 39 are met. It follows that there could be a difference between the fair value at initial recognition and the amount that would be determined at that date using the valuation technique. If such a difference exists, an entity shall disclose, by class of financial instrument:
(a) its accounting policy for recognising that difference in profit or loss to reflect a change in factors (including time) that market participants would consider in setting a price (see paragraph AG76A of IAS 39); and
(b) the aggregate difference yet to be recognised in profit or loss at the beginning and end of the period and a reconciliation of changes in the balance of this difference.

28

Disclosures of fair value are not required:
(a) when the carrying amount is a reasonable approximation of fair value, for example, for financial instruments such as short-term trade receivables and payables;
(b) for an investment in equity instruments that do not have a quoted market price in an active market, or derivatives linked to such equity instruments, that is measured at cost in accordance with IAS 39 because its fair value cannot be measured reliably; or

29

IFRS 7

(c) für einen Auftrag, der eine ermessensabhängige Überschussbeteiligung umfasst (wie in IFRS 4 beschrieben), wenn der beizulegende Zeitwert dieser Beteiligung nicht verlässlich ermittelt werden kann.

30 In den in Paragraph 29 (b) und (c) beschriebenen Fällen macht ein Unternehmen Angaben dahingehend, dass die Nutzer der Abschlüsse sich selbst ein Urteil über den Umfang der möglichen Differenzbeträge bilden können, die sich aus dem Buchwert dieser finanziellen Vermögenswerte oder der finanziellen Verbindlichkeiten und ihrem beizulegenden Zeitwert ergeben, wozu folgende Aspekte zählen:
(a) die Tatsache, dass die Informationen zum beizulegenden Zeitwert für diese Instrumente nicht angegeben wurden, weil ihr beizulegender Zeitwert nicht verlässlich ermittelt werden kann;
(b) eine Beschreibung der Finanzinstrumente, ihres Buchwerts und eine Erklärung dahingehend, warum der beizulegende Zeitwert nicht verlässlich ermittelt werden kann,
(c) Informationen über den Markt für diese Instrumente;
(d) Informationen über die Tatsache, warum und auf welche Art und Weise das Unternehmen die Veräußerung der Finanzinstrumente plant;
sowie
(e) die Tatsache, dass Finanzinstrumente, deren beizulegender Zeitwert zuvor nicht verlässlich ermittelt werden konnte, ausgebucht werden, sowie der Buchwert zum Zeitpunkt der Ausbuchung sowie der Betrag der angesetzten Gewinne oder Verluste.

ART UND AUSMAß VON RISIKEN, DIE SICH AUS FINANZINSTRUMENTEN ERGEBEN

31 **Ein Unternehmen hat Angaben zu machen, die es den Adressaten seines Abschlusses ermöglichen, Art und Ausmaß der Risiken zu beurteilen, die sich aus Finanzinstrumenten ergeben und denen das Unternehmen zum Abschlussstichtag ausgesetzt ist.**

32 Die in den Paragraphen 33–42 geforderten Angaben konzentrieren sich auf die Risiken, die sich aus Finanzinstrumenten ergeben, sowie auf die Art und Weise ihrer Handhabung. Zu diesen Risiken zählen typischerweise das Kreditrisiko, das *Liquiditätsrisiko* und das Marktrisiko, ohne auf diese beschränkt zu sein.

Qualitative Angaben

33 Für jede Art von Risiko, das sich aus Finanzinstrumenten ergibt, macht ein Unternehmen die folgenden Angaben:
(a) die Risikoexpositionen und die Art und Weise ihrer Entstehung;
(b) die Ziele, Strategien und Verfahren zur Steuerung der Risiken sowie die Methoden zur Bemessung des Risikos;
sowie
(c) sämtliche Änderungen in (a) oder (b) aus früheren Berichtsperioden.

Quantitative Angaben

34 Für jede Art von Risiko, das sich aus Finanzinstrumenten ergibt, macht ein Unternehmen die folgenden Angaben:
(a) Zusammenfassung der quantitativen Date zur Exposition gegenüber diesem Risiko zum Abschlussstichtag. Diese Angaben stützen sich auf Informationen, die intern an Mitglieder der Geschäftsleitung des Unternehmens weiter geleitet werden, so wie diese in IAS 24 *Angaben über Beziehungen zu nahe stehenden Unternehmen und Personen* definiert sind. Dazu zählen beispielsweise das Geschäftsführungs- und/oder der Vorsitzende des Aufsichtsorgans des Unternehmens;
(b) die in den Paragraphen 36–42 geforderten Angaben, sofern sie nicht in (a) gemacht werden, es sei denn, das Risiko ist unerheblich (s. Paragraph 29–31 von IAS 1 in Bezug auf eine Diskussion über die Wesentlichkeit);
(c) zu Risikokonzentrationen, die sich nicht aus (a) und (b) hervorgehen.

35 Sind die zum Abschlussstichtag angegebenen quantitativen Daten für die Risikoexposition eines Unternehmens während der Berichtsperiode nicht repräsentativ, so bringt das Unternehmen weitere repräsentative Informationen bei.

IFRS 7

(c) for a contract containing a discretionary participation feature (as described in IFRS 4) if the fair value of that feature cannot be measured reliably.

In the cases described in paragraph 29(b) and (c), an entity shall disclose information to help users of the financial statements make their own judgements about the extent of possible differences between the carrying amount of those financial assets or financial liabilities and their fair value, including: 30
(a) the fact that fair value information has not been disclosed for these instruments because their fair value cannot be measured reliably;
(b) a description of the financial instruments, their carrying amount, and an explanation of why fair value cannot be measured reliably;
(c) information about the market for the instruments;
(d) information about whether and how the entity intends to dispose of the financial instruments; and
(e) if financial instruments whose fair value previously could not be reliably measured are derecognised, that fact, their carrying amount at the time of derecognition, and the amount of gain or loss recognised.

NATURE AND EXTENT OF RISKS ARISING FROM FINANCIAL INSTRUMENTS

An entity shall disclose information that enables users of its financial statements to evaluate the nature and extent of risks arising from financial instruments to which the entity is exposed at the reporting date. 31

The disclosures required by paragraphs 33–42 focus on the risks that arise from financial instruments and how they have been managed. These risks typically include, but are not limited to, credit risk, *liquidity risk* and market risk. 32

Qualitative disclosures

For each type of risk arising from financial instruments, an entity shall disclose: 33
(a) the exposures to risk and how they arise;
(b) its objectives, policies and processes for managing the risk and the methods used to measure the risk; and
(c) any changes in (a) or (b) from the previous period.

Quantitative disclosures

For each type of risk arising from financial instruments, an entity shall disclose: 34
(a) summary quantitative data about its exposure to that risk at the reporting date. This disclosure shall be based on the information provided internally to key management personnel of the entity (as defined in IAS 24 *Related Party Disclosures*), for example the entity's board of directors or chief executive officer.
(b) the disclosures required by paragraphs 36–42, to the extent not provided in (a), unless the risk is not material (see paragraphs 29–31 of IAS 1 for a discussion of materiality).
(c) concentrations of risk if not apparent from (a) and (b).

If the quantitative data disclosed as at the reporting date are unrepresentative of an entity's exposure to risk during the period, an entity shall provide further information that is representative. 35

Kreditrisiko

36 Ein Unternehmen macht für jede Finanzinstrumentkategorie die folgenden Angaben:
(a) zum Betrag, der die maximale Kreditrisikoexposition am Abschlussstichtag am Besten widerspiegelt, und zwar ohne Berücksichtigung etwaiger gehaltener Sicherheiten oder sonstiger Kreditverbesserungen (z. B. Aufrechnungsvereinbarungen, die nicht für die Saldierung gemäß IAS 32 in Frage kommen);
(b) in Bezug auf den in (a) angegebenen Betrag eine Beschreibung der als ein Wertpapier gehaltenen Sicherheit und sonstiger Kreditverbesserungen;
(c) Informationen über die Kreditqualität der finanziellen Vermögenswerte, die weder überfällig noch wertgemindert sind;
sowie
(d) der Buchwert der finanziellen Vermögenswerte, die ansonsten überfällig oder wertgemindert wären und deren Konditionen neu ausgehandelt wurden.

Finanzielle Vermögenswerte, die entweder überfällig oder wertgemindert sind

37 Ein Unternehmen macht für jede Kategorie von finanziellen Vermögenswerten die folgenden Angaben:
(a) eine Analyse des „Alters" der finanziellen Vermögenswerte, die zum Abschlussstichtag überfällig, aber nicht wertgemindert sind;
(b) eine Analyse der finanziellen Vermögenswerte, die einzeln als zum Abschlussstichtag wertgemindert bestimmt werden, einschließlich der Faktoren, die das Unternehmen bei der Festlegung der Tatsache, dass sie wertgemindert sind, zu Grunde gelegt hat;
sowie
(c) in Bezug auf die in (a) und (b) angegebenen Beträge eine Beschreibung der vom Unternehmen als ein Wertpapier gehaltenen Sicherheit und sonstiger Kreditverbesserungen bzw. für den Fall, dass dies nicht möglich ist, eine Schätzung ihrer beizulegenden Zeitwerte.

Sicherheiten und andere erhaltene Kreditverbesserungen

38 Erwirbt ein Unternehmen finanzielle oder nicht-finanzielle Vermögenswerte während der Berichtsperiode, indem es eine Sicherheit, die es als Wertpapier hält, oder andere Kreditverbesserungen (wie z. B. Garantien) in Anspruch nimmt, und erfüllen diese Vermögenswerte die Ansatzkriterien in den anderen Standards, so macht ein Unternehmen die folgenden Angaben:
(a) zur Art und zum Buchwert der erworbenen Vermögenswerte;
sowie
(b) für den Fall, dass die Vermögenswerte nicht unmittelbar in Bargeld umwandelbar sind, Angabe der Methoden für die Veräußerung dieser Vermögenswerte bzw. für ihre Verwendung in den Unternehmensgeschäften.

Liquiditätsrisiko

39 Ein Unternehmen macht folgende Angaben:
(a) eine Analyse der vereinbarten Fälligkeitstermine für finanzielle Verbindlichkeiten, aus der die verbleibenden vertraglich vereinbarten Fälligkeitstermin hervorgehen;
sowie
(b) eine Beschreibung der Art und Weise, wie das Unternehmen das in (a) genannte Liquiditätsrisiko handhabt.

Marktrisiko

Sensitivitätsanalyse

40 Sofern ein Unternehmen nicht Paragraph 41 nachkommt, hat es folgende Angaben zu machen:
(a) eine Sensitivitätsanalyse für jede Kategorie von Marktrisiko, dem das Unternehmen zum Abschlussstichtag ausgesetzt ist und aus der hervorgeht, welche Auswirkungen auf Gewinn bzw. Verlust und Eigenkapital sich ergeben hätten, wenn Änderungen der relevanten Risikovariablen eingetreten wären, die am Stichtag nach vernünftigem Ermessen möglich waren;

IFRS 7

Credit risk

An entity shall disclose by class of financial instrument: **36**
(a) the amount that best represents its maximum exposure to credit risk at the reporting date without taking account of any collateral held or other credit enhancements (eg netting agreements that do not qualify for offset in accordance with IAS 32);
(b) in respect of the amount disclosed in (a), a description of collateral held as security and other credit enhancements;
(c) information about the credit quality of financial assets that are neither *past due* nor impaired; and
(d) the carrying amount of financial assets that would otherwise be past due or impaired whose terms have been renegotiated.

Financial assets that are either past due or impaired

An entity shall disclose by class of financial asset: **37**
(a) an analysis of the age of financial assets that are past due as at the reporting date but not impaired;
(b) an analysis of financial assets that are individually determined to be impaired as at the reporting date, including the factors the entity considered in determining that they are impaired; and
(c) for the amounts disclosed in (a) and (b), a description of collateral held by the entity as security and other credit enhancements and, unless impracticable, an estimate of their fair value.

Collateral and other credit enhancements obtained

When an entity obtains financial or non-financial assets during the period by taking possession of collateral it holds as security or calling on other credit enhancements (eg guarantees), and such assets meet the recognition criteria in other Standards, an entity shall disclose: **38**
(a) the nature and carrying amount of the assets obtained; and
(b) when the assets are not readily convertible into cash, its policies for disposing of such assets or for using them in its operations.

Liquidity risk

An entity shall disclose: **39**
(a) a maturity analysis for financial liabilities that shows the remaining contractual maturities; and
(b) a description of how it manages the liquidity risk inherent in (a).

Market risk

Sensitivity analysis

Unless an entity complies with paragraph 41, it shall disclose: **40**
(a) a sensitivity analysis for each type of market risk to which the entity is exposed at the reporting date, showing how profit or loss and equity would have been affected by changes in the relevant risk variable that were reasonably possible at that date;

IFRS 7

(b) die Methoden und Annahmen, die bei der Durchführung der Analyse verwendet bzw. zugrunde gelegt wurden;
sowie
(c) Anpassungen aus früheren Berichtsperioden hinsichtlich der verwendeten Methoden und zugrunde gelegten Annahmen sowie der Gründe für diese Anpassungen.

41 Erstellt ein Unternehmen eine Sensitivitätsanalyse, z. B. zum Risikopotenzial, die die wechselseitige Abhängigkeit der Risikovariablen widerspiegelt (z. B. zwischen den Zinssätzen und den Wechselkursen) und verwendet sie diese zur Handhabung der Finanzrisiken, so kann das Unternehmen diese Sensitivitätsanalyse anstelle der in Paragraph 40 genannten verwenden. Das Unternehmen macht zudem folgende Angaben:
(a) eine Erläuterung der Methode, die bei der Durchführung der Analyse verwendet wurde, sowie der wichtigsten Parameter und Annahmen, auf die sich die vorgelegten Daten stützen;
sowie
(b) eine Erläuterung des Ziels der verwendeten Methode sowie der Beschränkungen, die in die Informationen einfließen und dem beizulegenden Zeitwert der involvierten Vermögenswerte und Verbindlichkeiten nicht ausreichend Rechnung tragen.

Sonstige Angaben zum Marktrisiko

42 Wenn die unter Paragraph 40 oder 41 angegebenen Sensitivitätsanalysen für das einem Finanzinstrument inhärente Risiko nicht repräsentativ sind (z. B. aufgrund der Tatsache, dass die Exposition bis zum Jahresende nicht die Exposition während des Geschäftsjahres widerspiegelt), so hat das Unternehmen dies anzugeben sowie die Gründe dafür, weshalb es die Sensitivitätsanalysen für nicht repräsentativ hält.

ZEITPUNKT DES INKRAFTTRETENS UND ÜBERGANGSVORSCHRIFTEN

43 Unternehmen haben diesen IFRS auf Geschäftsjahre anzuwenden, die am oder nach dem 01. Januar 2007 beginnen. Eine frühere Anwendung wird empfohlen. Wendet ein Unternehmen diesen IFRS auf ein früheres Geschäftsjahr an, hat es dies anzugeben.

44 Wendet ein Unternehmen diesen IFRS auf Geschäftsjahre an, die vor dem 1. Januar 2006 beginnen, so muss es keine Vergleichsinformationen für die in den Paragraphen 31–42 geforderten Angaben hinsichtlich der Art und des Ausmaßes der Risiken beibringen, die sich aus Finanzinstrumenten ergeben.

AUFHEBUNG VON IAS 30

45 Dieser IFRS ersetzt IAS 30 *Angaben im Abschluss von Banken und ähnlichen Finanzinstitutionen.*

(b) the methods and assumptions used in preparing the sensitivity analysis; and
(c) changes from the previous period in the methods and assumptions used, and the reasons for such changes.

If an entity prepares a sensitivity analysis, such as value-at-risk, that reflects interdependencies between risk variables (eg interest rates and exchange rates) and uses it to manage financial risks, it may use that sensitivity analysis in place of the analysis specified in paragraph 40. The entity shall also disclose: 41
(a) an explanation of the method used in preparing such a sensitivity analysis, and of the main parameters and assumptions underlying the data provided; and
(b) an explanation of the objective of the method used and of limitations that may result in the information not fully reflecting the fair value of the assets and liabilities involved.

Other market risk disclosures

When the sensitivity analyses disclosed in accordance with paragraph 40 or 41 are unrepresentative of a risk inherent in a financial instrument (for example because the year-end exposure does not reflect the exposure during the year), the entity shall disclose that fact and the reason it believes the sensitivity analyses are unrepresentative. 42

EFFECTIVE DATE AND TRANSITION

An entity shall apply this IFRS for annual periods beginning on or after 1 January 2007. Earlier application is encouraged. If an entity applies this IFRS for an earlier period, it shall disclose that fact. 43

If an entity applies this IFRS for annual periods beginning before 1 January 2006, it need not present comparative information for the disclosures required by paragraphs 31–42 about the nature and extent of risks arising from financial instruments. 44

WITHDRAWAL OF IAS 30

This IFRS supersedes IAS 30 *Disclosures in the Financial Statements of Banks and Similar Financial Institutions.* 45

IFRS 7

ANHANG A

Begriffsbestimmungen

Dieser Anhang ist Bestandteil des IFRS.

Kreditrisiko	Das Risiko, dass eine Partei eines Finanzinstruments der anderen Partei einen finanziellen Verlust verursacht, indem sie einer Verpflichtung nicht nachkommt.
Wechselkursrisiko	Das Risiko, dass der beizulegende Zeitwert oder künftige Cashflows eines Finanzinstruments aufgrund von Wechselkursänderungen schwanken.
Zinsrisiko	Das Risiko, dass der beizulegende Zeitwert oder künftige Cashflows eines Finanzinstruments aufgrund von Änderungen des Marktzinssatzes schwanken.
Liquiditätsrisiko	Das Risiko, dass ein Unternehmen Schwierigkeiten bei der Erfüllung seiner sich aus den finanziellen Verbindlichkeiten ergebenden Verpflichtungen hat.
Darlehensverbindlichkeit	Darlehensverbindlichkeiten sind finanzielle Verbindlichkeiten, bei denen es sich nicht um kurzfristige Verbindlichkeiten aus Lieferungen und Leistungen oder um normale Zahlungsfristen handelt.
Marktrisiko	Das Risiko, dass der beizulegende Zeitwert oder künftige Cashflows eines Finanzinstruments aufgrund von Änderungen der Marktpreise schwanken. Zum Marktrisiko zählen die drei folgenden Risikotypen: **Wechselkursrisiko, Zinsrisiko und sonstige Preisrisiken**
Sonstige Preisrisiken	Das Risiko, dass der beizulegende Zeitwert oder künftige Cashflows eines Finanzinstruments aufgrund von Änderungen der Marktpreise schwanken (bei denen es sich nicht um jene handelt, die sich aus dem **Zinsrisiko** oder dem **Wechselkursrisiko** ergeben), und zwar unabhängig davon, ob diese Änderungen durch Faktoren verursacht werden, die für jedes einzelne Finanzinstrument oder seinen Emittenten spezifisch sind, oder durch Faktoren, die alle ähnlichen auf dem Markt gehandelten Finanzinstrumente betreffen.
Überfällig	Ein finanzieller Vermögenswert ist überfällig, wenn eine Gegenpartei ihrer vertraglich vereinbarten Zahlungsfrist nicht nachgekommen ist.

Die folgenden Begriffe sind in Paragraph 11 des IAS 32 oder Paragraph 9 des IAS 39 definiert und werden in diesem IFRS mit der in IAS 32 und IAS 39 angegebenen Bedeutung verwendet.
- Restbuchwert eines finanziellen Vermögenswertes oder einer finanziellen Verbindlichkeit
- zur Veräußerung verfügbare finanzielle Vermögenswerte;
- Ausbuchung
- Derivat
- Effektivzinsmethode
- Eigenkapitalinstrument
- beizulegender Zeitwert
- finanzieller Vermögenswert
- Finanzinstrument
- finanzielle Verbindlichkeit
- erfolgswirksam zum beizulegenden Zeitwert bewerteter finanzieller Vermögenswert und erfolgswirksam zum beizulegenden Zeitwert bewertete finanzielle Verbindlichkeit
- Finanzgarantie
- zu Handelszwecken gehaltener finanzieller Vermögenswert oder zu Handelszwecken gehaltene finanzielle Verbindlichkeit
- prognostizierte Transaktion
- Sicherungsinstrument
- bis zur Endfälligkeit zu haltende Finanzinvestitionen;
- Kredite und Forderungen;
- regulärer Kauf oder Verkauf

APPENDIX A

Defined terms

This appendix is an integral part of the IFRS.

credit risk	The risk that one party to a financial instrument will cause a financial loss for the other party by failing to discharge an obligation.
currency risk	The risk that the fair value or future cash flows of a financial instrument will fluctuate because of changes in foreign exchange rates.
interest rate risk	The risk that the fair value or future cash flows of a financial instrument will fluctuate because of changes in market interest rates.
liquidity risk	The risk that an entity will encounter difficulty in meeting obligations associated with financial liabilities.
loans payable	Loans payable are financial liabilities, other than short-term trade payables on normal credit terms.
market risk	The risk that the fair value or future cash flows of a financial instrument will fluctuate because of changes in market prices. Market risk comprises three types of risk: *currency risk, interest rate risk* and **other price risk**.
other price risk	The risk that the fair value or future cash flows of a financial instrument will fluctuate because of changes in market prices (other than those arising from **interest rate risk** or **currency risk**), whether those changes are caused by factors specific to the individual financial instrument or its issuer, or factors affecting all similar financial instruments traded in the market.
past due	A financial asset is past due when a counterparty has failed to make a payment when contractually due.

The following terms are defined in paragraph 11 of IAS 32 or paragraph 9 of IAS 39 and are used in the IFRS with the meaning specified in IAS 32 and IAS 39.
- amortised cost of a financial asset or financial liability
- available-for-sale financial assets
- derecognition
- derivative
- effective interest method
- equity instrument
- fair value
- financial asset
- financial instrument
- financial liability
- financial asset or financial liability at fair value through profit or loss
- financial guarantee contract
- financial asset or financial liability held for trading
- forecast transaction
- hedging instrument
- held-to-maturity investments
- loans and receivables
- regular way purchase or sale

ANHANG B

Anwendungsleitlinien

Dieser Anhang ist Bestandteil des IFRS.

KATEGORIEN VON FINANZINSTRUMENTEN UND NIVEAU DER ANGABEN (PARAGRAPH 6)

B1 Paragraph 6 schreibt vor, dass ein Unternehmen die Finanzinstrumente in Kategorien zusammenfasst, die der Wesensart der anzugebenden Informationen Rechnung tragen und die Charakteristika dieser Finanzinstrumente berücksichtigen. Die in Paragraph 6 genannten Kategorien werden von dem Unternehmen bestimmt und sind daher andere als die in IAS 39 genannten Kategorien, die bestimmen, wie Finanzinstrumente bewertet und wo Änderungen des beizulegenden Zeitwerts erfasst werden.

B2 Bei der Bestimmung von Kategorien von Finanzinstrumenten muss ein Unternehmen zumindest
(a) unterscheiden zwischen Instrumenten, die mit dem Restbuchwert bewertet werden, und solchen, die mit dem beizulegenden Zeitwert bewertet werden;
(b) die nicht von diesem IFRS erfassten Finanzinstrumente als gesonderte Kategorie(n) behandeln.

B3 Ein Unternehmen entscheidet im Lichte seiner Verhältnisse selbst, wie detailliert seine Angaben im Hinblick auf die Erfüllung der Anforderungen dieses IFRS sind, wie viel Gewicht es den verschiedenen Aspekten der Anforderungen beimisst und wie es die Informationen im Hinblick auf die Darstellung eines Gesamtbildes zusammenfasst, ohne unterschiedlich charakterisierte Informationen zu kombinieren. Die Abschlüsse dürfen weder mit zu vielen Details überlastet werden, die für die Abschlussadressaten möglicherweise wenig hilfreich sind, noch dürfen sie wichtige Informationen durch zu weit gehende Zusammenfassung verschleiern. So darf ein Unternehmen beispielsweise wichtige Informationen nicht dadurch verschleiern, dass es sie unter zahlreichen unbedeutenden Details aufführt. Ein Unternehmen darf Informationen auch nicht so zusammenfassen, dass wichtige Unterschiede zwischen einzelnen Geschäftsvorfällen oder damit verbundenen Risiken verschleiert werden.

BEDEUTUNG VON FINANZINSTRUMENTEN FÜR DIE VERMÖGENS-, FINANZ- UND ERTRAGSLAGE

Erfolgswirksam zum beizulegenden Zeitwert bewertete Verbindlichkeiten (Paragraphen 10 und 11)

B4 Stuft ein Unternehmen eine finanzielle Verbindlichkeit als erfolgswirksam zum beizulegenden Zeitwert zu bewerten ein, so muss es gemäß Paragraph 10(a) angeben, um welchen Betrag sich der beizulegende Zeitwert der finanziellen Verbindlichkeit aufgrund von Änderungen des Kreditrisikos dieser Verbindlichkeit ändert. Paragraph 10(a)(i) gestattet es einem Unternehmen, diesen Betrag als den Betrag der Änderung des beizulegenden Zeitwerts der Verbindlichkeit anzugeben, der nicht auf Änderungen der Marktbedingungen zurückgeht, die zu einem Marktrisiko führen. Bestehen die einzigen relevanten Änderungen der Marktbedingungen bei einer Verbindlichkeit in Änderungen eines beobachtbaren (Referenz-) Zinssatzes, kann dieser Betrag wie folgt geschätzt werden:
(a) Zunächst berechnet das Unternehmen anhand des beobachtbaren Marktpreises der Verbindlichkeit deren interne Rendite zu Beginn der Berichtsperiode sowie die mit der Verbindlichkeit verbundenen vertraglichen Mittelflüsse zu Beginn der Berichtsperiode. Von dieser Rendite wird der beobachtbare (Referenz-) Zinssatz zu Beginn der Berichtsperiode abgezogen, um den instrumentspezifischen Bestandteil der internen Rendite zu ermitteln.
(b) Als nächstes berechnet das Unternehmen den Barwert der mit der Verbindlichkeit verbundenen Mittelflüsse anhand der mit der Verbindlichkeit verbundenen vertraglichen Mittelflüsse zu Beginn der Berichtsperiode und eines Abzinsungssatzes, welcher gleich der Summe aus dem beobachtbaren (Referenz-) Zinssatz am Ende der Berichtsperiode und dem gemäß (a) ermittelten instrumentspezifischen Bestandteil der internen Rendite zu Beginn der Berichtsperiode ist.
(c) Der Unterschiedsbetrag zwischen dem beobachtbaren Marktpreis der Verbindlichkeit am Ende der Berichtsperiode und dem unter (b) ermittelten Betrag entspricht der Änderung des beizulegenden Zeitwerts, die nicht auf Änderungen des beobachtbaren (Referenz-) Zinssatzes zurückgeht. Dies ist der anzugebende Betrag.

Dieses Beispiel beruht auf der Annahme, dass Änderungen des beizulegenden Zeitwertes, die nicht auf Änderungen des Kreditrisikos des Instruments oder auf Zinsänderungen zurückgehen, unerheblich sind. Enthielte das Finanzinstrument in obigem Beispiel ein eingebettetes Derivat, würde die Änderung des diesem Derivat beizulegenden Zeitwertes bei der Ermittlung des Betrags gemäß Paragraph 10(a) unberücksichtigt bleiben.

APPENDIX B

Application guidance

This appendix is an integral part of the IFRS.

CLASSES OF FINANCIAL INSTRUMENTS AND LEVEL OF DISCLOSURE (PARAGRAPH 6)

Paragraph 6 requires an entity to group financial instruments into classes that are appropriate to the nature of the information disclosed and that take into account the characteristics of those financial instruments. The classes described in paragraph 6 are determined by the entity and are, thus, distinct from the categories of financial instruments specified in IAS 39 (which determine how financial instruments are measured and where changes in fair value are recognised).   B1

In determining classes of financial instrument, an entity shall, at a minimum: B2
(a) distinguish instruments measured at amortised cost from those measured at fair value.
(b) treat as a separate class or classes those financial instruments outside the scope of this IFRS.

An entity decides, in the light of its circumstances, how much detail it provides to satisfy the requirements of this IFRS, how much emphasis it places on different aspects of the requirements and how it aggregates information to display the overall picture without combining information with different characteristics. It is necessary to strike a balance between overburdening financial statements with excessive detail that may not assist users of financial statements and obscuring important information as a result of too much aggregation. For example, an entity shall not obscure important information by including it among a large amount of insignificant detail. Similarly, an entity shall not disclose information that is so aggregated that it obscures important differences between individual transactions or associated risks.   B3

SIGNIFICANCE OF FINANCIAL INSTRUMENTS FOR FINANCIAL POSITION AND PERFORMANCE

Financial liabilities at fair value through profit or loss (paragraphs 10 and 11)

If an entity designates a financial liability as at fair value through profit or loss, paragraph 10(a) requires it to disclose the amount of change in the fair value of the financial liability that is attributable to changes in the liability's credit risk. Paragraph 10(a)(i) permits an entity to determine this amount as the amount of change in the liability's fair value that is not attributable to changes in market conditions that give rise to market risk. If the only relevant changes in market conditions for a liability are changes in an observed (benchmark) interest rate, this amount can be estimated as follows: B4
(a) First, the entity computes the liability's internal rate of return at the start of the period using the observed market price of the liability and the liability's contractual cash flows at the start of the period. It deducts from this rate of return the observed (benchmark) interest rate at the start of the period, to arrive at an instrument-specific component of the internal rate of return.
(b) Next, the entity calculates the present value of the cash flows associated with the liability using the liability's contractual cash flows at the end of the period and a discount rate equal to the sum of (i) the observed (benchmark) interest rate at the end of the period and (ii) the instrument-specific component of the internal rate of return as determined in (a).
(c) The difference between the observed market price of the liability at the end of the period and the amount determined in (b) is the change in fair value that is not attributable to changes in the observed (benchmark) interest rate. This is the amount to be disclosed.

This example assumes that changes in fair value arising from factors other than changes in the instrument's credit risk or changes in interest rates are not significant. If the instrument in the example contains an embedded derivative, the change in fair value of the embedded derivative is excluded in determining the amount to be disclosed in accordance with paragraph 10(a).

IFRS 7

Andere Angaben – Bilanzierungs- und Bewertungsmethoden (Paragraph 21)

B5 Gemäß Paragraph 21 sind die bei der Vorbereitung der Abschlüsse verwendeten Bewertungsgrundlage(n) und die anderen Bilanzierungs- und Bewertungsmethoden anzugeben, die für das Verständnis der Abschlüsse relevant sind. Bei Finanzinstrumenten sind u. a. folgende Angaben zu machen:
(a) Bei finanziellen Vermögenswerten und finanziellen Verbindlichkeiten, die als erfolgswirksam zum beizulegenden Zeitwert zu bewerten eingestuft sind:
  (i) die Art der finanziellen Vermögenswerte oder der finanziellen Verbindlichkeiten, die das Unternehmen als erfolgswirksam zum beizulegenden Zeitwert zu bewerten eingestuft hat;
  (ii) die Kriterien für die Einstufung derartiger finanzieller Vermögenswerte oder finanzieller Verbindlichkeiten bei der erstmaligen Erfassung; und
  (iii) die Art und Weise, in der das Unternehmen die in IAS 39 Paragraph 9, 11A bzw. 12 niedergelegten Bedingungen für diese Einstufung erfüllt hat. Bei Instrumenten, die gemäß der in Paragraph (b)(i) der in IAS 39 enthaltenen Definition von erfolgswirksam zum beizulegenden Zeitwert bewerteten finanziellen Vermögenswerten bzw. finanziellen Verbindlichkeiten eingestuft werden, umfassen die Angaben auch eine Erläuterung der Umstände der sich ansonsten ergebenden Inkongruenzen bei der Bewertung oder dem Ansatz. Bei Instrumenten, die gemäß der in Paragraph (b)(ii) der in IAS 39 enthaltenen Definition von erfolgswirksam zum beizulegenden Zeitwert bewerteten finanziellen Vermögenswerten bzw. finanziellen Verbindlichkeiten eingestuft werden, umfassen die Angaben auch eine Erläuterung der Vereinbarkeit der Einstufung als erfolgswirksam zum beizulegenden Zeitwert zu bewerten mit der dokumentierten Risikomanagement- oder Anlagestrategie des Unternehmens.
(b) Die Kriterien für die Einstufung finanzieller Vermögenswerte als am Markt verfügbar.
(c) Ob reguläre Erwerbe und Verkäufe von finanziellen Vermögenswerten zum Handelstag oder zum Erfüllungstag verbucht werden (siehe IAS 39 Paragraph 38).
(d) Wenn ein Wertberichtigungskonto verwendet wird, um den durch Kreditausfälle geminderten Buchwert von finanziellen Vermögenswerten herabzusetzen:
  (i) die Kriterien für die Entscheidung, wann der Buchwert von wertgeminderten finanziellen Vermögenswerten direkt herabgesetzt (oder, im Falle einer Wertaufholung, direkt erhöht) wird, und wann das Wertberichtigungskonto verwendet wird; und
  (ii) die Kriterien für die Abschreibung von Beträgen zulasten des Wertberichtigungskontos bei Aufrechnung gegen den Buchwert wertgeminderter finanzieller Vermögenswerte (siehe Paragraph 16).
(e) Wie Nettogewinne oder Nettoverluste bei den einzelnen Kategorien von Finanzinstrumenten ermittelt werden (siehe Paragraph 20(a)), z. B., ob in die Nettogewinne oder -verluste bei erfolgswirksam zum beizulegenden Zeitwert bewerteten Posten Zins- oder Dividendenerträge eingehen.
(f) Die Kriterien, anhand deren das Unternehmen einen Wertminderungsaufwand objektiv nachweisbar feststellt (siehe Paragraph 20(e)).
(g) Wenn neue Konditionen für finanzielle Vermögenswerte ausgehandelt wurden, die ansonsten überfällig oder wertgemindert würden: die Bewertungsmethoden für finanzielle Vermögenswerte, deren Konditionen neu ausgehandelt wurden (siehe Paragraph 36(d)).

Gemäß IAS 1 Paragraph 113 muss das Unternehmen außerdem in der Zusammenfassung der wesentlichen Bilanzierungs- und Bewertungsmethoden oder in den sonstigen Erläuterungen die Ermessensentscheidungen des Managements bei der Anwendung der Bilanzierungs- und Bewertungsmethoden – mit Ausnahme solcher, bei denen Schätzungen verwendet werden – angeben, die die Beträge im Abschluss am wesentlichsten beeinflussen.

ART UND AUSMASS DER SICH AUS FINANZINSTRUMENTEN ERGEBENDEN RISIKEN (PARAGRAPHEN 31–42)

B6 Die Angaben gemäß den Paragraphen 31–42 sind entweder im Abschluss selbst zu machen oder, mittels Querverweisen im Abschluss, in anderen Erklärungen wie beispielsweise einem Lagebericht oder einem Bericht über die Risiken, die für die Abschlussadressaten zu den gleichen Bedingungen und zum gleichen Zeitpunkt wie der Abschluss verfügbar sind. Ohne die mittels Querverweisen in den Abschluss einbezogenen Informationen ist dieser unvollständig.

Quantitative Angaben (Paragraph 34)

B7 Gemäß Paragraph 34(a) sind summarische quantitative Daten über die Kreditrisiken eines Unternehmens auf der Grundlage der Informationen anzugeben, die den Mitgliedern der Geschäftsleitung des Unternehmens

Other disclosure—accounting policies (paragraph 21)

Paragraph 21 requires disclosure of the measurement basis (or bases) used in preparing the financial statements and the other accounting policies used that are relevant to an understanding of the financial statements. For financial instruments, such disclosure may include: **B5**
(a) for financial assets or financial liabilities designated as at fair value through profit or loss:
   (i) the nature of the financial assets or financial liabilities the entity has designated as at fair value through profit or loss;
   (ii) the criteria for so designating such financial assets or financial liabilities on initial recognition; and
   (iii) how the entity has satisfied the conditions in paragraph 9, 11A or 12 of IAS 39 for such designation. For instruments designated in accordance with paragraph (b)(i) of the definition of a financial asset or financial liability at fair value through profit or loss in IAS 39, that disclosure includes a narrative description of the circumstances underlying the measurement or recognition inconsistency that would otherwise arise. For instruments designated in accordance with paragraph (b)(ii) of the definition of a financial asset or financial liability at fair value through profit or loss in IAS 39, that disclosure includes a narrative description of how designation at fair value through profit or loss is consistent with the entity's documented risk management or investment strategy.
(b) the criteria for designating financial assets as available for sale.
(c) whether regular way purchases and sales of financial assets are accounted for at trade date or at settlement date (see paragraph 38 of IAS 39).
(d) when an allowance account is used to reduce the carrying amount of financial assets impaired by credit losses:
   (i) the criteria for determining when the carrying amount of impaired financial assets is reduced directly (or, in the case of a reversal of a write-down, increased directly) and when the allowance account is used; and
   (ii) the criteria for writing off amounts charged to the allowance account against the carrying amount of impaired financial assets (see paragraph 16).
(e) how net gains or net losses on each category of financial instrument are determined (see paragraph 20(a)), for example, whether the net gains or net losses on items at fair value through profit or loss include interest or dividend income.
(f) the criteria the entity uses to determine that there is objective evidence that an impairment loss has occurred (see paragraph 20(e)).
(g) when the terms of financial assets that would otherwise be past due or impaired have been renegotiated, the accounting policy for financial assets that are the subject of renegotiated terms (see paragraph 36(d)).

Paragraph 113 of IAS 1 also requires entities to disclose, in the summary of significant accounting policies or other notes, the judgements, apart from those involving estimations, that management has made in the process of applying the entity's accounting policies and that have the most significant effect on the amounts recognised in the financial statements.

NATURE AND EXTENT OF RISKS ARISING FROM FINANCIAL INSTRUMENTS (PARAGRAPHS 31–42)

The disclosures required by paragraphs 31–42 shall be either given in the financial statements or incorporated by cross-reference from the financial statements to some other statement, such as a management commentary or risk report, that is available to users of the financial statements on the same terms as the financial statements and at the same time. Without the information incorporated by cross-reference, the financial statements are incomplete. **B6**

Quantitative disclosures (paragraph 34)

Paragraph 34(a) requires disclosures of summary quantitative data about an entity's exposure to risks based on the information provided internally to key management personnel of the entity. When an entity uses several **B7**

IFRS 7

intern mitgeteilt werden. Bedient sich ein Unternehmen beim Risikomanagement mehrerer Methoden, so verwendet es für diese Angaben das (die) Verfahren, das (die) die am meisten relevanten und verlässlichen Informationen vermittelt (vermitteln). Fragen der Relevanz und Verlässlichkeit werden in IAS 8 *Bilanzierungs- und Bewertungsmethoden, Änderungen von Schätzungen und Fehler* erörtert.

B8 Gemäß Paragraph 34 (c) sind Risikokonzentrationen anzugeben. Risikokonzentrationen ergeben sich bei Finanzinstrumenten, die ähnliche Merkmale aufweisen und in ähnlicher Weise von Änderungen wirtschaftlicher oder anderer Bedingungen betroffen sind. Bei der Feststellung von Risikokonzentrationen sind die Umstände des Unternehmens zu berücksichtigen. Die Angaben über Risikokonzentrationen umfassen Folgendes:
(a) Beschreibung der Art und Weise, wie das Management derartige Konzentrationen feststellt;
(b) Beschreibung der Merkmale, die den einzelnen Risikokonzentrationen gemeinsam ist (z. B. Vertragspartner, räumliche Aspekte, Währung, Markt);
und
(c) Ausmaß des Risikos aufgrund aller Finanzinstrumente, die das betreffende Merkmal aufweisen.

Maximale Kreditrisikoexposition (Paragraph 36 (a))

B9 Gemäß Paragraph 36(a) ist der Betrag anzugeben, der die maximale Kreditrisikoexposition des Unternehmens am besten widerspiegelt. Bei einem finanziellen Vermögenswert ist dies in der Regel der Bruttobuchwert abzüglich
(a) der gemäß IAS 32 angerechneten Beträge
und
(b) der gemäß IAS 39 erfassten Wertminderungsaufwendungen.

B10 Zu den Tätigkeiten, die zu einem Kreditrisiko und der damit verbundenen maximalen Kreditrisikoexposition führen, gehören u. a.
(a) Gewährung von Krediten und Einräumung von Forderungen an Kunden sowie Platzierung von Einlagen bei anderen Unternehmen. In diesen Fällen ist die maximale Kreditrisikoexposition der Buchwert der betreffenden finanziellen Vermögenswerte.
(b) Abschluss von Verträgen über Derivate, z. B. Devisentermingeschäfte, Zinsswaps und Kreditderivate. Wird der betreffende Vermögenswert zum beizulegenden Zeitwert bewertet, ist das maximale Kreditrisiko zum Stichtag der Buchwert.
(c) Gewährung von Finanzgarantien. In diesem Falle ist die maximale Kreditrisikoexposition gleich dem Höchstbetrag, den das Unternehmen zahlen müsste, wenn die Garantie fällig ist – dieser Betrag kann erheblich über dem als Verbindlichkeit erfassten Betrag liegen.
(d) Erteilung einer Kreditzusage, die während der Lebensdauer der Fazilität nicht oder nur aufgrund einer bedeutenden negativen Veränderung widerrufen werden kann. Kann der Verpflichtete den zugesagten Betrag nicht netto in bar oder mittels eines anderen Finanzinstruments auszahlen, ist das maximale Kreditrisiko der volle zugesagte Betrag, weil unsicher ist, ob etwaige nicht abgerufene Teile des Kredits zu einem späteren Zeitpunkt abgerufen werden können. Dieser Betrag kann erheblich über dem als Verbindlichkeit erfassten Betrag liegen.

Analyse der vertraglich vereinbarten Fälligkeitstermine (Paragraph 39 (a))

B11 Bei der Vorbereitung der gemäß Paragraph 39(a) erforderlichen Analyse der vertraglich vereinbarten Fälligkeitstermine von finanziellen Verbindlichkeiten bestimmt ein Unternehmen die Anzahl der Zeitbänder nach eigenem Ermessen. Ein Unternehmen kann beispielsweise folgende Zeitbänder als angemessen ansehen:
(a) höchstens ein Monat;
(b) mehr als ein Monat, aber höchstens drei Monate;
(c) mehr als drei Monate, aber höchstes ein Jahr;
und
(d) mehr als ein Jahr, aber höchstens fünf Jahre.

B12 Liegt die Wahl des Zeitpunkts der Zahlung eines Betrags bei einer Gegenpartei, wird die Verbindlichkeit auf der Grundlage des frühesten Datums erfasst, zu dem das Unternehmen die Zahlung leisten muss. Finanzielle Verbindlichkeiten, die ein Unternehmen auf Verlangen zurückzahlen muss (z. B. Sichteinlagen), werden beispielsweise dem frühesten Zeitband zugeordnet.

methods to manage a risk exposure, the entity shall disclose information using the method or methods that provide the most relevant and reliable information. IAS 8 *Accounting Policies, Changes in Accounting Estimates and Errors* discusses relevance and reliability.

Paragraph 34 (c) requires disclosures about concentrations of risk. Concentrations of risk arise from financial instruments that have similar characteristics and are affected similarly by changes in economic or other conditions. The identification of concentrations of risk requires judgement taking into account the circumstances of the entity. Disclosure of concentrations of risk shall include: B8
(a) a description of how management determines concentrations;
(b) a description of the shared characteristic that identifies each concentration (eg counterparty, geographical area, currency or market); and
(c) the amount of the risk exposure associated with all financial instruments sharing that characteristic.

Maximum credit risk exposure (paragraph 36 (a))

Paragraph 36(a) requires disclosure of the amount that best represents the entity's maximum exposure to credit risk. For a financial asset, this is typically the gross carrying amount, net of: B9
(a) any amounts offset in accordance with IAS 32; and
(b) any impairment losses recognised in accordance with IAS 39.

Activities that give rise to credit risk and the associated maximum exposure to credit risk include, but are not limited to: B10
(a) granting loans and receivables to customers and placing deposits with other entities. In these cases, the maximum exposure to credit risk is the carrying amount of the related financial assets.
(b) entering into derivative contracts, eg foreign exchange contracts, interest rate swaps and credit derivatives. When the resulting asset is measured at fair value, the maximum exposure to credit risk at the reporting date will equal the carrying amount.
(c) granting financial guarantees. In this case, the maximum exposure to credit risk is the maximum amount the entity could have to pay if the guarantee is called on, which may be significantly greater than the amount recognised as a liability.
(d) making a loan commitment that is irrevocable over the life of the facility or is revocable only in response to a material adverse change. If the issuer cannot settle the loan commitment net in cash or another financial instrument, the maximum credit exposure is the full amount of the commitment. This is because it is uncertain whether the amount of any undrawn portion may be drawn upon in the future. This may be significantly greater than the amount recognised as a liability.

Contractual maturity analysis (paragraph 39 (a))

In preparing the contractual maturity analysis for financial liabilities required by paragraph 39(a), an entity uses its judgement to determine an appropriate number of time bands. For example, an entity might determine that the following time bands are appropriate: B11
(a) not later than one month;
(b) later than one month and not later than three months;
(c) later than three months and not later than one year; and
(d) later than one year and not later than five years.

When a counterparty has a choice of when an amount is paid, the liability is included on the basis of the earliest date on which the entity can be required to pay. For example, financial liabilities that an entity can be required to repay on demand (eg demand deposits) are included in the earliest time band. B12

B13 Ist ein Unternehmen verpflichtet, Beträge in Raten verfügbar zu machen, wird jede Rate dem frühesten Zeitpunkt zugeordnet, zu dem das Unternehmen die Zahlung leisten muss. Eine nicht in Anspruch genommene Kreditzusage wird beispielsweise dem Zeitband zugeordnet, in dem der früheste Zeitpunkt liegt, zu dem der Kredit abgerufen werden kann.

B14 In der Analyse der vertraglich vereinbarten Fälligkeitstermine werden die vertraglich vereinbarten Mittelflüsse ohne Abzüge angegeben, z. B.:
(a) die Bruttoverpflichtungen aus Finanzleasing (vor Abzug von Finanzierungskosten);
(b) die Preise, die in Terminkontrakten über den Erwerb von finanziellen Vermögenswerten in bar genannt sind;
(c) die Nettobeträge für „Pay floating/Receive fixed"-Zinsswaps, die mit Nettomittelflüssen verbunden sind;
(d) die vertraglich vereinbarten Beträge, die gegen ein Finanzderivat (z. B. einen Devisenswap) getauscht werden sollen, die mit Bruttomittelflüssen verbunden sind; und
(e) Bruttokreditzusagen.
Derartige nichtdiskontierte Mittelflüsse weichen von dem in der Bilanz ausgewiesenen Betrag ab, weil letzterer auf diskontierten Mittelflüssen beruht.

B15 Gegebenenfalls weist ein Unternehmen bei der gemäß Paragraph 39(a) erforderlichen Analyse der vertraglich vereinbarten Fälligkeitstermine von finanziellen Verbindlichkeiten die Angaben zu derivativen und zu nicht-derivativen Finanzinstrumenten getrennt auf. Es wäre beispielsweise angebracht, zwischen Mittelflüssen aus derivativen Finanzinstrumenten und solchen aus nicht-derivativen Finanzinstrumenten zu unterscheiden, wenn die Mittelflüsse aufgrund ersterer Bruttobeträge sind, da der Bruttomittelabfluss mit einem Mittelzufluss verbunden sein kann.

B16 Steht der zu zahlende Betrag nicht fest, wird der auszuweisende Betrag unter Bezug auf die Bedingungen am Stichtag ermittelt. Schwankt beispielsweise der zu zahlende Betrag aufgrund von Indexänderungen, kann der auszuweisende Betrag auf den Indexstand am Stichtag gestützt werden.

Marktrisiko – Sensitivitätsanalyse (Paragraphen 40 und 41)

B17 Gemäß Paragraph 40(a) ist für jede Art von Marktrisiko, dem das Unternehmen ausgesetzt ist, eine Sensitivitätsanalyse durchzuführen. Gemäß Paragraph B3 entscheidet ein Unternehmen selbst, wie es die Informationen zur Vermittlung eines Gesamtbildes zusammenfasst, ohne dabei Informationen mit unterschiedlichen Merkmalen in Bezug auf Kreditrisikoexpositionen unter wesentlich anderen wirtschaftlichen Rahmenbedingungen zu kombinieren. Z. B.:
(a) Ein Unternehmen, das mit Finanzinstrumenten handelt, kann die erforderlichen Angaben nach zu Handelszwecken und nicht zu Handelszwecken gehaltenen Finanzinstrumenten trennen.
(b) Ein Unternehmen muss seine Marktrisiken aus Gebieten mit sehr hoher Inflation nicht mit denen aus Gebieten mit sehr niedriger Inflation zusammenfassen.
Ist ein Unternehmen nur einer Art von Marktrisiko ausschließlich unter einheitlichen wirtschaftlichen Rahmenbedingungen ausgesetzt, muss es die Angaben nicht aufschlüsseln.

B18 Gemäß Paragraph 40(a) ist eine Sensitivitätsanalyse durchzuführen, um zu zeigen, wie sich nach vernünftigem Ermessen mögliche Änderungen der relevanten Risikovariablen (z. B. marktüblicher Zinssatz, Wechselkurse, Aktienkurse oder Rohstoffpreise) auf Gewinn bzw. Verlust und Eigenkapital auswirken. Im Hinblick darauf gilt Folgendes:
(a) Die Unternehmen müssen für den Berichtszeitraum nicht angeben, wie ihr Gewinn bzw. Verlust ausgefallen wäre, wenn die relevanten Risikovariablen anders gewesen wären als sie tatsächlich waren. Stattdessen geben die Unternehmen die Auswirkungen auf Gewinn bzw. Verlust und Eigenkapital am Bilanzstichtag unter der Annahme an, dass an diesem Datum eine nach vernünftigem Ermessen mögliche Änderung der betreffenden Risikovariable eingetreten ist und auf die zu diesem Zeitpunkt bestehenden Risiken angewandt wurde. Hat ein Unternehmen beispielsweise am Jahresende eine Verbindlichkeit, die einem variablen Zinssatz unterliegt, gibt es dessen Auswirkungen auf Gewinn bzw. Verlust (d. h. die Zinsaufwendungen) für das laufende Jahr an, wenn die Zinssätze in einem nach vernünftigem Ermessen möglichen Maße geschwankt haben.
(b) Die Unternehmen müssen die Auswirkungen auf Gewinn bzw. Verlust und Eigenkapital nicht für jede einzelne Änderung innerhalb einer Spanne von nach vernünftigem Ermessen möglichen Änderungen der betreffenden Risikovariable angeben, sondern es reicht aus, wenn sie die Auswirkungen der Änderungen an den Grenzen dieser Spannen angeben.

When an entity is committed to make amounts available in instalments, each instalment is allocated to the earliest period in which the entity can be required to pay. For example, an undrawn loan commitment is included in the time band containing the earliest date it can be drawn down. **B13**

The amounts disclosed in the maturity analysis are the contractual undiscounted cash flows, for example: **B14**
(a) gross finance lease obligations (before deducting finance charges);
(b) prices specified in forward agreements to purchase financial assets for cash;
(c) net amounts for pay-floating/receive-fixed interest rate swaps for which net cash flows are exchanged;
(d) contractual amounts to be exchanged in a derivative financial instrument (eg a currency swap) for which gross cash flows are exchanged; and
(e) gross loan commitments.
Such undiscounted cash flows differ from the amount included in the balance sheet because the balance sheet amount is based on discounted cash flows.

If appropriate, an entity shall disclose the analysis of derivative financial instruments separately from that of non-derivative financial instruments in the contractual maturity analysis for financial liabilities required by paragraph 39(a). For example, it would be appropriate to distinguish cash flows from derivative financial instruments and non-derivative financial instruments if the cash flows arising from the derivative financial instruments are settled gross. This is because the gross cash outflow may be accompanied by a related inflow. **B15**

When the amount payable is not fixed, the amount disclosed is determined by reference to the conditions existing at the reporting date. For example, when the amount payable varies with changes in an index, the amount disclosed may be based on the level of the index at the reporting date. **B16**

Market risk—sensitivity analysis (paragraphs 40 and 41)

Paragraph 40(a) requires a sensitivity analysis for each type of market risk to which the entity is exposed. In accordance with paragraph B3, an entity decides how it aggregates information to display the overall picture without combining information with different characteristics about exposures to risks from significantly different economic environments. For example: **B17**
(a) an entity that trades financial instruments might disclose this information separately for financial instruments held for trading and those not held for trading.
(b) an entity would not aggregate its exposure to market risks from areas of hyperinflation with its exposure to the same market risks from areas of very low inflation.
If an entity has exposure to only one type of market risk in only one economic environment, it would not show disaggregated information.

Paragraph 40(a) requires the sensitivity analysis to show the effect on profit or loss and equity of reasonably possible changes in the relevant risk variable (eg prevailing market interest rates, currency rates, equity prices or commodity prices). For this purpose: **B18**
(a) entities are not required to determine what the profit or loss for the period would have been if relevant risk variables had been different. Instead, entities disclose the effect on profit or loss and equity at the balance sheet date assuming that a reasonably possible change in the relevant risk variable had occurred at the balance sheet date and had been applied to the risk exposures in existence at that date. For example, if an entity has a floating rate liability at the end of the year, the entity would disclose the effect on profit or loss (ie interest expense) for the current year if interest rates had varied by reasonably possible amounts.
(b) entities are not required to disclose the effect on profit or loss and equity for each change within a range of reasonably possible changes of the relevant risk variable. Disclosure of the effects of the changes at the limits of the reasonably possible range would be sufficient.

IFRS 7

B19 Bei der Bestimmung dessen, was eine nach vernünftigem Ermessen mögliche Änderung der betreffenden Risikovariable ist, sollte ein Unternehmen folgende Aspekte bedenken:
(a) Wirtschaftliche Rahmenbedingungen seiner Tätigkeit: Unwahrscheinliche oder „Worst-case"-Szenarien oder Belastungstests sollten nicht als nach vernünftigem Ermessen mögliche Änderungen angesehen werden. Ist die Änderungsrate in Bezug auf die betreffende Risikovariable stabil, muss das Unternehmen seine Festlegung hinsichtlich der nach vernünftigem Ermessen möglichen Änderung in Bezug auf diese Risikovariable nicht ändern. Angenommen, ein Unternehmen geht von einem Jahreszinssatz von 5% aus und hält eine Schwankung dieses Satzes um ± 50 Basispunkte für nach vernünftigem Ermessen möglich, so gibt es an, wie sich eine Änderung des Zinssatzes auf 4,5% und 5,5% pro Jahr auf Gewinn bzw. Verlust und Eigenkapital auswirken würde. Ist im folgenden Berichtszeitraum der Zinssatz auf 5,5% gestiegen, und geht das Unternehmen weiterhin davon aus, dass der Zinssatz um ± 50 Basispunkte schwanken kann (d. h. stabile Änderungsrate), so gibt es an, wie sich eine Änderung des Zinssatzes auf 5% und 6% pro Jahr auf Gewinn bzw. Verlust und Eigenkapital auswirken würde. Das Unternehmen müsste seine Annahme, dass nach vernünftigem Ermessen eine Änderung des Zinssatzes um ± 50 Basispunkte möglich sei, nicht revidieren, es sei denn, es ist belegt, dass der Zinssatz wesentlich stärker schwankt.
(b) Zeitrahmen, für den die Annahme gilt: Die Sensitivitätsanalyse soll die Auswirkungen der Änderungen aufzeigen, die in dem Zeitraum als nach vernünftigem Ermessen möglich angesehen werden, nach dessen Ablauf das Unternehmen diese Angaben wieder machen muss, d. h. in der Regel der nächste Berichtszeitraum.

B20 Paragraph 41 lässt es zu, dass ein Unternehmen eine Sensitivitätsanalyse durchführt, die die wechselseitige Abhängigkeit der Risikovariablen widerspiegelt, etwa eine Risikopotenzialmethode, wenn es seine finanziellen Risiken anhand dieser Analyse steuert. Dies gilt auch dann, wenn mit einer solchen Methode nur das Verlustpotenzial, nicht aber das Gewinnpotenzial bewertet wird. Ein solches Unternehmen könnte Paragraph 41(a) in der Weise nachkommen, dass es die Art des verwendeten Risikopotenzialmodells angibt (z. B. ob sich das Modell auf die Monte-Carlo-Simulationen stützt) und das Modell unter Angabe der Grundannahmen (z. B. Haltedauer und Zuverlässigkeitsgrad) erläutert. Die Unternehmen könnten auch den historischen Beobachtungszeitraum und die Gewichtung der Beobachtungen in diesem Zeitraum angeben, die Behandlung von Optionen in den Berechnungen erläutern und angeben, welche Volatilität und welche Korrelationen (oder alternativ welche Monte-Carlo-Simulationen der Wahrscheinlichkeitsverteilung) zugrunde gelegt werden.

B21 Ein Unternehmen muss Sensitivitätsanalysen für seine gesamte Tätigkeit vorlegen, kann aber unterschiedlich eingestufte Finanzinstrumente auch unterschiedlichen Arten von Sensitivitätsanalysen unterziehen.

Zinsrisiko

B22 Zinsrisiken treten bei in der Bilanz erfassten zinstragenden Finanzinstrumenten (z. B. begebene Kredite, Forderungen und Schuldtitel) und bei einigen nicht in der Bilanz erfassten Finanzinstrumenten (z. B. manche Kreditzusagen) auf.

Wechselkursrisiko

B23 Wechselkursrisiken treten bei Finanzinstrumenten auf, die auf eine fremde Währung lauten, d. h. auf eine andere Währung als die funktionale Währung, in der sie bewertet werden. Für Zwecke der IFRS besteht kein Wechselkursrisiko bei Finanzinstrumenten, die nicht-monetäre Posten sind, und bei Finanzinstrumenten, die auf die funktionale Währung lauten.

B24 Ein Unternehmen muss für jede Währung, die ein signifikantes Risiko für das Unternehmen darstellt, eine Sensitivitätsanalyse vorlegen.

Sonstige Preisrisiken

B25 Sonstige Preisrisiken bei Finanzinstrumenten ergeben sich aus Änderungen beispielsweise der Rohstoffpreise oder der Aktienkurse. Um Paragraph 40 nachzukommen, könnte ein Unternehmen die Auswirkungen des Rückgangs bestimmter Börsenindices, Rohstoffpreise oder anderer Risikofaktoren angeben. Begibt ein Unternehmen beispielsweise Restwertgarantien als ein Finanzinstrument, so gibt es die Wertsteigerung bzw. den Wertverlust der Vermögenswerte an, auf die sich die Garantie bezieht.

In determining what a reasonably possible change in the relevant risk variable is, an entity should consider: B19
(a) the economic environments in which it operates. A reasonably possible change should not include remote or 'worst case' scenarios or 'stress tests'. Moreover, if the rate of change in the underlying risk variable is stable, the entity need not alter the chosen reasonably possible change in the risk variable. For example, assume that interest rates are 5 per cent and an entity determines that a fluctuation in interest rates of ± 50 basis points is reasonably possible. It would disclose the effect on profit or loss and equity if interest rates were to change to 4.5 per cent or 5.5 per cent. In the next period, interest rates have increased to 5.5 per cent. The entity continues to believe that interest rates may fluctuate by ± 50 basis points (ie that the rate of change in interest rates is stable). The entity would disclose the effect on profit or loss and equity if interest rates were to change to 5 per cent or 6 per cent. The entity would not be required to revise its assessment that interest rates might reasonably fluctuate by ± 50 basis points, unless there is evidence that interest rates have become significantly more volatile.
(b) the time frame over which it is making the assessment. The sensitivity analysis shall show the effects of changes that are considered to be reasonably possible over the period until the entity will next present these disclosures, which is usually its next annual reporting period.

Paragraph 41 permits an entity to use a sensitivity analysis that reflects interdependencies between risk variables, such as a value-at-risk methodology, if it uses this analysis to manage its exposure to financial risks. This applies even if such a methodology measures only the potential for loss and does not measure the potential for gain. Such an entity might comply with paragraph 41(a) by disclosing the type of value-at-risk model used (eg whether the model relies on Monte Carlo simulations), an explanation about how the model works and the main assumptions (eg the holding period and confidence level). Entities might also disclose the historical observation period and weightings applied to observations within that period, an explanation of how options are dealt with in the calculations, and which volatilities and correlations (or, alternatively, Monte Carlo probability distribution simulations) are used. B20

An entity shall provide sensitivity analyses for the whole of its business, but may provide different types of sensitivity analysis for different classes of financial instruments. B21

Interest rate risk

Interest rate risk arises on interest-bearing financial instruments recognised in the balance sheet (eg loans and receivables and debt instruments issued) and on some financial instruments not recognised in the balance sheet (eg some loan commitments). B22

Currency risk

Currency risk (or foreign exchange risk) arises on financial instruments that are denominated in a foreign currency, ie in a currency other than the functional currency in which they are measured. For the purpose of this IFRS, currency risk does not arise from financial instruments that are non-monetary items or from financial instruments denominated in the functional currency. B23

A sensitivity analysis is disclosed for each currency to which an entity has significant exposure. B24

Other price risk

Other price risk arises on financial instruments because of changes in, for example, commodity prices or equity prices. To comply with paragraph 40, an entity might disclose the effect of a decrease in a specified stock market index, commodity price, or other risk variable. For example, if an entity gives residual value guarantees that are financial instruments, the entity discloses an increase or decrease in the value of the assets to which the guarantee applies. B25

IFRS 7

B26 Zwei Beispiele für mit Aktienkursrisiken verbundene Finanzinstrumente wären ein Bestand an Anteilen an einem anderen Unternehmen und eine Anlage in eine Treuhandgesellschaft, die wiederum Anlagen in Eigenkapitalinstrumente hält. Weitere Beispiele wären Terminkontrakte und Kauf- oder Verkaufsoptionen in Bezug auf bestimmte Mengen an Eigenkapitalinstrumenten sowie anhand von Aktienkursen indexierte Swaps. Der derartigen Finanzinstrumenten jeweils beizulegende Zeitwert wird durch Änderungen des Marktpreises der betreffenden Eigenkapitalinstrumente beeinflusst.

B27 Gemäß Paragraph 40 (a) wird die Sensitivität von Gewinn und Verlust (z. B. aufgrund von Instrumenten, die ertragswirksam zum beizulegenden Zeitwert bewertet werden, oder Wertminderungen von als am Markt verfügbaren finanziellen Vermögenswerten) getrennt von der Sensitivität des Eigenkapitals (z. B. aufgrund von Instrumenten, die als am Markt verfügbar eingestuft werden) angegeben.

B28 Von einem Unternehmen als Eigenkapitalinstrumente eingestufte Finanzinstrumente werden nicht neubewertet, da weder der Gewinn bzw. der Verlust noch das Eigenkapital durch das Kursrisiko dieser Instrumente beeinflusst werden. Eine Sensitivitätsanalyse ist daher nicht erforderlich.

Two examples of financial instruments that give rise to equity price risk are a holding of equities in another entity, and an investment in a trust, which in turn holds investments in equity instruments. Other examples include forward contracts and options to buy or sell specified quantities of an equity instrument and swaps that are indexed to equity prices. The fair values of such financial instruments are affected by changes in the market price of the underlying equity instruments. **B26**

In accordance with paragraph 40 (a), the sensitivity of profit or loss (that arises, for example, from instruments classified as at fair value through profit or loss and impairments of available-for-sale financial assets) is disclosed separately from the sensitivity of equity (that arises, for example, from instruments classified as available for sale). **B27**

Financial instruments that an entity classifies as equity instruments are not remeasured. Neither profit or loss nor equity will be affected by the equity price risk of those instruments. Accordingly, no sensitivity analysis is required. **B28**

International Financial Reporting Standard 8

Geschäftssegmente

GRUNDPRINZIP

1   Ein Unternehmen legt Informationen offen, um die Adressaten seines Abschlusses in die Lage zu versetzen, die Wesensart und die finanziellen Auswirkungen seiner Geschäftstätigkeiten, die es betreibt, sowie das wirtschaftliche Umfeld, in dem es tätig ist, bewerten zu können.

ANWENDUNGSBEREICH

2   Dieser IFRS ist anwendbar auf:
(a) den gesonderten Abschluss oder den Einzelabschluss eines Unternehmens,
   (i) dessen Schuld- oder Eigenkapitalinstrumente auf einem öffentlichen Markt gehandelt werden (d. h. eine inländische oder ausländische Börse oder ein OTC-Markt, einschließlich lokaler und regionaler Märkte); oder
   (ii) das seinen Abschluss einer Wertpapieraufsichtsbehörde oder einer anderen Regulierungsbehörde zwecks Emission aller Kategorien von Instrumenten auf einem öffentlichen Markt zukommen lässt; und
(b) den konsolidierten Abschluss einer Gruppe mit seinem Mutterunternehmen:
   (i) dessen Schuld- oder Eigenkapitalinstrumente auf einem öffentlichen Markt gehandelt werden (d. h. eine inländische oder ausländische Börse oder ein OTC-Markt, einschließlich lokaler und regionaler Märkte); oder
   (ii) das seinen konsolidierten Abschluss einer Wertpapieraufsichtsbehörde oder einer anderen Regulierungsbehörde zwecks Emission aller Kategorien von Instrumenten auf einem öffentlichen Markt zukommen lässt.

3   Entscheidet sich ein Unternehmen, das nicht zur Anwendung dieses IFRS verpflichtet ist, Informationen über Segmente offenzulegen, die diesem IFRS nicht genügen, so beschreibt es diese Informationen nicht als Segmentinformationen.

4   Enthält ein Finanzbericht sowohl den konsolidierten Abschluss eines Mutterunternehmens, das in den Anwendungsbereich dieses IFRS fällt, als auch den gesonderten Einzelabschluss des Mutterunternehmens, sind die Segmentinformationen lediglich im konsolidierten Abschluss zu machen.

GESCHÄFTSSEGMENTE

5   Ein Geschäftssegment ist ein Bereich eines Unternehmens,
(a) das Geschäftstätigkeiten betreibt, mit denen Erträge erwirtschaftet werden und bei denen Aufwendungen anfallen können (einschließlich Erträge und Aufwendungen im Zusammenhang mit Transaktionen mit anderen Bereichen desselben Unternehmens),
(b) dessen Betriebsergebnisse regelmäßig vom Hauptentscheidungsträger des Unternehmens im Hinblick auf Entscheidungen über die Allokation von Ressourcen zu diesem Segment und die Bewertung seiner Ertragskraft überprüft werden; und
(c) für das einschlägige Finanzinformationen vorliegen.
Ein Geschäftssegment kann Geschäftstätigkeiten ausüben, für das es noch Erträge erwirtschaften muss. So können z. B. Gründungsgeschäftstätigkeiten Geschäftssegmente vor der Erwirtschaftung von Erträgen sein.

6   Nicht jeder Teil eines Unternehmens ist notwendigerweise ein Geschäftssegment oder Teil eines Geschäftssegmentes. So kann/können z. B. der Hauptsitz eines Unternehmens oder einige wichtige Abteilungen überhaupt keine Erträge erwirtschaften oder aber Erträge, die nur gelegentlich für die Tätigkeiten des Unternehmens anfallen. In diesem Fall wären sie keine Geschäftssegmente. Im Sinne dieses IFRS sind Pläne für Leistungen nach Beendigung des Arbeitsverhältnisses keine Geschäftssegmente.

7   Der Begriff „Hauptentscheidungsträger" bezeichnet eine Funktion, bei der es sich nicht unbedingt um die eines Managers mit einer bestimmten Bezeichnung handeln muss. Diese Funktion besteht in der Allokation von Ressourcen für die Geschäftssegmente eines Unternehmens sowie der Bewertung ihrer Ertragskraft. Oftmals handelt es sich bei dem Hauptentscheidungsträger eines Unternehmens um den Vorsitzenden des Geschäfts-

International Financial Reporting Standards 8

Operating Segments

CORE PRINCIPLE

An entity shall disclose information to enable users of its financial statements to evaluate the nature and financial effects of the business activities in which it engages and the economic environments in which it operates.   1

SCOPE

This IFRS shall apply to: 2
(a) the separate or individual financial statements of an entity:
    (i) whose debt or equity instruments are traded in a public market (a domestic or foreign stock exchange or an over-the-counter market, including local and regional markets); or
    (ii) that files, or is in the process of filing, its financial statements with a securities commission or other regulatory organisation for the purpose of issuing any class of instruments in a public market; and
(b) the consolidated financial statements of a group with a parent:
    (i) whose debt or equity instruments are traded in a public market (a domestic or foreign stock exchange or an over-the-counter market, including local and regional markets); or
    (ii) that files, or is in the process of filing, the consolidated financial statements with a securities commission or other regulatory organisation for the purpose of issuing any class of instruments in a public market.

If an entity that is not required to apply this IFRS chooses to disclose information about segments that does not comply with this IFRS, it shall not describe the information as segment information.   3

If a financial report contains both the consolidated financial statements of a parent that is within the scope of this IFRS as well as the parent's separate financial statements, segment information is required only in the consolidated financial statements.   4

OPERATING SEGMENTS

An operating segment is a component of an entity: 5
(a) that engages in business activities from which it may earn revenues and incur expenses (including revenues and expenses relating to transactions with other components of the same entity);
(b) whose operating results are regularly reviewed by the entity's chief operating decision maker to make decisions about resources to be allocated to the segment and assess its performance; and
(c) for which discrete financial information is available.
An operating segment may engage in business activities for which it has yet to earn revenues, for example, start-up operations may be operating segments before earning revenues.

Not every part of an entity is necessarily an operating segment or part of an operating segment. For example, a corporate headquarters or some functional departments may not earn revenues or may earn revenues that are only incidental to the activities of the entity and would not be operating segments. For the purposes of this IFRS, an entity's post-employment benefit plans are not operating segments.   6

The term 'chief operating decision maker' identifies a function, not necessarily a manager with a specific title. That function is to allocate resources to and assess the performance of the operating segments of an entity. Often the chief operating decision maker of an entity is its chief executive officer or chief operating officer but, for example, it may be a group of executive directors or others.   7

IFRS 8

führungsorgans oder um seinen „Chief Operating Officer". Allerdings kann es sich dabei auch um eine Gruppe geschäftsführender Direktoren oder sonstige handeln.

8   Für viele Unternehmen grenzen die drei Merkmale der in Paragraph 5 beschriebenen Geschäftssegmente ihre eigenen Geschäftssegmente ab. Allerdings kann ein Unternehmen auch Berichte vorlegen, in denen die Geschäftstätigkeiten auf vielfältigste Art und Weise dargestellt werden. Verwendet der Hauptentscheidungsträger mehr als eine Reihe von Segmentinformationen, können andere Faktoren eine Reihe von Bereichen als die Geschäftssegmente des Unternehmens ausmachend betrachtet werden. Dazu zählen die Wesensart der Geschäftstätigkeiten jedes Bereichs, das Vorhandensein von Führungskräften, die dafür verantwortlich sind, und die dem Geschäftsführungs- und/oder Aufsichtsorgan vorgelegten Informationen.

9   In der Regel hat ein Geschäftssegment einen Segmentmanager, der direkt dem Hauptentscheidungsträger eines Unternehmens unterstellt ist und regelmäßige Kontakte mit ihm pflegt, um über die Tätigkeiten, die Finanzergebnisse, Prognosen oder Pläne für das betreffende Segment zu diskutieren. Der Begriff „Segmentmanager" bezeichnet eine Funktion, bei der es sich nicht unbedingt um die eines Managers mit einer bestimmten Bezeichnung handeln muss. Der Hauptentscheidungsträger des Unternehmens kann zugleich der Segmentmanager für einige Geschäftssegmente sein. Ein einziger Manager kann der Segmentmanager für mehr als ein Geschäftssegment sein. Wenn die Merkmale von Paragraph 5 auf mehr als eine Reihe von Bereichen einer Organisation Anwendung finden, es aber nur eine Reihe gibt, für die die Segmentmanager verantwortlich sind, so stellt diese Reihe von Bereichen die Geschäftssegmente dar.

10 Die Merkmale von Paragraph 5 können auf zwei oder mehrere sich überschneidende Reihen von Bereichen Anwendung finden, für die die Manager verantwortlich sind. Diese Struktur wird manchmal als eine organisatorische Matrixform bezeichnet. In einigen Unternehmen sind die Manager beispielsweise für unterschiedliche Produkt- und Dienstleistungslinien weltweit verantwortlich, wohingegen andere Manager für bestimmte geografische Bereiche zuständig sind. Der Hauptentscheidungsträger des Unternehmens überprüft die Betriebsergebnisse beider Reihen von Bereichen, für die beiderseits Finanzinformationen vorliegen. In einem solchen Fall bestimmt das Unternehmen, welche Reihe von Bereichen unter Bezugnahme auf das Grundprinzip die Geschäftssegmente darstellen.

BERICHTSPFLICHTIGE SEGMENTE

11 Ein Unternehmen berichtet gesondert über jedes Geschäftssegment, das
    (a) gemäß Paragraph 5–10 abgegrenzt wurde oder das Ergebnis der Zusammenfassung von zwei oder mehreren dieser Segmente gemäß Paragraph 12 ist; und
    (b) die quantitativen Schwellenwerte von Paragraph 13 übersteigt.
    In den Paragraphen 14–19 werden andere Situationen spezifiziert, in denen gesonderte Informationen über ein Geschäftssegment vorgelegt werden müssen.

Kriterien für die Zusammenfassung

12 Die Geschäftssegmente weisen oftmals eine ähnliche langfristige Finanz- und Ertragslage auf, wenn sie vergleichbare wirtschaftliche Merkmale haben. Z. B. geht man von ähnlichen langfristigen Durchschnittsbruttogewinnspannen bei zwei Geschäftssegmenten aus, wenn ihre wirtschaftlichen Merkmale vergleichbar sind. Zwei oder mehrere Geschäftssegmente können zu einem einzigen zusammengefasst werden, sofern die Zusammenfassung mit dem Grundprinzip dieses IFRS konsistent ist, die Segmente vergleichbare wirtschaftliche Merkmale aufweisen und auch für jeden der nachfolgend genannten Aspekte vergleichbar sind:
    (a) die Wesensart der Produkte und Dienstleistungen;
    (b) die Art des Produktionsprozesses;
    (c) Typ oder Kategorie der Kunden dieser Produkte und Dienstleistungen;
    (d) Methoden beim Vertrieb ihrer Produkte oder bei der Erbringung ihrer Dienstleistungen; und,
    (e) falls erforderlich, die Wesensart des regulatorischen Umfelds, z. B. im Bank- oder Versicherungswesen oder bei den öffentlichen Dienstleistungen.

For many entities, the three characteristics of operating segments described in paragraph 5 clearly identify its operating segments. However, an entity may produce reports in which its business activities are presented in a variety of ways. If the chief operating decision maker uses more than one set of segment information, other factors may identify a single set of components as constituting an entity's operating segments, including the nature of the business activities of each component, the existence of managers responsible for them, and information presented to the board of directors. 8

Generally, an operating segment has a segment manager who is directly accountable to and maintains regular contact with the chief operating decision maker to discuss operating activities, financial results, forecasts, or plans for the segment. The term 'segment manager' identifies a function, not necessarily a manager with a specific title. The chief operating decision maker also may be the segment manager for some operating segments. A single manager may be the segment manager for more than one operating segment. If the characteristics in paragraph 5 apply to more than one set of components of an organisation but there is only one set for which segment managers are held responsible, that set of components constitutes the operating segments. 9

The characteristics in paragraph 5 may apply to two or more overlapping sets of components for which managers are held responsible. That structure is sometimes referred to as a matrix form of organisation. For example, in some entities, some managers are responsible for different product and service lines worldwide, whereas other managers are responsible for specific geographical areas. The chief operating decision maker regularly reviews the operating results of both sets of components, and financial information is available for both. In that situation, the entity shall determine which set of components constitutes the operating segments by reference to the core principle. 10

REPORTABLE SEGMENTS

An entity shall report separately information about each operating segment that: 11
(a) has been identified in accordance with paragraphs 5–10 or results from aggregating two or more of those segments in accordance with paragraph 12; and
(b) exceeds the quantitative thresholds in paragraph 13.
Paragraphs 14–19 specify other situations in which separate information about an operating segment shall be reported.

Aggregation criteria

Operating segments often exhibit similar long-term financial performance if they have similar economic characteristics. For example, similar long-term average gross margins for two operating segments would be expected if their economic characteristics were similar. Two or more operating segments may be aggregated into a single operating segment if aggregation is consistent with the core principle of this IFRS, the segments have similar economic characteristics, and the segments are similar in each of the following respects: 12
(a) the nature of the products and services;
(b) the nature of the production processes;
(c) the type or class of customer for their products and services;
(d) the methods used to distribute their products or provide their services; and
(e) if applicable, the nature of the regulatory environment, for example, banking, insurance or public utilities.

Quantitative Schwellen

13 Ein Unternehmen legt gesonderte Informationen über ein Geschäftssegment vor, das einen der nachfolgend genannten quantitativen Schwellenwerte erfüllt:
  (a) Sein erfasster Ertrag, einschließlich der Verkäufe an externe Kunden und Verkäufe oder Transfers zwischen den Segmenten, liegt mindestens 10 % über den intern und extern kombinierten Erträgen aller Geschäftssegmente.
  (b) Der absolute Betrag seines erfassten Periodenergebnisses macht mindestens 10 % des höchsten der beiden nachfolgend genannten absoluten Werte aus: i) des kombinierten erfassten Verlusts aller Geschäftssegmente, die keinen Verlust gemeldet haben; ii) des kombinierten erfassten Verlusts aller Geschäftssegmente, die einen Verlust gemeldet haben.
  (c) Seine Vermögenswerte machen mindestens 10 % der kumulierten Aktiva aller Geschäftssegmente aus.
  Geschäftssegmente, die keinen dieser quantitativen Schwellenwerte erfüllen, können als berichtspflichtig angesehen und gesondert angegeben werden, wenn die Geschäftsführung der Auffassung ist, dass das Segment für die Abschlussadressaten nützlich wäre.

14 Ein Unternehmen kann Informationen über Geschäftssegmente, die die quantitativen Schwellen nicht erfüllen, mit Informationen über andere Geschäftssegmente, die ebenfalls die quantitativen Schwellen nicht erfüllen, nur dann zum Zwecke der Schaffung eines berichtspflichtigen Segments kombinieren, wenn die Geschäftssegmente ähnliche wirtschaftliche Merkmale haben und die meisten in Paragraph 12 genannten Kriterien für die Zusammenfassung teilen.

15 Machen die externen Gesamterträge, die von den Geschäftssegmenten gemeldet werden, weniger als 75 % der Unternehmenserträge aus, können weitere Geschäftssegmente als berichtspflichtige Segmente herangezogen werden (auch wenn sie die Kriterien in Paragraph 13 nicht erfüllen), bis mindestens 75 % der Unternehmenserträge in die berichtspflichtigen Segmente mit einbezogen sind.

16 Informationen über andere Geschäftstätigkeiten und Geschäftssegmente, die nicht meldepflichtig sind, werden in einer Kategorie „Alle sonstigen Segmente" zusammengefasst und präsentiert, die von sonstigen Abstimmungsposten in den Überleitungsrechnungen zu unterscheiden ist, die gemäß Paragraph 28 gefordert werden. Die Quellen der Erträge, die in der Kategorie „Alle sonstigen Segmente" erfasst werden, sind zu beschreiben.

17 Vertritt die Geschäftsführung die Auffassung, dass ein in der unmittelbar vorhergehenden Berichtsperiode als berichtspflichtig identifiziertes Segment auch weiterhin von Bedeutung ist, so werden Informationen über dieses Segment auch in der laufenden Periode gesondert vorgelegt, selbst wenn die in Paragraph 13 genannten Kriterien für die Meldepflicht nicht mehr erfüllt sind.

18 Wird ein Geschäftssegment in der laufenden Berichtsperiode als ein berichtspflichtiges Segment im Sinne der quantitativen Schwellenwerte identifiziert, so sind die Segmentdaten für eine frühere Periode, die zu Vergleichszwecken erstellt wurden, anzupassen, um das neuerdings berichtspflichtige Segment als gesondertes Segment darzustellen, auch wenn dieses Segment nicht die Kriterien für die Berichtspflicht in Paragraph 13 in der früheren Periode erfüllt hat, es sei denn, die erforderlichen Informationen sind nicht verfügbar und die Kosten für ihre Erstellung wären übermäßig hoch.

19 Es kann eine praktische Begrenzung der Zahl berichtspflichtiger Segmente bestehen, die ein Unternehmen gesondert präsentiert, über die hinaus die Segmentinformationen zu detailliert würden. Auch wenn hinsichtlich der Zahl der gemäß Paragraph 13—18 zu meldenden Segmente keine Begrenzung besteht, sollte ein Unternehmen prüfen, ob bei mehr als zehn Segmenten eine praktische Grenze erreicht ist.

ANGABEN

20 **Ein Unternehmen legt Informationen offen, um die Adressaten seines Abschlusses in die Lage zu versetzen, die Wesensart und die finanziellen Auswirkungen seiner Geschäftstätigkeiten, die es betreibt, sowie das wirtschaftliche Umfeld, in dem es tätig ist, bewerten zu können.**

21 Zwecks Anwendung des in Paragraph 20 genannten Grundsatzes macht ein Unternehmen für jede Periode, für die eine Gewinn- und Verlustrechnung erstellt wurde, folgende Angaben:
  (a) allgemeine Informationen, so wie in Paragraph 22 beschrieben;
  (b) Informationen über das erfasste Periodenergebnis eines Segments, einschließlich spezifischer Erträge und Aufwendungen, die in das erfasste Periodenergebnis eines Segments einbezogen sind, Segmentvermögenswerte und -schulden und die Bemessungsgrundlage, so wie in Paragraph 23–27 beschrieben; und

Quantitative thresholds

13 An entity shall report separately information about an operating segment that meets any of the following quantitative thresholds:
(a) its reported revenue, including both sales to external customers and intersegment sales or transfers, is 10 per cent or more of the combined revenue, internal and external, of all operating segments;
(b) the absolute amount of its reported profit or loss is 10 per cent or more of the greater, in absolute amount, of (i) the combined reported profit of all operating segments that did not report a loss and (ii) the combined reported loss of all operating segments that reported a loss;
(c) its assets are 10 per cent or more of the combined assets of all operating segments.

Operating segments that do not meet any of the quantitative thresholds may be considered reportable, and separately disclosed, if management believes that information about the segment would be useful to users of the financial statements.

14 An entity may combine information about operating segments that do not meet the quantitative thresholds with information about other operating segments that do not meet the quantitative thresholds to produce a reportable segment only if the operating segments have similar economic characteristics and share a majority of the aggregation criteria listed in paragraph 12.

15 If the total external revenue reported by operating segments constitutes less than 75 per cent of the entity's revenue, additional operating segments shall be identified as reportable segments (even if they do not meet the criteria in paragraph 13) until at least 75 per cent of the entity's revenue is included in reportable segments.

16 Information about other business activities and operating segments that are not reportable shall be combined and disclosed in an 'all other segments' category separately from other reconciling items in the reconciliations required by paragraph 28. The sources of the revenue included in the 'all other segments' category shall be described.

17 If management judges that an operating segment identified as a reportable segment in the immediately preceding period is of continuing significance, information about that segment shall continue to be reported separately in the current period even if it no longer meets the criteria for reportability in paragraph 13.

18 If an operating segment is identified as a reportable segment in the current period in accordance with the quantitative thresholds, segment data for a prior period presented for comparative purposes shall be restated to reflect the newly reportable segment as a separate segment, even if that segment did not satisfy the criteria for reportability in paragraph 13 in the prior period, unless the necessary information is not available and the cost to develop it would be excessive.

19 There may be a practical limit to the number of reportable segments that an entity separately discloses beyond which segment information may become too detailed. Although no precise limit has been determined, as the number of segments that are reportable in accordance with paragraphs 13–18 increases above ten, the entity should consider whether a practical limit has been reached.

DISCLOSURE

20 **An entity shall disclose information to enable users of its financial statements to evaluate the nature and financial effects of the business activities in which it engages and the economic environments in which it operates.**

21 To give effect to the principle in paragraph 20, an entity shall disclose the following for each period for which an income statement is presented:
(a) general information as described in paragraph 22;
(b) information about reported segment profit or loss, including specified revenues and expenses included in reported segment profit or loss, segment assets, segment liabilities and the basis of measurement, as described in paragraphs 23–27; and

(c) Überleitungsrechnungen für sämtliche Segmenterträge, das erfasste Segmentperiodenergebnis, Segmentvermögenswerte und -schulden und sonstiger wichtiger Segmentposten in Bezug auf die entsprechenden Beträge des Unternehmens, so wie in Paragraph 28 beschrieben.

Überleitungsrechnungen für Bilanzbeträge der berichtspflichtigen Segmente in Bezug auf die Bilanzbeträge des Unternehmens sind für jeden Stichtag fällig, an dem eine Bilanz vorgelegt wird. Informationen über frühere Perioden sind gemäß Paragraph 29 und 30 anzupassen.

Allgemeine Informationen

22 Ein Unternehmen legt die folgenden allgemeinen Informationen offen:
    (a) Faktoren, die zur Identifizierung der berichtspflichtigen Segmente des Unternehmens verwendet werden. Dazu zählen die Organisationsgrundlage (z. B. die Tatsache, ob sich die Geschäftsführung dafür entschieden hat, das Unternehmen auf der Grundlage der Unterschiede zwischen Produkten und Dienstleistungen zu organisieren, geografische Bereiche, das regulatorische Umfeld oder eine Kombination von Faktoren und der Umstand, ob Geschäftssegmente zusammengefasst wurden); und
    (b) Arten von Produkten und Dienstleistungen, die die Grundlage der Erträge jedes berichtspflichtigen Segments darstellen.

Informationen über das Periodenergebnis und über die Vermögenswerte und Schulden

23 Ein Unternehmen legt eine Bewertung des Periodenergebnisses und der Gesamtvermögenswerte für jedes berichtspflichtige Segment vor. Ein Unternehmen legt eine Bewertung der Schulden eines jeden berichtspflichtigen Segments vor, wenn ein solcher Betrag dem Hauptentscheidungsträger des Unternehmens regelmäßig gemeldet wird. Ein Unternehmen macht zudem die folgenden Angaben zu einem jeden berichtspflichtigen Segment, wenn die spezifischen Beträge in die Bewertung des Periodenergebnisses des Segments einbezogen sind, das vom Hauptentscheidungsträger des Unternehmens überprüft oder ansonsten diesem regelmäßig übermittelt wurde, auch wenn sie nicht Gegenstand dieser Bewertung des Periodenergebnisses des Segments sind:
    (a) Erträge, die von externen Kunden stammen;
    (b) Erträge aufgrund von Transaktionen mit anderen Geschäftssegmenten desselben Unternehmens;
    (c) Zinserträge;
    (d) Zinsaufwendungen;
    (e) planmäßige Abschreibung;
    (f) wesentliche Ertrags- und Aufwandsposten, die gemäß Paragraph 86 von IAS 1 Darstellung des Abschlusses genannt werden;
    (g) Anteil des Unternehmens am Periodenergebnis von assoziierten Unternehmen und Joint Ventures, die nach der Equity-Methode bilanziert werden;
    (h) Einkommensteueraufwand oder -ertrag; und
    (i) wesentliche zahlungsunwirksame Posten, bei denen es sich nicht um planmäßige Abschreibungen handelt.
    Ein Unternehmen weist die Zinserträge gesondert vom Zinsaufwand für jedes berichtspflichtige Segment aus, es sei denn, die meisten Segmenterträge wurden aufgrund von Zinsen erwirtschaftet und der Hauptentscheidungsträger des Unternehmens stützt sich in erster Linie auf die Nettozinserträge, um die Ertragskraft des Segments zu bewerten und Entscheidungen über die Allokation der Ressourcen für das Segment zu treffen. In einem solchen Fall kann ein Unternehmen die Zinserträge des Segments angeben, abzüglich seines Zinsaufwands, und über diese Vorgehensweise informieren.

24 Ein Unternehmen macht zudem die folgenden Angaben zu einem jeden berichtspflichtigen Segment, wenn die spezifischen Beträge in die Bewertung der Vermögenswerte des Segments einbezogen sind, die vom Hauptentscheidungsträger des Unternehmens überprüft oder ansonsten diesem regelmäßig übermittelt wurden, auch wenn sie nicht Gegenstand dieser Bewertung der Vermögenswerte des Segments sind:
    (a) Betrag der Beteiligungen an assoziierten Unternehmen und Joint Ventures, die nach der Equity-Methode bilanziert werden; und
    (b) Betrag der Steigerungen von langfristigen Vermögenswerten[1], bei denen es sich nicht um Finanzinstrumente handelt, latenten Steueransprüchen, Leistungen nach Beendigung des Arbeitsverhältnisses (s. IAS 19 Leistungen an Arbeitnehmer Paragraph 54–58) und Rechte aus Versicherungsverträgen.

---

1 Für Vermögenswerte, die nach einer Liquiditätspräsentation eingestuft werden, sind langfristige Vermögenswerte jene Werte, die Beträge umfassen, bei denen man von einer Beitreibung nach zwölf Monaten nach dem Bilanzstichtag ausgeht.

(c) reconciliations of the totals of segment revenues, reported segment profit or loss, segment assets, segment liabilities and other material segment items to corresponding entity amounts as described in paragraph 28. Reconciliations of balance sheet amounts for reportable segments to the entity's balance sheet amounts are required for each date at which a balance sheet is presented. Information for prior periods shall be restated as described in paragraphs 29 and 30.

General information

An entity shall disclose the following general information: 22
(a) factors used to identify the entity's reportable segments, including the basis of organisation (for example, whether management has chosen to organise the entity around differences in products and services, geographical areas, regulatory environments, or a combination of factors and whether operating segments have been aggregated); and
(b) types of products and services from which each reportable segment derives its revenues.

Information about profit or loss, assets and liabilities

An entity shall report a measure of profit or loss and total assets for each reportable segment. An entity shall 23 report a measure of liabilities for each reportable segment if such an amount is regularly provided to the chief operating decision maker. An entity shall also disclose the following about each reportable segment if the specified amounts are included in the measure of segment profit or loss reviewed by the chief operating decision maker, or are otherwise regularly provided to the chief operating decision maker, even if not included in that measure of segment profit or loss:
(a) revenues from external customers;
(b) revenues from transactions with other operating segments of the same entity;
(c) interest revenue;
(d) interest expense;
(e) depreciation and amortisation;
(f) material items of income and expense disclosed in accordance with paragraph 86 of IAS 1 Presentation of Financial Statements;
(g) the entity's interest in the profit or loss of associates and joint ventures accounted for by the equity method;
(h) income tax expense or income; and
(i) material non-cash items other than depreciation and amortisation.
An entity shall report interest revenue separately from interest expense for each reportable segment unless a majority of the segment's revenues are from interest and the chief operating decision maker relies primarily on net interest revenue to assess the performance of the segment and make decisions about resources to be allocated to the segment. In that situation, an entity may report that segment's interest revenue net of its interest expense and disclose that it has done so.

An entity shall disclose the following about each reportable segment if the specified amounts are included in the 24 measure of segment assets reviewed by the chief operating decision maker or are otherwise regularly provided to the chief operating decision maker, even if not included in the measure of segment assets:
(a) the amount of investment in associates and joint ventures accounted for by the equity method; and
(b) the amounts of additions to non-current assets[1] other than financial instruments, deferred tax assets, postemployment benefit assets (see IAS 19 Employee Benefits paragraphs 54–58) and rights arising under insurance contracts.

---

1 For assets classified according to a liquidity presentation, non-current assets are assets that include amounts expected to be recovered more than twelve months after the balance sheet date.

BEWERTUNG

25 Der Betrag eines jeden dargestellten Segmentpostens ist die Bewertung, die dem Hauptentscheidungsträger des Unternehmens übermittelt wird, damit dieser die Ertragskraft des Segments bewerten und Entscheidungen über die Allokation der Ressourcen für das Segment treffen kann. Anpassungen und Streichungen, die während der Erstellung eines Unternehmensabschlusses und bei der Allokation von Erträgen, Aufwendungen sowie Gewinnen oder Verlusten vorgenommen werden, werden bei der Festlegung des gemeldeten Periodenergebnisses des Segments nur dann mit einbezogen, wenn sie in die Bewertung des Periodenergebnisses des Segments eingeflossen sind, die von dem Hauptentscheidungsträger des Unternehmens zugrunde gelegt wird. Ähnlich werden nur jene Vermögenswerte und Schulden, die in die Bewertungen der Vermögenswerte und der Schulden des Segments eingeflossen sind, die wiederum vom Hauptentscheidungsträger des Unternehmens genutzt werden, für dieses Segment gemeldet. Werden Beträge dem Periodenergebnis sowie den Vermögenswerten oder Schulden eines berichtspflichtigen Segments zugewiesen, so hat die Allokation dieser Beträge auf vernünftiger Basis zu erfolgen.

26 Nutzt der Hauptentscheidungsträger des Unternehmens lediglich eine Bemessungsgrundlage für das Periodenergebnis und die Vermögenswerte sowie Schulden eines Geschäftssegments zwecks Bewertung der Ertragskraft des Segments und der Entscheidung über die Art der Allokation der Ressourcen, so sind das Periodenergebnis und die Vermögenswerte sowie Schulden auf diesen Bemessungsgrundlagen zu erfassen. Nutzt der Hauptentscheidungsträger des Unternehmens mehr als eine Bemessungsgrundlage für das Periodenergebnis und die Vermögenswerte sowie Schulden eines Geschäftssegments, so sind jene Bemessungsgrundlagen zu verwenden, die die Geschäftsführung gemäß den Bewertungsprinzipien als am ehesten mit denjenigen konsistent ansieht, die für die Bewertung der entsprechenden Beträge im Abschluss des Unternehmens zugrunde gelegt werden.

27 Ein Unternehmen erläutert die Bewertungsgrundlagen für das Periodenergebnis eines Segments sowie die Vermögenswerte und Schulden eines jeden berichtspflichtigen Segments. Zumindest hat ein Unternehmen folgende Angaben zu machen:
 (a) die Rechnungslegungsgrundlage für sämtliche Transaktionen zwischen berichtspflichtigen Segmenten;
 (b) die Wesensart etwaiger Unterschiede zwischen den Bewertungen des Periodenergebnisses eines berichtspflichtigen Segments und dem Periodenergebnis des Unternehmens vor Steueraufwand oder -ertrag eines Unternehmens und Aufgabe von Geschäftsbereichen (falls nicht aus den Überleitungsrechnungen in Paragraph 28 ersichtlich). Diese Unterschiede könnten Bilanzierungs- und Bewertungsmethoden und Strategien für die Allokation von zentral angefallenen Kosten umfassen, die für das Verständnis der erfassten Segmentinformationen erforderlich sind;
 (c) die Wesensart etwaiger Unterschiede zwischen den Bewertungen der Vermögenswerte eines berichtspflichtigen Segments und den Vermögenswerten des Unternehmens (falls nicht aus den Überleitungsrechnungen in Paragraph 28 ersichtlich). Diese Unterschiede könnten Bilanzierungs- und Bewertungsmethoden und Strategien für die Allokation von gemeinsam genutzten Vermögenswerten umfassen, die für das Verständnis der erfassten Segmentinformationen erforderlich sind;
 (d) die Wesensart etwaiger Unterschiede zwischen den Bewertungen der Schulden eines berichtspflichtigen Segments und den Schulden des Unternehmens (falls nicht aus den Überleitungsrechnungen in Paragraph 28 ersichtlich). Diese Unterschiede könnten Bilanzierungs- und Bewertungsmethoden und Strategien für die Allokation von gemeinsam genutzten Schulden umfassen, die für das Verständnis der erfassten Segmentinformationen erforderlich sind;
 (e) die Wesensart etwaiger Änderungen der Bewertungsmethoden im Vergleich zu früheren Perioden, die zur Bestimmung des Periodenergebnisses des Segments verwendet werden, und eventuell die Auswirkungen dieser Änderungen auf die Bewertung des Periodenergebnisses des Segments;
 (f) Wesensart und Auswirkungen etwaiger asymmetrischer Allokationen für berichtspflichtige Segmente. Beispielsweise könnte ein Unternehmen einen Abschreibungsaufwand einem Segment zuordnen, ohne dass das Segment die entsprechenden abschreibungsfähigen Vermögenswerte erhalten hat.

Überleitungsrechnungen

28 Ein Unternehmen erstellt Überleitungsrechnungen für alle nachfolgend genannten Vorgänge:
 (a) Gesamtbetrag der Erträge der berichtspflichtigen Segmente und Erträge des Unternehmens;
 (b) Gesamtbetrag der Bewertungen der Periodenergebnisse der berichtspflichtigen Segmente und Periodenergebnis des Unternehmens vor Steueraufwand (Steuerertrag) und Aufgabe von Geschäftsbereichen. Weist ein Unternehmen indes berichtspflichtigen Segmenten Posten wie Steueraufwand (Steuerertrag) zu, kann das Unternehmen für den Gesamtbetrag der Bewertungen der Periodenergebnisse der Segmente und dem Periodenergebnis des Unternehmens eine Überleitungsrechnung nach Ausklammerung dieser Posten erstellen;

MEASUREMENT

The amount of each segment item reported shall be the measure reported to the chief operating decision maker for the purposes of making decisions about allocating resources to the segment and assessing its performance. Adjustments and eliminations made in preparing an entity's financial statements and allocations of revenues, expenses, and gains or losses shall be included in determining reported segment profit or loss only if they are included in the measure of the segment's profit or loss that is used by the chief operating decision maker. Similarly, only those assets and liabilities that are included in the measures of the segment's assets and segment's liabilities that are used by the chief operating decision maker shall be reported for that segment. If amounts are allocated to reported segment profit or loss, assets or liabilities, those amounts shall be allocated on a reasonable basis.

25

If the chief operating decision maker uses only one measure of an operating segment's profit or loss, the segment's assets or the segment's liabilities in assessing segment performance and deciding how to allocate resources, segment profit or loss, assets and liabilities shall be reported at those measures. If the chief operating decision maker uses more than one measure of an operating segment's profit or loss, the segment's assets or the segment's liabilities, the reported measures shall be those that management believes are determined in accordance with the measurement principles most consistent with those used in measuring the corresponding amounts in the entity's financial statements.

26

An entity shall provide an explanation of the measurements of segment profit or loss, segment assets and segment liabilities for each reportable segment. At a minimum, an entity shall disclose the following:
(a) the basis of accounting for any transactions between reportable segments;
(b) the nature of any differences between the measurements of the reportable segments' profits or losses and the entity's profit or loss before income tax expense or income and discontinued operations (if not apparent from the reconciliations described in paragraph 28). Those differences could include accounting policies and policies for allocation of centrally incurred costs that are necessary for an understanding of the reported segment information;
(c) the nature of any differences between the measurements of the reportable segments' assets and the entity's assets (if not apparent from the reconciliations described in paragraph 28). Those differences could include accounting policies and policies for allocation of jointly used assets that are necessary for an understanding of the reported segment information;
(d) the nature of any differences between the measurements of the reportable segments' liabilities and the entity's liabilities (if not apparent from the reconciliations described in paragraph 28). Those differences could include accounting policies and policies for allocation of jointly utilised liabilities that are necessary for an understanding of the reported segment information;
(e) the nature of any changes from prior periods in the measurement methods used to determine reported segment profit or loss and the effect, if any, of those changes on the measure of segment profit or loss;
(f) the nature and effect of any asymmetrical allocations to reportable segments. For example, an entity might allocate depreciation expense to a segment without allocating the related depreciable assets to that segment.

27

Reconciliations

An entity shall provide reconciliations of all of the following:
(a) the total of the reportable segments' revenues to the entity's revenue;
(b) the total of the reportable segments' measures of profit or loss to the entity's profit or loss before tax expense (tax income) and discontinued operations. However, if an entity allocates to reportable segments items such as tax expense (tax income), the entity may reconcile the total of the segments' measures of profit or loss to the entity's profit or loss after those items;

28

IFRS 8

(c) Gesamtbetrag der Vermögenswerte der berichtspflichtigen Segmente und der Vermögenswerte des Unternehmens;
(d) Gesamtbetrag der Schulden der berichtspflichtigen Segmente und Schulden des Unternehmens, wenn die Segmentschulden gemäß Paragraph 23 erfasst werden;
(e) Gesamtbetrag der Beträge der berichtpflichtigen Segmente für jeden anderen wesentlichen Informationsposten, der in Bezug auf den entsprechenden Posten des Unternehmens erfasst wird.

Alle wesentlichen Abstimmungsposten in den Überleitungsrechnungen sind gesondert zu identifizieren und zu erfassen. So ist z. B. der Betrag einer jeden wesentlichen Anpassung, die für die Abstimmung des Periodenergebnisses des Segments mit dem Periodenergebnis des Unternehmens erforderlich ist und ihren Ursprung in unterschiedlichen Bilanzierungs- und Bewertungsmethoden hat, gesondert zu identifizieren und zu beschreiben.

Anpassung zuvor veröffentlichter Informationen

29 Ändert ein Unternehmen die Struktur seiner internen Organisation auf eine Art und Weise, die die Zusammensetzung seiner berichtspflichtigen Segmente verändert, müssen die entsprechenden Informationen für frühere Perioden, einschließlich Zwischenperioden, angepasst werden, es sei denn, die erforderlichen Informationen sind nicht verfügbar und die Kosten für ihre Erstellung wären übermäßig hoch. Die Feststellung, ob Informationen nicht verfügbar sind und die Kosten für ihre Erstellung übermäßig hoch liegen, hat für jeden erfassten Einzelposten gesondert zu erfolgen. Infolge einer geänderten Zusammensetzung seiner berichtspflichtigen Segmente macht ein Unternehmen Angaben dazu, ob es die entsprechenden Posten der Segmentinformationen für frühere Perioden angepasst hat.

30 Ändert ein Unternehmen die Struktur seiner internen Organisation auf eine Art und Weise, die die Zusammensetzung seiner berichtspflichtigen Segmente verändert, und werden die entsprechenden Informationen für frühere Perioden, einschließlich Zwischenperioden, nicht angepasst, um der Änderung Rechnung zu tragen, macht ein Unternehmen in dem Jahr, in dem die Änderung eintritt, Angaben zu den Segmentinformationen für die derzeitige Berichtsperiode sowohl auf der Grundlage der alten als auch der neuen Segmentstruktur, es sei denn, die erforderlichen Informationen sind nicht verfügbar und die Kosten für ihre Erstellung wären übermäßig hoch.

ANGABEN AUF UNTERNEHMENSEBENE

31 Die Paragraphen 32–34 finden auf alle in den Anwendungsbereich dieses IFRS fallenden Unternehmen Anwendung. Dazu zählen auch Unternehmen, die nur ein einziges berichtspflichtiges Segment haben. Einige Geschäftsbereiche des Unternehmens sind nicht auf der Grundlage der Unterschiede zwischen verbundenen Produkten und Dienstleistungen oder Unterschieden zwischen den geografischen Tätigkeitsbereichen organisiert. Die berichtpflichtigen Segmente eines solchen Unternehmens können Angaben zu Erträgen machen, die in einem breiten Spektrum von ihrem Wesen nach unterschiedlichen Produkten und Dienstleistungen erwirtschaftet wurden, oder aber mehrere berichtspflichtige Segmente können ihrem Wesen nach ähnliche Produkte und Dienstleistungen anbieten. Ebenso können die berichtspflichtigen Segmente eines Unternehmens Vermögenswerte in verschiedenen geografischen Bereichen halten und Erträge von Kunden in diesen verschiedenen geografischen Bereichen erfassen, oder aber mehrere dieser berichtspflichtigen Segmente sind in ein und demselben geografischen Bereich tätig. Die in Paragraph 32–34 geforderten Informationen sind nur dann beizubringen, wenn sie nicht bereits als Teil der Informationen des berichtspflichtigen Segments gemäß diesem IFRS vorgelegt wurden.

Informationen über Produkte und Dienstleistungen

32 Ein Unternehmen erfasst die Erträge, die von externen Kunden kommen, für jedes Produkt und jede Dienstleistung bzw. für jede Gruppe vergleichbarer Produkte und Dienstleistungen, es sei denn, die erforderlichen Informationen sind nicht verfügbar und die Kosten für ihre Erstellung wären übermäßig hoch. In diesem Fall ist dieser Umstand anzugeben. Die Beträge der erfassten Erträge stützen sich auf die Finanzinformationen, die für die Erstellung des Unternehmensabschlusses verwendet werden.

(c) the total of the reportable segments' assets to the entity's assets;
(d) the total of the reportable segments' liabilities to the entity's liabilities if segment liabilities are reported in accordance with paragraph 23;
(e) the total of the reportable segments' amounts for every other material item of information disclosed to the corresponding amount for the entity.

All material reconciling items shall be separately identified and described. For example, the amount of each material adjustment needed to reconcile reportable segment profit or loss to the entity's profit or loss arising from different accounting policies shall be separately identified and described.

Restatement of previously reported information

29 If an entity changes the structure of its internal organisation in a manner that causes the composition of its reportable segments to change, the corresponding information for earlier periods, including interim periods, shall be restated unless the information is not available and the cost to develop it would be excessive. The determination of whether the information is not available and the cost to develop it would be excessive shall be made for each individual item of disclosure. Following a change in the composition of its reportable segments, an entity shall disclose whether it has restated the corresponding items of segment information for earlier periods.

30 If an entity has changed the structure of its internal organisation in a manner that causes the composition of its reportable segments to change and if segment information for earlier periods, including interim periods, is not restated to reflect the change, the entity shall disclose in the year in which the change occurs segment information for the current period on both the old basis and the new basis of segmentation, unless the necessary information is not available and the cost to develop it would be excessive.

ENTITY-WIDE DISCLOSURES

31 Paragraphs 32—34 apply to all entities subject to this IFRS including those entities that have a single reportable segment. Some entities' business activities are not organised on the basis of differences in related products and services or differences in geographical areas of operations. Such an entity's reportable segments may report revenues from a broad range of essentially different products and services, or more than one of its reportable segments may provide essentially the same products and services. Similarly, an entity's reportable segments may hold assets in different geographical areas and report revenues from customers in different geographical areas, or more than one of its reportable segments may operate in the same geographical area. Information required by paragraphs 32—34 shall be provided only if it is not provided as part of the reportable segment information required by this IFRS.

Information about products and services

32 An entity shall report the revenues from external customers for each product and service, or each group of similar products and services, unless the necessary information is not available and the cost to develop it would be excessive, in which case that fact shall be disclosed. The amounts of revenues reported shall be based on the financial information used to produce the entity's financial statements.

Informationen über geografische Bereiche

33 Ein Unternehmen macht folgende geografische Angaben, es sei denn, die erforderlichen Informationen sind nicht verfügbar und die Kosten für ihre Erstellung wären übermäßig hoch:
   (a) Erträge, die von externen Kunden erwirtschaftet wurden und die i) dem Herkunftsland des Unternehmens und ii) allen Drittländern insgesamt zugewiesen werden, in denen das Unternehmen Erträge erwirtschaftet. Wenn die Erträge von externen Kunden, die einem einzigen Drittland zugewiesen werden, eine wesentliche Höhe erreichen, sind diese Erträge gesondert anzugeben. Ein Unternehmen hat anzugeben, auf welcher Grundlage die Erträge von externen Kunden den einzelnen Ländern zugewiesen werden.
   (b) Betrag der Steigerungen von langfristigen Vermögenswerten[2], bei denen es sich nicht um Finanzinstrumente handelt, latente Steueransprüche, Leistungen nach Beendigung des Arbeitsverhältnisses und Rechte aus Versicherungsverträgen, die i) im Herkunftsland des Unternehmens und ii) in allen Drittländern insgesamt belegen sind, in dem das Unternehmen Vermögenswerte hält. Wenn die Vermögenswerte in einem einzigen Drittland eine wesentliche Höhe erreichen, sind diese Vermögenswerte gesondert anzugeben.

Die angegebenen Beträge stützen sich auf die Finanzinformationen, die für die Erstellung des Unternehmensabschlusses verwendet werden. Wenn die erforderlichen Informationen nicht verfügbar sind und die Kosten für ihre Erstellung übermäßig hoch liegen würden, ist diese Tatsache anzugeben. Über die von diesem Paragraphen geforderten Informationen hinaus kann ein Unternehmen Zwischensummen für die geografischen Informationen über Ländergruppen vorlegen.

Informationen über wichtige Kunden

34 Ein Unternehmen legt Informationen über den Grad seiner Abhängigkeit von seinen wichtigen Kunden vor. Wenn sich die Erträge aus Transaktionen mit einem einzigen externen Kunden auf mindestens 10 % der Unternehmenserträge belaufen, hat das Unternehmen diese Tatsache anzugeben sowie den Gesamtbetrag der Erträge von einem jeden derartigen Kunden und die Identität des Segments bzw. der Segmente, in denen die Erträge ausgewiesen werden. Das Unternehmen muss die Identität eines wichtigen Kunden oder die Höhe der Erträge, die jedes Segment in Bezug auf diesen Kunden ausweist, nicht offenlegen. Im Sinne dieses IFRS ist eine Unternehmensgruppe, von der das berichtspflichtige Unternehmen weiß, dass sie einer gemeinsamen Kontrolle unterliegt, als ein einziger Kunde anzusehen, und eine staatliche Stelle (auf nationaler, staatlicher, provinzieller, territorialer, lokaler oder ausländischer Ebene) sowie Unternehmen, von denen das berichtspflichtige Unternehmen weiß, dass sie der Kontrolle durch diese Regierung unterliegen, als ein einziger Kunde anzusehen.

ÜBERGANGSVORSCHRIFTEN UND ZEITPUNKT DES INKRAFTTRETENS

35 Dieser IFRS ist erstmals in der Berichtsperiode eines am 1. Januar 2009 oder danach beginnenden Geschäftsjahres anzuwenden. Eine frühere Anwendung ist zulässig. Wenn ein Unternehmen diesen IFRS für Berichtsperioden anwendet, die vor dem 1. Januar 2009 beginnen, so ist diese Tatsache anzugeben.

36 Segmentinformationen für frühere Geschäftsjahre, die als Vergleichsinformationen für das erste Jahr der Anwendung vorgelegt werden, müssen angepasst werden, um den Anforderungen dieses IFRS Rechnung zu tragen, es sei denn, die erforderlichen Informationen sind nicht verfügbar und die Kosten für ihre Erstellung wären übermäßig hoch.

RÜCKNAHME VON IAS 14

37 Dieser IFRS ersetzt IAS 14 *Segmentberichterstattung*.

---

[2] Für Vermögenswerte, die nach einer Liquiditätspräsentation eingestuft werden, sind langfristige Vermögenswerte jene Werte, die Beträge umfassen, bei denen man von einer Beitreibung nach zwölf Monaten nach dem Bilanzstichtag ausgeht.

Information about geographical areas

An entity shall report the following geographical information, unless the necessary information is not available and the cost to develop it would be excessive: 33
(a) revenues from external customers (i) attributed to the entity's country of domicile and (ii) attributed to all foreign countries in total from which the entity derives revenues. If revenues from external customers attributed to an individual foreign country are material, those revenues shall be disclosed separately. An entity shall disclose the basis for attributing revenues from external customers to individual countries;
(b) non-current assets[2] other than financial instruments, deferred tax assets, post-employment benefit assets, and rights arising under insurance contracts (i) located in the entity's country of domicile and (ii) located in all foreign countries in total in which the entity holds assets. If assets in an individual foreign country are material, those assets shall be disclosed separately.

The amounts reported shall be based on the financial information that is used to produce the entity's financial statements. If the necessary information is not available and the cost to develop it would be excessive, that fact shall be disclosed. An entity may provide, in addition to the information required by this paragraph, subtotals of geographical information about groups of countries.

Information about major customers

An entity shall provide information about the extent of its reliance on its major customers. If revenues from transactions with a single external customer amount to 10 per cent or more of an entity's revenues, the entity shall disclose that fact, the total amount of revenues from each such customer, and the identity of the segment or segments reporting the revenues. The entity need not disclose the identity of a major customer or the amount of revenues that each segment reports from that customer. For the purposes of this IFRS, a group of entities known to a reporting entity to be under common control shall be considered a single customer, and a government (national, state, provincial, territorial, local or foreign) and entities known to the reporting entity to be under the control of that government shall be considered a single customer. 34

TRANSITION AND EFFECTIVE DATE

An entity shall apply this IFRS in its annual financial statements for periods beginning on or after 1 January 2009. Earlier application is permitted. If an entity applies this IFRS in its financial statements for a period before 1 January 2009, it shall disclose that fact. 35

Segment information for prior years that is reported as comparative information for the initial year of application shall be restated to conform to the requirements of this IFRS, unless the necessary information is not available and the cost to develop it would be excessive. 36

WITHDRAWAL OF IAS 14

This IFRS supersedes IAS 14 *Segment Reporting*. 37

---

2 For assets classified according to a liquidity presentation, non-current assets are assets that include amounts expected to be recovered more than twelve months after the balance sheet date.

ANLAGE A

Begriffsbestimmung

Dieser Anhang ist integraler Bestandteil des IFRS.

Geschäftssegment   Ein Geschäftssegment ist ein Bereich eines Unternehmens,

(a) das Geschäftstätigkeiten betreibt, mit denen Erträge erwirtschaftet werden und bei denen Aufwendungen anfallen können (einschließlich Erträge und Aufwendungen im Zusammenhang mit Transaktionen mit anderen Bereichen desselben Unternehmens);

(b) dessen Betriebsergebnisse regelmäßig vom Hauptentscheidungsträger des Unternehmens im Hinblick auf Entscheidungen über die Allokation von Ressourcen zu diesem Segment und die Bewertung seiner Ertragskraft überprüft werden; und

(c) für das einschlägige Finanzinformationen vorliegen.

APPENDIX A

Defined term

This appendix is an integral part of the IFRS.

operating segment An operating segment is a component of an entity:
(a) that engages in business activities from which it may earn revenues and incur expenses (including revenues and expenses relating to transactions with other components of the same entity);
(b) whose operating results are regularly reviewed by the entity's chief operating decision maker to make decisions about resources to be allocated to the segment and assess its performance; and
(c) for which discrete financial information is available.

Standing Interpretations Committee Interpretation SIC-7

Einführung des Euro

Paragraph 11 des IAS 1 (überarbeitet 1997), Darstellung des Abschlusses, schreibt vor, dass Abschlüsse nicht als mit den International Accounting Standards übereinstimmend zu bezeichnen sind, solange sie nicht sämtliche Anforderungen jedes anzuwendenden Standards und jeder anzuwendenden Interpretation des Standing Interpretations Committee erfüllen. Die SIC-Interpretationen brauchen nicht auf unwesentliche Sachverhalte angewendet zu werden.
Verweis: IAS 21, Auswirkungen von Änderungen der Wechselkurse.

Fragestellung

1   Ab 1. Januar 1999, dem Zeitpunkt des Inkrafttretens der Wirtschafts- und Währungsunion (WWU), wird der Euro eine Währung eigenen Rechts werden, und die Wechselkurse zwischen dem Euro und den teilnehmenden nationalen Währungen werden unwiderruflich festgelegt, d. h. das Risiko nachfolgender Währungsdifferenzen hinsichtlich dieser Währungen ist ab diesem Tag beseitigt.

2   Die Fragestellung ist die Anwendung des IAS 21 auf die Umstellung von nationalen Währungen teilnehmender Mitgliedsstaaten der Europäischen Union auf den Euro („die Umstellung").

Beschluss

3   Die Vorschriften des IAS 21 bezüglich der Umrechnung von Fremdwährungstransaktionen und Abschlüssen ausländischer Geschäftsbetriebe sind streng auf die Umstellung anzuwenden. Der gleiche Grundgedanke gilt für die Festlegung von Wechselkursen, wenn Länder in späteren Phasen der WWU beitreten.

4   Das heißt im Besonderen, dass:
(a) monetäre Vermögenswerte und Schulden in Fremdwährung aus Transaktionen weiterhin zum Stichtagskurs in die funktionale Währung umzurechnen sind. Etwaige sich ergebende Umrechnungsdifferenzen sind sofort als Ertrag oder als Aufwand zu erfassen, mit der Ausnahme, dass ein Unternehmen weiterhin seine bestehenden Bilanzierungs- und Bewertungsmethoden für Gewinne und Verluste aus der Währungsumrechnung anzuwenden hat, die aus der Absicherung des Währungsrisikos einer vorgesehenen Transaktion entstehen.
(b) kumulierte Umrechnungsdifferenzen im Zusammenhang mit der Umrechnung von Abschlüssen ausländischer Geschäftsbetriebe weiterhin als Eigenkapital zu klassifizieren sind und nur bei der Veräußerung der Nettoinvestitionen in den ausländischen Geschäftsbetrieb im Ergebnis zu erfassen sind.
(c) Umrechnungsdifferenzen aus der Umrechnung von Schulden, die auf Fremdwährungen der Teilnehmerstaaten lauten, nicht dem Buchwert des dazugehörenden Vermögenswertes zuzurechnen sind.

Datum des Beschlusses: Oktober 1997.
Zeitpunkt des Inkrafttretens: Diese Interpretation tritt am 1. Juni 1998 in Kraft. Änderungen der Bilanzierungs- und Bewertungsmethoden sind gemäß den Bestimmungen des IAS 8 vorzunehmen.

Standing Interpretations Committee Interpretation SIC-7

Introduction of the euro

Paragraph 11 of IAS 1 (revised 1997), presentation of financial statements, requires that financial statements should not be described as complying with International Accounting Standards unless they comply with all the requirements of each applicable standard and each applicable interpretation issued by the Standing Interpretations Committee. SIC interpretations are not intended to apply to immaterial items.
Reference: IAS 21, the effects of changes in foreign exchange rates.

Issue

From 1 January 1999, the effective start of economic and monetary union (EMU), the euro will become a currency in its own right and the conversion rates between the euro and the participating national currencies will be irrevocably fixed, i. e. the risk of subsequent exchange differences related to these currencies is eliminated from this date on.

The issue is the application of IAS 21 to the changeover from the national currencies of participating Member States of the European Union to the euro ('the changeover').

Consensus

The requirements of IAS 21 regarding the translation of foreign currency transactions and financial statements of foreign operations should be strictly applied to the changeover. The same rationale applies to the fixing of exchange rates when countries join EMU at later stages.

This means that, in particular:
(a) foreign currency monetary assets and liabilities resulting from transactions shall continue to be translated into the functional currency at the closing rate. Any resultant exchange differences shall be recognised as income or expense immediately, except that an entity shall continue to apply its existing accounting policy for exchange gains and losses related to hedges of the currency risk of a forecast transaction.
(b) cumulative exchange differences relating to the translation of financial statements of foreign operations shall continue to be classified as equity and shall be recognised as income or expense only on the disposal of the net investment in the foreign operation.
(c) exchange differences resulting from the translation of liabilities denominated in participating currencies should not be included in the carrying amount of related assets.

Date of consensus: October 1997.
Effective Date: This Interpretation becomes effective on 1 June 1998. Changes in accounting policies shall be accounted for according to the requirements of IAS 8.

Standing Interpretations Committee Interpretation SIC-10

Beihilfen der öffentlichen Hand – kein spezifischer Zusammenhang mit betrieblichen Tätigkeiten

Paragraph 11 des IAS 1 (überarbeitet 1997), Darstellung des Abschlusses, schreibt vor, dass Abschlüsse nicht als mit den International Accounting Standards übereinstimmend zu bezeichnen sind, solange sie nicht sämtliche Anforderungen jedes anzuwendenden Standards und jeder anzuwendenden Interpretation des Standing Interpretations Committee erfüllen. Die SIC-Interpretationen brauchen nicht auf unwesentliche Sachverhalte angewendet zu werden.
Verweis: IAS 20, Bilanzierung und Darstellung von Zuwendungen der öffentlichen Hand.

Fragestellung

1 In manchen Ländern können Beihilfen der öffentlichen Hand auf die Förderung oder Langzeitunterstützung von Geschäftstätigkeiten entweder in bestimmten Regionen oder Industriezweigen ausgerichtet sein. Bedingungen, um diese Unterstützung zu erhalten, sind nicht immer speziell auf die betrieblichen Tätigkeiten des Unternehmens bezogen. Beispiele solcher Beihilfen sind Übertragungen von Ressourcen der öffentlichen Hand an Unternehmen, welche:
(a) in einer bestimmten Branche tätig sind;
(b) weiterhin in kürzlich privatisierten Branchen tätig sind; oder
(c) ihre Geschäftstätigkeit in unterentwickelten Gebieten beginnen oder fortführen.

2 Die Fragestellung lautet, ob solche Beihilfen der öffentlichen Hand eine „Zuwendung der öffentlichen Hand" innerhalb des Anwendungsbereiches des IAS 20 sind und deshalb gemäß diesem Standard zu bilanzieren sind.

Beschluss

3 Beihilfen der öffentlichen Hand für Unternehmen erfüllen die Definition für Zuwendungen der öffentlichen Hand des IAS 20, auch wenn es außer der Forderung, in bestimmten Regionen oder Industriezweigen tätig zu sein, keine Bedingungen gibt, die sich speziell auf die Geschäftstätigkeit des Unternehmens beziehen. Diese Zuwendungen sind deshalb nicht unmittelbar im Eigenkapital zu erfassen.

Datum des Beschlusses: Januar 1998.
Zeitpunkt des Inkrafttretens: Diese Interpretation tritt am 1. August 1998 in Kraft. Änderungen der Bilanzierungs- und Bewertungsmethoden sind gemäß den Übergangsbestimmungen des IAS 8.46 vorzunehmen.

Standing Interpretations Committee Interpretation SIC-10

Government assistance—no specific relation to operating activities

Paragraph 11 of IAS 1 (revised 1997), presentation of financials statements, requires that financial statements should not be described as complying with International Accounting Standards unless they comply with all the requirements of each applicable standard and each applicable interpretation issued by the Standing Interpretations Committee. SIC interpretations are not intended to apply to immaterial items.
Reference: IAS 20, accounting for government grants and disclosure of government assistance.

Issue

In some countries government assistance to enterprises may be aimed at encouragement or long-term support of business activities either in certain regions or industry sectors. Conditions to receive such assistance may not be specifically related to the operating activities of the enterprise. Examples of such assistance are transfers of resources by governments to enterprises which:
(a) operate in a particular industry;
(b) continue operating in recently privatised industries; or
(c) start or continue to run their business in underdeveloped areas.

The issue is whether such government assistance is a 'government grant' within the scope of IAS 20 and, therefore, should be accounted for in accordance with this standard.

Consensus

Government assistance to enterprises meets the definition of government grants in IAS 20, even if there are no conditions specifically relating to the operating activities of the enterprise other than the requirement to operate in certain regions or industry sectors. Such grants should therefore not be credited directly to equity.

Date of consensus: January 1998.
Effective date: This interpretation becomes effective on 1 August 1998. Changes in accounting policies should be accounted for according to the transition requirements of IAS 8.46.

Standing Interpretations Committee Interpretation SIC-12

Konsolidierung – Zweckgesellschaften

Paragraph 11 des IAS 1 (überarbeitet 1997), Darstellung des Abschlusses, schreibt vor, dass Abschlüsse nicht als mit den International Accounting Standards übereinstimmend zu bezeichnen sind, solange sie nicht sämtliche Anforderungen jedes anzuwendenden Standards und jeder anzuwendenden Interpretation des Standing Interpretations Committee erfüllen. SIC-Interpretationen brauchen nicht auf unwesentliche Sachverhalte angewendet zu werden.

Verweis: IAS 27 *Konzern- und separate Einzelabschlüsse nach IFRS*

Fragestellung

1 Ein Unternehmen kann gegründet werden, um ein enges und genau definiertes Ziel zu erreichen (z. B. um ein Leasinggeschäft, Forschungs- und Entwicklungsaktivitäten oder eine Verbriefung von Finanzinstrumenten durchzuführen). Solch eine Zweckgesellschaft („Special Purpose Entity", kurz „Zweckgesellschaft (SPE)") kann die Rechtsform einer Kapitalgesellschaft, eines Treuhandfonds, einer Personengesellschaft oder einer anderen Nicht-Kapitalgesellschaft haben. SPE werden oft mit rechtlichen Vereinbarungen gegründet, die der Entscheidungsmacht ihres Vorstands, Treuhänders oder des Managements der SPE strenge und manchmal dauerhafte Schranken auferlegen. Häufig legen diese Bestimmungen fest, dass die Geschäftspolitik, die die laufende Tätigkeit der SPE festlegt, nicht geändert werden kann, außer vielleicht durch ihren Gründer oder Sponsor (d. h. sie arbeiten unter einem sog. „Autopilot").

2 Der Sponsor (oder das Unternehmen, zu dessen Gunsten die SPE gegründet wurde) transferiert häufig Vermögenswerte zur SPE, erhält das Recht zur Nutzung von Vermögenswerten der SPE oder erbringt Dienstleistungen für die SPE, während andere Parteien („Kapitalgeber") die Finanzierung der SPE übernehmen können. Ein Unternehmen, das Transaktionen mit einer SPE abwickelt (häufig der Gründer oder Sponsor), kann wirtschaftlich betrachtet die SPE beherrschen.

3 Eine nutzbringende Beteiligung an einer SPE kann beispielsweise in Form eines Schuldinstruments, eines Eigenkapitalinstruments, einer Gewinnbeteiligung, eines Residualanspruchs oder eines Leasingverhältnisses bestehen. Einige nutzbringenden Beteiligungen können dem Halter einfach eine fixe oder festgesetzte Rendite verschaffen, während andere dem Halter Rechte oder Zugang zu sonstigem künftigen wirtschaftlichen Nutzen aus der Geschäftstätigkeit der SPE verschaffen. In den meisten Fällen sichert sich der Gründer oder Sponsor (oder das Unternehmen, zu dessen Gunsten die SPE gegründet wurde) eine wesentliche nutzbringende Beteiligung an der Geschäftstätigkeit der SPE, selbst wenn er wenig oder kein Eigenkapital der SPE hält.

4 IAS 27 schreibt die Konsolidierung von Unternehmen vor, die von dem berichtenden Unternehmen beherrscht werden. Der Standard gibt jedoch keine expliziten Anwendungsleitlinien für die Konsolidierung von SPEs vor.

5 Die Fragestellung lautet, unter welchen Umständen ein Unternehmen eine SPE zu konsolidieren hat.

6 Diese Interpretation ist nicht auf Pläne für Leistungen nach Beendigung des Arbeitsverhältnisses oder auf andere langfristige Leistungen an Arbeitnehmer anzuwenden, auf die IAS 19 Anwendung findet.

7 Ein Transfer von Vermögenswerten von einem Unternehmen auf eine SPE kann gegebenenfalls als ein Verkauf durch das Unternehmen klassifiziert werden. Auch wenn der Transfer als Verkauf klassifiziert wird, können die Bestimmungen von IAS 27 und dieser Interpretation bedeuten, dass das Unternehmen die SPE zu konsolidieren hat. Diese Interpretation bezieht sich nicht auf Umstände, die als Verkauf zu behandeln sind, oder auf die Eliminierung von Konsequenzen eines solchen Verkaufs im Rahmen der Konsolidierung.

Beschluss

8 Eine SPE ist zu konsolidieren, wenn die wirtschaftliche Betrachtung des Verhältnisses zwischen einem Unternehmen und der SPE zeigt, dass die SPE durch das Unternehmen beherrscht wird.

9 Im Zusammenhang mit einer SPE kann Beherrschung durch die Vorherbestimmung der Geschäftstätigkeit der SPE (die als „Autopilot" tätig ist) oder anders entstehen. IAS 27.13 gibt mehrere Umstände an, die eine Beherrschung sogar in den Fällen zur Folge haben, in denen ein Unternehmen die Hälfte der Stimmrechte

Standing Interpretations Committee Interpretation SIC-12

Consolidation—special purpose entities

Paragraph 11 of IAS 1 (revised 1997), presentation of financial statements, requires that financial statements should not be described as complying with International Accounting Standards unless they comply with all the requirements of each applicable standard and each applicable interpretation issued by the Standing Interpretations Committee. SIC interpretations are not intended to apply to immaterial items.
Reference: IAS 27 *Consolidated and Separate Financial Statements*

Issue

An entity may be created to accomplish a narrow and well-defined objective (e.g. to effect a lease, research and development activities or a securitisation of financial assets). Such a special purpose entity ('SPE') may take the form of a corporation, trust, partnership or unincorporated entity. SPEs often are created with legal arrangements that impose strict and sometimes permanent limits on the decision-making powers of their governing board, trustee or management over the operations of the SPE. Frequently, these provisions specify that the policy guiding the ongoing activities of the SPE cannot be modified, other than perhaps by its creator or sponsor (i.e. they operate on 'autopilot'). 1

The sponsor (or enterprise on whose behalf the SPE was created) frequently transfers assets to the SPE, obtains the right to use assets held by the SPE or performs services for the SPE, while other parties ('capital providers') may provide the funding to the SPE. An enterprise that engages in transactions with an SPE (frequently the creator or sponsor) may in substance control the SPE. 2

A beneficial interest in an SPE may, for example, take the form of a debt instrument, an equity instrument, a participation right, a residual interest or a lease. Some beneficial interests may simply provide the holder with a fixed or stated rate of return, while others give the holder rights or access to other future economic benefits of the SPE's activities. In most cases, the creator or sponsor (or the enterprise on whose behalf the SPE was created) retains a significant beneficial interest in the SPE's activities, even though it may own little or none of the SPE's equity. 3

IAS 27 requires the consolidation of entities that are controlled by the reporting enterprise. However, the standard does not provide explicit guidance on the consolidation of SPEs. 4

The issue is under what circumstances an enterprise should consolidate an SPE. 5

This Interpretation does not apply to post-employment benefit plans or other long-term employee benefit plans to which IAS 19 applies. 6

A transfer of assets from an enterprise to an SPE may qualify as a sale by that enterprise. Even if the transfer does qualify as a sale, the provisions of IAS 27 and this interpretation may mean that the enterprise should consolidate the SPE. This interpretation does not address the circumstances in which sale treatment should apply for the enterprise or the elimination of the consequences of such a sale upon consolidation. 7

Consensus

An SPE should be consolidated when the substance of the relationship between an enterprise and the SPE indicates that the SPE is controlled by that enterprise. 8

In the context of an SPE, control may arise through the predetermination of the activities of the SPE (operating on 'autopilot') or otherwise. IAS 27.13 indicates several circumstances which result in control even in cases where an entity owns one half or less of the voting power of another entity. Similarly, control may exist even in 9

SIC-12

eines anderen Unternehmens oder weniger hält. Daneben kann eine Beherrschung sogar in Fällen bestehen, in denen ein Unternehmen wenig oder kein Eigenkapital der Zweckgesellschaft (SPE) hält. Die Anwendung des Control-Konzeptes erfordert in jedem einzelnen Fall eine Beurteilung unter Berücksichtigung sämtlicher relevanter Faktoren.

10   Zusätzlich zu den in IAS 27.13 beschriebenen Situationen können zum Beispiel folgende Umstände auf ein Verhältnis hinweisen, bei dem ein Unternehmen eine Zweckgesellschaft beherrscht und folglich die Zweckgesellschaft zu konsolidieren hat (zusätzliche Anwendungsleitlinien werden im Anhang dieser Interpretation aufgeführt):
(a) bei wirtschaftlicher Betrachtung wird die Geschäftstätigkeit der Zweckgesellschaft zu Gunsten des Unternehmens entsprechend seiner besonderen Geschäftsbedürfnisse geführt, so dass das Unternehmen Nutzen aus der Geschäftstätigkeit der Zweckgesellschaft zieht;
(b) bei wirtschaftlicher Betrachtung verfügt das Unternehmen über die Entscheidungsmacht, die Mehrheit des Nutzens aus der Geschäftstätigkeit der Zweckgesellschaft zu ziehen, oder das Unternehmen hat durch die Einrichtung eines „Autopilot"-Mechanismus diese Entscheidungsmacht delegiert;
(c) bei wirtschaftlicher Betrachtung verfügt das Unternehmen über das Recht, die Mehrheit des Nutzens aus der Zweckgesellschaft zu ziehen, und ist deshalb unter Umständen Risiken ausgesetzt, die mit der Geschäftstätigkeit der Zweckgesellschaft verbunden sind; oder
(d) bei wirtschaftlicher Betrachtung behält das Unternehmen die Mehrheit der mit der Zweckgesellschaft verbundenen Residual- oder Eigentumsrisiken oder Vermögenswerte, um Nutzen aus ihrer Geschäftstätigkeit zu ziehen.

11   (gestrichen)

Datum des Beschlusses: Juni 1998.
Zeitpunkt des Inkrafttretens: Diese Interpretation tritt für Berichtsperioden in Kraft, die am oder nach dem 1. Juli 1999 beginnen; eine frühere Anwendung wird empfohlen. Änderungen der Bilanzierungs- und Bewertungsmethoden sind gemäß IAS 8 zu berücksichtigen.

cases where an entity owns little or none of the SPE's equity. The application of the control concept requires, in each case, judgement in the context of all relevant factors.

In addition to the situations described in IAS 27.13, the following circumstances, for example, may indicate a relationship in which an entity controls an SPE and consequently should consolidate the SPE (additional guidance is provided in the Appendix to this Interpretation): 10
(a) in substance, the activities of the SPE are being conducted on behalf of the entity according to its specific business needs so that the entity obtains benefits from the SPE's operation;
(b) in substance, the entity has the decision-making powers to obtain the majority of the benefits of the activities of the SPE or, by setting up an 'autopilot' mechanism, the entity has delegated these decision-making powers;
(c) in substance, the entity has rights to obtain the majority of the benefits of the SPE and therefore may be exposed to risks incident to the activities of the SPE; or
(d) in substance, the entity retains the majority of the residual or ownership risks related to the SPE or its assets in order to obtain benefits from its activities.

(deleted) 11

Date of consensus: June 1998.

Effective Date: This Interpretation becomes effective for annual financial periods beginning on or after 1 July 1999; earlier application is encouraged. Changes in accounting policies shall be accounted for in accordance with IAS 8.

Standing Interpretations Committee Interpretation SIC-13

Gemeinschaftlich geführte Einheiten – Nicht monetäre Einlagen durch Partnerunternehmen

Paragraph 11 des IAS 1 (überarbeitet 1997), Darstellung des Abschlusses, schreibt vor, dass Abschlüsse nicht als mit den International Accounting Standards übereinstimmend zu bezeichnen sind, solange sie nicht sämtliche Anforderungen jedes anzuwendenden Standards und jeder anzuwendenden Interpretation des Standing Interpretations Committee erfüllen. SIC-Interpretationen brauchen nicht auf unwesentliche Sachverhalte angewendet zu werden.

Verweis: IAS 31 *Anteile an Joint Ventures*

Fragestellung

1. IAS 31.48 bezieht sich in folgender Weise sowohl auf Einlagen als auch auf Verkäufe zwischen einem Partnerunternehmen und einem Joint Venture: „Wenn ein Partnerunternehmen Einlagen an ein Joint Venture leistet oder Vermögenswerte verkauft, so ist bei der Erfassung eines Anteils der aus diesem Geschäftsvorfall stammenden Gewinne oder Verluste der wirtschaftliche Gehalt des Geschäftsvorfalls zu berücksichtigen." Darüber hinaus besagt IAS 31.24, dass „ein gemeinschaftlich geführtes Unternehmen ein Joint Venture in Form einer Kapitalgesellschaft, Personengesellschaft oder anderen rechtlichen Einheit ist, an der jedes Partnerunternehmen beteiligt ist." Es gibt keine explizite Anwendungsleitlinie zur Erfassung von Gewinnen und Verlusten, die aus Einlagen von nicht monetären Vermögenswerten in gemeinschaftlich geführte Unternehmen („Jointly Controlled Entities" kurz „JCEs") resultieren.

2. Einlagen in eine JCE sind Übertragungen von Vermögenswerten des Partnerunternehmens im Tausch gegen Kapitalanteile an der JCE. Solche Einlagen können verschiedene Formen aufweisen. Einlagen können gleichzeitig von den Partnerunternehmen entweder bei der Gründung der JCE oder danach geleistet werden. Die vom Partnerunternehmen im Tausch gegen die in die JCE eingebrachten Vermögenswerte erhaltene Gegenleistung kann auch Zahlungsmittel oder eine andere Gegenleistung umfassen, die nicht von künftigen Cashflows der JCE abhängig ist („zusätzliche Gegenleistung").

3. Die Fragestellungen lauten:
   (a) wann das Partnerunternehmen einen angemessenen Teil an Gewinnen und Verlusten, die aus der Einlage eines nicht monetären Vermögenswertes in eine JCE im Tausch gegen einen Kapitalanteil an der JCE resultieren, in seiner Gewinn- und Verlustrechnung zu erfassen hat;
   (b) wie eine zusätzliche Gegenleistung vom Partnerunternehmen zu bilanzieren ist; und
   (c) wie unrealisierte Gewinne und Verluste im Konzernabschluss des Partnerunternehmens darzustellen sind.

4. Diese Interpretation behandelt die Bilanzierung beim Partnerunternehmen von nicht monetären Einlagen in eine JCE im Tausch gegen Kapitalanteile an der JCE, die entweder unter Verwendung der Equity-Methode oder der Quotenkonsolidierung bilanziert wird.

Beschluss

5. Bei Anwendung von IAS 31.48 auf nicht monetäre Einlagen in eine JCE im Tausch gegen Kapitalanteile an der JCE hat ein Partnerunternehmen im Ergebnis der Berichtsperiode den Teil des Gewinns oder Verlusts zu erfassen, der dem Kapitalanteil der anderen Partnerunternehmen zuzurechnen ist, es sei denn:
   (a) die mit dem Eigentum der/s eingebrachten nicht monetären Vermögenswerte/s verbundenen signifikanten Risiken und Chancen wurden nicht auf die JCE übertragen;
   oder
   (b) der mit der nicht monetären Einlage verbundene Gewinn oder Verlust kann nicht verlässlich bewertet werden;
   oder
   (c) der Transaktion von Einlagen fehlt es an wirtschaftlicher Substanz, wie dies in IAS 16 *Sachanlagen* beschrieben wird.
   Wenn Ausnahme (a), (b) oder (c) zutrifft, wird der Gewinn oder Verlust als nicht realisiert betrachtet und deshalb nicht im Ergebnis erfasst, es sei denn, Paragraph 6 trifft ebenfalls zu.

Standing Interpretations Committee Interpretation SIC-13

Jointly controlled entities— non-monetary contributions by venturers

Paragraph 11 of IAS 1 (revised 1997), presentation of financial statements, requires that financial statements should not be described as complying with International Accounting Standards unless they comply with all the requirements of each applicable standard and each applicable interpretation issued by the Standing Interpretations Committee. SIC interpretations are not intended to apply to immaterial items.
Reference: IAS 31 *Interests in Joint Ventures*

Issue

IAS 31.48 refers to both contributions and sales between a venturer and a joint venture as follows: 'When a venturer contributes or sells assets to a joint venture, recognition of any portion of a gain or loss from the transaction shall reflect the substance of the transaction'. In addition, IAS 31.24 says that 'a jointly controlled entity is a joint venture that involves the establishment of a corporation, partnership or other entity in which each venturer has an interest.' There is no explicit guidance on the recognition of gains and losses resulting from contributions of non-monetary assets to jointly controlled entities ('JCEs'). 1

Contributions to a JCE are transfers of assets by venturers in exchange for an equity interest in the JCE. Such contributions may take various forms. Contributions may be made simultaneously by the venturers either upon establishing the JCE or subsequently. The consideration received by the venturer(s) in exchange for assets contributed to the JCE may also include cash or other consideration that does not depend on future cash flows of the JCE ('additional consideration'). 2

The issues are: 3
(a) when the appropriate portion of gains or losses resulting from a contribution of a non-monetary asset to a JCE in exchange for an equity interest in the JCE should be recognised by the venturer in the income statement;
(b) how additional consideration should be accounted for by the venturer; and
(c) how any unrealised gain or loss should be presented in the consolidated financial statements of the venturer.

This interpretation deals with the venturer's accounting for non-monetary contributions to a JCE in exchange for an equity interest in the JCE that is accounted for using either the equity method or proportionate consolidation. 4

Consensus

In applying IAS 31.48 to non-monetary contributions to a JCE in exchange for an equity interest in the JCE, a venturer shall recognise in profit or loss for the period the portion of a gain or loss attributable to the equity interests of the other venturers except when: 5
(a) the significant risks and rewards of ownership of the contributed non-monetary asset(s) have not been transferred to the JCE;
or
(b) the gain or loss on the non-monetary contribution cannot be measured reliably;
or
(c) the contribution transaction lacks commercial substance, as that term is described in IAS 16 *Property, Plant and Equipment*.
If exception (a), (b) or (c) applies, the gain or loss is regarded as unrealised and therefore is not recognised in profit or loss unless paragraph 6 also applies.

SIC-13

6   Wenn ein Partnerunternehmen zusätzlich zu einem Kapitalanteil an der JCE monetäre oder nicht monetäre Vermögenswerte erhält, wird ein angemessener Teil des sich aus dieser Transaktion ergebenden Gewinns oder Verlusts im Ergebnis des Partnerunternehmens erfasst.

7   Sich aus der Einlage nicht monetärer Vermögenswerte in die JCE ergebende unrealisierte Gewinne oder Verluste sind bei der Quotenkonsolidierung gegen die zu Grunde liegenden Vermögenswerte oder bei der Equity-Methode gegen die Anteile an dem Unternehmen zu eliminieren. Solche unrealisierten Gewinne oder Verluste sind im Konzernabschluss des Partnerunternehmens nicht als erfolgsneutral abgegrenzte Gewinne oder Verluste darzustellen.

       Datum des Beschlusses: Juni 1998.

       Zeitpunkt des Inkrafttretens: Diese Interpretation tritt für Berichtsperioden in Kraft, die am oder nach dem 1. Januar 1999 beginnen; eine frühere Anwendung wird empfohlen. Änderungen der Bilanzierungs- und Bewertungsmethoden sind gemäß IAS 8 zu berücksichtigen.

14   Die Änderungen zur Bilanzierung von Transaktionen nicht monetärer Einlagen, wie in Paragraph 5 beschrieben, sind prospektiv auf künftige Transaktionen anzuwenden.

15   Die Änderungen zu diesen Interpretationen, die von IAS 16 *Sachanlagen* gemacht wurden, sind erstmals in der ersten Berichtsperiode eines am 1. Januar 2005 oder danach beginnenden Geschäftsjahres anzuwenden. Wenn ein Unternehmen diesen Standard für eine frühere Periode anwendet, sind diese Änderungen entsprechend auch anzuwenden.

If, in addition to receiving an equity interest in the JCE, a venturer receives monetary or non-monetary assets, an appropriate portion of gain or loss on the transaction shall be recognised by the venturer in profit or loss. 6

Unrealised gains or losses on non-monetary assets contributed to JCEs should be eliminated against the underlying assets under the proportionate consolidation method or against the investment under the equity method. Such unrealised gains or losses should not be presented as deferred gains or losses in the venturer's consolidated balance sheet. 7

Date of consensus: June 1998.
Effective Date: This Interpretation becomes effective for annual financial periods beginning on or after 1 January 1999; earlier application is encouraged. Changes in accounting policies shall be accounted for in accordance with IAS 8.

The amendments to the accounting for the non-monetary contribution transactions specified in paragraph 5 shall be applied prospectively to future transactions. 14

An entity shall apply the amendments to this Interpretation made by IAS 16 *Property, Plant and Equipment* for annual periods beginning on or after 1 January 2005. If an entity applies that Standard for an earlier period, it shall also apply these amendments for that earlier period. 15

Standing Interpretations Committee Interpretation SIC-15

Operating-Leasingverhältnisse – Anreizvereinbarungen

Paragraph 11 des IAS 1 (überarbeitet 1997), Darstellung des Abschlusses, schreibt vor, dass Abschlüsse nicht als mit den International Accounting Standards übereinstimmend zu bezeichnen sind, solange sie nicht sämtliche Anforderungen jedes anzuwendenden Standards und jeder anzuwendenden Interpretation des Standing Interpretations Committee erfüllen. SIC-Interpretationen brauchen nicht auf unwesentliche Sachverhalte angewendet zu werden.

Verweis: IAS 17 (überarbeitet 1997), Leasingverhältnisse.

Fragestellung

1   Bei der Verhandlung eines neuen oder erneuerten Operating-Leasingverhältnisses kann der Leasinggeber dem Leasingnehmer Anreize geben, den Vertrag abzuschließen. Beispiele für solche Anreize sind eine Barzahlung an den Leasingnehmer oder die Rückerstattung oder Übernahme von Kosten des Leasingnehmers durch den Leasinggeber (wie Verlegungskosten, Mietereinbauten und Kosten in Verbindung mit einer vorher bestehenden vertraglichen Verpflichtung des Leasingnehmers). Alternativ dazu kann vereinbart werden, dass in den Anfangsperioden der Laufzeit des Leasingverhältnisses keine oder eine reduzierte Miete gezahlt wird.

2   Die Fragestellung lautet, wie Anreize bei einem Operating-Leasingverhältnis in den Abschlüssen sowohl des Leasingnehmers als auch des Leasinggebers zu erfassen sind.

Beschluss

3   Sämtliche Anreize für Vereinbarungen über ein neues oder erneuertes Operating-Leasingverhältnis sind als Bestandteil der Nettogegenleistung zu erfassen, die für die Nutzung des geleasten Vermögenswertes vereinbart wurde, unabhängig von der Ausgestaltung des Anreizes oder der Form sowie der Zeitpunkte der Zahlungen.

4   Der Leasinggeber hat die Summe der Kosten für Anreize als eine Reduktion von Mieterträgen linear über die Laufzeit des Leasingverhältnisses zu erfassen, es sei denn, eine andere systematische Verteilungsmethode spricht dem zeitlichen Verlauf der Verringerung des Nutzens des verleasten Vermögenswertes.

5   Der Leasingnehmer hat die Summe des Nutzens aus Anreizen als eine Reduktion der Mietaufwendungen linear über die Laufzeit des Leasingverhältnisses zu erfassen, es sei denn, eine andere systematische Verteilungsmethode entspricht dem zeitlichen Verlauf des Nutzens des Leasingnehmers aus der Nutzung des geleasten Vermögenswertes.

6   Kosten, die dem Leasingnehmer entstehen, einschließlich der Kosten in Verbindung mit einem vorher bestehenden Leasingverhältnis (zum Beispiel Kosten für die Beendigung, Verlegung oder Mietereinbauten), sind von dem Leasingnehmer gemäß den auf diese Kosten anwendbaren International Accounting Standards zu bilanzieren, einschließlich der Kosten, die durch eine Anreizvereinbarung tatsächlich rückerstattet werden.

Datum des Beschlusses: Juni 1998.
Zeitpunkt des Inkrafttretens: Diese Interpretation tritt für Leasingverhältnisse mit Laufzeiten in Kraft, die am oder nach dem 1. Januar 1999 beginnen.

Standing Interpretations Committee Interpretation SIC-15

Operating leases—incentives

Paragraph 11 of IAS 1 (revised 1997), presentation of financial statements, requires that financial statements should not be described as complying with International Accounting Standards unless they comply with all the requirements of each applicable standard and each applicable interpretation issued by the Standing Interpretations Committee. SIC interpretations are not intended to apply to immaterial items.
   Reference: IAS 17, leases (revised 1997).

Issue

In negotiating a new or renewed operating lease, the lessor may provide incentives for the lessee to enter into the agreement. Examples of such incentives are an up-front cash payment to the lessee or the reimbursement or assumption by the lessor of costs of the lessee (such as relocation costs, leasehold improvements and costs associated with a pre-existing lease commitment of the lessee). Alternatively, initial periods of the lease term may be agreed to be rent-free or at a reduced rent. 1

The issue is how incentives in an operating lease should be recognised in the financial statements of both the lessee and the lessor. 2

Consensus

All incentives for the agreement of a new or renewed operating lease should be recognised as an integral part of the net consideration agreed for the use of the leased asset, irrespective of the incentive's nature or form or the timing of payments. 3

The lessor should recognise the aggregate cost of incentives as a reduction of rental income over the lease term, on a straight-line basis unless another systematic basis is representative of the time pattern over which the benefit of the leased asset is diminished. 4

The lessee should recognise the aggregate benefit of incentives as a reduction of rental expense over the lease term, on a straight-line basis unless another systematic basis is representative of the time pattern of the lessee's benefit from the use of the leased asset. 5

Costs incurred by the lessee, including costs in connection with a pre-existing lease (for example costs for termination, relocation or leasehold improvements), should be accounted for by the lessee in accordance with the International Accounting Standards applicable to those costs, including costs which are effectively reimbursed through an incentive arrangement. 6

Date of consensus: June 1998.
Effective date: this interpretation becomes effective for lease terms beginning on or after 1 January 1999.

Standing Interpretations Committee Interpretation SIC-21

Ertragsteuern – Realisierung von neubewerteten, nicht planmäßig abzuschreibenden Vermögenswerten

Paragraph 11 des IAS 1 (überarbeitet 1997), Darstellung des Abschlusses, schreibt vor, dass Abschlüsse nicht als mit den International Accounting Standards übereinstimmend zu bezeichnen sind, solange sie nicht sämtliche Anforderungen jedes anzuwendenden Standards und jeder anzuwendenden Interpretation des Standing Interpretations Committee erfüllen. Die SIC-Interpretationen brauchen nicht auf unwesentliche Sachverhalte angewendet zu werden.

Der Entwurf der Interpretation SIC-D21, Ertragsteuern – Sammelinterpretation, wurde im September 1999 zur Stellungnahme veröffentlicht. Der Entwurf der Interpretation enthielt sowohl die in dieser Interpretation behandelte Fragestellung als auch die in Interpretation SIC-25, Ertragsteuern – Änderungen im Steuerstatus eines Unternehmens oder seiner Anteilseigner, angesprochene Frage.

Verweis: IAS 12 (überarbeitet 1996), Ertragsteuern.

Fragestellung

1 Die Bewertung latenter Steuerschulden und latenter Steueransprüche hat gemäß IAS 12.51 die steuerlichen Konsequenzen zu berücksichtigen, die daraus resultieren, in welcher Art und Weise ein Unternehmen zum Bilanzstichtag erwartet, den Buchwert derjenigen Vermögenswerte zu realisieren oder den Buchwert derjenigen Schulden zu erfüllen, die temporäre Differenzen verursachen.

2 IAS 12.20 hebt hervor, dass die Neubewertung eines Vermögenswertes nicht immer den zu versteuernden Gewinn (steuerlichen Verlust) der Periode der Neubewertung berührt und dass der Steuerwert des Vermögenswertes trotz der Neubewertung möglicherweise nicht verändert wird. Wenn die künftige Realisierung des Buchwertes zu versteuern sein wird, ist jeder Differenzbetrag zwischen dem Buchwert eines neu bewerteten Vermögenswertes und seinem Steuerwert eine temporäre Differenz und führt zu einer latenten Steuerschuld oder einem latenten Steueranspruch.

3 Die Fragestellung lautet, wie der Begriff „Realisierung" im Zusammenhang mit einem Vermögenswert zu interpretieren ist, der nicht abgeschrieben (nicht planmäßig abzuschreibender Vermögenswert) wird und gemäß Paragraph 31 von IAS 16 neu bewertet wird.

4 Diese Interpretation findet auch auf als Finanzinvestition gehaltene Immobilien Anwendung, die zum Neubewertungsbetrag gemäß IAS 40.33 angesetzt werden, aber als nicht planmäßig abzuschreibend zu betrachten wären, wenn IAS 16 Anwendung fände.

Beschluss

5 Die latente Steuerschuld oder der latente Steueranspruch aus der Neubewertung eines nicht abzuschreibenden Vermögenswertes gemäß IAS 16.31 ist auf der Grundlage der steuerlichen Konsequenzen zu bewerten, die sich aus der Realisierung des Buchwertes dieses Vermögenswertes durch seinen Verkauf ergäben, unabhängig davon, nach welcher Methode der Buchwert ermittelt worden ist. Soweit das Steuerrecht einen Steuersatz für den zu versteuernden Betrag aus dem Verkauf eines Vermögenswertes bestimmt, der sich von dem Steuersatz für den zu versteuernden Betrag aus der Nutzung eines Vermögenswertes unterscheidet, ist der erstgenannte Steuersatz zur Bewertung der im Zusammenhang mit einem nicht planmäßig abzuschreibenden Vermögenswert stehenden latenten Steuerschuld oder des entsprechenden latenten Steueranspruchs anzuwenden.

Datum des Beschlusses: August 1999.
Zeitpunkt des Inkrafttretens: Dieser Beschluss tritt am 15. Juli 2000 in Kraft. Änderungen der Bilanzierungs- und Bewertungsmethoden sind gemäß IAS 8 zu berücksichtigen.

Standing Interpretations Committee Interpretation SIC-21

Income taxes—recovery of revalued non-depreciable assets

Paragraph 11 of IAS 1 (revised 1997), presentation of financial statements, requires that financial statements should not be described as complying with International Accounting Standards unless they comply with all the requirements of each applicable standard and each applicable interpretation issued by the Standing Interpretations Committee. SIC interpretations are not intended to apply to immaterial items.

Draft interpretation SIC-D21, income taxes—omnibus was issued for comment in September 1999. The draft interpretation included both the issue addressed in this interpretation and the issue included in interpretation SIC25, income taxes—changes in the tax status of an enterprise or its shareholders.

Reference: IAS 12, income taxes (revised 1996).

Issue

Under IAS 12.51, the measurement of deferred tax liabilities and assets should reflect the tax consequences that would follow from the manner in which the enterprise expects, at the balance sheet date, to recover or settle the carrying amount of those assets and liabilities that give rise to temporary differences. [1]

IAS 12.20 notes that the revaluation of an asset does not always affect taxable profit (tax loss) in the period of the revaluation and that the tax base of the asset may not be adjusted as a result of the revaluation. If the future recovery of the carrying amount will be taxable, any difference between the carrying amount of the revalued asset and its tax base is a temporary difference and gives rise to a deferred tax liability or asset. [2]

The issue is how to interpret the term "recovery" in relation to an asset that is not depreciated (non-depreciable asset) and is revalued in accordance with paragraph 31 of IAS 16. [3]

This Interpretation also applies to investment properties that are carried at revalued amounts under IAS 40.33 but would be considered non-depreciable if IAS 16 were to be applied. [4]

Consensus

The deferred tax liability or asset that arises from the revaluation of a non-depreciable asset in accordance with IAS 16.31 shall be measured on the basis of the tax consequences that would follow from recovery of the carrying amount of that asset through sale, regardless of the basis of measuring the carrying amount of that asset. Accordingly, if the tax law specifies a tax rate applicable to the taxable amount derived from the sale of an asset that differs from the tax rate applicable to the taxable amount derived from using an asset, the former rate is applied in measuring the deferred tax liability or asset related to a non-depreciable asset. [5]

Date of consensus: August 1999.

Effective Date: This consensus becomes effective on 15 July 2000. Changes in accounting policies shall be accounted for in accordance with IAS 8.

SIC Standing Interpretations Committee Interpretation SIC-25

Ertragsteuern – Änderungen im Steuerstatus eines Unternehmens oder seiner Anteilseigner

Paragraph 11 des IAS 1 (überarbeitet 1997), Darstellung des Abschlusses, schreibt vor, dass Abschlüsse nicht als mit den International Accounting Standards übereinstimmend zu bezeichnen sind, solange sie nicht sämtliche Anforderungen jedes anzuwendenden Standards und jeder anzuwendenden Interpretation des Standing Interpretations Committee erfüllen. Die SIC-Interpretationen brauchen nicht auf unwesentliche Sachverhalte angewendet zu werden.

Der Entwurf der Interpretation SIC-D21, Ertragsteuern – Sammelinterpretation wurde im September 1999 zur Stellungnahme veröffentlicht. Der Entwurf der Interpretation enthielt sowohl die in dieser Interpretation behandelte, als auch die in die Interpretation SIC-21, Ertragsteuern – Realisierung von neubewerteten, nicht planmäßig abzuschreibenden Vermögenswerten, angesprochene Frage.

Verweis: IAS 12 (überarbeitet 1996), Ertragsteuern.

Fragestellung

1 Eine Änderung im Steuerstatus eines Unternehmens oder seiner Anteilseigner kann für ein Unternehmen eine Erhöhung oder Verringerung der Steuerschulden oder Steueransprüche zur Folge haben. Dies kann beispielsweise durch die Börsennotierung von Eigenkapitalinstrumenten oder durch eine Eigenkapitalrestrukturierung eines Unternehmens eintreten. Weiterhin kann dies durch einen Umzug des beherrschenden Anteilseigners ins Ausland eintreten. Als Folge eines solchen Ereignisses kann ein Unternehmen anders besteuert werden; es kann beispielsweise Steueranreize erlangen oder verlieren oder künftig einem anderen Steuersatz unterliegen.

2 Eine Änderung im Steuerstatus eines Unternehmens oder seiner Anteilseigner kann eine sofortige Auswirkung auf die tatsächlichen Steuerschulden oder Steueransprüche des Unternehmens haben. Eine solche Änderung kann weiterhin die durch das Unternehmen erfassten latenten Steuerschulden oder Steueransprüche erhöhen oder verringern, abhängig davon, welche steuerlichen Konsequenzen sich aus der Änderung im Steuerstatus hinsichtlich der Realisierung oder Erfüllung des Buchwertes der Vermögenswerte und Schulden des Unternehmens ergeben.

3 Die Fragestellung lautet, wie ein Unternehmen die steuerlichen Konsequenzen der Änderung im Steuerstatus des Unternehmens oder seiner Anteilseigner zu bilanzieren hat.

Beschluss

4 Die Änderung im Steuerstatus eines Unternehmens oder seiner Anteilseigner führt nicht zu einer Erhöhung oder Verringerung von unmittelbar im Eigenkapital erfassten Beträgen. Die Konsequenzen, die sich aus der Änderung im Steuerstatus für die tatsächlichen und latenten Ertragsteuern ergeben, sind im Ergebnis zu erfassen, es sei denn, diese Konsequenzen stehen mit Geschäftsvorfällen und Ereignissen im Zusammenhang, die in der gleichen oder einer anderen Periode unmittelbar dem erfassten Eigenkapitalbetrag gutgeschrieben oder belastet werden. Die steuerlichen Konsequenzen, die sich auf Änderungen des erfassten Eigenkapitalbetrages in der gleichen oder einer anderen Periode beziehen (also auf Änderungen, die nicht im Ergebnis erfasst werden), sind ebenfalls unmittelbar dem Eigenkapital gutzuschreiben oder zu belasten.

Datum des Beschlusses: August 1999.
Zeitpunkt des Inkrafttretens: Dieser Beschluss tritt am 15. Juli 2000 in Kraft. Änderungen der Bilanzierungs- und Bewertungsmethoden sind gemäß IAS 8 zu berücksichtigen.

Standing Interpretations Committee Interpretation SIC-25

Income taxes—changes in the tax status of an enterprise or its shareholders

Paragraph 11 of IAS 1 (revised 1997), presentation of financial statements, requires that financial statements should not be described as complying with International Accounting Standards unless they comply with all the requirements of each applicable standard and each applicable interpretation issued by the Standing Interpretations Committee. SIC interpretations are not intended to apply to immaterial items.

Draft interpretation SIC-D21, income taxes—omnibus was issued for comment in September 1999. The draft interpretation included both the issue addressed in this interpretation and the issue included in interpretation SIC21, income taxes—recovery of revalued non-depreciable assets.

Reference: IAS 12, income taxes (revised 1996).

Issue

A change in the tax status of an enterprise or of its shareholders may have consequences for an enterprise by increasing or decreasing its tax liabilities or assets. This may, for example, occur upon the public listing of an enterprise's equity instruments or upon the restructuring of an enterprise's equity. It may also occur upon a controlling shareholder's move to a foreign country. As a result of such an event, an enterprise may be taxed differently; it may for example gain or lose tax incentives or become subject to a different rate of tax in the future. 1

A change in the tax status of an enterprise or its shareholders may have an immediate effect on the enterprise's current tax liabilities or assets. The change may also increase or decrease the deferred tax liabilities and assets recognised by the enterprise, depending on the effect the change in tax status has on the tax consequences that will arise from recovering or settling the carrying amount of the enterprises assets and liabilities. 2

The issue is how an enterprise should account for the tax consequences of a change in its tax status or that of its shareholders. 3

Consensus

A change in the tax status of an enterprise or its shareholders does not give rise to increases or decreases in amounts recognised directly in equity. The current and deferred tax consequences of a change in tax status should be included in profit or loss for the period, unless those consequences relate to transactions and events that result, in the same or a different period, in a direct credit or charge to the recognised amount of equity. Those tax consequences that relate to changes in the recognised amount of equity, in the same or a different period (not included in profit or loss), should be charged or credited directly to equity. 4

Date of consensus: August 1999.
Effective Date: This consensus becomes effective on 15 July 2000. Changes in accounting policies shall be accounted for in accordance with IAS 8.

SIC Standing Interpretations Committee Interpretation SIC-27

Beurteilung des wirtschaftlichen Gehalts von Transaktionen in der rechtlichen Form von Leasingverhältnissen

Paragraph 11 des IAS 1 (überarbeitet 1997), Darstellung des Abschlusses, schreibt vor, dass Abschlüsse nicht als mit den International Accounting Standards übereinstimmend zu bezeichnen sind, solange sie nicht sämtliche Anforderungen jedes anzuwendenden Standards und jeder anzuwendenden Interpretation des Standing Interpretations Committee erfüllen. Die SIC-Interpretationen brauchen nicht auf unwesentliche Sachverhalte angewendet zu werden.

Verweise: IAS 1 (überarbeitet 1997), Darstellung des Abschlusses, IAS 17 (überarbeitet 1997), Leasingverhältnisse, IAS 18 (überarbeitet 1993), Erträge.

Fragestellung

1. Ein Unternehmen kann mit einem oder mehreren nicht nahe stehenden Unternehmen (einem Investor) eine Transaktion oder mehrere strukturierte Transaktionen (eine Vereinbarung) abschließen, die in die rechtliche Form eines Leasingverhältnisses gekleidet ist. Zum Beispiel kann ein Unternehmen Vermögenswerte an einen Investor leasen und dieselben Vermögenswerte dann zurückleasen oder alternativ die Vermögenswerte veräußern und dann dieselben Vermögenswerte zurückleasen. Die Form der jeweiligen Vereinbarung sowie die Vertragsbedingungen können sich erheblich voneinander unterscheiden. Bei dem Beispiel der Lease-and-leaseback-Transaktion liegt der eigentliche Zweck der Vereinbarung möglicherweise nicht darin, das Recht auf Nutzung eines Vermögenswertes zu übertragen, sondern einen Steuervorteil für den Investor zu erzielen, der mit dem Unternehmen durch Zahlung eines Entgelts geteilt wird.

2. Wenn eine Vereinbarung mit einem Investor in der rechtlichen Form eines Leasingverhältnisses getroffen wurde, lauten die Fragestellungen:
   (a) wie festgestellt werden kann, ob mehrere Transaktionen miteinander verknüpft und somit zusammengefasst als ein einheitlicher Geschäftsvorfall zu bilanzieren sind;
   (b) ob die Vereinbarung die Definition eines Leasingverhältnisses nach IAS 17 erfüllt; und, falls nicht,
      (i) ob ein möglicherweise bestehendes separates Depotkonto und möglicherweise existierende Leasingverpflichtungen Vermögenswerte bzw. Schulden des Unternehmens darstellen (siehe z.B. das in Anhang A, Paragraph 2(a), genannte Beispiel);
      (ii) wie das Unternehmen andere, sich aus der Vereinbarung ergebende Verpflichtungen zu bilanzieren hat; und
      (iii) wie das Unternehmen die Bezahlung, die es möglicherweise vom Investor erhält, zu bilanzieren hat.

Beschluss

3. Mehrere Transaktionen, die in der rechtlichen Form eines Leasingverhältnisses vereinbart wurden, sind miteinander verknüpft und als ein einheitlicher Geschäftsvorfall zu bilanzieren, wenn die wirtschaftlichen Auswirkungen insgesamt nur bei einer Gesamtbetrachtung der einzelnen Transaktionen verständlich sind. Dies ist zum Beispiel der Fall, wenn mehrere Transaktionen wirtschaftlich eng miteinander zusammenhängen, als ein einheitliches Geschäft verhandelt werden und gleichzeitig oder unmittelbar aufeinander folgend durchgeführt werden. (Anhang A enthält Veranschaulichungen der Anwendung dieser Interpretation.)

4. Die Bilanzierung hat den wirtschaftlichen Gehalt der Vereinbarung widerzuspiegeln. Zur Bestimmung des wirtschaftlichen Gehalts sind alle Aspekte und Folgen einer Vereinbarung zu beurteilen, wobei Aspekte und Folgen mit wirtschaftlichen Auswirkungen vorrangig zu berücksichtigen sind.

5. IAS 17 findet Anwendung, wenn der wirtschaftliche Gehalt einer Vereinbarung die Übertragung des Rechts auf Nutzung eines Vermögenswertes für einen vereinbarten Zeitraum umfasst. U.a. folgende Indikatoren weisen unabhängig voneinander darauf hin, dass der wirtschaftliche Gehalt einer Vereinbarung möglicherweise nicht ein Leasingverhältnis nach IAS 17 darstellt (Anhang B enthält Veranschaulichungen der Anwendung dieser Interpretation.):
   (a) ein Unternehmen behält alle mit dem Eigentum an dem betreffenden Vermögenswert verbundenen Risiken und Chancen zurück und in Bezug auf die Nutzung des Vermögenswertes kommen ihm im Wesentlichen dieselben Rechte zu wie vor der Vereinbarung;

Standing Interpretations Committee Interpretation SIC-27

Evaluating the substance of transactions involving the legal form of a lease

Paragraph 11 of IAS 1 (revised 1997), presentation of financial statements, requires that financial statements should not be described as complying with International Accounting Standards unless they comply with all the requirements of each applicable standard and each applicable interpretation issued by the Standing Interpretations Committee. SIC interpretations are not expected to apply to immaterial items.

References: IAS 1, presentation of financial statements (revised 1997), IAS 17, leases (revised 1997), IAS 18, revenue (revised 1993).

Issue

An enterprise may enter into a transaction or a series of structured transactions (an arrangement) with an unrelated party or parties (an investor) that involves the legal form of a lease. For example, an enterprise may lease assets to an investor and lease the same assets back, or alternatively, legally sell assets and lease the same assets back. The form of each arrangement and its terms and conditions can vary significantly. In the lease and leaseback example, it may be that the arrangement is designed to achieve a tax advantage for the investor that is shared with the enterprise in the form of a fee, and not to convey the right to use an asset.

When an arrangement with an investor involves the legal form of a lease, the issues are:
(a) how to determine whether a series of transactions is linked and should be accounted for as one transaction;
(b) whether the arrangement meets the definition of a lease under IAS 17; and, if not,
    (i) whether a separate investment account and lease payment obligations that might exist represent assets and liabilities of the enterprise (e. g. consider the example described in paragraph 2(a) of Appendix A);
    (ii) how the enterprise should account for other obligations resulting from the arrangement; and
    (iii) how the enterprise should account for a fee it might receive from an investor.

Consensus

A series of transactions that involve the legal form of a lease is linked and should be accounted for as one transaction when the overall economic effect cannot be understood without reference to the series of transactions as a whole. This is the case, for example, when the series of transactions are closely interrelated, negotiated as a single transaction, and takes place concurrently or in a continuous sequence. (Appendix A provides illustrations of application of this interpretation.)

The accounting should reflect the substance of the arrangement. All aspects and implications of an arrangement should be evaluated to determine its substance, with weight given to those aspects and implications that have an economic effect.

IAS 17 applies when the substance of an arrangement includes the conveyance of the right to use an asset for an agreed period of time. Indicators that individually demonstrate that an arrangement may not, in substance, involve a lease under IAS 17 include (Appendix B provides illustrations of application of this interpretation):
(a) an enterprise retains all the risks and rewards incident to ownership of an underlying asset and enjoys substantially the same rights to its use as before the arrangement;

SIC-27

(b) Hauptzweck der Vereinbarung ist die Erzielung eines bestimmten Steuerergebnisses, nicht aber die Übertragung des Rechts auf Nutzung eines Vermögenswertes;

(c) Vereinbarung einer Option zu Bedingungen, die deren Ausübung fast sicher machen (z. B. eine Verkaufsoption, die zu einem Preis ausgeübt werden kann, der deutlich höher ist als der voraussichtliche beizulegende Zeitwert zum Optionsausübungszeitpunkt).

6 Bei der Beurteilung, ob der wirtschaftliche Gehalt eines separaten Depotkontos und Leasingverpflichtungen Vermögenswerte bzw. Schulden des Unternehmens darstellen, sind die Definitionen und Anwendungsleitlinien in den Paragraphen 49 bis 64 des Rahmenkonzepts anzuwenden. U. a. folgende Indikatoren weisen in ihrer Gesamtheit darauf hin, dass ein separates Depotkonto und Leasingverpflichtungen den Definitionen eines Vermögenswertes bzw. einer Schuld nicht entsprechen und deshalb nicht von dem Unternehmen bilanziell zu erfassen sind:

(a) das Unternehmen hat kein Verfügungsrecht über das Depotkonto zur Verfolgung seiner eigenen Ziele und ist nicht verpflichtet, die Leasingzahlungen zu leisten. Dies trifft zum Beispiel zu, wenn zum Schutz des Investors im Voraus ein Betrag auf ein separates Depotkonto eingezahlt wird, das nur für Zahlungen an den Investor genutzt werden darf, der Investor sein Einverständnis dazu gibt, dass die Leasingverpflichtungen aus den Mitteln des Depotkontos erfüllt werden, und das Unternehmen die Zahlungen von dem Depotkonto an den Investor nicht zurückhalten kann;

(b) das Unternehmen geht ein als unwahrscheinlich zu klassifizierendes Risiko ein, den gesamten Betrag eines vom Investor erhaltenen Entgelts zurückzuerstatten und möglicherweise einen zusätzlichen Betrag zu zahlen, oder es besteht, wenn ein Entgelt nicht gezahlt wurde, ein unwahrscheinliches Risiko, einen Betrag aus einer anderen Zahlungsverpflichtung zu zahlen (z. B. einer Garantie). Ein nur unwahrscheinliches Risiko besteht zum Beispiel dann, wenn vereinbart wird, einen vorausgezahlten Betrag in risikolose Vermögenswerte zu investieren, die voraussichtlich ausreichende Cashflows erzeugen, um die Leasingverpflichtungen zu erfüllen; und

(c) außer den Anfangszahlungen zu Beginn der Laufzeit der Vereinbarung sind die einzigen im Zusammenhang mit der Vereinbarung erwarteten Cashflows die Leasingzahlungen, die ausschließlich aus Mitteln geleistet werden, die von dem separaten Depotkonto stammen, das mit den Anfangszahlungen eingerichtet wurde.

7 Andere aus einer derartigen Vereinbarung resultierende Verpflichtungen, einschließlich der Gewährung von Garantien und Verpflichtungen für den Fall der vorzeitigen Beendigung, sind je nach vereinbarten Bedingungen gemäß IAS 37, IAS 39 oder IFRS4 zu bilanzieren.

8 Bei der Bestimmung, wann ein Entgelt, das ein Unternehmen möglicherweise erhält, als Ertrag zu erfassen ist, sind die Kriterien aus IAS 18.20 auf die Sachverhalte und Umstände jeder Vereinbarung anzuwenden. Es ist hierbei zu berücksichtigen, ob die Vereinnahmung des Entgelts ein anhaltendes Engagement in Form von Verpflichtungen zu wesentlichen zukünftigen Leistungen voraussetzt, ob eine Beteiligung an Risiken vorliegt, die Bedingungen, zu denen Garantien vereinbart wurden und das Risiko einer Rückzahlung des Entgelts. U. a. folgende Indikatoren weisen unabhängig voneinander darauf hin, dass die Erfassung des gesamten, zu Beginn der Vereinbarungslaufzeit erhaltenen Entgelts zu diesem Zeitpunkt als Ertrag nicht zulässig ist:

(a) Verpflichtungen, bestimmte maßgebliche Tätigkeiten auszuüben oder zu unterlassen, stellen Bedingungen für die Vereinnahmung des erhaltenen Entgelts dar, weshalb der Abschluss einer rechtsverbindlichen Vereinbarung nicht die wichtigste Handlung ist, die im Rahmen der Vereinbarung gefordert wird;

(b) der Nutzung des betreffenden Vermögenswerts sind Beschränkungen auferlegt, die die Fähigkeit des Unternehmens, den Vermögenswert zu nutzen (z. B. zu gebrauchen, zu verkaufen oder zu verpfänden) praktisch beschränken und wesentlich ändern;

(c) die Rückzahlung eines Teiles oder des gesamten Betrags des Entgelts und möglicherweise einen zusätzlichen Betrag zu zahlen, ist unwahrscheinlich. Dies liegt vor, wenn zum Beispiel:

(i) der betreffende Vermögenswert kein spezieller Vermögenswert ist, der von dem Unternehmen zur Fortführung der Geschäftstätigkeit benötigt wird, und daher die Möglichkeit besteht, dass das Unternehmen einen Betrag zahlt, um die Vereinbarung vorzeitig zu beenden; oder

(ii) das Unternehmen aufgrund der Bedingungen der Vereinbarung verpflichtet ist oder über einen begrenzten oder vollständigen Ermessensspielraum verfügt, einen vorausgezahlten Betrag in Vermögenswerte zu investieren, die einem mehr als unwesentlichen Risiko unterliegen (z. B. Kursänderungs-, Zinsänderungs- oder Kreditrisiko). In diesem Fall ist das Risiko, dass der Wert der Investition nicht ausreicht, um die Leasingverpflichtungen zu erfüllen, nicht unwahrscheinlich, und daher besteht die Möglichkeit, dass das Unternehmen noch einen gewissen Betrag zahlen muss.

9 Das Entgelt ist in der Gewinn- und Verlustrechnung auf der Basis seines wirtschaftlichen Gehalts und seiner Natur darzustellen.

(b) the primary reason for the arrangement is to achieve a particular tax result, and not to convey the right to use an asset; and
(c) an option is included on terms that make its exercise almost certain (e. g. a put option that is exercisable at a price sufficiently higher than the expected fair value when it becomes exercisable).

The definitions and guidance in paragraphs 49 to 64 of the framework should be applied in determining whether, in substance, a separate investment account and lease payment obligations represent assets and liabilities of the enterprise. Indicators that collectively demonstrate that, in substance, a separate investment account and lease payment obligations do not meet the definitions of an asset and a liability and should not be recognised by the enterprise include: 6
(a) the enterprise is not able to control the investment account in pursuit of its own objectives and is not obligated to pay the lease payments. This occurs when, for example, a prepaid amount is placed in a separate investment account to protect the investor and may only be used to pay the investor, the investor agrees that the lease payment obligations are to be paid from funds in the investment account, and the enterprise has no ability to withhold payments to the Investor from the investment account;
(b) the enterprise has only a remote risk of reimbursing the entire amount of any fee received from an investor and possibly paying some additional amount, or, when a fee has not been received, only a remote risk of paying an amount under other obligations (e. g. a guarantee). Only a remote risk of payment exists when, for example, the terms of the arrangement require that a prepaid amount is invested in risk-free assets that are expected to generate sufficient cash flows to satisfy the lease payment obligations; and
(c) other than the initial cash flows at inception of the arrangement, the only cash flows expected under the arrangement are the lease payments that are satisfied solely from funds withdrawn from the separate investment account established with the initial cash flows.

Other obligations of an arrangement, including any guarantees provided and obligations incurred upon early termination, should be accounted for under IAS 37, or IAS 39 or IFRS 4, depending on the terms. 7

The criteria in paragraph 20 of IAS 18 should be applied to the facts and circumstances of each arrangement in determining when to recognise a fee as income that an enterprise might receive. Factors such as whether there is continuing involvement in the form of significant future performance obligations necessary to earn the fee, whether there are retained risks, the terms of any guarantee arrangements, and the risk of repayment of the fee, should be considered. Indicators that individually demonstrate that recognition of the entire fee as income when received, if received at the beginning of the arrangement, is inappropriate include: 8
(a) obligations either to perform or to refrain from certain significant activities are conditions of earning the fee received, and therefore execution of a legally binding arrangement is not the most significant act required by the arrangement;
(b) limitations are put on the use of the underlying asset that have the practical effect of restricting and significantly changing the enterprise's ability to use (e. g. deplete, sell or pledge as collateral) the asset;
(c) the possibility of reimbursing any amount of the fee and possibly paying some additional amount is not remote. This occurs when, for example:
   (i) the underlying asset is not a specialised asset that is required by the enterprise to conduct its business, and therefore there is a possibility that the enterprise may pay an amount to terminate the arrangement early; or
   (ii) the enterprise is required by the terms of the arrangement, or has some or total discretion, to invest a prepaid amount in assets carrying more than an insignificant amount of risk (e. g. currency, interest rate or credit risk). In this circumstance, the risk of the investment's value being insufficient to satisfy the lease payment obligations is not remote, and therefore there is a possibility that the enterprise may be required to pay some amount.

The fee should be presented in the income statement based on its economic substance and nature. 9

Angaben

10 Bei der Bestimmung der für das Verständnis einer Vereinbarung, die nach ihrem wirtschaftlichen Gehalt nicht ein Leasingverhältnis nach IAS 17 darstellt, und das Verständnis der angewandten Bilanzierungsmethode erforderlichen Angaben sind alle Aspekte der Vereinbarung zu berücksichtigen. Ein Unternehmen hat für jeden Zeitraum, in dem eine derartige Vereinbarung besteht, die folgenden Angaben zu machen:
   (a) eine Beschreibung der Vereinbarung einschließlich:
       (i) des betreffenden Vermögenswerts und etwaiger Beschränkungen seiner Nutzung;
       (ii) der Laufzeit und anderer wichtiger Bedingungen der Vereinbarung;
       (iii) miteinander verknüpfter Transaktionen, einschließlich aller Optionen; und
   (b) die Bilanzierungsmethode, die auf die erhaltenen Entgelte angewandt wurde, den Betrag, der in der Berichtsperiode als Ertrag erfasst wurde, und den Posten der Gewinn- und Verlustrechnung, in welchem er enthalten ist.

11 Die gemäß Paragraph 10 dieser Interpretation erforderlichen Angaben sind individuell für jede Vereinbarung oder zusammengefasst für jede Gruppe von Vereinbarungen zu machen. In einer Gruppe werden Vereinbarungen über Vermögenswerte ähnlicher Art (z. B. Kraftwerke) zusammengefasst.

Datum des Beschlusses: Februar 2000.

Zeitpunkt des Inkrafttretens: Diese Interpretation tritt am 31. Dezember 2001 in Kraft. Änderungen der Bilanzierungs- und Bewertungsmethoden sind gemäß IAS 8 zu berücksichtigen.

Disclosure

All aspects of an arrangement that does not, in substance, involve a lease under IAS 17 should be considered in determining the appropriate disclosures that are necessary to understand the arrangement and the accounting treatment adopted. An enterprise should disclose the following in each period that an arrangement exists:
(a) a description of the arrangement including:
 (i) the underlying asset and any restrictions on its use;
 (ii) the life and other significant terms of the arrangement;
 (iii) the transactions that are linked together, including any options; and
(b) the accounting treatment applied to any fee received, the amount recognised as income in the period, and the line item of the income statement in which it is included.

10

The disclosures required in accordance with paragraph 10 of this interpretation should be provided individually for each arrangement or in aggregate for each class of arrangement. A class is a grouping of arrangements with underlying assets of a similar nature (e. g. power plants).

11

Date of consensus: February 2000.

Effective Date: This Interpretation becomes effective on 31 December 2001. Changes in accounting policies shall be accounted for in accordance with IAS 8.

SIC Standing Interpretations Committee Interpretation SIC-29

Angabe – Vereinbarungen von Dienstleistungslizenzen

Paragraph 11 des IAS 1 (überarbeitet 1997), Darstellung des Abschlusses, schreibt vor, dass Abschlüsse nicht als mit den International Accounting Standards übereinstimmend zu bezeichnen sind, solange sie nicht sämtliche Anforderungen jedes anzuwendenden Standards und jeder anzuwendenden Interpretation des Standing Interpretations Committee erfüllen. Die SIC-Interpretationen brauchen nicht auf unwesentliche Sachverhalte angewendet zu werden.
Verweis: IAS 1 (überarbeitet 1997), Darstellung des Abschlusses.

Fragestellung

1. Ein Unternehmen (der Lizenznehmer) kann mit einem anderen Unternehmen (dem Lizenzgeber) eine Vereinbarung zum Erbringen von Dienstleistungen schließen, die der Öffentlichkeit Zugang zu wichtigen wirtschaftlichen und gesellschaftlichen Einrichtungen gewähren. Der Lizenzgeber kann ein privates oder öffentliches Unternehmen einschließlich eines staatlichen Organs sein. Beispiele für Dienstleistungslizenzen sind Vereinbarungen über Abwasserkläranlagen und Wasserversorgungssysteme, Autobahnen, Parkhäuser und -plätze, Tunnel, Brücken, Flughäfen und Fernmeldenetze. Ein Beispiel für Vereinbarungen, die keine Dienstleistungslizenzen darstellen, ist ein Unternehmen, das seine internen Dienstleistungen auslagert (z. B. die Kantine, die Gebäudeinstandhaltung, das Rechnungswesen oder Funktionsbereiche der Informationstechnologie).

2. Bei der Vereinbarung einer Dienstleistungslizenz überträgt der Lizenzgeber dem Lizenznehmer für die Laufzeit der Lizenz normalerweise:
   (a) das Recht, Dienstleistungen zu erbringen, die der Öffentlichkeit Zugang zu wichtigen wirtschaftlichen und sozialen Einrichtungen gewähren; und
   (b) in einigen Fällen das Recht, bestimmte materielle, immaterielle und/oder finanzielle Vermögenswerte zu benutzen,
   im Austausch dafür, dass der Lizenznehmer:
   (a) sich verpflichtet, die Dienstleistungen entsprechend bestimmter Vertragsbedingungen für die Laufzeit der Lizenz zu erbringen; und
   (b) sich verpflichtet, gegebenenfalls nach Ablauf der Lizenz die Rechte zurückzugeben, die er am Anfang der Laufzeit der Lizenz erhalten bzw. während der Laufzeit der Lizenz erworben hat.

3. Das gemeinsame Merkmal aller Vereinbarungen von Dienstleistungslizenzen ist, dass der Lizenznehmer sowohl ein Recht erhält, als auch die Verpflichtung eingeht, öffentliche Dienstleistungen zu erbringen.

4. Die Fragestellung lautet, welche Informationen im Anhang eines Lizenznehmers und eines Lizenzgebers anzugeben sind.

5. Bestimmte Aspekte und Angaben im Zusammenhang mit einigen Vereinbarungen von Dienstleistungslizenzen werden schon von anderen International Accounting Standards behandelt (z. B. bezieht sich IAS 16 auf den Erwerb von Sachanlagen, IAS 17 auf das Leasing von Vermögenswerten und IAS 38 auf den Erwerb von immateriellen Vermögenswerten). Die Vereinbarung einer Dienstleistungslizenz kann aber noch zu erfüllende schwebende Verträge enthalten, die in den International Accounting Standards nicht behandelt werden; es sei denn, es handelt sich um belastende Verträge, auf die IAS 37 Anwendung findet. Daher behandelt diese Interpretation zusätzliche Angaben über Vereinbarungen von Dienstleistungslizenzen.

Beschluss

6. Bei der Bestimmung der angemessenen Angaben im Anhang des Abschlusses sind alle Aspekte einer Vereinbarung von Dienstleistungslizenzen zu berücksichtigen. Lizenznehmer und Lizenzgeber haben in jeder Berichtsperiode folgende Angaben zu machen:
   (a) eine Beschreibung der Vereinbarung;
   (b) wesentliche Bestimmungen der Vereinbarung, die den Betrag, den Zeitpunkt und die Wahrscheinlichkeit des Eintretens künftiger Cashflows beeinflussen können (z. B. die Laufzeit der Lizenz, Termine für die Neufestsetzung der Gebühren und die Basis, aufgrund derer Gebührenanpassungen oder Neuverhandlungen bestimmt werden);
   (c) Art und Umfang (z. B. Menge, Laufzeit oder gegebenenfalls Betrag) von:

Standing Interpretations Committee Interpretation SIC-29

Disclosure—service concession arrangements

Paragraph 11 of IAS 1 (revised 1997), presentation of financial statements, requires that financial statements should not be described as complying with International Accounting Standards unless they comply with all the requirements of each applicable standard and each applicable interpretation issued by the Standing Interpretations Committee. SIC interpretations are not expected to apply to immaterial items.
Reference: IAS 1, presentation of financial statements (revised 1997).

Issue

An enterprise (the concession operator) may enter into an arrangement with another enterprise (the concession provider) to provide services that give the public access to major economic and social facilities. The concession provider may be a public or private sector enterprise, including a governmental body. Examples of service concession arrangements involve water treatment and supply facilities, motorways, car parks, tunnels, bridges, airports and telecommunication networks. Examples of arrangements that are not service concession arrangements include an enterprise outsourcing the operation of its internal services (e. g. employee cafeteria, building maintenance, and accounting or information technology functions).

A service concession arrangement generally involves the concession provider conveying for the period of the concession to the concession operator:
(a) the right to provide services that give the public access to major economic and social facilities, and
(b) in some cases, the right to use specified tangible assets, intangible assets, and/or financial assets,
in exchange for the concession operator:
(a) committing to provide the services according to certain terms and conditions during the concession period, and
(b) when applicable, committing to return at the end of the concession period the rights received at the beginning of the concession period and/or acquired during the concession period.

The common characteristic of all service concession arrangements is that the concession operator both receives a right and incurs an obligation to provide public services.

The issue is what information should be disclosed in the notes of a concession operator and a concession provider.

Certain aspects and disclosures relating to some service concession arrangements are already addressed by existing International Accounting Standards (e. g. IAS 16 applies to acquisitions of items of property, plant and equipment, IAS 17 applies to leases of assets, and IAS 38 applies to acquisitions of intangible assets). However, a service concession arrangement may involve executory contracts that are not addressed in International Accounting Standards, unless the contracts are onerous, in which case IAS 37 applies. Therefore, this interpretation addresses additional disclosures of service concession arrangements.

Consensus

All aspects of a service concession arrangement should be considered in determining the appropriate disclosures in the notes. A concession operator and a concession provider should disclose the following in each period:
(a) a description of the arrangement;
(b) significant terms of the arrangement that may affect the amount, timing and certainty of future cash flows (e. g. the period of the concession, repricing dates and the basis upon which repricing or renegotiation is determined);
(c) the nature and extent (e. g. quantity, time period or amount as appropriate) of:

SIC-29

(i) Rechten, bestimmte Vermögenswerte zu nutzen;
(ii) zu erfüllenden Verpflichtungen oder Rechten auf das Erbringen von Dienstleistungen;
(iii) Verpflichtungen, Sachanlagen zu erwerben oder zu errichten;
(iv) Verpflichtungen, bestimmte Vermögenswerte am Ende der Laufzeit der Lizenz zu übergeben oder Ansprüche, solche zu diesem Zeitpunkt zu erhalten;
(v) Verlängerungs- und Kündigungsoptionen; und
(vi) anderen Rechten und Verpflichtungen (z. B. Großreparaturen und -instandhaltungen); und
(d) Veränderungen der Vereinbarung während der Laufzeit der Lizenz.

7   Die gemäß Paragraph 6 dieser Interpretation erforderlichen Angaben sind individuell für jede Vereinbarung von Dienstleistungslizenzen oder zusammengefasst für jede Gruppe von Vereinbarungen zu Dienstleistungslizenzen zu machen. Eine Gruppe von Dienstleistungslizenz-Vereinbarungen umfasst Dienstleistungen ähnlicher Natur (z. B. Maut-Einnahmen, Telekommunikations-Dienstleistungen und Abwasserklärdienste).

Datum des Beschlusses: Mai 2001.
Zeitpunkt des Inkrafttretens: Diese Interpretation tritt am 31. Dezember 2001 in Kraft.

(i) rights to use specified assets;
(ii) obligations to provide or rights to expect provision of services;
(iii) obligations to acquire or build items of property, plant and equipment;
(iv) obligations to deliver or rights to receive specified assets at the end of the concession period;
(v) renewal and termination options; and
(vi) other rights and obligations (e. g. major overhauls); and
(d) changes in the arrangement occurring during the period.

The disclosures required in accordance with paragraph 6 of this interpretation should be provided individually for each service concession arrangement or in aggregate for each class of service concession arrangements. A class is a grouping of service concession arrangements involving services of a similar nature (e. g. toll collections, telecommunications and water treatment services). 7

Date of consensus: May 2001.
Effective date: this interpretation becomes effective on 31 December 2001.

Standing Interpretations Committee Interpretation SIC-31

Erträge – Tausch von Werbeleistungen

Paragraph 11 des IAS 1 (überarbeitet 1997), Darstellung des Abschlusses, schreibt vor, dass Abschlüsse nicht als mit den International Accounting Standards übereinstimmend zu bezeichnen sind, solange sie nicht sämtliche Anforderungen jedes anzuwendenden Standards und jeder anzuwendenden Interpretation des Standing Interpretations Committee erfüllen. Die SIC-Interpretationen brauchen nicht auf unwesentliche Sachverhalte angewendet zu werden.
Verweis: IAS 18 (überarbeitet 1993), Erträge.

Fragestellung

1 Ein Unternehmen (Verkäufer) kann ein Tauschgeschäft abschließen, mit dem es Werbedienstleistungen erbringt und dafür vom Kunden (Kunde) Werbedienstleistungen erhält. Mögliche Formen dieser Dienstleistungen sind: Schaltung von Anzeigen auf Internetseiten, Plakatanschläge, Sendung von Werbung in Radio oder Fernsehen, die Veröffentlichung von Anzeigen in Zeitschriften oder Zeitungen oder die Präsentation in einem anderen Medium.

2 In einigen dieser Fälle kommt es beim Leistungsaustausch zwischen den Unternehmen nicht zu einer Zahlung oder zu einer anderen Gegenleistung über die getauschten Werbeleistungen hinaus. In einigen anderen Fällen werden zusätzlich Zahlungen oder andere Gegenleistungen in gleicher oder ähnlicher Höhe ausgetauscht.

3 Ein Verkäufer, der im Zuge seiner gewöhnlichen Geschäftstätigkeit Werbedienstleistungen erbringt, erfasst den Ertrag des auf Werbedienstleistungen beruhenden Tauschgeschäfts nach IAS 18, wenn unter anderem die folgenden Kriterien erfüllt sind: die ausgetauschten Dienstleistungen sind art- und wertmäßig unterschiedlich (IAS 18.12) und die Höhe des Ertrags kann verlässlich bewertet werden (IAS 18.20(a)). Diese Interpretation ist nur auf den Tausch von art- und wertmäßig unterschiedlichen Werbedienstleistungen anzuwenden. Der Tausch von art- und wertgleichen Werbedienstleistungen ist ein Geschäft, bei dem nach IAS 18 kein Ertrag entsteht.

4 Die Fragestellung lautet, unter welchen Umständen ein Verkäufer den Ertrag verlässlich mit dem beizulegenden Zeitwert einer Werbedienstleistung ermitteln kann, die in einem Tauschgeschäft erhalten oder erbracht wurde.

Beschluss

5 Der Ertrag aus im Rahmen eines Tauschgeschäftes erbrachten Werbedienstleistungen kann nicht verlässlich als beizulegender Zeitwert der erhaltenen Werbedienstleistungen bewertet werden. Der Verkäufer kann jedoch den Ertrag verlässlich mit dem beizulegenden Zeitwert der von ihm im Zuge eines Tauschgeschäfts erbrachten Werbedienstleistungen bewerten, wenn er als Vergleichsmaßstab ausschließlich Geschäfte heranzieht, die keine Tauschgeschäfte sind und die:
(a) Werbung betreffen, die der Werbung des zu beurteilenden Tauschgeschäfts gleicht;
(b) häufig vorkommen;
(c) im Verhältnis zu allen abgeschlossenen Werbegeschäften des Unternehmens, die der Werbung des zu beurteilenden Tauschgeschäfts gleichen, nach Anzahl und Wert überwiegen;
(d) eine Barzahlung bzw. eine andere Form der Gegenleistung (z. B. marktfähige Wertpapiere, nicht-monetäre Vermögenswerte und andere Dienstleistungen) enthalten, deren beizulegender Zeitwert verlässlich ermittelt werden kann; und
(e) bei denen der Vertragspartner nicht derselbe ist wie bei dem zu beurteilenden Tauschgeschäft.

Datum des Beschlusses: Mai 2001.
Zeitpunkt des Inkrafttretens: Diese Interpretation tritt am 31. Dezember 2001 in Kraft. Änderungen der Bilanzierungs- und Bewertungsmethoden sind gemäß IAS 8 zu berücksichtigen.

Standing Interpretations Committee Interpretation SIC-31

Revenue—barter transactions involving advertising services

Paragraph 11 of IAS 1 (revised 1997), presentation of financial statements, requires that financial statements should not be described as complying with International Accounting Standards unless they comply with all the requirements of each applicable standard and each applicable interpretation issued by the Standing Interpretations Committee. SIC interpretations are not expected to apply to immaterial items.
Reference: IAS 18, revenue (revised 1993).

Issue

An enterprise (seller) may enter into a barter transaction to provide advertising services in exchange for receiving advertising services from its customer (customer). Advertisements may be displayed on the Internet or poster sites, broadcast on the television or radio, published in magazines or journals, or presented in another medium. 1

In some cases, no cash or other consideration is exchanged between the enterprises. In some other cases, equal or approximately equal amounts of cash or other consideration are also exchanged. 2

A seller that provides advertising services in the course of its ordinary activities recognises revenue under IAS 18 from a barter transaction involving advertising when, amongst other criteria, the services exchanged are dissimilar (IAS 18.12) and the amount of revenue can be measured reliably (IAS 18.20(a)). This interpretation only applies to an exchange of dissimilar advertising services. An exchange of similar advertising services is not a transaction that generates revenue under IAS 18. 3

The issue is under what circumstances can a seller reliably measure revenue at the fair value of advertising services received or provided in a barter transaction. 4

Consensus

Revenue from a barter transaction involving advertising cannot be measured reliably at the fair value of advertising services received. However, a seller can reliably measure revenue at the fair value of the advertising services it provides in a barter transaction, by reference only to non-barter transactions that: 5
(a) involve advertising similar to the advertising in the barter transaction;
(b) occur frequently;
(c) represent a predominant number of transactions and amount when compared to all transactions to provide advertising that is similar to the advertising in the barter transaction;
(d) involve cash and/or another form of consideration (e.g. marketable securities, non-monetary assets, and other services) that has a reliably measurable fair value; and
(e) do not involve the same counterparty as in the barter transaction.

Date of consensus: May 2001.
Effective Date: This Interpretation becomes effective on 31 December 2001. Changes in accounting policies shall be accounted for in accordance with IAS 8.

Standing Interpretations Committee Interpretation SIC-32

Immaterielle Vermögenswerte – Websitekosten

Paragraph 11 des IAS 1 (überarbeitet 1997), Darstellung des Abschlusses, schreibt vor, dass Abschlüsse nicht als mit den International Accounting Standards übereinstimmend zu bezeichnen sind, solange sie nicht sämtlichen Anforderungen jedes anzuwendenden Standards und jeder anzuwendenden Interpretation des Standing Interpretations Committee gerecht werden. Die SIC-Interpretationen brauchen nicht auf unwesentliche Sachverhalte angewendet zu werden.
Verweis: IAS 38, Immaterielle Vermögenswerte.

Fragestellung

1   Einem Unternehmen können interne Ausgaben durch die Entwicklung und den Betrieb einer eigenen Website für den betriebsinternen und -externen Gebrauch entstehen. Eine Website, die für den externen Gebrauch entworfen wird, kann verschiedenen Zwecken dienen, wie zum Beispiel der Vermarktung und Bewerbung der unternehmenseigenen Produkte und Dienstleistungen, dem Anbieten von elektronischen Dienstleistungen und dem Verkauf von Produkten und Dienstleistungen. Eine Website für den innerbetrieblichen Gebrauch kann dem Speichern von Richtlinien der Unternehmenspolitik und von Kundendaten dienen, wie auch dem Suchen von betriebsrelevanter Information.

2   Die Entwicklungsphasen einer Website lassen sich wie folgt beschreiben:
    (a) Planung – umfasst die Durchführung von Realisierbarkeitsstudien, die Definition von Zweck und Leistungsumfang, die Bewertung von Alternativen und die Festlegung von Prioritäten;
    (b) Anwendung und Entwicklung der Infrastruktur – umfasst die Einrichtung einer Domain, den Erwerb und die Entwicklung der Hardware und der Betriebssoftware, die Installierung der entwickelten Anwendungen und die Belastungsprobe;
    (c) Entwicklung des graphischen Designs – umfasst das Design des Erscheinungsbilds der Webseiten;
    (d) Inhaltliche Entwicklung – umfasst die Erstellung, den Erwerb, die Vorbereitung und das Hochladen von textlicher oder graphischer Information für die Website im Zuge der Entwicklung der Website. Diese Information kann entweder in separaten Datenbanken gespeichert werden, die in die Website integriert werden (oder auf die von der Website aus Zugriff besteht) oder die direkt in die Webseiten einprogrammiert werden.

3   Nach dem Abschluss der Entwicklungsphase einer Website beginnt die Betriebsphase. Während dieser Phase unterhält und verbessert ein Unternehmen die Anwendungen, die Infrastruktur, das graphische Design und den Inhalt der Website.

4   Bei der Bilanzierung von internen Ausgaben für die Entwicklung und den Betrieb einer unternehmenseigenen Website für den internen oder externen Gebrauch, lauten die Fragestellungen wie folgt:
    (a) ob es sich bei der Website um einen selbst geschaffenen internen Vermögenswert handelt, der den Vorschriften von IAS 38 unterliegt; und
    (b) welches die angemessene Bilanzierungsmethode für diese Ausgaben ist.

5   Diese Interpretation gilt nicht für Ausgaben für den Erwerb, die Entwicklung und den Betrieb der Hardware (z. B. Web-Server, Staging-Server, Produktions-Server und Internetanschlüsse) einer Website. Diese Ausgaben sind gemäß IAS 16 anzusetzen. Wenn ein Unternehmen Ausgaben für einen Internetdienstleister tätigt, der seine Website als Provider ins Netz stellt, ist die Ausgabe darüber hinaus gemäß IAS 1.78 und dem *Rahmenkonzept* bei Erhalt der Dienstleistung zu erfassen.

6   IAS 38 gilt nicht für immaterielle Vermögenswerte, die von einem Unternehmen im Verlauf seiner gewöhnlichen Geschäftstätigkeit zum Verkauf gehalten werden (siehe IAS 2, Vorräte und IAS 11, Fertigungsaufträge) und nicht für Leasingverhältnisse, die in den Anwendungsbereich von IAS 17, Leasingverhältnisse fallen. Dementsprechend gilt diese Interpretation nicht für Ausgaben im Zuge der Entwicklung oder des Betriebs einer Website (oder Website-Software), die an ein anderes Unternehmen veräußert werden soll. Wenn eine Website im Rahmen eines Operating-Leasingverhältnisses gemietet wird, wendet der Leasinggeber diese Interpretation an. Wenn eine Website im Rahmen eines Finanzierungsleasings gehalten wird, wendet der Leasingnehmer diese Interpretation nach erstmaligem Ansatz des Leasinggegenstandes an.

Standing Interpretations Committee Interpretation SIC-32

Intangible assets—web site costs

Paragraph 11 of IAS 1 (revised 1997), presentation of financial statements, requires that financial statements should not be described as complying with International Accounting Standards unless they comply with all the requirements of each applicable standard and each applicable interpretation issued by the Standing Interpretations Committee. SIC interpretations are not expected to apply to immaterial items.
Reference: IAS 38, intangible assets.

Issue

An enterprise may incur internal expenditure on the development and operation of its own web site for internal or external access. A web site designed for external access may be used for various purposes such as to promote and advertise an enterprise's own products and services, provide electronic services, and sell products and services. A web site designed for internal access may be used to store company policies and customer details, and search relevant information.

The stages of a web site's development can be described as follows:
(a) planning—includes undertaking feasibility studies, defining objectives and specifications, evaluating alternatives and selecting preferences;
(b) application and infrastructure development—includes obtaining a domain name, purchasing and developing hardware and operating software, installing developed applications and stress testing;
(c) graphical design development—includes designing the appearance of web pages;
(d) content development—includes creating, purchasing, preparing and uploading information, either textual or graphical in nature, on the web site before the completion of the web site's development. This information may either be stored in separate databases that are integrated into (or accessed from) the web site or coded directly into the web pages.

Once development of a web site has been completed, the operating stage begins. During this stage, an enterprise maintains and enhances the applications, infrastructure, graphical design and content of the web site.

When accounting for internal expenditure on the development and operation of an enterprise's own web site for internal or external access, the issues are:
(a) whether the web site is an internally generated intangible asset that is subject to the requirements of IAS 38; and
(b) the appropriate accounting treatment of such expenditure.

This Interpretation does not apply to expenditure on purchasing, developing, and operating hardware (eg web servers, staging servers, production servers and Internet connections) of a web site. Such expenditure is accounted for under IAS 16. Additionally, when an entity incurs expenditure on an Internet service provider hosting the entity's web site, the expenditure is recognised as an expense under IAS 1.78 and the *Framework* when the services are received.

IAS 38 does not apply to intangible assets held by an enterprise for sale in the ordinary course of business (see IAS 2, inventories, and IAS 11, construction contracts) or leases that fall within the scope of IAS 17, leases (revised 1997). Accordingly, this interpretation does not apply to expenditure on the development or operation of a web site (or web site software) for sale to another enterprise. When a web site is leased under an operating lease, the lessor applies this interpretation. When a web site is leased under a finance lease, the lessee applies this interpretation after initial recognition of the leased asset.

Beschluss

7 Bei einer unternehmenseigenen Website, der eine Entwicklung vorausgegangen ist und die für den internen oder externen Gebrauch bestimmt ist, handelt es sich um einen selbst geschaffenen immateriellen Vermögenswert, der den Vorschriften von IAS 38 unterliegt.

8 Eine Website, der eine Entwicklung vorausgegangen ist, ist aber nur dann als immaterieller Vermögenswert zu erfassen, wenn das Unternehmen außer den allgemeinen Voraussetzungen für Ansatz und erstmalige Bewertung, wie in IAS 38.21 beschrieben, auch die Voraussetzungen gemäß IAS 38.57 erfüllt. Insbesondere erfüllt ein Unternehmen vielleicht die Voraussetzungen für den Nachweis, dass seine Website einen voraussichtlichen künftigen wirtschaftlichen Nutzen gemäß IAS 38.57(d) erzeugen wird, wenn über sie zum Beispiel Erträge erwirtschaftet werden können, möglicherweise sogar direkte Erträge, weil Bestellungen online aufgegeben werden können. Ein Unternehmen ist nicht in der Lage, nachzuweisen, in welcher Weise eine Website, die ausschließlich oder hauptsächlich zu dem Zweck entwickelt wurde, die unternehmenseigenen Produkte und Dienstleistungen zu vermarkten und zu bewerben, einen voraussichtlichen künftigen wirtschaftlichen Nutzen erzeugen wird, daraus folgt, dass die Ausgaben für die Entwicklung der Website bei ihrem Anfall als Aufwand zu erfassen sind.

9 Jede interne Ausgabe für die Entwicklung und den Betrieb einer unternehmenseigenen Website ist gemäß IAS 38 auszuweisen. Die Art der jeweiligen Tätigkeit, für die Ausgaben entstehen (z. B. für die Schulung von Angestellten oder die Unterhaltung der Website) sowie die Entwicklung- und Nachentwicklungsphase der Website, ist zu bewerten, um die angemessene Bilanzierungsmethode zu bestimmen (zusätzliche Anwendungsleitlinien sind im Anhang dieser Interpretation zu entnehmen). Einige Beispiele:
  (a) Die Planungsphase gleicht ihrer Art nach der Forschungsphase aus IAS 38.54–56. Ausgaben innerhalb dieser Phase sind bei ihrem Anfall als Aufwand zu erfassen.
  (b) Die Phasen Anwendung und Entwicklung der Infrastruktur, Entwicklung des graphischen Designs und inhaltliche Entwicklung, gleichen ihrem Wesen nach, sofern der Inhalt nicht zum Zweck der Vermarktung und Werbung der unternehmenseigenen Produkte und Dienstleistungen entwickelt wird, der Entwicklungsphase aus IAS 38.57–64. Ausgaben, die in diesen Phasen getätigt werden, sind Teil der Kosten einer Website, die als immaterieller Vermögenswert gemäß Paragraph 8 dieser Interpretation erfasst wird, wenn die Ausgaben der Vorbereitung der Website für den beabsichtigten Gebrauch direkt oder auf einer vernünftiger und stetiger Basis zugeordnet werden können. Zum Beispiel sind Ausgaben für den Erwerb oder die Erstellung von website-spezifischem Inhalt (bei dem es sich nicht um Inhalte handelt, die die unternehmenseigenen Produkte und Dienstleistungen vermarkten und für sie werben) oder Ausgaben, die den Gebrauch des Inhalts der Website ermöglichen (z. B. die Zahlung einer Gebühr für eine Nachdrucklizenz), als Teil der Entwicklungskosten zu erfassen, wenn diese Bedingungen erfüllt werden. Gemäß IAS 38.71 sind Ausgaben für einen immateriellen Posten, der ursprünglich in früheren Abschlüssen als Aufwand erfasst wurde, zu einem späteren Zeitpunkt jedoch nicht mehr als Teil der Kosten eines immateriellen Vermögenswertes zu erfassen (z. B. wenn die Kosten für das Copyright vollständig abgeschrieben sind und der Inhalt danach auf einer Website bereitgestellt wird).
  (c) Ausgaben, die während der Phase der inhaltlichen Entwicklung getätigt werden, wenn es um Inhalte geht, die zur Vermarktung und Bewerbung der unternehmenseigenen Produkte und Dienstleistungen entwickelt werden (z. B. Produkt-Fotografien), sind gemäß IAS 38.69(c) bei ihrem Anfall als Aufwand zu erfassen. Sind zum Beispiel Ausgaben für professionelle Dienstleistungen im Zusammenhang mit dem Fotografieren von unternehmenseigenen Produkten mit Digitaltechnik und der Verbesserung der Produktpräsentation zu bewerten, sind diese Ausgaben bei Erhalt der Dienstleistungen im laufenden Prozess als Aufwand zu erfassen, nicht, wenn die Digitalaufnahmen auf der Website präsentiert werden.
  (d) Die Betriebsphase beginnt, sobald die Entwicklung einer Website abgeschlossen ist. Ausgaben, die in dieser Phase getätigt werden, sind bei ihrem Anfall als Aufwand zu erfassen, es sei denn, sie erfüllen die Ansatzkriterien aus IAS 38.19.

10 Eine Website, die als ein immaterieller Vermögenswert gemäß Paragraph 8 der vorliegenden Interpretation erfasst wird, ist nach dem erstmaligen Ansatz durch die Erfüllung der Voraussetzungen aus IAS 38.72–87 zu bewerten. Die bestmöglich geschätzte Nutzungsdauer einer Website hat kurz zu sein.

Datum des Beschlusses: Mai 2001.
Zeitpunkt des Inkrafttretens: Diese Interpretation tritt am 25. März 2002 in Kraft. Die Auswirkungen der Umsetzung dieser Interpretation sind nach den Übergangsbestimmungen gemäß IAS 38, in der 1998 herausgegebenen Fassung, zu erfassen. Wenn eine Website also die Kriterien für eine Erfassung als immaterieller Vermögenswert nicht erfüllt, aber vorher als Vermögenswert erfasst wurde, ist dieser Posten auszubuchen, wenn

Consensus

An enterprise's own web site that arises from development and is for internal or external access is an internally generated intangible asset that is subject to the requirements of IAS 38.   7

A web site arising from development shall be recognised as an intangible asset if, and only if, in addition to complying with the general requirements described in IAS 38.21 for recognition and initial measurement, an entity can satisfy the requirements in IAS 38.57. In particular, an entity may be able to satisfy the requirement to demonstrate how its web site will generate probable future economic benefits in accordance with IAS 38.57(d) when, for example, the web site is capable of generating revenues, including direct revenues from enabling orders to be placed. An entity is not able to demonstrate how a web site developed solely or primarily for promoting and advertising its own products and services will generate probable future economic benefits, and consequently all expenditure on developing such a web site shall be recognised as an expense when incurred.   8

Any internal expenditure on the development and operation of an entity's own web site shall be accounted for in accordance with IAS 38. The nature of each activity for which expenditure is incurred (eg training employees and maintaining the web site) and the web site's stage of development or post-development shall be evaluated to determine the appropriate accounting treatment (additional guidance is provided in the Appendix to this Interpretation). For example: 9
(a) the Planning stage is similar in nature to the research phase in IAS 38.54—.56. Expenditure incurred in this stage shall be recognised as an expense when it is incurred.
(b) the Application and Infrastructure Development stage, the Graphical Design stage and the Content Development stage, to the extent that content is developed for purposes other than to advertise and promote an entity's own products and services, are similar in nature to the development phase in IAS 38.57—.64. Expenditure incurred in these stages shall be included in the cost of a web site recognised as an intangible asset in accordance with paragraph 8 of this Interpretation when the expenditure can be directly attributed and is necessary to creating, producing or preparing the web site for it to be capable of operating in the manner intended by management. For example, expenditure on purchasing or creating content (other than content that advertises and promotes an entity's own products and services) specifically for a web site, or expenditure to enable use of the content (eg a fee for acquiring a licence to reproduce) on the web site, shall be included in the cost of development when this condition is met. However, in accordance with IAS 38.71, expenditure on an intangible item that was initially recognised as an expense in previous financial statements shall not be recognised as part of the cost of an intangible asset at a later date (eg if the costs of a copyright have been fully amortised, and the content is subsequently provided on a web site).
(c) expenditure incurred in the Content Development stage, to the extent that content is developed to advertise and promote an entity's own products and services (eg digital photographs of products), shall be recognised as an expense when incurred in accordance with IAS 38.69(c). For example, when accounting for expenditure on professional services for taking digital photographs of an entity's own products and for enhancing their display, expenditure shall be recognised as an expense as the professional services are received during the process, not when the digital photographs are displayed on the web site.
(d) the Operating stage begins once development of a web site is complete. Expenditure incurred in this stage shall be recognised as an expense when it is incurred unless it meets the recognition criteria in IAS 38.19.

A web site that is recognised as an intangible asset under paragraph 8 of this Interpretation shall be measured after initial recognition by applying the requirements of IAS 38.72—.87. The best estimate of a web site's useful life shall be short.   10

Date of consensus: May 2001.
Effective Date: This Interpretation becomes effective on 25 March 2002. The effects of adopting this Interpretation shall be accounted for using the transitional requirements in the version of IAS 38 that was issued in 1998. Therefore, when a web site does not meet the criteria for recognition as an intangible asset, but

SIC-32

diese Interpretation in Kraft tritt. Wenn eine Website bereits existiert und die Ausgaben für ihre Entwicklung die Kriterien für die Erfassung als ein immaterieller Vermögenswert erfüllen, vorher aber nicht als Vermögenswert erfasst wurden, ist der immaterielle Vermögenswert nicht zu erfassen, wenn diese Interpretation in Kraft tritt. Wenn eine Website bereits existiert und die Ausgaben für ihre Entwicklung die Kriterien für die Erfassung als ein immaterieller Vermögenswert erfüllen und vorher als Vermögenswert erfasst wurden und ursprünglich mit Herstellungskosten bewertet wurden, wird der ursprünglich erfasste Betrag als richtig bestimmt angesehen.

was previously recognised as an asset, the item shall be derecognised at the date when this Interpretation becomes effective. When a web site exists and the expenditure to develop it meets the criteria for recognition as an intangible asset, but was not previously recognised as an asset, the intangible asset shall not be recognised at the date when this Interpretation becomes effective. When a web site exists and the expenditure to develop it meets the criteria for recognition as an intangible asset, was previously recognised as an asset and initially measured at cost, the amount initially recognised is deemed to have been properly determined.

IFRIC Interpretation 1

Änderungen bestehender Rückstellungen für Entsorgungs-, Wiederherstellungs- und ähnliche Verpflichtungen

VERWEISE

IAS 1   *Darstellung des Abschlusses* (überarbeitet 2003)

IAS 8   *Bilanzierungs- und Bewertungsmethoden, Änderungen von Schätzungen und Fehler*

IAS 16 *Sachanlagen* (überarbeitet 2003)

IAS 23 *Fremdkapitalkosten*

IAS 36 *Wertminderung von Vermögenswerten* (überarbeitet 2004)

IAS 37 *Rückstellungen, Eventualschulden und Eventualforderungen*

HINTERGRUND

1   Viele Unternehmen sind verpflichtet, Sachanlagen zu demontieren, zu entfernen und wiederherzustellen. In dieser Interpretation werden solche Verpflichtungen als ‚Rückstellungen für Entsorgungs- «Wiederherstellungs- und ähnliche Verpflichtungen» bezeichnet. Gemäß IAS 16 umfassen die Anschaffungskosten von Sachanlagen die erstmalig geschätzten Kosten für die Demontage und das Entfernen des Gegenstandes sowie die Wiederherstellung des Standortes, an dem er sich befindet, d. h. die Verpflichtung, die ein Unternehmen entweder bei Erwerb des Gegenstandes eingeht oder anschließend, wenn es während einer gewissen Periode den Gegenstand zu anderen Zwecken als zur Herstellung von Vorräten nutzt. IAS 37 enthält Vorschriften zur Bewertung von Rückstellungen für Entsorgungs-, Wiederherstellungs- und ähnliche Verpflichtungen. Diese Interpretation enthält Leitlinien zur Bilanzierung der Auswirkung von Bewertungsänderungen bestehender Rückstellungen für Entsorgungs-, Wiederherstellungs- und ähnliche Verpflichtungen vor.

ANWENDUNGSBEREICH

2   Diese Interpretation wird auf Bewertungsänderungen jeder bestehenden Rückstellung für Entsorgungs-, Wiederherstellungs- oder ähnliche Verpflichtungen angewendet, die sowohl
    (a) im Rahmen der Anschaffungs- oder Herstellungskosten einer Sachanlage gemäß IAS 16 angesetzt wurde; als auch
    (b) als eine Verbindlichkeit gemäß IAS 37 angesetzt wurde.
    Eine Rückstellung für Entsorgungs-, Wiederherstellungs- oder ähnliche Verpflichtungen kann beispielsweise beim Abbruch einer Fabrikanlage, bei der Sanierung von Umweltschäden in der rohstoffgewinnenden Industrie oder bei der Entfernung von Sachanlagen entstehen.

FRAGESTELLUNG

3   Diese Interpretation behandelt, wie die Auswirkung der folgenden Ereignisse auf die Bewertung einer bestehenden Rückstellung für Entsorgungs-, Wiederherstellungs- oder ähnliche Verpflichtungen zu bilanzieren ist:
    (a) eine Änderung des geschätzten Abflusses von Ressourcen mit wirtschaftlichem Nutzen (z. B. Cashflows), der für die Erfüllung der Verpflichtung erforderlich ist;
    (b) eine Änderung des aktuellen auf dem Markt basierenden Abzinsungssatzes gemäß Definition von IAS 37, Paragraph 47 (dies schließt Änderungen des Zinseffekts und für die Schuld spezifische Risiken ein); und
    (c) eine Erhöhung, die den Zeitablauf widerspiegelt (dies wird auch als Aufzinsung bezeichnet).

IFRIC Interpretation 1

Changes in Existing Decommissioning, Restoration and Similar Liabilities

REFERENCES

IAS 1 *Presentation of Financial Statements* (as revised in 2003)

IAS 8 *Accounting Policies, Changes in Accounting Estimates and Errors*

IAS 16 *Property, Plant and Equipment* (as revised in 2003)

IAS 23 *Borrowing Costs*

IAS 36 *Impairment of Assets* (as revised in 2004)

IAS 37 *Provisions, Contingent Liabilities and Contingent Assets*

BACKGROUND

1 Many entities have obligations to dismantle, remove and restore items of property, plant and equipment. In this Interpretation such obligations are referred to as 'decommissioning, restoration and similar liabilities'. Under IAS 16, the cost of an item of property, plant and equipment includes the initial estimate of the costs of dismantling and removing the item and restoring the site on which it is located, the obligation for which an entity incurs either when the item is acquired or as a consequence of having used the item during a particular period for purposes other than to produce inventories during that period. IAS 37 contains requirements on how to measure decommissioning, restoration and similar liabilities. This Interpretation provides guidance on how to account for the effect of changes in the measurement of existing decommissioning, restoration and similar liabilities.

SCOPE

2 This Interpretation applies to changes in the measurement of any existing decommissioning, restoration or similar liability that is both:
(a) recognised as part of the cost of an item of property, plant and equipment in accordance with IAS 16; and
(b) recognised as a liability in accordance with IAS 37.

For example, a decommissioning, restoration or similar liability may exist for decommissioning a plant, rehabilitating environmental damage in extractive industries, or removing equipment.

ISSUE

3 This Interpretation addresses how the effect of the following events that change the measurement of an existing decommissioning, restoration or similar liability should be accounted for:
(a) a change in the estimated outflow of resources embodying economic benefits (eg cash flows) required to settle the obligation;
(b) a change in the current market-based discount rate as defined in paragraph 47 of IAS 37 (this includes changes in the time value of money and the risks specific to the liability); and
(c) an increase that reflects the passage of time (also referred to as the unwinding of the discount).

IFRIC 1

BESCHLUSS

4 Bewertungsänderungen einer bestehenden Rückstellung für Entsorgungs-, Wiederherstellungs- oder ähnliche Verpflichtungen, die auf Änderungen der geschätzten Fälligkeit oder Höhe des Abflusses von Ressourcen mit wirtschaftlichem Nutzen, der zur Erfüllung der Verpflichtung erforderlich ist, oder auf einer Änderung des Abzinsungssatzes beruhen, sind gemäß den nachstehenden Paragraphen 5–7 zu behandeln.

5 Wird der dazugehörige Vermögenswert nach dem Anschaffungskostenmodell bewertet:
   (a) sind Änderungen der Rückstellung gemäß (b) zu den Anschaffungskosten des dazugehörigen Vermögenswertes in der laufenden Periode hinzuzufügen oder davon abzuziehen.
   (b) darf der von den Anschaffungskosten des Vermögenswertes abgezogene Betrag seinen Buchwert nicht übersteigen. Wenn eine Abnahme der Rückstellung den Buchwert des Vermögenswertes übersteigt, ist dieser Überhang unmittelbar erfolgswirksam zu erfassen.
   (c) hat das Unternehmen, wenn die Anpassung zu einem Zugang zu den Anschaffungskosten eines Vermögenswertes führt, zu bedenken, ob dies ein Anhaltspunkt dafür ist, dass der neue Buchwert des Vermögenswertes nicht voll erzielbar sein könnte. Liegt ein solcher Anhaltspunkt vor, hat das Unternehmen den Vermögenswert auf Wertminderung zu prüfen, indem es seinen erzielbaren Betrag schätzt, und jeden Wertminderungsaufwand gemäß IAS 36 zu erfassen.

6 Wird der dazugehörige Vermögenswert nach dem Neubewertungsmodell bewertet:
   (a) gehen die Änderungen in die für diesen Vermögenswert angesetzten Neubewertungsrücklage ein, so dass:
       (i) eine Abnahme der Rückstellung (gemäß (b)) direkt in der Neubewertungsrücklage im Eigenkapital erfasst wird, es sei denn, sie ist erfolgswirksam zu erfassen, soweit sie eine in der Vergangenheit als Aufwand erfasste Abwertung desselben Vermögenswertes rückgängig macht.
       (ii) eine Erhöhung der Rückstellung erfolgswirksam erfasst wird, es sei denn, sie ist direkt von der Neubewertungsrücklage im Eigenkapital abzusetzen, soweit sie den Betrag der entsprechenden Neubewertungsrücklage nicht übersteigt.
   (b) ist, im Fall dass eine Abnahme der Rückstellung den Buchwert überschreitet, der angesetzt worden wäre, wenn der Vermögenswert nach dem Anschaffungskostenmodell bilanziert worden wäre, der Überhang umgehend erfolgswirksam zu erfassen.
   (c) ist eine Änderung der Rückstellung ein Anhaltspunkt dafür, dass der Vermögenswert neu bewertet werden müsste, um sicherzustellen dass der Buchwert nicht wesentlich von dem abweicht, der unter Verwendung des beizulegenden Zeitwertes zum Bilanzstichtag ermittelt werden würde. Jede dieser Neubewertungen ist bei der Bestimmung der Beträge, die erfolgswirksam und im Eigenkapital gemäß (a) erfasst werden, zu berücksichtigen. Ist eine Neubewertung erforderlich, sind alle Vermögenswerte dieser Klasse neu zu bewerten.
   (d) ist nach IAS 1 jeder direkt im Eigenkapital erfasste Ertrags- und Aufwandsposten in der Aufstellung über die Veränderungen des Eigenkapitals auszuweisen. Zur Erfüllung dieser Anforderung ist die Veränderung der Neubewertungsrücklage, die auf einer Änderung der Rückstellung beruht, gesondert zu identifizieren und als solche anzugeben.

7 Das angepasste Abschreibungsvolumen des Vermögenswertes wird über seine Nutzungsdauer abgeschrieben. Wenn der dazugehörige Vermögenswert das Ende seiner Nutzungsdauer erreicht hat, sind daher alle nachfolgenden Änderungen der Rückstellung erfolgswirksam zu erfassen, wenn sie anfallen. Dies gilt sowohl für das Anschaffungskostenmodell als auch für das Neubewertungsmodell.

8 Die periodische Aufzinsung ist erfolgswirksam als Finanzierungsaufwand zu erfassen, wenn sie anfällt. Die nach IAS 23 zulässige Alternative der Aktivierung ist nicht erlaubt.

ZEITPUNKT DES INKRAFTTRETENS

9 Diese Interpretation ist erstmals in der ersten Berichtsperiode eines am 1. September 2004 oder danach beginnenden Geschäftsjahres anzuwenden. Eine frühere Anwendung wird empfohlen. Wenn ein Unternehmen diese Interpretation für Berichtsperioden anwendet, die vor dem 1. September 2004 beginnen, so ist diese Tatsache anzugeben.

IFRIC 1

CONSENSUS

4 Changes in the measurement of an existing decommissioning, restoration and similar liability that result from changes in the estimated timing or amount of the outflow of resources embodying economic benefits required to settle the obligation, or a change in the discount rate, shall be accounted for in accordance with paragraphs 5–7 below.

5 If the related asset is measured using the cost model:
(a) subject to (b), changes in the liability shall be added to, or deducted from, the cost of the related asset in the current period.
(b) the amount deducted from the cost of the asset shall not exceed its carrying amount. If a decrease in the liability exceeds the carrying amount of the asset, the excess shall be recognised immediately in profit or loss.
(c) if the adjustment results in an addition to the cost of an asset, the entity shall consider whether this is an indication that the new carrying amount of the asset may not be fully recoverable. If it is such an indication, the entity shall test the asset for impairment by estimating its recoverable amount, and shall account for any impairment loss, in accordance with IAS 36.

6 If the related asset is measured using the revaluation model:
(a) changes in the liability alter the revaluation surplus or deficit previously recognised on that asset, so that:
   (i) a decrease in the liability shall (subject to (b)) be credited directly to revaluation surplus in equity, except that it shall be recognised in profit or loss to the extent that it reverses a revaluation deficit on the asset that was previously recognised in profit or loss;
   (ii) an increase in the liability shall be recognised in profit or loss, except that it shall be debited directly to revaluation surplus in equity to the extent of any credit balance existing in the revaluation surplus in respect of that asset.
(b) in the event that a decrease in the liability exceeds the carrying amount that would have been recognised had the asset been carried under the cost model, the excess shall be recognised immediately in profit or loss.
(c) a change in the liability is an indication that the asset may have to be revalued in order to ensure that the carrying amount does not differ materially from that which would be determined using fair value at the balance sheet date. Any such revaluation shall be taken into account in determining the amounts to be taken to profit or loss and equity under (a). If a revaluation is necessary, all assets of that class shall be revalued.
(d) IAS 1 requires disclosure on the face of the statement of changes in equity of each item of income or expense that is recognised directly in equity. In complying with this requirement, the change in the revaluation surplus arising from a change in the liability shall be separately identified and disclosed as such.

7 The adjusted depreciable amount of the asset is depreciated over its useful life. Therefore, once the related asset has reached the end of its useful life, all subsequent changes in the liability shall be recognised in profit or loss as they occur. This applies under both the cost model and the revaluation model.

8 The periodic unwinding of the discount shall be recognised in profit or loss as a finance cost as it occurs. The allowed alternative treatment of capitalisation under IAS 23 is not permitted.

EFFECTIVE DATE

9 An entity shall apply this Interpretation for annual periods beginning on or after 1 September 2004. Earlier application is encouraged. If an entity applies the Interpretation for a period beginning before 1 September 2004, it shall disclose that fact.

IFRIC 1

ÜBERGANG

10 Änderungen von Bilanzierungs- und Bewertungsmethoden sind gemäß den Bestimmungen von IAS 8 *Bilanzierungs- und Bewertungsmethoden, Änderungen von Schätzungen und Fehler* vorzunehmen.[1]

---

1   Wenn ein Unternehmen diese Interpretation für eine Berichtsperiode, die vor dem 1. Januar 2005 beginnt, anwendet, hat das Unternehmen die Bestimmungen der früheren Fassung von IAS 8 mit dem Titel *Periodenergebnis, grundlegende Fehler und Änderungen der Bilanzierungs- und Bewertungsmethoden* anzuwenden, es sei denn, das Unternehmen wendet die überarbeitete Fassung dieses Standards für die frühere Periode an.

TRANSITION

10 Changes in accounting policies shall be accounted for according to the requirements of IAS 8 *Accounting Policies, Changes in Accounting Estimates and Errors.*[1]

---

[1] If an entity applies this Interpretation for a period beginning before 1 January 2005, the entity shall follow the requirements of the previous version of IAS 8, which was entitled *Net Profit or Loss for the Period, Fundamental Errors and Changes in Accounting Policies,* unless the entity is applying the revised version of that Standard for that earlier period.

IFRIC Interpretation 2

Geschäftsanteile an Genossenschaften und ähnliche Instrumente

Verweise

IAS 32   *Finanzinstrumente: Darstellung* (überarbeitet 2003)

IAS 39   *Finanzinstrumente: Ansatz und Bewertung* (überarbeitet 2003)

Hintergrund

1   Genossenschaften und ähnliche Unternehmen werden von einer Gruppe von Personen zur Verfolgung gemeinsamer wirtschaftlicher oder sozialer Interessen gegründet. In den einzelstaatlichen Gesetzen ist eine Genossenschaft meist als eine Gesellschaft definiert, welche die gegenseitige wirtschaftliche Förderung ihrer Mitglieder mittels gemeinschaftlichen Geschäftsbetriebes bezweckt (Prinzip der Selbsthilfe). Die Anteile der Mitglieder einer Genossenschaft werden häufig unter der Bezeichnung Geschäftsanteile, Genossenschaftsanteile o. ä. geführt und nachfolgend als „Geschäftsanteile" bezeichnet.

2   IAS 32 stellt Grundsätze für die Klassifizierung von Finanzinstrumenten als finanzielle Verbindlichkeiten oder Eigenkapital auf. Diese Grundsätze beziehen sich insbesondere auf die Klassifizierung kündbarer Instrumente, die den Inhaber zur Rückgabe an den Emittenten gegen flüssige Mittel oder andere Finanzinstrumente berechtigen. Die Anwendung dieser Grundsätze auf die Geschäftsanteile an Genossenschaften und ähnliche Instrumente gestaltet sich schwierig. Einige Adressaten des „International Accounting Standards Board" haben den Wunsch geäußert, Unterstützung zu erhalten, wie die Grundsätze des IAS 32 auf Geschäftsanteile und ähnliche Instrumente, die bestimmte Merkmale aufweisen, anzuwenden sind und unter welchen Umständen diese Merkmale einen Einfluss auf die Klassifizierung als Verbindlichkeiten oder Eigenkapital haben.

Anwendungsbereich

3   Diese Interpretation ist auf Finanzinstrumente anzuwenden, die in den Anwendungsbereich von IAS 32 fallen, einschließlich an Genossenschaftsmitglieder ausgegebener Anteile, mit denen das Eigentumsrecht der Mitglieder am Unternehmen verbrieft wird. Sie erstreckt sich nicht auf Finanzinstrumente, die in eigenen Eigenkapitalinstrumenten des Unternehmens zu erfüllen sind oder erfüllt werden können.

Fragestellung

4   Viele Finanzinstrumente, darunter auch Geschäftsanteile, sind mit Eigenschaften wie Stimmrechten und Ansprüchen auf Dividenden verbunden, die für eine Klassifizierung als Eigenkapital sprechen. Einige Finanzinstrumente berechtigen den Inhaber, eine Rücknahme gegen flüssige Mittel oder andere finanzielle Vermögenswerte zu verlangen, können jedoch Beschränkungen hinsichtlich einer solchen Rücknahme unterliegen. Wie lässt sich anhand dieser Rücknahmebedingungen bestimmen, ob ein Finanzinstrument als Verbindlichkeit oder Eigenkapital einzustufen ist?

Beschluss

5   Das vertragliche Recht des Inhabers eines Finanzinstruments (worunter auch ein Geschäftsanteil an einer Genossenschaft fällt), eine Rücknahme zu verlangen, führt nicht von vornherein zu einer Klassifizierung des Finanzinstruments als finanzielle Verbindlichkeit. Vielmehr hat ein Unternehmen bei der Entscheidung, ob ein Finanzinstrument als finanzielle Verbindlichkeit oder Eigenkapital einzustufen ist, alle rechtlichen Bestimmungen und Gegenheiten des Finanzinstruments zu berücksichtigen. Hierzu gehören auch die einschlägigen lokalen Gesetze und Vorschriften sowie die zum Zeitpunkt der Klassifizierung gültige Satzung des Unternehmens. Voraussichtliche künftige Änderungen dieser Gesetze, Vorschriften oder der Satzung sind dagegen nicht zu berücksichtigen.

IFRIC Interpretation 2

Members' Shares in Cooperative Entities and Similar Instruments

References

IAS 32   *Financial Instruments: Presentation* (as revised in 2003)

IAS 39   *Financial Instruments: Recognition and Measurement* (as revised in 2003)

Background

Cooperatives and other similar entities are formed by groups of persons to meet common economic or social needs. National laws typically define a cooperative as a society endeavouring to promote its members' economic advancement by way of a joint business operation (the principle of self-help). Members' interests in a cooperative are often characterised as members' shares, units or the like, and are referred to below as 'members' shares'. 1

IAS 32 establishes principles for the classification of financial instruments as financial liabilities or equity. In particular, those principles apply to the classification of puttable instruments that allow the holder to put those instruments to the issuer for cash or another financial instrument. The application of those principles to members' shares in cooperative entities and similar instruments is difficult. Some of the International Accounting Standards Board's constituents have asked for help in understanding how the principles in IAS 32 apply to members' shares and similar instruments that have certain features, and the circumstances in which those features affect the classification as liabilities or equity. 2

Scope

This Interpretation applies to financial instruments within the scope of IAS 32, including financial instruments issued to members of cooperative entities that evidence the members' ownership interest in the entity. This Interpretation does not apply to financial instruments that will or may be settled in the entity's own equity instruments. 3

Issue

Many financial instruments, including members' shares, have characteristics of equity, including voting rights and rights to participate in dividend distributions. Some financial instruments give the holder the right to request redemption for cash or another financial asset, but may include or be subject to limits on whether the financial instruments will be redeemed. How should those redemption terms be evaluated in determining whether the financial instruments should be classified as liabilities or equity? 4

Consensus

The contractual right of the holder of a financial instrument (including members' shares in cooperative entities) to request redemption does not, in itself, require that financial instrument to be classified as a financial liability. Rather, the entity must consider all of the terms and conditions of the financial instrument in determining its classification as a financial liability or equity. Those terms and conditions include relevant local laws, regulations and the entity's governing charter in effect at the date of classification, but not expected future amendments to those laws, regulations or charter. 5

6 Geschäftsanteile, die dem Eigenkapital zugeordnet würden, wenn die Mitglieder nicht das Recht hätten, eine Rücknahme zu verlangen, stellen Eigenkapital dar, wenn eine der in den Paragraphen 7 und 8 genannten Bedingungen erfüllt ist. Sichteinlagen, einschließlich Kontokorrentkonten, Einlagenkonten und ähnliche Verträge, die Mitglieder in ihrer Eigenschaft als Kunden schließen, sind als finanzielle Verbindlichkeiten des Unternehmens zu klassifizieren.

7 Geschäftsanteile stellen Eigenkapital dar, wenn das Unternehmen ein uneingeschränktes Recht auf Ablehnung der Rücknahme von Geschäftsanteilen besitzt.

8 Lokale Gesetze, Vorschriften oder die Satzung des Unternehmens können die Rücknahme von Geschäftsanteilen mit verschiedenen Verboten belegen, wie z. B. uneingeschränkten Verboten oder Verboten, die auf Liquiditätskriterien beruhen. Ist eine Rücknahme nach lokalen Gesetzen, Vorschriften oder der Satzung des Unternehmens uneingeschränkt verboten, sind die Geschäftsanteile als Eigenkapital zu behandeln. Dagegen führen Bestimmungen in lokalen Gesetzen, Vorschriften oder der Satzung des Unternehmens, die eine Rücknahme nur dann verbieten, wenn bestimmte Bedingungen – wie beispielsweise Liquiditätsgrenzen – erfüllt (oder nicht erfüllt) sind, nicht zu einer Klassifizierung von Geschäftsanteilen als Eigenkapital.

9 Ein uneingeschränktes Verbot kann absolut sein und alle Rücknahmen verbieten. Ein uneingeschränktes Verbot kann aber auch nur teilweise gelten und die Rücknahme von Geschäftsanteilen insoweit verbieten, als durch die Rücknahme die Anzahl der Geschäftsanteile oder die Höhe des auf die Geschäftsanteile eingezahlten Kapitals einen bestimmten Mindestbetrag unterschreitet. Geschäftsanteile, die nicht unter das Rücknahmeverbot fallen, stellen Verbindlichkeiten dar, sofern das Unternehmen nicht über das in Paragraph 7 beschriebene uneingeschränkte Recht auf Ablehnung der Rücknahme verfügt. In einigen Fällen kann sich die Anzahl der Anteile oder die Höhe des eingezahlten Kapitals, die bzw. das von einem Rücknahmeverbot betroffen sind bzw. ist, von Zeit zu Zeit ändern. Eine derartige Änderung führt zu einer Umbuchung zwischen finanziellen Verbindlichkeiten und Eigenkapital.

10 Beim erstmaligen Ansatz hat das Unternehmen seine als finanzielle Verbindlichkeit klassifizierten Geschäftsanteile zum beizulegenden Zeitwert zu bewerten. Bei uneingeschränkt rückgabefähigen Geschäftsanteilen ist der beizulegende Zeitwert dieser finanziellen Verbindlichkeit mindestens mit dem gemäß den Rücknahmebestimmungen in der Satzung des Unternehmens oder gemäß dem einschlägigen Gesetz zahlbaren Höchstbetrag anzusetzen, abgezinst vom frühest möglichen Fälligkeitszeitpunkt an (siehe Beispiel 3).

11 Nach Paragraph 35 des IAS 32 sind Ausschüttungen an Inhaber von Eigenkapitalinstrumenten, gemindert um alle damit verbundenen Ertragssteuervorteile, direkt vom Eigenkapital abzusetzen. Bei Finanzinstrumenten, die als finanzielle Verbindlichkeiten klassifiziert werden, sind Zinsen, Dividenden und andere Erträge unbeschadet ihrer möglichen gesetzlichen Bezeichnung als Dividenden, Zinsen oder Ähnliches als Aufwand zu berücksichtigen.

12 Der Anhang, der integraler Bestandteil des Beschlusses ist, enthält Beispiele für die Anwendung dieses Beschlusses.

Angaben

13 Führt eine Änderung des Rücknahmeverbots zu einer Umklassifizierung zwischen finanziellen Verbindlichkeiten und Eigenkapital, hat das Unternehmen den Betrag, den Zeitpunkt und den Grund für die Umklassifizierung gesondert anzugeben.

Zeitpunkt des Inkrafttretens

14 Der Zeitpunkt des Inkrafttretens und die Übergangsbestimmungen dieser Interpretation entsprechen denen des IAS 32 (überarbeitet 2003). Diese Interpretation ist erstmals für Geschäftsjahre anzuwenden, die am oder nach dem 1. Januar 2005 beginnen. Wenn ein Unternehmen diese Interpretation für Berichtsperioden anwendet, die vor dem 1. Januar 2005 beginnen, so ist diese Tatsache anzugeben. Diese Interpretation ist rückwirkend anzuwenden.

6 Members' shares that would be classified as equity if the members did not have a right to request redemption are equity if either of the conditions described in paragraphs 7 and 8 is present. Demand deposits, including current accounts, deposit accounts and similar contracts that arise when members act as customers are financial liabilities of the entity.

7 Members' shares are equity if the entity has an unconditional right to refuse redemption of the members' shares.

8 Local law, regulation or the entity's governing charter can impose various types of prohibitions on the redemption of members' shares, e.g. unconditional prohibitions or prohibitions based on liquidity criteria. If redemption is unconditionally prohibited by local law, regulation or the entity's governing charter, members' shares are equity. However, provisions in local law, regulation or the entity's governing charter that prohibit redemption only if conditions—such as liquidity constraints—are met (or are not met) do not result in members' shares being equity.

9 An unconditional prohibition may be absolute, in that all redemptions are prohibited. An unconditional prohibition may be partial, in that it prohibits redemption of members' shares if redemption would cause the number of members' shares or amount of paid-in capital from members' shares to fall below a specified level. Members' shares in excess of the prohibition against redemption are liabilities, unless the entity has the unconditional right to refuse redemption as described in paragraph 7. In some cases, the number of shares or the amount of paid-in capital subject to a redemption prohibition may change from time to time. Such a change in the redemption prohibition leads to a transfer between financial liabilities and equity.

10 At initial recognition, the entity shall measure its financial liability for redemption at fair value. In the case of members' shares with a redemption feature, the entity measures the fair value of the financial liability for redemption at no less than the maximum amount payable under the redemption provisions of its governing charter or applicable law discounted from the first date that the amount could be required to be paid (see example 3).

11 As required by paragraph 35 of IAS 32, distributions to holders of equity instruments are recognised directly in equity, net of any income tax benefits. Interest, dividends and other returns relating to financial instruments classified as financial liabilities are expenses, regardless of whether those amounts paid are legally characterised as dividends, interest or otherwise.

12 The Appendix, which is an integral part of the consensus, provides examples of the application of this consensus.

Disclosure

13 When a change in the redemption prohibition leads to a transfer between financial liabilities and equity, the entity shall disclose separately the amount, timing and reason for the transfer.

Effective date

14 The effective date and transition requirements of this Interpretation are the same as those for IAS 32 (as revised in 2003). An entity shall apply this Interpretation for annual periods beginning on or after 1 January 2005. If an entity applies this Interpretation for a period beginning before 1 January 2005, it shall disclose that fact. This Interpretation shall be applied retrospectively.

ANHANG

Beispiele für die Anwendung des Beschlusses

Dieser Anhang ist Bestandteil der Interpretation.

A1 Dieser Anhang enthält sieben Beispiele für die Anwendung des IFRIC Beschlusses. Die Beispiele stellen keine erschöpfende Liste dar; es sind auch andere Konstellationen denkbar. Jedes Beispiel beruht auf der Annahme, dass außer der im Beispiel genannten Gegebenheiten keine weiteren Bedingungen vorliegen, die eine Klassifizierung des Finanzinstruments als finanzielle Verbindlichkeit erforderlich machen würden.

UNEINGESCHRÄNKTES RECHT AUF ABLEHNUNG DER RÜCKNAHME (Paragraph 7)

Beispiel 1

Sachverhalt

A2 Die Satzung des Unternehmens besagt, dass Rücknahmen nach freiem Ermessen des Unternehmens durchgeführt werden. Dieser Ermessensspielraum ist in der Satzung nicht weiter ausgeführt und wird auch keinen Beschränkungen unterworfen. In der Vergangenheit hat das Unternehmen die Rücknahme von Geschäftsanteilen noch nie abgelehnt, obwohl der Vorstand hierzu berechtigt ist.

Klassifizierung

A3 Das Unternehmen verfügt über das uneingeschränkte Recht, die Rücknahme abzulehnen. Folglich stellen die Geschäftsanteile Eigenkapital dar. IAS 32 stellt Grundsätze für die Klassifizierung auf, die auf den Vertragsbedingungen des Finanzinstruments beruhen, und merkt an, dass eine Zahlungshistorie oder beabsichtigte freiwillige Zahlungen keine Einstufung als Verbindlichkeit auslösen. In Paragraph AG26 von IAS 32 heißt es: Wenn Vorzugsaktien unkündbar sind, hängt die angemessene Klassifizierung von den anderen mit ihnen verbundenen Rechten ab. Die Klassifizierung erfolgt entsprechend der wirtschaftlichen Substanz der vertraglichen Vereinbarungen und den Begriffsbestimmungen für finanzielle Verbindlichkeiten und für Eigenkapitalinstrumente. Wenn Gewinnausschüttungen an Inhaber von kumulativen oder nicht-kumulativen Vorzugsaktien im Ermessensspielraum des Emittenten liegen, gelten die Aktien als Eigenkapitalinstrumente. Die Klassifizierung einer Vorzugsaktie als Eigenkapitalinstrument oder als finanzielle Verbindlichkeit wird beispielsweise nicht beeinflusst durch:
 (a) die Vornahme von Ausschüttungen in der Vergangenheit,
 (b) die Absicht, künftig Ausschüttungen vorzunehmen,
 (c) eine mögliche nachteilige Auswirkung auf den Kurs der Stammaktien des Emittenten, falls keine Ausschüttungen vorgenommen werden (auf Grund von Beschränkungen hinsichtlich der Zahlung von Dividenden auf Stammaktien, wenn keine Dividenden auf Vorzugsaktien gezahlt werden),
 (d) die Höhe der Rücklagen des Emittenten,
 (e) eine Gewinn- oder Verlusterwartung des Emittenten für eine Berichtsperiode oder
 (f) die Fähigkeit oder Unfähigkeit des Emittenten, die Höhe seines Ergebnisses zu beeinflussen.

Beispiel 2

Sachverhalt

A4 Die Satzung des Unternehmens besagt, dass Rücknahmen nach freiem Ermessen des Unternehmens durchgeführt werden. Sie führt jedoch weiter aus, dass ein Antrag auf Rücknahme automatisch genehmigt wird, sofern das Unternehmen mit dieser Zahlung nicht gegen lokale Liquiditäts- oder Reservevorschriften verstoßen würde.

Klassifizierung

A5 Das Unternehmen verfügt nicht über das uneingeschränkte Recht auf Ablehnung der Rücknahme. Folglich stellen die Geschäftsanteile eine finanzielle Verbindlichkeit dar. Die vorstehend beschriebene Einschränkung bezieht sich auf die Fähigkeit des Unternehmens, eine Verbindlichkeit zu begleichen. Rücknahmen werden nur dann und so lange beschränkt, wenn bzw. wie die Liquiditäts- oder Reserveanforderungen nicht erfüllt sind.

APPENDIX

Examples of application of the consensus

This appendix is an integral part of the Interpretation.

This appendix sets out seven examples of the application of the IFRIC consensus. The examples do not constitute an exhaustive list; other fact patterns are possible. Each example assumes that there are no conditions other than those set out in the facts of the example that would require the financial instrument to be classified as a financial liability.   A1

UNCONDITIONAL RIGHT TO REFUSE REDEMPTION (paragraph 7)

Example 1

Facts

The entity's charter states that redemptions are made at the sole discretion of the entity. The charter does not provide further elaboration or limitation on that discretion. In its history, the entity has never refused to redeem members' shares, although the governing board has the right to do so.   A2

Classification

The entity has the unconditional right to refuse redemption and the members' shares are equity. IAS 32 establishes principles for classification that are based on the terms of the financial instrument and notes that a history of, or intention to make, discretionary payments does not trigger liability classification. Paragraph AG26 of IAS 32 states: A3

> When preference shares are non-redeemable, the appropriate classification is determined by the other rights that attach to them. Classification is based on an assessment of the substance of the contractual arrangements and the definitions of a financial liability and an equity instrument. When distributions to holders of the preference shares, whether cumulative or non-cumulative, are at the discretion of the issuer, the shares are equity instruments. The classification of a preference share as an equity instrument or a financial liability is not affected by, for example:
> (a) a history of making distributions;
> (b) an intention to make distributions in the future;
> (c) a possible negative impact on the price of ordinary shares of the issuer if distributions are not made (because of restrictions on paying dividends on the ordinary shares if dividends are not paid on the preference shares);
> (d) the amount of the issuer's reserves;
> (e) an issuer's expectation of a profit or loss for a period; or
> (f) an ability or inability of the issuer to influence the amount of its profit or loss for the period.

Example 2

Facts

The entity's charter states that redemptions are made at the sole discretion of the entity. However, the charter further states that approval of a redemption request is automatic unless the entity is unable to make payments without violating local regulations regarding liquidity or reserves.   A4

Classification

The entity does not have the unconditional right to refuse redemption and the members' shares are a financial liability. The restrictions described above are based on the entity's ability to settle its liability. They restrict redemptions only if the liquidity or reserve requirements are not met and then only until such time as they are   A5

IFRIC 2

Folglich führen diese Einschränkungen nach den Grundsätzen von IAS 32 nicht zu einer Klassifizierung des Finanzinstruments als Eigenkapital. In Paragraph AG25 des IAS 32 heißt es:
> Vorzugsaktien können mit verschiedenen Rechten ausgestattet emittiert werden. Bei der Einstufung einer Vorzugsaktie als finanzielle Verbindlichkeit oder als Eigenkapitalinstrument bewertet ein Emittent die einzelnen Rechte, die mit der Aktie verbunden sind, um zu bestimmen, ob sie die grundlegenden Eigenschaften einer finanziellen Verbindlichkeit erfüllt. Beispielsweise beinhaltet eine Vorzugsaktie, die eine Rücknahme zu einem bestimmten Zeitpunkt oder auf Wunsch des Inhabers vorsieht, eine finanzielle Verbindlichkeit, da der Emittent zur Abgabe von finanziellen Vermögenswerten an den Aktieninhaber verpflichtet ist. *Die möglicherweise fehlende Fähigkeit eines Emittenten, der vertraglich vereinbarten Rücknahmeverpflichtung von Vorzugsaktien nachzukommen, sei es aus Mangel an Finanzmitteln, auf Grund einer gesetzlich vorgeschriebenen Verfügungsbeschränkung oder ungenügender Gewinne oder Rücklagen, macht die Verpflichtung nicht hinfällig.* [Hervorhebung hinzugefügt.]

RÜCKNAHMEVERBOTE (Paragraphen 8 und 9)

Beispiel 3

Sachverhalt

A6 Eine Genossenschaft hat an ihre Mitglieder zu unterschiedlichen Zeitpunkten und unterschiedlichen Beträgen bisher die folgenden Anteile ausgegeben:
(a) 1. Januar 20x1.100 000 Anteile zu je WE 10 (WE 1 000 000);
(b) 1. Januar 20x2.100 000 Anteile zu je WE 20 (weitere WE 2 000 000, so dass insgesamt Anteile im Wert von WE 3 000 000 ausgegeben wurden).
Die Anteile sind auf Verlangen zu ihrem jeweiligen Ausgabepreis rücknahmepflichtig.

A7 Die Satzung des Unternehmens besagt, dass kumulative Rücknahmen nicht mehr als 20 Prozent der größten Anzahl jemals in Umlauf gewesener Geschäftsanteile betragen dürfen. Am 31. Dezember 20x2 hatte das Unternehmen 200 000 umlaufende Anteile, was der höchsten Anzahl von Geschäftsanteilen entspricht, die je in Umlauf waren. Bisher wurden keine Anteile zurückgenommen. Am 1. Januar 20x3 ändert das Unternehmen seine Satzung und setzt die Höchstgrenze für kumulative Rücknahmen auf 25 Prozent der größten Anzahl jemals in Umlauf gewesener Geschäftsanteile herauf.

Klassifizierung

Vor der Satzungsänderung

A8 Die Anteile, die nicht unter das Rücknahmeverbot fallen, stellen eine finanzielle Verbindlichkeit dar. Die Genossenschaft bewertet diese finanzielle Verbindlichkeit beim erstmaligen Ansatz mit dem beizulegenden Zeitwert. Da diese Anteile auf Verlangen rücknahmepflichtig sind, bestimmt sie den beizulegenden Zeitwert gemäß den Bestimmungen von Paragraph 49 des IAS 39, in dem es heißt: „Der beizulegende Zeitwert einer finanziellen Verbindlichkeit mit einem Kontokorrentinstrument (z. B. einer Sichteinlage) ist nicht niedriger als der auf Sicht zahlbare Betrag ..." Die Genossenschaft setzt daher als finanzielle Verbindlichkeit den höchsten Betrag an, der gemäß den Rücknahmebestimmungen auf Verlangen zahlbar wäre.

A9 Am 1. Januar 20x1 beträgt der gemäß den Rücknahmevorschriften zahlbare Höchstbetrag 20 000 Anteile zu je WE 10. Dementsprechend klassifiziert das Unternehmen WE 200 000 als finanzielle Verbindlichkeit und WE 800 000 als Eigenkapital. Am 1. Januar 20x2 erhöht sich jedoch der gemäß den Rücknahmevorschriften zahlbare Höchstbetrag durch die Ausgabe neuer Anteile zu WE 20 auf 40 000 Anteile zu je WE 20. Durch die Ausgabe zusätzlicher Anteile zu WE 20 entsteht eine neue Verbindlichkeit, die beim erstmaligen Ansatz zum beizulegenden Zeitwert bewertet wird. Die Verbindlichkeit nach Ausgabe dieser Anteile beträgt 20 Prozent aller umlaufenden Anteile (200 000), bewertet mit je WE 20, also WE 800 000. Dies erfordert den Ansatz einer weiteren Verbindlichkeit in Höhe von WE 600 000. In diesem Beispiel wird weder Gewinn noch Verlust erfasst. Folglich sind jetzt WE 800 000 als finanzielle Verbindlichkeit und WE 2 200 000 als Eigenkapital klassifiziert. Dieses Beispiel beruht auf der Annahme, dass diese Beträge zwischen dem 1. Januar 20x1 und dem 31. Dezember 20x2 nicht geändert werden.

met. Hence, they do not, under the principles established in IAS 32, result in the classification of the financial instrument as equity. Paragraph AG25 of IAS 32 states:
> Preference shares may be issued with various rights. In determining whether a preference share is a financial liability or an equity instrument, an issuer assesses the particular rights attaching to the share to determine whether it exhibits the fundamental characteristic of a financial liability. For example, a preference share that provides for redemption on a specific date or at the option of the holder contains a financial liability because the issuer has an obligation to transfer financial assets to the holder of the share. *The potential inability of an issuer to satisfy an obligation to redeem a preference share when contractually required to do so, whether because of a lack of funds, a statutory restriction or insufficient profits or reserves, does not negate the obligation.* [Emphasis added]

PROHIBITIONS AGAINST REDEMPTION (paragraphs 8 and 9)

Example 3

Facts

A cooperative entity has issued shares to its members at different dates and for different amounts in the past as follows: A6
(a) 1 January 20x1.100 000 shares at CU 10 each (CU 1 000 000);
(b) 1 January 20x2.100 000 shares at CU 20 each (a further CU 2 000 000, so that the total for shares issued is CU 3 000 000).
Shares are redeemable on demand at the amount for which they were issued.

The entity's charter states that cumulative redemptions cannot exceed 20 per cent of the highest number of its members' shares ever outstanding. At 31 December 20x2 the entity has 200 000 of outstanding shares, which is the highest number of members' shares ever outstanding and no shares have been redeemed in the past. On 1 January 20x3 the entity amends its governing charter and increases the permitted level of cumulative redemptions to 25 per cent of the highest number of its members' shares ever outstanding.   A7

Classification

Before the governing charter is amended

Members' shares in excess of the prohibition against redemption are financial liabilities. The cooperative entity measures this financial liability at fair value at initial recognition. Because these shares are redeemable on demand, the cooperative entity determines the fair value of such financial liabilities as required by paragraph 49 of IAS 39, which states: 'The fair value of a financial liability with a demand feature (e. g. a demand deposit) is not less than the amount payable on demand …' Accordingly, the cooperative entity classifies as financial liabilities the maximum amount payable on demand under the redemption provisions.   A8

On 1 January 20x1 the maximum amount payable under the redemption provisions is 20 000 shares at CU 10 each and accordingly the entity classifies CU 200 000 as financial liability and CU 800 000 as equity. However, on 1 January 20x2 because of the new issue of shares at CU 20, the maximum amount payable under the redemption provisions increases to 40 000 shares at CU 20 each. The issue of additional shares at CU 20 creates a new liability that is measured on initial recognition at fair value. The liability after these shares have been issued is 20 per cent of the total shares in issue (200 000), measured at CU 20, or CU 800 000. This requires recognition of an additional liability of CU 600 000. In this example no gain or loss is recognised. Accordingly the entity now classifies CU 800 000 as financial liabilities and CU 2 200 000 as equity. This example assumes these amounts are not changed between 1 January 20x1 and 31 December 20x2.   A9

IFRIC 2

Nach der Satzungsänderung

A10 Nach Änderung ihrer Satzung kann die Genossenschaft jetzt verpflichtet werden, maximal 25 Prozent ihrer umlaufenden Anteile (= 50 000 Anteile) zu je WE 20 zurückzunehmen. Entsprechend stuft die Genossenschaft am 1. Januar 20x3 WE 1 000 000 als finanzielle Verbindlichkeit ein. Dies entspricht dem Höchstbetrag, der gemäß den Rücknahmevorschriften und in Übereinstimmung mit Paragraph 49 des IAS 39 auf Sicht zahlbar ist. Sie bucht daher am 1. Januar 20x3 WE 200 000 vom Eigenkapital in die finanziellen Verbindlichkeiten um; WE 2 000 000 bleiben weiterhin als Eigenkapital klassifiziert. In diesem Beispiel werden bei der Umbuchung weder Gewinn noch Verlust erfasst.

Beispiel 4

Sachverhalt

A11 Das lokale Genossenschaftsgesetz oder die Satzung der Genossenschaft verbieten die Rücknahme von Geschäftsanteilen, wenn das eingezahlte Kapital aus Geschäftsanteilen dadurch unter die Grenze von 75 Prozent des Höchstbetrags des eingezahlten Kapitals aus Geschäftsanteilen fallen würde. Der Höchstbetrag für eine bestimmte Genossenschaft beträgt WE 1 000 000. Am Bilanzstichtag lag das eingezahlte Kapital bei WE 900 000.

Klassifizierung

A12 In diesem Fall würden WE 750 000 als Eigenkapital und WE 150 000 als finanzielle Verbindlichkeit klassifiziert werden. Zusätzlich zu den bereits zitierten Paragraphen heißt es in Paragraph 18 (b) des IAS 32 u. a.:
… Ein Finanzinstrument, das den Inhaber zur Rückgabe an den Emittenten gegen flüssige Mittel oder andere finanzielle Vermögenswerte berechtigt „kündbares Instrument"), stellt eine finanzielle Verbindlichkeit dar. Dies ist selbst dann der Fall, wenn der Betrag an flüssigen Mitteln oder anderen finanziellen Vermögenswerten auf der Grundlage eines Indexes oder einer anderen veränderlichen Bezugsgröße ermittelt wird oder wenn der Inhaber auf Grund der rechtlichen Gestaltung des kündbaren Finanzinstruments einen Residualanspruch an den Vermögenswerten des Emittenten hat. Wenn der Inhaber über das Wahlrecht verfügt, das Finanzinstrument gegen flüssige Mittel oder andere finanzielle Vermögenswerte an den Emittenten zurückzugeben, erfüllt das kündbare Finanzinstrument die Definition einer finanziellen Verbindlichkeit.

A13 Das in diesem Beispiel beschriebene Rücknahmeverbot unterscheidet sich von den Beschränkungen, die in den Paragraphen 19 und AG25 des IAS 32 geschildert werden. Diese Beschränkungen stellen eine Beeinträchtigung der Fähigkeit des Unternehmens dar, den fälligen Betrag einer finanziellen Verbindlichkeit zu begleichen, d. h. sie verhindern die Zahlung der Verbindlichkeit nur dann, wenn bestimmte Bedingungen erfüllt sind. Im Gegensatz dazu liegt in diesem Beispiel bei Erreichen einer festgelegten Grenze ein uneingeschränktes Rücknahmeverbot vor, das unabhängig von der Fähigkeit des Unternehmens besteht, die Geschäftsanteile zurückzunehmen (z. B. unter Berücksichtigung seiner Barreserven, Gewinne oder ausschüttungsfähigen Rücklagen). Tatsächlich wird das Unternehmen durch das Rücknahmeverbot daran gehindert, eine finanzielle, durch den Inhaber kündbare Verbindlichkeit einzugehen, die über eine bestimmte Höhe des eingezahlten Kapitals hinausgeht. Daher stellt der Teil der Anteile, der dem Rücknahmeverbot unterliegt, keine finanzielle Verbindlichkeit dar. Die einzelnen Geschäftsanteile können zwar, jeder für sich genommen, rücknahmepflichtig sein, jedoch ist bei einem Teil aller im Umlauf befindlichen Anteile eine Rücknahme nur bei einer Liquidation des Unternehmens möglich.

Beispiel 5

Sachverhalt

A14 Der Sachverhalt dieses Beispiels ist der gleiche wie in Beispiel 4. Zusätzlich darf das Unternehmen am Bilanzstichtag aufgrund von Liquiditätsvorschriften des lokalen Rechtskreises nur dann Geschäftsanteile zurücknehmen, wenn sein Bestand an flüssigen Mitteln und kurzfristigen Anlagen einen bestimmten Wert überschreitet. Diese Liquiditätsvorschriften am Bilanzstichtag haben zur Folge, dass das Unternehmen für die Rücknahme von Geschäftsanteilen nicht mehr als WE 50 000 aufwenden kann.

After the governing charter is amended

Following the change in its governing charter the cooperative entity can now be required to redeem a maximum of 25 per cent of its outstanding shares or a maximum of 50 000 shares at CU 20 each. Accordingly, on 1 January 20x3 the cooperative entity classifies as financial liabilities an amount of CU 1 000 000 being the maximum amount payable on demand under the redemption provisions, as determined in accordance with paragraph 49 of IAS 39. It therefore transfers on 1 January 20x3 from equity to financial liabilities an amount of CU 200 000, leaving CU 2 000 000 classified as equity. In this example the entity does not recognise a gain or loss on the transfer.   A10

Example 4

Facts

Local law governing the operations of cooperatives, or the terms of the entity's governing charter, prohibit an entity from redeeming members' shares if, by redeeming them, it would reduce paid-in capital from members' shares below 75 per cent of the highest amount of paid-in capital from members' shares. The highest amount for a particular cooperative is CU 1 000 000. At the balance sheet date the balance of paid-in capital is CU 900 000.   A11

Classification

In this case, CU 750 000 would be classified as equity and CU 150 000 would be classified as financial liabilities. In addition to the paragraphs already cited, paragraph 18 (b) of IAS 32 states in part: A12

> ... a financial instrument that gives the holder the right to put it back to the issuer for cash or another financial asset (a 'puttable instrument') is a financial liability. This is so even when the amount of cash or other financial assets is determined on the basis of an index or other item that has the potential to increase or decrease, or when the legal form of the puttable instrument gives the holder a right to a residual interest in the assets of an issuer. The existence of an option for the holder to put the instrument back to the issuer for cash or another financial asset means that the puttable instrument meets the definition of a financial liability.

The redemption prohibition described in this example is different from the restrictions described in paragraphs 19 and AG25 of IAS 32. Those restrictions are limitations on the ability of the entity to pay the amount due on a financial liability, i.e. they prevent payment of the liability only if specified conditions are met. In contrast, this example describes an unconditional prohibition on redemptions beyond a specified amount, regardless of the entity's ability to redeem members' shares (e.g. given its cash resources, profits or distributable reserves). In effect, the prohibition against redemption prevents the entity from incurring any financial liability to redeem more than a specified amount of paid-in capital. Therefore, the portion of shares subject to the redemption prohibition is not a financial liability. While each member's shares may be redeemable individually, a portion of the total shares outstanding is not redeemable in any circumstances other than liquidation of the entity.   A13

Example 5

Facts

The facts of this example are as stated in example 4. In addition, at the balance sheet date, liquidity requirements imposed in the local jurisdiction prevent the entity from redeeming any members' shares unless its holdings of cash and short-term investments are greater than a specified amount. The effect of these liquidity requirements at the balance sheet date is that the entity cannot pay more than CU 50 000 to redeem the members' shares.   A14

IFRIC 2

Klassifizierung

A15 Wie in Beispiel 4 klassifiziert das Unternehmen WE 750 000 als Eigenkapital und WE 150 000 als finanzielle Verbindlichkeit. Der Grund hierfür liegt darin, dass die Klassifizierung als Eigenkapital auf dem uneingeschränkten Recht des Unternehmens auf Ablehnung einer Rücknahme beruht und nicht auf bedingten Einschränkungen, die eine Rücknahme nur dann verhindern, wenn und solange Liquiditäts- oder andere Bedingungen nicht erfüllt sind. In diesem Fall finden die Bestimmungen der Paragraphen 19 und AG25 des IAS 32 Anwendung.

Beispiel 6

Sachverhalt

A16 Laut Satzung darf das Unternehmen Geschäftsanteile nur in der Höhe des Gegenwerts zurücknehmen, die in den letzten drei Jahren durch die Ausgabe zusätzlicher Geschäftsanteile an neue oder vorhandene Mitglieder erzielt wurden. Die Rücknahmeanträge von Mitgliedern müssen mit dem Erlös aus der Ausgabe von Geschäftsanteilen abgegolten werden. Während der drei letzten Jahre betrug der Erlös aus der Ausgabe von Geschäftsanteilen WE 12 000, und es wurden keine Geschäftsanteile zurückgenommen.

Klassifizierung

A17 Das Unternehmen klassifiziert WE 12 000 der Geschäftsanteile als finanzielle Verbindlichkeit. In Übereinstimmung mit den Schlussfolgerungen in Beispiel 4 stellen Geschäftsanteile, die einem uneingeschränkten Rücknahmeverbot unterliegen, keine finanziellen Verbindlichkeiten dar. Ein solches uneingeschränktes Verbot gilt für einen Betrag in Höhe des Erlöses aus der Ausgabe von Anteilen vor den vorhergehenden drei Jahren, weshalb dieser Betrag als Eigenkapital klassifiziert wird. Der Betrag in Höhe des Erlöses aus Anteilen, die in den vorhergehenden drei Jahren ausgegeben wurden, unterliegt jedoch keinem uneingeschränkten Rücknahmeverbot. Folglich entsteht durch die Ausgabe von Geschäftsanteilen in den vorhergehenden drei Jahren solange eine finanzielle Verbindlichkeit, bis diese Anteile nicht mehr kündbar sind. Das Unternehmen hat also eine finanzielle Verbindlichkeit in Höhe des Erlöses aus Anteilen, die in den vorhergehenden drei Jahren ausgegeben wurden, abzüglich etwaiger in diesem Zeitraum getätigter Rücknahmen.

Beispiel 7

Sachverhalt

A18 Das Unternehmen ist eine Genossenschaftsbank. Das lokale Gesetz, das die Tätigkeit von Genossenschaftsbanken regelt, schreibt vor, dass mindestens 50 Prozent der gesamten „offenen Verbindlichkeiten" des Unternehmens (die laut Definition im Gesetz auch die Konten mit Geschäftsanteilen umfassen) in Form von eingezahltem Kapital der Mitglieder vorliegen müssen. Diese Bestimmung hat zur Folge, dass eine Genossenschaft, bei der alle offenen Verbindlichkeiten in Form von Geschäftsanteilen vorliegen, sämtliche Anteile zurücknehmen kann. Am 31. Dezember 20x1 hat das Unternehmen offene Verbindlichkeiten von insgesamt WE 200 000, wovon WE 125 000 auf Konten mit Geschäftsanteilen entfallen. Gemäß den Vertragsbedingungen für Konten mit Geschäftsanteilen ist der Inhaber berechtigt, eine Rücknahme seiner Anteile zu verlangen, und die Satzung des Unternehmens enthält keine Rücknahmebeschränkungen.

Klassifizierung

A19 In diesem Beispiel werden die Geschäftsanteile als finanzielle Verbindlichkeiten klassifiziert. Das Rücknahmeverbot ist mit den Beschränkungen vergleichbar, die in den Paragraphen 19 und AG25 des IAS 32 beschrieben werden. Diese Beschränkung stellt eine bedingte Beeinträchtigung der Fähigkeit des Unternehmens dar, den fälligen Betrag einer finanziellen Verbindlichkeit zu begleichen, d. h. sie verhindert die Zahlung der Verbindlichkeit nur dann, wenn bestimmte Bedingungen erfüllt sind. Im konkreten Fall könnte das Unternehmen verpflichtet sein, den gesamten Betrag der Geschäftsanteile (WE 125 000) zurückzunehmen, wenn es alle anderen Verbindlichkeiten (WE 75 000) zurückgezahlt hätte. Folglich wird das Unternehmen durch das Rück-

IFRIC 2

Classification

As in example 4, the entity classifies CU 750 000 as equity and CU 150 000 as a financial liability. This is because the amount classified as a liability is based on the entity's unconditional right to refuse redemption and not on conditional restrictions that prevent redemption only if liquidity or other conditions are not met and then only until such time as they are met. The provisions of paragraphs 19 and AG25 of IAS 32 apply in this case. A15

Example 6

Facts

The entity's governing charter prohibits it from redeeming members' shares, except to the extent of proceeds received from the issue of additional members' shares to new or existing members during the preceding three years. Proceeds from issuing members' shares must be applied to redeem shares for which members have requested redemption. During the three preceding years, the proceeds from issuing members' shares have been CU 12 000 and no member's shares have been redeemed. A16

Classification

The entity classifies CU 12 000 of the members' shares as financial liabilities. Consistently with the conclusions described in example 4, members' shares subject to an unconditional prohibition against redemption are not financial liabilities. Such an unconditional prohibition applies to an amount equal to the proceeds of shares issued before the preceding three years, and accordingly, this amount is classified as equity. However, an amount equal to the proceeds from any shares issued in the preceding three years is not subject to an unconditional prohibition on redemption. Accordingly, proceeds from the issue of members' shares in the preceding three years give rise to financial liabilities until they are no longer available for redemption of members' shares. As a result the entity has a financial liability equal to the proceeds of shares issued during the three preceding years, net of any redemptions during that period. A17

Example 7

Facts

The entity is a cooperative bank. Local law governing the operations of cooperative banks state that at least 50 per cent of the entity's total 'outstanding liabilities' (a term defined in the regulations to include members' share accounts) has to be in the form of members' paid-in capital. The effect of the regulation is that if all of a cooperative's outstanding liabilities are in the form of members' shares, it is able to redeem them all. On 31 December 20x1 the entity has total outstanding liabilities of CU 200 000, of which CU 125 000 represent members' share accounts. The terms of the members' share accounts permit the holder to redeem them on demand and there are no limitations on redemption in the entity's charter. A18

Classification

In this example members' shares are classified as financial liabilities. The redemption prohibition is similar to the restrictions described in paragraphs 19 and AG25 of IAS 32. The restriction is a conditional limitation on the ability of the entity to pay the amount due on a financial liability, i. e. they prevent payment of the liability only if specified conditions are met. More specifically, the entity could be required to redeem the entire amount of members' shares (CU 125 000) if it repaid all of its other liabilities (CU 75 000). Consequently, the prohibition A19

IFRIC 2

nahmeverbot nicht daran gehindert, eine finanzielle Verbindlichkeit für die Rücknahme von Anteilen einzugehen, die über eine bestimmte Anzahl von Geschäftsanteilen oder einen bestimmten Betrag des eingezahlten Kapitals hinausgeht. Es bietet dem Unternehmen nur die Möglichkeit, eine Rücknahme aufzuschieben, bis die Bedingung – in diesem Fall die Rückzahlung anderer Verbindlichkeiten – erfüllt ist. Die Geschäftsanteile unterliegen in diesem Beispiel keinem uneingeschränkten Rücknahmeverbot und sind daher als finanzielle Verbindlichkeiten einzustufen.

against redemption does not prevent the entity from incurring a financial liability to redeem more than a specified number of members' shares or amount of paid-in capital. It allows the entity only to defer redemption until a condition is met, i. e. the repayment of other liabilities. Members' shares in this example are not subject to an unconditional prohibition against redemption and are therefore classified as financial liabilities.

IFRIC Interpretation 4

Feststellung, ob eine Vereinbarung ein Leasingverhältnis enthält

VERWEISE

IAS 8   Bilanzierungs- und Bewertungsmethoden, Änderungen von Schätzungen und Fehler

IAS 16 Sachanlagen (überarbeitet 2003)

IAS 17 Leasingverhältnisse (überarbeitet 2003)

IAS 38 Immaterielle Vermögenswerte (überarbeitet 2004)

HINTERGRUND

1   Ein Unternehmen kann eine Vereinbarung abschließen, die eine Transaktion oder mehrere miteinander verbundene Transaktionen enthält, die nicht in die rechtliche Form eines Leasingverhältnisses gekleidet ist, die jedoch gegen eine Zahlung oder eine Reihe von Zahlungen das Recht auf Nutzung eines Vermögenswertes (z. B. einer Sachanlage) überträgt. Zu den Beispielen von Vereinbarungen, bei denen ein Unternehmen (der Lieferant) einem anderen Unternehmen (dem Käufer) ein derartiges Recht auf Nutzung eines Vermögenswertes übertragen kann, häufig in Verbindung mit Dienstleistungen, gehören:
    – Outsourcingvereinbarungen (z. B. das Auslagern der Datenverarbeitungsprozesse eines Unternehmens).
    – Vereinbarungen in der Telekommunikationsbranche, in denen Anbieter von Netzkapazitäten Verträge abschließen, um Erwerbern Kapazitätsrechte einzuräumen.
    – Take-or-pay- und ähnliche Verträge, die die Käufer zu bestimmten Zahlungen verpflichten ungeachtet dessen, ob sie die vertraglich festgelegten Produkte abnehmen bzw. Dienstleistungen in Anspruch nehmen oder nicht (z. B. ein Take-or-pay-Vertrag bezüglich der Übernahme der weitgehend gesamten Produktion eines Stromversorgers).

2   Diese Interpretation dient als Leitlinie zur Ermittlung, ob solche Vereinbarungen Leasingverhältnisse sind oder enthalten, die gemäß IAS 17 zu bilanzieren sind. Es wird jedoch keine Leitlinie für die Bestimmung gegeben, wie ein solches Leasingverhältnis nach jenem Standard zu klassifizieren ist.

3   Der einem Leasingverhältnis zugrunde liegende Vermögenswert kann Teil eines umfassenderen Vermögenswertes sein. Diese Interpretation befasst sich nicht damit, wie zu bestimmen ist, wann ein Teil eines umfassenderen Vermögenswertes selbst der zugrunde liegende Vermögenswert ist, auf den IAS 17 anzuwenden ist. Dennoch fallen Vereinbarungen, denen ein Vermögenswert zugrunde liegt, der einen Posten gemäß IAS 16 oder gemäß IAS 38 darstellt, in den Anwendungsbereich dieser Interpretation.

ANWENDUNGSBEREICH

4   Diese Interpretation gilt nicht für Vereinbarungen, die Leasingverhältnisse sind oder enthalten, welche vom Anwendungsbereich von IAS 17 ausgeschlossen sind.

FRAGESTELLUNG

5   Folgende Fragestellungen werden in dieser Interpretation behandelt:
    (a) wie festgestellt werden kann, ob eine Vereinbarung ein in IAS 17 beschriebenes Leasingverhältnis ist oder enthält,
    (b) wann die Einschätzung oder eine Neueinschätzung darüber vorzunehmen ist, ob eine Vereinbarung ein Leasingverhältnis ist oder enthält, und
    (c) wenn eine Vereinbarung ein Leasingverhältnis ist oder enthält, wie die Leasingzahlungen von Zahlungen für alle anderen Komponenten der Vereinbarung abzutrennen sind.

IFRIC Interpretation 4

Determining whether an arrangement contains a lease

REFERENCES

IAS 8   *Accounting Policies, Changes in Accounting Estimates and Errors*

IAS 16   *Property, Plant and Equipment* (as revised in 2003)

IAS 17   *Leases* (as revised in 2003)

IAS 38   *Intangible assets* (as revised in 2004)

BACKGROUND

1. An entity may enter into an arrangement, comprising a transaction or a series of related transactions, that does not take the legal form of a lease but conveys a right to use an asset (e.g. an item of property, plant or equipment) in return for a payment or series of payments. Examples of arrangements in which one entity (the supplier) may convey such a right to use an asset to another entity (the purchaser), often together with related services, include:
   – outsourcing arrangements (e.g. the outsourcing of the data processing functions of an entity).
   – arrangements in the telecommunications industry, in which suppliers of network capacity enter into contracts to provide purchasers with rights to capacity.
   – take-or-pay and similar contracts, in which purchasers must make specified payments regardless of whether they take delivery of the contracted products or services (e.g. a take-or-pay contract to acquire substantially all of the output of a supplier's power generator).

2. This Interpretation provides guidance for determining whether such arrangements are, or contain, leases that should be accounted for in accordance with IAS 17. It does not provide guidance for determining how such a lease should be classified under that Standard.

3. In some arrangements, the underlying asset that is the subject of the lease is a portion of a larger asset. This Interpretation does not address how to determine when a portion of a larger asset is itself the underlying asset for the purposes of applying IAS 17. Nevertheless, arrangements in which the underlying asset would represent a unit of account in either IAS 16 or IAS 38 are within the scope of this Interpretation.

SCOPE

4. This Interpretation does not apply to arrangements that are, or contain, leases excluded from the scope of IAS 17.

ISSUES

5. The issues addressed in this Interpretation are:
   (a) how to determine whether an arrangement is, or contains, a lease as defined in IAS 17;
   (b) when the assessment or a reassessment of whether an arrangement is, or contains, a lease should be made; and
   (c) if an arrangement is, or contains, a lease, how the payments for the lease should be separated from payments for any other elements in the arrangement.

IFRIC 4

BESCHLUSS

Feststellung, ob eine Vereinbarung ein Leasingverhältnis ist oder enthält

6   Die Feststellung, ob eine Vereinbarung ein Leasingverhältnis ist oder enthält, hat auf der Grundlage des wirtschaftlichen Gehalts der Vereinbarung zu erfolgen und verlangt eine Einschätzung, ob:
    (a) die Erfüllung der Vereinbarung von der Nutzung eines bestimmten Vermögenswertes oder bestimmter Vermögenswerte (der Vermögenswert) abhängt, und
    (b) die Vereinbarung ein Recht auf Nutzung des Vermögenswertes überträgt.

Die Erfüllung der Vereinbarung hängt von der Nutzung eines bestimmten Vermögenswertes ab

7   Auch wenn in einer Vereinbarung ein bestimmter Vermögenswert explizit identifiziert werden kann, handelt es sich hierbei nicht um ein Leasingverhältnis, wenn die Erfüllung der Vereinbarung nicht von der Nutzung dieses bestimmten Vermögenswertes abhängt. Wenn der Lieferant beispielsweise verpflichtet ist, eine bestimmte Menge an Waren zu liefern bzw. Dienstleistungen zu erbringen und das Recht und die Möglichkeit hat, diese Waren bzw. Dienstleistungen unter Nutzung anderer nicht in der Vereinbarung spezifizierter Vermögenswerte bereitzustellen, dann hängt die Erfüllung der Vereinbarung nicht von dem bestimmten Vermögenswert ab, und die Vereinbarung enthält kein Leasingverhältnis. Eine Gewährleistungsverpflichtung, die den Ersatz gleicher oder ähnlicher Vermögenswerte zulässt oder verlangt, wenn der bestimmte Vermögenswert nicht richtig funktioniert, schließt eine Behandlung als Leasingverhältnis nicht aus. Außerdem schließt eine vertragliche Bestimmung (bedingt oder nicht), durch die der Lieferant aus irgendeinem Grund an oder nach einem bestimmten Zeitpunkt andere Vermögenswerte ersetzen darf oder muss, die Behandlung als Leasingverhältnis vor dem Austauschzeitpunkt nicht aus.

8   Ein Vermögenswert wurde stillschweigend spezifiziert, wenn der Lieferant zur Erfüllung seiner Verpflichtung beispielsweise nur einen Vermögenswert besitzt oder least und es für den Lieferanten nicht wirtschaftlich durchführbar oder praktikabel ist, seine Verpflichtung durch den Einsatz alternativer Vermögenswerte zu erfüllen.

Die Vereinbarung überträgt ein Recht auf Nutzung des Vermögenswertes

9   Eine Vereinbarung überträgt das Recht auf Nutzung des Vermögenswertes, wenn die Vereinbarung dem Käufer (Leasingnehmer) das Recht überträgt, die Verwendung des zugrunde liegenden Vermögenswertes zu kontrollieren. Das Recht, die Verwendung eines zugrunde liegenden Vermögenswertes zu kontrollieren, wird übertragen, wenn eine der nachstehenden Bedingungen erfüllt wird:
    (a) Der Käufer hat die Fähigkeit oder das Recht, den Vermögenswert zu betreiben oder andere anzuweisen, den Vermögenswert in einer von ihm festgelegten Art zu betreiben, wobei er mehr als nur einen geringfügigen Betrag des Ausstoßes oder Nutzens des Vermögenswertes erhält oder kontrolliert.
    (b) Der Käufer hat die Fähigkeit oder das Recht, den effektiven Zugang zu dem zugrunde liegenden Vermögenswert zu bestimmen, während er mehr als einen geringfügigen Betrag des Ausstoßes oder Nutzens des Vermögenswertes erhält oder kontrolliert.
    (c) Tatsachen und Umstände weisen auf die Unwahrscheinlichkeit hin, dass außer dem Käufer eine oder mehrere Parteien einen mehr als geringfügigen Betrag des Ausstoßes oder Nutzens, die der Vermögenswert in dem Zeitraum der Vereinbarung produziert oder erzeugt, übernehmen wird und der Preis, den der Käufer für das Ergebnis zahlen wird, weder vertraglich pro Produktionseinheit festgelegt wird noch dem aktuellen Marktpreis je Einheit des Ergebnisses zum Zeitpunkt der Lieferung des Ergebnisses entspricht.

Einschätzung oder Neueinschätzung, ob eine Vereinbarung ein Leasingverhältnis ist oder enthält

10 Die Einschätzung, ob eine Vereinbarung ein Leasingverhältnis enthält, ist auf der Grundlage aller Tatsachen und Umstände bei Abschluss der Vereinbarung vorzunehmen, d. h. dem früheren der beiden folgenden Zeitpunkte: dem Tag der Vereinbarung oder dem Tag, an dem sich die Vertragsparteien über die wesentlichen Bestimmungen der Vereinbarung geeinigt haben. Eine Neueinschätzung, ob eine Vereinbarung nach Vertragsbeginn ein Leasingverhältnis enthält, ist nur dann vorzunehmen, wenn eine der folgenden Bedingungen erfüllt ist:
    (a) Es erfolgt eine Änderung der Vertragsbedingungen, sofern sich die Änderung nicht nur auf eine Erneuerung oder Verlängerung der Vereinbarung bezieht.

IFRIC 4

CONSENSUS

Determining whether an arrangement is, or contains, a lease

6 Determining whether an arrangement is, or contains, a lease shall be based on the substance of the arrangement and requires an assessment of whether:
(a) fulfilment of the arrangement is dependent on the use of a specific asset or assets (the asset); and
(b) the arrangement conveys a right to use the asset.

Fulfilment of the arrangement is dependent on the use of a specific asset

7 Although a specific asset may be explicitly identified in an arrangement, it is not the subject of a lease if fulfilment of the arrangement is not dependent on the use of the specified asset. For example, if the supplier is obliged to deliver a specified quantity of goods or services and has the right and ability to provide those goods or services using other assets not specified in the arrangement, then fulfilment of the arrangement is not dependent on the specified asset and the arrangement does not contain a lease. A warranty obligation that permits or requires the substitution of the same or similar assets when the specified asset is not operating properly does not preclude lease treatment. In addition, a contractual provision (contingent or otherwise) permitting or requiring the supplier to substitute other assets for any reason on or after a specified date does not preclude lease treatment before the date of substitution.

8 An asset has been implicitly specified if, for example, the supplier owns or leases only one asset with which to fulfil the obligation and it is not economically feasible or practicable for the supplier to perform its obligation through the use of alternative assets.

Arrangement conveys a right to use the asset

9 An arrangement conveys the right to use the asset if the arrangement conveys to the purchaser (lessee) the right to control the use of the underlying asset. The right to control the use of the underlying asset is conveyed if any one of the following conditions is met:
(a) The purchaser has the ability or right to operate the asset or direct others to operate the asset in a manner it determines while obtaining or controlling more than an insignificant amount of the output or other utility of the asset.
(b) The purchaser has the ability or right to control physical access to the underlying asset while obtaining or controlling more than an insignificant amount of the output or other utility of the asset.
(c) Facts and circumstances indicate that it is remote that one or more parties other than the purchaser will take more than an insignificant amount of the output or other utility that will be produced or generated by the asset during the term of the arrangement, and the price that the purchaser will pay for the output is neither contractually fixed per unit of output nor equal to the current market price per unit of output as of the time of delivery of the output.

Assessing or reassessing whether an arrangement is, or contains, a lease

10 The assessment of whether an arrangement contains a lease shall be made at the inception of the arrangement, being the earlier of the date of the arrangement and the date of commitment by the parties to the principal terms of the arrangement, on the basis of all of the facts and circumstances. A reassessment of whether the arrangement contains a lease after the inception of the arrangement shall be made only if any one of the following conditions is met:
(a) there is a change in the contractual terms, unless the change only renews or extends the arrangement;

(b) Die Vertragsparteien üben eine Erneuerungsoption aus oder vereinbaren eine Verlängerung, sofern die Erneuerungs- oder Verlängerungsbestimmungen nicht ursprünglich in der Laufzeit des Leasingverhältnisses gemäß Paragraph 4 von IAS 17 enthalten sind. Eine Erneuerung oder Verlängerung der Vereinbarung, die keine Änderung einer der Bestimmungen der ursprünglichen Vereinbarung vor Ende von deren Laufzeit enthält, ist nur nach den Paragraphen 6–9 hinsichtlich der Erneuerungs- oder Verlängerungsperiode zu bewerten.

(c) Es erfolgt eine Änderung der Feststellung, ob die Erfüllung von einem bestimmten Vermögenswert abhängt.

(d) Es erfolgt eine wesentliche Änderung am Vermögenswert, z. B. eine erhebliche physische Änderung der Sachanlage.

11 Eine Neueinschätzung einer Vereinbarung hat auf der Grundlage von Tatsachen und Umständen, die über die Restlaufzeit der Vereinbarung zum Zeitpunkt der Neueinschätzung erwartet werden, zu erfolgen. Änderungen der Schätzwerte (z. B. der geschätzte Betrag des an den Käufer oder an andere potenzielle Käufer zu liefernden Ausstoßes) würden keine Neueinschätzung verursachen. Wenn eine Vereinbarung neu eingeschätzt und dabei festgestellt wird, dass sie ein Leasingverhältnis enthält (oder kein Leasingverhältnis enthält), ist die Rechnungslegung für Leasingverhältnisse anzuwenden (oder nicht mehr anzuwenden):

(a) im Fall von Buchstaben a, c oder d in Paragraph 10 ab dem Zeitpunkt, zu dem die Änderung der Umstände eintritt, die eine Neueinschätzung hervorrufen;

(b) im Fall von Buchstabe b in Paragraph 10 ab dem Beginn der Erneuerungs- oder Verlängerungsperiode.

Abtrennung der Leasingzahlungen von anderen Zahlungen

12 Wenn eine Vereinbarung ein Leasingverhältnis enthält, haben die Vertragsparteien die Bestimmungen von IAS 17 auf die Leasingkomponente der Vereinbarung anzuwenden, es sei denn, es liegt gemäß Paragraph 2 von IAS 17 eine Ausnahme von diesen Bestimmungen vor. Wenn eine Vereinbarung ein Leasingverhältnis enthält, ist dieses Leasingverhältnis dementsprechend als ein Finanzierungs- oder ein Operating-Leasingverhältnis in Übereinstimmung mit den Paragraphen 7–19 von IAS 17 zu klassifizieren. Andere Bestandteile der Vereinbarung, die nicht in den Anwendungsbereich von IAS 17 fallen, sind nach anderen Standards zu bilanzieren.

13 Hinsichtlich der Anwendung der Bestimmungen von IAS 17 sind die von der Vereinbarung geforderten Zahlungen und anderen Gegenleistungen von Beginn der Vereinbarung an oder bei deren Neueinschätzung in diejenigen für das Leasingverhältnis und diejenigen für andere Posten auf Grundlage ihrer relativen beizulegenden Zeitwerte zu trennen. Die in Paragraph 4 von IAS 17 beschriebenen Mindestleasingzahlungen beinhalten nur Zahlungen für Leasingverhältnisse (d. h. das Recht auf Nutzung des Vermögenswertes) und schließen Zahlungen für andere Bestandteile dieser Vereinbarung aus (z. B. für Dienstleistungen und Kosten des Ressourceneinsatzes).

14 In manchen Fällen wird vom Käufer die Anwendung eines Schätzverfahrens für die Trennung der Leasingzahlungen von den Zahlungen für andere Bestandteile der Vereinbarung verlangt. Ein Käufer kann beispielsweise die Leasingzahlungen schätzen, indem er sich auf eine Leasingvereinbarung für einen vergleichbaren Vermögenswert bezieht, die keine anderen Bestandteile enthält, oder indem er die Zahlungen für die anderen Bestandteile der Vereinbarung schätzt, wobei er sich auf vergleichbare Vereinbarungen bezieht und dann diese Zahlungen von der Gesamtsumme der gemäß der Vereinbarung zu leistenden Zahlungen abzieht.

15 Wenn ein Käufer zu dem Ergebnis gelangt, dass es praktisch unmöglich ist, die Zahlungen verlässlich zu trennen, so hat er:

(a) im Fall eines Finanzierungsleasings einen Vermögenswert und eine Schuld zu einem dem beizulegenden Zeitwert des zugrunde liegenden Vermögenswertes, der in den Paragraphen 7 und 8 als Gegenstand des Leasingverhältnisses identifiziert wurde, entsprechenden Betrag anzusetzen. Die Schuld ist anschließend unter Anwendung des Grenzfremdkapitalzinssatzes des Käufers zu reduzieren, wenn Zahlungen erfolgt sind und die auf die Schuld angerechneten Finanzierungskosten erfasst wurden.[1]

(b) im Fall eines Operating-Leasingverhältnisses alle Zahlungen bezüglich dieser Vereinbarung als Leasingzahlungen zu behandeln, um die Angabepflichten von IAS 17 zu erfüllen, jedoch

(i) jene Zahlungen von den Mindestleasingzahlungen anderer Vereinbarungen, die keine Zahlungen für nicht zu einem Leasingverhltnis gehörende Posten beinhalten, getrennt anzugeben und

(ii) zu erklären, dass die angegebenen Zahlungen auch Zahlungen für nicht zum Leasingverhältnis gehörende Bestandteile der Vereinbarung beinhalten.

---

[1] D. h. der in Paragraph 4 von IAS 17 beschriebene Grenzfremdkapitalzinssatz des Leasingnehmers.

(b) a renewal option is exercised or an extension is agreed to by the parties to the arrangement, unless the term of the renewal or extension had initially been included in the lease term in accordance with paragraph 4 of IAS 17. A renewal or extension of the arrangement that does not include modification of any of the terms in the original arrangement before the end of the term of the original arrangement shall be evaluated under paragraphs 6–9 only with respect to the renewal or extension period;
(c) there is a change in the determination of whether fulfilment is dependent on a specified asset;
(d) there is a substantial change to the asset, for example a substantial physical change to property, plant or equipment.

A reassessment of an arrangement shall be based on the facts and circumstances as of the date of reassessment, including the remaining term of the arrangement. Changes in estimate (for example, the estimated amount of output to be delivered to the purchaser or other potential purchasers) would not trigger a reassessment. If an arrangement is reassessed and is determined to contain a lease (or not to contain a lease), lease accounting shall be applied (or cease to apply) from: 11
(a) in the case of (a), (c) or (d) in paragraph 10, when the change in circumstances giving rise to the reassessment occurs;
(b) in the case of (b) in paragraph 10, the inception of the renewal or extension period.

Separating payments for the lease from other payments

If an arrangement contains a lease, the parties to the arrangement shall apply the requirements of IAS 17 to the lease element of the arrangement, unless exempted from those requirements in accordance with paragraph 2 of IAS 17. Accordingly, if an arrangement contains a lease, that lease shall be classified as a finance lease or an operating lease in accordance with paragraphs 6 to 19 of IAS 17. Other elements of the arrangement not within the scope of IAS 17 shall be accounted for in accordance with other Standards. 12

For the purpose of applying the requirements of IAS 17, payments and other consideration required by the arrangement shall be separated at the inception of the arrangement or upon a reassessment of the arrangement into those for the lease and those for other elements on the basis of their relative fair values. The minimum lease payments as defined in paragraph 4 of IAS 17 include only payments for the lease (i. e. the right to use the asset) and exclude payments for other elements in the arrangement (e. g. for services and the cost of inputs). 13

In some cases, separating the payments for the lease from payments for other elements in the arrangement will require the purchaser to use an estimation technique. For example, a purchaser may estimate the lease payments by reference to a lease agreement for a comparable asset that contains no other elements, or by estimating the payments for the other elements in the arrangement by reference to comparable agreements and then deducting these payments from the total payments under the arrangement. 14

If a purchaser concludes that it is impracticable to separate the payments reliably, it shall: 15
(a) in the case of a finance lease, recognise an asset and a liability at an amount equal to the fair value of the underlying asset that was identified in paragraphs 7 and 8 as the subject of the lease. Subsequently the liability shall be reduced as payments are made and an imputed finance charge on the liability recognised using the purchaser's incremental borrowing rate of interest[1];
(b) in the case of an operating lease, treat all payments under the arrangement as lease payments for the purposes of complying with the disclosure requirements of IAS 17, but:
  (i) disclose those payments separately from minimum lease payments of other arrangements that do not include payments for non-lease elements, and
  (ii) state that the disclosed payments also include payments for non-lease elements in the arrangement.

---

1 I.e. the lessee's incremental borrowing rate of interest as defined in paragraph 4 of IAS 17.

IFRIC 4

ZEITPUNKT DES INKRAFTTRETENS

16 Diese Interpretation ist erstmals in der ersten Berichtsperiode eines am 1. Januar 2006 oder danach beginnenden Geschäftsjahres anzuwenden. Eine frühere Anwendung wird empfohlen. Wenn ein Unternehmen diese Interpretation für Berichtsperioden anwendet, die vor dem 1. Januar 2006 beginnen, so ist diese Tatsache anzugeben.

ÜBERGANGSVORSCHRIFTEN

17 IAS 8 führt aus, wie ein Unternehmen eine Änderung der Bilanzierungs- und Bewertungsmethoden anwendet, die aus der erstmaligen Anwendung einer Interpretation resultiert. Wenn ein Unternehmen diese Interpretation erstmals anwendet, muss es diese Anforderungen nicht erfüllen. Wenn ein Unternehmen diese Ausnahme nutzt, so sind die Paragraphen 6–9 der Interpretation auf Vereinbarungen anzuwenden, die zu Beginn der frühesten Periode bestehen, in der Vergleichszahlen gemäß IFRS aufgrund der zu Beginn dieser Periode bestehenden Tatsachen und Umstände dargelegt werden.

EFFECTIVE DATE

An entity shall apply this interpretation for annual periods beginning on or after 1 January 2006. Earlier application is encouraged. If an entity applies this interpretation for a period beginning before 1 January 2006, it shall disclose that fact.

16

TRANSITION

IAS 8 specifies how an entity applies a change in accounting policy resulting from the initial application of an interpretation. An entity is not required to comply with those requirements when first applying this interpretation. If an entity uses this exemption, it shall apply paragraphs 6 to 9 of the interpretation to arrangements existing at the start of the earliest period for which comparative information under IFRSs is presented on the basis of facts and circumstances existing at the start of that period.

17

IFRIC Interpretation 5

Rechte auf Anteile an Fonds für Entsorgung, Wiederherstellung und Umweltsanierung

VERWEISE

IAS 8   *Bilanzierungs- und Bewertungsmethoden, Änderungen von Schätzungen und Fehler*

IAS 27   *Konzern- und separate Einzelabschlüsse nach IFRS*

IAS 28   *Anteile an assoziierten Unternehmen*

IAS 31   *Anteile an Joint Ventures*

IAS 37   *Rückstellungen, Eventualschulden und Eventualforderungen*

IAS 39   *Finanzinstrumente: Ansatz und Bewertung* (überarbeitet 2003)

SIC-12   *Konsolidierung – Zweckgesellschaften* (überarbeitet 2004)

HINTERGRUND

1   Fonds für Entsorgung, Wiederherstellung und Umweltsanierung, nachstehend als „Entsorgungsfonds" oder „Fonds" bezeichnet, dienen zur Trennung von Vermögenswerten, die für die Finanzierung eines Teils oder aller Kosten bestimmt sind, die bei der Entsorgung von Anlagen (z. B. eines Kernkraftwerks) oder gewisser Sachanlagen (z. B. Autos) oder der Umweltsanierung (z. B. Bereinigung von Gewässerverschmutzung oder Rekultivierung von Bergbaugeländen) anfallen, zusammen als „Entsorgung" bezeichnet.

2   Beiträge zu diesen Fonds können auf freiwilliger Basis beruhen oder durch eine Verordnung bzw. gesetzlich vorgeschrieben sein. Die Fonds können eine der folgenden Strukturen aufweisen:
(a) von einem einzelnen Teilnehmer eingerichtete Fonds zur Finanzierung seiner eigenen Entsorgungsverpflichtungen, sei es für einen bestimmten oder für mehrere, geografisch verteilte Orte;
(b) von mehreren Teilnehmern eingerichtete Fonds zur Finanzierung ihrer individuellen oder gemeinsamen Entsorgungsverpflichtungen, wobei die Teilnehmer einen Anspruch auf Erstattung der Entsorgungsaufwendungen bis zur Höhe ihrer Beiträge und der angefallenen Erträge aus diesen Beiträgen abzüglich ihres Anteils an den Verwaltungskosten des Fonds haben. Die Teilnehmer unterliegen eventuell der Pflicht, zusätzliche Beiträge zu leisten, beispielsweise im Fall der Insolvenz eines Teilnehmers;
(c) von mehreren Teilnehmern eingerichtete Fonds zur Finanzierung ihrer individuellen oder gemeinsamen Entsorgungsverpflichtungen, wobei das erforderliche Beitragsniveau auf der derzeitigen Tätigkeit eines Teilnehmers basiert und der von diesem Teilnehmer erzielte Nutzen auf seiner vergangenen Tätigkeit beruht. In diesen Fällen besteht eine potenzielle Inkongruenz bezüglich der Höhe der von einem Teilnehmer geleisteten Beiträge (auf Grundlage der derzeitigen Tätigkeit) und des aus dem Fonds realisierbaren Wertes (auf Grundlage der vergangenen Tätigkeit).

3   Im Allgemeinen haben diese Fonds folgende Merkmale:
(a) Der Fonds wird von unabhängigen Treuhändern gesondert verwaltet.
(b) Unternehmen (Teilnehmer) leisten Beiträge an den Fonds, die in verschiedene Vermögenswerte, die sowohl Anlagen in Schuld- als auch in Beteiligungstitel umfassen können, investiert werden und die den Teilnehmern für die Leistung ihrer Entsorgungsaufwendungen zur Verfügung stehen. Die Treuhänder bestimmen, wie die Beiträge im Rahmen der in der maßgebenden Satzung des Fonds dargelegten Beschränkungen und in Übereinstimmung mit den anzuwendenden Gesetzen oder anderen Vorschriften investiert werden.
(c) Die Teilnehmer übernehmen die Verpflichtung, Entsorgungsaufwendungen zu leisten. Die Teilnehmer können jedoch eine Erstattung des Entsorgungsaufwands aus dem Fonds bis zu dem niedrigeren Wert aus dem Entsorgungsaufwand und dem Anteil des Teilnehmers an den Vermögenswerten des Fonds erhalten.
(d) Die Teilnehmer können einen begrenzten oder keinen Zugriff auf einen Überschuss der Vermögenswerte des Fonds über diejenigen haben, die zum Ausgleich des in Frage kommenden Entsorgungsaufwands gebraucht werden.

IFRIC Interpretation 5

Rights to Interests arising from decommissioning, restoration and environmental rehabilitation funds

REFERENCES

IAS 8   *Accounting policies, changes in accounting estimates and errors*

IAS 27   *Consolidated and separate financial statements*

IAS 28   *Investments in associates*

IAS 31   *Interests in joint ventures*

IAS 37   *Provisions, contingent liabilities and contingent assets*

IAS 39   *Financial instruments: recognition and measurement* (as revised in 2003)

SIC-12   *Consolidation—Special purpose entities* (as revised in 2004)

BACKGROUND

The purpose of decommissioning, restoration and environmental rehabilitation funds, hereafter referred to as 'decommissioning funds' or 'funds', is to segregate assets to fund some or all of the costs of decommissioning plant (such as a nuclear plant) or certain equipment (such as cars), or in undertaking environmental rehabilitation (such as rectifying pollution of water or restoring mined land), together referred to as 'decommissioning'. 1

Contributions to these funds may be voluntary or required by regulation or law. The funds may have one of the following structures: 2
(a) funds that are established by a single contributor to fund its own decommissioning obligations, whether for a particular site, or for a number of geographically dispersed sites;
(b) funds that are established with multiple contributors to fund their individual or joint decommissioning obligations, when contributors are entitled to reimbursement for decommissioning expenses to the extent of their contributions plus any actual earnings on those contributions less their share of the costs of administering the fund. Contributors may have an obligation to make additional contributions, for example, in the event of the bankruptcy of another contributor;
(c) funds that are established with multiple contributors to fund their individual or joint decommissioning obligations when the required level of contributions is based on the current activity of a contributor-and the benefit obtained by that contributor is based on its past activity. In such cases there is a potential mismatch in the amount of contributions made by a contributor (based on current activity) and the value realisable from the fund (based on past activity).

Such funds generally have the following features: 3
(a) the fund is separately administered by independent trustees;
(b) entities (contributors) make contributions to the fund, which are invested in a range of assets that may include both debt and equity investments, and are available to help pay the contributors' decommissioning costs. The trustees determine how contributions are invested, within the constraints set by the fund's governing documents and any applicable legislation or other regulations;
(c) the contributors retain the obligation to pay decommissioning costs. However, contributors are able to obtain reimbursement of decommissioning costs from the fund up to the lower of the decommissioning costs incurred and the contributor's share of assets of the fund;
(d) the contributors may have restricted access or no access to any surplus of assets of the fund over those used to meet eligible decommissioning costs.

IFRIC 5

ANWENDUNGSBEREICH

4   Diese Interpretation ist in Abschlüssen eines Teilnehmers für die Bilanzierung von Anteilen an Entsorgungsfonds anzuwenden, welche die beiden folgenden Merkmale aufweisen:
    (a) Die Vermögenswerte werden gesondert verwaltet (indem sie entweder in einer getrennten juristischen Einheit oder als getrennte Vermögenswerte in einem anderen Unternehmen gehalten werden), und
    (b) das Zugriffsrecht eines Teilnehmers auf die Vermögenswerte ist begrenzt.

5   Ein Residualanspruch an einem Fonds, der sich über einen Erstattungsanspruch hinaus erstreckt, wie beispielsweise ein vertragliches Recht auf Ausschüttung nach Durchführung aller Entsorgungen oder auf Auflösung des Fonds, kann als ein Eigenkapitalinstrument in den Anwendungsbereich von IAS 39 fallen und unterliegt nicht dem Anwendungsbereich dieser Interpretation.

FRAGESTELLUNG

6   Folgende Fragen werden in dieser Interpretation behandelt:
    (a) Wie hat ein Teilnehmer seinen Anteil an einem Fonds zu bilanzieren?
    (b) Falls ein Teilnehmer verpflichtet ist, zusätzliche Beiträge zu leisten, beispielsweise im Falle der Insolvenz eines anderen Teilnehmers, wie ist diese Verpflichtung zu bilanzieren?

BESCHLUSS

Bilanzierung eines Anteils an einem Fonds

7   Der Teilnehmer hat seine Verpflichtung, den Entsorgungsaufwand zu leisten, als Rückstellung und seinen Anteil an dem Fonds getrennt anzusetzen, es sei denn, der Teilnehmer haftet nicht für die Zahlung des Entsorgungsaufwands, selbst wenn der Fond nicht zahlt.

8   Der Teilnehmer hat festzustellen, ob er den Fonds beherrscht, die gemeinschaftliche Führung des Fonds oder einen maßgeblichen Einfluss auf den Fonds nach IAS 27, IAS 28, IAS 31 oder SIC-12 ausübt. Wenn dies der Fall ist, hat der Teilnehmer seinen Anteil an dem Fonds in Übereinstimmung mit diesen Standards zu bilanzieren.

9   Beherrscht der Teilnehmer den Fonds nicht, und übt er keine gemeinschaftliche Führung des Fonds oder keinen maßgeblichen Einfluss auf den Fonds aus, so hat er den Erstattungsanspruch aus dem Fonds als Erstattung gemäß IAS 37 anzusetzen. Diese Erstattung ist zu dem niedrigeren Betrag aus:
    (a) dem Betrag der angesetzten Entsorgungsverpflichtung und
    (b) dem Anteil des Teilnehmers am beizulegenden Zeitwert der den Teilnehmern zustehenden Nettovermögenswerte des Fonds zu bewerten. Änderungen des Buchwertes des Anspruchs, Erstattungen mit Ausnahme von Beiträgen an den Fonds und Zahlungen aus dem Fonds zu erhalten, sind erfolgswirksam in der Berichtsperiode zu erfassen, in der die Änderungen anfallen.

Bilanzierung von Verpflichtungen zur Leistung zusätzlicher Beiträge

10 Ist ein Teilnehmer verpflichtet, mögliche zusätzliche Beiträge zu leisten, beispielsweise im Fall der Insolvenz eines anderen Teilnehmers oder falls der Wert der vom Fonds gehaltenen Finanzinvestitionen so weit fällt, dass die Vermögenswerte nicht mehr ausreichen, um die Erstattungsverpflichtungen des Fonds zu erfüllen, so ist diese Verpflichtung eine Eventualschuld, die in den Anwendungsbereich von IAS 37 fällt. Der Teilnehmer hat nur dann eine Schuld anzusetzen, wenn es wahrscheinlich ist, dass zusätzliche Beiträge geleistet werden.

Angaben

11 Ein Teilnehmer hat die Art seines Anteils an einem Fonds sowie alle Zugriffsbeschränkungen zu den Vermögenswerten des Fonds anzugeben.

12 Wenn ein Teilnehmer eine Verpflichtung hat, mögliche zusätzliche Beiträge zu leisten, die jedoch nicht als Schuld angesetzt sind (siehe Paragraph 10), so hat er die in IAS 37 Paragraph 86 verlangten Angaben zu leisten.

IFRIC 5

SCOPE

This Interpretation applies to accounting in the financial statements of a contributor for interests arising from decommissioning funds that have both of the following features:
(a) the assets are administered separately (either by being held in a separate legal entity or as segregated assets within another entity); and
(b) a contributor's right to access the assets is restricted.

4

A residual interest in a fund that extends beyond a right to reimbursement, such as a contractual right to distributions once all the decommissioning has been completed or on winding up the fund, may be an equity instrument within the scope of IAS 39 and is not within the scope of this Interpretation.

5

ISSUES

The issues addressed in this interpretation are:
(a) how should a contributor account for its interest in a fund, and
(b) when a contributor has an obligation to make additional contributions, for example, in the event of the bankruptcy of another contributor, how should that obligation be accounted for?

6

CONSENSUS

Accounting for an interest in a fund

The contributor shall recognise its obligation to pay decommissioning costs as a liability and recognise its interest in the fund separately unless the contributor is not liable to pay decommissioning costs even if the fund fails to pay.

7

The contributor shall determine whether it has control, joint control or significant influence over the fund by reference to IAS 27, IAS 28, IAS 31 and SIC-12. If it does, the contributor shall account for its interest in the fund in accordance with those Standards.

8

If a contributor does not have control, joint control or significant influence over the fund, the contributor shall recognise the right to receive reimbursement from the fund as a reimbursement in accordance with IAS 37. This reimbursement shall be measured at the lower of:
(a) the amount of the decommissioning obligation recognised; and
(b) the contributor's share of the fair value of the net assets of the fund attributable to contributors.
Changes in the carrying value of the right to receive reimbursement other than contributions to and payments from the fund shall be recognised in profit or loss in the period in which these changes occur.

9

Accounting for obligations to make additional contributions

When a contributor has an obligation to make potential additional contributions, for example, in the event of the bankruptcy of another contributor or if the value of the investment assets held by the fund decreases to an extent that they are insufficient to fulfil the fund's reimbursement obligations, this obligation is a contingent liability that is within the scope of IAS 37. The contributor shall recognise a liability only if it is probable that additional contributions will be made.

10

Disclosure

A contributor shall disclose the nature of its interest in a fund and any restrictions on access to the assets in the fund.

11

When a contributor has an obligation to make potential additional contributions that is not recognised as a liability (see paragraph 10), it shall make the disclosures required by paragraph 86 of IAS 37.

12

IFRIC 5

13   Bilanziert ein Teilnehmer seinen Anteil an dem Fonds gemäß Paragraph 9, so hat er die in IAS 37 Paragraph 85 Buchstabe c verlangten Angaben zu leisten.

ZEITPUNKT DES INKRAFTTRETENS

14   Diese Interpretation ist erstmals in der ersten Berichtsperiode eines am 1. Januar 2006 oder danach beginnenden Geschäftsjahres anzuwenden. Eine frühere Anwendung wird empfohlen. Wenn ein Unternehmen diese Interpretation für Berichtsperioden anwendet, die vor dem 1. Januar 2006 beginnen, so ist diese Tatsache anzugeben.

ÜBERGANG

15   Änderungen der Bilanzierungs- und Bewertungsmethoden sind in Übereinstimmung mit den Bestimmungen von IAS 8 vorzunehmen.

When a contributor accounts for its interest in the fund in accordance with paragraph 9, it shall make the disclosures required by paragraph 85(c) of IAS 37. 13

EFFECTIVE DATE

An entity shall apply this Interpretation for annual periods beginning on or after 1 January 2006. Earlier application is encouraged. If an entity applies this Interpretation to a period beginning before 1 January 2006, it shall disclose that fact. 14

TRANSITION

Changes in accounting policies shall be accounted for in accordance with the requirements of IAS 8. 15

IFRIC Interpretation 6

Verbindlichkeiten, die sich aus einer Teilnahme an einem spezifischen Markt ergeben – Elektro- und Elektronik-Altgeräte

VERWEISE

IAS 8   *Bilanzierungs- und Bewertungsmethoden, Änderungen von Schätzungen und Fehler*

IAS 37   *Rückstellungen, Eventualschulden und Eventualforderungen*

HINTERGRUND

1. In Paragraph 17 von IAS 37 heißt es, dass ein verpflichtendes Ereignis ein Ereignis der Vergangenheit ist, das zu einer gegenwärtigen Verpflichtung führt, wenn ein Unternehmen keine realistische Alternative zur Erfüllung hat.

2. In Paragraph 19 von IAS 37 heißt es, dass Rückstellungen nur für diejenigen aus Ereignissen der Vergangenheit resultierenden Verpflichtungen angesetzt werden, die unabhängig von der künftigen Geschäftstätigkeit eines Unternehmens entstehen.

3. Die Richtlinie der Europäischen Union über Elektro- und Elektronik-Altgeräte („Waste Electrical and Electronic Equipment"/WE&EE), die das Einsammeln, die Behandlung, die Verwertung und umweltverträgliche Beseitigung von Altgeräten regelt, hat Fragen dahingehend aufgeworfen, wann eine Verbindlichkeit aufgrund der Entsorgung von Elektro- und Elektronik-Altgeräten ausgewiesen werden sollte. Die Richtlinie unterscheidet zwischen „neuen" und „historischen" Altgeräten sowie zwischen Altgeräten aus Privathaushalten und Altgeräten aus anderer Verwendung als in Privathaushalten. „Neue" Altgeräte betreffen Geräte, die nach dem 13. August 2005 verkauft wurden. Alle vor diesem Termin verkauften Haushaltsgeräte sind „historische" Altgeräte im Sinne der Richtlinie.

4. In der Richtlinie heißt es, dass die Kosten für die Abfallbewirtschaftung für „historische" Haushaltsgeräte von den Herstellern dieser Geräte getragen werden sollten, die auf dem Markt während eines bestimmten Zeitraums präsent sind, der von jedem Mitgliedstaat in seinen gültigen Rechtsvorschriften festzulegen ist („Erfassungszeitraum"). In der Richtlinie heißt es auch, dass jeder Mitgliedstaat einen Mechanismus einführen soll, mittels dessen die Hersteller proportional zu den Kosten beitragen, z. B. „im Verhältnis zu ihrem jeweiligen Marktanteil in Bezug auf den Gerätetyp".

5. Mehrere in der Interpretation verwendete Begriffe wie „Marktanteil" und „Erfassungszeitraum" werden unter Umständen in den gültigen Rechtsvorschriften der einzelnen Mitgliedstaaten sehr unterschiedlich definiert. So kann z. B. die Dauer eines Erfassungszeitraums ein Jahr oder einen Monat betragen. Gleichfalls können die Bemessung des Marktanteils und die Formeln zur Berechnung der Verpflichtung in den verschiedenen einzelstaatlichen Rechtsvorschriften unterschiedlich ausfallen. Allerdings betreffen diese Beispiele lediglich die Bemessung der Verbindlichkeit, die nicht in den Anwendungsbereich dieser Interpretation fällt.

ANWENDUNGSBEREICH

6. Diese Interpretation vermittelt Leitlinien für den Ansatz von Verbindlichkeiten im Abschluss von Herstellern, die sich aus der Abfallbewirtschaftung im Sinne der EU-Richtlinie über Elektro- und Elektronik-Altgeräte hinsichtlich des Verkaufs „historischer" Haushaltsgeräte ergeben.

7. Diese Interpretation betrifft weder „neue" Altgeräte noch „historische" Altgeräte, die aus einer anderen Quelle als Privathaushalten herrühren. Die Verbindlichkeit für eine derartige Abfallbewirtschaftung ist hinreichend in IAS 37 geregelt. Sollten jedoch in den nationalen Rechtsvorschriften „neue" Altgeräte aus Privathaushalten auf die gleiche Art und Weise wie „historische" Altgeräte aus Privathaushalten behandelt werden, gelten die Grundsätze der Interpretation durch Bezugnahme auf die Hierarchie in den Paragraphen 10–12 von IAS 8. Diese IAS 8-Hierarchie gilt auch für andere Bestimmungen, die Verpflichtungen auf eine Art und Weise vorschreiben, die dem in der EU-Richtlinie genannten Kostenzuweisungsverfahren ähneln.

IFRIC Interpretation 6

Liabilities arising from Participating in a Specific Market—Waste Electrical and Electronic Equipment

REFERENCES

IAS 8 *Accounting Policies, Changes in Accounting Estimates and Errors*

IAS 37 *Provisions, Contingent Liabilities and Contingent Assets*

BACKGROUND

Paragraph 17 of IAS 37 specifies that an obligating event is a past event that leads to a present obligation that an entity has no realistic alternative to settling. 1

Paragraph 19 of IAS 37 states that provisions are recognised only for 'obligations arising from past events existing independently of an entity's future actions'. 2

The European Union's Directive on Waste Electrical and Electronic Equipment (WE&EE), which regulates the collection, treatment, recovery and environmentally sound disposal of waste equipment, has given rise to questions about when the liability for the decommissioning of WE&EE should be recognised. The Directive distinguishes between 'new' and 'historical' waste and between waste from private households and waste from sources other than private households. New waste relates to products sold after 13 August 2005. All household equipment sold before that date is deemed to give rise to historical waste for the purposes of the Directive. 3

The Directive states that the cost of waste management for historical household equipment should be borne by producers of that type of equipment that are in the market during a period to be specified in the applicable legislation of each Member State (the measurement period). The Directive states that each Member State shall establish a mechanism to have producers contribute to costs proportionately 'e.g. in proportion to their respective share of the market by type of equipment.' 4

Several terms used in the Interpretation such as 'market share' and 'measurement period' may be defined very differently in the applicable legislation of individual Member States. For example, the length of the measurement period might be a year or only one month. Similarly, the measurement of market share and the formulae for computing the obligation may differ in the various national legislations. However, all of these examples affect only the measurement of the liability, which is not within the scope of the Interpretation. 5

SCOPE

This Interpretation provides guidance on the recognition, in the financial statements of producers, of liabilities for waste management under the EU Directive on WE&EE in respect of sales of historical household equipment. 6

The Interpretation addresses neither new waste nor historical waste from sources other than private households. The liability for such waste management is adequately covered in IAS 37. However, if, in national legislation, new waste from private households is treated in a similar manner to historical waste from private households, the principles of the Interpretation apply by reference to the hierarchy in paragraphs 10–12 of IAS 8. The IAS 8 hierarchy is also relevant for other regulations that impose obligations in a way that is similar to the cost attribution model specified in the EU Directive. 7

IFRIC 6

PROBLEMATIK

8 Der IFRIC wurde im Zusammenhang mit der Entsorgung von Elektro- und Elektronik-Altgeräten gebeten, festzulegen, was das verpflichtende Ereignis gemäß Paragraph 14 (a) von IAS 37 für den Ansatz einer Rückstellung für Abfallbewirtschaftungskosten ausmacht:
   – die Herstellung oder der Verkauf „historischer" Haushaltsgeräte?
   – die Teilnahme am Markt während des Erfassungszeitraums?
   – die angefallenen Kosten bei der Erbringung von Abfallbewirtschaftungstätigkeiten?

KONSENS

9 Die Teilnahme am Markt während des Erfassungszeitraums stellt das verpflichtende Ereignis im Sinne von Paragraph 14 (a) von IAS 37 dar. Folglich ist keine Verbindlichkeit für Abfallbewirtschaftungskosten für „historische" Haushaltsgeräte anzusetzen, weil die Geräte hergestellt oder verkauft werden. Da die Verpflichtung für „historische" Haushaltsgeräte an die Teilnahme am Markt während des Erfassungszeitraums und nicht an die Herstellung oder den Verkauf der zu veräußernden Güter geknüpft ist, besteht keine Verpflichtung, es sei denn, es besteht ein Marktanteil während des Erfassungszeitraums und in diesem Falle nur solange, wie er besteht. Die Entstehung des verpflichtenden Ereignisses kann ebenfalls unabhängig von der jeweiligen Periode sein, während deren die Abfallbewirtschaftstätigkeiten erbracht werden und die entsprechenden Kosten entstehen.

ZEITPUNKT DES INKRAFTTRETENS

10 Diese Interpretation ist für Berichtszeiträume anzuwenden, die am oder nach dem 1. Dezember 2005 beginnen. Eine frühere Anwendung wird empfohlen. Wenn die Unternehmen diesen Standard für Berichtsperioden anwenden, die vor dem 1. Dezember 2005 beginnen, so ist dies anzugeben.

ÜBERGANGSBESTIMMUNGEN

11 Änderungen in den Bilanzierungs- und Bewertungsmethoden sind im Sinne von IAS 8 vorzunehmen.

IFRIC 6

ISSUE

The IFRIC was asked to determine in the context of the decommissioning of WE&EE what constitutes the obligating event in accordance with paragraph 14 (a) of IAS 37 for the recognition of a provision for waste management costs:
– the manufacture or sale of the historical household equipment?
– participation in the market during the measurement period?
– the incurrence of costs in the performance of waste management activities?

8

CONSENSUS

Participation in the market during the measurement period is the obligating event in accordance with paragraph 14 (a) of IAS 37. As a consequence, a liability for waste management costs for historical household equipment does not arise as the products are manufactured or sold. Because the obligation for historical household equipment is linked to participation in the market during the measurement period, rather than to production or sale of the items to be disposed of, there is no obligation unless and until a market share exists during the measurement period. The timing of the obligating event may also be independent of the particular period in which the activities to perform the waste management are undertaken and the related costs incurred.

9

EFFECTIVE DATE

An entity shall apply this Interpretation for annual periods beginning on or after 1 December 2005. Earlier application is encouraged. If an entity applies the Interpretation for a period beginning before 1 December 2005, it shall disclose that fact.

10

TRANSITION

Changes in accounting policies shall be accounted for in accordance with IAS 8.

11

IFRIC Interpretation 7

Anwendung des Anpassungsansatzes unter IAS 29 – Rechnungslegung in Hochinflationsländern

Verweise

IAS 12   *Ertragsteuern*

IAS 29   *Rechnungslegung in Hochinflationsländern*

Hintergrund

1   Mit dieser Interpretation werden Leitlinien für die Anwendung der Vorschriften von IAS 29 in einem Berichtszeitraum festgelegt, in dem ein Unternehmen die Existenz einer Hochinflation in dem Land seiner funktionalen Währung feststellt[1], sofern dieses Land im letzten Berichtszeitraum nicht als hochinflationär anzusehen war und das Unternehmen folglich seinen Abschluss gemäß IAS 29 anpasst.

Fragestellung

2   Folgende Fragen werden in dieser Interpretation behandelt:
(a) Wie sollte das Erfordernis „... in der am Bilanzstichtag geltenden Maßeinheit auszudrücken ..." in Paragraph 8 von IAS 29 ausgelegt werden, wenn ein Unternehmen diesen Standard anwendet?
(b) Wie sollte ein Unternehmen latente Steuern in der Eröffnungsbilanz in seinem angepassten Abschluss bilanzieren?

Beschluss

3   In dem Berichtszeitraum, in dem ein Unternehmen feststellt, dass es in der funktionalen Währung eines Hochinflationslandes Bericht erstattet das im letzten Berichtszeitraum nicht hochinflationär war, hat das Unternehmen die Vorschriften von IAS 29 so anzuwenden, als wäre dieses Land immer schon hochinflationär gewesen. Folglich sind nicht-monetäre Posten, die zu den historischen Anschaffungs- und Herstellungskosten bewertet werden, in der Eröffnungsbilanz des frühesten Berichtszeitraums, der im Abschluss dargestellt wird, anzupassen, so dass den Auswirkungen der Inflation ab dem Zeitpunkt Rechnung getragen wird, zu dem die Vermögenswerte erworben und die Verbindlichkeiten eingegangen oder übernommen wurden, und zwar bis zum Bilanzstichtag des Berichtszeitraums. Für nicht-monetäre Posten, die in der Eröffnungsbilanz mit Beträgen angesetzt wurden, die zu einem anderen Zeitpunkt als dem des Erwerbs der Vermögenswerte oder des Eingehens der Verbindlichkeiten bestimmt wurden, muss die Anpassung stattdessen den Auswirkungen der Inflation Rechnung tragen, die zwischen dem Zeitpunkt, an dem die Buchwerte bestimmt wurden, und dem Bilanzstichtag des Berichtszeitraums aufgetreten sind.

4   Am Bilanzstichtag werden latente Steuern in Übereinstimmung mit IAS 12 erfasst und bewertet. Die Beträge der latenten Steuern in der Eröffnungsbilanz des Berichtszeitraums werden jedoch wie folgt ermittelt:
(a) Das Unternehmen bewertet die latenten Steuern gemäß IAS 12 neu, nachdem es die nominalen Buchwerte der nicht-monetären Posten zum Zeitpunkt der Eröffnungsbilanz des Berichtszeitraums durch Anwendung der zu diesem Zeitpunkt geltenden Maßeinheit angepasst hat.
(b) Die gemäß a) neu bewerteten latenten Steuern werden an die Änderung der Maßeinheit von dem Zeitpunkt der Eröffnungsbilanz des Berichtszeitraums bis zum Bilanzstichtag dieses Berichtszeitraums angepasst.
Ein Unternehmen wendet den unter (a) und (b) genannten Ansatz zur Anpassung der latenten Steuern in der Eröffnungsbilanz von allen Vergleichszeiträumen an, die in den angepassten Abschlüssen für den Berichtszeitraum dargestellt werden, in dem das Unternehmen IAS 29 anwendet.

---

1   Die Feststellung der Hochinflation basiert auf dem eigenen Einschätzung des Unternehmens, die es sich gemäß IAS 29 Paragraph 3 bildet.

IFRIC Interpretation 7

Applying the Restatement Approach under IAS 29—Financial Reporting in Hyperinflationary Economie

References

IAS 12 *Income Taxes*

IAS 29 *Financial Reporting in Hyperinflationary Economies*

Background

This Interpretation provides guidance on how to apply the requirements of IAS 29 in a reporting period in which an entity identifies[1] the existence of hyperinflation in the economy of its functional currency, when that economy was not hyperinflationary in the prior period, and the entity therefore restates its financial statements in accordance with IAS 29.

Issues

The questions addressed in this Interpretation are:
(a) how should the requirement '… stated in terms of the measuring unit current at the balance sheet date' in paragraph 8 of IAS 29 be interpreted when an entity applies the Standard?
(b) how should an entity account for opening deferred tax items in its restated financial statements?

Consensus

In the reporting period in which an entity identifies the existence of hyperinflation in the economy of its functional currency, not having been hyperinflationary in the prior period, the entity shall apply the requirements of IAS 29 as if the economy had always been hyperinflationary. Therefore, in relation to non-monetary items measured at historical cost, the entity's opening balance sheet at the beginning of the earliest period presented in the financial statements shall be restated to reflect the effect of inflation from the date the assets were acquired and the liabilities were incurred or assumed until the closing balance sheet date of the reporting period. For non-monetary items carried in the opening balance sheet at amounts current at dates other than those of acquisition or incurrence, that restatement shall reflect instead the effect of inflation from the dates those carrying amounts were determined until the closing balance sheet date of the reporting period.

At the closing balance sheet date, deferred tax items are recognised and measured in accordance with IAS 12. However, the deferred tax figures in the opening balance sheet for the reporting period shall be determined as follows:
(a) the entity remeasures the deferred tax items in accordance with IAS 12 after it has restated the nominal carrying amounts of its non monetary items at the date of the opening balance sheet of the reporting period by applying the measuring unit at that date.
(b) the deferred tax items remeasured in accordance with (a) are restated for the change in the measuring unit from the date of the opening balance sheet of the reporting period to the closing balance sheet date of that period.
The entity applies the approach in (a) and (b) in restating the deferred tax items in the opening balance sheet of any comparative periods presented in the restated financial statements for the reporting period in which the entity applies IAS 29.

---

1 The identification of hyperinflation is based on the entity's judgement of the criteria in paragraph 3 of IAS 29.

IFRIC 7

5   Nachdem ein Unternehmen seinen Abschluss angepasst hat, werden alle Vergleichszahlen einschließlich der latenten Steuern im Abschluss für einen späteren Berichtszeitraum angepasst, indem nur der angepasste Abschluss für den späteren Berichtszeitraum um die Änderung der Maßeinheit für diesen folgenden Berichtszeitraum geändert wird.

Zeitpunkt des Inkrafttretens

6   Ein Unternehmen hat diese Interpretation für am 1. März 2006 oder später beginnende Geschäftsjahre anzuwenden. Eine frühere Anwendung wird empfohlen. Wenn ein Unternehmen diese Interpretation für Berichtsperioden anwendet, die vor dem 1. März 2006 beginnen, so ist diese Tatsache anzugeben.

After an entity has restated its financial statements, all corresponding figures in the financial statements for a subsequent reporting period, including deferred tax items, are restated by applying the change in the measuring unit for that subsequent reporting period only to the restated financial statements for the previous reporting period.

Effective date

An entity shall apply this Interpretation for annual periods beginning on or after 1 March 2006. Earlier application is encouraged. If an entity applies this Interpretation to financial statements for a period beginning before 1 March 2006, it shall disclose that fact.

IFRIC Interpretation 8

Anwendungsbereich von IFRS 2

Verweise

IAS 8   Bilanzierungs- und Bewertungsmethoden, Änderungen von Schätzungen und Fehler

IFRS 2   Anteilsbasierte Vergütung

Hintergrund

1   IFRS 2 findet auf anteilsbasierte Vergütungstransaktionen Anwendung, bei denen ein Unternehmen Güter oder Dienstleistungen erwirbt oder erhält. „Güter" schließen Vorräte, Verbrauchsgüter, Sachanlagen, immaterielle Vermögenswerte und andere nicht finanzielle Vermögenswerte ein (IFRS 2, Paragraph 5). Außer für bestimmte Transaktionen, die nicht in seinen Anwendungsbereich fallen, findet IFRS 2 folglich auf alle Transaktionen Anwendung, bei denen das Unternehmen nicht finanzielle Vermögenswerte oder Dienstleistungen als Gegenleistung für die Ausgabe von Eigenkapitalinstrumenten des Unternehmens erhält. IFRS 2 gilt auch für Transaktionen, bei denen das Unternehmen in Bezug auf die erhaltenen Güter oder Dienstleistungen Verbindlichkeiten eingeht, die auf dem Kurs (oder dem Wert) der Aktien oder anderer Eigenkapitalinstrumente des Unternehmens basieren.

2   In einigen Fällen kann der Nachweis des Erhalts (oder künftigen Erhalts) von Gütern oder Dienstleistungen jedoch schwierig sein. So kann ein Unternehmen beispielsweise einer Wohltätigkeit-Organisation Aktien überlassen, ohne dafür eine Vergütung zu erhalten. In der Regel ist es nicht möglich, die spezifischen Güter oder Dienstleistungen zu identifizieren, die im Gegenzug zu einer derartigen Transaktion erworben oder erhalten wurden. Eine vergleichbare Situation kann sich auch bei Transaktionen mit anderen Parteien ergeben.

3   IFRS 2 sieht bei anteilsbasierten Vergütungstransaktionen für Mitarbeiter vor, dass die anteilsbasierten Vergütungen mit dem beizulegenden Zeitwert der anteilsbasierten Vergütungen am Tag der Gewährung zu bewerten sind (IFRS 2, Paragraph 11).[1] Folglich ist das Unternehmen nicht dazu verpflichtet, den beizulegenden Zeitwert der erhaltenen Dienstleistungen der Mitarbeiter direkt zu bewerten.

4   Bei Transaktionen, bei denen die anteilsbasierten Vergütungen an andere Parteien als Mitarbeiter gezahlt werden, geht IFRS 2 von einer widerlegbaren Vermutung aus, dass der beizulegende Zeitwert der erhaltenen Güter oder Dienstleistungen verlässlich geschätzt werden kann. In diesen Fällen ist IFRS 2 zufolge die Transaktion mit dem beizulegenden Zeitwert der Güter oder Dienstleistungen zu bewerten, der an dem Tag gilt, an dem das Unternehmen die Güter erhält oder die Vertragspartei ihre Leistung erbringt (IFRS 2, Paragraph 13). Folglich wird von der Vermutung ausgegangen, dass das Unternehmen in der Lage ist, die von anderen Parteien als Mitarbeitern erhaltenen Güter oder Dienstleistungen zu identifizieren. Dies wirft die Frage auf, ob IFRS 2 auch dann gilt, wenn keine identifizierbaren Güter oder Dienstleistungen vorliegen. Dies bedingt auch eine andere Frage: Für den Fall, dass das Unternehmen eine anteilsbasierte Vergütung vorgenommen hat und die dafür erhaltene identifizierbare Gegenleistung (falls vorhanden) unter dem beizulegenden Zeitwert der anteilsbasierten Vergütung zu liegen scheint, ist aus dieser Situation dann abzuleiten, dass Güter oder Dienstleistungen erhalten wurden, auch wenn sie nicht spezifisch identifiziert wurden, und dass folglich IFRS 2 Anwendung findet?

5   Es sei darauf verwiesen, dass sich die Formulierung „der beizulegende Zeitwert der anteilsbasierten Vergütung" auf den beizulegenden Zeitwert der jeweiligen spezifischen anteilsbasierten Vergütung bezieht. So kann ein Unternehmen beispielsweise aufgrund nationaler Rechtsvorschriften dazu verpflichtet sein, einen gewissen Teil seiner Aktien Staatsangehörigen eines bestimmten Landes vorzubehalten, die lediglich auf andere Staatsangehörige desselben Landes übertragen werden können. Eine derartige Transferbeschränkung kann den beizulegenden Zeitwert der jeweiligen Aktien beeinflussen. Folglich können diese Aktien einen beizulegenden Zeitwert haben, der unter dem ansonsten identischer Aktien liegt, die solchen Beschränkungen nicht unterworfen sind. Sollte die in Paragraph 4 gestellte Frage im Zusammenhang mit den unter die Beschränkung fallenden Aktien aufgeworfen werden, würde sich die Formulierung „der beizulegende Zeitwert der anteilsbasierten Vergütung" auf den beizulegenden Zeitwert der unter die Beschränkung fallenden Aktien und nicht auf den beizulegenden Zeitwert der anderen, nicht unter die Beschränkung fallenden Aktien beziehen.

---

[1] Im Sinne von IFRS 2 schließen alle Bezugnahmen auf Mitarbeiter auch andere Personen, die ähnliche Leistungen erbringen, ein.

IFRIC Interpretation 8

Scope of IFRS 2

References

IAS 8   *Accounting Policies, Changes in Accounting Estimates and Errors*

IFRS 2   *Share-based Payment*

Background

IFRS 2 applies to share-based payment transactions in which the entity receives or acquires goods or services. 'Goods' includes inventories, consumables, property, plant and equipment, intangible assets and other non-financial assets (IFRS 2, paragraph 5). Consequently, except for particular transactions excluded from its scope, IFRS 2 applies to all transactions in which the entity receives non-financial assets or services as consideration for the issue of equity instruments of the entity. IFRS 2 also applies to transactions in which the entity incurs liabilities, in respect of goods or services received, that are based on the price (or value) of the entity's shares or other equity instruments of the entity.   1

In some cases, however, it might be difficult to demonstrate that goods or services have been (or will be) received. For example, an entity may grant shares to a charitable organisation for nil consideration. It is usually not possible to identify the specific goods or services received in return for such a transaction. A similar situation might arise in transactions with other parties.   2

IFRS 2 requires transactions in which share-based payments are made to employees to be measured by reference to the fair value of the share-based payments at grant date (IFRS 2, paragraph 11).[1] Hence, the entity is not required to measure directly the fair value of the employee services received.   3

For transactions in which share-based payments are made to parties other than employees, IFRS 2 specifies a rebuttable presumption that the fair value of the goods or services received can be estimated reliably. In these situations, IFRS 2 requires the transaction to be measured at the fair value of the goods or services at the date the entity obtains the goods or the counterparty renders service (IFRS 2, paragraph 13). Hence, there is an underlying presumption that the entity is able to identify the goods or services received from parties other than employees. This raises the question of whether the IFRS applies in the absence of identifiable goods or services. That in turn raises a further question: if the entity has made a share-based payment and the identifiable consideration received (if any) appears to be less than the fair value of the share-based payment, does this situation indicate that goods or services have been received, even though they are not specifically identified, and therefore that IFRS 2 applies?   4

It should be noted that the phrase 'the fair value of the share-based payment' refers to the fair value of the particular share-based payment concerned. For example, an entity might be required by government legislation to issue some portion of its shares to nationals of a particular country, which may be transferred only to other nationals of that country. Such a transfer restriction may affect the fair value of the shares concerned, and therefore those shares may have a fair value that is less than the fair value of otherwise identical shares that do not carry such restrictions. In this situation, if the question in paragraph 4 were to arise in the context of the restricted shares, the phrase 'the fair value of the share-based payment' would refer to the fair value of the restricted shares, not the fair value of other, unrestricted shares.   5

---

1   Under IFRS 2, all references to employees include others providing similar services.

IFRIC 8

Anwendungsbereich

6   IFRS 2 findet auf Transaktionen Anwendung, bei denen ein Unternehmen oder die Anteilseigner eines Unternehmens Eigenkapitalinstrumente[2] gewährt/-en oder eine Verbindlichkeit eingegangen ist/sind, aufgrund deren Barmittel oder andere Vermögenswerte in Höhe von Beträgen transferiert werden, die auf dem Kurs (oder dem Wert) der Aktien oder anderer Eigenkapitalinstrumente des Unternehmens basieren. Diese Interpretation findet auf derlei Transaktionen Anwendung, wenn die vom Unternehmen erhaltene (oder noch zu erhaltende) identifizierbare Gegenleistung – Barmittel und der beizulegende Zeitwert einer identifizierbaren unbaren Gegenleistung (falls vorhanden) – geringer ist als der beizulegende Zeitwert der gewährten Eigenkapitalinstrumente oder eingegangenen Verbindlichkeiten. Diese Interpretation findet jedoch keine Anwendung auf die gemäß IFRS 2, Paragraphen 3–6 vom Anwendungsbereich von IFRS 2 ausgenommenen Transaktionen.

Fragestellung

7   Die in dieser Interpretation behandelte Frage lautet: Findet IFRS 2 auf Transaktionen Anwendung, bei denen ein Unternehmen einige oder alle erhaltenen Güter oder Dienstleistungen nicht spezifisch identifizieren kann?

Beschluss

8   IFRS 2 findet auf spezifische Transaktionen Anwendung, bei denen Güter oder Dienstleistungen erhalten werden. Dies gilt für Transaktionen, bei denen ein Unternehmen Güter oder Dienstleistungen als Gegenleistung für Eigenkapitalinstrumente des Unternehmens erhält. Dazu gehören auch Transaktionen, bei denen ein Unternehmen einige oder alle erhaltenen Güter oder Dienstleistungen nicht spezifisch identifizieren kann.

9   Für den Fall, dass es keine spezifisch identifizierbaren Güter oder Dienstleistungen gibt, können andere Umstände darauf hinweisen, dass Güter oder Dienstleistungen erhalten wurden (oder noch werden), so dass IFRS 2 Anwendung findet. Sollte insbesondere die identifizierbare erhaltene Gegenleistung (falls vorhanden) unter dem beizulegenden Zeitwert der gewährten Eigenkapitalinstrumente oder eingegangenen Verbindlichkeiten liegen, so ist dies typischerweise ein Hinweis darauf, dass eine weitere Gegenleistung (d. h. für nicht identifizierbare Güter oder Dienstleistungen) erhalten wurde (oder noch wird).

10 Das Unternehmen hat die erhaltenen identifizierbaren Güter oder Dienstleistungen in Übereinstimmung mit IFRS 2 zu bewerten.

11 Das Unternehmen hat die erhaltenen oder noch zu erhaltenden nicht identifizierbaren Güter oder Dienstleistungen mit dem Unterschiedsbetrag zwischen dem beizulegenden Zeitwert der anteilsbasierten Vergütung und dem beizulegenden Zeitwert aller erhaltenen oder noch zu erhaltenden identifizierbaren Güter oder Dienstleistungen zu bewerten.

12 Das Unternehmen hat die erhaltenen nicht identifizierbaren Güter oder Dienstleistungen am Tag der Gewährung zu bewerten. Bei Transaktionen mit Barausgleich wird die Verbindlichkeit jedoch zu jedem Abschlussstichtag neu bewertet, bis sie beglichen ist.

Zeitpunkt des Inkrafttretens

13 Diese Interpretation ist erstmals in der ersten Berichtsperiode eines am 1. Mai 2006 oder danach beginnenden Geschäftsjahres anzuwenden. Eine frühere Anwendung wird empfohlen. Wenn ein Unternehmen diese Interpretation für Berichtsperioden anwendet, die vor dem 1. Mai 2006 beginnen, so ist dies anzugeben.

Übergangsvorschriften

14 Diese Interpretation ist rückwirkend anzuwenden in Übereinstimmung mit den Bestimmungen von IAS 8, vorbehaltlich der Übergangsvorschriften von IFRS 2.

---

[2] Dazu zählen Eigenkapitalinstrumente des Unternehmens, der Muttergesellschaft des Unternehmens und anderer Unternehmen derselben Unternehmensgruppe.

IFRIC 8

Scope

6 IFRS 2 applies to transactions in which an entity or an entity's shareholders have granted equity instruments[2] or incurred a liability to transfer cash or other assets for amounts that are based on the price (or value) of the entity's shares or other equity instruments of the entity. This Interpretation applies to such transactions when the identifiable consideration received (or to be received) by the entity, including cash and the fair value of identifiable non-cash consideration (if any), appears to be less than the fair value of the equity instruments granted or liability incurred. However, this Interpretation does not apply to transactions excluded from the scope of IFRS 2 in accordance with paragraphs 3 to 6 of that IFRS.

Issue

7 The issue addressed in the Interpretation is whether IFRS 2 applies to transactions in which the entity cannot identify specifically some or all of the goods or services received.

Consensus

8 IFRS 2 applies to particular transactions in which goods or services are received, such as transactions in which an entity receives goods or services as consideration for equity instruments of the entity. This includes transactions in which the entity cannot identify specifically some or all of the goods or services received.

9 In the absence of specifically identifiable goods or services, other circumstances may indicate that goods or services have been (or will be) received, in which case IFRS 2 applies. In particular, if the identifiable consideration received (if any) appears to be less than the fair value of the equity instruments granted or liability incurred, typically this circumstance indicates that other consideration (i.e. unidentifiable goods or services) has been (or will be) received.

10 The entity shall measure the identifiable goods or services received in accordance with IFRS 2.

11 The entity shall measure the unidentifiable goods or services received (or to be received) as the difference between the fair value of the share-based payment and the fair value of any identifiable goods or services received (or to be received).

12 The entity shall measure the unidentifiable goods or services received at the grant date. However, for cash-settled transactions, the liability shall be remeasured at each reporting date until it is settled.

Effective date

13 An entity shall apply this Interpretation for annual periods beginning on or after 1 May 2006. Earlier application is encouraged. If an entity applies this Interpretation to a period beginning before 1 May 2006, it shall disclose that fact.

Transition

14 An entity shall apply this Interpretation retrospectively in accordance with the requirements of IAS 8, subject to the transitional provisions of IFRS 2.

---

2 These include equity instruments of the entity, the entity's parent and other entities in the same group as the entity.

IFRIC Interpretation 9

Neubeurteilung eingebetteter Derivate

Verweise

IAS 39   *Finanzinstrumente: Ansatz und Bewertung*

IFRS 1   *Erstmalige Anwendung der International Financial Reporting Standards*

IFRS 3   *Unternehmenszusammenschlüsse*

Hintergrund

1   In IAS 39 Paragraph 10 wird ein eingebettetes Derivat beschrieben als „ein Bestandteil eines hybriden (zusammengesetzten) Finanzinstruments, das auch einen nicht derivativen Basisvertrag enthält, mit dem Ergebnis, dass ein Teil der Zahlungsströme des zusammengesetzten Finanzinstruments ähnlichen Schwankungen ausgesetzt ist wie ein freistehendes Derivat".

2   IAS 39 Paragraph 11 fordert, dass ein eingebettetes Derivat von dem Basisvertrag zu trennen und nach Maßgabe des vorliegenden Standards dann, aber nur dann als Derivat zu bilanzieren ist, wenn
   (a) die wirtschaftlichen Merkmale und Risiken des eingebetteten Derivats nicht eng mit den wirtschaftlichen Merkmalen und Risiken des Basisvertrags verbunden sind;
   (b) ein eigenständiges Instrument mit den gleichen Bedingungen wie das eingebettete Derivat die Definition eines Derivats erfüllen würde und
   (c) das strukturierte (zusammengesetzte) Finanzinstrument nicht ergebniswirksam zum beizulegenden Zeitwert bewertet wird (d. h. ein Derivat, das in einem ergebniswirksam zum beizulegenden Zeitwert bewerteten finanziellen Vermögenswert oder einer finanziellen Verbindlichkeit eingebettet ist, ist nicht eigenständig).

Anwendungsbereich

3   Vorbehaltlich der nachfolgenden Paragraphen 4 und 5 findet diese Interpretation auf alle eingebetteten Derivate Anwendung, die in den Anwendungsbereich von IAS 39 fallen.

4   Diese Interpretation geht nicht auf Fragen der Neubewertung ein, die sich aus der Neubeurteilung der eingebetteten Derivate ergeben.

5   Diese Interpretation geht weder auf den Erwerb von Verträgen mit eingebetteten Derivaten bei einem Unternehmenszusammenschluss noch auf ihre eventuelle Neubeurteilung zum Tag des Erwerbs ein.

Fragestellung

6   IAS 39 schreibt vor, dass ein Unternehmen zu dem Zeitpunkt, an dem es Vertragspartei wird, beurteilt, ob etwaige in diesen Vertrag eingebettete Derivate von dem Basisvertrag zu trennen und als Derivate im Sinne dieses Standards zu bilanzieren sind. In dieser Interpretation werden die folgenden Fragen behandelt:
   (a) Ist eine solche Beurteilung lediglich zu dem Zeitpunkt vorzunehmen, an dem das Unternehmen Vertragspartei wird, oder sollte diese Beurteilung während der Vertragslaufzeit überprüft werden?
   (b) Sollte ein Erstanwender seine Beurteilung auf der Grundlage der Bedingungen vornehmen, die bestanden, als das Unternehmen Vertragspartei wurde, oder zu den Bedingungen, die bestanden, als das Unternehmen die IFRS zum ersten Mal anwendete?

Beschluss

7   Ein Unternehmen beurteilt, ob ein eingebettetes Derivat vom Basisvertrag zu trennen und als Derivat zu bilanzieren ist, wenn es zum ersten Mal Vertragspartei wird. Eine spätere Neubeurteilung ist untersagt, es sei

IFRIC Interpretation 9

Reassessment of Embedded Derivatives

References

IAS 39 *Financial Instruments: Recognition and Measurement*

IFRS 1 *First-time Adoption of International Financial Reporting Standards*

IFRS 3 *Business Combinations*

Background

1. IAS 39 paragraph 10 describes an embedded derivative as 'a component of a hybrid (combined) instrument that also includes a non-derivative host contract—with the effect that some of the cash flows of the combined instrument vary in a way similar to a stand-alone derivative.'

2. IAS 39 paragraph 11 requires an embedded derivative to be separated from the host contract and accounted for as a derivative if, and only if:
(a) the economic characteristics and risks of the embedded derivative are not closely related to the economic characteristics and risks of the host contract;
(b) a separate instrument with the same terms as the embedded derivative would meet the definition of a derivative;
(c) the hybrid (combined) instrument is not measured at fair value with changes in fair value recognised in profit or loss (ie a derivative that is embedded in a financial asset or financial liability at fair value through profit or loss is not separated).

Scope

3. Subject to paragraphs 4 and 5 below, this Interpretation applies to all embedded derivatives within the scope of IAS 39.

4. This Interpretation does not address remeasurement issues arising from a reassessment of embedded derivatives.

5. This Interpretation does not address the acquisition of contracts with embedded derivatives in a business combination nor their possible reassessment at the date of acquisition.

Issue

6. IAS 39 requires an entity, when it first becomes a party to a contract, to assess whether any embedded derivatives contained in the contract are required to be separated from the host contract and accounted for as derivatives under the Standard. This Interpretation addresses the following issues:
(a) Does IAS 39 require such an assessment to be made only when the entity first becomes a party to the contract, or should the assessment be reconsidered throughout the life of the contract?
(b) Should a first-time adopter make its assessment on the basis of the conditions that existed when the entity first became a party to the contract, or those prevailing when the entity adopts IFRSs for the first time?

Consensus

7. An entity shall assess whether an embedded derivative is required to be separated from the host contract and accounted for as a derivative when the entity first becomes a party to the contract. Subsequent reassessment is

IFRIC 9

denn, dass sich die Vertragsbedingungen so stark ändern, dass es zu einer erheblichen Änderung der Zahlungsströme kommt, die sich ansonsten durch den Vertrag ergeben würden, weshalb in diesem Falle eine Neubeurteilung verpflichtend ist. Ein Unternehmen ermittelt, ob die Änderung der Zahlungsströme erheblich ist, indem es das Ausmaß, in dem sich die erwarteten Zahlungsströme in Bezug auf das eingebettete Derivat, den Basisvertrag oder beide ändern, und ob diese Änderung im Vergleich zu den vorher erwarteten Zahlungsströmen durch den Vertrag erheblich ist, berücksichtigt.

8   Ein Erstanwender beurteilt, ob ein eingebettetes Derivat vom Basisvertrag zu trennen und als Derivat zu bilanzieren ist auf der Grundlage der Bedingungen, die an dem späteren der beiden nachfolgend genannten Termine galten: dem Zeitpunkt, an dem das Unternehmen Vertragspartei wurde, oder dem Zeitpunkt, an dem eine Neubeurteilung im Sinne von Paragraph 7 erforderlich wird.

Zeitpunkt des Inkrafttretens und Übergangsvorschriften

9   Diese Interpretation ist erstmals in der ersten Berichtsperiode eines am 1. Juni 2006 oder danach beginnenden Geschäftsjahres anzuwenden. Eine frühere Anwendung wird empfohlen. Wenn ein Unternehmen diese Interpretation für Berichtsperioden anwendet, die vor dem 1. Juni 2006 beginnen, so ist diese Tatsache anzugeben. Diese Interpretation ist rückwirkend anzuwenden.

prohibited unless there is a change in the terms of the contract that significantly modifies the cash flows that otherwise would be required under the contract, in which case reassessment is required. An entity determines whether a modification to cash flows is significant by considering the extent to which the expected future cash flows associated with the embedded derivative, the host contract or both have changed and whether the change is significant relative to the previously expected cash flows on the contract.

A first-time adopter shall assess whether an embedded derivative is required to be separated from the host contract and accounted for as a derivative on the basis of the conditions that existed at the later of the date it first became a party to the contract and the date a reassessment is required by paragraph 7. 8

Effective date and transition

An entity shall apply this Interpretation for annual periods beginning on or after 1 June 2006. Earlier application is encouraged. If an entity applies the Interpretation for a period beginning before 1 June 2006, it shall disclose that fact. The Interpretation shall be applied retrospectively. 9

IFRIC Interpretation 10

Zwischenberichterstattung und Wertminderung

Verweise

IAS 34 *Zwischenberichterstattung*

IAS 36 *Wertminderung von Vermögenswerten*

IAS 39 *Finanzinstrumente: Ansatz und Bewertung*

Hintergrund

1 Ein Unternehmen ist verpflichtet, den Geschäfts- oder Firmenwert zu jedem Abschlussstichtag auf Wertminderungen zu prüfen, Investitionen in Eigenkapitalinstrumente und in Vermögenswerte, die zu den Anschaffungs- oder Herstellungskosten bilanziert worden sind, zu jedem Bilanzstichtag auf Wertminderungen zu prüfen und gegebenenfalls einen Wertminderungsaufwand zu diesem Stichtag gemäß IAS 36 und IAS 39 anzusetzen. Allerdings können sich die Bedingungen zu einem späteren Abschluss- oder Bilanzstichtag derart verändert haben, dass der Wertminderungsaufwand geringer ausgefallen wäre oder hätte vermieden werden können, wenn die Wertberichtigung erst zu diesem Zeitpunkt erfolgt wäre. Diese Interpretation bietet einen Leitfaden, inwieweit ein solcher Wertminderungsaufwand wieder rückgängig gemacht werden kann.

2 Die Interpretation befasst sich mit dem Zusammenhang zwischen den Anforderungen von IAS 34 und der Erfassung des Wertminderungsaufwands von Geschäfts- oder Firmenwerten nach IAS 36 und bestimmten in IAS 39 genannten Vermögenswerten sowie mit den Auswirkungen dieses Zusammenhangs auf spätere Zwischen- und Jahresabschlüsse.

Fragestellung

3 Nach IAS 34 Paragraph 28 hat ein Unternehmen die gleichen Bilanzierungs- und Bewertungsmethoden in seinem Zwischenabschluss anzuwenden, die in seinem Jahresabschluss angewendet werden. Auch darf „die Häufigkeit der Berichterstattung eines Unternehmens – jährlich, halb- oder vierteljährlich – … die Höhe des Jahresergebnisses nicht beeinflussen. Um diese Zielsetzung zu erreichen, werden die Bewertungen für Zwecke der Zwischenberichterstattung vom Geschäftsjahresbeginn bis zum Zwischenberichtstermin fortgeführt vorgenommen".

4 Nach IAS 36 Paragraph 124 darf ein „für den Geschäfts- oder Firmenwert erfasster Wertminderungsaufwand nicht in den nachfolgenden Berichtsperioden aufgehoben werden".

5 Nach IAS 39 Paragraph 69 dürfen ergebniswirksam erfasste Wertberichtigungen für ein gehaltenes Eigenkapitalinstrument, das als zur Veräußerung verfügbar eingestuft wird, nicht ergebniswirksam rückgängig gemacht werden.

6 Nach IAS 39 Paragraph 66 darf ein Wertminderungsaufwand für finanzielle Vermögenswerte, die zu Anschaffungskosten bilanziert werden (wie ein Wertminderungsaufwand bei einem nicht notierten Eigenkapitalinstrument, das nicht zum beizulegenden Zeitwert angesetzt wird, weil sein beizulegender Zeitwert nicht verlässlich ermittelt werden kann) nicht rückgängig gemacht werden.

7 In dieser Interpretation werden die folgenden Fragen behandelt:
 Soll ein Unternehmen den in einem Zwischenbericht für den Geschäfts- oder Firmenwert, für gehaltene Eigenkapitalinstrumente und finanzielle Vermögenswerte, die zu Anschaffungskosten bilanziert werden, erfassten Wertminderungsaufwand rückgängig machen, wenn kein oder ein geringerer Aufwand erfasst worden wäre, wenn die Wertminderung erst zu einem späteren Bilanzstichtag vorgenommen worden wäre?

IFRIC Interpretation 10

Interim Financial Reporting and Impairment

References

IAS 34   *Interim financial reporting*

IAS 36   *Impairment of assets*

IAS 39   *Financial instruments: recognition and measurement*

Background

An entity is required to assess goodwill for impairment at every reporting date, to assess investments in equity instruments and in financial assets carried at cost for impairment at every balance sheet date and, if required, to recognise an impairment loss at that date in accordance with IAS 36 and IAS 39. However, at a subsequent reporting or balance sheet date, conditions may have so changed that the impairment loss would have been reduced or avoided had the impairment assessment been made only at that date. This Interpretation provides guidance on whether such impairment losses should ever be reversed. 1

The Interpretation addresses the interaction between the requirements of IAS 34 and the recognition of impairment losses on goodwill in IAS 36 and certain financial assets in IAS 39, and the effect of that interaction on subsequent interim and annual financial statements. 2

Issue

IAS 34 paragraph 28 requires an entity to apply the same accounting policies in its interim financial statements as are applied in its annual financial statements. It also states that 'the frequency of an entity's reporting (annual, half yearly, or quarterly) shall not affect the measurement of its annual results. To achieve that objective, measurements for interim reporting purposes shall be made on a year-to-date basis'. 3

IAS 36 paragraph 124 states that 'An impairment loss recognised for goodwill shall not be reversed in a subsequent period'. 4

IAS 39 paragraph 69 states that 'Impairment losses recognised in profit or loss for an investment in an equity instrument classified as available for sale shall not be reversed through profit or loss'. 5

IAS 39 paragraph 66 requires that impairment losses for financial assets carried at cost (such as an impairment loss on an unquoted equity instrument that is not carried at fair value because its fair value cannot be reliably measured) should not be reversed. 6

The Interpretation addresses the following issue: 7
   Should an entity reverse impairment losses recognised in an interim period on goodwill and investments in equity instruments and in financial assets carried at cost if a loss would not have been recognised, or a smaller loss would have been recognised, had an impairment assessment been made only at a subsequent balance sheet date?

IFRIC 10

Beschluss

8 Ein Unternehmen darf einen in einem früheren Berichtszeitraum erfassten Wertminderungsaufwand für den Geschäfts- oder Firmenwert, für gehaltene Eigenkapitalinstrumente oder Vermögenswerte, die zu Anschaffungskosten bilanziert werden, nicht rückgängig machen.

9 Ein Unternehmen darf diesen Beschluss nicht analog auf andere Bereiche anwenden, in denen es zu einer Kollision zwischen dem IAS 34 mit anderen Standards kommen kann.

Zeitpunkt des Inkrafttretens und Übergangsvorschriften

10 Diese Interpretation ist erstmals in der ersten Berichtsperiode eines am 1. November 2006 oder danach beginnenden Geschäftsjahres anzuwenden. Eine frühere Anwendung wird empfohlen. Wenn ein Unternehmen diese Interpretation für Berichtsperioden anwendet, die vor dem 1. November 2006 beginnen, so ist diese Tatsache anzugeben. Ein Unternehmen hat die Interpretation auf den Geschäfts- oder Firmenwert ab dem Zeitpunkt anzuwenden, an dem es erstmals den IAS 36 anwendet. Das Unternehmen hat die Interpretation auf gehaltene Eigenkapitalinstrumente oder Vermögenswerte, die zu den Anschaffungskosten bilanziert werden, ab dem Zeitpunkt anzuwenden, ab dem es erstmals die Bewertungskriterien des IAS 39 anwendet.

Consensus

An entity shall not reverse an impairment loss recognised in a previous interim period in respect of goodwill or an investment in either an equity instrument or a financial asset carried at cost. 8

An entity shall not extend this consensus by analogy to other areas of potential conflict between IAS 34 and other standards. 9

Effective date and transition

An entity shall apply the Interpretation for annual periods beginning on or after 1 November 2006. Earlier application is encouraged. If an entity applies the Interpretation for a period beginning before 1 November 2006, it shall disclose that fact. An entity shall apply the Interpretation to goodwill prospectively from the date at which it first applied IAS 36; it shall apply the Interpretation to investments in equity instruments or in financial assets carried at cost prospectively from the date at which it first applied the measurement criteria of IAS 39. 10

IFRIC Interpretation 11

IFRS 2 – Geschäfte mit eigenen Aktien und Aktien von Konzernunternehmen

Verweise

IAS 8   *Bilanzierungs- und Bewertungsmethoden, Änderungen von Schätzungen und Fehler*

IAS 32   *Finanzinstrumente: Darstellung*

IFRS 2   *Anteilsbasierte Vergütung*

Fragestellungen

1   Diese Interpretation behandelt zwei Fragestellungen: Die erste betrifft die Frage, ob die nachfolgend genannten Transaktionen gemäß den Anforderungen von IFRS 2 als Ausgleich durch Eigenkapitalinstrumente oder als Barausgleich bilanziert werden sollten:
 a) Ein Unternehmen gewährt seinen Mitarbeitern Rechte an Eigenkapitalinstrumenten (z. B. Aktienoptionen) und entscheidet sich sodann – oder ist dazu gezwungen – zum Kauf von Eigenkapitalinstrumenten (z. B. eigene Aktien) einer anderen Partei, um seinen Verpflichtungen gegenüber seinen Mitarbeitern nachzukommen; und
 b) den Mitarbeitern eines Unternehmens werden Rechte an den Eigenkapitalinstrumenten des Unternehmens gewährt (z. B. Aktienoptionen), und zwar entweder durch das Unternehmen selbst oder durch seine Anteilseigner, und die Anteilseigner des Unternehmens stellen die erforderlichen Eigenkapitalinstrumente zur Verfügung.

2   Die zweite Fragestellung betrifft die anteilsbasierten Vergütungstransaktionen, an denen zwei oder mehrere Unternehmen derselben Gruppe beteiligt sind. So können z. B. den Mitarbeitern eines Tochterunternehmens Rechte an Eigenkapitalinstrumenten des Mutterunternehmens als Gegenleistung für die vom Tochterunternehmen erbrachten Dienstleistungen gewährt werden. IFRS 2 Paragraph 3 führt dazu aus:

> Im Sinne dieses IFRS stellt die Übertragung von Eigenkapitalinstrumenten eines Unternehmens durch seine Anteilseigner an andere Parteien (einschließlich Mitarbeiter), die Güter oder Dienstleistungen an das Unternehmen geliefert haben, eine anteilsbasierte Vergütungstransaktion dar, sofern die Übertragung nicht eindeutig für einen anderen Zweck als die Bezahlung der an das Unternehmen gelieferten Güter oder Dienstleistungen bestimmt ist. *Dies gilt auch für die Übertragung von Eigenkapitalinstrumenten des Mutterunternehmens oder anderer Unternehmen im selben Konzern des Unternehmens an Parteien, die Güter oder Dienstleistungen an das Unternehmen geliefert haben.* (Kursivschreibung hinzugefügt)

IFRS 2 enthält jedoch keine Leitlinien für die Art und Weise der Bilanzierung dieser Transaktionen im Einzel- oder Sonderabschluss jedes einzelnen Gruppenunternehmens.

3   Deshalb betrifft die zweite Fragestellung die folgenden anteilsbasierten Vergütungstransaktionen:
 a) Ein Mutterunternehmen gewährt den Mitarbeitern seines Tochterunternehmens direkt Rechte an seinen Eigenkapitalinstrumenten; das Mutterunternehmen (nicht das Tochterunternehmen) ist verpflichtet, den Mitarbeitern des Tochterunternehmens die benötigten Eigenkapitalinstrumente bereitzustellen; und
 b) ein Tochterunternehmen gewährt seinen eigenen Mitarbeitern Rechte an Eigenkapitalinstrumenten seines Mutterunternehmens: das Tochterunternehmen ist sodann verpflichtet, seinen Mitarbeitern die benötigten Eigenkapitalinstrumente zur Verfügung zu stellen.

4   In dieser Interpretation wird die Frage behandelt, wie die anteilsbasierten Vergütungstransaktionen, die in Paragraph 3 genannt werden, im Abschluss des Tochterunternehmens zu bilanzieren sind, das Dienstleistungen von seinen Mitarbeitern erhält.

5   Zwischen dem Mutterunternehmen und dem Tochterunternehmen kann u. U. eine Vereinbarung bestehen, der zufolge das Tochterunternehmen das Mutterunternehmen für die Bereitstellung von Eigenkapitalinstrumenten an die Mitarbeiter zu vergüten hat. Diese Interpretation geht nicht auf die Art und Weise der Bilanzierung einer solchen Zahlungsvereinbarung innerhalb der Gruppe ein.

6   Auch wenn diese Interpretation im Wesentlichen Transaktionen mit Mitarbeitern behandelt, findet sie auch auf ähnliche anteilsbasierte Vergütungstransaktionen mit Warenlieferanten oder Dienstleistern Anwendung, bei denen es sich nicht um Mitarbeiter handelt.

IFRIC Interpretation 11

IFRS 2—Group and Treasury Share Transactions

References

IAS 8   *Accounting Policies, Changes in Accounting Estimates and Errors*

IAS 32 *Financial Instruments: Presentation*

IFRS 2 *Share-based Payment*

Issues

This Interpretation addresses two issues. The first is whether the following transactions should be accounted for as equity-settled or as cash-settled under the requirements of IFRS 2: 1
(a) an entity grants to its employees rights to equity instruments of the entity (e. g. share options), and either chooses or is required to buy equity instruments (i. e. treasury shares) from another party, to satisfy its obligations to its employees; and
(b) an entity's employees are granted rights to equity instruments of the entity (e. g. share options), either by the entity itself or by its shareholders, and the shareholders of the entity provide the equity instruments needed.

The second issue concerns share-based payment arrangements that involve two or more entities within the same group. For example, employees of a subsidiary are granted rights to equity instruments of its parent as consideration for the services provided to the subsidiary. IFRS 2 paragraph 3 states that: 2

For the purposes of this IFRS, transfers of an entity's equity instruments by its shareholders to parties that have supplied goods or services to the entity (including employees) are share-based payment transactions, unless the transfer is clearly for a purpose other than payment for goods or services supplied to the entity. *This also applies to transfers of equity instruments of the entity's parent, or equity instruments of another entity in the same group as the entity, to parties that have supplied goods or services to the entity.* [Emphasis added]

However, IFRS 2 does not give guidance on how to account for such transactions in the individual or separate financial statements of each group entity.

Therefore, the second issue addresses the following share-based payment arrangements: 3
(a) a parent grants rights to its equity instruments direct to the employees of its subsidiary: the parent (not the subsidiary) has the obligation to provide the employees of the subsidiary with the equity instruments needed; and
(b) a subsidiary grants rights to equity instruments of its parent to its employees: the subsidiary has the obligation to provide its employees with the equity instruments needed.

This Interpretation addresses how the share-based payment arrangements set out in paragraph 3 should be accounted for in the financial statements of the subsidiary that receives services from the employees. 4

There may be an arrangement between a parent and its subsidiary requiring the subsidiary to pay the parent for the provision of the equity instruments to the employees. This Interpretation does not address how to account for such an intragroup payment arrangement. 5

Although this Interpretation focuses on transactions with employees, it also applies to similar share-based payment transactions with suppliers of goods or services other than employees. 6

IFRIC 11

Beschluss

Anteilsbasierte Vergütungstransaktionen mit den eigenen Eigenkapitalinstrumenten eines Unternehmens (Paragraph 1)

7   Anteilsbasierte Vergütungstransaktionen, bei denen ein Unternehmen Dienstleistungen als Gegenleistung zu seinen eigenen Eigenkapitalinstrumenten erhält, werden als Ausgleich durch Eigenkapitalinstrumente bilanziert. Dies gilt unabhängig von der Tatsache, ob sich ein Unternehmen zum Kauf von Eigenkapitalinstrumenten einer anderen Partei entscheidet oder dazu gezwungen ist, um seinen Verpflichtungen gegenüber seinen Mitarbeitern nachzukommen. Dies gilt auch unabhängig von der Tatsache, ob
a)   die Rechte des Mitarbeiters an den Eigenkapitalinstrumenten des Unternehmens vom Unternehmen selbst oder seinem Anteilseigner/seinen Anteilseignern gewährt wurden; oder
b)   ob die anteilsbasierte Vergütungstransaktion vom Unternehmen selbst oder von seinem Anteilseigner/seinen Anteilseignern beglichen wurde.

Anteilsbasierte Vergütungstransaktionen mit den Eigenkapitalinstrumenten des Mutterunternehmens

Ein Mutterunternehmen gewährt den Mitarbeitern seines Tochterunternehmens Rechte an seinen Eigenkapitalinstrumenten (Paragraph 3 (a))

8   Sofern die anteilsbasierte Vergütungstransaktion in der konsolidierten Bilanz des Mutterunternehmens als Ausgleich durch Eigenkapitalinstrumente bilanziert wird, bemisst das Tochterunternehmen die von seinen Mitarbeitern erhaltenen Dienstleistungen gemäß den Anforderungen, die auf anteilsbasierte Vergütungstransaktionen mit Ausgleich durch Eigenkapitalinstrumente anwendbar sind, mit einer entsprechenden Erhöhung, die im Eigenkapital als ein Beitrag des Mutterunternehmens ausgewiesen wird.

9   Ein Mutterunternehmen kann den Mitarbeitern seiner Tochterunternehmen Rechte an seinen Eigenkapitalinstrumenten gewähren, sofern die in einer Gruppe erbrachten Dienstleistungen bis zum Ende eines bestimmten Zeitraums fortgesetzt werden. Ein Mitarbeiter eines Tochterunternehmens kann während des Erdienungszeitraums in ein anderes Tochterunternehmen versetzt werden, ohne dass die Rechte an den Eigenkapitalinstrumenten des Mutterunternehmens, die im Rahmen der ursprünglichen anteilsbasierten Vergütungstransaktion erworben wurden, berührt werden. Jedes Tochterunternehmen kann die von einem Mitarbeiter erbrachten Dienstleistungen durch Bezugnahme auf den beizulegenden Zeitwert der Eigenkapitalinstrumente messen, der zu dem Zeitpunkt galt, an dem das Mutterunternehmen diese Rechte an Eigenkapitalinstrumenten ursprünglich gewährt hat, so wie in IFRS 2 Anhang A definiert, sowie anteilsmäßig am Erdienungszeitraum des Mitarbeiters in jedem Tochterunternehmen.

10 Nach einem Transfer eines Mitarbeiters zwischen Unternehmen der Gruppe kann u. U. der Fall eintreten, dass der Mitarbeiter eine Bedingung des Erdienungszeitraums, bei der es sich nicht um eine Marktbedingung im Sinne von IFRS 2 Anhang A handelt, nicht erfüllt, z. B. wenn der Mitarbeiter die Gruppe vor Vollendung des Dienstleistungszeitraums verlässt. In diesem Fall muss jedes Tochterunternehmen den zuvor in Bezug auf die von dem Mitarbeiter erbrachten Dienstleistungen erfassten Betrag gemäß den Grundsätzen von IFRS 2 Paragraph 19 anpassen. Werden die Rechte an den vom Mutterunternehmen gewährten Eigenkapitalinstrumenten folglich nicht erdient, weil ein Mitarbeiter eine Bedingung des Erdienungszeitraums, bei der es sich nicht um eine Marktbedingung im Sinne von IFRS 2 Anhang A handelt, nicht erfüllt, wird kein Betrag auf kumulativer Basis für die vom jeweiligen Mitarbeiter erhaltenen Dienstleistungen im Abschluss eines Tochterunternehmens erfasst.

Ein Tochterunternehmen gewährt seinen eigenen Mitarbeitern Rechte an Eigenkapitalinstrumenten seines Mutterunternehmens (Paragraph 3 (b))

11 Das Tochterunternehmen bilanziert die Transaktion mit seinen Mitarbeitern als Barausgleich. Diese Anforderung gilt unabhängig von der Art und Weise, wie das Tochterunternehmen die Eigenkapitalinstrumente erhält, um seinen Anforderungen gegenüber seinen Mitarbeitern nachzukommen.

IFRIC 11

Consensus

Share-based payment arrangements involving an entity's own equity instruments (paragraph 1)

Share-based payment transactions in which an entity receives services as consideration for its own equity instruments shall be accounted for as equity-settled. This applies regardless of whether the entity chooses or is required to buy those equity instruments from another party to satisfy its obligations to its employees under the share-based payment arrangement. It also applies regardless of whether: 7
(a) the employee's rights to the entity's equity instruments were granted by the entity itself or by its shareholder(s); or
(b) the share-based payment arrangement was settled by the entity itself or by its shareholder(s).

Share-based payment arrangements involving equity instruments of the parent

A parent grants rights to its equity instruments to the employees of its subsidiary (paragraph 3 (a))

Provided that the share-based arrangement is accounted for as equity-settled in the consolidated financial statements of the parent, the subsidiary shall measure the services received from its employees in accordance with the requirements applicable to equity-settled share-based payment transactions, with a corresponding increase recognised in equity as a contribution from the parent. 8

A parent may grant rights to its equity instruments to the employees of its subsidiaries, conditional upon the completion of continuing service with the group for a specified period. An employee of one subsidiary may transfer employment to another subsidiary during the specified vesting period without the employee's rights to equity instruments of the parent under the original share-based payment arrangement being affected. Each subsidiary shall measure the services received from the employee by reference to the fair value of the equity instruments at the date those rights to equity instruments were originally granted by the parent as defined in IFRS 2 Appendix A, and the proportion of the vesting period served by the employee with each subsidiary. 9

Such an employee, after transferring between group entities, may fail to satisfy a vesting condition other than a market condition as defined in IFRS 2 Appendix A, e.g. the employee leaves the group before completing the service period. In this case, each subsidiary shall adjust the amount previously recognised in respect of the services received from the employee in accordance with the principles in IFRS 2 paragraph 19. Hence, if the rights to the equity instruments granted by the parent do not vest because of an employee's failure to meet a vesting condition other than a market condition, no amount is recognised on a cumulative basis for the services received from that employee in the financial statements of any subsidiary. 10

A subsidiary grants rights to equity instruments of its parent to its employees (paragraph 3 (b))

The subsidiary shall account for the transaction with its employees as cash-settled. This requirement applies irrespective of how the subsidiary obtains the equity instruments to satisfy its obligations to its employees. 11

IFRIC 11

Zeitpunkt des Inkrafttretens

12 Diese Interpretation ist erstmals in der ersten Berichtsperiode eines am 1. März 2007 oder danach beginnenden Geschäftsjahres anzuwenden. Eine frühere Anwendung ist zulässig. Wenn ein Unternehmen diese Interpretation für Berichtsperioden anwendet, die vor dem 1. März 2007 beginnen, so ist diese Tatsache anzugeben.

Übergangsvorschriften

13 Diese Interpretation ist rückwirkend in Übereinstimmung mit den Bestimmungen von IAS 8, vorbehaltlich der Übergangsvorschriften von IFRS 2, anzuwenden.

Effective date

An entity shall apply this Interpretation for annual periods beginning on or after 1 March 2007. Earlier application is permitted. If an entity applies this Interpretation for a period beginning before 1 March 2007, it shall disclose that fact. 12

Transition

An entity shall apply this Interpretation retrospectively in accordance with IAS 8, subject to the transitional provisions of IFRS 2. 13

Stichwortverzeichnis

A

Abschluss
- Bestandteile   IAS 1.8–10
- Darstellung   IAS 1
- Identifikation   IAS 1.44–48
- Inhalt   IAS 1.42–126
- Struktur   IAS 1.42–126
- Zweck   IAS 1.7

Aktienbasierte Vergütung   IFRS 2; IFRIC 8
- Angaben   IFRS 2.44–52
- Ansatz   IFRS 2.7–9
- Ausgleich durch Eigenkapitalinstrumente   IFRS 2.10–29, B42–B44
- Barausgleich   IFRS 2.30–33
- beizulegender Zeitwert der gewährten Eigenkapitalinstrumente   IFRS 2.B1–B41
- Ertragsteuern   IAS 12.68A–68C
- Geschäfte mit Aktien Konzernunternehmen   IFRIC 11
- Geschäfte mit eigenen Aktien   IFRIC 11
- wahlweiser Barausgleich oder Ausgleich durch Eigenkapitalinstrumente   IFRS 2.34–43

Als Finanzinvestition gehaltene Immobilie
- Abgänge   IAS 40.66–73
- Angaben   IAS 40.74–79
- Ansatz   IAS 40.16–19
- Bewertung beim Ansatz   IAS 40.20–29
- Bewertung nach dem Ansatz   IAS 40.30–56
- Übertragungen   IAS 40.57–65

Altersversorgungsplan   IAS 26
- Angaben   IAS 26.34–36
- beitragsorientierter Plan   IAS 26.13–16
- Bewertung Planvermögen   IAS 26.32–33
- leistungsorientierter Plan   IAS 26.17–31

Angaben
- Aktienbasierte Vergütung   IFRS 2.44–52
- als Finanzinvestition gehaltene Immobilie   IAS 40.74–79
- Altersversorgungsplan   IAS 26.34–36
- assoziiertes Unternehmen   IAS 28.37–40
- aufgegebener Geschäftsbereich   IFRS 5.30–42
- Beihilfe   IAS 20.39
- Beziehungen zu nahe stehenden Unternehmen und Personen   IAS 24
- Ergebnis je Aktie   IAS 33.70–73
- erstmalige IFRS-Anwendung   IFRS 1.35–46
- Erträge   IAS 18.35–36
- Ertragsteuern   IAS 12.79–88
- Eventualschuld oder -forderung   IAS 37.84–92
- Fertigungsauftrag   IAS 11.39–45
- Finanzinstrument   IFRS 7.6, B1–B3
- Fremdkapitalkosten   IAS 23.9, 29
- Geschäftssegment   IFRS 8.20–24, 31–34
- Hochinflationsland   IAS 29.39–40
- Immaterieller Vermögenswert   IAS 38.118–128
- Joint Venture   IAS 31.54–57
- Konzernabschlusses   IAS 27.40–42
- Landwirtschaft   IAS 41.40–57
- Risiken Finanzinstrument   IFRS 7.31–42, B6–B28

- Rückstellung   IAS 37.84–92
- Sachanlagen   IAS 16.73–79
- Segmentberichterstattung   IAS 14.49–83
- Unternehmenszusammenschluss   IFRS 3.66–77
- Vereinbarungen von Dienstleistungslizenzen   SIC-29
- Vermögenswert aus Exploration und Evaluierung   IFRS 6.23–25
- Versicherungsvertrag   IFRS 4.36–39A, 42–44
- Vorräte   IAS 2.36–39
- Wechselkursänderung   IAS 21.51–57
- Wertminderung Vermögenswert   IAS 36.126–137
- zur Veräußerung gehaltener langfristiger Vermögenswert   IFRS 5.30–42
- Zuwendung   IAS 20.39

Anhang   IAS 1.103–126
Anreizvereinbarung   SIC-15
Ansatz und Bewertung
- erstmalige IFRS-Anwendung   IFRS 1.6–34B
- Landwirtschaft   IAS 41.10–33
- Versicherungsvertrag   IFRS 4.13–35
- Zwischenberichterstattung   IAS 34.28–42

Anteilsbasierte Vergütungstransaktion
- eigene Eigenkapitalinstrumente Mutterunternehmen   IFRIC 11.8–11
- eigene Eigenkapitalinstrumente Unternehmen   IFRIC 11.7

Assoziiertes Unternehmen   IAS 28
- Angaben   IAS 28.37–40
- Equity-Methode   IAS 28.11–36
- erstmalige IFRS-Anwendung   IFRS 1.24–25
- Kapitalflussrechnung   IAS 7.37–38
- latente Steuern   IAS 12.38–45
- separater Einzelabschluss   IAS 27.37–39

Aufgegebener Geschäftsbereich   IFRS 5
- Angaben   IFRS 5.30–42
- Darstellung   IFRS 5.31–37

B

Barwert-Verfahren   IAS 36.A1–A21
Beendigung des Arbeitsverhältnisses   IAS 19.132–152
Beihilfe der öffentlichen Hand   IAS 20.1–6, 34–39
- kein spezifischer Zusammenhang mit betrieblicher Tätigkeit   SIC-10
Berichtszeitraum   IAS 1.49–50
Beziehungen zu nahe stehenden Unternehmen und Personen   IAS 24
Bilanz   IAS 1.51–77
Bilanzierungs- und Bewertungsmethoden   IAS 8.1–6, 7–31, 50–53
- Angaben Finanzinstrument   IFRS 7.21, B5
- erstmalige IFRS-Anwendung   IFRS 1.7–12
- Segmentbilanzierungs- und -Bewertungsmethoden   IAS 14.44–48

Index

A

Accounting Policies **IAS 8**.1–6, 7–31, 50–53
- Disclosures Financial Instruments **IFRS 7**.21, B5
- First-time adoption of IFRS **IFRS 1**.7–12
- Segment accounting policies **IAS 14**.44–48

Accrual Basis of Accounting **IAS 1**.25–26
Aggregation **IAS 1**.29–31
Agriculture
- Disclosure **IAS 41**.40–57
- Government grants **IAS 41**.34–38, 57
- Measurement **IAS 41**.10–33
- Presentation **IAS 41**.39
- Recognition **IAS 41**.10–33

Associates **IAS 28**
- Cash flow statements **IAS 7**.37–38
- Deferred tax **IAS 12**.38–45
- Disclosure **IAS 28**.37–40
- Equity Method **IAS 28**.11–36
- First-time adoption of IFRS **IFRS 1**.24–25
- Separate financial statements **IAS 27**.37–39

B

Balance Sheet **IAS 1**.51–77
Borrowing Costs **IAS 23**
- Allowed alternative treatment **IAS 23**.10–29
- Benchmark treatment **IAS 23**.7–9
- Disclosure **IAS 23**.9, 29
- Recognition **IAS 23**.7–8, 10–28

Branches **IAS 12**.38–45
Business Combinations **IFRS 3**
- Allocating the cost **IFRS 3**.36–60, B16-B17
- Business combination achieved in stages **IFRS 3**.58–60
- Cost **IFRS 3**.24–35
- deferred tax **IAS 12**.66–68
- Disclosure **IFRS 3**.66–77
- Employee benefits **IAS 19**.108
- Entities under common control **IFRS 3**.10–13
- Equity accounted investments **IFRS 3**.83–84
- First-time adoption of IFRS **IFRS 1**.15, B1-B4
- Goodwill **IFRS 3**.51–55
- Identifying a business combination **IFRS 3**.4–9
- Identifying the acquirer **IFRS 3**.17–23
- Initial accounting determined provisionally **IFRS 3**.61–65
- Intangible assets **IAS 38**.33–43
- Method of accounting **IFRS 3**.14–15
- Previously recognised goodwill **IFRS 3**.79–80
- Previously recognised intangible assets **IFRS 3**.82
- Previously recognised negative goodwill **IFRS 3**.81
- Purchase method **IFRS 3**.16–65
- Reverse acquisitions **IFRS 3**.B1-B15

C

Cash equivalents
- Components **IAS 7**.45–47
- Definition **IAS 7**.7–9

Cash Flow Statements **IAS 1**.102, **IAS 7**
- Acquisitions and disposals of subsidiaries and other business units **IAS 7**.39–42
- Benefits **IAS 7**.4–5
- Cash and cash equivalents **IAS 7**.7–9, 45–47
- Cash flows from investing and financing activities **IAS 7**.21
- Cash flows from operating activities **IAS 7**.18–20
- Cash flows on a net basis **IAS 7**.22–24
- Dividends **IAS 7**.31–34
- Foreign currency cash flows **IAS 7**.25–30
- Hyperinflationary economies **IAS 29**.33
- Interest **IAS 7**.31–34
- Investments in associates **IAS 7**.37–38
- Investments in joint ventures **IAS 7**.37–38
- Investments in subsidiaries **IAS 7**.37–38
- Non-cash transactions **IAS 7**.43–44
- Other disclosures **IAS 7**.48–52
- Presentation **IAS 7**.10–17
- Taxes on income **IAS 7**.35–36

Cash
- Components **IAS 7**.45–47
- Definition **IAS 7**.7–9

Changes in accounting estimates **IAS 8**.1–6, 32–40, 50–53
Changes in foreign exchange rates **IAS 21**
- Disclosure **IAS 21**.51–57
- Functional Currency **IAS 21**.9–14
- Tax effects of all exchange differences **IAS 21**.50
- Use of a presentation currency other than the functional currency **IAS 21**.38–49

Comparative Information **IAS 1**.36–41
Compliance with IFRSs **IAS 1**.13–22
Components of Financial Statements **IAS 1**.8–10
Consistency of Presentation **IAS 1**.27–28
Consolidated financial statements **IAS 27**
- Consolidation procedures **IAS 27**.22–36
- Disclosure **IAS 27**.40–42
- Hyperinflationary economies **IAS 29**.35–36
- Presentation **IAS 27**.9–11
- Scope **IAS 27**.12–21
- Special purpose entities **SIC-12**

Consolidation procedures **IAS 27**.22–36
Construction Contracts **IAS 11**
- Changes in estimates **IAS 11**.38
- Combining **IAS 11**.7–10
- Contract costs **IAS 11**.16–35
- Contract revenue **IAS 11**.11–15
- Contract revenue **IAS 11**.22–35
- Disclosure **IAS 11**.39–45
- Recognition of expected losses **IAS 11**.36–37
- Segmenting **IAS 11**.7–10

Contingent assets **IAS 37**
- Disclosure **IAS 37**.84–92
- Measurement **IAS 37**.36–52, 63–83
- Recognition **IAS 37**.31–35, 63–83
- Reimbursements **IAS 37**.53–58

1195

Stichwortverzeichnis

D

Darstellung
- Abschluss **IAS 1**
- erstmalige IFRS-Anwendung **IFRS 1**.35–46
- Ertragsteuern **IAS 12**.69–78
- Finanzinstrument **IAS 32**
- Kapitalflussrechnung **IAS 7**.10–17
- Konzernabschlusses **IAS 27**.9–11
- Landwirtschaft **IAS 41**.39

Darstellungsstetigkeit **IAS 1**.27–28

Derivat
- Definition **IAS 32**.AG15-AG19; **IAS 39**.8–9, AG9-AG12A
- eingebettetes Derivat **IAS 39**.10–13, AG27-AG33B; **IFRIC 9**

Dienstleistung **IAS 18**.20–28

Dividende
- Darstellung **IAS 32**.35–41, AG 37
- Erträge **IAS 18**.29–34
- Kapitalflussrechnung **IAS 7**.31–34

E

Eigener Anteil **IAS 32**.33–34, AG36

Eigenkapital
- Angaben Finanzinstrument **IFRS 7**.20
- Darstellung **IAS 32**.AG25-AG29

Eigenkapitalinstrument **IAS 32**.AG13-AG14
- Anteilsbasierte Vergütungstransaktion **IFRIC 11**

Eigenkapitalveränderungsrechnung **IAS 1**.96–101

Elektro- und Elektronik-Altgeräte **IFRIC 6**

Equity-Methode
- Anwendung **IAS 28**.13–36
- Definition **IAS 28**.11–12
- Joint Venture **IAS 31**.38–45
- Unternehmenszusammenschluss **IFRS 3**.83–84

Ereignisse nach dem Bilanzstichtag **IAS 10**
- Angaben **IAS 10**.17–22
- Ansatz und Bewertung **IAS 10**.8–13

Ergebnis je Aktie **IAS 33**
- Angaben **IAS 33**.70–73
- Ausweis **IAS 33**.66–69
- rückwirkende Anpassungen **IAS 33**.64–65
- unverwässertes Ergebnis je Aktie **IAS 33**.9–29
- verwässertes Ergebnis je Aktie **IAS 33**.30–63

Erstmalige IFRS-Anwendung **IFRS 1**
- Angaben **IFRS 1**.35–46
- Ansatz **IFRS 1**.6–34B
- Befreiungen **IFRS 1**.13–14
- Bewertung **IFRS 1**.6–34B
- Bilanzierungs- und Bewertungsmethoden **IFRS 1**.7–12
- Darstellung **IFRS 1**.35–46
- Finanzinstrument **IFRS 1**.23, 25A-25C
- IFRS-Eröffnungsbilanz **IFRS 1**.6
- Leasingverhältnis **IFRS 1**.25F
- Leistungen an Arbeitnehmer **IFRS 1**.20–20A
- Schätzung **IFRS 1**.31–34B
- Sicherungsbeziehung **IFRS 1**.28–30
- Tochterunternehmen, assoziierte Unternehmen und Joint Ventures **IFRS 1**.24–25
- Überleitungsrechnungen **IFRS 1**.39–43
- Unternehmenszusammenschluss **IFRS 1**.15, B1-B3

- Vergleichsinformationen **IFRS 1**.36–37
- Versicherungsvertrag **IFRS 1**.25D
- Zwischenbericht **IFRS 1**.45–46

Erträge **IAS 18**
- Abgrenzung **IAS 18**.13
- Angaben **IAS 18**.35–36
- Bemessung **IAS 18**.9–12
- Dienstleistung **IAS 18**.20–28
- Dividende **IAS 18**.29–34
- Nutzungsentgelt **IAS 18**.29–34
- Tausch von Werbeleistungen **SIC-31**
- Verkauf von Gütern **IAS 18**.14–19
- Zinsen **IAS 18**.29–34

Ertragsteuern **IAS 12**
- Änderungen im Steuerstatus eines Unternehmens oder seiner Anteilseigner **SIC-25**
- Angaben **IAS 12**.79–88
- Bewertung **IAS 12**.46–56
- Darstellung **IAS 12**.69–78
- Hochinflationsland **IAS 29**.32
- Kapitalflussrechnung **IAS 7**.35–36
- latente Steueransprüche **IAS 12**.15–45
- latente Steuerschulden **IAS 12**.15–45
- Realisierung von neubewerteten, nicht planmäig abzuschreibenden Vermögenswerten **SIC-21**
- tatsächliche Steuererstattungsansprüche **IAS 12**.12–14
- tatsächliche Steuerschulden **IAS 12**.12–14

Euroeinführung **SIC-7**

Eventualforderung **IAS 37**
- Angaben **IAS 37**.84–92
- Ansatz **IAS 37**.31–35
- Bewertung **IAS 37**.36–52
- Bilanzierungs- und Bewertungsvorschriften **IAS 37**.63–83
- Erstattungen **IAS 37**.53–58

Eventualschuld **IAS 37**
- Angaben **IAS 37**.84–92
- Ansatz **IAS 37**.27–30
- Bewertung **IAS 37**.36–52
- Beziehung zwischen Rückstellung und Eventualschuld **IAS 37**.12–13
- Bilanzierungs- und Bewertungsvorschriften **IAS 37**.63–83
- Erstattungen **IAS 37**.53–58

F

Fehler **IAS 8**.1–6, 41–49, 50–53

Fertigungsauftrag **IAS 11**
- Angaben **IAS 11**.39–45
- Auftragserlöse **IAS 11**.11–15, 22–35
- Auftragskosten **IAS 11**.16–35
- Erfassung erwarteter Verluste **IAS 11**.36–37
- Schätzungsänderung **IAS 11**.38
- Segmentierung **IAS 11**.7–10
- Zusammenfassung **IAS 11**.7–10

Finanzielle Verbindlichkeit
- Definition **IAS 32**.AG3-AG12
- Saldierung **IAS 32**.AG38-AG39

Finanzieller Vermögenswert
- Definition **IAS 32**.AG3-AG12
- Saldierung **IAS 32**.42–50

Index

Contingent liabilities **IAS 37**
– Disclosure **IAS 37**.84–92
– Measurement **IAS 37**.36–52, 63–83
– Recognition **IAS 37**.27–30, 63–83
– Reimbursements **IAS 37**.53–58
– Relationship between provisions and contingent liabilities **IAS 37**.12–13
Current tax **IAS 12**.57–68C

D

Deferred tax **IAS 12**.57–68C
Derivatives
– Definition **IAS 32**.AG15-AG19, AG9-AG12A
– Embedded derivatives **IAS 39**.10–13, AG27-AG33B, **IFRIC 9**
Disclosure
– Agriculture **IAS 41**.40–57
– Associates **IAS 28**.37–40
– Borrowing costs **IAS 23**.29, 9
– Business combinations **IFRS 3**.66–77
– Changes in foreign exchange rates **IAS 21**.51–57
– Consolidated financial statements **IAS 27**.40–42
– Construction Contracts **IAS 11**.39–45
– Contingent liabilities and contingent assets **IAS 37**.84–92
– Discontinued operations **IFRS 5**.30–42
– Earnings per Share **IAS 33**.70–73
– Events after the Balance Sheet Date **IAS 10**.17–22
– Exploration and evaluation assets **IFRS 6**.23–25
– Financial Instruments **IFRS 7**.6, B1-B3
– First-time adoption of IFRS **IFRS 1**.35–46
– Government assistance **IAS 20**.39
– Government grants **IAS 20**.39
– Hyperinflationary economies **IAS 29**.39–40
– Impairment of asset **IAS 36**.126–137
– Income taxes **IAS 12**.79–88
– Insurance contracts **IFRS 4**.36–39A, 42–44
– Intangible assets **IAS 38**.118–128
– Inventories **IAS 2**.36–39
– Investment Property **IAS 40**.74–79
– Joint Ventures **IAS 31**.54–57
– Non-current assets held for sale **IFRS 5**.30–42
– Operating Segments **IFRS 8**.20–24, 31–34
– Property, Plant and Equipment **IAS 16**.73–79
– Provisions **IAS 37**.84–92
– Related Party **IAS 24**
– Retirement benefit plans **IAS 26**.34–36
– Revenue **IAS 18**.35–36
– Risks arising from Financial Instruments **IFRS 7**.31–42, B6-B28
– Segment reporting **IAS 14**.49–83
– Service concession arrangements **SIC-29**
– Share-based Payment **IFRS 2**.44–52
Discontinued operations **IFRS 5**
– Disclosure **IFRS 5**.30–42
– Presentation **IFRS 5**.31–37
Dividends
– Cash flow statements **IAS 7**.31–34
– Presentation **IAS 32**.35–41, AG37
– Revenue **IAS 18**.29–34

E

Earnings per Share **IAS 33**
– Basic Earnings per Share **IAS 33**.9–29
– Diluted Earnings per Share **IAS 33**.30–63
– Disclosure **IAS 33**.70–73
– Presentation **IAS 33**.66–69
– Retrospective adjustments **IAS 33**.64–65
Employee benefits **IAS 19**
– Defined benefit plans **IAS 19**.24–42, 48–125
– Defined contribution plans **IAS 19**.24–42, 43–47
– First-time adoption of IFRS **IFRS 1**.20–20A
– Other long-term employee benefits **IAS 19**.126–131
– Post-employment benefits **IAS 19**.24–125
– Short-term employee benefits **IAS 19**.8–23
– Termination benefits **IAS 19**.132–152
Equity accounted investments **IFRS 3**.83–84
Equity Instruments **IAS 32**.AG13-AG14
– Share-based payment arrangement **IFRIC 11**
Equity Method
– Application **IAS 28**.13–36
– Definition **IAS 28**.11–12
– Joint Ventures **IAS 31**.38–45
Equity
– Disclosures Financial Instruments **IFRS 7**.20
– Presentation **IAS 32**.AG25-AG29
Errors **IAS 8**.1–6, 41–49, 50–53
Estimates
– First-time adoption of IFRS **IFRS 1**.31–34B
– Interim financial reporting **IAS 34**.41–42
Events after the Balance Sheet Date **IAS 10**
– Disclosure **IAS 10**.17–22
– Recognition and measurement **IAS 10**.8–13
Exploration and evaluation assets
– Classification **IFRS 6**.15–16
– Disclosure **IFRS 6**.23–25
– Impairment **IFRS 6**.18–22
– Measurement **IFRS 6**.8–14
– Presentation **IFRS 6**.15–17
– Reclassification **IFRS 6**.17
– Recognition **IFRS 6**.6–7

F

Fair Presentation **IAS 1**.13–22
Financial Asset
– Definition **IAS 32**.AG3-AG12
– Offsetting **IAS 32**.42–50
Financial Instruments
– Classes **IFRS 7**.6, B1-B3
– Compound Financial Instruments **IAS 32**.28–32, AG30-AG35
– Derecognition **IAS 39**.14–42, AG34-AG52
– Derivative Financial Instruments **IAS 32**.AG15-AG19
– Disclosures **IFRS 7**
– Disclosures accounting policies **IFRS 7**.21, B5
– Disclosures balance sheet **IFRS 7**.8–19
– Disclosures equity **IFRS 7**.20
– Disclosures fair value **IFRS 7**.25–30
– Disclosures hedge accounting **IFRS 7**.22–24
– Disclosures income statement **IFRS 7**.20
– Disclosures risks **IFRS 7**.31–42, B6-B28
– Embedded derivatives **IAS 39**.10–13, AG27-AG33

1197

Stichwortverzeichnis

Finanzinstrument
- Angaben **IFRS 7**
- andere Angaben **IFRS 7**.21–30
- Angaben beizulegender Zeitwert **IFRS 7**.25–30
- Angaben Bilanz **IFRS 7**.8–19
- Angaben Bilanzierungs- und Bewertungsmethoden **IFRS 7**.21, B5
- Angaben Eigenkapital **IFRS 7**.20
- Angaben Gewinn- und Verlustrechnung **IFRS 7**.20
- Angaben Risiken **IFRS 7**.31–42, B6-B28
- Angaben Sicherungsgeschäft **IFRS 7**.22–24
- Angabenniveau **IFRS 7**.6, B1-B3
- Ansatz **IAS 39**.14–42, AG34-AG63
- Ausbuchung **IAS 39**.14–42, AG34-AG63
- Bedeutung für Vermögens-, Finanz- und Ertragslage **IFRS 7**.7–30, B4-B5
- Bewertung **IAS 39**.43–70, AG64-AG93
- Darstellung **IAS 32**
- derivatives **IAS 32**.AG15-AG19
- eingebettetes Derivat **IAS 39**.10–13, AG27-AG33B
- erstmalige IFRS-Anwendung **IFRS 1**.23, 25A-25C
- Kategorien **IFRS 7**.6, B1-B3
- Sicherungsmaßnahmen **IAS 39**.71–102, AG94-AG133
- zusammengesetztes **IAS 32**.28–32, AG30-AG35

Fremdkapitalkosten **IAS 23**
- alternativ zulässige Methode **IAS 23**.10–29
- Angaben **IAS 23**.9, 29
- Benchmark-Methode **IAS 23**.7–9
- Erfassung **IAS 23**.7–8, 10–28

Fremdwährung
- Cashflows **IAS 7**.25–30
- Transaktion in funktionaler Währung **IAS 21**.20–37

Funktionale Währung
- Begriff **IAS 21**.9–14
- Fremdwährungstransaktion **IAS 21**.20–37

G

Gemeinschaftlich geführtes Unternehmen
- Joint Venture **IAS 31**.24–47
- nicht monetäre Einlagen durch Partnerunternehmen **SIC-13**
- separater Einzelabschluss **IAS 27**.37–39

Gemeinschaftliche Führung **IAS 31**.8

Geschäfts- oder Firmenwert
- selbst geschaffener **IAS 38**.48–50
- Unternehmenszusammenschluss **IFRS 3**.51–55, 79–81
- Wertminderung **IAS 36**.65–108

Geschäftsanteile an Genossenschaften und ähnliche Instrumente **IFRIC 2**

Geschäftssegment
- Begriff **IFRS 8**.5–10
- berichtspflichtiges Segment **IFRS 8**.11–19
- Angaben **IFRS 8**.20–24
- Bewertung **IFRS 8**.25–30
- Angaben auf Unternehmensebene **IFRS 8**.31–34
- Gewinn- und Verlustrechnung **IAS 1**.78–95
- Angaben Finanzinstrument **IFRS 7**.20
- Ertragsteuern **IAS 12**.58–60

H

Hochinflationsland **IAS 29**
- Angaben **IAS 29**.39–40
- Anpassung Abschluss **IAS 29**.5–37
- Anwendung des Anpassungsansatzes **IFRIC 7**
- Beendigung Hochinflation **IAS 29**.38
- Kapitalflussrechnung **IAS 29**.33
- Konzernabschluss **IAS 29**.35–36
- Steuern **IAS 29**.32
- Vergleichszahlen **IAS 29**.34

I

Identifikation des Abschlusses **IAS 1**.44–48

IFRS-Eröffnungsbilanz **IFRS 1**.6

Immaterieller Vermögenswert **IAS 38**
- Abgang **IAS 38**.112–117
- Angaben **IAS 38**.118–128
- Ansatz **IAS 38**.18–67
- begrenzte Nutzungsdauer **IAS 38**.97–106
- Bewertung **IAS 38**.18–67
- Definition **IAS 38**.9–17
- Erfassung eines Aufwands **IAS 38**.68–71
- Erwerb durch eine Zuwendung der öffentlichen Hand **IAS 38**.44
- Erwerb im Rahmen eines Unternehmenszusammenschlusses **IAS 38**.33–43
- Folgebewertung **IAS 38**.72–87
- Gesonderte Anschaffung **IAS 38**.25–32
- Nutzungsdauer **IAS 38**.88–96
- selbst geschaffener **IAS 38**.51–67
- selbst geschaffener Geschäfts- oder Firmenwert **IAS 38**.48–50
- Stilllegung **IAS 38**.112–117
- Tausch von Vermögenswerten **IAS 38**.45–47
- unbegrenzte Nutzungsdauer **IAS 38**.107–110
- Unternehmenszusammenschluss **IFRS 3**.82
- Websitekosten **SIC-32**
- Wertminderungsaufwand **IAS 38**.111

J

Joint Venture
- Abschluss eines Gesellschafters **IAS 31**.51
- Angaben **IAS 31**.54–57
- Anteil **IAS 31**
- Betreiber **IAS 31**.52–53
- Formen **IAS 31**.7
- erstmalige IFRS-Anwendung **IFRS 1**.24–25
- Gemeinsame Tätigkeiten **IAS 31**.13–17
- Gemeinschaftlich geführtes Unternehmen **IAS 31**.24–47
- Gemeinschaftliche Führung **IAS 31**.8
- Geschäftsvorfall mit Partnerunternehmen **IAS 31**.48–50
- Kapitalflussrechnung **IAS 7**.37–38
- latente Steuern **IAS 12**.38–45
- nicht monetäre Einlagen durch Partnerunternehmen **SIC-13**
- Vermögenswerte unter gemeinschaftlicher Führung **IAS 31**.18–23
- vertragliche Vereinbarung **IAS 31**.9–12

Index

- First-time adoption of IFRS **IFRS 1**.23, 25A-25C
- Hedging **IAS 39**.71–102, AG94-AG133
- Level of disclosure **IFRS 7**.6, B1-B3
- Measurement **IAS 39**.43–70, AG64-AG93
- Other disclosures **IFRS 7**.21–30
- Presentation **IAS 32**
- Recognition **IAS 39**.14–42, AG34-AG52
- Significance for financial position and performance **IFRS 7**.7–30, B4-B5

Financial Liability
- Definition **IAS 32**.AG3-AG12
- Offsetting **IAS 32**.AG38-AG39

Financial Statements
- Components **IAS 1**.8–10
- Content **IAS 1**.42–126
- Identification **IAS 1**.44–48
- Presentation **IAS 1**
- Purpose **IAS 1**.7
- Structure **IAS 1**.42–126

First-time adoption of IFRS **IFRS 1**
- Accounting policies **IFRS 1**.7–12
- Business combinations **IFRS 1**.15, B1-B4
- Comparative information **IFRS 1**.36–37
- Disclosure **IFRS 1**.35–46
- Employee benefits **IFRS 1**.20–20A
- Estimates **IFRS 1**.31–34B
- Exemptions **IFRS 1**.13–14
- Financial instruments **IFRS 1**.23, 25A-25C
- Hedge accounting **IFRS 1**.28–30
- Insurance contracts **IFRS 1**.25D
- Interim financial reports **IFRS 1**.45–46
- Leases **IFRS 1**.25F
- Measurement **IFRS 1**.6–34B
- Opening IFRS balance sheet **IFRS 1**.6
- Presentation **IFRS 1**.35–46
- Recognition **IFRS 1**.6–34B
- Reconciliations **IFRS 1**.39–43
- Subsidiaries, associates and joint ventures **IFRS 1**.24–25

Foreign currency
- Cash flows **IAS 7**.25–30
- transactions in the functional currency **IAS 21**.20–37

Functional Currency
- Definition **IAS 21**.9–14
- Foreign currency transactions **IAS 21**.20–37

G

Going Concern **IAS 1**.23–24, **IAS 10**.14–16

Goodwill
- Business combinations **IFRS 3**.51–55, 79–81
- Impairment of asset **IAS 36**.65–108
- Internally generated goodwill **IAS 38**.48–50

Government assistance **IAS 20**.1–6, 34–39^
- No specific relation to operating activities **SIC-10**

Government grants **IAS 20**.1–6, 7–33, 39
- Agriculture **IAS 41**.34–38, 57
- Intangible assets **IAS 38**.44

H

Hedge accounting
- Disclosures Financial Instruments **IFRS 7**.22–24
- First-time adoption of IFRS **IFRS 1**.28–30

Hedging
- Hedge accounting **IAS 39**.85–101, AG102-AG133
- Hedged items **IAS 39**.78–84, AG98-AG101
- Hedging instruments **IAS 39**.72–77, AG94-AG97

Hyperinflationary economies **IAS 29**
- Applying the Restatement Approach **IFRIC 7**
- Cash flow statement **IAS 29**.33
- Consolidated financial statements **IAS 29**.35–36
- Corresponding figures **IAS 29**.34
- Disclosures **IAS 29**.39–40
- Economies ceasing to be hyperinflationary **IAS 29**.38
- Restatement of financial statements **IAS 29**.5–37
- Taxes **IAS 29**.32

I

Identification of the Financial Statements **IAS 1**.44–48

Impairment of asset **IAS 36**
- Cash-generating units **IAS 36**.65–108
- Disclosure **IAS 36**.126–137
- Goodwill **IAS 36**.65–108
- Identifying an asset **IAS 36**.7–17
- Measuring recoverable amount **IAS 36**.18–57
- Recognising and measuring an impairment loss **IAS 36**.58–64
- Reversing an impairment loss **IAS 36**.109–125
- Interim Financial Reporting **IFRIC 10**

Incentives **SIC-15**

Income Statement **IAS 1**.78–95
- Disclosures Financial Instruments **IFRS 7**.20
- Income taxes **IAS 12**.58–60

Income taxes **IAS 12**
- Cash flow statements **IAS 7**.35–36
- Changes in the tax status of an enterprise or its shareholders **SIC-25**
- Current tax assets **IAS 12**.12–14
- Current tax liabilities **IAS 12**.12–14
- Deferred tax assets **IAS 12**.15–45
- Deferred tax liabilities **IAS 12**.15–45
- Disclosure **IAS 12**.79–88
- Measurement **IAS 12**.46–56
- Presentation **IAS 12**.69–78
- Recovery of revalued non-depreciable assets **SIC-21**

Insurance contracts **IFRS 4**
- Definition **IFRS 4**.B1-B30
- Disclosure **IFRS 4**.36–39A, 42–44
- Embedded derivatives **IFRS 4**.7–9
- Examples **IFRS 4**.B18-B21
- First-time adoption of IFRS **IFRS 1**.25D
- Measurement **IFRS 4**.13–35
- Recognition **IFRS 4**.13–35
- Unbundling of deposit components **IFRS 4**.10–12

Intangible assets **IAS 38**
- Acquisition as part of a business combination **IAS 38**.33–43
- Acquisition by way of a government grant **IAS 38**.44
- Business combinations **IFRS 3**.82
- Definition **IAS 38**.9–17

1199

Stichwortverzeichnis

K

Kapitalflussrechnung **IAS 1**.102, **IAS 7**
- Anteile an assoziierten Unternehmen **IAS 7**.37–38
- Anteile an Joint Ventures **IAS 7**.37–38
- Anteile an Tochterunternehmen **IAS 7**.37–38
- Cashflows aus der Betrieblichen Tätigkeit **IAS 7**.18–20
- Cashflows aus Investitions- und Finanzierungstätigkeit **IAS 7**.21
- Cashflows in Fremdwährung **IAS 7**.25–30
- Darstellung **IAS 7**.10–17
- Dividende **IAS 7**.31–34
- Ertragsteuern **IAS 7**.35–36
- Erwerb und Veräußerung von Tochterunternehmen und sonstigen Geschäftseinheiten **IAS 7**.39–42
- Hochinflationsland **IAS 29**.33
- nicht zahlungswirksame Transaktionen **IAS 7**.43–44
- Nutzen **IAS 7**.4–5
- saldierte Darstellung der Cashflows **IAS 7**.22–24
- sonstige Angaben **IAS 7**.48–52
- Zahlungsmittel und Zahlungsmitteläquivalente **IAS 7**.7–9, 45–47
- Zinsen **IAS 7**.31–34

Konsolidierungskreis **IAS 27**.12–21
Konsolidierungsverfahren **IAS 27**.22–36
Konzernabschluss **IAS 27**
- Angaben **IAS 27**.40–42
- Darstellung **IAS 27**.9–11
- Hochinflationsland **IAS 29**.35–36
- Konsolidierungskreis **IAS 27**.12–21
- Konsolidierungsverfahren **IAS 27**.22–36
- Zweckgesellschaft **SIC-12**

L

Landwirtschaft
- Angaben **IAS 41**.40–57
- Ansatz **IAS 41**.10–33
- Bewertung **IAS 41**.10–33
- Darstellung **IAS 41**.39
- Zuwendung der öffentlichen Hand **IAS 41**.34–38, 57

Latente Steuern **IAS 12**.57–68C
Leasingverhältnis **IAS 17**
- Anreizvereinbarung **SIC-15**
- Beurteilung des wirtschaftlichen Gehalts von Transaktionen in der rechtlichen Form von Leasingverhältnissen **SIC-27**
- erstmalige IFRS-Anwendung **IFRS 1**.25F
- Feststellung.ob eine Vereinbarung ein Leasingverhältnis enthält **IFRIC 4**
- Finanzierungs-Leasing **IAS 17**.20–32, 36–48
- Klassifizierung **IAS 17**.7–19
- Leasinggeber **IAS 17**.36–57
- Leasingnehmer **IAS 17**.20–35
- Operating-Leasing **IAS 17**.33–35, 49–57, **SIC-15**
- Sale-and-leaseback **IAS 17**.58–66

Leistungen an Arbeitnehmer **IAS 19**
- andere langfrist fällige Leistungen **IAS 19**.126–131
- Beendigung des Arbeitsverhältnisses **IAS 19**.132–152
- beitragsorientierter Versorgungsplan **IAS 19**.24–42, 43–47
- erstmalige IFRS-Anwendung **IFRS 1**.20–20A
- kurzfristig fällige Leistungen **IAS 19**.8–23
- leistungsorientierter Versorgungsplan **IAS 19**.24–42, 48–125
- nach Beendigung des Arbeitsverhältnisses **IAS 19**.24–125

M

Maßgeblicher Einfluss **IAS 28**.6–10

N

Nutzungsentgelt **IAS 18**.29–34

P

Periodenabgrenzung **IAS 1**.25–26
Postenzusammenfassung **IAS 1**.29–31

Q

Quotenkonsolidierung **IAS 31**.30–37

R

Rechte auf Anteile an Fonds für Entsorgung, Wiederherstellung und Umweltsanierung **IFRIC 5**
Restrukturierungsmaßnahmen **IAS 37**.70–83
Rückstellung **IAS 37**
- Änderungen bestehender Rückstellungen für Entsorgungs-, Wiederherstellungs- und ähnliche Verpflichtungen **IFRIC 1**
- Angaben **IAS 37**.84–92
- Anpassung **IAS 37**.59–60
- Ansatz **IAS 37**.14–26
- Bewertung **IAS 37**.36–52
- Beziehung zwischen Rückstellung und Eventualschuld **IAS 37**.12–13
- Bilanzierungs- und Bewertungsvorschriften **IAS 37**.63–83
- Definition **IAS 37**.11
- Erstattungen **IAS 37**.53–58
- Verbrauch **IAS 37**.61–62

S

Sachanlagen **IAS 16**
- Angaben **IAS 16**.73–79
- Ansatz **IAS 16**.7–14
- Ausbuchung **IAS 16**.67–72
- erstmalige Bewertung **IAS 16**.15–28
- Folgebewertung **IAS 16**.29–66

Saldierung von Posten **IAS 1**.32–35
Sale-and-leaseback **IAS 17**.58–66
Schätzung
- erstmalige IFRS-Anwendung **IFRS 1**.31–34B
- Zwischenberichterstattung **IAS 34**.41–42

Schätzungsänderung **IAS 8**.1–6, 32–40, 50–53
- Fertigungsauftrag **IAS 11**.38

Schuld
- Darstellung **IAS 32**.15–27
- Definition **IAS 37**.11

Segmentberichterstattung **IAS 14**
- Angaben **IAS 14**.49–83
- Bestimmung der berichtspflichtigen Segmente **IAS 14**.26–43
- geografisches Segment **IAS 14**.9–15

Index

- Disclosure **IAS 38**.118–128
- Disposals **IAS 38**.112–117
- Exchanges of assets **IAS 38**.45–47
- Finite useful lives **IAS 38**.97–106
- Impairment losses **IAS 38**.111
- Indefinite useful lives **IAS 38**.107–110
- Internally generated goodwill **IAS 38**.48–50
- Internally generated intangible assets **IAS 38**.51–67
- Measurement **IAS 38**.18–67
- Measurement after recognition **IAS 38**.72–87
- Recognition **IAS 38**.18–67
- Recognition of an expense **IAS 38**.68–71
- Retirements **IAS 38**.112–117
- Separate acquisition **IAS 38**.25–32
- Useful life **IAS 38**.88–96
- Web site costs **SIC-32**

Interest
- Cash flow statements **IAS 7**.31–34
- Presentation **IAS 32**.35–41, AG37
- Revenue **IAS 18**.29–34

Interim financial reporting **IAS 34**
- Content of an interim financial report **IAS 34**.5–25
- Disclosure in annual financial statements **IAS 34**.26–27
- First-time adoption of IFRS **IFRS 1**.45–46
- Impairment **IFRIC 10**
- Recognition and measurement **IAS 34**.28–42
- Restatement of previously reported interim periods **IAS 34**.43–45

Introduction of the euro **SIC-7**
Inventories **IAS 2**
- Cost **IAS 2**.10–22
- Cost Formulas **IAS 2**.23–27
- Disclosure **IAS 2**.36–39
- Measurement **IAS 2**.9–33
- Net Realisable Value **IAS 2**.28–33
- Recognition as an expense **IAS 2**.34–35

Investment Property
- Disclosure **IAS 40**.74–79
- Disposals **IAS 40**.66–73
- Measurement after recognition **IAS 40**.30–56
- Measurement at recognition **IAS 40**.20–29
- Recognition **IAS 40**.16–19
- Transfers **IAS 40**.57–65

J

Joint Control **IAS 31**.8
Joint Ventures
- Cash flow statements **IAS 7**.37–38
- Contractual Arrangement **IAS 31**.9–12
- Deferred tax **IAS 12**.38–45
- Disclosure **IAS 31**.54–57
- Financial statements of an investor **IAS 31**.51
- First-time adoption of IFRS **IFRS 1**.24–25
- Forms **IAS 31**.7
- Interests **IAS 31**
- Joint Control **IAS 31**.8
- Jointly controlled assets **IAS 31**.18–23
- Jointly controlled entities **IAS 31**.24–47
- Jointly controlled operations **IAS 31**.13–17
- Non-monetary contributions by venturers **SIC-13**
- Operators **IAS 31**.52–53

- Transactions with a Venturer **IAS 31**.48–50

Jointly controlled entities
- Joint Ventures **IAS 31**.24–47
- Non-monetary contributions by venturers **SIC-13**
- Separate financial statements **IAS 27**.37–39

L

Leases **IAS 17**
- Classification **IAS 17**.7–19
- Determining whether an arrangement contains a lease **IFRIC 4**
- Evaluating the substance of transactions involving the legal form of a lease **SIC-27**
- Finance Leases **IAS 17**.20–32, 36–48
- First-time adoption of IFRS **IFRS 1**.25F
- Incentives **SIC-15**
- Lessees **IAS 17**.20–35
- Lessors **IAS 17**.36–57
- Operating Leases **IAS 17**.33–35, 49–57, **SIC-15**
- Sale and leaseback transactions **IAS 17**.58–66

Liabilities
- Definition **IAS 37**.11
- Presentation **IAS 32**.15–27

M

Materiality **IAS 1**.29–31
Members' Shares in Cooperative Entities and Similar Instruments **IFRIC 2**

N

Non-current assets held for sale **IFRS 5**
- Classification **IFRS 5**.6–14
- Disclosure **IFRS 5**.30–42
- Measurement **IFRS 5**.15–29
- Presentation **IFRS 5**.38–40

Notes **IAS 1**.103–126

O

Offsetting **IAS 1**.32–35
Opening IFRS balance sheet **IFRS 1**.6
Operating Segments
- defined term **IFRS 8**.5–10
- reportable segment **IFRS 8**.11–19
- disclosure **IFRS 8**.20–24
- Measurement **IFRS 8**.25–30
- Entity-wide disclosures **IFRS 8**.31–34

P

Present Value Techniques **IAS 36**.A1-A21
Presentation
- Agriculture **IAS 41**.39
- Cash flow statement **IAS 7**.10–17
- Consistency **IAS 1**.27–28
- Consolidated financial statements **IAS 27**.9–11
- Earnings per Share **IAS 33**.66–69
- Financial Instruments **IAS 32**
- Financial Statements **IAS 1**
- First-time adoption of IFRS **IFRS 1**.35–46
- Income taxes **IAS 12**.69–78

Property, Plant and Equipment **IAS 16**
- Derecognition **IAS 16**.67–72
- Disclosure **IAS 16**.73–79

1201

Stichwortverzeichnis

- Geschäftssegment   IAS 14.9–15, **IFRS 8**
- Segmentergebnis   IAS 14.16–25
- Segmenterträge und -aufwendungen   IAS 14.16–25
- Segmentvermögen und -schulden   IAS 14.16–25

Segmentbilanzierungs- und -bewertungsmethoden   IAS 14.44–48

Separater Einzelabschluss   **IAS 27**
- Anteile an Tochterunternehmen, gemeinsam geführten Unternehmen und assoziierten Unternehmen im separaten Einzelabschluss nach IFRS   IAS 27.37–39
- assoziiertes Unternehmen   IAS 28.35–36
- Partnerunternehmen   IAS 31.46–47

Sicherungsmaßnahmen
- Angaben Finanzinstrument   **IFRS 7**.22–24
- Bilanzierung von Sicherungsbeziehungen   IAS 39.85–101, AG102-AG133, **IFRS 1**.28–30
- Grundgeschäfte   IAS 39.78–84, AG98-AG101
- Sicherungsinstrumente   IAS 39.72–77, AG94-AG97

Steuern, tatsächliche   IAS 12.57–68C

T

Tochterunternehmen
- erstmalige IFRS-Anwendung   **IFRS 1**.24–25
- Erwerb und Veräußerung   IAS 7.39–42
- Kapitalflussrechnung   IAS 7.37–38
- latente Steuern   IAS 12.38–45
- separater Einzelabschluss   IAS 27.37–39

U

Übereinstimmung mit den IFRS   **IAS 1**.13–22
Überleitungsrechnungen   **IFRS 1**.39–43
Unternehmensfortführung   IAS 1.23–24, IAS 10.14–16
Unternehmenszusammenschluss   **IFRS 3**
- Angaben   **IFRS 3**.66–77
- Anschaffungskosten   **IFRS 3**.24–35
- Bilanzierungsmethode   **IFRS 3**.14–15
- Equity-Methode   **IFRS 3**.83–84
- erstmalige IFRS-Anwendung   **IFRS 1**.15, B1–B3
- Erwerbsmethode   **IFRS 3**.16–65
- Geschäfts- oder Firmenwert   **IFRS 3**.51–55, 79–80
- Identifizierung   **IFRS 3**.4–9
- Identifizierung des Erwerbers   **IFRS 3**.17–23
- immaterieller Vermögenswert   IAS 38.33–43, **IFRS 3**.82
- latente Steuern   IAS 12.66–68
- Leistungen an Arbeitnehmer   IAS 19.108
- negativer Geschäfts- oder Firmenwert   **IFRS 3**.81
- provisorische Feststellung der erstmaligen Bilanzierung   **IFRS 3**.61–65
- sukzessiver Unternehmenszusammenschluss   **IFRS 3**.58–60
- umgekehrter Unternehmenserwerb   **IFRS 3**.B1–B15
- Unternehmen unter gemeinsamer Beherrschung   **IFRS 3**.10–13
- Verteilung der Anschaffungskosten   **IFRS 3**.36–60, B16–B17

V

Vergleichsinformationen   IAS 1.36–41
Verkauf von Gütern   IAS 18.14–19
Vermittlung eines den tatsächlichen Verhältnissen entsprechenden Bildes   IAS 1.13–22

Vermögenswert aus Exploration und Evaluierung
- Angaben   **IFRS 6**.23–25
- Ansatz   **IFRS 6**.6–7
- Bewertung   **IFRS 6**.8–14
- Darstellung   **IFRS 6**.15–17
- Klassifizierung   **IFRS 6**.15–16
- Umklassifizierung   **IFRS 6**.17
- Wertminderung   **IFRS 6**.18–22

Versicherungsvertrag   **IFRS 4**
- Angaben   **IFRS 4**.36–39A, 42–44
- Ansatz   **IFRS 4**.13–35
- Beispiel   **IFRS 4**.B18–B21
- Bewertung   **IFRS 4**.13–35
- Definition   **IFRS 4**.B1–B30
- eingebettetes Derivat   **IFRS 4**.7–9
- Entflechtung Einlagenkomponenten   **IFRS 4**.10–12
- erstmalige IFRS-Anwendung   **IFRS 1**.25D

Vorräte   **IAS 2**
- Angaben   IAS 2.36–39
- Anschaffungs- und Herstellungskosten   IAS 2.10–22
- Bewertung   IAS 2.9–33
- Erfassung als Aufwand   IAS 2.34–35
- Nettoveräußerungswert   IAS 2.28–33
- Zuordnungsverfahren   IAS 2.23–27

W

Websitekosten   **SIC-32**
Wechselkursänderung   **IAS 21**
- abweichende Darstellungswährung   IAS 21.38–49
- Angaben   IAS 21.51–57
- Funktionale Währung   IAS 21.9–14
- steuerliche Auswirkung   IAS 21.50

Wertaufholung   IAS 36.109–125
Wertminderung Vermögenswert   **IAS 36**
- Angaben   IAS 36.126–137
- Bewertung des erzielbaren Betrages   IAS 36.18–57
- Erfassung und Bewertung Wertminderungsaufwand   IAS 36.58–64
- Geschäfts- oder Firmenwert   IAS 36.65–108
- Identifizierung Vermögenswert   IAS 36.7–17
- Wertaufholung   IAS 36.109–125
- Zahlungsmittelgenerierende Einheit   IAS 36.65–108
- Zwischenberichterstattung   **IFRIC 10**

Wesentlichkeit   IAS 1.29–31

Z

Zahlungsmittel
- Bestandteile   IAS 7.45–47
- Definition   IAS 7.7–9

Zahlungsmitteläquivalente
- Bestandteile   IAS 7.45–47
- Definition   IAS 7.7–9

Zinsen
- Darstellung   IAS 32.35–41, AG 37
- Erträge   IAS 18.29–34
- Kapitalflussrechnung   IAS 7.31–34

Zur Veräußerung gehaltener langfristiger Vermögenswert   **IFRS 5**
- Angaben   **IFRS 5**.30–42
- Bewertung   **IFRS 5**.15–29
- Darstellung   **IFRS 5**.38–40
- Klassifizierung   **IFRS 5**.6–14

Index

- Measurement after recognition   **IAS 16**.29–66
- Measurement at recognition   **IAS 16**.15–28
- Recognition   **IAS 16**.7–14

Proportionate Consolidation   **IAS 31**.30–37

Provisions   **IAS 37**
- Changes   **IAS 37**.59–60
- Changes in Existing Decommissioning, Restoration and Similar Liabilities   **IFRIC 1**
- Definition   **IAS 37**.11
- Disclosure   **IAS 37**.84–92
- Measurement   **IAS 37**.36–52
- Recognition   **IAS 37**.14–26
- Recognition and measurement   **IAS 37**.63–83
- Reimbursements   **IAS 37**.53–58
- Relationship between provisions and contingent liabilities   **IAS 37**.12–13
- Use   **IAS 37**.61–62

Purpose of the Financial Statements   **IAS 1**.7

R

Recognition and measurement
- Agriculture   **IAS 41**.10–33
- Events after the Balance Sheet Date   **IAS 10**.8–13
- First-time adoption of IFRS   **IFRS 1**.6–34B
- Insurance contracts   **IFRS 4**.13–35
- Interim financial reporting   **IAS 34**.28–42

Reconciliations   **IFRS 1**.39–43

Related Party Disclosure   **IAS 24**

Rendering of services   **IAS 18**.20–28

Reporting Period   **IAS 1**.49–50

Restructuring   **IAS 37**.70–83

Retirement benefit plans   **IAS 26**
- Defined benefit plans   **IAS 26**.17–31
- Defined contribution plans   **IAS 26**.13–16
- Disclosure   **IAS 26**.34–36
- Valuation of plan assets   **IAS 26**.32–33

Revenue   **IAS 18**
- Barter transactions involving advertising services   **SIC-31**
- Disclosure   **IAS 18**.35–36
- Dividends   **IAS 18**.29–34
- Identification of the transaction   **IAS 18**.13
- Interest   **IAS 18**.29–34
- Measurement   **IAS 18**.9–12
- Rendering of services   **IAS 18**.20–28
- Royalties   **IAS 18**.29–34
- Sale of goods   **IAS 18**.14–19

Rights to Interests arising from decommissioning, restoration and environmental rehabilitation funds   **IFRIC 5**

Royalties   **IAS 18**.29–34

S

Sale and leaseback transactions   **IAS 17**.58–66

Sale of goods   **IAS 18**.14–19

Segment accounting policies   **IAS 14**.44–48

Segment reporting   **IAS 14**
- Business segment   **IAS 14**.9–15
- Disclosure   **IAS 14**.49–83
- Geographical segment   **IAS 14**.9–15
- Identifying reportable segments   **IAS 14**.26–43
- Operating segment   **IFRS 8**

- Segment assets and liabilities   **IAS 14**.16–25
- Segment expense   **IAS 14**.16–25
- Segment revenue and expense   **IAS 14**.16–25

Separate financial statements   **IAS 27**
- Investments in Associates   **IAS 28**.35–36
- Investments in subsidiaries, jointly controlled entities and associates   **IAS 27**.37–39
- Venturer   **IAS 31**.46–47

Share-based Payment   **IFRS 2**, **IFRIC 8**
- Cash-settled share-based payment transactions   **IFRS 2**.30–33
- Disclosures   **IFRS 2**.44–52
- Equity-settled share-based payment transactions **IFRS 2**.10–29, B42-B44
- Fair value of equity instruments granted   **IFRS 2**.B1-B41
- Group and Treasury Share Transaction   **IFRIC 11**
- Income taxes   **IAS 12**.68A-68C
- Recognition   **IFRS 2**.7–9
- Share-based payment transactions with cash alternatives   **IFRS 2**.34–43

Share-based Payment arrangement
- involving an entity's own equity instruments   **IFRIC 11**.7
- involving equity instruments of the parent   **IFRIC 11**.8–10

Significant Influence   **IAS 28**.6–10

Special purpose entities   **SIC-12**

Statement of Changes in Equity   **IAS 1**.96–101

Subsidiaries
- Acquisitions and disposals   **IAS 7**.39–42
- Cash flow statements   **IAS 7**.37–38
- Deferred tax   **IAS 12**.38–45
- First-time adoption of IFRS   **IFRS 1**.24–25
- Separate financial statements   **IAS 27**.37–39

T

Termination benefits   **IAS 19**.132–152

Treasury Shares   **IAS 32**.33–34, AG36

W

Waste Electrical and Electronic Equipment   **IFRIC 6**

Web site costs   **SIC-32**

1203

Stichwortverzeichnis

Zuwendung der öffentlichen Hand   **IAS 20**.1–6, 7–33, 39
– immaterieller Vermögenswert   **IAS 38**.44
– Landwirtschaft   **IAS 41**.34–38, 57
Zweck des Abschlusses   **IAS 1**.7
Zweckgesellschaft   **SIC-12**
Zweigniederlassung   **IAS 12**.38–45
Zwischenberichterstattung   **IAS 34**
– Angaben in jährlichen Abschlüssen   **IAS 34**.26–27
– Anpassung bereits dargestellter Zwischenberichtsperioden   **IAS 34**.43–45
– Ansatz und Bewertung   **IAS 34**.28–42
– erstmalige IFRS-Anwendung   **IFRS 1**.45–46
– Inhalt Zwischenbericht   **IAS 34**.5–25
– Wertminderung   **IFRIC 10**